# Inhalt

# Infokästen im lateinisch-deutschen Wörterbuchteil

## Imperium Romanum

Aborīginēs
aedīlis
Antōnius
Ariovistus
Arminius
Augustīnus
Augustus
auspicium
balneae
basilica
Brūtus
Caesar
campus
Capitōlium
cāritās
castra
Catō
Catullus
Cicerō
Circus Maximus
cīvitās
Claudius
colōnia
comitia
Cōnstantīnus
cōnsul
Cornēlius
Corpus iuris civilis
cursus honōrum
deus
ēmancipātiō
equitēs
Esquiliae
fascēs
flāmen
gladiātor
Gracchus
Hannibal
homō novus
Horātius
hūmānus
Īdūs
imāgō
impluvium
interrēgnum
Iuvenālis
Lār
legiō
lemurēs
Lēthē
lībertās
lībertus
līctor
līmes
Līvius
ludī
Maecēnās
magistrātus
māiōrēs
manūmissiō
Marius
mīmus
mūnicipium
Nepōs
Nerō
nōbilitās
officium
optimātēs
Ovidius
Palātium
pater familias
patricius
patrōnus
penātēs
Plautus
plēbēius
plēbs
Plīnius
pontifex
populārēs
Porta Nigra
praetōriānus
principatus
prōdigium
Promēthe͡us
prōvincia
pūblicānus
quadrīgae
Quirītēs
Rōmulus
Satyrus
senātus
Seneca
servus
Subūra
taberna
Tacitus
templum
thermae
Tiberius
Titus
toga
tribūnus (plēbis)
triclīnium
triumphus
triumvirātus
Vergilius
virtūs

## Wissen: Antike

Acadēmīa
Achillēs
Aegisthus
Aenēās
Aeschylus
Aesculāpius
Aesōpus
Agamemnō(n)
Alexander
Amāzones
amphitheātrum
Andromachē
Andromeda
Archimēdēs
Argō
Argus
Ariadna
Aristophanēs
Aristotelēs
Atlās
Castor
Centaurus
Charōn
Circē
Clytaemnēstra
Croesus
Cybelē
Cyclōps
Daphnē
Dīdō
Diogenēs
elementa
Ēlysium
Epicūrus
Eurīpidēs
Eurōpa

## Grammatik & Co

# Vorwort

Liebe Lehrerinnen und Lehrer, liebe Schülerinnen und Schüler,

bequem nachschlagen und richtig übersetzen – dafür steht das Schülerwörterbuch von PONS. Mit dieser neuen Ausgabe wird es noch einfacher, rasch und richtig zu übersetzen, denn ab jetzt kombinieren wir das gedruckte Buch mit einer **gratis Wörterbuch-App**. Ob im Unterricht, zu Hause oder im Schulbus: Jetzt haben Sie Ihr Wörterbuch immer zur Hand! Wie das geht und was dieses Schülerwörterbuch zum besten Schülerwörterbuch aller Zeiten macht, erfahren Sie hier:

**Der Wortschatz, den man in der Schule braucht:** Damit Sie beim Nachschlagen immer die passende Übersetzung finden, berücksichtigen wir den Wortschatz von Autoren der klassischen und nachklassischen Epoche. So umfasst das Schülerwörterbuch den Wortschatz, den Sie im Lateinunterricht und bei den Hausaufgaben brauchen – von der Klasse 5 bis zum Abitur.

**NEU – gratis App für iOS oder Android:** Mit dieser Ausgabe des Schülerwörterbuchs erhalten Sie zum ersten Mal eine Wörterbuch-App für Ihr Smartphone oder Tablet. So können Sie anhand der bequemen Suchfunktionen blitzschnell von Latein nach Deutsch übersetzen. Und da die App 100 % offline funktioniert, können Sie immer, überall und netzwerkunabhängig nachschlagen. Wie Sie Ihre persönliche App aktivieren, erfahren Sie vorne im Buch auf der Innenseite des Einbands.

**NEU – Prüfungstrainer für die Sekundarstufen I und II:** Steht eine Klassenarbeit oder die Abiturprüfung an, brauchen manche Grammatikkenntnisse eine kleine Auffrischung. Wiederholen Sie die wichtigsten Bestandteile der Grammatik, üben Sie das Übersetzen und machen Sie sich mit unseren Prüfungstrainern für die nächste Arbeit fit. Die Trainer, die jeweils auf die Bedürfnisse von Schülerinnen und Schülern der Sekundarstufen I und II zugeschnitten sind, stehen im Onlinebereich unter **www.pons.de/schülerwörterbuch-latein** als Download für Sie bereit.

**NEU – Arbeitsblätter für den Unterricht:** Mit den Arbeitsblättern zum Schülerwörterbuch werden Schülerinnen und Schüler der Sekundarstufe I zu Nachschlageprofis! Übungen zu Themen wie „Mythen und Götter“ oder „Navigieren im Wörterbuch“ trainieren wichtige Nachschlagekompetenzen und machen dabei jede Menge Spaß. Schauen Sie in unseren Onlinebereich **www.pons.de/schülerwörterbuch-latein** und laden Sie die Arbeitsblätter kostenfrei herunter.

Effektiver nachschlagen, besser übersetzen, leichter lernen: Mit dem neu bearbeiteten Schülerwörterbuch sind Sie für die komplette Schulkarriere besser denn je gerüstet. Wir wünschen Ihnen viel Erfolg.

Ihre
PONS-Redaktion

# Tipps zur Benutzung deines Wörterbuchs

Wenn es darum geht, die richtige Übersetzung zu finden, kann dir dein Wörterbuch eine große Hilfe sein. Vorausgesetzt natürlich, du weißt, wie du all die Informationen, die darin stecken, richtig nutzen kannst. Dabei helfen dir diese Tipps.

## Was ist ein Stichwort?

Stichwörter nennt man die fett gedruckten blauen Wörter, mit denen jeder Wörterbucheintrag beginnt. Alle Stichwörter sind alphabetisch geordnet.

Bindestriche, Schrägstriche, Punkte, Kommas und Wortzwischenräume zählen nicht als Buchstaben. Daher haben wir sie bei der alphabetischen Einordnung nicht berücksichtigt.

**intercīsus**
**inter-clūdō**
**interclūsiō**

Auch Eigennamen, Partizipien und die Stammformen der unregelmäßigen lateinischen Verben findest du als Stichwörter verzeichnet.
Wenn du ein Wort suchst, helfen dir die blauen Wörter in der oberen Ecke auf jeder Seite. So erkennst du auf einen Blick, welche Wörter genau auf der jeweiligen Seite stehen.

**Cleopatra**, ae *f letzte Königin v. Ägypten.*
**abundāns**, *Gen.* antis *(P. Adj. v. abundo)* ❶ *(v. Gewässern)* überflutend, …
**dīxī** *Perf. v. dico*[1].

## Welche Informationen finde ich beim Stichwort?

Zu jedem lateinischen Stichwort erhältst du nicht nur die Übersetzung, sondern auch viele nützliche Angaben, die dir helfen, das Stichwort in einem Text richtig zu verstehen.

Bei Verben findest du:
Die 1. Person Singular Präsens Aktiv bzw. Passiv.

**amō**, amāre
**pūniō**, pūnīre

Zusätzlich zur Grundform wird dir grundsätzlich der Infinitiv angegeben. Zudem erhältst du meistens die Stammformen, außer bei der a- und i-Konjugation, sofern sie regelmäßig sind, z. B. *amāre, pūnīre*. Stammformen werden vollständig ausgeschrieben.

**cubō**, cubāre, cubuī, cubitum
**queror**, querī, questus sum

Bei zusammengesetzten Verben (Komposita) findest du nach der Grundform den Teil der Stammformen, der nach dem Trennungsstrich steht.

**ad-veniō**, venīre, vēnī, ventum
**re-stituō**, stituere, stituī, stitūtum

Sind einzelne Stammformen nicht belegt, tritt an ihre Stelle ein Gedankenstrich.

**af-fluō**, fluere, flūxī, –
**flōrēscō**, flōrēscere, – –

Neben der Grundform findest du an alphabetischer Stelle als Stichwort außerdem:

- Die Infinitive unregelmäßiger Verben.

**velle** *Inf. Präs. Akt. v. volo*[2].

- Die 1. Person Singular Indikativ Perfekt (Aktiv) und das Partizip Perfekt Passiv der Verben der konsonantischen Konjugation, der Verben der gemischten Konjugation und der unregelmäßigen Verben.

**ēmī** *Perf. v. emo.*
**ēmptus** *P. P. P. v. emo.*
**haesī** *Perf. v. haereo.*
**lātus**[1] *P. P. P. v. fero.*

- Partizipien, die als Adjektive verwendet werden, geben wir dir als eigenes Stichwort an.

**abundāns**, *Gen.* antis *(P. Adj. v. abundo)*
**tacitus**, a, um *(Adv. -ē u. -*ō*)* *(P. Adj. v. taceo)*

Diese Angaben findest du bei Substantiven: Nominativ Singular.
Zusätzlich zu dieser Grundform zeigen wir dir die Endung des Genitivs Singular und das Genus (*m, f* oder *n*).

**galea**, ae *f*
**nātiō**, ōnis *f*
**oppidum**, ī *n*
**imber**, bris *m*

Damit du auch bei kurzen Wörtern und in missverständlichen Fällen keine Fehler machst, geben wir dir hier zur Sicherheit den Genitiv vollständig an.

**ōs**[1], ōris *n*
**os**[2], ossis *n*

Bei Adjektiven findest du diese Angaben: Nominativ Singular Maskulinum.
Zusätzlich zu dieser Grundform erhältst du:

- Die Endung bzw. Form des Nominativ Singular Femininum und Neutrum bei dreiendigen Adjektiven.

**laetus**, a, um
**ācer**[2], ācris, ācre

- Die Endung bzw. Form des Nominativ Singular Neutrum bei zweiendigen Adjektiven.

**brevis**, e

- Den Genitiv Singular bei einendigen Adjektiven.

**ferōx**, *Gen.* ōcis
**in-ops**, *Gen.* opis

- Unregelmäßige Komparativ- und Superlativbildungen sowie unregelmäßig gebildete Adverbien findest du auch als eigenes Stichwort angeführt.

**bonus**, a, um (*Komp.* melior, ius; *Superl.* optimus, a, um; *Adv.* bene) …
**melior**, ius *Komp. v. bonus.*
**optimus** *Superl. v. bonus.*

Das Längezeichen (¯) zeigt dir lange Vokale in den lateinischen Stichwörtern.

**prōlētārius**, ī *m (proles)* Bürger der untersten Klasse, *der dem Staat nur m. seiner Nachkommenschaft dient,* Proletarier.

## Welche Erklärungen gibt es zum Stichwort?

Manche lateinischen Wörter kommen nur in einer bestimmten Epoche, bei einzelnen Autoren oder auf einer speziellen Sprachebene vor. Damit du dies immer nachvollziehen kannst, haben wir solche lateinischen Wörter entsprechend markiert.

**calvus**, a, um *(nachkl.)* kahl, glatzköpfig.

Ebenso kannst du erkennen, ob ein Stichwort aus einem bestimmten Fachgebiet stammt.

**interrogātiō**, ōnis *f (interrogo)* ❶ Befragung, Frage; ❷ *(jur. t. t.)* **a)** Verhör …

Bildliche, übertragene Ausdrücke haben wir gekennzeichnet.

**in-vestīgō**, vestīgāre ❶ aufspüren; ❷ *(übtr.)* ausfindig machen, erforschen.

Wenn ein lateinisches Wort ursprünglich aus einer anderen Sprache stammt, erhältst du Informationen zur Herkunft dieses Worts. Wörter aus dem Griechischen werden als *gr. Fw.* gekennzeichnet.

**ostrum**, ī *n (gr. Fw.) (poet.)* Purpur; *(meton.)* Purpurgewand, -decke.

## Besonders wichtige Wörter

Im lateinisch-deutschen Teil deines Wörterbuchs findest du immer wieder Stichwörter, die farbig unterlegt sind. Dies sind Wörter, die man oft braucht und die daher besonders wichtig sind.

**merīdiēs**, ēī *m (medius u. dies)* ❶ Mittag(szeit); ❷ *(meton.)* Süden.

## Ein Wort, mehrere Wortarten

Manche Wörter kommen z. B. als Adjektiv und als Substantiv vor. In diesem Wörterbuch findest du oft unterschiedliche Wortarten in einem Eintrag. Die Wortarten haben wir innerhalb des Eintrags mit einer blauen römischen Ziffer voneinander getrennt, damit du sie gut unterscheiden kannst.

**sacri-legus** *(sacrum u. lego*[1]*)* **I.** *Adj.* a, um ❶ tempelräuberisch; ❷ *(poet.; nachkl.)* gottlos, verrucht; **II.** *Subst.* ī *m* Tempelräuber.

## Ein Wort, mehrere Bedeutungen

Viele Wörter haben mehr als nur eine Bedeutung oder Verwendungsart. Klar, dass diese dann auch unterschiedlich übersetzt werden müssen. Die Ziffern ❶, ❷, ❸, ❹ usw. zeigen dir an, welche Bedeutung oder Verwendung an der jeweiligen Stelle behandelt wird. In manchen Einträgen findest du zusätzlich hinter der Ziffer eine schräg gedruckte Angabe, die dir helfen soll, noch besser zu verstehen, um welche Bedeutung es sich handelt.

**ulna**, ae *f (poet.; nachkl.)* ❶ Ellenbogen; Arm; **-is amplecti** umarmen; ❷ *(übtr., als Längenmaß)* Elle *(0,37 m)*.

## Ein Wort, mehrere Wörterbucheinträge

Es gibt auch Wörter mit mehreren, sehr unterschiedlichen Bedeutungen. In solchen Fällen führen wir jede Bedeutung als gesondertes Stichwort auf und kennzeichnen sie mit einer hochgestellten Ziffer.

**frōns**[1], frondis *f* ❶ Laub; ❷ *(poet.) (meton.)* Laubkranz.
**frōns**[2], frontis *f* ❶ Stirn; ❷ Gesicht(sausdruck) …

## Wichtige Symbole im Wörterbucheintrag

Um dein Wörterbuch so handlich wie möglich zu machen, setzen wir an manchen Stellen Symbole ein. Sie sparen Platz und liefern dir wichtige Informationen. Dies sind die Symbole, denen du beim Nachschlagen häufig begegnen wirst:

| Symbol | Umschreibung des Symbols | |
|---|---|---|
| ~ | ersetzt in Beispielen und Redewendungen das ganze, unveränderte Stichwort; bei den Substantiven ist dies den Nominativ | **secus**[2] *Adv.* ❶ *Pos.* **a)** anders *(als: ac od. quam);* **longe ~** ganz anders; **non (haud) ~ ... ac (quam)** nicht anders ... als, ganz so wie; **b)** schlecht, nicht recht ... |
| [ ] | Verbindungen für typische und häufige Anwendungen | **im-bēcillus**, a, um *u.* **-is**, e ❶ schwach, kraftlos, schwächlich, kränklich; ❷ *(übtr.)* haltlos, ohnmächtig [**regnum; suspicio; accusator**]. |
| < | bedeutet „abgeleitet von, entstanden aus“ | **scī-licet** *Adv. (< scire licet)* ❶ natürlich, selbstverständlich, freilich ... |
| > | steht für „wird zu“ | **in-**[2] *Präfix; Negation in Zusammensetzungen meist m. Adj. od. Adv.* = nicht, ohne, un- *(oft Voll- od. Teilassimilation: vor l* > il-; vor r > ir-; vor b, p, m > im-; vor gn > ī; vor f u. s > īn) [**ingratus; indomitus; illaesus; illiberalis; imperitus; improvidus**]. |
| / | alternative Übersetzung bzw. Wendung | **dis-iungō**, iungere, iūnxī, iūnctum ❶ abspannen [**iuvencos**]; ❷ trennen, sortieren; ❸ unterscheiden; */ P. Adj.* **disiūnctus**, a, um **a)** getrennt, entfernt, fern; **b)** *(übtr.)* abweichend, sich v. etw. unterscheidend ... |
| * | Wort ohne Beleg in der Literatur, also erschlossen | **dē-nuō** *Adv. (< * de-novo)* von neuem, wieder. |

Viel Freude beim Nachschlagen wünscht dir deine

PONS-Redaktion

# A a

**A, a**[1] *(Abk.)* ① *= der Vorname Aulus;* ② *= antiquo* ich verwerfe (den Gesetzesvorschlag); ③ *= absolvo* ich spreche frei; ④ *= anno; so* **A. U. C.** *= anno urbis conditae;* ⑤ **a. u. c.** *= ab urbe condita;* ⑥ **a. d.** *= ante diem.*

**ā**[2], **ab, abs** *a steht nur vor Konsonanten außer h; ab vor Vokalen und h, manchmal auch vor Konsonaten; abs nur in best. Verbindungen wie z. B. abs te* **I.** *Präfix* ① ab-, weg- [**abduco; abiuro**]; ② miss-, un- [**absonus; abusus**]; **II.** *Präp. b. Abl.* ① *(räuml.)* **a)** von, von … her, von … aus, aus; **ab urbe proficisci; longe abesse a finibus; b)** an, auf, in, auf Seiten *(wo der Lateiner woher?, der Deutsche wo? fragt);* **a septentrionibus** im Norden; **ab umero** auf; **a Sabinis** auf Seiten; **a tergo** im Rücken; **ab utraque parte** auf beiden Seiten; **a dextra (parte)** zur Rechten; **a sinistrā** zur Linken; ② *(zeitl.)* **a)** von … an, seit; **ab illo tempore; ab initio; a pueritia** *od.* **a teneris** von Kindheit an; **ab integro** von Neuem; **ab urbe condita; b)** gleich nach, unmittelbar nach; **tacuit ab his** nach diesen Worten; ③ *zur Angabe der Herkunft, Abstammung:* von; **esse ab alqo** v. jmdm. abstammen; ④ *b. Pass. zur Bez. des persönl. Urhebers:* von, durch; ⑤ *b. den Begriffen des Schützens u. Verteidigens:* vor, gegen; **alqm ab iniuriis defendere;** ⑥ *b. den Begriffen des Unterschiedes, des Befreiens, Abhaltens:* von; **differre / liberare ab alqo / a re;** ⑦ *b. den Begriffen des Abschreckens u. Zurückschauderns:* vor; **abhorrere ab alqo / a re;** ⑧ *b. den Begriffen des Nehmens, Empfangens, Hörens, Erfahrens:* von; ⑨ *b. den Verben des Nennens:* nach; **appellare a.**

**abāctus** *P. P. P. v. abigo.*

**abacus,** ī *m (gr. Fw.)* Prunktisch.

**abaliēnātiō,** ōnis *f (abalieno)* Veräußerung.

**ab-aliēnō,** aliēnāre ① entfremden; ② abtreten, veräußern [**agrum**]; ③ berauben *(alqm re);* **abalienati iure civium;** ④ zum Abfall bringen; **oppida abalienata** abtrünnig.

**Abās,** antis *m König in Argos; – Adj.* **Abantēus,** a, um; – **Abantiadēs,** ae *m männl. Nachkomme des Abas: Acrisius, Perseus.*

**ab-avus,** ī *m* Ururgroßvater; Ahn(herr).

**Abdēra,** ōrum *n Stadt in Thrakien; – Einw.* **Abdērītēs,** ae *m* Abderit.

**abdicātiō,** ōnis *f (abdico)* Niederlegung *eines Amtes.*

**ab-dicō,** dicāre ① sich v. etw. lossagen *(se alqa re),* verwerfen, abschaffen, ablegen *(alqd)* [**se humanitate; legem agrariam**]; ② sich v. jmdm. lossagen *(se ab alqo),* jmd. nicht (als den Seinigen) anerkennen, verleugnen, enterben *(alqm);* ③ **a)** *ein Amt* niederlegen *(se alqa re; m. Akk.)* [**se magistratu; consulatum**]; **b)** *(abs.)* abdanken.

**ab-didī** *Perf. v. abdo.*

**abditus,** a, um *s. abdo.*

**ab-dō,** dere, didī, ditum ① entfernen, *(Truppen)* zurückziehen *(in m. Akk., selten in m. Abl., poet. m. Abl. od. Dat.)* [**alqm in insulam** verbannen]; – **se abdere** entweichen, sich zurückziehen [**se in montes; se rus; se in litteras** *od.* **se litteris** sich in die Wissenschaften vertiefen]; ② verbergen, verstecken, vergraben *(in, sub m. Akk. od. m. Abl.; intra; auch m. bl. Abl. u. m. Dat.)* [**aurum in terram; se in suis tectis; vultus frondibus; ferrum lateri** tief hineinstoßen]; / *P. Adj.* **abditus,** a, um **a)** entfernt, unzugänglich; verborgen *(in, sub m. Abl; bl. Abl.; intra)* [**regiones; argentum terris** verborgen, unentdeckt; **b)** zurückgezogen (lebend); **c)** *(übtr.)* geheim [**sensus**]; / *Subst.* **abdita,** ōrum *n (poet.)* entlegene Räume.

**abdōmen,** minis *n* Schmerbauch, Wanst.

**ab-dūcō,** dūcere, dūxī, ductum ① **a)** weg-, fortführen [**cohortes secum; in servitutem**]; **b)** entführen [**uxorem a marito**]; **c)** rauben; ② jmd. zum Abfall verleiten, v. jmdm. weglocken, v. etw. ablenken, abbringen [**servum ab avo; cives a fide; alqm a negotiis**].

**ab-ēgī** *Perf. v. abigo.*

**Abella,** ae *f Stadt in Kampanien, j.* Avella.

**ab-eō,** īre, iī, itum ① weggehen, abreisen; *m. Präp.:* **de Sicilia ~; ex urbe ~;** *m. Abl.:* **magistratu ~** aus dem Amt scheiden; *aber:* **equis ~** zu Pferde; *m. Sup.:* **exulatum ~** in die Verbannung gehen; ② davonkommen, abziehen; **pauci integri abeunt;** ③ vergehen, verstreichen, scheiden, schwinden, *im Perf.* vorbei sein; **abiit annus / tempus; spiritus abiit in auras** verflog; **e vita ~** sterben; ④ eindringen; ⑤ abweichen, abschweifen; ⑥ auf jmd. *od.* etw. übergehen; ⑦ in etw. übergehen, sich in etw. verwandeln; **abeunt studia in mores** werden zur Gewohnheit; **deus in flammas abiit** ging in Flammen auf.

**ab-equitō,** equitāre wegreiten.

**aberrātiō,** ōnis *f (aberro)* Ablenkung, Zerstreuung.

A

**ab-errō**, errāre ❶ abirren, sich verirren; **aberrantes ex agmine naves;** ❷ *(übtr.)* sich irren *(in etw.: Abl.);* ❸ abschweifen [**a proposito; ad alia**]; ❹ v. etw. loskommen [**a miseria**].

**ab-hinc** *Adv.* ❶ *(räuml.)* von hier; ❷ *(zeitl.)* **a)** vor *(m. Akk. u. Abl.);* **b)** von jetzt an.

**ab-horreō**, horrēre, horruī, – ❶ vor etw. zurückschrecken, zurückschaudern *(ab alqa re)* [**a pace; a caede**]; ❷ nicht übereinstimmen mit, abweichen von *(ab alqa re, auch m. Abl. od. m. Dat.);* ~ **a fide** unglaublich sein; **non abhorret vero** es ist wahrscheinlich; – *P. Adj.* **abhorrēns,** *Gen.* entis **a)** fremd; **b)** unpassend; **vestrae istae absurdae atque abhorrentes lacrimae** *(Liv.);* **c)** unverständlich [**carmen**].

**ab-iciō**, icere, iēcī, iectum *(iacio)* ❶ weg-, hinwerfen [*sprichw.* **hastam** (*od.* **hastas**) die Flinte ins Korn werfen]; ❷ zu Boden werfen; *im Kampf* jmd. zu Boden strecken; ein Tier erlegen; ❸ aufgeben [**spem; se** allen Halt verlieren]; ❹ entmutigen; ❺ erniedrigen; */ s. auch abiectus.*

**abiectiō**, ōnis *f (abicio)* Entmutigung.

**abiectus**, a, um *(P. Adj. v. abicio)* ❶ schwunglos, prosaisch [**versus; oratio**]; ❷ bedrückt, entmutigt; ❸ niedrig, gemein [**verba**]; ❹ verworfen [**vita**].

**abiēgnus**, a, um *(abies)* aus Tannenholz [**hastile**].

**abiēs**, etis *f* ❶ Tanne [**secta** Tannenbretter]; ❷ *(poet.) (meton.)* aus Tannenholz gefertigter Gegenstand: **a)** Schiff; **b)** Speer.

**ab-igō**, igere, ēgī, āctum *(ago)* ❶ wegtreiben, verjagen [**anseres de frumento**]; ❷ wegtreiben, rauben [**pecus**]; ❸ abtreiben [**partum**].

**ab-iī** *Perf. v. abeo.*

**abitus**, ūs *m (abeo)* ❶ Weggang, Abzug, Abreise; ❷ *(poet.; nachkl.) (meton.)* Ausgang *(als Ort).*

**ab-iūdicō**, iūdicāre aberkennen, absprechen [**agrum; alci libertatem**].

**ab-iungō**, iungere, iūnxī, iūnctum ❶ *(poet.)* abspannen [**iuvencum**]; ❷ *(übtr.)* trennen, entfernen.

**ab-iūrō**, iūrāre eidlich ableugnen, abschwören.

**Grammatik & Co.**

Der Ablativ erscheint meist als Adverbiale (Umstandsbestimmung) des Ortes, der Zeit, des Grundes oder der Art und Weise. Bei der Übersetzung ins Deutsche geben wir ihn meist mit Hilfe einer zum Kontext passenden Präposition wieder: Athenis „*aus/in* Athen"; aestate „*im* Sommer"; fame „*aus* Hunger"; operibus „*durch* Werke"; silentio „*mit* Stillschweigen/*in* Stille".

In seltenen Fällen finden wir den Ablativ als Objekt und übersetzen entsprechend: Fruor fructibus. – „Ich genieße die Früchte."

**ablātus** *P. P. P. v. aufero.*

**ablēgātiō**, ōnis *f (ablego)* das Wegsenden *(um jmd. loszuwerden)* [**iuventutis ad Veliternum bellum**].

**ab-lēgō**, lēgāre ❶ entsenden, entfernen [**alqm in exilium;** *(m. Sup.)* **pueros venatum**]; ❷ *(übtr.)* abhalten von, hindern an; ❸ *(milit.)* **a)** abkommandieren; **b)** v. seinem Posten verdrängen.

**ab-lūdō**, lūdere, – – *(poet.)* nicht passen auf jmd. *(ab alqo).*

**ab-luō**, luere, luī, lūtum *(lavo)* ❶ abwaschen, reinigen [**manūs; vulnera; se flumine**]; ❷ *(übtr.)* tilgen, beseitigen [**periuria** sich v. Meineid zu reinigen suchen].

**ab-negō**, negāre *(poet.; nachkl.)* verweigern, abschlagen [**coniugium**]; – *abs. u. m. Inf.* sich weigern.

**ab-nepōs**, ōtis *m (nachkl.)* Ururenkel.

**Abnoba**, ae *m (kelt.)* Schwarzwald.

**ab-noctō**, noctāre *(nox) (nachkl.)* auswärts übernachten.

**ab-nōrmis**, e *(norma) (poet.)* regelwidrig.

**ab-nuō**, nuere, nuī, nuitūrus ❶ abwinken; ❷ zurückweisen, abschlagen, verweigern *(abs.; m. de; m. Akk.; m. Inf; m. A. C. I.; non ~ quin);* ❸ *(v. Soldaten)* den Gehorsam verweigern; ❹ verschmähen [**pacem**]; ❺ bestreiten, leugnen.

**aboleō**, abolēre, abolēvī, abolitum ❶ *(poet.; nachkl.)* vernichten, zerstören; ❷ *(übtr.)* beseitigen [**alci magistratum** abnehmen]; ❸ abschaffen, für ungültig erklären [**legem**].

**abolēscō**, abolēscere, abolēvī, – sich verlieren, (ver)schwinden, erlöschen.

**abolēvī** *Perf. v. aboleo u. abolesco.*

**abolitiō**, ōnis *f (aboleo) (nachkl.)* Aufhebung, Abschaffung; Amnestie.

**abolitus** *P. P. P. v. aboleo.*

**ab-ōminor**, ōminārī *u.* **-ōmino**, ōmināre *Unheilverkündendes* (hin)wegwünschen, verabscheuen, verwünschen; **quod abominor** was Gott verhüte; **abominandum nomen** verabscheuenswert.

**Imperium Romanum**

**Aborīginēs** (num *m*), „Aboriginer", nannten die Römer das Volk, das vom Ursprung her („ab origine") in Latium, und zwar in der Gegend von Reate (dem heutigen Rieti), ansässig gewesen war. Römischer Überlieferung nach vermischten sich die

A

eingewanderten Trojaner um Äneas mit den Aboriginern und bildeten mit ihnen gemeinsam das Volk der Latiner. Heute wird der Name „Aborigines“ in englischer Aussprache für die Ureinwohner Australiens verwendet. Das Recht auf die eigene Heimat begründen viele Völker damit, die Ureinwohner, die „Aborigines“, zu sein.

**abortīvus**, a, um *(abortus) (poet.)* zu früh geboren.
**abortus**, ūs *m* Früh-, Fehlgeburt.
**ab-rādō**, rādere, rāsī, rāsum ❶ wegkratzen, abscheren; ❷ *(übtr.) jmdm. v. seinem Vermögen etw.* abpressen *(alqd ab alqo)*.
**ab-ripiō**, ripere, ripuī, reptum *(rapio)* ❶ fortraffen, fortreißen; **abripi tempestate ab Africa ad insulam** verschlagen werden; **se abripere** davonstürmen; ❷ entreißen, rauben, entführen [**signa** Feldzeichen; **virginem**].
**abrogātiō**, ōnis *f (abrogo)* Abschaffung [**legis**].
**ab-rogō**, rogāre ❶ *durch Volksbeschluss* abschaffen, aufheben [**legem**]; ❷ zunichtemachen, vernichten; ❸ *jmdm. ein Staatsamt* abnehmen [**alci magistratum / imperium**]; ❹ entziehen [**alci fidem** den Kredit].
**ab-rumpō**, rumpere, rūpī, ruptum ❶ ab-, losreißen [**se** sich losreißen]; ❷ *(übtr.)* trennen [**equites ab exercitu**; **plebs velut abrupta a populo** abgeschnitten]; ❸ *(poet.; nachkl.)* zerreißen, (zer)sprengen [**pontem** abbrechen; **ordines** durchbrechen]; ❹ *(poet.; nachkl.) (übtr.)* unterbrechen; stören; aufheben [**somnos; coniugium**]; ❺ *(nachkl.)* vereiteln [**spem**]; ❻ *(poet.; nachkl.) (übtr.)* verletzen [**fas**]; brechen [**fidem**].
**abruptiō**, ōnis *f (abrumpo)* Ehebruch.
**abruptum**, ī *n (abruptus)* ❶ *(poet.; nachkl.)* Abgrund; ❷ *(nachkl.) (übtr.)* Verderben; **in -um trahere**.
**abruptus**, a, um *(P. Adj. v. abrumpo) (poet.; nachkl.)* ❶ steil, abschüssig, schroff [**ripa**]; ❷ *(übtr.)* schroff.
**abs** *s. $a^2$*.
**abs-cēdō**, cēdere, cessī, cessum ❶ weggehen, sich entfernen; *(milit.)* abziehen, sich zurückziehen; ❷ weichen, vergehen; ❸ verloren gehen; **urbes, quae regno** *(Dat.)* **abscedunt**.
**abscessiō**, ōnis *f (abscedo)* das Zurückweichen; Abnahme.
**abscessus**, ūs *m (abscedo)* Weggang; *im Kampf:* Abzug.
**abs-cīdō**, cīdere, cīdī, cīsum *(caedo)* ❶ abhauen, abschneiden; ❷ trennen; ❸ entziehen, nehmen; **abscisis omnibus praesidiis** Unterstützung.
**ab-scindō**, scindere, scidī, scissum ❶ ab-, losreißen *(alqd a, de re od. alqd re)* [**tunicam a pectore; umeris vestem**]; ❷ trennen [**caelo terras**]; ❸ *(poet.)* entziehen.
**abscīsus**, a, um *(P. Adj. v. abscido)* ❶ steil, schroff [**rupes**]; ❷ *(nachkl.) (v. der Rede)* abgebrochen.
**absconditus**, a, um *(P. Adj. v. abscondo)* ❶ versteckt; ❷ *(übtr.)* geheim, unbekannt.
**abs-condō**, condere, condī *u.* condidī, conditum ❶ verbergen, verstecken *(in m. Abl. od. m. bl. Abl.)* [**se in tenebris**]; ❷ ein-, verhüllen, unsichtbar machen; – **abscondi** sich unsichtbar machen = untergehen; ❸ verheimlichen.
**absēns**, *Gen.* entis *(P. Adj. v. absum)* ❶ *(v. Personen)* abwesend; **me absente** in meiner Abwesenheit; ❷ *(poet.) (v. Orten u. Dingen)* fern, entfernt.
**absentia**, ae *f (absens)* Abwesenheit.
**ab-similis**, e unähnlich, *gew. non ~ m. Dat.*
**absinthium**, ī *n (gr. Fw.) (poet.)* Wermut.
**ab-sistō**, sistere, stitī, – ❶ weggehen, sich entfernen, *(milit.)* abtreten *(ab; m. bl. Abl.)* [**limine;** *(milit.)* **a signis**]; ❷ v. etw. ablassen, aufgeben, aufhören *(m. Abl.; m. Inf.)* [**pugnā; obsidione; spe**].
**absolūtiō**, ōnis *f (absolvo)* ❶ Freisprechung, Befreiung *(von: m. Gen.)*; ❷ Vollendung, Vollkommenheit [**corporis**].
**absolūtōrius**, a, um *(absolvo) (nachkl.)* freisprechend.
**absolūtus**, a, um *(P. Adj. v. absolvo)* ❶ vollendet, vollkommen [**officium**]; ❷ uneingeschränkt, unbedingt [**necessitudo**].

**Grammatik & Co.**
**Ablativus absolutus:** Hierbei handelt es sich um die – eigentlich falsche – Bezeichnung für ein mit Partizip gebildetes Adverbiale (Umstandsbestimmung), einen Satzteil also, der die Begleitumstände des Hauptsachverhalts des Satzes wiedergibt, z. B. „Caesar *Ariovisto superato* iter in Italiam fecit.“ Wir klammern zuerst den Ablativus absolutus *Ariovisto superato* ein, legen dann das logische Verhältnis zur Haupthandlung fest und übersetzen ihn schließlich in einem Nebensatz. Temporal: „*Als* Ariovist besiegt worden war“; kausal: „*Weil* Ariovist besiegt worden war“; konzessiv: „*Obwohl* Ariovist besiegt worden war“; modal: „*Dadurch, dass* Ariovist besiegt worden war“. Aus dem Partizip (hier *superato*) wird also das Prädikat des Nebensatzes. Das Partizip Präsens drückt Gleichzeitigkeit, das Partizip Perfekt Vorzeitigkeit im Verhältnis zur Haupthandlung aus.

A

Manchmal können wir den Ablativus absolutus auch knapper in Form eines Präpositionalausdrucks übersetzen. Tempora: „*Nach* der Unterwerfung des Ariovist" (bei Gleichzeitigkeit „*während*"); kausal: „*Wegen* der Unterwerfung des Ariovist"; konzessiv: „*Trotz* der Unterwerfung des Ariovist".
In bestimmten Fällen haben wir die Möglichkeit, den Ablativus absolutus auch in Form einer Beiordnung zu übersetzen: „Ariovist war besiegt *und da/daher/trotzdem* marschierte Cäsar nach Italien".
Der Ablativus absolutus darf aber nie übergeordnet werden, d. h., wir dürfen die Haupthandlung nicht als Nebensatz oder als Satzteil der Aussage des Ablativus absolutus unterordnen.

**ab-solvō**, solvere, solvī, solūtum ❶ loslösen, befreien *(v. etw.: Abl. od. Gen.; v. jmdm.: ab alqo)* [**consulem regni suspicione**]; ❷ *(vor Gericht)* freisprechen von *(m. Gen.; selten m. bl. Abl. od. de)* [**capitis** v. der Todesstrafe]; ❸ vollenden, beenden; ❹ *(einen Gläubiger)* abfertigen.

**ab-sonus**, a, um ❶ misstönend, disharmonisch [**clamores**]; ❷ unvereinbar, nicht entsprechend *(ab; Dat.)*.

**ab-sorbeō**, sorbēre, sorbuī, – ❶ verschlingen, hinunterschlürfen; ❷ *(übtr.)* mit sich fortreißen.

**abs-tēmius**, a, um *(vgl. temetum) (poet.)* enthaltsam, mäßig.

**abstentus** *P. P. P. v. abstineo.*

**abs-tergeō**, tergēre, tersī, tersum ❶ abwischen, abtrocknen [**lacrimas**]; ❷ *etw. Unangenehmes* vertreiben [**dolorem**].

**abs-terreō**, terrēre, terruī, territum ❶ wegscheuchen, verjagen [**hostem**]; ❷ abschrecken *(m. ab; bl. Abl.; non ~ quin m. Konj.)*.

**abstinēns**, *Gen.* entis *(P. Adj. v. abstineo)* ❶ enthaltsam *(m. Gen.)* [**pecuniae**]; ❷ uneigennützig.

**abstinentia**, ae *f (abstinens)* ❶ Enthaltsamkeit *(m. Gen.; ab)*; ❷ *(nachkl.)* das Fasten, Hungern; **-ā vitam finire**; ❸ Genügsamkeit; ❹ Uneigennützigkeit.

**abs-tineō**, tinēre, tinuī, tentum *(teneo)* **I.** *trans.* ab-, zurückhalten *(ab od. bl. Abl.; Dat. der Person)* [**manus ab alqo; ignem ab aede; hostes urbe**]; **II.** *intr. od. se ~ (m. Abl. od. ab; poet. Gen.; verneint m. quin u. Konj.)* ❶ sich enthalten, fernbleiben [**proelio; publico** nicht ausgehen; **a voluptatibus**]; ❷ (ver)schonen [**Tarento; a mulieribus atque infantibus**].

**ab-stitī** *Perf. v. absisto.*

**ab-stō**, stāre, – – *(poet.)* abseits stehen.

**abs-trahō**, trahere, trāxī, tractum ❶ wegziehen, fortschleppen *(m. ab; de; ex; bl. Abl.; Dat.; ad alqm; ad, in alqd)* [**filiam de matris complexu; naves e portu; ad supplicium**]; ❷ *(übtr.)* entfernen, trennen *(ab; bl. Abl.; ex)* [**hostes commeatu** abschneiden]; – **se ~ a re** sich v. etw. losmachen, sich befreien; ❸ *(übtr.)* jmd. v. etw. abhalten *(ab)* [**ducem ab oppugnanda Capua**]; ❹ *(übtr.)* zum Abfall verleiten *(alqm ab alqo)*; ❺ *(übtr.)* zu etw. hinreißen [**in partes** in Parteien spalten; **in pravum** verleiten].

**abs-trūdō**, trūdere, trūsī, trūsum verbergen, verstecken *(in m. Akk.; in m. Abl.)* [**se in silvam**; *übtr.* **dolorem**].

**abstrūsus**, a, um *(P. Adj. v. abstrudo)* ❶ verborgen; ❷ *(vom Char.)* verschlossen.

**abs-tulī** *Perf. v. aufero.*

**ab-sum**, abesse, āfuī, āfutūrus ❶ abwesend, fern sein; *auch:* in der Verbannung sein *(ab; ex; bl. Abl.)* [**(a) foro; ab** (*od.* **ex**) **urbe**]; ❷ fernbleiben, nicht teilnehmen *(ab; bl. Abl.)* [**a periculis** sich fernhalten]; ❸ jmdm. nicht beistehen *(Dat. od. ab)*; ❹ geistig abwesend sein; ❺ nicht vorhanden sein, fehlen *(ab; Dat.)*; ❻ *v. etw. Unangenehmem* befreit sein *(ab)* [**a culpa**]; ❼ entfernt, getrennt sein *(ab; bl. Abl.)*; ❽ sich unterscheiden *(ab)*; ❾ unpassend sein für *(ab)* [**a principis persona**]; ❿ *(übtr.)* fernstehen; *unpers. Redewendungen:* **a) non multum / paulum / nihil abest, quin** es fehlt nicht viel / wenig / nichts daran, dass = beinahe; **b) tantum abest, ut ... ut** weit davon entfernt, ... zu ..., ... vielmehr; / *Konj. Imperf. auch āforem = abessem; Inf. Fut. āfore = āfutūrum esse.*

**ab-sūmō**, sūmere, sūmpsī, sūmptum ❶ verbrauchen, verzehren [**vires**]; ❷ vergeuden, verprassen [**pecuniam**]; ❸ *(Zeit)* verbringen, vergeuden [**tempus dicendo**]; ❹ vernichten, beseitigen; **multos pestilentia absumpsit**.

**absurdus**, a, um ❶ misstönend; **-e canere** falsch; ❷ abgeschmackt, unpassend *(für: ab; Dat.)*; *– absurdum est m. Inf.*; ❸ *(v. Personen)* unbegabt, ungeschickt; *oft:* **non** (*od.* **haud**) **absurdus** gescheit.

**Absyrtus**, ī *m Sohn des Äetes, Bruder der Medea.*

**abundāns**, *Gen.* antis *(P. Adj. v. abundo)* ❶ *(v. Gewässern)* überflutend, wasserreich; ❷ im Überfluss vorhanden [**multitudo** Überzahl]; ❸ *(übtr.)* (über)reich *(an: m. Gen.; Abl.)* [*(abs.)* **oratio** überladen]; **abundanter dicere** (*od.* **loqui**) wortreich, ausführlich; ❹ *(v. Personen)* im Überfluss lebend.

**abundantia**, ae *f (abundo)* ❶ Überfluss, Überfülle *(an: m. Gen.)* [**pecuniae; volupta-**

**tum**]; ❷ *(nachkl.)* Reichtum.

**abundē** *Adv. (abundo)* im Überfluss, übergenug [**vituperare; magnus**].

**ab-undō**, undāre *(unda)* ❶ *(v. Gewässern)* überfluten, -fließen, über die Ufer treten; ❷ im Überfluss, in Fülle vorhanden sein; **velut abundarent omnia** als wäre an allem Überfluss; ❸ etw. im Überfluss haben *(m. Abl.)* [**copiā frumenti**]; *abs.* im Überfluss leben.

**abūsiō**, ōnis *f (abutor 4.) Gebrauch eines Wortes in uneigtl. Bedeutung,* Katachrese.

**ab-ūsque** *Präp. b. Abl., auch nachgest. (poet.; nachkl.)* ❶ *(räuml.)* von … her [**Oceano**]; ❷ *(zeitl.)* seit.

**abūsus**, ūs *m (abutor)* Verbrauch.

**ab-ūtor**, ūtī, ūsus sum *(m. Abl.)* ❶ verbrauchen, verschwenden; ❷ in vollem Maße benutzen, ausnützen [**otio** genießen]; ❸ missbrauchen [**patientiā nostrā**]; ❹ *(rhet.) ein Wort* im uneigtl. Sinne gebrauchen.

**Abȳdus**, **Abȳdos**, ī *f u.* **Abȳdum**, ī *n Stadt in Kleinasien am Hellespont; – Adj.* **Abȳdēnus**, a, um [**aquae** Hellespont]; – *Subst.* **Abȳdēnus**, ī *m* Leander; *Pl.* die Abydener.

**ac** *s. atque.*

**Acadēmīa**, ae *f* ❶ Akademie, *ein Hain b. Athen, Lehrort Platos; (meton.)* die akademische Philosophie; – *Adj.* **Acadēmicus**, a, um zur Akademie gehörig, akademisch; – *Subst.* **Acadēmicī** die Akademiker, *die Schüler Platos u. Anhänger der akadem. (platon.) Philosophie;* ❷ *das nach der athen. Akademie v. Cicero als Anhänger dieser Philosophie benannte Gymnasium auf seinem Landgut in Tusculum.*

**Wissen: Antike**

**Acadēmīa** hieß die philosophische Schule, die Plato (427–347 v. Chr.) in der Nähe eines gleichnamigen Hains 387 v. Chr. bei Athen gründete, und die bis zum Jahre 529 n. Chr. bestand. Cicero nennt so auch die platonische Denkrichtung selbst, welche von den Ideen als Urbild und Ursache alles Seienden ausgeht. Schüler und Anhänger der platonischen Philosophie nennt Cicero **Acadēmicī**. Heute werden wissenschaftliche Ausbildungsstätten allgemein „Akademie“ und Universitätsabsolventen „Akademiker“ genannt.

**acalanthis**, idis *f (gr. Fw.) (poet.)* Distelfink, Stieglitz.

**acanthus**, ī *(gr. Fw.) (poet.)* ❶ *m* Bärenklau *(breitblättrige Zierpflanze), oft auf Kunstwerken, Säulen u. Gewändern nachgeahmt;* ❷ *f* Schotendorn *(ein stachliger Baum in Ägypten).*

**Acarnānia**, ae *f* Akarnanien, *Landschaft Mittelgriechenlands; – Einw.* **Acarnān**, ānis *m;* – *Adj.* **Acarnān(ic)us**, a, um.

**Acca Lārentia**, ae *f (Larenmutter) röm. Flurgöttin, der Sage nach Gattin des Hirten Faustulus, Pflegemutter von Romulus u. Remus.*

**ac-cēdō**, cēdere, cessī, cessum *(ad; in m. Akk.; bl. Akk.; Dat.; abs.)* ❶ herankommen, sich nähern [**ad aedes; ad urbem**]; ❷ sich an jmd. wenden; **senatus supplex accedit ad Caesarem;** ❸ als Feind herannahen, anrücken [**ad castra; ad moenia; muris**]; ❹ *(übtr.)* gelangen [**in infamiam** geraten]; ❺ sich einstellen, eintreten; **fama ad nos accedit; accedunt anni** das Alter stellt sich ein; ❻ *eine Tätigkeit* übernehmen, sich befassen [**ad rem publicam** in den Staatsdienst treten]; ❼ zustimmen [**ad sententiam alcis**]; ❽ *(beim Vergleich)* nahekommen, ähnlich sein [**propius ad deos**]; ❾ hinzukommen, zunehmen; (**huc** *od.* **eo**) **accedit quod** *od.* **ut** hinzu kommt, dass.

**ac-celerō**, celerāre **I.** *trans.* beschleunigen [**gradum**]; **II.** *intr.* (herbei)eilen.

**ac-cendō**, cendere, cendī, cēnsum ❶ in Brand setzen, anzünden [**ignem; aras** Feuer auf den Altären]; ❷ erhitzen; ❸ erhellen; **luna accensa solis radiis;** ❹ *(übtr.)* anfeuern, entflammen *(durch etw.: Abl.; zu etw.: ad od. in m. Akk.; poet.: Dat.)* [**animos ad virtutem; animos bello**]; ❺ entfachen, schüren [**seditionem**]; ❻ vermehren, vergrößern [**discordiam**]; *im Pass. auch:* steigen, wachsen.

**ac-cēnseō**, cēnsēre, –, cēnsum (hin)zurechnen, zugesellen.

**accēnsus**[1], a, um *P. P. P. v. accendo u. accenseo.*

**accēnsus**[2], ī *m (accenseo)* ❶ Gerichtsbote, Amtsdiener *eines höheren Beamten;* ❷ *(milit.) gew. Pl.* **accēnsī**, ōrum *m* Reservemannschaft, Ersatzleute, *die in den hintersten Reihen der dritten Schlachtlinie (der Triarier) standen, auch* **accensi velati** *genannt.*

**ac-cēpī** *Perf. v. accipio.*

**acceptiō**, ōnis *f (accipio)* Empfang [**frumenti**].

**acceptor**, ōris *m (accipio) (poet.) = accipiter.*

**acceptus**, a, um *(P. Adj. v. accipio)* willkommen, angenehm, lieb, gern gesehen *(wem? od. bei wem? m. Dat.)* [**plebi**].

**accersō** = *arcesso.*

**ac-cessī** *Perf. v. accedo.*

**accessiō**, ōnis *f (accedo)* ❶ das Herangehen, Annäherung; ❷ Zuwachs, Vermehrung [**pecuniae; dignitatis; virium**]; ❸ etw. Hinzukommendes, Hinzugefügtes: **a)** *(philos.)* Zusatz; **b)** Anhang; **c)** Anbau *(an ein Gebäude).*

**accessus**, ūs *m (accedo)* ❶ Annäherung, das Herankommen, -nahen; ❷ Zutritt; **dare alci**

A

**accessum;** ❸ Zugang(sstelle); ❹ Neigung *(zu: ad)* [**ad res salutares**].

**ac-cidō**[1], cidere, cidī, – *(ad u. cado)* ❶ hin-, niederfallen, sich niederwerfen, niedersinken *(auf, zu etw.: ad; in m. Akk.; Dat.; poet.: bl. Akk.)* [**ad pedes**]; ❷ *(v. sinnl. Wahrnehmungen)* **a)** (hin)dringen, gelangen *(zu: ad; Dat.)*; **vox accidit ad hostes; b)** *abs.* zu Ohren dringen; **fama accidit;** ❸ sich ereignen, geschehen; **calamitas accidit;** – *m. Dat.* widerfahren, zustoßen; – *unpers.* **accidit** es ereignet sich, es geschieht, kommt vor *(m. ut; quod; Inf.; A. C. I.)*; ❹ ausfallen, ablaufen *(für jmd.: m. Dat.)* [**bene; alci opportune**].

**ac-cīdō**[2], cīdere, cīdī, cīsum *(ad u. caedo)* ❶ anhauen, anschneiden [**crines** stutzen; **dapes** verzehren]; ❷ schwächen, schwere Verluste beibringen; *im Pass. auch:* schwere Verluste erleiden.

**ac-cingō**, cingere, cīnxī, cīnctum ❶ **a)** angürten [**lateri ensem**]; **b)** umgürten; **miles non accinctus** unbewaffnet; ❷ ausrüsten, ausstatten; **Britannia tot accincta portibus;** ❸ **se ~** *u. mediopass.* **accingi** sich rüsten, sich bereitmachen *(zu, für: ad; in m. Akk.; Dat.)* [**in proelium**].

**ac-ciō**, cīre, cīvī, cītum herbeirufen, kommen lassen; – *P. Adj.* **accītus,** a, um eingeführt, ausländisch.

**ac-cipiō**, cipere, cēpī, ceptum *(ad u. capio)* **I.** *(unter aktiver Mitwirkung des Subjektes)* in Empfang nehmen: ❶ annehmen, sich geben lassen; einnehmen [**ius iurandum** sich schwören lassen; **rationes** sich eine Rechnung geben lassen]; ❷ *(Lasten)* auf sich nehmen, übernehmen; ❸ billigen, gutheißen; sich mit etw. zufrieden geben, annehmen [**pacem**]; ❹ als gültig erkennen, annehmen; [**omen; augurium**] ❺ aufnehmen, empfangen [**milites urbe tectisque; armatos in arcem; alqm in civitatem** jmdm. das Bürgerrecht verleihen]; ❻ *(als Gast)* aufnehmen, bewirten [**alqm bene**]; ❼ geistig aufnehmen, wahrnehmen [**alqd auribus / sensu**]; ❽ vernehmen, erfahren [**nuntium**]; ❾ auslegen, deuten [**in omen** als Vorzeichen]; **II.** *(ohne aktive Mitwirkung des Subjektes)* empfangen: ❶ erhalten, empfangen [**hereditatem**]; ❷ erleiden [**cladem; iniuriam**].

**accipiter**, tris *m (Abl. Sg.* -tre; *Gen. Pl.* -trum*)* Habicht, Falke.

**accīsus** *P. P. P. v. accido*[2].

**accītū** *(accio)* auf Vorladung.

**accītus** *s. accio.*

**Accius**, a, um *röm. nomen gentile:* **L. ~** *röm. Tragiker, geb. um 170 v. Chr.;* – *Adj.* **Acciānus,** a, um.

**acclāmātiō**, ōnis *f (acclamo)* Zuruf: ❶ *als Ausdruck des Missfallens;* ❷ Beifall.

**ac-clāmō**, clāmāre ❶ zurufen *(mit Missfallen od. beifällig)* ❷ ausrufen als *(m. dopp. Akk.)*.

**ac-clārō**, clārāre *(ad u. clarus)* klarmachen, offenbaren.

**acclīnis**, e *(acclino)* ❶ sich anlehnend, angelehnt *(an etw.: m. Dat.)* [**parieti**]; ❷ *(übtr.)* neigend zu, zugeneigt.

**ac-clīnō**, clīnāre anlehnen, hinneigen *(an, zu etw.: Dat.; an jmd.: in alqm); (übtr.)* **se ~** (zu) geneigt sein [**ad causam senatūs**].

**ac-clīvis**, e *(ad clivum)* sanft ansteigend.

**acclīvitās**, ātis *f (acclivis)* sanfte Steigung, Erhebung.

**ac-clīvus**, a, um *(ad clivum) (poet.)* sanft ansteigend.

**accola**, ae *m (accolo)* Anwohner, Nachbar; **-ae Cereris** des Ceres-Tempels; **-ae fluvii** Nebenflüsse.

**ac-colō**, colere, coluī, – benachbart sein, in der Nähe wohnen *(von: m. Akk.)* [**mare; Tiberim**].

**accommodātiō**, iōnis *f (accommodo)* Anpassung; Rücksichtnahme.

**accommodātus**, a, um *(P. Adj. v. accommodo)* angepasst, geeignet für *(ad; Dat.)*; **puppes ad magnitudinem fluctuum tempestatumque -ae; exemplum temporibus suis -um.**

**ac-commodō**, commodāre *(ad; Dat.)* ❶ anpassen, anlegen, aufsetzen [**clipeum ad dorsum; lateri ensem**]; ❷ *(übtr.)* an-, zupassen; ❸ auf etw. verwenden, widmen [**operam studiis**]; **se ~** sich widmen [**ad rem publicam**].

**accommodus**, a, um passend, geeignet für *(m. Dat.; ad)*.

**ac-crēdō**, crēdere, crēdidī, crēditum Glauben schenken.

**ac-crēscō**, crēscere, crēvī, crētum ❶ hinzuwachsen, hinzukommen *(m. Dat.)*; ❷ (her) anwachsen, zunehmen, sich vermehren; **filius accrescens; accrescit dolor.**

**accrētiō**, ōnis *f (accresco)* Zunahme.

**accubitiō**, ōnis *f (accumbo)* das Sich-zu-Tisch-Legen.

**accubitum** *P. P. P. v. accumbo.*

**ac-cubō**, cubāre *(nur Präs.)* ❶ liegen *(bei etw.: m. Dat.)*; ❷ bei Tische liegen [**in convivio; cum alqo** jmd. zum Tischnachbar haben; **apud alqm** bei jmdm. als Gast].

**ac-cumbō**, cumbere, cubuī, cubitum ❶ sich hinlegen; ❷ sich zu Tisch legen, zum Essen Platz nehmen [**in epulo; epulis** *(Dat.)*; **alqm** neben jmdm.].

**accumulātor**, ōris *m (accumulo) (nachkl.)* „Anhäufer" [**opum**].

**ac-cumulō**, cumulāre *(cumulus)* ❶ anhäufen; ❷ erweisen [**alci honorem**]; ❸ überhäufen [**alqm donis**]; ❹ erhöhen, steigern [**curas**].

**accūrātiō**, ōnis *f (accuro)* Sorgfalt.

**accūrātus**, a, um *(P. Adj. v. accuro)* sorgfältig, genau; **-e loqui / scribere**.

**ac-cūrō**, cūrāre sorgfältig betreiben, pünktlich besorgen.

**ac-currō**, currere, (cu)currī, cursum herbeieilen, -laufen [**auxilio** zu Hilfe eilen].

**accursus**, ūs *m (accurro) (nachkl.)* das Herbeilaufen.

**accūsābilis**, e *(accuso)* anklagenswert, strafbar.

**accūsātiō**, ōnis *f (accuso)* ① Anklage, Beschwerde *(Gen. subi.: jmds.; Gen. obi.: gegen, über, wegen)*; ② *(meton.)* Anklageschrift.

**accūsātor**, ōris *m (accuso)* ① Beschuldiger; Ankläger; ② *(nachkl.)* Denunziant.

**accūsātōrius**, a, um *(accusator)* Ankläger-, Advokaten- [**artificium** Advokatenkniff].

**accūsātrīx**, īcis *f (accusator) (nachkl.)* Angeberin.

**ac-cūsō**, cūsāre *(ad u. causa)* ① *vor Gericht* anklagen; **alqm ambitūs / coniurationis ~; alqm de vi / crimine ~; inter sicarios ~** weg. Meuchelmordes; **alqm capitis ~** auf Leben u. Tod; ② tadeln, jmdm. Vorwürfe machen, sich beklagen üb. jmd. *od.* üb. etw. *(alqm de re; alqm alcis rei; alqd alcis)* [**alqm de epistularum neglegentia; regem temeritatis; superbiam alcis**].

**acer**[1], eris *n (poet.)* Ahorn(baum).

**ācer**[2], ācris, ācre *(acies)* ① scharf, spitz [**ferrum**]; ② scharf [**cibus**]; ③ schneidend, beißend [**tempestas**]; ④ durchdringend *(f. das Gehör)*, grell [**vox**]; ⑤ scharf, penetrant *(v. Geruch)*; ⑥ *(vom Sehvermögen u. Ä.)* durchdringend, scharf [**sensus videndi**]; ⑦ *(f. die optische Wahrnehmung)* grell [**splendor**]; ⑧ schmerzlich, peinigend [**dolor; memoria** schmerzliches Andenken]; ⑨ scharf(sinnig), treffend; **vir acri ingenio**; ⑩ *(vom Char.)* energisch, tatkräftig; ⑪ *(v. Char. u. Affekten)* hitzig, heftig [**ira**]; ⑫ streng, grimmig; ⑬ hart, grausam [**supplicium**].

**acerbitās**, tātis *f (acerbus)* ① Herbheit [**fructuum**]; ② Strenge, Härte [**imperii**]; ③ Unfreundlichkeit; ④ Traurigkeit; ⑤ Missgeschick.

**acerbō**, acerbāre *(acerbus) (poet.)* verschlimmern.

**acerbus**, a, um *(acer*[2]*)* ① herb, bitter, sauer *(vom Geschmack), dah. auch:* unreif; ② *(übtr.)* noch unreif, unfertig, vorzeitig; ③ *(f. das Gehör)* gellend, grell [**vox**]; ④ schneidend, rau [**frigus**]; ⑤ *(vom Gesicht)* finster [**vultus**]; ⑥ *(v. Personen)* grausam, hart, unfreundlich; ⑦ *(vom Ausgeübten)* streng, grausam [**imperium**]; ⑧ *(v. Zuständen)* bitter, schmerzlich [**recordatio**]; / *Adv.* **acerbē** mit Unwillen: **-e ferre**.

**acernus**, a, um *(acer*[1]*) (poet.)* aus Ahornholz.

**acerra**, ae *f* Weihrauchkästchen.

**Acerrae**, ārum *f Stadt in Kampanien; – Einw.* **Acerrānī**, ōrum *m.*

**acervātim** *Adv. (acervo)* gedrängt, summarisch [**dicere**].

**acervō**, acervāre *(acervus)* (auf)häufen.

**acervus**, ī *m* ① Haufen [**frumenti**]; ② Menge, Masse [**scelerum; civium**].

**acēscō**, acēscere, acuī, – *(acer*[2]*) (Incoh. v. aceo) (poet.)* sauer werden.

**acētum**, ī *n (acer*[2]*)* ① Essig; ② *(poet.)* beißender Witz.

**Achaemenēs**, is *m Ahnherr der altpersischen Könige; – Adj.* **Achaemenius**, a, um persisch, parthisch.

**Achaeus**, ī *m Stammvater der Achäer.*

**Achāia**, ae *f* ① *die Landschaft* Achaja *an der Nordküste der Peloponnes;* ② *seit 146 v. Chr. Bez. f. ganz* Griechenland *(ausgenommen Thessalien) als röm. Provinz; / Einw.* **Achaeī**, ōrum *m* Achäer, *Bew. v. Achaia; /* **Achāias**, iadis *f* Achäerin; / **Achais**, idis *f* Achäerin, *poet.* Griechenland; / *Adj.* **Achāicus** *u.* **Achīvus**, a, um achäisch, griechisch.

**Achelōus**, ī *m* ① *Fluss Griechenlands zw. Akarnanien u. Ätolien;* ② *Flussgott; – Adj.* **Achelōius**, a, um zum Achelous gehörig, des Achelous [**Callirhoë** *Tochter des Achelous;* **pocula** voll Wasser].

**Acherōn**, ontis *m (Akk.* -ontem *u.* -onta*)* ① *mythol. Fluss der Unterwelt;* ② *(poet.) (meton.)* Unterwelt; ③ *Fluss in Bruttium;* ④ *Fluss in Epirus.*

**Acherūns**, untis *m (f) (< Acheron)* = Acheron, *bes. in der Bedeutung:* Unterwelt; – *Adj.* **Acherunticus** *u.* **Acherū(n)sius**, a, um.

**Wissen: Antike**

**Achillēs** (is *m*), Sohn des Peleus, des Königs von Thessalien und der Neröide Thetis, ist einer der griechischen Helden der Sage vom Trojanischen Krieg. Der Zorn des stark von seinen Gefühlen geleiteten Achilles ist das Thema von Homers Ilias. Achilles zeichnete sich durch besondere Kraft und Schönheit aus. Daher wurde sein Name auch zur Bezeichnung für schöne, kräftige und heldenhafte Männer verwendet.

**Achillēus**, a um des Achilles.

**Achillīdēs**, ae *m Nachkomme des Achilles.*

**Achīvī**, ōrum *m* Achiver, Griechen; – *Adj.* **Achīvus**, a, um.

**Achradina**, ae *f Stadtteil v. Syrakus.*

A

**Grammatik & Co.**

**Accusativus cum infinitivo:** „Magister *te hoc legere et attentum esse/fuisse* dicit/putat/videt." – „Der Lehrer behauptet/meint/sieht, *dass du liest und aufmerksam bist/warst.*" Zwischen Subjekt und Prädikat hat sich hier ein ausgedehntes **Akkusativobjekt** in Form eines Accusativus cum infinitivo (A.C.I.) eingeschoben. Daraus bilden wir bei der Übersetzung ins Deutsche einen **Objektnebensatz mit „dass".** Aus dem Akkusativ des A.C.I. wird das Subjekt, aus dem Infinitiv das Prädikat des dass-Satzes. Der Infinitiv Präsens drückt im A.C.I. Gleichzeitigkeit zum übergeordneten Verb aus, der Infinitiv Perfekt Vorzeitigkeit und der Infinitiv Futur Nachzeitigkeit. Ein kleiner Tipp: Vor allem Verben, die ein *Sagen, Meinen* oder *Wahrnehmen* ausdrücken, können einen Sachverhalt, ohne einen Nebensatz zu bilden, knapp in einem A.C.I. ansprechen.

**Acīdalia**, ae *f Beiname der Venus nach der Quelle Acidalia in Böotien; – Adj.* **Acīdalius**, a, um.

**acidus**, a, um *(acer[2]) (poet.; nachkl.)* ① sauer; ② lästig, unangenehm.

**aciēs**, ēī *f (acer[2])* ① Schärfe, Schneide, Spitze *(auch übtr.);* ② **a)** Augenschärfe, Sehkraft; **b)** *(poet.)* (scharfer) Blick; **c)** *(poet.)* Auge; ③ Geistesschärfe, Scharfsinn [**animi** *od.* **ingenii** *od.* **mentis**]; ④ *(milit.)* **a)** Schlachtlinie, -ordnung [**prima** Vordertreffen; **novissima** (*od.* **extrema** *od.* **postrema**) Hintertreffen]; **b)** Heer; **c)** Schlacht.

**Acīlius**, a, um *Name einer röm. gens:* ① **C. ~ Glabrio** *um 160 v. Chr., Verf. einer röm. Geschichte üb. den 2. Pun. Krieg;* ② **M'. ~ Glabrio,** *Volkstribun 201 v. Chr., Konsul 191, Besieger des Antiochus; – Adj.* **Acīliānus**, a, um.

**acina**, ae *f = acinus.*

**acinus**, ī *m u.* **-um**, ī *n* (Wein-)Beere.

**acipēnser**, seris *m* Stör.

**aclys**, ydis *f (poet.)* Wurfspieß.

**aconītum**, ī *n (gr. Fw.) (poet.; nachkl.)* ① *(bot.)* Eisenhut; ② *das aus dieser Pflanze zubereitete Gift.*

**acor**, ōris *m (acer[2]) (nachkl.)* Säure.

**ac-quiēscō**, quiēscere, quiēvī, quiētum ① (aus)ruhen [**lassitudine** vor Müdigkeit]; ② *(nachkl.) m. u. ohne somno* schlafen; ③ sterben; ④ *(v. Lebl.)* Ruhe finden, ruhen; ⑤ sich beruhigen, Trost finden *(m. bl. Abl. od. in m. Abl.);* ⑥ froh, zufrieden sein *(in m. Abl. od. bl. Abl.)* [**in unico filio; parva spe**].

**ac-quīrō**, quīrere, quīsīvī (*u.* quīsiī), quīsītum *(ad u. quaero)* ① hinzuerwerben; ② erwerben, gewinnen [**opes; favorem**].

**acraeus**, a, um *(gr. Fw.)* auf Höhen verehrt; – **Acraeus** *Beiname des Jupiter u. der Juno.*

**Acragās**, gantis *m = Agrigentum.*

**ācriculus**, a, um *(Demin. v. acer[2])* etw. hitzig; **ille ~** jener kleine Hitzkopf.

**ācrimōnia**, ae *f (acer[2])* ① *(nachkl.)* Schärfe, scharfer Geschmack, scharfer Geruch; ② Energie.

**Acrisius**, ī *m König v. Argos, Vater der Danaë;* – **Acrisiōnē**, ēs *f Tochter des Acrisius* (= Danaë) *u.* **Acrisiōniadēs**, ae *m Sohn der Danaë* (= Perseus); – *Adj.* **Acrisiōnēus**, a, um.

**acroāma**, matis *n (gr. Fw.)* ① Vortrag *(zur Unterhaltung, auch musikal. Art);* ② *(meton.) die unterhaltende Person:* Vorleser, Sänger, Musiker.

**acroāsis**, is *f (Akk.* -in, *Abl.* -ī) *(gr. Fw.)* Vortrag.

**Acroceraunia**, ōrum *n Nordspitze der Ceraunii montes in Epirus.*

**Acrocorinthus**, ī *f Burg v. Korinth.*

**acta[1]**, ae *f (gr. Fw.)* ① Meeresküste; ② *Pl.* Strandleben.

**ācta[2]**, ōrum *n s. ago.*

**Actaeus**, a, um attisch, athenisch; – *Subst.* **Actaeī** *m* die Attiker, Athener.

**Actiacus**, a, um *s. Actium.*

**āctiō**, ōnis *f (ago)* ① Ausführung, Verrichtung [**gratiarum** Danksagung]; ② Tätigkeit, Handlung [**vitae** praktisches Leben]; **actionem suscipere** eine Tätigkeit aufnehmen; ③ Amtshandlung; *Pl.* Amtsführung, öffentl. Tätigkeit; ④ öffentl. Verhandlung, Antrag, öffentl. Rede; ⑤ *(jur.)* **a)** Gerichtsverhandlung; **b)** Verteidigung; **c)** Klage, Prozess; **actionem instituere** (*od.* **constituere** *od.* **intendere**) eine Klage geg. jmd. einleiten; **d)** Klagerede, -schrift; **actiones Verrinae; e)** Klagerecht; **actionem habere / dare; f)** gerichtl. Termin; ⑥ Vortrag(sweise), Gestik.

**āctitō**, āctitāre *(Frequ. v. ago)* betreiben, immer wieder tun [**causas** viele Prozesse führen].

**Actium**, ī *n* ① *Vorgeb. u. Stadt in Akarnanien am Ambrakischen Meerbusen; Schlacht 31 v. Chr. (Seesieg des Augustus üb. Antonius u. Kleopatra);* ② *Hafen b. Kerkyra; / Adj.* **Acti(ac)us**, a, um.

**āctiuncula**, ae *f (Demin. v. actio) (nachkl.)* kurze Gerichtsrede.

**āctīvus**, a, um *(ago) (nachkl.)* tätig, aktiv [**philosophia** praktische].

**āctor**, ōris *m (ago)* ① Treiber [**pecoris** Hirte]; ② Vermittler, derjenige, der etw. besorgt; ③ *(jur.)* **a)** Kläger; **b)** Verteidiger, (Rechts-)Beistand; ④ (Vermögens-)Verwalter, Geschäftsführer [**publicus** der Staatsgüter]; ⑤ Darsteller, Schauspieler.

**āctuāria**, ae *f (actuarius[1]; erg. navis)* schnelles Schiff.
**āctuāriola**, ae *f (Demin. v. actuaria)* Ruderboot, Barke.
**āctuārius[1]**, a, um *(ago)* schnell (segelnd).
**āctuārius[2]**, ī *m (ago) (nachkl.)* Schnellschreiber; Protokollführer.
**āctuōsus**, a, um *(actus[2])* ① bewegt, tätig; ② wirkungsvoll.
**āctus[1]** *P. P. P. v. ago.*
**āctus[2]**, ūs *m (ago)* ① das Treiben (des Viehs); ② *(jur.)* Recht des Viehtriebes, Weiderecht; ③ **a)** Körperbewegung, Gebärdenspiel; **b)** *(meton.)* Darstellung [**fabellarum**]; **c)** Akt, Aufzug *(eines Stückes);* ④ *(übtr.)* Abschnitt, Teil; ⑤ Bewegung, Tätigkeit, Tun.
**āctūtum** *Adv. (actus[2])* sogleich, sofort.
**acuī** *Perf. v. acesco u. acuo.*
**acula**, ae *f = aquula.*
**aculeātus**, a, um *(aculeus)* ① *(nachkl.)* stachlig; ② *(übtr.)* spitz, scharf, beißend [**litterae**]; ③ spitzfindig.
**aculeus**, ī *m (acus)* ① Stachel, Spitze [**sagittae; apis**]; ② *(übtr.)* das Stechende, Verletzende [**orationis; contumeliarum**]; ③ Ansporn; ④ Sorge; ⑤ der tiefe Eindruck, *den der Redner od. die Rede beim Zuhörer zurücklässt;* ⑥ Spitzfindigkeit.
**acūmen**, minis *n (acuo)* ① Spitze [**hastae**]; **auspicium ex acuminibus:** *günstiges Omen, wenn die Lanzenspitzen Funken sprühten (Elmsfeuer);* ② Scharfsinn, Witz [**verbi** Pointe]; ③ Spitzfindigkeit.
**acuō**, acuere, acuī, acūtum *(acus)* ① schärfen, (zu)spitzen [**gladios**]; ② *(übtr.)* schärfen, üben [**linguam**]; ③ anspornen, anfeuern [**ad crudelitatem**]; ④ steigern, erhöhen [**metum**].
**acupēnser** *ältere Form f. acipenser.*
**acus**, ūs *f (acuo)* Nadel.
**acūtulus**, a, um *(Demin. v. acutus)* ziemlich scharfsinnig [**conclusiones**].
**acūtus**, a, um *(P. Adj. v. acuo)* ① scharf, spitz [**sagitta**]; ② scharf *(f. die Sinne):* **a)** *f. den Geruch* [**unguentum**]; **b)** *f. den Geschmack* [**cibus**]; **c)** *f. das Sehvermögen:* blendend; **d)** *f. das Gehör:* schrill [**vox**]; **e)** *f. den Körper* [**morbus** akute Krankheit]; ③ scharfsinnig, geistreich [**homo; ingenium**].
**ad I.** *Präfix (meist dem folg. Kons. assimiliert: acc-, app- usw.):* ① heran-, herbei- [**adduco, accedo, apporto**]; ② hinzu-, an- [**adiungo**]; ③ da-, dabei- [**assum**]; **II.** *Präp. b. Akk.* ① *(räuml.)* **a)** *(zur Bez. der Richtung auf die Frage: wohin?)* zu, nach, an, nach … hin; **ad omnes partes** nach allen Seiten hin; **spectare ad orientem solem** liegen nach; **b)** *(b. Angabe des Endpunktes einer Ausdehnung auf die Frage: bis wohin?)* bis zu, bis nach, bis an, *auch in Verbindung m. usque;* **c)** *(auf die Frage: wo?)* (nahe) bei, an; **proelium ad Nolam committere; d)** *(b. Personen) ad alqm* = bei, vor jmdm.; **e)** *(übtr.) ad alqd* bei, zu etw.; **ad vinum** beim Wein; **ad tibiam** unter Flötenbegleitung; **f)** auf, in; **senatus habetur ad aedem Bellonae** im Tempel der B.; ② *(zeitl.)* **a)** *(zur Angabe v. Zielen)* bis zu, bis an *(auch in Verbindung m. usque);* **ad multam noctem** bis tief in die Nacht; **ad nostram memoriam** bis in unsere Zeit; **b)** *(zur Angabe v. Terminen)* zu, an; **ad tempus** zur rechten Zeit; **ad decem milia annorum** nach Ablauf v. zehntausend Jahren; **c)** *(zur annähernden Bez. v. Zeitpunkten)* gegen, um; **ad extremam orationem** geg. Schluss der Rede; **d)** *(zur Bez. der Zeitdauer)* auf, für; **ad nonnullos dies** auf (für) einige Tage; ③ *(b. Zahl-, Geld- u. Maßbestimmungen)* **a)** bis zu, bis auf; **ad unum omnes** alle ohne Ausnahme; **obsides ad numerum miserunt** vollzählig; **b)** gegen, ungefähr; **equitatus ad numerum quattuor milium;** ④ *(übtr.)* **a)** *(final, oft in Verbindung m. Gerundium od. Gerundiv)* zu, nach, für; **ad id ipsum factum** eigens dazu; **facultas ad dicendum data; b)** *(kausal)* auf, infolge, nach; **ad haec respondere; ad clamorem concurrere; c)** *(modal)* gemäß, nach; **ad naturam** naturgemäß; **ad voluntatem** nach Belieben; **d)** im Verhältnis zu, im Vergleich mit; **scuta ad amplitudinem corporum parum lata; e)** in Bezug auf; **quid id ad me** *(erg. pertinet)* was geht mich das an?; **hoc nihil ad me** geht mich nichts an; **f)** *(b. Mitteln, bes. Heilmitteln)* zu, für, gegen; **g)** *(b. Angabe einer Steigerung)* bis zu *(oft in Verbindung m. usque);* **ad extremum** *od.* **ad ultimum** äußerst, im höchsten Grade; **h)** *(additiv)* (da)zu, neben; **ad id** (*od.* **hoc** *od.* **haec** *od.* **cetera**) überdies, außerdem.
**adāctiō**, ōnis *f (adigo)* das Hinbringen zu etw. [**iuris iurandi** Vereidigung].
**adāctus** *P. P. P. v. adigo.*
**ad-aequē** *Adv.* auf gleiche Weise, ebenso.
**ad-aequō**, aequāre ① gleichmachen *(m. Dat.)* [**tecta solo**]; ② gleichstellen *(cum m. Abl.; Dat.)* [**cum virtute fortunam; alqm sibi**]; ③ vergleichen *(cum m. Abl.; Dat.);* ④ gleichkommen, erreichen *(m. Akk.)* [**navium cursum; deorum vitam**].
**adamantēus**, a, um *(adamas) (poet.)* stahlhart, eisenfest.
**adamantinus**, a, um *(poet.; nachkl.) = adamanteus.*
**adamās**, mantis *m* (*Akk. Sg.* -mantem *u.* -manta) *(gr. Fw.)* Stahl; *(übtr.)* hartes, gefühlloses Herz.

**ad-amō**, amāre (innig) lieb gewinnen, sich verlieben *(alqm od. alqd).*

**ad-aperiō**, aperīre, aperuī, apertum ① aufdecken, entblößen, sichtbar machen; ② öffnen.

**adapertilis**, e *(adaperio) (poet.)* zum Öffnen eingerichtet, zu öffnen.

**adapertus** *P. P. P. v. adaperio.*

**ad-aperuī** *Perf. v. adaperio.*

**ad-aptō**, aptāre *(nachkl.)* anpassen, passend herrichten.

**ad-aquor**, aquārī Wasser holen.

**ad-augeō**, augēre, auxī, auctum vermehren, vergrößern [**bonum**].

**ad-bibō**, bibere, bibī, – *(poet.) (übtr.)* aufnehmen, sich zu Herzen nehmen.

**adc...** = *acc...*

**ad-decet** *unpers.* es ziemt sich, es schickt sich *(für jmd.: alqm).*

**ad-dēnseō**, dēnsēre, – – *(poet.)* verdichten.

**ad-dīcō**, dīcere, dīxī, dictum ① *(in der Auguralspr.)* **a)** zusagen, günstig sein; **b)** als günstig bezeichnen; ② *(als Richter, bes. Prätor)* zusprechen, zuerkennen [**alci bona; liberum corpus in servitutem** *dem Gläubiger* den zahlungsunfähigen Schuldner als Schuldknecht zusprechen]; – *Subst.* **addictus,** ī *m* Schuldknecht; ③ verkaufen [**regna; consulatum**]; ④ *(b. Auktionen)* dem Meistbietenden zuschlagen; ⑤ weihen, widmen; ⑥ überlassen, preisgeben, hingeben; – *(pejor.)* **se alci ~** sich jmdm. willenlos ergeben, jmdm. sklavisch zugetan werden [**senatui**]; – *Adj.* **addictus,** a, um sklavisch ergeben, verpflichtet.

**addictiō**, ōnis *f (addico)* das Zuerkennen als Eigentum *(durch den Prätor).*

**addictus** *s. addico.*

**ad-didī** *Perf. v. addo.*

**ad-discō**, discere, didicī, – hinzulernen.

**additāmentum**, ī *n (addo)* Zugabe, Anhang.

**additus** *P. P. P. v. addo.*

**ad-dīxī** *Perf. v. addico.*

**ad-dō**, dere, didī, ditum **I.** *(m. voller Bedeutung des Präfixes)* ① hinzutun, -fügen [**gradum** *(erg. gradui)* den Schritt beschleunigen; **operi noctem** auch die Nacht zum Arbeiten benutzen]; ② als Zusatz hinzu-, beifügen; ③ *(als Frist)* hinzufügen, gewähren; **addito tempore** mit der Zeit; **addita aetate** mit den Jahren; ④ addieren; **II.** *(m. abgeschwächter Bedeutung des Präfixes)* ① beigeben, -legen, setzen, legen [**alci calcar(ia)** jmd. anspornen; **frena feris** anlegen]; ② zugesellen, mitgeben; ③ einflößen; erweisen [**metum; honorem**].

**ad-doceō**, docēre, – – *(poet.)* hinzulehren, Neues dazulehren.

**ad-dubitō**, dubitāre **I.** *intr.* zweifeln, Bedenken tragen *(de; in m. Abl.; m. folg. num; auch id, quod, illud);* **II.** *trans.* be-, anzweifeln.

**ad-dūcō**, dūcere, dūxī, ductum ① heran-, herbeiführen, herbeibringen; mitführen [**exercitum subsidio** (zu Hilfe) **alci; alqm in ius** *od.* **in iudicium** jmd. vor Gericht ziehen]; ② *in eine Lage* bringen, *in einen Zustand* versetzen [**alqm in invidiam** zum Gegenstand des Hasses machen; **alqm in suspicionem** jmd. verdächtigen]; ③ jmd. *zu einer Gesinnung* hinführen, bringen, bewegen *(alqm ad alqd od. alqm, ut);* ④ *(poet.)* an sich ziehen, heranziehen [**ramum**]; ⑤ straff anziehen, spannen [**habenas**]; ⑥ *(poet., nachkl.)* zusammenziehen, runzeln.

**adductus**, a, um *(P. Adj. v. adduco) (nachkl.)* ① gerunzelt [**vultus; frons**]; ② streng, ernst [**servitium**]; ③ *(v. Redner)* gemessen.

**ad-dūxī** *Perf. v. adduco.*

**ad-edō**, edere, ēdī, ēsum ① anfressen, annagen; **iecur ~;** *(übtr.)* **scopulus adesus aquis** ausgewaschen; **adesi lapides** v. Wasser abgeriebene, glatte; ② *teilweise* aufzehren, verbrauchen.

**ad-ēgī** *Perf. v. adigo.*

**ad-ēmī** *Perf. v. adimo.*

**ademptiō**, ōnis *f (adimo)* Wegnahme, Entziehung [**bonorum** Einziehung].

**ademptus** *P. P. P. v. adimo.*

**ad-eō**[1], īre, iī, itum ① herangehen, sich nähern, besuchen, aufsuchen *(m. ad od. in m. Akk. od. nur m. Akk.)* [**sacrum** beiwohnen; **curiam** betreten]; ② *(jur. t. t.)* **~ ad praetorem (in ius)** *od.* **~ in ius** vor Gericht gehen; ③ sich *bittend, fragend* an jmd. wenden *(m. Akk.)* [**senatum; oraculum**]; ④ besuchen, bereisen; ⑤ angreifen *(m. Akk. od. m. Präp.);* ⑥ etw. übernehmen *(m. Akk. od. m. Präp.)* [**ad rem publicam** Staatsgeschäfte; **honores** Ehrenämter]; ⑦ auf sich nehmen *(m. Akk. od. m. Präp.)* [**(ad) periculum**]; ⑧ *(jur. t. t.)* **hereditatem ~** antreten.

**ad-eō**[2] *Adv.* ① *(räuml.)* bis dahin; ② *(zeitl.)* so lange, bis *(durch vorgestelltes usque verstärkt u. m. folg. dum, donec, quoad);* ③ *(zur Steigerung)* **a)** so sehr *(meist m. folg. ut);* **b)** (ja) sogar, selbst; **c)** *(nachgest.)* gerade, eben, besonders.

**adeps**, adipis *m u. f* Fett, Schmalz; *(meton.)* Schmerbauch.

**adeptiō**, ōnis *f (adipiscor)* Erlangung.

**adeptus** *P. P. Akt. v. adipiscor.*

**ad-equitō**, equitāre heranreiten *(m. Dat.; ad od. in m. Akk.)* [**castris; in primos ordines**].

**ad-esse** *Inf. Präs. v. adsum.*

**adēsus** *P. P. P. v. adedo.*

**adf..., adg..., adgn...** = *aff..., agg..., agn...*

**ad-haereō**, haerēre, haesī, (haesum) *(m. Dat.; selten in m. Abl.)* ① an etw. (fest)hängen [**saxis**]; ② *(örtl. od. zeitl.)* angrenzen; ③ an jmdm. *od.* etw. festhängen, von jmdm. *od.* etw.

nicht weichen.

**ad-haerēscō**, haerēscere, haesī, (haesum) *(Incoh. v. adhaereo)* ① hängen bleiben, stecken bleiben, sich anhängen, haften *(abs.; m. Dat.; ad; in u. Abl.; in u. Akk.)*; ② festhalten an, nicht weichen von *(m. Dat.; seltener: ad, in u. Abl., in u. Akk.)*; ③ *(v. Redner u. v. der Rede)* stecken bleiben, stocken.

**adhaesiō**, ōnis *f (adhaereo)* das Anhängen, das Anhaften, die Anschließung.

**ad-hibeō**, hibēre, hibuī, hibitum *(habeo)* ① anwenden, verwenden, *(eine best. Denkweise)* zeigen *(gegen jmd.: alci; in alqo; in, erga, adversus alqm; bei etw.: Dat.; ad, in m. Akk.; in m. Abl.)* [**crudelitatem in servos**]; ② hinzuziehen, heranziehen *(zu: ad, in m. Akk.; Dat.)* [**alqm in** (*od.* **ad**) **consilium** *od.* **consilio** zurate ziehen]; ③ hinwenden, (hin)richten auf; ④ anlegen *(an etw.: m. ad od. Dat.)*; ⑤ dazu-, hinzunehmen; ⑥ jmd. behandeln [**alqm liberaliter**]; ⑦ **se ~** sich benehmen.

**ad-hinniō**, hinnīre ① zu-, anwiehern; ② *(v. Personen)* lechzen nach *(m. Dat., Akk., ad, in m. Akk.)*.

**adhortātiō**, ōnis *f (adhortor)* Aufmunterung, Ermahnung *(zu etw.: m. Gen.)*.

**adhortātor**, ōris *m (adhortor)* Aufmunterer, Mahner *(zu etw.: m. Gen.)*.

**ad-hortor**, hortārī aufmuntern, (er)mahnen, antreiben *(zu etw.: m. ad, in m. Akk.; ut m. Konj.)* [**alqm ad defendendam rem publicam**].

**ad-hūc** *Adv.* ① *(zeitl.)* bis jetzt, bisher; (immer) noch; ② *(nachkl.) (steigernd)* noch mehr, *(bes. b. Komp.)* noch; ③ *(m. ut od. qui m. Konj.)* insoweit, dass.

**adiacentia**, ium *n (adiaceo)* Umgebung.

**ad-iaceō**, iacēre, – – bei *od.* neben etw. liegen, angrenzen *(m. Dat.; Akk.; ad)*; *(abs.)* **adiacentes populi** die benachbarten Völker.

**ad-iciō**, icere, iēcī, iectum *(iacio) (m. ad od. Dat.)* ① **a)** an, auf, zu etw. (hin)werfen; **b)** an, auf etw. setzen, stellen, legen; ② *(übtr.)* auf etw. hinlenken, richten; ③ hinzufügen [**legiones ad exercitum**]; ④ *(b. Auktionen)* mehr bieten; ⑤ *(in der Rede)* hinzufügen, beifügen.

**adiectiō**, ōnis *f (adicio)* ① das Hinzufügen; Aufnahme; ② *(b. Auktionen)* höheres Gebot.

**adiectus** *P. P. P. v. adicio.*

**ad-igō**, igere, ēgī, āctum *(ago)* ① heran-, hin(ein)treiben [**pecus**]; ② *(jur. t. t.)* **(ad) arbitrum ~ alqm** jmd. vor den Schiedsrichter laden; ③ heran-, hinschleudern; ④ hineinstoßen [**alci ensem**]; ⑤ *zu etw.* treiben, drängen [**ad mortem**]; ⑥ *(milit. t. t.)* **alqm (ad) ius iurandum** (*od.* **iure iurando** *od.* **sacramento**) **~** jmd. vereidigen.

**ad-iī** *Perf. v. adeo[1].*

**ad-imō**, imere, ēmī, emptum *(emo) (alqd alci, selten ab alqo)* ① wegnehmen, rauben [**agrum Campanis**]; ② **a)** *(etw. Lästiges)* abnehmen [**canibus vincula**]; **b)** *(übtr.) (etw. Unangenehmes)* nehmen, jmd. v. etw. befreien [**alci metum / curas**]; ③ verwehren, verbieten [**reditum**]; ④ entreißen [**alqm leto** dem Tode]; *(poet.) (bes. vom Tod)* dahinraffen, entreißen *(alqm alci)*.

**adipātus**, a, um *(adeps) (v. der Rede)* überladen.

**ad-ipīscor**, adipīscī, adeptus sum *(apiscor)* ① etw. mit Anstrengung erreichen, erlangen [**victoriam; consulatum**]; ② einholen [**fugientem**].

**aditiālis**, e *(aditus)* Antritts- [**cena**].

**aditus[1]**, ūs *m (adeo[1])* ① das Herangehen; ② Zutritt, Zugang [**in curiam; litoris** zur Küste]; ③ Zutritt, Audienz; **aditum regis** (zum König) **obtinere; aditum petere;** ④ Eingang *(als Ort)* [**insulae** Landungsplatz]; ⑤ Gelegenheit *(ad; Gen.)* [**ad honorem; laudis**]; ⑥ Möglichkeit, Berechtigung [**postulandi; sermonis**]; ⑦ *erster* Schritt *(im Vorhaben)*; ⑧ Anfang, Eintritt *(v. einem Zustand)*.

**aditus[2]** *P. P. P. v. adeo[1].*

**ad-iūdicō**, iūdicāre ① *(richterl.)* zuerkennen, zusprechen; ② jmdm. etw. zuschreiben.

**adiūmentum**, ī *n (adiuvo)* Hilfsmittel; Hilfe.

**adiūnctiō**, ōnis *f (adiungo)* ① Anschluss, Hinzufügung; ② *(rhet. t. t.) einschränkender* Zusatz; ③ *(übtr.)* Hinneigung [**animi**].

**adiūnctor**, ōris *m (adiungo)* derjenige, der etw. hinzufügt.

**adiūnctum**, ī *n (adiunctus)* das Charakteristische, Wesentliche; *Pl.* Nebenumstände.

**adiūnctus**, a, um *(P. Adj. v. adiungo)* eng verbunden *(m. Dat.)*.

**ad-iungō**, iungere, iūnxī, iūnctum *(m. Dat. od. ad)* ① anspannen, anschirren [**tauros aratro**]; anbinden; ② an-, beifügen, vereinigen, verbinden [**summae gravitati comitatem**]; – *bes. im Pass.:* **adiunctum esse** sich anschließen, angrenzen; ③ *(polit.)* einbeziehen [**Ciliciam ad imperium populi Romani**]; ④ jmd. jmdm. mitgeben, hinzugesellen; ⑤ *(in der Rede)* anknüpfen, hinzufügen; ⑥ beimessen, verleihen [**honorem populi Romani rebus**]; ⑦ **sibi alqd ~** für sich etw. erwerben, gewinnen; ⑧ hinlenken [**animum ad studium**].

**ad-iūrō**, iūrāre ① dazu schwören, schwörend hinzufügen; ② beschwören, eidlich versprechen *(m. A. C. I.)*; ③ jmd. beschwören, inständig bitten.

**adiūtō**, adiūtāre *(Frequ. v. adiuvo) (nachkl.)* helfen, unterstützen *(m. Akk.)*.

**adiūtor**, ōris *m (adiuvo)* ① Helfer, Förderer; ② *(pejor.)* Helfershelfer; ③ Unterbeamter *(als*

*Gehilfe eines Staatsbeamten)* [**quaestoris**].

**adiūtōrium**, ī *n (adiutor) (nachkl.)* Unterstützung, Hilfe.

**adiūtrīx**, rīcis *f (adiutor)* ❶ Helferin, Förderin; ❷ *(nachkl.)* **legiones adiutrices** *Name v. zwei Reservelegionen, die zur Kaiserzeit aus Seeleuten aufgestellt waren.*

**ad-iuvō**, iuvāre, iūvī, iūtum ❶ unterstützen, helfen *(jmd.: m. Akk.); sprichw.:* **fortes fortuna adiuvat** wer wagt, gewinnt; ❷ ermutigen [**clamore militem**]; ❸ *etw.* fördern, nähren; ❹ förderlich, nützlich sein, helfen *(m. Akk. od abs.).*

**Grammatik & Co.**

**Adjektiv:** Nicht nur das attributive Adjektiv (Was für ein?) zeigt uns den Numerus und das Geschlecht des näher bestimmten Substantivs an: panis bon**us**, turres alt**ae**, sondern auch das prädikative Adjektiv: Consul clar**us** est./ Vina clar**a** sunt. Der Konsul ist berühmt./Die Weine sind berühmt.

**adl...** = *all...*

**Admagetobriga**, ae *f Stadt im kelt. Gallien, in deren Nähe Ariovist die Gallier 61 v. Chr. besiegte.*

**ad-mātūrō**, mātūrāre zur Reife bringen, beschleunigen.

**ad-mētior**, mētīrī, mēnsus sum zumessen.

**Admētus**, ī *m* ❶ *im Mythos: König v. Pherae in Thessalien, Gatte der Alcestis;* ❷ *in der Gesch.: König der Molosser, Freund u. Beschützer des Themistocles.*

**adminiculum**, ī *n* ❶ Stütze, Stützpfahl; ❷ *(übtr.)* Stütze, Hilfsmittel, Beistand.

**administer**, trī *m* ❶ Diener; ❷ Mitarbeiter; Gehilfe; ❸ Helfershelfer.

**administra**, ae *f (administer)* Dienerin, Gehilfin.

**administrātiō**, ōnis *f (administro)* ❶ Hilfeleistung; ❷ Verwaltung, Leitung [**rei publicae**].

**administrātor**, ōris *m* Verwalter, Leiter.

**ad-ministrō**, ministrāre **I.** *trans.* ❶ leiten, führen [**exercitum** kommandieren]; ❷ verwalten [**provinciam**]; ❸ besorgen, ausführen [**negotium**]; **II.** *intr.* ❶ hilfreich beistehen; ❷ arbeiten.

**admīrābilis**, e *(admiror)* ❶ bewundernswert, wunderbar; ❷ seltsam.

**admīrābilitās**, tātis *f (admirabilis)* Bewunderungswürdigkeit.

**admīrandus**, a, um *(Gerundiv v. admiror)* bewundernswert, wunderbar.

**admīrātiō**, ōnis *f (admiror)* ❶ Bewunderung; **admirationem habere** B. erregen; **admiratione affici** B. finden; **in admiratione esse** bewundert werden; ❷ Verwunderung, Staunen *(über: m. Gen.)* [**tam atrocis rei**]; ❸ Merkwürdigkeit.

**admīrātor**, ōris *m (admiror)* Bewunderer.

**ad-mīror**, mīrārī ❶ bewundern; ❷ sich wundern, staunen *(über: m. Akk. od. de; m. A. C. I.; quod od. indir. Frages.).*

**ad-misceō**, miscēre, miscuī, mixtum ❶ hinzu-, beimischen; ❷ beifügen, -geben; ❸ vermischen; ❹ jmd. in etw. verwickeln *(in etw.: ad).*

**ad-mīsī** *Perf. v. admitto.*

**admissum**, ī *n (subst. P. P. P. v. admitto)* Vergehen, Schuld.

**ad-mittō**, mittere, mīsī, missum ❶ zulassen, gestatten; ❷ *zur Teilnahme an etw.* zulassen, hinzuziehen [**alqm ad consilium**]; ❸ **a)** *(jmd. als Zuhörer u. Ä.)* zu-, vorlassen; **b)** *jmd. zur Audienz* vor-, zulassen; ❹ loslassen; **admissi equi** die dahinsprengenden Pferde; **equo admisso** im Galopp; ❺ begehen, auf sich laden *(m. u. ohne in se)* [**facinus (in se)**].

**admixtiō**, ōnis *f (admisceo)* Beimischung.

**admixtus** *P. P. P. v. admisceo.*

**ad-modum** *Adv. (modus)* ❶ *(b. Gradangaben)* völlig, ganz; in hohem Grade, sehr; **~ magnus; ~ raro; nihil / nullus ~** so gut wie nichts / keiner); ❷ **a)** *(b. Maß- u. Zeitangaben)* genau, gerade; **b)** *(b. Zahlangaben)* mindestens; ungefähr; **mille ~ hostium; Alexandri filius decem annos ~ habens;** ❸ *(als Antwort)* jawohl, allerdings.

**ad-moneō**, monēre, monuī, monitum ❶ erinnern, mahnen *(an: de);* **de moribus civitatis tempus admonuit;** ❷ zu etw. ermahnen, auffordern *(m. ut);* ❸ warnen *(m. ne);* ❹ belehren, zurechtweisen.

**admonita**, ōrum *n (subst. P. P. P. v. admoneo)* Warnungen.

**admonitiō**, ōnis *f (admoneo)* ❶ Erinnerung *(an: m. Gen.);* ❷ Mahnung, Warnung; ❸ Zurechtweisung, Tadel.

**admonitor**, tōris *m (admoneo)* Mahner *(an od. zu etw.: m. Gen.).*

**admonitus**, *Abl.* -ū *m = admonitio.*

**ad-mordeō**, mordēre, (momordī), morsum *(poet.)* annagen, anbeißen.

**admōtiō**, ōnis *f (admoveo)* das Anlegen.

**ad-moveō**, movēre, mōvī, mōtum ❶ heranbewegen, -bringen, nähern [**manum operi** Hand anlegen; **manus nocentibus** sich vergreifen]; ❷ **alci calcar** (*od.* **stimulos**) **~** jmd. anspornen; ❸ **catenas ~** anlegen; ❹ üb. jmd. bringen [**terrorem alci**]; ❺ auf etw. richten; ❻ *(milit. t. t.) (Kriegsmaschinen u. Ä.)* heranbringen, anlegen [**scalas moenibus**]; ❼ anrücken lassen [**armatos muris**]; *abs.* heranrücken; ❽ anwenden, zu Hilfe nehmen [**vim**]; ❾ jmd. zu etw. heranziehen, zuziehen [**mul-**

**tos in convivium**].
**admurmurātiō**, ōnis *f (admurmuro)* Gemurmel, Murren.
**ad-murmurō**, murmurāre (dabei) murmeln, murren.
**ad-nāscor** = *agnascor.*
**ad-natō** = *annato.*
**ad-nātus** = *agnatus.*
**ad-nāvigō** = *annavigo.*
**ad-nectō** = *annecto.*
**adni...**, **adno...** = *anni..., anno...; nur* **adnōscō** = *agnosco.*
**adnu ...** = *annu...*
**ad-oleō**, olēre, oluī, – (1) (als) Brandopfer darbringen, opfern [**Iunoni honores** ehrende Opfer darbringen]; (2) verbrennen.
**adolēscēns** = *adulescens.*
**adolēscentia** = *adulescentia.*
**ad-olēscō**[1], adolēscere, adolēvī, adultum *(alesco)* (1) heranwachsen; (2) *(übtr.)* **a)** *(v. der Zeit)* heranreifen, vorrücken; **b)** *(v. der inneren Stärke)* heranreifen, erstarken.
**adolēscō**[2], adolēscere, – – *(Incoh. v. adoleo) (poet.)* auflodern, aufflammen.
**Adōn**, ōnis *m* = *Adonis.*
**Adōneus**, ī *m* = *Adonis.*
**Adōnis**, nidis *m* (*Dat.* -nidi, *Akk.* -nidem *u.* -nim, *Vok.* Adoni) *durch seine außergewöhnliche Schönheit sich auszeichnender Geliebter der Venus.*
**ad-operiō**, operīre, operuī, opertum *(poet.; nachkl.)* (1) bedecken, verhüllen; **capite adoperto;** (2) schließen; **foribus adopertis**.
**adoptātiō**, ōnis *f* = *adoptio.*
**adoptiō**, ōnis *f (adopto)* Annahme an Kindes statt, Adoption.
**adoptīvus**, a, um *(adopto)* Adoptiv- [**filius; pater**].
**ad-optō**, optāre (1) erwählen, zu etw. annehmen [**Etruscas opes** zu Hilfe nehmen; **virtutes veterum** sich aneignen]; (2) adoptieren [**alqm sibi pro filio** (*od.* **sibi filium**) **; in regnum** durch Adoption als Nachfolger berufen].
**ador** *n (nur im Nom. u. Akk.)* Dinkel, Spelt *(Weizenart).*
**adōrea** = *adoria.*
**adōreus**, a, um *(ador)* aus Spelt.
**adōria**, ae *f (adoro)* Kampf-, Siegespreis, Siegesruhm.
**ad-oprior**, orīrī, ortus sum (1) angreifen [**urbem vi**]; (2) jmd. *(m. Bitten, Drohungen u. a.)* angehen; (3) etw. unternehmen.
**ad-ōrnō**, ōrnāre (1) ausrüsten; (2) mit etw. versehen; (3) schmücken.
**ad-ōrō**, ōrāre (1) anbeten, verehren [**deos**]; (2) anflehen *(m. ut);* (3) etw. erflehen [**pacem**].
**adortus** *P. P. Akt. v. adorior.*
**adp...** = *app...*
**adqu...** = *acqu...*
**adr...** *s. auch arr...*
**ad-rādō**, rādere, rāsī, rāsum *(poet.) (Haar, Bäume)* stutzen, scheren.
**Adrana**, ae *m* Eder, *Nebenfluss der Fulda.*
**Adrāstus**, ī *m König v. Argos, einer der Sieben geg. Theben.*
**Adria** = *Hadria.*
**Adrūmētum** *(Hadrūmētum)*, ī *n Küstenstadt südl. v. Karthago.*
**ads...** = *ass...*
**adsc...** = *asc...;* **adsp...** = *asp...;* **adst...** = *ast...*
**adt...** = *att...*
**Aduatuca**, ae *f Kastell der Eburonen.*
**Aduatucī**, ōrum *m germ. Volk in Gallia Belgica.*
**adūlātiō**, ōnis *f (adulor)* (1) das Schweifwedeln [**canum**]; (2) Schmeichelei.
**adūlātor**, ōris *m (adulor)* Schmeichler.
**adūlātōrius**, a, um *(adulator)* schmeichelnd, kriechend.
**adulēscēns**, centis *(adolesco*[1]*)* **I.** *P. Adj. (m. Komp.)* heranwachsend, jung; **II.** *Subst.* (1) *m* junger Mann; (2) *f* junges Mädchen.
**adulēscentia**, ae *f (adulescens)* (1) Jugendzeit; **a prima -a** von frühester Jugend an; (2) *(meton.)* die jungen Leute.
**adulēscentula**, ae *f (Demin. v. adulescens)* ganz junges Mädchen.
**adulēscentulus**, *(Demin. v. adulescens)* **I.** *Subst.* ī *m* ganz junger Mann; **II.** *Adj.* a, um ganz jung.
**ad-ūlor**, ūlārī (1) sich anschmiegen *(v. Tieren) (m. Akk. od. abs.);* (2) jmdm. schmeicheln, vor jmdm. kriechen *(m. Akk., nachkl. auch Dat.);* (3) kniefällig verehren.
**adulter I.** *Subst.* terī *m* Ehebrecher; *(poet.)* Liebhaber; **II.** *Adj.* tera, terum *(poet.)* (1) ehebrecherisch; (2) nachgemacht [**clavis**].
**adultera**, ae *f (adulter) (poet.; nachkl.)* Ehebrecherin.
**adulterīnus**, a, um *(adulter)* (1) ehebrecherisch; (2) nachgemacht, falsch, unecht.
**adulterium** ī *n (adulter)* (1) Ehebruch; (2) *(poet.)* Untreue.
**ad-ulterō**, ulterāre **I.** *intr.* Ehebruch treiben; **II.** *trans.* (1) *(poet.; nachkl.)* zum Ehebruch verführen; (2) (ver)fälschen, nachmachen.
**adultus**, a, um *(P. Adj. m. Komp. v. adolesco*[1]*)* (1) erwachsen, groß geworden; (2) *(v. der Zeit)* vorgerückt [**aestas** Spätsommer]; (3) *(v. der inneren Stärke, polit., geistig)* erstarkt, entwickelt.
**adumbrātiō**, ōnis *f (adumbro)* (bloße) Andeutung.
**ad-umbrō**, umbrāre (1) beschatten; (2) andeuten; – *P. Adj.* **adumbrātus,** a, um **a)** schattenhaft; **b)** angedeutet; **c)** erdichtet.

**aduncitās**, ātis *f (aduncus)* Krümmung.
**ad-uncus**, a, um (hakenförmig) gekrümmt.
**ad-urgeō**, urgēre, – – *(poet.)* bedrängen, verfolgen.
**ad-ūrō**, ūrere, ussī, ustum ① verbrennen, (ver)sengen; ② *(poet.) (übtr.)* entzünden, entflammen [**alqm ignibus amoris**]; ③ bräunen; – *Adj.* **adustus,** a, um *(m. Komp.)* sonnenverbrannt; ④ *(poet.; nachkl.)* erfrieren lassen.
**ad-ūsque** *(poet.; nachkl.)* **I.** *Präp. b. Akk. = usque ad;* **II.** *Adv.* überall.
**adustus** *s. aduro.*
**advectīcius**, a, um *(adveho)* aus dem Ausland eingeführt.
**advectō**, advectāre *(Intens. v. adveho) (nachkl.)* immerfort zuführen.
**advectus**, ūs *m (adveho) (nachkl.)* das Herbeiführen, -bringen.
**ad-vehō**, vehere, vexī, vectum *jmd. od. etw.* herbeifahren, -bringen; – *mediopass.:* **advehor**, vehī, vectus sum *(mit u. ohne curru, equo, navi)* heranfahren, -kommen; heranreiten; heransegeln.
**ad-vēlō**, vēlāre *(poet.)* bekränzen [**tempora lauro**].
**advena**, ae *m u. f (advenio)* ① Ankömmling, Fremder; – *als Adj.:* fremd, ausländisch; ② Neuling, Laie.
**ad-veniō**, venīre, vēnī, ventum ① (her)ankommen, hinkommen *(m. in u. Akk.; m. ad; m. bl. Akk.);* ② *(v. der Zeit)* sich nähern; ③ *(v. Zuständen u. Ereignissen)* ausbrechen, eintreten; ④ *(v. Erwerbungen)* zufallen.
**adventīcius**, a, um *(advenio)* ① ausländisch, fremd; ② außergewöhnlich, zufällig [**fructus** Nebengewinn].
**adventō**, adventāre *(Intens. v. advenio)* (heran)nahen, heranrücken *(m. ad; Akk.; Dat.).*
**adventum** *P. P. P. v. advenio.*
**adventus**, ūs *m (advenio)* ① Ankunft [**consulis Romam**]; ② Anmarsch, das Anrücken [**imperatoris** Einzug]; ③ das Nahen, Anbruch, Ausbruch [**lucis** Tagesanbruch].

**Grammatik & Co.**
**Adverb:** Im Lateinischen können wir von Adjektiven abgeleitete Adverbien (Wie verläuft ein Vorgang?) eindeutig an ihren Endungen erkennen: len**te** (abgeleitet von lentus), grav**iter** (von gravis). Im Deutschen hat das als Adverb gebrauchte Adjektiv, wie auch das prädikative Adjektiv, keine solche Endung: Er läuft/ist *langsam*. Sie spricht/ist *feierlich*.

**adversāria**[1], ae *f (adversarius)* Gegnerin.
**adversāria**[2], ōrum *n (adversarius)* ① Behauptungen der Gegenpartei; ② Rechnungsbuch.
**adversārius** *(adversus)* **I.** *Adj.* a um Gegen-, gegnerisch, feindlich [**factio** Gegenpartei; *(m. Dat.)* **iuri**]; **II.** *Subst.* ī *m* Gegner, Feind.
**adversātiō**, ōnis *f (adversor) (nachkl.)* Gegenrede.
**adversor**, adversārī *(adversus)* sich widersetzen, entgegentreten [**imperatori**]; **adversante vento** bei widrigem Wind.
**adversum**[1], ī *n (adversus[1])* ① entgegengesetzte Richtung; **in -um** entgegen; **ex -o** gegenüber *od.* entgegen; ② *(meist Pl.)* Unglück.
**adversum**[2] *s. adversus[2].*
**adversus**[1], a, um *(P. Adj. v. adverto)* ① zugewandt; ② vorn (liegend); **-o corpore** vorn auf der Brust; ③ entgegen(gewandt), gegenüber [**venti** Gegenwinde]; **-o flumine** stromaufwärts; ④ entgegenstehend, feindlich; **-o senatu** *od.* **-a patrum voluntate** geg. den Willen des Senats; – *Subst.* **adversus,** ī *m* Gegner; ⑤ verhasst; ⑥ *(v. Umständen)* ungünstig, unglücklich; **res adversae** Unglück.
**adversus**[2] *u.* **adversum** *(erstarrter Nom. bzw. Akk. des P. P. P. v. adverto)* **I.** *Adv.* entgegen; **alci ~ ire; II.** *Präp. b. Akk.* ① (in Richtung) gegen, auf … zu, nach … hin; ② gegen, im Widerspruch mit [**legem**]; ③ gegenüber; **~ montes consistere;** ④ im Vergleich mit.
**ad-vertō**, vertere, vertī, versum ① hinwenden, richten auf *(in m. Akk.; ad; Dat.);* ② **animum** *od.* **animos** *od.* **mentem ~** *(vgl. animadverto):* **a)** die Aufmerksamkeit richten auf *(ad; bisw. m. Akk. od. Dat.)* [**animos ad religionem**]; – *mit ut (ne)* darauf achten, dass (dass nicht); – *mediopass.* sich hinwenden; **b)** wahrnehmen, bemerken *(m. Akk.; auch de re; m. A. C. I. u. indir. Frages.);* ③ *(t. t. der Seefahrt)* hinsteuern *(Konstr. wie 1.);* ④ auf sich lenken, ziehen = **in se ~** [**odia** sich zuziehen]; ⑤ bemerken, wahrnehmen [**vitium**]; ⑥ *(nachkl.)* rügen, strafen *(in alqm).*
**ad-vesperāscit**, vesperāscere, vesperāvit es dämmert, es wird Abend.
**ad-vigilō**, vigilāre wachen bei, wachsam sein *(ad alqd; alci).*
**advocātiō**, ōnis *f (advoco)* ① Berufung v. Sachverständigen zur gemeinsamen Beratung; ② jur. Beratung; ③ Prozessführung; ④ *(meton.)* die Ratgeber; ⑤ Aufschub, Frist *(zur Beratung).*
**advocātus**, ī *m (advoco)* ① Rechtsbeistand, Rechtsanwalt; ② Hilfe.
**ad-vocō**, vocāre ① herbeirufen *(wohin? wozu?: in m. Akk.; ad);* ② (ein)berufen [**senatum**]; ③ anrufen [**deos testes** die Götter als Zeugen anrufen]; ④ *(jur. t. t.)* **a)** *(z. Zt. der Republik)* **in consilium ~** Sachverständige zur Beratung hinzuziehen; **b)** *(zur Kaiserzeit)*

einen Rechtsanwalt nehmen; ❺ zu Hilfe nehmen, gebrauchen [**secretas artes**].

**advolātus**, ūs *m (advolo)* das Herbeifliegen.

**ad-volō**, volāre ❶ herbeifliegen; ❷ herbeieilen, *(vom Reiter)* herbeisprengen.

**ad-volvō**, volvere, volvī, volūtum ❶ *(poet.; nachkl.)* heranwälzen; ❷ **se ~** *od. mediopass.* **advolvi** *(v. Bittenden)* sich zu Boden werfen, niederfallen.

**adytum**, ī *n (gr. Fw.) (poet.)* ❶ *(meist Pl.)* das Allerheiligste des Tempels; ❷ Grabkammer; ❸ *(übtr.)* das Innerste [**cordis**].

**Aea**, ae *f (Akk.* Aean) *myth. Insel, Wohnsitz der Circe; – Adj.* **Aeaeus**, a, um.

**Aeacidēius, -cidēs** *s. Aeacus.*

**Aeacus**, ī *m König v. Ägina, Sohn des Jupiter u. der Nymphe Ägina; nach seinem Tode Richter in der Unterwelt; –* **Aeacidēs**, ae *m Nachk. des Aeacus,* Äacide, *darunter:* **a)** *dessen Söhne Telamon, Peleus u. Phokus;* **b)** *des Peleus Sohn Achilles u. dessen Sohn Pyrrhus;* **c)** *Perseus v. Makedonien; – Adj.:* **Aeacidēius**, a, um.

**Aeaeus** *s. Aea.*

**aed. cur.** = *aedīlis curūlis (vgl. aed. pl.).*

**aedēs** *u.* **aedis**, is *f* **I.** *Sg.* ❶ Tempel [**Minervae**]; ❷ Zimmer; **II.** *Pl.* ❶ Haus; ❷ *(poet.)* Bienenstock.

**aedicula**, ae *f (Demin. v. aedes)* ❶ Zimmerchen; ❷ Kapelle, Nische *(in der ein Götterbild angebracht war);* ❸ *Pl.* Häuschen.

**aedificātiō**, ōnis *f (aedifico)* ❶ das Bauen; ❷ Bauanlage.

**aedificātiuncula**, ae *f (Demin. v. aedificatio)* kleiner Bau.

**aedificātor**, ōris *m (aedifico)* Erbauer [**mundi** Schöpfer].

**aedificium** ī *n (aedifico)* Gebäude.

**aedificō**, aedificāre *(aedes u. facio)* bauen, errichten [**mundum** erschaffen; **rem publicam** gründen].

**aedīlicius** *(aedilis)* **I.** *Adj.* a, um des Ädilen; **II.** *Subst.* ī *m* gewesener Ädil.

**Imperium Romanum**

**aedīlis** (is *m*) – Der Ädil war ein Magistrat mit polizeilichen Befugnissen. Bis 366 v. Chr. gab es nur die beiden **aediles plebi** (*od.* **plebis**), ein Amt, in das nur Plebejer gewählt werden konnten. Diese fungierten als Polizisten für die Plebejer, veranstalteten die Spiele der Plebejer und bewahrten das Archiv der Plebs im Cerestempel. Nach 366 wurden den plebejischen Ädilen zwei weitere Kollegen, die **aediles curules,** zugesellt. Das Amt des kurulischen Ädilen stand sowohl Plebejern als auch Patriziern offen. Die kurulischen Ädilen wurden als Veranstalter der großen Spiele und als Aufsichtsbeamte der patrizischen Tempel eingesetzt. Das Polizeiwesen über den gesamten Stadtbereich und die Fürsorge für öffentliche Bauten war die gemeinsame Aufgabe aller vier Ädilen.

**aedīlitās**, ātis *f (aedilis)* Ädilität, Amt eines Ädilen.

**aedis**, is *f s. aedes.*

**aeditumus** (*od.* **aeditimus**) *u.* **aedituus**, ī *m (aedes)* Tempelaufseher.

**aed. pl.** = *aedīlis plēbis (vgl. aed. cur.).*

**Aeduī** *s. Haedui.*

**Aeētēs** *u.* **Aeēta**, ae *m König in Kolchis, Sohn des Sonnengottes Helios, Vater der Medea; – Adj.* **Aeētaeus**, a, um; – **Aeētias**, adis *u.* **Aeētīnē**, ēs *f* Tochter des Äetes, Medea.

**Aegaeōn**, ōnis *m hundertarmiger Riese, anderer Name des Briareus.*

**Aegaeum**, ī *n (mare)* das Ägäische Meer.

**Aegaeus**, a, um ägäisch.

**Aegātēs**, tium *u.* **Aegātae**, ārum *f (insulae)* die Ägatischen Inseln *an der Westküste Siziliens.*

**aeger**, gra, grum ❶ krank, leidend; – *Subst.* **aeger**, aegrī *m* der Kranke; **aegra**, ae *f* die Kranke; ❷ *(v. Pflanzen)* krank, welk; ❸ zerrüttet [**civitas**]; ❹ traurig, bekümmert, ärgerlich, verstimmt [**animus; oculi** neidisch]; ❺ schmerzlich, mühselig, betrübend [**senectus**].

**Aegēus**, eī *m König v. Athen, Vater des Theseus; –* **Aegidēs**, ae *m Nachk. des Ägeus, bes. sein Sohn Theseus.*

**Aegīna**, ae *f* ❶ *Nymphe, Mutter des Äakus;* ❷ *Insel im Saronischen Meerbusen; – Einw.* **Aegīnētae**, ārum *m.*

**aegis**, idis *f (gr. Fw.)* ❶ die Ägis, *der Schild Jupiters;* ❷ *Minervas Waffe* **a)** *als Schild;* **b)** *als Ziegenfell;* ❸ *(poet.) (übtr.)* Schild, Schirm.

**Wissen: Antike**

**Aegisthus** (ī *m*), der Sohn des Thyestes, ist eine Gestalt der griechischen Sagenwelt. Er tötete seinen Onkel Atreus, den Vater Agamemnons, und wurde der Geliebte der Klytämnestra, der Gattin des Agamemnon. Gemeinsam mit Klytämnestra tötete er Agamemnon, als dieser nach dem Trojanischen Krieg nach Hause zurückgekehrt war. Einige Jahre darauf übte Agamemnons Sohn Orestes Rache und tötete sowohl Aegisthus als auch seine Mutter.

A

**Aegos flūmen** („Ziegenfluss") *Fluss im thrak. Chersones; Schlacht 405 v. Chr.*

**aegrē** *(Adv. v. aeger)* ❶ unangenehm, schmerzlich; ~ **ferre** Kummer haben; ❷ mit Mühe, schwer [**sustentare**]; ❸ ungern [**ferre; pati**] *(m. Akk.; quod; A. C. I.).*

**aegrēscō**, aegrēscere, – – *(aeger) (poet.; nachkl.)* ❶ krank werden; ❷ betrübt werden; ❸ *(v. Affekten)* sich verschlimmern.

**aegrimōnia**, ae *f (aeger)* Kummer.

**aegritūdō**, dinis *f (aeger)* ❶ *(nachkl.)* das Unwohlsein; ❷ Missstimmung, Kummer.

**aegrōtātiō**, iōnis *f (aegroto)* Krankheit, Siechtum.

**aegrōtō**, aegrōtāre *(aegrotus)* leiden, krank sein.

**aegrōtus** *(aeger)* **I.** *Adj.* a, um ❶ krank; ❷ zerrüttet [**res publica**]; **II.** *Subst.* ī *m* der Kranke.

**Aegyptus**[1], ī *f* Ägypten; – *Einw. u. Adj.* **Aegyptius**, ī *m bzw.* a, um.

**Aegyptus**[2], ī *m im Mythos König v. Ägypten, Enkel Neptuns.*

**aelinos**, ī *m* (*Akk.* -on) *(gr. Fw.) (poet.)* Klagelied.

**Aelius**, a, um *Name einer pleb. gens.*

**Aemilius**, a, um *Name einer patriz. gens:* ❶ **L. ~ Paulus** *fiel b. Cannä (216 v. Chr.);* ❷ **L. ~ Paulus Macedonicus** *Besieger des Perseus v. Makedonien b. Pydna (168 v. Chr.);* / *Adj.* **a) Aemilius**, a, um: (**via**) **Aemilia** *die 187 v. Chr. vom Konsul M. ~ Lepidus erbaute Landstraße v. Ariminum nach Placentia;* **b) Aemiliānus**, a, um zur ämilischen Familie gehörig, *Beiname des jüngeren Scipio;* – *Subst.* **Aemiliāna**, ōrum *n Vorstadt Roms.*

**aemulātiō**, ōnis *f (aemulor)* ❶ Nacheiferung, Wetteifer *(in, um etw.: m. Gen.);* ❷ Eifersucht, Missgunst.

**aemulātor**, ōris *m (aemulor)* Nacheiferer.

**aemulātus**, ūs *m (aemulor) (nachkl.)* = *aemulatio 2.*

**aemulor**, aemulārī *(aemulus)* ❶ nacheifern, nachahmen *(m. Akk; m. Dat.)* [**virtutes maiorum**]; ❷ eifersüchtig, neidisch sein *(m. Dat).*

**aemulus**, a, um ❶ nacheifernd, wetteifernd *(m. Gen.; Dat.);* – *subst.* Nacheiferer, *bes.* Anhänger *(einer philos. Richtung);* ❷ eifersüchtig, neidisch *(m. Gen.);* – *subst.* Nebenbuhler(in), Rivale(-lin); ❸ ebenbürtig, gleich.

**Aenāria**, ae *f Insel b. Neapel, j.* Ischia.

**A eneadēs**, ae *m Nachkomme des Äneas:* ❶ sein Sohn Ascanius; ❷ Cäsar; Augustus; ❸ *Pl.* **Aeneadae a)** Gefährten des Äneas; **b)** *übh.* Trojaner; **c)** Römer.

**Aenēās**, ae *m Sohn des Anchises, eines trojschen Herrschers, u. der Venus, Vater des Julus, mythischer Stammvater der Römer* – **Aenēis**, idis *u.* idos *f Vergils Epos, in dem das Schicksal des Äneas erzählt wird.*

**aēneātor**, ōris *m (aēneus) (nachkl.)* Tuba- *u.* Hornbläser, *gew. Pl.*

**Aenēis**, idis *u.* idos *f Vergils Epos v. Äneas.*

**Aenēius**, a um *Adj. zu Aeneas:* des Äneas.

**aēnëus** *u. (älter)* **aēnus**, a, um ❶ *(dem Stoff nach)* ehern, kupfern, aus Bronze; ❷ *(der Farbe nach)* bronzefarben, rotgelb; ❸ *(poet.) (übtr.)* unbezwingbar.

**aenigma**, atis *n (gr. Fw.)* ❶ Rätsel; ❷ das Rätselhafte [**somniorum**]; ❸ rätselhafte Andeutung.

**aenigmaticē** *Adv. (aenigma) (nachkl.)* in Rätseln.

**aēni-pēs**, *Gen.* pedis *(aēnëus) (poet.)* erzfüßig.

**aēnum**, ī *n (aēnus, s. aēnëus)* ehernes Gefäß, Kessel.

**aēnus**, a, um *s. aēnëus.*

**Aenus**, ī ❶ *f Ort in Thrakien, j.* Enos; – *Einw.* **Aeniī**, ōrum *m;* ❷ *m (nachkl.)* der Inn.

**Aeolēs**, lum *m* die Äoler, *Bew. v.* **Aeolia**, ae *f (auch:* **Aeolis**, idis *f) Landschaft im nordwestl. Kleinasien;* – *Adj.* **Aeolius**, a, um.

**Aeolidēs**, ae *m s. Aeolus.*

**Aeolis** *s. Aeoles.*

**Aeolius** *s. Aeoles u. Aeolus.*

**Aeolus** *u.* **Aeolos**, ī *m* ❶ *Herrscher üb. die Äolischen Inseln, Gott der Winde;* ❷ *König in Thessalien, Stammvater der Äoler;* – **Aeolidēs**, ae *m* der Äolide, *bes. Söhne des Königs Ä.: Sisyphus, Athamas, Salmoneus;* **Aeolis**, idis *f Tochter des Ä.;* – *Adj.* **Aeolius**, a, um.

**aequābilis**, e *(aequo)* ❶ gleich(mäßig); ❷ unparteiisch.

**aequābilitās**, ātis *f (aequabilis)* ❶ Gleichmäßigkeit; ❷ Unparteilichkeit [**decernendi** im Entscheiden]; ❸ [**vitae**] Gleichmut.

**aequ-aevus**, a, um *(aequus u. aevum)* gleichaltrig.

**aequālis**, e *(aequus)* ❶ gleich; ❷ gleichmäßig, -förmig; ❸ **a)** gleichaltrig; – *subst.* der Gleichaltrige; **b)** gleichzeitig; – *subst.* Zeitgenosse.

**aequālitās**, ātis *f (aequalis)* ❶ Gleichheit; ❷ Gleichaltrigkeit; ❸ *(meton.)* die Gleichaltrigen; ❹ Rechtsgleichheit.

**aequanimitās**, ātis *f (aequus u. animus) (nachkl.)* Gleichmut; Geduld.

**aequātiō**, ōnis *f (aequo)* Gleichstellung, Ausgleichung.

**aequē** *Adv. (v. aequus)* ❶ gleich(mäßig); ❷ gleich, ebenso *(wie: ac, atque od. et).*

**Aequī** (*u.* **Aequīculī**), ōrum *m ital. Volksstamm östl. v. Rom;* – *Adj.* **Aequicus** *u.* **Aequīculus**, a, um äquisch.

**aequilībritās**, ātis *f (aequus u. libra)* Gleichgewicht(sgesetz).

**aequilībrium**, ī *n (aequus u. libra) (nachkl.)* das

Gleichgewicht.

**Aequimēlium** (*u.* -maelium), ī *n Platz in Rom am Kapitol.*

**aequinoctiālis**, e *(aequinoctium)* zur Zeit der Tag- u. Nachtgleiche.

**aequinoctium**, ī *n (aequus u. nox)* Tag- u. Nachtgleiche.

**aequi-perō**, perāre *(aequus u. par)* ❶ gleichstellen, vergleichen *(mit: m. Dat.);* ❷ gleichkommen, erreichen *(m. Akk.; durch, in, an etw.: m. Abl.)* [**voce magistrum**].

**aequitās**, ātis *f (aequus)* ❶ Gleichheit; ❷ *mit u. ohne animi* Gleichmut, Gelassenheit; *auch* Gleichgültigkeit; ❸ Rechtsgleichheit; ❹ Gerechtigkeit, Billigkeit.

**aequō**, aequāre *(aequus)* ❶ **a)** ebnen [**locum**]; **b)** gerade stellen; *(milit.)* **frontem** *od.* **aciem ~** ausrichten; **c)** gleichmachen, ausgleichen; **aequato omnium periculo** bei einer für alle gleichen Gefahr; **d)** gleichmachen, angleichen; **alqd solo** *(Dat.)* ~ dem Erdboden gleichmachen; **alqd caelo ~** himmelhoch auftürmen; **e)** gleichstellen, vergleichen; – **se aequare** *u. Pass.* gleichstehen, -kommen; ❷ gleichkommen, erreichen *(m. Akk.)* [**alqm equestri gloriā**].

**aequor**, oris *n (aequus)* ❶ Ebene, Fläche [**campi**]; ❷ Feld, Erdboden; ❸ *(poet.)* Meer(esfläche) [**vastum; placidum**]; *Pl.* Fluten.

**aequorēus**, a, um *(aequor) (poet.)* Meeres-, See- [**rex** Neptun].

**aequum**, ī *n (aequus)* ❶ Fläche, Ebene, freies Feld; ❷ Billigkeit, Angemessenheit; **per -a per iniqua** um jeden Preis; ❸ Gleichheit, gleiche Lage, gleiches Recht; **ex -o** gleichmäßig.

**aequus**, a, um ❶ eben, flach; ❷ gleich, gerade [*milit.* **frons** gerade Front]; ❸ günstig (gelegen) [**locus; tempus**]; ❹ wohlwollend, gnädig; ❺ gleichmütig, gelassen, ruhig; **~ animus** Gleichmut; **-o animo** m. Gleichmut, m. Gelassenheit; ❻ gerecht, unparteiisch; **-um est** es ist recht u. billig; ❼ gleich, gleich groß *(wie [im Vergleich]: m. folg. ac, atque, auch m. cum; in, an etw.: m. Abl.);* ❽ *(proelium u. Ä.)* gleich, unentschieden; **-o proelio** *od.* **Marte pugnare** ohne Entscheidung kämpfen.

**āēr**, āëris *m (Akk.* āera *u.* āerem) *(gr. Fw.)* ❶ die untere Luftschicht; Luft; ❷ Nebel, Wolke.

**aerāria**, ae *f (aes)* Erzgrube.

**aerārium**, ī *n (aes)* Schatzkammer, Staatsvermögen [**militare** Kriegskasse].

**aerārius** *(aes)* **I.** *Adj.* a, um ❶ Erz-, Kupfer-; ❷ Geld betreffend [**tribuni** Zahlmeister]; **II.** *Subst.* ī *m* ❶ Erzarbeiter; ❷ Ärarier, *gew. im Pl., Bürger der untersten Vermögensklasse.*

**aerātus**, a, um *(aes)* ❶ erzbeschlagen [**acies** gepanzert]; ❷ aus Erz, ehern [**securis**]; ❸ *(übtr.)* ehern, (felsen)fest.

**aereus**, a, um *(aes) = aeratus 1. u. 2.*

**aeri-fer**, fera, ferum *(aes u. fero) (poet.)* eherne Zimbeln tragend.

**aeri-pēs**, *Gen.* pedis *(aes) (poet.)* erzfüßig.

**āërius**, a, um *(aër)* ❶ in der Luft befindlich, Luft-; ❷ hoch (in die Luft) ragend [**mons**].

**aerūginōsus**, a, um *(aerugo) (nachkl.)* ❶ voll v. Grünspan; ❷ *(übtr.)* schmutzig, bettelhaft.

**aerūgō**, ginis *f (aes)* ❶ Grünspan; ❷ *(poet.)* **a)** Neid; **b)** Habsucht.

**aerumna**, ae *f* Mühsal, Kummer.

**aerumnōsus**, a, um *(aerumna)* ❶ mühselig, trübselig [**vita**]; ❷ kummervoll.

**aes**, aeris *n* ❶ Erz, Kupfer, Bronze; *(poet.)* ehernes Zeitalter; ❷ *(meton.) aus Erz od. Kupfer hergestellter Gegenstand:* **a)** Gefäß; **b)** Trompete; **c) aera** Bronzestatuen; **d)** eherne Waffe; **e)** Tafel, Anschlag; **aera legum** eherne Gesetzestafeln; ❸ **a)** Kupfergeld; **b)** *übh.* Geld; **aes alienum** *(nur Sg.)* Schulden; ❹ Vermögen; ❺ *(meist Pl.)* Lohn, Sold; Dienstjahre.

**Aeschinēs**, is *u.* ī *m* ❶ *Schüler des Sokrates;* ❷ *Redner in Athen, Gegner des Demosthenes;* ❸ *Lehrer der neuen Akademie in Athen.*

**Wissen: Antike**

**Aeschylus** (ī *m*) - Aischylos (525-456 v. Chr.) war ein Tragödiendichter in Athen. Er ist mit Sophokles und Euripides einer der drei bedeutendsten griechischen Tragiker. Von den Dreien ist er der zeitlich Älteste. Noch heute werden seine Tragödien - sieben davon sind vollständig überliefert - weltweit aufgeführt, wie z. B. „Die Perser" und die „Orestie", ein dreiteiliges Werk aus dem Sagenkreis um Agamemnon.

**Aesculāpium**, ī *n (Aesculapius)* Äskulaptempel.

**Wissen: Antike**

**Aesculāpius** (ī *m*), im Deutschen „Äskulap", ist der griechische Gott der Heilkunde. Er ist der Sohn Apollos und der Nymphe Koronis. Die Schlange war ihm heilig und er wurde in der Antike mit einem Stab, um den sich eine Schlange windet, dargestellt. Noch heute ist der Äskulapstab mit der Schlange das Symbol der Medizin.

**aesculētum**, ī *n (aesculus) (poet.)* Eichenwald.

**aesculeus**, a, um *(aesculus) (poet.)* Eichen-.

**aesculus**, ī *f (poet.)* immergrüne Wintereiche.

**Aesōn**, onis *m Vater des Jason;* – **Aesonidēs**, ae *m* Jason; – *Adj.* **Aesonius**, a, um.

**Aesōpius**, ī *m* Äsop, *griech. Fabeldichter;*

A

– *Adj.* **Aesopīus** *u.* **-ēus**, a um äsopisch, des Äsop.

**Wissen: Antike**
**Aesōpus** – Äsop war ein griechischer Fabeldichter aus Phrygien (um 550 v. Chr.). Äsop, der seine lehrhaften Fabeln und Gleichnisse in Prosa verfasste, galt bei den Griechen und Römern als der Begründer der Fabel. Der römische Dichter Phaedrus stellte sich in Äsops Tradition und dichtete viele äsopische Fabeln in lyrischer Form nach.

**aestās**, ātis *f (aestus)* ❶ Sommer [**prima** *od.* **nova** Frühsommer; **summa** *od.* **media** Hochsommer]; ❷ *(meton.)* Sommerwetter.
**aesti-fer**, fera, ferum *(aestus u. fero) (poet.)* hitzebringend, heiß.
**Aestiī**, ōrum *m Volk an der Ostsee.*
**aestimābilis**, e *(aestimo)* schätzbar.
**aestimātiō**, ōnis *f (aestimo)* ❶ Abschätzung; **in aestimationem venire** abgeschätzt werden; **aestimationem habere** die Schätzung vornehmen; **~ poenae** (*od.* **multae**) Geldbuße; – *Pl.* an Zahlungsstatt vom Gläubiger angenommene Güter; ❷ *(übtr.)* Schätzung, Hochachtung.
**aestimātor**, ōris *m (aestimo)* Schätzer, *der den Preis bestimmt* [**frumenti**]; Beurteiler.
**aestimō**, aestimāre *(aes)* ❶ **a)** *(den äußeren Wert)* abschätzen, bewerten [**possessiones**]; *(m. Gen. bzw. Abl. pretii als Angabe des Wertes)* [**pluris / minoris; magno / minimo**]; **b)** *(jur. t. t.)* **litem ~** die Strafsumme in einem Prozess festsetzen, geg. jmd. eine Geldbuße verhängen; ❷ **a)** *(nach dem inneren Wert)* beurteilen, würdigen *(Konstruktionen wie oben; selten m. dopp. Akk. od. A. C. I.; Angabe des Maßstabes im Abl. od. ex)* [**virtutem annis** nach Jahren]; **b)** hoch schätzen; ❸ glauben, meinen, halten für *(m. dopp. Akk. od. A. C. I.).*
**aestīva**, ōrum *n (aestivus)* ❶ **a)** Sommerlager; **b)** *(meton.)* Feldzug; ❷ *(poet.)* Herde auf der Sommerweide.
**aestīvus**, a, um *(aestas)* sommerlich [**saltūs** Sommerweiden; **avis** Zugvogel].
**aestuārium**, ī *n (aestus)* ❶ Lagune; **-a ac paludes;** ❷ *(nachkl.)* Bucht; ❸ *(nachkl.)* Flussmündung.
**aestuō**, aestuāre *(aestus)* ❶ *(v. Feuer)* auflodern; ❷ *(vor Hitze)* kochen, glühen, erhitzt sein; ❸ *(v. Wasser)* branden, wogen; ❹ leidenschaftlich bewegt sein, *(vor Wut)* kochen, *(in Liebe zu jmdm.)* glühen *(in alqo)*, *(vor Begierde)* brennen; ❺ unschlüssig sein.
**aestuōsus**, a, um *(aestus)* ❶ heiß, glühend; ❷ *(poet.)* brandend, wogend [**freta**].
**aestus**, ūs *m* ❶ Hitze, Glut, *(poet.)* Sommer(hitze); **meridiei ~; frigora atque aestus tolerare;** ❷ *(v. Wasser)* das Wogen, Brandung, Strömung, Flut(en); **decessus** (*od.* **recessus**) **aestūs** Ebbe; **aestu minuente** bei abnehmender Flut; ❸ *(übtr.)* **a)** Leidenschaft; **b)** Besorgnis; **c)** Unschlüssigkeit.
**aetās**, ātis *f (aevum)* ❶ Lebenszeit, Leben; **aetatem agere** sein Leben verbringen *(m. etw.: in m. Abl.)* [**in litteris**]; ❷ Menschenalter, Generation; ❸ Altersstufe: **a)** Jugend; **b)** Mannesalter; **c)** Greisenalter; ❹ Zeitalter, Zeit [**aurea** das goldene Zeitalter]; **nostra aetate;** ❺ die Menschen eines Zeitalters, das Geschlecht; ❻ die Altersklasse [**vestra** Leute eures Alters].
**aetātula**, ae *f (Demin. v. aetas)* Kindes-, Jugendalter.
**aeternitās**, ātis *f (aeternus)* ❶ Ewigkeit; ❷ Unsterblichkeit; ❸ ewiges Gedächtnis; **alqm aeternitati mandare** verewigen.
**aeternō**, aeternāre *(aeternus) (poet.)* verewigen.
**aeternus**, a, um (*Adv.* -ō *u.* -um) *(aevum)* ❶ ewig [**ignes** Gestirne]; ❷ unvergänglich, unsterblich [**memoria**]; ❸ beständig, fortwährend.
**aethēr**, eris *m* (*Akk.* -era) *(gr. Fw.)* ❶ die obere Luftschicht, Äther; ❷ *(poet.)* **a)** Himmel; **b)** *(meton.)* die Götter; **oneravit aethera votis;** ❸ *(poet.)* Luft; ❹ Oberwelt.
**aetherius**, a, um *(gr. Fw.)* ❶ ätherisch, aus Äther [**natura**]; ❷ *(poet.)* himmlisch [**equi** Sonnenrosse]; ❸ *(poet.)* luftig.
**Aethiops**, opis *m* (*Akk. Pl.* Aethiopas) Äthiopier; *auch als Adj.;* – **Aethiopia**, ae *f* Äthiopien.
**aethra**, ae *f (gr. Fw.) (poet.)* reine Luft; Himmelsglanz.
**Aetna**, ae *u.* **Aetnē**, ēs *f* ❶ der Ätna, *Vulkan auf Sizilien;* – *Adj.* **Aetnaeus**, a, um; – *Subst.* **Aetnaeī**, ōrum *m Anw. des Ä.;* ❷ *Stadt am Fuße des Ätna;* – *Adj.* **Aetnēnsis**, e; – *Einw.* **Aetnēnsēs**, ium *m.*
**Aetōlia**, ae *f Landschaft in Mittelgriechenland;* – *Einw.* **Aetōlī**, ōrum *m;* – **Aetōlis**, idis *f* Ätolierin; – *Adj.* **Aetōli(c)us** *u.* **-lus**, a, um.
**aevum**, ī *n* ❶ Ewigkeit; **in -um** f. alle Zeit; ❷ Unvergänglichkeit, Unsterblichkeit; ❸ = *aetas.*
**Āfer** *s. Afri.*
**affābilis**, e *(affor)* leutselig.
**affābilitās**, ātis *f (affabilis)* Leutseligkeit.
**af-fabrē** *Adv. (ad u. faber)* kunstvoll.
**af-fatim** (*u.* ad-fatim) *Adv.* zur Genüge, reichlich; **pecuniae ~ est.**
**affātus**[1], a, um *Part. Perf. v. affor.*
**affātus**[2], ūs *m (affor) (poet.)* Anrede.
**af-fēcī** *Perf. v. afficio.*

**affectātiō**, ōnis *f (affecto)* ① das Streben *(nach etw.: m. Gen.)*; ② Anspruch *(auf etw.: m. Gen.)*; ③ *(nachkl.) (rhet. t. t.)* Künstelei.

**affectiō**, ōnis *f (afficio)* ① Eindruck, Einwirkung; ② Zustand, Beschaffenheit; ③ Stimmung, Gemütsverfassung; ④ Neigung, Liebe.

**affectō**, affectāre *(Intens. v. afficio) (m. Akk.)* ① ergreifen [**viam** einen Weg einschlagen, sich einen Weg bahnen]; ② sich m. etw. befassen; ③ jmd. heimsuchen; ④ nach etw. streben, zu erringen suchen [**regnum; immortalitatem; spem** die Hoffnung hegen].

**affectus**[1], ūs *m (afficio)* ① Stimmung, Gemütsverfassung [**publicus** die öffentl. Stimmung]; ② *(poet.)* Leidenschaft, Begierde; ③ Zuneigung, Liebe.

**affectus**[2], a, um *(P. Adj. v. afficio)* ① mit etw. versehen, ausgestattet; ② beschaffen, eingerichtet; ③ gesinnt, gestimmt; ④ schwach, erschöpft [**fides** wankend; **senectute** *od.* **aetate** altersschwach]; ⑤ bekümmert; ⑥ zu Ende gehend; **aestate iam prope -ā** im Spätsommer.

**af-ferō**, afferre, attulī, allātum ① herbeitragen, -bringen; ② *(übtr.)* bringen [**alci auxilium; consilium** einen Rat geben]; ③ überbringen [**nuntium**]; melden; ④ **manus** *od.* **vim ~** Gewalt antun, Hand an jmd. legen; ⑤ hinzufügen; ⑥ bereiten, verursachen, bringen [**laetitiam; detrimentum**]; ⑦ zu etw. beitragen, bei etw. nützen *(m. folg. ad od. Dat.)*; ⑧ *(als Beispiel, als Beweis)* anführen, vorbringen.

**af-ficiō**, ficere, fēcī, fectum *(ad u. facio)* ① ausstatten, versehen, erfüllen *(mit etw.: m. Abl.)* [**alqm exilio** verbannen; **iniuriā** Unrecht erweisen; **servitute** knechten; **laude** loben]; ② behandeln, in einen Zustand versetzen; ③ **a)** in eine Stimmung versetzen, stimmen; **b)** beeindrucken; ④ hart mitnehmen, schwächen; **fames affecit exercitum**.

**af-fīgō**, fīgere, fīxī, fīxum ① anheften, befestigen *(an etw.: m. Dat. od. ad)*; ② *(übtr.)* **a)** anketten, fesseln; – *mediopass.* **affigi** sich eng anschließen an, jmdm. nicht v. der Seite weichen; **b) animo** *od.* **memoriae** einprägen.

**af-fingō**, fingere, fīnxī, fictum ① hinzubilden, bildend anfügen; ② *(übtr.)* **a)** hinzudenken; **b)** hinzudichten, -lügen; **multa rumore affingebantur**.

**af-fīnis**, e *(m. Dat.; auch Gen.)* ① angrenzend, benachbart; ② an etw. beteiligt; in etw. verwickelt [**negotiis; suspicionis**]; ③ verschwägert; – *gew. Subst.* affīnis, is *m u. f (Abl. -e u. -i)* Verwandter.

**affīnitās**, ātis *f (affinis)* ① Verschwägerung; *übh.* Verwandtschaft; ② enge Beziehung, enger Zusammenhang [**litterarum**].

**affirmātē** *(affirmo) Adv.* unter Beteuerungen [**promittere**].

**affirmātiō**, ōnis *f (affirmo)* Versicherung, Beteuerung.

**af-firmō**, firmāre ① befestigen, bekräftigen; **ea res Troianis spem affirmat** bestärkt die Trojaner in der Hoffnung; ② bestätigen, beweisen; **promissa rebus ~**; ③ versichern, behaupten *(m. A. C. I.; indir. Frages.; de)*.

**af-fīxī** *Perf. v. affigo.*

**affīxus** *P. P. P. v. affigo.*

**afflātus**, ūs *m (afflo)* ① das Anhauchen; Anwehen; **~ vaporis** Gluthauch; ② *(übtr.)* Anhauch (göttlicher Begeisterung) [**divinus**].

**af-fleō**, flēre, – – *(poet.)* bei etw. *od.* mit jmdm. weinen *(m. Dat.)*.

**afflīctātiō**, ōnis *f (afflicto)* Qual, Pein.

**afflīctiō**, ōnis *f (affligo) (nachkl.)* Niedergeschlagenheit.

**afflīctō**, afflīctāre *(Intens. v. affligo)* ① (heftig) schlagen; **se ~** sich an die Brust schlagen; ② beschädigen; ③ heimsuchen, plagen, peinigen [**colonias**]; ④ **se ~** *u. mediopass.* **afflictari** sich (ab)härmen.

**afflīctor**, ōris *m (affligo)* Zerstörer.

**afflīctus**, a, um *s. affligo.*

**af-flīgō**, flīgere, flīxī, flīctum ① (an)schlagen, werfen *(an etw.: m. ad od. Dat.)* [**alqm ad terram; vasa parietibus**]; ② beschädigen; verletzen; ③ **a)** niederwerfen; *im Pass.* zu Boden stürzen; **b)** *(übtr.)* niederschmettern, -drücken [**auctoritatem** erschüttern; **consulare nomen** erniedrigen]; ④ schwächen; **proelio opes hostium ~**; ⑤ heimsuchen; betrüben; **vectigalia bellis affliguntur** leiden durch die Kriege; ⑥ entmutigen; ⑦ *refl.* sich grämen, leiden *(an etw.: m. Abl.)* [**vulnere; pestilentia**]; / *P. Adj.* **afflīctus,** a, um *(m. Komp.)* **a)** zerrüttet [**Italia cladibus**]; **b)** betrübt; **c)** verachtet, verworfen; **homo afflictus et perditus; afflicti mores**.

**af-flō**, flāre **I.** *trans.* ① anhauchen, anblasen, anwehen; ② versengen [**ignibus**]; ③ zutragen [**rumorem**]; **II.** *intr.* entgegenwehen.

**affluēns**, *Gen.* entis *(P. Adj. v. affluo)* ① reichlich (zuströmend), im Überfluss vorhanden; *subst.:* **ex affluenti** im Überfluss; ② reichlich m. etw. versehen, an etw. reich [**opibus et copiis**].

**affluentia**, ae *f (affluens)* Fülle, Überfluss *(an etw.: m. Gen.)* [**annonae**].

**af-fluō**, fluere, flūxī, – ① heranfließen, -strömen *(m. ad od. Dat.)*; ② herbeieilen; **multitudine affluente; ③** reichlich vorhanden sein; **vires / opes / divitiae affluunt;** ④ etw. in Fülle haben *(m. Abl.)* [**divitiis; honore**]; ⑤ im Überfluss leben.

**af-for**, fārī, fātus sum ① jmd. anreden, ansprechen [**alqm blandis verbis**]; ② anflehen

A

[**deos**]; ❸ *(nachkl.) (pass.)* **affatum esse** vom Schicksal verhängt sein.
**af-fore, af-forem** *s. assum.*
**af-fricō**, fricāre, fricuī, fricātum *(nachkl.)* ❶ anreiben; ❷ *(übtr.)* übertragen.
**af-fūdī** *Perf. v. affundo.*
**af-fuī** *Perf. v. assum.*
**af-fulgeō**, fulgēre, fulsī, – ❶ entgegenstrahlen, -leuchten; ❷ aufleuchten, erglänzen; **affulsit lux quaedam** (ein Hoffnungsstrahl) **civitati**.
**af-fundō**, fundere, fūdī, fūsum *(m. Dat.)* ❶ hinzugießen, -schütten [**venenum potioni**]; ❷ zuströmen lassen; – *Pass.* sich ergießen; ❸ *(v. Menschenmassen)* herbeiströmen; ❹ *mediopass.* **affundi** sich auf etw. werfen; – *P. P. P.* **affūsus,** a, um hingeworfen, hingelagert.
**af-futūrus**, a, um *s. assum.*
**ā-fore, ā-forem** *s. absum.*
**Afrānius**, a, um *Name einer röm. pleb. gens:* ❶ **L. ~** *(um 100 v. Chr.), Meister der fabula togata (der nationalen röm. Komödie);* ❷ **L. ~** *Legat des Pompeius.*
**Āfrī**, ōrum *m* die Afrikaner, die Punier; *Sg.* **Āfer**, Āfrī *m* Punier; – *Adj.* **Āfric(ān)us**, a, um *u. (selten)* **Āfer**, fra, frum afrikanisch, punisch; – *Subst.* **Āfricānae**, ārum *f* wilde Tiere aus Afrika; **Āfricus**, ī *m* Südwestwind.
**Āfrica**, ae *f* ❶ Afrika *(als Erdteil);* ❷ *die röm. Provinz Afrika.*
**ā-fuī** *Perf. v. absum.*
**Agamemnō(n)**, onis *m (Akk.* -onem *u. [poet.]* -ona) *König von Mykene, oberster Führer der Griechen vor Troja;* – *Adj.* **Agamemnonius**, a, um des Agamemnon; – **Agamemnonidēs**, ae *m* Orestes.

**Wissen: Antike**
**Agamemnō(n)** ist ein legendärer König von Mykene. Er ist ein Sohn des Atreus, Bruder des Menelaus und Vater des Orestes, der Iphigenie und der Elektra. Agamemnon war der Oberbefehlshaber der Griechen im Trojanischen Krieg. Nach seiner Rückkehr in die Heimat wurde er von seiner Gattin Klytämnestra und ihrem Geliebten Aegisthus ermordet.

**Aganippē**, ēs *f den Musen heilige Quelle am Helikon u. Nymphe dieser Quelle;* – *Adj.* **Aganippēus**, a, um [**lyra** den Musen heilig] *u. fem.* **Aganippis**, idis *(u.* idos) v. der Aganippe stammend.
**agāsō**, ōnis *m* ❶ Pferde-, Reitknecht; ❷ *(poet.)* Tölpel.
**Agavē** *u.* **Agauē**, ēs *f Tochter des Kadmus, Mutter des Pentheus.*
**age, agedum** *s. ago.*
**Agedincum**, ī *n Hauptstadt der Senonen in Gallien, j.* Sens *in der Champagne.*
**agellus**, ī *m (Demin. v. ager)* Gütchen.
**agēma**, atis *n (gr. Fw.) makedon. Garde.*
**Agēnōr**, oris *m König v. Phönizien, Vater des Kadmus u. der Europa, Ahnherr der Dido* [**Agenoris urbs** Karthago]; – *Adj.* **Agēnoreus**, a, um [**bos** *der unter die Sterne versetzte Stier der Europa*]; – *Nachk.* **Agēnoridēs**, ae *m:* Kadmus, Perseus.
**agēns**, *Gen.* entis *s. ago.*
**ager**, agrī *m* ❶ Acker, Feld; ❷ *(meist Pl.)* freies Feld, flaches Land; ❸ *(meist Sg.)* (Stadt-)Gebiet, Landschaft [**Tusculanus; publicus** Staatsdomäne]; / **in agrum** nach der Landseite *(im Ggstz. zum Meer);* in die Tiefe *(beim Längenmaß).*
**Agēsilāus**, ī *m König v. Sparta (397–361 v. Chr.).*
**ag-gemō**, gemere, – – dabei seufzen *(m. Dat.).*
**agger**, eris *m (aggero²)* ❶ Dammerde, Schanzmaterial; **aggere fossas explere;** ❷ *(meton.)* Erdwall, Damm: **a)** *(milit. t. t.)* Schanze; **aggerem ad urbem promovere; b)** *(poet.)* Stadtmauer; **c)** *(nachkl.)* Grenzwall; **d)** Hafendamm; Uferböschung; ❸ *(poet.)* **a)** Grabhügel; **b)** Scheiterhaufen; **c)** Hügel, Höhe; **d)** Haufen; ❹ Oberbau einer Straße.
**aggerō¹**, aggerāre *(agger) (poet.; nachkl.)* ❶ (dammartig) aufschütten; ❷ aufhäufen, aufstapeln; ❸ vermehren, steigern [**dictis iras**].
**ag-gerō²**, gerere, gessī, gestum *(m. Dat. od. ad)* ❶ herbeitragen, -bringen; ❷ *(m. Worten)* vorbringen [**falsa**].
**aggestus**, ūs *m (aggero²) (nachkl.)* ❶ das Herbeitragen, -schleppen [**lignorum**]; ❷ *(meton.)* Damm.
**ag-glomerō**, glomerāre *(poet.)* (knäuelartig) fest anschließen.
**ag-glūtinō**, glūtināre ankleben *(an etw.: m. Dat.).*
**ag-gravō**, gravāre ❶ schwerer machen; ❷ verschlimmern [**dolorem**]; ❸ **a)** belästigen; **b)** zur Last fallen.
**ag-gredior**, gredī, gressus sum *(ad u. gradior) (m. Akk. od. ad)* ❶ heranschreiten, sich nähern; ❷ sich *(an einen Ort)* begeben, *(einen Ort)* betreten; ❸ sich an jmd. wenden; jmd. für sich zu gewinnen suchen; ❹ **a)** angreifen, überfallen [**alqm ferro**]; **b)** gerichtl. angreifen; ❺ etw. beginnen, unternehmen [**ad rem publicam** teilnehmen an; **ad dicendum** als Redner auftreten]; *m. folg. Inf.* beginnen, versuchen [**oppidum oppugnare**].
**ag-gregō**, gregāre *(ad u. grex)* ❶ zu-, beigesellen *(m. ad; in m. Akk.; Dat.); refl. u. mediopass.* sich anschließen; ❷ aufhäufen [**pecu-**

**nias**].

**aggressiō**, ōnis *f (aggredior) (rhet. t. t.)* (der erste) Anlauf *eines Redners.*

**aggressus** *P. P. Akt. v. aggredior.*

**agilis**, e *(m. Komp., kein Superl.) (ago)* ① *(v. Personen)* **a)** schnell u. gewandt [**dea** *v. Diana*]; **b)** tätig, geschäftig; ② *(v. Sachen)* (leicht) beweglich.

**agilitās**, ātis *f (agilis)* Beweglichkeit, Schnelligkeit.

**agitābilis**, e *(agito)* leicht beweglich.

**agitātiō**, ōnis *f (agito)* ① Bewegung: **a)** das Bewegen, Schwingen; **b)** das Bewegtwerden, Schwanken; ② *(übtr.)* **a)** Beschäftigung m. etw. [**artium**]; **b)** Regsamkeit [**mentis**].

**agitātor**, ōris *m (agito)* ① (Vieh-)Treiber; ② Wagenlenker.

**agite(dum)** *s. ago.*

**agitō**, agitāre *(Intens. v. ago)* ① *(wiederholt od. heftig)* bewegen, (hin u. her) treiben [**hastam** schwingen]; ② *(Tiere)* (an)treiben [**equum**]; ③ jagen, verfolgen; plagen; **feras ~; sceleris poenis agitatur; eos agitant furiae;** ④ antreiben, anspornen; ⑤ *(polit.)* in Unruhe bringen; ⑥ *(vom Wind)* (hin u. her) treiben, peitschen; **humus arida vento agitatur** wird aufgewirbelt; ⑦ *(vom Wasser)* aufwühlen; ⑧ lebhaft erörtern, verhandeln; **agraria lex vehementer agitabatur;** ⑨ überlegen, erwägen; ⑩ beabsichtigen *(m. u. ohne [in] animo, [in]* mente); ⑪ feiern [**dies festos**]; ⑫ verrichten, ausüben [**iustitiam** G. üben; **praecepta** erfüllen]; – *Pass.* betrieben werden, herrschen: **pax agitatur;** ⑬ *(Zeit)* verbringen; *abs.* leben; ⑭ verweilen; ⑮ sich benehmen [**ferociter**].

**agmen**, minis *n (ago)* Zug ① (Menschen-)Menge, Schar; ② *(v. Tieren)* Rudel, Schwarm [**canum** Meute]; ③ Strömung, Wasserschwall; ④ **~ remorum** Ruderschlag; ⑤ *(milit. t. t.)* **a)** Marsch des Heeres, Heereszug; **agmine facto** in geschlossenem Zug; **primum ~** Vorhut; **novissimum** (*od.* **extremum**) **~** Nachhut; **agmen ducere** die Vorhut bilden; **agmen claudere** den Zug schließen, die Nachhut bilden; **b)** *(poet.) (meton.)* Schlacht.

**agna**, ae *f (agnus) (poet.; nachkl.)* Lammweibchen.

**Agnālia**, ium *n = Agonalia.*

**agnāscor**, agnāscī, agnātus sum *(ad u. nascor)* nachgeboren werden *(nach dem Tod des Vaters od. nachdem er sein Testament gemacht hat).*

**agnātiō**, ōnis *f (agnascor)* Blutsverwandtschaft *vonseiten des Vaters.*

**agnātus**[1] *Part. Perf. v. agnascor.*

**agnātus**[2], ī *m (agnascor)* ① nachgeborener Sohn; ② Verwandter von väterlicher Seite.

**agnīna**, ae *f (agninus; erg. caro) (poet.)* Lammfleisch.

**agnīnus**, a, um *(agnus) (nachkl.)* vom Lamm, Lamm-.

**agnitiō**, ōnis *f (agnosco)* ① Anerkennung; ② Erkenntnis.

**agnōscō**, agnōscere, agnōvī, agnitum *(ad u. nosco)* ① erkennen, wahrnehmen [**deum**]; ② wiedererkennen [**suos**]; ③ anerkennen *(als: m. dopp. Akk.)* [**Alexandrum filium** als Sohn].

**agnus**, ī *m* Lamm.

**agō**, agere, ēgī, āctum treiben: ① **a)** bewegen, treiben; **ventus nubes agens; b)** *(Tiere)* (vorwärts)treiben [**tauros; capellas; boves ad flumina**]; **c)** *(Menschen)* treiben, führen, leiten [**servum ad supplicium**]; **d) se ~** *u. mediopass.* **agi** sich in Bewegung setzen, aufbrechen; **agmen agitur; e)** *ein Fahrzeug od. ein Pferd* führen, lenken [**equum in hostem** auf den F. lossprengen]; **f)** forttreiben, -führen; rauben; *im Pass.* **agi** fortgetrieben werden, stürmen; **g)** jagen, verfolgen, (ver)treiben [**praecipites Pompeianos; fugientes hostes ad naves**]; *bisw.* gerichtl. verfolgen, anklagen; **h)** *(z. B. Mauern)* ziehen, anlegen [**fundamenta; parietem**]; **i)** *(milit. t. t.)* vorschieben, näher rücken [**vineas ad oppidum**]; ② **a)** tun, ausführen; *abs.* handeln; **b)** (**male / bene** / *u. Ä.*) **agere cum alqo** jmd. gut / schlecht behandeln; **cum omnibus aequo iure ~** alle nach gleichem Recht behandeln; **c)** ein Amt bekleiden, ausüben; **d) se ~** sich verhalten, sich benehmen; **e)** auf etw. hinarbeiten, nach etw. streben, etw. beabsichtigen; **id agere, ut / ne** darauf hinarbeiten, sich bemühen, dass / dass nicht; ③ **a)** *(Zeit)* verleben, verbringen; *abs.* leben, wohnen; **aetatem ~ procul a re publica; aetatem in litteris ~; b)** *(poet.) (eine Zeit, einen Zustand od. eine Tätigkeit)* zur Vollendung führen, vollenden lassen; **c)** *(in Verbindung m. annus u. einer Ordinalzahl)* im …ten Jahr stehen; **quartum annum ago et octogesimum;** ④ **a)** verhandeln, besprechen; *bes.* **res agitur:** es wird verhandelt über; die Sache steht auf dem Spiel; **b)** *(vor Gericht)* eine Rechtssache führen: *(vom Kläger)* klagen; *(vom Verteidiger)* **causam** *od.* **rem ~** einen Prozess führen, eine Sache verteidigen; ⑤ **a)** *(t. t. der Bühne)* darstellen, *(eine Rolle)* spielen [**nobilem**]; aufführen [**comoediam**]; **b)** *(vom Schriftsteller u. Redner)* vortragen [**carmen**]; ⑥ **alci gratias ~** Dank ausdrücken, danken; **alci laudes ~** loben, preisen; ⑦ **a)** feiern [**diem natalem**]; **b)** (ab)halten [**censum**]; / *Imp.* **age, agite** *im Sinne einer Ermunterung, oft durch -dum verstärkt* auf! vorwärts! *(b. Imp. od. Konj. hortativus):*

A

**agedum dic!; agitedum ite mecum!; age nunc consideremus;** / *Part. Präs.* **agēns**, entis **a)** *Adj.* ausdrucksvoll; lebhaft; **b)** *Subst. m* Anwalt, Kläger; / *P. P. P.* **ācta**, ōrum *n* **a)** Taten, Werke; *auch m. Adv.:* **fideliter acta** treu geleistete Dienste; **b)** öffentliche Verhandlungen; Verzeichnis, Urkunden; **c)** Gesetze, Verordnungen.

**agōn**, ōnis *m (Akk. Sg.* -ōnem *u.* -ōna, *Akk. Pl.* -ōnas) *(gr. Fw.)* Wettkampf, Kampfspiel.

**Agōnālia**, ium *u.* iōrum *n* die Agonalien, *ein röm. Opferfest; – Adj.* **Agōnālis**, e: **dies Agonales** = Agonalia.

**Agōnia**, ōrum *n = Agonalia.*

**agōnia**, ōrum *n (poet.)* Opfertiere.

**Agragā(n)s, Agragantīnus** = *Agrigentum, Agrigentīnus.*

**agrārius**, a, um *(ager)* die Staatsländereien betreffend [**lex** Ackergesetz; **largitio** reiche Ackerverteilung]; – *Subst.* **agrāria,** ae *f = lex agraria;* **agrāriī,** ōrum *m* Freunde der Ackergesetze.

**agrestis**, e *(ager)* ① auf dem Feld, auf dem Land befindlich: **a)** *(v. Pflanzen)* auf dem Feld wachsend, Feld-; **b)** *(v. Tieren)* auf dem Feld lebend, Feld- [**mus** Feldmaus]; **c)** *(v. Menschen)* auf dem Land lebend, Ackerbau treibend, Land-; – *Subst.* **agrestis,** is *m* Bauer; ② ländlich [**vita**]; ③ bäurisch, ungebildet; – *Subst.* **agrestis,** is *m* ungebildeter Mensch.

**agricola**, ae *m (ager u. colo)* Landmann, Bauer.

**Agricola**, ae *m* **Cn. Iulius ~** *(40–93 n. Chr.), Schwiegervater des Tacitus.*

**agrīcultiō, -cultor, -cultūra** *s. cultio, cultor, cultura.*

**Agrigentum**, ī *n griech. Koloniestadt an der Südküste Siziliens; – Adj.* **Agrigentīnus**, a, um; – *Einw.* **Agrigentīnī**, ōrum *m.*

**agri-peta**, ae *m (ager u. peto)* Ansiedler, Kolonist.

**Agrippa**, ae *m* ① **Menenius ~** *welcher der ausgewanderten Plebs die Fabel vom Magen u. den Gliedern erzählte u. sie so zur Rückkehr bewog (494 v. Chr.);* ② **M. Vipsanius ~** *(63–12),* Vertrauter des Augustus, Sieger v. Actium, in 3. Ehe vermählt m. Julia, der Tochter des Augustus; ③ **~ Postumus** *Sohn des M. Vipsanius ~ aus der Ehe m. Julia, nach dem Regierungsantritt des Tiberius ermordet;* ④ **Herodes ~ I.** *u.* **II.** *Könige v. Judäa.*

**Agrippīna**, ae *f* ① *Tochter des M. Vipsanius Agrippa u. der Pomponia, Gattin des Kaisers Tiberius;* ② *Tochter des M. Vipsanius Agrippa u. der Julia, Gattin des Germanicus, Mutter des Caligula;* ③ *Tochter des Germanicus u. der Agrippina, Mutter des Nero, auf dessen Geheiß ermordet; ihr Geburtsort wurde auf ihre Veranlassung 50 n. Chr. kolonisiert u.* **Colōnia Agrippīnēnsis** *genannt (j.* Köln); – *Einw.* **Agrippīnēnsēs,** ium *m.*

**Agyiēūs**, *Vok.* **ēū** *m Beiname Apollos als Schirmherr der Straßen.*

**Ahāla**, ae *m cogn. der gens Servilia.*

**ahēneus** *u.* **ahēnus**, a, um = *aeneus u. aenus.*

**ai** *(poet.) Interj. der Klage* ach! wehe!

**Aiāx**, ācis *m (Akk.* -cem *u.* -cēn) *Name zweier berühmter griech. Helden vor Troja:* ① *Sohn des Telamon v. Salamis;* ② *Sohn des Oïleus v. Lokris.*

**āiēns** *s. aio.*

**āiō** *Verb. defect.* ① Ja sagen, bejahen; ② sagen, behaupten *(oft in die Rede eingeschoben);* **ut aiunt** wie man sagt; / *klass. nur folg. Formen: aio, ais, ait, aiunt; im Konj. aias, aiat, aiant; vollst. Imperf. Ind. Akt. aiebam usw. (verkürzt aibas, aibat);* **ain'** *(= aisne)* meinst du? wirklich?; **quid ais?** hör mal, sag mal! / *P. Adj.* **āiēns,** entis bejahend.

**Āius Locūtius** *od.* **Āius Loquēns** *m (aio u. loquor) die göttl. Stimme, welche die Römer vor der Ankunft der Gallier warnte (390 v. Chr.).*

> **Grammatik & Co.**
> Der **Akkusativ** ist der Zielkasus der transitiven Verben: Amic**um** adiuvo. „Ich unterstütze *den* Freund." Bei der Passivbildung wird aus dem Akkusativ des Aktivs ein Nominativ des Passivs: Amic**us** a me adiuvatur. „*Der* Freund wird von mir unterstützt."
> Im Lateinischen kommt der Akkusativ auch als ein Adverbiale (Umstandsbestimmung) des Ortes (auf die Frage „Wohin?") und der Zeit (auf die Frage „Wie lange?") vor: Rom**am** vehor. „Ich fahre nach Rom." – Mul**tos** ann**os** Romā abfui. „Ich war viele Jahre nicht in Rom."

**āla**, ae *f* ① Flügel *(zum Fliegen);* ② *(poet.)* Segel; ③ Achsel(höhle); ④ *(milit. t. t.)* Flügel *eines Heeres;* Reitergeschwader; die Hilfstruppen der Bundesgenossen.

**alabaster**, trī *m (gr. Fw.)* Salbenfläschchen *aus Alabaster od. Onyx.*

**alacer**, cris, cre *u. (selten)* **alacris**, e *(m. Komp., kein Superl.)* ① aufgeregt, erregt; ② munter, lebhaft, eifrig.

**alacritās**, ātis *f (alacer)* Munterkeit, Fröhlichkeit, (freudiger) Eifer [**pugnandi** Kampflust].

**alapa**, ae *f (poet.)* ① Ohrfeige; ② *symbolischer* Backenstreich *b. der Freilassung eines Sklaven.*

**ālārius**, a, um *u.* **ālāris**, e *(ala) (milit. t. t.)* zu den Flügeltruppen gehörig, Flügel- [**cohortes**]; – *Subst. Pl.* **ālāriī,** ōrum *m u. (nachkl.)* **ālārēs,** ium *m* Hilfstruppen.

**ālātus**, a, um *(ala) (poet.)* geflügelt.
**alauda**, ae *f (kelt. Fw.)* ❶ Haubenlerche; ❷ *(übtr.) Name einer gallischen Legion (so benannt nach den schopfähnlichen Federbüschen).*
**Alba**, ae *f:* ❶ **Alba Longa** *die älteste latinische Stadt, Mutterstadt Roms, am Westabhang des Albanerberges; – Adj.* **Albānus**, a, um aus Alba, *poet. auch* römisch; – *Einw.* **Albānī**, ōrum *m;* – **Albānum**, ī *n:* **a)** *(erg. praedium) Name prächtiger Villen am Albanerberg; später der aus diesen Villen entstandene Ort, j.* Albano; **b)** *(erg. vinum)* Albanerwein; ❷ **Alba Fūcentia** *Ort am Fucinersee, bedeutende Festung u. röm. Staatsgefängnis; – Einw. u. Adj.* **Albēnsis**, is *m bzw.* e.
**albātus**, a, um *(albus)* weiß gekleidet.
**albeō**, albēre, – – *(albus) (poet.; nachkl.)* weiß sein; **albēns**, entis weiß.
**albēscō**, albēscere, – – *(Incoh. v. albeo)* weiß, hell werden.
**albicō**, albicāre *(albus) (poet.; nachkl.)* weiß(lich) sein, weiß schimmern.
**albidus**, a, um *(albus) (poet.; nachkl.)* weiß(lich).
**Albinovānus**, ī *m* ❶ **C. Pedo ~** *epischer Dichter, Freund Ovids;* ❷ **Celsus ~** *Geheimschreiber des Tiberius.*
**Albis**, is *m* (*Akk.* -im, *Abl.* -ī) die Elbe.
**albitūdō**, dinis *f (albus)* die Weiße, das Weiß [**capitis** graues Haar].
**Albius**, ī *m Name einer röm. gens:* **~ Tibullus** *s. Tibullus; – Adj.* **Albiānus**, a, um des Albius.
**Albrūna**, ae *f germ. Seherin.*
**Albula**, ae *f (erg. aqua) alter Name des Tiber.*
**albulus**, a, um *(Demin. v. albus)* weißlich, *(v. Wasser)* weißlich schäumend.
**album**, ī *n (albus)* ❶ weiße Farbe; ❷ weiß übertünchte Holztafel f. Bekanntmachungen.
**Albunea**, ae *f Schwefelquelle b. Tibur u. (poet.) die weissagende Nymphe dieser Quelle.*
**Alburnus**, ī *m Waldgebirge in Lukanien.*
**albus**, a, um ❶ *(glanzlos)* weiß [**equi** Schimmel]; ❷ grau [**barba; plumbum** Zinn]; ❸ *(poet.)* blass, bleich; ❹ *(poet.) (v. Gestirnen)* hell; ❺ *(poet.) (übtr.)* **a)** heiter stimmend; **b)** günstig [**stella**].
**Alcaeus**, ī *m griech. Lyriker aus Mytilene auf Lesbos (um 600 v. Chr.).*
**Alcamenēs**, is *m griech. Bildhauer, Schüler des Phidias.*
**alcēs**, is *f* Elch.
**Alcibiadēs**, is *m athen. Staatsmann, gest. 404 v. Chr.*
**Alcīdēs**, ae *m* der Alkide, *Nachk. des Alkeus* = Herkules.
**Alcinous**, ī *m König der Phäaken, Vater der Nausikaa, nahm den an die Küste seiner Insel (Korfu) verschlagenen Odysseus gastlich auf;* – **Alcinoi silvae** fruchtbare Obstbäume.
**Alcmēna**, ae *u.* **Alcmēnē**, ēs *f Gemahlin des Amphitryon, Mutter des Hercules.*
**Alcumēna**, ae *f* = *Alcmena.*
**alcyōn**, onis *f* (*Akk. Pl.* -onas) *(gr. Fw.) (poet.; nachkl.)* Eisvogel.
**Alcyonē**, ēs *f* ❶ *Tochter des Äolus;* ❷ *eine der Plejaden, Tochter des Atlas.*
**ālea**, ae *f* ❶ Würfel; **~ iacta est** der Würfel ist gefallen *(angeblicher Ausspruch Cäsars, als er nach langem Zögern sich entschloss, über den Rubikon zu gehen);* ❷ Würfelspiel; *übh.* Glücksspiel; **alqd in -a perdere;** ❸ Risiko; Wagnis; Zufall; **~ est in alqa re; ~ inest alci rei**.
**āleārius**, a, um *(alea)* das Würfelspiel betreffend, Würfel-.
**āleātor**, ōris *m (alea)* (Würfel-)Spieler.
**āleātōrius**, a, um *(aleator)* Spiel- [**damna** Spielverluste].
**ālēc** = *allec.*
**Alēctō** *u.* **Allēctō** *f* (*Akk.* -ō, *nur im Nom. u. Akk.) eine der drei Furien.*
**Alēiī campī** *m* „Irrgefilde" *in Kilikien.*
**āles**, *Gen.* ālitis *(ala)* (*Gen. Pl.* ālitum *u. [poet.]* ālituum) **I.** *Adj.* (*Abl. Sg.* -ī *u.* -e) ❶ geflügelt [**deus** Merkur; **puer** Amor]; ❷ rasch, schnell; **II.** *Subst. f (poet. auch m)* ❶ Vogel; ❷ *(Auguralspr.)* Wahrsagevogel; ❸ *(poet.)* Wahrzeichen, Vorbedeutung; **bonā** (*od.* **secundā**) **alite**.
**Alesia**, ae *f Stadt der Mandubier in Gallia Lugdunensis.*
**Ālēus**, a, um = *Eleus; s. Elis.*
**Alexander**, drī *m* ❶ = Paris, *Sohn des Priamus;* ❷ *Tyrann in Pherä in Thessalien (um 360 v. Chr.);* ❸ *König der Molosser in Epirus, Onkel Alexanders des Gr. (um 330 v. Chr.);* ❹ *auch* **~ Magnus** Alexander der Große *(356–323).*

**Wissen: Antike**

**Alexander** – Alexander der Große (356–323 v. Chr.), regierte als König von Makedonien von 336 bis zu seinem Tod. Er war der Sohn König Philipps II. von Makedonien.
Im Jahre 334 begann Alexander den Feldzug gegen Persien. Es folgte der Sieg Alexanders über die Perser unter dem Perserkönig Dareios III. in der Schlacht am Granikos (in Kleinasien). In Gordion löste Alexander den komplizierten Gordischen Knoten, von dem die Sage ging, dass derjenige, der ihn löse, Herrscher über ganz Asien würde, kurzerhand mit einem Schwerthieb. Im Jahr 331 unterwarf sich Ägypten seiner

A

Herrschaft und Alexander gründete die Stadt Alexandria. Im selben Jahr überschritt er mit seinem Heer den Euphrat und den Tigris und es kam erneut zum Kampf mit Dareios. In dieser Entscheidungsschlacht ging Alexander wieder als Sieger hervor, während Dareios auf der Flucht von einem seiner Satrapen ermordet wurde. Alexander fühlte sich nun als Nachfolger des persischen Großkönigs. Im Jahr 327 zog er mit seinem Heer nach Indien und überquerte den Indus. Im Jahre 323 starb Alexander infolge einer kurzen heftigen Erkrankung. Alexanders Ziel war die Gründung eines makedonisch-griechisch-persischen Weltreichs. Nach seinem Tode übernahmen Alexanders Generäle als Diadochen (Nachfolger) die Macht. Sie bekriegten sich gegenseitig und teilten das Reich in mehrere Diadochenreiche.

**Alexandrēa** *u.* **-īa**, ae *f Name zahlreicher v. Alexander dem Gr. gegründeter Städte, v. denen die bekanntesten sind:* ❶ *Stadt in Ägypten (auch j. noch Alexandria);* ❷ *Stadt an der troischen Küste; / Einw. u. Adj.* **Alexandrīnus**, ī *m bzw.* a, um.

**Alfēnus**, ī *m* **P. ~ Varus** *aus Cremona, Rechtsgelehrter in Rom unter Augustus.*

**alga**, ae *f (poet.; nachkl.)* ❶ Seegras, Tang; ❷ *(meton.)* Meeresstrand.

**algeō**, algēre, alsī, – *(algor)* frieren.

**algidus**, a, um *(algeo) (poet.)* kalt.

**algor**, ōris *m (algeo)* Kälte, Frost.

**aliā** *Adv. (Abl. Sg. f v. alius; erg. viā)* auf anderem Wege.

**Ālia**, ae *f s. Allia.*

**aliās** *Adv. (Akk. Pl. f v. alius)* ❶ ein anderes Mal, sonst; **semper ~** sonst immer; **~ ... ~** bald ... bald; **~ aliud** bald dies, bald jenes; ❷ *(nachkl.)* **non ~ quam** unter keiner anderen Bedingung, aus keinem anderen Grund als.

**alibī** *Adv. (alius u. ibi)* ❶ anderswo; **~ ... ~** hier ... dort; **alius ~** der eine hier, der andere dort; **non ~ quam** nirgends sonst als; ❷ in anderer Beziehung, sonst.

**alica**, ae *f (gr. Fw.) (nachkl.)* Speltgrütze, -brei.

**alicubī** *Adv. (aliquis u. ubi)* irgendwo.

**alicunde** *Adv. (aliquis u. unde)* irgendwoher.

**Ālidēnsis**, e = *Elidensis, e = Eleus, a, um s. Elis.*

**aliēna**, ōrum *n (alienus)* nicht zur Sache Gehöriges, Fremdartiges; **-a loqui** Unsinn reden.

**aliēnātiō**, ōnis *f (alieno)* ❶ Entfremdung, Abfall v. jmdm., Abneigung geg. jmd.; ❷ *(jur. t. t.)* Entäußerung.

**aliēni-gena**, ae *m (alienus u. gigno)* Ausländer, Fremder; *als Adj.* ausländisch, fremd *(nur v. Personen).*

**aliēni-genus**, a, um *(alienigena)* ausländisch, fremd(artig).

**aliēnō**, aliēnāre *(alienus)* ❶ entfremden, verfeinden, abtrünnig machen; *Pass.* abfallen von; **insulae alienatae** abtrünnig; ❷ **a)** weggeben; *Pass.* in fremde Gewalt geraten; **b)** *(jur. t. t.)* veräußern, abtreten; ❸ **mentem ~** wahnsinnig machen.

**aliēnum**, ī *n (alienus)* ❶ fremdes Gut *od.* Eigentum; ❷ fremder Boden; ❸ fremde Angelegenheit.

**aliēnus** *(alius)* **I.** *Adj.* a, um ❶ fremd, einem anderen gehörig [**aes** Schulden]; ❷ ausländisch; ❸ fernstehend; nicht verwandt mit *(m. Dat. od. ab);* **non ~ sanguine regibus;** ❹ entfremdet; abgeneigt; feindselig *(Konstr. wie 3.);* **homo non ~ a litteris** nicht unkundig; ❺ fremd(artig) *(Konstr. wie 3.);* **-o Marte** nach ungewohnter Kampfesart; ❻ unpassend, unangemessen; **-o tempore** zur unpassenden Zeit; ❼ ungünstig, nachteilig; **II.** *Subst.* ī *m* Fremder, Ausländer.

**āli-fer**, fera, ferum *(ala u. fero) (poet.)* geflügelt.

**āli-ger**, gera, gerum *(ala u. gero) (poet; nachkl.)* geflügelt [**agmen** Zug der Vögel; **axis** Drachenwagen].

**alimentārius**, a, um *(alimentum)* Nahrungs-, Unterhalts- [**lex**].

**alimentum**, ī *n (alo)* ❶ *(meist im Pl.)* Nahrung(smittel); *(übtr.)* **-a seditionis / famae;** ❷ *Pl.* Unterhaltsbeiträge; Erzieherlohn.

**alimōnium**, ī *n (alo) (nachkl. f. alimentum)* Nahrung, Unterhalt.

**aliō** *Adv. (alius)* ❶ anderswohin; **alius ~** der eine hierhin, der andere dorthin; ❷ zu jmd. anderem, auf andere; ❸ zu etw. anderem; **sermonem ~ transferre;** ❹ zu einem anderen Zweck; **nusquam ~ natus, quam ad serviendum.**

**aliō-quī(n)** *Adv.* ❶ im Übrigen, sonst; ❷ überhaupt, im Allgemeinen; ❸ andernfalls.

**āli-pēs**, *Gen.* pedis *(ala) (poet.)* ❶ mit geflügelten Füßen [**deus** Merkur]; ❷ *(übtr.)* schnell(füßig); – *Subst. im Pl.* Rosse.

**āli-pilus**, ī *m (ala) (nachkl.) Sklave, der in den röm. Bädern die Achselhaare entfernte.*

**alīpta**, ae *m (gr. Fw.)* Masseur.

**aliquā** *Adv. (erg. viā)* ❶ irgendwo; ❷ *(poet.) (übtr.)* irgendwie [**nocere**].

**aliquam** *Adv.* ziemlich [**multi**].

**aliquamdiū** *Adv.* eine Zeit lang.

**aliquando** *Adv.* ❶ (irgend)einmal, irgendwann; einst(mals); ❷ endlich (einmal); ❸ manchmal.

**aliquantulum**, ī *n (Demin. v. aliquantum)* ein bisschen *(m. Gen.)* [**panis**]; *auch als Adv.*

A

**aliquantulus**, a, um *(Demin. v. aliquantus)* ziemlich klein, gering.
**aliquantum**, ī *n* eine ziemlich große Menge, ziemlich viel *(an: m. Gen.)*.
**ali-quantus**, a, um ziemlich viel, ziemlich groß, bedeutend [**numerus; timor**]; *–Adv.* **-um** ziemlich, bedeutend; **-ō** *(Abl. mensurae)* bedeutend *(b. Komp. u. komparativen Ausdrücken):* **-o post** *od.* **post -o** geraume Zeit darauf.
**aliquā-tenus** *Adv. (nachkl.)* einigermaßen.
**ali-quī**, aliquae (-a), aliquod *Pron. indef. adj.* irgendein [**locus; magistratus**].
**ali-quis**, aliqua, aliquid *Pron. indef. subst., aliquis u. aliqua auch adj.* ❶ (irgend)jemand, irgendeiner, (irgend)etwas; irgendein; *im Pl.* irgendwelche, einige; *adj.:* **aliquo modo; aliqua ex parte** einigermaßen; *subst.:* **aliquid consilii capere** irgendeinen Entschluss fassen; ❷ mancher, *im Pl.* etwa; **tres aliqui aut quattuor;** ❸ bedeutend, nennenswert; **aliquo numero esse** etw. gelten, Einfluss haben; **aliquid esse** nicht ohne Bedeutung sein; *– Adv.* **aliquid** *(Akk. Sg. Neutr.)* einigermaßen.
**aliquō** *Adv.* irgendwohin.
**aliquot** *(undekl. Adj.)* einige [**amici**].
**aliquotiē(n)s** *Adv. (aliquot)* einige Male, mehrmals.
**Ālis**, idis *f = Elis.*
**aliter** *Adv.* ❶ anders, auf andere Weise; **~ ac** (*od.* **atque** *od.* **et**) anders als; **non ~ nisi** nur wenn; **~ atque ~** bald so, bald so, auf verschiedene Weise; **~ alius** der eine so, der andere so; ❷ entgegengesetzt [**evenire**]; ❸ andernfalls, sonst.
**alitus** *s. alo.*
**aliubī** *(nachkl.) Adv.* anderswo.
**ālium** (*u.* allium), ī *n (nachkl.)* Knoblauch.
**ali-unde** *Adv. (alius)* ❶ anderswoher; **alii ~ coibant** der eine v. daher, der andere v. dorther; **~ quam** anderswoher als; ❷ v. jmd. anderem, v. anderen; ❸ v. etw. anderem.
**alius**, alia, aliud (*Gen.* alīus, *gew.* alterīus, *Dat.* aliī) ❶ ein anderer *(gew. v. mehreren, während alter v. zweien);* **alii ... alii** die einen … die anderen; **alius aliud** der eine dies, der andere jenes; **alii alio in loco** die einen an dem, die anderen an jenem Ort; **alius post alium** einer nach dem Anderen; **alius ac** (*od.* **atque** *od.* **et**) ein anderer als; *b. vorhergehender Negation od. nach einem Interrogativpronomen m. nisi, quam, praeter:* **nihil aliud nisi** (*od.* **quam**) nichts anderes als; **quid aliud quam?** was anderes als? was sonst als?; *– Akk. Pl. Neutr.* **alia** in einer anderen Beziehung, sonst; ❷ der Übrige.
**al-lābor**, lābī, lāpsus sum herangleiten, gelangen *(zu, an: m. Dat. od. Akk.);* **~ aures** zu den Ohren dringen.
**al-labōrō**, labōrāre *(poet.)* hinzuarbeiten, -fügen; erstreben.
**al-lacrimō**, lacrimāre *(poet.; nachkl.)* dabei weinen.
**allāpsus**[1], ūs *m (allabor)* das Herangleiten.
**allāpsus**[2] *P. P. Akt. v. allabor.*
**al-lātrō**, lātrāre anbellen, *bes. v. Personen:* anschreien, anfahren.
**allātus** *P. P. P. v. affero.*
**allēc**, ēcis *n u.* **allēx**, ēcis *m u. f (poet.)* Fischbrühe.
**Allēctō** *s. Alēctō.*
**allectō**, allectāre *(Intens. v. allicio)* anlocken.
**allēctus**[1] *P. P. P. v. allego*[2].
**allectus**[2] *P. P. P. v. allicio.*
**allēgātiō**, ōnis *f (allego*[1]*)* (Ab-)Sendung, Auftrag.
**allēgātus**, ūs *m (allego*[1]*) = allegatio.*
**al-lēgō**[1], lēgāre ❶ jmd. entsenden, abordnen, schicken; ❷ etw. vorbringen, anführen [**preces**].
**al-legō**[2], legere, lēgī, lēctum hinzuwählen, durch Wahl aufnehmen [**alqm in senatum**].
**allevāmentum**, ī *n (allevo)* Erleichterung.
**allevātiō**, ōnis *f (allevo)* Erleichterung.
**al-levō**, levāre ❶ emporheben, stützen; ❷ *(übtr.)* erleichtern [**sollicitudines alcis**]; *Pass.* sich erholen.
**allēx**, ēcis *m u. f s. allec.*
**al-lēxī** *Perf. v. allicio.*
**Allia** *u.* **Ālia**, ae *f kleiner Fluss, der nördl. v. Rom in den Tiber mündet; – Adj.* **Al(l)iēnsis**, e.
**allice-faciō**, facere, –, factum *(allicio) (nachkl.)* anlocken.
**al-liciō**, licere, lēxī, lectum anlocken, anziehen; gewinnen [**mentes dicendo**].
**al-līdō**, līdere, līsī, līsum *(ad u. laedo)* geg. etw. anschlagen, anstoßen; *Pass. auch übtr.* scheitern.
**Allīfae**, ārum *f Stadt in Samnium; – Einw. u. Adj.* **Allīfānus**, ī *m bzw.* a, um.
**alligātiō**, ōnis *f (alligo)* das Anbinden.
**al-ligō**, ligāre ❶ an-, festbinden [**alqm ad palum**]; ❷ hemmen, festhalten; ❸ *(med.)* verbinden [**vulnus**]; ❹ fesseln [**leones**]; ❺ *(übtr.)* binden, verpflichten [**foedere**]; ❻ **se scelere ~** sich eines Verbrechens schuldig machen; **alligātus,** a, um in ein Verbrechen verwickelt.
**al-linō**, linere, lēvī, litum ❶ *(poet.)* anstreichen; ❷ *(übtr.)* mit etw. beflecken.
**al-līsī** *Perf. v. allido.*
**allīsus** *P. P. P. v. allido.*
**allium**, ī *n = alium.*
**Allobrogēs**, gum *m* (*Akk.* -as) die Allobroger, *Gebirgsvolk in Gallia Narbonensis (Provence); Sg.* **Allobrox,** brogis.

A

**allocūtiō**, ōnis *f (alloquor)* ① Anrede; ② Trost, Beschwichtigung.

**alloquium**, ī *n (alloquor) = allocutio.*

**al-loquor**, loquī, locūtus sum ① anreden [**populum; alqm comiter**]; ② *(nachkl.)* trösten.

**al-lūceō**, lūcēre, lūxī, – *(nachkl.)* anleuchten, dazu leuchten *(m. Dat.).*

**al-lūdō**, lūdere, lūsī, lūsum *(m. ad; Dat.; Akk.)* ① spielen, scherzen; **quasi alludens** gleichsam im Scherz; ② spielend herankommen; ③ *(v. Wasser)* an etw. schlagen, plätschern; ④ *(in der Rede)* auf etw. anspielen.

**al-luō**, luere, luī, – an-, bespülen.

**alluviēs**, ēī *f (alluo)* Überschwemmung.

**alluviō**, ōnis *f (alluo)* Anschwemmung von Erde.

**Almō**, ōnis *m Nebenflüsschen des Tiber, j.* Acquataccio; *auch Name des Flussgottes.*

**almus**, a, um *(alo)* ① nährend, fruchtbar [**ager**]; ② *(poet.)* Segen spendend, gütig *(bes. v. Gottheiten).*

**alnus**, ī *f* ① Erle; ② *(meton.)* Kahn aus Erlenholz.

**alō**, alere, aluī, altum *u.* alitum ① (er)nähren; ② aufziehen, großziehen; **altus educatusque inter arma;** ③ aufnehmen; ④ hervorbringen [**fruges**]; ⑤ **a)** vergrößern; **b)** verschlimmern; ⑥ fördern, pflegen [**artes**].

**Alōēus**, eī *m ein Gigant;* – **Alōīdae,** ārum *m* die Aloiden, *die Giganten Otus u. Ephialtes.*

**alogia**, ae *f (gr. Fw.) (nachkl.)* Unvernunft; Albernheit; *im Pl.* alberne Gedanken.

**Alopē**, ēs *f Stadt im opuntischen Lokris.*

**Alpēs**, Alpium *f* die Alpen; – *Adj.* **Alpīnus**, a, um; – *Bew.* **Alpīnī** *u.* **Alpicī**, ōrum *m.*

**Alphēus** *u.* **-os,** ī *m Fluss in Elis; Flussgott;* – *Adj.* **Alphēus**, a, um; – **Alphēias**, adis *f* Arethusa, *Geliebte des Flussgottes.*

**Alpicī, Alpīnī,** Alpīnus *s. Alpes.*

**alsī** *Perf. v. algeo.*

**Alsium**, ī *n Stadt in Etrurien;* – *Adj.* **Alsiēnsis,** e; – **Alsiēnse,** is *n Landgut des Pompeius b. Alsium.*

**alsus**, a, um *(algeo) (nur im Komp. Neutr.)* kühl(end), erfrischend [**nihil alsius**].

**altāria**, ium *n (altus)* Brandaltar.

**alter**, era, erum (*Gen.* alterīus, *Dat.* alterī) ① der eine, der andere *(v. zweien) (während alius ein anderer in Bezug auf mehr als zwei);* **~ exercitus; ~ consulum; ~ ex censoribus; ~ de duobus; – alter … alter** der eine … der andere; **alteri … alteri** die einen … die anderen; *das zweite alter oft in einem anderen Kasus:* **alter alteri inimicus** einander; ② der andere = entgegengesetzt, Gegen-; **ripa altera** das jenseitige U.; **pars** (*od.* **factio**) **altera** Gegenpartei; – *(poet.)* verändert, verschieden; ③ ein zweiter *(v. gleicher Beschaffenheit);* **~ Verres;** ④ *(als Zahlwort)* **a)** der zweite; **altero vicesimo die** am 22. Tag; **altero die; b) alterum tantum** doppelt so viel.

**altercātiō**, ōnis *f (altercor)* Wortwechsel, Streit.

**altercor**, altercārī *(alter)* einen Wortwechsel führen, streiten.

**alternīs** *Adv. s. alternus.*

**alternō**, alternāre *(alternus) (poet.; nachkl.)* ① abwechseln *(m. etw.: Akk.)* [**fidem** bald glaubhaft machen, bald nicht; **vices** abwechseln]; ② schwanken, bald dies, bald jenes erwägen.

**alternus**, a, um *(alter)* ① abwechselnd, gegenseitig; **-is versibus** im Wechselgesang; **-is diebus** alle zwei Tage; **-i sermones** Wechselgespräch; *Abl. Sg.* **alternā** *u. Abl. Pl.* **alternīs** abwechselnd: **alternis … alternis** bald … bald; ② in Distichen, elegisch.

**alter-uter**, alter(a)utra, alter(um)utrum einer v. beiden.

**alti-cinctus**, a um *(altus u. cingo) (poet.)* hochgeschürzt, -gegürtet.

**altilis**, e *(altus v. alo) (poet.; nachkl.)* gemästet, Mast-; – *Subst. Pl.* **-ēs,** ium *f u.* **-ia,** ium *n* Mastgeflügel.

**alti-sonus**, a, um *(altus[1] u. sono) (poet.)* von der Höhe herab tönend.

**altitūdō**, dinis *f (altus)* ① **a)** Höhe; **b)** *(übtr.)* Größe, Erhabenheit [**animi** Hochherzigkeit; **orationis**]; ② Tiefe [**maris**].

**altiusculus**, a, um *(Demin. v. altius)* ziemlich hoch, etw. zu hoch.

**altor**, ōris *m (alo)* Ernährer, Erhalter.

**altrīx**, īcis *f (altor)* Ernährerin; Amme, Erzieherin; *als Adj.* (er)nährend.

**altum**, ī *n s. altus[1].*

**altus[1]**, a, um ① hoch [**arbor; mons**]; hochragend *als Beiwort großer Städte* [**Carthago; Roma**]; – *Subst.* **altum,** ī *n* **a)** Höhe; **b)** *(poet.)* Himmel(shöhe); **c)** das hohe Meer, die hohe See: **in altum provehi;** ② *(übtr.)* hoch, erhaben; – *Subst.* **altum** ī *n* das Hohe, Erhabene; ③ *(v. Tönen)* laut, hell; ④ *(bes. v. der Zeit)* weit entfernt; **-a vetustas** das hohe Altertum; ⑤ tief [**flumen**]; tiefeindringend [**radix**]; – *Subst.* **altum,** ī *n* die Tiefe; ⑥ *(übtr.)* tief [**somnus; nox**]; ⑦ tief *im Innern* [**pavor**]; – *Subst.* **altum,** ī *n* die Tiefe, das Innere; ⑧ unergründlich; ⑨ *(auf die Weite bezogen)* tief hineingehend [**saltus**]; – *Subst.* **altum,** ī *n* die Weite, Ferne.

**altus[2]** *s. alo.*

**alūcinātiō**, ōnis *f (alucinor) (nachkl.)* gedankenloses Reden, Träumerei.

**alūcinor**, alūcinārī ins Blaue hinein reden *od.* handeln.

**aluī** *Perf. v. alo.*

**alumna**, ae *f (alo)* Pflegetochter, Zögling.
**alumnus** *(alo)* **I.** *Subst.* ī *m* ❶ Pflegesohn, Zögling; ❷ Schüler [**Platonis**]; ❸ *(m. Angabe des Ortes od. der Gegend, wo jmd. aufwächst)* Kind, Sohn [**agrestis**]; ❹ *(poet.) (v. Tieren)* das Junge; **II.** *Adj.* a, um *(poet.)* großgezogen, erzogen.
**alūta**, ae *f* ❶ Alaunleder, *ein weiches, m. Alaun gegerbtes u. gefärbtes Leder;* ❷ *(meton.) etw. aus Alaunleder Hergestelltes:* **a)** Schuh(riemen); **b)** lederner Beutel.
**alv(e)ārium,** ī *n (alv[e]us)* Bienenstock, -korb.
**alveolus,** ī *m (Demin. v. alveus)* ❶ Mulde, kleine Wanne; ❷ **a)** Spielbrett; **b)** *(meton.)* Würfelspiel.
**alveus**, ī *m (alvus)* bauchige, längliche Vertiefung: ❶ (Bade-)Wanne, Mulde; ❷ Flussbett; ❸ Kahn; *(poet. auch)* Schiff *übh.;* ❹ *(poet.)* Bienenstock, -korb.
**alvus**, ī *f* Wölbung, Höhlung: ❶ Bauch, Leib; Unterleib; Magen; ❷ *(nachkl.)* Schiffsbauch.
**am-** *s. ambi-.*
**amābilis**, e *(amo)* liebenswürdig.
**Amalthēa**, ae *f* ❶ *eine Nymphe auf Kreta, die den neugeborenen Jupiter aufzog;* – **Amalthēa,** ae *f u.* **Amalthēum** *u.* **-thīum,** ī *n Heiligtum der Nymphe Amalthea;* ❷ *eine Sibylle.*
**āmandātiō**, ōnis *f (amando)* Verweisung, Verbannung.
**ā-mandō**, āmandāre verbannen, wegschicken.
**amāns,** *Gen.* ntis *(P. Adj. v. amo)* ❶ *(v. Personen)* liebend, liebevoll *(m. Gen.)* [**patriae**]; *subst. m u. f* der, die Liebende; ❷ *(v. Sachen)* lieb(evoll), freundlich [**verba**].
**amāracus**, ī *m u. f u.* **-um,** ī *n (gr. Fw.) (poet.; nachkl.)* Majoran.
**amarantus**, ī *m (gr. Fw.) (poet.; nachkl.) (bot.)* Tausendschön.
**amāritiēs**, ēī *f (amarus) (poet.)* Bitterkeit.
**amāritūdō**, dinis *f (amarus)* ❶ Bitterkeit, der bittere Geschmack; ❷ Erbitterung; ❸ das Kränkende [**verborum**].
**amāror**, ōris *m (amarus) (poet.)* Bitterkeit.
**amārus**, a, um ❶ **a)** *(vom Geschmack)* bitter; **b)** *(vom Geruch)* beißend [**fumus**]; **c)** *(f. das Gehör)* widerlich [**sonitus**]; ❷ *(vom Zustand)* hart, lästig, unangenehm; ❸ *(v. der Empfindung)* bitter [**luctus**]; ❹ *(v. der Gemütsart)* **a)** reizbar, heftig; **b)** grausam [**hostis**]; ❺ *(v. Worten)* beißend, scharf, verletzend [**sermo**].
**Amasēnus**, ī *m Fluss in Latium.*
**Amathūs**, ūntis *f Stadt auf Zypern m. Venustempel;* – **Amathūsia**, ae *f* Venus; – *Adj.* **Amathūsi(ac)us**, a, um.
**amātor**, ōris *m (amo)* ❶ Freund, Verehrer [**consulis; sapientiae**]; ❷ Liebender, Liebhaber.
**amātōrium**, ī *n (amatorius) (nachkl.)* Liebestrank.
**amātōrius**, a, um *(amator)* verliebt, zärtlich, Liebes- [**epistulae**].
**Amāzōn**, onis *f* Amazone; *Pl.* Amāzones *(auch* Amāzonides), um Amazonen, *myth. Volk kriegerischer Frauen;* – *Adj.* **Amāzoni(c)us**, a, um.

**Wissen: Antike**
**Amāzones**, „Amazonen", so nennt die griechische Sage ein Volk kriegerischer Frauen in Kleinasien, die Männer nur zu ihrer Fortpflanzung duldeten. Ihre Königin war Penthesilea.
Kämpfende oder verwundete Amazonen waren ein beliebtes Motiv in der bildenden Kunst der Antike. Berühmte Kopien von Amazonendarstellungen des Bildhauers Polyklet finden sich z. B. in den Antikenmuseen Roms und Berlins.
Heute wird die Bezeichnung „Amazonen" gern in der Sportpresse für Sportlerinnen benutzt, vor allem für Reiterinnen.

**amb-** *s. ambi-.*
**ambactus**, ī *m (kelt. Wort)* Dienst-, Lehensmann.
**amb-āgēs**, gis *f (meist Pl.) (ago)* ❶ Umweg, Irrgang; ❷ Umschweife, Ausflüchte; ❸ Zweideutigkeit, Rätselhaftigkeit.
**Ambarrī**, ōrum *m gall. Volk an der Saône.*
**amb-edō**, edere, ēdī, ēsum *(poet.; nachkl.)* annagen; auffressen; verzehren.
**ambi-**, amb-, *auch* am- *u.* an- *(ambo) Präfix* von beiden Seiten, um, ringsum.
**Ambiānī**, ōrum *m belg. Küstenvolk.*
**Ambibariī**, ōrum *m gall. Volk in der Normandie.*
**amb-igō**, igere, – – *(amb u. ago)* **I.** *intr.* ❶ zweifeln, unschlüssig sein *(de; A. C. I.; indir. Frages.);* ❷ *(vor Gericht)* streiten *(de; indir. Frages.);* **II.** *trans.* bezweifeln; *Pass.* zweifelhaft, strittig sein.
**ambiguitās**, ātis *f (ambiguus)* Zweideutigkeit, Doppelsinn [**verborum**].
**ambiguus**, a, um *(ambigo)* ❶ sich nach zwei Seiten hinneigend, veränderlich, doppelgestaltig [**viri** Zentauren; **virgo** Sphinx]; ❷ *(übtr.)* schwankend; ❸ *(v. Worten)* zweideutig, rätselhaft [**oracula**]; – *subst.* **ambiguum,** ī *n* Zweideutigkeit; ❹ zweifelhaft, ungewiss; – *subst.* **ambiguum,** ī *n* Ungewissheit, Zweifel; ❺ *(in Bezug auf den Besitz)* strittig.
**Ambiliātī**, ōrum *m gall. Volksstamm an der Somme.*
**ambiō**, ambīre, ambīvī *u.* -iī, ambītum *(amb u.*

*eo[2]; es wird regelmäßig nach der i-Konjugation flektiert; nur v. Imperf. auch: ambibam usw.)* ❶ herumgehen um, umgehen; ❷ umgeben; ❸ meiden, umgehen [**patriam deviis itineribus**]; ❹ jmd. um etw. ersuchen *(um etw.: re; m. ut, ne; m. Inf.)*; ❺ um Stimmen bei jmdm. werben.

**Ambiorīx**, īgis *m Eburonenfürst.*

**ambitiō**, ōnis *f (ambio)* „das Herumgehen" ❶ (Amts-)Bewerbung; ❷ Streben nach Gunst, Erschleichen von Gunst; ❸ Ehrgeiz, Ehr-, Ruhmsucht; ❹ Eitelkeit.

**ambitiōsus**, a, um *(ambitio)* ❶ *(poet.; nachkl.)* um etw. herumgehend, etw. umgebend; ❷ nach Ehre, Ämtern u. Ehrenstellen strebend; ❸ ehrgeizig, ehrsüchtig; ❹ eitel; ❺ nach Gunst strebend; parteiisch.

**ambitus**, ūs *m (ambio)* „das Herumgehen" ❶ **a)** Umlauf, Kreislauf [**siderum**]; **b)** Rand; **c)** Krümmung, Windung; **d)** *(nachkl.)* Umfang; ❷ weitläufige Darstellung, *Pl.* Umschweife; ❸ Amtsbewerbung *(bes. auf dem Weg der Bestechung)*, Amtserschleichung; **ambitūs alqm accusare;** ❹ **a)** Ehrgeiz; **b)** Eitelkeit; **c)** Streben nach Gunst.

**Ambivaretī**, ōrum *m gall. Volksstamm an der Loire.*

**ambō**, ae, ō beide (zusammen); **alter ambove consules**.

**Ambracia**, ae *f Stadt in Epirus; – Adj.* **-cius**, a, um *u.* **-ciēnsis**, e; – *Einw.* **-ciōtes**, ae *u.* **-ciēnsis**, is *m.*

**ambrosia**, ae *f (gr. Fw.)* Ambrosia: ❶ Götterspeise; **orator -ā alendus** gleichsam ein Gott unter den Rednern; ❷ *(poet.)* Göttersalbe.

**ambrosius**, a, um *(gr. Fw.) (poet.)* mit Ambrosia gesalbt [**comae**].

**ambūbāia**, ae *f (syr. Fw.) (poet.; nachkl.)* syrische Flötenspielerin.

**ambulātiō**, ōnis *f (ambulo)* ❶ Spaziergang; ❷ Wandelhalle; Allee.

**ambulātiuncula**, ae *f (Demin. v. ambulatio)* ❶ kleiner Spaziergang; ❷ kleine Wandelhalle.

**ambulātor**, ōris *m (ambulo)* Spaziergänger.

**ambulō**, ambulāre **I.** *intr.* ❶ (umher)gehen, spazieren gehen; ❷ stolz einherschreiten; ❸ reisen; ❹ marschieren; **II.** *trans.* durchwandern, fahren über.

**amb-ūrō**, ūrere, ussī, ustum ❶ ringsum anbrennen, versengen, verbrennen; ❷ *nur im P. P. P.* **ambustus,** a, um halb erfroren [**artūs frigore -i**]; ❸ *Pass.* hart mitgenommen werden.

**amellus**, ī *m (poet.; nachkl.)* Sternblume.

**āmendō** = *amando.*

**ā-mēns**, *Gen.* entis ❶ von Sinnen, kopflos, außer sich [**irā**]; ❷ sinnlos, unsinnig.

**āmentātus**, a, um *(amentum)* mit einem Wurfriemen versehen.

**āmentia**, ae *f (amens)* Sinnlosigkeit, Kopflosigkeit, Wahnsinn.

**āmentum**, ī *n* Wurfriemen.

**Ameria**, ae *f Landstadt in Umbrien (80 km nördl. v. Rom); – Einw. u. Adj.* **Amerīnus**, ī *m bzw.* a, um.

**ames**, amitis *m (poet.; nachkl.)* Stellgabel *(f. Vogelnetze).*

**amethystus**, ī *f (gr. Fw.) (poet.; nachkl.)* Amethyst.

**amfrāctus** = *anfractus.*

**amīca**, ae *f (amicus)* ❶ *(poet.)* Freundin; ❷ Geliebte.

**amiciō**, amicīre, (amicuī *u.* amixī), amictum *(amb u. iacio)* ❶ *(ein Gewand)* umwerfen, anlegen, *bes.:* **se amicire** *u. mediopass.* sich etw. umwerfen *(m. Abl.)*; **amictus togā;** ❷ umhüllen, einhüllen.

**amīcitia**, ae *f (amicus)* ❶ **a)** Freundschaft; **est mihi ~ cum alqo** ich bin m. jmdm. befreundet; **b)** Freunde; ❷ *(polit.)* Freundschaftsbündnis; **in -am populi Romani venire; Caesaris -am sequi** sich auf Cäsars Seite schlagen.

**amictus[1]**, ūs *m (amicio)* ❶ das Umwerfen eines Gewandes; ❷ Faltenwurf; ❸ Gewand, Mantel; ❹ *(poet.)* Schleier; ❺ *(poet.) (übtr.)* Hülle [**nebulae**].

**amictus[2]** *P. P. P. v. amicio.*

**amīcula**, ae *f (Demin. v. amica)* Geliebte, Liebchen.

**amiculum**, ī *n (amicio)* Mantel.

**amīculus**, ī *m (Demin. v. amicus)* lieber Freund.

**amīcus** *(amo)* **I.** *Adj.* a, um ❶ befreundet, freundschaftlich (gesinnt); ❷ freundlich, wohlwollend [**dicta**]; ❸ günstig, angenehm, willkommen [**ventus**]; **II.** *Subst.* ī *m* ❶ Freund [**summus** der beste F.]; ❷ Freund, Verehrer [**veritatis**]; ❸ *Pl.* Vertraute, Günstlinge *(am Hofe).*

**ā-migrō**, āmigrāre wegziehen.

**ā-mīsī** *Perf. v. amitto.*

**Amīsia**, ae *m* die Ems.

**āmissiō**, ōnis *f (amitto)* Verlust, *auch durch den Tod.*

**āmissus** *P. P. P. v. amitto.*

**amita**, ae *f* Tante *(väterlicherseits); (nachkl.)* Großtante.

**Amiternum**, ī *n Sabinerstadt, Geburtsstadt Sallusts, j.* Amatrice; – *Adj.* **Amitern(īn)us**, a, um; – *Einw.* **Amiternīnī**, ōrum *m.*

**ā-mittō**, āmittere, āmīsī, āmissum ❶ *(nachkl.)* wegschicken, entlassen; ❷ etw. aufgeben, fahren lassen [**omnes provincias; fidem** sein Wort brechen]; ❸ sich entgehen lassen [**occasionem; praedam**]; ❹ verlieren, einbüßen

A

[**classes; patriam; mentem** den Verstand]; *auch* durch den Tod verlieren.

**amment…** = *ament…*

**Ammōn** *s. Hammon.*

**amni-cola**, ae *m u. f (amnis u. colo) (poet.)* am Fluss heimisch [**salices** Flussweiden].

**amniculus**, ī *m (Demin. v. amnis)* Flüsschen.

**amnis**, is *m* (*Abl.* amne, *poet. auch* amni) ❶ Strom; ❷ Strömung; **secundo amne** stromabwärts, **adverso amne** stromaufwärts; ❸ Gießbach, Wildbach; ❹ *(poet.)* Wasser(masse).

**amō**, amāre ❶ lieben, lieb haben [**se** v. sich eingenommen sein, egoistisch sein]; ❷ verliebt sein *(in jmd.: alqm)*; **amata,** ae *f* Geliebte; ❸ gernhaben [**litteras**]; ❹ etw. gern tun; zu tun pflegen *(m. A. C. I. od. m. Inf.)*; ❺ **alqm ~ de** *od.* **in alqa re** *u.* **alqm ~ quod** jmdm. f. etw. verpflichtet sein.

**amoenitās**, ātis *f (amoenus)* ❶ reizende Lage, liebliche Gegend; ❷ Reiz, Lieblichkeit, Annehmlichkeit [**vitae**].

**amoenus**, a, um ❶ *(v. Örtl.)* reizvoll (gelegen) [**urbs**]; *subst.* **amoena,** ōrum *n* reizvolle Gegenden; ❷ lieblich, reizend, angenehm.

**ā-mōlior**, āmōlīrī, āmōlītus sum ❶ *(m. Mühe)* wegbringen [**onera**]; ❷ entfernen, beseitigen, abwenden [**invidiam crimenque ab alqo**]; ❸ *(in der Rede)* übergehen; ❹ *(nachkl.) (eine Person)* aus dem Wege schaffen, beseitigen.

**amōmum**, ī *n (gr. Fw.)* Amomum, *eine oriental. Gewürzpflanze u. der aus ihrer Frucht gewonnene Balsam.*

**amor**, amōris *m (amo)* ❶ Liebe; – *personif.* **Amor** Liebesgott, Amor; ❷ *(poet.)* Liebschaft; *Pl.* Liebesverhältnis, Liebschaften; ❸ *(meton.)* **a)** der, die Geliebte; **b)** Liebling; **c)** *(poet.)* Liebeslied; ❹ Begierde, Sehnsucht *(nach etw.: m. Gen. obi.)* [**laudis; habendi** Habsucht].

**Amorgus** *u.* **-os,** ī *f Insel in der Ägäis südöstl. v. Naxos.*

**ā-moveō**, āmovēre, āmōvī, āmōtum ❶ wegschaffen, entfernen; **exercitum ab urbe circumsessa ~; amoto patre** in Abwesenheit; ❷ *(poet.; nachkl.)* entwenden [**boves**]; ❸ *(nachkl.)* verbannen [**alqm in insulam**]; ❹ beseitigen, abwenden [**bellum; terrorem**].

**Amphiarāus**, ī *m Herrscher v. Argos, ber. Seher, einer der Sieben gegen Theben; – Nachk.* **Amphiarēiadēs,** ae *m.*

**amphibolia**, ae *f (gr. Fw.)* Zweideutigkeit.

**Amphictyones**, num *m* (*Akk.* -as) Amphiktyonen, *griech. religiös-politische Verbände.*

**Amphīō(n)**, onis *m Sohn des Jupiter u. der Antiope, Meister des Saitenspiels, König v. Theben, Gatte der Niobe.*

**Amphipolis**, is *f* (*Akk.* -im *u.* -in; *Abl.* -ī) *Stadt in Makedonien.*

**Wissen: Antike**

**amphitheātrum** (ī *n*) – Ein Amphitheater ist ein offener Bau mit rings (griech: amphi) um eine ellipsenförmige Arena ansteigenden Sitzreihen. Viele unserer modernen Sportstadien haben dieselbe Grundform. Die römischen Amphitheater waren bis zu Cäsars Zeit aus Holz errichtet, erst ab der Kaiserzeit wurden sie aus Stein erbaut. Sie dienten vor allem als Veranstaltungsplätze für Gladiatoren- und Tierkämpfe. Das größte Amphitheater ist das Colosseum in Rom.

**Amphitrītē**, ēs *f Meeresgöttin, Gemahlin Neptuns; (poet.) (meton.)* Meer.

**Amphitryōn**, ōnis *m König v. Theben, Gatte der Alkmene, der Mutter des Herkules; – Nachk.* **-ōniadēs,** ae *m* = Herkules.

**amphora**, ae *f (gr.Fw.)* Amphora: ❶ *großer, zweihenkliger* Krug, *nach unten spitz zulaufend, um ihn in die Erde stecken zu können, meist als Weinkrug, aber auch f. Früchte, Öl od. Honig;* ❷ **a)** *Flüssigkeitsmaß von 26 ¼ Liter;* **b)** *Gewichtseinheit zur Bestimmung des Fassungsvermögens eines Schiffes (etwa 26 kg).*

**Amphrȳsus** *u.* **-os,** ī *m kleiner Küstenfluss in Thessalien, an dem Apollo die Herden des Königs Admetus weidete; – Adj.* **Amphrȳsius,** a, um *(poet.)* apollinisch; lokrisch.

**ampla**, ae *f* ❶ Handhabe; ❷ Anlass.

**am-plector**, amplectī, amplexus sum *(amb u. plecto)* ❶ **a)** umschlingen, umfassen [**genua; aram**]; **b)** umarmen; **c)** umgeben [**urbes muro**]; ❷ **a)** jmd. lieben, lieb gewinnen; **b)** gutheißen, anerkennen; **c)** großen Wert auf etw. legen, etw. hegen u. pflegen; ❸ **a)** etw. umfassen, in etw. mit einschließen; **b)** in sich fassen, enthalten; ❹ **a)** durchdenken, erwägen [**omnia consilio**]; **b)** abhandeln, ausführen [**omnes res per scripturam**]; **c)** zusammenfassen, knapp behandeln [**omnes oratores; omnia genera breviter**].

**amplexor**, amplexārī, amplexātus sum *(Intens. v. amplector)* ❶ umarmen; ❷ hoch schätzen [**otium**].

**amplexus**[1], ūs *m (amplector)* ❶ Umschlingung; ❷ Umarmung; **tenere alqm amplexu.**

**amplexus**[2] *Part. Perf. v. amplector.*

**amplificātiō**, ōnis *f (amplifico)* ❶ Vermehrung, Vergrößerung [**pecuniae; gloriae**]; ❷ *(rhet. t. t.)* Steigerung des Ausdrucks.

**amplificātor**, ōris *m (amplifico)* Mehrer, Förderer.

**amplificē** *Adv. (poet.)* herrlich.

**ampli-ficō**, ficāre *(amplus u. facio)* ❶ erweitern, vergrößern, (ver)mehren [**opes; civita-**

**tem**]; ② *(übtr.)* erhöhen, (ver)stärken [**alcis dignitatem**]; ③ *(rhet. t. t.)* **a)** stärker hervorheben, steigern; **b)** *(orationem)* Schwung verleihen.

**ampliō**, ampliāre *(v. Komp. amplius)* ① **a)** erweitern, vergrößern, (ver)mehren [**civitatem**]; **b)** *(übtr.)* vergrößern, erhöhen [**honorem**]; ② *(jur. t. t.)* den Prozess verschieben.

**amplitūdō**, dinis *f (amplus)* ① Weite, Größe; ② Erhabenheit, Herrlichkeit [**rerum gestarum**]; ③ Würde, Ansehen; ④ *(rhet. t. t.)* Fülle, Schwung *(des Ausdrucks)*.

**amplus**, a, um ① **a)** weit, geräumig, groß [**domus**]; **b)** reichlich, ansehnlich, groß; **pecunia amplissima; amplior exercitus;** – *subst. Komp. Neutr.* **amplius** mehr, Größeres; ② *(übtr.)* **a)** groß, bedeutend; **amplior potentia; b)** stark, heftig [**spes**]; ③ **a)** herrlich, prächtig [**res gestae; triumphus**]; **b)** angesehen, ausgezeichnet; **amplissimi viri;** ④ großzügig, -mütig; / *Adv. Komp.* **amplius a)** weiter, länger, mehr, ferner; **non** *(od.* **nihil)** **dico** *(od.* **dicam)** **amplius** ich sage nichts weiter, ich schweige lieber; **b)** *(b. bestimmten Zahlangaben)* (noch) mehr; **amplius centum cives** mehr als 100 Bürger.

**Ampsivariī**, ōrum *m germ. Volksstamm an der Ems.*

**ampulla**, ae *f (Demin. v. amphora)* ① Salbenfläschchen; ② *(poet.)* Redeschwulst.

**ampullor**, ampullārī *(ampulla 2.) (poet.)* schwülstig, geschwollen reden.

**amputātiō**, ōnis *f (amputo)* das Abschneiden.

**am-putō**, amputāre ① *(t. t. der Landwirtschaft)* **a)** ringsum abschneiden; **b)** (ringsum) beschneiden [**vitem**]; ② **a)** *(einen Körperteil)* abschneiden, abhauen; **b)** *(med. t. t.)* amputieren; ③ *(übtr.)* **a)** beschränken, verkürzen, vermindern; **b)** *(rhet. t. t.)* **amputata loqui** in abgebrochenen Sätzen sprechen.

**Amūlius**, ī *m König v. Alba Longa.*

**amurca**, ae *f (gr. Fw.) (poet.)* Ölschaum.

**Amyclae**, ārum *f* ① *Stadt in Lakonien, Heimat der Dioskuren;* – *Adj.* **Amyclaeus**, a, um lakonisch: **fratres Amyclaei** die Dioskuren; ② *Stadt in Latium zw. Caieta u. Terracina.*

**Amyclīdēs**, ae *m Sohn des Amyklas, des Gründers v. Amyclae in Lakonien:* Hyacinthus.

**amystis**, idis *f (gr. Fw.) (poet.)* das Leeren des Bechers in einem Zug.

**an-**[1] *s. ambi.*

**an**[2] **I.** *in unabhängigen Fragesätzen* ① *in Alternativfragen:* oder; **an non** oder nicht; **maneam an abeam?;** ② *in Entscheidungsfragen* **a)** *zur Begründung einer vorausgehenden Behauptung:* oder etwa; **necesse est cum Arvernis nos coniungere; an dubitamus** (oder zweifeln wir etwa, oder sollten wir etwa zweifeln), **quin Romani iam ad nos interficiendos concurrant?; b)** *zur näheren Ausführung einer vorausgegangenen Frage:* doch wohl; **quidnam beneficiis provocati facere debemus? an** (doch wohl) **imitari agros fertiles ...?; II.** *in abhängigen Fragesätzen* ① *in Alternativfragen:* oder (ob) (oder nicht *necne); **permultum interest, utrum perturbatione animi an consulto fiat iniuria** es ist ein großer Unterschied, ob ein Unrecht in Aufregung oder vorsätzlich verübt wird; ② *in Entscheidungsfragen:* ob nicht (ob *an non), nur in folg. Wendungen: haud scio, nescio, dubito, incertum est an;* **haud scio, an erres** ich weiß nicht, ob du nicht irrst = vielleicht, vermutlich irrst du; **nescio an non veniat** ich weiß nicht, ob = vielleicht nicht = schwerlich.

**Anaces**, cum *m* die Schirmherren, *Beiname der Dioskuren (Kastor u. Pollux).*

**Anacreōn**, ontis *m griech. Lyriker aus Ionien (559–478 v. Chr.).*

**Anactes**, tum *m = Anaces.*

**Anāgnia**, ae *f Stadt in Latium, östl. v. Rom, Hauptstadt der Herniker, j.* Anagni; – *Adj.* **Anāgnīnus**, a, um; – *Einw.* **Anāgnīnī**, ōrum *m;* – **Anāgnīnum**, ī *n Landgut Ciceros bei Anagnia.*

**anagnōstēs**, ae *m (gr. Fw.)* Vorleser.

**analogia**, ae *f (gr. Fw.)* ① gleiches Verhältnis; ② Gleichmäßigkeit.

**anapaestum**, ī *n (anapaestus; erg. carmen)* Gedicht in Anapästen.

**anapaestus**, a, um *(gr. Fw.)* anapästisch; **pes anapaestus** *u.* **anapaestus**, ī *m* der Versfuß Anapäst (◡ ◡ – umgekehrter Daktylus).

**anas**, anatis (*u.* anitis) *f* Ente.

**anatocismus**, ī *m (gr. Fw.)* Zinseszins.

**Anaxagorās**, ae *m griech. Philosoph (500–428 v. Chr.).*

**an-ceps**, *Gen.* cipitis *(amb u. caput)* ① doppelköpfig [**Ianus**]; *(poet.* doppelgipflig [**mons**]; ② zweischneidig [**securis**]; ③ zweiseitig, beiderseits, doppelt; **munimenta ancipitia** nach zwei Seiten zu verteidigen; **periculum ~;** ④ unentschieden, unschlüssig; ungewiss; **ancipiti Marte pugnare** unentschieden; ⑤ zweideutig, doppelsinnig [**oraculum**]; ⑥ unzuverlässig [**fides**]; ⑦ gefährlich; – *subst. Neutr.* missliche, gefährliche Lage: **in ancipiti esse** sich in misslicher Lage befinden; **inter ancipitia** unter Gefahren.

**Anchīsēs**, ae *m Herrscher in Dardanus, Vater des Äneas;* – *Adj.* **Anchīsēus**, a, um des Anchises; – *Nachk.* **Anchīsiadēs**, ae *m* Äneas.

**ancīle**, lis *n* heiliger Schild, *unter Numa vom Himmel gefallen; poet. übh.* Schild.

**ancilla**, ae *f* Magd, Dienerin.

**ancillāris**, e *(ancilla)* Mägden zukommend, Mägden eigen, Mägde-.
**ancillula**, ae *f (Demin. v. ancilla)* junge Magd.
**Ancōn**, ōnis *u.* **Ancōna**, ae *f Stadt in Picenum am Adriatischen Meer, j.* Ancona; – *Einw.* **Ancōnitānus**, ī *m.*
**ancora**, ae *f (gr. Fw.)* Anker; **-am iacere** *od.* **ponere** Anker auswerfen; **-am tollere** den Anker lichten.
**ancorāle**, lis *n (ancora)* Ankertau.
**ancorārius**, a, um *(ancora)* Anker-.
**Ancus Mārcius**, ī *m nach der Sage der vierte König Roms.*
**Ancȳra**, ae *f Stadt in Galatien, j.* Ankara.
**andabata**, ae *m (gall. Fw.)* Gladiator m. Helm ohne Visier, Blindkämpfer.
**Andecāvī**, ōrum *m (=* **Andēs**, dium *m) gall. Volk an der Loire im jetzigen Anjou.*
**Andrius**, a, um *s. Andros.*
**androgynus**, ī *m (gr. Fw.)* Zwitter.
**Andromachē**, ēs *u.* **-a**, ae *f Gattin Hektors.*

**Wissen: Antike**
**Andromachē** ist in der Sage vom Trojanischen Krieg die Gattin Hektors, des Heerführers der Trojaner. Nach Hektors Tod war sie von tiefer Trauer erfüllt und wurde nach der Eroberung Trojas zur Sklavin des Pyrrhus, des Sohnes von Achilles. „Andromache“ ist der Titel einer Tragödie, die der römische Dichter Ennius nach einer Vorlage des Euripides bearbeitete.

**Andromeda**, ae *u.* **-ē**, ēs *f Tochter des Äthiopierkönigs Kepheus und der Kassiope.*

**Wissen: Antike**
**Andromeda** war in der griechischen Sagenwelt die Tochter des äthiopischen Königs Kepheus. Nachdem ihre Mutter Kassiope sich für schöner gehalten hatte als die Nereiden (Meernymphen), bestrafte der Meeresgott Poseidon diesen unerhörten Frevel, indem er ein Meerungeheuer und eine Überschwemmung über das Land schickte. Um das Unheil abzuwenden, wurde Andromeda aufgrund eines Orakels als Opfer für das Meerungeheuer an einen Meeresfelsen geschmiedet. Der Held Perseus jedoch tötete das Ungeheuer, befreite Andromeda und vermählte sich mit ihr. Sie wurde nach ihrem Tod als Gestirn in den Himmel versetzt.

**andrōn**, ōnis *m (gr. Fw.) (nachkl.)* Gang *(zw. zwei Häusern, Höfen od. Gärten).*
**Andros** *u.* **Andrus**, ī *f die nördlichste der Zykladeninseln in der Ägäis; – Adj. u. Einw.* **Andrius**, a, um *bzw.* ī *m.*
**ānellus**, ī *m (Demin. v. anulus) (poet.)* Ringlein.
**anēthum**, ī *n (gr. Fw.) (poet.; nachkl.)* Dill.
**ān-frāctus**, ūs *m (frango)* ① Biegung, Krümmung [**solis** Kreisbahn]; ② *(rhet.)* Weitschweifigkeit; ③ *(jur.)* Winkelzüge.
**angina**, ae *f (ango) (nachkl.)* Halsentzündung.
**angi-portum**, ī *n u.* **-us**, ūs *m (ango u. portus)* Gässchen.
**Angitia**, ae *f Heilgöttin der Marser.*
**Angliī**, ōrum *m* die Angeln *in Schleswig.*
**angō**, angere, – – ① beengen, zusammenschnüren, -drücken; ② ängstigen, quälen, beunruhigen; *mediopass.* **angi** (**animi** *od.* **animo**) sich ängstigen *(über, wegen: Abl.; de).*
**angor**, ōris *m (ango)* ① Beklemmung; ② Angst, Unruhe; *Pl.* Melancholie.
**Angrivariī**, ōrum *m germ. Volk an der Weser.*
**angui-comus**, a, um *(anguis u. coma) (poet.)* schlangenhaarig.
**anguiculus**, ī *m (Demin. v. anguis)* kleine Schlange.
**angui-fer**, fera, ferum *(anguis u. fero) (poet.)* schlangentragend.
**angui-gena**, ae *m u. f (anguis u. gigno) (poet.)* von Schlangen erzeugt.
**anguineus** (*u.* **anguīnus**), a, um *(anguis)* Schlangen-, schlangenartig.
**angui-pēs**, *Gen.* pedis *(anguis) (poet.)* schlangenfüßig *(v. Giganten).*
**anguis**, is *m u. f* Schlange; *übtr. als Sternbild.*
**angui-tenēns**, tenentis *m (anguis u. teneo)* Schlangenträger *(ein Sternbild).*
**angulāris**, e *(angulus)* winklig, eckig.
**angulātus**, a, um *(angulus)* eckig.
**angulus**, ī *m (ango)* ① Ecke, Winkel; ② *(übtr.)* Winkel, Schlupfwinkel, abgelegener Ort.
**angustiae**, ārum (*selten Sg.* **-a**, ae) *f (angustus)* ① Enge [**loci; itineris**]; *abs.* Engpass; ② *(temporis)* Kürze; ③ **a)** Mangel, Armut [**rei frumentariae**]; **b)** Not, Schwierigkeit [**famis** Hungersnot].
**angustō**, angustāre *(angustus)* ① einengen; ② *(übtr.)* beschränken.
**angustus**, a, um *(ango)* ① *(räuml.)* eng, schmal; – *subst.* **angustum**, ī *n* **a)** die Enge; **b) in angustum concludere** *od.* **adducere** *od.* **deducere** *(übtr.)* einschränken; ② *(v. der Zeit)* beschränkt, kurz; ③ **a)** *(v. Besitz)* knapp, beschränkt, gering [**res frumentaria**]; **b)** *(v. äußeren Lebensumständen)* bedenklich, schwierig; – *subst.* **angustum**, ī *n* bedenkliche Lage, Not; **spes est in angusto** es besteht wenig Hoffnung; ④ engherzig.
**anhēlitus**, ūs *m (anhelo)* ① **a)** das Keuchen; **b)** Atem; ② Dunst.

**an-hēlō**, hēlāre *(halo)* **I.** *intr.* ① keuchen; ② (auf)dampfen; **II.** *trans.* ① ausschnauben [**ignes; frigus** aushauchen]; ② *(übtr.)* nach etw. lechzen.

**anhēlus**, a, um *(anhelo) (poet.)* ① schnaubend, keuchend [**equi; senes**]; ② atemraubend [**cursus**].

**Anicius**, a, um *Name einer röm. gens:* **L. ~ Gallus,** *Konsul 160 v. Chr.;* – **Aniciānus,** a, um [**lectica** des Anicius; **nota (vini)** Weinsorte aus dem Konsulatsjahr des Anicius].

**anicula**, ae *f (Demin. v. anus)* altes Mütterchen.

**Aniēn, Aniēnsis** *u.* **Aniēnus** *s. Anio.*

**anīlis**, e *(anus)* altweiberhaft [**fabellae** Ammenmärchen].

**anīlitās**, ātis *f (anilis) (poet.)* hohes Alter *(einer Frau).*

**anima**, ae *f (vgl. animus)* ① **a)** Lufthauch, Luftzug, Wind; **b)** Luft; ② Atem, Hauch; **-am ducere** Atem holen; ③ Seele, Leben(skraft); **-am efflare** (*od.* **exspirare** *od.* **edere**) die Seele aushauchen, sterben; ④ *Pl.* Seelen der Verstorbenen, Manen; ⑤ Geist, Denkkraft.

**animadversiō**, ōnis *f (animadverto)* ① Aufmerksamkeit; Wahrnehmung; ② **a)** Tadel; **b)** Strafe [**capitalis** *od.* **capitis** Todesstrafe].

**animadversor**, ōris *m (animadverto)* Beobachter.

**anim-advertō**, advertere, advertī, adversum *(< animum adverto)* ① seine Aufmerksamkeit auf etw. richten, aufpassen *(m. indir. Frages.; m. ut od. ne);* ② beachten, bemerken, wahrnehmen, erkennen *(m. Akk.; A. C. I.; indir. Frages.);* ③ **a)** tadeln *(alqd; in alqm);* **b)** (be)strafen *(alqd),* geg. jmd. strafend einschreiten *(in alqm)* [**peccata; in complures nobiles**].

**animal**, ālis *n (anima)* Lebewesen; Tier.

**animālis**, e *(anima)* ① luftig, luftartig; ② **a)** *(pass.)* lebend, beseelt; **b)** *(akt.)* belebend [**cibus**].

**animāns**, *Gen.* antis *(animo)* **I.** *Adj.* beseelt, lebend, lebendig [**imagines**]; **II.** *Subst. m, f, im Pl. auch n* Lebewesen, Geschöpf.

**animātiō**, ōnis *f (animo)* Lebewesen, Geschöpf.

**animātus**, a, um *(P. Adj. v. animo)* ① beseelt, belebt; ② gesinnt, eingestellt [**bene**]; ③ mutig.

**animō**, animāre ① *(v. anima)* beleben, beseelen; ② *(v. animus)* ermuntern, ermutigen.

**animōsus**, a, um *(animus)* ① mutig; ② hitzig, heftig, leidenschaftlich; ③ *(v. Winden)* stürmisch; ④ stolz *(auf: m. Abl.).*

**animula**, ae *f (Demin. v. anima)* ① Seelchen; ② etwas Leben.

**animus**, ī *m* ① Geist, Denkkraft; **-um advertere** *od.* **appellere** die Aufmerksamkeit auf etw. richten; ② **a)** Seele, Herz, Gemüt, Gefühl, Empfindung; **aequo -o** mit Gleichmut; **iniquo -o** ungern; **uno -o** einmütig; **b)** *zur Umschreibung v. Personen:* **animi militum** = *milites;* ③ Lebenskraft, Leben; ④ **a)** Gesinnung, Sinn; **bono / alieno / inimico -o esse in alqm; b)** Charakter [**magnus** (*od.* **altus**) edel; **ingens** heroisch; **parvus** niedrig]; ⑤ Energie, Mut, Zuversicht; **-um sumere** Mut fassen; **bono -o esse** guten Muts sein; **in re mala -o bono uti** gute Miene zum bösen Spiel machen; ⑥ Hochmut, Stolz *(meist Pl.);* ⑦ Zorn, Heftigkeit *(gew. im Pl.);* ⑧ Vergnügen, Lust; **-i causā** (*od.* **gratiā**) zum Vergnügen, zum Spaß; ⑨ Wille, Wunsch, Absicht; **in -o habeo** *od.* **in -o mihi est** ich beabsichtige; ⑩ Urteil, Meinung; **meo -o** meiner Meinung nach; ⑪ Bewusstsein, Besinnung; ⑫ Gedächtnis; **-is dicta figere** sich einprägen.

**Aniō** *u.* **Aniēn**, Aniēnis *m Nebenfluss des Tiber, j.* Aniene *od.* Teverone; – *Adj.* **Aniēnsis**, e *u.* **Aniēnus**, a, um.

**anitis** *Gen. v. anas.*

**Anna**, ae *f* ① *Didos Schwester;* ② **Anna Perenna** *altital. Frühlingsgöttin.*

**annālis**, e *(annus)* Jahres-; **lex ~** Gesetz, welches das f. Amtsbewerbungen erforderliche Mindestalter bestimmte; – *Subst. Pl.* **annālēs,** lium *m (erg. libri)* Annalen, Jahrbücher, *in denen die wichtigsten Ereignisse des Jahres verzeichnet wurden;* – *Sg.* **annālis** *das einzelne Buch der Annalen.*

**an-natō**, natāre (*u.* ad-natō) heranschwimmen.

**an-nāvigō**, nāvigāre (*u.* ad-nāvigō) *(nachkl.)* heransegeln, m. dem Schiff herannahen.

**anne** = *an*[2].

**an-nectō**, nectere, nexuī, nexum *(m. ad. od. Dat.)* ① anbinden, anfügen; **cadavera saxis annexa;** ② verbinden, verknüpfen [**rebus praesentibus futuras**]; *Pass.* zusammenhängen; ③ hinzufügen *(mündl. od. schriftl.).*

**annexus**, *Abl.* ū *m (annecto) (nachkl.)* Verbindung, Verband.

**anniculus**, a, um *(annus)* einjährig, ein Jahr alt.

**an-nītor**, nītī, nīxus *u.* nīsus sum ① sich anstemmen, anlehnen an etw. *(m. Dat.; ad);* ② sich anstrengen, sich bemühen *(m. de; ad u. Akk. des Gerundivs; pro; ut u. Konj.; nachkl. m. Inf.).*

**Annius**, a, um *röm. Gentilname:* **T. ~ Milo** *s. Milo;* – *Adj.* **Anniānus**, a, um.

**anniversārius**, a, um *(annus u. verto)* jedes Jahr wiederkehrend, jährlich [**sacra; dies festi**].

**an-nō**, nāre (*u.* ad-nō) ① **a)** heranschwimmen *(abs.; m. ad; Dat.; Akk.)* [**ad litus**]; **b)** m. dem Schiff herankommen; ② *(nachkl.)* neben etw. *od.* jmdm. schwimmen *(m. Dat.).*

**annōn** = *an non.*

**annōna**, ae *f (annus)* ① Jahresertrag *(bes. des Getreides)*, (Getreide-)Ernte; ② **a)** Getreideversorgung; **b)** *(meton.)* Getreide, *übh.* Nahrungsmittel; **-ae caritas** Teuerung; ③ **a)** Getreidepreis, *übh.* Lebensmittelpreis; **b)** Getreidemangel, Teuerung, Not; ④ *(milit. t. t. der Kaiserzeit)* Proviant.

**annōsus**, a, um *(annus) (poet.; nachkl.)* (sehr) alt.

**annotātiō**, ōnis *f (annoto) (nachkl.)* schriftl. Aufzeichnung, Anmerkung.

**annōtinus**, a, um *(annus)* vorjährig.

**an-notō**, notāre ① schriftl. aufzeichnen; ② bemerken, wahrnehmen; ③ *(jur. t. t.) einen Verurteilten* zur Bestrafung notieren.

**an-nuī** *Perf. v. annuo.*

**an-numerō**, numerāre (*u.* ad-numerō) ① hinzuzählen, -rechnen *(m. Dat.; in u. Abl.; inter)* [**alqm his duobus**]; ② jmdm. etw. auszahlen [**pecuniam**].

**an-nūntiō**, nūntiāre ankündigen, berichten.

**an-nuō**, nuere, nuī, – ① zunicken, einen Wink geben; ② **a)** zustimmen; **b)** erlauben, dass *(m. ut u. Konj. od. m. Inf.)*; ③ versprechen; ④ *(alqm)* jmd. durch Nicken bezeichnen.

**annus**, ī *m* ① Jahr; **principio** *od.* **initio -i** zu Jahresbeginn; **-o exeunte** *od.* **extremo** am Ende des Jahres; **omnibus -is** alljährlich; – *adverbiale Wendungen:* **(in) anno** jährlich: **bis / ter in anno; annum** ein Jahr lang; **in annum** für ein Jahr; **in annos** auf Jahre hinaus; **ad annum** künftiges Jahr; **ante annum** ein Jahr vorher; **intra annum** innerhalb eines Jahres; ② Lebensjahr; *Pl. oft (poet.)* Lebenszeit, Alter; ③ Amtsjahr; **prorogare -um;** ④ Jahreszeit [**formosissimus** *(v. Frühling)*; **pomifer** Herbst]; ⑤ Ernte.

**annuus**, a, um *(annus)* ① ein Jahr dauernd, für ein Jahr [**magistratus**]; ② jährlich, jedes Jahr wiederkehrend [**sacra**]; – *subst.* **annua,** ōrum *n (nachkl.)* Jahresgehalt.

**an-quīrō**, quīrere, quīsīvī, quīsītum *(quaero)* ① suchen [**ad vivendum necessaria**]; ② untersuchen, nachforschen *(m. Akk.; de; indir. Frages.; verneint m. quin)*; ③ *(jur. t. t.)* **a)** eine Untersuchung des Verbrechens vornehmen; **b)** den Antrag auf eine Strafe stellen [*(m. Abl. od. Gen. der Strafe)* **capite** *u.* **capitis** auf Leib und Leben; *(der Grund der Bestrafung: de)* **de perduellione**].

**ānsa**, ae *f* ① Griff, Henkel; ② Anlass, Gelegenheit *(zu: m. Gen. od. ad)*.

**ānser**, eris *m* Gans.

**antae**, ārum *f* viereckige Pfeiler.

**ante I.** *Adv.* ① *(räuml.)* **a)** vorn; **b)** nach vorn, vorwärts; ② *(zeitl.)* vorher, früher *(wobei die genauere Zeitangabe im Abl. mensurae steht)*; **multis ante saeculis;** *auch in Verbindung m. Adverbien:* **longe ante;** ③ *(in der Reihenfolge)* vorher; **II.** *Präp. b. Akk.* vor ① *(räuml.)* **ante oculos omnium** vor aller Augen; ② *(zeitl.)* **~ lucem; ~ rem** vor dem Kampf; **~ annum** vor einem Jahr; ③ *(zur Bez. der höheren Stellung in der Rangordnung)* **~ alqm** *od.* **alqd esse** übertreffen; **III.** *Präfix* ① *(räuml.)* vorn [**antefixus**], voraus- [**antecedo**]; ② *(zeitl.)* vor- [**antemeridianus**]; ③ *(zur Bez. des Vorranges)* über-, hervor- [**antecello**].

**anteā** *Adv. (ante u. eā)* vorher, früher.

**ante-capiō**, capere, cēpī, captum *u.* ceptum ① vorher, im Voraus ergreifen, besetzen; ② vorwegnehmen; ③ vorher, im Voraus besorgen [**quae bello usui sunt**]; ④ vorher ausnutzen [**noctem; tempus**]; ⑤ *(philos. t. t.)* **antecepta animō rei informatio** Begriff „a priori“.

**antecēdēns**, dentis *(P. Adj. v. antecedo)* ① vorher-, vorausgehend; ② *(philos. t. t.)* **causa ~** *u. Subst. Neutr. Sg. u. Pl.* wirkende Ursache.

**ante-cēdō**, cēdere, cessī, cessum *(m. Akk.; Dat.)* ① *(räuml. u. zeitl.)* voraus-, vorangehen; ② überholen [**nuntios**]; ③ übertreffen *(an, in, durch etw.: m. Abl.)* [**alqm scientiā; virtute regi**].

**ante-cellō**, cellere, – – *(celsus)* hervorragen, übertreffen *(m. Dat.; nachkl. m. Akk.; – in, durch etw.: Abl. u. in m. Abl.)* [**ceteris eloquentiā** ].

**ante-cēpī** *Perf. v. antecapio.*

**ante-cessī** *Perf. v. antecedo.*

**antecessiō**, ōnis *f (antecedo)* ① das Vorauseilen, Vorsprung; ② Bedingung.

**antecessum** *P. P. P. v. antecedo.*

**ante-cursōrēs**, rum *m (curro) (milit. t. t.)* Vorhut.

**ante-eō**, īre, iī, – ① *(räuml.)* vorangehen *(m. Dat.; poet. u. nachkl. m. Akk.)*; ② *(zeitl.)* vorausgehen *(m. Dat. u. Akk.)*; ③ übertreffen, sich auszeichnen (vor jmdm.) *(m. Dat. u. Akk.; – durch, an etw.: m. Abl.)* [**alci sapientiā; alqm virtutibus**]; ④ zuvorkommen, vereiteln [**damnationem**].

**ante-ferō**, ferre, tulī, lātum ① vorantragen [**fasces**]; ② *(übtr.)* vorziehen [**pacem bello**].

**ante-fīxus**, a, um *(figo)* vorn befestigt; – *subst.* **antefīxa,** ōrum *n* Gesimsverzierungen.

**ante-gredior**, gredī, gressus sum *(gradior)* voran-, vorausgehen.

**ante-habeō**, habēre, – – *(nachkl.)* vorziehen [**incredibilia veris**].

**ante-hāc** *Adv.* vorher, früher.

**ante-iī** *Perf. v. anteeo.*

**antelātus** *P. P. P. v. antefero.*

**ante-lūcānus**, a, um *(lux)* vor Sonnenaufgang, (bis) vor Tagesanbruch [**ambulatio; cena** bis

A

zum frühen Morgen].

**ante-merīdiānus**, a, um *(meridies)* Vormittags-.

**antemna** *u.* **antenna**, ae *f* Segelstange, Rahe.

**Antemnae**, ārum *f Sabinerstadt an der Mündung des Anio in den Tiber; – Einw.* **Antemnātēs**, tium *m.*

**antenna** *s. antemna.*

**Antēnor**, oris *m* (*Akk.* -orem *u.* -ora) *vornehmer Trojaner, der Patavium (Padua) gründete; – Nachk.* **Antēnoridēs**, ae *m.*

**ante-occupātiō**, ōnis *f (rhet. t. t.)* Vorwegnahme der Einwürfe des Gegners.

**ante-pēs**, pedis *m* Vorderfuß.

**ante-pīlānī**, ōrum *m (pilum) die vor den m. dem pilum bewaffneten Triariern stehenden hastati u. principes.*

**ante-pōnō**, pōnere, posuī, positum ① *(nachkl.)* voranstellen; ② *(übtr.)* vorziehen [**amicitiam omnibus rebus humanis**].

**ante-quam** *(auch getrennt ante … quam) Kj.* bevor.

**Ant-erōs**, ōtis *m Gott der „Gegenliebe"; rächender Gott verschmähter Liebe.*

**antēs**, tium *m (poet.)* Reihen *der Weinstöcke.*

**ante-sīgnānī**, ōrum *m (signum) (milit. t. t.)* die Vorkämpfer *(das aus leicht bewaffneten Soldaten bestehende Elitekorps).*

**ante-stō** *s. antisto.*

**an-testor**, testārī, testātus sum *(ante)* zum Zeugen anrufen.

**ante-tulī** *Perf. v. antefero.*

**ante-veniō**, venīre, vēnī, ventum ① zuvorkommen *(m. Akk.; selten m. Dat.)*; ② übertreffen [**nobilitatem**]; ③ vereiteln [**consilia hostium**].

**ante-vertō**, vertere, vertī, versum *u. Depon.* **antevertor**, vertī, versus sum ① einen Vorsprung gewinnen *(vor jmdm.: m. Dat.)*; ② zuvorkommen, vereiteln *(m. Akk.)* [**supplicium voluntaria morte**]; ③ vorziehen.

**Antiās** *s. Antium.*

**Anti-catō**, ōnis *m Gegenschrift Cäsars geg. Ciceros Lobschrift auf Cato (in 2 Büchern, dah. Pl. -ōnēs, num).*

**anticipātiō**, ōnis *f (anticipo)* vorgefasste Meinung, Vorstellung *(von: m. Gen.)* [**deorum**].

**anti-cipō**, cipāre *(ante u. capio)* ① vorausnehmen, vorwegnehmen; ② zuvorkommen; ③ *(molestiam)* sich im Voraus Kummer machen *(um: m. Gen.).*

**antīcus**, a, um *s. antiquus.*

**Anticyra**, ae *f Stadt auf einer Halbinsel in Phokis, bekannt durch die dort wachsende Nieswurz.*

**anti-dotum**, ī *n u.* **-dotus**, ī *f (gr. Fw.) (poet.; nachkl.)* Gegengift; *übh.* Gegenmittel.

**Antigona**, ae *u.* **Antigonē**, ēs *f Tochter des Ödipus u. der Iokaste.*

**Antigonēa**, ae *f Name mehrerer griechischer Städte, am bekanntesten:* ① *Stadt in Epirus; – Adj.* **Antigonēnsis**, e; ② *Stadt in Makedonien auf Chalkidike.*

**Antigonus**, ī *m* ① *Feldherr Alexanders des Gr.;* ② *Name mehrerer makedon. Könige.*

**Antilibanus**, ī *m Parallelkette des Gebirges Libanon.*

**Antimachus**, ī *m griech. Dichter aus Klaros in Kleinasien (um 400 v. Chr.).*

**Antiochīa** *u.* **-ēa**, ae *f* ① *Hauptstadt Syriens, j.* Antakya; *– Einw. u. Adj.* **Antiochēnsis**, is *m bzw.* e; ② *Stadt in Karien.*

**Antiochus**, ī *m* ① *Name syr. Könige aus der Seleukidendynastie, am bekanntesten A. III. d. Gr., Beschützer Hannibals;* ② *Name mehrerer Fürsten v. Kommagene (Nord-Syrien);* ③ *aus Askalon, Philosoph in Athen, Lehrer Ciceros; – Adj.* **Antiochī(n)us**, a, um.

**Antipater**, trī *m* ① *Feldherr Philipps v. Makedonien u. Alexanders des Gr.;* ② *Name mehrerer griech. Philosophen;* ③ **L. Caelius ~** *s. Caelius.*

**Antiphōn**, ōntis *m Redner in Athen (479–411).*

**Antipolis**, is *f* (*Akk.* -im) *Massilierkolonie im narbonensischen Gallien, j.* Antibes; *– Adj.* **Antipolitānus**, a, um.

**antīquārius**, ī *m (antiquus) (nachkl.)* Anhänger u. Kenner altröm. Sprache u. Literatur.

**antīquitās**, ātis *f (antiquus)* ① das Altertum; **antiquitatis monumenta**; ② *(meton.)* **a)** die Menschen des Altertums; **~ tradidit**; **b)** Geschichte des Altertums; **c)** *(meist Pl.)* Sitten, Gebräuche der alten Zeit; **d)** die alte gute Sitte, Redlichkeit; **e)** hohes Alter.

**antīquitus** *Adv. (antiquus)* ① von alters her; ② in alter Zeit.

**antīquō**, antīquāre *(antiquus) einen Gesetzesvorschlag* verwerfen, ablehnen.

**antīquus** *u.* **antīcus**, a, um *(ante)* ① *(zeitl.)* **a)** ehemalig, früher [**concordia**]; **b)** (ur)alt, altertümlich; *subst.* **antīquī**, ōrum *m* die Alten, die Menschen der Vorzeit; **antīqua**, ōrum *n* das Altertum; **c)** altehrwürdig [**Troia**]; **d)** v. alter Sitte; *subst.* **antīquum**, ī *n* die alte Sitte; ② *(räuml.)* der vordere; ③ *(v. Rang u. Wert im Komp. u. Superl.)* wichtiger, der wichtigste; **id antiquius consuli fuit**.

**antistes**, stitis *m u. f (antisto)* ① Tempelvorsteher(in), Oberpriester(in); ② Meister *(in etwas: Gen.)* [**iuris**].

**Antisthenēs**, is *m Schüler des Sokrates, Lehrer des Diogenes, Gründer der kynischen Schule.*

**antistita**, ae *f (antisto)* Tempelvorsteherin, Oberpriesterin.

**anti-stō** (*u.* ante-stō), stāre, stitī übertreffen, überlegen sein *(alci alqa re)* [**ceteris**

**magnitudine**].

**Antium**, ī *n Küstenstadt in Latium, j.* Porto d'Anzio; – *Einw. u. Adj.* **Antiās**, ātis *(m)*.

**antlia**, ae *f (gr. Fw.) (nachkl.)* Pumpe, Schöpfrad.

**Antōnius**, a, um *röm. Gentilname, bes. bekannt sind:* ❶ **M. ~ (Orator)** *(143–87 v. Chr.), ber. röm. Redner;* ❷ **C. ~ Hybrida** *Sohn des Vorigen, Konsul 63 v. Chr. zusammen m. Cicero;* ❸ **M. ~** *der Triumvir (83–30 v. Chr.), Neffe des Vorigen; Adj.* **Antōniānus**, a, um antonianisch, des Antonius; *Subst.* **Antōniānī**, ōrum *m* Anhänger des Antonius; / **Antōnia**, ae *f Name der Töchter des Triumvirn:* **a)** *die ältere Antonia, Gemahlin des L. Domitius A(h)ēnobarbus, Großmutter Neros;* **b)** *die jüngere Antonia, Gattin des Drusus, Mutter des Germanicus.*

**Imperium Romanum**

**Antōnius - Marcus Antonius** (83–30 v. Chr.) war ein Anhänger Cäsars und Gegner Ciceros. Nach der Ermordung Cäsars schloss er im Jahr 43 mit Octavian, dem späteren Augustus, und Lepidus das 2. Triumvirat zum gemeinsamen Kampf gegen die Cäsarmörder. Dabei kam es zu Proskriptionen, die zur Ermordung vieler politischer Gegner führten, u. a. auch Ciceros. Nachdem im Jahr 42 in der Schlacht bei Philippi die Cäsarmörder Brutus und Crassus besiegt worden waren, erhielt Antonius die östlichen Provinzen des römischen Reichs als sein Herrschaftsgebiet. Er heiratete Kleopatra und schenkte ihr römische Provinzen. Dies führte zum Bruch zwischen ihm und Octavian, der ihm und Kleopatra den Krieg erklärte. Bei der Schlacht bei Actium im Jahr 31 v. Chr. siegte schließlich die Flotte Octavians unter Agrippas Oberbefehl über Antonius und Kleopatra. Antonius floh nach Alexandria und beging, als die Stadt eingenommen wurde, Selbstmord.

**antrum**, ī *n (gr. Fw.) (poet.; nachkl.)* Grotte, Höhle.

**Anūbis**, idis *m* (*Akk.* -bim) *ägypt. Gott der Unterwelt, m. Hundekopf dargestellt.*

**ānulārius** *(anulus)* **I.** *Subst.* ī *m* Ringmacher; **II.** *Adj.* a, um *(nachkl.)* Ring-; **Scalae anulariae** Ringmachertreppe *in Rom.*

**ānulus**, ī *m* (Finger-)Ring, Siegelring.

**anus**, ūs *f* alte Frau, Greisin; *(poet.; nachkl.) als Adj.* alt, betagt.

**anxietās**, ātis *f (anxius)* ❶ Ängstlichkeit; ❷ Genauigkeit.

**anxi-fer**, fera, ferum *(anxius u. fero)* angstbringend, quälend.

**anxitūdō**, dinis *f (anxius)* Ängstlichkeit.

**anxius**, a, um ❶ *(pass.)* ängstlich, besorgt; ❷ *(akt.)* änstigend, quälend [**curae**].

**Anxur**, uris *n alte Stadt der Volsker, später Tarracina genannt, j.* Terracina; – **Anxurus** *Schutzgott der Stadt; – Adj.* **Anxurnās**, *Gen.* ātis.

**Āones**, num *m* (*Akk.* -as) *Ureinwohner Böotiens; – Adj.* **Āonius**, a, um böotisch [**vir** Herkules; **deus** Bacchus; **sorores** die Musen]; – **Āonidēs**, dum *f* die Musen.

**Ap.** = *Appius.*

**apathīa**, ae *f* (*Akk.* -an) *(gr. Fw.) (nachkl.)* Leidenschaftslosigkeit, unerschütterliche Gemütsruhe.

**Apellēs**, is *m ber. griech. Maler, Zeitgenosse Alexanders des Gr.; – Adj.* **Apellēus**, a, um.

**Āpennīnus**, ī *m* = *Appenninus.*

**aper**, aprī *m* Wildschwein, Eber.

**aperiō**, aperīre, aperuī, apertum ❶ **a)** öffnen, aufmachen [**fenestram**]; *durch Abnahme eines Bandes, Siegels u. Ä.* öffnen, erbrechen [**fasciculum litterarum; epistulam**]; **b)** durchbrechen [**murum**]; **c)** *(einen Ort)* zugänglich machen [**saltum caedendo**]; **d)** *Weg* bahnen [**viam; iter**]; **e)** aufgraben, bloßlegen [**fundamenta templi**]; **f)** erschließen, zugänglich machen; ❷ **a)** aufdecken, sichtbar machen; **unda dehiscens aperit terram** lässt den Grund sehen; **b)** entblößen [**caput**]; **c)** *(Verborgenes, Unbekanntes)* enthüllen, offenbaren, *(auch)* verraten; eröffnen [**coniurationem** aufdecken].

**apertus**, a, um *(P. Adj. v. aperio)* ❶ **a)** offen, unverhüllt, entblößt [**caput; navis** ohne Verdeck; **caelum** *od.* **aether** klar, heiter]; ungeschützt [**latus**]; **b)** offen (stehend), nicht verschlossen [**fenestra**]; **c)** erschlossen, offen, leicht zugänglich [**regio; campus**]; – *subst.* **apertum, ī** *n* das Offene, Freie, das offene, freie Feld: **-um petere** das Freie suchen; **d)** *(meton.)* auf offenem Feld, offen [**acies; proelium**]; ❷ **a)** offenkundig, offensichtlich, deutlich, klar; **dolorem -e ferre** offen zeigen; – **apertum est** *(m. A. C. I.)* es ist offensichtlich; – *als Subst. in der Redew.:* **in -o est** a) es ist offenkundig; b) *(nachkl.)* es ist leicht ausführbar, möglich; **b)** *(v. der Rede u. v. Redner)* klar, verständlich; **c)** *(v. der Gesinnung u. v. Char.)* unverhohlen, offenherzig; *pejor.* plump, rücksichtslos, taktlos.

**aperuī** *Perf. v. aperio.*

**apex**, apicis *m* ❶ *(poet.; nachkl.)* Spitze; Wipfel; Gipfel; ❷ **a)** Priestermütze; **b)** die Tiara *der asiatischen Könige;* ❸ *(übtr.)* **a)** königl. Macht; **b)** höchste Würde, höchste Zierde; ❹ *(poet.)* Helm.

**aphractus**, ī *f (gr. Fw.)* Schiff ohne Verdeck.

A

**apicātus**, a, um *(apex) (poet.)* mit der Priestermütze geschmückt.
**apis**, is *f* Biene.
**Āpis**, is *m* (*Akk.* -im; *Abl.* Āpī *u.* Āpide) *der heilige schwarze Stier der Ägypter.*
**apīscor**, apīscī, aptus sum ❶ *(räuml.)* erreichen, einholen; ❷ *(übtr.)* erlangen, erringen [**laudem**]; ❸ sich aneignen [**artem Chaldaeorum**].
**apium**, ī *n (poet.; nachkl.)* Sellerie.
**apoclētī**, ōrum *m* (*gr. Fw.* „die Berufenen") *der ständige Ausschuss des ätolischen Bundes.*
**apodytērium**, ī *n (gr. Fw.)* Auskleidezimmer *in den Bädern.*
**Apollō**, Apollinis *(u. –ōnis) m der Gott* Apollo; **Apollinis urbs** Apollonia *in Thrakien; – Adj.* **a) Apollināris**, e dem Apollo geweiht; *Subst.* **Apollināre**, ris *n ein dem Apollo geweihter Platz;* **b) Apollineus**, a, um apollinisch, des Apollo [**proles** Apollos Sohn Äskulap; **urbs** Delos].
**Apollodōrus**, ī *m* ❶ *Rhetor aus Pergamon, Lehrer des Octavian (des späteren Kaisers Augustus);* ❷ *Grammatiker aus Athen (um 140 v. Chr.).*
**Apollōnia**, ae *f* („Apollostadt") *häufiger griech. Städtename; – Einw.* **Apollōniātēs**, ae *m* (*Pl.* Apollōniātae, ārum *m u.* Apollōniātēs, t[i]um *m*); *– Adj.* **Apollōniēnsis**, e.
**Apollōnius**, ī *m* ❶ **~ Rhodius** *griech. Epiker u. Grammatiker etwa 295–215 v. Chr.;* ❷ **~ Molo** *ber. griech. Rhetor, Lehrer Ciceros.*
**apologō**, apologāre *(gr. Fw.) (nachkl.)* verwerfen.
**apologus**, ī *m (gr. Fw.)* Fabel, Märchen.
**aposphrāgisma**, matis *n (gr. Fw.) (nachkl.)* in den Siegelring eingeschnittenes Bild.
**apostrophē**, ēs *u.* **-a**, ae *f (gr. Fw.) (rhet. Figur)* Abkehr *(wenn sich der Redner in seinem Vortrag v. dem Richter abwendet u. den Gegner anredet).*
**apothēca**, ae *f (gr. Fw.)* Vorratskammer, *bes.* Weinlager.
**apparātiō**, ōnis *f (apparo)* ❶ Beschaffung; ❷ *(v. Redner)* das Hinarbeiten auf etw., Vorbereitung.
**apparātus**[1], ūs *m (apparo)* ❶ Beschaffung, Vorbereitung *(zu: m. Gen.);* **curam intendere in belli apparatum;** ❷ Einrichtung, Apparat (= Werkzeuge, Geräte, Maschinen *u. Ä.*) [**belli** Kriegsvorräte, -apparat, -werkzeuge]; ❸ Pracht, Prunk, großer Aufwand [**ludorum**]; Ausschmückung der Rede, Redeschmuck; **dixit causam nullo apparatu.**
**apparātus**[2], a, um *(P. Adj. v. apparo)* gut ausgestattet, prächtig, glänzend.
**ap-pāreō**, pārēre, pāruī, (pāritūrus) ❶ erscheinen, sichtbar werden, sich zeigen; ❷ offenkundig sein, sich zeigen (als); Anerkennung finden; *– unpers.:* **apparet** es ist offensichtlich *(m. A. C. I. od. indir. Frages.);* ❸ dienen, aufwarten *(m. Dat. der Ps. u. der Sache: jmdm., bei etw.).*
**appāritiō**, ōnis *f (appareo 3.)* ❶ Unterbeamtendienst; ❷ *Pl. (meton.)* die Unterbeamten *(= apparitores).*
**appāritor**, ōris *m (appareo 3.)* Unterbeamter, Amtsdiener (Schreiber, Liktor *u. Ä.*).
**ap-parō**, parāre vorbereiten, veranstalten, sich zu etw. rüsten *(m. Akk.)* [**ludos; bellum; iter** bahnen]; *m. Inf.:* sich anschicken.
**appellātiō**, ōnis *f (appello*[1]*)* ❶ Anrede, Ansprache; ❷ *(jur. t. t.)* Berufung [**tribunorum** an die Tribunen]; ❸ Benennung, Name; ❹ Aussprache [**litterarum**].
**appellātor**, ōris *m (appello*[1]*)* Berufungskläger.
**appellitō**, appellitāre *(Frequ. v. appello*[1]*)* zu nennen pflegen.
**ap-pellō**[1], pellāre ❶ jmd. ansprechen, anreden [**legatos superbius** anfahren]; ❷ **a)** jmd. zu etw. auffordern *(alqm de re; in rem; ut);* **b)** jmd. mahnen *(de re);* ❸ **a)** um Schutz, Hilfe anrufen; **b)** *(vor Gericht)* um Beistand anrufen [**tribunos**] *(de re u. in re: wegen, in etw.);* ❹ jmd. *anklagend* zur Rede stellen; ❺ **a)** nennen, erwähnen; **b)** (be)nennen *(m. dopp. Akk.)* [**alqm victorem**]; *Pass.* heißen; **c)** ernennen, ausrufen zu *(m. dopp. Akk.)* [**alqm regem**]; ❻ aussprechen.
**ap-pellō**[2], pellere, pulī, pulsum ❶ **a)** herantreiben, -bringen [**armentum ad aquam**]; **b)** *(übtr.)* **mentem ad alqd ~** auf etw. richten [**ad philosophiam** sich zuwenden]; ❷ *(in der Verbindung m. navem, classem u. Ä.)* ansteuern, anlegen [**naves ad ripam; classem in insulam**]; *abs. od. Pass.* landen *(v. Personen u. Schiffen):* **navis appellitur** (*u.* **appellit**) **ad villam.**
**ap-pendī** *Perf. v. appendo.*
**appendix**, icis *f (appendo)* Anhang, Zugabe.
**ap-pendō**, pendere, pendī, pēnsum zuwiegen, auszahlen.
**Appennīnus**, ī *m* die Apenninen.
**appetēns**, *Gen.* tentis *(P. Adj. v. appeto)* strebend, begierig nach *(m. Gen.)* [**gloriae; alieni** nach fremdem Besitz]; *abs.* habgierig.
**appetentia**, ae *f (appetens) = appetitio.*
**appetītiō**, ōnis *f (appeto)* das Streben, Verlangen *(nach etw.: Gen.)* [**laudis**].
**appetītus**, ūs *m (appeto) = appetitio.*
**ap-petō**, petere, petīvī *u.* petiī, petītum *(m. Akk.)* ❶ **a)** nach etw. greifen; **b)** etw. erstreben, begehren, nach etw. trachten [**regnum; amicitiam populi Romani**]; ❷ **a)** *einen Ort* aufsuchen, hingehen [**Europam**]; **b)** *jmd. od. etw.* angreifen, bedrohen [**alqm lapidibus**];

❸ *(zeitl.)* herannahen, anbrechen; **cum lux appeteret** geg. Tagesanbruch.

**ap-pingō**, pingere, pinxī, pictum dazu malen, hinzuschreiben *(zu etw.: Dat.)*.

**Appius**, ī *m* röm. *Vorname, bes. in der gens Claudia gebräuchlich (s. Claudius); – Adj.* ❶ **a) Appius,** a, um appisch, von einem Appius erbaut *od.* gegründet: **via Appia** *Heerstraße von Rom nach Capua, die v. dem Zensor Appius Claudius Caecus 312 v. Chr. erbaut wurde; unter Trajan wurde sie bis Brundisium verlängert;* **aqua Appia** *v. demselben Appius angelegte Wasserleitung;* **b) Appiānus**, a, um appianisch, des Appius; – *Subst.* ❷ **a) Appias**, adis *f Statue einer Nymphe am Springbrunnen der aqua Appia;* **b) Appietās**, ātis *f (iron.) der uralte Adel der Appier.*

**ap-plaudō**, plaudere, plausī, plausum ❶ *etw.* (an)schlagen *(an etw.: m. Dat.);* ❷ Beifall klatschen.

**applicātiō**, ōnis *f (applico)* Anschluss; Zuneigung.

**ap-plicō**, plicāre, plicāvī, plicātum *u.* plicuī, plicitum ❶ *an etw.* anschließen, anlehnen *(ad u. m. Dat.)* [**se ad arborem** sich anlehnen; **alqm terrae** zu Boden drücken; **castra flumini** direkt am Fluss aufschlagen]; ❷ **a)** *zu etw.* hinzufügen; **b) se applicare** *u.* **applicari** sich an jmd. *od.* an etw. anschließen [**se ad alqm quasi patronum**]; ❸ *(naut. t. t.)* auf etw. hinsteuern, landen lassen *(ad; in m. Akk.; Dat.); pass. u. abs.* anlegen, landen *(v. Schiffen u. Personen);* ❹ zuwenden, auf etw. richten *(ad u. poet. m. Dat.); refl.* **se ~ ad philosophiam** sich widmen.

**ap-plōrō**, plōrāre *(poet.; nachkl.)* dabei jammern *(vor od. bei jmdm.: alci).*

**ap-pōnō**, pōnere, posuī, positum ❶ *(zu, an, bei etw.)* hinstellen, -setzen, -legen *(m. Präp. od. m. Dat.);* ❷ *(Speisen, Geschirr)* auftragen; ❸ *(als Begleitung u. Ä.)* mitgeben [**alci alqm custodem** als Wächter]; ❹ *(pejor.)* jmd. zu etw. anstiften; ❺ hinzufügen [**vitiis modum** ein Ende setzen].

**Grammatik & Co.**

Die **Apposition** (Istgleichsetzung) ist eine Sonderform des Attributs; sie steht im gleichen Kasus wie der näher bestimmte Satzteil: Seneca senex „Seneca *als* alter Mann". Längere Appositionen können wir oft daran erkennen, dass sie (ohne Konjunktion) zwischen zwei Kommata gesetzt sind.

**ap-porrēctus**, a, um *(ad u. porrigo) (poet.)* daneben hingestreckt.

**ap-portō**, portāre ❶ herbeitragen, -bringen; überbringen [**nuntium**]; ❷ *(poet.) (übtr.)* mit sich bringen.

**ap-poscō**, poscere, – – *(poet.)* dazufordern.

**appositus**, a, um *(P. Adj. v. appono)* ❶ **a)** *(konkr.)* nahe gelegen, benachbart *(m. Dat.)* [**castellum flumini**]; **b)** *(übtr.)* naheliegend; ❷ geeignet, brauchbar.

**ap-precor**, precārī *(poet.)* anflehen [**deos**].

**ap-prehendō**, prehendere, prehendī, prehēnsum, *poet. auch* **ap-prēndō**, prēndere, prēndī, prēnsum ❶ (an)fassen, ergreifen [**alqm** bei der Hand fassen]; ❷ erobern; ❸ *(v. Redner)* etw. vorbringen.

**ap-pressī** *Perf. v. apprimo.*

**appressus** *P. P. P. v. apprimo.*

**ap-prīmē** *Adv.* besonders.

**ap-primō**, primere, pressī, pressum *(ad u. premo) (nachkl.)* andrücken *(an: m. Dat.)* [**scutum pectori**].

**approbātiō**, ōnis *f (approbo)* ❶ Zustimmung, Beifall; ❷ *(philos. t. t.)* Beweis.

**approbātor**, ōris *m (approbo)* derjenige, der etw. billigt.

**ap-probō**, probāre ❶ **a)** zustimmen, billigen, anerkennen [**consilium alcis; orationem**]; **b)** segnen; **di approbent;** ❷ etw. zur Zufriedenheit jmds. machen; ❸ beweisen [**innocentiam**].

**ap-prōmittō**, prōmittere, – – noch dazu versprechen.

**ap-properō**, properāre **I.** *trans.* beschleunigen; **II.** *intr.* eilen, sich beeilen *(ad; m. Inf.).*

**appropinquātiō**, ōnis *f (appropinquo)* das Nahen.

**ap-propinquō**, propinquāre ❶ **a)** *(räuml.)* sich nähern *(m. Dat.; ad);* **b)** *(zeitl.)* bevorstehen; **hiems appropinquat;** ❷ *(v. Personen)* nahe daran sein, etw. zu erreichen, etw. zu tun *(m. Dat.; ad; ut m. Konj.).*

**ap-pūgnō**, pūgnāre *(nachkl.)* bestürmen, angreifen.

**ap-pulī** *Perf. v. appello*[2].

**appulsus**[1], ūs *m (appello*[2]*)* ❶ Annäherung [**solis**]; ❷ Einwirkung [**frigoris**]; ❸ Landung *(m. Gen.)* [**litoris**]; *(meton.)* Landungsstelle.

**appulsus**[2] *P. P. P. v. appello*[2].

**aprīcātiō**, ōnis *f (apricor)* das Sonnen(bad).

**aprīcor**, aprīcārī *(apricus)* sich sonnen.

**aprīcus**, a, um ❶ sonnig [**hortus; colles**]; *subst.* **aprīcum,** ī *n* Sonnenlicht; ❷ *(poet.)* den Sonnenschein liebend.

**Aprīlis I.** *Adj.* e April-; **II.** *Subst.* is *m (erg. mensis) (Abl.* -ī) der April.

**aps** = *abs, s. ā*[2].

**aptō**, aptāre *(aptus*[1]*)* ❶ anpassen, anlegen *(an etw.: m. Dat.)* [**corpori arma** Waffen anlegen; *übtr.* **animos armis** den Sinn auf die Waffen richten]; ❷ zurechtmachen, rüsten *(zu, für*

A

*etw.: m. Dat. od. ad)* [**se pugnae**]; ③ mit etw. versehen, ausrüsten [**classem velis** segelfertig machen].

**aptus¹**, a, um ① **a)** angefügt, angebunden, angehängt; **b)** *(übtr.)* abhängend, entspringend *(von: ex od. m. bl. Abl.)*; **honestum, ex quo aptum est officium; c)** zusammengefügt, verbunden [**oratio** abgerundet]; **d)** in gutem Zustand, gerüstet [**exercitus** kampffertig]; **e)** m. etw. ausgestattet, ausgeschmückt; **caelum stellis fulgentibus -um;** ② **a)** angepasst, passend *(für, zu: ad; in u. Akk.; m. Dat.)*; **calcei -i ad pedem; b)** geeignet, passend *(Konstr. wie 2 a)*; **locus ad insidias ~;** *abs.*: **tempus -um** die rechte Zeit; **c)** fähig, geeignet *(Konstr. wie 2 a)*; **milites minus -i ad huius generis hostem;** – *m. Abl.* in etw. gewandt [**sermone**].

**aptus²** *P. P. Akt. v. apiscor.*

**apud** *Präp. b. Akk.* ① **a)** bei, in der Nähe v. jmdm.; **b)** bei jmdm. = in jmds. Wohnung *od.* Haus, *bes.* **~ me / te / se** *usw.*; **c)** *(bes. b. gerichtl. Verhandlungen)* vor, in Gegenwart v. jmdm.; **~ iudices causam dicere;** ② **a)** bei, zur Zeit; **~ antiquos; b)** *(b. Schriftstellernamen u. Ä.)* bei; **~ Solonem;** ③ *(b. Völkernamen)* bei; **~ Persas;** ④ **a)** bei, neben, in der Nähe, in der Gegend von; **~ oppidum; b)** in, auf; **~ Asiam;** ⑤ in jmds. Augen, nach jmds. Urteil; **plus ~ me antiquorum auctoritas valet.**

**Āpulia**, ae *f Landschaft in Unteritalien zw. Apennin u. dem Adriatischen Meer; – Einw. u. Adj.* **Āpulus**, ī *m bzw.* a, um.

**aput** *ältere Form f. apud.*

**aqua**, ae *f* ① Wasser; **-ā et igni interdicere alci** *od.* **-ā et igni alqm arcere** ächten; **-am terramque petere** (*od.* **poscere**) **ab alqo** Unterwerfung fordern; **~ haeret** da hapert es; ② **a)** Meer; **b)** See; **c)** Fluss; **secundā -ā** stromabwärts; ③ *Pl.* **-ae magnae** (*od.* **ingentes**) Hochwasser, Überschwemmung; ④ Regen; **agmen -arum** Regenguss; ⑤ *Pl.* **a)** Quellen; **b)** Heilquelle(n), Bad; *als Ortsname:* **Aquae Sextiae** *j.* Aix en Provence; ⑥ Wasserleitung.

**aquae-ductus**, ūs *m (aqua u. duco)* Wasserleitung.

**Aquārius**, ī *m (aqua)* Wassermann *(Sternbild)*.

**aquāticus**, a, um *(aqua) (poet.; nachkl.)* ① im *od.* am Wasser lebend *od.* wachsend; ② feucht, wässerig.

**aquātilis**, e = *aquaticus.*

**aquātiō**, ōnis *f (aquor)* das Wasserholen.

**aquātor**, ōris *m (aquor)* Wasserholer.

**aquila**, ae *f* ① Adler; ② Legionsadler; ③ *(nachkl.) Pl. die Adler im Giebelfeld des Tempels des Jupiter Capitolinus;* ④ Adler *als Sternbild.*

**Aquilēia**, ae *f Stadt in Oberitalien; – Einw. u. Adj.* **Aquilēiēnsis**, is *m bzw.* e.

**aquili-fer**, ferī *m (aquila u. fero)* Adlerträger.

**Aquīl(l)ius**, a, um *röm. nomen gentile:* **C. ~ Gallus** *ein Freund Ciceros, Jurist;* – **Aquīliānus**, a, um des Aquilius.

**aquilō**, ōnis *m* ① Nordnordostwind; *übh.* Sturm; ② *(meton.)* Norden.

**aquilōnius**, a, um *(aquilo)* nördlich.

**Aquīnum**, ī *n Stadt in Latium, j.* Aquino; – *Adj.* **Aquīnās**, ātis; – *Einw.* **Aquīnātēs**, tium *m.*

**Aquītānia**, ae *f Landschaft im südwestl. Gallien; – Adj.* **Aquītānus**, a, um; – *Einw.* **Aquītānī**, ōrum *m.*

**aquor**, aquārī *(aqua)* Wasser holen.

**aquōsus**, a, um *(aqua)* ① wasserreich [**hiems** regnerisch; **mater** Thetis, *die Meeresgöttin*]; ② wasserhell.

**aquula**, ae *f (Demin. v. aqua)* Wässerchen.

**āra**, ae *f* ① Altar; **-am tangere** schwören; ② *(meton.)* Zufluchtsort, Schutz; ③ *(sepulcri, sepulcralis)* Scheiterhaufen; ④ Denkmal [**virtutis**]; ⑤ *(poet.)* Altar *als Sternbild.*

**arabarchēs**, ae *m ägypt.* Oberzolleinnehmer.

**Arabia**, ae *f* Arabien; – *Einw.* **Arabs**, bis *m* der Araber; – *Adj.* **Arabi(c)us**, a, um.

**arānea**, ae *f* ① Spinnengewebe; ② Spinne.

**arāneola**, ae *f (Demin. v. aranea)* kleine Spinne.

**arāneōsus**, a, um *(araneus) (poet.)* voll Spinnengewebe.

**arāneum**, ī *n (araneus) (poet.; nachkl.)* Spinnengewebe.

**arāneus**, ī *m (nachkl.)* Spinne.

**Arar**, Araris *m Fluss in Gallien, j.* Saône.

**arātiō**, ōnis *f (aro)* ① das Pflügen, Ackerbau; ② *(meton.)* Ackerland; *Pl.* Staatsdomänen.

**arātor**, ōris *m (aro)* ① Pflüger; *Adj.* pflügend, Pflug- [**taurus** Pflugstier]; ② *(poet.)* Bauer; ③ Domänenpächter.

**arātrum**, ī *n (aro)* Pflug.

**Arātus**, ī *m* ① *griech. Dichter um 270 v. Chr.; – Adj.* **Arātīus**, a, um; ② *griech. Feldherr aus Sikyon, Stifter des Achäischen Bundes.*

**arbiter**, trī *m* ① Augenzeuge, Mitwisser; **-is remotis** ohne Zeugen, unter vier Augen; ② Schiedsrichter; ③ Richter *(über etw.: m. Gen.)*; ④ Herr, Gebieter *(über etw.: m. Gen.)*.

**arbitra**, ae *f (arbiter) (poet.; nachkl.)* ① Zeugin, Mitwisserin; ② (Schieds-)Richterin.

**arbitrātus**, ūs *m (arbitror) (klass. nur im Abl. Sg.)* ① Gutdünken, Willkür, Belieben; **arbitratu** nach Gutdünken, nach Belieben [**meo / suo; Sullae**]; ② unbeschränkte Vollmacht.

**arbitrium**, ī *n (arbiter)* ① Ausspruch des Schiedsrichters; ② Urteil; ③ Gutdünken, Belieben, freie Entscheidung *(über: m. Gen.)*; **~ pacis ac belli; -o meo** nach freiem Willen; **parentum -o** nach dem Ermessen der Eltern; **ad -um suum imperare;** ④ Willkür, unbeschränkte Macht, Herrschaft; **-um regni agere** den Herrscher spielen; **ad -um** willkürlich.

**arbitror**, arbitrārī *(selten* **arbitrō**, arbitrāre) *(arbiter)* meinen, glauben *(abs.; m. A. C. I.; m. Inf.); – m. dopp. Akk.* halten für: **scelestissimum te arbitror**.

**arbor** *(poet.* arbōs), oris *f* ① Baum [**Iovis** Eiche; **Phoebi** Lorbeerbaum; **Herculea** Pappel]; ② *(meton.)* **a)** *(poet.)* Mast; Ruder; Schiff [**Pelias** das Schiff Argo]; **b)** *(infelix)* Galgen.

**arboreus**, a, um *(arbor)* ① vom Baum, Baum-; ② baumartig: **a)** baumlang; **b)** verästelt [**cornua cervorum**].

**arbōs**, oris *f (poet.) = arbor.*

**arbuscula**, ae *f (Demin. v. arbor) (nachkl.)* Bäumchen.

**arbustum**, ī *n (arbor, arbos)* ① Baumpflanzung; ② *(poet.; nachkl.) (bes. im Pl.)* Gebüsch.

**arbustus**, a, um *(arbor, arbos)* mit Bäumen bepflanzt.

**arbuteus**, a, um *(arbutus) (poet.)* vom Erdbeerbaum.

**arbutum**, ī *n (arbutus) (poet.)* ① Frucht des Erdbeerbaumes; ② Laub des Erdbeerbaumes.

**arbutus**, ī *f* Erdbeerbaum.

**arca**, ae *f* ① Kasten; ② Geldkasten; Kasse; *(meton.)* Geld; ③ **a)** Sarg; **b)** Gefängniszelle.

**Arcadia**, ae *f* Arkadien, *Gebirgslandschaft der Peloponnes; – Einw.* **Arcades**, dum *m* (*Sg.* Arcas, adis) Arkadier; – **Arcas**, adis *m Sohn Jupiters u. der Callisto, Stammvater der Arkadier; – Adj.* **Arcadi(c)us**, a, um [**virgo** die Nymphe Arethusa; **deus** Pan].

**arcānus**, a, um (*arca, arceo; eigtl.* verschlossen) *(Adv.* -ō) ① *(poet., nachkl.)* verschwiegen, schweigsam; ② heimlich, geheim [**consilia**]; ③ geheimnisvoll [**sacra**]; / *Subst.* **arcānum,** ī *n* **a)** Geheimnis; **b)** das Geheimnisvolle; / *Adv.* **arcānō** im Geheimen, heimlich.

**Arcas**, adis *m s. Arcadia.*

**arceō**, arcēre, arcuī, – ① einschließen; eindämmen [**flumina**]; ② in Schranken halten [**audaciam**]; ③ abwehren, fernhalten, abhalten; verhindern [*(m. Akk.)* **copias hostium;** *(von, vor, gegen: ab od. bl. Abl.)* **alqm ab iniuria; hostem Galliā**]; *(auch m. Inf., selten m. ne od. quin);* ④ *(poet.)* vor etw. beschützen *(m. bl. Abl. od. ab).*

**arcessītor**, ōris *m (arcesso)* derjenige, der herbeiruft.

**arcessītus**, *Abl.* -ū *m (arcesso)* das Herbeirufen, -holen.

**arcessō**, arcessere, arcessīvī, arcessītum ① herbeiholen, -rufen [**alqm ex Hispania; alqm ab aratro;** *(wozu: ad; m. Dat.; Sup.)* **Gallos auxilio** zu Hilfe]; ② *(jur. t. t.)* vor Gericht fordern, belangen; anklagen [**alqm capitis; pecuniae captae**]; ③ sich verschaffen, erwerben; ④ ein Thema, einen Gedanken *u. Ä.* herholen, suchen.

**archetypum** (-on), ī *n (gr. Fw.) (nachkl.)* Original, Urbild, Urform.

**Archiās**, ae *m* **A. Licinius ~** *griech. Dichter.*

**Archilochus**, ī *m griech. Jambendichter um 650 v. Chr., Begründer u. Vollender des beißenden Spottgedichtes; – Adj.* **Archilochīus**, a, um beißend, scharf.

> **Wissen: Antike**
>
> **Archimēdēs** (is *m*) war ein bedeutender griechischer Mathematiker, Physiker und Mechaniker in Syrakus (287–212 v. Chr.). Bei der Eroberung der Stadt durch die Römer wurde er von einem römischen Soldaten erschlagen, als er gerade damit beschäftigt war, geometrische Figuren in den Sand zu zeichnen. Seine letzten Worte, an den Soldaten gerichtet, sollen gewesen sein: „Störe mir meine Kreise nicht" – „Noli turbare circulos meos".

**archipīrāta**, ae *m (gr. Fw.)* Seeräuberhauptmann.

**architectōn**, onis *m (gr. Fw.) (nachkl.)* Baumeister.

**architectūra**, ae *f (architectus)* Baukunst.

**architectus**, ī *m (gr. Fw.)* ① Baumeister; ② Anstifter, Urheber, Erfinder.

**archōn**, ontis *m (gr. Fw.)* Archont, *Titel der höchsten athen. Staatsbeamten.*

**arci-tenēns**, *Gen.* tenentis *(arcus u. teneo)* **I.** *Adj. (poet.)* bogenführend *(Beiname des Apollo u. der Diana);* **II.** *Subst. m* (Bogen-) Schütze *(auch als Sternbild).*

**Arctophylax**, acis *m* Bärenwächter *als Sternbild = Bootes.*

**Arctos**, ī *f* (*Akk.* -on, *Nom. Pl.* Arctoe) *(gr. Fw.)* ① Bärin, *meist Pl.:* Großer u. Kleiner Bär *am nördl. Sternenhimmel;* ② *(poet.) (meton.)* **a)** Nordpol; **b)** Norden; **c)** Nacht.

**Arctūrus**, ī *m (gr. Fw.)* Bärenwächter *als Sternbild:* ① *= Bootes;* ② *der hellste Stern im Bootes.*

**arcuātus**, a, um *(arcus)* bogenförmig (gewölbt), gebogen [**currus** gedeckt].

**arcula**, ae *f (Demin. v. arca)* Kästchen, Schmuckkästchen.

**arcus**, ūs *m* ① Bogen *(als Waffe);* ② Regenbogen; ③ *(poet.; nachkl.)* Krümmung, Windung; **anguis sinuatur in arcus; ~ aquarum** Wasserberg; ④ **a)** *(poet.)* Wölbung *(v. Bauwerk);* **b)** *(nachkl.)* Triumphbogen.

A

**ardaliō**, ōnis *m (poet.)* geschäftigtuender Nichtstuer.
**ardea**, ae *f (poet.; nachkl.) (biol.)* Reiher.
**Ardea**, ae *f Stadt der Rutuler in Latium; – Adj.* **Ardeās**, ātis *u.* **Ardeātīnus**, a, um; *– Einw.* **Ardeās**, ātis *m.*
**ārdēns**, *Gen.* entis *(P. Adj. v. ardeo)* ❶ brennend, glühend [**lapides; fax**]; ❷ funkelnd, glänzend [**oculi; stella**]; ❸ *(v. der Rede u. v. Redner)* feurig, mitreißend; ❹ heftig, leidenschaftlich [**ira; amor**].
**ārdeō**, ārdēre, ārsī, ārsūrum *(aridus)* ❶ **a)** brennen, in Flammen stehen; **b)** glühen; **ardentes lapides;** ❷ glänzen, leuchten, funkeln; **oculi ardent; campi armis ardent;** ❸ *(übtr.)* **a)** brennen, glühen, verzehrt werden [**siti; amore; dolore**]; **b) ~ ad** *od.* **in** *m. Akk.* heftig verlangen [**ad ulciscendum**]; **c)** *(m. folg. Inf.)* vor Begierde brennen; **d)** *(bes. poet.)* in Liebe entbrannt sein *(für jmd.: alqo; in alqo; alqm; in alqm)*; ❹ *(v. Verschwörungen, Kriegen u. Ä.)* entbrannt sein; ❺ im Aufruhr stehen; **Gallia ardet**.
**ārdēscō**, ārdēscere, ārsī, – *(Incoh. v. ardeo)* ❶ in Brand geraten; erglühen; ❷ erglänzen, zu leuchten beginnen; ❸ **a)** leidenschaftlich entbrennen [**caede; in iras**]; **b)** in Liebe entbrennen *(zu jmdm.: alqo)*; ❹ *(v. Kampf u. Ä.)* entbrennen; **pugna ardescit; fremitus ardescit equorum**.
**ārdor**, ōris *m (ardeo)* ❶ Brand; Glut(hitze) [**solis** Sonnenglut; **caeli** glühend geröteter Himmel]; *Pl.* heiße Zone; *(nachkl.)* heißes Klima; ❷ das Leuchten, Funkeln, Glanz [**stellarum**]; ❸ **a)** Leidenschaft; Begeisterung; Wut [**pugnandi** *od.* **ad dimicandum** Kampfbegier]; **b)** Liebesglut, Liebe *(zu jmdm.: alcis)*; *(meton.)* Geliebte(r).
**Arduenna**, ae *f (silva)* die Ardennen.
**arduus**, a, um ❶ **a)** steil [**collis**]; **b)** *(poet.)* hoch(ragend) [**sidera; cedrus**]; *– Subst.* **arduum,** ī *n* steile Anhöhe; ❷ schwierig, mühevoll, beschwerlich; **res -ae** Unglück; *m. Sup.:* **-um factu;** *– Subst.* **arduum,** ī *n* Schwierigkeit: **in -o esse** *(nachkl.)* schwierig sein.
**ārea**, ae *f* ❶ freier Platz, Fläche [**Capitolii**]; ❷ Bauplatz; ❸ Hofraum des Hauses; ❹ Tenne; **in -is frumenta sunt;** ❺ Rennbahn; **circi ~ media;** ❻ *(übtr.)* Gebiet, Feld *(Betätigungsfeld u. Ä.)*.
**Arelāte**, tis *n Stadt an der Rhône, j.* Arles.
**Aremoricae** cīvitātēs *Stämme in der Bretagne u. Normandie.*
**arēna**, ae *f (älter* harēna*)* ❶ Sand; ❷ *Pl.* Sandmassen; Sandwüste; **-ae Libycae;** ❸ *(poet.)* Sandstrand, Küste; ❹ *(poet.; nachkl.)* Kampfplatz im Amphitheater, Arena; *(meton.)* Gladiatorenkampf.
**arēnāria**, ae *f (erg. fodina; arena)* Sandgrube.
**arēnōsus**, a, um *(arena)* sandig.
**ārēns**, *Gen.* entis *(P. Adj. v. areo)* ❶ trocken, dürr [**rivus; loca**]; *– Subst.* **arentia,** ium *n* Sandwüste; ❷ lechzend [**faux**].
**āreō**, ārēre, āruī, – ❶ trocken, dürr sein; ❷ lechzen, (vor Durst) schmachten; **arente fauce** mit trockener Kehle.
**āreola**, ae *f (Demin. v. area) (nachkl.)* kleiner freier Platz.
**Arēopagus**, ī *m* ❶ Areshügel *in Athen;* ❷ *der dort tagende oberste Gerichtshof,* der Areopag; *–* **Arēopagītēs**, ae *m Mitglied des Areopag.*
**ārēscō**, ārēscere, āruī, – *(Incoh. v. areo)* (ver)trocknen, versiegen.
**Arethūsa**, ae *f Quelle auf der Insel Ortygia (Altstadt v. Syrakus); – Adj.* **Arethūsis**, idis.
**Arēus**, a, um des Ares (Mars); **-um iudicium** *(nachkl.)* der Areopag; *vgl. Areopagus.*
**Argēī**, ōrum *m* ❶ *24 Kapellen in Rom, in denen am 16. u. 17. März Sühnopfer dargebracht wurden;* ❷ *24 Puppen aus Binsen, die jährl. am 15. Mai als symbolische Menschenopfer v. der Pfahlbrücke in den Tiber geworfen wurden.*
**argentāria**, ae *f (argentarius)* ❶ *(erg. fodina)* Silbergrube; ❷ *(erg. taberna)* Wechselstube; ❸ *(erg. ars)* Wechslergeschäft *(als Tätigkeit),* das Geldwechseln.
**argentārius** *(argentum)* **I.** *Adj.* a, um ❶ *(nachkl.)* Silber-; ❷ Geld- [**taberna** Wechselstube]; **II.** *Subst.* ī *m* Wechsler, Bankier.
**argentātus**, a um *(argentum)* mit silberbeschlagenen Schilden [**milites**].
**argenteus**, a, um *(argentum)* ❶ aus Silber, silbern [**poculum**]; *Subst.* ī *m* Silberdenar; ❷ versilbert, m. Silber verziert [**scaena**]; ❸ silberfarbig [**anser; fons** silberhell]; ❹ *(poet.)* des silbernen Zeitalters [**proles**].
**argentum**, ī *n* ❶ Silber [**factum** verarbeitetes Silber; **signatum** gemünztes Silber, Silbergeld; **infectum** Silberbarren]; ❷ *(meton.)* **a)** Silbergeschirr; **b)** (Silber-)Geld.
**argestēs**, ae *m (gr. Fw.) (poet.; nachkl.)* Westsüdwestwind.
**Argēus, Argī** *s. Argos.*
**Argīlētum**, ī *n Straße in Rom nördl. v. Forum; – Adj.* **Argīlētānus**, a, um auf dem A. befindlich [**tabernae**].
**argilla**, ae *f (gr. Fw.)* weißer Ton.
**Arginūsae**, ārum *f drei Inseln b. Lesbos; Schlacht 406 v. Chr.*
**argītis**, tidis *f (gr. Fw.) (poet.; nachkl.)* Rebe m. weißen Trauben.
**Argī(v)us** *s. Argos.*

A

**Wissen: Antike**
**Argō** (ūs *f*) heißt in der griechischen Sage das Schiff, mit dem die Argonauten, Jason und seine Gefährten, nach Kolchis am Schwarzen Meer fuhren, um das Goldene Vlies heimzuholen. Es war außerordentlich schnell und konnte sogar sprechen und die Argonauten vor Gefahren warnen. Von Minerva wurde die Argo später als Sternbild an den südlichen Sternenhimmel versetzt.

**Argolis** *s. Argos.*

**Argōnautae**, ārum *m* die Argonauten *(Jason u. seine Gefährten).*

**Argos** *n (nur Nom. u. Akk.) u.* **Argī**, ōrum *m Hauptstadt v. Argolis; – Subst.* **Argīvī**, ōrum *m* die Argiver, *poet. auch* Griechen; **Argolis**, idis *f Landschaft auf der Peloponnes; – Adj.* **Argīvus**, **Argēus** *u.* **Argīus**, a, um aus Argos, argivisch, *poet. auch* griechisch; **Argolicus**, a, um argolisch, *poet. auch* griechisch.

**Argōus**, a um zur Argo, zur Argonautenfahrt gehörig.

**arguī** *Perf. v. arguo.*

**argūmentātiō**, ōnis *f (argumentor)* Beweisführung.

**argūmentor**, argūmentārī *(argumentum)* **I.** *intr.* den Beweis führen, begründen *(abs.; de re; m. indir. Frages.);* **II.** *trans.* etw. als Beweis anführen.

**argūmentum**, ī *n (arguo)* ❶ Beweis(mittel), Beweisgrund *(f. etw.: m. Gen.);* **-o esse** als Beweis dienen; ❷ Gegenstand, Inhalt [**orationis**]; ❸ Darstellung; ❹ Fabel; (Bühnen-)Stück.

**arguō**, arguere, arguī, argūtum ❶ behaupten, beweisen; ❷ *(poet.)* verraten, offenbaren; – *mediopass.* sich erweisen; ❸ widerlegen [**leges**]; ❹ **(culpam)** ~ rügen; ❺ jmd. beschuldigen, anklagen [**sceleris; (de) crimine**]; **qui arguuntur** die Beschuldigten; **qui arguunt** die Ankläger.

**Wissen: Antike**
**Argus** (ī *m*) ist in der griechischen Mythologie ein Riese mit hundert Augen überall auf seinem Körper, die es ihm ermöglichten, rundum alles zu sehen. Er bewachte die in eine Kuh verwandelte Io. Auf Jupiters Befehl wurde er von Merkur getötet, worauf Juno seine hundert Augen auf dem Pfauenschwanz anbrachte. Etwas „mit Argusaugen beobachten" sagt man heute, wenn man etwas unermüdlich beobachtet und nicht aus dem Blick lässt.

**argūtiae**, ārum *f (argutus)* ❶ das Ausdrucksvolle, Lebendige [**vultūs; digitorum** lebhaftes Fingerspiel]; ❷ **a)** das Geistreiche, Scharfsinn; **b)** Spitzfindigkeit, Kniffe.

**argūtulus**, a, um *(Demin. v. argutus)* ziemlich scharfsinnig.

**argūtus**, a, um *(P. Adj. v. arguo)* ❶ ausdrucksvoll, lebhaft [**oculi**]; ❷ **a)** *(poet.)* helltönend; rauschend; zwitschernd; zirpend; säuselnd [**ilex; nemus** v. Hirtenliedern widerhallend; **forum** lärmend; **serra** kreischend]; **b)** klangreich; ❸ deutlich, bedeutungsvoll [**omen; exta**]; ❹ **a)** geistreich, scharfsinnig, witzig [**sententiae; orator**]; **-e disputare; b)** schlau, pfiffig.

**argyraspides**, dum *m (gr. Fw.)* die Silberschildträger, *makedon. Elitetruppe.*

**Wissen: Antike**
**Ariadna** (ae *f*) oder **Ariadnē** (ēs *f*) ist in der griechischen Sagenwelt die Tochter des Kreterkönigs Minos und der Pasiphaë. Ariadne verliebte sich in Theseus, der nach Kreta kam, um den in einem Labyrinth gefangen gehaltenen Minotaurus zu töten. Da Theseus ihr versprach, sie zu heiraten, half sie ihm mit einem roten Wollfaden (dem „Ariadnefaden"), mit dessen Hilfe Theseus nach der Tötung des Minotaurus wieder aus dem Labyrinth zurückfand. Danach flohen die beiden. Ohne sie zu heiraten, ließ Theseus sie dann auf Naxos zurück. Ariadne wurde später zur Gattin des Bacchus. Bacchus schleuderte ihren Brautschmuck in den Himmel, wo er zu einem Sternbild wurde.

**Arīcia**, ae *f eine der ältesten Städte Latiums an der Via Appia m. Tempel u. Hain der Diana, j.* Ariccia; – *Adj.* **Arīcīnus**, a, um.

**āridulus**, a, um *(Demin. v. aridus) (poet.)* etw. trocken.

**āridus**, a, um *(areo)* ❶ **a)** trocken, dürr [**regio**]; – *Subst.* **āridum**, ī *n* das Trockene, *bes.* der trockene Boden; **b)** *(poet.)* regenlos [**nubila**]; ❷ dürr, mager [**crura**]; ❸ *(poet.)* **a)** vor Durst schmachtend [**viator**]; **b)** brennend [**sitis; febris**]; ❹ *(v. der Lebensweise)* dürftig, ärmlich [**vita**]; ❺ *(v. Redner u. v. der Darstellung)* trocken, ohne Frische, langweilig.

**ariēs**, etis *m* ❶ Widder; ❷ *(poet.)* Widder *als Sternbild;* ❸ **a)** *(milit.t. t.)* Sturmbock, Mauerbrecher; **b)** Wellenbrecher.

**arietō**, arietāre *(aries) (poet.; nachkl.)* ❶ stoßen; ❷ niederstoßen [**alqm in terram**]; ❸ anrennen, anstürmen [**immissis frenis in portas**].

A

**Arīminum**, ī *n Küstenstadt in Umbrien, j.* Rimini; – *Einw. u. Adj.* **Arīminēnsis**, is *m bzw.* e.
**ariol…** *s. hariol…*
**Arīōn**, onis *m Zitherspieler, Dichter u. Sänger aus Lesbos (um 600 v. Chr.); – Adj.* **Arīonius**, a, um.
**Arīopagus**, ī *m = Areopagus.*

**Imperium Romanum**
**Ariovistus** (ī *m*) war ein Suebenfürst. Er drang um 72 v. Chr. mit einem 15.000 Mann starken Heer in Gallien ein, besiegte die Haeduer und siedelte immer mehr Germanen auf gallischem Gebiet an. Obwohl Ariovist im Jahre 59 vom römischen Senat zum Freund des römischen Volkes erklärt wurde, rückte Cäsar, der als Prokonsul in Gallien eingesetzt war, im Jahr 58 gegen ihn vor und schlug sein Heer über den Rhein zurück.

**arista**, ae *f* ❶ Granne; ❷ Ähre.
**Aristarchus**, ī *m aus Samothrake, 217–145 v. Chr., Grammatiker u. Kritiker (Homerrezension) in Alexandria; (meton.)* strenger Kritiker.
**Aristīdēs**, is *u.* ī *m* ❶ *aus Athen, Gegner des Themistokles;* ❷ *aus Milet, Verf. v. Novellen (Milesiaca).*
**Aristippus**, ī *m Philosoph aus Kyrene (um 380 v. Chr.), Schüler des Sokrates, Begründer der Kyrenäischen Philosophen-Schule; – Adj.* **Aristippēus**, a, um.
**Aristius Fuscus** *Dichter, Rhetor u. Grammatiker, Freund des Horaz.*
**Aristogītōn**, onis *m einer der Mörder des att. Tyrannen Hipparch (514 v. Chr.).*
**Aristophanēs**, is *m* ❶ *aus Athen, der bedeutendste griechische Komödiendichter (etwa 452–388 v. Chr.); –* Adj. **Aristophanēus** *u.* **-nīus**, a, um; ❷ *aus Byzanz (etwa 257–180 v. Chr.), Bibliothekar in Alexandria, ber. Philologe, Grammatiker u. Kritiker, Lehrer des Aristarch.*

**Wissen: Antike**
**Aristophanēs** (etwa 452–388 v. Chr.) ist der bedeutendste griechische Komödiendichter. In seinen noch heute aufgeführten Komödien verspottete er auch berühmte Zeitgenossen wie Sokrates. Bekannte Werke sind z. B. „Die Wolken“, „Die Vögel“ und „Die Frösche“.

**Wissen: Antike**
**Aristotelēs** (is *u.* ī *m*) (384–322 v. Chr.) war ein bahnbrechender griechischer Philosoph aus Makedonien. Er war Schüler Platos, Erzieher Alexanders und Begründer der peripatetischen Philosophenschule in Athen. Mit seinem umfangreichen hinterlassenen Werk, das vielfältige Bereiche wie Logik, Physik, Zoologie, Psychologie, Ethik und Erkenntnistheorie umfasste, übte er einen großen Einfluss auf die abendländische Philosophie, Theologie und Naturwissenschaft aus.

**Aristoxenus**, ī *m Philosoph u. Musiktheoretiker aus Tarent (um 320 v. Chr.), Schüler des Aristoteles.*
**Aristus**, ī *m Akademiker in Athen, Freund Ciceros.*
**arithmētica**, ōrum *n (auch* **-a**, ae *f) (gr. Fw.)* Arithmetik.
**arma**, ōrum *n* ❶ Ausrüstung, Gerät, Werkzeug [**equestria** Sattelzeug; **cerealia** Geräte zum Brotbacken]; ❷ Kriegsgerät, Rüstung, Waffen; **-a induere** Rüstung anlegen; **-a capere** zu den Waffen greifen; **in -is esse** unter den Waffen stehen; **in -is mori** m. den Waffen in der Hand; **vi et -is** m. Waffengewalt; ❸ *(meton.)* **a)** Kampf, Krieg; **-a referre** den K. erneuern; **cedant ~ togae** der Krieg soll dem Frieden weichen; **b)** Kriegstaten [**canere** besingen]; **c)** Kriegs-, Heeresmacht [**Macedonum**]; **d)** Bewaffnete, Soldaten; **levia ~** Leichtbewaffnete; **~ auxiliaria** Hilfstruppen; **machina plena -is** *(vom trojan. Pferd);* ❹ *(übtr.)* Verteidigungsmittel, Hilfsmittel; **~ senectutis; -a quaerere** Hilfe suchen.
**armāmenta**, ōrum *n (armo)* Segel-, Takelwerk.
**armāmentārium**, ī *n (arma)* Arsenal *(Lager f. Kriegsgeräte).*
**armārium**, ī *n (arma)* Schrank.
**armātūra**, ae *f (armo)* Bewaffnung; *(meton.)* Waffengattung; Bewaffnete [**levis** Leichtbewaffnete; **gravis** Schwerbewaffnete].
**armātus**[1], *Abl.* -ū *m (armo) (nachkl.) = armatura.*
**armātus**[2], a, um *(P. Adj. v. armo)* bewaffnet, (aus)gerüstet; **~ togatusque** in Kriegs- u. Friedenskleidung, in Krieg u. Frieden; – *Subst.* **armātī**, ōrum *m* Bewaffnete.
**Armenia**, ae *f* Armenien, *Hochland Asiens; – Einw. u. Adj.* **Armenius**, ī *m bzw.* a, um.
**armentālis**, e *(armentum) (poet.; nachkl.)* in Herden weidend [**equae**].
**armentārius**, ī *m (armentum)* Rinderhirt.
**armentum**, ī *n (meist Pl.)* ❶ (Groß-)Vieh; *bes.* Rinder; ❷ (Rinder-)Herde.

**armi-fer**, fera, ferum *(arma u. fero)* waffentragend; kriegerisch.

**armi-ger**, gera, gerum *(arma u. gero)* waffentragend; – *Subst.* **armiger,** gerī *m* Waffenträger, Schildknappe; **armigera,** ae *f* Waffenträgerin [**Dianae**].

**armilla**, ae *f (armus)* Armband, -spange.

**Armilūstrum**, ī *n (arma u. lustrum²) Platz der jährl. Waffenweihe auf dem Aventin.*

**Imperium Romanum**

**Arminius** (ī *m*) (etwa 18 v. Chr. - 20 n. Chr.) war ein Fürst des germanischen Stammes der Cherusker. Er diente anfangs in germanischen Hilfstruppen des römischen Heeres, wurde römischer Staatsbürger und in den Ritterstand erhoben. Später wechselte er die Seiten und führte einen folgenreichen germanischen Aufstand gegen Quintilius Varus, den Statthalter Germaniens, an, dessen Truppen er in der Schlacht im Teutoburger Wald eine vernichtende Niederlage bereitete. Arminius bewahrte damit Germanien vor der Herrschaft Roms, weshalb der römische Geschichtsschreiber Tacitus ihn „liberator Germaniae" („Befreier Germaniens") nannte. Im 19. Jahrhundert wurde er in Deutschland unter dem Namen „Hermann der Cherusker" als Nationalheld verehrt.

**armi-potēns**, *Gen.* entis *(arma) (poet.)* (durch Waffen) mächtig, kriegerisch [**Mars**].

**armi-sonus**, a, um *(arma u. sono) (poet.)* waffenklirrend.

**armō**, armāre *(arma)* ❶ **a)** *zum Kampf* (aus)rüsten, kampftüchtig machen [**urbem muris**]; **b)** bewaffnen [**milites; gladiis dextras**]; ❷ mit etw. ausstatten; ❸ *(naut. t. t.)* segelfertig machen [**naves**].

**armus**, ī *m (poet.; nachkl.)* ❶ *(b. Menschen)* Oberarm, Schulter(blatt); ❷ *(b. Tieren)* Vorderbug, Schulterblatt; *Pl.* Flanken.

**Arnus**, ī *m* der Arno; – *Adj.* **Arniēnsis**, e.

**arō**, arāre ❶ pflügen; *(den Acker)* bestellen; *abs.* Ackerbau treiben; ❷ *(poet.) (übtr.)* **a)** durchfurchen, runzelig machen [**frontem rugis** die Stirn runzeln]; **b)** *(das Meer u. Ä.)* durchfurchen, durchsegeln [**latum aequor**].

**Arpī**, ōrum *m Stadt in Apulien; – Einw. u. Adj.* **Arpīnus,** ī *m bzw.* a, um.

**Arpīnum**, ī *n Stadt in Latium, Geburtsort des Cicero u. des Marius, j.* Arpino; – *Adj.* **Arpīnās,** ātis *u.* **Arpīnus,** a, um: **chartae Arpinae** Ciceros Schriften; – *Einw.* **Arpīnās,** ātis *m;* – **Arpīnās,** ātis *n Landgut Ciceros bei A.*

**arqui-tenēns** = *arcitenens.*

**arrēctus**, a, um *(P. Adj. v. arrigo)* steil.

**ar-rēpō**, rēpere, rēpsī, rēptum ❶ sich einschleichen *(ad; m. Dat.; in m. Akk.);* ❷ *(nachkl.)* heranktriechen *(an etw.: ad; m. Dat.).*

**Arrētium**, ī *n Stadt in Etrurien, j.* Arezzo; – *Einw. u. Adj.* **Arrētīnus,** ī *m bzw.* a, um.

**ar-rēxī** *Perf. v. arrigo.*

**ar-rīdeō**, rīdēre, rīsī, rīsum ❶ **a)** mitlachen *(m. jmdm.: alci)* [**ridentibus**]; **b)** zu-, anlächeln *(alci);* **c)** belächeln *(m. Akk.);* ❷ *(übtr.)* **a)** *(poet.)* günstig sein; **b)** jmdm. gefallen.

**ar-rigō**, rigere, rēxī, rēctum *(ad u. rego)* ❶ auf-, emporrichten; **arrectus in digitos** auf den Zehen; ❷ *(geistig)* in Spannung versetzen; ❸ anfeuern, aufrichten [**alqm oratione sua; animos ad bellandum**].

**ar-ripiō**, ripere, ripuī, reptum *(ad u. rapio)* ❶ **a)** an sich reißen, ergreifen [**alqm manu**]; **b)** zusammenraffen [**naves**]; **c)** schnell in Besitz nehmen *od.* zu nehmen suchen; ❷ **a)** gewaltsam ergreifen *(auch v. Schmerz, Krankheit, Schlaf u. Ä.);* **b)** überfallen, angreifen [**castra**]; **c)** sich widerrechtlich etw. aneignen [**sibi imperium**]; ❸ *(eine Tätigkeit)* mit Eifer ergreifen; ❹ **a)** *(übtr.)* aufgreifen, sich aneignen [**primam occasionem recuperandi; b)** *(geistig)* erfassen, verstehen; ❺ **a)** verhaften; **b)** *(jur. t. t.)* gerichtl. belangen [**consules**].

**ar-rīsī** *Perf. v. arrideo.*

**arrīsor**, ōris *m (arrideo) (nachkl.)* Schmeichler, *der ständig seinen Gönner anlächelt.*

**ar-rōdō**, rōdere, rōsī, rōsum an-, benagen.

**arrogāns**, *Gen.* antis *(P. Adj. v. arrogo)* anmaßend, hochmütig *(geg. jmd.: m. Dat.)* [**minoribus**].

**arrogantia**, ae *f (arrogans)* Anmaßung, Hochmut.

**ar-rogō**, rogāre (*u.* ad-rogō) ❶ **sibi alqd ~** sich etw. anmaßen; ❷ *(poet.) jmdm. od. einer Sache etw.* verschaffen; ❸ *einem Beamten durch eine neue Rogation einen anderen* zur Seite stellen [**consuli dictatorem**].

**ar-rōsī** *Perf. v. arrodo.*

**arrōsor**, sōris *m (arrodo) (nachkl.)* Schmarotzer.

**arrōsus** *P. P. P. v. arrodo.*

**ars**, artis *f* ❶ Kunstfertigkeit, Geschick(lichkeit), Gewandtheit; ❷ Kunst; Wissenschaft; **artes optimae** Wissenschaften; **artes urbanae** Jurisprudenz u. Redekunst; **~ dicendi** *od.* **oratoria;** ❸ *(meton.)* **a)** Kunstwerk; **b)** Kunstwert; ❹ *Pl.* Musen; **Artium chorus;** ❺ **a)** (Kunst-)Theorie; **ex arte dicere** *od.* **scribere** den Regeln der Kunst entsprechend; **~ et praecepta** theoretische Vorschriften; **b)** Lehrbuch; ❻ Handwerk, Gewerbe; ❼ Eigenschaft, Verhalten; ❽ *Pl.* Mittel u. Wege, Art u. Weise; **imperium his artibus retinetur;** ❾ Kunstgriff, Trick, Kniff, List; **artes belli;** ❿ Künstlichkeit, künstliches Wesen.

**Arsacēs**, cis *m erster König u. Stifter der parthischen Dynastie der Arsaciden* (**Arsacidae**, ārum *m) um 250 v. Chr.; – Adj.* **Arsacius**, a, um.

**ārsī** *Perf. v. ardeo u. ardesco.*

**Artaxerxēs**, xis *m pers. Königsname.*

**Artemīsium**, ī *n nördl. Vorgeb. Euböas.*

**artēria**, ae *f (gr. Fw.)* ① Luftröhre; *auch* **~ aspera;** ② Schlagader.

**arthrīticus**, a, um *(gr. Fw.)* gichtkrank.

**articulātim** *Adv. (articulus)* ① *(poet.)* gliedweise, stückweise; ② *(v. der Rede u. Ä.)* gegliedert; übersichtlich.

**articulus**, ī *m (Demin. v. artus[1])* ① **a)** Gelenk; **-orum dolores** Gelenk-, Gichtschmerzen; **b)** *(meton.)* Finger(glied); ② *(an Pflanzen)* Knoten; ③ *(v. der Rede)* Teil, Abschnitt; ④ *(v. der Zeit)* Augenblick; Wendepunkt.

**arti-fex**, ficis *(ars u. facio)* **I.** *Subst. m u. f* ① Künstler(in); ② Erbauer, Schöpfer [**mundi**]; *attrib.* bildend, schaffend, schöpferisch; ③ Meister(in); Handwerker; ④ Urheber, Anstifter; ⑤ Schelm; **II.** *Adj.* kunstfertig, geschickt.

**artificiōsus**, a, um *(artificium)* ① *(akt.)* kunstfertig; ② *(pass.)* kunstvoll, meisterhaft.

**artificium**, ī *n (artifex)* ① Kunstfertigkeit, Geschicklichkeit, Kunst [**gubernatoris**]; ② *(meton.)* Kunstwerk; ③ Handwerk, Gewerbe; ④ Theorie, Kunstlehre; ⑤ Kunstgriff; List, Trick, Schlauheit.

> **Grammatik & Co.**
> **Artikel** gibt im Lateinischen nicht. Im Deutschen dagegen übersetzen wir, je nach Sinn des Satzes, entweder mit bestimmtem oder mit unbestimmtem Artikel: Dominus cenat. „Ein Herr/Der Herr speist." – Liberi ludunt. „Kinder/Die Kinder spielen."

**artō**, artāre *(artus[2])* ① einengen, straff anziehen [**habenas**]; ② beschränken; ③ knapp zumessen.

**artolaganus**, ī *m (gr. Fw.)* Brotkuchen.

**artus[1]**, ūs *m* Gelenk; *gew. Pl.:* ① Gelenke, Gliedmaßen; ② *(poet.)* = *membra* Glieder.

**artus[2]**, a, um ① eng, straff, fest [**catena; toga**]; ② eng, dicht [**silvae; vallis**]; – *subst.* **artum**, ī *n* **a)** die Enge, enger Raum; **b)** das Gedränge, *bes.* Kampfgedränge; ③ *(übtr.)* fest, tief, innig [**somnus** fester, tiefer Schlaf]; ④ eingeengt, beengt *(durch Gesetze, Vorschriften, Sorgen u. Ä.)* [**animus**]; ⑤ knapp, gering [**numerus; annona**]; ⑥ misslich; **res -ae** missliche Lage; – *subst.* **artum,** ī *n* missliche Lage, Klemme: **in -o esse**.

**āruī** *Perf. v. areo u. aresco.*

**ārula**, ae *f (Demin. v. ara)* kleiner Altar.

**arundi-fer**, fera, ferum *(arundo u. fero) (poet.)* schilftragend, schilfbekränzt.

**arundineus**, a, um *(arundo) (poet.)* Rohr-; mit Schilf bewachsen [**silva** Röhricht; **carmen** Hirtenlied *(auf der Rohrflöte gespielt)*].

**arundinōsus**, a, um *(arundo) (poet.)* schilfreich.

**arundō**, dinis *f* ① Schilfrohr, Bambusrohr; ② *(meton.) aus Rohr Gefertigtes:* **a)** Rohr-, Hirtenflöte; **b)** Angelrute; **moderator arundinis** Angler; **c)** Leimrute *zum Vogelfang;* **d)** *(poet.)* Pfeilschaft; *auch* Pfeil; **e)** *(poet.)* Kamm *des Webstuhls;* **f)** Stock, Stab.

**aruspex** = *haruspex.*

**arvālis**, e *(arvum)* zum Saatfeld gehörig; **Fratres Arvales** Arvalbrüder, *ein Kollegium v. 12 röm. Priestern, die alljährlich den Ackersegen erflehten.*

**Arvernī**, ōrum *m gall. Volksstamm in der heutigen Auvergne.*

**arvīna**, ae *f (poet.; nachkl.)* Fett, Speck.

**arvum**, ī *n (aro)* ① Ackerland, Saatfeld; *(meton.)* Getreide; ② *(poet.)* **a)** das Gefilde, Gegend; **b) arva Neptunia** Meer; **c)** Ufer.

**arvus**, a, um *(aro)* zum Pflügen bestimmt, Acker-.

**arx**, arcis *f (arceo)* ① Burg; der höher gelegene u. befestigte Teil einer Stadt *(z. B. v. der Akropolis);* ② Berggipfel, Anhöhe; ③ Schutzwehr, Zuflucht(sort); ④ Bollwerk, Hauptsitz [**imperii**]; ⑤ *(übtr.)* Höhepunkt, Gipfel [**eloquentiae**].

**as**, assis *m* ① *(nachkl.)* das Ganze, die Einheit; **heres ex asse** Universalerbe; ② *(poet.) (als Gewichtseinheit)* As, *ein röm. Pfund (327 g);* ③ *(als Münzeinheit)* As, *urspr. 1 röm. Pfund schwerer Kupferbarren; das Gewicht des As wurde oftmals reduziert, sodass er schließlich nur wenig Wert hatte, dah. auch:* Pfennig, Cent; **vilem ad assem redigi** allen Wert verlieren; **ad assem omnia perdere** bis auf den letzten Cent.

**Ascanius**, ī *m Sohn des Äneas, b. den Römern Iulus genannt, myth. Stammvater der gens Iulia.*

**a-scendō**, ascendere, ascendī, ascēnsum *(ad u. scando)* **I.** *intr.* ① hinauf-, emporsteigen [**in equum; in murum**]; ② *(übtr.)* aufsteigen, sich aufschwingen [**in tantum honorem**]; **II.** *trans.* besteigen; erstürmen.

**ascēnsiō**, ōnis *f (ascendo)* Aufschwung, Begeisterung [**oratorum**].

**ascēnsus[1]**, ūs *m (ascendo)* ① das Besteigen, Aufstieg; *(meton.)* Möglichkeit des Ersteigens; **ascensum dare alci;** ② *(übtr.)* das Aufsteigen, Gelangen zu etw.; ③ Aufgang, Zugang *(als Ort).*

**ascēnsus**[2] *P. P. P. v. ascendo.*

**ascia**, ae *f* Axt.

**Asciburgium**, ī *n röm. Kastell am Niederrhein.*

**a-sciō**, ascīre (*u.* ad-sciō) jmd. aufnehmen [**socios**].

**a-scīscō**, ascīscere, ascīvī, ascītum (*u.* adscīscō; *Incoh. v. ascio*) ① jmd. herbeiholen, aufnehmen [**in senatum;** *(m. dopp. Akk.)* **alqm patronum** als ...]; ② *(übtr.)* etw. an-, aufnehmen, sich aneignen [**consuetudinem**]; ③ **(sibi) alqd ~** etw. für sich in Anspruch nehmen, sich anmaßen [**eloquentiae laudem**]; ④ billigen, gutheißen.

**Ascra**, ae *f Ort in Böotien am Berg Helikon, Wohnsitz des Dichters Hesiod; – Adj.* **Ascraeus**, a, um [**poëta** *od.* **senex** Hesiod]; *auch subst.* **Ascraeus,** ī *m* Hesiod.

**a-scrībō**, ascrībere, ascrīpsī, ascrīptum *(ad u. scribo)* ① dazuschreiben, schriftlich hinzufügen [**alci salutem** jmd. grüßen lassen]; ② auf etw. daraufschreiben; ③ durch eine schriftl. Erklärung zuordnen; *(m. dopp. Akk.)* einsetzen als [**alci legatum; alqm tutorem liberis**]; ④ *in eine Liste* eintragen, aufnehmen: **a)** in die Bürgerliste; **b)** in die Kolonistenliste; **c)** als Soldaten in die Stammrolle; ⑤ festsetzen, bestimmen; ⑥ zählen, rechnen unter *(m. Angabe wozu, worunter: ad; in m. Akk.; Dat.)* [**in numerum amicorum; alqm antiquis temporibus;** *(m. Angabe als wen?: m. dopp. Akk.)* **alqm tertium ad amicitiam**]; ⑦ zuschreiben [**alci incommodum**].

**ascrīptīcius**, a, um *(ascribo 4.) (in die Bürger-, Soldatenliste u. Ä.)* neu eingetragen.

**ascrīptor**, ōris *m (ascribo)* Mitunterzeichner [**legis agrariae**].

**Āsculum**, ī *n Stadt in Picenum südl. von Ancona, j.* Ascoli; *– Einw. u. Adj.* **Āsculānus**, ī *m bzw.* a, um.

**asella**, ae *f (Demin. v. asina) (poet.)* Eselin.

**asellus**, ī *m (Demin. v. asinus)* Esel(chen).

**Asia**, ae *f* ① Asien; ② Kleinasien; ③ die röm. Provinz Asia *(die westl. Hälfte Kleinasiens); / Einw.* **Asiānus**, ī *m; Pl. auch* die Steuerpächter in der Provinz Asia; */ Adj.* **a) Asiānus**, a, um; **b) Asiāticus**, a, um [**bellum** m. Mithridates; **oratores** schwülstig]; **c) Āsis**, idis *(f)* (*Akk.* Asida); **d) Āsius**, a, um.

**Asiāgenēs**, nis = *Asiaticus (s. Asia), Beiname des L. Cornelius Scipio.*

**asīlus**, ī *m (poet.; nachkl.) (biol.)* Bremse.

**Asinius**, a, um *röm. nomen gentile:* **C. ~ Pollio** *(76 v. Chr.–5 n. Chr.), Konsul im J. 40, Dichter, Redner, Geschichtsschreiber, Gründer der ersten öffentl. Bibliothek in Rom.*

**asinus**, ī *m* ① Esel; ② *(als Schimpfw.)* Dummkopf, Esel.

**Āsis**, idis *u.* **Āsius**, a, um *s. Asia.*

**Āsōpus**, ī *m* ① *Fluss in Böotien in Griechenland, j.* Asopo; ② *Flussgott; – Nachk.* **Āsōpiadēs**, ae *m* Äakus *u. fem.* **Āsōpis**, idis *f* Ägina.

**asōtus**, ī *m (gr. Fw.)* Verschwender, Schlemmer.

**asparagus**, ī *m (gr. Fw.) (nachkl.)* Spargel.

**aspargō** = *aspergo.*

**aspectābilis**, e *(aspecto)* sichtbar.

**a-spectō**, aspectāre (*u.* ad-spectō) *(Intens. v. aspicio)* ① (aufmerksam) anschauen, betrachten; ② *(v. Örtl.)* gerichtet sein, liegen nach *(m. Akk.)*; ③ *(nachkl.)* etw. beachten [**principis iussa**].

**aspectus**[1], ūs *m (aspicio)* ① *(akt.)* **a)** das Hinschauen, Blick; **primo aspectu; aspectum alcis fugere; b)** Aussicht, Gesichtskreis; **c)** Gesichtspunkt; **d)** Sehkraft; **aspectum amittere** erblinden; ② *(pass.)* **a)** das Sichtbarwerden, Erscheinen; **b)** Aussehen; Anblick.

**aspectus**[2] *P. P. P. v. aspicio.*

**asper**, era, erum ① rau, uneben [**mare** stürmisch]; ② rau, stechend, kratzend [**barba**]; ③ *(f. den Geschmack u. Geruch)* scharf; ④ *(f. das Gehör)* rau, derb; ⑤ *(in der Ausdrucksweise)* roh, holperig; kränkend [**oratio; verba**]; ⑥ *(v. Verhalten)* barsch, grob, roh; trotzig, wild; ⑦ erbittert [**luno**]; ⑧ *(v. Tieren)* wild; gereizt; **anguis ~ siti; bos aspera** (drohend) **cornu;** ⑨ *(v. Gesetzen, Strafen u. Ä.)* hart, streng; **aspere agere** harte Maßregeln treffen; ⑩ *(v. Zuständen)* mühsam, schwierig, *(v. Kampf)* wild [**negotium; fata**]; ⑪ *(vom Klima)* rau.

**aspera**, ōrum *n (asper 10.)* Widerwärtigkeiten, Bedrängnis.

**a-spergō**[1], aspergere, aspersī, aspersum *(ad u. spargo)* ① hinspritzen, -streuen *(auf: m. Dat. od. in m. Abl.)*; ② bespritzen, bestreuen [**aram sanguine**]; ③ *(übtr.)* (hin)zufügen [**sales orationi**]; ④ *(übtr.)* beschmutzen, beschimpfen.

**aspergō**[2], ginis *f (aspergo*[1]*) (poet.; nachkl.)* ① das Bespritzen; ② Tropfen, Spritzer; ③ Gischt; ④ (Sprüh-)Regen.

**asperitās**, ātis *f (asper)* ① Rauheit, Unebenheit [**viarum**]; ② *(v. Klima)* Unwirtlichkeit, Strenge [**hiemis**]; ③ Barschheit, Grobheit, Wildheit; Härte, Strenge; Sittenroheit, Härte [**belli**]; ④ *(v. der Rede)* Bitterkeit, Bissigkeit; ⑤ *(f. das Gehör)* die Rauheit der Töne, der raue Ton [**vocis**]; ⑥ *(v. Zuständen)* das Drückende, Schwierigkeit.

**aspernātiō**, ōnis *f (aspernor)* Verschmähung, Abweisung.

**a-spernor**, aspernārī *(ab u. sperno)* abweisen; verschmähen; *m. Inf.* sich weigern; *– selten hat aspernor pass. Bedeutung.*

**asperō**, asperāre *(asper)* ① rau machen [**undas** aufwühlen]; ② spitzen, schärfen [**sagittas**]; ③ aufregen, reizen [**iram victoris**].

A

**a-spersī** *Perf. v. aspergo.*
**aspersiō**, ōnis *f (aspergo¹)* das Bespritzen.
**aspersus**, a, um *P. P. P. v. aspergo.*
**asperum**, ī *n (asper) (nachkl.)* das Raue; **-a maris** Meeresstürme.
**a-spiciō**, aspicere, aspexī, aspectum *(ad u. specio)* ❶ erblicken [**hanc lucem** das Licht der Welt]; ❷ wiedersehen; ❸ anblicken, betrachten; ❹ (sich) etw. anschauen; ❺ mit Bewunderung ansehen, bewundern; ❻ jmdm. dreist ins Gesicht sehen [**hostem in acie**]; ❼ *(poet.; nachkl.) (v. Örtl.)* gerichtet sein, liegen nach [**meridiem** nach Süden; **ad aquilonem** nach Norden]; ❽ (geistig) betrachten, erwägen; ❾ *(poet.)* berücksichtigen; ❿ etw. untersuchen.
**aspīrātiō**, ōnis *f (aspiro)* ❶ das Anhauchen, Anwehen [**aëris** Lufthauch]; ❷ Ausdünstung; ❸ *(gramm. t. t.)* Aspiration, H-Laut.
**a-spīrō**, aspīrāre **I.** *intr.* ❶ (hin)hauchen, zuwehen; ❷ ausatmen; ❸ *(v. Musikinstrumenten)* begleiten; **tibia aspirat choris;** ❹ günstig sein, beistehen; **aspirante fortunā; coeptis ~;** ❺ nach etw. trachten, zu jmdm. *od.* zu etw. zu gelangen suchen, sich zu nähern suchen [**bellica laude ad Africanum; in curiam**]; **II.** *trans. (poet.; nachkl.)* ❶ zuhauchen, zuwehen; ❷ einflößen.
**aspis**, idis *f (Akk. Sg.* -idem *u. poet.* -ida, *Akk. Pl.* -idas) Natter.
**asportātiō**, ōnis *f (asporto)* das Wegbringen.
**as-portō**, portāre wegbringen, mitnehmen, wegführen.
**asprētum** ī *n (asper)* raue, steinige Stelle.
**assārius**, a, um *(as) (nachkl.)* einen As wert.
**assecla** *u.* **assecula**, ae *m (assequor)* Begleiter, Anhänger.
**assectātiō**, ōnis *f (assector)* beständige Begleitung.
**assectātor**, ōris *m (assector)* ❶ beständiger Begleiter; ❷ *(nachkl.)* Freier; ❸ Anhänger *(einer Lehre od. eines Lehrers)*; ❹ *(nachkl.)* Schmarotzer.
**as-sector**, sectārī *(Intens. v. assequor)* beständig folgen, begleiten *(alqm)*.
**assecula**, ae *m s. assecla.*
**assecūtus** *P. P. Akt. v. assequor.*
**as-sēdī** *Perf. v. assideo u. assido.*
**assēnsiō**, ōnis *f (assentior)* ❶ Zustimmung, Beifall; ❷ *(philos. t. t.)* das Fürwahrhalten sinnlicher Erscheinungen.
**assēnsor**, ōris *m (assentior)* derjenige, der beipflichtet.
**assēnsus¹**, ūs *m (assentior)* ❶ Zustimmung, Beifall; ❷ *(philos. t. t.)* das Fürwahrhalten sinnlicher Erscheinungen; ❸ *(poet.)* Echo.
**assēnsus²** *s. assentior.*
**assentātiō**, ōnis *f (assentor)* Schmeichelei.
**assentātiuncula**, ae *f (Demin. v. assentatio)* kleinliche Schmeichelei, Liebedienerei.
**assentātor**, ōris *m (assentor)* Schmeichler.
**assentātōriē** *Adv. (assentator)* schmeichlerisch.
**as-sentior**, sentīrī, sēnsus sum (*seltener im Akt.* as-sentiō, sentīre, sēnsī, sēnsum) zustimmen, beipflichten *(m. Dat.; in etw.: de od. in re, auch Akk. Neutr.: illud, nihil u. Ä.)*.
**as-sentor**, sentārī *(Intens. v. assentior)* in allem beipflichten, schmeicheln.
**as-sequor**, sequī, secūtus sum ❶ einholen, erreichen; ❷ *(übtr.)* erreichen, gleichkommen *(m. Akk.)* [**merita alcis**]; ❸ erlangen, erreichen [**immortalitatem; laudem**]; *(auch m. ut, ne od. m. Inf.)*; ❹ verstehen, begreifen.
**asser**, eris *m* Stange, Latte.
**as-serō¹**, serere, sēvī, situm *(poet.)* danebensäen, -pflanzen.
**as-serō²**, serere, seruī, sertum ❶ *(poet.; nachkl.)* einreihen; ❷ jmdm. etw. zusprechen, für jmd. etw. beanspruchen [**alci regnum**]; ❸ zurechnen [**alqm caelo** den Göttern zurechnen]; ❹ **sibi alqd ~** sich etw. anmaßen [**sibi nomen sapientis**]; ❺ **se asserere** sich widmen [**studiis**]; ❻ *(jur. t. t.)* **a)** jmd. zu (seinem) Sklaven erklären [**alqm in servitutem**]; **b)** einen Sklaven als frei erklären; *nur asserere oder:* **alqm in libertatem** *od.* **in ingenuitatem ~;** ❼ *(poet.; nachkl.)* befreien von, schützen geg. *(ab)* [**se a mortalitate**]; ❽ *(nachkl.)* sicherstellen [**libertatem**].
**assertiō**, ōnis *f (assero²) (nachkl.)* Freisprechung *(eines Sklaven)*.
**assertor**, ōris *m (assero²)* ❶ derjenige, der auf jmd. *(Gen.)* Anspruch erhebt [**virginis**]; ❷ *(poet.; nachkl.)* Befreier, Beschützer.
**assertus**, a, um *P. P. P. v. assero².*
**asseruī** *Perf. v. assero².*
**as-serviō**, servīre, servīvī, – behilflich sein, beistehen.
**as-servō**, servāre ❶ verwahren, aufbewahren [**praedam**]; ❷ bewachen, überwachen.
**assessiō**, ōnis *f (assideo)* ❶ das Dabeisitzen; ❷ Beistand.
**assessor**, ōris *m (assideo)* Beisitzer, Gehilfe.
**assessum** *P. P. P. v. assideo u. assido.*
**assessus**, *Abl.* ū *m (assideo)* das Sitzen bei jmdm.
**assevēranter** *Adv. m. Komp. (v. asseverans, dem Part. Präs. v. assevero)* ernstlich, nachdrücklich.
**assevērātiō**, ōnis *f (assevero)* ❶ Beteuerung, Versicherung; ❷ *(meton.)* Ernst, Nachdruck.
**as-sevērō**, sevērāre *(ad u. severus)* ❶ mit Ernst verfahren, beharren *(in re)*; ❷ ernstlich behaupten, versichern *(alqd u. de re; m. A. C. I.)*; ❸ *(nachkl.)* klar bezeugen.

**assēvī** *Perf. v. assero*[1].

**as-sideō**, sidēre, sēdī, sessum *(ad u. sedeo)* ① bei jmdm. *od.* an etw. sitzen, *einen Kranken* pflegen, jmdm. beistehen *(m. Präp. od. m. Dat.)* [**aegro**]; ② *(vor Gericht od. übh. im Amt)* Beisitzer sein, assistieren *(m. Dat.)* [**magistratibus**]; ③ beiwohnen [**iudiciis**]; ④ sich widmen; ⑤ *(als milit. t. t.)* **a)** vor einem Ort lagern *(prope od. m. Dat.)* [**prope moenia; intactis muris**]; **b)** belagern *(m. Akk. od. Dat.)* [**castellum**]; **c)** Wache halten *(vor: m. Dat.)*.

**as-sīdō**, sīdere, sēdī, sessum sich hinsetzen, sich niederlassen *(zu od. neben jmd.: m. Präp. od. alqm)*.

**assiduitās**, ātis *f (assiduus)* ① beständige Anwesenheit; ② Begleitung; ③ Ausdauer, Eifer; ④ Fortdauer; häufige Wiederholung.

**assiduus** *(assideo)* **I.** *Adj.* a, um (*Adv.* -ē *u. [nachkl.]* -ō) ① ansässig; ② fleißig, tätig [**agricolae**]; ③ beständig gegenwärtig *(bei jmdm.: cum alqo od. m. Dat.)*; ④ ununterbrochen, beständig; häufig wiederkehrend [**hiems; bella**]; **II.** *Subst.* ī *m ansässiger, steuerpflichtiger Bürger.*

**assīgnātiō**, ōnis *f (assigno)* ① Anweisung; *(agrorum)* Landverteilung; ② *(meton.) (meist Pl.)* die angewiesenen Ländereien.

**as-sīgnō**, sīgnāre ① zuweisen, zuteilen, *bes. Ländereien an Kolonisten* [**agros colonis**]; ② zuschreiben [**fortia facta gloriae principis**].

**as-siliō**, silīre, siluī, – *(ad u. salio)* ① *(poet.; nachkl.)* herbei-, heranspringen *(in u. Akk. od. m. Dat.)*; ② *(poet.; nachkl.) (v. Kriegern)* anstürmen *(m. Dat.)* [**moenibus**]; ③ *(poet.) (v. Gewässern)* anplätschern; heranwogen; **assiliunt fluctus;** ④ *(übtr.)* zu etw. überspringen [**ad genus illud orationis**].

**as-similis**, e ziemlich ähnlich *(m. Dat.; auch m. Gen.)*.

**assimilō** = *assimulo.*

**assimulātiō**, ōnis *f (assimulo) (nachkl.)* Gleichstellung.

**as-simulō**, simulāre ① ähnlich machen, ähnlich darstellen, nachbilden; *P. P. P.* **assimulātus,** a, um ähnlich; nachgebildet; ② vergleichen *(mit: Dat.)*; ③ vorgeben, (er)heucheln *(m. Akk.; dopp. Akk.; Inf.; A. C. I.)*; *P. P. P.* **assimulātus,** a, um verstellt, erheuchelt.

**assis**, is *m* = *axis*[2].

**as-sistō** (*u.* ad-sistō), sistere, astitī (*u.* adstitī), – ① herantreten; ② stehen bleiben; ③ sich dazustellen, sich hinstellen *(m. Präp. od. m. Dat.)* [**ad Achillis tumulum; lecto**]; ④ dabeistehen, dastehen *(m. Präp. od. Dat.)*; ⑤ *(nachkl.)* beistehen.

**assitus**, a, um *P. P. P. v. assero*[1].

**as-solet** *u. Pl. assolent* es pflegt (zu geschehen), es ist üblich.

**as-sonō**, sonāre, – – *(poet.)* mit einstimmen *(in: m. Dat.)*.

**as-suē-faciō**, facere, fēcī, factum jmd. an etw. gewöhnen *(m. Abl.; ad; Dat.; Inf.)*.

**as-suēscō**, suēscere, suēvī, suētum ① sich an etw. gewöhnen *(m. Abl.; ad; in m. Akk.; Dat.; Akk.; Inf.)*; – *Perf.* **assuēvī** ich bin (etw.) gewohnt; ② sich an jmd. gewöhnen *(m. Dat.; Abl.; ad; inter se* sich aneinander gewöhnen*)*; ③ jmd. lieb gewinnen *(m. Dat. od. Abl.)*; / **assuētus,** a, um **a)** an etw. gewöhnt, etw. gewohnt; **b)** *(poet.; nachkl.)* bekannt, vertraut.

**assuētūdō**, dinis *f (assuesco)* ① Gewöhnung *(an etw.: Gen.)* [**laborum**]; ② *(nachkl.)* Umgang *(m. jmdm.: m. Gen. obi.)*.

**as-sultō**, sultāre *(Intens. v. assilio) (nachkl.)* ① heranspringen *(m. Dat.)*; ② *(feindl.)* **a)** anstürmen *(m. Dat.)* [**castris**]; **b)** angreifen *(m. Akk.)* [**latera agminis**].

**assultus**, *Abl.* ū *m (assilio) (poet.; nachkl.)* Ansturm; Angriff.

**as-sum** *u.* ad-sum, adesse, affuī *u.* adfuī ① dabei, anwesend sein, da sein *(m. Präp. od. Dat.)*; **omnes, qui adsunt / aderant / aderunt** alle Anwesenden; ② erscheinen, sich einfinden; ③ *(jur. t. t.)* vor Gericht erscheinen *(als Angeklagter od. als Ankläger)*; ④ an etw. teilnehmen *(m. Dat.)* [**spectaculo**]; ⑤ **a)** beistehen, helfen *(m. Dat.)* [**amico absenti**]; **b)** verteidigen *(bes. vor Gericht) (m. Dat.; contra u. adversus alqm)*; **c)** *(v. der Gottheit)* gnädig sein *(m. Dat.)*; ⑥ vorhanden sein, zur Verfügung stehen; ⑦ *(v. der Zeit od. v. Zustand)* da sein; bevorstehen; **occasio adest;** ⑧ **animo / animis ~ a)** Acht geben; **b)** ruhig, gefasst sein; / *afforem (adforem) = affuturus (adfuturus) essem u. adessem; affore (adfore) = affuturum esse.*

**as-sūmō** (*u.* ad-sūmō), sūmere, sūmpsī, sūmptum ① auf-, annehmen [**coniugem** zur Frau nehmen; **alqm in nomen familiamque** *od.* **alqm sibi filium** adoptieren]; ② anlegen *(an: m. Dat.)* [**alas umeris**]; ③ bekommen, erhalten; ④ zu Hilfe nehmen, hinzuziehen [**amicos; uxoris consilium**]; ⑤ erwerben [**regni insignia; parentis patriae vocabulum** den Titel …]; ⑥ etw. für sich beanspruchen, sich anmaßen; ⑦ ergreifen, wählen; ⑧ hinzunehmen.

**as-suō**, suere, suī, sūtum *(poet.)* annähen, anflicken.

**as-surgō**, surgere, surrēxī, surrēctum ① sich aufrichten, aufstehen; ② sich vom Krankenlager erheben, sich erholen [**ex morbo**]; ③ *(v. Bergen, Bauten, Gestirnen u. a.)* sich erheben,

A

emporsteigen, aufgehen; **colles assurgunt; Orion assurgit;** ❹ *(poet.)* sich zu einer Tätigkeit erheben; in etw. ausbrechen *(m. Dat.)* [**querelis** in Klagen ausbrechen]; ❺ *(poet.) (v. Gemütsbewegungen)* wachsen; **assurgunt irae**.

**assus**, a, um *(areo)* trocken [**sol** Sonnenbad *auf ungesalbter Haut*].

**Assyria**, ae *f* Assyrien; – *Einw.* **Assyrius**, ī *m*; – *Adj.* **Assyrius**, a, um assyrisch; *poet. oft* syrisch, indisch, phönizisch [**ebur** indisches Elfenbein].

**ast** *Adv. (arch.)* ❶ dann; ❷ *(poet.)* aber *(= at)*.

**Asta**, ae *f südspan. Stadt.*

**a-sternō**, asternere, astrāvī, astrātum *(poet.)* hinstreuen; *mediopass.* sich niederwerfen *(m. Präp. od. Dat.)*.

**astipulātiō**, ōnis *f (astipulor) (nachkl.)* Zustimmung, Übereinstimmung.

**astipulātor**, ōris *m (astipulor)* ❶ *(jur. t. t.)* Vertragszeuge; ❷ Anhänger, Nachbeter [**Stoicorum**].

**a-stipulor**, astipulārī jmdm. zustimmen.

**a-stō**, astāre, astitī ❶ dabei-, dastehen *(m. Präp. od. m. Dat.)*; **portis ~; sedes relictae astant** stehen verlassen da; ❷ *(poet.)* aufrecht, aufgerichtet stehen.

**Astraea**, ae *f jungfräuliche Göttin der Gerechtigkeit, als Sternbild Virgo (Jungfrau) unter die Sterne versetzt.*

**Astraeus**, ī *m ein Titane, Vater der fratres Astraei* (= Winde).

**astragalizontes**, tum *m (gr. Fw.)* „die Würfelspieler", *ein Standbild des Polykleitos.*

**a-strepō** (*u.* ad-strepō) astrepere, astrepuī, astrepitum *(nachkl.)* ❶ dazu lärmen, lärmend zurufen, zujubeln [**haec dicenti**]; ❷ etw. m. lärmendem Beifall aufnehmen.

**astrictus**, a, um *(P. Adj. m. Komp. v. astringo)* ❶ *(poet.)* straff, fest geschnürt, eng; **aquae -ae** gefroren; **humus gelu -a** erstarrt, hart gefroren; ❷ *(poet.; nachkl.)* sparsam, karg, knapp [**pater; mos** eingeschränkte Lebensweise]; ❸ *(rhet.)* **a)** rhythmisch gebunden; **b)** bündig, kurz [**oratio**].

**a-stringō**, astringere, astrīnxī, astrictum ❶ festbinden, straff anziehen; ❷ zusammenziehen, -schnüren; **astrictae fauces** zusammengeschnürte Kehle; ❸ *(poet.; nachkl.)* gefrieren lassen; ❹ einschränken [**milites parsimonia** knapphalten]; ❺ *(rhet.)* zusammenfassen [**breviter argumenta**]; ❻ *(geistig)* binden, in Anspruch nehmen, verpflichten [**alqm legibus / iure iurando**].

**astrologia**, ae *f (gr. Fw.)* Sternkunde, Astronomie.

**astrologus**, ī *m (gr. Fw.)* ❶ Sternkundiger, Astronom; ❷ Sterndeuter, Astrologe.

**astronomia**, ae *f (gr. Fw.) (nachkl.)* Sternkunde, Astronomie.

**astrum**, ī *n (gr. Fw.)* ❶ Gestirn, Stern; ❷ *Pl.* Himmel; Unsterblichkeit, Ruhm; **ad** (*od.* **in**) **-a tollere** zum Himmel erheben = sehr rühmen.

**a-struō** (*u.* ad-struō), astruere, astrūxī, astrūctum ❶ anbauen *(an etw.: m. Dat.)*; ❷ *(poet.; nachkl.)* hinzufügen [**animum formae**].

**astu** *n (gr. Fw.)* (*nur im Akk. u. Abl. Sg.* astū *gebräuchlich*) „die Stadt" = Athen.

**a-stupeō**, astupēre, – – *(poet.)* anstaunen *(m. Dat.)* [**sibi**].

**Astura** ae ❶ *m Fluss in Latium;* ❷ *f Ort in Latium, j.* Torre Astura.

**astus**, ūs *m* ❶ List; listiger Anschlag; ❷ *(nachkl.)* Kriegslist.

**astūtia**, ae *f (astutus)* List; listiger Anschlag; *Pl.* Intrigen.

**astūtus**, a, um *(astus)* schlau, listig, verschlagen [**consilium**].

**Astyanax**, nactis *m Sohn des Hektor u. der Andromache.*

**asȳlum**, ī *n (gr. Fw.)* Zufluchtsort, Asyl; **ius -i** Asylrecht.

**at** *Adversativkonjunktion* aber, dagegen, andererseits.

**atābulus**, ī *m (poet.; nachkl.)* heißer Südostwind, Schirokko.

**Atalanta**, ae *u.* **-ē**, ēs *f arkadische Jägerin, Teilnehmerin an der kalydonischen Jagd.*

**at-avus**, ī *m* Ahnherr, Urahn.

**Ātella**, ae *f oskische Stadt in Kampanien;* – *Einw. u. Adj.* **Ātellānus,** ī *m bzw.* a, um; *bes.* **fābella Ātellāna** *od. nur* **Ātellāna,** ae *f eine oskische Volksposse; dav.* **Ātellānus,** ī *m* Atellanenschauspieler (*Adj.* **Ātellāni[c]us**, a, um).

**āter**, ātra, ātrum *(nur m. Komp., kein Superl.)* ❶ dunkel, glanzlos schwarz [**fax** schwarzqualmend; **nemus; speluncae**]; ❷ *(poet.; nachkl.)* traurig; ❸ grauenvoll, unheilvoll [**mors; dies** Unglückstag; **ignes** Feuer des Scheiterhaufens].

**Ateste**, stis *n Stadt in Venetien, j.* Este; – *Adj.* **Atestīnus**, a, um.

**Athamās**, mantis *m Sohn des Aeolus, Gemahl der Nephele, Vater des Phrixus u. der Helle; später vermählt m. der Kadmustochter Ino; ihre gemeinsamen Kinder: Melicertes u. Learchus;* – **Athamantiadēs**, ae *m Sohn des Athamas (= Melicertes);* **Athamantis**, idis *f Tochter des Athamas (= Helle);* – *Adj.* **Athamantēus**, a, um.

**Athēnae**, ārum *f* Athen, *Hauptstadt v. Attika;* – *Einw. u. Adj.* **Athēniēnsis,** is *m bzw.* e.

**Athesis**, is *m* (*Akk.* -im, *Abl.* -ī) die Etsch.

**āthlēta**, ae *m (gr. Fw.)* Athlet, Wettkämpfer; – *Adj.* **āthlēticus**, a, um.

**Athōs** *u.* **Athō**, ōnis *m* (*Dat.* -ō; *Akk.* -ōnem *u.* -ō[n]; *Abl.* -ō) der Berg Athos *auf der Chalkidike.*

**Atīlius**, a, um *röm. nomen gentile:* ① **A. ~ Calatinus** *Konsul 258 u. 254 v. Chr.;* ② **M. ~ Regulus** *s. Regulus.*

**Atlantēus**, a, um *s. Atlas.*

**Atlanticus**, a, um *s. Atlas.*

**Atlās**, antis *m* (Akk. -antem *u.* -anta; *Vok.* Atlā) ① Atlas, *der Titan;* – *Subst.* **Atlantiadēs**, ae *m männl. Nachk. des Atlas:* **a)** Merkur, *Enkel des Atlas;* **b)** Hermaphrodit, *Urenkel des Atlas;* **Atlantis**, idis *f Töchter des Atlas:* **a)** Maya, *die Mutter Merkurs;* **b)** Elektra, *eine der Plejaden;* **c)** Calypso; *Pl.* die Plejaden *u.* Hyaden; – *Adj.* **Atlantēus**, a, um; ② das Atlasgebirge *in Marokko;* – *Adj.* **Atlantēus**, a, um [**finis**] *u.* **Atlanticus**, a, um atlantisch; [**mare** der Atlantische Ozean].

**Wissen: Antike**
**Atlās** ist in der griechischen Mythologie ein Gott aus dem Titatengeschlecht. Er ist der Sohn des Titanen Iapetus und der Klymene und Bruder des Promethēus. Nach dem Sieg der olympischen Götter über die Titanen wurde Atlas von Zeus dazu verurteilt, am westlichsten Rand der Erde das Himmelsgewölbe auf seinen Schultern zu tragen. Perseus hielt ihm das schreckliche Medusenhaupt entgegen, bei dessen Anblick jeder zu Stein erstarrt, und verwandelte damit den Atlas ins Atlasgebirge.

**atomus**, ī *f* (*gr. Fw.*) kleinstes u. unteilbares Teilchen, Atom.

**at-que** *u.* **ac** ① und, und dazu, und auch (*wobei nach atque bzw. ac meistens der gewichtigere Begriff steht);* **res nova ~ inaudita;** *oft in der Verbindung zweier Begriffe zum Hendiadyoin:* **fama ~ invidia** gehässige öffentliche Meinung; **clamore ~ assensu** mit beifälligem Zuruf; ② *(zur Hervorhebung des Folgenden)* und sogar, und besonders; **intra moenia ~ in sinu urbis sunt hostes;** ③ *(erklärend)* und zwar; ④ *(nach neg. Ausdrücken)* sondern (= *sed);* ⑤ *beim Vergleich* **a)** *nach Wörtern, die eine Gleichheit od. Ähnlichkeit ausdrücken wie z. B. par, similis, idem, item:* wie; **b)** *nach Wörtern, die eine Verschiedenheit ausdrücken wie z. B. alius, aliter:* als; **c)** *nach Komparativen statt quam:* als; ⑥ *(folgernd)* und daher; ⑦ *(bestätigend)* und wirklich; / *Redensarten:* **alius ~ alius** bald dieser, bald jener; **etiam ~ etiam** zu wiederholten Malen; **~ adeo** und sogar.

**at-quī(n)** *Adversativkonjunktion* ① aber doch; ② dagegen; ③ allerdings, freilich; ④ nun aber.

**ātrāmentum** ī *n (ater)* ① schwarze Farbe; ② Schusterschwärze [**sutorium**]; ③ Tinte.

**ātrātus**, a, um *(ater)* schwarz gekleidet, in Trauerkleidung.

**Atrebatēs**, tum *u.* tium *m* (*Sg.* Atrebas, atis) *kelt. Volk in Gallia Belgica, im heutigen Artois.*

**Atrēus**, eī *m König v. Mykene, Sohn des Pelops;* – **Atrīdēs** *u.* **-a**, ae *m* Atride: Menelaos *u.* Agamemnon.

**ātriēnsis**, is *m* (*Abl.* -e *u.* -ī) *(atrium)* Hausmeister.

**ātriolum**, ī *n (Demin. v. atrium)* kleines Atrium.

**ātrium**, ī *n* (*ater*) (*poet. oft Pl. = Sg.*) ① *in ältester Zeit:* Atrium, *Hauptraum des röm. Hauses,* Wohnraum *(der v. Rauch des offenen Feuers geschwärzt war);* ② *später:* **a)** Empfangssaal des vornehmen röm. Hauses; **b)** Halle; *auch in öffentl. Gebäuden;* **~ Libertatis** Halle im Tempel der Libertas auf dem Aventin; **~ Vestae** Halle des Vestatempels; **c)** *Pl.* **atria** (**principum**) Paläste; **d)** (*poet.*) *Pl.* Hallen der Götter.

**atrōcitās**, ātis *f (atrox)* ① Grässlichkeit, Schrecklichkeit; ② Wildheit; ③ Härte, Strenge [**morum**].

**atrōx**, *Gen.* ōcis ① grässlich, schrecklich [**bellum**]; ② wild, trotzig [**ingenium**]; ③ fest, unbeugsam [**animus Catonis; fides**]; ④ hart, streng; ⑤ *(v. der Rede)* drohend, wütend.

**attāctus**[1], ūs *m (attingo) (poet.)* Berührung.

**attāctus**[2] *P. P. P. v. attingo.*

**attagēn**, ēnis *m (gr. Fw.) (poet.; nachkl.)* Haselhuhn.

**Attalus**, ī *m Name mehrerer Könige v. Pergamum, bes. ~ III. (gest. 133 v. Chr.), bekannt durch seinen Reichtum; er setzte die Römer als Erben seiner Schätze u. seines Reiches ein;* – *Adj.* **Attalicus**, a, um **a)** des Attalus; pergamenisch [**urbes**]; **b)** golddurchwirkt, prächtig [**vestes**].

**at-tamen** *Kj.* aber dennoch, aber doch.

**at-temperō**, temperāre *(nachkl.)* anpassen [**gladium sibi** auf sich richten].

**at-temptō**, temptāre ① versuchen; ② jmd. zur Untreue zu verleiten suchen; ③ angreifen [**alqm bello**].

**at-tendō**, tendere, tendī, tentum ① **attendere** spannen, hinstrecken, richten; ② **animum attendere** *(m. ad; Dat.; indir. Frages.) u. nur* **attendere** *(m. Akk.; Dat.; A. C. I.; indir. Frages.)* seine Aufmerksamkeit auf etw. richten, Acht geben, beachten; **(animum) attendite** gebt Acht!; **dictis animum ~.**

**attentiō**, ōnis *f (attendo)* Spannung, Aufmerksamkeit.

**at-tentō**, tentāre = *attempto.*

**attentus**, a, um *(P. Adj. v. attendo)* ① gespannt; aufmerksam; **attentius legere;** ② strebsam;

sparsam; ③ genau, geizig.

**attenuātus**, a, um *(P. Adj. m. Superl. v. attenuo)* schmucklos, schlicht.

**at-tenuō**, tenuāre *(tenuis)* ① dünn machen; *Pass.* dünn werden; abmagern; einschrumpfen; ② schwächen, vermindern.

**at-terō**, terere, trīvī, trītum ① *(poet.; nachkl.)* abreiben, abnutzen; **attrītus,** a, um abgeriebon, abgegriffen; ② *(poet.)* zertreten, zerstampfen; ③ schwächen, erschöpfen [**proeliis copias**]; **attrītus,** a, um matt [**orator**].

**at-testor**, testārī *(poet.; nachkl.)* bezeugen, bestätigen.

**at-texō**, texere, texuī, textum ① anflechten, anweben; ② anreihen, hinzufügen.

**Attica**, ae *f* Attika, *eine Landschaft Griechenlands m. der Hauptstadt Athen.*

**Atticus I.** *Adj.* a, um attisch, athenisch; **II.** *Subst.* ī *m* ① Attiker, Athener; ② att. Redner; ③ *als cogn.:* **T. Pomponius ~** *ein Freund Ciceros, schrieb historische Werke.*

**at-tigī** *Perf. v. attingo.*

**at-tineō**, tinēre, tinuī, tentum *(teneo)* **I.** *intr.* ① *(unpers.)* **aliquid attinet ad** es betrifft; *oft in der Wendung:* **quod attinet ad** was ... betrifft; ② *(unpers.)* (**aliquid**) **non** *od.* **nihil attinet** es kommt nicht darauf an *(m. Inf.; A. C. I.; indir. Frages.)*; **II.** *trans.* ① festhalten, zurückhalten [**alqm carcere**]; ② jmd. hinhalten [**spe pacis**]; ③ *als Besitz* festhalten, behaupten [**ripam Danuvii**].

**at-tingō**, tingere, tigī, tāctum *(ad u. tango)* ① anrühren, berühren; ② *(einen Ort)* erreichen, betreten; **planitiem ~; forum non ~** nicht besuchen; ③ *(an einen Ort)* angrenzen, anstoßen *(m. Akk.)*; **Gallia attingit flumen Rhenum;** ④ *(feindl.)* auf jmd. stoßen *(m. Akk.)*; ⑤ sich etw. aneignen; ⑥ essen, fressen; ⑦ *(nachkl.) (med. t. t.)* **pulsum venarum** (*od.* **venam**) ~ den Puls fühlen; ⑧ schlagen, stoßen; ⑨ angreifen; ⑩ *(übtr.)* jmd. berühren, treffen; **dolor alqm attingit;** ⑪ mit jmdm. *od.* mit etw. in Verbindung stehen, jmd. angehen, betreffen *(m. Akk.; auch m. ad)*; **quae nihil attingunt ad rem** was nicht zur Sache gehört; ⑫ sich mit etw. beschäftigen *(m. Akk.)* [**Graecas litteras**]; ⑬ *(in der Rede)* berühren, erwähnen.

**Attis**, idis *m phrygischer Gott, Geliebter der Kybele.*

**Attius**, a, um *röm. nomen gentile:* **P. ~ Varus,** *Prätor in Afrika, Anhänger des Pompeius; dav.:* **Attiānus**, a, um des Attius.

**at-tollō**, tollere, – – ① emporheben, aufrichten, erheben [**manus ad caelum**]; *(Gebäude u. Ä.)* errichten; – **se attollere** *u. mediopass.* **attolli** sich erheben; aufsteigen; emporwachsen: ② *(nachkl.) (in der Rede)* hervorheben; ③ *(übtr.)* aufrichten, heben [**animos civium**]; ④ *(nachkl.)* erhöhen, auszeichnen [**alqm insignibus triumphi**].

**at-tondeō**, tondēre, tondī, tōnsum ① *(poet.)* scheren, beschneiden [**vitem**]; ② *(poet.)* benagen [**virgulta**]; ③ vermindern [**laudem**].

**attonitus**, a, um *(P. Adj. v. attono)* ① wie vom Donner gerührt, betäubt; ② entsetzt [**magnitudine periculi; voce deorum**]; ③ begeistert [**vates**].

**at-tonō**, tonāre, tonuī, tonitum ① *(nachkl.)* andonnern; ② *(poet.)* betäuben, verwirren; ③ *(poet.)* begeistern.

**at-torqueō**, torquēre, – – *(poet.)* wirbeln, schwingen.

**at-trahō**, trahere, trāxī, tractum ① herbeiziehen, an sich ziehen; ② jmd. herbeischleppen; ③ (an)locken, für sich gewinnen; ④ kommen lassen [**alqm Romam**]; ⑤ *(poet.; nachkl.)* straff ziehen, spannen [**arcum**].

**attrectātus**, *Abl.* ū *m (attrecto)* Berührung.

**at-trectō**, trectāre *(ad u. tracto)* ① antasten, betasten, berühren; ② nach etw. greifen, sich etw. anzueignen suchen *(m. Akk.)* [**insignia summi imperii**]; ③ *(nachkl.)* sich mit etw. befassen *(m. Akk.)*.

**at-tribuō**, tribuere, tribuī, tribūtum ① zuteilen, zuweisen, anweisen [**alci equos; naves**]; ② *einen Ort als Aufenthalt, Wohnsitz od. Besitztum* zuteilen, anweisen [**partem vici cohortibus ad hibernandum**]; ③ jmdm. etw. *zur Besorgung, Ausführung, Leitung* übertragen; unter jmds. Befehl stellen [**alci legionem; Cassio urbem inflammandam**]; ④ unterwerfen; ⑤ **pecuniam ~** Geld anweisen; ⑥ *(als Gehilfen u. Ä.)* zuteilen [**centuriones ei classi**]; ⑦ zuteilen, verleihen; ⑧ zuschreiben, beimessen [**uni culpam; bonos exitus deis**].

**attribūtiō**, ōnis *f (attribuo)* Geldanweisung.

**attribūtus** *P. P. P. v. attribuo.*

**attrītus**[1], a, um *P. P. P. v. attero.*

**attrītus**[2], ūs *m (attero) (nachkl.)* das Reiben, Reibung.

**at-trīvī** *Perf. v. attero.*

**at-tulī** *Perf. v. affero.*

**Atuatuca**, ae *f u.* **-ī**, ōrum *m s. Aduat-.*

**au-ceps**, cupis *m* **~ syllabarum** Silbenstecher, spitzfindiger Anwalt.

**auctiō**, ōnis *f (augeo)* ① Versteigerung, Auktion; ② *(meton.)* Auktionsgut.

**auctiōnārius**, a, um *(auctio)* Versteigerungs- [**tabulae** Versteigerungsliste; **atria** Auktionshallen].

**auctiōnor**, auctiōnārī *(auctio)* Versteigerung abhalten.

**auctitō**, auctitāre *(Intens. v. augeo) (nachkl.)* stark vermehren.

**auctō**, auctāre *(Frequ. v. augeo) (poet.)* bereichern.

**auctor**, ōris *m u. f (augeo, eigtl.* Mehrer, Förderer*)* ① Urheber, Anstifter; ~ **sceleris; alqo auctore** auf jmds. Veranlassung; **dis auctoribus;** ② Schöpfer, Erfinder, (Be-) Gründer, Erbauer [**lucis** *(v. Apollo);* **Troiae; templi**]; ③ Ahnherr; ④ Gewährsmann, Bürge; Zeuge; **auctore certo comperisse** aus sicherer Quelle wissen; – **auctorem esse** *m. A. C. I.* verbürgen, dafür einstehen; ⑤ Bestätiger; **patres auctores fiunt** der Senat bestätigt *(den Volksbeschluss);* ⑥ Geschichtsschreiber, Schriftsteller, Verfasser; – **auctorem esse** *m. A. C. I.* berichten, melden; ⑦ Förderer, Verteidiger, Schirmherr [**rei publicae**]; ⑧ Veranstalter; ⑨ Leiter; Stimmführer; ⑩ Vorbild; Muster; ⑪ Ratgeber; – **alci auctorem esse** jmdm. raten *(zu etw.: m. Gen.; ad; Inf.; A. C. I.; m. Akk. eines Pron. Neutr.; m. folg. ut od. ne);* ⑫ Vertreter: **a)** *allg.* ~ **beneficii populi Romani; ~ sententiae; b)** Rechtsvormund *einer Frau;* **c)** *eines Vermögens beim Verkauf* (*deutsch oft* = Verkäufer).

**auctōrāmentum**, ī *n (auctoro)* Sold.

**auctōritās**, ātis *f (auctor)* ① Ansehen, Einfluss, Autorität; *(meton.)* einflussreiche Person; **eorum ~ apud plebem plurimum valet; auctoritate multum apud alqm posse;** ② Würde; ③ Gewähr, Bürgschaft; Glaubwürdigkeit, Gültigkeit [**testimonii; testis**]; ④ Beispiel, Vorbild [**maiorum**]; ⑤ Unterstützung, Zureden, Rat, Aufmunterung; ⑥ Erklärung, Wille, Ansicht, Beschluss; *(m. u. ohne senatūs)* Senatsbeschluss; ⑦ Vollmacht, Ermächtigung; **legatos cum auctoritate mittere;** ⑧ Macht, Gewalt; **esse in alcis auctoritate; persequi** (nachkommen) **alcis auctoritatem;** ⑩ *(jur. t. t.)* Eigentumsrecht.

**auctōrō**, auctōrāre *(auctor)* ① verpflichten; ② vermieten.

**auctumn…** *s. autumn…*

**auctus** *(augeo)* **I.** *Adj.* a, um *(nur im Komp. gebräuchlich)* vermehrt, vergrößert, reich *(an etw.: m. Abl.);* **II.** *Subst.* ūs *m* ① Vermehrung, Zunahme, Wachstum [**aquarum** das Anschwellen]; ② das Gedeihen.

**aucupium**, ī *n (aucupor)* ① Vogelfang; ② *(poet.) (meton.)* gefangene Vögel; ③ *(übtr.)* Jagd auf etw. *(m. Gen.).*

**aucupor**, aucupārī *(übtr.)* nach etw. jagen *(m. Akk.)* [**occasionem**].

**audācia**, ae *f (audax)* ① Kühnheit, Mut; ② *(meton.)* Wagnis; ③ *(pejor.)* Verwegenheit, Frechheit; ~ **ingrediendi flumen**.

**audāx**, *Gen.* ācis (*Adv. meist* audācter, *selten* audāciter) *(audeo)* ① kühn, mutig; ② *(pejor.)* tollkühn, verwegen, frech.

**audēns**, *Gen.* entis *(P. Adj. v. audeo) (poet.; nachkl.)* kühn, mutig.

**audentia**, ae *f (audens) (nachkl.)* Kühnheit, Mut.

**audeō**, audēre, ausus sum *(von avidus)* ① wagen, sich erdreisten *(m. Inf.; m. Akk.); abs.* dreist auftreten; **audeo dicere** zu behaupten; ② Lust haben, begierig sein, wollen *(m. Inf.; in m. Akk.); arch. Optativ:* **ausim / ausis / ausit** ich möchte wagen / du möchtest wagen / er möchte wagen.

**audiēns**, entis *(audio)* **I.** *Part. Präs. v. audio;* **II.** *Subst. m* Hörer, Zuhörer, *gew. im Pl.* die Zuhörer.

**audientia**, ae *f (audiens)* Aufmerksamkeit, Gehör.

**audiō**, audīre, audīvī *u.* audiī, audītum ① hören (können); **audiendi sensus** Gehör(sinn); ② hören, erfahren; ③ anhören, zuhören; ④ bei jmdm. studieren, jmd. hören; ⑤ verhören [**audientibus iudicibus**]; ⑥ erhören [**preces alcis**]; ⑦ gehorchen, sich fügen; **dicto** *(Abl.)* **audientem esse alci** jmdm. aufs Wort gehorchen; ⑧ gelten; **bene / male ~** guten / schlechten Ruf haben; ⑨ zugeben, einräumen; ⑩ Recht geben, beistimmen *(m. Akk.); / Perf. Formen oft synk.:* audīstī, audīsse(m); *poet. Imperf.:* audībam.

**audītiō**, ōnis *f (audio)* ① das Hörensagen, Gerücht; ② das Zu-, Anhören.

**audītor**, ōris *m (audio)* Zuhörer, Schüler.

**audītōrium**, ī *n (auditor) (nachkl.)* ① Hörsaal; ② Zuhörerschaft.

**audītus**, ūs *m (audio)* ① Gehör(sinn); ② *(nachkl.)* das Zu-, Anhören; ③ *(nachkl.)* das Gerede, Gerücht.

**au-ferō**, auferre, abstulī, ablātum ① wegtragen, -bringen [**sacra publica ab incendiis**]; – **se auferre** *u. mediopass.* **auferri** sich entfernen; *pass. auch* fortgerissen werden, entschwinden; ② *(v. Wellen, Winden u. Ä.)* forttragen, fortreißen; ③ (weg)nehmen, entreißen, rauben; ④ erpressen; ⑤ *(poet.)* wegraffen, vernichten; ⑥ weg-, abnehmen [**curas** von Sorgen befreien]; ⑦ *(poet.)* abschlagen, abschneiden [**crinem**]; ⑧ erlangen, gewinnen [**gloriam**]; ⑨ ablenken; ⑩ verlocken, verleiten.

**Aufidus**, ī *m Fluss in Apulien in Süditalien, j.* Ofanto.

**au-fugiō**, fugere, fūgī, – **I.** *intr.* entfliehen; **II.** *trans.* meiden.

**augeō**, augēre, auxī, auctum ① vermehren, vergrößern; steigern, verstärken [**possessiones suas; vallum turresque castrorum**]; *Pass.* wachsen, größer werden; ② fördern; ③ jmd. m. etw. überhäufen, beglücken [**cives agro**]; ④ verherrlichen; ⑤ *(in der Rede)* größer darstellen, übertreiben; ⑥ gedeihen lassen,

A

wachsen lassen; befruchten.

**augēscō**, augēscere, auxī, – *(augeo)* ❶ wachsen, gedeihen; ❷ *(v. Gewässern)* steigen, anschwellen.

**augur**, guris ❶ *m* Augur, Vogelschauer *(Mitglied eines Priesterkollegiums in Rom; die Auguren deuteten aus dem Flug, dem Fressen und dem Geschrei der Vögel die Zukunft);* ❷ *m u. f (poet.) übh.* Wahrsager(in), Seher(in).

**augurāle**, lis *n (auguralis) (nachkl.)* Feldherrnzelt.

**augurālis**, e *(augur)* Auguren- [**libri; insignia**].

**augurātō** *(Abl. abs. v. auguror)* nach Vornahme der Augurien.

**augurātus**, ūs *m (auguror)* Augurenamt.

**augurium**, ī *n (augur)* ❶ Beobachtung u. Deutung der Wahrzeichen *(bes. des Vogelflugs);* ❷ Wahrsagung; ❸ Ahnung; ❹ *(poet.; nachkl.)* Weissagekunst; ❺ *(poet.; nachkl.)* Wahrzeichen, Vorzeichen.

**augurius**, a, um *(augur)* Auguren-.

**auguror**, augurārī *u. (selten)* **augurō**, augurāre *(augur)* ❶ Vogelflug beobachten, Zeichen beobachten u. deuten; ❷ wahrsagen, prophezeien; ❸ ahnen, vermuten; ❹ weihen [**templum**].

**Augusta**, ae *f* ❶ *Titel der weibl. Mitglieder des Kaiserhauses:* Kaiserliche Majestät; ❷ *Name mehrerer Städte, z. B.:* ~ **Treverorum** Trier; – *Einw. dieser Städte:* **Augustānī**, ōrum *m.*

**Augustālia**, ium *n (Augustalis)* die Augustalien *(Feier zu Ehren des Augustus).*

**Augustālis**, e *(Augustus)* den Kaiser Augustus betreffend, des Kaisers Augustus [**ludi** zu Ehren des Augustus].

**Augustiānī**, ōrum *m (Augustus) (nachkl.)* kaiserliche Leibgarde.

> **Imperium Romanum**
> **Augustīnus** (ī *m*) – Aurelius Augustinus (354–430) war Bischof von Hippo Regius, einer Stadt in Numidien (im heutigen Algerien). Er war der wirkungsmächtigste Kirchenlehrer und Theologe des lateinischen Christentums in der Antike. In seinen autobiografischen **Confessiones** („Bekenntnisse") schildert er seinen eigenen Weg von der heidnischen Philosophie zur christlichen Theologie. Sein Hauptwerk **De civitate Dei** („Der Gottesstaat") beeinflusst bis heute unser Denken zur Geschichte der Menschheit.

**Augustodūnum**, ī *n Hauptstadt der Häduer, j.* Autun.

**augustus**, a, um *(augeo)* ❶ erhaben, ehrwürdig; ❷ hochheilig [**templum**]; / *Adv.* ehrfurchtsvoll.

**Augustus I.** ī *m seit 17. Januar 27 v. Chr. der Beiname des ersten röm. Kaisers (Octavianus), dann Beiname der späteren röm. Kaiser;* **II.** a, um augusteisch; kaiserlich [**mensis** August, *der Monat, in dem Augustus starb, früher Sextilis*].

> **Imperium Romanum**
> **Augustus** (63 v. Chr.–14 n. Chr.) hieß ursprünglich Gaius Octavius und nannte sich nach dem Tod seines Großonkels Cäsar, der ihn testamentarisch zum Haupterben machte, C. Julius Caesar Octavianus. Nach Cäsars Tod verbündete er sich mit Antonius und Lepidus zum 2. Triumvirat, schaltete mit ihnen die Opposition aus und besiegte die Truppen der Cäsarmörder in der Schlacht von Philippi (42 n. Chr.). Danach teilten die Truimvirn das Reich unter sich auf. Es folgte ein Machtkampf zwischen ihnen, den Octavian im Jahr 31 mit dem Sieg über Antonius in der Seeschlacht von Actium für sich entschied. Octavian war nun Herrscher über das gesamte römische Reich.
> Er stellte zwar scheinbar die Republik wieder her, indem er im Jahr 27 v. Chr. formal die Staatsgewalt an Senat und Volk zurückgab, wofür ihm der Senat den Ehrennamen **Augustus** („der Erhabene") verlieh. Faktisch blieb aber Augustus, der sich selbst als **Princeps** („erster Bürger") bezeichnete, Alleinherrscher. Er bekleidete mehrere traditionelle Ämter und war Oberbefehlshaber des Heeres.
> Infolge des inneren Friedens, den das Prinzipat des Augustus nach der blutigen Bürgerkriegsepoche dem Reich bescherte, erlebte das Land eine kulturelle Blüte.

**aula**, ae *f (gr. Fw.)* ❶ Hof; ❷ *(poet.)* Halle *(= atrium);* ❸ Königshof, Palast; ❹ *(meton.)* Höflinge, Hofstaat; ❺ *(poet.)* Bienenkorb.

**aulaeum**, ī *n (gr. Fw.)* ❶ Theatervorhang; ❷ *(poet.)* Teppich; (Sofa-)Decke.

**Aulercī**, ōrum *m gall. Volk.*

**aulicī**, ōrum *m (aula)* Höflinge, Hofstaat.

**Aulis**, idis *f (Akk.* -ida, -idem *u.* -in, *Abl.* -ide) *Hafenstadt in Böotien.*

**auloedus**, ī *m (gr. Fw.)* Sänger zum Flötenspiel.

**aura**, ae *f (gr. Fw.)* ❶ Lufthauch, Luftzug, Wehen; *(poet.) übh.* Wind [**secunda**]; ❷ *(poet.)* Atem; ❸ *Pl. (poet.)* die Lüfte, Höhe, Himmel; ❹ *(poet.)* Oberwelt; ❺ *(poet.)* Tageslicht, Öffentlichkeit; **ferre sub -as** bekannt machen;

❻ *(poet.)* Glanz [**auri**]; ❼ *(poet.)* Geruch; ❽ Gunst [**popularis** Popularität]; ❾ *(übtr.)* schwacher Hauch, leiser Schimmer [**honoris; spei**].

**aurāria**, ae *f (aurum) (nachkl.)* Goldgrube.

**aurātus**, a, um *(aurum)* vergoldet, goldgeschmückt [**tempora** mit Goldhelm; **vestis** golddurchwirkt].

**Aurēlius**[1], a, um **I.** *Name einer röm. pleb. gens;* **II.** *Adj.* aurelisch; **via -a** Straße *von Rom nach Pisa; an ihr* **Forum -um** *Städtchen in Etrurien.*

**Aurēlius**[2], ī *m* **Marcus ~ Antoninus** (*eigtl.* Marcus Annius Verus), *geb. 121 n. Chr., röm. Kaiser (161–180).*

**aureolus**, a, um *(Demin. v. aureus)* ❶ *(poet.)* golden; ❷ allerliebst.

**aureus**, a, um *(aurum)* ❶ aus Gold, golden [**nummus** Goldstück]; ❷ vergoldet, goldbeschlagen, -durchwirkt [**vestis; currus** *v. Triumphwagen*]; ❸ goldfarbig, -schimmernd [**sidus; uvae**]; ❹ *(poet.)* reizend, allerliebst.

**auricilla**, ae *f (poet.) = auricula* [**imula** Ohrläppchen].

**auri-comus**, a, um *(aurum u. coma) (poet.)* goldbelaubt [**nemus**].

**auricula**, ae *f (Demin. v. auris)* ❶ Öhrchen; ❷ Ohrläppchen.

**auri-fer**, fera, ferum *(aurum u. fero) (poet.)* ❶ goldtragend [**arbor** goldene Äpfel tragend]; ❷ goldführend [**amnis**].

**auri-fex**, ficis *m (aurum u. facio)* Goldschmied.

**aurīga**, ae *m* ❶ Wagenlenker; ❷ *(poet.)* Steuermann; ❸ *(als Gestirn)* Fuhrmann.

**auri-gena**, ae *m (aurum u. gigno) (poet.)* der Goldgeborene *(Beiname des Perseus).*

**aurīgō**, aurīgāre *(auriga) (nachkl.)* den Wagen lenken.

**auris**, is *f* ❶ Ohr; **arrectis auribus** aufmerksam; ❷ *(meton.)* Gehör(sinn); **aurem alci praebere** *od.* **dare** Gehör schenken; ❸ Urteil; ❹ *(poet.)* Streichbrett *(am Pflug).*

**aurītulus**, ī *m (Demin. v. auritus) (poet.)* Langohr = Esel.

**aurītus**, a, um *(auris) (poet.)* langohrig [**lepus**].

**aurōra**, ae *f* ❶ Morgenröte; ❷ **Aurōra** Göttin der Morgenröte; ❸ *(meton.)* Osten.

**aurum**, ī *n* ❶ Gold; ❷ *aus Gold Hergestelltes:* **a)** goldenes Geschirr; **b)** goldener Schmuck; **c)** Goldmünze; ❸ *(poet.)* Goldfarbe, -glanz; ❹ *(poet.)* das goldene Zeitalter.

**Auruncī**, ōrum *m Volk in Latium; – Adj.* **Auruncus,** a, um.

**auscultātiō**, ōnis *f (ausculto) (nachkl.)* das Horchen.

**auscultātor**, ōris *m (ausculto)* Zuhörer.

**auscultō**, auscultāre *(auris)* ❶ *(poet.)* aufmerksam zuhören *(m. Dat. u. Akk.);* ❷ gehorchen *(m. Dat.).*

**ausim** *s. audeo.*

**Ausones**, num, **Ausoniī**, ōrum *u.* **Ausonidae**, dum *m Ureinwohner v. Mittel- u. Unteritalien;* **Ausonia,** ae *f* Mittel- u. Unteritalien, *(poet.) übh.* Italien; – *Adj.* **Ausonius**, a, um ausonisch, *(poet.)* italisch, *fem. auch* **Ausonis,** idis.

**auspex**, picis *m u. f (avis u. specto)* ❶ Vogelschauer; ❷ Führer, Beschützer; ❸ Trauzeuge.

**auspicātō** *Adv. (auspicor)* ❶ nach Beobachtung des Vogelflugs; ❷ unter günstigen Umständen.

**auspicātus**, a, um *(auspicor)* ❶ feierlich eröffnet [**comitia**]; ❷ *(poet.; nachkl.)* glücklich begonnen, günstig.

**auspicium**, ī *n (auspex)* ❶ Vogelschau; **-a concipere** anordnen; ❷ Vorzeichen [**felix**]; ❸ das Recht, Auspizien durchzuführen; ❹ Leitung, Oberbefehl, Kommando.

**Imperium Romanum**

**auspicium** – Die Römer versuchten vor jeder wichtigen staatlichen Unternehmung durch Auspizien, einer rituellen Beobachtung von Naturphänomenen, festzustellen, ob die Götter dem geplanten Unternehmen gewogen sind, und machten davon ihre Entscheidung abhängig, ob sie das geplante Unternehmen ausführten oder nicht. Vorgenommen wurden die Auspizien von darauf spezialisierten Priesterbeamten, den **augures** (Auguren). Diese lasen aus dem Flug und den Schreien der Vögel und aus anderen Naturphänomenen wie z. B. Blitzen, die innerhalb eines geheiligten Bezirks im Freien (dem **templum**) passierten, den Willen der Götter.

**auspicor**, auspicārī *(auspex)* ❶ Vogelschau durchführen; ❷ *(nachkl.) (unter guten Vorzeichen)* beginnen.

**Grammatik & Co.**

Ein Hauptproblem in den modernen Sprachen ist die Aussprache des lateinischen **c**. Wir wissen, dass bis ins fünfte nachchristliche Jahrhundert für c ein [k] gesprochen wurde. Jedoch beeinflusste die weitere historische Entwicklung der Aussprache in den romanischen Sprachen (nämlich [k] vor Konsonanten und vor a, o, u, au, aber unterschiedliche Lautgestaltung vor e, i, ae und oe) die spätere Aussprache, auch im Englischen ([k] in club, casting, cotton, culture, aber [s] in cent, city, Caesar). Latein kann uns auch phonetisch als

Sprachenschlüssel dienen, wenn wir neben der puristischen c=k-Regelung die aus dem Kirchenlatein gewohnte Differenzierung benutzen ([k] in cottidianum, sicut, peccatoribus, aber deutsch [ts] bzw. italienisch [tsch] in caelo, sanctificetur, Cicero).

**auster**, trī *m* ❶ Südwind; ❷ *(meton.)* Süden.
**austēritās**, ātis *f (austerus) (nachkl.)* ❶ Herbheit [**vini**]; ❷ Strenge, Ernst; ❸ dunkler Farbton.
**austērus**, a, um *(gr. Fw.)* ❶ ernst, streng; ❷ *(übtr.)* düster, finster; ❸ *(nachkl.) (dem Geschmack nach)* herb; ❹ *(nachkl.) (v. der Farbe)* dunkel.
**austrālis**, e *(auster)* südlich.
**austrīnus**, a, um *(auster) (poet.)* des Südwindes.
**ausum**, ī *n (audeo) (poet.; nachkl.)* Wagnis, Unternehmen.
**ausus** *P. P. Akt. v. audeo.*
**aut** *Kj.* ❶ oder; ❷ *(steigernd)* oder sogar; ❸ *(vermindernd od. beschränkend)* oder wenigstens, oder doch; **cuncti ~ magna pars;** ❹ oder aber; ❺ **aut ... aut** entweder ... oder.
**autem** *Kj., nachgest.* aber, dagegen, andererseits.
**authepsa**, ae *f (gr. Fw.)* Kochtopf.
**Automatia**, iās *f* Glücksgöttin.
**Automedōn**, ontis *m Wagenlenker des Achilles; (meton.)* geschickter Wagenlenker.
**autumnālis**, e *(autumnus)* herbstlich.
**autumnus**, ī *m* Herbst [**pomifer**].
**autumō**, autumāre (*autem* „entgegnen") ❶ sagen, nennen; ❷ meinen, glauben *(m. Akk.; A. C. I.).*
**auxī** *Perf. v. augeo u. augesco.*
**auxiliāris**, e *u.* **auxiliārius**, a, um *(auxilium)* ❶ hilfreich, Hilfe leistend; ❷ *(als milit. t. t.)* zu den Hilfstruppen gehörig; **auxiliares milites** *od.* **cohortes** Hilfstruppen; *Subst. Pl.* **auxiliārēs,** rium *m* Hilfstruppen; *Sg.* Soldat der Hilfstruppen.
**auxiliātor**, ōris *m (auxilior) (nachkl.)* Helfer.
**auxilior**, auxiliārī *(auxilium)* helfen.
**auxilium**, ī *n (augeo)* ❶ Hilfe, Unterstützung; **alci -o esse = -um ferre; alqm -o arcessere** zu Hilfe rufen; **-o mittere** zu Hilfe schicken; ❷ *(meton.)* Hilfsmittel; ❸ *Pl.* Hilfstruppen.
**Avaricum**, ī *n Stadt der Bituriges in Gallien, j.* Bourges; *– Adj.* **Avaricēnsis**, e.
**avāritia**, ae *f (avarus)* Gier, Habgier, Geiz [**gloriae** Ruhmsucht].
**avārus**, a, um *(aveo)* ❶ gierig *(nach: m. Gen.);* **animus laudis ~;** ❷ habsüchtig, geizig; *– Subst.* ī *m* Geizhals.
**avē** *(später die Formen* avētō, avēte, avēre *hinzugebildet) Imp. (als Begrüßung u. als Abschiedsgruß)* sei gegrüßt!, lebe wohl!
**ā-vehō**, āvehere, āvēxī, āvectum wegfahren, -bringen; *– mediopass.* **āvehī** wegfahren, -reiten.
**ā-vellō**, āvellere, āvellī *u.* āvulsī, āvulsum ❶ ab-, wegreißen; ❷ herausreißen; ❸ entreißen, *(gewaltsam)* trennen [**alci pretium; natam de matris complexu** aus den Armen der Mutter].
**avēna**, ae *f* ❶ Hafer; ❷ *(poet.)* Halm, Rohr; ❸ *(poet.) (einröhrige)* Hirtenflöte; *Pl.* Syrinx.
**Aventīnus**, ī *m u.* **-um,** ī *n* der Aventin, *einer der sieben Hügel Roms; – Adj.* **Aventīnus,** a, um.
**aveō**, avēre, – – begierig sein [**audire**].
**Avernus I.** *Subst.* ī *m u.* lacus Avernī ❶ Avernersee, *Kratersee b. Cumae (Eingang zur Unterwelt);* ❷ *(meton.)* Unterwelt; **II.** *Adj.* a, um *u.* **Avernālis**, e Unterwelts-; / *Subst.* **Averna,** ōrum *n (erg. loca)* **a)** Gegend am Avernersee; **b)** *(ima)* Unterwelt.
**ā-verrō**, āverrere, āverrī – *(poet.)* wegraffen, aufkaufen.
**ā-verruncō**, āverruncāre *(t. t. der Religionsspr.)* abwenden [**deorum iram**].
**āversor[1]**, āversārī *(Intens. v. averto)* ❶ sich abwenden *(von: m. Akk.)* [**filium**]; ❷ verschmähen, zurückweisen; nicht anerkennen [**regem**].
**āversor[2]**, ōris *m (averto)* derjenige, der etw. unterschlägt.
**āversus**, a, um *(P. Adj. v. averto)* ❶ abgewandt, rückwärts; (v.) hinten [**porta** Hintertür]; *– Subst.* **āversa,** ōrum *n* die entlegenen Teile [**insulae; Asiae** Hinterasien]; ❷ abgeneigt, feindlich *(ab; m. Dat.)* [**a consiliis belli; mercaturis**].
**ā-vertō**, āvertere, āvertī, āversum ❶ abwenden, abkehren [**Galliae animos a se**]; ❷ sich abwenden; ❸ ablenken; ❹ abhalten, abwenden [**periculum**]; ❺ entwenden, unterschlagen [**praedam**]; ❻ vertreiben.
**avia**, ae *f (avus)* Großmutter.
**aviārium**, ī *n (avis)* ❶ Vogelhaus; ❷ Nistplatz der Vögel.
**aviditās**, ātis *f (avidus)* ❶ Verlangen, Begierde *(nach: m. Gen.)* [**imperandi** Herrschsucht]; ❷ Habsucht, Geiz.
**avidus**, a, um *(aveo)* ❶ (be)gierig *(nach: Gen.; ad od. in m. Akk.; Inf.)* [**laudis; sermonum** redselig; **committere pugnam**]; ❷ habsüchtig; ❸ gefräßig, unersättlich; ❹ leidenschaftlich.
**avis**, is *f* ❶ Vogel; *(poet.)* Weissagevogel; ❷ *(meton.)* Vorzeichen, Vorbedeutung.
**avītus**, a, um *(avus)* ❶ großväterlich, großmütterlich; ❷ *übh.* uralt; ❸ ererbt.

**āvius**, a, um *(a via)* ① abgelegen, einsam [**loca**]; – *Subst.* **āvia,** ōrum *n* Einöde, Wildnis [**nemorum**]; ② *(poet.)* vom Wege sich entfernend, auf Abwegen.
**āvocāmentum**, ī *n (avoco) (nachkl.)* Zerstreuungsmittel, Erholung.
**āvocātiō**, ōnis *f (avoco)* Ablenkung.
**ā-vocō**, āvocāre ① wegrufen, abberufen [**populum ab armis**]; ② fernhalten, abhalten; ③ *(übtr.)* zerstreuen, erheitern.
**ā-volō**, āvolāre ① wegfliegen; ② davoneilen; ③ *(v. Sterbenden)* **hinc** ~ scheiden.
**ā-vulsī** *s. avello.*
**āvulsus** *P. P. P. v. avello.*
**avunculus**, ī *m* Onkel *(mütterlicherseits)* [**magnus** Großonkel].
**avus**, ī *m* ① Großvater; ② *(poet.; nachkl.) übh.* Vorfahr, Ahn.
**Axenus** *u.* **Axīnus**, ī *m* (*gr. Fw.* „ungastlich") **Pontus** ~ das Schwarze Meer *(früherer Name des Pontus Euxinus).*
**axilla**, ae *f (Demin. v. ala)* Achselhöhle.
**Axīnus** *s. Axenus.*
**axis**[1], is *m* ① Wagenachse; ② *(poet.) (meton.)* Wagen; ③ Erdachse; ④ Pol, *bes.* Nordpol; ⑤ Himmelsgegend [**boreus** Norden; **hesperius** Westen]; ⑥ *(poet.)* Himmel; **sub (nudo) axe** unter freiem Himmel.
**axis**[2] (*u.* assis), is *m* Diele, Brett.
**Axius**, ī *m Fluss in Makedonien, j.* Vardar.
**Axona**, ae *f belg. Fluss, j.* Aisne.

# Bb

**Babylōn**, ōnis *f* Babylon (*A. T.* Babel), *Hauptstadt Babyloniens am Euphrat.*
**Babylōnia**, ae *f* ① Babylonierin; ② *die Landschaft* Babylonien *am Unterlauf des Euphrat u. Tigris;* ③ Babylon.
**Babylōnius I.** ī *m* Babylonier; **II.** a, um *u.* **Babylōnicus**, a, um babylonisch.
**bāca** (*auch* bacca), ae *f* ① Beere; ② (runde) Baumfrucht, *bes.* Olive; ③ *(poet.)* Perle.
**bācātus**, a, um (*baca* 3.) *(poet.)* mit Perlen besetzt.
**bacca** = *baca.*
**Baccha**, ae *f* Bacchantin, Begleiterin des Bacchus.
**Bacchānal**, nālis *n (Bacchus)* dem Bacchus geweihter Ort; – *Pl.* **Bacchānālia,** ium (*selten* ōrum) *n* **a)** Bacchusfest; **b)** ausschweifendes Fest.
**bacchātiō**, ōnis *f (bacchor)* ausschweifende Schlemmerei, Orgie.
**Bacchē(i)us**, a, um *(poet.)* bacchisch.
**Bacchiadae**, ārum *m korinth. Herrschergeschlecht, Gründer v. Syrakus um 735 v. Chr.*
**Bacchicus**, a, um *(poet.)* = *Baccheius.*
**bacchor**, bacchārī *(Bacchus)* ① *(poet.; nachkl.)* das Bacchusfest feiern; ② bacchantisch schwärmen, toben, rasen; ③ schwelgen, ausschweifend sein [**voluptate; in caede**]; ④ *(poet.)* umherschweifen [**per urbem**]; ⑤ *P. P. P.* **bacchātus** von den Bacchantinnen durchschwärmt [**Naxos**].
**Bacchus**, ī *m* ① *Gott des Weines, Sohn des Jupiter u. der Semele;* ② *(meton.)* **a)** Wein; **b)** Weinstock; Rebe; **c)** Bacchusruf.
**Bācēnis**, is *f (erg. silva) der westl. Teil des Thüringer Waldes.*
**bāci-fer**, fera, ferum *(baca u. fero) (poet; nachkl.)* beerentragend.
**bacillum**, ī *n (Demin. v. baculum)* ① Stäbchen, Stöckchen; ② Liktorenstab.
**baculum**, ī *n u. (später)* **-us**, ī *m* Stock, Stab.
**Baetica**, ae *f röm. Provinz, j.* Andalusien; – *Einw.* **Baeticī**, ōrum *m.*
**Baetis**, is *m Fluss im südl. Spanien, j.* Guadalquivir; – *Adj.* **Baeticus**, a, um.
**Bāiae**, ārum *f Seebad b. Neapel; – Adj.* **Bāiānus**, a, um.
**bāiulō**, bāiulāre *(poet.) (eine Last)* tragen.
**bāiulus**, ī *m (baiulo)* Lastträger.
**bālaena** = *ballaena.*
**balanus**, ī *f (gr. Fw.) (poet.; nachkl.)* ① Behennuss; ② *das aus ihr gepresste* Salböl.
**balatrō**, ōnis *m (poet.)* Witzbold, Possenreißer.
**bālātus**, ūs *m (balo) (poet.; nachkl.)* das Blöken der Schafe.
**balbus**, a, um stammelnd [**verba** gestammelt]; – **Balbus** *röm. cogn.*
**balbūtiō**, balbūtīre *(balbus)* **I.** *intr.* ① *(nachkl.)* stammeln, stottern; ② sich unklar ausdrücken *(de re);* **II.** *trans.* ① *(poet.)* herstammeln; ② etw. unklar ausdrücken.
**Baleārēs**, rium *f (insulae)* die Balearen; **Balearis maior** *j.* Mallorca; **B. minor** *j.* Menorca; – *Einw.* **Baleārēs**, rium *m;* – *Adj.* **Baleāris**, e *u.* **Baleāricus**, a, um.
**balin-** *s. baln-.*
**ballaena**, ae *f (poet.; nachkl.)* Walfisch.
**Balliō**, ōnis *m Name eines üblen Kupplers*

*im Pseudolus des Plautus; dah. appell.* übler Mensch.

B

**ballista**, ae *f* Schleudermaschine; *(meton.)* Wurfgeschoss.

**Imperium Romanum**
**balneae** - Durch griechischen Einfluss entstand auch bei den Römern die Begeisterung für das Vergnügen des Badens und sie begannen, nach griechischem Vorbild **balneae** („Badeanstalten") zu bauen. Daraus entstanden dann durch eine verbesserte Technik der Bodenheizung im römischen Reich die **thermae** („Thermen").

**balneāria**, ōrum *n (balneum)* Bäder, Badezimmer.
**balneārius**, a, um *(balneum) (poet.; nachkl.)* Bade-.
**balneātor**, ōris *m (balneum)* Bademeister.
**balneō**, balneāre *(balneum) (poet.; nachkl.)* baden.
**balneolum**, ī *n (Demin. v. balneum)* kleines Bad.
**balneum** *u.* **balineum**, ī *n (gr. Fw.)* ❶ *Sg.* **a)** Badezimmer; **b)** *(nachkl.)* Badewanne; ❷ *Pl.* **bal(i)nea,** ōrum *n, meist* **bal(i)neae,** ārum *f* Badeanstalt, öffentliches Bad.
**bālō**, bālāre *(poet.; nachkl.)* blöken; – *Subst.* **bālantēs,** t(i)um *f* Schafe.
**balsamum**, ī *n (gr. Fw.) (poet.; nachkl.)* Balsam(öl); Balsamstaude.
**balteus**, ī *m* (*u. selten* balteum, ī *n*) ❶ Gürtel, Gurt; ❷ Wehrgehenk.
**Bandusia**, ae *f Quelle auf dem sabin. Landgut des Horaz.*
**Bantia**, ae *f Stadt in Apulien; – Adj.* **Bantīnus,** a, um.
**baptistērium**, ī *n (gr. Fw.) (nachkl.)* Badebassin.
**barathrum**, ī *n (gr. Fw.) (poet.; nachkl.)* Abgrund, Schlucht *(auch übtr.).*
**barba**, ae *f* Bart.
**barbaria**, ae *f (barbarus)* ❶ Ausland, Fremde; ❷ *(meton.)* Barbaren, Ausländer; ❸ Barbarei, Rohheit, Wildheit; ❹ Mangel an Bildung.
**barbaricus**, a, um = *barbarus.*
**barbariēs**, ēī *f* = *barbaria.*
**barbarus** *(gr. Fw.)* **I.** *Adj.* a, um ❶ ausländisch, fremd; ❷ ungebildet, roh; ❸ grausam, wild; **II.** *Subst.* ī *m* Barbar, Ausländer.
**barbātulus**, a, um *(Demin. v. barbatus)* ein wenig bärtig.
**barbātus** *(barba)* **I.** *Adj.* a, um ❶ bärtig; ❷ *(meton.)* erwachsen; **II.** *Subst.* ī *m* ❶ (bärtiger) Römer der alten Zeit; ❷ *(poet.)* Ziegenbock.
**barbitos**, ī *m* (*Akk.* -on, *Vok.* -e) *(gr. Fw.) (poet.)* Laute, Lyra.
**barbula**, ae *f (Demin. v. barba)* Bärtchen, Milchbart.
**Barca**, ae *m* Barkas, *sagenhafter Stammvater der Barkiden in Karthago, Beiname des Hamilcar; – Adj.* **Barcīnus,** a, um; – *Subst.* **Barcīnī,** ōrum *m* die Barkiden.
**bardītus**, ūs *m (nachkl.)* Schlachtgesang *der Germanen.*
**bardus** a, um stumpfsinnig, dumm.
**Bārium**, ī *n Hafenstadt in Apulien, j.* Bari.
**bārō** ōnis *m* Tölpel.
**barrītus**, ūs *m* (*barrus; urspr.* Elefantengebrüll) *(nachkl.)* Schlachtgeschrei.
**barrus**, ī *m (ind. Wort) (poet.)* Elefant.
**bāsiātiō**, ōnis *f (basio) (poet.)* das Küssen; *Pl.* Küsse.

**Imperium Romanum**
**basilica** (ae *f*) - In antiker Zeit waren Basiliken im römischen Reich als Markt-, Gerichts- und Versammlungshallen benutzte Bauten aus drei Langschiffen, von denen das mittlere Schiff die Seitenschiffe überragte. Nach 313 n. Chr. übernahmen christliche Gemeinden diesen Bautyp beim Bau von Kirchen wie z. B. der Maxentiusbasilika in Rom. Heute tragen bedeutende Kirchen unterschiedlicher Bauform den Namen „Basilika" als Ehrentitel.

**bāsiō**, bāsiāre *(basium) (poet.)* zärtlich küssen.
**basis**, is *f* (*Akk.* -im; *Abl.* -ī) *(gr. Fw.)* ❶ *(t. t. der Architektur)* Fußgestell, Sockel [**statuae**]; ❷ Grundmauer [**villae**]; ❸ *(math. t. t.)* Grundlinie, Basis.
**bāsium**, ī *n (poet.)* Kuss.
**Bassareūs**, eī *m Beiname des Bacchus; – Adj.* **Bassaricus,** a, um.
**Bastarnae** *u.* **Basternae,** ārum *m germ. Volk an den Donaumündungen.*
**Batāvī**, ōrum *m* die Bataver, *ein germ. Volk auf den Inseln der Rheinmündungen.*
**batillum**, ī *n* = *vatillum.*
**battuō**, battuere, battuī, – (*u.* batuo) schlagen, stoßen.
**batuō** *s. battuo.*
**Baucis**, idis *f Gattin des Philemon aus Phrygien.*
**beātī**, ōrum *m (beatus)* ❶ die Glücklichen; ❷ *(v. Verstorbenen)* die Seligen [**insulae beatorum** die Inseln der Seligen = Elysium].
**beātitās**, ātis *f* = *beatitudo.*
**beātitūdō**, dinis *f (beatus)* Glück(seligkeit).
**beātum**, ī *n (beatus)* Glück(seligkeit).
**beātus**, a, um *(P. Adj. v. beo)* ❶ glücklich, glückselig; zufrieden *(m. Abl.: mit);* **agrico-**

**lae parvo -i;** ❷ wohlhabend, reich [**civitas**]; ❸ fruchtbar [**rus**]; ❹ *(poet.)* herrlich, prächtig [**munera**]; */ s. auch beati.*

**Belgae**, ārum *m* die Belgier, *germ.-kelt. Völker zw. Marne, Seine u. Rhein.*

**Belgicus**, a, um belgisch.

**Belgium**, ī *n u.* **Belgica**, ae *f (auch Gallia Belgica)* Belgien.

**Bēlīdēs** *u.* **Bēlides** *s. Belus.*

**bellāria**, ōrum *n (bellus) (nachkl.)* Nachtisch.

**bellātor**, *Gen.* ōris **I.** *Subst. m* Krieger; **II.** *Adj. (poet.; nachkl.)* kriegerisch, Kriegs-.

**bellātōrius**, a, um *(bellator) (nachkl.)* kriegerisch; *(übtr.)* polemisch [**stilus**].

**bellātrīx**, *Gen.* īcis *(bellator)* **I.** *Subst. f* Kriegerin; **II.** *Adj. (f) (poet.; nachkl.)* kriegerisch [**Thraciae gentes; ira**].

**Bellerophōn**, ōntis *u.* **Bellerophontēs**, ae *m Sohn des Glaukus v. Korinth, erlegte das Ungeheuer Chimaera;* – *Adj.* **Bellerophontēus**, a, um.

**bellicōsus**, a, um *(bellicus)* ❶ kriegerisch; kriegstüchtig [**gentes**]; ❷ reich an Kriegen [**annus**].

**bellicum**, ī *n (bellicus)* Angriffssignal; **-um canere** zum Angriff blasen.

**bellicus**, a, um *(bellum)* ❶ zum Krieg gehörig, Kriegs- [**ius** Kriegsrecht; **res** Kriegswesen]; ❷ kriegerisch.

**belli-ger**, gera, gerum *(bellum u. gero) (poet.)* kriegführend, streitbar.

**belligerō**, belligerāre *(bellum u. gero)* Krieg führen; kämpfen.

**belli-potēns**, *Gen.* entis *(bellum)* **I.** *Adj.* kriegsgewaltig; **II.** *Subst. m* Mars.

**bellō**, bellāre (*u.* bellor, bellārī) *(bellum)* Krieg führen; kämpfen.

**Bellōna**, ae *f (bellum) röm. Kriegsgöttin.*

**bellor**, bellārī *s. bello.*

**Bellovacī**, ōrum *m belg. Volk im Raum des heutigen Beauvais.*

**bellum**, ī *n* ❶ Krieg; **domi bellique** in Krieg u. Frieden; **-um gerere** *od.* **habere cum alqo** führen; **-um ducere** *od.* **trahere** in die Länge ziehen; **-um facere** *od.* **(com)movere** anstiften; **-um inferre alci** m. jmdm. Krieg anfangen, jmd. angreifen; ❷ Schlacht, Kampf; ❸ *(übtr.)* Kampf, Streit.

**bellus**, a, um ❶ hübsch, niedlich; fein, köstlich [**puella; otium**]; ❷ munter, wohlauf.

**bēlua**, ae *f* ❶ großes Tier; ❷ Ungeheuer.

**bēluōsus**, a, um *(belua) (poet.)* reich an (See-) Ungeheuern [**Oceanus**].

**Bēlus**, ī *m* ❶ *Gründer des assyrischen Reiches;* ❷ *König v. Tyrus, Vater der Dido;* ❸ *König v. Ägypten, Vater des Danaus; / Nachk.* **Bēlīdēs**, ae *m* Lynkeus; Palamedes; **Bēlides**, dum *f* die Danaiden.

**Bēnācus**, ī *m (lacus)* Gardasee.

**bene** *(Adv. zu bonus; Komp.* melius, *Superl.* optimē*)* ❶ *(b. Verben)* gut, recht [**~ vivere** tugendhaft; **~ mori** ruhmvoll; **rem ~ gerere** *u.* **~ pugnare** glücklich kämpfen]; – *Redewendungen:* **bene agere** gut handeln; **bene agere cum alqo** mit jmdm. gut umgehen, jmd. freundlich behandeln; **bene dicere** *(u. zus. geschrieben)* gut, vernünftig reden, redegewandt sein [**qui optime dicunt** die vorzüglichsten Redner]; **bene dicere alci** jmd. loben [**bene dictum** Lob, Ruhm]; **bene facere** *(u. zus. geschrieben)* etw. richtig tun, gut ausführen, recht machen; **bene facere alci** *od.* **erga alqm** Wohltaten erweisen [**bene factum,** ī *n* gute Tat, Wohltat, Verdienst]; **bene est** *od.* **habet** es geht gut; **bene est mihi** *u.* **bene me habeo** es geht mir gut; ❷ *(b. Adj. u. Adv.)* sehr, überaus, ordentlich; **homo ~ sanus; ~ magna caterva; ~ ante lucem** lange vor Sonnenaufgang.

**bene-dīcō**, dīcere, dīxī, dictum = *bene dico, s. bene.*

**benedictum**, ī *n (benedico) (besser getr. geschrieben) s. bene.*

**bene-faciō**, facere, fēcī, factum = *bene facio, s. bene.*

**benefactum**, ī *n (benefacio) (besser getr. geschrieben) s. bene.*

**beneficentia**, ae *f (beneficus)* Wohltätigkeit.

**beneficiārius**, ī *m (beneficium) ein Soldat, der v. schwereren Dienst befreit ist u. meist Verwaltungsaufgaben hat.*

**beneficium**, ī *n (bene u. facio)* ❶ Wohltat, das Verdienst, Gnade, Gefälligkeit; **-i causa** *od.* **per -um** aus Gefälligkeit, aus Gnade; *(im Abl.)* **beneficio** mit Hilfe, dank [**-o deorum**]; ❷ Auszeichnung, Begünstigung.

**bene-ficus**, a, um *(facio)* wohltätig, gefällig.

**Beneventum**, ī *n Stadt in Samnium, j.* Benevento; – *Einw. u. Adj.* **Beneventānus**, ī *m bzw.* a, um.

**bene-volēns**, *Gen.* entis *(volo²)* wohlwollend *(klass. nur Komp. u. Superl.).*

**benevolentia**, ae *f (benevolens)* ❶ Wohlwollen, Zuneigung *(erga u. in alqm);* ❷ Beliebtheit.

**bene-volus**, a, um *(volo²)* wohlwollend, gütig.

**benīgnitās**, ātis *f (benignus)* ❶ Güte, Freundlichkeit; ❷ Freigebigkeit.

**benīgnus**, a, um ❶ gütig, freundlich, gutmütig [**numen;** *auch v. Lebl.:* **verba**]; ❷ freigebig; ❸ reich(lich) [**praeda**].

**beō**, beāre ❶ beglücken, erfreuen; ❷ beschenken.

**Berecyntes**, tum *m Volk in Phrygien;* – *Adj.* **Berecyntius**, a, um berecyntisch, *poet. auch* phrygisch [**mater** Kybele; **heros** Midas, *Sohn*

B

B

*der Kybele*].
**Berenīcē**, ēs *f* ❶ *Gattin des ägypt. Königs Ptolemäus Euergetes; ihr schönes Haar wurde unter die Sterne versetzt;* ❷ *Tochter des jüdischen Königs Agrippa I., Geliebte des Titus.*
**Beroea**, ae *f Stadt in Makedonien, j.* Verria; – *Einw. u. Adj.* **Beroeaeus**, ī *m bzw.* a, um.
**bēryllus**, ī *m u. f (gr. Fw.)* Beryll *(meergrüner Edelstein).*
**Bērȳtus**, ī *f Hafenstadt in Phönizien, j.* Beirut.
**bēs**, bessis *m* zwei Drittel.
**bēstia**, ae *f* Tier; wildes Tier, Bestie.
**bēstiārius**, ī *m (bestia)* Tierkämpfer *(im Zirkus).*
**bēstiola**, ae *f (Demin. v. bestia)* Tierchen.
**bēta**, ae *f (kelt. Wort)* rote Rübe.

**Grammatik & Co.**
Als einfache **Betonungsregel** können wir uns merken: Die vorletzte Silbe trägt normalerweise den Akzent (lex paenultima). Dies gilt übrigens auch heute noch im Italienischen. Nur wenn die vorletzte Silbe kurz ist, rutscht der Akzent auf die vorvorletzte Silbe: cecidērunt, aber cecīderant.

**bi-** *Präfix (bis)* zwei-, zwie-.
**Biās**, antis *m aus Priene in Kleinasien, einer der sieben Weisen.*
**bibliopōla**, ae *m (gr. Fw.) (poet.; nachkl.)* Buchhändler.
**bibliothēca**, ae *f (gr. Fw.)* ❶ Büchersammlung, Bibliothek; ❷ *(nachkl.)* Bücherschrank.
**bibō**, bibere, bibī, – ❶ trinken; **dare ~** zu trinken geben; **~ (e) gemma** aus mit Edelsteinen besetztem Becher; ❷ zechen, saufen; ❸ *(poet.; nachkl.)* einsaugen, in sich aufnehmen; **pugnas aure ~** begierig anhören; **hortus aquas bibit**.
**Bibracte**, tis *n Hauptstadt der Häduer, später Augustodunum, j.* Autun.
**Bibrax**, actis *f Stadt der Remer im belg. Gallien.*
**bibulus**, a, um *(bibo) (poet.; nachkl.)* ❶ gern trinkend, durstig; ❷ *(v. Sachen)* Feuchtigkeit einsaugend, *auch* feucht [**charta** Löschpapier; **lapis** Bimsstein]; ❸ trinkbar, süffig [**vinum**].
**bi-ceps**, *Gen.* cipitis *(caput)* ❶ zweiköpfig [**Ianus**]; ❷ *(poet.)* zweigipfelig [**Parnasus**].
**bi-color**, *Gen.* lōris zweifarbig [**populus** Silberpappel].
**bi-corniger**, gerī *m (poet.)* der Zweigehörnte *(Beiname des Bacchus).*
**bi-cornis**, e *(cornu) (poet.; nachkl.)* zweihörnig [**luna** Halbmond].
**bi-corpor**, corporis *(corpus)* zweileibig.
**bi-dēns** *Gen.* dentis *(poet.; nachkl.)* **I.** *Subst.* ❶ *f (erg. hostia) (ausgewachsenes)* Opfertier *(dessen beide Zahnreihen schon vollständig sind), bes.* Schaf; ❷ *m (erg. raster)* zweizinkige Hacke; **II.** *Adj.* zweizackig.
**bidental**, ālis *n (poet.; nachkl.)* Blitzmal, *ein v. Blitz getroffener Ort.*
**bī-duum**, ī *n (dies)* Zeitraum v. zwei Tagen, zwei Tage; **-o ante / post** zwei Tage vorher / nachher.
**bi-ennium**, ī *n (annus)* Zeitraum v. zwei Jahren, zwei Jahre.
**bi-fāriam** *Adv.* zweifach, doppelt.
**bi-fer**, fera, ferum *(fero) (poet.)* zweimal (im Jahr Früchte) tragend.
**bi-fidus**, a, um *(findo) (poet.; nachkl.)* in zwei Teile gespalten.
**bi-foris**, e *(foris[1]) (poet.; nachkl.)* zweitürig, zweiflügelig [**valvae; fenestrae**].
**bi-fōrmātus**, a, um *(formo)* zweigestaltig.
**bi-fōrmis**, e *(forma) (poet.; nachkl.)* zweigestaltig.
**bi-frōns**, *Gen.* frontis *(poet.)* doppelstirnig, mit doppeltem Gesicht [**Ianus**].
**bi-furcus**, a, um *(furca)* zweizackig, -zinkig.
**bīgae**, ārum *u. (nachkl.)* **bīga**, ae *f (< * biiuga)* Zweigespann.
**bīgātus** *(bigae)* **I.** *Adj.* a, um mit dem Zeichen des Zweigespanns geprägt [**argentum**]; **II.** *Subst.* ī *m* Silberdenar.
**bi-iugis**, e *u.* **bi-iugus**, a, um *(iugum) (poet.; nachkl.)* zweispännig; – *Subst.* **biiugī,** ōrum *m* Zweigespann; Streitwagen.
**bi-lībra**, ae *f* zwei Pfund.
**bilībris**, e *(bilibra) (poet.)* zwei Pfund fassend.
**bi-linguis**, e *(lingua)* ❶ zweisprachig; Kauderwelsch redend; ❷ doppelzüngig, heuchlerisch.
**bīlis**, is *f (Abl. Sg.* -ī *u.* -e) ❶ Galle; ❷ Zorn; **bilem ~ habere** zornig sein; ❸ **atra** *od.* **nigra** **a)** Schwermut; **b)** Wahnsinn.
**bi-līx**, *Gen.* līcis *(licium)* zweifädig, -drähtig.
**bi-lūstris**, e *(lustrum[2]) (poet.)* zehn Jahre dauernd.
**bi-maris**, e *(mare) (poet.; nachkl.)* v. zwei Meeren umspült [**Corinthus**].
**bi-marītus**, ī *m* Ehemann zweier Frauen.
**bi-māter**, tris *(poet.)* zwei Mütter habend, von zwei Müttern geboren, *Beiname des Bacchus.*
**bi-membris**, e *(membrum) (poet.)* doppelgliedrig; – *Subst. Pl.* Kentauren.
**bi-mē(n)stris**, e (*Abl.* -ī *u.* -e) *(mensis)* ❶ *(poet.)* zwei Monate alt; ❷ für zwei Monate [**stipendium**].
**bīmulus**, a, um *(Demin. v. bimus)* erst zweijährig.
**bīmus**, a, um *(< * bi-himus v. hiems, eigtl. zwei Winter alt)* zweijährig: ❶ zwei Jahre alt; ❷ sich auf zwei Jahre erstreckend [**principes** zwei Jahre regierend].
**Bingium**, ī *n j.* Bingen.
**bīnī**, ae, a (*Gen.* binum) *(bis)* ❶ je zwei, *dtsch.*

*meist* zwei; **Romae quotannis bini consules creabantur;** ❷ *(bei pl. tantum)* zwei, beide [**castra**]; ❸ ein Paar, zwei [**boves**].

**bi-noctium**, ī *n (nox) (nachkl.)* Zeit v. zwei Nächten, zwei Nächte.

**bi-nōminis**, e *(nomen) (poet.)* zweinamig *(Ascanius = Iulus).*

**Biōn**, ōnis *m Anhänger der kynischen Philosophen-Schule, ein bissiger Satiriker, um 300 v. Chr. in Griechenland; – Adj.* **Biōnēus**, a, um *(poet.)* bissig [**sermones**].

**bi-palmis**, e *(palma)* zwei Handspannen lang *od.* breit.

**bi-partītus** (*u.* **bi-pertītus**), a, um (*Adv.*: -ō) *(partio)* in zwei Teile(n), doppelt; **signa -o inferre** v. zwei Seiten angreifen.

**bi-patēns**, *Gen.* entis *(pateo) (poet.)* doppelt geöffnet [**portae** mit doppelten Türflügeln].

**bi-pedālis**, e zwei Fuß lang *od.* breit *od.* dick.

**bipenni-fer**, fera, ferum *(bipennis u. fero) (poet.)* eine Doppelaxt tragend.

**bi-pennis I.** *Adj.* e zweischneidig; **II.** *Subst.* is *f* Doppelaxt.

**bi-pertītus**, a, um *s. bipartitus.*

**bi-pēs**, *Gen.* pedis **I.** *Adj.* zweifüßig; **II.** *Subst. m* Zweifüßler; *(verächtl.)* Mensch.

**bi-rēmis** *(remus)* **I.** *Adj.* e zweiruderig; **II.** *Subst.* is *f (erg. navis)* Zweidecker *(Galeere m. zwei Reihen v. Ruderbänken übereinander).*

**bis** *Adv.* ❶ zweimal; **~ terve** (nur) zwei- od. dreimal, selten; **~(que) terque** öfter, mehrfach; ❷ *(poet.)* zum zweiten Mal *(= iterum).*

**bisōn**, ontis *m (poet.; nachkl.)* Auerochse.

**Bistones**, num *m thrak. Volk; – Adj.* **Bistonius**, a, um *u. (f)* **Bistonis**, idis bistonisch; thrakisch; – *Subst.* **Bistonis**, idis *f* thrakische Bacchantin.

**bi-sulcis**, e *u.* **bi-sulcus**, a, um *(sulcus) (poet.; nachkl.)* gespalten.

**Bīthȳnia**, ae *f* Bithynien, *Landschaft an der Nordküste Kleinasiens; – Einw.* **Bīthȳnī**, ōrum *m; – Adj.* **Bīthȳn(ic)us**, a, um.

**bitūmen**, minis *n (poet.; nachkl.)* Erdpech, Asphalt.

**bitūmineus**, a, um *(bitumen) (poet.)* aus Erdpech.

**Biturīgēs**, gum *m kelt. Volk im aquitanischen Gallien.*

**bi-vium**, ī *n (bivius)* Kreuz-, Scheideweg.

**bi-vius**, a, um *(via) (poet.; nachkl.)* mit zwei Wegen.

**blaesus**, a, um *(gr. Fw.) (poet.; nachkl.)* lispelnd, lallend.

**blandīmentum**, ī *n (blandior) (meist im Pl.)* ❶ Schmeichelei; Liebkosung; **captus -is;** ❷ Annehmlichkeit, Reiz; **-a vitae**.

**blandior**, blandīrī, blandītus sum *(blandus) (m. Dat.)* ❶ schmeicheln; liebkosen; ❷ schmeichelnd bitten *(m. ut u. Konj.);* ❸ reizen, locken; ❹ begünstigen.

**blanditia**, ae *f (blandus)* ❶ Schmeichelei, Liebkosung [**popularis** gegenüber dem Volk]; *Pl.* Schmeichelworte, Liebkosungen; ❷ Reiz, Lockung; ❸ Genuss.

**blandus**, a, um ❶ schmeichelnd, liebkosend, zärtlich; ❷ gewinnend, höflich [**verba**]; ❸ lockend, reizend.

**blaterō**, blaterāre *(nachkl.)* plappern, schwafeln.

**blatta**, ae *f ein Insekt, z. B.* Schabe, Motte.

**blattārius**, a, um *(blatta) (nachkl.)* Schaben-.

**boārius** (*u.* **bovārius**), a, um *(bos)* Rinder- [**forum**].

**Boeōtarchēs**, ae *m* Böotarch, *einer der 11 böot. Oberbeamten.*

**Boeōtia**, ae *f* Böotien, *Landschaft in Mittelgriechenland; – Einw.* **Boeōt(i)ī**, ōrum *m* die Böotier; *– Adj.* **Boeōt(i)us** *u.* **Boeōticus**, a, um.

**Bō(i)ī**, ōrum *m kelt. Volk, urspr. in Gallien, später ausgewandert, teils in Böhmen, teils in Oberitalien ansässig; –* **Bōi(o)haemum**, ī *n Land der Bojer,* Böhmen.

**Bōla**, ae *f (auch Pl.) Stadt der Äquer in Latium; – Einw. u. Adj.* **Bōlānus**, ī *m bzw.* a, um.

**bōlētus**, ī *m (poet.; nachkl.)* essbarer Pilz (*bes.* Champignon).

**bombus**, ī *m (gr. Fw.) (poet.)* dumpfer Ton, Brummen.

**Bona Dea**, ae *f* die gute Göttin, *Göttin der Fruchtbarkeit.*

**bonitās**, ātis *f (bonus)* ❶ *(v. Personen)* Güte, Gutmütigkeit; ❷ *(v. Sachen)* Vortrefflichkeit [**agrorum**].

**Bonna**, ae *f* Bonn; *– Adj.* **Bonnēnsis**, e.

**Bonōnia**, ae *f Ort in Gallia Cisalpina, j.* Bologna; *– Adj.* **Bonōniēnsis**, e.

**bonum**, ī *n (bonus)* ❶ das *(sittl.)* Gute, Redlichkeit; **~ honestumque** Redlichkeit u. Ehrenhaftigkeit; ❷ guter Zustand; **vertere in -um** sich zum Guten wenden; ❸ *Pl.* Hab u. Gut, Güter, Vermögen [**-a aliena; -a privata**]; ❹ Vorteil, Nutzen; ❺ das *(geistige, moral.)* Gut, Gabe [**naturale** angeborenes Talent]; ❻ Glück, Wohl [**publicum** Staatswohl].

**bonus**, a, um (*Komp.* melior, ius; *Superl.* optimus, a, um; *Adv.* bene) ❶ *(v. Personen)* gut, vortrefflich, tüchtig [**dux; poeta**]; ❷ gut (gearbeitet), vorzüglich; ❸ gut, ehrenhaft, treu, ehrlich; **-o animo in populum esse; consilio -o** in guter Absicht; **-a atque honesta amicitia;** ❹ gutmütig, uneigennützig; ❺ gütig, gnädig; ❻ tapfer; ❼ vornehm; **-o genere natus;** ❽ reich; ❾ der herrschenden Staatsform zugetan, patriotisch, loyal; **-i cives; pars melior** *od.* **partes optimae** Patriotenpartei; ❿ ehrbar, tugendhaft [**coniunx**]; ⓫ hübsch,

B

schön; ⓬ *(im Befinden)* gut, gesund, frisch; **animus ~** ruhiger, gelassener Sinn; **-o animo esse** = **-um animum habere** guten Mutes sein; **color ~** gesunde Gesichtsfarbe; ⓭ gesund, heilsam [**aquae**]; ⓮ *(v. Nachrichten u. Gerüchten)* gut, günstig; ⓯ nützlich, verdienstlich [**facta**]; ⓰ gut, günstig, Glück bringend, glücklich [**eventus; fata**]; ⓱ geeignet, zweckmäßig, tauglich *(für: m. Dat.; ad)*; **ager ~ pecori; campi ad proelium -i**; ⓲ beträchtlich, bedeutend; *-a pars hominum.*

**boō**, boāre *(gr. Fw.) (poet.)* widerhallen.

**Boōtēs**, ae *u.* is *m (gr. Fw.)* Ochsentreiber, *Sternbild.*

**boreās**, ae *m (gr. Fw.) (poet.; nachkl.)* ❶ Nordostwind; *übh.* Nordwind; ❷ *(poet.) (meton.)* Norden.

**borēus**, a, um *(gr. Fw.)* nördlich.

**Borysthenēs**, is *m Fluss in Sarmatien, j.* Dnjepr; *– Adj.* **Borysthenius**, a, um.

**bōs**, bovis *m u. f* Rind : *m* Ochse; *f* Kuh (*Gen. Pl.* boum; *Dat. u. Abl.* bōbus *u.* būbus).

**Bosp(h)orus**, ī *m* Meerenge, *bes. :* **~ Thracius** Straße v. Konstantinopel; **~ Cimmerius** Straße v. Jenikale *an der Krim (f = die Landstriche am Bosporus); / Adj.* **Bosporius** *u.* **Bosporānus**, a, um / *Anw.* **Bosporānus**, ī *m.*

**bovārius**, a, um *s. boarius.*

**bovīle**, lis *n (bos)* Rinderstall.

**bovillus**, a, um *(bos)* Rinder- [**grex**].

**brācae**, ārum *f (selten Sg.) (poet.; nachkl.)* weite Hosen, Pluderhosen.

**brācātus**, a, um *(bracae)* ❶ Hosen tragend; ❷ ausländisch, barbarisch; ❸ verweichlicht; ❹ transalpinisch.

**bra(c)chiālis**, e *(bracchium) (nachkl.)* Arm-.

**bra(c)chiolum**, ī *n (Demin. v. bracchium) (poet.)* Ärmchen.

**bra(c)chium**, ī *n* ❶ Unterarm; ❷ Arm; **-a collo dare** *od.* **circumdare** *od.* **inicere** *od.* **implicare** umarmen; ❸ *(übtr.)* **a)** Schere *des Krebses u. des Skorpions;* **b)** Ast, Zweig; **c)** Meeresarm; **d)** Segelstange; **e)** Ausläufer (eines Gebirges); **f)** Schenkel *des Zirkels.*

**bract...** = *bratt...*

**brattea**, ae *f (poet.; nachkl.)* dünnes Metall, *bes.* Goldblättchen.

**bratteātus**, a, um *(brattea) (nachkl.)* goldschimmernd.

**Brennus**, ī *m Name gallischer Heerführer.*

**breve**, vis *n s. brevis 1. c.*

**brevi-loquēns**, *Gen.* entis *(brevis u. loquor)* sich kurzfassend.

**breviloquentia**, ae *f (breviloquens)* Kürze im Ausdruck.

**brevis**, e ❶ *(räuml.)* **a)** *(in die Länge, Höhe)* kurz, klein, niedrig [**homo**]; **b)** *(in die Weite)* schmal, klein [**via**]; **c)** *(in die Tiefe)* flach, seicht [**vada**]; *– Subst.* **breve**, vis *n* seichte Stelle, Watt *(meist Pl.)*; ❷ *(zeitl.)* **a)** kurz; **brevi (tempore)** in Kürze; **ad breve (tempus)** für eine kurze Zeit; **b)** kurz dauernd, vorübergehend, vergänglich [**vita; flos** nur kurze Zeit blühend]; ❸ *(quant.)* **a)** *(metr.)* kurz (gesprochen) [**syllaba**]; **b)** *(v. Ausdruck)* kurz(gefasst), kurz u. bündig [**narratio**]; **brevi** *u.* **breve** kurz, mit wenigen Worten; **breviter describere; c)** *(v. Redner)* sich kurzfassend; **d)** knapp, dürftig [**cena; impensa**].

**brevitās**, ātis *f (brevis)* ❶ *(räuml. u. zeitl.)* Kürze [**spatii** geringe Entfernung; **vitae**]; ❷ *(v. Ausdruck)* Knappheit [**orationis**]; ❸ *(metr.)* Kürze [**syllabae**].

**Briarēūs**, eī *m hundertarmiger Riese.*

**Brīsēis**, idis *f Kriegsgefangene u. Geliebte des Achilles.*

**Britannia**, ae *f* Großbritannien *(England m. Schottland u. Irland); – Einw.* **Britannus**, ī *m; – Adj.* **Britann(ic)us**, a, um; – **Britannicus**, ī *m cogn. des Sohnes des Kaisers Claudius.*

**Brittiī**, ōrum *m s. Bruttii.*

**Bromius**, ī *m (gr.* „der Lärmende") *cogn. des Bacchus.*

**Bructerī**, ōrum *m germ. Volk zw. der unteren Ems u. der Lippe; – Adj.* **Bructerus**, a, um.

**brūma**, ae *f (<* brevima [erg. dies] < brevis)* ❶ der kürzeste Tag, Wintersonnenwende; ❷ *(poet.)* Winter(kälte).

**brūmālis**, e *(bruma)* der Wintersonnenwende, winterlich [**dies** der kürzeste Tag; **tempus** Winterzeit].

**Brundisium**, ī *n Hafenstadt im antiken Kalabrien (im heutigen Apulien), j.* Brindisi; *– Einw. u. Adj.* **Brundisīnus**, ī *m bzw.* a, um.

**Bruttiī**, ōrum *m Bew. der südlichsten Landschaft Italiens.*

**brūtus**, a, um ❶ schwerfällig, plump; ❷ stumpfsinnig, dumm; ❸ schwer, wuchtig.

**Brūtus**, ī *m (brutus) cogn. in der gens Iunia:* ❶ **L. Iunius ~** *Befreier Roms v. der Königsherrschaft, mit Collatinus erster röm. Konsul (509 v. Chr.);* ❷ **M. Iunius ~** *Neffe Catos des Jüngeren, einer der Cäsarmörder; – Adj.* **Brūtīnus**, a, um; ❸ **D. Iunius ~** *(84–43 v. Chr.), Mitverschworener gegen Cäsar, dann Gegner des Antonius.*

**Imperium Romanum**

**Brūtus** – Marcus Iunius Brutus (85–42 v. Chr.) war ein Neffe Catos des Jüngeren. Er war philosophisch und rhetorisch hochgebildet und mit Cicero befreundet, der ihm zwei seiner philosophischen Schriften widmete. Als Politiker war er ein Gegner der Triumvirn Cäsar, Pompeius und

Crassus. Als das Triumvirat zerbrach, schlug er sich auf die Seite des Pompeius und nahm an der Schlacht von Pharsalos (48 v. Chr.) gegen Cäsar teil. Er wurde nach der verlorenen Schlacht von Cäsar begnadigt und wurde zu dessen Freund und Berater. Nach Cäsars Machtanhäufung entfremdete er sich jedoch von Cäsar und nahm an der Verschwörung gegen ihn teil. Er ist einer der Cäsarmörder. 42 v. Chr. wurde Brutus mit seinen Anhängern bei Philippi von Antonius besiegt und beging Selbstmord.

**būbalus**, ī *m (gr. Fw.) (nachkl.)* ❶ Gazelle; ❷ Büffel.
**Būbastis**, is *f ägypt. Mondgöttin.*
**būbīle**, lis *n (bos) (poet.)* Rinderstall.
**būbō**, ōnis *m (selten f)* Uhu.
**bu-bulcus**, ī *m (bos)* Ochsentreiber, -knecht.
**būbulus**, a, um *(bos)* vom Rind, Rind-.
**bucca**, ae *f* ❶ *(aufgeblasene od. voll gestopfte)* Backe; **-as inflare;** ❷ *(nachkl.) (meton.)* Mundvoll, Bissen [**panis**].
**buccula**, ae *f (Demin. v. bucca)* Backenstück *am Helm.*
**Būcephalās**, ae *u.* **-us**, ī *m Lieblingspferd Alexanders des Gr.*
**būcerus**, a, um *(gr. Fw.) (poet.)* mit Rinderhörnern, gehörnt.
**būcina**, ae *f (bos u. cano)* ❶ Signalhorn, Trompete; ❷ *(meton.)* Trompetensignal; ❸ *(poet.)* Tritonshorn.
**būcinātor**, ōris *m (bucino)* ❶ Hornbläser; ❷ Ausposauner.
**būcinō**, būcināre *(bucina)* (das Horn) blasen.
**būcolica**, ōrum *n (bucolicus) (poet.; nachkl.)* Hirtengedichte.
**būcolicus**, a, um *(gr. Fw.) (poet.; nachkl.)* ländlich, Hirten- [**poëma** Hirtengedicht].
**būcula**, ae *f (Demin. v. bos)* junge Kuh, Färse.
**būfō**, ōnis *m (poet.)* Kröte.
**bulbus**, ī *m (gr. Fw.) (poet.; nachkl.)* Zwiebel.
**būlē**, ēs *f (gr. Fw.) (nachkl.)* Ratsversammlung.
**būleuta**, ae *m (gr. Fw.) (nachkl.)* Ratsherr.
**būleutērium**, ī *n (gr. Fw.)* Rathaus.
**bulla**, ae *f* ❶ *(poet.; nachkl.)* Blase, Wasserblase; *bildl. v. Vergänglichem;* ❷ Buckel, Knopf *(als Verzierung an Gürteln, Türen u. Ä.);* ❸ Goldkapsel *(als Amulett).*
**būmastus**, ī *f (gr. Fw.) (poet.; nachkl.)* großtraubige Rebe.
**būris**, is *m* (*Akk.* -im) *(poet.)* Krummholz *am Pflug.*
**Būsīris**, ridis *m myth. ägypt. König, der die Fremden opferte.*
**bustuārius**, a, um *(bustum)* zur Leichenbrandstätte gehörig; f. die Leichenfeier bestimmt.
**bustum**, ī *n* ❶ *(poet.; nachkl.)* Leichenbrandstätte, Scheiterhaufen; ❷ Grab; ❸ *die Person, durch die etw. vernichtet wird* [**rei publicae**].
**buxi-fer**, fera, ferum *(buxus u. fero) (poet.)* Buchsbaum tragend.
**buxus**, ī *f u.* **-um**, ī *n (poet.; nachkl.)* ❶ Buchsbaum(holz); ❷ *(meton.) aus Buchsbaumholz gearbeiteter Gegenstand:* **a)** Flöte; **b)** Kamm; **c)** Schreibtafel.
**Byrsa**, ae *f Burg v. Karthago.*
**Bȳzantium**, ī *n* Byzanz, *später* Konstantinopel, *j.* Istanbul; – *Einw. u. Adj.* **Byžantius**, ī *m bzw.* a, um.

# C c

**C.** *(Abk.) = Gaius.*
**C, c** *(Abk.)* ❶ *(als Zahlzeichen) = centum;* ❷ *(auf den Stimmtäfelchen der Richter) = condemno, dah. littera tristis;* ❸ *= censuerunt;* ❹ *= comitialis (dies).*
**caballus**, ī *m (poet.; nachkl.)* Pferd, Gaul.
**Cabillōnum**, ī *n Stadt der Häduer, j.* Chalon-sur-Saône.
**Cabīrī**, ōrum *m auf Lemnos u. Samothrake verehrte phöniz. Gottheiten.*
**cachinnātiō**, ōnis *f = cachinnus.*
**cachinnō**, cachinnāre *(cachinnus)* laut auflachen.
**cachinnus**, ī *m* ❶ schallendes Gelächter; ❷ *(poet.) (undarum)* lautes Plätschern.
**cacō**, cacāre *(poet.)* **I.** *intr.* kacken; **II.** *trans.* beschmieren.
**cacozēlia**, ae *f (gr. Fw.) (nachkl.)* ungeschickte Nachahmung, das Nachäffen.
**cacozēlus**, ī *m (gr. Fw.) (nachkl.)* Nachäffer.
**cacūmen**, minis *n* Spitze; Gipfel; Wipfel.
**cacūminō**, cacūmināre *(cacumen) (poet.; nachkl.)* (zu)spitzen.
**Cācus**, ī *m räuberischer Riese am Aventin, stahl Herkules einen Teil seiner Herde, wurde v. ihm erschlagen.*
**cadāver**, eris *n (cado)* ❶ Leichnam, Leiche; ❷ Aas; ❸ *Pl.* Trümmer.

**Cadmus**, ī *m Gründer v. Theben; – Adj.* **Cadmēus**, a, um (*fem. auch* **Cadmēis**, idis) kadmeisch, thebanisch; – *Subst.* **a) Cadmēis**, idis *f Tochter des Cadmus;* **b) Cadmēa**, ae *f* Burg v. Theben.

**cadō**, cadere, cecidī, cāsūrus fallen: ① herabfallen **a)** *(v. Geschossen)* auffallen, treffen; **b)** *(v. Gestirnen)* untergehen, sinken; **c)** *(v. Blättern, Früchten u. Ä.)* abfallen; **d)** *(v. Flüssigkeiten)* herabfließen, sich ergießen; ② (hin)fallen, (nieder)stürzen; ③ *(in der Schlacht)* fallen [**in bello**]; ④ *(v. Tieren)* geschlachtet *od.* geopfert werden; ⑤ *(v. Städten)* fallen, erobert werden; ⑥ durchfallen, unterliegen *(v. Theaterstücken, Prozessen u. Ä.);* **cadit fabula** das Stück fällt durch; **in iudicio ~** den Prozess verlieren; ⑦ sinken, abnehmen, sich verlieren, schwinden; **animus cadit** der Mut sinkt; **animo** *od.* **animis ~** mutlos werden; **cadit vis venti** legt sich; ⑧ hineinkommen, -geraten [**in morbum** erkranken; **in suspicionem; in unius potestatem**]; ⑨ *(in die Augen …)* fallen; ⑩ *(in eine Zeit)* fallen, eintreffen, sich ereignen; ⑪ ausfallen, ausschlagen; ⑫ zufallen, anheimfallen; ⑬ *(in alqm od. in alqd)* zutreffen, passen; ⑭ ablaufen, ausgehen; ⑮ enden, auslaufen [**in syllabas longiores**].

**cādūceātor**, ōris *m (caduceus)* Herold, Unterhändler.

**cādūceus**, ī *m* Heroldsstab.

**cādūci-fer**, ferī *m (caduceus u. fero) (poet.)* Stabträger *(Beiname Merkurs).*

**cadūcus**, a, um *(cado)* ① hinfällig, vergänglich, nichtig [**spes; res humanae**]; ② fallend; (herab)gefallen; ③ zum Fallen reif, zum Fallen geneigt [**vitis**]; ④ *(jur. t. t.)* verfallen, herrenlos.

**Cadurcī**, ōrum *m gall. Volk in Aquitanien in der Gegend v. Cahors.*

**cadus**, ī *m (poet.; nachkl.)* ① (Wein-)Krug; ② *(poet.) (meton.)* Wein; ③ Urne.

**Caecilius**, a, um *Name einer pleb. gens:* **C. ~ Statius** *Komödiendichter um 180 v. Chr.; – Adj.* **Caeciliānus**, a, um.

**Caecīna**, ae *m cogn. in der gens Licinia.*

**caecitās**, ātis *f (caecus)* ① Blindheit; ② *(übtr.)* Verblendung.

**caecō**, caecāre *(caecus) (übtr.)* ① verblenden; ② verdunkeln, trüben; **celeritate caecata oratio** unverständlich.

**Caecubum**, ī *n* ① = **Caecubus ager** *Ebene im südl. Latium, ber. durch vorzüglichen Wein;* ② cäkubischer Wein, Cäkuber.

**caecus**, a, um ① blind; ② *(übtr.)* verblendet [**cupidine**]; ③ finster, dunkel [**carcer**]; ④ verworren, düster [**murmura**]; ⑤ unsichtbar, verborgen; ⑥ unergründlich [**fata**]; ⑦ unsicher, ungewiss, ziellos [**Mars** aussichtsloser Kampf].

**caedēs** *u.* **caedis**, is *f (caedo)* ① Mord, Ermordung [**legatorum; fraterna** Brudermord]; ② Blutbad, Gemetzel; **caedem facere** *od.* **edere** ein Blutbad anrichten; ③ das Erlegen; das Schlachten, *bes. der Opfertiere,* das Opfern; ④ *(Sg. u. Pl.)* die Erschlagenen, Gefallenen; ⑤ *(poet.)* das durch Mord vergossene Blut; ⑥ *(poet.)* Mordanschlag.

**caedō**, caedere, cecīdī, caesum ① fällen, umhauen, abhauen [**arbores**]; ② niederhauen; erschlagen, töten; ③ erlegen; schlachten; opfern; ④ schlagen, peitschen [**alqm virgis**]; ⑤ *(Steine)* brechen.

**caelāmen**, minis *n (caelo) (poet.; nachkl.)* Relief.

**caelātor**, ōris *m (caelo)* Ziseleur.

**caelātūra**, ae *f (caelo)* ① Ziselierkunst; ② getriebene Arbeit.

**caelebs**, *Gen.* libis ① ehelos, unverheiratet *(v. Mann, sowohl v. Junggesellen als auch v. Witwer);* ② *(poet.; nachkl.)* einsam [**vita**].

**caeles**, *Gen.* litis *(caelum[1])* **I.** *Subst. m* Gott(heit); **II.** *Adj. (poet.)* himmlisch.

**caelestis**, e *(caelum[1])* ① im, am, vom Himmel, himmlisch, Himmels- [**arcus** Regenbogen; **ignis** Blitzstrahl]; – *Subst. Pl.* **caelestia,** ium *n* die Himmelskörper; *auch* Astronomie; ② *(poet.; nachkl.)* göttlich; – *Subst. Pl.* **caelestēs,** tium *m u. f* Götter, Gottheiten; ③ herrlich, unvergleichlich.

**caelibātus**, ūs *m (caelebs) (nachkl.)* Ehelosigkeit.

**caeli-cola**, ae *m (Gen. Pl.* caelicolum) *(caelum[1] u. colo) (poet.)* Himmelsbewohner, Gottheit.

**caeli-fer**, fera, ferum *(caelum[1] u. fero) (poet.)* den Himmel tragend.

**Caelius** a, um ① *Name einer pleb. gens in Rom:* **a) L. ~** Antipater *röm. Geschichtsschreiber u. Rechtsgelehrter, Zeitgenosse der Gracchen;* **b) M. ~** Rufus *Staatsmann u. Redner, Freund Ciceros; / Adj.* **Caeliānus**, a, um; ② **Caelius mons** *einer der sieben Hügel Roms.*

**caelō**, caelāre *(caelum[2])* ① in getriebener Arbeit darstellen, ziselieren, mit Reliefarbeit verzieren; ② *(poet.)* kunstvoll ausführen.

**caelum[1]**, ī *n* ① Himmel(shöhe); **-o albente** beim Morgengrauen; **-o vesperascente** gegen Abend; **de -o tangi** *od.* **percuti** vom Blitz getroffen werden; ② Himmel *(als Wohnsitz der Götter);* **de -o delapsus** *od.* **demissus** Gottgesandter; ③ Klima, Wetter; ④ *(übtr.)* das Höchste, Gipfel des Glücks, des Ruhmes; ⑤ Luft(raum); ⑥ Oberwelt *(Ggstz. Tartarus).*

**caelum[2]**, ī *n (caedo)* Grabstichel, Meißel.

**Caelus**, ī *m* Himmelsgott.

**caementum**, ī *n (caedo)* Bruchstein, Baustein.

**Caenēūs**, ī *m* Caenis, *Tochter des Elatus, des*

*Königs der Lapithen, die v. Neptun in einen Knaben verwandelt wurde.*

**caenis**, idis *f s. Caeneus.*

**caenum**, ī *n* ❶ Schmutz, Kot, Schlamm; ❷ *(als Schimpfw.)* Schmutzfink.

**caepa**, ae *f = cepa.*

**Caepiō**, ōnis *m röm. cogn. in der gens Servilia.*

**Caere** *n (undekl.) Stadt in Etrurien; – Adj.* **Caeres**, *Gen.* ritis *u.* rētis; *– Einw.* **Caeritēs** *u.* **Caerētēs**, tum *m; sie erhielten 353 v. Chr. das röm. Bürgerrecht, jedoch kein Stimmrecht.*

**caerimōnia** (*u.* **caeremōnia**), ae *f* ❶ Verehrung, Ehrfurcht *(jmds. u. vor jmdm.: alcis)* [**deorum**]; ❷ Heiligkeit, Ehrwürdigkeit; ❸ Feier(lichkeit), Zeremonie.

**Caeritēs**, tum *s. Caere.*

**caerula**, ōrum *n (caerulus) (poet.)* Bläue, Blau *(bes. des Himmels u. des Meeres).*

**caeruleus** *u. (poet.)* **caerulus**, a, um *(caelum[1])* ❶ blau, bläulich; ❷ *(poet.)* dunkel, schwärzlich.

**Caesar**, aris *m cogn. in der gens Iulia, bes.:* ❶ **C. Iulius ~** *(100–44 v. Chr.), der Diktator, Feldherr u. Schriftsteller; – Adj.* **Caesareus** *u.* **Caesariānus**, a, um des Cäsar; **Caesariēnsis**, e *(nachkl.) Beiname mehrerer Ortschaften u. Kolonien, z. B.* **Mauretania Caesariensis** das östl. Mauretanien; ❷ *sein Großneffe u. Adoptivsohn* **C. Iulius ~ Octavianus** *(63 v. Chr.–14 n. Chr.), 1. röm. Kaiser (Kaiser Augustus); nach ihm führten alle Kaiser den Beinamen Caesar neben dem Titel Augustus.*

**Imperium Romanum**

**Caesar** nannte sich Octavius, der spätere Augustus, nachdem er nach dem Tode C. Julius Caesars von diesem testamentarisch adoptiert worden war. Die folgenden Kaiser übernahmen diesen Namen, der dann zu einem Titel für die römischen Kaiser wurde. In der späten Kaiserzeit wurde „Caesar“ dann zum Titel für Thronfolger und Mitregenten der eigentlichen Kaiser. Damit nicht genug: Auch die Titel „Kaiser“ und „Zar“ leiten sich von dem Namen „Caesar“ ab. So prangte C. Julius Caesars Name fast zwei Jahrtausende lang vor den Namen römischer, deutscher und russischer Herrscher.

**Caesarēa**, ae *f (Caesar)* ❶ *Hauptstadt v. Kappadozien;* ❷ *Hafenstadt in Palästina;* ❸ *Hauptstadt v. Ostmauretanien (Mauretania Caesariensis).*

**caesariēs**, ēī *f* ❶ Haupthaar; *übh.* langes Haar; ❷ *(poet.)* Laub.

**caesim** *Adv. (caedo)* ❶ hiebweise, mit einem Hieb; ❷ *(rhet.)* mit einem Schlag [**dicere**].

**caesius**, a, um ❶ blaugrau; ❷ grauäugig.

**caespes**, pitis *m (caedo)* ❶ Rasen(stück); ❷ *(poet.)* Rasenaltar; ❸ *(poet.)* faseriger Wurzelstock.

**caestus**, ūs *m (caedo)* Schlagriemen.

**caesus** *P. P. P. v. caedo.*

**caetra**, ae *f* leichter Lederschild.

**caetrātus**, a, um *(caetra)* mit leichtem Lederschild bewaffnet; *– Subst.* **caetrātī**, ōrum *m* Leichtbewaffnete.

**Cāiēta**, ae *f* ❶ *Amme des Äneas;* ❷ *Hafenstadt in Latium, j.* Gaëta.

**Cāius** = *Gaius.*

**Cal.** = *Calendae.*

**Calabria**, ae *f südöstl. Halbinsel Italiens (= heutiges Apulien); – Einw.* **Calabrī**, ōrum *m; – Adj.* **Calaber**, bra, brum.

**Calactē**, ēs *f Stadt an der Nordküste Siziliens, j.* Calonia; *– Einw. u. Adj.* **Calactīnus**, ī *m bzw.* a, um.

**calamister**, trī *m = calamistrum.*

**calamistrātus**, a, um *(calamistrum)* ❶ gekräuselt [**coma**]; ❷ mit gekräuselten Locken.

**calamistrum**, ī *n (calamus)* ❶ Brenneisen *zum Kräuseln der Haare;* ❷ Künstelei *(im Ausdruck).*

**calamitās**, ātis *f* ❶ Schaden, Verlust; ❷ Unglück; ❸ Niederlage.

**calamitōsus**, a, um *(calamitas)* ❶ *(akt.)* Unheil bringend, unheilvoll, schädlich; ❷ *(pass.)* heimgesucht, elend, unglücklich.

**calamus**, ī *m (gr. Fw.)* ❶ Rohr, Schilf; ❷ Halm, Stängel; ❸ *(meton.) Gegenstand aus Rohr:* **a)** Rohrpfeife, -flöte; *Pl.* Hirtenflöte (die *aus mehreren Rohrpfeifen bestehende* Syrinx); **b)** Schreibrohr, -feder; **c)** Rohrstab; **d)** Rohrpfeil; **e)** Leimrute *(zum Vogelfang).*

**calathiscus**, ī *m (Demin v. calathus) (poet.)* Körbchen.

**calathus**, ī *m (gr. Fw.) (poet.; nachkl.)* ❶ Korb; ❷ Weinschale.

**calātor**, ōris *m* (*calo[1]* „Ausrufer“) *(nachkl.)* Diener.

**calautica**, ae *f* Haube *(Kopfbedeckung vornehmer Frauen).*

**calcar**, āris *n (calx[2])* ❶ Sporn, Stachel; ❷ Ansporn, Antrieb.

**calceāmentum**, ī *n (calceo)* Schuh(werk).

**calceātus**, ūs *m (calceo) (nachkl.)* Schuhwerk.

**calceō**, calceāre *(calceus)* mit Schuhen bekleiden, beschuhen.

**calceolus**, ī *m (Demin. v. calceus)* kleiner Schuh.

**calceus**, ī *m (calx[2])* Schuh, Halbstiefel.

**Calchās**, antis *m* (*Abl.* Calchā) *griech. Seher.*

**Calchēdōn**, onis *f Ort in Bithynien, gegenüber v. Konstantinopel; – Einw. u. Adj.* **Calchēdonius**, ī *m bzw.* a, um.

**calcitrō**, calcitrāre *(calx$^{2}$)* ① hinten ausschlagen; ② sich sträuben.
**calcō**, calcāre *(calx$^{2}$)* ① auf etw. treten *(m. Akk.)* [**viperam**]; ② festtreten; ③ eindrücken, eintreten [**parietes**]; ④ betreten; ⑤ unterdrücken [**libertatem**]; ⑥ verspotten, beschimpfen.
**calculus**, ī *m (Demin. v. calx$^{1}$)* ① Steinchen; ② Stimmstein; ③ Rechenstein; *(meton.)* Rechnung; ④ Spielstein.
**caldārium**, ī *n (caldarius) (nachkl.)* Warmbad.
**caldārius**, a, um *(calidus) (nachkl.)* zum Wärmen gehörig.
**caldus** *s. calidus.*
**Calēdonia**, ae *f nordwestl. Hochland in Schottland.*
**cale-faciō**, facere, fēcī, factum (*Pass.* -fīō, fierī, factus sum) *(caleo)* ① warm machen, erwärmen, erhitzen; ② erregen, (auf)reizen; ③ beunruhigen.
**calefactō**, calefactāre *(Intens. v. calefacio) (poet.)* erhitzen.
**cale-fīō** *Pass. v. calefacio.*
**Calendae** und **Kalendae**, ārum f *(meist abgekürzt Cal. od. Kal.)* die Kalenden *(der erste Monatstag).*
**calendārium**, ī *n (Calendae) (nachkl.)* Schuldregister, -buch.
**caleō**, calēre, caluī, (calitūrus) ① warm, heiß sein; ② *(v. Personen)* entbrannt, entflammt sein [**in agendo**]; ③ v. Leidenschaft entbrannt sein, vor Liebe glühen *(zu jmdm.: Abl.);* ④ in Aufregung sein; ⑤ noch neu, frisch sein; ⑥ mit Eifer betrieben werden.
**calēscō**, calēscere, caluī, – *(Incoh. v. caleo)* ① warm *od.* heiß werden; ② *(v. Leidenschaft, bes. v. Liebe)* erglühen.
**calfaciō** = *calefacio.*
**calfactō** = *calefacto.*
**calficiō** = *calefacio.*
**caliandrum**, ī *n (poet.)* Perücke.
**calida** (*u.* calda), ae *f (erg. aqua)* warmes Wasser.
**calidum**, ī *n (calidus; erg. vinum)* Glühwein.
**calidus**, a, um (*synk.* caldus) *(caleo)* ① warm, heiß; ② hitzig, feurig, leidenschaftlich, unbesonnen [**iuventa; equus; consilium**].
**caliendrum**, ī *n = caliandrum.*
**caliga**, ae *f* ① Halbstiefel, *bes.* Soldatenstiefel; ② *(nachkl.) (meton.)* Gamaschendienst.
**caligātus** *(caliga) (poet.; nachkl.)* **I.** *Adj.* a, um in Soldatenstiefeln; **II.** *Subst.* ī *m* einfacher Soldat.
**cālīginōsus**, a, um *(caligo$^{1}$)* ① neblig, dunstig; ② dunkel, düster; ③ *(übtr.)* dunkel, ungewiss.
**cālīgō$^{1}$**, ginis *f* ① Nebel, Dunst, Rauch; ② Finsternis; ③ Schwindelgefühl; ④ Ungewissheit, Unwissenheit; ⑤ Trübsal, Leid.
**cālīgō$^{2}$**, cālīgāre *(caligo$^{1}$)* ① Dunkel, Finsternis verbreiten; ② *(poet.)* dunkel, finster sein; ③ *(nachkl.) (übtr.)* im Finstern tappen, blind sein *(f. etw.: ad alqd).*
**Caligula** („Soldatenstiefelchen") *Beiname des röm. Kaisers Gaius (als Kaiser 37–41).*
**calix**, icis *m (gr. Fw.)* ① Becher, Kelch; ② Schüssel, Topf.
**callaïnus**, a, um *(gr. Fw.) (poet.; nachkl.)* blassgrün, meergrün.
**calleō$^{1}$**, callēre, calluī *(callum) (nachkl.)* dickhäutig sein, Schwielen haben.
**calleō$^{2}$**, callēre, calluī, – **I.** *intr.* erfahren sein *(in etw.: Abl.);* **II.** *trans.* kennen, wissen, verstehen.
**calliditās**, tātis *f (callidus)* ① Schlauheit, List; ② geistige Gewandtheit, Lebensklugheit.
**callidus**, a, um *(calleo$^{2}$)* ① schlau; ② erfahren, geübt, bewandert *(in etw.: m. Gen.)* [**rei militaris**]; ③ klug; ④ *(v. Sachen)* **a)** fein ausgedacht [**oratio**]; **b)** schlau berechnet [**liberalitas** berechnend].
**Callimachus**, ī *m griech. Dichter aus Kyrene in Nordafrika (um 250 v. Chr.), Leiter der Bibliothek in Alexandria.*
**Calliopē**, pēs *u.* **-pēa**, ae *f* ① *Mutter des Orpheus, Muse der epischen Dichtung, Chorführerin der neun Musen;* ② *(poet.) (meton.)* Lied.
**Callipolis**, is *f* ① *Stadt am Hellespont, j.* Gallipoli; ② *Stadt auf der Krim.*
**callis**, is *m u. f* ① Wald-, Bergpfad, Weideweg; ② *(meton.) Pl.* Wald-, Bergtriften.
**Callistō**, ūs *f Nymphe, v. Jupiter Mutter des Arkas, als Bärin an den Himmel versetzt.*
**callōsus**, a, um *(callum) (poet.; nachkl.)* dickhäutig.
**callum**, ī *n u.* **-us**, ī *m* ① harte Haut, Schwiele; ② Unempfindlichkeit, Gefühllosigkeit.
**calō$^{1}$**, calāre *(gr. Fw.) (rel. t. t.)* aus-, zusammenrufen.
**cālō$^{2}$**, ōnis *m* ① Trossknecht *(beim Heer);* ② Stall-, Pferdeknecht.
**calor**, ōris *m (caleo)* ① Wärme, Hitze; ② Sommer(hitze); **mediis caloribus** mitten im Sommer; ③ *(nachkl.)* Leidenschaft, Feuer, Eifer; ④ *(poet.)* Liebesglut; **calorem trahere** sich verlieben.
**Calpurnius**, a, um *Name einer röm. pleb. gens:* ① **C. ~ Piso** *Schwiegersohn Ciceros;* ② **L. ~ Piso Caesonius** *Konsul 58 v. Chr., Gegner Ciceros, Schwiegervater Cäsars.*
**caltha**, ae *f (poet.; nachkl.)* Ringelblume.
**caluī** *Perf. v. caleo u. calesco.*
**calumnia**, ae *f* ① Rechtsverdrehung, falsche Anklage, Betrug; ② *(meton.)* Verurteilung wegen falscher Anklage; ③ Verleumdung.
**calumniātor**, ōris *m (calumnior)* Rechtsverdreher, falscher Ankläger.

**calumnior**, calumniārī *(calumnia)* ❶ zu Unrecht anklagen; ❷ Ränke schmieden, Intrigen betreiben; ❸ übertriebene *od.* böswillige Kritik üben.
**calva**, ae *f (calvus)* Hirnschale, Schädel.
**calvitium**, ī *n (calvus)* Glatze.
**calvus**, a, um *(nachkl.)* kahl, glatzköpfig.
**calx**[1], calcis *f u. (selten) m* ❶ Kalk(stein); ❷ *(meton.)* das *(m. Kalk bezeichnete)* Ziel der Rennbahn; ❸ Ende, Ziel.
**calx**[2], calcis *f* Ferse *(v. Menschen u. Tieren); (poet. auch)* Huf; **calcem terere calce** jmdm. auf den Fersen sein; **pugnis et calcibus** m. aller Macht.
**Calydōn**, ōnis *f Hauptstadt v. Ätolien in Griechenland; – Adj.* **Calydōnius**, a, um kalydonisch; ätolisch; *fem.* **Calydōnis**, idis *(als Subst.: Deianira).*
**Calypsō**, ūs *f (Akk.* -ō) *Nymphe, Tochter des Atlas.*
**camara**, ae *f = camera.*
**camella**, ae *f (Demin. v. camera) (poet.; nachkl.)* Schale.
**camēlus**, ī *m u. f (gr. Fw.)* Kamel.
**Camēna**, ae *f* ❶ *weissagende Quellnymphe;* ❷ Muse; ❸ *(poet.) (meton.)* Lied, Gedicht.
**camera**, ae *f (gr. Fw.)* ❶ Gewölbe; ❷ Barke.
**Camillus**, ī *m cogn. in der gens Furia; s. Furius.*
**camīnus**, ī *m (gr. Fw.)* ❶ *(poet.; nachkl.)* Feuerstätte, Ofen, Kamin; ❷ *(meton.)* Kaminfeuer; ❸ *(poet.)* Schmelzofen; Schmiedeofen.
**Campānia**, ae *f* Kampanien, *Landschaft in Mittelitalien; – Adj.* **Campānus**, a, um *u.* **Campāns**, pantis; *– Einw.* **Campānī**, ōrum *m.*
**campester**, tris, tre *u. (selten)* **campestris**, e *(campus)* ❶ in der Ebene, eben; ❷ zum Marsfeld gehörig, auf dem Marsfeld; ❸ die *(auf dem Marsfeld stattfindenden)* Wahlen betreffend.
**campestre**, ris *n (campester) (poet.)* Schurz; Kampfgurt.
**campestria**, ium *n (campester) (nachkl.)* ebene Gegend, flaches Feld.
**campus**, ī *m* ❶ freies Feld, Ebene; Ackerland, Saatfeld; ❷ freier Platz *(in Rom u. außerhalb Roms);* **campus (Martius)** das Marsfeld *in Rom, wo auch Wahlversammlungen abgehalten wurden, dah. meton.* Komitien, Wahlen; **dies campi** = *dies comitiorum* Wahltag; ❸ Spiel-, Tummelplatz; ❹ *(poet.)* Fläche, *bes.* Meeresfläche; ❺ *(übtr.)* Betätigungsfeld.

**Imperium Romanum**
**campus** („das Feld") nannten die Römer kurz den **campus Martis**, das in einer Ebene am Tiber gelegene, dem Mars geweihte **Marsfeld**. Bis ins dritte Jahrhundert n. Chr. befand sich das Marsfeld außerhalb der Stadtmauern. Das Gelände diente als Spiel- und Tummelplatz, als Exerzierplatz für Soldaten und als Veranstaltungsort für Wahlversammlungen.

**camur**, ra, rum *(poet.)* gekrümmt.
**canālis**, is *m u. f (canna)* Röhre, (Wasser-, Abzugs-)Rinne, Kanal.
**cancellī**, ōrum *m* ❶ Gitter, Schranken; ❷ *(übtr.)* Schranken, Grenzen.
**cancer**, crī *m* ❶ *(nachkl.)* Krebs; ❷ *(poet.; nachkl.)* Krebs *als Sternbild;* ❸ *(poet.) (meton.)* Süden; Sommerhitze.
**candēla**, ae *f (candeo)* Wachsschnur.
**candēlābrum**, ī *n (candela)* Leuchter, Kandelaber.
**candeō**, candēre, canduī, – *(meist im Part. Präs. candens)* ❶ glänzend weiß sein; glänzen; **ortus candens** Morgenröte; **circus candens** Milchstraße; ❷ glühend heiß sein, glühen.
**candēscō**, candēscere, canduī, – *(Incoh. v. candeo) (poet.; nachkl.)* ❶ (weiß) erglänzen; ❷ erglühen, heiß werden.
**candidātōrius**, a, um *(candidatus)* des Amtsbewerbers.
**candidātus** *(candidus)* **I.** *Subst.* ī *m* der *(m. weißer Toga bekleidete)* Amtsbewerber, Kandidat; **II.** *Adj.* a, um *(nachkl.)* weiß gekleidet.
**candidulus**, a, um *(Demin. v. candidus)* schön weiß.
**candidus**, a, um *(candeo)* ❶ glänzend weiß, weißschimmernd, schneeweiß [**equus** Schimmel; **populus** Silberpappel]; ❷ glänzend, strahlend; ❸ *(poet.)* weiß gekleidet; ❹ *(v. der Darstellung)* klar, ungekünstelt [**genus dicendi**]; ❺ *(poet.) (v. Char.)* zuverlässig, aufrichtig; ❻ *(v. Zuständen)* heiter, fröhlich, glücklich, günstig [**convivium; fatum**].
**candor**, ōris *m (candeo)* ❶ glänzend weiße Farbe [**tunicarum**]; ❷ Glanz, Schimmer [**solis**]; ❸ *(nachkl.) (v. der Darstellung)* Klarheit; ❹ *(poet.; nachkl.) (v. Char.)* Aufrichtigkeit.
**canduī** *Perf. v. candeo u. candesco.*
**cāneō**, cānēre, cānuī, – *(canus) (poet.)* weiß, grau sein; *– Part. Präs.* **cānēns,** entis weiß, grau.
**canēphoroe** *f (Sg.* canēphoros, ī *f) (gr. Fw.)* Korbträgerinnen *(junge Mädchen, die b. den griech. Festen die Opferkörbchen auf dem Kopf trugen).*
**cānēscō**, cānēscere, cānuī, – *(Incoh. v. caneo)* ❶ *(poet.; nachkl.)* weiß, grau werden; ❷ altern.
**canī**, ōrum *m (canus; erg. capilli)* graues Haar.
**Canīcula**, ae *f (Demin. v. canis)* Hundsstern = *Sirius.*
**Canīnius**, a, um *Name einer pleb. röm. gens:*

❶ **C. ~ Rebilus** *Legat Cäsars;* ❷ **L. ~ Gallus** *56 v. Chr. Volkstribun; – Adj.* **Canīniānus**, a, um.

**canīnus**, a, um *(canis) (poet.; nachkl.)* ❶ Hunde-; ❷ einem Hund ähnlich: **a)** *(im Aussehen);* **b)** *(im Ton)* knurrend, bellend; **c)** *(in der Art)* bissig.

**canis**, is *m u. f (Gen. Pl.* canum) ❶ Hund, Hündin; ❷ *(poet.; nachkl.) (als Schimpfw.)* Hund; ❸ bissiger Mensch; ❹ *(poet.)* Hund *als Sternbild;* **~ maior** der große Hund *m. dem Sirius;* **~ minor** der kleine Hund; ❺ *(poet.; nachkl.)* **~ marinus** Seehund; ❻ *(poet.; nachkl.)* Hundswurf *(der schlechteste Wurf im Spiel, wenn alle Würfel die Eins zeigen).*

**canistrum**, ī *n (gr. Fw.)* Rohrkörbchen.

**cānītiēs**, ēī *f (canus) (poet.; nachkl.)* ❶ graue Farbe; ❷ graues Haar; ❸ das Alter.

**canna**, ae *f (gr. Fw.) (poet.; nachkl.)* ❶ Rohr, Schilf; ❷ *(meton.)* Rohrflöte.

**Cannae**, ārum *f Ort in Apulien in Süditalien (Schlacht 216 v. Chr.); – Adj.* **Cannēnsis**, e.

**canō**, canere, cecinī, cantātum **I.** *intr.* ❶ singen; krähen, krächzen, quaken; ❷ *(v. Instrumenten)* ertönen, erschallen; ❸ *(ein Instrument)* spielen, blasen *(m. Abl.)* [**tibiā; receptui ~** zum Rückzug blasen]; **II.** *trans.* ❶ singen [**carmen**]; ❷ besingen, verherrlichen [**regum facta**]; ❸ dichten; ❹ wahrsagen, verkünden [**omina**]; ❺ *als Lehre* verkünden, vortragen; ❻ *(Instrumente)* spielen, blasen [**classicum** *od.* **signa ~** das Zeichen zum Angriff geben].

**canōn**, onis *m (Akk.* -ona) *(gr. Fw.) (nachkl.)* Regel, Richtschnur.

**Canōpus**, ī *m* ❶ *Stadt an der westl. Nilmündung;* ❷ *(meton.)* (Unter-)Ägypten.

**canor**, ōris *m (cano) (poet.; nachkl.)* Gesang, Klang.

**canōrum**, ī *n (canorus)* Wohlklang.

**canōrus**, a, um *(canor)* ❶ wohlklingend, melodisch; ❷ singend, klingend.

**Cantabrī**, ōrum *m (Sg.* Cantaber) *Volk in Nordspanien; – das Land:* **Cantabria**, ae *f; – Adj.* **Cantabricus**, a, um.

**cantērius** = *cantherius.*

**cantharis**, idis *f (gr. Fw.)* Spanische Fliege.

**cantharus**, ī *m (gr. Fw.) (nachkl.)* Kanne, Humpen.

**canthērius**, ī *m* Wallach; *übh.* Gaul; *verächtl.* Klepper.

**canticum**, ī *n (cantus)* ❶ *(in der röm. Komödie)* lyrische Stelle *m. Flötenbegleitung;* **-um agere** vortragen; ❷ Lied, Gesang.

**cantilēna**, ae *f (canto) (übtr.)* das alte Lied, die alte Leier.

**cantiō**, ōnis *f (cano)* ❶ *(nachkl.)* Gesang, Lied; ❷ Zauberspruch.

**cantitō**, cantitāre *(Frequ. v. cano)* oft singen.

**Cantium**, ī *n südöstl. Landschaft in Britannien, j.* Kent.

**cantiuncula**, ae *f (Demin. v. cantio)* Liedchen.

**cantō**, cantāre *(Intens. v. cano)* **I.** *intr.* ❶ singen; ❷ *(poet.) (v. Instrumenten)* ertönen, erklingen; ❸ *(ein Instrument)* spielen, blasen *(m. Abl.)* [**tibiis**]; ❹ *(poet.)* Zauberformeln hersagen; **II.** *trans.* ❶ *(poet.)* singen; ❷ *(poet.)* dichten; ❸ *(poet.)* besingen, im Lied verherrlichen; ❹ *übh.* preisen; ❺ *(poet.; nachkl.)* vortragen; ❻ *(poet.)* jmdm. etw. wiederholt einschärfen, vorpredigen; ❼ *(poet.; nachkl.)* bezaubern, durch Zauber bannen.

**cantor**, ōris *m (cano)* ❶ *(poet.; nachkl.)* Sänger; ❷ Schauspieler; ❸ Herleierer [**formularum**]; ❹ Lobhudler.

**cantus**, ūs *m (cano)* ❶ Gesang; *(v. Tieren auch)* das Krähen, Schnarren; ❷ Klang, Musik; ❸ *(poet.)* Weissagung; ❹ *(poet.)* Zauberspruch.

**Canulēius**, a, um *Name einer pleb. röm. gens:* **C. ~** *Volkstribun 445 v. Chr.* [**lex Canuleia de conubio** *Legitimierung v. Ehen zw. Patriziern u. Plebejern*].

**cānus**, a, um ❶ weiß, grau; ❷ grauhaarig, hochbetagt; ❸ (alt)ehrwürdig.

**Canusium**, ī *n Stadt in Apulien in Süditalien, j.* Canosa; *– Einw. u. Adj.* **Canusīnus**, ī *m bzw.* a, um.

**capācitās**, tātis *f (capax)* Räumlichkeit, Raum.

**capāx**, *Gen.* pācis *(capio)* ❶ geräumig, weit; ❷ zu etw. fähig, f. etw. tauglich, f. etw. empfänglich *(f. etw., zu etw.: m. Gen.; ad).*

**capēdō**, dinis *f* Opferschale.

**capēduncula**, ae *f (Demin. v. capedo)* kleine Opferschale.

**capella**, ae *f (Demin. v. capra)* ❶ Ziege; ❷ *(poet.; nachkl.)* die Ziege *als Stern im Fuhrmann.*

**Capēna**[1], ae *f Stadt in Etrurien; – Einw. u. Adj.* **Capēnus**, ī *m bzw.* a, um *u.* **Capēnās**, nātis *m.*

**Capēna**[2]: **porta ~** Tor in Rom, Ausgangspunkt der via Appia.

**caper**, prī *m (poet.; nachkl.)* ❶ Ziegenbock; ❷ *(meton.)* Bocksgeruch, Schweißgeruch.

**capessō**, capessere, capessīvī, capessītum *(Intens. v. capio)* ❶ hastig ergreifen; ❷ etw. *(bes. eine Tätigkeit, ein Amt)* mit Eifer ergreifen, übernehmen [**magistratūs; rem publicam** die polit. Laufbahn einschlagen; **viam** einschlagen; **provincias** die Verwaltung der Provinzen übernehmen]; ❸ nach etw. streben *(m. Akk.)* [**superiora** nach Höherem].

**capillāmentum**, ī *n (capillus) (nachkl.)* ❶ Perücke; ❷ Wurzelfasern *(b. Pflanzen).*

**capillātus**, a, um *(capillus)* behaart; langhaarig.

**capillus**, ī *m (verw. m. caput)* (Haupt-, Bart-) Haar.

**capiō**, capere, cēpī, captum ① ergreifen, (er)fassen, nehmen [**arma** zu den Waffen greifen]; ② *(Örtl.)* **a)** besetzen [**montem**]; **b)** erreichen [**portum**]; ③ *(übtr.)* ergreifen, fassen [**fugam** die Flucht ergreifen; **consilium** einen Entschluss fassen]; ④ *(Ämter, Tätigkeiten)* übernehmen [**consulatum**]; ⑤ *(v. Zuständen, Stimmungen)* befallen; **animum capit cura;** ⑥ *(gewaltsam)* wegnehmen [**rem publicam** die Staatsgewalt an sich reißen]; ⑦ gefangen nehmen; ⑧ erbeuten [**impedimenta; naves** kapern]; ⑨ erobern [**hostium castra**]; ⑩ *(Tiere)* fangen, erjagen; ⑪ (er)wählen, aussuchen [**locum castris idoneum**]; ⑫ f. sich einnehmen, fesseln [**alqm humanitate**]; ⑬ verlocken, überlisten [**blanditiis**]; *Pass.* sich verlocken lassen [**novitate rei**]; ⑭ *Pass.* beraubt werden, verlieren *(z. B. das Augenlicht) (m. Abl.);* **oculis captus** blind; **auribus captus** taub; **mente captus** geistesschwach; ⑮ etw. empfangen, erhalten [**praemium**]; ⑯ sich zuziehen [**infamiam**]; ⑰ finden, genießen [**quietem**]; ⑱ *(Einkünfte)* beziehen, einnehmen; ⑲ *(poet.)* jmd. aufnehmen; **Italia fessos cepit;** ⑳ *(Gestalt u. Ä.)* annehmen; ㉑ *(Freude)* empfinden; ㉒ *(Unangenehmes, Schmerz)* erleiden; ㉓ erwerben, gewinnen [**gloriam**]; ㉔ *(geistig)* begreifen [**orationem**]; ㉕ *(räuml.)* fassen, in sich aufnehmen (können); **portus ingentem vim navium capit;** ㉖ zu etw. geeignet, passend sein; ㉗ **pecuniam ~ ab alqo** sich v. jmdm. bestechen lassen.

**capis**, idis *f (Akk. Pl.* -idas) *(gr. Fw.)* Henkelschale, *bes.* Opferschale m. Henkel.

**capistrō**, capistrāre *(capistrum) (poet.; nachkl.)* anschirren.

**capistrum**, ī *n (capio) (nachkl.)* Halfter; Maulkorb.

**capital** (*nachkl.* capitāle), tālis *n (capitalis)* todeswürdiges Verbrechen.

**capitālis**, e *(caput)* ① den Kopf, das Leben betreffend, Lebens-, Todes- [**periculum** Lebensgefahr; **poena** Todesstrafe]; ② tödlich, verderblich, Tod- [**hostis** Todfeind; **odium**]; ③ hervorragend [**ingenium**].

**capitō**, ōnis *m (caput)* Großkopf, Dickkopf.

**Capitōlium**, ī *n (caput)* ① = *clivus Capitolinus:* das Kapitol, der Kapitolinische Hügel; ② *Jupitertempel auf dem Kapitol; / Adj.* **Capitōlīnus**, a, um kapitolinisch.

**Imperium Romanum**

**Capitōlium** – Das Kapitol ist der geschichtsträchtigste und wichtigste der sieben Hügel Roms. Auf dem Kapitol befand sich der Jupitertempel; dort endeten die Triumphzüge der siegreichen Feldherren. Weiter standen auf dem Kapitol der Tempel der Iuno Moneta mit der Münzwerkstatt Roms und das Tabularium mit dem Staatsarchiv. Am südöstlichen Rand des Kapitols fiel der Steilabhang des tarpejischen Felsens ab, wo Staatsverbrecher und Hochverräter hinabgestürzt wurden.

**capitulātim** *Adv.* zusammengefasst.

**Cappadocia**, ae *f Landschaft Kleinasiens; – Bew.* **Cappadox**, ocis *m.*

**capra**, ae *f (caper)* ① Ziege; ② *(poet.)* Ziege *als Sternbild;* ③ *(meton.)* Bocksgeruch.

**caprea**, ae *f (capra) (poet.; nachkl.)* wilde Ziege; Reh.

**Capreae**, ārum *f Insel an der kampanischen Küste, j.* Capri; *– Adj.* **Capreēnsis**, e; *– Subst.* **Caprīneus**, ī *m Spottname des Kaisers Tiberius.*

**capreolus**, ī *m (caper)* ① wilder Ziegenbock; ② *Pl. (t. t. der Baukunst)* Streben, Dachsparren.

**capri-cornus**, ī *m (caper u. cornu)* Steinbock *als Gestirn.*

**capri-ficus**, ī *f (caper) (nachkl.)* wilder Feigenbaum; wilde Feige.

**capri-genus**, a, um *(caper u. gigno)* Ziegen-.

**capri-mulgus**, ī *m (capra u. mulgeo) (poet.)* Ziegenmelker, Hirt.

**caprīnus**, a, um *(caper)* Ziegen-, Bocks-.

**capri-pēs**, *Gen.* pedis *(caper) (poet.)* bocksfüßig.

**capsa**, ae *f (capio)* Kapsel, Kasten, Behälter *(bes. f. Bücherrollen).*

**captātiō**, ōnis *f (capto)* das Jagen, Haschen *(nach etw.: m. Gen.)* [**verborum** Wortklauberei].

**captātor**, ōris *m (capto)* ① der eifrig nach etw. Trachtende *(m. Gen.);* ② *(poet.; nachkl.)* Erbschleicher.

**captiō**, ōnis *f (capio)* ① Täuschung; ② Trugschluss; ③ Schaden, Nachteil.

**captiōsa**, ōrum *n (captiosus)* Trugschlüsse.

**captiōsus**, a, um *(captio)* ① betrügerisch; ② verfänglich, heikel [**interrogatio**].

**captiuncula**, ae *f (Demin. v. captio)* Verfänglichkeit.

**captīva**, ae *f (captivus)* (Kriegs-)Gefangene.

**captīvitās**, ātis *f (captivus) (nachkl.)* ① Gefangenschaft; ② Eroberung, Einnahme.

**captīvus** *(captus v. capio)* **I.** *Adj.* a, um ① (kriegs)gefangen; ② erobert, erbeutet; ③ einem Gefangenen gehörig; **II Subst.** ī *m* (Kriegs-)Gefangener.

**captō**, captāre *(Intens. bzw. Frequ. v. capio)* ① *(poet.; nachkl.)* nach etw. greifen, fassen, haschen *(m. Akk.);* ② eifrig nach etw. streben,

C

trachten *(m. Akk.; Inf.)* [**gloriam; ceteris praestare**]; ❸ überlisten.
**captūra**, ae *f (capio) (nachkl.)* Fang, Gewinn.
**captus**[1] *P. P. P. v. capio.*
**captus**[2], ūs *m (capio)* ❶ geistige Fähigkeit, Auffassung; ❷ *(nachkl.)* Umfang [**corporis**].
**Capua**, ae *f Hauptstadt Kampaniens in Mittelitalien.*
**capūdō**, dinis *f = capedo.*
**capulus**, ī *m (capio)* (Schwert-)Griff.
**caput**, pitis *n* ❶ Haupt, Kopf; **capite demisso** gesenkten Hauptes; **supra caput esse** auf dem Nacken sitzen; ❷ Mensch; ❸ *(v. Tieren)* Stück; ❹ das Leben; **capitis periculum** Lebensgefahr; **poena capitis** Todesstrafe; **capitis accusare** auf Leben u. Tod anklagen; **capitis** *od.* **capite damnare** zum Tode verurteilen; ❺ Haupt(person), Urheber [**coniurationis** Rädelsführer]; ❻ Hauptstadt, Hauptsitz, Hauptort; ❼ Hauptsache, -punkt, -inhalt; ❽ Hauptabschnitt, Kapitel; ❾ Spitze, Anfang *od.* Ende; *(v. Flüssen)* Quelle *od.* Mündung; *(übtr.)* Ursprung, Ursache; ❿ bürgerliche Ehre; ⓫ Hauptsumme, Kapital.
**Cār**, Cāris *m, Pl.* Cāres, rum Karier, *Bew. v.* **Cāria**, ae *f, der südwestlichsten Landschaft Kleinasiens; – Adj.* **Cāricus**, a, um; – **cārica,** ae *f (erg. ficus)* karische Feige.
**carbasa**, ōrum *n (carbasus)* ❶ Batistkleider; ❷ *(poet.)* Segel.
**carbaseus**, a, um *(carbasus)* aus feiner Leinwand.
**carbasus**, ī *f (poet.; nachkl.)* feine Leinwand, Batist, Musselin.
**carbatinus**, a, um = *carpatinus.*
**carbō**, ōnis *m* Kohle.
**carcer**, eris *m* ❶ *Pl.* Schranken *der Rennbahn;* ❷ Kerker, Gefängnis; ❸ *(meton.)* die eingekerkerten Verbrecher.
**carchēsium**, ī *n (gr. Fw.) (poet.)* Trinkgefäß *(m. Henkeln v. Rand bis zum Boden).*
**carcinōma**, matis *n (gr. Fw.) (nachkl.)* Krebs(geschwür).
**cardaces**, cum *m* (*Akk.* -as) *(pers. Wort) pers. Truppengattung.*
**cardiacus**, a, um *(gr. Fw.)* magenkrank.
**cardō**, dinis *m* ❶ Türangel; **cardinem versare** *u.* **vertere** die Tür öffnen; ❷ *(übtr.)* Dreh-, Wende-, Angelpunkt; **cardines mundi** die Erdachsen, Nord- u. Südpol; ❸ *(poet.; nachkl.)* Hauptpunkt, -umstand.
**carduus**, ī *m (poet.; nachkl.)* Distel.
**cārectum**, ī *n (carex) (poet.)* Riedgraswiese.
**careō**, carēre, caruī, (caritūrus) *(m. Abl.)* ❶ frei v. etw. sein, nicht haben; ❷ sich v. etw. fernhalten, meiden [**foro; senatu**]; ❸ entbehren, vermissen, verzichten müssen [**consuetudine amicorum**].
**Cāres**, rum *m s. Car.*
**cārex**, ricis *f (poet.)* Riedgras.
**Cāria, cārica, Cāricus** *s. Car.*
**cariēs**, ēī *f* Fäulnis, Morschheit.
**carīna**, ae *f* ❶ Schiffskiel; ❷ *(poet.) (meton.)* Schiff; / **Carīnae,** ārum *f Stadtteil in Rom am Esquilin.*
**cariōsus**, a, um *(caries) (poet.)* morsch, faul.
**cāris**, idis *f (gr. Fw.) (poet.)* Krabbe.
**caristia** (*u.* charistia), ōrum *n (gr. Fw.) (poet.; nachkl.) Familienfest der Liebe u. Eintracht am 22. Februar.*
**cāritās**, tātis *f (carus)* ❶ hoher Preis, Teuerung; ❷ Hochschätzung, Liebe *(zu: m. Gen. obi.; erga; in m. Akk.);* ❸ *(spätl.)* (christliche) Nächstenliebe.

**Imperium Romanum**
**cāritās** – Während **amor** eher die Liebe in erotischem Sinn bedeutet, bedeutet **caritas** die Liebe als Hochschätzung und Wertschätzung einer Person. Seit der Zeit der frühen Christen bezeichnet **caritas** auch den christlichen Begriff der Nächstenliebe und der Liebe zu Gott, die eine der drei christlichen Grundtugenden **fides, caritas, spes** – Glaube, Liebe, Hoffnung. Heute ist das Wort **Caritas** vor allem als Name eines internationalen katholischen Hilfswerks bekannt.

**carmen**, minis *n (verw. m. cano)* ❶ Lied, Gesang; ❷ **a)** Gedicht, Dichtung [**epicum; tragicum**]; **b)** Vers *(eines Gedichtes);* ❸ *(poet.; nachkl.)* Weissagung, Orakelspruch; ❹ *(poet.)* Zauberspruch; ❺ Spruch, Formel, *bes.* Eides-, Gebets-, Gesetzesformel; ❻ poet. Inschrift *od.* Aufschrift.
**Carmentis**, is *u.* **Carmenta**, ae *f (carmen 3.) Seherin, Mutter des Euander; urspr. altital. Geburts- u. Weissagegöttin; – Adj.* **Carmentālis**, e [**porta**]; – **Carmentālia,** ium *n Fest zu Ehren der Göttin Carmenta.*
**Carneadēs**, is *m griech. Philosoph aus Kyrene in Afrika (213–129 v. Chr.); – Adj.* **Carneadēus** *u.* **-īus**, a, um.
**carni-fex** *(arch.* carnufex), ficis *m (caro u. facio)* ❶ Henker; ❷ Peiniger; ❸ *als Schimpfw.:* Schurke.
**carnificīna** *(arch.* carnuficīna), ae *f (carnifex)* ❶ Folterung, Folter; ❷ Marter, Qual.
**carnificō**, carnificāre *(carnifex)* köpfen, hinrichten.
**carnis**, is *f = caro.*
**carnufex, carnuficīna** *s. carnif…*
**Carnutēs**, tum *m kelt. Volk an der Loire.*
**carō**, carnis *f* ❶ Fleisch; *Pl. (poet.; nachkl.)*

Fleischstücke; ❷ *verächtl. v. Menschen:* ~ **putida** Aas.

**carpatinus**, a, um *(gr. Fw.) (poet.)* rohledern.

**carpentum**, ī *n (kelt. Wort)* zweirädriger Wagen.

**carpō**, carpere, carpsī, carptum ❶ (ab)pflücken, abbrechen, abreißen [**flores ex arbore**]; ❷ *(v. Tieren)* (ab)fressen, (ab)weiden; ❸ genießen [**diem**]; ❹ *(einen Weg)* zurücklegen; ❺ (in Stücke) zerreißen; ❻ zersplittern, zerstückeln [**orationem** in kurzen Sätzen vortragen]; ❼ verspotten; tadeln; ❽ (allmählich) schwächen, verzehren; ❾ *(milit. t. t.) (den Feind)* beunruhigen, reizen.

**carptim** *Adv. (carpo) (nachkl.)* ❶ stückweise, in Auswahl; ❷ wiederholt; ❸ vereinzelt, teilweise.

**carptus** *P. P. P. v. carpo.*

**carrūca**, ae *f (carrus) (poet.; nachkl.)* vierrädriger Wagen.

**carrus**, ī *m u. (nachkl.)* **-um**, ī *n (kelt. Wort)* vierrädriger Wagen, Karren.

**carta** = *charta.*

**Carthāgō** *u.* **Karthāgō**, ginis *f* ❶ *Stadt in Nordafrika, Kolonie der phöniz. Stadt Tyrus; – Einw. u. Adj.* **Carthāginiēnsis**, is *m bzw.* e; ❷ **Carthago nova** *v. den Karthagern gegründete Seestadt im südöstl. Spanien, j.* Cartagena.

**caruncula**, ae *f (Demin. v. caro)* ein Stückchen Fleisch.

**cārus**, a, um ❶ lieb, wert, teuer; ❷ teuer = hoch im Preis.

**caryōta**, ae *u.* **-ōtis**, idis *f (gr. Fw.) nussartige* Dattel.

**casa**, ae *f* Hütte, Häuschen, Baracke.

**cāseolus**, ī *m (Demin. v. caseus) (poet.)* kleines Stück Käse.

**cāseus**, ī *m* Käse.

**casia**, ae *f (gr. Fw.) (poet.; nachkl.)* ❶ wilder Zimt; ❷ Seidelbast.

**Casīnum**, ī *n Ort in Latium am Fuße des mons Casinus, wo jetzt das Kloster Monte Cassino steht; – Adj.* **Casīnās**, *Gen.* -nātis.

**Caspium mare** *od.* **pelagus** *u.* **Caspius ōceanus** das Kaspische Meer; – *Anw.:* **Caspiānī**, ōrum *m; – Adj.* **Caspius**, a, um.

**Cassandra**, ae *f Tochter des trojan. Königs Priamos, Seherin.*

**Cassiānus**, a, um *s. Cassius.*

**cassida**, ae *f* = *cassis*[1].

**Cassiopē**, ēs *f* ❶ *Mutter der Andromeda, als Gestirn Cassiopēa u. Cassiopīa an den Himmel versetzt;* ❷ *Hafenstadt auf Korfu, j.* Cassopo.

**cassis**[1], idis *f* (Metall-)Helm, Sturmhaube.

**cassis**[2], is *m, meist Pl. (poet.)* ❶ Jägergarn, Netz; ❷ Spinngewebe; ❸ *(übtr.)* Falle, *Pl.* Nachstellungen.

**Cassius**, a, um *röm. nomen gentile:* ❶ **L. ~ Longinus Ravilla** *Richter, bekannt durch Gerechtigkeit u. Strenge, dah.:* **Cassianus iudex** strenger Richter; ❷ **L. ~ Longinus** *fiel 107 v. Chr. im Kampf geg. die Tiguriner (bellum Cassianum);* ❸ ~ **Parmensis** *einer der Mörder Cäsars, Dichter;* ❹ ~ **Longinus** *einer der Mörder Cäsars;* ❺ **C. ~ Longinus** *Rechtsgelehrter, Begründer der schola Cassiana; / Adj.* **Cassiānus**, a, um.

**cassō** = *quasso.*

**cassus**, a, um *(verw. m. careo)* ❶ leer, hohl; ❷ *(poet.)* beraubt, ohne *(m. Gen. od. Abl.);* ❸ nichtig, unnütz, vergeblich; – **in cassum** *od.* **incassum** *Adv.* vergeblich, erfolglos [**preces mittere**].

**Castalia**, ae *f dem Apollo u. den Musen geweihte Quelle am Parnass b. Delphi; – Adj.* **Castalius,** a, um [**antrum** die Orakelhöhle v. Delphi].

**castanea**, ae *f (gr. Fw.) (poet.; nachkl.)* Kastanie *als Frucht u.* Kastanienbaum; *– Adj.* **castaneus,** a, um.

**castellānus** *(castellum)* **I.** *Adj.* a, um Kastell- [**triumphi** f. eroberte Kastelle]; **II.** *Subst.* ī *m* Kastellbewohner.

**castellātim** *Adv. (castellum)* kastellweise.

**castellum**, ī *n (Demin. v. castrum)* ❶ Kastell, Festung; ❷ Gebirgsdorf; ❸ Zuflucht(sort).

**casti-ficus**, a, um *(castus u. facio) (nachkl.)* rein, keusch.

**castīgātiō**, ōnis *f (castigo)* Züchtigung, Strafe, Tadel.

**castīgātor**, ōris *m (castigo)* Zuchtmeister.

**castīgātōrius**, a, um *(castigator) (nachkl.)* zurechtweisend.

**castīgātus**, a, um *(P. Adj. v. castigo) (poet.)* straff, gedrungen.

**castīgō**, castīgāre ❶ züchtigen, strafen; ❷ zurechtweisen, tadeln; ❸ *(poet.; nachkl.)* verbessern; ❹ *(nachkl.)* einschränken, zügeln; *– s. auch castigatus.*

**castimōnia**, ae *f (castus) (rel. t. t.)* ❶ Enthaltsamkeit; ❷ Sittenreinheit, Keuschheit.

**castitās**, ātis *f (castus)* Sittenreinheit, Keuschheit.

**Wissen: Antike**

**Castor** (oris *m*) - Kastor, Sohn der Leda und des Tyndareus, ist ein Held in der griechischen Mythologie. Er bildete mit seinem Zwillingsbruder Pollux ein unzertrennliches Paar. Kastor und Pollux begleiteten Jason bei der Fahrt auf der Argo nach Kolchis. Sie galten als Schutzpatrone der Seefahrer. In Rom wurden sie als Helfer der Kämpfenden und Reisenden verehrt. Ihr Tempel, **aedes**

**Castoris**, befand sich auf der Südseite des Kapitols. Kastor und Pollux wurden als Gestirn an den Himmel versetzt (Sternbild Zwillinge).

**castoreum**, ī *n (gr. Fw.) (poet.; nachkl.)* Bibergeil *(Arzneimittel)*.

**castra**, ōrum *n (castrum)* ① Lager, Kriegslager; **-a (col)locare** *od.* **facere** *od.* **ponere** aufschlagen; **-a movere** das Lager abbrechen = aufbrechen; **-a promovere** vorrücken; ② **~ praetoria(na)** Prätorianerkaserne *b. Rom*; ③ Krieg(sdienst); ④ Tagemarsch; **secundis -is** in zwei Tagemärschen; ⑤ Partei, Seite.

**Imperium Romanum**

**castra** – Die römischen Soldaten errichteten im Kampfgebiet ihr Lager (castra) immer nach demselben Prinzip. Sie hoben einen Graben aus, der das rechteckige Gelände für das Lager begrenzte. Die ausgegrabene Erde warfen sie dabei hinter dem Graben zu einem Wall auf, in den Pfähle eingerammt wurden. Der Wall hatte auf jeder der vier Seiten ein Tor; zwei gegenüberliegende Tore wurden mit einer Straße verbunden. Die beiden sich in der Mitte des Lagers kreuzenden Straßen hießen **via principalis** (Nord-Süd-Richtung) und **via praetoria** (West-Ost-Richtung). Römische Stadtanlagen in den Provinzen hatten oft denselben Grundriss; er ist in manchen Städten römischen Ursprungs noch heute zu erkennen.

**castrātus**, ī *m (castro)* Eunuch.

**castrēnsis**, e *(castra)* zum Lager gehörig, Lager-.

**castrō**, castrāre ① kastrieren, entmannen; ② schwächen [**rem publicam**].

**castrum**, ī *n (Pl.* castra, *s. d.)* Kastell, fester Platz, Burg; – *als Name:* **Castrum Album** *(in Spanien)*.

**castus**, a, um *(careo)* ① (sitten)rein, anständig, gewissenhaft; ② uneigennützig; ③ keusch, züchtig; ④ fromm, religiös; *(v. Sachen)* heilig, (gott)geweiht [**nemus**].

**cāsus**, ūs *m (cado)* ① Fall, Sturz [**nivis** Schneefall]; ② Zufall, Zwischenfall, Vorfall; **casu** zufällig; **casus varii** Wechselfälle; ③ Unglück(sfall), Unfall; Tod; ④ Ende, Ausgang; ⑤ Verfall, Untergang [**urbis Troianae**]; ⑥ *(polit.)* Sturz; ⑦ Gelegenheit *(zu: m. Gen. obi.)*; ⑧ *(gramm. t. t.)* Fall, Kasus.

**catagraphus**, a, um *(gr. Fw.) (poet.)* bunt, bemalt.

**cataphractēs**, ae *m (gr. Fw.) (nachkl.)* Schuppenpanzer.

**cataphractus**, a, um *(gr. Fw.)* gepanzert.

**cataplūs**, ī *m (gr. Fw.)* die (landende) Flotte, das (landende) Schiff.

**catapulta**, ae *f (gr. Fw.)* Wurfmaschine; *(meton.)* Wurfgeschoss.

**cataracta**, ae *f u.* **-tēs**, ae *m (gr. Fw.)* ① *(nachkl.)* Wasserfall; ② *(nachkl.)* Schleuse; ③ Fallgatter *(am Tor)*.

**catasta**, ae *f (gr. Fw.) (poet.; nachkl.)* Schaugerüst *zur Ausstellung verkäuflicher Sklaven.*

**catēia**, ae *f (poet.; nachkl.)* Wurfkeule.

**catēlla**, ae *f (Demin. v. catena)* Kettchen.

**catellus**, ī *m (Demin. v. catulus)* Hündchen; *poet. auch als Kosewort.*

**catēna**, ae *f (verw. m. cassis²)* ① Kette, Fessel; ② *(übtr.)* Fessel, Schranke, Zwang [**legum**].

**catēnārius**, a, um *(catena) (nachkl.)* Ketten- [**canis**].

**catēnātus**, a, um *(catena) (poet.)* gekettet, gefesselt.

**caterva**, ae *f* ① Schar, Gruppe; ② Trupp, Schar *nichtröm. od. irregulärer Soldaten;* ③ Schauspielertruppe; ④ Chor *im Drama.*

**catervātim** *Adv. (caterva) (poet.; nachkl.)* in Scharen, scharenweise.

**cathedra**, ae *f (gr. Fw.) (poet.; nachkl.)* (Lehn-)Stuhl, (Arm-)Sessel.

**cathedrārius**, a, um *(cathedra) (nachkl.)* zum Lehrstuhl gehörig, nur dozierend [**philosophi**].

**Catilīna**, ae *m cogn. in der gens Sergia:* **L. Sergius ~** *Anstifter der sog. katilinarischen Verschwörung; – Adj.* **Catilīnārius**, a, um.

**catīllus**, ī *m (Demin. v. catinus) (poet.; nachkl.)* Schüsselchen, Tellerchen.

**Cātil(l)us** ī *m Gründer v. Tibur.*

**catīnus**, ī *m* Schüssel, Napf.

**Catō**, ōnis *m cogn. in der gens Porcia:* ① **M. Porcius ~** (**maior**) Cato der Ältere; **Catōnēs**, num *m* Männer wie Cato = alte Römer; – *Adj.* **Catōniānus**, a, um; – ② **M. Porcius ~** (**Uticensis**) Cato der Jüngere, *Urenkel des Vorigen;* – **Catōnīnī**, ōrum *m* Anhänger des Cato.

**Imperium Romanum**

**Catō** ist das Cognomen zweier bedeutender Römer, beide hießen Marcus Porcius Cato. Der ältere von ihnen, kurz **Cato maior** (234–149 v. Chr.) genannt, war römischer Staatsmann, Feldherr, Redner und Schriftsteller. Er war ein streng konservativer Kopf, der die alten römischen Sitten und Tugenden verteidigte und das Eindringen der hellenischen Kultur ins Römertum zurückzudrängen versuchte. Er war ein heftiger Befürworter der Vernichtung Karthagos. Cato der Ältere gilt auch als Begründer der römischen Prosaliteratur.

Von seinen Werken vollständig erhalten geblieben ist sein Buch „De agricultura“, ein Sachbuch über die Landwirtschaft.
Der jüngere Cato, ein Urenkel des älteren, wird **Cato Uticensis** (95–46 v. Chr.) genannt. Auch er war ein bedeutender Politiker. Er war ein von stoischen Prinzipien geleiteter hartnäckiger Verfechter der alten römischen Republik und einer der schärfsten Gegner Cäsars. Er nahm als Feldherr im Bürgerkrieg gegen Cäsar teil. Nachdem Cäsar mit der Schlacht bei Thapsus den Bürgerkrieg gewann, beging Cato in Utica in Nordafrika Selbstmord (daher sein Beiname Uticensis).

**Cattī** = *Chatti.*
**Catulliānus**, a um des Catull, im Stil des Catull, catullisch.

**Imperium Romanum**
**Catullus** – Gaius Valerius Catullus, im Deutschen „Catull“ genannt, war ein aus Verona stammender römischer Dichter (etwa 87–54 v. Chr.). Von Catull ist eine Sammlung von 116 Gedichten überliefert, darunter recht deftige Spottgedichte aber auch sehr gefühlsgeladene Liebesgedichte, die das Innenleben des in seiner Liebe zu seiner Geliebten Lesbia hin und her gerissenen Dichters widerspiegeln. Carl Orff hat einige seiner Gedichte unter dem Titel „Catulli Carmina“ vertont.

**catulus**, ī *m* Tierjunges, *bes.* junger Hund.
**Caturīgēs**, gum *m gall. Volk in der Provence.*
**catus**, a, um gescheit, schlau, pfiffig.
**Caucasus**, ī *m* der Kaukasus; – *Einw. u. Adj.* **Caucasius**, ī *m bzw.* a, um.
**cauda**, ae *f* Schwanz, Schweif.
**caudex** *u. (später)* **cōdex**, dicis *m* ❶ *(poet.; nachkl.)* Baumstamm; ❷ *(nachkl.)* Strafblock; ❸ Schreibtafel; Notizbuch; Rechnungsbuch.
**Caudium**, ī *n Stadt in Samnium (in Mittelitalien); – Einw. u. Adj.* **Caudīnus,** ī *m bzw.* a, um.
**caulae**, ārum *f (poet.; nachkl.)* Schafpferch, Hürde.
**caulātor**, ōris *m* = *cavillator.*
**cauliculus**, ī *m (Demin. v. caulis) (bot.)* kleiner, zarter Stängel, Trieb.
**caulis**, is *m* Stängel, Stiel, Strunk; Kohlstrunk; Kohl.
**Caunus**, ī ❶ *f Seestadt in Karien; – Einw. u. Adj.* **Cauneus** *u.* **Caunius,** ī *m bzw.* a, um; – **Cauneae**, ārum *f (erg. fici)* kaunische *od.* karische Feigen; ❷ *m Name ihres Gründers.*
**caupō** (*u.* cōpō), ōnis *m* Gastwirt.
**caupōna**, ae *f (caupo)* Schänke, Wirtshaus.
**caupōnula**, ae *f (Demin. v. caupona)* Kneipe.
**caurus** *u.* **c(h)ōrus**, ī *m* Nordwestwind.
**causa** (*u.* caussa), ae *f* ❶ Grund, Ursache, Anlass, Beweggrund; **cum -a** mit stichhaltigem Grund; **sine -a; qua de causa** *od.* **quam ob causam** weshalb *u.* deshalb; **ob eam causam** *od.* **ea de causa** deshalb; – *(Abl.)* **causā** *Postp.* wegen, um … willen *(m. Gen.; m. Poss. Pron.)*: **honoris causa; amicitiae causa** aus Freundschaft; **mea / tua causa** meinetwegen / deinetwegen; *(refl.)* **sua causa** *u. (nichtrefl.)* **eius causa** seinetwegen, ihretwegen; ❷ guter Grund, (volles) Recht; ❸ begründete Entschuldigung, Einwand; ❹ Scheingrund, Ausrede; ❺ der vorliegende Fall, Gegenstand, Sachverhalt, Thema, Streitpunkt; ❻ Streitsache, Rechtsfall, Prozess; **-am perdere** *u.* **-ā cadere** den Prozess verlieren; **-am obtinere** gewinnen; **-am agere** einen Prozess führen; ❼ Sache, Interesse, Partei [**publica** Staatsinteresse]; ❽ Angelegenheit; ❾ Lage, Verhältnisse, Umstände; ❿ persönliche Beziehungen, (Freundschafts-)Verhältnis *(mit od. zu jmdm.: cum alqo).*
**causārius**, a, um kränklich; – *Subst.* **causāriī,** ōrum *m* Invaliden.
**causia**, ae *f (gr. Fw.) (nachkl.)* breitkrempiger Hut.
**causi-dicus**, ī *m (causa u. dico[1])* Rechtsbeistand, Rechtsanwalt.
**causi-ficor**, -ficārī = *causor.*
**causor**, causārī *(causa)* als Grund angeben, vorschützen.
**caussa** = *causa.*
**causticus**, a, um *(gr. Fw.) (nachkl.)* brennend, beizend.
**causula**, ae *f (Demin. v. causa)* ❶ unbedeutende Veranlassung; ❷ unbedeutender Rechtsfall.
**cautēs** *u.* **cōtēs**, is *f* Riff, Fels.
**cautiō**, ōnis *f (caveo)* ❶ Vorsicht, Behutsamkeit; ❷ *(jur. t. t.)* Sicherheit, Gewährleistung, Bürgschaft, Kaution.
**cautor**, ōris *m (caveo)* der etw. abwendet [**periculi**].
**cautus**, a, um *(caveo)* **I.** *akt.* ❶ vorsichtig, behutsam; ❷ *(poet.)* schlau, listig; **II.** *pass.* sichergestellt [**nummi**].
**cav-aedium**, ī *n* (< *cavum aedium, eigtl.* „das Hohle des Hauses“) Innenhof *eines röm. Hauses.*
**cavea**, ae *f (cavus)* ❶ Käfig; ❷ *(poet.)* Bienenstock; ❸ Zuschauerraum [**prima** der erste Rang; **ultima** *od.* **summa** die letzten *od.* obersten Sitzreihen]; ❹ *(nachkl.) (meton.)* die Zuschauer, Publikum.
**caveō**, cavēre, cāvī, cautum ❶ sich hüten, sich

C

in Acht nehmen *(vor: m. Akk.; ab; ne: sich davor hüten, dass; ut: dafür sorgen, dass)*; – **cavē** *u. Pl.* **cavēte** *m. Konj. od. ne (poet. m. Inf.)* ja nicht: **cave credas** glaube ja nicht; ❷ Vorsichtsmaßregeln treffen, Fürsorge treffen *(für: m. Dat.; geg. etw.: ab)* [**civitatibus; ab invidia**]; ❸ *(jur. t. t.)* **a)** sich sicherstellen, sich Gewähr leisten lassen, sich Kaution geben lassen; **b)** jmd. sicherstellen, jmdm. Gewähr leisten, Kaution stellen, jmdm. bei Kautionen Rechtsbeistand leisten, jmdm. Sicherheit verschaffen [**in iure**]; ❹ festsetzen, bestimmen.

**caverna**, ae *f (cavus)* Höhle, Grotte, Höhlung [**navigii** *od.* **puppis** hohler Schiffsraum].

**cāvī** *Perf v. caveo.*

**cavillātiō**, ōnis *f (cavillor)* ❶ Neckerei, Stichelei, Spott; ❷ *(nachkl.)* leeres, sophistisches Gerede.

**cavillātor**, ōris *m (cavillor)* ❶ Spötter; ❷ *(nachkl.)* Sophist, Scheingelehrter.

**Cavillōnum**, ī *n Ort der Häduer (in Gallien).*

**cavillor**, cavillārī ❶ jmd. necken, hänseln, sich lustig üb. etw. machen *(m. Akk.; auch in alqo u. cum alqo)*; ❷ Ausflüchte suchen.

**cavō**, cavāre *(cavus)* ❶ aushöhlen; – *P. Adj.* **cavātus**, a, um ausgehöhlt, hohl [**rupes; cortices**]; ❷ hohl ausarbeiten [**vas ex lapide**]; ❸ *(poet.)* durchbohren.

**cavum**, ī *n (cavus)* Höhlung, Loch.

**cavus I.** *Adj.* a, um ❶ hohl; gewölbt; ❷ *(poet.)* umhüllend [**nubes**]; ❸ *(poet.)* nichtig, gehaltlos; **II.** *Subst.* ī *m* Höhlung, Loch.

**Caystros** *u.* **-us**, ī *m Fluss in Ionien, b. Ephesus ins Ägäische Meer mündend; – Adj.* **Caystrius**, a, um [**ales** Schwan].

**-ce** *demonstr. Partikel* hier, da *(an Pron. angehängt)* [**huiusce; hisce**]; *oft zu -c verkürzt* [**hic; hinc**].

**Cēa** *u.* **Cīa**, ae *u.* **Ceōs**, ō *f Zykladeninsel im Ägäischen Meer; – Adj.* **Cēus** *u.* **Cīus**, a, um.

**Cebenna**, ae *m (mons) die Cevennen in Südfrankreich.*

**cecidī**[1] *Perf. v. cado.*

**cecīdī**[2] *Perf. v. caedo.*

**cecinī** *Perf. v. cano.*

**Cecrops**, opis *m ältester König v. Attika; – Nachk.* **Cecropidēs**, ae *m* (*Pl.* die Athener) *u.* **-pis**, idis *f (auch Adj.)*; *– Adj.* **Cecropius**, a, um des Cecrops, *(poet.)* attisch [**cothurnus** die attische Tragödie].

**cēdō**[1], cēdere, cessī, cessum **I.** *intr.* ❶ (einher)gehen, schreiten; ❷ *(poet.; nachkl.)* vonstattengehen, ablaufen [**prospere**]; ❸ in etw. übergehen, sich verwandeln; ❹ zufallen, auf jmd. *od.* auf etw. übergehen *(m. Dat.; in u. Akk.)*; **praeda victoribus cessit;** ❺ widerfahren; ❻ *(nachkl.)* f. etw. gelten; ❼ weggehen, weichen [**hosti; senatu** ausscheiden; **(e) patria; (e) vita** sterben]; ❽ *(v. Truppen)* sich zurückziehen; ❾ *(v. Lebl.)* weichen, (ver)schwinden, vergehen; **horae cedunt et dies; cessit pudor;** ❿ nachgeben, sich fügen [**tempori; pluribus** der Mehrheit]; ⓫ aus dem Wege gehen, meiden; ⓬ etw. aufgeben, auf etw. verzichten *(m. Abl.)* [**agrorum possessione**]; ⓭ nachstehen, den Vorrang einräumen [**Graecis nihil** in nichts; **virtute nostris** an Tapferkeit]; **II.** *trans.* ❶ abtreten, überlassen; ❷ einräumen, zugestehen *(dass: ut m. Konj.)*.

**cedo**[2], *Pl. arch.* **cette** *(ce u. *dō, date, Imp. zu dare)* ❶ gib her, her damit, bring her; ❷ lass hören, heraus damit [**tuum consilium**]; ❸ da sieh nur.

**cedrus**, ī *f (gr. Fw.) (poet.; nachkl.)* ❶ Zeder; ❷ *(meton.)* **a)** Zedernholz; **b)** Zedernöl.

**celeber**, bris, bre (*nachkl.* **celebris**, bre) ❶ berühmt, bekannt, vielgenannt, allgemein verbreitet; ❷ festlich, feierlich (begangen) [**dies festus; convivium**]; ❸ *(v. Örtl.)* **a)** stark besucht, belebt [**forum**]; **b)** stark bevölkert [**urbs**].

**celebrātiō**, ōnis *f (celebro)* ❶ zahlreicher Besuch; ❷ glänzende Feier, feierliches Begehen [**ludorum**].

**celebrātus**, a, um *(P. Adj. v. celebro)* ❶ zahlreich besucht [**forum**]; ❷ feierlich (begangen) [**dies festus**]; ❸ bekannt, berühmt.

**celebris** *s. celeber.*

**celebritās**, ātis *f (celeber)* ❶ Belebtheit, lebhafter Verkehr; ❷ Andrang, zahlreicher Besuch, große Volksmenge; ❸ Häufigkeit, häufiges Vorkommen; ❹ Berühmtheit; ❺ Feierlichkeit, festliches Begehen.

**celebrō**, celebrāre *(celeber)* ❶ rühmen, verherrlichen; ❷ zahlreich besuchen, beleben, füllen; ❸ umdrängen; begleiten; ❹ festlich begehen, feiern [**festum canendo**]; ❺ eifrig betreiben, ausüben [**artes**]; ❻ allgemein bekannt machen, verbreiten; ❼ *(poet.)* m. etw. erfüllen [**ripas carmine**].

**celer**, leris, lere ❶ *(poet.)* schnell, rasch, eilend [**equus; classis**]; ❷ *(übtr.)* schnell (eintretend) [**remedium** schnell wirkend; **victoria** schnell errungen]; ❸ schnell denkend, gewandt; ❹ zu schnell, übereilt, hitzig [**consilia**].

**Celerēs**, rum *m älteste Bez. der röm. Ritter.*

**celeri-pēs**, *Gen.* pedis *(celer)* **I.** *Adj.* schnellfüßig; **II.** *Subst. m* Eilbote.

**celeritās**, ātis *f (celer)* ❶ Schnelligkeit; ❷ Geläufigkeit *(der Rede u. Ä.)*; ❸ geistige Regsamkeit, Gewandtheit [**consilii; ingenii** Geistesgegenwart; **respondendi** Schlagfertigkeit].

**celerō**, celerāre *(celer) (poet.; nachkl.)* **I.** *trans.* beschleunigen; **II.** *intr.* eilen.

**Celeus**, ī *m myth. König in Eleusis (in Griechenland).*

**cella**, ae *f* „Zelle“: ① Kammer, Stübchen *(zum Wohnen)*; ② Vorrats-, Speisekammer, Keller; ③ Heiligtum im Tempel; ④ *(poet.)* Bienenzelle.

**cellula**, ae *f (Demin. v. cella)* Kämmerchen.

**cēlō**, cēlāre ① etw. vor jmdm. verheimlichen, geheim halten, verhehlen *(alqm alqd; indir. Frages.)*; **deus homines res futuras celavit;** – *Pass.* **celor de re** mir wird etw. verheimlicht; ② jmd. in Unkenntnis üb. etw. (er)halten *(alqm de re)*; **celo eos de consiliis meis;** – *Pass.* **celor de re** man hält mich üb. etw. in Unkenntnis; ③ verhüllen, bedecken [**vultus manibus**]; ④ verbergen, verstecken [**alqm silvis**].

**celōx**, ōcis *m u. f (celer)* Schnellsegler, Jacht.

**celsus**, a, um ① hoch(ragend), aufgerichtet; ② *moral.* hochstehend, edel; ③ hochmütig.

**Celsus**, ī *m röm. cogn.*: **A. Cornelius** ~ *Arzt z. Zt. des Tiberius.*

**Celtae**, ārum *m* die Kelten; – **Celticum**, ī *n* das Keltenreich.

**Celt-ibērī**, ōrum *m* die Keltiberer, *Volk im nördl. Spanien; – ihr Land:* **Celtibēria**, ae *f;* – *Adj.* **Celtibēricus**, a, um.

**Celticum**, ī *n s. Celtae.*

**cēna**, ae *f* Hauptmahlzeit *der Römer um 3–4 Uhr nachmittags,* Mittagessen, Essen; *auch* Gastmahl; **ad -am alqm invitare; -am apparare** vorbereiten; **inter** *od.* **super -am** bei Tisch.

**Cēnabum**, ī *n Hauptstadt der Carnutes in Gallien, später (Civitas) Aurelianensis, j.* Orléans; – *Einw. u. Adj.* **Cēnabēnsis**, is *m bzw.* e.

**cēnāculum**, ī *n (ceno)* ① Speisezimmer *(meist im oberen Stock gelegen)*; ② Obergeschoss; *übh.* Stockwerk; ③ Dachstübchen.

**cēnātiō**, ōnis *f (ceno) (poet.; nachkl.)* Speisezimmer.

**cēnātiuncula**, ae *f (Demin. v. cenatio) (nachkl.)* kleines Speisezimmer.

**cēnitō**, cēnitāre *(Frequ. v. ceno)* zu speisen pflegen.

**cēnō**, cēnāre *(cena)* **I.** *intr.* (zu Mittag) speisen, essen; – *Part. Perf.* **cēnātus**, a, um der gespeist hat, nach dem Essen; **II.** *trans.* verspeisen, verzehren.

**Cenomanī**, ōrum *m Stamm der Aulerci in Gallien.*

**cēnseō**, cēnsēre, cēnsuī, cēnsum ① *(jur. t. t.) (als Zensor)* das Vermögen der röm. Bürger schätzen, jmd. auf sein Vermögen hin einschätzen; **censum** ~ die Schätzung vornehmen; **legem censui censendo dicere** die Schätzungsformel *(censendi formula)* feststellen; **capite censi** die *(nach Köpfen gezählte)* unterste, ärmste Bürgerklasse; ② *(jur. t. t.) die Personen (Bürger, Sklaven)* zählen; ③ *(akt. u. mediopass.)* sein Vermögen angeben; ④ *übh.* (ab)schätzen, prüfen; ⑤ meinen, der Ansicht sein *(m. A. C. I.), (m. dopp. Akk.)* halten für; ⑥ zu etw. raten, *(v. Senatoren)* etw. beantragen, f. etw. stimmen *(m. A. C. I., bes. des Gerundivs; m. Akk.; m. ut od. ne; m. Inf. Pass.)*; ⑦ *(v. Senat)* beschließen, verordnen *(alqd; de re; m. A. C. I., bes. des Gerundivs; m. ut od. ne)*; ⑧ *(nachkl.) (alci alqd)* durch Senatsbeschluss jmdm. etw. zuerkennen.

**cēnsor**, ōris *m (censeo)* ① Zensor, *seit 443 v. Chr. wurden je zwei Zensoren, urspr. auf 5, später auf 1½ Jahre, gewählt; ihre Aufgaben: a) Volkszählung sowie Vermögenseinschätzung u. Klassifizierung der röm. Bürger; b) Sittenkontrolle; c) Verpachtung der Staatsländereien sowie Errichtung u. Instandhaltung der öffentl. Bauten; das Zensorenamt wurde fast nur gewesenen Konsuln verliehen;* ② strenger (Sitten-)Richter; ③ scharfer Kritiker.

**cēnsōrius** *(censor)* **I.** *Adj.* a, um ① zensorisch, des Zensors; ② streng richtend; **II.** *Subst.* ī *m* gewesener Zensor.

**cēnsūra**, ae *f (censeo)* ① Zensoramt, Zensur; ② Sittenkontrolle.

**cēnsus**, ūs *m (censeo)* ① der Zensus, Vermögenseinschätzung; ② Volkszählung; ③ *(meton.)* Bürger- *od.* Steuerliste; ④ Vermögen, Besitz.

**centaurēum** *u.* **centaurium**, ī *n (gr. Fw.) (poet.; nachkl.)* Tausendgüldenkraut.

**Centaurēus** *u.* **-ricus**, a, um *Adj. zu Centaurus:* des Kentauren, der Kentauren.

**Wissen: Antike**

**Centaurus** (ī *m*) – Ein Kentaur ist ein **Mischwesen** in der griechischen Mythologie, mit dem Unterkörper eines Pferdes und dem Oberkörper eines Menschen. Die Kentauren waren wilde, unbeherrschte und tierisch brutale Gesellen, die in den Bergwäldern Nordgriechenlands, in Thessalien, umherschweiften. Sie waren die Söhne von König Ixion und einer Wolke. Eine Ausnahme bildet der berühmte Kentaur Chiron, der von Saturn (Kronos) gezeugt wurde und im Gegensatz zu den anderen Kentauren weise und gütig war. **Centaurus** ist auch der Name eines **Sternbildes**, in dem eben dieser Chiron von Jupiter verewigt wurde.

**centēnus**, a, um *(centum)* ① *(poet.)* hundertmal vorhanden; ② *Pl.* **centēnī**, ae, a je hundert.

**centēsima**, ae *f (centesimus; erg. pars)* ① ein Hundertstel, ein Prozent; ② einprozentige Abgabe; – *Pl. v. Zinsen:* 1 % monatl. ≈ 12 % jährl.

**centēsimus**, a, um *(centum)* der hundertste.
**centi-ceps**, cipitis *(centum u. caput) (poet.)* hundertköpfig.
**centiē(n)s** *Adv. (centum)* hundertmal.
**centi-manus**, a, um *(centum) (poet.)* hundertarmig.
**centō**, ōnis *m* aus Lappen bestehendes Flickwerk, Lumpen(rock), Matratze.
**centum** ① hundert; ② *(poet.)* viele.
**centum-geminus**, a, um *(poet.)* hundertfältig, -armig.
**centumvirālis**, e *(centumviri)* zu den Zentumvirn gehörig, Zentumviral-.
**centum-virī**, ōrum *m* die Hundertmänner, Zentumvirn *(Richterkollegium f. Privatrecht)*.
**centunculus**, ī *m (Demin. v. cento)* kleiner Lappen.
**centuria**, ae *f (centum)* ① *(milit.)* Hundertschaft, Zenturie *(urspr. 100, später 60 Mann)*; ② Zenturie *(als Abstimmungsabteilung)*; ③ Feldbezirk *(Quadrat od. Rechteck v. 100, später 200 iugera)*.
**centuriātim** *Adv. (centuria)* zenturienweise.
**centuriātus**, ūs *m* ① *(v. centurio¹)* Zenturionenamt; ② *(v. centurio²)* Einteilung in Zenturien.
**centuriō¹**, ōnis m *(centuria)* Anführer einer Zenturie, Zenturio, Hauptmann [**classiarius** Kapitän].
**centuriō²**, centuriāre *(centuria)* in *od.* nach Zenturien einteilen, *u. zwar* **a)** *die Legionstruppen* [**iuventutem**]; **b)** *die röm. Bürger; dah.* **comitia centuriata** Zenturiatkomitien *(Volksversammlung, in der nach Zenturien abgestimmt wurde)*.
**centuriōnātus**, ūs *m (centurio¹) (nachkl.)* Zenturionenwahl.
**cēnula**, ae *f (Demin. v. cena)* kleine Mahlzeit.
**Ceōs**, ō *f* = *Cea.*
**cēpa**, ae *f u. (poet.)* **cēpe**, pis *n* Zwiebel.
**Cephallānia** (*u.* **-llēnia**), ae *f die größte der Ionischen Inseln (südl. Adria), j.* Kefallinia; – *Bew.* **Cephallānes** u. **-llēnes**, num *m.*
**Cēphēnes**, num *m äthiopische Völkerschaft;* – *Adj.* **Cēphēnus**, a, um.
**Cēpheūs**, eī *u.* eos *m König in Äthiopien, Vater der Andromeda;* – *Adj.* **Cēphē(i)us**, a, um.
**Cēphīsus**, ī *m* ① *Fluss in Böotien, als Flussgott Vater des Narcissus;* – *Adj.* **Cēphīsius**, a, um, *fem. auch* **Cēphīsis**, idis; ② *Fluss in Attika;* – *Adj. fem.* **Cēphīsias**, adis.
**cēpī** *Perf. v. capio.*
**cēra**, ae *f* ① Wachs; ② *(meton.)* **a)** m. Wachs überzogene Schreibtafel; **b)** Wachsbild, *bes. Pl. (poet.)* Ahnenbilder aus Wachs; **c)** Wachssiegel; **d)** *(poet.)* Wachsschminke; **e)** *(poet.)* Wachszelle der Bienen.
**Ceramīcus**, ī *m* „Töpfermarkt", *Stadtteil u. Platz in Athen.*
**cērārium**, ī *n (cera)* Siegelgebühr *f. verbrauchtes Wachs.*
**cerasus**, ī *f (gr. Fw.)* Kirschbaum; *(poet.; nachkl.) auch* Kirsche *(v. Lucullus 76 v. Chr. eingeführt)*.
**cērātus**, a, um *(cera)* m. Wachs überzogen; m. Wachs zusammengefügt.
**Cerberus** *u.* **-os**, ī *m* Höllenhund; – *Adj.* **Cerbereus**, a, um.
**Cercōpes**, pum *m myth. Räubervolk auf der Insel Aenaria (j. Ischia), das v. Jupiter in Affen verwandelt wurde.*
**cercopithēcus** *u.* **-os**, ī *m (gr. Fw.)* Meerkatze.
**cercūrus**, ī *m (gr. Fw.)* Schnellsegler.
**Cereālia, Cereālis** *s. Ceres.*
**cerebrōsus**, ī *m (cerebrum) (poet.)* Hitzkopf.
**cerebrum**, ī *n* ① Gehirn; ② *(poet.)* Verstand; ③ *(poet.)* Hitzköpfigkeit.
**Cerēs**, Cereris *f* ① *Göttin des Ackerbaus u. der Ehe, Mutter der Proserpina;* – *Adj.* **Cereālis** *u.* **Ceriālis**, e der Ceres (heilig); – **Cereālia,** ium *n* Ceresfest *am 12. April;* ② *(meton.)* Saat, Getreide, Brot; – *Adj.* **Cereālis** *u.* **Ceriālis,** e Getreide-, Brot-.
**cēreus** *(cera)* **I.** *Adj.* a, um ① aus Wachs, Wachs-; ② *(poet.; nachkl.)* wachsfarbig, -gelb, *auch* weiß wie Wachs; ③ *(poet.)* geschmeidig wie Wachs, leicht biegsam; **II.** *Subst.* ī *m* Wachskerze, -fackel.
**Ceriālis** *s. Ceres.*
**cērintha**, ae *f (gr. Fw.) (poet.; nachkl.) (bot.)* Wachsblume.
**cernō**, cernere, crēvī, crētum ① sichten, wahrnehmen, deutlich sehen; ② **mente** *od.* **animo** *od.* **ingenio ~** *(geistig)* erkennen, einsehen, sich überzeugen; – Pass. sich zeigen, sich erkennen lassen; ③ unterscheiden; ④ *(poet.; nachkl.)* trennen, auslesen; ⑤ entscheiden *(bes. v. Los)*; ⑥ *(fast nur in der Gesetzesspr.)* sich f. etw. entscheiden, etw. beschließen; ⑦ *(poet.; nachkl.)* kämpfen [**ferro; vitam** um das Leben; **de victoria**]; ⑧ *(jur. t. t.)* **hereditatem ~** sich f. die Annahme einer Erbschaft entscheiden, die Erbschaft annehmen.
**cernulō**, cernulāre *(cernuus) (nachkl.)* jmd. kopfüber stürzen.
**cernuus**, a, um *(poet.)* kopfüber stürzend, sich überschlagend.
**cērōma**, atis *n (gr. Fw.) (poet.; nachkl.)* ① *v. den Ringkämpfern benutzte* Wachssalbe; ② *(meton.)* Ringplatz; das Ringen.
**cerrītus**, a, um verrückt, toll.
**certāmen**, minis *n (certo¹)* ① Wettkampf, -streit [**gladiatorium; quadrigarum**]; ② Wetteifer *(um etw.: m. Gen.; de)*; ③ Kampf, Gefecht, Schlacht [**navale**]; ④ Streit(igkeit), *Pl.* Händel *(um etw.: m. Gen.)* [**iuris** um das Recht].

**certātim** *Adv. (certatus v. certo[1])* um die Wette.

**certātiō**, ōnis *f (certo[1])* ① Wettkampf; Wetteifer; ② Streit(igkeit); Streit, Verhandlung *(vor Gericht)*.

**certē** *Adv. (v. certus)* ① gewiss, sicher(lich), ohne Zweifel; ② *(in Antworten)* allerdings, gewiss; ③ *(beschränkend)* doch wenigstens.

**certō[1]**, certāre *(certus)* ① wetteifern [**cum civibus de virtute**]; ② kämpfen [**de imperio cum populo Romano; cum Gallis pro salute**]; ③ streiten; ④ *(vor Gericht)* streiten, verhandeln *(üb. etw.: m. Akk.)* [**multam** üb. die Strafe].

**certō[2]** *Adv. (v. certus)* sicher, gewiss.

**certus**, a, um *(Adv. -ē u. -ō, s. d.) (cerno)* ① sicher, gewiss; **-um est** es steht fest; **pro -o habere** f. gewiss halten; ② festgesetzt, bestimmt [**dies**]; ③ *(v. Personen)* zuverlässig, glaubwürdig [**accusator**]; ④ *(v. Sachen)* sicher, unzweifelhaft, unbestreitbar [**oraculi fides**]; ⑤ *(v. Sachen)* entschieden, beschlossen [**consilium**]; (**mihi) -um est** *(m. Inf.)* es ist mein fester Entschluss; ⑥ *(poet.; nachkl.)* entschlossen *(zu etw.: m. Inf.; m. Gen.)* [**mori; eundi**]; ⑦ benachrichtigt; – **certiorem facere** *u.* **certum facere** benachrichtigen *(üb.: de; m. Gen.; A. C. I.); Pass.* **certior fio**.

**cērula**, ae *f (Demin. v. cera)* ein Stückchen Wachs [**miniata** Rotstift].

**cērussa**, ae *f (poet.)* Bleiweiß *(zum Malen u. als Schminke gebraucht)*.

**cerva**, ae *f (cervus)* Hirschkuh, *übh.* Hirsch.

**cervīcal**, ālis *n (cervix) (nachkl.)* Kopfkissen.

**cervīcula**, ae *f (Demin. v. cervix)* kleiner Nacken.

**cervīnus**, a, um *(cervus)* Hirsch-.

**cervīx**, īcis *f (meist Pl.)* Hals, Nacken, Genick; **cervices alci** *od.* **alcis frangere** jmd. hinrichten; **alci cervices dare** sich v. jmdm. töten lassen; *bes. übtr.:* **esse in cervicibus alcis** jmdm. auf dem Nacken sitzen, jmd. bedrängen, *bes. v. Feind;* unmittelbar bevorstehen; **dare cervices** sich fügen [**crudelitati**].

**cervus**, ī *m* ① Hirsch; ② *Pl.* gabelförmige Palisaden.

**cēryx**, ȳcis *m (gr. Fw.) (nachkl.)* Herold.

**cessātiō**, ōnis *f (cesso)* ① Ruhe, Untätigkeit; ② das Zögern, Saumseligkeit.

**cessātor**, ōris *m (cesso)* der Langsame, Müßiggänger.

**cessī** *Perf. v. cedo[1]*.

**cessiō**, ōnis *f (cedo[1])* Abtretung, Übergabe [**in iure** durch Erklärung vor Gericht].

**cessō**, cessāre *(Frequ. v. cedo[1])* **I.** *intr.* ① zögern, säumen; ② in etw. nachlassen [**in studio suo**]; ③ es an etw. fehlen lassen *(m. Abl.)*; ④ rasten, ruhen, untätig sein; ⑤ *(nachkl.) (v. Acker)* brachliegen; **II.** *trans. (poet.)* etw. versäumen, untätig hinbringen.

**cestrosphendonē**, ēs *f (gr. Fw.)* Wurfmaschine, Geschütz *(f. Pfeile)*.

**cētārium**, ī *n (cetus) (poet.)* Thunfischbucht.

**cētē** *s. cetus.*

**cētera** *u.* **ad cētera** *Adv. (ceterus)* im Übrigen, sonst.

**cēterō** *u.* **dē cēterō** *Adv. (ceterus)* übrigens.

**cēterō-quī(n)** *Adv.* im Übrigen, sonst.

**cēterum** *Adv. (ceterus)* ① im Übrigen, sonst; ② *(nachkl.)* aber, doch, dagegen.

**cēterus**, a, um der Übrige, andere *(Sg. nur b. Kollektiven)* [**exercitus; praeda**]; *meist Pl.* **cēterī,** ae, a die Übrigen, die anderen.

**Cethēgus**, ī *m cogn. in der gens Cornelia:* ① **M. Cornelius ~** *Konsul 204 v. Chr., Redner;* ② **C. Cornelius ~** *Mitverschworener Catilinas.*

**cētra**, cētrātus *s. caetr…*

**cette** *s. cedo[2]*.

**cētus**, ī *m (Pl.* cētē *n undekl.) (gr. Fw.) jedes große Seetier, wie* Walfisch, Hai, Delphin.

**ceu I.** *Adv.* so wie, gleichwie; **II.** *Kj. m. Konj.* als ob, wie wenn.

**Cēus** *s. Cea.*

**Ceutronēs**, num *m* ① *Volk im belg. Gallien;* ② *Volk in den Westalpen.*

**Cevenna** = *Cebenna.*

**chalcaspides**, dum *m (gr. Fw.) m. Erzschilden bewaffnete makedon. Truppen.*

**Chalcēdōn** = *Calchedon.*

**Chalcis**, idis *f Hauptstadt v. Euböa (Griechenland); – Einw.* **-cidēnsēs**, ium *m; – Adj.* **-cidēnsis**, e *u.* **-cidicus**, a, um; *– Subst.* **Chalcidicum,** ī *n* Vorhalle einer Basilika.

**Chaldaea**, ae *f südwestl. Teil v. Babylonien;* – **Chaldaeī**, ōrum *m* **a)** Chaldäer, *durch Astronomie, Astrologie u. Zauberei bekannt, dah.* **b)** Astrologen, Wahrsager; *– Adj.* **-dae(ic)us**, **-daïcus**, a, um chaldäisch.

**chalybēius**, a, um *(gr. Fw.) (poet.)* stählern, Stahl-.

**Chalybes**, bum *m Volk in Pontus am Schwarzen Meer, ber. durch Stahlarbeiten.*

**chalybs**, ybis *m (gr. Fw.)* ① *(poet.; nachkl.)* Stahl; ② *(nachkl.) (meton.)* Schwert.

**Chāones**, num *m* die Chaonier, *Volk im nordwestl. Epirus in der Landschaft* **Chāonia**, ae *f j.* Canina *in Albanien; – Adj.* **Chāonius**, a, um *u. fem.* **Chāonis**, idis chaonisch, *poet. auch* epirotisch *u.* dodonäisch [**pater** Jupiter].

**chaos** *n (nur Nom., Akk. u. Abl.* chaō*) (gr. Fw.) (poet.; nachkl.)* das Chaos: ① *die* formlose Urmasse, *aus der das Weltall entstand;* ② der unendliche, leere Raum als Reich der Finsternis, die Unterwelt.

**chara**, ae *f essbare* Knollenfrucht *v. bitterem Geschmack.*

C

**charistia**, ōrum *n = caristia.*
**Charites**, tum *f (poet.; nachkl.)* die *drei* Grazien *(= Gratiae).*
**Charmidēs**, dāī *u.* dī *m griech. Eigenname, komischer Alter b. Plautus.*

**Wissen: Antike**
**Charōn** (ontis *u.* ōnis *m*) - Charon ist in der griechischen Mythologie ein alter, grimmiger Fährmann, der die Seelen der Verstorbenen in die Unterwelt brachte, indem er sie mit seinem Kahn für ein kleines Entgelt über den Unterweltfluss Acheron oder Styx setzte. Um sicherzugehen, dass die Verstorbenen die Überfahrt bezahlen konnten, legten ihnen daher die Griechen eine Münze unter die Zunge, bevor sie sie bestatteten.

**charta**, ae *f (gr. Fw.)* ❶ Papyrusblatt, Papier; ❷ *(meton.)* Schrift(stück), Buch, Brief, Gedicht.
**chartula**, ae *f (Demin. v. charta)* Briefchen.
**Charybdis**, is *f* ❶ *ein Meeresstrudel in der Straße v. Messina, gegenüber der Skylla, der dreimal täglich die Flut einschlürfte und wieder aussprudelte, im Altertum als verschlingendes Ungeheuer personifiziert;* ❷ *(übtr.)* Habgier.
**chasma**, atis *n (gr. Fw.) (nachkl.)* Riss, Kluft.
**Chattī** *u.* **Cattī**, ōrum *m germ. Volk in Hessen;* – *Adj.* **Chattus,** a, um.
**Chaucī**, ōrum *m germ. Volk an der Nordsee,* die Ostfriesen.
**chēlae**, ārum *f (gr. Fw.) (astron. t. t.)* die Scheren des Skorpions *u.* die Waage.
**chelydrus**, ī *m (gr. Fw.) (poet.; nachkl.)* Schildkrötenschlange.
**chelys**, yos *f (Akk.* -yn) *(gr. Fw.) (poet.)* Lyra.
**chēragra**, ae *f (poet) = chiragra.*
**Cherronēsus** *u.* **Chersonēsus**, ī *f „Halbinsel“* ❶ **~ Taurica** die Krim; ❷ **~ Thracia** die Halbinsel v. Gallipoli.
**Cheruscī**, ōrum *m germ. Volk an der Weser.*
**chīliarchus**, ī *u.* **-chēs**, ae *m (gr. Fw.) (nachkl.)* ❶ Befehlshaber üb. 1000 Mann, Oberst; ❷ *(nur* -us) *(b. den Persern)* Staatskanzler.
**Chimaera**, ae *f Feuer speiendes Ungeheuer.*
**chimaeri-fer**, fera, ferum *(Chimaera u. fero) (poet.)* die Chimaera hervorbringend.
**Chios** *u.* **Chius**, ī *f Insel im Ägäischen Meer;* – *Einw. u. Adj.* **Chīus**, ī *m bzw.* a, um; – **Chīum,** ī *n (erg. vinum) (poet.)* Chierwein.
**chīragra**, ae *f (gr. Fw.) (nachkl.)* Gicht *an der Hand.*
**chīrographum**, ī *n u.* **-us,** ī *m (gr. Fw.)* ❶ eigene Handschrift; ❷ Schriftstück; *(als t. t. der Geschäftsspr.)* Verschreibung.
**Chīrō(n)**, ōnis *m Kentaur, Erzieher des Äskulap, Jason, Achilles u. a.*
**chīrūrgia**, ae *f (gr. Fw.)* ❶ Chirurgie; ❷ Gewaltmaßnahme.
**Chius** *s. Chios.*
**chlamydātus**, a, um *(chlamys)* mit einem Kriegsmantel bekleidet.
**chlamys**, ydis *f (gr. Fw.) griech.* Kriegsmantel.
**Chlōris**, idis *f* („die Grünende“) ❶ *(poet.) Göttin der Blumen;* ❷ *griech. Mädchenname.*
**chorāgium**, ī *n (gr. Fw.) (nachkl.)* Bühnenrequisiten u. Theaterkostüme.
**choraulēs** *u.* **-la**, ae *m (gr. Fw.) (poet.; nachkl.)* Flötenspieler *beim Chortanz.*
**chorda** *u.* **corda**, ae *f (gr. Fw.)* Saite.
**chorēa**, ae *f (Akk.* -ān) *(gr. Fw.)* Chortanz, Reigen.
**chorēus**, ī *m (gr. Fw.)* Choreus *(Versfuß: –⏑).*
**chōrs** *s. cohors.*
**chorus**[1], ī *m (gr. Fw.)* ❶ *(poet.)* Chortanz, Reigen; ❷ die tanzende u. singende Schar, Chor; ❸ *(poet.)* Chor *in der Tragödie;* ❹ Schar, Menge [**philosophorum; virtutum**]; ❺ *(poet.)* Sternenreigen.
**chōrus**[2], ī *m s. caurus.*
**Chremēs**, ētis *m der mürrische Geizhals in der Komödie.*
**Chrīstiānus** *(Christus) (nachkl.)* **I.** *Adj.* a, um christlich; **II.** *Subst.* ī *m* Christ.
**Chrīstus**, ī *m* („der Gesalbte“) *(nachkl.)* Christus.
**Chrȳsēs**, ae *m Apollopriester;* – **Chrȳsēis**, idis *f Tochter des Chryses.*
**Chrȳsippus**, ī *m stoischer Philosoph um 280–* 210 v. Chr., Schüler des Zeno; – Adj. **Chrȳsippēus**, a, um.
**chrȳsolithus** *u.* **-thos**, ī *m u. f (gr. Fw.) (poet.; nachkl.)* Chrysolith, Goldtopas *(Edelstein).*
**Cīa** *s. Cea.*
**cibāria**, ōrum *n (cibus)* ❶ Nahrungs-, Lebensmittel, Proviant, Futter; ❷ Essensration *f. Soldaten;* ❸ Deputatgetreide *der Provinzialmagistrate.*
**cibārius**, a, um *(cibus)* ❶ *(nachkl.)* zur Speise gehörig; ❷ aus grobem Mehl [**panis** grobes Gerstenbrot]; ❸ *(übtr.)* ordinär, gewöhnlich.
**cibātus**, ūs *m (cibo)* Nahrung.
**cibō**, cibāre *(cibus) Tiere* füttern.
**cibōrium**, ī *n (gr. Fw.) (poet.)* Trinkbecher *aus Metall.*
**cibus**, ī *m* ❶ Nahrung, Futter; ❷ *(übtr.)* Nahrung [**furoris**]; ❸ *(poet.)* Köder.
**cicāda**, ae *f (onomatop.) (poet.; nachkl.)* Baumgrille, Zikade.
**cicātrīcōsus**, a, um *(cicatrix) (nachkl.)* narbig.
**cicātrīx**, rīcis *f* ❶ Narbe, Schramme; ❷ *(poet.; nachkl.)* Kerbe; ❸ *(übtr.)* vernarbte Wunde.

**cicer**, eris *n (poet.)* Kichererbse.

**Cicerō**, ōnis *m cogn. in der gens Tullia:* ❶ **M. Tullius ~** *der größte röm. Redner und Stilist (106–43 v. Chr.);* ❷ *sein gleichnamiger Sohn;* ❸ **Q. Tullius ~** *Bruder des Redners.*

**Imperium Romanum**

**Cicerō** - Marcus Tullius Cicero (106–43 v. Chr.) war ein römischer Redner, Politiker und Schriftsteller. Cicero trat bereits früh als brillanter Gerichtsredner hervor. Er rückte als „homo novus" in den Senat ein und deckte als Konsul des Jahres 63 die Verschwörung des Catilina auf. Wegen der angeblich unrechtmäßigen Hinrichtung der Verschwörer wurde er im Jahre 58 verbannt, allerdings ein Jahr darauf wieder zurückgerufen. Danach zog er sich von der aktiven Politik weitgehend zurück und widmete sich hauptsächlich der Schriftstellerei. Nach der Ermordung Cäsars trat er wieder auf die politische Bühne und zog mit seinen „Philippischen Reden" den Hass des Antonius auf sich, der ihn dann im Jahr 43 ermorden ließ.
Cicero hat eine immense Bedeutung als Rhetor und als Stilist. Er hat die lateinische Prosa nachhaltig geprägt und gilt als einer der größten Redner der Antike. Mit seinen philosophischen Schriften trat er als bedeutender Vermittler griechischer Philosophie hervor.

**cichorēum**, ī *n (gr. Fw.) (poet.)* Zichorie, Endivie.

**Cicirrus**, ī *m (onomatop.)* („Kikeriki") *cogn. des Messius als Streiter u. kampflustiger Streithahn.*

**Cicones**, num *m thrak. Volk.*

**cicōnia**, ae *f (poet.; nachkl.)* Storch.

**cicur**, *Gen.* uris zahm.

**cicūta**, ae *f* ❶ *(poet.; nachkl.)* Schierling; ❷ *(poet.) (meton.) die aus einem Schierlingsstängel gefertigte* Rohrpfeife, Schalmei.

**cidaris**, is *f (pers. Wort) (nachkl.)* Tiara *(hoher, spitz zulaufender Turban pers. Könige).*

**cieō**, ciēre, cīvī, citum ❶ in Bewegung setzen, bewegen, rege (er)halten; ❷ *(nachkl.)* herbeirufen; ❸ *(poet.)* zu Hilfe rufen; ❹ (zum Kampf) aufbieten; ❺ aufrufen [**singulos nomine**]; ❻ (aus)rufen, nennen [**nomina singulorum**]; ❼ *(poet.)* ertönen lassen [**gemitūs** stöhnen; **mugitūs** brüllen]; ❽ *Erscheinungen u. Zustände* erregen, aufsteigen lassen, hervorrufen, bewirken [**lacrimas** vergießen *od.* erregen]; ❾ *kriegerische u. polit. Zustände* erregen, hervorrufen, beginnen [**bellum; seditiones**]; ❿ aufregen, in Aufruhr bringen, erschüttern; aufwühlen [**mare; caelum tonitru**]; ⓫ *(jur. t. t.)* **patrem ~** einen Vater angeben, aufweisen *(um seine freie Herkunft zu beweisen).*

**Cilicia**, ae *f* Kilikien, *Landschaft im südöstl. Kleinasien; – Einw.* **Cilix**, licis *m u.* **Cilissa**, ae *f; – Adj.* **Ciliciēnsis**, e, **Cilicius**, a, um *u.* **Cilix**, licis.

**cilicium**, ī *n (Cilicia)* Haarteppich, -decke aus (kilikischen) Ziegenhaaren.

**Cimbrī**, ōrum *m germ. Volk an der unteren Elbe; – Adj.* **Cimbricus**, a, um.

**cīmex**, micis *m* Wanze.

**Cimmeriī**, ōrum *m* ❶ *myth. Volk im äußersten Westen am Eingang zur Unterwelt; – Adj.* **Cimmerius,** a, um finster [**lacus** Unterwelt]; ❷ *thrak. Volk, das die heutige Krim bewohnte; – Adj.* **Cimmerius,** a, um.

**Cimōn**, ōnis *m Sohn des Miltiades (504–449), athen. Feldherr.*

**cinaedus** *(gr. Fw.) (poet.)* **I.** *Subst.* ī *m* Wüstling, Lustmolch; **II.** *Adj.* a, um frech, schamlos.

**cincinnātus**, a, um *(cincinnus)* mit lockigem Haar, gelockt.

**Cincinnātus**, ī *m cogn. des Diktators L. Quinctius, Konsul 460 v. Chr., 458 wurde er zum Diktator berufen, um das v. den Aequern eingeschlossene Heer zu befreien.*

**cincinnus**, ī *m (gr. Fw.)* ❶ künstliche Haarlocke; ❷ *(rhet.)* Schnörkelei *im Ausdruck.*

**Cinciolus**, ī *m (Demin. v. Cincius)* der liebe kleine Cincius.

**Cincius**, a, um *röm. nomen gentile:* ❶ **L. ~ Alimentus** *Annalist z. Zt. des 2. Pun. Krieges;* ❷ **M. ~ Alimentus** *Volkstribun 204 v. Chr., erließ die lex Cincia, die den Anwälten verbot, f. die Führung eines Prozesses Geld anzunehmen.*

**cinctus**[1], ūs *m (cingo)* ❶ das Gürten, Gürtung; ❷ Gurt, Schurz.

**cinctus**[2] *P. P. P. v. cingo.*

**cinctūtus**, a, um *(cinctus[1]) (poet.)* (nur) m. einem Schurz bekleidet *(statt der Tunika)* = altrömisch, altmodisch.

**cinerārius**, ī *m (cinis) Sklave, der die Frisiereisen in glühender Asche erhitzte.*

**Cingetorīx**, rīgis *m* ❶ *Fürst der Treverer in Gallien;* ❷ *britannischer Fürst.*

**cingō**, cingere, cinxī, cinctum ❶ (um)gürten [**latus ense**]; *(poet.; nachkl.) mediopass.* sich (um)gürten [**ferro**]; ❷ umgeben, einschließen; umkreisen; ❸ *(feindl.)* umzingeln, umringen, einschließen [**urbem obsidione**]; ❹ begleiten; ❺ umwinden, umkränzen [**tempora floribus; aram cypresso**].

**cingulum**, ī *n u. (poet.)* **-a**, ae *f (cingo)* ❶ Gurt, Gürtel; ❷ *(poet.; nachkl.)* Wehrgehenk;

C

❸ *(poet.)* Bauchgurt *f. Tiere.*

**Cingulum**, ī *n Bergfestung in Picenum, j.* Cingolo.

**cingulus**, ī *m (cingo)* Erdgürtel, Zone.

C

**cini-flō**, ōnis *m (cinis) (poet.) = cinerarius.*

**cinis**, neris *m (selten f)* ❶ *(poet.; nachkl.)* Asche; ❷ Totenasche; **post cinerem** nach der Verbrennung des Leichnams; ❸ *(meist Pl.)* Brandstätte, Trümmer; **Iliaci cineres;** ❹ *(poet.; nachkl.)* Vernichtung, Zerstörung, Untergang; **in cinerem vertere** vernichten.

**Cinna**, ae *m röm. cogn.:* ❶ **L. Cornelius ~** *Anhänger des Marius; – Adj.* **Cinnānus**, a, um; ❷ *sein gleichnamiger Sohn, einer der Cäsarmörder;* ❸ **C. Helvius ~** *röm. Dichter, Freund Catulls.*

**cinnamum**, ī *n (gr. Fw.) (poet.; nachkl.)* Zimt.

**cinxī** *Perf. v. cingo.*

**ciō**, cīre = *cieo.*

**cippus**, ī *m* ❶ spitzer Schanzpfahl; ❷ *(poet.) (viereckige)* Spitzsäule *als Grabsäule.*

**circā I.** *Adv.* rings um, umher; **II.** *Präp. b. Akk.* ❶ *(räuml.)* **a)** um … herum; **b)** (nahe) bei, in der Nähe von; **c)** in … umher, umher zu; ❷ *(zeitl.) (nachkl.)* um, gegen, ungefähr; ❸ *(b. Zahlen) (nachkl.)* gegen, ungefähr; ❹ *(nachkl.)* bezüglich.

**circāmoerium**, ī *n = pomerium.*

**Circē**, ēs u. **Circa**, ae *f* Kirke, *eine zauberkundige Nymphe; –* **Circaeus**, a um.

**Wissen: Antike**
**Circē** - Kirke ist in der griechischen Mythologie eine zauberkundige Tochter des Sonnengottes Helios. Sie lebte auf der Insel Aiaia (lat. Aea) und verwandelte Besucher ihrer Insel in Tiere. Sie verwandelte die Gefährten des Odysseus in Schweine, wurde aber von Odysseus dazu gezwungen, sie wieder zurückverwandeln. In der römischen Mythologie ist Telegonus, der Sohn von Kirke und Odysseus, der Gründer von Tusculum.

**circēnsis**, e *(circus)* Zirkus- [**ludi**]; *– Subst. Pl.* **circēnsēs,** nsium *m (erg. ludi) (poet.; nachkl.)* Zirkusspiele.

**circinō**, circināre *(circinus) (poet.)* im Kreis durchfliegen, durchkreisen [**auras**].

**circinus**, ī *m (gr. Fw.)* Zirkel.

**circiter** *(circum)* **I.** *Adv.* ❶ *(zeitl. u. b. Zahlen)* ungefähr; **media ~ nocte; ~ tertia pars;** ❷ *(räuml.) (nachkl.)* rings umher; **II.** *Präp. b. Akk. (zeitl.)* um, gegen, ungefähr; **~ meridiem.**

**circitō**, circitāre *(nachkl.)* durchwandern.

**circius**, ī *m (nachkl.)* Nordwestwind.

**circlus**, ī *m (synk. < circulus)* = circulus.

**circu-eō** = *circumeo.*

**circuitiō** *u.* **circumitiō**, ōnis *f (circueo, circumeo)* ❶ indirektes Verfahren, Umweg; ❷ *(milit. t. t.)* das Kontrollieren der Wachen, das Patrouillieren.

**circuitus** *u.* **circumitus**, ūs *m (circueo, circumeo)* ❶ Umlauf, Kreislauf [**solis**]; ❷ Umseglung; ❸ Umfang, Umkreis; **in oppidi circuitu** rings um die Stadt; ❹ Umweg; ❺ *(rhet.)* Periode, zusammengesetzter, längerer Satz.

**circulātim** *Adv. (circulor) (nachkl.)* gruppenweise.

**circulātor**, ōris *m (circulor)* ❶ *(nachkl.)* Marktschreier; ❷ Trödler; **~ auctionum** Auktionströdler.

**circulor**, circulārī *(circulus)* ❶ in Gruppen zusammentreten; ❷ einen Zuhörerkreis um sich bilden.

**circulus**, ī *m (Demin. v. circus)* ❶ Kreis(linie), Ring; **coronae modici -i** v. mäßigem Umfang; ❷ kreisförmiger Körper, Reif, Ring; ❸ *(übtr.)* Kreis, Gesellschaft, Gruppe; ❹ *(astron. t. t.)* Kreisbahn [**stellarum**].

**circum** *(eigtl. Akk. v. circus)* **I.** *Adv.* ❶ im Kreis, ringsum(her); ❷ *(poet.; nachkl.)* auf beiden Seiten; **II.** *Präp. b. Akk.* ❶ (rings) um; ❷ (nahe) bei, in der Nähe von; in jmds. Begleitung, um; ❸ umher zu, umher auf, umher bei.

**circumāctus** *P. P. P. v. circumago.*

**circum-agō**, agere, ēgī, āctum ❶ im Kreis herumführen; ❷ umwenden, umdrehen, umlenken; *refl. u. mediopass.* sich (um)drehen, sich (um)wenden; **ventus se circumagit** schlägt um; **fortuna circumagitur** wendet sich; ❸ *(nachkl.)* herumtreiben; *refl. u. mediopass. (poet.)* umherziehen; ❹ jmd. umstimmen; *Pass.* sich umstimmen lassen; ❺ *(v. der Zeit) refl. u. mediopass.* vergehen, verfließen; **annus circumactus est.**

**circum-arō**, arāre umpflügen.

**circum-cīdō**, cīdere, cīdī, cīsum *(caedo)* ❶ rings(um) abschneiden, beschneiden [**caespitem** ausstechen]; ❷ einschränken, vermindern [**sumptūs**].

**circum-circā** *Adv.* ringsum.

**circumcīsus**, a, um *(P. Adj. v. circumcido)* ❶ steil, abschüssig [**saxum**]; ❷ *(nachkl.) (v. Ausdruck)* kurz gefasst, gedrängt.

**circum-clūdō**, clūdere, clūsī, clūsum *(claudo[1])* ❶ ringsum einschließen; ❷ *(feindl.)* umstellen, umzingeln; ❸ einfassen [**cornua argento**].

**circum-colō**, colere, – – rings um etw. wohnen *(m. Akk.)* [**sinum maris**].

**circum-cursō**, cursāre *(poet.)* umherlaufen, ringsherum laufen.

**circum-dō**, dare, dedī, datum ❶ etw. um etw.

legen, setzen, stellen *(um etw.: m. Dat.)* [**bracchia collo**]; ❷ ringsherum aufstellen, anbringen *(um etw.: m. Dat.)* [**exercitum castris; murum silvae**]; ❸ etw. m. etw. umgeben [**portum moenibus; saltūs canibus** umstellen].

**circum-dūcō**, dūcere, dūxī, ductum ❶ (im Kreis) herumführen, -ziehen [**aratrum**]; ❷ (im Bogen, auf Umwegen) herumführen [**cohortes longiore itinere**].

**circum-eō** *(auch* circueō), īre, iī, itum ❶ etw. umgehen, um etw. herumgehen *(m. Akk.)* [**castra**]; ❷ einschließen, umzingeln; ❸ *(milit.)* die Runde machen, kontrollieren *(m. Akk.)* [**ordines**]; ❹ bereisen [**provincias**]; ❺ besichtigen [**hiberna**]; ❻ v. dem einen zum anderen gehen *(m. Akk.)* [**saucios** der Reihe nach besuchen; **senatum** v. einem Senator zum anderen gehen]; ❼ *(nachkl.)* einen Bogen *od.* Umweg um etw. machen [**fossam**]; ❽ *(nachkl.)* **nomen alcis ~** nicht nennen.

**circum-equitō**, equitāre etw. umreiten.

**circum-errō**, errāre *(nachkl.)* herumirren *(um etw.: m. Dat.)*.

**circum-ferō**, ferre, tulī, lātum ❶ herumtragen, -reichen, -geben; – *pass.* herumgehen [**poculum circumfertur**]; ❷ ringsum verbreiten [**bellum; terrorem**]; ❸ *(ein Glied des Körpers, bes. die Augen)* umherschweifen lassen, herumdrehen, -wenden.

**circum-flectō**, flectere, flexī, flexum *(poet.)* umfahren.

**circum-flō**, flāre rings umwehen.

**circum-fluō**, fluere, flūxī, – **I.** *trans. (poet.; nachkl.)* rings umfließen; **II.** *intr.* ❶ *(v. der Rede)* vor Fülle überströmen; ❷ Überfluss haben *(an etw.: m. Abl.)* [**copiis**].

**circum-fluus**, a, um *(circumfluo) (poet.; nachkl.)* umfließend; umflossen, umströmt.

**circum-flūxī** *Perf. v. circumfluo.*

**circum-fodiō**, fodere, fōdī, fossum *(nachkl.)* rings umgraben [**arborem**].

**circum-forāneus**, a, um *(forum)* ❶ auf den Märkten umherziehend; ❷ auf dem Forum geborgt [**aes** Schulden].

**circum-fremō**, fremere, fremuī, – *(nachkl.)* umlärmen.

**circum-fundō**, fundere, fūdī, fūsum **I.** *Konstr. m. Dat.* ❶ rings um etw. herumgießen; – *mediopass., selten refl.* sich ringsum ergießen, umfließen; ❷ *(mediopass.)* umdrängen; **cedentibus circumfusi** umdrängend; **II.** *Konstr. m. Akk.* ❶ um-, übergießen [**mortuum cerā**]; ❷ umdrängen, umgeben, umringen; umzingeln; ❸ um-, einhüllen; **aër terram circumfundit**.

**circum-gemō**, gemere, – – *(poet.)* rings umbrummen.

**circum-gestō**, gestāre überall herumtragen.

**circum-gredior**, gredī, gressus sum *(gradior) (nachkl.) (feindl.)* umgeben, umringen.

**circum-iaceō**, iacēre, – – ringsherum liegen *(um etw.: m. Dat.)*.

**circum-iciō**, icere, iēcī, iectum *(iacio)* ❶ herumwerfen, -stellen, -legen; ❷ **vallum ~** ringsum einen Wall aufwerfen; ❸ m. etw. umschließen, umgeben; / *P. Adj.* **circumiectus,** a, um **a)** umliegend, ringsum befindlich [**silvae;** *(rings um etw.: m. Dat.)* **aedificia -a muris**]; **b)** umgeben, umschlossen.

**circumiectus**[1], ūs *m (circumicio)* ❶ das Umfassen, Umschlingen; ❷ *(meton.)* Umgebung.

**circumiectus**[2], a, um *s. circumicio.*

**circumitiō**, ōnis *f s. circuitio.*

**circumitus**, ūs *m s. circuitus.*

**circum-lātrō**, lātrāre *(nachkl.)* umbellen, v. allen Seiten anbellen.

**circumlātus** *P. P. P. v. circumfero.*

**circum-ligō**, ligāre ❶ um-, anbinden *(an etw.: m. Dat.)*; ❷ umwickeln, umschlingen.

**circum-linō**, linere, –, litum *(selten* circumliniō, linīre, liniī, –) *(poet.; nachkl.)* ❶ etw. um etw. schmieren, kleben *(um etw.: m. Dat.)*; ❷ beschmieren, bestreichen, überziehen; *meist P. P. P.:* **circumlitus auro / cerā** mit Gold / Wachs überzogen.

**circumlitiō**, ōnis *f (circumlino) (nachkl.)* ❶ Bemalung; ❷ *der Farbton auf Statuen.*

**circumlitus** *P. P. P. v. circumlino.*

**circumlūcēns**, *Gen.* entis *(circum u. luceo) (nachkl.)* hell strahlend, *auch übtr.* [**fortuna**].

**circum-luō**, luere, – – umspülen.

**circumluviō**, ōnis *f (circumluo)* Umspülung, Inselbildung.

**circum-mittō**, mittere, mīsī, missum ❶ auf einem Umweg schicken, einen Umweg nehmen lassen; ❷ überall umherschicken [**praecones**].

**circum-mūgiō**, mūgīre *(poet.)* umbrüllen.

**circum-mūniō**, mūnīre m. einer Mauer einschließen, ummauern.

**circummūnītiō**, ōnis *f (circummunio)* Einschließung.

**circum-padānus**, a, um rings um den Po *(Padus)* (befindlich).

**circum-pendeō**, pendēre, – – *(poet.)* ringsum hängen *(intr.)*.

**circum-plaudō**, plaudere, – – *(poet.)* ringsum m. Klatschen begrüßen.

**circum-plector**, plectī, plexus sum umfassen, umschlingen, umgeben.

**circum-plicō**, plicāre umwickeln, umschlingen.

**circum-pōnō**, pōnere, posuī, positum rings aufstellen, rings herumstellen, -setzen, -legen *(um etw.: m. Dat.)* [**nemus stagno** einen Wald rings um den See anlegen].

C

**circum-pōtātiō**, ōnis *f* Umtrunk.
**circum-rētiō**, rētīre *(rete)* rings umstricken, umgarnen *(übtr.)*.
**circum-rōdō**, rōdere, rōsī, – ❶ *(nachkl.)* ringsum benagen; ❷ *(übtr.)* an etw. herumkauen = zögern, etw. zu sagen.
**circum-saepiō**, saepīre, saepsī, saeptum umgeben, umstellen.
**circum-scindō**, scindere, – – jmdm. die Kleider herunterreißen.
**circum-scrībō**, scrībere, scrīpsī, scrīptum ❶ einen Kreis *(um etw. od. um jmd.)* beschreiben, m. einem Kreis umziehen, umzeichnen [**alqm virgulā**]; beschreiben [**orbem**]; ❷ ab-, begrenzen, beschränken, einschränken [**vitae spatium; alci locum habitandi**]; ❸ jmd. in Schranken halten, in die gehörigen Schranken zurückweisen [**praetorem**]; ❹ *(eine Streitfrage)* umgehen, ausklammern, *(als ungültig)* ausscheiden; ❺ jmd. umstricken, umgarnen, täuschen; / *s. auch circumscriptus.*
**circumscrīptiō**, ōnis *f (circumscribo)* ❶ der beschriebene Kreis; ❷ Begrenzung, Umriss, Umfang; ❸ Betrug, Übervorteilung; ❹ *(rhet. t. t.)* Periode.
**circumscrīptor**, ōris *m (circumscribo 5.)* Betrüger.
**circumscrīptus**, a, um *(P. Adj. m. Komp. v. circumscribo)* ❶ *(rhet.)* scharf begrenzt, genau, abgerundet; ❷ *(nachkl.)* eng begrenzt, beschränkt.
**circum-secō**, secāre, –, sectum (ringsum) beschneiden.
**circum-sedeō**, sedēre, sēdī, sessum ❶ belagern, umzingeln; ❷ *(nachkl.)* rings um jmd. od. etw. herumsitzen *(m. Akk.)*; ❸ jmd. *(m. Bitten, Tränen, Schmeichelworten)* bestürmen [**alqm lacrimis / blanditiis**].
**circumsessiō**, ōnis *f (circumsedeo)* Belagerung.
**circum-sīdō**, sīdere, sēdī, – belagern, umzingeln.
**circum-siliō**, silīre, siluī, – *(salio) (poet.)* herumhüpfen.
**circum-sistō**, sistere, stetī, – ❶ sich um jmd. od. etw. herumstellen, umstellen, umringen *(m. Akk.)*; ❷ *(feindl.)* umstellen, umringen; ❸ *(übtr.)* bedrängen.
**circum-sonō**, sonāre, sonuī, sonātum ❶ rings ertönen, widerhallen; ❷ umtönen, umlärmen, umrauschen.
**circumsonus**, a, um *(circumsono) (poet.)* umlärmend.
**circumspectiō**, ōnis *f (circumspicio)* Umsicht, umsichtiges Erwägen.
**circum-spectō**, spectāre *(Intens. bzw. Frequ. v. circumspicio)* **I.** *intr.* immer wieder rings umherschauen, sich rings umsehen; **II.** *trans.* ❶ rings betrachten *(erwartungsvoll, ängstlich, argwöhnisch)* [**patriciorum vultūs**]; ❷ nach etw. *od.* jmdm. suchend umherblicken, sich umsehen; ❸ etw. ausfindig zu machen suchen, auf etw. lauern [**bellum armaque; fugam**].
**circumspectus**[1], ūs *m (circumspicio)* ❶ das Umherblicken, Umherspähen, Umschau; ❷ *(übtr.)* Betrachtung, Erwägung.
**circumspectus**[2], a, um *(P. Adj. v. circumspicio) (poet.; nachkl.)* überlegt, vorsichtig, besonnen.
**circum-spiciō**, spicere, spexī, spectum *(specto)* **I.** *intr.* ❶ sich umschauen, umherspähen; ❷ darauf achten, dass *(m. ut, ne)*; **II.** *trans.* *(poet.; nachkl.)* ❶ betrachten, mustern [**urbis situm**]; ❷ bedenken, erwägen, überlegen [**pericula; alcis consilia animo**]; ❸ sich nach etw. *od.* jmdm. umsehen, suchen, verlangen [**externa auxilia**]; / *s. auch circumspectus*[2].
**circumstantia**, ae *f (circumsto) (nachkl.)* Umgebung.
**circum-stetī** *Perf. v. circumsisto u. circumsto.*
**circum-stō**, stāre, stetī, – **I.** *intr.* rings umherstehen; **II.** *trans.* umgeben, umringen; *(feindl.)* belagern, umzingeln; *(übtr.)* bedrängen.
**circum-strepō**, strepere, strepuī, strepitum ❶ umlärmen, umtosen, umrauschen; ❷ *(nachkl.)* laut rufen.
**circum-struō**, struere, strūxī, strūctum *(nachkl.)* rings umbauen, ummauern.
**circum-terō**, terere, – – *(poet.)* „rings umreiben" = dicht umstellen.
**circum-textus**, a, um *(texo) (poet.)* rings verbrämt.
**circum-tonō**, tonāre, tonuī, – *(poet.)* umdonnern, umrauschen.
**circum-tōnsus**, a, um *(tondeo)* ❶ rundgeschoren; ❷ *(nachkl.) (übtr.)* gekünstelt.
**circum-tulī** *Perf. v. circumfero.*
**circum-vādō**, vādere, vāsī, – ❶ umringen, umzingeln; ❷ *(übtr.)* überfallen, befallen; **terror / somnus circumvadit alqm**.
**circum-vagus**, a, um *(poet.)* rings umströmend.
**circum-vallō**, vallāre rings m. einem Wall umgeben, einschließen.
**circum-vāsī** *Perf. v. circumvado.*
**circumvectiō**, ōnis *f (circumvehor)* ❶ Handelsverkehr im Innern [**portorium circumvectionis** Transitzoll]; ❷ Umlauf, Kreisbahn [**solis**].
**circum-vector**, vectārī *(Intens. bzw. Frequ. v. circumvehor)* ❶ immer wieder an *od.* um etw. herumfahren *(m. Akk.)*; ❷ *(poet.) (in der Darstellung)* etw. der Reihe nach durchgehen, beschreiben.
**circum-vehor**, vehī, vectus sum **I.** *trans.* *(nachkl.)* umfahren, -reiten, -segeln; **II.** *intr.* herumfahren, -reiten, -segeln.
**circum-vēlō**, vēlāre *(poet.)* rings umhüllen.

**circum-veniō**, venīre, vēnī, ventum ① umgeben, umringen, umschließen, umfließen; ② *(feindl.)* umzingeln [**hostes a tergo; armis regiam**]; ③ *(übtr.)* umgarnen, umstricken, bedrängen; täuschen.

**circum-vertō**, vertere, vertī, versum umwenden, umdrehen; – *mediopass.* sich umdrehen *(um etw.: m. Akk., z. B. axem).*

**circum-vestiō**, vestīre ringsum bekleiden, bedecken; – *übtr.:* **se dictis ~** sich schützen durch.

**circum-volitō**, volitāre *(Intens. v. circumvolo) (poet.; nachkl.)* **I.** *intr.* umherfliegen; **II.** *trans.* umfliegen, umflattern.

**circum-volō**, volāre *(poet.; nachkl.)* umfliegen, umflattern.

**circum-volvō**, volvere, volvī, volūtum *(poet.; nachkl.)* herumwälzen, -rollen; – *mediopass.* sich drehen *(um etw.: m. Akk., z. B. axem);* **sol circumvolvitur annum** vollendet den Jahreslauf.

**circus**, ī *m (gr. Fw.)* ① Kreis(linie), Ring; ② Rennbahn, Zirkus.

**Imperium Romanum**

**Der Circus Maximus** zwischen dem Palatin und dem Aventin war der größte und älteste **circus** (eine mit Zuschauertribünen umfasste Rennarena) des römischen Reichs, der bereits im fünften vorchristlichen Jahrhundert genutzt wurde (damals natürlich ohne Tribünen). Der Circus Maximus war der Hauptort der römischen Volksbelustigung und ein Brennpunkt des öffentlichen Lebens. Dort wurden Wagenrennen, Prozessionen und Triumphzüge, aber auch Gladiatorenkämpfe veranstaltet. Der Circus Maximus maß in der Länge 600 und in der Breite 150 Meter und bot nach seinem Ausbau in der Kaiserzeit 185.000 Zuschauern Platz (zum Vergleich: die Frankfurter Commerzbank-Arena hat etwa 50.000 Plätze).

**cīris**, is *f (gr. Fw.) (poet.) ein Seevogel.*

**cirrātus**, a, um *(cirrus) (poet.)* in Büscheln.

**cirrus**, ī *m* ① Haarlocke; ② *(poet.)* Franse.

**Cirta**, ae *f Stadt in Numidien, j. (nach Constantinus)* Constantine; – *Einw.* **Cirtēnsēs**, ium *m.*

**cis** *Präp. b. Akk.* ① *(räuml.)* diesseits; ② *(zeitl.) (nachkl.)* binnen, innerhalb.

**cis-alpīnus**, a, um *(Alpes)* diesseits der Alpen *(v. Rom aus betrachtet).*

**cisium**, ī *n leichter, zweirädriger* Reisewagen.

**cis-rhēnānus**, a, um *(Rhenus)* diesseits des Rheines *(vom röm. Gallien aus gesehen),* linksrheinisch.

**cista**, ae *f (gr. Fw.)* Kiste, Kasten.

**cisterna**, ae *f (cista) (nachkl.)* Zisterne.

**cisternīnus**, a, um *(cisterna) (nachkl.)* aus der Zisterne, Zisternen-.

**cistophorus**, ī *m (gr.* „Kistenträger") *Münze der Provinz Asien, m. der cista mystica des Dionysoskultes geprägt (= 2½ Denare).*

**citātim** *Adv. (cito²)* eilends.

**citātus**, a, um *(P. Adj. v. cito²)* beschleunigt, schleunig, schnell; **equo -o** im Galopp; **-o agmine** in Eilmärschen.

**citerior**, ius *(Komp. des vorkl. citer, tra, trum)* ① diesseitig; ② näher(liegend); – *Superl.* **citimus,** a, um am nächsten liegend.

**Cithaerōn**, ōnis *m Gebirge zw. Böotien u. Attika (in Mittelgriechenland).*

**cithara**, ae *f (gr. Fw.) (poet.; nachkl.)* ① Zither, Laute, Lyra; ② *(poet.) (meton.)* Saitenspiel.

**citharista**, ae *m (gr. Fw.)* Zitherspieler.

**citharistria**, ae *f (gr. Fw.) (poet.)* Zitherspielerin.

**citharizō**, citharizāre *(gr. Fw.)* die Zither spielen.

**citharoedicus**, a, um *(gr. Fw.) (nachkl.)* des Kitharöden.

**citharoedus**, ī *m (gr. Fw.)* Kitharöde *(der seinen Gesang auf der cithara begleitet).*

**citimus** *s. citerior.*

**citius** *Adv. (Komp. v. cito¹)* eher, vielmehr.

**citō¹** *Adv. (v. citus), Komp.* citius, *Superl.* citissimē ① schnell, rasch, *(zeitl.)* bald; **dicto citius** schneller, als gesagt; **serius aut citius** früher oder später; ② **non ~** nicht leicht; **non tam ~ ... quam** nicht so sehr … als; – *Komp.* eher, leichter.

**citō²**, citāre *(Frequ. bzw. Intens. v. cieo)* ① (immer wieder) in (starke) Bewegung setzen *(vgl. citatus);* ② herbei-, aufrufen; ③ *(poet.)* die Hilfe der Götter anrufen [**numina Iovis**]; ④ *(publiz. t. t.)* vorladen, einberufen [**patres in curiam**]; ⑤ **alqm testem / auctorem ~** jmd. als Zeugen / Gewährsmann anführen, nennen, zitieren; ⑥ *(einen Zustand)* hervorrufen, erregen.

**citrā** **I.** *Adv.* diesseits; **II.** *Präp. b. Akk.* ① *(räuml.)* diesseits, vor; ② *(zeitl.)* vor; innerhalb, binnen; ③ *(nachkl.)* ohne, außer.

**citreus**, a, um *(citrus)* aus Zitrusholz, Zitrus- [**mensa; oleum** Zitrusöl].

**citrō** *Adv.* hierher, herüber *(meist in Verbindung m. ultro).*

**citrum**, ī *n (citrus)* Zitrusholz.

**citrus**, ī *f (gr. Fw.)* ① Zitronenbaum; ② Zitrusbaum, afrikan. Lebensbaum.

**citus**, a, um *(P. Adj. v. cieo)* ① schnell, rasch, eilig; ② in Eilmärschen ziehend [**legiones; agmen**].

**Cīus** *s. Cea.*

**cīvī** *Perf. v. cieo.*

C

**cīvicus**, a, um *(civis)* bürgerlich, Bürger- [**corona** Bürgerkranz *(Eichenkranz, den ein Bürger f. die Rettung eines Mitbürgers im Kampf erhielt)*].

**cīvīlis**, e *(civis)* ❶ bürgerlich, (Mit-)Bürger betreffend, Bürger-, Privat-; **ius civile** bürgerliches Recht *od.* Privatrecht; **causa ~** Privatprozess; **bellum civile** Bürgerkrieg; ❷ patriotisch; ❸ *(poet.; nachkl.)* leutselig, entgegenkommend; ❹ öffentlich, staatlich, politisch.

**Cīvīlis**, is *m Bataverführer geg. Rom 69 u. 70 n. Chr.*

**cīvīlitās**, ātis *f (civilis) (nachkl.)* ❶ Bürgerstand; ❷ Leutseligkeit, Umgänglichkeit.

**cīvis**, is *m u. f* ❶ Bürger(in); ❷ Mitbürger(in); ❸ Einheimischer; ❹ Untertan.

**cīvitās**, ātis *f (civis)* ❶ Bürgerrecht; **civitatem dare alci** verleihen; **civitatem adipisci**; ❷ Bürgerschaft, *dah. oft:* Gemeinde, Stadt, Staat **muri civitatis**; **multae civitates Graeciae**; **~ bellica/foederata**.

**Imperium Romanum**

**cīvitās** bedeutet neben „Bürgerschaft", „politische Gemeinde" und „Stadt" (woraus sich das englische „city" herleitet) auch „Bürgerrecht". Das **römische Bürgerrecht**, das ursprünglich nur auf freie römische Bürger der Stadt Rom beschränkt war, beinhaltete u. a. das aktive und passive Wahlrecht, das Recht einen römischen Bürger zu heiraten, und bestimmte wirtschaftliche Rechte. Das römische Bürgerrecht wurde im Laufe der Zeit auf immer mehr Bewohner des römischen Reichs ausgedehnt, bis es im Jahr 212 n. Chr. allen freien Bewohnern des Reichs verliehen wurde.

**cīvitātula**, ae *f (Demin. v. civitas) (nachkl.)* Bürgerrecht einer Kleinstadt.

**clādēs** *u.* **clādis**, is *f* ❶ Schaden, Verlust, Unglück, Unheil; ❷ Niederlage; ❸ *(v. Personen)* Urheber des Unglücks, Verderber; ❹ Verletzung; ❺ Pest.

**clam I.** *Adv.* heimlich; **II.** *Präp. b. Abl.* heimlich vor jmdm., hinter jmds. Rücken.

**clāmātor**, ōris *m (clamo)* Schreier.

**clāmitō**, clāmitāre *(Intens. v. clamo)* ❶ laut schreien, rufen; ❷ *(poet.; nachkl.) (m. dopp. Akk.)* jmd. laut nennen [**se reum**].

**clāmō**, clāmāre **I.** *intr.* rufen, schreien; **II.** *trans.* ❶ herbeirufen; ❷ *(m. dopp. Akk.)* nennen; ❸ ausrufen, laut verkünden [**triumphum** „Triumph" schreien]; ❹ deutlich zeigen, verraten.

**clāmor**, ōris *m (clamo)* ❶ lautes Rufen, Geschrei; ❷ Beifallsgeschrei; ❸ missfälliges Geschrei; ❹ *(poet.)* Getöse, Widerhall [**montium**]; ❺ Klage-, Angstgeschrei; ❻ Kriegsgeschrei.

**clāmōsus**, a, um *(clamo) (nachkl.)* ❶ *(akt.)* laut schreiend; ❷ *(pass.)* v. Geschrei erfüllt.

**clandestīnus**, a, um (*Adv.* -o) *(clam)* heimlich, geheim.

**clangor**, ōris *m* Klang, Schall: ❶ Geschrei, Gekreisch *der Vögel;* ❷ das Schnattern [**anserum**]; ❸ das Schmettern [**tubarum**].

**clāreō**, clārēre, – – *(clarus)* hell sein, glänzen.

**clārēscō**, clārēscere, clāruī, – *(Incoh. v. clareo) (poet.; nachkl.)* ❶ erglänzen; ❷ ertönen, erklingen; ❸ deutlich werden, einleuchten; ❹ berühmt werden, sich auszeichnen.

**clārigātiō**, ōnis *f* Forderung nach Genugtuung; Ersatzanspruch an jmd.

**clāri-sonus**, a, um *(clarus u. sono)* helltönend.

**clāritās**, tātis *f (clarus)* ❶ Helligkeit [**solis**]; ❷ heller Klang; ❸ *(übtr.)* Glanz, Ruhm, Berühmtheit.

**clāritūdō**, dinis *f (nachkl.) = claritas.*

**clārō**, clārāre *(clarus)* ❶ hell machen, erhellen; ❷ *(poet.)* verherrlichen.

**clāruī** *Perf. v. claresco.*

**clārus**, a, um ❶ klar, hell, glänzend; ❷ laut, deutlich; ❸ *(übtr.)* klar, deutlich [**argumentum**]; ❹ *(übtr.)* glänzend, berühmt; *auch* berüchtigt.

**classiārius** *(classis)* **I.** *Adj.* a, um *(nachkl.)* zur Flotte gehörig [**centurio** Marineoffizier]; **II.** *Subst.* **classiāriī**, ōrum *m* Marinesoldaten; Matrosen.

**classicula**, ae *f (Demin. v. classis)* kleine Flotte.

**classicum**, ī *n (classicus)* ❶ (Trompeten-)Signal; **-um canere** geben; ❷ *(poet.) (meton.)* Kriegstrompete; **-a inflare** blasen.

**classicus**, a, um *(classis)* zur Flotte gehörig, Flotten-, See-; – *Subst.* **-ī**, ōrum *m (nachkl.)* Marinesoldaten.

**classis**, is *f* (*Sg. Akk.* classem *u.* -im; *Abl.* -e, *selten* -ī; *Gen. Pl.* -ium) ❶ (Kriegs-)Flotte; ❷ Bürgerklasse; ❸ *(poet.)* Schiff; ❹ *(poet.)* (Land-)Heer.

**clātrī**, ōrum *m u.* **-a**, ōrum *n (poet.)* Gitter.

**claudicātiō**, ōnis *f (claudico)* das Hinken.

**claudicō**, claudicāre *(claudus)* ❶ hinken, lahm sein; ❷ wanken, schwanken; ❸ *(bildl.)* auf schwachen Füßen stehen, wanken.

**Claudius** *u.* **Clōdius**, a, um **I.** *röm. nomen gentile (einer der vornehmsten röm. Familien):* ❶ **Appius Claudius Caecus** *Erbauer der via Appia;* ❷ **M. Claudius Marcellus** *Eroberer v. Syrakus (212 v. Chr.);* ❸ **Tib. Claudius Drusus Nero Germanicus** Kaiser Claudius, *der vierte röm. Kaiser; / Adj.* **Claudiānus**, a, um *u.* **Claudiālis**, e; ❹ **P. Clodius Pulcher**

*Feind Ciceros, 52 v. Chr. ermordet;* – *Adj.* **Clōdiānus**, a, um; **II.** *Adj.* klaudianisch, klaudisch, des Claudius; **via Claudia** *(im südlichen Etrurien).*

**Imperium Romanum**
**Claudius** (Tiberius Claudius Drusus Nero Germanicus, 10 v. Chr. - 54 n. Chr.), der Sohn des Kaisers Tiberius, war der vierte römische Kaiser (von 41 bis 54 n. Chr.). Er wurde von den Prätorianern zum Kaiser ausgerufen. Claudius brachte im Inneren zahlreiche Reformen zustande und war in der Rechtsprechung stark engagiert. Zu den vielen Bauten, die er initiierte, gehören die Wasserleitung Aqua Claudia und der Hafenausbau von Ostia. Er wurde von seiner vierten Gattin Agrippina, der Mutter Neros, ermordet.

**claudō**[1], claudere, clausī, clausum *(Nbf.* **clūdō**, clūdere, clūsī, clūsum) ❶ (ver)schließen, zuschließen; ❷ *(poet.; nachkl.)* beenden, zu Ende bringen [**opus**]; ❸ *(poet.; nachkl.)* **agmen ~** die Nachhut bilden; ❹ *(poet.; nachkl.)* einschließen, einsperren; ❺ umzingeln, umstellen [**oppidum**]; ❻ *(poet.; nachkl.)* absperren, versperren, unzugänglich machen [**aditum;** *(übtr.)* **vocem** abschneiden; **fugam** unmöglich machen].

**claudō**[2], claudere, –, clausūrus = *claudico.*

**claudus**, a, um (*arch.* **clūdus**, *vulgär* **clōdus**) ❶ lahm, hinkend; ❷ *(poet.; nachkl.)* beschädigt; ❸ *(poet.; nachkl.) (übtr.)* schwankend, unsicher [**fides**].

**clausī** *Perf. v. claudo*[1].

**claustra**, ōrum *n (nachkl.* **claustrum**, *vulgär* **clōstrum**, ī *n) (claudo*[1]*)* ❶ Verschluss, Schloss, Riegel; ❷ Sperre [**portūs**]; ❸ Schranken, Hindernisse; **-a refringere** durchbrechen; ❹ Käfig; ❺ Bollwerk, Grenzfestung; ❻ *(poet.; nachkl.)* enger Durchgang, Pass.

**claustrum** *s. claustra.*

**clausula**, ae *f (claudo*[1]*)* ❶ Schluss, Ende; ❷ *(rhet. t. t.)* Klausel, *rhythmischer Schluss eines Satzes;* ❸ Schlusssatz, Schlussverse.

**clausum**, ī *n (claudo*[1]*) (poet.; nachkl.)* Verschluss, Schloss.

**clausus** *P. P. P. v. claudo*[1].

**clāva**, ae *f (clavus)* Knüppel, Keule.

**clāvārium**, ī *n (clavus) (nachkl.)* Schuhnagelgeld *(Zahlung an die Soldaten zur Beschaffung v. Schuhnägeln).*

**clāvicula**, ae *f (Demin. v. clavis)* ❶ Schlüsselchen; ❷ (dünne) Weinranke.

**clāvi-ger**, gerī *m* ❶ *(clava u. gero)* Keulenträger [**Hercules**]; ❷ *(clavis u. gero) (poet.)* Schlüsselträger [**Ianus** *als Gott der Türen*].

**clāvis**, is *f* ❶ Schlüssel; **claves adimere uxori** sich scheiden lassen; ❷ *(poet.; nachkl.)* Schloss, Riegel.

**clāvus**, ī *m* ❶ Nagel; ❷ Steuerruder; ❸ *(poet.; nachkl.)* Purpursaum *(an der Tunika)* [**latus** der Senatoren; **angustus** der Ritter]; ❹ *(nachkl.)* Hühnerauge.

C

**Cleanthēs**, is *m Stoiker um 260 v. Chr.*

**clēmēns**, *Gen.* mentis ❶ *(v. Personen, Char. u. Handlungen)* sanft(mütig), mild; nachsichtig, gnädig [**animus; consilium**]; ❷ *(poet.; nachkl.) (v. Sachen u. Zuständen)* sanft, gelinde, ruhig, still [**amnis**].

**clēmentia**, ae *f (clemens)* Sanftmut, Milde; Nachsicht, Gnade.

**Cleombrotus**, ī *m* ❶ *spartan. Feldherr b. Leuktra (371 v. Chr.);* ❷ *akadem. Philosoph.*

**Cleōn**, ōnis *m athen. Parteiführer, fiel b. Amphipolis 422 v. Chr.*

**Cleopatra**, ae *f letzte Königin v. Ägypten.*

**clepō**, clepere, clepsī, cleptum *(gr. Fw.)* stehlen.

**clepsydra**, ae *f (gr. Fw.)* ❶ Wasseruhr *(Zeitmesser b. Reden u. Vorträgen);* ❷ *(nachkl.) (meton.)* Sprechzeit.

**cleptus** *P. P. P. v. clepo.*

**cliēns**, entis *m* (*Gen. Pl.* clientium *u.* clientum) (*arch.* cluēns) ❶ *(in Rom)* Klient, Höriger, *der zu Dienstleistungen verpflichtete, halbfreie Abhängige einer patriz. Familie, die ihn in Not u. vor Gericht schützte;* ❷ *(außerhalb des röm. Gebietes)* Vasall, Dienstmann, Lehnsmann; ❸ *(poet.; nachkl.)* Schützling einer Gottheit.

**clienta**, ae *f (cliens) (poet.)* Klientin, Hörige, Schutzbefohlene.

**clientēla**, ae *f (cliens)* ❶ Klientel, Schutzverhältnis; ❷ *(meton.) (meist Pl.)* Klienten; ❸ *(bei kelt. u. germ. Völkern)* **a)** Schutzgenossenschaft; **b)** *(nachkl.) (meton.)* Gefolgschaft.

**clientulus**, ī *m (Demin. v. cliens) (nachkl.)* ärmlicher Klient.

**clīmactēr**, ēris *m* (*Akk. Sg.* -ēra; *Akk. Pl.* -ēras) *(gr. Fw.) (nachkl.)* „Stufenleiter“, *eine gefahrvolle Epoche im menschl. Leben (nach dem Glauben der Antike jedes 7., bes. das 63. Jahr);* – *Adj.* **clīmactēricus**, a, um [**tempus** Wechseljahre].

**clīnō**, clīnāre *(verw. m. clivus)* biegen, beugen, neigen; – **clīnātus**, a, um geneigt, gesenkt.

**Cliō**, ūs *f* ❶ Klio, *Muse der Geschichtsschreibung;* ❷ *(poet.) eine Nymphe.*

**clipeātus** *(clipeus) (poet.; nachkl.)* **I.** *Adj.* a, um schildtragend; **II.** *Subst.* ī *m* Schildträger.

**clipeus** (*arch.* clupeus), ī *m u. seltener* **clipeum**, ī *n* ❶ eherner Rundschild; ❷ *(poet.)* Sonnenscheibe; ❸ Brustbild, Medaillon.

**Clīsthenēs**, is *m athen. Staatsmann u. Redner*

*um 500 v. Chr.*

**Clītarchus**, ī *m Geschichtsschreiber Alexanders des Gr.*

**clītellae**, ārum *f* Pack-, Saumsattel.

C

**clītellārius**, a, um *(clitellae)* einen Packsattel tragend, Pack-.

**Clītus**, ī *m Reiterführer Alexanders des Gr.*

**clīvōsus**, a, um *(clivus) (poet.; nachkl.)* abschüssig, steil.

**clīvus**, ī *m* ❶ Abhang; Steigung; ❷ Hügel, Anhöhe; ❸ ansteigender Fahrweg, Hügelstraße.

**cloāca** (cluāca), ae *f (altl. cluo: ich reinige)* unterirdischer Abzugskanal, Kloake [**maxima** *der in den Tiber mündende Hauptkanal unter dem Forum*].

**Cloācīna**, ae *f (cloaca)* die Reinigende, *Beiname der Venus.*

**Clōdius** *s. Claudius.*

**clōdus** *s. claudus.*

**clōstrum** *s. claustra.*

**Clōthō**, ūs *f* „Spinnerin", *eine der drei Parzen.*

**cluāca**, ae *f s. cloaca.*

**clūdō** *s. claudo*[1].

**cluēns**, entis *m* = *cliens.*

**Cluentius**, a, um *röm. nomen gentile:* **A. ~ Avitus** *aus Larinum, v. Cicero in einer Rede verteidigt; – Adj.* **Cluentiānus**, a, um.

**clueō**, cluēre, – – *(poet.)* ❶ genannt werden, heißen; ❷ gepriesen werden.

**clūnis**, is *f (gr. Fw.)* Hinterbacke, -keule, *gew. im Pl.* = Steiß.

**cluō**, cluere, – – = *clueō.*

**clupeātus, clupeus** *s. clip...*

**Clūsium**, ī *n Stadt in Etrurien, j.* Chiusi; – *Einw. u. Adj.* **Clūsīnus**, ī *m bzw.* a, um.

**Clūsius**, ī *m (cludo)* „der Schließer", *Beiname des Ianus.*

**clystēr**, ēris *m (gr. Fw.) (nachkl.)* Einlauf(spritze).

**Clytaem(n)ēstra** *u.* **Clytem(n)ēstra**, ae *f Gattin Agamemnons.*

**Wissen: Antike**

**Clytaemnēstra** ist eine Gestalt der griechischen Sagenwelt. Sie ist Tochter von Tyndareus und Leda, Schwester der Helena und der Dioskuren (Kastor und Pollux) und Gattin Agamemnons. Während Agamemnons Abwesenheit von zu Hause – er kämpfte im Trojanischen Krieg – betrog sie ihn mit Aegisthus und gemeinsam mit Aegisthus tötete sie Agamemnon, als er aus Troja wieder heimkehrte. Ihr Sohn Orestes rächte später seinen Vater Agamemnon und tötete sie und ihren Geliebten Aegisthus.

**Cn.** *Abkürzung v.* Gnaeus.

**Cnidus** *u.* **-os** *od.* **Gnidus** *u.* **-os**, ī *f Seestadt in Karien (Kleinasien) mit Aphroditekult; – Einw. u. Adj.* **Cnidius**, ī *m bzw.* a, um.

**Cnōsus**, Cnōsius = *Gnos...*

**co-** *in Zusammensetzungen* = *com-.*

**Cōa**, ōrum *n s. Cōs.*

**coacervātiō**, ōnis *f (coacervo) (rhet. t. t.)* Anhäufung *(v. Beweisen u. Ä.).*

**co-acervō**, acervāre (zusammen)häufen, an-, aufhäufen.

**co-acēscō**, acēscere, acuī, – ❶ sauer werden; ❷ verwildern.

**coācta**, ōrum *n (cogo)* Filz *v. Wolle od. Haaren.*

**coāctor**, ōris *m (cogo)* ❶ Steuereinnehmer; ❷ *(nachkl.) (milit.)* **coactores agminis** Nachhut; ❸ *(nachkl.)* Antreiber.

**coāctus**[1] *P. P. P. v. cogo.*

**coāctus**[2], *Abl.* ū *m (cogo)* Zwang.

**co-acuī** *Perf. v. coacesco.*

**co-aedificō**, aedificāre mit Gebäuden versehen, bebauen.

**co-aequō**, aequāre ❶ ebnen, gleichmachen; ❷ *an Wert, Würde, Macht* gleichmachen, -stellen.

**coāgmentātiō**, ōnis *f (coagmento)* Zusammenfügung.

**coāgmentō**, coāgmentāre *(coagmentum)* ❶ zusammenfügen, -kleben, -leimen; ❷ *(übtr.)* verbinden.

**coāgmentum**, ī *n (cogo < *co-ago)* Zusammenfügung; Fuge.

**coāgulum**, ī *n (cogo < *co-ago) (poet.; nachkl.)* das Lab.

**co-alēscō**, alēscere, aluī, alitum *(alo)* ❶ verwachsen, zusammenwachsen; ❷ sich verbinden, verschmelzen, sich einigen; ❸ *(übtr.)* anwachsen, erstarken, gedeihen; ❹ Wurzel fassen, emporwachsen.

**co-angustō**, angustāre einschränken [**legem**].

**co-arguō**, arguere, arguī, argūtum, arguitūrus ❶ deutlich kundgeben, aufzeigen, beweisen, aufdecken [**perfidiam alcis**]; ❷ jmd. bezichtigen [**avaritiae**]; jmd. überführen [**alqm multis testibus**]; ❸ etw. als falsch erweisen, widerlegen [**legem**].

**coartātiō**, ōnis *f (coarto)* das Zusammendrängen.

**co-artō**, artāre ❶ zusammendrängen, ver-, einengen; ❷ *(poet.; nachkl.) (zeitl.)* verkürzen, abkürzen [**consulatum aliorum**].

**Coccēius**, a, um *röm. nomen gentile:* ❶ **L. ~ Nerva** *Vermittler zw. Octavianus u. Antonius;* ❷ **M. ~ Nerva** *Rechtsgelehrter z. Zt. des Kaisers Tiberius;* ❸ **M. ~ Nerva** *Enkel v. 2, Kaiser Nerva (96–98 n. Chr.).*

**coccinātus**, a, um *(coccum) (nachkl.)* in Scharlach gekleidet.

**coccum**, ī *n (gr. Fw.) (poet.; nachkl.)* Scharlach-

farbe; Scharlachfaden.
**coc(h)lea,** ae *f (gr. Fw.)* Schnecke.
**Cocles**, litis *m* der Einäugige, *Beiname des P. Horatius, der die Tiberbrücke gegen Porsenna verteidigte (Liv. 2, 10).*
**coctilis**, e *(coquo)* gebrannt [**murus** Backsteinmauer].
**coctūra**, ae *f (coquo) (nachkl.)* ❶ das Kochen; ❷ das Schmelzen.
**coctus** *P. P. P. v. coquo.*
**cōcus**, ī *m (coquo)* Koch.
**Cōcӯtus** *u.* **-os,** ī *m* („Klage-, Tränenstrom") *Fluss der Unterwelt; – Adj.* **Cōcӯtius**, a, um.
**cōda** = *cauda.*
**Cōdēta** (ae *f*) **minor** *mit Schachtelhalmen bewachsener Teil des Marsfeldes.*
**cōdex** *s. caudex.*
**cōdicārius**, a, um *(codex)* aus Holzblöcken verfertigt.
**cōdicilli**, ōrum *m (codex)* ❶ *m. Wachs überzogenes* Schreibtäfelchen; ❷ *(meton.) das auf die Schreibtafel Geschriebene:* **a)** Brief; **b)** *(nachkl.)* Bittschrift; **c)** Zusatz zum Testament, Kodizill; **d)** kaiserliches Schreiben, Kabinettsbefehl.
**Codrus**, ī *m (myth.) letzter König v. Athen.*
**coēgī** *Perf. v. cogo.*
**Coelē**, ēs *f u.* **Coelē Syria**, ae *f Tal zw. Libanon u. Antilibanon, auch:* Südsyrien.
**co-emō**, emere, ēmī, ēmptum zusammenkaufen, aufkaufen.
**coēmptiō**, ōnis *f (coemo)* ❶ Kaufehe *(bei deren Schließung sich die Frau vor Zeugen f. einen symbolischen Kaufpreis in die manus des Mannes begab);* ❷ Scheinehe *(m. einem Greis, um selbstständig zu werden).*
**coēmptiōnālis**, e *(coemptio)* ❶ nur zur Scheinehe geeignet [**senex**]; ❷ wertlos.
**co-eō**, coīre, coiī, coitum **I.** *intr.* ❶ zusammenkommen, sich versammeln; ❷ sich vereinigen, sich verbinden; ❸ *(poet.; nachkl.) (feindl.)* zusammenstoßen; ❹ *(milit. t. t.)* sich sammeln; ❺ *(poet.; nachkl.)* geschlechtlich verkehren; *(v. Tieren)* sich paaren; ❻ *(v. Lebl.)* zusammenlaufen, -fließen, -treten; ❼ *(poet.; nachkl.) (v. Wunden u. Ä.)* sich schließen; ❽ erstarren, gerinnen; gefrieren; **II.** *trans.* **societatem ~** ein Bündnis eingehen.
**coēpiō**, coēpere, coēpī, coēptum *(Präs.-Formen nur vorkl.; später durch incipio ersetzt; klass. nur Perf.* **coēpī**, coēpisse, coēptus) **I.** *intr.* anfangen, beginnen, den Anfang nehmen; **II.** *trans.* anfangen, beginnen, unternehmen.
**coēptō**, coēptāre *(Intens. v. coēpio)* **I.** *trans.* anfangen, beginnen, unternehmen; **II.** *intr. (nachkl.)* anfangen, beginnen, den Anfang nehmen.
**coēptum**, ī *n (coēpio)* (poet.; nachkl.) das Beginnen, Vorhaben, Unternehmen.
**coēptus**[1], ūs *m (coēpio)* Beginn, Vorhaben, Unternehmen.
**coēptus**[2] *P. P. P. v. coēpio.*
**co-erceō**, ercēre, ercuī, ercitum *(arceo)* ❶ zusammenhalten, einschließen [**operibus hostem;** *bildl.:* **numeris verba** in Verse fassen]; ❷ *(übtr.)* in Schranken halten, zügeln, bändigen [**iras; iuventutem; seditionem** unterdrücken]; ❸ (be)strafen; ❹ kurzhalten [**vitem amputando**]; ❺ *(poet.)* in Ordnung halten.
**coërcitiō**, ōnis *f (coërceo)* ❶ Strafe, Bestrafung; Zwang(smaßnahme); ❷ *(nachkl.)* Einschränkung.
**coētus**, ūs *m (< co-itus v. coëo)* ❶ Versammlung, Verein, Gesellschaft, Kreis; ❷ Zusammenrottung, Auflauf; ❸ *(poet.; nachkl.)* das Zusammentreffen; das Zusammenfließen [**amnium**].
**cōgitābilis**, e *(cogito) (nachkl.)* denkbar.
**cōgitātiō**, ōnis *f (cogito)* ❶ das (Nach-)Denken, Überlegung, Erwägung; ❷ Denkvermögen; Einbildungskraft; ❸ Gedanke *(an etw.),* Vorstellung *(v. etw.) (m. Gen. obi.);* ❹ Vorhaben, Absicht, Plan, Entschluss.
**cōgitātum**, ī *n (cogito)* Gedanke; Plan.
**cōgitātus**, a, um *s. cogito.*
**cōgitō**, cōgitāre **I.** *intr.* ❶ denken an [**de claris viris**]; ❷ über etw. nachdenken [**de natura deorum**]; ❸ gesinnt sein; ❹ auf etw. bedacht sein *(de; m. Inf.);* **II.** *trans.* ❶ denken, bedenken, überlegen, erwägen *(m. Akk.; A. C. I.; indir. Frages.)* [**alqm** an jmd. denken; **pacem**]; ❷ etw. ausdenken, ersinnen [**multa ad perniciem alcis**]; ❸ etw. beabsichtigen, planen *(m. Akk.; m. Inf.; m. ut u. ne); / P. Adj.* **cōgitātus**, a, um **a)** durchdacht; *Adv.:* m. Überlegung; **b)** beabsichtigt, gewollt.
**cōgnātiō**, ōnis *f (nascor)* ❶ Blutsverwandtschaft; ❷ *(meton.)* die Verwandten, Sippe; ❸ *(übtr.)* Verwandtschaft, Ähnlichkeit [**studiorum et artium**].
**cō-gnātus** *(gnatus = natus)* **I.** *Adj.* a, um ❶ blutsverwandt *(m. jmdm.: m. Dat.);* ❷ *auch v. Sachen:* verwandt, ähnlich, zugehörig *(m. Dat.);* **II.** *Subst.* ī *m* (Bluts-)Verwandter.
**cōgnitiō**, ōnis *f (cognosco)* ❶ das Kennenlernen, Bekanntschaft; ❷ Erkenntnis, Kenntnis [**iuris; veterum oratorum**]; ❸ Vorstellung, Begriff *von etw.;* ❹ gerichtl. Untersuchung.
**cōgnitor**, tōris *m (cognosco)* ❶ Identitätszeuge; ❷ Rechtsanwalt; Staatsanwalt; ❸ Vertreter *einer Meinung.*
**cōgnitus**, a, um *(P. Adj. v. cognosco)* bekannt; erprobt, bewährt; **homo virtute -ā.**
**cōgnōmen**, minis *n (nomen)* ❶ Beiname [**Africanus; Sapiens**]; ❷ Familienname, *der zum nomen gentile noch hinzukam* [**Scipio;**

C

**Cicero**]; ❸ *(poet.)* Name, Bezeichnung.
**cōgnōmentum**, ī *n = cognomen.*
**cōgnōminis**, e *(cognomen)* gleichnamig.
**cōgnōminō**, cōgnōmināre *(cognomen)* einen Beinamen geben; – *P. Adj.* **cōgnōminātus,** a, um gleichbedeutend, sinnverwandt [**verba** Synonyme].
**cō-gnōscō**, gnōscere, gnōvī, gnitum *(gnosco = nosco)* ❶ erkennen, kennen lernen; – *präsentisches Perf.* **cōgnōvisse** kennen; ❷ wahrnehmen, erfahren; – *präsentisches Perf.* **cōgnōvisse** wissen; ❸ wiedererkennen; ❹ anerkennen; ❺ *(jur. t. t.)* jmds. Identität bezeugen; ❻ auskundschaften [**situm castrorum**]; ❼ prüfen, untersuchen *(m. Akk.; de)* [**causam; de hereditate**]; ❽ lesen, studieren; ❾ *(poet.; nachkl.)* m. jmdm. geschlechtlich verkehren *(m. Akk.)*; / *P. Adj.* **cōgnitus,** a, um bekannt; erprobt, bewährt.
**cōgō**, cōgere, coēgī, coāctum *(< * co-ago)* ❶ zusammentreiben, -bringen [**pecus**]; ❷ zusammenbringen, aufhäufen; einnehmen, einsammeln, (ein)ernten [**arma; aurum; mella; fructus**]; ❸ (ver)sammeln, vereinigen; *Pass.* sich vereinigen; ❹ *(Truppen)* zusammenziehen [**copias in unum locum; equitatum ex provincia**]; ❺ *(Schiffe u. Ä.)* aufbieten; ❻ (er)zwingen, drängen, nötigen; **alqm in ordinem ~** in Schranken weisen; **nullo cogente** ohne Zwang; – **coāctus,** a, um **a)** gezwungen; **b)** erzwungen [**lacrimae** erzwungen, erheuchelt]; ❼ verbinden, verdichten; *Pass.* sich verdichten; **in nubem cogitur aër; lac coactum** geronnen; ❽ *(Geld)* eintreiben; ❾ (ein)berufen, (vor)laden [**senatum in curiam**]; ❿ *(den Heereszug)* zusammenhalten, schließen [**agmen** die Nachhut bilden]; ⓫ hineindrängen, -treiben; ⓬ *(Örtl.)* be-, verengen; ⓭ logisch folgern, schließen.
**cohaerentia**, ae *f (cohaereo)* Zusammenhang [**mundi**].
**co-haereō**, haerēre, haesī, haesūrus ❶ m. etw. zusammenhängen, verbunden sein; ❷ *in sich selbst od. organisch* zusammenhängen; **mundus cohaeret;** ❸ Halt, Bestand haben.
**co-haerēscō**, haerēscere, haesī, – *(Incoh. v. cohaereo)* sich verbinden.
**co-hērēs**, hērēdis *m u. f* Miterbe, Miterbin.
**co-hibeō**, hibēre, hibuī, hibitum *(habeo)* ❶ zusammenhalten; ❷ (fest) umschließen; ❸ festhalten, einschließen [**alqm in vinculis; ventos carcere**]; ❹ *(übtr.)* zurückhalten, zügeln, bändigen, hemmen [**iracundiam; lacrimas**]; ❺ fern-, abhalten.
**co-honestō**, honestāre sehr ehren, verherrlichen, feiern.
**co-horrēscō**, horrēscere, horruī, – zusammenschaudern, erschrecken.
**co-hors**, hortis *f (u.* cōrs, chōrs) ❶ *(milit.)* Kohorte *(der zehnte Teil einer Legion);* ❷ *Pl.* Hilfstruppen *der Bundesgenossen;* ❸ Gefolge [**praetoris; reginae; praetoria (regia)** Leibwache des Feldherrn (des Königs)]; ❹ *(poet.; nachkl.)* Menge, Schar; ❺ Hof, Viehhof, Gehege.
**cohortātiō**, ōnis *f (cohortor)* Zuspruch, Aufmunterung.
**cohorticula**, ae *f (Demin. v. cohors)* kleine Kohorte.
**co-hortor**, hortārī eindringlich ermuntern, anfeuern.
**Coī** *s. Cos.*
**co-iciō** *= conicio.*
**co-inquinō**, inquināre *(nachkl.)* besudeln, beflecken.
**coitiō**, ōnis *f (coëo) (polit.)* Vereinigung; *bes.* Komplott, Verschwörung.
**coitus**, ūs *m (coëo)* ❶ *(nachkl.)* das Zusammentreffen *(v. Gestirnen);* ❷ *(poet.)* geschlechtliche Vereinigung, Beischlaf, Begattung.
**col-** *in Zusammensetzungen = com-.*
**colaphus**, ī *m (gr. Fw.) (nachkl.)* Faustschlag.
**Colchis**, idis *f Landschaft am Schwarzen Meer;* – *Einw.* **Colchus**, ī *m* Kolchier *u.* **Colchis**, idis *f* Kolchierin, *bes.* Medea; – *Adj.* **Colch(ic)us**, a, um.
**colēns**, entis *m (colo)* Verehrer.
**cōleus**, ī *m* Hode.
**cōliculus**, ī *m = cauliculus.*
**col-labefactō**, labefactāre *(poet.)* zum Wanken bringen.
**col-labefīō**, labefierī, labefactus sum ❶ zusammenbrechen, -sinken; ❷ *(v. Staatsmännern)* gestürzt werden.
**col-lābor**, lābī, lāpsus sum zusammenfallen, -brechen, -stürzen.
**col-lacerātus**, a, um *(lacero) (nachkl.)* ganz zerfleischt.
**collacrimātiō**, ōnis *f (collacrimo)* Tränenfluss.
**col-lacrimō**, lacrimāre (be)weinen.
**collāpsus** *P. P. Akt. v. collabor.*
**Collātia**, ae *f sabin. Stadt am Anio, östl. v. Rom;* – *Einw. u. Adj.* **Collātīnus**, ī *m bzw.* a, um.
**collātīcius**, a, um *(confero) (nachkl.)* zusammengetragen; geliehen.
**Collātīnus**[1], ī *m Beiname des L. Tarquinius, des Gatten der Lucretia.*
**Collātīnus**[2] *s. Collatia.*
**collātiō**, ōnis *f (confero)* ❶ das Zusammentragen, Vereinigung [**signorum** Zusammenstoß]; ❷ das Beisteuern, Beitrag; ❸ das Vergleichen, Vergleich; ❹ *(rhet. t. t.)* Gleichnis; ❺ *(philos. t. t.)* **~ rationis** Verhältnisbestimmung, Analogie.
**collātus** *P. P. P. v. confero.*
**collaudātiō**, ōnis *f (collaudo)* Belobigung.
**col-laudō**, laudāre sehr loben, rühmen.

**collēcta**, ae *f (collectus v. colligo$^2$; erg. pecunia)* Geldbeitrag *zu einer gemeinsamen Mahlzeit.*

**collēctāneus**, a, um *(collectus v. colligo$^2$)* gesammelt; **dicta -a** Sentenzensammlung, *Jugendschrift Cäsars.*

**collēctīcius**, a, um *(collectus v. colligo$^2$)* zusammengerafft [**exercitus**].

**collēctiō**, ōnis *f (colligo$^2$)* ❶ das Sammeln; ❷ Zusammenfassung; ❸ *(philos. t. t.)* Schluss(folgerung).

**collēctus$^1$**, a, um *(m. Komp.) (colligo$^2$) (nachkl.)* kurzgefasst, bündig.

**collēctus$^2$** *P. P. P. v. colligo$^2$.*

**collēga**, ae *m* ❶ Kollege, Amtsgenosse; **~ imperii** Mitregent; ❷ Genosse, Kamerad.

**col-lēgī** *Perf. v. colligo$^2$.*

**collēgium** ī *n (collega)* ❶ Amtsgemeinschaft; ❷ Kollegium [**praetorum**]; ❸ Genossenschaft, Gemeinschaft, Verein; ❹ Innung, Zunft [**mercatorum**].

**col-lēvī** *Perf. v. collino.*

**col-lēvō**, lēvāre *(nachkl.)* völlig glätten.

**col-lībertus**, ī *m* Mitfreigelassener.

**col-libet**, libuit *od.* libitum est es beliebt, gefällt.

**col-līdō**, līdere, līsī, līsum *(laedo)* ❶ etw. zusammenschlagen [**manūs**]; – *Pass.* zusammenstoßen, gegeneinanderprallen; ❷ zerschlagen, zerdrücken.

**colligātiō**, ōnis *f (colligo$^1$)* Verbindung, Vereinigung.

**col-ligō$^1$**, ligāre ❶ zusammenbinden, (ver)binden, zubinden; ❷ festbinden, fesseln; ❸ *(übtr.)* verbinden, vereinigen [**homines sermonis vinculo** durch das Band der Sprache]; ❹ zusammenfassen [**multa uno libro**]; ❺ zurückhalten, hemmen [**impetum alcis**].

**col-ligō$^2$**, ligere, lēgī, lēctum *(lego$^1$)* ❶ zusammen-, auflesen, sammeln; ❷ zusammenziehen, -drängen; **se ~ in arma** *(od. Pass.)* sich hinter dem Schild ducken; ❸ *(bes. milit.)* sammeln, zusammenbringen, -ziehen [**milites; naves**]; – *refl.* sich sammeln, sich zusammenscharen; ❹ in die Höhe nehmen, aufraffen, aufschürzen [**togam**]; ❺ *(übtr.)* zusammensuchen, sammeln [**facete dicta**]; ❻ *(Gutes od. Böses)* sich zuziehen, empfangen, erwerben [**iram** in Zorn geraten; **auctoritatem; gratiam; sitim** bekommen; **frigus** sich erkälten]; ❼ *refl. od.* **animum / animos** (*od.* **mentem**) ~ sich sammeln, sich erholen, sich fassen; **se ~ ex timore; collecto animo** gefasst; ❽ *(mündl. od. schriftl.)* aufstellen, aufzählen; ❾ folgern, auf etw. schließen *(alqd ex re; m. A. C. I.; m. indir. Frages.).*

**col-līneō**, līneāre (*u.* col-līniō, līniāre) **I.** *trans.* geradeaus zielen, richten; **II.** *intr.* richtig zielen, treffen.

**col-linō**, linere, lēvī, litum *(poet.; nachkl.)* bestreichen, beschmieren, beschmutzen.

**Collīnus**, a, um *(collis)* ❶ an *od.* auf dem quirinalischen Hügel *(in Rom)* gelegen [**porta**]; ❷ *(poet.)* an der porta Collina *(in Rom)* gelegen *od.* wachsend.

**col-liquefactus**, a, um ganz geschmolzen.

**collis**, is *m* Hügel, Anhöhe.

**col-līsī** *Perf. v. collido.*

**collīsus** *P. P. P. v. collido.*

**collitus** *P. P. P. v. collino.*

**collocātiō**, ōnis *f (colloco)* ❶ Stellung, Anordnung [**siderum**]; ❷ Verheiratung.

**col-locō**, locāre ❶ aufstellen, (hin)stellen, (hin)setzen, legen *(auf etw.: in u. Abl.)*; ❷ zusammenstellen, dazustellen; ❸ unterbringen [**comites apud hospitem**]; ❹ ansiedeln [**colonos in insula**]; ❺ *(milit.)* einquartieren, stationieren [**milites in hibernis**]; ❻ *(ein Mädchen)* verheiraten *(m. jmdm.: m. Dat.)*; **virginem alci in matrimonio** *od. (selten)* **in matrimonium ~;** ❼ (Geld) anlegen; ❽ auf etw. verwenden [**adulescentiam in voluptatibus**]; ❾ *refl.* sich auf etw. verlegen, sich m. etw. befassen [**in cognitione et scientia**]; ❿ einrichten, anordnen; ⓫ *(poet.; nachkl.) (ein Gewand)* zurechtlegen, ordnen.

**collocūtiō**, ōnis *f (colloquor)* Unterredung.

**collocūtus** *P. P. Akt. v. colloquor.*

**colloquium**, ī *n (colloquor)* Unterredung, Besprechung, Gespräch.

**col-loquor**, loquī, locūtus sum sich besprechen, sich unterreden, sich unterhalten.

**col-lūceō**, lūcēre, – – von allen Seiten leuchten, glänzen, hell (erleuchtet) sein.

**colluctātiō**, ōnis *f (colluctor) (nachkl.)* das Ringen, Kämpfen; *auch* Todeskampf.

**col-luctor**, luctārī *(nachkl.)* ringen, kämpfen *(konkr. u. übtr.).*

**col-lūdō**, lūdere, lūsī, lūsum ❶ *(poet.)* spielen *(m. jmdm.: Dat.)* **in aqua colludunt plumae** sich spielend bewegen, tanzen; ❷ *(übtr.)* m. jmdm. unter einer Decke stecken *(cum alqo).*

**col-luī** *Perf. v. colluo.*

**collum**, ī *n* ❶ Hals; ❷ *(poet.; nachkl.)* Flaschenhals; ❸ *(poet.)* Stängel.

**col-luō**, luere, luī, lūtum *(poet.; nachkl.)* bespülen, benetzen.

**col-lūsī** *Perf. v. colludo.*

**collūsiō**, ōnis *f (colludo 2.)* geheimes Einverständnis.

**collūsor**, ōris *m (colludo)* Spielgefährte; Mitspieler.

**col-lūstrō**, lūstrāre ❶ erleuchten, erhellen; ❷ besichtigen, betrachten.

**collūsum** *P. P. P. v. colludo.*

**collūtus** *P. P. P. v. colluo.*

**colluviō**, ōnis *u.* **colluviēs**, ēī *f (colluo)* ❶ Wirrwarr, Mischmasch; ❷ *(nachkl.)* Unrat.

C

C

**collybus**, ī *m (gr. Fw.)* ❶ Aufgeld, Aufschlag beim Wechseln; ❷ *(meton.)* Geldwechsel.
**collȳrium**, ī *n (gr. Fw.) (poet.)* Augensalbe.
**colō**, colere, coluī, cultum ❶ *(Land)* bebauen, bestellen [**agrum**]; ❷ *(Pflanzen)* ziehen; ❸ bewohnen [**insulas**]; *intr.* wohnen [**prope Oceanum**]; ❹ jmd. (ver)pflegen [**milites arte** knapp]; ❺ Sorge tragen, sorgen *(für: m. Akk.)*; ❻ *(poet.; nachkl.) (den Körper)* pflegen, schmücken [**corpus; bracchia auro**]; ❼ *(geistig)* pflegen, ausbilden [**genus orationis**]; ❽ üben, betreiben, wahren, hochhalten [**studia; amicitiam**]; ❾ anbeten [**Cererem**]; ❿ schätzen, (ver)ehren [**matrem**]; ⓫ *(poet.; nachkl.) (Opfer, Feste)* feiern, begehen [**sacra; festa**]; / *Subst.* **colēns,** entis *m* Verehrer *(m. Gen.: z. B. religionum)*; **colentēs,** tium *m* Einwohner; **culta,** ōrum *n (poet.; nachkl.)* bebautes Land, bestellte Felder; / *Adj.* **cultus**, a, um **a)** bebaut, bearbeitet [**ager**]; **b)** *(poet.; nachkl.)* geschmückt [**puella**]; **c)** *(poet.; nachkl.)* gebildet.
**colocāsium**, ī *n (gr. Fw.) (poet.; nachkl.)* ind. Wasserrose.
**colōna**, ae *f (colonus) (poet.)* Bäuerin.
**colōnia**, ae *f (colonus)* ❶ Kolonie, Niederlassung; – *in Städtenamen enthalten, z. B.* **Colonia Agrippinensis** Köln; ❷ *(meton.)* die Ansiedler, Kolonisten.

**Imperium Romanum**
**colōnia** – Kolonien wurden vom römischen Staat zunächst zur militärischen Sicherung angelegt. Sie waren mit einem Militärstraßennetz miteinander verbunden und bildeten sozusagen Ableger der Stadt Rom; die dort angesiedelten Römer blieben denn auch weiterhin Bürger Roms. In der späten Republik und in der Kaiserzeit entstanden auch wirtschaftlich orientierte Kolonien wie z. B. Corduba (Córdoba) in Spanien und Arelate (Arles) in Gallien. Aus halbzivilen Siedlungen entstanden z. B. Colonia Agrippinensis (Köln) und Eboracum (York).

**colōnicus**, a, um *(colonus)* zu einer Kolonie gehörig, aus Kolonien stammend [**cohortes** in Kolonien ausgehoben].
**colōnus**, ī *m (colo)* ❶ Landwirt; Pächter; ❷ Kolonist, (An-)Siedler; ❸ *(poet.)* Bewohner, Einwohner.
**color**, ōris *m* ❶ Farbe; ❷ Gesichtsfarbe [**exsanguis** blass]; *(poet.; nachkl.)* gesunde Gesichtsfarbe; ❸ *(poet.)* Schönheit; ❹ *(übtr.)* Färbung, Äußeres, Aussehen; ❺ *(rhet.)* Färbung, Kolorit [**tragicus; urbanitatis** feiner Ton].
**colōrātus**, a, um *(P. Adj. v. coloro)* ❶ gefärbt, farbig; ❷ *(poet.; nachkl.) (v. der Hautfarbe)* gebräunt.
**colōrō**, colōrāre *(color)* ❶ färben; ❷ bräunen; ❸ *(der Rede)* Kolorit geben; – *refl. od. mediopass.* Kolorit annehmen.
**colossaeus** (*u.* -ssiaeus *od.* -ssēus), a, um *(gr. Fw.) (nachkl.)* riesengroß.
**colossus**, ī *m (gr. Fw.)* Riesenstandbild, Koloss.
**coluber**, brī *m u.* **-bra**, ae *f* Schlange, Natter.
**colubri-fer**, fera, ferum *(coluber u. fero) (poet.)* schlangentragend.
**coluī** *Perf. v. colo.*
**cōlum**, ī *n (poet.; nachkl.)* Sieb, Filtriergefäß.
**columba**, ae *f* Taube.
**columbīnus**, a, um *(columba)* Tauben-.
**columbor**, columbārī *(columba) (nachkl.)* sich nach Taubenart küssen, sich schnäbeln.
**columbulus**, ī *m (Demin. v. columbus) (nachkl.)* Täubchen.
**columbus**, ī *m (columba) (poet.; nachkl.)* Tauber, Täuberich.
**columella**, ae *f (Demin. v. columna)* kleine Säule, Pfosten.
**columen**, minis *n* ❶ Giebel; ❷ Spitze, Gipfel *(konkr. u. übtr.)*; ❸ Stütze, Pfeiler *(konkr. u. übtr.)*.
**columis**, e = *incolumis.*
**columna**, ae *f* ❶ Säule, Pfeiler; ❷ Schandsäule *(auf dem Forum)*; **~ Maenia** Schandsäule des Mänius *auf dem Forum, an der über Diebe u. Verbrecher Gericht gehalten wurde;* ❸ *als Name:* **Columnae Herculis** die Säulen des Hercules *(die Berge Calpe u. Abyla an der Straße v. Gibraltar)*; **Columnae Protei** die Säulen des Proteus *(die Insel Pharos in Ägypten)*; ❹ *(poet.) Pl. Säulen vor Buchhändlerläden m. Verzeichnis der im Laden verkäuflichen od. der neu erschienenen Werke;* ❺ *(poet.) (übtr.)* Stütze.
**columnāriī**, ōrum *m (columna)* Gesindel.
**columnārium**, ī *n (columna)* Säulensteuer.
**columnātus**, a, um *(columna)* durch Säulen gestützt.
**colurnus**, a, um *(corulus) (poet.)* aus Haselholz.
**colus**, ī *u.* ūs *f (auch m)* Spinnrocken; *(meton.)* Faden.
**com I.** *präp. (altl.) = cum*[1] **II.** *als Präfix in Zusammensetzungen* mit, gemeinsam, zusammen; zugleich; v. allen Seiten; völlig.
**coma**, ae *f (gr. Fw.)* ❶ Haupthaar, Haar; ❷ Tierhaar, Wolle; ❸ Laub, Blätter, Blüten, Ähren, Gras; ❹ *(poet.)* das Wollige, Haarige *am Pergament.*
**comāns**, *Gen.* antis *(coma) (poet.; nachkl.)* ❶ behaart [**galea** m. Helmbusch]; ❷ belaubt; ❸ **stella ~** Komet.
**comātus**, a, um *(coma)* ❶ langhaarig; – **Gallia -a** das Transalpinische Gallien *(nach der Haar-*

*tracht der Einw.);* ❷ *(poet.)* belaubt.

**com-bibō**[1], bibere, bibī, – **I.** *trans.* einsaugen, verschlucken; **II.** *intr. (nachkl.)* in Gesellschaft trinken.

**combibō**[2], ōnis *m (combibo*[1]*)* Zechgenosse.

**combūrō**, combūrere, combussī, combustum *(< com u. amburo)* ❶ verbrennen, versengen; ❷ *(übtr.)* jmd. zugrunde richten, verderben [**alqm iudicio**].

**com-edō**, edere, ēdī, ēs(s)um ❶ aufessen, verzehren; ❷ *(übtr.)* verprassen, vergeuden.

**Cōmēnsis** *s. Comum.*

**comes**, mitis *m u. f (com u. eo*[2]*)* ❶ Begleiter(in), Teilnehmer(in) *(an etw.: m. Gen.);* ❷ *Pl.* Gefolge; ❸ *(poet.; nachkl.)* Erzieher, Lehrer; ❹ *(poet.; nachkl.)* Hofmeister.

**comēs(s)us** *P. P. P. v. comedo.*

**comētēs**, ae *m (gr. Fw.)* Komet.

**cōmicus** *(gr. Fw.)* **I.** *Adj.* a, um ❶ zur Komödie gehörig, komisch, Komödien-; ❷ in der Komödie dargestellt; **II.** *Subst.* ī *m* Komödiendichter.

**cōmis**, e ❶ leutselig, freundlich, zuvorkommend, gefällig; ❷ fröhlich, munter.

**cōmissābundus**, a, um *(comissor)* umherschwärmend.

**cōmissātiō**, ōnis *f (comissor)* fröhlicher Umzug; Trinkgelage.

**cōmissātor**, ōris *m (comissor)* ❶ Zechkumpan; ❷ Kumpan [**coniurationis**].

**cōmissor**, cōmissārī ausgelassen umherschwärmen; **comissatum ire ad alqm** *od.* **in domum alcis** zur Fortsetzung des Trinkgelages bei jmdm. einkehren.

**cōmitās**, ātis *f (comis)* ❶ Freundlichkeit, Höflichkeit, Leutseligkeit; ❷ Fröhlichkeit, Heiterkeit.

**cōmitātus**, ūs *m (comitor)* ❶ *(abstr.)* Begleitung, Geleit; ❷ *(konkr.)* die Begleiter; ❸ Gefolge; ❹ Reisegesellschaft; Karawane; ❺ *(nachkl.)* Hofstaat, Hof.

> **Imperium Romanum**
> **comitia** (ōrum *n*) – Die comitia („Komitien") waren zur Abstimmung einberufene Volksversammlungen. In ihnen wurden nicht die Stimmen der einzelnen Personen, sondern die Abstimmungsergebnisse bestimmter Gruppen gezählt, in die das Volk eingeteilt war. Es gab drei Arten von Komitien: In den comitia curiata (vor allem zur Wahl religiöser Ämter) wurden die Stimmen der Kurien (curiae) gezählt; in den comitia tributa (Wahl der niederen Magistrate und der Volkstribunen) die Stimmen der Tribus und in den comitia centuriata (Wahl der hohen Magistrate) die Stimmen der Zenturien.

**comitiālis**, e *(comitia)* ❶ zu den Komitien (Volksversammlung) gehörig, Wahl-; ❷ **morbus ~** Epilepsie *(da derartiger Krankheitsfall den Wahlvorgang b. den Komitien unterbrach).*

**comitiātus**, ūs *m (comitia)* beschließende Volksversammlung [**maximus** Zenturiatkomitien].

**comitium**, ī *n (comitia)* Versammlungsplatz, Wahlort ❶ *in Rom: der nördl. an das Forum angrenzende Platz;* ❷ *in Sparta: Amtshaus der Ephoren,* das Ephoreion.

C

**comitor**, comitārī *u. (poet.; nachkl.)* **comitō**, comitāre *(comes)* ❶ begleiten; – *P. Adj.* **comitātus alqo** v. jmdm. begleitet; ❷ *(einen Toten)* zu Grabe geleiten; ❸ *(m. Dat.)* verbunden sein mit.

**com-maculō**, maculāre beflecken, besudeln.

**com-manipulāris**, is *m (nachkl.)* Soldat aus demselben Manipel.

**commeātus**, ūs *m (commeo)* ❶ Zufuhr, *bes.* Proviant, Kriegsbedarf; ❷ freier Durchgang, Verkehr; ❸ Sendung, Transport; ❹ Urlaub.

**com-meminī**, meminisse sich genau erinnern *(m. Akk. od. Gen.).*

**commemorābilis**, e *(commemoro)* denkwürdig.

**commemorātiō**, ōnis *f (commemoro)* ❶ Erinnerung; ❷ Erwähnung, Anführung.

**com-memorō**, memorāre ❶ sich an etw. erinnern *(m. A. C. I. od. indir. Frages.);* ❷ jmd. an etw. erinnern *(an etw.: Akk.)* [**amicitiam**]; ❸ etw. erwähnen, anführen.

**commendābilis**, e *(commendo)* empfehlenswert.

**commendātīcius**, a, um *(commendatus v. commendo)* zur Empfehlung dienend, Empfehlungs- [**litterae** *od.* **tabellae** Empfehlungsschreiben].

**commendātiō**, ōnis *f (commendo)* ❶ Empfehlung; ❷ empfehlenswerte Eigenschaft, Wert.

**commendātor**, ōris *m (commendo) (poet.; nachkl.)* derjenige, der empfiehlt, Gönner, Förderer.

**commendātrīx**, īcis *f (commendo)* diejenige, die empfiehlt, Gönnerin.

**com-mendō**, mendāre *(mando)* ❶ anvertrauen, übergeben; ❷ empfehlen; – **commendātus**, a, um empfohlen, empfehlenswert.

**com-mēnsus** *P. P. Akt. v. commetior.*

**commentāriolum**, ī *n u.* **-us**, ī *m (Demin. v. commentarium u. -us)* flüchtiger Entwurf, Aufzeichnung.

**commentārius**, ī *m u. seltener* **-um**, ī *n (commentor*[1]*) (oft Pl.)* ❶ Aufzeichnungen, Entwurf, Skizze; ❷ Notiz-, Tagebuch; ❸ Denkschrift, Denkwürdigkeiten, Memoiren; ❹ Chronik; ❺ *(jur. t. t.)* Protokoll.

C

**commentātiō**, ōnis *f (commentor[1])* sorgfältiges Überdenken, Vorbereitung, Studium.
**commentīcius**, a, um *(commentum)* ❶ erfunden, erdacht; ❷ ideal, vollkommen; ❸ erlogen, gefälscht.
**commentor[1]**, commentārī *(Frequ. bzw. Intens. v. comminiscor)* ❶ reiflich erwägen, überlegen, überdenken; ❷ *(rhet.)* entwerfen; (ein)studieren [**orationem**].
**commentor[2]**, ōris *m (comminiscor) (poet.)* Erfinder.
**commentum**, ī *n (comminiscor)* ❶ Erfindung, Einfall; ❷ *(poet.)* Lüge.
**com-mentus**, a, um *s. comminiscor.*
**com-meō**, meāre ein u. aus gehen, hin u. her gehen (*od.* reisen, fahren), verkehren.
**commercium**, ī *n (merx)* ❶ Handel, Geschäftsverkehr; ❷ *(meton.)* Handels-, Verkehrs-, Kaufrecht; ❸ *(übtr.)* Verkehr, Umgang, Gemeinschaft.
**com-mercor**, mercārī aufkaufen.
**com-mereō**, merēre, meruī, meritum (*auch:* **-mereor**) verdienen *(pejor.)* [**poenam**].
**com-mētior**, mētīrī, mēnsus sum ❶ ausmessen; ❷ vergleichen.
**commictus** *P. P. P. v. commingo.*
**commigrātiō**, ōnis *f (commigro) (nachkl.)* das Wandern, Ziehen.
**com-migrō**, migrāre (hin)wandern, -ziehen, übersiedeln [**Romam**].
**com-mīlitium**, ī *n (miles)* ❶ Kriegskameradschaft; ❷ *(übtr.)* Gemeinschaft.
**com-mīlitō**, ōnis *m* Kriegskamerad.
**comminātiō**, ōnis *f (comminor)* Bedrohung.
**com-mingō**, mingere, mī(n)xī, mi(n)ctum *(poet.)* bepissen, besudeln.
**com-minīscor**, minīscī, mentus sum *(memini)* ❶ ausdenken, ersinnen; ❷ erdichten, erlügen; – *P. Adj.* **commentus,** a, um erdichtet, erlogen.
**com-minor**, minārī, minātus sum (an)drohen.
**com-minuō**, minuere, minuī, minūtum ❶ zerschlagen, zertrümmern; ❷ schwächen, untergraben, vernichten; ❸ *(poet.) (Geld, Besitz)* zersplittern, vermindern.
**com-minus** *Adv. (manus)* ❶ *(milit.)* handgemein, Mann geg. Mann; ❷ *(poet.; nachkl.)* in der (*od.* die) Nähe, aus der Nähe.
**comminūtus** *P. P. P. v. comminuo.*
**com-mīnxī** *Perf. v. commingo.*
**com-misceō**, miscēre, miscuī, mixtum (ver)mischen, vermengen, *auch übtr.; / P. Adj.* **commixtus,** a, um *(poet.)* verworren [**clamor**]; **(ex) alqā re commixtus** durch Vermischung hervorgegangen.
**commiserātiō**, ōnis *f (commiseror) (rhet.)* ❶ das Bejammern, Bemitleiden *des Beklagten durch den Redner;* ❷ rührseliger Ton.
**com-miseror**, miserārī ❶ bemitleiden, beklagen; ❷ *(rhet.)* in den rührseligen Ton übergehen.
**com-mīsī** *Perf. v. committo.*
**commissiō**, ōnis *f (committo)* Wettkampf.
**commissum**, ī *n (committo)* ❶ das Unternehmen; ❷ Vergehen, Schuld; ❸ Geheimnis.
**commissūra**, ae *f (committo)* Verbindung, Band, Fuge.
**com-mittō**, mittere, mīsī, missum ❶ zusammenbringen, -fügen, verbinden, vereinigen *(m. etw.: Dat.);* ❷ zum Kampf zusammenbringen, kämpfen lassen [**manum Teucris** handgemein werden, zu kämpfen beginnen]; ❸ beginnen, veranstalten, zustande bringen [**proelium** liefern; **spectaculum**]; ❹ begehen, verüben [**caedem**]; ❺ verschulden, es dahin kommen lassen, dass *(m. ut);* ❻ überlassen, anvertrauen, übergeben [**imperium alci**]; ❼ sich jmdm. anvertrauen, Vertrauen schenken; ❽ preisgeben, aussetzen; ❾ **se ~** sich wagen, getrauen; ❿ *(jur.) Pass.* verfallen; ⓫ es auf etw. ankommen lassen; **rem proelio** (*od.* **in aciem**) ~ es auf eine Schlacht ankommen lassen; ⓬ *(eine Strafe)* verwirken.
**com-mīxī** *Perf. v. commingo.*
**commixtus** *P. P. P. v. commisceo.*
**commoditās**, ātis *f (commodus)* ❶ Angemessenheit, Zweckmäßigkeit; ❷ Bequemlichkeit, Annehmlichkeit; ❸ Vorteil; ❹ günstige Umstände; ❺ *(poet.)* Gefälligkeit, Zuvorkommenheit.
**commodō**, commodāre *(commodus)* ❶ sich gefällig erweisen; ❷ leihen; überlassen, gewähren.
**commodum[1]**, ī *n (commodus)* ❶ Bequemlichkeit; ❷ Vorteil, Nutzen, Interesse, *auch (bes. Pl.)* Wohl, Glück; **-o** *od.* **per -um alcis** zum Vorteil jmds.; ❸ günstiger Zeitpunkt; **ex -o** *od.* **per -um** bei günstiger Gelegenheit; ❹ *Pl.* Vergünstigungen, Vorrechte; ❺ *Pl.* Leihgaben.
**commodum[2]** *Adv. (commodus)* gerade, (so)eben.
**com-modus**, a, um (< *com modo, eigtl.* mit Maß) ❶ angemessen, zweckmäßig, passend, geeignet *(f. jmd.: m. Dat.; f. etw.: m. Dat. od. ad);* ❷ *(f. die Ausführung)* bequem, leicht; ❸ zuvorkommend, höflich, gefällig *(geg. jmd.: alci);* ❹ passend gelegen, günstig.
**commone-faciō**, facere, fēcī, factum = *commoneo; Pass.* **commonefīō**, fierī, factus sum.
**com-moneō**, monēre, monuī, monitum ❶ jmd. an etw. erinnern; ❷ jmd. zu etw. auffordern, ermahnen *(ut, ne).*
**com-mōnstrō**, mōnstrāre deutlich zeigen.
**commorātiō**, ōnis *f (commoror)* das Verweilen, Bleiben, Aufenthalt.
**com-mordeō**, mordēre, – – *(nachkl.)* in *od.* auf

etw. beißen *(m. Akk.)*.

**com-morior**, morī, mortuus sum m. jmdm. zusammen sterben.

**com-moror**, morārī sich aufhalten, verweilen, bleiben.

**commōtiō**, iōnis *f (commoveo)* Erregung, Aufregung.

**commōtiuncula**, ae *f (Demin. v. commotio)* leichte Unpässlichkeit.

**com-moveō**, movēre, mōvī, mōtum ❶ bewegen, in Bewegung setzen, etw. fortbewegen, -bringen, wegrücken [**castra** aufbrechen]; ❷ *(einen Gegner)* zum Weichen bringen [**hostium aciem**]; ❸ *(übtr.)* ergreifen, rühren; **misericordiā / libidine / metu / gaudio commotum esse;** ❹ anregen, anspornen, antreiben; ❺ beunruhigen, aufregen, erschrecken, erschüttern; ❻ hervorrufen, veranlassen, erregen [**iram tyranni; tumultum; misericordiam; invidiam in alqm**]; / *P. Adj.* **commōtus,** a, um **a)** aufgeregt, erregt, gereizt; **b)** unsicher, schwankend.

**commūne**, nis *n (communis)* ❶ Gemeinde; ❷ Gemeingut; / *Adv.* **in commūne a)** f. das Gemeinwohl [**consulere**]; **b)** im Allgemeinen; **c)** gemeinsam; **d)** *(poet.; nachkl.) (als Zuruf)* halbpart!

**commūnicātiō**, ōnis *f (communico)* ❶ Mitteilung; ❷ *(rhet. t. t.) Redefigur, m. der sich der Redner an die Zuhörer wendet u. sie gleichsam mit zu Rate zieht.*

**commūnicō**, commūnicāre *(communis)* **I.** *trans.* ❶ etw. gemeinsam machen, vereinigen, zusammenlegen; ❷ etw. m. jmdm. teilen [**paupertatem**]; ❸ m. jmdm. etw. besprechen [**consilia cum finitimis**]; ❹ geben, gewähren [**praemium**]; **II.** *intr.* sich besprechen, beraten [**de maximis rebus**].

**commūnicor**, commūnicārī = *communico I. 2.*

**com-mūniō**[1], mūnīre ❶ stark befestigen; ❷ *(übtr.)* stärken, sichern.

**commūniō**[2], ōnis *f (communis)* Gemeinschaft.

**com-mūnis**, e ❶ gemeinsam, gemeinschaftlich, allgemein, öffentlich; **sensus ~** der gesunde Menschenverstand; **communiter loqui** im Allgemeinen; **locus ~** *(Pl. loci) (philos. u. rhet.)* Gemeinplatz; **locus ~** *(Pl. loca)* öffentl. Platz; ❷ leutselig, freundlich.

**commūnitās**, ātis *f (communis)* ❶ Gemeinschaft; ❷ Gemeinschaftsgeist; ❸ Leutseligkeit.

**commūnītiō**, ōnis *f (communio[1]) (übtr.)* Wegbahnung.

**com-murmuror**, murmurārī bei sich murmeln.

**commūtābilis**, e *(commuto)* veränderlich.

**commūtātiō**, ōnis *f (commuto)* ❶ Veränderung, Wechsel [**aestuum** der Gezeiten; **fortunae**]; ❷ Austausch [**captivorum**].

**com-mūtō**, mūtāre ❶ (ver)ändern, umwandeln; ❷ (ver-, aus-, ein)tauschen.

**cōmō**, cōmere, cōmpsī, cōmptum (< **co-emo*, *eigtl.* zusammennehmen) ❶ *(das Haar)* ordnen, kämmen, flechten; ❷ schmücken.

**cōmoedia**, ae *f (gr. Fw.)* Komödie.

**cōmoedus**, ī *m (gr. Fw.)* komischer Schauspieler, Komiker.

**comōsus**, a, um *(coma) (poet.; nachkl.)* stark behaart.

**compāctiō**, ōnis *f (compingo[1])* Zusammenfügung.

**com-pactum** *u.* **-pectum,** ī *n (paciscor)* Vertrag, Übereinkunft; **-ō** *u.* **de** *od.* **ex -ō** nach gegenseitigem Übereinkommen.

**compāctus**, a, um *(compingo[1]) (nachkl.)* gedrungen, untersetzt.

**compāgēs**, is *f (compingo[1])* ❶ Gefüge, Verbindung; ❷ Fuge; ❸ Bau [**corporis**].

**compāgō**, ginis *f (compingo[1]) (poet.; nachkl.)* Bindemittel.

**com-pār**, *Gen.* paris **I.** *Adj.* völlig gleich; ebenbürtig; **II.** *Subst. m u. f (poet.)* Gefährte, Gefährtin; Geliebte(r); Gatte, Gattin.

**comparābilis**, e *(comparo[2])* vergleichbar.

**comparātē** *Adv. (comparo[2])* vergleichsweise.

**comparātiō**[1], ōnis *f (comparo[1])* ❶ Vorbereitung, Rüstung; ❷ Beschaffung.

**comparātiō**[2], ōnis *f (comparo[2])* ❶ Vergleich *(mit, zu: m. Gen. od. cum)*; ❷ (richtiges) Verhältnis, gleiche Stellung; ❸ Übereinkunft.

**comparātīvus**, a, um *(comparo[2])* vergleichend.

**com-pāreō**, pārēre, pāruī, – ❶ erscheinen, zum Vorschein kommen; ❷ noch vorhanden sein.

**com-parō**[1], parāre ❶ bereiten, beschaffen, aufbieten, aufbringen [**auxilia; accusatores pecuniā**]; ❷ verschaffen, erwerben [**novos socios; sibi auctoritatem**]; ❸ vorbereiten, veranstalten, veranlassen [**fugam; interitum rei publicae** herbeiführen]; ❹ *(zum Kampf)* (aus)rüsten [**copias; classem**]; *abs.* die nötigen Vorkehrungen treffen; ❺ **se ~** sich rüsten, sich anschicken; ❻ einrichten, anordnen.

**com-parō**[2], parāre *(par)* ❶ vergleichen [**exercitum exercitui; causas inter se; tempus cum tempore; imperatores formā ac decore corporis**]; ❷ vergleichend betrachten, erwägen; ❸ gleichstellen [**virtute se cum alqo**]; ❹ zusammenstellen, -bringen, verbinden; ❺ feindlich gegenüberstellen [**gladiatores**]; ❻ sich über etw. einigen, etw. unter sich teilen [**inter se provincias**].

**com-pāscō**, pāscere, (pāvī), pāstum zusammen weiden.

**com-pāscuus**, a, um *(compasco)* gemeinschaftlich beweidet [**ager** Gemeindeweide].

**compāstum** *P. P. P. v. compasco.*

**com-pāvī** *s. compasco.*

**compectum**, ī *n s. compactum.*

**compediō**, compedīre *(compes)* an den Füßen fesseln.

**com-pēgī** *Perf. v. compingo¹.*

**compellātiō**, ōnis *f (compello²)* Vorwurf, Tadel.

**com-pellō¹**, pellere, pulī, pulsum ① zusammentreiben, -drängen; ② treiben, jagen; ③ *(übtr.)* in die Enge treiben; ④ zu etw. (an)treiben, bewegen; ⑤ (hin)treiben, verschlagen.

**com-pellō²**, pellāre ① anreden, ansprechen, anrufen [**alqm nomine**]; ② tadeln, schelten, beschimpfen; ③ *(vor Gericht)* jmd. anklagen.

**compendiārius**, a, um *(compendium)* vorteilhaft, *(vom Weg)* abgekürzt, kurz, direkt.

**compendium**, ī *n* ① Vorteil, Gewinn; ② *(nachkl.)* Ersparnis, Abkürzung *(der Arbeit, Zeit)*; ③ *(nachkl.)* Abkürzung des Weges, direkter, kurzer Weg.

**compēnsātiō**, ōnis *f (compenso)* Ausgleichung, Gleichgewicht.

**com-pēnsō**, pēnsāre aufwiegen, ausgleichen, ersetzen.

**comperendinātus**, ūs *m u. (nachkl.)* **-tiō**, ōnis *f (comperendino)* Aufschub des Urteils auf den drittnächsten Tag.

**com-perendinō**, perendināre *(perendinus)* ① das Urteil auf den drittnächsten Tag aufschieben; ② Vertagung auf den drittnächsten Tag beantragen; ③ auf den drittnächsten Gerichtstag vorladen.

**com-periō**, perīre, perī, pertum (*selten als Depon.:* comperior) (genau) erfahren, in Erfahrung bringen; – *P. Adj.* **compertus,** a, um **a)** gehört, vernommen; **b)** zuverlässig, gewiss; **c)** überführt [**sacrilegii; publicam pecuniam avertisse**].

**compertus** *s. comperio.*

**com-pēs**, pedis *f* (*Gen. Pl.* -pedum *u.* -pedium) ① Fußfessel; ② *(übtr.)* Fessel, Bande.

**com-pescō**, pescere, pescuī, – *(parco) (poet.; nachkl.)* bezähmen, unterdrücken, bändigen, einschränken [**equum freno; sitim** stillen; **ramos** beschneiden].

**competītor**, ōris *m (competo)* Mitbewerber.

**competītrīx**, rīcis *f (competo)* Mitbewerberin.

**com-petō**, petere, petīvī *u.* petiī, petītum ① zu etw. fähig sein, f. etw. ausreichen; ② zusammenfallen, -treffen; ③ *(nachkl.)* zutreffen, entsprechen; ④ *(nachkl.)* zustehen, zukommen.

**compīlātiō**, ōnis *f (compilo)* Zusammengerafftes, Ausbeute.

**com-pīlō**, pīlāre ① (aus)plündern, berauben [**aedes; fana; hortos**]; ② *(übtr.)* ausbeuten [**sapientiam**].

**com-pingō¹**, pingere, pēgī, pāctum *(pango)* ① zusammenfügen; ② hineintreiben, -drängen, (ver)stecken.

**com-pingō²**, pingere, pīnxī, – *(nachkl.)* bemalen; *(übtr.)* an etw. mäkeln *(m. Akk.)*.

**Compitālia**, lium *u.* liōrum *n (compitum)* die Kompitalien, *auf Kreuzwegen begangenes Larenfest.*

**compitālicius**, a, um *(Compitalia)* zu dem Kompitalienfest gehörig [**ludi**].

**compitālis**, e *(compitum)* zum Kreuzweg gehörig, auf Kreuzwegen.

**compitum**, ī *n (competo 2.)* Kreuzweg, Scheideweg.

**com-placeō**, placēre, placuī, placitum *(nachkl.)* gefallen.

**com-plānō**, plānāre einebnen.

**com-plector**, plectī, plexus sum ① umschlingen, umarmen [**mulierem; aram; saxa manibus** umklammern]; ② umgeben, einschließen; ③ zusammenfassen, vereinigen; ④ sich etw. aneignen; ⑤ zusammenfassend darstellen, schildern; ⑥ erfassen, begreifen, verstehen **alqd animo / cogitatione / scientiā / memoriā;** ⑦ pflegen, hegen [**omnes cives caritate; philosophiam; virtutem**]; / *manchmal hat complector pass. Bedeutung, so auch* complexus, a, um *P. P. Akt. u. Pass.*

**complēmentum**, ī *n (compleo)* Ergänzung.

**com-pleō**, plēre, plēvī, plētum ① an-, voll-, ausfüllen; ② *(übtr.)* erfüllen [**omnia clamore et fletu; alqm gaudio; alqm terrore**]; ③ vollenden, ganz zu Ende führen [**sacrum ante noctem**]; ④ vollzählig machen, ergänzen [**cohortes**]; ⑤ *(eine Zeit)* erleben, zurücklegen; ⑥ *(milit.)* völlig besetzen.

**complexiō**, ōnis *f (complector)* ① Verbindung; ② *(rhet. t. t.)* **a)** Zusammenfassung [**verborum**]; **b)** Periode, (komplexer) Satz.

**complexus¹**, ūs *m* ① Umarmung; ② Umfassung, Umschließung; ③ Wohlwollen, Liebe; ④ **~ armorum** Handgemenge.

**complexus²** *P. P. Akt. u. Pass. v. complector.*

**com-plicō**, plicāre, plicāvī, plicātum *u.* plicuī, plicitum zusammenfalten, -wickeln, -legen; – *P. Adj.* **complicātus,** a, um unklar, verworren.

**com-plōdō**, plōdere, plōsī, plōsum *(plaudo) (nachkl.)* zusammenschlagen.

**complōrātiō**, ōnis *f u.* **-tus,** ūs *m (comploro)* gemeinsames lautes Wehklagen.

**com-plōrō**, plōrāre zusammen laut beklagen.

**com-plōsī** *Perf. v. complodo.*

**complōsus** *P. P. P. v. complodo.*

**com-plūrēs**, plūra (*selten* -plūria; *Gen.* -plūrium) mehrere, ziemlich viele.

**complūrie(n)s** *Adv. (complures) (nachkl.)* mehrmals.

**compluvium**, ī *n* (*nachkl.*) das Compluvium: ① *viereckige Dachöffnung üb. dem Säulenhof des röm. Hauses;* ② Säulenhof.

**com-pōnō**, pōnere, posuī, positum *(P. P. P. poet. auch* compostum*)* ① zusammenstellen, -setzen, -legen, -bringen; ② bilden, gestalten, errichten, bereiten, stiften [**urbem, templa** erbauen, errichten; **foedus** schließen; **pacem** stiften]; ③ *(feindl.)* gegenüberstellen; ④ *(nachkl.) (Truppen)* zusammenziehen; ⑤ *(milit.) Truppen* aufstellen; ⑥ *(vor Gericht)* konfrontieren [**cum indice**]; ⑦ zusammenführen, versammeln, vereinigen [**genus dispersum**]; ⑧ *(schriftl.)* aufsetzen, verfassen [**carmina; tragoedias**]; ⑨ ersinnen, erdichten; ⑩ festsetzen, bestimmen, verabreden [**diem rei gerendae**]; – (**ex**) **compositō** verabredetermaßen; ⑪ zurechtlegen, -setzen, -stellen, ordnen; ⑫ *(Angelegenheiten)* (an)ordnen, einrichten; ⑬ *(Streit)* schlichten, beschwichtigen, beruhigen, versöhnen [**controversias regum; barbarorum animos**]; ⑭ beisetzen, bestatten; ⑮ **se ~** sich hinlegen; ⑯ *(Segel)* einziehen [**armamenta**]; ⑰ vergleichen [**alcis dicta cum factis; parva magnis**].

**com-portō**, portāre zusammentragen, -bringen; liefern.

**com-pos**, *Gen.* potis *(potis) (m. Gen. od. Abl.)* ① einer Sache teilhaftig, an etw. mitbeteiligt, im Besitz [**virtutis; praedā**]; ② einer Sache mächtig [**mentis** bei Sinnen].

**composita**, ōrum *n (compositus)* geordnete Verhältnisse.

**compositiō**, ōnis *f (compono)* ① Zusammenstellung; Zusammensetzung; ② Anordnung, Gestaltung, Einrichtung; ③ Abfassung [**iuris pontificalis**]; ④ Einigung, Aussöhnung; ⑤ *(rhet. t. t.)* Wort-, Satzstellung, Periodenbau.

**compositor**, tōris *m (compono)* ① (An-)Ordner; ② *(poet.)* Verfasser.

**compositus**, a, um *(P. Adj. v. compono)* ① zusammengestellt, -gesetzt; ② *(rhet.)* wohlgeordnet, wohlgesetzt [**verba; oratio**]; ③ geregelt, geordnet [**res publica**]; ④ *(v. Personen)* geeignet, gerüstet [**ad iudicium**]; ⑤ *(nachkl.)* gelassen, ruhig, gemessen [**aetas; orator**].

**compostus** *s. compono.*

**com-posuī** *Perf. v. compono.*

**com-pōtātiō**, ōnis *f (poto)* Trinkgesellschaft.

**com-pōtor**, tōris *m (poto)* Zechgenosse.

**com-prānsor**, ōris *m (prandeo)* Tischgenosse.

**comprecātiō**, ōnis *f (comprecor)* gemeinsames Gebet.

**com-precor**, precārī *(poet.; nachkl.)* beten, *eine Gottheit* anflehen, *zu einer Gottheit* flehen *(m. Akk. u. Dat.)* [**deos; Iovi**].

**com-prehendō**, prehendere, prehendī, prehēnsum ① (er)fassen, ergreifen [**dextram alcis**]; ② festnehmen, verhaften [**fures in fuga**]; ③ begreifen, verstehen, erfassen [**animis; cogitatione**]; ④ mit einbeziehen; ⑤ *(v. Feuer)* ergreifen, in Brand setzen; **incendium turres comprehendit; – ignem** *od.* **flammam ~** Feuer fangen: **casae ignem comprehenderunt;** ⑥ *(übtr.)* umfassen, umschließen [**alqm amicitiā**]; ⑦ fangen, wegnehmen [**epistulas** abfangen]; ⑧ besetzen [**collem**]; ⑨ darstellen, beschreiben, ausdrücken; ⑩ *(Verbrechen)* entdecken; ⑪ *(Schuldige)* ertappen [**alqm in furto**]; ⑫ zusammenfassen, verbinden, vereinigen.

**comprehēnsibilis**, e *(comprehendo)* (er)fassbar.

**comprehēnsiō**, ōnis *f (comprehendo)* ① das Anfassen, Ergreifen; ② Verhaftung [**sontium**]; ③ das Begreifen, Verständnis; ④ Zusammenfassung; ⑤ *(rhet.)* Periode, Satz.

**comprehēnsus** *P. P. P. v. comprehendo.*

**com-prēndō**, prēndere, prēndī, prēnsum *= comprehendo.*

**com-pressī** *Perf. v. comprimo.*

**compressiō**, ōnis *f (comprimo)* gedrängte Darstellung.

**compressus**[1], *Abl.* ū *m (comprimo)* das Umschließen.

**compressus**[2], a, um *(P. Adj. m. Komp. v. comprimo) (nachkl.) (v. der Rede)* gedrängt, knapp.

**com-primō**, primere, pressī, pressum *(premo)* ① zusammendrücken, -pressen; *sprichw.:* **compressis manibus sedere** die Hände in den Schoß legen; ② unterdrücken, hemmen [**furores**]; ③ niederschlagen [**tumultum; seditionem**]; ④ zusammendrängen; ⑤ vergewaltigen; ⑥ etw. nicht herausgeben, zurückhalten [**frumentum**]; ⑦ geheim halten.

**comprobātiō**, ōnis *f (comprobo)* Anerkennung.

**comprobātor**, ōris *m (comprobo)* jemand, der etw. anerkennt.

**com-probō**, probāre ① billigen, gutheißen, anerkennen; ② als richtig beweisen, bestätigen.

**comprōmissum**, ī *n (compromitto) (jur. t. t.)* Übereinkunft *(das gegenseitige Versprechen streitender Parteien, die Entscheidung eines selbstgewählten Schiedsrichters anzuerkennen).*

**com-prōmittō**, prōmittere, prōmīsī, prōmissum *(jur. t. t.)* sich gegenseitig versprechen, einen Schiedsspruch anzuerkennen *(s. compromissum).*

**cōmpsī** *Perf. v. como.*

**cōmptus**, a, um *(P. Adj. v. como)* gefällig, sauber, korrekt.

**com-pulī** *Perf. v. compello*[1].

**compulsus** *P. P. P. v. compello*[1].

**com-pungō**, pungere, pūnxī, pūnctum ① (zer)stechen; ② tätowieren.

**computātiō**, ōnis *f (computo) (nachkl.)* ① das Zusammenrechnen, Berechnung; ② Knauserei.

**computātor**, ōris *m (computo) (nachkl.)* (Be-)Rechner.

**com-putō**, putāre abrechnen, berechnen, überschlagen.

**Cōmum**, ī *n Stadt in Oberitalien, seit Cäsar* **Novum Cōmum,** *j.* Como; – *Einw. u. Adj.* **Cōmēnsis,** is *m bzw.* e.

**con-** = *com-, nur in Zusammensetzungen.*

**cōnāmen**, minis *n (conor) (poet.)* ① Bemühung; ② Stütze.

**cōnātum**, ī *n u.* **cōnātus,** ūs *m (conor)* ① Versuch, Unternehmen, Wagnis; ② Bemühung, Anstrengung; ③ Drang.

**conb...** *s. comb...*

**con-cacō**, cacāre *(nachkl.)* bekacken, beschmutzen.

**con-caedēs**, is *f (caedo) (nachkl.)* Verhau.

**con-cale-faciō** *(u.* con-calfaciō), facere, fēcī, – *(Pass.* -fīō, fierī, factus sum) durch u. durch erwärmen.

**con-calēscō**, calēscere, caluī, – *(Incoh. v. concaleo)* sich erhitzen.

**con-callēscō**, callēscere, calluī, – **I.** *(con u. Incoh. v. calleo[1])* gefühllos werden; **II.** *(con u. Incoh. v. calleo[2])* vorsichtig werden.

**con-caluī** *Perf. v. concalesco.*

**concavō**, concavāre *(concavus) (poet.)* rund aushöhlen, krümmen.

**con-cavus**, a, um hohl, gewölbt, gekrümmt.

**con-cēdō**, cēdere, cessī, cessum **I.** *intr.* ① weichen, weggehen, sich entfernen, abziehen [**a parentum oculis; vitā** sterben]; ② *(m. Zielangabe)* sich hinbegeben, gehen [**in hiberna; rus**]; ③ nachgeben, sich fügen [**alcis postulationi**]; ④ (zurück)weichen, das Feld räumen; **voluptas dignitati concedit; iniuriae ~** unterliegen; **naturae** *od.* **fato ~** eines natürlichen Todes sterben; ⑤ nachstehen, den Vorrang lassen; ⑥ in etw. geraten [**in alcis dicionem**]; ⑦ verzeihen *(m. Dat.)* [**inimico; temere dicto**]; ⑧ zu *od.* in etw. übergehen [**in deditionem** sich ergeben]; ⑨ beitreten, beipflichten *(in u. Akk.)*; **II.** *trans.* ① überlassen, abtreten, gewähren [**militibus praedam; libertatem** schenken]; ② erlauben, gestatten, einräumen; ③ zugeben, zugestehen, anerkennen; ④ etw. (jmdm. zuliebe) aufgeben [**rei publicae amicitias suas**]; ⑤ begnadigen [**Attico sororis filium** dem Atticus zuliebe]; ⑥ verzeihen [**omnia peccata**].

**con-celebrō**, celebrāre ① festlich begehen, feiern; ② rühmen, preisen; ③ verbreiten, bekannt machen [**victoriam**]; ④ eifrig betreiben [**studia**].

**con-cēnātiō**, ōnis *f (con u. ceno)* Tischgesellschaft, Gastmahl.

**concentiō**, ōnis *f (concino)* Einklang, Harmonie.

**concentus**, ūs *m (concino)* ① Einklang, Harmonie; ② Gesang; ③ *(übtr.)* Übereinstimmung, Einigkeit.

**con-cēpī** *Perf. v. concipio.*

**conceptiō**, ōnis *f (concipio)* ① Empfängnis; ② Abfassung v. Rechtsformeln.

**conceptum**, ī *n (concipio)* Leibesfrucht.

**conceptus**[1], ūs *m (concipio)* Empfängnis.

**conceptus**[2] *P. P. P. v. concipio.*

**con-cerpō**, cerpere, cerpsī, cerptum *(carpo)* ① zerreißen; ② jmd. *(m. Worten)* herunterreißen, kritisieren.

**concertātiō**, ōnis *f (concerto)* ① Streit; ② Wortkampf, das Disputieren.

**concertātor**, ōris *m (concerto) (nachkl.)* Nebenbuhler.

**concertātōrius**, a, um *(concerto)* zum Wortkampf gehörig.

**con-certō**, certāre ① streiten, kämpfen; ② disputieren.

**con-cessī** *Perf. v. concedo.*

**concessiō**, ōnis *f (concedo)* ① Zugeständnis, Bewilligung; ② Straferlass.

**concessus**[1], *Abl.* ū *m (concedo)* Erlaubnis, Bewilligung.

**concessus**[2] *P. P. P. v. concedo.*

**concha**, ae *f (gr. Fw.)* ① Muschel; Muschelschale; ② *(poet.)* Perle; ③ *(poet.; nachkl.)* muschelförmiges Gefäß [**unguenti** Salbennäpfchen]; ④ *(poet.)* Purpur; ⑤ *(poet.; nachkl.)* Tritonshorn.

**concheus**, a, um *(concha) (poet.)* zur Muschel gehörig [**baca** Perle].

**conchȳliātus**, a, um *(conchylium)* purpurfarben.

**conchȳlium**, ī *n (gr. Fw.)* ① Schaltier, *bes.* Auster; ② Purpur(farbe); ③ *(poet.; nachkl.)* Purpurschnecke.

**con-cidō**[1], cidere, cidī, – *(cado)* ① zusammenfallen, einstürzen; ② *(v. lebenden Wesen)* niederstürzen, zusammenbrechen [**sub onere; in cursu**]; *(im Kampf)* fallen; ③ *(v. Zuständen)* sinken, schwinden, ein Ende nehmen; **omnis spes concidit; opes Carthaginis concidunt;** ④ *(v. Personen)* gestürzt werden, fallen, unterliegen *(bes. im polit. Leben u. vor Gericht)*; ⑤ **mente ~** die Besinnung verlieren.

**con-cīdō**[2], cīdere, cīdī, cīsum *(caedo)* ① zusammen-, niederhauen, niederschlagen; ② vernichten, zugrunde richten [**reum iudicio**]; ③ in Stücke hauen, zerhacken; ④ jmd. verprügeln; ⑤ *(geistig)* zerstückeln [**sententias**]; ⑥ *(philos. t. t.)* logisch zerlegen.

**con-cieō**, ciēre, cīvī, citum *u. (in Prosa meist)*

**con-ciō**, cīre ❶ zusammenbringen, herbeirufen, versammeln *(bes. milit.)* [**exercitum ex tota insula; totam urbem**]; ❷ in (schnelle) Bewegung setzen, antreiben; ❸ *(polit.)* aufwiegeln, zum Aufstand verleiten [**plebem contionibus**]; ❹ etw. erregen, hervorrufen [**seditionem; motūs animorum**]; ❺ *(poet.; nachkl.)* aufregen, aufreizen, aufbringen.

**conciliābulum**, ī *n (concilio)* Versammlungsort, Marktplatz, Gerichtsstätte; ~ **damni** Lasterhöhle.

**conciliātiō**, ōnis *f (concilio)* ❶ Vereinigung, Verbindung; ❷ das Gewinnen *(der Zuhörer)*; ❸ Geneigtheit, Zuneigung *(zu: m. Gen.; ad)*; ❹ Erwerbung [**gratiae**].

**conciliātor**, ōris *m (concilio)* ❶ Vermittler, Fürsprecher; ❷ (An-)Stifter.

**conciliātrīcula**, ae *f (Demin. v. conciliatrix)* Vermittlerin, Fürsprecherin.

**conciliātrīx**, rīcis *f (concilio)* ❶ Vermittlerin, Fürsprecherin; ❷ Kupplerin.

**conciliātūra**, ae *f (concilio) (nachkl.)* Kuppelei.

**conciliātus**, a, um *(P. Adj. v. concilio)* ❶ beliebt, befreundet *(mit, bei jmdm.: alci)*; ❷ zu etw. geneigt *(ad; Dat.)*.

**conciliō**, conciliāre ❶ (zum Freund) gewinnen [**sibi amicum; sibi legiones pecuniā**]; ❷ erwerben, gewinnen, verschaffen [**sibi favorem; regnum alci**]; ❸ etw. erwirken, vermitteln, stiften [**pacem; nuptias**]; ❹ *(poet.; nachkl.)* werben, verkuppeln.

**concilium**, ī *n* ❶ Versammlung, Kreis, Verein; ❷ polit. Versammlung: **a)** *in Rom:* ~ **patrum** Senat(sversammlung, -sitzung); ~ **plebis** Tributkomitien der Plebs; ~ **populi** Kuriatkomitien; **b)** *außerhalb Roms:* Landtag, Bundestag; ❸ Zusammenkunft; ❹ *(poet.)* Vereinigung, Verbindung.

**concinnitās**, ātis *f (concinnus) (rhet. t. t.)* ❶ harmonische Verbindung v. Wörtern u. Gedanken, (Kunst-)Form der Darstellung, Abrundung; ❷ *(nachkl.)* das Gedrechselte, Gesuchte.

**concinnitūdō**, dinis *f = concinnitas.*

**concinnō**, concinnāre *(concinnus)* ❶ richtig zusammensetzen, zurechtlegen; ❷ hervorrufen, anstiften; ❸ *(nachkl.) (übtr.)* formen [**ingenium** den Charakter].

**concinnus**, a, um ❶ kunstgerecht (zusammengefügt); ❷ *(v. der Rede)* abgerundet, harmonisch; ❸ *(poet.) (v. Personen)* gefällig [**amicis**].

**con-cinō**, cinere, cinuī, centum *(cano)* **I.** *intr.* ❶ übereinstimmen, harmonieren; ❷ zugleich ertönen, erschallen; ❸ *(nachkl.)* zusammen singen; **II.** *trans.* ❶ zugleich anstimmen, zugleich singen; ❷ *(poet.)* besingen, verherrlichen; ❸ *(poet.) (als Weissagung, Warnung)* verkünden, prophezeien.

**con-ciō** *s. concieo.*

**con-cipiō**, cipere, cēpī, ceptum *(capio)* ❶ zusammenfassen; ❷ *(Worte in eine Formel)* fassen, abfassen, formulieren; ❸ *(geistig)* erfassen, begreifen, verstehen, erkennen; ❹ sich vorstellen, sich einbilden [**alqd animo** *od.* **mente**]; ❺ empfinden, fühlen [**odium; spem** hegen]; ❻ *(Übel)* sich zuziehen, auf sich laden [**maculam bello**]; ❼ *(Übeltaten)* begehen [**flagitium**]; ❽ *(v. der Erde)* Samen aufnehmen, empfangen; ❾ schwanger werden, trächtig werden; – *Pass.* gezeugt werden; ❿ *(poet.; nachkl.)* (in sich) aufnehmen, auffangen *(in etw.: Abl.)* [**medicamentum venis**]; ⓫ *(poet.; nachkl.) (Flüssigkeiten)* aufsaugen; ⓬ *(poet.; nachkl.) (Feuer)* fangen; ⓭ aus- *od.* nachsprechen [**vota; preces**]; ⓮ *(nachkl.)* feierlich ankündigen, ansagen [**nova auspicia; foedus** schließen].

**concīsiō**, ōnis *f (concido²) (rhet. t. t.)* Zerstückelung der Sätze.

**concīsūra**, ae *f (concido²) (nachkl.)* Zerteilung, Verteilung.

**concīsus**, a, um *(P. Adj. v. concido²)* ❶ kurzgefasst [**sententiae**]; ❷ sich kurzfassend [**orator**].

**concitāmentum**, ī *n (concito) (nachkl.)* Reizmittel.

**concitātiō**, ōnis *f (concito)* ❶ rasche Bewegung; ❷ Auflauf, Aufruhr; ❸ Aufregung *(klass. immer m. Gen.: animi u. Ä.)*.

**concitātor**, ōris *m (concito)* Aufwiegler; Anstifter.

**concitātus**, a, um *(P. Adj. v. concito)* ❶ rasch, eilend, hastig [**equo -o** im Galopp]; ❷ erregt, heftig.

**concitō**, concitāre *(Frequ. v. concieo)* ❶ rasch, stark bewegen, (an)treiben, anfeuern, anspornen [**equum calcaribus** anspornen; **navem remis**]; – **se** ~ sich stürzen [**in hostem**]; ❷ (auf)reizen, aufhetzen, aufwiegeln [**multitudinem**]; ❸ erregen, hervorrufen, veranlassen [**misericordiam; discordiam**]; – *Pass.* entstehen; ❹ herbeirufen, aufbieten *(bes. zum Kampf)* [**multitudinem armatorum**].

**concitor**, ōris *m (concieo)* Aufwiegler; Anstifter.

**concitus** *P. P. P. v. concieo.*

**con-cīvī** *Perf. v. concieo.*

**conclāmātiō**, ōnis *f (conclamo)* Geschrei, lauter Zuruf.

**con-clāmō**, clāmāre ❶ gemeinsam rufen, laut verkünden [**victoriam** „Viktoria" rufen; **gaudio** ~ ein Freudengeschrei erheben]; ❷ *(poet.)* zusammenrufen; ❸ **vasa** ~ den Befehl zum Aufbruch geben; ❹ *(Tote)* laut beklagen.

**conclāve**, vis *n* Zimmer.

**con-clūdō**, clūdere, clūsī, clūsum *(claudo)* ❶ (zusammen) einschließen, einsperren

C

C

[**magnam hominum multitudinem; bestias**]; ❷ *(einen Ort)* einschließen, abschließen, absperren; ❸ einengen, in etw. hineinzwängen, zusammenfassen; ❹ abschließen, zu Ende führen; ❺ *(rhet. t. t.)* abschließen, abrunden; ❻ *(philos. t. t.)* schließen, folgern.

**conclūsē** *Adv. (conclusus, P. P. P. v. concludo) (rhet. t. t.)* abgerundet [**dicere**].

**con-clūsī** *Perf. v. concludo.*

**conclūsiō**, ōnis *f (concludo)* ❶ *(milit. t. t.)* feindliche Einschließung, Sperre, Blockade; ❷ Abschluss, Ende; letzter Teil *der Rede;* ❸ *(rhet. t. t.)* Abschluss, Abrundung; die abgeschlossene Periode; ❹ (Schluss-)Folgerung, logischer Schlusssatz.

**conclūsiuncula**, ae *f (Demin. v. conclusio)* nichtssagende Schlussfolgerung.

**conclūsum**, ī *n (concludo)* Folgerung.

**conclūsus** *P. P. P. v. concludo.*

**concoctus** *P. P. P. v. concoquo.*

**con-color**, *Gen.* colōris *(poet.; nachkl.)* gleichfarbig.

**con-coquō**, coquere, coxī, coctum ❶ *(poet.; nachkl.) (mehreres)* zusammenkochen; ❷ weich kochen; ❸ verdauen; ❹ ertragen, dulden; ❺ ersinnen, reiflich überlegen.

**concordia**, ae *f (concors)* ❶ Eintracht, Einklang, Harmonie; ❷ *(poet.) (meton.)* Freund; ❸ **Concordia** *Göttin der Eintracht.*

**concordō**, concordāre *(concors)* ❶ *(v. lebenden Wesen)* einig sein, in Eintracht leben; ❷ *(v. Lebl.)* übereinstimmen, harmonieren.

**con-cors**, *Gen.* cordis *(cor)* einig, einträchtig, harmonierend.

**con-coxī** *Perf. v. concoquo.*

**con-crēbrēscō**, crēbrēscere, crēbruī, – *(poet.)* m. etw. zunehmen.

**con-crēdō**, crēdere, crēdidī, crēditum anvertrauen.

**con-cremō**, cremāre völlig verbrennen, niederbrennen [**omnia tecta**].

**con-crepō**, crepāre, crepuī, – **I.** *intr.* dröhnen, knarren, klirren [**digitis** schnalzen]; **II.** *trans. (poet.; nachkl.)* zum Klingen bringen, erschallen lassen.

**con-crēscō**, crēscere, crēvī, crētum ❶ zusammenwachsen, sich verdichten, gerinnen, erstarren; **concretus gelu Danuvius** zugefroren; **concretus dolor** starr, tränenlos; ❷ *(durch Verdichtung)* entstehen; ❸ sich verdunkeln.

**concrētiō**, ōnis *f (concresco)* Verbindung, Verdichtung [**mortalis** vergänglicher Stoff].

**concrētus** *P. P. P. v. concresco.*

**con-crēvī** *Perf. v. concresco.*

**concubīna**, ae *f (concumbo)* Konkubine; Freudenmädchen.

**concubīnus**, ī *m (concumbo) (poet.; nachkl.)* Geliebter.

**concubitus**, ūs *m (concumbo)* Beischlaf; Begattung.

**concubius**, a, um *(concumbo)* zur Zeit tiefen Schlafes, *nur:* **concubiā nocte** in tiefer Nacht.

**con-cubuī** *Perf. v. concumbo.*

**con-culcō**, culcāre *(calco)* misshandeln; verachten.

**con-cumbō**, cumbere, cubuī, cubitum *(cubo)* mit jmdm. schlafen *(cum; poet. m. Dat.).*

**con-cupīscō**, cupīscere, cupīvī (*u.* cupiī), cupītum *(cupio)* begehren, wünschen, verlangen.

**con-currō**, currere, currī (*selten* cucurrī), cursum ❶ zusammenlaufen, -strömen, von allen Seiten herbeieilen; ❷ seine Zuflucht nehmen; ❸ *(feindl.)* zusammenstoßen, aneinandergeraten, angreifen; ❹ zusammentreffen, -stoßen; ❺ *(zeitl.)* zusammenfallen, zugleich stattfinden; ❻ *(nachkl.) (v. Zuständen)* hereinbrechen.

**concursātiō**, ōnis *f (concurso)* ❶ das Zusammenlaufen; ❷ das Umherlaufen, -ziehen; ❸ das Umherreisen; ❹ *(milit.)* leichtes Gefecht, Geplänkel.

**concursātor**, ōris *m (concurso) (milit.)* Plänkler; – *adj.:* nur ans Plänkeln gewöhnt.

**concursiō**, ōnis *f (concurro)* ❶ das Zusammentreffen; ❷ *(rhet. t. t.)* Verknüpfung, Verflechtung, *d. h. Wiederholung derselben Worte am Satzanfang u. -ende.*

**concursō**, concursāre *(Intens. v. concurro)* **I.** *intr.* ❶ hin u. her laufen; ❷ umherreisen; ❸ *(milit. t. t.)* leichtes Gefecht schlagen, plänkeln; **II.** *trans.* aufsuchen, bereisen.

**concursus**, ūs *m (concurro)* ❶ das Zusammenlaufen, -strömen [**hostium; aquarum**]; ❷ Auflauf; Aufruhr; ❸ das Zusammentreffen, -stoßen [**navium; atomorum**]; ❹ feindliches Aneinandergeraten; ❺ das Zusammenwirken, Mitwirkung, Mithilfe.

**con-cussī** *Perf. v. concutio.*

**concussiō**, ōnis *f (concutio) (nachkl.)* ❶ das Schwingen; ❷ Erdbeben.

**concussus** *P. P. P. v. concutio.*

**con-custōdiō**, custōdīre *(poet.)* überwachen.

**con-cutiō**, cutere, cussī, cussum *(quatio)* ❶ *(poet.; nachkl.)* heftig schütteln, schwingen; ❷ erschüttern [**terram ingenti motu**]; ❸ schwächen, zerrütten [**rem publicam; fidem**]; ❹ beunruhigen, erschrecken, ängstigen [**barbaros; mentem alcis**]; ❺ *(poet.)* aufrütteln [**plebem**]; ❻ *(nachkl.)* dröhnend zusammenschlagen.

**con-decōrō**, decōrāre *(nachkl.)* sorgfältig schmücken.

**condemnātiō**, ōnis *f (condemno) (nachkl.)* Verurteilung.

**condemnātor**, ōris *m (condemno) (nachkl.)* erfolgreicher Ankläger *(der die Verurteilung durchsetzt).*

**con-demnō**, demnāre *(damno)* ❶ verurteilen *(die Schuld wird durch Gen. od. de ausgedrückt)* [**proditionis; de vi** wegen einer Gewalttat], *(die Strafe durch Gen., Abl. od. ad)* [**capitis** *u.* **capite** zum Tode; **ad mortem**]; ❷ missbilligen, tadeln; ❸ *(vom Ankläger)* jmds. Verurteilung durchsetzen.

**con-dēnsus**, a, um ❶ dicht (gedrängt) [**agmen**]; ❷ mit etw. dicht besetzt.

**condiciō**, ōnis *f (condico)* ❶ Bedingung; ❷ Lage, Verhältnisse; ❸ Stellung, Stand, Los; ❹ Beschaffenheit, Zustand; ❺ Vorschlag, Angebot; ❻ Verabredung, Übereinkunft, Vergleich, Vertrag; ❼ Aufgabe, Beruf; ❽ Heirat, Partie.

**con-dīcō**, dīcere, dīxī, dictum ❶ gemeinsam verabreden, festsetzen [**tempus et locum**]; ❷ sich bei jmdm. als Gast ansagen; eine Einladung zu Tische bei jmdm. annehmen *(alci, cum alqo cenam od. ad cenam)*.

**con-didī** *Perf. v. condo.*

**con-didicī** *Perf. v. condisco.*

**condīmentum**, ī *n (condio)* Gewürz, Würze.

**condiō**, condīre ❶ würzen, schmackhaft zubereiten; ❷ einlegen, einmachen; ❸ ansprechend gestalten [**orationem**]; ❹ einbalsamieren [**mortuos**]; ❺ mildern, lindern; / **condītus,** a, um gewürzt; schmackhaft; ansprechend.

**condiscipulātus**, ūs *m (condiscipulus)* Schulfreundschaft.

**con-discipulus**, ī *m* Mitschüler.

**con-discō**, discere, didicī, – erlernen.

**condītiō**, ōnis *f (condio)* das Würzen, Einmachen.

**conditīvum**, ī *n (condo 6.) (nachkl.)* Grab.

**conditīvus**, a, um *(condo 7.)* zum Einlegen bestimmt.

**conditor**, ōris *m (condo)* ❶ (Be-)Gründer; ❷ Urheber, Stifter; ❸ *(poet.; nachkl.)* Verfasser.

**conditōrium**, ī *n (condo 6.) (nachkl.)* Sarg; Grabmal.

**condītūra**, ae *f (condio) (nachkl.)* schmackhafte Zubereitung; das Einmachen *(v. Früchten)*.

**conditus**[1] *P. P. P. v. condo.*

**condītus**[2] *s. condio.*

**con-dīxī** *Perf. v. condico.*

**con-dō**, dere, didī, ditum ❶ (be)gründen [**gentem; urbem**]; ❷ (er)bauen, anlegen [**arcem**]; ❸ einrichten, schaffen, stiften [**leges**]; ❹ bergen, verwahren, sichern, in Sicherheit bringen; ❺ *(poet.; nachkl.)* verbergen, verstecken [**iram** verhehlen]; ❻ *(Tote)* bestatten, begraben; ❼ *(Früchte, Wein u. Ä.)* aufbewahren, einkellern; einlegen; ❽ *(schriftl.)* abfassen, verfassen [**leges; carmen**]; ❾ *(poet.)* beschreiben, besingen [**Caesaris acta**]; ❿ einsperren [**piratas in carcerem**]; ⓫ *(nachkl.) (das Schwert)* in die Scheide stecken; ⓬ *(poet.; nachkl.) (eine Zeit)* (durch)leben, verbringen; beenden.

**con-doce-faciō**, facere, fēcī, factum *(doceo)* anleiten, abrichten.

**con-doleō**, dolēre, doluī, – Schmerz empfinden.

**con-dolēscō**, dolēscere, doluī, – *(Incoh. v. condoleo)* ❶ zu schmerzen beginnen, *meist im Perf.:* schmerzen; ❷ Schmerz empfinden.

**condōnātiō**, ōnis *f (condono)* Schenkung.

**con-dōnō**, dōnāre ❶ (ver)schenken; jmdm. etw. überlassen [**consuli totam Achaiam**]; ❷ hingeben, aufopfern, preisgeben [**se vitamque suam rei publicae**]; ❸ *(Schulden)* erlassen; ❹ *(ein Vergehen)* ungestraft lassen, vergeben [**alci crimen**]; ❺ *(Schuldige)* um jmds. willen begnadigen *(alqm alci)*.

**con-dūcō**, dūcere, dūxī, ductum **I.** *trans.* ❶ zusammenführen, -ziehen, versammeln [**cohortes in castra; populum in forum**]; ❷ anwerben [**milites**]; – *Subst.* **conductī,** ōrum *m* Söldner; ❸ mieten, pachten [**domum; agrum**]; ❹ *(Arbeit)* übernehmen; **II.** *intr. (unpers.)* **condūcit** es nützt, ist zuträglich [**saluti tuae; ad vitae commoditatem**].

**conductīcius**, a, um *(conduco I. 2. u. 3.)* gemietet, Söldner-.

**conductiō**, ōnis *f (conduco)* ❶ das Mieten, Pachtung; *(meton.)* Miet-, Pachtvertrag; ❷ *(rhet. t. t.)* Zusammenfassung des Gesagten.

**conductor**, ōris *m (conduco)* ❶ Mieter, Pächter; ❷ Unternehmer.

**conductum**, ī *n (conduco)* Miete, Mietwohnung.

**conductus** *P. P. P. v. conduco.*

**con-dūxī** *Perf. v. conduco.*

**cō-nectō**, nectere, nexuī, nexum ❶ zusammenknüpfen, verknüpfen, verflechten; ❷ *(nachkl.) (räuml.)* verbinden; ❸ *(in der Rede)* verknüpfen, verbinden; ❹ *(nachkl.)* jmd. in etw. (mit) verwickeln.

**cōnexus**, a, um *(P. Adj. v. conecto) (nachkl.)* nahe verwandt, verschwägert *(mit jmdm.: Dat.)*.

**cōn-fābulor**, fābulārī traulich plaudern.

**cōnfarreātiō**, ōnis *f (confarreo) (poet.; nachkl.)* Konfarreationsehe *(feierlichste, sakrale Form der patriz. Eheschließung unter Opferung eines Speltkuchens* – far *Spelt)*.

**cōn-farreō**, farreāre *(far) (poet.; nachkl.)* in sakraler Form ehelich verbinden.

**cōn-fātālis**, e *(fatum)* mitverhängt.

**cōn-fēcī** *Perf. v. conficio.*

**cōnfectiō**, ōnis *f (conficio)* ❶ Herstellung, Anfertigung; ❷ Beendigung; ❸ Eintreibung [**tributi**]; ❹ Zermalmung; Zerstörung; ❺ Schwächung.

**cōnfector**, ōris *m (conficio)* ❶ Beendiger; ❷ Vernichter.

**cōnfectūra**, ae *f (conficio) (nachkl.)* Anfertigung.

**cōnfectus** *P. P. P. v. conficio.*

**cōn-ferbuī** *Perf. v. confervesco.*

**cōn-ferciō**, fercīre, fersī, fertum *(farcio)* zusammenstopfen, -drängen; – *meist P. Adj.* **cōnfertus,** a, um.

**cōn-ferō**, cōnferre, contulī, collātum ① zusammentragen, -bringen [**sarcinas**]; ② *(zu einem Ganzen)* zusammenfassen, -ziehen, vereinigen; ③ einander nahebringen [**capita** die Köpfe zusammenstecken]; ④ *(feindl.)* aneinanderbringen, zum Zusammenstoß bringen; **signa ~** angreifen; **signis collatis** in offener Feldschlacht; **collato Marte** im Nahkampf; **collato pede** *od.* **gradu** Mann geg. Mann; **castra ~** vorrücken; ⑤ vergleichen *(mit: cum; Dat.)* [**pacem cum bello; parva magnis**]; ⑥ *(Worte, Meinungen)* m. jmdm. austauschen, etw. besprechen; ⑦ *(Geld)* sammeln, aufbringen [**pecuniam in statuas** für S.]; ⑧ hintragen, -bringen [**obsides in arcem; vota ad deos** vorbringen]; – **se conferre** sich begeben [**Athenas; in fugam** flüchten; **ad studia** sich widmen]; ⑨ jmdm. etw. zukommen lassen, darbringen [**munera amicis; beneficia in alqm**]; ⑩ *(seine Gedanken od. seine Tätigkeit)* auf etw. richten; ⑪ hergeben, verwenden [**pecuniam ad beneficentiam; legem ad perniciem rei publicae** missbrauchen]; ⑫ übertragen, überlassen; ⑬ verwandeln [**alqm in saxum**]; ⑭ zuschreiben, zur Last legen [**in alqm culpam**]; ⑮ *(Termine)* verschieben, verlegen [**Carthaginis expugnationem in hunc annum**]; ⑯ *(nachkl.)* zu etw. beitragen, nützen.

**cōn-fersī** *Perf. v. confercio.*

**cōnfertim** *Adv. (confercio)* dicht gedrängt, geschlossen.

**cōnfertus** *s. confercio.*

**cōn-fervēscō**, fervēscere, ferbuī, – *(Incoh. v. ferveo) (poet.)* entbrennen.

**cōnfessiō**, ōnis *f (confiteor)* Geständnis, Bekenntnis.

**cōnfessus** *s. confiteor.*

**cōn-festim** *Adv. (festino)* eilig, unverzüglich, sofort.

**cōnficiēns**, *Gen.* entis *(P. Adj. v. conficio)* bewirkend, schaffend *(m. Gen.).*

**cōn-ficiō**, ficere, fēcī, fectum *(facio)* ① zustande bringen, anfertigen, herstellen, ausführen, vollenden [**anulum; sacra** abhalten; **tabulas** Buch führen; **bellum** beenden]; ② erschöpfen, aufreiben, schwächen; – **cōnfectus** erschöpft [**vulneribus**], schwach; ③ *(Wegstrecken)* zurücklegen [**aequor** durchsegeln]; ④ *(Zeit)* verbringen [**adulescentiam in voluptatibus**]; ⑤ verschwenden, vergeuden [**patrimonium**]; ⑥ *(Geschäfte)* abmachen, abschließen, vollziehen [**negotium; pretium** festsetzen; **rationem** Rechnung aufstellen]; ⑦ auftreiben [**magnam pecuniam**]; ⑧ *(Leute)* auf die Beine bringen, aufbringen [**equites**]; ⑨ bewirken, verursachen [**motūs animorum**]; ⑩ zerkauen; verdauen; verzehren; ⑪ umbringen, töten; ⑫ unterwerfen, besiegen; ⑬ *(Schriften, Reden)* abfassen, ausarbeiten; ⑭ *(philos. t. t.)* folgern.

**cōnfictiō**, ōnis *f (confingo)* Erdichtung.

**cōnfictus** *P. P. P. v. confingo.*

**cōnfīdēns**, *Gen.* entis *(P. Adj. v. confido)* ① zuversichtlich, mutig; ② verwegen, dreist.

**cōnfīdentia**, ae *f (confidens)* ① Zuversicht; ② Selbstvertrauen; ③ Frechheit.

**cōn-fīdō**, fīdere, fīsus sum ① vertrauen, sich verlassen [*(alci u. alci rei)* **legioni; virtuti militum;** *(alqa re)* **natura loci;** *(de re)* **de salute urbis**]; – *P. P. P.* **cōnfīsus,** a, um im Vertrauen auf; ② *(abs. od. m. A. C. I.)* zuversichtlich hoffen.

**cōn-fīgō**, fīgere, fīxī, fīxum ① zusammenheften, -fügen; ② durchbohren.

**cōn-findō**, findere, – – *(poet.)* zerspalten.

**cōn-fingō**, fingere, fīnxī, fictum erdichten, ersinnen.

**cōn-fīnis**, e *(m. Dat.)* ① angrenzend, benachbart; ② *(poet.; nachkl.)* nahestehend, verwandt.

**cōnfīnium**, ī *n (confinis)* ① Grenzgebiet, Grenze; *Pl.* Grenzverhältnisse; ② *(poet.; nachkl.)* Grenz-, Scheidelinie [**lucis** Morgendämmerung; **noctis** Abenddämmerung].

**cōn-fīnxī** *Perf. v. confingo.*

**cōn-fīō**, fierī, – *(Nbf. für conficior)* ① zustande kommen, geschehen; ② *(v. Geld)* aufgetrieben, zusammengebracht werden.

**cōnfīrmātiō**, ōnis *f (confirmo)* ① Festigung [**amicitiae**]; ② Beruhigung, Trost; ③ Bestätigung; ④ Begründung durch Beweisführung.

**cōnfirmātor**, ōris *m (confirmo)* Bürge.

**cōnfirmātus**, a, um *(P. Adj. v. confirmo)* ① mutig; ② bestätigt, glaubwürdig.

**cōn-firmō**, firmāre ① festmachen, befestigen [**stipitem**]; ② stärken, kräftigen, sichern [**valetudinem; Galliam praesidiis**]; ③ festigen, dauerhaft machen [**amicitiam**]; ④ ermutigen; ⑤ versichern, beteuern; ⑥ bestätigen, für gültig erklären [**decreta**]; ⑦ bekräftigen, beweisen [**alqd exemplis**]; ⑧ *(jmds. Gesinnung od. jmd. in seiner Gesinnung)* bestärken [**alcis fidem; civitatem**].

**cōnfīsiō**, ōnis *f (confido)* Vertrauen.

**cōnfīsus** *P. P. Akt. v. confido.*

**cōn-fiteor**, fitērī, fessus sum *(fateor)* ① (ein)-gestehen, bekennen; – **cōnfessus,** a, um **a)** *(akt.)* geständig; **b)** *(pass.)* eingestanden; ② deutlich zeigen, offenbaren [**vultibus iram;**

**deam** *od.* **se deam** sich verraten als].
**cōn-fīxī** *Perf. v. configo.*
**cōnfīxus** *P. P. P. v. configo.*
**cōnflagrātiō**, ōnis *f (conflagro) (nachkl.)* das Auflodern.
**cōn-flagrō**, flagrāre ① auflodern, in Flammen aufgehen, verbrennen; ② zugrunde gehen.
**cōnflīctiō**, ōnis *f (confligo)* Streit, Konflikt.
**cōnflīctō**, cōnflīctāre *(Intens. v. confligo)* **I.** *trans.* zerrütten, hart mitnehmen, heimsuchen; – *häufig im Pass.:* heimgesucht, hart mitgenommen werden [**gravi pestilentiā**]; *abs. (nachkl.)* sehr ins Gedränge kommen; **II.** *intr. u. (meist) mediopass.* sich herumschlagen, zu kämpfen haben [**cum adversa fortuna**].
**cōnflīctus**, ūs *m (confligo)* Zusammenstoß.
**cōn-flīgō**, flīgere, flīxī, flīctum ① zusammenstoßen; ② *(feindl.)* aneinandergeraten, kämpfen; ③ *(v. Lebl.)* im Widerstreit stehen; **leges diversae confligunt**.
**cōn-flō**, flāre ① *(nachkl.)* anblasen, anfachen [**ignem**]; ② *(polit. Zustände)* schüren, anstiften [**coniurationem**]; ③ *(Metall)* zusammenschmelzen, einschmelzen; ④ *(Geld)* münzen, prägen; ⑤ zusammenbringen, vereinigen [**magnum exercitum**]; ⑥ *(bes. Geld)* anhäufen [**aes alienum** Schulden ansammeln]; ⑦ anstiften, veranlassen, ersinnen, bereiten [**accusationem; alci periculum; iniuriam**].
**cōnfluēns**, entis *u. Pl. m (confluo)* Zusammenfluss; – **Cōnfluentēs,** tium *f* Koblenz.
**cōn-fluō**, fluere, flūxī, – ① *(v. Flüssen u. Flüssigkeiten)* zusammenfließen; ② zusammenströmen, -kommen.
**cōn-fodiō**, fodere, fōdī, fossum ① durchbohren, niederstechen; ② *(übtr.)* vernichten [**iudiciis**].
**cōnfōrmātiō**, ōnis *f (conformo)* ① Gestalt(ung), Bildung; ② **~ vocis** richtige Tonsetzung; **~ verborum** richtige Wortstellung; ③ Vorstellung, Begriff [**animi**]; ④ *(rhet. t. t.)* **~ sententiarum** *od.* **sententiae** Redefigur.
**cōn-fōrmō**, fōrmāre ① formen, gestalten; ② ausbilden, schulen.
**cōnfossior** *Komp. des P. P. P. confossus (v. confodio).*
**cōnfossus** *P. P. P. v. confodio.*
**cōnfrāctus** *P. P. P. v. confringo.*
**cōnfragōsum**, ī *n (confragosus)* ① holperige Stelle; ② gebirgige Gegend.
**cōn-fragōsus**, a, um *(frango)* holperig, uneben.
**cōn-frēgī** *Perf. v. confringo.*
**cōn-fremō**, fremere, fremuī, – *(poet.)* gemeinsam murren.
**cōn-fricō**, fricāre, (fricuī), fricātum ein-, abreiben.
**cōn-fringō**, fringere, frēgī, frāctum *(frango)* ① etw. zerbrechen; ② zunichtemachen, vereiteln.
**cōn-fūdī** *Perf. v. confundo.*
**cōn-fugiō**, fugere, fūgī, – flüchten, seine Zuflucht nehmen [**ad aram**].
**cōnfugium**, ī *n (confugio) (poet.)* Zuflucht(sort).
**cōn-fundō**, fundere, fūdī, fūsum ① zusammengießen, -schütten; ② vermischen; ③ vereinigen, verbinden [**duos populos in unum**]; ④ verwirren, in Unordnung bringen; ⑤ *(poet.; nachkl.)* unkenntlich machen, entstellen; ⑥ *(poet.; nachkl.)* aus der Fassung bringen, in Bestürzung versetzen; ⑦ hineingießen; ⑧ *(mediopass.)* sich ergießen, (hin)einfließen; *(übtr.)* sich über etw. verbreiten, sich verteilen [**in totam orationem**].
**cōnfūsiō**, ōnis *f (confundo)* ① Verwirrung, Unordnung; ② Vereinigung, Verschmelzung [**virtutum**]; ③ *(nachkl.)* Vermischung [**colorum**]; ④ *(nachkl.)* Verlegenheit, Verstörtheit.
**cōnfūsus**, a, um *(P. Adj. v. confundo)* ① ungeordnet, verworren [**oratio**]; ② verwirrt, verlegen, verstört.
**cōn-fūtō**, fūtāre ① *(durch Beweise, Worte u. Ä.)* in Schranken halten *od.* weisen, zum Schweigen bringen [**audaciam alcis**]; ② unterdrücken [**dolorem**].
**con-gelō**, gelāre **I.** *intr.* ① *(poet.)* zufrieren; ② *(poet.)* erstarren, sich verhärten; ③ untätig werden; **II.** *trans. (poet.)* erstarren lassen, verhärten.
**con-geminō**, gemināre *(poet.)* verdoppeln.
**con-gemō**, gemere, gemuī, – laut (auf)seufzen.
**conger**, grī *m (gr. Fw.) (poet.; nachkl.)* Meeraal.
**congeriēs**, ēī *f (congero)* ① Masse, Haufen; ② *(poet.)* Scheiterhaufen.
**con-gerō**, gerere, gessī, gestum ① zusammentragen, -bringen, sammeln; ② *(Schätze)* aufhäufen, ansammeln [**aurum**]; ③ zusammensetzen, errichten, bauen [**aram**]; ④ *(v. Vögeln)* nisten; ⑤ jmd. m. etw. überhäufen *(alqd in od. ad alqm u. alci)*; ⑥ *(schriftl. od. in einer Rede)* zusammenstellen, -fassen.
**congestīcius**, a, um *(congero)* aufgeschüttet.
**congestus**[1] *P. P. P. v. congero.*
**congestus**[2], ūs *m (congero)* ① *(nachkl.)* Anhäufung [**magnarum opum**]; ② *(nachkl.)* Lieferung; ③ *(nachkl.) (meton.)* Masse, Haufen [**lapidum**].
**congiārium**, ī *n (congius; erg. donum)* Geschenk, Spende *(an die ärmere Bevölkerung od. die Soldaten, urspr. je ein Maß [congius] Lebensmittel, später als Geldgeschenk).*
**congius**, ī *m (gr. Fw.) röm. Hohlmaß f. Flüssigkeiten, 3 ¼ l fassend.*
**con-glaciō**, glaciāre gefrieren.
**conglobātiō**, ōnis *f (conglobo) (nachkl.)* Zusammenrottung.

C

**con-globō**, globāre *(globus)* ❶ zusammenballen, abrunden; ❷ zusammenscharen, -drängen.

**con-glūtinātiō**, ōnis *f (conglutino)* ❶ Zusammenleimung; ❷ *(rhet. t. t.)* Zusammenfügung.

**con-glūtinō**, glūtināre *(gluten)* ❶ eng verbinden, verknüpfen [**amicitias**]; ❷ zusammensetzen; ❸ *(nachkl.)* zusammenleimen, -kleben.

**con-grātulor**, grātulārī ❶ *(nachkl.)* Glück wünschen; ❷ freudig begrüßen [**libertatem**].

**con-gredior**, gredī, gressus sum *(gradior)* ❶ zusammenkommen, -treffen; ❷ *(feindl.)* zusammenstoßen, kämpfen; ❸ streiten.

**congregābilis**, e *(congrego)* gesellig.

**congregātiō**, ōnis *f (congrego)* ❶ geselliges Zusammenleben, Geselligkeit; ❷ *(nachkl.)* Zusammenstellung, Ansammlung.

**con-gregō**, gregāre *(grex)* ❶ *(Tiere)* zu einer Herde vereinigen; – *refl. u. mediopass.* sich herdenweise vereinigen; ❷ *(Menschen)* versammeln, vereinigen; **dispersos homines in unum locum ~;** – *refl. u. mediopass.* sich zusammenschließen, sich zusammenscharen; ❸ *(Dinge)* aufhäufen [**signa in unum locum**].

**congressiō**, ōnis *f = congressus[1]*.

**congressus[1]**, ūs *m (congredior)* ❶ Zusammenkunft; ❷ geselliger Verkehr, Gesellschaft; ❸ Zusammenstoß, Angriff, Kampf.

**congressus[2]** *P. P. Akt. v. congredior.*

**congruēns**, *Gen.* entis *(P. Adj. v. congruo)* ❶ übereinstimmend, passend *(m. Dat. od. cum)* [**orationi vita; gestus cum sententiis**]; ❷ in sich übereinstimmend, gleichförmig, einstimmig [**clamor**].

**congruentia**, ae *f (congruens) (nachkl.)* Übereinstimmung, Harmonie.

**con-gruō**, gruere, gruī, – ❶ zusammentreffen, -kommen; ❷ zur gleichen Zeit eintreten, zusammenfallen; ❸ übereinstimmen, entsprechen, harmonieren.

**congruus**, a, um = *congruens.*

**con-iciō**, icere, iēcī, iectum *(iacio)* ❶ zusammenwerfen, -tragen, -bringen [**sarcinas in acervum** auf einen Haufen]; ❷ (hin)werfen, zuwerfen; schleudern [**spolia igni; pila in hostes**]; ❸ wohin führen (lassen), bringen, treiben; – *refl.* sich eilig begeben, sich stürzen, sich flüchten [**se in sacrarium**]; ❹ *in einen Zustand* versetzen [**alqm in metum**]; ❺ vermuten, schließen; deuten.

**coniectiō**, ōnis *f (conicio)* das Werfen, Schleudern.

**coniectō**, coniectāre *(Intens. v. conicio)* vermuten, schließen *(ex, de)*, erraten, deuten.

**coniector**, ōris *m (conicio)* (Traum-)Deuter.

**coniectūra**, ae *f (conicio)* ❶ Mutmaßung, Vermutung; ❷ Deutung, Auslegung, Wahrsagung.

**coniectūrālis**, e *(coniectura)* mutmaßlich.

**coniectus[1]**, ūs *m (conicio)* ❶ das Zusammen-, Hin(ein)werfen; ❷ das Werfen, Schleudern, Schießen; ❸ das Hinrichten *des Blickes.*

**coniectus[2]** *P. P. P. v. conicio.*

**cōni-fer** *u.* **-ger**, era, erum *(conus u. fero bzw. gero) (poet.)* Zapfen tragend.

**cō-nītor**, nītī, nīsus *u.* nīxus sum ❶ sich anstemmen, sich stützen; ❷ sich anstrengen, sich bemühen *(m. ut; Inf.; ad)*; ❸ sich aufrichten, sich aufraffen, sich emporarbeiten; ❹ emporklettern; ❺ *(poet.)* gebären.

**coniugālis**, e = *coniugialis.*

**coniugātiō**, ōnis *f (coniugo) (rhet. t. t.)* Stammverwandtschaft der Wörter.

**coniugātor**, ōris *m (coniugo) (poet.)* Vereiniger.

**coniugiālis**, e *(coniugium) (poet.)* ehelich, Ehe-.

**coniugium**, ī *n (coniungo)* ❶ Ehe; ❷ *(poet.)* Liebschaft; ❸ *(poet.)* Paarung, Begattung *v. Tieren;* ❹ *(poet.)* Gatte, Gattin.

**con-iugō**, iugāre verbinden; knüpfen [**amicitiam**].

**coniūnctim** *Adv. (coniunctus)* gemeinschaftlich.

**coniūnctiō**, ōnis *f (coniungo)* ❶ Verbindung, Zusammenhang [**tectorum** Gebäudekomplex]; ❷ Freundschaft; ❸ Verwandtschaft; ❹ Ehe; ❺ polit. Verbindung; ❻ *(gramm. t. t.)* Bindewort, Konjunktion.

**coniūnctus**, a, um *(P. Adj. v. coniungo)* ❶ verbunden, vereint, zusammen(hängend), übereinstimmend; – *Subst.* **coniūncta,** ōrum *n* verwandte Begriffe; ❷ *(räuml.)* angrenzend *(an etw.: Dat.)*; ❸ *(durch Verwandtschaft, Freundschaft, Gesinnung)* verbunden, vertraut, nahestehend.

**con-iungō**, iungere, iūnxī, iūnctum ❶ verbinden, vereinigen, verknüpfen, anfügen *(m. cum od. Dat.)*; – *mediopass.* sich verbinden, sich vereinigen, zusammenhängen; ❷ *(einen Bund, Freundschaft u. Ä.)* schließen, knüpfen [**amicitiam; civitatem** einen Bundesstaat bilden; **bellum** gemeinsam führen]; ❸ *(nachkl.)* etw. ununterbrochen fortsetzen.

**coniūnx**, iugis *f u. m (coniungo)* ❶ Gattin, Ehefrau; Gatte, Ehemann; ❷ *(poet.)* Braut; ❸ *(poet.; nachkl.) (v. Tieren)* Weibchen.

**con-iūnxī** *Perf. v. coniungo.*

**coniūrātiō**, ōnis *f (coniuro)* ❶ Verschwörung; ❷ *(meton.)* die Verschworenen; ❸ Eidgenossenschaft; ❹ *(poet.)* gegenseitig geleisteter Eid, gemeinsame Vereidigung.

**coniūrātus**, a, um *(P.Adj. v. coniuro)* ❶ verschworen; – *Subst.* **-ī,** ōrum *m* die Verschworenen; ❷ durch Eid verbunden; ❸ vereidigt.

**con-iūrō**, iūrāre ❶ sich verschwören [**adversus cives suos; de consule interficiendo; ad patriam delendam**]; ❷ sich eidlich verbünden; ❸ *(milit.)* (gemeinsam) den Fahneneid leisten; ❹ *(poet.)* zusammen *od.* zugleich schwören.

**coniux** = *coniunx.*

**cōnīveō**, cōnīvēre, cōnīvī *u.* cōnīxī, – ❶ die Augen schließen; ❷ *(v. den Augen)* sich schließen *od.* geschlossen sein; ❸ *(übtr.)* ein Auge zudrücken, nachsichtig sein.

**conl...** = *coll...*; **conm...** = *comm...*; **con-n...** = *co-n...*

**Conōn**, ōnis *m* ❶ *athen. Admiral um 400 v. Chr.;* ❷ *Mathematiker u. Astronom aus Samos, um 250 v. Chr.*

**cōnōpium** *u.* **-pēum**, ī *n (gr. Fw.)* ❶ Mückennetz; ❷ *m. Vorhängen versehenes* Ruhebett.

**cōnor**, cōnārī versuchen, wagen, unternehmen.

**con-p...** = *com-p...*

**conquassātiō**, ōnis *f (conquasso)* Erschütterung; Zerrüttung.

**con-quassō**, quassāre stark erschüttern; zerrütten.

**con-queror**, querī, questus sum laut klagen, beklagen, sich beschweren [**fortunam adversam; de fratris iniuria**].

**conquestiō**, ōnis *f (conqueror)* ❶ (laute) Klage, das Wehklagen *(über: Gen.; de);* ❷ Beschwerde.

**conquestus**¹, ūs *m (conqueror)* Wehklage.

**conquestus**² *P. P. Akt. v. conqueror.*

**con-quiēscō**, quiēscere, quiēvī, quiētum ❶ zur Ruhe kommen, (aus)ruhen, rasten; ❷ *(psychisch)* Ruhe finden [**in studiis litterarum**]; ❸ sich ruhig verhalten, Frieden halten; ❹ *(v. Lebl.)* sich legen, aufhören, ins Stocken geraten.

**con-quīrō**, quīrere, quīsīvī, quīsītum *(quaero)* ❶ zusammensuchen, -bringen, auftreiben; ❷ aufsuchen, aufspüren [**argumenta; perfugas**]; ❸ *(Soldaten, Kolonisten)* ausheben, werben.

**conquīsītiō**, ōnis *f (conquiro)* ❶ das Zusammensuchen, Sammeln; ❷ *(milit. t. t.)* Aushebung, Werbung.

**conquīsītor**, ōris *m (conquiro)* Aushebungsoffizier.

**conquīsītus**, a, um *(P. Adj. m. Superl. v. conquiro)* ausgesucht, erlesen.

**con-quīsīvī** *Perf. v. conquiro.*

**conr...** = *corr...*

**cōn-sacrō** = *consecro.*

**cōn-saepiō**, saepīre, saepsī, saeptum umzäunen, einhegen.

**cōnsaeptum**, ī *n (consaepio)* Umzäunung, Gehege.

**cōnsalūtātiō**, ōnis *f (consaluto)* Begrüßung *(durch die Menge).*

**cōn-salūtō**, salūtāre gleichzeitig *od.* laut begrüßen [**alqm dictatorem** jmd. als Diktator].

**cōn-sānēscō**, sānēscere, sānuī, – *(vgl. sanus)* verheilen *(v. Wunden u. Geschwüren).*

**cōn-sanguinea**, ae *f (consanguineus) (poet.)* Schwester.

C

**cōn-sanguineus** *(sanguis)* **I.** *Adj.* a, um blutsverwandt, *bes.* geschwisterlich; **II.** *Subst.* ī *m* Blutsverwandter, *bes.* Bruder.

**cōnsanguinitās**, ātis *f (consanguineus)* Blutsverwandtschaft.

**cōn-sānuī** *Perf. v. consanesco.*

**cōn-scelerātus** **I.** *Adj.* a, um *(P. Adj. m. Superl. v. conscelero)* frevelhaft, verbrecherisch; **II.** *Subst.* ī *m* Verbrecher.

**cōn-scelerō**, scelerāre mit (einem) Verbrechen beflecken.

**cōn-scendō**, scendere, scendī, scēnsum *(scando)* ❶ etw. besteigen, in *od.* auf etw. steigen [**aethera; moenia; aequor navibus** befahren; **in equos**]; ❷ *(t. t. der Seefahrt)* das Schiff (die Schiffe) besteigen, sich einschiffen *(m. Akk.; in u. Akk.; abs.)* [**navigium; in navem**].

**cōnscēnsiō**, ōnis *f (conscendo)* das Einsteigen.

**cōn-scidī** *Perf. v. conscindo.*

**cōn-scientia**, ae *f (conscio)* ❶ das Mitwissen, Einverständnis; ❷ Bewusstsein, Gefühl [**stabilis** Selbstbewusstsein]; ❸ Gewissen *(je nach Zusammenhang auch:* gutes *od.* schlechtes Gewissen).

**cōn-scindō**, scindere, scidī, scissum ❶ zerreißen [**epistulam**]; ❷ *(übtr.)* jmd. herunterreißen, schmähen.

**cōn-sciō**, scīre, – – *(poet.)* sich bewusst sein [**nil sibi** keines Unrechts].

**cōn-scīscō**, scīscere, scīvī *u.* sciī, scītum ❶ förmlich beschließen; ❷ sich zu etw. entschließen, freiwillig wählen, etw. auf sich nehmen [**(sibi) mortem** Selbstmord begehen; **sibi exilium; facinus** auf sich laden].

**cōnscius** *(scio)* **I.** *Adj.* a, um ❶ mitwissend, in etw. eingeweiht, m. etw. vertraut [**coniurationis; illi facinori; his de rebus**]; ❷ sich bewusst; selbstbewusst *(mit u. ohne sibi)* [**iniuriae; formae -a coniunx** ihrer Schönheit]; ❸ schuldbewusst; **II.** *Subst.* ī *m* Mitwisser, Vertrauter, Teilnehmer; – **cōnscia,** ae *f* Mitwisserin, Vertraute.

**cōn-scīvī** *Perf. v. conscisco.*

**cōn-scrībō**, scrībere, scrīpsī, scrīptum ❶ mit jmdm. zusammen schreiben; ❷ aufschreiben, *(in eine Liste)* eintragen, aufzeichnen; ❸ verfassen, abfassen, schreiben [**librum; testamentum; legem**]; ❹ *(Soldaten)* ausheben, anwerben; **modo conscripti** Rekruten; ❺ *(Bürger in eine Klasse)* eintragen, einreihen; ❻ in die Senatorenliste eintragen, *(neue Senatoren)* beiordnen; – *Subst.* **cōnscrīptī,** ōrum *m* die neuen Senatoren, *die der Überlieferung nach aus dem Ritterstand übernommen u. den*

C

*alten Senatoren (patres) beigeordnet worden waren;* **patres conscripti** *(eigtl. patres et conscripti)* Väter u. Beigeordnete = Senatoren, Senat.

**cōnscrīptī**, ōrum *m s. conscribo.*

**cōnscrīptiō**, ōnis *f (conscribo)* Aufzeichnung, Abfassung.

**cōnscrīptus** *P. P. P. v. conscribo.*

**cōn-secō**, secāre, secuī, sectum in Stücke (zer)schneiden, zerstückeln.

**cōnsecrātiō**, ōnis *f (consecro)* ❶ religiöse Weihe, Heiligung; ❷ Verfluchung; ❸ *(nachkl.)* Vergötterung *der Kaiser,* Apotheose.

**cōn-secrō**, secrāre *(sacro)* ❶ *der Gottheit* weihen, heiligen [**aedem Iovi**]; ❷ den unterirdischen Göttern weihen = verfluchen; ❸ zur Gottheit erheben, vergöttlichen, für heilig erklären [**Romulum**]; ❹ unsterblich machen, verewigen; ❺ weihen, widmen [**se patriae** sich aufopfern für; **matrem immortalitati** unsterblich machen]; ❻ unverletzlich machen.

**cōnsectāria**, ōrum *n (consectarius)* Schlussfolgerungen.

**cōnsectārius**, a, um *(consector)* folgerichtig

**cōnsectātiō**, ōnis *f (consector)* das Streben nach etw. *(m. Gen.).*

**cōnsectātrīx**, īcis *f (consector)* Anhängerin, Freundin.

**cōnsectiō**, ōnis *f (conseco)* das Zerschneiden.

**cōn-sector**, sectārī *(Intens. bzw. Frequ. v. consequor) (m. Akk.)* ❶ nachgehen; ❷ etw. zu erlangen suchen, nach etw. streben [**potentiam; benevolentiam Macedonum**]; ❸ *(feindl.)* verfolgen, nachsetzen, jagen [**hostes; naves**].

**cōnsecūtiō**, ōnis *f (consequor)* ❶ Folge; ❷ *(rhet. t. t.)* richtige Aufeinanderfolge [**verborum**]; ❸ *(philos. t. t.)* (Schluss-)Folgerung.

> **Grammatik & Co.**
> Die **Consecutio temporum** (Zeitenfolge) regelt den Gebrauch der Zeiten in Satzgefügen aus Haupt- und Nebensätzen. Hier müssen wir jeweils das entsprechende Zeitverhältnis beachten: „Ich weiß, was ich gesagt habe." (Präsens im Verhältnis zum Perfekt) = „Scio, quid dix**erim**."
> In manchen Fällen erscheint im Lateinischen im Gegensatz zum Deutschen ein Konjunktiv: „Ich wusste immer, was ich gesagt hatte." (Vergangenheit im Verhältnis zur Vorvergangenheit) = „Sciebam, quid dix**issem**." Der lateinische Konjunktiv zeigt hier den indirekten Fragesatz an.

**cōn-senēscō**, senēscere, senuī, – ❶ *(v. Personen)* **a)** gemeinsam alt werden; **b)** *übh.* ein hohes Alter erreichen, alt werden; **c)** schwach, hinfällig werden; **d)** *(an innerer Stärke)* erlahmen, stumpf werden; **e)** *(polit.)* an Geltung, an Ansehen verlieren; ❷ *(v. Sachen)* **a)** alt werden; **b)** an Kraft, Wirkung verlieren; ❸ *(v. Körper- u. Geisteskräften)* erlahmen, schwinden.

**cōnsēnsiō**, ōnis *f = consensus.*

**cōnsēnsus**, ūs *m (consentio)* ❶ *(v. Personen)* Übereinstimmung, Einigkeit, einstimmiger Beschluss [**omnium gentium**]; ❷ *(v. Lebl.)* Harmonie, Übereinstimmung [**naturae**]; ❸ Verabredung *(im neg. Sinne);* Verschwörung, Komplott.

**cōnsentānea**, ōrum *n (consentaneus)* übereinstimmende Umstände.

**cōnsentāneus**, a, um *(consentio)* übereinstimmend mit, vereinbar *(mit: Dat.; selten cum);* **-um est** es ist vereinbar, es ist natürlich, es ist in Ordnung, es passt *(m. Inf.; A. C. I.; ut).*

**cōnsentiēns** *s. consentio.*

**cōn-sentiō**, sentīre, sēnsī, sēnsum ❶ übereinstimmen, einig sein, sich einigen [**de rei publicae salute; sibi** sich treu bleiben, konsequent sein]; ❷ einstimmig beschließen; ❸ sich verschwören [**urbem inflammare; ad prodendam urbem**]; ❹ *(v. Sachen)* übereinstimmen, harmonieren, passen; / *P. Adj.* **cōnsentiēns**, ientis einstimmig, übereinstimmend *(v. Personen u. Sachen).*

**cōn-senuī** *Perf v. consenesco.*

**cōnsequēns**, *Gen.* quentis *(consequor)* **I.** *Adj.* ❶ *(philos. t. t.)* **a)** vernunftgemäß, angemessen; **b)** folgerichtig, konsequent; ❷ *(gramm. t. t.)* richtig konstruiert; **II.** *Subst. n* Folge(rung).

**cōnsequentia**, ae *f (consequor)* Folge.

**cōn-sequor**, sequī, secūtus sum *(m. Akk.)* ❶ unmittelbar (nach)folgen; ❷ *(zeitl.)* folgen; ❸ verfolgen [**copias Helvetiorum**]; ❹ *(einem Vorbild)* nachfolgen, *(ein Vorbild)* nachahmen; ❺ etw. streng befolgen, sich genau halten an [**eum morem**]; ❻ *(als Wirkung)* (er)folgen, sich aus etw. ergeben; ❼ *(log.)* aus etw. folgen; ❽ einholen, erreichen [**fugientem**]; ❾ erlangen, gewinnen, erzielen [**multa studio; libertatem; honores**]; ❿ *(v. Glück od. Unglück)* jmd. ereilen, treffen; ⓫ gleichkommen [**maiorem**]; ⓬ begreifen, erkennen, erfassen [**alqd memoriā** sich auf etw. besinnen]; ⓭ vollständig ausdrücken [**causas verbis**].

**cōn-serō**[1], serere, sēvī, situm ❶ etw. bepflanzen, besäen [**agrum** bestellen]; ❷ anpflanzen; ❸ *(poet.) (übtr.)* beschweren, belästigen.

**cōn-serō**[2], serere, seruī, sertum ❶ feindl. aneinanderbringen, zusammenbringen; **manum** *od.* **manūs cum alqo ~** handgemein werden, sich in einen Kampf einlassen; ❷ *(den Kampf)* beginnen, liefern [**proelium**]; ③ *(poet.; nachkl.)* aneinanderreihen, -fügen, verbinden [**vehicula vehiculis**]; ④ *(poet.; nachkl.)* zusammenheften, -stecken [**sagum fibulā**]; ⑤ *(poet.; nachkl.)* knüpfen, flechten; ⑥ *(jur. t. t.)* **alqm ex iure manum consertum** *(Sup.)* **vocare** jmd. zur Eröffnung eines Eigentumsprozesses vorladen; ⑦ *(poet.)* anschmiegen [**latus lateri**].

**cōnsertē** *Adv. (consertus v. consero²)* verknüpft.

**cōn-serva**, ae *f* Mitsklavin.

**cōnservātiō**, ōnis *f (conservo)* ① Aufbewahrung, Erhaltung; ② *(übtr.)* Bewahrung, Erhaltung, Rettung.

**cōnservātor**, ōris *m (conservo)* Erhalter, Retter.

**cōnservātrīx**, īcis *f (conservo)* Erhalterin.

**cōn-servō**, servāre ① (auf)bewahren; ② (aufrecht)erhalten [**morem veterem; ius iurandum** halten; **fidem** treu bleiben]; ③ *(vor dem Untergang)* bewahren, retten, erhalten [**rem publicam; omnia simulacra arasque**]; ④ jmd. begnadigen; am Leben lassen.

**cōn-servus**, ī *m* Mitsklave.

**cōnsessor**, ōris *m (consido)* ① (Platz-)Nachbar; ② *(im Gericht)* Beisitzer.

**cōnsessus**, ūs *m (consido)* Versammlung, (Gerichts-)Sitzung.

**cōnsīderātiō**, ōnis *f (considero)* Betrachtung, Erwägung.

**cōnsīderātus**, a, um *(P. Adj. v. considero)* ① *(v. Sachen)* (reiflich) überlegt, erwogen [**iudicium**]; ② *(v. Personen)* besonnen.

**cōn-sīderō**, sīderāre ① betrachten, besichtigen; ② überlegen, erwägen *(m. Akk.; de; m. ut* darauf bedacht sein, dass; *m. indir. Frages.)*.

**cōnsidium**, ī *n* = *consilium*.

**cōn-sīdō**, sīdere, sēdī, sessum ① sich zusammensetzen, sich gemeinsam niederlassen [**eodem in loco**]; ② *(v. einzelnen)* sich (nieder)setzen, sich niederlassen; ③ *(zur Beratung)* sich zusammensetzen, Sitzung halten; ④ sich ansiedeln [**in finibus Ubiorum**]; ⑤ *(milit.)* sich lagern, Stellung beziehen [**pro castris; in insidiis** sich in den Hinterhalt legen]; ⑥ *(übtr.)* nachlassen, aufhören; ⑦ in Vergessenheit geraten; **nomen eius consedit;** ⑧ sich senken, (ein)sinken, einstürzen; ⑨ *(übtr.)* sich festsetzen; ⑩ *(poet.)* landen, einlaufen.

**cōn-sīgnō**, sīgnāre ① (ver)siegeln; ② bestätigen, beglaubigen, verbürgen; ③ auf-, einzeichnen.

**cōn-silēscō**, silēscere, siluī, – *(nachkl.)* verstummen.

**cōnsiliārius** *(consilium)* **I.** *Subst.* ī *m* ① Berater, Ratgeber; ② Beisitzer *(im Rat od. vor Gericht)*; **II.** *Adj.* a, um *(nachkl.)* beratend.

**cōnsiliātor**, ōris *m (consilior) (poet.; nachkl.)* Ratgeber.

**cōnsilior**, cōnsiliārī *(consilium)* ① sich beraten, beratschlagen; ② jmdm. Rat erteilen.

**cōnsilium**, ī *n (consulo)* Rat: **I.** *akt.* ① Beratung; **-um habere** (ab)halten; **alqm -o** (*od.* **ad** *od.* **in -um**) **adhibere** jmd. zu Rate ziehen; **res -i est** die Sache ist Gegenstand der Beratung; ② Sitzung; ③ beratende Versammlung, Ratsversammlung, Kollegium [**publicum** Staatsrat]; **-um vocare / dimittere** einberufen / entlassen; ④ Beirat [**praetoris**]; ⑤ Kriegsrat; ⑥ Überlegung, Einsicht, Klugheit; **ratio et ~** kluge Berechnung; **II.** *pass.* ① Ratschluss, Entschluss, Beschluss; ② Plan, Absicht, Vorsatz; **~ fugae** der Entschluss zu fliehen; **eo -o, ut** in der Absicht zu; ③ (Kriegs-)List; ④ Rat(schlag).

**cōn-similis**, e ganz ähnlich *(m. Dat.; Gen.)*.

**cōn-sipiō**, sipere, – – *(sapio) (nachkl.)* bei Besinnung sein *od.* bleiben.

**cōn-sistō**, sistere, stitī, – ① **a)** sich gemeinsam aufstellen, zusammentreten; *präsentisches Perf.*: stehen *(in u. Abl.)*; **b)** *(v. einzelnen)* sich hinstellen, hintreten, auftreten; *präsentisches Perf.*: stehen; ② *(milit. t. t.)* Stellung beziehen, antreten; ③ beruhen auf, bestehen in *od.* aus *(in m. Abl. od. ex)*; ④ stillstehen, stehen bleiben [**in valle; ante urbem**]; ⑤ *(milit.)* Halt machen, sich lagern; ⑥ *(als Reisender u. Ä.)* anhalten, verweilen [**in Italia**]; ⑦ *(v. Zuständen)* eintreten, stattfinden; ⑧ bestehen, vorhanden sein; **ubi maleficia consistunt, ibi poena consistit;** ⑨ festen Fuß fassen, feststehen; ⑩ bei etw. verweilen, verharren [**in singulis**]; ⑪ sich niederlassen, sich ansiedeln; ⑫ stocken, aufhören, sich legen; **bellum / ira consistit;** ⑬ zur Ruhe kommen, sich sammeln, sich fassen; ⑭ sich behaupten, sich halten, sich durchsetzen [**in forensibus causis**].

**cōnsitiō**, ōnis *f (consero¹)* das Besäen, Bepflanzen, Anbau; *Pl.* Anbauarten.

**cōnsitor**, ōris *m (consero¹) (poet.)* Pflanzer.

**cōnsitūra**, ae *f (consero¹)* das Besäen, Bepflanzen.

**cōnsitus** *P. P. P. v. consero¹*.

**cōn-sobrīna**, ae *f* Nichte; Cousine.

**cōn-sobrīnus**, ī *m* Neffe; Cousin.

**cōn-socer**, erī *m (nachkl.)* Mitschwiegervater.

**cōnsociātiō**, ōnis *f (consocio)* Verbindung, Vereinigung.

**cōn-sociō**, sociāre ① eng verbinden, vereinigen; **imperium ~; dii consociati** die gemeinsamen Bundesgottheiten; ② etw. gemeinsam machen, teilen [**regnum; consilia cum alqo** jmd. in seine Pläne hineinziehen]; / *P. Adj.* **cōnsociātus,** a, um *(m. Superl.)* übereinstimmend; innig verbunden.

**cōnsōlābilis**, e *(consolor)* tröstbar, zu trösten, zu beschwichtigen.

C

C

**cōnsōlātiō**, ōnis *f (consolor)* ① Trost, Ermutigung; *Pl.* Trostworte; ② *(meton.)* Trostrede, -schrift.
**cōnsōlātor**, ōris *m (consolor)* Tröster.
**cōnsōlātōrius**, a, um *(consolator)* tröstend, Trost-.
**cōn-sōlor**, sōlārī ① trösten, ermutigen, beruhigen; ② *(durch Trost)* etw. lindern, mildern, beschwichtigen [**dolorem**].
**cōn-sonō**, sonāre, sonuī, – ① m. etw. zusammentönen, im Einklang ertönen; ② übereinstimmen; ③ *(poet.; nachkl.)* widerhallen.
**cōn-sonus**, a, um *(consono)* ① harmonisch; ② übereinstimmend, passend.
**cōn-sōpiō**, sōpīre fest einschläfern; **somno consopiri** fest einschlafen.
**cōn-sors**, *Gen.* sortis **I.** *Adj.* ① gleichbeteiligt; ② gemeinschaftlich, gemeinsam; ③ ein ungeteiltes Erbe gemeinsam besitzend, in Gütergemeinschaft lebend; ④ geschwisterlich; **II.** *Subst. m u. f* ① Teilhaber, (Schicksals-)Gefährte [**imperii** Mitregent]; ② Bruder; Schwester.
**cōnsortiō**, ōnis *f u.* **cōnsortium**, ī *n (consors)* Gemeinschaft, Teilhaberschaft.
**cōnspectus**[1], ūs *m (conspicio)* **I.** *akt.* ① das (Er-)Blicken, das Schauen, Blick, *dtsch. oft* Augen, Gesichtskreis, Gegenwart; **in conspectu esse** vor Augen stehen, sichtbar sein; **in alcis conspectum venire** vor Augen treten, erscheinen; **in conspectu alcis** in jmds. Gegenwart; ② Anschauung, Betrachtung; **II.** *pass.* ① das Sichtbarwerden, Erscheinung; ② Anblick, Aussehen.
**cōnspectus**[2] *P. P. P. v. conspicio.*
**cōn-spergō**, spergere, spersī, spersum *(spargo)* ① bespritzen, besprengen; ② bestreuen, überschütten *(auch übtr.)*.
**cōn-spexī** *Perf. v. conspicio.*
**cōnspiciendus**, a, um *(conspicio)* sehenswert, ansehnlich.
**cōn-spiciō**, spicere, spexī, spectum *(specto)* ① anblicken, betrachten; – *bes. mediopass.* **cōnspicī** in die Augen fallen, auffallen, Aufsehen erregen; ② erblicken (können), gewahr werden.
**cōn-spicor**, spicārī erblicken; *auch pass. Bedeutung:* sichtbar werden.
**cōnspicuus**, a, um *(conspicio)* ① sichtbar; ② auffallend, sich auszeichnend, herausragend.
**cōnspīrātiō**, ōnis *f (conspiro)* ① Einigkeit, Einklang [**omnium gentium**]; ② Verschwörung.
**cōn-spīrō**, spīrāre ① übereinstimmen, einig sein; – *P. Adj.* **cōnspīrāns,** *Gen.* antis *u.* **cōnspīrātus**, a, um einmütig, übereinstimmend; ② sich verschwören; – *P. Adj.* **cōnspīrātus,** a, um verschworen; ③ *(poet.)* zusammen blasen, zugleich ertönen.
**cōn-spōnsor**, ōris *m* Mitbürge.
**cōn-spuō**, spuere, spuī, spūtum *(poet.; nachkl.)* ① bespeien; ② bedecken.
**cōn-spurcō**, spurcāre *(poet.; nachkl.)* besudeln.
**cōn-spūtō**, spūtāre jmd. anspeien.
**cōnstāns**, *Gen.* antis *(consto)* ① *(in bzw. von der Denk- u. Handlungsweise)* fest, standhaft, beständig, ausdauernd, charakterfest; ② *(v. Sachen)* fest (stehend), ruhig [**gradus**]; ③ *(v. Bewegungen)* stetig, gleich-, regelmäßig [**motus lunae**]; ④ *(v. Zuständen)* beständig [**pax**]; ⑤ *(v. der Rede)* harmonisch, konsequent durchgeführt; ⑥ *(v. Angaben, Meinungen, Gerüchten u. Ä.)* übereinstimmend.
**cōnstantia**, ae *f (constans)* ① Festigkeit, Ruhe [**vocis atque vultūs**]; ② Stetigkeit, Gleichmäßigkeit, Regelmäßigkeit [**astrorum**]; ③ Standhaftigkeit, Charakterfestigkeit; ④ Übereinstimmung, Folgerichtigkeit; ⑤ Beharrlichkeit, Beständigkeit.

**Imperium Romanum**
**Cōnstantīnus** – Flavius Valerius Constantinus (285-337 n. Chr.) wurde von seinen Truppen im Jahr 306 zum Kaiser ausgerufen und ging unter dem Namen **Konstantin der Große** in die Geschichte ein. Seine weltgeschichtliche Bedeutung erlangte er mit dem Mailänder Toleranzedikt vom Jahr 313, durch das er das Christentum zur gleichberechtigten Religion erklärte. Wenig später, im Jahr 321, wurde der christliche Sonntag zum staatlichen Feiertag. Diese sogenannte Konstantinische Wende führte schließlich zur Erhebung des Christentums zur alleinigen Staatsreligion im Jahre 391. Im Jahr 330 gründete Konstantin an der Stelle des alten Byzanz die Stadt Konstantinopel („Konstantinstadt") und verlegte dorthin die Hauptstadt des römischen Reichs.

**cōnsternātiō**, ōnis *f (consterno²)* ① das Scheuwerden [**equorum**]; ② das Entsetzen, Bestürzung; ③ Aufruhr, Tumult.
**cōn-sternō**[1], sternere, strāvī, strātum ① bestreuen; ② dicht bedecken; ③ über-, verdecken, aus-, belegen [**nidum mollibus plumis; naves** mit einem Verdeck versehen]; ④ nieder-, umwerfen.
**cōn-sternō**[2], sternāre ① scheu machen [**clamoribus equos**]; – *Pass.* scheuen; ② aufscheuchen, aufschrecken; ③ (er)schrecken; ④ aufregen, empören, zum Aufruhr treiben.
**cōn-stīpō**, stīpāre zusammendrängen.
**cōn-stitī** *Perf. v. consisto u. consto.*

**cōn-stituō**, stituere, stituī, stitūtum *(statuo)* ❶ hinstellen, -setzen, -legen, aufstellen *(in m. Abl.)*; ❷ festsetzen, bestimmen, vereinbaren [**diem concilio**]; ❸ beschließen, sich entschließen [**hostem aggredi**]; ❹ errichten, bauen, anlegen [**aedem; oppidum; portum**]; ❺ *(Truppen)* aufstellen; ❻ stationieren, verlegen [**hiberna in Belgis**]; ❼ ordnen, festigen; ❽ Halt machen lassen [**agmen**]; ❾ ansiedeln [**plebem in agris publicis**]; ❿ *in ein Amt, in eine Stellung* einsetzen [**imperatorem**]; zu etw. bestellen [**iudicem**]; ⓫ *richterl.* entscheiden; ⓬ *gesetzlich* feststellen; ⓭ stiften, schaffen, begründen, errichten [**amicitiam; pacem; imperium**]; ⓮ unternehmen, veranstalten [**auctionem**]; ⓯ vor Anker gehen lassen [**naves**].

**cōnstitūtiō**, ōnis *f (constituo)* ❶ Einrichtung, Verfassung [**rei publicae** Staatsverfassung]; ❷ Beschaffenheit, Zustand; ❸ Anordnung.

**cōnstitūtum**, ī *n (constituo)* ❶ Verabredung; ❷ Vorsatz; ❸ *(nachkl.)* Verfügung, Verordnung.

**cōn-stō**, stāre, stitī, stātūrus ❶ still (da)stehen, feststehen, stehen bleiben; ❷ vorhanden sein, existieren; ❸ feststehen, bekannt sein *(meist unpers.)*; – **cōnstat** *(m. A. C. I. od. indir. Frages.)* **a)** es ist bekannt [**omnibus** *od.* **inter omnes** allgemein]; **b) mihi constat** ich bin fest entschlossen; ❹ bestehen aus; **homo ex corpore et animo constat;** ❺ bestehen in, beruhen auf *(m. in u. Abl. od. bl. Abl.)*; ❻ fortbestehen, unverändert bleiben; **constat fides;** ❼ übereinstimmen; **oratio cum facto constat; ratio constat** die Rechnung stimmt, *auch übtr.:* es trifft zu, es ist richtig; **sibi ~** sich treu bleiben, konsequent sein; ❽ *(geschäftl. t. t.; urspr. vom Gleichstehen der Waagschalen)* zu stehen kommen, kosten *(m. Abl. pretii)* [**parvo / tanto**].

**cōnstrātum**, ī *n (consterno[1])* Bedeckung, Decke, Belag.

**cōn-stringō**, stringere, strīnxī, strictum ❶ zusammenschnüren [**sarcinam**]; ❷ binden, fesseln; ❸ *(übtr.)* (be)festigen, unauflöslich machen [**fidem religione**]; ❹ beschränken, in seiner Tätigkeit lähmen [**senatum**]; ❺ *(in der Rede)* kurz zusammenfassen.

**cōnstrūctiō**, ōnis *f (construo)* ❶ Bau; ❷ *(rhet. t. t.)* Periodenbau [**verborum**]; ❸ Aufstellung *der Bücher in der Bibliothek.*

**cōn-struō**, struere, strūxī, strūctum ❶ (er)bauen, errichten; ❷ zusammen-, aufschichten [**ligna**]; ❸ aufhäufen, auftürmen [**acervos nummorum**].

**cōnstuprātor**, ōris *m (constupro)* Schänder.

**cōn-stuprō**, stuprāre schänden, vergewaltigen.

**Cōnsuālia**, ium *n s. Consus.*

**cōn-suāsor**, ōris *m (suadeo)* Ratgeber.

**cōn-suē-faciō**, facere, fēcī, factum *(Pass.: cōn*suē-fīō, fierī, factus sum) jmd. an etw. gewöhnen.

**cōn-suēscō**, suēscere, suēvī, suētum **I.** *intr.* ❶ sich gewöhnen an *(m. Dat.; ad; Inf.)*; – *Perf.* **cōnsuēvisse** gewohnt sein, pflegen; – *P. P. P.* **cōnsuētus,** a, um an etw. gewöhnt *(m. Dat. od. Inf.)*; ❷ **cum alqo consuevisse** mit jmdm. vertrauten Umgang haben, ein Verhältnis haben; **II.** *trans. (poet.; nachkl.) etw. od. jmd.* an etw. gewöhnen *(an etw.: m. Dat. od. Inf.)*; – *P. Adj.* **cōnsuētus,** a, um *(poet.; nachkl.)* gewohnt, gewöhnlich.

**cōnsuētūdō**, dinis *f (consuesco)* ❶ Gewohnheit, Brauch, Sitte, Gewöhnung; (**pro** *od.* **ex**) **consuetudine** *od.* **ad consuetudinem alcis** gemäß, nach der Gewohnheit jmds., nach Sitte, Brauch; **praeter** *od.* **contra consuetudinem** wider die Gewohnheit, entgegen der Gewohnheit; ❷ Lebensweise (= **~ vitae** *od.* **victūs** *od.* **vivendi)** ; ❸ (allgemeiner) Sprachgebrauch (= **~ sermonis** *od.* **loquendi**); ❹ geselliger Umgang, geselliger Verkehr, Geselligkeit; ❺ zärtlicher Umgang der Liebenden, Liebesverhältnis.

**cōnsuētus** *s. consuesco.*

**cōnsul**, ulis *m (Sg. abgekürzt COS, Plural COSS)* ❶ Konsul; **~ suffectus** nachgewählt; **~ designatus** designiert, für das nächste Jahr gewählt; – *die Namen der beiden Konsuln od. auch nur einer von beiden dienten zur Bez. des Jahres:* **M. Claudio** (**et**) **L. Furio consulibus** im Konsulatsjahr des …; – **pro consule** *u.* **proconsul** an Konsuls statt, Statthalter einer konsularischen Provinz, Prokonsul, gewesener Konsul *(mit den Amtsbefugnissen eines Konsuls ausgestattet)*; ❷ *bei den Historikern manchmal statt proconsul.*

**Imperium Romanum**

**cōnsul** – Der Konsul war der oberste Magistrat der römischen Republik, vergleichbar mit unseren heutigen Ministerpräsidenten. Es amtierten immer zwei Konsuln, die für die Dauer eines Jahres zu Jahresanfang in der Volksversammlung gewählt wurden. Ursprünglich konnten nur Patrizier Konsul werden. Seit 367 n. Chr. hatten auch Plebejerfamilien Zugang zu diesem Amt, noch später war regelmäßig einer der Konsuln Plebejer. Die beiden Konsuln kontrollierten sich gegenseitig, indem der eine Einspruch gegen die Entscheidung des anderen erheben und ihn blockieren konnte. In Zeiten des Notstands konnte aber ein **dictator** ernannt werden, der ohne einen

C

Kollegen an seiner Seite die Leitung des Staates übernahm, um schnelle Entscheidungen zu ermöglichen. Dieses außerordentliche Amt des Dictators war auf höchstens sechs Monate beschränkt. Ehemalige Konsuln hatten einen besonders großen Einfluss im Senat und standen in der Redeliste ganz vorn.

**cōnsulāris** *(consul)* **I.** *Adj.* e konsularisch, des Konsuls, der Konsuln; **II.** *Subst.* is *m* ① gewesener Konsul, Konsular; ② *(in der Kaiserzeit)* Legat mit Konsularrang, kaiserl. Statthalter einer Provinz.

**cōnsulātus**, ūs *m (consul)* Konsulat, Konsulwürde.

**cōnsulō**, cōnsulere, cōnsuluī, cōnsultum *(vgl. consul, consilium)* **I.** *intr.* ① Rat halten, sich beraten [**in publicum** für das allgemeine Wohl; **de communibus rebus**]; ② *(m. Dat. od. ut)* sorgen für, jmdm. helfen, auf etw. bedacht sein; ③ beschließen, Maßregeln treffen [**de salute alcis**]; verfahren [**superbe in plebem**]; **II.** *trans.* ① um Rat fragen, zu Rate ziehen, befragen [**senatum de re publica**]; ② **populum** ~ beim Volk den Antrag stellen; ③ etw. überlegen; ④ **boni** ~ billigen; zufrieden sein mit.

**cōnsultātiō**, ōnis *f (consulto²)* ① Beratung, Erwägung; ② Anfrage; ③ *(rhet. t. t.)* Thema; These.

**cōnsultō¹** *u.* **cōnsultē** *Adv. v. consultus¹.*

**cōnsultō²**, cōnsultāre *(Intens. v. consulo)* ① reiflich überlegen, beratschlagen [**cum populo de bello**]; ② sorgen für *(m. Dat.)* [**familiae; in medium** für das allgemeine Wohl]; ③ jmd. befragen, zu Rate ziehen.

**cōnsultor**, ōris *m (consulo)* ① der Rat Suchende; ② Ratgeber.

**cōnsultrīx**, īcis *f (consultor)* Fürsorgerin, Beraterin.

**cōnsultum**, ī *n (consultus¹)* ① Beschluss, Plan; **senatūs** ~ (*abgekürzt:* SC) Senatsbeschluss; ② *(poet.)* Orakel(spruch).

**cōnsultus¹**, a, um *(Adv. -ē u. -ō) (consulo)* ① reiflich überlegt, erwogen [**consilium**]; ② kundig, erfahren [**iuris** *od.* **iure** rechtskundig]; / *Adv.* **a) cōnsultē** bedächtig; **b) cōnsultō** absichtlich, planmäßig.

**cōnsultus²**, ī *m (consultus¹) (nachkl.)* Rechtsgelehrter.

**cōnsuluī** *Perf. v. consulo.*

**cōnsummābilis**, e *(consummo) (nachkl.)* der Vollkommenheit fähig.

**cōnsummātiō**, ōnis *f (consummo) (nachkl.)* Vollendung, Ausführung.

**cōn-summō**, summāre *(summa)* ① zusammenrechnen [**gloriam** sammeln]; ② vollenden, ausführen [**opera**]; ③ zur Vollkommenheit bringen [**artem**]; – *P. Adj.* **cōnsummātus,** a, um *(m. Superl.)* vollkommen.

**cōn-sūmō**, sūmere, sūmpsī, sūmptum ① gebrauchen, auf etw. verwenden [**omne tempus in litteris**]; ② aufbrauchen, verbrauchen [**omnia tela** verschießen]; ③ *(Nahrung)* verzehren; ④ verprassen, vergeuden [**rem familiarem**]; ⑤ *(Zeit)* verbringen, zubringen, *auch* (unnütz) verstreichen lassen; *Pass.* verstreichen; ⑥ *(ein Mittel, eine Tätigkeit u. Ä.)* aufwenden, aufbrauchen, erschöpfen; ⑦ *(Lebewesen)* aufreiben, hinraffen, töten; **fame / siti consumi**.

**cōnsūmptiō**, ōnis *f (consumo)* Aufzehrung, Vernichtung.

**cōnsūmptor**, ōris *m (consumo)* Verzehrer.

**cōnsūmptus** *P. P. P. v. consumo.*

**cōn-suō**, suere, suī, sūtum *(nachkl.)* ① zusammennähen; ② **os alcis** ~ jmdm. das Maul stopfen.

**cōn-surgō**, surgere, surrēxī, surrēctum ① sich erheben, aufstehen; ② *(poet.) (v. Wind, Fluten u. Ä.)* sich erheben, sich auftürmen, aufsteigen; ③ *(übtr.)* (hin)aufstreben, sich aufschwingen [**ad gloriam; carmine** sich im Lied aufschwingen]; ④ *(poet.; nachkl.) (v. Zuständen)* ausbrechen; **bellum in media pace consurgit**.

**cōnsurrēctiō**, ōnis *f (consurgo)* allseitiges Aufstehen.

**cōnsurrēctum** *P. P. P. v. consurgo.*

**cōn-surrēxī** *Perf. v. consurgo.*

**Cōnsus**, ī *m altröm. Gott des Ackerbaus;* – **Cōnsuālia**, ium *n Fest des Consus, das m. Pferderennen gefeiert wurde.*

**con-tābēscō**, tābēscere, tābuī, – hinschwinden.

**contabulātiō**, ōnis *f (contabulo)* Balkenlage, Bretterboden, Stockwerk.

**con-tabulō**, tabulāre *(tabula)* ① mit Brettern belegen; ② mit mehrstöckigen Türmen versehen.

**contāctus¹**, ūs *m (contingo)* ① Berührung; ② *(physische)* Ansteckung; ③ *(moral.)* verderblicher Einfluss.

**contāctus²** *P. P. P. v. contingo.*

**contāgiō**, ōnis *f u.* **contāgium,** ī *n (contingo)* ① Berührung; ② Einwirkung, Einfluss [**naturae**]; ③ Annäherung, Verkehr mit jmdm.; ④ Ansteckung [**pestifera**]; ⑤ schlechter Einfluss, verderbliches Beispiel.

**contāminātī**, ōrum *m (contamino) (nachkl.)* Lustknaben.

**contāminō**, contāmināre *(contingo) (durch Berührung, Verschmelzung, Vermischung)* verderben, beflecken, entehren, entweihen [**se sanguine / maleficio**]; – *P. Adj.* **contāminātus,** a, um befleckt, entehrt, entweiht; schuldbefleckt.

**con-tegō**, tegere, tēxī, tēctum ① (be)decken; ② *(nachkl.) (übtr.)* schützen; ③ verhüllen, verdecken, verbergen [**caput amictu**]; ④ verheimlichen; ⑤ *(nachkl.)* begraben.

**con-temerō**, temerāre *(poet.)* beflecken, entweihen.

**con-temnō**, temnere, tempsī, temptum ① verachten, gering schätzen [**morbum** unterschätzen; **leges; plebem**]; ② **se contemnere** bescheiden sein; **se non contemnere** Selbstgefühl besitzen; ③ verspotten; ④ trotzen *(m. Akk.)* [**ventos**].

**contemplātiō**, ōnis *f (contemplor)* Betrachtung.

**contemplātīvus**, a, um *(contemplor) (nachkl.)* betrachtend, beschaulich, theoretisch.

**contemplātor**, ōris *m (contemplor)* Betrachter.

**contemplātus**, *Abl.* ū *m (contemplor) (poet.)* Betrachtung.

**con-templor**, templārī ① betrachten; ② *(übtr.)* erwägen.

**con-tempsī** *Perf. v. contemno.*

**contemptim** *Adv. (m. Komp.* contemptius) *(contemptus[1])* mit Verachtung.

**contemptiō**, ōnis *f (contemno)* Verachtung, Geringschätzung, Gleichgültigkeit gegen *(m. Gen.)* [**pecuniae; deorum**].

**contemptius** *Adv. im Komp. (s. contemptim).*

**contemptor**, *Gen.* ōris *(contemno)* **I.** *Subst. m* Verächter; **II.** *Adj.* verachtend, gering schätzend.

**contemptrīx**, īcis *f (contemptor) (poet.; nachkl.)* Verächterin.

**contemptus[1]**, a, um *(Adv.* contemptim) *(contemno)* ① verachtet; ② verächtlich; ③ unbedeutend, ärmlich.

**contemptus[2]**, ūs *m (contemno)* ① *(akt.)* Verachtung, Geringschätzung [**vitae**]; ② *(pass.)* das Nichtgeachtetsein; **contemptui esse alci** v. jmdm. verachtet werden.

**con-tendō**, tendere, tendī, tentum ① (an)spannen [**arcum**]; ② anstrengen [**omnes nervos**]; ③ sich anstrengen, sich bemühen [**de salute sociorum**]; ④ *(poet.) (Geschosse)* schleudern, abschießen; ⑤ sich beeilen [**in Britanniam proficisci**]; ⑥ eilen, eilig marschieren [**ad Rhenum**]; ⑦ eifrig nach etw. streben, etw. erstreben *(abs., m. ut, m. Akk. od. ad)* [**magistratum; ad summam laudem**]; ⑧ sich m. jmdm. messen, wetteifern [**cum alqo de principatu; inter se viribus**]; ⑨ streiten, kämpfen; ⑩ dringend verlangen *(alqd; ut)*; ⑪ nachdrücklich versichern *(alqd; A. C. I.)*; ⑫ zusammenstellen, vergleichen.

**contentiō**, ōnis *f (contendo)* ① starke Anspannung, Anstrengung; ② eifriges Streben, Bemühung *(nach, um etw.: m. Gen.)*; ③ Wettstreit, -kampf; *übh.* Kampf, Streit [**forensis** vor Gericht; **dicendi** im Reden; **de regno**]; ④ Streitrede, -gespräch; Streitfrage; ⑤ Streitsucht; ⑥ Leidenschaft, Heftigkeit; ⑦ Vergleich.

**contentiōsus**, a, um *(m. Komp.) (contentio) (nachkl.)* streitsüchtig.

**contentus[1]**, a, um *(m. Komp.) (contineo)* sich begnügend, zufrieden mit etw. [**minimo**].

**contentus[2]**, a, um *(contendo)* ① gespannt, straff; ② angestrengt, angespannt [**vox**]; ③ eifrig [**studium**].

**conterminum**, ī *n (conterminus) (nachkl.)* das angrenzende Gebiet.

**con-terminus**, a, um *(poet.; nachkl.)* angrenzend, benachbart.

**con-terō**, terere, trīvī, trītum ① zerreiben, zerbröckeln, zerdrücken; ② abnutzen [**ferrum usu**]; ③ aufreiben, erschöpfen, hart mitnehmen; – **se conterere** *u. mediopass.* **conteri** sich abmühen, sich abplagen, sich aufreiben; ④ *(eine Zeit)* zubringen, verbringen, verstreichen lassen, vergeuden; ⑤ *(in Rede u. schriftl. Darstellung)* abnutzen, abdreschen; **proverbium vetustate contritum;** ⑥ etw. gering schätzen, mit Füßen treten [**praemium**].

**con-terreō**, terrēre, terruī, territum jmd. erschrecken; einschüchtern.

**contestātiō**, ōnis *f (contestor)* inständige Bitte, Beschwörung.

**con-testor**, testārī ① als Zeugen anrufen; ② inständig bitten, beschwören; ③ *(jur. t. t.)* **litem ~** den Prozess durch Aufrufen v. Zeugen einleiten (*auch pass.*: **contestata lis** Prozessbeginn; **contestatā lite** nach Prozessbeginn); / *P. Adj.* **contestātus,** a, um beglaubigt, bewährt [**virtus**].

**con-texō**, texere, texuī, textum ① zusammenweben; ② zusammenflechten; ③ zusammenfügen, -setzen, aneinanderreihen; anstiften [**crimen**]; ④ *(übtr.)* verknüpfen, verbinden; ⑤ *(in der Rede)* anfügen; fortsetzen.

**contextus[1]**, a, um *(P. Adj. v. contexo)* ① verflochten, verbunden; ② fortlaufend, ununterbrochen.

**contextus[2]**, ūs *m (contexo)* Zusammenhang.

**con-texuī** *Perf. v. contexo.*

**con-ticēscō**, ticēscere, ticuī, – (*u.* **con-ticīscō**) ① verstummen; ② *(v. Tätigkeiten u. Zuständen)* sich legen, sich beruhigen.

**con-tigī** *Perf. v. contingo.*

**contīgnātiō**, ōnis *f (contigno)* Gebälk; Stockwerk.

**con-tīgnō**, tīgnāre *(tignum)* mit Balken belegen.

**contiguus**, a, um *(contingo) (poet.; nachkl.)* ① angrenzend, benachbart *(m. Dat.)*; ② erreichbar *(für: m. Dat.)*.

**continēns**, *Gen.* entis *(contineo)* **I.** *Adj.* ① mit etw. zusammenhängend, an etw. angrenzend *(m. Dat.)* [**collis ripae**]; ② unmittelbar folgend auf; **continentibus diebus** an den folgenden Tagen; ③ ununterbrochen, fortlaufend [**imperium** andauernd]; ④ enthaltsam, zurückhaltend; **II.** *Subst. f (erg. terra)* Festland, Kontinent.

**continentia**, ae *f (continens)* Enthaltsamkeit, Zurückhaltung.

**con-tineō**, tinēre, tinuī, tentum *(teneo)* ① zusammenhalten: *(Obj. Pl. od. Koll.)* beisammenhalten, nicht auseinanderlassen [**milites (in) castris**]; *(Obj. Sg.)* (fest)halten; ② enthalten, umfassen; ③ verbinden; ④ *(Zustände od. jmd. in einem Zustand)* (aufrecht)-erhalten, bewahren [**libertatem; populum in pace**]; ⑤ einschließen, eingeschlossen halten; ⑥ rings umgeben, begrenzen; **vicus altissimis montibus continetur;** ⑦ feindl. einschließen [**hostem munitionibus**]; ⑧ in Schranken halten, zügeln, mäßigen [**oppida metu; cupiditates; dolorem** zurückhalten]; – **se ~** *u. mediopass.* sich beherrschen; ⑨ das Wesen einer Sache ausmachen; – *Pass.* auf etw. beruhen, in etw. bestehen; ⑩ anhalten, aufhalten; – **se ~** fest bleiben, ausharren [**in suis consiliis**]; ⑪ abhalten, zurückhalten [**exercitum a seditione**].

**con-tingō**, tingere, tigī, tāctum *(tango)* ① berühren, anrühren [**terram osculo** die Erde küssen]; ② *(poet.)* m. etw. bestreichen, bestreuen, benetzen; ③ erfassen, ergreifen *(auch übtr.);* ④ *(poet.; nachkl.)* etw. kosten; genießen [**aquas** trinken; **fontem** aus der Quelle]; ⑤ *(poet.) (ein Ziel)* erreichen, treffen [**portum; avem sagitta**]; ⑥ an etw. stoßen, angrenzen *(an etw.: Akk.);* ⑦ in verwandtschaftlicher *od.* freundschaftlicher Beziehung zu jmdm. stehen *(alqm);* ⑧ jmd. betreffen, angehen; ⑨ beflecken, anstecken; m. Schuld beladen; – *meist P. P. P.* **contāctus,** a, um befleckt, verunreinigt, (schuld)beladen; ⑩ zuteilwerden, widerfahren, geschehen; gelingen, glücken; – *meist unpers.* **contingit** es wird zuteil, es ereignet sich; *bes.* es gelingt, es glückt *(meist m. ut, selten m. Inf.).*

**continuātiō**, ōnis *f (continuo[1])* ① ununterbrochene Fortdauer; ② Zusammenhang [**rerum**]; ③ *(rhet. t. t.)* **~ (verborum)** (komplexer) Satz, Periode.

**continuō[1]**, continuāre *(continuus)* **I.** *räuml.* ① aneinanderfügen, zusammenfügen, verbinden, vereinigen, anschließen [**domos** aneinanderbauen; **latus lateri** anschmiegen an]; ② erweitern, abrunden [**agros**]; **II.** *zeitl.* ① unmittelbar aufeinanderfolgen lassen; ② etw. ohne Unterbrechung fortsetzen, nicht unterbrechen [**iter die ac nocte**]; – *mediopass.* fort-, andauern; ③ *(ein Amt)* weiterbehalten, fortführen; ④ *jmdm. sein Amt* verlängern [**alci consulatum**].

**continuō[2]** *Adv. (continuus)* ① gleich darauf, sofort; ② ununterbrochen; ③ *(im neg. Satz od. Fragesatz)* ohne weiteres.

**continuus**, a, um *(Adv. -ē u. -ō) (contineo)* **I.** *räuml.* ① zusammenhängend; unmittelbar anstoßend, sich anschließend; ② ununterbrochen, fortlaufend [**oratio; litus**]; **II.** *zeitl.* ① nacheinander, darauffolgend; ② unaufhörlich, fortwährend; **III.** *(übtr. v. Personen)* jmdm. nächststehend [**imperatori**]; – *Subst.* Günstling.

**cōntiō**, ōnis *f (aus altl. coventio v. convenio)* ① Versammlung, Volks-, Heeresversammlung; ② *(meton.)* **a)** die Versammelten; **b)** Ansprache an das versammelte Volk *od.* an die Soldaten.

**cōntiōnābundus**, a, um *(contionor)* vor einer Versammlung redend; *(m. Akk.)* etw. in einer Rede erklärend.

**cōntiōnālis**, e *u.* **cōntiōnārius**, a, um *(contio)* zur Volksversammlung gehörig, in Volksversammlungen üblich; **~ prope clamor** beinahe solch ein Geschrei wie in der Volksversammlung.

**cōntiōnātor**, ōris *m (contionor)* Volksredner, Demagoge.

**cōntiōnor**, cōntiōnārī *(contio)* ① öffentlich reden [**ad populum; apud milites**]; ② vor der Versammlung etw. verkünden, erklären; ③ versammelt sein.

**cōntiuncula**, ae *f (Demin. v. contio)* ① kleine Volksversammlung; ② unbedeutende Rede an das Volk.

**con-torqueō**, torquēre, torsī, tortum ① herumdrehen, -wenden; ② **verba ~** schwungvoll reden; ③ *(poet.)* schleudern, werfen [**hastam in latus**]; / *P. Adj.* **contortus,** a, um *(m. Komp.)* **a)** verschlungen, verwickelt; **b)** gekünstelt, geschraubt; **c)** schwungvoll.

**contortiō**, ōnis *f (contorqueo)* verschrobener Ausdruck.

**contortulus**, a, um *(Demin. v. contortus, s. contorqueo)* etwas geschraubt.

**contortus** *s. contorqueo.*

**contrā I.** *Adv.* ① *(räuml.)* gegenüber, auf der anderen Seite; ② (ent)gegen, wider [**~ facere** zuwiderhandeln; **~ intueri** ins Gesicht sehen]; ③ andererseits; ④ im Gegenteil; ⑤ entgegengesetzt, ganz anders, (gerade) umgekehrt; **~ ac** *od.* **atque** *od.* **quam** anders als; **II.** *Präp. b. Akk.* ① gegenüber; ② gegen, wider; ③ im Widerspruch m. etw., abweichend v. etw.; **III.** *Präfix* entgegen-, wider- [**contradictio**].

**contractiō**, ōnis *f (contraho)* ① das Zusammenziehen [**superciliorum**]; ② Verkürzung *(in Schrift u. Rede);* gedrängte Darstellung [**orationis**]; ③ ~ **(animi)** Angst, Ängstlichkeit.

**contractiuncula**, ae *f (Demin. v. contractio 3.)* leichte Beklommenheit.

**contractus**, a, um *(P. Adj. m. Komp. v. contraho)* ① eng, schmal; ② *(v. der Rede)* gedrängt, knapp; ③ *(v. Zuständen)* beschränkt, knapp [**studia**]; ④ *(v. der Zeit)* kurz; ⑤ *(v. der Stimme)* gepresst; ⑥ *(poet.)* zurückgezogen, durch nichts gestört; ⑦ *(nachkl.)* sparsam, geizig.

**contrā-dīcō**, dīcere, dīxī, dictum widersprechen.

**contrādictiō**, ōnis *f (contradico) (nachkl.)* Widerspruch, -rede.

**con-trahō**, trahere, trāxī, tractum ① zusammenziehen [**frontem** runzeln; **vela** einziehen]; *(Glieder)* steif, starr machen; ② vereinigen, (ver)sammeln, zusammenziehen *(bes. als milit. t. t.)* [**exercitum in unum locum**]; ③ einschränken [**cupidinem**]; ④ kürzen, kurzfassen [**orationem**]; ⑤ (geistig) einengen, beklemmen [**animum**]; ⑥ zusammenbringen, einnehmen [**pecuniam**]; ⑦ verursachen, bewirken, zustande bringen, herbeiführen, sich zuziehen [**amicitiam; cladem; sibi numinis iram** sich zuziehen; **nefas** eine Sünde begehen; **aes alienum** Schulden machen]; ⑧ *(Geschäfte)* eingehen, abschließen.

**contrārium**, ī *n (contrarius)* ① entgegengesetzte Richtung; ② Gegenteil, Gegensatz; **e** *od.* **ex -o** im Gegenteil, dagegen.

**contrārius**, a, um *(contra)* ① gegenüberliegend [**litora; vulnus** auf der Brust]; ② in entgegengesetzter Richtung; **in -as partes fluere** *(v. Flüssen);* **-o amne** geg. den Strom, stromaufwärts; **vento ~ aestus** Strömung gegen den Wind; ③ *(übtr.)* entgegengesetzt; **voluptas -a honestati;** ④ widersprechend; **epistulae -ae** Widersprüche enthaltend; ⑤ widerstrebend, feindlich, zuwider; – *Subst.* **contrārius,** ī *m* Gegner; ⑥ nachteilig, verderblich.

**contrectātiō**, ōnis *f (contrecto)* Berührung, Betastung.

**con-trectō**, trectāre *(tracto)* ① *(poet.; nachkl.)* abtasten, befühlen, berühren; ② *(übtr.)* erwägen, sich mit etw. befassen *(m. Akk.)* [**studia et disciplinas philosophiae**]; ③ *(nachkl.)* entehren, verletzen, schänden.

**con-tremīscō**, tremīscere, tremuī, – *u.* **-tremēscō I.** *intr.* ① erzittern, erbeben; ② *(übtr.)* ins Wanken geraten; **II.** *trans. (poet.; nachkl.)* vor etw. *od.* vor jmdm. erzittern, erbeben, etw. *od.* jmd. fürchten.

**con-tribuō**, tribuere, tribuī, tribūtum ① zuteilen, einverleiben; ② *(zu einem Ganzen)* verbinden, vereinigen [**milites in unam cohortem**]; ③ *(poet.)* etw. beitragen, beisteuern.

**con-trīstō**, trīstāre *(tristis)* ① jmd. betrüben; ② *(poet.; nachkl.)* etw. verdüstern [**caelum**].

**contrītus** *P. P. P. v. contero.*

**contrōversia**, ae *f (controversus)* ① Streit(igkeit) *(um etw.: m. Gen. od. de)* [**rei familiaris; de finibus**]; ② Streitfrage, Rechtsfall; ③ Widerspruch, -rede.

**contrōversiōsus**, a, um *(controversia)* sehr streitig, strittig.

**contrō-versus**, a, um *(contra u. verto)* streitig.

**con-trucīdō**, trucīdāre ① zusammenhauen, niedermetzeln; ② *(übtr.)* (hin)opfern.

**con-trūdō**, trūdere, trūsī, trūsum hineinstoßen, -stecken.

**con-tubernālis**, is *m u. f (contubernium)* ① Zeltkamerad; Kriegskamerad; ② Begleiter eines Prätors *während der Ausbildung;* ③ Gefährte, Kollege *(in der höheren Staatsverwaltung);* ④ Hausfreund.

**con-tubernium**, ī *n (taberna)* ① Zeltgemeinschaft *der Soldaten im Lager,* kameradschaftliches Zusammenleben; ② Gefolge; ③ das Zusammenleben, Wohngemeinschaft, Haus-, Tischfreundschaft, vertrauter Umgang; ④ gemeinschaftliches Zelt *im Lager;* ⑤ *(nachkl.)* gemeinsame Wohnung, *bes. eines Sklavenpaares.*

**con-tudī** *Perf. v. contundo.*

**con-tueor**, tuērī, tuitus sum betrachten; erblicken.

**contuitus**, *Abl.* ū *m (contueor) (nachkl.)* das Betrachten; Anblick.

**con-tulī** *Perf. v. confero.*

**contumācia**, ae *f (contumax)* ① Trotz, Eigensinn; ② Stolz.

**con-tumāx**, *Gen.* ācis *(tumeo)* ① trotzig, eigensinnig, störrisch; ② *(poet.)* spröde.

**con-tumēlia**, ae *f (contemno)* ① Beleidigung, Beschimpfung, schmachvolle Behandlung, Schande; ② Misshandlung; ③ Stoß.

**contumēliōsus**, a, um *(contumelia)* ① *(v. Personen)* schmähsüchtig, stets zu Beschimpfungen bereit; ② *(v. Sachen)* schmählich, schmachvoll.

**con-tumulō**, tumulāre *(poet.; nachkl.)* begraben, bestatten.

**con-tundō**, tundere, tudī, tū(n)sum ① zerschlagen, zerschmettern, zermalmen; ② *(übtr.)* lähmen, aufreiben, vernichten, niederschlagen [**populos feroces; Romanorum vires proelio; ferociam hostis**].

**conturbātiō**, ōnis *f (conturbo)* Verwirrung; Bestürzung.

**conturbātus**, a, um *(P. Adj. m. Komp. v. conturbo)* verwirrt; bestürzt.

**con-turbō**, turbāre ① in Verwirrung, in Unordnung bringen [**Romanorum ordines**]; ② außer Fassung bringen [**animos**]; ③ **rationem** *od.* **rationes** ~ *(od. abs.)* Bankrott machen.

**contus**, ī *m (gr. Fw.)* ① (Ruder-)Stange; ② Wurfspieß.

**cōnūbiālis**, e *(conubium) (poet.)* ehelich.

**cō-nūbium**, ī *n (nubo)* ① gesetzmäßige röm. Ehe; ② *(meton.)* Eherecht; ③ *(poet.)* Beischlaf *(mit jmdm.: alcis)*.

**cōnus**, ī *m (gr. Fw.)* ① Kegel; ② *(poet.; nachkl.) kegelförmige* Helmspitze.

**con-valēscō**, valēscere, valuī, – ① erstarken, an Kraft gewinnen, gedeihen; **fides / iustitia convaluit**; ② *(v. Personen, Staaten u. Ä.)* an Macht gewinnen; ③ genesen, sich erholen [**ex morbo**]; ④ *(poet.) (v. Feuer)* hoch auflodern.

**con-vallis**, is *f* Tal(kessel).

**con-valuī** *Perf. v. convalesco.*

**con-vectō**, vectāre *(Intens. v. conveho) (poet.; nachkl.)* zusammenbringen [**praedam**].

**convector**, ōris *m (conveho)* Reisegefährte, *bes. zu Schiff.*

**con-vehō**, vehere, vēxī, vectum zusammenbringen [**frumentum**].

**con-vellō**, vellere, vellī *u. (selten)* vulsī, vulsum ① losreißen, (her)ausreißen, auseinander-, niederreißen, zerreißen [**radices aratro; signa** *od.* **vexilla** die Feldzeichen aus dem Boden reißen = aufbrechen]; ② *(übtr.)* erschüttern, untergraben.

**convenae**, ārum *m u. f (convenio)* zusammengelaufenes Volk.

**con-vēnī** *Perf. v. convenio.*

**conveniēns**, *Gen.* ientis *(P. Adj. v. convenio)* ① mit etw. übereinstimmend, harmonierend, angemessen; ② im Einvernehmen lebend, einträchtig; ③ *(poet.)* passend; **toga bene ~**.

**convenientia**, ae *f (conveniens)* Übereinstimmung, Harmonie.

**con-veniō**, venīre, vēnī, ventum **I.** *intr.* ① zusammenkommen, sich versammeln [**in contionem**]; ② sich einigen, übereinkommen; **de ea re inter nos convenimus**; – *klass. nur:* **a)** *(unpers.)* **convenit** man einigt sich; **ut convenerat** wie man sich geeinigt hatte; **b)** *(unpers.)* **convenit, ut** man beschließt gemeinsam; **c)** *(unpers.)* **inter omnes convenit** *(m. A. C. I.)* man behauptet allgemein, dass; **d)** zustande kommen; **colloquium convenit; e) bene convenit mihi cum eo** ich stehe mit ihm gut; ③ zu etw. passen, zusammenpassen; ④ mit etw. übereinstimmen, harmonieren; ⑤ *(jur. t. t.) (durch Heirat)* in die Gewalt *(in manum)* des Mannes kommen; ⑥ *(unpers.)* **convenit** es ziemt sich, schickt sich *(m. Inf. od. A. C. I., selten m. ut; für jmd.: alci)*; **II.** *trans.* jmd. treffen, aufsuchen [**tribunos in foro**].

**conventīcium**, ī *n (convenio) (erg. aes)* Sitzungsgeld *der griech. Bürger f. Teilnahme an der Volksversammlung.*

**conventiculum**, ī *n (Demin. v. conventus)* ① kleine, unbedeutende Zusammenkunft; kleiner Verein; ② *(nachkl.) (meton.)* Versammlungsort.

**conventiō**, ōnis *f u.* **-tum**, ī *n (convenio)* Übereinkunft, Vertrag.

**conventus**[1], ūs *m (convenio)* ① Zusammenkunft, Versammlung; ② Bundesversammlung; ③ Kreis-, Gerichts-, Landtag; ④ Zusammenschluss der röm. Bürger *(in einer Provinz)*, Bürgerverband; ⑤ Übereinkunft, Vertrag.

**conventus**[2] *P. P. P. v. convenio.*

**con-verberō**, verberāre *(nachkl.)* heftig schlagen.

**con-verrō**, verrere, verrī, versum ① zusammenscharren [**hereditates**]; ② auskehren.

**conversātiō**, ōnis *f (conversor)* Umgang, Verkehr *(mit jmdm.: alcis)* [**amicorum**].

**conversiō**, ōnis *f (converto)* ① Umdrehung, Umlauf [**astrorum**]; ② periodische Wiederkehr [**mensium annorumque**]; ③ Umwandlung, Veränderung, Umwälzung [**rei publicae**]; ④ *(rhet. t. t.)* **a)** Periode [**orationis; verborum**]; **b) ~ orationis in extremum** Wiederholung desselben Wortes am Satzende; **c)** Gegenüberstellung derselben Wörter im syntaktischen Chiasmus.

**con-versō**, versāre *(Intens. v. converto)* ① (her)umdrehen; ② *(nachkl.) (übtr.)* hin u. her erwägen.

**con-versor**, versārī *(nachkl.) mit jmdm. od. an einem Ort* verkehren, mit jmdm. Umgang haben.

**conversus** *P. P. P. v. converto u. converro.*

**con-vertō**, vertere, vertī, versum **I.** *trans.* ① umwenden, -drehen, -kehren [**alqm in fugam** jmd. in die Flucht schlagen; **fugam** die Flucht einstellen; **terga** sich zur Flucht wenden; **signa** kehrtmachen; **signa ad hostem** geg. den Feind Front machen]; – *refl. u. mediopass.* sich umwenden, kehrtmachen; ② verwandeln, verändern, umgestalten [**classem in Nymphas**]; – *refl. u. mediopass.* sich verwandeln, sich ändern; ③ in Unordnung bringen, verderben [**rem publicam**]; ④ hinwenden, (hin)richten, (hin)lenken [**omnia consilia ad** *od.* **in bellum; animum alcis ad negotia**]; – *refl. od. mediopass.* sich hinwenden, sich richten, sich zuwenden; ⑤ *(geistig)* umstimmen; ⑥ etw. m. etw. vertauschen *(mit etw.: Abl.)* [**castra castris**]; ⑦ übersetzen, übertragen [**librum e Graeco in Latinum**]; ⑧ etw. zu etw. verwenden [**omnia consilia in salutem rei publicae**]; ⑨ im Kreise drehen; **II.** *intr. (= se convertere)* ① sich wohin wenden, sich jmdm. *od.* einer Sache zuwenden, sich an jmd. wenden; ② sich in etw. verwandeln, in etw. umschlagen.

**con-vestiō**, vestīre bedecken, umgeben.
**con-vēxī** *Perf. v. conveho.*
**convexum**, ī *n (häufiger im Pl.) (poet.)* Wölbung.
**convexus**, a, um ❶ gewölbt [**caelum**]; ❷ *(poet.; nachkl.)* sich vertiefend, kesselförmig, abschüssig [**iter; vallis**].
**convīciātor**, ōris *m (convicior)* Lästerer.
**convīcior**, convīciārī *(convicium)* jmd. schelten, schmähen; lästern.
**con-vīcium**, ī *n (aus convocium < con u. vox)* ❶ lautes Geschrei; ❷ Zank, Streit; ❸ Scheltwort, Beschimpfung; ❹ Zurechtweisung, Tadel; ❺ *(poet.) (meton.)* Lästermaul, Spottvogel.
**convīctiō**, ōnis *f (convivo)* das Zusammenleben, Gesellschaft; – *meton.:* **convictiones domesticae** Hauspersonal.
**convīctor**, ōris *m (convivo)* Gesellschafter, Hausfreund.
**convīctus**[1], ūs *m (convivo)* ❶ das Zusammenleben, geselliger Umgang *(mit jmdm.: Gen.)*; ❷ Gastmahl, Tischgesellschaft.
**convictus**[2] *P. P. P. v. convinco.*
**con-vincō**, vincere, vīcī, victum ❶ jmd. einer Schuld *od.* eines Irrtums überführen; ❷ widerlegen [**errores; adversarium**]; ❸ etw. unwiderleglich beweisen, begründen.
**convīva**, ae *m (convivo)* Gast, Tischgenosse.
**convīvālis**, e *(conviva)* zum Gastmahl gehörig, Tisch-, Tafel-.
**convīvātor**, ōris *m (convivor)* Gastgeber, Wirt.
**convīvium**, ī *n (convivo)* ❶ Gastmahl, Gelage, Schmaus; ❷ *(poet.; nachkl.) (meton.)* Tischgesellschaft, Gäste.
**con-vīvō**, vīvere, vīxī, vīctum *(nachkl.)* ❶ m. jmdm. zusammenleben; ❷ m. jmdm. zusammen speisen.
**convīvor**, convīvārī *(conviva)* in Gesellschaft, zusammen speisen.
**convocātiō**, ōnis *f (convoco)* das Zusammenrufen, Berufung.
**con-vocō**, vocāre zusammenrufen, berufen, versammeln.
**con-volō**, volāre („zusammenfliegen") zusammenströmen, herbeieilen.
**con-volūtor**, volūtārī *(nachkl.)* sich herumtreiben.
**con-volvō**, volvere, volvī, volūtum ❶ zusammenrollen; ❷ *im Kreise* herumrollen; – **se convolvere** *u. mediopass.* **convolvi** *(v. Gestirnen)* kreisen; ❸ um-, bewickeln; ❹ *(nachkl.) (eine Schriftrolle)* weiterrollen.
**con-vomō**, vomere, vomuī, vomitum bespeien.
**con-vulnerō**, vulnerāre *(nachkl.)* schwer verwunden.
**co-operiō**, operīre, operuī, opertum ganz bedecken, überschütten; – *bes. P. P. P.* **coopertus**, a, um: **a)** bedeckt; **b)** *(übtr.)* überhäuft, überschüttet, beladen [**miseriis** beladen; **famosis versibus** überschüttet].
**cooptātiō**, ōnis *f (coopto)* Ergänzungswahl, Zuwahl [**tribunorum; censoria** Ergänzung des Senats durch die Zensoren].
**co-optō**, optāre *ein neues Mitglied* hinzuwählen [**senatores; patricios in loca vacua**].
**co-orior**, orīrī, ortus sum ❶ *(v. Naturerscheinungen u. Ereignissen)* ausbrechen, entstehen; ❷ sich gemeinsam *(zu einer Tätigkeit)* erheben, losstürmen.
**Coōs** = *Cos.*
**cōpia**, ae *f (< *co-opia zu ops, vgl. in-opia)* ❶ Vorrat, Fülle [**frumenti**]; ❷ Überfluss [**omnium rerum**]; ❸ *(meist Pl.)* (Lebens-)Mittel, Vorräte; ❹ *(milit.) (meist Pl.)* Proviant, Zufuhr; ❺ Vermögen, Wohlstand; ❻ *(v. lebenden Wesen)* Menge, Masse, große Zahl, Schar; ❼ *(milit.) (meist Pl.)* Truppen, Streitkräfte [**navales, maritimae** Seetruppen; **terrestres urbiumque** Land- u. Besatzungstruppen]; *(selten Sg.)* Mannschaft, Trupp [**armatorum**]; ❽ *(v. Abstr.)* Menge, Fülle [**verborum** Wortschatz; **exemplorum**]; ❾ Fähigkeit, Möglichkeit, Gelegenheit *(zu etw.: m. Gen.)*; ❿ *(personif.)* **Cōpia** *Göttin des Überflusses.*
**cōpiolae**, ārum *f (Demin. v. copiae)* ein Häuflein Truppen.
**cōpiōsus**, a, um *(copia)* ❶ reich (an Vorrat), reich(lich) ausgestattet, reichlich, *(v. Personen)* wohlhabend, *(m. Abl.)* reich an etw.; ❷ gedanken-, wortreich, beredt, ausführlich [**disputatio; orator** gewandter Redner]; ❸ *(nachkl.)* begabt.
**cōpō** = *caupo.*
**cōpula**, ae *f (< *co-apula, vgl. apiscor)* ❶ Bindemittel, Band, Leine, Riemen; ❷ *(übtr.)* Band, Verbindung; ❸ Enterhaken.
**cōpulātiō**, ōnis *f (copulo)* Verbindung.
**cōpulō**, cōpulāre *(copula)* ❶ zusammenkoppeln, -binden, verbinden [**hominem cum pecude; ratem rati**]; ❷ *(übtr.)* verbinden, vereinigen [**honestatem cum voluptate**]; ❸ *(rhet. t. t.)* **a)** zu einer Periode zusammenfügen; **b)** zwei Wörter zu einem verschleifen *(z. B.: si vis* > sis); / *P. Adj.* **cōpulātus**, a, um *(m. Komp.)* verbunden, vereint.
**coquō**, coquere, coxī, coctum ❶ kochen, backen, zubereiten; ❷ dörren, austrocknen; ❸ *(durch Sonne)* reif machen; ❹ in Gärung bringen, zersetzen; ❺ etw. ersinnen [**consilia**]; ❻ beunruhigen, ängstigen, quälen.
**coquus**, ī *m (coquo)* Koch.
**cor**, cordis *n* ❶ Herz *(als Organ)*; ❷ Herz, Gemüt, Gefühl, Seele; **cordi esse** am Herzen liegen, lieb, wert sein; **corde** von Herzen, herzlich; ❸ Mut; ❹ Geist, Verstand, Ein-

C

sicht; ❺ *(poet.) (meton.)* Seele = Individuum, Mensch *od.* Tier.

**corallium** ī *n (gr. Fw.) (poet.; nachkl.)* Koralle.

**cōram I.** *Adv.* ❶ öffentlich, vor aller Augen; ❷ an Ort u. Stelle, persönlich, selbst; **~ disputare cum alqo; ~ adesse**; **II.** *Präp. b. Abl.* in jmds. Gegenwart, vor jmdm; **~ conventu**.

C

**corbis**, is *f* Korb.

**corbīta**, ae *f (corbis)* Lastschiff.

**corbula**, ae *f (Demin. v. corbis) (nachkl.)* Körbchen.

**corcodīlus**, ī *m = crocodilus.*

**Corculum** *(cor) Beiname des Scipio Nasica* („der Verständige").

**Corcȳra**, ae *f* Korfu, *Insel im Ionischen Meer; – Einw. u. Adj.* **Corcȳraeus**, ī *m bzw.* a, um.

**corda**, ae *f s. chorda.*

**cordātus**, a, um *(cor) (nachkl.)* verständig, klug.

**cordāx**, ācis *m (gr. Fw.)* ❶ *ausgelassener Chortanz der alten griech. Komödie;* ❷ *(meton.)* der Trochäus *(weg. seines hüpfenden Rhythmus).*

**Corduba**, ae *f Stadt in Hispania Baetica, Geburtsort Senecas, j.* Cordoba.

**Corinthus** *u.* **-os**, ī *f* Korinth, *Handelsstadt am Isthmus; – Einw.* **Corinthius**, ī *m; – Adj.* **a) Corinthius**, a, um [**aes** korinth. Bronze]; **b) Corinthiacus**, a, um; **c) Corinthiēnsis**, e; *– Subst.* **Corinthia**, ōrum *n* Kunstwerke aus korinth. Bronze.

**Coriolī**, ōrum *m Stadt der Volsker in Latium, von C. Marcius zerstört (dah. sein Beiname: Coriolanus); – Einw. u. Adj.* **Coriolānus**, ī *m bzw.* a, um.

**corium**, ī *n (gr. Fw.)* ❶ Fell, Haut *(der Tiere);* ❷ Leder.

**Cornēlia**, ae *f (Cornelius) Tochter des P. Cornelius Scipio Africanus maior, Mutter der Gracchen.*

**Cornēlius**, a, um *Name einer röm. gens;* ❶ *patriz. Familien: Scipiones, Sullae, Dolabellae, Cethegi;* ❷ *pleb. Familien: Balbi, Cinnae / Adj.* **a) Cornēlius**, a, um [**leges** *v. den Corneliern gegebene Gesetze;* **Castra** *Gegend zwischen Utica u. dem Fluss Bagrada zur Erinnerung an den Sieger über Hannibal P. Cornelius Scipio Africanus maior*]; **b) Cornēliānus**, a, um.

**Imperium Romanum**

**Cornēlius** – In der Zeit der Republik wurden die Geschicke des römischen Staates mehr oder weniger von einigen wenigen alten Patriziergeschlechtern geleitet, die abwechselnd die Konsuln stellten. Zu ihnen gehörte die **gens Cornelia**, das Geschlecht der Cornelier. Andere mächtige Geschlechter waren z. B. die Valerier und die Fabier.

**corneolus**, a, um *(Demin. v. corneus²)* hornartig.

**corneus¹**, a, um *(cornus) (poet.)* aus Kornelkirschholz.

**corneus²**, a, um *(cornu)* aus Horn.

**corni-cen**, cinis *m (cornu u. cano)* Hornbläser; *auch* Flötenspieler.

**cornīcula**, ae *f (Demin. v. cornix) (poet.)* junge Krähe, *verächtl.* alberne Krähe.

**corniculum**, ī *n (Demin. v. cornu)* kleines Horn; *bes.* Ehrenhorn *am Helm (milit. Auszeichnung).*

**corni-ger**, gera, gerum *(cornu u. gero) (poet.; nachkl.)* gehörnt, geweihtragend.

**corni-pēs**, *Gen.* pedis *(cornu) (poet.)* hornfüßig, behuft.

**cornīx**, īcis *f (vgl. corvus)* Krähe: *Weissagevogel; ihr Geschrei kündigte Regen an.*

**cornū**, ūs *n, selten* **cornum**, ī *n* ❶ Horn, *Pl.* Gehörn, Geweih; ❷ Hornähnliches: **a)** Auswuchs *an der Stirn;* **b)** *Pl.* Hörner *der Mondsichel;* **c)** Knopf, Knauf *des Stäbchens der Bücherrolle;* **d)** Helmkegel; **e)** *(milit.)* Flügel des Heeres; **f)** Rahe, Segelstange; **g)** Flussarm; **h)** Ende *einer Örtlichkeit, eines Gegenstandes;* **i)** Landzunge; ❸ Horn *als Material (z. B. am Huf, Schnabel);* ❹ *(meton.) Gegenstände aus Horn:* **a)** Horn *als Blasinstrument (zuerst aus Horn, später aus Metall),* Trompete; *(poet.) auch* Hornansatz *an der phrygischen Flöte;* **b)** *(Sg. u. Pl.)* Bogen *zum Schießen (aus je zwei Hörnern);* **c)** Horntrichter; **d)** Resonanzboden *der Lyra, der urspr. aus zwei hohlen Hörnern bestand;* **e)** Ölfläschchen.

**cornum¹**, ī *n (cornus) (poet.)* ❶ Kornelkirsche; ❷ *(meton.)* Lanze *aus Kornelkirschholz.*

**cornum²**, ī *n = cornu.*

**cornus**, ī *u.* ūs *f (poet.; nachkl.)* ❶ Kornelkirschbaum; ❷ Kornelkirschholz; ❸ *(meton.)* Lanze *aus Kornelkirschholz.*

**cornūtus**, a, um *(cornu) (poet.; nachkl.)* gehörnt.

**corōllārium**, ī *n* Geschenk, Zulage, Trinkgeld.

**corōna**, ae *f (gr. Fw.)* ❶ Kranz *(als Schmuck od. Auszeichnung);* **sub -a vendere** Kriegsgefangene als Sklaven verkaufen *(weil die Gefangenen bekränzt wurden);* ❷ Kreis v. Zuhörern *od.* Zuschauern, Versammlung; ❸ *(milit.)* Truppenkette, Einschließungslinie; ❹ *(poet.)* Krone, Diadem; ❺ *(poet.; nachkl.)* Krone der Ariadne *(Sternbild);* ❻ *(nachkl.)* Mauerring.

**corōnārius**, a, um *(corona)* zum Kranz gehörig, für den Kranz (bestimmt); **aurum -um**: *das (statt der urspr. geschenkten goldenen Krone) f. einen siegreichen Feldherrn v. den Provinzen überbrachte* Geldgeschenk, Kranzgold.

**corōnō**, corōnāre *(corona)* ❶ bekränzen, umkränzen [**victores lauro**]; ❷ *(poet.)* umgeben;

❸ *(poet.)* umstellen [**abitum custode**].

**corporālis**, e *(corpus) (nachkl.)* körperhaft, körperlich.

**corporātus**, a, um *(corpus)* verkörpert, körperhaft.

**corporeus**, a, um *(corpus)* ❶ körperlich, körperhaft; ❷ *(poet.)* fleischlich, leiblich.

**corpus**, poris *n* ❶ Körper, Leib *(v. Menschen u. Tieren)*; ❷ Person, Wesen; ❸ Fleisch *am Körper*; ❹ Leichnam; ❺ *(b. Schiffen)* Bauch; ❻ ein Ganzes, Körper [**rei publicae** Staatskörper]; ❼ Gesamtheit, Gesamtmasse [**universitatis** Weltall]; ❽ Körperschaft, Stand [**militum** Armeekorps]; ❾ Materie, Stoff, Masse [**ferri; Neptuni** Meereswasser]; ❿ *(v. Schriftwerken)* (Gesamt-)Werk, Sammlung [**omnis iuris Romani**]; ⓫ Gemeinde, Verband.

**Imperium Romanum**

Das **Corpus iuris civilis** ist ein Sammelwerk des römischen bürgerlichen Rechts. Nach dem Untergang Westroms wurde in Konstantinopel im Auftrag des oströmischen Kaisers Justinian von 528 bis 534 n. Chr. eine systematische Sammlung aller gültigen römischen Gesetze geschaffen. Dieses „Gesamte Zivilrecht" wirkt bis heute im europäischen Rechtsleben weiter, so auch im deutschen Bürgerlichen Gesetzbuch (BGB).

**corpusculum**, ī *n (Demin. v. corpus)* Körperchen: ❶ *(nachkl.)* kleiner menschlicher Körper; ❷ *(nachkl.)* Kind im Mutterleib; ❸ *(nachkl.)* Bäuchlein; ❹ Atom.

**corrēctiō**, ōnis *f (corrigo)* ❶ Verbesserung; ❷ *(rhet.)* Berichtigung; ❸ Zurechtweisung.

**corrēctor**, ōris *m (corrigo)* ❶ Verbesserer; ❷ Moralprediger, Kritiker.

**cor-rēpō**, rēpere, rēpsī, rēptum sich verkriechen, hineinkriechen [**in navem**].

**correptus** *P. P. P. v. corripio.*

**cor-rēxī** *Perf. v. corrigo.*

**cor-rigia**, ae *f* (Schuh-)Riemen.

**cor-rigō**, rigere, rēxī, rēctum *(con u. rego)* ❶ gerade richten; ❷ berichtigen, verbessern [**mores civitatis; alcis sententiam**]; ❸ zurechtweisen.

**cor-ripiō**, ripere, ripuī, reptum *(con u. rapio)* ❶ ergreifen, (zusammen)raffen; ❷ gewaltsam an sich reißen, rauben; ❸ aufgreifen, verhaften; ❹ *(poet.; nachkl.) (v. Krankheiten, Leidenschaften u. Ä.)* ergreifen, befallen, (da)hinraffen; **morbi corpora corripiunt; corripi dolore / cupidine; correptus imagine formae** hingerissen; ❺ schelten, tadeln; ❻ *(nachkl.)* jmd. vor Gericht bringen, anklagen; ❼ ab-, verkürzen [**syllabam**]; ❽ durcheilen [**campum**]; beschleunigen [**gradum**]; schleunig zurücklegen [**viam**].

**cor-rīvō**, rīvāre *(con u. rivus) (nachkl.)* in ein Flussbett (zusammen)leiten.

C

**cor-rōborō**, rōborāre stärken, kräftigen; – *Pass.* **corrōborārī** erstarken.

**cor-rōdō**, rōdere, rōsī, rōsum zernagen, zerfressen.

**cor-rogō**, rogāre ❶ zusammenbitten, -betteln [**auxilia a sociis; pecuniam**]; ❷ einladen.

**cor-rotundō**, rotundāre abrunden; – *mediopass.* **corrotundārī** sich abrunden.

**cor-rūgō**, rūgāre *(poet.)* runzelig machen [**nares** die Nase rümpfen].

**cor-rumpō**, rumpere, rūpī, ruptum ❶ vernichten, verderben, zugrunde richten; – *Pass.* zugrunde gehen, verderben; ❷ zunichtemachen, vereiteln, verscherzen [**gratiam** die Gunst; **libertatem; dubitando magnas opportunitates; occasionem** eine Gelegenheit unbenutzt lassen]; ❸ verschlechtern, schlecht machen, verderben (*Pass.* verderben); ❹ entstellen, verunstalten [**nomen** in der Aussprache entstellen]; ❺ entkräften, herunterbringen (*Pass.* herunterkommen); ❻ *(dem Sinn, dem Inhalt nach)* (ver)fälschen [**litteras**]; ❼ *moral.* verderben [**mores civitatis; populum largitione**]; ❽ entehren, schänden; ❾ verführen, verleiten [**alqm ad scelus**]; ❿ bestechen [**iudicem pecuniā**].

**cor-ruō**, ruere, ruī, ruitūrus **I.** *intr.* ❶ zusammen-, um-, einstürzen; **arbor repente corruit; statuae corruerunt;** ❷ *(v. Lebewesen)* zu Boden stürzen, hinfallen; ❸ *(v. geistigen, polit. Zuständen)* zusammenstürzen; ❹ ins Verderben stürzen, zugrunde gehen; **Lacedaemoniorum opes corruerunt;** ❺ *(auf der Bühne)* durchfallen; ❻ bankrott werden; **II.** *trans. (poet.)* ins Verderben stürzen.

**cor-rūpī** *Perf. v. corrumpo.*

**corruptēla**, ae *f (corrumpo)* ❶ *(moral.)* Verderben, Verderbnis, Verderbtheit; ❷ Verführung, *bes.*: **a)** Bestechung; **b)** Schändung, Entehrung.

**corruptiō**, ōnis *f (corrumpo)* ❶ Verderbtheit, Zerrüttung; ❷ *(nachkl.)* Verführung, Bestechung.

**corruptor**, ōris *m (corrumpo)* ❶ *(nachkl.)* Verderber [**civium**]; ❷ Verführer, Bestecher.

**corruptrīx**, *Gen.* īcis *(corruptor)* **I.** *Subst. f* Verderberin, Verführerin; **II.** *Adj.* verführerisch.

**corruptus**, a, um *(P. Adj. v. corrumpo)* ❶ *(physisch)* verdorben, schlecht (geworden) [**hordeum**]; ❷ *(moral.)* verdorben, schlecht [**civitas; mores**]; ❸ bestochen [**iudex**]; ❹ verführt, geschändet; ❺ *(im Ausdruck u. in Gedanken)* verkehrt, verschroben.

**cōrs** *s. cohors.*
**Corsica**, ae *f die Insel* Korsika, *Verbannungsort Senecas; – Bew. u. Adj.* **Corsus**, ī *m bzw.* a, um.
**cortex**, ticis *m u. (poet.) f* ① Baumrinde; ② Kork; *Gegenstand aus Kork:* **a)** Pfropfen; **b)** Schwimmgürtel.
**cortīna¹**, ae *f* ① *(nachkl.)* Kessel; ② *(poet.) kesselförmiger* Dreifuß des Apollo, *auf dem die Pythia Orakel verkündete;* ③ *(nachkl.)* Zuhörerkreis.
**cortīna²**, ae *f (poet.)* Vorhang.
**corulētum**, ī *n (corulus) (poet.)* Haselgebüsch.
**corulus**, ī *f (poet.; nachkl.)* Haselstrauch, -staude.
**cōrus** *s. caurus.*
**coruscō**, coruscāre **I.** *intr.* ① *(poet.)* flattern; ② *(poet.; nachkl.)* glitzern, schimmern; **II.** *trans. (poet.)* schnell bewegen, schwingen [**hastam; linguas** züngeln].
**coruscus**, a, um *(corusco)* ① schimmernd, schillernd, funkelnd [**sol; ensis**]; ② *(poet.)* schwankend, zitternd [**silvae**].
**Corvīnus**, a, um *Beiname der gens Valeria, s. Valerius.*
**corvus**, ī *m (vgl. cornix)* Rabe *(als Weissagevogel dem Apollo geweiht; sein Flug od. Gekrächze zur Rechten bedeutete Glück, zur Linken Unglück).*
**Corybantes**, tum *u.* tium *m* Korybanten, *Priester der Kybele (Rhea), die ihre Göttin m. Waffentänzen u. lärmender Musik feierten; Sg.* **Corybās**, antis *m Sohn der Kybele; – Adj.* **Corybantius**, a, um.
**cōrycus**, ī *m (gr. Fw.)* Ledersack *f. Kraftübungen,* Trainingssack.
**coryl...** = *corul...*
**corymbi-fer**, fera, ferum *(corymbus u. fero) (poet.)* Efeutrauben tragend.
**corymbus**, ī *m (gr. Fw.) (poet.; nachkl.)* Blütentraube *des Efeus.*
**coryphaeus**, ī *m (gr. Fw.)* Oberhaupt.
**cōrȳtus**, ī *m (gr. Fw.) (poet.)* Köcher.
**COS** *Abk. f. consul;* **COSS** *Abk. f. consules.*
**Cōs** *(auch* **Coōs** *u.* **Cous**), Coī *f Sporadeninsel im Ägäischen Meer, ber. durch Weinbau u. Seidenweberei sowie durch die Ärzteschule des Hippokrates; – Bew. u. Adj.* **Cōus**, ī *m bzw.* a, um; – **Cōum**, ī *n* koischer Wein; – **Cōa**, ōrum *n* durchscheinende Seidengewänder.
**cōs**, cōtis *f (vgl. cautes)* Wetz-, Schleifstein.
**cosmoe**, ōrum *m (gr. Fw.)* „Ordner“, die Kosmoi, *die aus zehn Mitgliedern bestehende höchste Staatsbehörde auf Kreta.*
**costa**, ae *f* ① Rippe; ② *(poet.; nachkl.) (übtr.)* **costae: a)** *(rippenartige)* Seitenwände, Gerüst; **b)** Bauch *(eines Kessels).*
**costum**, ī *n (gr. Fw.) (poet.; nachkl.)* Kostwurz *(ind. Gewürzstaude);* Kostwurzsalbe.
**cōtēs** *s. cautes.*
**cothurnātus**, a, um *(cothurnus)* ① *(nachkl.)* kothurntragend *(v. tragischen Schauspielern);* ② *(poet.; nachkl.)* tragisch erhaben [**versus**]; / **cothurnātī**, ōrum *m (nachkl.)* tragische Schauspieler.
**cothurnus**, ī *m (gr. Fw.)* ① Kothurn, *Bühnenschuh der tragischen Schauspieler;* ② *(poet.)* Jagdstiefel; ③ *(poet.)* tragischer, erhabener Stil; ④ *(poet.)* Tragödie.
**cotīdiānus**, cotīdiē *s. cott...*
**cottīdiānus**, a, um (*Adv.* -ō) *(cottidie)* ① täglich; ② alltäglich, gewöhnlich.
**cottī-diē** *Adv.* täglich, Tag für Tag.
**coturnīx**, īcis *f* Wachtel.
**coturnus**, ī *m = cothurnus.*
**Cotyttia**, ōrum *n Fest der thrak. Göttin Cotytto.*
**Cotyttō**, ūs *f urspr. thrak. Göttin, wie Cybele unter Lärm u. ausschweifenden Scherzen verehrt.*
**Cōum** *s. Cos.*
**Cous** *u.* **Cōus** *s. Cos.*
**covinnārius**, ī *m (nachkl.)* Sichelwagenkämpfer.
**coxa**, ae *f (nachkl.)* Hüfte.
**coxendīx**, īcis *f (coxa) (nachkl.)* Hüftbein, Hüfte.
**coxī** *Perf. v. coquo.*
**crābrō**, ōnis *m (poet.; nachkl.)* Hornisse.
**crāpula**, ae *f (gr. Fw.)* Rausch, Trunkenheit.
**crās** *Adv.* ① morgen; ② *(poet.)* künftig.
**crassēscō**, crassēscere, – – *(crassus) (nachkl.)* dick werden.
**crassitūdō**, dinis *f (crassus)* Dicke.
**crassus**, a, um *(m. Komp.)* ① dick, dicht [**aër; pulvis**]; ② dick, beleibt; ③ fett, fruchtbar, schlammig [**ager; paludes**]; ④ grob, derb [**toga** grobfädig]; ⑤ *(poet.) (übtr.)* roh, derb, ungebildet, hausbacken, plump.
**Crassus**, ī *m Familienname der gens Licinia, s. Licinius.*
**crāstinum**, ī *n (crastinus) (nachkl.)* der morgige Tag; **in -um** auf morgen.
**crāstinus**, a, um (*Adv.* -ō) *(cras)* morgig.
**crātēr**, ēris *m* (*Akk. Sg.* -ēra, *Akk. Pl.* -ēras) *u.* **crātēra**, ae *f (gr. Fw.)* ① Mischkessel, -krug; *(poet.)* Ölkrug; ② *(poet.; nachkl.)* Schlund, Krater; ③ *(nachkl.)* Wasserbecken, Bassin.
**Crātēr**, ēris *m* ① *Meeresbucht b. Bajä (in der Nähe v. Neapel);* ② Becher *(als Sternbild).*
**Cratippus**, ī *m peripatetischer Philosoph in Athen (um 50 v. Chr.).*
**crātis**, is *f (meist Pl.)* ① Flechtwerk, Geflecht; *(milit.)* Faschinen; ② *(poet.)* Gefüge, Bau [**favorum** Honigwaben; **pectoris** Brustkorb].
**creātiō**, ōnis *f (creo)* Wahl [**magistratuum**].
**creātor**, ōris *m (creo)* Schöpfer, Erzeuger, Urhe-

ber [**urbis** Gründer; **Achillis** Erzeuger, Vater].
**creātrīx**, īcis *f (creator) (poet.)* Hervorbringerin, Mutter.
**crēber**, bra, brum (*Adv.* crēbrō) ❶ zahlreich, dicht stehend, gedrängt [**aedificia**]; *oft präd. Adj. an Stelle des Adv.:* **crebri ceciderunt caelo lapides;** ❷ dicht wachsend [**arbores**]; ❸ häufig, wiederholt, fortgesetzt [**impetūs; nuntii; colloquia; auster** anhaltend]; ❹ voll v. etw., reich an *(auch übtr.); / Adv.* **crēbrō** (*Komp.* crebrius, *Superl.* creberrime) oft, wiederholt, häufig.
**crēb(r)ēscō**, crēb(r)ēscere, crēb(r)uī, – *(creber)* ❶ wachsen, zunehmen, sich vermehren; ❷ *(v. Gerüchten u. Ä.)* sich verbreiten; – *unpers.* **crebrescit** *(m. A. C. I.)* das Gerücht verbreitet sich.
**crēbritās**, ātis *f (creber)* Häufigkeit, Fülle.
**crēbrō** *Adv. (creber)* oft, wiederholt, häufig.
**crēb(r)uī** *Perf. v. creb(r)esco.*
**crēdibilis**, e *(m. Komp.) (credo)* glaubhaft, glaubwürdig; **credibili fortior** unglaublich tapfer.
**crēdidī** *Perf. v. credo.*
**crēditor**, ōris *m (credo)* Gläubiger.
**crēditum**, ī *n (credo)* Darlehen, Schuld.
**crēdō**, crēdere, crēdidī, crēditum ❶ glauben an, für wahr halten *(m. Akk.)* [**deos; omnia**]; ❷ glauben, Glauben schenken [**verbis alcis**]; ❸ vertrauen, Vertrauen schenken [**testi; virtuti militum**]; ❹ glauben, meinen, der Ansicht sein *(m. A. C. I.; indir. Frages); – bes.:* **credo** *(eingeschoben)* denk' ich, wohl, wahrscheinlich; **crederes** man hätte glauben können; ❺ halten für *(m. dopp. Akk.; im Pass. m. dopp. Nom.; alqd pro re);* ❻ (an)vertrauen, übergeben, überlassen [**liberos fidei alcis; arcana libris; se ponto / nocti** sich aufs Meer / in die Nacht hinauswagen]; ❼ *(Geld)* borgen, vorschießen.
**crēdulitās**, ātis *f (credulus)* Leichtgläubigkeit.
**crēdulus**, a, um *(credo)* ❶ leichtgläubig, vertrauensselig, arglos; ❷ *(nachkl.)* leicht geglaubt [**fama**].
**Cremera**, ae *m Nebenfluss des Tiber in Etrurien, bekannt durch den Heldentod der 300 Fabier 477 v. Chr.; – Adj.* **Cremerēnsis**, e.
**cremō**, cremāre verbrennen, niederbrennen.
**Cremōna**, ae *f Stadt am Po; – Einw. u. Adj.* **Cremōnēnsis**, is *m bzw.* e.
**cremor**, ōris *m (poet.) (aus Pflanzenstoff gewonnener)* Schleim.
**creō**, creāre ❶ (er)schaffen, hervorbringen; ❷ zeugen, gebären; ❸ *(Beamte)* (er)wählen, wählen lassen [**consules**]; ❹ *ein Amt, eine Institution* schaffen, ins Leben rufen [**dictaturam**]; ❺ verursachen, bewirken, bereiten [**alci periculum; errorem**].
**Creōn**, ontis (*auch* Creō, ōnis) *m* ❶ *König v. Theben;* ❷ *König v. Korinth.*
**crepāx**, *Gen.* ācis *(crepo) (nachkl.)* knisternd.
**creper**, pera, perum *(nachkl.)* ungewiss, zweifelhaft.
**crepida**, ae *f (gr. Fw.)* griech. Halbschuh, Sandale.
**crepidātus**, a, um *(crepida)* Sandalen tragend.
**crepīdō**, dinis *f (gr. Fw.)* ❶ Grundlage; ❷ Ufermauer.
**crepitō**, crepitāre *(Intens. v. crepo)* schallen, klirren, dröhnen, krachen, knistern, rauschen *u. Ä.*
**crepitus**[1], ūs *m (crepo)* Schall, das Knistern, Klappern, Knarren *u. Ä.*
**crepitus**[2] *P. P. P. v. crepo.*
**crepō**, crepāre, crepuī, crepitum *(poet.; nachkl.)* **I.** *intr.* schallen, tönen, rauschen, knarren, klappern, knistern *u. Ä.;* **II.** *trans.* ❶ erschallen lassen, hören lassen; ❷ v. etw. häufig reden.
**crepundia**, ōrum *n (crepo)* (Kinder-)Klapper.
**crepusculum**, ī *n (poet.)* (Abend-)Dämmerung, Zwielicht; Dunkel.
**Crēs** *s. Creta.*
**crēscō**, crēscere, crēvī, crētum *(vgl. creo, creber)* ❶ (er)wachsen, entstehen; – *P. Adj.* **crētus**, a, um geboren, entsprossen, entsprungen, entstanden *(m. ab od. bl. Abl.);* ❷ wachsen, zunehmen, steigen, sich steigern; **crescit in dies singulos hostium numerus; crescens minuensque sidus; crescente vento**; ❸ *(v. Jugendlichen)* heranwachsen, groß werden; ❹ *dem Ruhm, der Macht nach* wachsen, Macht gewinnen.
**Crēssa** *u.* **Crēs(s)ius** *s. Creta.*
**Crēta**, ae *u.* **Crētē**, ēs *f die Insel* Kreta; – *Einw.* **Crēs**, Crētis *u.* **Crētēnsis**, is *m sowie* **Crēssa**, ae *u.* **Crētis**, idis *f; – Adj.* **Crētēnsis**, e, **Crēticus**, a, um, **Crēs(s)ius**, a, um, **Crētaeus**, a, um, *fem. auch* **Crēssa**, ae.
**crēta**, ae *f* ❶ Kreide, weißer Ton; ❷ Schlamm; ❸ *(poet.)* Schminke.
**Crētaeus** *s. Creta.*
**crētātus**, a, um *(creta)* mit Kreide bestrichen.
**Crētēnsis** *s. Creta.*
**crētēra** *u.* **crēterra**, ae *f = crater.*
**Crēticus** *s. Creta.*
**crētiō**, ōnis *f (cerno 8.)* Erbschaftsübernahme.
**Crētis**, idis *f s. Creta.*
**crētōsus**, a, um *(creta)* kreidereich [**locus**].
**crētula**, ae *f (Demin. v. creta)* weiße Siegelerde; *(meton.)* Siegel.
**crētus** *P. P. P. v. cerno u. cresco.*
**Creūsa**, ae *f Gemahlin des Äneas.*
**crēvī** *Perf. v. cerno u. cresco.*
**crībrum**, ī *n (cerno)* Sieb, Durchschlag.
**crīmen**, minis *n* ❶ Beschuldigung, Anklage *(wegen etw.: m. Gen.)* [**proditionis; ambitūs**

C

C

auf Amtserschleichung; **regis** *(Gen. obi.)* geg. den König]; ❷ Vorwurf; **alqd alci crimini dare** jmdm. etw. zum Vorwurf machen; **crimini esse alci** ein Grund zum Vorwurf gegen jmd. sein; ❸ *(poet.) (meton.)* Gegenstand des Vorwurfs; ❹ Verbrechen, Schuld; ❺ *(poet.) Pl.* Vorwände [**belli**].

**crīminātiō**, ōnis *f (criminor)* Beschuldigung, Verdächtigung, Verleumdung.

**crīminātor**, ōris *m (criminor) (nachkl.)* Verleumder.

**crīminor**, crīminārī *(crimen)* ❶ jmd. beschuldigen, verdächtigen, verleumden [**patres apud populum; senatum**]; ❷ etw. vorwerfen, zum Vorwurf machen, sich üb. etw. beschweren *(m. Akk.; de re; A. C. I.; quod);* ❸ klagen, Klage führen.

**crīminōsus**, a, um *(crimen)* beschuldigend, vorwurfsvoll, verleumderisch.

**crīnāle**, lis *n (crinis) (poet.)* Haarschmuck.

**crīnālis**, e *(crinis) (poet.)* Haar-; haarähnlich.

**crīnis**, is *m* ❶ Haar; ❷ *(poet.; nachkl.)* Kometenschweif.

**crīnītus**, a, um *(crinis)* ❶ *(poet.; nachkl.)* behaart, *bes.* langhaarig [**galea** m. (Helm-)Busch]; ❷ **stella -a** Komet.

**crisis**, is *f (Akk. -im) (gr. Fw.) (nachkl.)* entscheidende Wendung, Krisis.

**crispi-sulcāns**, *Gen.* antis *(crispus u. sulco)* eine geschlängelte Furche ziehend.

**crispō**, crispāre *(crispus) (poet.; nachkl.)* ❶ kräuseln; ❷ schwingen.

**crispulus**, a, um *(Demin. v. crispus) (nachkl.)* kraushaarig.

**crispus** *(vgl. crinis) (poet.; nachkl.)* **I.** *Adj.* a, um ❶ kraus, gekräuselt; ❷ wellenförmig; **II.** *Subst.* ī *m* Krauskopf.

**Crispus**, ī *m Beiname des röm. Geschichtsschreibers Sallustius.*

**crista**, ae *f (vgl. crinis)* ❶ Kamm *(auf dem Kopf der Tiere);* ❷ Helmbusch.

**cristātus**, a, um *(crista)* ❶ kammtragend [**aves**]; ❷ helmbuschtragend, -geschmückt.

**criticus**, ī *m (gr. Fw.)* Kritiker.

**Critō**, ōnis *m Schüler u. Freund des Sokrates.*

**croceus**, a, um *(crocus) (poet.; nachkl.)* Safran-; safrangelb, goldblond.

**crocinum**, ī *n (crocinus; erg. oleum) (poet.)* Safranöl.

**crocinus**, a, um *(gr. Fw.) (poet.; nachkl.)* Safran-; safrangelb.

**crocodīlus**, ī *m (gr. Fw.)* Krokodil.

**crocōta**, ae *f (gr. Fw.; vgl. crocus)* safranfarbiges Frauenkleid, Safrankleid.

**crocus**, ī *m u.* **-um**, ī *n (gr. Fw.)* ❶ Safran *(Gewürz);* ❷ *(meton.)* **a)** Safranessenz, -wasser *(zum Besprengen, bes. der Bühne);* **b)** *(poet.)* Safranfarbe, -gelb.

**Wissen: Antike**

**Croesus** (ī *m*) – Krösus war König von Lydien (heutiges Westanatolien). Nach der Schlacht am Halys gegen die Perser (um 550 v. Chr.) verlor er sein Reich. Er ist besonders wegen seines außerordentlichen Reichtums berühmt. Sein Name wird noch heute zur Bezeichnung steinreicher Leute benutzt.

**crotalum**, ī *n (gr. Fw.) (poet.)* Klapper; Kastagnette.

**Crotō(n)**, ōnis *f griech. Stadt an der Ostküste v. Bruttium (Süditalien), seit 194 v. Chr. röm. Kolonie, j.* Crotone; – *Einw.* **Crotōniātēs**, ae *u.* **Crotōniēnsis**, is *m;* – *Adj.* **Crotōniēnsis**, e.

**cruciāmentum**, ī *n (crucio)* Marter, Qual.

**cruciārius**, ī *m (crux) (nachkl.)* der Gekreuzigte.

**cruciātus**, ūs *m (crucio)* ❶ Marter, Qual; qualvolle Hinrichtung; ❷ *(meton.) Pl.* Folterwerkzeuge.

**crucī-fīxus**, a, um *(crux)* ans Kreuz geschlagen, gekreuzigt.

**cruciō**, cruciāre *(crux)* quälen, martern, peinigen *(körperl. u. seelisch);* – **se** ~ *u. mediopass.* sich quälen, sich abhärmen; – *Part. Präs.* **cruciāns** sich abquälend.

**crūdēlis**, e *(crudus)* ❶ grausam, erbarmungslos, hartherzig, schonungslos; ❷ schrecklich, erschütternd.

**crūdēlitās**, ātis *f (crudelis)* Grausamkeit, Härte, Unbarmherzigkeit, Hartherzigkeit.

**crūdēscō**, crūdēscere, crūduī, – *(crudus) (poet.; nachkl.)* heftig werden, zunehmen.

**crūditās**, ātis *f (crudus)* verdorbener Magen.

**crūduī** *Perf. v. crudesco.*

**crūdus**, a, um *(cruor)* ❶ *(poet.; nachkl.)* blutend, blutig [**vulnus**]; ❷ roh, ungekocht; ❸ unbearbeitet [**caestus** aus rohem Leder]; ❹ unreif *(v. Früchten);* ❺ *(poet.)* noch unreif, noch zu jung; **-a viro virgo;** ❻ *(nachkl.)* noch frisch, zu neu [**servitium**]; ❼ *(poet.; nachkl.)* noch rüstig; ❽ m. verdorbenem Magen; ❾ *(poet.)* gefühllos, grausam, hart.

**cruentō**, cruentāre *(cruentus)* ❶ m. Blut bespritzen, blutig machen [**manūs sanguine civium**]; ❷ *(durch Mord)* entweihen; ❸ bis aufs Blut verletzen, kränken.

**cruentus**, a, um *(cruor)* ❶ blutig, blutbespritzt, -befleckt; ❷ blutdürstig, -gierig, grausam; ❸ *(poet.)* blutrot.

**crumīna** *u.* **-mēna**, ae *f (poet.)* Geld.

**cruor**, ōris *m* ❶ Blut *(außerhalb des Körpers),* geronnenes Blut; ❷ *(poet.) Pl.* Blutstropfen, Blutspuren; ❸ *(meton.)* Blutvergießen, Mord.

**cruppellāriī**, ōrum *m (kelt. Wort) (nachkl.) v.*

*Kopf bis Fuß* gepanzerte Fechter *b. den Häduern.*

**crūs**, crūris *n* ① Unterschenkel, Schienbein; *übh.* Schenkel; ② *(poet.)* Pfeiler *an Brücken.*

**crūsta**, ae *f* ① Kruste, Rinde, Schale; ② eingelegte Arbeit, Reliefplatte.

**crūstulārius**, ī *m (crustulum) (nachkl.)* Zuckerbäcker.

**crūstulum**, ī *n (Demin. v. crustum)* Zuckerplätzchen.

**crūstum**, ī *n (vgl. crusta) (poet.) m. einer Kruste überzogenes* Back-, Zuckerwerk.

**crux**, crucis *f* ① Marterpfahl, Kreuz *(in T- od. Kreuzform)*; ② Kreuzesstrafe, Kreuzigung; ③ *(meton.)* Qual, Marter; ④ Unheil, Verderben.

**crypto-porticus**, ūs *f (gr. Fw. u. porticus) (nachkl.)* gedeckte Halle, Wandelhalle.

**crystallinum**, ī *n (crystallinus) (nachkl.)* Kristallgefäß.

**crystallinus**, a, um *(gr. Fw.) (nachkl.)* aus Kristall.

**crystallus**, ī *f (gr. Fw.) (nachkl.)* (Berg-)Kristall.

**cubiculāris**, e *(cubiculum)* Schlafzimmer-.

**cubiculārius**, ī *m (cubiculum)* Kammerdiener.

**cubiculāta**, ae *f (cubiculum) (nachkl.) m. Zimmern versehenes* Prunkschiff.

**cubiculum**, ī *n (cubo)* ① Schlafzimmer; ② Wohnzimmer; ③ *(nachkl.)* Kaiserloge im Zirkus.

**cubīle**, lis *n (cubo)* ① Lager(stätte), Bett; ② *(f. Tiere)* Lager, Nest; ③ *(übtr.)* eigentlicher Sitz, wahre Stätte, *bes. eines Übels* [**avaritiae**].

**cubital**, ālis *n (cubitum[2]) (poet.)* Armpolster.

**cubitālis**, e *(cubitum[2])* eine Elle lang.

**cubitō**, cubitāre *(Frequ. v. cubo)* zu liegen, zu schlafen pflegen, liegen.

**cubitum[1]** *P. P. P. v. cubo.*

**cubitum[2]**, ī *n u.* **-us**, ī *m (gr. Fw.)* ① Ellenbogen; Unterarm; ② *(meton.)* Elle *(44 cm).*

**cubō**, cubāre, cubuī, cubitum ① liegen, ruhen; ② bei Tische liegen, speisen; ③ im Bett liegen, schlafen; ④ krank (im Bett) liegen; ⑤ *(poet.) (v. Örtl.)* sich sanft senken.

**cubus**, ī *m (gr. Fw.) (poet.)* Würfel.

**cucūlus** *u.* **cucullus**, ī *m* ① *(nachkl.)* Kuckuck. ② *(poet.) (als Schimpfw.)* Gimpel, Tölpel.

**cucumis**, meris *m (nachkl.)* Gurke.

**cucurbita**, ae *f (nachkl.)* Kürbis.

**cucurrī** *Perf. v. curro.*

**cūiās**, ātis *(cuius)* woher gebürtig?, was für ein Landsmann?

**cuicui-modī** *(Gen. v. quisquis modus)* welcher Art immer, wie immer beschaffen.

**cūius**, a, um ① *(Pron. interr.)* wem gehörig? wessen?; ② *(Pron. relat.)* dem gehörig, dessen.

**cūius-modī** *(od. getr.) Adv. (Gen. v. qui modus)* von welcher Art?, wie beschaffen?

**cūiusque-modī** *(od. getr.) Adv. (Gen. v. quisque modus)* jeder Art, jederlei.

**culcita**, ae *f (u.* culcitra) Matratze, Polster, Kissen.

**culex**, licis *m (poet.; nachkl.)* Mücke.

**culilla**, ae *f u.* **-us**, ī *m (poet.)* Becher, Pokal.

**culīna**, ae *f (zu coquo)* ① Küche; ② *(poet.)* Kost, Essen.

**culleus**, ī *m (gr. Fw.)* Ledersack, Schlauch.

**culmen**, minis *n (synk. < columen)* ① Gipfel, Kuppe, Spitze; ② *(übtr.)* Gipfel, Höhepunkt; ③ Giebel, Dach; ④ *(meton.)* Hütte, Haus; ⑤ Scheitel; ⑥ *(poet.) = culmus* Halm.

**culmus**, ī *m* ① (Stroh-)Halm; Ähre; ② *(poet.) (meton.)* Strohdach.

**culpa**, ae *f* ① Schuld, Verschulden; ② *(poet.; nachkl.)* Unzucht; ③ *(poet.)* Nachlässigkeit; ④ *(poet.)* der Schuldige.

**culpō**, culpāre *(culpa) (poet.; nachkl.)* ① tadeln, missbilligen; ② beschuldigen.

**culta**, ōrum *n (cultus)* angebautes Land, Felder.

**cultellus**, ī *m (Demin. v. culter)* Messerchen.

**culter**, trī *m* Messer, Schlachtmesser [**tonsorius** Bartschere].

**cultiō**, ōnis *f (colo)* Bebauung, Anbau [**agri** Ackerbau].

**cultor**, ōris *m (colo)* ① Bebauer, Pflanzer [**agri**]; ② Züchter [**pecoris**]; ③ Bauer, Landmann; ④ Bewohner; ⑤ Verehrer, Anbeter [**deorum**]; ⑥ Freund, Liebhaber [**veritatis**].

**cultrīx**, īcis *f (cultor)* ① Pflegerin; ② *(poet.; nachkl.)* Bewohnerin.

**cultūra**, ae *f (colo)* ① Bearbeitung, Bebauung, Anbau [**agri**]; ② Ausbildung, Veredelung [**animi**]; ③ *(poet.; nachkl.)* Verehrung.

**cultus[1]**, a, um *(P. Adj. v. colo)* ① gepflegt, bebaut, angebaut; ② gebildet, kultiviert, veredelt [**animi; carmina**]; ③ *(poet.; nachkl.)* geschmückt, herausgeputzt.

**cultus[2]**, ūs *m (colo)* ① Bearbeitung, Anbau [**agrorum**]; ② *(meton.)* Anpflanzung; ③ Pflege, Wartung, Unterhalt; ④ das Schmücken, Putzen; ⑤ geistige Erziehung, (Aus-)Bildung, Verfeinerung; ⑥ Verehrung; ⑦ Kleidung, Schmuck, Ausstattung; ⑧ Übung, Pflege, Beschäftigung [**litterarum; animi** geistige Beschäftigung]; ⑨ Lebensweise, -gewohnheit; ⑩ Üppigkeit, üppige Lebensweise [**provinciae; imperatoris**].

**cululla**, ae *f u.* **-us**, ī *m = culill…*

**cūlus**, ī *m* der Hintern.

**cum[1]** *Präp. b. Abl.* ① *(zur Bez. der Begleitung od. Gesellschaft)* (zusammen) mit, (mit)samt; **cum amico cenare; imperator cum exercitu profectus est;** ② unter jmds. Schutz, Geleit; **cum deis iuvantibus;** ③ *(zur Bez. der Zusammengehörigkeit)* mit; **coniungere alqd**

C

**cum re; consentire cum alqo;** ④ *(zur Bez. einer Gemeinschaft od. gemeinschaftlichen Tätigkeit)* (in Gemeinschaft) mit; **cum alqo loqui / agere / foedus facere; arma ferre cum alqo contra alqm;** ⑤ *(im feindl. Sinne)* mit = gegen; **cum alqo pugnare;** ⑥ mit etw. versehen, ausgerüstet, bekleidet, bewaffnet; **cum armis** *od.* **ferro** in Waffen, bewaffnet; **esse cum imperio** den Oberbefehl haben; ⑦ zugleich mit, gleichzeitig mit; **cum nuntio exire; cum die surgere** mit Tagesanbruch; ⑧ *(zur Bez. der Art u. Weise)* mit; **cum gaudio proficisci; cum virtute vivere** tugendhaft; ⑨ *(zur Angabe begleitender Umstände)* mit, unter; **multis cum lacrimis precari; cum pace** in aller Ruhe; ⑩ *(beschränkend)* nur mit, nur unter der Bedingung.

**cum²** *Kj.* **I.** *m. Konj.* ① *cum narrativum od. historicum (m. Konj. Imperf. u. Plusquamperf.)* als, nachdem; ② *cum causale* da, weil; ③ *cum concessivum* obgleich, obwohl; ④ *cum adversativum* während (dagegen); **II.** *m. Ind.* ① *cum temporale* zu der Zeit, als; damals, als; jetzt, wo; dann, wenn *bes. in Verbindungen wie:* **eo tempore, cum; eo die / mense / anno, cum; nunc cum; tum cum;** ② *cum iterativum* immer wenn, jedes Mal wenn, sooft *(unter Beachtung der Vorzeitigkeit od. Gleichzeitigkeit);* ③ *cum inversivum* als plötzlich; ④ *cum explicativum* indem, dadurch dass; **III.** *Verbindungen:* **cum primum** *(meist m. Ind. Perf.)* sobald als; **cum ... tum** sowohl ... als auch (ganz besonders), zwar ... besonders aber *(meist m. Ind.; m. Konj., wenn zw. beiden Sätzen ein kausales od. konzessives Verhältnis besteht);* **cum maxime** ganz besonders, mehr als je.

**Cūmae**, ārum *f Stadt an der Küste v. Kampanien (in der Nähe v. Neapel), Sitz der Sibylle v. ~;* – *Einw. u. Adj.* **Cūmānus** *u.* **Cūmaeus**, ī *m bzw.* a, um.

**Cūmānum**, ī *n Landgut Ciceros b. Cumae.*

**cumba**, ae *f (gr. Fw.)* Kahn *(bes. des Charon).*

**cumbula**, ae *f (Demin. v. cumba) (nachkl.)* kleiner Kahn.

**cumera**, ae *f (poet.)* (Getreide-)Korb.

**cumīnum**, ī *n (gr. Fw.) (poet.)* Kümmel.

**cum-prīmīs** *(od. getr.) Adv.* besonders.

**cum-que** *Adv. meist an Pron. od. Adv. relat. angehängt:* quicumque; ubicumque; *poet. auch allein:* wann auch immer, jederzeit.

**cumulātus**, a, um *(P. Adj. v. cumulo)* ① gehäuft; ② vermehrt, gesteigert, erhöht, reichlich; ③ vollendet, vollkommen [**virtus**].

**cumulō**, cumulāre *(cumulus)* ① häufen, auf-, anhäufen [**opes;** *übtr.:* **honores in alqm**]; ② überhäufen, überschütten [**alqm magnis muneribus; alqm laude**]; ③ steigern, vergrößern, vermehren [**gloriam**]; ④ vollenden, vollkommen machen [**eloquentiam**].

**cumulus**, ī *m* ① Haufen, Masse; ② *(übtr.)* Übermaß, Gipfel.

**cūnābula**, ōrum *n (cunae)* ① Wiege; ② *(poet.)* Geburtsort, Heimat.

**cūnae**, ārum *f* ① Wiege; ② Nest; ③ früheste Kindheit; **primis -is** als Wiegenkind.

**cūncta**, ōrum *n (cunctus)* die Gesamtheit, alles.

**cūnctābundus**, a, um *(cunctor)* zögernd.

**cūnctāns**, *Gen.* antis *(P. Adj. m. Komp. v. cunctor)* ① *(nachkl.)* zögernd, zaudernd, langsam, unentschlossen; ② *(poet.) (v. Sachen)* zäh, starr.

**cūnctātiō**, ōnis *f (cunctor)* das Zögern, Zaudern, Unentschlossenheit.

**cūnctātor**, *Gen.* ōris *(cunctor)* **I.** *Subst. m* Zauderer; – **Cūnctātor** *ehrender Beiname des Q. Fabius Maximus;* **II.** *Adj.* bedächtig.

**cūnctor**, cūnctārī ① zögern, zaudern; ② verweilen, zurückbleiben; ③ unentschlossen sein, schwanken.

**cūnctus**, a, um gesamt, ganz *(Sg. nur b. Koll.)* [**populus; senatus**]; – *Pl.* alle.

**cuneātim** *Adv. (cuneus)* keilförmig.

**cuneātus**, a, um *(P. Adj. m. Komp. v. cuneo)* keilförmig zugespitzt.

**cuneō**, cuneāre *(cuneus) (nachkl.)* verkeilen; keilförmig zuspitzen.

**cuneolus**, ī *m (Demin. v. cuneus)* kleiner Keil.

**cuneus**, ī *m* ① Keil *(zum Spalten u. Verkeilen);* ② Keil *als math. Figur,* Zwickel; ③ *(milit.)* keilförmige Schlachtordnung; ④ *(poet.; nachkl.)* keilförmige Sitzabteilung *im Theater.*

**cunīculōsus**, a, um *(cuniculus) (poet.)* kaninchenreich.

**cunīculus**, ī *m* ① *(poet.; nachkl.)* Kaninchen; ② unterirdischer Gang; Mine, Stollen, Schacht.

**cunīla**, ae *f (gr. Fw.) (nachkl.) (bot.)* Quendel.

**cunnus**, ī *m (poet.)* ① weibliche Scham; ② *(meton.) (verächtl.)* Frauenzimmer; Dirne.

**cunque** = *cumque.*

**cūpa**, ae *f (gr. Fw.)* Tonne, Fass.

**cupe...** *s. cuppe...*

**Cupīdineus**, a, um *(Cupido) (poet.)* des Liebesgottes, Liebes- [**tela**].

**cupiditās**, ātis *f (cupidus)* ① Begierde, Verlangen, Leidenschaft [**regni** *od.* **imperii** Herrschsucht; **gloriae**]; ② Ehrgeiz; ③ Habsucht, Geldgier; ④ Genusssucht; ⑤ Parteilichkeit.

**cupīdō**, dinis *f (poet. auch m)* = *cupiditas.*

**Cupīdō**, dinis *m* Liebesgott = Amor, *Sohn der Venus; Pl.* Amoretten.

**cupidus**, a, um *(cupio)* ① (be)gierig, leidenschaftlich [**novarum rerum** nach Umsturz strebend; **pacis** friedliebend]; ② habsüchtig, eigennützig; ③ *(poet.)* verliebt; ④ leidenschaftlich ergeben; ⑤ parteiisch [**iudex**].

**cupiēns**, *Gen.* entis *(eigtl. Part. Präs. v. cupio)* verlangend, begierig *(nach etw.: m. Gen.)*.

**cupiō**, cupere, cupīvī *u.* cupiī, cupītum ❶ wünschen, begehren, verlangen *(m. Akk.; Inf.; A. C. I.)*; ❷ *(alci od. alcis causā)* jmdm. zugetan, gewogen sein; ❸ *(poet.)* (liebend) begehren.

**cupītor**, ōris *m (cupio) (nachkl.)* jmd., der etw. begehrt.

**cupītus** *P. P. P. v. cupio.*

**cupīvī** *Perf. v. cupio.*

**cuppēdia**, ae *f (cupio)* Naschhaftigkeit.

**cupressētum**, ī *n (cupressus)* Zypressenhain.

**cupresseus**, a, um *(cupressus)* aus Zypressenholz.

**cupressi-fer**, fera, ferum *(cupressus u. fero) (poet.)* Zypressen tragend.

**cupressus**, ī *u.* ūs *f (poet.; nachkl.)* ❶ Zypresse *(als Totenbaum dem Pluto heilig)*; ❷ *(meton.)* Kästchen aus Zypressenholz.

**cūr** weshalb, warum *(interr. u. relat.)*.

**cūra**, ae *f* ❶ Sorge, Fürsorge, Sorgfalt, Bemühung, Aufmerksamkeit *(für, um: meist m. Gen.; auch de; pro)* [**civium; habendi** Habsucht; **de Pompeio tuendo**]; ❷ Besorgung, Pflege [**corporis**]; ❸ *(poet.; nachkl.)* das Schmücken, Kosmetik [**capillorum**]; ❹ Krankenpflege; ❺ Heilung, Kur; ❻ *(poet.; nachkl.)* Aufsicht über, Obhut *(m. Gen.)* [**tabularum publicarum**]; ❼ *(poet.) (meton.)* Aufseher, Wächter; ❽ *(poet.) (meton.)* Schützling; ❾ Studium, wissenschaftliche Forschung; ❿ *(meton.)* Schrift, Buch; ⓫ Verwaltung, Leitung; ⓬ *(milit.)* Kommando; ⓭ *(meton.)* Amt, Geschäft; ⓮ Sorge, Kummer, besorgte Teilnahme; ⓯ *(poet.)* Liebeskummer; ⓰ *(meton.)* Geliebte(r), Liebling; ⓱ (quälende) Neugier.

**cūralium**, ī *n = corallium.*

**cūrātiō**, ōnis *f (curo)* ❶ Besorgung, Wartung, Pflege; ❷ Behandlung, Heilung [**aegrorum; dentium**]; ❸ Verwaltung, Leitung, Aufsicht; ❹ Besorgung, Beschaffung.

**cūrātor**, ōris *m (curo)* ❶ Verwalter, Vorsteher, Leiter; ❷ *(poet.; nachkl.)* Vormund.

**cūrātus**, a, um *(P. Adj. v. curo)* ❶ gepflegt; ❷ sorgfältig, nachdrücklich.

**curculiō**, ōnis *m (nachkl.)* Kornwurm.

**Curēs**, rium *f Hauptstadt der Sabiner, j.* Correse; – *Einw. u. Adj.* **Curēnsis**, is *m bzw.* e *u.* **Curēs**, ētis *(m)*.

**cūria**, ae *f* ❶ Abteilung des Volkes, Kurie *(jede der drei ursprünglichen tribus zerfiel in zehn Kurien zu je zehn gentes)*; ❷ Versammlungshaus der Kurien, Kuriengebäude, Kurie; ❸ Senatsversammlung, Senat; ❹ Senatsgebäude, Rathaus; ❺ Amtsgebäude, *auch Versammlungsstätte nichtröm. Behörden außerhalb Roms.*

**cūriālis** *(curia)* **I.** *Adj.* e zu derselben Kurie gehörig; **II.** *Subst.* is *m* Kuriengenosse.

**Cūriātiī**, ōrum *m albanische (aus Alba Longa), später röm. gens.*

**cūriātim** *Adv. (curia)* kurienweise, nach Kurien.

**cūriātus**, a, um *(curia)* ❶ zu den Kurien gehörig, aus Kurien bestehend [**comitia** Kuriatkomitien *(Patrizierversammlungen)*]; ❷ v. den Kurien beschlossen [**lex**].

**cūriō**, ōnis *m (curia)* Kurienvorsteher.

**cūriōsitās**, ātis *f (curiosus)* Wissbegierde; Neugier.

**cūriōsus**, a, um *(cura)* ❶ sorgfältig, aufmerksam, eifrig; ❷ wissbegierig; neugierig; ❸ besorgt.

**curis**, is *f (sabin. Wort) (poet.)* Lanze.

**Curius**, a, um *Name einer pleb. gens in Rom:* **M'. ~ Dentatus** *Besieger der Samniter, Sabiner u. des Pyrrhus, Muster altröm. virtus; Pl.* **Curiī** Männer wie Curius; – *dav.* **Curiānus**, a, um.

**cūrō**, cūrāre *(cura)* ❶ sorgen, sich kümmern *(alqm; alqd; auch alci rei; de; m. ut, ne; Inf.; bl. Konj.; A. C. I.; indir. Frages.; m. Akk. des Gerundivs* = lassen); **pontem faciendum ~** eine Brücke bauen lassen; ❷ besorgen, zurechtmachen; *(Geschäfte u. Ä.)* ausführen; ❸ pflegen, erquicken; **somno curatus** erquickt; **alqm cibo ~; vites ~; corpora ~** sich pflegen *od.* rasten; ❹ *(ein Amt)* verwalten, befehligen [**bellum maritimum; legiones**]; *abs.* kommandieren; ❺ *(Kranke od. Krankheiten)* behandeln, pflegen; ❻ jmdm. etw. verschaffen; ❼ *(Geld)* auszahlen.

**curriculō** *Adv. (curriculum)* eilends.

**curriculum**, ī *n (curro)* ❶ Lauf; Wettlauf, -rennen; ❷ *ein einzelner* Umlauf *(b. Wettrennen)*; ❸ Umlauf, Kreisbahn *(der Weltkörper u. Ä.)* [**noctis; vitae** Lebensbahn]; ❹ Rennbahn; ❺ Wagen, Rennwagen, Streitwagen.

**currō**, currere, cucurrī, cursum ❶ laufen, eilen; – *sprichw.:* **currentem incitare** *od.* **(ad) hortari** *u.* **currenti calcaria addere** den Eifer noch verstärken; ❷ um die Wette laufen; ❸ etw. durchlaufen [**stadium** in der Rennbahn laufen]; ❹ *(poet.) (m. dem Schiff)* fahren, segeln, befahren, durchfahren [**vastum aequor; trans mare; per placidas aquas; extremos ad Indos**]; ❺ umlaufen, kreisen; ❻ fließen; ❼ *(v. der Zeit)* rasch verlaufen, dahineilen; ❽ *(v. der Rede)* rasch fortschreiten, fortlaufen; **perfacile currens oratio;** ❾ *(poet.) (v. körperl. Zustand)* sich verbreiten, durchrieseln; **frigus / tremor per ossa cucurrit;** ❿ *(poet.; nachkl.) (v. Dingen)* sich um, über etw. (hin)ziehen; **limes currit per agrum.**

**currus**, ūs *m (curro)* ❶ Wagen; Rennwagen

[**quadrigarum**]; Streitwagen; Triumphwagen; ❷ *(meton.)* Triumph; ❸ *(poet.)* Gespann [**equorum**]; ❹ *(poet.)* Pflugwagen; ❺ *(poet.)* Schiff.

C

**cursim** *Adv. (curro)* ❶ eilends, schnell; ❷ *(übtr.)* flüchtig.

**cursitō**, cursitāre *(Intens. v. curso)* hin u. her laufen.

**cursō**, cursāre *(Frequ. v. curro)* umherlaufen.

**cursor**, ōris *m (curro)* Läufer: ❶ Wettläufer, Wettfahrer; ❷ Eilbote.

**cursum** *P. P. P. v. curro.*

**cursus**, ūs *m (curro)* ❶ Lauf, das Laufen; ❷ Eile, Schnelligkeit; ❸ *(milit.)* Laufschritt, Sturmschritt; ❹ Bahn *der Himmelskörper;* ❺ Marschroute, Kurs, Richtung; **cursum tenere** Kurs halten; **cursu decedere** vom Kurs abkommen; *oft übtr., z. B.:* **alqm de suo cursu demovere** abbringen; **~ rerum** Lauf der Dinge; **~ vitae**; ❻ Verlauf, Gang; ❼ Wettlauf [**Olympiacus**]; ❽ *(poet.)* Wettrennen; ❾ Laufbahn, Karriere; **~ honorum; transcurrere cursum suum** seine Laufbahn rasch durcheilen, schnell Karriere machen; ❿ Ritt, das Reiten; ⓫ Seefahrt, -reise; ⓬ *(poet.)* Flug; ⓭ Strömung; ⓮ Strom *(der Rede);* ⓯ das Streben *(nach einem Ziel).*

**Imperium Romanum**

**cursus honōrum** – Wer in Rom Konsul werden wollte, musste zuvor nach abgeleistetem Heeresdienst den **cursus honōrum**, die „Ämterlaufbahn", durchlaufen, also alle unteren Ämter bis zum Konsulat der Reihe nach bekleiden: Erst wenn man Quästor, dann entweder Ädil oder Volkstribun und dann Prätor gewesen war, konnte man sich für das Konsulat zur Wahl stellen. Alle diese Ämter wurden jährlich durch Wahlen in den Volksversammlungen (comitia) neu besetzt.
Die Rednerliste im Senat war ebenfalls nach dieser Reihenfolge geordnet: Oben auf der Rednerliste standen die Konsuln und die gewesenen Konsuln, danach die Prätoren und gewesenen Prätoren usw.

**Curtius**, a, um *röm. nomen gentile:* ❶ **M. ~** *stürzte sich der Sage nach 362 v. Chr. in eine auf dem Forum entstandene Erdspalte, um die erzürnten Götter zu versöhnen (lacus Curtius);* ❷ **Q. ~ Rufus** *röm. Geschichtsschreiber unter Kaiser Claudius (De rebus gestis Alexandri Magni).*

**curtō**, curtāre *(curtus) (poet.; nachkl.)* (ver)kürzen, vermindern.

**curtus**, a, um *(poet.; nachkl.)* ❶ verkürzt, verstümmelt [**Iudaei** beschnitten]; ❷ unvollständig, mangelhaft.

**curūlis** *(currus)* **I.** *Adj.* e ❶ Wagen-, Renn-; ❷ **sella curulis** Amtssessel *der höheren Magistrate, ein m. Elfenbein ausgelegter Klappstuhl ohne Seiten- u. Rückenlehne;* ❸ kurulisch [**aedilis**]; **II.** *Subst.* is *f (nachkl.) = sella curulis.*

**curvāmen**, minis *n u.* **curvātūra**, ae *f (poet.; nachkl.) (curvo)* Krümmung, Wölbung.

**curvō**, curvāre *(curvus) (poet.; nachkl.)* ❶ krümmen, (um)biegen, beugen, wölben; ❷ *(übtr.)* nachgiebig machen; / *P. Adj.* **curvātus**, a, um = *curvus.*

**curvus**, a, um *(gr. Fw.) (meist poet.)* ❶ krumm, gekrümmt, gebogen, gewölbt, gebeugt [**arator** gebückt; **ungues; cornua**]; ❷ hohl, bauchig [**naves; vallis** tief]; ❸ sich schlängelnd, sich windend [**litus; flumen**]; ❹ *(v. Wogen u. Ä.)* sich auftürmend.

**cuspis**, idis *f* ❶ Spitze [**sagittae**]; ❷ *(poet.; nachkl.)* Stachel [**scorpionis**]; ❸ *m. einer Spitze versehener Gegenstand:* **a)** Wurfspieß, Lanze; **b)** *(poet.)* Dreizack *Neptuns.*

**cūstōdia**, ae *f (custos)* ❶ Bewachung, Beschirmung, Schutz, Bewahrung, Aufsicht, Obhut; ❷ Wache, das Wachehalten, -stehen; *m. Gen. subi.:* **~ militum** Bewachung durch; *m. Gen. obi.:* **~ arcis / portae / urbis**; ❸ *(meton.)* die Wache stehende(n) Person(en), Wachtposten *(meist Pl.);* ❹ Standort, Warte, Posten; ❺ Gewahrsam, Haft; ❻ Gefängnis; ❼ *(nachkl.)* Gefangener, Häftling.

**cūstōdiō**, cūstōdīre *(custos)* ❶ bewachen, bewahren, (be)hüten, (be)schützen; **se ~ (ut)** sich in Acht nehmen, auf der Hut sein; ❷ überwachen, im Auge behalten, beaufsichtigen; ❸ (auf)bewahren, aufheben [**ornamenta triumphi**]; ❹ gefangen halten, in Haft halten.

**cūstōdītē** *Adv. (custodio) (nachkl.)* behutsam, ruhig, gelassen.

**cūstōs**, ōdis *m u. f* ❶ Wächter(in), Hüter(in), Aufseher [**pecuniae regiae** Schatzmeister; **Tartareus** Cerberus]; ❷ Bewahrer, Beschützer; ❸ Leibwächter; ❹ Posten, Schildwache; ❺ *Pl.* Bedeckung, Besatzung [**arcis**]; ❻ Gefängniswärter, Wache; **praefectus custodum** Kerkermeister; ❼ Aufpasser, Aufseher; ❽ *(poet.; nachkl.)* Aufseher *eines jungen Menschen,* Mentor; ❾ *(poet.)* Behälter.

**cutis**, is *f (gr. Fw.)* Haut; – *sprichw.:* **cutem (bene) curare** es sich gut gehen lassen.

**cyathus**, ī *m (gr. Fw.)* ❶ Schöpflöffel, -becher; **statui ad -um** Mundschenk werden; ❷ Becher: **a)** *als Trinkgefäß;* **b)** *als Hohlmaß (etwa 0,05 l).*

**cybaea** (navis), ae *f* Frachtschiff.

**Cybelē**, *u.* **Cybēbē**, ēs *u.* ae *f phrygische Göttin, Göttermutter;* – *Adj.* **Cybelēius**, a, um.

**Wissen: Antike**
**Cybelē** ist eine aus Phrygien stammende Göttin. Sie wurde als **Magna Mater** („Göttermutter") und als Fruchtbarkeitsgöttin verehrt und mit der Zeusmutter Rhea gleichgesetzt. Ihr wurde ein orgiastischer Kult mit Musik und Tanz gewidmet, bei dem die Mitwirkenden sich bis zur Ekstase erregten. Ihre Priester hießen **Galli** oder **Corybantes**.
In Rom wurde die Cybele-Verehrung mit der Überführung ihres Kultsteines aus Pessinus 205/204 v. Chr. eingeführt. Ihr Fest, die **Megale(n)sia** oder **ludi Megalenses**, wurde vom 4. bis 10. April gefeiert.

**Cyclades**, dum *f* Zykladen *(im Kreis um Delos liegende Inselgruppe im Ägäischen Meer).*
**cyclas**, adis *f (gr. Fw.) (poet.)* Rundkleid, weißes Staatskleid *der röm. Frauen.*
**cyclicus**, a, um *(gr. Fw.) (poet.)* zum epischen Zyklus gehörig; **scriptores -i** *nachhomerische griech. Epiker, die Stoffe der Heroensage v. der Zeit des Trojanischen Krieges an bis zur Mitte des 6. Jahrhs. v. Chr. in ähnlicher Weise wie Homer behandelten.*
**Cyclōps**, ōpis *m* der Zyklop, *Pl.* **Cyclōpes,** pum *m* Zyklopen, *einäugige Riesen, Schmiedegesellen des Vulcanus; – Adj.* **Cyclōpius**, a, um.

**Wissen: Antike**
**Cyclōps** – Kyklopen oder Zyklopen sind in der griechischen Mythenwelt Riesen mit nur einem in der Stirnmitte prangenden „kreisförmigen" Auge. In dieser Gestalt erscheint bei Homer in der Odyssee der Menschenfresser Polyphem, den Odysseus überlistete und blendete. In der Frühzeit der olympischen Götter unterstützten die Kyklopen den Himmelsgott Zeus (Jupiter) gegen die Titanen.
„Zyklopenmauer" nennt man heute eine Mauer aus großen unregelmäßigen Steinen.

**cycnēus**, a, um *(gr. Fw.; cycnus)* Schwanen-.
**cycnus**, ī *m (gr. Fw.)* Schwan *(dem Apollo heilig); meton. (poet.)* Dichter [**Dircaeus** Pindar].
**Cydōnia**, ae *f Stadt an der Nordküste v. Kreta; – Einw.* **Cydōn**, ōnis *m u. im Pl.* **Cydōniātae,** ārum *m; – Adj.* **Cydōnius** *u.* **Cydōnēus**, a, um kydonisch, kretisch.
**cygn...** = *cycn...*
**cylindrus**, ī *m (gr. Fw.)* Walze, Zylinder.
**Cyllēnē**, ēs *f nordöstl. Randgebirge v. Arkadien auf der Peloponnes, dem Merkur heilig, dessen Geburtsstätte es war; – Adj.* **Cyllēnius** *u.* **-nēus**, a, um, *fem. auch* **Cyllēnis**, idis kyllenisch, des Merkur [**fides** Leier; **ignis** der Planet Merkur].
**cymba** = *cumba.*
**cymbalum**, ī *n (gr. Fw.)* Zimbel, Schallbecken.
**cymbium**, ī *n (gr. Fw.)* Trinkschale.
**Cȳmē**, ēs *f* ❶ *Stadt in Äolis (Kleinasien), Mutterstadt v. Cumae in Kampanien; – Einw. u. Adj.* **Cȳmaeus**, ī *m bzw.* a, um; ❷ = *Cumae.*
**Cynicus** *(gr. Fw.)* **I.** *Subst.* ī *m* kynischer Philosoph, Kyniker; **II.** *Adj.* a, um zur kynischen Philosophie gehörig, kynisch.
**cynocephalus**, ī *m (gr. Fw.)* Hundsaffe.
**Cynosūra**, ae *f (gr. Fw.* „Hundeschwanz") der Kleine Bär; *– Adj.* **Cynosūris**, idis *u.* idos *(f)* [**ursa** der Kleine Bär].
**Cynthus**, ī *m Berg auf der Insel Delos, Geburtsstätte des Apollo u. der Diana; – Adj.* **Cynthius**, a, um.
**cyparissus** *u.* **cypressus** = *cupressus.*
**Cypros** *u.* **-us**, ī *f* Zypern, *Hauptsitz des Aphroditekultes, reich an Kupfer; – Einw. u. Adj.* **Cyprius**, ī *m bzw.* a, um.
**Cȳrēnē**, ēs *u.* **Cȳrēnae**, ārum *f Hauptstadt der Cyrenaica in Nordafrika, griech. Kolonie; – Einw.* **Cȳrēnēnsis**, is *m; – Adj.* **Cȳrēnēnsis**, e, **Cȳrēnaeus** *u.* **Cȳrēnaïcus**, a, um; – **Cȳrēnaïcī**, ōrum *m Anhänger der kyrenäischen Philosophie (des Sokratesschülers Aristippos).*
**Cȳrus**, ī *m* ❶ *Gründer des Perserreiches (gest. 529 v. Chr.);* ❷ *Bruder des Artaxerxes Mnemon (gest. 401 v. Chr.);* ❸ *Baumeister in Rom z. Zt. Ciceros; seine Bauten:* **Cȳrēa,** ōrum *n.*
**Cythēra**, ōrum *n Insel südl. v. Lakonien (Peloponnes) m. Aphroditekult; – Adj.* **Cytherē(ï)us** *u.* **Cythēriacus**, a, um, *fem. auch* **-rēïs,** idis *u.* **-rēïas,** adis; *– Subst.* **Cythere(ï)a**, ae *u.* **-rēïs**, idis *f* Venus (Aphrodite).
**Cythnos**, ī *f Zykladeninsel im Ägäischen Meer.*
**cytisus**, ī *m u. f (gr. Fw.) (poet.) (bot.)* Schneckenklee.

C

# Dd

D

**D, d** *(Abk.)* ❶ **D.** = *Decimus (Vorname);* ❷ **D** = *Divus;* ❸ *als Zahlzeichen:* 500; ❹ **D. M.** = *Dis Manibus;* ❺ **D. O. M.** = *Deo Optimo Maximo;* ❻ **D. D.** = *dono od. donum dedit;* ❼ **D. D. D.** *dat, donat, dedicat od. dat, dicat, dedicat;* ❽ *im Briefdatum:* **a)** D = *dabam od. dies;* **b) a. d.** = *ante diem.*

**Dacia**, ae *f* Dakien *(Rumänien, Siebenbürgen, Bukowina, Ungarn östl. der Theiß); – Einw.* **Dācus**, ī *m; – Adj.* **Dācicus**, a, um.

**dactylicus**, a, um *(gr. Fw.)* daktylisch *(vgl. dactylus).*

**dactylus**, ī *m (gr. Fw.) (metr. t. t.)* der Daktylus (–⏑⏑).

**daedalus**, a, um *(gr. Fw.) (poet.)* ❶ *(akt.)* kunstfertig; listig; ❷ *(pass.) (v. Sachen)* kunstvoll (gearbeitet).

**Daedalus**, ī *m Erbauer des Labyrinths auf Kreta, Vater des Ikarus; – Adj.* **Daedalēus**, a, um.

**Dalmatia**, ae *f* Dalmatien, *Landschaft an der Adria; – Einw.* **Dalmatae**, ārum *m; – Adj.* **Dalmaticus**, a, um.

**dāma** = *damma.*

**Damascus**, ī *f Hauptstadt v. Südsyrien; – Adj.* **Damascēnus**, a, um.

**dāmiūrgus** = *demiurgus.*

**damma**, ae *f (u. m) (poet.; nachkl.)* Damhirsch, Reh, Antilope, Gämse.

**damnātiō**, ōnis *f (damno)* Verurteilung, Verdammung [*(m. Gen. causae)* **ambitūs;** *(m. Gen. der Strafe)* **tantae pecuniae**].

**damnātōrius**, a, um *(damno)* verurteilend.

**damnātus**, a, um *(P. Adj. v. damno)* ❶ verurteilt; *Komp.:* schärfer verurteilt; ❷ *(poet.)* verdammenswert, verworfen.

**damnō**, damnāre *(damnum)* ❶ verurteilen, schuldigsprechen; **alqs absens damnatur; damnari merito / publice; alqm sine ullo argumento ac sine teste ~;** – *weg. eines Vergehens: m. Gen.:* **maiestatis ~** wegen Majestätsverbrechens; **falsi ~** wegen Fälschung; *de re:* **de vi ~;** *ob u. propter rem:* **ob haec facinora ~; ob latrocinia ~;** – **inter sicarios** als Mörder; **capitis** *od.* **capite ~** zum Tode; **longi laboris ~** zur langen Arbeit; **pecuniā ~** zur Geldstrafe; ❷ *(vom Ankläger)* die Verurteilung jmds. durchsetzen; ❸ *(nachkl.)* als ungerecht verwerfen [**causam**]; ❹ *(poet.) (dem Tode od. dem Verderben)* weihen; ❺ *(poet.; nachkl.)* jmd. zu etw. verpflichten; **voti damnatum esse** zur Erfüllung des Gelübdes verpflichtet sein, seinen Wunsch erreicht haben.

**damnōsus**, a, um *(damnum)* ❶ schädlich, verderblich; ❷ *(nachkl.)* verschwenderisch.

**damnum**, ī *n* ❶ Schaden, Verlust, Einbuße, Nachteil; **~ finium** Gebietsverlust; **-um accipere** *od.* **pati** *od.* **(per)ferre** Schaden (er)leiden; ❷ *(im Krieg)* Niederlage, Schlappe; ❸ *(jur. t. t.)* Geldstrafe, -buße; ❹ Gebrechen; ❺ *(poet.) (meton.)* das Verlorene; **mater circum sua -a volans** um ihre verlorenen Jungen.

**Danaē**, ēs *f Mutter des Perseus; – Adj.* **Danaēius**, a, um [**heros** Perseus].

**Danaus**, ī *m Sohn des Belus, Vater der 50 Danaiden, myth. Gründer v. Argos; – Adj.* **Danaus**, a, um argivisch, griechisch; – *Subst.* **Danaī**, ōrum *u.* um *m* Argiver, Griechen *(bes. vor Troja); –* **Danaides**, dum *f die 50 Töchter des Danaus,* die Danaiden.

**Dānuvius**, ī *m* ❶ Oberlauf der Donau *(Unterlauf: Hister);* ❷ *(poet.)* Donau.

**Wissen: Antike**

**Daphnē** (ēs *f*) ist in der griechischen Mythologie eine Nymphe, eine Tochter des Flussgottes Peneus. Da Apollo den Liebesgott Eros (Amor) verspottet hatte, rächte sich dieser, indem er eine unbändige Liebe in Apollo zu Daphne, jedoch eine Unempfänglichkeit für diese Liebe in Daphne erzeugte. Um sich vor dem Liebesansturm des Apollo zu retten, flehte Daphne ihren Vater an, sie in eine andere Gestalt zu verwandeln, worauf sie in einen Lorbeerbaum (der auf Griechisch ebenfalls „daphne" heißt) verwandelt wurde. Seitdem ist der Lorbeer dem Apollo heilig.

**Daphnis**, idis *m myth.-poet. Gestalt eines sizil. Hirten, der als Erfinder der bukolischen Dichtung galt.*

**daps**, dapis *f (meist Pl.)* ❶ *(t. t. der Religionsspr.)* Opfermahl, Festmahl; ❷ *(poet.; nachkl.) übh.* Speise, Nahrung.

**Dardania**, ae *f v. Dardanus gegründete Stadt am Hellespont; poet.* = Troja; – *Einw.* **Dardanī**, ōrum *m.*

**Dardanus**, ī *m Sohn Jupiters, Gründer v. Dardania; Stammvater der Trojaner u. (durch*

*Äneas)* der Römer; – *Nachk.* **Dardanidēs**, ae *m* = Äneas; *Pl.* **Dardanidae**, ārum *u.* um = Trojaner; *fem.* **Dardanis**, idis Trojanerin, *bes.* Kreusa; – *Adj.* **Dardan(i)us**, a, um dardanisch, trojanisch, des Äneas; – **Dardanus**, ī *m* Dardaner, Trojaner; Äneas.

**Dārēus** *u.* **Dārīus**, ī *m Name mehrerer pers. Könige.*

**datiō**, ōnis *f (do)* ❶ das Geben; ❷ Schenkungsrecht.

**Grammatik & Co.**
Der **Dativ** ist der Kasus des weiteren Objekts. Wenn von einem Verb mit Dativ kein Akkusativobjekt abhängt, wenn es also intransitiv ist, bildet es im Lateinischen wie im Deutschen nur ein *unpersönliches Passiv*. Auf Probleme können wir bei der Übersetzung stoßen, wenn die Verb-Kasus-Beziehung nicht deckungsgleich ist, also z. B. intransitive durch transitive Verben übersetzt werden müssen: „Tibi parco." (intransitives Verb) = „Ich schone dich." (transitives Verb) - „Tibi a me parcitur." (unpersönliches Passiv: „Dir wird von mir Schonung gewährt.") = „Du wirst von mir geschont." (persönliches Passiv)

**datō**, datāre *(Intens. v. do) (nachkl.)* (weg)geben, abgeben.

**dator**, ōris *m (do) (poet.; nachkl.)* Geber, Spender.

**datum**, ī *n (do)* Gabe, Geschenk.

**datus** *P. P. P. v. do.*

**Daulis**, idis *f Stadt in Phokis (Mittelgriechenland);* – *Adj.* **Daulius**, a, um, *fem.* auch **Daulias**, adis [**ales** Schwalbe; **puellae** Prokne *u.* Philomele], *als Subst.* Prokne.

**Daunus**, ī *m myth. König im nördl. Apulien in Süditalien, Ahnherr des Turnus (eines Königs der Rutuler);* – *Adj.* **Daunius**, a, um; – **Daunias**, iadis *f* Apulien.

**dē I.** *Präp. b. Abl.* ❶ *(räuml.)* **a)** von, von ... her, von ... weg, aus; **de finibus suis exire; de manibus effugere; audire / scire / discere alqd de alqo** von jmdm.; **b)** von ... herab; **de muro se deicere;** ❷ *(zeitl.)* **a)** unmittelbar nach; **statim de auctione venire; b)** noch während; ❸ *(zur Angabe der Abstammung, des Standes)* von; **adulescens de summo loco; homo de plebe;** ❹ *(zur Angabe des partitiven Verhältnisses)* von, aus; **fidelissimum de servis suis mittere;** ❺ *(zur Bez. des Stoffes od. eines Gegenstandes, aus dem ein anderer entstanden ist)* aus; **signum de marmore factum;** ❻ *(zur Bez. der Geldquelle)* aus, von; **de publico** aus der Staatskasse; ❼ *(kausal)* wegen, um ... willen, aus, durch; **qua de causa** deswegen, deshalb; **de ira; de re publica dolere;** ❽ nach, zufolge, gemäß; **de illis verbis;** ❾ hinsichtlich, über; **legatos mittere de pace;** ❿ *(b. den verba dicendi u. sentiendi u. b. Substantiven ähnlicher Art)* über, von; **de philosophia disserere;** ⓫ *in adverbialen Redensarten:* **de integro** von neuem, wieder; **de improviso** unvermutet; **II.** *als Präfix* ❶ ab-, weg-, fort- [**decedo**]; ❷ nieder-, herab- [**deicio**]; ❸ *(zur Bez. des Fehlens)* un-, miss- [**deformis**]; ❹ völlig, sehr, heftig [**devinco**].

**dea**, ae *f (deus) (Dat. u. Abl. Pl.* deīs, dīs, deābus) Göttin.

**de-albō**, albāre *(albus)* weißen, (über)tünchen.

**de-ambulō**, ambulāre *(nachkl.)* spazieren gehen.

**de-armō**, armāre entwaffnen.

**de-asciō**, asciāre *(ascia)* mit der Axt behauen, glätten.

**dē-bacchor**, bacchārī *(poet.)* sich austoben, rasen.

**dēbellātor**, ōris *m (debello) (poet.)* Bezwinger [**ferarum**].

**dē-bellō**, bellāre **I.** *intr.* den Krieg beenden; **II.** *trans.* ❶ jmd. besiegen [**superbos**]; ❷ *(einen Streit)* zu Ende bringen.

**dēbentēs**, tium *m (debeo)* die Schuldner.

**dēbeō**, dēbēre, dēbuī, dēbitum ❶ schulden, schuldig sein [**nummum nemini**]; ❷ Schulden haben *(abs. u. alci: bei jmdm.)*; **illi, quibus debeo** meine Gläubiger; **ii qui debent** die Schuldner; ❸ jmdm. etw. vorenthalten; ❹ jmdm. zu etw. *(alqd)* verpflichtet sein; **alci gratiam ~** jmdm. zu Dank verpflichtet sein; ❺ sollen, müssen, *neg.:* dürfen, brauchen; ❻ jmdm. etw. verdanken [**beneficia parentibus**]; ❼ *(poet.)* zu etw. bestimmt, auserkoren sein; **urbem ~** die Stadt zu gründen bestimmt sein; ❽ *Pass.* **deberi** bestimmt, geweiht, verfallen sein; / *P. Adj.* **dēbitus,** a, um schuldig, gebührend, wohlverdient.

**dēbilis**, e *(m. Komp.)* schwach, hinfällig, gebrechlich [**senex**]; zerrüttet [**res publica**].

**dēbilitās**, ātis *f (debilis)* Schwäche, Gebrechlichkeit.

**dēbilitātiō**, ōnis *f (debilito) (animi)* Niedergeschlagenheit.

**dēbilitō**, dēbilitāre *(debilis)* ❶ schwächen, lähmen, verletzen, beschädigen; ❷ *(übtr.)* entmutigen, aus der Fassung bringen, lähmen.

**dēbitiō**, ōnis *f (debeo)* das Schuldigsein, das Schulden [**pecuniae; gratiae**].

**dēbitor**, ōris *m (debeo)* ❶ Schuldner; ❷ *(poet.; nachkl.)* **a)** *derjenige, der jmdm. zu Dank f. etw. verpflichtet ist* [**vitae**]; **b)** *derjenige, der zu etw. verpflichtet ist.*

**dēbitum** ī *n (debeo)* ① Schuld(en); ② *(nachkl.)* Verpflichtung.
**dēbitus** *P. P. P. v. debeo.*
**dē-cantō**, cantāre **I.** *trans.* ① her(unter)leiern; ② *(poet.; nachkl.)* hersingen [**elegos**]; **II.** *intr.* zu singen aufhören.
**dē-cēdō**, cēdere, cessī, cessum ① weggehen, sich entfernen; **Italiā ~; relinquere domos suas et ~ ex Sicilia;** ② *(milit.)* abziehen, abmarschieren; ③ die Provinz *(nach Beendigung der Amtszeit)* verlassen [(**de** *od.* **ex**) **provincia; ex Asia**]; ④ *(v. Staatsmännern)* **de foro ~** sich von den öffentl. Aufgaben zurückziehen; ⑤ (**de**) **vita ~** aus dem Leben scheiden, sterben; ⑥ jmdm. ausweichen, aus dem Wege gehen; ⑦ *(poet.)* jmdm. nachstehen, hinter jmdm. zurückstehen *(alci);* jmdm. das Feld räumen; ⑧ *(übtr.)* **de via ~** vom rechten Weg abweichen; ⑨ v. etw. ablassen, etw. abtreten, auf etw. verzichten [**de possessione; de** *od.* **ex iure suo**]; ⑩ v. etw. abweichen [(**de**) **sententia; a decretis; fide** untreu werden]; ⑪ *(v. Wasser)* zurücktreten, -gehen, ablaufen; ⑫ *(poet.; nachkl.) (v. Gestirnen)* untergehen; ⑬ *(v. Krankheiten, Affekten, Zeit u. a.)* vergehen, aufhören, abnehmen; **febris decessit; ira decedet; tempora decesserunt;** ⑭ abgehen, entgehen.
**decem** zehn.
**December** *(decem)* **I.** *Subst.* bris *m urspr. der 10., seit Cäsar der 12. Monat des röm. Jahres,* Dezember; **II.** *Adj.* bris, bre zum Dezember gehörig, des Dezembers, Dezember-.
**decem-peda**, ae *f (pes)* Mess-Stange v. 10 Fuß Länge.
**decempedātor**, ōris *m (decempeda)* Feldmesser.
**decem-plex**, *Gen.* plicis *(vgl. du-plex)* zehnfach.
**decem-prīmī**, ōrum *m die zehn ersten Ratsherren in den Munizipien u. Kolonien.*
**decem-scalmus**, a, um mit zehn Ruderpflöcken (versehen), zehnruderig.
**decemvirālis**, e *(decemviri)* der Dezemvirn.
**decemvirātus**, ūs *m (decemviri)* das Dezemvirat.
**decem-virī**, ōrum *m (selten Sg.* decemvir) Dezemvirn *(Behörde v. zehn Personen):* ① **~ legibus scribundis** *(451 v. Chr. gewählt; sie verfassten die Zwölftafelgesetze);* ② **~ agris metiendis dividendisque** *(betraut m. der Aufteilung des ager publicus);* ③ **~ stlitibus iudicandis** *(ihnen oblag die Entscheidung üb. Freiheits- u. Bürgerrechtsstreitigkeiten);* ④ **~ sacris faciundis** *od.* **sacrorum** *(Aufseher u. Ausleger der sibyllinischen Bücher).*
**decēns**, *Gen.* centis *(P. Adj. v. deceo) (poet.; nachkl.)* ① dem Brauch, der Sitte gemäß, anständig; ② lieblich, anmutig.
**decentia**, ae *f (decens)* Schicklichkeit, Anstand.
**deceō**, decēre, decuī, – *(nur 3. Ps. Sg. u. Pl.) (decus, decor)* ① jmdm. gut stehen, jmd. (gut) kleiden *(alqm);* ② sich für jmd. (ge)ziemen, sich schicken, sich gehören *(m. A. C. I.).*
**dē-cēpī** *Perf. v. decipio.*
**dēceptus** *P. P. P. v. decipio.*
**dē-cernō**, cernere, crēvī, crētum ① entscheiden, bestimmen, urteilen, *bes. als Richter od. Schiedsrichter* [**rem dubiam; de hereditate**]; ② *(v. Behörden, Versammlungen)* beschließen, festsetzen, verordnen, für etw. stimmen; genehmigen [**supplicationem; diem colloquio; de imperio**]; ③ sich entscheiden, beschließen; dafür stimmen, dass; urteilen, dass; sich vornehmen *(abs.; alqd; m. Inf.; A. C. I.; ut, ne);* ④ die Entscheidung herbeiführen, bis zur Entscheidung kämpfen [**pugnam; proelium; proelio; acie**]; ⑤ *(m. Worten)* streiten, *bes. gerichtl.* [**de vita; pro alqo**]; ⑥ jmdm. etw. bewilligen [**servo libertatem; alci honores**]; ⑦ *(m. dopp. Akk.)* erklären für [**alqm amicum**].
**dē-cerpō**, cerpere, cerpsī, cerptum *(carpo)* ① *(poet.; nachkl.)* abpflücken; ② *(übtr.)* entnehmen, schöpfen; ③ *(poet.; nachkl.)* genießen; ④ Schaden zufügen, schaden.
**dēcertātiō**, ōnis *f (decerto)* Entscheidungskampf.
**dē-certō**, certāre bis zur Entscheidung kämpfen, um die Entscheidung kämpfen [**proelio** eine Entscheidungsschlacht liefern].
**dēcesse** = *decessisse, s. decedo.*
**dē-cessī** *Perf. v. decedo.*
**dēcessiō**, ōnis *f (decedo)* ① das Weggehen, Abzug; ② Rücktritt; ③ Abnahme, Verminderung.
**dēcessor**, ōris *m (decedo)* Amtsvorgänger.
**dēcessus**, ūs *m (decedo)* ① das Weggehen, Abzug; ② Rücktritt; ③ das Hinscheiden, Tod; ④ *(v. Gewässern)* das Zurücktreten.
**dē-cidī**[1] *Perf. v. decido*[1].
**dē-cīdī**[2] *Perf. v. decido*[2].
**dē-cidō**[1], cidere, cidī, – *(cado)* ① herab-, herunter-, abfallen; ② in etw. hineingeraten, zu etw. verleitet werden; ③ (**a** *od.* **de**) **spe ~** sich in seiner Hoffnung getäuscht sehen, enttäuscht werden; ④ Misserfolg haben; ⑤ *(nachkl.) (übtr.)* fallen, tief hinabsinken; ⑥ *(poet.)* sterben [**morbo**]; ⑦ *(poet.)* aus etw. schwinden.
**dē-cīdō**[2], cīdere, cīdī, cīsum *(caedo)* ① abschneiden, abhauen; ② ein Abkommen treffen [**de iure patriae**]; ③ abschließen, zum Abschluss bringen [**negotia**].
**deciē(n)s** *Adv. (decem)* zehnmal; *(poet.)* oft.
**decima** = *decuma.*
**decimāna**, ae *f s. decumana.*

**decimānus** *s. decumanus.*
**decimō**, decimāre *(decimus) (nachkl.)* jeden 10. Mann (m. dem Tode) bestrafen.
**decimum** *(decimus)* **I.** *Subst. (u.* decumum), ī *n* das Zehnfache, zehnfacher Ertrag; **ager efficit** *od.* **effert cum -o** trägt zehnfach; **II.** *Adv.* zum zehnten Mal.
**decimus** *(u. älter* decumus), a, um *(decem)* ① der zehnte; ② *(poet.)* ungeheuer groß.
**Decimus**, ī *m röm. Vorname (Abk.: D).*
**dē-cipiō**, cipere, cēpī, ceptum *(capio)* ① täuschen, betrügen; ② entgehen, unbemerkt bleiben *(abs. od. alqm);* ③ über etw. hinwegtäuschen, etw. vergessen lassen, sich *(die Zeit)* vertreiben *(alqd).*
**dēcīsiō**, ōnis *f (decido[2])* Abkommen.
**dēcīsus** *P. P. P. v. decido[2].*
**Decius**, a, um *röm. Gentilname:* **P. ~ Mus** *Vater u. Sohn, sie weihten sich als Konsuln im Krieg (der Vater im Latinerkrieg, der Sohn im Samniterkrieg) zur Rettung des Vaterlandes freiwillig dem Tod (340 u. 295 v. Chr.).*
**dēclāmātiō**, ōnis *f (declamo)* ① Redeübung; Lehrvortrag; *meton. (nachkl.)* das *(f. die Redeübung* gewählte) Thema; ② leeres Gerede; ③ erregtes, zorniges Reden.
**dēclāmātor**, ōris *m (declamo)* Lehrer der Beredsamkeit, Redekünstler.
**dēclāmātōrius**, a, um *(declamator)* deklamatorisch, des Redekünstlers.
**dē-clāmitō**, clāmitāre = *declamo.*
**dē-clāmō**, clāmāre **I.** *intr.* ① Redeübungen halten; ② erregt u. zornig reden; **II.** *trans.* laut vortragen.
**dēclārātiō**, ōnis *f (declaro)* Kundgebung, Offenbarung.
**dē-clārō**, clārāre ① deutlich machen, deutlich bezeichnen; ② *(übtr.)* deutlich zeigen, klar darlegen, offenbaren; ③ öffentlich ausrufen, erklären, verkünden [**alqm victorem**]; ④ erklären, klarmachen, aufklären; ⑤ klar aussprechen, deutlich ausdrücken.
**dēclīnātiō**, ōnis *f (declino)* das Abbiegen: ① das Ausweichen, Vermeiden; ② Abneigung, Widerwille; ③ *(rhet. t. t.)* Abschweifung *(v. Thema)* [**a proposito**]; ④ *(t. t. der Fechterspr.)* ausweichende Körperbewegung.
**dē-clīnō**, clīnāre **I.** *trans.* ① abbiegen, abwenden, ablenken; ② (ver)meiden, aus dem Wege gehen; ③ *(gramm. t. t.)* deklinieren; **II.** *intr.* ① ausweichen, sich abwenden *(ab; de; bl. Abl.);* sich hinwenden *(ad; in m. Akk.);* ② *(in der Rede)* v. etw. abweichen, abschweifen [**a rerum ordine**]; ③ sich hinneigen zu, sich zuneigen.
**dēclīve**, vis *n (declivis)* Abhang.
**dē-clīvis**, e *(clivus)* ① abschüssig, abfallend; ② *(nachkl.) (der Zeit nach)* sich neigend.
**dēclīvitās**, ātis *f (declivis)* Abschüssigkeit.
**dēcoctor**, ōris *m (decoquo)* Verschwender, Bankrotteur.
**dēcoctus** *P. P. P. v. decoquo.*
**dē-collō**, collāre *(collum) (nachkl.)* enthaupten.
**dē-cōlō**, cōlāre *(colum)* ① durchseihen; ② täuschen.
**dē-color**, *Gen.* lōris *(poet.; nachkl.)* ① verfärbt, entfärbt; ② gebräunt; ③ *(übtr.)* entartet, entstellt [**fama**].
**dē-colōrātiō**, ōnis *f (decoloro)* Verfärbung.
**dē-colōrō**, colōrāre *(decolor) (poet.; nachkl.)* verfärben, entfärben.
**dē-condō**, condere, – – *(nachkl.)* verbergen.
**dē-coquō**, coquere, coxī, coctum ① *(poet.; nachkl.)* kochen, gar kochen; ② sein Vermögen durchbringen, Bankrott machen.
**decor**, ōris *m (deceo; decus) (poet.; nachkl.)* ① Anstand; ② Anmut; ③ Schmuck, Zierde.
**decorō**, decorāre *(decus)* ① schmücken, verzieren; ② *(übtr.)* rühmen, ehren.
**decōrum**, ī *n (decorus) = decor.*
**decōrus**, a, um *(decor)* ① geziemend, schicklich, anständig, passend; ② zierlich, schön, anmutig, reizend; ③ *(poet.; nachkl.)* geschmückt, geziert.
**dē-crepitus**, a, um *(crepo)* altersschwach, abgelebt.
**dē-crēscō**, crēscere, crēvī, crētum abnehmen, sich vermindern, schwinden.
**dēcrētōrius**, a, um *(decerno) (nachkl.)* entscheidend.
**dēcrētum**, ī *n (decerno)* ① Beschluss, Entscheidung; ② *(philos. t. t.)* Lehrsatz, Grundsatz.
**dē-crēvī** *Perf. v. decerno u. decresco.*
**dē-cubuī** *Perf. v. decumbo.*
**decuma**, ae *f (decem)* ① der zehnte Teil, Zehntel *(bes. der Beute als Opfergabe);* ② der Zehnte *(als Abgabe).*
**decumāna** *(u. jünger* decimāna), ae *f (decumanus)* die Frau eines Zehntpächters.
**decumānus** *(jünger* decimānus) *(decem)* **I.** *Adj.* a, um ① Zehnt-, zehntpflichtig [**ager**]; ② zur zehnten Legion *od.* Kohorte gehörend [**porta** Haupttor des Lagers *(da hinter ihm die zehnte Kohorte lag)*]; **II.** *Subst.* ī *m* ① Zehntpächter; ② Soldat der zehnten Legion.
**decumātēs** *(Gen.* -tium) **agrī** *m* Dekumatland *(Name des Landes zw. Rhein u. Donau).*
**dē-cumbō**, cumbere, cubuī, cubitum ① *(nachkl.)* sich niederlegen; ② *(vom besiegten Gladiator)* unterliegen.
**decumō** = *decimo.*
**decumum** *s. decimum I.*
**decumus** s. *decimus.*
**decuria**, ae *f (decem; vgl. centuria)* ① Dekurie, Zehnergruppe, Abteilung v. zehn Mann; ② *übh.* Abteilung, Klasse [**lictorum**].

**decuriātiō**, ōnis *f u.* **decuriātus,** ūs *m (decurio[1])* Einteilung in Dekurien.

**decuriō[1]**, decuriāre *(decuria)* in Dekurien (Zehnergruppen) einteilen.

**decuriō[2]**, ōnis *m (decuria)* Vorsteher einer Dekurie, Dekurio: ❶ *(milit.)* Führer einer Schar [**equitum**]; ❷ *(in Munizipien u. Kolonien)* Ratsherr.

**decuriōnātus**, ūs *m (decurio[2]) (nachkl.)* Ratsherrenamt.

**dē-currō**, currere, (cu)currī, cursum **I.** *intr.* ❶ herablaufen, -eilen, -stürmen; ❷ herabfließen, -strömen, -stürzen, -rinnen; **flumen in mare decurrit** ergießt sich; ❸ *(v. Schiffen)* herabsegeln, hinabfahren, einlaufen; ❹ *(milit.)* **a)** herabmarschieren, -rücken; **b)** vorbeimarschieren, defilieren; ❺ eilen, laufen; ❻ fahren, segeln [**super aequora; celeri cumba**]; ❼ zu etw. *(bes. zu einer Maßregel)* schreiten, seine Zuflucht nehmen [**ad senatūs consultum; ad extrema iura**]; **II.** *trans.* ❶ etw. durchlaufen; ❷ *(übtr.)* durcheilen, zurücklegen, vollenden [**laborem; vitam**]; ❸ *(in der Rede)* behandeln, besprechen.

**dēcursiō**, ōnis *f (decurro)* Überfall.

**dēcursus[1]**, ūs *m (decurro)* ❶ das Herablaufen; ❷ *(milit.)* **a)** Parademarsch; **b)** Überfall; ❸ Verlauf [**temporis mei** meiner Amtszeit]; das Durchlaufen der Ämterbahn [**honorum**]; ❹ *(poet.; nachkl.) (v. Wasser)* das Herabströmen.

**dēcursus[2]** *P. P. P. v. decurro.*

**dē-curtō**, curtāre verkürzen, verstümmeln.

**decus**, decoris *n (deceo)* ❶ Schmuck, Zierde; ❷ Verzierung, Schmuck(gegenstand); ❸ Ruhm, Ehre, Würde; ❹ Helden-, Ruhmestat; ❺ Tugend, das sittlich Gute; ❻ Anstand; ❼ *(poet.)* Schönheit; ❽ *(v. Personen)* **a)** Zierde, Stolz; **b)** *(nachkl.) Pl.* ruhmvolle Ahnen.

**dē-cussī** *Perf. v. decutio.*

**decussō**, decussāre *(decem u. as)* in der Form eines X *od.* kreuzweise abteilen.

**dē-cutiō**, cutere, cussī, cussum *(quatio)* ❶ (her)abschütteln, herabschlagen, -werfen; ❷ (her)abschießen.

**dē-deceō**, decēre, decuī, – *(m. Akk.)* ❶ *(poet.)* verunstalten, schlecht kleiden; ❷ sich nicht schicken, sich nicht (ge)ziemen; / *meist nur in der 3. Ps. Sg. u. Pl.*

**dē-decorō**, decorāre *(dedecus)* entehren.

**dē-decōrus**, a, um *(nachkl.)* entehrend.

**dē-decus**, coris *n* ❶ Unehre, Schande, Schmach; ❷ Schandtat, Schändlichkeit; ❸ *(philos. t. t.)* das Sittlich-Schlechte, Laster.

**dedī** *Perf. v. do.*

**dēdicātiō**, ōnis *f (dedico)* (Ein-)Weihung.

**dē-dicō**, dicāre ❶ *(einer Gottheit)* weihen [**templum Iovi**]; ❷ **deum ~** eine Gottheit durch ein Heiligtum ehren [**Concordiam aede**]; ❸ *(nachkl.)* für etw. bestimmen; ❹ *(poet.; nachkl.) (jmdm. eine Schrift)* widmen; ❺ *(beim Zensus)* angeben.

**dē-didī** *Perf. v. dedo.*

**dē-didicī** *Perf. v. dedisco.*

**dēdīgnātiō**, ōnis *f (dedignor) (nachkl.)* Verschmähung, Verweigerung.

**dē-dīgnor**, dīgnārī *(poet.; nachkl.)* verschmähen, verweigern.

**dē-dīscō**, dīscere, didicī, – verlernen, vergessen.

**dēditīcius**, a, um *(dedo)* auf Gnade u. Ungnade ergeben, unterworfen; – *Subst.* **dēditīciī**, ōrum *m* Untertanen.

**dēditiō**, ōnis *f (dedo)* Übergabe, Unterwerfung, Kapitulation; **in deditionem venire** sich ergeben; **in deditionem accipere alqm** *(od. alqd, z. B. castellum)* jmds. Kapitulation annehmen.

**dēditus**, a, um *(P. Adj. v. dedo) (m. Dat.)* ❶ jmdm. ergeben; ❷ mit etw. beschäftigt, einer Sache hingegeben.

**dē-dō**, dēdere, dēdidī, dēditum ❶ übergeben, ausliefern [**noxios hostibus**]; ❷ hin-, preisgeben, opfern [**alqm crudelitati militum**]; ❸ **se dedere** *u. mediopass.* **dedi a)** sich ergeben, kapitulieren [**potestati alcis**]; **b)** sich hingeben, sich widmen.

**dē-doceō**, docēre, – – vergessen lassen, jmdm. etw. abgewöhnen; jmd. eines Besseren belehren.

**dē-doleō**, dolēre, doluī, – *(poet.)* seinen Schmerz, seinen Kummer beenden.

**dē-dūcō**, dūcere, dūxī, ductum **I.** herabführen: ❶ herab-, hinabführen, hinabziehen, -bringen [**elephantos de clivo; pecora in campum; equitatum ad pedes** absitzen lassen; **vestem** herabreißen]; ❷ *(milit.)* hinabmarschieren lassen; ❸ *(Schiffe)* auslaufen lassen, in See stechen lassen; ❹ *(poet.) (Segel)* aufspannen, entrollen; **II.** wegführen: ❶ ab-, weg-, fortführen, entfernen [**suos ex agris**]; ❷ *(Truppen)* ausrücken lassen, verlegen [**exercitum in Haeduos**]; ❸ *(Kolonien)* gründen [**coloniam in agrum Gallorum** in Gallien]; ❹ *(Kolonisten)* ansiedeln [**veteranos in colonias**]; ❺ *(poet.; nachkl.) (den Ursprung)* herleiten, *(den Namen)* entlehnen; ❻ *(Wasser)* ableiten; ❼ gewaltsam entführen, vertreiben, verstoßen [**alqm ex possessionibus**]; ❽ jmd. v. etw. abbringen; ❾ jmd. zu etw. verlocken, verführen [**ad iniquam pugnam**]; ❿ *(poet.; nachkl.) (Fäden)* spinnen; ⓫ *(poet.) (Schriften, bes. poet. Werke)* kunstvoll ausarbeiten; ⓬ *(math.)* abziehen, subtrahieren; **III.** hinführen: ❶ hinführen, -bringen [**alqm in tutum**]; ❷ geleiten, begleiten; ❸ *(v. Bräutigam) (die Ehefrau)* heimführen (= heiraten); ❹ *(Gefangene)* abführen;

❺ in etw. hineinziehen, für etw. gewinnen [**in societatem belli**]; ❻ treiben, *in eine Lage* bringen, *in einen Zustand* versetzen [**alqm in periculum**].

**dēductiō**, ōnis *f (deduco)* ❶ das Ab-, Wegführen [**militum in oppida**]; ❷ das Ableiten *des Wassers;* ❸ Abzug an Geld; ❹ Kolonisation.

**dē-ductor**, ōris *m (deduco)* Begleiter eines Amtsbewerbers.

**dēductus**, a, um *(P. Adj. m. Komp. v. deduco) (poet.)* gedämpft, leise.

**de-errō**, errāre abirren, sich verirren, abweichen *(konkr. u. übtr.).*

**dē-faenerō** = *defenero.*

**dēfatīgātiō**, ōnis *f (defatigo)* völlige Ermüdung, Erschöpfung.

**dē-fatīgō**, fatīgāre völlig ermüden, erschöpfen.

**dē-fēcī** *Perf. v. deficio.*

**dēfectiō**, ōnis *f (deficio)* ❶ Empörung, Abfall, Aufstand [**sociorum; a Romanis ad Hannibalem**]; ❷ das Abnehmen, Schwinden; ❸ Erschöpfung, Ermüdung; ❹ Verfinsterung, Finsternis [**lunae**].

**dēfector**, ōris *m (deficio) (nachkl.)* Abtrünniger.

**dēfectus**[1], ūs *m = defectio.*

**dēfectus**[2] *P. P. P. v. deficio.*

**dē-fendō**, fendere, fendī, fēnsum ❶ abwehren, zurückweisen, fernhalten [**iniuriam; hostem**]; ❷ *abs.* sich wehren, sich zur Wehr setzen; ❸ verteidigen, schützen, bewahren *(vor, gegen: ab, contra u. adversus)* [**alqm a periculo; vitam ab inimicorum audacia; patriam contra populi temeritatem**]; ❹ verfechten, vertreten [**provinciae iura**]; ❺ zu seiner Verteidigung sagen, vorbringen, anführen; ❻ *(eine Meinung)* verteidigen, verfechten; ❼ *(eine Stellung, Aufgabe, Pflicht)* behaupten, durchführen.

**dē-fēnerō**, fēnerāre *(fenus)* jmd. tief in Schulden stürzen.

**dēfēnsiō**, ōnis *f (defendo)* ❶ *(milit.)* Verteidigung; ❷ Abwehr, Abwendung [**criminis**]; ❸ Schutz [**salutis**]; ❹ *(bes. vor Gericht)* Verteidigung, Rechtfertigung; ❺ *(meton.)* **a)** Verteidigungsrede, -schrift; **b)** Verteidigungsmittel, -art.

**dēfēnsitō**, dēfēnsitāre *(Frequ. v. defenso)* zu verteidigen pflegen.

**dēfēnsō**, dēfēnsāre *(Intens. v. defendo)* energisch verteidigen, schützen.

**dēfēnsor**, ōris *m* ❶ *(milit.)* Verteidiger, *Pl. oft* Besatzung, Bedeckung; ❷ *(bes. vor Gericht)* Verteidiger, Vertreter; ❸ Beschützer [**libertatis; provinciae**]; ❹ Abwehrer [**calamitatis**].

**dēfēnsus** *P. P. P. v. defendo.*

**dēferbuī** *s. defervesco.*

**dē-ferō**, ferre, tulī, lātum ❶ herab-, hinabtragen, -bringen, -führen; ❷ stromabwärts führen; – *pass.* stromabwärts treiben, hinabschwimmen [**secundo Tiberi ad urbem**]; ❸ hinabverlegen [**aedes in planum**]; ❹ hinabstoßen, -stürzen; – *pass. u. mediopass.* abstürzen, (sich) stürzen [**in undas; in praeceps**]; ❺ *(vom rechten Weg)* abbringen; – *pass.* abirren, irgendwohin geraten [**in foveas**]; ❻ verschlagen, vom Kurs abbringen; ❼ hintragen, -bringen, -führen; ❽ abliefern, einreichen; ❾ darbringen, darbieten; ❿ anbieten; ⓫ *(zur Ausführung, Verwaltung)* übertragen, verleihen [**regnum; summam imperii** *od.* **summum imperium ad alqm**]; ⓬ *(zur Entscheidung)* vorlegen [**rem senatui** *od.* **ad senatum**]; ⓭ überbringen, melden, mitteilen [**rem ad Caesarem; sociorum querimonias**]; ⓮ anzeigen, anklagen [**crimen ad praetorem; furti**]; ⓯ *(Personen u. Vermögen)* anmelden [**alqd in censum** etw. zur Schätzung; **censum** sein Vermögen].

**dē-fervēscō**, fervēscere, fervī *u.* ferbuī, – ❶ *(v. Leidenschaften)* verrauchen, vergehen; ❷ *(v. der Rede)* klar werden.

**dēfessus** *s. defetiscor.*

**dēfetīg…** = *defatig…*

**dē-fetīscor**, fetīscī, fessus sum *(fatiscor)* völlig ermüden, *klass. nur:* **dēfessus,** a, um müde, erschöpft.

**dē-ficiō**, ficere, fēcī, fectum *(facio)* **I.** *intr.* ❶ abfallen, untreu werden *(ab); (ad alqm)* zu jmdm. übergehen [**a patribus ad plebem**]; ❷ ausgehen, schwinden, (zu) fehlen (beginnen); **pecunia / spes deficit;** ❸ erlahmen, ermatten, erliegen; ❹ *(v. Gestirnen)* sich verfinstern, untergehen; abnehmen; ❺ (**animo**) ~ den Mut sinken lassen; ❻ *(nachkl.)* (**vitā**) ~ im Sterben liegen, sterben; **II.** *trans.* ❶ jmd. verlassen, im Stich lassen; ❷ jmdm. ausgehen, jmdm. (zu) fehlen (beginnen); **vires me deficiunt;** / *P. P. P.* **dēfectus,** a, um **a)** verlassen, einer Sache beraubt [**pilis** kahl; **dentibus** zahnlos]; **b)** geschwächt, schwach, entkräftet.

**dē-fīgō**, fīgere, fīxī, fīxum ❶ hineinschlagen, -stoßen, einrammen; ❷ *(eine Waffe)* hineinstoßen, -bohren *(alqd in re od. re);* ❸ *(die Augen od. den Geist)* fest auf etw. richten, festheften [**oculos in vultu regis**]; ❹ *(dem Geiste)* einprägen *(in m. Abl.);* ❺ *(Personen)* bannen, regungslos machen; – *P. P. P.* **dēfīxus** *(vor Staunen, Furcht)* wie festgebannt, wie angewurzelt, regungslos; ❻ *(rel. t. t.)* etw. als unabänderlich erklären; ❼ *(poet.; nachkl.) (t. t. der Zauberspr.)* etw. durch Zauber bannen.

**dē-fingō**, fingere, fīnxī, fictum *(poet.)* verunstalten.

**dē-fīniō**, fīnīre ❶ abgrenzen, begrenzen; ❷ näher bestimmen, angeben; ❸ festsetzen [**suum cuique locum; adeundi tempus**]; ❹ beschränken; ⑤ *(Begriffe)* abgrenzen, definieren.

**dēfīnītiō**, ōnis *f (definio) (rhet. t. t.)* Begriffsbestimmung, Definition.

**dēfīnītīvus**, a, um *(definio)* begriffsbestimmend, erläuternd.

**dēfīnītus**, a, um *(P. Adj. v. definio)* abgegrenzt, bestimmt, deutlich.



**dē-fīō**, fierī = *deficior, Pass. v. deficio.*

**dēflagrātiō**, ōnis *f (deflagro)* völlige Vernichtung durch Feuer.

**dē-flagrō**, flagrāre ① in Flammen aufgehen; **curia deflagravit;** ② seine Habe durch Feuer verlieren; ③ *(v. Leidenschaften u. Ä.)* verrauchen, vergehen; / *Part. Perf.* **dēflagrātus,** a, um *(medial)* niedergebrannt, ganz in Flammen aufgegangen.

**dē-flectō**, flectere, flexī, flexum **I.** *trans.* ① *(poet.; nachkl.)* herabbiegen; ② abbiegen, ablenken, abwenden *(konkr. u. übtr.)* [**alqm de via; alqm a veritate**]; ③ umkehren, umwandeln [**virtutes in vitia**]; **II.** *intr.* abweichen, abschweifen [**a consuetudine**].

**dē-fleō**, flēre, flēvī, flētum ① beweinen; ② *(poet.; nachkl.)* unter Tränen erzählen.

**dē-flexī** *Perf. v. deflecto.*

**dēflexus** *P. P. P. v. deflecto.*

**dē-flōrēscō**, flōrēscere, flōruī, – verblühen, verwelken *(konkr. u. übtr.).*

**dē-fluō**, fluere, flūxī, – ① herabfließen, -rinnen; ② herabschwimmen, -segeln; ③ herabgleiten, -sinken, -fallen; ④ *(poet.) (v. der Kleidung, v. Haar)* herabwallen, schlaff *od.* nachlässig herabhängen; ⑤ jmdm. zuteilwerden, zuströmen; ⑥ v. etw. abkommen, abweichen, allmählich zu etw. übergehen; ⑦ *(polit.)* abfallen, treulos werden; ⑧ *(poet.; nachkl.)* abfließen, ablaufen, sich verlaufen; ⑨ *(poet.; nachkl.)* sich verlieren, vergehen, (ver)schwinden; ⑩ *(poet.; nachkl.) (v. Haaren)* ausfallen; ⑪ *(poet.; nachkl.)* aus dem Gedächtnis entschwinden.

**dē-fodiō**, fodere, fōdī, fossum ① vergraben, eingraben; ② *(poet.; nachkl.)* unter der Erde anlegen [**lacum**]; ③ *(poet.) (Erde)* aufwerfen.

**dē-fore** = *defuturum esse v. desum.*

**dēfōrmātiō**, ōnis *f (deformo)* ① Verunstaltung, Entstellung; ② Kränkung, Herabsetzung.

**dēfōrmis**, e *(deformo)* ① entstellt, missgestaltet, hässlich; ② schimpflich, ehrlos [**opus; blanditiae**]; ③ entehrt; ④ gemein, roh; ⑤ *(poet.)* form-, gestaltlos [**animae**].

**dēfōrmitās**, ātis *f (deformis)* ① Entstellung, Hässlichkeit; ② Schmach.

**dē-fōrmō**, fōrmāre ① entstellen, verunstalten; ② entehren, herabwürdigen; ③ darstellen, schildern, zeichnen.

**dēfossus** *P. P. P. v. defodio.*

**dēfrāctus** *P. P. P. v. defringo.*

**dē-fraudō**, fraudāre betrügen.

**dē-frēgī** *Perf. v. defringo.*

**dē-frēnātus**, a, um *(freno) (poet.)* zügellos.

**dē-fricō**, fricāre, fricuī, fricātum *u.* frictum ① *(poet.; nachkl.)* abreiben; ② *(poet.)* (scharf) tadeln.

**dē-fringō**, fringere, frēgī, frāctum *(frango)* ① abbrechen; ② *(nachkl.) (übtr.)* einer Sache Abbruch tun *(alqd).*

**dēfrutum**, ī *n (poet.; nachkl.)* eingekochter Most.

**dē-fūdī** *Perf. v. defundo.*

**dē-fugiō**, fugere, fūgī, – **I.** *intr.* entfliehen; **II.** *trans.* (ver)meiden, sich entziehen.

**dē-fuī** *Perf. v. desum.*

**dēfūnctus** *P. P. Akt. v. defungor.*

**dē-fundō**, fundere, fūdī, fūsum *(poet.; nachkl.)* ① herab-, ausgießen, ausschütten; ② spenden; ③ *(bes. Wein)* abfüllen.

**dē-fungor**, fungī, fūnctus sum ① *(m. Abl.)* etw. erledigen, beenden, überstehen; **defunctus honoribus** der alle Ehrenstellen durchlaufen hat; **laboribus / periculis defunctus** der überstanden hat; ② *(abs. od. vitā)* sterben; – **dēfūnctus,** a, um tot.

**dēfūsus** *P. P. P. v. defundo.*

**dē-gener**, *Gen.* neris *(genus)* ① entartet, unecht; ② gewöhnlich, gemein.

**dē-generō**, generāre *(degener)* **I.** *intr.* ① aus der Art schlagen, entarten; ② sich seiner Abkunft unwürdig zeigen; **II.** *trans.* herabwürdigen, entehren.

**dēgō**, dēgere, – – *(de u. ago)* ① *(eine Zeit)* verbringen, verleben; ② *(abs.)* leben.

**dē-grandinat** *(unpers.) (poet.)* es hört auf zu hageln.

**dē-gravō**, gravāre ① niederdrücken; ② *(übtr.)* belästigen, beschweren.

**dē-gredior**, gredī, gressus sum *(gradior)* ① herabschreiten, -marschieren; ② weggehen.

**dē-grunniō**, grunnīre *(poet.)* sein Stückchen hergrunzen.

**dē-gustō**, gustāre ① (von) etw. kosten *(alqd);* ② leicht berühren; ③ etw. probieren, versuchen.

**de-hinc** *Adv.* ① *(räuml.)* von hier aus, von hier an; ② *(zeitl.)* **a)** von jetzt an; **b)** hierauf, nachher.

**de-hīscō**, hīscere, – – sich klaffend auftun, sich öffnen, sich spalten.

**dehonestāmentum**, ī *n (dehonesto)* ① Schande; ② Verunstaltung, Entstellung.

**de-honestō**, honestāre entehren, schänden.

**de-hortor**, hortārī ① jmdm. abraten *(alqm a re, m. ne od. Inf.);* ② entfremden *(alqm ab alqo).*

**Dēianīra**, ae *f Gattin des Herkules.*

**dē-iciō**, icere, iēcī, iectum *(iacio)* ① abwerfen, herab-, niederwerfen; – **se deicere** *u. mediopass.* **deici** niederstürzen, herunterspringen [**de muro; in mare**]; ❷ *(Statuen, Grenzsteine, Bäume, Pfähle)* umwerfen, umstürzen, zu Boden werfen; ❸ *(Bauwerke)* ein-, niederreißen; – *pass.* einstürzen; ❹ fällen [**arbores**]; ❺ *(den Kopf, den Blick)* senken, niederschlagen; ❻ in die Flucht schlagen, vertreiben [**hostes muro turribusque**]; ❼ *(naut. t. t.)* vom Kurs abbringen, verschlagen *(meist pass.)*; ❽ *jmd. aus seiner Stellung* werfen, bringen, verdrängen; ❾ jmd. aus seinem Besitz vertreiben, verdrängen; ❿ *jmd. aus seinem Amt* verdrängen [**(de) honore / aedilitate**]; ⓫ *(polit.)* stürzen [**de possessione imperii**]; ⓬ abwenden von [**oculos nusquam a re publica; vitia a se** fernhalten]; ⓭ jmd. v. etw. abbringen [**alqm de sententia**]; ⓮ töten; ⓯ *(poet.)* abschlagen, abhauen [**ense sinistram**].

**dēiectiō**, ōnis *f (deicio)* Vertreibung aus dem Besitztum.

**dēiectus**[1], a, um *(P. Adj. v. deicio)* ❶ tief liegend; ❷ *(poet.)* mutlos.

**dēiectus**[2], ūs *m (deicio)* ❶ das Herabwerfen, -stürzen [**aquae** Wasserfall]; ❷ (abschüssiger) Abhang.

**dē-ierō**, ierāre *(iuro)* einen Eid leisten, schwören.

**de-in** *Kurzform v. deinde.*

**dein-ceps** *Adv. (deinde u. capio)* ❶ nacheinander, der Reihe nach; ❷ demnächst, unmittelbar darauf.

**de-inde** *Adv.* ❶ *(zeitl.)* dann, darauf, hierauf, danach; ❷ *(räuml.)* von da an; ❸ *(b. einer Reihenfolge u. in Aufzählungen)* hierauf, sodann, ferner.

**Dēiotarus**, ī *m Tetrarch (Fürst) in Galatien (Kleinasien), v. Pompeius m. dem Königstitel ausgezeichnet; weg. angeblichen Mordversuchs an Cäsar angeklagt, v. Cicero verteidigt (Pro rege Deiotaro).*

**dē-iungō**, iungere, iūnxī, iūnctum abspannen [**se a labore** sich losmachen].

**dē-iūrō** = *deiero.*

**Grammatik & Co.**

Die **Deklinationen** werden nach ihrem Stammauslaut benannt: Wir unterscheiden eine konsonantische und fünf vokalische Deklinationen (a-, o-, u-, e- und i-Deklination). Aber Vorsicht: Die Endung des Nominativs gibt uns keine sichere Auskunft über die Deklination oder das grammatische Geschlecht: cibus, i *m* „die Speise“; domus, us *f* „das Haus“; virtus, utis *f* „die Tugend“; palus, udis *f* „der Sumpf“; genus, eris *n* „das Geschlecht“. Wichtig ist hier für uns noch eine Eigenheit des Lateinischen:
Die Pluralformen der Neutra enden im Nominativ und im Akkusativ auf -a. Diese Formen können also ohne Satzzusammenhang mit dem Nominativ der a-Deklination verwechselt werden: vina „die Weinsorten“; vinea „der Weinberg“.

**dē-lābor**, lābī, lāpsus sum ❶ herabgleiten, -sinken, -fallen; ❷ herabschweben, sich herabschwingen [**(de) caelo; aetheriis ab astris; in terram**]; ❸ herabfließen; ❹ entstehen; ❺ *(in der Rede)* abschweifen; ❻ *(poet.)* (hinein)geraten [**medios in hostes**].

**dē-lāmentor**, lāmentārī *(poet.)* bejammern.

**dēlāpsus** *P. P. Akt. v. delabor.*

**dē-lassō**, lassāre *(poet.)* jmd. völlig ermüden.

**dēlātiō**, ōnis *f (defero)* das Angeben, Verrat(en), Denunziation.

**dēlātor**, ōris *m (defero)* Angeber, Ankläger, Denunziant.

**dē-lātus** *P. P. P. v. defero.*

**dēlectābilis**, e *(m. Komp.) (delecto) (nachkl.)* erfreulich, köstlich [**cibus** Lieblingsspeise].

**dēlectāmentum**, ī *n (delecto)* erheiternde Unterhaltung, Zeitvertreib.

**dēlectātiō**, ōnis *f (delecto)* Vergnügen, Genuss, Zeitvertreib.

**dēlectō**, dēlectāre *(deliciae)* erfreuen, erheitern, unterhalten; – *unpers.* **dēlectat** es freut, es macht Freude; – *mediopass.* **dēlectārī** sich erfreuen, seine Freude finden *(an jmdm. od. an etw.: Abl.).*

**dēlēctus**[1] *P. P. P. v. deligo*[1].

**dēlēctus**[2], ūs *m (deligo*[1]*)* ❶ (Aus-)Wahl; ❷ *(milit. t. t.)* Aushebung.

**dēlēgātiō**, ōnis *f (delego)* Zahlungsanweisung.

**dē-lēgī** *Perf. v. deligo*[1].

**dē-lēgō**, lēgāre ❶ hinsenden, -schicken; ❷ jmdm. etw. *od.* jmd. anvertrauen, zuweisen, übertragen [**rem ad senatum; infantem ancillis**]; ❸ *(eine Schuld, ein Verdienst)* jmdm. zuschreiben *(Dat.; ad alqm)* [**crimen alci**]; ❹ jmd. auf etw. verweisen.

**dēlēnīmentum**, ī *n (delenio)* ❶ Linderungsmittel; ❷ Reiz(mittel), (Ver-)Lockung.

**dē-lēniō**, lēnīre ❶ lindern, besänftigen; ❷ jmd. gewinnen, für sich einnehmen, locken [**muneribus multitudinem**].

**dēlēnītor**, ōris *m (delenio) (alcis)* derjenige, der jmd. für sich einnimmt.

**dēleō**, dēlēre, dēlēvī, dēlētum ❶ zerstören, vernichten; ❷ *(übtr.)* auslöschen, (ver)tilgen.

**dēlētrīx**, īcis *f (deleo)* Vernichterin.

**dēlēvī** *Perf. v. deleo u. delino.*

**Dēlia, Dēliacus** *s. Delos.*

**dēlīberābundus**, a, um *(delibero)* in tiefes Nachdenken versunken.

D

**dēlīberātiō**, ōnis *f (delibero)* ❶ Erwägung, Überlegung; ❷ *(rhet. t. t.)* beratende Rede.
**dēlīberātīvus**, a, um *(delibero)* erwägend, überlegend.
**dēlīberātor**, ōris *m (delibero)* derjenige, der immer Bedenkzeit braucht.
**dē-lībero**, līberāre ❶ erwägen, überlegen, beratschlagen *(de; Akk.; indir. Frages.)*; ❷ sich entscheiden, beschließen *(m. Inf.; A. C. I.; alqd)*; – *P. Adj.* **dēlīberātus,** a, um entschieden, bestimmt; ❸ das Orakel befragen.
**dē-lībō**, lībāre ❶ von etw. ein wenig wegnehmen, kosten, entnehmen, entlehnen; ❷ genießen; ❸ schmälern, verringern [**alqd de gloria; virtutem**].
**dē-librō**, librāre *(liber[1])* abschälen.
**dē-libūtus**, a, um benetzt, befeuchtet [**capillus** gesalbt].
**dēlicātus** *(deliciae)* **I.** *Adj.* a, um ❶ köstlich, angenehm, reizend, fein, luxuriös, lecker [**merces** Luxusartikel; **convivium; cibus**]; ❷ sinnlich, wollüstig, schlüpfrig; ❸ verwöhnt, wählerisch; ❹ *(poet.; nachkl.)* zart, sanft; **II.** *Subst.* ī *m* Genießer, Schlemmer.
**dēliciae**, ārum *f u. (poet.)* **dēlicium,** ī *n (vgl. delecto)* ❶ Genuss, Vergnügen, (heitere) Unterhaltung, Liebhaberei, Luxus; **-as facere** scherzen; ❷ *(meton.)* **a)** Liebling(ssklave); **b)** Kleinod.
**dēliciolae**, ārum *f (Demin. v. deliciae) u. (nachkl.)* **-olum**, ī *n (Demin. v. delicium)* Liebling, Herzchen.
**dēlicium**, ī *n s. deliciae.*
**dēlictum**, ī *n (delinquo)* Vergehen, Fehler.
**dēlictus** *P. P. P. v. delinquo.*
**dē-licuī** *Perf. v. deliquesco.*
**dē-ligō[1]**, ligere, lēgī, lēctum *(lego[1])* ❶ (aus)wählen, erwählen [**locum castris idoneum; consulem;** *(m. dopp. Akk.)* **alqm ducem**]; – *Subst.* **dēlēctī,** ōrum *m* Ausschuss; ❷ *(milit. t. t.) (Truppen)* ausheben; ❸ *(poet.)* (ab)pflücken; ❹ *(poet.) (als untauglich)* aussondern [**senes**].
**dē-ligō[2]**, ligāre anbinden, befestigen.
**dē-līneō**, līneāre *(nachkl.)* zeichnen.
**dē-līniō** = *delenio u. delineo.*
**dē-linō**, linere, lēvī, litum *(nur im P. P. P. gebräuchlich)* abwischen.
**dē-linquō**, linquere, līquī, lictum sich vergehen, einen Fehler begehen, eine Schuld auf sich laden, verschulden.
**dē-liquēscō**, liquēscere, licuī, – zerschmelzen, zerfließen; *übtr.* dahinschwinden.
**dē-līquī** *Perf. v. delinquo.*
**dēliquiō**, ōnis *f (delinquo) (poet.; nachkl.)* Mangel.
**dēlīrātiō**, ōnis *f (deliro)* Albernheit, Wahnsinn.
**dē-līrō**, līrāre wahnsinnig sein, irr reden.
**dēlīrus**, a, um *(m. Komp.) (deliro)* wahnsinnig.
**dē-litēscō**, litēscere *u.* **-litīscō**, litīscere, lituī, – *(latesco)* sich verstecken.
**dē-lītigō**, lītigāre *(poet.)* zanken.
**dē-litīscō** *s. delitesco.*
**dē-lituī** *Perf. v. delitesco.*
**dēlitus** *P. P. P. v. delino.*
**Dēlius** *s. Delos.*
**Delmat...** = *Dalmat...*
**Dēlos** *u.* **Dēlus,** ī *f (Akk.* -on *u.* -um) *Insel des Ägäischen Meeres, Geburtsort Apollos u. Dianas;* – *Einw.* **Dēlius,** ī *m* der Delier *(bes. Apollo) u.* **Dēlia,** ae *f* die Delierin *(bes. Diana);* – *Adj.* **Dēli(ac)us**, a, um.
**Delphī**, ōrum *m Stadt am Parnass, Sitz des Apollinischen Orakels;* – *Adj.* **Delphicus,** a, um [**mensa** Prunktisch *in der Form des delphischen Dreifußes*], *als Subst.:* Apollo.
**delphīnus**, ī *u. (poet.; nachkl.)* **delphīn,** īnis *m (gr. Fw.)* Delfin.
**deltōton**, ī *n (gr. Fw.)* Dreieck *(Sternbild).*
**dēlūbrum**, ī *n* Tempel, Heiligtum.
**dē-lūdō**, lūdere, lūsī, lūsum jmd. zum Besten haben, foppen, verspotten.
**dē-lumbō**, lumbāre *(lumbus)* lendenlahm machen, schwächen.
**dē-lūsī** *Perf. v. deludo.*
**dēlūsus** *P. P. P. v. deludo.*
**dē-madēscō**, madēscere, maduī, – *(poet.)* ganz feucht werden.
**dē-mandō**, mandāre anvertrauen, empfehlen.
**dē-mānō**, mānāre *(poet.; nachkl.)* herabfließen.
**dē-mēns,** *Gen.* mentis *(< de mente)* wahnsinnig, verrückt, sinnlos *(v. Personen u. Sachen).*
**dēmēnsus**, a, um zugemessen.
**dēmentia**, ae *f (demens)* Wahnsinn, Torheit.
**dē-mereō**, merēre, meruī, meritum *u.* **dē-mereor,** merērī, meritus sum jmd. für sich gewinnen, sich um jmd. sehr verdient machen *(alqm).*
**dē-mergō**, mergere, mersī, mersum ❶ ein-, untertauchen, versenken; – *mediopass.* versinken, ertrinken; ❷ ins Verderben stürzen.
**dē-metō**, metere, messuī, messum abmähen, abernten; abpflücken; abschneiden; abhauen.
**dēmigrātiō**, ōnis *f (demigro)* Auswanderung.
**dē-migrō**, migrāre auswandern, wegziehen.
**dē-minuō**, minuere, minuī, minūtum ❶ vermindern, verringern, schmälern, beeinträchtigen, schwächen; – *pass. auch:* abnehmen, zusammenschmelzen; ❷ wegnehmen; ❸ **capite se deminuere** *u.* **capite deminui** seine Rechte als Bürger teilweise verlieren; ❹ stückweise verkaufen [**de bonis**].
**dēminūtiō**, ōnis *f (deminuo)* ❶ Verminderung, Verringerung, Beeinträchtigung, Schmälerung, Schwächung [**luminis** abnehmender Mond; **vectigalium** Steuerermäßigung; **capitis ~**

**maxima** Verlust der bürgerlichen Rechte u. der persönl. Freiheit; **capitis ~ media** *od.* **minor** Verlust der bürgerlichen Rechte; **sui** seiner Würde, Ehre]; ❷ Verkürzung der gesetzlichen Amtszeit [**provinciae** in der Provinz]; ❸ Veräußerungsrecht.

**dē-mīror**, mīrārī sich sehr wundern *(m. A. C. I.; Akk.)*.

**dē-mīsī** *Perf. v. demitto.*

**dēmissiō**, ōnis *f (demitto)* ❶ das Herablassen; ❷ **~ animi** Niedergeschlagenheit.

**dēmissus** *s. demitto.*

**dē-mītigō**, mītigāre zur Milde stimmen.

**dē-mittō**, mittere, mīsī, missum ❶ hinab-, herabschicken, herab-, niederlassen [**ex caelo nimbos** regnen lassen; **castra** das Lager hinabverlegen]; ❷ hinabmarschieren lassen, hinabziehen lassen [**agmen in Thessaliam**]; – *mediopass.* **demitti** hinabgehen, -steigen; ❸ senken [**vultum; oculos (in terram)** niederschlagen]; ❹ etw. in den Boden einschlagen, einrammen; ❺ *(poet.; nachkl.) (eine Waffe)* tief hineinstoßen [**ferrum in pectus**]; ❻ *(Kleider, Haare)* herabhängen lassen, herabwallen lassen; – *pass.* lang herabhängen, herabwallen; ❼ **animum** *od.* **mentem** *od.* **se animo ~** den Mut sinken lassen; ❽ **se demittere a)** sich hinabbegeben, hinabsteigen; **b)** sich auf etw. einlassen [**in res turbulentissimas**]; **c)** sich zu etw. erniedrigen [**in (ad) adulationem**]; ❾ **se demittere** *u. mediopass.* **demitti a)** *(v. Gewässern)* (her)abfließen, -strömen; **b)** *(v. Anhöhen, Tälern)* sich senken; ❿ *pass. (poet.; nachkl.)* v. jmdm. abstammen, seinen Ursprung herleiten; ⓫ aufnehmen, (ver)senken [**alqd in pectus** sich tief einprägen]; / *P. Adj.* **dēmissus,** a, um **a)** gesenkt, herabhängend; **b)** niedrig gelegen [**loca** Niederungen]; **c)** niedrig, tief; **d)** *(v. der Stimme)* gedämpft, leise; **e)** bescheiden, schlicht; **f)** niedergeschlagen [**animus**].

**dēmiūrgus**, ī *m (gr. Fw.) höchster Beamter in einigen griech. Staaten.*

**dēmō**, dēmere, dēmpsī, dēmptum *(< de-emo)* ❶ wegnehmen, abnehmen [**iuga bobus**]; ❷ *(übtr.)* beseitigen, nehmen [**alci metum**].

**Dēmocritus**, ī *m Philosoph aus Abdera in Thrakien (gest. 361 v. Chr.), Begründer der Atomlehre; – Adj.* **Dēmocritēus** *u.* **-tīus,** a, um.

**dē-mōlior**, mōlīrī ab-, niederreißen, zerstören *(konkr. u. übtr.)*.

**dēmōlītiō**, ōnis *f (demolior)* das Niederreißen.

**dēmōnstrātiō**, ōnis *f (demonstro)* ❶ das Zeigen, Hinweisen; ❷ Schilderung, Beweis(führung).

**dēmōnstrātīvus**, a, um *(demonstro) (rhet. t. t.)* verherrlichend.

**dēmōnstrātor**, ōris *m (demonstro)* derjenige, der etw. zeigt, angibt.

**dē-mōnstrō**, mōnstrāre ❶ genau zeigen, bezeichnen [**locum digito**]; ❷ *(m. Worten)* bezeichnen, darlegen, deutlich angeben; ❸ beweisen; ❹ genau bestimmen [**fines**]; ❺ der Bedeutung nach bezeichnen, bedeuten.

**dē-morior**, morī, mortuus sum (weg)sterben *(aus einem bestimmten Kreis)*.

**dē-moror**, morārī **I.** *trans.* ab-, aufhalten, verzögern; **II.** *intr. (nachkl.)* verweilen, zögern.

**dēmortuus** *Part. Perf. v. demorior.*

**Dēmosthenēs**, is *u.* ī *m athen. Staatsmann u. Redner (384–322 v. Chr.).*

**dē-moveō**, movēre, mōvī, mōtum ❶ wegbringen, entfernen; ❷ vertreiben, verdrängen; ❸ abbringen, abwenden *(a, de, auch m. bl. Abl.)* [**suspicionem ab alqo; alqm de sententia** von seiner Meinung].

**dēmpsī** *Perf. v. demo.*

**dēmptus** *P. P. P. v. demo.*

**dē-mūgītus**, a, um *(mugio) (poet.)* mit Gebrüll erfüllt.

**dē-mulceō**, mulcēre, mulsī, mulsum *u.* mulctum streicheln.

**dēmum** *Adv.* ❶ schließlich, zuletzt, endlich, erst; **tum ~** dann endlich; **nunc ~** jetzt erst; ❷ *(hervorhebend) (meist m. Pron.)* eben, gerade, erst; **ea ~ firma amicitia est;** ❸ *(steigernd)* vollends, erst recht; ❹ *(nachkl.) (einschränkend)* nur.

**dē-murmurō**, murmurāre *(poet.)* hermurmeln.

**dē-mūtātiō**, ōnis *f (demuto)* Veränderung; Entartung.

**dē-mūtō**, mūtāre *(nachkl.)* verändern.

**dēnārius** *(deni)* **I.** *Subst.* ī *m* der Denar: *röm. Silbermünze v. urspr. 10, seit der Zeit der Gracchen 16 asses;* **II.** *Adj.* a, um je zehn enthaltend [**nummus** Zehn-As-Stück].

**dē-narrō**, narrāre *(poet.; nachkl.)* genau erzählen.

**dē-natō**, natāre *(poet.)* hinabschwimmen.

**dē-negō**, negāre ❶ (ab)leugnen; ❷ verweigern, abschlagen.

**dēnī**, ae, a *(decem)* (*Gen. Pl.* -ûm, *selten* -ōrum) ❶ je zehn; ❷ *(poet.)* zehn auf einmal; ❸ *(poet.) Sg.* jedes Mal der Zehnte.

**dē-nicālis**, e *(nex)* von einem Todesfall reinigend.

**dēnique** *Adv.* ❶ *(am Ende v. Aufzählungen)* schließlich, endlich, zuletzt; ❷ *(als Abschluss einer Gedankenreihe)* kurz, mit einem Wort; ❸ *(verallgemeinernd)* überhaupt; ❹ *(steigernd)* ja sogar, außerdem noch; ❺ *(vermindernd)* wenigstens; ❻ *(zeitl.)* **a)** am Ende, zuletzt; **b)** endlich, erst; **c)** gerade, eben.

**dē-nōminō**, nōmināre *(poet.)* benennen.

**dē-nōrmō**, nōrmāre *(< de norma) (poet.)* unregelmäßig machen.

**dē-notō**, notāre kenntlich machen.
**dēns**, dentis *m* ❶ Zahn; ❷ *(poet.)* **~ aevi** Zahn der Zeit; ❸ Neid; ❹ *(meton.)* Zahnähnliches: **a) ~ ancorae** Haken; **b) ~ Saturni** Winzermesser; **c) dentes perpetui** Sägezähne; **d) insecti dentes** Zähne des Weberkammes.

D

**dēnseō**, dēnsēre, – – *(densus)* ❶ *(poet.)* verdichten; – *pass.* sich verdichten; ❷ dicht aufstellen; ❸ *(poet.; nachkl.)* rasch aufeinander folgen lassen; dicht nacheinander werfen.
**dēnsitās**, ātis *f (densus) (nachkl.)* Dichte.
**dēnsō**, dēnsāre, – – *(densus)* ❶ dicht machen, verdichten; ❷ *(milit. t. t.)* dicht aneinanderreihen, -stellen; ❸ *(poet.) ein Gewebe m. dem Kamm* dicht schlagen.
**dēnsus**, a, um ❶ dicht [**silva; umbra**]; ❷ *(poet.; nachkl.)* dicht gedrängt, gehäuft; ❸ *(poet.)* häufig, zahlreich, ununterbrochen [**ictūs**]; ❹ *(poet.)* dicht besetzt, voll von etw.; ❺ *(poet.)* anhaltend, heftig [**frigoris asperitas**].
**dentālia**, ium *n (dens) (poet.)* Scharbaum *am Pflug,* Pflugsohle.
**dentātus**, a, um *(dens)* ❶ m. Zähnen, Zacken (versehen); ❷ m. Elfenbein geglättet.
**dentiō**, dentīre *(dens) (nachkl.)* Zähne bekommen, zahnen.
**dē-nūbō**, nūbere, nūpsī, nūptum *(poet.; nachkl.)* (aus dem Elternhaus) wegheiraten, sich verheiraten.
**dē-nūdō**, nūdāre ❶ entblößen; ❷ *(übtr.)* aufdecken, offenbaren; ❸ plündern, berauben.
**dē-numerō** = *dinumero.*
**dēnūntiātiō**, ōnis *f (denuntio)* ❶ Ankündigung, Anzeige; ❷ (An-)Drohung; ❸ Verordnung; ❹ Voranzeige v. etw. Zukünftigem.
**dē-nūntiō**, nūntiāre ❶ ankündigen, anzeigen, verkündigen, erklären; ❷ androhen [**bellum; alci catenas**]; ❸ befehlen *(m. ut, ne, bl. Konj., Inf.)*; ❹ prophezeien, drohend verkündigen; ❺ *(jur. t. t.)* **a)** Anzeige erstatten; **b) alci testimonium ~** jmd. zur Zeugenaussage auffordern.
**dē-nuō** *Adv. (< *de-novo)* von neuem, wieder.
**dē-nūpsī** *Perf. v. denubo.*
**dēnūptum** *P. P. P. v. denubo.*
**de-onerō**, onerāre entlasten, abnehmen.
**de-orsum** *u.* **de-orsus** *Adv. (< *devorsum, -us v. devorto = deverto)* ❶ abwärts; ❷ unten.
**dē-pacīscor** = *depeciscor.*
**dē-pāscō**, pāscere, pāvī, pāstum ❶ *(v. Vieh)* abweiden, abfressen [**agros**]; ❷ *(poet.) (v. Hirten)* abweiden lassen; ❸ *(übtr.)* beschneiden.
**dē-pāscor**, pāscī, pāstus sum *(poet.; nachkl.)* abweiden, abfressen, verzehren.
**dē-pecīscor**, pecīscī, pectus sum *(paciscor)* ❶ einen Vertrag schließen; ❷ sich etw. ausbedingen.
**dē-pectō**, pectere, –, pexum *(poet.; nachkl.)* (her)abkämmen.
**dēpecūlātor**, ōris *m (depeculor)* Plünderer.
**dē-pecūlor**, pecūlārī ausplündern, berauben.
**dē-pellō**, pellere, pulī, pulsum ❶ hinabtreiben; herabstoßen, -werfen; ❷ vertreiben, verjagen; ❸ *(etw. Lästiges)* vertreiben, verscheuchen [**periculum; famem sitimque**]; ❹ verdrängen [**alqm senatu / de provincia**]; ❺ *(milit. t. t.) den Feind* aus seiner Stellung werfen, vertreiben; ❻ *(nachkl.)* verbannen; ❼ jmd. v. etw. abbringen [**a consilio**]; ❽ *(nachkl.) (naut. t. t.) vom Kurs* abtreiben, verschlagen; ❾ *(das säugende Junge)* entwöhnen.
**dē-pendeō**, pendēre, – – ❶ herabhängen; ❷ *(poet.; nachkl.) (übtr.)* von etw. abhängen, abhängig sein.
**dē-pendō**, pendere, pendī, pēnsum ❶ ab-, bezahlen; ❷ **poenas ~** büßen.
**dē-perdō**, perdere, perdidī, perditum ❶ *(poet.; nachkl.)* zugrunde richten, verderben *(meist im P. P. P.)*; ❷ verlieren, einbüßen [**non solum bona, sed etiam honestatem**].
**dē-pereō**, perīre, periī, peritūrus zugrunde gehen, umkommen, verloren gehen; **amore ~** vor Liebe vergehen.
**dēpexus** *P. P. P. v. depecto.*
**dē-pilō**, pilāre *(nachkl.)* enthaaren.
**dē-pingō**, pingere, pīnxī, pictum ❶ (ab)malen; ❷ schildern; ❸ **cogitatione alqd ~** sich etw. vorstellen.
**dē-plangō**, plangere, plānxī, plānctum *(poet.)* beklagen.
**dēplōrātiō**, ōnis *f (deploro) (nachkl.)* das Beweinen, Beklagen.
**dē-plōrō**, plōrāre **I.** *intr.* laut weinen, heftig klagen; **II.** *trans.* ❶ laut beweinen, beklagen; ❷ (als verloren) aufgeben.
**dē-pluō**, pluere, pluī, – *(poet.)* herabregnen.

**Grammatik & Co.**
**Deponentien** sind Verben, die eine passive Form haben, aber von uns im Deutschen mit einem aktiven Verb übersetzt werden müssen, z. B. patior „ich leide"; passus/passa es „du hast gelitten". Eine Mischform sind die **Semideponentien**, die teilweise passive, teilweise aktive Formen aufweisen: gaudeo „ich freue mich", aber: gavisi sumus „wir haben uns gefreut".

**dē-pōnō**, pōnere, posuī, positum ❶ niederlegen, -setzen, -stellen [**lecticam; caput terrae; coronam in aram**]; ❷ in Sicherheit bringen, sicher unterbringen, in Verwahrung geben [**signa apud amicos; amphoras in templo Dianae**]; ❸ anvertrauen; ❹ *(übtr.)* niederlegen, aufgeben, ablegen [**luctum; bellum** beenden; **magistratum; triumphum** verzichten; **spem; consilium**]; ❺ weg-, ablegen, beiseitelegen [**arma** die Waffen strecken *(v. Besiegten)* u. die Waffen ablegen]; ❻ *(poet.)* gebären; ❼ *(poet.) (Kranke, Sterbende)* aufgeben, *nur im P. P. P.* **depositus,** a, um im Sterben liegend; verstorben; *übtr.* (rettungslos) verloren.

**dēpopulātiō**, ōnis *f (depopulor)* (Aus-)Plünderung, Verwüstung.

**dēpopulātor**, ōris *m (depopulor)* Plünderer.

**dē-populor**, populārī *u.* **dē-populō,** populāre verwüsten, (aus)plündern, verheeren.

**dē-portō**, portāre ❶ hinabtragen, -bringen, -führen, hintragen, -bringen, *(zu Wasser)* übersetzen; ❷ fortbringen, -führen, -schaffen; ❸ *(aus der Provinz od. aus einem eroberten Land)* heimbringen, -führen, mitbringen [**exercitum victorem**]; ❹ *(v. Flüssen)* mit sich führen; ❺ *(nachkl.)* verbannen.

**dē-poscō**, poscere, poposcī, – ❶ dringend fordern; ❷ die Auslieferung jmds. verlangen *(alqm)*; ❸ sich ausbedingen; ❹ jmd. zum Kampf herausfordern.

**dēpositus** *P. P. P. v. depono.*

**dē-posuī** *Perf. v. depono.*

**dēprāvātiō**, ōnis *f (depravo)* Verzerrung, Entstellung; Verschlechterung.

**dē-prāvō**, prāvāre *(pravus)* ❶ verzerren, entstellen; ❷ verderben, verführen [**plebem consiliis**].

**dēprecābundus**, a, um *(deprecor) (nachkl.)* flehentlich bittend.

**dēprecātiō**, ōnis *f (deprecor)* ❶ Bitte um Abwendung *eines Übels* [**periculi**]; ❷ Bitte um Gnade; ❸ Fürbitte; ❹ Anrufung [**deorum**].

**dēprecātor**, ōris *m (deprecor)* Fürsprecher.

**dē-precor**, precārī ❶ durch Bitten abzuwenden suchen [**mortem**]; ❷ um Gnade bitten; ❸ um etw. bitten, flehen, erbitten, erflehen [**pacem; vitam ab alqo**]; ❹ als Entschuldigung anführen *(m. A. C. I.)*; ❺ *(poet.)* jmd. verwünschen.

**dē-prehendō**, prehendere, prehendī, prehēnsum *(u.* dē-prēndō, prēndere, prēndī, prēnsum) ❶ ergreifen, aufgreifen, wegauffangen; ❷ jmd. überraschen, ertappen; ❸ etw. finden, entdecken [**coniurationem** aufdecken]; ❹ überfallen, überraschen *(bes. v. Sturm auf See)*; ❺ *pass.* **deprehendi** in die Enge getrieben werden; ❻ *(geistig)* erfassen, erkennen, wahrnehmen.

**dēprehēnsiō**, ōnis *f (deprehendo)* das Vorfinden, Entdeckung.

**dē-prēndō** *s. deprehendo.*

**dē-pressī** *Perf. v. deprimo.*

**dēpressus**, a, um *(P. Adj. v. deprimo)* niedrig (gelegen).

**dē-primō**, primere, pressī, pressum *(premo)* ❶ herab-, niederdrücken; ❷ *(übtr.)* unterdrücken [**ius ac libertatem; veritatem; preces** zum Schweigen bringen]; ❸ *(Schiffe)* versenken; ❹ (tief in die Erde) einsenken, tief hineingraben; ❺ *(nachkl.) (die Stimme)* dämpfen.

**dē-proelior**, proeliārī *(poet.)* heftig kämpfen.

**dē-prōmō**, prōmere, prōmpsī, prōmptum ❶ hervorholen, herausnehmen; ❷ *(übtr.)* entnehmen, entlehnen.

**dē-properō**, properāre *(poet.)* etw. eilig herstellen.

**depsō**, depsere, depsuī, depstum *(gr. Fw.)* kneten.

**dē-pudet**, pudēre, puduit *(unpers.) (poet.; nachkl.)* sich nicht mehr schämen *(alqm, m. Inf.)*.

**dē-pūgis**, e *(puga) (poet.)* ohne Hinterbacken, m. mageren Lenden.

**dē-pūgnō**, pūgnāre bis zur Entscheidung kämpfen.

**dē-pulī** *Perf. v. depello.*

**dēpulsiō**, ōnis *f (depello)* ❶ das Zurückstoßen; ❷ Abwehr, Abweisung [**mali; servitutis**].

**dēpulsor**, ōris *m (depello)* Zerstörer.

**dēpulsus** *P. P. P. v. depello.*

**dē-putō**, putāre *(poet.)* ab-, beschneiden.

**dē-que** *s. sus*[2].

**dē-rādō**, rādere, rāsī, rāsum *(nachkl.)* abschaben, -reiben; – *P. Adj.* **dērāsus,** a, um kahl.

**dērēctus**, a, um = *directus.*

**dērelictiō**, ōnis *f (derelinquo)* Vernachlässigung.

**dē-relinquō**, relinquere, relīquī, relictum ❶ ganz verlassen, im Stich lassen; ❷ vernachlässigen.

**dē-repente** *Adv.* urplötzlich.

**dē-rēpō**, rēpere, rēpsī, – herabkriechen, -schleichen.

**dēreptus** *P. P. P. v. deripio.*

**dē-rīdeō**, rīdēre, rīsī, rīsum auslachen, verspotten.

**dērīdiculum**, ī *n (deridiculus) (nachkl.)* Gespött; Lächerlichkeit.

**dērīdiculus**, a, um *(derideo)* lächerlich.

**dē-rigēscō**, rigēscere, riguī, – *(poet.; nachkl.)* völlig erstarren.

**dē-rigō** = *dirigo.*

**dē-riguī** *Perf. v. derigesco.*

**dē-ripiō**, ripere, ripuī, reptum *(rapio)* (her)ab-, los-, fort-, entreißen [**alqm de ara; ensem vaginā; spolia Romanis; de auctoritate** schmälern].

**dē-rīsī** *Perf. v. derideo.*

**dērīsor**, ōris *m (derideo) (poet.; nachkl.)* Spötter, Spaßvogel.

**dērīsus**[1], ūs *m (derideo) (poet.; nachkl.)* Spott, Gespött.

**dērīsus**[2] *P. P. P. v. derideo.*

**dērīvātiō**, ōnis *f (derivo)* Ableitung [**aquae**].
**dē-rīvō**, rīvāre ① ab-, wegleiten [**aquam**]; ② *(übtr.)* abwälzen [**culpam in alqm; iram alcis in se** auf sich laden].
**dērogātiō**, ōnis *f (derogo)* Beschränkung *eines Gesetzes.*
**dē-rogō**, rogāre ① *(Gesetze)* beschränken, teilweise aufheben; ② absprechen, entziehen.
**dē-rōsus**, a, um *(rodo)* abgenagt.
**dē-ruō**, ruere, ruī, rutum herabwerfen.
**dērupta**, ōrum *n (deruptus)* abschüssige Stellen.
**dē-ruptus**, a, um *(rumpo)* abschüssig.
**dē-saeviō**, saevīre, saeviī, saevītum *(poet.; nachkl.)* ① heftig wüten; ② aufhören zu wüten.
**dē-scendō**, scendere, scendī, scēnsum *(scando)* ① herabsteigen, -gehen, -kommen; ② *(v. Waffen)* eindringen; ③ *(übtr.)* eindringen; **cura in animos descendit;** ④ *(poet.; nachkl.) (v. Gebirgen)* sich senken, sich herabziehen; ⑤ sich auf etw. einlassen, sich zu etw. erniedrigen, sich entschließen [**in certamen; ad supplicia innocentium**]; ⑥ *(v. Krankheiten)* sich verbreiten; **toto descendit corpore pestis;** ⑦ *(v. Tönen, Stimmen)* sinken.
**dēscēnsiō**, ōnis *f (descendo)* ① das Herabsteigen, -fahren, Abstieg; ② *(nachkl.) (meton.) (in den Boden eingelassene)* Badewanne.
**dēscēnsum** *P. P. P. v. descendo.*
**dēscēnsus**, ūs *m (descendo)* ① das Herabsteigen, Abstieg; ② abwärtsführender Weg.
**dē-scīscō**, scīscere, scīvī *u.* sciī, scītum ① abfallen, abtrünnig werden [**a senatu**]; ② sich abwenden, sich lossagen [**a veritate; a consuetudine parentum**].
**dē-scrībō**, scrībere, scrīpsī, scrīptum ① aufschreiben, -zeichnen, entwerfen; ② abschreiben, kopieren [**litteras**]; ③ beschreiben, schildern, darstellen; ④ festsetzen, anordnen [**iura; leges**]; ⑤ *Lieferungen* ausschreiben, auferlegen [**vecturas frumenti finitimis civitatibus**]; ⑥ zuteilen, zuweisen [**frumentum populo**]; ⑦ *(= discribo)* ein-, verteilen, ordnen [**populum censu / ordinibus**]; ⑧ einreihen [**milites in legiones**].
**dēscrīptiō**, ōnis *f (describo)* ① Zeichnung, Abriss, Entwurf; ② Abschrift, Kopie; ③ Beschreibung, Schilderung; ④ Begriffsbestimmung, Definition; ⑤ Einteilung, Gliederung, Ordnung [**urbis; legionum et auxiliorum**]; ⑥ Verteilung [**privatarum possessionum**].
**dēscrīptiuncula**, ae *f (Demin. v. descriptio) (nachkl.)* hübsche Beschreibung.
**dēscrīptus**, a, um *(P. Adj. v. describo)* geordnet, gegliedert.
**dē-secō**, secāre, secuī, sectum abschneiden.
**dē-sēdī** *Perf. v. desideo u. desido.*
**dē-serō**, serere, seruī, sertum ① verlassen, im Stich lassen [**inamabile regnum; agrum** brachliegen lassen]; ② *(milit. t. t.)* **exercitum** *od.* **castra ~** *u. Ä. (auch abs.)* das Heer, das Lager verlassen, desertieren; ③ vernachlässigen, aufgeben.
**dēserta**, ōrum *n (desertus) (poet.; nachkl.)* Einöde, Wüsten.
**dēsertor**, ōris *m (desero)* ① *(milit. t. t.)* Deserteur; ② *(poet.) übh.* Ausreißer, Flüchtling; ③ derjenige, der etw. vernachlässigt *(m. Gen.)* [**amicorum** Verräter].
**dēsertus**, a, um *(P. Adj. v. desero)* verlassen, öde, einsam.
**dē-seruī** *Perf. v. desero.*
**dē-serviō**, servīre eifrig dienen, sich ganz widmen [**divinis rebus; studiis**].
**dē-ses**, *Gen.* sidis *(desideo)* träge, untätig.
**dē-sideō**, sidēre, sēdī, sessum *(sedeo) (nachkl.)* müßig dasitzen.
**dēsīderābilis**, e *(desidero)* ① wünschenswert; ② unvergesslich.
**dēsīderātiō**, ōnis *f = desiderium.*
**dēsīderium**, ī *n (desidero)* ① Sehnsucht, Wunsch, Verlangen *(nach: m. Gen.);* ② Geliebte(r); ③ Bedürfnis [**cibi potionisque**]; ④ *(nachkl.)* Wunsch, Anliegen, Bitte.
**dē-sīderō**, sīderāre ① sich sehnen, wünschen, begehren; **libertatem ~; haec scire desidero;** ② vermissen; – *pass.* auf sich warten lassen, fehlen; ③ einbüßen, verlieren; – *pass.* verloren gehen.
**dē-sīdī** *s. desido.*
**dēsidia**, ae *f (desideo)* Faulheit, Trägheit, Untätigkeit.
**dēsidiōsus**, a, um *(desidia)* träge, müßig.
**dē-sīdō**, sīdere, sēdī *u.* sīdī, – sich senken, (ein)sinken; **urbs desedit;** *übtr.:* **mores desidentes** dekadent.
**dēsīgnātiō**, ōnis *f (designo)* ① Bezeichnung, Angabe; ② Anordnung, Plan; ③ *(nachkl.)* Designation, Ernennung *zu einem Amt* [**consulatūs**].
**dēsīgnātor**, ōris *m (designo)* Kampfrichter.
**dē-sīgnō**, sīgnāre ① bezeichnen, bestimmen, angeben; ② *(zu einem Amt)* bestimmen, ernennen *(m. dopp. Akk.); – bes. P. P. P.* **dēsīgnātus** designiert, erklärt *(Bez. bis zum Amtsantritt)* [**consul; tribunus plebis**]; ③ andeuten, anspielen auf [**nimiam luxuriam**]; ④ etw. anordnen; ⑤ *(poet.)* im Umriss darstellen.
**dē-siī** *Perf. v. desino.*
**dē-siliō**, silīre, siluī, sultum *(salio)* herabspringen.
**dē-sinō**, sinere, siī, situm ① aufhören, ein Ende nehmen; ② mit etw. aufhören, v. etw. ablassen, etw. unterlassen *(m. Akk.; Gen.; Abl.;*

*in m. Abl.; m. Inf., wobei desinere oft durch* „nicht mehr, nicht weiter" *zu übersetzen ist);* ❸ zu sprechen aufhören.

**dē-sipiō**, sipere, – – *(sapio)* ❶ unsinnig, töricht sein *od.* handeln; ❷ *(poet.)* ausgelassen sein.

**dē-sistō**, sistere, stitī, stitum von etw. abstehen, m. etw. aufhören *(m. Abl.; de; a; Gen.; Inf., wobei desistere oft durch* „nicht mehr, nicht weiter" *zu übersetzen ist).*

**dēsitus** *P. P. P. v. desino.*

**dē-sōlō**, sōlāre *(solus) (poet.; nachkl.)* einsam machen, verlassen.

**dē-spectō**, spectāre *(Intens. v. despicio)* ❶ *(poet.)* auf etw. herabsehen, -blicken [**terras ex alto**]; ❷ *(v. Örtl.)* etw. überragen, beherrschen; ❸ *(nachkl.)* jmd. verachten.

**dēspectus¹**, a, um *(P. Adj. v. despicio)* verachtet; verächtlich.

**dēspectus²**, ūs *m (despicio)* ❶ Aussicht, Fernsicht; ❷ *(nachkl.)* Verachtung.

**dēspēranter** *Adv. (desperans v. despero)* voll Verzweiflung.

**dēspērātiō**, ōnis *f (despero)* Hoffnungslosigkeit, Verzweiflung *(an etw.: Gen.).*

**dēspērātus**, a, um *(P. Adj. v. despero)* ❶ hoffnungslos, verzweifelt [**senes**]; ❷ aufgegeben [**res publica**]; – *Subst.* **-ī**, ōrum *m* aufgegebene Kranke.

**dē-spērō**, spērāre ❶ (die Hoffnung auf) etw. aufgeben, an etw. verzweifeln *(m. de; Dat.; Akk.; Inf.; A. C. I.);* ❷ *einen Kranken* aufgeben; / *s. auch desperatus u. desperanter.*

**dē-spēxī** *Perf. v. despicio.*

**dēspicātiō**, ōnis *f (despicio)* Verachtung.

**dēspicātus¹**, a, um *(despicio)* verachtet.

**dēspicātus²**, ūs *m (despicio)* Verachtung.

**dēspicientia**, ae *f (despicio)* Verachtung.

**dē-spiciō**, spicere, spēxī, spectum *(specto)* ❶ auf etw. herabsehen, -blicken *(trans. u. intr.);* ❷ verachten, verschmähen; ❸ wegblicken.

**dē-spoliō**, spoliāre berauben, plündern.

**dē-spondeō**, spondēre, spondī, spōnsum ❶ förmlich versprechen, zusagen; ❷ **sibi alqd** ~ sich etw. ausbedingen; ❸ *ein Mädchen* verloben; ❹ aufgeben [**animum** *od.* **animos** den Mut verlieren].

**dē-spōnsō**, spōnsāre *(Intens. v. despondeo) (nachkl.)* verloben.

**dēspōnsus** *P. P. P. v. despondeo.*

**dē-spūmō**, spūmāre *(poet.; nachkl.)* **I.** *trans.* abschäumen; **II.** *intr. (übtr.)* verbrausen.

**dē-spuō**, spuere, spuī, spūtum *(poet.; nachkl.)* ❶ ausspucken; ❷ zurückweisen [**preces**]; ❸ verabscheuen [**divitias**].

**dēstīllātiō**, ōnis *f (destillo) (nachkl.)* Katarr, Schnupfen.

**dē-stīllō**, stīllāre *(poet.; nachkl.)* herabtropfen; v. etw. triefen.

**dēstinātiō**, ōnis *f (destino)* ❶ Bestimmung; ❷ *(nachkl.)* Entschluss.

**dēstinātum**, ī *u.* **-a**, ōrum *n (destino)* ❶ Vorhaben, Vorsatz; ❷ Ziel.

**dēstinātus**, a, um *(P. Adj. v. destino) (poet.; nachkl.)* ❶ zu etw. entschlossen; auf etw. gefasst; ❷ *(v. Sachen)* bestimmt, fest [**sententia**].

**dē-stinō**, stināre ❶ festmachen, anbinden, befestigen; ❷ festsetzen, bestimmen [**tempus locumque ad certamen**]; ❸ beschließen, sich fest vornehmen; ❹ *zu einem Amt* bestimmen, ausersehen; ❺ zu kaufen beabsichtigen; ❻ *(poet.; nachkl.) ein Mädchen* verloben.

**dē-stituō**, stituere, stituī, stitūtum *(statuo)* ❶ (unten) hinstellen, aufstellen, antreten lassen; ❷ alleinlassen, zurücklassen; ❸ im Stich lassen, hilflos zurücklassen, preisgeben, verlassen; ❹ täuschen, hintergehen; **(a) spe destitui** in seiner Hoffnung getäuscht werden; / *P. Adj.* **dēstitūtus,** a, um **a)** verlassen, hilflos; **b)** beraubt, ohne *(m. Abl.; Gen.; ab)* [**amicis; parentum** verwaist; **a re familiari**]; **c)** v. jmdm. *od.* in etw. getäuscht *(ab alqo, [a] re).*

**dēstitūtiō**, ōnis *f (destituo)* Täuschung.

**dēstrictus**, a, um *(P. Adj. v. destringo) (nachkl.)* scharf, streng, entschieden [**accusator**].

**dē-stringō**, stringere, strīnxī, strictum ❶ *(poet.; nachkl.)* abstreifen; ❷ *(Waffen)* zücken; ❸ *(poet.; nachkl.)* streifen, leicht berühren; ❹ *(nachkl.) (Badende)* frottieren; ❺ *(poet.)* scharf kritisieren.

**dē-struō**, struere, strūxī, strūctum ❶ nieder-, einreißen; ❷ zugrunde richten, vernichten.

**dē-subitō** *Adv.* urplötzlich.

**dē-sūdō**, sūdāre **sich abmühen**.

**dē-suē-fīō**, fierī, factus sum entwöhnt werden.

**dēsuētūdō**, dinis *f (desuetus)* Entwöhnung.

**dē-suētus**, a, um ❶ entwöhnt; ❷ ungewohnt, ungewöhnlich.

**dēsultor**, ōris *m (desilio)* ❶ Kunstreiter *(der während des Rennens v. dem einen Pferd auf das andere sprang);* ❷ *(poet.)* ~ **amoris** Schürzenjäger.

**dēsultōrius**, a, um *(desultor)* einem Kunstreiter gehörig, Kunstreiter-.

**dē-sum**, esse, fuī, futūrus ❶ fehlen, abwesend sein, nicht vorhanden sein, mangeln; ❷ im Stich lassen, den Beistand versagen, preisgeben, versäumen *(m. Dat.)* [**senatui; bello** nicht mitmachen; **convivio** nicht teilnehmen an; **officio** nicht erfüllen; **occasioni temporis** eine Gelegenheit versäumen]; / *Kontraktionen, z. B. dēst < deest; dērat < deerat; dēro < deero.*

**dē-sūmō**, sūmere, sūmpsī, sūmptum sich ausersehen, aussuchen.

D

**dē-super** *Adv. (poet.; nachkl.)* von oben her(ab).

**dē-surgō**, surgere, surrēxī, surrēctum *(poet.)* aufstehen von [**cenā**].

**dē-tegō**, tegere, tēxī, tēctum ❶ ab-, aufdecken, entblößen, enthüllen; ❷ *(übtr.)* enthüllen, offenbaren, verraten.

**dē-tendō**, tendere, (tendī), tēnsum abspannen, abbrechen [**tabernacula**].

**dē-tergeō**, tergēre (*u.* **dē-tergō**, tergere), tersī, tersum ❶ ab-, wegwischen [**lacrimas**]; ❷ verscheuchen; **detersit sidera nubes;** ❸ reinigen; ❹ zerbrechen; ❺ abreißen; ❻ *(in der Umgangsspr.) (Geld)* aus etw. herausschlagen.

**dēterior**, ius (*Adv.* -ius), *Gen.* dēteriōris, *Komp.* weniger gut, geringer, schlechter, schwächer; – *Superl.:* **dēterrimus,** a, um der schlechteste, letzte, tiefste.

**dēterminātiō**, ōnis *f (determino)* ❶ Abgrenzung, Grenze; ❷ Ende [**orationis**].

**dē-terminō**, termināre ❶ begrenzen; ❷ festsetzen, bestimmen.

**dē-terō**, terere, trīvī, trītum *(poet.; nachkl.)* ❶ abreiben, -scheuern, -feilen; ❷ abnutzen; ❸ *(übtr.)* schmälern; – *Pass.* schwinden, vergehen.

**dē-terreō**, terrēre, terruī, territum ❶ abschrecken, -halten; ❷ etw. abwehren, fernhalten [**vim a censoribus**].

**dē-tersī** *Perf. v. detergeo u. detergo.*

**dētersus** *P. P. P. v. detergeo u. detergo.*

**dētestābilis**, e *(detestor)* verabscheuenswert.

**dētestātiō**, ōnis *f (detestor)* ❶ Verwünschung; ❷ Sühne.

**dē-testor**, testārī ❶ herabwünschen [**pericula in alcis caput**]; ❷ verwünschen, verfluchen; – **dētestandus,** a, um verwünschenswert; ❸ etw. abweisen.

**dē-tēxī** *Perf. v. detego.*

**dē-texō**, texere, texuī, textum ❶ *(poet.)* fertig weben, fertig flechten; ❷ vollenden.

**dē-tineō**, tinēre, tinuī, tentum *(teneo)* ❶ auf-, zurück-, festhalten; ❷ abhalten [**alqm ab incepto / de negotio**]; ❸ beschäftigen, fesseln; ❹ *(poet.) eine Zeit m. etw.* ausfüllen [**sermone diem**]; ❺ *(nachkl.)* vorenthalten; ❻ *(nachkl.)* beibehalten, belassen; ❼ *(nachkl.)* **se detinere** sein Leben fristen.

**dē-tondeō**, tondēre, tondī, tōnsum ❶ *(nachkl.)* abscheren [**capillos**]; ❷ *(poet.; nachkl.)* scheren [**oves**].

**dē-tonō**, tonāre, tonuī, – *(poet.)* ❶ herabdonnern; ❷ sich austoben.

**dētōnsus** *P. P. P. v. detondeo.*

**dē-torqueō**, torquēre, torsī, tortum ❶ wegdrehen, abwenden, *auch übtr. (alqd a re; alqd ad, in alqd)* [**animos a virtute**]; ❷ verrenken, -drehen; ❸ *(übtr.)* verdrehen [**verba**].

**dētractātiō, dētractātor** *s. detrect…*

**dētractiō**, ōnis *f (detraho)* ❶ Wegnahme; ❷ Entziehung.

**dē-tractō** = *detrecto.*

**dētractor**, ōris *m (detraho) (nachkl.)* Verkleinerer.

**dē-trahō**, trahere, trāxī, tractum ❶ herabziehen, herunterreißen [**alqm de curru**]; ❷ entziehen, -reißen, *auch übtr.* [**scutum militi; honorem alci**]; ❸ wegziehen, abziehen, -reißen [**sacerdotem ab ara**]; ❹ wegschleppen [**alqm spectaculis**]; entfernen [**inimicum ex Gallia**]; ❺ hinschleppen [**alqm in iudicium**]; ❻ zwingen [**alqm ad certamen**]; ❼ erniedrigen [**regum maiestatem**]; ❽ Abbruch tun, schädigen; ❾ *(nachkl.) (Bauwerke)* niederreißen [**castella**].

**dētrectātiō**, ōnis *f (detrecto)* Verweigerung.

**dētrectātor**, ōris *m (detrecto)* Verkleinerer.

**dē-trectō**, trectāre *(Intens. v. detraho)* ❶ verweigern, ablehnen; ❷ herabsetzen, schmälern.

**dētrīmentōsus**, a, um *(detrimentum)* sehr nachteilig.

**dētrīmentum**, ī *n (detero)* ❶ Verlust, Schaden, Nachteil; ❷ *(milit.)* Niederlage, Schlappe.

**dētrītus** *P. P. P. v. detero.*

**dē-trīvī** *Perf. v. detero.*

**dē-trūdō**, trūdere, trūsī, trūsum ❶ herab-, wegstoßen [**naves scopulo** vom Felsen]; ❷ vertreiben, -drängen *(konkr. u. übtr.)* [**hostem finibus; alqm de sua sententia**]; ❸ hindrängen, hineintreiben [**in luctum et laborem**]; ❹ etw. verschieben [**comitia in adventum Caesaris**].

**dē-truncō**, truncāre ❶ abhauen; ❷ stutzen, verstümmeln.

**dē-trūsī** *Perf. v. detrudo.*

**dētrūsus** *P. P. P. v. detrudo.*

**dē-tulī** *Perf. v. defero.*

**dē-turbō**, turbāre ❶ herabtreiben, -stürzen, -werfen [**alqm de tribunali; alqm de ponte in Tiberim**]; ❷ vertreiben [**Pompeianos ex vallo; alqm possessione**]; ❸ jmd. *einer Sache* berauben [**(ex) spe**].

**dē-turpō**, turpāre *(nachkl.)* verunstalten.

**Deucaliōn**, ōnis *m Sohn des Promethēus*, m. seiner Gattin Pyrrha aus der Sintflut gerettet; – Adj. **Deucaliōnēus**, a, um.

**de-ūnx**, ūncis *m (de [esse] u. uncia, eigtl. wobei eine uncia, d. i. ein Zwölftel fehlt)* elf Zwölftel.

**de-ūrō**, ūrere, ussī, ustum ❶ nieder-, verbrennen; ❷ erstarren lassen.

**deus**, ī *m* (*Nom. Pl.* dei, dii, dī; *Gen. Pl.* deorum *u.* deûm; *Dat. u. Abl. Pl.* deis, diis, dīs) *(vgl. divus)* ❶ Gott, Gottheit; **si di volunt, si dis placet** so Gott will; **di meliora (ferant** *od.*

**dent)** Gott bewahre!; ❷ Beschützer, Schutzgott; ❸ *(poet.)* Machthaber *auf Erden.*

**Imperium Romanum**
**deus** – Für die Römer waren die Götter Mächte, die sie ehrfürchtig im familiären wie im staatlichen Bereich in genau festgelegten Kultformen verehrten. Ihre obersten Gottheiten waren auf dem Kapitol im Jupitertempel in der Göttertrias (Götter-Dreiheit) von Jupiter, Juno und Minerva vereint. In der Kaiserzeit wurden auch die Kaiser nach ihrem Abscheiden vergöttlicht. Römische Religiosität äußerte sich in der Einhaltung eines Vertrags zwischen den Menschen und den Göttern: **Do, ut des** – „Ich gebe (opfere), damit du gibst (gnädig bist)".
Die römische Religiosität war nicht dogmatisch; so wurden früh fremde Götter und Kulte eingeführt und in Rom heimisch gemacht. Lange bevor das Christentum zur alleinigen Religion Roms wurde, wurden in Rom bereits Erlösungskulte, wie der Mithraskult, praktiziert.

**de-ussī** *Perf. v. deuro.*
**deustus** *P. P. P. v. deuro.*
**de-ūtor**, ūtī, ūsus sum jmd. misshandeln *(alqo).*
**dē-vāstō**, vāstāre gänzlich verwüsten, ausplündern.
**dē-vehō**, vehere, vēxī, vectum herabfahren, -führen, hinbringen; – *Pass.:* **devehor** herab-, hinfahren, segeln.
**dē-vellō**, vellere, vellī *(u.* vulsī, volsī), vulsum *(u.* volsum) *(poet.; nachkl.)* abrupfen, -reißen.
**dē-vēlō**, vēlāre *(poet.)* enthüllen, entschleiern [**ora sororis**].
**dē-veneror**, venerārī *(poet.)* ❶ anbetend verehren; ❷ *durch Gebet* abwenden.
**dē-veniō**, venīre, vēnī, ventum ❶ herunterkommen; ❷ wohin kommen, gelangen [**in urbem**]; ❸ *(übtr.)* wohin geraten [**in alienas manus**].
**dē-verbium** = *diverbium.*
**dē-versor**[1], versārī sich aufhalten, als Gast wohnen.
**dēversor**[2], ōris *m* Gast *(im Wirtshaus).*
**dēversōriolum**, ī *n (Demin. v. deversorium)* kleine Herberge.
**dēversōrium**, ī *n (deversorius)* Herberge, Gasthaus; Schlupfwinkel, Zufluchtsort.
**dēversōrius**, a, um *(deversor)* zum Einkehren geeignet.
**dēversus** *s. deverto.*
**dē-vertī** *s. deverto.*
**dēverticulum**, ī *n (deverto)* ❶ Neben-, Seitenweg; ❷ Herberge; ❸ Zufluchtsort.
**dē-vertō**, vertere, vertī, versum *(in den Präsensformen meist mediopass. dēvertor)* ❶ sich abwenden; ❷ einkehren [**in tabernam; ad hospitem**]; ❸ *(vom Thema)* abschweifen; ❹ *(poet.)* seine Zuflucht nehmen.
**dē-vēxī** *Perf. v. deveho.*
**dēvexitās**, ātis *f (devexus) (nachkl.)* abschüssige Lage.
**dēvexum**, ī *n (devexus) (nachkl.)* Abhang.
**dēvexus**, a, um *(m. Komp.) (deveho)* ❶ abwärtsgehend, abwärtsfließend; *(v. Gestirnen u. v. der Zeit)* sich neigend; ❷ gesenkt, abschüssig [**litus**].
**dē-vīcī** *Perf. v. devinco.*
**dēvictus** *P. P. P. v. devinco.*
**dē-vinciō**, vincīre, vinxī, vinctum ❶ festbinden, fesseln [**servum; leonem**]; ❷ umwinden; ❸ *(übtr.)* eng verbinden, verknüpfen [**homines inter se**]; ❹ jmd. für sich gewinnen; ❺ jmd. verpflichten [**alqm iure iurando**]; ❻ *(rhet. t. t.)* kurz zusammenfassen; / *P. Adj.* **dēvinctus,** a, um ergeben [**studiis**].
**dē-vincō**, vincere, vīcī, victum ❶ völlig besiegen, überwinden; ❷ siegreich beenden; ❸ die Oberhand behalten.
**dēvinctus** *s. devincio.*
**dē-vinxī** *Perf. v. devincio.*
**dēvītātiō**, ōnis *f (devito)* das Vermeiden.
**dē-vītō**, vītāre vermeiden.
**dē-vius**, a, um *(< de via)* ❶ abseits gelegen, entlegen; – *Subst.* **dēvia,** ōrum *n* ungebahnte Wege, Schleichwege; ❷ einsam (lebend, hausend); ❸ verirrt [**capellae**]; ❹ unstet, rastlos, wechselhaft [**animus**].
**dē-vocō**, vocāre ❶ herabrufen, herabkommen lassen; ❷ (weg)rufen, abberufen; ❸ jmd. von etw. weglocken, zu etw. verleiten [**a virtute ad voluptatem**]; ❹ jmd. zu Tisch laden.
**dē-volō**, volāre ❶ herabfliegen; herabeilen; ❷ wegfliegen; davoneilen.
**dē-volvō**, volvere, volvī, volūtum herabwälzen, -rollen (lassen) [**verba** dahinströmen lassen]; – *mediopass.:* **dēvolvor** sich herabwälzen, herabsinken, -stürzen.
**dē-vorō**, vorāre ❶ hinunterschlingen, verschlucken; ❷ *(übtr.)* verschwenden, vergeuden [**patrimonium**]; ❸ gierig nach etw. trachten *(m. Akk.)* [**hereditatem**]; ❹ begierig aufnehmen, verschlingen [**libros**]; ❺ geduldig ertragen, hinnehmen; ❻ etw. nicht ganz verstehen; ❼ *(poet.; nachkl.) (Tränen u. Ä.)* hinunterwürgen, unterdrücken.
**dēvortium**, ī *n (deverto)* das Abweichen; Umweg.
**dēvōtiō**, ōnis *f (devoveo)* ❶ Weihung, Weihe, Aufopferung; ❷ Gelübde; ❸ Verwünschung; ❹ *(nachkl.)* Zauberei, Zauber(spruch).

**dē-voveō**, vovēre, vōvī, vōtum **I.** *trans.* ① als Opfer geloben, weihen [**praedam Marti; sacerdotes ad mortem**]; ② *(poet.; nachkl.)* preisgeben, aufopfern; ③ verfluchen, verwünschen; **II.** *refl.* **se ~** ① sich aufopfern, den Opfertod erleiden; ② sich hingeben [**se alcis amicitiae**]; / *P. Adj.* **dēvōtus,** a, um *(poet.; nachkl.)* **a)** verflucht; **b)** treu ergeben; *Subst.* **dēvōtī,** ōrum *m* die Getreuen.

**dēxtāns**, antis *m (de [esse] u. sextans, eigtl. wobei ein Sechstel fehlt) (nachkl.)* fünf Sechstel.

**dextella**, ae *f (Demin. v. dextra)* das rechte Händchen.

**dexter**, t(e)ra, t(e)rum (*Komp.* dexterior, ius; *Superl.* dextumus *u.* dextimus, a, um) ① rechts (befindlich, gelegen); ② *(poet.)* Glück bringend [**omen; sidera**]; ③ *(poet.)* passend, günstig [**tempus**]; ④ geschickt, gewandt; / *Subst.* **dext(e)ra**, ae *f (erg. manus)* **a)** die rechte Hand, die Rechte; **b)** Handschlag; **c)** *(meton.)* feierliche Versicherung, Versprechen, Zusage, Treue; **d)** *(poet.)* Tapferkeit, Stärke.

**dextera** *s. dexter.*

**dexteritās**, ātis *f (dexter 4.)* Gewandtheit.

**dextimus**, a, um *Superl. v. dexter.*

**dextra** *s. dexter.*

**dextrōrsum** *u.* **-us** *Adv. (< dextrō-vorsum, v. vorto = verto)* nach rechts.

**dextumus**, a, um *Superl. v. dexter.*

**diadēma**, matis *n (gr. Fw.)* Kopfbinde *(bes. an der Tiara der Perserkönige);* Diadem.

**diadēmātus**, a, um *(diadema) (nachkl.)* m. einer Kopfbinde, einem Diadem geschmückt.

**diadūmenus**, a, um *(nachkl.) = diadematus.*

**diaeta**, ae *f (gr. Fw.)* ① geregelte Lebensweise; ② *(nachkl.)* Wohnung, Zimmer, Gartenhaus.

**dialectica**[1], ae *f (dialecticus, erg. ars)* Kunst der Diskussion, Dialektik.

**dialectica**[2], ōrum *n (dialecticus)* dialektische Untersuchungen, dialektische Lehrsätze.

**dialecticus** *(gr. Fw.)* **I.** *Adj.* a, um dialektisch; **II.** *Subst.* ī *m* Dialektiker.

**Diālis**, e *(Diespiter)* zu Jupiter gehörig, Jupiters; – **(flamen) Dialis** *m* Priester des Jupiter.

**dialogus**, ī *m (gr. Fw.)* Dialog.

**Diāna**, ae *f* ① *röm. Jagd-, Mond- und Geburtsgöttin;* – Adj. **Diānius**, a, um; ② *(meton.)* **a)** Jagd; **b)** Mond.

**dianomē**, ēs *f (gr. Fw.) (nachkl.)* Verteilung, Spende.

**diārium**, ī *n (dies)* tägliche Kost, Ration.

**dibaphus** *(gr. Fw.)* **I.** *Adj.* a, um *(nachkl.)* zweimal gefärbt; **II.** *Subst.* ī *f (erg. vestis)* purpurverbrämtes Staatskleid *(höherer Beamter).*

**dica**, ae *f (gr. Fw.)* Prozess, Klage.

**dicācitās**, tātis *f (dicax)* (beißender) Witz.

**dicātiō**, ōnis *f (dico*[2]*)* (Bewerbung um) Einbürgerung.

**dicāx**, *Gen.* ācis *(dico*[1]*)* witzig, beißend, schnippisch.

**dichorēus**, ī *m (gr. Fw.)* Doppeltrochäus (– ◡ – ◡).

**diciō**, ōnis *f (dico*[1]*)* Gewalt, Macht, Herrschaft; **alqm in** (*od.* **sub**) **dicionem suam redigere** *od.* **alqm suae dicionis facere** jmd. in seine Gewalt bringen.

**dicis causā** *od.* **grātiā** (nur) zum Schein, der Form wegen.

**dīcō**[1], dīcere, dīxī, dictum ① sagen, sprechen, vorbringen, äußern, erzählen; **dicunt** man sagt; **incredibile dictu** unglaublich zu sagen; **ne dicam** um nicht zu sagen; **sententiam ~** seine Stimme abgeben; ② reden, eine Rede halten; **ars dicendi** Rhetorik; **pro alqo ~** jmd. verteidigen; ③ (be)nennen *(m. dopp. Akk.); im Pass. auch* heißen; ④ vortragen; ⑤ singen; ⑥ besingen, preisen [**alqm carmine**]; ⑦ dichten; ⑧ vorhersagen [**fata**]; ⑨ versichern, als gewiss behaupten; ⑩ (an)zeigen, weisen [**alci viam**]; ⑪ bestimmen, festsetzen [**locum colloquio; multam** Strafe festsetzen]; ⑫ zu etw. ernennen *(m. dopp. Akk.)* [**alqm dictatorem**]; ⑬ versprechen; ⑭ *(in der Phonetik)* aussprechen.

**dicō**[2], dicāre ① *(einer Gottheit)* weihen, widmen; ② jmdm. etw. hingeben, zueignen, widmen [**alci totum diem**]; **se ~** sich widmen; ③ *(nachkl.)* zur Gottheit erheben; ④ *(nachkl.)* einweihen [**nova signa**].

**dicrotum**, ī *n u.* **-a,** ae *f (gr. Fw.)* Zweiruderer, -decker *(Galeere m. zwei Reihen v. Ruderbänken).*

**dictamnus**, ī *f u.* **-um,** ī *n (gr. Fw.)* Diptam *(Heilpflanze v. Berg Dikte auf Kreta).*

**dictāta**, ōrum *n (dicto)* Diktat, *(den Schülern zum Auswendiglernen diktierte)* Lehrsätze, Aufgabe.

**dictātor**, ōris *m (dicto)* Diktator: ① *in Rom:* **a)** *außerordentlicher höchster Magistrat in Notzeiten, um die gesamte Macht in einer Hand zu vereinen, auf Senatsbeschluss f. höchstens sechs Monate v. einem der beiden Konsuln ernannt;* **b)** *höchster Magistrat f. besondere Aufgaben;* ② *höchster Magistrat in latinischen Städten;* ③ Suffet *(einer der zwei höchsten Magistrate in Karthago).*

**dictātōrius**, a, um *(dictator)* diktatorisch, des Diktators [**invidia** gegen den D.].

**dictātūra**, ae *f (dictator)* ① Diktatur; ② das Diktieren.

**dictiō**, ōnis *f (dico*[1]*)* ① das (Aus-)Sprechen, (An-)Sagen, Vortrag [**multae** Festsetzung der Strafe]; ② Rede; ③ Rede-, Vortragsweise; ④ Orakel(spruch); ⑤ *(nachkl.)* Gespräch.

**dictitō**, dictitāre *(Frequ. v. dicto)* immer wieder sagen, zu sagen pflegen.

**dictō**, dictāre *(Frequ. v. dico¹)* ❶ wiederholt sagen; ❷ vorsagen, diktieren; ❸ verfassen.
**dictum**, ī *n (dico¹)* ❶ Aussage, Äußerung, Wort; ❷ (Aus-)Spruch; ❸ Befehl, Vorschrift; ❹ Versprechen; ❺ *(poet.)* Orakelspruch [**triste**].
**dictus** *P. P. P. v. dico¹*.
**didicī** *Perf. v. disco.*
**dīdidī** *Perf. v. dido.*
**dīditus** *s. dido.*

**Wissen: Antike**
**Dīdō** (dūs *od.* ōnis *f*) – Dido ist die legendäre Gründerin und erste Königin von Karthago. Sie war die Tochter des Königs Belus von Tyrus. Von ihrem Bruder Pygmalion verfolgt, floh sie nach Afrika. Dort wurde ihr von einem Häuptling so viel Land versprochen, wie mit einer Kuhhaut zu umfassen ist. Dido schnitt die Kuhhaut in lange Streifen und erlangte dadurch ein großes Gelände, worauf sie die Stadt Karthago gründete. In der Äneassage verliebte sie sich unsterblich in Äneas. Als dieser sie verließ, um nach Italien zu fahren, beging sie Selbstmord.

**dī-dō**, dī-dere, dī-didī, dī-ditum *(poet.; nachkl.)* verteilen; *mediopass.* sich verbreiten.
**dī-dūcō**, dūcere, dūxī, ductum *(dis¹)* ❶ auseinanderziehen, öffnen; ❷ trennen, teilen [**hostem** zerstreuen]; ❸ (in Parteien) spalten; ❹ *(milit.) aus enger Stellung in weite Formation* entfalten [**ordines**].
**dīductiō**, ōnis *f (diduco)* Weiterführung einer Folgerung.
**diēcula**, ae *f (Demin. v. dies)* kurze Frist; Zahlungsfrist.
**diēs**, ēī *m u. f* **I.** *m* ❶ Tag; **multo die** spät am Tag; **ad multum diem** *od.* **diei** bis spät in den Tag; **in dies** von Tag zu Tag; **cum die** m. Tagesanbruch; ❷ *(poet.; nachkl.)* Tageslicht; ❸ Ereignisse des Tages; ❹ *(poet.; nachkl.)* Tagesarbeit; ❺ Tagesmarsch, Tagereise; ❻ Todestag; **diem obire** sterben; **II.** *f* ❶ festgesetzter Tag, Zeitpunkt, Termin; **diem dicere alci** jmd. auf einen bestimmten Tag vor Gericht laden; **diem dare** *od.* **statuere** den Termin festsetzen; ❷ Frist, Aufschub; ❸ Zeit(raum); ❹ Briefdatum.
**Diēs-piter**, tris *m* = Jupiter.
**dif-fāmō**, fāmāre *(dis¹ u. fama) (poet.; nachkl.)* in Verruf bringen, über jmd. *od.* über etw. Gerüchte verbreiten *(m. Akk.)*.
**differēns** *s. differo.*
**differentia**, ae *f (differo II.)* Verschiedenheit, Unterschied.
**dif-ferō**, dif-ferre, dis-tulī, dī-lātum **I.** *trans.* ❶ auseinandertragen, verbreiten; ❷ auf-, verschieben, verzögern [**contionem in posterum diem**]; ❸ jmd. vertrösten, hinhalten; ❹ *(poet.; nachkl.)* zerstreuen, zerreißen, auseinanderbringen, trennen; **classem vis venti distulit; aquilo differt nubila;** ❺ überall bekannt machen; ❻ *(poet.; nachkl.)* ins Gerede bringen; **II.** *intr. (nur im Präsensstamm)* verschieden sein, sich unterscheiden; *unpers.:* **differt** es ist ein Unterschied; – *Adj.* **differēns,** *Gen.* ntis verschieden, abweichend, unähnlich *(abs. od. mit ab)*.
**dif-fertus**, a, um *(dis¹ u. farcio)* voll gestopft, voll von *(m. Abl.)*.
**dif-ficilis**, e *(dis¹ u. facilis)* (*Adv.* difficulter, *selten* difficiliter *u.* difficile) ❶ schwer, schwierig, beschwerlich, mühsam; **difficile dictu / factu** schwer zu sagen / zu tun; ❷ *(v. Örtl.)* unzugänglich, gefährlich, beschwerlich [**aditus; palus**]; ❸ *(v. der Zeit)* gefährlich; ❹ *(v. Personen u. Char.)* eigensinnig, mürrisch, griesgrämig, empfindlich.
**diffictus** *P. P. P. v. diffingo.*
**difficultās**, ātis *f (difficilis)* ❶ Schwierigkeit, Beschwerlichkeit [**loci** Unzugänglichkeit]; ❷ Mangel, (Geld-)Not; ❸ Eigensinn, mürrisches Wesen.
**difficulter** *Adv. v. difficilis.*
**diffīdēns**, *Gen.* entis *(P. Adj. v. diffido)* misstrauisch; ängstlich.
**diffīdentia**, ae *f (diffidens)* Misstrauen.
**dif-fidī** *Perf. v. diffindo.*
**dif-fīdō**, fīdere, fīsus sum *(dis¹)* misstrauen.
**dif-findō**, findere, fidī, fissum ❶ (zer)spalten, zerschlagen; ❷ *(jur. t. t.)* **diem ~** die Gerichtsverhandlung auf einen späteren Termin verschieben.
**dif-fingō**, fingere, finxī, fictum *(poet.)* umbilden; *(übtr.)* abändern.
**diffissus** *P. P. P. v. diffindo.*
**diffīsus** *P. P. Akt. v. diffido.*
**dif-fiteor**, fitērī *(dis¹ u. fateor)* leugnen.
**dif-fluō**, fluere, flūxī, – ❶ auseinanderfließen; ❷ zerfließen, sich auflösen; ❸ *(v. Personen)* in ausschweifendem Leben verkommen [**luxuriā** in Saus u. Braus leben].
**dif-fringō**, fringere, frēgī, frāctum *(frango) (nachkl.)* zerbrechen, zerschmettern.
**dif-fūdī** *Perf. v. diffundo.*
**dif-fugiō**, fugere, fūgī, fugitūrus auseinanderfliehen, sich zerstreuen.
**diffugium**, ī *n (diffugio) (nachkl.)* das Auseinanderstieben, Entfliehen.
**dif-fundō**, fundere, fūdī, fūsum ❶ ausgießen, auseinanderfließen lassen; ❷ **se ~** *u. mediopass.* **diffundi** zerfließen, sich ergießen; ❸ aus-, verbreiten *(konkr. u. übtr.); medio-*

D

*pass.* sich ausbreiten; ④ *(übtr.)* zerstreuen, aufheitern [**vultum; dolorem suum flendo**]; / *P. Adj.* **diffūsus**, a, um *(m. Komp.)* **a)** ausgedehnt, weit(läufig); **b)** *(übtr.)* weitschweifig, ausführlich.

**diffūsiō**, ōnis *f (diffundo) (nachkl.)* Heiterkeit.

**diffūsus** *s. diffundo.*

**digamma**, *undekl. n u.* ae *f (gr. Fw.) altgriech. Buchstabe F; meton.* Zinsbuch *(weil es die Aufschrift F = fenus trug).*

**Dīgentia**, ae *f Bach am Sabinergut des Horaz, j.* Licenza.

**dī-gerō**, gerere, gessī, gestum *(dis[1])* ① *(poet.; nachkl.)* trennen, (zer)teilen [**nubes**]; ② verteilen; ③ einteilen [**populum in partes; ius civile in genera**]; ④ *(poet.; nachkl.)* ordnen [**capillos**]; ⑤ ordnungsmäßig eintragen [**nomina in codicem**]; ⑥ *(poet.)* auslegen, deuten [**omina**].

**dīgestiō**, ōnis *f (digero)* ① Einteilung, Anordnung; ② *(als rhet. Figur)* Aufzählung *der einzelnen Punkte.*

**dīgestus** *P. P. P. v. digero.*

**digitulus**, ī *m (Demin. v. digitus)* Fingerchen.

**digitus**, ī *m* ① Finger [**index** Zeigefinger; **extremus** Fingerspitze]; ② *(poet.; nachkl.)* Zehe; ③ *(als Maß)* die Fingerbreite, der Zoll *(= 18,5 mm).*

**dī-gladior**, gladiārī *(dis[1] u. gladius)* sich herumschlagen; *übtr.* sich in den Haaren liegen.

**dīgnātiō**, ōnis *f (digno)* ① Anerkennung, Achtung; ② Rang, Stellung, Würde.

**dīgnitās**, ātis *f (dignus)* ① Würdigkeit, Tüchtigkeit, Verdienst; ② *(sittl.)* Würde, *innere* Ehre, Ehrenhaftigkeit; ③ Achtung, Ansehen, *äußere* Ehre; ④ würdevolles Aussehen [**corporis**]; Pracht [**urbis**]; ⑤ Stellung, Rang [**equestris**]; ⑥ Ehrenstelle, Amt; ⑦ *(meton.)* Würdenträger, Mann v. Rang.

**dīgnō**, dīgnāre *(dignus)* würdigen.

**dīgnor**, dīgnārī *(dignus) (poet.; nachkl.)* ① würdigen, für würdig halten; ② sich entschließen, wollen.

**dī-gnōscō** (*u.* **dī-nōscō**), (g)nōscere, (g)nōvī, – *(dis[1] u. nosco) (poet.; nachkl.)* unterscheiden, wahrnehmen [**bonum malumque**].

**dīgnus**, a, um ① würdig, wert; ② passend, angemessen, entsprechend; **dignum est** *(m. Inf. od. A C. I.)* es schickt sich, passt.

**dī-gredior**, gredī, gressus sum *(dis[1] u. gradior)* ① sich trennen, weggehen, scheiden; ② abweichen; abschweifen.

**dīgressiō**, ōnis *f (digredior)* ① das Weggehen, Abschied; ② *(in der Rede)* Abschweifung.

**dīgressus[1]**, ūs *m = digressio.*

**dīgressus[2]** *P. P. Akt. v. digredior.*

**diiūdicātiō**, ōnis *f (diiudico)* Entscheidung.

**dī-iūdicō**, iūdicāre ① entscheiden; ② unterscheiden.

**diiun…** = *disiun…*

**dī-lābor**, lābī, lāpsus sum ① auseinander-, zerfallen, verfallen, sich auflösen; **moenia vetustate dilapsa;** ② vergehen, (ver)schwinden; ③ abfließen; ④ *(v. Personen, bes. v. Soldaten)* entweichen, entwischen, sich zerstreuen; ⑤ *(übtr.)* entgleiten, entschwinden; **dilapsis curis**.

**dī-lacerō**, lacerāre ① zerreißen, zerfleischen; ② *(übtr.)* zerrütten.

**dī-lāminō**, lāmināre *(dis[1] u. lamina) (poet.)* spalten.

**dī-laniō**, laniāre zerfleischen, zerreißen.

**dī-lapidō**, lapidāre verschleudern, verschwenden.

**dīlāpsus** *P. P. Akt. v. dilabor.*

**dī-largior**, largīrī reichlich verschenken.

**dīlātiō**, ōnis *f (differo)* Verzögerung, Aufschub.

**dī-lātō**, lātāre *(dis[1] u. latus[2])* ausbreiten, (aus)dehnen *(konkr. u. übtr.)* [**castra; litteras** gedehnt aussprechen; **gloriam**].

**dīlātor**, ōris *m (differo) (poet.)* Zauderer.

**dī-laudō**, laudāre in jeder Hinsicht loben.

**dīlēctus[1]** *s. diligo.*

**dīlēctus[2]**, ūs *m (dis[1] u. lego[1])* ① *(milit. t. t.)* Aushebung; ② *(meton.)* die ausgehobene Mannschaft; ③ (Aus-)Wahl.

**dī-lēxī** *Perf. v. diligo.*

**dīligēns**, *Gen.* entis ① sorgfältig, gründlich, gewissenhaft *(in etw.: Gen. od. in m. Abl.);* ② sparsam, wirtschaftlich.

**dīligentia**, ae *f (diligens)* ① Sorgfalt, Aufmerksamkeit, Gründlichkeit, Gewissenhaftigkeit; ② Wirtschaftlichkeit.

**dī-ligō**, ligere, lēxī, lēctum *(dis[1] u. lego[1])* hoch achten, schätzen, lieben; – *P. Adj.* **dīlēctus**, a, um lieb, wert, teuer *(m. Dat.).*

**dī-lōrīcō**, lōrīcāre *(dis[1] u. lorica)* auseinander-, aufreißen.

**dī-lūceō**, lūcēre, – – klar sein *(nur übtr.).*

**dī-lūcēscō**, lūcēscere, lūxī, – *(Incoh. v. diluceo)* hell werden; *unpers.:* **dilucescit** es wird hell, es tagt.

**dī-lūcidus**, a, um *(m. Komp.) (diluceo)* ① hell; ② *(übtr.)* deutlich.

**dīlūculum**, ī *n (diluceo)* Morgendämmerung.

**dī-lūdium**, ī *n (dis[1] u. ludus) (poet.)* Aufschub.

**dī-luō**, luere, luī, lūtum ① aufweichen, auflösen; ② zerwaschen, wegspülen [**sata**]; ③ *durch Lösung* bereiten [**venenum** mischen]; ④ verscheuchen, entfernen [**curam mero**]; ⑤ entkräften, widerlegen [**crimen**]; ⑥ *(übtr.)* auflösen [**amicitiam**].

**dīluviēs**, ēī *f (diluo)* ① *(poet.; nachkl.)* Überschwemmung; ② *(poet.)* Vernichtung, Verderben.

**dīluvium**, ī *n = diluvies.*

**dī-lūxī** *Perf. v. dilucesco.*
**dī-mānō**, mānāre auseinanderfließen; sich ausbreiten.
**dīmēnsiō**, ōnis *f (dimetior)* Vermessung.
**dī-mētior**, mētīrī, mēnsus sum vermessen, aus-, abmessen; – *Part. Perf.* **dīmēnsus** *auch pass.* abgemessen.
**dī-mētō**, mētāre *u.* **dī-mētor**, mētārī abgrenzen, abstecken.
**dīmicātiō**, ōnis *f (dimico)* ① Kampf; ② das Ringen *(um: m. Gen.)* [**vitae**].
**dī-micō**, micāre *(Perf. poet. auch* -cuī*)* ① kämpfen, fechten [**acie** in offener Schlacht; **pro patria**]; ② *(übtr.)* ringen, sich abmühen [**de civitate**].
**dīmidiātus**, a, um *(dimidium)* halbiert, halb.
**dīmidium**, ī *n (dimidius)* die Hälfte; **-o** *(m. Komp.)* um die Hälfte [**carius; plus**].
**dīmidius**, a, um *(dis[1] u. medius)* halb [**pars** die Hälfte].
**dī-minuō**, minuere, (minuī), minūtum *(nachkl.)* zerschmettern.
**dīminūtiō** = *deminutio.*
**dī-mīsī** *Perf. v. dimitto.*
**dīmissiō**, ōnis *f (dimitto)* ① Entsendung; ② (Dienst-)Entlassung.
**dī-mittō**, mittere, mīsī, missum ① ausschicken, umherschicken, entsenden; ② *(Versammlungen)* entlassen, aufheben [**senatum; exercitum; convivium**]; ③ wegschicken, weggehen lassen [**legatos domum; milites in oppidum**]; ④ aus dem Dienst entlassen, verabschieden [**nautas**]; ⑤ *(Gefangene)* freigeben [**hostem ex custodia; alqm incolumem**]; *(nachkl.) (Verbrecher)* laufen lassen; ⑥ aufgeben, unterlassen, auf etw. verzichten [**oppugnationem; occasionem** ungenützt lassen; **libertatem; tributa** erlassen].
**dī-moveō**, movēre, mōvī, mōtum ① *(poet.; nachkl.)* auseinanderschieben, zerteilen, trennen [**undas**]; ② *(poet.; nachkl.)* entfernen, vertreiben; ③ zum Abfall bewegen.
**Dindymēnē**, nēs *f = Cybele.*
**Dindymus**, ī *m u.* **-a**, ōrum *n Gebirge in Phrygien (Kleinasien) m. Kybelekult.*
**dī-nōscō** *s. dignosco.*
**dī-notō**, notāre unterscheiden.
**dīnumerātiō**, ōnis *f (dinumero)* Aufzählung.
**dī-numerō**, numerāre ab-, aufzählen; berechnen.
**dioecēsis**, is *f (gr. Fw.)* Bezirk, Distrikt.
**dioecētēs**, ae *m (gr. Fw.)* Verwalter *der königl. Einkünfte.*

**Wissen: Antike**
**Diogenēs** (is *m*) – Diogenes aus Sinope (404–323 v. Chr.), auch bekannt unter dem Spitznamen „Diogenes in der Tonne“, ist der berühmteste Vertreter der kynischen Philosophenschule. Er verachtete gesellschaftliche Konventionen, die er als unnatürlich erachtete, und führte ein anspruchsloses, rein auf natürliche Bedürfnisse abgestelltes Bettlerdasein.



**Diomēdēs**, is *m Sohn des Tydeus, Held vor Troja, Gründer v. Arpi in Apulien; – Adj.* **Diomēdēus**, a, um.
**Diōna**, ae *u.* **Diōnē**, ēs *f* ① *Titanin, Mutter der Venus;* ② Venus; – *Adj.* **Diōnaeus**, a, um.
**Dionȳsia**, ōrum *n (Dionysus)* Bacchusfest.
**Dionȳsius**, ī *m Herrscher v. Syrakus:* ① *der Ältere, Tyrann v. Syrakus, gest. 367 v. Chr.;* ② *der Jüngere, sein Sohn, wurde 343 v. Chr. vertrieben.*
**Dionȳsus**, ī *m = Bacchus 1.; – Adj.* **Dionȳsius**, a, um.
**diōta**, ae *f (gr. Fw.) (poet.)* zweihenkliger Weinkrug.
**diplōma**, atis *n (gr. Fw., eigtl.* „zweifach Gefaltetes“*)* ① Diplom, (Ernennungs-, Begnadigungs-) Urkunde; ② *(z. Zt. der Republik)* Geleitbrief, Reisepass *(v. Senat f. die in die Provinz Reisenden ausgestellt);* ③ *(nachkl.) (in der Kaiserzeit)* Pass *zur Benutzung der Staatspost.*
**dīrae, Dīrae** *s. dirus.*
**dīrēctus**, a, um *(P. Adj. m. Komp. v. dirigo; Adv.* -ē *u.* -ō*)* ① gerade (gerichtet); ② waagrecht, horizontal; ③ senkrecht, vertikal, steil abfallend; ④ *(übtr.)* direkt, ohne Umschweife, geradeheraus [**verba**]; ⑤ streng.
**dir-ēmī** *Perf. v. dirimo.*
**dirēmptus[1]**, ūs *m (dirimo)* Trennung.
**dirēmptus[2]** *P. P. P. v. dirimo.*
**dīreptiō**, ōnis *f (diripio)* Plünderung, Raub.
**dīreptor**, ōris *m (diripio)* Plünderer.
**dīreptus** *P. P. P. v. diripio.*
**dī-rēxī** *Perf. v. dirigo.*
**dir-ibeō**, ibēre, ibuī, ibitum *(dis[1] u. habeo)* auslesen, sortieren [**tabellas** die Stimmtäfelchen].
**diribitiō**, ōnis *f (diribeo)* Zählung der Stimmtäfelchen.
**diribitor**, ōris *m (diribeo)* Zähler der Stimmtäfelchen.
**diribitōrium**, ī *n (diribeo) (nachkl.) Gebäude in Rom, urspr. f. Stimmenzählung, später f. Austeilung v. Geschenken u. Löhnen.*
**dī-rigēscō** = *derigesco.*
**dī-rigō**, rigere, rēxī, rēctum *(dis u. rego)* ① geraderichten [**flumina** regulieren]; ② gerade, in gerader Richtung aufstellen [**aciem**]; ③ hinwenden, -lenken [**iter ad litora**]; ④ *(poet.)* werfen, (ab)schießen [**hastam in**

**alqm**]; ⑤ nach etw. einrichten, bestimmen *(alqd ad alqd od. alqd re)*.

**dir-imō**, imere, ēmī, ēmptum *(dis[1] u. emo)* ① auseinanderbringen, trennen, scheiden; ② unterbrechen, stören, verhindern; ③ *(einen Kampf)* abbrechen; ④ *(eine Verbindung)* aufheben, auflösen [**amicitias**]; ⑤ *(einen Streit)* schlichten.

**dī-ripiō**, ripere, ripuī, reptum *(dis[1] u. rapio)* ① *(poet.)* auseinander-, zerreißen; ② *(poet.; nachkl.)* weg-, losreißen, entreißen [**a pectore vestem; arma militibus**]; ③ plündern, berauben [**aras; provincias**]; ④ wegschleppen, rauben [**frumentum ex horreis**].

**dīritās**, ātis *f (dirus)* Unglück; Grausamkeit.

**dī-rumpō**, rumpere, rūpī, ruptum ① zerreißen, zerbrechen, zerschlagen; – *mediopass.* **dīrumpī** bersten, platzen *(auch übtr. vor Ärger, Neid u. Ä.)*; ② *(übtr.)* abbrechen, auflösen [**societatem**].

**dī-ruō**, ruere, ruī, rutum nieder-, einreißen, zerstören; **aere dirutus** *(beim Spiel)* bankrott.

**dī-rūpī** *Perf. v. dirumpo.*

**dīruptus** *P. P. P. v. dirumpo.*

**dīrus**, a, um ① Unheil verkündend, unheilvoll [**omen; deae** *od.* **sorores** Erinnyen, Furien]; ② grässlich, schrecklich [**bellum; nefas**]; / *Subst.* **dīrae,** ārum *f (auch* **dīra,** ōrum *n)* **a)** unheilvolle Vorzeichen; **b)** Verwünschungen; **Dīrae,** ārum *f* Furien.

**dis-**[1] *Präfix (volle Form vor c, p, t, s [außer den Verbindungen sc, sp, st]: dis-curro, dis-sero; vor sc, sp, st di-: di-stinguo; vor f durch Assimilation dif-: dif-fundo; vor den übrigen Konsonanten dī-: dī-gero; vor Vokalen dir-: dir-imo)* ① *(zur Bez. der Trennung od. Entfernung)* weg-, ver-, zer- [**discedo**]; ② *(als Verneinung)* un- [**dispar**]; ③ *(als Verstärkung)* ganz, sehr [**discupio**].

**dīs**[2] *m u. f, n:* dīte, *Gen.* dītis *(< dives)* (*Komp.* dītior, *Superl.* dītissimus) ① reich; ② *(übtr.)* reich(lich), lohnend.

**Dīs**, Dītis *m* Pluto, *Gott der Unterwelt.*

**dis-calceātus**, a, um *(nachkl.)* unbeschuht.

**dis-cēdō**, cēdere, cessī, cessum ① auseinandergehen, sich trennen; ② sich zerstreuen; **hostes discedunt;** ③ *(b. der Abstimmung im Senat)* **in sententiam alcis ~** sich der Meinung jmds. anschließen; ④ weggehen, sich entfernen [**ab armis** die Waffen niederlegen]; ⑤ *(milit. t. t.)* abmarschieren; ⑥ *(als Sieger, aus dem Kampf u. ähnlichen Situationen)* hervorgehen, davonkommen [**sine detrimento**]; ⑦ v. jmdm. abfallen, jmdm. untreu werden [**ab amicis; a duce**]; ⑧ v. etw. abgehen, abweichen [**a consuetudine; a proposito** vom Thema abschweifen; **a sua sententia**]; ⑨ scheiden, (ver)schwinden, vergehen; **sol / lux discedit; ex** (*od.* **a**) **vita ~.**

**disceptātiō**, ōnis *f (discepto)* ① Erörterung, Debatte; ② Streitfrage; ③ Entscheidung, Urteilsspruch.

**disceptātor**, ōris *m (discepto)* Schiedsrichter.

**disceptātrīx**, īcis *f (disceptator)* Schiedsrichterin.

**dis-ceptō**, ceptāre *(capto)* ① erörtern, verhandeln [**de iure**]; ② entscheiden, schlichten [**controversias**]; ③ beruhen auf.

**dis-cernō**, cernere, crēvī, crētum ① absondern, scheiden, trennen; ② unterscheiden [**suos** erkennen].

**dis-cerpō**, cerpere, cerpsī, cerptum *(carpo)* ① zerpflücken, -stückeln, -reißen [**corpus ferro**]; ② *(in der Rede)* zerstückeln; ③ *(poet.)* zerstreuen, verwehen.

**dis-cessī** *Perf. v. discedo.*

**discessiō**, ōnis *f (discedo)* ① das Auseinandergehen, Trennung; ② *(im Senat)* Abstimmung *(durch Auseinandertreten)*; **discessionem facere** vornehmen; **~ fit** es wird abgestimmt; ③ *(nachkl.) (milit. t. t.)* Abmarsch.

**discessum** *P. P. P. v. discedo.*

**discessus**, ūs *m (discedo)* ① das Weggehen, Scheiden, Abreise; ② *(milit. t. t.)* Abmarsch; ③ Verbannung.

**di-scidī** *Perf. v. discindo.*

**discidium**, ī *n (discindo)* ① Trennung; ② Ehescheidung; ③ Zerwürfnis.

**discīnctus** *s. discingo.*

**di-scindō**, scindere, scidī, scissum ① zerreißen, spalten; ② *(übtr.)* plötzlich abbrechen, lösen [**amicitiam**]; ③ *ein Gewand* aufreißen.

**dis-cingō**, cingere, cīnxī, cīnctum los-, aufgürten; – *P. Adj.* **discīnctus,** a, um **a)** ungegürtet; **b)** ohne Waffe in der Tunika *(als Zeichen der Trauer)*; **c)** m. blankem Schwert ohne Scheide u. Wehrgehenk *(als milit. Strafe)*; **d)** *(poet.)* leichtsinnig, sorglos.

**disciplīna**, ae *f (discipulus)* ① Unterricht, Lehre *(in etw.: Gen.)*; ② Bildung, Kenntnisse; ③ Lehrmethode, System; ④ Unterrichtsfach, Wissenschaft [**iuris civilis** Rechtswissenschaft; **dicendi** Rhetorik]; ⑤ Schule, *bes.* Philosophenschule; ⑥ strenge Erziehung, Disziplin; ⑦ milit. Disziplin; ⑧ Ordnung, Einrichtung; ⑨ Gewohnheit, Lebensweise; ⑪ Staatsverfassung.

**discipula**, ae *f (discipulus) (poet.; nachkl.)* Schülerin.

**discipulus**, ī *m* Schüler.

**discissus** *P. P. P. v. discindo.*

**dis-clūdō**, clūdere, clūsī, clūsum *(claudo)* voneinander abschließen, trennen.

**discō**, discere, didicī, – lernen, etw. studieren; kennen lernen; erfahren; – *im Perf.:* kennen, wissen, verstehen; – **discentēs,** tium *m (nachkl.)* Schüler, Lehrlinge.

**discobolos**, ī *m (gr. Fw.) (nachkl.)* Diskuswerfer.

**dis-color**, *Gen.* lōris ① verschiedenfarbig, bunt; ② *(poet.)* verschieden, unähnlich.

**dis-conveniō**, convenīre, – – *(poet.)* nicht übereinstimmen.

**discordia**, ae *f (discors)* ① Uneinigkeit, Zwietracht, Streit; ② *(nachkl.)* Meuterei.

**Discordia**, ae *f (discordia) Göttin der Zwietracht.*

**discordiōsus**, a, um *(discordia)* streitsüchtig.

**discordō**, discordāre *(discors)* ① uneins sein; ② *(poet.)* nicht übereinstimmen *(mit: Dat.)*; ③ *(nachkl.)* meutern.

**dis-cors**, *Gen.* cordis *(cor)* ① uneinig; ② nicht übereinstimmend, verschieden; ③ *(nachkl.)* aufrührerisch.

**discrepantia**, ae *u.* **discrepātiō**, ōnis *f (discrepo)* Uneinigkeit; Widerspruch.

**dis-crepō**, crepāre, crepāvī *(u. poet.* crepuī), – ① *(v. Musikinstrumenten)* nicht harmonieren; ② *(übtr.)* nicht übereinstimmen, abweichen, verschieden sein; *unpers.:* **discrepat** man ist uneins, es besteht ein Widerspruch [**inter scriptores**].

**discrētus** *P. P. P. v. discerno.*

**dis-crēvī** *Perf. v. discerno.*

**di-scrībō**, scrībere, scrīpsī, scrīptum ① einteilen, ordnen; ② *(Personen)* einteilen, einreihen [**milites in legiones**]; ③ zuteilen, anweisen [**frumentum populo**]; ④ festsetzen, anordnen [**iura**].

**dis-crīmen**, minis *n (discerno)* ① Scheidelinie, -wand; ② Unterschied; ③ Unterscheidung(svermögen); ④ Entscheidung [**pugnae**]; ⑤ Entscheidungskampf; ⑥ Gefahr, Bedrängnis; ⑦ Wendepunkt; ⑧ *(poet.)* Probe; ⑨ *(poet.)* Abstand, Entfernung, Zwischenraum; ⑩ *(poet.) (in der Musik)* Intervall.

**discrīminō**, discrīmināre *(discrimen)* ① trennen, auslesen; ② *(nachkl.)* unterscheiden.

**discrīptiō**, ōnis *f (discribo)* Ein-, Verteilung, Gliederung; *oft als Variante v. descriptio.*

**discrīptus** *P. P. P. v. discribo.*

**dis-cruciō**, cruciāre (zer)martern, quälen.

**dis-cumbō**, cumbere, cubuī, cubitum *(cubo)* sich niederlegen; sich zu Tisch legen.

**dis-cupiō**, cupere, cupīvī, cupītum sehnsüchtig wünschen.

**dis-currō**, currere, (cu)currī, cursum ① auseinanderlaufen, sich zerstreuen; ② *(poet.; nachkl.)* hin u. her laufen.

**discursātiō**, ōnis *f (discurso) (nachkl.)* das Hin-und-her-Laufen.

**dis-cursō**, cursāre *(Intens. v. discurro) (nachkl.)* hin u. her laufen.

**discursus**, ūs *m (discurro)* ① das Auseinanderlaufen; ② das Umherlaufen, Hin-und-her-Fahren.

**discus**, ī *m (gr. Fw.)* Wurfscheibe, Diskus.

**dis-cutiō**, cutere, cussī, cussum *(quatio)* ① zerschlagen, zertrümmern; ② auseinandertreiben, vertreiben; ③ *(übtr.)* beseitigen, zerstreuen, vereiteln [**periculum; famam**].

D

**disertus**, a, um *(Adv. auch -tim) (dissero[2])* ① *(v. der Rede u. Ä.)* wohlgeordnet, wohlformuliert, deutlich [**oratio; historia**]; ② redegewandt.

**dis-iciō**, icere, iēcī, iectum *(iacio)* ① zertrümmern, zerschmettern, zerstören [**statuas; arcem**]; ② auseinandertreiben, zersprengen, zerstreuen [**aciem; nebulam** verscheuchen; **capillos** zerraufen]; – *P. Adj.* **disiectus,** a, um **a)** *(v. Örtl.)* zerstreut liegend; **b)** *(nachkl.)* zerstreut wohnend; ③ vereiteln, zunichtemachen [**consilia ducis**].

**disiūnctiō**, ōnis *f (disiungo)* ① Trennung; ② Verschiedenheit; ③ *(in der Dialektik)* Gegensatz; ④ *(rhet. t. t.)* Asyndeton.

**dis-iungō**, iungere, iūnxī, iūnctum ① abspannen [**iuvencos**]; ② trennen, sortieren; ③ unterscheiden; / *P. Adj.* **disiūnctus,** a, um **a)** getrennt, entfernt, fern; **b)** *(übtr.)* abweichend, sich v. etw. unterscheidend; **c)** *(t. t. der Dialektik)* entgegengesetzt; **d)** *(rhet. t. t.)* unzusammenhängend.

**dis-pālor**, pālārī zerstreut umherschweifen.

**dis-pandō**, pandere, pandī, pānsum *(poet.; nachkl.)* ausspannen, -dehnen.

**dis-pār**, *Gen.* paris ungleich, verschieden.

**dis-parō**, parāre absondern, trennen.

**dispectus** *P. P. P. v. dispicio.*

**dis-pellō**, pellere, pulī, pulsum auseinandertreiben, zerstreuen *(konkr. u. übtr.)*.

**dispendium**, ī *n* Aufwand; Verlust.

**dis-pendō**, pendere, –, pessum *u.* **dis-pennō,** pennere, –, pessum *(poet.)* ausspannen, ausbreiten.

**dispēnsātiō**, ōnis *f (dispenso)* ① genaue, gleichmäßige Verteilung; ② Verwaltung; ③ Schatzmeisteramt.

**dispēnsātor**, ōris *m (dispenso)* (Haus-)Verwalter; Schatzmeister.

**dispēnsō**, dispēnsāre ① ver-, austeilen; ② einteilen, (an)ordnen; ③ verwalten; wirtschaften.

**dis-perdō**, perdere, perdidī, perditum ganz zugrunde richten, verderben; – *Pass. meist ersetzt durch dispereo.*

**dis-pereō**, perīre, periī, – ganz zugrunde gehen, verloren gehen, verderben *(v. Lebewesen u. v. Sachen)*.

**di-spergō**, spergere, spersī, spersum *(spargo)* ① aus-, zerstreuen; ② aus-, verbreiten [**rumores**]; / *P. Adj.* **dispersus,** a, um *(Adv.* -ē *u.* -im) überall zerstreut, an vielen Orten stattfindend.

**dispersiō**, ōnis *f (dispergo)* Zerstörung.
**dispersus**[1] *s. dispergo.*
**dispersus**[2], *Abl.* ū *m (dispergo)* Zerstreuung.
**dis-pertiō**, pertīre *(u.* **-pertior**, pertīrī) *(partior)* ❶ zer-, verteilen [**exercitum per oppida**]; ❷ aus-, zuteilen [**bona militibus**].
**dispessus** *P. P. P. v. dispendo u. dispenno.*
**di-spiciō**, spicere, spexī, spectum *(specto)* ❶ zu sehen beginnen, die Gegenstände um sich herum mit den Augen unterscheiden; ❷ erblicken, wahrnehmen *(konkr. u. übtr.)*; ❸ erkennen, durchschauen [**verum**]; ❹ erwägen, überlegen.
**displicentia**, ae *f (displiceo) (nachkl.)* Missfallen, Unzufriedenheit.
**dis-pliceō**, plicēre, plicuī, (plicitum) *(placeo)* missfallen [**sibi** schlechter Laune sein].
**dis-plōdō**, plōdere, plōsī, plōsum *(plaudo) (poet.)* zersprengen.
**dis-pōnō**, pōnere, posuī, positum ❶ an verschiedenen Orten aufstellen, verteilen; ❷ ordnen, in Ordnung bringen, einrichten; ❸ *(poet.)* geordnet darstellen [**modos**]; – *P. Adj.* **dispositus,** a, um wohlgeordnet [**verba**].
**dispositiō**, ōnis *f (dispono)* Anordnung, Einteilung; *(rhet. t. t.)* Disposition.
**dispositus**[1] *s. dispono.*
**dispositus**[2], *Abl.* ū *m (dispono) (nachkl.)* Anordnung.
**dis-posuī** *Perf. v. dispono.*
**dis-pulī** *Perf. v. dispello.*
**dispulsus** *P. P. P. v. dispello.*
**dis-pungō**, pungere, pūnxī, pūnctum *(nachkl.)* durchgehen, überrechnen.
**disputābilis**, e *(disputo) (nachkl.)* der Erörterung wert.
**disputātiō**, ōnis *f (disputo)* wissenschaftliches Streitgespräch, Untersuchung, Abhandlung.
**disputātiuncula**, ae *f (Demin. v. disputatio) (nachkl.)* kurze Abhandlung.
**disputātor**, ōris *m (disputo)* Denker, der etw. gründlich erörtert; Diskussionsredner.
**dis-putō**, putāre auseinandersetzen, erörtern, untersuchen.
**dis-quīrō**, quīrere, – – *(quaero) (poet.)* untersuchen.
**disquīsītiō**, ōnis *f (disquiro)* Untersuchung.
**dis-rumpō** = *dirumpo.*
**dis-saepiō**, saepīre, saepsī, saeptum abzäunen, trennen.
**dissaeptiō**, ōnis *f (dissaepio)* Trennung.
**dis-sāvior**, sāviārī abküssen.
**dis-secō**, secāre, secuī, sectum *(nachkl.)* zerschneiden, -hauen.
**dis-sēdī** *Perf. v. dissideo u. dissido.*
**dis-sēminō**, sēmināre aussäen; *übtr.* ausstreuen, verbreiten.
**dis-sēnsī** *Perf. v. dissentio.*
**dissēnsiō**, ōnis *f u.* **dissēnsus,** ūs *m (dissentio)* ❶ Meinungsverschiedenheit; ❷ Uneinigkeit, Streit; ❸ Widerspruch.
**dissentāneus**, a, um *(dissentio)* nicht übereinstimmend *(mit etw.: Dat.).*
**dis-sentiō**, sentīre, sēnsī, sēnsum ❶ anderer Meinung sein; ❷ streiten; ❸ nicht übereinstimmen, im Widerspruch stehen [**a more maiorum; cum scripto**].
**dis-serēnāscit**, serēnāvit *unpers. (serenus)* es heitert sich auf.
**dis-serō**[1], serere, sēvī, situm in Abständen in die Erde setzen.
**dis-serō**[2], serere, seruī, sertum erörtern, besprechen; sprechen, einen Vortrag halten *(m. de; Akk.; A. C. I.; indir. Frages.).*
**dissertiō**, ōnis *f (dissero*[2]*)* allmähliche Auflösung.
**dissertō**, dissertāre *(Intens. v. dissero*[2]*)* gründlich erörtern, besprechen *(de re; alqd).*
**dissertus** *P. P. P. v. dissero*[2].
**dis-seruī** *Perf. v. dissero*[2].
**dis-sēvī** *Perf. v. dissero*[1].
**dissiciō** = *disicio.*
**dis-sideō**, sidēre, sēdī, – *(sedeo)* ❶ verschiedener Meinung sein, nicht übereinstimmen; uneinig sein, in Zwietracht leben *(inter se; ab, cum alqo; Dat.; de re u. in re)*; ❷ *(v. Lebl.)* widersprechen, widerstreben *(inter se; ab, cum re)*; – *P. Adj.* **dissidēns,** entis widerspenstig, gegnerisch; ❸ entfernt sein, getrennt liegen *(alci rei).*
**dis-sīdō**, sīdere, sēdī, – mit jmdm. in Feindschaft geraten *(ab alqo).*
**dissīgnātiō**, ōnis *f (dissigno)* Einrichtung, Anordnung.
**dissīgnātor**, ōris *m (dissigno) (poet.; nachkl.)* Anordner, Platzanweiser.
**dis-sīgnō**, sīgnāre ❶ anordnen, einrichten; ❷ *(poet.)* anrichten, anstiften.
**dis-siliō**, silīre, siluī, sultum *(salio)* ❶ *(poet.; nachkl.)* zerspringen, bersten; ❷ *(poet.) (übtr.)* sich auflösen.
**dis-similis**, e unähnlich, ungleichartig.
**dissimilitūdō**, dinis *f (dissimilis)* Unähnlichkeit, Verschiedenartigkeit.
**dissimulanter** *Adv. (dissimulo)* unvermerkt, heimlich.
**dissimulantia**, ae *f (dissimulo)* Verstellung.
**dissimulātiō**, ōnis *f (dissimulo)* ❶ Verstellung; Ironie; ❷ *(nachkl.)* das Unkenntlichmachen; ❸ *(nachkl.)* absichtliches Übersehen, Nichtbeachtung.
**dissimulātor**, ōris *m (dissimulo)* Verleugner.
**dis-simulō**, simulāre ❶ verhehlen, verheimlichen, verleugnen; ❷ sich verstellen, heucheln; ❸ *(poet.)* unkenntlich machen, verbergen; ❹ *(nachkl.)* etw. nicht beachten, übersehen.

**dissipābilis**, e *(dissipo)* zerteilbar.
**dissipātiō**, ōnis *f (dissipo)* ❶ Zerstreuung [**civium**]; ❷ Zerteilung, Zersplitterung [**pecuniae**]; ❸ *(rhet. t. t.)* Zerlegung eines Begriffes in einzelne Teile.
**dis-sipō**, sipāre ❶ zerstreuen, verteilen; ❷ verbreiten [**discordiam**]; ❸ *(Gerüchte)* ausstreuen, verbreiten; ❹ auseinandertreiben [**hostes**]; ❺ verschleudern, vergeuden [**rem familiarem**]; ❻ zerstören, zertrümmern; / *P. Adj.* **dissipātus,** a, um **a)** zerstreut, zersprengt [**hostes**]; **b)** zusammenhanglos [**oratio**].
**dissitus** *P. P. P. v. dissero[1].*
**dissociābilis**, e *(dissocio)* ❶ *(nachkl.)* unvereinbar; ❷ *(poet.)* trennend.
**dissociātiō**, ōnis *f (dissocio) (nachkl.)* Trennung.
**dis-sociō**, sociāre ❶ trennen, spalten, auflösen; ❷ *(poet.) (räuml.)* trennen, scheiden; / *P. Adj.* **dissociātus,** a, um ungesellig (lebend).
**dissolūbilis**, e *(dissolvo)* auflösbar, zerlegbar.
**dissolūtiō**, ōnis *f (dissolvo)* ❶ Auflösung, Zerfall; ❷ Abschaffung, Aufhebung [**legum; iudiciorum**]; ❸ Mangel an Energie, Schwäche.
**dissolūtus**, a, um *(P. Adj. v. dissolvo)* ❶ aufgelöst; ❷ sorglos, leichtsinnig, gleichgültig; ❸ nachlässig, ausschweifend, zügellos; ❹ *(v. der Rede)* ungebunden, regellos.
**dis-solvō**, solvere, solvī, solūtum ❶ auflösen; ❷ abbrechen, abreißen [**pontem**]; ❸ *(übtr.)* aufheben, abschaffen, auflösen [**leges; amicitiam**]; ❹ entkräften, widerlegen; ❺ ab-, bezahlen [**aes alienum**]; ❻ *(rhet. t. t.)* ohne periodische Verbindung lassen, auflösen [**versum**]; */ s. auch dissolutus.*
**dis-sonus**, a, um ❶ unharmonisch, verworren [**voces**]; ❷ verschieden, abweichend *(in, an, durch etw.: Abl.; von etw.: ab).*
**dis-sors**, *Gen.* sortis *(poet.)* nicht gemeinsam.
**dis-suādeō**, suādēre, suāsī, suāsum abraten.
**dissuāsiō**, ōnis *f (dissuadeo)* das Abraten, Gegenrede.
**dissuāsor**, ōris *m (dissuadeo)* derjenige, der v. etw. abrät, Redner gegen etw. [**legis** Redner gegen das Gesetz].
**dissuāsus** *P. P. P. v. dissuadeo.*
**dis-suī** *Perf. v. dissuo.*
**dis-sultō**, sultāre *(Intens. v. dissilio) (poet.; nachkl.)* ❶ zerspringen, bersten; ❷ sich nach allen Seiten hin verbreiten; ❸ *(nachkl.)* abprallen.
**dis-suō**, suere, suī, sūtum ❶ allmählich auflösen [**amicitias**]; ❷ weit öffnen.
**distantia**, ae *f (disto)* ❶ Verschiedenheit; ❷ *(nachkl.)* Abstand.
**dis-tendō**, tendere, tendī, tentum (*u.* tēnsum) ❶ ausdehnen, -strecken; ❷ zerstreuen [**animos** verwirren]; ❸ *(milit. t. t.) (die feindl. Truppen)* an mehreren Punkten zugleich binden; ❹ *(poet.)* voll füllen.
**distentus[1]**, a, um *(P. Adj. m. Komp. v. distendo) (poet.; nachkl.)* gespannt, ganz angefüllt [**uber** strotzend].
**distentus[2]**, a, um *(P. Adj. v. distineo)* vielseitig beschäftigt.
**dis-terminō**, termināre abgrenzen.
**distichon** *(u.* **-um***),* ī *n (gr. Fw.) (poet.; nachkl.)* Distichon *(aus einem Hexameter u. einem Pentameter zusammengesetzter Doppelvers).*
**distīnctiō**, ōnis *f (distinguo)* ❶ Absonderung, Scheidung; ❷ Unterschied; ❸ *(rhet. t. t.)* Einschnitt, Pause.
**distīnctus[1]**, ūs *m (distinguo) (nachkl.)* Abwechslung in der Farbe, Zeichnung.
**distīnctus[2]**, a, um *(P. Adj. m. Komp. v. distinguo)* ❶ gesondert, verschieden; ❷ streng gegliedert [**acies**]; ❸ *(v. Rede u. Redner)* deutlich, bestimmt; ❹ geschmückt [**caelum astris**]; ❺ *(poet.; nachkl.)* bunt.
**dis-tineō**, tinēre, tinuī, tentum *(teneo)* ❶ auseinanderhalten, trennen, spalten *(konkr. u. übtr.)* [**freta; copias Caesaris; unanimos**]; ❷ sehr in Anspruch nehmen, vielseitig beschäftigen, zerstreuen; ❸ verzögern, verhindern [**victoriam**].
**di-stinguō**, stinguere, stīnxī, stīnctum ❶ unterscheiden, trennen [**fortes ignavosque; artificem ab inscio; falsum vero**]; ❷ (bunt) verzieren, schmücken; ❸ in etw. Abwechslung bringen, etw. beleben [**historiam varietate locorum**].
**di-stō**, stāre, – – ❶ *(räuml.)* getrennt, entfernt sein [**a castris**]; ❷ *(zeitl.) (poet.; nachkl.)* auseinanderliegen; ❸ sich unterscheiden *(m. ab od. Dat.; inter se);* – **distat** es ist ein Unterschied.
**dis-torqueō**, torquēre, torsī, tortum *(poet.; nachkl.)* ❶ verdrehen; ❷ quälen.
**distortiō**, ōnis *f (distorqueo)* Verdrehung, Verzerrung.
**distortus**, a, um *(P. Adj. v. distorqueo)* ❶ verdreht, verzerrt, verwachsen; ❷ *(übtr.)* verschroben.
**distractiō**, ōnis *f (distraho)* ❶ Trennung; ❷ Uneinigkeit.
**dis-trahō**, trahere, trāxī, tractum ❶ auseinanderziehen, -bringen, zerreißen, teilen, trennen [**pugnantes; hostem** zersplittern]; ❷ *(Verbindungen)* auflösen, aufheben [**societatem**]; ❸ *(Streit)* schlichten; ❹ *(übtr.)* nach verschiedenen Richtungen hinziehen, schwankend machen [**rem publicam** in Parteien spalten]; ❺ etw. vereiteln; ❻ los-, entreißen [**alqm a complexu suorum**]; ❼ *(nachkl.)* einzeln verkaufen, durch Verkauf zersplittern [**agros**];

D

❽ *(nachkl.)* **alqm famā ~** jmd. in Verruf bringen; ❾ **voces ~** den Hiatus zulassen.

**dis-tribuō**, tribuere, tribuī, tribūtum ❶ ver-, aus-, zuteilen [**praedam militibus; hiberna exercitui** anweisen; **milites in legiones** verteilen unter]; ❷ einteilen [**copias in tres partes**]; ❸ logisch einteilen, ordnen; – *P. Adj.* **distribūtus,** a, um geordnet [**expositio**].

**distribūtiō**, ōnis *f (distribuo)* ❶ Verteilung; ❷ logische Einteilung; ❸ *(rhet. t. t.)* Auflösung eines Begriffes *in mehrere ähnliche.*

**distribūtus** *s. distribuo.*

**di-stringō**, stringere, strīnxī, strictum ❶ *(poet.; nachkl.)* auseinanderziehen, -zerren, ausdehnen; ❷ *(nachkl.) (milit. t. t.) (den Feind)* auf mehrere Punkte zerstreuen, an verschiedenen Punkten zugleich beschäftigen; ❸ *(geistig)* auf die Folter spannen, quälen; ❹ *(nachkl.)* vielseitig in Anspruch nehmen.

**dis-tulī** *Perf. v. differo.*

**disturbātiō**, ōnis *f (disturbo)* Zerstörung.

**dis-turbō**, turbāre ❶ auseinandertreiben, zerstreuen; ❷ zerstören; ❸ vernichten, vereiteln.

**dītēscō**, dītēscere *(dis[2]) (poet.)* reich werden.

**dīthyrambicus**, a, um *(gr. Fw.)* dithyrambisch.

**dīthyrambus**, ī *m (gr. Fw.)* Dithyrambus, Preislied, *bes. zu Ehren des Bacchus.*

**dītiae**, ārum *f = divitiae.*

**ditiō** *abweichende Schreibung für dicio.*

**dītior, dītissimus** *s. dis[2].*

**dītis**, e = *dis[2].*

**dītō**, dītāre *(dis[2])* bereichern.

**diū[1]** *Adv. (dies; vgl. interdiu)* bei Tage.

**diū[2]** *Adv.* (*Komp.* diūtius, *Superl.* diūtissimē) ❶ lange Zeit, einige Zeit lang; ❷ seit langer Zeit.

**diurna**, ōrum *n (diurnus; erg. acta)* Tagesberichte, Amtsblatt, Zeitung.

**diurnus**, a, um *(zu diu[1], wie nocturnus zu noctu)* ❶ Tages- [**lumen** Tageslicht]; ❷ täglich, für einen Tag [**opus**].

**dīus**, a, um *(poet. u. nachkl. Nbf. v. divus)* göttlich; herrlich, edel [**dius Fidius,** *vgl. Fidius* ].

**diūtinus** *u.* **diutinus**, a, um *(Adv. -ē u. -ō; diu[2])* lange dauernd, langwierig.

**diūturnitās**, ātis *f (diuturnus)* ❶ lange Dauer; ❷ dauernder Besitz.

**diūturnus**, a, um *(m. Komp.; diu[2])* lange dauernd, langlebig.

**dīva** = *dea.*

**dī-vāricō**, vāricāre auseinanderspreizen.

**dī-vellō**, vellere, vellī (vulsī), vulsum ❶ *(poet.; nachkl.)* auseinanderreißen, zerreißen; ❷ wegreißen, losreißen, gewaltsam trennen von [**liberos a complexu parentum**]; – **se divellere** *u. mediopass.* **divelli** sich losreißen.

**dī-vendō**, vendere, vendidī, venditum einzeln verkaufen *od.* versteigern.

**dī-verberō**, verberāre *(poet.; nachkl.)* auseinanderschlagen, zerteilen.

**dī-verbium**, ī *n (dis u. verbum)* Dialog *im Drama.*

**dīversitās**, ātis *f (diversus) (nachkl.)* ❶ Verschiedenheit, Unterschied; ❷ Gegensatz, Widerspruch.

**dīversor, dīversōrium** = *dev…*

**dīversum**, ī *n (diversus)* Gegenpartei; **e diverso** im Gegenteil; **transferre invidiam in -um.**

**dī-versus**, a, um *(P. Adj. v. diverto)* ❶ *(dis-: weg, ab)* nach der entgegengesetzten Richtung gewandt: **a)** entgegengesetzt, gegenüberliegend, abgewandt; **-a petere** die entgegengesetzte Richtung einschlagen; **per -um** auf der entgegengesetzten Seite; **b)** *(poet.; nachkl.)* abgelegen, fern; **c)** *(nachkl.)* gegnerisch, feindlich; **d)** widersprechend, völlig verschieden; **per -a** aus ganz verschiedenen Gründen; ❷ *(dis-: auseinander)* nach verschiedenen Richtungen gewandt: **a)** hierhin u. dorthin führend, gewandt; **in -a abire** nach verschiedenen Richtungen hin; **b)** voneinander getrennt, zerstreut, einzeln; **c)** *(v. Personen)* unschlüssig, unstet; uneinig.

**dīverticulum** = *deverticulum.*

**dīvertium** = *divortium.*

**dī-vertō**, vertere, vertī, versum *(nachkl.)* ❶ auseinandergehen, sich trennen; ❷ verschieden sein.

**dīves**, *Gen.* dīvitis *(vgl. dis[2]) (Komp.* dīvitior, *Superl.* dīvitissimus) ❶ reich *(v. Personen) (an etw.: m. Abl. od. Gen.)* [**agris; pecoris**]; ❷ reichhaltig, reichlich, fruchtbar; ❸ *(poet.; nachkl.)* prächtig, kostbar.

**dī-vexō**, vexāre misshandeln, zerstören.

**Dīviciācus**, ī *m* ❶ *römerfreundlicher Häduerfürst;* ❷ *König der Suessionen.*

**dī-vidō**, videre, vīsī, vīsum *(vgl. viduus)* ❶ (zer)teilen, spalten; ❷ *(polit.)* spalten, trennen [**populum in duas partes**]; ❸ einteilen; ❹ *(rhet. t. t.)* gliedern, zerlegen [**orationem**]; ❺ aus-, zu-, verteilen [**praedam per milites; agros per veteranos**]; ❻ trennen, scheiden, (ab)sondern; ❼ unterscheiden; ❽ *(poet.)* vortragen, spielen [**carmina citharā**].

**dīviduus**, a, um *(divido)* ❶ teilbar; ❷ *(poet.; nachkl.)* geteilt.

**dīvīnātiō**, ōnis *f (divino)* ❶ Sehergabe; Weissagung; ❷ *(jur. t. t.)* Bestimmung des Anklägers.

**dīvīnitās**, ātis *f (divinus)* ❶ Göttlichkeit; ❷ *(meton.)* göttl. Weisheit; ❸ übermenschliche Vollkommenheit.

**dīvīnitus** *Adv. (divinus)* ❶ von Gott, durch göttl. Eingebung; ❷ vortrefflich.

**dīvīnō**, dīvīnāre *(divinus)* weissagen; ahnen.

**dīvīnum**, ī *n (divinus)* ❶ das Göttliche; ❷ Gottesdienst, Opfer.

**dīvīnus** *(divus)* **I.** *Adj.* a, um ① göttlich; **res -a** *u.* **res -ae** Gottesdienst, Opfer; ② gotterfüllt, gottbegeistert, prophetisch; ③ übernatürlich, unvergleichlich, vortrefflich; **II.** *Subst.* ī *m* Seher, Prophet.

**dī-vīsī** *Perf. v. divido.*

**dīvīsiō**, ōnis *f (divido)* ① Teilung; ② *(philos. u. rhet. t. t.)* Einteilung, Gliederung; ③ *(nachkl.)* Verteilung.

**dīvīsor**, ōris *m (divido)* Verteiler *(v. Äckern unter die Kolonisten, v. Wahlgeldern).*

**dīvīsus**[1] *P. P. P. v. divido.*

**dīvīsus**[2], *Dat.* uī *m (divido)* (Ver-)Teilung.

**dīvitiae**, ārum *f (dives)* Reichtum, Schätze; *übtr.* Fruchtbarkeit [**ingenii**].

**dīvortium**, ī *n (diverto)* ① Trennung, Scheidung; ② Weg-, Wasserscheide; ③ *(nachkl.)* Grenze; ④ Ehescheidung.

**dī-vulgō**, vulgāre bekannt machen, verbreiten; etw. allen preisgeben; – *P. Adj.* **dīvulgātus,** a, um **a)** gemein, gewöhnlich; **b)** *(poet.; nachkl.)* weit verbreitet.

**dīvulsus** *P. P. P. v. divello.*

**dīvum**, ī *n (divus)* freier Himmel, das Freie; **sub -o** unter freiem Himmel, im Freien.

**dīvus I.** *Adj.* a, um *(poet.; nachkl.)* ① göttlich, himmlisch; ② vergöttert, unter die Götter erhoben [**divus Augustus**]; **II.** *Subst.* ī *m* Gott.

**dīxī** *Perf. v. dico*[1].

**dō**, dare, dedī, datum ① geben, reichen [**dextram; frumentum plebi**]; ② geben, gewähren, erweisen [**beneficia; alci civitatem** das Bürgerrecht]; ③ (über)geben, (über)lassen [**librum legendum**]; ④ anvertrauen [**infantem nutrici**]; ⑤ hingeben, preisgeben, überlassen [**urbem militibus diripiendam**]; ⑥ **epistulam** *od.* **litteras ~ a)** *alci* dem Boten zur Besorgung übergeben; **b)** *ad alqm od. alci* an jmd. richten, schreiben; ⑦ hinhalten, (hin)reichen [**alci cervices** *od.* **iugulum**]; ⑧ weihen, opfern [**deo templum**]; ⑨ (be)zahlen, entrichten [**pecuniam**]; ⑩ bewilligen, gewähren [**iter per provinciam; veniam** Erlaubnis, Verzeihung *od.* Gnade gewähren]; ⑪ anweisen, bestimmen [**locum colloquio**]; ⑫ *(Zeugen, Geiseln u. a.)* stellen; ⑬ geben wollen, anbieten *(nur Präs. u. Imperf.)*; ⑭ *(einen Auftrag, ein Amt u. Ä.)* übertragen, anweisen [**potestatem; imperium; legationem**]; ⑮ *(Zeit) einer Sache* widmen [**noctem somno; studiis annos septem**]; ⑯ **~ operam alci rei** Mühe auf etw. verwenden; ⑰ (an)melden [**nomen** sich melden *(bes. v. Soldaten zum Kriegsdienst u. v. neuen Kolonisten)*]; ⑱ *alci m. präd. Dat.* als etw. anrechnen *od.* auslegen [**alci alqd laudi**]; ⑲ etw. v. sich geben, hören, sehen lassen [**clamorem; voces; lacrimas** vergießen]; ⑳ hervorbringen, erzeugen, schaffen; ㉑ veranstalten [**ludos; fabulam** aufführen]; ㉒ etw. wohin bringen, legen, werfen [**corpus tumulo; bracchia collo**]; ㉓ jmd. wohin bringen [**alqm in hanc domum**]; jmd. wohin strecken, stürzen [**alqm ad terram**]; ㉔ *(poet.) in einen Zustand* versetzen [**alqm in timorem**]; ㉕ machen, tun [**fugam** die Flucht ergreifen; **impetum in hostem**]; ㉖ (ver)schaffen, einflößen [**animos** Mut; **vires; spem**]; ㉗ bereiten, verursachen, veranlassen [**risūs** Stoff geben zu; **alci curas; bello finem** ein Ende machen]; ㉘ *(poet.)* bewirken; / **se dare a)** sich einer Sache hingeben, sich widmen [**vitae rusticae; voluptatibus; ad docendum**]; **b)** sich jmdm. hingeben, ergeben; **c)** sich *einem Zustand* hingeben, überlassen [**somno**]; **d)** sich wohin begeben, stürzen [**in bella**]; **e)** sich in etw. einlassen [**in sermonem**]; **f)** sich zeigen *(konkr. u. übtr.)*; **g)** sich einstellen, sich zeigen; **h)** sich fügen.

D

**doceō**, docēre, docuī, doctum *(vgl. disco)* ① (be)lehren, unterrichten, unterweisen [**adulescentulos; ius civile; puerum litteras; alqm equo armisque** im Reiten u. Fechten]; ② zeigen, darlegen; ③ *(den Richter, eine Behörde)* unterrichten *(alqm alqd od. alqm de re)* [**alqm causam** vortragen; **senatum de caede fratris**]; ④ *(ein Theaterstück)* einüben, aufführen lassen; ⑤ Vorlesungen halten, Unterricht erteilen.

**dochmius**, ī *m (gr. Fw.)* Dochmius, *fünffüßiger Versfuß m. der Grundform* ⏑ – – ⏑ –.

**docilis**, e *(m. Komp.) (doceo)* gelehrig.

**docilitās**, ātis *f (docilis)* Gelehrigkeit.

**doctor**, tōris *m (doceo)* Lehrer.

**doctrīna**, ae *f (doctor)* ① Unterricht, Unterweisung *(in etw.: Gen.)*; ② Lehre, Wissenschaft; ③ Gelehrsamkeit, wissenschaftliche Bildung.

**doctus** *(doceo)* **I.** *P. Adj.* a, um ① gebildet, gelehrt; ② geübt, geschickt; **II.** *Subst.* ī *m* Gelehrter.

**documentum**, ī *n (doceo)* ① Lehre; ② Beispiel; ③ Beweis.

**Dōdōna**, ae *f* ① *Stadt in Epirus (im Westen Nordgriechenlands) m. Eichenhain u. Zeus-Orakel;* ② *(meton.)* **a)** der Eichenhain v. Dodona; **b)** die Priester v. Dodona; / *Adj.* **Dōdōnaeus** a, um, *fem. auch* **Dōdōnis,** idis.

**dōdrāns**, antis *m (de u. quadrans* „wobei ein Viertel fehlt") ① drei Viertel; ② *(als Flächenmaß)* ¾ Morgen.

**dōdrantārius**, a, um *(dodrans)* um drei Viertel ermäßigt [**tabulae** Schuldbücher, *in denen drei Viertel der Schulden getilgt waren*].

**dogma**, atis *n (gr. Fw.)* philos. Lehrsatz.

**Dolābella**, ae *m cogn. in der röm. gens Cornelia:* **P. Cornelius ~** *Schwiegersohn Ciceros.*

**dolābra**, ae *f (dolo[1])* Spitzhacke, Brechaxt.

**dolēns,** *Gen.* entis *(P. Adj. v. doleo)* schmerzlich, mit Trauer.

**doleō**, dolēre, doluī, dolitūrus ① betrübt sein, trauern, leiden, ärgerlich sein; ② *(v. Körperteilen)* schmerzen, wehtun.

**dōliolum**, ī *n (Demin. v. dolium)* Fässchen.

**dōlium**, ī *n* Fass, *bes.* Weinfass.

**dolō[1]**, dolāre ① behauen, zurechthauen; ② roh ausarbeiten [**opus**]; ③ *(poet.)* durchprügeln.

**dolō[2]** *(u.* **dolōn***)*, ōnis *m (gr. Fw.)* ① Dolch, Stilett; ② *(poet.)* Stachel *(der Fliege)*; ③ Vordersegel.

**dolor**, lōris *m (doleo)* ① *(körperl.)* Schmerz; ② *(seel.)* Schmerz, Kummer, Betrübnis, Ärger; ③ *(poet.) (meton.)* Gegenstand des Kummers; ④ Pein, Qual; ⑤ Groll, Erbitterung; ⑥ Kränkung; ⑦ *(rhet. t. t.)* Pathos.

**dolōsus**, a, um *(dolus)* (arg)listig, trügerisch, (heim)tückisch.

**dolus**, ī *m (gr. Fw.)* List, Hinterlist, Betrug, Täuschung.

**domābilis**, e *(domo) (poet.)* bezwingbar.

**domestica**, ōrum *n (domesticus)* einheimische Beispiele.

**domesticus** *(domus)* **I.** *Adj.* a, um ① häuslich, Haus-, Familien-; ② privat, persönlich [**exemplum** aus eigener Erfahrung]; ③ heimatlich, inländisch [**bellum** Bürgerkrieg; **crudelitas** gegen die Mitbürger]; ④ innerlich = in der eigenen Brust wohnend [**Furiae**]; **II.** *Subst.* ī *m* Familienglied; (Haus-)Freund; – *Pl.* Familie; Hausfreunde; Hausgesinde; häusliche Umgebung.

**domicilium**, ī *n (domus u. colo)* ① Wohnung, Wohnsitz, Wohnort; ② *(übtr.)* Sitz, Stätte [**superbiae**].

**domina**, ae *f (dominus)* ① Herrin, Gebieterin; ② Hausfrau; ③ Ehefrau; Frau; *(poet.)* Geliebte.

**domināns**, antis *m (dominor) (nachkl.)* Gebieter, Herrscher.

**dominātiō**, ōnis *f (dominor)* ① Herrschaft; ② Gewalt-, Alleinherrschaft; ③ *(meton.) Pl.* die Herrscher.

**dominātor**, tōris *m (dominor)* Beherrscher.

**dominātrīx**, rīcis *f (dominator)* Beherrscherin.

**dominātus**, ūs *m = dominatio.*

**dominicus**, a, um *(dominus) (nachkl.)* herrschaftlich, des Herrn.

**dominium**, ī *n (dominus)* ① *(nachkl.)* Besitz, Eigentum(srecht); ② *(nachkl.)* Herrschaft, Gewalt; ③ *(nachkl.) (meton.) Pl.* die Gebieter; ④ Gastmahl.

**dominor**, dominārī *(dominus)* ① herrschen, Herr sein, den Herrn spielen; ② *(übtr.)* herrschen, die größte Geltung haben; **libido / fortuna dominatur**.

**dominus** *(domus)* **I.** *Subst.* ī *m* ① (Haus-)Herr; ② Besitzer, Eigentümer; ③ Herr, Gebieter [**gentium; vitae necisque** über Leben u. Tod]; ④ Veranstalter *(eines Festes, Gladiatorenspiels u. Ä.)*; ⑤ Gastgeber; ⑥ Bauherr; ⑦ *(poet.)* Gatte; Geliebter; ⑧ *(poet.; nachkl.)* Herr *(als Kaisertitel)*; **II.** *Adj.* a, um *(poet.)* herrschaftlich, des Herrn.

**domi-porta**, ae *f (domus u. porto)* Hausträgerin *(v. der Schnecke).*

**Domitiānus**, ī *m*: **T. Flavius ~ Augustus** *röm. Kaiser (81–96 n. Chr.), Sohn des Vespasian, Bruder des Titus.*

**Domitius**, a, um *Name einer pleb., seit Augustus patriz. gens m. den Familien der A(h)enobarbi („Rotbärte") u. Calvini („Kahlköpfe"):* ① **Cn. ~ A(h)enobarbus Allobrogicus** *Konsul 122 v. Chr.;* ② **L. ~ A(h)enobarbus** *Konsul 54 v. Chr., Anhänger des Pompeius;* ③ **Cn. ~ Calvinus** *59 v. Chr. Volkstribun, 58 Prätor, 53 Konsul; / Adj.* **Domitiānus**, a um.

**domitō**, domitāre *(Intens. v. domo) (poet.; nachkl.)* bändigen, zähmen.

**domitor**, ōris *m (domo)* Bändiger [**ferarum**]; Bezwinger, Überwinder [**generis humani; Persarum**].

**domitrīx**, rīcis *f (domitor) (poet.; nachkl.)* Bändigerin; Überwinderin.

**domitus[1]** *P. P. P. v. domo.*

**domitus[2]**, *Abl.* ū *m (domo)* Zähmung, Bändigung.

**domō**, domāre, domuī, domitum ① zähmen, bändigen [**beluas**]; ② *(Völker)* bezwingen, besiegen; ③ *(übtr.)* überwinden [**invidiam; libidines**].

**domus**, ūs *f (Dat. auch* -ō *u.* -ū; *Abl.* -ō, *selten* -ū; *Lok.* -ī; *Gen. Pl.* -uum *u.* -ōrum; *Akk. Pl.* -ōs *u.* -ūs) ① Haus; Wohnsitz; Palast; ② *(meton.)* **a)** Hausgenossenschaft, Familie; **b)** Philosophenschule; **c)** Hauswesen, Haushalt; ③ Heimat, Vaterland, Vaterstadt; ④ *(poet.; nachkl.) (Behausung v. Tieren)* Nest, Höhle; ⑤ *Adverbialformen:* **domum** *u. Pl.* **domōs** nach Hause, ins Haus, in die Heimat; **domō** vom Hause, von zu Hause, aus der Heimat; **domī** zu Hause, im Hause, in der Heimat; **domi bellique** *od.* **militiaeque** im Krieg u. Frieden.

**dōnārium**, ī *n (donum) (poet.; nachkl.)* Opferaltar, Tempel.

**dōnātiō**, ōnis *f (dono)* ① Schenkung; ② Gabe, Geschenk.

**dōnātīvum**, ī *n (dono) kaiserl.* Geldgeschenk *an die Soldaten.*

**dōnātor**, ōris *m (dono) (nachkl.)* Schenker.

**dōnec** *Kj.* ① solange (als); ② solange bis, bis (endlich).

**dōnō**, dōnāre *(donum)* ① schenken; ② beschenken [**servum libertate; urbes civita-**

**te**]; ③ verleihen, gewähren, gestatten; ④ erlassen [**alci poenam**]; ⑤ *(poet.; nachkl.)* etw. ungestraft lassen, verzeihen, jmd. begnadigen *(jmdm. zuliebe: alci)*; ⑥ etw. jmdm. zuliebe aufgeben *(alqd alci)* [**inimicitias rei publicae**]; ⑦ *(poet.)* weihen, opfern.

**dōnum**, ī *n (do)* ① Gabe, Geschenk; ② Opfer(gabe), Weihgeschenk.

**Dōrēs**, rum *m* die Dorer, *einer der Hauptstämme der Griechen; – Adj.* **Dōri(c)us**, a, um dorisch, *poet. auch* griechisch.

**dormiō**, dormīre ① schlafen; ② untätig sein; ③ unbekümmert sein.

**dormītō**, dormītāre *(dormio)* ① schläfrig sein; ② gedankenlos sein, sich gehen lassen.

**dormītōrium**, ī *n (dormitorius) (nachkl.)* Schlafzimmer.

**dormītōrius**, a, um *(dormio) (nachkl.)* Schlaf-.

**dorsum**, ī *n u. (selten)* **-us**, ī *m* ① Rücken; ② *(meton.)* **a)** Bergrücken; **b)** *(poet.) (beim Pflug)* Rücken des Scharbaumes.

**doryphorus** *u.* **-os**, ī *m (gr. Fw.)* Lanzenträger, *Bronzestatue, bes. die des Polyklet.*

**dōs**, dōtis *f (do)* ① Aussteuer; ② *(poet.; nachkl.) (übtr.)* Gabe, Begabung, Talent, Vorzug.

**Dossennus**, ī *m* der Bucklige, *komische Figur der röm. Atellane.*

**dōtālis**, e *(dos)* zur Aussteuer gehörig.

**dōtō**, dōtāre *(dos) (poet.; nachkl.)* eine Aussteuer geben, ausstatten [**filiam**]; – *P. Adj.* **dōtātus,** a, um reich ausgestattet, reich; *übtr.:* **dotatissimā formā** v. strahlender Schönheit.

**drachma**, ae *f (gr. Fw.)* Drachme, *griech. Silbermünze, etwa im Wert eines röm. Denars.*

**dracō**, ōnis *m (gr. Fw.)* ① Schlange, Drache; ② Drache *als Sternbild.*

**Dracō**, ōnis *m Athens Gesetzgeber (um 620 v. Chr.).*

**dracōni-gena**, ae *m u. f (draco u. gigno) (poet.)* drachenentstammt, schlangengeboren.

**dromas**, adis *m (gr. Fw.)* Dromedar.

**Druidae**, ārum *u.* **Druidēs**, dum *m* Druiden *(kelt. Priester).*

**Drūsus**, ī *m cogn. in der gens Livia u. der gens Claudia:* ① **M. Livius ~** *war als Volkstribun Gegner seines Kollegen C. Gracchus;* ② **M. Livius ~** *Sohn von 1., erneuerte als Volkstribun (91 v. Chr.) einige Gesetzesvorschläge der Gracchen;* ③ **Nero Claudius ~** *gew. Drusus genannt, Bruder des Tiberius, Stiefsohn des Augustus, kämpfte in Germanien, gest. 9 v. Chr.; / Adj.* **Drūsiānus**, a, um; / **Drūsilla**, ae *f Name v. Frauen in der Familie der Drusi.*

**Dryas**, adis *f (meist Pl.)* Baumnymphe.

**Dūbis**, is *m Nebenfluss der Saône, j.* Doubs.

**dubitābilis**, e *(dubito) (poet.)* zweifelhaft.

**dubitanter** *Adv. (dubito)* zögernd, zaudernd.

**dubitātiō**, ōnis *f (dubito)* ① Zweifel, Ungewissheit; ② das Zögern, Zaudern, Unschlüssigkeit.

**dubitō**, dubitāre *(dubius)* ① (an-, be-)zweifeln [**de fide alcis**]; ② unschlüssig sein, schwanken, zögern, zaudern.

**dubium**, ī *n (dubius)* ① Zweifel; **sine -o** ohne Zweifel; **in -o esse** zweifelhaft sein; **in -um vocare** in Zweifel ziehen; ② Gefahr; **in -o esse** auf dem Spiel stehen; **in -um (de)vocare** etw. aufs Spiel setzen.

**dubius**, a, um ① zweifelnd, schwankend, unschlüssig; **~ inter spem metumque** schwankend zwischen; ② zweifelhaft, ungewiss, unentschieden [**victoria; auctor, socii** unzuverlässig]; ③ bedenklich, gefährlich; ④ *(poet.)* in Gefahr schwebend.

**ducātus**, ūs *m (dux)* Feldherrnwürde, Kommando.

**ducēnārius**, a, um *(duceni) (nachkl.)* 200 enthaltend; 200 000 Sesterze besitzend.

**ducēnī**, ae, a *(ducenti)* ① je zweihundert; ② *(nachkl.)* zweihundert (auf einmal).

**ducentēsima**, ae *f (ducentesimus; erg. pars) (nachkl.)* 1/200, Steuer v. ½ %.

**ducentēsimus**, a, um *(ducenti)* der zweihundertste.

**du-centī**, ae, a *(duo u. centum)* zweihundert; *allg.* Unzählige.

**ducentiē(n)s** *Adv. (ducenti)* zweihundertmal; *allg.* tausendmal.

**dūcō**, dūcere, dūxī, ductum (*Imp.* dūc) ① führen, leiten: **a)** führen; **ducente deo** unter Führung; **b)** hinführen, hinbringen [**iumenta ad urbem**]; **c)** mitnehmen, mitbringen; **d)** jmd. (ab)führen [**alqm in ius** vor Gericht; **in vincula; ad mortem**]; **e)** *(Truppen)* führen, marschieren lassen; **f)** anführen, befehligen [**exercitum**]; **g)** *abs. (v. Feldherrn)* marschieren, ziehen [**contra hostes**]; *(v. Truppen)* vorausmarschieren, die Vorhut bilden; **h)** *(v. Mann)* heiraten [**filiam (in matrimonium)** ]; **i)** jmd. zu etw. bringen, bewegen, veranlassen; – *pass.* **duci re** sich v. etw. leiten lassen [**laude; gloria**]; **j)** *(poet.)* herbeiführen *(konkr. u. übtr.)* [**pecudes; soporem** verursachen, bewirken]; **k)** *(Wasser)* leiten; **l)** aufführen, veranstalten [**pompas**]; ② ziehen: **a)** ziehen, hinter sich her ziehen [**capellam**]; **b)** anziehen, an sich ziehen [**frena manu; arcum** spannen]; **c)** heraus-, hervorziehen [**sortem** *od.* **sortes** aus der Urne ziehen]; **d)** *(eine Zeit)* verleben, zubringen [**aetatem in litteris; noctem ludo**]; **e)** *(zeitl.)* in die Länge ziehen, hinausziehen [**bellum longius; diem ex die**]; **f)** *(Mauern, Gräben u. Ä.)* ziehen, (er)bauen; **g)** her-, ableiten *(übtr.)* [**nomen ex alqa re; originem ab alqo**]; **h)** ziehend hervorbringen, gestalten, bilden [**lineam; orbem** einen

Kreis beschreiben]; **i)** *(poet.)* künstlerisch gestalten, verfertigen [**de marmore vultūs**]; dichten; **j)** *(poet.)* **stamina** *od.* **filum ~** spinnen; **k)** bekommen, annehmen [**formam; colorem** sich färben]; **l)** (an-, ver)locken, reizen, fesseln; **m)** einziehen, einatmen [**aëra spiritu**]; *(poet.)* (ein)schlürfen; **n)** verziehen [**os** das Gesicht]; ③ *(aus einer Überlegung od. Rechnung)* den Schluss ziehen: **a)** glauben, meinen, halten für, betrachten als; **haec pro falsis ~;** *(m. dopp. Akk.)* **alqm victorem ~;** *(m. Dat.)* **alqd laudi ~** für rühmlich halten; *(m. Gen. pretii)* **alqd parvi / pluris ~** gering / höher achten; **b)** rechnen, zählen unter [**alqm** (**in**) **hostium numero**]; **c) rationem alcis** *od.* **alcis rei ~** Rücksicht nehmen auf [**rationem officii; suam rationem** an seinen eigenen Vorteil denken].

**ductō**, ductāre *(Intens. v. duco)* ① (mit sich) führen; ② *(eine Konkubine)* bei sich aufnehmen; ③ *(milit. t. t.)* anführen, befehligen.

**ductor**, ōris *m (duco)* ① Führer [**itineris**]; ② *(milit. t. t.)* Anführer, Heerführer [**ordinum** Zenturio].

**ductus**[1] *P. P. P. v. duco.*

**ductus**[2], ūs *m (duco)* ① *(milit. t. t.)* (An-)Führung, Kommando; ② das Ziehen, Führung, Leitung [**muri** Bau einer Mauer; **aquarum** Wasserleitung]; ③ das Ziehen, Zug; **ductūs oris** Gesichtszüge.

**dū-dum** *Adv.* ① seit längerer Zeit; **iam ~** schon längst; **quam ~** wie lange, seit wann?; ② vorher, vor kurzem.

**duellum**, ī *n (poet. u. in Gesetzesformeln f. bellum)* Krieg; Schlacht; Streit.

**dulce**, cis *n (dulcis) (poet.)* etw. Süßes, *bes.* süßer Wein; *klass. nur Pl.* **dulcia,** ium *n* Süßigkeiten.

**dulcēdō**, dinis *f (dulcis)* ① Süßigkeit, süßer Geschmack [**mellis**]; ② Lieblichkeit [**vocis**]; ③ Lust, Trieb [**praedandi**].

**dulcēscō**, dulcēscere, – – *(dulcis)* süß werden.

**dulciculus**, a, um *(Demin. v. dulcis)* ziemlich süß.

**dulcis**, e ① süß; ② lieblich, angenehm; ③ freundlich, liebevoll, liebenswürdig.

**dulcitūdō**, dinis *f (dulcis)* Süßigkeit.

**Dūlichium**, ī *n Insel südöstl. v. Ithaka (Ionisches Meer); – Adj.* **Dūlichius**, a, um.

**dum I.** *Kj.* ① *(in Temporalsätzen)* **a)** während *(meist m. Ind. Präs.);* **dum haec geruntur** (unterdessen), **tempestas orta est; b)** solange (als) *(m. Ind. aller Tempora);* **c)** (solange) bis *(rein temporal: m. Ind. Präs., Perf. u. Fut. II.; b. finalem Nebensinn: m. Konj. Präs. u. Imperf.);* ② *(in konditionalen Wunschsätzen)* wenn nur, wofern nur *(m. Konj.); verneint:* **dum ne;** *oft verstärkt:* **dummodo; II.** *Adv. (enklitisch)* ① *(nach anderen Partikeln)* noch [**nondum** noch nicht]; ② *(nach dem Imperativ)* doch, doch nur [**agedum, agitedum**].

**dūmētum**, ī *n (dumus)* Dickicht, Gestrüpp *(auch übtr. v. unverständlichen Behauptungen).*

**dum-modo** *Kj. (verstärktes dum I. 2.)* wenn nur, wofern nur *(m. Konj.); verneint:* **dummodo ne.**

**dūmōsus**, a, um *(dumus) (poet.)* m. Gestrüpp überwachsen.

**dum-taxat** *Adv. (dum u. taxo „indem man es genau abschätzt“)* ① höchstens, lediglich, nur; ② wenn auch nur, wenigstens; ③ *(poet.; nachkl.)* natürlich, selbstverständlich.

**dūmus**, ī *m* Gestrüpp, Gebüsch.

**duo**, duae, duo zwei; beide, die beiden.

**duo-deciē(n)s** *Adv.* zwölfmal.

**duo-decim** *(decem)* zwölf.

**duodecimus**, a, um *(duodecim)* der zwölfte.

**duo-dēnī**, ae, a *(duodecim)* ① je zwölf; ② *(poet.)* zwölf (zusammen).

**duo-dē-quadrāgēsimus**, a, um der achtunddreißigste.

**duo-dē-quadrāginta** achtunddreißig.

**duo-dē-quīnquāgēsimus**, a, um der achtundvierzigste.

**duo-dē-trīgintā** achtundzwanzig.

**duo-dē-vīcēnī**, ae, a je achtzehn.

**duo-dē-vīcē(n)simum** zum achtzehnten Mal.

**duo-dē-vīcē(n)simus**, a, um der achtzehnte.

**duo-dē-vīgintī** achtzehn.

**duo-et-vīcēsimānī**, ōrum *m (duoetvicesimus) (nachkl.)* Soldaten der 22. Legion.

**duo-et-vīcēsimus**, a, um der zweiundzwanzigste.

**duo-virī**, ōrum *m = duumviri.*

**dupla**, ae *f (duplus; erg. pecunia) (nachkl.)* doppelter Preis.

**du-plex** *(duo u. plico)* **I.** *Adj. Gen.* plicis (*Adv.* dupliciter) ① doppelt, doppelt zusammengelegt, doppelt zusammenlegbar; ② zweifach, doppelt so groß, doppelt so viel [**frumentum** doppelte Ration]; ③ *(poet.)* beide [**palmae**]; ④ *(poet.; nachkl.)* doppelzüngig, falsch; **II.** *Subst.* plicis *n (nachkl.)* das Doppelte.

**duplicārius**, ī *m (duplex)* Soldat m. doppeltem Sold, Gefreiter.

**duplicō**, duplicāre *(duplex)* ① verdoppeln; ② vergrößern, vermehren, erhöhen [**gloriam**]; ③ *(poet.)* doppelt zusammenfalten, krümmen, knicken.

**duplum**, ī *n (duplus)* das Doppelte; doppelter Betrag *(bes. als Strafe).*

**du-plus**, a, um *(duplex)* zweifach, doppelt so viel, doppelt so groß.

**du-pondius**, ī *m (= duo asses pondo)* Zwei-As-Stück.

**dūra**, ōrum *n (durus)* bedrängte Lage, Not.
**dūrābilis**, e *(m. Komp.) (duro) (poet.)* dauerhaft.
**dūracinus**, a, um *(durus u. acinus) (nachkl.)* hartschalig.
**dūrāmentum**, ī *n (duro) (nachkl.)* Dauerhaftigkeit.
**dūrēscō**, dūrēscere, dūruī, – *(durus)* hart, steif werden.
**dūritās**, ātis *f (durus)* Härte, Strenge.
**dūriter** *Adv. v. durus.*
**dūritia**, ae *u.* **-tiēs**, ēī *f (durus)* ❶ Hartherzigkeit, Strenge; ❷ Abhärtung; ❸ *(nachkl.)* Druck, Beschwerlichkeit; ❹ *(poet.; nachkl.)* Härte.
**dūriusculus**, a, um *(Demin. v. durus) (nachkl.)* etw. hart, *übtr.* etw. steif [**versus**].
**dūrō**, dūrāre *(durus)* **I.** *trans.* ❶ härten [**ferrum; lac** zum Gerinnen bringen]; ❷ *(poet.; nachkl.)* trocknen, dörren [**Cererem in foco** backen]; ❸ *(übtr.)* abhärten, kräftigen; ❹ *(poet.; nachkl.)* abstumpfen, unempfindlich machen *(geg. etw.: ad)*; ❺ *(poet.; nachkl.)* ertragen [**laborem**]; **II.** *intr. (poet.; nachkl.)* ❶ hart werden; ❷ trocken werden, ausdörren; ❸ *(übtr.)* sich verhärten; ❹ aushalten, ausdauern; ❺ dauern, (fort)bestehen, vorhanden sein, bleiben, *(v. Personen)* leben.
**Durrachium** = *Dyrr(h)achium.*
**dūruī** *Perf. v. duresco.*
**dūrus**, a, um *(Adv.* dūrē *u.* dūriter) ❶ hart [**ferrum; lapis**]; ❷ *(übtr.)* abgehärtet, ausdauernd; ❸ plump, derb, ungebildet, ungeschliffen; ❹ unempfänglich *(für etw.: ad)*; ❺ unempfindlich, gefühllos, grausam, hartherzig *(geg. jmd.: in alqm od. alci)*; ❻ *(poet.; nachkl.)* unverschämt, frech; ❼ sparsam, knauserig; ❽ beschwerlich, mühsam, drückend, lästig [**dolor; servitus; cura**]; ❾ *(v. Wetter u. Jahreszeiten)* rau, unfreundlich; ❿ *(f. das Gehör)* hartklingend, rau, schwerfällig [**vocis genus**]; ⓫ unschön, ungefällig, steif [**signa** Statuen]; ⓬ *(poet.) (im Geschmack)* herb.
**duumvirātus**, ūs *m (duumviri) (nachkl.)* Duumvirat.
**duumvirī**, ōrum *m* Duumvirn, *Kommission v. zwei Männern* ❶ *in Rom:* ~ **perduellionis** Untersuchungsrichter bei Hochverrat; ~ **navales** zur Ausrüstung der Kriegsschiffe; ~ **aedi faciendae** für den Bau eines Tempels; ~ **sacrorum** *od.* **sacris faciundis** Aufsichtskommission über die sibyllinischen Bücher; ❷ *in den Munizipien u. Kolonien:* ~ **municipiorum** Bürgermeister.
**dux**, ducis *m u. f (duco)* ❶ Führer(in), Leiter(in); ❷ Anführer, Feldherr, Befehlshaber; ❸ Anführer *(zu etw.: m. Gen.)* [**impietatis**]; ❹ *(poet.)* Fürst, Kaiser.
**dūxī** *Perf. v. duco.*
**dynastēs**, ae *m (gr. Fw.)* Herrscher, Machthaber, Fürst.
**Dyrr(h)achium**, ī *n späterer Name der Küstenstadt Epidamnus in Illyrien (im heutigen Albanien), j. italienisch* Durazzo, *albanisch* Durres; – *Einw. u. Adj.* **Dyrr(h)achīnus**, ī *m bzw.* a, um.

# Ee

**E, e**[1] *(Abk.)* ❶ = *emeritus;* ❷ = *evocatus;* ❸ **E. Q. R.** = *eques Romanus.*
**ē**[2] *Präp., s. ex.*
**eā** *Adv. (Abl. fem. v. is, erg. viā od. parte)* dort, da.
**eādem** *Adv. (Abl. fem. v. idem; erg. viā)* ebenda.
**eā-tenus** *Adv. (erg. parte)* (in)soweit, insofern.
**ebenum**, ī *n (ebenus) (poet.)* Ebenholz.
**ebenus**, ī *f (gr. Fw.) (poet.; nachkl.)* Ebenholz(baum).
**ē-bibō**, ēbibere, ēbibī, – *(poet.)* ❶ austrinken; ❷ vertrinken, verprassen.
**ē-blandior**, ēblandīrī erschmeicheln, durch Schmeichelei erlangen; *Part. Perf.* **ēblandītus** *auch pass.* erschmeichelt.
**ēbrietās**, ātis *f (ebrius)* Trunkenheit, Rausch.
**ēbriōsitās**, ātis *f (ebriosus)* Trunksucht.
**ēbriōsus** *(ebrius)* **I.** *Adj.* a, um *(m. Komp.)* ❶ trunksüchtig; ❷ *(poet.)* saftig; **II.** *Subst.* ī *m* Trunkenbold.
**ēbrius I.** *Adj.* a, um ❶ betrunken; ❷ *(poet.)* **verba** ~ im Rausch gesprochen; ❸ *(poet.; nachkl.) (übtr.)* trunken, betäubt v. etw. [**ocelli** liebestrunken; **dulci fortunā**]; **II.** *Subst.* ī *m* Betrunkener.
**ē-bulliō**, ēbullīre *(bulla)* ❶ *(nachkl.)* hervorsprudeln [**animam** sterben]; ❷ m. etw. prahlen *(alqd)* [**virtutes**].
**ebulum**, ī *n (poet.; nachkl.)* Zwergholunder.
**ebur**, eboris *n* ❶ Elfenbein; ❷ *(poet.) (meton.) Gegenstand aus Elfenbein:* Elfenbeinbild; Elfenbeinflöte; Schwertscheide aus Elfenbein; m. Elfenbein besetzter Stuhl.
**eburneolus**, a, um *(Demin. v. eburneus)* aus Elfenbein.

**eburn(e)us**, a, um *(ebur)* ① elfenbeinern; ② m. Elfenbein verziert; ③ weiß wie Elfenbein.
**Eburōnēs**, num *m Volk in Gallia Belgica zw. Rhein u. Maas.*
**ec**[1] *s. ex II.*
**ec**[2] *proklitische Demonstrativpartikel (z. B. in ecce, ecquis).*
**ē-castor** *Interj.* beim Kastor!



**Ecbatana**, ōrum *n Hauptstadt v. Medien, j.* Hamadan.
**ecce** *Adv. Demonstrativpartikel* da!, siehe (da)! [**ecce me** da bin ich].
**ecce-rē** *Adv.* in der Tat!
**ecclēsia**, ae *f (gr. Fw.) (nachkl.)* griech. Volksversammlung.
**ecdicus**, ī *m (gr. Fw.)* Staatsanwalt.
**ec-dūrus**, a, um = *edurus.*
**ecf...** = *eff...*
**echenēis**, idis *f (gr. Fw.) (poet.; nachkl.)* Saugefisch, *ein Fisch, der sich an den Schiffen festsaugt.*
**echidna**, ae *f (gr. Fw.) (poet.)* Schlange, Natter.
**Echidna**, ae *f (echidna) Ungeheuer der Unterwelt, Mutter des Cerberus, der Hydra u. anderer Ungetüme; – Adj.* **Echidnēus**, a, um.
**echīnus**, ī *m (gr. Fw.) (poet.; nachkl.)* ① Seeigel; ② Spülnapf.
**ēchō**, ēchūs *f (gr. Fw.) (nachkl.)* Widerhall, Echo.
**Ēchō**, ēchūs *f eine Waldnymphe.*
**ecloga**, ae *f (gr. Fw.) (poet.; nachkl.)* auserlesenes Gedicht; kleines Gedicht; bukolisches Gedicht, Ekloge.
**eclogāriī**, ōrum *m (ecloga)* ausgewählte Stellen einer Schrift *(zum Vorlesen).*
**ec-quandō** *Adv.* wann denn?, wohl jemals?
**ec-quī**[1], -quae (*u.* -qua), -quod *Pron. interr. (adj.)* etwa irgendein(er)?, wohl irgendwelcher? *verstärkt durch angehängtes nam.*
**ecquī**[2] *Adv. (im dir. Frages.)* wohl irgendwie?; *(im indir. Frages.)* ob wohl irgendwie.
**ec-quis**, -quid *Pron. interr. (meist subst., selten adj.)* etwa jemand?, wohl irgendetwas?; *(indir.)* ob jemand, ob etwas; *verstärkt durch angehängtes nam;* – **ecquid?** etwa?, wohl?; *(indir.)* ob etwa, ob wohl.
**ecquō** *Adv.* wohin wohl?
**ectypus**, a, um *(gr. Fw.) (nachkl.)* reliefartig.
**eculeus**, ī *m (Demin. v. equus)* ① Füllen; ② hölzernes Folterpferd, Folter.
**ecus** = *equus.*
**edācitās**, tātis *f (edax)* Gefräßigkeit.
**edāx**, *Gen.* ācis *(edo*[2]*)* ① gefräßig [**hospes**]; ② *(poet.) (übtr. v. Lebl.)* nagend, verzehrend [**curae**].
**edera** = *hedera.*
**ēdī** *Perf. v. edo*[2]*.*
**ē-dīcō**, ēdīcere, ēdīxī, ēdictum ① verkündigen, bekannt machen; ② bestimmen, festsetzen, verordnen; / *Imp.:* ēdīc *u. (poet.)* ēdīce.
**ēdictum**, ī *n (edico)* ① Bekanntmachung, Verordnung, Edikt: **a)** *eines Magistrats, Feldherrn, Königs;* **b)** *des Prätors beim Antritt seines Amtes;* **c)** das zensorische Edikt; ② *(nachkl.)* Anschlag, *auf dem die öffentl. Spiele bekannt gegeben wurden;* ③ *(nachkl.)* Ausspruch, Satz.
**ēdictus** *P. P. P. v. edico.*
**ē-didī** *Perf. v. edo*[1]*.*
**ē-discō**, ēdiscere, ēdidicī, – ① auswendig lernen; ② erlernen.
**ē-disserō**, ēdisserere, ēdisseruī, ēdissertum gründlich besprechen.
**ēdissertō**, ēdissertāre *(Intens. v. edissero)* = *edissero.*
**ēditīcius**, a, um *(edo*[1]*)* vorgeschlagen, angegeben.
**ēditiō**, ōnis *f (edo*[1]*)* ① *(nachkl.)* Herausgabe, Ausgabe *einer Schrift;* ② Angabe, Mitteilung; *(jur.)* Vorschlag.
**ēditum**, ī *n (edo*[1]*)* ① *(nachkl.)* (An-)Höhe; ② *(poet.)* Befehl.
**ēditus**, a, um *(P. Adj. v. edo*[1]*)* ① emporragend, hoch; ② *(poet.) (übtr.)* **viribus editior** überlegen.
**ē-dīxī** *Perf. v. edico.*
**ē-dō**[1], ēdere, ēdidī, ēditum ① von sich geben [**animam** sterben; **sonum / voces** hören lassen; **latratūs** bellen]; ② gebären, (er)zeugen, hervorbringen; ③ *(Schriften)* herausgeben; ④ *(Gerüchte)* verbreiten; ⑤ *(Befehle)* ergehen lassen, befehlen; ⑥ äußern, angeben, aussprechen, bekannt machen [**bella** besingen; **consilia hostium** verraten]; ⑦ *(Orakel)* verkünden; ⑧ *(vor Gericht)* angeben, bestimmen, vorschlagen [**iudices; iudicium**]; ⑨ verursachen, verrichten, veranstalten [**operam** einen Dienst leisten; **tumultum** verursachen; **spectaculum** veranstalten; **proelium** liefern; **magnam caedem** anrichten]; ⑩ *(poet.)* emporheben [**corpus super equum** sich aufs Pferd schwingen].
**edō**[2], edere, ēdī, ēsum ① essen, fressen; **ardor edendi** Heißhunger; ② *(v. lebl. Subj.)* verzehren, zerstören; / *Kurzformen:* es, est, estis, *Inf.* esse, *Konj. Imperf.* essem, *Präs. Pass.* estur.
**ē-doceō**, ēdocēre, ēdocuī, ēdoctum ① gründlich (be)lehren, genau zeigen, genau berichten *(gew. alqm alqd; auch alqm m. Inf.; m. A. C. I.; m. indir. Frages.; m. bl. Akk. der Ps. od. Sache)* [**alqm omnes artes**]; ② jmd. v. etw. benachrichtigen *(alqm alqd u. de re; m. A. C. I.; m. indir. Frages.); / P. Adj.* **ēdoctus,** a, um genau unterrichtet in *od.* v. etw. *(alqd; in u. de re; m. A. C. I.; m. indir. Frages.).*

**ē-dolō**, ēdolāre fertig machen.

**ē-domō**, ēdomāre, ēdomuī, ēdomitum völlig bezwingen.

**ē-dormiō**, ēdormīre **I.** *intr.* ausschlafen; **II.** *trans.* durch Schlafen vertreiben, ausschlafen, verschlafen [**crapulam** Rausch].

**ēducātiō**, ōnis *f (educo[1])* Erziehung.

**ēducātor**, ōris *m (educo[1])* Erzieher.

**ēducātrīx**, īcis *f (educator)* Erzieherin *(auch übtr.)*.

**ē-ducō[1]**, ēducāre auf-, erziehen.

**ē-dūcō[2]**, ēdūcere, ēdūxī, ēductum ① heraus-, hinaus-, hin-, wegführen [**copias ex navibus** ausschiffen; **alqm secum rus** mitnehmen]; ② *(milit. t. t.) (Truppen)* ausrücken lassen, ausmarschieren lassen; ③ jmd. vor Gericht führen [**alqm in ius**]; ④ *(Schiffe)* auslaufen lassen; ⑤ *(nachkl.) (Bauwerke)* vorziehen [**molem in Rhenum**]; ⑥ *(poet. nachkl.) (Bauten)* errichten [**turres**]; ⑦ *(poet.)* in die Höhe führen, -ziehen; ⑧ *(= educo[1])* aufziehen, erziehen; ⑨ *(poet.; nachkl.) (eine Zeit)* zubringen, verleben; ⑩ herausziehen [**gladium e vagina** zücken]; ⑪ (aus)losen [**sortem; alqm ex urna**]; / *Imp.* ēdūc.

**edūlia**, ium *n (edulis) (nachkl.)* Esswaren.

**edūlis**, e *(edo[2]) (poet.)* essbar.

**ē-dūrō**, ēdūrāre *(nachkl.)* fortdauern.

**ē-dūrus**, a, um *(poet.)* ziemlich hart; *übtr.* hart(herzig).

**ē-dūxī** *Perf. v. educo[2].*

**ef-farciō** = *effercio.*

**effātum**, ī *n (effor)* ① Ausspruch; Prophezeiung; ② *(philos.)* Satz, Behauptung.

**effātus** *s. effor.*

**ef-fēcī** *Perf. v. efficio.*

**effectiō**, ōnis *f (efficio)* ① Ausübung; ② wirkende Kraft.

**effector**, ōris *m (efficio)* Urheber, Schöpfer.

**effectrīx**, īcis *f (effector)* Urheberin, Schöpferin.

**effectus[1]**, ūs *m (efficio)* ① Ausführung, Durchführung; **alqd ad effectum adducere** etw. verwirklichen; ② Wirkung, Erfolg; ③ Wirksamkeit.

**effectus[2]**, a, um *(P. Adj. v. efficio) (nachkl.)* verarbeitet, ausgeführt.

**effēminātus**, a, um *(P. Adj. v. effemino)* verweichlicht, weibisch.

**ef-fēminō**, fēmināre *(femina)* ① weiblich machen; ② verweichlichen.

**efferātus**, a, um *(P. Adj. v. effero[2])* verwildert, wild.

**ef-ferbuī** *Perf. v. effervesco.*

**ef-ferciō**, fercīre, fersī, fertum *(farcio)* voll stopfen, ausfüllen.

**efferitās**, ātis *f (efferus)* Wildheit.

**ef-ferō[1]**, efferre, extulī, ēlātum ① hinaustragen, herausbringen, -führen [**arma** ausrücken; **pedem** *od.* **se** sich entfernen]; ② zu Grabe tragen, beerdigen; ③ *(Früchte)* tragen, hervorbringen; ④ *(übtr.)* hervorbringen, zum Vorschein bringen; **virtus fructum effert;** ⑤ aussprechen; *(Geheimnisse)* ausplaudern; *(Gerüchte)* verbreiten; ⑥ emportragen, -heben, hinaufführen; – **se efferre** *u. mediopass.* **efferri** emporsteigen; ⑦ *(übtr.)* erheben, erhöhen [**alqm ad summum imperium**]; ⑧ stolz, hochmütig machen; – **se efferre** *u. mediopass.* **efferri** stolz, überheblich werden, sich rühmen; ⑨ rühmen, preisen [**alqm summis laudibus**]; ⑩ *(über das Ziel)* hinausführen, zu weit führen; ⑪ *(v. Affekten)* fortreißen, hinreißen; – *mediopass.* **efferri** sich hinreißen lassen [**laetitiā; iracundiā**].

**ef-ferō[2]**, ferāre *(ferus)* ① wild machen, verwildern lassen; ② *(übtr.)* wütend machen, erbittern.

**ef-fersī** *Perf. v. effercio.*

**effertus**, a, um *(P. Adj. v. effercio)* voll(gestopft), reich an *(m. Abl.)*.

**ef-ferus**, a, um *(poet.)* wild, roh.

**ef-fervēscō**, fervēscere, ferbuī (*u.* fervī), – ① siedend aufwallen, sieden; ② *(poet.)* aufflackern, aufleuchten; ③ *(übtr.)* aufbrausen [**iracundiā**].

**ef-fervō**, fervere, – – *(poet.)* hervorbrausen, -wallen.

**ef-fētus**, a, um ① *(nachkl.)* durch Geburten geschwächt; ② *übh.* erschöpft, kraftlos; ③ *(poet.)* unempfänglich für etw. *(m. Gen.)* [**veri**].

**efficācitās**, tātis *f (efficax)* Wirksamkeit.

**efficāx**, *Gen.* ācis *(efficio)* ① wirksam, erfolgreich; ② tätig.

**efficiēns**, *Gen.* entis *(P. Adj. m. Komp. v. efficio)* bewirkend, wirksam.

**efficientia**, ae *f (efficio)* Wirksamkeit.

**ef-ficiō**, ficere, fēcī, fectum *(facio)* ① hervorbringen, erzeugen [**rerum commutationes**]; ② schaffen, errichten, bauen [**pontem; turres**]; ③ aufbringen, auftreiben [**legiones; pecuniam**]; ④ zu etw. machen *(m. dopp. Akk.)* [**alqm consulem**]; ⑤ zustande bringen, durchsetzen, ausführen, bewirken, verursachen *(alqd; m. ut, ne)*; ⑥ *(philos. t. t.)* folgern, beweisen, darlegen *(alqd ex re; m. A. C. I., auch m. ut)*; **ex quo efficitur** daraus ergibt sich, daraus folgt.

**effictus** *P. P. P. v. effingo.*

**effigiēs**, ēī *f (effingo)* ① Bild(nis), Bildwerk [**deorum; argentea**]; ② *(übtr.)* Abbild, Ebenbild [**antiquitatis; humanitatis**]; ③ Schattenbild; ④ Vorbild, Ideal [**iusti imperii**]; ⑤ *(poet.; nachkl.)* Gestalt.

**ef-fingō**, fingere, fīnxī, fictum ① nachformen, abbilden [**alqm aere**]; ② ausdrücken, darstellen, veranschaulichen [**alcis mores**]; ③ ab-, wegwischen; ④ *(poet.)* über etw. streichen, streicheln *(m. Akk.)*.

**efflāgitātiō**, ōnis *f (efflagito)* dringende (Auf-) Forderung, heftiges Verlangen.

**efflāgitātus**, *Abl.* ū *m = efflagitatio.*

**ef-flāgitō**, flāgitāre ① dringend verlangen, heftig fordern; ② jmd. dringend zu etw. auffordern *(alqm, m. ut, ne)*.

**efflātus**, ūs *m (efflo) (nachkl.)* das Aufkommen eines Windes.



**ef-flīgō**, flīgere, flīxī, flīctum totschlagen.

**ef-flō**, flāre ausblasen, -hauchen [**animam** sterben].

**ef-flōrēscō**, flōrēscere, flōruī, – erblühen, aufblühen *(übtr.)*.

**ef-fluō**, fluere, flūxī, – ① herausfließen, ausströmen; ② *(poet.; nachkl.)* den Händen entfallen, entgleiten; ③ entschwinden, verschwinden; **vires effluunt** versagen; ④ *abs. od.* **ex animo alcis** ~ dem Gedächtnis entfallen, vergessen werden; ⑤ vergehen; ⑥ bekannt werden.

**effluvium**, ī *n (effluo) (nachkl.)* Ausfluss *(aus einem Gewässer)*.

**ef-flūxī** *Perf. v. effluo.*

**ef-fodiō**, fodere, fōdī, fossum ① aus-, aufgraben [**thesaurum; lacum**]; ② ausstechen, auskratzen; ③ umgraben; ④ durchwühlen [**domos; sepulcra**].

**ef-for**, fārī, fātus sum ① aussprechen, sagen; ② weihen, bestimmen für [**templum; locum templo**]; – *auch pass., bes. Part. Perf.* **effātus,** a, um geweiht, bestimmt.

**effossus** *P. P. P. v. effodio.*

**effrāctus** *P. P. P. v. effringo.*

**ef-frēgī** *Perf. v. effringo.*

**ef-frēnātiō**, ōnis *f (frenum)* Zügellosigkeit.

**ef-frēnātus** *u.* **ef-frēnus**, a, um *(frenum)* ① ohne Zügel, abgezäumt; ② *(übtr.)* zügellos, unbändig.

**ef-fricō**, fricāre, frixī, fricātum *(nachkl.)* abreiben.

**ef-fringō**, fringere, frēgī, frāctum *(frango)* ① aufbrechen [**carcerem**]; ② zerschmettern.

**ef-fūdī** *Perf. v. effundo.*

**ef-fugiō**, fugere, fūgī, fugitūrus **I.** *intr.* aus etw. entfliehen, entkommen [**ex vinculis; e manibus**]; **II.** *trans.* einer Sache *od.* jmdm. entfliehen, entkommen, entgehen, etw. vermeiden [**hostem; mortem; incendium**]; *(auch m. ne u. quin)*.

**effugium**, ī *n (effugio)* ① Fluchtweg; ② Gelegenheit zur Flucht, Rettungsmöglichkeit; **-um alci dare**.

**ef-fulgeō**, fulgēre, fulsī, – hervorleuchten, -schimmern.

**ef-fultus**, a, um *(fulcio) (poet.)* auf etw. gestützt, liegend *(m. Abl.)*.

**ef-fundō**, fundere, fūdī, fūsum ① aus-, vergießen; – **se effundere** *u. mediopass.* **effundi** sich ergießen [**in mare**], hervorbrechen, herausströmen, *(v. Flüssen auch)* überströmen, über die Ufer treten; ② ausschütten, ausleeren; ③ *(sein Herz)* ausschütten; ④ herausschicken, aussenden; – **se effundere** *u. mediopass.* **effundi** herausstürzen, -eilen; **equitatus se ex castris effundit; obviam effundi** entgegeneilen; ⑤ *(Worte, Klagen)* ausstoßen [**questūs in aëra**]; ⑥ *(Früchte)* hervorbringen; ⑦ *(Leidenschaften)* auslassen [**furorem in alqm**]; – **se effundere** *u. mediopass.* **effundi** sich gehen lassen, sich ganz hingeben [**in amorem; ad luxuriam**]; ⑧ aushauchen [**animam; vitam**]; ⑨ loslassen, lockern [**habenas**]; ⑩ schleudern, werfen; ⑪ niederwerfen, zu Boden werfen; ⑫ *(Besitz, Kraft, Arbeit)* verbrauchen, verschwenden, vergeuden [**patrimonium; vires in ventum**].

**effūsiō**, ōnis *f (effundo)* ① das Ausgießen, Erguss, Vergießen; ② Verschwendung; ③ maßlose Sucht; ④ Ausgelassenheit; ⑤ das Herausströmen *(einer Menschenmenge)*.

**effūsus**, a, um *(P. Adj. v. effundo)* ① weit (ausgedehnt); ② zerstreut, unordentlich; ③ losgelassen; **-is habenis** m. verhängtem Zügel = im gestreckten Galopp; **-o cursu** im gestreckten Lauf; **comae -ae** aufgelöst, herabhängend; ④ verschwenderisch; ⑤ maßlos, übertrieben.

**ef-fūtiō**, fūtīre *(vgl. futilis)* schwatzen; ausplaudern.

**ē-gelidus**, a, um *(poet.; nachkl.)* ① lau, warm; ② kühl.

**egēns**, *Gen.* egentis *(P. Adj. v. egeo)* bedürftig, dürftig, arm; *(m. Gen.)* ohne etw., arm an etw.

**egēnus**, a, um *(egeo)* bedürftig, arm an etw. *(m. Gen.)*.

**egeō**, egēre, eguī, – ① Mangel haben, Not leiden; ② nötig haben *(m. Abl. od. Gen.)*; ③ entbehren, nicht haben *(m. Abl. od. Gen.)*; ④ sich sehnen, verlangen nach *(m. Abl. od. Gen.)*.

**Ēgeria**, ae *f Quellnymphe, Ratgeberin des Königs Numa.*

**ē-gerō**, ēgerere, ēgessī, ēgestum ① heraustragen, hinausbringen; ② ausspeien, von sich geben; – *pass.* sich ergießen, münden; ③ *(poet.) (übtr.)* vertreiben [**dolorem lacrimis**].

**egestās**, ātis *f (egeo)* ① Dürftigkeit, Armut, Elend; ② *(m. Gen.)* Mangel an etw.

**ēgestiō**, ōnis *f (egero)* das Wegräumen; Plünderung.

**ēgestus** *P. P. P. v. egero.*

**ēgī** *Perf. v. ago.*

**egō** *u.* **ego** ich (*Gen.* meī, *Dat.* mihi, *Akk. u. Abl.* mē); *– verstärkt durch -met u. -pte.*

**ē-gredior**, ēgredī, ēgressus sum *(gradior)* **I.** *intr.* ① hinausgehen, herauskommen;

❷ *(milit. t. t.)* vorrücken, abziehen; ❸ *(naut. t. t.)* **a)** landen, an Land gehen [**(ex) navi; in terram**]; **b)** absegeln; ❹ *(vom Thema)* abschweifen; ❺ hinaufgehen, -steigen; **II.** *trans.* ❶ verlassen, räumen [**urbem**]; ❷ etw. überschreiten *(konkr. u. übtr.)*.

**ēgregia**, ōrum *n (egregius)* Vorzüge.

**ēgregium**, ī *n (egregius) (nachkl.)* rühmliche Tat, Ruhm.

**ē-gregius**, a, um *(e grege „aus der Herde ausgelesen")* ❶ auserlesen, ausgezeichnet, vorzüglich; ❷ *(nachkl.)* ehrenvoll.

**ēgressus**[1], ūs *m (egredior)* ❶ das Hinausgehen, Ausgang; ❷ *(nachkl.)* **libero egressu memorare** in frei sich ausbreitender Rede erwähnen, darstellen; ❸ *(naut. t. t.)* Landung, das Anlandgehen; ❹ *(nachkl.)* Ausgang *(als Ort)*; ❺ *(poet.)* Mündung.

**ēgressus**[2] *P. P. Akt. v. egredior.*

**ēheu** *Interj.* o!, ach!, o weh!

**ei** *Interj. (poet.)* ach!, wehe! [**~ mihi!**].

**ēia** *u.* **hēia** *Interj. (Ausruf der Aufforderung)* auf!, los!

**ē-iaculor**, ēiaculārī *(poet.; nachkl.)* herausschleudern [**se in altum** hoch emporschießen *(v. Blut)*].

**ē-iciō**, ēicere, ēiēcī, ēiectum *(iacio)* ❶ hinaus-, herauswerfen; ❷ vertreiben [**tyrannum; uxorem** verstoßen; **de senatu** ausstoßen; **de civitate** *od.* **ex patria** *od.* **e re publica** verbannen; *übtr.* **amorem ex animo**]; – **se eicere** hinauseilen; *(übtr.)* hervorbrechen; **voluptates se eiciunt;** ❸ **vocem ~** hervorstoßen; ❹ **linguam ~** herausstrecken; ❺ ausspeien; ❻ von sich geben, auswerfen [**magnos fluctūs**]; ❼ *(naut. t. t.)* landen (lassen), anlegen [**navem in terram**]; – *pass.* stranden; – **ēiectus,** a, um schiffbrüchig; ❽ jmd. auspfeifen; ❾ etw. verwerfen, abweisen [**condiciones**]; ❿ verrenken, verstauchen.

**ē-iēcī** *Perf. v. eicio.*

**ēiectāmentum**, ī *n (eiecto) (nachkl.)* Auswurf.

**ēiectiō**, ōnis *f (eicio)* Vertreibung, Verbannung.

**ēiectō**, ēiectāre *(Intens. v. eicio) (poet.)* (her)auswerfen; ausspeien.

**ēiectum**, ī *n (eicio) (nachkl.)* Vorsprung.

**ēiectus** *P. P. P. v. eicio.*

**ēier ...** = *eiur ...*

**ēiulātiō**, ōnis *f u.* **ēiulātus**, ūs *m (eiulo)* das Wehklagen.

**ēiulō**, ēiulāre *(ei)* wehklagen.

**ēiūrātiō**, ōnis *f (eiuro) (nachkl.)* das Entsagen.

**ē-iūrō**, ēiūrāre ❶ abschwören [**bonam copiam** sein Vermögen abschwören, sich als bankrott erklären]; ❷ ablehnen [**iudicem**]; ❸ *(nachkl.) (ein Amt)* niederlegen; ❹ *(nachkl.)* verleugnen.

**ēiusdem-modī** *(idem u. modus)* v. derselben Art.

**ēius-modī** *(is u. modus)* derart(ig), solcher.

**ē-lābor**, ēlābī, ēlāpsus sum ❶ herausgleiten, -schlüpfen; ❷ entgleiten, entfallen [**(de) manibus**]; ❸ entkommen, entrinnen, entwischen *(m. Präp.; Dat.; Akk.)* [**e proelio; telis; vincula**]; ❹ *(vor Gericht)* ohne Strafe davonkommen [**ex tot tantisque criminibus**]; ❺ in etw. geraten [**in servitutem**]; ❻ *(nachkl.) (v. Gliedern)* verrenkt werden.

**ē-labōrō**, ēlabōrāre **I.** *trans.* sorgfältig ausführen, ausarbeiten; – *P. Adj.* **ēlabōrātus,** a, um **a)** sorgfältig ausgearbeitet; **b)** gekünstelt; **II.** *intr.* arbeiten, sich bemühen *(m. in u. Abl.; ut)*.

**Elaea**, ae *f Stadt in Äolis (Kleinasien).*

**ē-lāmentābilis**, e sehr kläglich.

**ē-languēscō**, ēlanguēscere, ēlanguī, – erschlaffen, ins Stocken geraten.

**ēlāpsus** *P. P. Akt. v. elabor.*

**ēlātiō**, ōnis *f (effero)* ❶ (Auf-)Schwung, Elan; ❷ Überordnung.

**ē-lātrō**, ēlātrāre *(poet.)* herausbellen, -poltern.

**ēlātus**, a, um *(P. Adj. v. effero[1])* ❶ erhaben, edel; ❷ *(nachkl.)* stolz, übermütig.

**ē-lavō**, ēlavāre, ēlāvī, ēlautum = *eluo.*

**Elea**, ae *f Stadt in Lukanien (Süditalien), Geburtsort der Philosophen Parmenides u. Zeno;* – *Einw.* **Eleātēs**, ae *m;* – *Adj.* **Eleāticus**, a, um.

**ēlēctiō**, ōnis *f (eligo)* (Aus-)Wahl.

**Ēlectra**, ae *f* ❶ *eine der Plejaden, Tochter des Atlas;* ❷ *Tochter des Agamemnon u. der Klytämnestra, Schwester des Orestes u. der Iphigenie.*

**ēlectrum**, ī *n (gr. Fw.) (poet.; nachkl.)* ❶ Bernstein; – *Pl.* Bernsteintropfen; ❷ Silbergold, Elektron *(Legierung v. $^4/_5$ Gold, $^1/_5$ Silber)*.

**ēlēctus**[1], a, um *(P. Adj. v. eligo)* auserlesen, ausgesucht, gewählt.

**ēlēctus**[2], ūs *m (eligo) (poet.)* Wahl.

**ēlegāns**, *Gen.* antis *(eligo)* ❶ *(v. Personen)* fein, geistreich; ❷ *(v. Sachen)* gewählt, geschmackvoll.

**ēlegantia**, ae *f (elegans)* ❶ feiner Geschmack, Feinheit, feines Benehmen; ❷ Gewähltheit, Korrektheit.

**elegē(i)a** = *elegia.*

**elegēum**, ī *n (gr. Fw.)* elegisches Gedicht.

**elegī**[1], ōrum *m (gr. Fw.) (poet.; nachkl.)* elegische Verse, Elegie.

**ē-lēgī**[2] *Perf. v. eligo.*

**elegīa**, ae *f (gr. Fw.) (poet.; nachkl.)* elegisches Gedicht, Elegie.

**elementum**, ī *n* ❶ *(poet.)* Grundstoff, Urstoff, Element; ❷ *Pl.* **a)** Buchstaben; Alphabet; **b)** Anfangsgründe, Anfänge.

E

**Wissen: Antike**
**elementa** (ōrum *n*) nannten die Römer alle Anfangsgründe, etwa das Alphabet. Sie benannten mit diesem Wort auch die Grundstoffe des Kosmos aus der griechischen Naturphilosophie: die **vier Elemente** Feuer (ignis), Luft (aer), Wasser (unda) und Erde (tellus). Daran anknüpfend sprechen wir heute von den chemischen Elementen als den nicht weiter zerlegbaren Grundstoffen der physischen Welt, denen die Wissenschaft lateinische Namen gab wie „Aurum“ für Gold (Au) oder „Ferrum“ für Eisen (Fe).



**elenchus**, ī *m (gr. Fw.) (nachkl.)* ❶ Tropfenperle *(als Ohrgehänge)*; ❷ Verzeichnis.
**elephantus**, ī *m u. f (gr. Fw.)* ❶ Elefant; ❷ *(poet.) (meton.)* Elfenbein.
**elephās**, antis *m (gr. Fw.)* Elefant.
**Ēlēus** *s. Elis.*
**Eleusīn**, īnis *f* Eleusis, *Stadt in Attika; – Adj.* **Eleusīn(i)us**, a, um.
**Eleutheria**, ōrum *n (erg. sacra) griech.* Befreiungsfest.
**ē-levō**, ēlevāre ❶ auf-, emporheben; ❷ vermindern, mildern [**aegritudinem**]; ❸ vermindern, verkleinern, herabsetzen, beeinträchtigen [**alcis facta**].
**Ēlias** *s. Elis.*
**ē-liciō**, ēlicere, ēlicuī, ēlicitum ❶ heraus-, hervorlocken [**hostem ex paludibus; ad** (*od* **in**) **proelium**]; ❷ entlocken, abgewinnen, abringen [**responsum; sententiam alcis; arcana**]; ❸ jmd. zu etw. verlocken, reizen [**alqm ad disputandum; alqm ad querelas**].
**ē-līdō**, ēlīdere, ēlīsī, ēlīsum *(laedo)* ❶ herausschlagen, -stoßen; ❷ heraus-, vertreiben; ❸ zerschlagen, zerschmettern, zerdrücken; ❹ *(übtr.)* vernichten.
**ē-ligō**, ēligere, ēlēgī, ēlēctum *(lego[1])* ❶ auslesen, -wählen, aussuchen; ❷ ausjäten, herausziehen, *auch übtr.*
**ē-līminō**, ēlīmināre *(limen) (poet.)* ausplaudern.
**ē-līmō**, ēlīmāre *(lima)* ❶ ausfeilen; ❷ *(wissenschaftliche Werke)* ausarbeiten.
**ē-linguis**, e *(lingua)* sprachlos, stumm; nicht beredt.
**ē-liquō**, ēliquāre *(nachkl.)* klären, durchseihen.
**Ēlis**, idis *f westlichste Landschaft der Peloponnes m. gleichnamiger Hauptstadt; – Einw. u. Adj.* **Ēlēus** *u.* **Ēlīus**, ī *m bzw.* a, um, *fem. auch* **Ēlias**, adis.
**ē-līsī** *Perf. v. elido.*
**ēlīsiō**, ōnis *f (elido) (nachkl.)* das Herausstoßen, Auspressen.
**Elissa**, ae *f anderer Name der Dido.*
**ēlīsus** *P. P. P. v. elido.*
**ē-lix**, icis *m (vgl. liqueo)* Wasserfurche *(in Feldern zur Ableitung des Wassers).*
**ēlixus**, a, um *(vgl. liqueo) (poet.; nachkl.)* gesotten, gekocht.
**ellebor...** *s. hellebor...*
**ē-locō**, ēlocāre verpachten.
**ēlocūtiō**, ōnis *f (eloquor)* Ausdruck(sweise), Stil.
**ēlocūtus** *P. P. Akt. v. eloquor.*
**ēlogium**, ī *n* ❶ (Aus-)Spruch, *(rühmende)* (Grab-)Inschrift; ❷ Zusatz im Testament, Klausel; ❸ *(nachkl.)* Schuldregister.
**ēloquēns**, *Gen.* entis *(P. Adj. v. eloquor)* redegewandt.
**ēloquentia**, ae *f (eloquens)* Redegewandtheit.
**ēloquium**, ī *n (eloquor)* ❶ Beredsamkeit; ❷ Ausdruck(sweise).
**ē-loquor**, ēloquī, ēlocūtus sum heraussagen, aussprechen; vortragen, reden.
**ēlōtus** = *elutus, s. eluo.*
**ē-lūceō**, ēlūcēre, ēlūxī, – ❶ hervorleuchten, -strahlen; ❷ *(übtr.)* sichtbar hervortreten, sich auszeichnen [**virtutibus**].
**ēluctābilis**, e *(eluctor) (nachkl.)* überwindbar.
**ē-luctor**, ēluctārī **I.** *trans.* m. Mühe überwinden; **II.** *intr. (poet.; nachkl.)* sich heraus-, hervorringen.
**ē-lūcubrō**, ēlūcubrāre *u.* **ēlūcubror**, ēlūcubrārī etw. bei Licht ausarbeiten.
**ē-lūdō**, ēlūdere, ēlūsī, ēlūsum **I.** *intr.* ❶ spielend hervorkommen, herausplätschern; ❷ *(b. Fechten)* ausweichen, parieren; **II.** *trans.* ❶ ausweichen, zu entgehen suchen; ❷ sein Spiel treiben mit, verspotten [**paucitatem hostium**]; ❸ vereiteln [**quietem bello**]; ❹ *(nachkl.) (b. Fechten)* ausweichen, parieren [**hastas**].
**ē-lūgeō**, ēlūgēre, ēlūxī, – die übliche Zeit trauern; betrauern.
**ē-luī** *Perf. v. eluo.*
**ē-lumbis**, e *(lumbus) (nachkl.)* lendenlahm; *(rhet.)* lahm, schleppend.
**ē-luō**, ēluere, ēluī (ēlāvī), ēlūtum (ēlautum) *(lavo)* **I.** *trans.* ❶ aus-, abwaschen, reinigen; ❷ tilgen, entfernen [**maculas furtorum**]; **II.** *intr.* ❶ baden; ❷ Schiffbruch erleiden; ❸ sich durch Verschwendung ruinieren.
**ēlūtus**, a, um *(P. Adj. m. Komp. v. eluo) (poet.; nachkl.)* saftlos, kraftlos.
**ēluviēs**, ēī *f (eluo)* ❶ Ausspülung, Ausfluss, Überschwemmung; ❷ (Wasser-)Lache.
**ēluviō**, ōnis *f (eluo)* Überschwemmung.
**ē-lūxī** *Perf. v. eluceo u. elugeo.*
**Ēlysium**, ī *n* das Elysium *(Sitz der Seligen); – Adj.* **Ēlysius**, a, um.

**Wissen: Antike**
**Ēlysium** – Das Elysium ist in der griechischen Mythologie die paradiesische Insel der Glückseligen, weit im Westen jenseits der Erde im Weltstrom Okeanos gelegen, eine Insel, auf der ewiger Frühling herrscht. Dorthin wurden die Helden entrückt, deren Taten den Göttern Wohlgefallen bereiteten. In der römischen Kaiserzeit erschienen den Menschen die Kanarischen Inseln (fortunatae insulae) wie ein Abbild Elysiums. Die Faszination der „elysischen Gefilde" hält bis in die Neuzeit an, wie der französische Name „Champs Elysées" (= Campi Elysii) verrät.

**em** *Interj.* (< *Imp. v. emo, eme* nimm!, da hast du!) da!, sieh da!
**ē-macerō**, ēmacerāre *(macer) (nachkl.)* ausmergeln.
**emācitās**, tātis *f (emax) (nachkl.)* Kaufsucht.
**ēmancipātiō**, ōnis *f (emancipo)* ❶ Entlassung des Sohnes aus der väterlichen Gewalt; ❷ Abtretung v. Grundstücken.

**Imperium Romanum**
**ēmancipātiō**, wörtlich „Entlassung aus der Hand", d. h. aus der väterlichen Gewalt, nannten die Römer einen umständlichen rechtlichen Akt, mit dem die Volljährigkeit eines jungen Römers begann. Ähnlich wurde auch die Freilassung eines Sklaven verstanden: als Entlassung aus der väterlichen Macht des Herrn. Emanzipation bedeutet daher in der Neuzeit die Gleichstellung von Gruppen, besonders die Gleichstellung der Frauen mit den Männern.

**ē-mancipō**, ēmancipāre ❶ den Sohn aus der väterlichen Gewalt entlassen; ❷ *(ein Kind)* in fremde Gewalt geben [**filium in adoptionem**]; ❸ überlassen, abtreten [**tribunatum**].
**ē-maneō**, ēmanēre, ēmānsī, ēmānsum *(nachkl.)* ausbleiben.
**ē-mānō**, ēmānāre ❶ herausfließen; ❷ entspringen, entstehen; ❸ sich verbreiten, bekannt werden.
**ē-marcēscō**, ēmarcēscere, ēmarcuī, – *(nachkl.)* dahinschwinden.
**Ēmathia**, ae *f* Südmakedonien; Nordthessalien; – *Adj.* **Ēmathius**, a, um; – **Ēmathides**, dum *f* die Musen.
**ē-mātūrēscō**, ēmātūrēscere, ēmātūruī, – *(poet.; nachkl.)* ❶ ausreifen; ❷ *(übtr.)* sich mildern.
**emāx**, *Gen.* ācis *(emo)* kauflustig.
**emblēma**, atis *n (gr. Fw.)* ❶ Einlegearbeit; ❷ Relief *(an Gefäßen)*; ❸ Mosaik.
**embolium**, ī *n (gr. Fw.)* ❶ Zwischenspiel *(zw. den Akten des Dramas)*; ❷ *Pl.* Liebeshändel.
**ēmendābilis**, e *(emendo) (nachkl.)* verbesserungsfähig.
**ēmendātiō**, ōnis *f (emendo)* Verbesserung; *(moral.)* Besserung.
**ēmendātor**, ōris *m (emendo)* (Ver-)Besserer.
**ēmendātrīx**, īcis *f (emendator)* (Ver-)Besserin.
**ēmendātus**, a, um *(P. Adj. v. emendo)* ❶ fehlerfrei, korrekt; ❷ *(moral.)* tadellos.
**ē-mendīcō**, ēmendīcāre *(nachkl.)* erbetteln.
**ē-mendō**, ēmendāre *(mendum)* ❶ v. Fehlern befreien, verbessern; ❷ *(moral.)* bessern.
**ēmēnsus** *s. emetior.*
**ē-mentior**, ēmentīrī, ēmentītus sum ❶ erlügen, erdichten; – *Part. Perf.* **ēmentītus** *auch pass.* erlogen, erdichtet; ❷ *(m. dopp. Akk.)* fälschlich angeben als; ❸ *(abs.)* falsche Aussagen machen.
**ēmentus** *P. P. Akt. v. eminiscor.*
**ē-mercor**, ēmercārī *(nachkl.)* erkaufen.
**ē-mereō**, ēmerēre, ēmeruī, ēmeritum *u.* **ē-mereor**, ēmerērī, ēmeritus sum ❶ *(poet.; nachkl.)* (sich) etw. verdienen; ❷ sich verdient machen *(um jmd.: alqm)*; ❸ *(milit. t. t.)* aus-, abdienen [**stipendia** seine Dienstzeit ableisten].
**ē-mergō**, ēmergere, ēmersī, ēmersum **I.** *intr.* ❶ auftauchen; ❷ zum Vorschein kommen, sich zeigen; **emergit rursum dolor;** ❸ sich erholen, sich herausarbeiten [**ex paternis probris**]; **II.** *trans. (poet.)* auftauchen lassen; **III. se emergere** *u. mediopass.* **emergi** ❶ auftauchen; ❷ *(übtr.)* sich emporarbeiten [**ex malis**].
**ēmeritus** *(emereo bzw. emereor)* **I.** *Adj.* a, um ❶ ausgedient [**miles**]; ❷ *(poet.; nachkl.)* unbrauchbar geworden [**equus**]; ❸ beendet [**stipendia**]; **II.** *Subst.* ī *m (poet.; nachkl.)* ❶ Veteran; ❷ ein verdienter Mann.
**ē-mersī** *Perf. v. emergo.*
**ēmersus** *P. P. P. v. emergo.*
**ē-mētior**, ēmētīrī, ēmēnsus sum *(Part. Perf. emensus auch pass.)* ❶ *(poet.; nachkl.)* ab-, ausmessen; ❷ durchwandern, zurücklegen; ❸ *(poet.; nachkl.) (eine Zeit)* verbringen, verleben [**quinque principes** erleben]; ❹ zumessen, zuteilen.
**ē-metō**, ēmetere, –, ēmessum *(poet.)* abmähen.
**ēmī** *Perf. v. emo.*
**ē-micō**, ēmicāre, ēmicuī, ēmicātum ❶ *(poet.; nachkl.) (v. der Flamme u. Ä.)* hervorblitzen, -zucken; ❷ *(v. Quellen, Blut u. Ä.)* hervorschießen, -quellen, emporspritzen; ❸ *(v. Geschossen)* abschnellen; ❹ *(poet.)* hinausspringen, -eilen; ❺ *(poet.)* empor-, aufspringen;

E

❻ *(poet.) (übtr.)* hervorglänzen, -leuchten.
**ē-migrō**, ēmigrāre auswandern, -ziehen.
**ēminēns** *(emineo)* **I.** *Adj., Gen.* entis ❶ herausragend, vorspringend; ❷ *(nachkl.) (übtr.)* hervorragend, ausgezeichnet; **II.** *Subst. (nachkl.) Pl.* **ēminentēs,** tium *m* hervorragende Persönlichkeiten.
**ēminentia**, ae *f (emineo)* ❶ das Hervorragende, Erhöhung; ❷ *(t. t. der Malerei)* die Lichtpartien.

E

**ē-mineō**, ēminēre, ēminuī, – *(mons)* ❶ heraus-, hervorragen; ❷ sichtbar *od.* vernehmlich werden *od.* sein; ❸ sich auszeichnen.
**ē-minīscor**, ēminīscī, ēmentus sum ersinnen, ausdenken.
**ē-minus** *Adv. (manus; vgl. comminus)* von fern, in der Ferne.
**ē-mīror**, ēmīrārī *(poet.)* anstaunen.
**ē-mīsī** *Perf. v. emitto.*
**ēmissārium,** ī *n (emitto)* Abzugsgraben, Kanal.
**ēmissārius,** ī *m (emitto)* Späher, Spion.
**ēmissiō**, ōnis *f (emitto)* das Schleudern, Werfen.
**ē-mittō**, ēmittere, ēmīsī, ēmissum ❶ heraus-, abschicken, aussenden, *(milit.)* ausrücken lassen; ❷ ausstoßen, verjagen [**Catilinam ex urbe**]; ❸ *(aus der Gefangenschaft, aus seiner Gewalt)* entlassen, freilassen [**alqm ex vinculis**]; ❹ *(aus einem Rechtsverhältnis)* freilassen [**servum**]; ❺ *(milit. t. t.)* frei abziehen lassen; ❻ herauslassen, laufen lassen; ❼ *(Geschosse)* abschießen, schleudern, werfen; ❽ *(Flüssiges)* ablaufen lassen [**aquam ex lacu Albano; lacum**]; ❾ *(Töne)* von sich geben, ausstoßen; ❿ loslassen, fallen lassen; ⓫ herausgeben [**elegos**].
**emō**, emere, ēmī, ēmptum ❶ kaufen; ❷ *(übtr.)* erkaufen [**iudices**].
**ē-modulor**, ēmodulārī *(poet.)* besingen.
**ē-mōlior**, ēmōlīrī *(nachkl.)* aufwühlen [**fretum**].
**ē-molliō**, ēmollīre ❶ erweichen, weich machen; ❷ mildern; ❸ schwächen, verweichlichen.
**ēmolumentum**, ī *n* Vorteil, Nutzen.
**ē-moneō**, ēmonēre, – – ermahnen *(alqm; m ut).*
**ē-morior**, ēmorī ēmortuus sum ❶ (ab)sterben *(v. Ps. u. Sachen);* ❷ *(übtr.)* vergehen, verlöschen; **laus ~ non potest**.
**ē-moveō**, ēmovēre, ēmōvī, ēmōtum ❶ hinaus-, wegschaffen, entfernen [**multitudinem e foro**]; ❷ *(übtr.)* vertreiben, verscheuchen [**pestilentiam ex agro; curas dictis**]; ❸ *(poet.; nachkl.)* erschüttern, aufwühlen [**muros fundamentaque**].
**Empedoclēs**, is *m griech. Philosoph aus Agrigent in Sizilien (um 450 v. Chr.).*
**empīricī**, ōrum *m (gr. Fw.)* empirische Ärzte, Empiriker *(Ärzte, die sich auf die Erfahrung stützen).*
**emporium**, ī *n (gr. Fw.)* Handelsplatz.
**emporos**, ī *m (gr. Fw.)* Kaufmann.
**ēmptiō**, ōnis *f (emo)* Kauf.
**ēmptitō**, ēmptitāre *(Frequ. v. emo) (nachkl.)* kaufen; durch Bestechung erwerben.
**ēmptor**, ōris *m (emo)* Käufer.
**ēmptus** *P. P. P. v. emo.*
**ē-mulgeō**, ēmulgēre, –, ēmulsum *(poet.)* ausschöpfen.
**ēmūnctus**, a, um *(emungo) (poet.; nachkl.)* scharf witternd.
**ē-mundō**, ēmundāre *(nachkl.)* gründlich reinigen.
**ē-mungō**, ēmungere, ēmūnxī, ēmūnctum *(poet.; nachkl.)* ❶ ausschnäuzen; – **se emungere** *u. mediopass.* **emungi** sich die Nase putzen; ❷ jmd. betrügen *(um etw.: m. Abl.).*
**ē-mūniō**, ēmūnīre ❶ vermauern, stark befestigen; ❷ *(nachkl.)* gangbar machen.
**ē-mūnxī** *Perf. v. emungo.*
**en** *Interj.* ❶ *(hinweisend)* siehe (da)! *(m. Nom., Akk. od. m. vollem Satz);* **en ego** da bin ich; ❷ *(auffordernd)* wohlan!, auf!; **en age!;** ❸ *(fragend) (im dir. u. indir. Frages.)* wohl?, denn?, ob wohl.
**ēnārrābilis**, e *(enarro) (poet.; nachkl.)* erzählbar, darstellbar.
**ē-nārrō**, ēnārrāre vollständig erzählen, beschreiben.
**ē-nāscor**, ēnāscī, ēnātus sum hervorwachsen, entstehen.
**ē-natō**, ēnatāre ❶ *(poet.; nachkl.)* herausschwimmen, sich schwimmend retten; ❷ sich heraushelfen.
**ēnātus** *Part. Perf. v. enascor.*
**ē-nāvigō**, ēnāvigāre **I.** *intr.* absegeln, hinausfahren; **II.** *trans. (poet.; nachkl.)* befahren.
**Endymiōn**, ōnis *m Geliebter der Luna, v. ihr in ewigen Schlaf versenkt.*
**ē-necō**, ēnecāre, ēnecuī (*u.* ēnecāvī), ēnectum ❶ umbringen, töten; ❷ entkräften, erschöpfen.
**ēnervis**, e *(enervo) (nachkl.)* kraftlos, matt.
**ē-nervō**, ēnervāre *(nervus)* entnerven, entkräften; – **ēnervātus,** a, um kraftlos, schwach.
**Engonasin** *m undekl. (gr. Fw.)* der Kniende *(Sternbild), später u. noch j. Herkules genannt.*
**ēnicō**, ēnicāre = *eneco.*
**enim I.** *Kj. (nie am Satzanfang, meist nach dem ersten Wort des Satzes)* ❶ *(explikativ)* nämlich; ❷ *(kausal)* denn; ❸ **quid enim?** was denn?, wieso?; **II.** *Adv. (affirmativ)* in der Tat, wirklich, allerdings; **at enim** *u.* **sed enim** aber freilich, aber ja.

**enim-vērō** *Adv.* in der Tat, wirklich, allerdings; (aber) freilich.
**ēnīsus** *Part. Perf. v. enitor.*
**ē-niteō**, ēnitēre, ēnituī, – hervorleuchten.
**ēnitēscō**, ēnitēscere, ēnituī, – *(Incoh. v. eniteo)* erglänzen, hervorleuchten.
**ē-nītor**, ēnītī, ēnīxus *u.* ēnīsus sum **I.** *intr.* ❶ sich anstrengen, sich bemühen *(m. ut);* ❷ sich heraus-, emporarbeiten; **II.** *trans.* ❶ etw. erstreben, durchsetzen; ❷ gebären, werfen; – *Part. Perf.* **ēnīxus** *auch pass.* geboren; ❸ *(nachkl.)* ersteigen.
**ē-nituī** *Perf. v. eniteo u. enitesco.*
**ēnīxus**, a, um *(P. Adj. v. enitor)* angestrengt, eifrig.
**Enna** = *Henna.*
**Ennius**, ī *m* **Q.** ~ *Dichter aus Rudiä in Kalabrien (239–169 v. Chr.).*
**ē-nō**, ēnāre ❶ herausschwimmen; ❷ *(poet.)* entfliegen.
**ēnōdātiō**, ōnis *f (enodo)* Erklärung.
**ēnōdātus**, a, um *(P. Adj. v. enodo)* deutlich.
**ē-nōdis**, e *(nodus) (poet.; nachkl.)* ❶ knotenlos, glatt; ❷ *(übtr.)* geschliffen, ausgefeilt [**elegi**].
**ē-nōdō**, ēnōdāre *(nodus)* ❶ *(nachkl.)* entknoten; ❷ erklären.
**ē-nōrmis**, e *(norma) (nachkl.)* ❶ unregelmäßig; ❷ übermäßig (groß), ungeheuer.
**ēnōrmitās**, ātis *f (enormis) (nachkl.)* ungeheure Größe.
**ē-nōtēscō**, ēnōtēscere, ēnōtuī, – *(notus) (nachkl.)* bekannt werden.
**ē-notō**, ēnotāre *(nachkl.)* aufzeichnen.
**ē-nōtuī** *Perf. v. enotesco.*
**ēnsi-fer**, fera, ferum *u.* **ēnsi-ger**, gera, gerum *(ensis u. fero bzw. gero) (poet.)* schwerttragend.
**ēnsis**, is *m* Schwert.
**enthȳmēma**, atis *n (gr. Fw.) (nachkl.)* (gedanklicher) Schluss, Argumentation.
**ē-nūbō**, ēnūbere, ēnūpsī, ēnūptum heraus-, wegheiraten *(v. Frauen).*
**ēnucleātus**, a, um *(P. Adj. v. enucleo)* schlicht, sachlich.
**ē-nucleō**, ēnucleāre *(nucleus)* ❶ *(nachkl.)* entkernen; ❷ erläutern; sorgfältig behandeln [**suffragia** sorgfältig abgeben]; ❸ austüfteln [**argumenta**].
**ēnumerātiō**, ōnis *f (enumero)* ❶ Aufzählung; ❷ *(rhet. t. t.)* zusammenfassende Wiederholung.
**ē-numerō**, ēnumerāre ❶ aus-, berechnen; ❷ aufzählen.
**ēnūntiātiō**, ōnis *f (enuntio)* Aussage, Satz.
**ēnūntiātīvus**, a, um *(enuntio) (nachkl.)* zur Aussage gehörig, ausgesagt.
**ēnūntiātum**, ī *n (enuntio)* Satz, Ausspruch.
**ē-nūntiō**, ēnūntiāre ❶ verraten, ausplaudern; ❷ aussprechen, ausdrücken.
**ēnūptiō**, ōnis *f (enubo)* das Heraus-, Wegheiraten.
**ē-nūtriō**, ēnūtrīre *(poet.; nachkl.)* ernähren, aufziehen.
**eō**[1] *Adv. (erstarrter Abl. v. is)* ❶ dorthin, dahin; ❷ *(übtr.)* bis zu dem Punkt, so weit; **eo irā processit, ut;** ❸ so lange *(m. folg. dum, quoad, donec* bis); ❹ (noch) dazu; **eo accedit, ut** *od.* **quod** hierzu kommt noch, dass; ❺ deswegen, deshalb; ❻ *(b. Komp.)* desto, umso [**magis**]; – **quo ... eo** je ... desto; ❼ dort *(klass. nur übtr.).*
**eō**[2], īre, iī (*u.* īvī), itum **I.** *(v. lebenden Wesen)* ❶ gehen, einhergehen; fahren, segeln; reiten; ❷ *(poet.; nachkl.)* fliegen [**per auras; ad caelum**]; ❸ kommen; **subsidio** ~ zu Hilfe; ❹ *(milit. t. t.)* **a)** marschieren, ziehen [**bello** in den Krieg ziehen; **maximis itineribus** in Eilmärschen]; **b)** geg. jmd. rücken, auf jmd. *od.* etw. losgehen [**contra hostes; ad muros**]; ❺ *(jur. t. t.)* ~ **in ius, ad iudicium** vor Gericht gehen; ❻ *(meist übtr.)* an etw. gehen, zu etw. schreiten [**in suffragium** zur Abstimmung schreiten; **in scelus** ein Verbrechen begehen; **in sententiam** jdms. Meinung beipflichten; **in poenas** zur Bestrafung schreiten]; **II.** *(v. Sachen u. Zuständen) (meist poet. u. nachkl.)* ❶ gehen, (hin)dringen, fliegen; **it clamor ad aethera; hasta per corpus it;** ❷ *(v. Schiffen)* fahren, segeln; ❸ *(v. Flüssen u. Flüssigkeiten)* fließen, strömen; **sanguis naribus it** strömt aus der Nase; ❹ vergehen, dahinschwinden; **eunt anni; dies it;** ❺ vonstatten gehen, verlaufen; **res melius ~ incipit;** ❻ in etw. übergehen, zu etw. werden.
**eōdem** *Adv. (erstarrter Abl. v. idem)* ❶ ebendorthin [**alqm mittere**]; ❷ ebendazu [**addere**]; ❸ ebendort; **eodem loci** an derselben Stelle, an demselben Punkt.
**Ēōs** *u.* **Eōs** *f (nur Nom.)* Morgenröte; – **Ēōus** *u.* **Eōus**, a, um **a)** morgendlich, am Morgen; **b)** morgenländisch, östlich; – **Eōus**, ī *m* **a)** Morgenstern; **b)** Orient, die Orientalen.
**Epamīnōndās**, ae *m Feldherr der Thebaner, der 362 v. Chr. über die Spartaner siegte u. fiel.*
**ēpāstus**, a, um *(pascor) (poet.)* aufgefressen.
**Epēus**, ī *m Erbauer des trojan. Pferdes.*
**ephēbus**, ī *m (gr. Fw.)* Ephebe, junger Mann *v. 16–20 Jahren (meist v. Griechen).*
**ephēmeris**, idis *f (gr. Fw.)* Tagebuch.
**Ephesus**, ī *f Stadt in Kleinasien, gegenüber v. Samos, m. Dianatempel; – Einw. u. Adj.* **Ephesius**, ī *m bzw.* a, um.
**ephippiātus**, a, um *(ephippium)* auf gesatteltem Pferd reitend.

E

**ephippium**, ī *n (gr. Fw.)* Reitdecke, Sattel.
**ephorus**, ī *m (gr. Fw.)* Ephor, *einer der fünf höchsten Beamten in Sparta.*
**Ephorus**, ī *m griech. Geschichtsschreiber um 340 v. Chr.*
**Epicharmus**, ī *m griech. Komödiendichter in Syrakus um 470 v. Chr.*
**epicōpus**, a, um *(gr. Fw.)* m. Rudern versehen.
**Epicūrus**, ī *m* Epikur, *griech. Philosoph aus Samos (342–270 v. Chr.); – Adj.* **Epicūrēus**, a, um epikureisch; – *Subst.* **Epicūrēī**, ōrum *m* die Schüler, Anhänger des Epikur, die Epikureer.

E

**Wissen: Antike**
**Epicūrus** (ī *m*) – Epikur (342–270 v. Chr.), der Begründer der epikureischen Philosophenschule, lehrte, dass alles Seiende, auch die Seele der Menschen, aus Atomen bestehe. Ein Leben nach dem Tod gebe es nicht, daher sei die Angst vor der Unterwelt unbegründet, ebenso wie auch die Angst vor der Strafe der Götter, da diese, selbst aus Atomen bestehend, sich aus ihrer vollkommenen Glückseligkeit heraus nicht um die Menschen kümmerten. Daher solle der Mensch im Hier und Jetzt seine Glückseligkeit finden, indem er durch eine weise und maßvolle Lebensweise seine Lebensfreude kultiviere und alles, was selbstverschuldeten Schmerz und Kümmernis bereiten kann, vermeide. In seiner Ethik hatte die Freundschaft einen hohen Stellenwert. Von politischer Betätigung riet er ab, da der Parteienhader zu keinem glücklichen Leben führe.
Eine umfassende Darstellung der epikureischen Philosophie legte der römische Dichter Lukrez mit seinem Lehrepos „De rerum natura“ dar.

**epicus**, a, um *(gr. Fw.)* episch; – *Subst.* **epicī**, ōrum *m* epische Dichter.
**Epidamnus** *u.* **-os**, ī *f Stadt im griech. Illyrien, später Dyrrachium (im heutigen Albanien); – Adj.* **-nius**, a, um *u.* **-niēnsis**, e.
**Epidaurus** *u.* **-os**, ī *f Stadt in der Argolis auf der Peloponnes, Kultstätte des Äskulap; – Adj.* **Epidaurius**, a, um; – **Epidaurius**, ī *m* Äskulap.
**epidīcticus**, a, um *(gr. Fw.)* prunkvoll, Prunk-.
**Epigonī**, ōrum *m* („die Nachgeborenen“) die Epigonen, die Söhne der „Sieben gegen Theben“ *(Tragödie des Aischylos).*
**epigramma**, atis *n (gr. Fw.)* ❶ Auf-, Inschrift; ❷ Sinn- *od.* Spottgedicht, Epigramm.
**epilogus**, ī *m (gr. Fw.)* Schluss der Rede; Schlussrede, Epilog.
**epiphōnēma**, atis *n (gr. Fw.) (nachkl.)* Ausruf.
**Ēpīrus**, ī *f Landschaft an der Westküste Nordgriechenlands; – Einw.* **Ēpīrōtēs**, ae *m* Epirot; – *Adj.* **Ēpīrōticus**, a, um *u.* **Ēpīrēnsis**, e.
**epistola**, ae *f = epistula.*
**epistolium**, ī *n (gr. Fw.) (poet.)* Briefchen.
**epistula**, ae *f (gr. Fw.) (nachkl. auch Pl.)* Brief, Zuschrift.
**epitaphius**, ī *m (gr. Fw.)* Leichenrede.
**epitoma**, ae *u.* **epitomē**, ēs *f (gr. Fw.)* Auszug *(aus einem Schriftwerk).*
**epitonion**, ī *n (gr. Fw.) (nachkl.)* Hahn *an einer Röhre.*
**epōdos**, ī *m (gr. Fw.) (nachkl.)* Epode, *Gedichtform m. regelmäßig wechselnden längeren u. kürzeren Versen.*
**epops**, opis *m (gr. Fw.) (poet.)* Wiedehopf.
**epos** *n (nur Nom. u. Akk.) (gr. Fw.) (poet.)* Heldengedicht, Epos.
**ē-pōtō**, ēpōtāre, ēpōtāvī, ēpōtum, ēpōtātūrus ❶ austrinken; *klass. nur im P. P. P.* ēpōtus, a, um; ❷ *(poet.) (v. lebl. Subj.)* einsaugen.
**epulae**, ārum *f* ❶ Speisen, Gerichte; ❷ Mahl(zeit), Schmaus.
**epulāris**, e *(epulae)* zum Mahl gehörig, beim Essen.
**epulātiō**, ōnis *f (epulor)* Festschmaus.
**epulō**, ōnis *m (epulum)* ❶ Ordner des Festmahls: *seit 198 v. Chr. tresviri, später septemviri, zu Cäsars Zeiten decemviri epulones* Priesterkollegien, welche die *m. den öffentl. Spielen verbundenen* feierlichen Mahlzeiten besorgten; ❷ Fresser.
**epulor**, epulārī *(epulae)* **I.** *intr.* essen, speisen, schmausen; **II.** *trans. (poet.; nachkl.)* verspeisen, verzehren.
**epulum**, ī *n* Festmahl.
**equa**, ae *f (equus)* Stute.
**eques**, equitis *m (equus)* ❶ Reiter; *(milit.)* Kavallerist; – *Adj.* beritten, zu Pferd; ❷ *(Pl. u. Sg. koll.)* Reiterei; ❸ Ritter; ❹ *(koll.)* Ritterstand.

**Imperium Romanum**
**equitēs** – Ursprünglich, in der Königszeit und in der Frühzeit der römischen Republik, waren die **equitēs** (die „Ritter“) die berittenen Soldaten im Heer, also reichere Bürger, die sich ein Pferd leisten konnten. Aus ihnen entstand im Laufe der Republik der Ritterstand (**ordo equester**), ein direkt unter den Patriziern angesiedelter Adelsstand. Die meisten Ritter waren wohlhabend; sie waren Großgrundbesitzer, Großhändler und Bankiers und bildeten den „Geldadel“. Nur wenige Ritter, wie z. B. Cato der Ältere oder Cicero, schlugen eine politische Laufbahn ein. In der Kaiserzeit verlor der Ritterstand seine Bedeutung.

**equester**, tris, tre, *selten* **equestris**, e *(eques)* ❶ beritten, Reiter-; ❷ ritterlich, Ritter-; – *Subst. m (nachkl.)* Ritter.
**equestria**, ium *n (equester; erg. loca)* Sitze der Ritter *im Theater.*
**e-quidem** *Adv. (verstärktes quidem)* allerdings, freilich, ich meinerseits.
**equīnus**, a, um *(equus)* Pferde-, Ross-.
**equirria**, ōrum *u.* ium *n (equus u. curro)* Pferderennen *in Rom zu Ehren des Mars am 27. Februar u. 14. März.*
**equitātus**, ūs *m (equito)* ❶ Reiterei; ❷ Ritterschaft, die Ritter.
**equitō**, equitāre *(eques)* ❶ reiten; ❷ ein leichtes (Vor-)Gefecht führen; ❸ *(poet.) (v. Wind)* daherstürmen.
**equuleus**, ī *m = eculeus.*
**equus**, ī *m (Gen. Pl. auch equûm)* ❶ Pferd, Ross, Hengst; ❷ *Pl.* **a)** Reiterei; **b)** *(poet.)* Gespann, Streitwagen; ❸ *(poet.)* ~ **bipes** Seepferd.
**era**, ae *f (erus) (poet.)* Herrin, Gebieterin, Geliebte.
**ē-rādō**, ērādere, ērāsī, ērāsum *(poet.; nachkl.)* ❶ aus-, abkratzen; ❷ (aus)streichen; ❸ in Vergessenheit bringen.
**eranus**, ī *m (gr. Fw.) (nachkl.)* Wohltätigkeitsverein.
**ē-rāsī** *Perf. v. erado.*
**ērāsus** *P. P. P. v. erado.*
**Eratō**, ūs *f Muse, bes. des Liebesliedes.*
**Eratosthenēs**, is *m griech. Mathematiker, Geograf, Dichter u. Philosoph (275–194 v. Chr.), Leiter der alexandrinischen Bibliothek.*
**ercīscō, erctum** *s. herc…*
**Erebus**, ī *m Gott der Finsternis, Sohn des Chaos; meton.* Unterwelt.
**Erechtheūs**, eī *m König v. Athen; – Adj.* **Erechthēus**, a, um; – **Erechthīdae**, ārum *m* die Athener; – **Erechthis**, idis *f Tochter des Erechtheus* = Prokris *u.* Orithyia.
**ērēctus**, a, um *(P. Adj. m. Komp. v. erigo)* ❶ aufrecht, gerade; ❷ *(übtr.)* großartig; ❸ hochmütig; ❹ mutig.
**ē-rēpō**, ērēpere, ērēpsī, ērēptum *(poet.; nachkl.)* **I.** *intr.* ❶ hervorkriechen; ❷ emporklettern; **II.** *trans.* erklimmen.
**ēreptiō**, ōnis *f (eripio)* Raub.
**ēreptor**, ōris *m (eripio)* Räuber.
**ēreptus¹** *P. P. P. v. eripio.*
**ērēptus²** *P. P. P. v. erepo.*
**ērēs** = *heres.*
**Eretria**, ae *f* ❶ *Stadt in Thessalien (Nordgriechenland);* ❷ *Stadt auf Euböa in Mittelgriechenland; – Einw.* **Eretriēnsis**, is *m; – Adj.* **Eretricus**, a, um *u.* **Eretriēnsis**, e.
**ē-rēxī** *Perf. v. erigo.*
**ergā** *Präp. b. Akk.* gegen, gegenüber *(klass. nur im freundlichen, später auch im feindl. Sinne).*
**ergastulum**, ī *n (gr. Fw.)* Arbeits-, Zuchthaus *(f. Sklaven u. Schuldner).*
**ergō** ❶ *Adv.* (*im Vers auch* erg ) folglich, also, deshalb; ❷ *Postp. m. Gen.* wegen, um … willen.
**ēricius**, ī *m* Balken m. Eisenspitzen, spanischer Reiter.
**Ēridanus**, ī *m poet. Name des Po.*
**eri-fuga**, ae *m (erus u. fugio) (poet.)* seinem Herrn entlaufen.
**ē-rigō**, ērigere, ērēxī, ērēctum *(rego)* ❶ aufrichten, emporheben; – **se erigere** *u. mediopass.* **erigi** sich aufrichten, sich erheben; ❷ *(Bauten)* errichten; ❸ *(milit. t. t.)* hinaufrücken lassen [**agmen in tumulum**]; ❹ erregen, anspannen; aufmerksam machen; ❺ *(übtr.)* aufrichten, ermutigen [**afflictam provinciam; animos ad** (*od.* **in**) **spem**]; – **se erigere** *u. mediopass.* **erigi** Mut fassen.
**erīlis**, e *(erus, era) (poet.)* des (Haus-)Herrn *od.* der Herrin, der Hausfrau.
**Erīnȳs**, yos *f* ❶ Rachegöttin, Furie; ❷ *(übtr.)* **a)** Verderben; **b)** Wut.
**ē-ripiō**, ēripere, ēripuī, ēreptum *(rapio)* ❶ heraus-, wegreißen, herausziehen; ❷ entreißen, gewaltsam wegnehmen, rauben [**alci gladium; ornamenta ex urbibus; virginem ab alqo** v. jmds. Seite reißen, entführen]; ❸ (weg-)nehmen, entziehen [**alci timorem / dolorem**]; ❹ hinraffen; ❺ retten, befreien aus *od.* vor etw. [**alqm** *od.* **alqd ex manibus hostium; alqm ex periculo**].
**ē-rōdō**, ērōdere, ērōsī, ērōsum ❶ abnagen; ❷ *(nachkl.) (übtr.)* zerfressen.
**ērogātiō**, iōnis *f (erogo)* Ausgabe, Auszahlung.
**ē-rogō**, ērogāre ausgeben *(in alqd: für etw.).*
**errābundus**, a, um *(erro¹)* umherirrend, -ziehend.
**errāticus**, a, um *(erro¹)* umherirrend, -ziehend.
**errātiō**, ōnis *f (erro¹)* das Umherirren, Verirrung.
**errātor**, ōris *m (erro¹) (poet.)* der Umherirrende.
**errātum**, ī *n (erro¹)* Irrtum, Fehler.
**errātus**, ūs *m (erro¹) (poet.)* Irrfahrt.
**errō¹**, errāre **I.** *intr.* ❶ umherirren, -schweifen *(konkr. u. übtr.);* ❷ schwanken *(bes. übtr.);* ❸ sich verirren; ❹ sich irren; **II.** *trans. (poet.)* etw. irrend durchstreifen.
**errō²**, ōnis *m (erro¹)* ❶ Landstreicher; ❷ *(poet.)* treuloser Liebhaber.
**errōneus**, a, um *(erro²) (nachkl.)* umherirrend, sich umhertreibend.
**error**, ōris *m (erro¹)* ❶ das Umherirren, -ziehen, Irrfahrt; ❷ Irrtum, Missverständnis, Täuschung; ❸ das Abirren, Abweichen vom rechten Wege; ❹ das Schwanken, Ungewiss-

E

heit, Zweifel *(m. indir. Frages.; in, über etw.: m. Gen.)*; ❺ *(poet.)* Liebeswahn; ❻ Fehler, Versehen; ❼ *(moral.)* Verirrung, Vergehen; ❽ *(poet.)* Irrgang *(eines Labyrinths)*; ❾ *(poet.)* Windung, Krümmung; ❿ Fehlschuss, -wurf; ⓫ *(poet.)* **Error** *(personif.)* Verblendung *(als Dämon)*.

**ē-rubēscō**, ērubēscere, ērubuī, – **I.** *intr.* ❶ rot werden, erröten; ❷ schamrot werden, sich schämen *(über, wegen: m. Abl.; in u. Abl.; propter)*; **II.** *trans.* achten, scheuen [**iura fidemque**].

E

**ērūca**, ae *f (poet.; nachkl.)* Rauke, Rucola *(eine Salatart, galt als Aphrodisiakum)*.

**ē-ructō**, ēructāre ❶ ausspeien, (aus)rülpsen, von sich geben; ❷ *(poet.; nachkl.)* ausstoßen, -werfen.

**ē-rudiō**, ērudīre *(rudis; eigtl. „aus dem rohen Zustand herausbringen")* (aus)bilden, unterrichten, lehren *(alqm re, in re; alqm alqd)* [**iuvenes doctrinis / in re militari; prolem artes**]; – *P. Adj.* **ērudītus,** a, um gebildet, gelehrt.

**ērudītiō**, ōnis *f (erudio)* Unterricht, Unterweisung; Bildung.

**ērudītulus**, a, um *(Demin. v. eruditus, s. erudio) (poet.)* ausgebildet.

**ērudītus** *s. erudio.*

**ē-ruī** *Perf. v. eruo.*

**ē-rumpō**, ērumpere, ērūpī, ēruptum **I.** *intr.* ❶ aus-, losbrechen, hervorstürmen; **ignes ex Aetnae vertice erumpunt; ex latebris ~**; ❷ *(milit. t. t.)* einen Ausfall machen; ❸ *(v. Zuständen, Leidenschaften u. a.)* aus-, losbrechen, ans Licht kommen; **coniuratio ex latebris erupit** kam ans Licht; ❹ zu *od.* in etw. übergehen, ausarten [**in** *od.* **ad perniciem alcis; in omne genus crudelitatis**]; ❺ *(v. Personen)* in etw. ausbrechen [**in furorem; ad minas** in Drohungen]; **II.** *trans.* ❶ *(poet.)* heraus-, hervorbrechen lassen; ❷ *(poet.; nachkl.)* durchbrechen [**nubem**]; ❸ *(Gefühle an jmdm.)* auslassen [**iram in hostes**]; **III. se erumpere** herausstürzen, -stürmen [**portis foras**].

**ē-ruō**, ēruere, ēruī, ērutum ❶ (her)ausgraben; ❷ *(poet.; nachkl.)* aufgraben, -wühlen [**humum; aquam remis**]; ❸ *(poet.; nachkl.)* ausreißen [**segetem; alci oculos**]; ❹ *(poet.; nachkl.)* zerstören, *(polit.)* umstürzen; ❺ *(poet.; nachkl.)* durchbohren [**latus hastā**]; ❻ etw. aufstöbern, -suchen, ausfindig machen, erforschen, ans Tageslicht bringen [**arcana; coniurationem**].

**ē-rūpī** *Perf. v. erumpo.*

**ēruptiō**, ōnis *f (erumpo)* ❶ Ausbruch [**Aetnaeorum ignium;** *übtr.* **vitiorum**]; ❷ *(milit. t. t.)* Ausfall, Vorstoß.

**ēruptus** *P. P. P. v. erumpo.*

**erus**, ī *m* (Haus-)Herr, Gebieter.

**ērutus** *P. P. P. v. eruo.*

**ervum**, ī *n (poet.)* Erve *(eine Wickenart)*.

**Erycīnus, Erycus** *s. Eryx.*

**Erymanthus**, ī *m* ❶ *Gebirge im Nordwesten Arkadiens auf der Peloponnes; – Adj.* **Erymanthius**, a, um, *fem. auch* **Erymanthis**, idis; ❷ *Nebenfluss des Alpheus.*

**erythīnus**, ī *m (gr. Fw.) (poet.; nachkl.)* rote Meerbarbe.

**Eryx**, ycis *m* ❶ *Berg (auch* Erycus mons*) u. Stadt an der Westküste Siziliens m. Venuskult; – Adj.* **Erycīnus**, a, um; – **Erycīna**, ae *f = Venus;* ❷ *Heros des Ortes, Sohn der Venus.*

**ēsca**, ae *f (edo²)* Speise, Essen; Futter; Köder.

**ēscārius**, a, um *(esca) (nachkl.)* zur Speise gehörig, Ess-.

**ē-scendō**, ēscendere, ēscendī, ēscēnsum *(scando)* **I.** *intr.* ❶ hinaufsteigen; ❷ *(v. der Küste nach dem Innern)* hinaufziehen, -reisen; **II.** *trans. (nachkl.)* besteigen.

**ēscēnsiō**, ōnis *f (escendo)* Landung.

**ēscēnsus**[1], ūs *m (escendo) (nachkl.)* Aufstieg.

**ēscēnsus**[2] *P. P. P. v. escendo.*

**escit, escunt** *(arch. Incoh. v. est, sunt)* er ist, sie sind (vorhanden); *auch = erit, erunt.*

**ēsculenta**, ōrum *n (esculentus)* die Speisen.

**ēsculentus**, a, um *(esca)* essbar.

**ēsculētum, ēsculeus, ēsculus** *s. aescul...*

**Esquiliae**, ārum *f (ex u. colo, eigtl. „Außensiedlung, Vorstadt")* der Esquilin, *größter der sieben Hügel Roms; – Adj.* **Esquilīnus** *u.* **Esquilius**, a, um.

**Imperium Romanum**

**Esquiliae** oder **mons Esquilīnus**, der „Esquilin", ist der größte der sieben Hügel Roms im Osten der Stadt. Nach ihm ist **Esquilina**, einer der vier Stadtbezirke der Republikzeit, benannt. Die anderen Bezirke hießen Subura, Collina und Palatina.

**esse** *Inf. Präs. v. sum.*

**esseda**, ae *f = essedum.*

**essedārius**, ī *m (essedum)* Wagenkämpfer.

**essedum**, ī *n (kelt. Wort)* Streitwagen *der Gallier u. Britannier, später auch der röm. Gladiatoren; auch als* Reisewagen *gebraucht.*

**essentia**, ae *f* das Wesen einer Sache.

**essur...** *s. esur...*

**estur** = *editur (v. edo²).*

**ēsuriō**, ēsurīre *(edo²)* ❶ essen wollen, Hunger haben; ❷ *(poet.; nachkl.)* begehren.

**ēsurītiō**, ōnis *f (esurio) (poet.)* das Hungern.

**ēsus** *P. P. P. v. edo².*

**et I.** *Kj.* ❶ und, und auch, und zugleich;

– *nach multi, pauci, unus wird es nicht übersetzt:* **multae et splendidae victoriae** viele große Siege; – *et im Hendiadyoin:* **ardor et impetus** hitziger Angriff; **ratio et cogitatio** vernünftiges Denken; ② *(erklärend)* und zwar, nämlich; ③ *(kontrastierend)* und doch, und dabei, und trotzdem; ④ *(bestätigend)* und wirklich, und in der Tat; ⑤ *(konsekutiv)* und so, und daher; ⑥ *(nach Ausdrücken der Gleichheit u. Ähnlichkeit wie z. B. idem, par, similis, alius statt des häufigeren ac od. atque)* wie, als; ⑦ *(adversativ nach Negation)* sondern *(= sed);* ⑧ nun aber; ⑨ **et non** und nicht *(Negation eines einzigen Wortes im Ggstz. zu neque, das einen ganzen Satz negiert);* **et ... et** sowohl … als auch; teils … teils; **neque ... et** einerseits nicht … andererseits aber; nicht nur nicht … sondern (auch); **et ... neque** einerseits (zwar) … andererseits nicht; **II.** *Adv.* ① auch; **salve et tu;** ② sogar.

**et-enim** *Kj. (in Prosa am Satzanfang, poet. auch nachgest.)* nämlich, denn; ja auch; und allerdings.

**etēsiae**, ārum *m (gr. Fw.)* Passatwinde, *bes. die in den Hundstagen 40 Tage lang wehenden Nordwestwinde im Ägäischen Meer.*

**ēthologus**, ī *m (gr. Fw.)* karikierender Darsteller v. Gewohnheiten, Charaktertypen, *um sie lächerlich zu machen.*

**etiam** *(< et u. iam)* **I.** *Kj.* ① auch, sogar, selbst; **quin etiam** ja sogar; ② auch, ferner, außerdem, überdies; **non modo** (*od.* **solum**) **... sed** (*od.* **verum**) **etiam** nicht nur … sondern auch; ③ *(b. Komp.)* noch; **etiam magis;** ④ *(in unwilligen Fragen)* noch obendrein, gar, auch noch; **etiam rides? II.** *Adv.* ① (auch) noch, noch immer; ② nochmals, noch einmal, wieder; **etiam atque etiam** immer wieder; ③ *(in Antworten)* ja, allerdings.

**etiam-num** *u.* **etiam-nunc** *Adv.* auch jetzt noch, noch immer.

**etiam-sī** *Kj.* auch wenn, wenn auch *(meist m. Ind.).*

**etiam-tum** *u.* **etiam-tunc** *Adv.* (auch) damals noch.

**Etrūria**, ae *f die Landschaft* Etrurien *in Italien, j.* Toscana; – *Einw. u. Adj.* **Etrūscus**, ī *m bzw.* a, um.

**et-sī** *Kj.* wenn auch, wenngleich, obschon, obwohl *(meist m. Ind.); (korrigierend in Hauptsätzen)* jedoch, indessen.

**etymologia**, ae *f (gr. Fw.) (nachkl.)* Ableitung eines Wortes, Etymologie.

**e͡u** *Interj.* gut!, schön!, *verstärkt* **eugae** *u.* **euge** *u.* **eugepae** herrlich!, vortrefflich!

**e͡uān** *Interj. (poet.) Jubelruf der Bacchantinnen;* **Euan** *u.* **Euhan** *Beiname des Bacchus.*

**e͡uāns**, *Gen.* antis *(euan) (poet.)* euan rufend, jauchzend *(v. den Bacchantinnen).*

**Euboea**, ae *f Insel an der Küste v. Böotien (Mittelgriechenland);* – *Adj.* **Euboïcus**, a, um **a)** euböisch [**urbs** Cumae *(eine euböische Kolonie)*]; **b)** Euböa gegenüberliegend [**Aulis**]; **c)** kumäisch [**carmen** Spruch der Sibylle v. Cumae].

**Euclīdēs**, is *m griech. Mathematiker in Alexandria um 300 v. Chr.*

**eugae, euge, eugepae** *s. eu.*

**e͡uhān, e͡uhāns** = *e͡uan, e͡uans.*

**Euhias** *u.* **Euias**, adis *f (poet.)* Bacchantin.

**Euhius** *u.* **Euius**, ī *m (vgl. euoe) (poet.) Beiname des Bacchus.*

**e͡uhoe͡** = *e͡uoe͡.*

**Eumenides**, dum *f* („die Wohlwollenden") Rachegöttinnen, Rächerinnen allen Unrechts.

**eunūchus**, ī *m (gr. Fw.)* Eunuch, Kastrat.

**e͡uoe͡** *Interj.* juchhei *(Jubelruf der Bacchantinnen).*

**Euphorbus**, ī *m Trojaner; in seiner Gestalt wollte Pythagoras den Trojanischen Krieg erlebt haben (Lehre v. der Seelenwanderung).*

**Euphrātēs**, is *u.* ī *m* (*Akk.* -em *u.* -ēn) der Euphrat.

**Eupolis**, idis *m Dichter der älteren att. Komödie (um 430 v. Chr.).*

**Wissen: Antike**

**Eurīpidēs** (is *m*) war ein Tragödiendichter in Athen (480–406 v. Chr.). Er ist nach Aischylos und Sophokles der zeitlich jüngste der drei bedeutendsten griechischen Tragiker. Dieser bereits aufgeklärte und stark vernunftorientierte Autor wirkt bis heute auf Literatur und Musik. So griffen z. B. Goethe („Iphigenie"), Anouilh („Medea") und Richard Strauss („Elektra") seine Themen auf.

**Eurīpidēus**, a, um *Adj. zu Euripides:* des Euripides.

**eurīpus** *u.* **-os**, ī *m (gr. Fw.)* ① Meerenge; *bes.* Eurīpus *die Meerenge zw. Euböa u. dem griech. Festland;* ② Wassergraben, Kanal.

**Eurōpa**, ae *u.* **-ē**, ēs *f* ① Europa, *Geliebte des Zeus;* ② *der Erdteil* Europa; / *Adj.* **Eurōpaeus**, a, um **a)** v. der Europa abstammend [**dux Minos**]; **b)** europäisch.

**Wissen: Antike**

**Eurōpa** ist in der griechischen Mythologie die Tochter des phönizischen Königs Agenor. Zeus, der sich in sie verliebte, verwandelte sich in einen Stier und entführte sie. Mit Europa auf seinem Rücken schwamm er nach Kreta. Dort verwandelte er sich zurück und zeugte mit ihr Minos, Rhadamanthus und Sarpedon. Nach ihr wurde der Erdteil Europa benannt.

**Eurōtās**, ae *m Hauptfluss Lakoniens (südl. Peloponnes).*

**eurōus**, a, um *(eurus) (poet.)* östlich.

E

**eurus**, ī *m (gr. Fw.)* Südostwind; *(poet.)* Ostwind.

**Eurydicē**, ēs *f Gattin des Orpheus.*

**Eurystheūs**, eī *m König v. Mykenä, der dem Hercules auf Befehl der Juno die zwölf Arbeiten auferlegte.*

**Euterpē**, ēs *f Muse der Musik.*

**Eutrapelus**, ī *m* der Gewandte, Witzige *(Beiname des Römers P. Volumnius).*

**euxīnus**, a, um *(gr. Fw.)* gastfreundlich; – **Pontus Euxinus** das Schwarze Meer.

**ē-vādō**, ēvādere, ēvāsī, ēvāsum **I.** *intr.* ❶ herausgehen, -kommen *(ex; selten m. bl. Abl.)* [**ex illis sedibus; oppido; in terram** landen]; ❷ hinaufsteigen; ❸ entkommen, entgehen, entrinnen *(m. Präp., bl. Abl. od. Dat.)* [**ab iudicibus; (e) periculo; pugnae**]; ❹ ausgehen, -fallen, enden; **pestilentia in morbos evadit** endigt in; ❺ *(v. Personen)* sich zu etw. entwickeln, etw. werden *(m. dopp. Nom.)*; **II.** *trans.* ❶ zurücklegen, passieren; ❷ erklettern, ersteigen; ❸ entkommen.

**ēvagātiō**, ōnis *f (evagor) (nachkl.)* Ausbreitung.

**ē-vagor**, ēvagārī **I.** *intr.* ❶ umherziehen; ❷ sich verbreiten, um sich greifen; ❸ *(milit. t. t.)* schwenken, ausschwärmen; **II.** *trans.* *(poet.)* überschreiten.

**ē-valēscō**, ēvalēscere, ēvaluī, – *(poet.; nachkl.)* ❶ erstarken, (an)wachsen, zunehmen; ❷ *Perf.* vermögen, imstande sein *(m. Inf.).*

**ē-validus**, a, um ganz stark.

**ē-vānēscō**, ēvānēscere, ēvānuī, – verschwinden, vergehen.

**ēvānidus**, a, um *(evanesco) (poet.; nachkl.)* vergehend [**ignis** verlöschend].

**ē-vānuī** *Perf. v. evanesco.*

**ē-vāsī** *Perf. v. evado.*

**ē-vāstō**, ēvāstāre völlig verwüsten.

**ēvāsus** *P. P. P. v. evado.*

**ē-vehō**, ēvehere, ēvēxī, ēvectum ❶ hinausführen, herausbringen, fortschaffen; ❷ emporführen, -bringen, erheben *(bes. übtr.)* [**alqm ad honores / ad consulatum**]; ❸ *mediopass.* **evehi: a)** hinausfahren, -reiten, -segeln; **b)** *(feindl.)* losstürzen [**in hostem**]; **c)** *(übtr.)* v. irgendwo ausgehen; **e Piraeo eloquentia evecta est; d)** *(nachkl.) (übtr.)* sich über etw. hinaus verbreiten *(alqd)*; **e)** *(nachkl.) (übtr.)* etw. überschreiten [**modum**]; **f)** sich hinreißen lassen [**spe vana**]; *(v. der Rede)* zu weit gehen; **g)** hinauffahren, -reiten.

**ē-vellō**, ēvellere, ēvellī, ēvulsum ❶ (her)ausreißen; ❷ *(übtr.)* (ver)tilgen, beseitigen.

**ē-veniō**, ēvenīre, ēvēnī, ēventum ❶ sich ereignen, eintreten, geschehen; ❷ eintreffen, in Erfüllung gehen; **eveniunt optata; utinam istud evenisset;** ❸ ablaufen, ausgehen, enden [**bene; prospere**]; ❹ jmdm. zustoßen, begegnen; ❺ zufallen, zuteilwerden; **provincia sorte evenit ei**.

**ēventum**, ī *n (evenio)* ❶ Ausgang, Ergebnis, Erfolg; ❷ Ereignis.

**ēventus**, ūs *m (evenio)* ❶ Ausgang, Ergebnis; **belli ~ prosper; pugnare (cum) dubio eventu;** ❷ günstiger Ausgang, Erfolg; ❸ Vorfall, Ereignis; ❹ Schicksal, Geschick; ❺ Abschluss, Ende.

**ē-verberō**, ēverberāre *(poet.; nachkl.)* ❶ aufpeitschen, emporschlagen [**fluctūs**]; ❷ (zer)schlagen; ❸ abschütteln.

**ē-vergō**, ēvergere, – – hervorsprudeln lassen.

**ēverriculum**, ī *n (everro)* Kehrbesen.

**ē-verrō**, ēverrere, ēverrī, ēversum auskehren, reinigen; *(bildl.)* ausplündern [**fanum**].

**ēversiō**, ōnis *f (everto)* ❶ das Umwerfen [**columnae**]; Zerstörung [**urbis**]; ❷ Umsturz, Zerrüttung [**patriae**].

**ēversor**, ōris *m (everto)* Zerstörer.

**ē-vertō**, ēvertere, ēvertī, ēversum ❶ umstürzen, umwerfen [**statuam; navem**]; ❷ zerstören, niederreißen [**urbem; domum**]; ❸ zugrunde richten, zerrütten, untergraben [**leges; civitates**]; ❹ jmd. vertreiben *(aus etw.: m. Abl.)* [**bonis** *od.* **fortunis** jmd. um sein Vermögen bringen].

**ē-vestīgātus**, a, um *(vestigo) (poet.; nachkl.)* aufgespürt, erforscht.

**ē-vēxī** *Perf. v. eveho.*

**ē-vīcī** *Perf. v. evinco.*

**ēvictus** *P. P. P. v. evinco.*

**ēvidēns**, *Gen.* dentis *(ex u. video)* augenscheinlich, einleuchtend, offenbar.

**ēvidentia**, ae *f (evidens) (rhet. t. t.)* Veranschaulichung.

**ē-vigilō**, ēvigilāre **I.** *intr.* ❶ wachen, wach bleiben; ❷ *(nachkl.)* auf-, erwachen; **II.** *trans.* ❶ *(poet.; nachkl.)* bei Nacht sorgfältig ausarbeiten; ❷ genau erwägen [**consilia**].

**ē-vīlēscō**, ēvīlēscere, ēvīluī, – *(vilis) (nachkl.)* wertlos werden.

**ē-vinciō**, ēvincīre, ēvīnxī, ēvīnctum *(poet.; nachkl.)* ❶ umbinden, -winden; ❷ binden, fesseln.

**ē-vincō**, ēvincere, ēvīcī, ēvictum ❶ völlig besiegen, ganz überwinden [**hostes; sociorum superbiam**]; ❷ durchsetzen *(m. ut.)*; ❸ *(poet.; nachkl.)* überreden, erweichen, bewegen;

❹ *(poet.; nachkl.)* über etw. hinausgelangen, -treten, -ragen *(m. Akk.)*.
**ēvīnctus** *P. P. P. v. evincio.*
**ē-vīnxī** *Perf. v. evincio.*
**ē-virō**, ēvirāre *(vir) (poet.)* entmannen, entkräften.
**ē-vīscerō**, ēvīscerāre *(viscera)* ❶ zerfleischen, zerreißen; ❷ *(nachkl.)* auswaschen [**terras**].
**ēvītābilis**, e *(evito) (poet.; nachkl.)* vermeidbar.
**ēvītātiō**, ōnis *f (evito) (nachkl.)* das Vermeiden.
**ē-vītō**, ēvītāre vermeiden, ausweichen, entgehen *(m. Akk.)* [**periculum fugā; imperium**].
**ēvocātiō**, ōnis *f (evoco) (nachkl.)* Aufruf, Vorladung.
**ēvocātor**, ōris *m (evoco)* Aufwiegler.
**ē-vocō**, ēvocāre ❶ heraus-, herbeirufen; ❷ (hervor)locken, zu etw. verlocken, reizen; **alqm in saevitiam ~** verleiten; **iram alci ~; alci risum ~** entlocken; ❸ jmd. vorladen [**alqm ad colloquium**]; ❹ *jmd. zu einer Ehrenstelle* berufen, befördern; ❺ *(milit. t. t.) Soldaten zum Kriegsdienst* einziehen; – *Subst.* **ēvocātī**, ōrum *m ausgediente Soldaten, die in Notzeiten zum Kriegsdienst eingezogen wurden;* ❻ *(milit.) jmd. zum Kampf* herausfordern; ❼ *(Tote)* erwecken; ❽ *eine Gottheit* auffordern, *den ihr in einer belagerten Stadt geweihten Platz m. einem anderen zu vertauschen.*
**ē-volō**, ēvolāre ❶ herausfliegen; ❷ hervorstürzen, herauseilen; ❸ enteilen, entfliehen [**e poena** entgehen]; ❹ emporfliegen.
**ēvolūtiō**, iōnis *f (evolvo)* das Lesen.
**ē-volvō**, ēvolvere, ēvolvī, ēvolūtum ❶ hervor-, hinauswälzen, herausrollen; – **se evolvere** *u. mediopass.* **evolvi** sich hinauswälzen, hinausrollen; sich aus etw. heraushelfen; *(bildl., v. Nachrichten)* hinausgelangen; ❷ entströmen lassen [**aquas per campos**]; ❸ vertreiben, verdrängen; ❹ auseinander-, aufrollen; *(ein Buch)* aufschlagen, lesen [**poëtas; versūs**]; ❺ *(übtr.)* enthüllen, schildern, darlegen; ❻ *(poet.) (Spindeln)* abspinnen.
**ē-vomō**, ēvomere, ēvomuī, ēvomitum ❶ ausspeien; ❷ ausstoßen, -werfen, von sich geben.
**ē-vulgō**, ēvulgāre ❶ veröffentlichen, bekannt machen; ❷ *(nachkl.)* preisgeben [**arcanum**].
**ēvulsiō**, ōnis *f (evello)* das Herausreißen.
**ēvulsus** *P. P. P. v. evello.*
**ex, ē I.** *Präp. b. Abl. (vor Konsonanten ex und e, vor Vokalen und vor h nur ex)* ❶ *(räuml.)* **a)** aus, aus … heraus; **e civitate expulsus; b)** aus … herab, von … hinab; **prospicere e summo; c)** aus … herauf, von … hinauf; **surgere e lectulo; collis ex planitie editus; d)** von … her, von … aus; **lucus ex insula conspiciebatur; ex equo pugnare** zu Pferd; **ex vinculis causam dicere** in Fesseln; **e)** *(b. den Verben des Nehmens u. Empfangens)* von, aus; **pecuniam ex aerario accipere; ex oppido signa tollere; f)** *bei „hängen" (intr. u. trans.)* an; **pendēre ex arbore; g)** *bei „laborare" leiden* an [**ex pedibus**]; **h)** *bei „triumphare, triumphum agere" u. Ä.: ex alqo* über *jmd.;* **i) ex itinere** unterwegs; **j) ex fuga** auf der Flucht; ❷ *(zeitl.)* **a)** von … an, seit; **ex illo** seit jener Zeit; **ex quo** seitdem; **b)** unmittelbar nach, sogleich nach; **ex consulatu in Galliam proficisci; aliud ex alio** eins nach dem anderen; **diem ex die** von Tag zu Tag, Tag für Tag; ❸ *(übtr.)* **a)** *(die Herkunft, Abstammung bezeichnend)* aus, von; **e plebe esse; filius ex serva natus; b)** *(partitiv)* von, aus, unter; **unus ex filiis; audacissimus ex omnibus; c)** *(zur Bez. des Stoffes, der Mittel)* aus, von; **statua ex marmore; muros restituere ex hostium praeda; d)** *(b. Verben des Ausforschens, Vernehmens, Erkennens u. Ä.)* von, an; **odium ex sermone intellegere; hostem ex armis cognoscere; e)** *(zur Bez. der Ursache, des Beweggrundes)* aus, infolge von, wegen, durch, an; **ex quo fit** (*od.* **efficitur** *od.* **accidit**), **ut** daher kommt es, dass; **ex ea re** *u.* **qua ex re** *u.* **ex ea causa** daher, deshalb, deswegen; **ex vulnere mori** (*od.* **perire**); **ex re publica clarus** wegen seiner Verdienste um den Staat; **f)** gemäß, nach, in Hinsicht auf; **iudicare** *od.* **aestimare alqd ex re** etw. beurteilen nach; **e natura** naturgemäß; **ex usu esse** vorteilhaft sein; **e mea / tua re** zu meinem / deinem Vorteil; **ex senatūs consulto; ex more** (*od.* **consuetudine**) nach dem Brauch; **g)** *(in Adverbialausdrücken)* **e contrario** im Gegenteil; **ex composito** nach, gemäß der Verabredung; **ex improviso** unversehens; **ex memoria** auswendig; **ex parte** teilweise; **II.** *als Präfix (vor Vokalen, h, c, p, t: ex-; nach ex kann der Stammanlaut s ausfallen* [**exsanguis** *u.* **exanguis**]; *vor f: ec- od. assimiliert* [**ecfero** *u.* **effero; effugio**]; *sonst* ē-*)* ❶ aus-, hinaus-, heraus- [**educo²**; eloquor; emigro]; ❷ empor-, er- [**exstruo**]; ❸ völlig, ganz [**enarro**]; ❹ sehr, ziemlich [**edurus**]; ❺ ent-, ver- [**exarmo**].
**ex-acerbō**, acerbāre völlig erbittern, erzürnen.
**exāctiō**, ōnis *f (exigo)* ❶ Vertreibung; ❷ Einziehung, Erhebung [**pecuniae**]; ❸ Einnahme, Steuer; Abgabe; ❹ Beaufsichtigung.
**exāctor**, ōris *m (exigo)* ❶ Vertreiber; ❷ Steuereinnehmer; ❸ **~ promissorum** Mahner an die Erfüllung der Versprechungen; ❹ Vollstrecker [**supplicii** *od.* **mortis** der Todesstrafe].
**exāctus**, a, um *(P. Adj. v. exigo)* genau, pünktlich; vollkommen.
**ex-acuō**, acuere, acuī, acūtum ❶ schärfen, spitzen; ❷ (auf)reizen, anspornen [**animos in bella**].

E

**ex-adversum** *u.* **-us** *Adv. u. Präp. b. Akk.* gegenüber.

**exaedificātiō**, ōnis *f (exaedifico) (übtr.)* Aufbau; vollendete Ausführung.

**ex-aedificō**, aedificāre ❶ aus-, aufbauen; ❷ vollenden.

**exaequātiō**, ōnis *f (exaequo)* Gleichstellung.

**ex-aequō**, aequāre ❶ gleichmachen, ausgleichen; ❷ gleichstellen, vergleichen *(m. Dat. od. cum)*; ❸ *(poet.)* gleichkommen, erreichen *(m. Akk.)*.

E

**ex-aestuō**, aestuāre **I.** *intr.* ❶ aufbrausen, branden; ❷ *(poet.) (v. Leidenschaften)* erglühen, aufbrausen; **II.** *trans. (nachkl.)* aufwallend ausströmen lassen.

**exaggerātiō**, ōnis *f (exaggero)* Erhebung *(im geistigen Sinne)* [**animi**].

**ex-aggerō**, aggerāre *(agger)* ❶ *(nachkl.)* m. Dammerde auffüllen, zu einem Damm aufschütten; ❷ aufhäufen, vermehren [**rem familiarem**]; ❸ rühmend erwähnen, hervorheben, steigern [**beneficium verbis**]; ❹ *(übtr.)* erhöhen, erheben.

**exagitātor**, ōris *m (exagito)* Tadler.

**ex-agitō**, agitāre ❶ hetzen, verfolgen, aufscheuchen; ❷ beunruhigen; ❸ tadeln, verspotten; ❹ aufregen, aufwiegeln [**seditionibus rem publicam**]; ❺ *(eine Leidenschaft)* erregen [**odium**]; ❻ etw. nicht ruhen lassen; ❼ eifrig erörtern.

**ex-albēscō**, albēscere, albuī, – erblassen.

**exāmen**, minis *n (exigo* „das Heraustreiben") ❶ Schwarm [**apium**]; Menge, Schar; ❷ *(poet.; nachkl.)* Zünglein an der Waage; ❸ *(poet.)* Untersuchung, Prüfung.

**exāminō**, exāmināre *(examen)* ❶ abwiegen; ❷ abwägen, prüfen.

**ex-anclō**, anclāre erdulden [**annos belli**].

**exanguis**, e = *exsanguis.*

**exanimātiō**, ōnis *f (exanimo)* Entsetzen, Angst; Mutlosigkeit.

**ex-animis**, e *(anima)* ❶ entseelt, tot; ❷ *(poet.)* entsetzt, betäubt.

**ex-animō**, animāre *(anima, animus)* ❶ des Atems berauben; – *Pass.* außer Atem kommen; – *P. P. P.* atemlos; ❷ erschrecken, aus der Fassung bringen, entmutigen; ❸ töten [**servum verberibus** zu Tode prügeln]; ❹ peinigen.

**ex-animus**, a, um = *exanimis.*

**ex-ante** *(auch getr.) Präp. b. Akk.* von … an.

**ex-antlō**, antlāre = *exanclo.*

**ex-ārdēscō**, ārdēscere, ārsī, ārsūrus ❶ sich entzünden, in Brand geraten; ❷ *(v. Personen)* entbrennen, in Glut geraten, leidenschaftlich ergriffen werden [**amore; desiderio**]; ❸ *(v. Zuständen, Affekten u. Ä.)* ausbrechen, auflodern; **bellum exarsit**.

**ex-ārēscō**, ārēscere, āruī, – ❶ ganz austrocknen, versiegen; **exarescunt amnes;** ❷ *(übtr.)* verschwinden.

**ex-armō**, armāre *(nachkl.)* ❶ entwaffnen; ❷ etw. entkräften [**accusationem**]; ❸ abtakeln [**navem**].

**ex-arō**, arāre ❶ *(durch Ackerbau)* gewinnen, ernten [**tantum frumenti**]; ❷ ausgraben; ❸ schreiben, entwerfen.

**ex-ārsī** *Perf. v. exardesco.*

**ex-āruī** *Perf. v. exaresco.*

**ex-asperō**, asperāre ❶ jmd. verwildern lassen; – *Pass.* verwildern, verrohen; ❷ aufhetzen, aufwiegeln; ❸ *(poet.; nachkl.) (das Meer)* aufwühlen; ❹ *(nachkl.) (med. t. t.)* rau machen, entzünden [**fauces**].

**ex-auctōrō**, auctōrāre *(milit. t. t.)* jmd. verabschieden, entlassen; – **se ~** den Dienst quittieren.

**ex-audiō**, audīre ❶ deutlich hören; ❷ erhören; ❸ auf etw. hören, gehorchen *(alqd)*.

**ex-augeō**, augēre, – – *(poet.)* stark vermehren, vergrößern.

**exaugurātiō**, ōnis *f (exauguro)* Entweihung.

**ex-augurō**, augurāre der Weihe entkleiden, profanieren [**fana**].

**ex-bibō** = *ebibo.*

**ex-caecō**, caecāre ❶ blenden; ❷ *(poet.) (Flüsse, Quellen)* verstopfen.

**ex-calceō**, calceāre *(poet.; nachkl.)* entschuhen: **pedes ~** *u. mediopass.* die Schuhe ausziehen; – *Adj.* **excalceātus,** a, um ohne Schuhe; – *Subst.* **excalceātī,** ōrum *m* volkstümliche Schauspieler *(weil sie nur Sandalen, nicht cothurni oder socci trugen)*.

**excandēscentia**, ae *f (excandesco)* Jähzorn.

**ex-candēscō**, candēscere, canduī, – *(v. Personen)* entbrennen; in Jähzorn geraten.

**ex-cantō**, cantāre *(poet.)* hervor-, herabzaubern.

**ex-carnificō**, carnificāre zu Tode martern.

**excavātiō**, ōnis *f (excavo) (nachkl.)* Aushöhlung.

**ex-cavō**, cavāre aushöhlen.

**ex-cēdō**, cēdere, cessī, cessum **I.** *intr.* ❶ herausgehen, weggehen, auswandern; ❷ scheiden [**(ex) vita** sterben; **e pueris** aus dem Knabenalter treten; **e memoria** entschwinden]; ❸ herausragen, sich erheben; **rupes excedit;** ❹ in etw. übergehen, ausarten [**in certamen**]; ❺ *(in eine Zeit)* fallen; ❻ *(vom Thema)* abschweifen; ❼ *(übtr.)* hervorragen [**ultra alqd** über etw. hinaus]; **II.** *trans.* ❶ verlassen, räumen [**curiam**]; ❷ überschreiten; ❸ *(übtr.)* über etw. hinausgehen, überschreiten [**modum**].

**excellēns**, *Gen.* entis *(excello)* hervorragend, vorzüglich, ausgezeichnet.

**excellentia**, ae *f (excellens)* ❶ Vorzüglichkeit,

Vortrefflichkeit; ❷ Erhabenheit; ❸ *Pl.* hervorragende Persönlichkeiten.

**ex-cellō**, cellere, – – hervorragen, sich auszeichnen *(vor jmdm.: inter, praeter, super; durch etw.: re; in etw.: in re)*.

**excelsitās**, ātis *f (excelsus)* Erhabenheit.

**excelsum**, ī *n (excelsus)* ❶ Höhe, hochgelegene Stelle; ❷ hoher Rang, hohe Stellung.

**excelsus**, a, um *(excello)* ❶ emporragend, hoch; ❷ *(übtr.)* hervorragend, ausgezeichnet.

**ex-cēpī** *Perf. v. excipio.*

**exceptiō**, ōnis *f (excipio)* ❶ Ausnahme, Einschränkung; ❷ *(jur. t. t.)* Einrede *(Einwand, Protest des Beklagten gegen den Kläger)*.

**exceptiuncula**, ae *f (Demin v. exceptio) (nachkl.)* kleine Einschränkung.

**exceptō**, exceptāre *(Intens. v. excipio)* ❶ herausnehmen; aufnehmen; ❷ *(poet.)* **ore auras** ~ einatmen.

**exceptus** *P. P. P. v. excipio.*

**ex-cernō**, cernere, crēvī, crētum aussondern.

**ex-cerpō**, cerpere, cerpsī, cerptum *(carpo)* ❶ auslesen, auswählen; ❷ herausschreiben, exzerpieren; ❸ weglassen, streichen.

**ex-cessī** *Perf. v. excedo.*

**excessus**, ūs *m (excedo)* ❶ Tod; ❷ *(nachkl.) (rhet. t. t.)* Abschweifung *vom Thema.*

**excetra**, ae *f* Schlange; *auch als Schimpfw. f. ein böses Weib.*

**ex-cidī**[1] *Perf. v. excido*[1].

**ex-cīdī**[2] *Perf. v. excido*[2].

**excidium**, ī *n (exscindo)* Zerstörung, Vernichtung, Untergang [**Carthaginis; gentis**]; – *Pl.* Trümmer, Ruinen.

**ex-cidō**[1], cidere, cidī, – *(cado)* ❶ heraus-, herabfallen; ❷ *(v. Los) aus der Urne* fallen; ❸ entschlüpfen, entwischen, entfallen [**vinculis** entkommen]; **verbum alci** *od.* **ex ore alcis excidit;** ❹ *(dem Gedächtnis)* entfallen [**(ex) animo; de memoria**]; ❺ vergehen, untergehen, entschwinden; **spes alci excidit;** ❻ *(poet.; nachkl.)* um etw. kommen, etw. verlieren *(m. Abl.)*.

**ex-cīdō**[2], cīdere, cīdī, cīsum *(caedo)* ❶ (her)aushauen, -schneiden, abhauen, abschneiden [**arbores** fällen; **portas** aufbrechen, sprengen]; ❷ aushöhlen; ❸ zerstören, vernichten, ausrotten; ❹ entfernen, beseitigen [**alqm numero civium** ausstoßen aus; **iram animis**].

**ex-cieō**, ciēre, cīvī, citum *u.* **ex-ciō**, cīre, ciī, cītum ❶ heraustreiben, aufscheuchen [**leonem; Cyclopes e silvis**]; ❷ herausrufen; abrufen [**consulem ab urbe**]; ❸ jmd. kommen lassen, berufen [**principes Romam**]; ❹ aufrufen, aufbieten, zu Hilfe rufen [**milites mercede; deos**]; ❺ jmd. auf-, erschrecken, aufregen; ❻ aufwecken; ❼ erschüttern [**tellurem**]; ❽ verursachen, erregen [**terrorem**].

**ex-cipiō**, cipere, cēpī, ceptum *(capio)* ❶ herausnehmen, -ziehen; ❷ ausnehmen, eine Ausnahme machen *(m. Akk.);* **excepto, quod** ausgenommen, dass; **excepto alqo** m. Ausnahme jmds., *z. B.* **rege excepto;** ❸ sich ausbedingen, zur Bedingung machen; ❹ auffangen [**labentem; se pedibus** *od.* **in pedes** sich auf den Beinen halten]; ❺ abfangen, gefangen nehmen [**servos in pabulatione; litteras**]; ❻ abwehren, abhalten [**impetum hostium** dem Angriff der Feinde standhalten]; ❼ *(poet.; nachkl.)* hören, vernehmen; aufschnappen, be-, erlauschen; ❽ etw. übernehmen, sich aufbürden; aushalten, ertragen [**labores magnos; pericula**]; ❾ empfangen, aufnehmen [**alqm** *od.* **alqd clamore / plausu; alqm epulis** *od.* **hospitio** bewirten]; ❿ jmdm. bevorstehen, jmd. erwarten; **bellum eum excipit;** ⓫ fortsetzen, -führen [**pugnam; gentem** fortpflanzen; **memoriam illius viri**]; ⓬ sich anschließen, folgen *(alqd, auch abs.);* ⓭ erwidern, antworten *(alqm, auch abs.)*.

**excīsiō**, ōnis *f (excido*[2]*)* Zerstörung.

**excīsus** *P. P. P. v. excido*[2].

**ex-citō**, citāre ❶ aufjagen, -scheuchen, heraustreiben; ❷ aufwecken; ❸ *(übtr.)* wecken, erneuern [**alci memoriam caram**]; ❹ jmd. aufschrecken; **nuntio excitatus;** ❺ heraus-, herbei-, aufrufen [**praesidium Romanorum; alqm ab inferis** heraufrufen; **testem**]; ❻ aufstehen lassen; – *Pass.* aufstehen; ❼ anfeuern, antreiben, begeistern [**alqm ad virtutem**]; ❽ trösten, aufrichten [**afflictos**]; ❾ *(Feuer)* anfachen; ❿ *(Leidenschaften, Zustände)* erregen, wecken, entfachen [**iras; tumultum**]; ⓫ etw. hervorrufen, verursachen *(alci alqd)* [**risūs; fletum etiam inimicis; discordiam**]; ⓬ *(Gebäude)* errichten, erbauen; / *P. Adj.* **excitātus**, a, um heftig, stark.

**excitus** *P. P. P. v. excieo.*

**ex-cīvī** *Perf. v. excieo.*

**exclāmātiō**, ōnis *f (exclamo)* Ausruf; Ausspruch.

**ex-clāmō**, clāmāre ❶ aufschreien, laut schreien; ❷ ausrufen *(m. A. C. I.; ut; indir. Frages.);* ❸ laut nennen.

**ex-clūdō**, clūdere, clūsī, clūsum *(claudo)* ❶ ausschließen, aussperren, abweisen [**populum foro; alqm colloquio; alqm ab hereditate** enterben]; ❷ trennen, absondern; ❸ ab-, fernhalten; ❹ jmd. v. etw. abschneiden, an etw. hindern [**alqm reditu; Romanos a re frumentaria**]; ❺ beseitigen, verhindern; ❻ ausbrüten.

**excoctus** *P. P. P. v. excoquo.*

**excōgitātiō**, ōnis *f (excogito)* das Ausdenken, Erfinden.

**ex-cōgitō**, cōgitāre ausdenken, erfinden.

**ex-colō**, colere, coluī, cultum ❶ *(poet.; nachkl.)* sorgfältig bebauen, bearbeiten [**agrum; lanas rudes**]; ❷ *(poet.; nachkl.)* (aus)schmücken, verfeinern [**parietes marmoribus; orationem**]; ❸ (aus)bilden, veredeln, vervollkommnen [**animos doctrinā**]; ❹ *(poet.)* verehren [**deos**].

**ex-coquō**, coquere, coxī, coctum *(poet.; nachkl.)* ❶ (heraus)schmelzen; ❷ ausdörren [**terram**].

**ex-cors**, *Gen.* cordis *(cor)* einfältig, dumm.

**excrēmentum**, ī *n (excerno) (nachkl.)* Ausscheidung, Auswurf.

**ex-crēscō**, crēscere, crēvī, crētum *(nachkl.)* ❶ heraus-, emporwachsen; ❷ *(übtr.)* zunehmen, überhandnehmen.

**excrētus** *s. excerno u. excresco.*

**ex-crēvī** *Perf. v. excerno u. excresco.*

**ex-cruciō**, cruciāre ❶ foltern, martern; ❷ quälen, peinigen.

**excubiae**, ārum *f (excubo)* ❶ das Wachen, Wachehalten; ❷ *(meton.)* Wachtposten, Wache.

**excubitor**, ōris *m (excubo)* Wächter, Wachtposten.

**excubitrīx**, rīcis *f (excubitor) (nachkl.)* Wächterin.

**ex-cubō**, cubāre, cubuī, cubitum ❶ im Freien liegen; ❷ Wache halten, wachen; ❸ wachsam, besorgt sein [**pro alqo**].

**ex-cucurrī** *s. excurro.*

**ex-cūdō**, cūdere, cūdī, cūsum ❶ *(poet.; nachkl.)* herausschlagen [**scintillam silici**]; ❷ *(poet.; nachkl.) (durch Schlagen)* bereiten, gestalten, schmieden; ❸ *schriftl.* ausarbeiten; ❹ ausbrüten [**pullos**].

**ex-culcō**, culcāre festtreten, -stampfen.

**excultus** *P. P. P. v. excolo.*

**ex-currō**, currere, (cu)currī, cursum ❶ hinauslaufen, -eilen; ❷ *(milit.)* hervorbrechen, einen Ausfall machen [**in fines Romanos** einfallen]; ❸ einen Ausflug, eine Reise machen; ❹ hinausragen, sich erstrecken, vorspringen; ❺ sich zeigen; ❻ *(rhet. t. t.)* abschweifen [**longius**].

**excursiō**, ōnis *f (excurro)* ❶ Ausfall, Streifzug, Einfall [**equitatūs**]; ❷ das Vorschreiten *(des Redners zur Rednerbühne od. auf die Zuhörer)*; ❸ *(nachkl.)* Ausflug.

**excursor**, ōris *m (excurro)* Kundschafter.

**excursum** *P. P. P. v. excurro.*

**excursus**, ūs *m (excurro)* ❶ Ausfall, Streifzug; ❷ *(poet.)* das Ausschwärmen [**apium**]; ❸ *(nachkl.)* Ausfluss [**fontis**]; ❹ *(rhet. t. t.) (nachkl.)* Abschweifung.

**excūsābilis**, e *(excuso) (poet.; nachkl.)* verzeihlich.

**excūsātiō**, ōnis *f (excuso)* ❶ Entschuldigung, Rechtfertigung; ❷ Entschuldigungsgrund, Ausrede; ❸ Ablehnung.

**excūsātus**, a, um *(P. Adj. v. excuso) (nachkl.)* entschuldigt, gerechtfertigt.

**ex-cūsō**, cūsāre *(causa)* ❶ entschuldigen, rechtfertigen; ❷ als Entschuldigung anführen, vorschützen [**morbum; vires** die geringen Streitkräfte]; ❸ *(nachkl.)* (etw. m. Entschuldigungsgründen) ablehnen, abschlagen; **– se –** *u. mediopass.* **excusari** sich einer Sache entziehen.

**ex-cussī** *Perf. v. excutio.*

**excussus** *P. P. P. v. excutio.*

**excūsus** *P. P. P. v. excudo.*

**ex-cutiō**, cutere, cussī, cussum *(quatio)* ❶ abschütteln [**pulverem; poma**]; ❷ herausschlagen, -reißen [**alci oculum**]; ❸ *(poet.; nachkl.)* vertreiben *(konkr. u. übtr.)* [**Teucros vallo; patriā; opinionem** ausrotten; **metum de corde** verscheuchen]; ❹ aus-, (hin)abwerfen, hinabstoßen; – *Pass.* herab-, herausfallen, -stürzen; ❺ abschießen, schleudern [**tela**]; ❻ entreißen, entfernen [**agnam ore lupi**]; ❼ heraustreiben, auspressen [**sudorem**]; entlocken [**risum**]; ❽ schütteln [**caesariem**]; ❾ ausbreiten, ausstrecken [**bracchia**]; ❿ durchsuchen [**pallium**]; ⓫ genau untersuchen, prüfen.

**exe...** *s. auch exse...*

**ex-edō**, edere, ēdī, ēsum ❶ *(v. lebl. Subj.)* zerfressen, zernagen; ❷ *(übtr.)* aufreiben, quälen; ❸ *(poet.; nachkl.)* zerstören, vernichten.

**exedra**, ae *f (gr. Fw.)* halbrunder Anbau, Rotunde; Gesellschafts-, Konversationszimmer.

**exedrium**, ī *n (gr. Fw.; Demin. v. exedra)* halbrunde Nische *m. Sitzplätzen.*

**ex-ēgī** *Perf. v. exigo.*

**ex-ēmī** *Perf. v. eximo.*

**exemplar**, āris *n (exemplaris)* ❶ Vorbild, Beispiel; ❷ Ebenbild, Abbild; ❸ Abschrift, Kopie.

**exemplāris**, e *(exemplum 5.) (nachkl.)* als Abschrift dienend; – *Subst.* **exemplārēs,** rium *m (erg. libri)* Abschriften.

**exemplum**, ī *n (eximo)* ❶ Vorbild, Beispiel, Muster; ❷ warnendes Beispiel [**crudelitatis**]; ❸ Beispiel *zur Erläuterung od. zum Beweis;* **-i causā** (*od.* **gratiā**) zum Beispiel; ❹ Verfahren, Vorgang, Art u. Weise; ❺ Abschrift, Kopie; ❻ Kopie, Nachbildung *(in der Kunst u. übtr.)* [**imperii veteris**]; ❼ *(in der Malerei u. Bildhauerei)* Original; ❽ Entwurf, Konzept *zu einer Schrift;* ❾ Wortlaut, Inhalt *einer Schrift;* ❿ Strafe [**novissimum** äußerste]; ⓫ Präzedenzfall.

**exēmptus** *P. P. P. v. eximo.*

**ex-eō**, īre, iī, itum **I.** *intr.* ❶ heraus-, hinausgehen, weggehen, ausziehen; ❷ *(milit.)* ausrücken, ins Feld ziehen; ❸ an Land gehen, landen; ❹ *(v. Schiffen)* auslaufen; ❺ verlassen, aufgeben, scheiden *(m. ex, de, bl. Abl.)*

[**de** (*od.* **e**) **vita** sterben; **memoriā** aus dem Gedächtnis schwinden, vergessen werden]; ❻ aus den Ufern treten; ❼ herauskommen; **exit sors;** ❽ sich verbreiten, bekannt werden; ❾ *(poet.; nachkl.)* emporsteigen, -ragen; ❿ ablaufen, zu Ende gehen; **indutiarum dies exierat; II.** *trans. (poet.)* ❶ überschreiten [**valles; modum**]; ❷ entgehen, ausweichen.
**exeq...** = *exseq...*
**ex-erceō**, ercēre, ercuī, ercitum *(arceo, arx)* ❶ in Bewegung setzen; ❷ umhertreiben [**equos**]; ❸ unaufhörlich beschäftigen [**milites operibus**]; ❹ aufwühlen [**undas**]; ❺ *(Land)* bearbeiten, pflügen, bebauen; ❻ beunruhigen, plagen, quälen; ❼ *(durch Tätigkeit)* üben, ausbilden *(in etw.: re u. in re)* [**iuventutem; corpus; memoriam; hoc genere pugnae; in his dictionibus**]; – *mediopass.* sich üben [**armis**]; ❽ *(milit.)* exerzieren, ausbilden; ❾ ausüben, betreiben, verrichten [**artem; negotia; iudicium** Gericht halten; **quaestionem** anstellen; **vectigalia** Steuern verwalten; **cantūs** ertönen lassen; **pacem** halten]; ❿ *(Affekte)* (an jmdm.) auslassen, jmd. fühlen lassen *(alqd in alqm u. in alqo)* [**iras; crudelitatem etiam in mortuo**].
**exercitātiō**, ōnis *f (exercito)* ❶ Übung; ❷ Geübtheit, Gewandtheit *(in etw.: m. Gen. od. in u. Abl.);* ❸ Ausübung [**virtutis**].
**exercitātus**, a, um *(P. Adj. v. exercito)* ❶ geübt, geschult, erfahren [**proeliis; in maritimis rebus**]; ❷ heimgesucht, geplagt [**animus curis**].
**exercitium**, ī *n (exerceo)* militärische Übung, das Exerzieren.
**exercitō**, exercitāre *(Intens. v. exerceo)* ❶ tüchtig üben [**corpus atque ingenium**]; ❷ ausüben, betreiben.
**exercitus**[1], ūs *m (exerceo)* ❶ geübte Mannschaft, Heer; ❷ Fußvolk; ❸ *(poet.)* Menge, Schar, Gruppe, Bande.
**exercitus**[2], a, um *(P. Adj. v. exerceo)* ❶ *(nachkl.)* geübt, geschult; ❷ hart mitgenommen, geplagt [**curis**]; ❸ mühevoll, schwer [**militia**].
**exēsus** *P. P. P. v. exedo.*
**exhaeresimus**, a, um *(gr. Fw.)* ausschaltbar [**dies** Schalttag].
**exhālātiō**, ōnis *f (exhalo)* Ausdünstung.
**ex-hālō**, hālāre ausdünsten, aushauchen [**vinum** *u.* **crapulam** nüchtern werden; **animam** *u.* **vitam** sterben]; – *abs.* sterben.
**ex-hauriō**, haurīre, hausī, haustum *(Part. Fut. Akt. auch* exhausūrus) ❶ (her)ausschöpfen, (aus)leeren, austrinken [**fossas; poculum; vinum**]; ❷ fortschaffen, herausnehmen, -heben, -graben; ❸ nehmen, entziehen [**vitam sibi; dolorem**]; ❹ erschöpfen, aufreiben, quälen [**plebem impensis** aussaugen]; ❺ überstehen, durchmachen [**pericula; labores**]; ❻ vollenden, durchführen [**mandata; aes alienum** abzahlen].
**exhed...** = *exed...*
**ex-hērēdō**, hērēdāre *(exheres)* enterben.
**ex-hērēs**, *Gen.* rēdis enterbt [**paternorum bonorum**].
**ex-hibeō**, hibēre, hibuī, hibitum *(habeo)* ❶ herbeischaffen, -bringen; ❷ (her)ausgeben, ausliefern [**servum**]; ❸ (vor)zeigen, erkennen lassen, darbieten [**populo Romano philosophiam; linguam paternam** verraten]; ❹ verursachen, bereiten, machen [**alci molestiam**]; ❺ gestatten, gewähren [**liberam contionem**]; ❻ *(nachkl.)* darbringen, liefern, stellen [**librum**]; ❼ *(poet.; nachkl.)* ausüben, erweisen.
**ex-hilarō**, hilarāre aufheitern.
**ex-horrēscō**, horrēscere, horruī, – sich entsetzen, erschaudern *(vor jmdm.: in alqo; vor etw.: alqd).*
**exhortātiō**, ōnis *f (exhortor)* Auf-, Ermunterung, Ermahnung.
**ex-hortor**, hortārī ❶ aufmuntern, anfeuern; ❷ aufhetzen [**cives in hostem**].
**ex-igō**, igere, ēgī, āctum *(ago)* ❶ hinaustreiben, vertreiben, verjagen [**reges ex civitate**]; ❷ eintreiben, einfordern [**vectigalia; frumentum**]; ❸ aufbieten, aufstellen [**pedites; nautas**]; ❹ verlangen, fordern; ❺ *(Zeiträume)* zurücklegen, verleben [**annos; aerumnam** durchleben, erdulden]; – *Pass.* vergehen, zu Ende gehen: **ante exactam hiemem** vor Ende des Winters; **temporibus exactis; homo exacta aetate** *od.* **exactae aetatis** hochbetagt; ❻ untersuchen, prüfen, beurteilen *(nach etw.: ad)* [**humanos ritus ad caelestia**]; ❼ sich beraten, verhandeln; ❽ *(poet.; nachkl.)* überlegen; ❾ *(poet.; nachkl.)* (er)fragen; ❿ bestimmen, festsetzen [**tempus**]; ⓫ zu Ende führen, zustande bringen; ⓬ *(poet.) (Waffen)* ganz hineinstoßen, durchstoßen [**ferrum per ilia** durch die Eingeweide]; ⓭ *(poet.) (ein Schwert)* schwingen; ⓮ *(poet.; nachkl.) (Waren)* vertreiben, verkaufen.
**exiguitās**, ātis *f (exiguus)* Kleinheit; geringe Zahl; Kürze, Knappheit.
**exiguus**, a, um ❶ klein *od.* gering *an Größe, Länge, Umfang,* knapp, eng, kurz [**casa; civitas**]; – *Subst.* **exiguum**, ī *n* ein Geringes [**spatii**]; ❷ mager, schmächtig [**corpus**]; ❸ *(quant.)* gering, unbedeutend, dürftig [**copiae**]; ❹ *(v. der Zeit)* kurz; ❺ *(qual.)* unbedeutend, schwach, unwirksam [**laus; facultates**].
**ex-iī** *Perf. v. exeo.*
**exīlis**, e *(exiguus)* ❶ mager, schmächtig, dünn

[**membra**]; ② *(übtr.)* gehaltlos, dürftig, ärmlich, kraftlos [**oratio** trocken, dürftig; **solum** *u.* **ager** magerer Boden].

**exīlitās**, ātis *f (exilis)* Dürftigkeit, Trockenheit *(der Rede)*.

**exilium**, ī *n (exul)* ① Verbannung; ② Verbannungsort, Exil; Zufluchtsstätte; ③ *(nachkl.)* **exilia** = *exules* die Verbannten.

**exim** = *exinde.*



**eximius**, a, um *(eximo)* ① ausgenommen; ② außerordentlich.

**ex-imō**, imere, ēmī, ēmptum *(emo)* ① heraus-, wegnehmen; ② *(aus einer Liste u. Ä.)* wegnehmen, (aus)streichen [**alqm ex** *od.* **de reis**]; ③ beseitigen, entfernen [**famem epulis** stillen]; ④ losmachen, befreien *(von: ex, de, bl. Abl., Dat.)*; ⑤ *(Zeit)* verbrauchen [**diem dicendo**].

**exin** = *exinde.*

**ex-inaniō**, inānīre *(inanis)* ausleeren [**navem** ausladen]; *übtr.* ausplündern.

**ex-inde**, *verkürzt* **exim** *u.* **exin** *Adv.* ① *(räuml.) (nachkl.)* von da (aus); ② *(zeitl.)* **a)** hierauf, dann; **b)** *(nachkl.)* seitdem; ③ *(anreihend)* hierauf, dann; ④ *(folgernd)* daher, daraufhin.

**existimātiō**, ōnis *f (existimo)* ① Meinung, Urteil; ② Ruf, Ansehen; guter Ruf; ③ Kredit.

**existimātor**, ōris *m (existimo)* Beurteiler, Kritiker.

**ex-īstimō**, īstimāre *(aestimo)* ① (ab)schätzen *(alqd; m. Gen. pretii, z. B. parvi, magni, pluris)*; ② halten für, ansehen als, *im Pass.:* gelten für, als *(im Akt.: m. dopp. Akk.; im Pass.: m. dopp. Nom.)*; ③ entscheiden, urteilen *(de; in dir. Frages.; nach etw.: ex)* [**de scriptoribus; ex eventu de alcis consilio**]; – *Subst.* **existimantēs,** ntium *m* die Kritiker; ④ meinen, glauben *(meist m. A. C. I.; Pass. m. N. C. I.)*.

**existō** = *exsisto.*

**exitiābilis** *u.* **exitiālis,** e *(exitium)* unheilvoll, verderblich.

**exitiōsus**, a, um *(exitium)* unheilvoll, verderblich.

**exitium**, ī *n (exeo)* Untergang, Verderben, Vernichtung.

**exitus**, ūs *m (exeo)* ① Ausgang; ② *(übtr.)* Ausgang, Ende, (Ab-)Schluss [**vitae; oppugnationis**]; ③ Tod, Untergang [**Caesaris**]; ④ Ergebnis; Erfolg.

**ex-lēx**, *Gen.* lēgis an kein Gesetz gebunden.

**ex-līdō** = *elido.*

**ex-loquor** = *eloquor.*

**ex-moveō** = *emoveo.*

**exodium**, ī *n (gr. Fw.)* heiteres Nachspiel.

**ex-olēscō**, olēscere, olēvī, olētum *(alo)* ① heranwachsen; – *P. Adj.* **exolētus,** a, um erwachsen, reif; – *Subst.* **exolētus,** ī *m* Lustknabe; ② vergehen, (ver)schwinden, außer Gebrauch kommen; – *P. Adj.* **exolētus,** a, um veraltet.

**ex-onerō**, onerāre ① *(poet.; nachkl.)* entlasten, ent-, abladen [**navem; colos** abspinnen]; ② erleichtern, befreien [**civitatem metu**]; ③ *(nachkl.)* fortschaffen.

**ex-optō**, optāre sehnlich wünschen, ersehnen *(alqd; alci alqd; ut; Inf.)* [**bellum civile; sibi imperium; inimico pestem**].

**exōrābilis**, e *(exoro)* nachgiebig, leicht zu erbitten.

**ex-ōrdior**, ōrdīrī, ōrsus sum ① *(ein Gewebe)* anfangen; ② anfangen, beginnen; – *Subst.* **exōrsa,** ōrum *n (poet.)* das Beginnen; Einleitungen.

**exōrdium**, ī *n (exordior)* ① Anfang, Beginn; ② Einleitung *(einer Rede od. Abhandlung)*.

**ex-orior**, orīrī, ortus sum ① *(v. Gestirnen)* aufgehen [**sol exoriens**]; ② auftreten, erscheinen, sich zeigen; **exortus est servus** trat *(als Ankläger)* auf; ③ entstehen, zum Vorschein kommen, eintreten; **amnis exoriens** entspringend; **exoritur clamor / fama / discordia inter cives;** ④ herrühren, entspringen *(ab alqo; ex re)*.

**exōrnātiō**, ōnis *f (exorno)* ① Verzierung; ② *(rhet. t. t.)* **a)** Redeschmuck; **b)** Prunkrede.

**exōrnātor**, ōris *m (exorno)* Ausschmücker; glänzender Redner.

**ex-ōrnō**, ōrnāre ① ausrüsten, m. etw. versehen; ② (an)ordnen, bereiten [**aciem** aufstellen]; – *abs.* Anordnungen treffen [**providenter**]; ③ ausschmücken, (ver)zieren; ④ verherrlichen.

**ex-ōrō**, ōrāre ① jmd. anflehen, durch Bitten bewegen; ② *(poet.)* etw. erbitten, erflehen.

**exōrsa**, ōrum *n s. exordior.*

**exōrsus**[1] *P. P. Akt. v. exordior.*

**exōrsus**[2], ūs *m (exordior)* ① Anfang, Beginn; ② erster Teil *(einer Rede od. Abhandlung)*.

**exortus**[1] *P. P. Akt. v. exorior.*

**exortus**[2], ūs *m (exorior) (nachkl.)* ① Aufgang [**lunae**]; ② Erhebung *auf den Thron;* ③ Ursprung [**Danuvii**].

**ex-ōsculor**, ōsculārī *(nachkl.)* ① abküssen; ② m. Lob überhäufen.

**exōstra**, ae *f (gr. Fw.)* Rollmaschine *im Theater.*

**ex-ōsus**, a, um *(odi) (poet.; nachkl.)* sehr hassend, verabscheuend.

**ex-pallēscō**, pallēscere, palluī, – *(poet.)* ① ganz blass werden; ② *(m. Akk.)* erschrecken vor.

**ex-pandō**, pandere, pandī, pānsum *u.* passum *(nachkl.)* ausbreiten, ausspannen [**alas**]; weit öffnen [**fores**].

**ex-patrō**, patrāre *(poet.)* vergeuden.

**ex-pavēscō**, pavēscere, pāvī, – sich entsetzen, zurückschrecken *(vor: Akk. od. ad)*.

**ex-pectorō**, pectorāre *(pectus)* aus der Brust vertreiben.

**ex-pediō**, pedīre **I.** *trans.* ① losmachen, losbinden [**se ex laqueis**]; ② befreien [**alqm occupatione**]; *(in schwieriger Situation)* durchhelfen; – **se** ~ *u. mediopass.* **expediri** sich heraushelfen, entkommen; ③ *(Schwieriges)* abwickeln, ausführen, besorgen; ④ *(Lästiges)* beseitigen; *(Schwierigkeiten)* überwinden; ⑤ ermöglichen, ausfindig machen [**iter fugae**]; ⑥ (heraus)holen, herbeischaffen; ⑦ zum Kampf rüsten [**arma** *od.* **ferrum** sich kampfbereit machen; **exercitum**]; ⑧ *(in Rede od. Schrift)* darlegen, erläutern; ⑨ *(poet.)* werfen, schleudern [**discum**]; **II.** *intr.* ① förderlich sein, nützen, *meist unpers.* **expedit** es nützt *(m. Inf.; A. C. I.; ut)*; ② *(nachkl.)* sich bereitmachen, ausziehen [**ad bellum**].

**expedītiō**, ōnis *f* Feldzug.

**expedītus**, a, um *(P. Adj. v. expedio)* **I.** *(v. Personen)* ① frei, ungehindert; ② *(milit.)* **a)** leicht bewaffnet; – *Subst.* **-ī**, ōrum *m* Leichtbewaffnete; **b)** leichtbepackt; **c)** kampfbereit, schlagfertig; ③ rüstig, schwungvoll [**viator**]; ④ bereit, fertig [**ad dicendum**]; **II.** *(v. Sachen)* frei v. Hindernissen, bequem, leicht [**via; victoria** entschieden, sicher; **oratio** geläufig, fließend].

**ex-pellō**, pellere, pulī, pulsum ① hinaus-, wegtreiben, vertreiben, verjagen [**pecus portā; naves a litore in altum; alqm (ex) urbe; alqm e patrimonio; regem regno**]; ② berauben [**alqm potestate / regno**]; ③ verbannen [**alqm patriā** *od.* **finibus patriis**]; ④ aus-, verstoßen [**uxorem e matrimonio**]; ⑤ *(Stimmungen, Zustände)* vertreiben, verscheuchen, beseitigen [**quietem; spem; memoriam alcis rei**]; ⑥ *(vom Meer)* ans Land werfen, auswerfen [**classem in litus**].

**ex-pendō**, pendere, pendī, pēnsum ① abwiegen [**aurum auro** gegeneinander aufwiegen]; ② erwägen, prüfen, beurteilen *(nach etw.: m. Abl.)* [**argumenta; causam meritis**]; ③ auszahlen, ausgeben; ④ leihen; **sine faenore pecunias expensas ferre** Geld ohne Zinsen leihen; ⑤ *(poet.; nachkl.)* büßen, (er)leiden [**supplicia;** *(für etw.: Gen.)* **poenas scelerum**].

**expergē-faciō**, facere, fēcī, factum *(Pass. expergē-fīō, fierī, factus sum)* ① aufwecken, erwecken; ② **se** ~ zur Besinnung kommen.

**expergīscor**, expergīscī, experrēctus sum aufwachen, erwachen.

**experiēns**, *Gen.* entis *(experior)* ① unternehmend, tätig, geschäftig; ② *(poet.)* ausdauernd *(in etw.: Gen.)*.

**experientia**, ae *f (experior)* ① Versuch, Probe; ② *(poet.; nachkl.)* Erfahrung *(in: Gen.)*.

**experīmentum**, ī *n (experior)* ① Versuch, Probe; ② Beweis.

**ex-perior**, perīrī, pertus sum *(vgl. peritus, comperio)* ① versuchen, erproben, prüfen [**socios; fortunam belli**]; ② *(im Kampf)* sich m. jmdm. messen *(inter se od. alqm)*; ③ streiten [**legibus** gerichtlich; **de tantis iniuriis**]; ④ wagen, versuchen [**ultima** *od.* **extrema** das Äußerste; **imperium** aufs Spiel setzen]; ⑤ durch Erfahrung kennen lernen; ⑥ erleiden, aushalten.

**experrēctus** *P. P. Akt. v. expergiscor.*

**ex-pers**, *Gen.* pertis *(pars)* ① unbeteiligt, ohne Anteil *(an: Gen.)*; ② frei von, ohne *(m. Gen.)* [**humanitatis** ungebildet; **ingenii** ohne Talent; **culpae** schuldlos].

**expertus**[1], a, um *(P. Adj. v. experior)* ① erfahren *(in etw.: Gen. od. Abl.)*; ② erprobt, bewährt.

**expertus**[2] *P. P. Akt. v. experior.*

**expetendus**, a, um *(expeto)* erstrebenswert.

**expetēns**, *Gen.* tentis *(expeto)* gierig.

**expetibilis**, e *(expeto) (nachkl.)* erstrebbar, wünschbar.

**ex-petō**, petere, petīvī, petītum **I.** *trans.* ① erstreben, heftig wünschen, verlangen [**gloriam; alcis mortem** *od.* **vitam** jmdm. nach dem Leben trachten]; *(auch m. Inf., A. C. I., ut)*; ② aufsuchen, zu erreichen suchen [**Asiam**]; **II.** *intr.* jmdm. zustoßen, jmd. treffen *(in alqm; alci)*.

**expiātiō**, ōnis *f (expio)* Sühne.

**expictus** *P. P. P. v. expingo.*

**expīlātiō**, ōnis *f (expilo)* Ausplünderung.

**expīlātor**, ōris *m (expilo)* Plünderer.

**ex-pīlō**, pīlāre *(vgl. compilo)* ausplündern, berauben.

**ex-pingō**, pingere, pīnxī, pictum anschaulich schildern.

**ex-piō**, piāre ① durch Sühne reinigen, entsühnen; ② wiedergutmachen, sühnen, büßen [**iniurias alcis; scelus supplicio**]; ③ *(Wunderzeichen)* durch Opfer sühnen, unschädlich machen, *(die bösen Folgen v. etw.)* abwenden [**prodigium; vocem nocturnam**]; ④ *durch Sühnopfer* versöhnen, besänftigen [**iram caelestium**].

**ex-piscor**, piscārī ausforschen.

**explānābilis**, e *(explano) (nachkl.)* deutlich, artikuliert [**vox**].

**explānātiō**, ōnis *f (explano)* ① Auslegung, Deutung; ② Verdeutlichung, Erklärung.

**explānātor**, ōris *m (explano)* Ausleger, Erklärer.

**ex-plānō**, plānāre ① verdeutlichen, erklären; ② deuten, auslegen [**carmen**].

**ex-plaudō** = *explodo.*

**ex-pleō**, plēre, plēvī, plētum *(vgl. compleo, plenus)* ① aus-, anfüllen, füllen; ② voll erreichen [**muri altitudinem**]; ③ vervollständigen, ergänzen [**nautarum numerum**]; ❹ *(übtr.)* sättigen, stillen, befriedigen [**iram; cupiditatem; alqm divitiis** zufriedenstellen]; ❺ *(Pflichten, Aufgaben)* erfüllen; ❻ *(Zeiten)* erfüllen, überstehen [**supremum diem; annos fatales**]; / *P. Adj.* **explētus,** a, um vollkommen, vollständig.

**explētiō**, ōnis *f (expleo)* Vervollständigung.

**explētus** *s. expleo.*

**ex-plēvī** *Perf. v. expleo.*

**explicātiō**, ōnis *f (explico)* ❶ das Abrollen [**rudentis** eines Seiles]; ❷ Auseinandersetzung, Erörterung; ❸ Erklärung, Deutung [**verborum; naturae**].

**explicātor**, ōris *m (explico)* Erklärer.

**explicātrīx**, rīcis *f (explicator)* Erklärerin.

**explicātus**, ūs *m (explico)* Erörterung.

**explicitus**, a, um *s. explico.*

**ex-plicō**, plicāre, plicāvī, plicātum *u.* plicuī, plicitum *(vgl. complico, implico)* ❶ auseinanderfalten, -rollen, ausbreiten, entfalten [**volumen** *od.* **librum** aufschlagen]; ❷ heraus-, loswickeln [**se ex laqueis**]; ❸ ausdehnen, ausbreiten; ❹ *(milit. t. t.) Truppen* entfalten *(aus enger Formation in weitere)*; ❺ entwirren, in Ordnung bringen; ❻ zustande bringen, fertigbringen; ❼ befreien, retten [**rem publicam**]; ❽ auseinandersetzen, erklären, darlegen, erörtern, beschreiben [**res gestas narrando; imperatores** das Leben der Feldherren; **Graecas orationes** in freier Übersetzung wiedergeben]; **de re ~** sich aussprechen über; / *P. Adj.* **explicātus,** a, um **a)** geordnet, geregelt; **b)** deutlich, klar; **explicitus,** a, um leicht auszuführen, einfach.

**ex-plōdō**, plōdere, plōsī, plōsum *(plaudo)* ❶ jmd. auspfeifen; ❷ *(übtr.)* verwerfen, ablehnen [**sententiam**].

**explōrātiō**, iōnis *f (exploro) (nachkl.)* ❶ Erkundung; ❷ Erforschung [**veri**].

**explōrātor**, ōris *m (exploro)* ❶ *(nachkl.)* Späher, Kundschafter; ❷ *(milit. t. t.) Pl.* Spähtrupp.

**ex-plōrō**, plōrāre ❶ auskundschaften; **itinera hostium ~; explorato** nach dem Einholen v. Erkundungen; ❷ ausfindig machen [**locum castris idoneum**]; ❸ erforschen, ermitteln [**alcis consilia; regis animum** Gesinnung]; **de re ~** über etw. Nachforschungen anstellen [**de eius voluntate**]; ❹ *(poet.; nachkl.)* prüfen, untersuchen; / *P. Adj.* **explōrātus,** a, um sicher, ausgemacht, gewiss [**pax; victoria**]; **exploratum** *od.* **pro explorato habere** sicher wissen.

**ex-plōsī** *Perf. v. explodo.*

**explōsiō**, iōnis *f (explodo)* das Auspfeifen.

**explōsus** *P. P. P. v. explodo.*

**ex-poliō**, polīre ❶ *(poet.; nachkl.)* glätten [**libellum pumice**]; ❷ ausbilden, verfeinern.

**expolītiō**, ōnis *f (expolio)* ❶ das Glätten; Bemalen, Anstrich; ❷ *(rhet.)* Ausschmückung.

**ex-pōnō**, pōnere, posuī, positum ❶ *(poet.; nachkl.)* herausstellen, auslegen [**herbam in sole**]; ❷ offen hinstellen, zur Schau stellen [**rem venditioni**]; ❸ *(übtr.)* vor Augen stellen [**vitam alterius in oculis omnium**]; ❹ *(Belohnungen)* aussetzen; ❺ *(Kinder)* aussetzen; ❻ *(naut. t. t.)* an Land setzen, ausschiffen; ❼ zur Verfügung stellen [**commeatūs**]; ❽ bloßstellen, aussetzen, preisgeben; ❾ darlegen, erörtern, beschreiben; / *P. Adj.* **expositus,** a, um **a)** frei daliegend [**Sunion**]; **b)** preisgegeben, ausgesetzt [**provincia barbaris nationibus; ager ventis**]; **c)** jedermann zur Benutzung überlassen; **d)** *(poet.; nachkl.)* allen verständlich, alltäglich; **e)** *(poet.; nachkl.)* leutselig.

**ex-poposcī** *Perf. v. exposco.*

**ex-porrigō**, porrigere, porrēxī, porrēctum *(nachkl.)* ❶ ausstrecken, ausbreiten; ❷ glätten.

**exportātiō**, ōnis *f (exporto)* ❶ Ausfuhr; ❷ *(nachkl.)* Verbannung.

**ex-portō**, portāre ❶ hinaustragen, fortschaffen; ❷ ausführen, exportieren; ❸ verbannen.

**ex-poscō**, poscere, poposcī, – ❶ dringend verlangen, fordern; ❷ jmds. Auslieferung verlangen *(alqm)*; ❸ erflehen [**pacem precibus; victoriam a dis**]; ❹ *(poet.)* etw. erfordern.

**expositiō**, ōnis *f (expono)* Darlegung, Erklärung.

**expositus** *s. expono.*

**expostulātiō**, iōnis *f (expostulo)* ❶ Forderung, Verlangen *(nach etw.: Gen.)*; ❷ Beschwerde, Vorwurf.

**ex-postulō**, postulāre ❶ *(nachkl.)* dringend verlangen *(alqd; ut; A. C. I.)*; ❷ *(nachkl.)* jmds. Auslieferung verlangen *(alqm)*; ❸ sich beklagen *(cum alqo alqm od. alqd u. de re: bei jmdm. über jmd. od. über etw.; m. A. C. I.; indir. Frages.)*.

**ex-posuī** *Perf. v. expono.*

**ex-pōtō** = *epoto.*

**ex-pressī** *Perf. v. exprimo.*

**expressus**, a, um *(P. Adj. v. exprimo)* ❶ herausgequetscht; ❷ deutlich.

**ex-primō**, primere, pressī, pressum *(premo)* ❶ *(poet.; nachkl.)* ausdrücken, -pressen; ❷ erpressen, jmdm. etw. abnötigen [**vocem** ein Wort; **pecuniam alci; confessionem alci**]; ❸ schildern, darstellen [**mores alcis oratione**]; übersetzen [**verbum e verbo** Wort für Wort]; ❹ deutlich aussprechen; ❺ nachahmen [**alcis vitam et consuetudinem**]; ❻ *(poet.; nachkl.)* plastisch bilden, gestalten [**imaginem in cera; simulacra ex auro**]; ❼ *(nachkl.)* emportreiben, -heben [**turres**].

**exprobrātiō**, iōnis *f (exprobro)* Vorwurf.
**exprobrātor**, ōris *m (exprobro) (nachkl.)* Tadler.
**exprobrātrīx**, īcis *f (exprobrator) (nachkl.)* Tadlerin; *attrib.:* vorwerfend, vorwurfsvoll.
**ex-probrō**, probrāre *(probrum)* ❶ jmdm. etw. vorwerfen, Vorwürfe machen *(alci alqd; wegen: de; A. C. I.)*; ❷ vorwurfsvoll aufzählen *od.* erwähnen.
**ex-prōmō**, prōmere, prōmpsī, prōmptum ❶ hervorholen; ❷ etw. an den Tag legen, deutlich zeigen, betätigen [**suum odium; crudelitatem in inimico**]; ❸ darlegen, äußern [**sententiam**]; *(auch m. A. C. I.; indir. Frages.)*; ❹ *(poet.) (Töne)* hören lassen.
**expūgnābilis**, e *(expugno)* bezwingbar.
**expūgnātiō**, ōnis *f (expugno)* Eroberung, Einnahme.
**expūgnātor**, ōris *m (expugno)* Eroberer.
**expūgnāx**, *Gen.* ācis *(expugno) (poet.)* wirksam [**herba**].
**ex-pūgnō**, pūgnāre ❶ erobern, erstürmen, einnehmen; ❷ jmd. besiegen, unterwerfen, überwinden [**tyrannos**]; ❸ etw. bezwingen, brechen [**pertinaciam legatorum**]; ❹ erzwingen, erringen [**sibi legationem** sich erkämpfen].
**ex-pulī** *Perf. v. expello.*
**expulsiō**, ōnis *f (expello)* Vertreibung.
**expulsor**, ōris *m (expello)* Vertreiber.
**expulsus** *P. P. P. v. expello.*
**expultrīx**, īcis *f (expulsor)* Vertreiberin.
**ex-pūrgō**, pūrgāre ❶ reinigen [*übtr.* **sermonem**]; ❷ rechtfertigen, entschuldigen.
**expūrigō** = *expurgo.*
**ex-putō**, putāre erwägen, ergründen.
**ex-quīrō**, quīrere, quīsīvī, quīsītum *(quaero)* ❶ aussuchen, auswählen, aufsuchen; ❷ untersuchen, prüfen; ❸ erforschen, ergründen [**veritatem**]; ❹ durchsuchen [**omnia terrā marique**]; ❺ sich erkundigen, (er)fragen *(m. Akk.)* [**consilium alcis**]; ❻ verlangen, erflehen [**pacem per aras**]; / *P. Adj.* **exquīsītus,** a, um **a)** auserlesen, ausgezeichnet; **b)** sorgfältig, genau.
**exquīsīta**, ōrum *n (exquiro)* Erkundigungen.
**exquīsītus** *s. exquiro.*
**ex-quīsīvī** *Perf. v. exquiro.*
**ex-sacrificō**, sacrificāre ein Opfer darbringen.
**ex-saeviō**, saevīre, – – sich beruhigen *(vom Unwetter).*
**ex-sanguis**, e ❶ blutlos, blutleer [**animae**]; ❷ leblos, ohnmächtig; ❸ tot; ❹ erschöpft [**tot acceptis vulneribus**]; ❺ *(nachkl.) (übtr.)* kraftlos [**sermo; orator**]; ❻ bleich, blass.
**ex-saniō**, saniāre *(sanies) (nachkl.) (v. Eiter od. v. Jauche)* reinigen.
**ex-sarciō**, sarcīre, –, sartūrus ausbessern; ersetzen.

**ex-satiō**, satiāre = *exsaturo.*
**exsaturābilis**, e *(exsaturo) (poet.)* zu sättigen; **non exsaturabile pectus** unersättlich.
**ex-saturō**, saturāre ❶ völlig sättigen; ❷ völlig befriedigen, ganz zufriedenstellen.
**exscen...** = *escen...*
**ex-scindō**, scindere, scidī, scissum zerstören, vernichten [**urbem; coloniam; hostem**].
**ex-screō**, screāre *(poet.; nachkl.)* sich räuspern.
**ex-scrībō**, scrībere, scrīpsī, scrīptum ❶ abschreiben; ❷ aufschreiben, aufzeichnen.
**ex-sculpō**, sculpere, sculpsī, sculptum *(scalpo)* ❶ ausschnitzen, ausmeißeln [**simulacrum e quercu**]; ❷ auskratzen, beseitigen [**versūs**].
**ex-secō**, secāre, secuī, sectum ❶ (her)ausschneiden; ❷ entmannen, kastrieren.
**exsecrābilis**, e *(exsecror)* ❶ verflucht, verwünscht [**fortuna**]; ❷ verfluchend, verwünschend [**ira atque odium** tödlich].
**exsecrātiō**, ōnis *f (exsecror)* ❶ Verwünschung, Verfluchung; ❷ Schwur.
**ex-secror**, secrārī *(sacer)* ❶ verwünschen, verfluchen; – *Part. Perf.* **exsecrātus** *auch pass.* verwünscht *(von jmdm.: alci)*; ❷ *abs.* Verwünschungen ausstoßen, fluchen.
**ex-sectiō**, ōnis *f (exseco)* das Aus-, Abschneiden.
**exsectus** *P. P. P. v. exseco.*
**ex-secuī** *Perf. v. exseco.*
**exsecūtiō**, ōnis *f (exsequor) (nachkl.)* ❶ Ausführung, Durchführung; ❷ Verwaltung.
**exsecūtus** *P. P. Akt. v. exsequor.*
**exsequiae**, ārum *f (exsequor)* Leichenbegängnis, Leichenzug.
**ex-sequiālis**, e *(exsequiae) (poet.)* Leichen-.
**ex-sequor**, sequī, secūtus sum ❶ zu Grabe geleiten; ❷ verfolgen [**Tarquinium**]; ❸ strafen, rächen [**iniurias**]; ❹ etw. erstreben; ❺ *(sein Recht)* geltend machen [**ius suum armis**]; ❻ etw. zu ermitteln suchen, erforschen; ❼ ausführen, vollziehen [**mandata alcis; officia; pompas** begehen; **mortem** Selbstmord begehen]; ❽ etw. fortsetzen [**incepta**]; ❾ erdulden, mitmachen; ❿ beschreiben, erzählen [**subtiliter numerum** genau angeben].
**ex-serciō** = *exsarcio.*
**ex-serō**, serere, seruī, sertum ❶ heraus-, hervorstrecken [**linguam**]; ❷ entblößen, zeigen [**umeros**].
**exsertō**, exsertāre *(Frequ. v. exsero) (poet.)* wiederholt hervorstrecken.
**exsertus** *P. P. P. v. exsero.*
**ex-seruī** *Perf. v. exsero.*
**ex-sībilō**, sībilāre auszischen, auspfeifen.
**ex-siccō**, siccāre ❶ austrocknen; – *P. Adj.* **exsiccātus,** a, um **a)** vertrocknet; **b)** *(übtr.)* trocken [**genus orationis**]; ❷ austrinken.
**ex-sīgnō**, sīgnāre aufzeichnen.

E

**ex-siliō**, silīre, siluī *(auch: silīvī u. siliī)*, sultum *(salio)* ❶ *(poet.; nachkl.)* hinaus-, herausspringen; ❷ auf-, emporspringen.
**exsilium** = *exilium.*
**ex-siluī** *Perf. v. exsilio.*
**ex-sistō**, sistere, stitī, – ❶ heraus-, hervortreten; ❷ auf-, emportauchen; ❸ *(milit.)* hervorbrechen [**e latebris**]; ❹ *(v. Personen)* sich zeigen, werden; **alqs exsistit crudelis in alqm; ex amicis inimici exsistunt;** ❺ zum Vorschein kommen; ❻ entstehen, aufkommen, werden; **lacus repente exstitit; ex luxuria avaritia exsistit** erwächst aus; – *Perf. auch:* vorhanden sein, stattfinden.
**exsolūtiō**, ōnis *f (exsolvo) (nachkl.)* Erlösung, Befreiung.
**ex-solvō**, solvere, solvī, solūtum ❶ (auf)lösen *(konkr. u. übtr.)* [**vincula; obsidium** aufheben]; ❷ *(poet.)* losmachen [**alqm vinculis**]; ❸ erlösen, befreien [**alqm poenā; plebem aere alieno**]; ❹ *(Schulden, Verpflichtungen)* (ab)bezahlen, abtragen; ❺ erfüllen, leisten [**promissum**]; ❻ *(Dank)* abstatten, erweisen; ❼ büßen [**poenas morte**]; ❽ *(nachkl.) (Wohltaten)* vergelten; ❾ *(nachkl.)* öffnen [**venas**].
**ex-somnis**, e *(somnus) (poet.)* schlaflos, wach.
**ex-sorbeō**, sorbēre, sorbuī, – ❶ ausschlürfen, einsaugen; ❷ *(übtr.)* verschlingen, auskosten [**praedas**].
**ex-sors**, *Gen.* sortis ❶ v. etw. ausgeschlossen *(m. Gen.)* [**amicitiae; praedae**]; ❷ *(poet.)* außerordentlich.
**ex-spatior**, spatiārī ❶ *(poet.)* v. der Bahn abweichen; ❷ *(poet.; nachkl.)* über die Ufer treten.
**exspectātiō**, ōnis *f (exspecto)* Erwartung.
**ex-spectō**, spectāre **I.** *intr.* warten; **II.** *trans.* ❶ erwarten [**legatos; adventum alcis; ventum** günstigen Wind]; ❷ auf etw. gespannt sein **a)** befürchten [**supplicium**]; **b)** erhoffen, ersehnen [**alcis auxilium**]; / *P. Adj.* **exspectātus**, a, um **a)** erwartet; **b)** erwünscht, willkommen.
**ex-spergō**, spergere, spersī, spersum *(spargo) (poet.)* über u. über bespritzen.
**ex-spēs** *(nur Nom.) (poet.; nachkl.)* hoffnungslos, ohne Hoffnung *(auf etw.: m. Gen.).*
**exspīrātiō**, ōnis *f (exspiro)* Ausdünstung.
**ex-spīrō**, spīrāre **I.** *trans. (poet.; nachkl.)* aushauchen, -blasen; **II.** *intr.* ❶ sterben; *übtr.* vergehen, in Vergessenheit geraten; ❷ *(poet.)* hervorstürzen; **vis ventorum exspirat.**
**ex-splendēscō**, splendēscere, splenduī, – sich rühmlich hervortun.
**ex-spoliō**, spoliāre ausplündern, völlig berauben.
**ex-spuō**, spuere, spuī, spūtum *(poet.; nachkl.)* ❶ ausspeien; ❷ *(übtr.)* v. sich geben, loslassen.
**ex-sternō**, sternāre *(poet.)* außer Fassung bringen, heftig erschrecken; – *Pass.* außer Fassung geraten, sich entsetzen.
**ex-stīllēscō**, stīllēscere, – – *(Incoh. v. stillo) (poet.)* zu triefen beginnen.
**exstimulātor**, ōris *m (exstimulo) (nachkl.)* Rädelsführer.
**ex-stimulō**, stimulāre *(poet.; nachkl.)* aufstacheln.
**exstīnctiō**, ōnis *f (exstinguo)* Vernichtung.
**exstīnctor**, ōris *m (exstinguo)* ❶ (Aus-)Löscher [**incendii**]; ❷ *(übtr.)* Zerstörer, Unterdrücker [**patriae; coniurationis**].
**ex-stinguō**, stinguere, stīnxī, stīnctum ❶ (aus)löschen [**incendium; sitim**]; – *mediopass.* **exstingui** erlöschen; ❷ austrocknen, aufsaugen; ❸ (aus)tilgen, vernichten, unterdrücken [**furorem alcis; imperium**]; – *mediopass.* zugrunde gehen, untergehen; ❹ umbringen, töten; – *mediopass.* umkommen; ❺ in Vergessenheit bringen; – *mediopass.* in Vergessenheit geraten.
**ex-stirpō**, stirpāre *(stirps)* ausrotten [**humanitatem ex animo**].
**ex-stitī** *Perf. v. exsisto.*
**ex-stō**, stāre, – – ❶ heraus-, hervorstehen, herausragen; ❷ sich zeigen, vorhanden sein; *unpers.* es ist klar, sicher *(m. A. C. I. od. indir. Frages.)*; ❸ noch vorhanden sein.
**exstrūctiō**, ōnis *f (exstruo)* Aufbau, Bau.
**ex-struō**, struere, strūxī, strūctum ❶ erbauen, errichten [**aedificium**]; ❷ aufschichten, aufhäufen, auftürmen [**rogum; acervum librorum**]; ❸ beladen [**mensas epulis**].
**exsūctus** *P. P. P. v. exsugo.*
**ex-sūcus**, a, um *(nachkl.)* saftlos.
**ex-sūdō**, sūdāre **I.** *trans.* im Schweiß seines Angesichts etw. durchführen [**certamen; laborem**]; **II.** *intr. (poet.; nachkl.)* abfließen.
**ex-sūgō**, sūgere, sūxī, sūctum *(nachkl.)* aussaugen.
**exsul, exsulō** = *exul, exulo.*
**exsultāns**, *Gen.* antis *(P. Adj. v. exsulto) (nachkl.)* ausgelassen.
**exsultātiō**, ōnis *f (exsulto)* Ausgelassensein, Jubel.
**exsultim** *Adv. (exsilio) (poet.)* in ausgelassenen Sprüngen.
**ex-sultō**, sultāre *(salto)* ❶ aufspringen; ❷ (auf)jauchzen, jubeln; ❸ übermütig sein, prahlen; ❹ *(poet.; nachkl.) (von Gewässern u. Ä.)* aufbrausen, emporsprudeln; ❺ *(poet.; nachkl.)* sich tummeln [**per catervas** scharenweise].
**exsultum** *P. P. P. v. exsilio.*
**exsuperābilis**, e *(exsupero) (poet.)* überwindbar.
**exsuperantia**, ae *f (exsupero)* das Hervorragen, Vorzüglichkeit.

**ex-superō**, superāre **I.** *trans.* ❶ *(poet.; nachkl.)* etw. überragen, über etw. emporragen; ❷ überschreiten, übersteigen [**amnem; iugum**]; ❸ *(übtr.)* überragen, übertreffen [**Tarquinios superbiā**]; ❹ *(poet.)* überwinden, bewältigen; **II.** *intr. (poet.)* ❶ emporragen, -schlagen; **exsuperant flammae;** *übtr.:* **violentia alcis exsuperat** flammt auf; ❷ *(übtr.)* hervorragen, sich auszeichnen [**virtute**].

**ex-surdō**, surdāre *(surdus) (poet.; nachkl.)* ❶ taub machen [**aures**]; ❷ *(übtr.)* betäuben, abstumpfen.

**ex-surgō**, surgere, surrēxī, surrēctum ❶ sich erheben, aufstehen; *(milit.)* losbrechen [**ex insidiis**]; ❷ *(v. Lebl.)* aufsteigen, sich erheben; ❸ *(polit.)* sich gegen etw. erheben, einen Aufstand machen; ❹ sich erholen, wieder zu Kräften *od.* zu Ansehen kommen.

**ex-suscitō**, suscitāre ❶ (auf)wecken; ❷ anfachen; ❸ erregen, anregen [**animos**].

**ex-sūxī** *Perf. v. exsugo.*

**exta**, ōrum *n die edleren* Eingeweide *(Herz, Lunge, Leber) der Opfertiere, aus denen geweissagt wurde.*

**ex-tābēscō**, tābēscere, tābuī, – ❶ mager werden, verfallen; ❷ nach u. nach (ver)schwinden.

**ex-templō** *Adv.* sogleich, sofort.

**extemporālis**, e *(ex tempore) (nachkl.)* aus dem Stegreif, unvorbereitet.

**ex-tendō**, tendere, tendī, tentum *u.* tēnsum ❶ ausspannen, ausstrecken, ausdehnen, ausbreiten; ❷ *(milit.)* auseinanderziehen, ausdehnen [**aciem**]; ❸ *(poet.; nachkl.)* erweitern, vergrößern, verlängern; ❹ *(zeitl.)* hinziehen, verlängern [**consulatum suum; pugnam ad noctem**]; ❺ *(poet.)* verbreiten; ❻ **se ~** sich anstrengen [**se supra vires; se magnis itineribus** in Gewaltmärschen vorrücken].

**extenuātiō**, ōnis *f (extenuo)* ❶ *(rhet. t. t.)* Verkleinerung; ❷ *(nachkl.)* Verdünnung.

**ex-tenuō**, tenuāre ❶ verdünnen, ver-, zerkleinern; – *mediopass.* **extenuari** sich verdünnen, zergehen; ❷ *(milit.)* auseinanderziehen, ausdehnen [**aciem**]; ❸ *(übtr.)* vermindern, schwächen [**sumptūs; curas; vires**]; ❹ *(in der Darstellung)* schmälern, herabsetzen [**famam belli**]; / *P. Adj.* **extenuātus,** a, um gering, schwach.

**exter** *u.* **exterus**, tera, terum **I.** *(Pos.)* auswärtig, ausländisch [**civitates**]; – *Subst.* **exterī**, ōrum *m (nachkl.)* Fremde, Ausländer; **II.** *(Komp.)* **exterior**, ius, *Gen.* iōris der äußere, weiter außen befindlich [**orbis; hostis**]; **III.** *(Superl.)* **extrēmus**, a, um *u. (selten)* **extimus**, a, um ❶ *(räuml.)* der äußerste, entfernteste, letzte [**gentes**]; *oft part.:* der letzte Teil, Ende [**fines, fossa, pons** Ende des Gebietes, des Grabens, der Brücke]; – *Subst.* **extrēmī**, ōrum *m* die Nachhut; **extrēmum**, ī *n* Ende, der äußerste Punkt; ❷ *(zeitl.)* der letzte [**mensis**]; – *oft part.:* Ende; **extrema hieme** am Ende des Winters; – *Subst.* **extrēmum**, ī *n* Ende [**anni**]; – *Adv.* **extrēmō** *u.* **extrēmum** endlich; **ad extrēmum** bis zuletzt; zuletzt, schließlich; ❸ *(graduell)* **a)** der Äußerste, Ärgste, Gefährlichste; **extrema pati; perventum erat ad extrema** zum Äußersten; **fortuna extrema** größte Not; **res publica in extremo sita** in höchster Gefahr; **b)** der Geringste, Schlechteste, Verächtlichste.

E

**ex-terebrō**, terebrāre (her)ausbohren.

**ex-tergeō**, tergēre, tersī, tersum ausplündern.

**exterior**, ius *s. exter II.*

**ex-terminō**, termināre *(terminus)* ❶ vertreiben, verjagen; ❷ *(übtr.)* entfernen, abweisen.

**externus**, a, um *(exter)* ❶ der äußere, äußerlich; – *Subst.* **externa,** ōrum *n* die äußeren Angelegenheiten; ❷ ausländisch, auswärtig, fremd(artig) [**religio; hostis; timor** vor einem auswärtigen Feind]; – *Subst.* **externus,** ī *m* Fremder, Ausländer; **externa,** ōrum *n* Fremdartiges, die Fremde, Ausland.

**ex-terō**, terere, trīvī, trītum *(poet.; nachkl.)* ❶ herausreiben; ❷ zerreiben; ❸ zermalmen.

**ex-terreō**, terrēre, terruī, territum ❶ aufschrecken, aufscheuchen [**armenta**]; ❷ heftig erschrecken, einschüchtern.

**exterus** *s. exter.*

**exti...** *auch = exsti...*

**ex-timēscō**, timēscere, timuī, – in Furcht geraten, (sich) sehr fürchten *(m. Akk.)* [**tyrannum; periculum**]; *(m. de: um)* [**de fortunis communibus**]; *(auch m. ne; quod; Inf.).*

**extimus** *s. exter III.*

**exti-spex**, spicis *m (exta u. specto)* Eingeweideschauer *(derjenige, der aus den Eingeweiden der Tiere weissagt).*

**extispicium**, ī *n (extispex) (nachkl.)* Eingeweideschau *(Betrachtung der Eingeweide der Tiere, um daraus zu weissagen).*

**extō** *= exsto.*

**ex-tollō**, tollere, tulī, – ❶ auf-, emporheben, erheben; *übtr.* erhöhen [**alqm supra ceteros**]; ❷ loben, rühmen; ❸ **alqm** *od.* **animum alcis ~** jmd. aufrichten, ermutigen; ❹ *(nachkl.)* **animum alcis ad superbiam ~** jmd. übermütig machen; ❺ **se magis ~** nach Höherem streben.

**ex-torqueō**, torquēre, torsī, tortum ❶ herausdrehen, entwinden; ❷ *(übtr.)* entreißen, abringen, erpressen [**alci regnum; obsides**]; ❸ foltern.

**ex-torris**, e *(terra)* aus dem Land vertrieben, heimatlos, verbannt.

**ex-torsī** *Perf. v. extorqueo.*

**extortus** *P. P. P. v. extorqueo.*
**extrā** *(Abl. Sg. fem. v. exter [statt exterā], erg. viā)* **I.** *Adv.* außen, außerhalb; – **extra quam** außer; **extra quam si** außer wenn; **II.** *Präp. b. Akk.* ❶ außerhalb, außer; **~ provinciam;** *übtr.:* **~ periculum esse**; ❷ mit Ausnahme von; **omnes ~ ducem;** ❸ über ... hinaus *(konkr. u. übtr.);* **~ consuetudinem** außergewöhnlich.
**ex-trahō**, trahere, trāxī, tractum ❶ herausziehen, -reißen; ❷ herausführen, -schleppen [**senatores in publicum; copias in aciem**]; ❸ *(etw. Verborgenes)* ans Licht ziehen [**scelera in lucem**]; ❹ *(übtr.)* emporbringen, fördern [**alqm ad consulatum**]; ❺ befreien, retten; ❻ in die Länge ziehen, hinziehen [**obsidionem; proelium prope ad noctem**]; ❼ *(Zeit)* vergeuden; ❽ jmd. hinhalten.
**extrāneus** *(extra)* **I.** *Adj.* a, um ❶ außerhalb liegend, äußerer; ❷ ausländisch, fremd; **II.** *Subst.* ī *m* Ausländer, Fremder.
**extrā-ōrdinārius,** a, um *(extra ordinem)* ❶ außerordentlich, außergewöhnlich; ❷ *(nachkl.) (milit.)* auserlesen [**equites**].
**extrārius** = *extraneus.*
**ex-trāxī** *Perf. v. extraho.*
**extrēmitās**, ātis *f (extremus)* ❶ die äußerste Grenze; ❷ der äußere Umkreis; ❸ *(nachkl.)* Rand; ❹ *(geom. t. t.)* Fläche.
**extrēmum** *s. exter III.*
**extrēmus** *s. exter III.*
**ex-trīcō**, trīcāre *(tricae)* ❶ *(poet.; nachkl.)* herauswickeln, -winden; ❷ *(übtr.)* auftreiben, m. Mühe ausfindig machen.
**extrīn-secus** *Adv. (exter)* ❶ von außen; ❷ außen, auf der Außenseite.
**extrītus** *P. P. P. v. extero.*
**ex-trīvī** *Perf. v. extero.*
**ex-trūdō**, trūdere, trūsī, trūsum hinausstoßen, -treiben, -drängen [**mare aggere** zurückdrängen].
**ex-tūberō**, tūberāre *(tuber) (nachkl.)* emporwölben.
**ex-tudī** *Perf. v. extundo.*
**ex-tulī** *Perf. v. effero[1] u. extollo.*
**ex-tundō**, tundere, tudī, – *(poet.; nachkl.)* ❶ *(in Metall)* treiben, in Relief arbeiten; ❷ m. Mühe durchsetzen, zustande bringen, erringen [**honorem alci**]; ❸ abnötigen; ❹ *(übtr.)* vertreiben; ❺ zerschlagen.
**ex-turbō**, turbāre hinausjagen, vertreiben [**civem (ex) civitate; plebem ex agris;** *übtr.* **spem pacis** vereiteln].
**ex-ūberō**, ūberāre *(uber[2]) (poet.; nachkl.)* ❶ *(v. Gewässern)* reichlich hervorströmen, überströmen; ❷ reichlich vorhanden sein; *(ex)* aus etw. hervorquellen; **ex eruditione eloquentia exuberat;** ❸ Überfluss haben *(an etw.: Abl.).*
**ex-uī** *Perf. v. exuo.*
**exul**, ulis *m u. f* der, die Verbannte; – *attrib.* **a)** verbannt, landesflüchtig; **b)** *(poet.)* v. etw. ausgeschlossen, ohne etw. *(m. Gen.).*
**exulcerātiō**, ōnis *f (exulcero) (nachkl.)* das Aufreißen, Eiternlassen einer Wunde.
**ex-ulcerō**, ulcerāre *(ulcus)* ❶ *(nachkl.)* zum Eitern bringen; wund machen; ❷ verschlimmern; ❸ aufbringen, erbittern.
**exulō**, exulāre *(exul)* verbannt sein, in der Verbannung leben.
**exultātiō, exultim, exultō** = *exsult...*
**ex-ululō**, ululāre *(poet.)* aufheulen; – *P. Adj.* **exululātus,** a, um **a)** m. Heulen geweckt; **b)** aufheulend.
**exundātiō**, ōnis *f (exundo) (nachkl.)* Überschwemmung.
**ex-undō**, undāre ❶ hinaus-, hervorströmen; ❷ *(übtr.)* überströmen, überreichlich vorhanden sein.
**ex-uō**, uere, uī, ūtum *(vgl. ind-uo)* ❶ etw. ausziehen, ablegen [**vincula sibi** sich abstreifen; **clipeum** abnehmen]; ❷ *(übtr.)* etw. ablegen, aufgeben, beseitigen [**metum; hominem** die Menschengestalt; **pacem / fidem** brechen; **patriam** sich lossagen von]; ❸ entkleiden, entblößen; losmachen [**lacertos; se ex laqueis**]; ❹ jmd. berauben [**alqm armis**].
**ex-ūrō**, ūrere, ussī, ustum ❶ *(poet.)* (her)ausbrennen; ❷ verbrennen [**oppida; classem**]; ❸ austrocknen [**paludem**]; ❹ *(poet.)* erwärmen, erhitzen; ❺ *(übtr.)* zerfressen, zerstören.
**exūstiō**, ōnis *f (exuro)* Brand [**terrarum**].
**exustus** *P. P. P. v. exuro.*
**exūtus** *P. P. P. v. exuo.*
**exuviae**, ārum *f (exuo)* ❶ die dem Feind abgenommene Waffenrüstung; Beute; ❷ *(poet.; nachkl.)* abgelegte Kleidung; ❸ *(poet.; nachkl.)* abgezogene *od.* abgelegte Tierhaut.

# Ff

**F.** *(Abk.)* ❶ *= filius;* ❷ *= fecit.*
**faba**, ae *f* Bohne.
**fabālis**, e *(faba) (poet.)* Bohnen-.
**fābella**, ae *f (Demin. v. fabula)* ❶ kleine Erzählung; ❷ *(poet.)* Fabel, Märchen; ❸ kleines Schauspiel.
**faber**[1], brī *m* ❶ Handwerker [**tignarius** Zimmermann]; ❷ *(milit.) Pl.* Pioniere.
**faber**[2], bra, brum *(poet.)* geschickt, kunstfertig.
**Fabius**, a, um *Name einer röm. patriz. gens:* ❶ **Q. ~ Maximus Cunctator** *Gegner Hannibals, gest. 203 v. Chr.;* ❷ **Q. ~ Pictor** *geb. um 250 v. Chr., Verf. des ersten röm. Geschichtswerkes (in griech. Spr.);* ❸ **Q. ~ Maximus Allobrogicus** *Konsul 121 v. Chr., Überwinder der Allobroger;/* **Fabiānus**, a, um fabianisch, des Fabius.
**fabrē-faciō**, facere, fēcī, factum *(Pass.* -fīō, fierī, factus sum) geschickt, kunstvoll verfertigen.
**fabrica**, ae *f (faber)* ❶ Werkstatt; Schmiede; ❷ Handwerk; Baukunst; ❸ kunstvolle Bearbeitung [**aeris**]; ❹ kunstvoller Bau [**membrorum**].
**fabricātiō**, ōnis *f (fabricor)* ❶ kunstvolle Gestaltung, kunstvoller Bau [**hominis**]; ❷ künstliche Veränderung [**in verbo**].
**fabricātor**, ōris *m (fabricor)* ❶ Verfertiger, Hersteller; ❷ *(poet.)* Urheber.
**Fabricius**, a, um *Name einer röm. gens:* **C. ~ Luscinus** *siegreicher Feldherr geg. Pyrrhus.*
**fabricor**, fabricārī *u. (poet.; nachkl.)* **fabricō**, fabricāre *(fabrica)* ❶ verfertigen, herstellen; ❷ bilden [**verba** neue Wörter].
**fabrīlia**, lium *n (fabrilis) (poet.)* Schmiedearbeiten, Bildwerke.
**fabrīlis**, e *(faber*[1]*)* des Handwerkers, des Künstlers, Schmiede-.
**fābula**, ae *f (fari)* ❶ Gerede, Geschwätz; **~ est** *(m. A. C. I.)* man erzählt sich; **-am fieri/esse** Stadtgespräch werden/sein; ❷ *(nachkl.)* Unterhaltung, Gespräch; **-ae convivales;** ❸ erdichtete Erzählung, Märchen [**ficta**]; ❹ Sage; **-ae ferunt** *od.* **produnt** *u.* **in -is est** die Sage berichtet; – *Pl. auch* Mythologie [**Graecae**]; ❺ *(poet.)* Fabel [**Aesopi**]; ❻ *(poet.)* Gegenstand der Dichtung, Stoff; ❼ Drama, Schauspiel; ❽ *adj. (poet.)* **-ae Manes** das nichtige Reich der Schatten.

**Wissen: Antike**
**fābula** – Eine Fabel ist eine kurze lehrhafte Erzählung in Form eines Gleichnisses, die eine moralische Belehrung oder eine Lebensweisheit enthält. Meist repräsentieren darin Tiere charakteristische menschliche Eigenschaften, Stärken und Schwächen. Die Gattung der Fabel war von alters her bei den orientalischen Völkern beliebt. In Europa gilt der Grieche **Äsop** als Begründer der Fabeldichtung. Bei den Römern wurde sie im ersten Jahrhundert n. Chr. durch den Dichter **Phaedrus** heimisch. In der Neuzeit griffen Dichter wie La Fontaine und Lessing die Tradition des Äsop und des Phaedrus wieder auf. Heute wird mit „Fabel" auch die Handlung, die einem Roman zugrunde liegt, bezeichnet (im Englischen: „plot")

**fābulātor**, ōris *m (fabulor) (nachkl.)* Erzähler.
**fābulor**, fābulārī *(fabula)* plaudern, reden.
**fābulōsus**, a, um *(fabula) (poet.; nachkl.)* ❶ sagenreich; ❷ (sagen)berühmt; ❸ sagenumwoben, unglaublich.
**facessō**, facessere, facessīvī *u.* facessī, facessītum *(Intens. v. facio)* **I.** *trans.* ❶ *(poet.)* ausführen, verrichten [**iussa**]; ❷ *(Übles)* bereiten, machen; **II.** *intr.* sich entfernen, sich davonmachen [**hinc Tarquinios**].
**facētiae**, ārum *f (facetus)* Scherz, Witz.
**facētum**, ī *n (facetus) (poet.)* Anmut.
**facētus**, a, um *(zu fax, eigtl.* „glänzend"*)* ❶ fein, anmutig, elegant; ❷ witzig, scherzhaft; ❸ *(poet.)* freundlich.
**faciēs**, ēī *f (facio)* ❶ äußere Erscheinung, Aussehen; ❷ Gestalt, Figur, Form; ❸ Gesicht; ❹ *(poet.)* schönes Gesicht; ❺ *(poet.)* Schönheit, Anmut; ❻ *(poet.; nachkl.)* Art, Beschaffenheit; **in hederae faciem frondescere** efeuartig Blätter treiben; ❼ *(nachkl.)* äußerer Schein.
**facilis**, e (*Adv.* facile) *(facio)* ❶ leicht, mühelos *(zu tun, zu erlangen),* bequem, geeignet [**ascensus; aditus; favor** leicht zu gewinnen]; ❷ beweglich, geschickt [**manus; ad dicendum** gewandt im Reden]; ❸ freundlich, nachgiebig, gefällig; ❹ willig, bereit [**ad concedendum**]; / *Adv.* **facile a)** leicht, mühelos; **b)** bereitwillig, gern [**credere alci**

**alqd**]; **c)** angenehm, behaglich [**vivere**]; **d)** sicher, unbestritten; **e)** *m. Negation:* **non** *(od.* **haud**) **facile** schwerlich, kaum.

**facilitās**, tātis *f (facilis)* ❶ *(nachkl.)* Leichtigkeit, leichte Ausführung [**camporum** Zugänglichkeit des Geländes]; ❷ Freundlichkeit, Gefälligkeit, Gutmütigkeit, Nachsicht; ❸ *(nachkl.) (rhet.)* Gewandtheit, Geläufigkeit; ❹ Trieb, Neigung *(zu etw.: Gen.).*

**facinorōsus** *u.* **facinerōsus** *(facinus)* **I.** *Adj.* a, um verbrecherisch, lasterhaft, ruchlos [**vir; animus; vita**]; **II.** *Subst.* ī *m* Verbrecher.

F

**facinus**, noris *n (facio)* ❶ Tat, Handlung; ❷ Schandtat, Verbrechen; **facinus facere** *od.* **committere;** ❸ *(meton.)* **a)** Verbrecher, Bösewicht; **b)** *(poet.)* Werkzeug des Verbrechens.

**faciō**, facere, fēcī, factum **I.** *trans.* ❶ tun, machen; ❷ etw. durchführen [**multa crudeliter avareque**]; ❸ verfertigen, herstellen, errichten, bauen [**signum de marmore; castra** aufschlagen; **aggerem; moenia**]; ❹ *(etw. Abstr.)* tun, machen, leisten, zustande bringen, ausführen [**promissa** erfüllen; **imperata; vota** Gelübde leisten; **iniuriam** zufügen; **comitia** abhalten; **indutias; pacem** schließen; **finem pretio** eine Grenze setzen; **vim** Gewalt anwenden; **deditionem** sich ergeben; **impetum in alqm; iudicium** ein Urteil abgeben *od.* Gericht halten; **mentionem facere** *(de od. Gen.)* erwähnen; **insidias** nachstellen, verfolgen]; ❺ verfassen, schreiben [**versūs** dichten; **litteras; librum**]; ❻ sagen, reden [**verba** eine Rede halten]; ❼ veranstalten, feiern, begehen [**ludos; sacra**]; ❽ *(Stoffe)* bearbeiten, verarbeiten [**lanam; aurum**]; *(Geld)* prägen [**argentum**]; ❾ hervorbringen, erzeugen; ❿ *(Geld, Beute u. Ä.)* erwerben, gewinnen; ⓫ *(Truppen, Geld)* aufbringen, auftreiben; ⓬ *(Geschäfte, Berufe)* betreiben, ausüben; ⓭ *(Affekte, Zustände)* hervorrufen, verursachen, erregen [**alci dolorem** bereiten; **audaciam hosti** erwecken; **spem; admirationem alcis rei; timorem; suspicionem**]; ⓮ verschaffen, gewähren [**alci decorem; orationi audientiam** Gehör verschaffen]; ⓯ (er)leiden [**detrimentum; naufragium**]; **II.** *intr.* ❶ tun, handeln, tätig sein; ❷ sich betragen, sich benehmen [**contra legem; arroganter**]; ❸ **cum** *od.* **ab alqo ~** jmds. Partei ergreifen, auf jmds. Seite stehen; ❹ **contra** *od.* **adversus alqm ~** geg. jmd. Partei ergreifen; ❺ *(poet.; nachkl.)* geeignet sein, zu etw. dienen, nützen; ❻ opfern *(re: mit etw.)* [**Iunoni; vitulā**]; **III.** *m. besonderen Konstr.* ❶ *(m. dopp. Akk.)* zu etw. machen; zu etw. ernennen, erwählen [**alqm reum** anklagen; **alqm testem** zum Zeugen nehmen; **alqd reliquum** übrig lassen; **alqm certiorem** benachrichtigen *(de re);* **alqm consulem**]; ❷ *(m. präd. Gen.)* zu jmds. Eigentum machen [**optionem Carthaginiensium** die Wahl den Karthagern überlassen; **agrum Gallicum suae dicionis** *(od.* **potestatis***)* in seine Gewalt bringen]; ❸ *(m. Gen. pretii od. pro re)* achten, schätzen, anrechnen **alqd magni / pluris / plurimi / parvi / tanti; alqd lucri** als Gewinn ansehen; **alqd pro nihilo**]; ❹ *(m. ut od. bloßem Konj., m. ne, quin, A. C. I.)* bewirken, verursachen; ❺ *(m. dem Akk. des Part. od. m. A. C. I.)* jmd. etw. tun lassen, jmd. handelnd darstellen; **Xenophon Socratem disputantem facit;** ❻ *(m. A. C. I.)* annehmen, den Fall setzen.

**facteon** *(scherzh.)* = *faciendum, v. facio.*

**factiō**, ōnis *f (facio)* ❶ das Recht etw. zu tun [**testamenti** das Recht zur Abfassung eines Testaments]; ❷ politisches Treiben, Umtriebe, Parteiwesen; ❸ Partei [**paucorum** aristokratische Partei].

**factiōsus** *(factio)* **I.** *Adj.* a, um herrschsüchtig, an politischen Unruhen interessiert; **II.** *Subst.* ī *m* Parteiführer, -gänger.

**factitō**, factitāre *(Frequ. v. facio)* ❶ zu tun pflegen, gewöhnlich tun, ausüben; ❷ *(m. dopp. Akk.)* jmd. immer wieder zu etw. machen *od.* einsetzen [**alqm heredem**].

**factum**, ī *n (facio) (näher bestimmt meist durch Adv., manchmal durch Adj.)* ❶ Tat, Handlung, Verfahren [**bene facta; egregium**]; ❷ Ereignis; ❸ Tatsache.

**factus**, a, um *(P. Adj. v. facio)* ❶ getan, gemacht, geschehen; ❷ kunstvoll verarbeitet, kunstvoll gearbeitet [**argentum**]; ❸ *(rhet.)* kunstvoll [**oratio**]; ❹ *(v. Personen)* **a)** zu *od.* für etw. geschaffen; **b)** gebildet.

**facultās**, tātis *f (facilis)* ❶ Möglichkeit, Gelegenheit *(etw. zu tun: Gen.; ad; ut)* [**fugae; ad dicendum**]; ❷ Erlaubnis [**itineris faciendi**]; ❸ Fähigkeit, Geschick(lichkeit), Talent [**ingenii** *(Gen. subi.); (in, zu etw.: Gen. obi., selten in m. Abl.)* **dicendi**]; ❹ Rednertalent, Beredsamkeit; ❺ Vorrat, Fülle, Menge; ❻ *Pl.* die Mittel, Hilfsquellen; Vermögen; **pro facultatibus dare**.

**fācundia**, ae *f (facundus)* Redegewandtheit.

**fācundus**, a, um *(fari)* ❶ redegewandt; ❷ geläufig, gefällig [**oratio**].

**faecula**, ae *f (Demin. v. faex) (poet.; nachkl.)* Weinsteinsalz *(als Arznei od. Gewürz).*

**faelēs** *u.* **-lis** = *feles u. -lis.*

**faen...** = *fen...*

**Faesulae**, ārum *f Stadt nordöstl. v. Florenz, j.* Fiesole; – *Einw. u. Adj.* **Faesulānus**, ī *m bzw.* a, um.

**faex**, faecis *f* ❶ *(poet.)* (Wein-)Hefe; ❷ *(übtr.)* Abschaum [**plebis**]; ❸ *(poet.; nachkl.)* Boden-

satz, Niederschlag; ❹ *(poet.)* Weinstein(salz).
**fāgin(e)us**, a, um *(fagus) (poet.; nachkl.)* aus Buchenholz.
**fāgus**, ī *f (gr. Fw.)* Buche; *meton.* Buchenholz.
**falārica**, ae *f* ❶ Wurfspeer; ❷ Brandpfeil.
**falcārius**, ī *m (falx)* Sichelmacher; **inter -os** in der Sichelmacherstraße.
**falcātus**, a, um *(falx)* ❶ Sichel-; ❷ *(poet.)* sichelförmig gekrümmt.
**falci-fer**, fera, ferum *(falx u. fero) (poet.)* sicheltragend [**deus** Saturn].
**faler...** = *phaler...*
**Faleriī**, ōrum *m Stadt in Südetrurien, nördl. v. Rom; – Einw. u. Adj.* **Faliscus**, ī *m bzw.* a, um; – **Faliscum**, ī *n* Gebiet v. Falerii.
**Falernus ager** falernisches Gebiet *(im nordwestl. Kampanien);* – **Falernus**, a, um falernisch [**vinum**]; – **Falernum**, ī *n* **a)** *(erg. vinum)* Falernerwein; **b)** *(erg. praedium)* das Falernum, *Landgut des Pompeius.*
**Faliscus** *s. Falerii.*
**fallācia**, ae *f (fallax)* Täuschung, Betrug.
**fallāx**, *Gen.* ācis *(fallo)* (be)trügerisch, täuschend, verräterisch [**spes;** *(in etw.: Gen.)* **amicitiae**].
**fallō**, fallere, fefellī (falsum *gew. Adj.; P. P. P. durch* dēceptum *ersetzt)* ❶ täuschen, betrügen; **spem / opinionem alcis ~** jmd. in seiner Hoffnung / Vermutung täuschen; *unpers.:* **me fallit** ich irre mich; – *mediopass.* sich täuschen, sich irren; ❷ etw. nicht leisten, nicht erfüllen [**mandata; fidem** die Treue brechen]; ❸ *(poet.)* täuschend nachahmen [**alcis faciem**]; ❹ *(poet.)* unwirksam machen [**omen**]; ❺ *(poet.)* unmerklich machen, vergessen lassen [**furta** verbergen; **sermone laborem; amorem** unterdrücken; **curam somno**]; ❻ sich entziehen, verborgen, unentdeckt, unbemerkt bleiben, entgehen; *abs.:* **aetas fallit** vergeht unbemerkt; *m. Akk.:* **custodes ~;** *m. Part., oft durch* „heimlich, unbemerkt" *zu übersetzen:* **hostis fallit incedens** der Feind kommt unbemerkt heran; – **alqm (non) fallit** *(m. A. C. I.)* es entgeht jmdm. (nicht), dass; ❼ zu Fall bringen, ausgleiten lassen.

**Grammatik & Co.**
**Falsche Freunde** – Manche lateinischen Wörter haben eine andere Bedeutung, als man zuerst meinen könnte: **ex(s)istere** heißt im klassischen Latein nie „existieren", sondern „auf dem Weg in die Existenz sein", also „auftreten". Auch eine **familia** war mehr als unsere moderne Kleinfamilie. Zudem müssen wir bei Übersetzung von Begriffen, die eine andere geografische oder zeitlich veränderte Wirklichkeit benennen, achtgeben: **silva** „ein Pinienwald" entspricht nicht einem deutschen Laubwald oder einem Fichtennutzwald. **Rhenus** wird zwar mit „Rhein" übersetzt, doch der ausgebreitete Auenwald mit Altwässern zu Cäsars Zeiten hat mit dem regulierten Strom „Rhein" im Grunde nur noch die übersetzten Namen seiner Zuflüsse gemeinsam.

**falsi-parēns**, *Gen.* entis *(falsus) (poet.)* einen erfundenen Vater habend.
**falsō** *Adv. v. falsus, s. falsus.*
**falsum**, ī *n (falsus) (nachkl.)* Betrug; Unwahrheit, Lüge; Irrtum; **-um iudicare** falsches Urteil abgeben; **-um iurare** falsch schwören.
**falsus**, a, um *(fallo) (Adv. gew.* falsō, *selten* falsē*)* ❶ *(akt.)* falsch, betrügerisch, lügenhaft [**imago** Trugbild; **avis** trügerisches Omen]; ❷ *(medial)* **a)** sich irrend; **illi -i sunt** sind im Irrtum; **b)** *(v. Abstr.)* irrig, unbegründet [**metus; spes**]; ❸ *(pass.)* **a)** gefälscht, unwahr, erfunden [**dicta; crimen**]; **b)** unecht, nachgemacht [**crines**]; **c)** *(v. Personen)* untergeschoben, erlogen [**genitor**]; */ Adv.* **falsō** fälschlich, irrtümlich [**suspicari**]; *(als abgekürzter Satz)* falsch!, mit Unrecht!
**falx**, falcis *f* ❶ Sichel, Sense; ❷ *(poet.)* Winzer-, Gartenmesser; ❸ *(milit.)* Mauerhaken, -brecher.
**fāma**, ae *f (fari)* ❶ Gerücht, Sage; geschichtliche Überlieferung; ❷ öffentliche Meinung; ❸ Ruhm, Berühmtheit [**aeterna**]; ❹ Ruf [**bona; mala; crudelitatis**]; ❺ guter Ruf; **-ae servire** auf guten Ruf bedacht sein; ❻ schlechter Ruf; **~ atque invidia** gehässige Nachrede.
**Fāma**, ae *f (fama) (poet.) Göttin des Gerüchts.*
**famēlicus**, a, um *(fames) (poet.; nachkl.)* hungrig, verhungert [**senex; canes**].
**famēs**, mis *f* ❶ Hunger; **fame interire** *od.* **mori** verhungern; **famem tolerare** *od.* **sustentare** *od.* **perferre** Hunger leiden; ❷ Hungersnot; ❸ Dürftigkeit *(im Ausdruck);* ❹ *(poet.; nachkl.)* Begierde, Verlangen *(nach etw.: m. Gen.).*
**familia**, ae *f (famulus)* ❶ Hausgenossenschaft *(Herrschaft und Dienerschaft);* **pater familias** Hausherr; **mater -as** (*od* **-ae**) Hausfrau; **filius/filia -as** (*od.* **-ae**) Sohn/Tochter des Hauses; ❷ Familie *(als Unterabteilung der gens)* [**nobilissima**]; ❸ Geschlecht, Stamm *(= gens)* [**Aemiliorum**]; ❹ Sklaven, Dienerschaft; Leibeigene, Hörige; ❺ Vermögen; ❻ (Fechter-) Truppe, (Gladiatoren-)Bande; ❼ Philosophenschule.
**familiāris** *(familia)* **I.** *Adj.* e ❶ zum Haus gehörig, Haus- [**lares; res -is** Vermögen; **res -es** Vermögensverhältnisse]; ❷ zur Familie

gehörig, Familien-; ❸ *(v. Personen)* vertraut, bekannt, freundschaftlich *(m. Dat.)*; ❹ *(v. Sachen)* vertraut, vertraulich, freundlich [**sermo; epistulae; usus** Umgang]; ❺ *(t. t. der Eingeweideschau)* einheimisch, vaterländisch; **II.** *Subst.* ❶ is *m u. f* Vertraute(r), Freund(in); ❷ is *m* Sklave, Diener; *Pl.* Dienerschaft.
**familiāritās**, tātis *f (familiaris)* ❶ Freundschaft, vertrauter Umgang; ❷ *(nachkl.) (meton.)* Vertraute, Hausfreunde.
**fāmōsus**, a, um *(fama)* ❶ *(nachkl.)* berühmt; ❷ berüchtigt [**largitio**]; ❸ *(poet.; nachkl.)* ehrenrührig, schmähend [**libelli** Schmähschriften].

F

**famula**, ae *f (famulus)* Dienerin.
**famulāris**, e *(famulus)* Sklaven-; **iura famularia dare** zu Sklaven machen.
**famulātus**, ūs *m (famulor)* Knechtschaft.
**famulor**, famulārī *(famulus)* dienen.
**famulus I.** *Subst.* ī *m* Diener; **II.** *Adj.* a, um *(poet.)* dienend.
**fānāticus**, a, um *(fanor, fanum) v. einer Gottheit* in rasende Begeisterung versetzt, rasend, fanatisch [**Galli** Kybelepriester; **philosophi**].
**fandum**, ī *n (for) (poet.)* Recht.
**fandus** *s. for.*
**fānor**, fānārī *(fanum) (nachkl.)* umherrasen.
**fānum**, ī *n (fas)* Heiligtum, Tempel.
**far**, farris *n (Abl. Sg.* farre; *Pl.: Nom.* farra, *Gen.* farrium) ❶ Spelt, Dinkel *(Weizenart)*; *Pl.* Dinkelkörner; ❷ *(meton.)* **a)** Mehl, *bes.* Opfermehl; **b)** Brot.
**farciō**, farcīre, farsī, fartum (voll) stopfen, füllen.
**fārī** *Inf. v. for.*
**farīna**, ae *f (far) (nachkl.)* Mehl.
**farrāgō**, ginis *f (far) (poet.)* Mischfutter.
**farreum**, ī *n (far) (nachkl.)* Speltkuchen.
**farsī** *Perf. v. farcio.*
**fartor**, ōris *m (farcio) (poet.)* Geflügelmäster.
**fartus** *P. P. P. v. farcio.*
**fās** *n (nur Nom. u. Akk. Sg.) (fari)* ❶ göttl. Recht, göttl. Gesetz; ❷ das sittlich Gute, Erlaubte; **fas est** *(m. Inf.; A. C. I.; Sup.)* es ist erlaubt, es ist recht, man darf; es ist möglich; ❸ *(poet.)* Schicksal, Verhängnis; **fas est** *(m. Inf. od. A. C. I.)* es ist vom Schicksal bestimmt.
**fascia**, ae *f (fascis)* Binde, Band.
**fasciculus**, ī *m (Demin. v. fascis)* Bündelchen, Paket [**epistularum; florum** Blumenstrauß].
**fascinō**, fascināre *(poet.)* verzaubern, behexen.
**fascinum**, ī *n u.* **-us**, ī *m (poet.)* das männliche Glied.
**fasciola**, ae *f (Demin. v. fascia)* kleine Binde, kleines Band.
**fascis**, is *m* ❶ Bündel, Paket ❷ Bürde, Last ❸ *Pl.* **fascēs a)** das Rutenbündel *mit Beil (Symbol der Herrscher- u. Strafgewalt der höchsten röm. Magistrate)*; **b)** *(meton.)* Konsulat, Konsulargewalt; **fasces corripere** das Konsulat an sich reißen; **c)** *(poet.; nachkl.) übh.* hohe Ämter.

**Imperium Romanum**

Das Pluralwort **fascēs** bezeichnet ein mit Lederbändern verschnürtes Rutenbündel, aus denen ein Beil herausragt. Dieses Rutenbündel war in der römischen Republik ein Symbol der Herrscher- und Strafgewalt der höchsten Magistrate wie Dictatoren, Konsuln und Prätoren. Bei öffentlichen Auftritten wurden den Magistraten diese Rutenbündel von Liktoren (**lictores**) vorangetragen. Das Beil symbolisierte dabei die Strafgewalt. Da der Konsul innerhalb der Stadt Rom über keine Strafgewalt verfügte, wurde das Beil bei seinen Auftritten in Rom aus dem Rutenbündel entfernt. Das Symbol des Rutenbündels mit Beil wird in der Neuzeit in vielen Wappen als Symbol der Staatsgewalt verwendet, z. B. noch heute im Wappen des Schweizer Kantons St. Gallen oder im Siegel des Senats der USA. Mussolini verwendete es als Symbol für den italienischen Faschismus. Das italienische Wort „fascismo“ selbst ist eine Ableitung aus dem lateinischen „fasces“.

**fassus** *P. P. Akt. v. fateor.*
**fāstī**, ōrum *m (Akk. Pl. auch* fāstūs) *(fastus[1])* ❶ Verzeichnis der Gerichtstage *(urspr. nur Patriziern zugänglich, erst 305 v. Chr. von Cn. Flavius veröffentlicht)*; ❷ Kalender; – **Fāstī** „die Fasten“, *Ovids poetischer Festkalender;* ❸ Amtskalender *(Verzeichnis der höchsten Magistrate jedes Jahres, v. 508 v. Chr. bis 354 n. Chr., meist* **fasti consulares** *od.* **fasti Capitolini** *genannt)*; ❹ *(poet.)* Jahrbücher der Geschichte.
**fastīdiō**, fastīdīre *(fastidium)* ❶ *(poet.; nachkl.)* Widerwillen empfinden *(vor etw.: Akk.)* [**vinum**]; ❷ verschmähen, zurückweisen.
**fastīdiōsus**, a, um *(fastidium)* ❶ voll Ekel, voll Widerwillen, überdrüssig *(m. Gen.)*; ❷ wählerisch *(in etw.: in m. Abl.)*; ❸ *(poet.)* ekelerregend, widerwärtig.
**fastīdium**, ī *n* ❶ Ekel, Überdruss, Widerwille *(geg. etw.: Gen.)*; ❷ Abneigung, Verachtung [**domesticarum rerum**]; ❸ Hochmut, Dünkel, Blasiertheit; ❹ verwöhnter Geschmack.
**fastīgātus**, a, um *(vgl. fastigium)* ❶ auf-, ansteigend; ❷ in eine Spitze auslaufend; ❸ abgedacht, schräg.
**fastīgium**, ī *n* ❶ Steigung, Erhebung; ❷ Senkung, Neigung, Abdachung; ❸ Höhe, Spitze, Gipfel; ❹ Tiefe, Grund; ❺ Giebel(dach), Gie-

belfeld [**aedificii**]; *(übtr.)* **operi -um imponere** das Werk zum Abschluss bringen; ❻ *(übtr.)* Höhe(punkt); ❼ hohe Stellung, Würde [**dictaturae**]; ❽ *(poet.)* Hauptpunkt.

**fāstus**[1], a, um *(fas)* **diēs fāstī** Gerichtstage.

**fāstus**[2], ūs *m (poet.; nachkl.)* ❶ Hochmut, stolze Verachtung; ❷ Sprödigkeit.

**Fāta**, ōrum *n (fatum) (poet.)* Schicksalsgöttinnen, Parzen.

**fātālis**, e *(fatum)* ❶ vom Schicksal bestimmt; ❷ des Schicksals, Schicksals- [**stamina** die Fäden des Schicksals; **libri** die sibyllinischen Bücher; **deae** die Parzen]; ❸ verhängnisvoll, verderblich.

**fateor**, fatērī, fassus sum *(fari)* ❶ gestehen, bekennen, zugeben; ❷ *(poet.; nachkl.)* zu erkennen geben, zeigen, verraten [**iram vultu; deum** sich als Gott].

**fāti-canus** *u.* **-cinus**, a, um *(fatum u. cano) (poet.)* schicksal(ver)kündend, weissagend.

**fāti-dicus** *(fatum u. dico*[1]*)* **I.** *Adj.* a, um weissagend; **II.** *Subst.* ī *m* Wahrsager.

**fāti-fer**, fera, ferum *(fatum u. fero) (poet.)* todbringend.

**fatīgātiō**, ōnis *f (fatigo)* Ermüdung.

**fatīgō**, fatīgāre ❶ ermüden, zermürben; ❷ hart mitnehmen, quälen, plagen; ❸ *(poet.; nachkl.)* bis zur Erschöpfung herumtreiben, abhetzen [**equos**]; ❹ erweichen [**prece Vestam**]; ❺ *(poet.)* unaufhörlich antreiben [**Martem** stürmisch nach Kampf verlangen].

**fāti-loqua**, ae *f (fatum u. loquor)* Wahrsagerin.

**fatīscō**, fatīscere, – – *u.* **fatīscor**, fatīscī, – *(fatigo) (poet.; nachkl.)* ❶ Risse bekommen, zerfallen, bersten; ❷ erschlaffen, ermatten; **seditio fatiscit** legt sich.

**fatua**, ae *f (fatuus) (poet.; nachkl.)* Närrin.

**fatuitās**, ātis *f (fatuus)* Albernheit, Einfalt.

**fātum**, ī *n (fari)* ❶ Götterspruch, Weissagung *(meist Pl.)*; ❷ *(poet.)* Wille der Gottheit; ❸ Weltordnung, Schicksal, Bestimmung [**insuperabile**]; **fatum est** (*m. A. C. I. od. ut*) es ist vom Schicksal bestimmt; ❹ Verhängnis, Unheil, Verderben, Untergang, Tod *(oft Pl.)* [**-a Troiana** *od.* **Troiae** Untergang Trojas; **extremum rei publicae**]; *(konkr.) Pl.* Unglücksdämonen.

**fatuor**, fatuārī *(fatuus) (nachkl.)* albern schwatzen.

**fātus** *P. P. Akt. v. for.*

**fatuus I.** *Adj.* a, um albern, einfältig, töricht; **II.** *Subst.* ī *m (poet.; nachkl.)* Narr.

**faucēs**, cium *f* (*Sg.* faux, faucis *f, im Sg. nur Abl.* fauce) ❶ Schlund, Kehle, Rachen, Hals; *(bildl.)* **alqm eripere ex faucibus belli; faucibus alqm urgere** jmdm. auf dem Nacken sitzen; ❷ *(poet.)* Heißhunger; ❸ enger Eingang, Zugang [**portūs; Orci**]; ❹ Engpass, Schlucht; ❺ Landenge; ❻ *(nachkl.)* Meerenge; ❼ Höhle, Kluft, Krater.

**Faunus**, ī *m sagenhafter König v. Latium, nach seinem Tod als weissagender Feld- und Waldgott verehrt, später m. dem griech. Pan gleichgesetzt; – Pl.* **Faunī**, ōrum *m nackte gehörnte, bocksfüßige Walddämonen.*

**Faustitās**, ātis *f (faustus) Göttin der Fruchtbarkeit.*

**Faustulus**, ī *m Hirte des Amulius, fand u. erzog Romulus u. Remus.*

**faustus**, a, um *(faveo)* günstig, gesegnet, Glück bringend, v. guter Vorbedeutung; *Eingangsformel:* **quod bonum, faustum, felix fortunatumque sit** möge es gut, günstig, glücklich u. gedeihlich sein.

**Faustus**, ī *m (faustus) Beiname des L. Cornelius Sulla, des Sohnes des Diktators.*

**fautor**, ōris *m (faveo)* ❶ Gönner, Beschützer; ❷ Anhänger [**nobilitatis**]; ❸ *(poet.)* Claqueur, gemieteter Beifallklatscher.

**fautrīx** īcis *f (fautor)* Gönnerin, Beschützerin.

**fautum** *P. P. P. v. faveo.*

**faux**, faucis *f s. fauces.*

**faveō**, favēre, fāvī, fautum ❶ gewogen, geneigt, gnädig sein, begünstigen *(m. Dat.)* [**nobilitati; alcis gloriae**]; ❷ sich widmen, sich hingeben [**operi**]; ❸ *(poet.; nachkl.)* Beifall klatschen; ❹ *(poet.) (bei rel. Handlungen)* (**ore** *od.* **linguā** *od.* **linguis**) ~ andächtig schweigen.

**favilla**, ae *f (foveo) (poet.; nachkl.)* glühende Asche, *übh.* Asche.

**favōnius**, ī *m (foveo)* lauer Westwind.

**favor**, ōris *m (faveo)* ❶ Gunst; ❷ Beifall; ❸ *(poet.)* andächtige Stille, Andacht.

**favōrābilis**, e *(favor) (nachkl.)* ❶ *(pass.)* beliebt, angenehm; ❷ *(akt.)* einnehmend, gewinnend [**oratio**].

**favus**, ī *m* Honigwabe; *(meton.)* Honig.

**fax**, facis *f* ❶ Kienspan, Fackel; ❷ Hochzeitsfackel [**nuptialis; marita**]; *(meton.) (poet.)* Hochzeit; ❸ Leichenfackel [**funesta**]; ❹ Brandfackel; *(meton.)* Urheber, Anstifter [**belli**]; ❺ Sternschnuppe; ❻ *(poet.)* Licht *der Gestirne;* ❼ *(übtr.)* Flamme, Glut, Feuer *(meist Pl.)* [**dicendi** flammende Beredsamkeit].

**febricitō**, febricitāre *(febris) (nachkl.)* Fieber haben.

**febricula**, ae *f (Demin. v. febris)* leichtes Fieber.

**febriculōsus**, a, um *(febricula) (poet.)* fiebrig.

**febris**, is *f* Fieber; – *personif.* **Febris,** is *f Göttin des Fiebers.*

**februa**, ōrum *n (poet.; nachkl.)* ❶ Reinigungs-, Sühnemittel; ❷ Reinigungs-, Sühnefest *(jährl. im Februar gefeiert).*

**februārius**, a, um *(februa)* zur Sühne, zum Sühnefest gehörig; – *Subst.* **Februārius,** ī *m (erg. mensis)* Sühnemonat, Februar.

F

**fēcī** *Perf. v. facio.*
**fēcunditās**, ātis *f (fecundus)* Fruchtbarkeit; – *personif.* **Fēcunditās,** ātis *f Göttin der Fruchtbarkeit.*
**fēcundō**, fēcundāre *(fecundus) (poet.)* befruchten.
**fēcundus**, a, um *(vgl. fe-lix, fe-tus)* ① fruchtbar; ② üppig, voll [**seges; fons** wasserreich]; ③ reich an, voll von *(m. Gen. od. Abl.)* [**provincia annonae / metallis**]; ④ *(übtr.)* fruchtbar, ergiebig, reich [**studia**]; ⑤ *(poet.; nachkl.)* befruchtend.
**fefellī** *Perf. v. fallo.*
**fel**, fellis *n* ① Gallenblase, Galle; ② *(poet.; nachkl.) (übtr.)* Bitterkeit; ③ *(poet.)* Zorn; ④ *(poet.)* Schlangengift, *übh.* Gift.
**fēlēs** *u.* **fēlis**, is *f* Katze.
**felicātus**, a, um = *filicatus.*
**fēlīcitās**, ātis *f (felix)* ① *(nachkl.)* Fruchtbarkeit [**terrae**]; ② Glück(seligkeit); – *personif.* **Fēlīcitās,** ātis *f Göttin des Glücks;* ③ Segen, Gedeihen, Erfolg.
**fēlis** *s. feles.*
**fēlīx**, *Gen.* īcis ① fruchtbar; ② glücklich, beglückt, vom Glück begünstigt; ③ erfolgreich *(v. Sachen)* [**seditio**]; **feliciter rem gerere;** ④ Glück bringend, Glück verheißend, günstig [**omen**]; ⑤ *(poet.)* köstlich [**poma**]; ⑥ *(poet.)* befruchtend [**limus**].
**Felsina**, ae *f = Bononia.*
**fēmella**, ae *f (Demin. v. femina) (poet.)* Frauenzimmerchen.
**fēmina**, ae *f* ① Frau; ② *(v. Tieren)* Weibchen.
**fēmineus**, a, um *(femina) (poet.; nachkl.)* ① weiblich [**genus**]; ② Weiber-, Frauen- [**clamor** Weibergeschrei]; ③ weibisch, unmännlich.
**femur**, moris *u.* minis *n* Oberschenkel.
**fēnebris**, e *(fenus)* Zinsen- [**lex** Zinsengesetz; **res** *od.* **malum** Wucher].
**fēnerātiō**, ōnis *f (feneror)* das Ausleihen gegen Zinsen, Wucher.
**fēnerātor**, ōris *m (feneror)* Geldverleiher; Wucherer; Kapitalist.
**fēneror**, fēnerārī *u.* **fēnerō**, fēnerāre *(fenus)* ① auf Zinsen ausleihen; ② Wucher treiben.
**Fenestella**, ae *f ein kleines Tor in Rom.*
**fenestra**, ae *f* ① Fenster; ② *(poet.) übh.* Öffnung, Loch; ③ Schießscharte.
**fēneus**, a, um *(fenum)* aus Heu [*übtr.* **homines** Strohmänner].
**Fēniculārius campus** „Fenchelfeld“ = Spanien.
**fēnīlia**, lium *n (fenum) (poet.)* Heuboden.
**fēnum**, ī *n* Heu; *(übtr., sprichw.)* **-um edere** Heu fressen = dumm wie ein Ochse sein.
**fēnus**, noris *n* ① Zinsen; ② *(meton.)* **a)** Schulden, Schuldenlast; **b)** *(nachkl.)* Kapital, Geld; **c)** Wucher(geschäft).
**fera**, ae *f* wildes Tier.
**fērālis**, e *(poet.; nachkl.)* ① Toten- [**carmen; reliquiae** Asche der Toten]; – *Subst.* **Fērālia,** ium *n* Totenfest *(jährl. am 21. Februar gefeiert);* **fērālia,** ium *n (nachkl.)* Leichenbestattung; ② *(poet.; nachkl.)* todbringend, verderblich [**dona; bellum**].
**ferāx**, *Gen.* ācis *(fero)* reichtragend, fruchtbar, ergiebig [**ager;** *(m. Gen. od. Abl.)* **arborum; oleo**].
**ferbuī** *Perf. v. ferveo.*
**ferculum**, ī *n (fero)* ① Traggestell, Trage; ② *(nachkl.) (bei Tisch)* Gang, Gericht.
**ferē** *Adv.* ① ungefähr; ② beinahe, fast; **nemo ~** so gut wie niemand; ③ in der Regel, gewöhnlich, meistens; **fit ~, ut; non ~** nur ausnahmsweise.
**ferentāriī**, ōrum *m* leicht bewaffnete Wurfschützen, *die eine Schlacht eröffnen.*
**Feretrius**, ī *m* „Schleuderer“, *Beiname des Jupiter.*
**feretrum**, ī *n (fero) (poet.)* Totenbahre.
**fēriae**, ārum *f* ① geschäftsfreie Tage, Feiertage [**forenses** Gerichtsferien]; ② *(poet.) (meton.)* Ruhe, Friede.
**fēriātus**, a, um *(feriae)* ① feiernd, frei v. der Arbeit, müßig [**a negotiis publicis** frei von]; ② *(nachkl.)* festlich [**dies** Feiertag].
**fericulum** *u.* **-us** = *ferculum.*
**ferīna**, ae *f (ferinus) (poet.)* Wildbret.
**ferīnus**, a, um *(fera)* ① von wilden Tieren, der wilden Tiere [**pellis; caro** Wildbret]; ② *(poet.)* an wilden Tieren vollbracht [**caedes** Jagd].
**feriō**, ferīre, – – ① schlagen, stoßen, treffen; ② schlachten [**porcum; foedus** ein Bündnis *(unter Schlachtung eines Opfertieres)* schließen]; ③ erlegen, töten [**leonem; hostem**]; hinrichten.
**feritās**, ātis *f (ferus)* Wildheit, Rohheit.
**fermē** *Adv.* = *fere.*
**fermentum**, ī *n* ① *(nachkl.)* Gärung; ② *(nachkl.)* Gärungsmittel, Sauerteig; ③ *(poet.)* Malz; (Malz-)Bier.
**ferō**, ferre, tulī, lātum ① tragen; **qui arma ~ poterant / possunt** die Waffenfähigen; **arma ~ adversus** (*od.* **contra** *od.* **in**) **alqm** kämpfen gegen; **signa ~ in hostem** angreifen; *(übtr.)* **nomen alcis ad sidera ~** erheben, verherrlichen; ② auf, an, bei, in sich tragen [**census suos** (sein Vermögen) **corpore; ventrem** schwanger sein]; ③ hervorbringen, erzeugen; **ager fruges fert;** *(übtr.)* **Creta tulit miracula;** ④ *(Abstr.)* tragen, führen [**nomen**]; ⑤ **prae se ~** vor sich her tragen; *(übtr.)* zur Schau tragen, offen zeigen [**dolorem**]; ⑥ ertragen, erdulden, aushalten [**casūs adversos; frigus; sitim**]; *(m. adv. Zusätzen)* **alqd aequo animo ~** gleichmütig hinnehmen; **alqd aegre**

(*od.* **iniquo animo** *od.* **inique** *od.* **moleste**) ~ sich über etw. ärgern, sich gekränkt fühlen, etw. übel nehmen; ⑦ *(mündl. od. schriftl.)* verbreiten, überall erzählen; **fama fertur** das Gerücht geht um; **sicut fama fert** wie die Rede geht; **ut fertur** wie es heißt; ⑧ allgemein behaupten, sagen; **ferunt** *(m. A. C. I.)* man erzählt *od.* sagt, es soll = **fertur** *u.* **feruntur** *(m. N. C. I.)*; ⑨ preisen, rühmen; ⑩ *(Gewinn, Lohn, Sieg)* davontragen, gewinnen, erhalten [**laudem; victoriam ex hoste; gaudia** Genuss empfinden]; ⑪ wegtragen, mitnehmen; ⑫ rauben, (aus)-plündern; ⑬ gewaltsam forttragen, entreißen, entführen; **armenta fert aqua;** *(übtr.)* **omnia fert aetas** nimmt hinweg; ⑭ herumtragen; *pass.* herumgehen; **eius scripta feruntur;** ⑮ bringen [**alci epistulam;** *übtr.* **omnia sub auras** ans Tageslicht; **alci oscula** küssen; **auxilium** Hilfe bringen; **alci vim** Gewalt antun]; ⑯ verursachen, schaffen [**alci luctum; alci vulnera** jmd. verwunden]; ⑰ anbieten [**condicionem**]; ⑱ darbringen, entrichten [**tributum**]; ⑲ *(Opfergaben, Bitten)* darbringen, weihen [**tura altaribus** *od.* **in aras; preces Iunoni**]; ⑳ melden, berichten; ㉑ bewegen, in Bewegung setzen [**oculos / ora** lenken / wenden]; ㉒ treiben, führen; **ventus ferens** günstiger Fahrwind; **rem in maius** ~ übertreiben; ㉓ **se** ~ *u. mediopass.* (sich) stürzen, eilen; **praecipites equi feruntur** stürmen; **Rhenus fertur** strömt rasch; **columba fertur** entfliegt; ㉔ *pass.* fortgeführt, fortgerissen werden [**equo** *od.* **equis** reiten, fahren]; *(übtr.)* sich fortreißen lassen [**odio**]; ㉕ *(Gesetze, Anträge)* einbringen, beantragen, vorschlagen; ㉖ *(seine Stimme)* abgeben [**suffragium** *(in der Volksversammlung);* **sententiam** *(v. Richtern u. Kollegien)*]; ㉗ *(Richter)* vorschlagen; ㉘ *(m. abstr. Subj.)* mit sich bringen, verlangen, erfordern; **tempus hoc fert;** (*m. ut*) **consuetudo fert, ut;** ㉙ *(im Rechnungsbuch)* eintragen, verbuchen [**acceptum et expensum**].

**ferōcia**, ae *f (ferox)* Trotz, Wildheit, Übermut, Unerschrockenheit.

**ferōcitās**, ātis *f = ferocia.*

**Fērōnia**, ae *f altital. Schutzgöttin der Sklaven u. Freigelassenen.*

**ferōx**, *Gen.* ōcis *(ferus)* ① wild, trotzig, unbändig; ② unerschrocken, mutig.

**ferrāmentum**, ī *n (ferrum)* eisernes Werkzeug.

**ferrāria**, ae *f (ferrum)* Eisengrube, -bergwerk.

**ferrārius**, ī *m (ferrum) (nachkl.)* Schmied.

**ferrātus**, a, um *(ferrum)* ① m. Eisen beschlagen, m. Eisen versehen; ② *(poet.; nachkl.)* gepanzert, geharnischt [**agmina**]; – **ferrātī**, ōrum *m* Geharnischte, Gepanzerte.

**ferre** *Inf. v. fero.*

**ferreus**, a, um *(ferrum)* ① eisern, aus Eisen [**securis; imber** Regen v. Geschossen]; ② *(übtr.)* **a)** fest, stark, unerschütterlich, dauerhaft [**iura**]; **b)** hart(herzig), gefühllos, grausam [**proles** eisernes Zeitalter]; **c)** *(poet.)* hart, drückend [**sors vitae**].

**ferrūgineus**, a, um *(ferrugo) (poet.; nachkl.)* dunkel(farbig).

**ferrūgō**, ginis *f (ferrum) (poet.; nachkl.)* (Eisen-)Rost; *(meton.)* dunkle Farbe.

**ferrum**, ī *n* ① Eisen; ② *(meton.)* **a)** eiserne Waffe: Schwert, Dolch, Speer; Eisenpanzer; Lanzen-, Pfeilspitze; **b)** *(poet.)* eisernes Gerät: Ketten; Riegel; Schreibgriffel; Messer, Schere; Pflug(schar); ③ *(übtr.)* **a)** Waffengewalt; **b)** *(poet.)* Gefühllosigkeit, Härte; **c)** *(poet.)* eisernes Zeitalter.



**fertilis**, e *(fero)* ① (er)tragfähig, fruchtbar, ergiebig [**terra; arbores**]; ② *(poet.)* befruchtend, Segen spendend [**Nilus; dea** *(Ceres)*].

**fertilitās**, ātis *f (fertilis)* Fruchtbarkeit.

**ferula**, ae *f (poet.; nachkl.)* Pfriemenkraut; *(meton.)* Gerte, Rute, Stock.

**ferus I.** *Adj.* a, um ① wild, ungezähmt; ② wild wachsend, Wald-; ③ wild, öde [**silvae**]; ④ roh [**homines; vita**]; ⑤ wild, hart, grausam [**tyrannus; mores**]; **II.** *Subst.* ī *m (selten) u. (gew.)* **fera,** ae *f* wildes Tier, *übh.* Tier.

**fervē-faciō**, facere, fēcī, factum *(ferveo)* heiß, glühend machen.

**fervēns**, *Gen.* ventis *(P. Adj. v. ferveo) = fervidus.*

**ferveō**, fervēre, ferbuī, – *u. (poet.)* **fervō**, fervere, fervī, – *(intr.)* ① sieden, kochen; ② *(poet.)* (auf)wallen, brausen, branden; **aequor fervet;** ③ *(poet.; nachkl.)* glühen, brennen; **humus fervet;** ④ *(in Leidenschaft)* (er)glühen, (ent)brennen [**avaritiā**].

**fervēscō**, fervēscere, – – *(Incoh. v. ferveo) (poet.; nachkl.)* heiß, glühend werden.

**fervidus**, a, um *(ferveo)* ① *(poet.)* siedend, kochend; ② glühend, brennend [**axis; aestas**]; ③ *(übtr.)* feurig, hitzig, leidenschaftlich; ④ *(poet.)* wallend, wogend, brausend, brandend [**aequor; Aetna**]; ⑤ *(v. der Rede u. dem Redner)* aufbrausend.

**fervō** *s. ferveo.*

**fervor**, ōris *m (ferveo)* ① Hitze, Glut; ② Leidenschaft; ③ das Wogen, Brausen.

**Fescennīnus**, a, um aus Fescennia *(Ort im südl. Etrurien)* [**carmina** *od.* **versūs** Spottlieder].

**fessus**, a, um *(fatisco)* ① müde, matt, erschöpft [**milites; equus; artus** schwach]; ② *(poet.; nachkl.)* abgenutzt, morsch [**naves**].

**festīnanter** *Adv. (festino)* eilends, in Eile.

**festīnātiō**, ōnis *f (festino)* Eile, Hast, Ungeduld.

**festīnātō** *Adv. (festino) (nachkl.)* eilig, schnell.

**festīnō**, festīnāre **I.** *intr.* eilen, sich beeilen;

**II.** *trans. (poet.; nachkl.)* beschleunigen [**fugam**]; etw. eilig tun, schleunig herstellen.

**festīnus**, a, um *(festino) (poet.)* eilend, hastig.

**fēstīvitās**, ātis *f (festivus)* ❶ Fröhlichkeit, gute Laune; Witz, Humor; ❷ Redeschmuck.

**fēstīvus**, a, um *(festus)* ❶ fröhlich, heiter; witzig, scherzhaft [**sermo**]; ❷ hübsch, nett; ❸ *(v. Personen)* angenehm, gemütlich.

**festūca**, ae *f* ❶ *(nachkl.)* Grashalm; ❷ *(auch* fistūca) Ramme.

**fēstum**, ī *n (festus) (poet.; nachkl.)* Fest(tag), Feier.

F

**fēstus**, a, um *(vgl. feriae)* festlich, feierlich, Fest- [**dies** Festtag].

**fēta**, ae *f (fetus) (poet.)* Muttertier.

**fētiālis I.** *Subst.* is *m* Kriegsherold; – **Fētiālēs**, lium *m* die Fetialen, *zwanzigköpfiges Priesterkollegium, zuständig f. die rituelle Sicherung der völkerrechtlichen Beziehungen des röm. Staates;* **II.** *Adj.* e Fetial- [**ius** Fetialrecht].

**fētidus, fētor** *s. foet…*

**fētūra**, ae *f (fetus²)* Fortpflanzung, Zucht; *(meton.) (poet.)* Nachwuchs, Jungvieh.

**fētus¹**, a, um *(vgl. fe-cundus, fe-lix)* ❶ *(poet.)* trächtig; ❷ *(poet.)* fruchtbar, ergiebig [**ager**]; ❸ reich an, voll von [**terra frugibus; machina armis** *(vom trojan. Pferd)*]; ❹ *(poet.)* die Junge geworfen hat, säugend [**lupa**].

**fētus²**, ūs *m* ❶ das Gebären, Werfen, Geburt; ❷ **a)** *(v. Menschen u. Tieren)* Kind, Sprössling, Junges; **b)** *(v. Pflanzen) (poet.)* Trieb, Spross; **c)** *(vom Erdboden)* Erzeugnis, Ertrag; ❸ *(poet.)* Wachstum; ❹ *(übtr.)* Frucht, Ertrag [**animi** Geistesfrucht].

**fiber**, brī *m (nachkl.)* Biber.

**fibra**, ae *f* ❶ Faser, Wurzelfaser; ❷ Lappen *an den Eingeweiden;* ❸ *(poet.; nachkl.) (meton.) Pl.* Eingeweide.

**fībula**, ae *f* ❶ Spange, Schnalle; ❷ *(in der Baukunst)* Klammer, Bolzen, Riegel.

**fictile**, lis *n (fictilis) (poet.; nachkl.)* Tongefäß.

**fictilis**, e *(fingo)* tönern, irden [**vasa**].

**fictiō**, ōnis *f (fingo) (poet.)* Bildung, Gestaltung.

**fictor**, ōris *m (fingo)* ❶ Bildhauer; ❷ Opferkuchenbäcker; ❸ *(poet.)* **fandi ~** Lügenmeister [**Ulixes**].

**fictrīx**, rīcis *f (fictor)* Gestalterin.

**fictum**, ī *n (fictus) (poet.)* Erdichtung, Lüge.

**fictus** *(fingo)* **I.** *Adj.* a, um ❶ gebildet, geformt; ❷ erdichtet, erlogen; ❸ heuchlerisch, falsch [**testis**]; **II.** *Subst.* ī *m (poet.)* Heuchler.

**fīculnus**, a, um *(ficus) (poet.; nachkl.)* vom Feigenbaum, Feigen-.

**fīcus**, ī *u.* ūs *f* ❶ Feigenbaum; ❷ *(poet.)* Feige.

**fidēlia**, ae *f* Topf, Tünchgefäß.

**fidēlis**, e *(Adv.* fidēliter *u.* fidēle) *(fides¹)* ❶ treu, zuverlässig, ehrlich [**amicus; amicitia; mens; consilium**]; ❷ *(poet.; nachkl.)* sicher, fest, haltbar [**lorica; navis**].

**fidēlitās**, ātis *f (fidelis)* Treue, Zuverlässigkeit.

**fīdēns**, *Gen.* entis *(P. Adj. v. fido)* zuversichtlich, entschlossen, dreist.

**fīdentia**, ae *f (fido)* Selbstvertrauen, Zuversicht.

**fidēs¹**, eī *f (fido)* ❶ Vertrauen, Glaube, Zutrauen; **fidem habere** (*od.* **tribuere**) Glauben, Vertrauen schenken; **fidem facere (alci)** Glauben erwecken (bei jmdm.), jmd. überzeugen; **cum fide** vertrauensvoll; ❷ Treue, Ehrlichkeit, Zuverlässigkeit, Gewissenhaftigkeit; **~ rerum et verborum** in Wort u. Tat; **~ erga populum Romanum; cum fide** ehrlich, gewissenhaft; – **Fidēs**, eī *f Göttin der Treue;* ❸ Glaubwürdigkeit; **res fidem habet** ist glaubwürdig; ❹ Versprechen, (Ehren-) Wort, Schwur; **fidem conservare** sein Wort halten; **fidem violare** *od.* **fallere** sein Wort brechen; ❺ Bestätigung, Erfüllung, Beweis; **in** (*od.* **ad**) **fidem rei** zur Bestätigung, zum Beweis; **dictis addere fidem** die Worte in Erfüllung gehen lassen; ❻ Kredit; **res fidesque** Vermögen u. Kredit; ❼ (persönliche) Sicherheit, freies Geleit; **alci fidem publicam dare;** ❽ Schutz, Beistand; **in fidem alcis venire** *od.* **se conferre** sich unter jmds. Schutz stellen.

**fidēs²**, is *f (meist Pl.)* ❶ Lyra, Laute; **fidibus canere** die Laute spielen; ❷ Saitenspiel.

**fidī** *Perf. v. findo.*

**fidi-cen**, cinis *m (fides² u. cano)* Lautenspieler; *(poet.)* lyrischer Dichter.

**fidicula**, ae *f (Demin. v. fides²)* ❶ *(meist Pl.)* kleine Laute; ❷ *(nachkl.) ein Folterwerkzeug.*

**Fidius**, ī *m (fides¹) vollst.* **Dius Fidius** *Gott der Treue; Beteuerungsformel:* **me Dius Fidius** *(erg. iuvet)* so wahr mir Gott helfe!, bei Gott!

**fīdō**, fīdere, fīsus sum trauen, vertrauen, sich verlassen *(auf: Dat. od. Abl.; m. A. C. I.)* [**nemini; prudentiā**]; *(m. Inf.)* wagen [**pugnam committere**].

**fīdūcia**, ae *f (fido)* ❶ Vertrauen, Zuversicht *(zu jmdm., zu, auf etw.: m. Gen.)* [**sui** Selbstvertrauen; **victoriae**]; ❷ Selbstvertrauen, Mut; ❸ Verpfändung; ❹ (Unter-)Pfand; ❺ Sicherheit, Bürgschaft.

**fīdūciārius**, a, um *(fiducia)* auf Treu u. Glauben anvertraut.

**fīdus**, a, um *(fido)* ❶ treu, zuverlässig, gewissenhaft; ❷ *(v. Sachen)* verlässlich, sicher.

**fierī** *Inf. Präs. v. fio.*

**fīgō**, fīgere, fīxī, fīxum ❶ (an)heften, befestigen, fest anschlagen [**hominem in cruce;** *übtr.* **oscula** küssen]; *Pass.* (fest)haften; ❷ *(zur Bekanntmachung)* öffentl. anschlagen [**leges in Capitolio**]; ❸ *(als Weihgeschenk od. Trophäe)* aufhängen, weihen; ❹ (fest) auf etw. richten *(alqd in re, in rem od. re)* [**oculos in terra** (*od.* **in terram** *od.* **solo**); *übtr.* **men-**

**tem / studia / cogitationem in re**; ❺ (hin)einschlagen, -stoßen, -bohren [**mucronem in hoste**]; ❻ *(übtr.)* fest einprägen [**dicta animis**]; ❼ durchbohren, -stechen, treffen, verwunden [**alqm sagittā**; *übtr.* **alqm maledictis**]; ❽ errichten, erbauen.

**figulus**, ī *m (fingo) (nachkl.)* Töpfer.

**figūra**, ae *f (fingo)* ❶ Gestalt, Aussehen; ❷ *(poet.)* schöne Gestalt, Schönheit; ❸ Bild, Figur [**fictilis** Tonfigur, Tonbild]; ❹ *(poet.)* Schatten *eines Verstorbenen;* ❺ Gestaltung, Beschaffenheit, Art u. Weise [**orationis** *od.* **dicendi** Gepräge; **pereundi** Todesart]; ❻ *(rhet. t. t.)* Redefigur.

**figūrō**, figūrāre *(figura)* gestalten, bilden, formen.

**fīlia**, ae *f (filius)* Tochter.

**filicātus**, a, um *(filix)* m. Farnkrautmuster verziert.

**fīliola**, ae *f (Demin. v. filia)* Töchterchen; *(iron.)* weibischer Mensch.

**fīliolus**, ī *m (Demin. v. filius)* Söhnchen.

**fīlius**, ī *m* Sohn; *Pl. auch:* Kinder.

**filix**, licis *f (poet.)* Farnkraut.

**fīlum**, ī *n* ❶ Faden, Garn; ❷ *(poet.) (auch Pl.)* Lebensfaden; ❸ Gewebe; ❹ *(v. der Rede)* Form, Art u. Weise, Gepräge; ❺ *(poet.)* Saite.

**fimbria**, ae *f* ❶ *(nachkl.)* Franse; ❷ *Pl.* Gekräusel.

**fimbriātus**, a, um *(fimbria) (nachkl.)* m. Fransen.

**fimum**, ī *n u.* **-us**, ī *m* Mist, Dünger; Kot, Schmutz.

**findō**, findere, fidī, fissum ❶ spalten, (zer)teilen; – *mediopass.* **findi** *u.* **se ~ a)** sich spalten, sich teilen; **b)** bersten; ❷ *(poet.)* durchfurchen, -strömen, -segeln, -fliegen.

**fingō**, fingere, fīnxī, fictum ❶ gestalten, bilden, formen; ❷ *(vom Bildhauer u. Erzgießer)* künstlerisch bilden, schaffen, darstellen; **ars fingendi** Bildhauerkunst; ❸ bauen, machen; ❹ sich vorstellen, sich einbilden; ❺ erdichten, sich ausdenken [**causas**]; ❻ erheucheln, vorgeben [**se pavidum** sich ängstlich stellen]; ❼ streicheln; ❽ *(poet.) (das Haar)* ordnen, frisieren; ❾ zurechtmachen, einrichten, bereiten; ❿ *(m. dopp. Akk.)* zu etw. machen [**alqm miserum**]; ⓫ (aus)bilden [**ingenium**]; ⓬ *(poet.) (Tiere)* dressieren, zähmen; ⓭ umbilden, umwandeln [**vitam**].

**fīniēns**, entis *m (finio; erg. orbis)* Horizont.

**fīniō**, fīnīre *(finis)* **I.** *trans.* ❶ begrenzen, abgrenzen; ❷ einschränken, beschränken [**cupiditates**]; ❸ beenden, beschließen; ❹ festsetzen, bestimmen [**diem; modum; latitudinem silvae**]; ❺ *(rhet. t. t.)* periodisch abschließen; ❻ *(philos. t. t.) (nachkl.)* definieren; **II.** *intr.* ❶ *(poet.; nachkl.)* zu reden *od.* zu schreiben aufhören, schließen; ❷ *(nachkl.)* sterben.

**fīnis**, is *m, selten f (figo)* ❶ Grenze; **fīne** *(m. Gen.)* bis an [**genūs** bis ans Knie]; ❷ *(meton.) Pl.* Gebiet, Land [**Gallorum; primi** *od.* **extremi** äußerstes Grenzgebiet]; Grundstücke, Grundbesitz; ❸ *(übtr.)* Grenze, Schranke, Einschränkung [**humanae naturae; officiorum**]; **finem** *od.* **fines alci constituere;** ❹ Ziel, Zweck, Absicht; ❺ das Höchste, Gipfel [**bonorum** das höchste Gut; **honorum**]; ❻ *(zeitl.)* Ende [**discordiarum; vitae**]; **finem facere** ein Ende machen; **labor in fine est** geht zu Ende; ❼ *(nachkl.)* Lebensende, Tod.

F

**fīnitimus**, a, um *(finis)* ❶ angrenzend, benachbart; – *Subst.* **-ī**, ōrum *m* (Grenz-)Nachbarn; ❷ *(übtr.)* nahestehend, verwandt, ähnlich.

**fīnītiō**, ōnis *f (finio) (nachkl.)* Erklärung, Definition.

**fīnītor**, ōris *m (finio)* ❶ Feldmesser, Vermesser; ❷ *(nachkl.)* Horizont.

**fīnxī** *Perf. v. fingo.*

**fīō**, fierī, factus sum ❶ werden, entstehen, erzeugt werden; ❷ *(v. Zuständen u. Ereignissen)* entstehen, geschehen, sich ereignen, erfolgen; – *Wendungen:* **fit, ut** es geschieht, dass; **fieri (non) potest, ut** es ist möglich (unmöglich), dass, möglicherweise (unmöglich); **fieri non potest, quin** *od.* **ut non** es ist notwendig, dass; **ita fit, ut** daraus folgt, dass; ❸ *(als Pass. v. facio)* gemacht, getan, verfertigt werden; **castra fiunt** wird aufgeschlagen; **proelium fit** wird geliefert; ❹ zu etw. gemacht, ernannt werden; **alqs praetor fit a populo;** ❺ *(m. Gen. pretii)* geschätzt werden [**magni / pluris / plurimi** / *usw.*]; ❻ geopfert werden.

**firmāmen**, āminis *n (firmo) (poet.; nachkl.)* Stütze.

**firmāmentum**, ī *n (firmo)* ❶ Befestigungsmittel, Stütze; **-o esse** als Stütze dienen; ❷ *(übtr.)* Stütze, Stärke, Verstärkung; ❸ bestätigender Beweis, Hauptpunkt.

**firmātor**, ōris *m (firmo) (nachkl.)* Befestiger.

**firmitās**, ātis *f (firmus)* ❶ Festigkeit, Stärke; ❷ Standhaftigkeit, Ausdauer.

**firmiter** *Adv. v. firmus.*

**firmitūdō**, dinis *f = firmitas.*

**firmō**, firmāre *(firmus)* ❶ fest machen, stärken, (be)festigen [**locum munitionibus; aciem subsidiis**]; ❷ sichern [**imperium; aditūs urbis**]; ❸ dauerhaft machen [**amicitiam**]; ❹ *(Körper u. Geist)* stärken, kräftigen; ❺ *(eine Behauptung u. Ä.)* bekräftigen, bestätigen [**alqd iure iurando**]; *(m. A. C. I.) meist:* fest behaupten; ❻ beweisen, darlegen; ❼ ermutigen *(alqm od. animum alcis).*

**firmus**, a, um *(Adv.* firmē, *selten* firmiter) ❶ fest, stark [**carina; res publica; consola-**

**tio** wirksam]; ❷ dauerhaft [**acta Caesaris**]; ❸ *(körperl.)* stark, kräftig; ❹ stark, widerstandsfähig [**exercitus**]; ❺ fest, standhaft [**animus; adversus** (*od.* **contra**) **pericula**]; ❻ zuverlässig, sicher, treu.

**fiscella**, ae *f (Demin. v. fiscina) (poet.)* Körbchen.

**fiscina**, ae *f (fiscus)* Korb.

**fiscus**, ī *m* ❶ Korb, Geldkorb, Kasse; ❷ *(z. Zt. der Republik)* Staatskasse; ❸ *(in der Kaiserzeit)* kaiserl. Privatkasse.

F

**fissilis**, e *(findo) (poet.; nachkl.)* spaltbar; gespalten.

**fissiō**, ōnis *f (findo)* das Spalten, Zerteilen.

**fissum**, ī *n (findo)* Spalt, Einschnitt, *bes. in der Leber.*

**fissus** *P. P. P. v. findo.*

**fistūca**, ae *f* Ramme.

**fistula**, ae *f* ❶ Rohrpfeife, Hirtenflöte; ❷ Rohr *einer Wasserleitung;* ❸ *(med. t. t.)* Geschwür, Fistel.

**fistulōsus**, a, um *(fistula) (nachkl.)* porös.

**fīsus** *P. P. Akt. v. fido.*

**fītilla**, ae *f (nachkl.)* Opferbrei.

**fīxī** *Perf. v. figo.*

**fīxus**, a, um *(P. Adj. v. figo)* fest, unabänderlich.

**flābellum**, ī *n (flabra)* Fächer, Wedel.

**flābilis**, e *(flo)* luftartig.

**flābra**, ōrum *n (flo) (poet.)* das Blasen, Wehen.

**flacceō**, flaccēre, – – *(flaccus)* schlaff, matt sein.

**flaccēscō**, flaccēscere *(Incoh. v. flacceo)* ermatten.

**flaccus**, a, um schlaff, schlappohrig.

**Flaccus**, a, um *(flaccus) röm. cogn.*

**flagellō**, flagellāre *(flagellum) (poet.; nachkl.)* peitschen, schlagen.

**flagellum**, ī *n (Demin. v. flagrum)* ❶ Peitsche, Geißel; ❷ *(poet.)* Wurfriemen; ❸ *(poet.)* Ranke; ❹ *(poet.) Pl.* Fangarme *(des Polypen).*

**flāgitātiō**, ōnis *f (flagito)* Forderung.

**flāgitātor**, ōris *m (flagito)* Forderer, Mahner.

**flāgitiōsus**, a, um *(flagitium)* schändlich, schmachvoll, schimpflich.

**flāgitium**, ī *n (flagito)* ❶ Schandtat; ❷ Schimpf, Schande; ❸ *Pl.* schmähliche Behauptungen; ❹ Bösewicht.

**flāgitō**, flāgitāre *(flagitium)* ❶ heftig verlangen, dringend fordern; dringend auffordern [**alcis auxilium; testes; praemia a civibus; Haeduos frumentum**]; ❷ zu wissen verlangen; ❸ *(nachkl.)* jmds. Auslieferung verlangen; ❹ *(nachkl.)* jmd. vor Gericht fordern.

**flagrāns**, *Gen.* antis *(P. Adj. v. flagro)* ❶ brennend, flammend; ❷ heftig, leidenschaftlich; ❸ *(poet.; nachkl.)* leuchtend, strahlend.

**flagrantia**, ae *f (flagro)* Glut [**oculorum**].

**flagrō**, flagrāre ❶ brennen, lodern; ❷ *(poet.)* funkeln, glänzen; ❸ *(übtr.)* lodern, *(in od. vor Leidenschaft)* glühen, brennen [**pugnandi cupiditate; amore**]; **omnia bello flagrant** überall lodert die Kriegsflamme.

**flagrum**, ī *n* Peitsche, Geißel.

**flāmen**[1], minis *n (flo) (poet.)* ❶ das Blasen, Wehen *des Windes;* ❷ *(meton.)* Wind; ❸ das Blasen auf der Flöte, *Pl.* Flötentöne.

**Imperium Romanum**

**flāmen** (minis *m*) – Die Flamines waren Eigenpriester für eine bestimmte Gottheit. Es gab drei flamines maiores aus patrizischem Geschlecht (der flamen Dialis für Jupiter, der flamen Martialis für Mars und der flamen Quirinalis für Romulus) und zwölf flamines minores aus dem plebejischen Geschlecht für geringere Gottheiten. In der Kaiserzeit wurden auch für die vergöttlichten Kaiser Flamines eingesetzt.

**flāminica**, ae *f (flamen[2])* Gattin eines Flamen.

**Flāminīnus** *s. Quinctius.*

**flāminium** *u.* **flāmōnium,** ī *n (flamen[2])* Amt des Flamen.

**Flāminius**, a, um *Name einer pleb. gens:* **C. ~** *legte 220 v. Chr. die via Flaminia (v. Rom nach Ariminum) an u. baute den circus Flaminius, fiel 217 v. Chr. geg. Hannibal am Trasimenischen See.*

**flamma**, ae *f (flagro)* ❶ Flamme, Feuer; ❷ Fackel; ❸ *(poet.)* Blitz; Glanz; ❹ *(übtr.)* Glut, Feuer [**oratoris; invidiae**]; ❺ *(poet.)* Liebesglut; *(meton.)* die Geliebte; ❻ Verderben.

**flammeum**, ī *n (flammeus) (poet.; nachkl.)* (feuerroter) Brautschleier.

**flammeus**, a, um *(flamma)* flammend, feurig.

**flammi-fer**, fera, ferum *(flamma u. fero) (poet.)* ❶ flammend, brennend, feurig; ❷ leuchtend, glänzend.

**flammō**, flammāre *(flamma)* **I.** *trans.* ❶ anzünden, verbrennen; ❷ *(übtr.)* entzünden, entflammen; **II.** *intr. (poet.) (nur Part. Präs.)* flammen, brennen.

**flammula**, ae *f (Demin. v. flamma)* Flämmchen.

**flāmōnium** *s. flaminium.*

**flātus**, ūs *m (flo)* ❶ das Blasen, Wehen *des Windes;* Wind; ❷ *(übtr.)* Hauch [**fortunae**]; ❸ *(poet.; nachkl.)* das Schnauben; Hauch; ❹ *(poet.)* Flötenspiel; ❺ *(poet.)* Aufgeblasenheit, Hochmut *(meist Pl.).*

**flāvēns**, *Gen.* entis *(flavesco) (poet.)* (gold)gelb, blond.

**flāvēscō**, flāvēscere, – – *(flavus) (poet.; nachkl.)* (gold)gelb werden; sich blond färben.

**Flāvius**, a, um *Name einer röm. (urspr. sabin.) gens:* ❶ **Cn. ~** *um 300 v. Chr., Sekretär des Appius Claudius Caecus, gab den ersten röm.*

*Kalender heraus;* ❷ **T. ~ Vespasianus** *Kaiser 69–79 n. Chr.;* ❸ *gleichnamiger Sohn des vorigen, Kaiser 79–81 n. Chr., bekannt als Kaiser Titus;* ❹ **T. ~ Domitianus** *Bruder des vorigen, Kaiser 81–96 n. Chr.; / Adj. auch:* **Flāviānus,** a, um.

**flāvus**, a, um *(poet.; nachkl.)* (gold)gelb, rötlich gelb, blond.

**flēbilis**, e *(fleo)* ❶ beweinenswert, beklagenswert; ❷ weinend, klagend; ❸ *(v. Sachen)* kläglich, rührend.

**flectō**, flectere, flexī, flexum **I.** *trans.* ❶ biegen, beugen [**arcum** spannen]; ❷ wenden, lenken, richten [**currum de foro in Capitolium; oculos a re ad alqm** *od.* **in alqd**]; ❸ (ver)ändern [**iter** *od.* **viam** die Marschrichtung ändern, vom Weg abbiegen]; ❹ *(übtr.)* umstimmen, erweichen, rühren [**superos; alqm precibus / donis**]; ❺ *(Töne)* modulieren [**vocem**]; ❻ umfahren, umsegeln [**promunturium**]; ❼ *(nachkl.)* etw. auf jmd. beziehen [**versum in Tiberium**]; **II.** *intr.* umkehren; sich wohin wenden [**Cremonam; ad Oceanum**]; *(übtr.)* sich zu etw. wenden [**ad sapientiam**].

**fleō**, flēre, flēvī, flētum **I.** *intr.* weinen; **II.** *trans.* beweinen, beklagen.

**flētus**[1] *P. P. P. v. fleo.*

**flētus**[2], ūs *m (fleo)* ❶ das Weinen, Jammern, Wehklagen; ❷ *(meton.) (auch Pl.)* die Tränen, Tränenstrom; ❸ Rührung.

**flēvī** *Perf. v. fleo.*

**flex-animus**, a, um *(flecto) (poet.)* herzerweichend.

**flexī** *Perf. v. flecto.*

**flexibilis**, e *(flecto)* ❶ biegsam, geschmeidig; ❷ lenkbar [**aetas**]; unbeständig.

**flexilis**, e *(flecto) (poet.; nachkl.)* biegsam.

**flexiō**, ōnis *f (flecto)* ❶ Biegung; ❷ *Pl. (übtr.)* Ausflüchte; ❸ Modulation [**vocis**].

**flexi-pēs**, *Gen.* pedis *(poet.)* m. gewundenen Ranken.

**flexuōsus**, a, um *(flecto)* voll Krümmungen.

**flexūra**, ae *f (flecto) (poet.; nachkl.)* Biegung, Krümmung.

**flexus**[1] *P. P. P. v. flecto.*

**flexus**[2], ūs *m (flecto)* ❶ Biegung, Krümmung, Windung [**viae**]; ❷ Umweg, Seitenweg; ❸ Wendepunkt [**autumni** Spätherbst]; ❹ Wendung, Wandlung [**rerum publicarum**].

**flīctus**, ūs *m (fligo) (poet.)* das Anschlagen, Anprall.

**flīgō**, flīgere, – – (an)schlagen.

**flō**, flāre **I.** *intr.* blasen *(vom Wind, v. der Flöte, v. Personen);* **II.** *trans.* ❶ *(poet.) (die Flöte)* blasen; ❷ *(Geld)* gießen.

**floccus**, ī *m* Flocke, Faser; *(übtr.)* Kleinigkeit; **alqd / alqm non -i facere** auf etw. pfeifen / sich aus jmdm. nichts machen.

**Flōra**, ae *f (flos) Göttin der Blumen; – Adj.* **Flōrālis**, e [**sacrum** = *Floralia* ]; – *Subst.* **Flōrālia,** ium *u.* iōrum *n* das Fest der Flora, Blumenfest *(vom 28. April bis 3. Mai).*

**flōrēns**, *Gen.* entis *(P. Adj. v. floreo)* ❶ blühend; ❷ jugendlich blühend; ❸ *(übtr.)* glänzend ausgestattet m. etw. [**eloquentiā**]; ❹ mächtig, einflussreich; ❺ *(v. der Rede u. dem Redner)* blumenreich.

**flōreō**, flōrēre, flōruī, – *(flos)* ❶ blühen; ❷ *(übtr.)* angesehen, mächtig sein, sich auszeichnen [**in re militari** als Feldherr]; ❸ etw. im hohen Grad genießen, m. etw. glänzend ausgestattet sein *(m. Abl.)* [**honoribus**]; ❹ *(poet.) (v. etw.)* prangen, strotzen; ❺ *(poet.)* schimmern, glänzen; ❻ *(vom Wein)* schäumen.

**flōrēscō**, flōrēscere, – – *(Incoh. v. floreo)* auf-, erblühen.

**flōreus**, a, um *(flos) (poet.)* aus Blumen; blumenreich.

**flōridulus**, a, um *(Demin. v. floridus) (poet.)* schön blühend.

**flōridus**, a, um *(flos)* ❶ *(poet.)* blühend; ❷ *(poet.)* aus Blumen; ❸ *(poet.; nachkl.) (übtr.)* blühend, in Jugendfrische, frisch; ❹ *(v. der Rede u. dem Redner)* blühend, blumig.

**flōri-legus**, a, um *(flos u. lego*[1]*) (poet.)* Blütenstaub sammelnd [**apes**].

**flōrus**, a, um *(floreo) (poet.)* glänzend.

**flōs**, flōris *m* ❶ Blume, Blüte; ❷ *(poet.; nachkl.)* Blütenstaub, -saft; ❸ *(übtr.)* Glanzzeit [**Graeciae; aetatis** die besten Jahre]; ❹ Jugendblüte, -frische; ❺ *(meton.)* junge Mannschaft, Jugend; ❻ *(übtr.)* Glanz, Zierde, Kleinod; ❼ *(poet.)* Flaum.

**flōsculus**, ī *m (Demin. v. flos)* ❶ Blümchen, Blütchen; ❷ *(übtr.)* Zierde, Schmuck; *(v. der Rede)* schmückender Ausdruck; ❸ *(nachkl.)* Sentenz.

**flūcti-sonus**, a, um *(fluctus u. sono) (nachkl.)* wellenrauschend.

**flūctuātiō**, ōnis *f (fluctuo)* ❶ *(nachkl.)* unruhige Bewegung; ❷ *(übtr.)* Unentschlossenheit.

**flūctuō**, flūctuāre *u.* **flūctuor**, flūctuārī *(fluctus)* ❶ *(poet.; nachkl.)* wogen, wallen; ❷ *(poet.) (übtr., v. Leidenschaften u. Personen)* aufbrausen; ❸ in der See treiben; ❹ *(übtr.)* schwanken, unschlüssig sein.

**flūctus**, ūs *m (fluo)* ❶ (Meeres-)Woge, Flut; ❷ *(übtr.) (meist Pl.)* Unruhen, Gefahren.

**fluēns**, *Gen.* entis *(P. Adj. v. fluo)* ❶ gleichmäßig, ruhig; ❷ einförmig, eintönig [**oratio**]; ❸ schlaff.

**fluenti-sonus**, a, um *(fluentum u. sono) (poet.)* wogenumbraust [**litus**].

**fluentum**, ī *n (fluens) (poet.)* Strömung, Flut.

**fluidus**, a, um *(fluo)* ❶ *(poet.)* fließend, flüs-

F

sig; triefend; ② schlaff, schlotternd [**lacerti**]; ③ *(poet.)* erschlaffend [**calor**].

**fluitō**, fluitāre *(Intens. v. fluo)* ① *(poet.)* (hin u. her) fließen, wogen; ② m. den Wellen treiben; ③ *(poet.; nachkl.)* schlaff herabhängen; flattern; ④ *(poet.; nachkl.)* schwanken, wanken *(körperlich u. geistig)*.

**flūmen**, minis *n (fluo)* ① Strömung, Flut; ② Fluss, Strom; **flumine secundo** stromabwärts; **flumine adverso** stromaufwärts; ③ *(poet.) (personif.)* Flussgott; ④ *(übtr.)* Strom [**lacrimarum**]; ⑤ Redestrom; ⑥ *(vom Geist)* reiche Fülle [**ingenii**].

**Flūmentāna porta**, ae *f* das „Flusstor" *in Rom am Tiber.*

**flūmineus**, a, um *(flumen) (poet.)* Fluss-.

**fluō**, fluere, flūxī, (flūxum) ① fließen, strömen, rinnen; ② v. etw. triefen, nass sein [**sudore**]; ③ *(übtr.)* hervorströmen, entströmen; ④ *(poet.; nachkl.) (v. einer Menschenmenge)* sich ergießen, strömen; ⑤ *(v. Abstr.)* sich aus-, verbreiten; ⑥ *(übtr.)* dahinfließen, vonstattengehen; **cuncta fluunt** alles ist im ständigen Wechsel; ⑦ *(v. der Rede u. Ä.)* einförmig dahinfließen; ⑧ auf etw. hinauslaufen [**ad interregnum**]; ⑨ *(poet.) (v. der Zeit)* verfließen, entfliehen; ⑩ *(übtr.)* zerrinnen, sich verlieren, vergehen, erschlaffen; **vires lassitudine fluunt; luxu ~** aufgehen, zerfließen in; ⑪ *(poet.)* herabhängen; **crines fluunt;** ⑫ niedersinken; **arma de manibus fluunt**.

**fluviālis**, e = *fluviatilis.*

**fluviātilis**, e *(fluvius)* Fluss-.

**fluvidus** = *fluidus.*

**fluvius**, ī *m (fluo)* ① *(poet.; nachkl.)* fließendes Wasser; ② Fluss, Strom.

**flūxī** *Perf. v. fluo.*

**flūxus**, a, um *(fluo)* ① *(nachkl.)* fließend, flüssig; ② *(poet.; nachkl.)* (herab)wallend, flatternd [**crines**]; ③ schlaff (herabhängend); ④ schwankend, unsicher [**fides**]; ⑤ verfallend [**muri;** *übtr.* **auctoritas** zerrüttet].

**fōcāle**, lis *n (fauces) (poet.; nachkl.)* Halstuch.

**focilō**, focilāre *(focus) (nachkl.) (durch Wärme)* wiederbeleben.

**foculus**, ī *m (Demin. v. focus)* kleiner (Opfer-)Herd, kleine Opferpfanne.

**focus**, ī *m* ① Herd; ② *(übtr.)* Heim(stätte), Haus u. Hof, Familie; ③ Opferpfanne, -herd; ④ *(nachkl.)* Pfanne; ⑤ *(poet.)* Brandstätte des Scheiterhaufens.

**fōdī** *Perf. v. fodio.*

**fodicō**, fodicāre *(Intens. v. fodio)* ① *(poet.; nachkl.)* stoßen; ② *(übtr.)* beunruhigen.

**fodiō**, fodere, fōdī, fossum ① graben; ② umgraben, aufwühlen [**arva; hortum; murum** untergraben]; ③ ausgraben; ④ stechen [**equum calcaribus**]; ⑤ *(poet.; nachkl.)* durchbohren.

**foederātus**, a, um *(foedus[2])* verbündet.

**foedi-fragus**, a, um *(foedus[2] u. frango)* vertragsbrüchig.

**foeditās**, ātis *f (foedus[1])* Hässlichkeit, Abscheulichkeit *(in physischer u. in moral. Hinsicht).*

**foedō**, foedāre *(foedus[1])* ① verunstalten, entstellen [**agros** verwüsten; **crines** zerraufen]; ② *(poet.; nachkl.)* besudeln, beflecken [**sanguine tellurem**]; ③ schänden, entehren.

**foedus[1]**, a, um hässlich, abscheulich, abstoßend *(in physischer u. moral. Hinsicht).*

**foedus[2]**, deris *n* ① Vertrag, Bündnis [**aequum** unter gleichen Bedingungen geschlossen]; **foedus facere** *od.* **icere** *od.* **ferire cum alqo** schließen; **ex foedere** kraft des Bündnisses; ② Bund, Übereinkunft [**coniugale, thalami** Ehebund]; ③ *(poet.)* Bestimmung, Gesetz.

**foetidus**, a, um *(foetor)* stinkend.

**foetor**, tōris *m* Gestank.

**foetus** = *fetus.*

**foliātus**, a, um *(folium) (nachkl.)* m. Blättern versehen, blätterreich.

**folium**, ī *n* Blatt *(einer Pflanze); Pl.* Laub.

**folliculus**, ī *m (Demin. v. follis)* kleiner Schlauch, kleiner Ledersack.

**follis**, is *m* ① Schlauch, Ledersack; ② Blasebalg.

**fōmentum**, ī *n (meist Pl.) (foveo)* ① *(poet.; nachkl.)* Umschlag, Verband; ② *(übtr.)* Linderungsmittel.

**fōmes**, mitis *m (foveo) (poet.; nachkl.)* Zündstoff, Zunder.

**fōns**, fontis *m* ① Quelle; ② *(poet.) (meton.)* Quellwasser, *übh.* Wasser; ③ *(übtr.)* Ursprung, Ursache, Anfang, Urheber; ④ *(personif.)* **Fōns,** Fontis *m* Quellgott.

**fontānus**, a, um *(fons) (poet.; nachkl.)* Quell-.

**fonticulus**, ī *m (Demin. v. fons) (poet.; nachkl.)* kleine Quelle, kleiner Brunnen.

**Fontinālis**, e *(fons)* dem Quellgott (Fons) geweiht [**porta** „Quelltor" *am Quirinal*].

**for**, fārī, fātus sum ① sprechen, sagen; **fando accepisse** *od.* **audisse** vom Hörensagen wissen; – **fāndus,** a, um **a)** sagbar, aussprechlich; **non fandus** unaussprechlich; **b)** erlaubt, recht; ② *(poet.)* weissagen.

**forābilis**, e *(foro) (poet.; nachkl.)* durchbohrbar, verwundbar.

**forāmen**, minis *n (foro)* Loch, Öffnung.

**forās** *Adv. (foris[1])* ① hinaus, heraus, nach draußen [**alqm pellere**]; ② in die Öffentlichkeit [**alqd dare** bekannt machen].

**for-ceps**, cipis *m u. f (poet.)* (Feuer-)Zange.

**forda**, ae *f (fordus) (poet.)* trächtige Kuh.

**fordus**, a, um *(poet.)* trächtig.

**fore, forem** *s. fuo.*

**forēnsis**, e *(forum)* ① Markt-; ② zum Ausgehen bestimmt [**vestitus**]; ❸ gerichtlich, Gerichts-.

**foris**[1], is *f* ❶ Türflügel, einflügelige Tür; ❷ *Pl.* **forēs,** rium *f* Tür; ❸ *(übtr.)* Zugang, Eingang *(zu, in etw.: Gen.)*.

**forīs**[2] *Adv. (foris[1])* ❶ **a)** draußen, außerhalb; **b)** außer Haus, auswärts; **c)** außerhalb der Stadt; im Ausland; ❷ von draußen.

**fōrma**, ae *f* ❶ Form, Gestalt, Äußeres; ❷ Gesicht; ❸ Schönheit; ❹ Art, Beschaffenheit, Gepräge, Charakter [**rei publicae** Verfassung; **pugnae** Kampfweise; **dicendi**]; ❺ Bild, Abbildung; ❻ math. Figur; ❼ Entwurf; ❽ *(poet.)* Erscheinung, Vision; ❾ Ideal, Vorstellung [**beatae vitae**]; ❿ *(nachkl.)* Modell; ⓫ *(poet.)* (Schuster-)Leisten; ⓬ *(poet.; nachkl.)* Stempel [**nummi**].

**fōrmātiō**, ōnis *f (formo) (nachkl.)* Gestaltung, Bildung.

**fōrmātor**, tōris *m (formo) (nachkl.)* Gestalter, Schöpfer [**universi**].

**formīca**, ae *f* Ameise.

**formīdābilis**, e *(formido[1]) (poet.; nachkl.)* furchtbar.

**formīdō**[1], formīdāre *(formido[2])* sich fürchten, sich entsetzen *(vor: Akk.)*.

**formīdō**[2], dinis *f* ❶ Grausen, Furcht, Entsetzen; ❷ *(meton.)* Schreckbild, Vogelscheuche; ❸ religiöse Ehrfurcht, heiliger Schauer.

**formīdolōsus** *u.* **-dulōsus**, a, um *(formido[2])* ❶ furchtbar; ❷ *(nachkl.)* ängstlich, scheu *(vor: Gen.)* [**hostium**].

**fōrmō**, fōrmāre *(forma)* ❶ formen, gestalten; ❷ darstellen; ❸ gewöhnen, anpassen [**se in alterius mores**]; ❹ (aus)bilden, abrichten [**puerum praeceptis; boves ad usum agrestem**]; ❺ schaffen, verfertigen [**signum e marmore; classem** bauen].

**fōrmō(n)sitās**, ātis *f (formosus)* Schönheit.

**fōrmō(n)sus**, a, um *(forma)* wohlgestaltet, schön.

**fōrmula**, ae *f (Demin. v. forma)* ❶ Regel, Vorschrift, Maßstab; ❷ herkömmliche Zustände *od.* Beschaffenheit; **antiqua imperii ~;** ❸ Vertrag; **ex -a** dem Vertrag gemäß; ❹ Steuerformel, Tarif; ❺ Rechtsformel.

**fornācālis**, e *(fornax)* zum (Back-)Ofen gehörig [**dea** = *Fornax, Ofengöttin*]; – **Fornācālia,** ium *n* Fest der Ofengöttin.

**fornāx**, ācis *f* ❶ Ofen; ❷ *(poet.) (personif.)* **Fornāx** *Göttin der Backöfen, Ofengöttin.*

**fornicātiō**, tiōnis *f (fornix) (nachkl.)* Wölbung, Bogen *(zw. Wänden)*.

**fornicātus**, a, um *(fornix)* gewölbt [**via** bogengedeckte Straße].

**fornix**, icis *m* ❶ Wölbung, Gewölbe, Bogen; ❷ Triumphbogen; ❸ überwölbter Weg; ❹ *(poet.; nachkl.)* Kellerkneipe.

**forō**, forāre *(nachkl.)* (durch)bohren.

**fors**, *Abl.* forte *f (fero)* ❶ Zufall; ❷ *(personif.)* **(dea) Fors** Schicksalsgöttin; **Fors Fortuna** die glückliche Fügung; ❸ *Adv.* **a)** *(Abl.)* **forte** zufällig, von ungefähr; *(enklitisch nach si, sin, nisi, ne)* vielleicht, etwa; **b)** *(Nom.)* **fors** *(poet.)* vielleicht; **fors et** vielleicht auch.

**fors-an** = *forsitan.*

**forsit** *(< fors sit) (poet.)* = *forsitan.*

**forsitan** *Adv. (fors sit, an)* vielleicht.

**fortasse** *u. (selten)* **fortassis** *Adv. (fors)* ❶ vielleicht, hoffentlich; ❷ *(b. Zahlenangaben)* ungefähr, etwa.

**forte** *s. fors.*

**forticulus**, a, um *(Demin. v. fortis)* recht mutig.

**fortis**, e ❶ stark, kräftig, rüstig; ❷ mutig, tapfer, kühn, tüchtig; ❸ *(poet.)* gewaltsam [**facinus**].

**fortitūdō**, dinis *f (fortis)* ❶ Tapferkeit, Mut; ❷ *(poet.; nachkl.)* Stärke.

**fortuītus**, a, um *(Adv. -ō) (fors)* zufällig, planlos [**oratio** aus dem Stegreif]; – *Adv.* **fortuītō** zufällig, aufs Geratewohl.

**fortūna**, ae *f (fero; fors)* ❶ Schicksal, Geschick, Zufall [**utraque** Glück u. Unglück]; ❷ Glück; ❸ *(personif.)* **Fortūna,** ae *f* Schicksals-, Glücksgöttin; ❹ Unglück, Missgeschick; ❺ Lage, Verhältnisse, Umstände; ❻ (Lebens-)Stellung, Stand, Herkunft [**magna** hoher Stand]; ❼ *(meist Pl.)* Vermögen, Hab u. Gut, Güter.

**Wissen: Antike**

**Fortūna** ist die römische Göttin des Glücks, des Zufalls und des Gelingens. Die bildenden Künstler stellten sie mit Steuerruder und Füllhorn dar, oft auch auf einem Rad oder einer rollenden Kugel oder mit Flügeln als Symbol für ihre Flüchtigkeit im Menschenleben. In der römischen Kaiserzeit wurde Fortuna auch mit der ägyptischen Isis gleichgesetzt. Heute lebt Fortuna noch als Beiname von Sportvereinen fort.

**fortūnō**, fortūnāre *(fortuna)* beglücken, segnen; – *P. Adj.* **fortūnātus,** a, um **a)** beglückt, glücklich, selig: **fortunatorum insulae / nemora** Inseln / Haine der Seligen, Elysium; – *Subst.* Glückskind; **b)** wohlhabend, reich.

**forum**, ī *n* ❶ Marktplatz, Markt; *fora in Rom:* **forum (Romanum)** das Forum, *zw. Kapitol u. Palatin, Zentrum des öffentl. und geschäftl. Lebens;* **forum bo(v)arium** Rindermarkt; **forum (h)olitorium** Gemüsemarkt; **forum pisca(to)rium** Fischmarkt; *die Kaiserforen:* **forum Iulium** das Cäsarforum; **forum Augusti** das Augustusforum; **forum Traiani**

F

das Trajansforum; **forum Nervae** das Nerva-Forum; ❷ *(meton.)* Handelsplatz; ❸ Kreisstadt *einer Provinz; dah. Bestandteil versch. Städtenamen:* **Forum Appii** *an der via Appia;* **Forum Aurelii** *od.* **Aurelium** *in Etrurien;* **Forum Cornelii** *od.* **Cornelium** *von L. Cornelius Sulla gegründet, j.* Imola, *zw. Bologna und Faenza;* **Forum Gallorum** *b. Mutina;* **Forum Iulii** *od.* **Iulium** *südwestl. v. Nizza, v. Cäsar angelegt, j.* Fréjus; ❹ Geschäftsleben; Geld- u. Wechslergeschäfte; ❺ öffentliches Leben, Staatsgeschäfte; **de -o decedere** sich vom öffentl. Leben zurückziehen; ❻ Gerichtswesen; Gerichtsverhandlungen; ❼ Gerichtstag; **-um agere** halten.

F

**forus**, ī *m (meist Pl.)* ❶ Schiffsgang *zw. den Ruderbänken;* ❷ Sitzplätze, -reihen *im Theater u. im Zirkus;* ❸ *(poet.)* Gänge *zw. den Bienenwaben.*

**fossa**, ae *f (fodio)* ❶ Graben; ❷ *(poet.)* Abzugsgraben; ❸ Kanal; Flussbett; ❹ Grube, Loch; ❺ *(poet.)* Furche.

**fossilis**, e *(fodio)* ausgegraben.

**fossiō**, iōnis *f (fodio)* das Umgraben.

**fossor**, ōris *m (fodio) (poet.)* ❶ „Gräber", Landmann; ❷ *(übtr.)* roher Mann.

**fossus** *P. P. P. v. fodio.*

**fōtus** *P. P. P. v. foveo.*

**fovea**, ae *f* ❶ *(poet.)* Grube; ❷ Fallgrube *zum Fangen wilder Tiere;* **ursos -is capere; iacens in -a lupus; in -am incidere**.

**foveō**, fovēre, fōvī, fōtum ❶ (er)wärmen, warm halten; ❷ *(poet.; nachkl.)* warm baden; ❸ hegen, pflegen [**se luxu** es sich gut gehen lassen]; ❹ *(poet.)* hüten, nicht verlassen [**castra**]; ❺ *(poet.; nachkl.)* begünstigen, unterstützen; ❻ *(poet.)* umarmt halten, liebkosen [**sinu filiam**].

**frāctus**, a, um *(P. Adj. v. frango)* ❶ kraftlos, schwach; ❷ *(poet.; nachkl.)* weichlich, weibisch.

**fragilis**, e *(frango)* ❶ *(poet.; nachkl.)* zerbrechlich [**aquae** Eis]; ❷ *(übtr.)* gebrechlich, schwach; ❸ vergänglich [**gloria divitiarum**]; ❹ *(poet.)* knatternd, prasselnd.

**fragilitās**, tātis *f (fragilis)* Hinfälligkeit, Schwäche.

**fragmen**, minis *n = fragmentum.*

**fragmentum**, ī *n (frango)* Bruchstück, Splitter; *Pl. auch:* Trümmer.

**fragor**, ōris *m (frango)* das Krachen, Knattern, Dröhnen, Getöse.

**fragōsus**, a, um *(fragor) (poet.)* ❶ uneben, holperig; ❷ tosend, krachend, dröhnend.

**fragrō**, fragrāre riechen, duften.

**frāgum**, ī *n (poet.; nachkl.)* Erdbeere.

**framea**, ae *f (germ. Fw.) (nachkl.)* Wurfspieß *der Germanen.*

**frangō**, frangere, frēgī, frāctum ❶ (zer)brechen; – *Pass.* (zer)brechen, zerschellen; ❷ *(poet.) (Getreide, Früchte)* mahlen, zermalmen; ❸ *(übtr.)* brechen, verletzen [**fidem; foedus**]; ❹ schwächen, entkräften; ❺ bändigen, überwinden [**nationes; furorem**]; ❻ entmutigen, demütigen; ❼ erweichen, rühren [**alqm fletu**].

**frāter**, tris *m* ❶ Bruder [**gemini** *od.* **gemelli** Zwillingsbrüder, *auch:* die Dioskuren Kastor u. Pollux]; *Pl. auch* Geschwister; ❷ Cousin; ❸ *(nachkl.)* Neffe; ❹ Bluts-, Stammverwandter; ❺ *(als Kosewort)* lieber Freund; ❻ *(als Ehrentitel)* Bundesgenosse; ❼ *(poet.; nachkl.) v. gleichartigen Sachen:* **fratres libri** Bücher eines Verfassers.

**frāterculus**, ī *m (Demin. v. frater)* Brüderchen.

**frāternitās**, ātis *f (fraternus) (nachkl.)* Brüderlichkeit.

**frāternus**, a, um *(frater)* ❶ brüderlich, Bruder-; ❷ *(poet.)* verwandtschaftlich; ❸ freundschaftlich.

**frātri-cīda**, ae *m (frater u. caedo)* Brudermörder.

**fraudātiō**, ōnis *f (fraudo)* Betrügerei.

**fraudātor**, ōris *m (fraudo)* Betrüger.

**fraudō**, fraudāre *(fraus)* ❶ betrügen; ❷ etw. unterschlagen; ❸ *(m. Abl.)* jmd. um etw. bringen, jmdm. etw. vorenthalten [**milites praedā; alqm somno**].

**fraudulentus**, a, um *(fraus)* betrügerisch.

**fraus**, fraudis *f* ❶ Betrug, Täuschung; ❷ Selbsttäuschung, Irrtum; ❸ Schaden, Nachteil; **alci fraudi esse** schaden; ❹ Vergehen, Verbrechen.

**fraxineus**, a, um *(fraxinus²) (poet.; nachkl.)* eschen, aus Eschenholz.

**fraxinus¹**, a, um *(poet.) = fraxineus.*

**fraxinus²**, ī *f* ❶ *(poet.; nachkl.)* Esche; ❷ *(poet.)* eschener Speer.

**frēgī** *Perf. v. frango.*

**fremebundus**, a, um *(fremo) (poet.)* rauschend; schnaubend.

**fremidus**, a, um *(fremo) (poet.)* tobend.

**fremitus**, ūs *m (fremo)* ❶ dumpfes Getöse, Lärm, das Summen; ❷ das Schnauben [**equorum**]; ❸ das Murren.

**fremō**, fremere, fremuī, (fremitum) **I.** *intr.* ❶ dumpf tosen, dröhnen, lärmen, rauschen *u. Ä.;* ❷ murren [**adversus iniuriam**]; ❸ schnauben; ❹ brüllen, heulen; **leo / lupus fremit; II.** *trans.* ❶ über etw. murren [**haec** darüber]; ❷ lärmend verlangen.

**fremor**, ōris *m (fremo) (poet.)* das Murmeln.

**fremuī** *Perf. v. fremo.*

**frendō**, frendere, –, frēsum mit den Zähnen knirschen.

**frēnī**, ōrum *m s. frenum.*

**frēnō**, frēnāre *(frenum)* ① *(poet.)* (auf)zäumen; ② zügeln, zähmen, bändigen [**voluptates temperantiā; alcis furores**]; ③ *(poet.)* lenken, leiten, regieren.

**frēnum**, ī *n (Pl. auch* -ī, ōrum *m)* Zaum, Zügel.

**frequēns**, *Gen.* entis ① zahlreich, in großer Zahl versammelt, in Menge anwesend [**senatus** beschlussfähig]; ② dicht besetzt, angefüllt mit; ③ dicht bevölkert, vielbesucht [**municipium; theatrum**]; ④ häufig anwesend; ⑤ *(v. Sachen)* häufig, zahlreich [**honores**].

**frequentātiō**, ōnis *f (frequento)* Häufung [**argumentorum**].

**frequentia**, ae *f (frequens)* ① *(v. Personen)* Menschenmenge, Andrang; ② *(v. Sachen)* Häufigkeit, Menge.

**frequentō**, frequentāre *(frequens)* ① zahlreich besuchen, in großer Menge aufsuchen; ② oft besuchen *od.* aufsuchen; ③ in großer Anzahl versammeln [**populum**]; ④ bevölkern, beleben [**solitudinem Italiae**]; ⑤ etw. oft tun, wiederholen; ⑥ feiern [**dies festos; ludos**].

**frēsum** *P. P. P. v. frendo.*

**fretēnsis**, e *(fretum)* zur Meerenge gehörig [**mare** Straße v. Messina].

**fretum**, ī *n* ① Meerenge, Kanal; ② Straße v. Messina; ③ *(poet.)* Meer.

**frētus**[1], a, um ① vertrauend, im Vertrauen auf [**multitudine militum**]; ② pochend, trotzend.

**fretus**[2], ūs *m = fretum.*

**fricō**, fricāre, fricuī, fric(ā)tum *(poet.; nachkl.)* (ab)reiben, frottieren.

**frīctus**[1] *P. P. P. v. frigo.*

**frictus**[2] *P. P. P. v. frico.*

**fricuī** *Perf. v. frico.*

**frīgeō**, frīgēre, – – ① kalt, erstarrt sein, frieren; ② *(poet.)* tot sein; ③ schlaff, matt sein; ④ stocken; **iudicia frigent;** ⑤ in Ungunst stehen [**ad populum** bei].

**frīgerō**, frīgerāre *(frigus) (poet.)* kühlen.

**frīgēscō**, frīgēscere, frīxī, – *(Incoh. v. frigeo) (nachkl.)* erkalten, erstarren.

**frīgidārius**, a, um *(frigidus) (nachkl.)* abkühlend, zum Kaltbaden [**cella**].

**frīgidulus**, a, um *(Demin. v. frigidus) (poet.)* etw. matt.

**frīgidus**, a, um *(frigeo)* ① kalt [**annus** Winter]; ② kühl, frisch [**aura**]; ③ *(poet.; nachkl.)* Kälte, Frost bringend; *(übtr.)* schauererregend [**horror** eisiger Schauer; **mors**]; ④ starr, tot [**membra; lumina** gebrochen]; ⑤ matt, schlaff, lässig [**solacia**]; ⑥ fade, trivial [**verba**].

**frīgō**, frīgere, frīxī, frīctum *(poet.; nachkl.)* rösten.

**frīgus**, goris *n (frigeo)* ① Kälte; ② *(poet.)* Kühlung, Frische [**umbrae**]; ③ Winterkälte, Frost; *(meton.) (poet.)* Winter; ④ *(poet.)* Todesschauer; ⑤ *(poet.)* Schauder, Entsetzen; ⑥ Schlaffheit, Lauheit, Lässigkeit; ⑦ *(poet.; nachkl.)* Ungunst, Ungnade.

**frīvolus**, a, um *(poet.; nachkl.)* bedeutungslos; albern, nichtssagend.

**frīxī** *Perf. v. frigo.*

**frondātor**, tōris *m (frons[1]) (poet.) derjenige Gärtner, welcher das Laub der Bäume beschneidet.*

**frondeō**, frondēre, – – *(frons[1]) (poet.)* belaubt sein, grünen.

**frondēscō**, frondēscere, – – *(Incoh. v. frondeo)* sich belauben, ausschlagen.

**frondeus**, a, um *(frons[1]) (poet.)* belaubt, Laub-.

**frondi-fer**, fera, ferum *(frons[1] u. fero) (nachkl.)* belaubt.

**frondōsus**, a, um *(frons[1])* reich belaubt.

**frōns**[1], frondis *f* ① Laub; ② *(poet.) (meton.)* Laubkranz.

**frōns**[2], frontis *f* ① Stirn; ② Gesicht(sausdruck); ③ Stirn-, Vorderseite; **a fronte** vorn; ④ *(poet.; nachkl.)* das Äußere, der erste Anblick; ⑤ *(poet.; nachkl.)* Außenseite, Rand; **frontes geminae** die beiden äußeren Ränder *(der Bücherrollen)*; ⑥ *(milit. t. t.)* Front; **aequā fronte** in gerader Schlachtordnung; **in frontem dirigere (dirigi)** (sich) in Front aufstellen.

**frontālia**, ium *n (frons[2])* Stirnschmuck *der Pferde.*

**frontō**, tōnis *m (frons[2])* der Breitstirnige.

**frūctuārius**, a, um *(fructus)* fruchttragend.

**frūctuōsus**, a, um *(fructus)* ① fruchtbar, ertragreich [**ager**]; ② *(übtr.)* ergiebig, nützlich [**philosophia**].

**frūctus**[1], ūs *m (fruor)* ① Nutznießung, Nutzung; Genuss [**animi** geistiger Genuss; **oculis** eine Augenweide]; ② Ertrag, Gewinn; **fructum edere** Ertrag bringen; ③ Frucht; ④ Kapitalzinsen; ⑤ Nutzen, Vorteil, Gewinn; **alci fructum ferre** *od.* **fructui esse** Nutzen bringen.

**frūctus**[2] *P. P. Akt. v. fruor.*

**frūgālis**, e *(frugi)* ordentlich, rechtschaffen; sparsam.

**frūgālitās**, tātis *f (frugalis)* Wirtschaftlichkeit, Sparsamkeit; Ordnungssinn; Bravheit.

**frūgēs**, gum *f s. frux.*

**frūgī** *undekl. (erstarrter Dat. v. frux, als Adj. gebraucht)* wirtschaftlich, sparsam; ordentlich; besonnen, brav.

**frūgi-fer**, fera, ferum *(frux u. fero)* ① fruchtbar; ② *(übtr.)* nutzbringend [**philosophia**].

**frūgi-legus**, a, um *(frux u. lego[1]) (poet.)* Früchte sammelnd.

**fruitus** *P. P. Akt. v. fruor.*

**frūmentārius** *(frumentum)* **I.** *Adj.* a, um das Getreide betreffend, Getreide-, den Proviant betreffend [**navis** Proviantschiff; **largitio**

Kornspenden; **lex** Getreidegesetz]; **II.** *Subst.* ī *m* Getreidehändler.

**frūmentātiō**, ōnis *f (frumentor)* das Getreideholen, Verproviantierung.

**frūmentātor**, ōris *m (frumentor)* ❶ Getreidehändler; ❷ *(milit.)* Getreideholer, Furier.

**frūmentor**, frūmentārī *(frumentum)* Getreide *od.* Proviant holen.

**frūmentum**, ī *n (fruor)* ❶ Getreide; ❷ *Pl.* Getreidearten; *(poet.)* Getreidekörner; ❸ *(nachkl.)* Weizen.

**fruor**, fruī, fruitus *u.* frūctus sum, *Part. Fut.* fruitūrus *(m. Abl.)* ❶ genießen, sich an etw. erfreuen [**pace**]; ❷ benutzen, gebrauchen; ❸ *(jur. t. t.)* den Nießbrauch, das Nutzungsrecht v. etw. haben [**certis fundis**].

**frūstrā** *Adv. (fraus)* ❶ irrtümlich, im Irrtum; **~ esse** sich getäuscht sehen; **~ habere alqm** jmd. in seiner Erwartung täuschen; ❷ vergeblich, nutzlos, umsonst; **~ esse** misslingen; **~ habere alqd** etw. vernachlässigen; ❸ zwecklos, grundlos.

**frūstrātiō**, ōnis *f (frustror)* das Hinhalten, absichtliche Verzögerung.

**frūstror**, frūstrārī *(frustra)* ❶ (*auch* frūstrō, frūstrāre) täuschen, betrügen, hinhalten; ❷ vereiteln.

**frūstum**, ī *n* Stückchen, Brocken, Bissen; *(nachkl.) Pl.* allzu kleine Teile *in der log. Gliederung.*

**frutex**, ticis *m (poet.)* Strauch, Busch.

**fruticētum**, ī *n (frutex) (poet.; nachkl.)* Gebüsch.

**fruticor**, fruticārī *(frutex)* Zweige treiben, ausschlagen.

**fruticōsus**, a, um *(frutex) (poet.; nachkl.)* buschig, voll Gebüsch.

**frūx**, frūgis *f (fruor) (Nom. Sg. selten, meist Pl.* **frūgēs***)* ❶ Frucht, Feldfrucht, Getreide; *(meton.) (poet.)* Mehl, Opferschrot; Baumfrucht; ❷ *(übtr.)* Ertrag, Nutzen; ❸ sittliche Tüchtigkeit; – *Dat. Sg.* frūgī *als Adj., s. frugi.*

**fuam**, fuās, fuat … *s. fuo.*

**Fūcinus** *m allein u.* **lacus ~** See in den Abruzzen, im Gebiet der Marser, östl. v. Rom, j. Lago di Celano.

**fūcō**, fūcāre *(fucus¹)* ❶ *(poet.; nachkl.)* färben; ❷ schminken; ❸ *(übtr.)* (ver)fälschen.

**fūcōsus**, a, um *(fucus¹)* verfälscht, Schein- [**amicitia**].

**fūcus¹**, ī *m (gr. Fw.)* ❶ *(nachkl.) (bot.)* Orseille *(rotfärbende Steinflechte)*; ❷ *(meton.) (poet.)* **a)** rote Farbe; **b)** Bienenharz; ❸ *(übtr.)* Schein, Verstellung.

**fūcus²**, ī *m (poet.)* Drohne.

**fūdī** *Perf. v. fundo².*

**fuga**, ae *f* ❶ Flucht; **-ā salutem petere** sein Heil in der Flucht suchen; ❷ *(meton.)* Gelegenheit zur Flucht; **alci -am dare** entfliehen lassen; ❸ (freiwillige) Verbannung, Exil; *(meton.) (poet.)* Verbannungsort; ❹ *(poet.)* Schnelligkeit, Eile; ❺ Scheu vor etw., Abneigung geg. etw. *(m. Gen.)* [**laboris**].

**fugāx**, *Gen.* ācis *(fugio)* ❶ flüchtig, schnell fliehend; ❷ vergänglich; ❸ *(poet.; nachkl.)* etw. vermeidend, verschmähend *(m. Gen.)* [**gloriae**]; ❹ *(poet.)* spröde.

**fūgī** *Perf. v. fugio.*

**fugiēns**, *Gen.* entis *(P. Adj. v. fugio)* fliehend *(vor: m. Gen.)* [**laboris** arbeitsscheu].

**fugiō**, fugere, fūgī, fugitūrus *(fuga)* **I.** *intr.* ❶ fliehen, entfliehen, entkommen [**ex oppido; in provinciam**]; ❷ *(v. Sklaven)* entlaufen; ❸ (landes)flüchtig werden, in die Verbannung gehen; ❹ *(poet.)* enteilen, davoneilen; ❺ (ent)schwinden, vergehen; **mensis fugiens** Monatsende; **fugientes ocelli** brechende; **vires fugiunt**; **II.** *trans.* ❶ fliehen vor [**hostem; arma Iovis**]; ❷ entgehen, entrinnen [**iudicium**]; ❸ (ver)meiden; ❹ verschmähen, nicht mögen; ❺ *(der Wahrnehmung)* entgehen, unbekannt, unbemerkt bleiben [**Ciceronem; alcis scientiam**]; **me fugit** *(m. A. C. I.)* es entgeht mir.

**fugitīvus** *(fuga)* **I.** *Adj.* a, um flüchtig, entflohen, entlaufen; **II.** *Subst.* ī *m* entlaufener Sklave, Ausreißer.

**fugitō**, fugitāre *(Intens. v. fugio)* (ver)meiden, scheuen.

**fugō**, fugāre *(fuga)* ❶ in die Flucht schlagen [**exercitum**]; ❷ vertreiben, verjagen; ❸ *(poet.)* verbannen.

**fuī** *Perf. v. sum u. fuo.*

**fulcīmen**, minis *n (fulcio) (poet.)* Stütze, Pfeiler.

**fulciō**, fulcīre, fulsī, fultum ❶ stützen; ❷ *(übtr.)* aufrechterhalten, unterstützen [**rem publicam labentem; imperium**]; ❸ *(poet.)* befestigen, versperren [**ianuam serā**].

**fulcrum**, ī *n (fulcio) (poet.)* Gestell des Bettes *od.* Speisesofas.

**fulgēns**, *Gen.* entis *(P. Adj. v. fulgeo) (nachkl.)* glänzend.

**fulgeō**, fulgēre, fulsī, – *u. (poet.)* **fulgō**, fulgere, – – *(verw. m. flagro)* ❶ blitzen; ❷ glänzen, leuchten; ❸ *vor anderen* glänzen, sich hervortun.

**fulgētrum**, ī *n (fulgeo) (nachkl.)* das Wetterleuchten.

**fulgō** *s. fulgeo.*

**fulgor**, ōris *m (fulgeo)* ❶ Blitz, Wetterleuchten; ❷ Glanz, Schimmer [**oculorum**]; ❸ *(poet.; nachkl.) (übtr.)* Glanz, Ruhm.

**fulgur**, guris *n (fulgeo)* ❶ Blitz, Wetterleuchten; ❷ Blitzschlag; ❸ *(poet.)* Glanz, Schimmer.

**fulgurātiō**, ōnis *f (fulguro) (nachkl.)* das Blitzen, Wetterleuchten.

**fulgurītus**, a, um *(fulgur) (nachkl.)* vom Blitz getroffen.
**fulgurō**, fulgurāre *(fulgur)* ① blitzen; – *P. Adj.* **fulgurātus,** a, um *(nachkl.)* vom Blitz getroffen; ② *(poet.; nachkl.) (übtr.)* hervorleuchten.
**fulica**, ae *f (poet.; nachkl.)* Wasserhuhn, Blässhuhn.
**fūlīgō**, ginis *f* Ruß.
**fullō**, ōnis *m (nachkl.)* Tuchwalker.
**fullōnius**, a, um *(fullo) (nachkl.)* zum Walker gehörig, Walker-.
**fulmen**, minis *n (fulgeo)* ① Blitz(schlag); ② *(poet.)* feuriger Hauch; ③ *(übtr.)* Schlag [**fortunae** Schicksalsschlag]; ④ zerschmetternde Kraft; ⑤ unwiderstehliche Kraft [**verborum**]; ⑥ *(meton.)* Kriegsheld.
**fulminātiō**, ōnis *f (fulmino) (nachkl.)* das Blitzen, Blitz.
**fulmineus**, a, um *(fulmen) (poet.)* ① zum Blitz gehörig; ② tödlich, mörderisch.
**fulminō**, fulmināre *(fulmen) (poet.; nachkl.)* blitzen, Blitze schleudern.
**fulsī** *Perf. v. fulcio u. fulgeo.*
**fultūra**, ae *f (fulcio) (poet.; nachkl.)* Stütze; *(übtr.)* Stärkung.
**fultus** *P. P. P. v. fulcio.*
**Fulvius**, a, um *Name einer pleb. gens:* **M. ~ Flaccus** *Konsul 125 v. Chr., Anhänger der Gracchen.*
**fulvus**, a, um *(verw. m. flavus) (poet.; nachkl.)* rotgelb, bräunlich.
**fūmārium**, ī *n (fumus) (poet.)* Rauchkammer.
**fūmeus**, a, um *(fumus) (poet.)* rauchig.
**fūmidus**, a, um *(fumus) (poet.; nachkl.)* rauchend, dampfend.
**fūmi-fer**, fera, ferum *(fumus u. fero) (poet.)* rauchend, qualmend.
**fūmi-ficus**, a, um *(fumus u. facio) (poet.)* rauchend, dampfend.
**fūmō**, fūmāre *(fumus)* rauchen, dampfen, qualmen.
**fūmōsus**, a, um *(fumus)* ① *(poet.)* voll Rauch, dampfend, qualmend; ② verräuchert, rußig; ③ *(poet.)* geräuchert.
**fūmus**, ī *m* Rauch, Dampf, Qualm, Dunst.
**fūnāle**, lis *n (funalis)* ① Strick; ② *(poet.)* Fackel; Kronleuchter.
**fūnālis**, e *(funis)* aus einem Strick bestehend.
**fūnctiō**, ōnis *f (fungor)* Verrichtung.
**fūnctus** *P. P. Akt. v. fungor.*
**funda**, ae *f* ① Schleuder(riemen); ② *(meton.)* Schleudergeschoss; ③ *(poet.)* Wurfnetz.
**fundāmen**, minis *n (fundo[1]) (poet.)* Grund(lage).
**fundāmentum**, ī *n (fundo[1])* ① Grund, Fundament *(meist Pl.)*; **-a iacere** den Grund legen; ② *(übtr.)* Grund(lage).
**fundātor**, ōris *m (fundo[1]) (poet.)* Gründer.
**fundātus**, a, um *(P. Adj. v. fundo[1])* fest begründet [**familia**].
**Fundī**, ōrum *m Seestadt im südl. Latium, j.* Fondi; – *Einw. u. Adj.* **Fundānus,** ī *m bzw.* a, um.
**funditor**, ōris *m (funda)* Schleuderer.
**funditus** *Adv. (fundus)* ① v. Grund aus [**monumenta delere**]; ② *(übtr.)* ganz u. gar, völlig [**evertere amicitiam**]; ③ *(poet.)* im Innersten.
**fundō[1]**, fundāre *(fundus)* ① den Grund zu etw. legen, gründen [**arces; urbem**]; ② *(übtr.)* begründen; ③ (be)festigen, sichern [**urbem legibus; imperium**].
**fundō[2]**, fundere, fūdī, fūsum ① gießen, aus-, vergießen; – *mediopass.* **fundi** sich ergießen, fließen; ② ausschütten, herabwerfen, ausstreuen [**segetem in Tiberim**]; ③ *(poet.) (Geschosse)* schleudern; ④ *(poet.)* benetzen [**tempora mero** die Schläfen m. Wein]; ⑤ *(poet.; nachkl.)* schmelzen [**aera**]; *(meton.)* etw. aus Erz gießen [**glandes**]; ⑥ *(Worte, Töne)* von sich geben, hören lassen [**preces a pectore; carmen** dichten]; ⑦ hervorbringen, erzeugen, gebären; ⑧ aus-, verbreiten; – **se fundere** *u. mediopass.* sich ausbreiten, sich ausdehnen; ⑨ *(Feinde)* vertreiben, schlagen, werfen; ⑩ *(poet.; nachkl.)* zu Boden strecken, niederwerfen; – *mediopass.* sich ausstrecken, sich lagern [**humi; per herbam**]; ⑪ *(poet.)* verschwenden, vergeuden [**opes**].
**fundus**, ī *m* ① Grund, Boden; *(übtr.)* **res -o vertere** v. Grund aus; ② *(meton.)* Grundstück, Landgut; ③ Maß u. Ziel.
**fūnebria**, ium *n (funebris)* Leichenbegängnis, Bestattungsfeierlichkeiten.
**fūnebris**, e *(funus)* ① zum Leichenbegängnis gehörig, Leichen-, Toten-; ② *(poet.; nachkl.)* unheilvoll, verderblich.
**fūnereus**, a, um *(funus) (poet.)* = *funebris.*
**fūnerō**, fūnerāre *(funus)* ① *(nachkl.)* bestatten; ② *(poet.)* töten.
**fūnestō**, fūnestāre *(funestus) durch Blutvergießen* beflecken, besudeln, entweihen.
**fūnestus**, a, um *(funus)* ① *(poet.; nachkl.) (durch Tod, Mord)* befleckt, besudelt [**manus**]; ② *(poet.)* tödlich [**venenum**]; ③ unheilvoll, verderblich; ④ in Trauer versetzt [**domus**].
**fungor**, fungī, fūnctus sum *(m. Abl.)* ① verrichten, verwalten, ausführen, besorgen, vollbringen [**consulatu / honoribus** bekleiden; **officio; sacris** darbringen; **morte** *od.* **vita** sterben]; ② *(poet.; nachkl.)* erleiden, überstehen [**laboribus; periculis**].
**fungus**, ī *m* ① Pilz, Schwamm; ② *(poet.)* verkohltes Dochtende.
**fūniculus**, ī *m (Demin. v. funis)* dünnes Seil.
**fūnis**, is *m* Seil, Tau, Strick.
**fūnus**, neris *n* ① Leichenbegängnis, Bestattung, Leichenfeier, -zug; **funere efferri** feierlich be-

stattet werden; ② *(poet.)* Leiche, Leichnam *(auch v. Tieren);* ③ *(poet.)* Tod; ④ *(poet.)* großes Sterben, Sterblichkeit; ⑤ *(poet.)* Mord; **funera edere** morden; ⑥ Verderben, Untergang *(auch Pl.).*

**fuō**, fore, fuī, futūrus ① werden, *klass. nur im Infinitiv* **fore;** ② sein *(als Ergänzung v. esse):* **a)** *alle Formen des Perf.-Stammes u. futurus, a, um;* **b)** *Konj. Imperf.* **forem, forēs** *usw. = essem, esses usw.;* **c)** *(poet.; nachkl.) Konj. Präs.* **fuam, fuās** *usw. = sim, sis usw.;* **d)** *Inf. Fut.* **fore** = *futurum, am, um esse;* ③ **futūrus,** a, um (zu)künftig.

**fūr**, fūris *m u. f* Dieb, Diebin; *als Schimpfw.:* Spitzbube.

**fūrāx**, *Gen.* ācis *(furor[2])* diebisch.

**furca**, ae *f* ① zweizackige Gabel, *bes.* Mistgabel; ② Stützpfahl; ③ Gabelholz, Halsblock *(b. Auspeitschungen).*

**furci-fer**, ferī *m (furca u. fero) als Schimpfw.* Galgenstrick.

**furcilla**, ae *f (Demin. v. furca)* kleine Gabel, Heugabel.

**furcula**, ae *f (Demin. v. furca)* ① Stützpfahl; ② *(meton.) Pl.* Engpässe.

**furenter** *Adv. (furo)* wütend.

**furfur**, furfuris *m (poet.)* Kleie.

**furia**, ae *f (furo)* ① Wut, Raserei; ② *(poet.; nachkl.)* Verzückung, Begeisterung; ③ böser Geist, Dämon; / *personif.* **Furia,** ae *f, meist Pl.* **Furiae** Furien, Rachegöttinnen.

**furiālis**, e *(furia)* ① rasend, wütend; *(bacchantisch)* begeistert; ② *(poet.)* in Raserei versetzend; ③ der Furien, Furien-.

**furibundus**, a, um *(furo)* ① wütend, rasend; ② begeistert.

**furiō**, furiāre *(furia) (poet.)* in Raserei versetzen; – *P. Adj.* **furiātus,** a, um wütend, unsinnig.

**furiōsus**, a, um *(furia)* ① rasend, leidenschaftlich [**orator**]; ② *(poet.)* begeisternd.

**Fūrius**, a, um *Name einer patriz. gens:* **M. ~ Camillus** *Eroberer v. Veji 396 u. v. Falerii 394 v. Chr., Befreier Roms v. den Galliern 390.*

**furnus**, ī *m (vgl. fornax) (poet.)* Backofen.

**furō**, furere, – – ① *(poet.; nachkl.)* dahinstürmen, hineilen [**per urbem**]; ② *(übtr.)* wüten, rasen, toben; ③ *(poet.)* leidenschaftlich verliebt sein *(in jmd.: Abl.);* ④ *(poet.) (prophetisch od. bacchantisch)* begeistert sein, schwärmen; ⑤ *(poet.)* ausgelassen sein.

**furor[1]**, ōris *m (furo)* ① Raserei, das Wüten, Toben; ② *(poet.)* Kampfwut; ③ Zorn, Wut; ④ Wahnsinn, Tobsucht, Verblendung; ⑤ *(poet.)* Liebe, Liebeswahnsinn; ⑥ *(prophetische od. bacchantische)* Begeisterung; ⑦ Verzückung.

**fūror[2]**, fūrārī *(fur)* ① stehlen; ② *(übtr.)* etw. erschleichen [**civitatem**]; ③ *(poet.; nachkl.)* entziehen [**oculos labori**]; ④ *(nachkl.)* Handstreiche ausführen.

**fūrtim** *Adv. (fur)* verstohlen, heimlich.

**fūrtīvus**, a, um *(furtum)* ① gestohlen; ② *(übtr.)* verstohlen, heimlich [**amor; iter per Italiam**].

**fūrtum**, ī *n (fur)* ① Diebstahl; ② *(meton.)* Gestohlenes, Raub; ③ *(poet.; nachkl.)* Heimlichkeit; ④ heimliche Liebschaft; ⑤ *(poet.)* Schelmenstreich, Gaunerei; ⑥ Kriegslist, Handstreich.

**fūrunculus**, ī *m (Demin. v. fur)* Spitzbube.

**furvus**, a, um *(verw. m. fuscus) (poet.; nachkl.)* schwarz, dunkel.

**fuscina**, ae *f* Dreizack.

**fuscō**, fuscāre *(fuscus) (poet.; nachkl.)* bräunen, schwärzen.

**fuscus**, a, um *(verw. m. furvus)* dunkel, schwärzlich; *(vom Ton)* dumpf, heiser.

**fūsilis**, e *(fundo[2])* flüssig, geschmolzen.

**fūsiō**, ōnis *f (fundo[2])* Ausguss, Ausfluss.

**fūstis**, is *m* (*Abl. Sg.* fūstī *u.* fūste) Knüppel, Stock.

**fūstuārium**, ī *n (fustis) (erg. supplicium)* das Totprügeln.

**fūsus[1]**, ī *m (poet.; nachkl.)* Spindel, *bes. der Parzen.*

**fūsus[2]**, a, um *(P. Adj. v. fundo[2])* ① *(poet.) (v. Personen)* lang hingestreckt [**humi**]; ② *(poet.) (v. Örtl.)* ausgedehnt; ③ *(poet.; nachkl.)* (lang) herabfallend, fliegend [**crines; toga**]; ④ *(vom Körper)* breit, stark; ⑤ ausführlich, weitläufig; **-e disputare**.

**fūtilis** *u.* **futtilis**, e ① *(poet.)* durchlässig [**canis** nicht stubenrein; **glacies** zerbrechlich]; ② unzuverlässig; ③ wertlos, nichtig, vergeblich.

**fūtilitās** *u.* **futtilitās,** ātis *f (futilis)* Nichtigkeit, leeres Geschwätz.

**futuō**, futuere, futuī, futūtum *(poet.)* mit einer Frau schlafen *(abs. u. alqam).*

> **Grammatik & Co.**
>
> **Futur:** Futur I und II brauchen wir bei der Übersetzung ins Deutsche nicht auszudrücken: Tum veniemus, cum nos vocaveritis. („Wir werden dann kommen, wenn ihr uns gerufen haben werdet.") = „Wir werden dann kommen, wenn ihr uns ruft/gerufen habt." Übrigens: Unsere Vorfahren kannten vor der Kulturbegegnung mit den Römern nur Präsens und Präteritum.

**futūra**, ōrum *n (fuo) = futurum.*

**futūrum**, ī *n (fuo)* Zukunft.

**futūrus**, a, um *(fuo)* (zu)künftig, bevorstehend; – **futūrum esse** = *Inf. Fut. v. esse.*

**futūtiō**, ōnis *f (futuo) (poet.)* Geschlechtsverkehr.

# Gg

**Gabalī**, ōrum *m kelt. Volk in den Cevennen.*

**Gabiī**, ōrum *m Stadt in Latium; – Adj.* **Gabīnus**, a, um [**via** Straße nach Gabii; **saxum** Tuffstein; **cinctus** *eine (urspr. rituelle) Gürtungsart der Toga, b. der man den Kopf bedeckte*]; – *Einw.* **Gabīnī**, ōrum *m.*

**Gabīnius**, a, um *Name einer pleb. gens in Rom:* **A. ~** *Volkstribun 67 v. Chr., auf dessen Antrag (lex Gabinia) Pompeius den Oberbefehl geg. die Seeräuber erhielt.*

**Gādēs**, dium *f phöniz. Kolonie im südwestl. Spanien, j.* Cadiz; – *Einw. u. Adj.* **Gādītānus**, ī *m bzw.* a, um; – **Gādītānae**, ārum *f* Tänzerinnen aus Gades.

**gaesum**, ī *n (kelt. Wort) schwerer* Wurfspieß *der Gallier.*

**Gaetūlī**, ōrum *m Nomaden in der algerischen Sahara; – Adj.* **Gaetūlus**, a, um afrikanisch.

**Gāius**, ī *m (im Vers auch dreisilbig Gāïus),* **Gāia**, ae *f röm. Vorname, abgekürzt C.*

**Galatae**, ārum *m* die Galater, *um 275 v. Chr. nach Kleinasien eingewanderte Kelten, 235 v. Chr. besiegt u. auf die Landschaft am Mittellauf des Halys –* **Galatia**, ae *f – beschränkt.*

**Galatēa**, ae *f Tochter des Nereus, Meernymphe.*

**Galba** *cogn. der gens Sulpicia:* **Ser. Sulpicius Galba** *(5 v. Chr.–69 n. Chr.), röm. Kaiser 68–* 69; – **Galbiānī**, ōrum *m* Anhänger des Galba.

**galbaneus**, a, um *(galbanum) (poet.)* aus, vom Galban [**odores**].

**galbanum**, ī *n (gr. Fw.) (nachkl.)* Galban *(wohlriechendes Harz).*

**galea**, ae *f* Lederhelm, *übh.* Helm.

**galeātus**, a, um *(galea)* mit Helm [**Minerva**].

**galērus**, ī *m (gr. Fw.) (poet.)* Pelzkappe.

**galla**, ae *f (poet.)* Gallapfel.

**Galla** *s. Galli[1].*

**Gallī[1]**, ōrum *m (vgl. Galatae)* Gallier, Kelten, *lat. Gesamtbezeichnung f. die kelt. Stämme, bes. in Frankreich, Belgien u. Oberitalien; Sg.* **Gallus,** ī *m* Gallier, **Galla,** ae *f* Gallierin; *ihr Land:* **Gallia**, ae *f* Gallien, *die Alpen scheiden es in* **Gallia cisalpīna** (*od.* **citerior** *od.* **togāta**) = *Oberitalien u.* **Gallia trānsalpīna** (*od.* **ulterior** *od.* **comāta**) *od. Pl.* **Galliae** = *Frankreich; Gallia cisalpina zerfiel nach der Lage diesseits od. jenseits des Po in* **Gallia cispadāna** *u.* **trānspadāna;** *Gallia transalpina zerfiel in:* **a) G. Nārbōnēnsis** *od.* **Prōvincia** = *die Provence bis zur Rhône, seit 121 v. Chr. römisch;* **b) Aquītānia** = *Südwestgallien bis zur Loire;* **c) G. Celtica** *od.* **Lugdūnēnsis** *zw. Loire, Seine u. Marne;* **d) G. Belgica** *um den unteren* Rhein; / *Adj.* **a) Gallicus**, a, um gallisch [**ager** *od.* **provincia** *ein Küstenstrich Umbriens*]; *Subst.* **gallica,** ae *f (erg. solea)* gallische Holzsandale, Galosche; **b) Gallicānus**, a, um in *od.* aus der Gallica provincia; **c) Gallus**, a, um gallisch.

G

**Gallī[2]**, ōrum *m u. (scherzh.)* **Gallae**, ārum *f* kastrierte Priester der Kybele; – *Adj.* **Gallicus**, a, um.

**gallica** *s. Galli[1].*

**Gallicānus**, a, um *s. Galli[1].*

**Gallicus**, a, um *s. Galli[1] u. Galli[2].*

**gallīna**, ae *f (gallus)* Henne, Huhn.

**gallīnāceus**, a, um *(gallina)* Hühner-.

**gallīnārius**, a, um *(gallina)* Hühner-; – **silva Gallinaria** *ein Fichtenwald in Kampanien.*

**gallus**, ī *m* Hahn.

**Gallus**, ī *m* ❶ Gallier, *s. Galli[1];* ❷ Kybelepriester, *s. Galli[2];* ❸ *röm. cogn.:* **C. Cornelius ~** *Elegiker, Freund Vergils.*

**gānea**, ae *f u.* **-um**, ī *n* Kneipe; Bordell; *(meton.)* Schlemmerei.

**gāneō**, ōnis *m (ganea)* Schlemmer.

**Gangēs**, is *m Hauptstrom Indiens; – Adj.* **Gangēticus**, a, um *u. (f)* **Gangētis**, idis vom Ganges, *(poet.) übh.* indisch.

**ganniō**, gannīre, – – *(poet.)* kläffen; *(v. Menschen)* laut schimpfen.

**Ganymēdēs**, is *u.* ī *m Mundschenk Jupiters.*

**garriō**, garrīre **I.** *intr.* schwatzen, plaudern; **II.** *trans.* herplappern.

**garrulitās**, ātis *f (garrulus) (poet.; nachkl.)* Geschwätzigkeit.

**garrulus** *(garrio) (poet.; nachkl.)* **I.** *Adj.* a, um geschwätzig; **II.** *Subst.* ī *m* Schwätzer.

**garum**, ī *n (gr. Fw.) (poet.; nachkl.)* pikante Fischsoße.

**Garumna**, ae *f Fluss in Frankreich, j.* Garonne; – *Anw.:* **Garumnī**, ōrum *m.*

**gaudeō**, gaudēre, gāvīsus sum ❶ sich (innerlich) freuen, froh sein *(über etw.: Abl., in m. Abl., Akk. des Neutr. eines Pron.; [darüber] dass: quod, A. C. I., Inf., Part.);* **equo acri ~** vergnügt auf … reiten; **in communi laetitia ~; id ~;** ❷ *(poet.) (in briefl. Begrüßungsformel) z. B.* **Celso gaudere refer** grüße C. von mir; ❸ *(v. lebl. Subj.)* etw. lieben, gern sehen *od.* hören; **scaena gaudet miraculis.**

**gaudium**, ī *n (gaudeo)* ❶ (innere) Freude *(oft Pl.)*; **-o exsultare** vor Freude jubeln; **-o esse alci** jmdm. Freude machen; ❷ *(poet.; nachkl.)* Genuss, sinnliche Lust, Wollust *(meist Pl.)* [**corporis**]; ❸ *(poet.) (meton.)* Liebling *(meist Pl.)*.

**gausape**, pis *u.* **gausapum**, ī *n (gr. Fw.) (poet.; nachkl.)* ❶ Fries *(Wollgewebe als Decke od. Kleid)*; ❷ Abwischtuch.

**gāvīsus sum** *Perf. v. gaudeo.*

**gaza**, ae *f (pers. Wort)* ❶ *urspr.* Schatz *der pers. Könige, dann jedes Königs od. Fürsten;* ❷ *Pl. (poet.)* Kleinodien, Schätze; ❸ *(poet.)* Vorrat.

G

**Gela**, ae *f Stadt an der Südwestküste Siziliens am Fluss* **Gelās**, ae *m; – Einw.* **Gelēnsēs**, nsium *m; – Adj.* **Gelōus**, a, um.

**gelida**, ae *f (gelidus; erg. aqua) (poet.)* kaltes Wasser.

**gelidus**, a, um *(gelu)* ❶ (eis)kalt, eisig [**aqua**]; ❷ kühl, frisch [**nemus**]; ❸ *(poet.)* kalt (machend), starr [**mors**].

**gelō**, gelāre *(gelu) (nachkl.)* zum Gefrieren bringen; *P. P. P.* **gelātus** gefroren [**amnis**].

**gelū**, ūs *n (meist im Abl. Sg.) (poet.; nachkl.)* ❶ Frost; **gelu rigere** starr sein; ❷ *(meton.)* Eis; ❸ *(übtr.)* Erstarrung.

**gemebundus**, a, um *(gemo) (poet.)* seufzend, stöhnend.

**gemelli-para**, ae *f (gemellus u. pario) (poet.)* Zwillingsmutter.

**gemellus** *(Demin. v. geminus) (poet.; nachkl.)* **I.** *Adj.* a, um ❶ Zwillings- [**fratres**]; ❷ doppelt, Doppel-; ❸ wie Zwillinge ähnlich, völlig gleich; **II.** *Subst.* ī *m* Zwilling, Zwillingsbruder.

**gemīnātiō**, ōnis *f (gemino)* Verdoppelung.

**geminō**, gemināre *(geminus)* ❶ verdoppeln [**urbem** aus zwei eine machen]; ❷ (zu einem Paar) vereinigen, wiederholen, unmittelbar aneinanderreihen [**castra legionum**]; ❸ *(poet.)* paaren *(mit: m. Dat.)* [**serpentes avibus**].

**geminus I.** *Adj.* a, um ❶ Zwillings- [**proles** Zwillingsgeschlecht]; ❷ doppelt, zweifach, beide, Doppel- [**pedes; sidus** Sternenpaar; **Arcti** Großer u. Kleiner Bär]; ❸ *(poet.)* zweigestaltig [**Centauri**]; ❹ (wie Zwillinge) ähnlich, gleich; **II.** *Subst.* ī *m* Zwilling, Zwillingsbruder; **gemini** Kastor u. Pollux *(auch als Gestirn)*.

**gemitus**, ūs *m (gemo)* ❶ das Seufzen, Stöhnen *(oft Pl.)* [**morientium;** *(über, um jmd. od. etw.: Gen.)* **ereptae virginis; vulnerum**]; ❷ *(poet.)* Schmerz, Betrübnis *(über etw.: Gen.)*; ❸ *(poet.) (v. Sachen)* Brausen, Getöse [**pelagi**].

**gemma**, ae *f* ❶ Knospe, Auge *einer Pflanze;* ❷ Edelstein; ❸ *(poet.; nachkl.) (meton.)* aus Edelsteinen gefertigtes *od.* m. Edelsteinen besetztes Trinkgefäß; ❹ *(poet.) (meton.)* Siegelring, Siegel; ❺ *(poet.)* Auge *des Pfauenschweifes.*

**gemmātus**, a, um *(gemma)* m. Edelsteinen *od.* Perlen besetzt.

**gemmeus**, a, um *(gemma)* ❶ aus Edelsteinen; ❷ *(poet.; nachkl.)* m. Edelsteinen geschmückt; ❸ *(poet.; nachkl.)* glänzend, schimmernd.

**gemmi-fer**, fera, ferum *(gemma u. fero) (nachkl.)* ❶ Perlen m. sich führend [**Ganges**]; ❷ m. Edelsteinen *od.* Perlen geschmückt.

**gemmō**, gemmāre *(gemma)* ❶ Knospen treiben; ❷ *(poet.)* m. Edelsteinen besetzt sein, v. Edelsteinen funkeln.

**gemō**, gemere, gemuī, gemitum **I.** *intr.* ❶ seufzen, stöhnen; ❷ *(poet.) (v. Tieren)* krächzen, brüllen, wiehern; ❸ *(poet.; nachkl.) (v. Sachen)* dumpf tönen, dröhnen, knarren *u. Ä.;* **II.** *trans.* beklagen, betrauern [**malum; ignominiam**].

**Gemōniae**, ārum *f (erg. scalae) Treppe am Kapitol, üb. welche die Leichen hingerichteter Verbrecher zum Tiber geschleppt wurden.*

**gemuī** *Perf. v. gemo.*

**gena**, ae *f (meist Pl.)* ❶ Wange; ❷ *(poet.)* Augenhöhle; ❸ *(poet.)* Auge.

**Genava**, ae *f Stadt der Allobroger, j.* Genf.

**geneālogus**, ī *m (gr. Fw.)* Verfasser v. Stammbäumen.

**gener**, generī *m* ❶ Schwiegersohn; ❷ Schwager; ❸ *(nachkl.)* Mann der Enkelin *od.* Urenkelin.

**Grammatik & Co.**

**Genera verbi:** Aktiv und Passiv können wir meist wörtlich übersetzen. Probleme kann es dann geben, wenn die Verben im Aktiv im Deutschen und Lateinischen mit verschiedenen Kasus gebildet werden. So steht etwa „adiuvare“ mit Akkusativ, die deutsche Entsprechung „helfen“ dagegen mit Dativ. In solchen Fällen müssen wir auch die unterschiedlichen Passivformen beachten: adiuvor (*persönliches* Passiv: „ich werde unterstützt“) = „man hilft mir“ (*unpersönliches* Passiv).

**generālis**, e *(genus)* ❶ zum Geschlecht, zur Gattung gehörig; ❷ allgemein; – *Adv.* **generāliter** im Allgemeinen.

**generātim** *Adv. (genus)* ❶ nach Gattungen (Stämmen, Ständen, Klassen); **copias ~ constituere;** ❷ im Allgemeinen.

**generātor**, ōris *m (genero)* ❶ Erzeuger, Schöpfer; Ahn(herr); ❷ *(poet.)* Züchter.

**generō**, generāre *(genus)* (er)zeugen, erschaffen, hervorbringen; *Pass.* abstammen, *bes. P. P. P.* **generātus** abstammend v. jmdm. *(ab* *alqo od. nur alqo).*

**generōsus**, a, um *(genus)* ❶ adlig, vornehm; ❷ *(nachkl.) (v. Tieren)* v. edler Rasse, edel; ❸ *(v. Sachen)* v. edler Art, vorzüglich [**vinum**]; ❹ *(v. Gesinnung)* edel(mütig) [**mens**].

**genesis**, is *f (gr. Fw.) (nachkl.)* ❶ Schöpfung; ❷ Konstellation.

**genesta**, ae *f = genista.*

**genetīvus**, a, um *(gigno) (poet.; nachkl.)* angeboren, ursprünglich [**nota** Muttermal; **nomen** Stammname].

**genetrīx**, īcis *f (genitor) (poet.; nachkl.)* ❶ Erzeugerin, Mutter [**magna deum** = Kybele]; ❷ *(übtr.)* Schöpferin [**frugum** = Ceres].

**geniālis**, e *(genius)* ❶ dem Genius heilig, hochzeitlich, ehelich [**lectus** Ehebett]; ❷ *(poet.)* (den Genius erfreuend =) fröhlich, heiter, festlich.

**geniculātus**, a, um knotig.

**genista**, ae *f (poet.; nachkl.)* Ginster.

**genitālis**, e *(gigno) (poet.; nachkl.)* zur Zeugung, zur Geburt gehörig, (er)zeugend, Geburts- [**dies** Geburtstag; **dea** Geburtsgöttin]; – **Genitālis,** is *f* Geburtsgöttin *(Beiname der Diana).*

**Grammatik & Co.**

Der **Genitiv** kommt im Lateinischen wie im Deutschen meist als Genitivattribut auf die Frage „Was für ein ...?" vor. Bei der Übersetzung müssen wir beachten, dass im Deutschen nur der **Genitivus subiectivus** mit dem Genitiv übertragen wird: amor parentum = „die Liebe *der* Eltern". Als **Genitivus obiectivus** verstanden, übersetzen wir diesen Ausdruck mit einer *Präposition*: amor parentum = „die Liebe *zu den* Eltern". Auch das **Genitivobjekt** geben wir bei einigen lateinischen Verben und Adjektiven im Deutschen als *Präpositionalobjekt* wieder: Meministi/Memor es matris. „Du denkst *an* deine Mutter."
Weiterhin kommt der Genitiv als **Genitivus qualitatis** mit Ellipse (Auslassung) des Prädikatsnomens vor: Consulis est imperare. Im Deutschen ergänzen wir das Prädikatsnomen: „Es ist *Aufgabe/Sache/Pflicht* des Konsuls zu befehlen."

**genitīvus**, a, um = *genetivus.*

**genitor**, ōris *m (gigno) (meist poet.)* ❶ Erzeuger, Vater; ❷ Schöpfer, Urheber.

**genitus** *P. P. P. v. gigno.*

**genius**, ī *m (gigno) (poet.; nachkl.)* ❶ Genius *(urspr. „der Erzeuger" als Symbol des männl. Samens, dann die Verkörperung der männl. Kraft)* Schutzgeist des Mannes; **-um suum defraudare** sich nichts gönnen; ❷ Schutzgeist *v. Städten, Völkern, Staaten, Familien u. a.*

**gēns**, gentis *f (gigno)* **I.** *familienrechtlich:* ❶ Geschlecht, Sippe, *Verband mehrerer durch gleiche Abstammung und gemeinsamen Familiennamen zueinander gehöriger Familien, urspr. nur v. Patriziern;* **sine gente** v. niederem Stand, v. niederer Herkunft; **patres maiorum gentium** Senatoren, die alten patriz. Familien angehörten; **patres minorum gentium** Senatoren aus pleb. Familien, *deren Ahnen erst unter Tarquinius Priscus in den Senat aufgenommen worden waren;* (*übtr.*) **di maiorum/minorum gentium** höhere/niedere Götter; ❷ *(poet.) (meton.)* Abkömmling, Sprössling [**deûm**]; **II.** *völkerrechtlich:* ❶ (Volks-)Stamm, Volk, Völkerschaft; **ius gentium** Völkerrecht; ❷ Gemeinde; ❸ Landschaft, Gegend; **III.** *naturrechtlich:* ❶ Geschlecht [**humana** Menschengeschlecht]; ❷ *(v. Tieren)* Art, Gattung.

**genticus**, a, um *(gens) (nachkl.)* einem Volke eigen, national [**mos**].

**gentīlicius**, a, um *(gentilis)* zu einer gens gehörig, Geschlechts- [**sacra; nomen**].

**gentīlis** *(gens)* **I.** *Adj.* e ❶ *(poet.; nachkl.)* zu derselben gens, Sippe gehörig [**nomen** Familienname]; ❷ *(nachkl.)* zu demselben Volk gehörig, national, vaterländisch; **II.** *Subst.* is *m* Angehöriger derselben gens, Verwandter.

**gentīlitās**, ātis *f (gentilis)* Sippenverwandtschaft.

**genū**, ūs *n* Knie.

**Genua**, ae *f Küstenstadt in Ligurien, j.* Genova.

**genuāle**, lis *n (genu) (poet.)* Kniebinde.

**genuī** *Perf. v. gigno.*

**genuīnus**[1], a, um *(gigno)* angeboren, natürlich [**virtutes**].

**genuīnus**[2] *(gena)* **I.** *Adj.* a, um Wangen-, Backen- [**dentes** Backenzähne]; **II.** *Subst.* ī *m (poet.)* Backenzahn.

**genus**, neris *n (gigno)* ❶ Geburt, Abstammung [**nobile; plebeium**]; **Graecus genere** v. Geburt; **genus ducere** *od.* **trahere ab alqo** v. jmdm. abstammen; ❷ hohe Geburt, Adel; ❸ Geschlecht, Familie, Haus; **auctores generis mei** meine Ahnen; **genus prodere** fortpflanzen; ❹ *(poet.)* Nachkommenschaft; Nachkomme, Sprössling, Kind, Enkel; ❺ Stamm, Volk, Nation [**Graecorum; bellicosum**]; ❻ natürliches Geschlecht [**virile; muliebre**]; ❼ Gattung, Klasse, Art: **a)** *(v. Menschen)* Gattung, Klasse, Sorte [**colonorum**]; **b)** *(v. Tieren)* Art, Rasse, Gattung [**ferarum; vipereum**]; **c)** *(v. Sachen)* Gattung, Art [**locorum** Beschaffenheit]; ❽ Art u. Weise, Verfahrensweise [**dicendi** Redeweise]; ❾ Beschaffenheit, Wesen; ❿ Hinsicht, Beziehung.

**Grammatik & Co.**
**Genus nominis:** Wir kennen verschiedene Hauptregeln zum Genus: Substantive der a-Deklination sind feminin, die der o-Deklination (-us, i) sind maskulin; alle Substantive auf -um, i, im Plural -a, orum sind Neutra; alle ‚Täter' auf -or, oris sind maskulin. Vorrangig vor diesen Hauptregeln ist allerdings das „natürliche Geschlecht". Hierfür können wir uns als Regeln merken: „Männer, Flüsse, Wind Maskulina sind" (z. B. Isara rapidus) oder: „Als Feminina sehe man die Bäume und die Frauen an" (arbor alta, fagus silvatica).

G

**geōgraphia**, ae *f (gr. Fw.)* Erdbeschreibung, Geografie.
**geōmetrēs**, ae *m (gr. Fw.)* Feldmesser, Mathematiker.
**geōmetria**, ae *f (gr. Fw.)* Feldmesskunst, Geometrie, Mathematik.
**geōmetrica**, ōrum *n (geometricus)* Geometrie.
**geōmetricus**, a, um *(gr. Fw.)* geometrisch.
**geōrgicus**, a, um *(gr. Fw.) (poet.; nachkl.)* den Landbau betreffend, vom Landbau; – **Geōrgica,** ōrum *n Vergils Dichtung vom Landbau.*
**Gergovia**, ae *f Stadt der Arverner in Mittel-Gallien (Auvergne).*
**germāna**, ae *f (germanus)* Schwester.
**Germānī**, ōrum *m* die Germanen; – **Germānia,** ae *f* Germanien; *Pl.* Ober- u. Niedergermanien; – *Adj.* **Germānicus,** a, um *(Subst. als Ehrenname f. siegreiche Kriegführung in Germanien),* **Germānus,** a, um *u.* **Germāniciānus,** a, um.
**germānitās**, tātis *f (germanus)* ❶ Bruderschaft, Schwesterschaft, Geschwisterschaft, Brüderlichkeit; ❷ Verwandtschaft *v. Städten.*
**germānus I.** *Adj.* a, um ❶ leiblich, echt [**frater; soror**]; ❷ echt, wahr, wirklich [**iustitia**]; **II.** *Subst.* ī *m* Bruder.
**germen**, minis *n* ❶ *(poet.; nachkl.)* Keim, Spross; ❷ *(poet.)* Sprössling, Abkömmling; *(koll.)* Geschlecht, Stamm.
**germinō**, germināre *(germen) (poet.; nachkl.)* keimen, sprießen.
**gerō**, gerere, gessī, gestum ❶ tragen [**onus; clipeum**]; hintragen, hinschaffen [**saxa in muros**]; ❷ an sich tragen, m. sich führen *(bes. Kleidung u. Waffen)* [**vestem; arma**]; ❸ *Part. Präs.* **gerēns** *oft* = „mit"; *z. B.* **monstrum centum oculos gerens;** ❹ *(übtr.) (prae se)* etw. offen an den Tag legen, offen zeigen [**animum fortem; personam alcis** jmds. Rolle spielen, jmd. repräsentieren; **regem** sich benehmen wie]; ❺ *(übtr.)* hegen, empfinden [**amicitiam** *u.* **inimicitias cum alqo; curam pro alqo; odium in alqm**]; ❻ **sē gerere** *(m. Adv. od. adv. Ausdruck)* sich betragen, sich benehmen, sich zeigen [**honeste; pro cive** als (wie) ein Bürger; **se medium** sich neutral verhalten]; ❼ ausführen, betreiben, besorgen, tun [**rem mandatam**]; – *Pass.* geschehen: **dum haec geruntur** unterdessen; ❽ **rem ~ a)** eine Tat vollbringen, *übh.* handeln; – *Subst.* **res gesta** Ereignis; *Pl.* **res gestae** Taten, *bes.* Kriegstaten *(nähere Bestimmung durch Adv. od. Adj.)* [**bene, multae**]; **b)** *(vom Feldherrn)* kommandieren; **c)** *(v. Soldaten)* kämpfen; ❾ *(Krieg)* führen [**bellum**]; ❿ *(Ämter)* bekleiden, verwalten [**magistratūs; praeturam; aedilitatem; comitia** Wahlen leiten *od.* abhalten; **rem publicam** den Staat leiten *od.* verwalten]; ⓫ *(Zeit)* hinbringen.
**gerulus**, ī *m (gero) (poet.; nachkl.)* Träger; Bote.

**Grammatik & Co.**
Das **Gerund** ist ein Verbal*substantiv*. Ins Deutsche übersetzen wir es als deklinierten Infinitiv mit Artikel oder als Infinitiv mit „zu": ars *legendi* „die Kunst *des Lesens*/die Kunst *zu lesen*".

**Grammatik & Co.**
Das **Gerundiv** ist ein Verbal*adjektiv*. Im ersten Schritt können wir es mit einem - meist etwas umständlichen - Adjektiv übersetzen, letztendlich müssen wir es aber als Substantiv (oft auf -ung) oder mit einem Infinitiv mit „zu" wiedergeben: de re publica *administranda* („über den *zu verwaltenden* Staat") = „über die *Verwaltung* des Staates"; ars rei publicae *administrandae* („die Kunst des *zu verwaltenden* Staates") = „die Kunst der *Verwaltung* eines Staates" oder „die Kunst, einen Staat *zu verwalten*".

**gerūsia**, ae *f (gr. Fw.) (nachkl.)* Altersheim.
**Gēryōn**, ōnis *u.* **Gēryonēs**, ae *m dreileibiger Riese auf der Insel Erythea b. Cadiz, Besitzer großer Rinderherden, die ihm Herkules entführte.*
**gessī** *Perf. v. gero.*
**gestāmen**, minis *n (gesto) (poet.; nachkl.)* ❶ *das Getragene:* Last, Bürde; Schmuck; Waffen; ❷ Trage, Bahre; Sänfte.
**gestātiō**, ōnis *f (gesto) (nachkl.)* ❶ Ausfahrt *(das Gefahrenwerden);* ❷ Spazierweg, Allee, Reit-, Fahrbahn.
**gestātor**, ōris *m (gesto) (nachkl.)* Träger.
**gesticulātiō**, ōnis *f (gestus[2]) (nachkl.)* ausdrucksvolle Bewegung, Geste.

**gestiō**[1], ōnis *f (gero)* Ausführung.
**gestiō**[2], gestīre *(gestus²)* **I.** *intr.* sich freuen, ausgelassen, übermütig sein [**otio; rebus secundis**]; **II.** *trans.* heftig verlangen *(auch m. Inf. od. A. C. I.)*.
**gestō**, gestāre *(Intens. v. gero)* ❶ tragen; – *Pass.* sich tragen lassen, fahren, reiten; ❷ *(Kleidung, Schmuck, Waffen)* an sich tragen, mit sich führen; ❸ *(nachkl.)* herbeischaffen.
**gestus**[1] *P. P. P. v. gero.*
**gestus**[2], ūs *m (gero)* ❶ Haltung [**corporis**]; ❷ Gebärde, Gebärdenspiel.
**Getae**, ārum *m (Sg.* **Geta** *u.* **Getēs**, ae *m) thrak. Reitervolk nördl. der unteren Donau;* – *Adj.* **Geticus**, a, um.
**gibber**, era, erum *(nachkl.)* buckelig.
**gibberōsus**, a, um *(gibber) (nachkl.)* buckelig.
**Gigās**, antis *m* Gigant, *gew. im Pl.* **Gigantēs**, tum Giganten, *schlangenfüßige Riesen;* – *Adj.* **Gigantēus**, a, um gigantisch, der Giganten; riesig.
**gignō**, gignere, genuī, genitum ❶ (er)zeugen, gebären *(v. Menschen u. v. Tieren);* ❷ *(v. Sachen, bes. v. der Erde u. v. Pflanzen)* hervorbringen; **terra omnia gignit;** – *Subst.* **gignentia,** ium *n* Gewächse, Geschöpfe; ❸ verursachen, bewirken.
**gilvus**, a, um *(poet.)* blassgelb.
**gingīva**, ae *f (poet.)* Zahnfleisch.
**glaber**, bra, brum *(poet.; nachkl.)* glatt, unbehaart, kahl; – *Subst.* **glabrī,** ōrum *m* enthaarte Sklaven, Lustknaben.
**glaciālis**, e *(glacies) (poet.; nachkl.)* eisig, eiskalt, Eis-.
**glaciēs**, ēī *f (verw. m. gelu)* Eis.
**glaciō**, glaciāre *(glacies) (poet.; nachkl.)* zu Eis machen [**nives**].
**gladiātor**, ōris *m (gladius)* ❶ Gladiator *(Fechter in den öffentl. Kampfspielen);* ❷ *(als Schimpfw.)* Bandit; ❸ *Pl. (meton.)* Gladiatorenkämpfe, -spiele; **gladiatores dare** *od.* **edere** veranstalten.

**Imperium Romanum**

**gladiātor** – Gladiatoren traten in Rom erstmals im dritten Jahrhundert v. Chr. bei Totenfeiern zu Begräbnissen wohlhabender Männer auf. Gemäß römischer Quellen etruskischen Ursprungs sollen diese blutigen Schauspiele auf Leben und Tod bei den Etruskern ein Ersatz für direkte Menschenopfer gewesen sein. Im Laufe der Zeit wurden aus diesen anfänglichen Begräbnisriten aufwändig inszenierte Spektakel für die Volksmenge, oft von Politikern veranstaltet, um so die Gunst des Volkes zu gewinnen. In der Kaiserzeit traten nur noch Kaiser als Veranstalter oder Schirmherren der Gladiatorenspiele auf, wo die Masse der Zuschauer über Tod und Leben der besiegten Gladiatoren mit einem Daumenzeichen „abstimmen" durften. Gladiatoren waren Sklaven, Kriegsgefangene, verurteilte Verbrecher und später auch Christen. Sie wurden in kasernenartigen Gladiatorenschulen ausgebildet. Außer den Christen schien im alten Rom kaum jemand Anstoß an den „Spielen" genommen zu haben; Seneca verurteilte sie allerdings scharf. Erst im fünften Jahrhundert wurden die Gladiatorenspiele abgeschafft.

**gladiātōrium**, ī *n (gladiatorius)* Handgeld *f. Freie, die sich als Gladiatoren anwerben ließen.*
**gladiātōrius**, a, um *(gladiator)* Gladiatoren-.
**gladiātūra**, ae *f (gladiator) (nachkl.)* Gladiatorenkampf.
**gladius**, ī *m* ❶ *kurzes, zweischneidiges* Schwert; **-um (de)stringere** *u.* **educere** ziehen, zücken; **-um condere** einstecken; *bildl.:* **plumbeo -o iugulari** m. schwachen Beweisen widerlegt werden; ❷ *(meton.)* Mord(tat); ❸ Gladiatorenkampf.
**glaeba**, ae *f* ❶ Erdscholle; ❷ *(poet.) (meton.)* Acker, Boden; ❸ Klumpen, Stückchen.
**glaebula**, ae *f (Demin. v. glaeba) (nachkl.)* ❶ ein Stückchen Acker; ❷ Klümpchen, Stückchen.
**glaesum**, ī *n (nachkl.)* Bernstein.
**glandi-fer**, fera, ferum *(glans u. fero)* Eicheln tragend.
**glāns**, glandis *f* ❶ Eichel; ❷ Schleuderkugel.
**glārea**, ae *f* grober Sand, Kies.
**glāreōsus**, a, um *(glarea)* voller Kies.
**glaucus**, a, um *(gr. Fw.) (poet.; nachkl.)* blaugrau; graugrün.
**glēba, glēbula** = *glaeba, glaebula.*
**glēsum** = *glaesum.*
**glīscō**, glīscere, – – ❶ aufflammen; ❷ allmählich zunehmen, überhandnehmen.
**globōsus**, a, um *(globus)* kugelförmig [**terra**].
**globus**, ī *m (verw. m. glaeba)* ❶ Kugel [**terrae**]; ❷ *(poet.; nachkl.)* Klumpen [**nubium**]; ❸ *(übtr.)* Menge, Schar [**militum**]; ❹ Verein(igung), Klub, *(pejor.)* Clique [**nobilitatis; coniurationis**].
**glomerō**, glomerāre *(glomus)* ❶ zu einem Knäuel zusammenballen, aufwickeln; ❷ *(übtr.)* zusammendrängen, -häufen, -scharen [**manum** (Schar) **bello** zum Kampf]; – **se ~** *u. mediopass.* **glomerari** sich zusammendrängen [**circum alqm**]; ❸ *(poet.)* m. etw. vermengen; ❹ *(poet.)* **gressūs superbos ~** stolz einhertraben.

**glomus**, meris *n (poet.)* Knäuel.

**glōria**, ae *f* ❶ Ruhm, Ehre; **-am sequi; alqm -ā afficere** jmdm. Ruhm verleihen; ❷ *(nachkl.) (meton.) Pl.* Ruhmestaten; ❸ *(poet.; nachkl.)* Gegenstand des Ruhmes, Zierde, Stolz *(v. Lebewesen u. Sachen)*; ❹ Ruhmsucht, Ehrgeiz; ❺ Prahlerei.

**glōriātiō**, ōnis *f (glorior)* Prahlerei.

**glōriola**, ae *f (Demin. v. gloria)* ein bisschen Ruhm.

**glōrior**, glōriārī *(gloria)* sich rühmen, prahlen *(mit, wegen: Abl.; de; m. Akk. des Neutr. eines Pron.; m. A. C. I., selten m. quod od. Inf.; bei, vor jmdm.: ad alqm)*; **in re ~** seinen Ruhm in etw. setzen *od.* suchen.

G

**glōriōsus**, a, um *(gloria)* ❶ ruhmvoll, rühmlich; ❷ prahlerisch; ❸ ruhmsüchtig.

**glūbō**, glūbere, (glūpsī, glūptum) *(poet.)* jmd. berauben.

**glūten**, tinis *n (poet.)* Leim.

**glūtinātor**, ōris *m (gluten)* Buchbinder.

**glūtinum**, ī *n* Leim.

**Gnaeus**, ī *m Vorname (abgekürzt Cn).*

**gnāritās**, tātis *f (gnarus)* Kenntnis.

**gnārus**, a, um *(vgl. (g)nosco, ignoro)* ❶ kundig, erfahren *(m. Gen.; indir. Frages.; A. C. I.)* [**loci; Latinae linguae**]; ❷ *(nachkl.)* bekannt.

**gnascor** = *nascor.*

**gnātus** *u.* **gnāta** = *natus, nata s. nascor.*

**gnāvus** = *navus.*

**Gnidus** *s. Cnidus.*

**Gnōs(s)us**, ī *f* Knossos, *eine der ältesten Städte Kretas, Residenz des Minos; – Einw.* **Gnōsius**, ī *m; –* **Gnōsias**, adis *u.* **Gnōsis**, idis *f* die Kreterin, Ariadne; – *Adj.* **Gnōsius** *u.* **Gnōsiacus**, a, um aus, von Gnosus, *übh.* kretisch.

**gnōveris** = *noveris s. nosco.*

**gōbius**, ī *u.* **gōbiō**, ōnis *m (gr. Fw.) (poet.; nachkl.)* Gründling *(Fisch).*

**Gordium**, ī *n Residenz der phrygischen Könige, ber. durch den gordischen Knoten (s. Gordius).*

**Gordius**, ī *m myth. König v. Großphrygien, der an seinem Wagen einen unauflösbar geknüpften Knoten hatte, v. dem die Sage ging, dass derjenige, der ihn löste, Herrscher üb. ganz Asien werden würde; Alexander d. Gr. hieb diesen Knoten m. dem Schwert durch.*

**Gorgiās**, ae *m* ❶ *griech. Sophist aus Leontini in Sizilien, Lehrer der Redekunst z. Zt. des Sokrates;* ❷ *Rhetor in Athen, Lehrer Ciceros.*

**Gorgō**, Gorgonis, *selten* Gorgūs *f, (meist Pl.* Gorgones, num) die Gorgonen, *drei schlangenhaarige Töchter des Phorkys, vor allem* Medusa; *(meton.)* Medusenhaupt; – *Adj.* **Gorgoneus**, a, um gorgonisch, medusisch [**equus** = *Pegasus;* **lacus** *die durch den Hufschlag des Pegasus entsprungene Quelle Hippocrene*].

**Wissen: Antike**

**Gorgō** – Die Gorgonen (**Gorgones**) sind in der griechischen Mythologie die drei geflügelten, schlangenhaarigen Ungeheuer Stheno, Euryale und Medusa, Töchter des greisen Meergottes Phorkys, deren Anblick so schrecklich war, dass jeder, der ihnen ins Gesicht schaute, sich in Stein verwandelte. Die einzig sterbliche, aber auch schrecklichste von ihnen war Medusa. Sie wurde von Perseus enthauptet. Dabei entsprang aus ihrem Blut das Flügelross Pegasus. Das abgeschlagene Medusenhaupt trug später Athene auf ihrem Schild oder Panzer.

**Gortȳni(ac)us**, a, um aus der Stadt Gortȳna *(auf Kreta), auch übh.* kretisch; – *Einw. v. Gortyna:* **Gortȳniī**, ōrum *m.*

**gōrȳtus**, ī *m* = *corytus.*

**Gotōnēs**, num *m germ. Volk an der unteren Weichsel* (Goten).

**grabātus**, ī *m (gr. Fw.)* niedriges Ruhebett.

**Gracchānus**, a, um *Adj. zu Gracchus:* gracchisch, der Gracchen.

**Imperium Romanum**

**Gracchus** (ī *m*) – Besonders zwei Brüder dieses Namens sind in die Geschichte eingegangen. Der ältere von ihnen, **Tiberius Sempronius Gracchus** (162–133 v. Chr.), trat als Volkstribun 133 v. Chr. für eine Agrarreform ein, um Kleinbauern und verarmten Stadtbürgern Land zu verschaffen. Die Optimaten widersetzten sich seinen Plänen. Nachdem er mehrmals die Staatsverfassung gebrochen hatte, um sich durchzusetzen, wurden er und Hunderte seiner Anhänger ermordet.
Sein jüngerer Bruder **Gaius Sempronius Gracchus** (153–121 v. Chr.) war in den Jahren 123 und 122 Volkstribun und wollte die Agrarreform seines Bruders durch verschiedene Gesetze fortsetzen. 121 beantragte der Senat die Aufhebung der durch ihn erwirkten Gesetze. Als Gaius sich zum dritten Mal zum Volkstribun wählen lassen wollte, griffen die Optimaten zu den Waffen und es kam zum Bürgerkrieg, bei dem Tausende seiner Anhänger ermordet wurden. Er selbst ließ sich von einem Sklaven töten. Mit den beiden Gracchen begann die Zeit der römischen Bürgerkriege.

**gracilis**, e ❶ schlank, schmal, dünn, *(pejor.)* mager, dürr [**virgo; capella; comae**]; ❷ *(poet.; nachkl.) (v. der Rede u. vom Redner)* einfach, schlicht.

**gracilitās**, tātis *f (gracilis)* Schlankheit, *(pejor.)* Magerkeit.

**grāculus**, ī *m (poet.; nachkl.)* Dohle.

**gradārius**, a, um *(gradus) (nachkl.)* Schritt für Schritt gehend, im Schritt.

**gradātim** *Adv. (gradus)* ❶ schrittweise; ❷ stufenweise, nach u. nach.

**gradātiō**, ōnis *f (gradus) (rhet. t. t.)* Steigerung *des Ausdrucks.*

**gradātus**, a, um *(gradus) (nachkl.)* abgestuft.

**gradior**, gradī, gressus sum schreiten, (einher)gehen.

**Grādīvus**, ī *m (aus metr. Gründen auch -ă-) Beiname des Mars.*

**gradus**, ūs *m (gradior)* ❶ Schritt; **gradum referre** zurückgehen; **gradum proferre** vorwärtsgehen; **gradum conferre** den Kampf beginnen; *übtr.:* **primus ~ capessendae rei publicae** der erste Schritt in der polit. Laufbahn; **gradum facere ex aedilitate ad censuram** den Sprung machen; ❷ *(poet.)* das Nahen [**mortis**]; ❸ Stellung, Standpunkt; **alqm gradu depellere** *od.* **(de)movere** *u.* **de gradu deicere** jmd. aus seiner Stellung verdrängen *od.* aus der Fassung bringen; **de gradu pugnare** in fester Stellung; ❹ Stufe, Sprosse, *Pl.* Treppe; ❺ *(nachkl.)* stufenförmige Sitzreihe *(im Theater)*, Tribüne; ❻ *(übtr.)* Stufe, Grad [**aetatis** Altersstufe; **sonorum** Tonstufe]; ❼ Rang, Würde [**senatorius**].

**Graecī**, ōrum *m* die Griechen; *selten Sg.:* **Graecus,** ī *m* Grieche; **Graeca,** ae *f* Griechin; – *Adj.* **a) Graecus,** a, um griechisch; *Adv.* **Graecē** griechisch, in griechischer Sprache [**scribere; scire** griechisch sprechen können]; **Graecum,** ī *n* das Griechische, die griechische Sprache; **b) Graeculus,** a, um *(Demin. v. Graecus)* griechisch *(meist pejor. od. iron.); als Subst. m* „Griechlein"; c) *(nachkl.)* **Graecānicus,** a, um nach Art der Griechen.

**Graecia**, ae *f* ❶ Griechenland; ❷ Großgriechenland [**magna** *od.* **maior** das v. Griechen kolonisierte Unteritalien].

**graecor**, graecārī *(Graecus) (poet.)* auf griechische Art leben.

**Graecostasis**, is *f (gr. Fw.)* „Griechenstand", *Halle in der Nähe der Kurie in Rom f. fremde, bes. griech. Gesandte.*

**Graeculus**, **Graecus** *s. Graeci.*

**Grāiī** *u.* **Grāī**, ōrum *(poet. auch* Graium*) m = Graeci,* die Griechen *(bes. als Heldenvolk der Vorzeit);* – *Adj.* **Grāius,** a, um.

**Grāiocelī**, ōrum *m gall. Volk in den Grajischen Alpen m. der Hauptstadt Ocelum.*

**Grāiu-gena**, ae *m (Graius[1] u. gigno) (poet.)* Grieche v. Geburt.

**Grāius[1]**, a, um *s. Graii.*

**Grāius[2]**, a, um grajisch [**Alpes**].

**grāmen**, minis *n* ❶ Gras; ❷ Pflanze, Kraut.

**grāmineus**, a, um *(gramen)* ❶ aus Gras [**sedile** Rasenbank]; ❷ *(poet.)* m. Gras bewachsen [**campus**]; ❸ aus Bambusrohr [**hasta**].

**grammatica**, ae *f u.* **-a,** ōrum *n (grammaticus)* Sprachwissenschaft, Philologie.

**grammaticus** *(gr. Fw.)* **I.** *Adj.* a, um *(poet.)* sprachwissenschaftlich, grammatisch; **II.** *Subst.* ī *m* Sprachwissenschaftler, Philologe.

**grānārium**, ī *n (granum)* Kornspeicher.

**grand-aevus**, a, um *(grandis u. aevum) (poet.; nachkl.)* hochbetagt.

**grandēscō**, grandēscere, – – *(grandis)* groß werden, wachsen.

G

**grandi-fer**, fera, ferum *(grandis u. fero)* sehr einträglich.

**grandi-loquus**, a, um *(grandis u. loquor)* ❶ großsprecherisch; ❷ *(v. Rednern u. Dichtern)* erhaben, feierlich *im Stil.*

**grandis**, e ❶ groß; ❷ erwachsen; ❸ bejahrt, betagt *(mit u. ohne natu od. aevo);* ❹ zahlreich, bedeutend, stark [**peditatus; pecunia**]; ❺ *(übtr.)* bedeutend, großartig [**certamen**]; ❻ *(rhet.)* feierlich, erhaben [**carmen; oratio**]; ❼ *(der Gesinnung nach)* edel.

**grandi-scāpius**, a, um *(grandis u. scapus) (nachkl.)* großstämmig.

**granditās**, tātis *f (grandis)* Erhabenheit.

**grandō**, dinis *f* Hagel.

**Grānīcus**, ī *m Fluss in Mysien (Kleinasien); Schlacht zw. Alexander dem Gr. u. den Persern 334 v. Chr.*

**grāni-fer**, fera, ferum *(granum u. fero) (poet.)* Körner tragend.

**grānum**, ī *n* ❶ *(poet.)* Korn; ❷ Kern; ❸ *(poet.)* Beere.

**graphium**, ī *n (gr. Fw.) (poet.; nachkl.)* Schreibgriffel.

**grassātor**, ōris *m (grassor)* Wegelagerer, Straßenräuber.

**grassātūra**, ae *f (grassor) (nachkl.)* nächtliches Herumschwärmen, das Wegelagern.

**grassor**, grassārī *(Intens. v. gradior)* ❶ schreiten; ❷ *(poet.)* eifrig losgehen auf; ❸ auf etw. erpicht sein [**in possessionem agri publici**]; ❹ herumschwärmen, sich herumtreiben; ❺ vorgehen, verfahren [**iure; non vi; ferro** mit blutiger Gewalt vorgehen]; ❻ *(nachkl.)* wüten.

**grātēs** *f Pl. (nur Nom., Akk. u. Abl.* grātibus*) (gratus)* ❶ Dank *(bes. geg. die Götter);* **alci grates agere, dicere, referre** jmdm. danken; ❷ *(poet.)* Dankfest.

**grātia**, ae *f (gratus)* Gefälligkeit: ❶ *(poet.; nachkl.)* Anmut, Liebenswürdigkeit, Grazie; – *personif.* **Grātiae,** ārum *f* die Grazien, *Göttinnen der Anmut;* ❷ Gunst *(in der man* *b. anderen steht),* Beliebtheit, Ansehen; **homo summā -ā; in -a esse** *od.* **alci ~ est apud alqm** *u.* **cum alqo** bei jmdm. beliebt sein; ❸ gutes Einvernehmen, Freundschaft, Liebe *(mit, zu jmdm., für jmd: cum alqo u. alcis);* **in -am redire** *od.* **reverti cum alqo** sich wieder aussöhnen; ❹ Gunst *(die man anderen erweist),* Gefälligkeit, Gnade, Freundlichkeit; **alci -am dicendi facere** jmdm. zu reden gestatten; ❺ Dank; **-as agere alci** *(pro re od. ob rem; de alqo; m. quod od. A. C. I.)* jmdm. Dank sagen, danken; **-am** *od.* **-as habere alci pro re** jmdm. Dank wissen, dankbar sein; **-am debere** schulden; **-am referre** durch die Tat sich dankbar zeigen, Dank abstatten; – *Adv.* **grātīs** *(älter* grātiīs) *(Abl. Pl.,* „für bloßen Dank") unentgeltlich, umsonst; ❻ Freude; **cum omnium -a** zur Freude aller; / *Adv.* **grātiā** *(Abl.) (dem abhängigen Gen. nachgest.)* um ... willen, wegen [**hominum; amicitiae; exempli** beispielsweise; *aber:* **meā / tuā / nostrā / vestrā gratiā** meinetwegen / deinetwegen / *usw.*].

G

**grātificātiō**, ōnis *f (gratificor)* ❶ Gefälligkeit; ❷ Schenkung, Landanweisung [**Sullana**].

**grātificor**, grātificārī *(gratus u. facio)* **I.** *intr.* willfahren, sich gefällig erweisen; **II.** *trans.* etw. freudig darbringen *od.* gewähren; (auf)opfern.

**grātiīs** = *grātīs s. gratia 5.*

**grātiōsus** *(gratia)* **I.** *Adj.* a, um ❶ in Gunst stehend, beliebt, angesehen; ❷ gefällig, freundlich; ❸ aus Gnade gegeben; **II.** *Subst.* ī *m* Günstling.

**grātīs** *Adv. s. gratia 5.*

**grātor**, grātārī *(gratus) = gratulor.*

**grātuītus**, a, um *(Adv. -ō) (gratis)* ohne Lohn, unentgeltlich, umsonst, uneigennützig [**pecunia** ohne Zinsen geliehen; **suffragia / comitia** ohne bezahlte Stimmen; **milites** Freiwillige].

**grātulābundus**, a, um *(gratulor)* Glück wünschend.

**grātulātiō**, ōnis *f (gratulor)* ❶ (offen bekundete) Freude [**civium**]; ❷ Glückwunsch *(zu, wegen etw.: Gen.)* [**victoriae**]; ❸ Danksagung, Dankfest.

**grātulor**, grātulārī ❶ Glück wünschen *(jmdm. zu, wegen etw.: alci alqd od. de re; m. quod od. A. C. I.)* [**amico; alci recuperatam libertatem; de reditu; sibi** sich freuen]; ❷ *(poet.; nachkl.)* freudig danken [**dis immortalibus**].

**grātus**, a, um ❶ *(poet.)* anmutig, lieblich [**Venus; carmen; loca**]; ❷ dankenswert, willkommen, erwünscht, erfreulich, teuer *(meist v. Sachen, selten v. Personen);* **-um alci (alqd) facere** jmdm. (m. etw.) einen Gefallen erweisen; – *Adv.* gern; ❸ dankbar *(alci od. in, erga, adversus alqm).*

**gravātē** *u.* **gravātim** *Adv. (gravor)* ungern.

**gravēdinōsus**, a, um *(gravedo)* verschnupft.

**gravēdō**, dinis *f (gravis)* Stockschnupfen.

**gravēscō**, gravēscere, – – *(gravis) (poet.; nachkl.)* ❶ schwer werden; ❷ *(übtr.)* sich verschlimmern.

**graviditās**, tātis *f (gravidus)* Schwangerschaft.

**gravīdō**[1] *(poet.) = gravedo.*

**gravidō**[2], gravidāre *(gravidus)* befruchten.

**gravidus**, a, um *(gravis)* ❶ schwanger; trächtig; ❷ voll, beladen (mit), reich, fruchtbar (an) [**nubes** regenschwer; *(von, an etw.: Abl.)* **metallis** reich an].

**gravis**, e **I.** *(akt.)* schwer lastend: ❶ schwer *v. Gewicht* [**onus**]; ❷ *(übtr.)* drückend, beschwerlich, lästig [**labor; militia; senectus; vita; sol** drückende Hitze]; ❸ schlimm, hart, traurig [**fatum; crudelitas; iniuriae**]; ❹ *(v. Personen)* lästig, unangenehm; ❺ schwer, heftig, stark, gewaltig [**vulnus; tempestas; inimicitiae**]; ❻ *(poet.)* widerlich, ekelhaft, abstoßend [**odor**]; ❼ *(v. Stimme u. Tönen)* tief, dumpf; ❽ ungesund, gefährlich [**locus; anni tempus**]; ❾ gewichtig, wichtig, bedeutend *(v. Personen u. Sachen)* [**testis; auctor; argumentum; persona** wichtige Rolle]; ❿ erhaben, feierlich, majestätisch [**numen**]; ⓫ *(rhet.)* nachdrücklich [**oratio**]; ⓬ ernst, besonnen, streng *(v. Personen u. Sachen)* [**consul; sententia; senatūs consultum**]; ⓭ *(v. Personen)* angesehen, würdevoll, einflussreich; **II.** *(pass.)* schwer belastet: ❶ beschwert, schwer beladen; *(übtr.)* gedrückt, gebeugt [**navigia; miles armis** schwer bewaffnet; *übtr.* **morbo; aetate** vom Alter gebeugt]; ❷ *(poet.; nachkl.)* vom Alter gebeugt, hochbetagt; ❸ *(poet.; nachkl.)* schwanger; ❹ *Adv.* **graviter** ungern.

**gravitās**, tātis *f (gravis)* ❶ Gewicht, Last [**armorum**]; ❷ *(übtr.)* Belastung, Druck; ❸ *(poet.)* Schwangerschaft; ❹ Mattigkeit, Schwere [**corporis; senilis** Altersschwäche]; ❺ Beschwerlichkeit, Unannehmlichkeit [**temporum; morbi** Heftigkeit]; ❻ Belastung *(f. die Gesundheit),* schädlicher Einfluss [**loci; caeli**]; ❼ Härte, Strenge [**legum; iudiciorum**]; ❽ Bedeutung, Wichtigkeit, Einfluss [**civitatis**]; ❾ Ernst, Würde, Erhabenheit [**parentis; orationis**].

**gravō**, gravāre *(gravis)* ❶ *(poet.; nachkl.)* beschweren, beladen, belasten [**alqm sarcinis**]; ❷ *(poet.; nachkl.) (übtr.)* erschweren, verschlimmern, verstärken [**mala alcis**]; ❸ belästigen, bedrängen, bedrücken.

**gravor**, gravārī *(gravo)* **I.** *intr. (= mediopass. v. gravo)* ❶ sich beschwert fühlen, verdrießlich sein; ❷ Schwierigkeiten machen, sich weigern *(abs., m. Inf. od. quod);* **II.** *trans. (nachkl.)* ❶ ungern gewähren, verweigern; ❷ ungern übernehmen; ❸ ungern ertragen.

**gregālis** *(grex)* **I.** *Adj.* e ❶ *(nachkl.)* zur Herde gehörig [**equae**]; ❷ *(nachkl.)* v. gewöhnlicher Sorte [**poma**]; ❸ eines gemeinen Soldaten [**habitus** Uniform]; **II.** *Subst.* is *m* Kamerad, *(pejor.)* Spießgeselle [**Catilinae**].

**gregārius** *(grex)* **I.** *Adj.* a, um zu den gemeinen Soldaten gehörig [**milites** Gemeine]; **II.** *Subst.* ī *m (nachkl.)* der gemeine Soldat.

**gregātim** *Adv. (grex)* haufen-, scharenweise.

**gremium**, ī *n* ❶ Schoß; **-o accipere alqm** auf den Schoß nehmen; ❷ *(übtr.)* Schoß *als Ort der Geborgenheit u. Sicherheit;* **abstrahi e -o patriae;** ❸ das Innerste; **medio Graeciae -o** mitten in Griechenland.

**gressus**[1] *P. P. Akt. v. gradior.*

**gressus**[2], ūs *m (gradior) (poet.)* ❶ das Schreiten, Schritt, Gang; ❷ Fahrt des Schiffes.

**grex**, gregis *m* ❶ Herde [**armentorum; cervorum** Rudel; **avium** Schwarm]; ❷ Schar, Kreis, Gesellschaft [**amicorum** Freundeskreis; **iuvenum**]; ❸ *(milit.)* Schar, Trupp; ❹ *(philos.)* Sekte; ❺ *(poet.; nachkl.) (v. Lebl.)* Menge [**virgarum**].

**gruis**, is *f (poet.) = grus.*

**grundītus**, ūs *m* das Grunzen.

**grunniō**, grunnīre *(nachkl.)* grunzen.

**grūs**, gruis *f u. (selten) m* Kranich.

**grȳps**, grȳpis *m* (*Akk. Pl.* grȳpas) *(gr. Fw.) (poet.; nachkl.)* Greif *(Fabeltier m. Löwenleib, Flügeln u. Adlerkopf).*

**gubernābilis**, e *(guberno) (nachkl.)* lenkbar, leitbar.

**gubernāculum** *u. (poet. synk.)* **gubernāclum**, ī *n (guberno)* ❶ Steuerruder; ❷ *(übtr.) (meist Pl.)* Lenkung, Leitung, Regierung [**civitatis**].

**gubernātiō**, ōnis *f (guberno)* ❶ das Steuern [**navis**]; ❷ *(übtr.)* Lenkung, Leitung, Regierung [**civitatis**].

**gubernātor**, ōris *m (guberno)* ❶ Steuermann; ❷ *(übtr.)* Lenker, Leiter.

**gubernātrīx**, īcis *f (gubernator)* Lenkerin, Leiterin.

**gubernō**, gubernāre *(gr. Fw.)* ❶ steuern [**navem**]; ❷ *(übtr.)* lenken, leiten, regieren [**rem publicam**].

**gula**, ae *f* ❶ Kehle, Schlund; ❷ *(meton.)* Gefräßigkeit, Schlemmerei.

**gulōsus**, a, um *(gula) (nachkl.)* ❶ gefräßig, genusssüchtig; ❷ wählerisch.

**gurges**, gurgitis *m* ❶ Strudel, Wirbel; ❷ Abgrund, Schlund, Tiefe [**Stygius**]; ❸ *(übtr.)* Abgrund, Schlund [**libidinum**]; ❹ tiefes Wasser, Gewässer, Meer; ❺ Schlemmer, Verschwender [**patrimonii** des väterlichen Erbes].

**gurguliō**[1], ōnis *m (gurges)* Gurgel, Kehle.

**gurguliō**[2], ōnis *m = curculio.*

**gurgustium**, ī *n (gurges)* ärmliche Hütte; Kneipe.

**gūrus** *= gyrus.*

**gūstātōrium**, ī *n (gusto) (nachkl.)* Essgeschirr, Schüssel.

**gūstātus**, ūs *m (gusto)* Geschmackssinn; Geschmack.

G

**gūstō**, gūstāre ❶ kosten, schmecken [**aquam**]; ❷ *(übtr.)* etw. zu schmecken bekommen, kennen lernen, genießen [**amorem vitae**].

**gūstus**, ūs *m (gusto) (nachkl.)* ❶ das Kosten *einer Speise,* das Schmecken; ❷ *(übtr.)* Vorgeschmack, Probe.

**gutta**, ae *f* ❶ Tropfen; ❷ Fleck.

**guttur**, gutturis *n* Gurgel, Kehle.

**gūtus** *(u.* guttus), ī *m (gutta) (poet.; nachkl.)* enghalsiger Krug.

**Gyās** *u.* **Gyēs**, ae *m ein hundertarmiger Riese.*

**Gȳgēs**, is *u.* ae *m König v. Lydien um 700 v. Chr.; – Adj.* **Gȳgaeus**, a, um lydisch.

**gymnasiarchus**, ī *m (gr. Fw.)* Leiter einer Sportschule.

**gymnasium**, ī *n (gr. Fw.)* Sportplatz *od.* Schule f. Leibesübungen, Ringschule, *auch Treffpunkt der Philosophen u. Rhetoren; übh.* Tummelplatz.

**gymnicus**, a, um *(gr. Fw.)* gymnastisch, Turn-.

**gynaecēum** *u.* **gynaecīum**, ī *n (gr. Fw.)* Frauenwohnung, *der innere Teil des griech. Hauses.*

**gynaecōnītis**, tidis *f (gr. Fw.) = gynaeceum.*

**gypsō**, gypsāre *(gypsum)* vergipsen, übergipsen.

**gypsum**, ī *n (gr. Fw.) (nachkl.)* Gips.

**gȳrus**, ī *m (gr. Fw.)* ❶ Kreis(linie), Ring, Windung; ❷ Kreiswendung *(beim Reiten);* ❸ *(poet.) (übtr. v. der Zeit)* Kreislauf, Zeitlauf.

**Gythēum**, **Gythīum** *u.* **Gythium**, ī *n Stadt u. Hafen in Lakonien (Peloponnes), Waffenarsenal v. Sparta.*

# H h

**H, h** *(Abk.)* ❶ *hic*[1] *u. seine casus obliqui;* ❷ = *hastata (cohors);* ❸ = *hora;* ❹ **H. C.** = *Hispania citerior.*

**habēna**, ae *f (habeo)* ❶ Zügel *(meist Pl.);* **-as dare** *od.* **effundere** schießen lassen; **-as adducere** *od.* **premere** anziehen; ❷ *(poet.)* Riemen *der Schleuder;* ❸ *(poet.)* Schnur der Peitsche; Peitsche; ❹ *(poet.) (übtr.) Pl.* Leitung, Führung [**rerum** des Staates].

**habeō**, habēre, habuī, habitum ❶ *an sich (in der Hand, am Hals usw.)* haben, halten, tragen [**iaculum manibus; coronam in capite**]; ❷ besitzen, haben; ❸ behalten [**hereditatem; honores**]; ❹ haben, enthalten, zeigen, aufweisen; **ea regio montes non habet; annus res gestas habet;** ❺ *(v. Schriften)* etw. enthalten; **epistula nihil habet;** ❻ *(Versammlungen u. Ä.)* (ab)halten [**contionem; senatum**]; *übh.* etwas abhalten, veranstalten [**quaestionem; auspicia**]; ❼ *(Reden)* halten, vortragen; ❽ *(m. adv. Bestimmung)* jmd. behandeln [**alqm liberalissime** sehr ehrenvoll; **alqm bene / male**]; ❾ *(m. präd. Bestimmung)* halten für, betrachten als, rechnen unter; *pass.* gehalten werden für, gelten als *(selten Akt. m. dopp. Akk., häufig Pass. m. dopp. Nom.);* **deos aeternos et beatos ~; Cato clarus atque magnus habetur;** – *andere Konstruktionen: (m. pro)* **alqm pro amico ~;** *(m. [in] loco od. [in] numero alcis)* **alqm (in) numero hostium ~;** *(m. in u. Abl.)* **alqm in summis ducibus ~;** *(m. Gen. pretii)* **eius auctoritas magni habebatur; magni / parvi ~** hoch / gering achten; ❿ **se habere** *u. (selten) mediopass.* **haberi a)** *(v. Sachen)* sich verhalten, stehen; **res se male (ita** *od.* **sic) habet** steht schlecht (so); **b)** *(v. Personen)* sich befinden; **ego me bene habeo;** ⓫ *(poet.)* zur Frau haben; **di habuere suas sorores;** ⓬ besetzt halten; ⓭ beherrschen; ⓮ bewohnen [**Capuam**]; *abs.* wohnen, sich aufhalten [**ibi**]; ⓯ Besitzungen, Vermögen haben [**in nummis** Barvermögen]; ⓰ *(poet.) (Vieh)* halten, züchten; ⓱ *(v. Zuständen u. Ä.)* jmd. beherrschen, gefangen halten, fesseln; ⓲ *jmd. od. etw. in einem Zustand* (er)halten [**alqm in magno honore; alqm sollicitum** in Aufregung halten]; – *bes. m. P. P. P. zur Hervorhebung des dauernden Zustandes:* **portas clausas ~; aciem instructam ~; alqd cognitum** *od.* **notum ~** etw. durchschaut, erkannt haben; ⓳ etw. zu erdulden haben, erleiden [**vulnus; aes alienum**]; ⓴ etw. *od.* jmd. bei sich *od.* um sich haben, zur Seite *od.* auf seiner Seite haben [**equitatum; duos servos**]; ㉑ *(m. dopp. Akk.) als etw. od. zu etw.* haben, an jmdm. etw. haben [**alqm collegam**]; ㉒ *(Seelenzustände)* hegen, zeigen [**alci gratiam** dankbar sein; **alci fidem** glauben]; ㉓ *(als Eigenschaft)* an sich haben; ㉔ wissen, kennen; ㉕ *(m. Inf.)* vermögen, können; ㉖ *(m. dem Neutr. des Gerundivs)* müssen; **habeo dicendum.**

**habilis**, e *(habeo)* ❶ leicht zu handhaben, handlich [**currus; gladius**]; ❷ bequem; ❸ passend, geeignet, tauglich *(v. Personen u. Sachen) (zu, für etw.: m. ad od. Dat.).*

**habilitās**, tātis *f (habilis)* Geschicklichkeit.

**habitābilis**, e *(habito)* bewohnbar, wohnlich.

**habitātiō**, ōnis *f (habito)* Wohnung.

**habitātor**, ōris *m (habito)* ❶ Bewohner, Mieter; ❷ Einwohner.

**habitō**, habitāre *(Frequ. v. habeo)* **I.** *trans.* bewohnen [**urbes; casas**]; **II.** *intr.* ❶ wohnen [**ruri; ad litora; apud alqm**]; ❷ sich aufhalten, heimisch sein [**in foro**]; ❸ sich eifrig m. etw. beschäftigen [**in eo genere rerum**].

**habitus**[1], ūs *m (habeo)* ❶ *(nachkl.)* Haltung, Stellung *des Körpers;* ❷ Aussehen, Gestalt [**oris** Gesichtsbildung]; ❸ Tracht, Kleidung [**messoris**]; ❹ Zustand, Lage, Beschaffenheit [**locorum**]; ❺ Gesinnung [**provinciarum** der Provinzbewohner]; ❻ Eigenschaft.

**habitus**[2] *P. P. P. v. habere.*

**hāc** *Adv. (hic*[1]*; erg. parte od. viā)* auf dieser Seite, hier.

**hāc-tenus** *Adv. (eigtl. hāc parte tenus)* ❶ *(räuml.) (poet.; nachkl.)* bis hierher, bis dahin, so weit; ❷ *(zeitl.)* bis jetzt; ❸ *(abschließend in Rede u. Schrift)* bis hierher, so weit; ❹ *(graduell beschränkend)* bis zu dem Grade, insofern.

**Hadria** *u.* **Adria**, ae ❶ *f* **a)** *Stadt in Picenum, j.* Atri; – *Einw. u. Adj.* **Hadriānus**, ī *m bzw.* a, um; **b)** *Stadt zw. der Mündung des Po u. der Etsch, nach der das Adriatische Meer benannt ist;* – *Einw.* **Hadriānus**, ī *m;* – *Adj.* **Hadriānus, Hadriāticus** *u.* **Hadriacus**, a, um [**mare**]; *abs.* **Hadriāticum**, ī *n* das Adriatische Meer; ❷ *m* das Adriatische Meer, die Adria.

**Hadriānus**, ī *m* **P. Aelius ~** *geb. 76 n. Chr., röm. Kaiser (117–138).*

**Hadrūmētum** *s. Adrumetum.*
**haedilia**, ae *f (haedus) (poet.)* Geißlein, Zicklein.
**haedīnus**, a, um *(haedus)* v. jungen Ziegenböcken.
**Haeduī** *u.* **Aeduī**, ōrum *m* die Häduer, *kelt. Volk zw. Loire u. Saône; – Adj.* **Haeduus**, a, um.
**haedus**, ī *m* Böckchen, junger Ziegenbock; *(übtr.) Pl.* **Haedī** *(poet.; nachkl.) zwei Sterne im Zeichen des Fuhrmanns, m. deren Aufgang die Herbststürme beginnen.*
**Haemonia**, ae *f älterer Name Thessaliens; – Adj.* **Haemonius**, a, um thessalisch [**iuvenis** Jason; **puer** *od.* **heros** Achilles; **puppis** die Argo].
**Haemus**, ī *m* der Balkan *in Nordthrakien.*
**haereō**, haerēre, haesī, haesūrus ❶ hängen bleiben, haften, stecken bleiben *(in m. Abl.; ad; Dat.)*; **navis in vado** (Untiefe) **haerebat; in equo ~** im Sattel sitzen; **in vestigio ~** sich nicht vom Fleck rühren; **in oculis ~** immer vor Augen schweben; **complexibus** *od.* **in complexu alcis ~** jmd. fest umschlungen halten; **dolor animo haeret;** ❷ festsitzen, sich dauernd aufhalten [**circa muros urbis**]; ❸ fest an etw. *od.* an jmdm. hängen, nicht loskommen können von, bei etw. beharren *(in m. Abl.; apud alqm; selten m. Dat. u. Abl.)* [**in eadem sententia; in virgine;** *(feindl.)* **in tergo alcis** jmdm. auf dem Nacken sitzen; **apud fidicinam**]; ❹ *wie angewurzelt od. festgebannt* stehen bleiben, stecken bleiben, stocken; **alqs territus haeret; lingua metu haeret; vox faucibus haesit;** ❺ *(poet.)* stocken, aufhören; ❻ ratlos sein, schwanken.
**haeresis**, is *u.* eos *f (gr. Fw.)* ❶ Lehre, Dogma; ❷ Philosophenschule.
**haesī** *Perf. v. haereo.*
**haesitābundus**, a, um *(haesito) (nachkl.)* verlegen stotternd.
**haesitantia**, ae *f (haesito)* das Stocken [**linguae** das Stottern].
**haesitātiō**, ōnis *f (haesito)* ❶ das Stocken *beim Reden;* ❷ *(übtr.)* das Schwanken, Unentschlossenheit.
**haesitātor**, ōris *m (haesito) (nachkl.)* der Unentschlossene.
**haesitō**, haesitāre *(Intens. v. haereo)* ❶ festhängen, festsitzen, stecken bleiben [**in vadis**]; ❷ stottern; ❸ schwanken, unentschlossen, verlegen sein.
**halcyōn** = *alcyon.*
**hālēc** = *allec.*
**haliaeëtos** (-us), ī *m (gr. Fw.) (poet.)* Seeadler.
**Halicarnassus** *u.* **Halicarnāsus**, ī *f Stadt in Karien (Kleinasien), j.* Bodrum; *ber. durch das Grabmal des Mausolos; – Einw. u. Adj.* **Halicarnas(s)ēnsis**, is *m* (e), **Halicarnas(s)eūs**, eī *m* (a, um) *u.* **Halicarnas(s)ius**, ī *m* (a, um).
**hālitus**, ūs *m (halo)* ❶ Hauch, Atem; ❷ Dunst, Dampf.
**hallēc, hallēx** = *allec.*
**hallūcinātiō** = *alucinatio.*
**hālō**, hālāre *(poet.)* ❶ hauchen, wehen; ❷ duften *(von etw.: Abl.).*
**halōs**, ō *m* (*Akk.* -ō) *(gr. Fw.) (nachkl.)* Hof *um Sonne od. Mond.*
**hālūcinor** = *alucinor.*
**Halys**, yos *m Fluss in Kleinasien, j.* Kizil-Irmak.
**hama**, ae *f (gr. Fw.) (nachkl.)* Feuer-, Löscheimer.
**hamadryas**, yadis *f* (*Dat. Pl.* -yasin, *Akk. Pl.* -yadas) *(gr. Fw.) (poet.)* Baumnymphe.
**hāmātus**, a, um *(hamus)* ❶ *(poet.)* m. Haken versehen; stachelig; ❷ hakenförmig, gekrümmt; ❸ *(nachkl.) (übtr.)* **munera -a** Köder.
**Hamilcar**, caris *m pun. Name:* **~ Barcas** *Vater Hannibals, Feldherr der Karthager im 1. Pun. Krieg.*
**Hammōn** *u.* **Ammōn**, ōnis *m (ägypt. Amūn) urspr. Stadtgott v. Theben in Oberägypten, später widderköpfiger libysch-ägypt. Orakelgott, v. den Griechen als Zeus Ammon, v. den Römern als Iuppiter Hammon verehrt;* – **Hammōniī**, ōrum *m Einw. der Oase Siwah (m. dem Heiligtum des Hammon).*
**hāmus**, ī *m* ❶ Haken; ❷ Angel(haken); *(meton.) (poet.)* Köcher; ❸ *(poet.)* gekrümmter Schwertgriff; ❹ *Pl. (poet.)* Krallen des Habichts; ❺ *(poet.)* Dorn, Stachel.

**Imperium Romanum**

**Hannibal** (balis *m*) - Hannibal (247–183 v. Chr.), Sohn des Hamilkar Barkas, war ein karthagischer Feldherr und einer der gefährlichsten Gegenspieler Roms. Als Oberbefehlshaber in der karthagischen Provinz Spanien löste er im Jahr 219 mit der Eroberung der mit Rom verbündeten Stadt Sagunt den 2. Punischen Krieg aus und zog mit einem riesigen Heer und 37 Kriegselefanten über die Pyrenäen und die Alpen nach Italien, wo er in mehreren Schlachten die römischen Legionen schlug. Der Schreckensruf „Hannibal ad portas" wurde sprichwörtlich für eine große drohende Gefahr. Im Jahr 203 wurde er nach Karthago, das mittlerweile durch Scipio bedrängt war, zurückgerufen und unterlag dort im Jahr 202 bei der Entscheidungsschlacht von Zama den Römern. Von Auslieferungsforderungen der Römer bedroht, floh er im Jahr 195 ins Exil. In Bithynien, wo er erneut von Auslieferungsgesuchen bedroht war, nahm er sich das Leben.

H

**hara**, ae *f* (Schweine-)Stall.
**harēn...** = *aren...*
**hariolor**, hariolārī (ariolor, ariolārī) wahrsagen.
**hariolus** (ariolus), ī *m (vgl. haru-spex)* Wahrsager.
**Harmodius**, ī *m einer der Mörder des Tyrannen Hipparch; appell. (nachkl.)* Tyrannenmörder.
**harmonia**, ae *f (gr. Fw.)* Einklang, Harmonie.
**harpagō**, ōnis *m (gr. Fw.)* ❶ Hakenstange *(zum Niederreißen v. Mauern);* ❷ Enterhaken.
**harpax**, *Gen.* pagis (*Akk.* -paga) *(gr. Fw.) (nachkl.)* räuberisch.
**harpē**, ēs *f (gr. Fw.) (poet.)* Sichelschwert.
**Harpocratēs**, is *m Sonnengott der Ägypter, in Rom als Genius des Schweigens betrachtet u. dah. mit auf den Mund gelegtem Finger dargestellt; übtr. (poet.)* **alqm reddere Harpocratem** jmdm. Schweigen auferlegen.
**Harpȳ̂ia**, ae *f* Harpyie, *menschenraubendes Ungeheuer.*
**Harūdēs**, dum *m germ. Stamm nördl. vom Bodensee.*
**harund...** = *arund...*
**haru-spex**, spicis *m* Opferschauer *(der aus den Eingeweiden der Opfertiere weissagte); übh.* Wahrsager, Seher.
**haruspicīna**, ae *f (haruspex) (poet.; nachkl.)* Opferschau.
**haruspicīnus**, a, um *(haruspex)* die Opferschau betreffend.
**haruspicium**, ī *n (haruspex) (poet.; nachkl.)* Opferschau.
**Hasdrubal**, balis *m pun. Name: Bruder Hannibals, Feldherr im 2. Pun. Krieg.*
**hasta**, ae *f* ❶ Stange, Stab, Schaft; ❷ (Wurf-)Spieß, Speer, Lanze; – *sprichw.:* **-am abicere** „die Flinte ins Korn werfen"; ❸ *(meton.)* Versteigerung *(nach der dabei aufgesteckten Lanze);* **-am ponere** eine Auktion abhalten; **sub -a vendere** öffentlich versteigern; ❹ **~ recurva** *(poet.)* Haarpfeil *(zum Ordnen des Haares der Braut).*
**hastātus** *(hasta)* **I.** *Adj.* a, um *(nachkl.)* m. Speeren *od.* m. einem Speer bewaffnet; **II.** *Subst.* ī *m* ❶ *(meist Pl.)* die Hastaten = *Legionssoldaten des ersten Gliedes;* ❷ Hastatenmanipel.
**hastīle**, lis *n (hasta)* ❶ *(poet.; nachkl.)* Stange, Stütze *der Reben;* ❷ (Lanzen-)Schaft; ❸ *(poet.)* Speer, Lanze; ❹ *(poet.)* Ast, Zweig.
**haud** *u.* **haut** *Adv.* nicht, nicht eben, nicht gerade; **haud scio an** vielleicht; **haud scio an non** schwerlich.
**haud-dum** *Adv.* noch nicht.
**haud-quāquam** *Adv.* keineswegs, durchaus nicht.
**hauriō**, haurīre, hausī, haustum ❶ (heraus)schöpfen [**aquam ex puteo**]; ❷ *(Blut)* vergießen; ❸ (ent)nehmen [**sumptum ex aerario**]; ❹ *(poet.)* aufnehmen, (auf)sammeln [**pulverem palmis**]; ❺ *(übtr.)* entnehmen, entlehnen [**ex natura legem**]; ❻ *(poet.)* (aus)trinken [**vinum**]; ❼ *(poet.) (ein gefülltes Gefäß)* leeren [**pateram**]; ❽ *(poet.)* einsaugen, einatmen [**auras**]; ❾ in die Tiefe ziehen, verschlingen [**arbores in profundum**]; ❿ *(übtr.)* verzehren, verschlingen; **flamma multos hausit;** ⓫ entkräften, erschöpfen [**provincias** aussaugen]; ⓬ *(Besitz)* durchbringen; ⓭ empfinden, genießen, erdulden [**voluptates; dolorem**]; ⓮ *(m. den Sinnen od. m. dem Geist)* gierig in sich aufnehmen, verschlingen [**omnes partes philosophiae**]; ⓯ *(poet.; nachkl.)* verwunden, durchbohren [**pectora ferro**]; ⓰ *(poet.; nachkl.)* zu Ende bringen, vollenden.
**hau-sciō** = *haud scio.*
**hausī** *Perf. v. haurio.*
**haustus**[1], ūs *m (haurio)* ❶ das (Wasser-)Schöpfen; ❷ *(jur. t. t.)* **aquae ~** das Recht des Wasserschöpfens *(aus einer Quelle),* Recht der Quellenbenutzung; ❸ *(poet.) (meton.)* das Geschöpfte, eine Hand voll; ❹ *(poet.; nachkl.)* das Einatmen; ❺ das Trinken; Trunk, Schluck.
**haustus**[2] *P. P. P. v. haurio.*
**haut, haut...** = *haud, haud...*
**haveō** = *aveo.*
**hebdomas**, adis *f (Akk. Sg.* -ada) *(gr. Fw.)* der siebente (kritische) Tag *b. Krankheiten* [**quarta** der 28. Tag].
**Hēbē**, ēs *f gr. Göttin der Jugend, Tochter der Juno (Iunonia), Mundschenkin der Götter, Gattin des Hercules.*
**heben...** = *eben...*
**hebeō**, hebēre, – – *(hebes)* ❶ stumpf sein; ❷ *(poet.; nachkl.) (übtr.)* träge, matt sein.
**hebes**, *Gen.* hebetis ❶ stumpf [**gladius**]; ❷ *(übtr.) (v. Sinnen, Empfindungen, Geisteskräften)* stumpf, schwach [**sensus; acies oculorum**]; ❸ schwach, matt, träge *(v. Personen u. Sachen)* [**miles; exercitus; ōs** appetitlos]; ❹ stumpfsinnig, dumm.
**hebēscō**, hebēscere, – – *(Incoh. v. hebeo)* ❶ stumpf, schwach werden, ermatten; ❷ *(nachkl.) (v. Sternen)* erblassen.
**hebetātiō**, ōnis *f (hebeto) (nachkl.)* Abstumpfung.
**hebetō**, hebetāre *(hebes)* ❶ stumpf machen [**aciem ferri**]; ❷ *(übtr.)* schwächen, entkräften [**sidera** verdunkeln].
**Hebraeus**, a, um *(nachkl.)* hebräisch, jüdisch.
**Hebrus**, ī *m Hauptfluss Thrakiens (Grenzgebiet v. Bulgarien, Griechenland, Türkei), j.* Maritza.
**Hecatē**, ēs *u.* **-a**, ae *f chthonische dreigestaltige Göttin der Jagd, des Fischfangs, der Hirten, der Dreiwege, Tore u. der Zauberei, bald der Diana, bald der Proserpina gleichgesetzt; – Adj.*

**Hecatēius**, a, um [**carmina** Zaubersprüche], *fem.* auch **Hecatēis**, idis *u.* idos.

**Wissen: Antike**
**Hector** (oris *m*) – Hektor ist ein trojanischer Held aus der Sage vom Trojanischen Krieg. Er ist der Sohn des Priamus und der Hekuba und Gatte der Andromache. Er war Heerführer der Trojaner und wurde von Achilles im Zweikampf getötet.

**Hectoreus**, a, um *Adj. Zu Hector:* des Hektor; *auch* trojanisch.
**Hecuba**, ae *f Gattin des Königs Priamus v. Troja.*
**hedera**, ae *f* Efeu.
**hederi-ger**, gera, gerum *(hedera u. gero) (poet.)* Efeu tragend.
**hēdychrum**, ī *n (gr. Fw.)* duftende Salbe, Parfüm.
**hei**, **hēia** = *ei, eia.*
**hēiul...** = *eiul...*

**Wissen: Antike**
**Helena** (ae) / **Helenē** (ēs *f*) – Helena ist in der griechischen Sage eine der schönsten und begehrtesten Frauen. Sie ist die Schwester der Klytämnestra und der Dioskuren Kastor und Pollux und die Gattin des Menelaos, des Königs von Sparta. Wegen ihrer Schönheit wurde sie von Paris nach Troja entführt. Diese Entführung löste den Trojanischen Krieg aus.

**Hēliades**, dum *f Töchter des Helios (Sol), Schwestern Phaëtons; sie wurden in Pappeln, ihre Tränen in Bernstein verwandelt.*
**helica**, ae *f (gr. Fw.)* Schneckengewinde.
**Helicē**, ēs *f* der Große Bär; *(meton.) (nachkl.)* der Norden.
**Helicōn**, ōnis *m Gebirge in Böotien, den Musen heilig; – Adj.* **Helicōnius**, a, um; – **Helicōniades**, dum *f* die Musen.
**hēliocamīnus**, ī *m (gr. Fw.) (nachkl.)* nach der Sonnenseite gelegenes Zimmer.
**Hēlios** *u.* **-ius**, ī *m = Sol.*
**Hellē**, ēs *f Königstochter, floh m. ihrem Bruder Phrixos auf einem Widder m. dem goldenen Vlies vor ihrer Stiefmutter Ino; Helle fiel herab u. ertrank in der später nach ihr „Hellespont" genannten Meerenge.*
**helleborus**, ī *m u.* **-um**, ī *n (gr. Fw.) (poet.; nachkl.)* Nieswurz *(Heilmittel geg. Wahnsinn u. Epilepsie; Brechmittel).*
**Hellēspontus**, ī *m* („Meer der Helle"; *vgl. Helle)* Hellespont, *j.* Dardanellen; – **Hellēspontius**, ī *m Anw. des Hellespont; – Adj.* **Hellēsponti(ac)us**, a, um.
**helluātiō**, ōnis *f (helluor)* genießerisches Leben.
**helluō**, ōnis *m* Genießer, Prasser.
**helluor**, helluārī *(helluo)* üppig leben, prassen.
**Hēlōtae** = *Hilotae.*
**helvella**, ae *f* Küchenkraut.
**Helvētiī**, ōrum *m kelt. Volk in der heutigen Schweiz; – Adj.* **Helvēti(c)us**, a, um.
**hem** *Interj.* hm! ei! o!
**hēmerodromus**, ī *m (gr. Fw.)* „Tagläufer", Eilbote.
**hēmicillus**, ī *m (gr. Fw.)* ein halber Esel *(als Schimpfw.).*
**hēmicyclium**, ī *n (gr. Fw.)* ❶ *(nachkl.)* Halbkreis; ❷ (halbrunder) Lehnsessel; ❸ *(nachkl.)* (halbrunde) Gartenbank.
**hēmīna**, ae *f (gr. Fw.)* Becher, Viertelchen *(0,274 Liter).*
**hēmistichium**, ī *n (gr. Fw.)* Halbvers.
**hendecasyllabus**, ī *m (gr. Fw.) (poet.; nachkl.)* elfsilbiger Vers, Elfsilbler.
**Henetī** = *Veneti.*
**Henna**, ae *f Stadt auf Sizilien m. Cerestempel; – Einw.* **Hennēnsēs**, ium *m; – Adj.* **Hennēnsis**, e *u.* **Hennaeus**, a, um.
**heptēris**, is *f (gr. Fw.)* Siebenruderer, Siebendecker.
**hera** = *era.*
**Hēraclēa** *u.* **-īa**, ae *f (eigtl.* „Heraklesstadt" [„Herkulesstadt"]) ❶ *Seestadt in Lukanien (Süditalien) (Schlacht geg. Pyrrhus);* ❷ **~ Minoa** *an der sizil. Südküste;* ❸ **~ Pontica** *in Bithynien, am Südwestufer des Schwarzen Meeres;* ❹ **~ Trachinia** *westl. v. den Thermopylen (in Mittelgriechenland);* ❺ **~ Sintica** *am Strymon; / Einw.* **Hēracleōtēs**, ae *m; / Adj.* **Hēracleēnsis**, e.
**Hēraclītus**, ī *m Philosoph aus Ephesus um 500 v. Chr.*
**Hēraea**, ōrum *n* Herafest.
**herba**, ae *f* ❶ Halm; ❷ *(Sg. u. Pl.)* Gras, Rasen; **-ā requiescere;** ❸ *Pl.* Weide; **armenta per -as errant;** ❹ *(Sg. u. Pl.)* junge Saat; ❺ Kraut, Pflanze [**palustres** Sumpfpflanzen; **veneni** Giftpflanze]; ❻ Küchenkraut; ❼ Heilkraut; ❽ *(poet.; nachkl.)* Unkraut; ❾ *(poet.; nachkl.)* Zauberkraut.
**herbēscō**, herbēscere *(herba)* Halme treiben, hervorsprießen.
**herbidus**, a, um *(herba)* grasreich, Gras-.
**herbi-fer**, fera, ferum *(herba u. fero) (poet.; nachkl.)* grasreich.
**herbi-gradus**, a, um *(herba u. gradior) (poet.)* im Gras wandelnd.
**herbōsus**, a, um *(herba) (poet.)* gras-, kräuterreich.
**herbula**, ae *f (Demin. v. herba)* Kräutlein, Pflänzchen.

H

**hercēus**, a, um *(gr. Fw.) (poet.; nachkl.)* zum Vorhof gehörig: **Iuppiter Herceus** *als Beschützer v. Haus, Hof u. Herd (Altar im Vorhof).*
**hercīscō**, hercīscere, – – die Erbschaft teilen; *meist nur in der Verbindung:* **familia herciscunda** Erbschaftsteilung.
**hercle** *s. Hercules.*
**herctum**, ī *n (vgl. hercisco)* Erbschaft; **-um ciere** die Erbschaft teilen.
**Herculāneum**, ī *n Stadt in Kampanien, 79 n. Chr. bei dem Ausbruch des Vesuv v. der Lava begraben; – Adj.* **Herculānēnsis**, e *u.* **Herculāneus**, a, um.
**Herculēs**, is *u.* ī *m* Herkules, *der griech. Held der Stärke u. Tapferkeit; – Beteuerungsformeln:* **hercle** *u.* **herculē(s)** *u.* **mehercle** *u.* **meherculē(s)** beim Herkules! bei Gott! wahrhaftig! fürwahr!; – *Adj.* **Herculeus**, a, um [**urbs** = Herculaneum; **litora** bei Herculaneum; **arbor** die dem Hercules heilige Silberpappel].

H

**Wissen: Antike**
**Herculēs** ist ein Held der griechischen Mythologie. Er ist der Sohn des Zeus (Jupiter) und der Alkmene, der Gattin des Amphitryon, und Gatte der Deianira. Hercules musste im Dienst des Eurystheus zwölf übermenschliche Arbeiten verrichten, welche er alle erfüllte. Dafür wurde er nach seinem Tod vergöttlicht. Herkules ist der griechische Held der Tapferkeit und Stärke, der Geber des Reichtums und gilt auch als ein Führer der Musen.

**Hercȳnia silva**, ae *f u.* **saltus Hercȳnius**, ī *m das Mittelgebirge vom Schwarzwald bis zu den Karpaten.*
**here** = *heri.*
**hērēditārius**, a, um *(hereditas)* ❶ erblich [**cognomen; regnum**]; ❷ Erbschafts- [**auctio**].
**hērēditās**, ātis *f (heres)* Erbschaft.
**hērēdium**, ī *n (heres)* Erbgut.
**hērēs**, hērēdis *m u. f* ❶ Erbe, Erbin; **~ ex asse** Universalerbe; **~ ex dodrante** Dreiviertelerbe; **~ secundus** Ersatzerbe; ❷ Nachfolger [**regni**].
**herī** *Adv.* gestern.
**herifuga**, **herīlis**, e = *er…*
**Hermae**, ārum *m* Hermessäulen, Hermen, *viereckige Pfeiler m. Hermeskopf.*
**Hermagorās**, ae *m Rhetor aus Rhodos im 2. Jahrh. v. Chr.; –* **Hermagorēī**, ōrum *m seine Schüler.*
**Hermaphrodītus**, ī *m Sohn des Hermes u. der Aphrodite, m. dem sich die Quellnymphe Salmakis aus Liebe zu ihm zu einem einzigen Körper vereinigt hat;* Zwitter.
**Herm-athēna**, ae *f Doppelbüste des Hermes u. der Athene auf einem Sockel.*
**Hermēraclēs**, is *m Doppelbüste des Hermes u. des Heracles auf einem Sockel.*
**Herminonēs** *u.* **Hermionēs**, num *m germ. Völkergruppe an der mittleren Elbe.*
**Hermionē**, ēs *f* ❶ *Tochter des Menelaos u. der Helena;* ❷ *Küstenstadt in der Argolis (Peloponnes); – Adj.* **Hermionicus**, a, um.
**Hermundūrī**, ōrum *m germ. Volk in Thüringen u. Franken.*
**Hermus**, ī *m goldführender Hauptfluss Lydiens.*
**Hernicī**, ōrum *m Volk in Latium; – Adj.* **Hernicus**, a, um.
**herniōsus**, a, um *(poet.)* an einem Bruch leidend.
**Hērō**, ūs *f Geliebte Leanders.*
**Hērōdēs**, is *m Name jüdischer Fürsten.*
**Hērodotus**, ī *m griech. Geschichtsschreiber (um 484–424).*
**hērōicus**, a, um *(gr. Fw.)* ❶ heroisch, Helden-, mythisch; ❷ *(nachkl.) (meton.)* episch.
**hērōīnē**, ēs *u.* **hērōis**, idis *f (gr. Fw.) (poet.; nachkl.)* Halbgöttin, Heroine; – *Pl.* **Hērōides** *Heroinenbriefe Ovids.*
**hērōs**, ōis *m (gr. Fw.)* ❶ *(poet.)* Heros, Halbgott; ❷ *(übtr.)* Held.
**hērōus** *(gr. Fw.)* **I.** *Adj.* a, um heroisch, episch; **II.** *Subst.* ī *m (nachkl.)* epischer Vers, Hexameter.
**herus**, ī *m* = *erus.*
**Hēsiodus**, ī *m griech. Dichter um 700 v. Chr.; – Adj.* **Hēsiodēus**, a, um.
**Hesperus**, ī *m* Abendstern; *– Adj.* **Hesperius**, a, um, *fem. auch* **Hesperis**, idis abendländisch, westlich; – **Hesperia**, ae *f (erg. terra) (poet.)* Abendland *(Italien, Spanien, Westafrika); –* **Hesperides**, dum *f* die Hesperiden, *Töchter der Nacht od. des Atlas, die auf einer Insel im fernen Westen in der Nähe des Atlasgebirges den Baum m. den goldenen Äpfeln bewachten.*
**hesternus**, a, um *(vgl. heri)* gestrig; – *Adv.* **hesternō** *(erg. die)* gestern *(= heri).*
**hetaeria**, ae *f (gr. Fw.) (nachkl.)* Genossenschaft, Verein.
**hetaericē**, ēs *f (gr. Fw.* „Kameradschaft") Reiterei *aus vollbürtigen Makedonen.*
**hēu** *Interj. (der Verwunderung, des Schmerzes u. der Klage)* ach! weh! o!
**hēus** *Interj.* he! holla! höre!
**hexameter** *(gr. Fw.) (metr. t. t.)* **I.** *Adj.* tra, trum sechsfüßig [**versus**]; **II.** *Subst.* trī *m (nachkl.)* sechsfüßiger Vers, Hexameter.

**hexapylon**, ī *n (gr. Fw.)* Tor m. sechs Durchgängen *in Syrakus.*
**hexēris**, is *f (gr. Fw.)* Sechsruderer, Sechsdecker.
**hiātus**, ūs *m (hio)* ❶ Öffnung, Kluft, Schlund; ❷ offener Mund; Rachen; ❸ *(meton.) (rhet. t. t.)* Hiat, *Zusammentreffen zweier Vokale;* ❹ *(nachkl.)* Gier *(m. Gen.)* [**praemiorum**]; ❺ *(poet.)* Aufschneiderei, Großsprecherei.
**Hibēria**, ae *f* Land der Iberer *(des Volkes am Ebro); übh.* Spanien; – *Einw.* **Hibēr**, ēris *u.* **Hibērus**, ī *m* Iberer, Spanier; – *Adj.* **Hibērus** *u.* **Hibēricus**, a, um iberisch, spanisch; – **Hibērus**, ī *m* der Ebro.
**hīberna**, ōrum *n (hibernus)* ❶ *(erg. castra)* Winterlager, -quartier; ❷ *(poet.)* Winter(zeit).
**hībernāculum**, ī *n (hiberno)* ❶ *(nachkl.)* Winterzelt, -wohnung; ❷ *Pl.* Winterlager, -quartier.
**Hibernia**, ae *f* Irland.
**hībernō**, hībernāre *(hibernus)* überwintern; *(als milit. t. t.)* in Winterquartieren liegen.
**hībernus**, a, um *(vgl. hiems)* ❶ winterlich, Winter- [**legio** in Winterquartieren liegend]; ❷ *(poet.)* stürmisch, kalt.
**Hibērus** *s. Hiberia.*
**hibiscum**, ī *n (gr. Fw.) (poet.; nachkl.)* Eibisch.
**hibrida** = *hybrida.*
**hic**[1], **haec**, **hoc** *(im Vers auch hīc, hōc) Demonstrativpron.* dieser, diese, dieses: ❶ *(räuml.)* hiesig, anwesend; ❷ *(zeitl.)* gegenwärtig, jetzig; **haec** die jetzigen Zustände; **hi mores; his temporibus** in unserer Zeit, in heutiger Zeit; – *auf die gerade vergangene Zeit bezogen:* **per hos annos** in den letzten Jahren; ❸ vorliegend, uns beschäftigend, unser [**haec causa**]; ❹ der eben erwähnte; ❺ der folgende; ❻ *bei Subst. statt eines Gen. (meist eines Gen. obi.);* **hic dolor** der Schmerz darüber; ❼ **hic … ille … a)** der eine … der andere *(poet. auch* **hic … hic**); **b)** *(in Beziehung auf zwei vorher genannte Gegenstände)* dieser … jener, der Letztere … der Erstere; *selten bezieht sich hic auf den zuerst genannten Gegenstand, u. zwar nur dann, wenn derselbe dem Redenden nähersteht;* ❽ ein derartiger, ein solcher; ❾ *Neutr.* **hoc** *(Nom. od. Akk.)* **a)** (nur) so viel; **hoc constat** *od.* **certum est; b)** *m. Gen. part.:* **hoc honoris** dieser Grad v. Ehre; **hoc terrae** dieses Stück Land; **c) hoc est** das heißt; **honor amplissimus, hoc est consulatus;** ❿ *Neutr.* **hōc** *(Abl.)* **a)** *(als Abl. mensurae beim Komp.)* desto, umso; **quo … hoc** je … desto; **b)** *(als Abl. instrumentalis)* dadurch; *(als Abl. causae)* deshalb, deswegen *(m. folg. quod);* ⓫ **hōc** *Adv.* = *huc.*
**hīc**[2] *Adv. (urspr. Lok. v. hic*[1]*)* ❶ *(räuml.)* hier, an diesem Ort; ❷ *(zeitl.)* jetzt, hierauf; ❸ *(übtr.)* hierbei, bei dieser Gelegenheit, unter solchen Umständen.
**hice, haece, hoce** *verstärktes hic*[1]*.*
**hīcine, haecine, hōcine** *(interr.)* = *hic*[1] *u. -ne*[3]*.*
**hiemālis**, e *(hiems)* winterlich.
**hiemō**, hiemāre *(hiems)* ❶ *(poet.; nachkl.)* überwintern; ❷ *(milit.)* Winterquartiere beziehen, im Winterquartier liegen; ❸ *(poet.; nachkl.)* stürmisch sein.
**hiemps** *s. hiems.*
**Hiempsal**, alis *m* ❶ *Sohn des Königs Micipsa in Numidien;* ❷ *König v. Numidien, Freund des Pompeius.*
**hiems**, hiemis *f (auch* hiemps) ❶ Winter; ❷ *(poet.) (meton.)* Kälte, Frost; ❸ *(poet.) (übtr.)* das Erkalten [**amoris**]; ❹ Sturm, Unwetter, Regen(wetter); ❺ *(poet.)* Jahr.
**Hierō** *u.* **Hierōn**, ōnis *m Könige v. Syrakus;* – *Adj.* **Hierōnicus**, a, um.
**Hierosolyma**, ōrum *n* Jerusalem; – **Hierosolymārius** *scherzh. Beiname des Pompeius* = Held v. Jerusalem.
**hilariculus**, a, um *(Demin. v. hilarus) (nachkl.)* ziemlich heiter.
**hilaris**, e = *hilarus.*
**hilaritās**, tātis *f (hilarus)* Heiterkeit, Fröhlichkeit.
**hilarō**, hilarāre *(hilarus)* auf-, erheitern.
**hilarulus**, a, um *(Demin. v. hilarus)* recht heiter.
**hilarus**, a, um *(gr. Fw.)* heiter, fröhlich.
**hīlla**, ae *f (poet.)* Würstchen.
**Hīlōtae**, ārum *m* Heloten, Leibeigene der Spartaner.
**Hilur…** = *Illyr…*
**Hīmera**, ae ❶ *m Name zweier Flüsse in Sizilien;* ❷ *f Stadt an der Nordküste Siziliens (bei Ov. auch Hīmera, ōrum n).*
**hinc** *Adv.* ❶ *(räuml.)* von hier (aus); ❷ *(zeitl.) (poet.; nachkl.)* **a)** von jetzt an; **b)** dann, darauf; ❸ *(übtr.)* daher, infolgedessen; ❹ hier, auf dieser Seite *(bes. in Verbindung m. illinc);* **hinc … illinc** *od.* **hinc … hinc** hier … dort, auf dieser Seite … auf jener Seite.
**hinnītus**, ūs *m* das Wiehern.
**hinnuleus** *u.* **hīnuleus**, ī *m (gr. Fw.) (poet.; nachkl.) männl.* Hirschkalb, junger Rehbock.
**hiō**, hiāre ❶ klaffen, offen stehen; ❷ *(poet.; nachkl.)* gähnen; ❸ *(poet.; nachkl.)* gaffen, staunen *(über: ad);* ❹ nach etw. lechzen, schnappen; ❺ *(v. der Rede)* zusammenhanglos, lückenhaft sein.
**hippagōgoe** *(Nom. Pl.)*, ōn *f (Akk. -ūs) (gr. Fw.)* Pferdetransportschiffe.
**Hippō**, ōnis *m:* ~ **regius** *Stadt in Numidien, j. Ruinenstätte bei Bone, Algerien.*
**hippocentaurus**, ī *m (gr. Fw.)* Kentaur *(Fabelwesen, halb Mensch, halb Pferd).*

**Wissen: Antike**
**Hippocratēs** (is *m*) – Hippokrates von Kos (um 460–370 v. Chr.) war der berühmteste Arzt des Altertums. Er gilt als der Begründer der wissenschaftlichen Medizin. Ihm wird auch der hippokratische Eid zugeschrieben, welcher die ärztliche Ethik festlegt.

**Hippocrēnē**, ēs *f Musenquell am Helikon, der durch Hufschlag des Pegasus entstanden sein soll.*
**Hippodamē**, ēs *u.* **Hippodamīa** *u.* **-ēa**, ae *f* ❶ *Tochter des Oenomaus, des Königs v. Pisa in Elis (Peloponnes), Gattin des Pelops;* ❷ *Gattin des Pirithous.*
**hippodromos** *u.* **-us**, ī *m (gr. Fw.) (nachkl.)* Rennbahn.
**Hippolytē**, ēs *f Königin der Amazonen, Gattin des Theseus, Mutter des Hippolytus.*
**Hippolytus**, ī *m Sohn des Theseus u. der Hippolyte; als er die Liebe seiner Stiefmutter Phaedra zurückgewiesen hatte, verleumdete sie ihn in einem Brief an Theseus, H. habe ihrer Ehre nachgestellt; Theseus bat Poseidon, H. zu strafen; Poseidon ließ die Rosse des H. scheuen, so dass er v. seinen eigenen Rossen zu Tode geschleift wurde; er wurde aber auf Bitten Dianas v. Aesculapius wieder zum Leben erweckt u. als Gott Virbius im Hain der Diana b. Aricia verehrt.*
**hippomanes**, is *n (gr. Fw.) (poet.; nachkl.)* ❶ Brunstschleim der Stuten; ❷ Auswuchs *auf der Stirn neugeborener Füllen.*
**Hippōnax**, actis *m aus Ephesus, Verf. v. Spottgedichten (um 540 v. Chr.), Erfinder des Hinkjambus;* – *Adj.* **Hippōnactēus**, a, um beißend, Spott-; – **Hippōnactēī**, ōrum *m* Hinkjamben.
**hippopērae**, ārum *f (gr. Fw.) (nachkl.)* Packsattel *eines Reiters.*
**hippotoxota**, ae *m (gr. Fw.)* berittener Bogenschütze.
**hippūrus** *u.* **-os**, ī *m (gr. Fw.) (poet.; nachkl.) ein Fisch (viell. Goldkarpfen).*
**hircīnus**, a, um *(hircus) (poet.; nachkl.)* vom Bock, Bocks-.
**hircus**, ī *m (poet.; nachkl.)* Ziegenbock; *(meton.)* Bocksgestank; *(übtr., als Schimpfw.)* Stinkbock; geiler Bock.
**Hirpīnī**, ōrum *m Volksstamm in Samnium (westl. von Neapel);* – *Adj.* **Hirpīnus**, a, um.
**hirqu...** = *hirc...*
**hirsūtus**, a, um ❶ stachelig; ❷ rau, struppig, borstig; ❸ *(poet.; nachkl.)* roh, ungebildet.
**Hirtius**, a, um *röm. nomen gentile:* **A.** – *Legat Cäsars, fiel 43 v. Chr. im Kampf geg. Antonius b. Mutina;* – *Adj.* **Hirtiānus** *u.* **Hirtīnus**, a, um.
**hirtus**, a, um = *hirsutus.*
**hirūdō**, dinis *f* ❶ *(poet.; nachkl.)* Blutegel; ❷ *(übtr.)* Blutsauger.
**hirundō**, dinis *f (poet.; nachkl.)* Schwalbe.
**hīscō**, hīscere, – – *(Incoh. v. hio)* **I.** *intr.* ❶ *(poet.)* sich öffnen; ❷ den Mund auftun, mucksen; **II.** *trans. (poet.)* vorbringen, besingen.
**Hispānia**, ae *f* Spanien, *geteilt in* **~ citerior** (*od.* **Tarraconensis**) *u.* **~ ulterior** *(= Lusitania et Baetica); Pl.* **Hispaniae** die beiden spanischen Provinzen; – *Einw.* **Hispānus**, ī *m* Spanier; – *Adj.* **a) Hispān(ic)us**, a, um spanisch; **b) Hispāniēnsis**, e mit Spanien zusammenhängend, in Spanien sich aufhaltend [**legatus** röm. Legat in Spanien; **iter** nach Spanien].
**hispidus**, a, um *(poet.; nachkl.)* rau, struppig, borstig.
**Hister** *u.* **Ister**, trī *m* die untere Donau.
**historia**, ae *f (gr. Fw.)* ❶ Kenntnis; ❷ Erzählung, Bericht; ❸ *(poet.) (meton.)* Gegenstand der Erzählung; ❹ Geschichte, Geschichtsforschung, -schreibung; ❺ Geschichtswerk; ❻ Sage.
**historicus** *(gr. Fw.)* **I.** *Adj.* a, um geschichtlich; **II.** *Subst.* ī *m* Geschichtsforscher, -schreiber.
**Histria** *u.* **Istria**, ae *f* Istrien, *Halbinsel im Adriatischen Meer;* – *Einw.* **Histrī**, ōrum *m;* – *Adj.* **Histricus**, a, um.
**histriō**, ōnis *m* Schauspieler.
**histriōnālis**, e *(histrio) (nachkl.)* Schauspieler-.
**histriōnia**, ae *f (histrio) (nachkl.)* Schauspielkunst.
**hiulcō**, hiulcāre *(hiulcus) (poet.)* spalten.
**hiulcus**, a, um *(hio)* ❶ *(poet.)* klaffend, rissig; ❷ *(v. der Rede)* unzusammenhängend; durch häufigen Hiatus unschön.
**hodiē** *Adv.* (< *hō[c] diē*) ❶ heute; ❷ heutzutage, in unserer Zeit, jetzt; ❸ noch heute, noch heutzutage; ❹ sogleich.
**hodiernus**, a, um *(hodie)* ❶ heutig; ❷ gegenwärtig.
**hol...** *s. ol...*
**Homērus**, ī *m* Homer; – *Adj.* **Homēri(c)us**, a, um.

**Wissen: Antike**
**Homērus** – Homer (um 800 v. Chr.), der Dichter der Ilias und der Odyssee, also der Epen, in denen der Trojanische Krieg und die Irrfahrten des Odysseus geschildert werden, ist der älteste und zugleich der einflussreichste epische Dichter nicht nur Griechenlands, sondern auch Europas. Mit seinem Werk hat er über die Jahrtausende die Literatur des Abendlandes beeinflusst.

In Rom versuchte Vergil mit seiner Aeneis ein gleichwertiges römisches Gegenstück zur Odyssee und zur Ilias zu schaffen. In Anlehnung an die Odyssee schrieb in der Moderne James Joyce seinen richtungweisenden Roman Ulysses.

**homi-cīda**, ae *m u. f (homo u. caedo)* ❶ Mörder(in); ❷ *(poet.)* männermordend [**Hector**].

**homicīdium**, ī *n (homicida) (nachkl.)* Mord, Totschlag.

**homō**, hominis *m* ❶ Mensch *(als Gattungsbegriff); Pl.* Menschen, Leute; **genus hominum** Menschengeschlecht; **post hominum memoriam** seit Menschengedenken; ❷ Mann; ❸ ein schwaches Menschenkind; ❹ tüchtiger Mann; ❺ *(verächtl.)* Kerl, Person; ❻ Sklave; ❼ *Pl.* **a)** die Angehörigen, Personal; **b)** Kolonisten m. ihren Familien; **c)** *(milit.)* Fußvolk.

**Imperium Romanum**

**homō novus**, „Neuling", nannten die patrizischen Familien Roms verächtlich diejenigen Männer, die aus dem Ritterstand, wie Cicero, als erste ihrer Familie das Konsulat erreichten: „Emporkömmling". – Heute klingt „Newcomer" und „Aufsteiger" dagegen eher positiv.

**homullus**, ī, **homunciō**, iōnis *u.* **homunculus**, ī *m (Demin. v. homo)* Menschlein, Schwächling; erbärmliches, schwaches Geschöpf.

**honestāmentum**, ī *n (honesto) (nachkl.)* Schmuck, Zierde.

**honestās**, ātis *f (honestus)* ❶ Ehre, Ansehen; ❷ *Pl.* **a)** Auszeichnungen; **b)** *(meton.)* angesehene Bürger; ❸ Ehrbarkeit, Anstand, Würde; ❹ *(philos. t. t.)* Sittlichkeit, Tugend; ❺ Schönheit *(v. Sachen).*

**honestī**, ōrum *m (honestus) (poet.)* angesehene, ehrenwerte Leute.

**honestō**, honestāre *(honestus)* ehren, auszeichnen.

**honestum**, ī *n (honestus)* ❶ Anstand, Würde; ❷ *(poet.)* etw. Schönes, das Schöne.

**honestus**, a, um *(honos)* ❶ geehrt, angesehen, vornehm [**familia**]; ❷ ehrenhaft, ehrenvoll [**victoria**]; ❸ ehrbar, schicklich, anständig [**res** standesgemäße Mittel]; ❹ sittlich gut, tugendhaft; **-e vivere;** ❺ schön, hübsch *(v. Sachen)* [**oratio** schön klingend].

**honor** *u. (älter)* **honōs**, honōris *m* ❶ Ehre, *die einem anderen entgegengebracht wird,* Ehrenbezeigung, Auszeichnung; **honorem alci tribuere** *od.* **habere** *od.* **dare** *od.* **reddere** jmdm. Ehre erweisen; **honoris causā** (*od.* **gratiā**) ehrenhalber; ❷ *(personif.)* **Honor** *Gott der Ehre;* ❸ *(poet.)* Hochachtung, Verehrung, Scheu; **templum miro honore colere;** ❹ Ehrenamt, -stelle [**aedilitatis; curulis**]; **honores petere; honoribus amplissimis perfunctus;** ❺ Ehrenpreis, -sold, Honorar [**medici**]; ❻ *(rel. t. t.)* **a)** Opfer(gabe), Ehrenopfer; **b)** *(poet.)* Opfer-, Ehrenfest; ❼ Ehre, *in der jmd. steht,* Ansehen, Ruhm [**pugnae** Kriegsruhm]; **honori esse alci** jmdm. Ehre bringen; **in honore esse apud alqm** in Ansehen stehen; ❽ *(poet.)* Zierde, Schmuck, Schönheit.

**honōrābilis**, e *(honoro)* ehrenvoll.

**honōrārium**, ī *n (honorarius) (nachkl.)* Ehrengeschenk [**decurionatūs** Abgabe an den Fiskus f. die Ratsherrenwürde].

**honōrārius**, a, um *(honor)* ehrenhalber geschehend, geschenkt, gewählt, Ehren-.

**honōrātus**, a, um *(honoro)* ❶ geehrt, angesehen; ❷ ehrenvoll [**praefectura; rus** als Ehrengeschenk verliehen]; ❸ hochgestellt, m. einem Ehrenamt bekleidet.

**honōri-ficus**, a, um *(honor u. facio)* ehrenvoll; – *Komp.* honōrificentior; *Superl.* honōrificentissimus.

**honōrō**, honōrāre *(honor)* ❶ ehren, auszeichnen; ❷ verherrlichen.

**honōrus**, a, um *(honor) (poet.; nachkl.)* ehrenvoll.

**honōs** *s. honor.*

**hoplomachus**, ī *m (gr. Fw.) (nachkl.)* schwer bewaffneter Gladiator.

**hōra**, ae *f (gr. Fw.)* ❶ *eine bestimmte abgemessene Tageszeit,* Stunde *(b. den Römern der 12. Teil des v. Sonnenaufgang bis Sonnenuntergang reichenden Tages, je nach den Jahreszeiten verschieden lang);* **~ quarta** etwa 10 Uhr; **quota ~ est?** wie viel Uhr ist es?; **in -a** innerhalb einer Stunde; **in -am** *od.* **in -as** v. Stunde zu Stunde, stündlich; ❷ *(poet.)* Zeit(abschnitt); ❸ *(poet.; nachkl.)* Jahreszeit; ❹ *(meton.) Pl.* Uhr(werk).

**Hōrae**, ārum *f* die Horen, *Göttinnen der (drei schönen) Jahreszeiten.*

**Imperium Romanum**

**Horātius** (ī *m*) – Quintus Horatius Flaccus (65–8 v. Chr.), im Deutschen **Horaz** genannt, gilt neben Vergil als bedeutendster Dichter der augusteischen Zeit. Er war Sohn eines Freigelassenen, der ihm eine umfassende Bildung ermöglichte. Als junger Mann nahm Horaz an der Schlacht bei Philippi auf der Seite der Caesarmörder Brutus und Crassus teil, was ihm den

Verlust seines väterlichen Vermögens einbrachte. Nach der Amnestie ging er nach Rom, wo er zuerst als Buchhalter arbeitete und seine Einkünfte mit dem Verfassen von Gedichten aufbesserte. Er fand Aufnahme in den Kreis um Maecenas, der ihm ein kleines Landgut schenkte, was ihm ermöglichte, sich ganz der Dichtung zu widmen. Sein Werk umfasst Satiren in Hexametern, Epoden und Oden, mit denen er verschiedene klassische griechische Versmaße in die römische Lyrik einführte, und Briefe in Hexametern, darunter einen Brief über die Dichtkunst („Epistula de Arte Poetica").

**Horātius**, a, um *Name einer röm. gens:* ① *die drei Horatii, die unter Tullus Hostilius die drei Curiatii besiegten;* ② **P. ~ Cocles** *s. Cocles.*

**hordeāceus** *u.* **-cius**, a, um *(hordeum) (nachkl.)* Gersten-.

**hordeārius**, a, um *(hordeum)* zur Gerste gehörig, Gersten-.

**hordeum**, ī *n* Gerste.

**horizōn**, zontis *m* (*Akk.* -zontem *u.* -zonta) *(gr. Fw.) (nachkl.)* Gesichtskreis, Horizont.

**hornōtinus**, a, um *(hornus)* diesjährig, heurig.

**hornus**, a, um (*Adv.* -ō) *(poet.)* diesjährig, heurig.

**hōrologium**, ī *n (gr. Fw.)* Uhr.

**horrendus**, a, um *(horreo)* ① *(poet.; nachkl.)* schaudervoll, schrecklich [**monstrum; carmen**]; ② *(poet.)* erstaunlich, bewundernswert.

**horreō**, horrēre, horruī, – **I.** *intr.* ① v. etw. starren, starr sein, emporstarren; *(v. Haaren)* sich sträuben; – *Part. Präs.* **horrēns,** entis *(poet.; nachkl.)* (empor)starrend, struppig; ② *(vor Frost)* schaudern, zittern; ③ *(vor Furcht)* schaudern, sich entsetzen; **II.** *trans.* zurückschaudern vor, sich scheuen vor [**alcis crudelitatem; iudicium**].

**horrēscō**, horrēscere, horruī, – *(Incoh. v. horreo)* **I.** *intr.* ① starr werden, starren; **horruerunt comae** sträubten sich; **mare horrescit** wallt auf; **segetes horrescunt** wogen; ② schaudern, zittern; **II.** *trans.* schaudern vor [**futurum**].

**horreum**, ī *n* ① Scheune; ② Speicher, Magazin.

**horribilis**, e *(horreo)* ① schrecklich, entsetzlich; ② erstaunlich.

**horridulus**, a, um *(Demin. v. horridus) (v. der Rede)* ungehobelt, ungefeilt; schlicht, schmucklos.

**horridus**, a, um *(horreo)* ① starrend, struppig, rau [**barba**]; ② wild, roh, ungebildet, ungeschliffen [**gens; miles**]; ③ einfach, schlicht, schmucklos [**verba; vita** Landleben]; ④ schauderhaft, schrecklich, entsetzlich [**fata belli**]; ⑤ *(poet.) (vor Kälte)* schaudernd, zitternd, *(v. Sachen)* schaurig, eiskalt.

**horri-fer**, fera, ferum *(horror u. fero) (poet.)* ① schaurig kalt; ② schrecklich.

**horrificō**, horrificāre *(horrificus) (poet.)* ① erschrecken; ② rau machen [**mare** aufwallen lassen].

**horri-ficus**, a, um *(horror u. facio) (poet.; nachkl.)* schrecklich, entsetzlich.

**horri-sonus**, a, um *(horreo u. sono)* schaurig tönend.

**horror**, horrōris *m (horreo)* ① Schauer, Schauder, Entsetzen, Schrecken; ② heilige Scheu, Ehrfurcht.

**horruī** *Perf. v. horreo u. horresco.*

**hortāmen**, minis *u.* **hortāmentum,** ī *n (hortor)* Ermunterung(smittel).

**hortātiō**, ōnis *f (hortor)* Ermunterung, Ermahnung.

**hortātor**, ōris *m (hortor)* ① Mahner, Anreger, Ermunterer; ② *(poet.)* Rudermeister.

**hortātus**, ūs *m (hortor)* Ermunterung.

**hortēnsia** *u.* **hortēsia,** ōrum *n (hortus)* Gartengewächse, -früchte.

**Hortēnsius**, a, um *Name einer röm. gens:* **Q. ~ Hortalus** *(114–50 v. Chr.), Redner, Rivale Ciceros; – Adj.* **Hortēnsiānus,** a, um; – **Hortēnsiāna,** ōrum *n Ciceros philos. Schrift* „Hortensius".

**hortēsia** *s. hortensia.*

**hortor**, hortārī ① ermuntern, ermutigen, anfeuern, ermahnen; ② *(v. Sachen als Subj.)* auffordern, zu etw. veranlassen.

**hortulus**, ī *m (Demin. v. hortus)* Gärtchen; *Pl.* kleiner Park.

**hortus**, ī *m* ① Garten; *Pl.* Park; ② *(poet.; nachkl.) (meton.)* Gemüse.

**hospes**, pitis **I.** *Subst. m, selten f* ① Gastfreund, Gast; ② Fremder, Ausländer; ③ Wirt; **II.** *Adj.* ① gastfreundlich; ② in etw. unerfahren, m. etw. unbekannt *(in m. Abl.; Gen.).*

**hospita**, ae *f (hospitus)* ① *(weiblicher)* Gast; ② Wirtin.

**hospitālis**, e *(hospes)* ① des Gastfreundes, des Gastes, Gast-; ② gastlich, gastfreundlich [**Iuppiter** Beschützer des Gastrechts; *übtr.* **umbra** einladend].

**hospitālitās**, ātis *f (hospitalis)* Gastfreundlichkeit.

**hospitium**, ī *n (hospes)* ① Gastfreundschaft; ② gastliche Aufnahme, Bewirtung; **alqm -o recipere** *od.* **excipere** *od.* **accipere** jmd. gastlich aufnehmen; ③ Herberge, Quartier, Gastzimmer; ④ *(poet.; nachkl.)* Lager *(der Tiere).*

**hospitor**, hospitārī *(hospes) (nachkl.)* als Gast einkehren; sich aufhalten.

**hospitus**, a, um *(nur f Sg. u. n Pl.) (hospes) (poet.)* ① gastlich, gastfreundlich [**tellus**]; ② fremd.

**hostia**, ae *f* Opfertier; Schlachtopfer.

**hosticum**, ī *n (hosticus)* Feindesland.

**hosticus**, a, um *(hostis)* feindlich, des Feindes.

**hosti-ficus**, a, um *(hostis u. facio)* feindselig.

**hostīlia**, lium *n (hostilis) (nachkl.)* Feindseligkeiten.

**hostīlis**, e *(hostis)* ① feindlich, des Feindes, der Feinde [**condiciones** m. den Feinden vereinbart; **metus** vor dem Feind]; ② feindselig [**animus**].

**Hostīlius**, a, um *Name einer röm. gens:* **Tullus ~** *der dritte röm. König.*

**hostis**, is *m, selten f* ① Feind **a)** Staatsfeind, Landesfeind; **b)** offener Feind, Gegner; **c)** *(poet.) (in der Liebe)* Nebenbuhler, Rivale; ② *(poet.)* Fremder, Ausländer.

**H. S.** *eigtl. II S (d. h. duo semis), woraus H S entstand:* Sesterz *(Münze).*

**hūc** ① *(räuml.)* hierher, hierhin; ② *(übtr.)* hierzu, dazu; ③ bis zu dem Punkt, bis dahin, so weit.

**hūc-i-ne** *(hūc u. -ne[3]) fragend* bis hierhin? so weit?

**hūc-usque** *(hūc u. usque) (nachkl.)* bis hierher, so weit.

**hui** hui! ei! *(Ausruf des Erstaunens, des Hohns).*

**hūius-modī** *u.* **hūiusce-modī** *(hic[1] u. modus)* derartig.

**hūmāna**, ōrum *n (humanus)* das Menschliche, Irdische, Menschenschicksal.

**hūmānitās**, tātis *f (humanus)* ① Menschentum, menschliche Natur, menschliche Würde; ② Menschlichkeit, Milde, Freundlichkeit, Höflichkeit; ③ höhere, feine Bildung, Geistes- u. Herzensbildung; ④ feiner Geschmack, Gefühl f. Anstand u. Schicklichkeit, feine Lebensart.

**hūmānitus** *Adv. = humane (Adv. v. humanus).*

**hūmānum**, ī *n (humanus)* menschliches Gefühl, menschliches Wesen.

**hūmānus** *(zu homo, humus)* **I.** *Adj.* a, um (*Adv.* -ē *u.* -iter) ① menschlich, des *od.* der Menschen, Menschen-; **non -a audacia** übermenschlich; **res -ae** menschliche Dinge *od.* Angelegenheiten, das Irdische, die irdischen Güter; ② gebildet, edel, kultiviert; ③ mild, (menschen)freundlich, höflich; ④ gelassen, ruhig; **II.** *Subst.* ī *m (poet.)* Mensch, Sterblicher.

**Imperium Romanum**

**hūmānus** – Das Adjektiv **humanus** wurde von Cicero im Sinne von „gebildet" verwendet, und das Substantiv **humanitas** (Grundbedeutung „menschliche Natur") erhält bei ihm die Bedeutung „höhere Bildung" und „vornehme Lebensart". Erst ab der Kaiserzeit erlangt der Begriff **humanus** durch die stoische Philosophie seine moderne Bedeutung „mitmenschlich" und „hilfreich". In diesem Sinn sprechen wir auch heute noch von einer „humanen Tat", von „Humanität" oder von einer „humanitären Organisation".

**humātiō**, ōnis *f (humo)* Beerdigung.

**hūmectō**, **hūmeō**, **humerus**, **hūmēscō**, **hūmidus** = *um...*

**humilis**, e (*Superl.* humillimus) *(humus)* ① niedrig, klein; ② *(poet.; nachkl.) (v. Örtl.)* niedrig *od.* tief gelegen; ③ *(poet.; nachkl.)* flach, seicht; ④ *(übtr.) (v. Stand, Ansehen, Macht)* tiefgestellt, niedrig, unbedeutend; **humili loco natus** v. niedriger Herkunft; ⑤ *(v. der Gemütsstimmung)* **a)** verzagt, feige; **b)** demütig, unterwürfig; ⑥ *(v. der Gesinnung)* kleinlich, gemein; ⑦ *(v. der Rede)* schmucklos, schwunglos.

**humilitās**, ātis *f (humilis)* ① Niedrigkeit, Kleinheit [**arborum; siderum** tiefer Stand]; ② *(übtr.)* niederer Stand, niedere Abkunft; ③ geringe Macht, Schwäche, Erniedrigung; ④ Niedergeschlagenheit; ⑤ Unterwürfigkeit.

**humō**, humāre *(humus)* beerdigen.

**hūmor** = *umor.*

**humus**, ī *f* ① Erdboden, Erde; ② Ackerland, Grund u. Boden; ③ Fußboden; ④ *(poet.)* Gegend, Land; ⑤ *(poet.) (übtr.)* das Niedrige, Gemeine; / *Adv.* **humī** *(Lok.)* auf dem Boden [**iacēre**]; *auch* auf die Erde, zu Boden [**prosternere**]; *Adv.* **humō** vom Boden, von, aus der Erde [**surgere**]; *poet. auch als Abl. loc.* auf dem Boden, auf, in der Erde *(= humi)* [**sedere**].

**Hyacinthia**, ōrum *n (Hyacinthus)* die Hyakinthien, *ein Fest in Sparta zu Ehren Apollos u. des v. ihm geliebten Hyacinthus.*

**hyacinthinus**, a, um *(gr. Fw.) (poet.)* Hyazinthen-.

**Hyacinthus** *u.* **-os**, ī *m Liebling Apollos, der ihn durch einen unglücklichen Diskuswurf tötete; aus dem Blut des H. ließ Apollo die Hyazinthe wachsen.*

**hyacinthus**, ī *m (gr. Fw.) (poet.; nachkl.)* Hyazinthe *(violettblaue Schwertlilie [Iris] od. Garten-Rittersporn, nicht unsere Hyazinthe) (vgl. Hyacinthus).*

**Hyades**, dum *f* die Hyaden, *Töchter des Atlas, Schwestern der Plejaden, Siebengestirn, dessen Aufgang Regen bringt.*

**hyaena**, ae *f (gr. Fw.) (poet.; nachkl.)* Hyäne.

**hyalus**, ī *m (gr. Fw.) (poet.)* Glas.

**hybrida**, ae *m u. f (gr. Fw.) (poet.; nachkl.)* Mischling, Bastard.

**Hydaspēs**, is *m Nebenfluss des Indus im Pandschab.*
**hydra**, ae *f (gr. Fw.)* ① Wasserschlange; ② Hydra: **a)** *Ungeheuer m. 50 Köpfen, Mutter des Cerberus;* **b)** Wasserschlange *als Sternbild.*
**hydraulicus**, a, um *(gr. Fw.) (nachkl.)* m. Wasser betrieben, hydraulisch.
**hydraulus**, ī *m (gr. Fw.)* Wasserorgel.
**hydria**, ae *f (gr. Fw.)* (Wasser-)Krug.
**hydrochous** *u.* **-os,** ī *m (gr. Fw.) (poet.)* Wassermann *als Sternbild.*
**hydrōpicus**, a, um *(gr. Fw.) (poet.)* wassersüchtig.
**hydrōps**, ōpis *m (gr. Fw.) (poet.)* Wassersucht.
**hydrus**, ī *m (gr. Fw.) (poet.; nachkl.)* Wasserschlange, *übh.* Schlange.
**Hygīa**, ae *f Göttin der Gesundheit.*
**Hylās**, ae *m Liebling des Herkules, sein Begleiter auf der Argonautenfahrt, v. Nymphen geraubt.*
**Hymēn**, enis *m* Hochzeitsgott; *(meton.)* Hochzeitslied.
**hymenaeus** *u.* **-os**, ī *m (gr. Fw.) (poet.)* ① Hochzeitslied; ② *(meton.)* Hochzeit(sfeier); ③ *(v. Tieren)* Begattung; ④ **Hymenaeus,** ī *m* Hochzeitsgott *(= Hymen), auch:* **Hymen Hymenaeus**.
**Hymēttus**, ī *m Berg b. Athen, ber. durch Marmor, Honig u. Thymian; – Adj.* **Hymēttius,** a, um.
**hymnus**, ī *m (gr. Fw.) (nachkl.)* Lobgesang auf eine Gottheit.
**hyperbaton**, ī *n (gr. Fw.) (nachkl.) (rhet. Figur)* Hyperbaton, Wortversetzung.
**hyperbolē**, ēs *f (gr. Fw.) (nachkl.) (rhet. t. t.)* Hyperbel, Übertreibung.
**Hyperboreī**, ōrum *m myth. Volk im hohen Norden; – Adj.* **Hyperborēus,** a, um nördlich.
**Hyperīdēs**, is *m att. Redner z. Zt. des Demosthenes.*
**Hyperīōn**, onis *m* ① *einer der Titanen, Vater des Helios (Sol);* ② *der Sonnengott selbst (= Helios od. Sol).*
**hypocaustum** *u.* **-on,** ī *n (gr. Fw.) (nachkl.)* Heizanlage unter dem Fußboden.
**hypocritēs** *u.* **-ta,** ae *m (gr. Fw.) (nachkl.)* Mime *(der den Vortrag eines Schauspielers m. Gebärden begleitete).*
**hypodidascalus**, ī *m (gr. Fw.)* Unterlehrer.
**hypomnēma**, atis *n (gr. Fw.)* schriftliche Bemerkung.
**hypothēca**, ae *f (gr. Fw.)* (Unter-)Pfand.
**Hyrcānia**, ae *f Landschaft am Südostufer des Kasp. Meeres; – Einw.* **Hyrcānī,** ōrum *m, aber:* **Macedones Hyrcani** *Bew. der makedon. Kolonie Hyrcania in Lydien; – Adj.* **Hyrcān(i)us**, a, um.
**Hyriēus**, eī *m Vater des Orion; – Adj.* **Hyriēus,** a, um [**proles** Orion].

# I i

**Iacchus**, ī *m Kultname des Bacchus; (meton.) (poet.)* Wein.
**iaceō**, iacēre, iacuī, iacitūrus ① (da)liegen; ② ruhen, schlafen; ③ zu Tisch liegen [**in conviviis**]; ④ krank liegen; ⑤ tot daliegen; im Kampf gefallen sein; – **iacentēs,** tium *m* die Gefallenen; ⑥ *(übtr.)* am Boden liegen, überwunden sein; **victa iacet pietas;** ⑦ *(übtr.)* in etw. versunken sein [**in maerore; in amore**]; ⑧ niedergeschlagen, mutlos sein; ⑨ machtlos sein, ohne Einfluss sein; ⑩ *(v. Völkern)* wohnen; ⑪ *(v. Reisenden)* sich untätig aufhalten; ⑫ *(v. Örtl.)* **a)** liegen, sich erstrecken; **b)** flach, frei daliegen; **c)** tief liegen; ⑬ *(v. Städten, Bauten)* in Trümmern liegen; ⑭ *(v. Gewändern)* schlaff, lose hängen; ⑮ *(übtr.)* brachliegen **philosophia iacuit;** ⑯ *(poet.) (v. Augen u. Blicken)* gesenkt sein; ⑰ *(dem Wert nach)* niedrig stehen, gedrückt sein; **pretia praediorum iacent.**
**iaciō**, iacere, iēcī, iactum ① werfen, schleudern [**lapides in murum; tela; faces de muro; oscula** Kusshändchen zuwerfen]; ② hinabwerfen, -stürzen [**se in profundum** in die Tiefe]; ③ auswerfen [**ancoram**]; ④ von sich werfen, wegwerfen [**vestem**]; ⑤ *(poet.)* ausstreuen [**semina** säen]; ⑥ aufwerfen, errichten, bauen [**vallum; muros; fundamenta urbi** den Grund legen zu; *übtr.* **fundamenta pacis**]; ⑦ *(Worte, Drohungen u. Ä.)* schleudern, ausstoßen; ⑧ eine Äußerung fallen lassen, vorbringen, sich äußern [**suspicionem; de lacu Albano**].
**iactāns**, *Gen.* tantis *(iacto)* prahlerisch, überheblich.
**iactantia**, ae *f (iacto) (nachkl.)* ① *(akt.)* das Anpreisen [**sui** Selbstverherrlichung]; ② *(medial)* das Sichrühmen, Prahlen; ③ *(pass.)* das Gerühmtwerden, Beifall.
**iactātiō**, ōnis *f (iacto)* ① *(nachkl.)* das Hin- und-

her-Werfen, das Schütteln, Erschüttern; ❷ Gebärdenspiel; ❸ *(nachkl.)* Prahlerei *(mit etw.: Gen.)* [**verborum** Großsprecherei]; ❹ Erschütterung, Schwanken, Wogen; ❺ *(übtr.)* das Schwanken [**animi** Wankelmut]; ❻ (seelische) Erregung [**animorum**]; ❼ Beifall [**popularis** Volksgunst].

**iactātus**, ūs *m (iacto) (poet.; nachkl.)* das Schütteln, Schwingen.

**iactitō**, iactitāre *(Intens. v. iacto)* öffentlich vortragen.

**iactō**, iactāre *(Intens. u. Frequ. v. iacio)* ❶ (wiederholt, in Hast) werfen [**faces in tecta; semina** säen; **frusta** zuwerfen]; ❷ ab-, wegwerfen [**iugum**]; ❸ *(poet.)* verbreiten [**odorem**]; ❹ *(Worte, Drohungen u. Ä.)* ausstoßen, vorbringen; ❺ etw. wiederholt zur Sprache bringen, laut äußern [**rem in contione**]; ❻ m. etw. prahlen, sich m. etw. brüsten *(alqd od. m. A. C. I.); –* **se iactare** sich brüsten, großtun; ❼ hin u. her werfen, schwingen, schütteln; ❽ hin u. her treiben *od.* schleudern; **iactata flamine** (vom Wind) **navis;** ❾ beunruhigen, plagen; **iactari multis iniuriis;** ❿ *(vom Redner)* gestikulierend hin u. her bewegen, *(vom Tänzer)* rhythmisch bewegen; ⓫ **se iactare** *u. mediopass.* **iactari** viel m. etw. beschäftigt sein, sich betätigen *(in re od. re)* [**in causis; forensi labore**].

**iactūra**, ae *f (iacio)* ❶ das Überbordwerfen; ❷ *(übtr.)* Aufopferung, Einbuße, Verlust; **-am facere** *u.* **accipere** Schaden erleiden; ❸ *(meton.) (Sg. u. Pl.)* Aufwand, Kosten.

**iactus**[1] *P. P. P. v. iacio.*

**iactus**[2], ūs *m (iacio)* ❶ das Werfen, Schleudern; ❷ Wurf *(im Würfelspiel);* ❸ *(poet.; nachkl.) (milit.)* Schuss-, Wurfweite.

**iaculābilis**, e *(iaculor) (poet.)* zum Werfen geeignet, Wurf- [**telum**].

**iaculātiō**, ōnis *f (iaculor) (nachkl.)* das Werfen, Schleudern.

**iaculātor**, ōris *m (iaculor)* ❶ Schleuderer; ❷ Speerschütze.

**iaculātrīx**, īcis *f (iaculator) (poet.)* Schützin *(v. der Diana).*

**iaculor**, iaculārī *(iaculum)* **I.** *intr.* ❶ den Wurfspieß schleudern, Speere werfen; ❷ *(übtr.)* **probris in alqm ~** *(m. Worten)* gegen jmd. losziehen; **II.** *trans. (poet.; nachkl.)* ❶ werfen, schleudern [**ignem in hostes;** *übtr.* **verba in alqm** ausstoßen]; ❷ schießen, erlegen [**cervos**]; ❸ nach etw. jagen, streben; ❹ **se ~** sich stürzen.

**iaculum**, ī *n (iacio)* ❶ Wurfspieß; ❷ *(poet.)* Wurfnetz.

**iam** *Adv.* ❶ *(v. der Vergangenheit, Gegenwart u. Zukunft)* **a)** schon, bereits; **iam tum** schon damals; **iam diu** *u.* **iam pridem** schon lange, schon längst; **iam dudum** schon lange; **b)** nun, nunmehr, v. nun an; ❷ *(v. der Gegenwart)* jetzt; ❸ *(v. der Vergangenheit)* soeben, gerade; ❹ *(v. der Zukunft)* bald; ❺ *(v. der Vergangenheit u. Zukunft)* sogleich, alsbald, augenblicklich; – **iamiam**(**que**) sofort, im nächsten Augenblick; ❻ *(poet.)* **iam ... iam** bald ... bald; ❼ *(neg.)* **non iam** *u.* **iam non: a)** nicht mehr, nicht länger; **b)** noch nicht; – **vix iam** kaum noch, kaum mehr; ❽ *(in Übergängen)* **a)** nun, ferner, dann, außerdem; **b)** *(steigernd)* sogar, wirklich, *verstärkt* **iam vero**.

**iambēus**, a, um *(gr. Fw.) (poet.)* jambisch.

**iambus**, ī *m* ❶ *(poet.)* Jambus (⏑ –); ❷ *(Sg. u. Pl.)* jambisches Gedicht (= Spottgedicht).

**Iāniculum**, ī *n u.* **mōns Iāniculus**, ī *m einer der sieben Hügel Roms, am rechten Tiberufer.*

**Iāni-gena**, ae *m u. f (Ianus u. gigno) (poet.)* Kind des Janus.

**iānitor**, ōris *m (ianus)* Türhüter, Pförtner [**Orci** = Cerberus; **carceris** Kerkermeister].

**iānitrīx**, rīcis *f (ianitor) (nachkl.)* Pförtnerin.

**iānua**, ae *f (ianus)* ❶ (Haus-)Tür [**patens**]; ❷ Eingang, Zugang *(zu, in etw.: m. Gen.)* [**Asiae**].

**Iānuārius**, a, um *s. Ianus.*

**Iānus**, ī *m* Janus, *Gott des Ein- u. Ausgangs, des Tages- u. Jahresbeginns, doppelköpfig dargestellt* [**biceps, bifrons**]; – *Adj.* **Iānuārius**, a, um dem Janus gehörig *od.* geweiht [**mensis** Januar]; zum Januar gehörig [**Kalendae, Idus**]; *Subst.* **Iānuārius,** ī *m* Januar.

**iānus**, ī *m* überwölbter Durchgang, Torbogen, *bes.:* ❶ der Janusbogen, *nördl. vom Forum (in Kriegszeiten offen, im Frieden geschlossen);* ❷ *eine der drei gedeckten Torhallen am Forum* [**summus, medius** *(Sitz der Wechsler),* **imus**].

**Īapetus**, ī *m Titan, Vater des Atlas, des Prometheus* u. des Epimetheus; – **Īapetīonidēs**, ae *m Sohn des Iapetus* (= Atlas).

**Iāpygia**, ae *f* Südapulien.

**Iāpyx**, ygis **I.** *Subst. m* ❶ *Sohn des Daedalus, der sich in Italien niederließ u. der Landschaft Iapygia (in Süditalien) den Namen gab;* ❷ *Bew. der Landschaft Iapygia,* (Süd-)Apulier; ❸ Westnordwestwind, *der v. Iapygia (Südapulien) nach Griechenland wehte;* **II.** *Adj. auch* **Iāpygius**, a, um japygisch, (süd)apulisch.

**Iāsō**(**n**), onis *m Führer der Argonauten; – Adj.* **Iāsonius**, a, um des Jason [**carina** das Schiff Argo].

**iaspis**, pidis *f (gr. Fw.) (poet.; nachkl.)* Jaspis *(Halbedelstein).*

**iātralīptēs**, ae *m (gr. Fw.) (nachkl.)* Badearzt.

**Ibēr, Ibērus** = *Hiber, Hiberus s. Hiberia.*

**ibi** *u.* **ibī** *Adv.* ❶ *(räuml.)* da, dort; ❷ *(zeitl.)* da, damals, dann; ❸ *(übtr.)* darin, dabei, in diesem Punkt.

**ibī-dem** *Adv.* ❶ ebenda, an derselben Stelle; ❷ *(übtr.)* ebendarin.

**Ībis**, Ībis *u.* Ībidis *f (Akk.* -im) *(gr. Fw.)* der Ibis *(Wasservogel).*

**Ībycus**, ī *m griech. Lyriker aus Regium um 540 v. Chr.*

**Īcarius**, ī *m* ❶ *Vater der Penelope;* – **Īcariōtis**, tidis *f* Penelope; – *Adj.* **Īcariōtis,** *Gen.* tidis der Penelope; ❷ = *Icarus 2.*

**Īcarus**, ī *m* ❶ *Sohn des Daedalus, floh m. seinem Vater, der für sich u. für ihn Flügel angefertigt hatte, aus Kreta u. stürzte beim Flug ins Meer, das der Sage nach nach ihm das Ikarische Meer (mare Icarium – südöstl. Teil des Ägäischen Meeres) benannt wurde;* ❷ (*od.* Īcarius) *ein Athener, der v. Bacchus die Rebe erhielt u. der erste Weinbauer in Attika wurde; nach seinem Tod wurde er als Arcturus od. Bootes, sein Hund als Hundsstern an den Himmel versetzt;* – *Adj.* **Īcarius,** a, um [**canis**].

**Īcas**, adis *f (gr. Fw.) der 20. Tag des Monats.*

**ichneumōn**, onis *m (gr. Fw.)* Ichneumon *(Schleichkatze an der Nordküste v. Afrika).*

**īcō** *u.* **īciō**, īcere, īcī, ictum *(in Prosa sind nur die Perf.-Formen u. das P. P. P. gebräuchlich)* ❶ treffen, schlagen, stoßen; ❷ **foedus ~** ein Bündnis schließen; ❸ *(übtr.) P. Adj.* **ictus,** a, um schwer getroffen, betroffen, beunruhigt; **ictus nova re / rebellione / metu**.

**Īconicus**, a, um *(gr. Fw.) (nachkl.)* lebensgetreu dargestellt.

**Īconismus**, ī *m (gr. Fw.) (nachkl.)* Abbildung, getreue Darstellung.

**ictus**[1] *P. P. P. v. ico u. icio.*

**ictus**[2], ūs *m (ico)* ❶ Schlag, Stoß, Hieb, Stich, Wurf [**telorum; gladii; fulminis** *u.* **fulmineus** Blitzschlag; **solis** Sonnenstrahl; **falsus** falsch gezielter Wurf; **certus** sicher gezielter Wurf]; ❷ *(übtr.)* Schicksalsschlag; ❸ *(nachkl.)* feindlicher Ansturm, Angriff; ❹ *(poet.; nachkl.)* Taktschlag; Takt.

**Īda**, ae *u.* **-ē**, ēs *f* ❶ *Gebirge auf Kreta;* ❷ *Gebirge in Phrygien u. Troas (Kleinasien), Hauptkultstätte der Kybele; / Adj.* **Īdaeus**, a, um.

**Īdalium**, ī *n Vorgeb. u. Stadt auf Zypern m. Venuskult;* – *Adj.* **Īdalius**, a, um; – **Īdaliē**, ēs *f* Venus; – **Īdalia**, ae *f Gegend um Idalium.*

**id-circō** *Adv.* darum, deshalb, deswegen.

**īdem, eadem, idem** ❶ (eben)derselbe *(subst. u. adj.);* **amicus est tamquam alter idem** ein zweites Ich; **unus atque idem** *u.* **unus idemque** ein u. derselbe; **idem atque** *od.* **ac** *od.* **et** *od.* **qui** derselbe wie; ❷ *zu übersetzen durch:* gleichfalls, auch; **id vetat idem ille Plato;** ❸ *(beim Gegensatz) zu übersetzen durch:* dennoch; **multi, qui vulnera fortiter acceperunt, iidem dolo rem morbi ferre non possunt.**

**identidem** *Adv.* immer wieder, wiederholt.

**id-eō** *Adv.* deswegen, darum, daher.

**id est** *(Abk. i. e.)* das ist, das heißt.

**I D I B.** *(Abk.) = Idibus, s. Idus.*

**idiōta** *u.* **-tēs**, ae *m (gr. Fw.)* unwissender Mensch, Stümper, Laie, Pfuscher.

**Idistavīsō** (campus) *Ebene auf dem rechten Weserufer.*

**īdōlum**, ī *n (gr. Fw.)* ❶ *(nachkl.)* Schattenbild *eines Verstorbenen,* Gespenst; ❷ *(stoischer t. t.)* Vorstellung.

**idōneus**, a, um *(ad alqd; m. Dat.; m. Relativsatz im Konj.; selten m. Inf.)* ❶ *(v. Sachen)* passend, geeignet [**locus castris**]; ❷ *(v. Personen)* geeignet, geschickt, fähig [**testis** zuverlässig; **iudex** kompetent]; ❸ für etw. empfänglich, einer Sache wert, würdig; ❹ straffällig.

**īdos** *n (undekl.) (gr. Fw.) (nachkl.)* Aussehen, Gestalt.

**Imperium Romanum**

**Īdūs** (uum *f*) – Die Iden, ein Fixtag im römischen Kalender, fallen im März, Mai, Juli und Oktober auf den 15., in den restlichen Monaten auf den 13. Monatstag. Cäsar wurde in den **Iden des März**, also am 15. März, des Jahres 44 v. Chr. ermordet.
Die anderen Fixtage sind die **Nonae** (die Nonen, sie fallen im März, Mai, Juli und Oktober auf den siebten, sonst auf den fünften Tag des Monats) und die **Calendae** (die Kalenden, immer der erste Tag eines Monats).

**īdyllium**, ī *n (gr. Fw.) (nachkl.)* kleines Gedicht, *oft bukolischen Charakters.*

**i. e.** *(Abk.) = id est* das ist, das heißt.

**iēcī** *Perf. v. iacio.*

**iecur**, iecoris *u.* **iocur**, iocineris *n* Leber.

**iecusculum**, ī *n (Demin. v. iecur)* kleine Leber.

**iēiūnitās**, ātis *f (ieiunus)* ❶ *(in der Rede)* Trockenheit, Dürftigkeit; ❷ Mangel an Kenntnissen *(in etw.: Gen.).*

**iēiūnium**, ī *n (ieiunus)* ❶ das Fasten; ❷ *(poet.) (meton.)* Hunger; ❸ *(poet.)* Magerkeit.

**iēiūnus**, a, um ❶ nüchtern, m. leerem Magen; ❷ *(meton.)* hungrig; *(poet.)* durstig; ❸ mager, dürr, trocken [**ager**]; ❹ *(bes. v. der Rede u. vom Redner)* trocken, dürftig, langweilig; ❺ geringfügig, kärglich; ❻ *(übtr.)* nach etw. hungrig, mit etw. unbekannt; **-ae huius orationis aures;** ❼ *(geistig u. moral.)* armselig, erbärmlich.

**igitur** *Kj.* ❶ *(schlussfolgernd)* also, folglich, daher, demnach; ❷ *(b. Aufforderungen)* also, so … denn; ❸ *(in Fragesätzen)* also, denn; **quid igitur faciam?;** ❹ *(b. Wiederaufnahme der Rede)* also, wie gesagt; ❺ *(zusammenfas-*

*send)* kurz, m. einem Wort.

**ī-gnārus**, a, um *(in-[2])* ❶ *(akt.)* unwissend, unerfahren, m. etw. unbekannt *(m. Gen.; de; A. C. I.; indir. Frages.); abs. auch* ohne etw. zu wissen, ahnungslos: **me -o** ohne mein Wissen; **omnibus -is** ohne dass jmd. etw. ahnte; ❷ *(pass.) (nachkl.)* unbekannt, fremd; **regio hostibus -a**.

**īgnāvia**, ae *f (ignavus)* ❶ Trägheit; ❷ Feigheit.

**īgnāvus I.** *Adj.* a, um *(Adv.* -ē *u.* -iter*)* ❶ träge, energielos, untätig, faul *(zu etw.: ad od. Gen.)*; ❷ feige, mutlos; ❸ *(poet.; nachkl.) (v. Lebl.)* kraftlos, schlaff; ❹ träge machend [**frigus; aestus**]; **II.** *Subst.* ī *m* Feigling.

**īgnēscō**, īgnēscere, – – *(ignis)* ❶ sich entzünden, in Brand geraten; ❷ *(poet.) (übtr. v. Leidenschaften)* entbrennen.

**īgneus**, a, um *(ignis)* ❶ feurig, glühend; ❷ *(poet.) (übtr.)* hitzig, glühend, lebhaft [**furor**].

**īgniculus**, ī *m (Demin. v. ignis)* ❶ *(nachkl.)* Flämmchen, Funke; ❷ *(übtr.)* **a)** *Pl.* erste Anfänge, Keime [**virtutum**]; **b)** Glut, Heftigkeit.

**īgni-fer**, fera, ferum *(ignis u. fero)* feurig.

**īgni-gena**, ae *m (ignis u. gigno) (poet.)* der Feuergeborene [**Bacchus**].

**īgni-pēs**, *Gen.* pedis *(ignis) (poet.)* feuerfüßig, blitzschnell.

**īgni-potēns**, *Gen.* entis *(ignis) (poet.)* feuergewaltig [**Vulcanus**].

**īgnis**, is *m (Abl. Sg.* igne *u.* ignī, *Letzteres bes. in Redewendungen)* ❶ Feuer *(oft Pl.)*; **aquā et igni interdicere alci** jmd. ächten; ❷ brennender Scheiterhaufen; ❸ Feuersbrunst, Brand *(oft Pl.)*; **ferro ignique** m. Feuer u. Schwert; ❹ Feuerbrand, brennendes Scheit, (Hochzeits-)Fackel; ❺ *(poet.)* Blitz(strahl); ❻ Stern(bild); ❼ feuriger Schimmer, das Funkeln, feurige Farbe [**oculorum**]; Fackelschein; ❽ *(poet.)* Glut, Hitze [**solis**]; ❾ *(übtr.)* Feuer [**ingenii et mentis**]; ❿ Zornesglut, Wut; ⓫ Begeisterung; ⓬ Liebesglut, glühende Liebe; ⓭ *(meton.)* Geliebte(r).

**īgnītus**, a, um *(ignis)* feurig, glühend.

**ī-gnōbilis**, e *(in-[2] u. nobilis)* ❶ unbekannt, unberühmt; ❷ v. niederer Herkunft, gewöhnlich.

**īgnōbilitās**, ātis *f (ignobilis)* ❶ Ruhmlosigkeit; ❷ niedere Herkunft.

**īgnōminia**, ae *f (in-[2] u. nomen, eigtl. „Aberkennung des guten Namens")* Schimpf, Beschimpfung, Schande, Entehrung.

**īgnōminiōsus**, a, um *(ignominia)* ❶ schimpflich, ehrenrührig; ❷ *(nachkl.)* entehrt.

**īgnōrābilis**, e *(ignoro)* unbekannt.

**īgnōrantia**, ae *f (ignoro)* Unkenntnis, Unwissenheit *(in etw.: Gen.)* [**locorum**].

**īgnōrātiō**, ōnis *f (ignoro)* ❶ Unbewusstheit, Unfreiwilligkeit; ❷ Unkenntnis *(in etw.: Gen.)* [**iuris**].

**īgnōrō**, īgnōrāre *(verw. m. ignarus)* nicht wissen, nicht kennen; **non ignorare** wohl wissen, gut kennen; – *P. Adj.* **īgnōrātus,** a, um **a)** unbekannt, unerkannt; **b)** unbemerkt; **c)** unbewusst, unfreiwillig.

**īgnōscō**, īgnōscere, īgnōvī, īgnōtum *(in-[1] u. nosco)* verzeihen, vergeben, Nachsicht haben *(m. Dat.; alci alqd nur beim Neutr. eines Pron. od. allg. Adj.; m. quod)* [**Cethegi adulescentiae; haec populo Romano**]; – **īgnōscendus,** a, um *(poet.)* verzeihlich.

**ī-gnōtus** *(in-[2] u. notus)* **I.** *Adj.* a, um ❶ *(pass.)* **a)** unbekannt, fremd [**terra; in vulgus** beim Volk]; **b)** ungewohnt [**forma**]; **c)** v. unbekannter, niederer Herkunft; ❷ *(akt.)* unkundig, m. etw. unbekannt; **II.** *Subst.* ī *m* ❶ ein Unbekannter; ❷ *(poet.) Pl.* Leute v. niederer Herkunft; ❸ der Unkundige.

**ī-gnōvī** *Perf. v. ignosco.*

**Iguvium**, ī *n Stadt in Umbrien, j.* Gubbio; – *Einw.* **Iguvīnī**, ōrum *u.* **Iguvīnātēs**, tium *m.*

**iī** *Perf. v. eo u. Nom. Pl. m von is.*

**īle**, *Gen.* īlis, **īleum** *u.* **īlium**, ī *n (selten, poet.) (Sg. v. ilia)* Scham.

**Ilerda**, ae *f Stadt im nordöstl. Spanien, Hauptstadt der Ilergetes, j.* Lerida.

**īlex**, īlicis *f* Steineiche.

**īlia**, īlium *n* Unterleib, Weichen; Eingeweide.

**Īlia, Īliacus, Īliadēs, Īlias** *s. Ilion.*

**īlicet** *Adv. (< ire licet) (poet.)* sogleich, sofort.

**īlicō** *Adv. (< in loco)* sogleich, sofort.

**Īliēnsēs**, ium *m s. Ilion.*

**īlīgnus**, a, um *(ilex) (poet.)* v. der Steineiche, Eichen-.

**Īlion** *u.* **Īlium**, ī *n u.* **Īlios**, ī *f* Troja; – *Adj.* **Īliacus** *u.* **Īlius**, a, um ilisch, troisch, trojanisch; – *Einw.* **Īliēnsēs**, ium *m* die Troer, Trojaner; *fem.* **Īlias**, adis die Troerin, Trojanerin *u.* **Īlia**, ae die Trojanerin, *bes.* Rhea Silvia; – **Īliadēs**, ae *m* **a)** *Sohn der Ilia* = Romulus, Remus; **b)** Ganymedes, *Sohn des Tros;* – **Īlias**, adis *f* die Ilias *Homers.*

**Īlīthyia**, ae *f Geburtsgöttin.*

**Īlium** *s. Ilion.*

**illā** *Adv., s. ille 9.*

**il-labefactus**, a, um *(in-[2] u. P. P. P. v. labefacio) (poet.)* unerschütterlich, fest.

**il-lābor**, lābī, lāpsus sum ❶ hineingleiten, -schlüpfen, eindringen; ❷ *(poet.)* einstürzen.

**il-labōrātus**, a, um *(nachkl.)* unbearbeitet [**terra**].

**il-labōrō**, labōrāre *(nachkl.)* sich bei etw. *(Abl.)* abmühen [**domibus** beim Bau der Häuser].

**illāc** *Adv.* dorthin [**facere** auf jener Seite stehen, zu jener Partei gehören].

**il-lacessītus**, a, um *(in-[2] u. P. P. P. v. lacesso) (nachkl.)* ungereizt, unangefochten.

**il-lacrimābilis**, e *(poet.)* ① unbeweint; ② unerbittlich [**Pluto**].
**il-lacrimō**, lacrimāre *u.* **il-lacrimor**, lacrimārī bei *od.* über etw. weinen, beweinen *(m. Dat.; A. C. I.; quod)*.
**il-laesus**, a, um *(in-[2] u. P. P. P. v. laedo) (poet.; nachkl.)* unverletzt.
**il-laetābilis**, e *(poet.)* unerfreulich, traurig.
**illāpsus** *P. P. Akt. v. illabor.*
**il-laqueō**, laqueāre *(laqueus)* verstricken, umgarnen.
**illātus** *P. P. P. v. infero.*
**il-laudātus**, a, um *(poet.; nachkl.)* ① ungelobt, ruhmlos; ② fluchwürdig.
**il-lautus** = *illutus.*
**ille, illa, illud** *(Gen. Sg.* illīus, *poet. meist illius; Dat. Sg.* illī*) Demonstrativpron.* ① jener, jene, jenes; ② *(zeitl.)* damalig, früher; **illi consules** die damaligen; **illorum temporum historia;** ③ jener bekannte, berühmte *od.* berüchtigte; **magnus ille Alexander; Solonis illud** jener berühmte Ausspruch des Solon; ④ *(in der Rede zurückweisend)* (schon) früher erwähnt; ⑤ *(b. Zurückweisung auf einen schon genannten Begriff)* er, sie, es, *bes. in Verbindung m. quidem* (allerdings, freilich); ⑥ *(vorweisend)* folgender; **illud te hortor;** ⑦ *bei Subst. statt eines Gen., z. B.* **ille dolor** der Schmerz darüber; **illa fama** die Kunde davon; ⑧ *Neutr.* **illud** so viel, nur so viel; ⑨ *Adverbialformen:* **illā** *(erg. viā od. parte)* auf jener Seite, dort; *auch* dorthin; **illō** *(erg. locō)* dahin, dorthin, *übtr.* dahin = zu jener Sache; **illim** *(räuml.)* von dort; *(zeitl.)* v. da an.
**illecebra**, ae *f (illicio)* Lockung, Verführung, Reiz.
**illecebrōsus**, a, um *(illecebra) (nachkl.)* verführerisch.
**illectus[1]** *P. P. P. v. illicio.*
**il-lēctus[2]**, a, um *(in-[2] u. P. P. P. v. lego[1]) (poet.)* ungelesen.
**il-lepidus**, a, um *(poet.; nachkl.)* unfein, geschmacklos.
**il-lēvī** *Perf. v. illino.*
**il-lēxī** *Perf. v. illicio.*
**il-lībātus**, a, um unvermindert, ungeschmälert [**divitiae**].
**il-līberālis**, e ① eines Freien unwürdig, unedel; ② unhöflich, ungefällig; ③ knauserig.
**illīberālitās**, tātis *f (illiberalis)* ① Ungefälligkeit; ② Knauserei.
**illīc** *Adv. (ille)* ① dort, da; ② *(poet.)* im Jenseits; ③ *(übtr.)* in jener Sache, bei dieser Gelegenheit; ④ *(nachkl.) (auf Personen bezogen)* auf jener Seite, dort.
**il-liciō**, licere, lēxī, lectum *(vgl. lacesso)* ① anlocken [**singulos pretio**]; ② verlocken, verführen [**populum ad bellum**].
**il-licitātor**, ōris *m (illicio)* Scheinkäufer *(der nur zum Schein bietet, um den Preis in die Höhe zu treiben)*.
**il-licitus**, a, um *(nachkl.)* unerlaubt, unzulässig.
**illicō** *Adv.* = *ilico.*
**il-līdō**, līdere, līsī, līsum *(in-[1] u. laedo)* ① *(poet.)* hineinschlagen, -stoßen; ② anschlagen, anstoßen; **aequora scopulis illisa;** ③ zerschlagen, zerschmettern.
**il-ligō**, ligāre ① anbinden, festbinden; ② *(übtr.)* jmd. binden, durch etw. verpflichten [**alqm pignoribus; foedere se cum Romanis**]; ③ *an gewisse Bedingungen* knüpfen; ④ anbringen, befestigen; ⑤ *(übtr.)* umgarnen, verstricken.
**illim** *Adv., s. ille 9.*
**il-līmis**, e *(in-[2] u. limus[1]) (poet.)* schlammfrei, rein.
**illinc** *Adv.* ① v. dort; ② dort; ③ *(zeitl.)* seit jener Zeit; ④ **~ facere** jener Partei angehören.
**il-linō**, linere, lēvī, litum ① *(poet.; nachkl.)* aufstreichen, auf, in etw. streichen *(alqd alci rei od. alci)* [**alqd chartis** etw. auf das Papier hinschmieren; **aurum vestibus** einweben in; **sociis ceram** Wachs den Gefährten in die Ohren streichen]; ② m. etw. bestreichen, m. etw. überziehen [**pocula ceris**].
**il-liquefactus**, a, um flüssig gemacht.
**il-līsī** *Perf. v. illido.*
**illīsus** *P. P. P. v. illido.*
**il-litterātus**, a, um ① ungelehrt, ungebildet; ② *(v. Sachen)* unwissenschaftlich.
**illitus** *P. P. P. v. illino.*
**illō** *s. ille 9.*
**il-lōtus** = *illutus.*
**illūc** *Adv. (illic)* ① dorthin, dahin; ② ins Jenseits; ③ *(übtr.)* dahin; **illuc intendere** darauf ausgehen; **illuc reverti** *(zum Thema);* ④ *(nachkl.) (zeitl.)* bis dahin.
**il-lūcēscō**, lūcēscere, lūxī, – ① zu leuchten beginnen; **illucescit dies** bricht an; *(unpers.)* **illucescit** es wird hell, es wird Tag; ② *(übtr.)* hervorleuchten, sich zeigen.
**il-lūdō**, lūdere, lūsī, lūsum ① *(poet.)* an etw. hinspielen, etw. umspielen *(m. Dat.);* ② *(poet.)* etw. spielend hinschreiben; ③ *(übtr.)* sein Spiel treiben, verspotten *(m. Dat.; Akk.; in alqm)* [**capto; praecepta rhetoricorum**]; ④ betrügen *(m. Akk. u. Dat.);* ⑤ *(poet.; nachkl.)* übel mitspielen, sich an jmdm. *od.* etw. vergreifen *(m. Dat. u. Akk.).*
**illūminātē** *Adv. (illumino)* klar [**dicere**].
**il-lūminō**, lūmināre *(lumen)* ① erleuchten, erhellen; ② *(übtr.)* schmücken, verherrlichen.
**il-lūnis**, e *(in-[2] u. luna) (nachkl.)* ohne Mondschein.
**il-lūsī** *Perf. v. illudo.*
**illūsiō**, ōnis *f (illudo)* Verspottung, Ironie.

**illūstrātiō**, ōnis *f (illustro) (rhet. t. t.)* anschauliche Darstellung.
**illūstris**, e *(illustro)* ❶ hell, erhellt, strahlend [**stella; dies; nox sideribus**]; ❷ einleuchtend, deutlich, klar [**exemplum**]; ❸ bekannt, berühmt [**homines; nomen**]; ❹ vornehm, angesehen; **illustri loco natus;** ❺ hervorragend, bedeutend [**ingenium**].
**il-lūstrō**, lūstrāre ❶ erleuchten, erhellen; ❷ *(übtr.)* ans Licht bringen, aufdecken [**consilia alcis; maleficium**]; ❸ anschaulich machen, aufklären, erläutern [**verum; ius obscurum**]; ❹ verschönern [**orationem**]; ❺ verherrlichen, preisen [**consulem laudibus; populi Romani nomen**].
**illūsus** *P. P. P. v. illudo.*
**il-lūtus**, a, um *(in-[2] u. lautus v. lavo)* ❶ ungewaschen, schmutzig; ❷ *(übtr.)* unanständig; ❸ *(poet.)* nicht abgewaschen.
**il-luviēs**, ēī *f (poet.; nachkl.)* ❶ *(in-[2] u. lavo)* Schmutz; ❷ *(in-[1] u. lavo)* **a)** Überschwemmung; *(meton.)* überströmendes Wasser; **b)** Morast.
**il-lūxī** *Perf. v. illucesco.*
**Illyriī**, ōrum *m Volk in Dalmatien u. Albanien;* – **Illyria**, ae *f,* **Illyricum**, ī *n u.* **Illyris**, idis *f* Illyrien; – *Adj.* **Illyrius** *u.* **Illyricus**, a, um, *fem. auch* **Illyris**, idis illyrisch.
**Īlōtae**, ārum *m = Hilotae.*
**Īlus**, ī *m* ❶ *Sohn des Tros, Vater des Laomedon, König v. Troja;* ❷ *= Iulus.*
**Ilva**, ae *f Insel im Tyrrhenischen Meer, j.* Elba.
**imāginārius**, a, um *(imago)* nur in der Einbildung bestehend, Schein-.
**imāginātiō**, ōnis *f (imaginor) (nachkl.)* Einbildung, Phantasie.
**imāginor**, imāginārī *(imago) (nachkl.)* sich einbilden, sich vorstellen.
**imāginōsus**, a, um *(imago) (poet.)* voller Einbildungen.
**imāgō**, ginis *f (vgl. imitor)* ❶ Bild, Bildnis *(als Werk der Plastik od. der Malerei);* ❷ Ahnenbild, Wachsmaske *der Vorfahren;* ❸ Abbild, Ebenbild [**antiquitatis**]; ❹ Schatten(bild) *der Verstorbenen,* Schemen; ❺ Traumbild; ❻ Trugbild, bloßer Schein, Scheinbild; ❼ *(nachkl.)* Vorspiegelung; ❽ Echo *(auch* **~ vocis**); ❾ *(poet.; nachkl.)* Erscheinung, Anblick, Gestalt; ❿ *(rhet. t. t.) (poet.; nachkl.)* bildliche Darstellung, Gleichnis; ⓫ *(poet.; nachkl.)* Vorstellung von etw., Gedanke an etw. [**caedis**].

**Imperium Romanum**
**imāgō** nannten die Römer ein Ahnenbild, eine Wachsmaske, die nach dem Gesicht des Verstorbenen geformt wurde. Die Ahnenbilder wurden im Atrium des Familienhauses aufgestellt. Das **ius imaginum**, das Recht auf Ahnenbilder, besaß nur der, der mindestens einen Vorfahren vorweisen konnte, der zumindest ein kurulisches Amt (d. h. ein Amt vom Ädilen aufwärts) innegehabt hatte. Diese Ahnenmasken wurden bei feierlichen Leichenzügen von Männern, die den Verstorbenen an Figur glichen, vor dem Gesicht getragen.

**imāguncula**, ae *f (Demin. v. imago)* Bildchen.
**imbēcillitās**, ātis *f (imbecillus)* ❶ Schwäche [**corporis; valetudinis**]; ❷ *(nachkl.)* Kränklichkeit; ❸ *(übtr.)* Schwäche, Ohnmacht, Mutlosigkeit [**sociorum; magistratuum**].
**im-bēcillus**, a, um *u.* **-is**, e ❶ schwach, kraftlos, schwächlich, kränklich; ❷ *(übtr.)* haltlos, ohnmächtig [**regnum; suspicio; accusator**].
**im-bellis**, e *(in-[2] u. bellum)* ❶ unkriegerisch [**di** Venus u. Amor]; ❷ feige; ❸ friedlich, ruhig [**annus**].
**imber**, bris *m* ❶ Regen(guss), Platzregen; ❷ *(poet.)* Unwetter, Gewitter; ❸ *(poet.)* Wasser, Feuchtigkeit; ❹ Tränenstrom; ❺ *(übtr.)* **~ telorum** *od.* **ferreus** Hagel v. Geschossen.
**im-berbis**, e *u.* **im-berbus**, a, um *(in-[2] u. barba)* bartlos.
**im-bibō**, bibere, bibī, – ❶ *(übtr.)* annehmen, sich aneignen [**animo malam opinionem de alqo**]; ❷ sich etw. vornehmen.
**imbrex**, ricis *f u. m (imber) (poet.; nachkl.)* Hohlziegel *zur Ableitung des Regenwassers.*
**imbrifer**, fera, ferum *(imber u. fero) (poet.)* regenbringend.
**im-buō**, buere, buī, būtum ❶ m. etw. benetzen, befeuchten [**vestem sanguine**]; ❷ *(übtr.)* erfüllen mit [**alqm admiratione**]; ❸ *(übtr.)* beflecken [**gladium scelere**]; ❹ an etw. gewöhnen, mit etw. vertraut machen *(alqm od. alqd re, ad alqd; m. Inf.)* [**militem licentiā saevitiāque; socios ad officia legum**]; ❺ *(poet.)* einweihen, beginnen.
**imitābilis**, e *(imitor)* nachahmbar.
**imitāmen**, āminis *n (imitor) (poet.)* Nachahmung.
**imitāmentum**, ī *n (imitor) (nachkl.)* Nachahmung.
**imitātiō**, ōnis *f (imitor)* Nachahmung.
**imitātor**, ōris *m (imitor)* Nachahmer, Nachäffer.
**imitātrīx**, rīcis *f (imitator)* Nachahmerin.
**imitor**, imitārī ❶ nachahmen [**mores; vitia**]; *Part. Perf.* **imitātus** *pass.* nachgeahmt; ❷ nachahmend darstellen [**capillos aere**]; ❸ *(v. Lebl.)* gleichkommen, ähnlich sein *(m. Akk.);* **cornua lunam imitata** mondförmig;

**triumphos imitans** ähnlich wie bei Triumphzügen; ❹ *(poet.)* ersetzen; ❺ *(poet.; nachkl.)* an den Tag legen, zeigen [**gaudium**].

**im-madēscō**, madēscere, maduī, – *(poet.; nachkl.)* nass werden *(von etw.: Abl.)*.

**im-mānis**, e (*Adv.* -e) ❶ *(der Größe u. Menge nach)* ungeheuer (groß), riesig, unermesslich [**belua; praeda**]; ❷ *(dem Wesen nach)* **a)** *(v. Personen)* unmenschlich; **b)** *(v. Tieren)* wild; **c)** *(v. Lebl.)* schrecklich, furchtbar, entsetzlich [**audacia; crudelitas**].

**immānitās**, tātis *f (immanis)* ❶ Furchtbarkeit, Wildheit, Rohheit, Unmenschlichkeit [**facinoris; morum; gentium**]; ❷ *(meton.)* Unmenschen.

**im-mānsuētus**, a, um ungezähmt, roh.

**immātūritās**, ātis *f (immaturus)* Voreiligkeit.

**im-mātūrus**, a, um ❶ *(poet.; nachkl.)* unreif *(v. Personen, Früchten, Geschwüren)*; ❷ vorzeitig, zu früh.

**im-medicābilis**, e *(poet.)* unheilbar.

**im-memor**, *Gen.* oris ❶ uneingedenk, nicht (mehr) denkend an, vergessend, unbekümmert um, unbesorgt *(m. Gen. od. abs.)*; ❷ ohne sich dankbar zu erinnern, undankbar *(m. Gen. od. abs.)* [*m. Gen.*: **beneficii;** *abs.* **posteritas**].

**im-memorātus**, a, um *(poet.)* unerwähnt, noch nicht erzählt, neu.

**immēnsitās**, ātis *f (immensus)* Unermesslichkeit.

**immēnsum**, ī *n (immensus)* das Unermessliche, unermesslicher Raum, ungeheure Strecke; – *Adv.*: **in** *od.* **ad -um** *od. bl.* **immensum** ungeheuer.

**im-mēnsus**, a, um unermesslich (groß), ungeheuer, unendlich.

**im-merēns**, *Gen.* rentis *(in-²* u. *mereo)* unschuldig.

**im-mergō**, mergere, mersī, mersum ❶ eintauchen, versenken; ❷ **se ~** *u. mediopass.* **immergi** sich einschleichen, sich einnisten.

**im-meritus**, a, um (*Adv.* -ō) ❶ *(medial) (poet.)* der etw. nicht verdient hat *(m. Inf.)* [**mori**]; unschuldig [**gens**]; ❷ *(pass.)* unverdient, unverschuldet.

**im-mersābilis**, e *(in-² u. merso) (poet.)* unversenkbar.

**im-mersī** *Perf. v. immergo.*

**immersus** *P. P. P. v. immergo.*

**im-mētātus**, a, um *(in-² u. meto²) (poet.)* unabgemessen.

**im-migrō**, migrāre einwandern, einziehen.

**imminentia**, ium *n (immineo) (nachkl.)* die drohende Zukunft.

**im-mineō**, minēre, – – *(mons)* ❶ hereinragen, über etw. sich hinneigen *(m. Dat.)*; **pinus villae imminens;** ❷ über etw. emporragen, *(einen Ort)* beherrschen *(m. Dat.)*; **tumulus moenibus imminens;** ❸ *(übtr.)* jmd. hart bedrängen *(m. Dat.)* [**fugientium tergis**]; ❹ nach etw. trachten, streben *(m. Dat.; in od. ad alqd)* [**fortunis civium; in victoriam; ad caedem**]; ❺ *(v. Unglück u. Gefahren)* drohen, drohend bevorstehen.

**im-minuō**, minuere, minuī, minūtum ❶ vermindern, verringern [**copias**]; ❷ *(übtr.)* beeinträchtigen, schmälern [**libertatem**]; ❸ schwächen, entkräften; ❹ *(nachkl.)* jmd. geringschätzig behandeln.

**imminūtiō**, ōnis *f (imminuo)* ❶ Verminderung; ❷ *(übtr.)* Beeinträchtigung, Schmälerung; ❸ *(rhet. t. t.)* scheinbar verkleinernder Ausdruck, Litotes *(z. B. non minime = maxime)*.

**im-misceō**, miscēre, miscuī, mixtum ❶ (hin)einmischen, einmengen, einflechten, verknüpfen *(alqd alci rei u. cum re)* [**manibus manūs** ins Handgemenge kommen; *übtr.* **vitia virtutibus**]; ❷ einreihen *(m. Dat.)* [**veteribus militibus tirones** die Rekruten]; ❸ **se ~** *u. mediopass.* **immisceri** sich auf *od.* in etw. einlassen, an etw. teilnehmen *(m. Dat.)*.

**im-miserābilis**, e *(poet.)* nicht bemitleidet, ohne Erbarmen zu finden.

**im-misericors**, *Gen.* cordis unbarmherzig.

**im-mīsī** *Perf. v. immitto.*

**immissiō**, ōnis *f (immitto)* das Wachsenlassen.

**immissus** *s. immitto.*

**im-mītis**, e ❶ unsanft, streng, grausam, wild [**tyrannus; lupus; mandata**]; ❷ *(poet.; nachkl.)* herb, unreif [**uva**].

**im-mittō**, mittere, mīsī, missum ❶ hineinschicken, -lassen; ❷ **se ~** *u. mediopass.* **immitti** sich hineinstürzen, eindringen [**equo in hostes** hineinsprengen]; ❸ (hinein)schleudern [**pila in hostes**]; ❹ *(Wasser)* hin(ein)leiten; ❺ einsenken, einlassen, einfügen [**tigna in flumen** einrammen]; ❻ loslassen, aufhetzen, anspornen [**canes; equum in alqm; servos ad spoliandum fanum**]; ❼ *(die Zügel)* schießen lassen *(auch übtr.)* [**(equo) frena** *od.* **habenas**]; ❽ vorrücken lassen [**equitatum in hostes**]; ❾ verursachen, erregen [**timorem; curas**]; ❿ wachsen lassen [**vitem**]; – **immissus,** a, um *(vom Haar)* lang herabhängend.

**immixtus** *P. P. P. v. immisceo.*

**immō** *Adv.* ❶ *(bestätigend)* aber ja, gewiss doch, allerdings; ❷ *(ablehnend)* nein im Gegenteil, keineswegs; ❸ *(steigernd)* ja vielmehr, ja sogar; / *häufig verstärkt:* **immo vero** *u.* **immo etiam** *u. a.*

**im-mōbilis**, e ❶ unbeweglich; ❷ *(übtr.)* unerschütterlich.

**immoderātiō**, ōnis *f (immoderatus)* Maßlosigkeit.

**im-moderātus**, a, um ❶ unbegrenzt, unermesslich [**aether**]; ❷ *(übtr.)* maßlos, unmäßig, zügellos [**tempestas; libertas**]; ❸ regellos [**oratio**].

**immodestia**, ae *f (immodestus)* ❶ *(nachkl.)* Unbescheidenheit, Übermut; ❷ *(milit.)* Ungehorsam, Disziplinlosigkeit [**militum**].

**im-modestus**, a, um unbescheiden, übermütig, frech, maßlos.

**im-modicus**, a, um ❶ übermäßig groß, übermäßig lang; ❷ *(übtr.)* maßlos, zügellos.

**im-modulātus**, a, um *(poet.)* unmelodisch.

**immolātiō**, ōnis *f (immolo)* Opferung.

**immolātor**, ōris *m (immolo)* der Opfernde.

**im-mōlītus**, a, um *(in-[1] u. molior)* hineingebaut.

**immolō**, immolāre *(in-[1] u. mola, eigtl. „m. Opferschrot bestreuen")* ❶ opfern; ❷ *(poet.) (übtr.)* hinopfern, töten.

**im-morior**, morī, mortuus sum *(poet.; nachkl.) (m. Dat.)* ❶ in, auf, an, über, bei etw. sterben; ❷ sich bei etw. halb totarbeiten, sich abquälen [**studiis**].

**im-moror**, morārī *(nachkl.)* bei etw. verweilen *(auch übtr.) (m. Dat.)*.

**im-morsus**, a, um *(in-[1] u. mordeo) (poet.)* ❶ gebissen; ❷ *(übtr.)* gereizt [**stomachus**].

**im-mortālis I.** *Adj.* e ❶ unsterblich [**di; animi**]; ❷ *(übtr.)* unvergänglich, ewig [**gloria**]; **II.** *Subst.* is *m* Unsterblicher, Gott.

**immortālitās**, ātis *f (immortalis)* ❶ Unsterblichkeit [**animorum**]; ❷ *(übtr.)* Ewigkeit, unvergänglicher Ruhm.

**immortuus** *Part. Perf. v. immorior.*

**im-mōtus**, a, um ❶ unbewegt, unbeweglich, ruhig; ❷ *(übtr.)* ungestört [**pax**]; ❸ unerschütterlich, unabänderlich, fest, sicher [**mens; fata**]; ❹ ungerührt [**animus**].

**im-mūgiō**, mūgīre *(poet.)* brüllend einstimmen, erdröhnen *(von etw.: Abl.)*; **regia luctu immugit**.

**im-mulgeō**, mulgēre, – – hineinmelken *(alqd alci rei)* [**ubera labris**].

**im-mundus**, a, um unsauber, schmutzig.

**im-mūniō**, mūnīre *(nachkl.)* hineinbauen.

**im-mūnis**, e *(in-[2] u. munus, munia)* ❶ frei v. Leistungen, abgaben-, steuerfrei; ❷ *(poet.; nachkl.)* frei von Beiträgen; ohne Geschenke zu geben; ❸ *(poet.)* schmarotzend; ❹ dienstfrei [**centuria;** *(m. Gen. od. Abl.)* **militarium operum; militiā**]; ❺ pflichtvergessen; ❻ *(übtr.)* v. etw. frei *od.* befreit, verschont, rein *(m. Gen.; Abl.; a re)* [**caedis; calamitate; a periculo;** *abs.* **tellus** unbebaut].

**immūnitās**, ātis *f (immunis)* ❶ Abgaben-, Steuerfreiheit; ❷ Vergünstigung, Privileg; ❸ *(übtr.)* das Freisein v. etw. *(m. Gen.)*.

**im-mūnītus**, a, um ❶ unbefestigt; ❷ ungepflastert.

**im-murmurō**, murmurāre *(poet.; nachkl.)* ❶ hineinmurmeln, -rauschen, zumurmeln *(abs. od. m. Dat.)*; **silvis immurmurat auster;** ❷ murren.

**im-mūtābilis**, e unveränderlich.

**immūtābilitās**, ātis *f (immutabilis)* Unveränderlichkeit.

**immūtātiō**, ōnis *f (immuto)* ❶ Veränderung, Vertauschung; ❷ *(rhet. t. t.)* Metonymie.

**im-mūtātus[1]**, a, um *(in-[2] u. P. P. P. v. muto)* unverändert.

**immūtātus[2]**, a, um *(immuto)* verändert.

**im-mūtēscō**, mūtēscere, mūtuī, – *(nachkl.)* verstummen.

**im-mūtō**, mūtāre ❶ verändern, umwandeln; ❷ *(rhet. t. t.)* **a)** metonymisch gebrauchen; **b)** allegorisch gebrauchen.

**im-mūtuī** *Perf. v. immutesco.*

**I M P.** *(Abk.) = imperator od. imperium.*

**im-pācātus**, a, um *(poet.; nachkl.)* nicht friedlich, unruhig.

**im-pār**, *Gen.* paris (*Abl. Sg.* -ī *u.* -e) ❶ ungleich, verschieden [**vires; modi** Hexameter u. Pentameter; *(an etw.: Abl.)* **magnitudine**]; ❷ *(v. Zahlen)* ungerade; ❸ *(poet.)* schief sitzend [**toga**]; ❹ *(der Kraft od. Bedeutung nach)* nicht gewachsen, unterlegen *(m. Dat.)* [**Achilli; dolori;** *(in, an etw.: Abl.)* **viribus**]; ❺ nicht ebenbürtig; ❻ *(poet.) (v. Dingen)* dem man nicht gewachsen ist [**fata**].

**im-parātus**, a, um unvorbereitet, ungerüstet.

**impartiō, -ior** = *impertio, -ior.*

**im-pāstus**, a, um *(poet.)* ungefüttert, hungrig.

**im-patibilis**, e = *impetibilis.*

**im-patiēns**, *Gen.* entis *(poet.; nachkl.)* ❶ unfähig, etw. zu ertragen; einer Sache nicht mächtig, nicht gewachsen *(m. Gen.)* [**laborum; veritatis; societatis** ungesellig]; ❷ *abs.* **a)** ungeduldig; **b)** *(stoischer t. t.)* leidenschaftslos.

**impatientia**, ae *f (impatiens) (nachkl.)* ❶ Unvermögen, etw. zu ertragen *(m. Gen.)* [**silentii**]; ❷ Ungeduld *(bei etw.: m. Gen.)*; ❸ *(stoischer t. t.)* Leidenschaftslosigkeit.

**im-pavidus**, a, um unerschrocken, furchtlos.

**impedīmentum**, ī *n (impedio)* ❶ Hindernis; ❷ *Pl.* **a)** Gepäck, Bagage; **b)** Tross.

**impediō**, impedīre *(in-[1] u. pes, vgl. expedio)* ❶ *(poet.)* umwickeln, fesseln, festhalten; ❷ *(poet.)* umwinden, umflechten [**caput myrto**]; ❸ *(Örtl.)* unzugänglich machen, versperren; ❹ *(übtr.)* verwickeln, verwirren [**mentem dolore**]; ❺ *(übtr.)* aufhalten, (ver)hindern, hemmen *(alqm a od. in re, re, ad alqd: in, an, bei etw.; durch etw.: Abl.)* [**a delectatione; in iure suo; ad fugam capiendam; comitia auspiciis**]; *(m. quominus; ne; quin; selten m. Inf.)*.

**impedītus**, a, um *(P. Adj. v. impedio)* ❶ aufgehalten, gehindert, gehemmt [**oratio** stockend, schwerfällig]; ❷ *(v. Örtl.)* unzugänglich, unwegsam [**silva**]; ❸ schwer bepackt, *bes. milit.* nicht kampfbereit; ❹ schwierig, verwickelt [**bellum; tempora rei publicae**].

**im-pēgī** *Perf. v. impingo.*

**im-pellō**, pellere, pulī, pulsum ❶ *(poet.)* (an)stoßen, schlagen [**pollice chordas** Saiten; **alqm gladio**]; ❷ bewegen, antreiben, erschüttern [**remos** rudern; **aequora remis** schlagen; **mugitibus auras** erschüttern]; ❸ *(übtr.)* jmd. zu etw. antreiben, bewegen, verleiten [**ad facinus; in fraudem**]; ❹ *(einen Feind)* zum Weichen bringen; ❺ niederwerfen, zu Fall bringen [**hominem clipeo; mores** den letzten Stoß versetzen = zugrunde richten].

**im-pendeō**, pendēre, – – ❶ herüberhängen, über etw. hängen *od.* schweben *(abs. od. m. Dat.)*; **gladius cervicibus impendet** über dem Nacken; **montes impendentes;** ❷ *(übtr.)* bevorstehen, drohen *(abs.; m. Dat.; in m. Akk.)*; **impendens patriae periculum; in me terrores impendent**.

**im-pendī** *Perf. v. impendo.*

**impendiō** *Adv. (beim Komp.) (impendium)* bei weitem, weit [**magis** weit mehr].

**impendium**, ī *n (impendo)* ❶ Aufwand, Kosten; ❷ *(nachkl.)* Verlust, Schaden; ❸ Zinsen.

**im-pendō**, pendere, pendī, pēnsum ❶ *(Kosten)* aufwenden, (Geld) ausgeben [**pecuniam in res vanas**]; ❷ *(übtr.) (Mühe, Zeit u. Ä.)* aufwenden, opfern, verwenden *(für etw.: in u. ad alqd, alci rei od. in re)*.

**im-penetrābilis**, e ❶ undurchdringlich *(für etw.: Dat. od. adversus alqd)* [**ferro; adversus ictūs**]; ❷ *(übtr.)* unüberwindlich, unbezwingbar.

**impēnsa**, ae *f (impensus)* ❶ Ausgaben, Kosten, Aufwand [**publica** Staatskosten]; ❷ *(übtr.)* Aufopferung, Verwendung.

**impēnsus**, a, um *(P. Adj. v. impendo)* ❶ *(vom Preis)* teuer, hoch; **-o pretio** *od. bloß* **-o vendere** (*od.* **emere**) **alqd;** – *Adv.* **impēnsē** m. großem Aufwand, kostspielig; ❷ *(übtr.)* bedeutend, groß, heftig, inständig, eifrig; – *bes. Adv.* **impēnsē** [**cupere; petere**].

**imperātor**, ōris *m (impero)* ❶ Gebieter, Herr(scher) [**terrarum**]; ❷ Feldherr, Oberbefehlshaber; ❸ siegreicher Feldherr, *Ehrentitel, den ein Feldherr nach einem großen Sieg vom Heer u. Senat verliehen bekam, meist dem Namen nachgestellt:* **Marius imperator**; ❹ *Beiname Jupiters;* ❺ *(nachkl.) seit Cäsar Titel der röm. Herrscher, dem Namen vor- od. nachgestellt; abs.* Kaiser *des Römischen Reichs.*

**imperātōrius**, a, um *(imperator)* ❶ des Feldherrn, Feldherrn-; ❷ *(nachkl.)* kaiserlich.

**imperātrīx**, īcis *f (imperator)* Gebieterin; **fortuna ~ mundi**.

**imperātum**, ī *n (impero)* Befehl, Auftrag.

**im-perceptus**, a, um *(poet.; nachkl.)* undurchschaut, unentdeckt.

**im-percussus**, a, um *(poet.)* geräuschlos.

**im-perditus**, a, um *(poet.)* nicht getötet, noch verschont.

**im-perfectus**, a, um ❶ unvollendet, unvollkommen; ❷ *(nachkl.)* sittlich unvollkommen.

> **Grammatik & Co.**
> Das lateinische **Imperfekt** wird einerseits verwendet für wiederholte Handlungen oder Zustände in der Vergangenheit oder andauernde, nicht abgeschlossene Handlungen (*Imperfectum durativum*): tacebat „er schwieg lange/er pflegte zu schweigen". Andererseits steht es bei nur versuchten Handlungen (*Imperfectum de conatu*): currebat „er versuchte zu laufen/er wollte laufen."

**im-perfossus**, a, um *(poet.)* undurchbohrt.

**imperiōsus**, a, um *(imperium)* ❶ gebietend, herrschend, mächtig [**populus** Großmacht]; ❷ herrisch, gebieterisch, tyrannisch.

**imperītia**, ae *f (imperitus)* Unerfahrenheit, Unwissenheit.

**imperitō**, imperitāre *(Intens. v. impero)* **I.** *intr.* gebieten, befehlen, beherrschen, kommandieren *(m. Dat.)* [**legionibus; equis** lenken]; **II.** *trans.* etw. befehlen, verlangen.

**im-perītus I.** *Adj.* a, um unerfahren, unkundig, ungeschickt *(in, mit etw.: Gen.)* [**iuris civilis; equitandi**]; **II.** *Subst.* ī *m* Laie, Pfuscher.

**imperium**, ī *n (impero)* ❶ Befehl, Vorschrift, Auftrag; ❷ *(meton.)* Macht, Gewalt *(über: Gen. od. in m. Akk.)* [**custodiae** über die Gefängnisse; **in suos; summum** *od.* **summa -i** höchste Gewalt]; ❸ (höchste) Gewalt *im Staat, in einer Stadt u. Ä.,* Herrschaft, Regierung *(über: Gen.)*; **-um suscipere** antreten; **in -o esse** herrschen; **summo -o esse** die höchste Gewalt in Händen haben; **-o alcis** unter jmds. Regierung; ❹ Oberbefehl, Kommando [**belli; navium; maritimum** zur See]; ❺ Amtsgewalt, Amt; ❻ *(meton.)* Beamter, Behörde *(nur Pl.)*; ❼ Amtsjahr, -dauer, -führung; ❽ Herrschaftsgebiet, Reich, Staat.

**im-periūrātus**, a, um *(poet.)* bei dem man keinen Meineid zu schwören wagt [**aquae** Wasser des Styx].

**im-permissus**, a, um *(poet.)* unerlaubt.

**imperō**, imperāre *(in-[1] u. paro[1])* ❶ befehlen, gebieten *(meist m. ut)*; ❷ (be)herrschen, gebieten, den Oberbefehl haben *(m. Dat.)* [**classi; omnibus gentibus; irae** beherrschen]; ❸ *(ei-*

*ne Leistung, Lieferung)* auftragen, auferlegen [**puero cenam** die Besorgung der Mahlzeit].

**im-perpetuus**, a, um *(nachkl.)* unbeständig.

**im-perspicuus**, a, um *(nachkl.)* undurchschaubar, versteckt.

**im-perterritus**, a, um *(poet.)* unerschrocken.

**im-pertiō**, pertīre *u. (poet.)* **-īor**, īrī *(partior)* ① zuteilen, gewähren, schenken *(alci alqd jmdm. etw. od. de re v. etw.)* [**alci civitatem** Bürgerrecht; **alci salutem** jmd. grüßen lassen; **indigentibus** (den Armen) **de re familiari**]; ② *(nachkl.)* **alqm re ~** jmd. m. etw. ausrüsten.

**impertīta**, ōrum *n (impertio)* Vergünstigungen, Zugeständnisse.

**im-perturbātus**, a, um *(poet.; nachkl.)* ungestört, ruhig.

**im-pervius**, a, um *(poet.; nachkl.)* unwegsam, unpassierbar [**amnis; lapis ignibus** feuerfest].

**impete** *s. impetus.*

**im-petibilis**, e *(in-² u. patibilis)* unerträglich.

**impetrābilis**, e *(impetro)* leicht erreichbar.

**impetrātiō**, ōnis *f (impetro)* Erlangung, Vergünstigung.

**impetrō**, impetrāre *(patro) (durch Bitten)* erreichen, erlangen, bewirken, durchsetzen.

**impetus**, ūs *m (poet. Abl. Sg. impete, Dat. Sg. impetū)* ① Andrang, Ansturm, Ungestüm, ungestümes Vordringen, stürmischer Lauf [**militum; maris, fluminis** starke Strömung; **navis** das Vorbeischießen; **hastae** Schwung; *auch übtr.:* **rerum** der Ereignisse]; ② Angriff, Überfall; **in hostem impetum facere** *od.* **dare** angreifen; ③ *(übtr.)* Schwung, Begeisterung [**dicendi**]; ④ Leidenschaft, leidenschaftliches Wesen; ⑤ Drang, Verlangen, Trieb, Eifer [**imperii delendi**]; ⑥ *(meton.)* rascher Entschluss.

**im-pexus**, a, um *(poet.; nachkl.)* ① ungekämmt, wirr, zottig; ② *(übtr.)* schmucklos, rau [**antiquitas**].

**impietās**, ātis *f (impius)* ① Pflichtvergessenheit, Gottlosigkeit, Ruchlosigkeit; ② Mangel an Ehrfurcht *(in alqm)* [**in principem** Majestätsbeleidigung].

**im-piger**, gra, grum rastlos, eifrig, unermüdlich.

**impigritās**, ātis *f (impiger)* Eifer.

**im-pingō**, pingere, pēgī, pāctum *(pango)* ① (hin)einschlagen, etw. anschlagen, gegen etw. stoßen *(alqd alci u. alci rei);* ② *(poet.; nachkl.)* wohin treiben, drängen, jagen [**agmina muris; hostes in vallum**]; – *mediopass.* auf etw. stoßen; ③ jmdm. etw. aufdrängen, aufnötigen.

**im-pius**, a, um gottlos, ruchlos, frevelhaft.

**im-plācābilis**, e unversöhnlich.

**im-plācātus**, a, um unbesänftigt, unversöhnlich [**gula** unersättlich].

**im-placidus**, a, um *(poet.)* unsanft, kriegerisch, wild, rau.

**im-plectō**, plectere, –, plexum *(poet.; nachkl.)* (hin)einflechten, verflechten.

**im-pleō**, plēre, plēvī, plētum ① an-, voll füllen, voll gießen; ② *(übtr.)* erfüllen, voll machen [**alcis aures** jmdm. in den Ohren liegen]; ③ *(poet.; nachkl.)* sättigen *(meist übtr.)*, befriedigen; ④ *(poet.)* schwängern, befruchten; ⑤ etw. vollzählig *od.* vollständig machen, ergänzen [**cohortes**]; ⑥ *(eine Zeit, ein Maß)* erreichen, vollenden [**annum; finem vitae** sterben]; ⑦ *(eine Stelle)* ausfüllen, jmd. in seinem Amt vertreten [**locum principem**]; ⑧ etw. vollbringen, ausführen [**consilium; fata** die Prophezeiung in Erfüllung gehen lassen].

**implicātiō**, ōnis *f (implico)* ① Verflechtung; ② *(übtr.)* Verwirrung, Verworrenheit.

**implicātus**, a, um *(P. Adj. v. implico)* verwickelt, verworren.

**implicitē** *Adv. (zu implicitus v. implico)* verwickelt, verworren.

**im-plicō**, plicāre, plicāvī *u.* plicuī, plicātum *u.* plicitum ① (hin)einwickeln, verwickeln, verschlingen [**orbes** verworrene Kreise schlingen; **se dextrae alcis** sich anschmiegen an]; ② *(übtr.)* verknüpfen, verbinden *(alqd cum re od. alci rei); – pass. mit Abl.;* ③ *in einen Zustand* verwickeln, verstricken *(alqm re)* [**alqm bello**]; – *pass. bzw. mediopass.* **implicari** in etw. verstrickt werden, in etw. geraten, sich einlassen in *(m. Abl. od. in m. Akk.)* [**negotiis; consiliis alcis** sich einlassen in; **morbo** *od.* **in morbum** fallen; **multarum aetatum oratoribus** in Berührung kommen mit]; ④ in Unordnung bringen, verwirren [**aciem; alqm responsis**]; ⑤ *(poet.)* umwickeln, umwinden, umschlingen [**crinem auro**]; ⑥ *(poet.)* etw. um etw. wickeln, schlingen, winden [**bracchia collo** *(Dat.)* die Arme um den Hals legen].

**implōrātiō**, ōnis *f (imploro)* das Anflehen, Anrufung.

**im-plōrō**, plōrāre ① flehentlich anrufen, anflehen [**deos; leges** sich berufen auf]; ② unter Tränen u. Klagen rufen [**nomen filii**]; ③ etw. erflehen, erbitten [**auxilium a Romanis**].

**im-pluī** *Perf. v. impluo.*

**im-plūmis**, e *(pluma) (poet.; nachkl.)* ungefiedert, nackt.

**im-pluō**, pluere, pluī, – hineinregnen, auf etw. herabregnen *(m. Dat.)*.

**Imperium Romanum**

**impluvium** (ī *n*) – Ein Impluvium war ein im Boden eingelassenes Becken zum Auffangen von Regenwasser in römischen Häusern. Es befand sich in der Mitte des Atriums unter dem **compluvium**, einer zu diesem Zweck vorgesehenen Dachöffnung.

**im-polītus**, a, um ❶ ungeglättet; *(übtr., rhet.)* ungefeilt, schmucklos; ❷ ungebildet; ❸ unvollendet.

**im-pollūtus**, a, um unbefleckt.

**im-pōnō**, pōnere, posuī, pos(i)tum ❶ in, auf, an etw. setzen, legen, stellen, hineinlegen, -setzen *(m. in u. Akk.; in u. Abl.; Dat.)* [**dextram in caput alcis; coloniam in agro Samnitium** anlegen; **dona aris**]; ❷ einschiffen, an Bord bringen *(m. u. ohne in naves)* [**exercitum**]; ❸ *(als Wächter, Herrscher u. a.)* einsetzen, über etw. setzen [**custodem in hortis; regem Macedoniae**]; ❹ aufstellen; ❺ aufsetzen [**victori coronam**]; ❻ *(übtr.)* auferlegen, aufbürden [**alci laborem; leges duras**]; ❼ jmd. hintergehen, täuschen, betrügen *(m. Dat.)*; ❽ anlegen, ansetzen [*(übtr.)* **rei extremam manum** die letzte Hand anlegen]; ❾ *(Geld)* für etw. aufwenden [**impensam alci rei**]; ❿ *(Namen u. Ä.)* beilegen [**cognomen alci; fraudi speciem iuris**]; ⓫ *(Böses)* jmdm. antun, zufügen [**alci vulnus / vim**]; ⓬ **finem** *od.* **modum** ~ ein Ende *od.* Ziel setzen, beenden *(m. Dat.)* [**orationi**].

**im-portō**, portāre ❶ *Fremdes aus dem Ausland* einführen [**vinum;** *übtr.* **artes**]; ❷ *(übtr.)* etw. herbeiführen, verursachen, zufügen *(alci alqd)* [**alci detrimentum** *od.* **calamitatem**].

**importūnitās**, ātis *f (importunus)* Rücksichtslosigkeit, Schroffheit.

**im-portūnus**, a, um *(vgl. op-portunus)* ❶ ungünstig gelegen, unzugänglich [**locus**]; ❷ *(v. der Zeit)* ungünstig; ❸ *(poet.; nachkl.) (übtr.)* ungünstig, lästig, beschwerlich [**pauperies; fata**]; ❹ rücksichtslos, schroff, barsch, frech.

**im-portuōsus**, a, um ohne Hafen.

**im-pos**, *Gen.* potis *(in-² u. potis) einer Sache* nicht mächtig *(m. Gen.)* [**animi** unfähig, sich zu beherrschen].

**impositus** *P. P. P. v. impono.*

**impostus** *s. impono.*

**im-posuī** *Perf. v. impono.*

**im-potēns**, *Gen.* entis *(Abl. Sg.* -ī *u.* e) ❶ machtlos, ohnmächtig, schwach; ❷ *(m. Gen.) einer Sache* nicht mächtig, nicht Herr über [**irae**]; ❸ ohne Selbstbeherrschung, zügellos, unbändig [**animus; laetitia**].

**impotentia**, ae *f (impotens)* Unbändigkeit, Zügellosigkeit.

**impraesentiārum** *Adv. (< in praesentia rerum)* für jetzt, vorläufig.

**im-prānsus**, a, um *(poet.)* ohne Frühstück, nüchtern.

**imprecātiō**, ōnis *f (imprecor) (nachkl.)* Verwünschung.

**im-precor**, precārī *(Gutes od. Böses)* wünschen [**homini diras** verfluchen; **alci mortem**].

**im-pressī** *Perf. v. imprimo.*

**impressiō**, ōnis *f (imprimo)* ❶ Eindruck; ❷ das Eindringen, Angriff; ❸ *(rhet. t. t.)* **a)** Artikulation; **b)** *Pl.* Hebungen u. Senkungen.

**impressus** *P. P. P. v. imprimo.*

**im-prīmīs** *Adv. (< in primis)* vor allem, ganz besonders.

**im-primō**, primere, pressī, pressum *(in-¹ u. premo)* ❶ hinein-, ein-, aufdrücken, einprägen *(oft übtr.) (alqd in re, in rem od. alci rei)* [**sigillum in cera; signum pecori;** *übtr.* **rem menti** einprägen]; ❷ besiegeln, bezeichnen [**signo tabellas**].

**im-probābilis**, e *(nachkl.)* verwerflich.

**improbātiō**, ōnis *f (improbo)* Missbilligung.

**improbitās**, ātis *f (improbus)* Schlechtigkeit, Unredlichkeit; Frechheit.

**im-probō**, probāre missbilligen, verwerfen, zurückweisen [**consilium;** *(m. dopp. Akk.)* **alqm testem** als Zeugen].

**im-probus** a, um ❶ schlecht, v. schlechter Beschaffenheit; ❷ sittl. schlecht, böse, boshaft [**homo; facinus; largitio**]; ❸ unverschämt, frech, dreist [**puer** = Amor; **fortuna** launisch]; *v. Tieren auch* gefräßig, unersättlich [**lupus**]; ❹ *(poet.)* unanständig, schamlos; ❺ maßlos, übertrieben [**labor** anhaltend].

**im-prōcērus**, a, um *(nachkl.)* v. niedrigem Wuchs, unansehnlich.

**im-prōdictus**, a, um nicht verschoben [**dies**].

**im-professus**, a, um *(nachkl.)* der sich nicht zu etw. bekannt hat.

**im-prōmptus**, a, um nicht rasch, nicht schlagfertig.

**im-properātus**, a, um *(poet.)* unbeschleunigt, langsam.

**impropria**, ōrum *n (improprius) (nachkl.)* unpassende Ausdrücke.

**im-proprius**, a, um *(nachkl.)* uneigentlich, unpassend.

**im-prōsper(us)**, era, erum *(nachkl.)* unglücklich, ungünstig.

**im-prōvidus**, a, um ❶ nicht voraussehend, nicht(s) ahnend, ahnungslos *(abs. od. m. Gen.)* [**mali**]; ❷ unvorsichtig, unbekümmert *(abs. od. m. Gen.)* [**futuri**].

**im-prōvīsa**, ōrum *n (improvisus) (nachkl.)* unvorhergesehene Fälle.

**im-prōvīsus**, a, um unvorhergesehen, unvermutet; – *Adv.* (**de** *od.* **ex**) **imprōvīsō** unversehens, unvermutet.

**im-prūdēns**, *Gen.* entis ❶ nicht(s) ahnend, ahnungslos; ❷ unabsichtlich; ❸ unkundig, *(in etw.)* unerfahren *(abs. od. m. Gen.)*; ❹ *(poet.; nachkl.)* unklug, unverständig, unvorsichtig, unbesorgt.

**imprūdentia**, ae *f (imprudens)* ❶ Ahnungslosigkeit; ❷ Unabsichtlichkeit; ❸ Unwissenheit, Unkenntnis; ❹ Unklugheit,

Unüberlegtheit, Unvorsichtigkeit.

**im-pūbēs**, *Gen.* pūberis *u. (poet.; nachkl.)* **im-pūbis**, e nicht erwachsen, unreif, jugendlich [**genae** bartlos; **anni** junge]; – *Subst. Pl.* Kinder, Knaben.

**im-pudēns**, *Gen.* entis schamlos, unverschämt [**mendacium;** *übtr.* **pecunia** unverschämt viel Geld].

**impudentia**, ae *f (impudens)* Schamlosigkeit, Unverschämtheit.

**impudīcitia**, ae *f (impudicus)* Unzüchtigkeit, Unzucht.

**im-pudīcus**, a, um unzüchtig, unkeusch.

**impūgnātiō**, ōnis *f (impugno)* Bestürmung.

**im-pūgnō**, pūgnāre ❶ angreifen, bestürmen; ❷ *(übtr.)* bekämpfen.

**im-pulī** *Perf. v. impello.*

**impulsiō**, ōnis *f (impello)* Antrieb, Anregung, Anstoß.

**impulsor**, ōris *m (impello)* Antreiber *(zu etw.: m. Gen.)*.

**impulsus**[1] *P. P. P. v. impello.*

**impulsus**[2], ūs *m (impello)* ❶ Anstoß, Stoß; ❷ *(übtr.)* Antrieb, Anregung.

**im-pūne** *Adv. (in-*[2] *u. poena)* ❶ ungestraft, straflos; ~ **esse (alci)** ungestraft bleiben, straflos ausgehen; ~ **ferre** ungestraft davonkommen; ❷ *(übtr.)* ohne Schaden, ohne Gefahr.

**impūnitās**, ātis *f (in-*[2] *u. punio)* ❶ Straflosigkeit; ❷ Zügellosigkeit, Ungebundenheit.

**im-pūnītus**, a, um ❶ ungestraft, straflos; ❷ zügellos [**libertas**].

**impūritās**, ātis *f (impurus)* Lasterhaftigkeit.

**im-pūrus**, a, um ❶ unrein, schmutzig; ❷ *(übtr.)* lasterhaft, gemein.

**imputātor**, ōris *m (imputo) (nachkl.)* „der Anrechner", der Selbstgerechte *(der sich damit brüstet, anderen Gutes zu tun)*.

**im-putātus**, a, um *(in-*[2] *u. puto 1.) (poet.; nachkl.)* unbeschnitten [**vinea**].

**im-putō**, putāre *(poet.; nachkl.)* ❶ anrechnen, in Rechnung stellen; ❷ schenken, widmen [**alci otia**]; ❸ *(übtr.) (als Verdienst od. Schuld)* anrechnen, zuschreiben.

**īmulus**, a, um *(Demin. v. imus) (poet.)* der allerunterste.

**īmum**, ī *n (imus)* ❶ der unterste Teil, das Unterste, Boden, Tiefe *(auch Pl.)*; **ima fontis; ima montis** der Fuß des Berges; **ab** *od.* **ex imo** v. unten an; **ab imo suspirare** tief; **imō** unten, in der Tiefe; ❷ Ende, Schluss.

**īmus**, a, um ❶ *(räuml.)* der unterste, niedrigste, tiefste [**dii** *od.* **tyranni** der Unterwelt]; *part.* = der unterste Teil [**cauda** Schwanzspitze; **quercus** Wurzel der Eiche]; ❷ *(zeitl.) (poet.)* der letzte [**mensis**]; ❸ *(nach Rang, Grad, Reihenfolge) (poet.; nachkl.)* der unterste, niedrigste.

**in** *Präp.* **I.** *(b. Abl.)* ❶ *(räuml. zur Bez. der Ruhe auf die Frage „wo?")* **a)** in, an, auf; **in urbe ambulare; arx in monte sita** auf; **in barbaris** bei den Barbaren; **navigare in Italia** an der Küste v. Italien; **in armis esse** unter Waffen stehen; **in vinculis esse;** – *der Lateiner fragt wo?, während wir wohin? fragen u. setzt in m. Abl. bei den Verben des Setzens, Stellens, Festheftens, Eingrabens u. Einreihens wie z. B. bei pono, (col)loco, constituo, inscribo:* **ponere alqd in mensa; in sepulcro inscribere** eine Inschrift auf das Grabmal setzen; **legionem in urbe collocare; b)** innerhalb; **copias in castris continere;** ❷ *(zeitl.)* in, während, innerhalb; **hoc in tempore; in multis annis;** ❸ *(übtr.)* **a)** *(b. Angabe v. Zuständen u. Umständen)* in, an, bei, unter; **in bello civili; in pueritia; in fame** zur Zeit der Hungersnot; **in tali tempore** unter solchen Umständen; **in summa paupertate mori; esse magnis in laudibus** in hohen Ehren stehen; **alqd in animo habere** etw. vorhaben; **(res) in eo est, ut** es ist *od.* steht auf dem Punkt, dass; **b)** *(zur Bez. der Person od. Sache, an der sich etw. findet od. zeigt)* in, an, bei; **est in alqo summa humanitas; c)** *(zur Angabe der Zugehörigkeit zu einer Personengruppe od. Sachkategorie)* unter, zu; **habere** *od.* **numerare alqd in bonis** *od.* **alqm in bonis civibus; d)** bezüglich, hinsichtlich; **II.** *(b. Akk. als Kasus der Richtung)* ❶ *(räuml., wenn „wohin?" gefragt wird)* in, in ... hinein, auf, nach ... hin, zu; **proficisci in Asiam; in septentriones spectare** nach Norden hin; – *der Lateiner fragt wohin?, während wir wo? fragen u. setzt in m. Akk. bei den Verben: advenio, pervenio, convenio, concurro, appello, cogo, contraho, nuntio, bei abdo kann sowohl in m. Akk. als auch m. Abl. stehen:* **in provinciam advenire; me abdo in silvam (***u.* **in silva) ; in urbem nuntiatum est** in der Stadt traf die Meldung ein; – *übtr.:* **accipere alqm in civitatem / in amicitiam;** ❷ *(zeitl.)* **a)** in ... hinein, bis, bis in; **in lucem dormire** in den hellen Tag; **in multam noctem pugnare** bis tief in die Nacht; **b)** für, auf; **alqd in aliud tempus differre; in perpetuum** für alle Zeit; **c) in (singulos) dies** v. Tag zu Tag, täglich [**praefectos mutare**]; *ebenso:* **in (singulos) annos** *od.* **menses** *u.* **in (singulas) horas** *u. Ä.;* ❸ *(übtr.)* **a)** *(b. Einteilungen)* in; **Gallia divisa est in partes tres; b)** *(distributiv b. einer Verteilung auf Einzelne)* unter, an, auf, für; **centenos sestertios in socios distribuere; c)** *(beim Übergang aus einem Zustand in einen anderen)* in, zu; **mutare alqm in avem; d)** *(zur Bez. v. Zweck, Absicht, Ziel)* auf ... hin, zu, für; **legionem in praesidium mittere** als Besatzung; **cives in coloniam**

I

**mittere** um eine Kolonie zu gründen; **in speciem** zum Schein; **e)** *(b. Angabe der Gesinnung od. Handlungsweise gegenüber jmdm.)* gegen, auf, zu *(freundlich u. feindl.)*; **aequus in socios; carmen scribere in alqm; clementia in captivos; merita in rem publicam** Verdienste um; **f)** *(modal)* in, gemäß, nach, wie; **mirum in modum** auf wunderbare Weise; **hostilem in modum** auf feindliche Art; **in eandem / hanc sententiam loqui** in demselben / diesem Sinne; **in universum** im Allgemeinen; **in vicem** wechselweise; **in morem** nach Sitte; **in faciem hederae** efeuähnlich.

**in-**[1] *Präfix* ① *(b. Verben der Ruhe; Frage: wo?)* in, an, auf, bei [**insum**]; ② *(b. Verben der Bewegung; Frage: wohin?)* hinein, ein- [**infero**].

**in-**[2] *Präfix; Negation in Zusammensetzungen meist m. Adj. od. Adv.* = nicht, ohne, un- *(oft Voll- od. Teilassimilation: vor l >* il-; vor r > ir-; vor b, p, m > im-; vor gn > ī; vor f u. s > īn) [**ingratus; indomitus; illaesus; illiberalis; imperitus; improvidus**].

**in-accessus**, a, um *(poet.; nachkl.)* unzugänglich.

**Īnachus**, ī *m Fluss in Argolis (Peloponnes), j.* Najo, *im Mythos Flussgott u. König v. Argos, Vater der Io; – Adj.* **Īnachius**, a, um v. Inachus stammend, *übh.* griechisch; *fem. auch* **Īnachis**, idis; – *Nachk.* **Īnachidēs**, ae *m* (Epaphus *als Sohn der Io,* Perseus *als Nachk. argivischer Könige) u.* **Īnachis**, idis *f* Io.

**in-ads…, in-adt…** = *in-ass…, in-att…*

**in-adustus**, a, um *(poet.)* nicht angebrannt, nicht versengt.

**in-aedificō**, aedificāre ① an-, aufbauen; ② zu-, verbauen, verbarrikadieren.

**in-aequābilis**, e ① uneben; ② *(übtr.)* ungleichmäßig.

**in-aequālis**, e ① uneben, schief [**loca; mensa** wackelig]; ② *(übtr.)* ungleich, wechselnd, unbeständig; ③ *(poet.)* uneben machend [**tonsor** der Stufen schneidet; **procella** das Meer aufwühlend].

**inaequālitās**, tātis *f (inaequalis) (nachkl.)* Ungleichheit.

**in-aequātus**, a, um *(poet.)* ungleich.

**in-aequō**, aequāre gleich (hoch) machen.

**in-aestimābilis**, e ① unberechenbar; ② v. unschätzbarem Wert, außerordentlich [**gaudium**]; ③ wertlos, nicht beachtenswert.

**in-aestuō**, aestuāre *(poet.)* in etw. aufbrausen *(m. Dat.)*.

**in-affectātus**, a, um *(nachkl.)* ungekünstelt.

**in-agitābilis**, e *(nachkl.)* bewegungsunfähig.

**in-agitātus**, a, um *(nachkl.)* ① unbewegt; ② *(übtr.)* nicht beunruhigt [**terroribus**].

**Inalpīnī**, ōrum *m (inalpinus)* Alpenbewohner, -völker.

**in-alpīnus**, a, um *(Alpes)* in den Alpen wohnend, Alpen-.

**in-amābilis**, e *(poet.; nachkl.)* nicht liebenswürdig, unangenehm, verhasst [**regnum** Unterwelt].

**in-amārēscō**, amārēscere, – – *(poet.)* bitter werden; *übtr.* anekeln.

**in-ambitiōsus**, a, um *(poet.)* anspruchslos.

**inambulātiō**, ōnis *f (inambulo)* das Auf-und-ab-Gehen; *(poet.)* das Schwanken [**lecti**].

**in-ambulō**, ambulāre auf u. ab gehen, spazieren.

**in-amoenus**, a, um *(poet.; nachkl.)* unerfreulich, reizlos.

**ināne**, inānis *n (inanis)* ① leerer Raum, Luftraum; ② *(übtr.)* das Unwesentliche; *Pl.* Nichtigkeiten.

**in-animālis**, e = *inanimus.*

**in-animus**, a, um *(in-*[2] *u. anima)* unbeseelt, leblos.

**in-ānis**, e ① leer, ledig, inhaltlos [**navis** unbeladen *od.* unbemannt; **agri** unbebaut; **equus** ohne Reiter; **corpus** tot; **regna** das Reich der Schatten]; ② m. leeren Händen; **legati inanes ad regem reverterunt;** ③ *(poet.)* hungrig; ④ arm; ausgeplündert; ⑤ *(übtr.)* leer [**verborum**]; ⑥ gehaltlos, wertlos, nichtssagend [**nomen**]; ⑦ nichtig, vergeblich [**cogitationes**]; ⑧ eingebildet, prahlerisch; – *Subst. m. Pl.* eitle Narren.

**inānitās**, tātis *f (inanis)* leerer Raum; *(übtr.)* Leere, Nichtigkeit.

**in-arātus**, a, um *(poet.)* ungepflügt.

**in-ārdēscō**, ārdēscere, ārsī, – *(poet.; nachkl.)* ① sich einbrennen *(in etw.: Dat.)*; **vestis umeris Herculis inarsit;** ② sich entzünden; ③ *(übtr.)* leidenschaftlich entbrennen.

**in-ārēscō**, ārēscere, āruī, – *(nachkl.)* eintrocknen, versiegen.

**Īnarimē**, ēs *f* = *Aenaria, j.* Ischia *(Insel vor Neapel).*

**in-ārsī** *Perf. v. inardesco.*

**in-āruī** *Perf. v. inaresco.*

**in-assuētus**, a, um *(poet.)* ungewohnt.

**in-attenuātus**, a, um *(poet.)* ungeschwächt, unvermindert.

**in-audāx**, *Gen.* dācis *(poet.)* zaghaft.

**in-audiō**, audīre (munkeln) hören, gelegentlich erfahren.

**in-audītus**, a, um ① ungehört, noch nicht gehört; ② *(übtr.)* unerhört, ungewöhnlich [**clementia; volucres**]; ③ *(nachkl.)* unverhört.

**in-augurō**, augurāre **I.** *intr.* Augurien anstellen; *Abl. abs.*: **inaugurato** nach Anstellung v. Augurien; **II.** *trans.* durch Augurien einweihen [**templum**].

**in-aurēs**, rium *f (in-*[1] *u. auris) (nachkl.)* Ohrgehänge, Ohrringe.

**in-aurō**, aurāre *(aurum)* ① vergolden *(meist im P. P. P.)*; ② *(übtr., scherzh.)* jmd. sehr reich machen.

**in-auspicātus**, a, um (*Adv.* -ō) ohne Anstellung v. Auspizien (gutgeheißen *od.* angenommen).

**in-ausus**, a, um *(poet.; nachkl.)* ungewagt.

**inb...** *s. imb...*

**in-caeduus**, a, um *(caedo) (poet.)* ungehauen, nicht abgeholzt.

**in-calēscō**, calēscere, caluī, – ① warm, heiß werden; ② *(übtr.)* erglühen, entbrennen.

**in-calfaciō**, calfacere, – – *(poet.)* erwärmen.

**in-callidus**, a, um unklug, ungeschickt.

**in-caluī** *Perf. v. incalesco.*

**in-candēscō**, candēscere, canduī, – *(poet.; nachkl.)* ① weiß werden, weiß erglänzen; ② erglühen, sich entzünden.

**in-cānēscō**, cānēscere, cānuī, – *(poet.)* weiß(grau) werden.

**in-cantō**, cantāre *(poet.)* durch Zaubersprüche weihen.

**in-cānuī** *Perf. v. incanesco.*

**incānus**, a, um *(incanesco) (poet.; nachkl.)* ergraut, grau.

**in-cassum** *s. cassus 3.*

**in-castīgātus**, a, um *(poet.)* ungezüchtigt, ungetadelt.

**in-cautus**, a, um ① *(akt.)* **a)** unvorsichtig, sorglos; **b)** unbekümmert *(um: Gen.)* [**futuri**]; ② *(pass.)* ungeschützt, unbewacht.

**in-cēdō**, cēdere, cessī, cessum **I.** *intr.* ① einherschreiten, -gehen [**magnifice** stolz; **propius** herantreten; **equis** einherreiten]; ② *(milit.)* marschieren, (her)anrücken, vorrücken; ③ *(übtr.) (v. Zuständen)* auftreten, hereinbrechen, sich verbreiten; **incessit pestilentia;** ④ *(v. Affekten)* jmd. überkommen, ergreifen *(m. Dat.)*; **cura patribus incessit; animis formido incessit;** – *abs.* aufkommen, eintreten: **timor / religio incessit;** ⑤ *(nachkl.) (v. Nachrichten, Gerüchten)* sich verbreiten; **II.** *trans.* ① *(nachkl.)* betreten; ② *(v. Zuständen u. Affekten)* jmd. befallen, überkommen *(alqm od. alcis animum).*

**in-celebrātus**, a, um unveröffentlicht; nicht erwähnt.

**in-cendī** *Perf. v. incendo.*

**incendiārius**, ī *m (incendium) (nachkl.)* Brandstifter.

**incendium**, ī *n (incendo)* ① Brand, Feuer(sbrunst) *(oft Pl.)*; ② Brandstiftung; ③ *(poet.)* Feuerbrand, Fackel; ④ *(übtr., v. Leidenschaften)* Feuer, Glut; *(poet.)* Liebesglut; ⑤ Verderben, Untergang.

**in-cendō**, cendere, cendī, cēnsum *(vgl. candeo)* ① anzünden, in Brand setzen; *Pass.* in Brand geraten; ② verbrennen, einäschern [**aedificia vicosque**]; ③ erleuchten, erhellen; ④ *(übtr.)* entzünden, entflammen, reizen [**alcis iram; iuventutem ad facinora**]; *Pass.* entbrennen; ⑤ aufhetzen [**animos iudicum in alqm**]; ⑥ steigern, vergrößern; ⑦ *(poet.)* m. etw. erfüllen [**caelum clamore**].

**incēnsiō**, ōnis *f (incendo)* Brand; Einäscherung.

**incēnsus**[1], a, um *(P. Adj. v. incendo)* entbrannt, heiß, *(vom Redner)* feurig.

**in-cēnsus**[2], a, um *(in-[2] u. censeo)* vom Zensor nicht geschätzt, ungeschätzt.

**in-cēpī** *Perf. v. incipio.*

**inceptiō**, ōnis *f (incipio)* das Beginnen.

**inceptum**, ī *n u.* **inceptus**[1], ūs *m (incipio)* ① das Beginnen, Beginn, Anfang; ② das Vorhaben, Unternehmen.

**inceptus**[2] *P. P. P. v. incipio.*

**in-cernō**, cernere, crēvī, crētum *(poet.; nachkl.)* daraufsieben, darüberstreuen.

**incertō** *Adv. v. incertus.*

**incertum**, ī *n (incertus)* das Ungewisse, Ungewissheit; **alqd in -o relinquere; ad -um revocare** infrage stellen; **in -o habere** unentschlossen sein; **in -um creari** auf unbestimmte Zeit; – *Pl.* **incerta** Wechselfälle [**fortunae**].

**in-certus**, a, um (*Adv.* -ē *u.* -ō) ① *(v. Sachen)* **a)** ungewiss, unsicher, unentschieden, unzuverlässig [**rumores; exitus pugnarum; victoria**]; **b)** *(poet.)* noch nicht ganz sichtbar, trübe [**sol** unbeständig; **luna**]; ② *(v. Personen)* unschlüssig, ratlos, schwankend.

**in-cessī** *Perf. v. incedo u. incesso.*

**incessō**, incessere, incessīvī *u.* incessī, – *(Intens. v. incedo)* ① *auf jmd. od. etw.* losgehen, angreifen *(m. Akk.)* [**hostes iaculis saxisque; muros**]; ② *(poet.; nachkl.)* schmähen, tadeln; ③ *(nachkl.)* beschuldigen, anklagen.

**incessus**[1], ūs *m (incedo)* ① das Einherschreiten, Gehen, Gang; ② *(nachkl.)* feindliches Vordringen, Einfall; ③ *(nachkl.) (meton.)* Marschlinie, Route; ④ *(nachkl.)* Zugang.

**incessus**[2] *P. P. P. v. incedo.*

**incestō**, incestāre *(incestus[1]) (poet.; nachkl.)* beflecken, schänden.

**incestum**, ī *n (incestus[1])* Unzucht, Blutschande.

**in-cestus**[1] *(in-[2] u. castus)* **I.** *Adj.* a, um ① *(moral. u. rel.)* befleckt, unrein; ② unzüchtig, unkeusch; **II.** *Subst.* ī *m (poet.)* Frevler.

**incestus**[2], ūs *m (incestus[1])* Unzucht, Blutschande.

**inchoō** = *incoho.*

**in-cidō**[1], cidere, cidī, – *(in-[1] u. cado)* ① in, auf etw. fallen *(abs.; m. Präp.; m. Dat.; alqm)* [**in foveam; ad terram; arae**]; ② *(in eine Zeit)* fallen; ③ sich hineinstürzen *(in: Dat.)* [**castris**]; ④ sich ergießen in *(m. Dat.)* [**flumini**]; ⑤ überfallen, angreifen *(m. Dat. od. in u. Akk.)* [**ultimis; in hostem**]; ⑥ *(unvermutet)* in etw.

geraten, auf jmd. stoßen *(in m. Akk.)* [**in manūs latronum; in insidias**]; ❼ *(v. Zuständen u. Affekten)* jmd. befallen, überkommen, jmdm. begegnen *(m. Dat., selten in u. Akk.)*; ❽ vorfallen, sich ereignen.

**in-cīdō**$^2$, cīdere, cīdī, cīsum *(in-$^1$ u. caedo)* ❶ einschneiden, -graben, -meißeln, -ritzen *(alqd in alqd, in re od. alci rei)* [**leges in aes; nomina in tabula; verba ceris** in Wachstafeln]; ❷ zerschneiden, durchschneiden, -hauen; ❸ *(poet.)* durch Einschneiden etw. herstellen, ausschneiden [**dentes** Zähne in die Säge schneiden]; ❹ beschneiden [**arbores**]; ❺ unterbrechen, abbrechen, stören [**ludum; sermonem alci** jmdm. das Wort abschneiden]; ❻ *(die Hoffnung)* rauben.

**incīle**, lis *n (incido$^2$)* Abzugsgraben.

**in-cingō**, cingere, cīnxī, cīnctum ❶ (um)gürten; **incingi zonā** sich gürten; ❷ *(poet.)* bekränzen; *mediopass.* **incingi** sich bekränzen: ❸ *(poet.) (übtr.)* umgeben, umschließen [**urbes moenibus**].

**incipiō**, incipere, incēpī *od.* coepī, inceptum *od.* coeptum *(capio)* **I.** *trans.* etw. anfangen, beginnen, unternehmen [**oppugnationem; opus**]; **II.** *intr.* anfangen, seinen Anfang nehmen; **ver incipit; frigoribus incipit annus**.

**incīsē** *u.* **incīsim** *Adv. (incido$^2$)* in kurzen Sätzen.

**incīsiō**, ōnis *f u.* **incīsum**, ī *n (incido$^2$) (rhet. t. t.)* Abschnitt einer Periode.

**incīsus** *P. P. P. v. incido$^2$.*

**incitāmentum**, ī *n (incito)* Anreiz, Reizmittel, Antrieb, Triebfeder, Sporn *(zu etw.: m. Gen.; [nachkl.] ad)* [**victoriae; ad honeste moriendum**].

**incitātiō**, ōnis *f (incito)* ❶ Anregung, Erregung, Anfeuerung; ❷ Schwung *(konkr. u. übtr.)* [**orationis**]; ❸ innerer Trieb, Drang.

**incitātus**, a, um *(P. Adj. v. incito)* ❶ beschleunigt, schnell; **equo -o** im Galopp; ❷ *(übtr.)* rasch, lebhaft [**cursus in oratione**]; ❸ erregt, aufgeregt.

**in-citō**, citāre ❶ in schnelle Bewegung setzen, antreiben [**equum calcaribus; naves remis**]; – *mediopass. u.* **se ~** eilen, stürzen *(v. Personen u. Sachen)*; ❷ *(übtr.)* anspornen, anfeuern, erregen, reizen; ❸ aufregen; ❹ aufwiegeln, aufbringen gegen; **incitari odio / contra rem publicam / ad direptionem / in consules;** ❺ steigern, vergrößern [**metum; perturbationes; poenas** verschärfen].

**incitus**, a, um *(in-$^1$ u. cieo)* stark bewegt, schnell.

**in-clāmō**, clāmāre ❶ laut rufen, schreien; ❷ jmdm. zurufen [**puellae**]; ❸ jmd. anrufen, anschreien; um Hilfe (an)rufen.

**in-clārēscō**, clārēscere, clāruī, – *(nachkl.)* bekannt, berühmt werden.

**in-clēmēns**, *Gen.* mentis schonungslos, hart, streng.

**inclēmentia**, ae *f (inclemens) (poet.; nachkl.)* Schonungslosigkeit, Härte, Strenge.

**inclīnābilis**, e *(inclino) (nachkl.)* sich leicht neigend.

**inclīnātiō**, ōnis *f (inclino)* ❶ Neigung, Biegung; ❷ *(rhet. t. t.)* **~ vocis** Heben u. Senken der Stimme; ❸ *(übtr.)* Zuneigung [**in alqm; animi ad asperiora**]; ❹ Wechsel, Veränderung [**temporum**].

**inclīnātus**, a, um *(P. Adj. v. inclino)* ❶ geneigt, sinkend; ❷ *(Stimme)* tief; *auch:* steigend u. sinkend, wechselnd [**vox**]; ❸ *(übtr.)* sinkend, gesunken [**fortuna**]; ❹ zugeneigt, zugetan, jmdm. *od.* für etw. günstig gestimmt [**ad pacem; ad Poenos**].

**in-clīnō**, clīnāre ❶ neigen, beugen [**genua; aquas ad litora** hinleiten]; ❷ *intr.,* **se ~** *u. mediopass.* **inclinari a)** sich neigen; **sol se inclinat** neigt sich zum Untergang; **dies inclinatur** neigt sich zum Abend; **b)** *(milit.)* ins Wanken kommen, weichen; ❸ *(übtr.)* hinwenden, (hin)lenken [**omnem culpam in collegam** zuschieben]; für etw. geneigt machen, günstig stimmen, gewinnen; – *intr.,* **se ~** *u. mediopass.* sich zuneigen, geneigt sein *(ad; in m. Akk.; alci rei)*; ❹ zum Sinken *od.* zu Fall bringen, herunterbringen; **omnia inclinat fortuna;** – *intr.,* **se ~** *u. mediopass.* sinken, sich zum Schlechten wenden; ❺ den Ausschlag geben, entscheiden.

**inclitus**, a, um = *inclutus.*

**in-clūdō**, clūdere, clūsī, clūsum *(in-$^1$ u. claudo)* ❶ einschließen, einsperren; ❷ *(übtr.)* einengen, einschränken [**alqm angustiis temporis**]; ❸ umringen, umgeben, umschließen; ❹ einfügen, einlassen, hineingeben [**emblemata in scaphiis; orationem in epistulam**]; ❺ verschließen, versperren [**viam**]; ❻ *(poet.; nachkl.)* beenden.

**inclūsiō**, ōnis *f (includo)* Einschließung, Einsperrung.

**in-clutus**, a, um *(clueo)* bekannt, berühmt.

**in-coāctus**, a, um *(nachkl.)* ungezwungen.

**incoctus** *P. P. P. v. incoquo.*

**in-cōgitātus**, a, um *(nachkl.)* undenkbar.

**in-cōgitō**, cōgitāre *(poet.)* sich etw. gegen jmd. ausdenken [**fraudem socio**].

**in-cōgnitus**, a, um ❶ unbekannt; ❷ *(jur. t. t.)* ununtersucht; **alqm causā -ā condemnare** ohne gerichtliche Untersuchung; ❸ nicht *(als Eigentum)* anerkannt.

**in-cohō**, cohāre ❶ etw. anfangen, beginnen [**annum** antreten; **aras** auf den Altären zu opfern beginnen]; – *P. Adj.* **incohātus,** a, um (nur) angefangen, unvollendet, unvollständig [**opus**]; ❷ *schriftl. od. mündl.* zu beschreiben beginnen; ❸ *(nachkl.) die Sache im Senat* zur Sprache bringen.

**incola**, ae *m u. f (incolo)* ❶ Einwohner(in), Bewohner(in) *(auch v. Tieren); – adj.* (ein)heimisch; ❷ nicht eingebürgerter Insasse; **cives atque -ae**.

**in-colō**, colere, coluī, cultum **I.** *trans.* bewohnen; **II.** *intr.* wohnen, sesshaft sein [**trans Rhenum**]; / **incolentēs,** tium *m* die Einwohner.

**in-columis**, e unverletzt, unversehrt, wohlbehalten.

**incolumitās**, ātis *f (incolumis)* Unverletztheit, Unversehrtheit, Erhaltung.

**in-comitātus**, a, um unbegleitet, ohne Begleitung.

**in-commendātus**, a, um *(poet.)* preisgegeben.

**incommoditās**, ātis *f (incommodus)* Unbequemlichkeit, Unannehmlichkeit.

**in-commodō**, commodāre *(incommodus)* lästig sein.

**incommodum**, ī *n (incommodus)* ❶ Unbequemlichkeit, Beschwerlichkeit; ❷ Nachteil, Schaden, Unglück, Niederlage.

**in-commodus**, a, um ❶ unbequem, unangenehm, lästig, beschwerlich [**iter; valetudo** Unpässlichkeit]; ❷ unfreundlich.

**in-commūtābilis**, e unveränderlich.

**in-comparābilis**, e *(nachkl.)* unvergleichlich.

**in-compertus**, a, um unerforscht, noch unbekannt, unsicher.

**in-compositus**, a, um ❶ ungeordnet; ❷ plump, kunstlos [**versus**].

**in-comprehēnsibilis**, e *(nachkl.)* unfassbar; unendlich.

**in-cōmptus**, a, um ❶ ungepflegt [**ungues** unbeschnitten; **capilli**]; ❷ *(übtr.)* schmucklos, kunstlos, schlicht [**versūs**].

**in-concessus**, a, um *(poet.; nachkl.)* unerlaubt; unmöglich.

**in-concinnus**, a, um *(Adv.* -ē *u.* -iter*)* ungeschickt, plump, unharmonisch.

**in-concussus**, a, um *(nachkl.)* ❶ unerschüttert; ❷ *(übtr.)* unerschütterlich, fest [**gaudium; pax** ungestört].

**in-conditus**, a, um ❶ ungeordnet, wirr; ❷ einfach, schlicht [**genus dicendi**]; kunstlos [**carmina**].

**in-cōnfūsus**, a, um *(nachkl.)* nicht verwirrt; *(übtr.)* nicht außer Fassung.

**in-congruēns**, *Gen.* entis *(nachkl.)* ungereimt, nicht folgerichtig.

**incōnsīderantia**, ae *f (in-2 u. considero)* Unbesonnenheit.

**in-cōnsīderātus**, a, um ❶ unüberlegt, übereilt; ❷ unbesonnen.

**in-cōnsōlābilis**, e *(poet.)* untröstlich, unheilbar.

**in-cōnstāns**, *Gen.* antis unbeständig, schwankend, nicht folgerichtig.

**incōnstantia**, ae *f (inconstans)* Unbeständigkeit, Wankelmut, Inkonsequenz.

**in-cōnsultus**, a, um ❶ nicht befragt; ❷ *(poet.)* ratlos; ❸ unüberlegt, unbesonnen.

**in-cōnsūmptus**, a, um *(poet.)* ❶ unverbraucht; ❷ *(übtr.)* unvergänglich, ewig.

**in-contāminātus**, a, um unbefleckt, rein.

**in-continēns**, *Gen.* entis nicht enthaltsam, ungenügsam, unmäßig.

**incontinentia**, ae *f (incontinens)* Ungenügsamkeit, Eigennutz.

**in-conveniēns**, *Gen.* entis nicht übereinstimmend, unähnlich.

**in-coquō**, coquere, coxī, coctum *(poet.; nachkl.)* ❶ in etw. (hinein)kochen, darunterkochen *(in etw.: Abl.)* [**radices Baccho** Wurzeln in Wein]; ❷ *durch Kochen* färben; ❸ kräftig kochen, braten.

**in-corporālis**, e *(nachkl.)* unkörperlich.

**in-corrēctus**, a, um *(poet.)* unverbessert.

**in-corruptus**, a, um ❶ unverdorben, unversehrt; **-ā sanitate esse** kerngesund sein; ❷ *(übtr.)* unverfälscht, echt; ❸ unbefangen, ehrlich; ❹ unbestochen, unbestechlich [**testis; custos**].

**in-coxī** *Perf. v. incoquo.*

**in-crēb(r)ēscō**, crēb(r)ēscere, crēb(r)uī, – häufig werden, zunehmen, sich verbreiten.

**in-crēdibilis**, e ❶ unglaublich [*(m. Sup.)* **dictu, auditu**]; ❷ außerordentlich, erstaunlich [**vis ingenii; fides**].

**in-crēdulus**, a, um *(poet.; nachkl.)* ungläubig.

**incrēmentum**, ī *n (incresco)* ❶ Wachstum [**vitium** der Reben]; ❷ *(übtr.)* das Wachsen, Zunahme [**urbis**]; ❸ Zuwachs, Ergänzung; ❹ *(poet.; nachkl.) (übtr.)* Stamm, Same [**populi futuri**]; ❺ *(poet.)* Sprössling, Nachkomme.

**increpitō**, increpitāre *(Intens. v. increpo)* **I.** *intr. (poet.)* ❶ ermunternd zurufen; ❷ jmd. anfahren, schelten *(alci)*; **II.** *trans.* anfahren, schelten, tadeln, verhöhnen.

**in-crepō**, crepāre, crepuī, crepitum, *nachkl. auch* crepāvī, crepātum **I.** *intr.* ❶ rauschen, rasseln, klirren, lärmen; ❷ *(poet.)* laut zurufen; ❸ *(übtr.)* laut werden; **II.** *trans.* ❶ erschallen lassen, ertönen lassen [**lyram; manūs** Beifall klatschen; **minas**]; ❷ jmd. hart anfahren, schelten, verhöhnen; ❸ vorwerfen, tadeln; ❹ *(poet.)* über etw. klagen, sich beklagen; ❺ *(poet.)* ermuntern, antreiben [**morantes; boves stimulo**].

**in-crēscō**, crēscere, crēvī, – ❶ *(poet.; nachkl.)* ein-, anwachsen; **squamae cuti increscunt;** ❷ *(poet.)* emporwachsen; ❸ *(übtr.)* wachsen, steigen, zunehmen; **flumina increscunt; audacia / dolor increvit**.

I

**incrētus** *P. P. P. v. incerno.*
**in-crēvī** *Perf. v. incresco u. incerno.*
**in-cruentātus**, a, um *(poet.; nachkl.)* unblutig, nicht m. Blut befleckt.
**in-cruentus**, a, um ❶ unblutig, ohne Blutvergießen; **non -a victoria fuit; -a pax** ohne Blutvergießen gestiftet; ❷ *(v. Soldaten)* unverwundet, ohne Verlust [**exercitus; miles**].
**in-crūstō**, crūstāre *(crusta) (poet.)* beschmutzen.
**in-cubō**, cubāre, cubuī, cubitum ❶ in *od.* auf etw. liegen *(alci rei od. super alqd)* [**cortici; ovis** *od.* **nido** brüten]; ❷ *an einem heiligen Ort* sich zum divinatorischen Schlaf niederlegen, schlafen *(um durch Träume göttl. Offenbarung zu erhalten);* ❸ *(poet.)* sich aufhalten [**rure**]; ❹ *(poet.) (übtr., v. Lebl.)* sich *über einem Ort* gelagert haben; **ponto nox incubat atra;** ❺ eifrig hüten, bewachen *(m. Dat.)* [**auro; publicis thesauris**]; ❻ *(nachkl.)* sich widmen, etw. hegen *(m. Dat.)* [**dolori suo**].
**in-cubuī** *Perf. v. incubo u. incumbo.*
**in-cucurrī** *Perf. v. incurro.*
**in-cūdō**, cūdere, cūdī, cūsum *(poet.)* schmieden, bearbeiten; **lapis incusus** geschärft.
**in-culcō**, culcāre *(in-¹ u. calco)* ❶ *(in die Rede)* einschieben, einschalten, einflicken [**Graeca verba**]; ❷ einprägen, einschärfen [**oculis imagines**]; ❸ aufdrängen, aufnötigen [**se auribus alcis**].
**in-culpātus**, a, um *(poet.)* unbescholten, untadelig.
**inculta**, ōrum *n (incultus¹)* Einöde(n).
**in-cultus¹**, a, um ❶ unbebaut, unbearbeitet, öde [**agri; regio**]; ❷ *(übtr.)* ungeordnet, kunstlos [**versus** ungefeilt]; ❸ ungepflegt, verwildert [**homines; comae**]; ❹ ungebildet, roh [**Gaetuli; mores**]; ❺ einfach [**vita**].
**in-cultus²**, ūs *m* ❶ Verwahrlosung; Unsauberkeit; ❷ Mangel an Bildung.
**incultus³** *P. P. P. v. incolo.*
**in-cumbō**, cumbere, cubuī, cubitum *(vgl. cubo)* ❶ sich auf *od.* an etw. legen, lehnen, stützen *(m. in u. Akk.; Dat.)* [**remis** schnell rudern]; ❷ *(poet.; nachkl.)* sich in etw. stürzen, auf jmd. losstürzen [**in hostes; ferro** ins Schwert]; ❸ *(poet.; nachkl.)* sich hinneigen, sich herabbeugen über; **laurus incumbens arae** über … geneigt; ❹ *(übtr.)* sich auf etw. verlegen, sich zuwenden, sich widmen *(ad od. in m. Akk.; Dat.; m. Inf. od. ut)* [**ad salutem rei publicae; in alcis cupiditatem** jmds. ehrgeizige Wünsche unterstützen; **rogandis legibus**]; ❺ auf jmdm. schwer lasten *(in alqm od. alci);* **invidia mihi incumbit;** ❻ *(poet.; nachkl.) einer Sache* den Ausschlag geben [**fato** beschleunigen].
**in-cūnābula**, ōrum *n* ❶ erste Kindheit; ❷ Geburtsort; ❸ Ursprung, Anfang.
**in-cūrātus**, a, um *(poet.)* ungeheilt, unheilbar.
**in-cūria**, ae *f (in-² u. cura)* ❶ Mangel an Sorgfalt, Nachlässigkeit; ❷ Leichtsinn.
**incūriōsus**, a, um *(incuria)* ❶ *(nachkl.)* sorglos, unbekümmert, leichtsinnig *(abs.; in m. Abl.; Gen.; Dat.)* [**famae** unbekümmert um; **serendis frugibus** bei der Aussaat]; ❷ vernachlässigt.
**in-currō**, currere, currī *u. (selten)* cucurrī, cursum ❶ hineinlaufen, gegen etw. rennen [**in columnas** *(sprichw.)* m. dem Kopf gegen die Wand rennen]; ❷ gegen jmd. (her)anstürmen, jmd. angreifen *(in m. Akk.; Dat.; Akk.)* [**in hostes; levi armaturae hostium; novissimos**]; ❸ jmdm. begegnen, auf jmd. stoßen *(in alqm);* ❹ *(übtr.)* **in oculos** – in die Augen fallen; ❺ *(v. Örtl.)* an etw. stoßen, angrenzen; ❻ *(in einen Zustand)* geraten, verfallen [**in morbos; in odia hominum**]; ❼ *(v. Zeiten u. Ereignissen)* eintreffen, eintreten; ❽ *(zeitl.)* fallen in *(in m. Akk.; Dat.).*
**incursiō**, ōnis *f (incurro)* ❶ Andrang, Anprall [**atomorum**]; ❷ Angriff, Einfall, Streifzug [**armatorum; latronum**].
**incursitō**, incursitāre *(Intens. v. incurso) (nachkl.)* ❶ *(absichtlich)* auf jmd. losgehen; ❷ *(zufällig)* gegen jmd. anrennen; ❸ *(übtr.)* anstoßen.
**incursō**, incursāre *(Intens. v. incurro)* ❶ *(poet.)* anrennen, stoßen an *(m. Dat.);* ❷ anstürmen, angreifen *(m. Akk. od. in u. Akk.)* [**aciem; in hostem**]; ❸ einfallen [**in agros** *od.* **agros Romanorum**].
**incursum** *P. P. P. v. incurro.*
**incursus**, ūs *m (incurro)* ❶ *(poet.; nachkl.)* Andrang, Ansturm, Anprall [**aquarum**]; ❷ Angriff [**equitum**]; ❸ *(poet.)* Plan.
**in-curvō**, curvāre *(curvus)* ❶ krümmen, (ein)biegen; *pass. (nachkl.)* gebückt gehen; ❷ *(nachkl.) (übtr.)* niederbeugen.
**incurvus**, a, um *(incurvo)* gekrümmt, krumm.
**incūs**, ūdis *f (incudo)* Amboss.
**incūsātiō**, ōnis *f (incuso)* Beschuldigung.
**incūsō**, incūsāre *(causa)* beschuldigen, anklagen, sich beschweren, sich beklagen über *(m. Akk.; alqm alcis rei od. ob alqd; m. quod; m. A. C. I.).*
**in-cussī** *Perf. v. incutio.*
**incussus¹**, *Abl.* ū *m (incutio) (nachkl.)* das Anschlagen.
**incussus²** *P. P. P. v. incutio.*
**in-cūstōdītus**, a, um *(poet.; nachkl.)* ❶ unbewacht *(auch übtr.)* [**boves; urbs** unbesetzt; **amor** nicht geheim gehalten]; ❷ unvorsichtig.
**incūsus** *P. P. P. v. incudo.*
**in-cutiō**, cutere, cussī, cussum *(quatio)* ❶ anschlagen, anstoßen; ❷ (hin)schleudern, (hin)-

werfen [**tela; nuntium alci** zuschleudern]; ❸ *(übtr.)* einjagen, einflößen, erregen [**alci timorem; pudorem; bellum** drohen mit].

**indāgātiō**, ōnis *f (indago[1])* Erforschung.

**indāgātrīx**, īcis *f (indago[1])* Erforscherin.

**indāgō[1]**, indāgāre *(indago[2])* ❶ aufspüren; ❷ *(übtr.)* erforschen.

**indāgō[2]**, ginis *f* Umzingelung, Einschließung, Umstellung *(des Wildes od. des Waldes)*, Treibjagd *(auch übtr.)*.

**inde** *Adv.* **I.** *räuml.* ❶ von dort, von da (aus); ❷ daraus; **II.** *zeitl.* ❶ von da an, seitdem; ❷ **inde ab** von … an; **iam inde a principio;** ❸ dann, hierauf; **III.** *übtr.* daraus, davon, daher; **IV.** *kausal* deshalb, daher.

**in-dēbitus**, a, um *(poet.)* nicht gebührend, unverdient.

**indecēns**, *Gen.* centis *(P. Adj. v. indeceo) (poet.; nachkl.)* unschicklich, unanständig.

**in-deceō**, decēre, – – *(nachkl.)* übel anstehen *(alqm)*.

**in-dēclīnābilis**, e *(nachkl.)* unbeugsam, fest.

**in-dēclīnātus**, a, um *(poet.)* unverändert, beständig.

**in-decoris**, e *(in-[2] u. decus) (poet.)* unrühmlich, schmählich *(für: Dat.)*.

**indecorō**, indecorāre *(indecoris) (poet.)* entstellen, schänden.

**in-decōrus**, a, um ❶ unschön, hässlich; ❷ unrühmlich, unanständig, unehrenhaft.

**in-dēfatīgābilis**, e *(in-[2] u. defatigo) (nachkl.)* unermüdlich.

**in-dēfatīgātus**, a, um *(nachkl.)* unermüdet.

**in-dēfēnsus**, a, um unverteidigt, unbeschützt.

**in-dēfessus**, a, um *(poet.; nachkl.)* unermüdet.

**in-dēflētus**, a, um *(poet.)* unbeweint.

**in-dēiectus**, a, um *(poet.)* nicht niedergeworfen, nicht eingestürzt.

**in-dēlēbilis**, e *(poet.)* unvertilgbar, unvergänglich.

**in-dēlībātus**, a, um *(poet.)* unvermindert.

**in-demnātus**, a, um *(in-[2] u. damno)* ohne verurteilt worden zu sein, ohne Urteil(sspruch).

**in-demnis**, e *(in-[2] u. damnum) (nachkl.)* schadlos, ohne Verlust.

**in-dēplōrātus**, a, um *(poet.)* unbeweint.

**in-dēprāvātus**, a, um *(nachkl.)* unverdorben.

**in-dēprēnsus**, a, um *(in-[2] u. deprehendo) (poet.)* unbegreiflich.

**indeptus** *P. P. Akt. v. indipiscor.*

**in-dēsertus**, a, um *(poet.)* nie verlassen = unvergänglich, ewig.

**in-dēstrictus**, a, um *(in-[2] u. destringo) (poet.)* ungestreift, unverletzt.

**in-dētōnsus**, a, um *(poet.)* ungeschoren, m. wallendem Haar.

**in-dēvītātus**, a, um *(poet.)* unvermeidbar.

**index**, indicis *(indico[1])* **I.** *Subst. m u. f* ❶ Angeber(in), Angeber(in) [**sceleris**]; ❷ Verräter, Spion; ❸ *(meton., v. Sachen)* Kennzeichen; **vox, ~ stultitiae;** ❹ Zeigefinger; ❺ Titel, Aufschrift; ❻ Inhalt(sangabe); ❼ *(nachkl.)* Verzeichnis, Katalog; ❽ *(poet.)* Probierstein; **II.** *Adj. (v. Sachen)* anzeigend, verratend [**digitus** Zeigefinger].

**India**, ae *f* Indien; – *Einw.* **Indus**, ī *m* Inder *(auch* Äthiopier, Araber); – *Adj.* **Ind(ic)us** a, um indisch [**dentes** Elfenbein].

**in-dīcēns**, *Gen.* entis *(in-[2] u. dico[1])* nicht sagend, *nur im Abl. abs.:* **me indicente** ohne meine Aufforderung.

**indicium**, ī *n (index)* ❶ Anzeige, Angabe, Aussage; ❷ Kennzeichen, Merkmal, Beweis; ❸ Erlaubnis, Angaben zu machen; ❹ Belohnung f. eine Aussage.

**indicō[1]**, indicāre *(indico[2])* ❶ anzeigen, angeben, melden, aufdecken, verraten [**consilium patri; alci de epistulis; de coniuratione** Anzeige machen]; ❷ den Wert *od.* Preis *einer Sache* bestimmen, etw. taxieren.

**in-dīcō[2]**, dīcere, dīxī, dictum ❶ ansagen, ankündigen [**spectaculum finitimis; concilium** einberufen; **exercitum Pisas** nach Pisa beordern; **alci bellum** den Krieg erklären]; ❷ auferlegen [**gentibus tributa**].

**in-dictus**, a, um *(in-[2] u. dico[1])* ❶ ungesagt, ungenannt [**carminibus** unbesungen]; ❷ *(jur. t. t.)* **indictā causā** ohne Verhör.

**Indicus** *s. India.*

**indi-dem** *Adv.* *(< *inde-dem, vgl. idem)* ebendaher, ebenfalls aus [**Romā**].

**in-didī** *Perf. v. indo.*

**in-differēns**, *Gen.* rentis ❶ gleichgültig, indifferent; ❷ *(stoischer t. t.)* weder gut noch böse.

**indigena**, ae *m u. f (< *indu-gena; gigno)* Eingeborener, Inländer; – *adj.* einheimisch, inländisch.

**indigentia**, ae *f (indigeo)* ❶ Bedürfnis; ❷ Unbescheidenheit.

**ind-igeō**, igēre, iguī, – *(indu u. egeo)* ❶ an etw. Mangel haben *(m. Gen. od. Abl.); abs.* bedürftig sein; – **indigentes** Bedürftige; – *P. Adj.* **indigēns,** entis **a)** bedürftig; **b)** *(Sachen)* mangelhaft; ❷ bedürfen, nötig haben, brauchen *(m. Gen. od. Abl.);* ❸ nach etw. verlangen [**auri**].

**indiges**, *Gen.* etis *(vgl. indigena)* **I.** *Adj.* einheimisch; altrömisch; **II.** *Subst. m* einheimischer Heros, Stammvater [**Aeneas**].

**in-dīgestus**, a, um *(poet.; nachkl.)* ungeordnet.

**indīgnābundus**, a, um *(indignor)* voller Unwillen.

**indīgnāns**, *Gen.* antis *(P. Adj. v. indignor) (poet.)* unwillig, entrüstet.

**indīgnātiō**, ōnis *f (indignor)* ❶ Unwille,

I

Entrüstung; *Pl.* Äußerungen des Unwillens; ❷ *(rhet. t. t.)* Erregung des Unwillens.
**indīgnātiuncula**, ae *f (Demin. v. indignatio) (nachkl.)* Anflug v. Entrüstung.
**indīgnitās**, ātis *f (indignus)* ❶ Unwürdigkeit, Niederträchtigkeit; ❷ Erniedrigung; ❸ das Empörende, Schmach; ❹ *(meton.)* Unwille, Entrüstung, Erbitterung.
**indīgnor**, indīgnārī *(indignus)* für unwürdig halten, über etw. entrüstet sein *(abs.; m. Akk.; de; m. A. C. I.; quod); –* **indīgnandus,** a, um *(poet.)* empörend.
**in-dīgnus**, a, um ❶ unwürdig, etw. nicht verdienend *(m. Abl.; Gen.; Relativs.; ut; Inf.);* ❷ unverdient; **-um est** *(m. Inf. od. A. C. I.)* es ist eine Ungerechtigkeit; ❸ unpassend, unangemessen, ungeziemend; **-um est** *(m. Inf. od. A. C. I.)* es ziemt sich nicht; ❹ schmachvoll, schändlich, empörend; **indignum!** welche Schmach!; **-um est** *(m. Inf. od. A. C. I.)* es ist (*od.* wäre) schändlich, empörend, dass (*od.* wenn); ❺ **-e ferre** entrüstet, empört sein *(alqd; m. A. C. I. od. quod).*
**indigus**, a, um *(indigeo) (poet.; nachkl.)* bedürftig *(abs. od. m. Gen.).*

**Grammatik & Co.**
Der **Indikativ** wird im Lateinischen streng als Wirklichkeitsform benutzt. In manchen Zusammenhängen übersetzen wir ihn dennoch mit einem Konjunktiv: longum est „es *wäre* zu weitschweifig"; putaram (= putaveram) „ich *hätte* geglaubt"; censeo („neu"deutsch:) „ich *würde* meinen".

**in-dīligēns**, *Gen.* entis nachlässig, langsam.
**indīligentia**, ae *f (indiligens)* Nachlässigkeit, Sorglosigkeit *(in etw.: m. Gen.).*
**ind-ipīscor**, ipīscī, eptus sum *(indu u. apiscor)* erreichen, erlangen, einholen.
**in-dīreptus**, a, um *(nachkl.)* nicht geplündert.
**in-discrētus**, a, um *(poet.; nachkl.)* ❶ ungetrennt; ❷ nicht unterscheidbar; ❸ ohne Unterschied, einerlei.
**in-disertus**, a, um nicht beredt, wortarm.
**in-dispositus**, a, um *(nachkl.)* ungeordnet, in Unordnung.
**in-dissolūbilis**, e unauflöslich.
**in-dissolūtus**, a, um unaufgelöst.
**in-distīnctus**, a, um *(poet.; nachkl.)* ungeordnet; verworren, unklar.
**inditus** *P. P. P. v. indo.*
**indīviduum**, ī *n (individuus)* Atom.
**in-dīviduus**, a, um ❶ unteilbar, untrennbar; ❷ *(nachkl.)* unzertrennlich.
**in-dīvīsus**, a, um *(nachkl.)* ungeteilt; **pro -o** gleichmäßig.
**in-dīxī** *Perf. v. indico²*.
**in-dō**, dere, didī, ditum ❶ *(nachkl.)* hineintun, -setzen, -legen [**alqm lecticae**]; ❷ *(nachkl.)* an *od.* auf etw. legen, setzen, beigeben [**castella rupibus** erbauen auf; **alci custodes**]; ❸ *(Namen)* beilegen; ❹ *(nachkl.)* einführen [**novos ritus**]; ❺ *(nachkl.) (Affekte u. Ä.)* einflößen, verursachen *(alci alqd)* [**hostibus pavorem**].
**in-docilis**, e ❶ ungelehrig; ❷ ungebildet, unwissend, unerfahren; ❸ nicht lehrbar; ❹ *(poet.)* kunstlos.
**in-doctus**, a, um ❶ nicht wissenschaftlich gebildet; ❷ ungebildet, roh; ❸ ungeschickt, ungeübt; ❹ *(poet.)* kunstlos.
**in-dolentia**, ae *f (in-² u. doleo)* Unempfindlichkeit gegen Schmerz.
**indolēs**, is *f (indu u. alo)* ❶ natürliche Beschaffenheit; ❷ Charakter, Begabung, Talent.
**in-dolēscō**, dolēscere, doluī, – *(Incoh. v. doleo)* ❶ sich betrüben; ❷ *(nachkl.)* Schmerz empfinden, schmerzen, wehtun.
**in-domitus**, a, um ❶ ungezähmt, wild [**iuvencae; ager** unbebaut]; ❷ unbezwungen [**nationes**]; ❸ zügellos [**cupiditates**]; ❹ *(poet.; nachkl.)* unbezwinglich, unüberwindlich [**Achilles; mors**].
**in-dormiō**, dormīre ❶ *(poet.)* auf etw. schlafen *(m. Dat.);* ❷ bei etw. schlafen, etw. verschlafen *(m. Dat. od. in u. Abl.)* [**tempori** den richtigen Zeitpunkt verschlafen].
**in-dōtātus**, a, um ❶ *(poet.; nachkl.)* ohne Aussteuer; ❷ *(übtr.)* **a)** arm, ohne die Gabe der Beredsamkeit [**ars**]; **b)** *(poet.)* ohne Totengaben [**corpora**].
**indu** *altl. Präp. b. Abl.* in *(öfter in Zusammensetzungen wie z. B. indi-gena, ind-oles).*
**in-dubitātus**, a, um *(nachkl.)* unzweifelhaft.
**in-dubitō**, dubitāre *(poet.)* an etw. zweifeln *(m. Dat.).*
**in-dubius**, a, um *(nachkl.)* unzweifelhaft.
**in-dūcō**, dūcere, dūxī, ductum ❶ etw. darüberziehen, über etw. ziehen *(alqd; alqd super alqd; alqd alci rei)* [**pontem flumini** schlagen über; *übtr.* **umbram terris** verbreiten über]; ❷ etw. m. etw. überziehen [**scuta pellibus**]; ❸ *(Kleidungsstücke, Waffen)* anziehen, anlegen; ❹ aus-, durchstreichen; ❺ *(übtr.)* aufheben, rückgängig machen [**senatūs consultum**]; ❻ hineinführen, -bringen, *(übtr.)* einführen [**legatos in regiam;** *übtr.* **discordiam in civitatem**]; ❼ *(als Gattin)* heimführen; ❽ in den Kampf führen; ❾ auf die Bühne *od.* in die Arena bringen [**gladiatores**]; aufführen [**comoediam**]; ❿ *(Personen in einem Schrift- od. Bühnenstück)* redend *od.* handelnd einführen; ⓫ etw. in das Rechnungsbuch eintragen; ⓬ *(übtr.)* zu etw. bewegen, veranlassen [**animum ad misericordiam**]; ⓭ verlocken, ver-

leiten [**alqm in errorem; alqm promissis**]; ⓮ (**in**) **animum inducere** sich zu etw. entschließen, sich etw. vornehmen *(alqd, nur id, quod, nihil u. Ä.; m. Inf.; m. ut, ne bzw. quin od. quominus); (m. A. C. I.)* sich überzeugen.
**inductiō**, ōnis *f (induco)* ❶ Einführung; ❷ das Zuleiten [**aquarum** Bewässerung]; ❸ das Auftretenlassen im Zirkus; ❹ Verleitung zu etw. *(alcis rei)* [**erroris**]; ❺ ~ **animi** fester Vorsatz; ❻ *(philos. t. t.)* Induktion, induktive Beweisführung, *Schlussfolgerung vom Besonderen auf das Allgemeine.*
**inductus**, a, um *(P. Adj. v. induco) (nachkl.)* fremd, gesucht [**sermo**].
**induī** *Perf. v. induo.*
**indulgēns**, *Gen.* entis *(P. Adj. v. indulgeo)* nachsichtig, gütig, gnädig.
**indulgentia**, ae *f (indulgens)* ❶ Nachsicht, Milde, Güte, Gnade; ❷ Zärtlichkeit.
**indulgeō**, indulgēre, indulsī, indultum **I.** *intr.* ❶ nachsichtig, gewogen sein, nachgeben, jmd. begünstigen *(m. Dat.)*; ❷ *(einer Sache)* nachhängen, sich widmen, frönen [**dolori; vino**]; ❸ Sorge tragen für, besorgen [**valetudini; labori**]; **II.** *trans.* etw. gewähren, bewilligen.
**indūmentum**, ī *n (nachkl.)* Brühe.
**induō**, induere, induī, indūtum *(vgl. exuo)* ❶ etw. anziehen, anlegen [**alci tunicam; anulum** anstecken; *übtr.* **beluae formam hominum**]; – **indūtus** *(re od. rem)* m. etw. angetan *od.* bekleidet [**galeā; vestem**]; ❷ **se induere a)** *in alqd* sich in etw. hüllen; **arbor se in florem induit; b)** *(übtr.) in alqd* in etw. (hinein)geraten, sich verwickeln in [**in laqueos**]; **c)** *re* sich in etw. (hinein)stürzen, in etw. fallen [**hastis; mucrone** sich in das Schwert stürzen]; ❸ *(übtr.)* m. etw. umgeben, versehen; **di induti specie humana;** ❹ jmdm. etw. zuteilen, beilegen [**sibi cognomen**]; ❺ *(sibi) alqd* etw. annehmen, anlegen, sich etw. aneignen [**personam iudicis** die Rolle des Richters spielen].
**in-dūrēscō**, dūrēscere, dūruī, – *(poet.; nachkl.)* ❶ hart werden, erstarren [**saxo** zu Stein]; ❷ *(übtr.)* sich abhärten; ❸ *(Perf.)* unerschütterlich treu zu jmdm. halten *(pro alqo)*; ❹ *(übtr.)* festbleiben.
**in-dūrō**, dūrāre ❶ *(poet.; nachkl.)* hart machen, härten; ❷ *(übtr.)* härten, stählen.
**Indus**[1] *s. India.*
**Indus**[2], ī *m* ❶ *Fluss in Indien;* ❷ *Fluss in Karien (Kleinasien).*
**industria**, ae *f (industrius)* Fleiß, Betriebsamkeit; **de** (*od.* **ex**) **-a** (*auch bloß* **industriā**) absichtlich, vorsätzlich.
**industrius**, a, um fleißig, eifrig.
**indūtiae**, ārum *f* ❶ Waffenstillstand; **-as facere cum alqo** schließen; **-as dare alci** bewilligen; ❷ *(nachkl.) (übtr.)* Stillstand, Ruhe.
**indūtus**[1], ūs *m nur Dat.* indutui *(induo) (nachkl.)* Kleidung.
**indūtus**[2] *s. induo.*
**in-dūxī** *Perf. v. induco.*
**in-ēbriō**, ēbriāre *(ebrius) (nachkl.)* trunken machen, berauschen; *Pass.* trunken werden, sich berauschen.
**in-edia**, ae *f (in-*[2] *u. edo*[2]*)* das Hungern, Fasten.
**in-ēditus**, a, um *(poet.)* noch nicht herausgegeben *(v. Schriften).*
**in-efficāx**, *Gen.* ācis *(nachkl.)* unwirksam, schwach.
**in-ēlabōrātus**, a, um *(nachkl.)* nicht ausgearbeitet [**oratio**].
**in-ēlegāns**, *Gen.* antis unfein, geschmacklos.
**in-ēluctābilis**, e *(poet.; nachkl.)* unabwendbar, unvermeidlich [**fatum**].
**in-ēmendābilis**, e *(nachkl.)* unverbesserlich, unheilbar.
**in-ēmorior**, ēmorī, – *(poet.)* bei etw. sterben *(m. Dat.)* [**spectaculo**].
**in-ēmptus**, a, um *(poet.; nachkl.)* nicht gekauft [**consulatus** nicht erkauft].
**in-ēnārrābilis**, e unbeschreiblich.
**in-ēnōdābilis**, e *(in-*[2] *u. enodo)* unerklärlich.
**in-eō**, īre, iī (*selten* īvī), itum **I.** *intr.* ❶ hineingehen, einziehen [**in urbem**]; ❷ anfangen, beginnen; **vere ineunte** bei Frühlingsanfang; **II.** *trans.* ❶ etw. betreten [**agrum Romanum;** *übtr.* **iter** antreten; **convivia** besuchen]; ❷ *(v. Tieren)* bespringen [**vaccam**]; ❸ *(eine Zeit)* beginnen; **initā aestate / hieme** nach Beginn; ❹ *(eine Tätigkeit, ein Amt)* antreten, übernehmen, beginnen [**magistratum; proelium**]; ❺ *(Bündnis, Verträge, Geschäfte)* eingehen, (ab)schließen [**societatem**]; ❻ **consilium ~** einen Entschluss (Plan) fassen; ❼ **gratiam ab alqo ~** *u.* **apud** *od.* **ad alqm ~** bei jmdm. Gnade finden *od.* sich beliebt machen.
**ineptiae**, ārum *f (ineptus)* Albernheiten, Torheiten, Phantastereien.
**ineptiō**, ineptīre *(ineptus) (poet.)* albern reden, töricht handeln.
**in-eptus**, a, um *(in-*[2] *u. aptus)* ❶ *(poet.)* unbrauchbar; ❷ unpassend, unschicklich, abgeschmackt; ❸ töricht, albern.
**in-ermis**, e *u.* **in-ermus**, a, um *(in-*[2] *u. arma)* ❶ unbewaffnet, wehrlos; ❷ *(v. Personen)* ohne Waffenmacht [**legati**]; *(v. Ländern)* v. Truppen entblößt [**Achaia**].
**in-errāns**, *Gen.* antis *(in-*[2] *u. erro)* nicht (umher)irrend, feststehend [**stellae** Fixsterne].
**in-errō**, errāre *(nachkl.)* in, an, auf etw. umherirren *(m. Dat.)* [**montibus; oculis** vor den Augen schweben].
**in-ers**, *Gen.* ertis *(in-*[2] *u. ars)* ❶ ungeschickt [**versūs** kunstlos]; ❷ untätig, träge, faul [**vita**

I

tatenlos; **aqua** stehend]; ③ kraftlos, schwach, wehrlos; ④ *(poet.) (meton.)* erschlaffend [**frigus; somnus**]; ⑤ zaghaft, schüchtern, mutlos; ⑥ feige; ⑦ unnütz, bedeutungslos [**querelae**].

**inertia**, ae *f (iners)* ① Ungeschicklichkeit; ② Untätigkeit, Trägheit.

**in-ērudītus**, a, um ungebildet, roh.

**in-ēscō**, ēscāre *(esca)* (an)ködern, *meist übtr.* = anlocken.

**in-ēvectus**, a, um *(in-$^1$ u. evehor, s. eveho) (poet.)* hinaufgefahren, -gestiegen.

**in-ēvītābilis**, e *(poet.; nachkl.)* unvermeidlich.

**in-excitābilis**, e *(in-$^2$ u. excito) (nachkl.)* unerweckbar [**somnus** tief].

**in-excītus**, a, um *(poet.)* nicht aufgeregt, ruhig.

**in-excūsābilis**, e *(poet.)* unentschuldbar.

**in-excussus**, a, um *(poet.)* unerschüttert, unerschrocken.

**in-exercitātus**, a, um ① ungeübt; ② *(nachkl.)* unbeschäftigt.

**in-exhaustus**, a, um *(in-$^2$ u. exhaurio)* ① *(nachkl.)* unerschöpft; ② *(poet.)* unerschöpflich.

**in-exōrābilis**, e unerbittlich, streng, unversöhnlich.

**in-expedītus**, a, um verwickelt [**pugna**].

**in-experrēctus**, a, um *(poet.)* unerweckbar.

**in-expertus**, a, um ① *(medial)* (in etw.) unerfahren, m. etw. unbekannt *(abs.; m. Dat.; Gen.; ad)*; ② *(pass.) (v. Sachen)* **a)** unversucht, unerprobt, unbewährt; **b)** unbekannt.

**in-expiābilis**, e *(in-$^2$ u. expio)* ① unsühnbar [**scelus**]; ② unversöhnlich [**odium; bellum** hartnäckig].

**in-explēbilis**, e *(in-$^2$ u. expleo)* unersättlich, unstillbar.

**in-explētus**, a, um *(in-$^2$ u. expleo) (poet.)* unersättlich, maßlos.

**in-explicābilis**, e ① *(nachkl.)* unentwirrbar, unauflöslich [**vinculum**]; ② unüberwindlich, unausführbar; ③ unerforschlich, unerklärlich.

**in-explōrātus**, a, um unerkundet, ununtersucht, unbekannt; – *Adv.* **-ō** ohne Kundschaft eingezogen zu haben.

**in-expūgnābilis**, e ① unbezwingbar, unüberwindlich [**urbs**; *übtr.* **via** ungangbar; **gramen** unausrottbar]; ② *(v. Personen)* unerschütterlich, fest.

**in-exspectātus**, a, um unerwartet.

**in-exstīnctus**, a, um *(in-$^2$ u. exstinguo) (poet.)* ① unausgelöscht [**ignis**]; ② unauslöschlich, unvergänglich [**nomen**]; ③ unstillbar, unersättlich [**fames**].

**in-exsuperābilis**, e ① unübersteigbar, unersteigbar; ② *(übtr.)* unüberwindlich; ③ unübertrefflich.

**in-extrīcābilis**, e *(in-$^2$ u. extrico) (poet.; nachkl.)* unentwirrbar.

**īn-fabrē** *Adv. (in-$^2$ u. faber$^2$)* ungeschickt, kunstlos.

**īn-fabricātus**, a, um *(poet.)* unbearbeitet, roh.

**īnfacētiae**, ārum *f (infacetus) (poet.)* Geschmacklosigkeiten.

**īn-facētus**, a, um plump, geschmacklos.

**īn-fācundus**, a, um unberedt.

**īnfāmia**, ae *f (infamis)* ① übler Ruf, Schande; ② *(poet.) (konkr. v. Personen)* Schandfleck.

**īn-fāmis**, e *(fama)* verrufen, berüchtigt; schmachvoll.

**īn-fāmō**, fāmāre *(in-$^1$ u. fama)* ① in üblen Ruf bringen; ② verdächtigen.

**īn-fandus**, a, um ① *(poet.)* unsagbar, unerhört; ② abscheulich, schrecklich, grässlich.

**īn-fāns**, *Gen.* antis *(in-$^2$ u. for)* **I.** *Adj. (Abl. Sg. -ī)* ① stumm [**statua**]; ② lallend, stammelnd; ③ unberedt; ④ sehr jung, noch klein; ⑤ *(poet.)* kindlich, des Kindes; ⑥ kindisch; **II.** *Subst. m u. f (Abl. Sg. -e)* kleines Kind.

**īnfantia**, ae *f (infans)* ① Mangel an Redetalent; ② *(nachkl.)* Kindheit.

**īn-farciō** = *infercio.*

**īn-fatīgābilis**, e *(in-$^2$ u. fatigo) (nachkl.)* unermüdlich.

**īn-fatuō**, fatuāre *(fatuus)* betören.

**īn-faustus**, a, um *(poet.; nachkl.)* ① unheilvoll [**auspicium**]; ② unglücklich.

**īn-fēcī** *Perf. v. inficio.*

**īnfector**, ōris *m (inficio)* Färber.

**īn-fectus**$^1$, a, um *(in-$^2$ u. facio)* ① ungetan, ungeschehen; **reddere -um** ungeschehen machen, rückgängig machen; ② unvollendet, unausgeführt; **-ā pace** ohne den Frieden zustande gebracht zu haben; **-ā victoriā** ohne gesiegt zu haben; **-a re** unverrichteter Dinge; ③ unausführbar, unmöglich; ④ unbearbeitet, roh [**argentum** in Barren].

**īnfectus**$^2$ *P. P. P. v. inficio.*

**īnfēcunditās**, ātis *f (infecundus)* Unfruchtbarkeit.

**īn-fēcundus**, a, um unfruchtbar.

**īnfēlīcitās**, ātis *f (infelix)* ① Unglück; ② *(nachkl.)* Unfruchtbarkeit.

**īn-fēlīx**, *Gen.* līcis ① unglücklich; ② unglückbringend, unheilvoll; ③ *(poet.; nachkl.)* unfruchtbar.

**īnfēnsō**, īnfēnsāre *(infensus) (nachkl.)* beunruhigen; *abs.* zürnen.

**īnfēnsus**, a, um feindselig, erbittert, gehässig.

**īn-ferbuī** *Perf. v. infervesco.*

**īn-ferciō**, fercīre, fersī, fersum *(in-$^1$ u. farcio)* hineinstopfen.

**īnferī** *s. inferus.*

**īnferiae**, ārum *f (infero 9.)* Totenopfer.

**īnferior, īnferius** *s. inferus u. infra.*

**īnferna**, ōrum *n (infernus) (poet.; nachkl.)* Unterwelt.

**īnfernī** *(poet.)* = *inferi, s. inferus.*

**īnfernus**, a, um *(inferus)* ❶ unten befindlich, der untere; ❷ *(poet.; nachkl.)* unterirdisch **a)** unter der Erde befindlich [**gurges**]; **b)** zur Unterwelt gehörig, der Unterwelt.

**īn-ferō**, īnferre, intulī, illātum ❶ hineintragen, in, an, auf etw. werfen, bringen, setzen [**ligna in ignem; scalas ad moenia; alqm in equum** aufs Pferd setzen]; ❷ *(milit.)* **a) bellum ~ alci** m. jmdm. Krieg anfangen, angreifen [**Scythis; contra patriam**]; **b) signa ~** zum Angriff vorrücken, angreifen [**in hostem**]; ❸ **manus alci** *od.* **in alqm ~** an jmd. Hand legen; ❹ *(Böses)* zufügen, antun [**hostibus vulnera; alci vim** Gewalt antun; **civibus periculum** in Gefahr stürzen; **alci crimina** beschuldigen]; ❺ **se inferre** *od. mediopass.* (sich) stürzen, sich werfen, einfallen [**in contionem; in medios enses**]; ❻ *(Affekte)* erregen, einflößen [**terrorem exercitui**]; ❼ etw. verursachen, herbeiführen [**tumultum**]; ❽ *(poet.)* opfern, darbringen; ❾ bestatten, begraben; ❿ *(Rechnungen)* aufstellen; eintragen [**rationes**]; anrechnen [**sumptum civibus**]; ⓫ *(in der Rede)* vorbringen, äußern, anführen [**mentionem rei** erwähnen].

**īn-fersī** *Perf. v. infercio.*

**īnfersus** *P. P. P. v. infercio.*

**īnferus**, a, um, *Komp.* **īnferior**, ius, *Superl.* **īnfimus** *u.* **īmus**, a, um **I.** *Pos.* **īnferus,** a, um ❶ unten befindlich, der untere [**mare** das Tyrrhenische Meer]; ❷ unterirdisch [**dii** Götter der Unterwelt]; – *Subst.* **īnferī**, ōrum *u.* rum *m* die Unterirdischen, die Unterwelt; **II.** *Komp.* **īnferior,** ius ❶ *(räuml.)* tiefer, niedriger gelegen; ❷ *(zeitl.)* später, jünger; ❸ *(übtr.)* geringer, schwächer, unterlegen; **acie** *od.* **proelio inferiorem discedere** eine Schlacht verlieren; **III.** *Superl.* ❶ **īnfimus,** a, um **a)** *(räuml.)* der unterste, niedrigste, tiefste; *oft part.* = der unterste Teil, das untere Ende [**mons** Fuß des Berges; **forum** das untere Ende des F.]; – *Subst.* **īnfimum,** ī *n* der unterste Teil; **b)** *(übtr.)* der geringste, schlechteste; **cives infimo loco nati** v. sehr niedriger Herkunft; – *Subst. m* der Niedrigste, Geringste; ❷ **īmus,** a, um *s. d.*

**īn-fervēscō**, fervēscere, ferbuī, – *(poet.; nachkl.)* zu sieden beginnen.

**īn-fēstō**, fēstāre *(infestus)* beunruhigen, angreifen.

**īn-fēstus**, a, um ❶ *(pass.)* **a)** *(v. Örtl.)* unruhig, unsicher [**civitas**]; **b)** beunruhigt, bedroht, gefährdet [**vita**]; ❷ *(akt.)* **a)** beunruhigend, feindlich, feindselig, gefährlich [**hostis**]; **b)** *(milit.)* kampfbereit, angriffsbereit, schlagfertig; **-o agmine proficisci** in Agriffskolonnen formiert.

**īnficētiae** *u.* **īnficētus**, a um = *infacetiae u. infacetus.*

**īn-ficiō**, ficere, fēcī, fectum *(facio)* ❶ *(poet.; nachkl.)* (ver)mischen, tränken, benetzen; ❷ färben, bemalen; ❸ *(poet.; nachkl.)* vergiften; ❹ *(übtr.)* vergiften, verpesten, anstecken, beflecken [**teneros animos; spolia** durch Berührung entweihen].

**īn-fidēlis**, e treulos, unzuverlässig.

**īnfidēlitās**, ātis *f (infidelis)* Treulosigkeit, Unzuverlässigkeit.

**īn-fidī** *Perf. v. infindo.*

**īn-fīdus**, a, um treulos, unzuverlässig, unsicher [**amicus; pax**].

**īn-fīgō**, fīgere, fīxī, fīxum ❶ hineinheften, -stoßen, -schlagen, -bohren; ❷ *(übtr.)* einprägen, befestigen.

**īnfimus** *s. inferus.*

**īn-findō**, findere, fidī, fissum *(poet.)* einschneiden.

**īnfīnitās**, ātis *f (in-*[2] *u. finis)* Unbegrenztheit, Unendlichkeit.

**īn-fīnītiō**, ōnis *f (infinitus)* Unendlichkeit.

**īn-fīnītus**, a, um ❶ unbegrenzt: **a)** *(räuml.)* grenzenlos, unendlich; **b)** *(zeitl.)* endlos, unaufhörlich; **c)** *(der Zahl nach)* zahllos, unzählig, unendlich (viel); **d)** *(dem Maß, Grad nach)* unermesslich, maßlos; ❷ unbestimmt, allgemein.

**īnfirmātiō**, ōnis *f (infirmo)* ❶ Entkräftung, Widerlegung; ❷ das Ungültigmachen.

**īnfirmitās**, ātis *f (infirmus)* ❶ Schwäche, Gebrechlichkeit, Ohnmacht; ❷ *(nachkl.)* Krankheit, Unpässlichkeit; ❸ *(meton.)* das schwache Geschlecht, die Frauen; ❹ Wankelmut, Kleinmut.

**īnfirmō**, īnfirmāre *(infirmus)* ❶ schwächen, entkräften [**munimenta**]; ❷ *(übtr.)* schwächen, erschüttern [**fidem testis**]; ❸ widerlegen; ❹ für ungültig erklären [**legem**].

**īn-firmus**, a, um ❶ schwach, kraftlos [**senex; valetudo**]; ❷ *(nachkl.)* krank, abgespannt; ❸ mutlos, zaghaft; ❹ unzuverlässig; ❺ unbedeutend, wertlos; ❻ *(poet.)* abergläubisch.

**īnfissus** *P. P. P. v. infindo.*

**īn-fit** *(zu fio)* er beginnt (zu reden).

**īnfitiae**, ārum *f (vgl. fateor)* das Leugnen; *nur:* **infitias ire** ableugnen, abstreiten; *m. Negation* = anerkennen, zugestehen.

**īnfitiālis**, e *(infitiae)* ablehnend.

**īnfitiātiō**, ōnis *f (infitior)* das Leugnen.

**īnfitiātor**, ōris *m (infitior)* Ableugner.

**īnfitior**, īnfitiārī *(infitiae)* (ver)leugnen, nicht anerkennen.

**īn-fīxī** *Perf. v. infigo.*

**īnfīxum**, ī *n (infigo) (nachkl.)* fester Entschluss.

**īnfīxus** *P. P. P. v. infigo.*

**īnflammātiō**, ōnis *f (inflammo)* ❶ Brand(stiftung); ❷ *(übtr.)* Erregung.

**īn-flammō**, flammāre ❶ in Flammen setzen,

anzünden; ❷ *(übtr.)* entflammen, entzünden, erregen.

**īnflātiō**, ōnis *f (inflo)* ❶ das Aufblähen; ❷ *(med. t. t.)* Blähung.

**īnflātus**[1], a, um *(P. Adj. v. inflo)* ❶ aufgeblasen, geschwollen; ❷ stolz; ❸ aufgebracht, zornig; ❹ *(nachkl.) (rhet.)* schwülstig [**rhetor**].

**īnflātus**[2], ūs *m (inflo)* ❶ das Blasen; ❷ Eingebung [**divinus**].

**īn-flectō**, flectere, flexī, flexum ❶ biegen, krümmen; – **se ~** *u. mediopass.* **inflecti** sich biegen, sich krümmen; ❷ *(die Stimme)* modulieren; ❸ (ver)ändern; ❹ *(übtr.)* beugen [**ius civile**]; ❺ *(den Sinn od. jmd.)* rühren, bewegen.

**īn-flētus**, a, um *(in-[2] u. fleo) (poet.)* unbeweint.

**īn-flexī** *Perf. v. inflecto.*

**īn-flexibilis**, e *(nachkl.)* unbeugsam.



**īnflexiō**, ōnis *f (inflecto)* ❶ das Biegen, Beugen, Haltung; ❷ die Ranken.

**īnflexus**[1], ūs *m (inflecto) (nachkl.)* Veränderung.

**īnflexus**[2] *P. P. P. v. inflecto.*

**īn-flīgō**, flīgere, flīxī, flīctum ❶ hineinschlagen, etw. an, gegen, auf etw. stoßen, schleudern *(alqd alci rei u. in alqd)*; ❷ *durch Schlagen* zufügen [**alci vulnus**]; ❸ *(übtr.)* zufügen, antun [**alci turpitudinem**].

**īn-flō**, flāre ❶ *(ein Instrument)* blasen [**tubam**]; ❷ *(Töne, Signale u. Ä.)* blasen = blasend hervorbringen [**sonum**]; ❸ aufblasen, (auf)blähen [**buccas**]; ❹ *(übtr.)* aufgeblasen, stolz machen; ❺ anfeuern, ermutigen.

**īn-fluō**, fluere, flūxī, flūxum ❶ hineinfließen, -strömen *(in alqd; alqd)* [**in Sequanam; lacum**]; ❷ *(übtr.)* unvermerkt eindringen, sich einschleichen, sich einschmeicheln [**in aures contionis**].

**īn-fodiō**, fodīre, fōdī, fossum ein-, vergraben.

**īnfōrmātiō**, ōnis *f (informo)* ❶ *(philos. t. t.)* Vorstellung, Begriff; ❷ Darlegung, Erläuterung.

**īn-fōrmis**, e *(in-[2] u. forma)* ❶ unförmig, formlos; ❷ *(poet.; nachkl.)* unschön, hässlich.

**īn-fōrmō**, fōrmāre ❶ *(poet.; nachkl.)* formen, bilden, gestalten; ❷ heran-, ausbilden, unterrichten *(alqm ad alqd)*; ❸ darstellen, schildern; ❹ sich etw. vorstellen.

**īn-fortūnātus**, a, um unglücklich.

**īn-fortūnium**, ī *n (fortuna)* ❶ *(poet.)* Unglück; ❷ Prügel.

**īnfrā** *(inferus)* **I.** *Adv. (mit Komp.)* ❶ *Pos.* **a)** unten, unterhalb, darunter; **b)** *(poet.)* in der Unterwelt; **c)** *(nachkl.)* später; **d)** *(nachkl.) (dem Rang nach)* geringer; ❷ *Komp. (poet.; nachkl.)* **īnferius** weiter unten, tiefer; **II.** *Präp. b. Akk.* ❶ unter(halb); ❷ bis unterhalb; ❸ nach, später als; ❹ *(an Größe, Rang, Wert)* unter, nachstehend, geringer als.

**īnfrāctiō**, ōnis *f (infringo)* Niedergeschlagenheit.

**īnfrāctus**, a, um *(P. Adj. v. infringo)* ❶ gebrochen; ❷ geschwächt [**veritas** verfälscht]; ❸ entmutigt, niedergeschlagen; ❹ *(rhet.)* abgehackt, abgerissen.

**īn-fragilis**, e *(poet.; nachkl.)* ungeschwächt.

**īn-frēgī** *Perf. v. infringo.*

**īn-fremō**, fremere, fremuī, – *(poet.)* brummen; knirschen; grunzen; schnauben.

**īnfrēnātus**[1] *P. P. P. v. infreno.*

**īn-frēnātus**[2], a, um *(in-[2] u. freno)* ungezäumt.

**īn-frendō**, frendere, – – (*u.* īn-frendeō, frendēre, – –) *(poet.)* knirschen.

**īn-frēnis**, e *u.* **īn-frēnus**, a, um *(in-[2] u. frenum) (poet.)* ohne Zaum.

**īn-frēnō**, frēnāre ❶ (auf)zäumen, anschirren; ❷ *(übtr.)* im Zaum halten.

**īn-frēnus** *s. infrenis.*

**īn-frequēns**, *Gen.* entis ❶ nicht zahlreich, in geringer Anzahl (versammelt, anwesend) [**senatus** nicht beschlussfähig]; ❷ *(v. Örtl.)* schwach bewohnt, wenig besucht, schwach besetzt; ❸ nicht oft erscheinend, selten anwesend.

**īnfrequentia**, ae *f (infrequens)* ❶ geringe Anzahl, *(v. Versammlungen)* schlechter Besuch, nicht beschlussfähige Anzahl [**senatūs**]; ❷ *(nachkl.)* Einsamkeit, Öde.

**īn-fringō**, fringere, frēgī, frāctum *(frango)* ❶ ab-, zerbrechen, (ein)knicken; ❷ *(übtr.)* beugen, schwächen, lähmen [**vim militum; exercitūs virtutem**]; ❸ *(einen polit. od. moral. Zustand)* erschüttern, untergraben, vereiteln [**alcis potentiam; conatūs adversariorum**]; ❹ *(poet.)* (zer)schlagen an [**cratera viro**].

**īn-frōns**, *Gen.* frondis *(poet.)* unbelaubt, ohne Sträucher u. Bäume.

**īn-frūctuōsus**, a, um *(nachkl.)* fruchtlos *(übtr.)*, erfolglos, unnütz.

**īn-frūnītus**, a, um *(in-[2] u. fruor) (nachkl.)* ungenießbar, albern.

**īn-fūcātus**, a, um *(fuco)* geschminkt, übertüncht *(übtr.)* [**vitia**].

**īn-fūdī** *Perf. v. infundo.*

**īnfula**, ae *f* ❶ *weiße Kopfbinde m. roten Streifen, m. der vitta um die Stirn gewunden; v. Priestern, den Vestalinnen und Schutzflehenden getragen; auch Opfertiere wurden damit geschmückt; in der späteren Kaiserzeit wurde sie auch vom Kaiser u. den Beamten getragen;* ❷ *(übtr.)* Ehrenzeichen [**imperii Romani**].

**īnfulātus**, a, um *(infula) (nachkl.)* m. einer infula geschmückt.

**īn-fulciō**, fulcīre, fulsī, fultum *(nachkl.)* ❶ hineinstopfen; ❷ *(übtr.)* einfügen, anbringen.

**īn-fundō**, fundere, fūdī, fūsum ❶ (hin)eingießen, einschütten [**vinum** einschenken; **poculum** füllen]; ❷ *(übtr.)* einströmen lassen, eindringen lassen [**vitia in civitatem**]; *mediopass.* einströmen, eindringen; ❸ *(poet.; nachkl.)* auf, über etw. hingießen, -schütten *(m. Dat.)*; *P. P. P.* **infusus** in, über etw. hingegossen, angeschmiegt.

**īn-fuscō**, fuscāre ❶ dunkel färben, schwärzen; ❷ *(übtr.)* trüben, entstellen, verderben.

**īnfūsus** *P. P. P. v. infundo.*

**Ingaevonēs**, num *m germ. Völkerstämme an der Nordsee.*

**in-gemēscō**, gemēscere, gemuī, – = *ingemisco.*

**in-geminō**, gemināre *(poet.)* **I.** *trans.* verdoppeln, wiederholen [**vulnera** wiederholt verwunden]; **II.** *intr.* sich verdoppeln, sich wiederholen, sich vermehren.

**ingemīscō**, ingemīscere, ingemuī, – *(Incoh. v. ingemo)* **I.** *intr.* aufseufzen, aufstöhnen; **II.** *trans.* beseufzen, beklagen.

**in-gemō**, gemere, – – **I.** *intr. (poet.; nachkl.)* bei, über etw. seufzen, stöhnen *(m. Dat.)* [**agris** sich ächzend abmühen auf]; **II.** *trans. (nachkl.)* beseufzen.

**ingemuī** *Perf. v. ingemisco.*

**in-generō**, generāre einpflanzen, schaffen; – *P. P. P.* **ingeneratus** angeboren.

**ingeniātus**, a, um *(ingenium) (nachkl.)* von Natur geartet.

**ingeniōsus**, a, um *(ingenium)* ❶ geistreich, talentiert, scharfsinnig; ❷ *(poet.)* zu etw. geeignet *(ad od. Dat.)*.

**ingenitus** *P. P. P. v. ingigno.*

**ingenium**, ī *n (ingigno)* ❶ Charakter, Temperament; ❷ angeborene Fähigkeit, natürlicher Verstand, Begabung; ❸ schöpferischer Geist, Genie, Talent; ❹ *(meton.)* **a)** geistreicher Mensch, Genie; **b)** *(nachkl.)* kluger Einfall, geistreiche Erfindung; ❺ angeborener Mut; ❻ *(poet.; nachkl.) (v. Sachen)* natürliche Beschaffenheit, Natur [**loci**].

**ingēns**, *Gen.* gentis ungeheuer (groß), gewaltig, außerordentlich.

**in-genuī** *Perf. v. ingigno.*

**ingenuitās**, ātis *f (ingenuus)* ❶ Stand des Freigeborenen, freie, edle Geburt; ❷ Aufrichtigkeit, Offenheit.

**ingenuus**, a, um *(ingigno)* ❶ freigeboren; ❷ *(meton.)* edel, anständig; ❸ aufrichtig, offen(herzig); ❹ *(poet.)* schwächlich, verzärtelt; ❺ *(poet.)* einheimisch; ❻ *(poet.)* angeboren, natürlich.

**in-gerō**, gerere, gessī, gestum ❶ hineintragen, -bringen, in, auf etw. bringen, schütten, gießen; ❷ werfen, schleudern [**saxa in subeuntes**]; ❸ *(Worte)* ausstoßen, schleudern [**probra in alqm** Beschimpfungen; **contumelias**]; ❹ erwähnen, anführen; ❺ aufdrängen, aufnötigen.

**in-gīgnō**, gīgnere, genuī, genitum einpflanzen; – *P. P. P.* **ingenitus** angeboren [**nobilitas**].

**in-glōriōsus**, a, um *(nachkl.)* = *inglorius.*

**in-glōrius**, a, um *(in-*[2] *u. gloria)* ruhmlos.

**ingluviēs**, ēī *f (poet.)* ❶ Schlund, Rachen; ❷ *(meton.)* Gefräßigkeit.

**ingrāti-ficus**, a, um *(ingratus u. facio)* undankbar.

**in-grātiīs** *u.* **in-grātīs** *Adv.* wider Willen, ungern.

**ingrātitūdō**, dinis *f (ingratus) (nachkl.)* Undankbarkeit.

**in-grātus**, a, um ❶ unangenehm, unerfreulich; ❷ undankbar [**in amicos; adversus beneficium**]; ❸ *(v. Sachen)* nicht m. Dank aufgenommen, nicht anerkannt.

**in-gravēscō**, gravēscere ❶ schwerfälliger werden; ❷ ernsthafter werden; ❸ drückender, lästiger werden; **annona / aetas / fenus ingravescens;** ❹ *an Heftigkeit* zunehmen, sich verschlimmern; **ingravescit morbus; fames / bellum ingravescens;** ❺ es immer ärger treiben; ❻ *(nachkl.)* schwerer werden; ❼ *(nachkl.)* kränker werden.

**in-gravō**, gravāre *(poet.; nachkl.)* ❶ beschweren, belasten; ❷ verschlimmern, steigern.

**in-gredior**, gredī, gressus sum *(gradior)* **I.** *intr.* ❶ einhergehen; ❷ hineingehen [**in urbem; intra fines**]; ❸ *(übtr.)* sich auf etw. einlassen, sich einer Sache zuwenden [**in sermonem; in bellum**]; *abs.* zu reden beginnen; **II.** *trans.* ❶ beschreiten, betreten [**viam** *od.* **iter** einschlagen; **mare** in See stechen; *übtr.* **vestigia patris** in die Fußstapfen des Vaters treten]; ❷ angreifen; ❸ antreten, beginnen, anfangen [**consulatum**].

**ingressiō**, ōnis *f u.* **ingressus**, ūs *m (ingredior)* ❶ das Einherschreiten, Einhergehen, Gang; ❷ Eintritt, Einzug, Zugang; ❸ *(nachkl.)* Einfall [**hostilis**]; ❹ Anfang.

**in-gruō**, gruere, gruī, – ❶ *(poet.; nachkl.)* losstürzen, losstürmen; ❷ *(übtr.)* hereinbrechen, befallen; **fatum / bellum ingruens**.

**inguen**, inguinis *n* ❶ *(poet.) (meist Pl.* inguina, num*)* die Weichen, Leistengegend; ❷ *(poet.)* Unterleib, *Pl.* Genitalien.

**in-gurgitō**, gurgitāre *(in-*[1] *u. gurges)* ❶ *(nachkl.)* (hinab)stürzen; ❷ *(übtr.)* **se** ~ *u. mediopass.* **ingurgitari a)** sich stürzen [**in flagitia** in einen Strudel des Lasters; **in copias alcis** in jmds. Reichtum schwelgen]; **b)** sich voll fressen u. voll saufen.

**in-gūstātus**, a, um *(poet.)* noch nie genossen.

**in-habilis**, e ❶ unhandlich, schwer zu lenken; ❷ untauglich, ungeschickt.

**in-habitābilis**, e unbewohnbar.

**in-habitō**, habitāre *(poet.; nachkl.)* bewohnen; – *Subst.* **inhabitantēs,** tium *m* Bewohner, Einwohner.

**in-haereō**, haerēre, haesī, haesūrus ❶ in, an etw. (fest)hängen, festsitzen, stecken bleiben; ❷ *(übtr.)* festsitzen [**tergo (fugientis)** jmdm. auf dem Nacken sitzen; **oculis** immer vor Augen schweben; **in mentibus**].

**inhaerēscō**, inhaerēscere, inhaesī, inhaesūrus *(Incoh. v. inhaereo)* in, an etw. hängen-, stecken bleiben.

**in-hālō**, hālāre zuhauchen.

**in-hibeō**, hibēre, hibuī, hibitum *(habeo)* ❶ zurück-, anhalten; ❷ **a)** rückwärtsrudern; **b)** zu rudern aufhören; ❸ *(übtr.)* hemmen, hindern, aufhalten [**impetum victoris; lacrimas; spem** dämpfen]; ❹ anwenden, gebrauchen, ausüben [**imperium** (Gewalt) **in deditos**].

**inhibitiō**, ōnis *f (inhibeo)* das Hemmen [**remigum** das Rückwärtsrudern].

**in-hiō**, hiāre ❶ den Mund aufsperren, nach etw. schnappen *(m. Dat.)* [**uberibus**]; ❷ *(übtr.)* nach etw. gierig trachten, etw. begehren *(m. Dat. od. Akk.)* [**dominationi; aurum**]; ❸ *(poet.)* erstaunt anstarren, (hin)gaffen.

**inhonestō**, inhonestāre *(inhonestus) (poet.)* entehren.

**in-honestus**, a, um ❶ unehrenhaft, unanständig, schändlich; ❷ *(poet.)* hässlich, garstig.

**in-honōrātus**, a, um ❶ ungeehrt, unangesehen; ❷ unbelohnt, unbeschenkt.

**in-honōrificus**, a, um *(nachkl.)* ehrenrührig.

**in-honōrus**, a, um *(nachkl.)* ungeziert, ungeputzt [**signa**].

**in-horreō**, horrēre, – – *(von etw.)* starren.

**in-horrēscō**, horrēscere, horruī, – *(Incoh. v. inhorreo)* ❶ *(poet.; nachkl.)* erstarren, emporstarren; ❷ *(poet.; nachkl)* Wellen aufwerfen, sich kräuseln; ❸ erbeben, erzittern.

**in-hospitālis**, e *(poet.; nachkl.)* ungastlich.

**inhospitālitās**, ātis *f (inhospitalis)* Ungastlichkeit.

**in-hospitus**, a, um *(poet.)* ungastlich.

**inhūmānitās**, tātis *f (inhumanus)* ❶ Unmenschlichkeit, Grausamkeit; ❷ Mangel an Bildung, Rohheit; ❸ Unhöflichkeit, Grobheit; ❹ Knauserei.

**in-hūmānus**, a, um ❶ unmenschlich, grausam; ❷ unhöflich, unfreundlich; ❸ unkultiviert, ungebildet, roh.

**in-humātus**, a, um unbeerdigt.

**in-ibī** *Adv.* ❶ *(räuml.)* dort, gerade da; ❷ *(zeitl.)* **~ esse** nahe daran sein; ❸ *(nachkl.) (der Zahl nach)* darunter, dabei.

**in-iciō**, icere, iēcī, iectum *(in-[1] u. iacio)* ❶ hineinwerfen, -bringen, -legen, -tun [**milites in naves** einschiffen; **ignem tectis**]; – **se ~** sich (hinein)stürzen [**in medios hostes**]; ❷ *(übtr.)* einjagen, einflößen [**alci timorem, curam**]; ❸ verursachen, hervorrufen; ❹ *(im Gespräch od. in einer Rede)* einfließen lassen, erwähnen; ❺ auf, an, über etw. werfen *od.* legen *(m. Dat.)* [**alcis collo bracchia** umarmen; **alci terram** jmd. beerdigen]; ❻ *(Fesseln)* anlegen; ❼ *(Kleider)* umwerfen, anlegen; ❽ **manum** *(od.* **manūs**) **~** *(m. Dat.)* **a)** gewaltsam Hand legen an; **b)** *(alci rei)* etw. gewaltsam in Besitz nehmen, *(alci)* sich jmds. bemächtigen.

**iniectus**[1], ūs *m (inicio) (nachkl.)* das Daraufwerfen, Überwerfen [**vestium**].

**iniectus**[2] *P. P. P. v. inicio.*

**inimīca**, ae *f (inimicus)* Feindin.

**inimīcitia**, ae *f (inimicus) (meist Pl.)* Feindschaft.

**inimīcō**, inimīcāre *(inimicus) (poet.)* verfeinden, entzweien.

**in-imīcus** *(in-[2] u. amicus)* **I.** *Adj.* a, um ❶ feindlich (gesinnt), feindselig [**animus;** *(gegen jmd.: Dat.)* **Clodio**]; ❷ ungünstig, nachteilig [**consilia**]; ❸ *(poet.)* feindlich, des Feindes, der Feinde [**terra**]; ❹ unbeliebt, verhasst [**nomen;** *(m. Dat.)* **dis**]; **II.** *Subst.* ī *m* Feind.

**in-imitābilis**, e *(nachkl.)* unnachahmlich.

**in-intellegēns**, *Gen.* gentis unverständig.

**inīqua**, ae *f (iniquus)* Feindin.

**inīquitās**, ātis *f (iniquus)* ❶ Unebenheit, Ungleichheit [**locorum**]; ❷ *(übtr.)* Ungleichheit [**condicionis**]; ❸ Schwierigkeit, Ungunst; ❹ Ungerechtigkeit, Härte.

**in-īquus** *(in-[2] u. aequus)* **I.** *Adj.* a, um ❶ uneben, ungleich; ❷ ungünstig, nachteilig; ❸ *(poet.; nachkl.)* übermäßig [**pondus** zu schwer; **sol** zu heiß]; ❹ unbillig, ungerecht [**iudex; condicio**]; ❺ abgeneigt, feindselig; ❻ ungeduldig, unwillig, erbittert; **II.** *Subst.* ī *m* Gegner, Feind.

**initiāmenta**, ōrum *n u.* **initiātiō**, ōnis *f (initio) (nachkl.)* Einweihung in einen Geheimkult.

**initiō**, initiāre *(initium)* ❶ *in einen geheimen Gottesdienst* einweihen *(in etw.: Abl.)* [**sacris**]; ❷ *(nachkl.) (übtr.)* einführen [**puerum** in die Bürgerliste eintragen lassen].

**initium**, ī *n (ineo)* ❶ Eingang, Anfang, Beginn; – *Adv.* **initiō** anfänglich, am Anfang; **ab initiō** von Anfang an; ❷ *Pl.* **initia,** ōrum *n* **a)** Grundstoffe, Elemente; **b)** *(nachkl.)* Regierungsantritt [**Tiberii**]; **c)** Anfangsgründe *(einer Wissenschaft)*; **d)** *(philos. t. t.)* Prinzip; **e)** (Einführung in einen) Geheimkult, Mysterien [**Cereris**]; *(meton.)* Kultgeräte.

**initus**[1] *P. P. P. v. ineo.*

**initus**[2], ūs *m (ineo) (poet.; nachkl.)* Begattung.

**iniūcunditās**, ātis *f (iniucundus)* Unannehmlichkeit.

**in-iūcundus**, a, um unangenehm, unfreundlich.

**in-iūdicātus**, a, um *(nachkl.)* unentschieden.
**in-iungō**, iungere, iūnxī, iūnctum ❶ (hin)einfügen; ❷ anfügen, anschließen; ❸ *(poet.; nachkl.) (übtr.)* etw. zufügen [**alci iniuriam**]; ❹ jmdm. etw. auferlegen, aufbürden [**civitatibus servitutem**].
**in-iūrātus**, a, um unvereidigt.
**iniūria**, ae *f (iniurius)* ❶ Unrecht, Ungerechtigkeit; **-am accipere ab alqo** von jmdm. Unrecht erleiden; **alqm -ā afficere** jmdm. Unrecht antun; ❷ Gewalttat; ❸ Beleidigung, Kränkung; ❹ widerrechtlicher Besitz; ❺ *(poet.; nachkl.)* Rache *f. erlittenes Unrecht,* Strafe.
**iniūriōsus**, a, um *(iniuria)* ungerecht, widerrechtlich (handelnd).
**in-iūrius**, a, um *(in[2] u. ius[1])* ungerecht.
**in-iussū** *Adv.* ohne Befehl, ohne Auftrag.
**in-iussus**, a, um *(in[2] u. iubeo) (poet.)* unaufgefordert, von selbst.
**iniūstitia**, ae *f (iniustus)* Ungerechtigkeit.
**iniūstum**, ī *n (iniustus) (poet.)* Ungerechtigkeit, Unrecht.
**in-iūstus**, a, um ❶ ungerecht, widerrechtlich [**rex; regna** unrechtmäßig erworben]; ❷ *(übtr.)* hart, drückend, lästig.
**in-l...** *s. ill...*
**in-m...** *s. imm...*
**in-nābilis**, e *(in[2] u. no) (poet.)* zum Beschwimmen nicht geeignet [**unda**].
**in-nāscor**, nāscī, nātus sum ❶ in, an, auf etw. geboren werden, wachsen, entstehen; ❷ *(übtr.)* naturgemäß entstehen; – *P. Adj.* **innātus,** a, um angeboren, natürlich.
**in-natō**, natāre ❶ hineinschwimmen; ❷ *(poet.; nachkl.)* in, auf etw. fließen, sich in, über etw. ergießen *(m. Dat.);* **Tiberis innatat campis;** ❸ *(poet.; nachkl.)* auf, in etw. schwimmen *(m. Dat. od. Akk.).*
**innātus**, a, um *s. innascor.*
**in-nāvigābilis**, e nicht schiffbar.
**in-nectō**, nectere, nexuī, nexum ❶ umschlingen, umbinden [**colla auro** m. einem goldenen Halsband; **umeros amictu**]; ❷ verknüpfen, verbinden *(konkr. u. übtr.);* ❸ *(nachkl.) (übtr.)* verwickeln, verstricken.
**in-nītor**, nītī, nīxus *u.* nīsus sum ❶ sich auf etw. *od.* jmd. stützen, sich auf, an etw. stemmen, lehnen *(m. Abl.; in u. Akk.; Dat.)* [**hastā; in fratrem**]; ❷ *(übtr.)* auf etw. beruhen *(Konstr. wie 1.).*
**in-nō**, nāre ❶ *(poet.)* hineinschwimmen *(alqd)* [**fluvium** in einen Fluss]; ❷ *(poet.)* befahren [**lacūs**]; ❸ auf, in etwas schwimmen, fahren *(m. Dat. od. Akk.)* [**aquae; rapaces fluvios**]; ❹ *(abs.)* obenauf schwimmen.
**in-nocēns**, *Gen.* entis *(in[2] u. noceo)* ❶ unschädlich; ❷ unschuldig; ❸ unsträflich, rechtschaffen; uneigennützig.
**innocentia**, ae *f (innocens)* ❶ Unschädlichkeit; ❷ Unschuld, Schuldlosigkeit; ❸ *(meton.)* die Unschuldigen; ❹ Rechtschaffenheit; Uneigennützigkeit.
**in-nocuus**, a, um ❶ *(poet.; nachkl.)* unschädlich; sicher; ❷ *(poet.)* unschuldig, rechtschaffen; ❸ *(poet.; nachkl.)* unbeschädigt, unversehrt.
**in-nōtēscō**, nōtēscere, nōtuī, – bekannt werden.
**in-novō**, novāre erneuern; *(übtr.)* **se ad suam intemperantiam ~** sich seiner früheren Zügellosigkeit von neuem hingeben.
**in-noxius**, a, um ❶ *(poet.; nachkl.)* unschädlich [**potio**]; gefahrlos [**iter**]; ❷ unschuldig, schuldlos; ❸ unbeschädigt, unversehrt; ❹ unverschuldet, unverdient.
**in-nūbis**, e *(in[2] u. nubes) (nachkl.)* wolkenlos, heiter.
**in-nūbō**, nūbere, nūpsī, nūptum *(in eine Familie)* einheiraten.
**innubus**, a, um *(in[2] u. nubo) (poet.)* unverheiratet, ledig; jungfräulich.
**in-nuī** *Perf. v. innuo.*
**in-numerābilis**, e unzählig.
**innumerābilitās**, tātis *f (innumerabilis)* zahllose Menge.
**in-numerus**, a, um *(poet.; nachkl.)* unzählig.
**in-nuō**, nuere, nuī, – zuwinken.
**in-nūpsī** *Perf. v. innubo.*
**innūpta**, ae *f (innuptus) (poet.)* Jungfrau.
**innūptum** *P. P. P. v. innubo.*
**in-nūptus**, a, um *(in[2] u. nubo) (poet.)* unverheiratet, unvermählt [**puella; nuptiae** eine Ehe, die keine Ehe ist, eine unglückliche Ehe].
**in-nūtriō**, nūtrīre *(nachkl.)* bei etw. aufziehen *(alqm alci rei);* – *Pass.* bei, auf, in etw. aufwachsen *(alci rei)* [**mari** am Meer; **armis**].
**Īnō**, īnūs *u.* īnōnis *f Tochter des Kadmos, Gattin des Athamas, des Königs v. Theben; stürzte sich m. ihrem Sohn Melikertes ins Meer u. wurde zur Meergöttin Leukothea;* – *Adj.* **Īnōus,** a, um der Ino.
**in-oblītus**, a, um *(in[2] u. obliviscor) (poet.)* nicht vergessend, eingedenk.
**in-obrutus**, a, um *(in[2] u. obruo) (poet.)* nicht überschüttet.
**in-obsequēns**, *Gen.* entis *(nachkl.)* ungehorsam.
**in-observābilis**, e *(poet.; nachkl.)* unmerklich.
**in-observantia**, ae *f (nachkl.)* ❶ Unachtsamkeit; ❷ Unordnung, Unregelmäßigkeit.
**in-observātus**, a, um *(poet.; nachkl.)* unbeobachtet, unbemerkt.
**in-offēnsus**, a, um *(poet.; nachkl.)* ❶ unangestoßen, ohne Anstoß [**mare** klippenlos]; ❷ *(übtr.)* ungehindert, ungestört.
**in-officiōsus**, a, um ❶ pflichtwidrig; ❷ rücksichtslos.

**in-olēscō**, olēscere, olēvī, olitum *(in-¹ u. alo; vgl. adolesco) (poet.; nachkl.)* in etw. (hin)einwachsen, m. etw. verwachsen *(abs. od. m. Dat.)*.
**in-ōminātus**, a, um *(ominor) (poet.)* fluchbeladen.
**in-opertus**, a, um *(nachkl.)* unverhüllt.
**inopia**, ae *f (inops)* ❶ Mangel, Not, Armut; ❷ Mangel an Nahrungsmitteln; ❸ geringe Zahl, geringe Menge [**navium; amicorum**]; ❹ *(übtr.)* Hilflosigkeit, Ratlosigkeit.
**in-opīnāns**, *Gen.* antis *(in-² u. opinor)* nichts ahnend, wider Vermuten.
**inopīnātum**, ī *n (inopinatus)* Unvermutetes; **ex -o** unversehens.
**in-opīnātus**, a, um *(Adv.* -ō) *(in-² u. opinor)* ❶ *(pass.)* unvermutet, unerwartet; ❷ *(akt.)* = *inopinans.*
**in-opīnus**, a, um *(in-² u. opinor) (poet.; nachkl.)* unvermutet, unerwartet.
**in-ops**, *Gen.* opis ❶ mittellos, arm; ❷ arm an etw., etw. entbehrend, ohne etw. *(m. Gen.; selten m. Abl. od. ab)* [**somni** schlaflos; **verborum** *u.* **verbis** wortarm; **amicorum** *u.* **ab amicis;** *übtr.* **consilii** ratlos]; ❸ machtlos, ohnmächtig; ❹ hilflos, ratlos; ❺ dürftig, armselig [**vita; versūs**].
**in-optātus**, a, um *(nachkl.)* unerwünscht.
**in-ōrātus**, a, um nicht vorgetragen; **re -ā** ohne die Sache vorgetragen zu haben.
**inōrdinātum**, ī *n (inordinatus)* Unordnung.
**in-ōrdinātus**, a, um ungeordnet, *(v. Soldaten)* nicht in Reih u. Glied stehend *od.* marschierend.
**in-ōrnātus**, a, um ❶ schmucklos [**comae**]; ❷ *(übtr.)* schlicht [**verba; orator**].
**Īnōus**, a, um *s. Ino.*
**inquam** *Verb. defect.* ❶ *(in dir. Rede eingeschoben)* sage ich; ❷ *(b. nachdrücklicher Wiederholung eines Wortes)* ich wiederhole es, ich betone es; ❸ *(b. der Einführung eines voraussichtlichen Einwandes)* **inquit** *od.* **inquies** sagt man, heißt es, wird man sagen; / *gebräuchliche Formen: Ind. Präs.:* inquam, inquis, inquit, inquiunt; *Ind. Perf.:* inquit; *Fut.:* inquiēs, inquiet.
**in-quiēs**, *Gen.* ētis unruhig.
**inquiētō**, inquiētāre *(inquietus) (nachkl.)* ❶ beunruhigen; ❷ erschweren.
**in-quiētus**, a, um unruhig, ohne Ruhe.
**in-quilīnus**, ī *m (vgl. colo, incola)* ❶ Insasse, Mieter; ❷ fremder, eingewanderter Bürger; ❸ *(nachkl.)* Hausgenosse.
**inquinātus**, a, um *(inquino)* schmutzig *(konkr. u. übtr.)*; *(vom Ausdruck)* unrein = inkorrekt.
**in-quinō**, quināre ❶ verunreinigen, beschmutzen; ❷ *(übtr.)* beflecken, besudeln [**famam alcis; victoriam crudelitate**]; ❸ *(poet.)* verfälschen, entarten lassen.
**in-quīrō**, quīrere, quīsīvī, quīsītum *(quaero)* ❶ aufsuchen, nach etw. suchen; ❷ untersuchen, nachforschen, prüfen; ❸ *(jur. t. t.)* Beweise zur Klage sammeln.
**inquis** *s. inquam.*
**inquīsītiō**, ōnis *f (inquiro)* ❶ *(nachkl.)* das Aufsuchen; ❷ *(philos. t. t.)* Untersuchung, Erforschung [**veri**]; ❸ *(jur. t. t.)* Einleitung einer gerichtl. Untersuchung *(geg. jmd.: Gen.)* [**accusatoris**].
**inquīsītor**, ōris *m (inquiro)* ❶ Kläger; Anwalt; Untersuchungsrichter; ❷ *(philos. t. t.)* (Er-)Forscher; ❸ *(nachkl.)* Spion.
**inquīsītus** *P. P. P. v. inquiro.*
**in-quīsīvī** *Perf. v. inquiro.*
**inquit** *s. inquam.*
**inr...** *s. irr...*
**īn-saepiō**, saepīre, –, saeptum *(nachkl.)* einzäunen.
**īn-salūber**, bris, bre *u.* **īn-salūbris**, e *(nachkl.)* ungesund.
**īn-salūtātus**, a, um *(poet.)* ungegrüßt.
**in-sānābilis**, e unheilbar; *(übtr.)* unverbesserlich.
**īnsānia**, ae *f (insanus)* ❶ Wahnsinn, Tollheit; ❷ tolles Treiben; – *Pl.* tolle Streiche; ❸ unsinnige Übertreibung, übertriebener Aufwand [**villarum; vestium**]; ❹ *(poet.)* poetische Begeisterung, Verzückung.
**īnsāniō**, īnsānīre *(insanus)* wahnsinnig, toll sein, rasen.
**īnsānitās**, tātis *f (insanus)* schlechte Gesundheit.
**īn-sānus**, a, um ❶ wahnsinnig; – *Subst.* **īnsānī**, ōrum *m* Wahnsinnige; ❷ toll, rasend; – *Subst. m* Narr; ❸ *(poet.)* verzückt, begeistert [**vates**]; ❹ *(poet.; nachkl.) (v. Sachen)* tobend [**ventus; forum** toll lärmend]; ❺ unsinnig groß, unmäßig, ungeheuer [**montes** Bergkolosse; **trepidatio**].
**īn-satiābilis**, e ❶ unersättlich [**lupus;** *übtr.* **avaritia**]; ❷ nicht sättigend, unerschöpflich [**varietas**].
**īn-saturābilis**, e *(in-² u. saturo)* unersättlich.
**īn-sciēns**, *Gen.* entis ❶ nicht wissend, ohne Wissen; ❷ unverständig, töricht.
**īnscientia**, ae *f (insciens)* ❶ Unwissenheit, Unverstand; ❷ Unkenntnis *(abs. od. m. Gen. obi.)* [**locorum**].
**īnscītia**, ae *f (inscitus)* ❶ Ungeschicklichkeit; ❷ Unwissenheit; ❸ *(poet.; nachkl.)* Unkenntnis [**aedificandi**].
**īn-scītus**, a, um ungeschickt, unverständig.
**īn-scius**, a, um unwissend, unkundig.
**īn-scrībō**, scrībere, scrīpsī, scrīptum ❶ auf etw. schreiben, als Aufschrift *od.* als Inschrift setzen *(in u. Abl. od. m. Dat.)* [**nomen in libellis; nomina monumentis;** *übtr.* **orationem in**

**animo** einprägen]; ② jmdm. etw. zuschreiben *od.* beilegen [**sibi nomen philosophi**]; ③ etw. m. einer Inschrift *od.* Aufschrift versehen, beschreiben [**statuam**]; ④ *(einen Brief)* adressieren [**epistulam patri**]; ⑤ *(ein Buch)* betiteln; **liber inscribitur** hat den Titel.

**īnscrīptiō**, ōnis *f (inscribo)* ① das Daraufschreiben [**nominis**]; ② Aufschrift, Überschrift.

**īn-scrīptus**[1], a, um *(in-*[2] *u. scribo) (nachkl.)* im Gesetzbuch nicht verzeichnet.

**īnscrīptus**[2] *P. P. P. v. inscribo.*

**īn-sculpō**, sculpere, sculpsī, sculptum ① einschnitzen, einschneiden, einmeißeln; ② *(übtr.)* einprägen *(alqd in mentibus od. in animo).*

**īn-secābilis**, e *(in-*[2] *u. seco) (nachkl.)* unteilbar.

**īn-secō**, secāre, secuī, sectum ein-, zerschneiden.

**īnsectātiō**, ōnis *f (insector)* ① Verfolgung; ② *(übtr.)* Verhöhnung; *Pl.* Spottreden.

**īnsectātor**, ōris *m (insector)* Verfolger, Tadler.

**īnsector**, īnsectārī *(Intens. v. insequor)* ① heftig *od.* andauernd verfolgen [*übtr.* **herbam rastris** das Unkraut gründlich ausjäten]; ② *(übtr.)* fortwährend bedrängen; ③ verhöhnen.

**īnsectus** *P. P. P. v. inseco.*

**īn-secuī** *Perf. v. inseco.*

**īnsecūtus** *P. P. Akt. v. insequor.*

**īn-sēdī** *Perf. v. insideo u. insido.*

**īn-senēscō**, senēscere, senuī, – *(poet.; nachkl.)* in, bei, über etw. alt werden *(m. Dat.)* [**libris**].

**īn-sēparābilis**, e *(nachkl.)* untrennbar.

**īn-sepultus**, a, um *(in-*[2] *u. sepelio)* unbestattet, ohne Bestattung.

**īn-sequor**, sequī, secūtus sum ① unmittelbar, auf dem Fuß folgen *(räuml. od. zeitl.)*; ② *(feindl.)* verfolgen; ③ tadeln, verhöhnen; ④ fortsetzen, fortfahren; ⑤ erreichen, ereilen; **mors alqm insequitur**.

**īn-serō**[1], serere, sēvī, situm ① einsäen, -pflanzen; ② pfropfen [**vitem**]; ③ *(übtr.)* einpflanzen, einprägen [**novas opiniones**]; – *P. Adj.* **īnsitus,** a, um angeboren, angestammt, eingewurzelt [**virtus; animi furor**].

**īn-serō**[2], serere, seruī, sertum ① einfügen, hineinstecken, -tun [**collum in laqueum;** *übtr.* **oculos in pectora alcis** hineinblicken lassen]; ② *(übtr.)* einschalten, einfügen [**iocos historiae**]; – **se ~** sich einmischen [**bellis**]; ③ *(poet.; nachkl.)* einreihen, aufnehmen *(m. Dat.)* [**alqm vatibus**].

**īnsertō**, īnsertāre *(Intens. v. insero*[2]*) (poet.; nachkl.)* hineinstecken.

**īnsertus** *P. P. P. v. insero*[2].

**īn-seruī** *Perf. v. insero*[2].

**īn-serviō**, servīre ① *(nachkl.) (als Untertan od. Vasall)* dienstbar sein; ② zu Willen sein, sich fügen, nachgeben [**legibus; temporibus** sich nach den Umständen richten]; ③ eifrig betreiben *(m. Dat.)* [**artibus**].

**īnsessus** *P. P. P. v. insideo u. insido.*

**īn-sēvī** *Perf. v. insero*[1].

**īn-sībilō**, sībilāre *(poet.)* hineinsausen, -pfeifen.

**īn-sideō**, sidēre, sēdī, sessum *(in-*[1] *u. sedeo)* **I.** *intr.* ① in, auf etw. sitzen *(m. Dat. od. Abl.)* [**beluae; curru**]; ② sesshaft sein; ③ *(übtr.)* festsitzen, (an)haften; **his insidentibus malis; II.** *trans.* ① *(milit.)* besetzt halten [**vias praesidiis**]; ② *(nachkl.)* bewohnen.

**īnsidiae**, ārum *f (insideo)* ① Hinterhalt: **a)** *als Ort (Versteck zum Auflauern)* **ex -is consurgere; milites in -is collocare; b)** *die im Hinterhalt liegenden Personen* **~ cooriuntur** brechen hervor; **-as (col) locare;** ② *(übtr.)* Nachstellung(en), Falle, Hinterlist, heimtückischer Anschlag; **per -as** *od.* **(ex) -is** hinterlistig(erweise).

**īnsidiātor**, ōris *m (insidior)* Soldat im Hinterhalt; Wegelagerer, Räuber.

**īnsidior**, īnsidiārī *(insidiae)* ① im Hinterhalt liegen, auflauern [**hostibus**]; ② *(übtr.)* nachstellen, einen Anschlag machen gegen *(m. Dat.)*.

**īnsidiōsus**, a, um *(insidiae)* hinterlistig, tückisch, gefährlich.

**īn-sīdō**, sīdere, sēdī, sessum **I.** *intr.* ① sich auf etw. setzen, sich niederlassen; ② *(poet.)* sich ansiedeln; ③ *(milit.)* in Stellung gehen; ④ *(übtr.)* sich festsetzen, sich einprägen; **oratio in animo** (*od.* **in memoria** *od.* **memoriae**) **insedit; II.** *trans.* ① *(poet.; nachkl.)* sich niederlassen in, auf [**cineres patriae**]; ② *(milit.)* besetzen [**arcem**].

**īnsīgne**, gnis *n* (*Abl. Sg.* -ī) *(insignis)* ① Zeichen, Kenn-, Abzeichen; ② Abzeichen *eines Amtes, eines Standes u. Ä.*, Ehrenzeichen [**imperatoris** *od.* **imperii; regni** *od.* **regium** = Diadem, Krone]; ③ Auszeichnung [**virtutis**]; ④ Wappen *(im Schild); (b. Schiffen)* Flagge *od.* Wappenfigur *am Bug;* ⑤ Zierde, Schmuck, *Pl.* Schmuckstücke; ⑥ Signal [**nocturnum**].

**īn-sīgniō**, sīgnīre *(signum)* ① kenntlich machen, bezeichnen, kennzeichnen; ② verzieren; ③ einprägen; / *P. Adj.* **īnsīgnītus,** a, um **a)** kenntlich, deutlich; **b)** auffallend, außerordentlich [**iniuriae**].

**īnsīgnis**, e *(insignio)* ① gekennzeichnet, kenntlich, auffallend; geschmückt; **Phoebus ~ crinibus; uxores auro et purpurā insignes;** ② *(übtr.)* auffallend, außerordentlich, hervorstechend *(im pos. u. neg. Sinn)* [**magnitudo animi; impudentia**].

**īnsīgnītus**, a, um *s. insignio.*

**īn-siliō**, silīre, siluī (*u.* silīvī), – *(in-*[1] *u. salio) (trans. u. intr.)* in *od.* auf etw. springen [**in equum; tergo** *(Dat.);* **undas**].

**īnsimulātiō**, ōnis *f (insimulo)* Beschuldigung, Anklage.

**īn-simulō**, simulāre beschuldigen, verdächtigen, anklagen, *bes. fälschlich od. irrtümlich (alqm u. alqd; m. Gen. od. Abl. der Schuld; m. A. C. I.)* [**alqm proditionis; alqm (falso) crimine**].

**īn-sincērus**, a, um *(poet.)* unrein, verdorben, verwesend.

**īnsinuātiō**, ōnis *f (insinuo)* Einschmeichelung, Empfehlung.

**īn-sinuō**, sinuāre *(sinus)* ① eindringen lassen; ② *intr.,* **se ~** *u. mediopass.* **insinuari a)** sich eindrängen, eindringen; **b)** *(übtr.)* sich einschleichen, sich einschmeicheln.

**īn-sipiēns**, *Gen.* entis *(in-[2] u. sapiens)* unverständig, töricht, albern.

**īnsipientia**, ae *f (insipiens)* Unverstand, Torheit.

**īn-sistō**, sistere, stitī, – ① sich in, auf etw. (hin)stellen, hintreten *(in m. Abl.; Dat.)* [**in iugo; alcis vestigiis** in jmds. Fußstapfen treten]; ② auftreten [**digitis** sich auf die Zehen stellen]; ③ etw. betreten [**limen**]; *(einen Weg)* einschlagen [**viam**]; ④ *(übtr.) einen Weg od. ein Verfahren* einschlagen, befolgen [**rationem pugnae**]; ⑤ etw. eifrig betreiben, sich hingeben *(m. Akk. od. Dat.);* sich *einer Aufgabe* unterziehen; ⑥ jmd. verfolgen, bedrängen, jmdm. nachsetzen *(m. Dat.);* ⑦ stehen bleiben; ⑧ *(vom Redner u. v. der Rede)* innehalten, stocken; ⑨ auf etw. bestehen, bei etw. beharren *(alci rei od. in re).*

**īnsitīcius**, a, um *(insero[1]) (nachkl.)* aus dem Ausland eingeführt, ausländisch.

**īnsitiō**, ōnis *f (insero[1])* ① das (Ein-)Pfropfen; *Pl.* Arten des Pfropfens; ② *(poet.)* Zeit des Pfropfens.

**īnsitīvus**, a, um *(insero[1])* ① *(poet.)* gepfropft, veredelt; ② v. auswärts eingeführt, fremd; ③ unecht, untergeschoben [**liberi**].

**īnsitor**, ōris *m (insero[1]) (poet.; nachkl.) (eigtl. „Pfropfer")* Gärtner.

**īnsitus** *s. insero[1].*

**īn-sociābilis**, e unvereinbar, unverträglich.

**īn-sōlābiliter** *Adv. (in-[2] u. solor) (poet.)* untröstlich.

**īn-solēns**, *Gen.* entis *(Abl. Sg.* -ī *u.* -e*) (in-[2] u. soleo)* ① ungewohnt, m. etw. nicht vertraut *(m. Gen.; in u. Abl.)* [**belli; in dicendo** ungeübt im Reden]; ② ungewöhnlich, auffallend; ③ übertrieben; ④ übermütig, frech, unverschämt.

**īnsolentia**, ae *f (insolens)* ① das Ungewohnte [**disputationis**]; ② Ungewöhnlichkeit; ③ Verschwendung, Aufwand; ④ Übermut, Unverschämtheit.

**īnsolēscō**, īnsolēscere, – – *(insolens)* übermütig werden.

**īn-solidus**, a, um *(poet.)* schwach.

**īn-solitus**, a, um ① *(akt.)* ungewohnt, m. etw. nicht vertraut *(m. Gen.; ad); (abs.)* gegen die Gewohnheit; ② *(pass.) (v. Sachen)* **a)** unbekannt, fremd; **b)** ungewöhnlich, selten.

**īn-solūbilis**, e *(nachkl.)* unbezahlbar.

**īnsomnia**, ae *f (insomnis)* Schlaflosigkeit; *(meton.)* schlaflose Nacht.

**īn-somnis**, e *(in-[2] u. somnus) (poet.; nachkl.)* schlaflos.

**īn-somnium[1]**, ī *n (poet.; nachkl.)* Traum(bild).

**īnsomnium[2]**, ī *n (poet.; nachkl.) = insomnia.*

**īn-sonō**, sonāre, sonuī, – *(poet.; nachkl.)* **I.** *intr.* (dabei) ertönen, erschallen, rauschen [**flagello ~** m. der Peitsche knallen]; **II.** *trans.* ertönen lassen.

**īn-sōns**, *Gen.* sontis *(Abl. Sg.* -ī *u.* -e*)* ① unschuldig, schuldlos *(an etw.: Gen.; Abl.)* [**probri; crimine regni**]; ② *(poet.)* unschädlich, ohne zu schaden.

**īn-sonuī** *Perf. v. insono.*

**īn-sōpītus**, a, um *(in-[2] u. sopio) (poet.)* stets wach(sam) [**draco**].

**īn-sopor**, *Gen.* pōris *(poet.)* schlaflos.

**īnspectiō**, ōnis *f (inspicio) (nachkl.)* ① Durchsicht, Prüfung; ② Überlegung.

**īnspectō**, īnspectāre *(Intens. v. inspicio)* zuschauen, zusehen; erblicken, anblicken.

**īnspector**, ōris *m (inspicio) (nachkl.)* Betrachter.

**īnspectus[1]** *P. P. P. v. inspicio.*

**īnspectus[2]**, ūs *m (inspicio) (nachkl.)* Betrachtung [**universi**].

**īn-spērāns**, *Gen.* antis *(in-[2] u. spero)* nicht hoffend, wider Erwarten.

**īn-spērātus**, a, um *(Adv.* -ō*)* unverhofft, unerwartet, unvermutet.

**īn-spergō**, spergere, spersī, spersum *(in-[1] u. spargo)* daraufstreuen, -spritzen.

**īn-spiciō**, spicere, spexī, spectum *(in-[1] u. specto)* ① hineinschauen, auf etw. hinsehen; ② etw. einsehen, (nach)lesen; ③ betrachten, besichtigen [**equos** *(als Käufer);* **exta** Eingeweide *(vom Opferschauer)*]; ④ *(milit.)* mustern; ⑤ untersuchen, prüfen; ⑥ kennen lernen, erkennen.

**īn-spīcō**, spīcāre *(spica) (poet.)* zuspitzen, rings einschneiden.

**īn-spīrō**, spīrāre *(poet.; nachkl.)* **I.** *intr.* in, auf etw. blasen, wehen *(m. Dat.)* [**conchae; ramis arborum**]; **II.** *trans.* ① etw. einhauchen, einblasen [**animam**]; ② *(Affekte u. Ä.)* anfachen, einflößen.

**īn-spoliātus**, a, um ungeraubt [**arma**]; ungeplündert [**fanum**].

**īn-spuō**, spuere, spuī, spūtum *(nachkl.)* in, auf etw. speien [**in faciem alcis**].

**īn-spurcō**, spurcāre *(nachkl.)* besudeln.

**īn-stabilis**, e ① nicht fest stehend, schwankend [**pedes; naves**]; ② *(übtr.)* unstet, unbeständig [**fortuna**].

**īnstāns**, *Gen.* antis *(P. Adj. v. insto)* ① bevorstehend [**periculum**]; ② gegenwärtig; – *Subst. n im Sg. u. Pl.* gegenwärtige Lage; ③ *(poet.; nachkl.)* dringend, drohend [**tyrannus; cura**].

**īnstantia**, ae *f (instans)* ① Gegenwart; ② *(nachkl.)* Heftigkeit *der Rede;* ③ *(nachkl.)* rastloser Fleiß, Eifer, Beharrlichkeit.

**īnstar** *n undekl. (aus instare, s. insto) (eigtl. „das Einstehen“, das Sich-Einstellen des Züngleins an der Waage:* gleiches Gewicht; gleiche Größe *od.* Zahl; gleiche Bedeutung) ① *(abs.) (poet.)* der Gehalt, Gestalt, Aussehen; **quantum ~ in ipso!** welche würdevolle Erscheinung in ihm selbst! welch stattliche Erscheinung!; ② *(m. Gen. eines Subst.)* der Gehalt v. etw., *oft zu übersetzen durch:* nach Art von, gleichwie, so groß wie, so schwer wie, so viel wie; **epistula ~ voluminis** so groß wie ein Buch; **~ montis equus** so groß wie ein Berg.

**īnstaurātiō**, ōnis *f (instauro)* Erneuerung, Wiederholung.

**īnstaurātīvus**, a, um *(instauro)* erneuert, wiederholt.

**īn-staurō**, staurāre ① *(poet.; nachkl.)* veranstalten, bereiten [**sacrum diis; epulas**]; ② von neuem veranstalten, erneuern [**ludos**]; ③ *(poet.; nachkl.) (übtr.)* wieder aufrichten [**animos**].

**īn-sternō**, sternere, strāvī, strātum ① bedecken, überdecken; ② *(poet.)* darüberbreiten.

**īnstīgātor**, ōris *m (instigo) (nachkl.)* Antreiber, Aufwiegler.

**īnstīgātrīx**, rīcis *f (instigator) (nachkl.)* Aufwieglerin.

**īn-stīgō**, stīgāre ① antreiben, anspornen [**canem in alqm**]; ② aufreizen, anstacheln, aufhetzen, aufwiegeln [**milites contra rem publicam**].

**īn-stīllō**, stīllāre ① einträufeln; *übtr.* einflüstern; ② beträufeln, benetzen.

**īnstimulātor**, ōris *m (instimulo)* Anstifter *(zu etw.: Gen.)* [**seditionis**].

**īn-stimulō**, stimulāre *(poet.)* anstacheln, anreizen.

**īnstīnctor**, ōris *m (instinguo) (nachkl.)* Anstifter *(zu etw.: Gen.)* [**sceleris**].

**īnstīnctus**[1] *P. P. P. v. instinguo.*

**īnstīnctus**[2], ūs *m (instinguo)* Anreiz, Antrieb.

**īn-stinguō**, stinguere, stīnxī, stīnctum anstacheln, anreizen, antreiben, anfeuern.

**īnstita**, ae *f (poet.)* Besatz, Volant *an der Tunika röm. Frauen.*

**īn-stitī** *Perf. v. insisto u. insto.*

**īnstitiō**, ōnis *f (insto)* Stillstand.

**īnstitor**, ōris *m (insto)* Krämer, Kleinhändler.

**īn-stituō**, stituere, stituī, stitūtum *(in-[1] u. statuo)* ① hinein-, hinstellen; ② *(übtr.)* **alqm in animum ~** jmd. ins Herz schließen; **alqd in animum ~** sich in den Kopf setzen; ③ errichten, (er)bauen [**turres; pontem**]; ④ *(Truppen)* aufstellen; ⑤ jmd. zu *od.* als etw. anstellen, einsetzen [**alqm liberis tutorem; alqm heredem**]; ⑥ veranstalten, unternehmen, beginnen [**delectum; amicitiam cum alqo** schließen; **sermonem** anknüpfen]; ⑦ *(m. Inf.)* sich vornehmen, beabsichtigen [**castra munire**]; ⑧ etw. einsetzen, einführen, einrichten, anordnen [**legem; dies festos**]; ⑨ *(etw. schon Vorhandenes)* ordnen [**civitatem; civitatis mores**]; ⑩ jmd. unterweisen, lehren, unterrichten, (aus)bilden [**pueros litteris Graecis; ad humanitatem**].

**īnstitūtiō**, ōnis *f (instituo)* ① Einrichtung, Anordnung; ② Unterricht, Unterweisung.

**īnstitūtum**, ī *n (instituo)* ① Einrichtung, Sitte, Brauch; ② Absicht, Plan, Unternehmen; ③ Anweisung, Unterricht; *meist Pl.* Grundsätze, Unterrichtsmethoden.

**īnstitūtus** *P. P. P. v. instituo.*

**īn-stō**, stāre, stitī, stātūrus *(trans. u. intr.)* ① in *od.* auf etw. stehen *od.* stehen bleiben; ② dicht hinterher sein, nachsetzen [**cum legionibus; vestigiis** auf dem Fuße folgen *(übtr.)*]; ③ jmd. bedrängen, jmdm. zusetzen [**hostes; fugientibus**]; ④ jmd. *m. Bitten od. Forderungen* bestürmen; ⑤ nahe bevorstehen, drohen; ⑥ eifrig betreiben [**operi; currum alci** für jmd. bauen; **de indutiis**].

**īnstrātus**[1] *P. P. P. v. insterno.*

**īn-strātus**[2], a, um *(in-[2] u. sterno) (poet.)* unbedeckt, unbestreut.

**īn-strāvī** *Perf. v. insterno.*

**īn-strepō**, strepere, strepuī, strepitum *(poet.)* krachen, knarren.

**īn-stringō**, stringere, strīnxī, strictum ① *(nachkl.)* umbinden; ② *(poet.)* einfassen.

**īnstrūctiō**, ōnis *f (instruo)* ① Aufstellung, das Ordnen; ② *(nachkl.)* Erbauung, Bau.

**īnstrūctor**, ōris *m (instruo)* Ordner.

**īnstrūctus**[1], a, um *(P. Adj. v. instruo)* ① aufgestellt, geordnet [**exercitus; naves**]; ② m. etw. versehen, ausgerüstet, ausgestattet; ③ unterrichtet, unterwiesen [**artibus; in iure civili; ad dicendum**].

**īnstrūctus**[2], ūs *m (instruo)* Ausstattung.

**īnstrūmentum**, ī *n (instruo)* ① Werkzeug(e), Rüstzeug [**aratorum; venatorium**]; ② Hausrat, Mobiliar; ③ *(poet.)* Kleidung; ④ *(poet.; nachkl.)* Zierrat an Büchern; ⑤ *(übtr.)* (Hilfs-) Mittel [**oratoris** Fertigkeiten; **ad obtinendam sapientiam**]; ⑥ Vorrat; ⑦ Beweismittel *(für etw.: Gen.)* [**tribunatūs**].

**īn-struō**, struere, strūxī, strūctum ① (hin)einbauen, -fügen, darauflegen; ② erbauen, errichten, anlegen [**arces; muros**]; ❸ einrichten, bereiten, beschaffen, veranstalten, ordnen [**epulas; convivium; accusationem** die zur Klage nötigen Beweise herbeischaffen; **insidias**]; ❹ *(meist milit.)* aufstellen, in Schlachtordnung aufstellen [**legiones; elephantos**]; ❺ m. etw. versehen, ausstatten [**mensas epulis; vias copiis** besetzen; **amicum consiliis idoneis**]; ❻ (aus)rüsten [**milites armis**]; ❼ unterrichten, unterweisen, anweisen [**alqm in iure civili**].

**īn-suāvis**, e unangenehm.

**īn-sūdō**, sūdāre *(poet.)* bei etw. schwitzen *(m. Dat.)*.

**īnsuē-factus**, a, um *(zu insuesco; vgl. assuefacio)* abgerichtet [**equi**].

**īn-suēscō**, suēscere, suēvī, suētum **I.** *intr.* sich an etw. gewöhnen [**ad disciplinam; imperare**]; **II.** *trans.* jmd. an etw. gewöhnen.

**īn-suētus**[1], a, um ❶ an etw. nicht gewöhnt, in etw. ungeübt *(m. Gen.; ad; Dat.; Inf.)*; ❷ ungewöhnlich.

**īnsuētus**[2] *P. P. P. v. insuesco.*

**īn-suēvī** *Perf. v. insuesco.*

**īn-suī** *Perf. v. insuo.*

**īnsula**, ae *f* ❶ Insel; ❷ *Name eines Stadtteils v. Syrakus;* ❸ ~ **Allobrogum** *das Gebiet zw. Rhône u. Isère;* ❹ Mietshaus; Häuserblock.

**īnsulānus**, ī *m (insula)* Inselbewohner.

**īnsulsitās**, ātis *f (insulsus)* Abgeschmacktheit.

**īn-sulsus**, a, um *(in*[2] *u. salsus)* ❶ **gula -a** die an unschmackhaften Gerichten Geschmack findet; ❷ *(übtr.)* geschmacklos, witzlos.

**īnsultātiō**, ōnis *f (insulto) (nachkl.)* ❶ *(rhet. t. t.)* Anlauf; ❷ Verhöhnung.

**īnsultō**, īnsultāre *(Intens. v. insilio)* ❶ *(nachkl.)* hineinspringen *(m. Dat.)*; ❷ *(poet.)* in, auf etw. umherspringen, tanzen *(m. Dat.)* [**floribus**]; *(m. Akk.)* etw. in wildem Taumel durchtanzen [**nemora**]; ❸ verhöhnen, verspotten *(m. Dat.; Akk.; in u. Akk.); abs.* höhnen, spotten.

**īn-sum**, in-esse, (īn-)fuī ❶ in, auf, an etw. sein, sich befinden *(in m. Abl.; Dat.)*; ❷ *(übtr.)* innewohnen, anhaften *(in u. Abl.; selten m. Dat.), oft durch* „besitzen, haben“ *zu übersetzen.*

**īn-sūmō**, sūmere, sūmpsī, sūmptum aufwenden, auf etw. verwenden.

**īn-suō**, suere, suī, sūtum einnähen.

**īn-super** *Adv.* ❶ darüber, oben darauf; ❷ v. oben her; ❸ *(übtr.)* obendrein.

**īn-superābilis**, e ❶ unübersteigbar; ❷ *(poet.; nachkl.) (übtr.)* unüberwindlich [**fatum** unentrinnbar; **valetudo** unheilbar].

**īn-surgō**, surgere, surrēxī, surrēctum ❶ *(poet.; nachkl.)* sich aufrichten, sich erheben; ❷ *(v. Lebl.)* sich erheben, aufsteigen; **inde colles insurgunt**.

**īn-susurrō**, susurrāre ein-, zuflüstern.

**īnsūtus** *P. P. P. v. insuo.*

**in-tābēscō**, tābēscere, tābuī, – *(poet.; nachkl.)* ❶ schmelzen; ❷ *(übtr.)* sich verzehren, vergehen.

**in-tāctus**, a, um *(in*[2] *u. tango)* ❶ unberührt, unangetastet [**cervix iuvencae** vom Joch noch unberührt; **saltus** noch unbetreten, *poet.* noch unbesungen]; ❷ *(poet.)* jungfräulich, keusch, rein; ❸ unversehrt, unverletzt [**urbs** ungeplündert; **regio** vom Krieg verschont]; ❹ *(m. Abl. od. ab)* (noch) frei von, unberührt; **homo cupiditate / infamiā ~; regnum bello -um; ab alieno imperio ~;** ❺ unversucht.

**in-tāminātus**, a, um *(vgl. con-tamino) (poet.)* unbefleckt.

**in-tēctus**[1], a, um ❶ ungedeckt, unbedeckt; ❷ unbekleidet, ohne Rüstung; ❸ *(nachkl.) (übtr.)* offen(herzig).

**intēctus**[2] *P. P. P. v. intego.*

**integellus**, a, um *(Demin. v. integer)* ziemlich unangetastet.

**in-teger**, gra, grum *(in*[2] *u. tango)* unberührt, unangetastet: ❶ unversehrt, unverletzt; **gens a cladibus belli -a** verschont geblieben von; ❷ unverwundet; ❸ unverletzlich, unantastbar [**ius**]; ❹ ungeschwächt, frisch, gesund; ❺ unvermindert, ungeschmälert, ungeschwächt, (noch) ganz; ❻ frisch, neu; **dē** *od.* **ab integrō** von neuem; ❼ *(geistig)* noch ein Neuling; ❽ *(v. Speisen u. Ä.)* **a)** *(poet.)* frisch; **b)** unvermischt, rein [**vinum; fontes**]; *(übtr.)* **integre dicere** sprachrichtig; ❾ (noch) unentschieden, unerledigt [**causa; offensiones** nicht beigelegt]; ❿ *(poet.)* jungfräulich, keusch [**Diana; virgo**]; ⓫ unbescholten, unverdorben, unbestechlich, ehrlich, uneigennützig; ⓬ unparteiisch, vorurteilslos, unbefangen [**iudicium; quaestio**].

**integimentum** = *integumentum.*

**in-tegō**, tegere, tēxī, tēctum ❶ bedecken, überdecken; ❷ *(übtr.)* schützen.

**integritās**, ātis *f (integer)* ❶ Unversehrtheit; ❷ Reinheit [**sermonis Latini**]; ❸ Redlichkeit, Unbescholtenheit, Uneigennützigkeit.

**integrō**, integrāre *(integer)* wiederherstellen: ❶ wieder aufnehmen, erneuern; ❷ (geistig) auffrischen; ❸ *(nachkl.) (ein Glied)* wiedereinrenken.

**integrum**, ī *n (integer)* ❶ unverletzter Rechtszustand; **alqm in -um restituere** jmd. wieder in seine Rechte einsetzen; ❷ freie Hand, volle Gewalt.

**integumentum**, ī *n (intego)* ❶ Decke, Hülle; ❷ *(übtr.)* Hülle, Maske.

**intellēctus**[1] *P. P. P. v. intellego.*

**intellēctus**[2], ūs *m (intellego) (nachkl.)* ❶ Verständnis, Erkenntnis, Einsicht, Vorstellung, Idee [**boni; deorum**]; ❷ das Verstandenwerden, Sinn, Bedeutung, *die in etw., bes. in einem Wort, liegt;* **intellectum habere** verstanden werden.

**intellegēns**, *Gen.* gentis *(intellego)* **I.** *Adj.* ❶ einsichtig, verständig; ❷ sach-, kunstverständig; **II.** *Subst. m* Kenner.

**intellegentia**, ae *f (intellegens)* ❶ Einsicht, Erkenntnis(vermögen), Verstand; ❷ Kenntnis, Kennerschaft [**iuris civilis; in rusticis rebus**]; Kunstverständnis, Geschmack; ❸ *(meton.)* Vorstellung, Begriff, Idee.

**intellegibilis**, e *(intellego) (nachkl.)* verständlich, begreiflich, denkbar.

**intel-legō**, legere, lēxī *(poet.* lēgī*)*, lēctum *(inter u. lego¹)* ❶ wahrnehmen, merken, erkennen; ❷ einsehen, verstehen, begreifen; **ex se intellegi** sich von selbst verstehen; **intellego, quid loquar** ich weiß wohl, was ich sage; ❸ sich auf etw. verstehen [**non multum in re**]; *abs.* Kenner, Sachverständiger sein; ❹ meinen, sich vorstellen; *(m. dopp. Akk., im Pass. m. dopp. Nom.)* sich etw. unter etw. vorstellen.

**in-temerātus**, a, um *(poet.; nachkl.)* unbefleckt, makellos, rein.

**in-temperāns**, *Gen.* antis maßlos, zügellos, unbesonnen.

**intemperantia**, ae *f (intemperans)* Unmäßigkeit, Zügellosigkeit.

**in-temperātus**, a, um maßlos, übertrieben.

**intemperiae**, ārum *f (vgl. intemperies) (nachkl.)* ❶ Unwetter; ❷ *(übtr.)* Tollheit.

**in-temperiēs**, ēī *f* ❶ Übermaß; ❷ unbeständige Witterung; ❸ Zügellosigkeit.

**in-tempestīvus**, a, um „unzeitig", ungelegen.

**in-tempestus**, a, um *(in-² u. tempus)* ❶ **nox -a** tiefe, dunkle Nacht; ❷ *(poet.)* ungesund.

**in-temptātus**, a, um unangetastet, *übtr.* unerprobt.

**in-tendō**, tendere, tendī, tentum ❶ (an)spannen, straff anziehen [**arcum; chordas**]; ❷ m. etw. überspannen, überziehen [**locum sertis** m. Gewinden bekränzen]; ❸ *(übtr.)* anspannen, anstrengen [**animum**]; ❹ vermehren, steigern [**officia** den Diensteifer; **leges** verschärfen]; ❺ ausstrecken [**dextram ad statuam**]; ❻ richten, lenken [**tela in patriam; iter in Italiam**]; sich wohin wenden, ziehen; *(eine Waffe)* zücken, *(Geschosse)* abschießen; ❼ *(den Geist, die Aufmerksamkeit u. a.)* eifrig wohin richten, lenken [**curam in apparatum belli; mentes ad pugnam; animum rebus honestis**]; ❽ *(eine Tätigkeit) feindl.* gegen jmd. richten, jmdm. etw. zuzufügen suchen [**periculum in omnes; probra in iuvenem**]; ❾ sein Streben auf etw. richten, etw. anstreben, beabsichtigen [**fugā salutem petere**]; ❿ behaupten, versichern.

**intēnsiō**, ōnis *f (intendo) (nachkl.)* Spannung.

**intentātiō**, ōnis *f (intento) (nachkl.)* das Ausstrecken *nach etw.*

**in-tentātus¹**, a, um = *intemptatus.*

**intentātus²** *P. P. P. v. intento.*

**intentiō**, ōnis *f (intendo)* ❶ das Gespanntsein, Spannung [**corporis**]; ❷ *(übtr.)* Anspannung, Anstrengung [**cogitationum** des Denkens]; ❸ Aufmerksamkeit; ❹ Absicht; ❺ *(nachkl.)* Eifer.

**intentō**, intentāre *(Intens. v. intendo)* ❶ ausstrecken *(bes. drohend),* richten gegen, *(eine Waffe)* zücken; ❷ *(übtr.)* jmdm. etw. androhen [**arma Latinis** m. Krieg bedrohen].

**intentus¹**, a, um *(P. Adj. v. intendo)* ❶ (an)gespannt [**chorda**]; ❷ *(übtr.)* groß, heftig [**labor; impetus**]; ❸ *(übtr.)* gespannt, aufmerksam [**oculi; ad pugnam**]; ❹ eifrig m. etw. beschäftigt, rastlos *(abs.; m. Dat.; ad; Abl.);* ❺ kampfbereit, schlagfertig; ❻ *(poet.; nachkl.) (v. Abstr.)* angestrengt, eifrig [**cura**]; ❼ *(nachkl.)* streng, stramm.

**intentus²**, ūs *m (intendo)* das Ausstrecken.

**in-tepeō**, tepēre, – – *(poet.)* lau sein.

**intepēscō**, intepēscere, intepuī, – *(Incoh. v. intepeo) (poet.; nachkl.)* lau, warm werden.

**inter I.** *Präp. b. Akk.* ❶ *(räuml.)* inmitten, zwischen, unter; **insula inter vada sita est;** *(jur.)* **inter sicarios accusare** wegen Mordes; – *(b. Verben der Bewegung auf die Frage „wohin ?")* zwischen ... hinein, unter: **inter medios hostes se conicere;** ❷ *(zeitl.)* **a)** zwischen; **inter binos ludos; b)** während, im Verlauf von; **inter noctem; inter decem annos;** ❸ *(übtr.)* unter, zwischen **a)** *(b. Angabe einer Anzahl od. Klasse)* **haberi inter socios; inter exempla esse** als Beispiel dienen; **b)** *(b. Angabe der Beziehung)* **inter eos magna contentio fuit; c)** *(b. Angabe v. Umständen, Zuständen)* unter, bei, während, in; **inter verbera; inter haec parata** während dieser Vorbereitungen; **inter haec** *od.* **inter quae** inzwischen, unterdessen *(= interea);* **d)** *(b. Angabe eines Unterschiedes sowie des Schwankens der Entscheidung zw. zwei Dingen)* **discrimen est inter gratiosos cives atque fortes; inter bellum et pacem dubitare; e)** *(b. Angabe des Vorrangs)* unter, vor; **eminere inter omnes; inter cetera (***od.* **inter cuncta)** vor allem, besonders; **f)** *(das wechselseitige Verhältnis bezeichnend)* **inter nos / inter vos / inter se / inter ipsos** (unter)einander, gegenseitig; **II.** *Präfix* ❶ zwischen (... hinein), dazwischen [**intercurro**]; ❷ mitten (drinnen) [**intersum**]; ❸ unter(einander) [**interiungo**]; ❹ hin u. wieder, v. Zeit zu Zeit [**interdum**]; ❺ zugrunde, nieder-, unter- [**interitus**].

**inter-aestuō**, aestuāre *(nachkl.)* an Krämpfen leiden; asthmatisch sein.

**interāmenta**, ōrum *n (intra)* Holzwerk im Schiffsinneren.

**inter-ārēscō**, ārēscere, – – vertrocknen.

**intercalāris**, e *u.* **intercalārius**, a, um *(intercalo)* eingeschaltet, Schalt- [**mensis** Schaltmonat; **Kalendae** der erste Tag des Schaltmonats].

**inter-calō**, calāre ❶ *(durch Ausruf)* einschalten [**diem; mensem**]; *abs.* einen Schalttag *od.* Schalttage einschieben; ❷ *(übtr.)* aufschieben [**poenam**].

**intercapēdō**, dinis *f (intercipio)* Unterbrechung.

**inter-cēdō**, cēdere, cessī, cessum ❶ dazwischengehen, -treten, dazwischen einherziehen; ❷ sich dazwischen erstrecken, hinziehen; ❸ *(zeitl.)* dazwischen eintreten; *Perf.* dazwischenliegen; ❹ *(v. Ereignissen)* **a)** dazwischenkommen, -fallen; **b)** stattfinden, bestehen; ❺ *(v. Personen)* **a)** widersprechen, sich widersetzen; *(abs.)* **tribunus intercessit;** *(m. Dat.: gegen)* **consulibus ~; legi ~; b)** *(als Vermittler)* eintreten; **c)** sich für jmd. verbürgen.

**inter-cēpī** *Perf. v. intercipio.*

**interceptiō**, ōnis *f (intercipio)* Wegnahme.

**interceptor**, ōris *m (intercipio)* jmd., der etw. unterschlägt [**praedae**].

**interceptus** *P. P. P. v. intercipio.*

**inter-cessī** *Perf. v. intercedo.*

**intercessiō**, ōnis *f (intercedo)* ❶ Einspruch; ❷ Vermittlung, Bürgschaft, Kaution.

**intercessor**, ōris *m (intercedo)* ❶ jmd., der durch Einspruch etw. verhindert [**dictaturae**]; ❷ Vermittler, Bürge.

**intercessum** *s. intercedo.*

**inter-cīdō**[1], cīdere, cīdī, cīsum *(caedo)* ❶ mitten durchschneiden, -stechen, -brechen [**pontem** abbrechen]; ❷ *(nachkl.)* Blätter aus einem Rechnungsbuch herausschneiden u. es so fälschen [**commentarios**].

**inter-cidō**[2], cidere, cidī, – *(cado)* ❶ dazwischenfallen; ❷ *(übtr.)* dazwischen eintreten; ❸ zugrunde gehen, umkommen; ❹ *(dem Gedächtnis)* entfallen, vergessen werden.

**inter-cinō**, cinere, – – *(cano) (poet.)* dazwischensingen.

**inter-cipiō**, cipere, cēpī, ceptum *(capio)* ❶ auf-, abfangen, wegnehmen [**pila; epistulam; hostes in fuga**]; ❷ unterbrechen, abschneiden [**medium iter**]; ❸ entreißen, rauben [**agrum ab alqo; pecunias e publico** unterschlagen; **alqm neci** dem Tod]; ❹ *(nachkl.)* jmd. vor der Zeit *od.* unverhofft wegraffen, umbringen [**regem veneno**].

**intercīsē** *Adv. (intercido[1])* nicht zusammenhängend [**dicere**].

**intercīsus** *P. P. P. v. intercido[1].*

**inter-clūdō**, clūdere, clūsī, clūsum *(claudo)* ❶ jmdm. etw. versperren, abschneiden [**alci iter;** *übtr.* **animam** nehmen]; ❷ jmd. v. etw. abschneiden, trennen [**hostem commeatu; legiones a castris**]; ❸ jmd. durch etw. einschließen.

**interclūsiō**, ōnis *f (intercludo)* Absperrung, Hemmung.

**interclūsus** *P. P. P. v. intercludo.*

**inter-columnium**, ī *n (columna)* Säulenabstand.

**inter-currō**, currere, currī, cursum ❶ dazwischenlaufen, sich dazwischenwerfen; ❷ *(übtr.)* sich einmischen, dazukommen; ❸ in der Zwischenzeit wohin eilen.

**inter-cursō**, cursāre *(Intens. v. intercurro)* dazwischenlaufen, sich dazwischenwerfen.

**intercursus**, *Abl.* -ū *m (intercurro)* schnelle Dazwischenkunft.

**inter-cus**, *Gen.* cutis *(cutis)* unter der Haut (befindlich) [**aqua** Wassersucht].

**inter-dīcō**, dīcere, dīxī, dictum ❶ **a)** untersagen, verbieten [*(alci re)* **alci domo** jmdm. das Haus verbieten; **alci aquā et igni** jmd. ächten, verbannen; *(alci alqd)* **hoc liberis**]; **b)** jmdm. den Verkehr m. jmdm. untersagen *(alci alqo)* [**socero** *(Dat.)* **genero** *(Abl.)*]; – **interdictus**, a, um verboten, versagt [**voluptas**]; ❷ verordnen, befehlen, einschärfen *(ut)*.

**interdictiō**, ōnis *f (interdico)* Verbot [**aquae et ignis** Ächtung].

**interdictum**, ī *n (interdico)* ❶ Verbot; ❷ vorläufige Verfügung des Prätors.

**interdictus** *P. P. P. v. interdico.*

**inter-diū** *(dies) Adv.* bei Tage.

**inter-dīxī** *Perf. v. interdico.*

**inter-ductus**, ūs *m (duco)* Trennungszeichen, Interpunktion.

**inter-dum** *Adv.* manchmal.

**intereā** *Adv. (eā ist Abl. Sg. fem. v. is)* ❶ *(zeitl.)* unterdessen, inzwischen; ❷ *(adversativ)* indessen, jedoch; **cum ~** während doch.

**inter-ēmī** *Perf. v. interimo.*

**interemptor**, ōris *m (interimo) (nachkl.)* Mörder.

**interēmptus** *P. P. P. v. interimo.*

**inter-eō**, īre, iī, itūrus zugrunde gehen, untergehen, umkommen, verloren gehen; **naves naufragio intereunt; res publica interit.**

**inter-equitō**, equitāre dazwischenreiten; *trans.* durchreiten [**ordines**].

**interest** *s. intersum.*

**interfātiō**, ōnis *f (interfor)* das Dazwischenreden, Ins-Wort-Fallen.

**inter-fēcī** *Perf. v. interficio.*

**interfectiō**, ōnis *f (interficio)* Ermordung.

**interfector**, ōris *m (interficio)* Mörder.

**interfectrīx**, īcis *f (interfector) (nachkl.)* Mörderin.

**inter-ficiō**, ficere, fēcī, fectum *(facio)* töten, umbringen, vernichten.

**inter-fluō**, fluere, flūxī, – ① *(abs.)* dazwischenfließen; ② *(m. Akk., selten m. Dat.)* zwischen *od.* durch etw. fließen [**medium oppidum; pinguibus arvis**].

**inter-for**, fārī dazwischenreden, jmd. *im Reden* unterbrechen.

**inter-fuī** *Perf. v. intersum.*

**inter-fūsus**, a, um *(fundo) (poet.)* dazwischenfließend.

**inter-iaceō**, iacēre, – – dazwischenliegen *(abs.; m. Dat.; m. Akk.; inter).*

**inter-iaciō** *(nachkl.)* = *intericio.*

**inter-iciō**, icere, iēcī, iectum *(iacio)* ① *(räuml.)* dazwischenwerfen, -stellen, -legen, -setzen [**sagittarios inter equites**]; – *Pass.* dazwischentreten; *Perf. Pass.* dazwischenliegen; ② *(m. Worten)* einmischen, einmengen [**preces et minas**]; ③ *(zeitl.)* einschieben, -fügen.

**interiectus**[1], a, um *(P. Adj. v. intericio)* ① *(räuml.)* dazwischenliegend, -befindlich *(abs.; m. Dat.; inter);* ② *(zeitl., nur im Abl. abs.)* nach Verlauf einer Zeit; **-o anno** nach Verlauf eines Jahres.

**interiectus**[2], ūs *m (intericio)* ① *(räuml.)* das Dazwischentreten [**terrae** *zw. Sonne u. Mond*]; ② *(zeitl.) (nachkl.)* Verlauf [**noctis**], Frist [**paucorum dierum**].

**inter-iī** *Perf. v. intereo.*

**inter-im** *Adv.* ① unterdessen, inzwischen; ② vorläufig; ③ *(nachkl.)* manchmal *(= interdum).*

**inter-imō**, imere, ēmī, ēmptum *(emo)* aus dem Wege räumen, beseitigen, vernichten.

**interior**, ius, *Gen.* ōris *Komp., Adv.* -ius; *Superl.* **intimus**, a, um, *Adv.* -e *(inter)* **I. interior** ① der innere, mehr nach innen gelegen, tiefer drinnen [**vestis** Unterkleid; **parietes** die Innenseiten der Wände]; ② dem Mittelpunkt *od.* dem Ziel näher; – *Subst.* **interiōrēs** *m* die Feinde in der Stadt; **interiōra** *n* das Innere, die inneren Teile; ③ binnenländisch [**nationes**]; – *Subst.* **interiōrēs** *m* die Bewohner des Binnenlandes; ④ *(übtr.)* enger, vertrauter [**amicitia**]; ⑤ geheimer [**consilia**]; ⑥ tiefergehend, gründlicher [**vis vocabuli** tieferer Sinn]; **II. intimus** ① der innerste [**Macedonia** der innerste Teil v. M.; **spelunca** der tiefste Teil der Höhle]; ② *(übtr.)* am tiefsten eindringend, der tiefste, innerste, äußerst gründlich; ③ der geheimste; ④ der wirksamste; ⑤ der vertrauteste; – *Adv.* **intimē herzlichst;** – *Subst.* **intimus**, ī *m* bester Freund.

**interitiō**, ōnis *f (intereo)* Untergang, das Zugrunderichten.

**interitus**, ūs *m (intereo)* Untergang, Vernichtung [**consulum; legum**].

**inter-iungō**, iungere, iūnxī, iūnctum ① (untereinander) verbinden; ② *(nachkl.) (Zugtiere)* eine Zeit lang rasten lassen; *(abs.)* rasten.

**interius** *Adv., s. interior u. intra.*

**inter-lābor**, lābī, lāpsus sum *(poet., in Tmesis)* dazwischengleiten, dazwischenfließen.

**inter-lateō**, latēre, – – *(nachkl.)* dazwischen verborgen sein.

**inter-legō**, legere, – – *(poet., in Tmesis)* hier u. da abbrechen.

**inter-linō**, linere, lēvī, litum ① in den Zwischenräumen bestreichen; ② *(Urkunden)* fälschen.

**inter-loquor**, loquī, locūtus sum *(nachkl.) (vor Gericht)* einen Einwurf machen.

**inter-lūceō**, lūcēre, lūxī, – ① dazwischen hervorscheinen, durchschimmern; *unpers.*: **interlucet** es wird plötzlich hell; ② durchsichtig sein; ③ **aliquid interlucet inter** es zeigt sich ein deutlicher Unterschied.

**inter-lūnium**, ī *n (luna) (poet.; nachkl.)* Zeit des Neumonds, Neumond.

**inter-luō**, luere, – – *(nachkl.)* etw. durchströmen.

**inter-lūxī** *Perf. v. interluceo.*

**intermēnstruum**, ī *n (intermenstruus)* Neumond.

**inter-mēnstruus**, a, um zwischen zwei Monaten [**tempus** Zeit des Mondwechsels].

**in-termінātus**[1], a, um unbegrenzt, unendlich.

**interminātus**[2], a, um *s. interminor.*

**inter-minor**, minārī *(poet.; nachkl.)* ① (an)drohen *(m. A. C. I.);* ② unter Drohungen untersagen; – *Part. Perf. pass.* **interminātus,** a, um untersagt, versagt.

**inter-misceō**, miscēre, miscuī, mixtum unter-, dazu-, einmischen *(m. Dat.).*

**inter-mīsī** *Perf. v. intermitto.*

**intermissiō**, ōnis *f (intermitto)* das Nachlassen, Unterbrechung, Unterlassung.

**inter-mittō**, mittere, mīsī, missum ① dazwischentreten lassen; *Pass.* dazwischenliegen; ② dazwischen leer *od.* offen lassen; *meist im P. P. P.* leer, offen dazwischenliegend; **planities intermissa collibus** zwischen Hügeln; **hoc spatio intermisso** in dieser Entfernung; ③ *(übtr.)* unterbrechen, einstellen [**iter; studia**]; *(m. Inf.)* unterlassen, aufhören; – *mediopass.* **intermitti** *u. intr.* zeitweise nachlassen, aussetzen, ruhen: **negotia forensia intermittunt; vento intermisso** nachdem der Wind sich gelegt hatte; ④ *(eine Zeit)* vorübergehen lassen, ungenutzt verstreichen lassen; ⑤ *(ein Amt)* zeitweilig unbesetzt lassen.

**intermixtus** *P. P. P. v. intermisceo.*

**inter-morior**, morī, mortuus sum ① hinsterben, zugrunde gehen; **civitas intermoritur;** ② ohnmächtig werden; ③ *(übtr.)* absterben, erlöschen; **intermortuae contiones** ohne Leben; **memoria intermortua**.

**inter-mundia**, ōrum *n (mundus)* Zwischenwelten.

**inter-mūrālis**, e zwischen den Mauern (befindlich).

**interna**, ōrum *n (internus) (nachkl.)* innere Angelegenheiten.

**inter-nātus**, a, um *(nascor)* dazwischengewachsen; *(m. Dat.)* **herbae saxis -ae**.

**inter-neciō** *u.* **-niciō**, ōnis *f (neco)* Niedermetzelung, vollständige Vernichtung, völliger Untergang [**civium; exercitūs**].

**inter-necīvus**, a, um *(neco)* alles vernichtend, mörderisch, Vernichtungs- [**bellum**].

**inter-nectō**, nectere, – – *(poet.)* verknüpfen.

**interniciō** *s. internecio.*

**inter-niteō**, nitēre, – – *(nachkl.)* dazwischen hervorleuchten, hindurchscheinen.

**inter-nōdium**, ī *n (nodus) (poet.)* Gelenkhöhle.

**inter-nōscō**, nōscere, nōvī, – (voneinander) unterscheiden.

**internūntia**, ae *f (internuntius)* Unterhändlerin, Vermittlerin.

**inter-nūntiō**, nūntiāre unterhandeln.

**inter-nūntius**, ī *m (internuntio)* Unterhändler, Vermittler.

**internus**, a, um *(inter) (poet.; nachkl.)* ❶ der innere, im Innern [**ara** im Innern des Hauses befindlich; **mare** Binnenmeer]; ❷ *(übtr.)* inländisch, einheimisch.

**in-terō**, terere, trīvī, trītum *(nachkl.)* einbrocken.

**interpellātiō**, ōnis *f (interpello)* Unterbrechung, Störung.

**interpellātor**, ōris *m (interpello)* jmd., der eine Rede stört *od.* unterbricht.

**inter-pellō**, pellāre *(vgl. ap-pello[1])* ❶ jmdm. in die Rede fallen, jmd. im Reden unterbrechen *(m. Akk.)*; ❷ etw. einwenden; ❸ unterbrechen, stören [**orationem; silentium; victoriam** vereiteln]; ❹ *(nachkl.)* jmd. m. Bitten *od.* Fragen bestürmen.

**interpolis**, e *(interpolo) (nachkl.)* neu hergerichtet, aufgefrischt.

**inter-polō**, polāre ❶ neu herrichten, auffrischen; ❷ (ver)fälschen.

**inter-pōnō**, pōnere, posuī, positum ❶ dazwischensetzen, -stellen, -legen; ❷ einschieben, einschalten; ❸ unterschieben; (ver)fälschen; ❹ *(eine Zeit)* dazwischen verstreichen lassen, dazwischen eintreten lassen; – *Pass.* dazwischenfallen, -liegen; – *bes. P. P. P.:* **paucis diebus interpositis** nach Verlauf weniger Tage; **hoc spatio interposito** mittlerweile; ❺ jmd. *als Helfer, Vermittler, Teilnehmer* hinzuziehen [**testes; iudices**]; – **se interponere** sich einmischen, sich eindrängen; ❻ *(übtr.)* geltend machen, einsetzen, einlegen [**auctoritatem suam; decretum** Entscheidung treffen; **iudicium suum**]; ❼ *(Gründe)* anführen, vorschützen, vorgeben; **causā interpositā** unter dem Vorwand; ❽ *(sein Wort, Eide u. Ä.)* als Pfand einsetzen, zum Pfand geben [**ius iurandum**].

**interpositiō**, ōnis *f (interpono)* ❶ das Einschieben, Einschaltung; ❷ *(meton.)* Einschub.

**interpositus[1]** *P. P. P. v. interpono.*

**interpositus[2]**, *Abl.* ū *m (interpono)* das Dazwischentreten.

**interpres**, pretis *m u. f* ❶ Vermittler(in), Unterhändler(in) [**pacis; divûm** Bote der Götter, *v. Merkur*]; ❷ Ausleger, Erklärer, Deuter [**legis; divûm** = Wahrsager(in)]; ❸ Dolmetscher, Übersetzer.

**interpretātiō**, ōnis *f (interpretor)* ❶ Auslegung, Erklärung, Deutung; ❷ Übersetzung.

**interpretor**, interpretārī *(interpres)* ❶ auslegen, erklären, deuten; – *Part. Perf.* **interpretātus** *auch pass.;* ❷ übersetzen; ❸ begreifen, verstehen, auffassen; ❹ beurteilen, etw. f. etw. ansehen; ❺ entscheiden *(m. indir. Frages.)*.

**interpūnctiō**, ōnis *f (interpungo)* Trennung *der Wörter* durch Punkte.

**inter-pungō**, pungere, pūnxī, pūnctum durch Punkte abteilen; – *P. Adj.* **interpūnctus,** a, um gehörig abgeteilt, unterschieden; – *Subst.* **interpūncta** (ōrum *n*) **verbōrum** Satzteilzeichen, Interpunktion.

**inter-quiēscō**, quiēscere, quiēvī, – unterdessen (aus)ruhen, eine Pause machen.

**Imperium Romanum**

**interrēgnum** (i *n*) – Ein Interregnum war in der republikanischen Zeit der römischen Geschichte eine Zwischenregierung, die im Todesfall beider Konsuln eintrat. Der Senat ernannte dann einen Senatoren zum **interrex** („Zwischenkönig"). Dessen Aufgabe bestand einzig darin, die Wahl der neuen Konsuln zu leiten. Das Amt des interrex hat seine Ursprünge in der Königszeit.

**inter-rēx**, rēgis *m* Zwischenkönig *(vgl. interregnum)*.

**in-territus**, a, um *(in[2] u. terreo) (poet.; nachkl.)* unerschrocken.

**interrogātiō**, ōnis *f (interrogo)* ❶ Befragung, Frage; ❷ *(jur. t. t.)* **a)** Verhör; **b)** *(nachkl.)* Vertrag; ❸ *(in der Dialektik)* Schluss(folgerung).

**interrogātiuncula**, ae *f (Demin. v. interrogatio)* kurze *od.* unbedeutende Frage.

**interrogātum**, ī *n (interrogo)* Frage.

**inter-rogō**, rogāre ❶ (be)fragen *(alqm de re; alqm alqd: nur sententiam* einen Senator um seine Meinung befragen, *sonst nur, wenn das Objekt das Neutr. eines Pron. od. allg. Adj. ist, z. B. alqm illud);* ❷ *(jur. t. t.)* **a)** verhören; **b)** anklagen *(m. u. ohne lege, legibus; weg.: Gen.);* ❸ *(philos. t. t.)* einen Schluss ziehen.

**inter-rumpō**, rumpere, rūpī, ruptum ❶ auseinanderreißen, abbrechen [**pontem; aciem hostium**]; ❷ unterbrechen, abbrechen [**itinera**]; ❸ *(Reden u. Ä.)* abbrechen; ❹ stören; ❺ trennen.

**interruptē** *Adv. (interrumpo)* m. Unterbrechung(en).

**interruptus** *P. P. P. v. interrumpo.*

**inter-saepiō**, saepīre, saepsī, saeptum ❶ absperren, einschließen, verstopfen; ❷ *(übtr.)* abschneiden [**urbem vallo ab arce; iter**].

**inter-scindō**, scindere, scidī, scissum auseinander-, ab-, einreißen; trennen.

**inter-scrībō**, scrībere, scrīpsī, scrīptum *(nachkl.)* durch Zusätze verbessern.

**inter-serō**, serere, – – dazwischen-, einfügen.

**inter-sistō**, sistere, stitī, – *(nachkl.)* mitten innehalten, absetzen *(v. Redner u. der Rede).*

**inter-situs**, a, um *(nachkl.)* dazwischengelegen.

**inter-spīrātiō**, ōnis *f (spiro)* Atempause.

**inter-stīnctus**, a, um *(nachkl.)* hier u. da besetzt mit; **facies -a medicaminibus** m. Pflastern wie besät.

**inter-sum**, esse, fuī ❶ dazwischen sein, -liegen *(räuml. u. zeitl.);* ❷ sich unterscheiden *(meist m. dem Neutr. eines Pron. od. allg. Adj. als Subj.);* **interest** es ist ein Unterschied [**hoc; multum** *u. Ä.*]; ❸ dabei, zugegen sein, an etw. teilnehmen *(m. Dat.; in m. Abl.);* ❹ *unpers.* **interest** es ist wichtig, es ist daran gelegen, es liegt daran.

**inter-texō**, texere, texuī, textum *(poet.; nachkl.)* ❶ dazwischenweben, einflechten; ❷ m. etw. durchweben.

**inter-trīmentum**, ī *n (tero)* ❶ Abgang *vom Metall durch Abreiben od. Einschmelzen;* ❷ *(übtr.)* Verlust, Schaden, Einbuße.

**inter-vallum**, ī *n (vallus, eigtl. „Zwischenraum zw. zwei Schanzpfählen")* ❶ Zwischenraum, Entfernung; **ex -o** von fern; **pari -o** in gleicher Entfernung; ❷ Zwischenzeit, Frist; **(ex) tanto -o** nach so langer Zeit; **ex -o** nach geraumer Zeit; ❸ Unterschied.

**inter-vellō**, vellere, vellī *u.* vulsī, vulsum *(nachkl.)* ❶ mitten herausreißen; ❷ hier u. da rupfen, zupfen.

**inter-veniō**, venīre, vēnī, ventum ❶ dazwischenkommen, *während eines Vorgangs* erscheinen, hinzukommen *(m. Dat. od. abs.);* ❷ einschreiten, sich einmischen *(m. Dat.; ne);* ❸ unterbrechen, stören, hindern *(m. Dat. od. Akk.).*

**interventor**, ōris *m (intervenio)* störender Besucher.

**interventus**, ūs *m (intervenio)* ❶ Dazwischenkunft; ❷ *(nachkl.)* Vermittlung, Beistand.

**inter-vertō**, vertere, vertī, versum ❶ unterschlagen, entziehen; ❷ etw. übergehen.

**inter-vīsō**, vīsere, vīsī, vīsum ❶ v. Zeit zu Zeit nach etw. sehen; ❷ jmd. v. Zeit zu Zeit auf-, besuchen.

**inter-volitō**, volitāre dazwischen umherfliegen.

**in-testābilis**, e *(in$^{2}$ u. testor)* ehrlos, abscheulich.

**in-testātus**, a, um *(in$^{2}$ u. testor)* ohne Testament (gemacht zu haben).

**intestīnum**, ī *n (intestinus)* Darm; *meist Pl.* Eingeweide.

**intestīnus**, a, um *(intus)* innerlich, der innere, im Inneren befindlich, in der Familie, im Staat, einheimisch.

**in-tēxī** *Perf. v. intego.*

**in-texō**, texere, texuī, textum ❶ (hin)einweben, -sticken, -flechten -fügen [**aurum vestibus**]; ❷ *(übtr.)* einflechten, -fügen; ❸ *(poet.; nachkl.)* umflechten, umwinden, umschlingen; *übtr.* umschließen, umgeben.

**intibum**, ī *n (poet.; nachkl.)* Zichorie, Endivie.

**intimus**, a, um *s. interior.*

**in-tingō**, tingere, tīnxī, tīnctum *(poet.; nachkl.)* eintauchen.

**in-tolerābilis**, e ❶ unerträglich; ❷ unwiderstehlich.

**in-tolerandus**, a, um unerträglich.

**in-tolerāns**, *Gen.* antis ❶ *(akt.)* unfähig, etw. zu ertragen *(m. Gen.);* ❷ *(pass.)* unerträglich *(für jmd.: Dat.).*

**intoleranter** *Adv. (intolerans)* maßlos, unmäßig [**gloriari; dolere**].

**intolerantia**, ae *f (intolerans)* Unerträglichkeit, Übermut.

**in-tonō**, tonāre, tonuī, tonātum **I.** *intr.* ❶ donnern; **Fortuna intonat** grollt; *(unpers.)* **intonat** es donnert; ❷ laut ertönen, erschallen, dröhnen, krachen, rauschen; **vox tribuni intonat; silvae intonuerunt; II.** *trans.* ❶ laut ertönen lassen; auf der Laute besingen; ❷ *(poet.)* sausend auf, in etw. *(Dat.)* herabfahren lassen, *mediopass.* sausend herniederfahren.

**in-tōnsus**, a, um ❶ ungeschoren [**capilli; caput**]; *(v. Personen)* m. langem Haar *od.* Bart; ❷ *(übtr.) (v. Bäumen)* dicht belaubt, *(v. Bergen)* dicht bewaldet.

**in-tonuī** *Perf. v. intono.*

**in-torqueō**, torquēre, torsī, tortum ❶ hineindrehen, einflechten; hineinbohren; ❷ flechten, winden, wickeln; ❸ schwingen, schleudern [**hastam;** *übtr.* **contumelias**]; ❹ herumdrehen, verdrehen [**mentum in dicendo** das Kinn schief ziehen; **oculos** rollen].

**intrā** **I.** *Adv. (nachkl.)* innerhalb, innen; *Komp.* **interius** mehr nach innen, weiter drinnen; **II.** *Präp. b. Akk.* ① *(räuml.)* **a)** innerhalb; **b)** *(b. Verben der Bewegung)* in … hinein; ② *(zeitl.)* innerhalb, binnen, vor Ablauf; **~ decem annos; ~** iuventam mitten im Jugendalter; ③ *(übtr.)* **a)** innerhalb; **~ modum; ~ verba peccare** nur m. Worten; **b)** unter, weniger als [**intra centum**].

**intrābilis**, e *(intro[2])* zugänglich.

**in-tractābilis**, e *(poet.; nachkl.)* ① schwer zu behandeln, nicht zu überwinden; ② rau [**bruma**].

**in-tractātus**, a, um ① unbehandelt [**equus** nicht zugeritten]; ② *(poet.)* unversucht.

**in-trācursus**, a, um *(in-[2] u. transcurro) (nachkl.)* nicht durchlaufen.

**in-tremō**, tremere, – – *u. (Incoh.)* **intremīscō**, intremīscere, intremuī, – *(poet.; nachkl.)* (er)zittern, (er)beben.

**in-trepidus**, a, um ① in Ruhe, in Ordnung; ② unerschrocken.

**in-tribuō**, tribuere, – – *(nachkl.)* eine Abgabe auferlegen.

**in-trīcō**, trīcāre *(tricae)* in Verlegenheit bringen.

**in-trītus[1]**, a, um *(in-[2] u. tero)* noch ungeschwächt.

**intrītus[2]** *P. P. P. v. intero.*

**in-trīvī** *Perf. v. intero.*

**intrō[1]** *Adv. (intra)* hinein, herein.

**intrō[2]**, intrāre *(intra)* **I.** *intr.* ① hineingehen, eintreten, *übtr.* sich einschleichen; ② *(übtr.)* in etw. eindringen [**in rerum naturam; in alcis familiaritatem** vertraulichen Umgang m. jmdm. beginnen]; **II.** *trans.* ① etw. betreten, *(milit.)* in etw. einrücken [**portum** erreichen; **maria** befahren]; ② *(nachkl.) (übtr., v. Affekten)* **alqm** *od.* **animum alcis ~** jmd. ergreifen, befallen; **metus pavidos intravit**.

**intrō-dūcō**, dūcere, dūxī, ductum ① (hin)einführen, vorlassen [**legatos in senatum**]; ② einrücken lassen [**copias in fines hostium**]; ③ *(übtr.)* etw. einführen [**consuetudinem**]; ④ *(in der Rede)* etw. anführen [**comparationem**]; ⑤ behaupten, erklären *(m. A. C. I.)*.

**intrōductiō**, ōnis *f (introduco)* das Einführen.

**intrōductus** *P. P. P. v. introduco.*

**intrō-dūxī** *Perf. v. introduco.*

**intro-eō**, īre, iī, itum hineingehen, eintreten [**in urbem**]; *trans.* betreten [**domum**].

**intrō-ferō**, ferre, tulī, – hineintragen, -bringen.

**intrō-gredior**, gredī, gressus sum *(gradior) (poet.; nachkl.)* hineingehen.

**intro-iī** *Perf. v. introeo.*

**introitus[1]** *P. P. P. v. introeo.*

**introitus[2]**, ūs *m (introeo)* ① Eingang, Eintritt, Einzug, *(v. Schiffen)* das Einlaufen [**militum; in portum;** *übtr.* **in causam**]; ② Anfang, Einleitung [**fabulae**]; ③ *(meton.)* Eingang, Zugang [**portūs**].

**intrō-mittō**, mittere, mīsī, missum hineinschicken, ein-, vorlassen.

**intrōrsum** *u.* **-sus** *Adv. (< intrō vorsum u. vorsus)* ① nach innen zu, hinein; ② innerlich, drinnen.

**intrō-rumpō**, rumpere, rūpī, ruptum einbrechen, eindringen.

**intrō-spiciō**, spicere, spexī, spectum *(specto)* ① hineinschauen, hinsehen, besichtigen; ② betrachten, mustern, prüfen [**aliorum felicitatem aegris oculis**].

**intrō-tulī** *Perf. v. introfero.*

**intrō-vocō**, vocāre hereinrufen.

**intubum**, ī *n = intibum.*

**in-tueor**, tuērī, tuitus sum ① hinschauen, ansehen, betrachten; ② anstaunen; ③ betrachten, erwägen [**rerum naturam; veritatem**]; ④ etw. berücksichtigen, beachten [**voluntatem audientium**].

**in-tulī** *Perf. v. infero.*

**in-tumēscō**, tumēscere, tumuī, – *(poet.; nachkl.)* ① anschwellen; ② *(übtr.)* steigen, zunehmen, wachsen; **intumescente fluctu;** ③ sich aufblasen, überheblich werden; ④ aufgebracht, zornig werden *(gegen jmd.: Dat.)*.

**in-tumulātus**, a, um *(poet.)* unbeerdigt.

**intuor**, intuī, – = *intueor.*

**in-turbidus**, a, um *(nachkl.)* ① ungestört, ruhig; ② friedfertig.

**intus** *Adv.* ① innen, drinnen, im Inneren; zu Hause; in der Stadt, im Lager *u. Ä.;* ② *(poet.; nachkl.)* nach innen, hinein.

**in-tūtus**, a, um ① ungesichert, schutzlos [**castra; urbs**]; ② unsicher, unzuverlässig [**latebrae; amicitia**].

**inula**, ae *f (gr. Fw.) (poet.; nachkl.)* Alant *(Heilpflanze)*.

**īnuleus**, ī *m = hinnuleus.*

**in-ultus**, a, um ① ungerächt; ② ungestraft, straflos.

**in-umbrō**, umbrāre *(poet.; nachkl.)* ① beschatten, verdunkeln; ② *(übtr.)* in den Schatten stellen.

**inūnctus** *P. P. P. v. inungo.*

**inundātiō**, ōnis *f (inundo) (nachkl.)* Überschwemmung.

**in-undō**, undāre **I.** *trans.* überschwemmen, -fluten; **II.** *intr. (poet.)* ① v. etw. überfließen; **inundant sanguine fossae;** ② *(ins Land)* strömen; **Troēs inundant**.

**in-ungō**, ungere *(u.* **-unguō**, unguere), ūnxī, ūnctum *(poet.; nachkl.)* einsalben, bestreichen.

**in-urbānus**, a, um ① unfein, ungebildet, unhöflich, roh; ② geschmacklos, ohne Witz.

**in-ūrō**, ūrere, ussī, ustum ① *(poet.; nachkl.)*

einbrennen; ② *(übtr.)* aufdrücken, einprägen [**notam turpitudinis vitae alcis**]; ③ m. etw. kennzeichnen, brandmarken; ④ *(Übel)* verursachen, zufügen [**mala rei publicae; leges** aufdrängen]; ⑤ *(poet.; nachkl.)* (an)brennen, versengen, erhitzen; ⑥ *(übtr.)* **calamistris ~** *(die Rede)* aufputzen, m. erkünsteltem Redeschmuck versehen.

**in-ūsitātus**, a, um ungebräuchlich, ungewöhnlich.

**in-ussī** *Perf. v. inuro.*

**inustus** *P. P. P. v. inuro.*

**in-ūtilis**, e ① unnütz, unbrauchbar, nutzlos; ② schädlich, verderblich.

**inūtilitās**, ātis *f (inutilis)* Schädlichkeit, Verderblichkeit.

**Inuus**, ī *m Beiname des Pan.*

**in-vādō**, vādere, vāsī, vāsum ① *gewaltsam* hin(ein)gehen, eindringen *(in m. Akk. od. bl. Akk.);* ② *(poet.) (einen Ort)* betreten; ③ losgehen auf, überfallen, angreifen *(in m. Akk. od. bl. Akk.)* [**(in) hostes; castra; fines**]; ④ an sich reißen *(in m. Akk. od. bl. Akk.);* ⑤ *(poet.; nachkl.)* unternehmen [**pugnam; aliquid magnum**]; ⑥ *(v. Affekten, Übeln, Krankheiten)* befallen, überkommen *(in m. Akk.; bl. Akk.; selten Dat.); abs.* hereinbrechen, sich verbreiten; ⑦ *(poet.; nachkl.)* jmd. *(m. Worten)* anfahren, zur Rede stellen; ⑧ **in collum alcis ~** jmdm. stürmisch um den Hals fallen.

**in-valēscō**, valēscere, valuī, – *(nachkl.)* erstarken, die Oberhand gewinnen.

**in-validus**, a, um kraftlos, schwach, kränklich.

**in-valuī** *Perf. v. invalesco.*

**in-vāsī** *Perf. v. invado.*

**invāsus** *P. P. P. v. invado.*

**invectīcius**, a, um *(inveho) (nachkl.)* ① eingeführt, nicht einheimisch; ② *(übtr.)* oberflächlich, nicht herzlich [**gaudium**].

**invectiō**, ōnis *f (inveho)* ① Einfuhr; ② Einfahrt.

**in-vehō**, vehere, vēxī, vectum **I.** *akt.* ① hineinfahren, -bringen, -tragen [**frumenta** *(in die Scheunen)* einfahren; **pecuniam in aerarium;** *übtr.* **bellum totam in Asiam** über ganz Asien bringen]; ② *(Waren)* einführen; ③ *(Übel)* über jmd. bringen, jmdm. zufügen *(alci alqd); – Pass.* hereinbrechen; **II.** *mediopass.* **invehi** *u.* **se ~** ① hinein-, heran-, einherfahren, -reiten, -segeln, -fliegen, -fließen, *meist m. Abl. wie curru, equo u. Ä.* [**carpento in forum; in portum** einlaufen; **litori**]; ② losgehen auf, losreiten, losfahren, angreifen [**in phalangem**]; ③ *(m. Worten)* anfahren, losziehen gegen, schimpfen *(in m. Akk.)* [**vehementer in Pompeium; multis verbis in perfidiam alcis**].

**in-veniō**, venīre, vēnī, ventum ① auf jmd. *od.* etw. stoßen, (vor)finden, auffinden [**hostem populabundum; argenti venas**]; *Pass.* gefunden werden, sich zeigen, erscheinen; ② geschrieben finden, *beim Lesen* auf etw. stoßen; ③ etw. ausfindig machen, ermitteln, erfahren [**coniurationem; causam morbi**]; ④ entdecken, erfinden, ausdenken [**viam** Mittel u. Wege]; ⑤ zustande bringen, ermöglichen, schaffen [**artes; viam ferro** sich bahnen]; ⑥ *(zufällig od. gelegentlich)* etw. bekommen, erwerben, sich zuziehen [**cognomen ex re; fraude culpam**]; ⑦ *(poet.; nachkl.)* **se ~** *u. mediopass.* **inveniri** sich dareinfinden.

**inventiō**, ōnis *f (invenio)* ① das Erfinden, Erfindung; ② *(meton.)* **a)** Erfindungsgabe; **b)** *(nachkl.)* das Erfundene.

**inventor**, ōris *m (invenio)* Erfinder, Urheber.

**inventrīx**, īcis *f (inventor)* Erfinderin, Urheberin.

**inventum**, ī *n (invenio)* Erfindung, Entdeckung; *Pl.* Lehren, Ansichten.

**inventus** *P. P. P. v. invenio.*

**in-venustus**, a, um ohne Anmut.

**in-verēcundus**, a, um schamlos, unverschämt.

**in-vergō**, vergere, – – *(poet.) (rel. t. t., b. Opfern u. Sühnen)* auf, in etw. gießen.

**inversiō**, ōnis *f (inverto)* Ironie.

**in-vertō**, vertere, vertī, versum ① umwenden, umkehren, umdrehen; ② *(poet.)* aufwühlen [**mare** *(v. Wind);* **solum vomere** Boden umpflügen]; ③ ausleeren [**vinaria**]; ④ *(übtr.)* umkehren, umstürzen, verderben [**mores**]; ⑤ übel deuten, verdrehen [**virtutes; verba** ironisch verdrehen, ironisch gebrauchen]; ⑥ *(nachkl.)* verändern, etw. m. anderen Worten ausdrücken.

**in-vesperāscit** (invesperāscere, – –) es wird Abend.

**investīgātiō**, ōnis *f (investigo)* Erforschung.

**investīgātor**, ōris *m (investigo)* Erforscher.

**in-vestīgō**, vestīgāre ① aufspüren; ② *(übtr.)* ausfindig machen, erforschen.

**in-vestiō**, vestīre *(nachkl.)* bekleiden.

**inveterāscō**, inveterāscere, inveterāvī, – *(invetero)* ① alt werden; ② *(übtr.)* sich festsetzen, sich einbürgern.

**inveterātiō**, ōnis *f (invetero)* Einwurzelung; *(meton.)* eingewurzelter Fehler.

**in-veterāvī** *Perf. v. inveterasco u. invetero.*

**in-veterō**, veterāre *(vetus)* alt machen, alt werden lassen; – *Pass.* einwurzeln, sich festsetzen; – *P. Adj.* **inveterātus,** a, um alt, eingewurzelt [**error; consuetudo; amicitia**].

**in-vēxī** *Perf. v. inveho.*

**in-vicem** *Adv. (auch getr.; vicis)* ① abwechselnd, wechselweise; ② (unter)einander, gegenseitig; ③ auf beiden Seiten; ④ umgekehrt, andererseits, dagegen.

**in-victus**, a, um unbesiegt; unbesiegbar, unüberwindlich.
**invidentia**, ae *f (invideo)* Missgunst, Neid.
**in-videō**, vidēre, vīdī, vīsum ❶ *(poet.)* neidisch ansehen, durch bösen Blick Unheil bringen; ❷ *(übtr.)* beneiden, missgönnen *(alci u. alci rei; jmd. um etw.: alci rei alcis)* [**amicis; divitiis tuis; honori fratris**]; – *Pass. klass. unpers. invidetur alci u. alci rei, nicht klass. auch persönl., bes. Gerundiv* **invidendus,** a, um beneidenswert; – *Subst.* **invidēns,** entis *m* der Neider; ❸ *(aus Neid)* jmdm. etw. vorenthalten, verweigern.
**invidia**, ae *f (invideo)* ❶ *(akt.)* das Beneiden, Missgönnen, Neid, Eifersucht; ❷ *(pass.)* Neid, *der geg. jmd. gehegt wird,* das Beneidetwerden, Verhasstsein, Hass, Missgunst; **in -a esse** *od.* **-am habere** verhasst sein; **alqm in -am vocare** *od.* **adducere** verhasst machen; ❸ das Gehässige *einer Sache* [**nominis regii**]; üble Nachrede, Vorwurf [**crudelitatis**]; ❹ *(meton.)* **a)** Gegenstand des Neides; **b)** *(poet.)* Neider, neidische Person(en).
**invidiōsus**, a, um *(invidia)* ❶ *(akt.)* **a)** neidisch, missgünstig; **b)** *(poet.)* gehässig; ❷ *(pass.)* **a)** *(poet.; nachkl.)* beneidet, beneidenswert; **b)** verhasst, unbeliebt, widerwärtig [**consulare imperium; iudicium; atrocitas verborum**]; ❸ Hass (Missfallen, Unwillen) erregend, in Misskredit bringend [**crimen; nomina**].
**invidus**, a, um *(invideo)* neidisch, eifersüchtig; ungünstig; – *Subst. m* der Neider.
**in-vigilō**, vigilāre *(m. Dat.)* ❶ *(poet.)* bei etw. wachen; ❷ *(übtr.)* etw. überwachen, große Sorge auf etw. verwenden.
**in-violābilis**, e *(poet.; nachkl.)* unverletzlich.
**in-violātus**, a, um ❶ unverletzt, unversehrt; ❷ unverletzlich [**nomen legatorum**].
**in-vīsī** *Perf. v. inviso.*
**in-vīsitātus**, a, um noch nie gesehen, ungewöhnlich, selten.
**in-vīsō**, vīsere, vīsī, vīsum ❶ nach etw. sehen, besichtigen; ❷ besuchen; ❸ *(poet.)* erblicken.
**in-vīsus¹**, a, um noch nicht gesehen, noch nie gesehen.
**invīsus²**, a, um *(P. Adj. v. invideo)* ❶ *(pass.)* verhasst, hassenswert; ❷ *(akt.) (poet.)* feindlich (gesinnt), gehässig.
**invītāmentum**, ī *n (invito)* (An-)Reiz, (Ver-)Lockung *(zu etw.: Gen. obi. od. ad)* [**temeritatis; ad luxuriam**].
**invītātiō**, ōnis *f (invito)* Einladung.
**invītātus**, *Abl.* ū *m (invito)* Einladung.
**invītō**, invītāre ❶ einladen [**ad cenam; in hospitium**]; ❷ bewirten, verpflegen [**alqm epulis, liberaliter**]; – **se ~** es sich gut schmecken lassen [**cibo vinoque**]; ❸ zu etw. auffordern [**ad pacem; in legationem** zur Annahme einer Legatenstelle]; ❹ reizen, (ver)locken [**somnos** herbeilocken].
**in-vītus**, a, um wider Willen, ungern, unfreiwillig; **me -o** gegen meinen Willen.
**in-vius**, a, um *(in-² u. via)* unwegsam, unzugänglich; – *Subst.* **invia**, ōrum *n* unwegsames Gelände.
**invocātiō**, ōnis *f (invoco) (nachkl.)* Anrufung [**deorum**].
**invocātus¹** *P. P. P. v. invoco.*
**in-vocātus²**, a, um *(in-² u. voco)* ungerufen, uneingeladen.
**in-vocō**, vocāre anrufen, anflehen [**opem deorum;** *m. dopp. Akk.:* **deos testes**].
**involātus**, ūs *m (involo)* Flug.
**involitō**, involitāre *(Intens. v. involo) (poet.)* auf, über etw. flattern *(alci rei).*
**in-volō**, volāre ❶ *(feindl.)* loseilen, sich in, auf etw. stürzen *(alqd u. in alqd);* **cupido animos involat** ergreift; ❷ anfallen, angreifen *(m. Akk.)* [**castra**].
**involūcrum**, ī *n (involvo)* ❶ Hülle, Decke; ❷ *(übtr.)* Hülle.
**involūtus**, a, um *(involvo)* in Dunkel gehüllt, schwer verständlich.
**in-volvō**, volvere, volvī, volūtum ❶ hineinwälzen, hinaufrollen; – *Pass.* niederstürzen auf [**aris**]; *übtr.* sich einschleichen, eindringen; ❷ einwickeln, -hüllen, verhüllen, bedecken *(konkr. u. übtr.)* [**caput; vera obscuris** das Wahre in dunkle Worte hüllen; **se laqueis interrogationis** sich verstricken in; **se litteris** sich in die Wissenschaften vergraben].
**in-vulnerābilis**, e *(in-² u. vulnero) (nachkl.)* unverwundbar.
**in-vulnerātus**, a, um unverwundet.
**iō** *(poet.) Ausruf der Freude* juchhe! *u. des Schmerzes* oh! ah! ach!
**Īō**, ūs *u.* ōnis *f gr. Königstochter, Geliebte des Jupiter, v. Juno wurde sie in eine Kuh verwandelt; später irrte sie bis nach Ägypten, wo sie zurückverwandelt u. als Isis verehrt wurde.*
**iocātiō**, ōnis *f (iocor)* Scherz.
**iocineris** *Gen. v. iocur, s. iecur.*
**iocor**, iocārī *(iocus)* **I.** *intr.* scherzen, spaßen; **in alqd ~** auf etw. scherzend anspielen; **II.** *trans.* scherzend sagen.
**iocōsus**, a, um *(iocus)* scherzhaft, spaßig [**verba**].
**ioculāria**, ium *n (iocularis)* Späße, Scherze.
**ioculāris**, e *u.* **-ārius**, a, um *(iocus)* scherzhaft, spaßig.
**ioculātor**, ōris *m (ioculor)* Spaßmacher.
**ioculor**, ioculārī *(iocus)* scherzen, spaßen.
**iocur** *s. iecur.*
**iocus**, ī *m (Pl.* iocī *m u.* ioca *n)* ❶ Scherz, Spaß; **alci -os dare** *u.* **movere** jmd. belustigen; **-o** *u.* **per -um** im Scherz; **extra -um** *u.* **remoto**

**-o** Scherz beiseite; ② *(poet.) (meton.)* Gegenstand des Scherzes; ③ *(poet.; nachkl.)* Zeitvertreib, Spiel; ④ *(poet.; nachkl.)* scherzhaftes Gedicht, Scherzlied; ⑤ *(poet.; nachkl.)* Liebesspiel; ⑥ Kinderspiel, Kleinigkeit.

**Iōnes**, Iōnum *m* die Ionier, *einer der vier griech. Hauptstämme; – Adj.* **Iōnius**, **Iōnicus**, **Iōniacus**, *poet. auch* **Īonius**, a, um [**mare Ionium**, *poet. auch bloß* **Ionium** das Ionische Meer *zw. Griechenland u. Süditalien*]; – **Iōnia**, ae *f* Ionien, *Landschaft an der Westküste Kleinasiens.*

**iōta** *n (undekl.)* das Jota, *ein griech. Buchstabe.*

**Iovis** *s. Iuppiter.*

**Īphigenīa**, ae *f Tochter des Agamemnon.*

**ipse**, ipsa, ipsum (*Gen. Sg.* ipsīus, *Dat. Sg.* ipsī) ① selbst, persönlich; **rex ipse aderit;** ② Hausherr, Herr, Meister, *fem.* Hausfrau, Herrin; ③ *(im Gen. zur Umschreibung eines Possessivverhältnisses)* eigen; **mea ipsius domus** mein eigenes Haus; **nostra ipsorum decreta** unsere eigenen Beschlüsse; ④ v. selbst, v. sich aus; **valvae ipsae se aperuerunt;** ⑤ an u. für sich, allein schon, bloß; **nomen ipsum Romanum** der bloße Name; ⑥ *(hervorhebend)* schon; **ipsā naturā** schon von Natur aus; ⑦ *(steigernd)* selbst, sogar; **a multis ipsa virtus contemnitur;** ⑧ gerade, eben, genau, lediglich, eigentlich; **sub ipsa profectione** gerade im Moment des Aufbruches; **nunc ipsum** gerade jetzt; **tum ipsum** gerade damals; **vita ipsa** das nackte Leben; *bes. in Verbindung m. is:* **in eo ipso bello; ex eo ipso intellegere;** ⑨ **ipse** (**quoque**) *u.* **et** (*od.* **atque**) **ipse** gleichfalls, ebenfalls, auch.

**īra**, ae *f* ① Zorn, Erbitterung, Wut; **alqd per iram facere** im Zorn; **irā commotus** *od.* **incensus** *od.* **inflammatus** aus Zorn; ② *(poet.) (meton.)* Grund zum Zorn; ③ Heftigkeit [**maris**].

**īrācundia**, ae *f (iracundus)* Jähzorn; Zornesausbruch, Zorn.

**īrācundus**, a, um *(ira)* (jäh)zornig, aufbrausend, heftig.

**īrāscor**, īrāscī, – – *(ira)* zürnen, zornig werden, zornig sein.

**īrātus**, a, um *(ira)* erzürnt, zornig [**deus; mare** stürmisch; **preces** Flüche; **venter** knurrend].

**īre** *Inf. Präs. v. eo*[2].

**Īris**, Īridis *f Tochter des Thaumas, Botin der Götter, Göttin des Regenbogens* (*Akk.* Īrim *u.* Īrin; *Vok.* Īri; *Abl.* Īride *u.* Īrī).

**īrōnīa**, ae *f (gr. Fw.)* Ironie.

**ir-ratiōnālis**, e *(nachkl.)* unvernünftig.

**ir-raucēscō**, raucēscere, rausī, – *(raucus)* heiser werden.

**ir-religātus**, a, um *(poet.)* nicht aufgebunden.

**ir-religiōsus**, a, um gottlos, ohne Ehrfurcht.

**ir-remeābilis**, e *(remeo) (poet.; nachkl.)* keine Rückkehr gewährend [**unda** = Styx].

**ir-remediābilis**, e *(in-*[2] *u. remedium) (nachkl.)* unheilbar; unversöhnlich.

**ir-reparābilis**, e *(poet.; nachkl.)* unwiederbringlich, unersetzlich.

**ir-repertus**, a, um *(poet.; nachkl.)* nicht gefunden.

**ir-rēpō**, rēpere, rēpsī, (rēptum) ① hineinkriechen, -schleichen; ② *(übtr.)* sich einschleichen [**in mentes hominum**]; ③ *(nachkl.)* sich beliebt machen.

**ir-reprehēnsus**, a, um *(poet.)* untadelig.

**ir-rēpsī** *Perf. v. irrepo.*

**ir-requiētus**, a, um *(poet.; nachkl.)* unruhig, rastlos.

**ir-resectus**, a, um *(in-*[2] *u. reseco) (poet.)* unbeschnitten.

**ir-resolūtus**, a, um *(in-*[2] *u. resolvo) (poet.)* unaufgelöst.

**ir-rētiō**, rētīre *(rete)* ① *(poet.; nachkl.)* im Netz fangen; ② *(übtr.)* verwickeln, verstricken.

**ir-retortus**, a, um *(poet.)* nicht zurückgewandt.

**ir-reverēns**, *Gen.* entis *(nachkl.)* respektlos, gleichgültig *(gegen etw.: Gen.).*

**irreverentia**, ae *f (irreverens) (nachkl.)* Respektlosigkeit, Gleichgültigkeit.

**ir-revocābilis**, e ① *(poet.)* unwiderruflich; ② unerbittlich; ③ *(nachkl.)* unversöhnlich.

**ir-revocātus**, a, um *(poet.)* nicht wieder aufgefordert.

**ir-rīdeō**, rīdēre, rīsī, rīsum (aus)lachen, (ver)spotten.

**ir-rīdiculē** *Adv.* ohne Witz.

**irrigātiō**, ōnis *f (irrigo)* Bewässerung [**agrorum**].

**ir-rigō**, rigāre ① *(poet.) (eine Flüssigkeit) irgendwohin* leiten; ② *(poet.) (übtr.)* verbreiten [**quietem per membra**]; ③ bewässern, überschwemmen; ④ *(poet.; nachkl.)* erfrischen.

**irriguus**, a, um *(irrigo) (poet.; nachkl.)* ① *(akt.)* bewässernd; ② *(pass.)* bewässert, befeuchtet.

**ir-rīsī** *Perf. v. irrideo.*

**irrīsiō**, ōnis *f (irrideo)* Verspottung, Hohn.

**irrīsor**, ōris *m (irrideo)* Spötter, Verhöhner.

**irrīsus**[1] *P. P. P. v. irrideo.*

**irrīsus**[2], ūs *m (irrideo)* Spott, Verspottung, Verhöhnung.

**irrītābilis**, e *(irrito)* reizbar.

**irrītāmen**, minis *u.* **-mentum**, ī *n (irrito)* Reizmittel *(zu etw.: Gen.)* [**malorum** zum Bösen; **pacis**].

**irrītātiō**, ōnis *f (irrito)* ① *(nachkl.)* Reizung, Anreiz; ② Erbitterung.

**irrītātor**, ōris *m (irrito) (nachkl.)* derjenige, der reizt.

**ir-rītō** rītāre ① reizen, antreiben [**alqm ad**

**certamen**]; ❷ erregen, verursachen [**seditionem**]; ❸ erzürnen, aufbringen [**animos barbarorum**].
**irritum**, ī *n (irritus)* Erfolglosigkeit, Misslingen.
**ir-ritus**, a, um *(ratus)* ❶ ungültig [**testamentum**]; ❷ vergeblich, erfolglos, unnütz [**inceptum; remedium**]; ❸ *(v. Personen)* ohne Erfolg, unverrichteter Dinge; **legati -i redierunt**.
**irrogātiō**, ōnis *f (irrogo)* Auferlegung [**multae**].
**ir-rogō**, rogāre ❶ beim Volk beantragen [**privilegium**]; ❷ auferlegen, zuerkennen [**poenas peccatis; sibi mortem** sich töten].
**ir-rōrō**, rōrāre *(poet.)* ❶ betauen, benetzen, besprengen; ❷ (herab)träufeln *(trans. u. intr.)*.
**ir-ruī** *Perf. v. irruo.*
**ir-rumpō**, rumpere, rūpī, ruptum ❶ (hin)einbrechen, einfallen [**in medios hostes;** *m. Dat.:* **thalamo** ins Gemach; *trans.:* **oppidum**]; ❷ *(übtr.)* eindringen [**in animos hominum**].
**ir-ruō**, ruere, ruī, – ❶ hineinstürzen, -rennen, eindringen *(konkr. u. übtr.)* [**in aedes; in odium populi Romani** sich zuziehen]; ❷ losstürmen auf.
**ir-rūpī** *Perf. v. irrumpo.*
**irruptiō**, ōnis *f (irrumpo)* Einfall, Einbruch.
**irruptus¹** *P. P. P. v. irrumpo.*
**ir-ruptus²**, a, um unzerreißbar.
**Īrus**, ī *m Bettler auf Ithaka; meton. (poet.)* Bettler.
**is, ea, id I.** *Demonstrativ- u. Personalpron., subst. u. adj.* ❶ dieser, diese, dieses; der, die, das; er, sie, es; der (die, das) genannte; **eā mente** in der Absicht; **ob eam causam** *u.* **eā de re** deshalb; ❷ ein solcher, derartiger, so (beschaffen) *(auf einen folgenden Konsekutivsatz hinweisend);* **non is sum, ut mortis metu terrear; ea est gens Romana, quae victa quiescere nesciat;** ❸ *bei Subst. statt eines Gen. subi. od. obi:* **is numerus** = *eorum numerus;* **ea spes** die Hoffnung darauf; ❹ **isque** *u.* **et is** *u.* **atque is** u. zwar, u. noch dazu; ❺ *Neutr.* *id* **a) id quod** was *in erklärenden Parenthesen in Bezug auf ein Verb od. einen ganzen Gedanken;* **si nos, id quod debet, patria nostra delectat; b) id est** das heißt; **c)** *m. Gen. quant.:* **id hostium** eine solche Zahl v. Feinden; **id honoris** ein solches Maß v. Ehre; ❻ *Gen.* **ēius** sein, ihr *(nicht refl.)*; **II.** *Determinativpron.* **is, qui** der(jenige), welcher.
**Īselasticum**, ī *n (iselasticus) (nachkl.)* kaiserl. Geschenk für den einziehenden Sieger.
**Īselasticus**, a, um *(gr. Fw.)* zum Einzug des Siegers gehörig [**certamen** Wettkampf zu Ehren des einziehenden Siegers].
**Īsēum** (*u.* **Īsēon**), ī *n (Isis)* Isistempel.
**Īsis**, idis *u.* is *f (Akk.* Īsim *u.* Īsin; *Vok.* Īsi; *Abl.* Īsī *u.* Īside) *Hauptgöttin Ägyptens, Schwester u. Gattin des Osiris, v. den Griechen m. der Io gleichgesetzt, auch im röm. Reich zur Kaiserzeit verehrt; – Adj.* **Īsiacus**, a, um.
**Īsocratēs**, is *u.* ī *m Rhetor in Athen, 436–338 v. Chr.; – Adj.* **Īsocratēus** *u.* **-tīus**, a, um.
**Issus**, ī *f Seestadt in Kilikien (Kleinasien), siegreiche Schlacht Alexanders des Gr. gegen Darius 333 v. Chr.*
**Istaevonēs** num *m westgerm. Völkergruppe.*
**is-te**, is-ta, is-tud *Demonstrativpron.* ❶ *(zur Bez. des im Bereich des Angesprochenen befindlichen, dah. oft m. tuus od. vester verbunden)* dieser (da), jener (dort), dein, euer; **iste furor tuus; ista vestra simulatio;** ❷ *(in Briefen, Reden od. Dialogen zur Andeutung v. Orten u. Verhältnissen, an od. in denen sich der Angeredete befindet)* dortig; **istae res** die Verhältnisse bei euch; ❸ *(verächtl.)* der da, ein solcher; *oft auch* = der Angeklagte; **nostri isti nobiles;** / *Gen. Sg.* istīus, *poet.* istius, *Dat.* istī.
**ister** *etr. Wort für ludio, vgl. histrio.*
**Ister**, trī *m = Hister.*
**Isthmus** *u.* **-os**, ī *m* Landenge, *bes.* die Landenge v. Korinth; – *Adj.* **Isthmius**, a, um; – *Subst.* **Isthmia**, ōrum *n* die Isthmischen Spiele.
**istī** *Adv. (Lok. v. iste) (poet.)* dort.
**istic¹**, istaec, istoc *u.* istuc *(durch enklitisches -ce verstärktes iste; verstärkt istice, in Fragen isticine)* dieser dort, der da; – *Abl.* **istōc** *(beim Komp.)* desto.
**istīc²** *Adv. (Lok. v. istic¹)* ❶ *(zur Bez. des Ortes, der dem Angeredeten nahe ist)* dort, da, bei dir *od.* bei euch; ❷ *(übtr.)* dabei.
**istim** *Adv. (iste) = istinc.*
**istinc** *Adv. (istim u. ce)* ❶ v. dort, v. da, *bes. v. dem Ort, wo sich der Angeredete befindet;* ❷ *(poet.)* davon.
**istīus-modī** v. der Art, so beschaffen.
**istō** *Adv. (iste)* ❶ dorthin, dahin, *bes.* dahin, wo du bist (wo ihr seid); ❷ darein, da hinein.
**Istrī, Istria** *= Histri, Histria, s. Histria.*
**istuc¹** *Neutr. v. istic¹.*
**istūc²** *Adv. (iste; vgl. huc)* ❶ dahin, dorthin *(bes. wo du bist od. ihr seid);* ❷ *(übtr.)* dazu.
**ita** *Adv.* **I.** *qualitativ* ❶ so, auf diese Weise, derart, so beschaffen, von der Art; **quae cum ita sint** da es sich so verhält; **res ita est** *od.* **se habet** die Sache verhält sich so; ❷ *(vergleichend)* **a) ita ... ut** so ... wie; **ut** (*od.* **sicut** *od.* **quomodo** *od.* **quemadmodum**) ... **ita** wie ... so; *oft auch* = zwar ... aber; **ut quisque** *(m. Superl.)* **..., ita** *(m. Superl.)* je *(m. Komp.)* (jemand) ..., desto *(m. Komp.);* **ut quisque amplissimus est, ita plurimos amicos habet; ut**

**quidque est optimum, ita est rarissimum;** ❸ *(b. Wünschen u. Schwüren)* **ita** *(m. Konj.)* **... ut** *(m. Ind. od., wenn ein neuer Wunsch folgt, m. Konj.)* so wahr … wie, so wahr ich wünsche, dass … so gewiss; ❹ *(in Frageformeln)* **itane (est)?** ist es so? also wirklich?; **itane vero** *od.* **tandem?** ist's denn wirklich so?; **quid ita?** wieso? warum denn?; ❺ *(als Antwort)* **ita (est)** *u.* **ita vero est** so ist es = ja, freilich; **non (est) ita** nein; ❻ *(einen folg. Gedanken einleitend)* so, also, folgendermaßen; ❼ so, unter solchen Umständen, infolgedessen, daher; **pater aegrotare coepit et ita mortuus est;** ❽ *(einschränkend)* **ita ... ut** *od.* **si** unter der Bedingung *od.* Voraussetzung, m. der Beschränkung, (nur) insofern *verneint:* **ita ... ut non** *od.* **ne tamen; II.** *(zur Bez. des Grades)* so, so sehr, in solchem Grade; **ita non** so wenig; **non ita** *od.* **haud ita** *(bei Adj. u. Adv.) u.* **non ita valde** *(bei Verben)* nicht eben, nicht gerade.

**Italia**, ae *f* Italien, *meton.* die Bewohner v. Italien; – **Italus**, ī *m* Italer, Italiker, *Pl.* **Italī**, ōrum *u.* um, *fem.* **Italis**, idis Italerin; **Italicī**, ōrum *m* die verbündeten Völker Italiens; – *Adj.* **Italicus, Italius** *u.* **Italus**, a, um; */ das I ist im Vers auch lang.*

**ita-que I.** *Adv. (= et ita)* und so; **II.** *Kj.* daher, deshalb, also.

**item** *Adv. (< ita u. -em; vgl. idem)* ❶ *(vergleichend)* ebenso, auf gleiche Weise; ❷ ebenfalls, gleichfalls, auch; ❸ *(anreihend)* ebenso, gleichermaßen, auch.

**iter**, itineris *n (ire)* ❶ *(abstr.)* das Gehen, Weg, Gang *(den man nach einem Ort od. Ziel macht);* ❷ Reise, Marsch, Fahrt; **iter facere** reisen, marschieren; **in** *od.* **ex itinere** unterwegs; ❸ *(meton.)* **a)** Tagereise, Tagemarsch *(als Wegstrecke od. Längenmaß)* [**paucorum dierum** wenige Tagemärsche; **magnum** Eilmarsch]; **b)** freier Durchgang, Durchgangsrecht; **iter per provinciam dare alci;** ❹ *(konkr.)* Weg *(der nach einem Ort od. Ziel führt),* Straße, Bahn [**directum; angustum; pedestre** Fußweg]; **iter facere** bahnen; ❺ *(übtr.)* Weg; **omnibus patet ~ ad civitatem** zum Bürgerrecht; ❻ Art u. Weise, Verfahren, Methode [**eloquentiae**]; ❼ (Fort-)Gang, Bahn.

**iterātiō**, ōnis *f (itero)* Wiederholung.

**iterō**, iterāre *(iterum)* ❶ wiederholen, erneuern [**aequor** wieder befahren; **cursūs** wieder aufnehmen; **ortūs** wiederum aufgehen; **tumulum** wiedererrichten]; ❷ **agrum** *od.* **solum ~** nochmals pflügen; ❸ nochmals sagen, wiederholen.

**iterum** *Adv.* ❶ zum zweiten Mal, wiederum, wiederholt; **semel atque ~** *od.* **semel iterumque** zu wiederholten Malen, ein paar Mal; **~ iterumque** immer wieder, mehrmals; ❷ andererseits, dagegen.

**Ithaca**, ae *u.* **Ithacē**, ēs *f Insel im Ionischen Meer, Heimat des Ulixes; – Einw. u. Adj.* **Ithacus**, ī *m bzw.* a, um *u.* **Ithacēnsis**, is *m bzw.* e.

**iti-dem** *Adv. (< ita u. dem; vgl. idem)* ebenso, gleichfalls.

**itiō**, ōnis *f (eo²)* das Gehen, Gang, Reise.

**Itius portus** *m Hafen der gall. Moriner (im heutigen Belgien).*

**itō**, itāre *(Intens. v. eo²)* gehen.

**itum** *P. P. P. v. eo².*

**itus**, ūs *m (eo²)* das Gehen, Gang, Abreise.

**Itys**, yos *u. (poet.)* **Itylus**, ī *m Sohn des Tereus, v. seiner Mutter Prokne getötet u. dem Vater zum Mahl vorgesetzt;* (*Akk.* Itym *u.* -yn, *Abl.* -ȳ).

**iuba**, ae *f* ❶ Mähne; ❷ *(poet.) (meton.)* **a)** Kamm *(der Schlange);* **b)** Helmbusch.

**Iuba**, ae *m Name v. Königen v. Numidien.*

**iubar**, aris *n (poet.)* ❶ helles Licht, strahlender Glanz; ❷ *(meton.)* Sonne, Stern.

**iubātus**, a, um *(iuba)* m. einer Mähne *od.* einem Kamm (versehen).

**iubeō**, iubēre, iussī, iussum ❶ befehlen, verordnen, anordnen *(m. A. C. I.; im Pass. m. N. C. I.);* ❷ gutheißen, genehmigen, beschließen [**legem; rogationem; alci provinciam** zuerkennen]; ❸ jmd. zu etw. wählen *od.* erklären *(m. Akk. od. dopp. Akk.);* ❹ **alqm salvere** (*od.* **salvum esse** *od.* **valere**) **iubere** jmd. grüßen (lassen), v. jmdm. Abschied nehmen.

**iūcunditās**, ātis *f (iucundus)* ❶ Annehmlichkeit; **se iucunditati dare** sich dem Vergnügen hingeben; ❷ Liebenswürdigkeit, Freundlichkeit; ❸ Beliebtheit.

**iūcundus**, a, um *(zu iuvo)* ❶ erfreulich, angenehm; ❷ *(v. Personen)* liebenswürdig, heiter; ❸ beliebt *(bei: Dat.).*

**Iudaea**, ae *f* Judäa; *ganz* Palästina; – *Einw.* **Iūdaeus**, ī *m* Jude; – *Adj.* **Iūdaicus**, a, um jüdisch.

**iūdex**, dicis *m (ius u. dico)* ❶ Richter; **alci iudicem dare** bestimmen; **alci iudicem ferre** jmdm. vorschlagen; **iudicem reicere** ablehnen; **iudicem dicere** angeben, wen man zum Richter haben möchte; ❷ Beurteiler, Kritiker; **me iudice** nach meinem Urteil.

**iūdicātiō**, ōnis *f (iudico)* ❶ richterliche Untersuchung; ❷ Urteil.

**iūdicātum**, ī *n (iudico)* Urteilsspruch.

**iūdicātus**, ūs *m (iudico)* Richteramt.

**iūdiciālis**, e *u.* **iūdiciārius**, a, um *(iudicium)* gerichtlich, Gerichts-.

**iūdicium**, ī *n (iudex, iudico)* ❶ Urteil(sspruch), Richterspruch, Erkenntnis, Entscheidung [**senatūs; populi**]; ❷ gerichtliche Untersuchung,

Gerichtsverhandlung, Gericht, Prozess; **-o praeesse** den Vorsitz führen; **-um dare** *u.* **reddere** eine gerichtl. Untersuchung gestatten *(vom Prätor)*; **qui -um dat** = Prätor; **alqm in -um deducere** (*od.* **adducere** *od.* **vocare**) vor Gericht ziehen, verklagen; **-um facere** *u.* **exercere** Gericht (ab)halten; ❸ *(meton.)* **a)** Gerichtsbarkeit, richterliches Amt; **b)** Gerichtsort, -stätte; **c)** die Richter, Richterkollegium; **d)** Prozess, Rechtsstreit; ❹ *(übtr.)* **a)** Meinung, Ansicht, Urteil; **omnium -o** nach allgemeinem Urteil; **b)** Urteilskraft, -vermögen, Geschmack; **c)** Einsicht, Überlegung; **-o alqd facere** m. Vorbedacht, absichtlich.

**iūdicō**, iūdicāre *(iudex)* ❶ Recht sprechen, urteilen, gerichtlich entscheiden; **iudicandi potestas; qui iudicat** Richter, *bes.* Prätor; **verum** *od.* **falsum ~** ein richtiges *od.* falsches Urteil fällen; **rem** *od.* **res ~** das Richteramt ausüben; ❷ ver-, aburteilen; ❸ *(übtr.)* urteilen, glauben, meinen *(de; A. C. I., im Pass. N. C. I.)*; ❹ entscheiden, beschließen, bestimmen *(de; A. C. I.; indir. Frages.)* [**ex alqo de ceteris** v. jmdm. auf die Übrigen schließen; **sibi ipsi** eigenmächtig]; **iudicatum est** es ist entschieden, es steht fest; ❺ beurteilen, schätzen *(nach etw.: re u. ex re)* [**de viro suspicionibus** auf bloße Verdachtsgründe hin; **hominem ex habitu**]; ❻ *(m. dopp. Akk.)* f. etw. halten *od.* erklären.

**iugālēs**, lium *m (iugalis) (poet.)* Gespann [**gemini** Zweigespann].

**iugālis**, e *(iugum) (poet.)* ❶ Joch-, Zug- [**equus**]; ❷ *(übtr.)* ehelich, hochzeitlich, Ehe-, Braut- [**sacra** Hochzeitsfest; **dona** Brautgeschenke].

**Iugārius vicus** *Straße in Rom am Fuß des Kapitols, benannt nach der Ehestifterin Iuno Iuga, die dort ein Heiligtum hatte.*

**iugātiō**, ōnis *f (iugo)* das Anbinden der Reben an Querbalken.

**iūgerum**, ī *n (iungo, iugum)* ein Morgen Landes *(= 1/4 Hektar)*.

**iūgis**, e *(iungo) (vom Quellwasser)* nie versiegend, immer sprudelnd.

**iū-glāns**, glandis *f (= Iovis glans)* Walnuss.

**iugō**, iugāre *(iugum)* ❶ verknüpfen, verbinden; ❷ *(poet.)* verehelichen.

**iugōsus**, a, um *(iugum) (poet.)* gebirgig.

**iugulō**, iugulāre *(iugulum)* ❶ die Kehle durchschneiden, (ab)schlachten; ❷ erstechen, (er)morden; ❸ *(übtr.)* vernichten, verderben.

**iugulum**, ī *n u. (nachkl.)* **-us**, ī *m (iungo)* ❶ Kehle; ❷ *(nachkl.) (übtr.)* **~ causae** Hauptpunkt, -argument.

**iugum**, ī *n (iungo)* ❶ Joch *(der Zugtiere), oft Pl.*; ❷ *(meton.)* Gespann; *übtr.* Paar; ❸ *(übtr.)* **a)** Joch, Pflicht; **b)** *(poet.)* Ehejoch; **c)** Sklavenjoch; **-um accipere** sich gefallen lassen; **-um exuere** abschütteln; ❹ Querholz, -balken **a)** *(milit.) das aus drei Lanzen in der Form* Π *gebildete Joch, unter dem besiegte Feinde hindurchgehen mussten;* **b)** Querholz an der Waage, *übh.* Waage *(an der Deichsel u. als Gestirn)*; ❺ *(poet.)* Webebaum; ❻ *(poet.)* Ruderbank; ❼ Gebirgszug, Bergrücken, -kette.

**Iugurtha**, ae *m König v. Numidien, v. Marius besiegt; – Adj.* **Iugurthīnus**, a, um.

**Iūlēus**, a, um *(poet.)* ❶ des Iulus; ❷ des Iulius Caesar; ❸ des Augustus; ❹ kaiserlich.

**Iūlius**, a, um *Name einer patriz. gens in Rom, am bekanntesten:* **C. ~ Caesar** *sowie sein Großneffe u. Adoptivsohn* **C. ~ Caesar Octavianus,** *s. Caesar; –* **Iūlia,** ae *f Tochter des Augustus, vermählt m. Marcellus, dann m. Agrippa, zuletzt m. Tiberius, gest. 14 n. Chr.; – Adj.* **Iūlius,** a, um [**leges** Cäsars; **mensis** der Juli *(früher Quintilis; Geburtsmonat Cäsars)*] *u.* **Iūliānus,** a, um [**milites** Cäsars Soldaten].

**Iūlus,** ī *m Sohn des Äneas* = Ascanius.

**iūmentum,** ī *n (iungo)* Zug-, Lasttier.

**iunceus**, a, um *(iuncus)* aus Binsen, Binsen-.

**iuncōsus**, a, um *(iuncus) (poet.; nachkl.)* voller Binsen.

**iūnctim** *Adv. (iungo)* ❶ vereint, beisammen; ❷ *(nachkl.)* hintereinander.

**iūnctiō**, ōnis *f (iungo)* Verbindung.

**iūnctūra**, ae *f (iungo)* ❶ Verbindung, Band, Fuge [**genuum** Gelenk; **verticis** Naht; **tignorum** Fuge, Riegel]; ❷ *(poet.) (übtr.)* Verwandtschaft [**generis**]; ❸ *(poet.)* Zusammensetzung *eines Wortes.*

**iūnctus**, a, um *(P. Adj. v. iungo; Adv.* iūnctim, *s. d.)* ❶ zusammengefügt, vereinigt, verbunden; ❷ *(poet.; nachkl.)* verwandt; befreundet, verbunden [**sanguine** blutsverwandt; **alci amore**]; – *Subst.* **iunctissimi** *m (nachkl.)* die nächsten Angehörigen; ❸ *(rhet. t. t.)* wohlgefügt [**oratio**].

**iuncus,** ī *m (poet.; nachkl.)* Binse.

**iungō**, iungere, iūnxī, iūnctum ❶ verbinden, vereinigen [**dextram dextrae** sich die Hand geben, sich begrüßen; **oscula** sich küssen; **cursum equis** Schritt m. den Pferden halten; **urbem** die beiden Stadtteile; **dolorem cum alqo** teilen; **fluvium ponte** eine Brücke über den Fluss schlagen]; ❷ *(poet.; nachkl.) (Tiere)* ins Joch spannen, anspannen; ❸ *(einen Wagen)* bespannen; ❹ anfügen, anschließen; ❺ ehelich verbinden, verheiraten [**feminam secum matrimonio**]; ❻ *(durch Verwandtschaft, Freundschaft)* verbinden, vereinigen; **amicitiā vetustā puer puero iunctus;** ❼ *(Verwandtschafts-, Freundschaftsbündnis u. Ä.)* knüpfen, schließen [**amicitiam cum alqo**]; ❽ *(ein Bündnis, Frieden u. Ä.)* schließen, eingehen; ⑨ *(Wörter)* zusammensetzen, durch Zusammensetzung bilden.

**iūnior** *s. iuvenis.*

**iūniperus**, ī *f (poet.; nachkl.)* Wacholder.

**Iūnius**, a, um ① *röm. nomen gentile, s. Brutus u. Iuvenalis;* ② *auch* **Iunius mensis** Juni.

**Iūnō**, ōnis *f* Juno, *röm. Ehe- und Geburtsgöttin, Gemahlin Jupiters;* ~ **Regina** *Juno als Königin des Himmels – Adj.* **Iūnōnius**, a, um *u.* **Iūnōnālis**, e der Juno gehörig *od.* geweiht; *– Subst.* **Iūnōni-cola**, ae *m u. f* Verehrer(in) der Juno; **Iūnōni-gena**, ae *m* Sohn der Juno (= Vulcanus).

**iūnxī** *Perf. v. iungo.*

**Iuppiter** *(auch* Iūpiter*)*, Iovis *m (daneben Nom.* Diēspiter*)* ① Jupiter, *der höchste Gott der Römer;* ② *(poet.) (meton.)* Himmel, Luft, Klima; **sub Iove** unter freiem Himmel.

**Iūra**, ae *m, auch* **Iura mons** *m* Jura(gebirge).

**iūrātor**, ōris *m (iuro)* vereidigter Begutachter.

**iūrātus**, a, um *(iuror)* vereidigt; *– Subst. m* Geschworener.

**iūre-cōnsultus**, a, um, **iūre-perītus**, a, um rechtskundig.

**iūrgium**, ī *n (iurgo)* ① Zank, Streit; ② Prozess.

**iūrgō**, iūrgāre streiten, zanken; *trans. (poet.)* jmd. (aus)schelten.

**iūridiciālis**, e *(iuridicus)* rechtlich, gerichtlich.

**iūri-dicus**, a, um *(ius u. dico[1])* Recht sprechend; *– Subst. m* Richter.

**iūris-cōnsultus**, a, um rechtskundig.

**iūris-dictiō**, ōnis *f* Rechtsprechung, Zivilgerichtsbarkeit.

**iūris-perītus**, a, um rechtskundig.

**iūrō**, iūrāre *(ius[1])* **I.** *intr.* ① schwören, einen Eid ablegen [**per deos** bei den Göttern; **in verba** auf die Eidesformel; **in verba magistri** blind folgen]; ② *(poet.)* **a) in alqd ~** sich zu etw. verschwören; **b) in alqm ~** sich gegen jmd. verschwören; **II.** *trans.* ① schwören *(m. innerem Obj.)* [**ius iurandum** einen Eid; **falsum** *u.* **falsa** einen Meineid]; ② etw. m. einem Schwur bekräftigen, eidlich aussagen; ③ *(poet.)* schwören bei [**deos**]; ④ etw. abschwören [**calumniam** schwören, dass man nicht aus böser Absicht als Kläger auftrete].

**iūror**, iūrārī *(ius[1]; nur im Perf.-Stamm)* schwören.

**iūs[1]**, iūris *n* ① Recht *(als Inbegriff v. Gesetzen u. Verordnungen),* Satzung; **ius dicere** Recht sprechen; **contra ius fasque** gegen Recht u. Pflicht; **ius bonumque** Recht u. Gerechtigkeit; **iura dare** *od.* **condere** eine Verfassung geben; ② Rechtsanschauungen, Rechtsnormen, Recht [**gentium** Völkerrecht; **civile** bürgerliches Recht; **hominum** *od.* **humanum** Naturrecht; **publicum** Staatsrecht]; ③ Recht *als Gegenstand richterlicher Entscheidung;* ④ *(meton.)* Gericht(sstätte); **in ius vocare** vor Gericht ziehen, verklagen; ⑤ rechtliche Befugnis, Berechtigung, Recht, Anspruch auf etw.; **iura communia** gleiche Rechte; **iure** m. Recht; **meo / tuo / suo** *usw.* **iure** m. vollem Recht; ⑥ Vorrecht, Privileg; ⑦ Gewalt, Macht; **sui iuris esse** sein eigener Herr sein, selbstständig sein; **iuris alcis esse** unter jmds. Macht stehen; ⑧ rechtliche Stellung.

**iūs[2]**, iūris *n* Brühe, Suppe, Tunke.

**iūs iūrandum**, iūris iūrandī *n (auch zus. geschrieben)* Eid, Schwur; **ius iurandum dare alci** jmdm. ein eidliches Versprechen geben; **ius iurandum accipere** sich schwören lassen.

**iussī** *Perf. v. iubeo.*

**iussū** *(m) (iubeo)* auf Befehl.

**iussum**, ī *n (iubeo)* ① Befehl, Geheiß; ② Verordnung, Beschluss des Volkes; ③ *(poet.)* ärztliche Verordnung.

**iussus** *P. P. P. v. iubeo.*

**iūsta**, ōrum *n (iustus)* ① das Gebührende; ② Totenopfer, -feier.

**iūsti-ficus**, a, um *(iustus u. facio) (poet.)* recht tuend.

**iūstitia**, ae *f (iustus)* Gerechtigkeit; **-am colere** üben.

**iūstitium**, ī *n (ius u. sto; Bildung wie sol-stitium)* ① Einstellung aller Rechtsgeschäfte, Gerichtsstillstand; ② *übh.* Stillstand [**omnium rerum** aller Geschäfte]; ③ *(nachkl.)* Landestrauer.

**iūstum**, ī *n (iustus)* Recht, Gerechtigkeit.

**iūstus**, a, um *(ius[1])* ① gerecht, Gerechtigkeit übend [**iudex; in socios**]; ② recht-, gesetzmäßig [**uxor** legitime; **dies** gesetzlich bestimmt; **imperium**]; ③ gebührend, wohlbegründet [**poena; triumphus; odium; honores** verdient]; ④ richtig, ordentlich, gehörig; **plus -o** mehr als recht, über Gebühr; **-o iure** m. vollem Recht.

**Iūturna**, ae *f Quellnymphe, Schwester des Turnus.*

**iūtus** *P. P. P. v. iuvo.*

**iuvenālis**, e *(iuvenis)* jugendlich, Jugend-; **ludi iuvenales** *od. Subst.* **iuvenālia,** ium *n v. Nero eingeführte, urspr. theatralische, Spiele.*

**Imperium Romanum**

**Iuvenālis** (is *m*) – Decimus Iunius Iuvenalis (58–138 n. Chr.), im Deutschen „Juvenal“ genannt, war der letzte bedeutende römische Satiriker. In seinen 16 erhaltenen in Hexametern verfassten Satiren schildert er in schonungsloser Art und teils frecher Sprache die Verderbnis der römischen Gesellschaft. Rom erscheint bei ihm als eine Sammelstätte aller Laster. Die sprich-

I

wörtlich gewordene Wendung „panem et circenses“ – „Brot und Spiele“ stammt aus einer seiner Satiren.

**iuvenca**, ae *f (iuvencus) (poet.)* ❶ junges Mädchen; ❷ junge Kuh, *die noch nicht gekalbt hat.*

**iuvencus** *(iuvenis) (poet.; nachkl.)* **I.** *Adj.* a, um jung; **II.** *Subst.* ī *m* ❶ junger Mann; ❷ junger Stier.

**iuvenēscō**, iuvenēscere, – – *(iuvenis) (poet.; nachkl.)* ❶ heranwachsen; ❷ wieder jung werden.

**iuvenīlis**, e *(iuvenis)* jugendlich.

**iuvenis**, is **I.** *Adj. (Komp.* iūnior *u. [nachkl.]* iuvenior*)* jung, jugendlich [**anni** Jugendjahre]; **II.** *Subst. m u. f* ❶ *m* junger Mann; – *Komp. Pl.* **iūniōrēs,** rum *m* junge Mannschaft; ❷ *f (poet.)* junges Mädchen, junge Frau.

**iuvenor**, iuvenārī *(iuvenis) (poet.)* den Jüngling spielen, tändeln.

K

**iuventa**, ae *u. (poet.)* **iuventās**, ātis *f (iuvenis)* ❶ Jugend, Jugendalter, -zeit; ❷ *(meton.)* **a)** Jugendkraft, -frische, -mut; **b)** *(poet.)* junge Leute; **c)** *(poet.)* Bartflaum; ❸ *(personif.)* **Iuventa** *u.* **Iuventās** *Göttin der Jugend.*

**iuventūs**, tūtis *f (iuvenis)* ❶ Jugend, Jugendalter, -zeit; ❷ *(meton.)* **a)** junge Leute; **b)** junge Mannschaft.

**iuvō**, iuvāre, iūvī, iūtum *(Part. Fut.* iuvātūrus*)* ❶ unterstützen, helfen, fördern *(abs.; m. Akk.)* [**amicum pecuniā; exercitum commeatu**]; **herba iuvans** nützlich; **dis iuvantibus** m. Hilfe der Götter; **mulier domum iuvat** sorgt fürs Haus; *Pass.* **iuvor** mir wird geholfen; *unpers.* **iuvat** *(m. Inf.)* es nützt; ❷ erfreuen, erheitern, ergötzen; – *unpers.* **iuvat** *(m. Inf. od. A. C. I.)* es (er)freut.

**iūxtā** *(verw. m. iungo)* **I.** *Adv.* ❶ dicht daneben, nahe dabei, nebenan; *(poet.; nachkl.) auch auf die Frage „wohin?“* in die Nähe; ❷ *(übtr.)* auf gleiche Art, ebenso, (so)wie, gleichmäßig *(oft m. ac, et, -que, cum, Dat.)*; **plebi patribusque ~ carus; hiemem et aestatem ~ pati;** **II.** *Präp. b. Akk.* ❶ *(räuml.)* dicht neben, nahe bei; ❷ *(nachkl.) (zeitl.)* unmittelbar vor; **~ finem vitae**; ❸ *(nachkl.) (v. Zeit, Reihenfolge, Rang)* unmittelbar nach, nächst; ❹ *(nachkl.) (zur Bez. v. Annäherung u. Ähnlichkeit)* nahe an, nahezu, beinahe zu; **~ seditionem ventum est** es kam beinahe zu.

**iūxtim** *Adv. (iuxta)* daneben.

**Ixīōn**, onis *m König der Lapithen in Thessalien, zur Strafe f. einen Frevel geg. Juno in der Unterwelt an ein rastlos sich drehendes Feuerrad geflochten;* – *Adj.* **Ixīonius**, a, um; – **Ixīonidēs**, ae *m* Sohn des Ixion (= Pirithous).

# Kk

**K.** *(Abk.) = Kaeso (röm. Vorname).*

**Kal.** *= Kalendae, s. Calendae.*

**Karthāgō** *s. Carthago.*

### Grammatik & Co.

Bei den lateinischen **Konjugationen** ist für uns grundsätzlich wichtig, Präsensstamm und Perfektstamm zu unterscheiden. Es gibt aber auch Verben, die nur im Perfektstamm vorkommen (Verba defectiva), z. B. novi („ich habe kennengelernt“) = „ich weiß“.

### Grammatik & Co.

Bei der Übersetzung mit **Konjunktiv** müssen wir beachten, dass nur die Konjunktive des **Irrealis** deckungsgleich im Lateinischen und Deutschen sind (Gegenwart: Konjunktiv Imperfekt; Vergangenheit: Konjunktiv Plusquamperfekt): Si taceres, philosophus maneres. „Wenn du schwiegest, bliebest du ein Philosoph.“ – Si tacuisses, philosophus mansisses. „Wenn du geschwiegen hättest, wärest du ein Philosoph geblieben.“ – Die Deckungsgleichheit gilt hingegen nicht für den Potentialis oder den Optativ: **Potentialis**: dicat aliquis „einer *könnte* sagen“; **Optativ**: Adveniant! *„Möchten* sie doch ankommen!“

# L

**L.** *(Abk.)* ① *(als Vorname)* = *Lucius;* ② *(als Zahlzeichen)* = 50.

**lābēcula**, ae *f (Demin. v. labes)* kleiner Schandfleck.

**labe-faciō**, facere, fēcī, factum *(Pass.* -fīō, -fierī, -factus sum) *(labo)* ① zum Schwanken bringen, erschüttern; ② *(übtr.)* **a)** stürzen, zu Fall bringen, zugrunde richten [**iura plebis**]; **b)** *(in der Gesinnung)* erschüttern.

**labefactō**, labefactāre *(Intens. v. labefacio)* = *labefacio.*

**labefactus** *P. P. P. v. labefacio.*

**labe-fēcī** *Perf. v. labefacio.*

**labe-fīō** *Pass. v. labefacio.*

**labellum**[1], ī *n (Demin. v. labrum*[1]*)* (kleine) Lippe.

**lābellum**[2], ī *n (Demin. v. labrum*[2]*)* kleines Opferbecken.

**lābēs**, is *f (labor*[1]*)* ① Fall, Sturz [**terrae** Erdrutsch]; **labem dare** einstürzen; ② *(übtr.)* Untergang, Unheil; ③ *(poet.)* (Schmutz-)Fleck, Klecks; ④ *(übtr.)* Schandfleck, Schande.

**Labiēnus**, ī *m röm. cogn.:* **T. Attius ~** *Volkstribun 63 v. Chr., Legat Cäsars in Gallien, ging 49 zu Pompeius über, fiel 45 b. Munda.*

**labium**, ī *n (labrum*[1]*) (nachkl.)* Lippe.

**labō**, labāre *(Intens. v. labor*[1]*)* ① wanken, schwanken; ② *(übtr.)* **a)** dem Untergang nahe sein, zusammenzubrechen drohen; **labans fortuna populi Romani; b)** *(v. Personen, Gesinnung, Ansichten)* schwanken, unentschieden, unzuverlässig sein.

**lābor**[1], lābī, lāpsus sum ① gleiten, schweben **a)** hinab-, herabgleiten, sinken, fallen [**(ex) equo; per gradus** herunterfallen]; **b)** dahingleiten, -schweben, -fließen *u. Ä.;* ② *(poet.; nachkl.)* entgleiten, entschlüpfen, entschwinden; ③ *(poet.) (v. der Zeit)* entrinnen, vergehen; ④ *(übtr.)* straucheln, (sich) irren; **spe lapsus** in der Hoffnung getäuscht; ⑤ *(in einen Zustand)* geraten [**in luxuriam**]; ⑥ *(poet.; nachkl.)* verfallen; **labitur disciplina; labens res publica**.

**labor**[2] *u. (arch.)* **labōs**, ōris *m (labo)* ① Arbeit, Anstrengung, Mühe; **nullo** *od.* **sine (ullo) labore** mühelos; **(summo) cum labore;** ② *(ausgeführte)* Arbeit, *unter Anstrengung zustande gebrachtes* Werk [**anni** Jahresertrag]; ③ Beschwerlichkeit [**belli; itineris**]; ④ Unternehmung, Tat; ⑤ Arbeitskraft, Ausdauer; ⑥ Not, Unglück [**Troiae** *u.* **Iliaci** die Leiden Trojas].

**labōri-fer**, fera, ferum *(labor*[2] *u. fero) (poet.)* Anstrengungen, Strapazen ertragend.

**labōriōsus**, a, um *(labor*[2]*)* ① mühsam, beschwerlich [**opus**]; ② geplagt, sich abmühend [**remiges**]; ③ fleißig.

**labōrō**, labōrāre *(labor*[2]*)* **I.** *intr.* ① arbeiten, sich anstrengen, sich abmühen; ② *(an etw.)* leiden, *(v. etw.)* geplagt werden, sich in Not befinden; **milites laborant; laboranti subvenire;** – *das Übel u. die Krankheit stehen im Abl.:* **fame / pestilentiā ~; odio apud hostes ~** verhasst sein; – *der leidende Körperteil sowie übh. der Ursprung des Leidens wird m. ex, selten m. a bez.:* **ex capite / pedibus ~; ex aere alieno ~** in Schulden stecken; **a re frumentaria ~** keine Lebensmittel haben; **II.** *trans. (poet.; nachkl.)* etw. bearbeiten, verarbeiten, verfertigen [**frumenta** Getreide anbauen; **vestes auro** m. Gold durchwirken].

**labōs** *s. labor*[2].

**labrum**[1], ī *n* ① Lippe; ② Rand.

**lābrum**[2], ī *n (lavo)* Becken, (Bade-)Wanne, Bad.

**labrusca**, ae *f (poet.; nachkl.)* wilde Rebe, wilder Wein.

**labyrinthēus**, a, um *(labyrinthus) (poet.)* labyrinthisch.

> **Wissen: Antike**
>
> **labyrinthus** (ī *m*) – Dieses Fremdwort aus dem Griechischen bezeichnet wie im Deutschen ein Labyrinth und insbesondere das sagenhafte Labyrinth auf Knossos (lat. Gnosus), ein im Auftrag des kretischen Königs Minos von Daedalus erbautes Gebäude mit zahlreichen Irrgängen, worin der Minotaurus gefangen gehalten wurde.

**lac**, lactis *n* ① Milch [**concretum** geronnene; **pressum** Käse]; ② *(poet.; nachkl.)* Milchsaft *(v. Pflanzen);* ③ *(poet.) (meton.)* Milchfarbe.

**Lacaena**, ae *f* Lakonierin, Spartanerin; *auch als Adj.:* lakonisch, spartanisch.

**Lacedaemōn**, onis *f* Sparta; – *Einw.* **Lacedaemonius**, ī *m* Lakonier, Spartaner; – *Adj.* **Lacedaemonius,** a, um lakonisch, spartanisch.

**lacer**, era, erum ① *(pass.)* zerfetzt, zerrissen, zerfleischt, zertrümmert; ② *(akt.) (poet.)* zerfetzend, zerfleischend.

**lacerātiō**, ōnis *f (lacero)* das Zerfetzen, Zerreißen, Zerfleischen.

**lacerna**, ae *f* mantelartiger Überwurf *m. Kapuze.*

**lacerō**, lacerāre *(lacer)* ① zerfetzen, zerreißen, zerfleischen [**vestem; genas**]; ② zertrümmern [**navem**]; ③ *(poet.; nachkl.)* zerzausen, zerraufen [**capillos**]; ④ zugrunde richten, zerrütten, quälen [**imperium; alqm fame**]; ⑤ *(Vermögen)* vergeuden; ⑥ *(m. Worten)* herunterreißen, schelten, tadeln [**alqm maledictis; carmina alcis**].

**lacerta**, ae *f* ① *(poet.; nachkl.)* Eidechse; ② Stöcker *(Seefisch).*

**lacertōsus**, a, um *(lacertus[1])* muskulös.

**lacertus[1]**, ī *m* ① Oberarm, *übh.* Arm; ② *(meton.) Pl.* Stärke, Kraft [*(übtr.)* **oratoris** Überzeugungskraft]; ③ *(poet.)* Schere *des Skorpions.*

**lacertus[2]**, ī *m (poet.; nachkl.) = lacerta.*

**lacessō**, lacessere, lacessīvī *u.* lacessiī, lacessītum ① reizen, herausfordern, anklagen [**deos (precibus)** m. Bitten bestürmen; **ferro regna** bekämpfen; **Teucros** angreifen]; *zu etw.: m. Abl. od. ad* [**proelio** *u.* **ad proelium**]; ② etw. beginnen, versuchen.

**Lachesis**, is *f eine der drei Parzen.*

**lacinia**, ae *f (verw. m. lacer)* Zipfel.

**Lacō**, ōnis *m* Lakonier, Lakedämonier, Spartaner; – **Lacōnis**, idis *f* Lakonierin, Spartanerin; – *Adj.* **Lacōnicus**, a, um, *fem. auch* **Lacōnis**, idis lakonisch, spartanisch; – **Lacōnica**, ae *u.* **-ē**, ēs *f die peloponnesische Landschaft* Lakonien; – **Lacōnicum**, ī *n* Schwitzbad.

**lacrima**, ae *f* ① Träne; **-as (pro)fundere** *od.* **effundere** vergießen; **cum -is** unter Tränen; ② *(poet.; nachkl.)* ausgeschwitzte Flüssigkeit, Tropfen, Harz(tropfen) [**Heliadum** Bernstein; **turis** Weihrauchkörner].

**lacrimābilis**, e *(lacrimo) (poet.; nachkl.)* ① beweinenswert, unglücklich [**tempus**]; ② kläglich [**gemitus**].

**lacrimābundus**, a, um *(lacrimo)* in Tränen ausbrechend, weinend.

**lacrimō**, lacrimāre *(lacrima)* ① weinen; ② *(poet.; nachkl.) (v. Pflanzen)* (herab)träufeln.

**lacrimōsus**, a, um *(lacrima) (poet.; nachkl.)* ① weinerlich, kläglich [**voces; carmen** Trauergesang]; ② tränenerregend [**funera; poëma** rührselig].

**lacrimula**, ae *f (Demin. v. lacrima)* Tränchen.

**lactēns**, *Gen.* entis *(lac)* ① saugend; – *Subst.* **lactentēs**, tium *f* noch saugende Tiere; ② *(poet.; nachkl.) (v. Pflanzen)* saftig.

**lacteolus**, a, um *(Demin. v. lacteus) (poet.)* milchweiß.

**lactēscō**, lactēscere *(lac)* zu Milch werden.

**lacteus**, a, um *(lac)* ① *(poet.)* milchig; voller Milch; ② milchweiß [**via** *od.* **orbis** Milchstraße].

**lactō**, lactāre *(lac) (poet.)* Milch geben, säugen.

**lactūca**, ae *f (lac) (nachkl.)* Kopfsalat.

**lactūcula**, ae *f (Demin. v. lactuca) (nachkl.)* zarter Kopfsalat.

**lacūna**, ae *f (lacus)* ① Vertiefung, Loch, Grube; ② Lache, Sumpf, Teich; ③ *(übtr.)* Ausfall, Verlust.

**lacūnar**, nāris *n* (*Abl. Sg.* -ī; *Nom. Pl.* -ia; *Gen. Pl.* -ium) *(lacuna)* getäfelte Zimmerdecke.

**lacūnō**, lacūnāre *(lacuna) (poet.)* m. einer getäfelten Decke schmücken.

**lacūnōsus**, a, um *(lacuna)* lückenhaft.

**lacus**, ūs *m* ① See; ② *(poet.) (meton.)* Wasser, Gewässer; ③ Flussbett; ④ Bassin, Brunnen; ⑤ Wanne, Kübel, Trog.

**laedō**, laedere, laesī, laesum ① *(poet.)* verletzen, beschädigen [**hominem vulnere; cursu aristas**]; ② *(übtr.)* verletzen [**fidem** sein Wort brechen; **dignitatem alcis**]; ③ beleidigen, kränken.

**Laelius**, a, um *Name einer pleb. gens in Rom:* **C. ~ Sapiens** *Freund des jüngeren Scipio.*

**laena**, ae *f (gr. Fw.) langhaariger* Wollmantel.

**Lāërtēs**, ae *(selten* is) *m Vater des Odysseus (Ulixes); – Adj.* **Lāërtius**, a, um [**regna** = Ithaca]; – **Lāërtiadēs**, ae *m* Sohn des Laërtes (= Odysseus).

**laesī** *Perf. v. laedo.*

**laesiō**, ōnis *f (laedo) (rhet.)* absichtliches Reizen *des Gegners.*

**Laestrȳgones**, num *m menschenfressende Riesen in der Gegend v. Formiae in Mittelitalien* (*Sg.* Laestrȳgōn, onis); – *Adj.* **Laestrȳgonius**, a, um.

**laesus** *P. P. P. v. laedo.*

**laetābilis**, e *(laetor)* erfreulich.

**laetātiō**, ōnis *f (laetor)* Jubel.

**laetificō**, laetificāre *(laetificus)* ① erfreuen; ② fruchtbar machen.

**laeti-ficus**, a, um *(laetus u. facio) (poet.; nachkl.)* erfreulich.

**laetitia**, ae *f (laetus)* ① laute, lebhafte Freude, Fröhlichkeit; ② *(nachkl.)* Schönheit, Anmut.

**laetor**, laetārī *(laetus)* sich freuen, fröhlich sein, seine Freude zeigen.

**laetus**, a, um ① fröhlich, heiter; ② erfreulich, angenehm, Glück verheißend [**prodigium**]; ③ fruchtbar, üppig, blühend, herrlich [**segetes; arbores**]; reich an etw.: *Gen. od. Abl.:* **pabuli ~ ager; colles frondibus -i;** ④ *(poet.)* wohlgenährt, fett [**armenta**].

**laeva**, ae *f (laevus; erg. manus, pars)* linke Hand, linke Seite; **ad -am** *u.* **(a) -a** zur Linken, links.

**laevum**, ī *n (laevus) (poet.; nachkl.)* linke Seite; *Pl.* **laeva,** ōrum die links liegende Gegend.

**laevus**, a, um ① linker, links liegend; ② *(poet.) (übtr.)* linkisch, ungeschickt; ③ *(poet.)* ungünstig, Unheil bringend; ④ *(poet.) (in der Auguralspr.)* günstig, Glück bringend *(da der*

*Augur nach Süden blickte u. zur Linken der Osten, die Glück bringende Weltgegend, lag)* [**omen**].

**laganum**, ī *n (gr. Fw.) (poet.)* Eierkuchen.

**lagēos**, ī *f (gr. Fw.) (poet.; nachkl.)* Hasenwein *(eine griech. Rebenart, nach der Farbe der Trauben benannt).*

**lagoena**, ae *f (gr. Fw.)* Flasche, Krug *(weitbauchiges, enghalsiges Gefäß m. Henkeln).*

**lagōis**, idis *f (gr. Fw.) (poet.)* Schneehuhn.

**lagōna** *u.* **lagūna** = *lagoena.*

**laguncula**, ae *f (Demin. v. lagoena) (nachkl.)* Fläschchen.

**Lāius**, ī *m König v. Theben, Vater des Ödipus;* – **Lāiadēs**, ae *m* = Ödipus.

**lāma**, ae *f (poet.)* Pfütze, Sumpf.

**lambō**, lambere, lambī, lambitum ❶ (be)lecken; ❷ *(poet.; nachkl.) (übtr., v. Sachen)* leicht berühren, umzüngeln, *(vom Fluss)* bespülen.

**lāmella**, ae *f (Demin. v. lamina) (nachkl.)* Metallblättchen.

**lāmenta**, ōrum *n (lamentor)* das Wehklagen.

**lāmentābilis**, e *(lamentor)* ❶ *(poet.)* beklagenswert; ❷ klagend, kläglich [**vox**].

**lāmentātiō**, ōnis *f (lamentor)* das Wehklagen.

**lāmentor**, lāmentārī **I.** *intr.* laut wehklagen; **II.** *trans.* laut beklagen.

**lamia**, ae *f (gr. Fw.) (poet.) weibl. Vampir (meist Pl.).*

**Lamia**, ae *m cogn. der gens Aelia; – Adj.* **Lamiānus**, a, um.

**lāmina** *(u.* lammina), ae *f* ❶ Platte, Scheibe *(v. Metall, Holz u. a.),* Blatt, Brett, Tafel, Blech; ❷ Eisenklammer; ❸ *(poet.)* Schwertklinge.

**lampas**, padis *f (gr. Fw.) (poet.)* ❶ Leuchte, Fackel; ❷ *(übtr.)* Glanz, Schimmer, Licht [**Phoebea** Sonnenlicht, Sonne]; ❸ *(meton.)* Leuchter; / *Akk. Sg. auch* -pada; *Akk. Pl. auch* -padas.

**lamptēr**, ēris *m (gr. Fw.) (nachkl.)* Leuchter.

**lamyrus**, ī *m (poet.; nachkl.) ein Seefisch.*

**lāna**, ae *f* ❶ Wolle; ❷ *(meton.)* **a)** Wollkleid; **b)** Wollfaden; **-as ducere** spinnen; **c)** *Pl.* Wollstoffe; ❸ Wollarbeit.

**lānātus**, a, um *(lana)* wollig.

**lancea**, ae *f (kelt. Wort)* Lanze, Speer.

**lancinō**, lancināre *(lacer)* ❶ *(nachkl.)* zerfleischen; ❷ *(poet.) (übtr.)* verschlemmen [**paterna bona**].

**lāneus**, a, um *(lana)* ❶ aus Wolle; ❷ *(poet.)* weich wie Wolle.

**Langobardī**, ōrum *m germ. Volk an der unteren Elbe.*

**langue-faciō**, facere, – – *(langueo u. facio)* einschläfern, beruhigen.

**languēns**, *Gen.* entis *(P. Adj. v. langueo)* schlaff, matt; schwermütig.

**langueō**, languēre, languī, – schlaff, matt, kraftlos, träge sein.

**languēscō**, languēscere, languī, – *(Incoh. v. langueo)* ❶ erschlaffen, ermatten, träge werden; **lecto ~** siechen; **flos languescit** welkt; ❷ *(übtr.)* erschlaffen, abnehmen; **languescunt animi** der Mut sinkt; **voluptates languescunt**.

**languī** *Perf. v. langueo u. languesco.*

**languidulus**, a, um *(Demin. v. languidus) (poet.)* matt.

**languidus**, a, um *(langueo)* ❶ matt, schlaff, träge [**membra; ventus** lau; **flumen** träge fließend; **quies** einschläfernd]; ❷ *(übtr.)* untätig, gleichgültig [**philosophus; animus**].

**languor**, ōris *m (langueo)* ❶ Mattigkeit, Schlaffheit, Trägheit; ❷ *(übtr.)* Untätigkeit, Sorglosigkeit, Gleichgültigkeit; ❸ *(poet.)* Schwermut.

**laniātiō**, ōnis *f (nachkl.)* = *laniatus.*

**laniātus**, ūs *m (lanio)* Zerfleischung, Zerreißen.

**laniēna**, ae *f (lanius)* Fleischerei.

**lānificium**, ī *n (lanificus) (nachkl.)* Wollarbeit.

**lāni-ficus**, a, um *(lana u. facio) (poet.)* Wolle verarbeitend, spinnend, webend [**ars** Webekunst].

**lāni-ger** *(lana u. gero) (poet.; nachkl.)* **I.** *Adj.* gera, gerum Wolle tragend, wollig; **II.** *Subst.* gerī *m* Schaf, Widder.

**laniō**, laniāre zerfleischen, zerreißen, zerfetzen [**unguibus ora; crines** zerraufen; *übtr.* **carmina** *m. Worten* herunterreißen].

**lanista**, ae *m* ❶ Gladiatorenmeister; ❷ *(übtr.)* Aufwiegler.

**lānitium**, ī *n (lana) (poet.; nachkl.)* Wolle.

**lanius**, ī *m (lanio)* Fleischer, Metzger.

**lanterna**, ae *f (gr. Fw.)* Laterne, Lampe.

**lanternārius**, ī *m (lanterna)* Laternenträger; *übtr.* Spießgeselle.

**lānūgō**, ginis *f (lana) (poet.; nachkl.)* ❶ das Wollige *der Bäume, der Früchte u. Ä.;* ❷ Bartflaum.

**lanx**, lancis *f* ❶ Schüssel, Schale; ❷ Waagschale.

**Lāocoōn**, ontis *m Priester in Troja, der die Trojaner vor dem hölzernen Pferd warnte.*

**Lāomedōn**, dontis *m König v. Troja, Vater des Priamus; – Adj.* **Lāomedontēus** *u.* **-tius**, a, um des Laomedon, *poet. auch* trojanisch; – **Lāomedontiadēs**, ae *m* = Priamus; *Pl.* = die Trojaner.

**lapathus**, ī *f (gr. Fw.) (poet.)* Sauerampfer.

**lapi-cīda**, ae *m (lapis u. caedo)* Steinmetz.

**lapicīdīnae**, ārum *f (lapicida)* Steinbrüche.

**lapidātiō**, ōnis *f (lapido)* das Steinwerfen, Steinwürfe, *auch Pl.*

**lapidātor**, ōris *m (lapido)* Steinschleuderer.

**lapideus**, a, um *(lapis)* steinern, Stein- [**imber** Steinhagel].

**lapidō**, lapidāre *(lapis) (unpers.)* **lapidat** es regnet Steine *(Perf. lapidavit u. lapidatum est).*

L

**lapidōsus**, a, um *(lapis)* ① *(poet.)* steinig, voller Steine; ② *(poet.; nachkl.)* hart wie Stein [**panis**].

**lapillus**, ī *m (Demin. v. lapis) (poet.; nachkl.)* ① Steinchen; ② Mosaiksteinchen; ③ Edelstein, *auch* Perle; ④ Stimmstein.

**lapis**, idis *m* ① Stein [**ardens** Meteor; **bibulus** Bimsstein]; ② *(poet.)* Marmor; ③ *(meton.) Gegenstand aus Stein:* **a)** *(poet.; nachkl.)* Tisch, Tischplatte; **b)** Grenzstein; **c)** *(m. Ordinalzahlen)* Meilenstein; **d)** *(poet.)* Grabstein; **e)** Steintritt *des praeco beim Sklavenverkauf;* ④ *(poet.; nachkl.)* Edelstein, *auch* Perle; ⑤ **Iuppiter ~** Jupiterstein, ein Donnerkeil, *den man beim Schwur als Symbol in der Hand hielt.*

**Lapitha** *u.* **-ēs**, ae *m, Pl.* **-ae**, ārum *u.* Lapithûm *thessalisches Bergvolk, ber. durch den Kampf m. den Kentauren.*

**lappa**, ae *f (poet.; nachkl.)* Klette.

**lāpsiō**, ōnis *f (labor[1])* Neigung zum Schlimmen.

**lāpsō**, lāpsāre *(Intens. v. labor[1]) (poet.; nachkl.)* ausgleiten, wanken.

**lāpsus[1]** *P. P. Akt. v. labor[1].*

**lāpsus[2]**, ūs *m (labor[1])* ① das Gleiten, gleitende Bewegung [**volucrum** Flug; **fluminum** *u.* **siderum** Lauf]; ② Fall, Sturz; ③ *(übtr.)* Verstoß, Versehen.

**laquear**, āris *n (poet.; nachkl.)* getäfelte Zimmerdecke, *meist Pl.*

**laqueātus**, a, um *(laquear)* getäfelt [**tectum**].

**laqueus**, ī *m* ① Schlinge, Strick; ② *(übtr.)* Fallstrick, Falle, *meist Pl.* [**legum; interrogationum**].

**Lār**, Laris, *m* der Lar: ① *meist Pl.* **Larēs,** rum *u.* rium die Laren: Hausgötter; Weggötter; Feldgötter; Schutzgötter einer Stadt *od.* des Staates ② *(meton.) meist Sg.* **a)** Haus, Wohnung, Heimat, Herd; **b)** *(poet.)* Vogelnest.

**Imperium Romanum**

**Lār** – Die **Lares** waren in der Religion der Römer Schutzgottheiten. Es gab verschiedene Arten von Laren: Die **Lares familiares** waren die privaten Schutzgottheiten einer Familie, in denen die vergötterten Seelen der Familienahnen gesehen wurden. Sie beschützten Haus und Hof und die Bewohner. Am Herd stand im Mittelpunkt des Hauses ein Schrein mit den Bildern der Laren. Dort wurden ihnen bei Familienfeiern Opfer dargebracht. Die **Lares compitales** waren Beschützer von Wegkreuzungen, wo sich auch ihre kapellenartigen Schreine befanden. Dort wurde ihnen zu Ehren alljährlich im Dezember ein Fest, die **compitalia**, gefeiert. Ähnlich gab es auch Lare für Wege, Felder und Haine. Schließlich gab es noch die **Lares publici** oder **urbani**, die die Obhut über den ganzen Staat oder über eine Stadt hatten. Zu ihnen zählten besonders Romulus, Remus und Acca Larentia.

**lārdum** = *laridum.*

**Lārentālia**, ium *n Fest zu Ehren der Acca Larentia, die Romulus u. Remus erzog.*

**Lārentia** *s. Acca Larentia.*

**Larēs** *s. Lar.*

**largi-ficus**, a, um *(largus u. facio)* reichlich.

**largior**, largīrī *(largus)* ① (reichlich) schenken, spenden; ② bestechen; ③ *(übtr.)* gewähren, einräumen, zugestehen [**populo libertatem; honores** erweisen].

**largitās**, tātis *f (largus)* Freigebigkeit.

**largiter** *Adv. v. largus.*

**largītiō**, ōnis *f (largior)* ① reichliches Schenken, Freigebigkeit; ② Bestechung; ③ Gewährung, Verleihung [**civitatis** des Bürgerrechts].

**largītor**, ōris *m (largior)* ① freigebiger Spender; *attrib.* freigebig; ② Bestecher.

**largus**, a, um *(Adv.* largē *u.* largiter) ① freigebig; ② reichlich; ③ *(poet.; nachkl.)* reich an etw. *(m. Gen. od. Abl.).*

**lāridum**, ī *n (poet.; nachkl.)* Speck.

**Lārīnum**, ī *n Stadt in Samnium (in Mittelitalien, südl. v. Rom), j.* Larino; – *Einw. u. Adj.* **Lārīnās**, nātis *(m).*

**Lārīs(s)a**, ae *f* ① *thessalische Stadt (Nordgriechenland);* – *Adj.* **Lārīsaeus**, a, um; – *Einw.* **Lārīsaeī**, ōrum *u.* **Lārīsēnsēs**, ium *m;* ② **~ Cremastē** *hochgelegene Stadt am Malischen Meerbusen;* ③ *eine Burghöhe v. Argos.*

**Lars**, Lartis *m* Herr, Fürst *(etr. Titel od. Beiname).*

**lārva**, ae *f* ① *(nachkl.)* böser Geist, Gespenst; ② *(poet.) (meton.)* Maske *der Schauspieler.*

**lārvālis**, e *(larva) (nachkl.)* gespensterhaft.

**lārvātus**, a, um *(larva) (poet.)* besessen, behext.

**lasanum**, ī *n (gr. Fw.) (poet.)* Nachtgeschirr.

**lāsar…** = *laser…*

**lascīvia**, ae *f (lascivus)* ① Ausgelassenheit, Fröhlichkeit [**iuvenalis**]; ② Zügellosigkeit, Ausschweifungen.

**lascīviō**, lascīvīre *(lascivus)* ausgelassen, fröhlich, übermütig sein.

**lascīvus**, a, um ① ausgelassen, lustig, fröhlich; ② zügellos, übermütig; wollüstig, schlüpfrig.

**lāserpīci-fer**, fera, ferum *(laserpicium u. fero) (poet.)* Laserpicium tragend [**Cyrenae**].

**lāserpīcium**, ī *n (nachkl.) Wolfsmilchart (Arznei- u. Gewürzpflanze).*

**lassitūdō**, dinis *f (lassus)* Ermüdung, Mattigkeit.

**lassō**, lassāre *(lassus) (poet.; nachkl.)* müde machen, ermüden.

**lassulus**, a, um *(Demin. v. lassus) (poet.)* todmüde.

**lassus**, a, um müde, matt, erschöpft.

**latebrae**, ārum *f (lateo)* ① Schlupfwinkel, Versteck; ② *(übtr.)* Ausflucht, Deckmantel; ③ das Verborgensein.

**latebrōsus**, a, um *(latebrae)* voller Schlupfwinkel.

**latēns**, *Gen.* entis *(P. Adj. v. lateo)* verborgen, heimlich.

**lateō**, latēre, latuī, – ① verborgen sein, sich versteckt halten; ② geborgen, sicher sein; ③ unbekannt sein, verborgen bleiben.

**later**, eris *m* Ziegel(stein).

**laterculus**, ī *m (Demin. v. later)* Ziegelstein.

**laterīcium**, ī *n (latericius)* Ziegelbau.

**laterīcius**, a, um *(later)* aus Ziegeln, Ziegel-.

**latericulus**, ī *m = laterculus.*

**latēscō**, latēscere, – – *(Incoh. v. lateo)* sich verbergen.

**latex**, ticis *m (gr. Fw.)* Flüssigkeit, Nass, Wasser, *oft Pl.* [**meri** Wein].

**Latiālis, Latiar, Latiāris** *s. Latium.*

**latibulum**, ī *n (lateo)* Schlupfwinkel, Versteck.

**lāti-fundium**, ī *n (latus[2] u. fundus) (nachkl.)* großes Landgut.

**Latīnitās**, ātis *f* ① gutes Latein; ② das latinische Recht *(Zwischenstufe zw. dem Recht des civis Romanus u. dem des peregrinus, es gewährte den latinischen Gemeinden Autonomie im Handel u. im Erbrecht).*

**Latīnus** *s. Latium.*

**lātiō**, ōnis *f (latus[1])* das (Ein-)Bringen [**auxilii** Hilfeleistung; **legis** Gesetzesvorschlag].

**latitō**, latitāre *(Intens. v. lateo)* sich versteckt halten, verborgen sein.

**lātitūdō**, dinis *f (latus[2])* ① Breite; Größe; ② breite Aussprache; ③ *(nachkl.)* Fülle des Ausdrucks.

**Latium**, ī *n* Latium, *urspr. das Land zw. Tiber u. den Pontinischen Sümpfen, Heimat der Latiner, später Landschaft in Mittelitalien, zu der außer dem ~ antiquum auch die Gebiete der Äquer, Herniker, Volsker u. Aurunker gehörten; meton.* = die Latiner; **I.** *Subst.* ① **Latīnus**, ī *m* **a)** der Latiner, Bew. v. Latium, *Pl.* die Latiner, *zunächst die Bew. v. Latium, später auch Bew. außeritalischer Gemeinden, alle diejenigen, die das ius Latii (= Latinitas 2.) besaßen;* **b)** *myth. König v. Laurentum in Latium, Schwiegervater des Äneas;* **c)** *myth. König v. Alba Longa;* ② **Latīnum**, ī *n* das Lateinische, Latein; **II.** *Adj.* ① **Latīnus**, a, um **a)** zu Latium gehörig, latinisch; *auch* lateinisch, römisch; **b)** gut lateinisch [**locutio**]; **c)** *(übtr.)* deutlich; ② *(poet.; nachkl.)* **Latius**, a, um = *Latinus;* ③ **Latiāris**, e *u. (poet.; nachkl.)* **Latiālis**, e zu Latium gehörig, latinisch, *bes.* **Iuppiter Latiaris** *als Schutzgott des Latinerbundes; dav.* **Latiar**, āris *n* Fest des Iuppiter Latiaris.

**Lātō**, ūs *u. (meist)* **Lātōna**, ae *f Mutter des Apollo u. der Diana; – Adj.* **Lātōus, Lātōius, Lētōius, Lātōnius**, a, um, *fem. auch* **Lātōis**, idis; – **Lātōus** *u.* **Lātōius**, ī *m* = Apollo; – **Lātōia**, ae, **Lātōis** *u.* **Lētōis**, idis *u.* idos *f* = Diana; – **Lātōni-gena**, ae *m u. f* Kind der Latona.

**lātomiae** = *lautumiae.*

**Lātōna** *s. Lato.*

**lātor**, ōris *m (latus[1])* Antragsteller.

**lātrātor**, ōris *m (latro[1])* „Beller" = Hund.

**lātrātus**, ūs *m (latro[1])* das Bellen, Gebell.

**lātrō[1]**, lātrāre *(im Vers auch latrō)* ① bellen, *trans.* anbellen; – *Subst.* **lātrāns,** rantis *m (poet.)* = Hund; ② *(übtr., v. Menschen)* schimpfen, schreien, zanken; ③ *(poet.) (v. Sachen)* lärmen; **undae latrantes** heulend.

**latrō[2]**, ōnis *m* ① (Straßen-)Räuber, Wegelagerer; ② *(im Krieg)* Freibeuter, Freischärler; ③ *(poet.) (im Hinterhalt lauernder)* Jäger.

L

**latrōcinātiō**, ōnis *f (latrocinor) (nachkl.)* Straßenraub.

**latrōcinium**, ī *n (latro[2])* ① Räuberei, Raubzug; ② Spitzbüberei; ③ *(meton.)* Räuberbande.

**latrōcinor**, latrōcinārī *(latro[2])* Straßen-, Seeraub treiben.

**latrunculārius**, a, um *(latrunculus) (nachkl.)* zum Brettspiel gehörig.

**latrunculus**, ī *m (Demin. v. latro[2])* ① Straßenräuber; ② *(nachkl.)* Stein *im Brettspiel.*

**lātūra**, ae *f (latus[1]) (nachkl.)* das Tragen *v. Lasten.*

**lātus[1]** *P. P. P. v. fero.*

**lātus[2]**, a, um ① breit; ② weit ausgedehnt [**regio; regnum**]; ③ *(übtr.)* **a)** *(v. der Aussprache)* breit; **b)** *(v. der Rede)* weitläufig, ausführlich; **c)** *(poet.; nachkl.) (v. Personen)* breitspurig.

**latus[3]**, teris *n* ① Seite *(des Körpers); (übtr.)* **lateri alcis adhaerere** jmdm. nicht von der Seite gehen; **latus mutare** sich auf die andere Seite werfen; ② jmds. nächste Umgebung = die Vertrauten, die nächststehenden Freunde; ③ *(nachkl.)* Verwandtschaft; ④ Brust, Lunge, *meist Pl.;* ⑤ *(poet.) (meton.)* Körper; ⑥ *(übtr.)* Seite, Seitenfläche, Flanke [**castrorum**]; ⑦ *(milit.)* Flanke des Heeres.

**latusculum**, ī *n (Demin. v. latus[3]) (poet.)* (kleine) Seite.

**laudābilis**, e *(laudo)* lobenswert, rühmlich.

**laudātiō**, ōnis *f (laudo)* ① das Loben, Lob(rede); ② *(vor Gericht)* die für jmd. abgelegte günstige *od.* entlastende Aussage; ③ Leichenrede *(auf jmd.: Gen.)*; ④ Dankschreiben *(v. Bewohnern einer röm. Provinz f. das Wirken eines Statthalters)*.

**laudātīvus**, a, um *(laudo)* lobend.

**laudātor**, ōris *m (laudo)* ① Lobredner; ② *(vor Gericht)* Entlastungszeuge; ③ Leichenredner.

**laudātrīx**, īcis *f (laudator)* Lobrednerin.

**laudicēnī**, ōrum *m (laudo u. cena) (nachkl.) die eine Mahlzeit loben, um dazu eingeladen zu werden.*

**laudō**, laudāre *(laus)* ① loben, rühmen; ② eine Leichenrede halten; ③ jmd. *vor Gericht* entlasten; ④ jmd. zitieren, anführen, nennen [**alqm auctorem; alqm testem**]; / *P. Adj.* **laudātus**, a, um gerühmt *(alci: von jmdm.)* [**dux cunctis laudatus**]; vortrefflich, schön.

**laurea**, ae *f (laureus)* ① Lorbeer(baum); ② Lorbeerkranz, -zweig; ③ *(meton.)* Triumph, Sieg.

**laureātus**, a, um *(laurea)* lorbeerbekränzt *(bes. als Siegeszeichen)* [**lictores; litterae -ae**, *auch bloß* **laureatae** Siegesnachricht].

**laureola**, ae *f (Demin. v. laurea)* ① kleiner Lorbeerkranz; ② *(meton.)* Triumph.

**laureus**, a, um *(laurus)* Lorbeer-.

**lauri-ger**, gera, gerum *(laurus u. gero) (poet.)* lorbeerbekränzt.

**laurus**, ī *u. (poet.; nachkl.)* ūs *f = laurea.*

**laus**, laudis *f* ① Lob, Ruhm; **laudem habere** Lob verdienen; **laudem alcis rei habere** wegen etw. berühmt sein; **laudi esse** rühmlich sein; ② *(meton.) Pl.* Lobsprüche, Lobrede; **alqm** *od.* **alqd laudibus (ef)ferre** *u.* **extollere** preisen; ③ Ruhmestat, Verdienst, Vorzug [**liberatarum Thebarum** Theben befreit zu haben].

**lautia**, ōrum *n* Verpflegung auf Staatskosten *(die in Rom fremden Gesandten u. anderen vornehmen Gästen gewährt wurde)*.

**lautitia**, ae *f (lautus)* Pracht, Luxus.

**lautumiae**, ārum *f (gr. Fw.)* Steinbruch; *(in Rom)* Gefängnis, Kerker.

**lautus**, a, um *(P. Adj. v. lavo)* ① *(poet.)* sauber; ② stattlich, ansehnlich [**patrimonium**]; ③ anständig, rühmlich [**liberalitas**]; ④ *(v. Personen)* vornehm, elegant.

**lavātiō**, ōnis *f (lavo)* ① das Waschen, Baden, Bad; ② Badewasser; ③ *(poet.)* Badegeschirr.

**lāvī** *Perf. v. lavo.*

**Lāvīnia**, ae *f Tochter des Königs Latinus, zweite Gattin des Äneas;* – **Lāvīnium**, ī *n Stadt in Latium südl. v. Rom, v. Äneas erbaut u. nach seiner Gattin Lavinia benannt;* – *Adj.* **Lāvīn(i)us**, a, um.

**lavō**, lavāre, lāvī, lautum, lōtum *u.* lavātum *(poet. Präs. auch* lavō, lavere) ① **a)** *(trans.)* waschen, baden; **b)** *(intr. u. mediopass.)* sich waschen, (sich) baden; ② *(poet.; nachkl.)* befeuchten, benetzen; ③ *(poet.)* wegwaschen, -spülen [**sudorem;** *übtr.* **mala vino** vertreiben].

**laxāmentum**, ī *n (laxo)* Erleichterung, Schonung, Erholung.

**laxitās**, tātis *f (laxus)* ① Weite, Geräumigkeit; ② *(nachkl.) (übtr.)* Gelassenheit.

**laxō**, laxāre *(laxus)* ① schlaff machen, lockern, lösen; ② erweitern; ③ *(übtr.)* mildern, mäßigen, erleichtern [**annonam** den Getreidepreis ermäßigen, herabsetzen]; *intr.* nachlassen; **annona laxat;** ④ beruhigen, sich erholen lassen [**animum a laboribus; membra quiete; se molestiis**].

**laxus**, a, um *(verw. m. langueo)* ① schlaff, lose, locker [**habenae; toga** schlotterig; **calceus**]; ② *(übtr.)* zwanglos, frei; ③ weit, ausgedehnt [**spatium; agmen** gelockert]; ④ *(zeitl.)* lang, geraum.

**lea**, ae *f (leo) (poet.)* Löwin.

**leaena**, ae *f (gr. Fw.)* Löwin.

**Lēander**, drī *m Geliebter der Hero.*

**lebēs**, bētis *m* (*Akk. Pl.* -bētes *u.* -bētas) *(gr. Fw.) (poet.)* Metallbecken.

**lectīca**, ae *f (lectus[1])* ① Sänfte; ② Totenbahre.

**lectīcārius**, ī *m (lectica)* Sänftenträger.

**lectīcula**, ae *f (Demin. v. lectica)* ① kleine Sänfte; ② (ärmliche) Totenbahre.

**lēctiō**, ōnis *f (lego[1])* ① das Auswählen, Auswahl [**iudicum**]; ② das Lesen, Lektüre; ③ das Vorlesen; ④ **senatūs** das Verlesen der Senatsliste *durch den Zensor.*

**lecti-sternium**, ī *n (lectus[1] u. sterno)* Göttermahl *(b. dem Götterbilder auf Polster gelegt wurden u. ihnen Speisen vorgesetzt wurden)*.

**lēctitō**, lēctitāre *(Intens. v. lego[1])* ① m. Aufmerksamkeit lesen; ② *(nachkl.)* vorlesen.

**lēctiuncula**, ae *f (Demin. v. lectio)* flüchtiges Lesen, leichte Lektüre, *auch Pl.*

**lēctor**, ōris *m (lego[1])* Leser, Vorleser.

**lectulus**, ī *m (Demin. v. lectus[1])* ① (kleines) Bett; ② Ruhebett, Liege; ③ Speisesofa; ④ *(nachkl.)* Totenbett.

**lectus**[1], ī *m* ① Bett [**caelebs** eines Junggesellen]; ② Braut-, Ehebett [**iugalis; genialis**]; ③ Ruhelager, Liege; ④ Speisesofa; ⑤ *(poet.; nachkl.)* Leichenbett.

**lēctus**[2], a, um *(P. Adj. v. lego[1])* (aus)gewählt, ausgesucht; *übtr.* auserlesen, ausgezeichnet.

**Lēda**, ae *u.* **-ē**, ēs *f Gemahlin des spartan. Königs Tyndareos, Mutter der Helena, der Klytaemnestra u. der Dioskuren (Kastor u. Pollux);* – *Adj.* **Lēdaeus**, a, um v. Leda stammend [**dii** die Dioskuren]; *poet. auch* spartanisch.

**lēgātiō**, ōnis *f (lego[2])* ① Gesandtschaft, Amt eines Gesandten; ② Gesandtschaftsbericht; ③ Gesandtschaft, die Gesandten; ④ Legatenstelle *(beim Feldherrn od. beim Statthalter einer Provinz)*.

**lēgātōrius**, a, um *(legatus)* eines Legaten.
**lēgātum**, ī *n (lego²)* Vermächtnis, Legat.
**lēgātus**, ī *m (lego²)* ❶ Gesandter; ❷ Legat: **a)** *(milit.)* Unterfeldherr; – **pro praetore** Legat im Prätorenrang, der m. selbstständigem Kommando betraute Legat; **b)** Unterstatthalter; ❸ *(nachkl.)* Statthalter *einer kaiserl. Provinz.*
**lēgī** *Perf. v. lego¹.*
**lēgi-fer**, fera, ferum *(lex u. fero) (poet.)* Gesetze gebend.
**legiō**, ōnis *f (lego¹)* ❶ Legion; ❷ *(nichtröm.)* Heer(haufen).

**Imperium Romanum**
**legiō** - Eine Legion bestand aus 4200 bis 6000 Mann. Seit Marius bestand sie aus 10 Kohorten (= 30 Manipel = 60 Zenturien). Dazu kamen noch 300 Reiter. Die Legion wurde anfangs von einem Militärtribun, später von einem Legaten befehligt. Benannt wurden Legionen nach Nummern (z. B. nona, decima etc.), nach dem Inhaber (z. B. Galbiana), nach Gottheiten (z. B. Minervia oder Martia) oder nach Schlachtfeldern (z. B. Cannensis). Das Heerzeichen der Legionen war der Adler (aquila).

**legiōnārius**, a, um *(legio)* zur Legion gehörig, Legions- [**miles** Legionssoldat].
**lēgitimus**, a, um *(lex)* ❶ gesetz-, rechtmäßig, gesetzlich, legitim [**liberi** eheliche; **potestas**]; – *Subst.* **lēgitima,** ōrum *n* gesetzliche Formalitäten; ❷ (zu)treffend, richtig, recht.
**legiuncula**, ae *f (Demin. v. legio)* armselige Legion.
**legō¹**, legere, lēgī, lēctum ❶ sammeln [**flores in calathos** pflücken]; ❷ *(poet.)* aufwickeln, zusammenwickeln, aufwinden [**fila; vela** einziehen, reffen]; ❸ auswählen [**locum; iudices; alqm in senatum; alqm ducem; milites** ausheben]; ❹ lesen [**librum; epistulam**]; laut vorlesen [**alci epistulam; senatum** die Senatorenliste verlesen]; ❺ an etw. vorbeisegeln [**oram Asiae; promunturium** umsegeln]; ❻ *(poet.; nachkl.)* durchwandern, -laufen, -fahren, -segeln; ❼ *(poet.)* stehlen [**sacra**]; ❽ *(poet.)* mustern.
**lēgō²**, lēgāre *(lex)* ❶ jmd. als Gesandten abschicken; ❷ jmd. zum Legaten machen *od.* nehmen, ernennen; ❸ testamentarisch vermachen.
**lēgulēius**, ī *m (lex)* Gesetzeskrämer, Paragraphenreiter.
**legūmen**, minis *n (lego¹)* Hülsenfrucht.

**Grammatik & Co.**
Der Vorsprung der römischen Zivilisation hat auch im Deutschen deutliche Spuren hinterlassen, was sich u. a. im Hinblick auf **Lehnwörter** zeigt, wie z. B. tegula → Ziegel, porta → Pforte, cella → Keller/Zelle. Allerdings muss hier der kulturelle Abstand berücksichtigt werden: „fenestra" war wohl eher ein „Windauge" (vgl. das englische *window*) in der Wand als ein modernes Fenster. Bei der Übersetzung aus einer alten Sprache ist es für uns notwendig und wichtig, die Kulturen zu vergleichen und die ständigen Kulturbegegnungen zwischen Gegenwart und Zukunft zu beachten.

**Lemannus lacus** *m* der Genfer See.
**lembunculus**, ī *m = lenunculus.*
**lembus**, ī *m (gr. Fw.)* Boot.
**lēmma**, atis *n (gr. Fw.) (nachkl.)* ❶ Stoff *einer Schrift;* ❷ Epigramm.
**Lēmni-cola**, ae *m (Lemnos u. colo) (poet.)* Bewohner der Insel Lemnos *im Ägäischen Meer (= Vulcanus).*
**lēmniscātus**, a, um *(lemniscus)* m. Bändern geschmückt.
**lēmniscus**, ī *m (gr. Fw.)* Band, Schleife.
**Lēmnos** *u.* **-us**, ī *f vulkanische Insel des Ägäischen Meeres, dem Vulcanus heilig; – Einw.* **Lēmnius**, ī *m u.* **Lēmnias**, adis *f; – Adj.* **Lēmnius**, a, um.
**Lemovīcēs**, cum *m kelt. Volk im heutigen Limousin (um Limoges).*

**Imperium Romanum**
**lemurēs** (rum *m*), „Lemuren", waren in der Religion der Römer bösartige Seelen verstorbener Familienangehöriger. Die Seelen der Verstorbenen einer Familie nannten die Römer allgemein **manes** („Manen"). Die guten Manen wurden als **Lares** („Laren") verehrt und galten als Schutzgottheiten der Familie. Die bösen waren die **lemures**; sie wurden als Schadendämonen oder Spukgespenster (larvae) gefürchtet, die immer wieder versuchen, das Haus der Familie heimzusuchen und Unheil anzurichten. Um sie daran zu hindern, wurde alljährlich im Mai das Fest der Lemuren, die **Lemuria**, gefeiert. Dabei wurde ein besonderer Ritus vollzogen, mit dem man die Lemuren listig aus dem Haus herauslockte.

**Lemuria**, ōrum *n (im Vers* Lemūria) Fest der Lemuren *im Mai.*

**lēna**, ae *f (poet.)* Kupplerin; *adj. übtr.* lockend, reizend.

**Lēnaeus**, a, um *(gr. Fw. „zur Kelter gehörig") (poet.)* bacchisch [**pater** = Bacchus]; *auch subst.* = Bacchus.

**lēnīmen**, minis *n (poet.) u.* **lēnīmentum**, ī *n (nachkl.) (lenio)* Linderung(smittel).

**lēniō**, lēnīre, lēnīvī *u.* lēniī, lēnītum *(lenis)* ① lindern, mildern; ② *(übtr.)* besänftigen, beschwichtigen [**iram iudicis; seditionem** abwiegeln]; / *(poet.) Imperf.* lēnībam.

**lēnis**, e ① mild, (ge)lind, sanft *(v. Sachen)* [**ventus; clivus** allmählich ansteigend; **vocis genus**]; ② langsam [**gradus**]; langsam (ruhig) fließend; langsam wirkend, schleichend [**venenum**]; ③ *(übtr.)* ruhig, gelassen *(v. Personen u. Sachen)* [**populus Romanus; deus** gnädig; **oratio;** *(geg. jmd.: in alqm)* **in hostes**].

**lēnitās**, ātis *f (lenis)* ① Milde [**vocis**]; ② *(vom Fluss)* Langsamkeit, Ruhe; ③ *(übtr.)* Sanftmut, Gelassenheit, Ruhe.

**lēnitūdō**, dinis *f (lenis)* Milde.

**lēnō**, ōnis *m (lena)* Kuppler; *übtr.* Verführer.

**lēnōcinium**, ī *n (leno)* ① Kuppelei; *(meton.)* Kupplerlohn; ② *(übtr.)* Verlockung, (verführerischer) Reiz; ③ *(nachkl.)* gewinnende Worte; **orationi -um addere**.

**lēnōcinor**, lēnōcinārī *(lenocinium) (m. Dat.)* ① in niedriger Weise schmeicheln; ② *(nachkl.)* etw. fördern.

**lēns**, lentis *f (poet.; nachkl.) (bot.)* Linse.

**lentēscō**, lentēscere, – – *(lentus)* ① *(poet.; nachkl.)* zäh, klebrig werden; ② *(poet.) (übtr.)* nachlassen.

**lentisci-fer**, fera, ferum *(lentiscus u. fero) (poet.)* Mastixbäume tragend.

**lentiscus**, ī *f u.* **-um**, ī *n* Mastixbaum.

**lentitūdō**, dinis *f (lentus)* ① *(nachkl.)* Langsamkeit; *im Stil od. Vortrag:* das Schleppende, Steifheit; ② Gleichgültigkeit.

**lentō**, lentāre *(lentus) (poet.)* biegen.

**Lentulitās** *s. Lentulus.*

**lentulus**, a, um *(Demin. v. lentus)* etw. zäh; *übtr.* etw. langsam im Bezahlen.

**Lentulus**, ī *m cogn. in der gens Cornelia;* – *(scherzh.)* **Lentulitās**, ātis *f* der alte Adel der Lentuli.

**lentus**, a, um ① *(poet.)* zäh, klebrig; ② *(poet.; nachkl.)* biegsam, geschmeidig, elastisch [**vimen; bracchia**]; ③ *(übtr.)* langsam, träge, schwerfällig *(v. Personen u. Sachen)* [**faber; amnis; pugna**]; ④ *(poet.; nachkl.)* lange dauernd, (lang)anhaltend; ⑤ *(nachkl.)* langsam wirkend, schleichend [**venenum**]; ⑥ *(v. Stil u. Vortrag)* schwerfällig, schleppend, steif; ⑦ ruhig, gelassen, geduldig; ⑧ gleichgültig, unempfindlich, phlegmatisch [**pectora** kalt; **pro salute alcis** unbekümmert]; ⑨ *(poet.)* eigensinnig [**Nais** spröde].

**lēnunculus**, ī *m (Demin. v. lembus)* Barke, Boot.

**leō**, ōnis *m (gr. Fw.)* Löwe; *(poet.; nachkl.) auch als Gestirn.*

**Leōnidās**, ae *m König v. Sparta, fiel b. der Verteidigung der Thermopylen 480 v. Chr.*

**leōnīnus**, a, um *(leo) (nachkl.)* Löwen-.

**Leontīnī**, ōrum *m Stadt in Sizilien, nordwestl. v. Syrakus, j.* Lentini; – *Einw. u. Adj.* **Leontīnus**, ī *m bzw.* a, um.

**lepidus**, a, um *(lepos)* ① niedlich, nett, anmutig; ② *(poet.) (übtr.)* witzig, geistreich [**versus**].

**Lepidus**, ī *m cogn. der gens Aemilia:* **M. Aemilius ~** *schloss 43 v. Chr. m. Antonius u. Oktavian das zweite Triumvirat.*

**lepōs** *u.* **lepor**, ōris *m* Feinheit, Anmut; geistreicher Witz.

**Leptis**, is *f Name zweier Städte an der Nordküste v. Afrika:* ① **~ Magna** *östl. v. Tripolis (im heutigen Libyen);* ② **~ Minor** *phöniz. Kolonie zw. Hadrumetum u. Thapsus; / Einw.* **Leptitānī**, ōrum *m; / Adj.* **Leptīnus**, a, um.

**lepus**, poris *m* Hase *(auch als Sternbild).*

**lepusculus**, ī *m (Demin. v. lepus)* Häschen.

**Lerna**, ae *u.* **-ē**, ēs *f See, Fluss u. Stadt b. Argos (Peloponnes), wo Herkules die Hydra* (**belua Lernae**) erlegte; – Adj. **Lernaeus**, a, um.

**Lesbos**, *u.* **-us**, ī *f Insel im Ägäischen Meer an der kleinasiatischen Küste, Heimat des Arion, Alcaeus u. der Sappho;* – *Adj.* **Lesbi(ac)us** *u.* **Lesbōus**, a, um *u. (fem.)* **Lesbis**, idis; – **Lesbias**, adis *u.* **Lesbis**, idis *f* Lesbierin.

**lētālis**, e *(letum)* tödlich, todbringend [**sonus** Ruf der Eule]; – **lētālia**, ium *n* todbringende Mittel.

**Lēthaeus**, a, um: ① zum Fluss Lethe *od.* zur Unterwelt gehörig; ② Vergessenheit bringend.

**lēthargicus**, ī *m (gr. Fw.) (poet.; nachkl.)* Schlafsüchtiger.

**lēthargus**, ī *m (gr. Fw.) (poet.)* Schlafsucht.

**Imperium Romanum**

**Lēthē** (ēs *f*), der Strom des Vergessens, ist einer der Flüsse in der Unterwelt der griechischen Mythologie. Aus ihm trinken die Seelen der Verstorbenen, um die Erinnerung an ihr vorheriges Leben zu verlieren.

**lēti-fer**, fera, ferum *(letum u. fero) (poet.)* todbringend, tödlich.

**lētō**, lētāre *(letum) (poet.)* töten.

**Lētōis, Lētōius** *s. Lato.*

**lētum**, ī *n* ① Tod; ② *(poet.) (übtr.)* Untergang, Vernichtung.

**Leucadia**, ae *f Insel u. Stadt im Ionischen Meer*

*(vor der griech. Westküste); – Einw. u. Adj.* **Leucadius**, ī *m bzw.* a, um.
**Leucas**, adis *f* ❶ = *Leucadia;* ❷ = *Leucatas.*
**leucaspis**, *Gen.* idis *(gr. Fw.)* weiß beschildet [**phalanx**].
**Leucātās** *u.* **-tēs**, ae *m Vorgeb. auf der Insel Leukas (Leucadia).*
**Leucothea**, ae *u.* **-ē**, ēs *f Kultname der zur Meergöttin gewordenen Ino; im röm. Bereich später der altital. Mater Matuta gleichgesetzt.*
**Leuctra**, ōrum *n Ort in Böotien (Schlacht zw. Theben u. Sparta 371 v. Chr.); – Adj.* **Leuctricus**, a. um.
**levāmen**, minis *u.* **levāmentum**, ī *n (levo¹)* Linderung(smittel).
**levātiō**, ōnis *f (levo¹)* ❶ Erleichterung; ❷ Verminderung.
**lēve**, lēvis *n (levis²) (poet.)* glatte Oberfläche.
**lēvī** *Perf. v. lino.*
**leviculus**, a, um *(Demin. v. levis¹)* ziemlich eitel.
**levidēnsis**, e *(levis¹)* geringfügig.
**lēvigō**, lēvigāre *(levis² u. ago) (nachkl.)* glätten.
**levi-pēs**, *Gen.* pedis *(levis¹)* leichtfüßig.
**levis¹**, e ❶ leicht *(v. Gewicht);* ❷ leichtbeweglich, gewandt [**cervi; hora** flüchtig]; ❸ mild, sanft, (ge)lind [**ventus**]; ❹ unbedeutend, geringfügig [**causa; labor**]; **leviter curare** sich wenig kümmern; **alqd in levi habere** etw. gering achten; ❺ leichtsinnig, unzuverlässig, wankelmütig [**iudex; amicitia**].
**lēvis²**, e ❶ glatt, blank; ❷ glatt, schlüpfrig [**sanguis**]; ❸ unbehaart, bartlos, kahlköpfig; ❹ *(poet.)* jugendlich, zart; ❺ *(v. der Rede)* geschliffen, fließend.
**levitās¹**, ātis *f (levis¹)* ❶ Leichtigkeit, leichtes Gewicht; ❷ *(poet.)* Beweglichkeit; ❸ Leichtsinn, Leichtfertigkeit, Wankelmut; ❹ Wertlosigkeit, Unhaltbarkeit [**opinionis**].
**lēvitās²**, ātis *f (levis²)* ❶ Glätte; ❷ *(übtr., rhet.)* Geschliffenheit, Leichtigkeit im Ausdruck.
**levō¹**, levāre *(levis¹)* ❶ *(poet.; nachkl.)* leichter machen, erleichtern [**alqm fasce** jmdm. das Bündel abnehmen]; ❷ *(übtr.)* mildern, lindern [**luctum; curam; malum vino; sitim** stillen; **viam sermone** sich den Weg verkürzen; **annonam** *u.* **frugum pretia** verbilligen]; ❸ v. etw. befreien, erlösen [**alqm metu / supplicio; iumenta sarcinis; nemus fronde** entlauben]; ❹ *(poet.)* etw. weg-, abnehmen [**alci vincula**]; ❺ (ver)mindern, schwächen [**alcis auctoritatem**]; ❻ (empor)heben [**membra humo**]; – **se ~** *u. mediopass.* **levari** sich erheben; ❼ *(übtr.)* aufrichten, trösten, ermutigen; ❽ *(poet.)* unterstützen.
**lēvō²**, lēvāre *(levis²)* glätten, polieren [**ferrum;** *(poet. übtr., in der Schrift)* **aspera cultu**].
**lēvor**, ōris *m (levis²) (poet.; nachkl.)* Glätte.
**lēx**, lēgis *f (lego¹)* ❶ Gesetzesvorschlag, -antrag; **legem ferre** *od.* **rogare** einen Gesetzesantrag machen, ein Gesetz beantragen; **legem perferre** einen Gesetzesantrag durchsetzen; ❷ Gesetz, gesetzliche Bestimmung, Verordnung; **leges dare** erlassen; **(ex) lege** *u.* **(ex) legibus** gesetzmäßig; ❸ *Pl.* Verfassung; **leges libertasque** republikanische Verfassung; ❹ Regel, Vorschrift, Satzung [**philosophiae**]; **legem dicere alci** eine Vorschrift geben; ❺ *(poet.)* Art u. Weise, Beschaffenheit [**loci**]; ❻ *(poet.; nachkl.)* Regelmäßigkeit, Ordnung; **sine lege** unregelmäßig, unordentlich; ❼ juristische Formel *(f. Kaufverträge);* ❽ Bedingung, Bestimmung, Punkt *eines Vertrages* [**foederis; pacis**]; ❾ Vertrag.
**lībāmen**, minis *u.* **lībāmentum**, ī *n (libo) (poet.)* Opfer(gabe).
**Libanus**, ī *m Gebirge im südl. Syrien,* der Libanon.
**lībārius**, ī *m (libum) (nachkl.)* Kuchenbäcker, -verkäufer.
**lībātiō**, ōnis *f (libo)* Trankopfer.
**lībella**, ae *f (Demin. v. libra)* ❶ *röm.-kampanische Silbermünze im Wert v. 1/10 Denar;* **heres ex -a** Erbe eines Zehntels des Nachlasses; ❷ kleine Münze, *im Deutschen* Heller, Pfennig; ❸ *(nachkl.)* Wasserwaage.
**libellus**, ī *m (Demin. v. liber¹)* ❶ Büchlein, kleines Schriftstück; ❷ Notizbuch, Heft; ❸ Verzeichnis; ❹ Brief, Schreiben; ❺ Bittschrift, Gesuch; ❻ *(nachkl.)* Klage(schrift), Anklage; ❼ Programm *zu einem Schauspiel* [**gladiatorum** zu den Fechterspielen]; ❽ öffentliche Bekanntmachung, Anschlag.
**libēns**, *Gen.* entis (*Abl.* -ente *u.* -entī) *(libet)* gern, willig, m. Vergnügen.
**Libentīna**, ae *f Beiname der Venus als Göttin der sinnl. Lust.*
**liber¹**, brī *m* ❶ Bast; ❷ **a)** Buch, Schrift, Abhandlung; *auch* Abschnitt, Teil *eines Buches;* **b)** Schreiben, Brief; **c)** Verzeichnis, Register; **d)** *(nachkl.)* Erlass [**principis**]; **e)** *Pl.* Religionsbücher [**Sibyllini**], Augural-, Rechtsbücher.
**līber²**, era, erum ❶ frei, ungehindert, unbeschränkt *(v. Personen u. Sachen)* [**campus** offen; **caelum** freie Luft; **mandata** unbeschränkte Vollmacht]; ❷ freimütig, offen, ungezwungen, unbefangen; **libere dicere; liberrime confiteri;** ❸ zügellos, ausschweifend; **libere vivere;** ❹ freiwillig; ❺ frei von, ohne *(ab alqo; a re u. re, alcis rei: v. etw.)* [**a Persarum dominatione; omni metu**]; ❻ sorgenfrei [**tempus**]; geschäftsfrei [**otia**]; schuldenfrei [**res familiaris**]; steuer-, abgabenfrei; unbewohnt [**aedes**]; ❼ freigeboren, politisch frei, unabhängig; – *Subst. m* der Freie, Freigeborene.

**Līber**, erī *m altital. Gott der Zeugung u. Anpflanzung, später als Gott des Weines m. Bacchus identifiziert; meton. (poet.)* Wein.

**Lībera**, ae *f (Liber)* ① = *Proserpina als Schwester des Bacchus;* ② = *Ariadne als Gemahlin des Bacchus.*

**Līberālia**, ium *n (Liber) Fest des Liber am 17. März, an dem die jungen Männer die toga virilis empfingen.*

**līberālis**, e *(liber[2])* ① die Freiheit betreffend, Freiheits-; ② eines freien Mannes würdig: **a)** edel, anständig, vornehm [**eruditio; victus**]; **b)** gütig, freundlich, höflich; **c)** freigebig, großzügig *(m. Gen.)* [**pecuniae** m. Geld]; ③ *(nachkl.)* reichlich [**epulae**].

**līberālitās**, tātis *f (liberalis)* ① edle Gesinnung, Freundlichkeit; ② Freigebigkeit; ③ *(nachkl.) (meton.)* Geschenk.

**līberātiō**, ōnis *f (libero)* ① Befreiung *(von etw.: Gen.);* ② Freisprechung *vor Gericht.*

**līberātor**, ōris *m (libero)* Befreier.

**līberī**, ōrum *u.* ûm *m (liber[2])* die Kinder.

**līberō**, līberāre *(liber[2])* ① freimachen, -lassen [**servos; pullos caveā**]; ② befreien, retten *(aus, von: ex; ab; bl. Abl.)* [**patriam a tyranno; urbem obsidione; alqm periculo**]; ③ abgabenfrei machen; ④ *(jur. t. t.)* freisprechen, lossprechen *(von etw.: Abl. od. Gen.)* [**alqm supplicio; alqm voti** jmd. seines Gelübdes entbinden]; ⑤ *(übtr.)* etw. aufheben [**obsidionem urbis**]; ⑥ **fidem ~** das Versprechen erfüllen; ⑦ **promissa ~** ungültig machen; ⑧ **nomina ~** Schulden regeln.

**līberta**, ae *f (libertus)* die Freigelassene [**Veneris** ehemalige Tempelsklavin der Venus].

**lībertās**, ātis *f (liber[2])* Freiheit: ① bürgerliche Freiheit *des einzelnen (im Ggstz. zur Sklaverei od. Knechtschaft);* **libertate uti** frei sein; **servos ad libertatem vocare** den Sklaven die Freiheit versprechen; ② polit. Freiheit *eines Staates,* Autonomie, Unabhängigkeit; ③ Freiheitsliebe [**innata**]; ④ Ungebundenheit, Zügellosigkeit; ⑤ Erlaubnis [**loquendi**]; ⑥ Freimut, Unerschrockenheit [**ingenii**]; ⑦ *(personif.)* **Libertas** *Göttin der Freiheit.*

> **Imperium Romanum**
> **lībertās** – Unter der libertas eines Staates verstanden die Römer die Freiheit des Staates von der Willkür und der Macht anderer Staaten, also die Staatssouveränität, und unter der libertas des Bürgers verstanden sie den Besitz der bürgerlichen Freiheitsrechte, welche u. a. das Stimmrecht bei Versammlungen und beim Laiengericht beinhalteten. Dieser Freiheitsbegriff ist bis heute ein Prinzip der Demokratie geblieben.

**lībertīna**, ae *f (libertinus) (poet.; nachkl.)* die Freigelassene.

**lībertīnus** *(libertus)* **I.** *Adj.* a, um freigelassen; **II.** *Subst.* ī *m* der Freigelassene.

**lībertus**, ī *m (liber[2])* Freigelassener.

> **Imperium Romanum**
> **lībertus** oder **lībertīnus** heißt der von seinem Herrn durch **manumissio** freigelassene vormalige Sklave. Freigelassene bildeten einen Zwischenstatus zwischen Sklaven und freien römischen Bürgern. Sie hatten mehr Rechte als Sklaven, blieben aber weiterhin in einer gewissen Abhängigkeit von ihrem ehemaligen Herrn, dessen Gentilnamen sie auch annahmen. Ihre Kinder wurden allerdings volle römische Bürger. Der Freigelassenenstatus war also ein generationenübergreifender Durchgangsstatus im Aufstieg vom Sklaventum zum freien Bürger. So erinnert der Dichter Horaz an seinen gesellschaftlichen Aufstieg mit dem Hinweis auf seine Herkunft von einem Freigelassenen, indem er sich als „libertino patre natus" bezeichnet.

**libet**, libuit *u.* libitum est *(unpers.)* es beliebt, es gefällt.

**libīdinōsus**, a, um *(libido)* ① ausschweifend; ② willkürlich, zügellos.

**libīdō**, dinis *f (libet)* ① Begierde, Lust, Verlangen *(nach etw.: Gen.)* [**honoris; ulciscendi**]; ② sinnliche Lust, Sinnlichkeit, Ausschweifung; ③ Willkür, Belieben, Laune; **ad libidinem** *u.* **(ex) libidine** nach Laune, nach Belieben.

**libita**, ōrum *n (libet) (nachkl.)* Belieben, Gelüste.

**Libitīna**, ae *f* ① *Leichengöttin (in deren Heiligtum alles zur Beerdigung Nötige aufbewahrt wurde u. die Totenlisten geführt wurden);* ② *(meton.)* **a)** Leichengeräte; **b)** *(poet.)* Tod.

**libitīnārius**, ī *m (Libitina) (nachkl.)* Leichenbestatter.

**lībō**, lībāre ① *(poet.)* ein Trankopfer spenden; ② opfern, weihen [**frugem Cereri;** *übtr.* **alci lacrimas**]; ③ ein wenig v. etw. wegnehmen, *übtr.* entnehmen, entlehnen; ④ *(poet.)* leicht berühren [**pede summam arenam**]; ⑤ kosten, genießen [**cibum;** *übtr.* **artes** oberflächlich kennen lernen]; ⑥ vermindern, schwächen [**vires**].

**lībra**, ae *f* ① Waage; **-ā et aere mercari alqd** in gesetzlicher Form, durch förmlichen Kauf = f. bares Geld; ② Wasserwaage; ③ *(poet.; nachkl.)* Waage *als Sternbild;* ④ das röm. Pfund *(= 0,326 kg).*

**lībrālis**, e *(libra) (nachkl.)* ein (röm.) Pfund schwer.

**lībrāmentum**, ī *n (libro)* ① Gewicht; ② *(nachkl.)* Schwungriemen; ③ *(nachkl.)* Gefälle; ④ *(math. t. t.)* waagerechte Fläche *od.* Linie.

**librāriolus**, ī *m (Demin. v. librarius)* Bücherabschreiber, Schreiber, Kopist.

**librārium**, ī *n (liber[1])* Bücherkasten.

**librārius** *(liber[1])* **I.** *Adj.* a, um Bücher-, Buch-; **II.** *Subst.* ī *m* Schreiber, Kopist.

**lībrātor**, ōris *m (libro) (nachkl.)* ① Feldmesser; ② Wurfschütze.

**lībrīlis**, e *(libra)* pfundschwer [**funda** *Schleuder, m. der man pfundschwere Steine warf*].

**lībripēns**, pendis *m (libra u. pendo) (nachkl.) derjenige, der beim Kauf die Waage hält.*

**lībritor**, ōris *m (libro) (nachkl.)* Wurfschütze.

**lībrō**, lībrāre *(libra)* ① im Gleichgewicht, in der Schwebe halten *od.* bewegen; ② schwingen [**se per nubila** fliegen]; ③ schleudern [**telum**].

**libuit** *Perf. v. libet.*

**lībum**, ī *n (poet.)* Kuchen, *bes.* Opferkuchen.

**Liburnia**, ae *f Küstenland Illyriens zw. Istrien u. Dalmatien; – Bew.* **Liburnī**, ōrum *m; – Adj.* **Liburnicus**, a, um; – **Liburna** *u.* **Liburnica**, ae *f* Liburnerschiff *(schnelles röm. Kriegsschiff nach dem Vorbild der Seeräuberschiffe der Liburni).*

**Libya**, ae *u.* **-ē**, ēs *f* Libyen; *auch* Nordafrika; – *Einw.* **Libys**, yos *m* Libyer; – *Adj.* **Liby(c)us**, a, um, **Libys**, yos, *fem. auch* **Libyssa**, ae *u.* **Libystis**, tidis.

**licēns**, *Gen.* entis *(P. Adj. v. licet)* ① frei, ungebunden; ② zügellos, frech.

**licentia**, ae *f (licet)* ① Freiheit, Ungebundenheit; ② Erlaubnis; ③ Macht [**tanta** schrankenlose]; ④ Willkür [**fortunae** Laune]; ⑤ Zügellosigkeit, Frechheit, Ausgelassenheit [**tyranni; ponti** das entfesselte Meer]; ⑥ *(personif.)* **Licentia** *Göttin der Zügellosigkeit.*

**licentiōsus**, a, um *(licentia) (nachkl.)* ausgelassen, ausschweifend.

**liceō**, licēre, licuī, – ① zum Verkauf angeboten werden; ② *(poet.)* wert sein [**pluris**]; ③ *(nachkl.) (eine Ware)* anbieten.

**liceor**, licērī, licitus sum *(liceo)* auf etw. bieten *(auf etw.: Akk.)* [**libros; contra** überbieten].

**licet**, licēre, licuit *u.* licitum est ① es ist erlaubt, es steht frei, man darf, es ist möglich; *(abs.)* **per me licet** meinetwegen; *(m. Inf. u. A. C. I.)* **id Roscio facere non licet** Roscius darf es nicht tun; **ei consulem fieri licebat;** *(m. dem Neutr. eines Pron. od. allg. Adj. als Subj., z. B. hoc, quod, nihil)* **quod per leges licet;** *(alci m. Inf. u. Dat.)* **licet illis incolumibus discedere;** ② *m. Konzessivsatz im Konj. Präs. od. Perf.:* wenn auch, obgleich *(verstärkt:* **quamvis licet** *m. Konj.:* wenn auch noch so sehr); *(poet.) ohne verbum finitum b. Adj. od. Part.:* obschon.

**Licinius**, a, um *Name einer pleb. gens in Rom:* ① **L. ~ Crassus** *(140–91 v. Chr.), Redner;* ② **M. ~ Crassus Dives** *schloss 60 m. Pompeius u. Cäsar das erste Triumvirat, fiel 53 v. Chr. bei Carrhae;* ③ **L. ~ Lucullus Ponticus** *(106–56 v. Chr.), Besieger des Mithridates, bekannt durch seinen Reichtum;* ④ **L. ~ Murena** *63 v. Chr. als designierter Konsul der Amtserschleichung angeklagt, v. Cicero erfolgreich verteidigt.*

**licitātiō**, ōnis *f (liceor)* das Bieten *(b. Versteigerungen).*

**licitātor**, ōris *m (liceor)* der Bietende *(b. Versteigerungen).*

**licitus[1]**, a, um *(licet) (poet.; nachkl.)* erlaubt; – *Subst.* **-a**, ōrum *n* Erlaubtes.

**licitus[2]** *P. P. Akt. v. liceor.*

**līcium**, ī *n (poet.; nachkl.)* ① Querfäden im Gewebe, Einschlag; *übh.* Faden; ② Band.

**līctor**, ōris *m* ① Liktor, *Amtsdiener höherer Magistrate u. einiger Priester;* ② *(übtr.)* Vertrauter.

> **Imperium Romanum**
>
> **līctor** – Liktoren waren Amtsdiener höherer Magistrate und einiger Priester. Sie waren meist Freie niedrigen Standes oder Freigelassene. Wenn der Magistrat in die Öffentlichkeit trat, gingen sie ihm einzeln hintereinander voran und trugen dabei die **fasces**, Rutenbündel mit einem herausragenden Beil, über der Schulter, welches die Herrschafts- und Strafgewalt des Magistrats symbolisierten. Die Zahl der Liktoren richtete sich nach dem Rang des Magistrates: der Dictator hatte 24, der Konsul 12, der Prätor 6, der kaiserliche Legat 5 Liktoren. Von den Priestern hatten der flamen Dialis und jede Vestalin je einen Liktor, der allerdings keine fasces trug.

**licuī** *Perf. v. liceo, liqueo u. liquesco.*

**licuit** *Perf. v. licet.*

**liēn**, ēnis *m (nachkl.)* Milz.

**ligāmen**, minis *u.* **ligāmentum**, ī *n (ligo[1]) (poet.; nachkl.)* Band, Binde, Verband.

**Ligārius**, a, um *Name einer röm. gens:* **Q. ~** *Anhänger des Pompeius, später des Hochverrats angeklagt, v. Cicero erfolgreich verteidigt; – Adj. auch* **Ligāriānus**, a, um.

**Liger**, eris *m* die Loire *(in Gallien).*

**līgnārius**, ī *m (lignum)* Holzhändler; **inter -os** auf dem Holzmarkt *(Örtl. in Rom).*

**līgnātiō**, ōnis *f (lignor)* das Holzfällen, -holen.

**līgnātor**, ōris *m (lignor)* Holzfäller.

**līgneolus**, a, um *(Demin. v. ligneus)* v. feiner Holzarbeit.

**līgneus**, a, um *(lignum)* ❶ hölzern, Holz-; ❷ *(poet.) (übtr.)* dürr [**coniunx**].
**līgnor**, līgnārī *(lignum)* Holz holen.
**līgnum**, ī *n (lego[1])* ❶ Holz; ❷ *(poet.; nachkl.) (meton.) hölzerner Gegenstand:* **a)** Schaft *des Speeres od. Pfeiles;* **b)** trojanisches Pferd; **c)** Schreibtafel; **d)** Holzpuppe.
**ligō[1]**, ligāre *(poet.; nachkl.)* ❶ (zusammen)binden [**manūs post tergum**]; ❷ an-, festbinden [**mulam** anschirren]; ❸ verbinden, zubinden, umschlingen [**vulnera veste**]; ❹ *(poet.) (übtr.)* vereinigen [**dissociata**]; ❺ *(nachkl.) (übtr.)* knüpfen, schließen [**coniugia**].
**ligō[2]**, ōnis *m (poet.; nachkl.)* Hacke.
**Ligurēs**, rum *m, Sg.* **Ligus** *(später* **Ligur***),* uris *m u. f Volk im westl. Oberitalien um Genua; – ihr Land:* **Liguria**, ae *f; – Adj.* **Ligusticus** *u.* **Ligustīnus**, a, um.
**ligurriō**, ligurrīre *(lingo) (poet.) (m. Akk.)* ❶ (be)lecken, v. etw. naschen; ❷ *(übtr.)* nach etw. lüstern sein [**lucra**].
**ligurrītiō**, ōnis *f (ligurrio)* Naschhaftigkeit.
**Ligus**, uris *s. Ligures.*
**ligustrum**, ī *n (poet.; nachkl.)* Liguster, Rainweide.

**līlium**, ī *n* ❶ Lilie; ❷ *(übtr., milit.)* Fallgrube *m. Spitzpfählen.*
**Lilybaeum** *u.* **-on**, ī *n Vorgeb. u. Stadt im Westen Siziliens; – Adj.* **Lilybēius** *u.* **Lilybītānus**, a, um.
**līma**, ae *f (poet.; nachkl.)* ❶ Feile; ❷ künstlerische Ausarbeitung *einer Schrift.*
**līmātulus**, a, um *(Demin. v. limatus)* ausgefeilt *(übtr.).*
**līmātus**, a, um *(P. Adj. v. limo) (übtr.)* ausgefeilt, sorgfältig ausgearbeitet [**genus dicendi**].
**limbus**, ī *m (poet.)* Bordüre, Saum.
**līmen**, minis *n (verw. m. limes)* ❶ Schwelle, *übh.* Eingang *(auch Pl.);* ❷ *(meton.)* Wohnung, Haus; ❸ *(poet.; nachkl.) (übtr.)* Anfang; ❹ *(poet.; nachkl.)* Grenze.
**līmes**, mitis *m* ❶ *(poet.; nachkl.)* Rain *als Ackergrenze,* Grenzrain, Grenzlinie; ❷ *(nachkl.)* befestigte Grenzlinie, Grenze; Grenzwall, Limes [**a Tiberio coeptus**]; ❸ (Feld-)Weg, Pfad, Straße [**transversus** Seitenweg; **fluminis** Flussbett].

**Imperium Romanum**

**līmes** bedeutet eigentlich einen Grenzweg zwischen zwei Äckern. Mit demselben Wort wurden aber auch die Grenzbefestigungen bezeichnet, die in der römischen Kaiserzeit errichtet wurden. Diese Anlagen, bestehend aus Gräben mit Wällen und Palisaden, in Sichtweite voneinander entfernten Wachtürmen und Kastellen im Hinterland, dienten nicht nur der Feindesabwehr sondern vor allem auch der Kontrolle des Waren- und Menschenverkehrs zwischen dem Reichsgebiet und dem Gebiet der „Barbaren". Der Limes hatte also kontrollierte Durchgänge, unseren heutigen Zollstationen vergleichbar.
Bekannteste Limesanlagen in Europa sind der obergermanisch-rätische Limes, der von Rheinbrohl am Oberrhein bis nach Kelheim an der Donau reichte, sowie der Antoniuswall und der Hadrianwall in Großbritannien.

**līmō**, līmāre *(lima)* ❶ *(nachkl.)* feilen, glätten, polieren [**gemmas**]; reiben, wetzen [**cornua ad saxa**]; ❷ *(übtr.)* **a)** feilen, verbessern; **b)** gründlich untersuchen; **c)** vermindern, schmälern [**commoda alcis**].
**līmōsus**, a, um *(limus[1])* schlammig.
**limpidus**, a, um *(poet.; nachkl.)* klar, hell.
**līmus[1]**, ī *m* ❶ Schlamm; ❷ *(poet.)* Schmutz; Mist.
**līmus[2]**, a, um *(poet.; nachkl.)* schief, schielend.
**līmus[3]**, ī *m (limus[2]) (poet.) schräg m. Purpur besetzter* Schurz *der Opferdiener.*
**līnctus** *P. P. P. v. lingo.*
**Lindos** *u.* **-dus**, ī *f Stadt auf Rhodos.*
**līnea**, ae *f* ❶ (Richt-)Schnur, Lot; ❷ *(nachkl.) Pl.* Netz; ❸ Linie, Strich; ❹ *(übtr.)* Grenzlinie, Grenze, Schranke; ❺ Ziel, Ende; ❻ *(poet.)* Einschnitt *(zw. den Sitzreihen im Theater),* Barriere.
**līneāmentum**, ī *n (linea)* ❶ Linie, Strich; ❷ *Pl.* **a)** Umrisse, Konturen, Skizze, Entwurf; **b)** Umrisse des Körpers, (Gesichts-)Züge.
**līneus**, a, um *(linum)* aus Leinen.
**lingō**, lingere, līnxī, līnctum *(poet.; nachkl.)* (be)lecken.
**lingua**, ae *f* ❶ Zunge; ❷ das Reden, Rede, Worte [**magica** Zauberworte; **mala** Behexung]; **-am tenere** schweigen; **-ae commercium** Unterredung; ❸ Beredsamkeit; ❹ *(poet.)* Ruhmredigkeit; ❺ *(poet.)* Geschwätzigkeit; ❻ Sprache [**Latina; Graeca**]; ❼ Mundart, Dialekt; ❽ Landzunge.
**linguārium**, ī *n (lingua) (nachkl.)* Zungenzoll *(scherzh.) = Strafe f. unbesonnene Rede.*
**lingula**, ae *f (Demin. v. lingua)* Landzunge.
**līnia** = *linea.*
**līniāmentum** = *lineamentum.*
**līni-ger**, gera, gerum *(linum u. gero) (poet.)* leinentragend, in Leinen gekleidet.
**linō**, linere, lēvī *u.* līvī, litum ❶ (be)schmieren, bestreichen; ❷ *(poet.)* beschmutzen, besudeln; ❸ *(poet.)* überziehen, bedecken; ❹ *(poet.) (Geschriebenes)* ausstreichen.

**linquō**, linquere, līquī, – zurücklassen: ① (hinter)lassen; ② verlassen [**urbem; terram**]; ③ etw. aufgeben, sein lassen; ④ *(poet.)* überlassen [**socios ignotae terrae**].

**linteātus**, a, um *(linteum)* in Leinwand gekleidet.

**linter**, tris *f* ① Kahn; ② *(poet.)* Trog, Mulde.

**linteum**, ī *n (linteus)* ① Leinwand; ② Leinentuch, Laken; ③ *(poet.) (meton.)* Segel, *meist Pl.*

**linteus**, a, um *(linum)* leinen, Leinwand- [**libri** auf Leinwand geschriebene Chronik].

**lintriculus**, ī *m (Demin. v. linter)* kleiner Kahn.

**līnum**, ī *n* ① Flachs, Lein; ② *(meton.) aus Flachs Gefertigtes:* **a)** Schnur, Faden; **b)** *(poet.)* Leinwand; Leinentuch; **c)** *(poet.)* Seil, Tau; **d)** *(poet.) Pl.* Netz.

**Linus** *u.* **-os**, ī *m Sohn des Apollo, Sänger, Lehrer des Orpheus u. des Herkules in der Musik.*

**līnxī** *Perf. v. lingo.*

**Lipara**, ae *u.* **-ē**, ēs *f die größte der Liparischen od. Äolischen Inseln im Nordosten v. Sizilien, j.* Lipari; *Pl.* die Liparischen Inseln; – *Bew. u. Adj.* **Liparēnsis**, is *m bzw.* e *u.* **Liparaeus**, ī *m bzw.* a, um.

**lippiō**, lippīre *(lippus)* triefäugig sein, entzündete Augen haben.

**lippitūdō**, dinis *f (lippus)* Augenentzündung.

**lippus**, a, um *(poet.)* triefäugig, m. entzündeten Augen.

**lique-faciō**, facere, fēcī, factum, *Pass.* -fīō, fierī, factus sum *(liqueo)* ① flüssig machen, schmelzen; ② *(übtr.)* schwächen.

**liqueō**, liquēre, liquī *u.* licuī, – ① flüssig, klar sein, *fast nur Part. Präs.* **liquēns**, *Gen.* entis flüssig, klar; ② *(übtr.)* klar, deutlich sein, *bes. unpers.* **liquet** es ist klar.

**liquēscō**, liquēscere, licuī, – *(Incoh. v. liqueo)* ① flüssig werden, schmelzen; ② *(poet.)* verwesen; ③ *(poet.; nachkl.) (übtr.)* vergehen; ④ weichlich werden.

**līquī**[1] *Perf. v. linquo.*

**liquī**[2] *Perf. v. liqueo.*

**liquidum**, ī *n (liquidus)* ① *(poet.)* Flüssigkeit; ② *(übtr.)* Gewissheit.

**liquidus**, a, um *(Adv. -ē u. -ō) (liqueo)* ① *(poet.; nachkl.)* flüssig, fließend; ② klar, hell [**aër; caelum** heiter; **iter** durch die Luft; *übtr.* **vox** helle, reine Stimme]; ③ *(übtr.)* klar, rein [**fides** reine, wahre]; ④ *(poet.)* heiter, ruhig [**animus**]; / *Adv.* **liquidē** *(m. Komp. u. Superl.)* rein, klar, hell; unbedenklich, zuversichtlich; **liquidō** ohne Bedenken, bestimmt.

**liquō**, liquāre *(liqueo)* ① flüssig machen, schmelzen; ② *(poet.; nachkl.)* klären, filtern.

**liquor**[1], ōris *m (liqueo)* ① flüssiger Zustand [**aquae**]; ② Flüssigkeit *(auch Pl.); (poet.)* Saft, Schleim; Wein; Meer.

**līquor**[2], līquī, – *(liqueo) (poet.; nachkl.)* flüssig sein, fließen; *übtr.* vergehen.

**Līris**, is *m Fluss in Latium, j.* Garigliano.

**līs**, lītis *f (Gen. Pl.* lītium) ① Streit, Zank; ② Rechtsstreit, Prozess; ③ *(meton.)* Streitsache, -frage.

**litātiō**, ōnis *f (lito)* das Opfern m. günstigen Vorzeichen, das glückliche Opfern.

**lītera** *ältere Form f. littera.*

**liti-cen**, cinis *m (lituus u. cano)* Signalhornbläser.

**lītigātor**, ōris *m (litigo)* Prozessführender, prozessführende Partei.

**lītigiōsus**, a, um *(litigo)* voller Streit: ① *(v. Sachen)* **a)** strittig; **b)** *(poet.)* voller Prozesse; ② *(v. Personen)* zänkisch; prozesssüchtig.

**lītigō**, lītigāre *(lis u. ago)* ① streiten; ② prozessieren.

**litō**, litāre **I.** *intr.* ① unter günstigen Vorzeichen opfern; ② *(poet.; nachkl.) (vom Opfer)* glücklichen Ausgang versprechen; **II.** *trans. (poet.; nachkl.)* ① glücklich opfern; ② widmen, weihen; ③ durch Opfer besänftigen; ④ sühnen, rächen.

**lītorālis**, e *(poet.; nachkl.) u.* **lītoreus**, a, um *(poet.) (litus*[1]*)* Ufer-, Strand-.

**littera**, ae *f* ① Buchstabe [**salutaris** *(das A als Abk. f. absolvo);* **tristis** *(das C als Abk. f. condemno)*]; **-as nescire** nicht schreiben können; ② *Pl., poet. auch Sg.* Geschriebenes, Schrift, Aufzeichnung(en); **alqd -is mandare** *od.* **tradere** schriftl. aufzeichnen; ③ *Pl.* **a)** Brief, *auch* Briefe; **-as signare / perlegere; unae -ae** ein Brief; **binae -ae** zwei Briefe; **-is** *u.* **per -as** brieflich; **b)** amtliche(s) *od.* offizielle(s) Schreiben, Akte(n), Dokument(e), Urkunde(n), Protokoll(e), Diplom(e) *u. Ä.;* **c)** *(poet.)* (Kauf-)Vertrag; **d)** Schriftdenkmäler, Literatur; **e)** Wissenschaft(en); **-arum studia / scientia** wissenschaftliche Studien / Bildung; **f)** wissenschaftliche Bildung, Gelehrsamkeit.

**litterārius**, a, um *(littera) (nachkl.)* zum Lesen u. Schreiben gehörig [**ludus** Elementarschule].

**litterātor**, ōris *m (littera) (poet.)* Sprachgelehrter.

**litterātūra**, ae *f (littera)* ① das Geschriebene, Schrift; ② *(nachkl.)* Alphabet; ③ *(nachkl.)* Sprachunterricht.

**litterātus**, a, um *(littera)* ① wissenschaftlich gebildet, gelehrt; ② *(v. Sachen)* den gelehrten Studien gewidmet [**otium**].

**litterula**, ae *f (Demin. v. littera)* ① kleiner Buchstabe; ② *Pl.* **a)** Briefchen; **b)** ein wenig wissenschaftliche Bildung.

**litūra**, ae *f (lino)* ① das Ausstreichen *(des Geschriebenen),* Verbesserung; *übtr. (nachkl.)* Änderung; ② *(meton.)* die ausgestrichene Stelle; ③ *(poet.)* Tränenfleck.

**lītus**[1], toris *n* ❶ Meeresufer, Strand; ❷ *(poet.; nachkl.)* Küste(ngegend); ❸ See-, Flussufer.

**litus**[2] *P. P. P. v. lino.*

**lituus**, ī *m* ❶ Krummstab der Auguren, Augurstab; ❷ *(milit.)* Signalhorn *der Reiterei;* ❸ *(meton.)* Signal; ❹ *(v. Personen)* Veranlasser.

**līveō**, līvēre, – – *(poet.; nachkl.)* ❶ bläulich sein; ❷ neidisch sein, *(m. Dat.)* beneiden.

**līvī** *Perf. v. lino.*

**Līvia, Līvilla** *s. Livius.*

**līvidus**, a, um *(liveo) (poet.; nachkl.)* ❶ bläulich, blau; ❷ neidisch.

**Līvius**, a, um *Name einer röm. gens:* ❶ **M. ~ Salinator** *Besieger Hasdrubals am Metaurus 207 v. Chr.;* ❷ **M. ~ Drusus** *s. Drusus;* ❸ **Livia Drusilla** *(58 v. – 29 n. Chr.) zuerst mit Tib. Claudius Nero verheiratet, Mutter des Tiberius u. Drusus, dann Gattin des Kaisers Augustus;* ❹ **Livia** od. **Livilla** *Schwester des Germanicus;* ❺ **~ Andronicus** *der erste römische Dichter (um 240 von Chr.), er übertrug die Odyssee ins Lateinische;* ❻ **T. ~ Patavinus** *röm. Geschichtsschreiber aus Padua (59 v.–17 n. Chr.).*

**Imperium Romanum**

**Līvius** – Es gibt zwei bedeutende römische Schriftsteller namens Livius. Der erste, **Livius Andronicus** (gest. etwa 200 v. Chr.), gilt als der erste römische Dichter. Er kam als griechischer Kriegsgefangener nach Rom und wurde der Sklave des Livius Salinator, von dem er freigelassen wurde. Livius Andronicus übersetzte die Odyssee in Saturniern, einem altitalischen Versmaß (**Odusia**, erstes lateinisches Epos) und begründete die römische Dramatik: Im Jahr 240 führte er in Rom das erste lateinische Drama auf.

Der zweite ist **Titus Livius Patavius** (59 v. Chr. - 17 n. Chr.), ein mit Augustus befreundeter römischer Geschichtsschreiber aus Padua. Er ist vor allem bekannt für sein Monumentalwerk **Ab urbe condita libri**, worin er in insgesamt 142 Büchern die Geschichte Roms von ihrer mythischen Gründung bis zum Jahr 9 n. Chr. schildert. Heute sind davon noch 35 Bücher erhalten. Livius' Geschichtswerk wurde gleich nach seinem Erscheinen von den Römern als Standardwerk anerkannt und stellte alle vorherigen römischen Geschichtswerke in den Schatten.

**līvor**, ōris *m (liveo)* ❶ *(poet.; nachkl.)* blauer Fleck; ❷ Neid.

**līxa**, ae *m* Marketender; *Pl.* der gesamte Tross.

**locātiō**, ōnis *f (loco)* ❶ Vermietung, Verpachtung; ❷ *(meton.)* Pachtvertrag.

**locātor**, ōris *m (loco)* Vermieter.

**locātum**, ī *n (loco)* Vermietung, Verpachtung.

**locellus**, ī *m (Demin. v. loculus)* Kästchen.

**locō**, locāre *(locus)* ❶ (auf)stellen, legen, setzen *(auf, in etw.: in m. Abl.)* [**castra** aufschlagen; **milites in munimentis**]; (er)bauen, errichten [**moenia; urbem**]; ❷ *(übtr.)* stellen, setzen [**homines in amplissimo gradu dignitatis** auf höchste Rangstufe]; ❸ *(nachkl.) (Soldaten)* einquartieren *od.* verlegen [**cohortes novis hibernaculis**]; ❹ *(Geld) auf Zinsen* anlegen; ausleihen; ❺ vermieten, verpachten [**fundum**]; ❻ *Aufträge* übertragen, *Arbeit* vergeben [**statuam faciendam**].

**loculāmentum**, ī *n (loculus) (nachkl.)* Bücherbrett.

**loculus**, ī *m (Demin. v. locus) (poet.; nachkl.) Pl.* Kästchen, Büchse.

**locuplēs**, *Gen.* ētis *(locus u. plenus)* ❶ begütert, reich, wohlhabend; *auch Subst. m;* ❷ *(übtr.)* reich (ausgestattet); ❸ *(v. Personen)* glaubwürdig, zuverlässig [**testis**].

**locuplētō**, locuplētāre *(locuples)* bereichern, reichlich ausstatten.

**locus**, ī *m* (*Pl.* loca *n, seltener* locī) **I.** *räuml.* ❶ Ort, Platz, Stelle; **~ editus** Hügel; **loca superiora** Anhöhen; **~ superior** Rednerbühne *od.* Tribunal; ❷ angewiesener Platz, Posten, Stellung; ❸ Wohnung, Wohnsitz; **loca tacentia** Unterwelt; **-i laeti** Wohnsitze der Seligen; ❹ Grundstück, Acker; ❺ Ortschaft; *Pl.* **loca** Gegend; ❻ Gelände; **natura -i** Beschaffenheit des Geländes; ❼ der rechte Ort, die rechte Stelle; **(in) loco** an rechter Stelle; **II.** *übtr.* ❶ Stelle *in einer Reihenfolge,* Punkt *b. Aufzählungen;* **primo -o** an erster Stelle, erstens; **secundo -o** an zweiter Stelle; **priore / posteriore -o dicere** zuerst / später; ❷ Stelle *im Buch,* Punkt *(Pl.* loci); ❸ *Pl.* **loci** Hauptlehren, Sätze *einer Wissenschaft;* **-i communes** rednerische Gemeinplätze, Ausführungen allgemeinen Inhalts; ❹ Rang, Ansehen, Stellung; **-o movere** absetzen; **nullo -o numerare** f. nichts achten; **eodem -o habere** ebenso behandeln; **ascendere in summum -um civitatis;** – (**in**) **locō** *(m. Gen. od. Pron.)* wie, als, anstatt: **filii -o esse;** ❺ Stand, Geburt, Herkunft [**equester; senatorius**]; **honesto -o natus;** ❻ Gelegenheit, Möglichkeit, Veranlassung [**seditionis; ad fugam**]; ❼ Lage, Zustand, Umstände; **hoc -o** in dieser Hinsicht; **nullo -o** in keiner Beziehung; **III.** *zeitl.* ❶ Zeit(raum); **ad id -orum** bis auf diese Zeit; ❷ günstiger Zeitpunkt; **(in) loco** zur rechten Zeit.

**lōcusta**, ae *f* Heuschrecke.

**locūtiō**, ōnis *f (loquor)* ❶ das Sprechen, Sprache; ❷ Aussprache.
**Locūtius** *s. Aius.*
**locūtus** *P. P. Akt. v. loquor.*
**logēum** *u.* **logium**, ī *n (gr. Fw.)* Archiv.
**logica**, ōrum *n (gr. Fw.)* Logik.
**logium** *s. logeum.*
**logus** *u.* **logos**, ī *m (gr. Fw.)* ❶ Scherzrede, Wortspiel; ❷ *Pl. (nachkl.)* Fabeln.

**Grammatik & Co.**
Altertümliche Restformen des **Lokativs** (Ortskasus) haben dieselbe Form wie der Genitiv: Rom**ae** „in Rom", Del**i** „auf Delos".

**lolium**, ī *n (poet.; nachkl.)* Lolch, Schwindelhafer.
**lollīgō**, ginis *f* Tintenfisch.
**Lollius**, a, um *Name einer röm. gens:* **M. ~ Paullinus** *als Legat 16 v. Chr. v. den Germanen geschlagen, Freund des Horaz; – Adj. auch* **Lolliānus**, a, um.
**lōmentum**, ī *n (lavo)* Waschmittel.
**Londinium**, ī *n* London.
**long-aevus**, a, um *(longus u. aevum) (poet.)* hochbetagt.
**longē** *Adv. (v. longus)* ❶ *(räuml.)* **a)** weit(hin), fern *(auf die Frage „wo?" u. „wohin?");* **b)** *(poet.)* v. weitem; ❷ *(zeitl.)* lange; **~ ante / post** lange vorher / nachher; ❸ *(steigernd) (nachkl.)* bei weitem, weitaus [**maximus; alius; praestare**]; ❹ *(übtr.)* ausführlich; **longius dicere**.
**longinquitās**, ātis *f (longinquus)* ❶ *(nachkl.)* Länge, Weite [**itineris**]; ❷ weite Entfernung, Abgelegenheit; ❸ lange Dauer, Langwierigkeit.
**longinquus**, a, um *(longus)* ❶ *(räuml.)* **a)** *(nachkl.)* lang, weit; **b)** weit entfernt, entlegen [**regio**]; ❷ entfernt lebend, auswärtig, fremd; ❸ *(in der Beziehung zu jmdm.)* fernstehend; ❹ *(zeitl.)* **a)** lange dauernd, langwierig [**oppugnatio**]; **b)** fern [**spes**].
**Longīnus**, ī *m röm. cogn. in der gens Cassia, vgl. Cassius.*
**longitūdō**, dinis *f (longus)* Länge *(räuml. u. zeitl.).*
**longiusculus**, a, um *(Demin. zum Komp. v. longus)* ziemlich lang.
**Longobardī** = *Langobardi.*
**longulus**, a, um *(Demin. v. longus)* etw. lang, weit.
**longum**, ī *n (longus) (poet.; nachkl.)* lange Zeit.
**longurius**, ī *m (longus)* lange Stange, Latte.
**longus**, a, um ❶ *(räuml.)* **a)** lang [**via; vestis; navis** Kriegsschiff]; **b)** *(poet.)* ausgedehnt, weit [**freta**]; ❷ weitläufig [**epistula; oratio**]; **-um est omnia narrare** es wäre zu weitläufig, alles zu erzählen; ❸ *(zeitl.)* lang(dauernd), langwierig [**mora; morbus** chronisch]; **in longiorem diem conferre** auf einen späteren Termin verschieben; ❹ *(b. der Silbenmessung)* lang, gedehnt [**syllaba**].
**loquācitās**, tātis *f (loquax)* Geschwätzigkeit.
**loquāx**, *Gen.* ācis *(loquor)* geschwätzig, redselig.
**loquēla** *u.* **loquella**, ae *f (loquor) (poet.)* das Reden, Rede; Wort; Sprache.
**loquentia**, ae *f (loquor) (nachkl.)* Zungenfertigkeit.
**loquor**, loquī, locūtus sum **I.** *intr.* sprechen, reden; **II.** *trans.* ❶ sagen; ❷ etw. besprechen, v. etw. *od.* v. jmdm. reden; ❸ rühmen, besingen [**proelia**]; ❹ aussprechen, nennen [**nomen; furta** ausplaudern]; ❺ immer im Munde führen.
**lōrīca**, ae *f (lorum)* ❶ *(Rüstung)* Panzer; ❷ *(übtr.)* Brustwehr *an Mauern, Schanzen u. Ä.*
**lōrīcātus**, a, um *(lorica)* gepanzert, Panzer- [**equites**].
**lōrum**, ī *n* ❶ Lederriemen; ❷ Zügel; ❸ Peitsche.
**lōtos** *u.* **lōtus**[1], ī *(gr. Fw.)* ❶ *f* **a)** Lotos(frucht, -baum); **b)** *(poet.) (meton.)* Flöte *aus Lotosholz;* **c)** *(poet.)* Steinklee; ❷ *m* Dattelpflaume.
**lōtus**[2] = *lautus, s. lavo.*
**Lua**, ae *f altröm. Göttin der Sühne, der zu Ehren man die erbeuteten Waffen verbrannte.*
**lūbricum**, ī *n (lubricus)* ❶ *(nachkl.)* Schlüpfrigkeit; **-o paludum** auf schlüpfrigem Sumpfboden; ❷ *(übtr.)* Unsicherheit.
**lūbricus**, a, um ❶ schlüpfrig, glatt; ❷ *(übtr.)* **a)** leicht beweglich, flüchtig [**fortuna**]; **b)** unsicher, gefährlich; **c)** *(poet.) (v. Personen)* betrügerisch.
**Lūca**[1], ae *f Stadt in Etrurien, j.* Lucca; – *Einw. u. Adj.* **Lūcēnsis**, is *m bzw.* e.
**Lūca**[2] **bōs**, Lūcae bovis *m* lukanischer Ochse = Elefant.
**Lūcānia**, ae *f Landschaft in Unteritalien; – Einw.* **Lūcānī**, ōrum *m; – Adj.* **Lūcān(ic)us**, a, um.
**lūcānica**, ae *f (Lucania, eigtl. „Lukanerwurst")* Räucherwurst.
**lūcar**, āris *n (nachkl.)* Schauspielergage.
**lucellum**, ī *n (Demin. v. lucrum)* kleiner Gewinn.
**Lūcēnsis** *s. Luca*[1].
**lūceō**, lūcēre, lūxī, – *(lux)* ❶ (hervor)leuchten, hell sein; *unpers.:* **lucet** es ist Tag; ❷ *(übtr.)* klar, deutlich sein.
**Lūcerēs**, rum *m Angehörige einer der drei ältesten patriz. Tribus in Rom (neben Ramnes u. Titienses).*

L

**lucerna**, ae *f (luceo)* ❶ (Öl-)Lampe, Leuchte; ❷ *(poet.) (meton.) Pl.* nächtliches Gelage.

**lūcēscō** *(u.* **lūcīscō**, lūcīscere), lūcēscere, lūxī, – *(Incoh. v. luceo)* ❶ *(poet.)* zu leuchten beginnen, *(vom Tageslicht)* anbrechen; ❷ *unpers.* **lucescit** es wird hell, es wird Tag.

**lūcī** *(Lok. v. lux)* am hellen Tag.

**lūcidus**, a, um *(lux) (poet.; nachkl.)* ❶ hell, leuchtend; ❷ *(übtr.)* deutlich, klar.

**lūci-fer**, fera, ferum *(lux u. fero)* ❶ *(poet.)* lichtbringend; ❷ ans Licht bringend.

**Lūcifer**, ferī *m (lucifer)* ❶ Morgenstern; *im Mythos Sohn der Aurora;* ❷ *(poet.) (meton.)* Tag.

**lūci-fuga**, ae *m (lux u. fugio) (nachkl.)* Nachtschwärmer.

**lūci-fugus**, a, um *(lux u. fugio) (poet.)* lichtscheu.

**Lūcīlius**, a, um *röm. Gentilname:* **C. ~** *(180–102 v. Chr.) Begründer der röm. Satire.*

**Lūcīna**, ae *f (lux)* ❶ *Geburtsgöttin in Gestalt der Juno od. Diana; meton. (poet.)* das Gebären; ❷ = *Hekate.*

**lūcīscō** *s. lucesco.*

**Lūcius** ī *m (lux) röm. Vorname, Abk. L.*

**lucrātīvus**, a, um *(lucrum)* gewinnbringend, gewonnen, erübrigt.

L

**Lucrētia**, ae *f Gattin des Tarquinius Collatinus, wurde v. Sextus Tarquinius, einem Sohn des Königs Tarquinius Superbus, vergewaltigt; Auslöser f. die Vertreibung der Tarquinier.*

**Lucrētius**, a, um *Name einer röm. gens:* ❶ **Sp. ~ Tricipitinus** *Senator unter Tarquinius Superbus, Interrex 509 v. Chr.;* ❷ **T. ~ Carus** *(etwa 98–55 v. Chr.) röm. Dichter.*

**Lucrīnus**, ī *m (m. u. ohne lacus)* Lukrinersee, *in der Nähe v. Bajä (westl. v. Neapel); auch adj.*

**lucror**, lucrārī *(lucrum)* ❶ gewinnen, profitieren; ❷ *(poet.) (übtr.)* erlangen, bekommen.

**lucrōsus**, a, um *(lucrum) (poet.; nachkl.)* gewinnbringend, vorteilhaft.

**lucrum**, ī *n* ❶ Gewinn, Vorteil, Profit; **-i causā; -i cupidus; alci (in) -o esse** f. jmd. vorteilhaft sein; ❷ *(poet.) (meton.)* **a)** Reichtum; **b)** Gewinnsucht, Habsucht.

**luctāmen**, minis *n (luctor) (poet.; nachkl.)* das Ringen; *übtr.* Anstrengung.

**luctātiō**, ōnis *f (luctor)* ❶ Ringkampf; ❷ *(übtr.)* das Ankämpfen *geg. Schwierigkeiten,* Kampf; ❸ Wortstreit.

**luctātor**, ōris *m (luctor) (poet.; nachkl.)* Ringer.

**lūcti-fer**, fera, ferum *(luctus u. fero) (nachkl.)* Traurigkeit bringend, traurig.

**lūcti-ficus**, a, um *(luctus u. facio)* unheilvoll.

**lūcti-sonus**, a, um *(luctus u. sono) (poet.)* kläglich.

**luctor**, luctārī ❶ ringen; ❷ *(übtr.)* kämpfen, sich abmühen; ❸ *(poet.)* sich widersetzen.

**lūctuōsus**, a, um *(luctus)* ❶ unheilvoll [**bellum; dies**]; ❷ *(poet.)* trauervoll, tiefbetrübt.

**lūctus**, ūs *m (lugeo)* ❶ Trauer; ❷ *(meton.)* **a)** Trauerkleidung; **b)** *(poet.)* Grund zur Trauer; **c)** *(personif.)* **Lūctus** *(poet.) Gott der Trauer.*

**lūcubrātiō**, ōnis *f (lucubro)* Nachtarbeit.

**lūcubrō**, lūcubrāre *(luceo)* **I.** *intr.* bei Licht, bei Nacht arbeiten; **II.** *trans.* etw. bei Licht, bei Nacht ausarbeiten.

**lūculentus**, a, um *(Adv. -ē u.* luculenter) *(lux)* ❶ hell [**caminus**]; ❷ *(übtr.)* glänzend, stattlich, ansehnlich, bedeutend [**patrimonium**].

**Lūcullus**, ī *m cogn. in der gens Licinia, s. Licinius; – Adj.* **Lūcullēus** *u.* **Lūculliānus**, a, um.

**lūcus**, ī *m (luceo, eigtl. Lichtung)* ❶ der einer Gottheit geweihte Hain; ❷ *(poet.)* Wald.

**lūcusta** = *locusta.*

**lūdibrium**, ī *n (ludus)* ❶ Spiel(zeug) [**fortunae**]; ❷ Spott, Gespött, Hohn; **-o esse alci** jmdm. zum Gespött dienen; **-o habere alqm** jmd. zum Besten haben.

**lūdibundus**, a, um *(ludo)* ❶ spielend, lustig; ❷ *(übtr.)* mühelos, ohne Gefahr.

**lūdicer** *od.* **lūdicrus** *(Nom. Sg. m ungebräuchlich),* cra, crum *(ludus)* ❶ kurzweilig, spaßhaft; ❷ zum Schauspiel gehörig, Schauspiel-, Bühnen-.

**lūdicrum**, ī *n (ludicer)* ❶ Spielerei, Zeitvertreib; ❷ *(poet.; nachkl.)* Schauspiel.

**lūdicrus**, a, um *s. ludicer.*

**lūdificātiō**, ōnis *f (ludificor)* das Necken, Verspotten.

**lūdificō**, lūdificāre *(ludus u. facio)* necken, täuschen, zum Besten haben.

**lūdificor**, lūdificārī *(ludus u. facio)* ❶ zum Besten haben, necken; ❷ vereiteln, hintertreiben.

**lūdī-magister**, trī *m (auch getr.) (ludus)* Schulmeister.

**lūdiō**, ōnis *u.* **lūdius**, ī *m (ludus)* pantomimischer Tänzer, pantomimischer Schauspieler.

**lūdō**, lūdere, lūsī, lūsum **I.** *intr.* ❶ *(m. etw.)* spielen [**pilā; aleā**]; ❷ *(poet.)* tanzen; ❸ scherzen, spaßen; ❹ zum Zeitvertreib sich m. etw. beschäftigen [**versibus**]; ❺ im Schauspiel auftreten; **II.** *trans.* ❶ *(poet.; nachkl.)* etw. spielen [**ludum insolentem** ein übermütiges Spiel treiben]; ❷ etw. spielend (ohne Anstrengung) (be)treiben, ausführen [**carmina** spielend dichten]; ❸ necken, verspotten; ❹ *(poet.)* jmd. täuschen, betrügen.

**lūdus**, ī *m (ludo)* ❶ Spiel, Zeitvertreib, Scherz, Spaß; ❷ *meist Pl.* öffentl. Spiele, Schauspiele [**gladiatorii**]; **-os facere** *od.* **edere** veranstalten; **-os committere** beginnen; ❸ *(übtr.)* Kinderspiel, Kleinigkeit; ❹ Schule: **a)** Gladiatorenschule; **b)** Elementarschule.

**Imperium Romanum**
**ludī** (ōrum *m*) – Ludi, „Spiele", nannten die Römer öffentliche Veranstaltungen, die auf Staatskosten an jährlich wiederkehrenden Festtagen abgehalten wurden, um die Gunst der Götter zu erlangen. Diese Spiele folgten einem strengen rituellen Ablauf; Abweichungen von den vorgeschriebenen Regeln vereitelten die erhoffte Wirkung, sodass der Ritus wiederholt werden musste.
Die ältesten und größten Spiele waren die im September zu Ehren Jupiters veranstalteten **ludi Romani** (od. **magni**) mit Prozession, Wagenrennen und vier Theatertagen (zwei Tragödien, zwei Komödien). Besondere Spiele waren die pompösen **ludi saeculares** (Säkularfeier) mit Opferungen, Hymnengesängen und Theaterspielen, die erstmals Kaiser Augustus 17 n. Chr. veranstaltete; das Fest sollte den Beginn einer neuen Ära markieren. Ludi saeculares wurden zuletzt 248 n. Chr. als Tausendjahrfeier Roms veranstaltet.

**luēs**, is *f (luo¹)* ❶ *(poet.)* Seuche, Pest; ❷ *(übtr., als Schimpfw.)* Pest; ❸ *(nachkl.)* Unglück, Verderben.

**Lugdūnum**, ī *n Stadt in Gallien, j.* Lyon; – *Adj.* **Lugdūnēnsis**, e.

**lūgeō**, lūgēre, lūxī, lūctum **I.** *intr.* trauern, in Trauer sein *(v. der Trauer, die sich in lauter Klage u. in konventionellen Äußerlichkeiten zeigt);* **II.** *trans.* betrauern, um, über etw. trauern, f. jmd. Trauer(kleider) tragen.

**lūgubria**, ium *n (lugubris)* Trauerkleider.

**lūgubris**, e *(lugeo) (poet.)* ❶ Trauer- [**cantus**]; ❷ trauernd, traurig; ❸ *(poet.)* unheilvoll [**bellum**], Unheil verkündend [**ales**]; ❹ *(poet.)* kläglich.

**luī** *Perf. v. luo¹.*

**lumbus**, ī *m* Lende.

**lūmen**, minis *n (luceo)* ❶ Licht, Helligkeit [**solis; lucernae**]; ❷ Lampe, Fackel; ❸ Tageslicht; *meton. (poet.)* Tag; ❹ *(poet.)* Leben(slicht); ❺ Augenlicht; *meton.* Auge; ❻ Lichtschacht, Fenster; ❼ *(übtr.)* Klarheit, klare Einsicht; **lumen adhibere alci rei** Klarheit in etw. bringen; ❽ *(übtr.)* Glanz(punkt), Zierde, glänzendes Beispiel [**dicendi; probitatis**]; **lumina civitatis** *(v. vornehmen Bürgern);* **Corinthus totius Graeciae ~;** ❾ Rettung, Heil.

**lūmināria**, rium *n (lumen)* Fensterläden.

**lūminōsus**, a, um *(lumen)* hervorstechend.

**lūna**, ae *f (luceo)* ❶ Mond(schein) [**plena** Vollmond]; **per** *(od.* **ad***)* **-am** im Mondschein; – *meton. (poet.)* Mondnacht [**roscida**]; ❷ *(poet.)* Monat; ❸ *Pl. (poet.)* Mondphasen; ❹ *personif.* **Lūna** *Mondgöttin.*

**lūnāris**, e *(luna)* ❶ Mond- [**cursus** Mondbahn]; ❷ *(poet.)* halbmondförmig [**cornua**].

**lūnō**, lūnāre *(luna) (poet.)* halbmondförmig krümmen; – *P. Adj.* **lūnātus,** a, um halbmondförmig.

**lunter** = *linter.*

**luō¹**, luere, luī, luitūrus ❶ etw. (ab)büßen, sühnen [**stuprum morte; delicta maiorum**]; ❷ durch Buße abwenden [**pericula**]; ❸ **poenam** *u.* **poenas ~** Strafe (er)leiden.

**-luō²**, -luere, -luī, -lūtum = *lavo (nur in den Komposita v. lavo gebräuchlich, z. B. ab-luo).*

**lupa**, ae *f (lupus)* ❶ Wölfin; ❷ Dirne.

**lupānar**, nāris *n (lupa 2.) (poet.; nachkl.)* Bordell.

**lupāta**, ōrum *n u.* **lupātī**, ōrum *m (lupatus) (poet.)* Wolfsgebiss *(Kandare m. scharfen Zacken).*

**lupātus**, a, um *(lupus) (poet.)* m. Wolfszähnen *(d. h. m. eisernen Stacheln)* versehen.

**Lupercus**, ī *m altröm. Hirten- u. Fruchtbarkeitsgott, dem Faunus gleichgesetzt; – seine Priester:* **Lupercī**, ōrum *m;* – *Adj.* **Lupercālis**, e; – **Lupercal**, ālis *n urspr. dem Pan geweihte Grotte am Palatin; hier hat der Sage nach die Wölfin Romulus u. Remus gesäugt;* – **Lupercālia,** ium *u.* ōrum *n* Fest des Lupercus.

**lupīnum**, ī *n (lupinus) (poet.; nachkl.)* Wolfsbohne, Lupine; Spielmarke.

**lupīnus**, a, um *(lupus)* vom Wolf, Wolfs-.

**lupus**, ī *m* ❶ Wolf; ❷ Seebarsch *(gefräßiger Fisch);* ❸ *(poet.)* Wolfsgebiss *eines Pferdezaumes;* ❹ Feuerhaken.

**lūridus**, a, um ❶ *(poet.; nachkl.)* blassgelb, leichenblass; ❷ *(poet.) (übtr.)* leichenblass machend [**horror**].

**luscinia**, ae *f (poet.; nachkl.)* Nachtigall.

**luscinius**, ī *m (poet.; nachkl.)* Nachtigall.

**luscus**, a, um einäugig.

**lūsī** *Perf. v. ludo.*

**lūsiō**, ōnis *f (ludo)* das Spielen, Spiel.

**Lūsitānia**, ae *f südwestlicher Teil der Pyrenäenhalbinsel; – Einw. u. Adj.* **Lūsitānus**, ī *m bzw.* a, um.

**lūsor**, ōris *m (ludo)* ❶ *(poet.; nachkl.)* Spieler; ❷ *(poet.)* **tenerorum ~ amorum** Dichter spielerischer Liebeslieder.

**lūsōriae**, ārum *f (lusorius, erg. naves) (nachkl.)* Lustjachten.

**lūsōrius**, a, um *(lusor) (nachkl.)* ❶ Spiel-; ❷ kurzweilig; ❸ nichtig, ungültig.

**lūstrālis**, e *(lustrum²)* ❶ zum Sühnopfer gehörig; ❷ *(nachkl.)* alle fünf Jahre stattfindend.

**lūstrātiō**, ōnis *f (lustro²)* ❶ Sühnopfer, Sühne; ❷ Musterung [**populi Romani**]; ❸ (Durch-) Wanderung.

L

**lūstrō**[1], lūstrāre *(luceo)* beleuchten, erhellen.
**lūstrō**[2], lūstrāre *(lustrum²)* ❶ reinigen, durch Reinigungsopfer sühnen [**populum**]; ❷ mustern [**exercitum**]; ❸ *(poet.)* besichtigen, betrachten; ❹ erwägen; ❺ *(poet.; nachkl.)* umkreisen, umtanzen, umringen [**regem choreis; agros** um die Felder ziehen]; ❻ bereisen, durchwandern, besuchen [**aequor navibus** befahren]; ❼ *(übtr.)* durchmachen, bestehen [**pericula**].
**lustrum**[1], ī *n (lutum¹)* ❶ *(poet.)* Wildlager, -höhle; ❷ Bordell.
**lūstrum**[2], ī *n* ❶ Reinigungs-, Sühnopfer *(das v. den Zensoren alle fünf Jahre am Schluss ihrer Amtszeit dargebracht wurde)*; ❷ *(meton.)* Zeitraum v. fünf Jahren, Lustrum, *bes.:* **a)** Finanzperiode; **b)** *(nachkl.)* Pachtzeit.
**lūsus**[1], ūs *m (ludo) (poet.; nachkl.)* ❶ das Spielen, Spiel, Scherz; ❷ *(poet.)* Liebesspiel.
**lūsus**[2] *P. P. P. v. ludo.*
**lūteolus**, a, um *(Demin. v. luteus²) (poet.)* gelblich.
**Lūtētia** (**Parīsiōrum**), ae *f Hauptstadt der Parisii, j.* Paris.
**luteus**[1], a, um *(lutum¹)* ❶ *(poet.; nachkl.)* lehmig, schlammig, voll Kot; ❷ *(übtr.)* geringfügig, wertlos.
**lūteus**[2], a, um *(lutum²) (poet.; nachkl.)* (gold)-gelb; rosarot.
**lutulentus**, a, um *(lutum¹)* ❶ kotig, schlammig, schmutzig; ❷ *(übtr.)* schmutzig, hässlich [**vitia**].
**lutum**[1], ī *n* ❶ Kot, Lehm, Schlamm, Dreck; ❷ Ton-, Lehmerde.
**lūtum**[2], ī *n (poet.; nachkl.)* Wau *(eine gelbfärbende Pflanze); meton.* gelbe Farbe, Blässe.
**lūx**, lūcis *f* ❶ Licht, Helligkeit [**solis; aestiva** Sommer]; *(übtr.)* **haec urbs ~ orbis terrarum;** ❷ Glanz, Schimmer [**auri**]; ❸ Tageslicht; Tag; **luce orta** nach Tagesanbruch; **prima luce** bei, mit Tagesanbruch; **multa luce** mitten am Tag; **luce** *u.* **luci** *(Lok.)* am (hellen) Tag; ❹ Leben(slicht); ❺ *(poet.)* Augenlicht; ❻ *(übtr.)* Klarheit, Deutlichkeit, Erkenntnis; ❼ Öffentlichkeit; **e tenebris in lucem vocare** bekannt machen; ❽ Rettung.
**lūxī** *Perf. v. luceo, lucesco u. lugeo.*
**luxō**, luxāre *(luxus²) (nachkl.)* verrenken.
**luxuria**, ae *u.* **luxuriēs**, ēī *f (luxus¹)* ❶ *(poet.; nachkl.)* üppiges Wachstum; ❷ Genusssucht, Überfluss, Ausschweifung, Üppigkeit [**conviviorum**]; ❸ Zügellosigkeit, Übermut.
**luxuriō**, luxuriāre *u.* **luxurior**, luxuriārī *(luxus¹)* ❶ *(poet.)* üppig wachsen, üppig sein; ❷ *(poet.)* strotzen; ❸ ausgelassen sein, ausschweifen, ausarten [**nimiā gloriā**]; ❹ *(poet.) (v. Tieren)* übermütig springen.
**luxuriōsus**, a, um *(luxuria)* ❶ üppig (wachsend); ❷ *(übtr.)* üppig, ausschweifend, verschwenderisch [**civitas; cena**]; **-e vivere;** ❸ ausgelassen, übermütig.
**luxus**[1], ūs *m* ❶ *(poet.; nachkl.)* üppige Fruchtbarkeit; ❷ Pracht, Prunk; ❸ Üppigkeit, Ausschweifung, Schlemmerei.
**luxus**[2], a, um *(luctor)* verrenkt.
**Lyaeus**, ī *m Beiname des Bacchus; meton. (poet.)* Wein.
**Lycaeus**, ī *m Gebirge in Arkadien (Peloponnes); – Adj.* **Lycaeus,** a, um [**nemus**].
**Lycēum**, ī *n* ❶ *Gymnasion in Athen, in dem Aristoteles lehrte, dem Apollo geweiht;* ❷ *das obere Gymnasium im Tusculanum Ciceros.*
**lychnobius**, ī *m (gr. Fw.) (nachkl.)* Nachtschwärmer.
**lychnūchus**, ī *m (gr. Fw.)* Leuchter, Lampe.
**lychnus**, ī *m (gr. Fw.)* Leuchter, Lampe.
**Lycia**, ae *f* Lykien, *Landschaft im Südwesten Kleinasiens; – Einw.* **Lyciī**, ōrum *m; – Adj.* **Lycius**, a, um.
**Lycīum** = *Lyceum.*
**Lycūrgus**, ī *m* ❶ *Gesetzgeber der Spartaner (um 800 v. Chr.);* ❷ *König der Edoner in Thrakien;* ❸ *athen. Redner (etwa 390–324 v. Chr.).*
**Lȳdia**, ae *f* Lydien, *Landschaft im westl. Kleinasien, der Sage nach Stammland der Etrusker; – Einw.* **Lȳdus**, ī *m* Lyder, *poet. auch* Etrusker; *– Adj.* **Lȳd(i)us**, a, um lydisch, *poet. auch* etruskisch.
**lympha**, ae *f (gr. Fw.) (poet.)* ❶ klares Wasser; ❷ *personif.* **Lympha** Quellnymphe.
**lymphāt(ic)us**, a, um wahnsinnig, wie besessen.
**Lyncēus**, eī *m (verw. m. lynx) scharfsichtiger messenischer Heros, einer der Argonauten; – Adj.* **Lyncēus**, a, um scharfsichtig, luchsäugig; *– Nachk.* **Lyncīdēs**, ae *m* = Perseus.
**lynx**, lyncis *m u. f (gr. Fw.) (poet.; nachkl.)* Luchs.
**lyra**, ae *f (gr. Fw.)* ❶ Lyra, Laute; ❷ *(poet.) (meton.)* lyrische Dichtung, Lied; ❸ *(übtr.)* Lyra *als Sternbild.*
**lyrica**, ōrum *n (lyricus) (poet.; nachkl.)* lyrische Gedichte, Oden.
**lyricus** *(gr. Fw.)* **I.** *Adj.* a, um lyrisch; **II.** *Subst.* ī *m* lyrischer Dichter.
**lyristēs**, ae *m (gr. Fw) (nachkl.)* Lautenspieler.
**Lȳsander**, drī *m* ❶ *spartan. Feldherr, eroberte 404 v. Chr. Athen;* ❷ *Ephor in Sparta (um 240 v. Chr.).*
**Lȳsiās**, ae *m athen. Redner z. Zt. des Sokrates.*
**Lȳsimachus**, ī *m Feldherr Alexanders des Gr.*
**Lȳsippus**, ī *m Bildhauer u. Erzgießer aus Sikyon z. Zt. Alexanders des Gr.*

L

# Mm

**M.** *(Abk.)* ① *(als Vorname)* **a) M.** = *Marcus;* **b) M.'** = *Manius;* ② *(als Zahlzeichen)* = 1 000 *(mille);* ③ *(in Ciceros Tuskulanen) = magister.*

**Macedonia**, ae *f* Makedonien, *Landschaft zw. Thessalien u. Thrakien im Norden Griechenlands; – Bew.* **Macedō**, onis *m; – Adj.* **Macedoni(c)us**, a, um.

**macellum**, ī *n (gr. Fw.)* Fleischmarkt.

**macer**, macra, macrum *(gr. Fw.)* ① mager; ② *(poet.)* voller Sorgen.

**Macer**, crī *m röm. cogn.:* ① **C. Licinius ~** *Geschichtsschreiber u. Redner, Volkstribun 73 v. Chr.;* ② **Aemilius ~** *Dichter, Freund Vergils u. Ovids.*

**māceria**, ae *f* (Lehm-)Mauer; *(milit.)* Behelfsverschanzung.

**mācerō**, mācerāre ① *(nachkl.)* mürbe machen, einweichen; ② *(übtr.)* aufreiben, schwächen; ③ *(geistig)* quälen [**desiderio**].

**machaera**, ae *f (gr. Fw.)* Schwert.

**machaerophorus**, ī *m (gr. Fw.)* Schwertträger.

**Machāōn**, onis *m Sohn des Äskulap, Arzt der Griechen vor Troja; – Adj.* **Machāonius**, a, um.

**māchina**, ae *f (gr. Fw.)* ① Maschine, Werkzeug, *wie z. B.* Rolle, Hebel, Winde, Walze; ② Kriegsgerät, Belagerungsmaschine; ③ Schaugerüst *zur Ausstellung verkäuflicher Sklaven;* ④ *(übtr.)* Kunstgriff, List.

**māchināmentum**, ī *n (machinor)* ① Maschine; ② *(nachkl.)* Marterwerkzeug.

**māchinātiō**, ōnis *f (machinor)* ① Mechanismus; ② *(meton.)* Maschine; ③ *(übtr.)* Kunstgriff, List.

**māchinātor**, ōris *m (machinor)* ① Maschinenbauer, Ingenieur; **machinatore alqo** unter jmds. baulicher Leitung; ② *(übtr.)* Anstifter, Urheber.

**māchinātrīx**, rīcis *f (machinator) (nachkl.)* Anstifterin.

**māchinor**, māchinārī *(Part. Perf. auch pass.) (machina)* ① ausdenken, anstiften; ② etw. Böses gegen jmd. im Schilde führen, Böses ersinnen [**pestem in alqm; alci perniciem**].

**maciēs**, ēī *f (macer)* Magerkeit.

**macrēscō**, macrēscere, macruī, – *(macer) (poet.)* mager werden.

**macrocollum**, ī *n (gr. Fw.)* großformatiges Papier.

**macruī** *Perf. v. macresco.*

**mactātor**, ōris *m (macto) (nachkl.)* Schlächter, Mörder.

**macte** *s. mactus.*

**mactō**, mactāre *(mactus)* ① verherrlichen, ehren, beschenken [**alqm triumpho**]; ② *eine Gottheit durch ein Opfer* ehren, versöhnen; ③ *(poet.) (ein Tier)* opfern, schlachten; ④ jmd. als Opfer weihen [**alqm Orco**]; ⑤ (hin)schlachten, morden; ⑥ zugrunde richten, heimsuchen, (be)strafen [**alqm supplicio**].

**mactus**, a, um verherrlicht, gefeiert *(fast nur Vok.* macte, *sowohl für Sg. als auch für Pl.);* **macte virtute** Heil deiner Tapferkeit! bravo!

**macula**, ae *f* ① Fleck; ② entstellender Fleck, Mal; ③ Ort; ④ Schandfleck; ⑤ Masche *eines Netzes.*

**maculō**, maculāre *(macula)* ① fleckig machen, beschmutzen; ② *(übtr.)* besudeln, entehren [**famam alcis**].

**maculōsus**, a, um *(macula)* ① *(poet.; nachkl.)* gefleckt, bunt(gefleckt) [**vellus**]; ② befleckt, beschmutzt; ③ *(übtr.)* entehrt.

**made-faciō**, facere, fēcī, factum, *Pass.* made-fīō, fierī, factus sum *(madeo)* nass machen, befeuchten.

**madeō**, madēre, maduī, – ① nass sein, triefen; ② *(poet.) (v. Speisen)* weich, gar sein; ③ *(poet.; nachkl.)* betrunken sein; ④ *(poet.; nachkl.)* (über)voll sein.

**madēscō**, madēscere, maduī, – *(Incoh. v. madeo) (poet.)* nass werden.

**madidus**, a, um *(madeo)* nass, feucht *(von etw.: Abl.)* [**comae** salbentriefend; **fossa** wasserreich].

**mador**, ōris *m (madeo)* Feuchtigkeit, Nässe.

**maduī** *Perf. v. madeo u. madesco.*

**Maeander** *u.* **Maeandros**, drī *m* ① *Fluss in Karien (Kleinasien) m. vielen Krümmungen, mündet b. Milet in das Ägäische Meer; – Adj.* **Maeandrius**, a, um; ② *(appell.)* **a)** Windung, Krümmung; **b)** Besatz *des Gewandes* m. verschlungener Stickerei.

**Maecēnās**, nātis m ① **C. Cilnius ~** *ein röm. Politiker und Literaturförderer (um 70–8 v. Chr.) – Adj.* **Maecēnātiānus,** a, um; ② *(appell.) (nachkl.) Beschützer u. Förderer der Kunst u. Wissenschaft,* Mäzen.

**Imperium Romanum**

**Maecēnās** (um 70–8 v. Chr.), war ein reicher römischer Bürger aus dem Ritterstand. Er war mit Augustus befreundet, für den er auch politische Missionen ausführte und

den er in seiner Abwesenheit vertrat. Er trat vor allem als Förderer und Gönner von Gelehrten und Dichtern wie Vergil, Horaz, Properz u. a. hervor, die er in einem Freundeskreis um sich scharte und materiell unterstützte.
Von seinem Namen leitet sich das Wort „Mäzen" her: jemand, der Künstler fördert, ohne dabei einen wirtschaftlichen Nutzen für sich herausschlagen zu wollen.

**maena**, ae *f (gr. Fw.)* Sardelle.
**Maenalus**, ī *m u.* **Maenala**, ōrum *n Gebirge u. Stadt in Arkadien (Peloponnes), Lieblingsaufenthalt des Pan; – Adj.* **Maenalius**, a, um, *fem. auch* **Maenalis**, idis.
**Maenas**, adis *f (gr. Fw.* „die Rasende"*) (poet.)* Bacchantin; Priesterin *der Kybele.*
**maeniāna**, ōrum *n* Balkon, Erker.
**Maenius**, a, um *Name einer röm. gens:* **C.** ~ *Konsul 338 v. Chr., siegte üb. Antium, weshalb ihm eine Ehrensäule auf dem Forum, die columna Maenia, errichtet wurde.*
**Maeonia**, ae *f älterer Name für* Lydien *in Kleinasien, poet. auch* = Etrurien; – **Maeonidēs**, ae *m* **a)** Lydier, *bes.* Homer; **b)** Etrusker; – **Maeonis**, idis *f* Lydierin (= Arachne *u.* Omphale); – *Adj.* **Maeonius**, a, um **a)** lydisch [**vates** = Homer]; homerisch, *übh.* episch [**carmen**]; **b)** etruskisch.
**maereō**, maerēre, maeruī, – *(vgl. maestus, miser)* **I.** *intr.* trauern, betrübt sein *(über etw.: Abl.; m. A. C. I. od. quod);* **II.** *trans.* ❶ etw. betrauern; ❷ *(poet.)* wehmütig ausrufen.
**maeror**, ōris *m (maereo)* (stille) Trauer, Betrübnis *(über, bei etw.: Gen.).*
**maestitia**, ae *f (maestus)* Traurigkeit, Wehmut.
**maestus**, a, um *(Adv. -ē u. -iter) (vgl. maereo)* ❶ traurig, betrübt; ❷ *(poet.)* betrübend, Unheil bringend; ❸ *(poet.)* trauerkündend, Trauer- [**avis**].
**māgālia**, ium *n (pun. Fw.) = mapalia.*
**mage** *Adv. (poet.) = magis.*
**magicus**, a, um *(gr. Fw.) (poet.; nachkl.)* magisch, Zauber-.
**magis** *Adv. (zu magnus)* **I.** mehr, in höherem Grade: ❶ *b. Adj. u. Adv. zur Umschreibung des Komp.:* **magis necessarius; magis strenue;** ❷ *b. Verben, oft auch* = stärker, heftiger, besser *u. a.:* **magis intellegere / gaudere;** ❸ *in Verbindungen:* **a) non magis ... quam** ebenso sehr ... wie, nicht nur ... sondern auch; **b)** *m. Abl. mensurae:* **eo magis** desto mehr, umso mehr; **quo magis ... eo (magis)** je mehr ... desto (mehr); **multo magis** viel mehr; **nihilo magis** ebenso wenig; **II.** eher, lieber, vielmehr; **non invideo, miror magis.**
**magister**, trī *m* ❶ Vorsteher, Vorgesetzter, Aufseher, Meister [**populi** Diktator; **equitum** Reiteroberst; **sacrorum** Oberpriester; **elephanti** Elefantentreiber]; ❷ Lehrer, Lehrmeister [**eloquentiae**]; ❸ *(übtr.)* Führer, Ratgeber.
**magisterium**, ī *n (magister)* Amt eines Vorstehers, Leitung, Aufsicht [**sacerdotii** Amt eines Oberpriesters; **morum** Sittenaufsicht, Zensur].
**magistra** ae *f (magister) (übtr.)* Lehrerin, Lehrmeisterin; **arte -a** m. Hilfe der Kunst.
**magistrātus**, ūs *m (magister)* ❶ öffentliches Amt; Behörde; ❷ *(meton.)* Beamter; **alqo magistratu** unter jmds. Amtsführung; **magistratūs creare.**

**Imperium Romanum**
**magistrātus** – Die römischen „Magistrate" waren hohe Staatsbeamte (in der Reihenfolge der Ämterlaufbahn: Quästor, Ädil, Volkstribun, Prätor und Konsul, außerdem Prokonsul, Censor und Dictator). Die Römer nannten sie **magistratūs**, weil sie mehr (**magis**) Macht (potestas) hatten als ihre Mitbürger. Sie verstanden sich als Inhaber der staatlichen Gewalt, nicht als deren Diener. Sie waren nicht wie unsere heutigen Beamten und Magistrate weisungsgebunden. Man kann die römischen Magistrate eher noch mit unseren heutigen Ministern vergleichen, obwohl diese sich als „Staatsdiener" verstehen. Im Gegensatz zu magistratus leitet sich das Wort **Minister** (Diener) von **minus** (weniger) ab.
Zum **cursus honorum**, der Laufbahn vom Quästor bis zum Konsul oder sogar Censor, gehörte die Aufnahme in den Senat. In der Republik konnten nur Wohlhabende diese hohen Ämter erreichen, denn die Magistratenämter waren Ehrenämter; der Wahlkampf musste aus eigener Tasche bezahlt werden.

**magmentārius**, a, um als Opferbeigabe geweiht.
**māgnanimitās**, tātis *f (magnanimus)* Großmut, Seelengröße.
**māgn-animus**, a, um *(magnus)* edel, mutig.
**Magnēsia**, ae *f* ❶ *thessalische Halbinsel (Nordgriechenland) m. natürlichem Vorkommen v. Magnetsteinen;* ❷ *Stadt in Karien am Mäander (Kleinasien);* ❸ *Stadt in Lydien (Kleinasien); / Einw.* **Magnēs**, ētis *m* der Magnesier; */ Adj.* **Magnēs**, *Gen.* ētis magnesisch, v. Magnesia, lapis Magnēs *u. bl.* Magnēs, ētis *m* Magnet(stein), *fem. auch* **Magnētis**, idis.

M

**māgnificentia**, ae *f (magnificus)* ❶ Pracht, Prunk; ❷ Großmut; ❸ Prahlerei; ❹ *(rhet.)* Pathos.

**māgnificō**, māgnificāre *(magnificus) (nachkl.)* rühmen.

**māgni-ficus**, a, um *(Komp.* magnificentior, ius, *Superl.* magnificentissimus, a, um; *Adv.* -ē *u.* -enter) *(magnus u. facio)* ❶ großartig, prächtig [**res gestae; apparatus**]; ❷ prachtliebend; ❸ großmütig, edel, erhaben; ❹ prahlerisch, hochfahrend; ❺ *(v. der Rede)* pathetisch.

**māgniloquentia**, ae *f (magniloquus)* ❶ erhabene, pathetische Sprache; ❷ Prahlerei.

**māgni-loquus**, a, um *(magnus u. loquor) (poet.; nachkl.)* prahlerisch.

**māgnitūdō**, dinis *f (magnus)* ❶ Größe; ❷ große Menge [**copiarum; aeris alieni**]; ❸ *(übtr.)* Stärke [**tempestatum; frigoris; supplicii** Härte; **ingenii; consilii** tiefe Einsicht]; ❹ Bedeutung, Wichtigkeit [**rerum gestarum**]; ❺ Würde, Ansehen, Macht [**imperatoria; rei publicae**].

**māgnopere** *od.* **māgnō opere** *Adv. (magnus u. opus), Superl.* **maximopere** *od.* **maximō opere** *(nur b. Verben)* ❶ sehr, überaus, nachdrücklich [**expetere; alqm hortari**]; ❷ *(im negierten Satz)* sehr, erheblich; **nemo ~ eminebat; nullā ~ clade acceptā** ohne erheblichen Verlust.

**māgnus**, a, um, *Komp.* **māior**, māius, *Superl.* **maximus**, a, um ❶ *(räuml.)* groß, geräumig, weit, hoch, lang; ❷ alt, bejahrt; **-o natu** bejahrt, hochbetagt; **filius maior (natu)** der ältere, **maximus (natu)** der älteste; – *Subst.* **māiōrēs**, rum *m* die Alten: **a)** Vorfahren, Ahnen; **b)** der Senat; ❸ *(v. Zahl, Gewicht, Menge)* beträchtlich, bedeutend, zahlreich, viel, teuer [**gentes** volkreich; **comitatus; pecunia; copiae; pretium** hoher Preis]; **maior pars** die Mehrheit; **-i aestimare** *od.* **ducere** *od.* **putare** hochschätzen; **-i esse** viel gelten; **-o emere** teuer kaufen; ❹ *(zeitl.)* lang; ❺ *(übtr.)* stark, heftig, gewaltig [**imber; incendium; gaudium; argumentum** schlagender Beweis; **preces** dringende Bitten]; **-a voce** laut; **-o fletu** laut weinend; ❻ bedeutend, wichtig; ❼ *(übtr.)* hochstehend, groß, erhaben, angesehen, mächtig; **invidiā maior** über den Neid erhaben; – *bes. als Beiname:* **Alexander Magnus;** ❽ **a)** großmütig, edel; **b)** hochfahrend, prahlend, vermessen; ❾ übertrieben, übermäßig.

**magus** *(gr. Fw. pers. Herkunft)* **I.** *Subst.* ī *m* ❶ Magier, *Mitglied einer pers. Priesterkaste;* ❷ Weiser, Wahrsager; ❸ *(poet.)* Zauberer; **II.** *Adj.* a, um *(poet.; nachkl.)* magisch, Zauber- [**artes**].

**Māia**, ae *f Tochter des Atlas, Mutter des Merkur.*

**māiestās**, tātis *f (maius, s. magnus)* ❶ Größe, Würde, Erhabenheit, Ansehen [**divina; iudicum; senatūs; orationis**]; ❷ Hoheit [**populi Romani; regia**]; ❸ Majestätsbeleidigung, Hoheitsverletzung, Hochverrat; **crimen maiestatis; maiestatis damnari** wegen eines Majestätsverbrechens; ❹ *(poet.; nachkl.) (meton.)* Hoheit, Majestät *(Titel des Kaisers).*

**māior, māiōrēs, māius s. magnus.**

> **Imperium Romanum**
> **māiōrēs**, die „Größeren" nannten die Römer ehrfurchtsvoll ihre Vorfahren und Ahnen der Vorzeit. Die Vorfahren waren den Römern stets Vorbild, Verpflichtung und Maßstab – sowohl im Privatleben der Familie als auch im öffentlichen Leben des Staates. Höchstes Lob erhielt, wer **more maiorum**, „nach Sitte der Vorfahren", lebte. Die Kultur Roms war zutiefst traditionsgelenkt. Die Kenntnis der römischen Hochschätzung der eigenen Tradition könnte den Ahnenkult und die Achtung vor dem Alter in asiatischen Kulturen verstehen helfen.

**Māius**, a, um zum Mai gehörig, des Mai [**Calendae; Nonae**]; – (**mensis**) **Maius** Mai.

**māiusculus**, a, um *(Demin. v. maius, s. magnus)* ❶ etw. groß; ❷ *(nachkl.)* etw. größer.

**māla**, ae *f (poet.)* ❶ Kinnbacke, Kinnlade; ❷ Wange.

**malacia**, ae *f (gr. Fw.)* Windstille.

**malaxō**, malaxāre *(gr. Fw.) (nachkl.)* geschmeidig machen.

**male** *Adv. v. malus[1], Komp.* **pēius**, *Superl.* **pessimē** ❶ schlecht, schlimm, übel; **~ dicere** *od.* **loqui** verleumden; ❷ *(vom Erfolg)* unglücklich, ungünstig [**pugnare; rem gerere; emere** (zu) teuer; **vendere** (zu) billig]; *(poet.)* vergeblich; ❸ *(poet.)* zur unrechten Zeit; ❹ *(vom Maß u. Grad)* unrichtig, nicht gehörig: **a)** zu viel, (all)zu, (zu) sehr, überaus; **b)** zu wenig [**fidus** unzuverlässig].

**Malea, Malēa**, ae *f u.* **Maleae**, ārum *f Vorgeb. Lakoniens (Peloponnes).*

**male-dicāx**, *Gen.* dicācis *(poet.) u.* **-dīcēns**, *Gen.* dīcentis *(maledico)* schmähsüchtig, schmähend.

**male-dīcō**, dīcere, dīxī, dictum lästern, schmähen *(abs. od. m. Dat.).*

**maledictiō**, ōnis *f (maledico)* Schmähung.

**maledictum**, ī *n (maledico)* Beschimpfung, Schmähung.

**maledictus** *P. P. P. v. maledico.*

**maledicus**, a, um *(maledico)* lästernd, schmähend; – *Komp.* maledīcentior, *Superl.* maledīcentissimus.

M

**male-dīxī** *Perf. v. maledico.*
**male-factum**, ī *n* Übeltat.
**maleficium**, ī *n (maleficus)* ❶ Übeltat, Verbrechen; ❷ zugefügter Schaden; ❸ Feindseligkeit; ❹ *(nachkl.) Pl.* Zaubermittel, Zauberei.
**male-ficus**, a, um *(facio) (Komp.* maleficentior, *Superl.* maleficentissimus) ❶ übel handelnd, bösartig, gottlos; ❷ missgünstig; ❸ *(nachkl.)* schädlich; ❹ *(nachkl.) Subst.* **-a,** ōrum *n* Zaubermittel.
**male-suādus**, a, um *(suadeo) (poet.)* übelratend, verführerisch.
**male-volēns**, *Gen.* entis *(volo²)* übelwollend, neidisch.
**malevolentia**, ae *f (malevolens)* Missgunst, Neid, Schadenfreude.
**male-volus**, a, um *(volo²) (Superl.* malevolentissimus) übelwollend, neidisch, schadenfroh.
**māli-fer**, fera, ferum *(malum² u. fero) (poet.)* Äpfel tragend, reich an Apfelbäumen.
**malific...** = *malefic...*
**malīgnitās**, tātis *f (malignus)* ❶ Bosheit, Missgunst; ❷ Knauserei.
**malīgnus**, a, um *(malus¹ u. gigno) (poet.; nachkl.)* ❶ böswillig, neidisch [**sermo**]; ❷ unfruchtbar, karg [**terra**]; ❸ knauserig; ❹ spärlich [**lux; aditus** schmal]; ❺ *(im Verhalten)* kühl, abweisend.
**malitia**, ae *f (malus¹)* ❶ Bosheit; ❷ Arglist, Tücke.
**malitiōsus**, a, um *(malitia)* boshaft, arglistig, heimtückisch.
**malivolentia**, **malivolus** = *malevolentia, malevolus.*
**mālle** *Inf. v. malo.*
**malleolus**, ī *m (Demin. v. malleus)* ❶ Setzling; ❷ Brandpfeil.
**malleus**, ī *m* Hammer, Schlachtbeil.
**mālō**, mālle, māluī *(< magis volo)* ❶ lieber wollen, vorziehen *(alqd; m. Inf., A. C. I. od. bl. Konj.);* ❷ *(m. Dat.)* gewogener sein [**Asiae**]; *(alci alqd)* jmdm. etw. lieber gönnen [**amico omnia**].
**mālobathron** *u.* **-um**, ī *n (gr. Fw.) (poet.; nachkl.)* Salböl, Zimtöl.
**māluī** *Perf. v. malo.*
**malum¹**, ī *n (malus¹)* ❶ Fehler, Gebrechen, Mangel; ❷ Übel, Leid, Unheil; ❸ Schaden, Verderben; ❹ *(poet.)* Übeltat, Laster; ❺ *als Ausruf des Unwillens* zum Henker!
**mālum²**, ī *n (gr. Fw.)* ❶ Apfel; ❷ *(poet.; nachkl.) jede apfelähnliche Frucht* [**aureum** Quitte; **felix** Zitrone].
**malus¹**, a, um, *Komp.* **pēior**, ius, *Superl.* **pessimus**, a, um *(Adv.* male, pēius, pessimē *s. male)* schlecht: ❶ sittlich schlecht, böse, übel gesinnt; ❷ unehrlich, unzuverlässig; ❸ *(polit.)* übel gesinnt, zur Gegenpartei gehörig [**cives**]; – *Subst.* **malī,** ōrum *m (je nach Standpunkt)* Volks- *od.* Adelspartei; ❹ untüchtig, untauglich [**philosophi; poëta**]; ❺ unbrauchbar [**versus**]; ❻ *(poet.; nachkl.)* hässlich; ❼ schlimm, ungünstig [**valetudo** schlechtes Befinden; **nuntius** schlimme Nachricht]; ❽ schädlich, verderblich [**venenum; avis** unheilvoll; **lingua** behexend]; ❾ unglücklich, traurig [**exitus; pugna**].
**mālus²**, ī *f (vgl. malum²)* Apfelbaum; Obstbaum.
**mālus³**, ī *m* ❶ Mast(baum); ❷ Eckbalken; ❸ Mast *im Theater u. Zirkus.*
**malva**, ae *f* Malve.
**Mām.** *Abk. des Namens Mamercus.*
**Māmertīnī**, ōrum *m (Mamers = Mars)* „Marssöhne“, *oskische Söldner, die 282 v. Chr. Messana auf Sizilien eroberten.*
**mamma**, ae *f* Brust; Euter, Zitze.
**Māmurra**, ae *m reicher röm. Ritter aus Formiä.*
**manceps**, cipis *m (manus u. capio)* ❶ Aufkäufer v. Staatsgütern; ❷ Pächter, Steuerpächter; ❸ Unternehmer.
**mancipium**, ī *n (manceps)* ❶ Eigentumserwerb, förmlicher Kauf *(durch Handanlegen in Gegenwart v. fünf Zeugen);* **lex -i** Kaufvertrag; **ius -i** Kaufrecht; ❷ *(meton.)* **a)** Eigentum(srecht), Besitz; **ius -i** Eigentumsrecht; **sui -i esse** sein eigener Herr sein; **b)** Sklave.
**mancipō**, mancipāre *(manceps) (poet.; nachkl.)* ❶ zu eigen geben, verkaufen; ❷ *(übtr.)* hingeben; **saginae mancipatus** seiner Fressgier hingegeben.
**mancus**, a, um ❶ gebrechlich, verkrüppelt; ❷ *(übtr.)* schwach, unvollständig, mangelhaft.
**mandātum**, ī *n (mando¹)* Auftrag, Befehl.
**mandātus**, *Abl.* ū *m (mando¹)* Auftrag, *nur im Abl. Sg.* **mandātū** im Auftrag.
**mandī** *Perf. v. mando².*
**mandō¹**, mandāre *(manus u. do)* ❶ übergeben, anvertrauen, überlassen [**alci magistratum; alqd litteris** schriftlich aufzeichnen; **alqm vinculis** gefangen setzen; **se fugae** fliehen; **alqd memoriae** sich merken; der Nachwelt überliefern]; ❷ auftragen, verordnen, befehlen *(alci alqd od. de re; m. ut, ne od. m. bl. Konj.; m. Inf. od. A. C. I.).*
**mandō²**, mandere, mandī, mānsum ❶ kauen, beißen; ❷ essen, verzehren.
**Mandūbiī**, ōrum *m kelt. Volk westl. v. Dijon m. der Hauptstadt Alesia.*
**mandūcō**, mandūcāre *(mando²) (nachkl.)* kauen; essen.
**māne I.** *Subst. n (undekl., nur im Nom., Akk. u. Abl. Sg.)* der Morgen, die Frühe; **multo ~** sehr früh; **II.** *Adv.* morgens, früh.
**maneō**, manēre, mānsī, mānsum **I** *intr.* ❶ bleiben [**in patria; domi**]; ❷ übernachten; ❸ *(in*

M

*einem Zustand)* verbleiben; **exercitus integer mansit;** ❹ fortbestehen, Bestand haben, noch vorhanden sein; **monumenta manserunt ad nostram aetatem;** ❺ *(v. Personen)* fest bei *od.* in etw. bleiben, verharren, an etw. festhalten *(in u. Abl. od. m. bl. Abl.)* [**in amicitia; promissis**]; ❻ jmdm. sicher beschieden sein; **II.** *trans.* ❶ erwarten; ❷ jmdm. bevorstehen, jmd. erwarten; **mors sua quemque manet** jeden erwartet sein eigener Tod.

**mānēs**, nium *m* ❶ die Manen, *die göttlich verehrten Seelen der Verstorbenen, bes. die wohlwollenden;* ❷ *(poet.)* Unterwelt; ❸ *(poet.)* Strafen der Unterwelt; ❹ Leichnam.

**mangō**, ōnis *m (nachkl.)* ❶ betrügerischer Händler; ❷ Sklavenhändler.

**mangōnicō**, mangōnicāre *(mango) (nachkl.)* aufputzen, verschönern.

**mangōnicus**, a, um *(mango) (nachkl.)* eines betrügerischen Händlers.

**manibiae** = *manubiae.*

**manica**, ae *f (manus)* ❶ (langer) Ärmel *an der Tunika;* ❷ *(poet.)* Handfessel; ❸ *(nachkl.)* Handschuh.

**manicātus**, a, um *(manica)* m. langen Ärmeln.

**manifestō**, manifestāre *(manifestus) (poet.)* offenbaren, sichtbar machen.

**manifestus**, a, um *(Adv. -ē u. -ō) (manus)* handgreiflich: ❶ *(v. Personen)* **a)** bei etw. ertappt, überführt [*(m. Gen.)* **sceleris; coniurationis**]; **b)** etw. sichtbar verratend [*(m. Gen.)* **offensionis; doloris;** *(m. Inf.)* **dissentire** den Widerspruch verratend]; ❷ *(v. Sachen)* offenbar, deutlich.

**Mānīlius**, a, um *Name einer röm. gens:* ❶ **M'. ~** *Konsul 149 v. Chr., Jurist; – Adj.* **Mānīliānus**, a, um [**leges** Kaufformulare]; ❷ **C. ~** *Volkstribun 66 v. Chr., Urheber der lex Manilia, durch die Pompeius den Oberbefehl geg. Mithridates erhielt.*

**maniplāris**, e *(poet.)* = *manipularis.*

**maniplus**, ī *m (poet.)* = *manipulus.*

**manipretium** = *manupretium.*

**manipulāris**, e *u.* **-lārius**, a, um *(manipulus)* zu einem Manipel gehörig, Manipel-; – *Subst. m* Gemeiner, einfacher Soldat.

**manipulātim** *Adv. (manipulus)* manipelweise.

**manipulus**, ī *m (manus)* ❶ *(poet.; nachkl.)* Handvoll, Bündel; ❷ *(milit.)* Manipel, *ein Drittel einer Kohorte.*

**Mānius**, ī *m röm. Vorname, Abk. M'.*

**Manlius**, a, um *röm. nomen gentile:* ❶ **M. ~ Capitolinus** *Konsul 392 v. Chr., Retter des Kapitols 387 beim nächtlichen Gallierüberfall;* ❷ **L. ~ Capitolinus** *Diktator 363 v. Chr. u. sein Sohn* **T. ~ Capitolinus** *erhielten weg. ihrer Strenge den Beinamen Imperiosus; – Adj.* **Manliānus**, a, um; – **Manliānum,** ī *n ein Landgut Ciceros.*

**mannulus**, ī *m (Demin. v. mannus) (nachkl.)* niedliches Pony.

**mannus**, ī *m (illyr. Wort) (poet.; nachkl.)* kleines gallisches Pferd, Pony.

**Mannus**, ī *m erster Mensch in der germ. Sage.*

**mānō**, mānāre **I.** *intr.* ❶ fließen, rinnen, strömen; ❷ v. etw. triefen [**cruore**]; ❸ *(übtr.)* entstehen, entspringen, herrühren; ❹ sich verbreiten, um sich greifen; ❺ *(poet.) (übtr.)* entschwinden, entfallen; **II.** *trans. (poet.; nachkl.)* ausströmen lassen, vergießen [**lacrimas**].

**mānsī** *Perf. v. maneo.*

**mānsiō**, ōnis *f (maneo)* das (Ver-)Bleiben, Aufenthalt.

**mānsitō**, mānsitāre *(Intens. v. maneo) (nachkl.)* wohnen.

**mānsuē-faciō**, facere, fēcī, factum, *Pass.* -fīō, fierī, factus sum ❶ zähmen; ❷ beruhigen [**plebem**]; ❸ zivilisieren.

**mān-suēscō**, suēscere, suēvī, suētum *(manus) (poet.)* **I.** *trans.* zähmen; **II.** *intr.* ❶ zahm werden; ❷ sanfter werden; ❸ ergiebiger werden.

**mānsuētūdō**, dinis *f (mansuetus)* Sanftmut, Milde.

**mānsuētus**, a, um *(P. Adj. v. mansuesco)* ❶ zahm; ❷ sanft, mild, friedlich.

**mān-suēvī** *Perf. v. mansuesco.*

**mānsus** *P. P. P. v. maneo u. mando*[2].

**mantēle**, lis *u.* **-tēlium,** ī *n (manus u. tergeo) (poet.; nachkl.)* Handtuch.

**mantica**, ae *f (poet.)* Ranzen, Rucksack.

**mantīle** = *mantele.*

**Mantinēa**, ae *f Stadt in Arkadien (Peloponnes), Schlacht 362 v. Chr.*

**Mantua**, ae *f Stadt am Mincio in Oberitalien, Heimat Vergils.*

**manuālis**, e *(manus) (nachkl.)* Hand-, m. der Hand geworfen [**lapides**].

**manubiae**, ārum *f (manus u. habeo)* ❶ der Erlös der *verkauften* Beute, Beuteertrag; ❷ *(übtr.)* Raub, Beute, ungesetzlicher Gewinn; ❸ *Sg.* **manubia** *(t. t. der Auguralspr.) (poet.; nachkl.)* Blitz- u. Donnerschlag.

**manubrium**, ī *n (manus)* Henkel, Griff, Stiel.

**manuleātus**, a, um *(manus) (nachkl.)* m. langen Ärmeln.

**manū-mīsī** *Perf. v. manumitto.*

**manūmissiō**, ōnis *f (manumitto)* ❶ Freilassung eines Sklaven *für treue Dienste;* ❷ *(nachkl.)* Erlass der Strafe, Verzeihung.

**Imperium Romanum**

**manūmissiō** bedeutet wörtlich „Entlassung aus der Hand" und bezeichnet einen recht-

M

lichen Akt, durch den ein Herr einen Sklaven aus seiner Gewalt entlässt, ihn also freilässt. Ursprünglich wurde dieser Akt mit festen Formeln vor dem Prätor vollzogen. Später gab es auch andere Formen der manumissio, wie die „manumissio inter amicos", also die Freilassung in Gegenwart von Freunden als Zeugen. Seit Konstantin wurden Freilassungen durch eine Erklärung vor einem Bischof vorgenommen.
Der Freigelassene erhielt den Vor- und Nachnamen seines ehemaligen Herrn und sein alter Sklavenname wurde zu seinem Beinamen (cognomen).

**manū-mittō**, mittere, mīsī, missum *(manus) einen Sklaven* freilassen.

**manu-pretium** *u.* **manūs pretium**, ī *n (manus)* ❶ Arbeitslohn; ❷ *(übtr.)* Lohn *(für etw.: Gen.).*

**manus**, ūs *f* ❶ Hand **a)** *konkr.* **alqm manu tenere** an der Hand halten; **alqm manu ducere; plenā manu dare** m. vollen Händen geben; **per manus** m. den Händen [**trahere alqm**], v. Hand zu Hand [**tradere alqd**], *(übtr.)* v. Geschlecht zu Geschlecht [**religiones tradere**]; **b)** *übtr.* **inter manus est** es liegt auf der Hand; **manibus pedibus(que)** m. Händen u. Füßen, m. allen Kräften, m. aller Anstrengung; ❷ bewaffnete Hand, Faust; **manūs conferre** *od.* **conserere** den Kampf beginnen; ❸ Tapferkeit; ❹ Handgemenge, Kampf; ❺ Gewalttat; ❻ Gewalt, Macht; **in alcis manu esse;** ❼ Arbeit, Tätigkeit; ❽ Menschenarbeit; **manu** v. Menschenhand, künstlich: **portus manu factus** künstlich angelegt; ❾ Handschrift; ❿ Handvoll, Schar; Bande; ⓫ *etw. Handähnliches:* **a)** Rüssel *des Elefanten;* **b)** Enterhaken.

M

**mapālia**, ium *n (pun. Fw.)* ❶ Hütten, Nomadenzelte; ❷ *(nachkl.)* unnütze Dinge.

**mappa**, ae *f (pun. Fw.) (poet.; nachkl.)* Serviette; Signaltuch, Flagge *(f. den Start b. Zirkusrennen).*

**Marathōn**, ōnis *m Ort an der Ostküste v. Attika, Schlacht 490 v. Chr.; – Adj.* **Marathōnius**, a, um.

**Mārcellus**, ī *m röm. cogn. in der gens Claudia:* ❶ **M. Claudius ~** *das „Schwert Roms", Eroberer v. Syrakus 212 v. Chr.;* ❷ **M. Claudius ~** *Gegner Cäsars, v. Cäsar begnadigt (Ciceros Dankrede f. dessen Begnadigung: pro Marcello);* ❸ **M. Claudius ~** *Neffe u. Adoptivsohn des Augustus, Gatte der Julia; / Adj.* **Mārcelliānus**, a, um.

**marceō**, marcēre, – – matt, schlaff, träge sein.

**marcēscō**, marcēscere, – – *(Incoh. v. marceo)* matt werden, erschlaffen.

**marcidus**, a, um *(marceo) (poet.; nachkl.)* ❶ matt, schlaff, träge; ❷ welk.

**Mārcius**, a, um *(Marcus) röm. nomen gentile:* ❶ **Ancus ~** *vierter röm. König;* ❷ **Cn. ~ Coriolanus** *sagenhafter Held der frühröm. Geschichte, er eroberte 493 v. Chr. die Volskerstadt Corioli u. erhielt davon den Beinamen; / Adj.* **Mārciānus**, a, um.

**Marcomannī**, ōrum *m Suebenstamm in Germanien.*

**marcor**, ōris *m (marceo) (nachkl.)* Schlaffheit, Trägheit.

**Mārcus**, ī *m (Mars) röm. Vorname, Abk. M.*

**mare**, ris *n (Abl.* marī *u.* mare*)* ❶ Meer [**nostrum** das Mittelmeer]; **terrā marique** zu Wasser u. zu Lande; ❷ *(poet.; nachkl.) (meton.)* Meerwasser.

**Marea**, ae *f See u. Stadt in Unterägypten b. Alexandria, Weinbaugebiet; – Adj.* **Mareōticus**, a, um, *fem. auch* **Mareōtis**, idis; *– Subst.* **Mareōticum**, ī *n* mareotischer Wein.

**margarīta**, ae *f u. (nachkl.)* **-um**, ī *n (gr. Fw.)* Perle.

**marginō**, margināre *(margo)* einfassen.

**margō**, ginis *m u. f* ❶ Rand, Einfassung; ❷ *(poet.; nachkl.)* Grenze.

**Mariānus**, a um *Adj. zu Marius:* marianisch, des Marius.

**marīnus**, a, um *(mare)* Meer-, Meeres-, See-.

**marīta**, ae *f (maritus) (poet.; nachkl.)* Ehefrau, Gattin.

**marītālis**, e *(maritus) (poet.)* ehelich, Ehe-.

**maritima**, ōrum *n (maritimus)* Küstengegenden.

**maritimus**, a, um *(mare)* zum Meer gehörig, im Meer befindlich, am Meer gelegen, Meer-, See-, Küsten- [**imperium** Oberbefehl zur See; **praedones** Seeräuber; **cursus** Schifffahrt; **oppugnatio** v. der Seeseite].

**marītō**, marītāre *(maritus)* ❶ *(nachkl.)* verheiraten; ❷ *(poet.) (übtr.)* einen Baum m. einer Rebe verbinden.

**marītus I.** *Adj.* a, um ❶ ehelich, Ehe-; ❷ *(poet.) (v. Bäumen, an die die Weinstöcke angebunden werden)* angebunden [**ulmus**]; **II.** *Subst.* ī *m* Ehemann, Gatte.

**Imperium Romanum**

**Marius** – Gaius Marius (etwa 157–86 v. Chr.) war ein römischer Staatsmann und Feldherr. Er war der Sieger über den Numiderkönig Jugurtha im Jahr 106 v. Chr., über die Teutonen bei Aquae Sextiae (Aix-en-Provence) im Jahr 102 und über die Kimbern bei Vercellae in Oberitalien im Jahr 101. Marius war Führer der Popularen und ein Gegner Sullas. Zwischen 107 und 86 war er siebenmal Konsul.

**marmor**, oris *n (gr. Fw.)* ❶ Marmor; – *Pl.* Marmorplatten, -blöcke; ❷ *(poet.; nachkl.) (meton.)* Marmordenkmal, -bild; ❸ Marmorart; ❹ *(poet.; nachkl.) Pl.* Marmorbrüche; ❺ *(poet.) übh.* Stein; ❻ *(poet.) (übtr.)* glänzende Meeresfläche.

**marmorārius**, ī *m (marmor) (nachkl.)* Marmorarbeiter.

**marmoreus**, a, um *(marmor)* ❶ aus Marmor, Marmor-; ❷ *(poet.) (übtr.)* marmorweiß, glänzend.

**Marō**, ōnis *m röm. cogn.; vgl. Vergilius.*

**Maroboduus**, ī *m* Marbod, *König der Sueben.*

**Mārs**, Mārtis *m (daneben* Māvors) ❶ Mars, *röm. Kriegsgott;* ❷ *(meton.)* **a)** Krieg, Kampf [**apertus** offene Feldschlacht; *übtr.* **forensis** Rechtsstreit]; **b)** Kampfart; **aequo Marte** unter gleichen Kampfbedingungen; **c)** Kriegsglück; **ancipiti Marte bellum gerere** *u.* **aequo Marte pugnare** unentschieden; **d)** *(poet.)* Mut, Tapferkeit.

**Mārsī**[1], ōrum *m* die Marser, *Völkerschaft in Latium um den Fucinersee (östl. v. Rom), bekannt als Zauberer; – Adj.* **Mārs(ic)us**, a, um.

**Marsī**[2], ōrum *m Völkerschaft im nordwestl. Germanien.*

**Mārsus**, ī *m röm. cogn.:* **Domitius** ~ *Dichter z. Zt. des Augustus.*

**Marsyās** *u.* **Marsya**, ae *m* ❶ *ein phrygischer Satyr, welcher auf der Flöte so meisterhaft spielte, dass er den Kithara spielenden Apollo zum musikal. Wettstreit herausforderte; der Sieger sollte m. dem Besiegten nach Belieben verfahren dürfen; Marsyas unterlag u. Apollo ließ ihm b. lebendigem Leibe die Haut abziehen;* ❷ *Nebenfluss des Mäander in Phrygien (Kleinasien).*

**Mārtiālis**, e *(Martius)* ❶ zum Mars gehörig, des Mars; ❷ zur Martischen Legion gehörig.

**Mārti-cola**, ae *m (Mars u. colo) (poet.)* Verehrer des Mars.

**Mārti-gena**, ae *m (Mars u. gigno) (poet.)* Sohn des Mars *(Romulus od. Remus).*

**Mārtius**, a, um *(Mars)* ❶ zum Mars gehörig, dem Mars geweiht, des Mars [**mensis** März; **Idus** 15. März; **proles** Romulus u. Remus]; ❷ *(meton.)* kriegerisch, Kriegs-; ❸ zum Planeten Mars gehörig.

**mās**, maris **I.** *Subst. m* Mann, *(b. Tieren)* Männchen; **II.** *Adj.* ❶ männlich; ❷ *(poet.) (übtr.)* mutig, stark.

**masculīnus**, a, um *(masculus) (poet.; nachkl.)* männlich.

**masculus** *(Demin. v. mas)* **I.** *Adj.* a, um ❶ männlich; ❷ *(übtr.)* mutig, kräftig; **II.** *Subst.* ī *m* Mann, *(b. Tieren)* Männchen.

**Masinissa**, ae *m König v. Numidien, Großvater Jugurthas.*

**māssa**, ae *f (gr. Fw.)* Teig, Klumpen, Masse.

**Massicus**, ī *m Berg zw. Latium u. Kampanien, weg. seines vortrefflichen Weines ber., j.* Monte Massico; *– Adj.* **Massicus**, a, um.

**Massilia**, ae *f Handelsstadt in Gallia Narbonensis, j.* Marseille; *– Einw. u. Adj.* **Massiliēnsis**, is *m bzw.* e.

**mastrūca**, ae *f* Schafpelz.

**mastrūcātus**, a, um *(mastruca)* m. einem Schafpelz bekleidet.

**matara**, ae *u.* **mataris**, is *f (kelt. Wort)* Wurfspieß *der Gallier.*

**māter**, tris *f (Gen. Pl.* -trum*)* ❶ Mutter; ❷ *als Ehrentitel f. Frauen; als Beiname v. Göttinnen* [**Matuta; Vesta**]; **Mater magna** *u. bl.* **Mater** *(erg. deorum)* Kybele; ❸ *(poet.)* Muttertier; ❹ *(poet.) (v. Pflanzen)* Mutterstock; ❺ Mutterstadt; Heimat; ❻ Schöpferin, Urheberin, Ursprung.

**mātercula**, ae *f (Demin. v. mater)* Mütterchen.

**māteria**, ae *u.* **māteriēs**, ēī *f* ❶ Stoff, Materie, Material; ❷ Baumaterial, (Bau-)Holz; ❸ *(poet.)* Vorräte, Lebensmittel; ❹ *(übtr.)* Nahrung; **temeritati alcis -am dare;** ❺ *(übtr.)* Stoff, Gegenstand, Thema [**sermonum; ad iocandum**]; ❻ Ursache [**seditionis; omnium malorum**]; ❼ geistige Anlage, Talent *(zu etw.: Gen. od. ad).*

**māteriō**, māteriāre *(materia)* aus Holz bauen.

**māterior**, māteriārī *(materia)* Holz fällen.

**māternus**, a, um *(mater)* mütterlich, Mutter-, v. mütterlicher Seite.

**mātertera**, ae *f (Komparativbildung zu mater)* Schwester der Mutter, Tante.

**mathēmaticē**, ēs *f (mathematicus) (nachkl.)* Mathematik.

**mathēmaticus**, ī *m (gr. Fw.)* ❶ Mathematiker; ❷ *(nachkl.)* Astrologe.

**Mātrālia**, ium *n (mater) Fest zu Ehren der Mater Matuta, am 11. Juni gefeiert.*

**mātri-cīda**, ae *m (mater u. caedo)* Muttermörder.

**mātricīdium**, ī *n (matricida)* Muttermord.

**mātrimōnium**, ī *n (mater)* ❶ Ehe; **alqam in -um ducere** heiraten *(vom Mann);* ❷ *(nachkl.) (meton.) Pl.* Ehefrauen.

**mātrīmus**, a, um *(mater)* dessen Mutter noch lebt.

**mātrōna**, ae *f (mater)* ❶ ehrbare verheiratete Frau, vornehme Dame; ❷ Ehefrau, Gattin.

**Mātrona**, ae *f Nebenfluss der Seine (in Gallien), j.* Marne.

**mātrōnālis**, e *(matrona)* einer Ehefrau zukommend, Frauen-.

**mattea**, ae *f (gr. Fw.) (nachkl.)* Leckerbissen.

**Mattium**, ī *n Hauptstadt der* **Mattiacī**, *eines Chattenstammes zw. Rhein, Main u. Lahn; – Adj.* **Mattiacus**, a, um.

M

**mātūrēscō**, mātūrēscere, mātūruī, – *(maturus)* reifen, sich entwickeln.
**mātūritās**, ātis *f (maturus)* ❶ Reife; ❷ Vollendung, Höhe(punkt) [**audaciae**]; ❸ reifes Urteil [**senectutis**]; ❹ ausgereifte Beredsamkeit; ❺ richtiger Zeitpunkt.
**mātūrō**, mātūrāre *(maturus)* **I.** *trans.* ❶ zur Reife bringen [**uvas**]; ❷ *(poet.)* rechtzeitig verrichten; ❸ beschleunigen, schnell zur Ausführung bringen [**coepta; fugam**]; **II.** *intr.* sich beeilen.
**mātūruī** *Perf. v. maturesco.*
**mātūrus**, a, um *(Superl.* mātūrissimus *u.* mātūrrimus*)* reif: ❶ *(v. Früchten)* reif; ❷ erwachsen, reif [**virgo** erwachsen; **patres / senex** betagt]; ❸ tauglich, geeignet *(zu, für etw.: alci rei u. in alqd)*; ❹ rechtzeitig; ❺ früh(zeitig); ❻ vorzeitig, zu früh; **-e decedere** sterben.
**Mātūta**, ae *f gew. Mater Matuta, Göttin der Frühe, des Morgenlichts, auch der Reife.*
**mātūtīnum**, ī *n (matutinus; erg. tempus) (nachkl.)* der (frühe) Morgen.
**mātūtīnus**, a, um *(Adv. -ō) (Matuta)* morgendlich, Morgen-, Früh-.
**Mauretānia** *u.* **Mauritānia**, ae *f Landschaft im Nordwesten Afrikas, etwa das heutige Marokko u. westl. Algerien; – Einw.* **Maurī** *u.* **Maurūsiī**, ōrum *m* die Mauren; – *Adj.* **Maurus** *u.* **Maurūsius**, a, um *auch* afrikanisch.

M

**Wissen: Antike**
**Mausōlos** (ī *m*) – Mausolos war persischer Satrap von Karien, einem Königreich in Kleinasien. Er ließ in seiner Hauptstadt Halikarnoss (dem heutigen Bodrum) prächtige Bauwerke errichten, von denen das beeindruckendste sein eigenes Grabmal war: das nach ihm benannte **Mausōlēum**.
Das Mausoleum galt als eines der Sieben Weltwunder der Antike. Bereits in der Antike verwendete man den Namen „Mausoleum“ allgemein zur Bezeichnung prächtiger Grabmäler.

**Māvors**, ortis *m (poet.) = Mars; – Adj.* **Māvortius**, a, um; – *Subst.* **Māvortius**, ī *m* Marssohn = Meleager.
**maximē** *Adv.* ❶ am meisten, *als Elativ* sehr, überaus, *es dient b. Adj. u. Adv. zur Umschreibung v. Superlativformen, b. Verben zur Steigerung des Begriffs;* **~ idoneus** am besten geeignet; *b. Superl.:* **res ~ gravissima omnium** weitaus, bei weitem; **~ confidere alci;** – *Verbindungen:* **quam ~** so sehr wie möglich, möglichst viel; **vel ~** am allermeisten; ❷ *(zur Hervorhebung eines Begriffs)* (ganz) besonders, hauptsächlich; ❸ am liebsten, möglichst; ❹ im Wesentlichen, ungefähr; ❺ *(in Antworten der Umgangsspr.)* sehr gern, jawohl.
**maximopere** *s. magnopere.*
**maximus**, a, um *Superl. v. magnus.*
**māzonomus**, ī *m (gr. Fw.) (poet.)* Schüssel f. Speisen.
**mē** *s. ego.*
**meābilis**, e *(meo) (nachkl.)* ❶ gangbar; ❷ durchdringend.
**meātus**, ūs *m (meo) (poet.; nachkl.)* ❶ das Gehen, Bewegung, Lauf, Flug; ❷ *(meton.)* **a)** Weg, Bahn; **b)** *(v. Flüssen)* Mündung, Arm.
**meddix** = *medix.*

**Wissen: Antike**
**Mēdēa** (ae *f* ) ist in der griechischen Sage die zauberkundige Tochter des Königs Aietes von Kolchis, der das Goldene Vlies verwahrte. Als Jason mit der Argo nach Kolchis kam, verliebte sich Medea in ihn und half ihm mit ihren magischen Künsten, das Goldene Vlies zu rauben. Dann flohen sie übers Meer, verfolgt von Medeas Vater Aietes. Medea tötete daraufhin ihren Bruder Absyrtus und warf ihn in Stücke zerschnitten ins Meer. So konnte sie mit Jason entkommen, da Aietes nun die Leichenteile seines Sohnes zusammensuchte und ihnen nicht mehr nachkommen konnte.
Auf der Heimfahrt vermählte sich Jason mit Medea. Jahre später aber wurde er ihr untreu und gab der korinthischen Königstochter Krēusa den Vorzug. Medea übte furchtbare Rache und tötete ihre Rivalin und ihre eigenen Kinder, die sie mit Jason hatte.

**medeor**, mederī, – – *(m. Dat.)* ❶ heilen; ❷ helfen [**afflictae rei publicae**]; ❸ abhelfen [**inopiae; labori** erleichtern]; / *Perf. ersetzt durch sanavi.*
**Mēdī**, ōrum *m* die Meder, *poet. auch* = Perser, Parther, Assyrer; – *ihr Land:* **Mēdia**, ae *f* Medien, *asiatische Landschaft südl. vom Kaspisee;* – *Adj.* **Mēd(ic)us**, a, um medisch, *auch* persisch, assyrisch.
**mediast(r)īnus**, ī *m (medius) (poet.)* Knecht.
**medicābilis**, e *(medicor) (poet.)* heilbar.
**medicāmen**, minis *u.* **medicāmentum**, ī *n (medicor)* ❶ Heilmittel, Medikament, Pflaster, Salbe; ❷ Gift(trank); ❸ *(poet.; nachkl.)* Zaubermittel, -trank; ❹ Farbe; Schminke; ❺ *(übtr.)* Mittel *(geg. etw.: Gen.).*
**medicātus**[1], ūs *m (medico) (poet.)* Zaubermittel.
**medicātus**[2], a, um *(P. Adj. v. medico) (poet.; nachkl.)* ❶ heilsam [**aquae**]; ❷ Zauber-, durch Zauberei verursacht.

**medicīna**, ae *f (medicus)* ❶ Heilkunst, -verfahren; ❷ Heilmittel, Medizin; ❸ *(übtr.)* Heilmittel, Abhilfe *(geg. etw.: Gen.)* [**furoris; periculorum**].
**medicō**, medicāre *(medicus) (poet.)* ❶ *m. Kräutersäften u. Ä.* vermischen, heilkräftig, wirksam machen [**vinum**]; ❷ m. Zauberkräften versehen, bezaubern; ❸ färben.
**medicor**, medicārī *(medicus) (poet.; nachkl.)* heilen *(alci; alqd)*.
**medicus I.** *Subst.* ī *m* Arzt; **II.** *Adj.* a, um *(poet.; nachkl.)* heilsam, heilend.
**Mēdicus**, a, um *s. Medi.*
**medietās**, ātis *f (medius)* Mitte.
**medimnum**, ī *n u.* **-us**, ī *m (gr. Fw.)* attischer Scheffel *(Hohl-, Getreidemaß = 6 modii = 52,5 l) (Gen. Pl. meist* medimnūm*)*.
**mediocris**, e *(medius)* ❶ mittelmäßig, mittelgroß; ❷ *(pejor.)* nur mäßig, unbedeutend, gering [**orator; animus** Kleinmut]; ❸ *(lobend)* gemäßigt, genügsam, gelassen; **animus non ~** nach oben strebend; **alqd mediocriter ferre** gelassen.
**mediocritās**, ātis *f (mediocris)* ❶ Mittelmäßigkeit, Bedeutungslosigkeit; ❷ Mäßigung, Mittelweg [**dicendi** *u.* **in dicendo**].
**Mediōlānum** *u.* **-nium**, ī *n* Mailand, *Stadt in Oberitalien, j.* Milano; – *Einw. u. Adj.* **Mediōlānēnsis**, is *m bzw.* e.
**meditāmenta**, ōrum *n (meditor) (nachkl.)* Vorübungen.
**meditātiō**, ōnis *f (meditor)* ❶ das Nachdenken *(über etw.: Gen.)*; ❷ Vorbereitung auf etw., Einübung *(m. Gen.)*.
**meditātus**, a, um *s. meditor.*
**medi-terrāneus**, a, um *(medius u. terra)* binnenländisch; – *Subst.* **mediterrānea**, ōrum *n* Binnenland, das Innere [**Galliae**].
**meditor**, meditārī ❶ über etw. nachdenken, etw. überlegen *(m. Akk.; de; indir. Frages.)*; ❷ auf etw. sinnen *(m. Akk.; ad; m. Inf.)* [**fugam; ad praedam; proficisci**]; ❸ einüben, einstudieren [**versūs**]; / *P. Adj.* **meditātus**, a, um überlegt, ausgedacht, vorbereitet.
**meditullium**, ī *n (medius)* Mitte(lpunkt).
**medium**, ī *n (medius)* ❶ Mitte, Mittelpunkt; **-o caeli terraeque** in der Mitte zwischen; **-o montium** mitten in; **in -o** (*od.* **in -um**) **relinquere** unentschieden lassen; ❷ Öffentlichkeit, Publikum; **in -um proferre alqd** bekannt machen; **in -um procedere** sich öffentl. zeigen, öffentl. *od.* vor Gericht auftreten; **de -o tollere** aus dem Wege räumen; ❸ Gemeinwohl; **in -um consulere** für das allgemeine Wohl sorgen.
**medius**, a, um **I.** *räuml.* ❶ der mittlere [**mundi / terrae locus** Mittelpunkt]; ❷ mitten, in der Mitte; **in colle -o** mitten auf dem Hügel; **in -o foro** mitten auf dem Markt; **per -os hostes** mitten durch die Feinde; **II.** *zeitl.* ❶ der mittlere, dazwischenliegend [**tempus** Zwischenzeit]; ❷ mitten; **-ā nocte** um Mitternacht; **-ā aestate** im Hochsommer; **III.** *übtr.* ❶ mitten in, während; **-a in pace** im tiefsten Frieden; ❷ der innerste, tiefste; **-o in dolore** im tiefsten Schmerz; ❸ die Mitte haltend; ❹ mittelmäßig, gewöhnlich; ❺ unparteiisch, neutral; ❻ zweideutig [**responsum**]; ❼ *(poet.)* vermittelnd; **-um paci se offerre** als Vermittler; ❽ *(poet.)* störend; ❾ *(poet.; nachkl.)* halb [**pars** die Hälfte].
**mēdius Fidius** = *me Dius Fidius, s. Fidius.*
**medix (tuticus)**, icis *m* Bundesoberhaupt *(der Osker)*.
**medulla**, ae *f* ❶ *(poet.; nachkl.)* Mark *der Knochen u. Pflanzen;* ❷ *(übtr.)* das Innerste, Herz *(meist Pl.)*.
**medullula**, ae *f (Demin. v. medulla) (poet.)* zartes Mark.
**Mēdus** *s. Medi.*
**Medūsa**, ae *f s. Gorgo; – Adj.* **Medūsaeus**, a, um [**equus** = Pegasus; **fons** die Quelle Hippokrene].
**mefītis**, is *f = mephitis.*
**Megaera**, ae *f eine der Furien.*
**Megalē(n)sia**, ium *n Kybelefest am 4. April.*
**Megara**, ōrum *n u.* ae *f Hauptstadt der Landschaft Megaris, westl. v. Athen, Geburtsort des Philosophen Euklid; – Adj.* **Megaricus**, a, um; – **Megaricī**, ōrum *m* die Anhänger des Euklid.
**megistānes**, num *m (gr. Fw.) (nachkl.)* Würdenträger, Magnaten.
**mehercle, mehercule(s)** *s. Herkules.*
**mēiō**, mēiere, – – *(mingo) (poet.)* Urin lassen.
**mel**, mellis *n* Honig; *übtr.* Süßigkeit, Lieblichkeit (*Abl. Sg.* melle; *Nom. u. Akk. Pl.* mella; *Gen. u. Dat. Pl. ungebräuchlich*).
**melancholicus**, a, um *(gr. Fw.)* schwermütig.
**Melās**, *Akk.* ana *u.* an *m Name verschiedener Flüsse:* ❶ *auf Sizilien b. Mylae;* ❷ *in Thessalien (Nordgriechenland);* ❸ *in Thrakien.*
**Melicerta** *u.* **-ēs**, ae *m Sohn des Athamas u. der Ino, als Meergott unter dem Namen Palaemon u. Portunus verehrt.*
**melicus**, a, um *(gr. Fw.)* lyrisch; musikalisch.
**melilōtos**, ī *m (gr. Fw.) (poet.; nachkl.)* süßer Steinklee.
**melimēlum**, ī *n (gr. Fw.) (poet.; nachkl.)* in Honig eingemachtes Obst.
**melior**, ius *Komp. v. bonus.*
**melisphyllum**, ī *n (gr. Fw.) (poet.)* Melisse.
**Melita**, ae *u.* **-tē**, ēs *f* Malta; *– Adj.* **Melitēnsis**, e maltesisch; – *Subst.* **Melitēnsia**, ium *n* Decken, Teppiche von Malta.
**melius** *s. bonus u. bene.*
**Mēlius**, a, um *s. Melos.*

M

**meliusculus**, a, um *(Demin. v. melius)* etw. besser; **-e** *(Adv.)* **alci est** es geht jmdm. etw. besser.
**melli-fer**, fera, ferum *(mel u. fero) (poet.)* Honig (ein)tragend [**apes**].
**mellītus**, a, um *(mel)* m. Honig versüßt, Honig-; *übtr.* lieblich.
**melos** *n (gr. Fw.) (poet.)* Gesang, Lied.
**Mēlos**, ī *f Insel im Ägäischen Meer, eine der Zykladen; – Adj.* **Mēlius**, a, um.
**Melpomenē**, ēs *f Muse der tragischen u. der lyrischen Dichtkunst.*
**membrāna**, ae *f (membrum)* ❶ Häutchen, Haut; ❷ *(poet.)* Pergament.
**membrānula**, ae *f (Demin. v. membrana)* dünnes Pergament.
**membrātim** *(membrum) Adv.* stückweise, nach u. nach; *(rhet.)* in kurzen Sätzen [**dicere**].
**membrum**, ī *n* ❶ (Körper-)Glied; *Pl.* Glieder, Körper; ❷ *(übtr.)* Glied, Teil; ❸ Zimmer; ❹ *(rhet. t. t.)* Abschnitt.
**mementō** *Imp. zu memini.*
**mē-met** *verstärktes me.*
**meminī**, meminisse *Verb. defect.* ❶ sich erinnern, sich noch auf jmd. *od.* etw. besinnen *(m. Gen., Akk., selten de)* [**vivorum; dicta**]; ❷ daran denken, etw. zu tun *(m. Inf.)*; ❸ erwähnen *(alcis, de alqo; alcis rei).*

M

**Memnōn**, onis *m Sohn des Tithonus u. der Aurora, myth. König der Äthiopier, vor Troja v. Achilles getötet; – Adj.* **Memnonius**, a, um des Memnon; morgenländisch; – **Memnonides**, dum *f die aus der Asche des M. entstandenen Vögel.*
**memor**, *Gen.* oris *(Adv.* memoriter*) (vgl. memini)* ❶ sich erinnernd, denkend an *(m. Gen.; m. indir. Frages.)*; ❷ dankbar; ❸ nachtragend, unversöhnlich [**ira**]; ❹ *(poet.)* vorsorgend; ❺ m. gutem Gedächtnis (begabt); ❻ *(poet.)* erinnernd, mahnend *(an etw., an jmd.: Gen.)*; / *Abl. Sg.* memorī; *Nom. Pl. n ungebräuchlich; Gen. Pl.* memorum.
**memorābilis**, e *(memoro)* ❶ denkwürdig; merkwürdig; ❷ *(poet.)* gerühmt, gepriesen.
**memorandus**, a, um *(memoro)* erwähnenswert, denkwürdig.
**memorātus**, a, um *(P. Adj. v. memoro)* bekannt, berühmt.
**memoria**, ae *f (memor)* ❶ Gedächtnis, Erinnerungsvermögen; **alqd -ā tenere** im Gedächtnis behalten; **alqd -ae mandare** sich merken; **ex -a narrare** aus dem Kopf; ❷ Erinnerung, Andenken *(an: Gen.)*; **post hominum -am** seit Menschengedenken; ❸ Gedanke *an etw. Zukünftiges* [**periculi**]; ❹ *(nachkl.)* Bewusstsein [**sceleris**]; ❺ Zeit *(als Gegenstand der Erinnerung)*; **supra hanc -am** vor unserer Zeit; **meā / nostrā -ā** zu meiner / zu unserer Zeit; ❻ Ereignis, Vorfall; ❼ Nachricht, Mitteilung; **-ā ac litteris** mündlich u. schriftlich; ❽ schriftl. Aufzeichnung; **~ rerum gestarum** Geschichtsschreibung; **-ae prodere** (*od.* **tradere**) **alqd** schriftl. aufzeichnen, der Nachwelt überliefern; ❾ Geschichte *als Überlieferung,* geschichtl. Bericht.
**memoriola**, ae *f (Demin. v. memoria)* schwaches Gedächtnis.
**memoriter** *Adv. (v. memor)* m. gutem Gedächtnis; aus dem Gedächtnis, auswendig.
**memorō**, memorāre *(memor)* ❶ *(nachkl.)* an etw. erinnern *(alqd)*; ❷ erwähnen, berichten *(m. Akk.; de; m. A. C. I.; m. indir. Frages.)* [**laudes alcis; de magna virtute**].
**Memphis**, idis *f Stadt in Mittelägypten; – Adj.* **Memphīticus**, a, um, *mask.* **Memphītēs**, ae, *fem.* **Memphītis**, tidis *auch übh.* ägyptisch.
**Menander**, drī *m der bedeutendste Dichter der neueren att. Komödie (etwa 342–290 v. Chr.).*
**Menapiī**, ōrum *m belg. Volk zw. Maas u. Schelde.*
**menda** = *mendum.*
**mendācium**, ī *n (mendax)* ❶ Lüge; ❷ Täuschung; Sinnestäuschung.
**mendāciunculum**, ī *n (Demin. v. mendacium)* kleine Unwahrheit.
**mendāx**, *Gen.* ācis *(mentior)* ❶ lügnerisch; – *Subst. m* Lügner; ❷ täuschend, (be)trügerisch; ❸ *(poet.)* erlogen, erdichtet; ❹ *(poet.)* nachgemacht.
**mendīcātiō**, ōnis *f (mendico) (nachkl.)* das Betteln *(um etw.: Gen.).*
**mendīcitās**, ātis *f (mendicus)* Bettelarmut.
**mendīcō**, mendīcāre *u.* **mendīcor**, mendīcārī *(mendicus) (poet.; nachkl.)* (er)betteln.
**mendīcus**, a, um *(mendum)* ❶ bettelarm; – *Subst. m* Bettler; ❷ *(übtr., v. Sachen)* armselig, ärmlich.
**mendōsus**, a, um *(mendum)* ❶ fehlerhaft, voller Fehler; ❷ Fehler machend.
**mendum**, ī *n* ❶ (Schreib-, Rechen-)Fehler, Versehen; ❷ *(poet.)* körperliches Gebrechen.

**Wissen: Antike**
**Menelāus** (ī *m*) – Menelaos, Sohn des Atreus, ist einer der griechischen Helden in der Sage vom Trojanischen Krieg. Er war König von Sparta und Gatte der Helena. Nachdem Helena von Paris geraubt und nach Sparta entführt worden war, zog er ein großes Heer von Griechen zusammen und zog mit ihnen und seinem Bruder Agamemnon, dem Oberbefehlshaber des Heeres, gegen Sparta in den Krieg. Menelaos war einer der Griechen, die sich im Trojanischen Pferd in die Stadt Troja hineinschmuggelten.

**Menēnius**, a, um *Name einer patriz. gens in Rom, s. Agrippa; – Adj.* **Menēniānus**, a, um.

**Menippus**, ī *m* ① *kynischer Philosoph;* ② *Redner z. Zt. Ciceros.*

**Menoetiadēs**, ae *m* Patroklus, *Sohn des Menoetius.*

**mēns**, mentis *f* ① Denkvermögen, Verstand; **suae mentis compos** bei vollem Verstand; **mente captus** *u.* **mentis inops** verrückt, wahnsinnig; ② Überlegung, Einsicht; ③ Besinnung; ④ Denkart, Gesinnung, Charakter; *oft zur Umschreibung der Person:* **civium mentes** = *cives;* ⑤ Mut; **mentem deponere** (*od.* **demittere**) den Mut sinken lassen; ⑥ Zorn, Leidenschaft; ⑦ *(übtr.)* Seele, Geist [**civitatis**]; ⑧ *(meton.)* **a)** Gedanke(n), Vorstellung, Erinnerung, *auch Pl.;* **in mentem venire** in den Sinn kommen, einfallen; **b)** Meinung, Ansicht; **c)** Absicht, Plan [**deorum** Wille].

**mēnsa**, ae *f* ① Tisch: **a)** Esstisch; **b)** Opfertisch, Altar; **c)** Wechslertisch [**argentaria; publica** öffentl. Bank]; ② Essen, Mahlzeit, *auch Pl.* [**secunda** Nachtisch].

**mēnsārius**, ī *m (mensa)* Wechsler, Bankier; **tresviri** *od.* **quinqueviri -i** *Bankiers zur Regulierung der Staatsfinanzen.*

**mēnsiō**, ōnis *f (metior)* Messung [**vocum** Silbenmaß].

**mēnsis**, is *m* Monat *(Gen. Pl.* mēnsium *u.* mēnsum, *auch* mēnsuum*).*

**mēnsor**, ōris *m (metior)* ① *(poet.; nachkl.)* Vermesser, Feldmesser; ② *(nachkl.)* Baumeister.

**mēnstruum**, ī *n (menstruus)* ① Lebensmittel f. einen Monat; ② *(nachkl.)* monatl. Amtsausübung, Monatsdienst.

**mēnstruus**, a, um *(mensis)* ① monatlich; ② einen Monat dauernd, auf einen Monat berechnet.

**mēnsūra**, ae *f (metior)* ① Messung; ② Maß, *m. dem man misst;* ③ Maß (Länge, Breite, Größe, Umfang *u. a.);* ④ *(poet.; nachkl.) (übtr.)* Größe, Würde.

**mēnsus** *Part. Perf. v. metior.*

**ment(h)a**, ae *f* Krauseminze.

**mentiō**, ōnis *f (mens, memini)* ① Erwähnung; ② Vorschlag, Anregung.

**mentior**, mentīrī, mentītus sum *(mens)* **I.** *intr.* ① lügen; ② sein Wort nicht halten *(alci);* ③ *(poet.)* dichten; **II.** *trans.* ① erlügen, erdichten [**gloriam**]; – *Part. Perf.* **mentītus,** a, um *auch pass.* erlogen, erdichtet, trügerisch [**figurae**]; ② *(poet.; nachkl.)* vorgeben, vorspiegeln [**puerum** das Aussehen eines Knaben annehmen]; ③ täuschen [**spem**].

**Mentōr**, oris *m ber. Künstler in getriebener Metallarbeit um 350 v. Chr.; – Adj.* **Mentoreus**, a, um.

**mentula**, ae *f (poet.)* männliches Glied.

**mentum**, ī *n (vgl. e-mineo)* Kinn; *meton. (poet.)* Bart.

**meō**, meāre *(poet.; nachkl.)* gehen.

**mephītis**, is *f* schädliche Ausdünstung der Erde; *– personif.* **Mephitis** *Schutzgöttin gegen diese.*

**merācus**, a, um *(merus)* ① rein, unvermischt; ② *(übtr.)* unverfälscht.

**mercābilis**, e *(mercor) (poet.)* käuflich.

**mercātor**, ōris *m (mercor)* Kaufmann; Aufkäufer.

**mercātūra**, ae *f (mercor)* Handel.

**mercātus**, ūs *m (mercor)* ① Handel; ② (Jahr-) Markt.

**mercēdula**, ae *f (Demin. v. merces)* ① armseliger Lohn; ② *Pl.* geringe Einkünfte.

**mercennārius** (*u.* mercēnārius) *(merces)* **I.** *Adj.* a, um gemietet, bezahlt [**milites** Söldner; **testes** bestochene]; **II.** *Subst.* ī *m* Tagelöhner.

**mercēs**, ēdis *f (merx)* ① Lohn, Sold, Preis; ② Lehrgeld, Gehalt; ③ Strafe *(für etw.: Gen.);* ④ Schaden, Nachteil; ⑤ Zins, Miete, Pacht, Einkünfte [**praediorum**].

**mercimōnium**, ī *n (merx) (nachkl.)* Ware.

**mercor**, mercārī *(merx)* **I.** *intr. (nachkl.)* Handel treiben; **II.** *trans.* erhandeln, (er)kaufen.

**Mercurius**, ī *m (merx, mercor)* Merkur, *röm. Gott der Handels; –* **aqua -i** *Quelle an der via Appia;* **stella -i** der Planet Merkur; **tumulus -i** *Anhöhe bei Carthago Nova in Spanien;* **promunturium -i** *Ostspitze des Golfs von Karthago, j.* Kap Bon; – *Adj.* **Mercuriālis,** e des Merkur [**viri** *die Dichter als Günstlinge des M.*]; – *Subst.* **Mercuriālēs,** lium *m* die Kaufmannszunft *in Rom.*

**merda**, ae *f (poet.)* Kot, Exkremente.

**mereō**, merēre, meruī, meritum *u.* **mereor,** merērī, meritus sum ① verdienen, erwerben, gewinnen [**bona; gratiam alcis**]; ② *(milit.)* (**stipendia**) ~ als Soldat dienen, Kriegsdienst tun [**equo** als Reiter dienen; **pedibus** zu Fuß]; ③ etw. beanspruchen können, einer Sache würdig sein *(abs.; alqd; m. ut; Inf.; A. C. I.)* [**praemia; immortalitatem**]; ④ etw. verschulden, sich etw. zuziehen [**iram alcis; scelus** verüben]; ⑤ *(meist Depon.)* sich verdient machen um [**bene / melius / optime / male** / *u. Ä.*) ~ **de**]; / *P. Adj.* **merēns,** rentis würdig; schuldig; **meritus,** a, um würdig; (wohl-) verdient, gerecht, gebührend.

**meretrīcius**, a, um *(meretrix)* dirnenhaft, Dirnen-.

**meretrīcula**, ae *f (Demin. v. meretrix)* niedliche Dirne, *verächtl.:* elende Dirne.

**meretrīx**, īcis *f (mereo)* Dirne, Freudenmädchen.

M

**merges**, gitis *f (poet.; nachkl.)* Ährenbündel, Garbe.

**mergō**, mergere, mersī, mersum ① (ein)tauchen, untertauchen, versenken; – *mediopass.* **mergi** untertauchen, versinken, untergehen; ② hineinstecken, verbergen, verstecken; – *mediopass. (v. Gestirnen)* untergehen; ③ *(übtr.)* versenken, stürzen; **se ~** *u.* **mergi in voluptates; alqm malis ~** ins Unglück stürzen.

**mergus**, ī *m (mergo) (poet.; nachkl.)* Taucher *(ein Wasservogel).*

**merīdiānus**, a, um *(meridies)* ① mittägig, Mittags-; ② südlich.

**merīdiēs**, ēī *m (medius u. dies)* ① Mittag(szeit); ② *(meton.)* Süden.

**merīdiō**, merīdiāre *u.* **merīdior**, merīdiārī *(meridies) (poet.; nachkl.)* Mittagsschlaf halten.

**meritō**[1] *Adv. (Abl. v. meritum) (Superl. meritissimō)* verdientermaßen, m. Recht.

**meritō**[2], meritāre *(Intens. v. mereo)* verdienen; einbringen.

**meritōria**, ōrum *n (meritorius) (nachkl.)* Räume, die auf kurze Zeit vermietet werden.

**meritōrius**, a, um *(mereo)* gemietet, bezahlt, Miet- [**pueri** Lustknaben].

**meritum**, ī *n (mereo)* ① der Verdienst, Lohn; ② das Verdienst, Würdigkeit; ③ *(poet.) (v. Sachen)* Bedeutung, Wert; ④ Wohltat; ⑤ Schuld, Verschulden.

**meritus** *s. mereo.*

**Merō**, ōnis *m (merum) dem Kaiser Tiberius (Claudius Nero) weg. seiner Trunksucht gegebener Spottname.*

**merops**, opis *m (gr. Fw.) (poet.; nachkl.)* Bienenspecht.

**mersī** *Perf. v. mergo.*

**mersō**, mersāre *(Intens. v. mergo) (poet.; nachkl.)* eintauchen, versenken.

**mersus** *P. P. P. v. mergo.*

**merula**, ae *f* ① Amsel; ② *(poet.; nachkl.)* Meeramsel *(ein Fisch).*

**merum**, ī *n (merus) (poet.; nachkl.)* nicht m. Wasser vermischter Wein, *übh.* Wein.

**merus**, a, um ① *(poet.)* unvermischt, rein [**vinum**]; ② *(übtr.)* uneingeschränkt [**libertas**]; ③ unverfälscht, echt; ④ nichts weiter als, nur.

**merx**, mercis *f* Ware.

**mesochorus**, ī *m (gr. Fw.) (nachkl.)* Führer der Claque, Claqueur.

**Mesopotamia**, ae *f* Mesopotamien.

**Messalla** (**Messāla**), ae *m cogn. in der gens Valeria, s. Valerius;* – **Messālīna**, ae *f dritte Gattin des Kaisers Claudius.*

**Messāna**, ae *f Stadt auf Sizilien, j.* Messina; – *Adj.* **Messēnius**, a, um.

**Messēna**, ae *u.* **-ē**, ēs *f Hauptstadt v. Messenien im Südwesten der Peloponnes; – Einw. u. Adj.* **Messēnius**, ī *m bzw.* a, um.

**messis**, is *f (meto*[1]*)* ① Ernte; ② *(meton.)* **a)** Ernteertrag; **b)** *(poet.; nachkl.)* Erntezeit.

**messor**, ōris *m (meto*[1]*)* Schnitter.

**messōrius**, a, um *(messor)* Schnitter-.

**messus** *P. P. P. v. meto*[1].

**-met** *Suffix zur Hervorhebung eines Pron., bes. eines Personalpron.* selbst, eigen [**egomet**].

**mēta**, ae *f* ① *(poet.)* Ziel, Grenze, Ende; ② Kegel, Pyramide; ③ Spitzsäule, Zielsäule *(im Zirkus);* ④ Wendepunkt; ⑤ *(nachkl.)* **Meta sudans** *Springbrunnen vor dem Kolosseum in Rom.*

**metallum** ī *n (gr. Fw.)* ① Metall; ② *(meton.)* Grube, Bergwerk.

**metamorphōsis**, is *f (gr. Fw.) (poet.; nachkl.)* Verwandlung; – *Pl.* **Metamorphōsēs,** eōn *f Titel einer Dichtung Ovids.*

**mētātor**, ōris *m (metor)* Vermesser.

**Metaurus**, ī *m Fluss in Umbrien (Schlacht 207 v. Chr.), j.* Metauro; *auch als Adj.*

**Metellus**, ī *m cogn. in der gens Caecilia.*

**Mēthymna**, ae *f Stadt auf Lesbos, Geburtsort Arions; – Adj.* **Mēthymnaeus**, a, um *u. (fem.)* **Mēthymnias**, adis.

**mētior**, mētīrī, mēnsus sum ① (aus)messen; ② zumessen, zuteilen [**frumentum exercitui**]; ③ *(poet.; nachkl.) (übtr.)* durchmessen, -schreiten, -wandern, -fahren; ④ *(poet.) (eine Zeit)* zurücklegen; ⑤ (ab)schätzen, beurteilen *(nach etw.: re u. ex re).*

**metō**[1], metere, (messem fēcī), messum ① (ab)mähen; ② (ab)ernten; ③ *(poet.)* abschneiden, abhauen; ④ *(poet.) (übtr.)* niedermetzeln.

**mētō**[2], mētāre = *metor.*

**metōposcopus**, ī *m (gr. Fw.) (nachkl.)* „Stirnbeschauer“, *der Schicksal u. Charakter eines Menschen aus dessen Stirn erschließt;* Phrenologe.

**mētor**, mētārī *(meta)* ① abstecken, abgrenzen; – *Part. Perf.* **mētātus** *auch pass.* abgesteckt; ② *(poet.; nachkl.)* (aus)messen; ③ *(nachkl.) (übtr.)* durchwandern.

**Mettius**, a, um *Name eines sagenh. sabin. Geschlechts:* ① **~ Curtius** *Führer der Sabiner unter Romulus;* ② **~ Fufetius** *letzter Diktator v. Alba Longa.*

**metuendus**, a, um *s. metuo.*

**metuēns** *s. metuo.*

**metuī** *Perf. v. metuo.*

**mētula**, ae *f (Demin. v. meta) (nachkl.)* kleine Pyramide.

**metuō**, metuere, metuī, – *(metus)* **I.** *intr.* ① (sich) fürchten, besorgt sein *(abs.; um, für, wegen: Dat., de od. pro; vor jmdm.: ab alqo; m. ne: dass; ne non, ut: dass nicht)* [**moeni-**

**bus patriae; de vita; ab Hannibale**]; ❷ *(poet.; nachkl.)* sich scheuen *(m. Inf.)*; **II.** *trans.* ❶ befürchten, sich fürchten vor; ❷ *(poet.)* sich hüten vor; / *Part. Präs.* **metuēns,** *Gen.* entis fürchtend, um etw. besorgt *(m. Gen.; Inf.)*; / *Gerundiv* **metuendus,** a, um furchtbar, furchterweckend.

**metus**, ūs *m* ❶ Furcht, Befürchtung, Besorgnis *(vor etw.: Gen., a re; vor jmdm.: Gen., ab, ex alqo; für, um, wegen: de alqo u. de re, pro re, propter alqm)*; ❷ *(poet.)* Ehrfurcht; ❸ *(meton.)* Gegenstand der Furcht; Besorgnis erregende Lage, drohende Gefahr.

**meus**, a, um ❶ mein; **non est meum** es ist nicht meine Art; **meum est** *m. Inf.* es ist meine Sache, es ist meine Art, es ist meine Pflicht; **meum est, quod ...** es ist mein Werk, dass ...; ❷ mein lieber; ❸ gegen mich; **iniuria mea** Unrecht gegen mich; **crimina mea** Beschuldigungen gegen mich; / *Subst. Pl.* **meī,** ōrum *m* die Meinigen (meine Angehörigen, meine Freunde *u. Ä.)*; *sing.* **mea** *(als Anrede)* meine Liebe; **meum,** ī *n u. Pl.* **mea,** ōrum *n* das Meinige, meine Habe; / *Vok. Sg. m* mī *u.* meus.

**mī** ❶ = *mihi;* ❷ *Vok. Sg. m v. meus.*

**mīca**, ae *f (poet.; nachkl.)* ❶ Körnchen, Krümchen, ein bisschen; ❷ *(übtr.)* kleines Speisezimmer.

**Micipsa**, ae *m Sohn des Masinissa, König v. Numidien, Onkel des Jugurtha.*

**micō**, micāre, micuī, – ❶ zucken, zittern, zappeln; **venae micant** pulsieren; **linguis ~** züngeln; ❷ (**digitis**) ~ das Fingerspiel (Moraspiel) spielen; ❸ schimmern, funkeln, blitzen.

**mictum** *P. P. P. v. mingo.*

**micuī** *Perf. v. mico.*

**Midās**, ae *m myth. König v. Phrygien.*

**migrātiō**, ōnis *f (migro)* ❶ Wanderung, Auswanderung; ❷ *(rhet.)* übertragener Gebrauch eines Wortes.

**migrō**, migrāre **I.** *intr.* ❶ (aus)wandern, übersiedeln; ❷ *(poet.; nachkl.) (v. Sachen)* sich (ver)ändern, übergehen in; **II.** *trans.* ❶ fortschaffen, transportieren; ❷ *(übtr.)* übertreten, verletzen [**ius civile**].

**mihi** *s. ego.*

**mihi-met** *verstärktes mihi.*

**mīles**, litis *m* ❶ Soldat; **tribuni militum;** ❷ Gemeiner, einfacher Soldat; ❸ Fußsoldat; ❹ *(koll.)* Heer, *bes.* Infanterie; ❺ *(poet.) (übtr.)* Stein im Brettspiel; ❻ *f (poet.)* **a)** Begleiterin; **b) nova ~** Neuling.

**Mīlētus**, ī *f Handelsstadt in Karien (Kleinasien); – Einw. u. Adj.* **Mīlēsius,** ī *m bzw.* a, um, *fem. auch* **Mīlētis**, tidis [**urbs** Tomi *(milesische Kolonie)*].

**mīlia** *s. mille.*

**mīliārius**, a, um = *milliarius.*

**mīliē(n)s** = *millie(n)s.*

**mīlitāris**, e *(miles)* ❶ militärisch, kriegerisch, Soldaten-, Militär-, Kriegs- [**res** Kriegswesen; **signa** Feldzeichen; **aetas** dienstfähiges Alter; **via** Heerstraße]; ❷ kriegserfahren, kriegsgeübt [**iuvenis**]; / *Subst.* **mīlitārēs,** rium *m* Soldaten.

**mīlitia**, ae *f (miles)* ❶ Kriegsdienst(e); ❷ *(übtr.)* Dienst [**urbana**]; ❸ Krieg; **domi militiaeque** in Krieg u. Frieden; ❹ Feldzug; ❺ Soldaten, Miliz.

**mīlitō**, mīlitāre *(miles)* ❶ als Soldat dienen, Kriegsdienste tun; ❷ *(poet.; nachkl.) (übtr.)* dienen.

**milium**, ī *n (gr. Fw.) (poet.; nachkl.)* Hirse.

**mīlle** *Kardinalzahl (Sg. undekl.) Pl.* **mīlia,** lium *n* ❶ *adj. (nur mille)* **a)** tausend [**equites**]; **b)** *(poet.; nachkl.)* sehr viele, unzählige; ❷ *subst. m. Gen.* Tausend, Tausende; sehr viele, Unzählige; **mille passuum** = 1 röm. Meile *(etwa 1,5 km)*; **viginti milia peditum**.

**mīllēsimus**, a, um *Ordinalzahl (mille)* der tausendste; – *Adv.* **-um** zum tausendstenmal.

**mīlliārium**, ī *n (mille)* ❶ Meilenstein; ❷ *(nachkl.) (meton.)* röm. Meile *(etwa 1,5 km)*.

**mīlliārius**, a, um *(mille)* tausend enthaltend.

**mīlliē(n)s** *Adv. (mille)* tausendmal; unzählige Male.

**Milō**, ōnis *m röm. cogn.:* **T. Annius ~** *Gegner des P. Clodius, den er 52 v. Chr. im Straßenkampf erschlug; – Adj.* **Milōniānus**, a, um; – **Milōniāna**, ae *f Ciceros Rede pro Milone.*

**Miltiadēs**, is *u.* ī *m Feldherr der Athener, Sieger b. Marathon 490 v. Chr.*

**mīluīnus** *(später* mīlvīnus), a, um *(miluus)* ❶ zum Falken gehörig, falkenartig; ❷ räuberisch.

**mīluus** *(später* mīlvus), ī *m* ❶ Gabelweihe, Taubenfalke; ❷ *(poet.; nachkl.)* Meerweihe *(Raubfisch)*; ❸ *(poet.; nachkl.) ein Sternbild.*

**mīlvīnus**, a, um *s. miluinus.*

**mīlvus** *s. miluus.*

**mīma**, ae *f (mimus)* Schauspielerin im Mimus.

**mīmiambī**, ōrum *m (gr. Fw.) (poet.; nachkl.)* Mimiamben, *meist dialogische Gedichte im iambischen od. choliambischen Versmaß.*

**mīmicus**, a, um *(gr. Fw.)* ❶ mimisch, schauspielerisch; ❷ *(nachkl.)* affektiert, Schein-.

**Mimnermus**, ī *m Elegiker aus Kolophon in Kleinasien um 620 v. Chr.*

**mīmula**, ae *f (Demin. v. mima)* kleine Schauspielerin.

**mīmus**, ī *m (gr. Fw.)* ❶ Schauspieler im Mimus, Possenreißer; ❷ Mimus, Posse *(derb-komisches Bühnenstück)*; ❸ *(übtr.)* Farce.

**Imperium Romanum**

**mīmus** – Der Mimus war eine bei den Römern sehr beliebte Form des Theaters. Er war gewürzt mit Situationskomik und obszönen Scherzen und durchsetzt mit Gesangs- und Tanzeinlagen. Die Sprache war nicht die gehobene Literatursprache sondern die lebendige Alltagssprache. Als Schauspieler traten Männer und Frauen ohne Masken auf, da die Mimik ein wichtiges Element des Mimus war. Es gab verschiedene feststehende Typen wie den Schnorrer (parasitus), den Dummkopf (stupidus), den Grimassenschneider (sannio), den betrogenen Ehemann etc. Themen waren Ehebruch, Gerichtsverhandlungen, Räubergeschichten, Mythenpersiflagen – alles, was die breiten Volksschichten erheiterte. Der Mimus wurde, wohl wegen seiner derben Volkstümlichkeit, im sechsten Jahrhundert n. Chr. verboten.

**mina**, ae *f (gr. Fw.)* Mine *(griech. Rechenmünze = 100 att. Drachmen).*

**minae**, ārum *f (vgl. e-mineo, pro-mineo, mons)* ❶ *(poet.)* Zinnen; ❷ *(übtr.)* Drohungen.

M

**minanter** *Adv. (minor[1]) (poet.)* drohend.

**minātiō**, ōnis *f (minor[1])* Drohung.

**mināx**, *Gen.* ācis *(minor[1])* ❶ *(poet.)* emporragend; ❷ *(übtr.)* drohend.

**Mincius**, ī *m Nebenfluss des Po b. Mantua, j.* Mincio.

**mīnctum** *P. P. P. v. mingo.*

**Minerva**, ae *f* ❶ *röm. Göttin der Künste, der Wissenschaft, des Gewerbes u. des Handwerks; sprichw.:* **crassā** *od.* **pingui Minervā** = einfacheren Verstandes, ohne feinere Bildung; **invitā Minervā** ohne innere Berufung; ❷ *(poet.) (meton.)* Wollarbeit.

**mingō**, mingere, mīnxī, mīnctum *u.* mictum *(poet.)* Harn, Wasser lassen.

**miniātulus**, a, um *(Demin. v. miniatus)* etw. (zinnober)rot (gefärbt) [**cerula** Rotstift].

**miniātus**, a, um *(minium)* (zinnober)rot (gefärbt) [**cerula** Rotstift].

**minimē** *s. parum.*

**minimus** *s. parvus.*

**minister**, trī *m (minor[2])* Diener, Gehilfe, Helfer [**sermonum** Unterhändler; **legum** Vollstrecker]; **alqo -o** m. jmds. Hilfe; **-o baculo** m. Hilfe des Stabes.

**ministerium**, ī *n (minister)* ❶ Dienst(leistung), Amt; ❷ *(meton.)* Gehilfen, Dienerschaft.

**ministra**, ae *f (minister)* Dienerin, Gehilfin.

**ministrātor**, ōris *m (ministro)* ❶ Diener *(bes. bei Tisch);* ❷ Beistand, Ratgeber.

**ministrātrīx**, īcis *f (ministrator)* Gehilfin.

**ministrō**, ministrāre *(minister)* ❶ bedienen, aufwarten; ❷ *(bei Tisch)* bedienen, servieren, einschenken, *(Speisen)* auftragen [**cibos; pocula**]; ❸ darreichen, verschaffen; ❹ *(poet.; nachkl.)* besorgen, ausführen.

**minitābundus**, a, um *(minitor)* drohend.

**minitor**, minitārī *(Intens. v. minor[1])* (an)drohen.

**minium**, ī *n (poet.; nachkl.)* Zinnober, Mennig.

**minor[1]**, mināri *(minae)* ❶ *(poet.)* (drohend) emporragen; ❷ drohen, androhen; ❸ *(poet.)* bedrohen; ❹ *(poet.)* prahlend versprechen.

**minor[2]**, minus *Komp. v. parvus.*

**Mīnōs**, ōis *m* ❶ *Sohn des Zeus u. der Europa, König auf Kreta, nach seinem Tode Richter in der Unterwelt;* ❷ *Enkel des vorigen, König auf Kreta, Gatte der Pasiphaë, ließ Daedalus das Labyrinth erbauen;* – **Mīnōis**, idis *f* Tochter des Minos = Ariadne *u.* Phädra; – *Adj.* **Mīnō(i)us**, a, um *auch übh.* kretisch.

**Wissen: Antike**

**Mīnōtaurus** (ī *m*) ist eine Gestalt aus der griechischen Mythologie, ein Ungeheuer, halb Mensch halb Stier von Gestalt. Er war der Sohn der Pasiphaë, der Gattin von Minos, des Königs von Kreta, und eines von Poseidon gesandten Stiers. Er wurde von Minos im Labyrinth von Knossos (lat. Gnosus) eingesperrt. Minos zwang die Athener, dem Minotaurus jährlich Menschenopfer darzubringen. Dem Helden Theseus gelang es schließlich mit der Hilfe der Ariadne, den Minotaurus zu töten.

**Minucius**, a, um *röm. nomen gentile; Adj.* **via Minucia** *Straße v. Rom nach Brundisium.*

**minuō**, minuere, minuī, minūtum *(minus)* ❶ *(poet.)* zerkleinern, zerspalten; ❷ verkleinern, vermindern [**pretium frumenti** herabsetzen]; – *mediopass.* **minui** *u.* (**se**) **minuere,** *auch bloß minuere* abnehmen, nachlassen; ❸ *(übtr.)* schwächen, verringern, schmälern [**potentiam senatūs** beeinträchtigen; **iram** mäßigen; **luctum** dämpfen].

**minus** *Komp. n v. parvus u. Komp. v. parum.*

**minusculus**, a, um *(Demin. v. minor[2])* etw. klein, etw. kurz.

**minūtātim** *Adv. (minutus)* nach u. nach.

**minūtia**, ae *f (minutus) (nachkl.)* Kleinheit.

**minūtus**, a, um *(P. Adj. v. minuo)* ❶ zerstückelt; **-e dicere** detailliert; ❷ klein, winzig; ❸ *(übtr.)* unbedeutend; ❹ kleinlich [**animus** Kleinmut].

**mīnxī** *Perf. v. mingo.*

**mīrābilis**, e *(miror)* ❶ wunderbar; ❷ sonderbar; ❸ bewundernswert, erstaunlich,

außerordentlich; *(m. Sup.)* **mirabile dictu / auditu** erstaunlich zu sagen / zu hören.
**mīrābundus**, a, um *(miror)* verwundert, voll Verwunderung.
**mīrāculum**, ī *n (miror)* ❶ Wunder, Wunderding; ❷ wunderliche Ansicht; ❸ das Wunderbare.
**mīrandus**, a, um *(miror)* wunderbar.
**mīrātor**, ōris *m (miror) (poet.; nachkl.)* Bewunderer.
**mīrātrīx**, īcis *f (mirator) (nachkl.)* Bewunderin; – *attrib.* bewundernd, sich wundernd.
**mīri-ficus**, a, um *(mirus u. facio)* bewundernswert, wunderbar; sonderbar.
**mirmillō**, ōnis *m = murmillo.*
**mīror**, mīrārī *(mirus)* ❶ sich wundern, staunen *(abs.; m. Akk.; m. A. C. I.; indir. Frages.; quod; si)*; ❷ bewundern, anstaunen; ❸ verehren.
**mīrus**, a, um wunderbar, erstaunlich; **-um in modum** auf wunderbare Weise, wunderbar; **-e gratum** außerordentlich angenehm; **mirum quantum** *od.* **mirum quam** erstaunlich, außerordentlich.
**misceō**, miscēre, miscuī, mixtum (*u.* mistum) ❶ (ver)mischen, vermengen; ❷ vereinigen [**alqm dis superis** zuordnen; **curas cum alqo** teilen; **dextras** einander geben; **manūs** miteinander kämpfen]; ❸ *(poet.)* **misceri** *(m. Abl.)* verwandelt werden in; ❹ zurechtmischen; ❺ erregen, erzeugen [**motūs animorum; incendia**]; ❻ verwirren, in Unordnung bringen [**maria caelo** zum Himmel türmen, heftigen Sturm erregen; **plura** mehr Unordnung erregen, *(polit.)* weitere Unruhen stiften]; ❼ m. etw. erfüllen [**domum gemitu**].
**misellus**, a, um *(Demin. v. miser)* recht unglücklich, elend.
**Mīsēnum**, ī *n*, **Mīsēnus**, ī *m u.* **Mīsēna**, ōrum *n Stadt u. Vorgeb. in Kampanien an der Bucht v. Bajä (westl. v. Neapel), Kriegshafen, j.* Cap di Miseno; – *Adj.* **Mīsēnēnsis**, e.
**miser**, era, erum *(Adv. -ē u. -iter)* ❶ elend, unglücklich; ❷ kläglich, ärmlich, erbärmlich [**praeda; fortuna; consolatio**]; ❸ *(poet.)* krank, leidend; ❹ *(poet.)* leidenschaftlich, heftig [**amor; furor**].
**miserābilis**, e *(miseror)* ❶ *(pass.)* beklagenswert, jämmerlich [**aspectus**]; ❷ *(akt.)* klagend [**carmen** Klagelied].
**miserandus**, a, um *(miseror)* beklagenswert, jämmerlich.
**miserātiō**, ōnis *f (miseror)* ❶ das Bedauern, Mitgefühl; ❷ *(meton.)* ergreifende Schilderung.
**misereor**, miserērī, miseritus sum, *auch* misereō, miserēre, miseruī, miseritum *(miser)* sich erbarmen, Mitleid haben mit *(m. Gen.)*; – *unpers.* **me miseret** *u. seltener* **me miserētur** *(m. Gen.)* es tut mir leid um, ich bedauere.
**miserēscō**, miserēscere, – – *(Incoh. v. misereo) (poet.)* sich erbarmen, Mitleid haben mit *(m. Gen.)*; – *auch unpers.* **miserēscit me** [**aliorum**].
**miseret**, **miserētur** *s. misereor.*
**miseria**, ae *f (miser)* ❶ Elend, Unglück, Leid; ❷ *personif.* **Miseria** *Tochter des Erebus u. der Nox.*
**misericordia**, ae *f (misericors)* Mitleid, Barmherzigkeit, Mitgefühl.
**miseri-cors**, *Gen.* cordis *(miser u. cor)* mitleidig, barmherzig [**animus; leges;** *(in m. Akk., selten in m. Abl.)* **in suos; in furibus**].
**miseriter** *Adv. v. miser.*
**miseror**, miserārī *(miser)* bemitleiden, beklagen.
**mīsī** *Perf. v. mitto.*
**missile**, lis *n, meist Pl.* missilia *(missilis)* Geschoss.
**missilis**, e *(mitto)* werfbar, Wurf-.
**missiō**, ōnis *f (mitto)* ❶ das Abschicken, Sendung [**legatorum**]; ❷ Freilassung *eines Gefangenen;* ❸ Abschied aus dem Kriegsdienst; Dienstentlassung; ❹ Befreiung der Gladiatoren *vom weiteren Fechten f. einen Tag;* Gnade; **sine missione** auf Leben u. Tod; ❺ Schluss [**ludorum**].
**missitō**, missitāre *(Frequ. v. mitto)* wiederholt schicken.
**missor**, ōris *m (mitto)* Schütze.
**missus**[1] *P. P. P. v. mitto.*
**missus**[2], ūs *m (mitto)* ❶ Sendung, Auftrag, *nur Abl.:* **missu alcis** in jmds. Auftrag; ❷ Wurf.
**mistus** *s. misceo.*
**mīte** *Adv. v. mitis.*
**mītēscō**, mītēscere, – *(mitis)* ❶ reif werden; ❷ *(poet.; nachkl.)* weich werden; ❸ *(übtr.)* sich mildern, nachlassen; ❹ zahm, friedlich werden.
**Mithrās** *u.* **-ēs**, ae *m pers. Lichtgott, später als Sonnengott in Rom verehrt.*

**Wissen: Antike**

**Mithridātēs** (tis *m*) – Mithridates hießen mehrere Könige des Königsreichs Pontus (im Nordosten Kleinasiens). Am bedeutendsten für die römische Geschichte ist **Mithridates VI. Eupator** (etwa 132–63 v. Chr.). Durch seine Eroberungen in Kleinasien geriet er in Konflikt mit Rom, weshalb es in der Zeit zwischen 89 und 63 v. Chr. zu drei Kriegen mit dem römischen Reich kam. Im Jahr 63 wurde Mithridates schließlich von Pompeius besiegt; sein Reich wurde römische Provinz.

M

**mīti-ficō**, ficāre *(mitis u. facio)* ❶ weich machen; verdauen; ❷ *(nachkl.)* zähmen.
**mītigātiō**, ōnis *f (mitigo)* Besänftigung.
**mītigō**, mītigāre *(mitis u. ago)* ❶ reif, weich, locker machen [**cibum** weich kochen; **agros** auflockern]; ❷ mildern, lindern [**legis acerbitatem; militum iras; molestiam**]; ❸ besänftigen, versöhnen.
**mītis**, e ❶ weich, reif; ❷ zahm, friedlich; ❸ sanft, mild.
**mitra**, ae *f (gr. Fw.)* Kopfbinde, Turban.
**mitrātus**, a, um *(mitra) (nachkl.)* einen Turban tragend.
**mittō**, mittere, mīsī, missum ❶ schicken, senden [**legatos ad Caesarem; alci subsidium** *od.* **auxilia; damnatum in exilium; alqm alci auxilio** *od.* **subsidio** jmd. jmdm. zu Hilfe schicken]; ❷ werfen, schleudern, stürzen [**lapides; tela; alqm praecipitem ex arce; arma** wegwerfen]; – **se ~** sich stürzen [**in flumen; in eos** angreifen]; ❸ *(übtr.)* stürzen, treiben, bringen [**alqm in pericula**]; ❹ bereiten [**funera Teucris**]; ❺ schenken, widmen, zusenden; ❻ *(poet.)* liefern, stellen [**frumentum; milites**]; ❼ sagen lassen, melden [**alci salutem** grüßen lassen]; ❽ an jmd. schreiben, richten [**epistulam**]; ❾ entsenden, v. sich geben [**timoris signa**]; ❿ gehen lassen, laufen lassen, loslassen; ⓫ *(Versammlungen)* aufheben [**senatum**]; ⓬ *aus dem Dienst* entlassen [**tribunos; exercitum**], *meist* **alqm missum facere;** ⓭ jmd. freilassen, freigeben [**captivum**]; ⓮ etw. aufgeben, sein lassen [**certamen;** *(m. Inf.)* **precari**]; ⓯ *(in der Rede) m. Stillschweigen* übergehen; ⓰ *(med. t. t.)* **sanguinem ~** einen Aderlass vornehmen.
**mītulus**, ī *m (gr. Fw.)* Miesmuschel.
**mixtūra**, ae *f (misceo) (nachkl.)* Mischung, Vereinigung.
**mixtus** *P. P. P. v. misceo.*
**Mnēmonides**, dum *f (Akk. Pl.* -as) die Musen, *Töchter der Mnemosyne.*
**Mnēmosynē**, ēs *f Göttin des Gedächtnisses, Mutter der Musen.*
**mnēmosynum**, ī *n (gr. Fw.) (poet.)* Andenken.
**mōbilis**, e *(moveo)* ❶ beweglich, biegsam; ❷ *(poet.; nachkl.)* schnell; ❸ leicht erregbar; ❹ lenkbar [**aetas**]; ❺ unbeständig, wankelmütig [**animus; in consiliis capiendis**].
**mōbilitās**, ātis *f (mobilis)* ❶ Beweglichkeit, Schnelligkeit, Gewandtheit; ❷ Unbeständigkeit, Wankelmut.
**moderābilis**, e *(moderor) (poet.)* gemäßigt.
**moderāmen**, minis *n (moderor) (poet.)* ❶ Steuerruder; ❷ Lenkung.
**moderātiō**, ōnis *f (moderor)* ❶ Mäßigung, Selbstbeherrschung [**animi**]; ❷ rechtes Maß, Harmonie [**dicendi**]; ❸ Milde, Schonung; ❹ das Zügeln [**effrenati populi**]; ❺ Regelung, Lenkung, Leitung [**rei publicae**].
**moderātor**, tōris *m (moderor)* ❶ Lenker, Leiter; ❷ *(nachkl.)* der Mäßigung übt.
**moderātrīx**, īcis *f (moderator)* ❶ Lenkerin, Leiterin; ❷ die Mäßigung übt.
**moderātus**, a, um *(moderor)* ❶ *(v. Sachen)* gemäßigt, maßvoll [**oratio**]; ❷ *(v. Personen)* besonnen, ruhig; **-e ius dicere**.
**moderor**, moderārī *(modus)* ❶ mäßigen, zügeln, in Schranken halten *(m. Dat. od. Akk.)* [**irae; incitatos equos**]; ❷ lenken, leiten *(abs., m. Akk. od. Dat.);* ❸ etw. nach etw. einrichten *(alqd re od. ex re).*
**modestia**, ae *f (modestus)* ❶ Mäßigung, Selbstbeherrschung, Milde, Schonung; ❷ Bescheidenheit [**in dicendo**]; ❸ Gehorsam; ❹ Anstand; ❺ *(stoischer t. t.)* Zeitgemäßheit; ❻ *(nachkl.)* Milde [**hiemis**].
**modestus**, a, um *(vgl. moderor)* ❶ maßvoll, besonnen [**imperium**]; ❷ bescheiden, anspruchslos; ❸ loyal, gesetzestreu [**civis**]; ❹ anständig, ehrbar.
**modicus**, a, um *(modus)* ❶ maßvoll, mäßig [**genus dicendi**]; ❷ passend, angemessen; ❸ mittelmäßig; ❹ klein, gering(fügig), wenig [**acervus; murus** niedrig; *(in Bezug auf etw.: Gen.)* **virium**]; ❺ gemäßigt, besonnen *(in etw.: Gen. od. Abl.)* [**voluptatum; severitate**]; ❻ bescheiden, anspruchslos.
**modificātiō**, ōnis *f (modifico) (nachkl.)* richtige Abmessung.
**modi-ficō**, ficāre *(modus u. facio)* richtig abmessen.
**modius**, ī *m (Gen. Pl. meist* modī *m) (modus)* der Scheffel *(röm. Getreidemaß, 8,75 l, 16 sextarii enthaltend).*
**modo** *(im Vers auch modō; Abl. Sg. v. modus)* **I.** *Adv.* ❶ *(zeitl.)* **a)** *(v. der Vergangenheit)* eben (noch), eben erst, vor kurzem; **~ egens, nunc dives; b)** *(selten v. der Zukunft)* sogleich, bald darauf; **vagabitur ~ tuum nomen longe; c)** *(korrespondierend)* **modo ... modo** bald ... bald; ❷ *(modal)* **a)** nur; **b)** *in Aufforderungs- u. Wunschsätzen beim Imp. u. Konj.* nur, doch nur; **vide ~** sieh doch nur!; **veniat ~; c)** *Verbindungen:* **si modo** *m. Ind.* wenn überhaupt, vorausgesetzt nur dass; **modo non** fast, beinahe; **non modo ... sed etiam** nicht nur ... sondern auch; **non modo non ... sed etiam** nicht nur nicht ... sondern sogar: **non modo** (**non**) **... sed ne ... quidem** nicht nur nicht ... sondern nicht einmal; **II.** *Kj. m. Konj.* wenn nur, wofern nur, *verneint:* **modo ne**.
**modulātiō**, ōnis *f (modulor) (nachkl.)* Takt, Rhythmus.
**modulātor**, tōris *m (modulor) (poet.)* Musiker.
**modulātus**, a, um *(P. Adj. v. modulor)* rhyth-

M

misch, melodisch.

**modulor**, modulārī *(modulus)* ❶ nach dem Takt abmessen; ❷ *(poet.; nachkl.)* melodisch singen, taktmäßig spielen.

**modulus**, ī *m (Demin. v. modus) (poet.)* Maß(stab).

**modus**, ī *m* ❶ Maß, Maßstab; ❷ Größe, Menge, Länge, Umfang [**agri; hastae; humanarum virium**]; ❸ Takt, Rhythmus, Melodie, *meist Pl.;* ❹ *(übtr.)* Ziel, Grenze, Beschränkung [**in dicendo; ludendi**]; **extra (***od.* **praeter) -um** übermäßig, über Gebühr; **sine -o** maßlos; ❺ das Maßhalten, Mäßigung; ❻ Vorschrift, Regel; ❼ Art u. Weise; **mirum in -um** wunderbarerweise; **nullo -o** keineswegs; **quodam -o** gewissermaßen; **multis -is** vielfach; **quem ad -um** wie; – **modo** *u.* **ad modum** *u.* **in modum** *m. Gen.* nach Art von, wie: – **hoc modo** *u.* **ad** (*od.* **in**) **hunc modum** auf diese Weise, folgendermaßen.

**moecha**, ae *f (moechus) (poet.)* Ehebrecherin; Dirne.

**moechor**, moechārī *(moechus) (poet.)* Ehebruch treiben; huren.

**moechus**, ī *m (gr. Fw.) (poet.)* Ehebrecher.

**moenia**, ium *n (vgl. munio)* ❶ Stadtmauer(n); ❷ Festungswerke; ❸ *(übtr.)* Schutz(wehr); **Alpes ~ Italiae;** ❹ Stadt [**circumdata muro**]; ❺ Gebäude, Haus; ❻ *(poet.)* Wände, Umfang.

**Moenus**, ī *m* der Main.

**Moesia**, ae *f röm. Provinz an der unteren Donau (Serbien, Bulgarien u. Rumänien); – Einw.* **Moesī**, ōrum *m; – Adj.* **Moesiacus**, a, um.

**Mogontiacum**, ī *n* Mainz.

**mola**, ae *f (molo)* ❶ Mühlstein, *Pl.* Mühle; ❷ *(meton.)* (Opfer-)Schrot.

**molāris** *(mola) (poet.; nachkl.)* **I.** *Adj.* e so groß wie ein Mühlstein [**saxum**]; **II.** *Subst.* is *m* (*Abl. Sg.* -e *u.* -ī) Mühlstein; Felsblock.

**mōlēs**, is *f* ❶ Masse, Last, Wucht; ❷ Kriegsmaschine; ❸ Damm; ❹ *(poet.)* Klippe; ❺ massiger Bau [**equi** des Trojanischen Pferdes]; ❻ riesiges Gebäude; ❼ *(poet.)* Wogenmasse; ❽ Heeresmasse, -macht; ❾ *(übtr.)* Schwere, Stärke, Größe [**curarum; imperii** Riesenmacht]; ❿ *(poet.; nachkl.)* Anstrengung, Mühe, Schwierigkeit.

**molestia**, ae *f (molestus)* ❶ Beschwerlichkeit, Belästigung; ❷ Verdruss, Ärger; ❸ *(rhet.)* Affektiertheit.

**molestus**, a, um *(moles)* ❶ beschwerlich, lästig [**onus; labor**]; ❷ verdrießlich; *Adv.* ungern; ❸ gezwungen, affektiert [**verba**].

**mōlīmen**, minis *u.* **mōlīmentum**, ī *n (molior)* ❶ Bemühung, Anstrengung; ❷ *(poet.)* Bau.

**mōlior**, mōlīrī *(moles)* **I.** *trans.* ❶ *(eine Last)* in Bewegung setzen, mühsam fortbewegen [**currum; terram aratro** umpflügen; **fundamenta ab imo** einreißen; **montes sede suā** versetzen]; ❷ schwingen, schleudern; ❸ sprengen, aufbrechen [**portas**]; ❹ **ancoras ~** den Anker lichten; ❺ (mühsam) zustande bringen, errichten, schaffen [**muros; arcem; laborem** bestehen]; ❻ *(Zustände, Abstraktes)* erzeugen, erregen, bereiten [**moram; morbos**]; ❼ etw. unternehmen, beabsichtigen [**sibi imperium** sich zu verschaffen suchen; **proficisci in Persas**]; **II.** *intr.* ❶ sich in Bewegung setzen, aufbrechen; ❷ geschäftig sein, sich abmühen.

**mōlītiō**, tiōnis *f (molior)* ❶ das Niederreißen; ❷ Vorbereitung.

**mōlītor**, tōris *m (molior)* Erbauer, Veranstalter, Urheber.

**molitus** *P. P. P. v. molo.*

**mollēscō**, mollēscere, – – *(mollis) (poet.; nachkl.)* ❶ weich werden; ❷ sanft werden; ❸ weichlich werden, erschlaffen.

**mollicellus**, a, um *(Demin. v. mollis) (poet.)* recht zart.

**molliculus**, a, um *(Demin. v. mollis) (poet.)* zärtlich.

**mollīmentum**, ī *n (mollio) (nachkl.)* Linderungsmittel.

**molliō**, mollīre *(mollis)* ❶ weich machen, geschmeidig machen [**artūs oleo; agros** auflockern]; ❷ mildern, mäßigen [**opus** erleichtern; **poenam**]; ❸ *(poet.)* veredeln [**fructūs feros colendo**]; ❹ verweichlichen [**legionem**]; ❺ besänftigen, zähmen, zügeln [**iras**].

**mollis**, e ❶ weich, locker; ❷ biegsam, elastisch, geschmeidig; ❸ mild, sanft [**zephyri; vinum; aestas**]; ❹ sanft ansteigend [**litus**]; ❺ freundlich, gelassen, ruhig [**verba; animus; vultus**]; ❻ zärtlich [**versūs** Liebeslieder]; ❼ *für Eindrücke* leicht empfänglich *(für etw.: ad u. in alqd),* nachgiebig, zartfühlend; ❽ weichlich, schwach; – *Subst. m* Weichling, Schwächling; ❾ ängstlich.

**mollitia**, ae *u.* **mollitiēs**, ēī *f (mollis)* ❶ Biegsamkeit, Geschmeidigkeit; ❷ Zärtlichkeit, Sanftmut; ❸ Weichlichkeit, Schlaffheit; ❹ Üppigkeit.

**mollitūdō**, dinis *f (mollis)* Weichheit; Zartheit, Empfindsamkeit.

**molō**, molere, moluī, molitum mahlen.

**Molō**, ōnis *m Beiname des griech. Rhetors Apollonius.*

**Molossis**, idis *f Landschaft im östl. Epirus (Nordgriechenland); – Einw.* **Molossī**, ōrum *m; – Adj.* **Moloss(ic)us**, a, um; *– Subst.* **Molossus**, ī *m* Molosserhund.

**moluī** *Perf. v. molo.*

**mōly**, yos *n (gr. Fw.) (poet.; nachkl.) Wunderkraut geg. Bezauberung.*

M

**mōmentum**, ī *n (moveo)* ① Bewegung(skraft); ② Stoß; ③ Beweggrund; ④ Wichtigkeit, Bedeutung, Wert; **magni -i esse ad alqd** bedeutungsvoll sein für etw.; **-um facere ad alqd** *od.* **in re** Einfluss üben auf, bei etw.; **nullius -i esse** keinen Einfluss haben; **levi -o aestimare** gering schätzen; ⑤ Entscheidung; ⑥ (Ver-)Änderung, Wechsel [**fortunae**]; ⑦ Verlauf, Umlauf; ⑧ Zeitabschnitt; ⑨ Augenblick; **in occasionis -o** im günstigen Augenblick; **-o (temporis)** im Nu.

**momordī** *Perf. v. mordeo.*

**Mona**, ae *f Name zweier Inseln zw. England u. Irland:* ① *j.* Anglesey; ② *j.* Isle of Man.

**monēdula**, ae *f* Dohle.

**moneō**, monēre, monuī, monitum *(vgl. memini, mens)* ① jmd. an etw. erinnern, mahnen *(alqm de re od. alcis rei; m. Akk. des Neutr. eines Pron. od. allg. Adj.; m. A. C. I. od. indir. Frages.)*; ② ermahnen, ermuntern, auffordern, *(neg.)* warnen *(abs.; alqm; m. ut, ne, bl. Konj.; m. Inf.; m. Akk. des Neutr. eines Pron. od. allg. Adj.)*; ③ *(nachkl.)* zurechtweisen, strafen; ④ *warnend* verkündigen, vorhersagen *(de re od. alqd; m. Inf.)*.

**monēris**, is *f (gr. Fw.)* Einruderer *(Schiff m. einer Reihe v. Ruderbänken)*.

**Monēta**, ae *f* ① *= Mnemosyne;* ② *Beiname der auf dem Kapitol verehrten Juno, in deren Tempel sich die Münzstätte befand.*

**monēta**, ae *f (Moneta)* ① Münzstätte; ② *(poet.; nachkl.)* Münze.

**monētālis**, is *m (moneta) (scherzh.)* Geldmann.

**monīle**, lis *n* Halsband, Halskette.

**monimentum** *= monumentum.*

**monita**, ōrum *n (moneo)* Ermahnungen.

**monitiō**, ōnis *f (moneo)* Erinnerung, (Er-)Mahnung.

**monitor**, tōris *m (moneo)* ① der *(an etw.)* erinnert *(an etw.: Gen.)*; ② Mahner, Warner; ③ Rechtskonsulent; ④ *= nomenclator.*

**monitōrius**, a, um *(moneo) (nachkl.)* mahnend, warnend.

**monitus**, ūs *m (moneo)* ① *(poet.)* (Er-)Mahnung, Warnung; ② Wille der Götter, Götterwink.

**monochrōmatos**, on *(gr. Fw.) (nachkl.)* einfarbig.

**Monoecus**, ī *m (gr. Fw. „allein wohnend") Beiname des Herkules;* – **arx** *od.* **portus Monoeci** *j.* Monaco.

**monogrammos**, on *(gr. Fw.)* aus bloßen Umrissen bestehend, skizziert.

**monopodium**, ī *n (gr. Fw.)* einfüßiges Tischchen.

**monopōlium**, ī *n (gr. Fw.) (nachkl.)* Alleinverkauf(srecht), Monopol.

**mōns**, montis *m (vgl. e-mineo)* ① Berg, Gebirge; ② *(poet.) (meton.)* Fels, Gestein.

**mōnstrābilis**, e *(monstro) (nachkl.)* bemerkenswert.

**mōnstrātor**, ōris *m (monstro) (poet.; nachkl.)* ① Wegweiser, Führer; ② Erfinder.

**mōnstrātus**, a, um *(P. Adj. v. monstro) (nachkl.)* auffallend.

**mōnstrō**, mōnstrāre ① zeigen, weisen [**viam erranti**]; ② angeben, auf etw. hinweisen [**fesso militi Cremonam** auf C. vertrösten]; ③ lehren; ④ *(poet.)* verordnen, bestimmen; ⑤ *(nachkl.) (gerichtl.)* anzeigen, anklagen.

**mōnstrum**, ī *n (moneo)* ① Wunderzeichen; ② Ungeheuer, Scheusal [**horrendum; deûm** ägyptische Gottheiten m. Tierköpfen]; ③ Ungeheuerlichkeit.

**mōnstruōsus**, a, um *(monstrum)* ungeheuerlich, widernatürlich.

**montāna**, ōrum *n (montanus)* Gebirgsgegenden.

**montānus** *(mons)* **I.** *Adj.* a, um ① auf Bergen befindlich, Berg-, Gebirgs-; ② *(poet.)* gebirgig; **II.** *Subst.* ī *m* Gebirgsbewohner.

**Montānus**, ī *m (montanus) röm. cogn.*

**monti-cola**, ae *m (mons u. colo) (poet.)* Bergbewohner.

**monti-fer**, fera, ferum *(mons u. fero) (nachkl.)* bergtragend.

**monti-vagus**, a, um *(mons)* Berge durchschweifend.

**mont(u)ōsus**, a, um *(mons)* gebirgig.

**monumentum**, ī *n (moneo)* ① Denkmal, Siegeszeichen (Tempel, Statue, Weihgeschenk); ② *(übtr.)* Denkmal, Andenken [**laudis**]; ③ Grabmal, Gruft; ④ *Pl.* Urkunden [**rerum gestarum** Geschichtswerke].

**mora**[1], ae *f* ① Aufenthalt, Verzögerung, Aufschub; **sine (ulla) -a** *od.* **nullā -ā interpositā** unverzüglich, sofort; **-am inferre ad alqd** etw. aufschieben; ② *(meton.)* **a)** Rast(tag); **b)** *(in der Rede)* Pause; ③ *(poet.; nachkl.)* Zeit(raum) [**medii temporis** Zwischenzeit]; **morā** m. der Zeit, allmählich; ④ Hindernis, Hemmnis.

**mora**[2], ae *f (gr. Fw.) Abteilung des spartan. Heeres.*

**mōrālis**, e *(mos)* moralisch, ethisch.

**morātor**, tōris *m (moror)* ① Verzögerer; ② *(vor Gericht)* Winkeladvokat.

**morātus**[1] *P. P. Akt. v. moror.*

**mōrātus**[2], a, um *(mos)* ① gesittet, geartet; ② charakteristisch; **fabula recte -a** m. richtiger Zeichnung der Charaktere.

**morbidus**, a, um *(morbus) (nachkl.)* krank, siech.

**morbus**, ī *m* ① Krankheit; ② (krankhafte) Leidenschaft, Sucht; ③ *(poet.)* ~ **caeli** ungesundes Klima.

**mordāx**, *Gen.* ācis *(mordeo)* ① bissig; ② *(poet.; nachkl.) (übtr.)* beißend, bissig, scharf [**carmen**].

**mordeō**, mordēre, momordī, morsum ① beißen; kauen; benagen [**vitem**]; ② *(poet.; nachkl.) (v. Schnallen, Haken u. a.)* etw. fassen, zusammenhalten; ③ *(poet.) (v. Hitze, Kälte, Luft u. a.)* angreifen, brennen, sengen; ④ *(poet.) (v. Flüssen)* bespülen; ⑤ kränken, wehtun [**alqm opprobriis falsis**]; **conscientiā morderi** gepeinigt werden; **paupertas mordet**.

**mordicus** *Adv. (mordeo)* ① beißend, m. den Zähnen; ② *(übtr.)* verbissen, hartnäckig.

**morētum**, ī *n (poet.)* Kräuterkloß.

**moribundus**, a, um *(morior)* ① im Sterben liegend; ② *(poet.)* sterblich; ③ *(poet.)* tödlich, ungesund.

**mōri-geror**, gerārī *(mos u. gero)* gefügig sein, zu Willen sein.

**Morinī**, ōrum *m belg. Küstenvolk an der Schelde.*

**mōriō**, iōnis *m (nachkl.)* Narr.

**morior**, morī, mortuus sum, *Part. Fut. Akt.* moritūrus ① sterben [**desiderio; ex vulnere**]; – **mortuus a)** *Adj.* a, um tot; **b)** *Subst.* ī *m* Toter, Leichnam; – **moritūrus,** a, um dem Tod geweiht; ② *(poet.)* unsterblich verliebt sein; ③ *(v. Pflanzen u. Gliedern)* absterben; ④ sich verlieren, erlöschen; **leges mortuae** verschollene.

**moror**, morārī *(mora¹)* **I.** *intr.* ① sich aufhalten, verweilen; ② zögern *(m. Inf., quominus od. quin)*; **II.** *trans.* ① aufhalten, hindern, hemmen *(abs.; m. Akk.; m. quominus od. quin)* [**victoriam; alqm a fuga** an der Flucht]; **ne multis morer** um es kurz zu machen; **ne multis te morer** um dich nicht aufzuhalten; ② **nihil moror**: **a)** ich will euch nicht weiter aufhalten, ihr seid entlassen; **b)** ich mache mir nichts aus *(m. Akk.; quominus; A. C. I.; indir. Frages.)* [**dona**]; ③ fesseln, unterhalten.

**mōrōsitās**, ātis *f (morosus)* Eigensinn, Pedanterie.

**mōrōsus**, a, um *(mos)* ① eigensinnig, pedantisch; ② *(poet.; nachkl.) (übtr., v. Sachen)* hartnäckig [**morbus**].

**Morpheus**, eī *u.* eos *m Gott der Träume.*

**mors**, mortis *f (morior)* ① Tod; **mortem alci afferre** (*od.* **inferre**) *u.* **alci morti esse** jmdm. den Tod bringen; **in morte** (noch) im Tod, (noch) nach dem Tod; **in extrema morte** in Todesnähe; – *Pl.* Todesfälle, -arten; ② *(poet.; nachkl.) (meton.)* Leiche; ③ *(poet.)* (Mord-)Blut; ④ *(personif.)* **Mors** *Todesgöttin.*

**morsa**, ōrum *n (mordeo) (poet.)* Bisschen, Stückchen.

**morsus¹**, ūs *m (mordeo)* ① Biss; ② *(poet.)* das Essen, Verzehren; ③ *(poet.)* das Fassen, Festhalten; – *meton. Festhaltendes:* **~ uncus** gebogener Zahn *des Ankers;* **~ roboris** Baumspalte, *die den Speer einklemmt;* ④ Schmerz, Ärger *(über etw.: Gen.)*; ⑤ *(poet.)* hämischer Angriff, Kränkung.

**morsus²** *P. P. P. v. mordeo.*

**mortālis**, e *(mors)* ① sterblich; – *Subst. m* Sterblicher, Mensch; ② vergänglich, vorübergehend [**inimicitiae**]; ③ irdisch, menschlich [**facta; malum**]; – *Subst.* **mortālia**, ium *n (poet.; nachkl.)* das Menschliche, Menschenschicksal.

**mortālitās**, ātis *f (mortalis)* ① Sterblichkeit, Vergänglichkeit; ② *(poet.; nachkl.)* Zeitlichkeit; ③ *(nachkl.)* Menschheit, die Menschen.

**morticīnus**, a, um *(mors) (nachkl.)* abgestorben.

**morti-fer(us)**, fera, ferum *(mors u. fero)* todbringend, tödlich.

**mortuus** *s. morior.*

**mōrum**, ī *n (poet.; nachkl.)* ① Maulbeere; ② Brombeere.

**mōrus**, ī *f (morum) (poet.; nachkl.)* Maulbeerbaum.

**mōs**, mōris *m* ① Sitte, Gewohnheit, Brauch; **in morem venire** *od.* **vertere** zur Gewohnheit werden; **more** *u.* **moribus** *u.* **ex** (*od.* **de**) **more** nach der Sitte *od.* Gewohnheit; ② (guter) Wille, Gehorsam; **alci morem gerere** zu Willen sein, sich fügen; ③ Eigenwille; ④ *(poet.; nachkl.)* Vorschrift, Gesetz; ⑤ Art u. Weise, Beschaffenheit; (**in**) **more** *u.* **ad** (*od.* **in**) **morem** *(m. Gen.)* nach Art, wie [**latronum**]; ⑥ *Pl.* Benehmen, Lebenswandel; Gesinnung, Charakter.

**Mosa**, ae *m* die Maas.

**Mosella**, ae *m u. f* die Mosel.

**mōtiō**, iōnis *f (moveo)* Bewegung; *übtr.* Erregung, Eindruck.

**mōtiuncula**, ae *f (Demin. v. motio) (nachkl.)* leichter Fieberanfall.

**mōtō**, mōtāre *(Intens. v. moveo) (poet.; nachkl.)* hin u. her bewegen.

**mōtus¹**, ūs *m (moveo)* ① Bewegung; ② Erschütterung [**terrae** Erdbeben]; ③ Körperbewegung, Geste; ④ Tanz; **motūs dare** Tänze aufführen; ⑤ *(milit.)* Schwenkung; ⑥ geistige Tätigkeit; ⑦ Leidenschaft, Erregung, Empfindung; ⑧ Trieb, Antrieb [**naturae**]; ⑨ Lauf, Gang; Wendung; ⑩ Aufruhr, Unruhe, Aufstand [**Galliae; servilis** Sklavenaufstand]; ⑪ polit. Umwälzung.

**mōtus²** *Part. Perf. v. moveo.*

**moveō**, movēre, mōvī, mōtum bewegen, in Bewegung setzen: **I.** *(vom Ort)* ① (fort)bewegen, fortbringen [**signa** zum Kampf vorrücken; **castra** das Lager abbrechen, weitermarschieren;

**armenta stabulis** hinaustreiben aus]; – (**se**) **movere** *u. mediopass.* **moveri** aufbrechen, weiterziehen; ❷ jmd. antreiben, drängen; ❸ verjagen, verdrängen, verstoßen [**alqm** (**de**) **senatu** *od.* **loco senatorio** ausschließen; **alqm tribu** ausstoßen]; ❹ *(übtr.)* jmd. v. etw. abbringen [**alqm de sententia**]; ❺ herbeischaffen, holen [*übtr.* **fatorum arcana** hervorholen = enthüllen]; **II.** *(an derselben Stelle)* ❶ (hin u. her) bewegen, schütteln, erschüttern, schwingen [**facem; fluctūs** aufwühlen; **arma** zu den Waffen greifen]; – (**se**) **movere** *u. mediopass.* **moveri a)** sich bewegen: **mons movetur** zittert; **terra movet** bebt; **b)** hüpfen, tanzen; ❷ *(poet.; nachkl.)* verwandeln, verändern; ❸ *(poet.; nachkl.)* überlegen, erwägen; ❹ Eindruck machen auf, beeinflussen; – *Pass.* sich beeinflussen lassen; ❺ *(übtr.)* rühren [**saxa gemitu**]; ❻ begeistern; ❼ erschrecken, ängstigen [**alqm minis; alqm metu poenae**]; ❽ erzürnen; ❾ *(polit.)* in Aufruhr bringen, empören; – *Pass.* in Aufruhr geraten; ❿ wankend machen, erschüttern [**fidem; alcis sententiam**]; ⓫ verursachen, hervorrufen, erregen; ⓬ beginnen [**cantūs** anstimmen; **ab Iove carmina** anfangen mit *od.* bei]; in Gang bringen, anregen [**quaestionem; iocum** scherzen].

M

**mox** *Adv.* ❶ *(v. der Zukunft)* bald, demnächst; ❷ *(nachkl.) (v. der Vergangenheit u. in Aufzählungen)* bald darauf, dann.

**mucc...** *s. mūc...*

**Mūcius**, a, um *röm. nomen gentile:* **C. ~ Scaevola** *Held der röm. Frühgeschichte, der einen Mordversuch geg. den Etruskerkönig Porsenna unternahm; – Adj.* **Mūciānus**, a, um.

**mucrō**, ōnis *m* ❶ Spitze, Schneide *eines Schwertes, Dolches;* ❷ *(meton.)* Schwert, Dolch; **strictis mucronibus;** ❸ *(übtr.)* Spitze, Schärfe [**defensionis tuae**].

**mūcus**, ī *m (vgl. emungo) (poet.; nachkl.)* Rotz, Schleim.

**mūginor**, mūginārī nachdenken, über etw. brüten.

**mūgiō**, mūgīre ❶ brüllen; ❷ *(poet.) (übtr.)* dröhnen, krachen.

**mūgītus**, ūs *m (mugio)* ❶ *(poet.; nachkl.)* das Brüllen; ❷ das Dröhnen.

**mūla**, ae *f (mulus)* Mauleselin.

**mulceō**, mulcēre, mulsī, mulsum *(verw. m. mulgeo) (poet.; nachkl.)* ❶ streichen, streicheln; sanft belecken; ❷ sanft berühren; ❸ besänftigen, beschwichtigen, lindern [**animos dictis; iras**]; ❹ erfreuen.

**Mulciber**, beris *u.* berī *m Beiname Vulkans; meton.* Feuer.

**mulcō**, mulcāre ❶ prügeln, misshandeln; ❷ *(übtr.)* übel zurichten.

**mulctra**, ae *f,* **mulctrum** *u.* **mulctrārium,** ī *n (mulgeo) (poet.)* Melkkübel.

**mulgeō**, mulgēre, mulsī, mulctum *(poet.; nachkl.)* melken.

**muliebris**, e *(mulier)* ❶ weiblich, Frauen-; – *Subst.* **muliebria,** ium *n* weibliche Scham; ❷ weibisch, unmännlich.

**muliebrōsus**, a, um = *mulierosus.*

**mulier**, eris *f* Frau; Ehefrau.

**mulierārius** *(mulier)* **I.** *Adj.* a, um v. einer Frau gemietet; **II.** *Subst.* ī *m (poet.)* Schürzenjäger.

**muliercula**, ae *f (Demin. v. mulier)* ❶ kleine, schwache Frau; ❷ Dirne.

**mulierōsitās**, ātis *f (mulierosus)* Weibstollheit.

**mulierōsus**, a, um *(mulier)* weibstoll.

**mūliō**, ōnis *m (mulus)* Maultiertreiber.

**mūliōnius**, a, um *(mulio)* eines Maultiertreibers.

**mullus**, ī *m (gr. Fw.)* Meerbarbe *(ein Fisch).*

**mulsī** *Perf. v. mulceo u. mulgeo.*

**mulsum**, ī *n* Honigwein, Met.

**mulsus** *P. P. P. v. mulceo.*

**multa**, ae *f* Strafe am Eigentum, Geldbuße.

**multātīcius**, a, um *(multa)* Straf-, Buß- [**pecunia**].

**multātiō**, ōnis *f (multo)* Bestrafung.

**multi-cavus**, a, um *(multus) (poet.)* löcherig, porös.

**multifāriam** *Adv. (multus)* an vielen Stellen.

**multi-fidus**, a, um *(multus u. findo) (poet.; nachkl.)* vielgespalten.

**multi-fōrmis**, e *(multus u. forma)* vielgestaltig.

**multi-forus**, a, um *(multus u. foro) (poet.; nachkl.)* viellöcherig.

**multi-iugus**, a, um *u.* **-iugis**, e *(multus u. iugum)* ❶ vielspännig; ❷ *(übtr.)* zahlreich.

**multi-modīs** *Adv. (< multis modis)* auf vielerlei Art, vielfach.

**multi-plex**, *Gen.* plicis *(multus u. plico)* ❶ vielfältig, vielfach, zahlreich; vielfach verschlungen [**domus** *vom Labyrinth*]; ❷ vielmal so groß; – *Subst. n* das Vielfache; ❸ *(übtr.)* vielseitig [**genus orationis**]; ❹ vieldeutig, schwer zu ergründen; ❺ unbeständig [**animus**].

**multiplicābilis**, e *(multiplico)* vielfältig.

**multiplicātiō**, ōnis *f (multiplico) (nachkl.)* Vervielfältigung.

**multiplicō**, multiplicāre *(multiplex)* vervielfältigen, vergrößern.

**multitūdō**, dinis *f (multus)* ❶ Menge, große Anzahl; ❷ Menschenmenge; Pöbel.

**multi-vagus**, a, um *(multus) (nachkl.)* viel umherschweifend.

**multi-volus**, a, um *(multus u. volo²) (poet.)* viel begehrend.

**multō**, multāre *(multa)* (be)strafen [**alqm morte, exilio**].

**multum¹**, ī *n (multus) (Komp.* plūs, *Superl.*

plūrimum) **I.** *Pos.* ❶ ein großer Teil, ein großes Stück, viel *(im Nom. od. Akk. m. Gen.)* [**militum; temporis**]; **multum posse** (*od.* **valere**) viel gelten; ❷ *Abl.* **multō a)** *beim Komp.* um vieles, viel: **multo maior;** *auch b. Wörtern m. komparativem Sinn:* **multo aliter** ganz anders; **b)** *beim Superl.* bei weitem: **multo optimus; II.** *Komp.* **plūs,** plūris *n* ❶ ein größerer Teil, ein größeres Stück, mehr *(m. Gen.);* ❷ **plūris** *als Gen. pretii* höher, teurer [**emere; aestimare**]; **III.** *Superl.* **plūrimum,** ī *n* ❶ der größte Teil, sehr viel *(m. Gen.)* [**exercitūs**]; **quam plurimum** möglichst viel; ❷ **plūrimī** *als Gen. pretii* am höchsten, sehr hoch, sehr teuer [**vendere**].

**multum²** *Adv. (multus)* **I.** *Pos.* ❶ *(graduell)* sehr, viel, weit; ❷ *(zeitl.)* **a)** häufig [**loqui de alqa re**]; **b)** lange [**morari**]; **II.** *Komp.* **plūs** mehr, in höherem Grade; *(b. Zahlen m. u. ohne quam)* über, öfter, länger; **plus quam semel; plus (quam) ducenti milites; III.** *Superl.* **plūrimum** ❶ am meisten, sehr viel; ❷ *(zeitl.)* meistens.

**multus,** a, um *(Komp.* plūrēs, *Superl.* plūrimus; *Adv.* multum *s. d.)* **I.** *Pos.* ❶ *(nach Zahl u. Menge)* viel, zahlreich, häufig, reichlich, *meist Pl.;* **multa verba facere** ausführlich reden; *oft in Verbindung m. einem anderen Adj.:* **multi fortes viri** viele Helden; *oft m. einem anderen Adj. durch et od. -que verbunden:* **multa et gravia vulnera** viele schwere Wunden; – *Subst.* **multī** *m* die Menge, die große Masse; **multa** *n* vieles, vielerlei: **ne multa** *od.* **ne multis** (*erg.* **dicam**) kurz (gesagt); **quid multa** (*erg.* **dicam**) wozu viele Worte? = kurz (gesagt); ❷ *(übtr.)* groß, stark, bedeutend; **multa pace** im tiefen Frieden; ❸ *(räuml.)* groß, weit; ❹ *(zeitl.)* vorgerückt, spät; **multo die** spät am Tag; **multā nocte** tief in der Nacht; ❺ *(rhet.)* weitläufig, ausführlich; ❻ eifrig, fleißig; **II.** *Komp.* **plūrēs,** *n* plūra, *Gen.* plūrium ❶ mehr, die Mehrheit; ❷ *(poet.; nachkl.) ohne komparativen Sinn* mehrere *(= complures);* **III.** *Superl.* **plūrimus,** a, um der meiste, sehr viel, *meist Pl.* **plūrimī,** ae, a die meisten, sehr viele [**hostes** *u.* **hostium**].

**mūlus,** ī *m* ❶ Maultier; ❷ *(poet.) (als Schimpfw.)* Dummkopf.

**Mulvius pōns** *Tiberbrücke im Norden Roms, j.* Ponte Molle.

**Mummius,** a, um *röm. nomen gentile:* **Lucius ~ Achaicus** *Eroberer Korinths (146 v. Chr.).*

**Mūnātius,** a, um *Name einer röm. gens:* **Lucius ~ Plancus** *Legat Cäsars, später Anhänger des Antonius, trat vor der Schlacht b. Aktium zu Oktavian über, für den er 27 v. Chr. den Titel Augustus vorschlug.*

**Munda,** ae *f Stadt in Hispania Baetica b. Corduba, Cäsars Sieg üb. die Pompejaner 45 v. Chr.*

**mundānus,** ī *m (mundus²)* Weltbürger.

**munditer** *Adv. s. mundus¹.*

**munditia,** ae *u.* **munditiēs,** ēī *f (mundus¹)* ❶ Zierlichkeit, Eleganz; ❷ Eitelkeit; ❸ feine Lebensart.

**mundus¹,** a, um *(Adv.* -ē *u.* -iter) ❶ *(poet.)* sauber; ❷ zierlich, elegant.

**mundus²,** ī *m* ❶ Toilettenartikel, Putz *der Frauen;* ❷ Welt(all); ❸ (Sternen-)Himmel; ❹ *(poet.)* Erde; ❺ *(poet.)* Menschheit.

**mūnerārius,** ī *m (munus) (nachkl.)* Veranstalter v. Gladiatorenspielen.

**mūnerō,** mūnerāre *u.* **mūneror,** mūnerārī *(munus)* (be)schenken.

**mūnia,** ium *n (munus)* Pflichten, Leistungen, Berufsgeschäfte.

**mūni-ceps,** cipis *m u. f (munia u. capio)* ❶ Kleinstädter(in); ❷ Mitbürger(in), Landsmann, Landsmännin.

**mūnicipālis,** e *(municipium)* zu einem Munizipium gehörig, kleinstädtisch; – *Subst. m* Kleinstädter.

**Imperium Romanum**
**mūnicipium** (ī *n*) – Im römischen Reich waren „Munizipien“ italienische Kleinstädte in Selbstverwaltung, deren einheimische Bewohner nur ein eingeschränktes römisches Bürgerrecht besaßen. Erst im Jahre 212 n. Chr. wurde allen freien Bewohnern des römischen Reichs das römische Bürgerrecht verliehen.

**mūnificentia,** ae *f (munificus)* Freigebigkeit.

**mūni-ficus,** a, um *(Komp.* -ficentior, *Superl.* -ficentissimus*) (munus u. facio)* freigebig.

**mūnīmentum,** ī *u. (poet.)* **mūnīmen,** minis *n (munio)* ❶ Befestigung, Bollwerk; ❷ *(übtr.)* Schutz, Stütze.

**mūniō,** mūnīre, mūnīvī *u.* mūniī, mūnītum *(moenia)* **I.** *intr.* mauern, Mauern, Schanzen errichten; **muniendo fessus; II.** *trans.* ❶ *(Mauern, Städte)* bauen, *(Wege)* anlegen, bahnen; ❷ befestigen, verschanzen [**locum castellis; castra vallo fossaque**]; ❸ *(übtr.)* schützen, sichern [**alqm contra iniurias**].

**mūnītiō,** ōnis *f (munio)* ❶ Befestigung, Mauerbau, Schanzarbeit; ❷ Festungsanlage, Schanze.

**mūnītō,** mūnītāre *(Intens. v. munio)* bahnen [**sibi viam**].

**mūnītor,** ōris *m (munio)* ❶ Befestiger, Erbauer; ❷ Schanzarbeiter; ❸ *(milit.)* Mineur.

**mūnītus,** a, um *(P. Adj. v. munio)* ❶ befestigt, fest; ❷ *(übtr.)* geschützt, sicher.

M

**mūnus**, neris *n (vgl. munia)* ❶ Pflicht, Aufgabe, Amt, Dienst [**civium; principum; legationis** Gesandtschaftsposten; **militiae** *od.* **militare** Kriegsdienst]; ❷ Last, Abgabe; **munus alci imponere** auferlegen; **omni munere solvi;** ❸ Gefälligkeit, Gnade; **munere** mithilfe [**sortis**]; ❹ *(poet.; nachkl.)* letzter Liebesdienst, Bestattung, *auch Pl.* [**supremum; sollemne**]; ❺ Geschenk, Gabe [**Bacchi** = Wein; **Cereris** = Brot]; ❻ *(poet; nachkl.)* Opfer(gabe); Totenopfer; ❼ Fest-, Gladiatorenspiel, Schauspiel; ❽ *(poet.; nachkl.)* öffentl. Gebäude, *bes.* Theater; ❾ *(übtr.)* Wunderwerk *des Weltalls.*
**mūnusculum** ī *n (Demin. v. munus)* kleines Geschenk.
**mūraena** = *murena.*
**mūrālis**, e *(murus)* Mauer-.
**mūrēna**, ae *f (gr. Fw.)* Muräne *(Seefisch).*
**Mūrēna**, ae *m cogn. in der gens Licinia, s. Licinius.*
**mūrex**, ricis *m (poet.; nachkl.)* ❶ Purpurschnecke; ❷ *(meton.)* Purpurfarbe; ❸ Felsenriff.
**muria**, ae *f (poet.; nachkl.)* Salzlake, Salzwasser.
**murmillō**, ōnis *m* Gladiator *m. gall. Helm, auf dessen Spitze sich als Abzeichen ein Fisch befand.*
**murmur**, uris *n* ❶ das Murmeln, Gemurmel; ❷ das Summen; ❸ das Rauschen, Getöse, Schmettern.
**murmurātiō**, ōnis *f (murmuro) (nachkl.)* das Murren.
**murmurō**, murmurāre *(murmur)* ❶ murmeln, murren; ❷ rauschen, (er)tönen.
**murra**, ae *f (gr. Fw.) (poet.; nachkl.)* ❶ Myrrhenbaum; ❷ *(meton.)* Myrrhe.
**murreus**[1], a, um *(nachkl.)* aus Fluss-Spat [**pocula**].
**murreus**[2], a, um *(murra) (poet.)* ❶ m. Myrrhe parfümiert; ❷ myrrhenfarbig, dunkelgelb.
**murrh...** = *murr...*
**murrinus**, a, um *(nachkl.)* aus Fluss-Spat; – *Subst.* **murrina,** ōrum *n* Murragefäße.
**murtētum**, ī *n (murtus)* Myrtengebüsch, -hain.
**murteus**, a, um *(murtus) (poet.; nachkl.)* ❶ v. Myrten, Myrten-; ❷ kastanienbraun.
**murtum**, ī *n (gr. Fw.) (poet.)* Myrtenbeere.
**murtus**, ī *u.* ūs *f (gr. Fw.) (poet.; nachkl.)* ❶ Myrte, Myrtenbaum; ❷ *(meton.)* **a)** Myrtenhain; **b)** Speer aus Myrtenholz.
**mūrus**, ī *m (verw. m. moenia)* ❶ Mauer, Stadtmauer; ❷ Erdwall; ❸ *(übtr.)* Bollwerk, Schutz.
**mūs**, mūris *m* Maus; – **Mus** *Beiname der Decii, s. Decius.*
**Mūsa**, ae *f* ❶ Muse, *meist Pl. Göttinnen der Künste u. Wissenschaften;* ❷ *(meton.)* **a)** Lied, Gesang, Dichtung; **b)** Gelehrsamkeit.

> **Wissen: Antike**
> **Mūsa** – Die Musen, neun Töchter des Zeus und der Mnemosyme, sind in der griechischen Mythologie die Göttinnen der Künste und Wissenschaften. Die neun Musen sind: **Erato** (Liebesdichtung), **Euterpe** (Flötenspiel), **Calliope** (epische Dichtung), **Clio** (Geschichtsschreibung), **Melpomene** (Tragödie), **Polyhymnia** (Musik), **Terpsichore** (Tanz), **Thalia** (Komödie) und **Urania** (Astronomie). Die Zahl der Musen (je nach Überlieferung drei bis neun) und ihre Zuordnung zu den Künsten variieren allerdings.

**Mūsaeus**, ī *m myth. Sänger in Attika.*
**musca**, ae *f* ❶ Fliege; ❷ *(übtr.)* zudringlicher Mensch.
**mūs-cipula**, ae *f u.* **-um,** ī *n (capio) (poet.; nachkl.)* Mausefalle.
**muscōsus**, a, um *(muscus)* bemoost.
**mūsculus**, ī *m (Demin. v. mus)* ❶ Mäuschen; ❷ *(nachkl.)* Muskel; ❸ Minierhütte *(Schutzdach f. Belagerer).*
**muscus**, ī *m (poet.; nachkl.)* Moos.
**mūsica**, ae *f,* **-a**, ōrum *n u.* **-ē**, ēs *f (gr. Fw.)* Musik, Dichtkunst, Geistesbildung.
**mūsicus** *(gr. Fw.)* **I.** *Adj.* a, um die Musik betreffend, musikalisch [**leges; sonus**]; **II.** *Subst.* ī *m* Musiker.
**mussitō**, mussitāre *(Intens. v. musso)* murmeln, leise sprechen.
**mussō**, mussāre ❶ leise sprechen, vor sich hinmurmeln; summen; ❷ unschlüssig sein, schwanken.
**mustāceum**, ī *n (mustax)* (auf Lorbeerblättern gebackener) Hochzeitskuchen.
**mustāx**, ācis *f (nachkl.) eine Lorbeerart.*
**mūstēla** *u.* **mūstella,** ae *f* Wiesel.
**musteus**, a, um *(mustum) (nachkl.)* neu, frisch.
**mustum**, ī *n* Most; *meton. (poet.)* Weinlese, Herbst.
**mūtābilis**, e *(muto)* veränderlich, unbeständig, launisch.
**mūtābilitās**, ātis *f (mutabilis)* Veränderlichkeit.
**mūtātiō**, ōnis *f (muto)* ❶ (Ver-)Änderung; ❷ Austausch [**officiorum** gegenseitige Dienstleistungen].
**mutilō**, mutilāre *(mutilus)* ❶ verstümmeln, stutzen; ❷ *(übtr.)* vermindern.
**mutilus**, a, um ❶ verstümmelt, gestutzt; ❷ *(v. der Rede)* abgehackt.
**Mutina**, ae *f Stadt in Oberitalien, j.* Modena; – *Adj.* **Mutinēnsis**, e.
**mūtō**, mūtāre ❶ fortbringen, entfernen, vertreiben [**alqm civitate** aus dem Staat jagen]; ❷ wechseln, (ver)tauschen, umtauschen

[**patriam** auswandern; **vestem** sich umziehen *od.* Trauerkleider anlegen; **res inter se** Tauschhandel treiben; **pro Macedonibus Romanos dominos**]; ❸ (ver)ändern [**cultum** eine andere Lebensweise annehmen; **iter** einen anderen Weg einschlagen]; – *mediopass. u. akt. intr.* sich ändern, umschlagen; ❹ verwandeln; **mutari in alitem; mutatus ab illo** verschieden von; ❺ umstimmen [**animos ad misericordiam**]; ❻ *(poet.)* verderben; **vinum mutatum** umgeschlagener, schimmeliger.

**mūtuātiō**, ōnis *f (mutuor)* das Borgen, Anleihe.

**mūtuō** *s. mutuus.*

**mūtuor**, mūtuārī *(mutuus)* ❶ v. jmdm. borgen, leihen [**pecuniam ab amico**]; ❷ *(übtr.)* entlehnen.

**mūtus**, a, um ❶ stumm, sprachlos, schweigend *(v. Lebewesen);* ❷ *(übtr., v. Sachen)* still, lautlos [**locus; silentia noctis**].

**mūtuum**, ī *n (mutuus)* ❶ *(nachkl.)* Darlehen; ❷ Gegenseitigkeit [**in amicitia**].

**mūtuus**, a, um (*Adv.* -ō, *selten* -ē) *(muto)* ❶ geborgt, geliehen; **pecuniam -am alci dare** jmdm. leihen; ❷ wechselseitig, gegenseitig.

**Mycalē**, ēs *f Vorgeb. in Ionien (Kleinasien), der Insel Samos gegenüber.*

**Mycēnae**, ārum *f, selten* **-a**, ae *f Stadt in Argolis, Königssitz des Agamemnon; – Einw.* **Mycēnēnsēs**, ium *m; – Adj.* **Mycēnaeus**, a, um; – **Mycēnis**, idis *f* = Iphigenie.

**Myconos** *u.* **-us**, ī *f Zykladeninsel b. Delos.*

**myoparō**, ōnis *m (gr. Fw.)* Kaperschiff.

**myrīca**, ae *u.* **-ē**, ēs *f (gr. Fw.) (poet.; nachkl.)* Tamariske *(Pflanze).*

**Myrmidones**, num *m Volksstamm aus Phthia in Thessalien, b. Homer Gefolgsleute des Achilles.*

**myrmillō**, ōnis *m* = *murmillo.*

**Myrō**, ōnis *m* Myron, *griech. Bronzegießer um 450 v. Chr.*

**myrothēcium**, ī *n (gr. Fw.)* Salbenbehälter.

**myrrha** = *murra.*

**myrrheus** = *murreus*[2].

**myrt...** = *murt...*

**Myrtōum** mare *Teil des Ägäischen Meeres zw. Kreta u. Euböa.*

**Mȳsia**, ae *f Landschaft im nordwestl. Kleinasien; – Einw.* **Mȳsī**, ōrum *m; – Adj.* **Mȳs(i)us**, a, um.

**mystagōgus**, ī *m (gr. Fw.)* Fremdenführer an heiligen Orten.

**mystērium**, ī *n (gr. Fw.)* ❶ Geheimnis; ❷ *Pl.* Geheimkult, Mysterien; *übtr.* Geheimlehren [**rhetorum**].

**mystēs**, ae *m (gr. Fw.) (poet.)* Priester bei den Mysterien.

**mysticus**, a, um *(gr. Fw.) (poet.)* mystisch, geheimnisvoll.

**Mytilēnae**, ārum *u.* **-ē**, ēs *f Hauptstadt der Insel Lesbos im Ägäischen Meer; – Einw. u. Adj.* **Mytilēnaeus**, ī *m bzw.* a, um *u.* **Mytilēnēnsis**, is *m bzw.* e.

**Myūs**, ūntis *f* (*Akk.* -ūnta) *Stadt in Karien (Kleinasien).*

N

# Nn

**N.** *(Abk.)* ❶ = *Numerius (Vorname);* ❷ = *nepōs;* ❸ = *Nōnae.*

**nactus** *s. nanciscor.*

**Naevius**, a, um *röm. nomen gentile:* **Cn.** ~ *röm. Dramatiker u. Epiker um 250 v. Chr.; – Adj.* **Naevius**, a, um [**porta** *röm. Stadttor am Aventin*] *u.* **Naeviānus**, a, um.

**naevus**, ī *m* Muttermal.

**Nāias**, iadis *u.* **Nāis**, idis *f (poet.)* ❶ Quell-, Flussnymphe, Najade; – *Adj.* **Nāicus**, a, um der Najaden; ❷ *(meton.)* Wasser.

**nam** ❶ denn, nämlich *(in Prosa immer am Satzanfang); verstärkt:* **namque;** ❷ *(an Fragewörter angehängt)* denn [**quisnam** wer denn?; **ubinam** wo denn? *u. a.*].

**nam-que** *(verstärktes nam)* ❶ denn, nämlich; ❷ ja, freilich.

**nancīscor**, nancīscī, na(n)ctus sum ❶ *(ohne Mühe u. Absicht)* erreichen, erlangen [**nomen poetae; sorte provinciam**]; ❷ (zufällig) bekommen [**febrim; praedam**]; ❸ (vor)finden, antreffen [**castra Gallorum intuta** unbewacht; **alqm otiosum**].

**Napaeae**, ārum *f (poet.)* Talnymphen.

**Nār**, Nāris *m schwefelhaltiger Nebenfluss des Tiber in Umbrien, j.* Nera.

**Nārbō**, ōnis *m röm. Kolonie in dem nach ihr benannten narbonensischen Gallien, j.* Narbonne; – *Adj.* **Nārbōnēnsis**, e.

**narcissus**, ī *m (gr. Fw.) (poet.; nachkl.)* Narzisse.

**Wissen: Antike**

**Narcissus** (ī *m*), im Deutschen „Narziss" genannt, ist in der griechischen Mythologie der Sohn des Flussgottes Kephisos und der Najade Liriope. Er war ein außerordentlich schöner Jüngling, der aus Stolz auf seine unübertroffene Schönheit das Liebeswerben aller Jungfrauen, darunter das der Bergnymphe Echo, abwies, und daher mit unstillbarer Selbstliebe bestraft wurde. So verliebte er sich in sein eigenes Spiegelbild, welches er in einem Bach erblickte, und verzehrte sich immer mehr vor Sehnsucht nach sich selbst, bis er in die nach ihm benannte Narzisse verwandelt wurde.

**nardus**, ī *f u.* **-um**, ī *n (gr. Fw.)* Narde; Nardenöl.

**nāris**, is *f* ❶ **a)** *Sg. (poet.; nachkl.)* Nüster, Nasenloch; **b)** *Pl.* Nase, Nüstern; ❷ *(poet.; nachkl.)* feine Nase, Scharfsinn.

**nārrābilis**, e *(narro) (poet.)* erzählbar.

**nārrātiō**, ōnis *f (narro)* Erzählung.

**nārrātiuncula**, ae *f (Demin. v. narratio) (nachkl.)* kurze Erzählung, Anekdote.

**nārrātor**, ōris *m (narro)* Erzähler.

**nārrātus**, ūs *m (narro) (poet.)* Erzählung.

**nārrō**, nārrāre ❶ erzählen, berichten, schildern *(m. Akk.; de; A. C. I.; im Pass. m. N. C. I.; indir. Frages.)*; **bene / male ~** gute / schlechte Nachricht bringen; **narrant** *(m. A. C. I.)* man erzählt; **narror / narraris** man erzählt von mir / von dir; **narratur** *m. N. C. I. u. m. A. C. I.* man erzählt; ❷ sagen, erwähnen.

**nārus**, a, um = *gnarus.*

**nāscor**, nāscī, nātus sum ❶ gezeugt, geboren werden; abstammen, entstammen; **impares nascimur, pares morimur;** *(m. ex, de, bl. Abl., selten m. ab)* **ex serva ~; amplissimā familiā ~** v. sehr vornehmer Familie; *(m. Angabe der Bestimmung: m. Dat., m. ad, m. in u. Akk.)* **non nobis solum nati sumus** nicht f. uns allein; **ad laborem ~;** ❷ *(übtr.)* entstehen, entspringen, seinen Anfang nehmen; **ab eo flumine collis nascitur** erhebt sich; **facinus a cupiditate natum est; ex hoc nascitur, ut** daraus folgt, dass; ❸ *(poet.) (vom Wind)* sich erheben; ❹ *(v. Sachen)* wachsen, vorkommen; **plumbum ibi nascitur;** / *Part. Perf.* **nātus**, a, um **a)** geboren, entsprossen; **post hominum genus natum** seit Menschengedenken; **Hercules love natus; summo loco natus** von vornehmer Herkunft; **b)** zu etw. geschaffen, zu etw. bestimmt *(m. Dat., ad od. in u. Akk.; m. Inf.)* [**imperio** zum Herrscher *od.* zum Feldherrn; **ad dicendum**]; **c)** (v. Natur) geartet, beschaffen; **locus ita natus; versūs male nati; d)** *(m. Zeitangabe im Akk.)* alt, im Alter von; **decem annos natus;** / *Subst.* **nātus,** ī *m* Sohn; **nāta,** ae *f* Tochter; **nātī,** ōrum *m* Kinder, *(v. Tieren, poet.)* Junge.

**Nāsīca**, ae *m Beiname in der Familie der Scipionen; s. Scipio.*

**Nāso**, ōnis *m (nasus; eigtl. „großnasig") röm. cogn.; s. Ovidius.*

**nassa**, ae *f übtr.* Netz, Schlinge.

**nāsturcium**, ī *n* Kresse.

**nāsus**, ī *m (vgl. naris)* ❶ Nase; ❷ feine Nase, scharfes Urteil; **alqm -o suspendere** über jmd. die Nase rümpfen.

**nāsūtus**, a, um *(nasus) (poet.; nachkl.)* ❶ großnasig; ❷ naseweis.

**nāta**, ae *f s. nascor.*

**nātālēs**, lium *m (natalis) (poet.; nachkl.)* Herkunft, Stand, Familie.

**nātālicia**, ae *f (natalicius; erg. cena)* Geburtstagsessen.

**nātālicius**, a, um *(natalis)* Geburts-, Geburtstags-.

**nātālis** *(natus²)* **I.** *Adj.* e zur Geburt gehörig, Geburts- [**dies** Geburtstag, Jahrestag; **humus** *u.* **solum** Heimat]; **II.** *Subst.* is *m* ❶ Geburtstag; Jahrestag; ❷ *(poet.)* Geburtsgenius; ❸ *(poet.)* Geburtsort.

**natātiō**, ōnis *f (nato)* das Schwimmen, Schwimmübung.

**natātor**, ōris *m (nato) (poet.)* Schwimmer.

**nātiō**, ōnis *f (nascor)* ❶ Geburt; – *personif.* **Nātiō** *Göttin der Geburt;* ❷ Volk(sstamm), Völkerschaft, Nation; ❸ Gattung, Klasse, Art, Sippschaft [**candidatorum; optimatium**].

**natis**, is *f (poet.)* Hinterbacke; *Pl.* Gesäß.

**nātīvus**, a, um *(natus²)* ❶ geboren, auf natürlichem Wege entstanden [**verba** Stammwörter]; ❷ angeboren, natürlich.

**natō**, natāre *(Frequ. v. no)* **I.** *intr.* ❶ schwimmen; ❷ überströmen, überfließen, triefen; ❸ *(poet.)* wogen, wallen; ❹ *(übtr.)* schwanken, ungewiss sein; **II.** *trans. (poet.)* durch, über, auf etw. schwimmen.

**natrix**, icis *f* Wasserschlange.

**nātūra**, ae *f (nascor)* ❶ Natur, (natürliche) Beschaffenheit, Wesen, Eigenart; **-ā** von Natur; **locus -ā munitus;** ❷ Gestalt; ❸ Charakter, Gesinnung, Naturell; ❹ Naturgesetz, Weltordnung; **secundum -am; contra** (*od.* **praeter**) **-am; mundus -ā administratur;** ❺ Möglichkeit; **in rerum -ā est** es ist möglich; ❻ Naturkraft, Schöpferkraft der Natur; ❼ Welt(all), *meist* **rerum natura;** ❽ (Grund-) Stoff, Element, Substanz; ❾ Kreatur, Individuum, Ding; ❿ Geburt; ⓫ Geschlechtsorgan, *meist Pl.* Genitalien; ⓬ Organ.

**nātūrālis**, e *(natura)* ❶ von Geburt, leiblich [**filius**]; ❷ natürlich, angeboren, naturgemäß [**pavor; societas; mors**]; ❸ natürlich, v. Natur entstanden [**portus**]; ❹ Natur- [**philosophia; ius**].

**nātus**[1], a, um *u.* ī *m s. nascor.*

**nātus**[2], *Abl.* ū *m (nascor)* Geburt, Alter, Jahre; **grandis natu** alt, bejahrt; **maior natu** älter; **minor natu** jünger; **minimus natu** der jüngste; **maiores natu** ältere Leute.

**nauarchus**, ī *m (gr. Fw.)* Schiffskapitän.

**naucula** *(nachkl.) = navicula.*

**nau-fragium**, ī *n (navis u. frango)* ❶ Schiffbruch; ❷ *(übtr.)* **a)** Niederlage; **b)** Verfall, Ruin, Unglück, Untergang; **c)** *(meton.) Pl.* Trümmer.

**naufragus**, a, um *(naufragium)* ❶ *(pass.)* **a)** schiffbrüchig; **b)** *(übtr.)* verarmt, ruiniert, verzweifelt; ❷ *(akt.) (poet.)* Schiffe zerschellend [**mare; tempestas**].

**nausea**, ae *f (gr. Fw.)* ❶ Seekrankheit; ❷ *(poet.)* Übelkeit; Erbrechen.

**nauseābundus**, a, um *(nausea) (nachkl.)* ❶ seekrank; ❷ an Magenverstimmung leidend.

**nauseātor**, ōris *m (nauseo) (nachkl.)* der Seekranke.

**nauseō**, nauseāre *(nausea)* ❶ seekrank sein; sich erbrechen; ❷ *(übtr.)* **a)** Ekel empfinden; **b)** *(poet.)* sich übel benehmen.

**nauseola**, ae *f (Demin. v. nausea)* leichte Übelkeit.

**nausi...** = *nause...*

**Nausicaa**, ae *f Tochter des Phäakenkönigs Alkinous, der Odysseus auf seinen Irrfahrten begegnete.*

**nauta**, ae *m (gr. Fw.)* ❶ Seemann, Matrose; ❷ *(poet.)* Schiffseigentümer, Reeder; ❸ *(poet.)* Kaufmann.

**nauticus**, a, um *(gr. Fw.)* Schiffs-, See- [**res** Seewesen]; – *Subst.* **nauticī**, ōrum *m* Seeleute.

**nāvāle**, lis *n (navalis) (poet.)* Hafen; Werft.

**nāvālia**, ium *n (navalis)* ❶ Werft, Dock; ❷ Schiffsausrüstung.

**nāvālis**, e *(navis)* Schiffs-, See- [**proelium; victoria; socii** Seeleute, *auch* Seesoldaten].

**nāvē** *Adv., s. navus.*

**nāvicula**, ae *f (Demin. v. navis)* Boot, Kahn.

**nāviculāria**, ae *f (navicularius)* Frachtschifffahrt, Reederei.

**nāviculārius**, ī *m (navicula)* Frachtschiffer, Reeder.

**nāvi-fragus**, a, um *(navis u. frango) (poet.)* Schiffe zerschellend.

**nāvigābilis**, e *(navigo)* schiffbar.

**nāvigātiō**, ōnis *f (navigo)* Schifffahrt, Seereise.

**nāvigiolum**, ī *n (Demin. v. navigium)* Boot, Kahn.

**nāvigium**, ī *n (navigo) jedes Wasserfahrzeug,* Schiff, Boot.

**nāvigō**, nāvigāre *(navis u. ago)* **I.** *intr.* ❶ segeln; ❷ in See stechen, abfahren; ❸ *(poet.)* schwimmen; **II.** *trans.* ❶ durchsegeln, befahren [**aequor**]; ❷ durch Schifffahrt erwerben.

**nāvis**, is *f (Akk.* nāvem, *selten* nāvim; *Abl.* nāvī, *selten* nāve) Schiff [**longa** Kriegsschiff; **oneraria** Last-, Transportschiff; **praetoria** Admiralschiff]; **navem appellere** *(m. ad od. m. Dat.)* landen; **navem** *u.* **in navem conscendere** an Bord gehen; **navem subducere** ans Land ziehen; **navem solvere** absegeln; – *übtr. vom Staat, v. der Gemeinsamkeit des Schicksals:* **~ rei publicae** Staatsschiff; **in eadem nave esse** = dasselbe Schicksal haben.

**nāvita**, ae *m = nauta.*

**nāvitās**, tātis *f (navus)* Eifer.

**nāviter** *Adv., s. navus.*

**nāvō**, nāvāre *(navus)* eifrig betreiben, erweisen [**rem publicam** dem Staat eifrig dienen; **operam** sich erfolgreich bemühen; **operam** *od.* **studium alci** jmdm. helfen, beistehen; **benevolentiam in alqm** zeigen, an den Tag legen].

**nāvus**, a, um *(Adv.* nāviter *u.* nāvē*)* eifrig, tatkräftig.

**Naxos**, ī *f größte Zykladeninsel (Ägäis); – Adj.* **Naxius**, a, um.

**nē**[1] *Versicherungspartikel* tatsächlich, ja, wahrhaftig, *immer an der Spitze des Satzes u. nur vor Pron.*

**nē**[2] *Verneinungspartikel* **I.** *Adv.* nicht ❶ *in Aussagesätzen* **ne ... quidem** *(der betonte Begriff steht dazwischen)* nicht einmal, auch nicht; **ne in templis quidem;** – *im Ggstz.* keineswegs: **is utitur ne suorum quidem consilio, sed suo** keineswegs – sondern; ❷ *in Befehlssätzen* **a)** *m. Konj. Präs. od. Perf.:* **ne me moneatis; hoc ne feceris; b)** *m. Imp. (poet.):* **ne crucia te;** ❸ *in Wunschsätzen:* **(utinam) ne venisset;** *auch in Beteuerungen:* **ne vivam, si scio** ich will des Todes sein, wenn; ❹ *in Konzessivsätzen m. Konj.* zugegeben, dass nicht; **ne sit summum malum dolor, malum certe est; II.** *Kj. (m. Konj.)* ❶ *in abhängigen Wunschsätzen* dass nicht *od.* nicht zu *u. Inf.;* **oro te, ne venias** ich bitte dich, nicht zu kommen; ❷ *nach Ausdrücken der Furcht u. Besorgnis* dass; **ne non** dass nicht; **vereor, ne fratris animum offendam;** ❸ *nach Ausdrücken des Hinderns, Untersagens, Sichweigerns, Sichhütens* dass *od. Inf. m.* zu; **plura ne scribam, dolore impedior;** ❹ *in Finalsätzen* damit nicht, dass nicht, um nicht.

**-ne**[3] *enklitische Fragepartikel* **I.** *in einfachen Fragen* ❶ *(dir.) meist unübersetzbar* **a)** *bejahende u. verneinende Antwort ist möglich: unübersetzbar* **nihilne id valebit?** wird das nichts nützen?; **b)** *bejahende Antwort erwartend (= nonne)* (denn, etwa) nicht; **videtisne**

N

**ut apud Homerum saepissime Nestor de virtutibus suis praedicet?; c)** *verneinde Antwort erwartend (= num)* doch nicht; ❷ *(indir.)* ob (nicht), ob vielleicht (nicht); **II.** *in disjunktiven Fragen* **-ne ... an** *u.* **-ne ... -ne** *= utrum ... an* ❶ *(dir.) erstes Glied unübersetzt, zweites u. evtl. folgende Glieder:* oder; **deorumne immortalium populine Romani vestramne fidem implorem?;** ❷ *(indir.)* ob ... oder; **dubitavi, verumne an falsum esset;** *das 1. Glied unbezeichnet:* **albus aterne ille fuerit ignoras; -ne ... necne** ob ... oder nicht.

**ne-**[4] *unbetonte Wortnegation, nur in Zusammensetzungen wie z. B.* neque, nefas, *m. verändertem Vokal in* nisi, nihil, *m. Elision od. Kontraktion vor Vokal in* nullus *(< *ne-ullus)*, nolo *(< *ne-volo)*.

**Neāpolis**, is *f* (*gr.* „Neustadt") (*Akk.* -im, *Abl.* -ī) Neapel, *Seestadt in Kampanien; – Einw. u. Adj.* **Neāpolitānus,** ī *m bzw.* a, um; – **Neāpolitānum,** ī *n* Landgut bei Neapel.

**nebula**, ae *f* ❶ Dunst, Nebel; ❷ *(poet.)* Rauch(wolke), Wolke.

**nebulō**, ōnis *m (nebula)* Windbeutel, Taugenichts.

**nebulōsus**, a, um *(nebula)* neblig, trübe.

**nec** *s. neque.*

**nec-dum** *s. nequedum.*

**necessārius I.** *Adj.* a, um *(Adv.* -ō, *selten* -ē*)* ❶ notwendig, nötig: **a)** erforderlich, unentbehrlich [**rogatio**]; – *Subst.* **necessāria**, ōrum *n* Lebensbedürfnisse, Lebensmittel; **b)** unvermeidlich, unausweichlich [**mors**]; ❷ dringend, zwingend [**tempus** bedrängte Lage, Not]; ❸ verwandt, befreundet; / *Komp.* magis necessarius, *Superl.* maxime necessarius; **II.** *Subst.* ī *m* Verwandter, Freund.

**necesse** *(ne*[4] *u. cedo „kein Ausweichen")* notwendig, *nur in Verbindung m. esse u. habere* **necesse esse** nötig, notwendig sein, müssen; **necesse habere** nötig haben, für nötig halten, müssen.

**necessitās**, ātis *f (necesse)* ❶ Notwendigkeit, Unvermeidlichkeit, Zwang; **necessitate coactus** notgedrungen; ❷ Verhängnis, Schicksal [**ultima** Tod]; – *personif.* **Necessitās;** ❸ Not(lage), Bedrängnis; ❹ Mangel, Armut; ❺ *Pl.* dringende Bedürfnisse, nötige Ausgaben, Lasten; ❻ verbindende Kraft.

**necessitūdō**, dinis *f (necesse)* ❶ Notwendigkeit; ❷ Not(lage); ❸ enge Verbindung, nahes Verhältnis [**rerum** Zusammenhang]; ❹ Freundschaft, Verwandtschaft, Kollegialität; ❺ *Pl. (poet.; nachkl.)* Verwandte, Freunde.

**nec-ne** oder nicht.

**nec ... nōn** *s. neque 6.*

**necō**, necāre *(nex)* ❶ töten; ❷ *(nachkl.) (übtr.)* vernichten; / *Perf.* necāvī *u. (poet.)* necuī.

**nec-opīnāns**, *Gen.* antis *(auch getr.; opinor)* nichts vermutend, ahnungslos.

**nec-opīnātus**, a, um *(Adv.* -ō*) (opinor)* unvermutet, unerwartet; **(ex) necopinato hostem invadere**.

**nec-opīnus**, a, um *(opinor) (poet.)* ❶ *(pass.)* unvermutet [**mors**]; ❷ *(akt.)* ahnungslos.

**nectar**, aris *n (gr. Fw.)* ❶ Nektar, Göttertrank; ❷ *(poet.) (übtr.)* Süßes, Süßigkeit *wie* Honig, Milch, Wein.

**nectareus**, a, um *(nectar) (poet.)* aus Nektar; süß wie Nektar.

**nectō**, nectere, nexuī *u.* nexī, nexum ❶ (ver)knüpfen, (ver)binden [**bracchia** beim Tanzen verschlingen]; ❷ fesseln, verhaften *(v. der Schuldhaft)*; **nexum se alci dare** sich fesseln lassen; – **nexus,** ī *m* der in Schuldhaft Befindliche, Schuldknecht; – **nexum,** ī *n* Schuldverbindlichkeit; ❸ *(übtr.)* **a)** anknüpfen, anfügen; **b)** verknüpfen, verbinden; **omnes virtutes inter se nexae sunt; c)** *(poet.; nachkl.)* ausdenken, anzetteln [**dolum; causas inanes** Scheingründe vorbringen].

**nē-cubī** *(ne*[2] *u. ubi)* damit nicht irgendwo.

**nē-cunde** *(ne*[2] *u. unde)* damit nicht irgendwoher.

**nē-dum** *(ne*[2]*)* **I.** *Kj. m. Konj.* geschweige denn, dass; **II.** *Adv.* ❶ geschweige denn; ❷ *(am Satzanfang) = non solum* nicht nur.

**nefandum**, ī *n (nefandus)* Frevel.

**nefandus**, a, um *(nefas)* ruchlos, gottlos [**scelus**].

**nefārium**, ī *n (nefarius)* Frevel.

**nefārius** *(nefas)* **I.** *Adj.* a, um ruchlos, frevelhaft; **II.** *Subst.* ī *m* Frevler.

**ne-fās** *n (undekl., nur im Nom. u. Akk. Sg.) (ne-*[4]*)* **I.** ❶ Frevel, Sünde, Unrecht, Ruchlosigkeit [**dirum** Selbstmord]; *als Ausruf eingeschoben (poet.)* **nefas!** o Gräuel! entsetzlich!; ❷ *(poet.) (meton., v. Personen)* Scheusal; **II.** *(im Deutschen adj.)* unerlaubt, unrecht; **dictu ~ prodigium**.

**ne-fāstus**, a, um *(ne-*[4]*)* ❶ unerlaubt, verboten [**dies** gesperrter Tag, *an dem aus rel. Gründen weder Gerichtssitzungen noch Volksversammlungen abgehalten werden durften*]; ❷ unheilvoll; ❸ frevelhaft.

**negantia**, ae *f (nego)* Verneinung.

**negātiō**, ōnis *f (nego)* Verneinung, das Leugnen.

**negitō**, negitāre *(Intens. v. nego)* beharrlich leugnen.

**neglēctiō**, ōnis *f (neglego)* Vernachlässigung.

**neglēctus**, a, um *(P. Adj. v. neglego)* vernachlässigt, unbeachtet.

**neglegēns**, *Gen.* entis *(P. Adj. v. neglego)* ❶ nachlässig, sorglos, gleichgültig *(geg., in etw.: alcis rei u. in re; geg. jmd.: alcis u. in* *alqm)* [**officii** pflichtvergessen; **in oratione; amicorum; in patrem**]; ❷ verschwenderisch.

**neglegentia**, ae *f (neglegens)* ❶ Nachlässigkeit, Sorglosigkeit; ❷ Vernachlässigung, Gleichgültigkeit [**deûm; sui** das Sichgehenlassen].

**neglegō**, neglegere, neglēxī, neglēctum ❶ vernachlässigen [**rem familiarem**]; ❷ gering schätzen, nicht (be)achten [**leges; auctoritatem senatūs; periculum**]; ❸ übersehen, ungestraft lassen [**iniurias alcis**].

**negō**, negāre **I.** *intr.* Nein sagen; **II.** *trans.* ❶ verneinen, sagen, dass nicht, leugnen *(m. Akk.; m. A. C. I.; verneint auch m. quin; Pass. m. N. C. I. u. unpers. m. A. C. I.)*; ❷ abschlagen, verweigern *(abs.; alqd; m. Inf.; neg. m. quin)* [**vela ventis** die Segel einziehen; **se vinculis** sich entziehen; **ferre opem**].

**negōtiālis**, e *(negotium)* geschäftlich.

**negōtiātiō**, ōnis *f (negotior)* (Groß-)Handel, Bankgeschäft.

**negōtiātor**, ōris *m (negotior)* Großhändler, Bankier, Kaufmann.

**negōtiolum**, ī *n (Demin. v. negotium)* Geschäftchen.

**negōtior**, negōtiārī *(negotium)* ❶ Handels-, Geldgeschäfte im Großen treiben; ❷ *übh.* Handel treiben; / *Subst.* **negōtiāns,** antis *m* = *negotiator.*

**negōtiōsus**, a, um *(negotium)* geschäftig, tätig; mühevoll; – *Subst. Pl. m (nachkl.)* Geschäftsleute.

**neg-ōtium**, ī *n (nec)* ❶ Beschäftigung, Tätigkeit, Arbeit; **in -o esse** beschäftigt sein; **satis -i habere in re** genug zu tun haben m. etw.; **nihil -i habere** Ruhe haben; ❷ Auftrag, Aufgabe; **-um gerere** *od.* **agere; -um suscipere; -o praeesse; -o desistere;** ❸ Unternehmung, Geschäft; ❹ schwieriges Geschäft, Mühe; **magnum ~ est** *(m. Inf.)* es hat große Schwierigkeit; **nullo** *(od.* **sine**) **negotio** ohne viel Mühe, leicht; ❺ Angelegenheit; *(Sg. u. Pl.)* Verhältnisse, Umstände; ❻ Staatsgeschäft(e), Staatsdienst, *meist Pl.;* ❼ Handels-, Geldgeschäft; ❽ häusliche Angelegenheit; *(Sg. u. Pl.)* Hauswesen; **-um bene / male gerere** gut / schlecht wirtschaften; ❾ Kampf; **-a bene gerere** glücklich kämpfen.

**Nēleūs**, eī *m König v. Pylos auf der Peloponnes, Vater Nestors; – Adj.* **Nēlē(i)us**, a, um; – *Nachk.* **Nēlīdēs**, ae *u.* **Nēlēius**, ī *m.*

**Nemea**, ae *f Waldtal u. Ort in der Argolis (Peloponnes), wo alle zwei Jahre die Nemeischen Spiele gefeiert wurden; – Adj.* **Nemeaeus**, a, um; – **Nemea**, ōrum *n* die Nemeischen Spiele.

**Nemesis**, is *u.* eos *f Göttin der Vergeltung.*

**nēmō** *m (auch f) (< ne u. homo, eigtl. „kein Mensch")* niemand, keiner; **~ omnium** kein Einziger; **~ alius** kein anderer; **non ~** mancher; **~ non** jeder(mann); – *adj.* kein: **~ civis; ~ Romanus**; *(Dat.* nēmini, *Akk.* nēminem, *Gen. klass.* nūllīus, *Abl. klass.* nūllō, nūllā*).*

**nemorālis**, e *(nemus) (poet.)* ❶ zum Hain gehörig, Wald-; ❷ zum Hain der Diana *(bei Aricia)* gehörig.

**Nemorēnsis**, e *(nemus)* zum Hain der Diana *(bei Aricia)* gehörig; – *Subst.* **in Nemorensi** auf dem Gebiet des Dianahains *v. Aricia.*

**nemori-cultrīx**, īcis *f (nemus) (poet.)* Waldbewohnerin [**sus** Wildsau].

**nemori-vagus**, a, um *(nemus) (poet.)* im Wald herumstreifend.

**nemorōsus**, a, um *(nemus)* ❶ waldreich; ❷ *(poet.)* baumreich.

**nempe** *Adv.* denn doch, allerdings, freilich, sicherlich, offenbar.

**nemus**, moris *n (gr. Fw.)* ❶ Hain, Wald *m. Weiden f. das Vieh;* ❷ *(poet.)* Wald; ❸ *einer Gottheit* geweihter Hain [**Dianae** der Diana *bei Aricia*]; ❹ *(poet.)* Baumpflanzung; ❺ *(nachkl.) (meton.)* Holz.

**nēnia**, ae *f (gr. Fw.)* ❶ Totenklage; ❷ *(poet.)* Trauerlied, Klagelied; Zauberlied; (Volks-)Lied, Kinderlied.

**neō**, nēre, nēvī, nētum *(gr. Fw.) (poet.)* spinnen; weben.

**Neoptolemus**, ī *m Sohn des Achilles.*

**nepa**, ae *f (als Sternbild)* Skorpion; Krebs.

**nepōs**, ōtis *m* ❶ Enkel; ❷ *(poet.)* Nachkomme; ❸ Verschwender.

**Imperium Romanum**

**Nepōs** (ōtis *m*) – Cornelius Nepos (etwa 100–25 v. Chr.) war ein römischer Biograph und Geschichtsschreiber. Er war mit Cicero, Catull, Varro und Atticus befreundet. Von seinem Werk erhalten geblieben sind einige Lebensbeschreibungen bedeutender Griechen, Römer und Karthager, darunter auch eine Biographie seines Freundes Atticus.

**nepōtātus**, ūs *m (nepotor) (nachkl.)* Verschwendung.

**nepōtor**, nepōtārī *(nepos 3.) (nachkl.)* verschwenden.

**neptis**, is *f (nepos)* Enkelin.

**Neptūnus**, ī *m* Neptun, *zunächst Gott der Flüsse, Quellen und Seen, dann auch des Meeres; (meton.) (poet.) Meer; – Adj.* **Neptūnius,** a, um des Neptun [**arva** = Meer; **heros** = Theseus als Nachkomme des Neptun].

**nē-quam** *undekl., Komp.* nēquior, *Superl.* nēquissimus *(Adv.* nēquiter *m. Komp. u. Superl.) (ne[2])* nichtsnutzig, nachlässig, Taugenichts.

N

**nē-quāquam** *Adv. (ne[2] u. quisquam)* keineswegs.

**ne-que** *u.* **nec** *(ne-[4] u. -que)* ① und nicht, auch nicht; **neque quisquam** u. niemand; **neque ullus** u. keiner; **neque umquam** u. niemals; **neque usquam** u. nirgendwo; ② *Verbindungen:* **neque vero** aber nicht; **neque enim** denn nicht; **neque tamen** dennoch nicht; **neque ... neque** *u.* **nec ... nec** weder ... noch; **neque ... et** zwar nicht ... aber, nicht ... sondern vielmehr; **et ... neque** zwar ... aber nicht, teils ... teils nicht; **neque aut ... aut** und weder ... noch; **nec ... non** und (gewiss) auch; ③ *in Zusammensetzungen = non* nicht *(nec-opinatus, neg-otium).*

**neque-dum** *u.* **nec-dum** *Kj.* und noch nicht, (auch) noch nicht.

**nequeō**, nequīre, nequīvī *u.* nequiī, nequitum *(aus unpers. nequit < neque it „es geht durchaus nicht" zu persönl. Verb. umgebildet; vgl. queo)* nicht können, nicht imstande sein; – *nequeo wird nach ire „gehen" konjugiert.*

**nēquior** *Komp. v. nequam.*

**nē-quīquam** *Adv.* ① vergeblich [**auxilium alcis implorare**]; ② unnötigerweise [**civitatem exterrere**].

**nēquissimus** *Superl. v. nequam.*

**nēquiter** *Adv. v. nequam.*

**nēquitia**, ae *u. (poet.)* **nēquitiēs**, ēī *f (nequam)* Nichtsnutzigkeit, Nachlässigkeit, Leichtfertigkeit.

**nequitum** *P. P. P. v. nequeo.*

**nequīvī** *s. nequeo.*

**Nēreus**, eos *u.* eī *m (Akk. -ea, Vok. -eu) greiser Meeresgott, weissagend, Vater der Nereiden; meton.* Meer; – **Nērēis**, idis *u.* **Nērīnē**, ēs *f* Nereide; – *Adj.* **Nērēius**, a, um des Nereus.

**Nerō**, ōnis *m cogn. in der gens Claudia:* ① **C. Claudius ~** *Sieger über Hasdrubal 207 v. Chr. am Metaurus;* ② **Tib. Claudius ~** *erster Gatte der Livia Drusilla; aus dieser Ehe stammten Tib. ~ (der spätere Kaiser Tiberius) und Drusus ~ (Vater des Kaisers Claudius);* ③ **Tib. Claudius ~** Kaiser Nero.

**Imperium Romanum**

**Nerō** – Nero (37 – 68 n. Chr.) wurde in den Jahren vor seiner Thronbesteigung (im Jahr 54) von dem Philosophen Seneca erzogen, der ihn in der Anfangszeit seiner Kaiserherrschaft noch sehr beeinflusste, was zu sinnvollen Reformen führte. Doch Nero entzog sich nach einigen Jahren seinem Einfluss. Er entwickelte einen Größenwahn als Künstler und gründete die pompösen Festspiele „Neronia" zu seiner eigenen musikalischen Selbstdarstellung. Für den großen Brand von Rom im Jahr 64 machte er die Christen verantwortlich, um den Verdacht von sich abzulenken, was zur ersten Christenverfolgung in Rom führte. Im Jahr 65 wurde die Pisonische Verschwörung gegen ihn aufgedeckt und Nero ließ verdächtige Personen umbringen oder zwang sie in den Selbstmord, u. a. seinen einstigen Lehrer Seneca. Im Jahr 68 fielen die Prätorianer von ihm ab; es kam zum Aufstand und er beging Selbstmord.

**Nerōnēus** *u.* **Nerōniānus**, a, um *Adj. zu Nero:* des Nero.

**Nerthus** ī *f germ. Erd- u. Fruchtbarkeitsgöttin.*

**Nerva**, ae *m röm. cogn.: Kaiser 96–98.*

**Nerviī**, ōrum *m belg. Volk zw. Schelde u. Sambre; – Adj.* **Nervicus**, a, um.

**nervōsus**, a, um *(nervus)* ① *(poet.)* muskulös; ② *(übtr., vom Redner)* kraftvoll.

**nervulus**, ī *m (Demin. v. nervus) nur Pl.* Kräfte.

**nervus**, ī *m (gr. Fw.)* ① Sehne, Muskel; ② Saite; **-os pellere** schlagen; ③ *(poet.)* Bogensehne; **-o aptare sagittas** Pfeile auf die Sehne legen; ④ *(nachkl.)* Leder *als Schildüberzug;* ⑤ Riemen *zum Fesseln; meton.* Fesseln, Gefängnis, *Sg. u. Pl.;* **in -is teneri;** ⑥ *(übtr.) Pl.* **a)** Kraft, Stärke, Energie; **b)** Kraft der Rede, Nachdruck; **c)** Triebfeder, Lebenskraft [**coniurationis**].

**ne-sciō**, scīre *(ne-[4])* ① nicht wissen; – *besondere Redewendungen:* **nescio quis** irgendjemand; **nescio qui** irgendein; **nescio quid** irgendetwas; **nescio quomodo** *od.* **quo pacto** unbegreiflich; **nescio an** *(m. Konj.)* vielleicht; **nescio an non** schwerlich; ② nicht kennen; ③ nicht können, nicht verstehen [**linguam; Graece** *(erg. loqui);* **quiescere**].

**ne-scius**, a, um *(ne-[4] u. scio; vgl. inscius)* ① *(akt.)* **a)** unwissend, unkundig *(abs.; m. Gen.; m. A. C. I.; m. indir. Frages.)* [**impendentis mali**]; **b)** *(poet.; nachkl.)* nicht imstande, unfähig *(m. Inf. od. m. Gen. des Gerundiums)* [**vinci** unbesiegbar; **tolerandi**]; **c)** *(poet.)* unempfindlich *(m. Inf. od. A. C. I.);* ② *(pass.) (poet.; nachkl.)* unbekannt.

**Nessus**, ī *m Kentaur, v. Herkules getötet; – Adj.* **Nessēus**, a, um des Nessus.

**Nestor**, oris *m König v. Pylos auf der Peloponnes, Held der Griechen vor Troja.*

**nētus** *P. P. P. v. neo.*

**neu** *s. neve.*

**ne-uter**, utra, utrum *(Gen.* neutrīus, *Dat.* neutrī) *(ne-[4])* ① kein(er) (von beiden); – *Pl.* **neutri** keine v. beiden Parteien; ② *(philos. t. t.)* gleichgültig, indifferent [**res** weder gut noch böse]; ③ *(gramm. t. t.)* sächlich.

N

**ne-utiquam** *Adv.* keineswegs.

**neutrō** *Adv. (neuter)* nach keiner von beiden Seiten.

**nē-ve** *u.* **neū** *Kj.* und nicht, oder nicht, noch *(leitet das zweite Glied eines dir. od. indir. Aufforderungs- od. Finalsatzes ein)*; – **neve ... neve** weder ... noch; **(ut) neve ... neve** damit weder ... noch.

**nex**, necis *f* Ermordung, Mord, Tod.

**nexī** *s. necto.*

**nexilis**, e *(necto) (poet.)* zusammengeknüpft, gewunden.

**nexuī** *s. necto.*

**nexum**, ī *n (necto)* Darlehensvertrag, Darlehen; Schuldverbindlichkeit.

**nexus**[1] *P. P. P. v. necto.*

**nexus**[2], ī *m (necto)* der in Schuldhaft Befindliche, Schuldknecht.

**nexus**[3], ūs *m (necto)* ❶ Verknüpfung, Verschlingung; ❷ *(übtr.)* **a)** *(nachkl.)* Verbindung, Verwicklung; **b)** *(jur. t. t.)* Schuldverpflichtung; *meton.* Schuldknechtschaft.

**nī** ❶ *arch. Nbf. für ne*[2] **a)** nicht *(bes. in* quidni wie nicht? warum nicht?, nimirum); **b)** *(final)* dass nicht; ❷ = *si non* (*od. nisi*) wenn nicht.

**Nīcaea**, ae *f* ❶ *Stadt in Bithynien (Kleinasien), j.* Iznik; – *Einw. u. Adj.* **Nīcaeēnsis**, is *m bzw.* e; ❷ *Stadt in Lokris (Mittelgriechenland).*

**Nīcaeus** *m* „Siegverleiher", *Beiname Jupiters.*

**nīcātor**, oris *m* (*Akk. Pl.* -oras) *(gr. Fw.)* Sieger, *im Pl. als Beiname der Leibwache des Königs Perseus v. Makedonien.*

**nīdi-ficus**, a, um *(nidus u. facio) (nachkl.)* nistend.

**nīdor**, ōris *m* Dampf, Dunst, Qualm.

**nīdulus**, ī *m (Demin. v. nidus)* Nestchen.

**nīdus**, ī *m* ❶ Nest; ❷ *(poet.; nachkl.) (meton.)* junge Vögel im Nest.

**niger**, gra, grum ❶ schwarz, dunkel; ❷ *(poet.) (meton.)* verdunkelnd [**ventus**]; ❸ *(übtr.)* **a)** *(poet.)* unheilvoll, traurig [**ignes** Scheiterhaufen; **hora** Todesstunde; **dies** Todestag, Unglückstag]; **b)** böse, tückisch.

**nigrāns**, *Gen.* antis *(nigro) (poet.)* schwarz, dunkel.

**nigrēscō**, nigrēscere, nigruī, – *(niger) (poet.; nachkl.)* schwarz werden.

**nigricō**, nigricāre *(niger) (nachkl.)* schwärzlich, dunkel sein.

**nigritia**, ae *f (niger) (nachkl.)* Schwärze.

**nigrō**, nigrāre *(niger) (poet.)* schwarz sein; – **nigrāns** schwarz, dunkel.

**nigruī** *Perf. v. nigresco.*

**nihil**, *kontrahiert* **nīl**, *undekl., nur als Nom. u. Akk. (Gen., Dat. u. Abl. ergänzt durch nullius rei, nulli rei, nulla re)* ❶ nichts; – *Verbindungen:* **a) non nihil** etwas, manches, einiges; **nihil non** alles (mögliche); **b) nihil nisi** nur, lediglich; **c) hoc nihil ad me (attinet)** das geht mich nichts an; **hoc nihil ad rem** das tut nichts zur Sache; **d) nihil est, quod** *m. Konj.* es ist kein Grund (vorhanden), dass *od. Inf. m.* zu; ❷ ein Nichts, eine Null, etwas Bedeutungsloses; ❸ *nihil als Adv.* **a)** keineswegs; **Catilinam ~ metuo; b)** aus keinem Grund.

**nihil-dum** *Adv.* noch nichts.

**nihilō-minus** *s. nihilum.*

**nihilum**, ī *n (im Nom. u. Dat. ungebräuchlich)* nichts, das Nichts: ❶ **nihilī** *(als Gen. pretii)* für nichts [**putare, aestimare** gering schätzen, nicht achten; **esse** nichts wert sein]; ❷ **nihilum** *(Akk., meist m. ad od. in)* **ad -um redigere** zunichte machen, vernichten; **ad -um venire** *u.* **in -um interire** zunichte werden; – *als Adv.:* keineswegs; ❸ **nihilō** *(als Abl. mensurae)* um nichts; **-o plus** *u.* **magis** ebenso wenig; **pro nihilo** für nichts [**putare, habere** gering schätzen, nicht achten; **esse** nichts gelten, nichts wert sein]; **de nihilo** aus nichts; grundlos; **nihilominus** *Adv.* trotzdem.

**nīl** *s. nihil.*

**Nīlus**, ī *m* ❶ Nil, *Fluss in Ägypten;* – *Adj.* **Nīliacus, Nīlōticus**, a, um *u. fem.* **Nīlōtis**, tidis *auch* ägyptisch; ❷ *(übtr.)* Wassergraben.

**nimbi-fer**, fera, ferum *(nimbus u. fero) (poet.)* sturmbringend.

**nimbōsus**, a, um *(nimbus) (poet.; nachkl.)* ❶ wolkig; ❷ stürmisch.

**nimbus**, ī *m (vgl. nebula, imber)* ❶ Wolke, Gewölk; Regenwolke; ❷ *(poet.)* Staub-, Rauchwolke; Nebel(hülle); ❸ Sturm; ❹ Regenguss, Regenschauer; ❺ Schar, Menge [**equitum peditumque**]; ❻ plötzlich hereinbrechendes Unglück.

**nimiopere** *(auch getr. nimiō opere) Adv.* zu sehr.

**nī-mīrum** *Adv.* ❶ allerdings, freilich; ❷ *(iron.)* natürlich.

**nimis** *Adv.* ❶ zu sehr, allzu sehr, zu, zu viel; – **non nimis** nicht sonderlich; ❷ sehr, überaus.

**nimius**, a, um ❶ zu groß, zu viel, übermäßig; *(v. Personen)* übermütig *(in etw.: in m. Abl., Gen. od. Abl.)*; – *Adv.* **nimium** *u.* **nimiō** zu sehr, allzu sehr, (all)zu, zu viel: **nimium diu** allzu lange; – *Subst.* **nimium,** ī *n* das Zuviel; ❷ sehr groß, sehr viel, außerordentlich; – *Adv.* **nimium** sehr, überaus; **nimium quantum** außerordentlich.

**ningit**, ningere *u.* **ninguit**, ninguere, *Perf.* nīnxit *(nix) (poet.) unpers.* es schneit.

**Nioba**, ae *u.* **Niobē**, ēs *f Tochter des Tantalus; weg. ihrer Arroganz geg. Latona m. dem Tod ihrer Kinder bestraft u. in Stein verwandelt;* – *Adj.* **Niobēus**, a, um.

**Niptra**, ōrum *n (gr. Fw.)* „Das Waschwasser", *Tragödie des Pacuvius.*

N

**ni-sī** *Kj.* ① wenn nicht, wofern nicht, *als Satznegation;* ② *(nach Negationen od. in rhet. Fragen)* außer, als; **nihil aliud nisi** nichts weiter als; **non ... nisi** *od.* **nisi ... non** nur, bloß, lediglich; ③ **nisi si** außer wenn; **nisi quod** außer dass, nur dass; **nisi forte** *u.* **nisi vero** es müsste denn sein, dass; wenn nicht etwa.

**Nīsus**, ī *m* ① *König in Megara (Mittelgriechenland), in einen Seeadler verwandelt; – Adj.* **Nīsēius, Nīsaeus,** a, um *u. fem.* **Nīsias,** adis des Nisus; megarisch; ② *Troer, Freund des Euryalus (in Vergils Äneis).*

**nīsus**[1] *P. P. Akt. v. nitor*[2].

**nīsus**[2] *u. (selten)* **nīxus,** ūs *m (nitor*[2]*)* ① das Anstemmen, Anstrengung; ② das Emporsteigen; ③ *(poet.)* Flug; ④ Umschwung *der Sterne;* ⑤ *(poet.)* Geburtswehen, das Gebären.

**nītēdula**, ae *f* Haselmaus.

**nitēns**, *Gen.* entis *(P. Adj. v. niteo)* ① glänzend; ② *(übtr.)* **a)** *(poet.)* prächtig, schön [**campi** blühend, reich Früchte tragend]; **b)** glänzend [**oratio**].

**niteō**, nitēre, nituī, – ① glänzen; **nitent templa marmore;** ② *(übtr.)* glänzen, in die Augen fallen; ③ hübsch sein; ④ fett, fettig sein; ⑤ *(poet.)* wohlgenährt sein; ⑥ reichlich vorhanden sein.

**nitēscō**, nitēscere, – – *(Incoh. v. niteo)* ① (er)glänzen, glänzend werden; ② *(nachkl.)* fett werden, gedeihen.

**nitidus**, a, um *(niteo)* ① glänzend, schimmernd; ② schön; ③ nett, geschmackvoll, sauber, *auch übtr., bes. v. der Rede;* ④ üppig, strotzend [**campi**]; ⑤ fett, wohlgenährt [**iumenta**].

**Nitiobrogēs**, gum *m kelt. Volk in Aquitanien (südwestl. Gallien).*

**nitor**[1], ōris *m (niteo)* ① Glanz, Schimmer [**diurnus** des Tages]; ② *(übtr.)* Glanz, Ansehen [**generis**]; ③ Schönheit, Eleganz; ④ Gewandtheit *(in der Darstellung).*

**nītor**[2], nītī, nīxus, *u.* nīsus sum ① sich stemmen, sich stützen *(auf etw.: Abl., in m. Abl. od. in m. Akk.);* ② sich aufrichten; ③ emporklimmen, klettern; ④ *(poet.) in der Luft* schweben; ⑤ (empor)steigen, emporstreben [**pennis in aëra; ad sidera**]; ⑥ vorwärtsstreben, vorwärtsdrängen; ⑦ *(poet.)* in den Wehen liegen; ⑧ nach etw. trachten [**ad gloriam**]; ⑨ sich bemühen, sich anstrengen [**pro libertate** kämpfen; **contra verum** ankämpfen; **patriam recuperare**]; ⑩ auf etw. beruhen *(auf etw.: bl. Abl.; in m. Abl.);* ⑪ sich verlassen auf *(auf: bl. Abl.; in m. Abl.).*

**nitrum**, ī *n (gr. Fw.) (nachkl.)* Natron, Soda.

**nivālis**, e *(nix)* ① schneeig, Schnee- [**ventus** Schneegestöber]; ② *(poet.; nachkl.)* schneebedeckt; ③ *(poet.)* schneeweiß.

**nivātus**, a, um *(nix) (nachkl.)* m. Schnee gekühlt.

**nī-ve** *Kj.* oder wenn nicht.

**niveus**, a, um *(nix) (poet.; nachkl.)* ① Schnee-, aus Schnee [**agger** Schneehaufen]; ② schneebedeckt; ③ schneeweiß.

**nivōsus**, a, um *(nix)* schneereich.

**nix**, nivis *f (Gen. Pl.* nivium) Schnee; *Pl.* Schneemassen.

**Nīxī** (diī), ōrum *m (nitor*[2]*) drei Geburtsgottheiten, deren Statuen in kniender Stellung sich in Rom auf dem Kapitol befanden.*

**nīxor**, nīxārī *(Intens. v. nitor*[2]*) (poet.)* = *nitor*[2].

**nīxus**[1], ūs *m s. nisus*[2].

**nīxus**[2] *P. P. Akt. v. nitor*[2].

**nō**, nāre ① schwimmen; ② *(poet.)* segeln; fliegen; fließen.

**nōbilis**, e *(zu nosco)* ① *(nachkl.)* erkennbar, offensichtlich, sichtbar [**gaudium**]; ② bekannt [**gladiator**]; ③ berühmt, gepriesen [**rhetor**]; ④ berüchtigt [**taurus**]; ⑤ adlig, edel, vornehm [**familia**]; **nobili genere nati;** ⑥ vorzüglich, vortrefflich.

**nōbilitās**, ātis *f (nobilis)* ① Berühmtheit; ② Adel, vornehmer Stand *od.* Rang; *(meton.)* die Adligen; ③ *(nachkl.)* adlige Gesinnung; ④ Vortrefflichkeit.

**Imperium Romanum**

**nōbilitās** – Mit der Herkunft aus einer alten römischen Familie begründeten die nobiles, die vornehmen Patrizier, ihre Machtstellung. Es dauerte Jahrhunderte, bis reiche, erfolgreiche Plebejer mit ihnen zusammen den neuen Adel bildeten und sich dann ihrerseits gegen neue Emporkömmlinge (homines novi) abgrenzten.

**nōbilitō**, nōbilitāre *(nobilis)* ① bekannt machen; ② berühmt machen; ③ ins Gerede bringen [**crudelitatem alcis**].

**nocēns**, *Gen.* entis *(P. Adj. v. noceo)* ① schädlich; ② schuldig, verbrecherisch; – *Subst. m* Übeltäter.

**noceō**, nocēre, nocuī, nocitum ① schaden [**rei publicae; noxam** eine Schuld auf sich laden]; ② hinderlich sein.

**nocīvus**, a, um *(noceo) (poet.; nachkl.)* schädlich.

**Nocti-fer**, ferī *m (nox u. fero) (poet.)* Abendstern.

**nocti-lūca**, ae *f (nox u. luceo) (poet.)* Mond.

**nocti-vagus**, a, um *(nox) (poet.)* bei Nacht umherziehend, nachts kreisend.

**noctū** *Adv. (nox)* nachts.

**noctua**, ae *f (nox) (poet.; nachkl.)* Nachteule, Käuzchen.

N

**noctuābundus**, a, um *(nox)* nachts reisend.

**nocturnus**, a, um *(noctu)* nächtlich, Nacht-.

**nocuus**, a, um *(noceo) (poet.)* schädlich.

**nōdō**, nōdāre *(nodus) (poet.)* ① in einen Knoten knüpfen [**crines in aurum** in ein goldenes Netz]; ② zusammenschnüren.

**nōdōsus**, a, um *(nodus)* ① *(poet.; nachkl.)* knotig; ② *(poet.) (v. Personen)* m. allen Rechtskniffen vertraut.

**nōdus**, ī *m* ① Knoten; ② *(poet.)* Gürtel; ③ *(poet.)* Haarwulst; ④ Knöchel; ⑤ Knorren *am Holz;* ⑥ *(poet.)* Knospe; ⑦ *(übtr.)* Verbindung, Band [**amicitiae**]; ⑧ Verpflichtung; **-os imponere;** ⑨ Verwicklung, Schwierigkeit.

**Nōla**, ae *f Stadt in Kampanien; – Einw. u. Adj.* **Nōlānus,** ī *m bzw.* a, um.

**nōlō**, nōlle, nōluī, – *(ne-[4] u. volo)* ① nicht wollen *(abs.; alqd; Inf.; A. C. I.; Konj.);* **nōlī** *u.* **nōlīte** *m. Inf. zum Ausdruck des Verbotes:* **noli putare** glaube ja nicht; ② **alci nolle** jmdm. abgeneigt sein.

**Nomades**, dum *m* Nomaden, wandernde Hirtenvölker, *bes.* Numidier.

**nōmen**, minis *n* ① Name, Benennung; **~ mihi est Marcus** *od.* **Marci** *od.* **Marco** *(Dat.)* ich heiße M.; **nomen alci dare Lucio** *(Dat.) od.* **Lucium; nomen / nomina dare** *od.* **edere** *od.* **profiteri** sich melden *(bes. zum Kriegsdienst);* **ad nomina non respondere** dem Aufruf keine Folge leisten; **nomen alcis deferre** jmd. gerichtlich belangen, anklagen; **nomen recipere** die Klage gegen jmd. annehmen; ② Gentilname *eines freigeborenen Römers, auch* Vorname *(praenomen),* Beiname *(cognomen);* ③ Titel [**imperatoris**]; ④ *(meton.)* **a)** Geschlecht [**Fabium** das Geschlecht der Fabier]; **b)** Volk [**Romanum** Römertum]; **c)** *(poet.; nachkl.)* Person; ⑤ berühmter Name, Ruhm; **sine nomine** unbekannt; ⑥ bloßer Name, Schein; **reges nomine magis quam imperio;** ⑦ Vorwand; ⑧ Name eines Schuldners *im Schuldbuch;* ⑨ *(meton.)* Schuldverschreibung, Schuldposten, Schulden; **nomen solvere** seine Schulden bezahlen, tilgen; **nomina exigere** Gelder eintreiben; ⑩ *Abl.* **nomine a)** m. Namen, namens; **b)** *(nur)* dem Namen nach; **alci nomine notum esse; c)** unter dem Namen, als [**obsidum** als Geiseln; **praedae** als Beute]; **d)** unter dem Vorwand; **e)** auf Grund, auf Veranlassung, m. Rücksicht auf; **eo nomine** deswegen; **suspectus nomine neglegentiae** wegen Nachlässigkeit; **f) meo** *(tuo, suo usw.)* **nomine** ich meinerseits, für mich persönlich.

**nōmen-clātiō**, ōnis *f (calo[1])* Benennung m. Namen.

**nōmen-clātor** *u.* **-culātor,** ōris *m (calo[1])* „Namennenner", *ein Sklave, der seinem Herrn die Namen der ihm Begegnenden nennen musste.*

**nōmenclātūra**, ae *f (vgl. nomenclatio) (nachkl.)* Namenverzeichnis.

**Nōmentum**, ī *n Ort nordöstl. v. Rom, j.* Mentana; – *Einw. u. Adj.* **Nōmentānus,** ī *m bzw.* a, um; – **Nōmentānum,** ī *n* Landgut bei Nomentum.

**nōminātim** *Adv. (nomino)* mit Namen, ausdrücklich.

**nōminātiō**, ōnis *f (nomino)* Vorschlag *(eines Kandidaten)* zu einem Amt.

> **Grammatik & Co.**
> Der **Nominativ** ist der Kasus des Subjekts, der Apposition zum Subjekt (Pompeius consul - Pompejus **als** Konsul) und des Prädikatsnomens.

**nōminō**, nōmināre *(nomen)* ① (be)nennen *(nach jmdm., nach etw.: ex, ab)* [**filium ex patre**]; *Pass.* heißen; ② namentlich anführen, erwähnen; ③ rühmen; ④ jmd. *(zu einem Amt)* vorschlagen; ⑤ jmd. ernennen; ⑥ angeben, anklagen.

**Nomios** *u.* **-us,** ī *m* „der Hirt", *Beiname Apollos.*

**nomisma**, atis *n (gr. Fw.) (poet.)* Münze, Geldstück.

**nomus**, ī *m (gr. Fw.) (nachkl.)* Bezirk, Kreis.

**nōn** *Adv.* ① nicht; **non invitus** recht gern; **non sine** = *cum;* **non parum** = *satis;* **non ignorare** recht wohl wissen; – *besondere Verbindungen:* **a) non nemo** mancher; **nemo ... non** jeder; **non nihil** etwas, einiges; **nihil ... non** alles; **non numquam** manchmal; **numquam ... non** immer; **b) non ... nisi** *u.* **nisi ... non** nur, lediglich; ② *(poet.) b. Imp. u. Konj.* = *ne[2];* ③ *als Antwort* nein.

**Nōnae**, ārum *f (nonus)* die Nonen, *der neunte Tag vor den Iden, der fünfte bzw. – im März, Mai, Juli u. Oktober – der siebente Monatstag.*

**nōnāgēsimus**, a, um *(nonaginta)* der neunzigste.

**nōnāgiē(n)s** *Adv. (nonaginta)* neunzigmal.

**nōnāgintā** *undekl.* neunzig.

**nōnānus** *(nonus) (nachkl.)* **I.** *Adj.* a, um zur neunten Legion gehörig; **II.** *Subst.* ī *m* Soldat der 9. Legion.

**nōn-dum** *Adv.* noch nicht.

**nōngentī**, ae, a neunhundert.

**nōn-ne** *Fragepartikel:* ① *(in dir. Fragen)* nicht? *(eine bejahende Antwort erwartend); allein stehend:* nicht wahr?; ② *(in indir. Fragen)* ob nicht.

**nōn-nēmō** *(auch getr.)* mancher, einige.

**nōn-nihil** *(auch getr.)* ① etwas, manches; ② *Adv.* einigermaßen.

**nōn-nūllus**, a, um *(auch getr.)* mancher; beträchtlich, ziemlich groß *od.* viel; *meist Pl.* einige, manche.

**nōn-numquam** *(auch getr.) Adv.* manchmal.

**nōnus**, a, um *(novem)* der neunte; – *Subst.* **nōna,** ae *f (erg. hora)* die neunte Stunde *(gegen 15 Uhr, als man die Hauptmahlzeit einnahm).*

**Nōrēia**, ae *f Stadt in der Steiermark, Niederlage der Römer 113 v. Chr.*

**Nōricum**, ī *n röm. Provinz in den Ostalpen östl. vom Inn; – Adj.* **Nōricus**, a, um; – **Nōrica**, ae *f* Frau aus Noricum.

**norma**, ae *f* Richtschnur, Maßstab, Regel.

**Nortia**, ae *f etr. Schicksalsgöttin.*

**nōs** *Personalpron. (Gen.* nostrī, *part.* nostrum, *Dat. u. Abl.* nōbīs, *Akk.* nōs*)* ❶ wir; ❷ ich *(als Pl. modestiae).*

**nōscitō**, nōscitāre *(Intens. v. nosco)* ❶ bemerken, wahrnehmen; ❷ wiedererkennen [**alqm facie / voce**].

**nōscō**, nōscere, nōvī, nōtum ❶ kennen lernen, erkennen, erfahren; – *Perf.* kennen, wissen; ❷ wieder erkennen [**res suas**]; ❸ anerkennen, gelten lassen; ❹ *(nachkl.) (als Richter)* untersuchen, entscheiden; / *Perf. Formen meist zusammengezogen: nōsse = nōvisse, nōssem = nōvissem, nōsti = nōvisti, nōram = nōveram u. a.*

**nōs-met** *verstärktes nos.*

**noster**, tra, trum *Poss. Pron. (nos)* ❶ unser; – *Subst.* **noster,** trī *m* der Unsrige (Verwandter, Freund, Landsmann *u. Ä.*), *meist Pl.* die Unsrigen, unsere Leute, unsere Landsleute *u. Ä.*; **nostra,** ōrum *n* das Unsrige, unser Eigentum; meine Schriften; ❷ uns günstig [**Mars** Kriegsglück]; ❸ *(als Pl. modestiae) = meus.*

**nostrās**, *Gen.* ātis *(noster)* aus unserem Land, (ein)heimisch.

**nota**, ae *f* ❶ Merkmal, (Kenn-)Zeichen; ❷ Schriftzeichen, Buchstabe; ❸ Interpunktionszeichen; ❹ *Pl. (meton.)* **a)** *(poet.)* Brief, Schrift; **b)** *(poet.)* Inschrift(en); ❺ *(poet.)* Etikett, *bes. an Weingefäßen; (meton.)* (Wein-) Sorte, Qualität; ❻ Brandmal; **vitulis -as inurere; barbarus -is compunctus** tätowiert; ❼ *(übtr.)* Schandfleck; ❽ zensorische Rüge; ❾ Beschimpfung; ❿ *(poet.)* gegebenes Zeichen, Wink.

**notābilis**, e *(noto)* bemerkenswert, merkwürdig, auffallend.

**notārius**, ī *m (nota) (nachkl.)* Stenograf, Sekretär.

**notātiō**, ōnis *f (noto)* ❶ Bezeichnung; ❷ **~ censoria** zensorische Rüge; ❸ Beobachtung, Beachtung [**naturae**]; **notatione digna** Beachtenswertes; ❹ Untersuchung.

**notātus**, a, um *(P. Adj. v. noto)* gekennzeichnet, kenntlich.

N

**nōtēscō**, nōtēscere, nōtuī, – *(notus) (poet.; nachkl.)* bekannt werden.

**nothus** *(gr. Fw.) (poet.)* **I.** *Adj.* a, um ❶ unehelich; ❷ *(übtr.)* unecht; **II.** *Subst.* ī *m* Bastard, *(v. Tieren)* Mischling.

**nōtiō**, iōnis *f (nosco)* ❶ Untersuchung; ❷ Begriff, Vorstellung [**deorum**]; ❸ Rüge [**censoria**].

**nōtitia**, ae *u. (poet.)* **nōtitiēs**, ēī *f (notus[1])* ❶ Bekanntschaft; ❷ *(nachkl.)* Ruf, Ruhm; ❸ Kenntnis *v. etw. (m. Gen.)* [**locorum** Ortskenntnis; **antiquitatis**]; ❹ Begriff, Vorstellung; **dei -am habere**.

**notō**, notāre ❶ kennzeichnen, bezeichnen [**loca diligenter**]; ❷ *(poet.; nachkl.)* (nieder)schreiben [**nomina**]; ❸ aufzeichnen [**legem**]; ❹ *(poet.; nachkl.)* auf jmd. anspielen *(m. Akk.)*; ❺ wahrnehmen, bemerken, beobachten; ❻ *(poet.)* sich etw. merken, sich etw. einprägen [**dicta mente**]; ❼ *(vom Zensor)* jmdm. eine Rüge erteilen *(m. Akk.)*; ❽ tadeln, beschimpfen.

**nōtuī** *Perf. v. notesco.*

**nōtus[1]**, a, um *(P. Adj. v. nosco)* ❶ bekannt; – *Subst.* **nōtus,** ī *m* Bekannter; **nōta,** ōrum *n* Bekanntes; ❷ *(poet.)* freundschaftlich, vertraut [**voces**]; ❸ *(poet.)* gewohnt; ❹ *(poet.; nachkl.)* berühmt; ❺ berüchtigt.

**notus[2]**, ī *m (gr. Fw.) (poet.; nachkl.)* Südwind; *übh.* Wind.

**novācula**, ae *f* scharfes Messer, *bes.* Rasiermesser.

**Novaesium**, ī *n röm. Militärlager b. Düsseldorf, j.* Neuß.

**novālis**, is *f u.* **novāle**, lis *n (novus) (poet.; nachkl.)* Brachfeld; Acker.

**novātrīx**, īcis *f (novo) (poet.)* Erneuerin.

**novellus**, a, um *(Demin. v. novus)* ❶ jung, zart *(v. Tieren u. Pflanzen)*; ❷ neu [**oppida** neu erobert].

**novem** neun.

**November** *(novem)* **I.** *Subst.* bris *m (erg. mensis)* November *(der neunte Monat des altröm. Jahres)*; **II.** *Adj.* bris, bre des November [**Kalendae**].

**noven-diālis** *(u.* **novem-diālis)**, e *(novem u. dies)* ❶ neuntägig; ❷ *(poet.; nachkl.)* am neunten Tag (stattfindend) *(Tag der Beisetzung)* [**cena** Leichenschmaus].

**novēnī**, ae, a *(novem)* je neun.

**Novēnsilēs dīvī** *m (novus u. insideo)* neue *(d. h. fremde, v. den Römern aufgenommene)* Gottheiten.

**noverca**, ae *f (novus)* Stiefmutter.

**novercālis**, e *(noverca) (nachkl.)* ❶ stiefmütterlich; ❷ *(übtr.)* feindselig.

**nōvī** *Perf. v. nosco.*

**novīcius** *(novus)* **I.** *Adj.* a, um neu; **II.** *Subst.* ī *m* Neuling.

**noviē(n)s** *Adv.* *(novem) (poet.; nachkl.)* neunmal.
**Noviodūnum**, ī *n* *Name gall. Städte:* ❶ *im Gebiet der Suessiones, später Augusta Suessionum, j.* Soissons; ❷ *Stadt der Bituriges, j.* Nouan *b. Orléans;* ❸ *im Gebiet der Haedui, j.* Nevers.
**novitās**, ātis *f* *(novus)* ❶ Neuheit, das Neue [**anni** Jahresanfang, Frühjahr]; ❷ das Ungewöhnliche, Überraschende; ❸ *Pl.* neue Bekanntschaften; ❹ Neuadel, Stand des homo novus.
**novō**, novāre *(novus)* ❶ neu machen, erneuern [**vulnus** aufreißen; **agrum** neu pflügen]; ❷ erfrischen; ❸ neu schaffen, erfinden [**verba; tela** neue Waffen schmieden]; ❹ verändern [**fidem** brechen; **res** die bestehende Verfassung umstürzen, Unruhen erregen].
**Novocōmēnsēs**, ium *m* *Bew. v. Novum Comum, s. Comum.*
**Novum Cōmum** *s. Comum.*
**novus**, a, um ❶ neu, frisch [**miles** Rekrut; **legiones** neu angeworbene; **luna** Neumond; **aestas** Frühsommer; **aetas** Jugend]; **-ae res** Neuigkeiten; Neuerungen, *bes.* Staatsumwälzung, Revolution; **homo ~** Emporkömmling, Mann ohne Ahnen, Neuadliger; – *Subst.* **novum**, ī *n* Neuigkeit; neuer Vorfall; *Pl.* Neuerungen; ❷ unerhört, ungewöhnlich, unerwartet, beispiellos; ❸ unerfahren, m. etw. unbekannt *(abs.; in, mit etw.: Abl. od. ad);* ❹ ein neuer, ein anderer, ein zweiter [**Hannibal**]; ❺ *Superl.* **novissimus a)** der äußerste, hinterste, letzte [**agmen** Nachhut; **acies** Hintertreffen]; – *Subst.* **novissimi** *m* Nachhut; **b)** *(zeitl.)* der letzte, jüngste [**proelium**]; **c)** *(nachkl.)* der äußerste, ärgste; ❻ *Adv.* **novissimē** neuerdings, jüngst; *(in der Reihenfolge)* zuletzt.
**nox**, noctis *f* ❶ Nacht; **nocte, noctu** nachts; **prima nocte** m. Einbruch der Nacht; **multa nocte** tief in der Nacht; – *personif.* **Nox** *Göttin der Nacht;* ❷ *(poet.)* Schlaf; ❸ *(poet.; nachkl.)* Dunkelheit; **imber noctem ferens;** ❹ *(poet.)* Tod; ❺ *(poet.)* Unterwelt; ❻ *(poet.)* Verblendung; ❼ traurige Lage [**rei publicae**].
**noxa**, ae *f* *(noceo)* ❶ Schaden; ❷ Schuld, Vergehen; **in -a esse** schuldig sein; ❸ Strafe.
**noxia**, ae *f* *(noxius)* Schuld, Vergehen.
**noxiōsus**, a, um *(noxia) (nachkl.)* schädlich.
**noxius**, a, um *(noxa)* ❶ schädlich; ❷ schuldig, strafbar; – *Subst. Pl. m* Schuldige, Verbrecher.
**nūbēcula**, ae *f* *(Demin v. nubes) (übtr.)* finsterer Ausdruck [**frontis tuae**].
**nūbēs**, is *f* ❶ Wolke, Regenwolke; ❷ Staub-, Rauchwolke; ❸ *(poet.) (übtr.)* Schleier, Hülle; **fraudibus obice nubem;** ❹ dichte Menge, Schar; **nube facta** dichtgeschart; ❺ *(poet.)* finsteres Aussehen, trauriger Ausdruck; ❻ traurige Lage, Unglück [**rei publicae**].
**nūbi-fer**, fera, ferum *(nubes u. fero) (poet.)* Wolken tragend, Wolken bringend.
**nūbi-gena**, ae *m* *(nubes u. gigno)* Wolkensohn *als Beiname der Kentauren.*
**nūbilis**, e *(nubo)* heiratsfähig.
**nūbilōsus**, a, um *(nubilus) (nachkl.)* bewölkt, trübe.
**nūbilum**, ī *n* *(nubilus) (poet.; nachkl.)* trübes Wetter, *oft Pl.*
**nūbilus**, a, um *(nubes) (poet.; nachkl.)* ❶ wolkig, umwölkt; ❷ dunkel, trübe; ❸ *(übtr.)* finster, düster [**mens**]; ❹ ungünstig; **Parca mihi -a;** ❺ unglücklich [**tempora**].
**nūbō**, nūbere, nūpsī, nūptum *(v. der Frau)* heiraten *(m. Dat.);* **nuptam esse cum alqo** *od.* **alci** m. jmdm. verheiratet sein; – *Subst.* **nūpta,** ae *f* Ehefrau, *auch* Braut.
**nucleus**, ī *m* *(nux) (nachkl.)* Kern, *bes.* Nusskern.
**nu-diūs** *Adv., stets m. einer Ordinalzahl verbunden* es ist jetzt der … Tag; **~ tertius** vorgestern.
**nūdō**, nūdāre *(nudus)* ❶ entblößen, entkleiden; ❷ bloßlegen, enthüllen [**gladium** (blank)ziehen; **messes** ausdreschen; **agros** verwüsten]; ❸ *(milit.)* unverteidigt (unbesetzt) lassen; ❹ berauben, plündern [**provinciam; parietes ornamentis**]; ❺ verraten, merken lassen.
**nūdus**, a, um ❶ unbekleidet, nackt; ❷ leichtgekleidet, in bloßer Tunika; ❸ unbedeckt, unbesetzt [**ensis** blank; **domus** leer]; ❹ unbewaffnet, ungedeckt, ungeschützt [**dextra**]; ❺ *(übtr.)* beraubt, leer von, ohne *(abs.; re, alcis rei, a re; ab alqo);* **urbs praesidio -a; res publica a magistratibus -a;** ❻ nur, lediglich; ❼ arm, dürftig; hilflos; ❽ schmucklos, einfach, ungeschminkt [**capilli; veritas**].
**nūgae**, ārum *f* ❶ Dummheiten, Unfug; ❷ *(poet.)* poetische Kleinigkeiten, Bagatellen; ❸ *(meton.)* Witzbold.
**nūgātor**, ōris *m* *(nugor)* Schwätzer, Aufschneider.
**nūgātōrius**, a, um *(nugae)* läppisch, unnütz.
**nūgāx**, *Gen.* ācis *(nugae)* Unfug treibend.
**nūgor**, nūgārī *(nugae)* Unfug treiben, schwatzen, schäkern.
**nūllus**, a, um *(< ne-ullus) (Gen. Sg.* nūllīus, *Dat.* nūllī*)* ❶ kein; ❷ *subst.* **nūllus** *m (im Gen., Dat. u. Abl.)* keiner, niemand *(= nemo);* **nūllum** *n* nichts *(= nihil);* ❸ *b. einem Subst. im Abl.* = ohne; **-o comite** ohne Begleiter; ❹ **nullus non** jeder; **non nullus** mancher, *Pl.* manche, einige; ❺ *(bes. in der Umgangsspr.)* keineswegs, gar nicht; **nullus dubito** ich zweifle gar nicht; ❻ unbedeutend, nichtssagend, wertlos; **-o numero esse** nichts gelten;

N

**patre -o natus** unbekannt; ❼ vergangen, dahin, verloren.
**nūllus-dum**, nūlladum, nūllumdum (bis jetzt) noch kein.
**num** ❶ *Fragepartikel:* **a)** *(dir.; eine verneinende Antwort wird erwartet)* denn?, etwa?, doch (wohl) nicht?; – *verstärkt* **numne** *u.* **numquid; b)** *(indir.)* ob (nicht), ob etwa (nicht); ❷ *Adv. (nur in einigen zusammengesetzen Wörtern erhalten)* nun, noch (jetzt): nunc, etiamnum, etiamnunc.
**Num.** *(Abk.) = Numerius (Vorname).*
**Numa Pompilius** *m der zweite röm. König.*
**Numantia**, ae *f Stadt im nordöstl. Spanien, 133 v. Chr. vom jüngeren Scipio Africanus zerstört; – Einw. u. Adj.* **Numantīnus**, ī *m bzw.* a, um.
**nūmen**, minis *n (nuo)* ❶ Wink, Wille, Auftrag [**senatūs**]; ❷ göttl. Wille; ❸ göttl. Walten, göttl. Macht; ❹ *(poet.) (meton.)* Gottheit, göttl. Wesen; ❺ *(poet.; nachkl.)* Hoheit, Majestät, Schutzgeist.
**numerābilis**, e *(numero) (poet.)* zählbar; klein.
**numerātiō**, ōnis *f (numero) (nachkl.)* Barzahlung, Auszahlung.
**numerātum**, ī *n s. numero.*
**Numerius**, ī *m röm. Vorname, bes. in der gens Fabia.*
**numerō**, numerāre *(numerus)* ❶ zählen [**alqd per digitos** an den Fingern; **senatum** auszählen]; ❷ *(poet.; nachkl.)* haben [**multos amicos**]; ❸ (aus)zahlen [**militibus stipendium**]; – *P. Adj.* **numerātus**, a, um bar [**pecunia**]; – *Subst.* **numerātum**, ī *n* bares Geld; ❹ aufzählen, anführen; *(poet.)* erzählen; ❺ zu *od.* unter etw. zählen, rechnen *(inter od. in m. Abl.)* [**alqm inter suos; voluptatem in bonis**]; ❻ als etw. ansehen, für etw. halten *(m. dopp. Akk.; Pass. m. dopp. Nom.).*
**numerōsus**, a, um *(numerus)* ❶ *(nachkl.)* zahlreich; volkreich [**civitas**]; ❷ rhythmisch [**oratio**]; *(poet.)* rhythmenreich [**Horatius**].
**numerus**, ī *m* ❶ Zahl, Anzahl; **-um inire** eine Zählung vornehmen; **-um deferre** angeben; **ad -um** vollzählig; **numero** *(Abl.)* der Zahl nach, im Ganzen: **quingenti -o;** ❷ Menge, Schar [**hominum**]; ❸ *(nachkl.)* Truppenabteilung; ❹ Vorrat, Masse, Menge [**frumenti**]; ❺ Klasse, Reihe, Kategorie; **in amicorum -o esse** zu den Freunden gehören; **alqm (in) hostium -o ducere** *od.* **habere** unter die Feinde rechnen; ❻ Rang, Geltung, Wert; **in aliquo -o et honore esse** einiges Ansehen u. Einfluss haben; **homo nullo -o;** – **(in) numero** *m. Gen.* = als, wie, für, anstatt [**obsidum** als Geiseln; **parentis** an Vaters statt]; ❼ *(poet.)* Amt; ❽ Teil *eines Ganzen,* Glied, Bestandteil; **poëma omni -o elegans** in jeder Hinsicht; ❾ Takt, Rhythmus; ❿ *(poet.)* Melodie; ⓫ Wohlklang, Harmonie [**oratorius**]; ⓬ Versfuß, Vers; *Pl.* Versmaß; **-i graves** Hexameter; **-i impares** elegische Verse, Distichon.

**Grammatik & Co.**
**Numerus:** Im Lateinischen gibt es den Spezialfall der **Pluralia tantum**, Pluralwörter mit singularischer Bedeutung, wie z. B. divitiae „*der* Reichtum“, castra „*ein* Lager“. Weiterhin finden wir unter den Pronomen Reste des **Duals** (Zweizahl): uter? „wer von beiden?“ (im Gegensatz zu quis? „wer [unter vielen]?“), uterque „jeder von beiden“, ambo „beide zusammen“ sowie neuter „keiner von beiden“.

**Numidia**, ae *f* Numidien *(Ostalgerien u. Tunis); – Einw.* **Numida**, ae *m* Numidier; – *Adj.* **Numidicus**, a, um.
**Numitor**, ōris *m König v. Alba Longa, Vater der Rea Silvia, Großvater des Romulus u. Remus.*
**nummārius**, a, um *(nummus)* ❶ Geld-, Münz-; ❷ *(übtr.)* bestochen [**iudex**].
**nummātus**, a, um *(nummus)* reich.
**nummulus**, ī *m (Demin. v. nummus)* Geldstückchen; *(meist Pl.)* schnödes, elendes Geld.
**nummus**, ī *m* ❶ Münze, Geldstück; *Pl.* Geld; **habere in -is** in bar; ❷ Sesterz; ❸ *(übtr.) v. einer Kleinigkeit:* Groschen, Heller, Pfennig; / *Gen. Pl. selten* nummōrum, *meist* nummum.
**num-ne** *s. num.*
**numquam** *Adv. (< ne-umquam)* niemals, nie; **~ non** immer; **non ~** manchmal.
**num-quid** *Fragepartikel, s. num.*
**num-quid-nam** *(dir.)* (irgend)etwas?; *(indir.)* ob (irgend)etwas.
**nunc** *Adv.* ❶ *(zeitl.)* **a)** jetzt, nun; **etiam ~** *od.* **~ etiam** auch jetzt noch, immer noch; **~ demum** *od.* **tandem** jetzt endlich; **~ primum** jetzt erst; **b)** heutzutage; **c) nunc … nunc** bald … bald; ❷ *(übtr.)* **a)** *(adversativ)* nun aber, so aber, *verstärkt* **nunc autem** *u.* **nunc vero; b)** *(poet.) (b. Übergang zu etw. Neuem)* nun also.
**nūncupātiō**, ōnis *f (nuncupo)* (feierliches) Aussprechen, Ablegen *v. Gelübden.*
**nūncupō**, nūncupāre *(nomen u. capio)* ❶ feierlich aussprechen, ankündigen, öffentl. erklären; ❷ (be)nennen; ❸ *(nachkl.)* ernennen [**alqm heredem**].
**nūndinae**, ārum *f s. nundinus.*
**nūndinātiō**, ōnis *f (nundinor)* das Schachern, Feilschen *(alcis rei: mit od. um etw.).*
**nūndinor**, nūndinārī *(nundinae)* ❶ handeln, feilschen; ❷ erhandeln, erschachern.
**nūndinum**, ī *n s. nundinus.*
**nūn-dinus**, a, um *(novem u. dies)* zu neun

N

Tagen gehörig; *nur subst.:* **nūndinae,** ārum *f (erg. feriae)* **a)** Wochenmarkt, Markttag *(alle neun Tage abgehalten);* **b)** *(meton.) übh.* Markt; **c)** Handel, Schacher; **nūndinum,** ī *n (erg. tempus)* achttägige Woche; *meist* **trīnum nūndinum,** ī *n* ein Zeitraum v. drei achttägigen Wochen = gesetzliche Ankündigungsfrist.

**nunquam** = *numquam.*

**nūntia**, ae *f (nuntius)* Botin.

**nūntiātiō**, ōnis *f (nuntio)* Verkündigung, Meldung *v. Wahrzeichen durch den Augur.*

**nūntiō**, nūntiāre *(nuntius)* verkünden, anzeigen, melden.

**nūntium**, ī *n (nuntius) (poet.)* Nachricht.

**nūntius I.** *Adj.* a, um verkündend, anzeigend [**rumor**]; *(m. Gen.)* **prodigia malorum -a; verba -a animi; II.** *Subst.* ī *m* ❶ Bote [**volucer** Eilbote]; ❷ **a)** Nachricht, Meldung [**expugnati oppidi** v. der Eroberung der Stadt]; **b)** Befehl, Auftrag; **c)** Ehevertrag; **-um remittere uxori** sich scheiden lassen.

**nuō**, nuere, nuī, nūtum *(nur in Komposita gebräuchlich)* nicken, winken: ab-nuo, ad-nuo.

**nū-per** *Adv. (Superl.* nūperrimē*)* ❶ neulich, unlängst; ❷ einst.

**nūpsī** *Perf. v. nubo.*

**nūpta** *s. nubo.*

**nūptiae**, ārum *f (nubo)* Hochzeit.

**nūptiālis**, e *(nuptiae)* hochzeitlich, Hochzeits- [**fax; donum; pactio** Ehevertrag].

**nurus**, ūs *f* ❶ Schwiegertochter; ❷ *(poet.)* junge Frau.

**nusquam** *Adv. (< ne-usquam)* ❶ **a)** nirgends; **b)** nirgendsher; **c)** nirgendshin; ❷ *(übtr.)* **a)** bei keiner Gelegenheit; **~ minus quam in bello**; **b)** zu nichts; **plebs ~ alio nata quam ad serviendum** zu weiter nichts als.

**nūtātiō**, ōnis *f (nuto) (nachkl.)* das Schwanken.

**nūtō**, nūtāre *(Frequ. v. nuo)* ❶ *(poet.)* (zu)nicken; ❷ schwanken, wanken; ❸ in seinem Urteil schwanken; ❹ *(nachkl.)* unzuverlässig sein.

**nūtrīcium**, ī *n (nutricius) (nachkl.)* Ernährung, Pflege.

**nūtrīcius**, ī *m (nutrix)* Erzieher.

**nūtrīcor**, nūtrīcārī *(nutrix)* (er)nähren, aufziehen.

**nūtrīcula**, ae *f (Demin. v. nutrix)* ❶ *(poet.; nachkl.)* Amme; ❷ *(übtr.)* Nährmutter.

**nūtrīmen**, minis *n (poet.)* = *nutrimentum.*

**nūtrīmentum**, ī *n (nutrio)* ❶ *(nachkl.)* Nahrung(smittel); ❷ *Pl.* Pflege.

**nūtriō**, nūtrīre *u. (poet.)* **nūtrior**, nūtrīrī ❶ (er)nähren, füttern [**alqm lacte;** *(übtr.)* **ignes cortice**]; ❷ säugen; **lupa pueros nutrivit;** ❸ aufziehen, erziehen; ❹ pflegen, gedeihen lassen; ❺ fördern [**carmen; pacem**]; / *Imperf. auch* nūtrībam.

**nūtrīx**, īcis *f (nutrio)* ❶ Ernährerin, Amme; ❷ *(übtr.)* Förderin [**oratoris**]; **nox ~ curarum; discordia ~ belli**.

**nūtus**, ūs *m (nuo)* ❶ das Nicken, Winken; ❷ *(übtr.)* Wink, Wille, Aufforderung; ❸ Zustimmung; ❹ Schwerkraft.

**nux**, nucis *f* ❶ Nuss; hartschalige Frucht; ❷ *(meton.)* **a)** Nussbaum; **b)** *(poet.)* Mandelbaum.

**nympha**, ae *f (gr. Fw.) (poet.; nachkl.)* ❶ Braut; ❷ *auch* **-ē**, ēs *f* Nymphe.

O

# O o

**ō** *(vor Vokalen auch* **o***)* *u.* **ōh** *Interj.* o! ach! *(als Ausdruck lebhafter Gefühlsäußerung wie z. B. der Freude, Trauer, Verwunderung); m. Nom.:* **o vir fortis atque amicus!;** *m. Vok.:* **o fortunate adulescens!;** *m. Akk.:* **o me miserum!;** *m. Gen. (poet.):* **o miserae sortis!;** – **o si** *m. Konj.* o wenn doch.

**ob I.** *Präp. b. Akk.* ❶ *(räuml.)* **a)** *(auf die Frage „wohin"?)* entgegen, gegen … hin; **b)** *(auf die Frage „wo"?)* gegenüber, vor; **ob oculos versari** vor Augen schweben; ❷ *(übtr.)* **a)** (zum Entgelt) für; **b)** *(kausal)* wegen, um … willen; **ob metum** aus Furcht; **ob eam rem** (*od.* **causam**) *u.* **quam ob rem** deswegen, deshalb; **II.** *Präfix in Zusammensetzungen* entgegen, gegen … hin [**obeo; obduco**]; *(urspr. op-: operio; vor c u. f assimiliert zu occ- u. off-: occurro, offero; verkürzt zu o-: omitto).*

**ob-aerātus**, a, um *(aes [alienum])* verschuldet; – *Subst.* **-ī,** ōrum *m* Schuldner.

**ob-ambulō**, ambulāre ❶ entgegengehen; ❷ vor, an etw. umhergehen [**ante vallum; muris; Aetnam**].

**ob-armō**, armāre *(poet.)* gegen den Feind bewaffnen.

**ob-arō**, arāre umpflügen.

**ob-c...** = *occ...*

**ob-dō**, dere, didī, ditum *(poet.; nachkl.)* ❶ entgegenstellen; ❷ vor etw. legen, vorschieben *(alqd alci rei);* ❸ (ver)schließen.

**ob-dormīscō**, dormīscere, dormīvī, – *(Incoh. v. dormio)* einschlafen.

**ob-dūcō**, dūcere, dūxī, ductum ① gegen etw. *od.* jmd. führen; ② vor etw. ziehen, vorlegen [**fossam castris**]; ③ über etw. ziehen, ausbreiten *(alqd alci rei)*; ④ bedecken, verhüllen; – *P. Adj.* **obductus,** a, um umwölkt [**frons** finster, traurig]; vernarbt, verheilt [**cicatrix;** *übtr.* **luctus annis**]; verheimlicht; ⑤ schlürfen, trinken.

**obductiō**, ōnis *f (obduco)* Verhüllung, *bes. des Kopfes b. der Hinrichtung.*

**obductus** *s. obduco.*

**ob-dūrēscō**, dūrēscere, dūruī, – *(Incoh. v. obduro)* unempfindlich werden.

**ob-dūrō**, dūrāre aushalten.

**ob-dūruī** *Perf. v. obduresco.*

**ob-dūxī** *Perf. v. obduco.*

**obeliscus**, ī *m (gr. Fw.) (nachkl.)* Obelisk.

**ob-eō**, īre, iī (*u.* īvī), itum **I.** *intr.* ① hingehen; ② entgegengehen [**ad hostium conatūs**]; ③ *(v. Gestirnen)* untergehen; ④ *(poet.; nachkl.)* sterben; **II.** *trans.* ① begehen [**vigilias** die Runde machen, inspizieren]; ② besuchen, bereisen; ③ an etw. teilnehmen [**comitia**]; ④ erreichen; ⑤ *(poet.; nachkl.)* mustern; ⑥ *(in der Rede)* etw. durchgehen; ⑦ *(poet.) (v. Sachen)* etw. umgeben; **maria obeuntia terras;** ⑧ *(übtr.)* etw. übernehmen, antreten, sich *einer Sache* unterziehen [**legationem; pericula; diem** einhalten; **mortem** *od.* **diem supremum** sterben].

**ob-equitō**, equitāre heranreiten [**usque ad portam; castris**].

**ob-errō**, errāre *(poet.; nachkl.)* ① hin u. her irren *(abs. od. m. Dat.)* [**tentoriis**]; ② *(übtr.)* irren, fehlgreifen [**chordā eādem** fehlgreifen auf].

**ob-ēsus**, a, um *(edo²) (poet.; nachkl.)* ① fett, wohlgenährt; ② geschwollen.

**obex** *u.* **obiex**, obicis *m u. f (obicio)* ① *(poet.; nachkl.)* Riegel [**portarum**]; ② *(poet.)* Damm, Wall; ③ Barrikade; ④ *(nachkl.) (übtr.)* Hindernis.

**ob-f...** *s. off...*

**ob-fuī** *Perf. v. obsum.*

**obhaerēscō**, obhaerēscere, obhaesī, obhaesum *(Incoh. v. haereo) (nachkl.)* ① stecken bleiben; ② *(übtr.)* ans Herz wachsen.

**ob-iaceō**, iacēre, iacuī, – gegenüberliegen, vor etw. liegen *(abs. od. m. Dat.).*

**ob-iciō**, icere, iēcī, iectum *(iacio)* ① entgegenwerfen, -stellen [**equitatum hosti; se Hannibali**]; – *mediopass.* **obici** entgegentreten; ② entgegnen, einwenden; ③ vorwerfen; ausliefern [**corpus feris; praedam hosti**]; – *P. P. P.* **obiectus,** a, um vor etw. liegend, vorgelagert [**insula portui**]; ④ preisgeben, aussetzen [**legatum barbaris; se periculis**]; ⑤ *(zum Schutz)* vorhalten, -ziehen [**scutum; fossam; carros pro vallo**]; ⑥ einjagen, einflößen, verursachen [**alci terrorem**]; ⑦ Vorwürfe machen, vorwerfen, *(tadelnd)* vorhalten [**alci luxuriam; alci de morte Caesaris**].

**obiectātiō**, ōnis *f (obiecto)* Vorwurf.

**obiectō**, obiectāre *(Intens. v. obicio)* ① *(poet.)* entgegenwerfen [**caput fretis** in die Meeresflut tauchen]; ② preisgeben, aussetzen [**se hostium telis; caput / alqm periculis**]; ③ *(übtr.)* vorwerfen [**alci probrum**].

**obiectus**[1] *P. P. P. v. obicio.*

**obiectus**[2], ūs *m (obicio)* ① das Entgegenstellen, Vorlegen; ② *(nachkl.)* das Vorgelagertsein [**montis** vorliegendes Gebirge, Gebirgswand].

**obiex** *s. obex.*

**ob-iī** *Perf. v. obeo.*

**ob-īrāscor**, īrāscī, īrātus sum sich erzürnen *(über: Dat.).*

**ob-īrātiō**, ōnis *f (obirascor)* Groll.

**obīrātus**, a, um *(P. Adj. v. obirascor)* erzürnt *(m. Dat.)* [**potentibus**].

**obiter** *Adv. (ob) (nachkl.)* nebenbei, gelegentlich; zufällig.

**obitus**[1] *P. P. P. v. obeo.*

**obitus**[2], ūs *m (obeo)* ① Untergang *der Gestirne;* ② Tod; ③ Vernichtung.

**obiūrgātiō**, ōnis *f (obiurgo)* Tadel, Verweis.

**obiūrgātor**, ōris *m (obiurgo)* Tadler.

**obiūrgātōrius**, a, um *(obiurgator)* tadelnd, Schelt-.

**ob-iūrgō**, iūrgāre ① tadeln, schelten; ② *(m. ut)* im Ton des Vorwurfs auffordern; ③ *(nachkl.)* züchtigen, schlagen.

**ob-languēscō**, languēscere, languī, – ermatten.

**ob-lātrō**, lātrāre *(nachkl.)* anbellen, anfahren, schelten *(alci).*

**ob-lātus** *P. P. P. v. offero.*

**oblectāmen**, minis *n (oblecto) (poet.)* ① Erheiterung, Zeitvertreib; ② Beruhigung, Trost.

**oblectāmentum**, ī *n = oblectatio.*

**oblectātiō**, ōnis *f (oblecto)* Genuss, Lust, Unterhaltung.

**ob-lectō**, lectāre *(vgl. de-lecto)* ① erheitern, unterhalten; – *mediopass.* **oblectari** sich erheitern; ② *(poet.; nachkl.) (Zeit)* angenehm zubringen [**tempus studio; otium**].

**oblēnīmen**, minis *n (oblenio) (poet.)* Beruhigungsmittel.

**ob-lēniō**, lēnīre, – – *(nachkl.)* besänftigen.

**ob-lēvī** *Perf. v. oblino.*

**oblīcus**, a, um = *obliquus.*

**ob-līdō**, līdere, līsī, līsum *(laedo)* ① zudrücken; ② *(nachkl.)* erwürgen; erdrücken.

**obligātiō**, ōnis *f (obligo)* Verpflichtung, Verbürgung.

**ob-ligō**, ligāre ❶ zu-, verbinden [**vulnus**]; ❷ *(übtr.)* binden, verpflichten [**alqm militiae sacramento** *(einen Soldaten)* vereidigen; **alqm foedere**]; ❸ *eines Vergehens* schuldig machen; – *mediopass.* **obligari** *u.* **se ~** sich einer Sache schuldig machen *(m. Abl.)*; ❹ verpfänden [**fortunas suas**].

**ob-līmō**, līmāre *(limus[1])* ❶ mit Schlamm überziehen; ❷ *(poet.) (übtr.)* verschlemmen, verprassen.

**ob-linō**, linere, lēvī, litum ❶ beschmieren, bestreichen; ❷ *(übtr.)* überladen, erfüllen; ❸ besudeln, beflecken [**se externis moribus**].

**oblīquitās**, ātis *f (obliquus) (nachkl.)* Winkel, Ecke.

**oblīquō**, oblīquāre *(obliquus) (poet.; nachkl.)* seitwärtsrichten, schräg richten, krümmen [**oculos** schielen; **crines** seitwärtsstreichen].

**oblīquus**, a, um ❶ schräg, schief, seitlich, Seiten- [**iter** Seitenweg; **lux** schräg einfallend]; **in -um** seitwärts, schief; **(ab) -o** von der Seite; ❷ *(poet.)* schielend; *übtr.* neidisch; ❸ *(v. der Rede) (nachkl.)* verblümt, zweideutig.

**ob-līsī** *Perf. v. oblido.*

**oblīsus** *P. P. P. v. oblido.*

**ob-litēscō**, litēscere, lituī, – *(latesco)* sich verstecken.

**oblitterātiō**, ōnis *f (oblittero) (nachkl.)* das Vergessen.

**ob-litterō**, litterāre *(littera)* in Vergessenheit bringen.

**ob-lituī** *Perf. v. oblitesco.*

**oblitus[1]** *P. P. P. v. oblino.*

**oblītus[2]** *P. P. Akt. v. obliviscor.*

**oblīviō**, ōnis *f (obliviscor)* ❶ Vergessenheit, das Vergessen; **in oblivionem rei venire** etw. vergessen; ❷ Amnestie; ❸ *(nachkl.)* Vergesslichkeit.

**oblīviōsus**, a, um *(oblivio)* ❶ vergesslich; ❷ *(poet.)* (Sorgen) vergessen machend [**vinum**].

**oblīvīscor**, oblīvīscī, oblītus sum ❶ vergessen *(m. Gen. od. Akk.; m. Inf.; m. A. C. I.; m. indir. Frages.)*; ❷ *(übtr.)* nicht beachten, übersehen *(m. Gen.)*.

**oblīvium**, ī *n (poet.; nachkl.) = oblivio.*

**ob-longus**, a, um länglich.

**ob-loquor**, loquī, locūtus sum ❶ widersprechen; ❷ *(nachkl.)* tadeln; ❸ *(poet.)* schimpfen; ❹ *(poet.)* dazu singen, dazu spielen.

**ob-luctor**, luctārī *(poet.; nachkl.)* gegen etw. ankämpfen, ringen *(abs. od. m. Dat.)*.

**ob-mōlior**, mōlīrī ❶ *(zur Verteidigung)* vorschieben; ❷ etw. verbarrikadieren.

**ob-murmurō**, murmurāre *(poet.; nachkl.)* ❶ über etw. murren *(m. Dat.)*; ❷ etw. dabei murmeln.

**ob-mūtēscō**, mūtēscere, mūtuī, – *(mutus)* verstummen; *übtr.* aufhören.

**ob-nātus**, a, um *(nachkl.)* angewachsen *(an etw.: Dat.)*.

**ob-nītor**, nītī, nīxus sum ❶ sich entgegenstemmen *(geg.: Dat.)*; ❷ *(poet.; nachkl.) (übtr.)* Widerstand leisten [**hostibus**].

**obnīxus**, a, um *(P. Adj. v. obnitor)* standhaft, beharrlich.

**ob-noxius**, a, um ❶ straffällig, schuldig *(weg. etw.: Gen.)* [**pecuniae debitae**]; ❷ unterworfen, abhängig, verpflichtet *(m. Dat.)*; ❸ *(einem Übel)* ausgesetzt [**periculis; irae**]; ❹ unterwürfig.

**ob-nūbilus**, a, um umwölkt.

**ob-nūbō**, nūbere, nūpsī, nūptum *(nubes)* verhüllen, bedecken.

**obnūntiātiō**, ōnis *f (obnuntio) (t. t. der Auguralspr.)* Meldung böser Vorzeichen.

**ob-nūntiō**, nūntiāre *(t. t. der Auguralspr.)* böse Vorzeichen melden.

**ob-nūpsī** *Perf. v. obnubo.*

**obnūptus** *P. P. P. v. obnubo.*

**oboediēns**, *Gen.* entis *(P. Adj. v. oboedio)* gehorsam; *Subst. m* Untergebener.

**oboedientia**, ae *f (oboediens)* Gehorsam *(geg. etw.: Gen.)*.

**oboediō**, oboedīre *(audio)* ❶ Gehör schenken; ❷ gehorchen.

**ob-oleō**, olēre, oluī, – riechen *(nach etw.: Akk.)*.

**obolus**, ī *m (gr. Fw.) (nachkl.)* Obolus *(kleine griech. Münze = $^1/_6$ Drachme)*.

**ob-orior**, orīrī, ortus sum entstehen, hervorbrechen, sich zeigen, aufgehen. O

**ob-rēpō**, rēpere, rēpsī, rēptum sich heranschleichen, sich einschleichen *(m. Dat.; ad; Akk.)*.

**ob-rigēscō**, rigēscere, riguī, – erstarren.

**ob-rogō**, rogāre *ein Gesetz* aufheben, einen Gegenantrag stellen *(m. Dat.)* [**antiquae legi**].

**ob-ruō**, ruere, ruī, rutum, ruitūrus ❶ überschütten, bedecken [**alqm telis; aegros veste**]; ❷ ver-, eingraben, versenken [**thesaurum**]; ❸ überladen [**se vino**]; ❹ *(übtr.)* **a)** verhüllen, verbergen, vergessen machen [**nomen alcis; malum**]; **b)** niederdrücken, überwältigen; **c)** *(nachkl.)* in den Schatten stellen, übertreffen [**famam alcis**].

**obrussa**, ae *f (gr. Fw.)* Feuerprobe des Goldes; *übtr. (nachkl.)* Prüfstein.

**obrutus** *P. P. P. v. obruo.*

**ob-saepiō**, saepīre, saepsī, saeptum versperren, unzugänglich machen.

**obscaen...** *= obscen...*

**obscēna**, ōrum *n (obscenus) (poet.; nachkl.)* ❶ Genitalien; ❷ unzüchtige Handlungen; ❸ unzüchtige Worte, Zoten; ❹ Kot.

**obscēnitās**, ātis *f (obscenus)* Unanständigkeit.

**obscēnum**, ī *n (obscenus) (poet.)* Scham(glied).
**obscēnus**, a, um *(caenum)* ① *(poet.; nachkl.)* schmutzig, scheußlich, ekelhaft; ② unanständig, schamlos, anstößig; ③ unheilvoll [**omen**].
**obscoen...** = *obscen...*
**obscūrātiō**, ōnis *f (obscuro)* Verdunkelung, Verfinsterung [**solis; lunae**].
**obscūritās**, ātis *f (obscurus)* ① Dunkelheit [**latebrarum**]; ② *(übtr.)* Undeutlichkeit, Unverständlichkeit [**verborum**]; ③ Unbekanntheit.
**obscūrō**, obscūrāre *(obscurus)* ① verdunkeln; ② verbergen, verhüllen; ③ undeutlich machen; ④ in den Schatten stellen, in Vergessenheit bringen [**alcis gloriam**].
**obscūrum**, ī *n (obscurus) (poet.; nachkl.)* Dunkel(heit).
**obscūrus**, a, um ① dunkel, finster [**luna** erblassend]; **-ā luce** *u.* **-o lumine** in der Dämmerung; ② versteckt, verborgen; ③ undeutlich, unklar [**oracula**]; **non -um est** es ist offenbar; ④ *(vom Char.)* verschlossen; ⑤ unbekannt, ruhmlos; **-o loco natus;** ⑥ unsicher [**spes**].
**obsecrātiō**, ōnis *f (obsecro)* ① inständiges Bitten, Beschwörung; ② öffentl. Bettag, Bußtag.
**ob-secrō**, secrāre *(sacro)* beschwören, inständig bitten, anflehen [**alqm cum multis lacrimis**]; *(m. dopp. Akk.)* **illud unum vos obsecro;** *(m. ut, ne od. m. bl. Konj.)*; – **obsecrō** = ich bitte (dich, euch), hör(t) mal *(oft parenthetisch eingeschoben)*: **Attica, obsecro te, quid agit?; ubi est? obsecro vos.**
**ob-secundō**, secundāre begünstigen, willfährig sein *(m. Dat.)*.
**obsecūtus** *P. P. Akt. v. obsequor.*
**ob-sēdī** *Perf. v. obsideo u. obsido.*
**obsequēns**, *Gen.* entis *(P. Adj. v. obsequor)* nachgiebig, willfährig.
**obsequentia**, ae *f (obsequens)* Nachgiebigkeit.
**obsequium**, ī *n (obsequor)* ① Nachgiebigkeit, Gefälligkeit, Gehorsam *(geg.: Gen.; in m. Akk; erga)* [**in principem; erga Romanos**]; ② *(nachkl.)* milit. Gehorsam, Subordination; ③ Hingabe.
**ob-sequor**, sequī, secūtus sum ① nachgeben, gehorchen [**senatui; legibus**]; *(m. ut)*; ② sich hingeben [**studiis suis**].
**ob-serō**[1], serāre *(sera)* verriegeln, verschließen.
**ob-serō**[2], serere, sēvī, situm besäen, bepflanzen; – *P. Adj.* **obsitus,** a, um **a)** besät, bepflanzt [**rura pomis**]; **b)** ganz bedeckt, voll von [**montes nivibus; homo aevo** bejahrt].
**observābilis**, e *(observo) (nachkl.)* bemerkbar.
**observāns**, *Gen.* antis *(P. Adj. v. observo) (m. Gen.)* ① verehrend; ② *(nachkl.)* beobachtend.
**observantia**, ae *f (observans)* Ehrerbietung, Aufmerksamkeit gegen jmd. [**in regem**].
**observātiō**, ōnis *f (observo)* ① Beobachtung [**siderum**]; ② Gewissenhaftigkeit, Sorgfalt.
**observātor**, ōris *m (observo) (nachkl.)* Beobachter.
**ob-servō**, servāre ① beobachten [**auspicia**]; ② *(poet.; nachkl.)* hüten [**armenta**]; ③ *(übtr.)* etw. beachten, einhalten [**praecepta; leges**]; ④ jmd. schätzen, (ver)ehren.
**ob-ses**, sidis *m u. f (sedeo)* ① Geisel; **obsides dare / accipere;** ② Bürge [**futurae pacis**]; ③ *(übtr.)* Unterpfand *(für etw.: Gen.)*.
**obsessiō**, ōnis *f (obsideo)* Einschließung, Blockade.
**obsessor**, ōris *m (obsideo)* ① Belagerer; ② *(poet.)* Bewohner.
**obsessus** *P. P. P. v. obsideo u. obsido.*
**ob-sēvī** *Perf. v. obsero*[2].
**ob-sideō**, sidēre, sēdī, sessum *(sedeo) (m. Akk.)* ① vor, an, auf etw. sitzen, sich aufhalten [**aram**]; ② belagern [**oppidum**]; ③ besetzt halten, innehaben [**omnes aditūs**]; ④ auf etw. lauern; ⑤ *(übtr.)* bedrängen, einengen.
**obsidiālis**, e *(obsidium*[2]*)* Belagerungs-; **graminea corona ~** Kranz aus Gras *f. die Befreiung einer eingeschlossenen Truppe.*
**obsidiō**, ōnis *f (obsideo)* ① Belagerung, Blockade; Belagerungszustand; ② Bedrängnis, Not.
**obsidium**[1], ī *n (obses) (nachkl.)* Geiselschaft; **alqm -o dare** als Geisel.
**obsidium**[2], ī *n (obsideo)* Einschließung, Belagerung.
**ob-sīdō**, sīdere, sēdī, sessum ① besetzen *(bes. milit.)* [**pontem**]; ② *(poet.)* in seinen Besitz bringen.
**obsīgnātor**, ōris *m (obsigno)* Unterzeichner *(einer Urkunde)*.
**ob-sīgnō**, sīgnāre ① versiegeln [**epistulam**]; ② *(eine Urkunde)* untersiegeln [**testamentum**].
**ob-sistō**, sistere, stitī, – ① sich entgegenstellen; ② sich widersetzen, Widerstand leisten *(m. Dat.; m. ne od. quominus; m. Inf.)*.
**obsitus** *s. obsero*[2].
**obsole-fīō**, fierī, factus sum = *obsolesco.*
**obsolēscō**, obsolēscere, obsolēvī, – sich abnutzen, Ansehen, Wert verlieren.
**obsolētus**, a, um *(obsolesco)* ① abgenutzt, abgetragen [**vestis**]; ② veraltet [**verba**]; ③ alltäglich, gemein.
**obsolēvī** *Perf. v. obsolesco.*
**obsōnātor**, tōris *m (obsono) (nachkl.)* Einkäufer für die Küche.
**obsōnium**, ī *n (gr. Fw.)* Zukost, *bes.* Fische *u.* Gemüse.
**obsōnō**, obsōnāre *(gr. Fw.)* (als Zukost) einkaufen; *(übtr.)* **ambulando famem ~.**
**ob-sorbeō**, sorbēre, sorbuī, – *(nachkl.)* begierig einschlürfen.
**obstāculum**, ī *n (obsto) (nachkl.)* Hindernis.

**obstetrīx**, īcis *f (obsto) (poet; nachkl.)* Hebamme.

**obstinātiō**, ōnis *f (obstino)* Festigkeit, Beharrlichkeit; Hartnäckigkeit.

**obstinātus**, a, um *(P. Adj. v. obstino)* ❶ beharrlich, fest entschlossen [**mori; in extrema**]; ❷ fest, unerschütterlich [**fides**]; ❸ hartnäckig, unbeugsam.

**ob-stinō**, stināre *(sto; vgl. de-stino)* auf etw. bestehen, fest beschließen *(ad; m. Inf.)*.

**ob-stipēscō** = *obstupesco.*

**ob-stīpus**, a, um *(stipo)* seitwärtsgeneigt [**caput** *auch* eingezogen, geduckt].

**ob-stitī** *Perf. v. obsisto u. obsto.*

**ob-stō**, stāre, stitī, stātūrus im Wege stehen, hinderlich sein [**consiliis alcis**]; *(m. ne od. quominus, verneint auch m. quin).*

**obstrāgulum**, ī *n (nachkl.)* Schuhriemen *(zum Befestigen der Schuhsohle).*

**ob-strepō**, strepere, strepuī, strepitum ❶ entgegenrauschen, -lärmen, -tönen [**portis** an den Toren lärmen]; – *Pass. (poet.; nachkl.)* **obstrepi re** v. etw. umrauscht werden; ❷ überschreien, *durch Lärm od. Geschrei* unterbrechen *(m. Dat.)* [**decemviro**]; *Pass. trans.;* ❸ hinderlich sein, stören *(m. Dat.).*

**obstri(n)gillō**, obstri(n)gillāre *(nachkl.)* hinderlich sein.

**ob-stringō**, stringere, strīnxī, strictum ❶ *(übtr.)* binden, verpflichten [**milites sacramento; socios foedere**]; ❷ *(übtr.)* verwickeln, verstricken [**se periurio; alqm scelere** in eine Freveltat verstricken]; ❸ *(poet.)* eingeschlossen halten [**ventos**].

**obstrūctiō**, ōnis *f (obstruo)* Verbauung, Verschließung.

**obstrūctus** *P. P. P. v. obstruo.*

**obs-trūdō** = *obtrudo.*

**ob-struō**, struere, strūxī, strūctum ❶ (da)vorbauen [**luminibus alcis** jmdm. die Fenster *od.* das Licht verbauen, *auch übtr.*]; ❷ verbauen, versperren, verschließen [**portas**].

**ob-stupe-faciō**, facere, fēcī, factum (*Pass.* -fīō, fierī, factus sum) in Erstaunen setzen, betäuben, stutzig machen.

**ob-stupēscō**, stupēscere, stupuī, – ❶ erstarren, betäubt werden; ❷ (er)staunen, stutzen.

**ob-suī** *Perf. v. obsuo.*

**ob-sum**, obesse, obfuī hinderlich sein, schaden.

**ob-suō**, suere, suī, sūtum *(poet.; nachkl.)* an-, zunähen.

**ob-surdēscō**, surdēscere, surduī, – *(surdus)* taub werden; *übtr.* kein Gehör schenken.

**obsūtus** *P. P. P. v. obsuo.*

**ob-tegō**, tegere, tēxī, tēctum ❶ bedecken, verbergen; *(übtr.)* verschleiern; ❷ *(übtr.)* (be)schützen.

**obtemperātiō**, ōnis *f (obtempero)* Gehorsam *(gegen: Dat.)* [**legibus**].

**ob-temperō**, temperāre gehorchen.

**ob-tendō**, tendere, tendī, tentum ❶ *(poet.; nachkl.)* (da)vorspannen, (da)vorziehen; – *mediopass. (nachkl.)* gegenüberliegen: **Britannia Germaniae obtenditur;** ❷ verdecken, verhüllen; ❸ *(nachkl.) (übtr.)* **a)** etw. vorschützen [**valetudinem corporis**]; **b)** vorziehen [**curis luxum**].

**obtentus**[1] *P. P. P. v. obtendo u. obtineo.*

**obtentus**[2], ūs *m (obtendo)* ❶ *(poet.; nachkl.)* das Vorziehen, Vorstecken; ❷ *(übtr.)* Vorwand, Deckmantel; ❸ Hülle, Verschleierung.

**ob-terō**, terere, trīvī, trītum ❶ zertreten, zerquetschen; ❷ *(übtr.)* vernichten [**Graeciam bellis**]; ❸ schmälern, herabwürdigen [**invidiā laudem virtutis; iura populi**].

**obtestātiō**, ōnis *f (obtestor)* ❶ Beschwörung; *meton.* Beschwörungsformel; ❷ inständiges Bitten, Flehen.

**ob-testor**, testārī ❶ beschwören, inständig bitten, anflehen; ❷ zum Zeugen anrufen; ❸ *(nachkl.)* feierlich versichern.

**ob-tēxī** *Perf. v. obtego.*

**ob-texō**, texere, texuī, textum *(poet.; nachkl.)* bedecken, verhüllen.

**obticēscō**, obticēscere, obticuī, – *(Incoh. v. taceo) (poet.)* verstummen.

**ob-tigī** *Perf. v. obtingo.*

**ob-tineō**, tinēre, tinuī, tentum *(teneo)* **I.** *trans.* ❶ festhalten; ❷ einnehmen, besitzen [**imperium**]; ❸ *(milit.)* besetzt halten [**castra**]; ❹ erlangen, erhalten [**principatum provinciae; regnum**]; ❺ *(ein Amt u. Ä.)* bekleiden, verwalten [**magistratum; provinciam**]; ❻ beibehalten, behaupten [**libertatem; auctoritatem in perpetuum; hereditatem**]; ❼ *(Recht, Sache)* durchsetzen [**ius suum; causam** den Prozess gewinnen]; ❽ *(eine Behauptung)* aufrechthalten, beweisen; **II.** *intr.* sich behaupten, gelten.

**ob-tingō**, tingere, tigī, – *(tango)* ❶ zuteilwerden, zufallen; **alci sorte obtingit provincia;** ❷ zustoßen, widerfahren.

**ob-torpēscō**, torpēscere, torpuī, – erstarren *(körperl. u. geistig).*

**ob-torqueō**, torquēre, torsī, tortum (her)umdrehen [**gulam alcis** jmd. würgen].

**obtrectātiō**, ōnis *f (obtrecto)* Neid, Eifersucht.

**obtrectātor**, ōris *m (obtrecto)* Neider, Gegner.

**ob-trectō**, trectāre *(tracto)* ❶ entgegenarbeiten [**legi**]; ❷ herabsetzen, verkleinern *(m. Dat. od. Akk.)* [**gloriae alcis; laudes**].

**obtrītus** *P. P. P. v. obtero.*

**ob-trīvī** *Perf. v. obtero.*

**ob-trūdō** trūdere, trūsī, trūsum *(poet.) (Kleider)* einfassen, verbrämen.

**ob-truncō**, truncāre niederhauen.

O

**ob-trūsī** *Perf. v. obtrudo.*
**obtrūsus** *P. P. P. v. obtrudo.*
**ob-tudī** *Perf. v. obtundo.*
**ob-tulī** *Perf. v. offero.*
**ob-tundō**, tundere, tudī, tū(n)sum ❶ *(übtr.)* abstumpfen, betäuben [**mentem; vocem** sich heiser schreien]; ❷ mildern, schwächen [**aegritudinem**]; ❸ belästigen.
**obtūnsus** = *obtusus.*
**ob-turbō**, turbāre ❶ *(nachkl.)* in Unordnung bringen, verwirren; ❷ *(nachkl.)* überschreien; *abs.* dagegen schreien, dagegen lärmen; ❸ stören, unterbrechen; ❹ betäuben.
**obtūrō**, obtūrāre verstopfen [*übtr.* **aures alci** gegen jmd. = jmd. nicht hören wollen].
**obtūsus**, a, um *(P. Adj. v. obtundo)* ❶ *(poet.; nachkl.)* abgestumpft, stumpf [**pugio**]; ❷ schwach, matt [**lunae cornua** matt leuchtend; **acies stellarum**]; ❸ *(nachkl.)* oberflächlich; ❹ *(geistig)* abgestumpft; ❺ *(poet.)* gefühllos.
**ob-tūtus**, ūs *m (tueor)* Betrachtung, Blick.
**ob-umbrō**, umbrāre *(poet.; nachkl.)* ❶ beschatten; ❷ verdunkeln [**aethera telis;** *übtr.* **nomen**]; ❸ *(übtr.)* verhüllen, verhehlen; ❹ schützen.
**ob-uncus**, a, um *(poet.)* einwärtsgekrümmt.
**ob-ustus**, a, um *(uro) (poet.)* angebrannt [**sudes** im Feuer gehärtet]; **glaeba -a gelu** angegriffen von.
**ob-vallō**, vallāre verschanzen.
**ob-veniō**, venīre, vēnī, ventum ❶ sich einfinden, eintreffen *(m. Dat.);* ❷ *(übtr.)* eintreten, widerfahren, vorfallen; ❸ zuteilwerden, zufallen; **provincia alci (sorte) obvenit**.
**ob-versor**, versārī ❶ sich herumtreiben, sich zeigen [**Carthagini; in urbe**]; ❷ *(übtr.)* vorschweben [**animis; ante oculos**].
**ob-vertō**, vertere, vertī, versum ❶ zuwenden, zukehren [**pelago proras**]; ❷ *mediopass.* **obverti a)** sich (hin)wenden; **b)** *(milit. t. t.)* Front machen [**in hostem**]; **c)** *(nachkl.)* sich hingeben, entgegenkommen *(alci; ad alqd).*
**ob-viam** *Adv.* entgegen; **alci obviam dari** in den Wurf kommen; – **obviam ire a)** entgegengehen; **b)** *(übtr.)* entgegentreten, sich widersetzen [**temeritati; irae**]; **c)** *(nachkl.) (einem Übel)* abhelfen.
**obvius**, a, um *(obviam)* ❶ entgegenkommend, begegnend [**flamina** entgegenwehend; **litterae** unterwegs eintreffend]; ❷ *(v. Sachen)* im Wege liegend; ❸ *(nachkl.)* zur Hand, in der Nähe [**opes; testes**]; ❹ *(poet.)* preisgegeben, ausgeliefert; ❺ *(nachkl.)* freundlich; ❻ *(nachkl.)* sich aufdrängend [**similitudo**].
**ob-volvō**, volvere, volvī, volūtum ❶ einwickeln, verhüllen; ❷ *(poet.) (übtr.)* verschleiern.
**oc-caecō**, caecāre ❶ blenden; ❷ *(übtr.)* verblenden [**animos**]; ❸ verdunkeln; ❹ *(übtr.)* unverständlich machen [**orationem**]; ❺ unsichtbar machen, verdecken.
**oc-callātus**, a, um *(ob u. callum) (nachkl.)* abgestumpft.
**oc-callēscō**, callēscere, calluī, – *(calleo[1])* ❶ *(poet.)* sich verhärten; ❷ gefühllos werden.
**oc-canō**, canere, canuī, – dazu-, dazwischenblasen.
**occāsiō**, ōnis *f (occido[1])* ❶ Gelegenheit, günstiger Zeitpunkt *(zu etw.: Gen. od. ad alqd)* [**victoriae; ad Asiam occupandam**]; ❷ *(milit.)* Handstreich.
**occāsum** *P. P. P. v. occido[1].*
**occāsus**, ūs *m (occido[1])* ❶ Untergang *der Gestirne;* ❷ *(meton.)* Abend, Westen; ❸ *(übtr.)* Untergang, Verderben [**rei publicae**]; ❹ Tod.
**occātiō**, ōnis *f (occo)* das Eggen.
**oc-cecinī** *s. occino.*
**oc-centō**, centāre *(ob u. canto)* ein Spottlied singen.
**oc-cēpī** *Perf. v. occipio.*
**occeptus** *P. P. P. v. occipio.*
**occidēns**, entis *m (eigtl. Part. Präs. v. occido[1]; erg. sol)* ❶ Westen; ❷ *(nachkl.) (meton.)* Abendland.
**oc-cidī[1]** *Perf. v. occido[1].*
**oc-cīdī[2]** *Perf. v. occido[2].*
**occīdiō**, ōnis *f (occido[2])* Niedermetzelung, Vernichtung.
**oc-cidō[1]**, cidere, cidī, cāsum *(ob u. cado)* ❶ niederfallen, hinfallen; ❷ *(v. Gestirnen)* untergehen; ❸ zugrunde gehen, umkommen; ❹ verloren gehen, verschwinden.
**oc-cīdō[2]**, cīdere, cīdī, cīsum *(ob u. caedo)* ❶ niederhauen, töten, umbringen; ❷ *(poet.) (übtr.)* quälen, martern.
**occiduus**, a, um *(occido[1]) (poet.; nachkl.)* ❶ untergehend; ❷ *(meton.)* westlich; ❸ *(übtr.)* hinfällig, dem Tode nahe.
**oc-cinō**, cinere, cecinī *u.* cinuī, – *(ob u. cano)* seine Stimme hören lassen *(v. Weissagevögeln).*
**oc-cipiō**, cipere, cēpī *(u.* coepī), ceptum *(ob u. capio)* **I.** *trans.* anfangen, unternehmen; **II.** *intr.* seinen Anfang nehmen, anfangen; **hiems occipiebat**.
**oc-cipitium**, ī *n (ob u. caput) (nachkl.)* Hinterkopf.
**occīsiō**, ōnis *f (occido[2])* Totschlag, Mord [**parentis**].
**occīsus** *P. P. P. v. occido[2].*
**oc-clūdō**, clūdere, clūsī, clūsum *(ob u. claudo)* ❶ (ver)schließen [**aedes**]; ❷ einschließen, einsperren [**alqm domi**].
**occō**, occāre *(poet.)* eggen, *übh. (Land)* bestellen.
**oc-cubō**, cubāre, cubuī, cubitum tot daliegen.
**oc-cubuī** *Perf. v. occubo u. occumbo.*

**oc-cucurrī** *s. occurro.*

**oc-culcō**, culcāre *(ob u. calco)* niedertreten.

**oc-culō**, culere, culuī, cultum *(zu celo)* ❶ verdecken, verstecken; ❷ *(übtr.)* verheimlichen.

**occultātiō**, ōnis *f (occulto)* ❶ das Verbergen; ❷ *(übtr.)* Verheimlichung.

**occultātor**, ōris *m (occulto)* „Verberger" [**latronum** Versteck v. Räubern].

**occultō**, occultāre *(Intens. v. occulo)* ❶ verbergen, versteckt halten [**milites silvis**]; ❷ *(übtr.)* verheimlichen [**consilium; fugam**].

**occultum**, ī *n (occultus) meist Pl.* ❶ Versteck; ❷ Geheimnis; **in** (*od.* **ex**) **-o** *u.* **per -um** heimlich.

**occultus**, a, um *(P. Adj. v. occulo)* ❶ versteckt, verborgen [**iter; exitus**]; ❷ *(übtr.)* heimlich [**caerimoniae; cupiditas**]; ❸ *(v. Personen u. vom Char.)* verschlossen; *(m. Gen.)* etw. geheim haltend, verbergend [**odii**].

**oc-culuī** *Perf. v. occulo.*

**oc-cumbō**, cumbere, cubuī, cubitum (hin)fallen, niedersinken, sterben; **mortem** (*od.* **morte** *od.* **morti**) ~ in den Tod gehen.

**occupātiō**, ōnis *f (occupo)* ❶ Besetzung; ❷ *(übtr.)* Beschäftigung *(mit etw.: Gen.)* [**rei publicae** *(als Gen. obi.)* Staatsgeschäfte, *(als Gen. subi.)* Staatswirren].

**occupātus**, a, um *(P. Adj. v. occupo)* in Anspruch genommen, beschäftigt *(mit etw.: in u. Abl.)*.

**occupō**, occupāre *(ob u. capio)* ❶ einnehmen, besetzen, *bes. milit.* [**collem; urbem cohortibus**]; ❷ m. etw. besetzen, anfüllen [**urbem aedificiis**]; ❸ an sich reißen, in Besitz nehmen [**possessiones; regnum;** *übtr.* **honores**]; ❹ angreifen, überfallen; ❺ *(v. Zuständen, Affekten u. Ä.)* jmd. erfassen, ergreifen; **timor exercitum occupavit;** ❻ *(übtr.)* beschäftigen, fesseln [**hominum cogitationes**]; ❼ *(poet.)* erlangen, gewinnen [**aditum; portum**]; ❽ *(Geld)* anlegen; ❾ zuvorkommen *(m. Akk.)* [**rates**]; *auch m. Inf.:* mit etw. zuvorkommen [**bellum facere** zuerst beginnen]; ❿ *(poet.; nachkl.)* etw. zuerst verrichten.

**oc-currō**, currere, currī *u.* cucurrī, cursum ❶ entgegenlaufen, -eilen, begegnen; ❷ sich entgegenwerfen, gegen jmd. vorrücken, angreifen *(m. Dat.)* [**legionibus**]; ❸ eintreffen, beiwohnen *(m. Dat. od. ad)* [**comitiis; concilio** *od.* **ad concilium**]; in etw. hineingeraten [**graviori bello**]; ❹ vor Augen treten, sich zeigen, sich darbieten *(konkr. u. übtr.)* [**oculis; in mentem**]; ❺ *(übtr.)* entgegentreten, -arbeiten [**alcis consiliis**]; ❻ vorbeugen, abhelfen [**periculo**]; ❼ einwenden, erwidern [**orationi alcis**].

**occursātiō**, ōnis *f (occurso)* (freundliches) Entgegenkommen; Glückwunsch.

**occursiō**, ōnis *f (occurro) (nachkl.)* Anfechtung [**fortunae**].

**occursō**, occursāre *(Intens. v. occurro)* ❶ *(poet.; nachkl.)* begegnen [**fugientibus**]; ❷ heranlaufen, sich nähern; ❸ *(übtr.)* widerstreben, entgegenwirken; ❹ *(nachkl.) (übtr.)* sich darbieten, einfallen.

**occursum** *P. P. P. v. occurro.*

**occursus**, ūs *m (occurro)* ❶ Begegnung; ❷ das Herbeieilen.

**Ōceanus**, ī *m* ❶ Ozean, Weltmeer; ❷ *personif. als Meeresgott;* – **Ōceanītis**, tidis *f* Meernymphe.

**Wissen: Antike**

**Ōceanus** – Die Griechen hielten den Ozean ursprünglich für einen mächtigen, die Erdscheibe umfließenden Fluss. Er wurde in der Gestalt des Meergottes Oceanus (griech. Okeanos) personifiziert, einem Gott aus dem alten Göttergeschlecht der Titanen. Oceanus ist der Gatte der Meergöttin Tethys und der Vater aller Flüsse und der Okeaniden (der Meernymphen).

**ocellus**, ī *m (Demin. v. oculus)* ❶ *(poet.)* Äuglein; ❷ *(übtr.) v. etw. Vortrefflichem* Augapfel, Perle [**insularum**].

**Ocelum**, ī *n Stadt in Gallia cisalpina, j.* Oulx *westl. v. Turin.*

**ōcior**, ius *(Komp.; Superl.:* ōcissimus, a, um) schneller, geschwinder; – *Adv.: Komp.* **ōcius** schneller [**properare**]; sogleich [**respondere**]; früher [**serius ocius** früher od. später]; *Superl.* **ōcissimē** am schnellsten.

**ocli-ferius**, a, um *(oculus u. ferio) (nachkl.)* augenfällig.

**Ocnus**, ī *m myth. Erbauer der Stadt Mantua, Sohn des Tiberis.*

**ocrea**, ae *f* Beinschiene.

**ocreātus**, a, um *(ocrea) (poet.; nachkl.)* m. Beinschienen bekleidet.

**octaphoron**, ī *n (octaphoros)* eine v. acht Sklaven getragene Sänfte.

**octaphoros**, on *(gr. Fw.)* v. acht Mann getragen [**lectica**].

**Octāvius**, a, um *röm. nomen gentile:* **C.** ~ *nannte sich durch Cäsars Adoption C. Iulius Caesar Octavianus, der spätere Kaiser Augustus, geb. 63 v. Chr., röm. Kaiser 31 v. Chr. bis 14 n. Chr.;* – *Adj.* **Octāvi(ān)us**, a, um.

**octāvus** *(octo)* **I.** *Adj.* a, um der achte; – *Adv.* **octāvum zum achten Mal; II.** *Subst.* ī *m (erg. lapis) (nachkl.)* der achte Meilenstein.

**octiē(n)s** *Adv. (octo)* achtmal.

**octingentēsimus**, a, um *(octingenti)* der achthundertste.

O

**octingentī**, ae, a *(octo u. centum)* achthundert.
**octi-pēs**, *Gen.* pedis *(octo) (poet.)* achtfüßig.
**octi-plicātus** = *octuplicatus.*
**octō** *undekl. Kardinalzahl* acht.
**Octōber**, bris, bre *(octo)* zum Oktober gehörig, des Oktobers *(urspr. der achte Monat)* [**mensis** Oktober; **Kalendae**].
**octō-decim** *(decem)* achtzehn.
**octōgēnārius**, a, um *(octogeni) (nachkl.)* achtzigjährig.
**octōgēnī**, ae, a *(octoginta)* je achtzig.
**octōgē(n)simus**, a, um *(octoginta)* der achtzigste.
**octōgiē(n)s** *Adv. (octoginta)* achtzigmal.
**octōgintā** *(octo)* achtzig.
**octō-iugis**, e *(iugum)* ① achtspännig; ② *(übtr.) Pl.* acht Mann hoch.
**octōnī**, ae, a *(octo)* ① je acht; ② *(poet.)* acht auf einmal.
**octōphoros**, on = *octaphoros.*
**octu-plicātus**, a, um *(octo u. plico)* verachtfacht.
**octuplum**, ī *n (octuplus)* das Achtfache, achtfache Strafsumme.
**octuplus**, a, um *(gr. Fw.)* achtfach.
**octussibus** *(= octo assibus) (poet.)* für acht As.
**oculus**, ī *m* ① Auge; **ante -os alcis** *u.* **sub** (*od.* **in**) **-is alcis** vor jmds. Augen, in jmds. Gegenwart; **in -is esse** allen sichtbar sein; **in -is alcis** *u.* **alci esse** bei jmdm. sehr beliebt sein; **ante -os** *u.* **in -is positum est** es ist augenscheinlich, es ist offenbar; ② *(meton.)* Augenlicht, Sehkraft, Blick, *meist Pl.;* **-is captus** blind; ③ *(poet.)* Knospe; ④ *(übtr.)* **a)** *(poet.; nachkl.)* Leuchte; **b)** Perle *(v. etw. Vorzüglichem).*
**ōdī**, ōdisse, ōsūrus *(Perf. vereinzelt ōdīvī)* ① hassen; ② *(poet.)* verschmähen; ③ *(m. Inf.) = nolle.*
**odiōsus**, a, um *(odium)* ① verhasst, widerwärtig; ② langweilig [**orator**].
**odium**, ī *n (odi)* ① Hass *(gegen: m. Gen. obi., m. Präp., m. Poss. Pron. od. m. Adj.)* [**tyranni** gegen den T.; **in** (*od.* **adversus**) **Romanos; decemvirale** gegen die Dezemvirn]; **in -um alcis (per)venire** sich jmds. Hass zuziehen; **(in) -o esse alci** *u.* **apud alqm** jmdm. verhasst sein; ② Abneigung, Widerwille; ③ *(meton.)* widerwärtiges Benehmen, Widerwärtigkeit; ④ Gegenstand des Hasses, verhasste Person.
**odor**, odōris *m (vgl. oleo)* ① Geruch; Gestank; *(poet.)* Duft; ② *(meton.) Pl.* wohlriechende Salben, Gewürze, Räucherwerk; ③ Dampf, Qualm; ④ *(übtr.)* Vermutung, Ahnung [**legum** schwache Hoffnung].
**odōrāmentum**, ī *n (odoro) (nachkl.)* Räucherwerk.
**odōrātiō**, iōnis *f = odoratus[1].*
**odōrātus[1]**, ūs *m (odoror)* ① das Riechen, Geruch; ② Geruchssinn.
**odōrātus[2]**, a, um *(odor) (poet.; nachkl.)* duftend.
**odōri-fer**, fera, ferum *(odor u. fero) (poet.; nachkl.)* ① duftend; ② Wohlgerüche (Räucherwerk, Weihrauch *u. a.)* erzeugend.
**odōrō**, odōrāre *(odor) (poet.; nachkl.)* m. Wohlgeruch erfüllen.
**odōror**, odōrārī *(m. Akk.) (odor)* ① *(poet.)* wittern [**cibum**]; ② *(nachkl.) (übtr.)* in etw. nur hineinriechen, etw. nur oberflächlich kennen lernen [**philosophiam**]; ③ etw. auskundschaften, ausfindig machen; ④ nach etw. trachten.
**odōrus**, a, um *(odor) (poet.; nachkl.)* ① duftend; ② witternd.
**Odyssēa** *u.* **-īa**, ae *f* die Odyssee *(Epos Homers über die Irrfahrten des Odysseus; ins Lat. übersetzt v. Livius Andronicus).*
**Oeconomicus**, ī *m (gr. Fw.)* „der Haushalter" *(Titel einer Schrift Xenophons).*
**Oedipūs**, podis *u.* ī *m König in Theben, Sohn des Laios u. der Iokaste; – Adj.* **Oedipodīonius**, a, um des Ödipus.
**Oenomaus**, ī *m König v. Pisa in Elis, Vater der Hippodamia.*
**oenophorum**, ī *n (gr. Fw.) (poet.)* Weinkorb.
**oestrus**, ī *m (gr. Fw.) (poet.; nachkl.)* Pferdebremse.
**Oeta**, ae *u.* **Oetē**, ēs *f Gebirge im südl. Thessalien; – Adj.* **Oetaeus**, a, um.
**offa**, ae *f* Bissen; Mehlkloß, Knödel.
**of-fēcī** *Perf. v. officio.*
**offectum** *P. P. P. v. officio.*
**of-fendī** *Perf. v. offendo.*
**offendiculum**, ī *n (offendo) (nachkl.)* Anstoß, Hindernis.
**of-fendō**, fendere, fendī, fēnsum *(vgl. de-fendo)* **I.** *intr.* ① anstoßen, anschlagen *(an etw.: Dat. od. in m. Abl.);* ② einen Unfall erleiden; eine Niederlage erleiden; ③ Anstoß nehmen, unzufrieden sein *(in m. Abl.; an etw. bei jmdm. Anstoß nehmen: alqd in alqo);* ④ Anstoß erregen, verstoßen; **nihil ~** in nichts; **aliquid ~** in etw.; ⑤ *(v. Sachen)* anstößig sein; **consulare nomen offendit; II.** *trans.* ① etw. anstoßen, anschlagen [**pedem ad lapidem**]; ② *(übtr.)* auf jmd. *od.* etw. stoßen, (vor)finden; ③ verletzen, beschädigen; ④ kränken, beleidigen; – *Pass.* an etw. Anstoß nehmen *(m. in u. Abl. od. m. bl. Abl.); / P. Adj.* **offēnsus**, a, um **a)** beleidigt, unwillig; **b)** zuwider, verhasst [**argumentum;** *(m. Dat.)* **populo**].
**offēnsa**, ae *f (offendo)* Anstoß: ① *(nachkl.)* Anfall *einer Krankheit,* Unpässlichkeit; ② Beleidigung; ③ Ungnade, gespanntes Verhältnis; ④ *(nachkl.)* Widerwärtigkeit.

**offēnsātiō**, ōnis *f (offenso) (nachkl.)* Verstoß.
**offēnsiō**, ōnis *f (offendo)* ❶ das Anstoßen; ❷ Unpässlichkeit, Erkrankung; ❸ Anstoß, Ärgernis, Missstimmung, Verdruss; ❹ Ungnade; ❺ Widerwärtigkeit, Unglück; Niederlage.
**offēnsiuncula**, ae *f (Demin. v. offensio)* kleines Ärgernis, kleine Widerwärtigkeit.
**offēnsō**, offēnsāre *(Intens. v. offendo)* anstoßen.
**offēnsum**, ī *n (offendo)* Verstoß.
**offēnsus**, a, um *s. offendo.*
**of-ferō**, offerre, obtulī, oblātum *(ob u. fero)* ❶ entgegenbringen, zeigen; ❷ **se ~** *u. mediopass.* **offerri a)** sich zeigen, erscheinen; **b)** entgegengehen, begegnen; *(feindl.)* entgegentreten [**se hostibus**]; ❸ *(übtr.)* anbieten, zur Verfügung stellen [**praedam hosti; alci operam suam**]; ❹ *(übtr.)* aussetzen, preisgeben, weihen [**caput periculis; se proelio**]; ❺ erweisen, zufügen.
**officīna**, ae *f (< opi-ficina zu opifex)* ❶ Werkstatt; ❷ *(übtr.)* Schule [**eloquentiae**]; *pejor.* Herd [**nequitiae**].
**of-ficiō**, ficere, fēcī, fectum *(ob u. facio)* ❶ in den Weg treten, sich entgegenstellen [**hostium itineri**]; ❷ *(übtr.)* beeinträchtigen, hinderlich sein *(m. Dat.)* [**alcis commodis; libertati**].
**officiōsus**, a, um *(officium)* diensteifrig, willig, gefällig.
**officium**, ī *n (ops u. facio)* ❶ Dienst, Tätigkeit; ❷ Gefälligkeit, Liebesdienst [**supremum** letzter Liebesdienst *an Toten*]; ❸ Dienstfertigkeit; ❹ Ehrenbezeigung; **-i causā** ehrenhalber; ❺ Amt, Geschäft, Beruf [**legationis; maritimum** Seedienst]; ❻ Pflicht, Verpflichtung, Schuldigkeit; **-um suum facere** (*od.* **servare**) *u.* **-o fungi** seine Pflicht erfüllen; **-o deesse** versäumen; ❼ *(meton.)* Pflichterfüllung; ❽ Pflichtgefühl, Pflichttreue; ❾ Unterwürfigkeit, Gehorsam *der Besiegten.*

**Imperium Romanum**
**officium** leitet sich aus „opus facere" („sein Werk verrichten") ab, und bedeutet daher „Tätigkeit" und davon ausgehend auch die Tätigkeit, mit der man sein Brot verdient, „Beruf", sowie die „Pflicht" zur Ausübung einer bestimmten Tätigkeit und ganz allgemein die „Pflicht" als ethisches Prinzip des Handelns. So schrieb z. B. Cicero eine philosophische Abhandlung mit dem Titel „De officiis" („Über die Pflichten").
Von daher sind die Ursprungsbedeutungen der modernen englischen Wörter „office" (das Büro, indem man seine berufliche Pflicht erfüllt), „officer" und das deutsche „offiziell" (verpflichtend, bindend) zu verstehen.

**of-fīgō**, fīgere, fīxī, fīxum befestigen.
**of-firmō**, firmāre **I.** *trans. (nachkl.)* festmachen [**animum** sich aufraffen]; **II.** *intr. (poet.)* sich fest entschließen.
**of-fōcō**, fōcāre *(ob u. fauces) (nachkl.)* jmd. ersticken, erwürgen.
**of-fūdī** *Perf. v. offundo.*
**of-fulgeō**, fulgēre, fulsī, – *(poet.)* entgegenleuchten.
**of-fundō**, fundere, fūdī, fūsum ❶ verbreiten *(alqd alci rei)* [**noctem rebus**]; – *mediopass.* **offundi** sich verbreiten; ❷ *(übtr.)* m. etw. erfüllen; **pavore offusus**.
**ōh** *s. o.*
**ōhē** *Interj. (poet.)* halt (ein)!
**Oīlēus**, eos *u.* eī *m König der Lokrer, Vater des Aiax 2.*
**olea**, ae *f* Olivenbaum.
**oleāginus**, a, um *(olea)* vom Ölbaum.
**oleārius**, a, um *(oleum)* Öl- [**cella**].
**oleaster**, trī *m (olea)* wilder Ölbaum.
**olēns**, *Gen.* entis *(P. Adj. v. oleo) (poet.)* ❶ wohlriechend; ❷ stinkend.
**oleō**, olēre, oluī, – *(vgl. odor)* ❶ einen Geruch von sich geben, riechen *(nach etw.: Akk. od. Abl.)* [**male; suave; ceram; sulpure**]; ❷ *(übtr.)* etw. verraten, erkennen lassen; ❸ sich bemerkbar machen.
**oleum**, ī *n* (Oliven-)Öl; *sprichw.:* **et operam et -um perdere** vergebliche Mühe aufwenden.
**ol-faciō**, facere, fēcī, factum *(oleo)* riechen; *(übtr.)* wittern.
**olfactō**, olfactāre *(Intens. v. olfacio) (nachkl.)* beriechen.
**olfactus** a, um *P. P. P. v. olfacio.*
**ol-fēcī** *Perf. v. olfacio.*
**olidus**, a, um *(oleo) (poet.; nachkl.)* stinkend.
**ōlim** *Adv.* ❶ einst, vor Zeiten, ehemals; ❷ *(poet.; nachkl.)* seit langem, längst; ❸ dereinst, künftig; ❹ *(poet.)* manchmal; ❺ *(poet.) (in Frage- u. Konditionalsätzen)* je(mals).
**olitor**, tōris *m (olus)* Gemüsegärtner.
**olitōrius**, a, um *(olitor)* Gemüse- [**forum** Gemüsemarkt].
**olīva**, ae *f* ❶ *(poet.; nachkl.)* Olive; ❷ Olivenbaum; ❸ *(poet.)* Olivenzweig; Hirtenstab *aus Olivenholz.*
**olīvētum**, ī *n (oliva)* Olivengarten, -hain.
**olīvi-fer**, fera, ferum *(oliva u. fero) (poet.)* Oliven tragend.
**olīvum**, ī *n (oliva) (poet.)* ❶ Öl; *meton.* Ringplatz; ❷ wohlriechende Salbe.
**ōlla**, ae *f* (Koch-)Topf.
**olor**, olōris *m (poet.; nachkl.)* Schwan.
**olōrīnus**, a, um *(olor) (poet.)* des Schwanes, Schwanen-.
**olus**, leris *n (poet.; nachkl.)* Grünzeug, Gemüse.

**olusculum**, ī *n (Demin. v. olus)* Grünzeug, Gemüse.

**Olympia**, ae *f dem Zeus heiliger Bezirk im Nordwesten der Peloponnes, Schauplatz der Olympischen Spiele; – Adj.* **Olympius, Olympicus** *u.* **Olympiacus**, a, um olympisch; – **Olympia**, ōrum *n* die Olympischen Spiele; – **Olympias**, adis *f* Olympiade, *Zeitraum v. vier Jahren zw. den Olympischen Spielen;* – **Olympionīcēs**, ae *m* Sieger bei den Olympischen Spielen.

**Olympus** *u.* **-os**, ī *m Berg an der makedon.-thessalischen Grenze, in der Mythologie Sitz der Götter; – meton.* Himmel.

**O. M.** *(Abk.) = optimus maximus (Beiname Jupiters).*

**omāsum**, ī *n (poet.; nachkl.)* Rinderkaldaunen.

**ōmen**, ōminis *n* ❶ Vorzeichen, Vorbedeutung; **omen vertere in alqd** für etw. auslegen; ❷ Wunsch, Glückwunsch; ❸ *(poet.)* feierlicher Brauch.

**ōmentum**, ī *n (nachkl.) die Eingeweide umhüllende* Haut.

**ōminor**, ōminārī *(omen)* ❶ weissagen, prophezeien; ❷ anwünschen.

**ōminōsus**, a, um *(omen) (nachkl.)* unheilvoll.

**o-mittō**, mittere, mīsī, missum ❶ fallen lassen, loslassen, wegwerfen; ❷ *(übtr.)* unterlassen, aufgeben [**consilia; spem; obsessionem** einstellen; **occasionem** ungenutzt lassen]; – *m. Inf.* aufhören, *dtsch. oft* = nicht mehr, nicht weiter; ❸ unerwähnt lassen, übergehen; ❹ aus den Augen lassen, außer Acht lassen.

O

**omni-gena**, ae *(m u. f)* (*Gen. Pl.* -genum) *(omnis u. genus) (poet.)* von allerlei Art, allerlei.

**omnīnō** *Adv. (omnis)* ❶ ganz u. gar, völlig, durchaus; ❷ im Ganzen, im Allgemeinen, überhaupt; ❸ allerdings.

**omni-parēns**, *Gen.* entis *(omnis u. parens²) (poet.)* alles hervorbringend, Allmutter [**terra**].

**omni-potēns**, *Gen.* entis *(omnis) (poet.)* allmächtig.

**omnis**, e ❶ jeder, *meist Pl.:* alle; **omni tempore** jederzeit; **omnibus mensibus** jeden Monat; **ad unum omnes** alle ohne Ausnahme; **constat inter omnes** allgemein; – **omnia** *n* alles: **ad** *od.* **per omnia** in jeder Hinsicht; **omnia facere** *od.* **experiri** alles versuchen; ❷ allerlei; ❸ ganz, vollständig, gesamt; **terras omni dicione tenere** uneingeschränkt; ❹ lauter, nichts als; **laeta omnia** nur Erfreuliches.

**omni-vagus**, a, um *(omnis)* überall umherschweifend.

**omni-volus**, a, um *(omnis u. volo²) (poet.)* alles begehrend.

**Omphalē**, ēs *f Königin v. Lydien, bei der Herkules in Frauenkleidung dienen musste.*

**onager** *u.* **onagrus**, grī *m (gr. Fw.)* Wildesel.

**onerāria**, ae *f (onerarius; erg. navis)* Lastschiff.

**onerārius**, a, um *(onus)* lasttragend, Last- [**navis**].

**onerō**, onerāre *(onus)* ❶ beladen, bepacken [**iumenta; currum; manum iaculis** bewaffnen]; ❷ *(übtr.)* überhäufen, überschütten [**alqm laudibus**]; ❸ etw. erschweren, vergrößern [**alcis curas; iniuriam**]; ❹ *(poet.; nachkl.)* belästigen; ❺ *(poet.)* bedecken; ❻ *(poet.; nachkl.)* etw. in etw. (hinein)laden, in etw. füllen *(alqd re)* [**vina cadis**].

**onerōsus**, a, um *(onus) (poet.; nachkl.)* schwer, drückend; *(übtr.)* beschwerlich.

**onus**, oneris *n* ❶ Last, Ladung, Fracht; *(poet.)* **ventris** *od.* **uteri** ~ Leibesfrucht; ❷ Gewicht, Schwere; ❸ *(übtr.)* Schwierigkeit, schwere Aufgabe; **onere officii opprimi; oneri esse alci** jmdm. beschwerlich fallen; ❹ *Pl.* Abgaben, Steuern, Schulden; **oneribus premi**.

**onustus**, a, um *(onus)* ❶ bepackt, beladen *(mit etw.: Abl. u. Gen.);* ❷ voll v. etw. *(m. Abl. u. Gen.);* ❸ *(poet.; nachkl.)* bedrückt *(m. Abl.)* [**sacrilegio**].

**onyx**, ychis *m* (*Akk. Sg.* -cha, *Akk. Pl.* -chas) *(gr. Fw.) (poet.)* Onyxgefäß *als* Salbenbüchschen.

**opācitās**, tātis *f (opacus) (nachkl.)* Schatten.

**opācō**, opācāre *(opacus)* beschatten.

**opācus**, a, um ❶ schattig: **a)** Schatten spendend; **b)** beschattet; ❷ *(poet.; nachkl.)* finster, dunkel [**Tartarus**]; ❸ *(poet.)* dicht [**barba**].

**opella**, ae *f (Demin. v. opera) (poet.)* geringfügige Arbeit.

**opera**, ae *f (vgl. opus)* ❶ Arbeit, Tätigkeit, Mühe; **-am suscipere; operam dare** *od.* **tribuere** *(m. Dat.)* Mühe auf etw. verwenden, sich Mühe geben [**legibus condendis**]; **datā** (*od.* **deditā**) **operā** absichtlich; **operae pretium facere** sich ein Verdienst erwerben; **-ae pretium est** *(m. Inf.)* es ist der Mühe wert; **operā alcis** durch jmds. Zutun, durch jmds. Vermittlung *od.* Schuld; ❷ Dienst(leistung), Hilfe; ❸ *(meton.)* Zeit, Muße, Gelegenheit; ❹ *(meton.)* Arbeiter, Knecht, *meist Pl.; (pejor.)* Helfershelfer.

**operārius** *(opera)* **I.** *Adj.* a, um Arbeits-; **II.** *Subst.* ī *m* Arbeiter, Tagelöhner.

**operculum**, ī *n (operio)* Deckel.

**operīmentum**, ī *n (operio)* Decke.

**operiō**, operīre, operuī, opertum *(vgl. aperio)* ❶ bedecken, zudecken, verhüllen; ❷ verschließen; ❸ *(nachkl.)* begraben; ❹ *(übtr.)* überhäufen, beladen; **infamiā opertus;** ❺ verbergen, verhehlen [**luctum**].

**operor**, operārī *(opera, opus)* ❶ m. etw. beschäftigt sein, an etw. arbeiten *(abs., m. Dat. od. in u. Abl.);* ❷ *(rel. t. t.)* **a)** der Gottheit dienen, opfern; **b)** einer gottesdienstlichen Handlung obliegen [**sacris**].

**operōsitās**, ātis *f (operosus) (nachkl.)* Geschäftigkeit.
**operōsus**, a, um *(opera)* ❶ geschäftig, tätig; ❷ mühevoll, beschwerlich [**negotia**]; ❸ *(poet.; nachkl.)* kunstvoll; ❹ *(poet.) (übtr.)* wirksam [**herba**].
**opertōrium**, ī *n (operio) (nachkl.)* Decke.
**opertum** ī *n (operio)* geheimer Ort; **telluris -a subire** in die Tiefen der Erde, in die Unterwelt hinabsteigen.
**opertus** *P. P. P. v. operio.*
**operuī** *Perf. v. operio.*
**opēs**, opum *f s. ops.*
**opi-fer**, fera, ferum *(ops u. fero) (poet.; nachkl.)* hilfreich.
**opi-fex**, ficis *m (opus u. facio)* ❶ Werkmeister, Erbauer [**mundi** Schöpfer der Welt]; ❷ Handwerker.
**ōpiliō**, ōnis *m (ovis u. pello) (poet.)* Schaf-, Ziegenhirt.
**opīmus**, a, um *(ops)* ❶ fett [**boves**]; ❷ *(v. Feldern)* fruchtbar, *(v. Ländern)* reich; ❸ *(v. der Rede)* überladen; ❹ reichlich, herrlich, stattlich [**praeda; triumphus**]; ❺ reich an [**copiis**].
**opīnābilis**, e *(opinor)* auf Vorstellung beruhend, eingebildet.
**opīnātiō**, ōnis *f (opinor)* Vorstellung, Einbildung.
**opīnātor**, ōris *m (opinor)* Phantast.
**opīnātus** a, um *(P. Adj. v. opinor)* eingebildet, Schein-.
**opīniō**, ōnis *f (opinor)* ❶ Meinung, Vermutung *(von, über: m. Gen. od. de)* [**deorum** *u.* **de deis** Vorstellung von]; ❷ Erwartung, Ahnung [**impendentis mali**]; **contra** *od.* **praeter omnium opinionem** wider aller Erwarten; **opinione celerius** schneller als man erwartete, über Erwarten schnell; ❸ Einbildung, Wahn; ❹ guter Ruf; ❺ Gerücht *(von etw.: Gen.).*
**opīnor**, opīnārī meinen, glauben, vermuten.
**opi-parus**, a, um *(ops u. paro[1]) (poet.)* herrlich, reichlich.
**opisthographus**, a, um *(gr. Fw.) (nachkl.)* auf der Rückseite beschrieben.
**opitulor**, opitulārī *(ops u. tuli [v. fero])* helfen; *einer Sache* abhelfen.
**opobalsamum**, ī *n (gr. Fw.) (nachkl.)* Balsam.
**oportet**, oportēre, oportuit, – *unpers.* es ist nötig, es gebührt sich, man soll *(m. Inf., A. C. I. od. Konj.).*
**oportūn...** = *opportūn...*
**op-pēdō**, pēdere, – – *(poet.)* verhöhnen *(alci).*
**op-perior**, perīrī, pertus sum *(vgl. experior)* **I.** *intr.* warten; **II.** *trans.* erwarten.
**op-petō**, petere, petīvī *u.* petiī, petītum entgegengehen, etw. erleiden *(m. Akk.)* [**pestem; mortem** *u. abs.* sterben].
**oppidānus** *(oppidum)* **I.** *Adj.* a, um städtisch; kleinstädtisch; **II.** *Subst.* ī *m* Städter.
**oppidō** *Adv.* ganz, sehr, äußerst; *verstärkt:* **oppido quam** überaus.
**oppidulum**, ī *n (Demin. v. oppidum)* Städtchen.
**oppidum**, ī *n* ❶ *(milit.)* Befestigung, Verschanzung; ❷ *(meton.)* fester Platz, Stadt, *meist* kleinere Landstadt.
**op-pīgnerō**, pīgnerāre *(pignus)* verpfänden.
**oppīlō**, oppīlāre versperren, verschließen.
**op-pleō**, plēre, plēvī, plētum *(vgl. compleo)* ❶ (an)füllen; ❷ *(übtr.)* erfüllen; **totam urbem luctus opplevit**.
**op-pōnō**, pōnere, posuī, positum ❶ entgegenstellen, -setzen, -legen, vor etw. halten *(Pass.* gegenüberstehen, -liegen) [**manūs oculis** *od.* **ante oculos; equites adversariis; castra ante moenia**]; ❷ *(übtr.) (einer Gefahr u. Ä.)* aussetzen, preisgeben [**alqm morti; se invidiae**]; ❸ *(m. Worten)* **a)** vorbringen, einwenden; **b)** *(als Schreckbild)* vor Augen halten [**alci formidines**]; ❹ *(vergleichend u. als Gegensatz)* gegenüberstellen.
**opportūnitās**, ātis *f (opportunus)* ❶ günstige Lage [**regionis**]; ❷ günstige Gelegenheit, günstiger Zeitpunkt; ❸ Vorteil, Bequemlichkeit; ❹ *(v. körperl. u. geistiger Beschaffenheit)* günstige Anlage.
**opportūnus**, a, um ❶ *(räuml.)* günstig, bequem, geeignet (gelegen); ❷ *(zeitl.)* günstig, rechtzeitig; ❸ *(der Beschaffenheit nach)* passend, brauchbar; ❹ geschickt, gewandt; ❺ *(feindl. Angriffen)* ausgesetzt [**hostibus; iniuriae**]; – *Subst.* **-a,** ōrum *n (milit.)* bedrohte Punkte.
**oppositus**[1] *P.P.P. v. oppono.*
**oppositus**[2], ūs *m (oppono)* ❶ das Entgegenstellen; ❷ das Vortreten [**lunae**].
**op-posuī** *Perf. v. oppono.*
**op-pressī** *Perf. v. opprimo.*
**oppressiō**, ōnis *f (opprimo)* ❶ Unterdrückung [**libertatis**]; ❷ Überrumpelung *eines Ortes.*
**oppressor**, ōris *m (opprimo)* Unterdrücker.
**op-primō**, primere, pressī, pressum *(ob u. premo)* ❶ niederdrücken, zu Boden drücken; ❷ erdrücken, ersticken; ❸ *(übtr.)* unterdrücken, nicht aufkommen lassen [**libertatem; memoriam rei; iram**]; ❹ *(ein Übel)* vereiteln, unterdrücken [**tumultum**]; ❺ verheimlichen, verhehlen; ❻ jmd. hart bedrängen, fast erdrücken; **opprimi aere alieno / invidiā; timore oppressus;** ❼ knechten [**patriam**]; ❽ *(Feinde)* niederwerfen, vernichten [**legionem**]; ❾ *(im polit. Leben u. vor Gericht)* jmd. stürzen, unterliegen lassen [**alqm iniquo iudicio**]; ❿ überfallen [**hostem inopinantem**]; *übtr.* überraschen, plötzlich ereilen; **alqm**

**mors oppressit;** 11 jmd. aus der Fassung bringen.

**op-probrium**, ī *n (ob u. probrum)* 1 Beschimpfung, Vorwurf; 2 Schimpf, Schande.

**oppūgnātiō**, ōnis *f (oppugno)* 1 Bestürmung, Belagerung [**castelli; maritima** v. der Seeseite]; 2 *(meton.)* Belagerungsmethode, -kunst; 3 *(polit. u. vor Gericht)* Anklage.

**oppūgnātor**, ōris *m (oppugno)* Angreifer.

**op-pūgnō**, pūgnāre 1 bestürmen, angreifen, bekämpfen; 2 *(übtr.)* angreifen, anfechten [**populi salutem; iura**].

**ops**, opis *f (Nom. u. Dat. Sg. ungebräuchlich) (vgl. opus, opera)* **I.** *Sg. u. Pl.* 1 Macht, Kraft, Stärke; 2 *meist Sg.* Hilfe, Beistand; **ope alcis** m. jmds. Hilfe; **opem alci ferre; II.** *Pl.* **opēs,** opum 1 Mittel, Vermögen, Reichtum; 2 polit. Macht, einflussreiche Stellung [**Catilinae; rei publicae**]; 3 Truppenmacht, Streitkräfte.

**Ops**, Opis *f (ops) Göttin der Ernte u. der Fruchtbarkeit.*

**opsc…** = *obsc…*

**opsōn…** = *obson…*

**opst…** = *obst…*

**optābilis**, e *(opto)* wünschenswert.

**optātiō**, ōnis *f (opto)* Wunsch.

**optātum**, ī *n (opto)* Wunsch; **-o** *(Abl.)* nach Wunsch.

**optātus**, a, um *s. opto.*

**optimās**, *Gen.* ātis *(optimus)* **I.** *Adj.* zu den Besten gehörig, aristokratisch; **II.** *Subst. m* Aristokrat, Konservativer; *meist Pl.* **optimātēs,** tum *u.* tium die Optimaten, die aristokratische Partei.

O

**Imperium Romanum**

**optimātēs**, „Die Besten", nannten sich voller Eigenlob die Politiker der römischen Aristokratie (das griechische Wort „aristoi" bedeutet dasselbe: „die Besten"). Sie bildeten das Lager des patrizischen Adels, dessen Vormachtstellung seit der Zeit der Gracchen, also ab 133 v. Chr., durch das politische Lager der **populares** in Frage gestellt wurde. Die Optimaten waren die „Konservativen", die die alten Gesetze der Republik erhalten (konservieren) wollten, welche dem Adel mehr Macht zusicherten; die Popularen waren dagegen die „Progessiven", die sich weniger auf diese Gesetze als vielmehr auf den Volkswillen stützen.

**optimē** *Superl. v. bene.*

**optimus** *Superl. v. bonus.*

**optiō**, ōnis *(opto)* **I.** *f* (freie) Wahl, freier Wille, Wunsch; **II.** *m (nachkl.) (milit.)* Stellvertreter *u.* Adjutant *des Zenturio.*

**optīvus**, a, um *(opto) (poet.)* erwählt, erwünscht.

**optō**, optāre 1 wählen, aussuchen; 2 wünschen; – **optandus,** a, um wünschenswert; – *P. Adj.* **optātus,** a, um *(Adv. -ō)* erwünscht, ersehnt, willkommen.

**opulēns**, *Gen.* entis *(ops)* 1 reich, wohlhabend; 2 mächtig.

**opulentia**, ae *f (opulens)* 1 Reichtum; 2 (politische) Macht.

**opulentō**, opulentāre *(opulens) (poet.)* bereichern.

**opulentus**, a, um *(ops)* 1 reich [**oppidum; aerarium** gefüllt; *(an etw.: Abl. od. Gen.)* **exercitus praedā; provincia pecuniae**]; 2 reichlich (vorhanden), ansehnlich, herrlich [**dona; victoria**]; 3 mächtig.

**opus**, operis *n* Werk **I.** *abstr.* 1 Arbeit, Tätigkeit, Beschäftigung; 2 *(poet.; nachkl.)* Landarbeit; 3 Bautätigkeit, das Bauen; **~ fit** es wird gebaut; 4 Schanzarbeit, Befestigungsarbeit; **miles in opere occupatus** mit Schanzarbeit beschäftigt; 5 Tat, Unternehmung; 6 Ausführung, Kunst, Stil; **simulacrum singulari opere;** 7 *(im Ggstz. zur Natur)* menschl. Arbeit; **locus naturā et opere munitus;** 8 Anstrengung, Mühe *(nur im Abl. Sg.);* **magno** *u.* **maximo opere** sehr, überaus *(vgl. magnopere u. maximopere);* 9 Aufgabe, Leistung [**oratorium**]; 10 Wirkung; **II.** *konkr.* 1 das vollendete Werk, fertige Arbeit; 2 Bau(werk), Gebäude; 3 Verschanzung, Befestigungslinie; 4 Belagerungswerk; Belagerungsmaschine; 5 Damm; 6 Kunstwerk; 7 Literaturwerk; **III.** *Redew. m. esse* **opus est** es ist nötig, man braucht *(meist unpers. m. Abl. od. Gen., seltener persönl. m. Nom.; m. Inf., A. C. I. od. ut):* – *m. Abl.:* **aquā nobis opus est;** – *m. Gen.:* **argenti opus fuit;** – *m. Nom.:* **dux nobis et auctor opus est**.

**opusculum**, ī *n (Demin. v. opus)* kleines Werk, kleine Schrift.

**ōra**[1], ae *f* 1 Küste, Küstengegend; *meton.* die Küstenbewohner; 2 (ferne) Gegend, Himmelsgegend, Zone; 3 Saum, Rand, Ende.

**ōra**[2], ae *f (naut. t. t.)* Tau, Schiffsseil.

**ōrāculum** *(synk.* **ōrāclum**), ī *n (oro)* 1 Orakel(stätte); 2 Orakel(spruch); 3 Prophezeiung; 4 Ausspruch, aufgestellter Satz [**physicorum**].

**Wissen: Antike**

**ōrāculum** – An heiligen Orakelstätten wie Delphi, wo die Apollopriesterin Pythia weissagte, oder der ägyptischen Oase Siwa suchten die Menschen der Antike Weissagungen über die Zukunft zu erhalten. Die

Römer „orakelten" eher ortsunabhängig durch das **augurium** (Vogelschau der Auguren). Das Orakelwesen wurde später vom Christentum bekämpft.

**ōrārius**, a, um *(ora[1]) (nachkl.)* Küsten-.
**ōrātiō**, ōnis *f (oro)* ❶ das Sprechen, Sprache; ❷ Sprechweise, sprachliche Darstellung, Ausdruck, Stil [**contorta**]; ❸ Aussage, Äußerung, Worte; ❹ *(künstlerisch ausgearbeitete)* Rede, Vortrag [**acris et vehemens; accurata; Verrinae**]; **orationem habere** halten; ❺ Gegenstand der Rede, Thema; ❻ Beredsamkeit; ❼ *(im Ggstz. zur Poesie)* Prosa; ❽ *(nachkl.)* kaiserl. Handschreiben, kaiserl. Erlass.

**Grammatik & Co.**
**Oratio obliqua**: Aussagesätze in indirekter Rede stehen im Lateinischen im A.C.I.; nur Befehle, Wünsche und echte Fragen stehen im Konjunktiv. Die Hauptschwierigkeit beim Übersetzen der indirekten Rede ist für uns, den korrekten deutschen Konjunktiv herauszufinden. Im Deutschen steht die indirekte Rede im Konjunktiv Präsens/Perfekt. Nur wenn sich dieser nicht vom Indikativ Präsens unterscheidet (nämlich im Plural), wird er durch den Konjunktiv der 1. oder 3. Vergangenheit ersetzt. Direkte Rede: „Er sagt: ‚Das stimmt. Der andere hat Recht. Das kann so gewesen sein. Jeder will ja Recht bekommen.'" Indirekte Rede: „Er sagt, ‚das *stimme*. Der andere *habe* Recht. Das *könne* so gewesen sein. Jeder *wolle* ja Recht bekommen.'" Pluralformen werden ersetzt: „Die anderen *hätten* (statt: ‚haben') Recht." „Alle *wollten* (statt ‚wollen') Recht haben." Nur im Irrealis steht im Deutschen *immer* der Konjunktiv der 1. oder 3. Vergangenheit: „Er hätte sich gefreut, wenn das so gewesen wäre." (Vgl. dazu den referierenden Konjunktiv der indirekten Rede: „Er habe sich immer gefreut, wenn das so gewesen sei.")

**ōrātiuncula**, ae *f (Demin. v. oratio)* kleine, hübsche Rede.
**ōrātor**, ōris *m (oro)* ❶ Redner; ❷ Sprecher *einer Gesandtschaft,* Unterhändler.
**ōrātōrius**, a, um *(orator)* rednerisch, Redner-.
**ōrātrīx**, īcis *f (orator)* Unterhändlerin, Fürsprecherin.
**ōrātus**, ūs *m (oro)* das Bitten.
**orba** ae *f (orbus)* ❶ Waise; ❷ Witwe.
**orbātiō**, ōnis *f (orbo) (nachkl.)* Beraubung.
**orbātor**, ōris *m (orbo) (poet.) derjenige, der jmd. der Kinder bzw. der Eltern beraubt.*
**orbiculātus**, a, um *(orbis)* kreisrund.
**Orbilius**, ī *m, vollst.* **L. ~ Pupillus** *Grammatiker, Lehrer des Horaz.*
**orbis**, is *m (Abl. Sg.* orbe, *selten* orbī*)* ❶ Kreis, das Rund, Rundung: **a)** Kreislinie [**saltatorius** Tanzreif; *am Himmel:* **lacteus** Milchstraße; **signifer** Tierkreis]; **b)** *(poet.; nachkl.)* kreisförmige Bewegung, Windung; **c)** *(milit.)* kreisförmige Stellung, Karree; **orbem facere** *u.* **in orbem consistere** ein Karree bilden; **d)** *(übtr.)* Kreislauf, Kreisbahn [**annuus**]; **e) ~ terrarum** Erdkreis, bewohnte Welt, *bes. vom röm. Reich;* **f)** *(rhet.)* Periode; ❷ *(meton.)* Scheibe: **a)** runde Fläche [**genuum** Kniescheibe; **mensae** runde Tischplatte; **terrae** Erdscheibe, *meton.* = Menschengeschlecht]; *(poet.)* Gebiet, Gegend, Land; **b)** Scheibenförmiges: Rad, *bes. der Fortuna* = Glücksrad; *(poet.)* Himmel(sgewölbe).
**orbita**, ae *f (orbis)* ❶ Wagengleis; ❷ *(poet.)* Pfad; ❸ *(nachkl.)* Kreislauf, Bahn.
**orbitās**, ātis *f (orbus)* das Verwaistsein, Elternlosigkeit; Kinderlosigkeit.
**orbitōsus**, a, um *(orbita) (poet.)* voller Wagengleise.
**orbō**, orbāre *(orbus)* ❶ verwaist machen, der Eltern *od.* Kinder berauben *(alqm alqo);* ❷ *(übtr.)* berauben [**rem publicam multis civibus**].
**Orbōna**, ae *f (orbus) Göttin, die v. Eltern angerufen wurde, welche ein Kind verloren hatten u. wieder Kinder zu bekommen wünschten od. welche befürchteten, ein Kind zu verlieren.*
**orbus I.** *Adj.* a, um ❶ verwaist, elternlos *(alqo, ab alqo od. alcis);* ❷ kinderlos; ❸ verwitwet; ❹ *(übtr.)* beraubt, ohne *(m. Abl., ab od. Gen.)* [**forum litibus; contio ab optimatibus; luminis**]; **II.** *Subst.* ī *m* Waise.
**orca**, ae *f (poet.; nachkl.)* Tonne.
**orchas**, adis *f (gr. Fw.) (poet.)* länglich runde Olive.
**Orcus**, ī *m* ❶ *(poet.; nachkl.)* Unterwelt, Totenreich; ❷ *(poet.) (meton.)* Tod; ❸ *Gott der Unterwelt* = Pluto.
**ōrdinārius**, a, um *(ordo)* ❶ ordnungsgemäß, ordentlich; ❷ *(nachkl.)* vorzüglich.
**ōrdinātim** *Adv. (ordinatus, v. ordino)* ❶ reihenweise; ❷ *(milit. t. t.)* gliedweise.
**ōrdinātiō**, ōnis *f (ordino) (nachkl.)* Ordnung; Regelung.
**ōrdinātor**, ōris *m (ordino) (nachkl.) (jur. t. t.)* Einleiter eines Prozesses.
**ōrdinō**, ōrdināre *(ordo)* ❶ in Reih u. Glied aufstellen, in Reihen bringen [**milites; copias**]; ❷ *(poet.)* in Reihen anpflanzen; ❸ *(übtr.)* ordnen, in einer gewissen Reihenfolge aufstel-

len [**publicas res** in ihrer Reihenfolge darstellen; **partes orationis**]; ❹ regeln [**artem praeceptis**].

**ōrdior**, ōrdīrī, ōrsus sum ❶ anfangen, beginnen [**orationem; loqui**]; ❷ zu reden beginnen; *(poet.) übh.* reden, sprechen.

**ōrdō**, ōrdinis *m* ❶ Reihe; Schicht, Lage; ❷ **a)** Reihe der Sitze *od.* Bänke *im Theater;* **b)** Reihe der Ruderbänke; ❸ *(milit.)* **a)** Glied, Reih u. Glied, Linie; **ordines (ob)servare** Reih u. Glied halten; **ordine egredi** aus Reih u. Glied treten; **b)** Zenturie, Abteilung; **c)** Zenturionenstelle; Zenturio; ❹ *(polit.)* Stand, Klasse, Rang [**equester; senatorius** der Senat]; ❺ Ordnung, gehörige Reihenfolge, Regel [**saeculorum** Zeitenfolge]; **nullo ordine** *u.* **sine ordine** ungeordnet, durcheinander; **ordine** *u.* **in ordinem** *u.* **in ordine** der Reihe nach, ordnungsgemäß, nach Gebühr; **extra ordinem** außer der Reihe u. Ordnung, außergewöhnlich.

**orēas**, adis *f (Akk. Sg.* -ada, *Akk. Pl.* -adas) *(gr. Fw.) (poet.)* Bergnymphe, Oreade.

**Orestēs**, ae *u.* is *m Sohn des Agamemnon u. der Klytämnestra, rächte die Ermordung seines Vaters an seiner Mutter u. deren Geliebten Aegisthus; – Adj.* **Orestēus**, a, um.

**Orgetorīx**, īgis *m einflussreicher Helvetier, der 58 v. Chr. sein Volk dazu veranlasste, das Land zu verlassen u. neue Wohnsitze in Gallien zu suchen.*

**orgia**, ōrum *n (gr. Fw.) (poet.)* nächtliche Bacchusfeier.

O

**orichalcum**, ī *n (gr. Fw.)* Messing.

**oriēns**, entis *m (eigtl. Part. Präs. v. orior, erg. sol)* ❶ Osten; ❷ *(meton.)* **a)** Morgenland, Orient; **b)** *(poet.)* **Oriēns** *Sonnengott.*

**orīgō**, ginis *f (orior)* ❶ Ursprung; – **Origines** Urgeschichte *(Titel eines Geschichtswerkes des älteren Cato);* ❷ Abstammung, Herkunft; **clarus origine;** ❸ *(meton.)* **a)** Stamm, Familie; **b)** *(poet.; nachkl.)* Stammvater, Ahnherr; **c)** Mutterstadt, -land; **d)** *(poet.)* Urheber.

**Ōrīōn**, ōnis *m (jeder Vokal im Vers nach Bedarf auch kurz) Jäger aus Böotien, v. Diana getötet, als Sternbild an den Himmel versetzt.*

**orior**, orīrī, ortus sum, oritūrus *(Ind. Präs. geht nach der dritten Konjugation: orior, orĕris, orĭtur, orĭmur, orimini, oriuntur; Konj. Imperf. geht nach der dritten u. vierten Konjugation: orĕrer u. orīrer)* ❶ sich erheben *(v. Personen);* ❷ *(v. Gestirnen)* aufgehen; **orta luce** am Morgen; ❸ entstehen, ausbrechen; **oritur tempestas / bellum;** ❹ *(poet.)* sichtbar werden, sich zeigen; ❺ *(v. Flüssen)* entspringen; ❻ geboren werden, abstammen *(m. bl. Abl., ab u. ex alqo);* **nobili genere ortus** v. vornehmer Herkunft; ❼ wachsen *(v. Bäumen u. Früchten);* ❽ anfangen; **Belgae a Galliae finibus oriuntur.**

**oriundus**, a, um *(orior)* abstammend [**ex Etruscis; a Troia; Albā**].

**ōrnāmentum**, ī *n (orno)* ❶ (Aus-)Rüstung, Ausstattung, *Pl.* Bedürfnisse; ❷ Schmuck, Kostbarkeit; ❸ *(übtr.)* Schmuck, Zierde [**rei publicae; amicitiae**]; ❹ *Pl.* **a)** Schönheiten *der Rede;* **b)** Ehrenzeichen [**triumphalia**]; ❺ Ehre, Auszeichnung; **maximis -is afficere alqm.**

**ōrnātus**[1], a, um *(P. Adj. v. orno)* ❶ (aus)gerüstet [**exercitus; equus** aufgezäumt]; ❷ geschmückt, schön, geschmackvoll [**oratio; versus**]; ❸ ehrenvoll, rühmlich; ❹ geehrt, geachtet [**civis;** *(durch, wegen etw.: Abl.)* **virtute, nomine**].

**ōrnātus**[2], ūs *m (orno)* ❶ Ausrüstung, Ausstattung; ❷ Ausschmückung, Schmuck [**publicorum locorum**]; ❸ *(übtr.)* Schmuck, Zierde; **ornatum orationi afferre;** ❹ Kleidung [**militaris** Rüstung].

**ōrnō**, ōrnāre ❶ ausrüsten, ausstatten [**exercitum; classes; convivium**]; ❷ schmücken, (ver)zieren [**aedem frondibus**]; ❸ *(übtr.)* (aus)schmücken [**orationem**]; ❹ auszeichnen, ehren [**alqm laudibus; res gestas alcis**].

**ornus**, ī *f (poet.; nachkl.)* Bergesche.

**ōrō**, ōrāre ❶ reden, sprechen; **orandi nescius** schlechter Redner; – *Subst.* **ōrāntēs** *m (nachkl.)* die Redner; ❷ bitten *(alqd: um etw.; alqd alci u. alci rei: um etw. für jmd. od. für etw.; m. ut, ne od. bl. Konj.)* [**auxilium; auxilia regem; tempus sermoni**]; ❸ verhandeln, vortragen [**litem / causam** vor Gericht führen].

**Orphēūs**, eī *u.* eos *m myth. thrak. Sänger u. Dichter, Gatte der Eurydike; – Adj.* **Orphēus** *u.* **Orphicus**, a, um.

**ōrsa**, ōrum *n (ordior)* ❶ das Beginnen, Unternehmen; ❷ *(poet.)* Worte.

**ōrsus** *P. P. Akt. v. ordior.*

**ortus**[1] *P. P. Akt. v. orior.*

**ortus**[2], ūs *m (orior)* ❶ Aufgang *eines Gestirns;* ❷ *(meton.)* Osten; ❸ *(übtr.)* Entstehung, Ursprung [**tribuniciae potestatis; amicitiae**]; ❹ Geburt, Herkunft.

**orȳza**, ae *f (gr. Fw.) (poet.; nachkl.)* der Reis.

**ōs**[1], ōris *n* ❶ Mund, Maul, Rachen, Schnabel; *(übtr.)* **in ore alcis / omnium esse** in jmds. / aller Mund sein, v. jmdm. / allen im Mund geführt werden; **alqm** *od.* **alqd in ore habere** im Mund führen; **uno ore** einstimmig; ❷ Sprache, Rede; ❸ Gesicht, Antlitz, Miene; ❹ Augen, Gegenwart; **in ore omnium versari** (*od.* **agere**) sich öffentlich zeigen; ❺ *(übtr.)* Maske, Larve [**Gorgonis**]; ❻ *(übtr.)* Rachen, Schlund; **ex ore ac faucibus belli;** ❼ Öffnung, Eingang [**portūs; ponti**]; ❽ Mündung *(eines Flusses);* ❾ Frechheit.

**os**[2], ossis *n* ❶ Knochen; *Pl.* ossa, ossium Gebeine; ❷ *Pl. (übtr.)* das Innerste, Mark (u. Bein); **exarsit dolor ossibus** im Herzen.

**ōs-cen**, cinis *m (< obs- [ob] u. cano)* Weissagevogel *(z. B. Rabe, Krähe, Eule), aus dessen Geschrei die Auguren weissagten.*

**Oscī**, ōrum *m* die Osker, *Volk in Kampanien; – Adj.* **Oscus,** a, um oskisch [**ludi** die Atellanen].

**ōscillum**, ī *n (Demin. v. osculum) (poet.)* Wachsbildchen des Bacchus, *das in der Feldmark zur Abwehr böser Geister aufgehängt wurde.*

**ōscitanter** *Adv. (oscito)* schläfrig; teilnahmslos.

**ōscitātiō**, ōnis *f (oscito) (nachkl.)* das Gähnen.

**ōscitō**, ōscitāre *(< ōs citō „bewege den Mund")* gähnen; – **ōscitāns** schläfrig, teilnahmslos.

**ōsculātiō**, ōnis *f (osculor)* das Küssen.

**ōsculor**, ōsculārī *(osculum)* küssen; liebkosen; zärtlich lieben.

**ōsculum**, ī *n (Demin v. os*[1]*)* ❶ *(poet.; nachkl.)* Mündchen; ❷ *(meton.)* Kuss.

**Oscus** *s. Osci.*

**Osīris**, ris *u.* ridis *m Hauptgott Ägyptens, Gemahl der Isis.*

**Ossa**, ae *m u. f Berg in Thessalien; – Adj.* **Ossaeus,** a, um.

**osseus**, a, um *(os*[2]*) (poet.; nachkl.)* knochig, knöchern.

**ostendō**, ostendere, ostendī, ostentum *u. (später)* ostēnsum ❶ *(poet.)* entgegenstrecken, vorhalten; *übtr.* entgegenhalten; ❷ zeigen, darbieten; – **se ~** *u. mediopass.* **ostendi** erscheinen, sichtbar werden; ❸ *(übtr.)* in Aussicht stellen, versprechen [**alci spem praemiorum; viam salutis**]; ❹ offenbaren, an den Tag legen [**sententiam suam**]; ❺ erklären, darlegen [**causam adventūs**].

**ostentāneus**, a, um *(ostento) (nachkl.)* zeigend, gefahrdrohend.

**ostentātiō**, ōnis *f (ostento)* ❶ das Zeigen, Offenbaren; ❷ Prahlerei *(mit etw.: Gen.);* ❸ Täuschung, Schein [**inanis**].

**ostentātor**, ōris *m (ostento)* ❶ *(nachkl.)* derjenige, der auf etw. aufmerksam macht *(auf etw.: Gen.);* ❷ Prahler *(mit etw.: Gen.).*

**ostentō**, ostentāre *(Intens. v. ostendo)* ❶ (wiederholt, auffällig) hinhalten, entgegenhalten; ❷ zeigen; ❸ zur Schau stellen, m. etw. prahlen *(m. Akk.)* [**cicatrices; arma capta**]; ❹ *(übtr.)* zeigen, an den Tag legen [**gaudium**]; ❺ in Aussicht stellen: **a)** versprechen [**praemia**]; **b)** androhen [**caedem**]; ❻ erklären, aufzeigen *(m. A. C. I. od. indir. Frages.).*

**ostentum**, ī *n (ostendo)* ❶ Anzeichen, Wunder(zeichen); ❷ *(nachkl.)* Scheusal.

**ostentus**[1] *P. P. P. v. ostendo.*

**ostentus**[2], *Dat.* uī, *Abl.* ū *m (ostendo)* das Zeigen, Schaustellung, *meist Dat.:* **ostentuī** **a)** zur Schau; **b)** zum Beweis; **c)** zum Schein.

**Ōstia**, ae *f u.* ōrum *n (ostium) Hafenstadt Roms an der Tibermündung; – Adj.* **Ōstiēnsis,** e.

**ōstiārium**, ī *n (ostium)* Türsteuer.

**ōstiārius**, ī *m (ostium) (nachkl.)* Pförtner.

**ōstiātim** *Adv. (ostium)* von Haus zu Haus.

**ōstium**, ī *n (os*[1]*)* ❶ Tür; ❷ *(übtr.)* Eingang, Zugang [**portūs**]; ❸ Mündung.

**ostrea**, ae *f u. (nachkl.)* **-um,** ī *n (gr. Fw.)* Muschel, Auster.

**ostri-fer**, fera, ferum *(ostreum u. fero) (poet.)* austernreich.

**ostrum**, ī *n (gr. Fw.) (poet.)* Purpur; *(meton.)* Purpurgewand, -decke.

**ōsūrus** *Part. Fut. v. odi.*

**Othō**, ōnis *m röm. cogn.:* ❶ **L. Roscius ~** *Volkstribun 67 v. Chr.;* ❷ **M. Salvius ~** *röm. Kaiser 69 n. Chr.; – Adj.* **Othōniānus,** a, um.

**Othrys**, yos *m Gebirge im südl. Thessalien.*

**ōtiolum**, ī *n (Demin. v. otium)* das bisschen Muße.

**ōtior**, ōtiārī *(otium)* Muße genießen, faulenzen.

**ōtiōsus**, a, um *(otium)* ❶ müßig, unbeschäftigt, untätig; ❷ frei v. Staatsgeschäften; ❸ literarisch beschäftigt, wissenschaftlich tätig; ❹ ruhig, friedlich; ❺ sorglos, unbekümmert.

**ōtium**, ī *n* ❶ Muße, Ruhe v. Berufstätigkeit, Freizeit; **se in -um conferre** sich ins Privatleben zurückziehen; ❷ Müßiggang; ❸ literarische Beschäftigung, wissenschaftliche Betätigung; ❹ *(poet.) (meton.) Pl.* **otia** Früchte der Muße *(v. Gedichten);* ❺ polit. Ruhe, Friede; **in -o esse** *u.* **vivere; rem ad -um deducere** friedlich beilegen.

O

**Imperium Romanum**

**Ovidius** (i *m*) - Publius Ovidius Naso (43 v. Chr. - 17 n. Chr.), im Deutschen „Ovid" genannt, war ein römischer Dichter. Ovid begann mit elegischer Liebeslyrik wie den Liebesgedichten **Amores** und der **Ars Amatoria**, einem Lehrgedicht über die Kunst des Liebens. Sein Hauptwerk sind die **Metamorphoses** („Verwandlungen"), ein Epos, in dem Ovid eine mythologische Weltgeschichte vom Urbeginn der Welt bis zur damaligen Gegenwart darstellt und dabei unzählige Geschichten aus der antiken Mythologie lebendig aneinanderreiht. Ovid wurde im Jahr 8 n. Chr. aus unbekannten Gründen von Augustus nach Tomi, einer Stadt am Schwarzen Meer, verbannt, wo er auch starb. In der Verbannung entstanden die **Tristia** (Trauerlieder) und die **Epistulae ex Ponto** (Briefe vom Schwarzen Meer), in denen er sein Leben in der Verbannung beklagte.

**ovīle**, lis *n (ovis)* ❶ *(poet.)* Schafstall; ❷ *eingezäunter* Abstimmungsplatz *auf dem Marsfeld.*
**ovillus**, a, um *(ovis)* Schaf-.
**ovis**, is *f* Schaf.
**ovō**, ovāre ❶ jubeln, frohlocken; ❷ feierlich einziehen.
**ōvum**, ī *n* ❶ Ei; *sprichw.:* **ab ovo usque ad mala** v. der Vorspeise bis zum Nachtisch = während der ganzen Mahlzeit; ❷ **septem ova:** *im Zirkus sieben eiförmige Figuren, nach denen die Umläufe der Wagen gezählt wurden.*

# Pp

**P.** *(Abk.)* ❶ = *Publius (Vorname);* ❷ **P. C.** = *patres conscripti;* ❸ **P. M.** = *pontifex maximus;* ❹ **P. R.** = *populus Romanus.*
**pābulātiō**, ōnis *f (pabulor) (milit. t. t.)* das Futterholen.
**pābulātor**, ōris *m (pabulor) (milit. t. t.)* Futterholer, Furier.
**pābulor**, pābulārī *(pabulum)* Futter holen.
**pābulum**, ī *n (pasco)* ❶ Futter; ❷ *(milit. t. t.)* Furage; ❸ *(übtr.)* Nahrung [**doctrinae; morbi**].
**pācālis**, e *(pax) (poet.)* Friedens- [**flammae** *auf dem Altar der Friedensgöttin*].
**pācātor**, ōris *m (paco) (nachkl.)* Friedensstifter.
**pācātum**, ī *n (pacatus)* Freundesland.
**pācātus**, a, um *(P. Adj. v. paco)* beruhigt, friedlich *(gegen jmd.: alci).*
**pāci-fer**, fera, ferum *(pax u. fero) (poet.; nachkl.)* Frieden bringend.
**pācificātiō**, ōnis *f (pacifico)* Friedensstiftung.

**pācificātor**, ōris *m (pacifico)* Friedensstifter.
**pācificātōrius**, a, um *(pacificator)* Friedens-.
**pācificor**, pācificārī *u.* **pācificō**, pācificāre *(pax u. facio)* **I.** *intr.* Frieden schließen; Frieden vermitteln; **II.** *trans.* besänftigen.
**pāci-ficus**, a, um *(pax u. facio)* Frieden stiftend.
**pacīscor**, pacīscī, pactus sum *(pax, pango)* **I.** *intr.* einen Vertrag schließen, übereinkommen, verabreden *(m. ut, ne, auch m. Inf.);* **II.** *trans.* ❶ etw. festsetzen [**pretium**]; sich etw. ausbedingen *(alqd ab alqo, auch sibi alqd; m. ut, ne); – Part.* **pactus,** a, um *(pass.)* verabredet, versprochen [**praemium**]; ❷ sich m. jmdm. verloben *(vom Mann);* ❸ *(poet.)* hingeben [**vitam pro laude**], eintauschen; ❹ *(m. Inf.)* sich verpflichten [**stipendium dare**].
**pācō**, pācāre *(pax)* ❶ friedlich machen, beruhigen; ❷ unterwerfen; ❸ *(poet.)* urbar machen.
**Pacorus**, ī *m Name parthischer Könige.*
**pacta**, ae *f (paciscor) (poet.)* die Verlobte.
**pactiō**, ōnis *f (paciscor)* ❶ Übereinkunft, Vertrag, Verabredung; **pactionem facere cum alqo** *(de re od. ut);* ❷ Kapitulation; ❸ Versprechen.
**Pactōlus** *u.* **-os,** ī *m* (*Akk.* -on) *goldführender Fluss in Lydien; – Adj. (f)* **Pactōlis,** idis.
**pactor**, ōris *m (paciscor)* Vermittler.
**pactum**, ī *n (paciscor)* ❶ Übereinkunft, Vertrag; **ex -o** vertragsmäßig; ❷ *nur im Abl. Sg.* Art u. Weise; **nullo -o** durchaus nicht; **eodem / alio / isto -o**.
**pactus**[1], a, um *s. paciscor.*
**pāctus**[2], a, um *P. P. P. v. pango.*
**Pācuvius**, ī *m* **M. ~** *röm. Tragiker (um 220–130* v. Chr.), Neffe des Ennius.
**Padus**, ī *m Hauptfluss Oberitaliens, j.* Po.
**Paeān**, ānis *m urspr. griech.* Heilgott, *später Beiname Apollos.*
**paeān**, ānis *m (Paean)* ❶ Lob- *od.* Bittgesang an Apollo, *übh.* Festgesang; ❷ *Versfuß v. drei Kürzen u. einer Länge.*
**paedagōgium**, ī *n (gr. Fw.) (nachkl.)* Pagenschule.
**paedagōgus**, ī *m (gr. Fw.)* ❶ Knabenführer, *Sklave, der die Söhne seines Herrn in die Schule begleitete, v. der Schule abholte u. zu Hause beaufsichtigte;* ❷ *(nachkl.) (übtr.)* Erzieher.
**paedor**, ōris *m* Schmutz.
**paelex**, licis *f (gr. Fw.)* Nebenfrau, Konkubine; Nebenbuhlerin.
**paelicātus**, ūs *m (paelex)* Konkubinat.
**Paelīgnī**, ōrum *m Völkerschaft in Mittelitalien; – Adj.* **Paelīgnus,** a, um pälignisch; zauberkundig.
**paene** *Adv.* ❶ beinahe, fast; *bes. m. Ind. Perf.:* **paene periit** beinahe wäre er umgekommen; ❷ gänzlich, ganz u. gar.
**paen-īnsula**, ae *f* Halbinsel; *auch getr.* paene insula.
**paenitentia**, ae *f (paeniteo)* Reue *(wegen etw.: Gen.).*
**paeniteō**, paenitēre, paenituī, – **I.** *(persönl.)* missbilligen, bereuen; **paenitendus** verwerflich; **haud paenitendus** anerkennenswert; *(m. Gen.)* **paenitens consilii; II.** *(unpers.)* **alqm paenitet** es reut, ärgert jmd., jmd. bereut etw. *(m. Gen.; alqd nur beim Neutr. eines*

*Pron.; m. Inf., m. quod od. m. indir. Frages.);* – **alqm non paenitet** *oft* = jmd. ist nicht abgeneigt, es gefällt jmdm.
**paenula**, ae *f (gr. Fw.)* Reisemantel.
**paenulātus**, a, um *(paenula)* im Reisemantel.
**paeōn**, ōnis *m = paean.*
**Paeōn**, ōnis *m = Paean; – Adj.* **Paeōnius**, a, um *(poet.)* **a)** des Apollo; **b)** der Ärzte; heilsam.
**Paestum**, ī *n Stadt in Lukanien, Ruinenstadt m. Stadtmauer u. drei gut erhaltenen dorischen Tempeln; – Einw. u. Adj.* **Paestānus**, ī *m bzw.* a, um.
**paetulus**, a, um *(Demin.) = paetus.*
**paetus**, a, um *(poet.)* verliebt blinzelnd, leicht schielend.
**pāgānus** *(pagus)* **I.** *Adj.* a, um *(poet.; nachkl.)* dörflich, ländlich; **II.** *Subst.* ī *m* Dorfbewohner, Bauer.
**pāgātim** *Adv. (pagus)* dorfweise.
**pāgella**, ae *f (Demin. v. pagina)* Blatt (Papier).
**pāgina**, ae *f* Blatt (Papier), Seite *des Papiers.*
**pāginula**, ae *f (Demin.) = pagina.*
**pāgus**, ī *m* ❶ Gau, Bezirk; *meton.* die Bewohner des Gaus; ❷ Dorf; *meton.* die Dorfbewohner.
**pāla**, ae *f* ❶ Spaten; ❷ Fassung *eines Edelsteins am Ring.*
**Palaemōn**, onis *m griech. Meergott, vor seiner Verwandlung Melicerta genannt, später m. dem röm. Portunus identifiziert.*
**Palae-polis**, is *f eigtl.* „Altstadt", *der ältere Teil v. Neapel; – Einw.* **Palaepolītānī**, ōrum *m.*
**Palaestīna**, ae *u.* **-ē**, ēs *f* Palästina; – *Adj.* **Palaestīnus**, a, um; – *Einw.* **Palaestīnī**, ōrum *m auch übh.* Syrer.
**palaestra**, ae *f (gr. Fw.)* ❶ Ringschule, -platz; ❷ *(meton.)* Ringkunst; ❸ *(übtr.)* Schule, *bes.* der Redekunst; ❹ Übung, Kunst, *bes.* Redeübung.
**palaestricus**, a, um *(gr. Fw.)* ❶ in der Ringschule üblich; ❷ der Palästra ergeben [**praetor** *ironisch v. Verres*].
**palaestrīta**, ae *m (gr. Fw.)* Ringer.
**palam I.** *Adv.* ❶ öffentlich; ❷ *(übtr.)* **a)** offen, unverhohlen; **b)** offenkundig, bekannt; **testamentum ~ facere** bekannt machen; **II.** *Präp. b. Abl.* vor, in Gegenwart von [**populo**].
**Palātium**, ī *n* ❶ der Palatin, *einer der sieben Hügel Roms; – Adj.* **Palātīnus**, a, um palatinisch [**collis**]; ❷ *(poet.) (meton.)* Palast; – Adj. **Palātīnus**, a, um kaiserlich.

**Imperium Romanum**
**Palātium** (ī *n*) – der Palatin oder palatinische Hügel ist einer der sieben Hügel Roms. Er bildet den ältesten Siedlungsbereich Roms, der schon in vorgeschichtlicher Zeit bewohnt war. Seit der Zeit der späten Republik war der Palatin ein vornehmes Viertel mit Prachtvillen. Dort entstanden später mehrere Paläste römischer Kaiser, weshalb das Wort „Palatium" auch die Bedeutung „Palast" erlangt hat. Das deutsche Wort **„Palast"** selbst leitet sich ebenso wie **„Pfalz"** etymologisch aus dem lateinischen „Palatium" ab.

**palātum**, ī *n u.* **palātus**, ī *m* ❶ Gaumen; ❷ *(übtr.)* Wölbung [**caeli**].
**palea**, ae *f* Spreu.
**palear**, āris *n (poet.; nachkl.)* Wamme *(vom Hals des Rindes herabhängende Hautfalte), meist Pl.*
**Palēs**, is *f altital. Hirtengöttin; – Adj.* **Palīlis**, e der Pales geweiht.
**Palīlia**, ium *n (Pales)* die Palilien, *Hirtenfest der Römer am 21. April, dem Gründungstag Roms.*
**Palīlis**, e *s. Pales.*
**palimpsēstus**, ī *m (gr. Fw.)* Palimpsest, *nach Abkratzen der älteren Schrift neu beschriebenes Pergament.*
**Palinūrus**, ī *m Steuermann des Äneas; nach ihm wurde das Vorgeb. an der Westküste Lukaniens benannt.*
**paliūrus**, ī *m u. f (gr. Fw.) (poet.; nachkl.) (bot.)* Christdorn.
**palla**, ae *f* ❶ *langes, vorn offenes* Obergewand, Mantel *der röm. Frauen u. der tragischen Schauspieler auf der Bühne;* ❷ *(nachkl.)* Vorhang.
**Pallas**, adis *u.* ados *f (poet.)* ❶ *Beiname der Athene (Minerva);* **Palladis arbor** Ölbaum; **Palladis ars** Spinnen u. Weben; **Palladis ales** Eule; ❷ *(meton.)* **a)** Ölbaum; **b)** Öl; / *Adj.* **Palladius**, a, um der Pallas (geweiht); / *Subst.* **Palladium**, ī *n Bild der Pallas in Troja, Garant der Staatsexistenz; später soll es durch Äneas nach Rom gekommen sein u. wurde im Vestatempel verehrt.*
**pallēns**, *Gen.* entis *(P. Adj. v. palleo) (poet.; nachkl.)* ❶ blass, bleich; ❷ gelbgrün; ❸ *(meton.)* blass machend [**morbus**].
**palleō**, pallēre, palluī, – ❶ blass, bleich sein; ❷ *(poet.)* gelblich, grünlich sein; ❸ *(poet.)* sich entfärben; ❹ *(poet.; nachkl.)* krank sein; ❺ *(poet.) (meton.)* sich ängstigen, sich fürchten *(vor etw.: alqd; für, um jmd.: alci).*
**pallēscō**, pallēscere, palluī, – *(Incoh. v. palleo) (poet.; nachkl.)* ❶ erblassen; ❷ gelblich werden; ❸ *(übtr.)* in Furcht geraten, ängstlich werden.
**palliātus**, a, um *(pallium)* im griech. Mantel.
**pallidulus**, a, um *(Demin. v. pallidus) (poet.)* ziemlich blass.

P

**pallidus**, a, um *(palleo) (poet.; nachkl.)* ❶ blass, bleich; ❷ *(meton.)* bleich machend [**mors**]; ❸ gelb, grünlich.
**palliolum**, ī *n (Demin v. pallium) (poet.; nachkl.)* Kapuze.
**pallium**, ī *n* ❶ griech. Mantel, ein weiter Überwurf; ❷ *(poet.; nachkl.)* Bettdecke.
**pallor**, ōris *m (palleo)* ❶ Blässe; ❷ *(poet.)* gelbliche Farbe.
**palluī** *Perf. v. palleo u. pallesco.*
**palma**, ae *f* ❶ flache Hand, *übh.* Hand; ❷ Palme; ❸ *(poet.; nachkl.)* Dattel; ❹ Palmzweig: **a)** *als Siegeszeichen;* **b)** *(poet.) als Besen;* ❺ *(meton.)* Siegespalme, Siegespreis; Sieg, Ruhm; ❻ äußerster Zweig.
**palmāris**, e *(palma)* des Siegespreises würdig, vorzüglich.
**palmātus**, a, um *(palma)* mit Palmzweigen bestickt.
**palmes**, mitis *m (palma)* Zweig; Rebschössling; Weinstock.
**palmētum**, ī *n (palma) (poet.; nachkl.)* Palmenhain.
**palmi-fer**, fera, ferum *(palma u. fero) (poet.) u.* **palmi-ger**, gera, gerum *(palma u. gero) (nachkl.)* Palmen tragend.
**palmōsus**, a, um *(palma) (poet.)* reich an Palmen.
**palmula**, ae *f (Demin. v. palma) (poet.)* Ruder.
**pālor**, pālārī ❶ sich zerstreuen, umherschweifen; **agmen palatur per agros;** ❷ *(übtr.)* irren, schwanken.
**palpebra**, ae *f (palpito)* Augenlid.
**palpitātiō**, ōnis *f (palpito) (nachkl.)* das Zucken.
**palpitō**, palpitāre *(Intens. v. palpo)* zucken.
**palpō**, palpāre *u.* **palpor**, palpārī streicheln; schmeicheln.
**palūdāmentum**, ī *n* Soldaten-, Feldherrnmantel.
**palūdātus**, a, um im Soldatenmantel.
**palūdōsus**, a, um *(palus²) (poet.)* sumpfig.
**palumbēs**, is *m u. f* Holz-, Ringeltaube.
**pālus¹**, ī *m (pango)* Pfahl.
**palūs²**, ūdis *f* Sumpf, Pfütze; See; Fluss.
**palūster**, tris, tre *(palus²)* ❶ sumpfig; ❷ *(poet.)* im Sumpf lebend [**ranae**].
**pampineus**, a, um *(pampinus) (poet.; nachkl.)* aus Weinlaub, reich an Weinlaub [**corona; autumnus**].
**pampinus**, ī *m* Weinlaub, -ranke.
**Pān**, Pānos *u.* Pānis *m* (*Akk.* Pāna) *arkadischer Wald- u. Hirtengott, Sohn des Hermes (Merkur).*
**panacēa**, ae *f (gr. Fw.) (poet.; nachkl.)* Allheilkraut *(erdichtete Pflanze).*
**Panaetius**, ī *m stoischer Philosoph aus Rhodos (etwa 185–112 v. Chr.), Freund des jüngeren Scipio.*
**pānārium**, ī *n (panis) (nachkl.)* Brotkorb.
**Panathēnāicus**, ī *m* Festrede *des Isokrates an den Panathenäen, den Festspielen zu Ehren der Athene, 339 v. Chr.*
**panchrēstus**, a, um *(gr. Fw.)* zu allem nützlich.
**pancratiastēs**, ae *m (gr. Fw.) (nachkl.)* Ring- u. Faustkämpfer.
**pancration** *u.* **-ium**, ī *n (gr. Fw.) (nachkl.)* Ring- u. Faustkampf.
**pandō**, pandere, pandī, passum *u.* pānsum *(pateo)* ❶ ausbreiten, ausstrecken; **manibus passis** m. ausgebreiteten Armen; **crines passi** *u.* **capillus passus** aufgelöst, fliegend; – **se ~** *u. mediopass.* **pandi** sich ausbreiten: *(übtr.)* **longe lateque se ~** weiten Einfluss gewinnen; ❷ *(poet.)* trocknen; **passi racemi** Rosinen; **lac passum** Käse; ❸ öffnen [**moenia urbis**]; – *mediopass.* sich öffnen; ❹ gangbar machen [**rupem ferro**], *(einen Weg)* bahnen, *meist übtr.* [**viam fugae**]; ❺ offenbaren [**oraculum**].
**pandus**, a, um *(poet.)* gekrümmt, (ein)gebogen, gewölbt.
**Panēgyricus**, ī *m (gr. Fw.)* Festrede *des Isokrates zur Verherrlichung Athens.*
**pangō**, pangere, pepigī *(vereinzelt* pānxī *u.* pēgī), pāctum ❶ einschlagen, befestigen [**ancoram litoribus**]; ❷ *(übtr.)* verfassen, dichten; ❸ *(ohne Präsensstamm)* festsetzen, bestimmen [**fines provinciae**]; etw. verabreden [**pacem / foedus cum alqo** schließen]; *(m. ut, ne od. m. bl. Konj.); – m. Inf.* versprechen; – **se alci ~** sich m. jmdm. verloben.
**Panhormus**, ī *f = Panormus.*
**pānicum**, ī *n* Hirse.
**pānis**, is *m* Brot.
**Pāniscus**, ī *m* kleiner Pan.
**Pannonia**, ae *f Landschaft zw. Dakien, Norikum u. Illyrien, seit 9 n. Chr. bis zum Ende des 4. Jahrhs. röm. Provinz; – Einw.* **Pannoniī**, ōrum *m.*
**pannōsus**, a, um *(pannus)* zerlumpt.
**pannus**, ī *m* Lappen; ärmliches Kleid.
**Panormus**, ī *f Stadt im Norden Siziliens, j.* Palermo.
**panthēra**, ae *f (gr. Fw.)* Panther.
**panthērīnus**, a, um *(panthera) (nachkl.)* gefleckt.

**Wissen: Antike**
**Panthēum** (ī *n*) - Das Pantheon war ursprünglich allen Göttern geweiht und ist seit 608 eine Kirche. Im Jahr 25 v. Chr. ließ Agrippa nach dem Sieg von Actium in Rom auf dem Marsfeld das Pantheon errichten, den „Tempel aller Götter". Dieses Gebäude wurde im Jahr 80 n. Chr. durch einen gro-

ßen Brand zerstört. Unter Domitian wurde es restauriert und fiel im Jahr 110 erneut einer Feuersbrunst zum Opfer. Unter Hadrian wurde 115–125 n. Chr. an derselben Stelle das Pantheon von Grund auf neu errichtet und überdauerte seitdem die Zeiten: Es ist heute das am vollkommensten erhaltene antike Bauwerk Roms.

**pantomīmicus**, a, um *(pantomimus) (nachkl.)* pantomimisch.

**pantomīmus**, ī *m (gr. Fw.) (nachkl.)* der Pantomime; Ballett-Tänzer.

**papāver**, veris *n (auch m) (poet.; nachkl.)* Mohn; *Pl.* Mohnkörner.

**papāvereus**, a, um *(papaver) (poet.)* Mohn-.

**Paphus** *u.* **-os**, ī ① *f Stadt auf Zypern m. altem Aphroditekult; – Adj.* **Paphius**, a, um *auch übh.* zyprisch; ② *m Sohn des Pygmalion, myth. Gründer v. Paphos.*

**pāpiliō**, ōnis *m (poet.; nachkl.)* Schmetterling.

**papilla**, ae *f (poet.; nachkl.)* Brustwarze; Brust.

**Papīrius**, a, um *röm. nomen gentile.*

**Pāpius**, a, um *röm. nomen gentile.*

**papula**, ae *f (poet.; nachkl.)* (Hitze-)Bläschen; Blatter.

**papȳri-fer**, fera, ferum *(papyrus u. fero)* Papyrusstauden tragend.

**papȳrus**, ī *m u. f u.* **-um**, ī *n (gr. Fw.) (poet.; nachkl.)* Papyrusstaude; *meton.* Papier.

**pār**, *Gen.* paris **I.** *Adj. (Adv.* pariter, *s. d.)* ① gleich, gleichkommend; **pari modo** *od.* **ratione** ebenso; ② *(poet.)* gepaart, ähnlich; ③ *(v. Zahlen)* gerade; ④ unentschieden; **pari proelio discedere;** ⑤ gleich stark, ebenbürtig *(alci re: jmdm. an, in etw.);* **alci parem esse** standhalten, sich messen; ⑥ entsprechend, angemessen; **par est** *(m. A. C. I.)* es ziemt sich; **II.** *Subst.* ① *m u. f* **a)** Genosse, Genossin, *bes.* Altersgenosse; *(poet.)* Gatte, Gattin; **b)** Gegner; ② *n Sg. u. Pl.* **a)** Gleiches, das Gleiche; **b)** das Paar [**columbarum**].

**parābilis**, e *(paro[1])* leicht zu beschaffen.

**parabola**, ae *u.* **-ē**, ēs *f (gr. Fw.) (nachkl.)* Gleichnis.

**parārius**, ī *m (paro[1]) (nachkl.)* Unterhändler, Makler.

**parasīta**, ae *f (parasitus) (poet.; nachkl.)* Schmarotzerin.

**parasītus**, ī *m (gr. Fw.)* Schmarotzer.

**parātiō**, ōnis *f (paro[1])* ① Vorbereitung; ② das Streben nach etw. *(m. Gen.)* [**regni**].

**parātus[1]**, a, um *(P. Adj. v. paro[1])* ① vorbereitet, bereit, gerüstet *(zu, für etw.: ad, in alqd, alci rei)* [**in verba ~** zum Sprechen]; ② zu etw. entschlossen, auf etw. gefasst *(ad u. in alqd, selten alci rei; m. Inf.; m. ut);* **milites ad dimicandum -i; acies -a neci;** ③ gut vorbereitet, geübt, geschult [**ad usum forensem; in iure**]; ④ kampf-, schlagfertig [**adversarii**]; ⑤ leicht, bequem [**victoria**].

**parātus[2]**, ūs *m (paro[1])* ① Vorbereitung, Veranstaltung [**triumphi; funebris** Leichenbegängnis]; ② *(poet.)* Kleidung.

**Parca**, ae *f* Parze, Schicksalsgöttin.

**Wissen: Antike**
**Parcae** – Die drei Parzen waren in der Religion der Römer ursprünglich **Geburtsgöttinnen**: Nona (sie schickte die Frühgeburt), Decuma (sie schenkte die Normalgeburt – Decuma bedeutet „zehnter Monat“, wenn er beginnt, sind die neun Monate für eine normale Geburt vollendet) und Morta (sie verhängt die Totgeburt). Die Parzen wurden später mit den Moiren, den griechischen **Schicksalsgöttinnen** gleichgesetzt: mit Klotho, der „Spinnerin“ (sie spinnt den Lebensfaden), Lachesis, der „Zuteilerin“ (sie bemisst den Lebensfaden) und Atropos, der „Unabwendbaren“ (sie schneidet den Lebensfaden ab). Gegen die Entscheidung der Parzen sind die anderen Götter machtlos und können dem Menschen keine verlängerte Lebenszeit gewähren.

**parcitās**, tātis *f (parcus) (nachkl.)* Sparsamkeit.

**parcō**, parcere, pepercī *(seltener* parsī), parsūrus *(die Perf.-Formen des Passivs werden durch temperare ersetzt)* ① sparen, mit etw. sparsam umgehen [*(m. Dat.)* **labori alcis** jmdm. eine Anstrengung ersparen; *(m. Akk.)* **talenta gnatis** für die Kinder]; ② (ver)schonen *(m. Dat.)* [**subiectis**]; ③ Rücksicht nehmen auf *(m. Dat.);* ④ etw. unterlassen, sich enthalten *(m. Dat., selten ab; m. Inf.)* [**bello; ab incendiis; procedere**].

**parcus**, a, um *(parco)* ① sparsam; karg, knauserig *(m. etw.: Gen.);* ② enthaltsam, sich zurückhaltend, sich einschränkend [**verba** schonende; *(in etw.: Gen. od. in re)* **sanguinis civium; in laudando**]; **-e dicere** sich zurückhaltend äußern; ③ *(im Ausdruck)* knapp, schlicht; ④ *(poet.; nachkl.) (meton.)* spärlich, knapp, wenig; **frumentum -e metiri; -e laedere** nur leicht; **-e gaudere**.

**pardus**, ī *m (gr. Fw.) (nachkl.)* Panther.

**pārēns[1]**, *Gen.* entis *(P. Adj. v. pareo)* gehorsam; – *Subst.* **pārentēs,** tium *m* Untertanen.

**parēns[2]**, entis *m u. f (pario)* ① Vater, Mutter, *Pl.* **parentēs,** tum *u. (seltener)* tium Eltern; ② Ahnherr, *Pl.* Vorfahren; **more parentum;** ③ *(übtr.)* Schöpfer, Urheber.

**parentālia**, ium *n (parentalis)* Totenfeier f. Eltern *od.* Verwandte.

**parentālis**, e *(parens²) (poet.)* ❶ elterlich, der Eltern; ❷ zur Totenfeier für Eltern *od.* Verwandte gehörig.

**parentō**, parentāre *(parens²)* ❶ *(den Eltern od. Verwandten am Grab)* ein Totenopfer bringen; ❷ *(übtr.)* Sühnopfer darbringen, jmd. rächen *(m. Dat.)*.

**pāreō**, pārēre, pāruī, (pāritūrus) ❶ *(poet.; nachkl.)* erscheinen, sich zeigen; – *unpers.* **pāret** es zeigt sich, es ist klar; ❷ gehorchen [**legibus**]; ❸ untertan sein [**Caesari**]; ❹ nachgeben, sich leiten lassen *(m. Dat.)* [**irae; promissis** nachkommen].

**pāri-cīd ...** *ältere Form für parricid ...*

**pariēs**, etis *m* Wand; **intra parietes** innerhalb der vier Wände, *auch* auf gütlichem Wege.

**parietinae**, ārum *f (paries)* altes Gemäuer, Ruinen.

**Parīlia**, ium *n = Palilia.*

**parilis**, e *(par)* gleich(förmig).

**pariō**, parere, peperī, partum, (paritūrus) ❶ gebären; ❷ *(übtr.)* erzeugen, hervorbringen; **terra fruges parit;** ❸ *(geistig)* erfinden; ❹ erwerben, gewinnen [**amicos; divitias; libertatem**]; ❺ sich zuziehen, verursachen [**odium; letum sibi manu** Selbstmord begehen; **alci fiduciam** einflößen].

**Paris**, idis *m* (*Akk.* Paridem, Parim *u.* Parin; *Abl.* Paride *u.* Parī; *Vok.* Pari) *Sohn des trojan. Königs Priamus u. der Hecuba, Entführer der Helena.*

**Parīsiī**, ōrum *m gall. Völkerschaft an der mittleren Seine um das heutige Paris.*

**pariter** *Adv. (v. par)* ❶ in gleicher Weise, ebenso; – *m. ac, atque od. et: wie; cum alqo od. alci: wie jmd.;* ~ **ac si** *od.* **ut si** gleich als wenn; ❷ gleichzeitig; ❸ *(poet.)* ebenfalls.

**Parius**, a, um *s. Paros.*

**parma**, ae *f (gr. Fw.)* kleiner Rundschild; *(poet.) übh.* Schild.

**parmātus** *(parma)* **I.** *Adj.* a, um mit Rundschilden bewaffnet; **II.** *Subst.* ī *m* Rundschildträger.

**Parmenidēs**, is *m griech. Philosoph aus Elea, Hauptrepräsentant der eleatischen Philosophie (um 500 v. Chr.).*

**parmula**, ae *f (Demin. v. parma) (poet.)* Schildchen.

**Parnās(s)us**, ī *m Berg b. Delphi, Apollo u. den Musen heilig;* – *Adj.* **Parnās(s)ius**, a, um *u. fem.* **Parnāsis**, idis parnassisch, *auch* apollinisch, delphisch.

**parō¹**, parāre ❶ vorbereiten, rüsten *(alqd: etw. od. sich zu etw.)* [**alci necem** jmdm. nach dem Leben trachten; **bellum; insidias alci**]; ❷ *(m. Inf. od. ut)* sich zu etw. anschicken, etw. beabsichtigen; ❸ erwerben, gewinnen [**divitias; sibi regnum**]; ❹ anschaffen.

**parō²**, parāre *(par)* **se cum alqo** ~ sich m. jmdm. vergleichen, verständigen *(weg. der Amtsgeschäfte)*.

**parochus**, ī *m (gr. Fw.)* ❶ Gastwirt, *der durchreisenden Staatsbeamten Unterkunft zu gewähren hatte;* ❷ *(poet.) übh.* Wirt, Gastgeber.

**Paros** *u.* **-us**, ī *f eine Insel des Ägäischen Meeres, ber. durch ihren weißen Marmor;* – *Adj.* **Parius**, a, um [**lapis** parischer Marmor].

**parra**, ae *f (poet.; nachkl.)* Schleiereule.

**parri-cīda**, ae *m u. f* ❶ Mörder(in) eines nahen Verwandten, Vatermörder; ❷ *(übtr.)* Verbrecher, (Hoch-)Verräter.

**parricīdium**, ī *n (parricida)* ❶ Mord an einem nahen Verwandten, *übh.* Mord; ❷ *(übtr.)* Hochverrat, Verbrechen.

**pars**, partis *f* (*Akk. Sg.* partem, *bisw.* partim) ❶ Teil, Stück; **magna** *od.* **maior** ~ Mehrzahl, die meisten; **minor** ~ Minderheit; **dimidia** ~ Hälfte; **tertia** ~ Drittel; **tres partes** drei Viertel; **magnam partem** *od.* **magnā (ex) parte** großenteils; **maximam partem** *od.* **maximā (ex) parte** größtenteils; **(ex) parte** zum Teil; **ex aliqua parte** einigermaßen; **omni ex parte** völlig; ❷ *(poet.) Pl.* Genitalien [**naturae** *od.* **obscenae**]; ❸ Anteil *(an etw.: Gen.);* **in partem alcis rei venire** Anteil an etw. bekommen; **pro virili parte** nach Kräften; ❹ Geschäftsanteil, Aktie; ❺ Landesteil, Gebiet; ❻ Richtung, Seite; **a sinistra / dextra parte** links / rechts; **omnibus (in) partibus** überall; **ea parte** dort; **quam in partem** wohin; ❼ *(übtr.)* Hinsicht, Beziehung, Fall; **nullam in partem** *od.* **in neutram partem** keinesfalls; **in omnes partes** *od.* **omnibus partibus** *od.* **omni ex parte** in jeder Hinsicht, völlig; ❽ Unterabteilung; ❾ Partei, *meist Pl.;* **a partе alcis esse** auf jmds. Seite stehen; **nullīus** *bzw.* **neutrīus partis esse** neutral bleiben; **aliarum partium esse** einer anderen Partei angehören; ❿ *Pl.* Amt, Pflicht, Aufgabe; **suas partes implere** seine Pflicht erfüllen; ⓫ *Pl.* Rolle *des Schauspielers;* **primas partes agere** die Hauptrolle spielen.

**parsī** *s. parco.*

**parsimōnia**, ae *f (parco)* Sparsamkeit *(in etw.: Gen.)*.

**Parthī**, ōrum *m Volk südl. vom Kasp. Meer;* – *Adj.* **Parth(ic)us**, a, um.

**parti-ceps**, *Gen.* cipis (*Abl. Sg.* -cipe; *Gen. Pl.* -cipum; *Neutr. Pl. ungebräuchlich) (pars u. capio)* **I.** *Adj.* teilnehmend, teilhaftig, beteiligt *(m. Gen.)* [**praedae ac praemiorum**]; **II.** *Subst. m* Teilnehmer.

**participō**, participāre *(particeps)* ❶ jmd. an etw. teilnehmen lassen *(alqm alcis rei od. re);* ❷ etw. m. jmdm. teilen [**laudes cum alqo**].

P

**Grammatik & Co.**
Für ein **Participium coniunctum** wie „Urbs diu obsessa expugnata est" sind zweierlei Übersetzungen möglich: Erstens kann das Partizip „obsessa" als bloßes Attribut zu „urbs" die Frage „Was für eine Stadt?" beantworten: „Die lange belagerte Stadt [im Unterschied zu den anderen Städten] wurde erobert". Wenn uns aber vom Kontext her klar ist, welche Stadt gemeint ist, erfüllt das Partizip nicht nur eine attributive, sondern vor allem eine adverbiale Funktion und gibt an, unter welchen Umständen die Eroberung stattfand: „Nachdem/Weil die Stadt lange belagert worden war, wurde sie erobert." Da das Partizip hier nicht nur mit seinem Bezugswort (urbs), sondern zugleich mit der gesamten Satzaussage *verbunden* ist, nennt man es **Participium coniunctum**. Die Art der adverbialen Bestimmung, welche es leistet, müssen wir aus dem Kontext erschließen. Wir übersetzen es als Nebensatz mit Konjunktionen wie „als", „nachdem", „während", „solange" (temporal); „weil", „da" (kausal), „obwohl", „wenn auch" (konzessiv), „indem/ohne dass" (modal) oder seltener auch „wenn", „falls" (konditional). Oft können wir auch auf Präpositionalausdrücke zurückgreifen („Nach/Aufgrund langer Belagerung ...").

**particula**, ae *f (Demin. v. pars)* Teilchen, ein bisschen.

**partim** *Adv. (pars)* ❶ zum Teil, teils; ❷ einige; **e quibus partim ... partim** von denen die einen … die anderen.

**partior**, partīrī, partītus sum *(pars)* ❶ teilen, zerlegen, trennen; ❷ einteilen; ❸ ver-, zuteilen [**praedam sociis** *od.* **in socios**]; ❹ etw. m. jmdm. teilen [**bona cum alqo; regnum inter se**].

**partītē** *Adv. (partior)* mit bestimmter Einteilung.

**partītiō**, ōnis *f (partior)* ❶ Teilung [**defensionis**]; ❷ Einteilung [**artium**]; ❸ Verteilung [**praedae**].

**partum**, ī *n (pario)* ❶ Vorrat; ❷ *Pl.* Erworbenes, Eroberungen.

**parturiō**, parturīre *(Desider. v. pario)* **I.** *intr.* ❶ *(poet.)* gebären wollen, kreißen; ❷ *(übtr.)* sich ängstigen; **II.** *trans.* ❶ *(poet.; nachkl.)* gebären; *übtr.* erzeugen; ❷ *(übtr.)* etw. vorhaben.

**partus**[1] *P. P. P. v. pario.*

**partus**[2], ūs *m (Dat. Sg.* -uī *u.* -ū; *Dat. u. Abl. Pl.* partubus) *(pario)* ❶ das Gebären, Geburt; **alqm partu edere** *od.* **reddere** *od.* **eniti** gebären; ❷ *(meton.)* Geburtszeit; ❸ Zeugung; ❹ *(übtr.)* Ursprung, Entstehung; ❺ *(konkr.)* Leibesfrucht, Kind(er), Junges *od.* die Jungen.

**parum** *(parvus)* **I.** *Pos.* zu wenig, nicht genug ❶ *als Subst., nur im Nom. u. Akk. Sg.:* **~ sapientiae; parum est** *(m. Inf. od. A. C. I.)* es ist zu wenig, es genügt nicht; **parum habere** *(m. Inf.)* nicht zufrieden sein; **alqd parum facere** etw. als zu unwichtig betrachten; ❷ *als Adv.:* **~ firmus** (*od.* **validus**) zu schwach; **~ multi** zu wenige; **~ diu** zu kurz; **non** (*od.* **haud**) **~** genug, ziemlich; **II.** *Komp.* **minus** ❶ *als Subst.* etw. Geringeres, weniger; **minus militum; minus posse** *od.* **valere;** ❷ *als Adv.* **a)** weniger, minder; **plus minus** mehr oder weniger, ungefähr; **minus minusque** immer weniger; **nihilo minus** nichtsdestoweniger; **eo minus** desto weniger; **b)** *(als abgeschwächtes non)* nicht genug, nicht besonders; **c)** zu wenig; **III.** *Superl.* **minimē** *Adv.* ❶ am wenigsten, *(als Elativ)* sehr wenig; **minime saepe** äußerst selten; ❷ durchaus nicht, keineswegs; **non minime** besonders.

**parum-per** *Adv.* auf kurze Zeit.

**Parus** *s. Paros.*

**parvitās**, ātis *f (parvus)* Kleinheit.

**parvulus**, a, um *(Demin. v. parvus)* ❶ sehr klein, sehr wenig, unbedeutend; – *Adv.* **parvulum** nur ein wenig; ❷ sehr jung; – *Subst. m* (kleines) Kind: **a -o** *u.* **a -is** v. klein auf.

**parvus I.** *Adj.* a, um *(Komp.* **minor**, minus, *Superl.* **minimus**, a, um*)* ❶ *(räuml.)* klein [**oppidum; castra**]; ❷ *(quant.)* gering, unbeträchtlich [**cibus** wenig; **numerus navium**]; ❸ *(zeitl.)* kurz [**vita**]; ❹ *(dem Alter nach)* jung; **minor (natu / aetate)** jünger; **minimus (natu)** der jüngste; ❺ *(nach Wert, Bedeutung, Geltung u. Ä.)* unbedeutend, gering; **-o pretio vendere;** ❻ *(dem Stand, Rang nach)* niedrig, ärmlich, *meist im Komp.;* **magistratūs minores;** ❼ *(poet.)* bescheiden [**verba**]; ❽ kleinmütig [**animus**]; ❾ *(poet.)* leise [**vox**]; **II.** *Subst.* ❶ **parvus,** ī *m* (kleines) Kind, Junge; **a -o** *u.* **a -is** v. Jugend auf; – **parva**, ae *f* kleines Mädchen; ❷ *(poet.; nachkl.)* **minōrēs**, rum *m* **a)** jüngere Leute; **b)** Nachwelt; **c)** untere Stände; **d)** die Untergebenen; ❸ **parvum**, ī *n* Kleinigkeit, geringes Vermögen; parvi *u.* parvo *als Gen. u. Abl. pretii:* **alqd -i aestimare, ducere, facere** etw. gering achten; **-i esse** wenig gelten; **III.** *Adv.* **minimum** *u.* **minimē** am wenigsten, sehr wenig [**valere**].

**pāscō**, pāscere, pāvī, pāstum ❶ (das Vieh) weiden [**oves; armentum**]; ❷ Viehzucht treiben; ❸ *(poet.)* abweiden; ❹ *(poet.)* abweiden lassen [**agros**]; ❺ füttern, (er)nähren, aufziehen; ❻ *(übtr.)* nähren, wachsen lassen [**ignes** unterhalten; **spes inanes** hegen]; ❷ erfreuen, ergötzen [**animum picturā**].

**pāscor**, pāscī, pāstus sum **I.** *intr.* ❶ *(vom Vieh) abs.* weiden, grasen; ❷ sich nähren *(von etw.: Abl.)*; ❸ *(übtr.)* sich an etw. weiden, seine Freude haben *(m. Abl.)*; **II.** *trans. (poet.; nachkl.)* abweiden [**silvas**].

**pāscuum**, ī *n, gew. Pl. (pascuus)* Weide(land).

**pāscuus**, a, um *(pasco)* Weide- [**ager**].

**passer**, eris *m* ❶ Spatz, Sperling; Blaudrossel; ❷ *(poet.; nachkl.)* Flunder *(ein Plattfisch)*.

**passerculus**, ī *m (Demin. v. passer)* Spätzlein.

**passim** *Adv. (pando)* ❶ weit u. breit, ringsumher, überall; nach allen Seiten; ❷ *(poet.; nachkl.)* durcheinander, ohne Unterschied.

**passum**, ī *n (pando) (poet.)* Sekt.

**passus**[1] *P. P. P. v. pando.*

**passus**[2] *P. P. Akt. v. patior.*

**passus**[3], ūs *m (pando)* ❶ Schritt; **rapidis passibus ferri;** ❷ *(poet.) (meton.)* Fußspur, Tritt; ❸ Klafter (1,5 m); **mille passūs** eine röm. Meile = 1,5 km.

**pāstillus**, ī *m (poet.; nachkl.)* Pille, Pastille.

**pāstiō**, ōnis *f (pasco)* Weide(platz).

**pāstor**, ōris *m (pasco)* Hirt.

**pāstōrālis**, e, **pāstōricius**, a, um *u. (poet.)* **pāstōrius**, a, um *(pastor)* Hirten- [**carmen**].

**pāstus**[1] *Part. Perf. v. pasco u. pascor.*

**pāstus**[2], ūs *m (pasco)* ❶ Fütterung; ❷ *(meton.)* **a)** Futter; **b)** *(poet.; nachkl.)* Weide(platz).

**Patavium**, ī *n* Padua, *Stadt in Venetien, Geburtsort des Livius; – Einw. u. Adj.* **Patavīnus**, ī *m bzw.* a, um.

**pate-faciō**, facere, fēcī, factum, *Pass.* pate-fīō, fierī, factus sum *(pateo)* ❶ öffnen [**portas hostibus; aciem** entfalten]; ❷ gangbar machen, bahnen [**iter per Alpes; loca**]; ❸ sichtbar machen; ❹ *(übtr.)* enthüllen, aufdecken [**coniurationem**]; *(m. A. C. I. u. indir. Frages.)*.

**patella**, ae *f (Demin v. patera)* Schale, *bes.* Opferschale.

**patena**, ae *f (gr. Fw.) (poet.)* Krippe.

**patēns**, *Gen.* entis *(P. Adj. v. pateo)* ❶ offen, frei, gangbar; ❷ *(übtr.)* für etw. offen *(m. Dat.)*; ❸ *(poet.) (übtr.)* offenbar, klar [**causa**].

**pateō**, patēre, patuī, – ❶ offenstehen; **patent portae;** ❷ zugänglich, gangbar sein; ❸ *(übtr.)* frei-, offenstehen; **iis fuga patet; honores alci patent;** ❹ bloßgestellt, ausgesetzt sein [**periculis**]; ❺ offenbar sein, sich zeigen; – *unpers.* **patet** *(m. A. C. I.)* es ist klar, offenbar; ❻ sich erstrecken, sich ausdehnen.

**pater**, tris *m* (*Gen. Pl.* -trum) ❶ Vater [**familiae** *u.* **familiās**]; *Pl. auch* Eltern; ❷ *Pl.* Ahnen, Vorfahren; **patrum memoriā;** ❸ *Pl.* Senatoren, Senat, *bes. (als Anrede):* **patres conscripti;** ❹ Patrizier *(im Ggstz. zu plebs)*; ❺ *(übtr.)* Urheber, Schöpfer, Gründer; **Zeno ~ Stoicorum;** ❻ *als Ehrentitel:* **~ Iuppiter; ~ patriae** Vater, Retter des Vaterlandes.

**Imperium Romanum**

**pater familias** – Der pater familias war Oberhaupt und Patriarch der römischen Familie. Seine „väterliche Gewalt" (**patria potestas**) war in der frühen Republik unbeschränkt: Er war der alleinige Eigentümer des Vermögens der Familie, er war der Verwalter der Mitgift der Ehefrau und er hatte Gewalt über Leben und Tod seiner Kinder. Diese Macht wurde ab der späten Republik eingeschränkt: Es wurde der rechtliche Akt der **emancipatio** eingeführt, mit dem die Kinder bei Eintritt der Volljährigkeit aus der Gewalt des Vaters entlassen wurden, und die Frauen erhielten das Recht auf eigenes Eigentum.

**patera**, ae *f (pateo)* flache Schale, *bes.* Opferschale.

**paternus**, a, um *(pater)* ❶ väterlich, des Vaters [**avus** v. väterlicher Seite; **iniuria** gegen den Vater]; ❷ *(poet.)* vaterländisch, heimatlich [**terra**].

**patēscō**, patēscere, patuī, – *(Incoh. v. pateo)* ❶ *(poet.; nachkl.)* sich öffnen; ❷ *(poet.; nachkl.) (übtr.)* sich zeigen, offenbar werden; **insidiae patescunt;** ❸ sich ausdehnen, sich erstrecken.

**patibilis**, e *(patior)* ❶ erträglich [**dolor**]; ❷ empfindsam.

**patibulum**, ī *n (pateo)* Marterholz.

**patiēns**, *Gen.* entis *(P. Adj. v. patior)* ❶ erduldend, ertragend *(m. Gen.)* [**laborum; frigoris**]; ❷ ausdauernd, geduldig; ❸ *(poet.) (übtr.)* fest, hart; ❹ genügsam.

**patientia**, ae *f (patiens)* ❶ das Erdulden, Ertragen [**frigoris**]; ❷ Ausdauer; ❸ Geduld, Nachsicht; **patientiā alcis abuti**.

**patina**, ae *f (gr. Fw.)* Pfanne, Schüssel.

**patior**, patī, passus sum ❶ (er)leiden, (er)dulden [**supplicium**]; ❷ *(poet.) abs.* ein karges Leben führen [**in silvis**]; ❸ *(übtr.)* etw. erfahren, v. etw. betroffen werden *(alqd)* [**iniuriam**]; ❹ zulassen, sich gefallen lassen *(meist m. A. C. I., selten m. ut u. neg. m. quin)*; ❺ *(m. dopp. Akk.)* (sein) lassen [**nihil intactum** nichts unversucht lassen].

**Patrae**, ārum *f* Patras, *Küstenstadt in Achaia; – Einw. u. Adj.* **Patrēnsis**, is *m bzw.* e.

**patrātor**, ōris *m (patro) (nachkl.)* Vollstrecker [**necis**].

**patrātus** *s. patro.*

**Patrēnsis** *s. Patrae.*

P

**patria**, ae *f (patrius; erg. terra od. urbs)* Vaterland, -stadt, Heimat.
**patricia**, ae *f (patricius)* Patrizierin.
**patri-cīda**, ae *m (pater u. caedo)* Vatermörder.
**patricius** *(pater)* **I.** *Adj.* a, um patrizisch, adlig; **II.** *Subst.* ī *m* Patrizier; *Pl.* Adelsstand, Patriziat.

**Imperium Romanum**
**patricius** – Die Patrizier waren die Angehörigen des römischen Uradels mit besonderen exklusiven Traditionen wie kultischer Eheschließung und feierlicher Bestattung mit einem Leichenzug, bei dem die Masken ihrer Familienahnen (imago) mitgetragen wurden. Die politischen Vorrechte, die sie anfangs allein besaßen, mussten sie im Laufe der Republik mit reichen Plebejern teilen. In der Kaiserzeit gingen die patrizischen Familien unter und „patricius" wurde zu einem bloßen Ehrentitel wie „Durchlaucht", während dann im Mittelalter gehobene bürgerliche Familien „Patrizier" genannt wurden.

**patrimōnium**, ī *n (pater)* ① vom Vater ererbtes Vermögen; **-um conficere** verbrauchen; ② *übh.* Vermögen.
**patrīmus**, a, um *(pater)* dessen Vater noch lebt.
**patrītus**, a, um *(pater)* väterlich, vom Vater ererbt.
**patrius**, a, um *(pater)* ① väterlich, des Vaters [**auctoritas**]; ② ererbt [**res** Vermögen]; ③ vaterländisch, heimatlich [**sermo** Muttersprache].
**patrō**, patrāre zustande bringen, ausführen [**pacem** schließen; **victoriam** erringen; **bellum** beenden]; – **pater patrātus** Bundespriester, Vorsteher der Fetialen, *der b. Bündnissen den Eid im Namen des röm. Volkes leistete.*
**patrōcinium**, ī *n (patrocinor)* ① Patronat, Schutz durch einen Patron; ② Verteidigung vor Gericht; ③ *(übtr.)* Schutz [**pacis**].
**patrōcinor**, patrōcinārī *(patronus) (nachkl.)* beschützen, verteidigen *(m. Dat.).*
**Patroclus** *u.* **-os**, ī *m Freund des Achilles, v. Hektor vor Troja getötet.*
**patrōna**, ae *f (patronus)* ① Beschützerin; ② *(nachkl.)* Herrin *eines Freigelassenen.*
**patrōnus**, ī *m (pater)* ① Schutzherr, Patron; ② Verteidiger vor Gericht, Anwalt; ③ *(übtr.)* Beschützer [**iustitiae**].

**Imperium Romanum**
**patrōnus** – Der **patronus**, der Schutzherr, war in der römischen Frühzeit der Adlige, der seine **clientes**, seine Schutzbefohlenen, vor Gericht vertrat. Zwischen Patron und Klienten bestand eine moralische Bindung (fides), die den Patron zum Beistand verpflichtete. Dafür schuldete der Klient seinem Patron Respekt und Dankbarkeit. Diese rechtliche und moralische Beziehung löste sich später auf und führte in der Kaiserzeit zu einer nur sozialen und wirtschaftlichen Bindung des Armen an einen frei gewählten vornehmen Bürger.

**patruēlis**, e *(patruus)* ① von des Vaters Bruder stammend [**frater** Cousin]; ② *(poet.)* Cousins gehörig.
**patruus** *(pater)* **I.** *Subst.* ī *m* ① Onkel *(väterlicherseits)* [**maior** Großonkel]; ② *(übtr.)* (strenger) Sittenrichter; **II.** *Adj.* a, um des Onkels.
**patuī** *Perf. v. pateo u. patesco.*
**patulus**, a, um *(pateo)* ① offen (stehend); ② *(poet.)* allen zugänglich; ③ weit (ausgebreitet), breit [**quercus; plaustra; lacus**].
**pauca, paucī** *s. paucus.*
**paucitās**, tātis *f (paucus)* geringe Anzahl.
**pauculus**, a, um *(Demin. v. paucus)* sehr wenig; *meist Pl.* sehr wenige [**verba**].
**paucus**, a, um *meist Pl.* ① *Sg. (poet.; nachkl.)* gering, klein; ② *Pl.* **a)** wenige [**milites**]; *(m. Gen. part. od. ex, de)* **-ae bestiarum; pauci ex** (*od.* **de**) **his oratoribus; b)** einige wenige; **-is diebus; -i de nostris cadunt;** ③ *Subst.* **paucī**, ōrum *m* (nur) wenige [**ordinis senatorii; de nostris**]; *auch* die Oligarchen, Optimaten, Nobilität; **pauca,** ōrum *n* ein wenig, weniges, *bes.* wenige Worte.
**paul(l)ātim** *Adv. (paulus)* ① allmählich; ② einzeln, einer nach dem anderen [**ex castris discedere**]. P
**paul(l)is-per** *Adv. (paulus)* ein Weilchen.
**paul(l)ulum** *(paululus)* **I.** *Subst.* ī *n* ein wenig, eine Kleinigkeit [**frumenti**]; **II.** *Adv.* ein wenig, ein Weilchen.
**paul(l)ulus**, a, um *(Demin. v. paulus)* klein, wenig.
**paul(l)um** **I.** *Subst.* ī *n* wenig, (nur) etwas, eine Kleinigkeit; *bes. Abl.* **paulo** *(beim Komp. u. bei komp. Begriffen)* (um) ein wenig: **-o maior; -o ante** kurz vorher; **-o post** bald darauf; **II.** *Adv.* ein wenig.
**Paul(l)us**, ī *m cogn. in der gens Aemilia, s. Aemilius.*
**pauper**, *Gen.* eris (*Abl. Sg.* paupere; *Neutr. Pl. fehlt, Gen. Pl.* pauperum) ① arm, bedürftig [**homo;** *(an etw.: Gen.)* **argenti**]; ② *(poet.) (übtr., v. Sachen)* ärmlich, dürftig [**ager; eloquentia**].
**pauperculus**, a, um *(Demin v. pauper) (poet.)* arm, ärmlich.
**pauperiēs**, ēī *f (poet.)* = *paupertas.*

**pauperō**, pauperāre *(pauper) (poet.)* jmd. einer Sache berauben *(alqm alqa re)*.

**paupertās**, tātis *f (pauper)* ① Armut; ② *(übtr.)* Dürftigkeit, Mangel, Not.

**pausārius**, ī *m (nachkl.)* Rudermeister.

**pausia**, ae *f (poet.) (fleischige)* Olive.

**pave-factus**, a, um *(paveo u. facio) (poet.; nachkl.)* erschreckt, geängstigt.

**paveō**, pavēre, pāvī, – beben, zittern, sich ängstigen [*(m. Akk. resp.: vor, wegen)* **vana miracula;** *(m. Abl. causae: infolge v. etw.)* **novitate;** *(m. ad: bei, vor)* **ad omnia**]; *(dass: ne); – m. Inf.* sich scheuen, etw. zu tun.

**pavēscō**, pavēscere, – – *(Incoh. v. paveo)* erschrecken, sich ängstigen [*(m. Abl. causae)* **omni strepitu;** *(m. Akk. resp.: vor, wegen)* **bellum;** *(m. ad: bei, vor)* **ad caeli fragorem**].

**pāvī** *Perf. v. pasco u. paveo.*

**pavidus**, a, um *(paveo)* ① *(vor Angst)* zitternd, ängstlich; **~ ex somno** aufgeschreckt aus; ② *(poet.)* ängstigend, Schrecken erregend.

**pavīmentātus**, a, um *(pavimentum)* mit Estrich versehen.

**pavīmentum**, ī *n (pavio)* Estrich.

**paviō**, pavīre schlagen, stampfen.

**pavitō**, pavitāre *(Intens. v. paveo) (poet.; nachkl.)* sich sehr ängstigen.

**pāvō**, ōnis *m* Pfau.

**pavor**, ōris *m (paveo)* ① Angst, Entsetzen *(vor etw.: Gen.);* ② *(poet.)* Erwartung, Spannung.

**pāx**, pācis *f (verw. m. paciscor)* ① Friede; **pacem cum alqo facere** *od.* **componere** schließen; **pacem petere ab alqo** um Frieden bitten; **(in) media pace** mitten im Frieden; **multa pace** im tiefen Frieden; ② *Pl.* **a)** Friedensschlüsse; **b)** *(poet.)* friedliche Zustände; ③ *(übtr.)* Ruhe *(v. Lebl.);* **pacem vultus habet;** ④ Gemütsruhe [**mentis**]; ⑤ Gnade, Gunst *der Götter;* ⑥ *personif.* **Pāx** *Friedensgöttin.*

**paxillus**, ī *m (Demin. v. palus[1])* kleiner Pfahl, Pflock.

**peccātum**, ī *n (pecco)* ① Vergehen, Sünde; ② Irrtum, Versehen.

**peccātus**, *Abl.* ū *m (pecco)* das Vergehen.

**peccō**, peccāre ① *(poet.)* straucheln, stürzen; ② verkehrt handeln, sich irren, sündigen; ③ sich an jmdm. vergreifen *(in alqo)*.

**pecten**, tinis *m (pecto) (poet.; nachkl.)* ① Kamm; ② *(übtr.)* Kammähnliches: **a)** Weberkamm; **b)** Harke; **c)** Kammmuschel; **d)** *(in der Musik)* Schlegel, Plektron.

**pectō**, pectere, pexī, pexum *(gr. Fw.) (poet.)* kämmen [**capillos**]; **tunica pexa** wollig, noch neu.

**pectus**, toris *n* ① Brust; ② Herz, Gemüt, Seele; ③ Geist, Verstand; ④ Gesinnung, Charakter.

**pecu** *n (Dat. u. Abl. Sg.* -ū; *Pl.* pecua, uum) = *pecus[1]*.

**pecuāria**, ōrum *n (pecuarius) (poet.; nachkl.)* Viehherden.

**pecuārius** *(pecus)* **I.** *Adj.* a, um Vieh-; **II.** *Subst.* ī *m* Viehzüchter; Weidepächter.

**pecūlātor**, ōris *m (de-peculor)* Veruntreuer öffentlicher Gelder.

**pecūlātus**, ūs *m (de-peculor)* Unterschlagung öffentlicher Gelder; **peculatūs damnari**.

**pecūliāris**, e eigenartig, ungewöhnlich.

**pecūliātus**, a, um *(peculium)* begütert.

**pecūlium**, ī *n (pecu, pecunia)* ① *(urspr. hauptsächlich aus Vieh bestehendes)* Vermögen, Eigentum; ② Sondervermögen *der Ehefrau od. der Kinder;* ③ Sparpfennig *des Haussklaven;* ④ *(nachkl.) (übtr.) (schriftl.)* Zugabe.

**pecūnia**, ae *f (pecu; eigtl.* „Vermögen an Vieh") ① Vermögen, Eigentum [**aliena; magna**]; ② Geld(summe) [**captiva** erbeutetes; **publica** Staatseinkünfte, -kasse; **credita** Darlehen]; **dies -ae** Zahltag; **-am solvere** zahlen.

**pecūniārius**, a, um *(pecunia)* Geld- [**res** Geldgeschäft, Geld].

**pecūniōsus**, a, um *(pecunia)* wohlhabend, reich.

**pecus[1]**, coris *n* ① *(koll.)* Vieh, *bes.* Kleinvieh (Schafe, Ziegen, Schweine); *auch* Viehherde; ② *(poet.) (übtr.) v. Menschen, verächtl. u. als Schimpfw.:* **imitatorum servum ~**.

**pecus[2]**, udis *f* ① einzelnes Stück Vieh, (Haus-)Tier; *poet. auch v. Bienen;* ② *(poet.)* Schaf; ③ *(übtr.) als Schimpfw. vom einfältigen od. stumpfsinnigen Menschen.*

**pedālis**, e *(pes)* einen Fuß lang (breit, dick).

**pedārius**, a, um *(pes)* zum Fuß gehörig; – (**senator**) **pedarius** *m* Senator zweiten Ranges, *der noch kein kurulisches Amt bekleidet hat u. dah. kein eigenes Votum abgeben darf.*

**pedes**, ditis *m (pes)* ① Fußgänger, zu Fuß; ② *(milit.)* Fußsoldat, Infanterist; *(koll.)* Fußvolk; ③ Plebejer.

**pedester**, tris, tre *(pedes)* ① zu Fuß, Fuß- [**copiae** *u.* **exercitus** Fußvolk]; ② des Fußvolkes [**arma**]; ③ zu Lande, Land- [**pugna; copiae** *u.* **exercitus** Landheer]; ④ *(poet.) (übtr.)* einfach, gewöhnlich [**sermo**]; prosaisch.

**pede-temptim** *Adv. (< pede temptare)* ① Schritt für Schritt; ② *(übtr.)* allmählich, vorsichtig, behutsam.

**pedica**, ae *f (pes)* Fußfessel.

**pedisequa**, ae *f (pedisequus)* Dienerin, Zofe.

**pedi-sequus**, ī *m (pes u. sequor, eigtl.* „auf dem Fuße folgend") Diener, Lakai.

**peditātus**, ūs *m (pedes)* Fußvolk, Infanterie.

**pēdō**, pēdere, pepēdī, pēditum *(poet.)* furzen.

**Pedō**, ōnis *m s. Albinovanus.*

**pedum**, ī *n (poet.)* Hirtenstab.

**Pēgasus** *u.* **-os**, ī *m Flügelross, aus dem Blut der Medusa entsprungen, durch dessen Hufschlag die Quelle Hippokrene entstand; – Adj.* **Pēgasēus**, a, um *u. fem.* **Pēgasis**, idis; Pēgasis *als Subst.* Muse, Quellnymphe.

**pēgī** *s. pango.*

**pēgma**, atis *n (gr. Fw.)* ❶ Bücherbrett; ❷ *(poet.; nachkl.)* Versenkungsmaschine *im Theater.*

**pē-ierō**, ierāre *(iuro)* **I.** *intr.* falsch schwören; **II.** *trans. (poet.)* durch Meineid verletzen [**deos**].

**pēior**, ius *Komp. v. malus[1].*

**pē-iūrō** = *peiero.*

**pēius** *Komp. n v. malus[1].*

**pelagium**, ī *n (nachkl.)* Purpurfarbe.

**pelagius**, a, um *(gr. Fw.) (poet.; nachkl.)* zur See, Meer-.

**pelagus**, ī *n (Nom. u. Akk. Pl.* pelagē) *(gr. Fw.) (poet.; nachkl.)* ❶ Meer; ❷ Fluten.

**Pelasgī**, ōrum *u. (poet.)* um *m in der Antike Sammelbezeichnung f. die vorgriech. Bevölkerung; (poet.) übh.* Griechen; – *Adj.* **Pelasgus**, a, um, *fem.* **Pelasgis**, idis *u.* **Pelasgias**, adis pelasgisch, *übh.* griechisch.

**Pēlēus**, eī *u.* eos *m König in Thessalien;* – **Pēlīdēs**, ae *m* Achilles *als Sohn des Peleus.*

**pēlex**, licis *f* = *paelex.*

**Peliās[1]**, ae *m König v. Iolkos in Thessalien, Onkel des Jason, sandte diesen aus, das Goldene Vlies zu holen;* – **Peliades**, dum *f* Töchter des Pelias.

**Pēlias[2]**, adis *s. Pelion.*

**pēlicātus**, ūs *m* = *paelicatus.*

**Pēlīdēs** *s. Peleus.*

**Pēlion**, ī *n u.* **-ius** *od.* **-ios**, ī *m Gebirge auf der thessalischen Halbinsel Magnesia; – Adj.* **Pēli(ac)us**, a, um *u. fem.* **Pēlias**, adis.

**Pella**, ae *u.* **-ē**, ēs *f Stadt in Makedonien, Geburtsort u. Residenz Alexanders des Gr.; – Adj.* **Pellaeus**, a, um *poet. auch* makedonisch, ägyptisch *(weil Alexander Ägypten erobert hatte).*

**pellāx**, *Gen.* ācis *(pellicio) (poet.)* listenreich [**Ulixes**].

**pellēctiō**, ōnis *f (pellego)* das Durchlesen.

**pellectus** *P. P. P. v. pellicio.*

**pel-legō** = *perlego.*

**pel-liciō**, licere, lēxī, lectum (< *per-licio; vgl. lacesso)* anlocken, verlocken, auf seine Seite bringen.

**pellicula**, ae *f (Demin. v. pellis)* kleines Fell, Häutchen.

**pellis**, is *f (Abl. Sg.* pelle *u.* pellī) ❶ Pelz, Fell, Haut; ❷ *(meton.)* aus Pelz, aus Leder Verfertigtes: **a)** Lederschild; **b)** *(poet.)* Schuhriemen; **c)** *(poet.)* Pelzmütze; **d) sub pellibus** in Winterzelten.

**pellītus**, a, um *(pellis)* mit Fellen bedeckt, mit einem Pelz bekleidet.

**pellō**, pellere, pepulī, pulsum ❶ stoßend *od.* schlagend in Bewegung setzen [**classicum** ertönen lassen]; ❷ *(poet.) (Pfeile)* abschießen; ❸ stoßen, schlagen, klopfen [**fores** an die Tür klopfen]; ❹ *(geistig)* bewegen, beeindrucken; ❺ vertreiben, verstoßen [**alqm ex Galliae finibus; (ab) urbe; regno**]; (**patriā**) ~ verbannen; ❻ *(den Feind)* zurückdrängen, schlagen, besiegen [**hostium exercitum**]; ❼ *(übtr.)* verscheuchen, vertreiben [**frigora** fernhalten; **corde dolorem**]; ❽ *(poet.) (Durst, Hunger)* löschen, stillen; ❾ antreiben.

**pel-lūceō** = *perluceo.*

**Peloponnēsus**, ī *f die südl. Halbinsel Griechenlands; – Adj.* **Peloponnēsi(ac)us**, a, um.

**Wissen: Antike**

**Pelops** (opis *m*) ist eine Gestalt im griechischen Mythos. Er wurde von seinem Vater, dem phrygischen König Tantalus, geschlachtet, gekocht und den Göttern zum Mahl vorgesetzt, um ihre Allwissenheit zu prüfen. Sie erkannten aber den Frevel und gaben dem Pelops das Leben wieder zurück. Nur Demeter hatte den Frevel nicht erkannt und ein Schulterstück gegessen, welches die Götter dann durch eine Prothese aus Elfenbein ersetzten. Pelops wurde später zum Herrn über die Peloponnes, die nach ihm benannt ist.

**pelōris**, idis *f (gr. Fw.) (poet.; nachkl.)* Riesenmuschel.

**pelta**, ae *f (gr. Fw.)* leichter, halbmondförmiger Schild.

**peltastae**, ārum *m (gr. Fw.) m. einer pelta (s. d.) bewaffnete Soldaten; übh.* Leichtbewaffnete.

**peltātus**, a, um *(pelta) (poet.)* mit der pelta bewaffnet.

**pēlvis**, is *f (nachkl.)* Becken, Schüssel.

**penārius**, a, um *(penus)* Vorrats- [**cella** Vorratskammer].

**penātēs**, tium *m (penes)* ❶ *mit u. ohne dii* Penaten, Hausgötter, *Schutzgottheiten der Familie, auch des Staates;* ❷ *(meton.)* **a)** Haus, Wohnung, Hof; **penates relinquere; b)** *(poet.)* Herd.

**Imperium Romanum**

**penātēs** – Wie die Laren (Lares) waren auch die Penaten in der Religion der Römer private Schutzgottheiten der Familie, in denen man ebenfalls die Seelen von Ahnen sah. Die Penaten waren die Schutzgötter der Vorratskammer. Ihr Kult wurde bei den

P

Mahlzeiten gepflegt, indem man ihnen einen Teil der Speisen, Salz und Früchte als Brandopfer auf dem Herd darbrachte. Bei der Heimkehr begrüßte man die Bilder der Penaten, die sich im Atrium befanden, wie lebendige Personen.
Neben den privaten Penaten der Familien gab es auch öffentliche Penaten, die **penates publici**: Schutzgottheiten Roms, die im Vestatempel beherbergt waren. Der Sage nach hatte Äneas sie nach Italien gebracht.

**penāti-ger**, gera, gerum *(penates u. gero) (poet.)* die Penaten tragend.

**pendeō**, pendēre, pependī, – *(vgl. pendo)* ① (herab)hängen *(von … herab, an etw.: ex, ab, de, in u. Abl. od. bl. Abl.)*; **sagittae ab** (*od.* **ex**) **umero pendent;** *(übtr.)* **narrantis ab ore ~** m. gespannter Aufmerksamkeit zuhören; ② *(poet.; nachkl.)* schlaff herabhängen, herabwallen; ③ *(poet.; nachkl.)* schweben; **avis in aëre pendet; naves pendentes** schaukelnd; ④ *(poet.)* einzustürzen drohen; ⑤ *(poet.; nachkl.)* sich fortwährend aufhalten [**in limine alcis**]; ⑥ *(übtr.)* abhängig sein von, auf etw. beruhen *(ex od. ab alqo; ex re, re, auch in re)* [**ex patre**]; ⑦ an jmdm. hängen, jmdm. ergeben sein *(ex, de alqo)*; ⑧ unentschlossen sein, schwanken; **plebs spe et exspectatione pendet;** ⑨ *(poet.; nachkl.)* ungewiss sein, zweifelhaft sein; **belli fortuna pendet;** ⑩ *(poet.; nachkl.)* unerledigt liegen bleiben; **opera interrupta pendent**.

**pendō**, pendere, pependī, pēnsum **I.** *trans.* ① *(poet.)* etw. abwiegen [**aurum**]; ② *(übtr.)* erwägen, schätzen, beurteilen, achten [**alqm non ex fortuna, sed ex virtute; alqd magni / parvi / nihili**]; ③ *(Geld)* (be)zahlen [**stipendium; vectigal**]; ④ *(übtr.) (Strafe)* (er)leiden, büßen [**poenas pro scelere; supplicium**]; **II.** *intr.* wiegen, schwer sein.

**pendulus**, a, um *(pendeo) (poet.; nachkl.)* ① (herab)hängend; ② *(übtr.)* ungewiss.

**Pēnēis, Pēnēius** *s. Peneus.*

**Pēnelopa**, ae *u.* **-ē**, ēs *f Gattin des Odysseus, Mutter des Telemach; – Adj.* **Pēnelopēus**, a, um.

**penes** *Präp. b. Akk. (manchmal nachgest.)* ① im Besitz, in der Gewalt jmds.; **~ alqm est potestas;** ② aufseiten jmds.

**pēnētica**, ae *f (gr. Fw.)* Hungerkur.

**penetrābilis**, e *(penetro) (poet.; nachkl.)* ① durchdringbar [**corpus**]; ② durchdringend [**telum**].

**penetrāle** *(u.* **penetral)**, ālis *n* (*Abl. Sg.* -ī), *gew. Pl.* penetrālia, ium ① die inneren Räume; Heiligtum; ② Mittelpunkt [**urbis**].

**penetrālis**, e *(penetro)* innerlich, inwendig.

**penetrō**, penetrāre *(penitus)* **I.** *intr.* (hin)eindringen, hineinkommen [**in castra Romanorum; in templum**]; **II.** *trans. (poet.; nachkl.)* ① durchdringen, durchziehen, betreten [**Illyricos sinus**]; ② *(übtr.* jmd. ergreifen, auf jmd. Eindruck machen.

**Pēnēus** *u.* **-os**, ī *m Hauptfluss Thessaliens; als Flussgott Vater der Daphne; – Adj.* **Pēnēius,** a, um *u. fem.* **Pēnēis,** idis.

**pēnicillus**, ī *m u.* **-um**, ī *n* ① Pinsel; ② stilistische Darstellung.

**pēnis**, is *m* männliches Glied; *meton.* Unzucht.

**penitus** *(penes) Adv.* ① tief (hinein); **~ penetrare; ~ in Thraciam se abdidit;** ② *(poet.)* weithin, fern; **terrae penitus penitusque iacentes;** ③ *(übtr.)* tief, fest; **alqd animis ~ mandare;** ④ genau [**perspicere**]; ⑤ völlig [**diffidere; se perdere**].

**penna**, ae *f* ① (Flug-)Feder; ② *meist Pl., auch Sg. koll.* **a)** Flügel, Gefieder; **b)** *(poet.) (meton.)* das Fliegen, Flug; **c)** *(poet.)* Feder *am Pfeil;* Pfeil.

**pennātus**, a, um *(penna) (poet.; nachkl.)* gefiedert, geflügelt.

**Pennīnus** *u.* **Poenīnus**, a, um penninisch [**Alpes** *vom Großen St. Bernhard bis zum St. Gotthard;* **iter** *Straße über den Großen St. Bernhard*].

**pennula**, ae *f (Demin. v. penna)* Flügelchen.

**pēnsilis**, e *(pendeo) (poet.; nachkl.)* ① aufgehängt; ② *(als t. t. der Baukunst)* hängend, schwebend.

**pēnsiō**, ōnis *f (pendo)* ① Zahlung [**praesens** Barzahlung]; ② Rate.

**pēnsitō**, pēnsitāre *(Intens. v. penso)* ① reiflich erwägen, überdenken; ② (be)zahlen [**vectigalia**].

**pēnsō**, pēnsāre *(Intens. v. pendo)* ① abwiegen [**aurum**]; ② *(übtr.)* gegeneinander abwägen, vergleichen [**virtutibus vitia**]; ③ *(poet.; nachkl.)* entschädigen, ausgleichen, bezahlen [**munus munere**]; ④ *(poet.) (übtr.)* büßen, erkaufen; ⑤ erwägen, überlegen [**consilium**]; ⑥ beurteilen *(nach etw.: ex)* [**amicos ex factis**].

**pēnsum**, ī *n (subst. P. P. P. v. pendo)* ① *(poet.; nachkl.)* Wolle *(den Sklavinnen als Tagesration zum Verarbeiten zugewogen)*; ② *(poet.)* Wollarbeit; ③ *(übtr.)* Aufgabe.

**pēnsus**, a, um *(P. Adj. v. pendo)* (ge)wichtig; **nihil -i habeo** *od.* **mihi -i nihil est** ich lege kein Gewicht (keinen Wert) auf etw. *(m. Akk.; m. Inf. od. indir. Frages.)*.

**Penthesilēa**, ae *f Amazonenkönigin, v. Achilles im Zweikampf getötet.*

**Penthe͡us**, eī *u.* eos *m König v. Theben, weg. seiner Verachtung des Dionysoskultes v. den*

*Bacchantinnen zerrissen; – Adj.* **Penthēus**, a, um.

**pēnūria**, ae *f* Mangel *(an etw.: m. Gen.)* [**edendi** an Speise].

**penus**, ūs *u.* ī *m u. f*, **penus**, noris *n u.* **penum**, ī *n* Vorrat an Lebensmitteln.

**pepēdī** *Perf. v. pedo.*

**pependī** *Perf. v. pendeo u. pendo.*

**pepercī** *Perf. v. parco.*

**peperī** *Perf. v. pario.*

**pepigī** *Perf. v. pango.*

**peplum**, ī *n (gr. Fw.) (poet.) prachtvoll gesticktes* Obergewand *griechischer Frauen,* Prachtgewand.

**pepulī** *Perf. v. pello.*

**per I.** *Präp. b. Akk.* ① *(räuml.)* **a)** durch (... hindurch); **per Haeduorum fines ire; b)** über (... hinüber, ... hinweg); **pontem per Nilum facere; c)** über ... hin, auf ... umher, rings in (auf, an); **per agros vagari; per orbem** in der ganzen Welt; **per manus tradere** v. Hand zu Hand gehen lassen; **d)** vor... hin, längs, entlang; **fugere per amnem** den Fluss entlang; ② *(zeitl.)* **a)** durch, hindurch; **per multas horas; b)** während, im Verlauf, in; **per noctem; per multa bella;** ③ *(übtr.)* **a)** *(zur Bez. der Mittelsperson od. des Mittels u. Werkzeugs)* mithilfe von, mit; **certiorem facere alqm per litteras; per internuntios colloqui cum alqo; b) per se / me / te** für sich (allein), selbstständig [**nihil per se posse**]; an u. für sich, um seiner selbst willen [**virtus per se expetitur**]; selbst, in eigener Person; **c)** *(kausal)* wegen, infolge, aus; **per misericordiam alqm recipere; per errorem** aus Missverständnis; **d)** *(b. Angabe des vorgeschützten Grundes)* unter dem Vorwand; **e)** *(b. Subst., die Zustände bezeichnen)* während, unter; **per otium; per vinum** im Rausch; **f)** *(b. Schwüren u. Bitten)* um ... willen, bei; **per deos iurare; per deos immortales!; g)** *(modal)* vermittelst, mit, unter; **per vim** auf gewaltsame Weise; **per litteras** brieflich, schriftlich; **per occasionem** gelegentlich; **h)** *(b. Angabe des hindernden od. gestattenden Elementes)* m. Rücksicht auf; **II.** *per- als Präfix* ① (hin)durch, zer- [**perfodio**]; ② ringsum, umher [**peragito**]; ③ zu Ende, völlig [**perficio**]; ④ gründlich, genau [**perpendo**]; ⑤ sehr [**permagnus**]; ⑥ darüber hinaus, ver- [**pellicio**]; ⑦ der Reihe nach [**perrogo**].

**pēra**, ae *f (gr. Fw.) (poet.)* Ranzen, Rucksack.

**per-absurdus**, a, um ganz ungereimt.

**per-accommodātus**, a, um sehr bequem, sehr gelegen.

**per-ācer**, cris, cre sehr scharf.

**per-acerbus**, a, um ① sehr herb; ② *(nachkl.)* sehr widerwärtig.

**perāctiō**, ōnis *f (perago)* Schlussakt [**fabulae**].

**perāctus** *P. P. P. v. perago.*

**per-acūtus**, a, um ① *(geistig)* sehr scharf(sinnig); ② *(vom Ton)* durchdringend.

**per-adulēscēns**, entis *u.* **per-adulēscentulus**, ī *m* sehr junger Mann.

**per-aequē** *Adv.* völlig gleich.

**per-agitō**, agitāre ① umhertreiben; ② *(übtr.)* beunruhigen; ③ *(nachkl.) (übtr.)* aufstacheln.

**per-agō**, agere, ēgī, āctum ① ständig bearbeiten [**freta remo** immerfort aufwühlen; **omnia animo** überlegen]; ② *(poet.)* durchstoßen, -bohren [**latus ense**]; ③ durch-, ausführen, vollenden [**opus; mandata; comitia / conventum** abhalten; **causam** den Prozess zu Ende führen; **reum** verurteilen]; ④ *(poet.) (eine Zeit)* verbringen, verleben [**aetatem; aevum**]; ⑤ *(poet.) (v. Gestirnen)* durchlaufen; ⑥ *(ein Bühnenstück, eine Rolle)* zu Ende spielen; ⑦ in Worte fassen, formulieren [**postulata**]; ⑧ *(in der Rede)* vortragen.

**peragrātiō**, ōnis *f (peragro)* Durchwanderung.

**per-agrō**, agrāre *(ager)* ① durchwandern, durchreisen [**provincias; orbem terrarum**]; ② *(übtr.)* durchgehen, durchdringen [**rerum naturam**]; ③ *(abs.)* sich verbreiten; **fama peragravit**.

**per-amāns**, *Gen.* mantis sehr liebend *(alcis)*, sehr liebevoll.

**per-ambulō**, ambulāre *(poet.; nachkl.)* ① durchwandern, *(übtr.)* durchströmen; ② *(vom Arzt) (Kranke)* besuchen.

**per-amīcē** *Adv.* sehr freundschaftlich.

**per-amoenus**, a, um *(nachkl.)* sehr angenehm.

**per-amplus**, a, um sehr weit, sehr groß.

**per-angustus**, a, um sehr eng, sehr schmal.

**per-antīquus**, a, um sehr alt.

**per-appositus**, a, um sehr passend.

**per-arduus**, a, um sehr schwierig.

**per-argūtus**, a, um sehr geistreich.

**per-arō**, arāre ① *(poet.)* durchpflügen; *übtr.* durchfurchen [**ora rugis anilibus**]; ② *(poet.) (auf die Wachstafel)* schreiben; ③ *(nachkl.)* durchsegeln.

**per-attentus**, a, um sehr aufmerksam.

**per-bacchor**, bacchārī durchschwärmen.

**per-beātus**, a, um sehr glücklich.

**per-bellē** *Adv.* sehr hübsch, sehr fein.

**per-bene** *Adv.* sehr wohl, sehr gut.

**per-benevolus**, a, um sehr wohlwollend.

**per-benīgnē** *Adv.* sehr gütig.

**per-bibō**, bibere, bibī, – *(poet.; nachkl.)* ① ganz aussaugen; ② ganz einsaugen; ③ *(übtr.) (geistig)* ganz in sich aufnehmen.

**per-blandus**, a, um sehr einnehmend, sehr gewinnend.

**per-bonus**, a, um sehr gut.

**per-brevis**, e sehr kurz.

P

**per-calēscō**, calēscere, caluī, – *(poet.)* durch u. durch heiß werden.
**per-callēscō**, callēscere, calluī, – *(calleo)* ❶ ganz gefühllos werden; ❷ gewitzigt werden.
**per-caluī** *Perf. v. percalesco.*
**per-cārus**, a, um *(übtr.)* sehr teuer, sehr lieb.
**per-cautus**, a, um sehr vorsichtig.
**per-celebrō**, celebrāre überall verbreiten; *Pass.* überall bekannt sein.
**per-celer**, celeris, celere sehr schnell.
**per-cellō**, cellere, culī, culsum ❶ schlagen, stoßen, treffen; ❷ niederschmettern, -werfen [**hostes** *im Kampf* schlagen]; ❸ *(übtr.)* zugrunde richten, zerrütten [**rem publicam**]; ❹ erschrecken, erschüttern.
**per-cēnseō**, cēnsēre, cēnsuī, – ❶ mustern, besichtigen [**captivos**]; ❷ aufzählen [**gentes**]; berechnen, überschlagen [**numerum legionum**]; ❸ kritisieren; ❹ durchwandern.
**per-cēpī** *Perf. v. percipio.*
**percepta**, ōrum *n (subst. P. P. P. v. percipio)* Lehr-, Grundsätze.
**perceptiō**, ōnis *f (percipio)* ❶ das Einsammeln [**frugum**]; ❷ *(übtr.)* das Begreifen, Erkenntnis.
**perceptus** *P. P. P. v. percipio.*
**per-cīdō**, cīdere, cīdī, cīsum *(caedo) (nachkl.)* zerschlagen.
**per-cieō**, ciēre, – – *u.* **per-ciō**, cīre, –, citum heftig in Bewegung setzen, erregen; – *P. Adj.* **percitus,** a, um **a)** erregt, gereizt; **b)** reizbar, hitzig.
**per-cipiō**, cipere, cēpī, ceptum *(capio)* ❶ *(poet.; nachkl.)* erfassen, ergreifen [**auras** auffangen]; ❷ *(poet.)* in sich aufnehmen; ❸ empfangen, bekommen [**praemia**]; *übtr.* ernten [**fructum victoriae**]; ❹ wahrnehmen, vernehmen; ❺ empfinden, genießen [**voluptatem**]; ❻ lernen, erfassen, begreifen [**usum rei militaris** sich aneignen]; *Perf.* kennen, wissen.
**percitus** *s. percieo.*
**percoctus** *P. P. P. v. percoquo.*
**per-colō**[1], colere, coluī, cultum *(nachkl.)* ❶ vollenden; ❷ sehr (aus)schmücken [**alqd eloquentiā**]; ❸ sehr ehren.
**per-cōlō**[2], cōlāre *(nachkl.)* durchgehen lassen.
**per-cōmis**, e sehr freundlich.
**per-commodus**, a, um sehr bequem, sehr gelegen [**castris** *(Dat.)* für das Lager].
**percontātiō**, ōnis *f (percontor)* Befragung, Erkundigung.
**percontātor**, ōris *m (percontor) (poet.)* Ausfrager.
**percontor**, percontārī *(contus, eigtl. m. der Ruderstange die Wassertiefe erforschen)* sich erkundigen, fragen, (aus)forschen.
**per-cōpiōsus**, a, um *(nachkl.)* sehr wortreich.
**per-coquō**, coquere, coxī, coctum ❶ *(nachkl.)* gar kochen, ausbacken; ❷ erhitzen; ❸ *(poet.; nachkl.)* zur Reife bringen [**uvas**].
**per-crēb(r)ēscō**, crēb(r)ēscere, crēb(r)uī, – ❶ sich verbreiten; ❷ *(durch Gerücht)* bekannt werden.
**per-crepō**, crepāre, crepuī, – laut erschallen.
**per-cucurrī** *s. percurro.*
**per-culī** *Perf. v. percello.*
**perculsus** *P. P. P. v. percello.*
**percultus** *P. P. P. v. percolo*[1]*.*
**percunct...** = *percont...*
**per-cupidus**, a, um sehr geneigt *(jmdm.: alcis).*
**per-cūriōsus**, a, um sehr neugierig.
**per-cūrō**, cūrāre ausheilen [**vulnus**].
**per-currō**, currere, (cu)currī, cursum **I.** *trans.* ❶ durchlaufen, -eilen [**regiones; urbem**]; ❷ *(nachkl.) (übtr.) (Ämter)* nacheinander ausüben, nacheinander bekleiden [**honores** Ehrenämter; **consulatum**]; ❸ aufzählen; ❹ flüchtig erwähnen; ❺ *(m. dem Blick, in Gedanken)* überfliegen [**paginas**]; ❻ *(nachkl.) (v. Affekten)* jmd. durchbeben, durchschauern; **II.** *intr.* (hin)laufen, eilen [**ad ripam**].
**percursātiō**, ōnis *f (percurso)* Durchreise.
**percursiō**, ōnis *f (percurro)* ❶ flüchtiges Überdenken; ❷ *(in der Rede)* flüchtiges Erwähnen.
**percursō**, percursāre *(Frequ. v. percurro)* **I.** *trans. (nachkl.)* durchstreifen [**ripas**]; **II.** *intr.* umherstreifen.
**percursus** *P. P. P. v. percurro.*
**per-cussī** *Perf. v. percutio.*
**percussiō**, ōnis *f (percutio)* ❶ das Schlagen [**capitis** an den Kopf; **digitorum** das Schnalzen]; ❷ das Taktschlagen, Takt.
**percussor**, ōris *m (percutio)* Mörder.
**percussus**[1] *P. P. P. v. percutio.*
**percussus**[2], ūs *m (percutio) (poet.; nachkl.)* Stoß, Schlag; *übtr.* Beleidigung.
**per-cutiō**, cutere, cussī, cussum *(quatio)* ❶ durchbohren, -stoßen [**pectus; fossam** durchstechen]; ❷ *(poet.; nachkl.)* heftig erschüttern; **puppis vento percussa;** ❸ schlagen, stoßen, treffen [**terram pede** stampfen]; **fulmine (***od.* **de caelo) percussus** vom Blitz getroffen; ❹ totschlagen, erstechen; ❺ hinrichten [**alqm securi**]; ❻ *(übtr.)* erschüttern, ergreifen, beeindrucken; *meist Pass.:* **formidine percussus; amore ingenti percussus; percussā mente** tief gerührt; ❼ *(poet.) ein Instrument* schlagen [**lyram**]; ❽ jmd. hintergehen, betrügen.
**per-decōrus**, a, um *(nachkl.)* sehr anständig.
**per-didī** *Perf. v. perdo.*
**per-didicī** *Perf. v. perdisco.*
**per-difficilis**, e sehr schwer, sehr schwierig.
**per-dignus**, a, um sehr würdig.
**per-dīligēns**, *Gen.* entis sehr sorgfältig.

P

**per-discō**, discere, didicī, – gründlich lernen; auswendig lernen; *Perf.* gut können.
**per-dīsertē** *Adv.* sehr redegewandt.
**perditor**, ōris *m (perdo)* Verderber, Zerstörer [**rei publicae**].
**perditus**, a, um *(P. Adj. v. perdo)* ❶ verloren, vernichtet; **homo aere alieno ~** bankrott; ❷ verzweifelt, unglücklich; **~ luctu** in tiefe Trauer versunken; ❸ *(v. Leidenschaften u. Zuständen)* maßlos; ❹ verkommen, verworfen, ruchlos.
**per-diū** *Adv.* sehr lange.
**per-diūturnus**, a, um sehr lange andauernd.
**per-dīves**, *Gen.* dīvitis sehr reich.
**perdīx**, īcis *m u. f (gr. Fw.) (poet.; nachkl.)* Rebhuhn.
**per-dō**, dere, didī, ditum ❶ zugrunde richten, verderben, vernichten [**civitatem**]; ❷ verschwenden, vergeuden [**bona sua; diem; verba**]; ❸ verlieren, einbüßen.
**per-doceō**, docēre, docuī, doctum gründlich (be)lehren.
**per-doctus**, a, um *(P. Adj. v. perdoceo)* sehr gelehrt, sehr geschickt.
**per-dolēscō**, dolēscere, doluī, – *(perdoleo)* tiefen Schmerz empfinden, tief bedauern.
**per-doluī** *Perf. v. perdolesco.*
**per-domō**, domāre, domuī, domitum ❶ *(poet.)* völlig (be)zähmen [**serpentem**]; ❷ *(Völker, Länder)* völlig unterwerfen, unterjochen.
**per-dūcō**, dūcere, dūxī, ductum ❶ hinführen, -bringen, geleiten [**legatos in curiam; nautas ad aequora**]; ❷ *(ein Mädchen)* an jmd. verkuppeln; ❸ *(übtr.) (zu einem Ziel)* bringen, führen [**hominem ad summam dignitatem** erheben]; **rem eo ~, ut** es dahin bringen, dass; ❹ jmd. zu etw. verleiten, bewegen [**alqm ad** (*od.* **in**) **suam sententiam** für seine Absicht gewinnen; **ad se** für sich gewinnen]; ❺ *(Mauern, Gräben u. Ä.)* anlegen, errichten; ❻ *(übtr.)* fortsetzen, hinziehen [**orationes in noctem**]; ❼ *(poet.)* überziehen, einsalben; ❽ *(nachkl.)* leiten [**aquam**].
**perductor**, ōris *m (perduco)* Kuppler.
**perductus** *P. P. P. v. perduco.*
**perduelliō**, ōnis *f (perduellis)* Hochverrat.
**perduellis**, is *m (duellum)* Krieg führender Feind.
**per-dūrō**, dūrāre *(poet.; nachkl.)* ❶ aushalten; ❷ fortdauern.
**per-dūxī** *Perf. v. perduco.*
**per-edō**, edere, ēdī, ēsum *(poet.)* verzehren; zernagen.
**per-ēgī** *Perf. v. perago.*
**per-egrē** *u.* **-egrī** *Adv. (ager)* ❶ in der Fremde, im Ausland; ❷ aus der Fremde; ❸ *(poet.; nachkl.)* in die Fremde.
**peregrīna**, ae *f (peregrinus)* Ausländerin, Nichtbürgerin.
**peregrīnābundus**, a, um *(peregrinor)* in der Fremde umherreisend.
**peregrīnātiō**, ōnis *f (peregrinor)* das Reisen *od.* Aufenthalt in der Ferne.
**peregrīnātor**, ōris *m (peregrinor)* Freund des Reisens.
**peregrīnitās**, ātis *f (peregrinus)* fremde, ausländische Sitte.
**peregrīnor**, peregrīnārī *(peregrinus)* ❶ in der Fremde umherreisen, im Ausland sein; ❷ *(übtr.)* umherschweifen; ❸ fremd, unbekannt sein.
**peregrīnus** *(peregre)* **I.** *Adj.* a, um ❶ fremd, ausländisch [**mores; timor / terror** vor dem auswärtigen Feind]; ❷ *(übtr.)* unwissend *(in etw.: in m. Abl.)*; **II.** *Subst.* ī *m* Fremder, Nichtbürger.
**per-ēlegāns**, *Gen.* antis sehr geschmackvoll, sehr gewählt *im Ausdruck.*
**per-ēloquēns**, *Gen.* entis sehr redegewandt.
**per-ēmī** *Perf. v. perimo.*
**per-emnis**, e *(amnis)* beim Flussübergang [**auspicia**].
**per-ēmptālis**, e *(perimo) (nachkl.) (eine Prophezeiung)* aufhebend.
**perēmptor**, ōris *m (perimo) (nachkl.)* Mörder [**regis**].
**perēmptus** *P. P. P. v. perimo.*
**perendiē** *Adv.* übermorgen.
**perendinus**, a, um *(perendie)* übermorgig; **-o die** übermorgen.
**Perenna**, ae *f s. Anna.*
**per-ennis**, e *(Abl. Sg.* perennī *u.* -e*)* ❶ das ganze Jahr hindurch dauernd, einjährig [**militia**]; ❷ *(übtr.)* dauernd, immer während [**cursus stellarum; fons** nie versiegend].
**perennitās**, ātis *f (perennis)* beständige Dauer, Beständigkeit [**fontium** Unversiegbarkeit].
**per-ennō**, ennāre *(annus) (poet.)* lange dauern.
**per-eō**, īre, iī, itūrus ❶ verloren gehen, verschwinden, untergehen; **urbes pereunt; pereunt nives** schmilzt; ❷ umkommen, zugrunde gehen [**in fuga; fame**]; **peream, si / nisi** ich will des Todes sein, wenn / wenn nicht; ❸ *vor Liebe* vergehen; ❹ vergeudet werden, verloren gehen; ❺ *(jur. t. t.)* erlöschen.
**per-equitō**, equitāre **I.** *intr.* umherreiten, -fahren; **II.** *trans.* durchreiten.
**per-errō**, errāre durchirren, -schweifen [**freta; omne Latium**].
**per-ērudītus**, a, um sehr gebildet.
**perēsus** *P. P. P. v. peredo.*
**per-excelsus**, a, um hoch emporragend.
**per-exiguus**, a, um sehr klein, sehr wenig; *(zeitl.)* sehr kurz.
**per-expedītus**, a, um sehr leicht (zu bewerkstelligen).

**per-facētus**, a, um sehr witzig.
**per-facilis**, e *(Adv. -e)* ❶ sehr leicht *(m. Inf. od. Sup.)*; ❷ sehr gefällig.
**per-familiāris I.** *Adj.* e sehr vertraut *(mit jmdm.: Dat.)*; **II.** *Subst.* is *m* Vertrauter.
**per-fēcī** *Perf. v. perficio.*
**perfectiō**, ōnis *f (perficio)* ❶ Vollendung [**operum**]; ❷ Vollkommenheit.
**perfector**, ōris *m (perficio)* Vollender.
**perfectus**, a, um *(P. Adj. v. perficio)* vollendet, vollkommen, tüchtig [**in dicendo**].

**Grammatik & Co.**
**Perfekt:** Veni, vidi, vici. „Ich kam, ich sah, ich siegte."
Im Deutschen – wie auch im Englischen – verwenden wir für abgeschlossene Handlungen in der Vergangenheit die 1. Vergangenheit, das Präteritum. Das lateinische Perfekt bleibt aber als „Present Perfect" im Deutschen und Englischen erhalten: Quod scripsi, scripsi. „Was ich geschrieben habe, habe ich geschrieben." Nach den Konjunktionen *ubi (primum), ut (primum)* und *simulac* („sobald") steht im Lateinischen das Perfekt, hier müssen wir aber mit Plusquamperfekt übersetzen: Caesar vicit, ubi primum *venit*. „Cäsar siegte, sobald er *gekommen war*."

**Grammatik & Co.**
Der **Perfektstamm** erscheint im Lateinischen in verschiedenen Formen: mit -v- (laudavi), mit -u- (monui), als Dehnungsperfekt (cēpi), Reduplikationsperfekt (**pepe**ndi) oder als veränderungsfreies Perfekt (incendi).

**perferēns**, *Gen.* entis *(P. Adj. v. perfero)* geduldig *im Ertragen (von etw.: Gen.).*
**per-ferō**, ferre, tulī, lātum ❶ hintragen, -bringen, ans Ziel tragen; **hasta perlata** geschleudert; **se ~** sich hinbegeben; – *Pass.* (hin)gelangen: **fama Romam perlata est;** ❷ überbringen, übergeben [**nuntium ad regem**]; ❸ berichten, melden [**consilium ad alqm**]; ❹ ertragen, erdulden, aushalten [**servitutem**]; ❺ durchführen, vollenden [**mandata**]; ❻ durchsetzen [**legem**].
**per-ficiō**, ficere, fēcī, fectum *(facio)* vollenden: ❶ verfertigen, bauen [**murum**]; ❷ ausführen, vollenden, zustande bringen [**conata; mandata**]; ❸ beenden, beschließen [**comitia**]; ❹ verfassen [**poema**]; ❺ bewirken, durchsetzen, erreichen *(alqd; m. ut, ne).*
**per-fidēlis**, e ganz zuverlässig.
**perfidia**, ae *f (perfidus)* Treulosigkeit, Wortbrüchigkeit.
**perfidiōsus**, a, um *(perfidus)* treulos, wortbrüchig.
**per-fidus**, a, um *(fides)* treulos, wortbrüchig.
**perflābilis**, e *(perflo)* dem Wind ausgesetzt, luftig.
**per-flāgitiōsus**, a, um sehr lasterhaft.
**perflātus**, ūs *m (perflo) (nachkl.)* Luftzug.
**per-flō**, flāre etw. durchwehen.
**per-fluō**, fluere, flūxī, flūxum *(poet.) (übtr.)* von etw. überfließen, reich sein an etw. *(an etw.: Abl.).*
**per-fodiō**, fodere, fōdī, fossum ❶ durchgraben, -stechen [**parietem**]; *(poet.; nachkl.) (m. einer Waffe)* durchbohren; ❷ ausstechen [**fretum manu**].
**per-forō**, forāre ❶ durchbohren, -löchern [**alqm hastā**]; ❷ *(einen Gang, Öffnungen, Kanäle)* durchbrechen, anlegen.
**perfossus** *P. P. P. v. perfodio.*
**perfrāctus** *P. P. P. v. perfringo.*
**per-frēgī** *Perf. v. perfringo.*
**per-fremō**, fremere, – – laut schnauben.
**per-frequēns**, *Gen.* entis sehr gut besucht.
**per-fricō**, fricāre, fricuī, frictum *u.* fricātum stark reiben [**ōs** sich das Gesicht reiben, um die Schamröte zu verdecken = alle Scham ablegen].
**per-frīgidus**, a, um sehr kalt.
**per-fringō**, fringere, frēgī, frāctum *(frango)* ❶ durchbrechen [**phalangem hostium; muros;** *übtr.* **animos** ergreifen]; ❷ zerbrechen, zerschmettern; ❸ *(übtr.)* vereiteln [**leges**]; ❹ *(übtr.)* verletzen [**omnia repagula pudoris**].
**per-fruor**, fruī, frūctus sum *(m. Abl.)* ❶ ganz genießen, auskosten [**gaudiis; otio**]; ❷ *(poet.)* vollständig ausführen [**mandatis**].
**per-fūdī** *Perf. v. perfundo.*
**perfuga**, ae *m (perfugio)* Überläufer.
**per-fugiō**, fugere, fūgī, – ❶ sich flüchten, seine Zuflucht nehmen [**ad Helvetios**]; ❷ zum Feind übergehen, überlaufen.
**perfugium**, ī *n (perfugio)* ❶ Zuflucht(sstätte), Asyl *(zu, für, gegen etw.: Gen.)*; ❷ *(übtr.)* Ausflucht.
**perfūnctiō**, ōnis *f (perfungor)* ❶ Verwaltung; ❷ das Überstehen [**laborum**].
**perfūnctus** *Part. Perf. v. perfungor.*
**per-fundō**, fundere, fūdī, fūsum ❶ übergießen, überschütten, begießen [**alqm lacrimis** beweinen; **vestes ostro** färben]; – *mediopass.* **perfundi** sich benetzen, baden [**flumine; oleo** sich salben]; ❷ *(poet.; nachkl.)* bestreuen, bedecken; ❸ *(übtr.)* durchströmen, erfüllen; **laetitiā perfundi**.

**per-fungor**, fungī, fūnctus sum ① verrichten, verwalten *(m. Abl.)* [**gravi opere; honoribus**]; ② überstehen *(m. Abl.)* [**periculis**]; *aber Pass.:* **perfunctum periculum** überstanden; ③ genießen *(m. Abl.)*.
**per-furō**, furere, – – *(poet.)* umhertoben.
**perfūsōrius**, a, um *(perfundo) (nachkl.)* oberflächlich [**voluptas**].
**perfūsus** *P. P. P. v. perfundo.*
**Pergamum**, ī *n u.* **-us**, ī *f* ① *meist Pl.* **Pergama**, ōrum *n Burg v. Troja, übh.* Troja; – *Adj.* **Pergameus**, a, um trojanisch; ② *Stadt in Mysien, Hauptstadt des Pergamenischen Reiches, j.* Bergama; – *Einw. u. Adj.* **Pergamēnus**, ī *m bzw.* a, um.
**per-gaudeō**, gaudēre, – – sich sehr freuen.
**pergō**, pergere, perrēxī, perrēctum *(per u. rego)* ① sich aufmachen, aufbrechen; vorrücken [**in Macedoniam; ad delendam urbem**]; ② sich anschicken; – *Imp. (poet.)* **perge** *u.* **pergite** nun denn!, los!; ③ fortfahren *(meist m. Inf.; auch abs.)* [**ire** weitergehen]; ④ in der Rede fortfahren; ⑤ **iter pergere** den Weg *od.* den Marsch fortsetzen.
**per-grandis**, e sehr groß; **~ natu** hochbetagt.
**per-grātus**, a, um sehr angenehm, sehr willkommen; **-um facere alci** jmdm. einen großen Gefallen tun.
**per-gravis**, e sehr schwer; *übtr.* sehr wichtig; – *Adv.* **pergraviter** sehr heftig, sehr empfindlich.
**pergula**, ae *f (nachkl.)* Vorbau, Anbau.
**per-hibeō**, hibēre, hibuī, hibitum *(habeo)* ① darbieten [**alqm** als Anwalt stellen]; ② sagen, erzählen *(abs.; alqd; m. A. C. I.; im Pass. m. N. C. I.)*; ③ nennen, anführen.
**per-honōrificus**, a, um ① sehr ehrenvoll; ② sehr ehrerbietig *(in alqm)*.
**per-horreō**, horrēre, – – *(poet.)* sich heftig vor etw. entsetzen *(vor etw.: alqd)*.
**per-horrēscō**, horrēscere, horruī, – *(Incoh. v. perhorreo)* **I.** *intr.* ① erschauern, erzittern; ② *(poet.) (v. Gewässern)* hoch aufwogen; **II.** *trans.* sich entsetzen vor, zurückschrecken [**tribunum plebis**]; – *m. Inf. od. m. ne:* sich scheuen.
**per-horridus**, a, um ganz schauerlich.
**per-horruī** *Perf. v. perhorresco.*
**per-hūmānus**, a, um *(Adv.* -iter*)* sehr freundlich.
**Periclēs**, is *u.* ī *m athen. Staatsmann (493–429 v. Chr.)*.
**perīclitātiō**, ōnis *f (periclitor)* Versuch.
**perīclitor**, perīclitārī *(peric(u)lum)* **I.** *trans.* ① etw. versuchen, erproben [**fortunam belli**]; *(m. indir. Frages.)*; – *Part. Perf.* **perīclitātus** *auch pass:* **periclitati mores;** ② etw. aufs Spiel setzen, gefährden; **II.** *intr.* ① einen Versuch machen; ② gefährdet sein, auf dem Spiel stehen; ③ wagen.
**perīclum** = *periculum.*
**perīculōsus**, a, um *(periculum)* gefährlich.
**perīculum**, ī *n* ① Gefahr, Wagnis [**belli; capitis** Lebensgefahr]; **magno (cum) -o** unter großer Gefahr; **~ est, ne** es ist zu befürchten, dass; ② Versuch, Probe; **-um facere** *(m. Gen.)* erproben, kennen lernen [**fidei alcis**]; ③ Probestück, -schrift; ④ Prozess, Anklage; ⑤ *(meton.)* gerichtliches Protokoll.
**per-idōneus**, a, um sehr geeignet.
**per-iī** *Perf. v. pereo.*
**per-illūstris**, e ① sehr deutlich; ② sehr angesehen.
**per-imbēcillus**, a, um sehr schwach.
**per-imō**, imere, ēmī, ēmptum *(emo)* ① vernichten, zerstören; ② *(übtr.)* vereiteln, hintertreiben [**reditum; causam publicam** den letzten Schlag geben]; ③ töten.
**per-incertus**, a, um ganz ungewiss.
**per-incommodus**, a, um sehr unbequem, sehr ungelegen.
**per-inde** *Adv.* ebenso, auf gleiche Weise; **~ … ac** *od.* **ut** ebenso … wie; **~ ac si** *m. Konj.* gleich als ob; **haud ~ … quam** nicht sowohl … als vielmehr.
**per-indulgēns,** *Gen.* entis sehr nachsichtig.
**per-īnfirmus**, a, um sehr schwach.
**per-ingeniōsus**, a, um sehr scharfsinnig.
**per-ingrātus**, a, um *(nachkl.)* sehr undankbar.
**per-inīquus**, a, um ① sehr unbillig; ② sehr unwillig.
**per-īnsīgnis**, e sehr auffallend.
**per-invīsus**, a, um sehr verhasst.
**per-invītus**, a, um sehr ungern.
**periodus**, ī *f (gr. Fw.) (nachkl.)* Satzgefüge, Periode.
**Peripatēticus** *(gr. Fw.)* **I.** *Adj.* a, um peripatetisch, zur Schule des Aristoteles gehörig; **II.** *Subst.* ī *m* Peripatetiker.
**peripetasma**, matis *n (gr. Fw.)* Teppich, Decke.
**per-īrātus**, a, um sehr zornig.
**periscelis**, lidis *f (gr. Fw.) (poet.)* Knieband, -spange.
**peristrōma**, atis *n (gr. Fw.)* Decke, Teppich.
**peristȳl(i)um,** ī *n (gr. Fw.) (nachkl.)* Peristyl *(v. Säulen umgebener Innenhof des röm. Hauses)*.
**Pērithous** = *Pirithous.*
**perītia**, ae *f (peritus)* Erfahrung, Kenntnis [**legum**].
**perītus**, a, um in etw. erfahren, kundig *(in etw.: Gen.; selten Abl., in u. Abl. od. ad; m. Inf)* [**belli navalis; litterarum; iuris** *u.* **iure**].
**per-iūcundus**, a, um sehr angenehm.
**periūrium**, ī *n (periurus)* Meineid.
**per-iūrō**, iūrāre = *peiero.*

**per-iūrus**, a, um *(periuro)* meineidig, eidbrüchig.
**per-lābor**, lābī, lāpsus sum **I.** *trans. (poet.)* über etw. hingleiten [**undas**]; **II.** *intr.* (unbemerkt) irgendwohin gelangen, durchdringen [**in insulam nando**].
**per-laetus**, a, um sehr freudig.
**perlāpsus** *P. P. Akt. v. perlabor.*
**per-lātē** *Adv.* sehr weit.
**per-lateō**, latēre, latuī, – *(poet.)* immer verborgen bleiben.
**perlātus** *P. P. P. v. perfero.*
**per-lēctiō** = *pellectio.*
**per-legō**, legere, lēgī, lēctum ① *(poet.)* mustern, genau betrachten; ② durchlesen; ③ verlesen [**senatum** die Senatorenliste].
**per-levis**, e sehr leicht, sehr unbedeutend.
**per-libēns**, *Gen.* entis sehr gern.
**per-līberālis**, e sehr gütig, sehr freigebig.
**per-lībrō**, lībrāre *(nachkl.)* gleichmachen.
**per-liciō** = *pellicio.*
**per-litō**, litāre unter günstigen Vorzeichen opfern.
**per-longus**, a, um sehr lang.
**per-lub...** = *perlib...*
**per-lūceō**, lūcēre, lūxī, – ① durchscheinen, hervorschimmern; ② *(übtr.)* **ex re ~** aus etw. sichtbar sein, hervorleuchten; ③ durchsichtig sein; – *P. Adj.* **perlūcēns,** *Gen.* entis durchsichtig [**amictus;** *übtr.* **oratio**].
**perlūcidulus**, a, um *(Demin. v. perlucidus) (poet.)* ziemlich durchsichtig.
**per-lūcidus**, a, um *(perluceo)* ① durchsichtig; ② sehr hell.
**per-lūctuōsus**, a, um sehr traurig.
**per-luō**, luere, luī, lūtum *(lavo)* ① *(poet.)* (ab)waschen, abspülen; ② *mediopass.* **perlui** ein Bad nehmen, baden.
**per-lūstrō**, lūstrāre ① mustern, genau betrachten; ② erwägen [**alqd animo**]; ③ durchstreifen, durchwandern.
**perlūtus** *Part. Perf. v. perluo.*
**per-lūxī** *Perf. v. perluceo.*
**per-madēscō**, madēscere, maduī, – *(nachkl.)* erschlaffen.
**per-māgnus**, a, um sehr groß, sehr bedeutend; **-i interest** es liegt sehr viel daran.
**per-male** *Adv.* sehr unglücklich [**pugnare** eine schwere Niederlage erleiden].
**per-maneō**, manēre, mānsī, mānsūrus ① verbleiben, ausharren; ② fortdauern, (fort)bestehen; ③ auf etw. beharren, an etw. festhalten *(in m. Abl.)* [**in consilio; in fide**].
**per-mānō**, mānāre ① hinfließen, sich ergießen [**in omnes partes**]; ② *(übtr.)* hindringen, sich verbreiten [**ad aures alcis**]; **doctrina in civitatem permanavit**.
**per-mānsī** *Perf. v. permaneo.*
**permānsiō**, ōnis *f (permaneo)* das Verbleiben; *übtr.* das Verharren *(in re).*
**per-marīnus**, a, um über das Meer geleitend.
**per-mātūrēscō**, mātūrēscere, mātūruī, – *(poet.)* ganz reif werden.
**per-mediocris**, e sehr (mittel)mäßig.
**permēnsus** *P. P. Akt. v. permetior.*
**per-meō**, meāre *(poet.; nachkl.)* ① durchwandern; ② hingelangen.
**per-mētior**, mētīrī, mēnsus sum ① ausmessen; ② *(poet.; nachkl.)* durchwandern, -fahren; / *Part. Perf.* **permēnsus** *auch pass.*
**per-mingō**, mingere, mīnxī, – *(poet.)* bepissen.
**per-mīrus**, a, um sehr wunderbar.
**per-misceō**, miscēre, miscuī, mixtum ① vermischen, durcheinandermengen; ② *(übtr.)* vereinen, verbinden; **consiliis permixtus** verwickelt in; ③ verwirren, in Unordnung bringen.
**permissiō**, ōnis *f (permitto)* ① Erlaubnis; ② *(milit.)* Kapitulation.
**permissū** *(Abl.) m (permitto)* mit Erlaubnis.
**permissum**, ī *n (permitto) (poet.)* Erlaubnis.
**per-mittō**, mittere, mīsī, missum ① *(poet.; nachkl.) bis ans Ziel* schleudern, werfen [**habenas equo** schießen lassen; *übtr.* **tribunatum** dem Tribunat die Zügel schießen lassen = sich des Tribunats uneingeschränkt bedienen]; ② *(ans Ziel)* gehen lassen [**equos in hostem**]; **permissus equitatus** heransprengend; ③ *(übtr.)* überlassen, anvertrauen [**alci potestatem; se in fidem** *od.* **fidei populi Romani** sich auf Gnade u. Ungnade ergeben]; *(m. Inf., m. ut od. m. bl. Konj.);* ④ schenken, fahren lassen [**alqd iracundiae alcis** etw. nachsehen]; ⑤ erlauben, zulassen [**morem**]; *(m. Inf.; A. C. I.; ut).*
**permixtē** *u.* **-tim** *Adv. (permixtus, P. P. P. v. permisceo)* vermischt, vermengt.
**permixtiō**, ōnis *f (permisceo)* ① Vermischung, Verwirrung, Aufruhr; ② *(konkr.)* Mischung.
**per-modestus**, a, um ① sehr bescheiden; sehr schüchtern; ② *(nachkl.) (v. Sachen)* sehr maßvoll.
**per-molestus**, a, um sehr lästig, sehr beschwerlich; **-e ferre** sehr übel nehmen.
**per-molō**, molere, moluī, – *(poet.)* zermahlen; m. einer Frau schlafen *(alqam).*
**permōtiō**, ōnis *f (permoveo)* Erregung [**animi**], Gemütsbewegung.
**per-moveō**, movēre, mōvī, mōtum ① *(übtr.)* bewegen, bestimmen, veranlassen; *bes. im P. P. P.:* **permotus auctoritate / iniuriis;** ② erregen, rühren, aufregen, beunruhigen, erschüttern; **animo** (*od.* **mente**) **permoveri** den Mut sinken lassen; **hoc tumultu permoti** durch diesen Aufruhr beunruhigt; – *P. P. P.* **permotus re** *oft* = aus, vor [**irā** aus Zorn]; ③ *(nachkl.) (einen Affekt)* erregen [**invidiam**].

**per-mulceō**, mulcēre, mulsī, mulsum ① streicheln, streichen; ② sanft berühren [**lumina virgā**]; ③ liebkosen, ergötzen [**aures**]; ④ besänftigen, mildern [**animum alcis**].

**per-multus**, a, um sehr viel, *meist Pl.; – Subst.* **-um**, ī *n* sehr viel; **-o** *beim Komp.* bei weitem, weit(aus): **-o clariora;** – *Adv.* **permultum** sehr viel [**valere**].

**per-mūniō**, mūnīre ① fertig bauen; ② stark befestigen [**castra**].

**permūtātiō**, ōnis *f (permuto)* ① Veränderung, Wechsel; ② (Um-)Tausch [**mercium**]; Tauschhandel; ③ Geldumsatz; ④ Austausch [**captivorum**].

**per-mūtō**, mūtāre ① völlig verändern, wechseln; ② vertauschen; ③ auswechseln, loskaufen [**captivos; alqm auro**]; ④ *(Geld)* auf Wechsel nehmen.

**perna**, ae *f (poet.)* Hinterkeule, Schinken.

**per-necessārius**, a, um ① sehr notwendig, sehr dringend [**tempus**]; ② eng verbunden, sehr nahe stehend.

**per-necesse** *in Redew. mit esse:* **~ est** es ist unumgänglich nötig.

**per-negō**, negāre ① hartnäckig leugnen; ② *(nachkl.)* rundweg abschlagen.

**perniciābilis**, e *(pernicies)* verderblich, schädlich.

**perniciālis**, e *(pernicies) (poet.; nachkl.)* verderblich, tödlich.

**perniciēs**, ēī *f (nex)* ① Verderben, Untergang [**rei publicae**]; **alci perniciem facere** (*od.* **ferre**) Verderben bringen; ② *(meton.)* verderblicher Mensch, Pest.

**perniciōsus**, a, um *(pernicies)* verderblich, schädlich.

**pernīcitās**, ātis *f (pernix)* Schnelligkeit.

**pernīx**, *Gen.* īcis ① schnell; ② *(poet.)* ausdauernd.

**per-nōbilis**, e sehr bekannt, sehr berühmt.

**per-noctō**, noctāre *(nox)* die Nacht verbringen.

**per-nōscō**, nōscere, nōvī, – genau kennen lernen, gründlich erforschen; *Perf.* genau kennen.

**per-nōtēscō**, nōtēscere, nōtuī, – *(nachkl.)* überall bekannt werden.

**per-nōvī** *Perf. v. pernosco.*

**per-nox**, *Abl.* nocte *(nur Nom. u. Abl. Sg.)* die Nacht hindurch (dauernd); **lunā pernocte** in mondheller Nacht.

**per-numerō**, numerāre auszahlen.

**pērō**, ōnis *m (poet.)* Lederstiefel.

**per-obscūrus**, a, um sehr dunkel, sehr verworren.

**per-odiōsus**, a, um sehr verhasst.

**per-officiōsē** *Adv.* sehr gefällig.

**per-opportūnus**, a, um sehr gelegen, höchst willkommen.

**per-optātō** *Adv. (opto)* ganz nach Wunsch.

**perōrātiō**, iōnis *f (peroro)* ① Schluss der Rede; ② Schlussrede.

**per-ōrnātus**, a, um außergewöhnlich schön.

**per-ōrnō**, ōrnāre *(nachkl.)* sehr zieren.

**per-ōrō**, ōrāre ① die Rede beenden, schließen; ② die Schlussrede halten; ③ sich über etw. aussprechen, (über etw.) eine Rede halten *(alqd od. de re; m. A. C. I.; abs.).*

**per-ōsus**, a, um *(odi)* sehr hassend; **-um esse** sehr hassen.

**per-pācō**, pācāre ganz zur Ruhe bringen.

**per-parvulus**, a, um überaus klein.

**per-parvus**, a, um sehr klein.

**per-pāstus**, a, um *(pasco) (poet.)* wohlgenährt.

**per-paucī**, ae, a sehr wenige; **-a loqui** sehr wenig.

**per-pauculī**, ae, a sehr wenige.

**per-paulum I.** *Subst.* ī *n* (nur) sehr wenig [**loci**]; **II.** *Adv.* ein klein wenig.

**per-pauper**, *Gen.* eris sehr arm.

**per-pellō**, pellere, pulī, pulsum ① antreiben, bewegen, veranlassen, durchsetzen [**urbem ad deditionem**]; *(m. ut, ne; Inf.);* ② jmd. beeindrucken.

**per-pendī** *Perf. v. perpendo.*

**perpendiculum**, ī *n (perpendo)* Bleilot, Richtschnur; **ad -um** senkrecht.

**per-pendō**, pendere, pendī, pēnsum gründlich erwägen, genau untersuchen.

**perperam** *Adv.* unrichtig, falsch.

**perpessīcius**, a, um *(perpetior) (nachkl.)* geduldig.

**perpessiō**, ōnis *f (perpetior)* ① das Ertragen [**dolorum**]; ② *(nachkl.)* Ausdauer.

**per-petior**, petī, pessus sum *(patior)* ① erdulden, ertragen [**laborem**]; ② sich überwinden *(m. Inf. od. A. C. I.).*

**per-petītus**, a, um *(nachkl.)* verklärt (zu).

**per-petrō**, petrāre *(patro)* durchsetzen, vollziehen, vollenden.

**perpetuārius**, a, um *(perpetuus) (nachkl.)* beständig unterwegs.

**perpetuitās**, ātis *f (perpetuus) (ununterbrochene)* Fortdauer, Zusammenhang [**orationis**].

**perpetuō**, perpetuāre *(perpetuus)* ununterbrochen dauern lassen, fortsetzen.

**perpetuus**, a, um *(Adv. -ō)* ① *(räuml.)* fortlaufend, ununterbrochen, zusammenhängend [**mensae** in langer Reihe; **oratio; carmen** einen ganzen Sagenkreis umfassend, zyklisch]; ② *(zeitl.)* **a)** fortwährend, (be)ständig [**amicitia; cursus stellarum**]; – *Adv.* **perpetuō** (be)ständig; **in -um** für immer; **b)** lebenslänglich, auf Lebenszeit [**dominatio; dictator**]; ③ allgemein gültig [**edictum; ius**].

**per-placeō**, placēre, – – sehr (gut) gefallen.

**perplexus**, a, um *(Adv. -ē u. -im)* ① verschlungen [**iter silvae**]; ❷ *(übtr.)* verworren, rätselhaft, unklar [**sermones**].

**per-poliō**, polīre *(übtr.)* (aus)feilen, vervollkommnen [**opus**]; – *P. Adj.* **perpolītus**, a, um verfeinert, feingebildet.

**per-populor**, populārī völlig verwüsten, ganz ausplündern; – *Part. Perf. auch pass.:* **perpopulato agro**.

**perpōtātiō**, ōnis *f (perpoto)* Trinkgelage.

**per-pōtō**, pōtāre durchzechen [**totos dies**].

**per-primō**, primere *(u.* **-premō**, premere), pressī, pressum *(poet.; nachkl.)* in einem fort drücken.

**per-propinquus I.** *Adj.* a, um sehr nahe; **II.** *Subst.* ī *m* naher Verwandter.

**per-pūgnāx,** *Gen.* ācis sehr streitsüchtig.

**per-pulī** *Perf. v. perpello.*

**perpulsus** *P. P. P. v. perpello.*

**per-pūrgō**, pūrgāre ❶ ganz reinigen; ❷ *(übtr.)* etw. ins Reine bringen; ❸ gründlich widerlegen.

**per-pusillus**, a, um sehr klein; – *Adv.* **-um** sehr wenig.

**per-quam** *Adv.* überaus, sehr.

**per-quīrō**, quīrere, quīsīvī, quīsītum *(quaero)* sich genau erkundigen, nachforschen *(m. Akk.; m. indir. Frages.).*

**perquīsītē** *Adv. (perquisitus, P. P. P. v. perquiro)* ❶ gründlich; ❷ vielseitig.

**perquīsītus** *P. P. P. v. perquiro.*

**per-quīsīvī** *Perf. v. perquiro.*

**per-rārus**, a, um *(Adv. -ō)* sehr selten.

**per-reconditus**, a, um sehr verborgen.

**perrēctum** *P. P. P. v. pergo.*

**per-rēpō**, rēpere, rēpsī, – *(poet.)* über, auf etw. hinkriechen [**tellurem**].

**perrēxī** *Perf. v. pergo.*

**per-rīdiculus**, a, um sehr lächerlich.

**perrogātiō**, ōnis *f (perrogo)* Durchsetzung *eines Gesetzes,* Beschluss.

**per-rogō**, rogāre der Reihe nach fragen, ringsum fragen *(nach etw.: alqd).*

**per-rumpō**, rumpere, rūpī, ruptum **I.** *intr.* hindurchbrechen, sich einen Weg bahnen [**per medios hostes**]; **II.** *trans.* ❶ etw. durchbrechen, aufbrechen, aufreißen [**terram aratro**]; ❷ in etw. eindringen [**artūs** durchbohren; **castra**]; ❸ *(übtr.)* überwinden, zunichte machen [**leges** m. Füßen treten; **poenam**].

**Persae**, ārum *m (Sg.* **Persēs***)* die Perser: ❶ = *Bew. der Landschaft* **Persis,** idis *f am Persischen Meerbusen;* ❷ = *Bew. des Persischen Reiches;* ❸ *(poet.)* = die Parther; / *Adj.* **Persicus**, a, um persisch, *fem. auch* **Persis**, idis.

**per-saepe** *Adv.* sehr oft.

**per-salsus**, a, um sehr witzig.

**persalūtātiō**, ōnis *f (persaluto)* allseitige Begrüßung.

**per-salūtō**, salūtāre (alle) der Reihe nach begrüßen.

**per-sānō**, sānāre *(nachkl.)* völlig heilen.

**per-sapiēns,** *Gen.* entis sehr weise.

**per-scidī** *Perf. v. perscindo.*

**per-scienter** *Adv.* sehr klug.

**per-scindō**, scindere, scidī, scissum ganz zerreißen.

**per-scītus**, a, um sehr fein.

**per-scrībō**, scrībere, scrīpsī, scrīptum ❶ genau aufschreiben, sorgfältig aufzeichnen [**orationem**]; ❷ protokollieren [**senatūs consultum**]; ❸ *(in das Rechnungsbuch)* eintragen [**alqd in tabulas publicas**]; ❹ *(Geld)* anweisen, durch eine Anweisung bezahlen; ❺ *(schriftl.)* ausführlich berichten, melden *(alci od. ad alqm alqd od. de re; m. A. C. I.).*

**perscrīptiō**, ōnis *f (perscribo)* ❶ amtliche Aufzeichnung, Sitzungsbericht [**senatūs consulti**]; ❷ Eintragung in das Rechnungsbuch; ❸ Zahlungsanweisung.

**perscrīptor**, ōris *m (perscribo)* Buchhalter.

**perscrīptus** *P. P. P. v. perscribo.*

**perscrūtātiō**, ōnis *f (perscrutor) (nachkl.)* Durchsuchung.

**per-scrūtor** scrūtārī ❶ durchsuchen; ❷ *(übtr.)* untersuchen, erforschen [**sententiam scriptoris**].

**per-secō**, secāre, secuī, sectum ❶ genau erforschen; ❷ ausrotten.

**persecūtiō**, ōnis *f (persequor)* gerichtl. Verfolgung, Klage.

**persecūtus** *P. P. Akt. v. persequor.*

**per-sedeō**, sedēre, sēdī, sessum ununterbrochen sitzen.

**per-sēdī** *Perf. v. persedeo u. persido.*

**per-sēgnis**, e sehr matt, sehr träge.

**Persēius** *s. Perseus.*

**per-sentiō**, sentīre, sēnsī, sēnsum *(poet.)* ❶ tief empfinden; ❷ deutlich wahrnehmen.

**Persephonē**, ēs *f = Proserpina.*

**per-sequor**, sequī, secūtus sum ❶ beharrlich (nach)folgen, begleiten *(m. Akk.);* ❷ verfolgen [**hostes equitatu; exercitum Caesaris; alqm bello** bekriegen; **alqm armis** bekämpfen]; ❸ rächen, bestrafen [**maleficia**]; ❹ gerichtl. verfolgen [**Verrem**]; geltend zu machen suchen [**ius suum**]; ❺ etw. eifrig betreiben [**artes**]; ❻ etw. erstreben, nachjagen *(m. Akk.)* [**voluptates**]; ❼ nachahmen [**exempla maiorum**]; ❽ durchforschen; ❾ etw. fortsetzen [**incepta; quaerendo** weiter fragen; **societatem** unterhalten]; ❿ ausführen, vollziehen [**mandata**]; ⓫ jmd. einholen, erreichen; ⓬ *(mündl. od. schriftl.)* darstellen, erzählen.

**Persēs**, ae *m* ❶ der Perser, *vgl. Persae;* ❷ = *Perseus 2.*

**Persēus**, eī *u.* eos *m* ❶ *Sohn des Zeus u. der Danae, tötete die Medusa;* – *Adj.* **Persē(i)us**, a, um; ❷ *letzter König v. Makedonien;* – *Adj.* **Persicus**, a, um.
**persevērāns**, *Gen.* antis *(P. Adj. v. persevero)* beharrlich, ausdauernd *(in etw.: Gen.)*.
**persevērantia**, ae *f (perseverans)* Beharrlichkeit, Ausdauer.
**per-sevērō**, sevērāre *(severus)* **I.** *intr.* ❶ verharren, standhaft bleiben [**in sententia; in errore**]; ❷ die Fahrt, Reise (ununterbrochen) fortsetzen; ❸ *(nachkl.)* fortdauern, Bestand haben; **II.** *trans.* etw. fortsetzen, bei etw. verharren; *m. Inf.:* fortfahren.
**per-sevērus**, a, um *(nachkl.)* sehr streng.
**Persicus**, a, um *s. Persae u. Perseus.*
**per-sīdō**, sīdere, sēdī, sessum *(poet.; nachkl.)* durch-, eindringen.
**per-sīgnō**, sīgnāre genau aufzeichnen.
**per-similis**, e sehr ähnlich *(m. Gen. u. Dat.)*.
**per-simplex**, *Gen.* licis *(nachkl.)* sehr einfach.
**Persis**, idis *f s. Persae.*
**per-solvō**, solvere, solvī, solūtum ❶ ganz auflösen; *übtr.* deutlich erklären; ❷ be-, auszahlen; ❸ *(übtr.)* erweisen, zollen [**gratiam** *u.* **grates alci** Dank abstatten]; ❹ **poenas ~** büßen, Strafe erleiden.
**persōna**, ae *f* ❶ Maske; ❷ *(meton.)* Rolle *(im Schauspiel);* ❸ *(übtr.)* Rolle, *die jmd. im Leben spielt,* Charakter, Stellung [**principis**]; **-am ferre** *od.* **gerere** eine Rolle spielen; ❹ Persönlichkeit, Person.
**persōnātus**, a, um *(persona)* ❶ maskiert, verkleidet; ❷ *(übtr.)* scheinbar.
**per-sonō**, sonāre, sonuī, – **I.** *intr.* ❶ laut erschallen, widerhallen; **personat vicinitas cantu;** ❷ *(nachkl.)* seine Stimme erschallen lassen; ❸ *(nachkl.)* **plausu** *od.* **plausibus** Beifall klatschen; ❹ *(poet.) (ein Instrument)* spielen [**citharā**]; **II.** *trans.* ❶ *(poet.; nachkl.)* etw. durchtönen, *m. Lärm* erfüllen [**regna latratu**]; ❷ laut verkünden *(m. Akk.; m. A. C. I.)*.
**perspectō**, perspectāre *(Intens. v. perspicio) (nachkl.)* bis zum Ende sich ansehen.
**perspectus**, a, um *(P. Adj. v. perspicio)* wohlbekannt, bewährt.
**per-spergō**, spergere, spersī, spersum *(spargo)* besprengen, benetzen.
**per-spexī** *Perf. v. perspicio.*
**perspicāx**, *Gen.* ācis *(perspicio)* einsichtsvoll.
**perspicientia**, ae *f (perspicio)* völlige Einsicht, Erkenntnis.
**per-spiciō**, spicere, spexī, spectum *(specto)* **I.** *intr.* hindurchschauen [**per saepem**]; **II.** *trans.* ❶ genau betrachten, untersuchen, mustern [**naturam loci**]; *(m. indir. Frages.);* ❷ deutlich sehen; ❸ prüfend durchlesen; ❹ *(übtr.)* durchschauen, erkennen, kennen lernen [**innocentiam alcis**]; *(m. A. C. I.; indir. Frages.)*.
**perspicuitās**, ātis *f (perspicuus)* Deutlichkeit.
**perspicuus**, a, um *(perspicio)* ❶ *(poet.; nachkl.)* durchsichtig; ❷ *(übtr.)* deutlich, klar.
**per-sternō**, sternere, strāvī, strātum ganz pflastern.
**per-stimulō**, stimulāre *(nachkl.)* ununterbrochen reizen.
**per-stō**, stāre, stitī, (stātūrus) ❶ fest stehen, stehen bleiben; ❷ *(poet.) (übtr.)* (fort)dauern, (unverändert) bleiben; ❸ bei etw. beharren, festbleiben [**in sententia**]; *m. Inf.:* fortfahren.
**perstrātus** *P. P. P. v. persterno.*
**per-strāvī** *Perf. v. persterno.*
**per-strepō**, strepere, strepuī, – *(nachkl.)* sehr lärmen.
**per-stringō**, stringere, strīnxī, strictum ❶ streifen, berühren [**solum aratro** durchpflügen]; ❷ *(poet.)* leicht verwunden; ❸ *(übtr.)* unangenehm berühren, erschüttern; ❹ tadeln, verletzen; **modice perstringi** m. einem leichten Verweis davonkommen; ❺ *(in der Rede)* etw. streifen, kurz erzählen [**atrocitatem criminis**]; ❻ *(poet.; nachkl.)* abstumpfen [**aures minaci murmure** betäuben].
**per-studiōsus**, a, um sehr eifrig *(m. Gen.)*.
**per-suādeō**, suādēre, suāsī, suāsum ❶ überreden *(jmd.: alci; zu etw.: alqd, nur im Neutr. eines Pron. od. allg. Adj.; m. ut, ne, auch m. bl. Konj., selten m. Inf.);* **mihi persuadetur** ich werde überredet *od.* lasse mich überreden; ❷ überzeugen *(jmd.: alci; von etw.: de re, alqd, nur im Neutr. eines Pron. od. allg. Adj.; m. A. C. I.);* [**sibi de paupertate alcis**]; **mihi persuadetur** ich werde überzeugt *od.* lasse mich überzeugen.
**persuāsiō**, ōnis *f (persuadeo)* ❶ Überredung, Überzeugung; ❷ *(nachkl.)* Glaube, Meinung.
**persuāsum** *s. persuadeo.*
**per-subtīlis**, e sehr durchdacht.
**per-sultō**, sultāre *(salto)* **I.** *intr.* umherspringen; **II.** *trans. (poet.; nachkl.)* durchstreifen.
**per-taedet**, taedēre, taesum est *(unpers.)* Ekel empfinden, sehr überdrüssig sein *od.* werden *(alqm alcis rei);* **vos iniuriae pertaesum est.**
**pertaesus**, a, um *(pertaedet) (nachkl.)* sehr überdrüssig *(m. Gen. od. Akk.)*.
**per-temptō**, temptāre ❶ prüfen, erforschen; ❷ überlegen, überdenken; ❸ *(poet.) (v. Übeln, Affekten u. Ä.)* völlig ergreifen, durchströmen; **tremor corpora pertemptat.**
**per-tendō**, tendere, tendī, tentum (*u.* tēnsum) ❶ wohin eilen; ❷ etw. durchzusetzen suchen.
**per-tentō**, tentāre = *pertempto.*
**per-tenuis**, e sehr schwach, sehr gering.
**per-tergeō**, tergēre, tersī, tersum *(poet.)* abwischen.

**per-terreō**, terrēre, terruī, territum heftig erschrecken, völlig einschüchtern.
**per-tersī** *Perf. v. pertergeo.*
**pertersus** *P. P. P. v. pertergeo.*
**per-texō**, texere, texuī, textum ausführen, vollenden.
**pertica**, ae *f (poet.; nachkl.)* Stange; Messstange.
**per-timefactus**, a, um sehr eingeschüchtert.
**per-timēscō**, timēscere, timuī, – in große Furcht geraten, (sich) sehr fürchten *(vor jmdm. od. etw.: Akk.; um, wegen, für etw.: de; m. ne).*
**pertinācia**, ae *f (pertinax)* Beharrlichkeit; Hartnäckigkeit.
**per-tināx**, *Gen.* ācis *(tenax)* ❶ *(nachkl.)* lange andauernd; ❷ beharrlich; hartnäckig.
**per-tineō**, tinēre, tinuī, – *(teneo)* ❶ sich erstrecken, sich ausdehnen, reichen; **silvae ad flumen pertinent;** ❷ *(übtr.)* sich verbreiten; ❸ sich beziehen auf, betreffen, angehen; **suspicio ad nos pertinet** trifft uns; **quod ad indutias pertinet** was den Waffenstillstand anbetrifft; ❹ zu etw. dienen, auf etw. abzielen; **quo** *od.* **quorsum pertinet** *(m. Inf.)* was für einen Sinn hat es?; **ad rem non pertinet** *(m. Inf.)* es hat keinen Zweck.
**per-tingō**, tingere, – – *(tango)* sich erstrecken, sich ausdehnen.
**pertractātiō**, ōnis *f (pertracto)* Behandlung, Beschäftigung m. etw. *(m. Gen.).*
**per-tractō**, tractāre ❶ überall betasten; ❷ einwirken auf *(m. Akk.);* ❸ eingehend untersuchen, behandeln.
**per-trahō**, trahere, trāxī, tractum ❶ (hin)schleppen, m. Gewalt hinbringen [**alqm in castra**]; ❷ hinlocken [**hostem in insidias**].
**per-trā-lūcidus**, a, um *(nachkl.)* ganz durchsichtig.
**per-trāxī** *Perf. v. pertraho.*
**per-tribuō**, tribuere, tribuī, – *(nachkl.)* von allen Seiten erteilen.
**per-trīstis**, e ❶ sehr traurig; ❷ sehr mürrisch [**censor**].
**per-trītus**, a, um *(nachkl.)* sehr alltäglich.
**per-tudī** *Perf. v. pertundo.*
**per-tulī** *Perf. v. perfero.*
**per-tumultuōsē** *Adv.* in großer Aufregung.
**per-tundō**, tundere, tudī, tū(n)sum durchstoßen, -löchern.
**perturbātiō**, ōnis *f (perturbo)* ❶ Verwirrung, Unordnung [**comitiorum** stürmische Auftritte in]; ❷ *(polit.)* Wirren, Umwälzung; ❸ Aufregung, Leidenschaft.
**perturbātrīx**, īcis *f (perturbo)* Verwirrerin.
**perturbātus**, a, um *(P. Adj. v. perturbo)* ❶ wirr, verworren [**tempora**]; ❷ *(übtr.)* verwirrt, bestürzt [**vultus** verstört]; ❸ *(nachkl.)* unruhig, stürmisch.
**per-turbō**, turbāre ❶ ganz verwirren, in große Unordnung bringen [**impetu ordines**]; – *Pass.* in große Unordnung geraten; ❷ *(übtr.)* stören [**pactiones bellicas periurio** brechen]; ❸ *(polit.)* beunruhigen [**provinciam**]; ❹ aufregen, aus der Fassung bringen.
**per-turpis**, e sehr unanständig.
**pertūsus** *P. P. P. v. pertundo.*
**pērula**, ae *f (Demin. v. pera) (nachkl.)* kleiner Ranzen.
**per-ungō**, ungere, ūnxī, ūnctum ganz beschmieren, salben.
**per-urbānus**, a, um ❶ sehr fein, sehr witzig; ❷ überhöflich.
**per-ūrō**, ūrere, ussī, ustum ❶ ganz verbrennen, ganz versengen [**agrum** im Land sengen u. brennen]; ❷ *(poet.)* gefrieren lassen; **terra gelu perusta;** ❸ *(poet.)* wund reiben, entzünden; ❹ *(übtr.)* verzehren, quälen; **pectus perustum curis;** ❺ *(poet.; nachkl.)* erzürnen.
**Perusia**, ae *f Stadt in Etrurien, j.* Perugia; – *Einw. u. Adj.* **Perusīnus**, ī *m bzw.* a, um.
**per-ussī** *Perf. v. peruro.*
**perustus** *P. P. P. v. peruro.*
**per-ūtilis**, e sehr nützlich.
**per-vādō**, vādere, vāsī, vāsum ❶ hindurchgehen, durchdringen, sich verbreiten *(konkr. u. übtr.) (per alqd u. alqd);* **incendium per agros pervasit;** *(übtr.)* **fama urbem pervasit;** ❷ (hin)gelangen, (hin)kommen *(konkr. u. übtr.)* [**ad castra**]; *(übtr.)* **terror in aciem pervasit**.
**pervagātus**, a, um *(P. Adj. v. pervagor)* weit verbreitet, sehr bekannt.
**per-vagor**, vagārī **I.** *intr.* ❶ umherschweifen [**omnibus in locis**]; ❷ *(übtr.)* sich weit verbreiten, überall bekannt werden; **II.** *trans.* ❶ etw. durchstreifen, -wandern [**silvas**]; ❷ *(übtr.)* durchdringen, erfüllen; / *vgl. auch pervagatus.*
**per-variē** *Adv.* sehr mannigfaltig.
**per-vāsī** *Perf. v. pervado.*
**per-vāstō**, vāstāre völlig verwüsten, verheeren [**agros**].
**pervāsus** *P. P. P. v. pervado.*
**per-vehō**, vehere, vēxī, vectum ❶ **a)** (hin)durchführen, -fahren [**commeatūs**]; **b)** *mediopass.* **pervehi** durchfahren, befahren; ❷ **a)** hinführen, -fahren, -bringen; **b)** *mediopass.* **pervehi** hinfahren, -kommen [*übtr.* **ad exitus optatos**].
**per-velle** *Inf. Präs. v. pervolo²*.
**per-vellō**, vellere, vellī, – *(poet.; nachkl.)* ❶ fest zupfen; ❷ *(übtr.)* stark reizen [**stomachum**]; ❸ kränken, schmerzen; ❹ scharf kritisieren [**ius civile**].

P

**per-veniō**, venīre, vēnī, ventum ① (hin)gelangen, ankommen *(in m. Akk. od ad)* [**in hiberna; ad portam**]; ② *(übtr.)* gelangen, kommen zu [**in senatum** zur Senatorenwürde; **ad nummos** zu Geld kommen; **ad hunc locum** zu diesem Punkt *(in der Rede)*]; ③ *in einen Zustand* kommen, geraten [**in amicitiam alcis** sich befreunden mit; **in suam tutelam** mündig werden]; ④ *(v. Lebl.)* jmdm. zufallen, zuteilwerden *(ad alqm)*.

**perversitās**, ātis *f (perversus)* Verkehrtheit, Torheit.

**perversus**, a, um *(P. Adj. v. perverto)* ① verdreht [**oculi** schielend]; ② *(übtr.)* verkehrt, unrecht, widersinnig, töricht; ③ schlecht, böse; ④ *(poet.)* neidisch.

**per-vertō**, vertere, vertī, versum ① umkehren, umstürzen; **rupes perversae** v. der Felswand abgestürzt; ② *(übtr.)* vernichten, zu Grunde richten [**iura; civitatem**]; **perverso more** gegen die Sitte; **perverso numine** gegen den Willen der Gottheit; / *vgl. auch perversus.*

**per-vesperī** *Adv.* sehr spät abends.

**pervestīgātiō**, ōnis *f (pervestigo)* (Er-)Forschung.

**per-vestīgō**, vestīgāre ① ausspüren *(v. Jagdhunden)*; ② *(übtr.)* genau erforschen.

**per-vetus**, *Gen.* veteris *u.* **per-vetustus**, a, um sehr alt.

**per-vēxī** *Perf. v. perveho.*

**pervicācia**, ae *f (pervicax)* Beharrlichkeit; Hartnäckigkeit.

**pervicāx**, *Gen.* ācis beharrlich [*(in etw.: Gen.)* **recti** im Guten]; hartnäckig, eigensinnig [**iussa** eigenwillige; *(m. Gen.)* **irae** im Zorn].

**per-vīcī** *Perf. v. pervinco.*

**pervictus** *P. P. P. v. pervinco.*

**per-videō**, vidēre, vīdī, vīsum ① *(poet.)* überschauen; *(übtr.)* überblicken; ② genau sehen, genau erkennen; ③ *(übtr.)* erkennen, einsehen.

**per-vigeō**, vigēre, viguī, – *(nachkl.)* sehr stark sein, sehr blühen.

**pervigil**, *Gen.* lis *(pervigilo) (poet.; nachkl.)* immer wachsam.

**pervigilātiō**, ōnis *f (pervigilo) rel.* Nachtfeier.

**pervigilium**, ī *n (pervigil)* ① *(nachkl.)* Nachtwache; ② *rel.* Nachtfeier.

**per-vigilō**, vigilāre wach bleiben, (die Nacht) durchwachen.

**per-vīlis**, e sehr wohlfeil.

**per-vincō**, vincere, vīcī, victum ① *(nachkl.)* völlig besiegen; *(intr.)* völlig siegen; ② seine Meinung durchsetzen; ③ jmd. m. Mühe zu etw. bewegen *(alqm u. ut, verneint auch m. quin)*; ④ etw. durchsetzen *(alqd; m. ut, ne, verneint auch m. quin)*.

**pervīsus** *P. P. P. v. pervideo.*

**pervium**, ī *n (pervius) (nachkl.)* Durchgang.

**per-vius**, a, um *(via)* ① gangbar, zugänglich [**amnis; transitiones** freie Durchgänge]; ② *(nachkl.) (übtr.)* offen, zugänglich [**ambitioni**].

**per-volitō**, volitāre *(Intens. v. pervolo[1]) (poet.)* durchfliegen, durcheilen.

**per-volō**[1], volāre ① *(poet.)* durchfliegen; ② durcheilen; ③ hinfliegen, -eilen.

**per-volō**[2], velle, voluī sehr wünschen, gern wollen *(m. Inf., auch m. bl. Konj.)*.

**per-volūtō**, volūtāre genau lesen, genau studieren.

**per-volvō**, volvere, volvī, volūtum ① *(poet.)* aufrollen, durchlesen; ② genau bekannt machen m. etw.

**pervulgātus**, a, um *(P. Adj. v. pervulgo)* ① wohlbekannt; ② sehr gewöhnlich [**consolatio**].

**per-vulgō**, vulgāre ① veröffentlichen, bekannt machen; ② **se ~** sich preisgeben; – *vgl. auch pervulgatus.*

**pēs**, pedis *m* ① Fuß *(eines Menschen od. Tieres)*; **pedibus captus** gelähmt; **pedem ferre** gehen, kommen; **pedem inferre** eintreten; **pedem conferre** *(milit.)* angreifen; **pede collato** Mann gegen Mann; **pedem referre** sich zurückziehen, zurückweichen; **ante pedes alcis** in jmds. Gegenwart; **ad pedes desilire** *vom Pferd* abspringen; **ad pedes descendere** absitzen; **equitem ad pedes deducere** absitzen lassen; **pedibus flumen transire** zu Fuß; **pedibus merere** bei der Infanterie dienen; **pedibus – navibus** zu Land – zu Wasser; ② *(poet.)* **a)** Huf; **b)** Kralle; ③ *(übtr.)* **a)** *(poet.; nachkl.)* Fuß *an Tischen, Stühlen u. a.;* **b)** Tau zum Segelspannen; **pede aequo navigare** m. gleichgespannten Tauen = vor dem Wind segeln; **pedem facere** m. halbem Wind segeln; ④ *(meton.)* **a)** Schritt, Gang, Lauf; **b)** Fuß *als Längenmaß (= etwa 30 cm)*; **non pedem ab alqo discedere** sich keinen Fuß breit v. jmdm. entfernen; **c)** Versfuß; *(poet.)* Versart, -maß.

**pessimus**, a, um *Superl. v. malus[1].*

**Pessinūs**, ūntis *f Stadt in Galatien, Hauptsitz des Kybelekultes;* – *Adj.* **Pessinūntius**, a, um.

**pessum** *Adv.* ① *(nachkl.)* hinab; ② *(übtr.)* **pessum ire** zu Grunde gehen, umkommen; **pessum dare** *(auch zus.)* zu Grunde richten.

**pesti-fer**, fera, ferum *(pestis u. fero)* verderblich, unheilvoll.

**pestilēns**, *Gen.* lentis *(pestis)* ① ungesund, verseucht [**locus**]; ② *(übtr.)* verderblich, unheilvoll.

**pestilentia**, ae *f (pestilens)* ① Pest, Seuche; ② *(meton.)* ungesunde Luft; ungesunde Gegend.

**pestis**, is *f* ❶ Pest, Seuche; ❷ *(meton.)* ungesunde Witterung; ❸ *(übtr.)* Verderben, Unheil, Untergang [**civitatis; omnium bonorum**]; ❹ *(meton.) (v. Lebewesen u. v. Lebl.)* Unheilstifter, Scheusal.

**petasātus**, a, um im Reisehut, reisefertig.

**petessō**, petessere, – – *(Intens. v. peto)* etw. erstreben, nach etw. eifrig trachten *(alqd).*

**petītiō**, ōnis *f (peto)* ❶ Angriff; ❷ das Bitten, Bitte *(um etw.: Gen.)* [**indutiarum**]; ❸ (Amts-)Bewerbung *(um: Gen.)* [**consulatūs**]; ❹ *(jur. t. t.)* Anspruch(srecht).

**petītor**, ōris *m (peto)* ❶ (Amts-)Bewerber; ❷ Kläger *in Privat- od. Zivilsachen.*

**petītūriō**, petītūrīre, – – *(Desider. v. peto)* sich bewerben wollen.

**petō**, petere, petīvī *(u.* petiī*)*, petītum *(m. Akk.) (auch synk. Perf.-Formen: petīsse(m) = petīvisse(m), petīstī = petīvistī u. Ä.)* erstreben: ❶ wohin eilen, hingehen, *einen Ort* aufsuchen [**continentem** steuern nach; **Ascanium** nahen]; **amnis campum petit** ergießt sich in, auf; ❷ *eine Richtung, einen Weg* einschlagen, nehmen [**iter terrā** den Landweg nehmen]; ❸ *(feindl.)* losgehen auf, angreifen; *übtr.* bedrohen [**urbem bello**]; ❹ nach etw. *od.* jmdm. zielen [**hostes telis** beschießen]; ❺ nach etw. streben, etw. zu erreichen suchen [**salutem fugā** sein Heil in der Flucht suchen; **gloriam**]; *(auch m. Inf.);* ❻ verlangen, fordern; ❼ (sich) etw. erbitten, jmd. um etw. bitten [**pacem a Romanis** die R. um Frieden bitten]; *(m. ut, ne, selten m. bl. Konj.; m. Inf.);* ❽ sich um etw. bewerben [**praeturam**]; ❾ um jmd. werben [**virginem**]; ❿ *(jur. t. t.) (in Privatsachen)* etw. beanspruchen, etw. einklagen [**pecuniam apud praetorem**]; ⓫ etw. holen [**commeatūs;** *übtr.* **gemitūs alto de corde** tief aufseufzen]; ⓬ entnehmen, entlehnen [**exemplum alcis rei ab alqo** sich an jmdm. ein Beispiel für etw. nehmen].

P

**petorritum**, ī *n (kelt. Fw.) (poet.; nachkl.)* offener vierrädriger Wagen, Kutsche.

**petra**, ae *f (gr. Fw.) (nachkl.)* Fels, Stein.

**Petrōnius Arbiter** *Günstling Neros, als arbiter elegantiae (Schiedsrichter in Sachen des guten Geschmacks) an dessen Hof.*

**petulāns**, *Gen.* antis *(peto)* ausgelassen, frech, frivol.

**petulantia**, ae *f (petulans)* Ausgelassenheit, Frechheit.

**petulcus**, a, um *(peto) (poet.)* stößig.

**pexī** *Perf. v. pecto.*

**pexus** *P. P. P. v. pecto.*

**Phaeāx**, ācis *m, meist Pl.* **Phaeāces**, cum *der Sage nach Bew. der Insel Scheria (Korfu);* – *Adj.* **Phaeāc(i)us**, a, um; – *Subst.* **Phaeācia**, ae *f* Phäakenland.

**Phaedōn**, ōnis *m Schüler des Sokrates, Freund des Plato.*

**Phaedra**, ae *f Tochter des Minos v. Kreta, Gattin des Theseus; s. auch Hippolytus.*

**Phaedrus**, ī *m* ❶ *Schüler des Sokrates, nach ihm wurde ein platon. Dialog benannt;* ❷ *epikureischer Philosoph, Freund Ciceros;* ❸ *röm. Fabeldichter, Freigelassener des Augustus.*

**Phaëthōn**, ontis *m* ❶ *Beiname des Sonnengottes;* ❷ *Sohn des Sonnengottes; als Lenker des Sonnenwagens v. Zeus durch seinen Blitz erschlagen; seine ihn beweinenden Schwestern in Pappeln od. Erlen, ihre Tränen in Bernstein verwandelt;* – *Adj.* **Phaëthontēus**, a, um, *fem. auch* **Phaëthontis**, idis [**gutta** Bernstein]; – **Phaëthontiades**, dum *f Schwestern des Phaëthon.*

**phalanga**, ae *f (gr. Fw.)* Walze, Rolle.

**phalangītae**, ārum *m (phalanx)* Soldaten der Phalanx.

**phalanx**, langis *f (gr. Fw.) (milit.)* Phalanx: ❶ *(poet.)* Schlachtreihe; ❷ geschlossene Schlachtfront *der Athener u. der Spartaner;* ❸ Schlachtordnung *des makedon. schwer bewaffneten Fußvolkes;* ❹ viereckige Schlachtordnung *der Germanen u. Gallier.*

**phalārica**, ae *f = falarica.*

**phalerae**, ārum *f (gr. Fw.)* ❶ Brustschmuck *der Krieger als milit. Auszeichnung;* ❷ Pferdeschmuck.

**phalerātus**, a, um *(phalerae)* mit Brustschmuck geziert.

**phantasia**, ae *f (gr. Fw.) (nachkl.)* Gedanke, Einfall.

**phantasma**, matis *n (gr. Fw.) (nachkl.)* Gespenst.

**Phaōn**, ōnis *m Fährmann aus Lesbos, der Sapphos Liebe verschmähte; – appell.* kaltherziger Geliebter.

**pharetra**, ae *f (gr. Fw.) (poet.)* Köcher.

**pharetrātus**, a, um *(pharetra) (poet.)* köchertragend [**puer** = Cupido; **virgo** = Diana].

**Pharius** *s. Pharos.*

**pharmacopōla**, ae *m (gr. Fw.)* Quacksalber, Zaubertrankhändler.

**Pharos** *u.* **-us**, ī *f kleine Insel vor Alexandria in Ägypten m. gleichnamigem Leuchtturm, welcher zu den sieben Weltwundern zählte;* – *Adj.* **Pharius**, a, um *auch* ägyptisch.

**Pharsālus** *u.* **-os**, ī *f Stadt in Thessalien; Sieg Cäsars üb. Pompeius 48 v. Chr.;* – *Adj.* **Pharsāli(c)us**, a, um; – **Pharsālia**, ae *f* Gebiet v. Pharsalus.

**phasēlus** *u.* **-os**, ī *m u. f (gr. Fw.)* ❶ Schwertbohne; ❷ *(übtr.) (schotenähnliches)* Boot.

**Phāsis**, idis *u.* idos *m (Akk.* Phāsim, Phāsin *u.* -idem; *Abl.* Phāsī *u.* -ide*) Fluss in Kolchis;* – *Adj.* **Phāsiacus**, a, um kolchisch; *fem. auch*

**Phāsis**, idis *u.* **Phāsias**, adis kolchisch, *als Subst.* = Kolcherin, *bes.* Medea.
**Phīdiās**, ae *m athen. Bildhauer der perikleischen Zeit; – Adj.* **Phīdiacus**, a, um.
**Philēmō(n)**, onis *m alter Bauer in Phrygien, Gatte der Baucis.*
**Philippus**, ī *m Name makedon. Könige, bes.:* Philippus II., *Vater Alexanders des Gr., reg. 359–336; meton. (poet.) v. ihm geprägte Goldmünze im Wert v. 20 Drachmen; – Adj.* **Philippēus**, a, um [**nummus**] *u.* **Philippicus**, a, um [**orationes** die Reden *des Demosthenes* geg. Philipp; *auch die Reden Ciceros geg. Antonius*].
**philitia**, ōrum *n (gr. Fw.)* gemeinsame Mahlzeiten *der Spartaner.*
**Philoctētēs** *u.* **-ta**, ae *m Gefährte des Herkules, ber. Bogenschütze; auf dem Zug geg. Troja v. einer Schlange gebissen, wurde er weg. der eiternden Wunde auf Lemnos zurückgelassen, im zehnten Jahr der Belagerung Trojas dorthin geholt, wo er m. einem Pfeil des Herkules den Paris tötete; – Adj.* **Philoctētaeus**, a, um.
**philologia**, ae *f (gr. Fw.)* Liebe zur Wissenschaft, Beschäftigung m. der Literatur.
**philologus**, ī *m (gr. Fw.)* Gelehrter, Literat.
**Philomēla**, ae *f Schwester der Prokne, in eine Nachtigall verwandelt (Ov. Met.); – (poet.) (meton.)* Nachtigall.
**philosopha**, ae *f (philosophus)* Philosophin.
**philosophia**, ae *f (gr. Fw., eigtl.* „Liebe zur Weisheit“) ❶ Philosophie; ❷ *(meton.)* **a)** philos. Problem; **b)** *Pl.* Schulen der Philosophen.
**philosophor**, philosophārī *(philosophus)* philosophieren.
**philosophus** *(gr. Fw.)* **I.** *Adj.* a, um philosophisch; **II.** *Subst.* ī *m* Philosoph.
**philtrum**, ī *n (gr. Fw.) (poet.)* Liebestrank.
**philyra**, ae *f (gr. Fw.) (poet.; nachkl.)* Lindenbast.
**phīmus**, ī *m (gr. Fw.) (poet.)* Würfelbecher.
**Phlegethōn**, ontis *m* „Feuerstrom“, *Fluss in der Unterwelt; – Adj. fem.* **Phlegethontis**, idis.
**phōca**, ae *u.* **ē**, ēs *f (gr. Fw.) (poet.; nachkl.)* Seehund.
**Phōcis**, idis *u.* idos *f Landschaft in Mittelgriechenland; – Adj.* **Phōcēus** *u.* **Phōcaïcus**, a, um; – *Einw.* **Phōcēnsēs**, ium *u.* **Phōciī**, ōrum *m, Sg. auch* **Phōcēus**, eī *u.* eos *m.*
**Phoebas**, adis *f (poet.) Priesterin des Phöbus.*
**Phoebē**, ēs *f* („die Leuchtende“) *Beiname der Diana als Mondgöttin; meton.* Mondnacht.
**Phoebi-gena**, ae *m (Phoebus u. gigno) (poet.)* Sohn des Phöbus = Äskulap.
**Phoebus**, ī *m* („der Leuchtende“) *(poet.)* ❶ *Beiname des Apollo als Sonnengott; – Adj.* **Phoebē(i)us**, a, um des Phöbus [**iuvenis** *sein Sohn* Äskulap; **ars** Heilkunst]; ❷ *(meton.)* **a)** Sonne; **b)** Lorbeer.
**Phoenīcē**, ēs *u.* **-a**, ae *f* Phönizien; – *Einw.* **Phoenīces**, cum *m; fem.* **Phoenissa**, ae Phönizierin, Punierin *(bes. Dido); – Adj.* **Phoenīcius**, a, um, *fem. auch* **Phoenissa**.
**phoenīx**, īcis *m (gr. Fw.) (poet.; nachkl.)* Phönix, *der Sage nach ein Vogel, der sich jeweils nach 500 Jahren selbst verbrennt u. aus der Asche neu ersteht; daher gilt er als Symbol der Auferstehung u. der Ewigkeit.*
**phōnascus**, ī *m (gr. Fw.) (nachkl.)* Gesang- *u.* Deklamationslehrer.
**phrasis**, is *f (Akk. Sg.* -im *u.* -in, *Abl.* -ī) *(gr. Fw.) (nachkl.)* rednerischer Ausdruck, Stil.
**phrenēsis**, is *f (gr. Fw.) (nachkl.)* Geisteskrankheit, Wahnsinn.
**phrenēticus**, a, um *(gr. Fw.)* geisteskrank, wahnsinnig.
**Phrixus** *u.* **-os**, ī *m Bruder der Helle, s. Helle; – Adj.* **Phrixēus**, a, um.
**Phrygia**, ae *f* Phrygien, *Landschaft Kleinasiens; – Einw.* **Phryges**, gum *m, Sg.* **Phryx**, ygis Phrygier, *ber. durch Goldstickereien, poet.* Trojaner *(bes. Äneas);* **Phrygiae**, ārum *f* Phrygierinnen; – *Adj.* **Phrygius**, a, um phrygisch, *poet.* trojanisch.
**Phthīa**, ae *f Stadt im südl. Thessalien, Geburtsort des Achilles; – Adj.* **Phthī(ōtic)us**, a, um; – *Einw.* **Phthīōtēs**, ae *m u.* **Phthīas**, adis *f;* – **Phthīōtis**, idis *f Landschaft im südl. Thessalien.*
**phthisicus**, ī *m (gr. Fw.) (nachkl.)* Schwindsüchtiger.
**phthisis**, is *f (Akk.* -in, *Abl.* -ī) *(gr. Fw.) (nachkl.)* Schwindsucht.
**phȳlarchus**, ī *m (gr. Fw.)* Stammesfürst.
**physica**, ae *f u.* ōrum *n (physicus)* Physik, Naturlehre.
**physicus** *(gr. Fw.)* **I.** *Adj.* a, um die Natur betreffend, physikalisch; **II.** *Subst.* ī *m* Physiker, Naturforscher.
**physiognōmōn**, monis *m (gr. Fw.)* Deuter des Charakters eines Menschen aus seinen Gesichtszügen.
**physiologia**, ae *f (gr. Fw.)* Naturlehre.
**piābilis**, e *(pio) (poet.)* sühnbar.
**piāculāria**, ium *n (piacularis)* Sühnopfer.
**piāculāris**, e *(piaculum)* sühnend, Sühn-.
**piāculum**, ī *n (pio)* ❶ Sühnopfer *(für etw.: Gen.)* [**rupti foederis**]; ❷ Sühne, Strafe; **-a exigere ab alqo;** ❸ Sünde, Schuld, Verbrechen; **-um committere** *od.* **mereri** begehen; **-o solvi**.
**piāmen**, minis *n (poet.) u.* **piāmentum**, ī *n (nachkl.)* Sühnmittel, Sühnung.
**pīca**, ae *f (picus) (poet.; nachkl.)* Elster.
**picāria**, ae *f (pix)* Pechhütte.

P

**picea**, ae *f (piceus) (poet.; nachkl.)* Pechföhre, Kiefer.

**Pīcēnum**, ī *n ital. Landschaft an der Adria, südl. v. Ancona; – Adj.* **Pīcēnus**, a, um *u.* **Pīcēns**, *Gen.* entis; – *Einw.* **Pīcentēs**, tium *m.*

**piceus**, a, um *(pix) (poet.; nachkl.)* ① aus Pech [**flumen** flüssiges Pech]; ② *(übtr.)* pechschwarz.

**Pictonēs**, num *m kelt. Volk im heutigen Poitou.*

**pictor**, ōris *m (pingo)* Maler.

**pictūra**, ae *f (pingo)* ① Malerei; das Sticken; ② *(meton.)* Gemälde; ③ *(übtr., in der Rede)* Ausmalung.

**pictūrātus**, a, um *(pictura) (poet.)* gestickt.

**pictus**, a, um *(P. Adj. v. pingo)* ① gemalt, gezeichnet; ② *(poet.)* (bunt) bemalt; ③ *(poet.)* bunt [**volucres** bunt gefiedert]; gefleckt, scheckig; ④ *(acu)* gestickt [**toga**]; ⑤ *(übtr., v. Rede u. Redner)* zierlich [**genus orationis**].

**pīcus**, ī *m (poet.; nachkl.)* Specht.

**Pīeria**, ae *f makedon. Landschaft nordöstl. vom Olymp, Lieblingssitz der Musen; – Adj.* **Pīerius**, a, um pierisch; dichterisch; thessalisch; – **Pīeriae**, ārum *f* die Musen.

**Pīeros** *u.* **-us**, ī *m sagenhafter makedon. König, der seinen neun Töchtern die Namen der Musen gab; nach anderer Sage Vater der neun Musen;* – **Pīerides**, dum *f (Sg.* Pīeris, idis*)* Töchter des Pieros *od.* die Musen.

**pietās**, ātis *f (pius)* ① Pflichtgefühl, pflichtgemäßes Verhalten gegen Gott u. Mensch *(erga alqm, in alqm)*: **a)** *(geg. die Götter)* Frömmigkeit, Ehrfurcht [**in deos**]; **b)** *(geg. Eltern u. Familie)* Elternliebe, kindliche Liebe, Dankbarkeit, Geschwisterliebe [**in matrem**]; **c)** *(geg. Freunde)* Freundesliebe, Treue [**in amicum**]; **d)** *(geg. das Vaterland)* Vaterlandsliebe [**in patriam**]; ② *(poet.; nachkl.)* Milde, Mitleid, Gnade; ③ *(poet.)* Gerechtigkeit *der Götter;* ④ *(personif.)* **Pietās** *als Göttin.*

**piger**, pigra, pigrum ① träge, faul *(in etw.: in re u. alcis rei; zu etw.: ad; m. Inf.)* [**in labore militari; ad litteras scribendas**]; ② *(v. Sachen)* langsam, langdauernd [**bellum; rivus** langsam fließend]; ③ zäh [**radix**].

**piget**, pigēre, piguit, – *unpers. (piger)* ① es verdrießt, es erregt Widerwillen *od.* Unlust *(alqm alcis [rei] od. m. Inf.)*; ② *(poet.)* es reut *(= paenitet)*; **illa me composuisse piget;** ③ es erregt Scham [**fateri**].

**pīgmentārius**, ī *m (pigmentum)* Farben-, Salbenhändler.

**pīgmentum**, ī *n (pingo)* ① *(nachkl.)* Farbe; Schminke; ② *(übtr.)* Schmuck, Ausschmückung *der Rede.*

**pīgnerātor**, ōris *m (pigneror)* Pfandnehmer, -leiher.

**pīgnerō**, pīgnerāre *(pignus)* verpfänden, versetzen.

**pīgneror**, pīgnerārī *(pignus)* ① *(poet.)* als Pfand annehmen; ② beanspruchen, sich aneignen.

**pīgnus**, noris *u.* neris *n* ① Pfand, Unterpfand *(für etw.: Gen.)*; ② *(poet.; nachkl.)* Hypothek; ③ Geisel; **equites pignora pacis;** ④ *(poet.; nachkl.)* Wettbetrag; **pignore certare** *od.* **contendere** eine Wette eingehen; ⑤ *(übtr.)* Bürgschaft, Beweis [**iniuriae**]; ⑥ *(meist Pl.)* Unterpfand der Liebe = teure Angehörige, Kinder, Verwandte.

**pigrēscō**, pigrēscere, – – *(piger) (nachkl.)* träge, langsam werden.

**pigritia**, ae *u.* **pigritiēs**, ēī *f (piger)* Trägheit, Unlust *(m. Gen.)*.

**pigror**, pigrārī *(piger)* träge sein, säumen.

**piguit** *Perf. v. piget.*

**pīla**[1], ae *f* ① Pfeiler; ② *(poet.; nachkl.)* Mole [**saxea**].

**pila**[2], ae *f* ① (Spiel-)Ball; *meton.* Ballspiel; ② Stimmkügelchen *der Richter.*

**pīla**[3], ae *f (poet.)* Mörser.

**pīlānus**, ī *m (pilum) (poet.)* Wurfspießträger.

**pīlātus**, a, um *(pilum) (poet.)* mit Wurfspießen bewaffnet.

**Pīlātus** *s. Pontius.*

**pīleātus** *= pill...*

**pīlentum**, ī *n* Prachtwagen, Kutsche.

**pīleolus, pīleus** *u.* **-um** *= pill ...*

**pili-crepus**, ī *m (pila*[2] *u. crepo) (nachkl.)* Ballspieler.

**pilleātus**, a, um *(pilleus)* eine Filzkappe tragend *(bes. b. Gastmählern u. als Zeichen der Freilassung)*.

**pilleolus**, ī *m (Demin. v. pilleus) (poet.)* Käppchen.

**pilleus**, ī *m u.* **-um**, ī *n* Filzkappe *(des freien Römers)*.

**pilōsus**, a, um *(pilus*[1]*)* behaart.

**pīlum**, ī *n (milit.)* Pilum, Wurfspieß *des röm. Fußvolkes.*

**pilus**[1], ī *m* ① einzelnes Haar; ② *(übtr.)* Kleinigkeit; **ne -o quidem minus** um kein Haar weniger.

**pīlus**[2], ī *m (milit.)* Manipel der Triarier; **primi pili** (**centurio**) Zenturio des ersten Manipels der Triarier = der ranghöchste Zenturio = *primipilus.*

**Pimplēis**, idis *f (Pimpla, Musenquell in Pierien am Olymp)* Muse.

**Pimplēus**, a, um *(Pimpleis)* Musen-, den Musen heilig; – *Subst.* **Pimplēa**, ae *f (poet.)* Muse.

**pīna**, ae *f (gr. Fw.)* Steckmuschel.

**Pīnārius**, a, um *Name einer röm. gens; die Pinarii u. Potitii waren bis 312 v. Chr. Priester des Herkuleskultes.*

**Pindarus**, ī *m griech. Lyriker aus Theben (522–442)*; – Adj. **Pindaricus**, a, um.

**Pindus**, ī *m Gebirge zw. Thessalien u. Epirus.*

P

**pīnētum**, ī *n (pinus) (poet.; nachkl.)* Fichtenwald.
**pīneus**, a, um *(pinus) (poet.; nachkl.)* fichten, Fichten-.
**pingō**, pingere, pīnxī, pictum ❶ malen, zeichnen; **tabula picta** Gemälde; ❷ bemalen [**puppes**]; färben; tätowieren; ❸ bestreichen; ❹ (**acu**) ~ sticken; ❺ *(übtr.)* schmücken, (ver)zieren; ❻ *(rhet.)* ausmalen, lebhaft schildern; */ s. auch pictus.*
**pinguēscō**, pinguēscere, – – *(pinguis) (poet.; nachkl.)* fett werden.
**pinguis**, e ❶ fett, dick [**haedus**]; ❷ *(poet.; nachkl.) (v. Sachen)* fettig, fett, ölig [**caseus; merum**]; – *Subst.* **pingue** *n* Fett; ❸ *(poet.)* saftig, fleischig [**ficus**]; ❹ *(poet.; nachkl.)* fruchtbar, üppig [**arva; flumen** befruchtend]; ❺ schwerfällig, geistlos; ❻ *(v. der Rede)* schwülstig; ❼ *(poet.; nachkl.) (v. Zuständen)* behaglich, ruhig.
**pīni-fer**, fera, ferum *(pinus u. fero) (poet.)* fichtentragend.
**pīni-ger**, gera, gerum *(pinus u. gero) (poet.)* mit Fichtenzweigen bekränzt.
**pinna**[1], ae *f (penna)* ❶ (Schwung-)Feder; ❷ *(meton.)* **a)** Flügel, Fittich; **b)** *(poet.)* Flug; ❸ *(poet.)* Pfeil; ❹ *(poet.; nachkl.)* Flosse.
**pinna**[2], ae *f* Zinne.
**pinnātus**, a, um *(pinna*[1]*)* gefiedert, geflügelt.
**pinni-ger**, gera, gerum *(pinna*[1] *u. gero)* ❶ gefiedert, geflügelt; ❷ *(poet.)* flossentragend.
**pinni-pēs**, *Gen.* pedis *(pinna*[1]*) (poet.)* an den Füßen geflügelt.
**pinnula**, ae *f (Demin. v. pinna*[1]*)* Federchen, *Pl.* Flügelchen.
**pīnus**, ūs *u.* ī *f* ❶ *(poet.; nachkl.)* Fichte, Föhre, Kiefer; ❷ *(poet.) (meton.)* **a)** Schiff; **b)** Fichtenkranz; **c)** Fackel; ❸ *(nachkl.)* Pinie.
**pīnxī** *Perf. v. pingo.*
**piō**, piāre *(pius)* ❶ *(poet.) durch ein Opfer* besänftigen, versöhnen; ❷ reinigen, entsündigen; ❸ *(poet.; nachkl.)* sühnen, wiedergutmachen [**culpam morte**].
**piper**, eris *n (gr. Fw.) (poet.; nachkl.)* Pfeffer.
**pīpilō**, pīpilāre *(pipio) (poet.)* piepen.
**pīpiō**, pīpiāre *(poet.)* piepen.
**Pipl...** = *Pimpl...*
**Pīraeus**, ī *u.* **Pīraeēus**, eī *m u. (poet.)* **Pīraea**, ōrum *n Hafen v. Athen; – Adj.* **Pīraeus**, a, um.
**pīrāta**, ae *m (gr. Fw.)* Seeräuber, Pirat.
**pīrātica**, ae *f (piraticus)* Seeräuberei.
**pīrāticus**, a, um *(gr. Fw.)* Seeräuber- [**bellum**].
**Pīrithous**, ī *m König der Lapithen, Freund des Theseus.*
**pirum**, ī *n (poet.; nachkl.)* Birne.
**pirus**, ī *f (pirum) (poet.; nachkl.)* Birnbaum.
**Pīsa**, ae *f Stadt in Elis, in deren Nähe die Olympischen Spiele stattfanden; – Adj.* **Pīsaeus**, a, um; – **Pīsaea**, ae *f* = Hippodamia.
**Pīsae**, ārum *f Stadt in Etrurien, j.* Pisa; – *Einw. u. Adj.* **Pīsānus**, ī *m bzw.* a, um.
**piscātor**, ōris *m (piscor)* Fischer.
**piscātōrius**, a, um *(piscator)* Fischer-.
**piscātus**, ūs *m (piscor)* Fischfang.
**pisciculus**, ī *m (Demin. v. piscis)* Fischlein.
**piscīna**, ae *f (piscis)* ❶ Fischteich, Weiher; ❷ *(nachkl.)* Badebassin.
**piscīnārius**, ī *m (piscina)* Fischteichbesitzer.
**piscis**, is *m* ❶ Fisch; ❷ *(poet.) (übtr.) meist Pl.* **pisces** die Fische *als Gestirn.*
**piscor**, piscārī *(piscis)* fischen.
**piscōsus**, a, um *(piscis) (poet.; nachkl.)* fischreich.
**Pisidia**, ae *f Landschaft im südl. Kleinasien; – Bew.* **Pisida**, ae *m.*
**Pīsistratus**, ī *m Tyrann v. Athen (560–527); –* **Pīsistratidae**, ārum *m* die Söhne des P.
**Pīsō**, ōnis *m cogn. in der gens Calpurnia, s. Calpurnius; – Adj.* **Pīsōniānus**, a, um.
**pistor**, ōris *m* Bäcker.
**Pistōrium**, ī *n Stadt in Etrurien; – Adj.* **Pistōriēnsis**, e.
**pistōrius**, a, um *(pistor) (nachkl.)* Bäcker-, Back-.
**pistrīna**, ae *f (pistor) (nachkl.)* Bäckerei.
**pistrīnum**, ī *n (pistor)* Stampfmühle.
**pistrīx** = *pristis.*
**pithiās**, ae *m (gr. Fw.) (nachkl.)* Fassstern *(Komet in Gestalt eines Fasses).*
**Pittacus**, ī *m Regent v. Mytilene um 600 v. Chr., einer der sieben Weisen.*
**pītuīta** *u.* **pītvīta**, ae *f* Schleim; *meton.* Schnupfen.
**pītuītōsus**, a, um *(pituita)* verschleimt.
**pītvīta** *s. pituita.*
**pius**, a, um ❶ fromm, gottesfürchtig; – *Subst. Pl. m* die Seligen *im Elysium* [**piorum sedes / arva**]; ❷ pflichtgetreu, gewissenhaft; ❸ mild, liebevoll, zärtlich [**in parentes**]; ❹ gütig; gerecht [**numina**]; ❺ *(v. Handlungen, Zuständen, Sachen)* gottgefällig, rechtmäßig [**far** Opfermehl; **lucus** heilig; **manus** rein]; ❻ *(poet.)* lieb, vertraut.
**pix**, picis *f* Pech, Teer; *Pl. (poet.)* Pechstücke.
**plācābilis**, e *(placo)* versöhnlich, mild.
**plācābilitās**, tātis *f (placabilis)* Versöhnlichkeit.
**plācāmen**, minis *u.* **plācāmentum**, ī *n (placo)* Besänftigungsmittel.
**plācātiō**, ōnis *f (placo)* Besänftigung, Beruhigung.
**plācātus**, a, um *s. placo.*
**placenta**, ae *f (gr. Fw.) (poet.)* Kuchen.
**Placentia**, ae *f oberital. Stadt, j.* Piacenza; – *Einw. u. Adj.* **Placentīnus**, ī *m bzw.* a, um.
**placeō**, placēre, placuī *u. (poet.)* placitus sum, placitum *(verw. m. placo)* ❶ gefallen, gefällig sein [**sibi** m. sich zufrieden sein]; ❷ *(v. Künst-*

P

*lern u. Bühnenstücken)* Beifall finden [**in tragoediis**]; ❸ *(unpers.)* **placet** *(Perf. placuit, selten placitum est) (m. u. ohne Dat. der Person)* **a)** es gefällt, es beliebt; **si placet** wenn's beliebt; **si dis placet** so Gott will *(oft iron.)*; **b)** es ist jmds. Meinung *(m. A. C. I.)*; **c)** *(v. Behörden, bes. vom Senat)* man beschließt, man verordnet *(m. Inf., A. C. I. od ut)*; **senatui placet** der Senat beschließt.

**placidus**, a, um *(placeo)* ❶ flach, eben, glatt [**aequor**]; ❷ *(übtr.)* **a)** sanft, friedlich, ruhig, still *(v. Lebewesen u. Sachen)* [**senectus; pax; nox**]; **b)** *(poet.) (v. Göttern)* gnädig.

**placitum**, ī *n (placeo)* ❶ *(poet.)* das, was einem gefällt; **ultra -um** über Gebühr; ❷ *Pl. (nachkl.)* Meinungen, Lehrsätze [**philosophorum**].

**placitus**, a, um *(P. Adj. v. placeo)* ❶ gefällig, angenehm; ❷ festgesetzt, beschlossen [**foedus**].

**plācō**, plācāre *(verw. m. planus, placeo)* ❶ *(poet.)* ebnen, glätten [**aequora**]; ❷ *(übtr.)* **a)** beruhigen, besänftigen [**iras**]; **b)** versöhnen [**numen;** *(mit jmdm.: alci od. in alqm)* **civem rei publicae; ducem in consulem**]; – *Pass.* sich versöhnen; / *P. Adj.* **plācātus**, a, um **a)** besänftigt, versöhnt *(mit jmdm.: alci od. in alqm)*; **b)** friedlich, ruhig, sanft.

**plāga¹**, ae *f (plango)* ❶ Schlag, Hieb; ❷ *(meton.)* Wunde; ❸ *(übtr.)* Unfall, Verlust.

**plaga²**, ae *f* (Jagd-)Netz, Garn, *auch übtr.*

**plaga³**, ae *f* ❶ Fläche, Gegend, Himmelsstrich; ❷ *(poet.; nachkl.)* Zone [**solis iniqui** heiße Zone]; ❸ Gau, Bezirk.

**plagiārius**, ī *m (plaga²)* Menschenräuber, Sklavenhändler.

P

**plāgōsus**, a, um *(plaga¹) (poet.)* schlagfreudig.

**plagula**, ae *f (Demin. v. plaga³)* ❶ Teppich, Vorhang; ❷ *(nachkl.)* Blatt Papier.

**plānctus¹** *Part. Perf. v. plango.*

**plānctus²**, ūs *m (plango) (nachkl.)* = *plangor.*

**plangō**, plangere, plānxī, plānctum **I.** *trans.* ❶ *(poet.)* (laut) schlagen [**terram vertice**]; *mediopass.:* **volucris plangitur** schlägt m. den Flügeln, flattert; ❷ *(als Zeichen tiefer Trauer an die, auf die Brust, Arme u. a.)* schlagen [**pectora**]; ❸ *(poet.) (übtr.)* laut betrauern; **II.** *intr. (poet.; nachkl.) (auch mediopass.)* laut trauern, wehklagen.

**plangor**, ōris *m (plango)* ❶ *(poet.)* (lautes) Schlagen, Klatschen; ❷ das Wehklagen, lautes Trauern [**populi**].

**planguncula**, ae *f (gr. Fw.)* Wachspüppchen.

**plānitās**, tātis *f (planus¹) (nachkl.)* Deutlichkeit.

**plānitia**, ae *u.* **plānitiēs**, ēī *f (planus¹)* Fläche, Ebene.

**planta¹**, ae *f* Setzling, Ableger.

**planta²**, ae *f (poet.; nachkl.)* Fußsohle; Fuß.

**plantāre**, ris *n (planta¹) (poet.; nachkl.)* Setzling, Ableger; *Pl.* Baumschule.

**plānum**, ī *n (planus¹)* Fläche, Ebene.

**plānus¹**, a, um ❶ flach, eben, glatt; ❷ *(übtr.)* deutlich, klar [**narratio**]; **-um facere** deutlich darlegen; – *Adv.* **plānē a)** deutlich, klar [**dicere**]; **b)** ganz, völlig.

**planus²**, ī *m (gr. Fw.)* Landstreicher.

**plānxī** *Perf. v. plango.*

**Plataeae**, ārum *f Stadt in Böotien, 479 v. Chr. Sieg der Griechen üb. die Perser;* – *Einw.* **Plataeēnsēs**, ium *m.*

**platalea**, ae *f* Pelikan.

**platanōn**, ōnis *m (gr. Fw.) (nachkl.)* Platanenhain.

**platanus**, ī *f (gr. Fw.)* Platane.

**platēa** *u. (poet.)* **platea**, ae *f (gr. Fw.)* Straße, Gasse.

**Wissen: Antike**

**Platō** – Der griechische Philosoph Platon (427–347 v. Chr.) war Schüler des Sokrates und Lehrer des Aristoteles. Er entwickelte die Lehre von den Ideen als den unvergänglichen Urbildern hinter den flüchtigen Erscheinungen unserer Welt. Seine Dialoge wie „Politeia", „Symposion", „Phaidon", „Phaidros" und „Gorgias", in denen er seine Philosophie darlegte, sind literarische Meisterwerke. In ihnen tritt Platons Lehrer Sokrates, der Platon durch sein Leben und seinen Tod geprägt hatte, als Hauptperson auf und führt seine Dialogpartner durch geschickte Fragestellungen in Richtung Wahrheitserkenntnis. Platons Philosophie wurde dem römischen Denken durch die Vermittlung Ciceros erschlossen. Bis heute beeinflusst Platon – wie auch sein Schüler Aristoteles – unsere Weltanschauung und unsere ethischen Vorstellungen.

**Platō**, ōnis *m griech. Philosoph, Schüler des Sokrates, Begründer der Akademie (427–347);* – *Adj.* **Platōnicus**, a, um platonisch [**homo** ein Denker wie Plato]; – **Platōnicī**, ōrum *m* Platoniker, Anhänger Platos.

**plaudō**, plaudere, plausī, plausum **I.** *intr.* ❶ *(poet.) (mit etw.)* klatschen, schlagen [**pennis**]; ❷ Beifall klatschen; *übtr.* Beifall spenden; **II.** *trans.* (klatschend) schlagen; zusammenschlagen [**alas**].

**plausibilis**, e *(plaudo)* Beifall verdienend.

**plausor**, ōris *m (plaudo) (poet.; nachkl.)* Beifallklatscher.

**plaustrum**, ī *n* ❶ Lastwagen; ❷ *(poet.) (übtr., als Sternbild)* Wagen, Großer Bär.

**plausus¹** *P. P. P. v. plaudo.*

**plausus²**, ūs *m (plaudo)* ❶ *(poet.; nachkl.)* das Klatschen; ❷ das Beifallklatschen; *übtr.* Beifall.

**Plautīnus**, a um *Adj. zu Plautus:* des Plautus.

**Imperium Romanum**

**Plautus** – Titus Maccius Plautus (etwa 250–184 v. Chr.), der aus Umbrien stammte, war der bedeutendste römische Komödiendichter. Seine Komödien, von denen 20 vollständig erhalten sind, sind freie Bearbeitungen hellenistischer Vorbilder und zeichnen sich durch Situationskomik und volkstümlichen Humor aus. Die Sprache seiner Komödien war nah an der Umgangssprache. Plautus inspirierte mehrere Dichter der Neuzeit, wie z. B. Shakespeare und Molière.

**plēbēcula**, ae *f (Demin. v. plebes)* Pöbel.
**plēbēia**, ae *f (plebeius)* Plebejerin.
**plēbēius** *(plebs)* **I.** *Adj.* a, um ❶ plebejisch, nicht adlig; ❷ gemein, niedrig [**sermo**]; **II.** *Subst.* ī *m* Plebejer.

**Imperium Romanum**

**plēbēius** – Die Plebejer verstanden sich im Gegensatz zur Adelskaste der Patrizier der Masse des Volkes zugehörig. Sie waren Bauern, Handwerker und Ausgestoßene aus patrizischen Sippen und Nachfahren unterworfener Stämme. Die Plebejer („Söhne der Erde" – „filii terrae") waren lange politisch ohnmächtig, bildeten aber immer einen „Staat im Staate" mit eigenen Beamten: den Volkstribunen und den plebejischen Ädilen. Am Ende der römischen Kaiserzeit wurde „plebeius" zu einem Schimpfwort.

**plēbēs**, b(e)ī *f = plebs.*
**plēbi-cola**, ae *m (plebs u. colo)* Volksfreund.
**plēbs**, plēbis *f* ❶ Bürgerstand, die Plebejer *im Ggstz. zu den Patriziern;* ❷ Volksmenge, Pöbel.

**Imperium Romanum**

**plēbs** hieß in der frühen römischen Republik die Masse des römischen Volkes, der die alten Familien der Patrizier gegenüberstanden. Die Volkstribune, die sogar Senatsentscheidungen blockieren konnten, vertraten ihre Interessen im Kampf um Gleichberechtigung. In der späten Republik konnten die Nachteile der Herkunft aus der plebs, der Masse ohne Traditionen, durch Reichtum wettgemacht werden. – In der Kaiserzeit bedeutet „plebs" ohne Hinblick auf Herkunft „Hefe des Volkes" (die unterste Schicht).

**plectō**, plectere, plex(u)ī, plexum *(poet.; nachkl.)* flechten, *meist im P. P. P.*
**plector**, plectī, – ❶ *(poet.)* geschlagen werden; ❷ *(übtr.)* **a)** gestraft werden, büßen *(weg., für etw.: Abl.);* **b)** getadelt werden *(weg. etw.: in m. Abl.).*
**plēctrum**, ī *n (gr. Fw.)* ❶ Plektrum, Schlegel *(womit man die Saiten anschlägt);* ❷ *(poet.) (meton.)* **a)** Laute, Zither; **b)** Gesangsweise; **c)** lyrisches Gedicht.
**Plēias**, adis *f* Plejade, *meist Pl.* **Plēiades**, dum *f die sieben Töchter des Atlas u. der Pleione, als Siebengestirn an den Himmel versetzt.*
**Plēionē**, ēs *f Gemahlin des Atlas, Mutter der Plejaden.*
**plēnus**, a, um ❶ voll, erfüllt, angefüllt *(abs., m. Gen. od. Abl.); (übtr.)* **animus timoris ~;** ❷ beleibt, dick; ❸ schwanger, trächtig; ❹ *(poet.)* satt, gesättigt [**minimo**]; *übtr.* überdrüssig; ❺ reichlich versehen mit etw., reich an etw. *(m. Gen. od. Abl.);* **litterae humanitatis -ae;** ❻ reich, reich ausgestattet [**provincia**]; **verba plenissima** Fülle v. Worten; ❼ inhaltsreich, ausführlich [**oratio**]; ❽ *(poet.; nachkl.)* zahlreich (besucht) [**convivium**]; ❾ vollständig, vollkommen, ganz [**luna** Vollmond; **gloria; gradus** Eilschritt]; ❿ *(v. Stimmen, Tönen u. Ä.)* kräftig, volltönend; **plenā voce**.
**plērumque** **I.** *Adv.* meistens, gewöhnlich; **II.** *Subst. n* der größte Teil [**noctis**].
**plērus-que**, plēra-que, plērum-que *(Gen. Pl. klass. plurimorum, plurimarum)* ❶ *Sg. (selten u. fast nur b. Koll.)* das meiste, der größte Teil [**exercitus; Graecia**]; ❷ *Pl.* **plērīque,** plēraeque, plēraque die meisten, die Mehrzahl, *auch* sehr viele *(meist als Adj. gebraucht, seltener als Subst. m. Gen. part. od. m. ex);* **plerique Belgae**.
**Pleurōn**, ōnis *f Stadt in Ätolien; – Adj.* **Pleurōnius**, a, um aus P.
**plex(u)ī** *Perf. v. plecto.*
**plexus** *P. P. P. v. plecto.*
**plicō**, plicāre, plicuī, plicātum *(poet.; nachkl.)* zusammenfalten, -rollen.

**Imperium Romanum**

**Plīnius – Plinius der Ältere** (C. Plinius Secundus maior, 23 – 79 n. Chr.) war ein römischer Staatsbeamter, Offizier und Schriftsteller. Er verfasste die noch heute erhaltene „Naturalis Historia", ein naturkundliches Werk enzyklopädischen Charakters in 37 Büchern, in denen er das gesamte damalige Wissen über Geographie, Länderkunde, Zoologie, Menschenkunde, Botanik, Pharmakologie, Metallurgie und

P

Mineralogie zusammenstellte. Er kam beim Vulkanausbruch bei Pompeji ums Leben, als er mit dem Schiff eine Rettungsaktion durchführen wollte. Sein Neffe und Adoptivsohn **Plinius der Jüngere** (Gaius Plinius Caecilius Secundus minor, 61–113 n. Chr.), von dem viele Briefe erhalten sind, und der selbst Augenzeuge des Vulkanausbruchs war, schilderte diesen Vorfall in einem seiner Briefe. Geschichtlich bedeutsam sind weiterhin Briefe von ihm an den Kaiser Trajan, in denen u. a. Fragen zur Behandlung von Christen erörtert werden.

**plōrātus**, ūs *m (ploro)* Geschrei, Wehklagen.
**plōrō**, plōrāre **I.** *intr.* laut weinen, wehklagen; **II.** *trans. (poet.)* laut beweinen, beklagen.
**plōstellum**, ī *n (Demin. v. plostrum) (poet.)* Wägelchen.
**plōstrum**, ī *n (vulgär) = plaustrum.*
**ploxenum** *u.* **-xinum**, ī *n (poet.)* Wagenkasten.
**pluit**, pluere, pluit, – *(arch. u. poet. auch* **pluvit**, plū(v)it, –) *(unpers.)* es regnet *(re u. rem: etwas)* [**lapidibus; sanguinem**].
**plūma**, ae *f* ❶ Flaumfeder; *Pl. u. koll. Sg.* Flaum; ❷ *(poet.) (meton.)* Federkissen; ❸ *(poet.) (übtr.)* Bartflaum.
**plūmātus**, a, um *(pluma)* befiedert.
**plumbeus**, a, um *(plumbum)* ❶ aus Blei, bleiern [**glans** Bleikugel]; ❷ stumpf [**pugio**]; ❸ stumpfsinnig; gefühllos; ❹ *(poet.)* drückend, lästig.
**plumbum**, ī *n* ❶ Blei [**album** Zinn]; ❷ *(poet.) (meton.)* Gegenstand aus Blei: **a)** Bleikugel; **b)** Bleiröhre; **c)** Bleistift.
**plūmeus**, a, um *(pluma)* aus Flaumfedern.
**plūmi-pēs**, *Gen.* pedis *(pluma) (poet.)* an den Füßen gefiedert.
**plūrēs** *s. multus.*
**plūriē(n)s** *Adv. (plus)* mehrfach, vielfach.
**plūrimus** *s. multus.*
**plūs** *s. multum.*
**plūsculum**, ī *n (Demin. v. plus)* etw. mehr *(m. Gen.)* [**~ negotii** etw. mehr Arbeit].
**pluteus**, ī *m u.* **-um** ī *n (milit.)* ❶ *bewegliche* Schutzwand *für schanzende Soldaten;* ❷ Brustwehr *(an Wällen, Türmen, Schiffen).*
**Plūtō(n)**, ōnis *m Gott der Unterwelt, Gemahl der Proserpina; – Adj.* **Plūtōnius**, a, um.
**pluvia**, ae *f (pluvius)* Regen(guss).
**pluviālis**, e *(pluvia) (poet.)* regenbringend [**auster**]; regnerisch, Regen-.
**pluvit** *s. pluit.*
**pluvius**, a, um *(pluit)* regnend, Regen- [**aurum** Goldregen].
**P. M.** *(Abk.) = pontifex maximus.*
**pōcillum**, ī *n (Demin. v. poculum)* Becherchen.
**pōculum**, ī *n (poto)* ❶ Becher, Trinkgefäß; ❷ *(meton.)* Trank, *meist Pl.* [**Acheloia -a** Wasser]; ❸ *Pl.* Trinkgelage; **in -is**; ❹ Giftbecher, -trank; ❺ *(poet.)* Zaubertrank.
**podager**, grī *m (gr. Fw.) (poet.)* Gichtkranker.
**podagra**, ae *f (gr. Fw.)* Podagra, Fußgicht.
**podagricus** *(gr. Fw.) (nachkl.)* **I.** *Adj.* a, um an Fußgicht leidend; **II.** *Subst.* ī *m* Gichtkranker.
**pōdex**, dicis *m (pedo) (poet.)* der Hintern.
**podium**, ī *n (gr. Fw.) (nachkl.)* ❶ Vertäfelung; ❷ Balkon *(im Amphitheater u. Zirkus).*
**poecilē**, ēs *f (gr. Fw.)* „bemalte *(d. h. m. Gemälden geschmückte)* Halle“ *am Marktplatz v. Athen.*
**poēma**, atis *n (gr. Fw.)* Gedicht.
**poēmatium**, ī *n (gr. Fw.) (nachkl.)* Gedichtchen.
**poena**, ae *f* ❶ Strafe, Bestrafung, Rache *(m. Gen. subi. u. obi.)* [**militum; rei publicae** vom Staat verhängte; **capitis** *od.* **vitae** *od.* **mortis** Todesstrafe]; **-as dare** *od.* **reddere** bestraft werden *(für etw.: Gen.);* **-as dare alci** v. jmdm. bestraft werden; – *personif.* **Poena** *Rachegöttin;* ❷ Buße; **-as dare** *od.* **solvere** *od.* **(ex)pendĕre** *od.* **luere** büßen *(für etw.: Gen., z. B. proditionis);* ❸ *(nachkl.)* Mühseligkeit, Plage, Qual.
**Poenīnus**, a, um *s. Penninus.*
**poenitentia, poeniteō** *= paenit…*
**Poenus**, ī *m, (meist Pl.)* **Poenī** Punier, Karthager; *auch* = Hannibal; – *Adj. (poet.)* **Poenus**, a, um punisch, karthagisch, phönizisch; **Pūnic(e)us** *(älter* **Poenic[e]us**), a, um **a)** punisch, karthagisch, phönizisch [**fides** Treulosigkeit]; **b)** purpurrot [**mālum** *u.* **pomum Punicum** *u. bl.* **Punicum** Granatapfel]; **Pūnicānus**, a, um nach punischer Art (gemacht).
**poēsis**, is *f (gr. Fw.)* Dichtung.
**poēta**, ae *m (gr. Fw.)* Dichter.
**poētica**, ae *u.* **-icē**, ēs *f (poeticus)* Dichtkunst.
**poēticus**, a, um *(gr. Fw.)* poetisch, Dichter-.
**poētria**, ae *f (gr. Fw.)* Dichterin.
**pol** *Interj. (Abk. v. Pollux)* beim Pollux! wahrhaftig!
**polenta**, ae *f (poet.; nachkl.)* Gerstengraupen.
**poliō**, polīre ❶ glätten, polieren; ❷ tünchen, weißen; ❸ *(übtr.)* verfeinern, (aus)feilen [**carmina; mores**]; / *P. Adj.* **polītus**, a, um **a)** geglättet; **b)** getüncht; **c)** *(übtr.)* fein, gebildet *(v. Personen u. Sachen)* [**scriptor; ars; oratio**].
**polīticus**, a, um *(gr. Fw.)* staatswissenschaftlich, politisch.
**polītūra**, ae *f (polio) (nachkl.)* das Glätten, Verfeinern [*übtr.* **orationis**].
**polītus**, a, um *s. polio.*
**pollēns**, *Gen.* entis *(P. Adj. v. polleo)* stark, mächtig *(v. Personen u. Sachen).*

P

**pollentia**, ae *f (pollens)* Macht, Stärke; – *personif.* **Pollentia** *Göttin der Macht.*

**pollēo**, pollēre, – – (viel) vermögen, *in etw.* stark sein, Einfluss haben; **in re publica plurimum ~.**

**pollex**, pollicis *m* Daumen.

**polliceor**, pollicērī, pollicitus sum ❶ dar-, anbieten, versprechen *(alqd, alci alqd u. alci de re; m. dopp. Akk.; m. A. C. I., gew. Inf. Fut., selten Inf. Präs.; m. Inf. Präs.; m. ut od. bl. Konj.)* [**alci divitias; sociis auxilium**]; – *Part. Perf.* **pollicitus** *auch pass.* [**fides**]; ❷ *(zu Beginn der Rede)* etw. ankündigen.

**pollicitātiō**, ōnis *f (pollicitor)* das Versprechen.

**pollicitor**, pollicitārī *(Frequ. v. polliceor)* oft versprechen.

**pollicitum**, ī *n (polliceor) (poet.; nachkl.)* das Versprechen.

**Pōlliō** *s. Asinius.*

**polluō**, polluere, polluī, pollūtum ❶ *(poet.)* besudeln, beschmutzen [**ora cruore**]; ❷ *(übtr.)* entehren, entweihen [**sacra; iura scelere**]; – *P. Adj.* **pollūtus,** a, um lasterhaft, sündhaft.

**Pollūx**, ūcis *m Sohn der Leda, Bruder des Kastor;* **Pollux uterque** = Kastor u. Pollux.

**Wissen: Antike**

**Pollūx** – Pollux, Sohn der Leda, ist ein Held der griechischen Mythologie. Er bildete mit seinem Zwillingsbruder Kastor ein unzertrennliches Paar. Während sein Bruder Kastor sterblich war, da dieser von Ledas Gemahl Tyndareus gezeugt worden war, war Pollux unsterblich, denn sein Vater war Zeus (Jupiter). Als Kastor starb, erlaubte Zeus dem unzertrennlichen Bruderpaar, gemeinsam abwechselnd in der Unterwelt und auf dem Olymp zu leben.

Kastor und Pollux, die Jason bei der Fahrt auf der Argo begleitet hatten, galten in der Antike als Schutzpatrone der Seefahrer. In Rom wurden sie als Helfer der Reisenden verehrt.

**polus**, ī *m (gr. Fw.)* Pol; Himmel(sgewölbe).

**Polybius**, ī *m griech. Geschichtsschreiber (um 201–122).*

**Polyclētus** *u.* **-clītus**, ī *m griech. Bildhauer (um 440 v. Chr.).*

**Polycratēs**, is *m Tyrann v. Samos (um 530 v. Chr.).*

**Polygnōtus**, ī *m griech. Maler u. Bildhauer, Zeitgenosse des Sokrates.*

**Polyhymnia**, ae *f eine der Musen.*

**Polyphēmus** *u.* **-os**, ī *m Zyklop auf Sizilien, Sohn Neptuns, v. Odysseus geblendet.*

**pōlypus**, ī *m (gr. Fw.) (poet.; nachkl.)* Polyp: ❶ Meerpolyp; ❷ Nasenpolyp.

**pōmārium**, ī *n (pomum)* Obstgarten.

**pōmārius**, ī *m (pomum) (poet.)* Obsthändler.

**pōmērium**, ī *n (post u. murus)* Maueranger *(auf beiden Seiten der Stadtmauer freigelassener Raum).*

**Pōmētia**, ae *f u.* **-tiī**, ōrum *m Stadt der Volsker in Latium;* – *Adj.* **Pōmētīnus**, a, um.

**pōmi-fer**, fera, ferum *(pomum u. fero) (poet.; nachkl.)* obsttragend, -reich.

**Pōmōna**, ae *f (pomum) Göttin des Obstes.*

**pōmōsus**, a, um *(pomum) (poet.)* obstreich.

**pompa**, ae *f (gr. Fw.)* ❶ Umzug, Prozession [**funebris** *u.* **funeris** Leichenzug], Festzug; ❷ *(übtr.)* Zug, Reihe [**lictorum**]; ❸ Pracht, Pomp; ❹ Prunkrede.

**Pompē(i)ī**, ōrum *m Stadt in Kampanien südöstl. v. Neapel, 79 n. Chr. b. einem Ausbruch des Vesuv verschüttet;* – *Einw. u. Adj.* **Pompēiānus**, ī *m bzw.* a, um; – **Pompēiānum,** ī *n (erg. praedium) Landgut Ciceros bei P.*

**Pompēius**, a, um *Name einer pleb. gens in Rom:* **Cn. ~ Magnus** *(106–48), Sieger üb. die Seeräuber u. üb. Mithridates, schloss das erste Triumvirat m. Cäsar u. Crassus;* – *Adj.* **Pompēi(ān)us**, a, um; – **Pompēiānus,** ī *m* Anhänger des Pompeius.

**Pompilius** *s. Numa Pompilius.*

**pompilus**, ī *m (gr. Fw.) (poet.; nachkl.)* Schiffe begleitender Seefisch.

**Pompōnius**, a, um *röm. nomen gentile, s. Atticus II. 3.*

**Pomptīnus**, a, um pomptinisch [**ager** *Sumpfgegend in Latium*]; – *Subst.* **-um,** ī *n* = *ager Pomptinus.*

**pōmum**, ī *n* ❶ Obstfrucht, *Pl.* Obst; ❷ *(poet.; nachkl.)* Obstbaum.

**pōmus**, ī *f (poet.; nachkl.)* Obstbaum.

**ponderō**, ponderāre *(pondus)* ❶ *(nachkl.)* ab-, auswiegen; ❷ *(übtr.)* erwägen, beurteilen *(nach etw.: re od. ex re).*

**ponderōsus**, a, um *(pondus)* ❶ *(nachkl.)* schwer; ❷ *(übtr.)* inhaltsreich, wichtig.

**pondō** *undekl. (Abl. Sg. v. *pondus, ī m = pondus, deris n)* ❶ an Gewicht; ❷ *(erg. libra) b. Zahlwörtern (röm.)* Pfund *(326 g).*

**pondus**, deris *n (pendo)* ❶ Gewicht *an der Waage,* Gewichtstück; **paria pondera** Gleichgewicht; ❷ *(meton.)* Gewicht, Schwere; **saxa magni ponderis;** ❸ *(übtr.)* Bedeutung, Wert, Ansehen [**verborum**]; ❹ *(konkr.)* Last [**arboreum** Baumlast]; ❺ *(poet.) (übtr.)* Last, Bürde; ❻ Menge [**auri**]; ❼ Schwerkraft, Gleichgewicht.

**pōne** *(< *post-ne)* **I.** *Adv.* hinten; **II.** *Präp. b. Akk.* hinter.

**pōnō**, pōnere, posuī (*u.* posīvī), positum (*u.* postum) *(Konstr.: in u. Abl. [nicht klass. in u. Akk. od bl. Abl.], m. sub u. Abl., ad, ante u. a.*

P

*Präp., m. Adv. des Ortes)* **I.** *konkr.* ❶ (hin)setzen, (hin)stellen, (hin)legen [**librum in mensa; arma sub quercu**]; ❷ *(poet.)* hinlagern, hinstrecken [**artūs in litore**]; ❸ aufstellen, errichten, erbauen [**aras; urbem in montibus; castra** ein Lager aufschlagen]; ❹ *(Speisen, Getränke)* vorsetzen, auftragen [**pocula**]; ❺ *(poet.)* pflanzen, stecken [**arbores; semina** säen]; ❻ **genua ~** auf die Knie fallen *(vor jmdm.: alci)*; ❼ **caput ~** neigen; ❽ **vigilias ~** Wachen aufstellen; ❾ *(poet.; nachkl.) (Preise, Belohnungen)* aussetzen [**praemium**]; ❿ *(poet.) (als Pfand, Wettpreis)* einsetzen; ⓫ *(als Weihgeschenk)* niederlegen, weihen [**coronam auream in Capitolio**]; – **posita**, ōrum *n* Weihgeschenke; ⓬ *(das Heer)* verlegen [**legionem in urbe; praesidium ibi** dorthin]; ⓭ *(poet.)* jmd. versetzen [**alqm in aethere**]; ⓮ jmd. zu etw. einsetzen [**alqm principem in bello; alci custodem** beigeben]; ⓯ *(poet.) (als bildender Künstler)* darstellen [**Venerem marmoream**]; ⓰ *(zur Verwahrung)* hinterlegen [**tabulas testamenti in aerario**]; ⓱ *(Kapital)* anlegen [**pecuniam in praedio**]; ⓲ *(poet.) (Haare)* ordnen; ⓳ *(poet.; nachkl.) (Tote, Gebeine)* bestatten, beisetzen; ⓴ *(poet.; nachkl.)* beruhigen [**freta**]; *(intr., v. Winden)* sich legen: **venti posuere;** ㉑ ablegen, niederlegen [**arma** die Waffen niederlegen, strecken]; **II.** *übtr.* ❶ setzen, legen; **in eius potestate fortuna posita est** liegt in seiner Macht; **alcis vita in manu alcis posita est;** ❷ auf etw. *od.* auf jmd. setzen, bauen [**spem salutis in virtute**]; *pass.* **positum esse in re** auf etw. beruhen, sich stützen: **sententia in legibus posita est;** ❸ *(in einen Zustand)* versetzen [**alqm in gratia apud alqm** beliebt machen]; ❹ auf etw. verwenden [**omnem curam in salute patriae**]; ❺ festsetzen, bestimmen [**leges** aufstellen, geben; **rationem** eine Rechnung aufstellen]; ❻ zu etw. rechnen, zählen, für etw. halten [**mortem in malis; alqd in dubio** in Zweifel ziehen]; *m. dopp. Akk.:* **alqm primum** *od.* **principem ~** für den Ersten halten; *im Pass. m. dopp. Nom.;* ❼ etw. anführen, äußern [**alqd pro certo** als sicher hinstellen]; ❽ behaupten; ❾ *(ein Thema) zur Besprechung* aufstellen; ❿ aufgeben, ablegen [**curas; bellum** beenden]; / *P. P. P.* **positus**, a, um **a)** *in allen Bedeutungen des Verbs;* **b)** *(b. Ortsbestimmungen)* gelegen *(= situs)*: **Roma in montibus posita.**

**pōns**, pontis *m* ❶ Brücke; **pontem facere in flumine** *u.* **per flumen** eine Brücke über den Fluss schlagen; **pontem rescindere** abbrechen; ❷ *(nachkl.)* Knüppeldamm, -weg; ❸ Schiffstreppe; ❹ Verdeck des Schiffes; ❺ *(poet.; nachkl.)* Fallbrücke; ❻ *(poet.)* Stockwerk *eines Turmes;* ❼ *Pl.* Zugangsstege *zu den Abstimmungsplätzen der Zenturiatkomitien.*

P

**Pontia**, ae *f Insel vor der Küste Latiums, j.* Isola di Ponza; – *Einw.* **Pontiānī**, ōrum *m.*

**ponticulus**, ī *m (Demin. v. pons)* kleine Brücke.

**Ponticus**, a, um *s. Pontus.*

**Imperium Romanum**

**pontifex** (ficis *m*) – Pontifices waren im religiösen Leben der Römer übergeordnete Priester, die im **collegium pontificum** zusammenarbeiteten. Das Kollegium bestand ursprünglich aus vier, seit 300 v. Chr. aus acht, seit Sulla aus 15 und seit Cäsar aus 16 Priesterkollegen. Die Pontifices führten die Kulte hoher Götter wie Jupiter, Juno und Minerva durch und überwachten die Priester anderer Kulte. Sie berieten politische Amtsträger in kultischen und religiösen Fragen und hatten daher großen Einfluss in die Politik. Der **pontifex maximus** war der Ranghöchste der Pontifices; er war auch Aufseher des Vestakults und der Vestalinnen. In der Kaiserzeit bekleideten die Kaiser dieses Amt. Die Gehilfen der Pontifices hießen **pontifices minores**.
Später übernahmen Bischöfe und Päpste diesen Titel.

**pontificālis**, e *(pontifex)* oberpriesterlich.

**pontificātus**, ūs *m (pontifex)* Würde eines Oberpriesters.

**pontificius**, a, um = *pontificalis.*

**Pontius**, a, um *urspr. samnitisches, später röm. nomen gentile:* **~ Pīlātus** *Statthalter v. Judäa, Richter Jesu Christi.*

**pontō**, ōnis *m* Fähre, Frachtschiff.

**pontus**, ī *m (gr. Fw.) (poet.)* ❶ Meer; ❷ *(meton.)* Meeresflut.

**Pontus**, ī *m* ❶ das Schwarze Meer = **Pontus Euxīnus;** ❷ *(meton.)* Landstriche um das Schwarze Meer, *bes. die Landschaft* Pontus, *das Reich des Mithridates, später röm. Provinz;* / *Adj.* **Ponticus,** a, um.

**popa**, ae *m* Opferdiener.

**popellus**, ī *m (Demin. v. populus[1]) (poet.)* Pöbel.

**popīna**, ae *f* ❶ Kneipe; ❷ *(meton.)* das Essen aus der Kneipe.

**popīnō**, nōnis *m (popina) (poet.)* Schlemmer.

**poples**, litis *m* ❶ Kniekehle; ❷ *(poet.) (meton.)* Knie.

**poposcī** *Perf. v. posco.*

**populābilis**, e *(populor) (poet.)* verwüstbar.

**populābundus**, a, um *(populor)* auf Verwüstung bedacht.

**Imperium Romanum**
**populārēs** nannten die Römer seit der Zeit der Brüder Tiberius und Gaius Gracchus (ab 133 v. Chr.) Politiker, die die Vorherrschaft der nobilitas, des Adels, brechen wollten. Nicht alle Popularen waren nur am Wohl des einfachen Volkes interessiert; vielen ging es eher um den Ausbau ihrer eigenen Macht. Heute noch nennt man einen machtgierigen Politiker, der den Launen der Masse zu gefallen sucht, einen „Populisten".

**populāris**, e *(populus¹)* ① des Volkes, für das Volk, Volks- [**civitas** *u.* **res publica** Demokratie; **laus / gloria / admiratio** beim Volk; **oratio** an das Volk]; ② allgemein verbreitet [**opinio**]; ③ der Art des Volkes entsprechend, volkstümlich; **populariter loqui;** ④ beim Volk beliebt, populär; ⑤ volksfreundlich, demokratisch; **populariter agere;** – *Subst.* **populārēs,** rium *m* Demokraten, Volkspartei; ⑥ um die Volksgunst buhlend, demagogisch; ⑦ einheimisch [**flumina**]; – *Subst. m* Landsmann, Mitbürger; *Subst. f* Landsmännin.

**populāritās**, tātis *f (popularis)* ① Volksfreundlichkeit; ② Streben nach Volksgunst.

**populātiō**, ōnis *f (populor)* Verwüstung, Plünderung.

**populātor**, tōris *m (populor)* Plünderer, Zerstörer.

**pōpulētum**, ī *n (populus²) (nachkl.)* Pappelhain.

**pōpuleus**, a, um *(populus²) (poet.)* der Pappel(n), Pappel-.

**pōpuli-fer**, fera, ferum *(populus² u. fero) (poet.)* pappeltragend, -reich.

**populī-scītum**, ī *n (auch getr.; populus¹ u. scisco)* Volksbeschluss.

**Populōnia**, ae *f u.* **-iī**, ōrum *m Stadt in Etrurien; – Einw.* **Populōniēnsēs,** ium *m.*

**populor**, populārī *u. (altl., klass. nur Pass.)* **populō**, populāre ① verwüsten, verheeren, plündern [**agros; patriam**]; ② *(poet.; nachkl.) (übtr.)* vernichten, zerstören.

**populus¹**, ī *m* ① Volk, *das einen Staat bildet* [**Romanus**]; ② Gemeinde; ③ *(in Rom)* **a)** *(in der Frühzeit)* Blutsadel, Patrizier *(im Ggstz. zu den Plebejern);* **b)** *(später)* Gesamtheit des Volkes; **senatus populusque Romanus; c)** *(seltener)* die Plebejer = *plebs;* ④ Volksmenge; ⑤ Menge [**amicorum**]; ⑥ *(meton)* **a)** Gebiet, Bezirk; **b)** *(poet.)* Straße.

**pōpulus²**, ī *f (poet.; nachkl.)* Pappel.

**por-** *Präfix (vor l zu pol- assimiliert)* = dar-, hin-, vor- [**portendo, polliceor**].

**porca**, ae *f (porcus)* Sau.

**porcellus**, ī *m (Demin. v. porcus) (poet.)* Schweinchen.

**porcīnus**, a, um *(porcus) (nachkl.)* vom Schwein, Schweine-.

**Porcius**, a, um *röm. nomen gentile; s. Cato.*

**porcus**, ī *m* ① Schwein; ② *(poet.)* Schlemmer.

**porēctus** *P. P. P. v. poricio.*

**porgō**, porgere, – – *(poet.) (synk.) = porrigo¹.*

**poriciō**, poricere, –, porēctum *(por- u. iacio) = porricio.*

**porrēctiō**, ōnis *f (porrigo¹)* das Ausstrecken.

**porrēctus¹**, a, um *(P. Adj. v. porrigo¹)* ① ausgestreckt, ausgedehnt; ② flach, gerade; ③ *(poet.) (zeitl.)* lang [**mora**].

**porrēctus²** *P. P. P. v. porricio.*

**por-rēxī** *Perf. v. porrigo.*

**porriciō**, porricere, –, porrēctum *(por- u. iacio) als Opfer* hinwerfen [**exta in fluctūs**].

**por-rigō¹**, rigere, rēxī, rēctum *(rego)* ① ausstrecken, ausdehnen [**bracchia caelo** zum Himmel]; ② *mediopass.* **porrigi** *u.* **se ~ a)** *(v. Örtl.)* sich hinziehen, sich erstrecken, liegen; **locus in planitiem porrigitur; b)** *(v. Personen)* sich ausstrecken; **c)** *(poet.; nachkl.) (übtr.)* sich ausdehnen, sich erstrecken; ③ niederstrecken; ④ *(poet.)* kehren, richten; ⑤ *(poet.; nachkl.) (zeitl.)* verlängern [**brumales horas**]; ⑥ *(poet.; nachkl.) (eine Silbe)* dehnen; ⑦ (dar)reichen [**alci dextram**]; ⑧ gewähren, spenden [**opem amicis**]; / *s. auch porrectus¹.*

**porrīgō²**, ginis *f (poet.; nachkl.)* Kopfgrind.

**Porrima**, ae *f Geburtsgöttin.*

**porrō** *Adv.* ① *(räuml.)* **a)** *(poet.; nachkl.)* weiter, vorwärts, in die Ferne; **b)** *(poet.)* weit, in der Ferne; ② *(zeitl.) (poet.)* weiter-, fernerhin; ③ *(übtr.)* **a)** *(beim Fortschreiten des Gedankens)* ferner, nun aber, *häufig* **porro autem; b)** *(steigernd)* sogar; **c)** *(adversativ)* andererseits.

**porrum**, ī *n u.* **-us**, ī *m (poet.; nachkl.)* Schnittlauch.

**Porsenna** *u.* **Porsēna, Porsinna** *u.* **Porsīna,** ae *m König in Etrurien, der 507 v. Chr. versuchte, die vertriebenen Tarquinier nach Rom zurückzuführen.*

**porta**, ae *f* ① Tor, Tür, Pforte; ② *(übtr.)* Eingang, Zugang, Ausgang; ③ *Pl.* Engpass.

**Imperium Romanum**
**Die Porta Nigra** in Trier (erbaut um 180 n. Chr.) war das Nordtor der Stadtbefestigung von Augusta Treverorum, wie die Stadt zur Zeit der Römer hieß. Der dreigeschossige Mittelbau mit offenem Innenhof hat zwei Tordurchfahrten und wird von zwei Türmen flankiert, beide ursprünglich vierstöckig. Der Name „Porta Nigra" („schwarzes Tor") entstand erst im Mittelalter, als der ur-

sprünglich helle Sandstein durch Alter und Verschmutzung bereits dunkel verfärbt war. Das Gebäude ist ein Meisterwerk römischer Quadertechnik und gemahnt eindrucksvoll an die „maiestas imperii" („Glanz des Römerreichs").

**portātiō**, ōnis *f (porto)* Transport.

**por-tendō**, tendere, tendī, tentum ankündigen, prophezeien; *mediopass.* bevorstehen.

**portenti-ficus**, a, um *(portentum u. facio) (poet.)* Wunder wirkend.

**portentōsum**, ī *n (portentosus)* Missgeburt.

**portentōsus**, a, um *(portentum)* unnatürlich; grauenhaft, missgestaltet.

**portentum**, ī *n (portendo)* ① Wunder(zeichen), *bes.* grauenhaftes Vorzeichen; ② Ungeheuer, Missgeburt; ③ Wundermärchen; ④ *(übtr., v. Personen)* Abschaum, Auswurf.

**portentus** *P. P. P. v. portendo.*

**porticula**, ae *f (Demin. v. porticus)* kleine Halle.

**porticus**, ūs *f (porta)* ① Säulenhalle, -gang, Halle; ② Gerichtshalle; ③ *(milit.)* Laufgang *zum Materialtransport für den Dammbau;* ④ Stoische Schule *od.* Philosophie.

**portiō**, ōnis *f (pars)* Verhältnis, Proportion; **pro portione** im Verhältnis.

**portitor**[1], ōris *m (porto) (poet.; nachkl.)* Fährmann.

**portitor**[2], ōris *m (portus)* Zolleinnehmer, Zöllner.

**portō**, portāre ① tragen, bringen, fort-, hinschaffen [**frumentum ad exercitum; legiones secum in Hispaniam** übersetzen]; ② bei sich führen, mitnehmen [**secum patrios penates**]; ③ *(übtr.)* (über)bringen [**nuntium ad liberos; sociis auxilia**].

**portōrium**, ī *n (portitor²)* Durchgangszoll, *bes.* Hafen-, Brückenzoll, Wegegeld, *übh.* Zoll, Steuer *(für etw.: Gen.)* [**vini**].

**portula**, ae *f (Demin. v. porta)* Pförtchen.

**Portūnus**, ī *m (portus) Hafengott.*

**portuōsus**, a, um *(portus)* hafenreich.

**portus**, ūs *m (Dat. Sg.* -uī *u.* -ū; *Dat. u. Abl. Pl.* portibus *u.* portubus) *(porta)* ① Hafen; **portum capere** einlaufen in; ② *(poet.)* Flussmündung; ③ *(übtr.)* Zuflucht(sort) [**sociorum**].

**poscō**, poscere, poposcī, – ① verlangen, fordern [**argentum; libertatem**]; **(alqd ab alqo** *u. [seltener]* **alqd alqm) litteras a legatis ~**; *pass.* **poscor** *m. Akk.* man verlangt etw. v. mir; *– m. ut, m. Inf. od. m. A. C. I. auch* = auffordern; ② *(übtr., v. Sachen)* etw. erfordern; **res hoc poscit;** ③ *(poet.)* nach etw. forschen, nach etw. fragen *(m. Akk.; m. indir. Frages.);* ④ *zum Kampf* herausfordern [**alqm in proelia**]; ⑤ vor Gericht laden [**dictatorem reum**]; ⑥ *(poet.; nachkl.)* rufen; ⑦ *(poet.)* anrufen, anflehen; **supplex tua numina posco**.

**Posīdōnius**, ī *m Stoiker um 100 v. Chr., Lehrer Ciceros.*

**positiō**, ōnis *f (pono) (nachkl.)* Lage, Stellung [**loci; caeli** Klima]; *übtr.* Lage, Verfassung [**mentis**].

**positor**, ōris *m (pono) (poet.)* Erbauer.

**positus**[1] *s. pono.*

**positus**[2], ūs *m (pono)* ① *(poet.; nachkl.)* Lage, Stellung [**siderum**]; ② *(poet.)* Frisur.

**posīvī** *s. pono.*

**pos-merīdiānus** = *postmeridianus.*

**posse** *Inf. Präs. v. possum.*

**pos-sēdī** *Perf. v. possideo u. possido.*

**possessiō**, ōnis *f* ① *(possideo)* **a)** Besitz; **possessionem Siciliae tenere** S. in Besitz haben; **b)** *(konkr.)* Besitztum, Grundstück, *meist Pl.;* **paternae possessiones;** ② *(possido)* Besitznahme, -ergreifung [**bonorum**].

**possessiuncula**, ae *f (Demin. v. possessio)* kleine Besitzung.

**possessor**, ōris *m (possideo)* ① Besitzer; Grundbesitzer; ② *(nachkl.) (jur. t. t.)* Beklagter.

**possessus** *P. P. P. v. possideo u. possido.*

**possideō**, possidēre, possēdī, possessum ① besitzen [**partem agri;** *übtr.* **nomen**]; ② *(einen Ort)* besetzt halten.

**possīdō**, possīdere, possēdī, possessum *(vgl. possideo)* in Besitz nehmen, sich bemächtigen, v. etw. Besitz ergreifen *(m. Akk.); Perf. auch:* in Besitz haben.

**possum**, posse, potuī *(< potis sum)* ① können, vermögen; **(fieri) potest, ut** es ist möglich, dass; **fieri non potest, ut** es ist unmöglich, dass; **fieri non potest, ut non** (*od.* **quin)** es ist notwendig, dass, es muss; **non possum non** *m. Inf.* ich muss; **qui potest** wie ist es möglich?; **si potest** wenn es möglich ist; ② gelten, Einfluss haben *(multum, plurimum, nihil, minimum, tantum u. Ä., auch m. Adv., z. B. largiter)* [**tantum auctoritate; multum in senatu**].

**post I.** *Adv.* ① *(räuml.)* hinten(nach), zuletzt; ② *(zeitl.)* nachher, danach, später *(= postea); – in Aufzählungen:* **primo ... post** *u.* **primo ... deinde ... post** *u. Ä.; – m. Abl. mensurae (meist nachgest.):* **die ~** am Tag darauf; **multo ~** viel später; **paulo ~** bald darauf; **multis annis ~** viele Jahre später; ③ *(übtr.) (rangmäßig)* hinten(nach) [**esse** zurückstehen]; **II.** *Präp. b. Akk.* ① *(räuml.)* hinter; **exercitum ~ montes circumducere;** ② *(zeitl.)* nach, seit; **~ urbem conditam; ~** hominum memoriam seit Menschengedenken; **~ ea** *u.* **~ haec** *u.* **~ hoc** hierauf, nachher; ③ *(übtr.) (v. Reihenfolge, Rang)* nächst, nach; **~ hunc Apollinem colunt; III. post-** *als Präfix* nach-, hintan-.

**post-eā** *Adv. (post u. Abl. Sg. f v. is)* nachher, später; *in Übergängen:* ferner, weiter.
**posteā-quam** *(auch getr.)* = *postquam.*
**posterī, posterior**, ius *s. posterus.*
**posteritās**, ātis *f (posterus)* ❶ Zukunft; ❷ *(meton.)* Nachwelt.
**posterus**, a, um *(post)* **I.** *Pos.* (nach)folgend, kommend [**aetas** Nachwelt]; **in -um** f. die Zukunft *od.* f. den folgenden Tag; **-o** *(erg. die)* am folgenden Tag; – *Subst.* **posterī,** ōrum *u.* um *m* Nachkommen, Nachwelt; **II.** *Komp.* **posterior**, ius ❶ *(örtl. u. zeitl.)* der hintere, spätere, folgende [**oratores** die zuletzt genannten]; **aetate posterior** jünger; – *Adv.* **posterius** später, nachher; ❷ *(übtr.)* der geringere, schlechtere; **III.** *Superl.* ❶ **postrēmus**, a, um **a)** der hinterste, letzte [**acies** Hintertreffen]; **b)** *(übtr.)* der geringste, schlechteste, äußerste; – *Adv.* **postrēmum** zum letzten Mal; **postrēmō** zuletzt, schließlich, endlich; *zusammenfassend:* kurz, überhaupt; ❷ **postumus**, a, um zuletzt geboren, *klass. nur als jur. t. t.* nachgeboren, *d. h.* nach dem Tod des Vaters geboren; – *Subst. m* Nachkömmling.
**post-ferō**, ferre, – – hintansetzen.
**post-genitī**, ōrum *m (poet.)* Nachkommen.
**post-habeō**, habēre, habuī, habitum hintansetzen.
**post-hāc** *Adv. (post u. Abl. Sg. f v. hic[1])* von nun an, künftig.
**post-haec** *Adv. (auch getr.) (nachkl.)* nachher.
**postīcum**, ī *n (posticus)* Hintertür.
**postīcus**, a, um *(post)* hinten befindlich, Hinter-.
**postiliō**, ōnis *f (postulo) (rel. t. t.)* Forderung *einer Gottheit, ein vergessenes Opfer nachzuholen.*
**post-illā(c)** *Adv. (vgl. post-ea, post-hac) (poet.)* nachher.
**postis**, is *m (Abl. Sg.* poste *u.* postī) (Tür-)Pfosten; *Pl. (poet.; nachkl.)* Tür.
**post-līminium**, ī *n (limen)* Heimkehrrecht; *Abl.* **-o** nach dem Heimkehrrecht.
**post-merīdiānus**, a, um Nachmittags-.
**post-modo** *u.* **post-modum** *Adv.* bald darauf.
**post-pōnō**, pōnere, posuī, positum hintansetzen.
**post-prīncipia**, ōrum *n* Verlauf.
**post-quam** *Kj.* ❶ nachdem, als *(meist m. Ind. Perf.);* ❷ seitdem *(m. Ind. Präs. od. Imperf.).*
**postrēmō, postrēmum, postrēmus** *s. posterus.*
**postrī-diē** *Adv. (posterus u. dies)* am folgenden Tag, tags darauf.
**post-scrībō**, scrībere, scrīpsī, – *(nachkl.)* hinter etw. schreiben, hinzuschreiben.
**postulātīcius**, a, um *(postulo) (nachkl.)* verlangt, erbeten.
**postulātiō**, ōnis *f (postulo)* ❶ Forderung, Verlangen; ❷ *(jur. t. t.)* **a)** Klagegesuch *an den Prätor;* **b)** gerichtl. Klage.
**postulātum**, ī *n (postulo)* Forderung, Verlangen.
**postulātus**, *Abl.* ū *m (postulo)* Klage, Beschwerde *vor Gericht.*
**postulō**, postulāre *(posco)* ❶ fordern, verlangen, beanspruchen [**suum ius; auxilium ab amico**]; *(m. ut, ne od. m. bl. Konj., selten m. A. C. I., pass. m. N. C. I.);* ❷ Lust haben, wollen *(m. Inf. u. A. C. I.);* ❸ *(übtr., bei Abstr. u. Sachen)* etw. erfordern; ❹ *(jur. t. t.)* **a)** jmd. gerichtlich belangen, anklagen *(alqm de re, auch alqm alcis rei, re od. ob rem)* [**alqm de ambitu / proditionis**]; **b)** *vor Gericht* beantragen [**quaestionem; iudicium**].
**Postumius**, a, um *Name einer röm. gens;* – *Adj.* **Postumi(ān)us**, a, um.
**postumus**, a, um *s. posterus.*
**Postumus**, ī *m röm. cogn.*
**posuī** *Perf. v. pono.*
**pōtātiō**, ōnis *f (poto)* Trinkgelage.
**pote** *s. potis.*
**potēns**, *Gen.* entis *(possum)* ❶ mächtig, gewaltig, einflussreich [**civis; in senatu; apud socios**]; – *Subst. m* der Mächtige, *meist Pl.;* ❷ fähig, kundig *(m. Gen., auch ad alqd)* [**regni** regierungsfähig]; – *Adv.* **potenter** nach Kräften; ❸ *einer Sache* Herr, etw. beherrschend *(m. Gen.)* [**mentis** bei Sinnen; **sui** sein eigener Herr]; ❹ tüchtig, stark; ❺ *(poet.)* der etw. erlangt hat [**voti** der seinen Wunsch erfüllt sieht; **pacis**]; ❻ *(poet.)* glücklich; ❼ *(v. Sachen)* kräftig, wirksam [**verba; argumentum** triftig].
**potentātus**, ūs *m (potens)* Macht *im Staat.*
**potentia**, ae *f (potens)* ❶ *polit.* Macht; politischer Einfluss [**magistratuum; populi**]; ❷ (Ober-)Herrschaft [**singularis** Alleinherrschaft]; ❸ *(poet.)* das Vermögen, Kraft; ❹ *(poet.; nachkl.) (übtr.)* Wirksamkeit [**herbarum**].
**potestās**, ātis *f (potis)* ❶ Kraft, Macht, Gewalt *(über: Gen.)* [**vitae necisque** Macht über Leben u. Tod; **contionis habendae** Befugnis]; **in sua potestate esse** sein eigener Herr sein; **mihi est ~** *od.* **est in mea potestate** es steht in meiner Macht; ❷ *polit.* Macht, Herrschaft; **in** (*od.* **sub**) **suam potestatem redigere** unterwerfen; ❸ *(konkr.) (poet.; nachkl.)* Machthaber, Herrscher; ❹ Amt(sgewalt) [**tribunicia; magistratuum**]; ❺ *(konkr.)* **a)** Beamter; **b)** Behörde; **imperia et potestates** Militär- u. Zivilbehörden; ❻ *(übtr.)* Wirksamkeit [**herbarum; verborum**]; ❼ Möglichkeit, Gelegenheit, Erlaubnis *(zu etw.: Gen.)* [**omnium rerum** unbeschränkte Vollmacht]; **alci potestatem dare** *od.* **facere** jmdm. die Möglichkeit *od.* Erlaubnis geben; **potestatem sui**

P

**facere alci** sich jmdm. zur Verfügung stellen *od.* sich m. jmdm. in ein Gefecht einlassen *od.* jmdm. Audienz geben.

**pōtiō**, iōnis *f (poto)* ① das Trinken; ② Trank, Getränk; Gifttrank; *(poet.)* Liebes-, Zaubertrank.

**potior**[1], potīrī, potītus sum *(potis)* ① sich bemächtigen, erlangen *(meist m. Abl., manchmal m. Gen., urspr. trans.)* [**praedā; victoriā**]; ② *(poet.) einen Ort* erreichen *(m. Abl.)* [**monte**]; ③ etw. besitzen, (inne)haben *(m. Abl., Gen. od. Akk.)* [**summā imperii; rerum** im Besitz der Macht sein; **gaudia** haben, genießen]; / *poet. u. nachkl. Formen auch nach der 3. Konjugation, z. B. poterētur, Gerundiv meist potiundus, selten potiendus.*

**potior**[2], ius *Komp. v. potis.*

**potis**, e **I.** *Pos.* vermögend, mächtig; **potis sum** ich bin imstande, ich kann = *possum;* **potis est** er (sie) vermag, kann = *potest;* **pote** (**est**) es ist möglich; **II.** *Komp.* **potior,** ius vorzüglicher, wichtiger, besser, tüchtiger [**civis**]; – *Adv.* **potius** vielmehr, eher, lieber; **III.** *Superl.* **potissimus,** a, um der Vorzüglichste, Wichtigste [**causa**]; – *Adv.* **potissimum** hauptsächlich, vornehmlich, gerade.

**Potītius**, a, um *röm. nomen gentile, s. Pinarius.*

**potius** *s. potis.*

**pōtō**, pōtāre, pōtāvī, pō(tā)tum ① viel trinken; ② zechen, saufen; ③ *(poet.; nachkl.) (übtr.)* einsaugen; / *P. Adj.* **pōtus,** a, um **a)** *(pass.)* (aus)getrunken; **b)** *(akt.)* der (reichlich) getrunken hat; berauscht.

**pōtor**, tōris *m (poto) (poet.; nachkl.)* Trinker; Säufer.

**pōtōrium**, ī *n (poto) (nachkl.)* Becher.

**pōtrīx**, īcis *f (potor) (poet.)* Trinkerin, Säuferin.

**potuī** *Perf. v. possum.*

**pōtulentum**, ī *n (potulentus)* Getränk.

**pōtulentus**, a, um *(potus)* trinkbar.

**pōtus**[1], a, um *s. poto.*

**pōtus**[2], ūs *m (poto)* ① das Trinken; ② *(nachkl.)* Trank, Getränk.

**P. R.** *Abk. f. populus Romanus.*

**prae I.** *Präp. b. Abl.* ① *(räuml.)* vor; **prae se agere** vor sich hertreiben; **prae se ferre** *u.* **gerere** vor sich hertragen; *übtr.* zur Schau tragen, offen an den Tag legen; ② *(übtr.)* **a)** im Vergleich zu, gegen(über); **b)** *(kausal, klass. nur in neg. Sätzen)* vor, wegen; **prae lacrimis scribere non posse; II.** *Adv.* **prae quam** im Vergleich m. dem, dass; **III.** *prae- als Präfix* ① vorn, an der (die) Spitze [**praeacutus, praeficio**]; ② voraus, voran [**praefero, praemitto**]; ③ vorbei [**praefluo**]; ④ vorzeitig [**praematurus**]; ⑤ *(steigernd)* überaus, sehr [**praealtus**].

**prae-acūtus**, a, um vorn zugespitzt.

**prae-altus**, a, um ① sehr hoch; ② sehr tief.

**praebeō**, praebēre, praebuī, praebitum *(prae u. habeo)* ① hinhalten, darreichen [**alci aures** jmdm. Gehör schenken; **terga** die Flucht ergreifen, fliehen]; ② geben, gewähren, liefern [*übtr.* **speciem** erscheinen; **exempla** bieten]; ③ preisgeben, überlassen [**se telis hostium** sich aussetzen; ④ *(übtr.)* zeigen, beweisen [**fidem alci**]; – **se ~** *m. präd. Akk.* sich zeigen, sich erweisen als [**se liberalem in amicos; in malis se mitem**]; ⑤ verursachen, erregen [**gaudium; tumultum**].

**prae-bibō**, bibere, bibī, – zutrinken.

**praebitor**, ōris *m (praebeo)* Lieferant.

**prae-calidus**, a, um *(nachkl.)* sehr warm.

**prae-cānus**, a, um *(poet.)* vorzeitig ergraut.

**prae-caveō**, cavēre, cāvī, cautum **I.** *intr.* ① sich hüten *(vor: ab)* [**ab insidiis**]; *(m. ne);* ② Vorsorge, Vorkehrungen treffen; ③ für jmd. sorgen, jmd. schützen vor *(alci; vor, gegen etw.: a re);* **II.** *trans.* etw. verhüten, *einer Sache* vorbeugen [**iniurias**].

**prae-cēdō**, cēdere, cessī, cessum **I.** *intr.* vorangehen; **II.** *trans.* ① *(poet.; nachkl.)* vor etw., vor jmdm. gehen; ② *(übtr.)* übertreffen [**reliquos Gallos virtute**].

**praecellēns**, *Gen.* entis *(P. Adj. v. praecello)* hervorragend, ausgezeichnet.

**prae-cellō**, cellere, – – *(nachkl.);* **I.** *intr.* sich auszeichnen [**arte**]; **II.** *trans.* übertreffen.

**prae-celsus**, a, um *(poet.)* sehr hoch.

**praecentiō**, ōnis *f (praecino)* Musik *vor od. beim Opfer.*

**prae-centō**, centāre *(canto) die Zauberformel* vorsprechen, vorsingen.

**prae-cēpī** *Perf. v. praecipio.*

**prae-ceps**, *Gen.* cipitis *(ohne Komp. u. Superl.; Adv. praeceps) (caput)* ① mit dem Kopf voran, kopfüber; **~ ad terram datus** zu Boden geworfen; **alqm praecipitem in undas proicere;** ② *(v. Örtl.)* steil, abschüssig, schroff [**saxa**]; *(übtr.)* **iter ad malum ~; –** *Subst. n* schroffer Abhang, Abgrund: **in praeceps (de)ferri** jäh hinabstürzen; **per praecipitia fugere;** – *als Adv.* in die (der) Tiefe [**trahere** in die Tiefe reißen]; ③ *(übtr.)* verderblich, gefährlich [**cupiditas gloriae; tempus**]; – *Subst. n* Gefahr, Verderben: **rem publicam in praeceps dare;** – *als Adv.* in Gefahr: **famam alcis praeceps dare** in Gefahr bringen; ④ sich neigend, geneigt; ⑤ *(v. der Zeit)* sich neigend, zu Ende gehend; **die iam praecipiti** da der Tag sich neigte; ⑥ *(v. Leidenschaften u. Personen)* zu etw. geneigt, hingezogen; **~ in avaritiam et crudelitatem animus**; ⑦ Hals über Kopf, eilig *(auch v. Lebl.)* [**amnis** reißend]; **praecipites fugae se mandabant; alqm praecipitem agere** jagen, treiben; ⑧ übereilt, unbesonnen [**oratio; legatio**]; ❾ blindlings; **in gloriam ~ agebatur**.

**praeceptiō**, ōnis *f (praecipio)* ❶ *(nachkl.) (b. Erbschaften u. Ä.)* das Empfangsrecht im Voraus, der Voraus; ❷ Lehre [**Stoicorum;** *(in, über etw.: Gen.)* **recti**].

**praeceptīvus**, a, um *(praecipio) (nachkl.)* vorschreibend.

**praeceptor**, ōris *m (praecipio)* Lehrer *(in etw.: Gen.)*.

**praeceptrīx**, īcis *f (praeceptor)* Lehrerin.

**praeceptum**, ī *n (praecipio)* ❶ Vorschrift, Verordnung [**imperatoris**]; ❷ Rat; ❸ Lehre, Regel.

**praeceptus** *P. P. P. v. praecipio.*

**prae-cerpō**, cerpere, cerpsī, cerptum *(carpo)* ❶ *(poet.)* vor der Zeit pflücken; ❷ *(übtr.)* vorwegnehmen.

**prae-cessī** *Perf. v. praecedo.*

**praecessus** *P. P. P. v. praecedo.*

**prae-cīdō**, cīdere, cīdī, cīsum *(caedo)* ❶ vorn abschneiden, abschlagen; ❷ *(übtr.)* nehmen, entziehen [**spem alci**]; ❸ *(übtr.)* etw. abschlagen, verweigern; ❹ (**brevi**) ~ sich kurzfassen; ❺ *(übtr.)* schnell abbrechen [**amicitias**]; ❻ zerschneiden.

**praecīnctūra**, ae *f (praecingo)* Umgürtung.

**prae-cingō**, cingere, cīnxī, cīnctum ❶ (um)gürten; *mediopass.* **praecingi** sich gürten; ❷ *(poet.; nachkl.)* aufschürzen; ❸ *(poet.; nachkl.)* umgeben, umkränzen.

**prae-cinō**, cinere, cinuī *u.* cecinī, – *(cano)* **I.** *intr.* ❶ vorspielen, vorblasen; ❷ *(poet.)* eine Zauberformel hersagen; **II.** *trans.* etw. vorhersagen [**futura**].

**prae-cīnxī** *Perf. v. praecingo.*

**prae-cipiō**, cipere, cēpī, ceptum *(capio)* ❶ voraus-, vorwegnehmen [**pecuniam mutuam** im Voraus leihen]; ❷ *(nachkl.) (jur. t. t.)* etw. vorauserben; ❸ im Voraus genießen, im Voraus empfinden [**laudem; victoriam**]; ❹ *einer Sache* vorgreifen *(alqd)* [**animo futura** sich vorstellen]; ❺ vorschreiben, verordnen, befehlen *(alci alqd od. de re; m. ut, ne, auch m. bl. Konj.; m. indir. Frages.)*; ❻ lehren, unterrichten *(alqd, alci alqd od. de re; m. A. C. I.)*; – *Subst.* **praecipientēs,** tium *m* die Lehrer.

**praecipitātiō**, ōnis *f (praecipito) (nachkl.)* das Herabstürzen.

**praecipitium**, ī *n (praeceps) (nachkl.)* Abgrund.

**praecipitō**, praecipitāre *(praeceps)* **I.** *trans.* ❶ kopfüber hinabstürzen, -werfen [**saxa** (**ex** *od.* **de**) **muro; pilas in mare; se de turri**]; – *mediopass.* **praecipitari** sich hinabstürzen, *v. Gestirnen* rasch untergehen; – *Part. Perf.* **praecipitātus** zu Ende eilend, sinkend [**nox**]; ❷ *(übtr.)* jmd. stürzen, ins Verderben stürzen [**alqm ex altissimo dignitatis gradu**]; ❸ etw. übereilen, überstürzen [**consilia**]; ❹ *(poet.) m. Inf.* zu etw. drängen; **II.** *intr.* ❶ (sich) hinabstürzen, (hinab)fallen; ❷ *(übtr.)* in etw. hineingeraten [**in insidias**]; ❸ zu Ende gehen; **hiems iam praecipitaverat;** ❹ zugrunde gehen, sinken.

**praecipuē** *Adv. (v. praecipuus)* vorzugsweise, besonders.

**praecipuum**, ī *n (praecipuus)* ❶ Vorzug, Vorrecht; ❷ *(nachkl.) Pl.* **-a rerum** das Wichtigste.

**praecipuus**, a, um *(praecipio)* ❶ eigentümlich, ausschließlich, ein besonderer [**fortuna**]; ❷ vorzüglich, außerordentlich, hervorragend; **-o iure esse** eine bevorzugte Stellung haben; **artis -ae opus;** ❸ *(nachkl.)* **ad alqd ~** besonders geeignet zu etw. [**ad scelera**].

**praecīsus**, a, um *(P. Adj. v. praecido)* ❶ steil, abschüssig; ❷ *(rhet. t. t.)* abgekürzt, kurz; / *Adv.* **praecīsē a)** abgekürzt, kurz; **b)** schlechthin [**negare**].

**praeclāra**, ōrum *n (praeclarus)* Kostbarkeiten.

**prae-clārus**, a, um ❶ *(poet.)* sehr hell, sehr klar [**lux**]; ❷ *(übtr.)* sehr deutlich; **-e explicare;** ❸ *(übtr.)* glänzend, herrlich, ausgezeichnet [**poëta;** *(in etw.: in u. Abl. od. m. Gen.)* **homo in philosophia / eloquentiae**]; ❹ berühmt [**orator**]; ❺ berüchtigt.

**prae-clūdō**, clūdere, clūsī, clūsum *(claudo)* verschließen, versperren, *auch übtr.* [**portas; introitūs; alci orbem terrarum**].

**praecō**, ōnis *m (praedico[1])* ❶ Ausrufer, Herold *(b. den Gerichtssitzungen in den Komitien, b. öffentl. Spielen, b. Versteigerungen u. a.)*; **per praeconem vendere alqd** etw. öffentl. zum Verkauf anbieten lassen; ❷ *(übtr.)* Lobredner.

**prae-cōgitō**, cōgitāre vorher überlegen.

**prae-cōgnōscō**, cōgnōscere, –, cōgnitum vorher erfahren.

**prae-colō**, colere, coluī, cultum ❶ vorher bearbeiten, vorbilden; ❷ *(nachkl.)* vorschnell verehren.

**prae-compositus**, a, um *(poet.)* vorher einstudiert.

**praecōnium**, ī *n (praeconius)* ❶ Ausruferamt, Heroldsdienst; **-um facere** Ausrufer sein; ❷ *(meton.)* öffentl. Bekanntmachung; ❸ *(übtr.)* Verherrlichung.

**praecōnius**, a, um *(praeco)* eines Ausrufers, Herolds-.

**prae-cōnsūmō**, cōnsūmere, cōnsūmpsī, cōnsūmptum *(poet.)* vorher aufbrauchen; *übtr.* jmd. vorher aufreiben.

**prae-contrectō**, contrectāre *(poet.)* vorher betasten.

**prae-cordia**, ōrum *n (cor)* ❶ Zwerchfell; ❷ Eingeweide, *bes.* Magen; ❸ Brust(korb);

④ *(poet.) (übtr.)* Brust, Herz *(als Sitz der Empfindungen);* ⑤ Gefühl, Gesinnung.

**prae-corrumpō**, corrumpere, corrūpī, corruptum *(poet.)* vorher bestechen.

**prae-cucurrī** *s. praecurro.*

**praecultus** *P. P. P. v. praecolo.*

**praecurrentia**, ium *n (praecurro)* das Vorhergehende.

**prae-currō**, currere, (cu)currī, cursum ① vorauslaufen, -eilen, *auch v. Lebl. (abs., präp. od. trans.);* ② *(zeitl.)* vorangehen *(m. Dat. od. Akk.);* ③ überholen, zuvorkommen *(abs., m. Akk. od. Dat.)* [**alqm celeritate**]; ④ *(übtr.)* übertreffen *(alqm u. alci)* [**alqm nobilitate**].

**praecursiō**, ōnis *f (praecurro)* ① das Vorhergehen; ② *(nachkl.) (milit. t. t.)* Geplänkel; ③ *(rhet. t. t.)* Vorbereitung *der Zuhörer.*

**praecursor**, ōris *m (praecurro)* ① Vorläufer: **a)** *(nachkl.)* Diener; **b)** Kundschafter; ② *Pl.* Vorhut.

**praecursōrius**, a, um *(praecursor) (nachkl.)* vorauseilend.

**praecursus** *P. P. P. v. praecurro.*

**prae-cutiō**, cutere, cussī, cussum *(quatio) (poet.)* voranschwingen.

**praeda**, ae *f* ① Beute, Kriegsbeute [**hominum pecorumque** an Menschen u. Vieh]; **-am facere** *u.* **capere** Beute machen; **-ā potiri;** ② *(poet.; nachkl.)* Jagdbeute; ③ *(meton.)* Raub; ④ *(übtr.)* Gewinn, Vorteil; ⑤ Plünderung; **agros -ā vastare**.

**praedābundus**, a, um *(praedor)* auf Beute ausgehend.

**prae-damnō**, damnāre ① vorher verurteilen; ② *(übtr.)* schon im Voraus aufgeben.

**praedātiō**, ōnis *f (praedor) (nachkl.)* das Beutemachen, Plündern.

**praedātor**, *Gen.* ōris *(praedor)* **I.** *Subst. m* ① Plünderer, Räuber; ② *(poet.)* Jäger; **II.** *Adj.* plündernd, räuberisch.

**praedātōrius**, a, um *(praedator)* Beute machend, räuberisch [**navis** Seeräuberschiff; **classis**].

**prae-dēlassō**, dēlassāre *(poet.)* vorher schwächen.

**prae-dēstinō**, dēstināre im Voraus zum Ziel setzen.

**praediātor**, ōris *m (praedium)* Grundstücksmakler.

**praediātōrius**, a, um *(praediator)* die Pfändung der Güter betreffend [**ius** Güterpfandrecht].

**praedicābilis**, e *(praedico¹)* rühmenswert.

**praedicātiō**, ōnis *f (praedico¹)* ① öffentl. Bekanntmachung; ② das Rühmen, Lob; ③ Aussage *(über etw.: Gen.).*

**praedicātor**, ōris *m (praedico¹)* Lobredner.

**prae-dicō¹**, dicāre ① öffentl. bekannt machen; ② öffentl. aussagen, äußern, nachdrücklich hervorheben; ankündigen [**mortem Miloni**]; ③ rühmen, loben.

**prae-dīcō²**, dīcere, dīxī, dictum ① *(in Reden u. Schriften)* vorher sagen, vorausschicken *(m. Akk.; A. C. I.; indir. Frages.);* – *P. P. P.* **praedictus,** a, um vorher (oben) erwähnt, angekündigt; ② vorhersagen, prophezeien *(m. Akk.; A. C. I.)* [**futura**]; ③ *(nachkl.)* vorher bestimmen, festsetzen [**diem**]; ④ vorschreiben, befehlen *(m. Akk.; ut, ne).*

**praedictiō**, ōnis *f (praedico²)* Prophezeiung.

**praedictum**, ī *n (praedico²)* ① Weissagung; ② Befehl; ③ Verabredung; **ex -o**.

**praedictus** *s. praedico².*

**Grammatik & Co.**
Das **Prädikat** besteht im Lateinischen wie im Deutschen aus einem Vollverb oder aus einem Hilfsverb (vor allem der Kopula „esse" *sein*) mit Prädikatsnomen (Substantiv oder Adjektiv). Beim lateinischen Prädikat müssen wir allerdings zwei Besonderheiten beachten:
1. In Sentenzen (Sprichwörtern) suchen wir oft vergeblich die Kopula. Es entstehen so Nominalsätze, also Sätze, deren Prädikat ein bloßes Nomen oder Adjektiv ist: Homo bonus semper tiro (*ergänze* est). „Ein guter Mensch <ist> immer ein Anfänger." – Omnia praeclara rara (*ergänze* sunt). „Alle Besonderheiten <sind> Raritäten."
2. Vollverben enthalten als Prädikate oft das Subjekt des Satzes in der Personalendung: Laudas. „*Du* lobst."

**praediolum**, ī *n (Demin. v. praedium)* kleines Landgut.

**prae-discō**, discere, didicī, – vorher (kennen) lernen.

**prae-dispositus**, a, um *(dispono)* vorher hier u. da aufgestellt.

**prae-ditus**, a, um *(do)* mit etw. begabt, versehen, *(pejor.)* behaftet [**virtute; magno imperio; immani crudelitate**].

**praedium**, ī *n* Landgut, Grundstück.

**prae-dīves**, *Gen.* dīvitis sehr reich.

**prae-dīxī** *Perf. v. praedico².*

**praedō**, ōnis *m (praeda)* Räuber; Seeräuber.

**prae-doceō**, docēre, docuī, doctum vorher unterrichten.

**prae-domō**, domāre, domuī, – *(nachkl.)* im Voraus bändigen.

**praedor**, praedārī *(praeda)* **I.** *intr.* ① Beute machen, plündern, rauben; ② *(übtr.)* Gewinn ziehen, sich bereichern [**ex inscitia alcis**]; **II.** *trans. (poet.; nachkl.)* ① ausplündern, berauben [**socios**]; ② erbeuten, rauben.

**prae-dūcō**, dūcere, dūxī, ductum vor etw. *(Dat.)* ziehen.

**prae-dulcis**, e *(poet.; nachkl.)* sehr angenehm.

**prae-dūrus**, a, um ① *(nachkl.)* sehr hart; ② *(poet.) (übtr.)* sehr abgehärtet.

**prae-dūxī** *Perf. v. praeduco.*

**prae-eō**, īre, iī *u.* īvī, itum ① voran-, vorausgehen *(m. Dat. od. Akk.)* [*übtr.* **famam alcis** zuvorkommen]; ② *(voce)* vorsprechen *(bes. eine Weihe- od. Eidesformel) (m. Akk.; indir. Frages.)*; ③ vorschreiben, verordnen.

**praefātiō**, ōnis *f (praefor)* ① Eingangs-, Einleitungsformel; ② *(nachkl.)* Vorwort, Einleitung.

**prae-fēcī** *Perf. v. praeficio.*

**praefectūra**, ae *f (praefectus[1])* ① *(nachkl.)* Vorsteher-, Aufseheramt; ② *(milit.)* Befehlshaberstelle, Kommando; ③ **a)** *ital., v. röm. Beamten verwaltete* Kreisstadt; **b)** *(nachkl.)* Verwaltungsbezirk.

**praefectus**, ī *m (praeficio) (nominal mit Gen., verbal m. Dat. verbunden)* ① Vorsteher, Aufseher, Befehlshaber [**aerarii** *u.* **aerario** Schatzmeister; **classis** *u.* **classi** Admiral; **navis** Kapitän; **urbis** *u.* **urbi** Gouverneur der Stadt Rom]; ② *außerhalb des römischen Staates:* **a)** Statthalter [**Aegypti**], *(bei den Persern)* Satrap [**Phrygiae**]; **b)** General, Feldherr.

**praefectus**[2] *P. P. P. v. praeficio.*

**prae-ferō**, ferre, tulī, lātum ① voran-, voraustragen [**insignia; fasces praetoribus;** *übtr.* **adulescentulo ad libidinem facem** verleiten zu]; ② *(übtr.)* an den Tag legen, zeigen [**avaritiam; modestiam** heucheln]; ③ *(übtr.)* vorziehen, lieber wollen [**mortem servituti; otium labori**]; **virtute omnibus praeferri** voraus sein; ④ *(zeitl.)* vorwegnehmen [**diem triumphi**]; ⑤ **se alci ~** sich vor jmdm. hervortun; ⑥ *mediopass.* **praeferri** an etw. vorbeieilen, -fahren, -reiten, *meist Part. Perf. praelatus (alqd od. praeter alqd).*

**prae-ferōx**, *Gen.* ōcis sehr wild, sehr heftig.

**prae-ferre** *Inf. Präs. v. praefero.*

**prae-fervidus**, a, um ① *(nachkl.)* sehr heiß; ② *(übtr.)* glühend [**ira** Jähzorn].

**prae-festīnō**, festīnāre ① sich übereilen; ② *(nachkl.)* an etw. vorbeieilen *(alqd).*

**prae-ficiō**, ficere, fēcī, fectum *(facio)* jmd. an die Spitze v. etw. stellen, jmd. m. etw. beauftragen *(alqm alci rei od. alci)* [**alqm provinciae, legioni**].

**prae-fīdēns**, *Gen.* entis zu sehr vertrauend.

**prae-fīgō**, figere, fīxī, fīxum ① vorn anheften, vorn anschlagen *(an etw.: Dat.,* in u. Abl. od. ad) [**arma puppibus**]; ② vorn m. etw. beschlagen, vorn m. etw. versehen.

**prae-fīniō**, fīnīre vorher bestimmen, vorher festsetzen; – *Adv. (Abl. des P. P. P.)* **praefīnītō** nach Vorschrift.

**prae-fīxī** *Perf. v. praefigo.*

**praefīxus** *P. P. P. v. praefigo.*

**prae-flōrō**, flōrāre *(flos)* vorher der Blüte berauben.

**prae-fluō**, fluere, – – vorbeifließen *(an etw.: alqd).*

**prae-fōcō**, fōcāre *(fauces) (poet.)* erwürgen, ersticken.

**prae-fodiō**, fodere, fōdī, fossum *(poet.)* ① vor etw. *(Akk.)* einen Graben ziehen [**portas**]; ② vorher vergraben [**aurum**].

(**prae-for**), fārī *(nur in einzelnen Formen vorkommend [s. u.])* ① *(mündl. od. schriftl.)* vorausschicken; ② vorsprechen [**carmen**]; ③ *(poet.)* vorher anrufen [**Manes**]; ④ wahrsagen; / *gebräuchliche Formen: prae-fatur, -famur, -fabantur, -farentur, -fati sumus, -fari, -fante, -fantes, -fandus.*

**praefrāctus**, a, um *(P. Adj. v. praefringo) (übtr.)* schroff, streng.

**prae-frēgī** *Perf. v. praefringo.*

**prae-frīgidus**, a, um *(poet.)* sehr kalt.

**prae-fringō**, fringere, frēgī, frāctum *(frango)* vorn *od.* oben abbrechen; *(vgl. praefractus).*

**prae-fuī** *Perf. v. praesum.*

**prae-fulciō**, fulcīre, fulsī, fultum *(übtr.)* vorbauen, unterstützen.

**prae-fulgeō**, fulgēre, fulsī, – ① *(poet.)* hell leuchten, glänzen *(von etw.: Abl.)*; ② *(nachkl.) (übtr.)* sich auszeichnen.

**prae-gelidus**, a, um sehr kalt.

**prae-gestiō**, gestīre sich sehr freuen *(m. Inf.).*

**prae-gnāns**, *Gen.* antis *([g]nascor)* schwanger; trächtig.

**prae-gracilis**, e *(nachkl.)* sehr mager.

**prae-grandis**, e *(nachkl.)* riesig.

**prae-gravis**, e ① *(poet.; nachkl.)* sehr schwer; ② *(übtr.)* sehr schwerfällig; ③ *(nachkl.) (übtr.)* überladen [**cibo vinoque**]; ④ *(nachkl.) (übtr.)* sehr lästig.

**prae-gravō**, gravāre **I.** *trans.* ① sehr belasten, beschweren; ② *(übtr.)* niederdrücken [**animum**]; ③ *(poet.) (übtr.)* verdunkeln; **II.** *intr. (nachkl.)* das Übergewicht haben.

**prae-gredior**, gredī, gressus sum *(gradior) (m. Akk.)* ① vorangehen [**agmen**]; ② zuvorkommen; ③ an etw. vorbeigehen, vorbeimarschieren.

**praegressiō**, ōnis *f (praegredior)* das Vorrücken.

**praegressus**[1] *P. P. Akt. v. praegredior.*

**praegressus**[2], ūs *m (praegredior)* das Vorschreiten; *übtr.* Entwicklung.

**prae-gūstō**, gūstāre *(poet.; nachkl.)* ① vorher kosten; ② *(übtr.)* vorher genießen [**voluptates**].

**prae-iaceō**, iacēre, – – *(nachkl.)* vor etw. liegen *(m. Akk.).*

**prae-iī** *Perf. v. praeeo.*

P

**praeiūdicātum**, ī *n (praeiudico)* ❶ Vorentscheidung; ❷ etw. im Voraus Entschiedenes.
**prae-iūdicium**, ī *n* ❶ *(jur. t. t.)* Vorentscheidung; ❷ vorgefasstes Urteil; ❸ maßgebendes Beispiel; ❹ schlimme Aussichten [**belli** für den Krieg].
**prae-iūdicō**, iūdicāre im Voraus entscheiden, im Voraus beurteilen; **opinio praeiudicata** Vorurteil.
**prae-iuvō**, iuvāre, iūvī, – *(nachkl.)* vorher unterstützen.
**prae-lābor**, lābī, lāpsus sum vorbeigleiten *(an etw.: Akk.)*.
**prae-lambō**, lambere, – – *(poet.)* vorher belecken.
**praelātus** *P. P. P. v. praefero.*
**prae-legō**, legere, lēgī, lēctum *(nachkl.)* vorbeisegeln *(an etw.: Akk.)*.
**prae-ligō**, ligāre ❶ vorn anbinden *(alqd alci rei)*; ❷ zubinden, verbinden.
**praelocūtus** *P. P. Akt. v. praeloquor.*
**prae-longus**, a, um sehr lang.
**prae-loquor**, loquī, locūtus sum *(nachkl.)* einleitend sagen.
**prae-lūceō**, lūcēre, lūxī, – ❶ *(poet.; nachkl.)* vorleuchten; ❷ hervorleuchten lassen; ❸ *(poet.) (übtr.)* überstrahlen *(m. Dat.)*.
**praelūsiō**, ōnis *f (prae u. ludo) (nachkl.)* Vorspiel.
**prae-lūstris**, e *(vgl. illustris) (poet.)* sehr glänzend, sehr vornehm.
**prae-lūxī** *Perf. v. praeluceo.*
**praemandātum**, ī *n (praemando)* Steckbrief.
**prae-mandō**, mandāre im Voraus auftragen.
**P** **prae-mātūrus**, a, um vorzeitig, frühzeitig.
**prae-medicātus**, a, um *(poet.)* vorher m. Zaubermitteln versehen.
**praemeditātiō**, ōnis *f (praemeditor)* das Vorher-Bedenken.
**prae-meditor**, meditārī vorher bedenken, vorher erwägen; – *Part. Perf.* **praemeditātus** *auch pass.* [**mala**].
**prae-metuō**, metuere, – – ❶ *(poet.)* im Voraus fürchten [**iras alcis**]; – *P. Adj.* **praemetuēns,** *Gen.* entis vorher fürchtend *(m. Gen.)*; ❷ im Voraus um jmd. besorgt sein, im Voraus für jmd. fürchten *(alci)*.
**prae-mineō**, minēre, – – ❶ hervorragen; ❷ *(nachkl.) (übtr.)* übertreffen.
**prae-mittō**, mittere, mīsī, missum ❶ vorausschicken [**legiones in Hispaniam; impedimenta ad castra**]; ❷ vorausmelden lassen *(m. A. C. I.)*.
**praemium**, ī *n (prae u. emo)* ❶ Vorteil, Vorrecht [**fortunae**]; ❷ Belohnung, Auszeichnung, Preis; **-um (ex)ponere** aussetzen; **-o alqm afficere** *od.* **donare** jmd. belohnen; ❸ *(poet.; nachkl.)* Beute; ❹ *(poet.)* Heldentat.
**prae-molestia**, ae *f* im Voraus empfundener Ärger.
**prae-mōlior**, mōlīrī etw. vorbereiten.
**prae-moneō**, monēre, monuī, monitum ❶ vorher erinnern, mahnen, warnen; ❷ vorhersagen.
**prae-monitus**, ūs *m (praemoneo) (poet.)* Weissagung, Warnung.
**prae-mōnstrō**, mōnstrāre weissagen.
**prae-mordeō**, mordēre, mordī, morsum *(nachkl.)* vorn in etw. beißen *(m. Akk.)*.
**prae-morior**, morī, mortuus sum vorzeitig sterben; *(übtr., v. Lebl.)* absterben.
**prae-mūniō**, mūnīre ❶ vorn befestigen, schützen; ❷ *(übtr.)* vorausschicken [**sermoni**]; vorschützen.
**praemūnītiō**, ōnis *f (praemunio)* Verwahrung *als rhet. Figur.*
**prae-natō**, natāre *(poet.)* vorbeifließen *(an etw.: Akk.)*.
**prae-nāvigō**, nāvigāre *(nachkl.)* an etw. vorbeisegeln *(an etw.: Akk.)*.
**Praeneste**, tis *n (u. f) Stadt in Latium südöstl. v. Rom, j.* Palestrina; – *Einw. u. Adj.* **Praenestīnus**, ī *m bzw.* a, um.
**prae-niteō**, nitēre, nituī, – *(poet.; nachkl.) (übtr.)* jmd. überstrahlen *(alci)*.
**prae-nōmen**, minis *n* Vorname.
**prae-nōscō**, nōscere, nōvī, nōtum vorher kennen lernen, vorher erkennen.
**prae-nōtiō**, iōnis *f* Vorbegriff.
**praenōtus** *P. P. P. v. praenosco.*
**prae-nōvī** *Perf. v. praenosco.*
**prae-nūbilus**, a, um *(poet.)* sehr finster.
**praenūntia** *s. praenuntius.*
**prae-nūntiō**, nūntiāre vorher verkünden.
**praenūntius** *(praenuntio)* **I.** *Subst.* ī *m u.* **-a,** ae *f* Vorbote, Vorbotin, Vorzeichen, *meist übtr.;* **ales ~ lucis** Hahn; **II.** *Adj.* a, um *(poet.; nachkl.)* vorher verkündend *(etw.: Gen.)*.
**praeoccupātiō**, ōnis *f (praeoccupo)* frühere Besetzung *eines Ortes.*
**prae-occupō**, occupāre ❶ vorher besetzen, vorher einnehmen; ❷ *(übtr.)* im Vorhinein verpflichten, binden [**regem beneficio** gewinnen]; ❸ überraschen, zuvorkommen [**alterum**]; – zuvorzukommen suchen *(m. Inf.)*.
**prae-optō**, optāre ❶ lieber wollen; ❷ vorziehen [**otium urbanum militiae laboribus**].
**prae-pandō**, pandere, – – vorn öffnen; vorher ausbreiten.
**praeparātiō**, ōnis *f (praeparo)* Vorbereitung.
**prae-parō**, parāre vorbereiten, rüsten *(zu, für etw.: ad od. Dat.)* [**naves; se ad proelium**].
**prae-pediō**, pedīre *(vgl. ex-pedio, im-pedio)* ❶ vorn anbinden [**equos** koppeln]; ❷ *(übtr.)* hemmen, (ver)hindern, aufhalten [**se praedā** sich aufhalten lassen durch]; **verba sua prae-**

**pediens** stotternd; **omnes bonas artes avaritia praepediebat** machte unwirksam.

**prae-pendeō**, pendēre, pendī, – vorn herabhängen.

**prae-pes**, *Gen.* petis (*Abl. Sg.* -petī *u.* -pete; *Gen. Pl.* -petum) *(peto)* **I.** *Adj.* ❶ *(t. t. der Auguralspr.) (v. Vögeln u. Vogelfedern)* vorausfliegend, *dah.* = günstig, Glück verheißend; ❷ *(poet.)* schnell (fliegend) [**deus** geflügelt = Amor]; **II.** *Subst. m u. f (poet.)* Vogel.

**prae-pilātus**, a, um *(pila²)* vorn m. einem Knauf versehen.

**prae-pinguis**, e *(poet.; nachkl.)* sehr fett.

**prae-polleō**, pollēre, polluī, – viel vermögen, die Übermacht besitzen; **vir virtute praepollens**.

**prae-ponderō**, ponderāre **I.** *trans.* das Übergewicht geben; *Pass.* das Übergewicht bekommen; **II.** *intr. (nachkl.)* das Übergewicht haben.

**prae-pōnō**, pōnere, posuī, positum ❶ voransetzen, -stellen, -legen [**versūs in fronte libelli**]; ❷ jmd. an die Spitze v. etw. stellen, m. der Führung v. etw. betrauen *(alqm alci rei od. alci)* [**alqm provinciae**]; *Pass.* **praepositum esse** befehligen, kommandieren [**militibus; toti officio maritimo** den Oberbefehl zur See haben]; ❸ vorziehen [**amicitiam patriae**].

**prae-portō**, portāre ❶ vorantragen; ❷ *(poet.) (übtr.)* zur Schau tragen.

**praepositiō**, ōnis *f (praepono)* ❶ Voranstellung; ❷ *(gramm. t. t.)* Präposition.

> **Grammatik & Co.**
> **Präpositionen:** Die Verhältniswörter im Lateinischen sind nur in wenigen Fällen „logisch" erfassbar. Auf die Frage „Wo?" folgt auf **in** (in, an, auf) und **sub** (unter) der Ablativ, auf die Frage „Wohin?" der Akkusativ. Bei Verben des Stellens/Legens/Setzens fragt der Lateiner „Wo?", der Deutsche dagegen „Wohin?": **in** medio statuere *„in die* Mitte stellen".
> Ansonsten ist es für uns ratsam, den zur jeweiligen Präposition gehörigen Kasus an Beispielen zu lernen: inter cenam „während des Essens", post ferias „nach den Ferien" usw.

**praepositus¹** *P. P. P. v. praepono.*

**praepositus²**, ī *m (praepono) (nachkl.) (m. Dat. od. Gen.)* ❶ Vorgesetzter; ❷ Feldherr, Offizier.

**prae-posterus**, a, um ❶ verkehrt, unrichtig [**verba**]; *(m. Dat.)* zuwider, entgegengesetzt; ❷ *(v. Personen)* verkehrt handelnd.

**prae-posuī** *Perf. v. praepono.*

**prae-potēns**, *Gen.* entis sehr mächtig, sehr einflussreich; *(m. Abl. instr.)* ~ **armis Romanus;** *(m. Gen.)* **Iuppiter omnium rerum** ~ allmächtig; – *Subst.* **praepotentēs,** tium *m* die Mächtigen.

**prae-properus**, a, um ❶ sehr eilig; ❷ voreilig, übereilt.

**prae-queror**, querī, questus sum *(poet.)* vorher klagen.

**prae-radiō**, radiāre *(poet.)* etw. überstrahlen.

**prae-rapidus**, a, um ❶ sehr reißend; ❷ *(nachkl.) (übtr.)* sehr hitzig.

**praereptus** *P. P. P. v. praeripio.*

**prae-rigēscō**, rigēscere, riguī, – *(nachkl.)* vorn erstarren.

**prae-ripiō**, ripere, ripuī, reptum *(rapio)* ❶ *(poet.; nachkl.)* jmdm. etw. wegreißen, entreißen; ❷ *(übtr.)* etw. entziehen, wegschnappen [**alci laudem destinatam**]; ❸ vorzeitig an sich reißen; ❹ im Voraus vereiteln [**hostium consilia**].

**prae-rōdō**, rōdere, rōsī, rōsum *(poet.; nachkl.)* vorn abnagen.

**prae-rogātiō**, iōnis *f (nachkl.)* Vorrecht.

**praerogātīva**, ae *f (praerogativus)* ❶ die zuerst abstimmende Zenturie; ❷ Vorwahl; ❸ günstige Vorbedeutung [**triumphi**].

**prae-rogātīvus**, a, um *(rogo)* zuerst abstimmend [**centuria**].

**prae-rōsī** *Perf. v. praerodo.*

**praerōsus** *P. P. P. v. praerodo.*

**prae-rumpō**, rumpere, rūpī, ruptum ❶ vorn abreißen; ❷ *(nachkl.) (die Rede)* abbrechen.

**praerupta**, ōrum *n (praeruptus)* schroffe Hänge.

**praeruptus**, a, um *(P. Adj. v. praerumpo)* ❶ schroff, steil, abschüssig [**ripa; saxa**]; ❷ *(übtr.)* hart, schroff [**audacia** Tollkühnheit].

**praes**, praedis *m* ❶ Bürge; ❷ *(meton.)* Vermögen des Bürgen.

**prae-saepe**, pis *n (saepes)* ❶ *(poet.)* Krippe; ❷ *(poet.) Pl.* Stall, Hürde; ❸ *Pl.* liederliche Häuser; ❹ *(poet.)* Bienenkorb.

**prae-saepiō**, saepīre, saepsī, saeptum vorn versperren, verschließen.

**prae-sāgiō**, sāgīre ❶ ahnen, vorher merken *(abs., m. Akk. od. de)*; ❷ vorher anzeigen, prophezeien.

**praesāgium**, ī *n (praesagio) (poet.; nachkl.)* ❶ Ahnung *(v. etw.: Gen.)*; ❷ Weissagung; Vorzeichen.

**praesāgus**, a, um *(praesagio) (poet.; nachkl.)* ❶ ahnend *(m. Gen.)*; ❷ weissagend.

**prae-scīscō**, scīscere, scīvī, – vorher erforschen, vorher erfahren.

**praescītum**, ī *n (prae u. scio) (nachkl.)* das Vorherwissen.

**praescius**, a, um *(prae u. scio) (poet.; nachkl.)* vorherwissend *(abs. od. m. Gen.)*.

P

**prae-scīvī** *Perf. v. praescisco.*

**prae-scrībō**, scrībere, scrīpsī, scrīptum ① voranschreiben, schriftlich davorsetzen; ② *(nachkl.) (übtr.)* vorschützen, vorgeben; ③ vorschreiben, bestimmen, verordnen *(abs., alqd, alci alqd, de re; m. ut, ne; m. indir. Frages.; m. Inf.)* [**civibus iura**]; ④ vorzeichnen; *übtr.* ein Bild entwerfen.

**praescrīptiō**, ōnis *f (praescribo)* ① Titel, Überschrift; ② Vorschrift, Verordnung; ③ Vorherbestimmung; ④ Vorwand.

**praescrīptum**, ī *n (praescribo)* ① *(poet.)* vorgezeichnete Grenze; ② *(übtr.)* Vorschrift, Regel.

**praescrīptus** *P. P. P. v. praescribo.*

**prae-secō**, secāre, secuī, sectum vorn abschneiden.

**prae-sēdī** *Perf. v. praesideo.*

**praesēns**, *Gen.* entis *(praesum)* **I.** *Adj.* ① persönlich, anwesend, selbst; **praesentem adesse; alqo praesente** in jmds. Gegenwart; ② gegenwärtig, jetzig; **praesenti tempore** *u.* **in praesens tempus** für jetzt, für den Augenblick; **in re praesenti** an Ort u. Stelle; ③ augenblicklich eintretend, sofortig [**deditio; mors; supplicium**]; ④ dringend [**preces**]; ⑤ schnellwirkend, wirksam [**remedium; auxilium**]; – *m. Inf.:* imstande; ⑥ gnädig [**deus**]; ⑦ entschlossen, unerschrocken [**animus**]; ⑧ offensichtlich; **II.** *Subst. n, meist Pl.* **praesentia,** ium *(poet.; nachkl.)* Gegenwart, gegenwärtige Lage; Ereignisse der Gegenwart.

**Grammatik & Co.**
Das lateinische **Präsens** begegnet uns zum Teil als historisches Präsens in lebhafter Erzählung. Wir übersetzen es dann meist besser mit Präteritum: Pauci cadunt. „Wenige fielen (im Kampf)." Dies gilt auch für den historischen Infinitiv Präsens: Catilina succurrere, ipse pugnare. „Catilina eilte zu Hilfe, er kämpfte selbst."

**Grammatik & Co.**
Der **Präsensstamm** ist bei den vokalischen Deklinationen mit dem Imperativ identisch, wie wir leicht erkennen können: laudare: lauda, delere: dele, audire: audi. Bei der konsonantischen Deklination ist es das Wort ohne Infinitivendung: regere: reg.

**prae-sēnsī** *Perf. v. praesentio.*

**praesēnsiō**, ōnis *f (praesentio)* Vorempfindung, Ahnung *(m. Gen.).*

**praesēnsus** *P. P. P. v. praesentio.*

**praesentāneus**, a, um *(praesens) (nachkl.)* schnellwirkend.

**praesentia**, ae *f (praesens)* ① Gegenwart, Anwesenheit [**animi** Geistesgegenwart]; **in -a** augenblicklich, jetzt; ② *(poet.)* Wirkung, Kraft.

**prae-sentiō**, sentīre, sēnsī, sēnsum vorher empfinden, ahnen.

**prae-sēpe**, pis *n = praesaepe.*

**praesertim** *Adv. (prae u. sero[1])* zumal, besonders, vor allem.

**prae-ses**, *Gen.* sidis *(praesideo)* **I.** *Adj. (nachkl.)* schützend; **II.** *Subst. m u. f* ① Beschützer(in); ② *(poet.; nachkl.)* Vorgesetzte(r), Vorsteher(in) [**belli** *v. der Minerva als Kriegsgöttin*]; ③ *(nachkl.)* Statthalter.

**praesidēns**, entis *m (praesideo) (nachkl.)* Vorsitzender, Vorsteher.

**prae-sideō**, sidēre, sēdī, (sessum) *(sedeo)* ① schützen, verteidigen *(m. Dat. u. Akk.)* [**rei publicae; agros suos**]; ② leiten, verwalten; *(milit.)* befehligen *(abs., m. Dat. od. Akk.)* [**spectaculis; exercitum**]; ③ *(nachkl.)* den Vorsitz haben.

**praesidiārius**, a, um *(praesidium)* Schutz- [**milites** Schutztruppen, Besatzung].

**praesidium**, ī *n (praesideo)* ① Schutz, Hilfe *(m. Gen. subi. u. obi.)*; **suis -o mittere** zu Hilfe schicken; **-o litterarum** m. Hilfe; ② *(meton.)* Schutz-, Hilfsmittel; **-a periculis** (*Dat.:* gegen Gefahren) **quaerere;** ③ *(milit.)* Deckung, Geleit; **cum** (*bzw.* **sine ullo**) **-o;** ④ *(milit.)* Besatzung(struppen), Posten *(Sg. u. Pl.)*; **in -o esse** auf Posten stehen; **locum -o tenere; in castris -um relinquere** zurücklassen; ⑤ *(milit.)* Stützpunkt, Bollwerk, Schanze; **intra sua -a se recipere; -um communire** verschanzen; **-o decedere** *u.* **-um relinquere** seinen Platz verlassen = desertieren, *auch übtr.*

**prae-sīgnificō**, sīgnificāre vorher anzeigen.

**prae-sīgnis**, e *(vgl. insignis) (poet.)* vor anderen ausgezeichnet.

**prae-sonō**, sonāre, sonuī, – *(poet.)* vorher ertönen.

**praestābilis**, e *(praesto[1]) = praestans.*

**praestāns**, *Gen.* antis *(P. Adj. v. praesto[1])* vorzüglich, ausgezeichnet *(m. Abl.; in u. Abl.; Gen.)*; **homo gravitate et prudentiā ~.**

**praestantia**, ae *f (praestans)* Vorzüglichkeit, Vortrefflichkeit *(alcis: jmds. u. vor jmdm.; alcis rei: in etw.)* [**virtutis; ingenii**].

**praestātiō**, ōnis *f (praesto[1]) (nachkl.)* Gewähr(leistung), Bürgschaft.

**prae-sternō**, sternere, – – *(nachkl.) (übtr.)* den Weg ebnen.

**praestes**, *Gen.* titis *(praesto[1]) (poet.)* schützend [**lares**].

**praestīgiae**, ārum *f (praestringo)* Gaukelei, Vorspiegelungen.

P

**praestīgiātor**, ōris *m (praestigiae) (nachkl.)* Gaukler, Betrüger.

**prae-stitī** *Perf. v. praesto[1].*

**prae-stituō**, stituere, stituī, stitūtum *(statuo)* vorher bestimmen, vorher festsetzen.

**prae-stō[1]**, stāre, stitī, stitum, stātūrus **I.** *(prae u. sto)* ① sich auszeichnen, übertreffen, überlegen sein *(m. Dat.; inter; Akk.)* [**omnibus virtute**]; ② *unpers.* **praestat** es ist besser *(für jmd.: alci; m. Inf.; A. C. I.)*; **II.** *(praes u. sto „stehe als Bürge, leiste Gewähr")* ① zur Verfügung stellen, verschaffen, geben, gewähren [**stipendium exercitui; terga hosti** fliehen vor]; ② erweisen, leisten, erfüllen [**suum munus; tributa; beneficium; patri debitum honorem; fidem** *u.* **promissum** sein Wort, sein Versprechen halten]; ③ *in einem Zustand* erhalten [**socios salvos; pacem**]; ④ an den Tag legen, zeigen, beweisen [**benevolentiam**]; – **se praestare** sich als etw. zeigen, sich erweisen *(immer m. lobendem Prädikatsnomen, subst. u. adj.)* [**se legatum diligentem; se invictum**]; ⑤ *für jmd. od. für etw.* Gewähr leisten, sich verbürgen *(meist m. Akk.)* [**factum alcis**]; *(m. A. C. I.)*.

**praestō[2]** *Adv.* ① anwesend, bei der Hand, bereit, *meist m. esse:* da sein, sich zeigen, zu Diensten sein, beistehen; ② *(feindl.)* entgegentretend; ③ *(übtr.)* günstig [**alcis saluti**].

**praestōlor**, praestōlārī *(praesto[2])* bereitstehen, auf jmd. *od.* etw. warten *(alci u. alci rei, auch alqd)* [**tibi; adventum alcis**].

**prae-stringō**, stringere, strīnxī, strictum ① *(poet.; nachkl.)* vorn zuschnüren; ② (vorn) streifen, berühren; ③ *(übtr.)* blenden, verdunkeln.

**prae-struō**, struere, strūxī, strūctum ① *(poet.)* vorn verbauen; ② *(übtr.)* als Schutz vor sich aufbauen; ③ *(nachkl.)* vorbereiten.

**prae-sul**, sulis *m (salio) u.* **prae-sultātor**, ōris *m (praesulto)* Vortänzer.

**prae-sultō**, sultāre *(salto)* vor etw. herspringen *(m. Dat.)*.

**prae-sum**, esse, fuī, (futūrus) *(m. Dat.)* ① an der Spitze stehen, leiten, *(als Statthalter)* verwalten, *(als Feldherr)* kommandieren [**exercitui; classi; provinciae**]; ② der Hauptbeteiligte sein [**crudelitati**]; ③ *(poet.)* schützen.

**prae-sūmō**, sūmere, sūmpsī, sūmptum *(poet.; nachkl.)* ① vorher zu sich nehmen; ② vorher tun [**officia**]; ③ *(übtr.)* vorher empfinden, im Voraus genießen [**fortunam principatūs**]; ④ *(übtr.)* voraussetzen, vermuten, sich vorstellen.

**praesūmptiō**, ōnis *f (praesumo) (nachkl.)* ① Vorgenuss; ② Vermutung, Hoffnung.

**praesūmptus** *P. P. P. v. praesumo.*

**prae-suō**, suere, suī, sūtum *(poet.; nachkl.)* vorn bedecken.

**prae-temptō**, temptāre *(poet.; nachkl.)* ① vorher untersuchen, durchsuchen; ② *(übtr.)* vorher versuchen.

**prae-tendō**, tendere, tendī, tentum ① *(poet.; nachkl.)* vor sich hinhalten, (her)vorstrecken [**hastas dextris**]; *(übtr.)* zur Schau tragen; – *Pass. (v. Örtl.)* vor *od.* an etw. sich erstrecken, gelegen sein *(m. Dat.)*; ② *(zum Schutz)* vorspannen, vorziehen, vorhalten [**muros morti** gegen den Tod aufrichten]; ③ *(übtr.)* etw. vorschützen, vorgeben [**honesta nomina; alqd seditioni**].

**prae-tentō**, tentāre = *praetempto.*

**praeter** *(prae)* **I.** *Präp. b. Akk.* ① *(räuml.)* an … vorbei, an … vorüber, an … hin; **copias ~ castra traducere; ~ omnium oculos**; ② *(übtr.)* **a)** außer, ausgenommen; **omnes ~ unum; b)** abgesehen von, nächst, nebst; **c)** über … hinaus, gegen, wider; **~ modum** übermäßig; **~ exspectationem / opinionem / naturam; d)** mehr als, in höherem Grade als; **opibus ~ ceteros florere; II.** *Adv. (poet.; nachkl.) (bes. nach Negationen)* darüber hinaus, außer; **III.** *praeter- als Präfix* vorüber-, vorbei- [**praetereo; praeterfluo**].

**praeter-agō**, agere, ēgī, āctum *(poet.)* vorbeitreiben *(an etw.: Akk.)*.

**praeter-eā** *Adv. (eā = Abl. Sg. f v. is)* ① ferner, weiter; ② *(poet.) (zeitl.)* fernerhin; ③ außerdem.

**praeter-eō**, īre, iī *u.* īvī, itum ① *(räuml.)* vorbeigehen, -ziehen, -fließen *(an: Akk.)*; ② *(zeitl.)* vergehen, verstreichen; – *meist P. Adj.* **praeteritus,** a, um vergangen; – *Subst.* **praeterita,** ōrum *n* das Vergangene; ③ *(übtr.)* übergehen: **a)** unterlassen [**nullum genus crudelitatis** unverübt lassen]; **b)** unerwähnt lassen, verschweigen [**alqd silentio**]; *(auch de; m. A. C. I., m. indir. Frages.)*; **c)** *jmd. b. Erbschaften, Geschenken, Ämtern u. Ä.* übergehen, nicht berücksichtigen; ④ *(poet.)* überholen [**alqm cursu**]; ⑤ *(poet.) (übtr.)* jmd. übertreffen; ⑥ *(poet.) (übtr.)* etw. überschreiten [**iustum modum**]; ⑦ jmdm. unbekannt sein *(m. Akk. od. A. C. I.)*; **neminem praeterit** es ist allgemein bekannt.

**praeter-equitō**, equitāre vorbeireiten.

**praeter-feror**, ferrī, lātus sum vorbeieilen, -ziehen *(an etw.: Akk.)*.

**praeter-fluō**, fluere, – – ① vorbeifließen *(an etw.: Akk.)*; ② *(übtr.)* aus dem Gedächtnis schwinden.

**praeter-gredior**, gredī, gressus sum *(gradior)* vorbeiziehen *(an, vor: Akk.)*.

**praeter-iī** *s. praetereo.*

**praeteritus** *s. praetereo.*

**praeter-īvī** *s. praetereo.*
**praeter-lābor**, lābī, lāpsus sum ❶ *(poet.)* vorbeigleiten, -fahren, -fließen *(an etw.: Akk.)*; ❷ *(übtr.)* entschlüpfen, verfliegen.
**praeterlātus** *Part.Perf. v. praeterferor.*
**praeter-meō**, meāre *(poet.; nachkl.)* vorbeigehen.
**praeter-mīsī** *Perf. v. praetermitto.*
**praetermissiō**, ōnis *f (praetermitto)* Weglassung; Unterlassung.
**praeter-mittō**, mittere, mīsī, missum ❶ vorbei(gehen) lassen; ❷ *(eine Zeit)* verstreichen lassen, *(eine Gelegenheit)* unbenutzt lassen; ❸ unterlassen *(m. Akk.; m. Inf.; neg. auch m. quin)* [**officium**]; ❹ *(in der Rede od. schriftl.)* (m. Stillschweigen) übergehen, übersehen, weglassen [**alqd silentio; alqd dignum memoriā**]; *(auch de re)*; ❺ ungestraft lassen.
**praeter-quam** *Adv.* außer, ausgenommen, *oft vor Relativsätzen;* **~ quod** abgesehen davon, dass.
**praetervectiō**, ōnis *f (praetervehor)* das Vorbeifahren.
**praeter-vehor**, vehī, vectus sum ❶ vorbeifahren, -reiten, -ziehen *(an, vor: Akk.)*; ❷ *(übtr.)* (m. Stillschweigen) übergehen [**locum silentio**].
**praeter-volitō**, volitāre *(poet.)* vorbeifliegen.
**praeter-volō**, volāre ❶ vorbeifliegen *(an: Akk.)*; ❷ *(übtr.)* schnell entschwinden; ❸ *(übtr.)* flüchtig über etw. hinweggehen *(m. Akk.)*.
**prae-texō**, texere, texuī, textum ❶ verbrämen, (um)säumen; – *meist P. Adj.* **praetextus,** a, um purpurverbrämt: **(toga) praetexta** die purpurverbrämte Toga *der höheren Magistrate, mancher Priester u. freigeborenen Knaben unter 17 Jahren, die danach die* toga virilis *anlegten;* **(fabula) praetexta** die röm. Tragödie, *die röm. Nationalstoffe behandelte;* ❷ *(übtr.)* (um)säumen, besetzen, bedecken; **puppes praetexunt litora** liegen an der Küste; **nationes Rheno praetexuntur** ziehen sich den Rhein entlang; ❸ *(poet.) (übtr.)* schmücken, zieren; ❹ *(poet.) (übtr.)* verhüllen, beschönigen; ❺ *(übtr.)* vorschützen, vorgeben *(m. Akk. od. A. C. I.)*.
**praetexta**, ae *f (= toga praetexta) s. praetexo.*
**praetextātus**, a, um *(praetexta)* mit einer purpurverbrämten Toga bekleidet [**magistratus**].
**praetextum**, ī *n (praetexo) (nachkl.)* ❶ Schmuck, Zierde; ❷ Vorwand.
**praetextus**[1] *s. praetexo.*
**praetextus**[2], *Abl.* ū *m (praetexo)* ❶ *(nachkl.)* Zierde, Schmuck; ❷ Vorwand.
**prae-texuī** *Perf. v. praetexo.*
**prae-timeō**, timēre, timuī, – *(nachkl.)* im Voraus fürchten.
**prae-tīnctus**, a, um *(tingo) (poet.)* vorher benetzt.
**praetōr**, ōris *m (*prae-itor, prae u. eo, eigtl.* „der Vorangehende") ❶ Vorsteher, Anführer [**maximus** Diktator]; *im röm. Heer:* **legatus pro praetore** stellvertretender Legat, Unterfeldherr; ❷ *Prätor, Justizbeamter, höchster Beamter nach den Konsuln; die Prätoren wurden auch als Heerführer eingesetzt; auf das Amtsjahr als Prätor folgte die Tätigkeit des Proprätors oder Statthalters (pro praetore) in einer Provinz;* ❸ *(bei fremden Völkern)* **a)** Heerführer, Feldherr; **b)** Statthalter.
**praetōriānus** *(praetorium) (nachkl.)* **I.** *Adj.* a, um zur kaiserl. Leibwache gehörig [**miles** Prätorianer; **cohors** *u.* **exercitus** die Prätorianer]; **II.** *Subst.* ī *m* Prätorianer.

**Imperium Romanum**
**praetōriānus** – Prätorianer waren Mitglieder der Prätorianergarde, der Leibwache des Kaisers und seiner Familie, die seit Augustus aus 1000 Mann bestand. Seit 23 n. Chr. waren sie in einer Kaserne im Nordosten Roms stationiert. Die Prätorianer hatten einen hohen politischen Einfluss bei der Ausrufung neuer Kaiser, waren gut besoldet und wurden nach ihrer Dienstzeit, die anfangs 12 und später 16 Jahre dauerte, mit besonderen Vorrechten geehrt.

**praetōrium**, ī *n (praetorius)* ❶ Hauptplatz im röm. Lager; ❷ Feldherrnzelt; ❸ *(meton.)* Kriegsrat; ❹ Amtswohnung des Provinzialstatthalters; ❺ *(nachkl.)* kaiserl. Leibwache, die Prätorianer; **praefectus -o** Prätorianerpräfekt; ❻ *(poet.)* Zelle der Bienenkönigin.
**praetōrius** *(praetor)* **I.** *Adj.* a, um ❶ prätorisch, Prätor- [**potestas** Prätorenamt]; *auch* des Proprätors, des Provinzialstatthalters; ❷ Feldherrn- [**imperium** Oberbefehl; **porta** Vordertor des Lagers *in der Nähe des Feldherrnzeltes*]; **II.** *Subst.* ī *m* ❶ gewesener Prätor; ❷ *(nachkl.)* Mann v. prätorischem Rang.
**prae-tractō**, tractāre *(nachkl.)* vorher beraten.
**prae-trepidāns**, *Gen.* antis *(trepido) (poet.)* in hastiger Eile.
**prae-tulī** *Perf. v. praefero.*
**praetūra**, ae *f (praetor)* Prätur: ❶ Amt eines Prätors *in Rom;* ❷ Statthalterschaft *in der Provinz;* ❸ *(b. nichtröm. Völkern)* Feldherrnwürde, Heerführung.
**prae-umbrō**, umbrāre *(nachkl.)* überschatten; *(übtr.)* verdunkeln.
**prae-ustus**, a, um *(uro)* vorn angebrannt.

P

**prae-vādō**, vādere, – – *(nachkl.) einer Sache* überhoben werden *(m. Akk.)* [**dictaturam**].
**prae-valeō**, valēre, valuī, – ❶ sehr stark sein; ❷ *(übtr.)* sehr viel vermögen, sehr viel gelten; mehr gelten, das Übergewicht haben [**auctoritate**].
**prae-validus**, a, um ❶ sehr stark; ❷ sehr mächtig [**nomina** bedeutend]; ❸ zu stark [**vitia** die überhandgenommen haben].
**praevāricātiō**, ōnis *f (praevaricor)* Pflichtverletzung, *bes. des Anwalts.*
**praevāricātor**, ōris *m (praevaricor)* ungetreuer Sachwalter, *bes.* Anwalt, der es m. der Gegenpartei hält.
**prae-vāricor**, vāricārī pflichtwidrig handeln, die Gegenpartei begünstigen *(bes. vom Anwalt).*
**prae-vehor**, vehī, vectus sum ❶ vorausfahren, -reiten, -fliegen; ❷ vorbeifahren, -reiten, -strömen *(an etw.: alqd, auch praeter alqd);* **Rhenus Germaniam praevehitur**.
**prae-vēlōx**, *Gen.* ōcis *(nachkl.)* sehr schnell.
**prae-veniō**, venīre, vēnī, ventum ❶ zuvorkommen, überholen *(m. Akk.)* [**hostem**]; *Pass.:* **alqs praevenitur** man kommt jmdm. zuvor; ❷ vereiteln, verhindern.
**prae-verrō**, verrere, – – *(poet.)* vorher abfegen.
**prae-vertō**, vertere, vertī, versum ❶ voranstellen, früher vornehmen, vorziehen; ❷ *(poet.)* vorangehen, vorlaufen; ❸ *(poet.)* zuvorkommen, überholen *(m. Akk.);* ❹ *(übtr.)* zuvorkommen, vereiteln *(m. Akk.);* ❺ übertreffen, mehr gelten als etw. *(alci rei).*
**prae-vertor**, vertī, – ❶ sich zuvor irgendwohin begeben; ❷ *(poet.; nachkl.)* sich zuerst einer Sache zuwenden, zuerst etw. betreiben *(m. Dat. od. ad)* [**rei mandatae; ad interna**]; ❸ *(poet.)* zuvorkommen *(m. Akk.).*
**prae-videō**, vidēre, vīdī, vīsum ❶ *(poet.; nachkl.)* früher, zuvor erblicken; ❷ *(übtr.)* voraussehen.
**prae-vitiō**, vitiāre *(poet.)* vorher verderben.
**prae-vius**, a, um *(via; vgl. ob-vius) (poet.)* vorausgehend.
**prae-volō**, volāre voranfliegen.
**prāgmaticus** *(gr. Fw.)* **I.** *Adj.* a, um sachkundig, erfahren; **II.** *Subst.* ī *m* Rechtskundiger.
**prandeō**, prandēre, prandī, prānsum *(prandium)* **I.** *intr.* frühstücken; – *Part. Perf.* **prānsus** *akt.* der gefrühstückt hat; **II.** *trans. (poet.)* etw. zum Frühstück essen.
**prandium**, ī *n* zweites Frühstück *geg. Mittag (aus Brot, Fisch, kaltem Braten u. Ä. bestehend).*
**prānsitō**, prānsitāre *(Intens. v. prandeo)* frühstücken.
**prānsus** *P. P. Akt. u. Pass. v. prandeo.*
**prasinus**, a, um *(gr. Fw.) (nachkl.)* lauchgrün.
**prātēnsis**, e *(pratum) (poet.; nachkl.)* auf Wiesen wachsend, Wiesen-.
**prātulum**, ī *n (Demin. v. pratum)* kleine Wiese.
**prātum**, ī *n* ❶ Wiese; ❷ *(poet.) (meton.)* Wiesenheu, *auch Pl.*
**prāvitās**, tātis *f (pravus)* ❶ Verkrümmung, Schiefheit; ❷ Verzerrung, Entstellung [**oris**]; ❸ *(übtr.)* Verkehrtheit, Verschrobenheit; ❹ Schlechtigkeit; *Pl.* schlechte Eigenschaften.
**prāvum**, ī *n (pravus)* ❶ *(nachkl.)* Verkrümmung; ❷ Verworfenheit.
**prāvus**, a, um ❶ krumm, schief, missgestaltet; ❷ *(übtr.)* verkehrt, verschroben; ❸ schlecht, schlimm, verworfen.
**Prāxitelēs**, is *u.* ī *m griech. Bildhauer des 4. Jahrhs. v. Chr.; – Adj.* **Prāxitelius**, a, um.
**precārius**, a, um *(preces) (Adv. -o)* ❶ erbeten, erbettelt, aus Gnade erlangt [**libertas; forma** erborgt]; ❷ *(nachkl.)* auf Widerruf gewährt, unsicher [**imperium**]; / *Adv.* **precāriō a)** unter Bitten, aus Gnade; **b)** *(nachkl.)* auf Widerruf.
**precātiō**, ōnis *f (precor)* Bitte, Gebet.
**precēs**, cum *f (Sg.* prex, *nur Dat., Akk. u. Abl.)* ❶ Bitte, Ersuchen; **omnibus precibus petere** auf jede mögliche Art; ❷ Gebet; ❸ *(poet.)* Fürbitte; ❹ Verwünschung, Fluch; **omnibus precibus alqm detestari;** ❺ *(poet.)* Wunsch.
**preciae**, ārum *f (poet.; nachkl.) eine Art Weinreben.*
**precor**, precārī *(preces)* ❶ bitten, beten *(abs., alqm, alqd, alqd ab alqo, ab alqo, alqm alqd nur b. Neutr. eines Pron. od. allg. Adj.; m. ut, ne od. m. bl. Konj.; m. A. C. I.)* [**deos; patrem; auxilium; vitam fratri** für den B.]; ❷ jmdm. etw. *Gutes od. Böses* wünschen [**alci omnia bona / omnia mala**]; ❸ jmd. verwünschen *(alci).*
**prehendō**, prehendere, prehendī, prehēnsum *u. seltener (zusammengezogen)* **prēndō**, prēndere, prēndī, prēnsum ❶ ergreifen, (an)fassen, nehmen [**alqm manu; alqm cursu** einholen]; ❷ jmd. aufgreifen, verhaften [**servum fugitivum**]; ❸ *(übtr.)* einnehmen, besetzen [**arcem**]; ❹ *(poet.)* erreichen [**oras Italiae**]; ❺ deutlich wahrnehmen.
**prehēnsō**, prehēnsāre *u. (zusammengezogen)* **prēnsō**, prēnsāre *(Intens. v. prehendo)* ❶ (an)fassen, ergreifen; ❷ jmd. um ein Amt bitten [**patres**], *abs.* sich um ein Amt bewerben.
**prehēnsus** *P. P. P. v. prehendo.*
**prēlum**, ī *n (premo) (poet.)* ❶ Presse, Rolle *(zum Glätten der Kleider);* ❷ Kelter.
**premō**, premere, pressī, pressum ❶ drücken, pressen [**natos ad pectora; frena manu** festhalten]; ❷ *(poet.)* auf etw. sitzen, liegen,

stehen, treten *(m. Akk.)* [**ebur** auf dem kurulischen Sessel sitzen; **axes** *od.* **currum** fahren; **terga equi** sitzen, reiten auf]; ③ belasten, beladen [**tergum equi; equos curru** anspannen an]; ④ *(übtr.)* belästigen, bedrücken; **premi aere alieno; re frumentaria premi** Not leiden; ⑤ oft besuchen [**forum**]; ⑥ *(poet.)* (be)decken, umschließen [**arva pelago** überschwemmen]; ⑦ *(poet.; nachkl.) (übtr.)* verbergen, verhehlen [**curam sub corde; alqd ore** verschweigen]; ⑧ (be)drängen [**oppidum / hostem obsidione; alqm verbo** beim Wort nehmen]; **alqo premente** auf jmds. Drängen hin; ⑨ verfolgen [**cervum ad retia** in die Netze jagen]; ⑩ *(poet.)* an etw. streifen, etw. berühren *(m. Akk.)* [**litus** sich am Ufer halten; **latus** sich zur Seite halten]; ⑪ etw. nachdrücklich betonen, auf etw. bestehen *(m. Akk.)* [**propositum**]; ⑫ etw. eindrücken [**vestigium leviter; ferrum in guttura**]; ⑬ *(poet.)* (ein)pflanzen [**virgulta per agros**]; ⑭ *(poet.) (Bäume, Reben)* beschneiden; ⑮ *(poet.)* durchbohren [**alqm hastā**]; ⑯ *(poet.)* bezeichnen [**rem notā**]; ⑰ *(poet.)* ausdrücken, auspressen [**bacas; vina** keltern]; ⑱ *(poet.)* auslöschen [**ignem**]; ⑲ *(poet.; nachkl.)* niederdrücken, senken [**currum** in die Tiefe lenken]; *Pass.* sich senken, sinken; ⑳ *(poet.; nachkl.)* zu Boden schlagen [**armigerum**]; ㉑ *(übtr.) durch Worte* herabsetzen [**arma** Waffentaten], gering achten [**omnia humana**]; ㉒ unterdrücken [**vulgi sermones**]; ㉓ zurückdrängen, aufhalten, hemmen [**cursum; lucem** nicht durchlassen; **vocem** die Stimme dämpfen *od.* schweigen]; ㉔ *(poet.; nachkl.)* beherrschen, unterjocht halten [**populos dicione**]; ㉕ *(poet.) (übtr.)* übertreffen; ㉖ *(poet.; nachkl.)* schließen, zusammendrücken, zudrücken [**collum laqueo** zuschnüren]; ㉗ zusammenfassen, kurz fassen.

**prēndō** *s. prehendo.*

**prēnsātiō**, ōnis *f (prenso)* (Amts-)Bewerbung.

**prēnsō** *s. prehenso.*

**prēnsus** *P. P. P. v. prendo, s. prehendo.*

**pressī** *Perf. v. premo.*

**pressiō**, ōnis *f (premo)* Stütze; Hebel.

**pressō**, pressāre *(Intens. v. premo) (poet.)* drücken, pressen.

**pressūra**, ae *f (premo) (nachkl.)* Druck.

**pressus**[1], a, um *(P. Adj. v. premo)* ① gedrückt, gepresst; **-o gradu** in geschlossenen Reihen; ② *(v. der Stimme)* gemäßigt, gedämpft; ③ *(rhet.)* knapp, kurz [**oratio**]; ④ genau, bestimmt.

**pressus**[2], ūs *m (premo)* das Drücken, Druck [**oris** Druck der Lippen = Wohllaut der Aussprache].

**pretiōsus**, a, um *(pretium)* ① kostbar, prächtig; ② *(poet.)* verschwenderisch.

**pretium**, ī *n* ① Preis, (Geld-)Wert [**praedii**]; **in -o esse** *u.* **-um habere** Wert haben, etw. gelten; **-um constituere** *od.* **statuere** festsetzen; ② *(meton.)* **a)** Geld; **-o alqd emere** mit, für Geld; **magno -o** teuer, **parvo -o** billig; **b)** Lösegeld; **c)** Lohn, Belohnung, Preis *(für etw.: Gen.)* [**certaminis** Siegespreis]; **(operae) -um est** *(m. Inf.)* es ist der Mühe wert; **operae -um facere** etw. Lohnendes tun; **d)** *(poet.)* Strafe; **e)** Bestechung.

**prex**, precis *f s. preces.*

**Priamus**, ī *m König v. Troja, Sohn des Laomedon, Gatte der Hecuba; – Adj.* **Priamēius**, a, um; – **Prīamidēs**, ae *m* Sohn des Priamus; **Priamēis**, idis *f* Tochter des Priamus = Kassandra.

**Priāpus**, ī *m* ① *Fruchtbarkeitsgott;* ② *(poet.) (übtr.)* geiler Mensch.

**prīdem** *Adv.* ① längst, vor langer Zeit; ② früher, sonst.

**prī-diē** *Adv.* tags vorher *(abs.; m. Akk. od. Gen. des Tages od. Ereignisses, v. dem an gerechnet wird; m. folg. quam); –* **eum diem** *od.* **eius diei; – quam Athenas veni** am Tag vor meiner Ankunft in A.

**Priēnē**, nēs *f Küstenstadt im südl. Ionien.*

**prīm-aevus**, a, um *(primus u. aevum) (poet.)* jugendlich.

**prīmānī**, ōrum *m (primus) (nachkl.)* Soldaten der ersten Legion.

**prīmārius**, a, um *(primus)* vornehm, vorzüglich.

**prīmātus**, ūs *m (primus) (nachkl.)* erste Stelle, Vorrang.

**prīmīpīlāris**, is *m (primipilus) (nachkl.)* gewesener Zenturio des ersten Manipels der Triarier.

**prīmī-pīlus**, ī *m (primus u. pilus[2])* Zenturio des ersten Manipels der Triarier, ranghöchster Zenturio.

**prīmitiae**, ārum *f (primus)* ① Erstlinge *(der Früchte);* ② *(poet.; nachkl.)* erster Ertrag, erste Ausbeute; ③ *(poet.)* erste Waffentat.

**prīmō** *Adv., s. primus.*

**prīm-ōrdium**, ī *n (primus u. ordior)* ① erster Anfang, Ursprung, *meist Pl.;* ② *(nachkl.)* Regierungsantritt.

**prīmōris**, e *(Nom. Sg. ungebräuchlich) (primus u. ōs)* ① der vorderste, der vordere Teil; *(übtr.)* **primoribus labris attingere** *od.* **gustare alqd** sich oberflächlich m. etw. beschäftigen; *– Subst.* **prīmōrēs,** rum *m (milit.)* die vordersten Reihen; ② der vornehmste, angesehenste; *– Subst.* **prīmōrēs,** rum *m* die Vornehmsten.

**prīmum** *s. primus.*

**prīmus**, a, um **I.** *Adj.* ① der erste, der vorderste [**idūs** die ersten = die nächsten; **agmen** Vorhut]; **-o limine** vorn an der Schwelle; **in -a provincia** vorn in; **in -a epistula** am Anfang des Briefes; ② der erste, der beginnende; **-a luce** bei Tagesanbruch; **-a nocte** bei Anbruch der Nacht; **-o vere** m. Beginn des Frühlings; **-o adventu** gleich bei der Ankunft; ③ *(übtr., v. Rang u. Wert)* der vornehmste, vorzüglichste, angesehenste; *auch als Subst. m : -i civitatis;* **II.** *Subst.* ① **prīmī,** ōrum *m* die Vordersten, Vordertreffen; **primi hostium** die Vorposten der Feinde; ② **prīmae,** ārum *f (erg. partes)* **a)** Hauptrolle, *auch übtr.* erste Stelle; **b)** Hauptpreis; ③ **prīmum,** ī *n* **a)** Vordertreffen, Vorhut; **b)** Anfang, Beginn, *auch Pl.;* **in -o** zu Anfang, zuerst; **-a belli; c)** *Pl.* der erste Platz; **ad -a** vorzüglich, besonders; **d)** *Pl.* Vordersätze; **e)** *Pl.* Urstoffe, Elemente; **III.** *Adv.* ① **prīmum a)** zuerst; **primum omnium** zuallererst; **b)** zum ersten Mal; **eo die primum; c)** *(in Aufzählungen)* erstens; **primum ... deinde ... tum ... denique (***od.* **postremo) ; d) ubi** (*od.* **cum** *od.* **ut**) **primum** sobald als; **quam primum** möglichst bald; ② **prīmō a)** zum ersten Mal; **b)** anfangs.

**prīnceps**, *Gen.* cipis (*Abl. Sg.* -e; *Gen. Pl.* -um; *Neutr. Pl. fehlt) (primus u. capio)* **I.** *Adj.* ① der erste, *auch adv. m.* zuerst *zu übersetzen;* **~ in agendo; Hannibal ~ in proelium ibat;** ② der vornehmste, angesehenste [**philosophi; in civitate** *od.* **civitatis**]; ③ hervorragend in *(m. Gen.)* [**doctrinae**]; ④ **~ ad alqd** besonders geeignet zu etw.; **II.** *Subst. m* ① Führer, Haupt, Herr, *pejor.* Rädelsführer [**provinciae; legationis** Wortführer; **coniurationis**]; *Pl.* **prīncipēs,** pum *m (polit.)* die ersten Männer im Staat, die Vornehmsten, die Mächtigen, die Herren; ② Urheber, Begründer [**rogationis** Antragsteller; **nobilitatis vestrae** Ahnherr eures Adels]; ③ Ratgeber; ④ **~ senatūs** der erste, einflussreichste Senator, *dessen Name in der Senatorenliste zuerst stand;* ⑤ **~ iuventutis** *(in der Republik)* Führer der Ritterzenturien; ⑥ *(nachkl.)* Herrscher, Regent, Fürst; *Titel* der röm. Kaiser; ⑦ *(milit. t. t.)* **a)** *Pl.* **prīncipēs,** pum *m zunächst* Soldaten der ersten, *später* der zweiten Schlachtreihe; **b)** *(koll.)* ein Manipel der principes; **c)** ein Zenturio der principes.

**prīncipālis**, e *(princeps)* ① der erste, ursprüngliche; ② *(nachkl.)* fürstlich, kaiserlich; ③ zum Hauptplatz im Lager führend [**porta** (**dextra / sinistra** rechtes / linkes) Seitentor des Lagers].

**prīncipātus**, ūs *m (princeps)* ① erste Stelle, Vorzug; **principatum sententiae tenere** seine Stimme zuerst abgeben können; ② höchste Stelle, Vorrang, Machtstellung [**imperii maritimi** Führung zur See]; **principatum in civitate obtinere;** ③ *(nachkl.)* Kaiserwürde, Prinzipat; ④ *(philos. t. t.)* leitendes Prinzip *des Handelns,* Grundkraft; ⑤ Anfang, Ursprung.

**Imperium Romanum**

**principātus**, „Prinzipat" ist die Bezeichnung des römischen Kaisertums von Augustus bis etwa zum Amtsantritt Diokletians (284 n. Chr.), da in dieser Zeit die römischen Kaiser ihre Sonderstellung mit dem Vorrecht des **princeps civitatis**, des „Ersten Bürgers", rechtfertigten. Dies war eine geschickte Sprachregelung für die unbeschränkte Monarchie im Gewande der Republik. Augustus trug der Abneigung der „Republikaner" gegen „Diktatur" und „Königtum" Rechnung und kombinierte klug die Amtsgewalt (potestas) der beiden traditionellen republikanischen Ämter Volkstribunat (Kontrolle über Magistrate, Volksversammlung und Senat) und Prokonsulat (Aufsicht über Provinzen und Militär) in seinen Händen.

**prīncipium**, ī *n (princeps)* ① Anfang, Ursprung [**consulatūs**]; *(Abl.)* **-o** im Anfang; **a -o** v. Anfang an *od.* anfangs; ② *(poet.) (meton.)* Urheber; ③ Grund(lage) [**iuris; -a philosophiae** Grundlehren]; Grundstoff, Element, *meist Pl.;* ④ die in den Komitien zuerst abstimmende Tribus *od.* Kurie; ⑤ *(milit.) Pl.* **a)** die vorderen Reihen, Front; **b)** Hauptquartier.

**prior**, *Neutr.* prius, *Gen.* priōris ① *(räuml.)* der vordere [**pars**]; *auch als Subst. m;* ② *(zeitl.)* **a)** der frühere, erste *v. zweien* [**populus** der früheren Zeiten]; *präd. :* eher, früher, zuerst; – *Subst.* **priōrēs** *m (poet.; nachkl.)* die Vorfahren : **more priorum; b)** der vorige, vorangegangen; **priore aestate** im vorigen Sommer; ③ *(v. Rang u. Wert)* vorzüglicher, höherstehend, wichtiger; / *Adv.* **prius a)** eher, früher, *meist m. quam;* **b)** *(übtr.)* eher, lieber.

P

**prīscus**, a, um *(vgl. prior, pristinus)* ① alt, altertümlich, *(lobend)* altehrwürdig; ② *(poet.)* ehemalig, früher; ③ nach alter Art, streng.

**prīstinus**, a, um *(vgl. prior, priscus)* ① ehemalig, früher [**mos**]; **in -um restituere** in den früheren Zustand; ② letztvergangen [**dies** gestrig].

**pristis**, is *f (gr. Fw.)* ① *(poet.; nachkl.)* Meerungeheuer (Walfisch, Hai *u. a.*); ② *(übtr.)* kleines schnellsegelndes Kriegsschiff.

**prius** *Adv., s. prior.*

**prius-quam** *Kj. (auch getr.)* ① eher als, bevor; ② lieber ... als (dass).

**prīvantia**, ium *n (privo)* das Verneinende.

**prīvātim** *Adv. (privatus)* ① als Privatmann, für sich, persönlich; ② zu Hause; **~ se tenere** zu Hause bleiben.

**prīvātiō**, ōnis *f (privo)* Befreiung, das Befreitsein *(von etw. : Gen.).*

**prīvātum**, ī *n (privatus) (nur m. Präp.)* das Eigene: ① Privatvermögen; **tributum ex -o conferre** aus eigenen Mitteln; ② Privatbesitz; **in -o** zu Hause; **ex -o** aus dem Hause; ③ Privatgebrauch; **in -um vendere** zum Privatgebrauch.

**prīvātus** *(privo)* **I.** *Adj.* a, um *(Adv. privatim, s. d.)* ① einer einzelnen Person gehörig, Privat-, persönlich [**ager; res** Privatangelegenheiten, -eigentum; **vita** Privatleben]; ② ohne öffentl. Amt, als Privatmann lebend; ③ *(poet.; nachkl.)* gemein, gewöhnlich [**carmina**]; **II.** *Subst.* ī *m* ① Privatmann, Mann ohne öffentl. Amt; ② *(nachkl.) (in der Kaiserzeit)* Untertan.

**prīvīgna**, ae *f (privignus)* Stieftochter.

**prīvīgnus**, ī *m* Stiefsohn; *Pl.* Stiefkinder.

**prīvilēgium**, ī *n (privus u. lex)* ① Ausnahmegesetz; ② *(nachkl.)* Vorrecht, Privileg.

**prīvō**, prīvāre ① berauben [**alqm vitā**]; ② *(v. einem Übel)* befreien.

**prīvus**, a, um ① einzeln, je einer; ② eigen(tümlich); ③ frei v. etw. *(m. Gen.)*.

**prō**[1] **I.** *Präp. b. Abl.* ① *(räuml.)* **a)** vor *(mit dem Rücken vor einem Gegenstand; dagegen bedeutet „ante": mit dem Gesicht dem Gegenstand zugewandt)*; **pro muro; pro vallo;** – *selten b. Verben der Bewegung auf die Frage „wohin?"* vor … hin, vor … her: **copias pro castris producere; b)** vorn auf, vorn an, vorn in; **pro contione;** ② *(übtr.* **a)** für, zum Schutz, zum Vorteil; **pro patria mori; b)** für, statt, anstatt; **pro patre esse alci** die Vaterstelle vertreten; **pro consule, pro praetore, pro quaestore** Prokonsul *usw.*; **c)** so gut wie, wie, als; **pro victis abire** wie Besiegte; **pro damnato esse** so gut wie verurteilt sein; **pro nihilo haberi; pro hoste esse** als Feind gelten; **pro certo ponere / scire** für gewiss; **d)** als Belohnung, zur Vergeltung für; **vitam pro vita reddere; alqm pro scelere ulcisci** bestrafen; **e)** im Verhältnis zu, entsprechend, nach; **pro viribus** nach Kräften; **pro mea / tua / sua … parte** nach meinen / deinen / seinen Kräften; **pro dignitate laudare; f)** vermöge, kraft; **pro tua prudentia; II.** *prō- u. pro- als Präfix* ① *(räuml.)* vor, hervor, vorwärts, weiter [**procedo**]; ② *(zeitl.)* vor [**proavus**]; ③ für [**provideo**]; ④ anstatt [**proconsul**]; ⑤ verhältnismäßig [**proquam, prout**].

**prō**[2] *Interj.* o! ach! wehe!

**proāgorus**, ī *m (gr. Fw.)* der oberste Beamte *in einigen Städten Siziliens.*

**pro-avia**, ae *f (nachkl.)* Urgroßmutter.

**proavītus**, a, um *(proavus) (poet.)* von den Vorfahren ererbt.

**pro-avus**, ī *m* Urgroßvater; Ahnherr.

**probābilis**, e *(probo)* ① anerkennenswert, gut, tauglich; ② glaubhaft, wahrscheinlich.

**probābilitās**, tātis *f (probabilis)* Wahrscheinlichkeit.

**probātiō**, iōnis *f (probo)* ① Prüfung, Musterung; ② Genehmigung; ③ *(nachkl.)* Beweis(führung).

**probātor**, ōris *m (probo)* Lobredner, Förderer *(m. Gen.)*.

**probātus**, a, um *(P. Adj. v. probo)* ① erprobt, bewährt; ② angenehm, beliebt *(alci)*.

**probitās**, ātis *f (probus)* Rechtschaffenheit, Redlichkeit.

**probō**, probāre *(probus)* ① prüfen, erproben [**munera**]; *(Bauwerke)* besichtigen; ② beurteilen *(nach etw.: re, ex od. a re)* [**amicitias utilitate; mores alienos suo ex ingenio**]; ③ anerkennen, billigen, genehmigen [**consulatum;** *(m. dopp. Akk.)* **alqm imperatorem** jmd. als Feldherrn anerkennen]; ④ sich jmds. Beifall erwerben, jmd. m. etw. zufriedenstellen *(alci alqd, auch alci de re)* [**suam operam; factum suum alci**]; **probari** (*od.* **se probare**) *alci* jmds. Beifall erlangen; ⑤ glaubhaft machen, beweisen [**causam paucis verbis; se memorem alci** sich dankbar erweisen]; ⑥ **alqm pro alqo ~** jmd. ausgeben für.

**proboscis**, idis *f (gr. Fw.) (nachkl.)* Rüssel.

**probrōsus**, a, um *(probrum)* ① beschimpfend, entehrend [**carmina** Schmähgedichte]; ② schändlich, schmachvoll [**crimen**].

**probrum**, ī *n* ① Schmähung, Beschimpfung, Vorwurf; **-a iactare** *u.* **iacere in alqm;** ② Schimpf, Schande, Schmach; ③ Schandtat; Unzucht, Ehebruch.

**probus**, a, um ① rechtschaffen, anständig; ② tüchtig; ③ gut, richtig.

**PROC.** *Abk. für: pro consule u. pro consulibus.*

**procācitās**, tātis *f (procax)* Frechheit.

**procāx**, *Gen.* ācis frech, unverschämt.

**prō-cēdō**, cēdere, cessī, cessum ① vorwärtsgehen, -schreiten, hervortreten, -kommen [**e** *od.* **de castris in urbem**]; ② *(milit.)* vorrücken, marschieren [**ad dimicandum**]; ③ öffentl. erscheinen, auftreten [**in medium** unter die Menge treten]; ④ *(übtr., v. Sachen)* weiterkommen; **magna pars operis processerat;** ⑤ *(v. Personen)* Fortschritte machen *(in etw.: in m. Abl. od. bl. Abl.)*; ⑥ *(v. der Zeit)* fortschreiten, verstreichen; ⑦ fortdauern; ⑧ sich versteigen [**eo magnitudinis** bis zu dem Grade]; ⑨ Erfolg haben, vonstattengehen; **parum procedit consuli res;** – gelingen; nützen.

**procella**, ae *f* ① Sturm(wind); ② *(übtr.)* Ansturm, Angriff [**equestris**]; ③ Aufruhr, Unruhe.

**procellōsus**, a, um *(procella)* stürmisch; Sturm erregend.

**procerēs**, rum *m* die Vornehmsten, Aristokraten.

**prōcēritās**, ātis *f (procerus)* Schlankheit, hoher Wuchs; *auch* Länge *der Versfüße* [**pedum**].
**prōcērus**, a, um schlank (gewachsen), lang, hoch.
**prō-cessī** *Perf. v. procedo.*
**prōcessiō**, iōnis *f (procedo)* das Vorrücken *eines Heeres.*
**prōcessum** *P. P. P. v. procedo.*
**prōcessus**, ūs *m (procedo)* ① Fortschritt, Fortgang [**dicendi**]; ② Wachstum, *auch Pl.;* ③ *(poet.; nachkl.)* Glück, Erfolg.
**prō-cidō**, cidere, cidī – *(cado)* niederfallen.
**prōcīnctus**, ūs *m* Kampfbereitschaft; **in procinctu** in Kampfbereitschaft, schlagfertig.
**prōclāmātor**, tōris *m (proclamo)* Schreier *(v. einem schlechten Anwalt).*
**prō-clāmō**, clāmāre laut rufen, schreien.
**prō-clīnō**, clīnāre vorwärtsbeugen, vorwärtsneigen.
**prō-clīvis**, e *(Adv. -ī) (clivus)* ① abschüssig; **per** *od.* **in proclive** bergab; ② *(übtr.)* zu etw. geneigt, bereit(willig) [**ad comitatem**]; ③ *(übtr.)* leicht (auszuführen); **proclive est dictu** *(m. A. C. I.)* es ist leicht zu sagen.
**prōclīvitās**, ātis *f (proclivis) (übtr.)* Geneigtheit, Neigung zu etw.
**prō-clīvus**, a, um *(nachkl.) = proclivis.*
**Procnē** *u.* **Prognē**, ēs *f die in eine Schwalbe verwandelte Schwester der Philomela;* – *(poet.) (meton.)* Schwalbe.
**procoetōn**, tōnis *m (gr. Fw.) (nachkl.)* Vorzimmer.
**prō-cōnsul**, lis *m* Prokonsul, gewesener Konsul, Statthalter *(einer Provinz).*
**prōcōnsulāris** *(proconsul)* **I.** *Adj.* e prokonsularisch [**imperium; ius**]; **II.** *Subst.* is *m* Prokonsul.
**prōcōnsulātus**, ūs *m (proconsul) (nachkl.)* Prokonsulat, Amt *od.* Würde des Prokonsuls, Statthalteramt.
**procor**, procārī *(procus)* fordern.
**prōcrāstinātiō**, ōnis *f (procrastino)* Vertagung, Aufschub.
**prō-crāstinō**, crāstināre *(crastinus)* vertagen, verschieben.
**prōcreātiō**, iōnis *f (procreo)* Zeugung.
**prōcreātor**, tōris *m (procreo)* Erzeuger, *Pl.* Eltern; *(übtr.)* Schöpfer [**mundi**].
**prōcreātrīx**, īcis *f (procreator)* Mutter, Urheberin.
**prō-creō**, creāre ① zeugen; ② *(übtr.)* hervorbringen.
**Procrūstēs**, ae *m Räuber in Attika, v. Theseus getötet.*
**prō-cubō**, cubāre, cubuī, – *(poet.)* hingestreckt (da)liegen.
**prō-cubuī** *Perf. v. procubo u. procumbo.*
**prō-cucurrī** *s. procurro.*
**prō-cūdō**, cūdere, cūdī, cūsum ① *(poet.)* schmieden; schärfen; ② *(übtr.)* formen, bilden.
**procul** *Adv.* ① in die Ferne, weithin [**abscedere**]; ② in der Ferne, fern, weit [**abesse**]; *m. ab od. m. bl. Abl.* fern von: **~ a castris;** *(übtr.)* **~ dubio** ohne Zweifel; ③ aus der Ferne, v. fern, weither [**tela conicere**]; ④ *(zeitl.) (m. Abl.)* lange vor.
**prōculcātiō**, iōnis *f (proculco) (nachkl.)* Zertrümmerung.
**prō-culcō**, culcāre *(calco) (poet.; nachkl.)* ① niedertreten; zertreten; niederreiten; ② *(übtr.)* erniedrigen.
**prō-cumbō**, cumbere, cubuī, cubitum ① *(poet.) (v. Personen)* sich vorwärtslegen, sich vorbeugen; ② *(v. Sachen)* sich vorneigen; ③ sich niederwerfen, niederfallen, sich legen [*(v. Bittenden)* **alci ad pedes**]; ④ *(v. Sachen)* (ein)stürzen; ⑤ *(poet.; nachkl.) (übtr.)* sinken, in Verfall geraten.
**prōcūrātiō**, iōnis *f (procuro)* ① Besorgung, Verwaltung [**annonae; rei publicae**]; ② *(nachkl.)* Amt eines kaiserl. Prokurators, kaiserl. Finanzverwaltung; ③ *(rel. t. t.)* Sühnung *(eines ungünstigen Vorzeichens)* [**prodigii**].
**prōcūrātiuncula**, ae *f (Demin. v. procuratio) (nachkl.)* Prokuratorpöstchen.
**prōcūrātor**, tōris *m (procuro)* ① Verwalter, Geschäftsführer [**ludi** Vorsteher der Gladiatorenschule]; Stellvertreter; ② *(nachkl.)* Prokurator *(Verwalter der kaiserl. Einkünfte).*
**prōcūrātrīx**, īcis *f (procurator)* Besorgerin, Pflegerin.
**prō-cūrō**, cūrāre ① besorgen, verwalten [**sacrificia publica**]; ② *(nachkl.) abs.* kaiserl. Prokurator sein; ③ *(poet.)* pflegen; ④ *(ungünstige Vorzeichen)* sühnen [**prodigia**].
**prō-currō**, currere, (cu)currī, cursum ① (her)vorlaufen, vorstürmen [**in publicum; in hostem**]; ② *(milit.)* vorrücken, ausrücken [**ex castris**]; ③ *(v. Lebl.)* **a)** *(poet.) (vom Meer)* vorwärtsstürzen; **b)** *(poet.; nachkl.) (v. Örtl.)* vorragen, sich erstrecken.
**prōcursātiō**, iōnis *f (procurso) (milit. t. t.)* Geplänkel.
**prōcursātōrēs**, rum *m (procurso) (milit.)* Plänkler.
**prō-cursō**, cursāre *(Frequ. v. procurro) (milit.)* plänkeln.
**prōcursum** *P. P. P. v. procurro.*
**prōcursus**, ūs *m (procurro)* das Vorlaufen, Ansturm.
**prō-curvus**, a, um *(poet.)* vorwärtsgekrümmt.
**procus**, ī *m* Freier; Bewerber.
**prōcūsus** *P. P. P. v. procudo.*
**Procyōn**, ōnis *m (gr. Fw.)* Kleiner Hund *(Gestirn).*
**prōdāctus** *P. P. P. v. prodigo.*

**prōd-ēgī** *Perf. v. prodigo.*
**prōd-eō**, īre, iī, itum ❶ hervorgehen, -treten, herauskommen [**in publicum** sich öffentl. zeigen]; öffentl. auftreten [**in contionem**]; *abs.* sich öffentl. zeigen; ❷ *(übtr.)* zum Vorschein kommen, sich zeigen, entstehen; **consuetudo ~ coepit;** ❸ vorrücken, vordringen [**in proelium**]; ❹ *(poet.; nachkl.) (v. Örtl.)* (her)-vorragen.
**prōdesse** *Inf. Präs. v. prosum.*
**prō-dīcō**, dīcere, dīxī, dictum *(einen Termin)* verschieben.
**prō-didī** *Perf. v. prodo.*
**prōdigentia**, ae *f (prodigo) (nachkl.)* Verschwendung.
**prōdigiālis**, e *(prodigium) (poet.; nachkl.)* ungeheuerlich, unnatürlich.
**prōdigiōsus**, a, um *(prodigium) (poet.; nachkl.)* ungeheuerlich, unnatürlich.
**prōdigium**, ī *n* ❶ Wunderzeichen, *meist unglückverheißend;* ❷ Ungeheuerlichkeit; ❸ *(meton.)* Ungeheuer.

**Imperium Romanum**
**prōdigium** – Außergewöhnliche Ereignisse wie Sonnenfinsternisse, Erdbeben, Kometen, extreme Unwetter, Missgeburten bei Mensch und Tier erlebten die Römer als Unheil verheißende Wunderzeichen (prodigia). Wenn sie auftraten, versuchten sie die göttlichen Mächte durch öffentliche Entsühnungsrituale wie Opferungen und Spiele dazu zu bewegen, das Unheil abzuwenden. Schon in republikanischer Zeit wussten Politiker solche Vorkommnisse zu nutzen, um das Volk zu beeinflussen.



**prōd-igō**, igere, ēgī, āctum *(ago)* verschwenden [**opes**].
**prōdigus**, a, um *(prodigo) (m. Gen.)* ❶ verschwenderisch [**aeris**]; ❷ *(poet.) (v. Sachen)* reich, fruchtbar [**tellus**]; ❸ *(übtr.)* willig hingebend, opfernd; ❹ *(poet.)* verratend [**arcani**].
**prōd-iī** *Perf. v. prodeo.*
**prōditiō**, ōnis *f (prodo)* Verrat [*(an: Gen.)* **amicitiae**].
**prōditor**, *Gen.* tōris *(prodo)* **I.** *Subst. m* Verräter [**patriae**]; **II.** *Adj. (poet.)* verräterisch.
**prōditus** *P. P. P. v. prodo.*
**prō-dīxī** *Perf. v. prodico.*
**prō-dō**, dere, didī, ditum ❶ hervorbringen, zum Vorschein bringen [**bona exempla**]; ❷ *(poet.)* weitergeben [**genus** fortpflanzen]; ❸ *(übtr.)* übergeben, hinterlassen [**regnum**]; ❹ *(mündl. od. schriftl.)* überliefern, berichten [**memoriae** *od.* **posteris** der Nachwelt überliefern; **memoriā ac litteris** mündl. u. schriftl.]; *(m. de; m. A. C. I.);* ❺ veröffentlichen, bekannt machen [**senatūs consultum**]; ❻ *(zu einem Amt)* ernennen, wählen [**dictatorem**]; ❼ verraten, entdecken [**secretum**]; ❽ preisgeben, ausliefern [**urbem; patriam; fidem** sein Wort brechen].
**prō-doceō**, docēre, – – *(poet.)* öffentlich lehren, (vor)predigen.
**prodromus**, ī *m (gr. Fw., eigtl. „Vorläufer")* ❶ Eilbote; ❷ *Pl.* Nordnordostwinde *vor dem Aufgang des Sirius.*
**prō-dūcō**, dūcere, dūxī, ductum ❶ vorwärtsführen, vorführen, hinbringen [**captivos e carcere ad supplicium**]; ❷ *(Truppen)* ausrücken lassen [**castris omnem exercitum**]; ❸ jmd. öffentl. auftreten lassen *(in der Volksversammlung, vor Gericht, auf der Bühne u. a.)* [**consules in contionem**]; ❹ *(poet.)* begleiten [**alqm rus**]; *(Verstorbene)* geleiten [**alqm funere**]; ❺ verlocken, verleiten [**alqm dolo in proelium**]; ❻ weiter vorschieben, vorziehen; ❼ ausdehnen, verlängern; gedehnt aussprechen; ❽ *(zeitl.)* **a)** hinziehen, verlängern [**sermonem in multam noctem**]; **res producitur** schleppt sich hin; **b)** verschieben [**rem in hiemem**]; **c)** verstreichen lassen, hinbringen [**noctem vino**]; ❾ jmd. emporbringen, befördern [**alqm ad dignitatem**]; ❿ *(poet.; nachkl.)* hervorbringen, erzeugen [**hominum corpora**]; ⓫ *(poet.; nachkl.)* großziehen, erziehen; / *s. auch productus.*
**prōductiō**, iōnis *f (produco)* ❶ das Hinausschieben; ❷ Verlängerung *(eines Wortes durch eine Silbe);* ❸ Dehnung.
**prōductus**, a, um *(P. Adj. v. produco)* ❶ *(poet.; nachkl.)* ausgedehnt, verlängert, lang; ❷ *(in der Aussprache)* gedehnt, lang [**syllaba**]; **-e dicere;** ❸ *(zeitl.)* sich in die Länge ziehend.
**prō-dūxī** *Perf. v. produco.*
**proeliātor**, tōris *m (proelior) (nachkl.)* Krieger.
**proelior**, proeliārī *(proelium)* ❶ kämpfen, fechten [**cum equitatibus**]; ❷ *(übtr.) m. Worten* streiten.
**proelium**, ī *n* ❶ Schlacht, Treffen, Gefecht [**equestre; pedestre**]; **-um inire; -um committere** liefern; ❷ Kampf *der Tiere, Winde u. a.;* ❸ (Wort-)Streit; ❹ Angriff, Vorstoß; **-o hostem lacessere**.
**Proetus**, ī *m König in Tiryns;* – **Proetides**, dum *f* Töchter des Proetus.
**profānō**, profānāre *(profanus)* entheiligen, entweihen [**sacra**].
**profānum**, ī *n (profanus)* ❶ *(poet.; nachkl.)* Ungeweihtes, Unheiliges; ❷ das Gottlose, Schändliche.
**pro-fānus**, a, um *(pro u. fanum, eigtl. „vor dem heiligen Bezirk liegend")* ❶ ungeweiht, unheilig [**locus**]; ❷ *(poet.) (in einen Gottesdienst)*

nicht eingeweiht; ❸ *(poet.; nachkl.)* gottlos, schändlich [**mens**]; ❹ *(poet.; nachkl.)* Unheil kündend [**avis**].

**profātus**, *Abl.* ū *m (profor) (nachkl.)* das Aussprechen.

**prō-fēcī** *Perf. v. proficio.*

**profectiō**, iōnis *f (proficiscor)* ❶ Aufbruch, Abreise, *auch Pl.;* ❷ *(übtr.)* Herkunft.

**profectō** *Adv. (< *pro facto)* sicherlich, wirklich, in der Tat.

**prōfectum** *P. P. P. v. proficio.*

**prōfectus**[1], ūs *m (proficio) (nachkl.)* Fortschritt, Erfolg.

**profectus**[2] *P. P. Akt. v. proficiscor.*

**prō-ferō**, ferre, tulī, lātum ❶ hervortragen, -bringen, -holen [**arma tormentaque ex oppido** ausliefern]; ❷ hervor-, herausstrecken; ❸ (vor)zeigen; ❹ veröffentlichen, zum Vorschein bringen, entdecken [**libros; orationem; alcis facinus**]; ❺ erwähnen, anführen [**exempla**]; ❻ vorwärts-, weitertragen, vorschieben [**signa** *od.* **castra** aufbrechen, vorrücken]; ❼ ausdehnen, erweitern [**castra; imperium ad mare**]; ❽ *(zeitl.)* verlängern [**beatam vitam usque ad rogum**]; ❾ verschieben, aufschieben [**exercitum** die Heeresversammlung; **rem in posterum diem**].

**professiō**, iōnis *f (profiteor)* ❶ öffentl. Erklärung; ❷ öffentl. Anmeldung, öffentl. Angabe *(bes. des Namens, Vermögens, Gewerbes);* ❸ *(meton.)* öffentl. angemeldetes Gewerbe, Beruf.

**professor**, ōris *m (profiteor) (nachkl.)* öffentl. angestellter Lehrer, Professor.

**professōrius**, a, um *(professor) (nachkl.)* schulmeisterlich.

**professus**, a, um *(P. Adj. v. profiteor) (poet.; nachkl.)* bekannt, offenkundig, zugestanden; **ex -o** ohne zu leugnen, offenbar.

**pro-fēstus**, a, um nicht festlich [**dies** Arbeits-, Werktag].

**prō-ficiō**, ficere, fēcī, fectum *(facio)* ❶ vorwärtskommen; ❷ *(übtr.)* Fortschritte machen, etw. ausrichten [**alqd in philosophia; multum verbis apud alqm**]; ❸ *(v. Lebl.)* nützen, helfen, dienen.

**pro-ficīscor**, ficīscī, fectus sum *(Incoh. v. proficio)* ❶ aufbrechen, (ab)reisen; absegeln [**ab urbe; domo; ex portu; obviam alci**]; ❷ *(milit.)* marschieren [**adversus hostem; in proelium; Thessaliae auxilio** *od.* **subsidio** zu Hilfe kommen]; ❸ *(in der Rede)* fortfahren, zu etw. übergehen; ❹ *(übtr.)* v. etw. ausgehen, m. etw. den Anfang machen *(a re);* ❺ herrühren, abstammen, entspringen [**ex ea civitate; Tyriā de gente**].

**pro-fiteor**, fitērī, fessus sum *(fateor)* ❶ offen bekennen, gestehen *(alqd; auch de; m. A. C. I.)* [**verum**]; ❷ öffentl. erklären [**ius** Rechtskundiger sein]; ❸ amtlich angeben, anmelden *(z. B. Namen, Vermögen, Beruf);* – **(nomen) profiteri** sich zum Kriegsdienst *od.* als Bewerber *(um ein Amt)* melden; ❹ **se ~ alqm** sich öffentl. ausgeben für [**se philosophum; se patrem infantis**]; ❺ versprechen, anbieten [**operam suam ad alqd; magna**]; ❻ *(nachkl.)* öffentl. angestellter Lehrer, Professor sein.

**prōflīgātor**, tōris *m (profligo) (nachkl.)* Verschwender.

**prōflīgātus**, a, um *(P. Adj. v. profligo)* ❶ ruchlos, gemein; ❷ *(nachkl.) (v. der Zeit)* weit vorgerückt.

**prō-flīgō**, flīgāre ❶ niederschlagen, -werfen, zugrunde richten [**classem hostium**]; ❷ *(polit.)* stürzen, vernichten [**rem publicam**]; ❸ *(moral.)* erniedrigen; ❹ *(im Gemüt)* niederdrücken [**alqm maerore**]; ❺ dem Ende nahe bringen, entscheiden [**bellum**].

**prō-flō**, flāre *(poet.)* hervorblasen.

**prōfluēns**, *Gen.* entis *(profluo)* **I.** *Adj.* hervorfließend, (hervor)strömend [**aqua;** *(übtr., vom Redefluss)* **eloquentia**]; **II.** *Subst.* ❶ *f* fließendes Wasser; ❷ *n (übtr.)* Redefluss.

**prōfluentia**, ae *f (profluens)* das Hervorströmen; *(übtr.)* (Rede-)Strom.

**prō-fluō**, fluere, flūxī, – ❶ hervorfließen, -strömen; ❷ *(nachkl.)* sich hingeben [**ad incognitas libidines**].

**prōfluvium**, ī *n (profluo) (poet.; nachkl.)* das Hervorfließen.

**prō-flūxī** *Perf. v. profluo.*

**pro-for**, fārī *(poet.)* ❶ (heraus)sagen; ❷ vorhersagen; / *nur einige Formen gebräuchlich, bes. profari, profatur, profatus est.*

**pro-fūdī** *Perf. v. profundo.*

**pro-fugiō**, fugere, fūgī, – **I.** *intr.* (ent)fliehen, sich flüchten [**ex oppido; a domino** entlaufen]; **ad alqm ~** *auch* Zuflucht bei jmdm. suchen; **II.** *trans.* vor jmdm. *od.* etw. fliehen, jmd. *od.* etw. meiden [**conspectum civium**].

**profugus** *(profugio)* **I.** *Adj.* a, um ❶ flüchtig [(**e** *od.* **a**) **proelio**]; ❷ verbannt [**patriā**]; ❸ *(poet.)* umherschweifend [**Scythes**]; **II.** *Subst.* ī *m* ❶ Flüchtling; ❷ Verbannter.

**prō-fuī** *Perf. v. prosum.*

**pro-fundō**, fundere, fūdī, fūsum ❶ vergießen, ausgießen, hervorströmen lassen [**lacrimas**]; – *mediopass.* **profundi** *u.* **se ~** sich ergießen, hervorströmen, *auch übtr.;* **voluptates profunduntur** brechen hervor; **totum se in alqm ~** sich jmdm. ganz hingeben; ❷ *(übtr.)* aushauchen, ausstoßen [**animam**]; ❸ hervorbringen, erzeugen; ❹ (auf)opfern, preisgeben [**sanguinem pro patria**]; ❺ verschwenden, vergeuden [**pecuniam**].

**profundum**, ī *n (profundus)* ❶ Tiefe, Abgrund; ❷ Meer(estiefe) [**immensum**].

**profundus**, a, um ❶ tief, bodenlos [**mare**]; ❷ *(poet.)* tief, in der Unterwelt befindlich [**Manes**]; ❸ *(poet.)* hoch [**caelum**]; ❹ *(übtr.)* unermesslich, unersättlich [**avaritia**].

**profūsiō**, iōnis *f (profundo) (nachkl.)* Verschwendung.

**profūsus**, a, um *(P. Adj. v. profundo)* ❶ unmäßig, ausgelassen [**hilaritas**]; ❷ verschwenderisch; ❸ kostspielig.

**prō-gener**, generī *m (nachkl.)* Gatte der Enkelin.

**prō-generō**, generāre *(poet.; nachkl.)* (er)zeugen.

**prōgeniēs**, ēī *f (progigno)* ❶ Abstammung, Geschlecht; **progeniem ducere ab alqo;** ❷ *(meton.)* **a)** Nachkommenschaft, Nachkommen; **b)** Nachkomme, Sprössling; **c)** *(poet.) (v. Tieren)* Brut; **d)** *(poet.) (übtr.)* Schöpfungen *eines Dichters*.

**prōgenitor**, tōris *m (progigno)* Ahnherr.

**prō-gignō**, gignere, genuī, genitum erzeugen, gebären.

**prōgnātus**, a, um *(*prō-[g]nāscor)* ❶ geboren, entsprossen *(alqo: von jmdm.)*; ❷ v. jmdm. abstammend *(ab u. ex alqo)*.

**Prognē** = *Procne*.

**prognōstica**, ōrum *n (gr. Fw.)* die Wetterzeichen *(Schrift des Aratus, v. Cicero übersetzt)*.

**prō-gredior**, gredī, gressus sum *(gradior)* ❶ vorschreiten, -gehen [**ex domo; in contionem** in der Versammlung auftreten]; ausgehen, öffentl. erscheinen [**nihil** gar nicht ausgehen]; ❷ vorwärtsgehen, weitergehen; *(milit.)* vorrücken [**longius a castris; ad urbem;** *(m. Sup.)* **pabulatum**]; ❸ *(der Zeit, dem Alter nach)* fortschreiten, vorrücken; ❹ *(in der Rede)* weitergehen, fortfahren [**ad reliqua**]; ❺ Fortschritte machen [**in virtute**].

**prōgressiō**, iōnis *f (progredior)* ❶ Fortschritt, Zunahme, Wachstum; ❷ *(als Redefigur)* Steigerung.

**prōgressus**[1], ūs *m (progredior)* ❶ das Vorwärtsschreiten, *auch Pl.;* ❷ *(milit.)* das Vorrücken, *auch Pl.;* ❸ *(zeitl.)* das Vorrücken; ❹ Anfang; ❺ Entwicklung; ❻ Fortschritt.

**prōgressus**[2] *P. P. Akt. v. progredior.*

**progymnastēs**, ae *m (gr. Fw.) (nachkl.)* Vorturner.

**pro-hibeō**, hibēre, hibuī, hibitum *(habeo)* ❶ fernhalten, abhalten, abwehren *(ab alqo u. a re od. bloß re)* [**Suebos a Cheruscis** trennen; **hostem a pugna; vim hostium ab oppidis; alqm senatu** vom Senat ausschließen; **iniuriam**]; *(milit.)* jmd. v. etw. abschneiden [**hostem commeatu**]; ❷ (ver)hindern [**seditionem**]; **alqm (a) re ~** jmd. an etw. hindern [**alqm (a) reditu**]; *(m. Inf. od. A. C. I.)*; ❸ untersagen, verwehren; ❹ bewahren, schützen *(vor, geg. etw.: a re od. bloß re)* [**cives calamitate**].

**prohibitiō**, ōnis *f (prohibeo)* Verbot.

**prō-iciō**, icere, iēcī, iectum *(iacio)* ❶ vorwerfen [**cibum cani**]; ❷ vor-, ausstrecken, vorhalten [**clipeum prae se; bracchium; pedem** voransetzen]; ❸ hinauswerfen, fortjagen; ❹ *(poet.; nachkl.)* verbannen [**alqm in insulam**]; ❺ hin-, niederwerfen, wegwerfen [**arma** niederlegen]; – **se ~** sich niederwerfen, (sich) stürzen [**se in flumen; se ad pedes alcis**]; ❻ **se in alqd ~** sich zu etw. erniedrigen; ❼ verschmähen, aufgeben [**libertatem; spem salutis**]; ❽ preisgeben, leichtsinnig in Gefahr stürzen; ❾ *(nachkl.) auf eine bestimmte Zeit* hinziehen, hinhalten.

**prōiectiō**, ōnis *f (proicio)* das Ausstrecken.

**prōiectus**[1], a, um *(P. Adj. v. proicio)* ❶ herausragend, hervorspringend [**saxa; orae**]; ❷ *(übtr.)* hervorragend, außerordentlich, maßlos [**iustitia; cupiditas**]; ❸ *(übtr.)* zu etw. geneigt [**ad audendum** Wagehals]; ❹ (am Boden) liegend; ❺ *(poet.; nachkl.)* verachtet, verächtlich [**senatūs auctoritas**]; ❻ *(nachkl.) (übtr.)* niedergeschlagen.

**prōiectus**[2], *Abl.* ū *m (proicio) (poet.; nachkl.)* das Ausstrecken, ausgestreckte Lage.

**pro-inde** *u. (verkürzt)* **proin** *Adv.* ❶ also, demnach, daher *(b. Aufforderungen)*; ❷ ebenso, auf gleiche Weise *(m. ac, atque od. ut: wie)*; **~ ac si** *m. Konj.* als ob.

**prō-lābor**, lābī, lāpsus sum ❶ vorwärtsgleiten, vorwärtsrutschen; ❷ *(übtr.)* sich hinreißen lassen [**ad superbiam; in misericordiam**]; ❸ herabfallen, -gleiten [**ex equo**]; ❹ *(v. Bauten)* einstürzen; ❺ *(übtr.)* irren *(infolge von: Abl.)*; ❻ *(übtr.)* sinken, verfallen; **prolapsa disciplina**.

**prōlāpsiō**, iōnis *f (prolabor)* das Ausgleiten.

**prōlātiō**, iōnis *f (profero)* ❶ das Vorbringen, Erwähnung [**exemplorum**]; ❷ Erweiterung [**finium**]; ❸ Verschiebung, Aufschub [**diei** des Zahlungstermins].

**prōlātō**, prōlātāre *(Intens. v. profero)* ❶ *(poet.; nachkl.)* erweitern; ❷ *(übtr.)* aufschieben, verzögern [**comitia**]; ❸ *(nachkl.) (übtr.)* hinhalten [**spem** weiter hoffen].

**prōlātus** *P. P. P. v. profero.*

**prōlectō**, prōlectāre *(Intens. v. prolicio)* (ver)locken, reizen.

**prōlēs**, lis *f (alo)* ❶ Sprössling, Nachkomme [**gemella** Zwillinge]; ❷ Nachkommen(schaft); ❸ *(poet.) (v. Tieren u. Pflanzen)* Brut, Frucht; ❹ junge Mannschaft.

**prōlētārius**, ī *m (proles)* Bürger der untersten Klasse, *der dem Staat nur m. seiner Nachkom-*

P

*menschaft dient,* Proletarier.

**prō-liciō**, licere, – – hervor-, anlocken.

**prō-lixus**, a, um ❶ *(poet.; nachkl.)* lang (wallend), ausgedehnt [**comae**]; – *Adv.* **-ē** reichlich; ❷ *(übtr.)* geneigt, (bereit)willig [**animus**]; ❸ günstig.

**prō-loquor**, loquī, locūtus sum aussprechen, äußern, nennen *(m. Akk.; A. C. I.; indir. Frages.).*

**prō-lūdō**, lūdere, lūsī, lūsum ❶ *(poet.)* ein Vorspiel machen, sich einüben; ❷ einen Vortrag einleiten.

**prō-luō**, luere, luī, lūtum *(lavo)* ❶ *(poet.)* anschwemmen; ❷ wegspülen [**nives ex montibus**]; ❸ *(poet.)* befeuchten, abspülen [**manūs in rore**].

**prō-lūsī** *Perf. v. proludo.*

**prōlūsiō**, iōnis *f (proludo)* Vorspiel, Vorübung.

**prōlūtus** *P. P. P. v. proluo.*

**prōluviēs**, ēī *f (proluo)* ❶ Überschwemmung; ❷ *(poet.)* Unrat.

**prō-mereō**, merēre, meruī, meritum *u.* **prōmereor**, merērī, meritus sum ❶ verdienen, sich einen Anspruch auf etw. erwerben *(alqd; m. ut);* ❷ *(poet.; nachkl.)* verschulden, sich zuziehen [**poenam**]; ❸ *(klass. gew. prōmereor)* sich verdient machen um *(de; in u. Akk.)* [**bene de multis**].

**prōmeritum**, ī *n (promereo)* das Verdienst.

**Imperium Romanum**

**Promētheus** (eī *u.* eos *m*) – Prometheus, Sohn des Titanen Iapetos, formte im griechischen Mythos den Menschen aus Ton und gab ihnen gegen den Willen des Zeus das Feuer, das er vom Himmel stahl. Zur Strafe wurde er auf Zeus' Gebot an den Kaukasus geschmiedet, wo jeden Tag ein Adler von seiner Leber fraß, die jede Nacht wieder nachwuchs, bis er endlich von Herkules befreit wurde.

**Promēthīdēs**, ae m *Sohn des Prometheus* = Deukalion.

**prōminēns**, *Gen.* entis *(promineo) (nachkl.)* **I.** *Adj.* hervorragend, -stehend; **II.** *Subst. n* Vorsprung, Ausläufer.

**prō-mineō**, minēre, – – *(vgl. im-mineo)* ❶ herausragen, hervorstehen; ❷ *(übtr.)* sich erstrecken; **gloria in posteritatem prominet**.

**prō-miscuus**, a, um *(misceo)* ❶ gemischt, nicht gesondert, gemeinschaftlich [**conubia** Mischehen *(zw. Patriziern u. Plebejern)*]; **alqd -um** *od.* **in -o habere** gemeinschaftlich besitzen; **in -o esse** ohne Unterschied sein; – *Adv.* **prōmiscuē** ohne Unterschied; ❷ *(nachkl.) (übtr.)* gemein, gewöhnlich.

**prō-mīsī** *Perf. v. promitto.*

**prōmissiō**, ōnis *f (promitto)* das Versprechen.

**prōmissor**, ōris *m (promitto) (poet.)* Prahler.

**prōmissum**, ī *n (promitto)* das Versprechen, Verheißung.

**prōmissus**, a, um *(P. Adj. v. promitto)* lang herabhängend *(v. Haar u. Bart).*

**prō-mittō**, mittere, mīsī, missum ❶ (lang) wachsen lassen *(Haar u. Bart);* ❷ *(übtr.)* versprechen, verheißen, zusichern *(m. Akk.; auch de; m. A. C. I. fut.)* [**auxilium; dona**]; ❸ **ad alqm** *od.* **ad cenam** – eine Einladung annehmen, zusagen; ❹ vorhersagen.

**prōmō**, prōmere, prōmpsī, prōmptum *(< *pro-emo)* ❶ hervornehmen, -holen [**pecuniam ex aerario; pugionem vaginā** ziehen]; ❷ *(übtr.)* herausbringen, enthüllen, an den Tag bringen [**alqd in publicum** öffentl. bekannt machen; **consilia; argumenta ex re** entlehnen; **vires** gebrauchen]; ❸ *(nachkl.) (übtr.)* vorbringen, darlegen, erzählen *(m. Akk.; A. C. I.; indir. Frages.).*

**prōmontōrium** = *promunturium.*

**prō-moveō**, movēre, mōvī, mōtum ❶ vorwärtsbewegen, vorschieben, vorrücken, *bes. milit.* [**castra ad Carthaginem**]; ❷ *(milit.) alqm* vorrücken lassen [**legiones**]; ❸ erweitern, ausdehnen [**imperium**]; ❹ *(poet.)* fördern, heben; ❺ *(nachkl.)* jmd. befördern; ❻ *(poet.)* offenbaren [**arcana**].

**prōmpsī** *Perf. v. promo.*

**prōmptum**, ī *n (promptus[1])* Schlagfertigkeit.

**prōmptus[1]**, a, um *(P. Adj. v. promo)* ❶ sichtbar, offenbar; ❷ bereit(willig), eifrig, geneigt, entschlossen *(zu etw.: ad u. in m. Akk., auch m. Dat. od. Gen.; für jmd.: Dat.)* [**ad pugnam; ad pericula; servitio**]; ❸ schlagfertig, rasch, gewandt [*(re: m. etw.)* **sermone; manu** tapfer; *(in re: in od. bei etw.)* **in agendo;** *(m. Gen. loc.)* **belli** im Krieg]; ❹ verfügbar, bereit [**sagittae; eloquentia** Schlagfertigkeit]; ❺ leicht, bequem [**defensio**].

**prōmptus[2]**, ūs *m (promo), nur:* **in prōmptū** *m. Verb* ❶ sichtbar, öffentlich [**esse** sichtbar sein; **ponere** *u.* **habere** sehen lassen, zeigen]; ❷ in Bereitschaft, zur Hand; ❸ leicht, bequem *(m. Inf.).*

**prōmulgātiō**, iōnis *f (promulgo)* öffentl. Bekanntmachung.

**prōmulgō**, prōmulgāre öffentl. ankündigen *(m. Akk. od. de)* [**leges; de reditu alcis**].

**prō-mulsis**, idis *f (mulsum)* Vorspeise.

**prōmunturium**, ī *n (promineo)* Vorgebirge; Bergvorsprung.

**prōmus**, ī *m (promo)* Küchenmeister.

**prō-mūtuus**, a, um vorschussweise geliehen, vorgestreckt.

**pro-nepōs**, ōtis *m* Urenkel.

**pro-neptis**, is *f (nachkl.)* Urenkelin.

**pronoea**, ae *f (gr. Fw.)* Vorsehung.

**prō-nuba**, ae *f (nubo) (poet.)* Brautjungfer [**Iuno** *als Ehestifterin*]; *(pejor.* Stifterin einer unglücklichen Ehe.

**prōnūntiātiō**, ōnis *f (pronuntio)* ① öffentl. Bekanntmachung; ② Richterspruch, Urteil; ③ *(nachkl.)* Vortrag.

**prōnūntiātor**, ōris *m (pronuntio)* Erzähler.

**prōnūntiātum**, ī *n (pronuntio)* Grundsatz.

**prō-nūntiō**, nūntiāre ① verkünden, erzählen, berichten; ② öffentl. ausrufen, öffentl. bekannt machen [**leges; alqm praetorem** jmd. als Prätor]; ③ *(milit.)* **a)** einen Befehl ergehen lassen *(m. ut od. A. C. I.)*; **b)** etw. ansagen, ankündigen; ④ öffentl. versprechen [**populo munus**]; ⑤ *(vom Konsul) (sententias) die Meinungsäußerungen der Senatoren* verkündigen, *um dann darüber abstimmen zu lassen*; ⑥ *(vom Richter)* **a)** das Urteil fällen, entscheiden *(de; m. A. C. I.)*; **b)** aussprechen [**graviorem sententiam**]; ⑦ *(rhet. t. t.)* vortragen, rezitieren.

**prō-nurus**, ūs *f (poet.)* Gattin des Enkels.

**prōnus**, a, um *(pro[1])* ① vorwärts geneigt, vornüber (hängend); ② abschüssig, (herab)stürzend [**amnis**]; **urbs in paludes -a** sich absenkend; ③ *(übtr.)* zu etw. geneigt, aufgelegt *(in u. Akk., ad od. Dat.)* [**in hoc consilium; ad novas res**]; ④ *(nachkl.)* günstig, gewogen *(alci u. in alqm)*; **-is auribus accipi** williges Gehör finden; ⑤ mühelos, leicht [**palma** Sieg]; **omnia virtuti -a**.

**prooemior**, prooemiārī *(prooemium) (nachkl.)* eine Rede einleiten.

**prooemium**, ī *n (gr. Fw.)* Vorrede, Einleitung; Vorspiel.

**prōpāgātiō**, iōnis *f (propago[1])* ① Fortpflanzung *(v. Gewächsen u. übtr.)*; ② Erweiterung [**imperii**]; ③ Verlängerung [**vitae**].

**prōpāgātor**, tōris *m (propago[1])* Verlängerer.

**prōpāgō[1]**, prōpāgāre *(pango)* ① fortpflanzen; ② erweitern, ausdehnen; ③ *(zeitl.)* verlängern, fortsetzen [**consuli imperium in annum; alqd posteritati** der Nachwelt überliefern].

**prōpāgō[2]**, ginis *f (propago[1])* ① Setzling, Ableger; ② *(übtr.)* **a)** *(poet.)* Sprössling, Kind; **b)** *(poet.) (koll.)* Nachkommenschaft; **c)** *Pl.* Stammbäume.

**prō-palam** *Adv.* öffentlich.

**prōpatulum**, ī *n (propatulus), nur:* **in prōpatulō** ① im Freien; ② auf dem Vorhof; ③ öffentlich; ④ *(nachkl.)* offensichtlich; **servitium in -o spectare** offen vor sich haben.

**prō-patulus**, a, um offen, frei.

**prope I.** *Adv., Komp.* **propius**, *Superl.* **proximē** ① *(räuml.)* nahe, in der Nähe, in die Nähe *(m. ab)*; **prope a Sicilia; propius abesse ab alqo** jmdm. näher stehen; ② *(zeitl.)* nahe; **prope est, ut** die Zeit ist nahe, dass; **legiones proxime conscriptae** soeben; ③ *(übtr.)* **a)** beinahe, fast; **prope est, ut** es ist nahe daran, es fehlt nur wenig, dass; **proxime atque ille** fast ebenso wie jener; **b)** *(v. Rang u. Wert)* nächst, gleich nach; **c)** *(poet.)* sozusagen; **II.** *Präp. b. Akk.* ① *(räuml.)* nahe bei, nahe an, in der Nähe von; **copiae prope castra visae; propius urbem; proxime Carthaginem** sehr nahe bei; ② *(zeitl.)* nahe an, gegen, um; **prope lucem; proxime solis occasum** sogleich nach; ③ *(übtr.)* nicht weit v. etw., nahe an; **res prope secessionem plebis venit; prope metum res fuerat** die Lage hatte zu Befürchtungen Anlass gegeben; – **propius** näher an, ähnlicher: **propius fidem est** es verdient mehr Glauben; – **proxime** sehr nahe an, sehr ähnlich: **proxime morem Romanum** fast ganz nach römischer Sitte; **III.** *Adj. im Komp.* **propior**, ius *(Adv.* propius) *(meist m. Dat., selten m. Akk., ab, ad)* ① *(räuml.)* näher(liegend); – *Subst.* **propiōra**, rum *n* die näher liegenden Punkte; ② *(zeitl.)* näher; später, neuer; ③ *(übtr.)* näher: **a)** näher kommend, ähnlicher; **vero propius** wahrscheinlicher; **b)** näher verwandt; befreundeter, vertrauter; **c)** *(poet.)* gewogener; **d)** *(nachkl.)* geneigter zu [**irae quam timori**]; **e)** mehr am Herzen liegend; **f)** *(nachkl.)* passender, bequemer; **IV.** *Adj. im Superl.* **proximus**, a, um ① *(räuml.)* der nächste, sehr nahe [**lictor** der zunächst gehende; *(meist m. Dat., auch m. Akk. od. ab)* **finibus; mare**]; – *Subst.* **proximī**, ōrum *m* die Nächsten, die Nachbarn; ② *(zeitl.)* **a)** der letzte, vorige [**censor**]; **b)** der nächstfolgende, der nächste [**aestas**]; **proximo die**; ③ *(übtr.)* **a)** *(v. Reihenfolge, Rang, Wert)* der nächste, nächstfolgende; **b)** nächstliegend, nahekommend, sehr ähnlich *(m. Dat.)*; **vero proximum** das Wahrscheinlichste; – *m. ac, atque* = fast ganz so wie; **c)** sehr nahe verwandt; – *Subst.* **proximī**, ōrum *m* die nächsten Verwandten, Vertraute.

**prope-diem** *Adv.* in den nächsten Tagen.

**prō-pellō**, pellere, pulī, pulsum ① vor(wärts)stoßen, forttreiben; ② *(Tiere)* vor sich hertreiben [**pecora pastum** auf die Weide]; ③ vertreiben [**hostes** in die Flucht schlagen]; ④ abwehren [**periculum vitae ab alqo**]; ⑤ *(nachkl.) (übtr.)* jmd. zu etw. antreiben, bewegen [**alqm ad voluntariam mortem**].

**prope-modum** *Adv.* beinahe, fast.

**prō-pendeō**, pendēre, pendī, pēnsum ① *(übtr.)* sich hinneigen; ② das Übergewicht haben; / *vgl. auch propensus.*

**prōpēnsus**, a, um *(P. Adj. v. propendeo)* ① zu

etw. geneigt, willig [**ad misericordiam; in alcis amicitiam**]; ② wichtig; ③ nahekommend.

**properanter** *Adv. (properans, Part. Präs. v. propero)* eilends, schnell.

**properantia**, ae *u.* **properātiō**, iōnis *f (propero)* Eile.

**properātō** *Adv. (propero) (nachkl.)* eilends.

**properi-pēs**, *Gen.* pedis *(properus) (poet.)* eilenden Fußes.

**properō**, properāre **I.** *intr.* ① eilen, sich beeilen [**in patriam redire**]; ② sich eilends begeben [**in castra; Romam**]; **II.** *trans.* beschleunigen, eilends betreiben.

**Propertius**, ī *m* **Sextus ~** *röm. Elegiker (etwa 47–15 v. Chr.).*

**properus**, a, um *(poet.; nachkl.)* eilig, schleunig *(m. Gen.; m. Inf.)* [**occasionis** rasch ergreifend].

**prō-pexus**, a, um *(pecto) (poet.; nachkl.)* herabhängend [**crinis**].

**propīnātiō**, ōnis *f (propino) (nachkl.)* das Zutrinken.

**propincus** = *propinquus.*

**pro-pīnō**, pīnāre *(gr. Fw.)* jmdm. zutrinken.

**propinqua**, ae *f (propinquus)* die Verwandte.

**propinquitās**, ātis *f (propinquus)* ① Nähe; ② Verwandtschaft.

**propinquō**, propinquāre *(propinquus)* ① sich nähern *(abs., m. Dat. od. Akk.)* [**scopulo; amnem**]; ② *(poet.)* beschleunigen.

**propinquus** *(prope)* **I.** *Adj.* a, um ① *(räuml.)* benachbart, angrenzend [**praedium; tumultus** in der Nähe]; *(m. Dat.)* **flumini -a loca;** ② *(zeitl.)* nahe bevorstehend [**reditus**]; ③ *(übtr.)* **a)** ähnlich *(m. Dat.)*; **b)** verwandt, nahestehend [**bella** m. Verwandten; **cognatio** nahe]; **II.** *Subst.* ī *m* Verwandter.

**propior** *s. prope.*

**propitiō**, propitiāre *(propitius) (nachkl.)* versöhnen.

**propitius**, a, um *(peto)* gewogen, gnädig.

**propius** *s. prope.*

**propnigēum**, ī *n (gr. Fw.) (nachkl.)* Heizraum.

**propōla**, ae *m (gr. Fw.)* Krämer.

**prō-polluō**, polluere, – – *(nachkl.)* noch mehr beflecken.

**prō-pōnō**, pōnere, posuī, positum ① öffentl. auf-, ausstellen, öffentl. vorlegen [**vexillum** aufstecken *auf dem Feldherrnzelt;* **pugnae honorem** als Preis vorführen]; ② zum Kauf ausstellen; ③ öffentl. bekannt machen [**legem in publicum**]; ④ *(in der Rede)* vortragen, darlegen, anführen, erzählen [**sua merita; res gestas; alqd pro certo** als gewiss hinstellen]; ⑤ (sich) vor Augen stellen, (sich) vorstellen [**sibi spem** sich Hoffnung machen; **exempla**]; ⑥ in Aussicht stellen, versprechen; – *Pass.* in Aussicht stehen; ⑦ androhen [**mortem**]; ⑧ vorschlagen; ⑨ zur Beratung vorlegen; ⑩ sich etw. vornehmen [**alqd animo**]; – **propositum est alci / alci rei** jmd. hat die Aufgabe / etw. hat den Zweck *(m. Inf. od. ut).*

**Propontis**, idis *u.* idos *f* das Marmarameer; – *Adj.* **Propontiacus**, a, um.

**prō-portiō**, iōnis *f* Verhältnis.

**prōpositiō**, ōnis *f (propono)* ① Vorstellung [**huius vitae**]; ② Thema.

**prōpositum**, ī *n (propono)* ① das Vorhaben, Plan, Ziel; **-um peragere** ausführen; ② *(poet.)* Lebensplan, -weise; ③ *(rhet. t. t.)* Thema, Hauptgegenstand einer Schrift; **a -o aberrare**.

**prōpositus**, a, um *(P. Adj. v. propono)* ① ausgesetzt, bloßgestellt; ② drohend [**periculum**].

**prō-posuī** *Perf. v. propono.*

**prō-praetor**, tōris *m u.* **prō praetōre** *m* Proprätor, gewesener Prätor, Statthalter *einer Provinz.*

**proprietās**, ātis *f (proprius)* ① Eigentümlichkeit [**terrae caelique**]; ② besondere Art.

**proprium**, ī *n (proprius) (nachkl.)* Eigentum.

**proprius**, a, um ① jmdm. ausschließlich gehörig, eigen [**ager**]; **-um facere alqd** sich etw. aneignen; ② eigentümlich, charakteristisch, wesentlich [**vitium; consuetudo**]; ③ ausschließlich, persönlich; ④ beständig, unvergänglich [**dona; gaudium**]; / *Adv.* **propriē** **a)** als ausschließliches Eigentum; **b)** eigentümlich, charakteristisch; **c)** vorzugsweise, insbesondere; **d)** *(vom sprachlichen Ausdruck)* eigentlich, im eigentlichen Sinne.

**propter** *(prope)* **I.** *Adv.* in der Nähe, daneben [**adesse**]; **II.** *Präp. b. Akk. (auch nachgest.)* ① *(räuml.)* nahe bei, neben; ② *(kausal)* wegen, aus, durch; **~ metum** aus Furcht.

**propter-eā** *Adv.* deswegen, deshalb.

**prō-pudium**, ī *n (pudeo)* ① *(nachkl.)* Schandtat; ② *(meton.)* Schandkerl.

**prōpūgnāculum**, ī *n (propugno)* ① Schutzwehr, Bollwerk; ② *(übtr.)* **a)** Schutz; **b)** Verteidigungsgrund.

**prōpūgnātiō**, iōnis *f (propugno)* Verteidigung.

**prōpūgnātor**, tōris *m (propugno)* ① Verteidiger; ② Seesoldat; ③ *(übtr.)* Verfechter, Verteidiger [**libertatis; senatūs**].

**prō-pūgnō**, pūgnāre **I.** *intr.* ① zum Kampf vorrücken; ② für etw. kämpfen [**pro fama alcis**]; sich verteidigen [**ex turri; pro** (vor) **vallo**]; **II.** *trans. (nachkl.)* verteidigen.

**prō-pulī** *Perf. v. propello.*

**prōpulsātiō**, iōnis *f (propulso)* Abwehr.

**prōpulsō**, prōpulsāre *(Intens. v. propello)* ① zurückschlagen [**hostem**]; ② *(übtr.)* abwehren, abhalten [**iniuriam; bellum a moenibus**].

**prōpulsus** *P. P. P. v. propello.*

**propylaea**, ōrum *n (gr. Fw.)* die Propyläen, *Säulenvorhalle der Akropolis v. Athen.*

**prō-quaestōre** *m, Pl.* prōquaestōribus Proquästor, gewesener Quästor, *in der Provinz eingesetzt.*

**prōra**, ae *f (gr. Fw.)* Vorderdeck, Bug; *(poet.)* Schiff.

**prō-rēpō**, rēpere, rēpsī, rēptum *(poet.; nachkl.)* hervorkriechen; fortkriechen.

**prō-ripiō**, ripere, ripuī, reptum *(rapio)* **I.** *trans.* ① hervor-, fortreißen; ② **se ~** hervorstürzen, forteilen [**se ex curia; se custodibus** *(Dat.)* entkommen]; *(v. Affekten)* zum Ausbruch kommen; **II.** *intr. (poet.)* eilen, stürzen.

**prōrītō**, prōrītāre *(nachkl.)* anlocken.

**prōrogātiō**, iōnis *f (prorogo)* ① Verlängerung; ② Aufschub [**diei** des Termins, Vertagung].

**prōrogātīvus**, a, um *(prorogo) (nachkl.)* Aufschub leidend.

**prō-rogō**, rogāre ① verlängern [**provinciam** die Verwaltung der Provinz]; ② aufschieben [**paucos dies ad solvendum**].

**prōrsus** *Adv.* ① vorwärts *(bes. übtr.)*; **~ ibat res** die Sache kam voran; ② geradewegs; ③ völlig, durchaus; ④ m. einem Wort, kurz.

**prō-ruī** *Perf. v. proruo.*

**prō-rumpō**, rumpere, rūpī, ruptum **I.** *intr.* ① hervorbrechen, -stürzen; ② *(übtr.)* **a)** *(Krankheiten, Affekte u. Ä.)* ausbrechen; **b)** *(v. Personen)* sich hinreißen lassen [**in scelera**]; **II.** *trans. (poet.; nachkl.)* hervorbrechen lassen, ausstoßen; – **se ~** *u. mediopass.* **prorumpi** hervorbrechen, -stürzen.

**prō-ruō**, ruere, ruī, rutum **I.** *intr.* ① hervorstürzen, -brechen; ② *(nachkl.)* einstürzen; **motu terrae oppidum proruit; II.** *trans.* niederreißen, umstürzen [**munitiones**].

**prō-rūpī** *Perf. v. prorumpo.*

**prōruptus** *P. P. P. v. prorumpo.*

**prōrutus** *P. P. P. v. proruo.*

**prōsāpia**, ae *f* Geschlecht, Familie.

**proscaenium**, ī *n (gr. Fw.)* Vordergrund der Bühne; Bühne.

**prō-scindō**, scindere, scidī, scissum *(poet.; nachkl.)* ① *(den Acker)* aufreißen, pflügen; ② *(meton.)* durchfurchen [**aequor**]; ③ *(übtr.)* schmähen.

**prō-scrībō**, scrībere, scrīpsī, scrīptum ① öffentl. bekannt machen [**legem**]; ② *(zum Verkauf, zur Verpachtung od. zur Vermietung)* anschlagen, anbieten; ③ *jmds. Güter* einziehen, konfiszieren [**alcis possessiones**]; ④ jmd. ächten; – *Subst.* **prōscrīptus,** ī *m* der Geächtete.

**prōscrīptiō**, ōnis *f (proscribo)* ① Ausschreibung zum Verkauf; ② Ächtung, Proskription.

**prōscrīpturiō**, prōscrīpturīre *(Desider. v. proscribo)* jmd. ächten wollen.

**prōscrīptus** *P. P. P. v. proscribo.*

**prō-secō**, secāre, secuī, sectum ① abschneiden *(bes. Opferteile)*; ② *(nachkl.)* pflügen.

**prōsecta**, ōrum *n (proseco) (poet.)* Opferstücke.

**prōsecūtus** *P. P. Akt. v. prosequor.*

**prō-sēminō**, sēmināre ① aussäen; ② *(übtr.)* fortpflanzen.

**prō-sequor**, sequī, secūtus sum ① begleiten, geleiten [**discedentem**]; *(übtr., v. Lebl.)* **ventus prosequitur euntes;** ② *jmdm. beim Scheiden etw.* mit auf den Weg geben, *jmd. m. etw.* beschenken *(alqm [cum] re)* [**proficiscentem magnis donis; alqm lacrimis** jmdm. nachweinen]; ③ erweisen, spenden, widmen *(alqm u. alqd [cum] re)* [**alqm beneficiis; alqm liberaliter oratione** jmdm. freundlich zureden]; ④ *(poet.; nachkl.) (mündl. od. schriftl.)* weiter ausführen, schildern [**pascua versu**]; *abs. (poet.)* fortfahren; ⑤ *(feindl.)* verfolgen [**fugientes**].

**Prōserpina**, ae *f Tochter der Ceres, Gemahlin des Pluto, Herrscherin in der Unterwelt.*

**prō-siliō**, silīre, siluī *(auch* silīvī *u.* siliī*)*, *– (salio)* ① hervorspringen, -stürzen, aufspringen; ② *(übtr., v. Lebl.)* hervorspringen, -schießen; **flumen / sanguis prosilit;** ③ irgendwohin springen, fortstürzen [**in contionem**].

**prō-socer**, erī *m (poet.; nachkl.)* Großvater der Gattin.

**prō-spectō**, spectāre ① von fern, in die Ferne schauen *(nach, auf etw.: Akk.)* [**e puppi pontum**]; ② *(v. fern)* anschauen, beobachten [**proelium**]; ③ *(poet.; nachkl.) (v. Örtl.)* Aussicht auf etw. gewähren, bieten *(m. Akk.)*; **villa mare prospectat;** ④ blicken, spähen nach *(m. Akk.)* [**hostem**]; ⑤ etw. erwarten *(m. Akk. od. indir. Frages.)*; ⑥ *(poet.) (vom Schicksal)* jmd. erwarten, jmdm. bevorstehen *(m. Akk.)*.

**prōspectus**[1] *P. P. P. v. prospicio.*

**prōspectus**[2], ūs *m (prospicio)* ① Aussicht, Fernsicht [**maris** auf das Meer]; ② Gesichtskreis; **in prospectu esse** im Blickfeld sein; ③ Anblick, Aussehen; ④ *(poet.)* Blick.

**prō-speculor**, speculārī **I.** *intr.* kundschaften; **II.** *trans.* Ausschau halten, spähen [**adventum imperatoris e muris**].

**prosper** *s. prosperus.*

**prospera**, ōrum *n (prosperus) (poet.; nachkl.)* Glück.

**prosperitās**, ātis *f (prosperus)* das Gedeihen, Glück.

**prosperō**, prosperāre *(prosperus)* fördern, Glück bringen *(m. Akk.)* [**coepta**].

**prosperus** *u.* **prosper**, era, erum *(Adv.* -ē *u.* -iter*)* ① günstig, glücklich, erwünscht [**fortuna**]; ② *(poet.)* begünstigend, beglückend.

**prō-spexī** *Perf. v. prospicio.*

**prōspicientia**, ae *f (prospicio)* Vorsicht, Vorsorge.

**prō-spiciō**, spicere, spexī, spectum *(specto)* **I.** *intr.* ① in die Ferne schauen, (hin)ausschauen [**alto** vom Meer aus *(Abl.) od.* aufs Meer hinaus *(Dat.)* ]; ② *(übtr.)* Vorsorge treffen, (vor)sorgen *(abs.; m. Dat.; m. ut, ne)* [**sociis; malo** vorbeugen]; **II.** *trans.* ① von fern, in der Ferne erblicken *(m. Akk. od. A. C. I.)* [**alqm ex moenibus**]; ② ausschauen nach; ③ *(poet.; nachkl.) (v. Örtl.)* Aussicht auf etw. bieten, haben; ④ vorhersehen *(m. Akk. od. indir. Frages.)*; ⑤ besorgen, beschaffen [**commeatūs**].

**prō-sternō**, sternere, strāvī, strātum ① niederwerfen, hinstrecken [**corpora humi; se ad pedes alcis**]; **humi prostratus** auf dem Boden liegend; ② *(übtr.)* zugrunde richten, vernichten.

**prō-stituō**, stituere, stituī, stitūtum *(statuo) (poet.; nachkl.)* preisgeben, prostituieren.

**prōstrātus** *P. P. P. v. prosterno.*

**prō-strāvī** *Perf. v. prosterno.*

**prō-subigō**, subigere, – – *(poet.)* vor sich aufwühlen.

**prō-sum**, prōdesse, prōfuī, prōfutūrus nützen, nützlich sein [**Miloni; ad concordiam civitatis**].

**Prōtagorās**, ae *m griech. Sophist, Zeitgenosse des Sokrates.*

**prō-tegō**, tegere, tēxī, tēctum ① vorn bedecken [**alqm scuto**]; ② (be)schützen [**regem; alqm ab armis Romanis**].

**prōtēlum**, ī *n (protendo) (poet.)* ununterbrochener Fortgang.

**prō-tendō**, tendere, tendī, tentum *(poet.; nachkl.)* vor-, ausstrecken [**manūs**]; – *mediopass.* **protendi** sich erstrecken.

**prōtenus** *s. protinus.*

**prō-terō**, terere, trīvī, trītum ① niedertreten, zertreten [**equitatum** niederreiten]; ② *im Kampf* aufreiben, vernichten [**aciem hostium**]; ③ *(übtr.)* m. Füßen treten, misshandeln.

**prō-terreō**, terrēre, terruī, territum verscheuchen, fortjagen [**alqm armis; alqm patriā**].

**protervitās**, ātis *f (protervus)* ① Frechheit, Unverschämtheit; ② *(poet.)* Übermut, Ausgelassenheit.

**protervus**, a, um ① frech, unverschämt [**dicta**]; ② *(poet.)* übermütig, ausgelassen [**iuvenes**]; ③ *(poet.)* heftig [**venti**].

**Prōteus**, eī *u.* eos *m* ① *weissagender, vielgestaltiger Meergott auf der ägypt. Insel Pharos;* ② *(poet.) (übtr.)* **a)** Schlaukopf; **b)** veränderlicher Charakter.

**prō-tēxī** *Perf. v. protego.*

**prō-tinus** *u.* **prō-tenus** *Adv. (tenus)* ① *(räuml.)* **a)** vorwärts, weiter (fort); **b)** *(poet.; nachkl.)* unmittelbar sich anschließend, zusammenhängend; ② *(zeitl.)* **a)** sofort, unverzüglich [**ad urbem refugere**]; **b)** *(poet.)* beständig, ununterbrochen [**morem colere**]; **c)** *(poet.)* weiter, fort u. fort; **d)** gleich anfangs.

**prōtoprāxia**, ae *f (gr. Fw.) (nachkl.)* Vorrecht *b. Schuldforderungen.*

**prō-trahō**, trahere, trāxī, tractum ① hervor-, vorwärtsziehen, hinschleppen [**alqm ex tentorio; alqm in convivium**]; ② *(übtr.)* jmd. zu etw. drängen, zwingen [**alqm ad indicium**]; ③ *(übtr.)* ans Licht bringen, entdecken [**facinus per indicium**].

**prōtrītus** *P. P. P. v. protero.*

**prō-trīvī** *Perf. v. protero.*

**prō-trūdō**, trūdere, trūsī, trūsum ① fortstoßen; ② *(übtr.)* verschieben, hinausschieben.

**prō-tulī** *Perf. v. profero.*

**prō-turbō**, turbāre ① forttreiben, verjagen [**nostros de vallo**]; ② *(poet.)* niederwerfen.

**pro-ut** *Kj.* so wie, je nachdem.

**prō-vehō**, vehere, vēxī, vectum ① fortführen, -bringen; – *mediopass.* **provehi** wegfahren, -reiten [**in altum; portu** aus dem Hafen]; *(nachkl.) (zeitl.)* vorrücken, zunehmen; – *bes.* **prōvectus**, a, um vorgerückt: **provecto die; provectā aetate mortua est;** ② *(übtr.)* zu weit führen, hinreißen; – *mediopass.* zu weit gehen, sich hinreißen lassen [**in maledicta**]; ③ *(übtr.)* (be)fördern, weiterbringen [**alqm ad summos honores**]; – *mediopass.* vorrücken, avancieren.

**prō-veniō**, venīre, vēnī, ventum ① *(v. Pflanzen)* (hervor)wachsen; **frumentum angustius** (recht spärlich) **provenerat;** ② entstehen, aufkommen; ③ *(nachkl.)* vonstattengehen; **initia belli ita provenerunt;** ④ *(poet.; nachkl.)* gut vonstattengehen, gelingen.

**prōventus**, ūs *m (provenio)* ① *(poet.; nachkl.)* Ertrag, Ernte; ② Fortgang [**pugnae**]; ③ Erfolg, das Gedeihen.

**prō-verbium**, ī *n (verbum)* Sprichwort.

**prō-vēxī** *Perf. v. proveho.*

**prōvidēns**, *Gen.* entis *(P. Adj. v. provideo)* vorsichtig.

**prōvidentia**, ae *f (providens)* ① Voraussicht; ② Vorsorge, Fürsorge; Vorsicht; ③ Vorsehung.

**prō-videō**, vidēre, vīdī, vīsum ① vor sich, in der Ferne sehen; ② zuerst, früher sehen; ③ vorher-, voraussehen *(m. Akk.; A. C. I.; indir. Frages.)* [**tempestatem**]; ④ Sorge tragen, Vorsorge treffen, sorgen *(de re; Dat.; m. ut, ne)* [**de re frumentaria; saluti hominum**]; *(Abl. abs.)* **proviso** m. Vorbedacht; ⑤ vorsichtig sein; ⑥ im Voraus besorgen, beschaffen [**frumentum exercitui**].

**prōvidus**, a, um *(provideo)* ① vorhersehend [**mens;** *(m. Gen.)* **rerum futurarum**]; ② vor-

P

sorgend, vorsorglich *(für etw.: Gen.)*; ❸ vorsichtig.

**prōvincia**, ae *f* ❶ Provinz, *unterworfenes Gebiet außerhalb Italiens;* **civitatem in -am redigere** zur Provinz machen; **-ae praeesse;** ❷ **a)** Provinz Kleinasien; **b)** Provinz Afrika, *das ehemalige Gebiet v. Karthago;* **c)** die Provence *(der östl. Teil der Gallia Narbonensis);* ❸ *(meton.)* Verwaltung einer Provinz, Statthalterschaft; **-am alci dare** *od.* **tradere;** ❹ Amt, Wirkungskreis [**iuris dicendi**]; ❺ Oberbefehl, Kommando [**classis, maritima** über die Flotte, zur See]; ❻ Geschäft, Dienst.

**Imperium Romanum**

**prōvincia** – So nannten die Römer unterworfenes Land als Verwaltungseinheit und lebten in der Hauptstadt Rom genüsslich von den Abgaben der Provinzen, ihrer Hauptsteuerquelle. Bis heute verstehen wir unter „provinziell" die Verachtung der Großstädter gegenüber dem Leben in der „Provinz", den Gegenden fern der Hauptstadt.
In Süddeutschland richteten die Römer seit 15 v. Chr. unter Tiberius und Drusus die Provinzen Raetia (vom Bodensee bis an den Inn) und Noricum (vom Inn bis Wien) ein.

**prōvinciālis** *(provincia)* **I.** *Adj.* e ❶ Provinz-, in der Provinz [**administratio; ornamenta** eines Beamten in der Provinz]; ❷ zur Provence gehörig; **II.** *Subst.* is *m, meist Pl.* Provinzbewohner.

P

**prōvīsiō**, ōnis *f (provideo)* ❶ Voraussicht; ❷ Vorsorge, Fürsorge *(für u. gegen etw.: Gen.)*; ❸ Vorsicht.

**prōvīsor**, sōris *m (provideo) (m. Gen.)* ❶ *(nachkl.)* derjenige, der etw. voraussieht; ❷ *(poet.)* derjenige, der für etw. Vorsorge trifft.

**prōvīsus**[1] *P. P. P. v. provideo.*

**prōvīsus**[2], *Abl.* ū *m (provideo) (nachkl.)* ❶ Sehkraft; ❷ Voraussicht; ❸ Fürsorge, Vorsorge.

**prō-vīvō**, vīvere, vīxī, – *(nachkl.)* weiterleben.

**prōvocātiō**, iōnis *f (provoco)* ❶ Herausforderung *zum Kampf;* ❷ Berufung [**adversus iniuriam magistratuum; ad populum**].

**prōvocātor**, tōris *m (provoco)* ❶ Herausforderer *zum Kampf;* ❷ *besondere Art v. Gladiatoren.*

**prō-vocō**, vocāre ❶ *(poet.)* herausrufen; ❷ auffordern, anregen, reizen [**alqm iniuriis; plebem comitate ac munificentiā; officia** zu Dienstleistungen]; ❸ zum (Wett-)Kampf herausfordern; ❹ *(jur. t. t.)* Berufung einlegen, appellieren [**ad populum**]; ❺ sich auf jmd. berufen [**ad Catonem**].

**prō-volō**, volāre hervorstürzen, -eilen.

**prō-volvō**, volvere, volvī, volūtum ❶ vorwärtswälzen, vorwärtsrollen; ❷ *(übtr.) pass.* vertrieben werden [**fortunis** aus seinem Besitz]; ❸ **se ~** *u. mediopass.* **provolvi** sich niederwerfen [**alci ad pedes**]; ❹ *(nachkl.) (übtr.) mediopass.* **provolvi** herabsinken, sich erniedrigen.

**proximē** *s. prope.*

**proximitās**, ātis *f (proximus) (poet.)* ❶ Nähe, Nachbarschaft; ❷ nahe Verwandtschaft; ❸ Ähnlichkeit.

**proximō** *Adv. (proximus, s. prope)* ganz kürzlich, neulich.

**proximum**, ī *n (proximus, s. prope)* ❶ *Sg. u. Pl.* **a)** Nachbarschaft, der nächste Punkt; **b)** das Nächstfolgende; ❷ nächste Verwandtschaft.

**proximus** *s. prope.*

**prūdēns**, *Gen.* entis *(< providens)* ❶ wissentlich, absichtlich; ❷ *einer Sache* kundig, in etw. erfahren *(m. Gen.; m. Inf. od. A. C. I.)* [**rei militaris; locorum**]; ❸ klug, verständig, einsichtsvoll [**vir; consilium; in iure civili; ad consilia**].

**prūdentia**, ae *f (prudens)* ❶ das Vorherwissen [**futurorum**]; ❷ Kenntnis, Wissen [**iuris civilis**]; ❸ Klugheit, Einsicht, Umsicht.

**pruīna**, ae *f* ❶ Reif *(gefrorener Tau), auch Pl.;* ❷ *(poet.) (übtr.)* Schnee, *auch Pl.;* ❸ *(poet.) (meton.) Pl.* Winter.

**pruīnōsus**, a, um *(pruina) (poet.)* voll Reif, bereift.

**prūna**, ae *f (poet.; nachkl.)* glühende Kohle.

**prūniceus**, a, um *(vgl. prunum) (poet.)* aus Pflaumenholz.

**prūnum**, ī *n (gr. Fw.) (poet.; nachkl.)* Pflaume.

**prytanēum** *u.* **prytanīum**, ī *n (gr. Fw.)* Rathaus *in griech. Städten.*

**prytanis**, is *m (gr. Fw.)* Prytane, Oberbeamter *in griech. Städten.*

**psallō**, psallere, psallī, – *(gr. Fw.)* die Zither spielen; zur Zither singen.

**psaltērium**, ī *n (gr. Fw.)* zitherartiges Saiteninstrument, Psalter.

**psaltria**, ae *f (gr. Fw.)* Zitherspielerin.

**psēphisma**, atis *n (gr. Fw.)* Volksbeschluss *einer griech. Volksversammlung.*

**Pseudo-catō**, ōnis *m* ein falscher Cato.

**psithia**, ae *f (psithius) (poet.) eine Rebensorte.*

**psithius**, a, um *(gr. Fw.) (poet.; nachkl.)* Rosinen- [**vitis** *eine Traubensorte, die bes. zur Rosinenbereitung diente*].

**psittacus**, ī *m (gr. Fw.) (poet.; nachkl.)* Papagei.

**Psōphis**, idis *f Stadt im Nordwesten Arkadiens.*

**psȳchomantīum**, ī *n (gr. Fw.)* Totenorakel.

**psȳchrolūtēs**, ae *m (gr. Fw.) (nachkl.)* der kalt Badende.

**-pte** *Suffix an Poss.- u. Personalpron., klass.*

*nur an die Ablative der Poss. Pron. angehängt* besonders, hauptsächlich; **meopte ingenio; suāpte manu**.

**Pteleum**, ī *n Hafenstadt in Thessalien.*

**Pthīa** = *Phthia.*

**pthisicus, pthisis** = *phthis...*

**ptisana**, ae *f (gr. Fw.) (nachkl.)* Gerstengrütze.

**ptisanārium**, ī *n (ptisana) (poet.)* Aufguss v. Gerstengrütze *od.* Reis.

**Ptolomaeus** *u.* **Ptolemaeus**, ī *m Name griech. Diadochenfürsten in Ägypten;* – **Ptolomāis**, idis *f Name einiger Städte in Ägypten u. Phönizien.*

**pūbēns**, *Gen.* entis *(vgl. pubes[1]) (poet.)* saftig *(v. Pflanzen).*

**pūbertās**, ātis *f (pubes[1])* ❶ *(nachkl.)* Mannbarkeit, Geschlechtsreife; *(meton.)* Zeugungskraft; ❷ erstes Barthaar.

**pūbēs[1]**, *Gen.* eris ❶ mannbar, erwachsen; – *Subst.* **pūberēs,** rum *m* waffenfähige Mannschaft; ❷ *(poet.; nachkl.) (übtr., v. Pflanzen)* saftig, kräftig [**herba**].

**pūbēs[2]**, is *f* ❶ junge Mannschaft, waffenfähige Jugend [**Italiae**; *übtr.* **indomita taurorum** Jungherde]; ❷ *(poet.)* Männer, Volk [**agrestis**]; ❸ *(poet.; nachkl.)* Unterleib, Schoß; Scham(gegend).

**pūbēscō**, pūbēscere, pūbuī, – *(pubes[1])* ❶ mannbar, erwachsen werden; ❷ *(übtr.)* heranwachsen, -reifen; ❸ *(poet.; nachkl.)* sich m. etw. überziehen.

**pūblicānus** *(publicus)* **I.** *Subst.* ī *m* Steuerpächter; **II.** *Adj.* a, um des Steuerpächters.

**Imperium Romanum**

**pūblicānus** – Publicani waren Pächter der römischen Steuereinnahmen. In der Republik beauftragte der Staat den meistbietenden Unternehmer (aus dem Ritterstand) zur Sicherung der Staatsfinanzen. Der publicanus zahlte an die Staatskasse im Voraus und versuchte mit Gewinn die Provinzbevölkerung „zur Kasse zu bitten“. Finanzämter im modernen Sinn entstanden erst in der Kaiserzeit (über quaestores und procuratores).

**pūblicātiō**, ōnis *f (publico)* Einziehung, Konfiskation [**bonorum**].

**pūblicē** *Adv. (publicus)* ❶ öffentlich, im Namen des Staates [**frumentum polliceri**]; ❷ im Interesse des Staates [**litteras mittere**]; ❸ auf Staatskosten [**efferri** bestattet werden; **vesci**]; ❹ allgemein, insgesamt.

**Pūblicius**, a, um *röm. nomen gentile;* **clivus ~** *Hauptaufgang zum Aventin.*

**pūblicō**, pūblicāre *(publicus)* ❶ für den Staat beschlagnahmen, einziehen, konfiszieren; ❷ *(nachkl.)* zum öffentl. Gebrauch freigeben [**Aventinum** zum Anbau freigeben]; ❸ *(nachkl.)* preisgeben [**pudicitiam**]; ❹ *(nachkl.)* öffentl. zeigen, öffentl. hören lassen [**studia sua**]; ❺ *(nachkl.)* veröffentlichen.

**pūblicum**, ī *n (publicus)* ❶ Staatsgebiet, Gemeindeland; ❷ Staatskasse, -schatz; **in -um redigere** *od.* **referre** konfiszieren; ❸ Staatseinkünfte, Steuern, *meist Pl.;* ❹ Staatsmagazin; **frumentum in -um conferre;** ❺ Staat, Gemeinwesen; ❻ Öffentlichkeit, öffentl. Ort, öffentl. Straße; **in -um prodire** öffentl. ausgehen; **legem in -o** *od.* **in -um proponere** öffentl. bekannt machen.

**pūblicus**, a, um *(Adv. -ē, s. d.)* ❶ öffentlich, Volks-, staatlich, Staats- [**loca; pecunia** Staatsgelder; **dii** Nationalgottheiten; **iniuria** gegen den Staat; **litterae** *od.* **tabulae** Staatsurkunden; **poena** vom Staat auferlegt]; **bono -o** zum Vorteil des Staates; **malo -o** zum Schaden des Staates; – **rēs pūblica a)** Staat, Staats-, Gemeinwesen; **rem -am administrare; b)** Staatsverwaltung, -gewalt; **rem -am suscipere / capessere; in re -a versari** polit. tätig sein; **sentire eadem de re -a** polit. gleich gesinnt sein; **c)** Staatsvermögen, -schatz; **d)** Staatswohl, -interesse; **alqd e re -a est** liegt im Interesse des Staates; **e re -a facere alqd** im Interesse des Staates; ❷ im Namen, auf Kosten des Staates (stattfindend) [**ludi**]; ❸ allgemein (üblich, gebräuchlich) [**verba; officia**].

**pudeō**, pudēre, puduī, – ❶ sich schämen; ❷ m. Scham erfüllen, beschämen; ❸ *unpers.* **mē pudet,** (*Perf.* puduit *u.* puditum est) ich schäme mich, *meist alqm alcis rei od. alcis: jmd. schämt sich einer Sache od. vor jmdm., das Neutr. eines Pron. steht im Nom., auch m. Inf. od. m. Sup.* [**stultitiae; deorum hominumque; dictu**]; – *P. Adj.* **pudēns,** *Gen.* entis schamhaft, schüchtern; bescheiden; *Subst.* **pudentēs,** tium *m* ehrbare Leute; **pudendus**, a, um schändlich, schimpflich.

**pudibundus**, a, um *(pudeo) (poet.)* verschämt, schamhaft.

**pudīcitia**, ae *f (pudicus)* Schamhaftigkeit, Keuschheit; – *personif.* **Pudīcitia** *Göttin der Schamhaftigkeit.*

**pudīcus**, a, um *(pudeo)* schamhaft, keusch, ehrbar [**taeda** Hochzeitsfackel].

**puditum est** *s. pudeo 3.*

**pudor**, ōris *m (pudeo)* ❶ Scham(gefühl), Scheu *(über, vor, wegen etw., vor jmdm.: Gen.)* [**famae** vor der Nachrede]; **~ est** *u.* **pudori est** *(m. Inf.)* ich schäme mich *od.* man schämt sich; ❷ Ehrgefühl, Ehrenhaftigkeit; ❸ Schamhaftigkeit, Keuschheit; ❹ Schüch-

P

ternheit; ⑤ Schmach, Schande; **pudori esse** Schande bereiten; ⑥ *(poet.)* Schamröte.

**puduī** *Perf. v. pudeo.*

**puella**, ae *f* ① Mädchen; ② *(poet.)* Tochter; ③ *(poet.)* Geliebte; ④ *(poet.; nachkl.)* junge Frau.

**puellāris**, e *(puella) (poet.; nachkl.)* mädchenhaft, jugendlich.

**puellula**, ae *f (Demin. v. puella) (poet.)* Mägdlein, nettes Mädchen.

**puer**, erī *m* ① Kind, *meist Pl.;* **a puero** *bzw.* **a pueris** v. Kindheit an; ② Knabe, Junge; ③ *(poet.)* Sohn; ④ junger Mann; ⑤ *(poet.)* Junggeselle; ⑥ Diener, Knecht.

**puerīlis**, e *(puer)* ① kindlich, knabenhaft, jugendlich [**vox; facies**]; ② kindisch [**animus**].

**puerīlitās**, ātis *f (puerilis) (nachkl.)* kindisches Benehmen.

**pueritia**, ae *f (puer)* Kindheit, Knabenalter.

**puer-pera**, ae *f (pario) (poet.; nachkl.)* die Kreißende, Wöchnerin.

**puerperium**, ī *n (puerpera) (nachkl.)* Kindbett, Niederkunft.

**puerperus**, a, um *(puerpera) (poet.)* die Entbindung fördernd.

**puertia** *(poet.) synk. = pueritia.*

**puerulus**, ī *m (Demin. v. puer)* Bürschchen.

**pūga**, ae *f (gr. Fw.) (poet.)* Steiß.

**pugil**, ilis *m* (*Abl. Sg.* pugilī, *Gen. Pl.* pugilum) *(vgl. pug-nus)* Faustkämpfer.

**pugilātus**, ūs *m (pugil)* Faustkampf.

**pugillārēs**, rium *m u.* **pugillāria**, rium *n (poet.; nachkl.)* die Schreibtäfelchen.

**pugillātus** = *pugilatus.*

**pūgiō**, ōnis *m (pungo)* Dolch.

**pūgiunculus**, ī *m (Demin. v. pugio)* kleiner Dolch.

**pūgna**, ae *f (pugno)* ① Faustkampf, Schlägerei; ② *(poet.)* Kampfspiel, Wettkampf; ③ Kampf, Schlacht, Gefecht [**equestris; navalis**]; **-ā decertare** bis zur Entscheidung kämpfen; **-am facere** *u.* **committere cum alqo;** ④ *(meton.)* Schlachtreihe, -linie; ⑤ *(übtr.)* (Wort-)Streit.

**pūgnācitās**, tātis *f (pugnax) (nachkl.)* Streitlust.

**pūgnātor**, ōris *m (pugno)* Kämpfer, Streiter.

**pūgnātōrius**, a, um *(pugnator) (nachkl.)* Fechter-.

**pūgnāx**, *Gen.* ācis *(pugno)* ① kampflustig, kriegerisch; ② *(übtr.)* streitlustig [**oratio**]; ③ eigensinnig, hartnäckig.

**pūgnō**, pūgnāre *(pugnus)* ① kämpfen, fechten, ein Gefecht liefern [**ex equo; cum hoste; contra adversarios; inter se; pro patria; pro / de libertate**]; – **pūgnāntēs** die Kämpfer; ② *(übtr.)* im Streit liegen, streiten, uneinig sein [**cum natura;** *(m. Dat.)* **amori** gegen die Liebe; **habenis** am Zügel zerren; **de dis**]; ③ (sich) widersprechen; **pugnantia loqui** Widersprüchliches; ④ nach etw. streben, sich um etw. bemühen *(m. ut, ne; id, hoc, illud m. folg. ut, ne; in alqd; Inf.; A. C. I.).*

**pūgnus**, ī *m* ① Faust; ② *(meton.)* **a)** Faustschlag; **b)** *(poet.) Sg. u. Pl.* Faustkampf; **c)** *(nachkl.)* eine Hand voll.

**pulchellus**, a, um *(Demin. v. pulcher)* hübsch.

**pulcher**, chra, chrum ① schön; ② vortrefflich, herrlich, rühmlich [**exemplum; animus; origo**]; ③ *(poet.)* tapfer; **proles pulcherrima bello;** ④ glücklich, behaglich [**dies**]; / *Adv.* **pulchrē a)** schön, herrlich, vortrefflich [**dicere; facere**]; **b)** gut, wohl [**intellegere**].

**pulchritūdō**, dinis *f (pulcher)* ① Schönheit; ② *(übtr.)* Vortrefflichkeit, Herrlichkeit.

**pūlēium**, ī *n* ① Flohkraut, Polei *(eine wohlriechende Pflanze);* ② *(übtr.)* sanfte Tonart.

**pullārius**, ī *m (pullus[1])* Hühnerwärter.

**pullātus**, a, um *(pullus[2]) (nachkl.)* schwarz gekleidet; – *Subst.* **pullātī,** ōrum *m* Leute in Arbeitskitteln, das niedere Volk.

**pullulō**, pullulāre *(pullus[1])* ① *(poet.)* keimen, ausschlagen; ② *(übtr.)* um sich greifen; **luxuria incipiebat ~;** ③ *(poet.)* v. etw. wimmeln *(v. etw.: Abl.).*

**pullum**, ī *n (pullus[2]) (poet.)* dunkle Farbe; *Pl.* dunkle Kleidung.

**pullus[1]**, ī *m* ① Junges, junges Tier; ② Hühnchen, *bes.* Weissagehuhn; ③ *(poet.; nachkl.) (übtr.) als Kosewort* Hühnchen.

**pullus[2]**, a, um ① dunkel(farbig), schwärzlich [**vestis** *u.* **toga** Trauerkleid]; ② *(poet.) (übtr.)* trauervoll, todbringend [**stamina** Fäden der Parzen].

**pulmentārium** *(pulmentum) (poet.; nachkl.) = pulpamentum.*

**pulmentum**, ī *n (poet.)* Fleischspeise.

**pulmō**, ōnis *m* Lunge; *Pl.* die Lungenflügel.

**pulpa**, ae *f (nachkl.)* Fleisch.

**pulpāmentum**, ī *u.* **pulpāmen**, minis *n (pulpa)* Beilage, Fleisch(speise).

**pulpitum**, ī *n (poet.; nachkl.)* Brettergerüst, Bühne; Katheder.

**pulsātiō**, ōnis *f (pulso)* ① das Schlagen, Stoßen; ② *(meton.)* Schläge, Prügel.

**pulsō**, pulsāre *(Intens. v. pello)* ① heftig *od.* wiederholt schlagen, klopfen, stoßen [**fores; ariete muros; sidera** stoßen an; **sagittam** abschießen; **humum** stampfen]; ② prügeln, misshandeln [**legatos**]; ③ *(poet.)* vertreiben; **pulsatos divos referre;** ④ *(übtr.)* erschüttern, beunruhigen [**corda**]; ⑤ beeindrucken; ⑥ *(poet.)* zu etw. treiben.

**pulsus[1]** *P. P. P. v. pello.*

**pulsus[2]**, ūs *m (pello)* ① Stoß, Schlag [**equorum** das Stampfen; **remorum** Ruderschlag]; ② *(übtr.)* Eindruck, Anregung.

**pulvereus**, a, um *(pulvis) (poet.; nachkl.)* ❶ aus Staub, Staub- [**nubes**]; ❷ staubig [**solum**]; ❸ staubend.
**pulverulentus**, a, um *(pulvis)* ❶ staubig; ❷ *(poet.) (übtr.)* mühevoll.
**pulvīllus**, ī *m (Demin. v. pulvinus) (poet.)* kleines Kissen.
**pulvīnar**, āris *n (pulvinus)* ❶ Götterpolster *(beim Göttermahl);* ❷ *(meton.)* **a)** *(meist Pl.)* Göttermahl *(= lectisternium);* **b)** Tempel; ❸ Polstersitz, *bes. der röm. Kaiser.*
**pulvīnārium**, ī *n (pulvinus)* Götterpolster.
**pulvīnus**, ī *m* ❶ Kissen, Polster; ❷ *(nachkl.)* Gartenbeet.
**pulvis**, veris *m (u. f)* ❶ Staub, *auch* Sand, Asche; ❷ Glasstaub, *in den die Mathematiker geometrische Figuren zeichneten;* ❸ *(poet.)* Ton, Töpfererde; ❹ *(poet.) (meton.)* Rennbahn, Kampf-, Ringplatz; **domitare in pulvere currūs;** ❺ *(übtr.)* Schauplatz *einer Tätigkeit,* Feld, Bahn; **procedere in pulverem et solem** öffentl. auftreten; ❻ *(poet.)* Mühe, Anstrengung; **palma sine pulvere** ohne Anstrengung, mühelos errungen.
**pūmex**, micis *m (u. f) (poet.; nachkl.)* ❶ Bimsstein *(bes. zum Glätten der Bücherrolle u. der Haut verwendet);* **poliuntur pumice frontes (libri)** ; ❷ ausgehöhltes Gestein, *bes.* Lava, *auch Pl.*
**pūmiceus**, a, um *(pumex) (poet.)* aus Bimsstein *od.* aus Lava.
**pūmicō**, pūmicāre *(pumex) (poet.; nachkl.)* mit Bimsstein glätten [**frontem**].
**pūmicōsus**, a, um *(pumex) (nachkl.)* bimssteinartig, porös.
**pūmiliō**, ōnis *m (nachkl.)* Zwerg.
**pūnctim** *Adv. (pungo)* stichweise.
**pūnctiuncula**, ae *f (pungo) (nachkl.)* leichter Stich.
**pūnctum**, ī *n (pungo)* ❶ *(poet.; nachkl.)* Stich, *bes. eines Tieres;* ❷ *(poet.; nachkl.)* Punkt *als Interpunktionszeichen;* Auge *auf dem Würfel;* ❸ *(b. Auszählen durch einen Punkt bezeichnete)* (Wahl-)Stimme; **quot -a tulisti?** wie viele Stimmen hast du bekommen?; ❹ *math.* Punkt *als kleinste, unteilbare Größe;* Pünktchen; ❺ winzige Fläche, kleines Stückchen; ❻ *(übtr.)* Augenblick; ❼ *(in der Rede)* kurzer Abschnitt.
**pungō**, pungere, pupugī, pūnctum ❶ stechen; ❷ *(übtr.)* **a)** kränken; **b)** beunruhigen.
**Pūnic...** *s. Poenus.*
**pūniō**, pūnīre *u.* **pūnior**, pūnīrī *(poena)* ❶ (be-)strafen [**alqm supplicio**]; ❷ rächen [**necem alcis**]; ❸ sich an jmdm. rächen [**inimicos**].
**pūnītiō**, ōnis *f (punio)* Bestrafung.
**pūnītor**, ōris *m (punio)* Rächer.
**pūpilla**, ae *f* verwaistes Mädchen, Waise.
**pūpillāris**, e *(pupillus)* Waisen-.
**pūpillus**, ī *m* Waisenknabe, Mündel.
**puppis**, is *f* ❶ Hinterdeck *des Schiffes,* Heck; ❷ *(poet.)* Schiff.
**pupugī** *Perf. v. pungo.*
**pūpula**, ae *f* ❶ Pupille; ❷ *(poet.) Pl.* Augen.
**pūpulus**, ī *m (poet.; nachkl.)* Bübchen.
**pūrgāmen**, minis *n (poet.) (purgo)* ❶ Schmutz, Kehricht [**Vestae** aus dem Vestatempel]; ❷ Sühnemittel [**caedis**].
**pūrgāmentum**, ī *n (purgo)* Schmutz, *auch Pl.*
**pūrgātiō**, ōnis *f (purgo)* ❶ Reinigung; *m. u. ohne alvi* das Abführen; ❷ *(übtr.)* Rechtfertigung.
**pūrgō**, pūrgāre *(purus)* ❶ reinigen, säubern *(auch übtr.)* [**urbem** v. Verrätern]; – *Pass. (poet.)* sich reinigen *(v. etw.: Akk. od. Gen.):* **purgatus morbi** geheilt von; ❷ *(poet.) (übtr.)* reinigen, sühnen [**crimen gladio**]; ❸ rechtfertigen, entschuldigen [**facinus** wiedergutmachen; **probra** widerlegen]; ❹ jmd. v. etw. freisprechen *(alqm [de] re u. alcis rei)* [**de luxuria**].
**pūriter** *Adv. v. purus (poet.).*
**purpura**, ae *f (gr. Fw.)* ❶ Purpur(farbe) [**violae**]; ❷ *(meton.)* **a)** Purpurkleid; *m. einem Purpurstreifen verbrämtes* Amtskleid; **b)** Purpurdecke; ❸ *(poet.; nachkl.)* hohes Amt.
**purpurāscō**, purpurāscere *(purpura)* dunkelrot werden.
**purpurātus**, ī *m (purpura)* Höfling.
**purpureus**, a, um *(gr. Fw.)* ❶ purpurn, dunkelrot [**anima** Blut]; dunkel [**mare**]; ❷ *(poet.) (meton.)* **a)** in Purpur gekleidet [**rex**]; **b)** m. einer Purpurdecke geschmückt [**torus**]; ❸ *(poet.) (übtr.)* glänzend, prächtig.
**purpurissum**, ī *n (gr. Fw.) (nachkl.)* Purpurfarbe.
**pūrulentus**, a, um *(pus) (nachkl.)* eitrig; – *Subst.* **-a**, ōrum *n* noch rohe Fleischstücke.
**pūrum**, ī *n (purus)* Reingewinn.
**pūrus**, a, um *(Adv.* -ē *u. [poet.]* puriter*)* ❶ rein, gereinigt, sauber [**manus; aqua; aedes**]; ❷ klar, hell, heiter [**sol; aether**]; ❸ einfach, ohne Zusatz, rein, bloß [**vestis / toga** ohne Purpurstreifen; **argentum** glatt, ohne Verzierung]; ❹ *(v. Örtl.)* frei, unbebaut [**campus (ab arboribus)** ]; ❺ *(rel. t. t.)* **a)** v. der Trauer befreit, entsühnt; **b)** *(v. Örtl.)* unentweiht, unbetreten; **c)** *(poet.)* entsühnend [**arbor** die Fichte]; ❻ rechtschaffen, unbefleckt, schuldlos, rein von *(von etw.: ab u. Abl., bl. Abl. od. Gen.);* **forum caede -um; cor sceleris -um; -e vitam agere;** ❼ *(rhet. t. t.)* schlicht, schmucklos [**genus dicendi**].
**pūs**, pūris *n (poet.; nachkl.)* Eiter; *(übtr.)* **~ atque venenum** Gift u. Galle.
**pusillus**, a, um ❶ winzig; ❷ *(übtr.)* kleinlich [**animus**]; ❸ *(poet.; nachkl.)* geringfügig [**causa**].

**pūsiō**, ōnis *m* Knäblein.
**pussula** *u.* **pustula**, ae *f (poet.; nachkl.)* Hautbläschen, Pustel.
**puta** *Adv. (eigtl. Imp. v. puto) (poet.; nachkl.)* zum Beispiel, nämlich.
**putāmen**, minis *n* Schale.
**putātiō**, ōnis *f (puto)* das Beschneiden *der Bäume u. Weinstöcke.*
**putātor**, ōris *m (puto) (poet.; nachkl.)* jmd., der Bäume *od.* Weinstöcke beschneidet.
**puteal**, ālis *n (putealis)* ❶ Brunneneinfassung; ❷ Blitzmal *(geweihte, ummauerte, vom Blitz getroffene Stelle).*
**puteālis**, e *(puteus) (poet.)* Brunnen-.
**puteārius**, ī *m (puteus)* Brunnenbauer.
**pūteō**, pūtēre, pūtuī, – *(vgl. pus)* verfault riechen, stinken *(nach etw.: Abl.).*
**Puteolī**, ōrum *m Küstenstadt in Kampanien zw. Neapel u. Cumä, j.* Pozzuoli; – *Einw. u. Adj.* **Puteolānus**, ī *m bzw.* a, um; – **Puteolānum**, ī *n Landgut Ciceros bei P.*
**puter**, tris, tre *u.* **putris**, e *(pus, puteo)* ❶ *(poet.)* faul(ig); ❷ morsch, verfallen [**fanum**]; ❸ *(poet.; nachkl.)* locker [**glaeba**]; ❹ *(poet.)* welk, matt [**oculi** schmachtend].
**pūtēscō**, pūtēscere, pūtuī, – *(Incoh. v. puteo)* (ver)faulen.
**puteus**, ī *m* ❶ *(poet.)* Grube; ❷ Brunnen.
**pūtidiusculus**, a, um *(Demin. v. putidior, Komp. v. putidus)* etw. zudringlicher.
**pūtidus**, a, um *(puteo)* ❶ faul, moderig; ❷ *(poet.) (übtr.)* welk, matt; ❸ widerlich, zudringlich; ❹ *(rhet.)* gesucht, geziert, unnatürlich.
**pūtīscō** = *putesco.*
**putō**, putāre ❶ meinen, glauben *(meist m. A. C. I., im Pass. m. N. C. I., wobei esse oft ausgelassen wird);* **satis dictum puto; putares** *(Potentialis der Vergangenheit)* man hätte glauben können; ❷ halten für, ansehen als, schätzen *(alqm u. alqd m. Gen. pretii; m. pro; in u. Abl.; m. dopp. Akk.)* [**magni** hoch schätzen, **pluris** höher, **plurimi** am höchsten, **parvi** gering, **minoris** geringer, **nihili** gleich nichts; **alqd pro nihilo; alqm in amicorum numero** jmd. zu seinen Freunden rechnen; **se beatum**]; – *Pass.* gelten für *(m. dopp. Nom.);* ❸ erwägen, überlegen *(m. Akk. od. A. C. I.)* [**multa (cum corde)** ]; ❹ bereinigen, in Ordnung bringen; ❺ *(poet.) (Bäume u. Weinstöcke)* beschneiden.
**putrē-faciō**, facere, fēcī, factum *(puter)* ❶ in Fäulnis übergehen lassen; – *Pass.* **putrēfīō** (ver)faulen; ❷ *(übtr.)* locker, mürbe machen.
**putrēscō**, putrēscere, – – *(puter) (poet.; nachkl.)* verfaulen, vermodern.
**putridus**, a, um *(puter)* faul, morsch, schlaff.
**putris**, e *s. puter.*
**pūtuī** *Perf. v. puteo u. putesco.*
**putus**[1], ī *m (poet.)* Knabe.
**putus**[2], a, um *(übtr.)* glänzend.
**pycta** *u.* **pyctēs**, ae *m (gr. Fw.) (poet.; nachkl.)* Faustkämpfer.
**Pydna**, ae *f Stadt im südl. Makedonien, Schlacht 168 v. Chr.; – Einw.* **Pydnaeī**, ōrum *m.*
**pȳga** = *puga.*
**Pygmaeī**, ōrum *m* die Pygmäen, *myth.* Zwergvolk; – *Adj.* **Pygmaeus**, a, um der Pygmäen; zwerghaft.
**Pygmaliōn**, ōnis *m* ❶ *Enkel des Agenor, König v. Zypern, Bildhauer, verliebte sich in eine v. ihm geschaffene Mädchenstatue (Ov. Met.);* ❷ *König v. Tyrus, Bruder der Dido.*
**Pyladēs**, ae *u.* is *m treuer Freund des Orestes;* – *Adj.* **Pyladēus**, a, um.
**pylae**, ārum *f (gr. Fw.)* (Eng-)Pass, *bes.* **Pylae** *(= Thermopylae)* die Thermopylen; – *Adj.* **Pylāicus**, a, um bei den Thermopylen.
**Pylos** *u.* **-us**, ī *f* ❶ *Stadt im südwestl. Messenien;* ❷ *Stadt im südl. Elis, Sitz des Nestor;* – *Adj.* **Pylius**, a, um, *als Subst. m* = Nestor.
**pyra**, ae *f (gr. Fw.) (poet.)* Scheiterhaufen.
**pȳramis**, idis *f (gr. Fw.)* Pyramide.
**Pȳramus**, ī *m Geliebter der Thisbe.*
**Pyriphlegethōn**, ontis *m Feuerstrom in der Unterwelt, gew. Phlegethon.*
**pyrōpus**, ī *m (gr. Fw.) (poet.; nachkl.)* Goldbronze.
**Pyrr(h)a**, ae *f* ❶ *Gattin des Deukalion;* ❷ *Stadt auf Lesbos.*
**Pyrrhias**, adis *f* Mädchen aus Pyrrha *(Stadt auf Lesbos).*
**Pyrrhō**, ōnis *m Philosoph aus Elis, Zeitgenosse Alexanders des Gr., Begründer der skeptischen Schule;* – **Pyrrhōnēī**, ōrum *m* Anhänger des Pyrrho, Skeptiker.
**Pyrrhus**, ī *m* ❶ = *Neoptolemus;* ❷ *König v. Epirus (um 280 v. Chr.), Feind der Römer.*
**pyrricha**, ae *f (gr. Fw.) (nachkl.)* dorischer Waffentanz.
**Pȳthagorās**, ae *m Philosoph u. Mathematiker aus Samos um 550 v. Chr.; – Adj.* **a) Pȳthagorēus**, a, um; *Subst.* **-us**, ī *m* Schüler des P., Pythagoreer; **b) Pȳthagoricus**, a, um; *als Subst. m* Schüler des P.
**pȳthaulēs**, ae *m (gr. Fw.) (nachkl.)* Flötenspieler *im Drama.*
**Pȳthia** *s. Pytho.*
**Pȳthō**, ūs *f ältester Name v. Delphi u. Umgebung;* – *Adj.* **Pȳthi(c)us**, a, um pythisch, delphisch; – *Subst.* **Pȳthia**, ae *f Orakelpriesterin Apollos in Delphi;* **Pȳthia**, ōrum *n* die Pythischen Spiele *b. Delphi.*
**Pȳthōn**, ōnis *m v. Apollo erlegte große Schlange b. Delphi.*
**pyxis**, idis *f (gr. Fw.)* Büchse *(bes. f. Salben u. Arzneien).*

P

# Qq

**Q.** *(Abk.)* ❶ *(als Vorname)* = *Quintus;* ❷ = *-que, z. B.: S. P. Q. R. = senatus populusque Romanus.*

**quā**[1] *(Abl. Sg. f v. qui*[1]*, erg. viā od. parte) Adv.* ❶ *(interr.)* auf welchem Wege?, wo?; *(übtr.)* auf welche Weise?, wie?; ❷ *(relat.)* **a)** wo, da wo; **b)** wohin; **c)** wie; **d)** *(poet.)* insoweit, insofern; **effuge, qua potes;** ❸ **qua ... qua** teils ... teils, sowohl ... als auch; ❹ *(indef., enklitisch)* irgendwie, etwa; **ne qua** damit nicht etwa; **si qua** wenn etwa.

**qua**[2] *s. quis, qui*[1].

**quā-cumque** *u.* **-cunque** *(erg. viā) Adv.* ❶ wo nur immer, überall wo; ❷ wie auch immer.

**quādam-tenus** *Adv. (quidam) (poet.; nachkl.)* bis zu einem gewissen Punkt, gewissermaßen.

**Quadī**, ōrum *m germ. Stamm im jetzigen Mähren.*

**quadra**, ae *f (quattuor) (poet.; nachkl.)* ❶ viereckiges Stück, Scheibe [**panis**]; ❷ Brotscheibe.

**quadrāgēnārius**, a, um *(quadrageni) (nachkl.)* vierzigjährig.

**quadrāgēnī**, ae, a *(Gen. quadragenum) (quadraginta)* je vierzig.

**quadrāgē(n)sima**, ae *f (quadrage[n]simus) (nachkl.) (erg. pars)* der Vierzigste *als Abgabe.*

**quadrāgē(n)simus**, a, um *(quadraginta)* der vierzigste.

**quadrāgiē(n)s** *Adv. (quadraginta)* vierzigmal; *bes. (erg. sestertium)* vier Millionen Sesterzen.

**quadrāgintā** *(quattuor) (undekl.)* vierzig.

**quadrāns**, rantis *m (Abl. Sg.* quadrante; *Gen. Pl.* -tum) *(quadro)* ❶ *(nachkl.)* Viertel; ❷ *(als Münze)* Viertelas *(Eintrittspreis in den öffentl. Bädern); übh.* Heller, Groschen.

**quadrantārius**, a, um *(quadrans)* ❶ ein Viertelas kostend; ❷ auf ein Viertel ermäßigt.

**quadrātum**, ī *n (quadratus)* Viereck; Quadrat.

**quadrātus**, a, um *(quadro)* viereckig [**saxum, lapis** Quaderstein; **agmen** in Schlachtordnung marschierend].

**quadri-** *(quattuor) in Zusammensetzungen:* vier; *s. auch quadru-.*

**quadrī-duum**, ī *n (dies; vgl. biduum)* Zeitraum v. vier Tagen, vier Tage.

**quadri-ennium**, ī *n (annus; vgl. biennium)* Zeitraum v. vier Jahren, vier Jahre.

**quadri-fāriam** *Adv. (vgl. bifariam)* vierfach, in vier Teile.

**quadri-fidus**, a, um *(findo) (poet.)* in vier Teile gespalten [**quercus**].

**quadrīgae**, ārum *f (Sg.* quadrīga *nicht klass.) (< *quadri-iugae, v. quattuor u. iugum)* Viergespann; *(meton.)* vierspänniger Wagen [**falcatae** Sichel-, Streitwagen].

**Imperium Romanum**

**quadrīgae** – Die Quadriga ist der von vier nebeneinander gespannten Pferden gezogene Wagen. Ihre Entwicklung reicht vom Kampfwagen für den Krieg zum antiken Sportwagen für Wagenrennen und zum Ehrenwagen für römische Kaiser bis hin zum Prägebild für Münzen. Und heute thront die Quadriga, 1789 von Johann Gottfried Schadow entworfen, mit der Siegesgöttin (ursprünglich der Friedensgöttin) auf dem Brandenburger Tor in Berlin. Eine wechselvolle Geschichte!

**quadrīgālis**, e *(quadrigae) (poet.)* aus einem Viergespann.

**quadrīgārius**, ī *m (quadrigae)* Wagenlenker *des Viergespanns im Zirkus,* Wettfahrer.

**quadrīgātus**, a, um *(quadrigae)* mit einem Viergespann *als Gepräge* [**nummus**].

**quadri-iugis**, e *(poet.)* = *quadriiugus.*

**quadri-iugus**, a, um *(iugum)(poet.; nachkl.)* vierspännig; – *Subst.* **quadriiugī,** ōrum *m (erg. equi)* Viergespann.

**quadrīmus**, a, um *(quadri- u. hiems; vgl. bimus)* vierjährig.

**quadringēnārius**, a, um *(quadringeni)* aus je vierhundert Mann bestehend.

**quadringēnī**, ae, a *(quadringenti)* je vierhundert.

**quadringentēsimus**, a, um *(quadringenti)* der vierhundertste.

**quadringentī**, ae, a *(quadri- u. centum)* vierhundert.

**quadringentiē(n)s** *Adv. (quadringenti)* vierhundertmal.

**quadri-partītus** *u.* **-pertītus**, a, um *(Adv. -ō) (partior)* in vier Teile geteilt, vierfach.

**quadri-pedāns, -pēs, -plex** = *quadru...*

**quadri-rēmis** *(remus)* **I.** *Adj.* e mit vier Reihen v. Ruderbänken [**navis**]; **II.** *Subst.* is *f (Abl. Sg.* -ī) Vierruderer.

**quadri-vium**, ī *n (via) (poet.)* Kreuzweg.

**quadrō**, quadrāre *(quattuor)* **I.** *trans.* ❶ viereckig machen; ❷ vollständig machen, abschließen [**orationem** rhythmisch abschließen]; **II.** *intr.* ❶ viereckig sein; ❷ passen, sich schicken; ❸ *(der Zahl nach)* stimmen.

**quadru-** *s. auch quadri-.*

**quadrum**, ī *n (quattuor) (rhet. t. t.)* gehörige Form; **in -um redigere**.

**quadru-pedāns**, *Gen.* antis *(quadrupes)* **I.** *Adj. (poet.; nachkl.)* auf vier Füßen gehend, galoppierend; **quadrupedante sonitu** in schallendem Galopp; **II.** *Subst. m u. f (poet.)* Pferd.

**quadru-pēs**, pedis *m u. f* vierfüßiges Tier, *bes.* Pferd.

**quadru-plātor**, ōris *m* ❶ *(gewerbsmäßiger)* Denunziant *(der ein Viertel der Strafgelder od. des Vermögens des Beschuldigten erhält);* ❷ bestechlicher Richter.

**quadru-plex**, *Gen.* plicis *(vgl. duplex)* **I.** *Adj.* vierfach; vier; **II.** *Subst. n* das Vierfache.

**quadru-plum**, ī *n* das Vierfache.

**quadrupul...** = *quadrupl...*

**quaeritō**, quaeritāre *(Intens. v. quaero) (poet.)* ❶ eifrig suchen [**alqm terrā marique**]; ❷ eifrig fragen, forschen; ❸ erwerben, verdienen.

**quaerō**, quaerere, quaesīvī *u.* quaesiī, quaesītum ❶ (auf)suchen [**suos; regem**]; ❷ etw. zu erwerben, zu gewinnen suchen; erwerben, erlangen, gewinnen [**armis gloriam atque divitias; sibi / alci honores; occasionem fraudis** *u.* **locum insidiis** auf eine Gelegenheit lauern]; ❸ (be)fragen, sich erkundigen, etw. zu erfahren suchen *(m. Akk. u. de; alqd ex, ab od. de alqo: jmd. nach etw. fragen; m. indir. Frages.)* [**oracula; causas**]; **quid quaeris?** *u.* **noli ~** was fragst du noch?, m. einem Wort; **si quaeris** wenn du Weiteres wissen willst; ❹ wissenschaftlich untersuchen; ❺ gerichtlich untersuchen, ein Verhör anstellen *(alqd, de re, de alqo);* **de alqo in alqm ~** jmd. *(auf der Folter)* zum Nachteil jmds. befragen [**in dominos de servis**]; ❻ sich beraten, etw. untersuchen *(alqd od. de re)* [**sententiam; de tanta re**]; ❼ auf etw. sinnen, nach etw. trachten [**fugam; novum consilium**]; ❽ wünschen, begehren [**heredem in regnum**]; ❾ vermissen, sich sehnen nach *(m. Akk.)* [**auxilium alcis**]; ❿ *(m. Inf.)* sich bemühen; ⓫ zufügen [**alci ignominiam**]; ⓬ *(v. Sachen als Subj.)* erfordern; **collis munimenta quaerebat**.

**quaesītor**, ōris *m (quaero)* Untersuchungsrichter.

**quaesītum**, ī *n (quaero) (poet.)* ❶ Erworbenes; ❷ Frage.

**quaesītus**, a, um *(P. Adj. v. quaero)* ❶ *(nachkl.)* gesucht, geziert; ❷ ausgesucht, außerordentlich [**honores**].

**quaesīvī** *Perf. v. quaero.*

**quaes(s)ō**, quaes(s)ere, – – *(vgl. quaero)* ❶ bitten *(meist* quaeso *als Einschub, bes. in Verbindung m. einem Imp.; auch alqm u. ab alqo, m. ut, ne od. m. bl. Konj.);* ❷ *(poet.)* fragen.

**quaesticulus**, ī *m (Demin. v. quaestus)* kleiner Gewinn.

**quaestiō**, ōnis *f (quaero)* ❶ Frage, Befragung; Verhör; ❷ Untersuchung; **rem in quaestionem vocare** untersuchen; ❸ gerichtliche Untersuchung, Verhör [**rerum capitalium** wegen Kapitalverbrechen; **de morte alcis; inter sicarios** wegen Meuchelmordes]; ❹ Folterung; ❺ Gerichtshof; **quaestioni praeesse** *od.* **praepositum esse** den Vorsitz führen; **quaestiones perpetuae** ständige Schwurgerichte; ❻ *Pl.* Aussagen; ❼ Untersuchungsprotokoll; ❽ wissenschaftliche Untersuchung; ❾ Gegenstand der Untersuchung, Thema [**de natura deorum**].

**quaestiuncula**, ae *f (Demin. v. quaestio)* kleine (wissenschaftliche) Frage.

**quaestor**, ōris *m (quaero)* Quästor: ❶ *(in der Königszeit)* Untersuchungsrichter für Mordfälle; ❷ *(während der Republik)* Finanzbeamter f. die Verwaltung der Staatskasse, Schatzmeister *(urspr. 2, seit 421 v. Chr. 4, seit 267 v. Chr. 8, zuletzt, seit Sulla, 20):* **quaestores urbani** *od.* **aerarii** *die in Rom als Verwalter der Staatskasse blieben;* **quaestores provinciales** *gingen in die Provinzen, wo sie die Steuern einnahmen, Sold zahlten u. Ä.;* ❸ *(in der Kaiserzeit)* Geheimschreiber.

**quaestōrium**, ī *n (quaestorius)* ❶ Zelt des Quästors *im Lager;* ❷ Amtswohnung des Quästors *in der Provinz.*

**quaestōrius** *(quaestor)* **I.** *Adj.* a, um ❶ quästorisch, des Quästors [**comitia** Tributkomitien zur Wahl der Quästoren; **aetas** das für die Quästur erforderliche Alter]; ❷ mit dem Rang eines Quästors [**legatus**]; **II.** *Subst.* ī *m* gewesener Quästor.

**quaestuōsus**, a, um *(quaestus)* ❶ Gewinn bringend, einträglich; ❷ gewinnsüchtig; ❸ *(nachkl.)* sich bereichernd.

**quaestūra**, ae *f (quaestor)* Amt eines Quästors, Quästur.

**quaestus**, ūs *m (quaero)* ❶ Erwerb, Gewinn [**frumentarius**]; **quaestui habere alqm** sich auf Kosten jmds. bereichern; **quaestui est alqd** man zieht Vorteil aus etw.; ❷ Gewerbe; Hurengewerbe.

**quālis**, e ❶ *(interr.)* wie beschaffen? was für einer?; ❷ *(relat.)* dergleichen, wie *(m. u. ohne korrespondierendes talis);* ❸ *(indef.)* irgendwie beschaffen.

**quālis-cumque**, quāle-cumque ❶ *(relat.)* wie beschaffen auch immer; ❷ *(indef.)* jeder ohne Unterschied.

**quālis-libet**, quāle-libet von beliebiger Beschaffenheit.
**quālis-nam**, quāle-nam wie beschaffen denn?
**quālitās**, tātis *f (qualis)* Beschaffenheit.
**quāliter** *Adv. (v. qualis) (poet.; nachkl.)* (gleich)-wie.
**quālus**, ī *m u.* **-um**, ī *n (poet.; nachkl.)* geflochtener Korb.
**quam** *Adv. (Akk. Sg. f v. qui[1], erg. viam)* **I.** *(interr. u. im Ausruf)* wie sehr, wie, *bei Adj. u. Adv., seltener bei Verb. u. Subst.;* – **quam non** wie wenig; **II.** *(relat.)* wie, als ❶ **a)** *m. korrespondierendem tam; – oft ist* **tam … quam** *durch* sowohl … als auch *zu übersetzen;* – **non tam … quam** nicht so sehr … als vielmehr: **non tam vires quam mores laudo; b)** *mit ausgelassenem tam:* **quam voles saepe** sooft du willst; ❷ **a)** *nach Komp.:* **maior / minor / plus / magis / potius quam; proelium atrocius quam pro numero pugnantium** als im Verhältnis zu; – **quam ut** *u.* **quam qui** *m. Konj.* als dass; **b)** *nach komp. Begriffen wie malo, praestat, alius, aliter; auch nach komp. Zeitbegriffen wie prius, ante, antea, post, postea, postridie* = als, nachdem; ❸ *b. Superl. (m. u. ohne possum)* = möglichst; **quam maximus numerus** eine möglichst große Zahl; **quam primum** möglichst bald; **Caesar quam celerrime potuit in Galliam profectus est** so schnell er konnte, möglichst schnell.
**quam-diū** **I.** *Adv.* wie lange? *(in dir. u. indir. Frage);* **II.** *Kj.* solange (als).
**quam-dūdum** *Adv.* wie lange? seit wann?
**quam-libet** (u. **-lubet**) *Adv.* ❶ *(poet.)* wie beliebt; ❷ *(poet.; nachkl.)* so sehr auch, noch so (sehr).
**quam-ob-rem** *Adv.* ❶ *(interr.)* warum? weshalb?; ❷ *(relat.)* weshalb; ❸ *(als relat. Anschluss)* (und) deshalb.
**quam-prīmum** *Adv.* möglichst bald, sobald als möglich.
**quam-quam** *Kj.* ❶ obgleich, obwohl, *klass. m. Ind.;* ❷ *(im Hauptsatz)* indessen, jedoch, freilich.
**quam-vīs** *(eigtl.* „wie [sehr] du willst") **I.** *Adv.* beliebig, noch so; ~ **multi** beliebig viele; **divitiae ~ magnae** noch so großer Reichtum; **II.** *Kj.* wenn auch noch so sehr, wie sehr auch, obgleich, *klass. meist m. Konj.;* – **quamvis non** *m. Konj.* so wenig auch.
**quā-nam** *Adv.* wo denn?
**quandō** **I.** *Adv.* ❶ *(interr.)* wann *(dir. u. indir.);* ❷ *(indef.) nach si, nisi, ne, num* (irgend)einmal, je(mals); **II.** *Kj. m. Ind.* ❶ *(temporal)* als; **tum, quando** damals, als; ❷ *(kausal)* da, weil.
**quandō-cumque** *Adv.* ❶ *(relat.)* wann (nur) immer; ❷ *(indef.) (poet.)* irgendeinmal.
**quandō-que** **I.** *Adv.* irgendeinmal; **II.** *Kj.* ❶ *(temporal)* wann immer, sooft (nur); ❷ *(kausal)* weil, da.
**quandō-quidem** *Kj.* da nun einmal, da ja.
**quanquam** = *quamquam.*
**quantitās**, ātis *f (quantus) (nachkl.)* Größe, Menge.
**quant-opere** *u.* **quantō opere** *Adv. (quantus u. opus)* ❶ *(interr.)* wie sehr? in wie hohem Grade? *(meist in indir. Fragen);* ❷ *(relat.)* so sehr wie, wie sehr *(oft m. korrespondierendem tantopere).*
**quantulus**, a, um *(Demin. v. quantus)* ❶ *(interr. u. im Ausruf)* wie klein, wie gering, wie wenig; ❷ *(relat.)* wie wenig, so wenig wie.
**quantulus-cumque** (*u.* **-cunque**), a-cumque, um-cumque wie klein (gering) auch immer, so wenig auch.
**quantum-vīs** *(quantusvis) (poet.)* so sehr auch, obgleich.
**quantus**, a, um **I.** ❶ *(interr. u. im Ausruf)* wie groß, wie viel, welch, *auch* wie klein, wie gering, wie wenig; ❷ *(relat.)* so groß wie, so viel als (wie), *oft m. korrespondierendem tantus;* **II.** ❶ *Subst. (Nom Neutr.)* **quantum** *(interr., im Ausruf u. relat.)* wie viel *(m. u. ohne Gen.); auch* wie wenig; **quantum ad alqm** *od.* **ad alqd** *(erg. attinet)* was … betrifft, hinsichtlich; **in quantum** inwieweit, sofern; ❷ *(Akk. Neutr. als Adv.)* **quantum** so viel, insoweit, inwiefern; **quantum possum; quantum fieri potest;** ❸ *(Gen. pretii)* **quantī** wie hoch, wie teuer; ❹ *(Abl. mensurae)* **quantō** (um) wie viel, wie sehr, wie weit, *b. Komp. u. komp. Begriffen;* **quanto praestat** wie viel besser ist er!; *bes.* **quantō … tantō** *m. Komp.* je … desto.
**quantus-cumque**, a-cumque, um-cumque wie groß auch immer, wie viel auch immer; *auch* wie klein (wie wenig) auch immer.
**quantus-libet**, a-libet, um-libet beliebig groß; – *Neutr.* **quantumlibet** noch so sehr.
**quantus-vīs**, a-vīs, um-vīs *(volo[2])* beliebig groß, beliebig viel [**copiae** jede noch so große Streitmacht]; *s. auch quantumvis.*
**quā-propter** *Adv.* ❶ *(interr.)* warum? weshalb?; ❷ *(relat.)* weswegen; *(im relat. Anschluss)* (und) deswegen.
**quāque** *(eigtl. Abl. Sg. f v. quisque) s. usquequaque.*
**quā-rē** *Adv. (eigtl. Abl. Sg. v. quae res)* ❶ *(interr.)* wodurch?; warum?; ❷ *(relat.)* wodurch; weswegen; *(im relat. Anschluss)* (und) deswegen, daher.
**quārta**, ae *f (quartus; erg. hora) (poet.)* die vierte Stunde; **ad -am iacere** bis 9 Uhr.
**quārtadecumānī**, ōrum *m (quartus u. decimus) (nachkl.)* Soldaten der 14. Legion.

**quārtāna**, ae *f (quartanus; erg. febris)* Wechselfieber.
**quārtānus**, a, um *(quartus)* viertägig (wiederkehrend); – *Subst.* **quārtānī,** ōrum *m (nachkl.)* Soldaten der vierten Legion.
**quārtārius,** ī *m (quartus)* Viertel *eines Flüssigkeits- od. Getreidemaßes, bes. eines sextarius.*
**quārtus** *(quattuor)* **I.** *Adj.* a, um der vierte [**pars; legio**]; – *Adv.* **-um** *u. (poet.; nachkl.)* **-ō** zum vierten Mal; **II.** *Subst.* ī *m* ❶ *(erg. liber)* das vierte Buch; ❷ *(nachkl.) (erg. lapis)* der vierte Meilenstein.
**quārtus-decimus**, a, um der vierzehnte.
**qua-si** *(< quam si)* **I.** *Kj.* ❶ *(m. Ind.)* (gleich)wie, *oft m. korrespondierendem ita, sic;* ❷ *(m. Konj.)* wie wenn, als ob; *bes.* **quasi vero** gerade wie wenn, gerade als ob: **quasi vero mihi difficile sit; II.** *Adv.* ❶ (gleich)wie; ❷ gewissermaßen, gleichsam; **philosophia laudatarum artium ~ parens; ~ corpus** Scheinkörper; – *verstärkt durch quidam:* **mors est quaedam ~ migratio commutatioque vitae;** ❸ ungefähr, fast *(meist b. Zahlbegriffen);* **unus ~ animus; hora ~ septima.**
**quasillum,** ī *n u.* **-us,** ī *m (Demin. v. qualum, qualus)* Spinnkörbchen.
**quassātiō**, ōnis *f (quasso)* heftiges Schütteln.
**quassō**, quassāre *(Intens. v. quatio)* **I.** *trans.* ❶ *(poet.; nachkl.)* heftig schütteln, schwingen, erschüttern [**hastam; caput**]; ❷ zerschlagen, zerschmettern; **classis ventis quassata;** ❸ *(übtr.)* zerrütten; **res publica quassata; II.** *intr. (poet.)* rasseln.
**quassus[1]**, *Abl.* ū *m (quatio)* das Schütteln.
**quassus[2]** *P. P. P. v. quatio.*
**quate-faciō**, facere, fēcī, – *(quatio)* erschüttern.
**quā-tenus I.** *Adv.* ❶ *(interr., nur indir.)* **a)** bis wie weit? wie weit? *(lokal u. übtr.);* **b)** wie lange? auf wie lange?; ❷ *(relat.)* **a)** insofern; **b)** inwieweit; **II.** *Kj. (poet.; nachkl.) (kausal)* da ja (doch), weil.
**quater** *Adv. (quattuor)* viermal.
**quaternī**, ae, a *(quattuor)* je vier.
**quā-tinus** = *quatenus.*
**quatiō**, quatere, –, quassum ❶ schütteln, schwingen [**hastam; faces; caput; aquas** *(vom Wind)* ]; ❷ erschüttern [**terram**]; ❸ schlagen, stoßen [**fenestras** an die Fenster pochen]; ❹ zerschlagen, zerschmettern; *bes. P. P. P.* **quassus** [**muri** geborsten; **naves** leck geworden; **faces** Stückchen Kienholz]; ❺ (zer)stampfen; ❻ *(poet.)* jagen, treiben; ❼ *(übtr.)* **a)** aus der Fassung bringen, erschüttern [**mentem alcis**]; **b)** *(poet.)* zerrütten, zugrunde richten [**oppida bello** m. Krieg heimsuchen].
**quattuor** *(undekl.)* vier.
**quattuor-decim** *(undekl.) (decem)* vierzehn.
**quattuorvirātus**, ūs *m (quattuorviri)* Amt der Viermänner.
**quattuor-virī**, ōrum *m* Viermänner *(Kollegium v. vier Männern).*
**-que** *Kj. (enklitisch angehängt)* ❶ und, *zur verbindenden Anreihung an das Vorhergehende;* **senatus populusque Romanus; terrā marique; ius fasque; longe lateque;** ❷ *(zur Anknüpfung v. Ähnlichem)* (und) auch, und desgleichen; ❸ *-que bleibt im Deutschen unübersetzt: nach multi, tot, pauci u. Ä.* **multa graviaque vulnera** viele schwere Wunden; ❹ und daher, und somit; ❺ *(b. Übergang vom Besonderen zum Allgemeinen)* und überhaupt; **Iuppiter diique immortales;** ❻ *(erklärend)* und zwar, das heißt; **pervenerunt ad Rhenum finesque Germanorum;** ❼ *(kontrastierend)* und doch; **dives miserque;** ❽ *(adversativ)* aber, *bes. (nach Negationen)* sondern, vielmehr; ❾ *(b. Zahlen)* oder, bis; **ter quaterque;** ❿ *(korrespondierend)* **-que ... -que** sowohl ... als auch, teils ... teils; **noctesque diesque.**
**quem-ad-modum** *Adv. (auch getr.)* ❶ *(interr.)* auf welche Weise? wie?; ❷ *(relat.)* (gleich)wie, so wie.
**queō**, quīre, quīvī *(u.* quiī), quitum können, vermögen, *meist m. Negation.*
**quercētum** = *querquetum.*
**querceus**, a, um *(quercus) (nachkl.)* Eichen- [**corona**].
**quercus**, ūs *f (Gen. Pl.* quercōrum) ❶ Eiche; ❷ *(poet.) (meton.)* Eichenlaub; Eichenkranz.
**querēla** *u.* **querella**, ae *f (queror)* ❶ Klage, Wehklage *(jmds.: Gen.; über etw.: Gen. od. de)* [**temporum**]; ❷ Beschwerde *(über, geg.: de re; de alqo, cum alqo);* **-as apud alqm habere de alqo** Beschwerde führen; ❸ *(poet.; nachkl.)* Klagelaut *der Tiere,* Klageton *der Flöte;* ❹ *(nachkl.)* Unpässlichkeit.
**queribundus**, a, um *(queror)* klagend.
**querimōnia**, ae *f (queror)* Klage, Beschwerde *(jmds.: Gen.; über etw.: Gen. od. de).*
**queritor**, queritārī *(Intens. v. queror) (nachkl.)* heftig klagen.
**quern(e)us**, a, um *(quercus) (poet.; nachkl.)* Eichen-.
**queror**, querī, questus sum ❶ (be)klagen, jammern *(abs., m. Akk. od. de)* [**mortem; de iniuriis**]; ❷ sich beklagen, sich beschweren *(über: Akk. od. de; bei, vor jmdm.: cum alqo, alci od. apud alqm; m. A. C. I. od. quod)* [**iniurias; de alcis superbia; apud senatum de alqo**]; **queri cum** *u. Abl. auch:* hadern mit, sich beschweren über [**cum deis**]; ❸ *(poet.)* Klagelaute ausstoßen, klagend anstimmen; ❹ *(poet.) (v. Tieren)* klagend zwitschern, winseln *u. Ä.*

Q

**querquētulānus**, a, um *(querquetum) (nachkl.)* mit einem Eichenhain, Eichen-; **mons Querquetulanus** *der spätere Caelius.*
**querquētum**, ī *n (quercus) (poet.)* Eichenwald, -hain.
**querulus**, a, um *(queror) (poet.; nachkl.)* ❶ klagend, kläglich [**tibia**]; ❷ sich beklagend, weinerlich [**senex**]; ❸ knarrend.
**questiō**, ōnis *f (queror)* Klage.
**questus**[1], ūs *m (queror)* Klage, Wehklage.
**questus**[2] *P. P. Akt. v. queror.*
**quī**[1], quae, quod *Pron.* ❶ *(interr., dir. u. indir.)* **a)** *(adj.)* welcher? welche? welches? was für ein? wie beschaffen?; **qui cantus dulcior inveniri potest?; scribis te velle scire, qui sit rei publicae status; b)** *(subst., selten u. fast nur im indir. Frages.)* wer? was für einer? was?; ❷ *(im verwunderten Ausruf)* welcher, welch ein; ❸ *(relat.)* **a)** der, die, das; welcher, welche, welches; wer, was; – *Besonderheiten:* a) *b. Beziehung auf einen ganzen Satz steht das Neutr.* **quod** *od. (häufiger)* **id quod;** b) **qui** = derjenige, welcher *statt is, qui;* c) *Verschränkung:* **quā prudentiā es** *(= eā prudentiā quā es)* **nihil te fugiet** bei deiner Klugheit wird dir nichts entgehen; d) *subst.* **quod** *(m. Gen.)* so viel von, an etw.; **quod frumenti;** e) *Abl.* **quō** *m Komp.* (um) wie viel, umso; – **quō ... eō** je ... desto; **b)** *(im relat. Anschluss) = et is, hic autem, is enim u. Ä.* und dieser, aber dieser, denn dieser; **quo fiebat** und so kam es; **quo facto** nachdem dies aber geschehen war; **ex quo** und seitdem; **quae cum ita sint** unter diesen Umständen; – *Modus: während gew. im attrib. Relativsatz der Ind. steht, wird in folg. Fällen der Konj. gesetzt:* a) *in der oratio obliqua;* b) *konsekutiv* = sodass er; *bes.* **dignus / indignus / aptus / idoneus qui; sunt / inveniuntur / nemo est / quis est qui; nihil est quod** *u. a.;* **nemo tam humilis erat, cui non aditus ad eum pateret** dass ihm nicht; **quis est, qui dicere audeat;** c) *final* = damit er; **missi sunt, qui consulerent;** d) *kausal* = da er; **tum demum dux, qui nihil antea providisset, trepidare coepit;** – *verstärkt* **quippe qui** da er ja; **praesertim qui** zumal da er; e) *konzessiv* = obgleich er; **qui egentissimus fuisset, erat insolens;** f) *beschränkend* = soweit er, soviel er; **quod sciam** soviel ich weiß; ❹ *(indef.)* **quī, qua** *(seltener* **quae***)*, **quod**, *Neutr. Pl.* qua, *selten* quae, *meist in Nebensätzen, enklitisch angelehnt an ein anderes Wort, bes. an si, nisi, ne, num, cum, ubi:* **a)** *(adj.)* irgendein; **b)** *(subst.)* irgendwer, jemand, irgendetwas *(meist dafür quis bzw. quid).*
**quī**[2] *Adv.* ❶ *(interr.)* wie? wie denn? warum?; **qui fit, ut** wie kommt es, dass?; ❷ *(relat.)* wodurch, womit, wovon; **habeo, qui utar** ich habe zu leben; ❸ *(indef.)* irgendwie; ❹ *(in Verwünschungsformeln)* wenn doch.
**quia** *(eigtl. Akk. Pl. n v. quis „in Beziehung auf was?")* **I.** *Kj. (m. Ind.)* weil; **II.** *(Pron. interr.) (poet.)* ❶ **quiane** etwa weil?; ❷ **quianam** warum denn?
**quia-nam, quia-ne** *s. quia.*
**quic-quam** *s. quisquam.*
**quic-quid** *s. quisquis.*
**quī-cumque, quae-cumque, quod-cumque** *Relativpron.* ❶ wer auch immer, jeder der, *Neutr.* was auch immer, alles was *(subst. u. adj.);* **quacumque ratione** *u.* **quocumque modo** auf jede Weise, unter allen Umständen; *quodcumque auch m. Gen.:* **quodcumque est lucri** aller Gewinn; ❷ wie beschaffen auch immer = *qualiscumque.*
**quī-dam, quae-dam, quid-dam** *(subst.) u.* **quod-dam** *(adj.)* ❶ ein gewisser, (irgend)ein, *subst.* jemand, *n* etwas, *Pl.* einige, etliche; **quodam modo** gewissermaßen; **quodam tempore** zu einer gewissen Zeit; ❷ gewissermaßen ein, sozusagen ein, *oft in Verbindung m. quasi, tamquam, velut(i);* **Plato philosophorum quasi deus quidam;** ❸ ganz, geradezu *zur Verstärkung eines Adj.;* **novum quoddam genus dicendi**.
**quidem** *Adv. (enklitisch)* ❶ *(bekräftigend, versichernd)* gewiss, sicherlich, gerade, ja; **cum omnes fugiebant, tu ~ fortiter resistebas; nos ~** wir unsererseits; *– oft, bes. beim Pron., nur durch stärkere Betonung des Beziehungswortes wiederzugeben:* **his ~ verbis** m. den *od.* diesen Worten; ❷ *(einschränkend)* wenigstens, freilich; ❸ *(entgegenstellend)* jedoch, allerdings; ❹ *(einräumend)* zwar, *bes.* **quidem ... sed** zwar ... aber; ❺ *(erklärend)* nämlich, zwar; **si ~** wenn nämlich; ❻ **nē ... quidem** nicht einmal.
**quid-nī** *Adv.* warum nicht?, *m. einem Verb im Konj., selten ohne Verb.*
**quiēs**, ētis *f* ❶ Ruhe, Erholung; **quietem capere** genießen; **quieti se dare** sich hingeben; **quietem dare** *od.* **praestare alci** gönnen; *(m. Gen. subi.)* **~ senectutis** die das Alter gewährt; *(m. Gen. obi.)* **~ laborum** Ruhe von; *(m. ab)* **a proeliis quietem habere;** *(m. Gen. der Zeitdauer)* **~ paucorum dierum**; ❷ Schlaf [**alta** tiefer]; ❸ *(nachkl.)* Traum(bild); ❹ *(poet.)* Nacht; ❺ *(poet.)* Todesschlaf; ❻ *(poet.; nachkl.)* das Schweigen, Stille; ❼ Friede; ❽ *(polit.)* **a)** ruhiges Verhalten, Zurückgezogenheit *vom Staatsleben;* **b)** Neutralität.
**quiēscō**, quiēscere, quiēvī, quiētum *(quies)* ❶ (aus)ruhen; ❷ ruhig liegen; ❸ schlafen; ❹ sich ruhig verhalten, untätig zusehen;

Q

❺ *(poet.)* verstummen, schweigen; **iam quiescebant voces hominumque canumque;** ❻ *(polit.)* **a)** Frieden halten; neutral bleiben; **b)** Privatmann sein, sich v. der Politik zurückziehen; ❼ *(poet.; nachkl.)* zur Ruhe kommen, Ruhe haben; ❽ *(nachkl.)* etw. ruhen lassen, m. etw. aufhören *(m. Akk.)*.

**quiētus**, a, um *(quiesco)* ❶ ruhig, still [**aequor; amnis** ruhig fließend]; ❷ *(nachkl.)* ruhend, schlafend; ❸ sich ruhig verhaltend, untätig [**exercitus**]; ❹ frei v. Kampf *od.* Unruhe, friedlich [**res publica**]; – **quiēta,** ōrum *n* die öffentl. Ruhe; ❺ in Ruhe, ungestört; **-e vitam agere;** ❻ zurückgezogen *vom Staatsleben* [**vita**]; ❼ *(polit.)* neutral; ❽ gelassen, ruhig [**sermo**]; **-e ferre alqd;** ❾ bedächtig; ❿ energielos.

**quiēvī** *Perf. v. quiesco.*

**quiī** *s. queo.*

**quī-libet, quae-libet, quid-libet** *(subst.) u.* **quod-libet** *(adj.)* jeder Beliebige, der erste Beste *(auch getr.);* **quilibet unus** *u.* **unus quilibet** einer, wer er auch sei; **quibuslibet temporibus** zu allen Zeiten.

**quīn** (< **qui-ne* „warum nicht?") **I.** *Adv. in Hauptsätzen* ❶ warum (denn) nicht?; ❷ ja sogar, ja vielmehr, *meist* **quin etiam,** *auch* **quin contra** (*od.* **potius** *od.* **et**); **II.** *Kj. m. Konj.* ❶ dass *od. Inf. m. „zu" nach verneinten Ausdrücken des Zweifelns, Hinderns, Widerstrebens, Unterlassens u. Ä.;* **non multum afuit, quin** es fehlte nicht viel daran, dass; **facere non possum (***od.* **fieri non potest), quin** es ist nicht anders möglich, als dass; ❷ *konsekutiv für ut non* (so) dass nicht, ohne dass, ohne zu, *wenn das Präd. des übergeordneten Satzes verneint ist;* ❸ *f. den Nom. qui non, quae non, quod non* der nicht, *bes. nach nemo est, nihil est, quis est, quid est;* **nemo est, quin sciat** es gibt niemanden, der nicht wüsste = jeder weiß; ❹ **non quin** nicht als ob nicht.

**quī-nam, quae-nam, quod-nam** *Pron. interr.* welcher denn? was für einer denn? *(dir. u. indir.).*

**Quīnctiliānus, Quīnctīlis** *s. Quint…*

**Quīnctius**, a, um *röm. nomen gentile:* ❶ *s. Cincinnatus;* ❷ **T. ~ Flāminīnus** *Besieger Philipps V. v. Makedonien 197 v. Chr.; / Adj.* **Quīnctiānus**, a, um.

**quīnc-ūnx**, ūncis *m (quinque u. uncia)* ⁵/₁₂ *eines zwölfteiligen Ganzen:* ❶ *(poet.) (als Münze)* fünf Unzen (⁵/₁₂ eines As); ❷ *(nachkl.)* ⁵/₁₂ einer Erbschaft; ❸ **a)** die fünf Augen *auf dem Würfel;* **b)** *(übtr.)* Kreuzstellung ( :·: ) *(v. Pflanzen, Pfählen, Truppenabteilungen);* **in quincuncem** in schrägen Reihen, schachbrettartig.

**quīndeciē(n)s** *Adv. (quindecim)* fünfzehnmal.

**quīn-decim** *(quinque u. decem) undekl.* fünfzehn.

**quīndecim-prīmī**, ōrum *m* die 15 ersten Senatoren *eines Munizipiums.*

**quīndecimvirālis**, e *(quindecimviri) (nachkl.)* die Fünfzehnmänner betreffend.

**quīndecim-virī**, ōrum *u.* um *m, selten Sg.* quīndecimvir *(auch getr.) (poet.; nachkl.)* die Fünfzehnmänner, *Kollegium v. 15 Priestern, die die Aufsicht üb. die sibyllinischen Bücher führten.*

**quīngēnī**, ae, a *(quingenti)* je fünfhundert.

**quīngentēsimus**, a, um *(quingenti)* der fünfhundertste.

**quīn-gentī**, ae, a *(Abk. D) (quinque u. centum)* fünfhundert; *(poet.) für eine unbestimmte große Zahl, wie* „hunderte von".

**quīnī**, ae, a (*Gen. Pl. gew.* quīnum) *(quinque)* ❶ je fünf; **quini deni** je 15; **quini viceni** je 25; ❷ *(poet.)* fünf.

**quīnquāgēnī**, ae, a (*Gen. gew.* quinquagenum) *(quinquaginta)* je fünfzig.

**quīnquāgēsimus**, a, um *(quinquaginta)* der fünfzigste; – *Subst.* **-a,** ae *f (erg. pars)* ein Fünfzigstel, *bes. (als Abgabe)* der Fünfzigste.

**quīnquāgiē(n)s** *Adv. (quinquaginta) (nachkl.)* fünfzigmal.

**quīnquāgintā** *undekl. (Abk. L)* fünfzig.

**quīnquātrūs**, uum *f (quinque)* die Quinquatren, *Feste zu Ehren der Minerva:* ❶ **~ maiores** *das größere, der artifices (d. h. der Handwerker, Ärzte, Lehrer), vom 19. bis 23. März;* ❷ **~ minores** *das kleinere, der tibicines, am 13. Juni.*

**quīnque** *undekl.* fünf; *(poet.)* ein paar.

**quīnqu-ennālis**, e *(quinquennis)* fünfjährig: ❶ alle vier Jahre stattfindend [**celebritas ludorum**]; ❷ fünf Jahre dauernd [**censura**].

**quīnqu-ennis**, e *(quinque u. annus) (poet.; nachkl.)* fünfjährig: ❶ fünf Jahre alt; ❷ alle vier Jahre gefeiert [**Olympias**].

**quīnquennium**, ī *n (quinquennis)* Zeitraum v. fünf Jahren, fünf Jahre; **-i imperium** auf fünf Jahre erteilter Oberbefehl.

**quīnque-prīmī**, ōrum *m* die fünf ersten Senatoren *eines Munizipiums.*

**quīnque-rēmis** *(remus)* **I.** *Adj.* e mit fünf Reihen v. Ruderbänken, fünfruderig [**navis**]; **II.** *Subst.* is *f (Abl. Sg.* -ī) Fünfdecker.

**quīnquevirātus**, ūs *m (quinqueviri)* Amt der Fünfmänner.

**quīnque-virī**, ōrum *m* Fünfmänner *(Kollegium v. fünf Männern); – selten Sg.* **quinquevir** Mitglied des Fünfmännerausschusses.

**quīnquiē(n)s** *Adv. (quinque)* fünfmal.

**quīnqui-plicō**, plicāre *(quinque) (nachkl.)* verfünffachen.

**quīntadecimānī** *(u.* -decumānī) ōrum *m (quin-*

Q

*tusdecimus; erg. legio) (nachkl.)* Soldaten der 15. Legion.

**quīntāna**, ae *f (quintus)* Querweg *im röm. Lager zw. dem 5. u. 6. Manipel.*

**quīntānī**, ōrum *m (quintus) (nachkl.)* Soldaten der 5. Legion.

**Quīntiliānus**, a, um *röm. cogn.:* **M. Fabius ~** *Rhetor in Rom (etwa 35–96 n. Chr.).*

**Quīntīlis** *(quintus)* **I.** *Adj.* e zum fünften Monat (Juli) gehörend; **II.** *Subst.* is *m* (*Abl. Sg.* -i) *(erg. mensis)* Juli, *der fünfte Monat des alten, m. März beginnenden Kalenders, später Cäsar zu Ehren Iulius genannt.*

**Quīntius** = *Quinctius.*

**quīntus**, a, um *(quinque)* der fünfte; – *Adv.* **quīntum** *u.* **quīntō** zum fünften Mal; – *als Vorname* **Quīntus,** ī *m (Abk. Q.) u.* **Quīnta,** ae *f.*

**quīntus-decimus**, a, um der fünfzehnte.

**quippe** *Adv.* ❶ freilich, natürlich, ja, allerdings; ❷ **quippe qui** da er ja *(meist m. Konj.).*

**Quirīnālis**, e *(Quirinus)* zu Quirinus *od.* Romulus gehörig *od.* ihm geweiht [**collis** Quirinal *(Hügel nordöstl. vom Kapitol)*].

**Quirīnus I.** *Subst.* ī *m* ❶ *altröm. Kriegsgott;* ❷ *Beiname des Romulus nach seiner Vergottung;* **II.** *Adj.* a, um *(poet.)* zu Quirinus *od.* zu Romulus gehörig [**collis**]; – **Quirīna,** ae *f = tribus Quirina.*

**Quirīs**, rītis *m, meist Pl.* **Quirītēs** *s. d.*

**quirītātiō**, ōnis *f u. (nachkl.)* **quirītātus**, ūs *m (quirito)* Hilferuf, Angstschrei.

**Quirītēs,** tium *u.* tum *m (selten Sg.* Quirīs) ❶ Quiriten: **a)** röm. Vollbürger, Römer *(= cives Romani);* **ius Quiritium** röm. Vollbürgerrecht; **b)** *(poet.) Bew. der sabinischen Stadt Cures;* ❷ *(poet.) (übtr.)* Arbeitsbienen.

> **Imperium Romanum.**
> **Quirītēs** ist eine feierliche Bezeichnung für römische Bürger. **Populus Romanus Quiritesque** oder **populus Romanus Quiritium** war die offizielle Bezeichnung der römischen Bürger in zivilen, friedlichen Zusammenhängen. Die wehrhaften Bürger in Waffen hießen „Romani". Für Soldaten hatte das Wort „Quirites" eine abwertende Nebenbedeutung im Sinne von „Zivilisten" oder „Spießbürger".

**quirītō**, quirītāre um Hilfe rufen, laut schreien.

**quis**, **quid** ❶ *(interr.)* **a)** wer? was? *(subst.);* was für ein? *(adj., selten) (dir. u. indir.);* **quis tu?** wer da?; **quid tu** *(erg. dicis)?* was meinst du?; **quid tibi vis?** was fällt dir denn ein?; **quid causae est?** was geht hier vor?; **quid hoc rei est?** was bedeutet das?; **b) quid** *m. Gen.* wie viel?; **quid hominum?; c) quid** *als Adv.* was? wozu? warum? *(dir. u. indir.);* **quid plura dicam?; quid ita?** wieso?; **quid? quod** was soll man dazu sagen, dass?; ❷ *(indef.) meist subst.* irgendwer, irgendjemand, etwas; *nach si, nisi, ne, num auch adj.* irgendein(e) *(= quī, qua, quod, s. quī[1] 4).*

**quis-nam**, **quid-nam** *(auch getr.)* ❶ *(interr.)* wer denn? was denn? *(dir. u. indir.);* ❷ *(indef., nur nach num)* (etwa) jemand, (etwa) etwas.

**quis-piam**, **quae-piam**, **quid-piam** (**quippiam**) *(subst.) u.* **quod-piam** *(adj.) Pron. indef.* (irgend)jemand, irgendetwas, irgendein(e); – *Adv.* **quidpiam** *u.* **quippiam** etwas, irgendwie.

**quis-quam**, (quae-quam), **quid-quam** *od.* **quic-quam** *(der Pl. u. meist auch das Fem. werden durch ullus ersetzt) Pron. indef., meist subst. in neg. Sätzen od. in Sätzen m. neg. Sinn* (irgend)jemand, irgendeiner, (irgend)etwas; irgendein(e).

**quis-que**, **quae-que**, **quid-que** *(subst.) u.* **quod-que** *(adj.) Pron. indef.* jeder (für sich), jeder Einzelne, *meist enklitisch einem betonten Wort (Ordnungszahl, Superl., Reflexivpron., Relativpron. od. indir. fragenden Wort) nachgest.:* **a)** *b. Ordnungszahlen:* **primo quoque tempore** sobald als möglich; **prima quaque occasione** bei der ersten besten Gelegenheit; **primus quisque** einer nach dem andern; **quinto quoque anno** alle vier Jahre; **b)** *b. Superl. im Sg., nur b. Neutr. meist im Pl.:* **optimus quisque** gerade die Besten; **c)** *b. Reflexivpron.:* **pro se quisque** jeder für seinen Teil *od.* nach Kräften; **d)** *b. Relativpron. od. indir. fragenden Wörtern:* **videndum est, quid quisque sentiat**.

**quisquiliae**, ārum *f* Auswurf, Abschaum.

**quis-quis**, **quid-quid** *od.* **quic-quid** *(subst., bisw. auch adj.) u.* **quod-quod** *(adj.)* ❶ *(subst.)* **a)** wer auch immer, jeder der, was auch immer, alles was *(fast immer m. Ind.);* **quisquis ille est** er sei, wer er wolle; – *Adv.* **quidquid** je weiter, je mehr: **quidquid progredior; b)** jeder Einzelne *(= quisque);* ❷ *(adj.)* jeder beliebige, welcher auch immer; **quoquo modo** unter allen Umständen.

**quitum** *P. P. P. v. queo.*

**quīvī** *Perf. v. queo.*

**quī-vīs**, **quae-vīs**, **quid-vīs** *(subst.) u.* **quod-vīs** *(adj.) Pron. indef.* jeder Beliebige, jeder ohne Unterschied; **quivis unus** der erste Beste.

**quō**[1] *(quī[1])* ❶ *(interr.)* **a)** wohin?; **quo fugiam?;** *(m. Gen.)* **quo terrarum?; b)** *(übtr.)* bis zu welchem Grade? wie weit?, *bes. m. Gen.;* **nescitis, quo amentiae pro-**

Q

**gressi sitis; c)** wozu?, *bes. m. Akk. od. m. Inf.;* **quo tantam pecuniam?;** ❷ *(relat.)* **a)** wohin; **b)** *(im relat. Anschluss)* (und) dorthin; ❸ *(indef.)* **a)** irgendwohin; **b)** irgendwie.

**quō[2]** *(qui[1])* **I.** *Adv.* ❶ *(relat.)* **a)** wodurch, weshalb; **b)** *(im relat. Anschluss)* (und) dadurch, daher; **quo factum est, ut** u. dadurch geschah es, dass, u. so kam es, dass; ❷ *(als Abl. mensurae beim Komp.)* **a)** (um) wie viel; *bes.* **quō … eō** je … desto; **b)** *(im relat. Anschluss)* (und) umso viel, (und) desto; **II.** *Kj. m. Konj.* ❶ damit dadurch *(= ut eo);* ❷ *(vor Komp.)* damit desto, damit umso *(= ut eo);* ❸ **nōn quō** nicht als ob, nicht als wenn.

**quo-ad** *(im Vers einsilbig)* **I.** *Adv.* ❶ *(räuml.)* wie weit, so weit (als); ❷ *(übtr.)* (in)soweit (als), inwiefern; **~ cognosci possunt; II.** *Kj.* ❶ solange (als) *(m. Ind.);* ❷ bis (dass) *(m. Ind. od. Konj.).*

**quō-circā** *Adv.* deshalb.

**quō-cumque** *Adv.* wohin auch immer, wohin nur.

**quod[1]** *(urspr. Nom. bzw. Akk. Sg. n v. qui[1])* **I.** *Adv.* ❶ inwiefern, soweit; **quod potero, adiutabo senem;** ❷ weshalb, warum; *bes.* **est** *od.* **habeo** (*bzw.* **nihil est** *od.* **non est** *od.* **nihil habeo**), **quod** *m. Konj.* es ist (kein) Grund vorhanden, dass *od.* zu: **nihil habeo, quod accusem senectutem;** ❸ *(im relat. Anschluss)* (und) deshalb, darum; ❹ *(in Verbindung m. einer Kj.)* also, nun; **quod nisi; quod cum; quod ubi;** *u. a.; bes.:* **quod si** wenn also, wenn daher; **II.** *Kj.* ❶ *(kausal)* weil *m. Ind. bei tatsächlichem Grund, m. Konj. bei bloßer Annahme u. bei* **nōn quod** nicht als ob; ❷ *(faktisch, Nebensatz führt den Hauptsatz näher aus)* **a)** dass, die Tatsache dass, der Umstand dass; **bene facis, quod me adiuvas;** *bes.:* **accedit, quod** dazu kommt noch, dass; **nisi quod** außer dass; **b)** was das (an)betrifft dass, wenn; **c)** *b. den Verben der Gemütsbewegung, des Lobens u. Tadelns* darüber dass, darum dass, weil; **gaudeo, quod mihi faves;** ❸ *(zeitl.)* seitdem dass, seit; **diu est, quod.**

**quod[2]** *s. qui[1].*

**quōdam-modo** *Adv.* gewissermaßen, einigermaßen.

**quod-sī** wenn also, wenn daher.

**quō-libet** *Adv. (poet.; nachkl.)* wohin es beliebt, überallhin.

**quō-minus** *Kj. m. Konj.* ❶ *(nach den Verben des Verhinderns, Abhaltens, Abschreckens, Verweigerns u. Ä.)* dass *od. Inf. m.* „zu"; ❷ dass nicht; **per me stat** *od.* **fit** ich bin schuld daran, dass nicht.

**quō-modo** *Adv.* ❶ *(interr.)* auf welche Weise? wie? *(dir. u. indir.);* ❷ *(im Ausruf)* wie; ❸ *(relat.)* wie, sowie.

**quōmodo-nam** *Adv. (interr.)* wie denn?

**quō-nam** *Adv. (interr.)* wohin denn?

**quon-dam** *Adv.* ❶ einst(mals), ehemals; ❷ manchmal; ❸ *(poet.)* künftig, einmal.

**quon-iam** *Kj.* ❶ *(b. Übergängen in der Rede)* nachdem also; ❷ *(kausal)* da ja.

**quō-quam** *Adv. (quisquam)* irgendwohin.

**quoque** *Adv. (dem betonten Wort nachgest., nicht klass. auch vorangestellt)* auch; **ne … quoque** nicht einmal (= *ne … quidem*).

**quōque-versus** = *quoquoversus.*

**quō-quō** *Adv. (quisquis)* wohin nur immer.

**quōquō-versus** *u.* **-versum** *Adv.* nach allen Seiten hin, überallhin.

**quōrsum** *u.* **quōrsus** *Adv.* ❶ wohin? *(räuml. u. übtr.);* ❷ wozu? in welcher Absicht?

**quot** *undekl. (adj.)* ❶ *(interr.)* wie viele?; ❷ *(relat.)* so viele wie; *meist korrespondierend m. tot od. totidem;* **~ homines, tot sententiae.**

**quot-annīs** *Adv. (auch getr.) (annus)* (all)jährlich.

**quot-cumque** *undekl. (relat.)* wie viele auch immer; alle, die.

**quotēnī**, ae, a *(quot)* wie viele jedes Mal.

**quotīd…** = *cottid…*

**quotiē(n)s** *Adv. (quot)* ❶ *(interr.)* wie oft? wievielmal? *(auch im verwunderten Ausruf);* ❷ *(relat.)* sooft (wie); *bes. korrespondierend m. totie(n)s.*

**quotiē(n)s-cumque** *Adv.* sooft nur (immer).

**quot-quot** *undekl.* wie viele nur immer.

**quotus**, a, um *(quot)* der wievielte?; **hora -a est** wie viel Uhr ist es?; **-ā** *(erg. horā)* um wie viel Uhr?; – **quotus quisque** wie wenige *(im Ausruf; klass. nur im Nom. Sg.);* **quotus quisque est** *od.* **invenitur, qui** *m. Konj.* wie wenige gibt es, die?

**quotus-cumque**, quota-c …, quotum-c … *(poet.)* der Wievielte nur immer, so groß *od.* so gering nur.

**quo-usque** *Adv. (auch getr.)* ❶ *(nachkl.) (räuml.)* wie weit? bis wohin?; ❷ *(zeitl.)* wie lange (noch)? bis wann?

**quum** = *cum[2].*

# Rr

**R.** *(Abk.)* ❶ = *Romanus* (S. P. Q. R. = *senatus populusque Romanus);* ❷ = *Rufus;* ❸ **R. P.** = *res publica.*

**rabidus**, a, um *(rabies)* ❶ wütend, rasend, toll [**canes**]; ❷ *(übtr., v. Lebl.)* **a)** *(poet.; nachkl.)* rasend, ungestüm [**fames; mores**]; **b)** *(poet.)* (bis zur Raserei) begeistert.

**rabiēs**, *Akk.* -em, *Abl.* -ē *f* ❶ *(poet.; nachkl.)* Tollwut *der Tiere;* ❷ Wahnsinn; ❸ Wut, Raserei, Wildheit, Zügellosigkeit, Besessenheit [**hostilis; animi**]; ❹ *(übtr., v. Lebl.)* das Toben, Heftigkeit, Ungestüm [**caeli marisque**]; ❺ *(poet.)* rasende Begeisterung.

**rabiō**, rabere, – – *(rabies) (nachkl.)* toll sein, wüten.

**rabiōsulus**, a, um *(Demin. v. rabiosus)* etwas toll.

**rabiōsus**, a, um *(rabies)* wütend, toll.

**rabula**, ae *m* Phrasendrescher, Rechtsverdreher.

**racēmi-fer**, fera, ferum *(racemus u. fero) (poet.)* ❶ Beeren tragend; ❷ mit Trauben bekränzt.

**racēmus**, ī *m (poet.; nachkl.)* ❶ Beere, *bes.* (Wein-)Traube; ❷ *(meton.)* Traubensaft.

**radiātus**, a, um *(radius)* strahlend [**sol; lumina**].

**rādīcēscō**, rādīcēscere, – – *(radix) (nachkl.)* Wurzel schlagen.

**rādīcitus** *Adv. (radix)* ❶ *(poet.; nachkl.)* mit der Wurzel; ❷ *(übtr.)* von Grund auf, völlig.

**rādīcula**, ae *f (Demin. v. radix)* Würzelchen.

**radiō**, radiāre *u.* **radior**, radiārī *(radius) (poet.; nachkl.)* strahlen; **templa auro radiantur;** – *Subst.* **radiāns,** iantis *m* Sonne.

**radius**, ī *m* ❶ Stab, Stock; ❷ *(poet.; nachkl.)* Radspeiche; ❸ Zeichenstift *der Mathematiker;* ❹ *(poet.)* Weberschiffchen; ❺ *(poet.)* längliche Olive; ❻ Halbmesser des Kreises, Radius; ❼ (Licht-)Strahl [**solis**].

**rādīx**, īcis *f* ❶ Wurzel [**arboris**]; **radices agere** Wurzeln schlagen; ❷ *(poet.)* Rettich, Radieschen; ❸ der unterste Teil *eines Gegenstandes,* Grund, Fuß, *meist Pl.* [**montis**]; *(übtr.)* **a radicibus evertere domum** von Grund aus, gänzlich; ❹ *(übtr.)* Ursprung [**miseriarum**].

**rādō**, rādere, rāsī, rāsum ❶ *(poet.)* kratzen, schaben; ❷ *(poet.)* abreiben, glätten; ❸ *(poet.) (übtr.) (Geistiges)* feilen; ❹ *(poet.)* zerkratzen, durch Kratzen verletzen [**genas**]; ❺ *(nachkl.) (Geschriebenes)* ausstreichen [**litteram**]; ❻ abscheren, rasieren; ❼ *(poet.)* an etw. hinstreichen, etw. streifen *(m. Akk.)* [**litora** vorbeisegeln an; **ripas** bespülen].

**raeda**, ae *f (kelt. Fw.)* vierrädriger Reisewagen.

**raedārius**, ī *m (raeda)* Kutscher.

**Raetī**, ōrum *m kelt. Volk zw. Donau, Rhein u. Lech (im heutigen Graubünden, Tirol); – ihr Land:* **Raetia**, ae *f* Rätien, *röm. Provinz; – Adj.* **Raeti(c)us**, a, um, *selten* **Raetus**, a, um.

**rāmālia**, ium *n (ramus) (poet.; nachkl.)* Astwerk, Reisig.

**rāmeus**, a, um *(ramus) (poet.)* v. Zweigen.

**Ramnēs**, nium *u.* **Ramnēnsēs**, sium *m (etrusk.)* ❶ *Angehörige einer der drei ältesten patriz. Tribus in Rom (neben Luceres u. Titienses);* ❷ *Angehörige der gleichnamigen Ritterzenturie;* ❸ *(poet.) (übtr.)* **celsi Ramnes** vornehme junge Herren.

**rāmōsus**, a, um *(ramus)* astreich, vielverzweigt.

**rāmulus**, ī *m (Demin. v. ramus)* Zweiglein.

**rāmus**, ī *m* ❶ Ast, Zweig; ❷ *Pl.* Laub; **tempora** (Schläfen) **-is cingere;** ❸ *Pl. (poet.)* **a)** Baum; **b)** Baumfrüchte; ❹ *(nachkl.)* Flussarm.

**rāna**, ae *f* ❶ Frosch [**turpis** Kröte]; ❷ **~ marina** Seeteufel *(ein Fisch).*

**rancidus**, a, um *(poet.; nachkl.)* ranzig, stinkend; *(übtr.)* widerlich.

**rānunculus**, ī *m (Demin. v. rana)* Fröschlein.

**rapācitās**, tātis *f (rapax)* Raubsucht.

**rapāx**, *Gen.* pācis *(rapio)* **I.** *Adj.* ❶ *(poet.)* reißend, raffend [**ventus**]; *auch als Beiname der 21. Legion* = die reißend Schnelle; – *Subst.* **Rapācēs**, cium *m* die Soldaten der 21. Legion; ❷ *(übtr.)* fähig, sich etw. anzueignen *(m. Gen.);* ❸ (raub)gierig, räuberisch; **II.** *Subst. m* Räuber.

**rapiditās**, tātis *f (rapidus)* reißende Schnelligkeit.

**rapidus**, a, um *(rapio)* ❶ reißend (schnell), ungestüm [**flumen; equus**]; ❷ übereilt [**in consiliis**]; ❸ *(poet.)* raubgierig, wild; ❹ *(poet.; nachkl.)* verzehrend, versengend [**flamma**].

**rapīna**, ae *f (rapio)* ❶ Raub, Räuberei, *gew. Pl.;* ❷ *(poet.) (meton.)* Raub, Beute.

**rapiō**, rapere, rapuī, raptum ❶ *(poet.; nachkl.)* an sich raffen, heftig ergreifen, rasch fassen, reißen [**arma manu**]; ❷ *(poet.)* **a)** ab-, weg-, ausreißen [**aures; frondes arbore**]; **b)** zerreißen; ❸ beschleunigen, eilig ausführen, eilends zurücklegen [**fugam; cursum**]; ❹ schnell erobern [**castra urbesque**]; ❺ *(poet.; nach-*

*kl.)* genießen, benutzen [**voluptates**]; ⑥ m. Gewalt fortraffen, wegreißen, fortschleppen [**hostes vivos ex acie; pecudes**]; ⑦ **se rapere** *u. mediopass.* **rapi** forteilen, sich eilends begeben; ⑧ entreißen [**lanceam ex manibus alcis;** *übtr.* **oscula**]; ⑨ eilends hinbringen, hinschaffen lassen [**commeatum in naves**]; ⑩ entrücken, retten [**ex hoste penates**]; ⑪ jmd. vor Gericht, ins Gefängnis *u. Ä.* schleppen [**alqm in carcerem**]; ⑫ als Beute fortschleppen, rauben, erbeuten; – *Subst.* **raptum,** ī *n (poet.; nachkl.)* Raub, Beute: **(ex) rapto vivere;** ⑬ *(poet.; nachkl.)* plündern, verwüsten [**villas; campos**]; ⑭ jmd. verführen, entführen, rauben [**virgines ad stuprum**]; – *Subst.* **rapta,** ae *f* die Entführte; ⑮ sich gewaltsam aneignen, rasch an sich reißen [**imperium**]; ⑯ *(übtr.)* jmd. mit sich fortreißen, treiben, drängen; jmd. zu etw. verleiten; **alqm in adversum ~** ins Verderben stürzen; ⑰ *(poet.) (v. Tod u. Krankheit)* dahinraffen [**gentes**].

**raptim** *Adv. (rapio)* eilig, hastig.

**raptō**, raptāre *(Intens. v. rapio)* ① fortreißen, -schleppen, -zerren [**Hectora circum muros** schleifen]; ② *(nachkl.)* (be)rauben, plündern.

**raptor**, ōris *m (rapio) (poet.; nachkl.)* Räuber, Entführer, Verführer.

**raptum**, ī *n s. rapio.*

**raptus[1]** *P. P. P. u. mediopass. v. rapio.*

**raptus[2]**, ūs *m (rapio)* ① *(poet.)* das Zerreißen, der Riss; ② Raub, Entführung [**virginis**]; ③ *(nachkl.)* Räuberei, Plünderung, *meist Pl.* [**penatium** Plünderung v. Haus u. Hof].

**rapuī** *Perf. v. rapio.*

**rāpulum**, ī *n (Demin. v. rapum) (poet.)* kleine Rübe, kleiner Rettich.

**rāpum**, ī *n* ① Rübe; ② *(nachkl.)* Wurzelknollen.

**rārēscō**, rārēscere, – – *(rarus)* ① *(nachkl.)* selte-n(er) werden; ② *(poet.)* locker, dünn werden [**in aquas** sich verdünnen zu].

**rāritās**, tātis *f (rarus)* ① Lockerheit, Porosität, Weite [**terrae**]; ② Seltenheit [**dictorum**].

**rārus**, a, um *(Adv. -ō u. [selten] -ē)* ① selten, wenige [**iuventus** gelichtet; **honores**]; ② vereinzelt, zerstreut [**aedificia; loca; racemi**]; **-i proeliantur** zerstreut; **apparent -i nantes** vereinzelt, nur hier u. dort tauchen auf; ③ *(poet.; nachkl.)* locker, dünn, weit [**terra; acies; retia** weitmaschig; **silvae** lichte Waldungen; **umbra** spärlich]; ④ *(poet.; nachkl.)* ungewöhnlich, vortrefflich, außerordentlich [**avis; ingenium**].

**rāsī** *Perf. v. rado.*

**rāsilis**, e *(rado) (poet.; nachkl.)* glatt, poliert.

**rāster**, trī *m u.* **rāstrum**, ī *n (rado) (poet.; nachkl.)* Hacke, Karst.

**rāsus** *P. P. P. v. rado.*

**ratiō**, ōnis *f (reor)* ① Rechnung, Berechnung; **rationem alcis rei habere** *u.* **inire** etw. berechnen; **~ constat** die Rechnung stimmt; ② Rechenschaft; **rationem repetere (***od.* **reposcere) ab alqo** Rechenschaft v. jmdm. fordern; **rationem reddere** *od.* **referre alci** jmdm. Rechenschaft ablegen; ③ Verzeichnis, Liste [**carceris** Gefangenenliste]; ④ Geldgeschäft; **rationes explicare** abwickeln; ⑤ Angelegenheit(en), Sache [**domestica** innere Angelegenheiten]; ⑥ geschäftl. Verkehr; ⑦ Verhältnis zu jmdm., Verbindung, Verkehr; **rationem habere cum alqo** m. jmdm. in Verbindung stehen; ⑧ Verhältnis zu etw.; **pro ratione alcis rei** im Verhältnis zu etw.; ⑨ Kategorie, Gebiet; ⑩ Erwägung; ⑪ Berücksichtigung, Rücksicht, Beachtung; **rationem habere** *od.* **ducere** *(m. Gen.)* Rücksicht nehmen auf, berücksichtigen; ⑫ Vorteil, Interesse, *meist Pl.;* ⑬ vernünftiges Denken, Überlegung; **(cum) ratione alqd facere; in ratione versari** Gegenstand der Überlegung sein; ⑭ Vernunft; **homines rationis participes; te ~ ducat, non fortuna; ~ est** *(m. Inf.)* es ist vernünftig; ⑮ Ansicht, Meinung, Standpunkt; ⑯ *(politische)* Tendenz, Richtung [**bona** konservative Partei]; ⑰ vernünftiger (Beweg-)Grund, Argument; **nullā ratione** ohne allen Grund; ⑱ Beweis(führung), Begründung; **alqd rationibus confirmare;** ⑲ philos. System, Schule, Lehre [**Stoicorum**]; ⑳ theoretische Kenntnis, Theorie, wissenschaftliche Lehre; ㉑ Lehr-, Grundsatz; ㉒ Methode, Plan; **rationes vitae** Lebensplan; *im Hendiadyoin:* **~ et doctrina** methodische Unterweisung; **ratione et viā** planmäßig; ㉓ Mittel, Möglichkeit; **rationes belli gerendi;** ㉔ Verfahren, Verhalten, Art u. Weise; **qua ratione** wie?; **omni ratione** auf jede Art u. Weise; ㉕ Beschaffenheit, Zustand, Verlauf [**pontis; agminis; vitae naturaeque nostrae**].

**ratiōcinātiō**, ōnis *f (ratiocinor)* ① vernünftige Überlegung; ② Schlussfolgerung.

**ratiōcinātor**, ōris *m (ratiocinor)* Buchhalter; *(übtr.)* Berechner [**officiorum**].

**ratiōcinor**, ratiōcinārī *(ratio)* ① (be)rechnen; ② folgern, schließen.

**ratiōnābilis**, e *(ratio) (nachkl.)* vernünftig.

**ratiōnālis**, e *(ratio) (nachkl.)* vernünftig; Vernunft-.

**ratis**, is *f* ① Floß; ② Floßbrücke; ③ *(poet.)* Kahn, Schiff.

**ratiuncula**, ae *f (Demin. v. ratio)* ① schwacher Grund; ② spitzfindige Schlussfolgerung.

**ratus**, a, um *(P. Adj. v. reor)* ① berechnet; **pro -a (parte)** verhältnismäßig; ② feststehend, bestimmt, sicher [**motūs stellarum**]; ❸ bestätigt, gültig, rechtskräftig [**tribunatus; foedus; lex**]; **alqd -um habere, ducere** *od.* **facere** etw. bekräftigen, genehmigen.

**rauci-sonus**, a, um *(raucus) (poet.)* dumpftönend.

**raucus**, a, um ❶ heiser; ❷ *(poet.) (v. Vögeln u. Insekten)* schrille Töne v. sich gebend, kreischend; ❸ *(poet.)* dumpf(tönend), rau, tosend, knarrend.

**raudusculum**, ī *n (Demin. v. rudus¹)* kleiner Betrag, kleine Schuld.

**Rauracī** *u.* **Rauricī**, ōrum *m kelt. Volk am Rhein b. Basel.*

**Ravenna**, ae *f* Ravenna, *Stadt südl. der Pomündung; – Adj.* **Ravennās**, *Gen.* ātis.

**rāvus**, a, um *(poet.; nachkl.)* grau(gelb).

**re-** *u. (vor Vokalen)* **red-** *Partikel in Zusammensetzungen* ❶ zurück [**recedo**]; ❷ wieder [**recognosco**]; ❸ in den früheren Zustand; in den gehörigen Stand [**restituo**]; ❹ entgegen, wider [**resisto**].

**rea** *s. reus.*

**Rēa Silvia**, ae *f (auch* **Rhēa Silvia**) *Tochter des Königs v. Alba Longa, Numitor; zur Vestalin gezwungen, wurde sie durch Mars Mutter von Romulus u. Remus.*

**reāpse** *Adv. (< * rē eāpse = rē ipsā)* in der Tat, wirklich.

**Reāte** *n Hauptstadt der Sabiner, j.* Rieti; – *Einw. u. Adj.* **Reātīnus**, ī *m bzw.* a, um.

**rebellātiō**, ōnis *f (rebello)* Aufstand, Abfall.

**rebellātrīx**, *Gen.* īcis *(f) (rebello)* aufrührerisch, aufständisch [**provincia**].

**rebelliō**, ōnis *f (rebello)* Aufstand.

**rebellis**, e *(rebello) (poet.; nachkl.)* aufständisch, aufrührerisch, rebellisch [**colonia**]; – *Subst.* **rebellēs**, ium *m (nachkl.)* die Aufständischen, Rebellen.

**re-bellō**, bellāre den Krieg (Kampf) erneuern, sich auflehnen.

**re-boō**, boāre *(poet.)* widerhallen.

**re-calcitrō**, calcitrāre *(poet.)* sich nicht einfallen lassen.

**re-caleō**, calēre, – – *(poet.)* wieder warm sein.

**re-calēscō**, calēscere, caluī, – *(Incoh. v. recaleo)* sich wieder erwärmen.

**re-calfaciō**, calfacere, calfēcī, calfactum *(poet.)* wieder erwärmen.

**re-caluī** *Perf. v. recalesco.*

**re-candēscō**, candēscere, canduī, – *(poet.)* ❶ weiß aufschäumen; **recanduit unda;** ❷ (wieder) erglühen.

**re-cantō**, cantāre *(poet.)* **I.** *intr.* widerhallen; **II.** *trans.* ❶ widerrufen; ❷ wegzaubern.

**reccidī** *s. recido¹.*

**reccidō** = *recido¹.*

**re-cēdō**, cēdere, cessī, cessum ❶ zurückweichen, -treten, -gehen, sich zurückziehen; ❷ *(v. Örtl.) (poet.; nachkl.)* **a)** entfernt liegen; **b)** zurücktreten; ❸ sich entfernen, weggehen [**a conspectu suorum**]; ❹ *(poet.)* entschwinden, entweichen; **in ventos anima exhalata recessit;** ❺ *(poet.)* vergehen, verschwinden; **maris ira recessit;** ❻ *(poet.)* sich auflösen [**in ventos** in Luft]; ❼ *(übtr.)* v. etw. abweichen, etw. aufgeben *(a, selten de re)* [**ab oppugnatione; ab officio; ab armis** die Waffen niederlegen].

**re-cellō**, cellere, – – zurückschnellen.

**recēns**, *Gen.* centis *(Abl. Sg.* -ī *u.* -e; *Gen. Pl.* -ium *u.* -um; *Neutr. Pl. Nom. u. Akk.* -ia*)* **I.** *Adj.* ❶ soeben (an)kommend, zurückkehrend [**Athenis**]; ❷ unmittelbar nach, frisch v. etw. *(m. ab od. bl. Abl.)* [**a dolore** noch schmerzbewegt; **praeturā** sogleich nach]; ❸ kräftig, (noch) frisch, rüstig [**equi** ausgeruht; **milites**]; ❹ *(v. Sachen)* neu, jung, frisch [**arma** frisch geschärft; **lac** frisch gemolken; **memoria** die neuere Zeit; **tellus** neu geschaffen]; **recenti re** *od.* **negotio** auf frischer Tat; ❺ *(v. Personen)* der Neuzeit, modern; **II.** *Adv.* **recēns** eben erst, jüngst, neuerdings; **sole ~ orto**.

**re-cēnseō**, cēnsēre, cēnsuī, cēnsum *(u.* cēnsītum) ❶ (durch)zählen, mustern [**exercitum; legiones**]; ❷ *(vom Zensor)* in die Liste aufnehmen [**equites**]; ❸ *(poet.; nachkl.)* aufzählen, erzählen [**fortia facta**]; ❹ *(poet.)* überdenken; ❺ *(poet.) (v. der Sonne)* durchlaufen [**signa**].

**recēnsiō**, ōnis *f (recenseo)* Musterung der Bürger *durch den Zensor,* Volkszählung.

**recēnsus¹** *P. P. P. v. recenseo.*

**recēnsus²**, ūs *m (recenseo)* Musterung, Zählung.

**re-cēpī** *Perf. v. recipio.*

**receptāculum**, ī *n (recepto)* ❶ Behälter [**cibi et potionis** *(vom Magen)* ]; ❷ Magazin, Stapelplatz *f. Waren;* ❸ Abzugskanal, -graben *f. Wasser;* ❹ Zuflucht(sort), Sammelplatz [**militum; fugientibus**].

**receptō**, receptāre *(Intens. v. recipio)* ❶ *(poet.)* rasch zurückziehen; ❷ häufig bei sich aufnehmen [**mercatores**].

**receptor**, ōris *m (recipio)* Hehler.

**receptrīx**, īcis *f (receptor)* Hehlerin.

**receptum**, ī *n (recipio)* Verpflichtung, Garantie.

**receptus¹** *P. P. P. v. recipio.*

**receptus²**, ūs *m (recipio)* ❶ Zurücknahme [**sententiae**]; ❷ Rückzug, -marsch; **receptui canere** zum Rückzug blasen (lassen), *(übtr.)* sich zurückziehen; ❸ Rücktritt [**a malis consiliis**]; ❹ Zuflucht.

**re-cessī** *Perf. v. recedo.*

**recessum** *P. P. P. v. recedo.*

**recessus**, ūs *m (recedo)* ❶ das Zurückgehen,

-weichen [**maris** *od.* **aestuum** Ebbe]; ❷ Rückzug, Rückmarsch; ❸ abgelegener Ort, Schlupfwinkel, Versteck; ❹ *(übtr.)* Winkel, Falte; ❺ Hintergrund.

**re-cidī[1]** *Perf. v. recido[1].*

**re-cīdī[2]** *Perf. v. recido[2].*

**recidīvus**, a, um *(recido[1]) (poet.)* neu erstehend.

**re-cidō[1]**, cidere, cidī, cāsūrus *(auch recc-) (cado)* ❶ zurückfallen; ❷ *in einen Zustand* wieder geraten [**in antiquam servitutem; in eandem fortunam**]; ❸ *(übtr.)* herabsinken, herabkommen, verfallen [**ad nihilum** *od.* **ad nihil** zunichte werden; **ex laetitia ad luctum**]; ❹ *(übtr.)* in etw. geraten; ❺ in eine Zeit fallen [**in aliorum vigiliam**].

**re-cīdō[2]**, cīdere, cīdī, cīsum *(caedo)* ❶ *(poet.)* abhauen, abschneiden; ❷ *(übtr.)* beseitigen, ausrotten [**nationes; culpam supplicio**]; ❸ *(poet.; nachkl.)* beschneiden, stutzen; ❹ *(poet.; nachkl.) (übtr.)* beschränken, vermindern, verkürzen.

**re-cingō**, cingere, cinxī, cinctum *(poet.)* losgürten, entgürten [**tunicam; zonam** lösen]; – *mediopass.* **recingi** sich ausziehen, etw. ablegen *(m. gr. Akk.).*

**re-cinō**, cinere, – – *(cano)* **I.** *intr.* widerhallen; **II.** *trans. (poet.)* ❶ zurückschallen lassen; ❷ im Wechselgesang preisen.

**re-cinxī** *Perf. v. recingo.*

**reciper...** = *recuper...*

**re-cipiō**, cipere, cēpī, ceptum *(capio)* ❶ *(poet.)* zurücknehmen, -ziehen, -holen, -bringen [**ensem** wieder herausziehen; **gressum** den Schritt zurückwenden]; ❷ *(Truppen)* zurückziehen, zurückgehen lassen [**milites defessos; equitatum navibus**]; – **se recipere** sich zurückziehen, zurückkehren, -gehen; ❸ *(b. Verkauf)* zurückbehalten, sich etw. vorbehalten; ❹ retten, befreien [**socios ex hostibus**]; ❺ wiedererobern, -erlangen [**Tarentum; praedam**]; ❻ wiederbekommen [**antiquam frequentiam** *(v. einer Stadt); übtr.* **animum** wieder Mut fassen, sich erholen]; – **se recipere** sich erholen, wieder Mut gewinnen, sich wieder fassen *(von, nach etw.: ex re);* ❼ wieder (an sich) nehmen; ❽ nehmen [*übtr.* **poenas ab alqo** jmd. strafen, sich an jmdm. rächen]; ❾ etw. annehmen, aufnehmen, *auch übtr.* [**telum corpore; detrimenta** erleiden]; ❿ erobern [**oppidum**]; ⓫ *(Geld)* einnehmen; ⓬ jmd. bei sich aufnehmen [**alqm urbe** *u.* **in urbem; alqm tecto; alqm in aedes / in civitatem**]; ⓭ *(in einen Stand od. in ein Verhältnis)* aufnehmen [**alqm in ordinem senatorium; alqm in amicitiam**]; ⓮ jmd. *im Staat* wieder aufnehmen [**reges**]; ⓯ *(vom Prätor) (eine Klage)* annehmen; ⓰ etw. gestatten, gelten lassen; ⓱ übernehmen, auf sich nehmen [**officium**]; ⓲ versprechen, verbürgen *(alci alqd u. de re; auch A. C. I.).*

**reciprocō**, reciprocāre *(reciprocus)* **I.** *trans.* hin u. her bewegen, rückwärtsbewegen [**animam** aus- u. einatmen]; – *mediopass.* **reciprocari** zurückfließen; *(übtr.)* in Wechselwirkung stehen; **II.** *intr.* hin- u. zurückfließen.

**reciprocus**, a, um *(nachkl.)* auf demselben Weg zurückgehend, -fließend [**mare** Ebbe].

**recīsus**, a, um *P. P. P. v. recido[2].*

**recitātiō**, ōnis *f (recito)* das Vorlesen.

**recitātor**, ōris *m (recito)* Vorleser.

**re-citō**, citāre ❶ vorlesen, verlesen [**edictum; senatum** die Senatorenliste; **sacramentum** die Eidesformel vorsprechen]; ❷ vortragen, deklamieren, rezitieren [**carmen**].

**reclāmātiō**, ōnis *f (reclamo)* das Neinrufen; Missfallensäußerung.

**reclāmitō**, reclāmitāre *(Intens. v. reclamo)* laut widersprechen; *(übtr.)* sich sträuben gegen etw. *(m. Dat.).*

**re-clāmō**, clāmāre ❶ laut zurufen; ❷ laut widersprechen [**consuli; orationi alcis**]; ❸ *(poet.)* widerhallen.

**reclīnis**, e *(reclino) (poet.; nachkl.)* zurückgelehnt.

**re-clīnō**, clīnāre ❶ zurück-, anlehnen [**se; caput**]; ❷ *(nachkl.) (übtr.)* **in alqm ~** auf jmds. Schultern legen [**onus imperii**]; ❸ *(poet.)* erquicken.

**re-clūdō**, clūdere, clūsī, clūsum *(claudo)* ❶ (wieder) aufschließen, erschließen, (er)öffnen [**hosti portas; humum** aufgraben; **fontes; ensem** entblößen]; ❷ *(poet.; nachkl.) (übtr.)* enthüllen, offenbaren; ❸ *(poet.)* durchbohren [**pectus mucrone**].

**recoctus** *P. P. P. v. recoquo.*

**re-cōgitō**, cōgitāre wieder an etw. denken *(de re).*

**recōgnitiō**, ōnis *f (recognosco)* Besichtigung, Musterung.

**re-cōgnōscō**, cōgnōscere, cōgnōvī, cōgnitum ❶ wiedererkennen [**res** als sein Eigentum]; ❷ sich (wieder) erinnern *(m. Akk.; m. indir. Frages.);* ❸ besichtigen, mustern, untersuchen [**agros; equites Romanos; consilia**].

**re-colligō**, colligere, collēgī, collēctum wieder sammeln, wiedergewinnen, *meist übtr.* [**vires; se** sich fassen, sich erholen; **animum alcis** jmd. wieder versöhnen].

**re-colō**, colere, coluī, cultum ❶ wieder bearbeiten [**terram**]; ❷ wieder anbauen; ❸ *(poet.) (einen Ort)* wieder besuchen; ❹ *(übtr.)* v. neuem pflegen, betreiben [**artes**]; ❺ wiederherstellen; ❻ nochmals überdenken; ❼ *(nachkl.)* jmd. wieder (be)ehren.

**re-compōnō**, compōnere, composuī, composi-

tum ❶ *(poet.)* wieder ordnen [**comas**]; ❷ *(nachkl.)* wieder besänftigen.
**reconciliātiō**, ōnis *f (reconcilio)* ❶ Wiederherstellung; ❷ Versöhnung.
**reconciliātor**, tōris *m (reconcilio)* Wiederhersteller [**pacis** Friedensstifter].
**re-conciliō**, conciliāre ❶ wiederherstellen [**concordiam**]; ❷ wiedervereinigen, versöhnen; ❸ wiedergewinnen.
**re-concinnō**, concinnāre wieder ausbessern.
**re-condidī** *Perf. v. recondo.*
**reconditus**, a, um *(P. Adj. v. recondo)* ❶ versteckt, verborgen; entlegen [**locus**]; ❷ *(übtr.)* verborgen, geheim [**sensus sermonis**]; – *Subst. n* **recondita templi** das Allerheiligste; ❸ *(vom Char.)* zurückhaltend, verschlossen [**natura; mores**].
**re-condō**, condere, condidī, conditum ❶ (auf)bewahren [*übtr.* **verba alcis** im Gedächtnis bewahren]; ❷ etw. *an seinen Ort* zurücklegen, -bringen *(in m. Akk. od. m. Abl.)*; ❸ verstecken *(in m. Abl. od. bl. Abl.)* [**alqm silvā**]; ❹ *(poet.; nachkl.) (übtr.)* verbergen, verheimlichen; ❺ *(poet.) (eine Waffe)* tief hineinstoßen [**gladium lateri**]; ❻ *(poet.)* schließen [**oculos**].
**re-coquō**, coquere, coxī, coctum ❶ wieder kochen [**lanam; Peliam** durch Kochen verjüngen]; ❷ *(poet.)* umschmelzen, umschmieden [**enses**].
**recordātiō**, iōnis *f (recordor)* Erinnerung *(an: Gen.)*.
**re-cordor**, cordārī *(cor)* ❶ sich erinnern *(alqd, de re od. alcis rei; de alqo; m. A. C. I. u. indir. Frages.)* [**maiorum diligentiam**]; ❷ *(poet.; nachkl.) etw. Zukünftiges* bedenken.
**re-corrigō**, corrigere, corrēxī, – *(nachkl.)* verbessern.
**re-coxī** *Perf. v. recoquo.*
**re-creō**, creāre wiederherstellen, wiederbeleben, erquicken, erfrischen [**corpus; afflictum animum alcis**]; – **se ~** *u. mediopass.* **recreari** sich erholen.
**re-crepō**, crepāre, – – *(poet.)* **I.** *intr.* widerhallen; **II.** *trans.* widerhallen lassen.
**re-crēscō**, crēscere, crēvī, crētum wieder wachsen.
**re-crūdēscō**, crūdēscere, crūduī, – ❶ *(v. Wunden)* wieder aufbrechen; ❷ *(übtr.)* wieder ausbrechen; **recrudescente seditione**.
**rēctā** *Adv. (rectus; erg. viā)* geradewegs, direkt.
**rēctē** *Adv., s. rectus.*
**rēctor**, ōris *m (rego)* ❶ Lenker, Leiter [**navis** Steuermann; **peditum** Führer; **provinciae** Statthalter]; ❷ *(v. Gottheiten)* Beherrscher [**Olympi**].
**rēctrīx**, īcis *f (rector) (nachkl.)* Lenkerin, Leiterin.
**rēctum**, ī *n (rectus)* ❶ das Richtige, Rechte; ❷ das Gute.
**rēctus**, a, um *(rego)* ❶ gerade, in gerader Richtung [**cursus; acies** Schlachtreihe]; **in -um** geradeaus; **-o itinere in Galliam contendere;** ❷ aufrecht, senkrecht [**rupes**]; ❸ richtig, recht; gehörig [**cultus**]; **rectum est** *m. Inf. od. A. C. I.* es gehört sich; ❹ *(poet.)* ruhig, ungebeugt [**animus**]; ❺ einfach, schlicht [**orator; sermo**]; ❻ unparteiisch [**iudex**]; ❼ rechtlich, sittlich gut; / *Adv.* **rectē a)** geradeaus; **b)** richtig, recht, ordentlich; **-e vivere; -e facere; -e iudicare; c)** günstig, gut, gefahrlos, sicher; **-e vivere; -e est** es steht gut; **d)** mit Recht; **e)** *(in Antworten)* gut! schön!
**re-cubō**, cubāre, cubuī, – zurückgelehnt liegen, ruhen.
**re-cubuī** *Perf. v. recubo u. recumbo.*
**rēcula**, ae *f (Demin. v. res)* geringe Habe, kleiner Besitz.
**recultus** *P. P. P. v. recolo.*
**re-cumbō**, cumbere, cubuī, – ❶ sich niederlegen *(in m. Abl. od. bl. Abl.)* [**in herba; spondā**]; sich zur Tafel niederlegen [**in triclinio**]; ❷ *(poet.) (v. Lebl.)* sich senken, zurück-, herabsinken *(in m. Abl., in m. Akk., bl. Abl. od. Dat.)*; **pons in palude recumbit**.
**recuperātiō**, ōnis *f (recupero)* Wiedererlangung.
**recuperātor**, ōris *m (recupero)* ❶ *(nachkl.)* Wiedereroberer [**urbis**]; ❷ Richter in Ersatzklagen; *Pl. ein aus drei od. fünf Richtern in Ersatzklagen bestehendes Kollegium.*
**recuperātōrius**, a, um *(recuperator)* zu den Ersatzrichtern gehörig, der Ersatzrichter [**iudicium**].
**recuperō**, recuperāre *(recipio)* wiedererlangen, -gewinnen [**amissa; rem publicam** die Macht im Staat].
**re-cūrō**, cūrāre *(poet.)* wieder heilen.
**re-currō**, currere, currī, cursum ❶ zurücklaufen, -eilen, wiederkehren *(v. Lebewesen u. Lebl.)*; ❷ *(übtr.)* auf etw. zurückkommen [**ad easdem condiciones**]; ❸ *(nachkl.)* seine Zuflucht nehmen.
**recursō**, recursāre *(Intens. v. recurro) (poet.; nachkl.)* zurücklaufen, -eilen, -kehren *(konkr. u. übtr.)*.
**recursum** *P. P. P. v. recurro.*
**recursus**, ūs *m (recurro)* Rücklauf, Rückkehr [**pelagi** *od.* **maris** Ebbe].
**re-curvō**, curvāre *(poet.; nachkl.)* zurückbeugen.
**recurvus**, a, um *(recurvo) (poet.; nachkl.)* rückwärtsgebogen [**cornu; tectum** Labyrinth].
**recūsātiō**, ōnis *f (recuso)* ❶ Ablehnung; ❷ *(jur. t. t.)* Einspruch.
**re-cūsō**, cūsāre *(causa)* ablehnen, zurückwei-

sen *(m. Akk.; de; m. Inf. od. A. C. I.; m. ne od. quominus; nach Negation quin).*

**re-cutiō**, cutere, cussī, cussum *(quatio) (poet.)* erschüttern.

**red-** *s. re-.*

**rēda** = *raeda.*

**redāctus** *P. P. P. v. redigo.*

**red-amō**, amāre wiederlieben, Gegenliebe zeigen.

**red-ārdēscō**, ārdēscere, – – *(poet.)* wieder auflodern.

**red-arguō**, arguere, arguī, argūtum etw. widerlegen, jmd. Lügen strafen; **~ mendacium alcis.**

**rēdārius**, ī *m* = *raedarius.*

**red-dō**, dere, didī, ditum ① zurückgeben *(konkr. u. übtr.)* [**omne argentum; obsides; libertatem**]; ② **se ~** *u. mediopass.* **reddi** sich zurückbegeben, zurückkehren; ③ als Gegenleistung geben, erstatten [**gratiam** (durch die Tat) Dank abstatten; **beneficium**]; ④ etw. als Dank erweisen, darbringen [**alci honorem pro meritis**]; ⑤ vergelten [**hosti cladem**]; ⑥ *(Schuldiges)* bezahlen [**praemia debita**]; ⑦ *(Strafe)* (er)leiden [**poenas alcis rei** für etw.]; ⑧ *(Versprechen)* erfüllen; ⑨ abliefern, zustellen [**epistulam regi**]; ⑩ *(Gebührendes)* gewähren, zukommen lassen [**suum cuique; alci rationem** jmdm. Rechenschaft ablegen]; ⑪ *(m. dopp. Akk.)* zu etw. machen *(meist m. Prädikatsadj., selten m. Prädikatssubst.)* [**mare tutum; alqm hostem Romanis; homines ex feris mites**]; ⑫ aufsagen, vortragen, berichten, erzählen [**dictata magistro; carmen; exemplum**]; ⑬ v. sich geben, ausstoßen [**murmura; animam** aushauchen]; ⑭ *(poet.)* erwidern, antworten [**talia**]; ⑮ *(poet.; nachkl.)* nachahmen, nachbilden [**faciem locorum**]; ⑯ übersetzen [**alqd Latine; verbum (pro) verbo**]; ⑰ *(jur. t. t.)* **a) iudicium in alqm ~** eine gerichtl. Untersuchung anstellen (lassen) [**maiestatis** wegen Majestätsverbrechen]; **b) ius** *od.* **iura ~** Recht sprechen.

**reddūcō, reddux** = *reduco, redux.*

**red-ēgī** *Perf. v. redigo.*

**red-ēmī** *Perf. v. redimo.*

**redēmptiō**, ōnis *f (redimo)* ① Los-, Freikauf [**captivorum**]; ② Bestechung; ③ Pachtung.

**redēmptō**, redēmptāre *(Frequ. v. redimo) (nachkl.)* loskaufen [**captivos**].

**redēmptor**, ōris *m (redimo)* ① Unternehmer [**frumenti** Getreidelieferant]; ② Pächter; ③ *(nachkl.)* derjenige, der einen Gefangenen loskauft.

**redēmptūra**, ae *f (redimo)* Pachtung.

**redēmptus** *P. P. P. v. redimo.*

**red-eō**, īre, iī, itum ① zurückgehen, -kehren [**a Caesare; ex provincia in Italiam; domum; ad vestitum suum** die Trauer ablegen; **in viam** auf den rechten Weg]; ② *(übtr.)* wiederkehren, zurückkommen, -kehren [**in pristinum statum** zurückversetzt werden]; **cum matre in gratiam ~** sich aussöhnen; ③ *(in der Rede)* auf etw. zurückkommen [**ad inceptum; ad principia defensionis**]; ④ *(v. Örtl.)* abfallen; **collis ad planitiem redit;** ⑤ *(als Ertrag)* eingehen, einkommen; ⑥ *(übtr.)* aus etw. erwachsen, hervorgehen; **ex otio bellum redibit;** ⑦ an jmd. übergehen, jmdm. zufallen; **summa imperii ad eum rediit; res** (die Regierung) **ad patres rediit;** ⑧ zu etw. kommen *(v. Sachen);* **res ad interregnum rediit** es kam zum Interregnum; **res in eum locum rediit, ut** es kam dahin, dass; / *zusammengezogene Perf.-Formen:* redīsse(m), redīstī *u. a.*

**red-hibeō**, hibēre, hibuī, hibitum *(habeo) (eine mangelhafte Ware)* zurückgeben.

**red-igō**, igere, ēgī, āctum *(ago)* ① zurücktreiben, -jagen, -bringen [**alqm in exilium;** *übtr.* **alqd in memoriam alcis** jmdm. ins Gedächtnis zurückrufen]; ② *(Geld)* einziehen, eintreiben [**pecuniam ex vectigalibus**]; ③ *(in eine Lage)* versetzen [**insulas sub** (*od.* **in**) **potestatem** unterwerfen; **gentes in dicionem imperii**]; *(m. dopp. Akk.)* zu etw. machen [**virum infirmiorem** schwächen]; ④ *(nach Anzahl, Umfang, Wert)* beschränken, herabsetzen [**victoriam ad vanum** vereiteln]; *Pass.* herunterkommen.

**red-iī** *Perf. v. redeo.*

**redimīculum**, ī *n (redimio)* Band, Stirnband, Halskette.

**redimiō**, redimīre umbinden, umwinden, bekränzen [**capillos mitrā**].

**red-imō**, imere, ēmī, ēmptum *(emo)* ① zurückkaufen [**domum**]; ② los-, freikaufen [**captos e servitute; auro se a Gallis**]; ③ (er)retten, erlösen; ④ (er)kaufen [**auro ius sepulcri**]; ⑤ abwenden [**litem**]; ⑥ etw. wiedergutmachen [**vitia virtutibus**]; ⑦ pachten, mieten; ⑧ *(Arbeit)* gegen Bezahlung übernehmen, ausführen.

**red-integrō**, integrāre ① wieder ergänzen [**deminutas copias**]; ② wiederherstellen, erneuern [**proelium; iras**]; ③ auffrischen, beleben [**vires; spem victoriae**].

**reditiō**, ōnis *f (redeo)* Rückkehr.

**reditum** *P. P. P. v. redeo.*

**reditus**, ūs *m (redeo)* ① Rückkehr [**Romam; in castra; e foro**]; ② Kreislauf *der Gestirne;* ③ *(übtr.)* Rückkehr, Wiedereintritt [**ad propositum; in amicitiam**]; ④ Einkommen, Einkünfte, *auch Pl.*

**redivīvum**, ī *n (redivivus)* schon gebrauchtes Baumaterial.

**redivīvus**, a, um *(re u. vivus)* wieder benutzt,

schon gebraucht [**lapis**].

**red-oleō**, olēre, oluī, – einen Geruch v. sich geben, riechen *(nach etw.: Akk. od. Abl.)* [**vinum; thymo;** *übtr.* **antiquitatem**].

**re-domitus**, a, um *(domo)* wieder bezwungen.

**re-dōnō**, dōnāre *(poet.)* wieder schenken.

**re-dormiō**, dormīre *(nachkl.)* wieder schlafen.

**re-dūcō**, dūcere, dūxī, ductum ❶ zurückziehen, -schieben [**turres; munitiones**]; ❷ zurückführen, -bringen [**captivos ad Caesarem; alqm in urbem**]; ❸ *(Truppen)* zurückziehen, zurückmarschieren lassen [**legiones ex Britannia; suos incolumes**]; ❹ *(übtr.)* zurückführen, -bringen [**alqm ex errore in viam** auf den rechten Weg; **legiones veterem ad morem**]; ❺ *(eine verstoßene Frau)* wieder zu sich nehmen; ❻ *(nachkl.) (etw. außer Gebrauch Gekommenes)* wieder einführen, erneuern [**legem; habitum pristinum**]; ❼ *(poet.)* **alqd in formam ~** gestalten.

**reductiō**, ōnis *f (reduco)* Zurückführung, Wiedereinsetzung [**regis**].

**reductor**, ōris *m (reduco)* ❶ Zurückführer [**plebis in urbem**]; ❷ *(nachkl.)* Wiederhersteller.

**reductus**, a, um *(P. Adj. v. reduco)* zurückgezogen, -tretend, abgelegen.

**red-uncus**, a, um *(poet.; nachkl.)* einwärtsgebogen.

**redundanter** *Adv. (v. redundans, Part. Präs. v. redundo) (nachkl.)* (zu) wortreich, weitschweifig.

**redundantia**, ae *f (redundo)* Überfülle *des Ausdrucks.*

**red-undō**, undāre ❶ überfließen, -strömen, übertreten; **lacus redundat;** – *P. P. P.* **redundatus** = *Part. Präs.* redundans: überströmend; ❷ v. etw. triefen [**sanguine**]; ❸ *(rhet.)* überladen sein; – *Part. Präs.* **redundans** wortreich, weitschweifig; ❹ *(übtr.)* sich reichlich ergießen; **in provincias ~** die Provinzen überschwemmen; **ad amicos infamia redundat** trifft; ❺ an etw. Überfluss haben *(m. Abl.)*; ❻ im Überfluss vorhanden sein.

**red-uvia**, ae *f (< * red-uo; vgl. ex-uviae < ex-uo)* Kleinigkeit.

**redux**, *Gen.* ucis *(Abl. Sg.* -e *u.* -ī; *Pl. Neutr. u. Gen. nicht vorhanden) (reduco)* ❶ zurückführend [**Fortuna; Iuppiter**]; ❷ zurückkehrend [**socii; navis**].

**re-dūxī** *Perf. v. reduco.*

**re-fēcī** *Perf. v. reficio.*

**refectiō**, ōnis *f (reficio) (nachkl.)* Erholung, Erfrischung.

**refectus** *P. P. P. v. reficio.*

**re-fellō**, fellere, fellī, – *(fallo)* widerlegen [**adversarium; crimen ferro** beseitigen].

**re-ferciō**, fercīre, fersī, fertum *(farcio)* ❶ voll stopfen, (an)füllen [**horrea;** *übtr.* **aures sermonibus**]; – *P. Adj.* **refertus,** a, um voll gestopft, gedrängt voll *(abs., m. Abl. od. Gen.)*; ❷ anhäufen [**alqd in oratione**].

**re-feriō**, ferīre, – – *(poet.; nachkl.)* zurückschlagen, -werfen; *Pass.* zurückstrahlen.

**re-ferō**, referre, rettulī, relātum ❶ zurücktragen, -bringen [**anulum ad alqm**]; ❷ *(als Fund, als Beute)* heimbringen [**opima spolia**]; ❸ *(als Nachricht, Meldung u. Ä.)* (hinter)bringen, melden [**alcis mandata; responsum**]; *(auch m. A. C. I. u. indir. Frages.)*; ❹ zurückwenden, -ziehen [**caput; pedem** *od.* **gradum** *od.* **vestigia** sich zurückziehen, zurückkehren]; – **se ~** *od. (selten) mediopass.* **referri** sich zurückziehen, zurückkehren, -gehen; ❺ *(den Geist, die Blicke)* auf etw. zurücklenken, wieder hinwenden [**animum ad studia; se a scientiae delectatione ad efficiendi utilitatem**]; ❻ auf etw. zurückführen, beziehen, nach etw. beurteilen *(ad)* [**omnia ad voluptatem; omnia consilia atque facta ad dignitatem et ad virtutem; alienos mores ad suos** nach den eigenen beurteilen]; – *Pass.* **referri** sich auf etw. beziehen; ❼ vergelten, erwidern [**alci gratiam** *od.* **gratias** Dank *(durch die Tat)* abstatten]; ❽ *(Geliehenes, Geraubtes)* zurückerstatten, wiedergeben; ❾ *(poet.; nachkl.) (Schuldiges)* entrichten [**aera** das Schulgeld zahlen]; ❿ antworten, erwidern [**pauca; talia**]; ⓫ sagen, sprechen [**talia verba**]; ⓬ wiederholen, nachsprechen; ⓭ *(Töne)* widerhallen lassen; – *Pass.* **referri** widerhallen; ⓮ *(Entschwundenes)* wiederherstellen, erneuern, zurückbringen, wieder einführen [**eas artes; caerimonias; morem**]; ⓯ *(poet.; nachkl.)* jmdm. etw. ins Gedächtnis zurückrufen, jmd. an etw. erinnern [**foedus et iura parentum**]; ⓰ *(poet.)* sich an etw. erinnern *(m. Akk.)*; ⓱ *(poet.; nachkl.)* widerspiegeln, wiedergeben, nachahmen [**miram formam**]; ⓲ überbringen [**senatūs consulta**]; ⓳ abliefern, bringen [**frumentum ad Caesarem**]; ⓴ *(schriftl. od. mündl.)* überliefern, berichten, mitteilen [**acta sociis**]; *(auch m. A. C. I. od. indir. Frages.)*; ㉑ etw. zur Sprache bringen, vorbringen, vorlegen, Bericht erstatten *(abs.; alqd u. de re ad alqm; m. A. C. I.; m. indir. Frages.)* [**omnia ad oracula** zur Entscheidung vorlegen; **ad senatum** im Senat zur Sprache bringen, beantragen]; ㉒ eintragen, einschreiben, aufzeichnen, (ver)buchen [**iudicium in tabulas publicas; pecuniam acceptam** als empfangen eintragen, gutschreiben]; ㉓ rechnen unter, zählen zu [**alqm in scriptorum numerum; alqm inter deos**].

**re-fersī** *Perf. v. refercio.*

**rē-fert**, rēferre, rētulit *(< res fert) unpers.* es

R

liegt daran, kommt darauf an; – *die Person, der es an etw. liegt, wird ausgedrückt durch meā, tuā, suā, nostrā, vestrā (mir, dir usw.), durch Gen. od. Dat.; – das, woran etw. liegt, wird bezeichnet durch das Neutr. eines Pron. (z. B. id, illud), durch Inf., A. C. I. od. indir. Frages.; – das Wieviel wird bezeichnet durch Gen. pretii (z. B. parvi, magni), durch Neutr. v. Adj. u. Pron. (z. B. multum, nihil) od. durch Adv. (z. B. magnopere).*

**refertus** *s. refercio.*

**re-ferveō**, fervēre, – – aufwallen, aufbrausen.

**re-ficiō**, ficere, fēcī, fectum *(facio)* ① v. neuem machen, neu verfertigen [**amissa; faciem** eine neue Gestalt geben]; ② wieder wählen, v. neuem ernennen [**alqm consulem**]; ③ wiederherstellen: **a)** wiedererbauen [**templum**]; **b)** ausbessern [**naves**]; ④ *(übtr.)* wiederherstellen [**salutem**]; ⑤ ergänzen; ⑥ sich erholen lassen, erfrischen, erquicken [**fessum militem; animos militum a terrore**]; – **se ~** *od. mediopass.* **refici** sich erholen; ⑦ *(Geld)* einnehmen.

**re-fīgō**, fīgere, fīxī, fīxum ① losmachen, abreißen, herabnehmen; ② abschaffen [**leges**]; ③ *(poet.)* wieder befestigen.

**re-fingō**, fingere, – – *(poet.)* wieder bilden, schaffen.

**re-fīxī** *Perf. v. refigo.*

**refīxus** *P. P. P. v. refigo.*

**re-flāgitō**, flāgitāre *(poet.)* zurückfordern.

**reflātus**, ūs *m (reflo)* Gegenwind.

**re-flectō**, flectere, flexī, flexum ① *(poet.; nachkl.)* rückwärtsbiegen, zurückdrehen, -wenden [**caput; pedem** *od.* **gressum** zurückgehen]; – *mediopass.* sich zurückbeugen; ② *(übtr.)* umstimmen [**animum** *od.* **mentem** besänftigen].

**re-flō**, flāre entgegenwehen *(auch übtr. vom Glück).*

**re-fluō**, fluere, flūxī, flūxum *(poet.; nachkl.)* zurückfließen.

**refluus**, a, um *(refluo) (poet.; nachkl.)* zurückfließend, -strömend [**mare**].

**re-fōcil(l)ō**, fōcil(l)āre *(nachkl.)* wiederbeleben, erquicken.

**refōrmātiō**, iōnis *f (reformo) (nachkl.)* Verbesserung.

**refōrmātor**, tōris *m (reformo) (nachkl.)* Erneuerer.

**reformīdātiō**, ōnis *f (reformido)* Furcht.

**re-formīdō**, formīdāre zurückbeben, -schaudern vor, fürchten *(m. Akk.; Inf.; indir. Frages.; ne).*

**re-fōrmō**, fōrmāre ① *(poet.)* umgestalten, verwandeln; ② *(nachkl.)* verbessern.

**re-foveō**, fovēre, fōvī, fōtum *(poet.; nachkl.)* ① wieder erwärmen; ② *(übtr.)* wiederbeleben, erquicken, erfrischen [**animum; vires**].

**refrāctāriolus**, a, um *(Demin. v. refractarius)* etw. eigensinnig.

**refrāctārius**, a, um *(refragor) (nachkl.)* eigensinnig.

**refrāctus** *P. P. P. v. refringo.*

**re-frāgor**, frāgārī *(vgl. suffragor)* ① stimmen gegen, widerstreben *(m. Dat.)* [**petenti**]; ② *(nachkl.) (v. Sachen)* hinderlich sein.

**re-frēgī** *Perf. v. refringo.*

**refrēnātiō**, ōnis *f (refreno) (nachkl.)* Zügelung.

**re-frēnō**, frēnāre zügeln, hemmen.

**re-fricō**, fricāre, fricuī, fricātūrus ① wieder aufreißen [**vulnera**, *auch übtr.*]; ② *(übtr.)* erneuern, wieder erregen [**desiderium**].

**refrīgerātiō**, ōnis *f (refrigero)* Abkühlung.

**re-frīgerō**, frīgerāre *(frigus)* ① abkühlen; – *mediopass.* **refrigerari** sich abkühlen; ② *mediopass.* **refrigerari** *(übtr.)* erkalten, nachlassen.

**re-frīgēscō**, frīgēscere, frīxī, – ① *(poet.; nachkl.)* wieder kalt werden, sich abkühlen; ② *(übtr.)* erkalten, nachlassen, ins Stocken geraten.

**re-fringō**, fringere, frēgī, frāctum *(frango)* ① (auf)brechen [**portas; ramum** abbrechen]; ② *(übtr.)* brechen [**dominationem Atheniensium**].

**re-frīxī** *Perf. v. refrigesco.*

**re-fūdī** *Perf. v. refundo.*

**re-fugiō**, fugere, fūgī, fugitūrus **I.** *intr.* ① entfliehen [**ad suos; Romam; a consiliis** abgehen von]; ② sich flüchten, seine Zuflucht nehmen [**ad legatos; in portum**]; ③ *(poet.; nachkl.) (v. Örtl.)* zurücktreten, dem Blick entschwinden; **II.** *trans.* ① fliehen vor [**anguem**]; ② meiden, scheuen, fürchten.

**refugium**, ī *n (refugio)* Zuflucht(sort).

**refugus**, a, um *(refugio) (poet.; nachkl.)* ① fliehend [**equites**]; ② *(übtr.)* zurückweichend [**unda**].

**re-fulgeō**, fulgēre, fulsī, – ① zurückstrahlen; ② *(poet.; nachkl.)* (er)strahlen, (auf)leuchten, schimmern.

**re-fundō**, fundere, fūdī, fūsum ① zurückgießen; ② *(poet.)* zurückwerfen; ③ *mediopass.* **refundi** *(poet.)* zurückströmen, sich ergießen, *bes. Part.* **refusus**.

**refūtātiō**, ōnis *f (refuto)* Widerlegung.

**re-fūtō**, fūtāre *(vgl. con-futo)* ① zurücktreiben, -drängen; ② etw. zurückweisen, ablehnen [**dicta** abwenden]; ③ widerlegen.

**rēgālis**, e *(rex)* ① königlich, eines Königs [**potestas; genus civitatis** Monarchie; **carmen** die Taten der Könige verherrlichend]; ② *(übtr.)* fürstlich, eines Königs würdig [**ornatus**]; / *Adv.* **rēgāliter a)** königlich, nach Königsart; **b)** eigenmächtig, tyrannisch.

**re-gelō**, gelāre *(nachkl.)* etw. wieder auftauen.

**re-gerō**, gerere, gessī, gestum ❶ zurücktragen, -bringen; ❷ *(übtr.)* zurückgeben, erwidern; ❸ *(übtr.)* auf jmd. schieben [**culpam in alqm**].

**rēgia**, ae *f (regius; erg. domus)* ❶ Königsburg, Schloss, Residenz [**caeli** Himmelsburg]; ❷ Königsburg des Numa; ❸ Königszelt *im Lager;* ❹ königliche Familie; ❺ *(nachkl.)* Hof(staat).

**Rēgiēnsēs** *s. Regium.*

**rēgi-ficus**, a, um *(rex u. facio) (poet.)* königlich, prächtig.

**Rēgillus**, ī *m* ❶ *sabin. Stadt;* ❷ *See in Latium, an dem die Römer 496 v. Chr. die Latiner besiegten (auch lacus R.); / Adj.* **Rēgillēnsis**, e.

**regimen**, minis *n (rego)* ❶ *(nachkl.)* Lenkung, Leitung; ❷ Verwaltung, Regierung [**magistratūs; rei publicae**]; ❸ *(poet.) (meton.)* Steuerruder; ❹ Lenker, Leiter.

**rēgīna**, ae *f (rex)* ❶ Königin; *auch v. Göttinnen;* ❷ *(poet.; nachkl.)* Königstochter, Prinzessin; ❸ *(übtr.)* Königin, Beherrscherin; ~ **pecunia**.

**Rēgīnus** *s. Regium.*

**regiō**, ōnis *f (rego)* ❶ Richtung, Linie; ~ **viarum; regionem petere** einschlagen; **rectā regione** in gerader Richtung; – **ē regiōne** *Adv.:* **a)** gerade(aus); **b)** gerade gegenüber *(abs., m. Gen. od. Dat.);* ❷ Grenzlinie, Grenze, *meist Pl., auch übtr.* [**terrae; caeli**]; ❸ *(t. t. der Auguralspr.)* die Gesichtslinie, *die man sich am Himmel gezogen dachte;* ❹ Himmelsraum, Weltgegend; ❺ Gegend, Gebiet, Landschaft; ❻ *(übtr.)* Gebiet, Bereich [**definita**]; ❼ *(nachkl.)* Stadtbezirk *der Stadt Rom.*

**regiōnātim** *Adv. (regio)* bezirksweise.

**Rēgium** ī *n* ❶ ~ **Lepidum** *Stadt zw. Modena u. Parma, j.* Reggio nell'Emilia; – *Einw.* **Rēgiēnsēs**, ium *m;* ❷ *Stadt gegenüber v. Messina, j.* Reggio di Calabria; – *Einw. u. Adj.* **Rēgīnus**, ī *m bzw.* a, um.

**rēgius**, a, um *(rex)* ❶ königlich, Königs- [**potestas; civitas** Monarchie; **bellum** m. einem König]; – *Subst.* **rēgiī**, ōrum *m* **a)** königl. Truppen; **b)** Hofleute; ❷ eines Königs würdig, Königen geziemend; **more -o vivere** zügellos; ❸ prächtig [**apparatus**]; ❹ tyrannisch.

**re-glūtinō**, glūtināre *(poet.)* wieder auflösen.

**rēgnātor**, ōris *m (regno) (poet.)* Herrscher.

**rēgnātrīx**, *Gen.* īcis *(f) (regnator) (nachkl.)* herrschend, Herrscher- [**domus**].

**rēgnō**, rēgnāre *(regnum)* **I.** *intr.* ❶ König sein, herrschen *(über jmd.: in alqm od. alcis)* [**in nos; populorum**]; ❷ *(übtr.)* herrschen, gebieten; ❸ den Herrn spielen, willkürlich schalten u. walten; ❹ *(v. Lebl.)* herrschen, die Oberhand haben; **regnat ebrietas; II.** *trans. (poet.; nachkl.)* beherrschen, *nur Pass.; (m. Dat. der Person: von)* **terra regnata Philippo;** – *abs.* monarchisch regiert werden, einen König haben: **gentes, quae regnantur**.

**rēgnum**, ī *n (rex)* ❶ Königtum, Königsherrschaft, -thron, -würde; ❷ Herrschaft, Regierung; **-i cupiditas** Herrschsucht; **sub -o alcis esse;** ❸ Gewalt-, Alleinherrschaft, Tyrannei; **-um occupare;** ❹ Königreich, Reich [**caeleste**]; ❺ *(poet.)* Schattenreich, *auch Pl.* [**Proserpinae**]; ❻ *(übtr.)* Gebiet, Besitztum.

**regō**, regere, rēxī, rēctum ❶ (gerade) richten, lenken, leiten [**habenas; equum; navem; studia consiliis**]; ❷ abstecken, abgrenzen [**fines** Grenzen ziehen]; ❸ regieren, beherrschen, verwalten [**rem publicam**]; ❹ zurechtweisen.

**re-gredior**, gredī, gressus sum *(gradior)* ❶ zurückgehen, -kehren; ❷ *(milit.)* sich zurückziehen, zurückmarschieren.

**regressus**[1] *P. P. Akt. v. regredior.*

**regressus**[2], ūs *m (regredior)* ❶ Rückkehr; **alci regressum dare** die Rückkehr gestatten; ❷ *(milit.)* Rückzug; ❸ *(übtr.)* Abkehr [**ab ira**]; ❹ *(nachkl.)* Zuflucht, Rückhalt [**ad principem**].

**rēgula**, ae *f (rego)* ❶ Leiste, Latte; ❷ Lineal; ❸ *(übtr.)* Richtschnur, Maßstab, Regel.

**rēgulus**, ī *m (Demin. v. rex)* ❶ König *eines kleinen Landes,* Fürst, Häuptling; ❷ Prinz.

**Rēgulus**, ī *m cogn. in der gens Atilia:* **M. Atilius ~** *Konsul 269 u. 256 v. Chr., Feldherr im 1. Pun. Krieg.*

**re-gūstō**, gūstāre ❶ *(nachkl.)* wieder kosten; ❷ *(übtr.)* durch Lesen genießen.

**rē-iciō**, icere, iēcī, iectum *(iacio)* ❶ zurückwerfen [**scutum** *u.* **parmas** auf den Rücken *zur Deckung*]; ❷ *(Kleidung)* zurückschlagen [**togam ab umero; sagulum**]; ❸ zurückjagen, -treiben; ❹ *(milit.)* zurückwerfen, -schlagen [**hostem in urbem**]; ❺ *(Schiffe u. zu Schiff Reisende)* verschlagen, *gew. im Pass.;* ❻ wegwerfen, -stoßen, zurückdrängen; *(Kleidungsstücke)* abwerfen; ❼ zurück-, abweisen [**petentem** den Bewerber]; verschmähen [**dona alcis; condiciones**]; *(ausgeloste Richter)* ablehnen; ❽ auf etw., an jmd. verweisen [**alqm ad ipsam epistulam; rem ad Pompeium**]; ❾ aufschieben [**reliqua in mensem Ianuarium**].

**rēiculus**, a, um *(reicio) (nachkl.)* nutzlos verbracht [**dies**].

**rē-iēcī** *Perf. v. reicio.*

**rēiectiō**, ōnis *f (reicio)* Zurückweisung, Ablehnung, Verschmähung.

**rēiectus** *P. P. P. v. reicio.*

**re-lābor**, lābī, lāpsus sum *(poet.; nachkl.)* ❶ zurückgleiten, -sinken, -fallen; ❷ zurückfließen; ❸ *(übtr.)* zurückkehren; **mens relabitur;** ❹ *(übtr.)* zurückkommen auf.

**re-languēscō**, languēscere, languī, – ❶ erschlaffen, ermatten; ❷ *(übtr.)* nachlassen.

R

**relāpsus** *P. P. Akt. v. relabor.*
**relātiō**, ōnis *f (refero)* ① *(rhet. t. t.) hervorhebende* Wiederholung eines Wortes; ② Erzählung, Bericht; ③ Berichterstattung, Vortrag, Antrag *(bes. im Senat);* ④ *(nachkl.)* Vergeltung.
**relātor**, ōris *m (refero)* Berichterstatter.
**relātus[1]** *P. P. P. od. mediopass. v. refero.*
**relātus[2]**, ūs *m (refero) (nachkl.)* ① Aufzählung, Anführung; ② Vortrag, Berichterstattung, *bes. im Senat.*
**relaxātiō**, ōnis *f (relaxo)* Entspannung, Erholung.
**re-laxō**, laxāre ① lockern, lösen, öffnen [**arcum; vias** eröffnen, erschließen]; ② erweitern; – *mediopass.* **relaxari** sich erweitern; ③ *(übtr.)* nachlassen, abspannen [**tristitiam ac severitatem** mäßigen]; – *abs. u. mediopass.* nachlassen; **dolor relaxat;** – **se ~** *u. mediopass.* sich v. etw. losmachen, sich v. etw. lösen *(a re u. re);* ④ erleichtern, erheitern, lindern; – **se ~** *u. mediopass.* sich erholen *(von etw.: ex re od. re).*
**re-lēctus** *P. P. P. v. relego[2].*
**relēgātiō**, ōnis *f (relego[1])* Verweisung, Verbannung *(die mildeste Form, wobei der Verbannte das röm. Bürgerrecht behielt).*
**re-lēgī** *Perf. v. relego[2].*
**re-lēgō[1]**, lēgāre ① wegschicken, entfernen [**filium in praedia**]; ② verbannen, verweisen *(als mildeste Form der Verbannung, vgl. relegatio);* ③ *(übtr.)* entfernen; **terris gens relegata ultimis** fern wohnend; ④ zurückweisen [**verba alcis; dona**]; ⑤ *(poet.) (übtr.)* jmdm. etw. zuschieben.
**re-legō[2]**, legere, lēgī, lēctum ① *(poet.)* wieder zusammennehmen [**filum** wieder aufwickeln]; ② *(poet.; nachkl.)* wieder durchwandern, -reisen; ③ *(geistig)* wieder durchgehen, überdenken [**sermone labores** wieder besprechen]; ④ *(poet.; nachkl.)* wieder lesen.
**re-levō**, levāre ① *(poet.)* wieder aufheben; ② wieder leicht machen, erleichtern; ③ *(übtr.)* lindern, mildern [**luctum; morbum**]; ④ trösten, erquicken; – *mediopass.* **relevari** sich erholen; ⑤ befreien *(von: Abl.)* [**alqm curā et metu**].
**relictiō**, ōnis *f (relinquo)* böswilliges Verlassen.
**relictus** *P. P. P. v. relinquo.*
**relicuus**, a, um = *reliquus.*
**religātiō**, ōnis *f (religo)* das Anbinden.
**religiō**, ōnis *f (poet. auch* relligiō*) (relego[2] u. religo)* ① Rücksicht, Besorgnis, Bedenken, Zweifel; **res in religionem versa est** gab Anlass zu Bedenken; ② rel. Bedenken, Gewissensskrupel, *auch Pl. (weg. etw.: Gen.)* [**mendacii**]; **alci religioni est** *(m. A. C. I.)* jmd. macht sich Gewissensbisse; ③ Gewissenhaftigkeit [**iudicis; testimoniorum**]; ④ Religiosität, Gottesfurcht, Frömmigkeit; ⑤ Gottesverehrung, Religion, Glaube; ⑥ Aberglaube; ⑦ Gottesdienst, Verehrung [**deorum immortalium**]; *Pl.* rel. Bräuche, Zeremonien, Kult; ⑧ Gegenstand frommer Verehrung, Heiligtum, *bes.* Kult-, Götterbild [**domestica** Hausheiligtum]; **civitati religionem restituere;** ⑨ Heiligkeit [**deorum; templorum**]; ⑩ heilige Verpflichtung [**iuris iurandi** Eidespflicht]; ⑪ heiliges Versprechen, Eid; **religionem conservare** seinen Eid halten; ⑫ rel. Schuld, Frevel, Sünde, Fluch.
**religiōsus**, a, um *(religio)* ① voller Bedenken, *bes.* rel. bedenklich; unheilvoll [**dies**]; ② gewissenhaft [**iudex**]; ③ gottesfürchtig, fromm, religiös; ④ heilig, ehrwürdig [**templum**].
**re-ligō**, ligāre ① zurück-, aufbinden; ② anbinden, festbinden [**equos** anspannen; **alqm ad currum**]; ③ *(poet.)* umwinden [**crines hederā**]; ④ *(poet.)* losbinden.
**re-linquō**, linquere, līquī, lictum ① (zurück)-lassen, hinterlassen [**equites in Gallia; copias praesidio castris**]; ② *(in einem Zustand)* (zurück)lassen, liegen lassen [**locum tutum; copias sine imperio; alqd in medio** unentschieden lassen]; ③ *(beim Tod)* hinterlassen [**uxorem gravidam; alqm heredem; memoriam; sibi laudem**]; ④ *(als Rest)* übrig lassen [**paucos** am Leben lassen; **sibi partem equitatūs** behalten]; *Pass.* übrig bleiben; **relinquitur, ut** es bleibt noch (zu tun); ⑤ *(übtr.)* (über)lassen [**tempus munitioni castrorum** zur Befestigung des Lagers; **oppidum incendiis**]; ⑥ verlassen, aufgeben [**domum propinquosque; Galliam; vitam** *od.* **animam** sterben]; ⑦ im Stich lassen; ⑧ vernachlässigen [**possessiones**]; ⑨ unerwähnt lassen, übergehen; ⑩ ungestraft, ungerächt (hingehen) lassen [**iniurias**].
**reliquiae**, ārum *f (poet. auch* relliquiae*) (reliquus)* ① Überbleibsel, Überreste, Rest(e), Trümmer [**copiarum;** *übtr.* **pristinae dignitatis**]; ② *(nachkl.)* Gebeine, Gerippe; ③ Asche *eines Leichnams;* ④ *(übtr.)* Hinterlassenschaft [**avi**].
**reliquum**, ī *n (reliquus)* ① Rest [**aestatis; vitae**]; **nihil -i alci facere** jmdm. nichts übrig lassen; **nihil sibi -i facere** nichts unterlassen, sein Möglichstes tun; ② Rückstand, Rest *einer Schuld.*
**reliquus**, a, um *(relinquo)* ① zurückgelassen, übrig (geblieben) [**spes; copiae** der Rest der Truppen]; **-um est, ut** es bleibt nur noch (zu tun); ② rückständig, ausstehend [**pecunia**]; ③ künftig; **-o tempore;** ④ der Übrige, der Weitere, *meist Pl.* **reliquī**, ae, a die Übrigen, die anderen; **de -o** *u.* **quod -um est** übrigens.
**relligiō** *s. religio.*

**relliquiae** *s. reliquiae.*
**re-lūceō**, lūcēre, lūxī, – zurückleuchten, -strahlen.
**relūcēscō**, relūcēscere, relūxī, – *(Incoh. v. reluceo) (poet.; nachkl.)* wieder erstrahlen, aufleuchten.
**re-luctor**, luctārī *(poet.; nachkl.)* sich widersetzen, sich sträuben.
**re-lūxī** *Perf. v. reluceo u. relucesco.*
**re-mandō**, mandere, – – *(nachkl.)* wiederkäuen.
**re-maneō**, manēre, mānsī, mānsum ❶ zurückbleiben [**domi; ad urbem cum imperio**]; ❷ dauernd (ver)bleiben; **animi remanent post mortem; disciplina et gloria remansit** hat sich erhalten.
**remānsiō**, ōnis *f (remaneo)* das Zurückbleiben, Verbleiben.
**remediābilis**, e *(remedium) (nachkl.)* heilbar.
**re-medium**, ī *n (medeor)* ❶ Arznei, Medikament *(gegen etw.: Gen., Dat., ad od. adversus);* ❷ *(übtr.)* Heil-, Hilfsmittel *(gegen etw.: Gen., Dat. od. ad)* [**malorum; incommodis; ad magnitudinem frigorum**].
**remēnsus** *P. P. Akt. (poet. auch Pass.) v. remetior.*
**re-meō**, meāre **I.** *intr.* zurückgehen, -kehren, -kommen [**ad stabula; in patriam**]; **II.** *trans. (poet.)* neu durchleben [**aevum peractum**].
**re-mētior**, mētīrī, mēnsus sum *(poet.; nachkl.)* ❶ wieder messen [**astra** wieder beobachten]; ❷ wieder durchmessen, wieder befahren; *(pass., poet.)* **pelago remenso;** ❸ *(übtr.)* wieder überdenken.
**rēmex**, migis *m (remus u. ago)* Ruderer, *auch koll.* die Ruderknechte.
**Rēmī**, ōrum *m belg. Volk in der Gegend v. Reims.*
**rēmigātiō**, ōnis *f (remigo)* das Rudern.
**rēmigium**, ī *n (remex)* ❶ *(poet.; nachkl.)* Ruderwerk [**alarum** Flügel]; ❷ *(poet.; nachkl.) (meton.)* das Rudern; ❸ die Ruderer, Ruderknechte.
**rēmigō**, rēmigāre *(remex)* rudern.
**re-migrō**, migrāre zurückwandern, -kehren, *auch übtr.*
**re-minīscor**, minīscī, – *(vgl. com-miniscor, memini)* ❶ sich ins Gedächtnis zurückrufen, sich auf etw. besinnen, sich erinnern *(m. Gen. od. Akk.; m. A. C. I. od. indir. Frages.)* [**veteris incommodi; acta**]; ❷ ausdenken; ❸ bedenken, erwägen.
**re-misceō**, miscēre, miscuī, mixtum *(poet.; nachkl.)* (wieder) vermischen *(mit etw.: Dat.).*
**re-mīsī** *Perf. v. remitto.*
**remissiō**, ōnis *f (remitto)* ❶ das Zurückschicken, -senden [**obsidum**]; ❷ das Senken, Herablassen; ❸ *(übtr.)* das Nachlassen [**morbi; luctūs**]; ❹ *(nachkl.)* Erlass [**poenae; tributi**]; ❺ Erholung; ❻ Ruhe, Gelassenheit.
**remissus**, a, um *(P. Adj. v. remitto)* ❶ abgespannt, schlaff, lose; ❷ träge, (nach-)lässig [**animus; in petendo**]; ❸ *(physisch)* mild, lind, sanft [**ventus**]; ❹ *(geistig)* gelassen, mild, sanft [**iudex; genus dicendi**]; ❺ scherzhaft, ausgelassen.
**re-mittō**, mittere, mīsī, missum ❶ zurückschicken, -senden [**obsides regi; exercitum / contionem** entlassen]; ❷ zurückwerfen [**hastam**]; ❸ zurückgeben [**Gallis imperium**]; *(Wohltaten)* erwidern; ❹ *(poet.; nachkl.)* (wieder) von sich geben; **vocem nemora remittunt** geben ein Echo; ❺ loslassen, lockern [**vincula** lösen]; ❻ (herab)sinken lassen [**bracchia**]; ❼ *(übtr.)* vermindern, abschwächen [**industriam; studia litterarum; cursum**]; ❽ (**se**) **remittere** *u. mediopass.* **remitti** nachlassen, abnehmen, aufhören; ❾ sich erholen lassen, erfrischen [**animos a certamine**]; – **se ~** *u. mediopass.* **remitti** sich erholen; ❿ jmdm. etw. erlassen, schenken [**stipendium; multam**]; ⓫ auf etw. verzichten, etw. aufgeben *(alci alqd);* ⓬ zugestehen, zulassen, gestatten; ⓭ *(nachkl.)* verweisen an, auf [**causam ad senatum**].
**remixtus** *P. P. P. v. remisceo.*
**re-mōlior**, mōlīrī *(poet.)* v. sich abwälzen.
**re-mollēscō**, mollēscere, – – ❶ *(poet.)* (wieder) weich werden; ❷ *(poet.) (übtr.)* sich erweichen lassen [**precibus**]; ❸ *(übtr.)* verweichlicht werden.
**re-molliō**, mollīre *(poet.)* verweichlichen [**artūs**].
**remorāmen**, minis *n (remoror) (poet.)* Hemmnis.
**re-mordeō**, mordēre, mordī, morsum ❶ *(poet.)* wieder beißen; *(übtr.)* einen Angriff erwidern *(m. Akk.);* ❷ beunruhigen, quälen.
**re-moror**, morārī **I.** *intr.* sich aufhalten; **II.** *trans.* aufhalten, hemmen, verzögern.
**remorsus** *P. P. P. v. remordeo.*
**remōtiō**, iōnis *f (removeo)* Zurückweisung.
**remōtum**, ī *n (remotus) (nachkl.)* die Ferne.
**remōtus**, a, um *(P. Adj. v. removeo)* ❶ entfernt, fern, entlegen; ❷ *(übtr.)* fern, frei v. etw. [**a suspicione; a culpa**]; ❸ abgeneigt [**ab inani laude**].
**re-moveō**, movēre, mōvī, mōtum ❶ wegschaffen, entfernen, beseitigen *(konkr. u. übtr.)* [**alqd ex oratione; alqd ab oculis; hostes a muro** zurückdrängen; **suos** zurückziehen]; ❷ **se ~** sich zurückziehen [**a negotiis publicis**].
**re-mūgiō**, mūgīre *(poet.; nachkl.)* ❶ wieder brüllen; zurückbrüllen; ❷ widerhallen.
**re-mulceō**, mulcēre, mulsī, mulsum *(poet.)* einziehen [**caudam**].

R

**remulcum**, ī *n* Schlepptau.
**remūnerātiō**, ōnis *f (remuneror)* Vergeltung, Erkenntlichkeit für etw. *(m. Gen.)* [**benevolentiae**].
**re-mūneror**, mūnerārī wieder beschenken, vergelten, belohnen [**alqm magno praemio**].
**Remūria**, ōrum *n = Lemuria, s. lemures.*
**re-murmurō**, murmurāre *(poet.)* entgegen-, zurückrauschen.
**rēmus**, ī *m* Ruder; **-os ducere** *od.* **impellere** rudern; **alarum -i** *(v. den Flügeln der Vögel);* **corporis -i** *(v. den Händen u. Füßen der Schwimmenden).*
**Remus**, ī *m Bruder des Romulus, v. diesem erschlagen.*
**re-nārrō**, nārrāre *(poet.)* wieder erzählen.
**re-nāscor**, nāscī, nātus sum wiedergeboren werden, wieder wachsen, wieder entstehen *(konkr. u. übtr.).*
**re-nāvigō**, nāvigāre zurücksegeln.
**re-neō**, nēre, – – *(poet.) (Gewebe)* auflösen.
**rēnēs**, rēnum (*seltener* rēnium) *m* Nieren.
**re-nīdeō**, nīdēre, – – *(poet.; nachkl.)* ① zurückstrahlen, glänzen, schimmern; ② *(übtr.)* vor Freude strahlen, lächeln [**falsum** heuchlerisch grinsen].
**re-nītor**, nītī, nīsus sum sich widersetzen.
**re-nō**[1], nāre zurückschwimmen; *(übtr.)* wieder auftauchen; **saxa renant**.
**rēnō**[2] *u.* **rhēnō**, ōnis *m (germ. Fw.)* Pelz(gewand).
**re-nōdō**, nōdāre *(poet.)* entknoten, auflösen [**comam**].
**renovāmen**, minis *n (renovo) (poet.)* Neugestaltung; neue Gestalt.
**renovātiō**, ōnis *f (renovo)* ① Erneuerung; ② Zinszuschlag [**singulorum annorum** Zinseszins].
**re-novō**, novāre ① erneuern, wiederherstellen *(konkr. u. übtr.)* [**templum; scelus pristinum; dextras** den Handschlag = die unter Handschlag gegebene Zusage]; ② ins Gedächtnis zurückrufen, wiederholen; ③ erfrischen, sich erholen lassen [**rem publicam**]; – **se ~** *u. mediopass.* **renovari** sich erholen.
**re-nuī** *Perf. v. renuo.*
**renūntiātiō**, ōnis *f (renuntio)* Bekanntmachung, Bericht.
**re-nūntiō**, nūntiāre ① melden, Bericht erstatten, berichten *(m. Akk.; de; m. A. C. I. od. indir. Frages.);* ② amtlich berichten *(etw., von, über etw.: Akk.)* [**postulata Caesaris; legationem**]; ③ verkünden [**numerum militum**]; ④ *einen Beamten* als gewählt ausrufen *(m. dopp. Akk.; im Pass. m. dopp. Nom.);* ⑤ absagen, aufkündigen [**alci hospitium**].
**re-nuō**, nuere, nuī, – ① *(poet.; nachkl.)* abwinken; ② *(übtr.)* ablehnen, missbilligen [**convivium**]; ③ widersprechen *(alci rei).*
**renūtus**, *Abl.* ū *m (renuo) (nachkl.)* Ablehnung.
**reor**, rērī, ratus sum *(vgl. ratio)* ① (be)rechnen; ② *(übtr.)* meinen, glauben, halten für *(m. A. C. I.; m. dopp. Akk.).*
**repāgula**, ōrum *n* ① Tür-, Torriegel, Querbalken; ② *(poet.)* doppelter Schlagbaum; ③ *(übtr.)* Schranken.
**re-pandus**, a, um rückwärtsgekrümmt, aufwärtsgebogen [**calceoli** Schnabelschuhe].
**reparābilis**, e *(reparo) (poet.; nachkl.)* ersetzbar.
**re-parō**, parāre ① wiedererwerben, -herstellen, wiederanschaffen; ② erneuern [**proelium**]; ③ ergänzen; ④ *(poet.)* ersetzen; ⑤ *(poet.; nachkl.)* stärken, erfrischen, verjüngen; ⑥ *(poet.)* eintauschen *(gegen etw.: Abl.).*
**repastinātiō**, ōnis *f* das Umgraben.
**re-patēscō**, patēscere, patuī *(nachkl.)* sich wieder ausbreiten.
**re-pectō**, pectere, –, pexum *(poet.)* wieder kämmen.
**re-pellō**, repellere, reppulī, repulsum ① zurückstoßen [**repagula**]; ② abprallen lassen [**ictūs**]; ③ *(poet.)* umstoßen [**mensas; aras**]; ④ zurücktreiben, vertreiben [**barbaros telis; hostes ex urbe**]; ⑤ *(übtr.)* fernhalten, abwehren, entfernen [**dolorem a se; pericula**]; ⑥ zurückweisen, verschmähen [**preces**]; ⑦ widerlegen [**allatas criminationes**].
**re-pendō**, pendere, pendī, pēnsum ① bezahlen; ② *(poet.)* loskaufen [**militem auro**]; ③ *(poet.; nachkl.)* erwidern, vergelten, belohnen [**gratiam**]; ④ *(poet.; nachkl.)* ersetzen, wiedergutmachen [**culpam culpā** büßen].
**repēns**, *Gen.* pentis ① plötzlich, schnell, unerwartet [**adventus**]; – *Adv.* **repente** *u.* **repēns;** ② *(nachkl.)* neu, frisch.
**repēnsō**, repēnsāre *(Intens. v. rependo) (nachkl.)* vergelten, erwidern.
**repēnsus** *P. P. P. v. rependo.*
**repente** *s. repens.*
**repentīnus**, a, um *(Adv. -ō) (repens)* ① plötzlich (aufgetaucht), unvermutet; ② *(übtr.)* in Eile ausgehoben [**exercitus**]; ③ *(nachkl.)* schnell wirkend.
**re-percussī** *Perf. v. repercutio.*
**repercussus**[1], ūs *m (repercutio) (nachkl.)* Rückprall; Widerhall.
**repercussus**[2] *s. repercutio.*
**re-percutiō**, percutere, percussī, percussum zurückschlagen, -stoßen; – *Pass.* widerhallen, widerstrahlen; – *P. P. P.* **repercussus,** a, um **a)** zurückprallend; **b)** widerhallend; **c)** widerstrahlend.
**re-periō**, reperīre, repperī, repertum *(pario)* ① wieder finden; ② finden, ausfindig machen; **reperiuntur qui** *(m. Konj.)* es finden

R

sich Leute, die; – *Pass. m. dopp. Nom.* sich zeigen, sich erweisen als; ③ erfahren, ermitteln [**verum; nihil percontationibus**]; ④ erfinden, erdenken [**causam; rationes bellandi**]; ⑤ historisch berichtet finden *(m. A. C. I. od. indir. Frages.);* ⑥ erlangen, erwerben [**sibi salutem; gloriam**].

**repertor**, ōris *m (reperio)* Erfinder, Urheber [**medicinae** Äskulap; **hominum rerumque** *v. Jupiter*].

**repertus** *P. P. P. v. reperio.*

**re-petiī** *s. repeto.*

**repetītiō**, ōnis *f (repeto)* Wiederholung.

**repetītor**, ōris *m (repeto) (poet.)* Zurückforderer.

**re-petō**, petere, petīvī (*u.* petiī) petītum ① wieder angreifen, wiederholt nach jmdm., nach etw. stoßen *(m. Akk.);* ② wieder aufsuchen [**urbem**]; zurückgehen, -kehren [**retro in Asiam**]; ③ zurückverlangen [**obsides**]; ④ **res ~** Ersatz für erlittenen Schaden fordern *(v. den Feinden durch die Fetialen);* ⑤ auf Schadenersatz klagen; **(pecuniae) repetundae** wiederzuerstattende Geldsummen, Ersatz für Erpressungen; ⑥ *als gebührend* verlangen, beanspruchen [**ius suum**]; ⑦ zurückholen; ⑧ *(poet.)* hervorholen, -stoßen [**suspiria pectore**]; ⑨ wiederholen, erneuern [**studia; auspicia; viam** denselben Weg zurückgehen; **consuetudinem** wieder einführen]; ⑩ *(mündl. od. schriftl.)* wiederholen; ⑪ sich ins Gedächtnis zurückrufen, wieder überdenken *(m. Akk. od. A. C. I.); meist:* **alqd memoriā** *od.* **memoriam alcis rei** sich wieder an etw. erinnern; ⑫ wiedererlangen [**libertatem**]; ⑬ zurückrechnen, -datieren [**dies**]; ⑭ herleiten, ableiten; ⑮ *(intr.)* mit, bei etw. anfangen, beginnen *(ab)* [**ab ultimo initio**]; / *Perf.-Formen synk.:* repetīstī, repetīsse(m) *u. a.*

**repetundae**, ārum *f s. repeto 5.*

**re-pleō**, plēre, plēvī, plētum ① wieder (an)füllen; ② *(übtr.)* ergänzen [**legiones**]; ③ (an)füllen, erfüllen [**litora voce**]; ④ reichlich mit etw. versehen, reichlich versorgen; ⑤ *m. einer Krankheit* anstecken [**vi morbi**].

**replicātiō**, ōnis *f (replico)* kreisförmige Bewegung.

**re-plicō**, plicāre ① *(nachkl.)* zurückbiegen [**radios** zurückstrahlen]; ② *(übtr.)* aufrollen, entfalten.

**rēpō**, rēpere, rēpsī, rēptum kriechen, schleichen *(v. Menschen u. Tieren, übtr. auch v. Sachen).*

**re-pōnō**, pōnere, posuī, positum (*auch synk.* postum) ① hinter sich legen, zurücklegen, -stellen; ② *(Geld u. a.)* hinterlegen, aufbewahren, *auch übtr.* [**pecunias in thesauris; fructūs; alqd hiemi** für den Winter]; ③ *(nachkl.) (übtr.)* verbergen [**odium**]; ④ *(poet.)* beiseitelegen, ab-, weglegen, *auch übtr.* [**tela; onus; faciem deae**]; ⑤ *(poet.) (Tote)* begraben, beisetzen; ⑥ jmdm. etw. als Ersatz geben; ersetzen, vergelten [**iniuriam**]; ⑦ *etw. an den früheren Ort* wieder hinstellen, -legen, -bringen [**columnas**]; wieder auftragen [**plena pocula**]; ⑧ *(poet.; nachkl.)* wiederherstellen, -einsetzen; ⑨ *(poet.; nachkl.)* wieder aufführen [**fabulam**]; ⑩ *etw. an den gehörigen Platz* hinstellen, -legen, niedersetzen *(alqd in re u. re);* ⑪ *(übtr.)* aufnehmen unter [**alqm in numerum deorum**]; ⑫ *(übtr.)* zu etw. rechnen, zu etw. zählen; ⑬ *(übtr.)* auf etw. setzen, auf etw. beruhen lassen [**spem in virtute**]; **salus in illorum armis reposita est** beruht auf.

**re-portō**, portāre ① zurücktragen, -führen, -bringen [**legiones; pedem ex hoste** sich zurückziehen]; ② *(aus dem Kampf)* zurückbringen, mit nach Hause bringen [**nihil ex praeda domum**]; *(übtr.)* davontragen, erlangen [**victoriam ab alqo**]; ③ berichten, melden.

**re-poscō**, poscere, – – ① zurückfordern [**amissam virtutem;** *(etw. von jmdm.: alqd alqm od. ab alqo)* **Parthos signa**]; ② *als sein Recht* fordern [**rationem ab alqo** Rechenschaft; **pecuniam**].

**repositōrium**, ī *n (repono) (nachkl.)* Tafelaufsatz, Etagere *f. verschiedene Gänge.*

**repositus** *P. P. P. v. repono.*

**repostor**, tōris *m (repono) (poet.)* Wiederhersteller.

**repostus**, a, um *(repono)* entlegen, fern [**terrae**].

**re-posuī** *Perf. v. repono.*

**re-pōtia**, ōrum *n (poto) (poet.; nachkl.)* Trinkgelage als Hochzeitsnachfeier.

**repperī** *Perf. v. reperio.*

**reppulī** *Perf. v. repello.*

**repraesentātiō**, ōnis *f (repraesento)* Barzahlung.

**re-praesentō**, praesentāre *(praesens)* ① vergegenwärtigen, vor Augen stellen; ② *(poet.; nachkl.)* nachahmen; ③ sofort ausführen, sogleich verwirklichen, herbeiführen [**libertatem civitatis** sogleich herbeiführen; **iram** sogleich zeigen]; ④ bar bezahlen.

**re-prehendō**, prehendere, prehendī, prehēnsum ① zurück-, festhalten [**alqm manu**]; hemmen [**cursum alcis**]; ② *(übtr.)* zurechtweisen, tadeln [**alcis mores**].

**reprehēnsiō**, ōnis *f (reprehendo)* ① *(rhet. t. t.)* **a)** das Innehalten *des Redners;* **b)** Widerlegung; ② Tadel, Zurechtweisung.

**reprehēnsō**, reprehēnsāre *(Frequ. v. reprehendo)* wiederholt zurückhalten.

**reprehēnsor**, ōris *m (reprehendo)* Tadler.

**reprehēnsus** *P. P. P. v. reprehendo.*
**re-prēndō**, prēndere, prēndī, prēnsum = *reprehendo.*
**re-pressī** *Perf. v. reprimo.*
**repressor**, ōris *m (reprimo)* Unterdrücker.
**re-primō**, primere, pressī, pressum ❶ zurückdrängen, -treiben, -halten, hemmen [**regem; fugam; impetūs hostium**]; – **se ~** sich zurückhalten, sich enthalten *(ab);* ❷ *(übtr.)* beschwichtigen, beschränken, dämpfen [**preces; Catilinae conatūs**].
**reprōmissiō**, ōnis *f (repromitto)* das Gegenversprechen.
**re-prōmittō**, prōmittere, prōmīsī, prōmissum ein Gegenversprechen geben, dafür versprechen.
**rēpsī** *Perf. v. repo.*
**rēptābundus**, a, um *(repto) (nachkl.)* schleichend.
**rēptō**, rēptāre *(Intens. v. repo) (poet.; nachkl.)* schleichen; schlendern.
**repudiātiō**, ōnis *f (repudio)* Zurückweisung.
**repudiō**, repudiāre *(repudium)* zurückweisen, verschmähen, ablehnen [**preces alcis; condicionem aequam; alcis auctoritatem** nicht anerkennen].
**repudium**, ī *n (v. Verlobten u. Eheleuten)* Verstoßung; Aufhebung der Verlobung, Ehescheidung; **-um dicere** die Scheidung aussprechen.
**re-puerāscō**, puerāscere, – – wieder zum Kind werden, kindisch werden.
**repūgnanter** *Adv. (v. repugnans, s. repugno)* widerstrebend.
**repūgnantia**[1], ium *n (repugno)* widersprechende Dinge, Gegensätze.
**repūgnantia**[2], ae *f (repugno)* Widerstreit, Widerspruch.
**re-pūgnō**, pūgnāre ❶ Widerstand leisten *(im Kampf);* ❷ sich widersetzen, widerstreben *(m. Dat. od. contra; m Inf.; m. ne)* [**fortunae; contra veritatem**]; ❸ im Widerspruch stehen.
**repulsa**, ae *f (repello)* ❶ Abweisung bei einer Amtsbewerbung *(alcis rei: b. der Bewerbung um etw.)* [**consulatūs; aedilicia** bei der Bewerbung um das Amt eines Ädilen]; ❷ *(poet.; nachkl.) (übtr.)* abschlägige Antwort.
**repulsus**[1] *P. P. P. v. repello.*
**repulsus**[2], ūs *m (repello)* das Zurückwerfen, -prallen; Anschlagen.
**re-pungō**, pungere, – – wieder stechen [*übtr.* **animum alcis** jmdm. wieder einen Stich (Hieb) versetzen].
**re-pūrgō**, pūrgāre ❶ (wieder) reinigen; ❷ *(poet.; nachkl.)* reinigend entfernen.
**reputātiō**, ōnis *f (reputo) (nachkl.)* Erwägung, Betrachtung.
**re-putō**, putāre ❶ berechnen; ❷ *(übtr.)* erwägen, überdenken.
**re-quiēs**, ētis *f (Akk. auch* requiem; *Abl. auch* requiē) Ruhe, Erholung; *(poet.) (meton.)* Ruheplätzchen.
**re-quiēscō**, quiēscere, quiēvī, quiētum **I.** *intr.* ❶ (aus)ruhen, sich erholen, *übtr. auch v. Sachen;* **legiones ~ iussit; flumina requiescunt** stehen still; ❷ ruhen, schlafen; *im Grabe* ruhen; ❸ *(übtr.)* sich beruhigen, zur Ruhe kommen [**ex miseriis; a luctu**]; **II.** *trans. (poet.)* ruhen lassen, zur Ruhe bringen; / *synk. Perf.-Formen:* requiērunt, requiērant, requiēsse(t).
**requiētus**, a, um *(P. Adj. v. requiesco)* ausgeruht.
**re-quiēvī** *Perf. v. requiesco.*
**re-quīrō**, quīrere, quīsīvī *u.* quīsiī, quīsītum *(quaero)* ❶ (auf)suchen; ❷ *(übtr.)* vermissen [**maiorum prudentiam**]; ❸ verlangen, (er)fordern; – *Pass.* gefordert werden, erforderlich sein; ❹ fragen, (nach)forschen, sich erkundigen *(nach etw.: alqd od. de re; b. jmdm.: ab, ex od. de alqo; m. indir. Frages.);* ❺ untersuchen, prüfen [**rationes**].
**rēs**, reī *f* ❶ Sache, Ding, Gegenstand, etwas; ❷ Besitz, Habe, Vermögen = **res familiaris; rem gerere** sein Vermögen verwalten; **rem quaerere** zu erwerben suchen; **rem conficere** vertun; ❸ *Pl.* Welt; ❹ (Sach-)Lage, Verhältnisse, Zustand [**secundae** *od.* **prosperae** Glück; **adversae** Unglück]; Beziehung; **rem explorare; pro re** den Umständen entsprechend; **novis rebus studere** nach Neuerungen streben, einen Umsturz planen; – *im Deutschen oft* = es: **res bene / male se habet** es steht gut / schlecht; ❺ *(meist Pl.)* Herrschaft, Macht; **rerum potiri; res Romana / Latina;** ❻ Ursache, Grund; **quam ob rem** deshalb; ❼ Geschäft, Unternehmen, Angelegenheit, Aufgabe [**militaris** *od.* **bellica** Kriegswesen; **maritima** *od.* **navalis** Seewesen; **frumentaria** Verproviantierung; **rustica** Landwirtschaft]; **rem gerere** Geschäfte machen; **rem bene gerere** seine Sache gut machen; **alci res cum alqo est** jmd. hat es mit jmdm. zu tun; ❽ *(b. Historikern u. Dichtern)* Staat, Staats-, Gemeinwesen = **res publica** *(s. publicus)* [**Romana**]; ❾ Vorteil, Nutzen, Interesse; **in rem est** *(m. Inf., A. C. I od. ut)* es ist vorteilhaft; **alqd in rem suam convertere** sich zunutze machen; **suis rebus consulere; a re consulere** zum Nachteil; ❿ Tat, Handlung [**gestae** Taten, Geschichte]; **res gerere** handeln, *bes.* in Staatsangelegenheiten tätig sein; **gloria rerum;** ⓫ Kriegstat; Krieg, Kampf; **re bene gestā** nach glücklichem Kampf; ⓬ Ereignis, Begebenheit [**praeclara**]; *bes.* ge-

R

schichtliches Ereignis, *Pl.* Geschichte [**Italicae** v. Italien]; **rerum scriptor** Geschichtsschreiber; ⓭ Tatsache, Faktum; ⓮ Wirklichkeit, Wahrheit; **ut erat res** wie es sich tatsächlich verhielt; **re (verā)** in Wahrheit, tatsächlich; ⓯ Wesen der Sache, Natur der Sache; ⓰ Rechtssache, Prozess.

**re-sacrō**, sacrāre vom Fluch befreien, entsühnen.

**re-saeviō**, saevīre *(poet.)* wieder wüten.

**re-salūtō**, salūtāre wiedergrüßen.

**re-sarciō**, sarcīre, sarsī, sartum ❶ wieder ausbessern [**tecta**]; ❷ ersetzen [**detrimentum**].

**re-scidī** *Perf. v. rescindo.*

**re-sciī** *s. rescisco.*

**re-scindō**, scindere, scidī, scissum ❶ (wieder) aufreißen, *auch übtr.* [**vulnus; dolorem**]; ❷ (er)öffnen; ❸ zerreißen, nieder-, einreißen [**pontem** abbrechen]; ❹ ungültig machen, aufheben [**iudicium**].

**re-scīscō**, scīscere, scīvī *u.* sciī, scītum erfahren, Nachricht erhalten *(m. Akk. od. de).*

**rescissus** *P. P. P. v. rescindo.*

**rescītus** *P. P. P. v. rescisco.*

**re-scīvī** *Perf. v. rescisco.*

**re-scrībō**, scrībere, scrīpsī, scrīptum ❶ zurückschreiben; schriftlich antworten; ❷ *(nachkl.)* v. neuem schreiben, umschreiben; ❸ *(milit.)* nochmals ausheben, wieder aufstellen [**legiones**]; ❹ *(im Rechnungsbuch) einen Posten* umschreiben: **a)** zur Last schreiben; **b)** *(poet.)* gutschreiben; bezahlen; ❺ jmd. *in einer Liste* umschreiben [**alqm ad equum** *(als Wortspiel)* zur Reiterei versetzen *od.* in den Ritterstand erheben].

**rescrīptum**, ī *n (rescribo) (nachkl.)* kaiserl. Erlass, Reskript.

**rescrīptus** *P. P. P. v. rescribo.*

**re-secō**, secāre, secuī, sectum ❶ abschneiden [**barbam; ad vivum** bis ins Fleisch schneiden, *übtr.* allzu genau nehmen]; ❷ *(übtr.)* beschränken, hemmen; beseitigen.

**resecūtus** *P. P. Akt v. resequor.*

**re-sēdī** *Perf. v. resideo u. resido.*

**re-sēminō**, sēmināre *(poet.)* wiedererzeugen.

**re-sequor**, sequī, secūtus sum *(nur in den Perf.-Formen) (poet.)* antworten *(jmdm.: Akk.).*

**re-serō**, serāre *(sera)* ❶ *(poet.)* entriegeln, öffnen [**portas hosti**]; ❷ *(übtr.)* erschließen, zugänglich machen [**rem familiarem**]; ❸ *(poet.)* offenbaren [**oracula**]; ❹ *(poet.; nachkl.)* etw. anfangen.

**re-servō**, servāre ❶ aufbewahren, aufsparen [**praedam alci; consilium ad extremum** für den äußersten Fall]; ❷ jmd. erhalten, (er)retten [**se sibi suisque**]; ❸ (bei)behalten.

**reses**, *Gen.* residis *(resideo)* ❶ zurückgeblieben [**in urbe plebs**]; ❷ träge, untätig.

**re-sideō**, sidēre, sēdī, sessum *(sedeo)* **I.** *intr.* ❶ sitzen bleiben, sitzen; *(übtr.)* **spes in virtute residet** beruht auf; ❷ zurückbleiben, übrig bleiben; **ira ex certamine resedit; II.** *trans.* feiern.

**re-sīdō**, sīdere, sēdī, sessum ❶ sich setzen, sich niederlassen *(in m. Abl. od. bl. Abl.)*; ❷ *(übtr.)* sich senken, (ein)sinken; ❸ *(poet.; nachkl.)* sich zurückziehen; ❹ nachlassen, sich beruhigen.

**residuum**, ī *n (residuus)* Rest.

**residuus**, a, um *(resideo)* zurückbleibend, übrig [**odium**]; rückständig [**pecuniae**].

**re-sīgnō**, sīgnāre ❶ entsiegeln, öffnen [**litteras**]; ❷ *(poet.) (übtr.)* eröffnen, enthüllen [**fata**]; ❸ ungültig machen, vernichten; ❹ *(poet.)* zurückzahlen, -geben; ❺ *(poet.)* lösen, befreien.

**re-siliō**, silīre, siluī, – *(salio)* ❶ zurückspringen; ❷ *(poet.; nachkl.)* abprallen; *(übtr.)* **crimen ab alqo resilit** haftet nicht an jmdm.; ❸ *(poet.; nachkl.)* zusammenschrumpfen.

**re-sīmus**, a, um *(poet.; nachkl.)* aufgestülpt [**nares**].

**re-sipiī** *s. resipisco.*

**re-sipiō**, sipere, – – *(sapio)* ❶ *(nachkl.)* nach etw. schmecken *(alqd)*; ❷ *(übtr.)* etw. erkennen lassen.

**re-sipīscō**, sipīscere, sipīvī, sipiī *u.* sipuī, – *(resipio)* ❶ wieder zur Besinnung kommen, sich wieder erholen; ❷ wieder zur Einsicht kommen.

**re-sistō**, sistere, stitī, – ❶ stehen bleiben, Halt machen, stillstehen; ❷ innehalten, stocken [**media in voce**]; ❸ wieder festen Fuß fassen; ❹ Widerstand leisten, sich widersetzen *(m. Dat.; m. ne, nach Negation m. quin)* [**hostibus; dolori**].

**re-solvō**, solvere, solvī, solūtum ❶ auflösen, auf-, losbinden [**capillos; equos** abspannen]; ❷ *(poet.; nachkl.) (übtr.)* (auf)lösen [**curas** verscheuchen; **tenebras** lichten, vertreiben]; ❸ öffnen [**litteras; iugulum mucrone** durchstechen]; ❹ *(poet.; nachkl.)* entspannen, erschlaffen [**terga** ausstrecken]; ❺ *(poet.; nachkl.)* ungültig machen, aufheben [**iura pudoris** verletzen]; ❻ *(poet.)* befreien.

**resonābilis**, e *(resono) (poet.)* widerhallend.

**re-sonō**, sonāre **I.** *intr.* ❶ widerhallen; **aedes plangoribus resonant;** *(übtr.)* **gloria virtuti resonat** ist ein Widerhall der Tapferkeit; ❷ ertönen, erschallen; **II.** *trans. (poet.)* widerhallen lassen [**Amaryllida** den Namen Amaryllis; **lucos assiduo cantu**].

**resonus**, a, um *(resono) (poet.)* widerhallend, -schallend.

**re-sorbeō**, sorbēre, – – *(poet.; nachkl.)* wieder einschlürfen, wieder einziehen.

R

**respectō**, respectāre *(Intens. v. respicio)* ❶ zurückschauen, sich umsehen; hinsehen; ❷ anblicken, anschauen; ❸ *(poet.) (übtr.)* berücksichtigen.

**respectus**[1] *P. P. P. v. respicio.*

**respectus**[2], ūs *m (respicio)* ❶ das Zurückschauen *(nach etw.: Gen.)* [**incendiorum**]; ❷ *(übtr.)* Rücksicht, Berücksichtigung; **respectu alcis rei** mit Rücksicht auf etw.; ❸ *(meton.)* Zuflucht(sort), Rückhalt.

**re-spergō**, spergere, spersī, spersum *(spargo)* bespritzen, besprengen; **manus sanguine paterno respersae;** *(übtr.)* **servili probro respersus** m. dem Makel eines Sklavenstreichs.

**respersiō**, ōnis *f (respergo)* das Bespritzen, Besprengung.

**re-spiciō**, spicere, spexī, spectum *(specto)* **I.** *intr.* ❶ zurückblicken, -schauen, sich umsehen nach [**ad urbem**]; ❷ jmd. angehen, betreffen; **ad hunc summa imperii respiciebat;** **II.** *trans.* ❶ hinter sich erblicken [**amicum**]; *(auch m. A. C. I.);* ❷ überdenken; ❸ berücksichtigen, beachten; **haec respiciens** im Hinblick darauf; *(auch m. A. C. I.);* ❹ sorgen für, sich kümmern um [**rem publicam**]; ❺ erwarten, erhoffen [**subsidia**].

**respīrāmen**, minis *n (respiro) (poet.)* Luftröhre.

**respīrātiō**, ōnis *f (respiro)* ❶ das Atemholen; ❷ Pause *im Reden;* ❸ Ausdünstung.

**respīrātus**, *Abl.* ū *m (respiro)* das Aufatmen, Atemholen.

**re-spīrō**, spīrāre ❶ ausatmen [**animam**]; ❷ aufatmen, Atem holen; ❸ *(übtr.)* sich erholen [**a metu**]; ❹ *(v. Zuständen)* nachlassen, zur Ruhe kommen.

**re-splendeō**, splendēre, splenduī, – *(poet.; nachkl.)* widerstrahlen.

R

**re-spondeō**, spondēre, spondī, spōnsum ❶ ein Gegenversprechen leisten, versichern, zusagen; ❷ **a)** etw. antworten, erwidern *(alqd od. de re; m. A. C. I. od. indir. Frages.);* **b)** auf etw. antworten, etw. beantworten *(alci rei; ad alqa nur m. substantivierten Neutra; selten adversus alqd);* ❸ *(vom Orakel u. Richter)* Bescheid geben, raten [**ius** *od.* **de iure** ein (Rechts-) Gutachten erteilen]; ❹ *(b. Namensaufruf)* sich melden, sich stellen, erscheinen, *bes. vor Gericht;* ❺ *(übtr.)* entsprechen, m. etw. übereinstimmen, zu etw. passen *(m. Dat.; selten ad);* **fructus non respondet labori;** ❻ sich messen können mit, gewachsen sein *(m. Dat.)* [**Graecorum gloriae**]; ❼ *(poet.) (räuml.)* gegenüberliegen; ❽ vergelten, erwidern *(alci rei)* [**liberalitati**].

**respōnsiō**, iōnis *f (respondeo)* Antwort, Erwiderung; *(rhet.)* **sibi ipsi ~** Selbstwiderlegung.

**respōnsitō**, respōnsitāre *(Intens. v. responso)* Rechtsgutachten erteilen.

**respōnsō**, respōnsāre *(Intens. v. respondeo) (poet.)* ❶ antworten, erwidern; ❷ *(übtr.)* widerstehen, verschmähen *(m. Dat.).*

**respōnsum**, ī *n (respondeo)* ❶ Antwort; **-um alci dare** *od.* **reddere** geben; **-um ab alqo ferre** erhalten; ❷ Rechtsbescheid; ❸ Orakelspruch, Ausspruch [**Appollinis**]; **-um petere** ein Orakel einholen.

**respōnsus** *P. P. P. v. respondeo.*

**rēs pūblica** *s. publicus.*

**re-spuō**, spuere, spuī – ❶ ausspeien, v. sich geben; ❷ *(übtr.)* zurückweisen, nicht annehmen, verschmähen [**condicionem; interdicta**].

**re-stāgnō**, stāgnāre ❶ *(v. Gewässern)* überfließen, austreten; ❷ *(meton., v. Örtl.)* überschwemmt sein.

**re-staurō**, staurāre *(vgl. instauro) (nachkl.)* wiederherstellen, -erbauen.

**re-stīllō**, stīllāre wieder einträufeln; *(übtr.)* wieder einflößen.

**re-stinguō**, stinguere, stīnxī, stīnctum ❶ (aus)löschen [**ignem;** *übtr.* **incendium belli**]; *Pass. auch* erlöschen; ❷ *(übtr.)* löschen, stillen [**sitim**]; ❸ mäßigen, unterdrücken [**odium**]; ❹ vernichten, vertilgen.

**restipulātiō**, ōnis *f (restipulor)* Gegenverpflichtung.

**re-stipulor**, stipulārī gegenseitig ein Versprechen fordern.

**restis**, is *f (Akk. Sg.* -im *u.* -em*)* Seil, Strick.

**re-stitī** *Perf. v. resisto u. resto.*

**restitō**, restitāre *(Intens. v. resto)* zurückbleiben; *(übtr.)* zögern.

**re-stituō**, stituere, stituī, stitūtum *(statuo)* ❶ wieder hinstellen, wieder aufstellen; ❷ zurückbringen, -rufen, -führen [**alqm in patriam**]; ❸ zurück-, wiedergeben [**alci agrum; Syracusanis libertatem**]; ❹ *(in den alten Stand)* zurückversetzen [**Siciliam in pristinum statum; alqd in pristinam dignitatem; damnatos** die Strafe aufheben]; ❺ jmd. *in seine Rechte* wieder einsetzen [**alqm in regnum**]; ❻ wiederherstellen [**ordines / aciem** wieder ordnen; **pugnam** erneuern; **muros** wiedererbauen]; ❼ wiedergutmachen, ersetzen; ❽ *(übtr.)* aufheben [**iudicia**].

**restitūtiō**, ōnis *f (restituo)* ❶ Wiederherstellung [**potestatis**]; ❷ Wiedereinsetzung *(in den vorigen Stand):* **a)** Zurückberufung aus der Verbannung; **b)** Begnadigung.

**restitūtor**, ōris *m (restituo)* Wiederhersteller.

**restitūtus** *P. P. P. v. restituo.*

**re-stō**, stāre, stitī, – ❶ zurückbleiben; ❷ übrig bleiben, noch vorhanden sein; (**hoc** *od.* **id** *od.* **illud**) **restat, ut** *od. m. Inf.* es bleibt (noch) übrig, dass *od.* zu; **nihil aliud restat, nisi** *od.*

**quam** *m. Inf.;* ❸ am Leben bleiben, noch am Leben sein; ❹ noch bevorstehen; **hoc Latio restat;** ❺ widerstehen, Widerstand leisten; ❻ *(poet.; nachkl.) (übtr., v. Sachen)* nicht nachgeben, standhalten.

**restrictus**, a, um *(P. Adj. v. restringo)* ❶ streng, genau [**imperium**]; ❷ sparsam, karg.

**re-stringō**, stringere, strīnxī, strictum *(poet.; nachkl.)* ❶ nach hinten binden, fesseln; festbinden; ❷ *(übtr.)* einschränken, beschränken [**sumptūs**].

**re-sultō**, sultāre *(salto) (poet.; nachkl.)* ❶ abspringen, zurückprallen; ❷ widerhallen; **colles clamore resultant;** ❸ *(nachkl.) (übtr.)* widerstreben.

**re-sūmō**, sūmere, sūmpsī, sūmptum *(poet.; nachkl.)* ❶ wieder (an sich) nehmen, wieder ergreifen; ❷ *(übtr.)* wieder aufnehmen, erneuern [**proelium**]; ❸ wiedererlangen [**dominationem**].

**re-supīnō**, supīnāre zurückbeugen, -stoßen, auf den Rücken werfen [**regem assurgentem**].

**resupīnus**, a, um *(resupino) (poet.; nachkl.)* ❶ zurückgebogen; ❷ auf dem Rücken liegend, rücklings; ❸ stolz.

**re-surgō**, surgere, surrēxī, surrēctum ❶ *(poet.; nachkl.)* wieder aufstehen, sich wieder erheben *(auch v. Lebl.);* ❷ *(nachkl.) (übtr.)* sich wieder erheben [**in ultionem**]; ❸ *(poet.) (v. Zuständen)* wiedererwachen; ❹ *(v. Städten u. Staaten)* wiedererstehen.

**re-suscitō**, suscitāre *(poet.)* wieder erregen [**iram**].

**retardātiō**, ōnis *f (retardo)* Verzögerung.

**re-tardō**, tardāre ❶ verzögern, zurückhalten; ❷ *(übtr.)* aufhalten, hemmen, hindern [**impetūs hostium; cupiditatem**].

**rēte**, tis *n (Abl. Sg.* -ī *u.* -e; *Pl. Nom.* -ia, *Gen.* -ium) Netz (Fisch-, Jagdnetz), *auch übtr.*

**re-tegō**, tegere, tēxī, tēctum ❶ aufdecken, entblößen; **homo retectus** *durch den Schild* nicht gedeckt; ❷ öffnen; ❸ *(poet.)* sichtbar machen, erhellen [**orbem radiis**]; ❹ *(poet.; nachkl.) (übtr.)* aufdecken, entdecken, offenbaren [**coniurationem**].

**re-temptō**, temptāre *(poet.; nachkl.)* wieder versuchen.

**re-tendō**, tendere, tendī, tentum *u.* tēnsum *(poet.)* ab-, entspannen [**arcum**].

**retentiō**, ōnis *f (retineo)* ❶ das Zurück-, Anhalten [**aurigae**]; ❷ *(übtr.)* das Zurückhalten einer Zahlung, Abzug.

**retentō**[1], retentāre *(Intens. v. retineo)* zurück-, festhalten [**agmen; fugientes**].

**retentō**[2], retentāre = *retempto.*

**retentus** *P. P. P. v. retendo u. retineo.*

**re-terō**, terere, trīvī, trītum *(nachkl.)* abreiben.

**re-tēxī** *Perf. v. retego.*

**re-texō**, texere, texuī, textum ❶ wieder auftrennen, auflösen; ❷ ungültig, rückgängig machen, widerrufen [**orationem**]; ❸ umarbeiten, ändern [**scripta**]; ❹ *(poet.)* erneuern, wiederholen.

**reticentia**, ae *f (reticeo)* ❶ das (Still-)Schweigen; ❷ das Verschweigen; ❸ *(rhet. t. t.)* das Abbrechen mitten in der Rede.

**re-ticeō**, ticēre, ticuī, – *(taceo)* **I.** *intr.* ❶ (still)-schweigen [**de iniuriis**]; ❷ nicht antworten; **II.** *trans.* verschweigen.

**rēticulum**, ī *n (Demin. v. rete)* kleines Netz.

**Retina**, ae *f* Resina, *Ort am Fuße des Vesuv.*

**retināculum**, ī *n (retineo) (poet.; nachkl.)* ❶ Halter, Haken; ❷ Band, Seil, Zügel; ❸ Halte-, Ankertau; ❹ *Pl. (übtr.)* Bande [**vitae**].

**retinēns**, *Gen.* entis *(P. Adj. v. retineo)* an etw. festhaltend *(m. Gen.)* [**iuris et libertatis**].

**re-tineō**, tinēre, tinuī, tentum *(teneo)* ❶ zurück-, festhalten, aufhalten; ❷ behalten; ❸ beibehalten, erhalten, bewahren [**iustitiam; pristinam virtutem; alqm in officio**]; ❹ *(Erobertes)* halten, behaupten [**oppidum**]; ❺ in Schranken halten, zügeln [**gaudia**]; ❻ *(übtr.)* fesseln [**animos in legendo**].

**re-tinniō**, tinnīre wiederklingen.

**re-tonō**, tonāre *(poet.)* donnernd widerhallen.

**re-torqueō**, torquēre, torsī, tortum ❶ zurückdrehen, -wenden [**oculos ad urbem**]; **agmen ad dextram retorquetur** schwenkt nach rechts; ❷ *(poet.) (übtr.)* ändern [**mentem** die Gesinnung].

**re-torridus**, a, um *(poet.; nachkl.)* ❶ verdorrt, vertrocknet, dürr [**arbor**]; ❷ *(übtr.)* ausgekocht, schlau, gerissen [**mus**].

**re-torsī** *Perf. v. retorqueo.*

**retortus** *P. P. P. v. retorqueo.*

**retractātiō**, ōnis *f (retracto)* ❶ Weigerung, Ablehnung; ❷ *(nachkl.)* Beschäftigung *mit etw. od. jmdm.* in Gedanken.

**re-tractō**, tractāre *(Intens. v. retraho)* ❶ *(poet.; nachkl.)* zurückziehen, widerrufen [**dicta**]; ❷ sich sträuben, sich widersetzen; ❸ wieder anfassen, wieder ergreifen [**arma; vulnera** wieder aufreißen]; ❹ *(poet.; nachkl.) (übtr.)* wieder vornehmen, wieder behandeln; ❺ *(nachkl.)* neu bearbeiten, verbessern [**librum**]; ❻ wieder überdenken.

**retractus**, a, um *(P. Adj. v. retraho)* entfernt, versteckt.

**re-trahō**, trahere, trāxī, tractum ❶ zurückziehen, -bringen, -holen [**Hannibalem in Africam**]; ❷ *(einen Flüchtling)* zurückbringen, -schleppen [**alqm ex fuga**]; ❸ zurück-, abhalten [**consules a foedere; alqm ex magnis detrimentis** retten aus]; ❹ zurück(be)halten, nicht herausgeben; ❺ **se ~ a re** sich v. etw. zurückziehen, sich fernhalten [**se a convivio**];

R

6 *(nachkl.)* v. neuem schleppen [**ad eosdem cruciatus**]; 7 *(nachkl.) (übtr.)* wieder ans Licht ziehen; 8 *(übtr.)* hinziehen, -führen, *in einen Zustand* bringen.

**retrectō**, retrectāre = *retracto.*

**re-tribuō**, tribuere, tribuī, tribūtum 1 zurückgeben, -erstatten; 2 *jmdm. das ihm Gebührende* zukommen lassen.

**retrītus** *P. P. P. v. retero.*

**retrō** *Adv.* 1 *(räuml.)* zurück, rückwärts, nach hinten [**cedere**]; hinten; 2 *(zeitl.)* zurück, vorher; 3 *(übtr.)* zurück [**ponere alqd** zurück-, hintansetzen].

**retrō-cēdō**, cēdere, cessī, cessum zurückweichen.

**retrō-gradus**, a, um *(nachkl.)* zurückgehend.

**retrōrsum** *u.* **-us** *Adv. (< *retrō-vors...; retro u. verto)* 1 rückwärts, zurück; 2 umgekehrt.

**retrō-versus**, a, um *(poet.)* zurückgewandt, -gekehrt.

**retrūsus**, a, um *(trudo)* versteckt, verborgen.

**rettulī** *Perf. v. refero.*

**re-tundō**, tundere, ret(t)udī, retū(n)sum 1 stumpf machen *(konkr. u. übtr.)* [**tela; cor**]; 2 *(übtr.)* zurückhalten, (ab)schwächen, im Zaume halten, vereiteln [**alcis impetum; improbitatem alcis**].

**Reudignī**, ōrum *m germ. Volk an der Unterelbe.*

**reus** *(res)* **I.** *Subst.* ī *m* der Angeklagte; **rea**, ae *f* die Angeklagte; **alqm reum facere** *od.* **agere** jmd. anklagen; **reum peragere** die Klage durchführen; **II.** *Adj.* a, um 1 angeklagt *(wegen etw.: Gen. od. de)*; 2 schuldig, zu etw. verpflichtet, für etw. verantwortlich *(m. Gen.)* [**voti** zur Lösung des Gelübdes verpflichtet].

**re-valēscō**, valēscere, valuī, – *(poet.; nachkl.)* wiedergenesen, -erstarken; wieder Geltung erlangen.

R

**re-vehō**, vehere, vēxī, vectum zurückbringen, -führen [**praedam**]; – *mediopass.* **revehi** *(m. u. ohne curru, equo u. Ä.)* zurückfahren, -reiten, -kehren; *(übtr., in der Rede)* auf etw. zurückkommen *(ad alqd).*

**re-vellō**, vellere, vellī *u.* vulsī, vulsum 1 weg-, ab-, los-, herausreißen [**telum de corpore**]; 2 *(übtr.)* (ver)tilgen; 3 aufreißen, -brechen [**claustra portarum**].

**re-vēlō**, vēlāre *(poet.; nachkl.)* enthüllen, entblößen.

**re-veniō**, venīre, vēnī, ventum zurückkommen, -kehren.

**rē-vērā** *Adv. (auch getr.) (res u. verus)* tatsächlich, in der Tat.

**re-verberō**, verberāre *(nachkl.)* zurückschlagen.

**reverendus**, a, um *(revereor) (poet.; nachkl.)* ehrwürdig.

**reverēns**, *Gen.* entis *(P. Adj. v. revereor) (nachkl.)* ehrerbietig [**sermo erga patrem**].

**reverentia**, ae *f (reverens)* Ehrfurcht, Achtung, Ehrerbietung *(vor jmdm.: Gen., adversus u. in alqm; gegen, vor etw.: Gen.)*; – **Reverentia**, ae *f personif. als Göttin der Ehrfurcht.*

**re-vereor**, verērī, veritus sum *(m. Akk.)* 1 sich scheuen vor, fürchten; 2 Ehrfurcht haben vor, verehren [**deum**].

**reversiō**, ōnis *f (revertor)* Umkehr; Wiederkehr, Rückkehr.

**re-vertor**, vertī, *Perf.* revertī (*nicht klass.* reversus sum; *Part. Perf. [auch klass.]* reversus) 1 zurückkehren, -kommen, umkehren [**ex itinere domum; in gratiam cum alqo** sich versöhnen]; 2 *(in der Rede)* auf etw. zurückkommen [**eodem; ad propositum**]; 3 *(poet.) (v. Lebl.)* auf jmd. zurückfallen, jmd. heimsuchen; **poena in caput alcis revertitur**.

**re-vēxī** *Perf. v. reveho.*

**re-vīcī** *Perf. v. revinco.*

**revictus** *P. P. P. v. revinco.*

**re-vīlēscō**, vīlēscere, – – *(vilis) (nachkl.)* an Wert verlieren.

**re-vinciō**, vincīre, vinxī, vinctum 1 *(poet.)* zurückbinden; 2 festbinden, befestigen [**trabes**]; 3 umwinden [**templum fronde**]; 4 *(poet.) (übtr.)* fesseln [**mentem amore**].

**re-vincō**, vincere, vīcī, victum 1 *(poet.; nachkl.)* besiegen, siegreich niederwerfen [*übtr.* **coniurationem** unterdrücken]; 2 widerlegen [**crimina rebus**].

**revinctus** *P. P. P. v. revincio.*

**re-vinxī** *Perf. v. revincio.*

**re-virēscō**, virēscere, viruī, – 1 *(poet.; nachkl.)* wieder grünen, wieder grün werden; 2 *(poet.) (übtr.)* sich verjüngen, wieder jung werden; 3 *(übtr.)* wieder aufblühen, wieder erstarken.

**re-vīsō**, vīsere, vīsī, vīsum wieder sehen, wieder besuchen [**sedes suas**].

**re-vīvīscō**, vīvīscere, vīxī, – *(Incoh. v. vivo)* 1 wieder lebendig werden, wieder aufleben; 2 *(übtr.)* sich erholen, erstarken.

**revocābilis**, e *(revoco) (poet.; nachkl.)* zurückrufbar, widerruflich [**poenae**].

**revocāmen**, minis *n (revoco) (poet.)* Rückruf, Warnung(sruf).

**revocātiō**, ōnis *f (revoco)* 1 Rückberufung, Abberufung [**a bello**]; 2 *(rhet. t. t.)* nochmaliges Aussprechen, Wiederholung.

**re-vocō**, vocāre 1 zurückrufen *(bes. aus der Verbannung u. dem Kampf)* [**copias; equites; ab** (*od.* **de**) **exilio**]; 2 *(poet.; nachkl.)* zurückziehen, -wenden, -holen [**pedem; oculos** abwenden; **artūs gelidos in calorem** wieder erwärmen]; 3 zurückbringen, -führen [**alqm ad servitutem**]; – **se ~ ad alqd** zu etw.

zurückkehren; ④ *(übtr.)* v. etw. zurückhalten, abbringen [**filium a scelere**]; ⑤ wiederherstellen, erneuern [**vires; studia; priscos mores**]; ⑥ *(poet.; nachkl.)* widerrufen [**promissum suum; facta**]; ⑦ *(übtr.)* etw. wohin bringen, es zu etw. kommen lassen [**rem ad manus** zum Handgemenge; **alqd in dubium** in Zweifel ziehen]; ⑧ auf etw. hinweisen, auf etw. richten [**alqm ad exempla; rem ad populum** die Entscheidung dem Volk anheimstellen]; ⑨ auf etw. beziehen, auf etw. zurückführen, nach etw. beurteilen *(ad, selten in alqd)* [**ad suas res** nach seinen Verhältnissen; **omnia ad artem**]; ⑩ wieder, v. neuem (auf)rufen; ⑪ *(Schauspieler, Sänger u. a.)* zur Wiederholung auffordern [**praeconem**]; ⑫ *(beurlaubte Soldaten)* wieder einberufen; ⑬ seinerseits rufen; ⑭ eine Gegeneinladung machen *(abs. od. alqm)*; ⑮ in einen engeren Raum zurückziehen, beschränken [**comitia in unam domum**].

**re-volō**, volāre zurückfliegen.

**re-volvō**, volvere, volvī, volūtum ① *(poet.; nachkl.)* zurückrollen, -wälzen, -wickeln [**fila; aequora**]; ② *(übtr.)* zurückführen [**iter** nochmals durchwandern]; ③ *(poet.; nachkl.)* wiederholen, wieder überdenken [**visa**]; ④ *(eine Schriftrolle, ein Buch)* wieder aufrollen, wieder aufschlagen, wieder lesen; ⑤ *(poet.)* wieder erzählen; ⑥ *mediopass. u.* **se** ~ **a)** *(poet.)* zurückrollen *(intr.)*, sich zurückwälzen; **revoluta aequora** zurückwogendes Meer; **b)** *(poet.)* zurückfallen, -sinken [**toro** auf das Bett; **equo** vom Pferd]; **c)** *(poet.)* vergehen; **revoluta saecula; d)** *(poet.; nachkl.) (v. Gestirnen)* im Kreislauf zurückrollen, wiederkehren; **e)** v. neuem in etw. geraten [**ad vitia** v. neuem verfallen]; **f)** auf etw. zurückkommen [**ad sententiam alcis**]; **res eo revolvitur, ut** es kommt dahin, dass.

**re-vomō**, vomere, vomuī, – *(poet.; nachkl.)* wieder ausspeien, wieder v. sich geben [**fluctūs**].

**re-vulsī** *Perf. v. revello.*

**revulsiō**, ōnis *f (revello) (nachkl.)* das Ab-, Losreißen.

**revulsus** *P. P. P. v. revello.*

**rēx**, rēgis *m (rego)* ① König, Fürst, Herrscher; – *als Adj.:* königlich; *(poet.)* herrschend; ② Perserkönig; ③ Suffet *(Titel der Regierungsbeamten in pun. Städten u. Kolonien)*; ④ Lar *der Etrusker;* ⑤ Königssohn, Prinz; ⑥ *Pl.* **a)** Königspaar; **b)** Königsfamilie, -haus; ⑦ *(poet.; nachkl.) (übtr.)* Leiter, Oberhaupt, Führer, Herr(scher), König [**divum atque hominum** *od.* **deorum** = Jupiter]; ⑧ Gewaltherrscher, Tyrann; ⑨ *(seit der Republik)* Opferkönig, -priester [**sacrorum**]; ⑩ vornehmer, großer Herr, Mächtiger.

**rēxī** *Perf. v. rego.*

**Rhadamanthus** *u.* **-os,** ī *m Sohn des Zeus u. der Europa, Bruder des Minos, König u. Gesetzgeber auf Kreta, Richter in der Unterwelt.*

**Rhaet...** = Raet...

**rhapsōdia**, ae *f (gr. Fw.)* Gesang *Homers* [**secunda** zweites Buch der Ilias].

**Rhēa**[1] *s. Rea.*

**Rhea**[2], ae *f Mutter des Zeus, der Cybele gleichgesetzt; s. Cybele.*

**rhēda, rhēdārius** = *raed...*

**Rhēgium** = *Regium.*

**rhēnō** *s. reno*[2].

**Rhēnus**, ī *m* der Rhein.

**rhētor**, oris *m (gr. Fw.)* Lehrer der Redekunst, Rhetor; Redner.

**rhētorica** *u.* **-ē** *s. rhetoricus.*

**rhētoricus**, a, um *(gr. Fw.)* rhetorisch, rednerisch; – *Adv.* **-ē** nach Rhetorenart, wortreich; – *Subst.* **-a,** ae *u.* **-ē,** ēs *f od.* **-a,** ōrum *n* Redekunst, Rhetorik.

**rhīnocerōs**, ōtis *m (gr. Fw.) (nachkl.)* Nashorn.

**Rhoda**, ae *f* Rosas, *Stadt am Mittelmeer im Nordosten Spaniens.*

**Rhodanus**, ī *m* die Rhône, *Fluss in Frankreich.*

**Rhodiēnsis, Rhodius** *s. Rhodos.*

**Rhodopē**, ēs *f Gebirge in Thrakien; – Adj.* **Rhodopēius**, a, um *auch (poet.)* thrakisch.

**Rhodos** *u.* **-us**, ī *f Insel an der Südwestspitze Kleinasiens m. gleichnamiger Hauptstadt; – Einw.* **Rhodius**, ī *m; – Adj.* **Rhodius**, a, um *u.* **Rhodiēnsis**, e.

**Rhōsicus**, a, um aus Rhosos *(in Kilikien)* [**vasa**].

**rhythmicī**, ōrum *m (gr. Fw.)* Rhythmiker, Lehrer des Rhythmus.

**rīcīnium**, ī *n* kleines Kopftuch.

**rictum**, ī *n u.* **rictus**, ūs *m (ringor)* ① weit geöffneter Mund; ② klaffender Rachen *der Tiere.*

**rīdeō**, rīdēre, rīsī, rīsum **I.** *intr.* ① lachen *(über etw.: Abl.; bei etw.: in m. Abl.)*; ② *(poet.)* lächeln, jmdm. zulächeln; ③ *(poet.) (v. Sachen)* **a)** ein heiteres Aussehen haben, strahlen; **b)** gefallen; **II.** *trans.* auslachen, verlachen, verspotten.

**rīdiculum**, ī *n (ridiculus)* Spaß, Scherz, Witz; **per -um dicere** im Spaß.

**rīdiculus**, a, um *(rideo)* ① lächerlich, verlachenswert [**insania**]; ② spaßhaft, scherzhaft, witzig [**dictum**].

**rigeō**, rigēre, riguī, – ① starr, steif sein, starren; **comae terrore rigent** sträuben sich; ② *(poet.) (übtr.)* strotzen; **vestes rigent auro**.

**rigēscō**, rigēscere, riguī, – *(Incoh. v. rigeo)* erstarren, steif werden; *(übtr.)* sich sträuben; **capilli metu rigescunt**.

**rigidō**, rigidāre *(rigidus) (nachkl.)* steif, hart machen.

R

**rigidus**, a, um *(rigeo)* ① *(poet.)* starr, steif, hart; ② *(poet.)* emporstarrend, -ragend [**capilli** sich sträubend; **columna**]; ③ gerade ausgestreckt [**cervix**]; ④ *(übtr.)* fest, unerschütterlich [**sententia**]; ⑤ *(übtr.)* steif, roh [**mores**]; ⑥ *(übtr.)* hart, streng, unerbittlich [**censor; mens**]; ⑦ *(poet.)* abgehärtet, rau; ⑧ *(poet.; nachkl.)* grausam, wild [**ferae**].

**rigō**, rigāre ① *(Wasser irgendwohin)* leiten; ② bewässern; **fluvius rigat campos;** ③ *(poet.) (übtr.)* benetzen [**ora lacrimis**].

**rigor**, ōris *m (rigeo)* ① *(poet.)* Starrheit, Steifheit, Härte [**ferri**]; Erstarrung vor Kälte; ② Kälte, Frost; ③ *(poet.; nachkl.) (übtr.)* Härte, Strenge; Ungeschmeidigkeit.

**riguī** *Perf. v. rigeo u. rigesco.*

**riguus**, a, um *(rigo) (poet.; nachkl.)* ① bewässernd; ② bewässert.

**rīma**, ae *f* Riss, Spalte, Ritze [**ignea** Blitzstrahl].

**rīmor**, rīmārī *(rima)* ① *(poet.)* aufreißen, -wühlen; ② *(poet.; nachkl.) (übtr.)* durchwühlen, -suchen; ③ erforschen [**secreta**].

**rīmōsus**, a, um *(rima) (poet.; nachkl.)* voller Risse, leck.

**ringor**, ringī, – *(poet.; nachkl.)* sich ärgern.

**rīpa**, ae *f* Ufer.

**rīpula**, ae *f (Demin. v. ripa)* kleines Ufer.

**rīsī** *Perf. v. rideo.*

**rīsor**, ōris *m (rideo) (poet.)* Spötter.

**rīsus**[1] *P. P. P. v. rideo.*

**rīsus**[2], ūs *m (rideo)* ① das Lachen, Gelächter; Spott; **risūs captare** zu erregen suchen; ② *(poet.) (meton.)* Gegenstand des Gelächters.

**rīte** *Adv. (vgl. ritus)* ① nach rechtem (rel.) Brauch, unter den vorgeschriebenen Zeremonien; ② *(poet.)* auf herkömmliche Weise; ③ m. Recht, gebührend **rebus ~ paratis;** ④ *(poet.)* zum Glück, glücklich.

**rītus**, ūs *m* ① heiliger Brauch, rel. Satzung, Ritus; ② Brauch, Sitte, Gewohnheit, Art; – *meist Abl.* **rītū** *(m. Gen.)* nach Art von, wie [**ferarum; mulierum**].

**rīvālis**, is *m (Abl. Sg. -ī u. -e)* Nebenbuhler *in der Liebe.*

**rīvālitās**, tātis *f (rivalis)* Eifersucht.

**rīvulus**, ī *m (Demin v. rivus)* Bächlein, *klass. nur übtr.*

**rīvus**, ī *m* ① Bach; ② *(übtr.) (poet.; nachkl.)* Strom, Masse [**lacrimarum; argenti**]; ③ *(poet.; nachkl.)* Wasserrinne, Kanal.

**rīxa**, ae *f* Zank, Streit.

**rīxor**, rīxārī *(rixa)* zanken, streiten.

**rōbīgō** *u.* **rūbīgō**, ginis *f (ruber) (poet.; nachkl.)* ① Rost; ② Zahnfäule; ③ Getreidebrand *(Krankheit des Getreides); – personif.* **Rōbīgō**, ginis *f u.* **Rōbīgus,** ī *m Gottheit, die man um Abwendung des Getreidebrandes anrief;* ④ *(übtr.)* **a)** Untätigkeit; **b)** Schlechtigkeit.

**rōboreus**, a, um *(robur) (poet.; nachkl.)* eichen.

**rōborō**, rōborāre *(robur)* stärken, kräftigen [**artūs**].

**rōbur**, boris *n* ① Kernholz, *bes.* Eichenholz; ② *(meton.)* **a)** *aus Eichenholz Gefertigtes:* Eichenbank *u.* -bänke; **~ ferro praefixum** Eichenspeer; **~ aratri** eichener Pflug; **~ cavum** *od.* **sacrum** das hölzerne Pferd *vor Troja;* **b)** unterirdisches Verlies *im röm. Staatsgefängnis;* **in robore et tenebris exspirare;** ③ *(poet.; nachkl.)* Eiche; ④ *(übtr.)* Härte, Festigkeit [**ferri**]; ⑤ Kraft, Stärke *(v. Körperkraft, v. geistiger, moral. Stärke, v. Macht)* [**corporis; animi; imperatoris**]; ⑥ *(meton.)* **a)** Kern [**libertatis**]; **b)** *(Sg. u. Pl.)* erprobte Männer [**senatūs**]; Kerntruppen [**peditum**]; **c)** *(nachkl.) (v. Örtl.)* Mittelpunkt, Stützpunkt.

**rōbustus**, a, um *(robur)* ① eichen [**fores**]; ② fest, stark.

**rōdō**, rōdere, rōsī, rōsum ① *(poet.; nachkl.)* benagen [**vitem**]; ② *(übtr.)* verkleinern, herabsetzen; ③ *(poet.; nachkl.)* allmählich verzehren.

**rogālis**, e *(rogus) (poet.)* des Scheiterhaufens [**flammae**].

**rogātiō**, iōnis *f (rogo)* ① Frage; ② *(polit.)* Anfrage *an das Volk,* Gesetzesvorschlag, Antrag; **rogationem ad populum ferre** einbringen bei; **rogationem perferre** durchbringen; ③ Bitte, Aufforderung.

**rogātor**, tōris *m (rogo)* ① Antragsteller; ② Stimmensammler *(b. Abstimmungen).*

**rogātus**, *Abl.* ū *m (rogo)* das Bitten; **rogatu alcis** auf jmds. Ersuchen.

**rogitō**, rogitāre *(Intens. v. rogo)* wiederholt, eindringlich fragen.

**rogō**, rogāre ① fragen *(nach etw.: Akk. od. de; m. indir. Frages.);* ② *(amtlich)* (be)fragen: **a)** *(im Senat)* [**alqm sententiam**]; **b)** *(in der Volksversammlung)* [**populum** ein Gesetz beim Volk einbringen; **legem** ein Gesetz beantragen; **populum** *(od.* **plebem***)* **magistratum** dem Volk einen Beamten zur Wahl vorschlagen]; **c)** *(milit. t. t.)* **alqm sacramento** jmd. vereidigen, den Eid ablegen lassen; ③ bitten *(um etw.: Akk. od. de; m. ut, ne od. bl. Konj.; m. A. C. I.);* ④ jmd. einladen.

**rogus**, ī *m* ① Scheiterhaufen; ② *(poet.) (übtr.)* Vernichtung.

**Rōma**, ae *f* Rom, *753 v. Chr. gegründet; – personif. als Gottheit; – Adj.* **Rōmānus,** a, um **a)** römisch; echt römisch: **Romano more loqui** offen, aufrichtig; **Romanum est** es ist Römerart; **b)** *(poet.; nachkl.)* lateinisch; – *Subst.* **Rōmānus,** ī *m* Römer; **Rōmāna,** ae *f* Römerin.

**Rōmul(e)us**, a, um *Adj. zu Romulus:* des Romulus; *übh.* römisch.

**Rōmulidae**, ārum *m* die Nachfahren des Romulus = die Römer.

**Imperium Romanum**
**Rōmulus** (ī *m*) ist der legendäre Gründer und erste König von Rom. Er ist Sohn des Mars und der Rea Silvia, der Tochter des Numitor, des Königs von Alba Longa. Nach seiner Geburt wurde Romulus zusammen mit seinem Zwillingsbruder Remus auf Befehl seines Onkels Amulius ausgesetzt. Sie wurden von einer Wölfin gesäugt, dann von einem Hirten entdeckt und aufgezogen. Später stürzten sie ihren Onkel Amulius, der ihren Großvater Numitor der Herrschaft beraubt hatte. Als Romulus die Stadt Rom gründete, geriet er mit seinem Bruder Remus in Streit und erschlug ihn. Romulus wurde nach seinem Tod als Gott **Quirinus** verehrt.

**rōrāriī**, ōrum *m* Leichtbewaffnete *(Schleuderer, Plänkler)*.

**rōrō**, rōrāre *(ros¹)* **I.** *intr. (poet.; nachkl.)* ❶ tauen; ❷ triefen, feucht sein; **II.** *trans.* ❶ *(poet.)* m. Tau überziehen; ❷ *(poet.)* befeuchten, benetzen [**ora lacrimis**]; ❸ träufeln, sprengen.

**rōs¹**, rōris *m* ❶ Tau, *Pl.* die Tautropfen, Tau; ❷ das Nass, Feuchtigkeit, Flüssigkeit, Wasser [**liquidus** Quellwasser; **vivus** fließendes Wasser].

**rōs²**, rōris *m (poet.)* Rosmarin = **ros marinus** *od.* **maris**.

**rosa**, ae *f* ❶ *(poet.)* Rosenstrauch, -stock; ❷ Rose; ❸ *(koll.)* Rosen; *(meton.)* Rosenkranz.

**rosārium**, ī *n (rosa) (poet.)* Rosenhecke, -garten.

**rōscidus**, a, um *(ros¹) (poet.; nachkl.)* ❶ tauend; den Tau fallen lassend; ❷ betaut, taufeucht; benetzt, feucht.

**Rōscius**, a, um *röm. nomen gentile:* ❶ **Sextus ~** *aus Ameria in Umbrien, v. Cicero erfolgreich verteidigt;* ❷ **Quintus ~ Gallus** *Schauspieler z. Zt. Ciceros; – Adj.* **Rōsciānus**, a, um; ❸ **Lucius ~ Otho** *Volkstribun 67 v. Chr.*

**rosētum**, ī *n (rosa) (poet.)* Rosenhecke, -garten.

**roseus**, a, um *(rosa) (poet.; nachkl.)* ❶ aus Rosen, Rosen-; ❷ *(meton.)* rosenfarbig, rosig; ❸ jugendlich [**ōs**].

**rōsī** *Perf. v. rodo.*

**rōsidus**, a, um *(poet.) = roscidus.*

**rōstra**, ōrum *n s. rostrum.*

**rōstrātus**, a, um *(rostrum)* geschnäbelt, m. einem Rammsporn versehen [**navis**]; m. Schiffsschnäbeln verziert [**columna** *m. Schiffsschnäbeln verzierte Marmorsäule auf dem Forum Romanum*].

**rōstrum**, ī *n (rodo)* ❶ Schnabel, Schnauze, Rüssel; ❷ *(übtr.)* Schiffsschnabel, Rammsporn; ❸ *(meton.)* **a)** *(poet.)* Vorderteil des Schiffes; **b)** *Pl.* **rōstra,** ōrum *n* Rednerbühne *auf dem Forum, m. Schiffsschnäbeln geschmückt.*

**rōsus** *P. P. P. v. rodo.*

**rota**, ae *f* ❶ (Wagen-)Rad; ❷ *(poet.)* Wagen; ❸ Folterrad; ❹ *(nachkl.)* Rolle, Walze *zur Fortbewegung v. Lasten;* ❺ *(poet.; nachkl.)* Kreis(bahn); Kreislauf; ❻ *(übtr.)* Wechsel, Unbeständigkeit [**fortunae**]; ❼ *(poet.) Pl.* **-ae dispares** *das elegische Distichon (Hexameter u. Pentameter).*

**rotō**, rotāre *(rota)* **I.** *trans.* im Kreis herumdrehen, -schleudern, -schwingen [**fumum** aufwirbeln]; **II.** *intr. (poet.)* sich im Kreis drehen, rollen.

**rotundō**, rotundāre *(rotundus)* ❶ abrunden; ❷ *(poet.) (übtr.) (Geldsummen)* aufrunden, vollmachen.

**rotundus**, a, um *(rota)* ❶ rund *(sowohl scheiben- als auch kugelrund);* ❷ *(rhet. t. t.)* abgerundet [**verborum constructio**]; ❸ *(poet.)* vollkommen.

**rube-faciō**, facere, fēcī, factum *(rubeo) (poet.)* röten.

**rubēns**, *Gen.* entis *(P. Adj. v. rubeo) (poet.; nachkl.)* ❶ rot, rötlich; schamrot; ❷ bunt.

**rubeō**, rubēre, rubuī, – *(ruber)* ❶ rot sein, rötlich glänzen; ❷ erröten; ❸ *(poet.) (übtr.)* schimmern.

**ruber**, bra, brum rot.

**rubēscō**, rubēscere, rubuī, – *(Incoh. v. rubeo) (poet.; nachkl.)* ❶ rot werden, sich röten; ❷ erröten.

**rubētum**, ī *n (rubus) (poet.)* Brombeergesträuch, *auch Pl.*

**rubeus**, a, um *(rubus) (poet.)* vom Brombeerstrauch.

**Rubicō(n)**, ōnis *m Grenzfluss zw. Umbrien u. Gallia Cisalpina, südl. v. Ravenna.*

**rubicundus**, a, um *(ruber) (poet.; nachkl.)* (glühend) rot, rötlich [**Ceres** gelbliches Getreide].

**rūbīgō** *s. robigo.*

**rubor**, ōris *m (ruber)* ❶ Röte, das Rot; ❷ rote Schminke; ❸ *(poet.; nachkl.) Pl.* Purpur; ❹ Schamröte; ❺ *(meton.)* **a)** Schamhaftigkeit; **b)** Beschämung, Schande.

**rubrīca**, ae *f (ruber) (poet.)* rote Erde, Rötel.

**rubuī** *Perf. v. rubeo u. rubesco.*

**rubus**, ī *m* Brombeerstrauch.

**rūctābundus**, a, um *(ructo) (nachkl.)* wiederholt rülpsend.

**rūctō**, rūctāre *u.* **rūctor**, rūctārī **I.** *intr.* aufstoßen, rülpsen; **II.** *trans. (poet.)* ausrülpsen, ausspeien.

**rūctus**, ūs *m (ructo)* das Aufstoßen, Rülpsen.

**rudēns**, entis *m u. f (Abl. Sg.* -e *u.* -ī; *Gen. Pl.*

R

-um *u.* -ium) starkes Seil, *bes.* Schiffsseil, Tau.

**rudīmentum**, ī *n (rudis[1])* erster Versuch, Probe(stück), Vorschule, *meist Pl.*

**rudis[1]**, e ❶ *(poet.; nachkl.)* roh, unbearbeitet [**signum; lana** ungesponnen]; ❷ *(übtr.)* roh, kunstlos, ungebildet [**vox; ingenium; saeculum**]; ❸ ungeschickt, unerfahren *(in etw.: Gen., in u. Abl., bl. Abl. od. ad)* [**miles; dicendi; in re navali; arte**]; ❹ *(poet.)* noch unerfahren in der Liebe, unschuldig; ❺ *(poet.)* jung.

**rudis[2]**, is *f* ❶ Rapier, *den Gladiatoren b. ihrer Entlassung verliehen;* ❷ *(übtr.)* Entlassung aus dem Dienst.

**rudō**, rudere, rudīvī, – *(poet.)* brüllen; *(v. Sachen)* knarren.

**rūdus[1]**, deris *n* ungeformtes Erzstück *(als Vorläufer der Kupfermünze).*

**rūdus[2]**, deris *n (nachkl.)* zerbröckeltes Gestein, Schutt; *Pl* Trümmer.

**ruentia**, ium *n s. ruo[1].*

**Rufrae**, ārum *f Stadt in Kampanien.*

**Rūfulī**, ōrum *m vom Feldherrn ernannte* Kriegstribunen.

**rūfus**, a, um *(ruber) (nachkl.)* (fuchs)rot; rothaarig.

**rūga**, ae *f* ❶ Runzel, Falte; ❷ *(meton.)* finsteres Wesen, Ernst.

**Rugiī**, ōrum *m germ. Volk an der Ostsee.*

**rūgōsus**, a, um *(ruga) (poet.)* faltig, runzelig [**frons**].

**ruī** *Perf. v. ruo.*

**ruīna**, ae *f (ruo[1])* ❶ das Niederstürzen, Sturz, *auch Pl.* [**caeli** Sturzregen, Unwetter]; ❷ Einsturz *eines Bauwerks;* ❸ *(meton.) (meist Pl.)* Trümmer, Ruinen [**templorum**]; ❹ *(übtr.)* **a)** Sturz, Fall, *bes. polit.;* **b)** Untergang, Verderben [**fortunarum**]; **c)** Niederlage; **d)** Verwüstung, Verwirrung; **e)** Fehltritt, Irrtum; ❺ *(meton.) (v. Personen)* Vernichter, Zerstörer.

**ruīnōsus**, a, um *(ruina)* ❶ baufällig [**aedes**]; ❷ *(poet.)* eingestürzt.

**Rūmīnālis**, e zur Rumina, *der Göttin der Säugenden,* gehörig [**ficus** der Feigenbaum *in Rom, unter dem die Wölfin Romulus u. Remus gesäugt hatte*].

**rūminātiō**, ōnis *f (rumino)* das Wiederkäuen, *auch übtr.*

**rūminō**, rūmināre *(poet.; nachkl.)* wiederkäuen.

**rūmor**, ōris *m* ❶ *(poet.; nachkl.)* Zuruf, Beifallsruf; ❷ Gerücht *(über: Gen. od. de)* [**periculi; de auxiliis legionum; inanis**]; **~ est** *(m. A. C. I.)* es geht das Gerücht; ❸ Volksstimme, öffentl. Meinung, Ruf; ❹ guter Ruf, Beifall.

**rumpia**, ae *f* langes, zweischneidiges Schwert.

**rumpō**, rumpere, rūpī, ruptum ❶ (zer)brechen, zerreißen, zerhauen, (zer)sprengen [**vincula; vestes; horrea** zum Bersten füllen; **pontem** abbrechen]; – *mediopass.* **rumpi** bersten, platzen; **alqs rumpitur invidiā** platzt vor Neid; ❷ *(übtr.)* durchbrechen [**agmina**]; ❸ *(einen Weg)* sich bahnen; ❹ *(poet.)* etw. hervorbrechen lassen [**fontem;** *übtr.* **questūs / vocem pectore** ausstoßen]; – **se ~** *u. mediopass.* hervor-, ausbrechen; ❺ *(übtr.)* brechen, verletzen, vernichten, vereiteln [**fidem; leges; foedera; reditum alci** abschneiden]; ❻ *(poet.; nachkl.)* unterbrechen, stören [**silentium**].

**rūmusculus**, ī *m (Demin. v. rumor)* Gerede, Geschwätz.

**ruō[1]**, ruere, ruī, rutum (ruitūrus) **I.** *intr.* ❶ (sich) stürzen, stürmen, eilen, strömen *(v. Lebewesen u. Sachen)* [**ad urbem; in hostes; portis** aus den Toren; *übtr.* **in perniciem; ad libertatem**]; **ruunt de montibus amnes; nox Oceano ruit** eilt herauf aus; **nox / ver ruit** enteilt; ❷ *(übtr.)* sich überstürzen, sich übereilen, unüberlegt handeln; ❸ niederstürzen, einsinken, -stürzen *(v. Lebewesen u. Sachen);* ❹ ins Verderben stürzen, zugrunde gehen; – *Subst.* **ruentia**, ium *n (nachkl.)* Unglück; **II.** *trans (poet.)* niederreißen, -werfen [**naves**].

**ruō[2]**, ruere, ruī, rūtum ❶ *(poet.)* aufwühlen, -graben [**nubem ad caelum** aufwirbeln; **divitias** zusammenscharren]; ❷ *(jur. Formel)* **rūta** (**et**) **caesa** *n* was auf einem Grundstück ausgegraben u. gefällt worden ist, ohne verarbeitet worden zu sein, Rohmaterial.

**rūpēs**, pis *f (rumpo)* ❶ Fels, Klippe; ❷ Schlucht, Abgrund.

**rūpī** *Perf. v. rumpo.*

**ruptor**, ōris *m (rumpo)* Verletzer [**pacis**].

**ruptus** *P. P. P. v. rumpo.*

**rūri-cola**, ae *(rus u. colo) (poet.)* **I.** *Adj.* ❶ das Feld bebauend; ❷ das Land bewohnend, ländlich [**Ceres**]; **II.** *Subst. m* Stier.

**rūri-genae**, ārum *m (rus u. gigno) (poet.)* Landleute.

**rūrsus** *u.* **rūrsum** *Adv.* (< **re-vorsus; verto*) ❶ rückwärts, zurück; ❷ wieder, von neuem; ❸ dagegen, andererseits, umgekehrt.

**rūs**, rūris *n* ❶ Land *(im Ggstz. zur Stadt),* Feld; **rus** aufs Land; **rure** vom Land; **ruri** *u.* **rure** auf dem Land; ❷ Landgut, -sitz; ❸ *(poet.) (meton.)* bäurisches Wesen.

**Ruscinō**, ōnis *f Stadt in Gallia Narbonensis, j.* Perpignan.

**rūscum**, ī *n (poet.; nachkl.) (bot.)* Mäusedorn *(eine Art Feldspargel).*

**Rusellānus ager** *Gebiet v. Rusellae (in Etrurien); – Einw.* **Rusellānī,** ōrum *m.*

**russus**, a, um *(poet.)* rot.

**rūstica**, ae *f (rusticus) (poet.)* grobe Bäuerin.

**rūsticānus**, a, um *(rusticus)* ländlich, Land- [**vita**].

**rūsticātiō**, ōnis *f (rusticor)* Landaufenthalt.
**rūsticitās**, ātis *f (rusticus) (poet.; nachkl.)* ❶ ländliche Einfachheit; ❷ bäurisches Wesen, Plumpheit; ❸ übertriebene Schamhaftigkeit.
**rūsticor**, rūsticārī *(rusticus)* sich auf dem Land aufhalten.
**rūsticulus**, ī *m (Demin. v. rusticus)* schlichter Landmann.
**rūsticus** *(rus)* **I.** *Adj.* a, um ❶ ländlich, Land-, Feld- [**homo** Landmann, Bauer; **opus; res -ae** Landwirtschaft]; ❷ *(meton.)* einfach, schlicht [**mores**]; ❸ plump, bäurisch, ungeschliffen; **II.** *Subst.* ī *m* ❶ Landmann, Bauer; ❷ Bauerntölpel, Grobian.
**rūta**[1], ae *f* ❶ Raute *(Pflanze v. bitterem Geschmack)*; ❷ *(übtr.)* Bitterkeit.
**rūta**[2] **(et) caesa** *n s. ruo*[2].
**rutābulum**, ī *n (ruo*[2]*) (nachkl.)* Ofen-, Schürhaken.
**Rutīlius**, a, um *Name einer röm. gens:* **P. ~ Rufus** *Redner u. Geschichtsschreiber, Konsul z. Zt. des Marius.*
**rutilō**, rutilāre *(rutilus)* **I.** *trans.* rot färben; **II.** *intr. (poet.; nachkl.)* rötlich schimmern.
**rutilus**, a, um *(ruber)* rötlich, rötlich gelb, goldgelb.
**rutrum**, ī *n (ruo*[2]*)* Schaufel.
**rūtula**, ae *f (Demin. v. ruta*[1]*) (bot.)* zarte Raute.
**Rutulī**, ōrum *m Völkerschaft in Latium; – Adj.* **Rutulus,** a, um [**rex** Turnus].
**rutus**[1] *P. P. P. v. ruo*[1].
**rūtus**[2] *P. P. P. v. ruo*[2].

# S s

**S.** *(Abk.)* ❶ = *Sextus (Vorname);* ❷ *(meist Sp.)* = *Spurius (Vorname);* ❸ *(in Briefen)* = *salutem;* **S. D.** = *salutem dicit;* **S. P. D.** = *salutem plurimam dicit;* ❹ **S. C.** = *senatūs consultum;* ❺ **S. P. Q. R.** = *senatus populusque Romanus.*
**Sabaeus**, a, um aus Saba *(einer Gegend in Arabien), übh.* arabisch; – **Sabaea,** ae *f* das Glückliche Arabien; – *Einw.* **Sabaeī,** ōrum *m.*
**Sabazius**, ī *m Beiname des Bacchus;* – **Sabazia,** ōrum *n Fest zu Ehren des Bacchus.*
**sabbatum**, ī *n (hebr. Wort) (meist Pl.)* ❶ Sabbat; ❷ *jeder jüdische Feiertag.*
**Sabellī**, ōrum *m (Sab-ini)* ❶ *(urspr.) die kleineren mittelital. Völkerschaften sabin. Abstammung (Marser, Marrukiner, Päligner, Vestiner, Herniker);* ❷ *(später auch) die südl. oskisch-sabin. Mischvölker;* ❸ *(poet.)* = *Sabini; / Adj.* **Sabell(ic)us**, a, um sabellisch, sabinisch.
**Sabīnī**, ōrum *m* die Sabiner, *Bew. des Berglandes nördl. v. Latium;* – **Sabīnus,** ī *m Stammvater der Sabiner;* – *Adj.* **Sabīnus,** a, um; – **Sabīnum,** ī *n* Sabinerwein.
**Sabis**, is *m* (*Akk.* -im, *Abl.* -ī) *Nebenfluss der Maas, j.* Sambre.
**sabulum**, ī *n (nachkl.)* grobkörniger Sand, Kies.
**saburra**, ae *f (sabulum)* Sand *als Ballast,* Ballast.
**saburrō**, saburrāre *(saburra) (nachkl.)* mit Ballast beladen.
**saccō**[1], saccāre *(saccus) (poet.; nachkl.)* durchseihen, filtrieren.
**saccō**[2], ōnis *m (saccus)* „Geldsackhüter“, Geizhals, Wucherer.
**sacculus**, ī *m (Demin. v. saccus) (poet.; nachkl.)* Geldbeutel.
**saccus**, ī *m (gr. Fw.)* Sack: ❶ Getreidesack; ❷ *(poet.)* Geldsack; ❸ *(nachkl.)* Filter.
**sacellum**, ī *n (Demin. v. sacrum)* Kapelle.
**sacer**, cra, crum *(sancio)* ❶ *einer Gottheit* geweiht, heilig *(m. Gen. od. Dat.);* **anseres -i Iunonis; insula deorum -a;** ❷ *(als Beiwort v. Örtl.)* heilig [**via** *sich vom Forum bis zum Kapitol hinziehend*]; ❸ *(nachkl.)* ehrwürdig [**eloquentia**]; ❹ einer unterirdischen Gottheit zur Vernichtung geweiht, verflucht.
**sacerdōs**, dōtis *m u. f (sacrum u. do)* Priester, Priesterin.
**sacerdōtālis**, e *(sacerdos) (nachkl.)* priesterlich.
**sacerdōtium**, ī *n (sacerdos)* Priesteramt, -würde.
**sacrāmentum**, ī *n (sacro)* ❶ *(jur. t. t.)* **a)** Strafsumme, Haftgeld *(das im Zivilprozess v. beiden Parteien als Kaution hinterlegt wurde);* **b)** *(meton.)* Prozess(führung); ❷ Fahneneid, Treueid; **-um** *u.* **-o dicere** den Treueid leisten; **milites -o obligare** *od.* **rogare** vereidigen; ❸ *(nachkl.) (meton.)* Kriegsdienst; ❹ *(poet.; nachkl.) (übtr.)* Eid, feierliche Verpflichtung.
**sacrārium**, ī *n (sacrum)* ❶ Sakristei; ❷ Kapelle, Tempel.
**sacrātus**, a, um *(P. Adj. v. sacro) (poet.; nachkl.)* ❶ geheiligt, geweiht [**templum**]; ❷ vergöttlicht.
**sacri-cola**, ae *m (sacrum u. colo) (nachkl.)* Opferdiener, -priester.
**sacri-fer**, fera, ferum *(poet.)* Heiligtümer tragend.

**sacrificālis**, e *(sacrificus) (nachkl.)* Opfer-.
**sacrificātiō**, ōnis *f (sacrifico)* Opferung.
**sacrificium**, ī *n (sacrifico)* Opfer.
**sacrificō**, sacrificāre *(sacrificus)* (ein) Opfer darbringen, opfern [**Apollini**]; **alci alqa re** *od.* **alqd** *jdm etw* als Opfer darbringen, opfern [**deo hostiis; animalia**].
**sacrificulus**, ī *m (Demin. v. sacrificus)* Opferpriester.
**sacri-ficus**, a, um *(sacrum u. facio)* ❶ opfernd; ❷ *(poet.; nachkl.)* Opfer- [**ritus; preces**].
**sacrilegium**, ī *n. (sacrilegus)* ❶ Tempelraub; ❷ Religionsfrevel.
**sacri-legus** *(sacrum u. lego[1])* **I.** *Adj.* a, um ❶ tempelräuberisch; ❷ *(poet.; nachkl.)* gottlos, verrucht; **II.** *Subst.* ī *m* Tempelräuber.
**sacrō**, sacrāre *(sacer)* ❶ *einer Gottheit* weihen, widmen [**laurum Phoebo; aras**]; ❷ *(poet.) übh.* widmen, geben, bestimmen [**opus; honorem alci**]; ❸ unverletzlich machen [**foedus; leges**]; ❹ unsterblich machen; ❺ *(poet.; nachkl.)* preisgeben.
**sacrō-sānctus**, a, um *(sacrum)* hochheilig, unverletzlich.
**sacrum**, ī *n (sacer)* ❶ Heiligtum, heiliger Gegenstand *od.* Ort, *Pl. auch* heilige Geräte; ❷ Opfer; ❸ *(poet.)* heiliges Lied, Opferhymnus; ❹ gottesdienstliche Handlung, Zeremonie, heiliger Brauch; ❺ *Sg. u. Pl.* Gottesdienst, gottesdienstliche Feier, Opferfest [**arcana** Geheimkult; **Cereris**]; *übh.* Feier; ❻ *(poet.; nachkl.) Pl.* Geheimnisse, Mysterien.
**saec(u)lāris**, e *(saeculum) (poet.; nachkl.)* hundertjährig [**carmen** Lied zur Jahrhundertfeier].
**saec(u)lum**, ī *n* ❶ Menschenalter, Generation, Zeit(alter); ❷ *(poet.; nachkl.)* Regierungszeit; ❸ Jahrhundert; langer Zeitraum; ❹ *(meton.)* die Menschen des Jahrhunderts; ❺ Zeitgeist.
**saepe** *(Komp.* saepius, *Superl.* saepissimē) *Adv.* oft.
**saepe-numerō** *(auch getr.) Adv.* oftmals.
**saepēs**, is *f (saepio)* Zaun, Umzäunung; Gehege.
**saepīmentum**, ī *n (saepio)* Umzäunung.
**saepiō**, saepīre, saepsī, saeptum ❶ umzäunen, einhegen [**vallum arboribus**]; ❷ *(übtr.)* umgeben, einschließen [**urbes moenibus; domum custodibus**]; ❸ *(übtr.)* decken, schützen [**urbem praesidio**]; ❹ verwahren.
**saeptum**, ī *n (saepio)* ❶ Umzäunung, Zaun; Gehege, *klass. nur Pl.;* ❷ *Pl.* die Schranken *f. die Abstimmungsordnung bei den Komitien.*
**saeptus** *P. P. P. v. saepio.*
**saeta**, ae *f* ❶ Borste; *(poet.)* struppiges Haar; ❷ *(poet.)* Angelschnur.
**saeti-ger** *(saeta u. gero) (poet.)* **I.** *Adj.* gera, gerum borstentragend; **II.** *Subst.* gerī *m* Eber.
**saetōsus**, a, um *(saeta) (poet.)* borstig, haarig.
**saeviō**, saevīre *(saevus)* wüten, toben, rasen *(v. Tieren u. Menschen, übtr. auch v. Lebl.).*
**saevitia**, ae *f (saevus)* ❶ *(nachkl.) (v. Tieren)* Wut, Wildheit; ❷ *(v. Personen)* Heftigkeit, Härte, Grausamkeit; ❸ *(übtr., v. Lebl.)* Härte, Strenge [**hiemis; annonae** Teuerung].
**saevus**, a, um wütend, tobend, heftig, grausam, hart *(v. Tieren u. Personen, übtr. v. Sachen)* [**leo; tyrannus; Iuno** unversöhnlich; **procellae; fluctus** stürmisch].
**sāga**, ae *f* ❶ Wahrsagerin, Zauberin; ❷ *(poet.)* Kupplerin.
**sagācitās**, tātis *f (sagax)* ❶ Spürsinn [**canum**]; ❷ *(übtr.)* Scharfsinn, Scharfblick, Klugheit.
**sagātus**, a, um *(sagum)* im (Soldaten-)Mantel.
**sagāx**, *Gen.* gācis ❶ scharf witternd; ❷ *(übtr.)* scharfsinnig, schlau, klug.
**sagīna**, ae *f* ❶ die Mast, Mästung [**anserum**]; ❷ *(meton.) (poet.; nachkl.)* Futter, Kost, Nahrung.
**sagīnō**, sagīnāre *(sagina)* ❶ mästen; ❷ füttern; abspeisen; ❸ *mediopass. (übtr.)* **a)** sich mästen [**sanguine rei publicae**]; **b)** *(nachkl.)* sich bereichern.
**sagitta**, ae *f* Pfeil.
**sagittārius**, ī *m (sagitta)* ❶ Bogenschütze; ❷ *(übtr.)* Schütze *als Sternbild.*
**sagitti-fer**, fera, ferum *(sagitta u. fero) (poet.; nachkl.)* Pfeile tragend; pfeilbewehrt.
**sagitti-potēns**, potentis *m* Schütze *als Gestirn.*
**sagmen**, minis *n (meist Pl.)* heiliges Gras, *sollte die Fetialen als Gesandte zum Feind beschützen.*
**sagulum**, ī *n (Demin. v. sagum)* kurzer Mantel, *bes.* Reise-, Soldatenmantel.
**sagum**, ī *n (kelt. Wort)* ❶ Umhang *aus grobem Wolltuch,* kurzer Mantel, *bes. als Tracht der Kelten u. Germanen;* ❷ Soldaten-, Kriegsmantel.
**Saguntum**, ī *n u.* **Saguntus**, ī *f Stadt in Spanien nördl. v. Valencia; – Einw. u. Adj.* **Saguntīnus**, ī *m bzw.* a, um.
**sāl**, salis *m (u. n)* ❶ Salz; ❷ *(meton.)* **a)** *(poet.)* Salzflut, Meer(wasser); **b)** *(poet.; nachkl.) Pl.* Salzgeschmack; ❸ *(übtr.)* **a)** Geschmack, Feinheit; **b)** Klugheit; *(meist Pl.)* Witz.
**salacō**, ōnis *m (gr. Fw.)* Prahler.
**Salamīs**, īnis *u.* **Salamīna**, ae *f* ❶ *Insel u. Stadt im Saronischen Meerbusen (Seesieg der Griechen üb. die Perser 480 v. Chr.);* ❷ *Stadt auf Zypern; / Einw. u. Adj.* **Salamīnius**, ī *m bzw.* a, um.
**Salapia**, ae *f Stadt in Apulien; – Einw.* **Salapīnī** *u.* **Salapitānī**, ōrum *m.*
**salapūt(t)ium**, ī *n (poet.; nachkl.)* Knirps, Zwerg.
**salārium**, ī *n (salarius) (nachkl.)* (Ehren-)Sold, Diäten.

S

**salārius**, a, um *(sal)* Salz-; (**via**) **Salaria** Salzstraße *(v. der porta Collina in Rom nach Reate im Sabinerland)*.
**salāx**, *Gen.* lācis *(salio) (poet.; nachkl.)* ❶ geil; ❷ Geilheit erregend.
**salebra**, ae *f* ❶ *(poet.; nachkl.)* holperige Stelle; ❷ *(übtr.)* Anstoß, Schwierigkeit; **in -as incidere**.
**salebrōsus**, a, um *(salebra) (poet.; nachkl.)* holperig, uneben [**saxa;** *übtr.* **oratio**].
**Salernum**, ī *n Stadt an der Küste Kampaniens, j.* Salerno.
**Saliāris**, e *s. Salii.*
**saliātus**, ūs *m (Salii)* Amt eines Saliers.
**salictum**, ī *n (salix)* Weidengebüsch.
**salientēs**, tium *m s. salio.*
**salīgnus**, a, um *(salix) (poet.)* vom Weidenbaum, aus Weidenholz, Weiden-.
**Saliī**, ōrum *u.* um *m (salio, eigtl.* „Tänzer, Springer") die Salier, *Priester des Mars; – Adj.* **Saliāris**, e **a)** der Salier [**carmen** Kultlied der Salier]; **b)** *(übtr., v. Gastmählern)* üppig.
**salīllum**, ī *n (Demin. v. salinum) (poet.)* Salzfässchen.
**salīnae**, ārum *f (sal)* Salzgrube, -werk.
**salīnum**, ī *n (sal)* Salzfass.
**saliō**, salīre, saluī *u.* saliī, – **I.** *intr.* ❶ springen, hüpfen; ❷ *(vom Wasser)* sprudeln; – *Subst.* **salientēs**, tium *m (erg. fontes)* Springbrunnen; **II.** *trans. (poet.)* bespringen.
**Sali-subsilus**, ī *m (= Salius subsiliens; Salii u. subsilio)* tanzender Salier.
**saliunca**, ae *f (poet.; nachkl.) (bot.)* wilde Narde.
**salīva**, ae *f (poet.; nachkl.)* Speichel.
**salix**, icis *f (poet.; nachkl.)* Weide.
**Sallentīnī**, ōrum *m Völkerschaft Kalabriens; – Adj.* **Sallentīnus**, a, um.
**Sallustius**, a, um *röm. nomen gentile:* ❶ **C. ~ Crispus** *Geschichtsschreiber (86–35); – Adj. auch* **Sallustiānus**, a, um; ❷ **~ Crispus** *Großneffe u. Adoptivsohn v. 1, Ratgeber des Augustus.*
**Salmacis**, idis *f Quellnymphe u. ihre Quelle in Karien, deren Wasser verweichlichende Kraft hatte; –* **Salmacidēs**, ae *m* Weichling.
**Salōnae**, ārum *f Stadt in Dalmatien.*
**salsus**, a, um *(sal)* ❶ gesalzen, salzig; ❷ *(übtr.)* **a)** beißend, scharf [**sudor**]; **b)** witzig.
**saltātiō**, ōnis *f (salto)* das Tanzen, Tanz.
**saltātor**, ōris *m (salto)* Tänzer, Pantomime.
**saltātōrius**, a, um *(saltator)* Tanz-.
**saltātrīx**, īcis *f (saltator)* Tänzerin.
**saltātus**, ūs *m (salto)* das Tanzen, Tanz.
**saltem** *u.* **saltim** *Adv.* ❶ wenigstens, mindestens; ❷ *(m. einer Negation)* **non** (*od.* **neque**) **... ~** nicht einmal *(= ne ... quidem)*.
**saltō**, saltāre *(Intens. v. salio)* **I.** *intr.* ❶ tanzen; ❷ *(übtr., vom Redner)* hüpfend im Ausdruck werden; **II.** *trans. (poet.; nachkl.)* tanzend darstellen [**carmina; poëmata; commentarios** m. übertriebener Gestikulation vortragen].
**saltuōsus**, a, um *(saltus²)* waldig; gebirgig.
**saltus¹**, ūs *m (salio)* Sprung; **saltum dare** einen Sprung machen.
**saltus²**, ūs *m* ❶ Waldtal, Schlucht, Pass; ❷ Waldgebirge; ❸ *(poet.)* Weideplatz, Viehtrift.
**salūbris**, e *u.* **salūber**, bris, bre *(salus)* ❶ heilsam, gesund(heitsfördernd) [**natura loci; somnus** erquickend]; ❷ *(übtr.)* heilsam, zuträglich, vorteilhaft [**consilium**]; ❸ kräftig, stark.
**salūbritās**, tātis *f (salubris)* ❶ Heilsamkeit, Heilkraft [**regionis; aquarum**]; ❷ *(nachkl.)* Gesundheit, Wohlbefinden.
**saluī** *s. salio.*
**salum**, ī *n* ❶ unruhiger Seegang; ❷ offenes Meer, hohe See; ❸ *(poet.)* Meer.
**salūs**, ūtis *f* ❶ Gesundheit, Wohlbefinden; ❷ Wohl, Glück; **civitati saluti esse** für den Staat ein Segen sein; **spes salutis** auf bessere Zustände; ❸ Rettung; **fugā salutem petere; salutem (af)ferre alci** *od.* **alci rei** jmd. *od.* etw. retten; ❹ Leben, Existenz; ❺ Gruß; **salutem alci dicere** *od.* **dare** jmd. grüßen; ❻ **Salūs** *personif. Göttin der Gesundheit, des persönl. Wohlergehens u. des Staatswohls.*
**salūtāris**, e *(salus)* heilsam, zuträglich, vorteilhaft *(für: Dat. od. ad)* [**herba; ars** Heilkunst; **lex; littera** = A. *(als Abk. v. absolvo) auf den Stimmtäfelchen der Richter*]; – *Subst.* **salūtāria**, ium *n* Heilmittel.
**salūtātiō**, ōnis *f (saluto)* ❶ Begrüßung, Gruß; ❷ Besuch.
**salūtātor**, ōris *m (saluto)* Besucher *(Klient, der seinem Patron an jedem Morgen seine Aufwartung macht)*.
**salūti-fer**, fera, ferum *(salus u. fero)* heilbringend, Rettung bringend.
**salūtō**, salūtāre *(salus)* ❶ (be)grüßen [**deos** den Göttern Verehrung erweisen]; ❷ jmd. anreden als, titulieren *(m. dopp. Akk.)* [**alqm imperatorem**]; ❸ jmd. besuchen; ❹ Besuche empfangen.
**salveō**, salvēre, – – *(salvus)* gesund sein, gesund bleiben, sich wohlbefinden, *nur als Begrüßungswort* **salvē** / **salvēte** sei / seid gegrüßt!; *(selten b. Abschiednehmen)* lebe / lebt wohl!
**salvus**, a, um ❶ wohlbehalten, unverletzt, unversehrt, unbeschädigt *(v. Lebewesen u. Sachen)* [**civis; exercitus; navis**]; ❷ (noch) am Leben; **me -o** *(Abl. abs.)* solange ich noch am Leben bin.
**sambūcistria**, ae *f (gr. Fw.)* Harfenspielerin.
**Samius** *s. Samos.*

**Samnium**, ī *n (vgl. Sabini, Sabelli) mittelital. Gebirgslandschaft östl. v. Latium u. Kampanien; – Adj.* **Samnīs**, *Gen.* ītis *u.* **Samnīticus**, a, um; – *Einw.* **Samnīs,** ītis *m, meist Pl.* Samnītēs, tium.

**Samos** *u.* **-us,** ī *f Insel an der ionischen Küste m. gleichnamiger Hauptstadt; Hauptsitz des Herakultes; – Einw. u. Adj.* **Samius**, ī *m bzw.* a, um.

**Samothrāca**, ae, **-ce**, ēs *u.* **-cia**, ae *f Insel an der Küste Thrakiens; – Einw.* **Samothrāces**, cum *m.*

**Samus** *s. Samos.*

**sānābilis**, e *(sano)* heilbar.

**sānātiō**, ōnis *f (sano)* Heilung.

**sanciō**, sancīre, sānxī, sānctum *(sacer)* ❶ heiligen, weihen, unverletzlich machen [**foedus; ius**]; ❷ festsetzen, verordnen; ❸ bekräftigen, bestätigen, anerkennen [**dignitatem alcis; acta Caesaris**]; ❹ *bei Strafe* verbieten, strafen.

**sānctimōnia**, ae *f (sanctus)* ❶ Heiligkeit, Ehrwürdigkeit; ❷ Unschuld, unbescholtener Lebenswandel.

**sānctiō**, ōnis *f (sancio)* ❶ *(b. Gesetzen)* Strafbestimmung, -artikel; ❷ *(b. Bündnissen)* Klausel, Vorbehalt.

**sānctitās**, ātis *f (sanctus)* ❶ Heiligkeit, Unverletzlichkeit, Ehrwürdigkeit [**templi** Asylrecht]; ❷ Sittenreinheit, Tugend; ❸ Frömmigkeit.

**sānctitūdō**, dinis *f (sanctus)* Unverletzlichkeit.

**sānctor**, ōris *m (sancio) (nachkl.)* Verordner.

**sānctus**, a, um *(P. Adj. v. sancio)* ❶ geheiligt, geweiht [**arae; lucus**]; ❷ heilig, unverletzlich, unantastbar [**fanum; ius iurandum**]; ❸ ehrwürdig [**nomen poëtae; patrum consilium**]; ❹ unschuldig, gewissenhaft [**mores**]; keusch [**coniunx; virgo** Vestalin]; ❺ fromm.

**Sancus**, ī *u.* ūs *m, auch* **Sēmō Sancus** *(sancio) umbrisch-sabin. Schwurgottheit; Beiname Jupiters als Eidesschützer.*

S

**sandȳx**, ȳcis *f (gr. Fw.) (poet.; nachkl.)* rote Mineralfarbe, Scharlach.

**sānē** *Adv. (v. sanus)* ❶ *(poet.)* vernünftig, verständig; ❷ gewiss, sicherlich, in der Tat; ❸ *(in bejahenden Antworten)* allerdings, freilich; ❹ *(einräumend b. Konj. conc. u. b. Imp.)* immerhin, meinetwegen; ❺ *(verstärkend b. Imp.)* doch, nur; ❻ *(steigernd)* ganz, überaus *(b. Adj. u. Adv.)*; **homo ~ innocens;** – **sane quam** überaus, ungemein *(b. Verben, Adj. u. Adv.).*

**sānēscō**, sānēscere, – – *(sanus) (nachkl.)* gesund werden.

**sanguinārius**, a, um *(sanguis)* blutdürstig, -gierig.

**sanguineus**, a, um *(sanguis)* ❶ blutig, Blut-, Bluts- [**guttae**]; ❷ *(poet.)* blutbespritzt, -triefend [**manus**]; ❸ blutrot [**bacae**]; ❹ *(poet.)* blutdürstig, -gierig [**caedes**].

**sanguinō**, sanguināre *(sanguis) (nachkl.)* blutgierig sein.

**sanguinolentus** *u.* **-nulentus**, a, um *(sanguis) (poet.; nachkl.)* ❶ blutig, blutbefleckt, -triefend; ❷ blutrünstig; ❸ *(übtr.)* verletzend; ❹ das Blut *(der Armen)* aussaugend.

**sanguis** *u. (poet.)* **-īs**, inis *m* ❶ Blut; **sanguinem (ef)fundere** vergießen; ❷ *(meton.)* Blutvergießen, Blutbad, Mord [**civilis**]; **sanguinem facere** anrichten; ❸ *(übtr.)* (Lebens-)Frische, Kraft; Kern, Mark; ❹ Blutsverwandtschaft, Abstammung, Geschlecht; **sanguine (con)iunctus** blutsverwandt; ❺ Nachkommenschaft, Sprössling(e), Kind(er), Enkel.

**saniēs**, ēī *f* ❶ *(nachkl.)* blutiger Eiter, Wundsekret; ❷ *(poet.)* Gift; ❸ *(nachkl.)* Saft.

**sānitās**, tātis *f (sanus)* ❶ das Wohlbefinden, Gesundheit; ❷ Vernunft, Besonnenheit; **ad sanitatem redire** *od.* **reverti** *od.* **se convertere;** ❸ *(rhet.)* besonnene, nüchterne Sprache; ❹ *(nachkl.)* Vollständigkeit.

**sanna**, ae *f (poet.)* Grimasse.

**sanniō**, ōnis *m (sanna)* Grimassenschneider.

**sānō**, sānāre *(sanus)* ❶ gesund machen, heilen; ❷ *(übtr.)* wiedergutmachen [**curas; discordiam; vulnera avaritiae; avaritiam**]; ❸ beruhigen.

**Sanquālis**, e *(Sancus)* dem Sancus heilig.

**Santonēs**, num *u.* **Santonī**, ōrum *m Volk im westl. Gallien; – Adj.* **Santonicus**, a, um.

**sānus**, a, um ❶ gesund; ❷ *(übtr.)* gesund, in guter Beschaffenheit, heil [**res publica**]; ❸ vernünftig, verständig; **male ~** nicht recht bei Sinnen, verblendet; ❹ *(rhet.)* besonnen, maßvoll.

**sānxī** *Perf. v. sancio.*

**sapa**, ae *f (poet.; nachkl.)* eingekochter Most-saft.

**sapiēns**, *Gen.* entis *(sapio)* **I.** *Adj.* (*Abl. Sg.* -ī *u.* -e, *Gen. Pl.* -ium) verständig, vernünftig, klug, weise [**rex; consilium; vita; animi magnitudo**]; **II.** *Subst. m* (*Abl. Sg.* -e, *Gen. Pl.* -ium *u.* -um) ❶ Weiser, Philosoph; ❷ *(poet.)* Feinschmecker.

**sapientia**, ae *f (sapiens)* Verstand, Klugheit; (Lebens-)Weisheit, Philosophie; *Pl.* Weisheitsregeln.

**sapiō**, sapere, sapīvī (*u.* sapiī), – ❶ *(poet.; nachkl.) (v. Sachen)* **a)** schmecken *(nach etw.: alqd)*; **b)** nach etw. riechen *(alqd)* [**crocum**]; ❷ *(übtr.)* verständig, klug, weise sein *(abs.)*; verstehen, kennen, wissen *(m. Akk. des Neutr. eines Pron. od. Adj.)* [**plus; nihil**].

**sapor**, ōris *m (sapio)* ❶ Geschmack, Würze [**amarus; dulcis**]; ❷ *(meton.)* **a)** *(poet.; nach-*

*kl.)* Leckerbissen; **b)** *(poet.) Pl.* Wohlgerüche; ❸ *(übtr.)* feiner Ton *in Benehmen u. Rede.*

**Sapphō**, ūs *f lyrische Dichterin aus Lesbos um 600 v. Chr.; – Adj.* **Sapphicus**, a, um.

**sarcina**, ae *f (sarcio)* ❶ Last, Bürde *(konkr. u. übtr.)*; ~ **publica rerum** der Regierung; – *Pl.* Gepäck, *bes. der Soldaten:* **-as conferre** *u.* **colligere** zusammenbringen *(um aufzubrechen)*; ❷ *(poet.)* Leibesfrucht.

**sarcinārius**, a, um *(sarcina)* zum Gepäck gehörig.

**sarcinula**, ae *f (Demin. v. sarcina) (poet.; nachkl.)* kleines Bündel; *meist Pl.* wenig Gepäck; Habseligkeiten.

**sarciō**, sarcīre, sarsī, sartum ❶ *(nachkl.)* flicken, ausbessern; ❷ *(übtr.)* wiedergutmachen, ersetzen [**detrimentum; iniuriam**]; **sartus (et) tectus a)** in gutem Bauzustand [**monumentum**]; **b)** *(übtr.)* wohlverwahrt.

**sarculum**, ī *n (sario) (nachkl.)* kleine Hacke.

**Sardanapallus** *u.* **-pālus**, ī *m letzter König v. Assyrien (669–627).*

**Sardēs**, dium *f = Sardis.*

**Sardinia**, ae *f* Sardinien; – *Einw.* **Sardī**, ōrum *m; – Adj.* **Sardus**, **Sardōus**, **Sardonius**, a, um *u.* **Sardiniēnsis**, e.

**Sardīs**, ium *f Hauptstadt v. Lydien; – Einw.* **Sardiānī**, ōrum *m.*

**Sardonius**, **Sardōus**, **Sardus** *s. Sardinia.*

**sariō**, sarīre *(poet.; nachkl.)* behacken, jäten.

**sarīsa**, ae *f (gr. Fw.)* lange makedon. Lanze.

**sarīsophorus**, ī *m (gr. Fw.; vgl. sarisa)* makedon. Lanzenträger.

**sarīssa** *= sarisa.*

**Sarmatae**, ārum *m Nomadenvolk des osteuropäischen Tieflandes v. der Weichsel bis zur Wolga; – Adj.* **Sarmaticus**, a, um [**mare** *bei Ov.* das Schwarze Meer, *bei Tac.* die Ostsee] *u. (fem.)* **Sarmatis**, *Gen.* idis.

**sarmentum**, ī *n* Schössling, Reis, Rebe; *Pl.* Reisig.

**Sarpēdōn**, onis *m Sohn Jupiters, König in Lykien; – Adj.* **Sarpēdonius**, a, um.

**sarsī** *Perf. v. sarcio.*

**sartūra**, ae *f (sarcio) (nachkl.)* Flickstelle, -naht.

**sartus**, a, um *s. sarcio.*

**sat** *Adv. = satis.*

**sata**, ōrum *n s. sero²*.

**satagius**, a, um *(nachkl.)* überängstlich.

**satelles**, satellitis *m u. f* ❶ Leibwächter; *Pl. u. koll. Sg.* (Leib-)Garde, Gefolge; ❷ *(übtr.)* Begleiter [**Iovis** = Adler; **virtutis** Anhänger, Freund]; ❸ Helfershelfer, Spießgeselle [**scelerum**].

**satiās**, iātis *f = satietas.*

**Satīcula**, ae *f Stadt in Samnium; – Adj.* **Satīcul(ān)us**, a, um.

**satietās**, ātis *f (satis)* Genüge; Sättigung; *(übtr.)* Übersättigung, Überdruss, Ekel *(m. Gen. subi.: jmds.; m. Gen. obi.: an etw.)* [*(Gen. subi.)* **lectorum**; *(Gen. obi.)* **provinciae; amicitiarum**].

**satiō¹**, satiāre *(satis)* ❶ *(poet.; nachkl.)* sättigen; ❷ *(übtr.)* befriedigen, stillen [**desideria naturae; famem; se auro**]; ❸ *(übtr.)* übersättigen; – *Pass.* etw. satthaben, *einer Sache* überdrüssig sein *(m. Abl. od. Gen.).*

**satiō²**, ōnis *f (sero²)* ❶ das Säen, Aussaat; *(meton.)* Saat(feld); ❷ das (An-)Pflanzen.

**satira** *s. satura.*

**satis** *Adv.* (*Komp.* satius) **I.** *Pos.* ❶ genug, genügend, hinreichend; ~ **laudare;** ~ **honeste;** ~ **saepe** oft genug; *(m. Gen.)* **ad dicendum** ~ **temporis habere;** – *Verbindungen:* **satis superque** mehr als genug, allzu viel, allzu sehr [**habere; humilis**]; **satis esse** genügen; **satis habere** (*od.* putare *od.* credere) für genügend halten, sich begnügen; ❷ ziemlich, recht, sehr; ~ **scire** recht wohl wissen; **non** ~ nicht recht; **II.** *Komp.* **satius** besser, vorteilhafter, lieber.

**satisdatiō**, ōnis *f (satisdo)* Kaution, Bürgschaft.

**satis-dō**, dare, dedī, datum Sicherheit geben, Bürgschaft leisten, Kaution stellen *(für, wegen etw.: Gen.).*

**satis-faciō**, facere, fēcī, factum; *Pass.* -fīō, fierī *(m. Dat.)* ❶ Genüge leisten, befriedigen [**amico petenti; precibus alcis** erhören]; ❷ *(Gläubiger)* bezahlen; ❸ Genugtuung geben, sich bei jmdm. entschuldigen, sich rechtfertigen *(wegen etw.: de)*; ❹ hinlänglich überzeugen *(alci m. A. C. I.; de re).*

**satisfactiō**, ōnis *f (satisfacio)* Genugtuung: ❶ Entschuldigung, Rechtfertigung; ❷ *(nachkl.)* Strafe, Buße.

**satisfactum** *P. P. P. v. satisfacio.*

**satis-fēcī** *Perf. v. satisfacio.*

**satius** *Adv., s. satis.*

**sator**, ōris *m (sero²)* Säer; *(übtr.)* Urheber, Erzeuger [**hominum deorumque** *v. Jupiter*].

**satrapa**, ae *m = satrapes.*

**satrapēs**, is *u.* ae *m (gr. Fw.)* pers. Statthalter, Satrap.

**Satricum**, ī *n Stadt in Latium; – Einw.* **Satricānī**, ōrum *m.*

**satur**, ura, urum *(verw. m. satis)* ❶ satt, gesättigt *(von etw.: Abl. od. Gen.)*; ❷ *(übtr.)* befriedigt; ❸ *(poet.)* voll, reich [**praesaepia; Tarentum**]; ❹ *(rhet.)* reichhaltig; ❺ *(poet.; nachkl.) (v. der Farbe)* satt.

**satura**, ae *f u.* **satira**, ae, *f (satur; erg. lanx)* ❶ **satura** Allerlei, Gemengsel, Durcheinander; **per -am** bunt durcheinander; ❷ *(meton.)* **satura** *u.* **satira** Satire: **a)** Sammlung v. Stegreifgedichten; **b)** Spottgedicht.

**saturitās**, ātis *f (satur)* Überfluss.

**Sāturnus**, ī *m (sero²) altital. Gott der Saaten,*

*später dem griech. Kronos gleichgesetzt, Vater der Götter; in seine Regierungszeit fällt das goldene Zeitalter; (meton.)* der Planet Saturn; – *Adj.* **Sāturnius**, a, um [**stella** der Planet Saturn; **regna** das goldene Zeitalter; **gens** die Italer *od.* Latiner; **arva** *u.* **tellus** Italien *od.* Latium]; – **Sāturnius,** ī *m* Sohn des Saturnus (= Jupiter *od.* Pluto); – **Sāturnia,** ae *f* **a)** Tochter des Saturnus (= Juno); **b)** *(erg. arx) eine v. Saturnus erbaute Stadt am Kapitolinischen Hügel;* – **Sāturnālia**, ōrum *u.* ium *n* (*Abl.* -ibus) die Saturnalien, *altital. mehrtägiges Freudenfest, beginnend am 17. Dezember; Adj.* **Saturnālicius**, a, um.

**saturō**, saturāre *(satur)* ❶ sättigen [**armenta**]; *(übtr.)* sättigen, reichlich m. etw. versehen [**se sanguine civium; pallam Tyrio murice** färben]; ❷ etw. befriedigen, stillen [**crudelitatem; odium**].

**satus**[1], ūs *m (sero*[2]*)* ❶ das Säen, Pflanzen; ❷ *(meton.)* Saat; ❸ *(übtr.)* Zeugung, Ursprung, Geschlecht *(alcis als Gen. subi. od. obi.: jmds.)* [**Iovis; hominum**].

**satus**[2] *P. P. P. v. sero*[2].

**Satyrus**, ī *m (griech. Fw.)* ❶ Satyr, *Begleiter des Bacchus;* ❷ *(poet.) (meton.) Pl.* Satyrspiele *der Griechen, eine Art parodistischer Nachspiel zu den Tragödien m. Satyrchor.*

**Imperium Romanum**

**Satyrus** – Satyrn sind in der griechischen Mythologie Naturdämonen in halb menschlicher halb tierischer Gestalt. Ursprünglich stellte man sie sich mit Pferdeschwanz vor, später ähnlich wie Pan gehörnt und mit Ziegenohren und Ziegenschwänzen.

Satyrn haben eine ungebändigte und lüsterne Natur und treten im Gefolge des Dionysos (Bacchus) auf. Von den Römern wurden sie mit den Faunen gleichgesetzt.



**sauciātiō**, ōnis *f (saucio)* Verwundung.

**sauciō**, sauciāre *(saucius)* verwunden, verletzen.

**saucius**, a, um ❶ verwundet, verletzt; ❷ *(übtr.)* betrübt, verstimmt; ❸ *(poet.)* liebeskrank; ❹ *(v. Angeklagten)* schon halb verurteilt.

**sāviolum**, ī *n (Demin. v. savium) (poet.)* Küsschen.

**sāvior**, sāviārī *(savium)* küssen.

**sāvium**, ī *n* Kuss.

**saxētum**, ī *n (saxum)* felsige Gegend.

**saxeus**, a, um *(saxum)* ❶ *(poet.; nachkl.)* felsig, steinern, Felsen-, Stein- [**grando** Steinhagel; **umbra** des Felsens]; ❷ *(nachkl.) (übtr.)* gefühllos, aus Stein.

**saxi-ficus**, a, um *(saxum u. facio) (poet.; nachkl.)* versteinernd [**Medusa**].

**saxi-fragus**, a, um *(saxum u. frango)* Felsen zerbrechend [**undae**].

**saxōsus**, a, um *(saxum) (poet.)* felsig, steinig.

**saxulum**, ī *n (Demin. v. saxum)* kleiner Fels.

**saxum**, ī *n* ❶ Fels(block), großer Stein, Steinblock; ❷ *Eigennamen:* **Saxum** der Tarpejische Felsen *am Kapitol;* **Saxum (sacrum)** der Heilige Fels *auf dem Aventin, wo Remus die Auspizien angestellt hatte.*

**scabellum**, ī *n (Demin. v. scamnum)* hohe Holzsohle, *um das Zeichen zum Herablassen od. Hinaufziehen des Vorhangs am Anfang u. Ende eines Aktes zu geben.*

**scaber**, bra, brum *(scabo) (poet.; nachkl.)* ❶ rau; ❷ schäbig, unsauber.

**scabiēs**, ēī *f (scabo)* ❶ *(poet.; nachkl.)* Rauheit; ❷ *(poet.; nachkl.)* Krätze, Räude [**ovium**]; ❸ *(übtr.)* Reiz [**lucri**].

**scabillum** = *scabellum.*

**scabō**, scabere, scābī, – *(poet.; nachkl.)* kratzen, reiben; *(übtr.)* kitzeln [**aures**].

**scabritia**, ae *f (scaber) (nachkl.)* Rauheit.

**Scaea porta** *u. Pl. das westl. Tor v. Troja.*

**scaena**, ae *f (gr. Fw.)* ❶ Bühne *des Theaters, übh.* Theater; **in -am prodire** auftreten; **in -a esse** Schauspieler sein; **-am relinquere** v. der Bühne abtreten; **de -a decedere** v. der Bühne (für immer) abtreten, der Bühne entsagen; ❷ *(poet.)* Platz; ❸ *(übtr.)* **a)** Schauplatz *jeder öffentl. Tätigkeit;* **b)** Weltbühne, Publikum, Öffentlichkeit; **c)** äußerer Prunk; **d)** Spiel, Szene, Komödie, Maskerade.

**scaenicus** *(scaena)* **I.** *Adj.* a, um theatralisch, Bühnen- [**ludi**]; **II.** *Subst.* ī *m* Schauspieler; *(verächtl.)* Bühnenheld.

**Scaevola**, ae *m (scaevus) cogn. in der gens Mucia; s. Mucius.*

**scaevus**, a, um *(gr. Fw.)* ❶ *(nachkl.)* links; ❷ *(übtr.)* linkisch, ungeschickt.

**scālae**, ārum *f (scando)* Leiter, Treppe.

**Scaldis**, is *m* (*Akk.* -im *u.* -em, *Abl.* -ī *u.* -e) die Schelde, *Fluss in Belgien.*

**scalmus**, ī *m (gr. Fw.)* Ruderpflock, Dolle.

**scalpellum**, ī *n (Demin. v. scalprum)* chirurgisches Messer, Skalpell.

**scalpō**, scalpere, scalpsī, scalptum ❶ *(poet.; nachkl.)* kratzen, scharren [**terram unguibus**]; ❷ *(in Holz od. Stein)* (ein)schneiden, schnitzen, gravieren.

**scalprum**, ī *n (scalpo)* ❶ Schnitzmesser, Grabstichel, Meißel; ❷ *(nachkl.)* Federmesser; ❸ *(poet.)* Schusterahle.

**scalpsī** *Perf. v. scalpo.*

**scalptor**, ōris *m (scalpo) (nachkl.)* Gemmenschneider, Graveur.

**scalptus** *P. P. P. v. scalpo.*

**Scamander**, drī *m Fluss in Troas (= Xanthus).*
**scammōnia**, ae *f (gr. Fw.) (bot.)* Purgierkraut.
**scamnum**, ī *n (poet.; nachkl.)* Bank, Schemel, Sitz.
**scandō**, scandere, scandī, scānsum **I.** *intr. (poet.; nachkl.)* ① (hinauf)steigen [**in aggerem**]; ② *(übtr.)* sich erheben [**supra principem**]; **II.** *trans.* besteigen, ersteigen [**muros; Capitolium**].
**scapha**, ae *f (gr. Fw.)* Kahn, Boot.
**scaphium**, ī *n (gr. Fw.)* Trinkschale.
**Scaptius**, a, um von Scaptia *(früh untergegangene Stadt in Latium)* [**tribus**].
**scapulae**, ārum *f (nachkl.)* Schulterblätter; Schultern; Rücken.
**scāpus**, ī *m (gr. Fw.) (nachkl.)* Stiel, Stängel; Walze.
**scarus**, ī *m (gr. Fw.) (poet.; nachkl.)* Papageifisch *(ein Seefisch).*
**scatebra**, ae *f (scateo) (poet.; nachkl.)* (hervor)sprudelndes Wasser [**fontium**]; *(meton.)* sprudelnde Quelle.
**scateō**, scatēre, scatuī, – voll sein, wimmeln von *(m. Abl.).*
**scatūrēx**, rigis *m*, **scatūrīgō** *u.* **-urrīgō**, ginis *f (scaturio)* hervorsprudelndes Quellwasser.
**scatūriō**, scatūrīre *u.* **-urriō**, -urrīre = *scateo.*
**scaurus**, a, um *(gr. Fw.) (poet.)* m. verwachsenen Knöcheln; *als Subst. m* Klumpfuß.
**scazōn**, ontis *m (gr. Fw.) (nachkl.)* Hinkjambus *(jambischer Trimeter, dessen letzter Jambus durch einen Spondeus od. Trochäus ersetzt wird).*
**scelerātus**, a, um *(scelero)* ① durch Frevel entweiht [**terra; sedes** Ort der Verdammnis, *Aufenthalt der Gottlosen in der Unterwelt*]: ② frevelhaft, verbrecherisch *(v. Personen u. Sachen);* **contra patriam -a arma capere;** ③ *(poet.; nachkl.)* verderblich, unheilvoll.
**scelerō**, scelerāre *(scelus) (poet.)* durch Frevel beflecken.
**scelestus** *(scelus)* **I.** *Adj.* a, um frevelhaft, verbrecherisch, ruchlos [**homo; facinus**]; **II.** *Subst.* ī *m* Frevler, Bösewicht.
**scelus**, leris *n* ① Verbrechen, Frevel [**divinum et humanum** gegen Götter u. Menschen]; **scelus facere** *od.* **edere** *od.* **committere** *od.* **suscipere** begehen; ② *(meton.)* **a)** Ruchlosigkeit, Bosheit; **b)** Frevler, Schurke; **c)** *(poet.)* Strafe für den Frevel.
**scēn...** = *scaen...*
**Scēpsius**, a, um aus Skepsis *(in Mysien)* stammend.
**scēptri-fer**, fera, ferum *(sceptrum u. fero) (poet.; nachkl.)* zeptertragend.
**scēptrum**, ī *n (gr. Fw.)* ① Herrscherstab, Zepter; ② *(poet.) (meton.)* Reich, Herrschaft, *auch Pl;* **-a petere**.
**scēptūchus**, ī *m (gr. Fw.) (nachkl.)* Zepterträger, Hofmarschall *im Orient.*
**scheda** = *scida.*
**schēma**, atis *n u.* ae *f (gr. Fw.) (nachkl.)* rhet. Figur.
**schida** = *scida.*
**Schoenēis**, idis *u.* **nēia**, ae *f* Atalanta, *Tochter des böotischen Königs Schoeneus.*
**schola**, ae *f (gr. Fw.)* ① Vorlesung, (Lehr-)Vortrag; ② *(meton.)* **a)** Lehrstätte, Schule; **b)** Schule, Sekte [**philosophorum**].
**scholasticus** *(gr. Fw.; schola) (nachkl.)* **I.** *Adj.* a, um ① Schul-; ② rhetorisch; **II.** *Subst.* ī *m* ① Lehrer der Rhetorik, Rhetor; ② Schüler, Student *(bes. der Rhetorik).*
**Sciathus** *u.* **-thos**, ī *f Insel nördl. v. Euböa.*
**scida**, ae *f (gr. Fw.)* Blatt Papier, Zettel.
**scidī** *Perf. v. scindo.*
**sciēns**, *Gen.* entis *(P. Adj. v. scio)* ① wissentlich; **alqo sciente** m. jmds. Wissen; ② kundig, geschickt, sachverständig *(in etw.: Gen.; m. Inf.)* [**rei publicae gerendae; locorum**].
**scientia**, ae *f (sciens)* ① Kenntnis *(m. Gen. od. de)* [**regionum**]; ② Einsicht *in eine Sache,* Geschicklichkeit, Wissenschaft *(m. Gen. od. in re)* [**rei militaris; in legibus interpretandis**]; gründliches *(bes. philos.)* Wissen.
**sciī** *s. scio.*
**scī-licet** *Adv. (< scire licet)* ① natürlich, selbstverständlich, freilich, versteht sich *(auch m. A. C. I.);* ② *(erklärend)* nämlich, das heißt; ③ *(iron.)* freilich, natürlich; ④ *(poet.)* man denke nur!, wohlgemerkt! *(um die Aufmerksamkeit auf etw. Seltsames, Überraschendes zu lenken).*
**scindō**, scindere, scidī, scissum ① (zer)reißen, spalten, trennen, (zer)teilen *(konkr. u. übtr.)* [**epistulam; vestes de corpore; crines** raufen; **aquas** durchschneiden; **agmen** durchbrechen; **viam per stagna** bahnen]; – *mediopass.* sich spalten, sich teilen; ② *(übtr.)* wieder aufreißen, erneuern [**dolorem**]; ③ *(poet.; nachkl.)* gewaltsam unterbrechen, stören [**verba fletu**]; ④ *(nachkl.) (bei Tisch, vom Vorschneider)* zerlegen; / *vgl. auch scissus.*
**scintilla**, ae *f* ① Funke; ② *(übtr.)* Funke, kleinster Überrest [**spei; virtutis**].
**scintillō**, scintillāre *(scintilla) (poet.; nachkl.)* Funken sprühen, funkeln.
**sciō**, scīre, scīvī *u.* sciī, scītum ① wissen *(abs.; alqd; de re: von, über etw.; m. A. C. I. u. indir. Frages.)* [**nihil certum; de omnibus rebus**]; **quod sciam** soviel ich weiß; **haud scio an** vielleicht; ② etw. verstehen, können, kennen *(abs.; alqd; de re; m. Inf.)* [**Latine** Lateinisch (sprechen) können; **litteras; de bello; vincere**]; ③ erfahren.

**scīpiō**, ōnis *m* Stab.

**Scīpiō**, ōnis *m cogn. in der gens Cornelia:* ❶ **P. Cornelius ~** *Konsul 218 v. Chr., wurde v. Hannibal am Ticinus besiegt;* ❷ **P. Cornelius ~ Africanus maior** *Sohn v. 1, Sieger v. Zama (202 v. Chr.);* ❸ **P. Cornelius ~ Aemilianus Africanus minor** *zweiter Sohn des Aemilius Paullus, Eroberer v. Karthago 146 u. v. Numantia 133 v. Chr.;* ❹ **P. Cornelius ~ Nasica Corculum** *Schwiegersohn v. 1, Gegner der Zerstörung Karthagos; /* **Scīpiadēs**, ae *m* Angehöriger der Familie der Scipionen.

**scirpea**, ae *f (scirpeus) (poet.)* Wagenkorb aus Binsen.

**scirpeus**, a, um *(scirpus) (poet.)* aus Binsen, Binsen-.

**scirpus**, ī *m (nachkl.)* Binse.

**scīscitor**, scīscitārī *(Intens. v. scisco)* ❶ eifrig nach etw. forschen, sich nach etw. erkundigen *(alqd; alqd ex, de od. ab alqo; de re; m. indir. Frages.)* [**consulis voluntatem; alcis consilium; de victoria**]; ❷ befragen.

**scīscō**, scīscere, scīvī, scītum *(Incoh. v. scio)* ❶ *(vom Volk)* beschließen, verordnen *(m. ut, ne);* etw. genehmigen; ❷ *(v. einzelnen in der Volksversammlung)* für etw. stimmen *(alqd).*

**scissūra**, ae *f (scindo) (nachkl.)* Spaltung; *(meton.)* Spalte, Riss.

**scissus**, a, um *(P. Adj. v. scindo)* ❶ *(nachkl.)* zerrissen, gespalten; ❷ kreischend [**vocis genus**].

**scītor**, scītārī *(scisco) (poet.)* ❶ sich nach etw. erkundigen, (nach)forschen *(alqd; alqd ex, ab alqo);* ❷ befragen [**oracula**].

**scītum**, ī *n (scisco)* ❶ Beschluss, Verordnung [**plebis; pontificis**]; ❷ *(nachkl.)* philos. Lehrsatz.

**scītus**[1], *Abl.* ū *m (scisco)* Beschluss, Verordnung.

**scītus**[2], a, um *(P. Adj. v. scio bzw. scisco)* ❶ erfahren, klug, geschickt; ❷ *(poet.)* kundig *(m. Gen.)* [**lyrae**]; ❸ fein, hübsch.



**scīvī** *Perf. v. scio u. scisco.*

**scobis**, is *f (scabo) (poet.; nachkl.)* Sägespäne.

**scomber**, brī *m (gr. Fw.) (poet.; nachkl.)* Makrele.

**scōpae**, ārum *f* Reiser, Besen.

**Scopās**, ae *m Bildhauer u. Architekt aus Paros um 370 v. Chr.*

**scopulōsus**, a, um *(scopulus)* klippenreich, felsig.

**scopulus**, ī *m (gr. Fw.)* ❶ *(poet.)* Felsen, Bergspitze; ❷ Klippe, Riff, *auch übtr.*

**scordalus**, ī *m (nachkl.)* Zankteufel.

**Scordus**, ī *m Gebirge in Illyrien.*

**scorpiō**, ōnis *u.* **scorpius** *od.* **-os**, ī *m (gr. Fw.)* ❶ Skorpion, *auch als Sternbild;* ❷ *(milit.)* Wurfmaschine.

**scortātor**, ōris *m (scortum) (poet.)* Schürzenjäger.

**scortea** *(scorteus)* ❶ ae *f (nachkl.)* Kleidungsstück aus Fell *od.* Leder, Pelz; ❷ ōrum *n (poet.)* Lederzeug.

**scorteus**, a, um *(scortum) (nachkl.)* ledern, aus Leder, aus Fell.

**scortillum**, ī *n (Demin. v. scortum) (poet.)* Luderchen.

**scortum**, ī *n* Hure, Dirne.

**scrība**, ae *m (scribo)* Schreiber, Sekretär.

**scrībō**, scrībere, scrīpsī, scrīptum ❶ schreiben [**litteras**]; ❷ *schriftl.* aufzeichnen, niederschreiben [**senatūs consultum**]; ❸ verfassen, ausarbeiten [**libros; leges; defensionem**]; *abs.* schriftstellern, dichten; ❹ *schriftl.* darstellen, beschreiben [**res gestas alcis**]; *(m. A. C. I.)* berichten, erzählen; ❺ *schriftl.* auftragen, bitten, befehlen *(m. ut, ne od. m. bl. Konj.);* ❻ *(eine Urkunde)* abfassen [**testamentum**]; ❼ *jmd. schriftl. zu etw.* ernennen, einsetzen *(m. dopp. Akk.)* [**alqm heredem**]; ❽ *(Soldaten, Kolonisten)* ausheben, in die Liste eintragen; ❾ *(poet.) (t. t. der Geschäftsspr.)* **scribere alqd ab alqo** *(Geld)* durch schriftl. Anweisung *od.* Wechsel (be)zahlen; ❿ zeichnen [**lineam** ziehen]; ⓫ *(poet.)* bemalen.

**Scrībōnius**, a, um *Name einer pleb. gens:* ❶ **C. ~ Curio** *Prätor 121 v. Chr.;* ❷ *sein Sohn* **C. ~ Curio** *Volkstribun 90, Konsul 76 v. Chr.*

**scrīnium**, ī *n zylinderförmige* Kapsel, Schachtel.

**scrīpsī** *Perf. v. scribo.*

**scrīptiō**, ōnis *f (scribo)* ❶ das Schreiben; ❷ *(meton.)* **a)** schriftl. Darstellung, Abfassung; **b)** das Geschriebene, Text.

**scrīptitō**, scrīptitāre *(Frequ. v. scribo)* ❶ oft schreiben; ❷ verfassen, abfassen.

**scrīptor**, ōris *m (scribo)* ❶ Schreiber, Sekretär; ❷ Verfasser, Schriftsteller, Geschichtsschreiber; ❸ *(poet.; nachkl.)* Dichter; ❹ Abfasser [**legum** Gesetzgeber].

**scrīptum**, ī *n (scribo)* ❶ etw. Geschriebenes, Aufsatz, Schrift, Brief, Buch, Entwurf, Konzept; **-is mandare** schriftl. aufzeichnen, aufschreiben; **sine -o loqui** ohne Konzept; **oratio de -o dicta** nach einem Konzept; ❷ schriftl. Verordnung, Gesetz; ❸ Text, Wortlaut [**legis**]; ❹ Linie *auf einem Spielbrett.*

**scrīptūra**, ae *f (scribo)* ❶ das Schreiben; ❷ schriftl. Darstellung, Abfassung; ❸ *(meton.)* **a)** *(nachkl.)* Schrift(werk), Schriftstück; **b)** *schriftl.* Testamentsbestimmung; ❹ Weide-, Triftgeld.

**scrīptus**[1] *P. P. P. v. scribo.*

**scrīptus**[2], ūs *m (scribo)* Schreiberdienst.

**scrīpulum** = *scrupulum.*

**scrobis**, is *m u. f* Grube; Grab.

**scrūpeus**, a, um *(scrupus) (poet.)* schroff, steil.
**scrūpulōsus**, a, um *(scrupulus)* ① rau, schroff; ② *(nachkl.) (übtr.)* genau, gewissenhaft.
**scrūpulum**, ī *n* das Skrupel, *ein Maß:* ① *als Gewicht* = 1/24 uncia = 1,137 g; ② *(nachkl.) als Flächenmaß* = 8,75 qm.
**scrūpulus**, ī *m (Demin. v. scrupus)* Besorgnis, Zweifel, Bedenken, Skrupel.
**scrūpus**, ī *m* Besorgnis, Zweifel, Skrupel.
**scrūta**, ōrum *n (poet.)* alter Kram, Gerümpel.
**scrūtātiō**, ōnis *f (scrutor) (nachkl.)* Durchsuchung.
**scrūtor**, scrūtārī ① durchstöbern, durchsuchen [**domos; abdita loca**]; ② *(übtr.)* zu erforschen suchen, untersuchen [**mentes deorum; voluntatem**].
**sculpō**, sculpere, sculpsī, sculptum *(vgl. scalpo)* schnitzen, meißeln, stechen, gravieren [**alqd e saxo**].
**sculptilis**, e *(sculpo) (poet.)* geschnitzt, gemeißelt.
**sculptus** *P. P. P. v. sculpo.*
**scurra**, ae *m* ① Possenreißer, Spaßmacher, Narr; ② Lebemann.
**scurrīlis**, e *(scurra)* possenhaft, närrisch.
**scurrīlitās**, ātis *f (scurrilis) (nachkl.)* Possenreißerei.
**scurror**, scurrārī *(scurra) (poet.)* den Possenreißer spielen; **alci ~** jmdm. den Hof machen.
**scūtāle**, lis *n (scutum)* schildförmiger Schwungriemen *der Schleuder.*
**scūtātus**, a, um *(scutum)* m. dem Langschild ausgerüstet; – *Subst.* **-ī,** ōrum *m* Soldaten m. Langschilden.
**scutella**, ae *f* Trinkschale.
**scutica**, ae *f (gr. Fw.) (poet.; nachkl.)* Riemenpeitsche.
**scutula**[1], ae *f (gr. Fw.)* Walze, Rolle.
**scutula**[2], ae *f (nachkl.)* Raute, Rhombus.
**scūtulum**, ī *n (Demin. v. scutum)* kleiner Langschild.
**scūtum**, ī *n* ① Langschild *der röm. Soldaten (viereckig, rundgebogen, aus Holz, m. Leder überzogen u. m. Eisen beschlagen); übh.* Schild; ② *(übtr.)* Schild, Schirm, Schutz.
**Scylla**, ae *f* ① *Felsen auf der italienischen Seite der sizilischen Meerenge, dem Meeresstrudel Charybdis gegenüber; – Adj.* **Scyllaeus**, a, um; ② *Tochter des Nisus, des Königs v. Megara, die ihren Vater aus Liebe zu Minos, der die Stadt belagerte, ermordete.*

**Wissen: Antike**
**Scylla** – Skylla ist eine Klippe an einer sizilischen Meerenge. In der griechischen Mythologie wohnte auf dieser Klippe ein Ungeheuer mit zwölf Hundefüßen und sechs Köpfen, das ebenfalls Skylla hieß und alle Lebewesen fraß, die sich dem Felsen näherten. Skylla gegenüber lebte ein zweites Ungeheuer namens **Charybdis**, das Meerstrudel verursachte, indem es Meerwasser einsaugte und wieder ausstieß. In der Odyssee fraß Skylla sechs Gefährten des Odysseus, als dieser durch die Meerenge von Skylla und Charybdis fuhr. Die Redewendung „zwischen Skylla und Charybdis“ wird noch heute zur Bezeichnung einer Situation zwischen zwei gleich bedrohlichen Alternativen verwendet.

**Scyllaeum**, ī *n (Scylla)* Skyllafels.
**scyphus**, ī *m (gr. Fw.)* Becher.
**Scȳros** *u.* **-us**, ī *f* ① *Insel nordöstl. v. Euböa; – Adj.* **Scȳrius**, a, um *u. fem.* **Scȳrias**, adis; ② *Stadt in Phrygien.*
**Scythēs** *u.* **-a**, ae *m, meist Pl.* **Scythae** die Skythen, *Völkergruppe zw. Don u. Donau; – Adj.* **Scythicus**, a, um; – **Scythis**, idis *u.* **Scythissa**, ae *f* Skythin; – **Scythia**, ae *f* Skythenland.
**sē**[1] *u. (verstärkt)* **sēsē** *Akk. u. Abl. Sg. u. Pl. des Reflexivpron. der 3. Ps.* sich.
**sē**[2], **se** *u.* **sēd** *Präp. b. Abl. (arch.)* ohne.
**sē-**[3], **se-** *u. (älter)* **sēd-** *Präfix* beiseite, weg [**secedo; seditio**].
**sē-**[4] *Präfix (verkürzt aus semi)* halb [**selibra**].
**sē-**[5] *Präfix (verkürzt aus sex)* sechs- [**sedecim**].
**sēbum**, ī *n* Talg.
**sē-cēdō**, cēdere, cessī, cessum ① weggehen, sich entfernen; ② *(poet.; nachkl.) (übtr., v. Lebl.)* sich entfernen, *Perf.* entfernt sein; ③ sich zurückziehen; ④ *(polit.)* sich v. jmdm. trennen; **plebs a patribus secessit; in sacrum montem ~** ausziehen.
**sē-cernō**, cernere, crēvī, crētum ① absondern, trennen *(von: ab alqo, a od. e re u. bl. re)* [**inermes ab armatis;** *übtr.* **animum a corpore** frei machen; **publica privatis**]; ② verwerfen, ausscheiden lassen; ③ *(übtr.)* unterscheiden *(von: ab od. bl. Abl.)* [**pestifera a salutaribus; honestum turpi**].
**sē-cessī** *Perf. v. secedo.*
**sēcessiō**, ōnis *f (secedo)* ① das Weggehen, Beiseitetreten; ② *(polit.)* Spaltung, Trennung, Emigration [**plebis in montem sacrum** Auszug].
**sēcessum** *P. P. P. v. secedo.*
**sēcessus**, ūs *m (secedo) (poet.; nachkl.)* ① Abgeschiedenheit, Zurückgezogenheit; ② *(meton.)* abgeschiedener Ort, Sommer-, Landaufenthalt; ③ Versteck; ④ *(polit.)* Trennung, Emigration.
**sēclāris** = *saecularis.*
**sē-clūdō**, clūdere, clūsī, clūsum *(claudo)* ① ab-

S

schließen, absperren; – *mediopass. (poet.)* sich verstecken; ② absondern, trennen [**curas** verbannen]; ③ *(milit.)* abschneiden [**flumen munitione a monte**].
**sēclum** = *saeculum.*
**secō**, secāre, secuī, sectum, (secātūrus) ① (ab-)schneiden; zerschneiden, (zer)spalten; ② *(med. t. t.)* amputieren, operieren *(alqm u. alqd, alci alqd);* ③ *(poet.; nachkl.)* zerfleischen, verwunden, zerfressen [**verbere terga; genas ungue**]; ④ *(poet.; nachkl.)* durcheilen, -laufen, -fahren, -fliegen [**aequor puppe; aethera pinnis; viam** sich Bahn brechen; *übtr.* **spem** einer Hoffnung nachjagen]; ⑤ (ein-, ab-)teilen [**populos Latinos**]; ⑥ *(poet.)* entscheiden, schlichten [**lites**].
**sēcrētiō**, ōnis *f (secerno)* Absonderung, Trennung.
**sēcrētum**, ī *n (secretus)* ① Abgeschiedenheit, Einsamkeit, abgelegener Ort, einsame Gegend; **alqm in -um abducere** beiseiteführen; ② Geheimnis, geheime Gedanken, geheimes Treiben.
**sēcrētus**, a, um *(P. Adj. v. secerno) (Adv. -ō)* ① (ab)gesondert, getrennt; ② *(poet.; nachkl.) (v. Örtl.)* entlegen, einsam [**colles**]; ③ *(übtr.)* geheim, heimlich [**artes** Zauberkünste; **consilium**]; / *Adv.* **sēcrētō a)** beiseite, abseits; **b)** insgeheim, heimlich, unter vier Augen.
**sē-crēvī** *Perf. v. secerno.*
**secta**, ae *f (sequor)* ① *(übtr.)* Richtung, Weg, Leitsätze; ② polit. Partei; ③ philos. Schule, Lehre.
**sectātor**, ōris *m (sector²)* Begleiter, Anhänger, *Pl.* Gefolge.
**sectilis**, e *(seco) (poet.; nachkl.)* geschnitten, gespalten [**ebur**].
**sectiō**, ōnis *f (seco)* ① *(nachkl.)* das Zerschneiden; ② Aufkauf u. Zerstückelung v. Gütern; ③ *(meton.)* Auktionsmasse, Beutemasse [**oppidi; praedae**].
S
**sector¹**, ōris *m (seco)* ① Abschneider [**collorum** Mörder]; ② Güteraufkäufer [**bonorum**].
**sector²**, sectārī *(Intens. v. sequor) (m. Akk.)* ① überallhin folgen, stets begleiten, nachlaufen [**alqm totos dies**]; ② in jmds. Diensten stehen, jmds. Leibdiener sein; ③ *(feindl.)* jmd. verfolgen; ④ *(poet.) (ein Wild)* jagen; ⑤ *(übtr.)* nachjagen, nach etw. eifrig streben [**virtutes; commoda**]; ⑥ *(nachkl.) (einen Ort)* gern aufsuchen; ⑦ *(poet.)* zu erforschen suchen *(m. indir. Frages.).*
**sectrīx**, īcis *f (sector¹) (nachkl.)* Güteraufkäuferin.
**sectūra**, ae *f (seco)* das Schneiden; *meton.* Steinbruch.
**sectus** *P. P. P. v. seco.*
**sēcubitus**, ūs *m (secubo) (poet.)* das Alleinliegen, Alleinschlafen.
**sē-cubō**, cubāre, cubuī, – allein schlafen.
**secuī** *Perf. v. seco.*
**sēculāris, sēculum** = *saecul...*
**sē-cum** *(= cum se)* mit sich.
**secundānī**, ōrum *m (secundus)* Soldaten der zweiten Legion.
**secundārius**, a, um *(secundus)* v. der zweiten Sorte, zweiter.
**secundō¹**, secundāre *(secundus) (poet.; nachkl.)* begünstigen.
**secundō²** *Adv. (secundus)* zweitens.
**secundum¹** *(secundus)* **I.** *Präp. b. Akk.* ① *(räuml.)* entlang, längs; **~ litus; ~ flumen copias ducere**; ② *(zeitl.)* (so)gleich nach; **~ ea** darauf; **~ comitia;** ③ *(übtr.)* **a)** *(v. Reihenfolge u. Rang)* unmittelbar nach; **b)** in Übereinstimmung mit, gemäß, nach; **~ alqm sentire; ~ naturam vivere; c)** zugunsten, zum Vorteil von; **~ alqm rem decernere; II.** *Adv.* zweitens.
**secundum²**, ī *n (secundus)* glücklicher Ausgang, Glück, *Pl.* glückliche Umstände.
**secundus**, a, um *(Adv. -ō u. -um, s. d.) (altes Gerundiv v. sequor m. partizipialer Bedeutung)* ① der Folgende, Nächste, Zweite [**mensa** Nachtisch; **bellum Punicum**]; **-ae partes** zweite Rolle *im Schauspiel, übtr.* zweiter Rang, zweite Stelle; ② *(poet.; nachkl.)* nachstehend, geringer, schlechter; **nulli virtute ~;** ③ geleitend, günstig *(vom Wasser u. Wind);* **-o flumine** *od.* **-ā aquā** stromabwärts; **-o vento** bei günstigem Wind; ④ *(poet.)* v. günstigem Wind geschwellt [**vela**]; ⑤ günstig, geneigt, begünstigend [**fortuna; omen**]; **-is dis** m. Hilfe der Götter; **-o populo** unter dem Beifall der Volksversammlung; ⑥ glücklich, nach Wunsch gehend *(v. Sachen)* [**exitus belli; res -ae** Glück].
**secūri-fer**, fera, ferum *(securis u. fero) (poet.)* beiltragend.
**secūri-ger**, gera, gerum *(securis u. gero) (poet.; nachkl.)* beiltragend.
**secūris**, is *f (seco)* ① Beil, Axt, Streitaxt, Liktorenbeil; ② *(übtr.)* Schlag, Hieb, Schaden, Verlust; **securim rei publicae infligere** einen Schlag führen gegen; ③ höchste Gewalt, röm. Oberhoheit, *meist Pl.;* ④ *(poet.)* Amt, Würde.
**sēcūritās**, ātis *f (securus)* Sorglosigkeit: ① Gemütsruhe; ② *(nachkl.)* Fahrlässigkeit, Unbekümmertheit; ③ *(nachkl.)* Sicherheit, Gefahrlosigkeit [**itinerum**]; ④ *(nachkl.)* Furchtlosigkeit; ⑤ *(nachkl.)* Quittung.
**sēcūrus**, a, um (< *se cura* „ohne Sorge") ① sorglos, unbekümmert, furchtlos *(um, wegen etw.: Gen. od. de; auch pro alqo u. pro re, adversus alqm; m. indir. Frages.)* [**animus; poenae; famae; de bello; pro salute**];

② *(poet.; nachkl.) (v. Lebl.)* heiter, fröhlich [**vita; convivia**]; ③ *(nachkl.)* fahrlässig, unbekümmert; ④ sicher, geschützt.

**secus**[1] *n undekl. (vgl. sexus)* Geschlecht, *nur in den Verbindungen* **virile ~** *u.* **muliebre ~**.

**secus**[2] *Adv.* ① *Pos.* **a)** anders *(als: ac od. quam)*; **longe ~** ganz anders; **non (haud) ~ ... ac (quam)** nicht anders ... als, ganz so wie; **b)** schlecht, nicht recht; **c)** *(nachkl.) als Subst. m. Gen.:* weniger; **non ~ virium;** ② *Komp.* **sequius** *od.* **sētius a)** *(poet.; nachkl.)* anders, nicht so (= *secus) (als, wie: quam od. ut)*; **b)** *(nach einer Negation)* weniger *(= minus)*; **nihilo setius** nichtsdestoweniger, dennoch; **c)** weniger gut.

**sed**[1] *Kj.* ① *(berichtigend, beschränkend)* aber, indessen, (je)doch; **vera tu dixisti, sed nequiquam;** ② *(in der Rede: b. Übergang zu etw. anderem, b. Wiederaufnahme des Gedankens nach einer Abschweifung, Unterbrechung u. Ä., b. Abbrechen od. Unterbrechen einer Rede)* doch; **sed perge, ut coeperas; sed satis verborum est;** ③ *(nach Negationen)* sondern; **non modo (***od.* **non solum) ... sed etiam** nicht nur ... sondern auch.

**sēd**(-)[2] *s. se*[2] *u. se*[3].

**sēdāmen**, minis *n (sedo) (nachkl.)* Linderung.

**sēdātiō**, ōnis *f (sedo)* Beruhigung.

**sēdātus**, a, um *(P. Adj. v. sedo)* ruhig, still, gelassen; **dolorem -e ferre**.

**sē-decim** *(decem)* sechzehn.

**sēdēcula**, ae *f (Demin. v. sedes)* kleiner Sessel, Stühlchen.

**sedeō**, sedēre, sēdī, sessum ① sitzen *(in. u. Abl., auch bl. Abl., apud alqm u. a.)* [**in vestibulo; sellā curuli; sub arbore**]; ② Sitzung halten, zu Rate, zu Gericht sitzen; ③ verweilen, bleiben; ④ *(milit.)* untätig zu Felde liegen; ⑤ *(v. Lebl.)* sich setzen, sich senken; **nebula campo sedet;** ⑥ *(v. Lebl.)* (fest)sitzen, hängen bleiben; **carina vado sedet;** ⑦ *(poet.; nachkl.) (übtr.)* tief eingeprägt sein; **amor in pectore sedet;** ⑧ *(poet.)* beschlossen sein, feststehen; **patribus sententia pugnae sedet**.

**sēdēs**, dis *f (Gen. Pl.* sedum *u.* sedium) *(sedeo)* ① Sitz, Sessel, Stuhl [**regia** Thron]; ② Wohnsitz, Heimat, *oft Pl.* [**sceleratorum** *u.* **piorum** *in der Unterwelt*]; ③ *(poet.; nachkl.)* Ruhesitz; Ruhestätte *der Toten,* Grab; ④ Stätte, Stelle, Platz, *auch Pl.* [**belli** Kriegsschauplatz]; ⑤ *(poet.)* Rang, Ehrenstelle, *auch Pl.*

**sēdī** *Perf. v. sedeo u. sido.*

**sedīle**, lis *n (Abl. Sg.* -ī) *(sedeo) (poet.; nachkl.)* Sitz, Sessel, Stuhl.

**sēd-itiō**, ōnis *f* ① Zwiespalt, Zwist; ② Aufruhr, Aufstand, Meuterei, Auflehnung [**civium; militaris**]; ③ *(meton.)* die Aufrührer.

**sēditiōsus**, a, um *(seditio)* aufrührerisch, unruhig.

**sēdō**, sēdāre *(sedeo, eigtl.* „zum Sitzen bringen") ① beruhigen, stillen, besänftigen, beschwichtigen [**tempestatem; incendia; sitim; impetum populi; iram; discordiam**]; ② *(poet.)* zum Sinken bringen [**pulverem**]; / *vgl. auch sedatus.*

**sē-dūcō**, dūcere, dūxī, ductum ① beiseiteführen, beiseitenehmen; ② *(poet.) (übtr.)* trennen [**terras undā**]; / *P. Adj.* **sēductus,** a, um **a)** *(poet.)* entfernt, entlegen; **b)** *(übtr.)* entzogen [**consilia a plurium conscientia**]; **c)** *(nachkl.)* zurückgezogen, einsam [**vitae genus**]; *(subst.)* **in seducto** in der Einsamkeit.

**sēductiō**, ōnis *f (seduco)* das Beiseiteführen, -nehmen.

**sēductus** *s. seduco.*

**sēdulitās**, ātis *f (sedulus)* Emsigkeit, Eifer.

**sēdulō** *Adv.* (< *se dolo* „ohne Trug") ① emsig, eifrig; aufmerksam [**audire**]; ② vorsätzlich.

**sēdulus**, a, um *(sedulo)* emsig, eifrig; aufmerksam [**spectator**].

**Sedūnī**, ōrum *m helvetische Völkerschaft.*

**Sedusiī**, ōrum *m germ. Volk zw. Rhein u. Neckar.*

**sē-dūxī** *Perf. v. seduco.*

**seges**, getis *f* ① Saat; ② *(meton.)* Saatfeld, (Acker-)Feld; ③ *(übtr.)* Feld, Boden [**gloriae**]; ④ *(poet.) (übtr.)* Menge.

**Segesta**, ae *f Stadt an der Nordküste Siziliens; – Adj.* **Segestānus**, a, um; – *Einw.* **Segestānī**, ōrum *u.* **Segestēnsēs**, ium *m.*

**segestre**, ris *n (gr. Fw.) (nachkl.)* Umhüllung.

**Segnī**, ōrum *m Volk in Belgien, östl. der Maas.*

**sēgnis**, e träge, lässig, schlaff *(in, bei etw.: Gen. od. in m. Abl.; zu, für etw.: ad od. in m. Akk.; m. Inf.)* [**obsidio; laborum; in exsequendis conatibus; ad respondendum; solvere nodum**].

**sēgnitās**, ātis, **sēgnitia**, ae *u.* **sēgnitiēs**, ēī *f (segnis)* Trägheit, Schlaffheit [*übtr.* **maris** Meeres-, Windstille].

**sē-gregō**, gregāre *(grex)* ① *(poet.)* v. der Herde absondern; ② *(übtr.)* absondern, trennen, ausschließen [**alqm e senatu; suspicionem et culpam a se**].

**sēgrex**, *Gen.* gregis *(segrego) (nachkl.)* abgesondert, zerrissen.

**Segūsiāvī**, ōrum *m kelt. Volk an der Rhône.*

**Sēiānus** *s. Seius.*

**sē-iugēs**, iugium *m (sex u. iugum)* Sechsgespann.

**sēiūnctim** *Adv. (seiungo) (poet.)* abgesondert.

**sēiūnctiō**, ōnis *f (seiungo)* Absonderung.

**sē-iungō**, iungere, iūnxī, iūnctum ① trennen, absondern; ② *(übtr.)* unterscheiden.

**Sēius**, a, um *röm. nomen gentile:* ① **M. ~**

S

*röm. Ritter, Freund Ciceros;* ❷ **L. Aelius Sēiānus** *Günstling des Tiberius.*

**selas** *n* (*Pl.* sela) *(gr. Fw.) (nachkl.)* Wetterschein.

**sēlēctus** *P. P. P. v. seligo.*

**sē-lēgī** *Perf. v. seligo.*

**Seleucēa** *u.* **-cīa**, ae *f Name mehrerer Städte, bes.:* ❶ **~ Babylonia** *am Tigris;* ❷ **~ Pieria** *in Syrien.*

**sē-lībra**, ae *f (< *semi-libra)* ein halbes Pfund.

**sē-ligō**, ligere, lēgī, lēctum *(lego¹)* auslesen, auswählen.

**Selīnūs**, ūntis *f (u. m)* ❶ *griech. Stadt an der Südwestküste Siziliens;* ❷ *Stadt in Kilikien (Kleinasien).*

**sella**, ae *f (sedeo)* ❶ Stuhl, Sessel; ❷ Amtsstuhl *der höheren Magistrate (=* **sella curulis** *s. curulis);* ❸ Arbeitsstuhl *der Handwerker;* ❹ Lehrstuhl; ❺ Thron; ❻ *(nachkl.)* Tragsessel; ❼ *(poet.)* Kutschbock.

**sellārium**, ī *n (sella) (nachkl.)* Sesselzimmer.

**sellārius**, ī *m (sella) (nachkl.)* jemand, der auf Sesseln Unzucht treibt.

**selli-sternium**, ī *n (sella u. sterno) (nachkl.)* Göttermahl, *b. dem die Götterbilder auf Sessel gestellt wurden (vgl. lectisternium).*

**sellula**, ae *f (Demin. v. sella) (nachkl.)* kleiner Tragsessel.

**sellulārius**, ī *m (sellula)* sitzend arbeitender Handwerker.

**semel** *Adv.* ❶ einmal; **ne ~ quidem** nicht ein einziges Mal; **non ~** wiederholt; ❷ *(b. Aufzählen)* zuerst, das erste Mal *(m. folg. iterum od. deinde);* ❸ ein für alle Mal, m. einem Wort; **ut ~ dicam;** ❹ *(tonlos)* einmal, erst (einmal); **quoniam** *u.* **quando (quidem) ~** weil einmal; **qui ~** wer einmal.

**Semela**, ae *u.* **-ē**, ēs *f Tochter des Kadmos, Mutter des Bacchus; – Adj.* **Semelēius**, a, um.

**sēmen**, minis *n (sero²)* ❶ Samen; ❷ *(poet.)* Setzling; **semina ponere;** ❸ *(meton.)* Stamm, Geschlecht [**divinum; regium**]; ❹ *(poet.)* Sprössling, Nachkomme, Kind; ❺ *(poet.) (übtr.)* Grundstoffe [**rerum**]; ❻ Ursache, Ursprung; Urheber [**bellorum civilium; discordiae**].

**sē-mēnstris**, e = *semestris.*

**sēmentis**, is *f (semen)* ❶ Aussaat, Saat; **sementem facere** säen; *(übtr.)* **malorum sementem facere;** ❷ *(poet.; nachkl.) (meton.)* Saat, junges Getreide.

**sēmentīvus**, a, um *(sementis) (poet.; nachkl.)* zur Saat gehörig, Saat-.

**sēm-ermis**, e *u.* **-mus**, a, um = *semiermis u. -mus.*

**sē-mēstris**, e *(sex u. mensis)* ❶ sechsmonatig, sechs Monate alt; ❷ sich auf sechs Monate erstreckend, auf sechs Monate beschränkt [**imperium**].

**sēm-ēsus**, a, um *(semi u. edo²) (poet.; nachkl.)* halbverzehrt.

**sē-met** *verstärktes se¹.*

**sēmi-**, *vor Vokalen auch* **sēm-**, *verkürzt* **sē-** *(in Zusammensetzungen)* halb-.

**sēmi-animis**, e *u.* **-animus**, a, um *(anima)* halb tot.

**sēmi-apertus**, a, um halb offen.

**sēmi-bōs**, bovis *m (poet.)* Halbstier (= Minotaurus).

**sēmi-caper**, prī *m (poet.)* Halbbock (= Pan, Faun).

**sēmi-cremātus** *u.* **-cremus**, a, um *(cremo) (poet.)* halb verbrannt.

**sēmi-cubitālis**, e eine halbe Elle lang.

**sēmi-deus** *(poet.)* **I.** *Adj.* a, um halbgöttlich; **II.** *Subst.* ī *m* Halbgott.

**sēmi-doctus**, a, um halbgelehrt.

**sēmi-ermis**, e *u.* **-ermus**, a, um *(arma)* (nur) halbbewaffnet.

**sēmi-ēsus**, a, um = *semesus.*

**sēmi-factus**, a, um *(nachkl.)* halb fertig.

**sēmi-fer** *(ferus)* **I.** *Adj.* fera, ferum halbtierisch; halbwild; **II.** *Subst.* ferī *m* Halbwilder.

**sēmi-germānus**, a, um halbgermanisch.

**sēmi-gravis**, e halbbetrunken.

**sē-migrō**, migrāre weg-, ausziehen [**a patre**].

**sēmi-hiāns**, *Gen.* hiantis *(hio) (poet.)* halb offen.

**sēmi-homō**, hominis *m (poet.)* halb Mensch, halb Tier [**Centauri**]; *adj.* halbwild.

**sēmi-hōra**, ae *f* eine halbe Stunde.

**sēmi-lacer**, lacera, lacerum *(poet.)* halb zerrissen.

**sēmi-lautus**, a, um *(poet.)* halb gewaschen.

**sēmi-līber**, lībera, līberum halbfrei.

**sēmi-līxa**, ae *m* halber Marketender *(Schimpfw.).*

**sēmi-mās**, *Gen.* maris **I.** *Subst. m* halb Mann, halb Frau, Zwitter; **II.** *Adj. (poet.)* kastriert.

**sēmi-mortuus**, a, um *(poet.; nachkl.)* halb tot.

**sēminārium**, ī *n (semen)* ❶ *(nachkl.)* Pflanzschule; ❷ *(übtr.)* Keim, Anfang.

**sēminātor**, ōris *m (semino)* ❶ Sämann; ❷ *(übtr.)* Urheber.

**sēmi-nex**, *Gen.* necis halb tot [**artūs** halb erstarrt].

**sēminō**, sēmināre *(semen)* erzeugen, hervorbringen.

**sēmi-nūdus**, a, um halb nackt; fast wehrlos.

**sēmi-orbis**, is *m (nachkl.)* Halbkreis.

**sēmi-plēnus**, a, um halb voll [**naves** halbbemannt].

**sēmi-putātus**, a, um *(poet.)* halb beschnitten [**vitis**].

**Semīramis**, idis *u.* idos *f sagenhafte assyrische Königin, myth. Begründerin der assyrischen Monarchie u. Gründerin v. Babylon; – Adj.* **Semīramius**, a, um.

**sēmi-rāsus**, a, um *(rado) (poet.; nachkl.)* halb geschoren.

**sēmi-refectus**, a, um *(reficio) (poet.)* halb ausgebessert.

**sēmi-rutus**, a, um *(ruo[1])* halb zerstört, halb eingestürzt [**urbs; moenia**].

**sēmis**, issis *m (semi u. as)* Hälfte (eines zwölfteiligen Ganzen): ❶ halber As; ❷ halber Morgen *Landes;* ❸ *Pl. (v. Zinsen)* sechs Prozent *jährl. (eigtl. ½ as für 100 asses, d. h. etwa ½ % monatl.).*

**sēmi-sepultus**, a, um *(poet.)* halb begraben.

**sēmi-somnus**, a, um *u. (nachkl.)* **-somnis**, e schlaftrunken.

**sēmi-supīnus**, a, um *(poet.)* halb zurückgelehnt.

**sēmita**, ae *f* ❶ Fußweg, Pfad; ❷ *(übtr.)* Bahn, Weg

**sēmitālis**, e *(semita) (poet.)* an den Fußwegen verehrt [**dii**].

**sēmitārius**, a, um *(semita) (poet.)* auf Seitenwegen befindlich.

**sēmi-tēctus**, a, um *(nachkl.)* halb bedeckt, halb nackt.

**sēmi-ustulātus**, a, um halb verbrannt.

**sēmi-ustus**, a, um halb verbrannt.

**sēmi-vir**, virī *m* ❶ *(poet.)* halb Mann, halb Stier [**Nessus; bos** = Minotaurus]; ❷ *(poet.; nachkl.)* Zwitter; / *als Adj. (poet.)* weibisch.

**sēmi-vīvus**, a, um halb tot; *(übtr.)* matt.

**Semnōnēs**, num *m germ. Volk zw. Elbe u. Oder.*

**Sēmō**, ōnis *m s. Sancus.*

**sēmōtus**, a, um *(P. Adj. v. semoveo)* ❶ entfernt, entlegen *(ab od. m. Dat.)* [**locus a militibus; terris**]; ❷ *(nachkl.)* vertraulich.

**sē-moveō**, movēre, mōvī, mōtum entfernen; *(übtr.)* ausschließen, beseitigen [**ceterorum sententias**].

**semper** *Adv.* ❶ immer, *(auch attrib. b. Subst.)* beständig; ❷ von jeher.

**sempiternus**, a, um *(semper)* immerwährend, beständig, ewig [**cursus stellarum; memoria amicitiae nostrae**].

**Semprōnius**, a, um *röm. nomen gentile, s. Gracchus; – Adj. auch* **Semprōniānus**, a, um.

**sēm-ūncia**, ae *f* ❶ halbe Unze; ❷ *(als Gewicht)* $^1/_{24}$ Pfund; ❸ ein Vierundzwanzigstel.

**sēmūnciārius**, a, um *(semuncia)* zur halben Unze gehörig [**fenus** $^1/_{24}$ % monatl., *d. h.* ½ % jährl. Zinsen].

**sēm-ustulātus**, a, um = *semiustulatus.*

**sēm-ustus**, a, um = *semiustus.*

**Sēna**, ae *f Küstenstadt in Umbrien, j.* Senigallia; – *Adj.* **Sēnēnsis**, e.

**senāculum**, ī *n (senatus)* Sitzungssaal des Senates.

**sēnāriolus**, ī *m (Demin. v. senarius)* kleiner, unbedeutender Senar.

**sēnārius** *(seni)* **I.** *Adj.* a, um je sechs enthaltend, sechsfüßig [**versus**]; **II.** *Subst.* ī *m* Senar *(sechsfüßiger, meist jambischer Vers).*

**senātor**, ōris *m (vgl. senatus)* Senator, Ratsherr, Mitglied des Senates.

**senātōrius**, a, um *(senator)* senatorisch, des Senates, der Senatoren.

**Imperium Romanum**

**senātus** – Der Legende nach wurde der Senat bereits von Romulus begründet.
In der Königszeit war seine Funktion auf die Beratung des Königs beschränkt. In der Zeit der Republik war er die höchste Regierungsbehörde. Im Senat saßen zuerst nur Patrizier; später wurden auch Plebejer aufgenommen. Er bestand aus 300, unter Cäsar aus 900 Mitgliedern.
Voraussetzung zur Aufnahme in den Senat war die Bekleidung der Quästur. Über die Zulassung zum Senat entschieden die Censoren.
Der Senat wurde von den Konsuln einberufen, die an die Senatsbeschlüsse nicht gebunden waren. Die Konsuln brachten Vorschläge ein, über die der Senat beriet und abstimmte. Es war in der Regel so, dass die Konsuln in allen wichtigen Fällen den Senat befragten und seinen Rat befolgten.
In der Kaiserzeit büßte der Senat immer mehr Rechte ein, die auf den Kaiser übergingen. Er sank auf ein bedeutungsloses Gremium herab, das gerade noch Gesetze ausformulieren durfte.
Heute dient das Wort „Senat" in Deutschland als Name für ein hohes Richtergremium und für die Regierung eines Stadtstaates wie Berlin und in den USA für das amerikanische Parlament.

**senātus**, ūs *m (senex)* ❶ Senat, Staatsrat *in Rom;* **senatus populusque Romanus** *(Abk.:* S. P. Q. R.) der Senat und das Volk von Rom, *d. h.* der Staat, die Republik; **senatūs consultum** Senatsbeschluss; **in senatum legere** wählen; **in senatum venire** aufgenommen werden; **alqm (de) senatu movere** *od.* **ex senatu eicere** ausstoßen; **senatum (con)vocare** zur Sitzung berufen; ❷ Senatsversammlung, -sitzung; **senatum habere** abhalten; ❸ Staatsrat *nichtröm. Staaten.*

**Imperium Romanum**

**Seneca** (ae *m*) – Lucius Annaeus Seneca der Jüngere (etwa 4–65 n. Chr.) war ein aus Cordoba in Spanien stammender Politiker,

S

stoischer Philosoph und Schriftsteller in Rom. Er wurde von Kaiser Claudius nach Korsika verbannt (41–49), danach auf Betreiben von Claudius' Gattin Agrippina wieder zurückgeholt und als Erzieher des jungen Nero, Agrippinas Sohn, eingesetzt. In der Anfangszeit von Neros Herrschaft als Kaiser nahm Seneca als Berater großen Einfluss auf dessen Politik. Als Nero aber dem Caesarenwahn verfiel, gab Seneca seine Beratertätigkeit auf und zog sich zurück. Wegen angeblicher Beteiligung an der Pisonischen Verschwörung wurde er auf Befehl Neros zum Selbstmord genötigt. Sein umfangreiches schriftstellerisches Werk umfasst 10 Tragödien, Satiren (z. B. „Apokolokyntosis", eine Satire auf Kaiser Claudius), philosophische Abhandlungen über Themen der Physik und Ethik sowie moralphilosophische Briefe.

**senecta**, ae *f (senectus[1]; erg. aetas)* (hohes) Alter, Greisenalter.

**senectus[1]**, a, um *(senex)* alt, bejahrt.

**senectūs[2]**, ūtis *f (senex)* ❶ (hohes) Alter, Greisenalter, *übtr. auch v. Tieren u. Sachen;* **plena senectutis** (Reife) **oratio;** ❷ *(meton.)* **a)** die Greise; **b)** *(poet.)* graues Haar; **c)** *(poet.)* Verdrießlichkeit.

**seneō**, senēre, – – *(senex) (poet.)* alt sein.

**senēscō**, senēscere, senuī, – *(senex)* ❶ alt werden; ❷ *(übtr.)* abnehmen, (hin)schwinden; **consilia senescunt** werden vereitelt; **senescunt vires; luna / hiems senescens;** ❸ verkümmern; ❹ *(polit.)* an Geltung (Einfluss) verlieren.

**senex**, *Gen.* senis *(Komp.* senior, ius) **I.** *Adj.* alt, bejahrt; *(poet.) (übtr.)* reif [**oratio**]; **II.** *Subst. m u. f* Greis, Greisin, *meist v. Leuten über 60 Jahre, während senior v. Leuten zw. 45 u. 60 Jahren;* – **seniōrēs**, rum *m* die Älteren, *meist milit.* das Aufgebot der älteren röm. Bürger *(vom 45. bis zum 60. Lebensjahr).*

**sēnī**, ae, a (*Gen.* sēnum) *(sex)* je sechs; *(poet.)* sechs auf einmal.

**senīlis**, e *(senex)* greisenhaft, Greisen-.

**senior** *s. senex.*

**senium**, ī *n (senex)* ❶ Altersschwäche; ❷ *(übtr., v. Sachen)* das Abnehmen, Verfall [**lunae; mundi**]; ❸ *(meton)* **a)** Leid, Trauer; **b)** Verdrießlichkeit; **c)** *(nachkl.)* Trägheit.

**senius**, ī *m (senex)* Greis.

**Senonēs**, num *m kelt. Volk an der oberen Seine um Sens sowie ein Zweig dieses Volkes in Oberitalien.*

**sēnsa**, ōrum *n (sentio)* Ansichten, Gedanken.

**sēnsī** *Perf. v. sentio.*

S

**sēnsibilis**, e *(sentio) (nachkl.)* wahrnehmbar.

**sēnsim** *Adv. (sentio)* kaum merklich, allmählich.

**sēnsus[1]** *P. P. P. v. sentio.*

**sēnsus[2]**, ūs *m (sentio)* ❶ *(physisch)* **a)** Empfindung, Gefühl, Eindruck, Wahrnehmung; **b)** *(meton.)* Empfindungsvermögen, Sinn [**videndi; audiendi**]; **c)** Besinnung, Bewusstsein, *auch Pl.;* ❷ *(geistig)* **a)** Verstand, Denkkraft [**communis** gesunder Menschenverstand]; **b)** Urteil, Geschmack [**rudis**]; **c)** Meinung, Ansicht, Gedanke; **d)** *(poet.) (rhet. u. philos.)* Bedeutung, Sinn, Inhalt [**verbi; testamenti**]; **e)** *(nachkl.)* Satz; ❸ *(gefühlsmäßig)* **a)** Gefühl, teilnehmende Empfindung [**humanitatis**]; **b)** Gesinnung, Stimmung [**civium; communis** die herrschende Stimmung]; **c)** *(rhet.)* Pathos, *auch Pl.*

**sententia**, ae *f (sentio)* ❶ Meinung, Ansicht; **in -a (per)manere** *od.* **perseverare; de -a desistere** *od.* **decedere;** ❷ Wille [**deorum**]; ❸ Wunsch; ❹ *(b. Abstimmungen im Senat)* Stimme, Votum; Antrag; **-am dicere** *od.* **ferre** *od.* **dare** abgeben; **-am rogare** zur Abstimmung aufrufen; ❺ *(vom Richter)* Urteil(sspruch); ❻ Bedeutung, Sinn, Inhalt [**orationis; litterarum**]; ❼ Gedanke, Idee; ❽ Satz, Spruch [**philosophorum**]; Sinnspruch, Sentenz.

**sententiola**, ae *f (Demin. v. sententia)* Sprüchlein, Redensart.

**sententiōsus**, a, um *(sententia)* gedanken-, ideenreich [**genus dictionis**].

**sentīna**, ae *f* ❶ Kielwasser; ❷ Kloake; ❸ *(übtr.)* Auswurf, Abschaum [**urbis; rei publicae**].

**sentiō**, sentīre, sēnsī, sēnsum ❶ fühlen, empfinden, wahrnehmen; ❷ *(etw. Lästiges)* schmerzlich empfinden, (ver)spüren, erfahren [**dolorem; detrimentum**]; ❸ *(geistig)* merken, wahrnehmen, erkennen, einsehen; ❹ meinen, denken, urteilen [**idem (***od.* **eadem) de re publica** die gleiche polit. Gesinnung haben; **humiliter** niedrige Gesinnung haben]; ❺ halten für *(m. dopp. Akk.)* [**alqm bonum civem**]; ❻ seine Meinung sagen, urteilen, stimmen [**gravius de alqo; lenissime**].

**sentis**, is *m (u. f)* Dornstrauch, -busch, *meist Pl.*

**sentus**, a, um *(sentis) (poet.)* dornig, rau [**loca**]

**senuī** *Perf. v. senesco.*

**se-orsum** *u.* **-orsus** *Adv. (se-[3] u. verto)* ❶ abgesondert, abseits; *m. ab od. (b. Sachen) m. bl. Abl.:* fern von, ohne; **~ a rege exercitum ductare;** ❷ ohne Zutun jmds. *(ab)* [**a collega**].

**sēparābilis**, e *(separo)* trennbar.

**sēparātim** *Adv., s. separatus.*

**sēparātiō**, ōnis *f (separo)* Trennung.

**sēparātus**, a, um *(P. Adj. v. separo) (Adv.*

sēparātim) ❶ abgesondert, getrennt, einzeln; **-is temporibus** zu verschiedenen Zeiten; ❷ *(poet.)* fern, entlegen.

**sē-parō**, parāre absondern, trennen.

**sepeliō**, sepelīre, sepelīvī *(u.* sepeliī*)*, sepultum ❶ begraben, bestatten; ❷ verbrennen; ❸ *(übtr.)* völlig unterdrücken, vernichten [**dolorem; famam; patriam; bellum** beenden; **tribuniciam potestatem**]; ❹ *(poet.)* (in tiefen Schlaf) versenken, *nur Pass.;* **vino somnoque sepulti**.

**sēpēs** = *saepes.*

**sēpia**, ae *f (gr. Fw.)* Tintenfisch.

**sēpiō** = *saepio.*

**sē-pōnō**, pōnere, posuī, positum ❶ beiseitelegen; ❷ zurücklegen, aufheben, aufsparen [**pecuniam in aedificationem templi**]; ❸ vorbehalten, bestimmen; ❹ absondern, trennen; ❺ *(poet.) (übtr.)* unterscheiden *(von etw.: Abl.)* [**inurbanum lepido dicto**]; ❻ entfernen, fernhalten; ❼ *(nachkl.)* jmd. verbannen [**alqm in insulam**]; ❽ *(poet.; nachkl.) (übtr.)* vertreiben [**graves curas nectare**]; / *P. Adj.* **sēpositus,** a, um *(poet.)* **a)** ausgesucht, vortrefflich [**vestis** Fest-, Sonntagskleid]; **b)** entlegen, entfernt.

**sēpse** *(= se ipse)* sich selbst.

**septem** *undekl. Kardinalzahl* ❶ sieben; **~ colles** = Rom; ❷ *subst.* die sieben Weisen *(Griechenlands).*

**September** *(septem)* **I.** *Adj.* bris, bre (*Abl. Sg.* -ī) ❶ zur Sieben gehörig [**mensis** der (Monat) September *(der siebente, später der neunte Monat)*]; ❷ zum September gehörig, des September; **II.** *Subst.* bris *m* (*Abl.* -ī) der September.

**septem-decim** = *septendecim.*

**septem-fluus**, a, um *(fluo) (poet.)* siebenarmig [**Nilus**].

**septem-geminus**, a, um *(poet.)* = *septemfluus.*

**septem-plex**, *Gen.* plicis *(poet.)* siebenfach [**Nilus** m. sieben Mündungen].

**septem-triō** = *septentrio.*

**septemvirālis**, e *(septemviri)* zu dem Siebenmännerkollegium gehörig, die Siebenmänner; – *als Subst. m = septemvir, s. septemviri.*

**septemvirātus**, ūs *m (septemviri)* Amt eines Septemvir, Septemvirat.

**septem-virī**, ōrum *u.* um *m* die Septemvirn *(Kollegium v. sieben Männern); Sg.* **septemvir,** virī Mitglied des Siebenmännerkollegiums.

**septēnārius**, ī *m (septeni)* siebenfüßiger Vers, Septenar.

**septen-decim** *undekl. (septem u. decem)* siebzehn.

**septēnī**, ae, a (*Gen. Pl.* -num) *(septem)* ❶ je sieben; ❷ *(poet.)* sieben zugleich, sieben zusammen.

**septen-triō**, ōnis *m (septem; Rückbildung aus Pl. septem triones, eigtl. „die sieben Dreschochsen")* ❶ *meist Pl.* Siebengestirn, Großer Bär, Wagen [**minor** Kleiner Bär]; ❷ *(meton.)* **a)** *meist Pl.* Norden; **b)** *Sg.* Nordwind.

**septentriōnālis**, e *(septentrio) (nachkl.)* nördlich; – *Subst.* **-ia,** ium *n* nördliche Gegenden.

**septiē(n)s** *Adv. (septem)* siebenmal.

**septimānī**, ōrum *m (septimus) (nachkl.)* Soldaten der siebenten Legion.

**Septimius**, a, um *röm. nomen gentile:* **L. ~ Severus** *s. Severus.*

**septimus**, a, um *(septem)* der siebente; – *Adv.* **-um** zum siebenten Mal.

**septingentēsimus**, a, um *(septingenti)* der siebenhundertste.

**septin-gentī**, ae, a *(septem u. centum)* siebenhundert.

**septingentiē(n)s** *Adv. (septingenti) (nachkl.)* siebenhundertmal.

**septuāgēsimus**, a, um *(septuaginta)* der siebzigste.

**septuāgintā** *undekl.* siebzig.

**sept-ūnx**, ūncis *m (septem u. uncia)* $^7/_{12}$ eines (zwölfteiligen) Ganzen, sieben Unzen.

**sepulcrālis**, e *(sepulcrum) (poet.)* zum Grab gehörig, Grab-, Leichen-.

**sepulcrētum**, ī *n (sepulcrum) (poet.)* Friedhof.

**sepulcrum**, ī *n (sepelio)* ❶ Grab(stätte), Grabhügel, Gruft; **alqm -o condere** begraben, bestatten; ❷ *(meton.)* **a)** Grabmal; **-um exstruere; b)** Aufschrift auf einem Grabmal, Grabschrift; ❸ *(poet.)* der Tote.

**sepultūra**, ae *f (sepelio)* ❶ Begräbnis, Bestattung; ❷ *(nachkl.)* Verbrennung *(eines Toten).*

**sepultus** *P. P. P. v. sepelio.*

**Sēquana**, ae *m Fluss in Gallien, j.* Seine.

**Sēquanī**, ōrum *m kelt. Volk zw. Saône, Rhône u. Jura;* – *Adj.* **Sēquanus,** a, um [**gens**].

**sequāx**, *Gen.* ācis *(sequor) (poet.)* schnell folgend [**equus; flammae** züngelnd; **hederae** sich schnell ausbreitend; **Latium** *(= Latini)* verfolgend].

**sequester** *(sequor)* **I.** *Adj.* tra, trum *(poet.)* vermittelnd; **pace -trā** unter dem Schutz des Friedens; **II.** *Subst.* tris *u.* trī *m* Vermittler.

**sequius** *Komp. v. secus*[2].

**sequor**, sequī, secūtus sum *(m. Akk.)* ❶ (nach)folgen, begleiten, *oft übtr.* [**magistratum in provinciam; vestigia vatum; exemplum / mores alcis**]; ❷ *(feindl.)* verfolgen, nachsetzen [**fures lapidibus; feras**]; ❸ *(zeitl. od. in der Reihenfolge)* (nach)folgen; **lacrimae sunt verba secutae; et quae sequuntur** und so weiter; **cetera sequentur; sequen-**

S

**ti anno / die;** ❹ *(übtr.)* nachjagen, nach etw. streben [**amicitiam fidemque populi Romani; otium et tranquillitatem vitae; gloriam; gratiam alcis**]; *(auch m. ut, ne);* ❺ *(einen Ort)* aufsuchen; ❻ die Folge v. etw. sein, sich ergeben, resultieren; **sequitur, ut** daraus folgt, dass; ❼ nachgeben; **telum non sequitur** lässt sich nicht herausziehen; ❽ befolgen [**alcis consilium; leges**]; ❾ von selbst kommen, sich einstellen; **quo minus gloriam petebat, eo magis sequebatur;** ❿ *(als Besitz)* jmdm. zufallen, zuteilwerden.

**Ser.** *(Abk.) = Servius.*

**sera**, ae *f (poet.; nachkl.)* Riegel *zum Verschließen der Tür.*

**Serāpis**, is *u.* idis *m ägypt. Gott.*

**serēnitās**, ātis *f (serenus)* ❶ Heiterkeit [**caeli**], heiteres Wetter; ❷ *(übtr.)* Gunst.

**serēnō**, serēnāre *(serenus)* **I.** *trans.* aufheitern, heiter machen; **II.** *intr.* heiter sein.

**serēnum**, ī *n (serenus)* heiteres Wetter, *auch Pl.*

**serēnus**, a, um ❶ heiter, hell, klar [**caelum; aër**]; ❷ *(übtr.)* heiter, fröhlich [**animus; vita**].

**Sēres**, rum *m* die Serer *(die heutigen Chinesen), ber. durch Seidenherstellung; – Adj.* **Sēricus**, a, um serisch; seiden; – *Subst.* **sērica,** ōrum *n (nachkl.)* seidene Kleider *od.* Stoffe.

**Sergius**, a, um *Name einer röm. gens:* **L. ~ Catilina** *s. Catilina.*

**sēria**[1], ae *f* Tonne, Fass.

**sēria**[2], ōrum *n s. serius*[1].

**sērica**, ōrum *n s. Seres.*

**Sēricus** *s. Seres.*

**seriēs**, ēī *f (sero*[1]*)* ❶ Reihe, Kette, (Reihen-) Folge; ❷ *(poet.; nachkl.)* Ahnenreihe.

**sēriō** *Adv. v. serius*[1].

**Serīphos** *u.* **-us**, ī *f Zykladeninsel; – Einw. u. Adj.* **Serīphius,** ī *m bzw.* a, um.

**sērius**[1], a, um ernst(haft) *(nur v. Sachen)* [**verba**]; – *Subst.* **sērium,** ī *n* Ernst; *klass. nur Pl.* **-a,** ōrum *n* ernste Dinge, Ernst; – *Abl. Sg. als Adv.* **sēriō** im Ernst.

**sērius**[2] *Adv., Komp. v. sero*[3]*, s. serus.*

**sermō**, ōnis *m (sero*[1]*)* ❶ Unterhaltung, Unterredung, Gespräch; **sermonem habere** *od.* **conferre cum alqo;** ❷ wissenschaftliche Unterredung, Disputation; **sermonem cum alqo habere de amicitia;** ❸ **a)** Umgangssprache; Mundart, Dialekt [**Latinus; domesticus**]; **b)** *(poet.; nachkl.) (meton.)* Schriftwerk in der Umgangssprache; ❹ Rede-, Ausdrucksweise [**urbanus; rusticus; plebeius**]; ❺ Gerede, Gerücht; **sermonem alci dare** Anlass zum Gerede geben; **materiam sermonibus praebere** Stoff zum Gerede geben.

**sermōcinor**, sermōcinārī *(sermo)* sich unterhalten.

**sermunculus**, ī *m (Demin. v. sermo)* böswilliges Gerede, Klatsch, *auch Pl.*

**serō**[1], serere, (seruī), sertum ❶ aneinanderreihen, -knüpfen; *nur P. P. P. sertus;* **loricae sertae** Kettenpanzer; **corona serta** geflochten; – *Subst.* **serta,** ōrum *n u. (poet.)* **sertae,** ārum *f* Kranz, Girlande; ❷ *(übtr.)* ver-, anknüpfen, reihen [**sermones inter se; bellum ex bello** Krieg an Krieg reihen]; *Pass.* sich aneinanderreihen, aufeinanderfolgen.

**serō**[2], serere, sēvī, satum ❶ säen, pflanzen [**arbores; vitem**]; – *Subst.* **sata,** ōrum *n* Saaten, Saatfelder, Pflanzungen; ❷ besäen, bepflanzen; ❸ *(übtr.)* erzeugen, hervorbringen; *bes. P. P. P.* **satus,** a, um *(m. Abl.)* v. jmdm. erzeugt, abstammend, jmds. Sohn *od.* Tochter; **stirpe divinā satus;** ❹ *(übtr.)* ausstreuen, verbreiten, verursachen [**rumores; discordias; mores**].

**sērō**[3] *Adv. v. serus.*

**sērō-tinus**, a, um *(sero*[3]*) (nachkl.)* spät etw. tuend [**raptor**].

**serpēns**, pentis *m u. f (serpo)* ❶ Schlange; ❷ *(poet.)* Drache *(als Sternbild).*

**serpenti-gena**, ae *m (serpens u. gigno) (poet.)* Schlangensprössling.

**serpenti-pēs**, *Gen.* pedis *(serpens) (poet.)* schlangenfüßig.

**serperastra**, ōrum *n (übtr., scherzh.)* Zwangsjacke, Zurechtweisungen.

**serpō**, serpere, serpsī, serptum ❶ kriechen, schleichen; *(übtr.)* **somnus serpit** schleicht heran, naht; ❷ sich schlängeln; **vitis / hedera serpens** sich rankend; ❸ *(übtr.)* sich verbreiten; **malum obscure serpens; serpit fama per coloniam.**

**serpullum**, ī *n (poet.)* Feldthymian.

**serra**, ae *f* Säge.

**serrātī**, ōrum *m (serra) (nachkl.)* die Serraten, *Silberdenare m. gezacktem Rand.*

**serrula**, ae *f (Demin. v. serra)* kleine Säge.

**serta**, ōrum *n u.* **-ae**, ārum *f s. sero*[1].

**Sertōrius**, a, um *röm. nomen gentile:* **Q. ~** *Anhänger des Marius, nach Sullas Sieg Führer der Freiheitsbewegung in Spanien geg. Rom; – Adj. auch* **Sertōriānus**, a, um.

**serum**[1], ī *n (poet.; nachkl.)* die Molke.

**sērum**[2], ī *n (serus)* späte Zeit; **-o diei** spät am Tage; **rem in -um trahere** sich verspäten.

**sērus**, a, um *(Adv. -ō)* ❶ spät [**hora; spes** spät in Erfüllung gehend; **bellum** endlos]; ❷ zu spät [**auxilium; paenitentia**]; / *Adv.* **sērō** *u.* **sērum** *u.* **sēra** spät; *Komp.* **sērius** später; zu spät [**proficisci**].

**serva**, ae *f (servus)* Sklavin.

**servābilis**, e *(servo) (poet.)* errettbar.

**servantissimus**, a, um *(eigtl. Superl. des Part. Präs. v. servo) (poet.)* auf das Genaueste beobachtend.

**servātiō**, ōnis *f (servo) (nachkl.)* Verfahren, Brauch.
**servātor**, ōris *m (servo)* Erhalter, (Er-)Retter.
**servātrīx**, īcis *f (servator)* Erhalterin, (Er-)Retterin.
**servīlis**, e *(servus)* sklavisch, knechtisch, Sklaven-.
**Servīlius**, a, um *Name einer röm. gens; / Adj. auch* **Servīliānus**, a, um.
**serviō**, servīre *(servus)* ❶ Sklave sein, dienen *(apud alqm, alci);* ❷ *(polit.)* untertan sein [**regi**]; ❸ gefällig sein, willfahren [**amicis**]; ❹ sich fügen, gehorchen [**iracundiae; tempori** sich in die Zeit schicken]; ❺ sich widmen, sich hingeben [**posteritati; voluptatibus**]; ❻ auf etw. hinarbeiten *(m. Dat.)* [**gloriae; paci**]; ❼ *(v. Grundstücken, Gebäuden)* belastet sein.
**servitium**, ī *n (servus)* ❶ Sklaverei, Sklavendienst; **alqm in -um ducere**; ❷ *(übtr.)* Knechtschaft; **cives -o premere** knechten; ❸ *(meton.) Sg. koll. od. Pl.* die Sklaven, Gesinde.
**servitūdō**, dinis *f (servus)* Sklaverei.
**servitūs**, ūtis *f (servus)* ❶ Sklaverei, Sklavendienst, Knechtschaft; **alqm in servitutem abducere** *od.* **abstrahere**; ❷ *(polit.)* Knechtschaft, Dienstbarkeit; **civitatem servitute opprimere**; ❸ *(übtr.)* Unterwürfigkeit; ❹ *(b. Grundstücken)* Belastung; ❺ *(poet.) (meton.)* die Sklaven, *v. Liebhabern.*
**Servius**, ī *m röm. Vorname, bes. in der gens Sulpicia, Abk. Ser.:* ~ **Tullius** *s. Tullius.*
**servō**, servāre ❶ unversehrt erhalten, (er)retten [**populum; naves e tempestate**; *m. dopp. Akk.* **cives incolumes**]; ❷ bewachen, (be)hüten; ❸ *(übtr.)* etw. bewahren, aufrechterhalten, (er)halten [**fidem; ius iurandum; legem; morem ab antiquis traditum; amicitiam; ordinem** *od.* **ordines** in Reih u. Glied bleiben; **vigilias / custodias** halten; **diem** einhalten]; ❹ *(f. die Zukunft)* aufbewahren, aufsparen, aufheben; ❺ beobachten [**solem**; *intr.* **de caelo** die Zeichen am Himmel]; ❻ Acht geben, aufpassen *(m. Akk. od. abs.);* ❼ *(poet.) an einem Ort* (ver)weilen, (ver)bleiben *(m. Akk.).*
**servula**, ae *f (Demin. v. serva)* junge Sklavin.
**servulus**, ī *m (Demin. v. servus)* junger Sklave.
**servus I.** *Adj.* a, um ❶ sklavisch, knechtisch, unterworfen; ❷ *(v. Grundstücken)* belastet; **II.** *Subst.* ī *m* Sklave, Knecht [**publicus** Staatssklave, Amtsdiener; *übtr.* **cupiditatum**].

**Imperium Romanum**
**servus** – Ein Sklave (servus) war nach römischem Recht das rechtmäßige Eigentum eines freien Bürgers. Er war aber auch Mitglied der familia seines Herrn, und blieb dies sogar gewissermaßen nach der Freilassung; so erhielten Freigelassene den Gentilnamen ihres ehemaligen Herrn. Sklave wurde man, wenn man als Kriegsgefangener auf dem Sklavenmarkt verkauft wurde oder wenn man von einer Sklavin geboren wurde.
Im ersten vorchristlichen Jahrhundert wurde die römische Republik von Sklavenaufständen erschüttert, besonders vom Spartakusaufstand. In der Kaiserzeit verlor sich dann der Unterschied zwischen Freien, Freigelassenen und Sklaven allmählich.

**sēsama**, ae *f u.* **-um,** ī *n (gr. Fw.) (nachkl.)* Sesam.
**sescēnārius**, a, um *(sesceni)* sechshundert Mann stark [**cohortes**].
**sescēnī**, ae, a *(sescenti)* je sechshundert.
**sēsc-ennāris**, e *(sesqui u. annus)* anderthalbjährig.
**sescentēsimus**, a, um *(sescenti)* der sechshundertste.
**ses-centī**, ae, a *(sex u. centum)* sechshundert; *(übtr.)* unzählige, tausend.
**sescentiē(n)s** *Adv. (sescenti)* sechshundertmal.
**sēsc-ūnciālis**, e *(sesqui) (nachkl.)* von anderthalb Zoll.
**sēsē** = *se*[1].
**seselis**, is *f (gr. Fw.) (bot.)* Steinkümmel.
**sēs-qui** *Adv. (semis)* ❶ um die Hälfte (mehr), anderthalb [**maior** um die Hälfte größer]; ❷ *in Zusammensetzungen:* **a)** anderthalb [**sesquimodius**]; **b)** *(m. Ordinalzahlen)* um einen Bruchteil mehr als die Einheit [**sesquioctavus**].
**sēsqui-alter**, era, erum anderthalb.
**sēsqui-hōra**, ae *f (nachkl.)* anderthalb Stunden.
**sēsqui-modius**, ī *m* anderthalb Scheffel.
**sēsqui-octāvus**, a, um neun Achtel enthaltend.
**sēsqui-pedālis**, e anderthalb Fuß lang; *(poet.) (übtr.)* ellenlang [**dentes; verba** = hochtrabende].
**sēsqui-plāga**, ae *f (nachkl.)* anderthalb Hiebe.
**sēsqui-plex**, *Gen.* plicis anderthalbfach.
**sēsqui-tertius**, a, um vier Drittel enthaltend.
**sessilis**, e *(sedeo) (poet.)* zum Sitzen geeignet [**tergum equi**].
**sessiō**, ōnis *f (sedeo)* ❶ das Sitzen; ❷ das Müßigsitzen, Herumsitzen; ❸ Sitzung; ❹ Sitz(platz).
**sessitō**, sessitāre *(Frequ. v. sedeo)* zu sitzen pflegen, immer sitzen.
**sessor**, ōris *m (sedeo)* ❶ *(poet.)* Zuschauer; ❷ Einwohner; ❸ *(nachkl.)* Reiter.

S

**sessum** *P. P. P. v. sedeo u. sido.*

**sēstertius**, ī *m (Gen. Pl.* sēstertium, *selten* -ōrum) *u.* **sēstertius nummus** der Sesterz, *röm. Silber-, später Messingmünze, die bis zum Jahre 217 v. Chr. 2½ As od. ¼ Denar, später 4 As, ungefähr 15–20 Pf, galt; Abk.* II S *(duo + semis), später* H S; **centum -i** 100 Sesterze; **ducenti -i** 200 Sesterze; – **sēstertia,** ōrum *n (Pl. zu dem später als Nom. Sg. n empfundenen Gen. Pl. sestertium)* tausend Sesterze; **decem sestertia** 10 000 Sesterze; – **sēstertium,** ī *n (m. Auslassung v. centena milia)* 100 000 Sesterze.

**Sēstius, Sēstiānus** *s. Sextius.*

**Sēstos** *u.* **-us**, ī *f Stadt am thrak. Ufer des Hellespont; – Adj.* **Sēstus,** a, um aus S. [**puella** = Hero].

**sēta** *= saeta.*

**Sētia**, ae *f Bergstadt in Latium; – Adj.* **Sētīnus**, a, um.

**sētiger** *= saetiger.*

**sētius** *Adv.* anders; weniger (gut); *s. auch secus*[2].

**sētōsus**, a, um *= saetosus.*

**seu** *= sive.*

**sevēritās**, ātis *f (severus)* Ernst, Strenge [**iudicis; censoria**].

**sevērus**, a, um ernst, streng; hart, grausam [**iudex; poena; in iudicando; in filium**].

**Sevērus**, ī *m röm. cogn.:* (1) **Cornelius ~** *epischer Dichter, Freund Ovids;* (2) **T. Cassius ~** *röm. Rhetor z. Zt. des Augustus u. Tiberius;* (3) **L. Septimius ~** *röm. Kaiser 193–211 n. Chr.*

**sēvī** *Perf. v. sero*[2].

**sē-vocō**, vocāre (1) beiseiterufen, abrufen [**singulos; plebem in Aventinum** zur Auswanderung aufrufen]; (2) *(übtr.)* abziehen, trennen [**animum a negotio**].

**sex** *undekl.* sechs.

**Sex.** *(Abk.) = Sextus (röm. Vorname).*



**sexāgēnārius**, a, um *(sexageni) (nachkl.)* sechzigjährig.

**sexāgēnī**, ae, a *(sexaginta)* je sechzig.

**sexāgēsimus**, a, um *(sexaginta)* der sechzigste.

**sexāgiē(n)s** *Adv. (sexaginta)* sechzigmal.

**sexāgintā** *undekl. (sex)* sechzig.

**sex-angulus**, a, um *(poet.; nachkl.)* sechseckig.

**sexc...** *= sesc...*

**sex-decim** *= sedecim.*

**sex-ennis**, e *(annus)* sechsjährig.

**sex-ennium**, ī *n (annus)* sechs Jahre.

**sexiē(n)s** *Adv. (sex)* sechsmal.

**sex-prīmī**, ōrum *m* die sechs Obersten des Stadtrates *(in Munizipien u. Kolonien).*

**sextādecumānī**, ōrum *m (sexta decima) (nachkl.)* Soldaten der sechzehnten Legion.

**sextāns**, antis *m (sextus)* ein Sechstel: (1) *(als Münze)* 1/6 As; *(übtr.)* Heller; (2) *(poet.; nachkl.) (als Flüssigkeitsmaß)* 1/6 sextarius = 0,09 l; (3) der sechste Teil einer Erbschaft.

**sextārius**, ī *m (sextus)* 1/6 congius = 0,5 Liter, Schoppen.

**Sextīlis**, e *(sextus)* (1) der sechste; *nur* **~ mensis** *od. bloß* **Sextilis,** is *m* August, *urspr. der sechste, später der achte Monat;* (2) des August.

**Sextius** *u.* **Sēstius**, a, um *röm. nomen gentile:* **P. ~** *Quästor 63, Volkstribun 56 v. Chr., Freund Ciceros; – Adj. auch* **-tiānus**, a, um.

**sextula**, ae *f (Demin. v. sexta; erg. pars)* 1/6 uncia, *d. h.* 1/72 eines Ganzen, *bes. einer Erbschaft.*

**sextus**, a, um *(sex)* der sechste; *– Adv.* **sextum** zum sechsten Mal [**consul**].

**Sextus**, ī *m (sextus) röm. Vorname (Abk. S. od. Sex.).*

**sexus**, ūs *m (secus*[1]*)* Geschlecht [**virilis; muliebris**].

**sī** *Kj.* (1) *(in Konditionalsätzen)* **a)** wenn, wofern, falls; **b)** wofern nur, wenn nämlich; (2) *(in Konzessivsätzen, meist m. Konj.)* wenn auch, auch wenn, selbst wenn *(= etiamsi);* (3) *(in Wunschsätzen, m. Konj., meist o si) (poet.)* wenn doch *(= utinam);* (4) *(im indir. Frages., m. Konj.; bes. b. den Verben des Erwartens u. Versuchens, auch dann, wenn der Begriff des Versuchens zu ergänzen ist)* ob, ob etwa, ob vielleicht; **hostes exspectabant, si nostri paludem transirent;** (5) *Verbindungen:* **si forte** wenn etwa; **si modo** wenn nur, wenn überhaupt; **si vero** wenn nun gar; **si minus** wenn nicht, wo nicht; **si quis / si qui** wer etwa / welcher … etwa; **quod si** *(= quodsi)* wenn also, wenn daher.

**sibi** *Dat. Sg. u. Pl. des Reflexivpron. der 3. Ps.* sich.

**sībilō**, sībilāre *(sibilus*[1]*)* **I.** *intr. (poet.; nachkl.)* zischen, pfeifen; zuflüstern; **II.** *trans.* jmd. auszischen, auspfeifen.

**sībilus**[1], ī *m, Pl. auch (poet.)* sībila, ōrum *n (sibilus*[2]*)* (1) das Zischen, Pfeifen, Säuseln [**austri**]; (2) das Auspfeifen.

**sībilus**[2], a, um *(poet.)* zischend, pfeifend.

**sibi-met** *s. sibi u. -met.*

**Sibulla** *= Sibylla.*

**Wissen: Antike**

**Sibylla** – Die antike Welt kennt mehrere weissagende Frauen, Sibyllen genannt. Eine dieser Prophetinnen ist die **Sibylle von Cumae**, die in der römischen Sage den Äneas in die Unterwelt führte. Weiter soll eine alte Frau dem legendären römischen König Tarquinius Priscus die **libri Sibyllini**, die

Sibyllinischen Bücher, verkauft haben. Diese Bücher mit einem aus griechischen Versen bestehenden Text wurden im Jupitertempel unter Verschluss gehalten. Sie wurden nur zu Notzeiten auf Senatsbeschluss von Priestern eingesehen und auf nötige Maßnahmen hin begutachtet.

**sīc** *Adv.* ❶ so, auf diese Weise, derart; *(adj.)* so beschaffen, derartig; *(vergleichend)* **ut** (*od.* **sicut** *od.* **veluti** *od.* **quomodo**) ... **sic** wie ... so; *auch* zwar ... aber; ❷ folgendermaßen; **sic rex coepit loqui;** ❸ unter solchen Umständen, infolgedessen, daher; ❹ *(poet.) (b. Wünschen, Versicherungen u. Schwüren)* **sic** *(m. Konj.)* **... ut** *(m. Ind.)* so gewiss ... wie; so wahr ich wünsche, dass ..., so gewiss *(ut kann auch wegfallen)*; ❺ *(einschränkend od. bedingend)* **sic ... ut** nur insofern ... als; **sic ... si** unter der Bedingung, dass; dann ... wenn; ❻ so ohne weiteres, nur so; ❼ *(quant.) (zur Bez. eines hohen Grades)* so sehr, dermaßen, in solchem Grade, *meist m. ut.*

**sīca**, ae *f (seco)* Dolch; *(meton.)* Meuchelmord.

**Sicambrī** = *Sigambri.*

**Sicānī**, ōrum *m Ureinwohner Siziliens; – Adj.* **Sicān(i)us**, a, um, *fem. auch* **Sicānis**, nidis; *– Subst.* **Sicānia**, ae *f* = Sizilien.

**sīcārius**, ī *m (sica)* Meuchelmörder, Bandit; **inter -os alqm accusare** als Meuchelmörder.

**Sicca**, ae *f Stadt in Numidien; – Einw.* **Siccēnsēs**, ium *m.*

**sīccine** *Adv. (sic u. -ne*[3]*) (poet.)* so? also?

**siccitās**, ātis *f (siccus)* ❶ Trockenheit; Dürre; ❷ *(übtr.)* feste Gesundheit, Zähigkeit [**corporis**]; ❸ *(rhet.)* Einfachheit, knapper Ausdruck.

**siccō**, siccāre *(siccus)* ❶ *(poet.; nachkl.)* (aus)trocknen [**herbas; lacrimas**]; ❷ trockenlegen [**paludes**]; ❸ *(poet.; nachkl.) (übtr.)* leeren, austrinken [**ubera** aussaugen]; ❹ *(poet.)* melken.

**siccum**, ī *n (siccus)* das Trockene, festes Land.

**siccus**, a, um ❶ trocken, ausgetrocknet, dürr [**agri; oculi** tränenlos; **dies** regenlos]; ❷ durstig; ❸ nüchtern, enthaltsam; ❹ *(rhet.)* einfach, schlicht; ❺ *(poet.)* gefühllos, lieblos.

**Sicilia**, ae *f* die Insel Sizilien; *– Adj.* **Siculus**, a, um, **Siciliēnsis**, e *u. (fem.)* **Sīcelis**, lidis.

**sīcilicus**, ī *m (nachkl.)* der achtundvierzigste Teil: ❶ 1/48 einer Stunde; ❷ 1/48 Fuß = ein Viertelzoll.

**sīcine** = *siccine.*

**Sicoris**, is *m Nebenfluss des Ebro, j.* Segre.

**sī-cubī** *(ubi)* wenn irgendwo.

**Siculī**, ōrum *m* die Sikuler, *indogerm. Bew. Siziliens, aus Italien eingewandert.*

**sī-cunde** *(unde)* wenn irgendwoher.

**sīc-ut** *u.* **sīc-utī** *Adv.* ❶ sowie, gleichwie, wie; ❷ *(b. Vergleichen)* gleichsam; **me ~ alterum parentem diligit;** ❸ wie wenn, als ob; ❹ wie zum Beispiel; ❺ in dem Zustand wie, so wie.

**Sicyōn**, ōnis *m u. f Stadt nordwestl. v. Korinth; – Adj.* **Sicyōnius**, a, um.

**sīdereus**, a, um *(sidus) (poet.)* ❶ gestirnt, Sternen-, der Sterne; ❷ Sonnen-, der Sonne; ❸ strahlend, glänzend.

**Sidicīnī**, ōrum *m Völkerschaft in Kampanien; – Adj.* **Sidicīnus**, a, um.

**sīdō**, sīdere, sēdī *u.* sīdī, sessum *(vgl. sedeo)* ❶ sich setzen, sich niederlassen *(in re u. bloß re, auch sub re, super re u. Ä.)*; ❷ *(v. Sachen)* **a)** sich senken, sinken; **nebula campo sederat;** *(übtr.)* **fundamenta imperii sidentia; b)** stecken bleiben, festsitzen.

**Sīdōn**, ōnis *f älteste Stadt Phöniziens, Mutterstadt v. Tyros, j.* Saida; *– Einw.* **Sīdōniī**, ōrum *m; fem.* **Sīdōnis**, idis Sidonierin, Phönizierin; *– Adj.* **Sīdōni(c)us**, a, um, *fem. auch* **Sīdōnis**, idis sidonisch, tyrisch, phönizisch; karthagisch; purpurn.

**sīdus**, deris *n* ❶ Sternbild, Sterngruppe, *Pl. auch* Tierkreis; ❷ Stern; ❸ *(poet.; nachkl.) (meton.)* Gegend; ❹ *(poet.)* Jahreszeit; **hiberno sidere** im Winter; ❺ *(poet.)* Tag [**brumale** kürzester Tag, Wintersonnenwende]; ❻ Witterung, *bes.* Sturm; ❼ Hitze; Sonnenstich; ❽ *(poet.) Pl.* Himmel; ❾ *(poet.) (übtr.)* Glanz, Zierde.

**Sigambrī**, ōrum *m germ. Volk zw. Sieg, Lippe u. Rhein; – Adj.* **Sigamber**, bra, brum.

**Sīgēum**, ī *n Vorgeb. u. Hafenstadt in Troas; – Adj.* **Sīgē(i)us**, a, um.

**sigillāria**, ōrum *n (sigillum) (nachkl.)* Wachs-, Tonfiguren, Wachs-, Tonbilder.

**sigillātus**, a, um *(sigillum)* m. kleinen Figuren verziert.

**sigillum**, ī *n (Demin. v. signum)* ❶ Bildchen, Relief, kleine Figur, Statuette; ❷ Siegel; **-a in cera imprimere.**

**sīgnātor**, ōris *m (signo)* Untersiegler, Unterzeichner *einer Urkunde* [**falsus** Urkundenfälscher].

**Sīgnia**, ae *f Stadt in Latium, j.* Segni; *– Einw.* **Sīgnīnī**, ōrum *m.*

**sīgni-fer** *(signum u. fero)* **I.** *Adj.* fera, ferum gestirnt [**orbis** Tierkreis]; **II.** *Subst.* ferī *m* ❶ *(nachkl.)* Tierkreis; ❷ Fahnenträger; ❸ *(übtr.)* Anführer, Leiter.

**sīgnificānter** *(significo) Adv.* deutlich.

**sīgnificātiō**, ōnis *f (significo)* ❶ Bezeichnung, Andeutung, Zeichen [**virtutis; timoris; rerum futurarum**]; ❷ Beifall(szeichen), Beifallsruf [**comitiorum**]; ❸ *(rhet. t. t.)* Nachdruck, Emphase; ❹ Bedeutung, Sinn *eines*

S

*Ausdrucks od. eines Wortes;* ⑤ *(nachkl.)* Ausspruch, Satz.

**sīgnificō**, sīgnificāre *(signum u. facio)* ① (ein) Zeichen geben [**inter se** einander Zeichen des Einverständnisses geben]; ② *(übtr.)* andeuten, zu erkennen geben, bezeichnen [**suam voluntatem;** *(m. dopp. Akk.)* **alqm regem**]; *(auch m. A. C. I., ut od. indir. Frages.);* ③ *(Zukünftiges)* verkünden, anzeigen; ④ *(v. Worten u. Ä.)* bedeuten.

**sīgnō**, sīgnāre *(signum)* ① m. (einem) Zeichen versehen, bezeichnen [**campum limite**]; ② *(poet.; nachkl.)* einschneiden, eingraben [**nomina saxo**]; ③ *(poet.; nachkl.)* anzeigen, kenntlich machen; ④ (ver)siegeln [**arcanas tabellas; libellum**]; ⑤ *(Münzen)* prägen [**pecuniam**]; ⑥ *(dem Gedächtnis)* einprägen [**nomen pectore**]; ⑦ *(poet.)* bemerken, beobachten [**ultima** das Ziel ins Auge fassen]; ⑧ *(poet.)* auszeichnen, schmücken; ⑨ *(poet.)* färben, beflecken.

**sīgnum**, ī *n* ① (Kenn-)Zeichen, Merkmal, *auch übtr.;* **-a pedum sequi** den Fußspuren folgen; **oculis alci -um dare;** ② *(milit.)* **a)** Kommando, Signal [**pugnae**]; **-o dato** auf ein gegebenes Signal; **b)** Feldzeichen, Fahne, Legionsadler; **-a movere** *od.* **tollere** *od.* **ferre** den Marsch antreten, aufbrechen; **-a ferre in hostem** *u.* **-a inferre hosti** (*od.* **in** *od.* **adversus** *od.* **contra hostem**) den Feind angreifen; **-a vertere** kehrtmachen; **-a relinquere** *u.* **a -is discedere** desertieren; **c)** *(poet.; nachkl.)* Parole, Losung; **d)** Abteilung, *bes.* Kohorte *od.* Manipel; ③ Wahrzeichen, Vorzeichen; ④ Startzeichen *beim Wagenrennen (durch Prätor od. Konsul);* ⑤ Beweis(grund); ⑥ Götterbild, Bild, Figur [**marmoreum; Iovis**]; ⑦ Siegel, Wappen; ⑧ *(übtr.)* Sternbild, Gestirn.

**Sīla**, ae *f Bergwald in Bruttium.*

**Silarus**, ī *m Fluss in Lukanien, j.* Sele.

**silenda**, **silentēs** *s. sileo.*



**silentium**, ī *n (sileo)* ① das (Still-)Schweigen, Stille [**ruris; noctis**]; **(cum) -o** *od.* **per -um** stillschweigend [**alqd audire; proficisci**]; **cum -o audiri** aufmerksam angehört werden; **-o praeterire** *od.* **praetervehi** *od.* **transmittere** m. Stillschweigen übergehen; ② Ruhe, Muße [**iudiciorum ac fori**]; **vitam -o transire;** ③ Ruhmlosigkeit.

**Sīlēnus**, ī *m* Silen, *Erzieher u. Begleiter des Bacchus (kahlköpfig, plattnasig, betrunken auf einem Esel reitend).*

**sileō**, silēre, siluī, – **I.** *intr.* ① still sein, schweigen, *poet. auch v. Lebl.;* – *P. Adj.* **silēns,** *Gen.* entis schweigend, still; – *Subst.* **silentēs,** tum *m (poet.)* **a)** die Verstorbenen, Toten *in der Unterwelt;* **sedes silentum** Unterwelt; **rex silentum** Pluto; **b)** die Pythagoreer; ② *(übtr.)* untätig sein, feiern, ruhen, *v. Personen u. Sachen;* **inter arma silent leges; II.** *trans.* etw. verschweigen, unerwähnt lassen; – *Subst.* **silenda,** ōrum *n* Geheimnisse, Mysterien.

**siler**, eris *n (poet.; nachkl.)* Bachweide.

**silēscō**, silēscere, – – *(Incoh. v. sileo) (poet.)* ① still werden; ② *(übtr.)* ruhig werden, sich legen; **venti silescunt**.

**silex**, licis *m u. f* ① harter Stein, Kiesel(stein), Feuerstein, Granit; – *oft zur Bez. der Hartherzigkeit:* Stein; ② *(poet.) (meton.)* Fels.

**silīgineus**, a, um *(siligo) (nachkl.)* aus Weizenmehl, Weizen-.

**silīgō**, ginis *f (nachkl.)* sehr heller Winterweizen; *(meton.)* feines Weizenmehl.

**siliqua**, ae *f (poet.)* Schote *der Hülsenfrüchte; (meton.) Pl.* Hülsenfrüchte.

**sillybus**, ī *m (gr. Fw.)* Titelstreifen *an Bücherrollen.*

**Silurēs**, rum *m Volk in Wales.*

**silus**, a, um plattnasig; **Silus** *als cogn.*

**silva**, ae *f* ① Wald, Waldung, Forst, Gehölz [**densa; pinea**]; **dea -arum** = Diana; ② Park; ③ *(poet.) (meton.)* Baum, Bäume, Strauch, Sträucher; ④ *(poet.) (übtr.)* Wald v. Speeren; ⑤ große Menge, Fülle, reicher Vorrat.

**Silvānus**, ī *m Gott des Waldes, des Feldes u. der Herden.*

**silvēscō**, silvēscere, – – *(silva)* verwildern.

**silvestris**, e *u. (poet.; nachkl.)* **silvester**, tris, tre *(silva)* ① waldig, Wald- [**collis**]; – *Subst.* **silvestria,** ium *n* waldige Gegenden; ② im Wald (befindlich, lebend), Wald- [**tauri; belua** Wölfin; **umbra**]; ③ *(poet.)* ländlich [**carmen**]; ④ *(poet.; nachkl.)* wild(wachsend) [**baca**]; *(übtr.)* wild, roh [**gens**].

**Silvia** *s. Rea.*

**silvi-cola**, ae *m u. f (silva u. colo) (poet.)* Waldbewohner(in).

**silvi-cultrīx**, īcis *(f) (silva) (poet.)* im Walde wohnend.

**silvōsus**, a, um *(silva)* waldreich, waldig.

**sīmia**, ae *f u. (poet.)* **sīmius**, ī *m (simus)* Affe.

**simila**, ae *f (nachkl.)* feinstes Weizenmehl.

**simile**, lis *n* (*Abl. Sg.* -ī) *(similis)* Gleichnis, ähnliches Beispiel; *Pl.* das Ähnliche.

**similis**, e ähnlich, gleichartig *(m. Gen. od. Dat.; re: durch, in etw.; alqd: an, in etw.; inter se: untereinander; m. folg. ac, atque: wie; m. ut si od. ac si, tamquam si m. Konj.: ähnlich wie wenn)* [**animus; deorum; veri** *u.* **vero** wahrscheinlich; **moribus**].

**similitūdō**, dinis *f (similis)* ① Ähnlichkeit, Gleichartigkeit *(m. Gen. subi. u. obi.; inter alqos)* [**hominum; parentis** m. dem Vater; **veri** Wahrscheinlichkeit; **inter homines et bestias**]; ② Analogie, Anwendung auf ähnliche Fälle; ③ Gleichnis.

**sīmiolus**, ī *m (Demin. v. simius)* Äffchen.
**sīmius**, ī *m s. simia.*
**Simoīs**, oentis *m Nebenfluss des Skamander in Troas.*
**Simōnidēs**, is *u.* ae *m griech. Lyriker um 500 v. Chr.:* – *Adj.* **Simōnidēus**, a, um.
**sim-plex**, *Gen.* plicis *(vgl. sem-el)* ❶ einfach, nicht zusammengesetzt, unvermischt; ❷ einfach, gewöhnlich; ❸ natürlich, ungekünstelt, schlicht [**verba**]; ❹ ehrlich, offen, treuherzig, naiv [**animus; cogitationes**]; ❺ einzeln, ein.
**simplicitās**, ātis *f (simplex)* Einfachheit; *(übtr.)* Ehrlichkeit, Offenheit, Treuherzigkeit, Aufrichtigkeit.
**simplum**, ī *n (vgl. simplex)* das Einfache.
**simpulum**, ī *n* Schöpflöffel.
**simpuvium**, ī *n* Opferschale.
**simul** (< *simile, v. similis)* **I.** *Adv.* ❶ zugleich, gleichzeitig [**venire**]; **simul cum** *(od. m. bl. Abl.)* zugleich mit: **voluntas simul cum spe; simul his dictis;** – *(poet.; nachkl.)* **simul ... simul** ebenso sehr ... als, sowohl ... als auch, teils ... teils; ❷ zusammen, beisammen; **II.** *Kj.* **simul (ac)** (od. **simulac**) *u.* **simul atque** (*od.* **simulatque**) *u.* **simul ut** *(m. Ind. Perf.)* sobald als.
**simulac** *s. simul II.*
**simulācrum**, ī *n (simulo)* ❶ (Ab-)Bild *(v. Statuen, Gemälden, Reliefs)* [**Helenae; templi**]; ❷ *(poet.)* Spiegelbild; ❸ *(poet.)* Traumbild, *meist Pl.;* ❹ *(poet.; nachkl.)* Schatten *eines Toten;* ❺ Charakterbild, -schilderung; ❻ Nachbildung [**pugnae** Scheingefecht, Manöver]; ❼ Schein-, Trugbild, Phantom [**libertatis**].
**simulāmen**, minis *n (simulo) (poet.)* Nachahmung.
**simulātē** *Adv. v. simulatus, s. simulo.*
**simulātiō**, ōnis *f (simulo)* ❶ Heuchelei, Verstellung; *Pl. (nachkl.)* Verstellungskünste; ❷ Vorwand, Schein, (Vor-)Täuschung [**virtutis; emptionis** Scheinkauf; **prudentiae** Scheinklugheit; **timoris** scheinbare Angst].
**simulātor**, ōris *m (simulo)* ❶ *(poet.)* Nachahmer; ❷ *(übtr.)* Heuchler.
**simulatque** *s. simul II.*
**simulō**, simulāre *(similis)* ❶ ähnlich machen, *bes. P. P. P.* **simulatus alci** in jmds. Gestalt; ❷ *(poet.)* nach-, abbilden, darstellen; ❸ *(poet.)* nachahmen; ❹ *(übtr.)* vorgeben, (er)heucheln, vorspiegeln [**morbum** *od.* **aegrum** sich krank stellen; **mortem; gaudia vultu**]; – *P. Adj.* **simulātus,** a, um erheuchelt, scheinbar, zum Schein [**lacrimae; amicitia**]; ❺ *(m. A. C. I. od. Inf.)* sich stellen, als ob.
**simultās**, ātis *f* (*Gen. Pl.* -atum *u.* -atium) *(similis)* Eifersucht, Rivalität, gespanntes Verhältnis, Feindschaft; **~ alci cum alqo est** *od.* **intercedit** besteht.
**sīmus**, a, um *(gr. Fw.) (poet.; nachkl.)* plattnasig.
**sīn** *Kj. (si u. ne[1])* wenn aber; *verstärkt:* **sin autem;** – **sin minus** *u.* **sin aliter** wenn aber nicht, sonst, andernfalls.
**sincēritās**, ātis *f (sincerus) (poet.; nachkl.)* Aufrichtigkeit, Ehrlichkeit.
**sincērus**, a, um ❶ rein, unvermischt [**populus**]; ❷ echt, natürlich; ❸ unverdorben, unversehrt [**voluptas / gaudium** ungetrübt; **iudicium**]; ❹ ehrlich, aufrichtig [**fides**].
**sin-ciput**, pitis *n (caput) (nachkl.)* Vorderkopf.
**Sindēnsēs**, ium *m Einw. v. Sinda in Pisidien.*
**sine** *Präp. b. Abl.* ohne.
**singillātim** *Adv. (singuli)* einzeln, im Einzelnen.
**singulārēs**, rium *m (singularis; erg. equites) (nachkl.)* berittenes *(kaiserl.)* Elitekorps.
**singulāria**, ium *n (singularis)* Auszeichnungen.
**singulāris**, e *(singuli)* ❶ einzeln, vereinzelt; ❷ eines Einzelnen, Einzel-, Allein- [**imperium** Alleinherrschaft]; ❸ außerordentlich, hervorragend [**virtus; in philosophia; ingenio atque animo**]; ❹ *(pejor.)* beispiellos, unerhört [**crudelitas**].
**singulārius**, a, um *(singuli)* einzeln.
**singulātim** = *singillatim.*
**singulī**, ae, a *(vgl. semel)* ❶ je einer, jeder Einzelne; **-is diebus** *u.* **in dies -os** von Tag zu Tag, täglich; ❷ einzeln, allein.
**singultim** *Adv. (singultus) (poet.)* stockend [**pauca loqui**].
**singultō**, singultāre *(poet.; nachkl.)* **I.** *intr.* schluchzen; *(v. Sterbenden)* röcheln; **II.** *trans.* hervorschluchzen [**sonos**]; *(v. Sterbenden)* ausröcheln [**animam**].
**singultus**, ūs *m (singulto)* ❶ das Schluchzen; ❷ *(poet.; nachkl.) (v. Sterbenden)* das Röcheln, *auch Pl.;* ❸ *(nachkl.)* der Schlucken; ❹ *(nachkl.)* das Glucksen *(des Wassers).*
**sinister**, tra, trum *(Komp.* sinisterior, us; *Adv.* -trē*)* ❶ der linke, links, zur Linken (befindlich); **a sinistra parte** auf der linken Seite; ❷ *(poet.; nachkl.) (übtr.)* linkisch, ungeschickt, verkehrt [**mores; liberalitas**]; ❸ *(rel. t. t.)* **a)** *(nach altröm. Ritus, b. dem der Augur nach Süden blickt u. den Osten zur Linken hat)* glücklich, günstig; **b)** *(nach griech. Auffassung, b. der der Priester nach Norden blickt u. den Osten zur Rechten hat)* unheilvoll, unglücklich, ungünstig; ❹ *(poet.; nachkl.)* unglücklich, widerwärtig [**pugna**]; ❺ *(nachkl.)* böse, böswillig [**sermones**].
**sinisteritās**, ātis *f (sinister) (nachkl.)* Ungeschicklichkeit.
**sinistra**, ae *f (sinister)* die linke Hand, die Linke, die linke Seite; **dextrā ac -ā** zur Rechten u. zur Linken.

**sinistrī**, ōrum *m (sinister)* die Leute auf dem linken Flügel.
**sinistrōrsum** *u.* **-us** *Adv. (< *sinistrō-vorsum u. -us; sinister u. verto)* nach links.
**sinō**, sinere, sīvī, situm *(Perf.-Formen oft synk.: sīstī, sīris, sīrit, sīritis, sīsse(m) u. a.)* (zu)lassen, erlauben, gestatten [**arma viris** überlassen]; *(m. Akk.; m. A. C. I., im Pass. m. N. C. I.; m. ut, ne od. m. bl. Konj.).*
**Sinōpa**, ae *u.* **ē**, ēs *f Stadt am Schwarzen Meer; – Einw.* **Sinōpēnsēs**, ium *u. (Sg.)* **Sinōpēūs**, eī *m.*
**Sinuessa**, ae *f Stadt im südl. Latium; – Adj.* **Sinuessānus**, a, um.
**sīnum**, ī *n* weitbauchiges Tongefäß.
**sinuō**, sinuāre *(sinus[1]) (poet.; nachkl.)* bogenartig krümmen, biegen, winden [**arcum** spannen; **terga; orbes** Kreise bilden].
**sinuōsus**, a, um *(sinus[1]) (poet.; nachkl.)* gekrümmt; faltenreich, bauschig [**vestis**].
**sinus**[1], ūs *m* ❶ Krümmung, Biegung, Bogen; ❷ *(poet.)* Schwellung des Segels; *(meton.)* Segel; ❸ Windung *der Schlange;* ❹ Meerbusen, Bucht; *(meton.)* das um den Meerbusen liegende Land [**Campaniae**]; ❺ Landvorsprung, -zunge, Halbinsel; ❻ Kessel, Schlund *der Erde;* ❼ *(poet.)* kesselförmige Vertiefung; ❽ Falte *eines Kleides; durch Gürtung entstehender* Bausch der Toga = Tasche, Geldbeutel; **sinum floribus implere;** ❾ *(meton.)* faltiges Gewand [**auratus; regalis**]; ❿ Busen, Brust, Arme, Umarmung, Schoß *(konkr. u. übtr.);* **rapta sinu matris; alqm e sinu gremioque patriae abstrahere;** ⓫ zärtliche Liebe, Vertrauen, (liebevolle) Obhut; **in sinu alcis esse** v. jmdm. geliebt werden; ⓬ Innerstes *eines Gegenstandes,* Herz [**urbis**]; ⓭ *(nachkl.)* Gewalt, Macht [**praefectorum**].
**sīnus**[2], ī *m = sinum.*
**sīparium**, ī *n (gr. Fw.)* ❶ kleiner Vorhang *b. den Zwischenszenen der Komödie; (übtr.)* **post -um** hinter den Kulissen, heimlich; ❷ *(nachkl.) (meton.)* Komödie.
**sīp(h)arum**, ī *n u.* **-us**, ī *m (gr. Fw.) (nachkl.)* Topp-, Bramsegel.
**Siphnos**, ī *f Zykladeninsel.*
**sīp(h)ō**, ōnis *m (gr. Fw.) (nachkl.)* ❶ Heber; ❷ Feuerspritze.
**sīp(h)unculus**, ī *m (Demin. v. sip[h]o) (nachkl.)* kleines Springbrunnenrohr.
**Sipylus**, ī *m Gebirge in Lydien.*
**sī-quandō** *Kj.* wenn einmal.
**si-quidem** *Kj.* ❶ wenn wirklich, wenn nämlich, allerdings wenn; ❷ weil ja.
**sīremps(e)** *(nachkl.)* ebenso.
**Sīrēn**, ēnis *f* Sirene, *meist Pl.* **Sīrēnes,** num Sirenen; *(poet.) (übtr.)* Verlockerin, Verführerin.

S

**Wissen: Antike**
**Sīrēn** – Sirenen sind in der griechischen Sage vogelgestaltige Wesen mit Mädchenköpfen auf einer Insel in der Nähe von Sorrent. Sie lockten mit ihrem Gesang vorbeifahrende Schiffer an ihre Insel, an deren Klippen sie dann umkamen. Odysseus hatte deshalb, bevor er an ihnen vorbeifuhr, seinen Gefährten die Ohren mit Wachs verstopft.

**Sīrius** *(gr. Fw.) (poet.)* **I.** *Subst.* ī *m* Hundsstern; **II.** *Adj.* a, um des Sirius.
**Sirmiō**, ōnis *f Halbinsel im südl. Teil des Gardasees m. einem Landgut Catulls, j.* Sirmione.
**sirpeus, sirpus** *s. scirp...*
**Sīsenna**, ae *m* **L. Cornelius** – *röm. Redner u. Geschichtsschreiber, gest. 67 v. Chr.*
**siser**, eris *n (gr. Fw.) (poet.; nachkl.)* Feldsalat.
**sistō**, sistere, stitī *u.* stetī, statum *(sto)* **I.** *trans.* ❶ *(poet.)* (hin)stellen, (hin)bringen [**aciem in litore; huc sororem; se** sich einstellen, sich einfinden]; ❷ *(nachkl.)* errichten, aufstellen [**templum; monumenta**]; ❸ *(jur. t. t.)* vor Gericht zum Termin stellen [**se** *od.* **vadimonium** sich zum Termin vor Gericht stellen]; ❹ zum Stehen bringen, an-, aufhalten, hemmen [**legiones; impetum; se** *od.* **gradum** *od.* **pedem** stehen bleiben; **populationem; lacrimas**]; ❺ (be)festigen; – *P. Adj.* **status,** a, um fest(gesetzt), bestimmt; periodisch wiederkehrend; **II.** *intr.* ❶ sich stellen, hintreten, *Perf.* stehen; ❷ stillstehen, stehen bleiben; ❸ *(jur. t. t.)* sich vor Gericht zum Termin stellen; ❹ (fort)bestehen, sich halten; **res publica – non potest**.
**sīstrum**, ī *n (gr. Fw.) (poet.)* Isisklapper.
**sisymbrium**, ī *n (gr. Fw.) (poet.; nachkl.) (bot.)* Brunnenkresse.
**Sīsyphos**, *u.* **-us**, ī *m* Sisyphos; – *Adj.* **Sīsyphius**, a, um des Sisyphos; *übh.* korinthisch.

**Wissen: Antike**
**Sīsyphos** – Sisyphos ist ein „Antiheld" der griechischen Mythologie. Er ist der Sohn des Äolus und war Gründer und König von Korinth. Sisyphos war als verschlagener Straßenräuber und Frevler gegen die Götter berüchtigt. Er verspottete die Götter und es gelang ihm sogar den Tod (in Gestalt des Totengottes Thanatos) zu überlisten. Dafür wurde er dazu verdammt, in alle Ewigkeit in der Unterwelt einen immer wieder zurückrollenden Felsblock auf einen steilen Berg hinaufzuwälzen. „Sisyphosarbeit" nennt

man heute eine mühselige und vergebliche Arbeit.

**sitella**, ae *f* Lostopf, Stimmurne *(ein Gefäß, das m. Wasser gefüllt wurde u. in das hölzerne Lose geworfen wurden; enghalsig, sodass immer nur ein Los oben schwimmen konnte).*

**sitīculōsus**, a, um *(sitis) (poet.)* dürstend, trocken [**Apulia**].

**sitienter** *Adv. (v. sitiens, s. sitio)* gierig [**expetere**].

**sitiō**, sitīre *(sitis)* ❶ durstig sein, dürsten, lechzen *(nach etw.: Akk.)* [**aquam**]; ❷ *(v. Örtl.)* dürr, trocken sein; *(v. Pflanzen)* vertrocknet sein; **sitit tellus / herba;** ❸ *(übtr.)* nach etw. lechzen, etw. leidenschaftlich verlangen *(m. Akk.)* [**libertatem; sanguinem**]; – *P. Adj.* **sitiēns,** *Gen.* entis lechzend, gierig *(nach etw.: Gen.).*

**sitis**, is *f (Akk.* -im, *Abl.* -ī) ❶ Durst; **arentibus siti faucibus;** ❷ *(poet.) (übtr.)* Dürre, Trockenheit, große Hitze; ❸ heißes Verlangen, heftige Begierde *(nach etw.: Gen.)* [**libertatis; argenti**].

**Sitonēs**, num *m* die Finnen.

**sittybus**, ī *m = sillybus.*

**situs**[1], a, um *(sino)* **I.** *als Part.* ❶ *(nachkl.)* erbaut, errichtet; **ara Druso -a; urbs a Philippo -a;** ❷ begraben, bestattet; **II.** *als Adj.* ❶ gelegen, liegend, befindlich; ❷ *(nachkl.) (v. Personen)* wohnend, wohnhaft; ❸ *(übtr.)* **situm esse** *(m. in u. Abl.)* beruhen auf, abhängen von.

**situs**[2], ūs *m (sino)* ❶ Lage, Stellung [**urbis; castrorum**]; *Pl.* örtliche Verhältnisse [**gentium**]; ❷ *(poet.)* Bau; **regalis ~ pyramidum** königlicher Bau der Pyramiden; ❸ *(poet.)* langes Liegen, Ruhe; das Brachliegen; ❹ *(übtr.)* das Hinwelken, Untätigkeit.

**situs**[3], ūs *m* Schmutz, Moder, Schimmel, Rost.

**sī-ve** *u.* **seu** *Kj.* ❶ oder wenn, *klass. nur nach vorausgegangenem si;* ❷ oder *(b. einem unwesentlichen Unterschied);* **proelio sive naufragio; sive potius** oder vielmehr; ❸ **sīve ... sīve** *u.* **seu ... seu a)** sei es, dass ... oder dass; wenn entweder ... oder, *b. einzelnen Begriffen* entweder ... oder; *auch* sive ... seu, seu ... sive, sive ... vel, sive ... an *u. a.;* – sive quod ... sive quia sei es, dass ... sei es, weil; **b)** *(im abhängigen Frages.)* ob ... oder (ob) = *utrum an.*

**sīvī** *Perf. v. sino.*

**smaragdus**, ī *m u. f (gr. Fw.) (nachkl.)* ❶ Smaragd; ❷ grüner Halbedelstein.

**smīlax**, acis *f (gr. Fw.) (poet.; nachkl.) (bot.)* Stechwinde.

**Sminthēus**, eī *m Beiname des Apollo als Gott der Stadt Smintha in der Troas.*

**Smyrna**, ae *f Handelsstadt in Ionien;* – *Einw.* **Smyrnaeus**, ī *m.*

**sobolēs, sobolēscō** = *subol ...*

**sōbrietās**, ātis *f (sobrius) (nachkl.)* Nüchternheit, Mäßigkeit im Trinken.

**sobrīnus**, ī *m u.* **-a**, ae *f (soror)* Cousin, Cousine.

**sōbrius**, a, um ❶ nüchtern, nicht betrunken; ❷ mäßig; ❸ *(übtr.)* besonnen, verständig [**orator; ingenium**].

**soccātus**, a, um *(soccus) (nachkl.)* m. leichten Sandalen (bekleidet).

**socculus**, ī *m (Demin. v. soccus) (nachkl.)* leichte Sandale.

**soccus**, ī *m (gr. Fw.)* ❶ leichter, griech. Schuh; ❷ *Schuh der Schauspieler in der Komödie,* Soccus; ❸ *(poet.) (meton.)* **a)** Komödie; **b)** Stil der Komödie.

**socer**, erī *m* Schwiegervater; *Pl.* Schwiegereltern.

**socia** *s. socius.*

**sociābilis**, e *(socio)* gesellig, verträglich.

**sociālis**, e *(socius)* ❶ bundesgenössisch, Bundesgenossen- [**foedus; bellum** m. den Bundesgenossen]; – *Subst.* **sociālia,** ium *n (nachkl.)* Angelegenheiten der Bundesgenossen; ❷ *(poet.)* ehelich [**amor; iura; carmen** Hochzeitsgesang]; ❸ *(poet.; nachkl.)* kameradschaftlich, gesellig.

**sociālitās**, tātis *f (socialis) (nachkl.)* Geselligkeit.

**societās**, ātis *f (socius)* ❶ Gemeinschaft, Gemeinsamkeit, Teilnahme, Verbindung [**hominum inter ipsos; vitae** geselliges Leben]; ❷ Kameradschaft, Gesellschaft; **societatem inire, coire, statuere cum alqo; societatem confirmare;** ❸ *(polit.)* Bündnis, Bundesgenossenschaft *(alcis: jmds. u. m. jmdm.; cum alqo);* ❹ Handelsgesellschaft; ❺ Genossenschaft der Steuerpächter

**sociō**, sociāre *(socius)* verbinden, vereinigen [**alqm urbe/domo** aufnehmen in]; etw. m. jmdm. teilen [**periculum; gaudia cum alqo**]; – *P. Adj.* **sociātus,** a, um *(poet.)* gemeinschaftlich [**labor**].

**socius** *(sequor)* **I.** *Adj.* a, um ❶ gemeinsam, gemeinschaftlich, verbunden [**consilia**]; ❷ *(polit.)* verbündet [**agmina; reges**]; **II.** *Subst.* ❶ ī *m* **a)** Teilnehmer, Gefährte, Kamerad [**regni** Mitregent; **sanguinis** *u.* **generis** Bruder; **tori** Gatte; **periculorum**]; **b)** Bundesgenosse, Verbündeter [**populi Romani**]; **c)** Geschäftspartner, Kompagnon; **d)** *Pl.* die Steuerpächter; **e) navalis** Matrose, Seesoldat, *meist Pl.;* ❷ **socia,** ae *f* Teilnehmerin, Gefährtin [**tori** Gattin]; Lebensgefährtin, Gattin.

**socordia**, ae *f (socors)* ❶ *(nachkl.)* geistige Be-

S

schränktheit, Geistesschwäche; ② Sorglosigkeit, Gedankenlosigkeit, Fahrlässigkeit, Schlaffheit.

**socors**, *Gen.* cordis *(se[2] u. cor)* ① geistesschwach, beschränkt; ② sorglos, gedankenlos, fahrlässig, schlaff.

**Sōcratēs**, is *u.* ī *m* Sokrates, *Philosoph in Athen. – Adj.* **Sōcraticus**, a, um sokratisch, des Sokrates; – **Sōcraticī**, ōrum *m* die Schüler, Anhänger des Sokrates.

**Wissen: Antike**

**Sōcratēs** (um 469–399 v. Chr.) war einer der bedeutendsten Philosophen der Antike. Auf ihn haben sich nahezu alle nach ihm auftretenden antiken Philosophen berufen. Er wirkte in seiner Heimatstadt Athen, wo er junge Männer um sich scharte, mit denen er im gemeinsamen Gespräch philosophische Fragen erörterte. Er gilt als Vater der dialogischen Methode der Wahrheitssuche. Der Ausgangspunkt seiner Philosophie ist die Grundeinsicht: „Ich weiß, dass ich nichts weiß." In geschickter Dialogführung deckte er die Haltlosigkeit vermeintlichen Wissens auf. Er wurde zum Tode verurteilt, weil er angeblich die Jugend verdarb. Sokrates hat selbst keinerlei Schriften hinterlassen. Überliefert sind Dialoge des Sokrates, die nach dessen Tod von seinem Schüler Platon niedergeschrieben wurden.

**socrus**, ūs *f (socer)* Schwiegermutter.

**sodālicium**, ī *n (sodalicius)* ① *(poet.; nachkl.)* Kameradschaft; ② *(polit.)* geheime Verbindung, Geheimbund.

**sodālicius**, a, um *(sodalis) (poet.)* kameradschaftlich.

**sodālis I.** *Adj.* e *(poet.)* kameradschaftlich; **II.** *Subst.* is *m* ① Kamerad, Gefährte, Freund, *übtr. auch v. Lebl.;* ② Tischgenosse, Zechbruder; ③ Mitglied eines Priesterkollegiums; *Pl.* Priesterkollegium; ④ Mitglied eines geheimen polit. Klubs; Spießgeselle.

**sodālitās**, tātis *f (sodalis)* ① Kameradschaft, Freundschaft, *(konkr.)* Freundeskreis; ② Tischgesellschaft; ③ geheime Verbindung, Geheimbund.

**sōdēs** *(< si audes, audeo)* wenn du Lust hast, gefälligst, *meist einem Imp. nachgest.* = doch.

**sōl**, sōlis *m* ① Sonne; **solis ortus / occasus; sole primo** *od.* **novo** m. Sonnenaufgang, frühmorgens; **sole medio** mittags; **supremo sole** bei Sonnenuntergang; ② *personif.* **Sōl** Sonnengott, Sol *(später* = Apollo); ③ *(meton.)* **a)** Sonnenlicht, -schein, -strahl, -wärme; **b)** *(poet.)* sonniger Tag; *übh.* Tag; ④ *(übtr.)* **a)** Auftreten in der Öffentlichkeit; **b)** Glanz, Stern = bedeutender Mann.

**sōlāciolum**, ī *n (Demin. v. solacium) (poet.)* schwacher Trost.

**sōlācium**, ī *n (solor)* ① Trost(mittel), *Pl.* Trostworte; ② *(übtr.)* Linderung(smittel), Zuflucht *(für, in, bei etw.: Gen.)* [**calamitatis; servitutis**]; **-um afferre** *od.* **praebere alci;** ③ *(poet.; nachkl.)* Ersatz, Entschädigung; ④ *(poet.) (meton.)* Tröster(in).

**sōlāmen**, minis *n (solor) (poet.)* Trost(mittel).

**sōlāris**, e *(sol) (poet.; nachkl.)* Sonnen- [**lumen**].

**sōlārium**, ī *n (sol)* Sonnenuhr, *übh.* Uhr [**ex aqua** Wasseruhr].

**sōlātor**, tōris *m (solor) (poet.)* Tröster.

**soldum** *synk. (poet.) = solidum.*

**solduriī**, ōrum *m (kelt. Wort)* die Getreuen.

**soldus**, a, um *synk. (poet.) = solidus.*

**solea**, ae *f (solum[1])* ① Sandale; ② Fußfessel; ③ *(poet.; nachkl.)* Scholle *(ein Plattfisch).*

**soleātus**, a, um *(solea)* mit, in Sandalen.

**sōlemnis** *u.* **sōlennis** = *sollemnis.*

**soleō**, solēre, solitus sum *(arch.* soluī) pflegen, gewohnt sein, *oft durch* „gewöhnlich, oft, gern" *zu übersetzen; – P. Adj.* **solitus,** a, um *(poet.; nachkl.)* gewohnt, gewöhnlich, üblich [**cibus; mos**].

**Solī**, ōrum *m Stadt in Kilikien (südöstl. Kleinasien).*

**soliditās**, ātis *f (solidus)* Dichte, Dichtheit.

**solidō**, solidāre *(solidus) (poet.; nachkl.)* dicht, fest machen, verstärken [**muros**].

**solidum**, ī *n (solidus)* ① etw. Dichtes, etw. Festes, fester Körper, fester Boden; ② *(poet.; nachkl.) (übtr.)* Sicherheit; **in -o locare** in Sicherheit bringen; **bona sua in -o habere;** ③ das Ganze, Gesamtsumme, -kapital; ④ *(poet.)* das Wesentliche, Echte.

**solidus**, a, um ① dicht, gediegen, massiv [**paries; marmor**]; ② fest, hart [**tecta; terra**]; ③ ganz, vollständig [**annus; consulatus** ein volles Jahr dauernd]; ④ echt, wahrhaft, wesentlich, dauerhaft [**gloria; gaudium; libertas**]; ⑤ unerschütterlich [**mens; fides**].

**sōli-fer**, fera, ferum *(sol u. fero) (nachkl.)* die Sonne bringend.

**sōliferreum** = *solliferreum.*

**sōlistimus**, a, um = *sollistimus.*

**sōlitārius**, a, um *(solus)* einzeln, allein(stehend); einsam.

**sōlitūdō**, dinis *f (solus)* ① Einsamkeit, Stille; ② *(meton.)* Einöde, *auch Pl.;* **in solitudinem se abdere;** ③ *(übtr.)* Verlassenheit, Hilflosigkeit; ④ Mangel *(an: Gen.)* [**humani cultūs**].

**solitum**, ī *n (soleo)* das Gewohnte, Gewöhnliche, Gewohnheit; **praeter -um** ungewöhnlich; **-o maior** ungewöhnlich groß.

**solitus** *s. soleo.*
**solium**, ī *n* ① Thron; ② *(meton.)* Königsmacht, Königreich; **-o potiri;** ③ Lehnsessel; ④ Badewanne; ⑤ *(nachkl.)* Sarg.
**sōli-vagus**, a, um *(solus)* allein umherschweifend [**bestiae**]; *(übtr.)* vereinzelt [**cognitio**].
**sollemne**, nis *n (sollemnis)* ① Feier(lichkeit), Fest; ② *Pl.* Opfer; ③ Gebrauch, Brauch, Gewohnheit; ④ *(nachkl.)* Glückwunsch; **sollemnia precari** Glück wünschen.
**soll-emnis**, e *(sollus u. annus)* ① alljährlich wiederkehrend *od.* gefeiert [**dies festi**]; ② feierlich, festlich [**ludi; arae; verba**]; ③ gewohnt, üblich, gewöhnlich [**mos; officium;**].
**soll-ers**, *Gen.* ertis *(Adv.* sollerter*) (ars)* kunstfertig, geschickt, einsichtig, tüchtig; schlau, listig *(durch, an etw.: Abl.; in Bezug auf etw., in etw.: Gen.; m. Inf.)* [**Ulixes; consilium; descriptio; ingenio; lyrae**].
**sollertia**, ae *f (sollers)* Kunstfertigkeit, Geschick(lichkeit), Einsicht; Schlauheit, List [**servi; ingenii;** *(m. Gen. obi.)* **iudicandi**]; *(nachkl.) (konkr.)* Kunstgriff.
**sollicitātiō**, ōnis *f (sollicito)* Aufwiegelung, Aufhetzung, *auch Pl.*
**sollicitātor**, ōris *m (sollicito) (nachkl.)* Verführer.
**sollicitō**, sollicitāre *(sollicitus)* ① *(poet.)* heftig in Bewegung setzen, stark erregen, erschüttern [**remis freta; tellurem** aufwühlen, pflügen]; ② *(übtr.)* erschüttern, stören [**pacem**]; ③ beunruhigen, ängstigen, bekümmern; ④ aufregen [**bello Iovem**]; ⑤ anstacheln, aufwiegeln, verführen, verlocken [**plebem; animos ad defectionem**]; ⑥ *(poet.; nachkl.)* zu etw. bewegen, auffordern *(ad od. in alqd; m. ut, ne; m. Inf.)* [**alqm ad colloquium**]; einladen; ⑦ *(poet.) krankhaft* erregen, reizen [**stomachum**].
**sollicitūdō**, dinis *f (sollicitus)* Unruhe, Besorgnis, Kummer; ängstliche Sorgfalt [**domestica; animi;** *(m. Gen. obi.)* **provinciae**].
**solli-citus**, a, um ① *(poet.)* stark bewegt, heftig erregt [**mare**]; ② *(übtr.)* beunruhigt, unruhig, besorgt, ängstlich [**civitas; morte amici; de patris valetudine; futuri** um die Zukunft]; ③ *(poet.; nachkl.) (v. Tieren)* unruhig, scheu [**equus**]; wachsam *(bei: ad)* [**canes ad nocturnos strepitus**]; ④ *(v. Sachen)* **a)** gestört, beunruhigt [**pax; spes; vita**]; **b)** beunruhigend [**dolor**]; / *Adv.* **-ē** *(nachkl.)* sorgfältig.
**solli-ferreum**, ī *n (ferreus)* aus Eisen bestehendes Geschoss, Wurfeisen.
**sollistimum** *s. tripudium 2.*
**sōlō**, sōlāre *(solus) (nachkl.)* einsam, öde machen.
**Solō** *u.* **Solōn**, ōnis *m Gesetzgeber der Athener, etwa 640–559 v. Chr.*
**soloecum**, ī *n (gr. Fw.)* fehlerhafter Sprachgebrauch.
**Solōn** *s. Solo.*
**Solōnium**, ī *n Gegend im südl. Latium; – Adj.* **Solōnius,** a, um.
**sōlor**, sōlārī ① trösten; ② stärken, erquicken [**fessos**]; ③ ermutigen; ④ *(poet.; nachkl.)* etw. lindern, erleichtern, beschwichtigen [**laborem cantu; curas; famem** stillen]; ⑤ *(nachkl.)* jmd. entschädigen.
**sōlstitiālis**, e *(solstitium)* ① zur Sommersonnenwende gehörig [**dies** längster Tag; **nox** kürzeste Nacht; **orbis** Wendekreis des Krebses]; ② *(meton.)* zum Hochsommer, zur Sommerhitze gehörig [**tempus** Hochsommer].
**sōl-stitium**, ī *n (sto)* Sonnenwende, *bes.* Sommersonnenwende; *(poet.; nachkl.) (meton.)* Sommer(hitze).
**solum**[1], ī *n* ① unterster Teil *einer Sache,* Boden, Grund(fläche); **urbem ad -um diruere;** ② *(übtr.)* Grundlage; ③ Fußboden [**marmoreum**]; ④ Fußsohle; ⑤ (Erd-)Boden, Erde, Ackerboden; **alqd -o aequare** dem Erdboden gleichmachen, *(übtr.)* völlig vernichten; ⑥ Land, Gegend; **-um vertere** *od.* **mutare** auswandern, in die Verbannung gehen; ⑦ *(poet.)* Unterlage [**Cereale** Unterlage v. Brot, *worauf Obst gespeist wurde*].
**sōlum**[2] *Adv. v. solus.*
**sōlus**, a, um (*Sg. Gen.* sōlīus, *Dat.* sōlī) ① allein, einzig, bloß, nur; – *Adv.* **sōlum** allein, bloß, nur: **non solum … sed etiam** (*od.* **verum etiam**) nicht nur … sondern auch; ② *(v. Personen)* einsam, verlassen; ③ öde, menschenleer [**nemora**].
**solūtiō**, iōnis *f (solvo)* ① das Gelöstsein; ② Auflösung, Erschlaffung [**totius hominis**]; ③ Bezahlung, Abzahlung.
**solūtus**, a, um *(P. Adj. v. solvo)* ① *(nachkl.)* gelöst; schlotternd, zitterig [**manus**]; ② *(übtr.)* ungebunden, ungehindert, selbständig, frei *(frei von etw.: ab, bl. Abl. od. Gen.)* [**civitatis voluntas; ratio; ab omni sumptu; poenā** straffrei; **operum**]; ③ schuldenfrei [**praedia**]; ④ zügellos, ausgelassen [**risus; dicta factaque**]; ⑤ (nach)lässig, schlaff, energielos; ⑥ *(vom Redner)* gewandt; ⑦ *(v. der Rede)* ungebunden: **a)** in Prosa; **b)** fließend.
**solvō**, solvere, solvī *(poet. auch* soluī*)*, solūtum *(se*[3]*- u. luo)* ① (ab)lösen, los-, aufbinden [**catenas; nodum; crines** herabhängen lassen; **iuga tauris** abnehmen; **ancoram** *od.* **navem** absegeln; **equum** abspannen]; ② öffnen [**epistulam**]; ③ Anker lichten, in See stechen, absegeln [**(e) portu; a terra**]; ④ *(Schuld)* bezahlen, abtragen [**aes alienum;** *übtr.* **poenam** *u.* **poenas (capite)** (m. dem Leben)

S

büßen]; **solvendo non esse** nicht zahlen können; ❺ *(eine Verpflichtung)* erfüllen, erweisen [**fidem** sein Wort halten, einlösen; **iniuriam poenis** abbüßen; **militibus suprema** die letzte Ehre erweisen]; ❻ erlösen, befreien *(alqm re)* [**alqm curā et negotio; alqm legibus** entbinden von; **alqm scelere** *od.* **crimine** freisprechen]; ❼ *(poet.; nachkl.)* etw. entfesseln [**iram**]; ❽ *(poet.; nachkl.)* auflösen [**ordines; navem** zerschellen; **nivem** schmelzen]; ❾ *(poet.; nachkl.)* schlaff machen, schwächen; ❿ beseitigen, entfernen, aufheben, beenden [**morem traditum; foedus** brechen; **metum corde** verbannen]; ⓫ erklären, enträtseln, lösen [**errorem**];/ *s. auch solutus.*

**Solymī**, ōrum *m Urbewohner Lykiens.*

**somniātor**, tōris *m (somnio) (nachkl.)* Träumer.

**somnīculōsus**, a, um *(somnus)* schläfrig.

**somni-fer**, fera, ferum *(somnus u. fero) (poet.; nachkl.)* schlafbringend [**cantus**]; todbringend [**venenum**].

**somniō**, somniāre *(somnium)* ❶ träumen *(v. jmdm.: de alqo u. alqm; v. etw.: alqd; m. A. C. I.)*; ❷ faseln.

**somnium**, ī *n (somnus)* ❶ Traum; *(meton.)* Traumbild; **per -a** (im Traum) **loqui; -o videre alqd**; ❷ *(übtr.)* leerer Wahn, Torheit, *meist Pl.*

**somnus**, ī *m* ❶ Schlaf [**dulcis; levis**]; **-um capere non posse** nicht einschlafen können; **alqm ex -o excitare; per -um** *u.* **(in) -o** *u.* **in -is** im Schlaf, im Traum; **imago -i** Traum(bild); – *(poet.) (personif.)* **Somnus** *Gott des Schlafes;* ❷ *(poet.) (meton.)* **a)** Todesschlaf; **b)** Nacht; ❸ *(übtr.)* Schläfrigkeit, Trägheit.

**sonābilis**, e *(sono) (poet.)* tönend, klingend.

**sonāns**, *Gen.* antis *(P. Adj. v. sono)* tönend, schallend, klingend; wohltönend, melodisch [**verba; elegi**].

**soni-pēs**, pedis *m (sonus) (poet.)* Ross.

**sonitus**, ūs *m (sono)* Ton, Schall, Klang, Geräusch, *auch* Getöse, Lärm *u. Ä.* [**pedum** Schritte; **flammae** Prasseln; **remorum** Ruderschlag; **ventorum**].

S

**sonīvius**, a, um *(sonus) (t. t. der Auguralspr.)* tönend [**tripudium** Geräusch der niederfallenden Futterkörner der Weissagehühner *als günstiges Vorzeichen*].

**sonō**, sonāre, sonuī, (sonātūrus) **I.** *intr.* ❶ (er)tönen, (er)schallen, (er)klingen, *auch* brausen, rauschen, zwitschern, prasseln, dröhnen *u. Ä.*; ❷ *(poet.)* widerhallen; **II.** *trans.* ❶ etw. ertönen *(od.* hören) lassen; ❷ *(poet.)* besingen, im Lied preisen; ❸ etw. bedeuten [**unum** dasselbe].

**sonor**, nōris *m (sono)* Ton, Klang, Geräusch, Getöse, *oft Pl.*

**sonōrus**, a, um *(sonor) (poet.; nachkl.)* tönend, klingend, rauschend.

**sōns**, *Gen.* sontis **I.** *Adj.* schuldig, strafbar [**anima; fraterno sanguine** des Brudermordes]; **II.** *Subst. m* der Schuldige, Übeltäter.

**Sontiātēs**, tum *m Volk in Aquitanien.*

**sonticus**, a, um *(sons) (poet.)* triftig, stichhaltig [**causa**].

**sonuī** *Perf. v. sono.*

**sonus**, ī *m (sono)* ❶ Laut, Ton, Klang; Schall, Getöse; ❷ *(poet.)* Wort; ❸ *(poet.; nachkl.)* Stimme, (Aus-)Sprache; ❹ *(rhet.)* Art der Darstellung, Redeweise.

**sophia**, ae *f (gr. Fw.) (nachkl.)* Weisheit.

**sophisma**, atis *n (gr. Fw.) (nachkl.)* Trugschluss.

**sophistēs**, ae *u.* **-a**, ae *m (gr. Fw.)* Sophist *(gewerbsmäßiger Lehrer der Philosophie u. Beredsamkeit).*

**Wissen: Antike**

**Sophoclēs** (is *m*) ist einer der bedeutendsten griechischen Tragödiendichter (496–406 v. Chr.). Er lebte in Athen. Seine Gestaltungen der Ödipussage – die Tragödien „König Ödipus" und „Antigone" – gehören zum bleibenden Schatz der Weltliteratur. Sophokles steht zeitlich und weltanschaulich in der Mitte zwischen dem gläubigen Aischylos und dem aufgeklärten Euripides, den beiden anderen großen griechischen Tragikern. Die Helden seiner Tragödien bewahren auch angesichts schwerer Schicksalsschläge ihre Größe.

**Sophoclēus**, a, um *Adj zu Sophocles:* des Sophokles.

**sophos** *u.* **-us**, a, um *(gr. Fw.) (poet.)* weise.

**sōpiō**, sōpīre *(sopor)* ❶ einschläfern [**vino hostes**]; *Pass.* einschlafen; **sōpītus**, a, um eingeschlafen, schlafend; ❷ betäuben [**regem ictu**]; ❸ *(übtr.)* beruhigen, beschwichtigen; *Pass.* schlummern, ruhen; – **sōpītus**, a, um schlummernd [**virtus; ignis** unter der Asche glimmend; **consuetudo**].

**sopor**, pōris *m* ❶ tiefer, fester Schlaf; *(poet.) übh.* Schlaf; – *(poet.) (personif.)* **Sopor** *Gott des Schlafes;* ❷ *(poet.)* Todesschlaf [**perpetuus**]; ❸ *(meton.)* Schlaftrunk; ❹ *(nachkl.) (übtr.)* Schläfrigkeit, Trägheit.

**sopōrātus**, a, um *(sopor) (poet.; nachkl.)* ❶ eingeschlafen, schlafend; ❷ einschläfernd, schlafbringend.

**sopōri-fer**, fera, ferum *(sopor u. fero) (poet.; nachkl.)* schlafbringend.

**sopōrus**, a, um *(sopor) (poet.)* schlafbringend.

**Sōra**, ae *f Stadt der Volsker am Liris;* – *Adj.* **Sōrānus**, a, um.

**Sōracte**, tis *n Berg nördl. v. Rom.*

**sorbeō**, sorbēre, sorbuī, – ❶ *etw. Flüssiges* zu sich nehmen, (ein)schlürfen, hinunterschlucken; *(übtr., v. Lebl.)* **terra flumina sorbet;** ❷ *(übtr.)* verschlingen, verzehren [**alqd animo** im Geist verschlingen].

**sorbitiō**, ōnis *f (sorbeo) (nachkl.)* Trank, Suppe.

**sorbum**, ī *n (poet.; nachkl.) (bot.)* Vogelbeere, Elsbeere.

**sordeō**, sordēre, sorduī, – *(sordes)* ❶ schmutzig sein; ❷ *(übtr.)* gering (er)scheinen.

**sordēs**, is *f, meist Pl.* ❶ Schmutz; ❷ Trauerkleidung *(der Leidtragenden u. Angeklagten);* **sordes suscipere** anlegen; – *(meton.)* Trauer; ❸ Gemeinheit [**verborum**]; ❹ schmutzige Gesinnung; schmutziger Geiz, schmutzige Habgier [**iudicum**]; ❺ *(meton.)* Pöbel, Auswurf [**urbis**].

**sordēscō**, sordēscere, – – *(Incoh. v. sordeo) (poet.; nachkl.)* schmutzig werden; wertlos werden.

**sordidātus**, a, um *(sordidus)* schmutzig gekleidet; in Trauerkleidung.

**sordidus**, a, um *(sordeo)* ❶ schmutzig [**vestis**]; ❷ *(poet.)* in ärmlicher Kleidung; in Trauerkleidung; ❸ geizig, habgierig; ❹ gemein; unanständig [**adulterium**]; **-e dicere;** ❺ niedrig, unedel; **-o loco natus;** ❻ ärmlich, armselig.

**sorduī** *Perf. v. sordeo.*

**sōrex**, ricis *m (nachkl.)* Spitzmaus.

**soror**, ōris *f* ❶ Schwester; *Pl. (poet.) v. den Parzen, Musen, Furien;* ❷ Cousine; ❸ *(poet.)* Freundin, Gespielin.

**sorōri-cīda**, ae *m (soror u. caedo)* Schwestermörder.

**sorōrius**, a, um *(soror)* schwesterlich.

**sors**, sortis *f (zu sero[1], da die Lose in altröm. Zeit auf Fäden od. Drähte aufgereiht wurden)* ❶ Los, Lostäfelchen, -stäbchen; **sortes miscere;** ❷ das Losen, Verlosung; **sorte ducere** auslosen; **extra sortem** ohne zu losen; **ei sorte provincia obtigit;** ❸ Orakel(spruch), Weissagung, *poet. meist Pl.;* ❹ *(durch das Los zugeteiltes)* Amt, Beruf; ❺ (An-)Teil *(an etw.: Gen.)* [**praedae; bonorum**]; – Erbteil, Besitz; ❻ *(poet.; nachkl.)* Schicksal, Geschick, Bestimmung, Los [**futura; iniqua; suprema** Tod]; ❼ Stand, Rang [**prima; prior** Vorrang]; ❽ *(poet.)* Geschlecht [**feminea**]; ❾ *(poet.; nachkl.)* Art, Sorte; ❿ *auf Zinsen ausgeliehenes* Kapital.

**sorsum** *u.* **-us** *Adv. (poet.) = seors…*

**sorti-legus** a, um *(sors u. lego[1]) (poet.)* prophetisch.

**sortior**, sortīrī *(sors)* **I.** *intr.* losen *(um etw.: de);* **II.** *trans.* ❶ auslosen, durch das Los bestimmen [**iudices**]; *(auch m. indir. Frages.);* ❷ durch das Los erhalten, erlosen; – *P. Adj.* **sortītus,** a, um erlost, durch das Los gezogen; *Adv.* **sortītō** durch das Los, *auch (poet.)* durch Schicksalsbestimmung; ❸ *(übtr.)* erlangen, gewinnen [**amicum casu**]; ❹ etw. verteilen; ❺ *(poet.)* aussuchen, (aus)wählen.

**sortītiō**, ōnis *f (sortior)* das Losen *(um etw.: Gen. od. Adj.)* [**provinciarum; aedilicia**].

**sortītō** *Adv., s. sortior II. 2.*

**sortītor**, ōris *m (sortior)* derjenige, der das Los zieht.

**sortītus[1]**, a, um *s. sortior II. 2.*

**sortītus[2]**, ūs *m (sortior)* das Losen.

**Sosiī**, ōrum *m die Gebrüder Sosii, Buchhändler in Rom, Verleger des Horaz.*

**sōspes**, *Gen.* pitis *(Abl. Sg.* -e; *Pl. n fehlt, Gen.* -um) wohlbehalten, unverletzt, unversehrt; *(poet.) (v. Sachen)* glücklich, günstig.

**Sōspita**, ae *f (sospes)* (Er-)Retterin, Erhalterin, *als Beiname der Juno.*

**sōspitō**, sōspitāre *(sospes)* (er)retten, (be)schützen, erhalten.

**sōtēr**, ēris *m (gr. Fw.)* Retter.

**Sp.** *(Abk.) = Spurius.*

**spādīx**, *Gen.* īcis *(gr. Fw.) (poet.; nachkl.)* dattelfarben, kastanienbraun.

**spadō**, ōnis *m (gr. Fw.)* Eunuch.

**spargō**, spargere, sparsī, sparsum ❶ (aus)streuen [**nummos populo**], *(Flüssiges)* sprengen, (ver)spritzen; ❷ säen [**semina;** *übtr.* **animos in corpora**]; ❸ *(poet.; nachkl.)* werfen, schleudern [**fulmina in terras; hastas**]; ❹ *(Lebewesen)* verteilen [**legiones / exercitum per provincias**]; zerstreuen, versprengen [**se toto campo**]; ❺ *(poet.; nachkl.) (Lebl.)* zerstreuen, ausbreiten, zersplittern [**arma** (den Krieg) **per agros; bellum** den Krieg bald hier, bald dort führen]; gerüchtweise verbreiten [**alcis nomen per urbes**]; ❻ *(Worte)* einstreuen; ❼ *(poet.; nachkl.)* vergeuden [**bona; pecuniam**]; ❽ *(poet.; nachkl.)* zerreißen; ❾ *(poet.; nachkl.)* etw. bestreuen, besprengen, bespritzen, *auch übtr.* [**humum foliis;** *übtr.* **terras lumine** bestrahlen; **caelum astris; porticum tabellis** schmücken]; */ s. auch sparsus.*

**sparsiō**, ōnis *f (spargo) (nachkl.)* das Sprengen *m. Flüssigkeiten im Zirkus od. Theater.*

**sparsus**, a, um *(P. Adj. v. spargo)* ❶ zerstreut [**crines** zerzaust]; ❷ gefleckt, fleckig, bunt.

**Sparta**, ae *u.* **-ē**, ēs *f Hauptstadt Lakoniens;* – *Adj.* **Spartānus** *u.* **Spartiāticus**, a, um spartanisch; – *Einw.* **Spartānus**, ī *m* Spartaner *u.* **Spartiātēs**, ae *m* Spartiat, *spartan. Vollbürger.*

**Spartacus**, ī *m thrak. Gladiator, Anführer der aufständischen Sklaven 73–71 v. Chr.*

**spartum**, ī *n (gr. Fw.) (bot.)* Pfriemengras.

**sparus**, ī *m* kurzer Jagdspeer *des Landvolkes.*

**spatha**, ae *f (gr. Fw.) (nachkl.)* ① Schwert; ② Weberblatt.

**spatior**, spatiārī *(spatium)* ① auf u. ab gehen, spazieren gehen; ② *(poet.; nachkl.)* sich ausbreiten.

**spatiōsus**, a, um *(spatium) (poet.; nachkl.)* ① geräumig, weit, groß; ② *(übtr.)* **a)** *(v. der Zeit)* lang(wierig); **b)** weit, umfassend.

**spatium**, ī *n* ① Raum, Weite [**caeli; castrorum** Ausdehnung]; *auch (poet.; nachkl.)* Länge, Breite, Größe, Umfang; ② Zwischenraum, Entfernung; ③ Weg(strecke); **magnum -um conficere** zurücklegen; ④ Rennbahn, -strecke; **in -o decurrere;** – *(meton.)* (Um-)Lauf *in der Rennbahn;* **-a corripere** beschleunigen; – *übh.* Bahn, Fahrt; **-um decurrere** vollenden; ⑤ *(übtr.)* Bahn, Lauf; **vitae** (*od.* **aetatis**) **-um decurrere** den Lebenslauf vollenden; ⑥ Spaziergang; Spazierweg [**silvestre**]; ⑦ Zeit(raum), Dauer; **hoc** (*od.* **eo**) **-o** während dieser Zeit; ⑧ lange Dauer, Länge der Zeit; **-o pugnae defatigati;** ⑨ Frist, Muße, Gelegenheit *(zu etw.: Gen. od. ad u. in m. Akk.)* [**deliberandi** Bedenkzeit; **consilii habendi**]; **-um sumere ad cogitandum** sich Zeit nehmen; ⑩ *(metr. t. t.)* Zeitmaß; ⑪ *(nachkl.)* Messband, Senkblei.

**speciālis**, e *(species) (nachkl.)* besonders, speziell.

**speciēs**, ēī *f* ① das Sehen, Anschauen, Blick; **primā specie** auf den ersten Blick; ② das Aussehen, Erscheinung, Gestalt, *auch übtr.* [**humana; horribilis**]; **speciem honesti praebere** *od.* **habere** *od.* **prae se ferre**; ③ schöne Gestalt, Schönheit, Pracht [**caeli**]; **specie insignis; speciem in dicendo adhibere;** – *(übtr.)* äußerer Glanz, Ansehen [**populi Romani**]; ④ Traumbild, Vision [**nocturna; interempti filii**]; ⑤ Bild, Statue; ⑥ (An-)Schein; **fraudi imponere speciem iuris; specie** *u.* **per** (*od.* **in**) **speciem** zum Schein, scheinbar; **per speciem auxilii ferendi; ad speciem** zur Täuschung; **ad speciem alariis uti** zu einem Scheinmanöver; **prima specie** dem ersten Anschein nach; ⑦ Vorstellung, Begriff, Idee; ⑧ Ideal, Musterbild [**libertatis**]; ⑨ Art *einer Gattung;* ⑩ *(nachkl.)* einzelner Fall.

**specillum**, ī *n (Demin. v. speculum) chirurgische* Sonde.

**specimen**, minis *n (species)* ① Kennzeichen, Probe(stück), Beweis; ② Muster, Beispiel, Vorbild [**humanitatis; antiquitatis**]; ③ *(nachkl.)* Zierde, Glanz [**imperii**].

**speciōsus**, a, um *(species)* ① wohlgestaltet, schön; ② *(nachkl.)* schön klingend [**vocabula**]; ③ ansehnlich, prächtig, glänzend, herrlich [**familia; exemplum; opes**]; ④ *(durch äußeren Schein)* blendend, bestechend, täuschend.

**spectābilis**, e *(specto)* ① sichtbar; ② *(poet.; nachkl.)* sehenswert, ansehnlich, herrlich [**heros; victoria**].

**spectāculum** *u. (synk.) (poet.; nachkl.)* **-clum**, ī *n (specto)* ① *(meist Pl.)* **a)** Tribüne *(f. die Zuschauer im Theater),* Zuschauer-, Theaterplätze; **b)** *(nachkl.)* Theater, Amphitheater; ② *(meton.) (aufgeführtes)* Schauspiel; ③ *(übtr.)* Schauspiel, Anblick, Augenweide; **-o esse alci** für jmd. eine Augenweide sein; **-um praebere** ein Schauspiel darbieten.

**spectātiō**, ōnis *f (specto)* ① das Anschauen, Besichtigung; ② Prüfung des Geldes.

**spectātor**, ōris *m (specto)* ① Zuschauer; ② Betrachter, Beobachter [**caeli siderumque**]; ③ Prüfer, Kenner.

**spectātrīx**, īcis *f (spectator) (poet.; nachkl.)* Zuschauerin.

**spectātus**, a, um *(P. Adj. v. specto)* ① erprobt, bewährt [**fides; virtus**]; ② ausgezeichnet, tüchtig.

**spectiō**, ōnis *f (specto)* Recht, Auspizien abzuhalten.

**spectō**, spectāre ① schauen, blicken; ② anschauen, betrachten [**motūs siderum**]; ③ *(im Theater u. Zirkus)* zusehen, *(ein Schauspiel)* sich ansehen, *(einem Schauspiel)* beiwohnen *(m. Akk.)* [**ludos; fabulam**]; ④ prüfen, erproben; **alqd igni ~** etw. der Feuerprobe unterziehen; ⑤ beurteilen *(nach etw.: ex, a re od. bl. re)* [**hominem ex constantia**]; ⑥ in Betracht ziehen, berücksichtigen [**mores**]; ⑦ nach etw. streben, etw. beabsichtigen, an etw. denken *(alqd, selten ad alqd)* [**magna; praedam; fugam; ad suam gloriam**]; ⑧ *(übtr., v. Sachen)* wohin zielen, sich beziehen auf, betreffen *(ad)* [**ad bene vivendum; ad rebellionem; ad perniciem**]; ⑨ *nach einer Gegend* gerichtet sein, liegen *(ad u. in alqd, auch bl. alqd)* [**ad meridiem; in septentriones**].

**spectrum**, ī *n (specto)* Bild *in der Seele,* Vorstellung.

**spēcula**[1], ae *f (Demin. v. spes)* schwache Hoffnung, Hoffnungsschimmer.

**specula**[2], ae *f (specto)* ① Beobachtungsplatz, Warte; ② *(poet.)* (An-)Höhe [**montis** Gipfel]; ③ *(übtr.)* Lauer, Hinterhalt; **in -is esse** auf der Lauer liegen.

**speculābundus**, a, um *(speculor) (nachkl.)* immerfort spähend, ständig lauernd.

**speculāris**, e *(speculum) (nachkl.)* spiegelartig; – *Subst.* **-ia,** ium *u.* iōrum *n* Fenster(scheiben).

**speculātor**, ōris *m (speculor)* ① *(im Krieg)* Späher, Kundschafter; ② *(nachkl.) Pl.* Elitetruppe der Prätorianer, Leibwache des Feldherrn; ③ *(nachkl.)* Henker; ④ (Er-)Forscher.

**speculātōrius**, a, um *(speculator)* Späh-,

Wacht- [**navigium**]; – *Subst.* **-a,** ae *f* Spähschiff.
**speculātrīx**, īcis *f (speculator)* Ausspäherin.
**speculor**, speculārī *(specula²)* **I.** *intr. (poet.)* (umher)spähen; **II.** *trans.* auskundschaften, beobachten, belauern [**consilia hostium**].
**speculum**, ī *n (specto)* Spiegel; *(übtr.)* Abbild.
**specus**, ūs *m u. n (Dat. u. Abl. Pl. meist specubus, selten specibus)* ❶ Höhle, Grotte; ❷ Abzugsgraben, Schleuse; ❸ *(poet.) (übtr.)* Höhle, Tiefe [**alvi; vulneris** klaffende Wunde].
**spēlaeum**, ī *n (gr. Fw.) (poet.)* Höhle, Grotte.
**spēlunca**, ae *f (gr. Fw.)* Höhle, Grotte.
**Sperchēus** *(auch* -ēos, Sperchīus *u.* -īos), ī *m Fluss im südl. Thessalien; – Adj. f* **Sperchēis**, idis; – **Sperchīonidēs**, ae *m* Anw. des Sp.
**spernō**, spernere, sprēvī, sprētum verwerfen, verschmähen, verachten [**veteres amicitias; alcis litteras**]; *(auch m. Inf.); – Adj. (Gerundiv)* **spernendus,** a, um verächtlich, verwerflich *(in Bezug auf etw.: Gen.)* [**morum**].
**spērō**, spērāre *(spes)* erwarten: ❶ *Günstiges* erwarten, hoffen [**meliora; pacem; omnia ex victoria; deos** auf die Götter hoffen]; *(m. A. C. I. fut. od. Umschreibung m. fore ut); – m. Inf. Präs. u. Perf.* hoffen, annehmen, voraussetzen; – **spero** *u.* **ut spero** *manchmal in Parenthese* = hoffentlich; – *P. Adj.* **spērātus,** a, um erhofft, ersehnt [**gloria**]; ❷ *Ungünstiges* erwarten, (be)fürchten [**bellum; deos**]; *(auch m. A. C. I.).*
**spēs**, speī *f* ❶ Erwartung, Hoffnung [**vera** begründete; **divina** auf die Götter; *(auf jmd.: Gen.)* **consulis;** *(auf etw.: Gen., auch ad)* **pacis**]; **spem habere** *od.* **in spe esse** *od.* **spe duci** Hoffnung hegen; **alqd in spe est** etw. steht in Aussicht; **alci spem alcis rei dare** jmdm. Hoffnung auf etw. machen; **praeter** *od.* **contra spem** wider Erwarten; **omnium spe celerius** schneller als man allgemein erwartet hatte; **omnem spem salutis in virtute ponere** auf die T. setzen; – *(personif.)* **Spēs** *Göttin der Hoffnung;* ❷ *(meton.)* Gegenstand, Ziel der Hoffnung, *auch v. Lebewesen;* **spe potiri** das Ersehnte erreichen; **Scipio ~ populi;** ❸ Befürchtung, Besorgnis *(um, wegen: Gen.).*
**sphaera**, ae *f (gr. Fw.)* ❶ Kugel; ❷ Himmelsglobus; ❸ Kreisbahn *der Planeten.*
**sphaeristērium**, ī *n (gr. Fw.) (nachkl.)* Ballspielsaal.
**sphaeromachia**, ae *f (gr. Fw.) (nachkl.)* Faustkampf *(m. lederüberzogenen Eisenkugeln).*
**Sphinx**, ingis *f Fabelwesen der griech. Mythologie, m. einem geflügelten Löwenrumpf u. dem Oberkörper eines Mädchens.*
**spīca**, ae *f* ❶ (Getreide-)Ähre; ❷ *(poet.; nachkl.)* Büschel *v. Pflanzen;* ❸ *als Stern:* Kornähre *(hellster Stern im Sternbild der Jungfrau).*
**spīceus**, a, um *(spica) (poet.)* aus Ähren, Ähren-.
**spīculum**, ī *n (Demin. v. spicum)* ❶ Spitze; Lanzen-, Pfeilspitze; ❷ *(poet.) (meton.)* Pfeil, Geschoss; ❸ *(poet.)* Stachel.
**spīcum**, ī *n* = *spica.*
**spīna**, ae *f* ❶ *(poet.; nachkl.)* Dorn(strauch); ❷ Stachel; ❸ Gräte; ❹ *(nachkl.)* Rückgrat; *(poet.)* Rücken; ❺ *(übtr.) Pl.* Spitzfindigkeiten; ❻ Sorge, Kummer.
**spīnētum**, ī *n (spina) (poet.; nachkl.)* Dorngebüsch, -hecke.
**spīneus**, a, um *(spina) (poet.)* Dornen-.
**spīni-ger**, gera, gerum *(spina u. gero)* dornig, stachelig.
**spīnōsus**, a, um *(spina)* ❶ *(poet.; nachkl.)* dornig, stachelig; ❷ *(übtr.)* spitzfindig [**oratio**]; ❸ *(poet.)* quälend [**curae**].
**spintria**, ae *m (gr. Fw.) (nachkl.)* Strichjunge, Homosexueller.
**spīnus**, ī *f (spina) (poet.) (bot.)* Schlehdorn.
**spīra**, ae *f (gr. Fw.) (poet.; nachkl.)* kreisförmige Windung.
**spīrābilis**, e *(spiro)* ❶ luftartig, luftig; ❷ *(poet.)* belebend.
**spīrāculum**, ī *n (spiro) (poet.; nachkl.)* Luftloch.
**spīrāmentum**, ī *n (spiro) (poet.; nachkl.)* ❶ das Hauchen, Atmen; (Atem-)Pause; ❷ Luftloch, Spalt, Röhre [**animae** Luftröhre].
**spīritus**, ūs *m (spiro)* ❶ (Luft-)Hauch, Luftzug, Wind [**frigidus**]; ❷ das Atmen, Atem(zug); **spiritum ducere** *od.* **trahere** Atem holen; **uno spiritu** in einem Atemzug; ❸ Lebenshauch, Leben; ❹ *(poet.)* Seufzer; ❺ Seele, Geist; ❻ Sinn, Gesinnung, *meist Pl.* [**hostiles**]; ❼ Begeisterung, Schwung, Enthusiasmus; **spiritu divino tactus;** ❽ Dichtergabe, dichterisches Schaffen; ❾ *(Sg. u. Pl.)* hoher Geist, hohe Gedanken; **vir ingentis spiritūs;** ❿ *(Sg. u. Pl.)* Selbstbewusstsein, Stolz, Übermut [**patricii** Adelsstolz; **tribunicii**]; ⓫ *(Sg. u. Pl.)* Mut; ⓬ *(nachkl.) (Sg. u. Pl.)* Erbitterung, Unwille; **alcis spiritūs mitigare**.
**spīrō**, spīrāre **I.** *intr.* ❶ *(poet.; nachkl.)* blasen, wehen, hauchen; ❷ *(poet.) (vom Meer)* brausen; *(v. Schlangen u. Feuer)* zischen, schnauben; ❸ duften [**graviter**]; ❹ atmen; leben; **spirans** noch lebend; *(übtr.)* **spirante etiam re publica; spirantia signa / aera** lebensvoll; ❺ *(übtr.)* (fort)leben, erhalten bleiben; ❻ *(poet.)* dichterisch begeistert sein, dichten; **II.** *trans.* ❶ aushauchen, ausatmen [**flammas** *v. Feuer speienden Tieren;* **frigora** *v. Winden*]; ❷ *(poet.)* ausströmen lassen, verbreiten [**odorem**]; ❸ *(übtr.)* v. etw. erfüllt, beseelt sein.
**spissāmentum**, ī *n (spisso) (nachkl.)* Verdichtung, Pfropf.

**spissātiō**, ōnis *f (spisso) (nachkl.)* Verdichtung.

**spissitūdō**, dinis *f (spissus) (nachkl.)* Dichte, Dicke.

**spissō**, spissāre *(spissus) (poet.; nachkl.)* verdichten.

**spissus**, a, um ① *(poet.; nachkl.)* dicht, dick, fest [**coma; aër; sanguis** geronnen]; gedrängt voll [**theatrum**]; ② *(übtr.)* langsam (fortschreitend), langwierig, schwierig [**opus; exitus**].

**splendeō**, splendēre, – – glänzen, strahlen, schimmern, *konkr. u. übtr.*

**splendēscō**, splendēscere, splenduī, – *(Incoh. v. splendeo) (poet.)* erglänzen, *konkr. u. übtr.*

**splendidus**, a, um *(splendeo)* ① glänzend, strahlend, schimmernd [**sol; bracchia** v. Gold; **fons**]; ② herrlich, prächtig; ③ ruhmvoll, angesehen, bedeutend [**civitas; facta**]; ④ *(v. der Stimme u. v. Tönen)* hell, deutlich [**vox**]; *(vom Ausdruck)* frisch, lebendig [**oratio**]; ⑤ gut klingend [**nomen; verba**].

**splendor**, ōris *m (splendeo)* ① Glanz [**caeli; auri**]; ② *(übtr.)* Glanz, Pracht [**vitae**]; ③ Ruhm, Ansehen, Bedeutung [**imperii nostri**]; ④ *(übtr.)* Schmuck, Zierde; ⑤ *(v. der Stimme u. v. Tönen)* heller Klang, Klarheit; *(vom Ausdruck)* Frische; ⑥ Wohlklang.

**splenduī** *Perf. v. splendesco.*

**splēnium**, ī *n (gr. Fw.) (nachkl.)* (Schönheits-)Pflästerchen.

**Spōlētium**, ī *n Stadt im südl. Umbrien, j.* Spoleto; – *Einw. u. Adj.* **Spōlētīnus**, ī *m bzw.* a, um.

**spoliārium**, ī *n (spolium) (nachkl.)* ① *Raum des Amphitheaters, der als Umkleideraum der Gladiatoren diente u. in dem schwer verletzte Gladiatoren getötet wurden;* ② *(übtr.)* Mördergrube.

**spoliātiō**, ōnis *f (spolio)* Plünderung, Beraubung, Raub [**oppidorum; fanorum**]; Verlust; *(übtr.)* gewaltsame Entziehung, Raub [**consulatūs; dignitatis**].

**spoliātor**, tōris *m (spolio)* Plünderer.

**spoliātrīx**, rīcis *f (spoliator)* Plünderin.

**spoliō** spoliāre *(spolium)* ① der Kleider berauben, entkleiden, *bes.* dem erschlagenen Feind seine Rüstung abnehmen *(m. Akk.)* [**alqm veste; corpus caesi hostis**]; ② *(übtr.)* **a)** (aus)plündern, berauben [**delubra sociorum; alqm regno paterno**]; – *P. Adj.* **spoliātus,** a, um ausgeplündert, armselig; **b)** etw. rauben.

**spolium**, ī *n* ① *(poet.)* abgezogene *od.* abgelegte Haut *eines Tieres,* Fell; ② *Pl.* die dem erschlagenen Feind abgenommene Rüstung, erbeutete Rüstung [**caesorum hostium; opima** Ehrenrüstung, *die ein Feldherr dem erschlagenen Anführer der Feinde abgenommen hatte*]; *(meton.)* Sieg; ③ *(übtr.) (bes. Pl.)* Beute, Raub.

**sponda**, ae *f (poet.; nachkl.)* ① Bett-, Sofagestell; ② Bett, Sofa.

**spondālia**, ōrum *n* Liedeinlage *in der Tragödie.*

**spondeō**, spondēre, spopondī, spōnsum ① feierlich u. förmlich versprechen [**fidem; pacem; legionibus pecunias**]; *(m. A. C. I.);* ② sich verbürgen, Bürge sein; ③ *(poet.; nachkl.)* verheißen, verkünden; ④ *(v. Sachen)* versprechen, erwarten lassen.

**spondēus** *u.* **-dīus**, ī *m (gr. Fw.)* Spondeus *(Versfuß: – –).*

**spongia** *u. (nachkl.)* **-gea**, ae *f (gr. Fw.)* ① Schwamm; ② *(übtr.)* weicher Panzer.

**spongiōsus**, a, um *(spongia) (nachkl.)* schwammig, porös.

**spōns**, ontis *f* (An-)Trieb, Reiz, *nur im Gen. u. Abl. Sg. vorkommend; s. sponte.*

**spōnsa**, ae *f (spondeo)* die Verlobte, Braut.

**spōnsālia**, ōrum *u.* ium *n (spondeo)* ① Verlobung; ② *(meton.)* Verlobungsmahl.

**spōnsiō**, iōnis *f (spondeo)* ① feierliches Versprechen; ② *(staatsrechtlich)* feierliche Zusage, Abmachung; **pax non foedere, sed per sponsionem facta est;** ③ *(im Zivilprozess)* gegenseitige Verpflichtung *der streitenden Parteien, der gewinnenden eine bestimmte Summe zu zahlen,* gerichtl. Wette.

**spōnsor**, ōris *m (spondeo)* Bürge.

**spōnsum**, ī *n (spondeo)* das Versprechen.

**spōnsus**[1] *P. P. P. v. spondeo.*

**spōnsus**[2], ī *m (spondeo)* Verlobter, Bräutigam; *Pl. auch (poet.)* die Freier [**Penelopae**].

**spōnsus**[3], ūs *m (spondeo)* Bürgschaft.

**sponte** *(Abl. v. spons)* ① *(nachkl.)* nach jmds. Willen [**legatorum**]; ② **meā/tuā/suā/nostrā/vestrā sponte: a)** aus eigenem Antrieb, v. selbst, freiwillig; **b)** auf eigene Hand, allein, ohne jmds. Hilfe; **c)** an und für sich, schlechthin.

**spopondī** *Perf. v. spondeo.*

**sporta**, ae *f* Korb.

**sportella**, ae *f (Demin. v. sportula)* ① *(nachkl.)* (Speise-)Körbchen; ② *(meton.) in Körbchen gereichte* kalte Küche.

**sportula**, ae *f (Demin. v. sporta) (nachkl.)* Körbchen, *bes. m. Speise;* Geschenk.

**sprētor**, ōris *m (sperno) (poet.)* Verächter.

**sprētus** *P. P. P. v. sperno.*

**sprēvī** *Perf. v. sperno.*

**spuī** *Perf. v. spuo.*

**spūma**, ae *f* Schaum, *auch Pl.*

**spūmēscō**, spūmēscere, – – *(Incoh. v. spumo) (poet.)* aufschäumen.

**spūmeus**, a, um *(spuma) (poet.; nachkl.)* schäumend.

**spūmi-ger**, gera, gerum *(spuma u. gero) (poet.)* schäumend.

**spūmō**, spūmāre *(spuma) (poet.; nachkl.)* schäumen.

**spūmōsus**, a, um *(spuma) (poet.; nachkl.)* schäumend.
**spuō**, spuere, spuī, spūtum *(poet.; nachkl.)* (aus)spucken, (aus)speien.
**spurcō**, spurcāre *(spurcus)* verunreinigen, besudeln; – *P. Adj.* **spurcātus,** a, um unflätig.
**spurcus**, a, um ❶ schmutzig; ❷ *(übtr.)* gemein.
**Spurinna**, ae *m Haruspex, der Cäsar vor den Iden des März warnte.*
**Spurius**, ī *m röm. Vorname (Abk. Sp.).*
**spūtātilicus**, a, um *(sputo)* anspeienswert; *(übtr.)* verabscheuungswürdig, abscheulich.
**spūtō**, spūtāre *(Intens. v. spuo) (poet.)* ❶ ausspeien; ❷ bespucken.
**spūtum**, ī *n (spuo) (nachkl.)* Speichel, Auswurf.
**spūtus** *P. P. P. v. spuo.*
**squāleō**, squālēre, – – *(squama)* ❶ *(poet.)* schuppig, rau sein; ❷ *(poet.)* v. etw. starren, strotzen *(m. Abl.)*; **tunica auro squalens; humus serpentibus squalet** wimmelt; ❸ *(poet.; nachkl.)* v. Schmutz starren, ungepflegt sein; **barba / coma squalens;** ❹ in Trauerkleidung gehen, trauern; ❺ *(poet.; nachkl.) (v. Örtl.)* wüst, öde liegen.
**squālidus**, a, um *(squaleo)* ❶ *(v. der Rede)* rau, trocken; ❷ v. Schmutz starrend, schmutzig, ungepflegt; ❸ *(poet.; nachkl.)* in Trauerkleidung, trauernd; ❹ *(poet.)* wüst, unwirtlich.
**squālor**, ōris *m (squaleo)* ❶ Schmutz, Ungepflegtheit; ❷ Trauer(kleidung).
**squāma**, ae *f* ❶ Schuppe, *bes. der Fische u. Schlangen;* ❷ *(poet.) Pl.* Schuppenpanzer.
**squāmeus**, a, um *(squama) (poet.)* schuppig.
**squāmi-fer**, fera, ferum *u.* **-ger**, gera, gerum *(squama u. fero bzw. gero)* schuppig.
**squāmōsus**, a, um *(squama) (poet.)* schuppig.
**squilla**, ae *f (gr. Fw.)* kleiner Seekrebs, Krabbe.
**Stabiae**, ārum *f Stadt in Kampanien, m. Pompeii u. Herculaneum 79 n. Chr. durch einen Ausbruch des Vesuv verschüttet; – Adj.* **Stabiānus**, a, um; – **Stabiānum,** ī *n* Landgut bei Stabiae.
**stabilīmen**, minis *n (stabilio)* Befestigung, Stütze.
**stabiliō**, stabilīre *(stabilis)* ❶ befestigen [**naves**]; ❷ *(übtr.)* aufrechterhalten, festigen, sichern [**libertatem; leges**].
**stabilis**, e *(sto)* ❶ fest(stehend); ❷ zum Stehen geeignet, festen Stand gewährend [**insula; via**]; ❸ *(übtr.)* fest, standhaft, dauerhaft, unerschütterlich [**amicitia; animus; fortuna; imperium**].
**stabilitās**, ātis *f (stabilis)* ❶ das Feststehen, Festigkeit [**peditum in proeliis**]; ❷ *(übtr.)* Festigkeit, Standhaftigkeit [**fortunae; amicitiae**].
**stabilītor**, ōris *m (stabilio) (nachkl.)* Befestiger.
**stabulārius**, ī *m (stabulum) (nachkl.)* Gastwirt.
**stabulō**, stabulāre *u.* **-or**, ārī *(stabulum) (poet.; nachkl.)* ❶ im Stall stehen; ❷ *(übtr.)* sich irgendwo aufhalten.
**stabulum**, ī *n (sto)* ❶ *(poet.)* Standort, Lager, *oft Pl.* [**ferarum**]; ❷ Stall, *poet. auch* Gehege, Weide(platz); ❸ *(nachkl.)* Kneipe, Gasthaus; ❹ Bordell.
**stacta**, ae *u.* **-ē**, ēs *f (gr. Fw.) (nachkl.)* Myrrhensaft.
**stadiodromos**, ī *m (gr. Fw.) (nachkl.)* Wettläufer.
**stadium**, ī *n (gr. Fw.)* ❶ Stadion *als griech. Längenmaß, etwa 190 m;* ❷ Rennbahn; *(übtr.)* Wettstreit.
**stāgnō**, stāgnāre *(stagnum) (poet.; nachkl.)* **I.** *intr.* ❶ *(v. Gewässern)* übertreten; ❷ *(v. Örtl.)* überschwemmt sein, unter Wasser stehen; **II.** *trans.* überschwemmen [**plana urbis**].
**stāgnum**, ī *n* ❶ durch Überschwemmung entstandenes Gewässer, See, Teich, Lache; ❷ künstlich angelegter Teich, Bassin; ❸ langsam fließendes Gewässer.
**stāmen**, minis *n (sto) (poet.; nachkl.)* ❶ Grundfaden *od.* Grundfäden *(am aufrecht stehenden antiken Webstuhl),* Aufzug, Kette; ❷ Faden, *bes. an der Spindel;* **stamina manu ducere** *od.* **digitis torquere** spinnen; ❸ *(übtr.)* Schicksalsfaden *der Parzen,* Schicksal; ❹ Spinnenfaden; ❺ Saite *eines Instrumentes.*
**Stata** *(sisto) Schutzgöttin der Straßen.*
**statārius** *(sto)* **I.** *Adj.* a, um ❶ feststehend [**miles** in Reih u. Glied fechtend]; ❷ *(übtr.)* ruhig; **II.** *Subst.* ī *m* Schauspieler in einem ruhigen Charakterstück.
**Statellī** *od.* **Statiellī**, ōrum *u.* **Statellātēs**, tum *m Völkerschaft in Ligurien; – Adj.* **Statellās,** *Gen.* ātis.
**statēra**, ae *f (gr. Fw.)* Waage.
**statim** *Adv. (sto)* auf der Stelle, sogleich, sofort.
**statiō**, ōnis *f (sto)* ❶ *(poet.; nachkl.)* das (Still-)Stehen, Stellung; ❷ *(meton.)* Standort, Aufenthalt(sort), Quartier; ❸ *(milit.)* **a)** (Wach-)Posten, Wache; **in statione esse** Wache stehen, Wache halten; **b)** *(meton.)* Wachmannschaft [**equitum**]; ❹ *(übtr.)* Wache, Posten; **in statione manere** wachen, aufpassen; ❺ Ankerplatz; ❻ *(nachkl.)* öffentl. Platz.
**statīvus**, a, um *(sto)* (fest)stehend [**castra** Standlager]; – *Subst.* **-a,** ōrum *n (erg. castra)* Standlager, -quartier.
**stator**, ōris *m (sto)* ❶ Amtsgehilfe *des Prokonsuls;* ❷ **Stator** Erhalter, *als Beiname Jupiters.*
**statua**, ae *f (statuo)* Standbild, Statue.
**statuārius**, ī *m (statua) (nachkl.)* Bildgießer.
**statuī** *Perf. v. statuo.*
**statūmen**, minis *n (statuo)* Stütze, Unterlage.
**statuō**, statuere, statuī, statūtum *(status²)* ❶ hin-, aufstellen; ❷ errichten, erbauen, grün-

S

den [**statuam; urbem; regnum**]; ③ *(übtr.)* (fest)setzen, bestimmen [**diem comitiis; modum cupidinibus**]; *(auch m. ut, ne)*; ④ *(bes. richterl.)* entscheiden, das Urteil fällen, urteilen [**exilium in reum** verhängen; **de capite civis; de Caesaris actis**]; ⑤ beschließen [**cum animo** bei sich; *(m. Inf.)* **decertare**]; *(auch m. ut, ne, m. A. C. I. des Gerundivs od. m. indir. Frages.)*; ⑥ meinen, glauben *(m. A. C. I.)*.

**statūra**, ae *f (sto)* Gestalt, Wuchs.

**status**[1] *s. sisto.*

**status**[2], ūs *m (sto)* ① das Stehen, Stand, Stellung; Kampfstellung; **statu movere hostem** aus der Stellung werfen; ② *(übtr.)* Lage, Zustand, Verfassung, Beschaffenheit [**civitatis; mundi; vitae**]; **in pristinum statum redire** *od.* **alqm restituere;** ③ Bestand, sichere Stellung, Wohlstand; **rei publicae statum labefactare;** ④ bürgerliche Stellung, Stand.

**stēlla**, ae *f* ① Stern; ② *(poet.)* Gestirn, Sternbild.

**stēllāns**, *Gen.* antis *(stella)* gestirnt [**nox**]; blitzend, glänzend [**gemma**].

**stēllātus**, a, um *(stella)* ① *(poet.)* gestirnt, m. Sternen besetzt; ② *(poet.)* unter die Sterne versetzt; ③ *(poet.; nachkl.)* blitzend, glänzend.

**stēlli-fer**, fera, ferum *(stella u. fero)* gestirnt.

**stēlliō**, ōnis *m (stella) (poet.; nachkl.)* Sterneidechse.

**stemma**, atis *n (gr. Fw.) (nachkl.)* ① Kranz *(bes. als Schmuck der Ahnenbilder)*; ② *(meton.)* Stammbaum, Ahnenreihe.

**stercorō**, stercorāre *(stercus)* düngen.

**stercus**, coris *n* Kot, Mist, Dünger; *auch als Schimpfw.:* Schmutzfink.

**sterilēscō**, sterilēscere *(sterilis) (nachkl.)* unfruchtbar werden.

**sterilis**, e ① *(poet.; nachkl.)* unfruchtbar; ② *(übtr.)* fruchtlos, ertraglos, erfolglos, leer [**amor** unerwidert]; *m. Gen.:* arm an etw., ohne etw.: **saeculum virtutum sterile;** ③ *(poet.)* unfruchtbar machend.

**sterilitās**, ātis *f (sterilis)* Unfruchtbarkeit.

**sternāx**, *Gen.* ācis *(sterno) (poet.)* störrisch [**equus**].

**sternō**, sternere, strāvī, strātum ① *auf den Boden* (hin)streuen, ausbreiten, hinstrecken, niederlegen; – **se** ~ *u. mediopass.* **sterni** hinsinken, sich lagern; – *P. P. P.* **strātus** liegend, ausgestreckt [**humi; ad pedes alcis**]; ② *(gewaltsam od. feindl.)* niederwerfen, zu Boden strecken [**hostes caede; aciem; ferro pecus; muros ariete**]; ③ *(übtr.)* niederdrücken, entmutigen; ④ ebnen, glätten [**aequora** das wogende Meer; **ventos** beruhigen; *übtr.* **odia militum** besänftigen]; *(Wege)* pflastern; ⑤ *(poet.; nachkl.)* bestreuen, bedecken; ⑥ *(Tische, Lagerstätten u. Ä.)* m. Decken *od.* Polstern belegen, bedecken; ⑦ satteln [**equum**].

**sternūmentum**, ī *n (sternuo)* das Niesen.

**sternuō**, sternuere, sternuī, – *(poet.; nachkl.)* **I.** *intr.* niesen; *(übtr.)* knistern; **II.** *trans.* niesend mitteilen [**approbationem**].

**sternūtāmentum**, ī *n (sternuo) (nachkl.)* das Niesen.

**sterquilīnum** ī *n (stercus) (poet.; nachkl.)* Misthaufen.

**stertō**, stertere, – – schnarchen.

**Stēsichorus**, ī *m griech. Lyriker (etwa 630–550 v. Chr.), Zeitgenosse der Sappho.*

**stetī** *Perf. v. sto, selten v. sisto.*

**stibadium**, ī *n (gr. Fw.) (nachkl.)* halbkreisförmiges Sofa, Ruhelager.

**stigma**, atis *n (gr. Fw.) (nachkl.)* Brandmal.

**stigmatiās**, ae *m (gr. Fw.)* gebrandmarkter Sklave.

**stigmōsus**, a, um *(stigma) (nachkl.)* gebrandmarkt.

**stīlla**, ae *f* Tropfen.

**stīllārium**, ī *n (stilla) (nachkl.)* kleines Trinkgeld.

**stīlli-cidium**, ī *n (stilla u. cado)* ① *(nachkl.)* herabfallender Tropfen; ② Dachrinne.

**stīllō**, stīllāre *(stilla)* **I.** *intr.* träufeln, triefen; **II.** *trans.* tropfen lassen, vergießen.

**stilus**, ī *m* ① Schreibstift, Griffel *(zum Schreiben auf Wachstafeln, oben breit zum Glattstreichen des Wachses)*; **-um vertere** das Geschriebene ausstreichen, verbessern; ② das Schreiben, schriftl. Abfassung; ③ Schreibart, Stil.

**stimulātiō**, ōnis *f (stimulo) (nachkl.)* (An-)Reiz, Sporn.

**stimulō**, stimulāre *(stimulus)* ① *m. dem Treibstachel* antreiben [**equos calcaribus**]; ② *(übtr.)* quälen, beunruhigen; ③ *(übtr.)* antreiben, anspornen, reizen [**alqm ad iram**]; *(m. ut, ne; m. Inf.)*.

**stimulus**, ī *m* ① *(milit. t. t.) Pl.* kleine Spitzpfähle *als Fußangeln;* ② Treibstachel, Stachelpeitsche *zum Antreiben der Zugtiere u. zur Bestrafung der Sklaven;* ③ *(übtr.)* Qual, Pein, *meist Pl.;* ④ *(übtr.)* (An-)Sporn, Antrieb *(zu etw.: Gen.)*.

**stinguō**, stinguere, – – (aus)löschen; *Pass.* ausgelöscht werden, verlöschen.

**stīpātiō**, ōnis *f (stipo)* ① *(nachkl.)* Gedränge; ② Begleitung, Gefolge.

**stīpātor**, ōris *m (stipo)* ständiger Begleiter; *Pl.* Gefolge.

**stīpendiārius** *(stipendium)* **I.** *Adj.* a, um ① um Sold dienend; ② steuer-, tributpflichtig; **II.** *Subst.* ī *m* ① Söldner; ② Steuer-, Tributpflichtiger.

**stīpendium**, ī *n (stips u. pendo)* ① Sold; **-a**

**merere** Soldat sein, dienen; **auxiliaria -a mereri** bei den Hilfstruppen dienen; ② *(meton.)* **a)** Kriegsdienst, *auch Pl.;* **-a facere** leisten; **b)** Kriegs-, Dienstjahr, Feldzug; ③ Steuer, Abgabe, Tribut; **-um alci imperare** *od.* **imponere;** ④ *(poet.)* Strafe.

**stīpes**, pitis *m* ① Pfahl, Stock, Stange; ② *(poet.; nachkl.)* Baum(stamm); ③ *(poet.)* Holzklotz, Scheit.

**stīpō**, stīpāre ① dicht zusammendrängen; ② *(poet.)* aufhäufen; ③ *(poet.; nachkl.)* voll stopfen, gedrängt füllen [**curiam patribus**]; ④ dicht umgeben, umringen.

**stips**, stipis *f* ① Geldbeitrag, Gabe, Spende; ② *(nachkl.)* Lohn, Gewinn.

**stipula**, ae *f (poet.)* ① (Korn-, Stroh-)Halm; Stoppel; *Pl.* Stroh; ② Rohrpfeife.

**stipulātiō**, ōnis *f (stipulor) (jur. t. t.)* Stipulation, Vereinbarung m. Handschlag, mündlicher Vertrag.

**stipulātiuncula**, ae *f (Demin. v. stipulatio)* unbedeutende Abmachung, geringfügiger Vertrag.

**stipulor**, stipulārī sich etw. förmlich ausbedingen.

**stīria**, ae *f (poet.; nachkl.)* Eiszapfen.

**stirpēs** *u.* **stirpis**, is *f s. stirps.*

**stirpitus** *Adv. (stirps)* m. Stumpf u. Stiel, völlig.

**stirps** (auch **stirpēs** *u.* **-pis**, stirpis *f (poet. u. nachkl. auch m)* ① Wurzelstock, Stamm m. Wurzeln; *(nachkl.) übh.* Stamm; ② Pflanze, Staude, Baum; ③ *(übtr.)* Wurzel, Stamm; **a** (*od.* **cum**) **stirpe** m. Stumpf u. Stiel = bis auf den letzten Mann [**necare; interire**]; ④ *(übtr.)* Wurzel, Ursprung, Grund(lage) [**omnium malorum; virtutis**]; **Carthago a stirpe interiit;** ⑤ Familie, Geschlecht, Stamm; Herkunft, Abstammung; **a stirpe par** v. gleicher Abstammung; ⑥ Nachkommenschaft; Nachkomme, Sprössling; ⑦ ursprüngliche Beschaffenheit.

**stitī** *Perf. v. sisto.*

**stīva**, ae *f* Pflugsterz.

**stlīs** *(altl.) = lis.*

**stō**, stāre, stetī, statum ① (da)stehen, aufrecht stehen; ② *(v. Soldaten)* aufgestellt sein, stehen [**pro porta; ante signa; in acie**]; ③ *(v. Schiffen)* vor Anker liegen; ④ *(poet.; nachkl.) (v. Dirnen)* feilstehen; ⑤ *(poet.; nachkl.)* emporstehen, -ragen, -starren; **stat turris ad auras; stant comae** sträuben sich; – *(m. Abl.)* v. etw. starren, strotzen; ⑥ zu stehen kommen, kosten *(m. Abl. u. Gen pretii)* [**magno (pretio) ; centum talentis; pluris**]; ⑦ auf jdms. Seite stehen, Partei ergreifen *(für od. gegen) (cum u. ab alqo; a re; pro; gegen: contra, adversus, in m. Akk.)* [**cum sociis; pro iure gentium; contra verum; adversus tyrannum**]; ⑧ beruhen auf, abhängen von *(alqo od. in alqo; re);* ⑨ **per alqm stat** es hängt v. jmdm. ab, die Schuld liegt an jmdm; ⑩ stehen bleiben, stillstehen, feststehen, *auch v. Lebl.;* ⑪ *(poet.) (v. Geschossen)* stecken bleiben, haften; **sagitta in umero stetit; hasta stat terrā;** ⑫ feststehen, nicht wanken, standhalten [**in acie**]; ⑬ sich halten, sich behaupten, (fort)dauern, bestehen *(v. Personen u. Sachen);* ⑭ bei etw. beharren, an etw. festhalten *(re, auch in re)* [**condicionibus; promisso; iudiciis; in sententia**]; ⑮ festgesetzt, bestimmt, beschlossen sein.

**Stōicus I.** *Adj.* a, um stoisch; – *Subst.* **-a,** ōrum *n* stoische Philosophie; **II.** *Subst.* ī *m* stoischer Philosoph, Stoiker.

**stola**, ae *f (gr. Fw.)* ① langes Kleid *vornehmer röm. Frauen;* ② *(poet.) Gewand der Flötenspieler beim Minervafest;* ③ *(poet.)* Talar.

**stolidus**, a, um tölpelhaft, dumm, albern.

**stomachicus**, ī *m (stomachus) (nachkl.)* der Magenkranke.

**stomachor**, stomachārī *(stomachus)* sich ärgern *(über etw.: Abl., Neutr. eines Pron. od. allg. Adj., ob alqd)* [**litteris alcis; omnia**]; sich zanken *(cum alqo).*

**stomachōsus**, a, um *(stomachus)* ① ärgerlich, empfindlich; ② Unmut verratend [**litterae**].

**stomachus**, ī *m (gr. Fw.)* ① Schlund, Speiseröhre; ② Magen; ③ Geschmack; ④ Ärger, Verdruss, Empfindlichkeit.

**storea** *u.* **storia**, ae *f (sterno)* Matte, Decke.

**strabō**, ōnis *m (gr. Fw.)* der Schielende.

**strāgēs**, is *f (sterno)* ① das Niederwerfen, -schlagen, Einsturz [**tectorum; arborum**]; **stragem dare alci rei** etw. niederwerfen; ② Verwüstung, Verheerung; ③ *(poet.; nachkl.)* das Hinsiechen, Hinsterben; ④ Niedermetzelung, Blutbad, Niederlage; **stragem dare** *od.* **edere** *od.* **facere** anrichten; ⑤ *(meton.)* Haufen *(v. Menschen od. Dingen).*

**strāgulum**, ī *n (stragulus)* Decke, Teppich.

**strāgulus**, a, um *(strages)* zum Ausbreiten dienend [**vestis** Decke, Teppich].

**strāmen**, minis *n (sterno) (poet.; nachkl.)* Streu, Stroh.

**strāmentum**, ī *n (sterno)* ① Streu, Stroh; ② Packsattel.

**strāmineus**, a, um *(stramen) (poet.)* aus Stroh, Stroh- [**Quirites** Strohpuppen, *die man jährl. in den Tiber warf*].

**strangulō**, strangulāre *(gr. Fw.)* erdrosseln, erwürgen; *(poet.) (übtr.)* quälen.

**strangūria**, ae *f (gr. Fw.)* Harnzwang.

**stratēgēma**, matis *n (gr. Fw.)* Kriegslist.

**strātum**, ī *n (sterno)* ① Decke, Polster; *(meton.)* Lager; ② Packsattel; ③ *(poet.) (meist Pl.)* Pflaster [**viarum** gepflasterte Straßen].

**strātus** *P. P. P. v. sterno.*

**Stratus**, ī *f Stadt in Akarnanien am Achelous.*
**strāvī** *Perf. v. sterno.*
**strēnuitās**, ātis *f (strenuus) (poet.)* Munterkeit, Rüstigkeit.
**strēnuus**, a, um ❶ munter, rüstig, tätig, regsam, tüchtig *(auch v. Sachen)* [**socius; navis** schnell; *(durch, mit, in etw.: Abl.)* **bello; factis;** *(in Bezug auf etw.: Gen.)* **militiae;** *(zu etw.: Dat.)* **faciendis iussis**]; ❷ *(nachkl.)* unruhig.
**strepitō**, strepitāre *(Intens. v. strepo) (poet.)* wild lärmen, rauschen, klirren *u. Ä.*
**strepitus**, ūs *m (strepo)* ❶ Lärm, Getöse, Geräusch [**fluminis** Rauschen]; ❷ *(poet.) (v. Instrumenten)* Klang, Töne.
**strepō**, strepere, strepuī, strepitum **I.** *intr.* ❶ lärmen, toben, tosen, rauschen, schreien, rasseln *u. Ä.;* ❷ *(v. Örtl.)* ertönen, erdröhnen; ❸ *(poet.) (v. Instrumenten)* schmettern; **II.** *trans.* lärmend rufen.
**striātus**, a, um *(nachkl.)* gerillt, gestreift.
**strictim** *Adv. (strictus)* flüchtig, obenhin, summarisch [**dicere**].
**strictūra**, ae *f (stringo) (poet.; nachkl.)* glühende Eisenmasse.
**strictus**, a, um *(Adv. -ē u. -im) (P. Adj. v. stringo) (poet.; nachkl.)* straff, stramm [**artus**]; *(übtr.)* kurz, bündig [**epistulae**]; streng [**iudex**].
**strīdeō**, strīdēre *u.* **strīdō**, strīdere, strīdī, – *(poet.; nachkl.)* zischen, schwirren, pfeifen, sausen, knirschen *u. Ä.*
**strīdor**, ōris *m (strideo)* das Zischen, Schwirren, Pfeifen, Knarren, Knistern, Schreien *u. Ä.* [**aquilonis; ianuae; maris** Brausen; **apium** Summen].
**strīdulus**, a, um *(strideo) (poet.; nachkl.)* zischend, schwirrend, knarrend.
**strigilis**, is *f (Sg. Akk. -em, Abl. -ī; Gen. Pl. -ium) (stringo)* Schabeisen, Striegel.
**strigō**, strigāre *(stringo) (nachkl.)* beim Pflügen rasten.
S **strigōsus**, a, um mager, dürr [**equi**], *übtr. vom Redner.*
**stringō**, stringere, strīnxī, strictum ❶ *(poet.; nachkl.)* streifen, leicht berühren; **ales summas undas stringit;** ❷ *(poet.; nachkl.)* leicht verwunden; *(übtr.)* verletzen [**pectora delicto**]; rühren [**animum alcis**]; ❸ abstreifen, abpflücken, abschneiden; ❹ *(Waffen)* zücken, ziehen [**gladium; cultrum**]; ❺ straff anziehen, zusammenziehen, -binden, (zusammen)schnüren [**arcum** spannen; **vela** einziehen].
**strix**, igis *f (gr. Fw.) (poet.; nachkl.)* Ohreule *(nach antiken Ammenmärchen ein Nachtvogel, der Kindern das Blut aussog).*
**stropha**, ae *f (gr. Fw.) (poet.; nachkl.)* List, Kunstgriff.
**strophium**, ī *n (gr. Fw.)* Büstenhalter, Mieder.
**strūctor**, ōris *m (struo)* Maurer, Bauarbeiter.
**strūctūra**, ae *f (struo)* Zusammenfügung: ❶ Bauart, Struktur [**parietum**]; *(meton.)* Bau(werk); ❷ *(rhet. u. gramm. t. t.)* Aufbau [**carminis; verborum**].
**strūctus** *P. P. P. v. struo.*
**struēs**, is *f (struo) (poet.; nachkl.)* ❶ *aufgeschichteter* Haufen, Stoß, Masse; ❷ Opfergebäck.
**strūma**, ae *f* Drüsenschwellung, *bes.* Geschwulst am Hals.
**struō**, struere, strūxī, strūctum ❶ (auf)schichten, aufeinander-, übereinander-, nebeneinanderlegen; ❷ (er)bauen, errichten [**domum; muros**]; ❸ *(poet.)* beladen [**altaria donis**]; ❹ veranstalten [**convivia**]; ❺ ordnen, aufstellen [**copias ante castra; aciem;** *übtr.* **verba**]; ❻ *(übtr.) (Böses)* ersinnen, anstiften, bereiten [**alci pericula / calamitatem**].
**strūthocamēlus**, ī *m u. f (gr. Fw.) (nachkl.)* Vogel Strauß.
**strūxī** *Perf. v. struo.*
**Strȳmō(n)**, onis *m Grenzfluss zw. Thrakien u. Makedonien, j.* Struma; – *Adj.* **Strȳmonius**, a, um *auch* thrakisch.
**studeō**, studēre, studuī, – ❶ sich um etw. bemühen, etw. betreiben, nach etw. streben *(m. Dat.; Akk. nur beim Neutr. eines Pron. od. allg. Adj.; m. Inf.; selten m. A. C. I., ut, ne)* [**agriculturae** Ackerbau betreiben; **praeturae; novis rebus** nach Umsturz streben; **hoc unum**]; ❷ für jmd. Partei nehmen, begünstigen, fördern *(alci od. alcis rebus);* ❸ *(nachkl.)* sich wissenschaftlich beschäftigen, studieren *(klass.:* **litteris** *od.* **artibus studere**).
**studiōsus**, a, um *(studium)* ❶ eifrig, sorgfältig; ❷ auf etw. eifrig bedacht, nach etw. strebend, Freund von *(m. Gen.; selten in u. Abl.)* [**venandi; dicendi; morum veterum**]; ❸ *jmdm. od. einer Sache* zugetan, gewogen, ergeben, Anhänger *(m. Gen.);* ❹ studierend, gelehrt; – *Subst.* **-ī**, ōrum *m* Studenten.
**studium**, ī *n (studeo)* ❶ eifriges Streben, Eifer, Lust, Drang *(nach, zu etw.: Gen.)* [**laudis; quaestūs** *u.* **lucri** Gewinnsucht; **pugnandi** Kampflust; **novarum rerum**]; ❷ eifrige Teilnahme, Interesse, Vorliebe, Ergebenheit *(m. Gen.; auch in u. Akk.)* [**rei publicae** Vaterlandsliebe; **in populum Romanum**]; ❸ Parteilichkeit; **sine -o dicere** unparteiisch; ❹ Beschäftigung mit etw. *(m. Gen.);* ❺ Lieblingsbeschäftigung, Liebhaberei; ❻ wissenschaftliche Beschäftigung, Studium [**litterarum; eloquentiae**]; ❼ *(nachkl.) (meton.) Pl.* Werke der Literatur.
**stultitia**, ae *f (stultus)* Torheit, Albernheit, Einfalt.
**stultus I.** *Adj.* a, um töricht, albern, einfältig,

dumm; **II.** *Subst.* ī *m* Tor, Narr.

**stūpa** = *stuppa.*

**stupe-faciō**, facere, fēcī, factum, *Pass.* stupefīō, fierī, factus sum *(stupeo)* betäuben, verblüffen; – *P. Adj.* **stupefactus,** a, um betäubt, außer sich, erstaunt.

**stupeō**, stupēre, stupuī, – ❶ *(nachkl.)* starr, steif sein; ❷ *(übtr.)* betäubt sein, außer sich sein, staunen, verblüfft sein [**admiratione; carminibus; ad auditas voces**]; ❸ *(poet.; nachkl.)* anstaunen, bewundern; ❹ *(v. Sachen)* stillstehen, stocken; **stupuerunt verba palato; stupente seditione**.

**stupēscō**, stupēscere, stupuī, – *(Incoh. v. stupeo)* ❶ stillstehen, stocken; ❷ *(übtr.)* staunen.

**stūpeus**, a, um = *stuppeus.*

**stupiditās**, ātis *f (stupidus)* Sinnlosigkeit, Dummheit.

**stupidus**, a, um *(stupeo)* ❶ verdutzt, verblüfft; ❷ dumm, stumpfsinnig.

**stupor**, ōris *m (stupeo)* ❶ Erstarrung, Gefühllosigkeit [**sensūs**]; ❷ *(übtr.)* Staunen, Verblüfftheit; ❸ Dummheit, Stumpfsinn; ❹ *(poet.) (meton.)* Dummkopf.

**stuppa**, ae, *f (gr. Fw.)* Werg, Flachs, Hanf.

**stuppeus**, a, um *(stuppa) (poet.)* aus Werg, aus Flachs, aus Hanf.

**stuprātor**, ōris *m (stupro) (nachkl.)* Schänder, Verführer.

**stuprō**, stuprāre *(stuprum)* schänden, entehren.

**stuprum**, ī *n* Schändung, Entehrung; Unzucht, Ehebruch.

**stupuī** *Perf. v. stupeo u. stupesco.*

**Styx,** Stygis *f ein Fluss der Unterwelt; (poet.) (meton.)* Unterwelt; – Adj. **Stygius,** a, um stygisch, unterweltlich; *(übtr.)* höllisch, tödlich, unheilvoll.

**Wissen: Antike**

**Styx** ist in der griechischen Mythologie ein Fluss der Unterwelt. Personifiziert ist Styx als eine Tochter des Meergottes Oceanus und seiner Gattin Thetis. Die Götter schworen ihre heiligsten Eide „bei Styx".

**suādēla**, ae *f (suadeo) (poet.)* Überredung; – *personif.* **Suādēla** *Göttin der Überredung u. Beredsamkeit.*

**suādeō**, suādēre, suāsī, suāsum **I.** *intr.* ❶ raten, zureden *(alci; m. ut, ne od. m. bl. Konj.)*; ❷ überreden, überzeugen *(alci m. A. C. I.) (= persuadeo)*; **II.** *trans.* ❶ zu etw. raten, etw. (an)raten, empfehlen [**pacem**]; ❷ *(poet.; nachkl.) (v. Sachen)* zu etw. reizen, einladen.

**suāsiō**, ōnis *f (suadeo)* Empfehlung(srede).

**suāsor**, ōris *m (suadeo)* Ratgeber; Fürsprecher.

**suāsus** *P. P. P. v. suadeo.*

**suāve-olēns**, *Gen.* olentis *(auch getr.; suavis u. oleo) (poet.)* angenehm duftend, wohlriechend.

**suāvi-loquēns**, *Gen.* entis *(suavis u. loquor)* lieblich (redend).

**suāviloquentia**, ae *f (suaviloquens)* liebliche Rede.

**suāviolum, suāvior** = *savi…*

**suāvis**, e (*Adv.* -iter *u.* -e) süß, lieblich, angenehm.

**suāvitās**, tātis *f (suavis)* Süße, Lieblichkeit, Annehmlichkeit; Liebenswürdigkeit.

**suāvium** = *savium.*

**sub** *Präp. u. Präfix (als Präfix auch assimiliert: suc-cedo, suf-fragium, sup-pleo; vor sp zu su vereinfacht: su-spectus; die erweiterte Form subs [vgl. abs] zu sus vereinfacht: sus-tineo)* **I.** *Präp. b. Akk.* ❶ *(räuml. auf die Frage „wohin?")* **a)** unter(halb), unter … hin; **sub terras penetrare; exercitum sub iugum mittere; b)** (nahe) an, bis an, heran; **sub montem succedere; turris sub astra educta;** ❷ *(zeitl.)* gegen, um, unmittelbar vor *od.* nach; **sub lucem** gegen Morgen; **sub vesperum; sub hoc** *u.* **sub haec** darauf; **sub haec dicta** auf diese Worte hin; ❸ *(übtr., b. Unterordnung)* unter; **sub potestatem redigere** unterwerfen; **II.** *Präp. b. Abl.* ❶ *(räuml. auf die Frage „wo?")* **a)** unter(halb); **sub divo** unter freiem Himmel; **b)** unten an, am Fuße von; **sub moenibus esse; sub monte considere; c)** *(poet.)* unten in, im Inneren; **sub antro** in der Grotte; **silvis sub altis; d)** *(poet.)* unmittelbar hinter; ❷ *(zeitl.)* **a)** gegen, um; **sub nocte urbem ingredi; sub eodem tempore; sub adventu Romanorum; b)** während, im Verlauf; **primis sub annis; sub hoc casu** bei diesem Unglücksfall; ❸ *(übtr.)* **a)** *(b. Unterordnung od. Abhängigkeit)* unter, bei; **sub imperio alcis esse; sub rege** unter der Herrschaft eines Königs; **b)** *(zur Angabe v. näheren Umständen)* unter, bei; **sub hac condicione; sub oculis alcis** unter, vor jmds. Augen; **sub corona vendere** als Sklaven verkaufen; **sub armis esse** unter den Waffen stehen; **III.** *als Präfix* ❶ unten, unter [**subigo; submergo**]; ❷ von unten hinauf [**subeo; suffodio**]; ❸ hinzu, dazu [**succresco**]; ❹ zur Hilfe [**subvenio; succurro**]; ❺ unmittelbar (da)nach [**subinde**]; ❻ heimlich [**subausculto**]; ❼ etwas, ein wenig, ziemlich *(bes. b. Adj. u. Adv.)* [**subagrestis**].

**sub-absurdus**, a, um ziemlich ungereimt, etw. unpassend.

**sub-accūsō**, accūsāre ein wenig tadeln.

**subāctiō**, ōnis *f (subigo)* Durchbildung *des Verstandes.*

**subāctus** *P. P. P. v. subigo.*

**sub-agrestis**, e etw. bäurisch, ziemlich plump.

**sub-ālāris**, e *(ala)* unter der Achsel versteckt [**telum**].

**sub-albus**, a, um *(nachkl.)* weißlich.

**sub-amārus**, a, um etw. bitter.

**sub-arroganter** *Adv.* etw. anmaßend.

**sub-auscultō**, auscultāre heimlich zuhören, horchen.

**sub-c...** *s. auch succ...*

**sub-contumēliōsē** *Adv.* etw. schimpflich.

**sub-crispus**, a, um etw. kraus.

**sub-didī** *Perf. v. subdo.*

**sub-difficilis**, e etw. schwierig.

**sub-diffīdō**, diffīdere, – – nicht recht trauen.

**subditīvus**, a, um *(subditus, v. subdo)* untergeschoben, unecht.

**sub-dō**, dere, didī, ditum ① unterlegen, -setzen, -stellen [**ignem; fundamenta theatro**]; ② *(übtr.)* anlegen [**ingenio stimulos** anspornen; **materiam et ignem seditioni** den Aufruhr schüren]; ③ *(poet.; nachkl.)* unterwerfen [**prolem regno**]; ④ *(nachkl.) (übtr.)* preisgeben; ⑤ jmd. an die Stelle eines anderen setzen [**iudicem in meum locum**]; ⑥ *(übtr.)* unterschieben, vorschieben [**testamentum; rumorem** fälschlich verbreiten; **alqm reum** jmd. als Schuldigen vorschieben].

**sub-doceō**, docēre, – – stellvertretend unterrichten.

**sub-dolus**, a, um hinterlistig, heimtückisch, trügerisch.

**sub-dubitō**, dubitāre einigen Zweifel hegen.

**sub-dūcō**, dūcere, dūxī, ductum ① (darunter) wegziehen, -nehmen, -bringen; ② entziehen; ③ *(poet.; nachkl.)* entreißen, entführen [**Turnum pugnae**]; ④ **se ~** *u. (poet.; nachkl.) mediopass.* **subduci** sich entfernen; ⑤ heimlich wegnehmen, entwenden [**ignem caelo; alci anulum**]; ⑥ *(Truppen)* in der Stille, unbemerkt wegführen [**equites ex acie; copias in proximum collem** hinführen]; ⑦ **rationem ~** zusammen-, ausrechnen, berechnen; *(übtr.)* erwägen; **subductā ratione** m. Überlegung; ⑧ *(poet.; nachkl.)* (v. unten) hinauf-, hochziehen [**vela** reffen, einziehen; **remos** einziehen]; ⑨ *(Schiffe)* ans Land ziehen.

**subductiō**, ōnis *f (subduco)* ① das Anlandziehen, Bergung *(v. Schiffen);* ② Berechnung.

**subductus** *P. P. P. v. subduco.*

**sub-dūrus**, a, um ziemlich hart.

**sub-dūxī** *Perf. v. subduco.*

**sub-edō**, edere, ēdī, ēsum *(poet.)* (von) unten annagen.

**sub-ēgī** *Perf. v. subigo.*

**sub-eō**, īre, iī *u. (poet.)* īvī, itum *(Perf.-Formen auch zusammengezogen: subīsse(m), subīstī u. Ä.) (m. Präp. [sub, ad, in u. Akk.] od. m. Akk. od. Dat.)* ① unter etw. gehen, kommen, treten; ② *(poet.)* etw. betreten [**latebras; luco**]; ③ *(poet.)* auf die Schultern, auf den Rücken nehmen [**parentem umeris; onus**]; ④ *(übtr.) (etw. Unangenehmes)* auf sich nehmen, übernehmen, ertragen, sich unterziehen [**pericula; inimicitias; alcis invidiam; condiciones** eingehen auf; **tempestatem; deditionem** sich ergeben]; ⑤ (v. unten) hinaufgehen, aufrücken, emporsteigen [**in montem; ad urbem**]; ⑥ *(poet.)* (hervor)sprießen, wachsen; **herbae subeunt; subit silva;** ⑦ sich nähern, herangehen, -kommen, -rücken [**ad vallum; muros**]; ⑧ *(poet.)* sich heranschleichen, sich einschleichen *(konkr. u. übtr.);* ⑨ *(v. Gedanken, Affekten u. Ä.)* in den Sinn kommen, einfallen, jmd. überkommen; ⑩ an jmds. Stelle treten, jmd. ablösen, etw. ersetzen; ⑪ *(poet.; nachkl.)* unmittelbar nachfolgen.

**sūber**, eris *n (poet.)* Korkeiche; *(meton.)* Kork.

**sub-f...** = *suff...*

**sub-g...** *s. auch sugg...*

**sub-grandis**, e ziemlich groß.

**sub-horridus**, a, um ziemlich rau.

**sub-iaceō**, iacēre, – – *(nachkl.)* unten liegen.

**sub-iciō**, icere, iēcī, iectum *(iacio)* ① unter *od.* unten an etw. werfen, setzen, stellen, legen, anbringen, unterlegen, -breiten *(alqd alci rei od. sub alqd)* [**ignem moenibus; castra urbi** unterhalb der Stadt aufschlagen]; *(übtr.)* **subiectum esse** zugrunde liegen: **subiecta oratori materia;** ② *(übtr.)* unterordnen; – *Subst.* **subiecta,** ōrum *n* untergeordnete Begriffe; ③ unterwerfen [**provinciam**]; **se ~** *(alci, imperio u. potestati alcis od. alci rei)* [**Caesari; edicto**]; ④ preisgeben, aussetzen [**Galliam servituti; terram ferro** bearbeiten, pflügen; **scelus odio civium**]; ⑤ emporwerfen; emporheben; – **se ~** *u. mediopass.* **subici** emporwachsen, aufschießen; ⑥ nahe heranbringen, heranführen, *(milit.)* heranrücken lassen [**milites collibus; se iniquis locis** heranrücken an, sich nähern]; ⑦ überreichen [**alci libellum**]; ⑧ *(übtr.)* jmdm. etw. eingeben, einflüstern [**alci spem; consilia**]; ⑨ an die Stelle *v. jmdm. od. v. etw.* setzen *(m. Dat.);* ⑩ *(Falsches)* unterschieben [**librum alterum; testamenta**]; jmd. vorschieben, heimlich anstiften [**testem**]; ⑪ *(in Rede od. Schrift)* folgen lassen, hinzufügen; erwidern; / *P. Adj.* **subiectus,** a um *(abs., Dat. od. sub m. Akk.)* **a)** darunter, unter etw., unterhalb liegend [**rivus castris**]; **b)** bei etw. liegend, angrenzend [**campus viae**]; **c)** unterworfen, untertan [**imperio alcis**]; unterwürfig; – *Subst.* **-ī,** ōrum *m (nachkl.)* die Untertanen; **d)** preisgegeben, ausgesetzt [**libidini alcis**].

**subiectiō**, ōnis *f (subicio)* ① *(rhet. t. t.)* Veranschaulichung; ② Unterschiebung [**testamenti**].

**subiectō**, subiectāre *(Intens. v. subicio) (poet.)* ❶ (dar)unterlegen; ❷ emporwerfen.
**subiector**, ōris *m (subicio)* Unterschieber, Fälscher.
**subiectum**, ī *n (subicio) (nachkl.)* Niederung; **-a vallium** Talgründe.
**subiectus**, a, um *s. subicio.*
**sub-igō**, igere, ēgī, āctum *(ago)* ❶ hinauftreiben; ❷ jmd. zu etw. zwingen, nötigen [**hostem ad** (*od.* **in**) **deditionem**]; ❸ unterwerfen, unterjochen, überwältigen [**populos armis; Asiam**]; ❹ durcharbeiten, bearbeiten, *den Acker* auflockern; ❺ (durch)bilden, schulen; ❻ zähmen; ❼ jmd. hart mitnehmen, bedrängen, *meist Pass.*
**sub-iī** *s. subeo.*
**sub-impudēns**, *Gen.* entis etw. unverschämt.
**sub-inānis**, e etw. eitel.
**sub-inde** *Adv.* ❶ gleich darauf; ❷ immer wieder, wiederholt.
**sub-īnsulsus**, a, um etw. abgeschmackt.
**sub-invideō**, invidēre, – – ein wenig beneiden *(alci).*
**sub-invīsus**, a, um etw. verhasst.
**sub-invītō**, invītāre unter der Hand auffordern *(alqm; m. ut).*
**sub-īrāscor**, īrāscī, – etw. zürnen.
**sub-īrātus**, a, um etw. verstimmt.
**subitāneus**, a, um *(subitus) (nachkl.)* plötzlich (entstehend).
**subitārius**, a, um *(subitus)* plötzlich (entstanden), in Eile zustande gebracht [**aedificia** in Eile erbaut; **legiones** in Eile ausgehoben].
**subitō** *Adv. (v. subitus)* plötzlich, unerwartet; unvorbereitet.
**subitum**, ī *n (subitus)* unerwartetes Ereignis, unvermuteter Vorfall.
**subitus**, a, um *(Adv. -ō, s. d.) (subeo)* plötzlich, unerwartet [**commutatio; clades; multitudo** plötzlich anstürmend]; eilig, dringlich [**tempus** drängende Lage; **consilium** überstürzt]; rasch zusammengerafft; unvorbereitet.
**sub-iungō**, iungere, iūnxī, iūnctum ❶ anfügen, verbinden *(alqd alci od. alci rei)* [**carmina nervis** Lied u. Saitenspiel]; ❷ *(poet.)* einspannen [**tigres curru**]; ❸ *(nachkl.) (mündl. od. schriftl.)* hinzufügen; ❹ unterwerfen [**gentem**].
**sub-īvī** *s. subeo.*

**Grammatik & Co.**
**Subjekt:** Hier finden wir dasselbe Grundmuster wie im Deutschen. Eine Besonderheit im Lateinischen ist jedoch, dass der Infinitiv als Subjekt sein Genus (Neutrum) im prädikativen Adjektiv zeigt: Errare hum*anum* est. „(Das) Irren ist menschlich."

Bei der Übersetzung des A.C.I. ist für uns wichtig, dass der Akkusativteil des A.C.I. im Deutschen zum Subjekt des dass-Satzes wird: Scio *te* hoc intellegere. „Ich weiß, dass *du* das verstehst."

**sub-lābor**, lābī, lāpsus sum *(poet.; nachkl.)* ❶ unvermerkt heranschleichen, sich einschleichen; ❷ niedersinken, verfallen, *auch übtr.*
**sublātus**, a, um *(P. Adj. v. tollo)* ❶ erhaben; ❷ hochfahrend, überheblich.
**sub-legō**, legere, lēgī, lēctum ❶ *(poet.)* unten auflesen; ❷ *(poet.)* belauschen, ablauschen; ❸ nachwählen *(alqm in locum alcis).*
**sublevātiō**, ōnis *f (sublevo)* Erleichterung, Linderung.
**sub-lēvī** *Perf. v. sublino.*
**sub-levō**, levāre ❶ aufrichten, emporheben; ❷ unterstützen, fördern [**vicinos opibus suis; patriam pecuniā**]; ❸ (ver)mindern, erleichtern, lindern [**inopiam; res adversas**].
**sublica**, ae *f* (Brücken-)Pfahl.
**sublicius**, a, um *(sublica)* auf Pfählen ruhend [**pons** Pfahlbrücke *über den Tiber*].
**subligāculum**, ī *n (subligo)* Schurz.
**sub-ligō**, ligāre *(poet.)* v. unten an etw. binden, befestigen *(alqd alci rei)* [**ensem lateri**]; – *P. Adj.* **subligātus,** a, um aufgeschürzt.
**sublīme** *Adv. (v. sublimis)* in der Höhe; in die Höhe.
**sublīmis**, e *(Adv. -e [s. d.] u. -iter)* ❶ hoch in der Luft befindlich, schwebend; ❷ emporragend, hoch [**columnae; cacumen montis**]; ❸ *(übtr.)* erhaben, berühmt; hochstrebend [**mens**]; ❹ hochfahrend, überheblich [**animus**].
**sublīmitās**, ātis *f (sublimis) (nachkl.)* Erhabenheit [**animi**]; Schwung *der Rede.*
**sub-linō**, linere, lēvī, litum *(nachkl.)* unten hinschmieren, beschmieren.
**sub-lūceō**, lūcēre, lūxī, – *(poet.; nachkl.)* unten hervorleuchten.
**sub-lūcidus**, a, um *(poet.)* etw. licht, etw. hell.
**sub-luō**, luere, luī, lūtum *(lavo)* unten bespülen.
**sub-lūstris**, e *(lux; vgl. illustris)* etw. hell, dämmerig.
**sub-mergō**, mergere, mersī, mersum untertauchen, versenken [**classem**]; *Pass.* versinken, ertrinken.
**subministrātor**, ōris *m (subministro) (nachkl.)* Helfershelfer.
**sub-ministrō**, ministrāre darreichen, verschaffen, schicken.
**sub-mīsī** *Perf. v. submitto.*
**submissiō**, ōnis *f (submitto)* ❶ Senkung [**vocis; orationis** gelassener Ton des Vortrags]; ❷ Unterordnung.

S

**submissus**, a, um *(P. Adj. v. submitto)* ❶ gesenkt; ❷ *(v. der Stimme)* leise; *(v. Rede u. Redner)* ruhig, gelassen; ❸ *(vom Char.)* **a)** bescheiden, demütig; **b)** unterwürfig.

**sub-mittō**, mittere, mīsī, missum ❶ herablassen, senken, beugen [**caput; fasces; vultum** den Blick senken]; ❷ *mediopass.* sich senken, sinken, *bes. v. Örtl.;* ❸ *(nachkl.) (übtr.)* **se ~** sich herablassen, sich erniedrigen; ❹ *(übtr.)* sinken lassen, vermindern [**animos** den Mut; **furorem** bezähmen]; ❺ *(poet.; nachkl.)* unterwerfen, unterordnen; ❻ überlassen [**alci imperium**]; ❼ heimlich schicken, zur Unterstützung, als Ablösung senden [**alci subsidia; milites auxilio**]; ❽ *(poet.; nachkl.)* aufrichten, erheben [**manūs** flehend erheben]; ❾ *(nachkl.)* lang wachsen lassen; ❿ *(poet.)* zur Zucht heranwachsen lassen [**vitulos**]; ⓫ *(poet.) (v. Örtl.)* hervorbringen, *als Erzeugnis* liefern.

**sub-molestus**, a, um etw. beschwerlich.

**sub-mōrōsus**, a, um etw. mürrisch.

**sub-moveō**, movēre, mōvī, mōtum ❶ entfernen, wegschaffen, vertreiben [**populum aris; hostes a porta; cohortes sub murum**]; ❷ *(vom Liktor)* zurückdrängen [**populum**]; *abs.* Platz machen; ❸ *(übtr.)* jmd. v. etw. abbringen, fernhalten *(von etw.: a re od. re)* [**reges a bello**]; ❹ *(poet.; nachkl.)* etw. ab-, fernhalten, abwehren; ❺ *(poet.; nachkl.)* verbannen [**alqm patriā, urbe**]; ❻ abtreten lassen [**legatos; contionem**]; ❼ *(poet.; nachkl.) (eine Örtl.)* weiter hinausrücken, zurückdrängen [**maria proiectis molibus**]; ❽ *(poet.; nachkl.)* etw. verscheuchen [**curas**].

**sub-mūtō**, mūtāre hin u. wieder vertauschen.

**sub-nāscor**, nāscī, nātus sum *(poet.; nachkl.)* hervor-, nachwachsen.

**sub-nectō**, nectere, nexuī, nexum *(poet.; nachkl.)* ❶ unten anknüpfen, anbinden *(alqd alci rei);* ❷ (unten) zusammenhalten, gürten [**vestem**].

**sub-negō**, negāre halb u. halb ablehnen.

**sub-nexuī** *Perf. v. subnecto.*

**subnexus** *P. P. P. v. subnecto.*

**sub-nīxus** *u.* **-nīsus**, a, um *(nitor²)* ❶ auf etw. sich stützend, sich stemmend, an etw. sich lehnend *(m. Abl.);* ❷ *(übtr.)* vertrauend auf *(m. Abl.)* [**auxiliis**]; *(abs.)* zuversichtlich [**animus**].

**sub-notō**, notāre *(nachkl.)* ❶ etw. unten anmerken; ❷ unterzeichnen.

**sub-nuba**, ae *f (nubo; vgl. pronuba) (poet.)* Nebenbuhlerin, Nebenfrau.

**sub-nūbilus**, a, um leicht bewölkt.

**subō**, subāre *(poet.; nachkl.)* brünstig sein.

**sub-obscēnus**, a, um etw. zweideutig.

**sub-obscūrus**, a, um etw. dunkel, etw. unverständlich.

**sub-odiōsus**, a, um etw. verdrießlich.

**sub-offendō**, offendere, – – etw. Anstoß erregen.

**sub-olēs**, is *f (alo; vgl. proles)* ❶ Nachwuchs, Nachkommenschaft; ❷ *(meton.)* Nachkomme, Sprössling, *auch v. Tieren.*

**sub-olēscō**, olēscere, – – *(vgl. ad-olesco)* heranwachsen.

**sub-ōrnō**, ōrnāre ❶ (heimlich) m. etw. ausrüsten, versehen; ❷ jmd. insgeheim anstiften, bestimmen.

**sub-p...** = *supp...*

**sub-rancidus**, a, um etw. ranzig.

**sub-raucus**, a, um etw. heiser.

**subrēctus** *P. P. P. v. subrigo.*

**sub-rēmigō**, rēmigāre *(poet.; nachkl.)* nachrudern.

**sub-rēpō**, rēpere, rēpsī, rēptum ❶ unter etw. kriechen, heranschleichen; ❷ *(poet.; nachkl.) (übtr.)* sich heran-, einschleichen.

**sub-rēxī** *Perf. v. subrigo.*

**sub-rīdeō**, rīdēre, – – lächeln.

**sub-rīdiculē** *Adv.* etw. lächerlich.

**sub-rigō**, rigere, rēxī, rēctum *(rego)* emporrichten [**aures** spitzen]; *Pass. auch* emporstehen.

**sub-ringor**, ringī, – sich etw. ärgern.

**sub-ripiō** = *surripio.*

**sub-rogō**, rogāre nachwählen lassen.

**sub-rōstrānī**, ōrum *m (< sub rostris [versantes]) Pflastertreter.*

**sub-rubicundus**, a, um *(nachkl.)* rötlich, hochrot.

**sub-rūfus**, a, um *(nachkl.)* rötlich.

**sub-ruō**, ruere, ruī, rutum *(ruo²)* ❶ unterwühlen, -graben, zum Einsturz bringen [**moenia**]; ❷ *(übtr.)* untergraben, vernichten [**libertatem**].

**sub-rūsticus**, a, um etw. bäurisch.

**sub-rutilus**, a, um *(nachkl.)* etw. rötlich.

**subrutus** *P. P. P. v. subruo.*

**sub-scrībō**, scrībere, scrīpsī, scrīptum ❶ unten hinschreiben, darunterschreiben; ❷ aufschreiben, aufzeichnen; ❸ die Klageschrift **a)** unterschreiben = Kläger sein, klagen; **b)** mit unterschreiben = Mitkläger sein; ❹ beipflichten, billigen, begünstigen *(alci rei).*

**subscrīptiō**, ōnis *f (subscribo)* ❶ Unterschrift, *unten angebrachte* Aufschrift; ❷ zensorischer Vermerk; ❸ *(jur.)* **a)** *(nachkl.)* Anklageschrift; **b)** Mitanklage.

**subscrīptor**, ōris *m (subscribo)* Mitkläger.

**subscrīptus** *P. P. P. v. subscribo.*

**sub-secō**, secāre, secuī, sectum *(poet.)* unten abschneiden.

**subsecūtus** *P. P. Akt. v. subsequor.*

**sub-sēdī** *Perf. v. subsido.*

**sub-sellium**, ī *n (sella)* ❶ (niedrige) (Sitz-)Bank *im Haus, bes. in den öffentl. Gebäu-*

*den (im Theater, Gericht, Senat u. a.);* ❷ *Pl.* Gericht(e), Prozesse.

**sub-sequor**, sequī, secūtus sum *(m. Akk.)* ❶ unmittelbar (nach)folgen; ❷ *(übtr.)* sich richten nach, nachahmen.

**subsessor**, ōris *m (subsido) (nachkl.)* jmd., der im Hinterhalt lauert, Jäger, Bandit.

**subsicīvus**, a, um *v. der Berufsarbeit* frei, erübrigt, Neben- [**tempora** Mußestunden; **opera** Nebenarbeiten].

**subsidiārius**, a, um *(subsidium) (milit.)* Reserve- [**cohortes**]; – *Subst.* **-ī**, ōrum *m* Reservetruppen.

**sub-sidium**, ī *n (sedeo)* ❶ *(milit. t. t.)* **a)** Hilfsmannschaft, Reserve, *meist Pl.;* **-a collocare; b)** Hilfe, Beistand *durch Truppen;* **-o proficisci;** ❷ *(übtr.)* Schutz, Beistand, Hilfe [**populi Romani; consulatūs**]; **-o esse** zum Schutz dienen *(alci: jmdm.; alci rei: gegen etw.);* **-um ferre** *od.* **mittere; -o venire;** ❸ Hilfsmittel; ❹ *(nachkl.)* Zuflucht(sort), Asyl *(für: Dat.).*

**sub-sīdō**, sīdere, sēdī, sessum ❶ sich niedersetzen, sich niederlassen, niederkauern *(vor jmdm.: Dat.);* ❷ auflauern [**in insidiis**]; ❸ *(poet.; nachkl.) (v. Sachen)* sich senken, sinken, sich legen, nachlassen; **undae** *od.* **flumina subsidunt** fallen; **venti subsederunt;** ❹ *(v. Personen)* zurückbleiben; sich ansiedeln; ❺ *(v. Sachen)* stecken bleiben, sich festsetzen.

**sub-sīgnānus**, a, um *(signum) (nachkl.)* unter den Fahnen befindlich [**miles** Legionssoldat].

**sub-sīgnō**, sīgnāre ❶ *(nachkl.)* unten verzeichnen; ❷ eintragen (lassen); ❸ *(nachkl.)* verbürgen.

**sub-siliō**, silīre, siluī, – *(salio) (nachkl.)* ❶ emporspringen; ❷ hineinspringen.

**sub-sistō**, sistere, stitī, – ❶ stillstehen, stehen bleiben, Halt machen; ❷ *(poet.; nachkl.) (übtr., v. Lebl.)* einhalten, aufhören; **clamor subsistit** verstummt; **lingua timore substitit** stockte; **substitit unda;** ❸ (zurück)bleiben, verweilen; ❹ Widerstand leisten, standhalten *(abs., m. Dat. od. Akk.).*

**sub-sōlānus**, ī *m (sol) (nachkl.)* Ostwind.

**sub-sortior**, sortīrī zum Ersatz auslosen [**iudices**].

**subsortītiō**, ōnis *f (subsortior)* das Nachlosen, die Auslosung des Ersatzes [**iudicum**].

**substantia**, ae *f (nachkl.)* Wesen, Beschaffenheit; Bestand.

**sub-sternō**, sternere, strāvī, strātum ❶ *(poet.; nachkl.)* unterstreuen, -breiten, -legen; ❷ unten auslegen [**nidos**]; ❸ *(übtr.)* preisgeben, unterwerfen [**rem publicam libidini suae**].

**sub-stitī** *Perf. v. subsisto.*

**sub-stituō**, stituere, stituī, stitūtum *(statuo)* ❶ *(nachkl.)* darunter- *od.* hinter etw. stellen; ❷ *(übtr.)* **alqd animo ~** sich etw. vorstellen; ❸ an die Stelle *jmds. od. einer Sache* setzen *(alqm pro alqo od. in locum alcis; alqd pro re od. in locum alcis rei).*

**substrātus** *P. P. P. v. substerno.*

**sub-strāvī** *Perf. v. substerno.*

**substrictus**, a, um *(P. Adj. v. substringo) (poet.)* schmal, schmächtig.

**sub-stringō**, stringere, strīnxī, strictum *(v. unten nach oben)* aufbinden [**crinem nodo;** *übtr.* **aurem alci** spitzen für jmd. = jmdm. mit gespitzten Ohren zuhören].

**substrūctiō**, ōnis *f (substruo)* Unterbau.

**sub-struō**, struere, strūxī, strūctum mit einem Unterbau versehen; *(Wege)* beschottern [**vias glareā**].

**sub-sum**, esse, – ❶ darunter sein, hinter etw. liegen, versteckt, verborgen sein *(m. Dat.);* **subest lingua palato; sol oceano subest** ist untergegangen; ❷ nahe, in der Nähe sein *(abs. od. m. Dat.);* **suberat mons; templa mari subsunt;** ❸ *(zeitl.)* nahe sein, bevorstehen; **suberat nox / hiems;** ❹ *(übtr.) einer Sache* zugrunde liegen.

**sub-suō**, suere, –, sūtum *(poet.)* unten benähen, besetzen.

**sub-tēmen**, minis *n (texo) (poet.; nachkl.)* ❶ Einschlag *des Gewebes;* ❷ *(meton.)* Gewebe, Garn, Faden.

**subter** *(zu sub, wie praeter zu prae)* **I.** *Adv.* unten(hin); **II.** *Präp.* ❶ *b. Akk. (auf die Frage: wohin?)* unter(halb), unter … hin; ❷ *b. Abl. (auf die Frage: wo?)* unter(halb); **III.** *als Präfix* ❶ unter, unten [**subter-fluo**]; ❷ heimlich [**subterfugio**].

**subter-fluō**, fluere, – – *(nachkl.)* unter etw. wegfließen *(m. Akk.).*

**subter-fugiō**, fugere, fūgī, – heimlich *od.* listig entgehen, vermeiden *(m. Akk.)* [**poenam; periculum**].

**subter-lābor**, lābī, lāpsus sum ❶ *(poet.)* unter etw. hinfließen *(m. Akk.);* ❷ entschlüpfen.

**sub-terrāneus**, a, um *(terra)* unterirdisch.

**subter-vacō**, vacāre *(nachkl.)* unten leer sein.

**sub-texō**, texere, texuī, textum ❶ *(poet.)* etw. als Schleier vorziehen; verhüllen; ❷ *in die Rede* einflechten, einfügen.

**subtīlis**, e ❶ *(poet.; nachkl.)* fein, dünn, zart; ❷ *(übtr.)* fein(fühlig); ❸ genau, gründlich, scharfsinnig [**argumentatio; quaestio; epistulae** ausführlich]; ❹ *(im Ausdruck)* schlicht, einfach.

**subtīlitās**, ātis *f (subtilis)* ❶ *(nachkl.)* Feinheit, Zartheit; ❷ *(übtr.)* Feinheit, Feinfühligkeit; ❸ Genauigkeit, Gründlichkeit, Scharfsinn [**sermonis**]; ❹ *(im Ausdruck)* Schlichtheit, Einfachheit.

**sub-timeō**, timēre, – – heimlich fürchten *(m. ne).*

**sub-trahō**, trahere, trāxī, tractum ❶ unter etw. *od.* unter jmdm. wegziehen *(unter: m. Dat.); Pass. auch* unter jmdm. zurückweichen: **solum subtrahitur** schwindet jmdm. unter den Füßen; ❷ heimlich wegziehen, entziehen, entfernen; ❸ *(nachkl.)* weglassen, nicht erwähnen [**nomen alcis**]; ❹ **se ~** sich zurückziehen, (zurück)weichen *(ab od. m. Dat.).*

**subturpiculus**, a, um *(Demin. v. subturpis) u.* **sub-turpis**, e etw. schimpflich.

**subtus** *(sub; vgl. in -tus) Adv.* unten.

**sub-tūsus**, a, um *(tundo) (poet.)* etw. zerschlagen.

**sub-ūcula**, ae *f (vgl. ex-uo) (poet.)* wollenes Unterhemd.

**sūbula**, ae *f (suo) (nachkl.)* Ahle.

**su-bulcus**, ī *m (sus; vgl. bu-bulcus) (poet.)* Schweinehirt.

**Imperium Romanum**
**Subūra** (ae *f*) war ein Stadtviertel in Rom mit vorwiegend armen Bewohnern. Es war das lebendigste, quirligste Stadtviertel Roms. Es gab dort einen Lebensmittelmarkt und viele Buden und Kneipen. Berüchtigt war Subura als Wohnort von Prostituierten.

**Subūrānus**, a um *Adj. zu Subūra:* aus, von Subura.

**suburbānitās**, tātis *f (suburbanus)* Nähe der Stadt, Lage in der Nähe der Stadt.

**sub-urbānus**, a, um in der Nähe der Stadt (*bes.* der Stadt Rom) gelegen, vorstädtisch; – *Subst.* **-um,** ī *n (erg. praedium)* Landgut bei Rom; **-ī,** ōrum *m (poet.)* Bew. der Nachbarorte Roms.

**sub-urbium**, ī *n (urbs)* Vorstadt.

**sub-urgeō**, urgēre, – – *(poet.)* nahe herandrängen.

**subvectiō**, ōnis *f (subveho)* Zufuhr.

**subvectō**, subvectāre *(Intens. v. subveho) (poet.; nachkl.)* herbeischaffen.

**subvectus**[1] *P. P. P. v. subveho.*

**subvectus**[2], *Abl.* ū *m (subveho) (nachkl.)* Zufuhr.

**sub-vehō**, vehere, vēxī, vectum hinaufbringen, -führen, stromaufwärts fahren [**naves; frumentum navibus**]; – *mediopass.* **subvehi** hinauffahren, stromaufwärts fahren *(intr.).*

**sub-veniō**, venīre, vēnī, ventum ❶ zu Hilfe kommen, helfen [**laboranti; homini perdito; patriae**]; ❷ *(übtr.) (einem Übel)* abhelfen [**tempestati adversae; morbo**].

**sub-vereor**, verērī, – ein wenig fürchten *(m. ne).*

**subversor**, ōris *m (subverto) (nachkl.)* Verderber, Zerstörer [**legum**].

S

**sub-vertō**, vertere, vertī, versum ❶ umstürzen, umwerfen [**statuam**]; ❷ *(übtr.)* zerstören, vernichten, vereiteln [**libertatem; alcis decretum; iura**].

**sub-vēxī** *Perf. v. subveho.*

**sub-vexus**, a, um *(vgl. con-vexus)* schräg sich erhebend.

**sub-volō**, volāre empor-, auffliegen.

**sub-volvō**, volvere, volvī, volūtum *(poet.)* hinaufwälzen.

**suc-cēdō**, cēdere, cessī, cessum *(sub)* ❶ unter etw. gehen, treten, in etw. eintreten *(m. Dat., Akk. od. sub u. Akk.)* [**tumulo terrae** beerdigt werden; **tectum; sub umbras**]; ❷ sich nähern, herangehen, -ziehen, -rücken *(m. Dat. od. Akk.; ad, sub od. in u. Akk.)* [**moenibus; tumulum; ad castra; sub montem; in certamina**]; ❸ *(poet.; nachkl.) (übtr.) (eine Last)* auf sich nehmen, übernehmen, sich *einer Sache* unterziehen *(m. Dat.)* [**operi**]; ❹ *(übtr.)* vonstattengehen, gelingen, glücken; **haec prospere succedebant; nihil bene succedit;** – *unpers.* **succedit** es gelingt; ❺ emporsteigen *(ad od. in u. Akk.; Dat.);* ❻ (nach)folgen, nachrücken; ❼ an die Stelle jmds. treten, jmd. ablösen, jmdm. nachfolgen *(m. Dat. od. in locum alcis)* [**patri in regno; in Sequanorum locum**]; ❽ in etw. einrücken; ❾ *(räuml.)* sich anschließen; ❿ *(zeitl.)* folgen *(abs. od. m. Dat.).*

**suc-cendō**, cendere, cendī, cēnsum *(sub; vgl. ac-cendo)* ❶ (v. unten) anzünden [**pontem; aggerem; aras** Feuer machen auf]; ❷ *(poet.; nachkl.) (übtr.) leidenschaftlich* entflammen.

**suc-cēnseō** = *suscenseo.*

**succēnsus** *P. P. P. v. succendo.*

**suc-centuriō**, ōnis *m (sub)* Unterzenturio.

**suc-cessī** *Perf. v. succedo.*

**successiō**, ōnis *f (succedo)* ❶ das Eintreten; ❷ Nachfolge *(in der Erbschaft, im Amt, im Besitz) (in etw.: Gen.);* ❸ Fortgang, Erfolg.

**successor**, ōris *m (succedo)* Nachfolger *(in etw.: Gen.)* [**patrimonii; studii**].

**successus**[1] *P. P. P. v. succedo.*

**successus**[2], ūs *m (succedo)* ❶ das Heranrücken [**hostium**]; ❷ Erfolg.

**suc-cīdī**[1] *Perf. v. succido*[1].

**suc-cidī**[2] *Perf. v. succido*[2].

**succīdia**, ae *f (sus u. caedo)* Speckseite.

**suc-cīdō**[1], cīdere, cīdī, cīsum *(sub u. caedo)* unten abhauen, unten abschneiden, unten durchhauen.

**suc-cidō**[2], cidere, cidī, – *(sub u. cado)* nieder-, zusammensinken, zu Boden fallen.

**succiduus**, a, um *(succido*[2]*) (poet.)* niedersinkend, wankend.

**succinctus**, a, um *(P. Adj. v. succingo)* ❶ *(poet.)* bereit, gerüstet *(zu etw.: Dat.)*

[**praedae**]; ❷ *(nachkl.)* kurz.

**suc-cingō**, cingere, cinxī, cinctum ❶ *(poet.)* aufschürzen, *meist P. P. P.* **succinctus** aufgeschürzt; ❷ umgürten, umschließen [**alqm nimbo** umhüllen]; *bes. P. P. P.* **succinctus** umgürtet, gerüstet [**gladio; cultro**]; ❸ m. etw. ausrüsten, ausstatten; *bes. P. P. P.* **succinctus** [**armis legionibusque**]; / *s. auch succinctus.*

**suc-cinō**, cinere, – – *(sub u. cano) (poet.)* zustimmen.

**suc-cinxī** *Perf. v. succingo.*

**succīsus** *P. P. P. v. succido*[1].

**succlāmātiō**, ōnis *f (succlamo)* Zuruf.

**suc-clāmō**, clāmāre *(sub)* zurufen.

**suc-crēscō**, crēscere, crēvī, – heran-, nachwachsen.

**suc-cumbō**, cumbere, cubuī, – *(sub; vgl. cubo, ac-cumbo)* ❶ *(poet.; nachkl.)* niedersinken; ❷ *(übtr.)* unterliegen, erliegen, nachgeben [**oneri; labori; tempori** sich in die Zeit schicken müssen; **precibus**]; ❸ *(poet.)* sich *einem Mann* hingeben.

**suc-currō**, currere, currī, cursum *(sub)* ❶ sich unterziehen, auf sich nehmen *(abs.)*; ❷ zu Hilfe eilen, *(übtr.)* helfen; ❸ *(einem Übel)* abhelfen [**malis; adversae fortunae**]; ❹ in den Sinn kommen, einfallen.

**suc-cussī** *Perf. v. succutio.*

**succussiō**, ōnis *f (nachkl.) u.* **succussus**, ūs *m (succutio)* Erschütterung.

**suc-cutiō**, cutere, cussī cussum *(sub u. quatio) (poet.; nachkl.)* emporschleudern.

**sūcidus**, a, um *(sucus) (nachkl.)* saftig, frisch.

**sūcinum**, ī *n (sucus) (nachkl.)* Bernstein.

**Sucrō**, ōnis *m Stadt in Ostspanien am Mittelmeer; – Adj.* **Sucrōnēnsis**, e.

**sūctus** *P. P. P. v. sugo.*

**Suculae**, ārum *f* die Hyaden.

**sūcus**, ī *m (sugo)* ❶ Saft; ❷ *(poet.; nachkl.)* dicke Flüssigkeit; ❸ *(poet.)* Saft, Trank *als Arznei* [**amarus**]; ❹ *(poet.) (meton.)* Geschmack *v. etw., auch Pl.;* ❺ *(übtr.)* Kraft, Frische, Saft u. Kraft, *bes. v. der Rede u. dem Redner.*

**sūdārium**, ī *n (sudo) (poet.; nachkl.)* Schweiß-, Taschentuch.

**sūdātiō**, ōnis *f (sudo) (nachkl.)* das Schwitzen.

**sūdātōrium**, ī *n (sudo) (nachkl.)* Schwitzbad.

**sudis**, is *f* Pfahl.

**sūdō**, sūdāre **I.** *intr.* ❶ schwitzen; ❷ triefen [**sanguine**]; ❸ *(poet.)* aus etw. herausschwitzen; ❹ *(übtr.)* sich abmühen, sich anstrengen; **II.** *trans. (poet.; nachkl.)* etw. ausschwitzen.

**sūdor**, ōris *m (sudo)* ❶ Schweiß; ❷ *(poet.; nachkl.) (meton.) jede* Ausschwitzung, Feuchtigkeit [**veneni** ausgeschwitztes Gift]; ❸ *(übtr.)* Mühe, Anstrengung.

**sūdum**, ī *n (sudus)* heiteres Wetter; *(poet.)* klare Luft.

**sūdus**, a, um *(poet.)* heiter, sonnig.

**Suēbī**, ōrum *m* die Sueben *(„Schwaben“), germ. Volksstamm, urspr. an der Ostsee sesshaft, später nach Südwesten, bis an den Rhein gedrängt; Sg.* **Suēbus**, ī *m u.* **Suēba**, ae *f; – Adj.* **Suēb(ic)us** a, um; – **Suēbia**, ae *f* Land der Sueben.

**suēscō**, suēscere, suēvī, suētum **I.** *intr.* sich gewöhnen *(m. Dat.), Perf.* gewohnt sein, pflegen *(m. Inf.); – P. Adj.* **suētus**, a, um **a)** an etw. gewöhnt *(m. Dat. od. Inf.);* **b)** *(v. Sachen)* gewohnt; **II.** *trans. (nachkl.)* jmd. an etw. gewöhnen *(alqm re)* [**viros disciplinā et imperiis**].

**Suessiōnēs**, num *m Völkerschaft in Gallia Belgica um Soissons.*

**Suētōnius**, a, um *Name einer röm. gens:* **C. ~ Tranquillus** *(etwa 70–140 n. Chr.), Sekretär Hadrians, Geschichtsschreiber.*

**suētus** *s. suesco.*

**suēvī** *Perf. v. suesco.*

**sūfes**, etis *m* Suffet *(Titel der höchsten Regierungsbeamten in Karthago).*

**suf-fēcī** *Perf. v. sufficio.*

**suffectus** *P. P. P. v. sufficio.*

**suf-ferō**, sufferre, sustulī, sublātum *(sub)* ertragen, aushalten.

**suf-ficiō**, ficere, fēcī, fectum *(sub u. facio)* **I.** *trans.* ❶ jmd. als Ersatz wählen, nachwählen *(alqm alci od. in locum alcis; m. dopp. Akk.)* [**collegam censori; alqm consulem**]; ❷ *(poet.; nachkl.)* ersetzen, ergänzen [**prolem**]; ❸ darreichen, darbieten; ❹ färben; **II.** *intr.* ❶ genügen, ausreichen; – *unpers. (nachkl.)* **sufficit** es genügt; ❷ stand-, aushalten, gewachsen sein; **muri non sufficiebant;** ❸ *(poet.; nachkl.)* imstande sein *(m. Inf.).*

**suf-fīgō**, fīgere, fīxī, fīxum *(sub)* ❶ an *od.* auf etw. heften, anschlagen [**alqm cruci, in cruce**]; ❷ *(nachkl.)* mit etw. beschlagen [**trabes auro**].

**suffīmen**, minis *n (poet.) u.* **suffīmentum**, ī *n (suffio)* Räucherwerk.

**suf-fiō**, fīre *(sub u. fumus) (poet.; nachkl.)* räuchern, entsühnen.

**suffītor**, ōris *m (suffio) (nachkl.)* jmd., der räuchert.

**suf-fīxī** *Perf. v. suffigo.*

**suffīxus** *P. P. P. v. suffigo.*

**sufflāminō**, sufflāmināre *(nachkl.)* hemmen.

**suf-flō**, flāre *(sub) (poet.; nachkl.)* aufblasen.

**suffōcātiō**, iōnis *f (suffoco) (nachkl.)* das Ersticken.

**suf-fōcō**, fōcāre *(sub u. fauces)* ersticken, erwürgen [**patrem;** *übtr.* **urbem fame** aushungern].

**suf-fodiō**, fodere, fōdī, fossum *(sub)* ❶ untergraben, -wühlen [**murum**]; ❷ v. unten durchbohren.

**suffossiō**, iōnis *f (suffodio) (nachkl.)* ① das Untergraben; ② Mine.

**suffrāgātiō**, ōnis *f (suffragor)* ① Empfehlung *zu einem Amt* [**urbana** der städtischen Bevölkerung; *(zu, für etw.: Gen.)* **consulatūs**]; ② *(nachkl.) (übtr.)* Begünstigung.

**suffrāgātor**, ōris *m (suffragor)* ① Wähler; ② *(nachkl.) (übtr.)* Fürsprecher, Anhänger.

**suffrāgātōrius**, a, um *(suffragator)* die Wahlen betreffend [**amicitia** für die Zeit der Wahlen].

**suf-frāgium**, ī *n (sub u. fragor* „Beifallslärm") ① Stimme, Votum; **-um ferre** seine Stimme abgeben, abstimmen; ② *(Sg. u. Pl.)* Abstimmung; ③ *(meton.)* Wahl-, Stimmrecht; **alci -um dare; alqm -o excludere;** ④ stimmberechtigte Zenturie; ⑤ *(übtr.)* Urteil; ⑥ *(poet.)* Zustimmung, Beifall [**populi**].

**suf-frāgō**, ginis *f (sub u. frango) (nachkl.)* Hinterbug *(eines vierbeinigen Tieres).*

**suffrāgor**, suffrāgārī *(suffragium)* ① für jmd. stimmen, jmd. durch seine Stimme begünstigen *(alci; ad alqd)* [**domino ad consulatum**]; ② *(übtr.)* begünstigen, unterstützen, empfehlen *(m. Dat.).*

**suf-fringō**, fringere, frēgī, frāctum *(sub u. frango)* unten zerbrechen.

**suf-fūdī** *Perf. v. suffundo.*

**suf-fugiō**, fugere, fūgī, – **I.** *intr.* unter etw. fliehen [**in tecta**]; **II.** *trans. (poet.; nachkl.)* entfliehen, entgehen.

**suffugium**, ī *n (suffugio) (poet.; nachkl.)* Zufluchtsort, Schlupfwinkel *(gegen: Gen., Dat. od. adversus)* [**ferarum; hiemi**]; *(übtr.)* Zuflucht *(gegen, vor: Gen.)* [**malorum**].

**suf-fundō**, fundere, fūdī, fūsum ① unter etw. gießen *(unter: Dat.); – mediopass.* **suffundi** unten sich ergießen, unter etw. strömen, sich verbreiten; ② m. etw. übergießen, benetzen, überziehen, tränken; – *meist P. P. P.* **suffūsus;** ③ *(poet.)* zu-, eingießen.

**suf-fuscus**, a, um *(nachkl.)* bräunlich.

**suffūsiō**, ōnis *f (suffundo) (nachkl.)* ~ **(oculorum)** grauer Star *(Augenkrankheit).*

**suffūsus** *P. P. P. v. suffundo.*

**Sugambrī** = *Sigambri.*

**sug-gerō**, gerere, gessī, gestum *(sub)* ① (dar)unterlegen, -bringen *(alqd alci rei)* [**flammam aëno;** *übtr.* **flammam invidiae** schüren]; ② herbeitragen, liefern, darreichen [**animalibus cibum; alci tela**]; *(übtr.)* gewähren, liefern; ③ hinzu-, beifügen, folgen lassen.

**suggestum**, ī *n (suggero)* Rednertribüne.

**suggestus**[1], ūs *m (suggero)* Rednertribüne; *(bes. im Lager)* Tribüne, Tribunal.

**suggestus**[2] *P. P. P. v. suggero.*

**suggil...** = *sugil...*

**sug-grandis** = *subgrandis.*

**sug-gredior**, gredī, gressus sum *(sub u. gradior)* (her)anrücken.

**sūgillātiō**, ōnis *f (sugillo)* Verhöhnung, Beschimpfung.

**sūgillō**, sūgillāre ① *(nachkl.)* verprügeln; ② *(übtr.)* verhöhnen, beschimpfen.

**sūgō**, sūgere, sūxī, sūctum saugen; *(übtr.)* einsaugen.

**suī**[1] *Gen. Sg. u. Pl. des Reflexivpron. der 3. Ps.* seiner, ihrer, gegen sich *u. Ä.*

**suī**[2] *Perf. v. suo.*

**suīllus**, a, um *(sus)* Schweine-.

**Suīonēs**, num *m Bezeichnung der Germanen in Schweden.*

**sulcō**, sulcāre *(sulcus) (poet.; nachkl.)* (durch)furchen, pflügen [**humum vomere; agros**]; *(übtr.)* durchfahren [**maria**].

**sulcus**, ī *m* ① Furche *des Ackers;* ② *(nachkl.) (meton.)* das Pflügen; ③ *(poet.)* Einschnitt, Graben; ④ *(poet.)* Bahn *eines Meteors.*

**sulfur, sulfur...** = *sulpur, sulpur...*

**Sulla**, ae *m röm. cogn. in der gens Cornelia:* ① **L. Cornelius ~ (Felix)** *der Diktator (138–78 v. Chr.);* – Adj. **Sullānus**, a, um; – **Sullānī,** ōrum *m* Anhänger Sullas; ② *sein Sohn* **L. Cornelius ~ Faustus;** ③ **P. Cornelius ~** *Neffe des Diktators, v. Cicero verteidigt, Anhänger Cäsars.*

**sullāturiō**, sullāturīre *(Sulla)* den Sulla spielen wollen.

**Sulmō**, ōnis *m Stadt der Päligner im Sabinerland, j.* Sulmona, *Geburtsstadt Ovids; – Einw.* **Sulmōnēnsēs,** ium *m.*

**sulphur, sulphur...** = *sulpur, sulpur...*

**Sulpicius**, a, um *röm. nomen gentile.*

**sulpur**, puris *n* ① Schwefel; ② *(poet.) (meton.) Pl.* Schwefelstücke.

**sulpurātiō**, ōnis *f (sulpur) (nachkl.)* Schwefellager.

**sulpurātus**, a, um *(sulpur) (nachkl.)* schwefelhaltig.

**sulpureus**, a, um *(sulpur) (poet.; nachkl.)* schwefelig, Schwefel-.

**sum**, esse, fuī **I.** *als selbstständiges Verb (verbum substantivum)* ① da sein, vorhanden sein, existieren, am Leben sein, *oft m.* „es gibt" *übersetzbar;* **credo esse deos; periculum erat** war vorhanden; **silentium erat** herrschte; **sunt qui** *(m. Konj. od. Ind.)* es gibt Leute, die = manche; *negiert:* **nemo est quin; est quod** *od.* **cur** *(m. Konj.)* es ist Grund vorhanden, dass; ② sich befinden, sich aufhalten, sein, wohnen, leben, stehen *(konkr. u. übtr.)* [**in agro; in servitute; ante oculos** stehen; **in aere alieno** in Schulden stecken; **in invidia** verhasst sein; **in dubio** zweifelhaft sein; **in armis** unter Waffen stehen; **in periculo** schweben]; **liber est de senectute** handelt v.; **quantum in me est** soviel an mir liegt; **est in**

**fatis** es ist bestimmt; **ex familia vetere esse** abstammen; **ab alqo esse** v. jmdm. abstammen *od.* auf jmds. Seite stehen; **hoc a me** *od.* **pro me est** spricht für mich; ③ stattfinden, sich ereignen; **est ut** es ist der Fall, es kommt vor, dass; ④ auf etw. beruhen; **omnis spes in impetu equitum est;** ⑤ *(m. Modaladverbien)* sich verhalten, stehen, gehen; **sic** (*od.* **ita**) **vita hominum est; bene / male est** es steht gut / schlecht; **hoc aliter est** verhält sich anders; **satis est;** ⑥ *(m. Dat. der Person)* jmdm. gehören, *bes. durch* haben, besitzen *zu übersetzen;* **amico meo villa est** meinem Freund gehört ein Landhaus = mein Freund hat ein Landhaus; **mihi nomen est** *(m. Nom. od. Dat.; nachkl. auch m. Gen.)* ich heiße; ⑦ wirklich sein, wahr sein **nihil horum est** nichts davon ist wahr; ⑧ **id** (*od.* **hoc**) **est** das heißt; ⑨ *est m. Inf.* es ist möglich, man kann, man darf; **II.** *als Kopula (verbum copulativum)* ① *(m. Prädikatsnomen im Nom.)* sein; **vita brevis est; Romulus fuit rex Romanorum;** ② *(m. Gen. poss. od. Poss. Pron.)* jmdm. gehören, jmds. Eigentum sein, zu etw. gehören; **haec domus est patris / mea / tua; omnia erant hostium / nostra / vestra; esse eiusdem aetatis;** ③ **alcis / meum / tuum est** es ist jmds / meine / deine Sache, Pflicht, Aufgabe, Gewohnheit; *alcis rei est* es ist ein Zeichen, Beweis v. etw., es verrät etw.; **cuiusvis hominis est errare; summae dementiae est** *(m. Inf.);* ④ *(m. Gen. des Gerundivs)* zu etw. passen, sich eignen; ⑤ *(m. Gen. od. Abl. qual.)* v. etw. sein = etw. haben, besitzen, zeigen; **magnae sapientiae esse; suae potestatis esse** sein eigener Herr sein; **summā iracundiā esse; bono / alieno animo in alqm esse** jmdm. gut / übel gesinnt sein; – *(m. Zahlen immer Gen.)* etw. betragen, sich auf etw. belaufen; **classis est ducentarum navium;** ⑥ *(m. Gen. od. Abl. pretii)* wert sein, gelten, kosten [**magni / pluris / parvi / minimi** viel / mehr / wenig / sehr wenig wert sein]; ⑦ *(m. Dat. des Zwecks od. der Wirkung)* zu etw. dienen, etw. bereiten; **alci curae esse** jmdm. Sorge bereiten; **alqd alci est laudi / saluti;** ⑧ *(m. Dat. des Gerundivs)* zu etw. imstande, fähig sein [**oneri ferendo; solvendo** zahlungsfähig sein]; **III.** *als Hilfsverb (verbum auxiliare)* sein ① *in Verbindung m. P. P. P. zur Bildung v. Perf., Plusquamperf. u. Fut. exactum Pass.;* ② *zur Bildung periphrastischer Formen:* **scripturus sum** ich bin im Begriff zu schreiben, ich will schreiben, ich werde gleich schreiben; **liber tibi legendus est** du musst das Buch lesen.

**sūmen**, minis *n (sugo) (nachkl.)* Saueuter.

**sum-m...** *s. auch subm...*

**summa**, ae *f (summus)* ① höchste Stelle, Vorrang [**imperii** Oberbefehl]; ② *(übtr.)* Hauptsache, -punkt, -gedanke [**orationis**]; ③ Summe, Gesamtzahl; **-am facere** *od.* **subducere** das Fazit ziehen; ④ Geld(summe); ⑤ Menge, Masse; ⑥ Gesamtheit, Inbegriff, das Ganze [**exercitūs; belli** Gesamtleitung; **victoriae** völlige Entscheidung]; **ad -am** *od.* (**in**) **-a** im Ganzen, überhaupt, kurz.

**Summānus**, ī *m Gott der nächtlichen Blitze.*

**summārium**, ī *n (summa) (nachkl.)* Hauptinhalt.

**summārius**, ī *m* Packesel.

**summātim** *Adv. (summus)* in Hauptpunkten, kurz.

**summ-opere** *Adv. (= summo opere)* äußerst.

**summula**, ae *f (Demin. v. summa) (nachkl.)* Sümmchen.

**summum**[1], ī *n (summus)* Höhe, Spitze [**tecti** First], *meist Pl.* **summa,** ōrum [**scopuli** Spitzen]; **a -o** v. oben; **in -o** auf der Höhe, oben.

**summum**[2] *Adv. (s. summus).*

**summus**, a, um *(super)* ① *(räuml.)* der höchste, oberste [**iugum montis**], *meist (partitiv)* = der oberste Teil, Gipfel, Höhe, Spitze [**mons** Gipfel des Berges; **urbs** *u.* **arx** Akropolis; **tectum** Dachfirst; **gramina; mare / unda / aqua** Oberfläche]; ② *(zeitl.)* der Letzte, Äußerste; ③ *(dem Grade nach)* der höchste, größte, stärkste [**potestas; tempus** höchste Not; **hiems** tiefer; **vox** lauteste; **bonum; humanitas; aestas** Hochsommer]; – *Adv.:* **a) summē** im höchsten Grade, ganz besonders *(b. Adj. u. Verben)* [**iucundus; cupere**]; **b) summum** höchstens: **duo aut summum tres dies;** ④ *(dem Rang nach)* der bedeutendste, höchstgestellte, Haupt- [**dux; proelium** Hauptschlacht]; ⑤ der vorzüglichste, beste [**amicus**]; **-o loco natus;** ⑥ vollkommen, ganz, allgemein [**consensio; copiae** Gesamtmacht].

**sūmō**, sūmere, sūmpsī, sūmptum *(sub u. emo)* ① nehmen, ergreifen [**poculum dextrā; arma; pecuniam (mutuam)** borgen; **alci equum** wegnehmen]; ② an sich, zu sich nehmen [**litteras**]; ③ *(Kleider, Waffen)* anziehen, anlegen; ④ *(Nahrung)* zu sich nehmen [**cibum**]; einnehmen [**venenum**]; ⑤ kaufen, mieten; ⑥ verbrauchen, auf-, anwenden [**laborem frustra**]; ⑦ *(übtr.)* (an)nehmen [**(sibi) tempus** sich Zeit nehmen; **speciem hominis; vultūs acerbos; antiquos mores; animum** Mut fassen; **supplicium de** *od.* **ex alqo** die Todesstrafe an jmdm. vollziehen]; ⑧ sich aneignen; *(pejor.)* sich etw. herausnehmen, sich etw. anmaßen *(alqd u. sibi alqd)* [**sibi iudicium**]; ⑨ wählen, aussuchen [**peritos duces; exempla;** *(m. dopp. Akk.)* **alqm imperatorem**]; ⑩ festsetzen, bestimmen [**tempus col-**

**loquendi**]; ⑪ etw. unternehmen, beginnen; ⑫ *(rhet. t. t.)* **a)** anführen, erwähnen; **b)** behaupten [**alqd pro certo**]; *(auch m. A. C. I.).*

**sūmptuārius**, a, um *(sumptus¹)* den Aufwand betreffend, Luxus- [**lex**].

**sūmptuōsus**, a, um *(sumptus¹)* ① kostspielig, teuer; ② verschwenderisch.

**sūmptus¹**, ūs *m (Dat. Sg. auch -ū) (sumo)* Aufwand, Kosten, *Sg. u. Pl.*

**sūmptus²** *P. P. P. v. sumo.*

**Sūnion** *u.* **-um**, ī *n südöstl. Vorgeb. v. Attika.*

**suō**, suere, suī, sūtum (zusammen)nähen; *(poet.) (übtr.)* zusammenfügen.

**su-ove-taurīlia**, lium *n (sus, ovis u. taurus)* feierliches Reinigungsopfer aus Schwein, Schaf u. Stier.

**supellex**, supellectilis *f* ① Hausrat, Ausrüstung [**magnifica; militaris**]; ② *(übtr.)* Ausstattung [**oratoria**].

**super¹** = *superus.*

**super²** **I.** *Adv.* ① *(räuml.)* **a)** darüber, darauf, oberhalb, oben; **b)** *(poet.; nachkl.)* v. oben (her); **c)** *(poet.)* nach oben, über sich; ② *(übtr.)* **a)** überdies, außerdem; **~ (quam)** außerdem; **~ haec fatur**; **b)** (noch) mehr; **satis superque** mehr als genug; **c)** vor allem; **d)** übrig; **II.** *Präp. (manchmal, bes. poet., nachgest.)* ① *b. Abl.* **a)** *(räuml., auf die Frage „wo?")* über, oben auf; **b)** *(zeitl.) (poet.)* während, bei; **nocte ~ media; ~ mero; c)** *(übtr.)* wegen, bezüglich, von, über *(= de)*; **~ tali causa missus; ~ scelere suspectus**; ② *b. Akk.* **a)** *(räuml., auf die Frage „wo?" u. „wohin?")* über, oben auf; **~ tumulum alqd statuere; ~ alqm** *od.* **alqd procumbere;** – oberhalb v.; **~ flumen aciem instruere;** – über … hinaus; jenseits v.; **~ fluctus eminere; ~ Indos imperium proferre; b)** *(zeitl.) (nachkl.)* während, bei; **~ cenam; c)** *(übtr.)* über … hinaus, mehr als; **~ decem milia; ~ omnia** vor allem; – außer *(= praeter)*, **~ ceteros honores**; **~ haec** außerdem.

**superā** *Adv. u. Präp. (poet.) = supra.*

**superābilis**, e *(supero)* übersteigbar [**murus**]; *(übtr.)* bezwingbar [**Romani**].

**super-addō**, addere, addidī, additum *(poet.)* noch hinzufügen.

**super-adōrnātus**, a, um *(adorno) (nachkl.)* v. außen verziert.

**superātor**, ōris *m (supero) (poet.)* Überwinder.

**superbia**, ae *f (superbus)* Übermut, Hochmut, Stolz; *(poet.; nachkl.)* Selbstbewusstsein.

**superbi-ficus**, a, um *(superbus u. facio) (nachkl.)* übermütig machend.

**superbi-loquentia**, ae *f (superbus u. loquor)* übermütiges Reden.

**superbiō**, superbīre *(superbus) (nachkl.)* ① hochmütig, stolz sein, sich brüsten [**nomine avi**]; ② *(übtr., v. Lebl.)* prächtig sein.

**superbus**, a, um *(super)* ① *(poet.)* hoch aufgerichtet, hochragend; ② übermütig, hochmütig, stolz [**Tarquinius; dictum; arces;** *(wegen, über, auf etw.: Abl.)* **pecuniā**]; ③ *(v. Personen)* erhaben, vortrefflich; *(v. Sachen)* prächtig [**apparatus**].

**superciliōsus**, a, um *(supercilium) (nachkl.)* sehr ernst, streng.

**super-cilium**, ī *n* ① Augenbraue; ② *(übtr.)* finsteres Wesen, strenger Ernst [**censorium**]; ③ Hochmut, Stolz; ④ Vorsprung, (An-)Höhe; ⑤ *(poet.)* Wink; **Iuppiter cuncta -o movens**.

**super-currō**, currere, currī, cursum *(nachkl.)* übertreffen.

**super-ēmineō**, ēminēre, – – **I.** *intr. (nachkl.)* hervorragen; **II.** *trans. (poet.)* überragen.

**super-ēmorior**, ēmorī, – *(nachkl.)* darüber sterben.

**superficiārius**, a, um *(superficies) (nachkl.)* in Erbpacht stehend, *auch übtr.*

**super-ficiēs**, ēī *f (facies)* ① *(nachkl.)* Oberfläche; ② Gebäude.

**super-fīxus**, a, um *(figo)* aufgesteckt.

**super-fluō**, fluere, flūxī, – ① *(nachkl.)* überströmen, über die Ufer treten; ② *(v. der Rede)* überschwänglich sein; ③ *(nachkl.)* im Überfluss vorhanden sein; ④ *(poet.)* im Überfluss leben; ⑤ *(nachkl.)* überflüssig sein.

**super-fūdī** *Perf. v. superfundo.*

**super-fuī** *Perf. v. supersum.*

**super-fundō**, fundere, fūdī, fūsum ① darübergießen, -schütten – **se ~** *u. mediopass.* **superfundi** überströmen, über die Ufer treten, sich ergießen, sich ausbreiten, *auch übtr.;* ② *(nachkl.)* überschütten, bedecken.

**super-gredior**, gredī, gressus sum *(gradior) (nachkl.)* ① überschreiten; ② *(übtr.)* übertreffen; überstehen.

**super-iaciō**, iacere, iēcī, iectum (*u.* iactum) ① darüber-, daraufwerfen, -legen; ② *(poet.; nachkl.)* m. etw. übergießen, -schütten [**scopulos undā**]; ③ *(nachkl.)* überschreiten [**Alpes**]; ④ *(übtr.)* überschreiten [**fidem** (die Grenzen der Glaubwürdigkeit) **augendo**]; ⑤ *(nachkl.)* übertreffen.

**super-immineō**, imminēre, – – *(poet.)* darüber emporragen.

**super-impendēns**, *Gen.* dentis *(impendeo) (poet.)* darüberhängend.

**super-impōnō**, impōnere, imposuī, impositum darauflegen, -setzen [**statuam monumento** *(Dat.)*].

**super-incidēns**, *Gen.* entis *(incido¹)* v. oben hereinfallend.

**super-incubāns**, *Gen.* antis *(incubo)* darauf liegend.

**super-incumbō**, incumbere, incubuī, – *(poet.)*

S

sich darauflegen.
**super-iniciō**, inicere, iniēcī, iniectum *(poet.; nachkl.)* darüberwerfen.
**super-īnsternō**, īnsternere, īnstrāvī, īnstrātum darüberbreiten.
**super-lābor**, lābī, lāpsus sum darüber hingleiten.
**super-lāt...** = *supralat...*
**super-natō**, natāre *(nachkl.)* darüber, darauf schwimmen.
**supernus**, a, um *(super)* oben befindlich [**Tusculum** hochgelegen]; – *Adv.* **-e** v. oben her; *(poet.; nachkl.)* oben.
**superō**, superāre *(superus)* **I.** *intr.* ❶ *(poet.)* hervor-, emporragen; ❷ *(übtr.)* überlegen sein, die Oberhand haben, Sieger sein, siegen [**virtute; equitatu; proelio**]; **superat fortuna; forma superans** unvergleichliche Schönheit; ❸ im Überfluss vorhanden sein; ❹ übrig sein, übrig bleiben [**vitā** überleben]; am Leben bleiben, am Leben sein, **alci rei ~** etw. überleben, überdauern [**captae urbi**]; **II.** *trans.* ❶ übersteigen, -schreiten; ❷ überragen; ❸ an etw. vorbeigehen [**regionem castrorum**]; etw. umsegeln, über etw. hinausfahren [**promunturium**]; ❹ *(übtr.)* übertreffen, überlegen sein [**omnes splendore; alqm iustitiā**]; ❺ überwinden, besiegen; ❻ zuvorkommen.
**super-occupō**, occupāre *(poet.)* dabei überraschen.
**super-pendēns**, *Gen.* dentis *(pendeo)* (dar)überhängend.
**super-pōnō**, pōnere, posuī, positum ❶ (dar)aufsetzen, -legen; ❷ *(übtr.)* überordnen; *(nachkl.)* vorziehen.
**super-scandō**, scandere, – – überschreiten.
**super-sedeō**, sedēre, sēdī, sessum ❶ sich über etw. hinwegsetzen, sich etw. ersparen, etw. unterlassen *(m. Abl.)*; ❷ *(m. Inf.)* nicht wollen [**certare**].
**super-stāgnō**, stāgnāre *(nachkl.)* über die Ufer treten.
**super-stes**, *Gen.* stitis *(Abl. Sg.* -e; *Gen. Pl.* -um; *Neutr. Pl. fehlt) (sto)* **I.** *Adj.* ❶ dabeistehend, gegenwärtig; ❷ überlebend, *auch übtr.* [*(m. Dat.)* **pater filio; gloriae suae**; *(m. Gen.)* **tot bellorum**]; **II.** *Subst. m* Zeuge.
**super-stetī** *Perf. v. supersto.*
**superstitiō**, ōnis *f* ❶ Aberglaube; *(meton.) Pl.* abergläubische Gebräuche, abergläubischer Kult [**magicae**]; ❷ *(nachkl.)* Verehrung einer Gottheit, Gottesdienst; ❸ *(poet.)* Schwur, Beschwörung.
**superstitiōsus**, a, um *(superstitio)* abergläubisch.
**super-stō**, stāre, stetī, – oben daraufstehen, auf etw. stehen *(m. Dat. od. Akk.)*.
**super-strātus**, a, um *(sterno)* darübergehäuft.
**super-struō**, struere, strūxī, strūctum *(nachkl.)* darüber bauen.
**super-sum**, esse, fuī *(auch in Tmesis)* ❶ übrig sein, übrig bleiben; ❷ noch am Leben sein, am Leben bleiben; *(m. Dat.)* überleben, überstehen [**pugnae; temporibus** die schlimmen Zeiten]; ❸ im Überfluss, reichlich vorhanden sein, ausreichen; ❹ überflüssig sein; ❺ *(poet.) einer Sache* hinlänglich gewachsen sein [**labori**]; ❻ *(nachkl.)* überlegen sein.
**super-tegō**, tegere, tēxī, tēctum *(poet.)* überdecken.
**super-urgeō**, urgēre, – – *(nachkl.)* oben eindringen.
**superus**, a, um *(Nom. Sg. m auch super; super²)* **I.** *Pos.* oben befindlich, der obere, Ober- [**mare** das Adriatische Meer]; zur Oberwelt gehörig, irdisch [**aurae**]; zum Olymp gehörig, himmlisch [**dii**]; – *Subst.* **superī**, ōrum *u.* um *m (poet.)* **a)** die Götter im Himmel; **b)** Oberwelt, die Menschen auf der Erde; **supera**, ōrum *n (poet.)* die Höhen, Oberwelt; **II.** *Komp.* **superior**, ius ❶ *(räuml.)* weiter oben befindlich, der obere [**domus** der obere Teil des Hauses; **loca** höher gelegenes Gelände]; ❷ *(zeitl. u. in der Reihenfolge)* **a)** der frühere, vorige, vergangene, ehemalige; **b)** älter [**Africanus**]; vorgeschritten [**aetas**]; ❸ *(übtr.)* **a)** höherstehend, überlegen, vortrefflicher [**gradus honoris**]; **b)** die Oberhand behaltend, mächtiger, stärker, siegreich, Sieger; **III.** *Superl.* **suprēmus**, a, um ❶ *(räuml.) (poet.)* der oberste, höchste; ❷ *(zeitl.)* der letzte [**hora** Todesstunde; **(vitae) dies** Todestag *od.* Begräbnistag; **ignes** Scheiterhaufen; **munera** *od.* **honor** letzte Ehre; **tituli** Grabinschrift]; **sole supremo** bei Sonnenuntergang; **diem supremum obire** sterben; – *Adv.* **suprēmum** *(poet.; nachkl.)* zum letzten Mal; ❸ *(übtr.)* **a)** der äußerste, ärgste, schlimmste [**supplicium**]; **b)** *(poet.)* der erhabenste [**Iuppiter**].
**supervacāneus**, a, um *(supervacuus)* ❶ überflüssig, unnötig; ❷ überzählig.
**super-vacuus**, a, um überflüssig, unnötig.
**super-vādō**, vādere, – – überschreiten; *(übtr.)* überwinden.
**super-vehor**, vehī, vectus sum über etw. hinausfahren *(m. Akk.)*.
**super-veniō**, venīre, vēnī, ventum ❶ *(poet.)* sich über etw. werfen, sich über etw. legen *(m. Dat. od. Akk.)*; ❷ überraschend dazukommen, erscheinen; ❸ überfallen, überraschen *(m. Dat.)*.
**superventus**, ūs *m (supervenio) (nachkl.)* das Dazukommen.
**super-vīvō**, vīvere, vīxī, – *(nachkl.)* überleben *(m. Dat.)*.

**super-volitō**, volitāre *(poet.; nachkl.)* über etw. hin- u. herflattern *(alci u. alqd)*.

**super-volō**, volāre *(poet.; nachkl.)* darüberfliegen, über etw. hinfliegen *(abs. od. alqd)* [**totum orbem**].

**supīnō**, supīnāre *(supinus) (poet.; nachkl.)* rückwärts beugen, nach oben kehren [**glaebas** umwühlen].

**supīnus**, a, um ❶ zurückgebeugt, -gelehnt, rücklings, auf dem Rücken liegend; – *Adv.* **supinē** zurückgewandt, m. abgewandtem Gesicht; ❷ nach oben gekehrt; ❸ (sanft) ansteigend *od.* abfallend; ❹ *(poet.)* zurückgehend, rückläufig [**flumina**]; ❺ *(poet.; nachkl.)* müßig, lässig.

**sup-paenitet**, paenitēre, – – *(sub) unpers.* es reut ein wenig *(alqm alcis rei)*.

**sup-pār**, *Gen.* paris fast gleich(zeitig).

**suppeditātiō**, ōnis *f (suppedito)* reicher Vorrat, Überfluss.

**suppeditō**, suppeditāre **I.** *trans.* ❶ reichlich gewähren, darreichen, liefern, verschaffen *(konkr. u. übtr.)* [**alci frumentum; oratoribus copiam dicendi**]; ❷ reichlich m. etw. versehen; **II.** *intr.* ❶ reichlich vorhanden sein; ❷ ausreichen, genügen; ❸ beistehen, helfen.

**sup-pēdō**, pēdere, – – *(sub)* leise furzen.

**sup-pernātus**, a, um *(sub u. perna, eigtl.* „an der Hüfte getroffen") *(poet.)* niedergehauen.

**sup-petō**, petere, petīvī *(u.* petiī), petītum ❶ (reichlich) vorhanden sein, (ausreichend) zu Gebote stehen *(abs., m. Dat. od. ad)*; ❷ ausreichen, genügen *(abs., m. Dat. od. ad)*; ❸ *einer Sache* gewachsen sein [**laboribus**].

**sup-plantō**, plantāre *(sub u. planta²)* jmdm. ein Bein stellen, *auch übtr. (alqm)*.

**supplēmentum**, ī *n (suppleo)* ❶ Ergänzung; ❷ *(milit. t. t.)* **a)** Verstärkung, Reserve; **b)** Rekrutierung.

**sup-pleō**, plēre, plēvī, plētum *(vgl. compleo, plenus)* ❶ *(poet.; nachkl.)* nachfüllen, wieder anfüllen [**aerarium**]; ❷ *(übtr.)* vervollständigen, wieder vollzählig machen [**gregem; senatum**]; ❸ ersetzen; ❹ *(milit. t. t.)* auffüllen, ergänzen [**legiones**].

**sup-plex**, *Gen.* plicis *(Abl. Sg. adj.* -ī, *im daktylischen Vers u. subst.* -e; *Gen. Pl. meist* -um; *Neutr. Pl. fehlt) (sub u. placo)* **I.** *Adj.* demütig bittend, flehend, flehentlich; **II.** *Subst. m* Schutzflehender, Schützling.

**supplicātiō**, ōnis *f (supplico)* Buß-, Dankfest.

**supplicium**, ī *n (supplex)* ❶ *(meist Pl.)* demütiges Bitten, Flehen; das Beten, Gebet; **-is deos placare;** ❷ Opfer-, Bitt-, Bußfest; Opfer; ❸ Strafe; ❹ Todesstrafe, Hinrichtung; **ad -um alqm dare** *od.* **tradere** *u.* **-um sumere de alqo** an jmdm. vollziehen; ❺ *(übtr.)* Marter, Qual; ❻ *(poet.) (meton.)* Wunde.

**supplicō**, supplicāre *(supplex)* ❶ demütig bitten, (an)flehen *(abs. od. m. Dat.)*; ❷ beten, Bitt- *od.* Dankgebete darbringen.

**sup-plōdō**, plōdere, plōsī, plōsum *(sub u. plaudo)* aufstampfen [**pedem** m. dem Fuß].

**supplōsiō**, iōnis *f (supplodo)* das Aufstampfen.

**sup-pōnō**, pōnere, posuī, positum *(synk.* postum) *(sub)* ❶ unterlegen, unter etw. setzen, stellen, bringen *(m. Dat.)*; ❷ *(poet.)* unten an etw. legen, unten ansetzen *(abs. od. m. Dat.)* [**ignem tectis**]; ❸ *(übtr.)* unterwerfen; ❹ *(übtr.)* hinzufügen [**exempla**]; ❺ *(poet.) (übtr.)* hinter etw. zurücksetzen; ❻ *(übtr.)* an die Stelle *jmds. od. einer Sache* setzen *(alqm u. alqd alci rei, pro alqo od. in locum alcis)*; ❼ *(übtr.)* unterschieben [**falsum testamentum**].

**sup-portō**, portāre herbeitragen, -führen, -bringen.

**suppositus** *P. P. P. v. suppono.*

**suppostus** *s. suppono.*

**sup-posuī** *Perf. v. suppono.*

**sup-praefectus**, ī *m (sub) (nachkl.)* Nebenwind.

**sup-pressī** *Perf. v. supprimo.*

**suppressiō**, ōnis *f (supprimo)* ❶ *(nachkl.)* Unterdrückung; ❷ *(übtr.)* Unterschlagung *v. Geld.*

**suppressus**, a, um *(P. Adj. v. supprimo)* leise, gedämpft [**vox**].

**sup-primō**, primere, pressī, pressum *(sub u. premo)* ❶ hinunter-, hinabdrücken [**navem** in den Grund bohren]; ❷ *(übtr.)* aufhalten, hemmen [**hostem; impetum militum; fugam**]; ❸ unterdrücken, verbergen, verschweigen; ❹ unterschlagen [**pecuniam**]; / *s. auch suppressus.*

**sup-pudet**, pudēre, – – *unpers.* **me suppudet** ich schäme mich ein wenig *(alcis: vor jmdm.)*.

**suppūrātiō**, ōnis *f (suppuro) (nachkl.)* Eiterung.

**sup-pūrō**, pūrāre *(sub u. pus) (nachkl.)* **I.** *intr.* weitereitern, *auch übtr.*; **II.** *trans.* zum Eitern bringen.

**sup-putō**, putāre *(poet.; nachkl.)* ausrechnen, berechnen.

**suprā** *(superus)* **I.** *Adv.* ❶ *(räuml.)* **a)** oben, oberhalb, darüber; **b)** *(poet.)* darüber hinaus *od.* hervor; ❷ *(zeitl.)* **a)** vorher, früher; **ea quae ~ commemoravi; ut ~ dixi; b)** v. früher her, v. vorher; ❸ *(übtr.)* darüber hinaus, mehr, weiter; **II.** *Präp. b. Akk., bisw. nachgest.* ❶ *(räuml., auf die Fragen „wo?" u. „wohin?")* **a)** oberhalb v., oben über, oben auf; **accumbere ~ alqm;** *(übtr.)* **~ caput esse** auf dem Nacken sitzen; **b)** über … hin(weg), über … hinaus; **~ nubem volare**; **c)** jenseits v.; **ea gens iacet ~ Ciliciam;** ❷ *(zeitl.)* vor; **~ hanc memoriam** vor unserer Zeit; ❸ *(übtr.)*

**a)** *(v. Maß u. Rang)* über … hinaus; **~ duos menses; ~ modum** über das Maß; **~ vires; ~ leges esse** mehr gelten als die Gesetze; **b)** außer *(= praeter)*.

**suprā-lātiō**, ōnis *f (fero) (rhet. t. t.)* Übertreibung.

**suprā-lātus**, a, um *(fero)* übertrieben.

**suprā-scandō**, scandere, – – überschreiten.

**suprēmum**[1], ī *n* Ziel; **ad -um venire;** *– meist Pl.* **suprēma,** ōrum *n:* **a)** Sterbestunde, Tod; **b)** die letzte Ehre, Bestattung; **-um ferre** erweisen; **c)** sterbliche Überreste, Leichnam; **d)** letzter Wille, Testament.

**suprēmum**[2] *Adv., s. superus.*

**suprēmus**, a, um *s. superus.*

**supter** *(poet.) = subter.*

**sūra**, ae *f* Wade.

**surculus**, ī *m* Zweig, Pfropf-, Setzreis, Setzling.

**surdaster**, tra, trum *(surdus)* etw. taub, schwerhörig.

**surditās**, ātis *f (surdus)* Taubheit.

**surdus** a, um ① taub; *(sprichw.)* **-is auribus canere** tauben Ohren predigen; ② unempfindlich, gefühllos [**mens;** *(gegen etw.: ad, in alqd od. alci rei; gegen jmd.: alci)* **ad preces; lacrimis**]; ③ in etw. nicht bewandert [**in Graeco sermone**]; ④ *(poet.; nachkl.)* lautlos, still.

**Surēna**, ae *m Titel des höchsten Würdenträgers b. den Parthern.*

**surgō**, surgere, surrēxī, surrēctum *(synk. surrēxe = surrēxisse) (sub u. rego; vgl. subrigo)* ① aufstehen, sich erheben; ② *(vom Redner)* auftreten; ③ *(poet.) (vom Feldherrn)* aufbrechen; ④ *(übtr., v. Lebl.)* sich erheben, aufsteigen, sich zeigen; **sol surgit; nemora / iuga surgentia;** ⑤ *(v. der Zeit)* anbrechen; **dies / nox surgit;** ⑥ *(poet.; nachkl.)* entstehen, beginnen; **ventus / discordia surgit;** ⑦ *(poet.; nachkl.)* heranwachsen, zunehmen.

**surpite, surpuit, surpuerat** *synk. Formen, s. surripio.*

**sur-r…** *s. auch subr…*

**surrēctum** *P. P. P. v. surgo.*

**surreptus** *P. P. P. v. surripio.*

**surrēxe** *= surrexisse, s. surgo.*

**surrēxī** *Perf. v. surgo.*

**sur-ripiō**, ripere, ripuī reptum *(synk. Formen: surpite = surripite, surpuit = surripuit, surpuerat = surripuerat) (rapio)* ① heimlich wegnehmen, entwenden, stehlen; ② *(übtr.)* entziehen; ③ *mediopass.* **surripi** durch Bestechung sich der Strafe entziehen.

**sursum** *Adv.* ① aufwärts, in die Höhe [**meare**]; **~ deorsum** auf u. nieder; ② oben, in der Höhe.

**sūs**[1], suis *m u. f* Schwein.

**sus**[2] *Adv.* aufwärts, in die Höhe; *nur sprichw.* **susque deque** *(eigtl.* auf u. ab) mehr od. weniger, gleichgültig.

**sus-cēnseō**, cēnsēre, cēnsuī, – zornig sein, zürnen *(abs., m. Dat., m. quod od. A. C. I.)*.

**sus-cēpī** *Perf. v. suscipio.*

**susceptiō**, ōnis *f (suscipio)* Übernahme.

**sus-cipiō**, cipere, cēpī, ceptum *(capio)* ① *(poet.; nachkl.)* (v. unten her) auffangen; ② *(nachkl.)* stützen; ③ *(ein neugeborenes Kind)* vom Boden aufheben u. als das seinige anerkennen *(der Vater hob das vor ihn auf den Boden gelegte neugeborene Kind auf als Symbol, dass er es anerkennen u. erziehen wolle);* ④ *(Kinder)* v. einer Frau bekommen *od.* m. einer Frau erzeugen *(alqm ex od. de alqa);* – *Pass.* geboren werden; ⑤ annehmen, aufnehmen [**alqm in civitatem** als Bürger; **sacra peregrina**]; ⑥ *(übtr.) (freiwillig)* auf sich nehmen, übernehmen, aufnehmen *(m. Akk.; m. Inf.)* [**officium; negotium; laborem; iter; salutem rei publicae**]; ⑦ unternehmen, beginnen [**cursum vitae** einschlagen]; *(Böses)* auf sich laden [**scelus; maleficium**]; ⑧ *(übtr.)* fassen [**consilium; odium in alqm**]; ⑨ *(Leiden, Lasten)* (er)dulden, (er)leiden [**poenam; invidiam** auf sich laden]; ⑩ unterstützen, verteidigen; ⑪ sich etw. herausnehmen, sich anmaßen; ⑫ *(poet.)* erwidern, antworten.

**sus-citō**, citāre ① *(poet.)* emportreiben, in die Höhe bringen, aufrichten; ② jmd. zum Aufstehen bringen [**alqm a subselliis**]; jmd. (auf)wecken [**alqm e somno**]; ③ *(poet.)* aufscheuchen; ④ *(übtr.)* erregen, ermuntern [**viros in arma**]; (wieder) anfachen, verursachen [**ignes (amoris) ; caedem**].

**suspectō**, suspectāre *(Intens. v. suspicio*[1]*) (nachkl.)* ① hinaufsehen; ② *(übtr.)* **a)** jmd. beargwöhnen, verdächtigen; **b)** etw. argwöhnen, wittern [**fraudem**].

**suspectus**[1], a, um *(P. Adj. v. suspicio*[1]*)* verdächtig, Verdacht erregend [**nomen; legatus; bellum** vermutet; *(von, bei jmdm.: alci)* **civibus**].

**suspectus**[2], ūs *m (suspicio*[1]*) (poet.; nachkl.)* ① das Hinaufschauen [**ad Olympum**]; *(meton.)* Höhe [**turris**]; ② *(übtr.)* Bewunderung.

**sus-pendī** *Perf. v. suspendo.*

**suspendium**, ī *n (suspendo)* das Auf-, Erhängen.

**sus-pendō**, pendere, pendī, pēnsum ① aufhängen, erhängen *(an etw.: in, ex, de, a re, auch bl. Abl.);* ② *(poet.) (einem Gott zu Ehren im Tempel)* aufhängen, weihen *(alqd alci)* [**arma Quirino**]; ③ in die Höhe bringen, emporheben; ④ stützen; ⑤ schweben lassen, in der Schwebe halten; – *Pass.* schweben; ⑥ unentschieden lassen; ⑦ *(poet.; nachkl.)* hemmen, zurückhalten [**fletum**]; ⑧ *(poet.; nachkl.) (übtr.)* auf die Folter spannen, in Ungewissheit lassen [**animos exspectatione**]; / *s. auch suspensus.*

**suspēnsūra**, ae *f (suspendo) (nachkl.)* schwebender Fußboden.

**suspēnsus**, a, um *(P. Adj. v. suspendo)* ❶ emporgehoben, aufgerichtet, schwebend; ❷ *(übtr.)* v. etw. abhängig, auf etw. beruhend *(ex re)*; ❸ *(übtr.)* schwankend, unentschieden, ungewiss [**plebs; verba; animus**]; ❹ *(poet.; nachkl.)* ängstlich.

**su-spexī** *Perf. v. suspicio.*

**suspicāx**, *Gen.* ācis *(suspicor)* ❶ argwöhnisch; ❷ *(nachkl.)* Argwohn erregend, verdächtig [**silentium**].

**su-spiciō**[1], spicere, spexī, spectum *(specto)* **I.** *intr.* in die Höhe sehen, emporblicken [**in** (*od.* **ad**) **caelum**]; **II.** *trans.* ❶ emporblicken zu [**astra**]; ❷ bewundern, verehren; ❸ beargwöhnen, verdächtigen; / *s. auch suspectus*[1].

**suspīciō**[2], ōnis *f (specto)* ❶ Argwohn, Verdacht; **in suspicionem venire** *(alci od. alcis)* Verdacht schöpfen, argwöhnen; in Verdacht kommen, verdächtig werden; **suspicionem habere** Verdacht hegen, argwöhnen; im Verdacht stehen, verdächtig sein; ❷ Vermutung, Ahnung [**falsa;** *(von: Gen.)* **deorum**].

**suspīciōsus**, a, um *(suspicio*[2]*)* ❶ argwöhnisch, misstrauisch; ❷ Verdacht erregend, verdächtig.

**suspicor**, suspicārī *(suspicio*[1]*)* ❶ argwöhnen, verdächtigen *(m. Akk., de, A. C. I. od. indir. Frages.)*; ❷ vermuten, ahnen *(m. Akk., A. C. I. od. indir. Frages.)*.

**suspīrātus**, ūs *m (poet.) (suspiro)* tiefer Atemzug.

**suspīritus**, ūs *m (suspiro)* das Seufzen, Keuchen.

**suspīrium**, ī *n (suspiro)* ❶ tiefes Aufatmen, Seufzer; **-a ducere** *od.* **trahere** tief aufatmen, seufzen; ❷ *(poet.)* Liebesseufzer, Liebe; ❸ *(nachkl.)* das Keuchen, Atemnot.

S

**su-spīrō**, spīrāre **I.** *intr.* ❶ tief Atem holen, seufzen; ❷ *(poet.)* nach jmdm. schmachten *(in alqo, in alqa, in alqam)*; **II.** *trans. (poet.)* ersehnen.

**susque dēque** *Adv., s. sus*[2].

**sustentāculum**, ī *n (sustento) (nachkl.)* Stütze, *übtr.* Halt.

**sustentātiō**, ōnis *f (sustento)* Aufschub, Verzögerung.

**sustentō**, sustentāre *(Intens. v. sustineo)* ❶ *(poet.; nachkl.)* empor-, aufrechthalten, stützen; ❷ *(übtr.)* aufrechterhalten, (unter)stützen [**rem publicam; amicos fide; valetudinem** erhalten; **pugnam** halten]; ❸ erhalten, unterhalten, ernähren [**exercitum; plebem frumento; se amicorum liberalitate**]; ❹ aushalten, ertragen [**dolorem; impetum legionum**]; *abs.* sich behaupten; ❺ aufhalten [**aciem; hostem**]; ❻ hinhalten, verzögern.

**sus-tineō**, tinēre, tinuī, tentum *(teneo)* ❶ empor-, aufrechthalten, stützen; tragen [**baculo artūs; onus; se alis** sich in der Schwebe halten; **vix arma** kaum tragen können]; **columnae porticum sustinent;** ❷ *(übtr.)* aushalten, ertragen [**poenam** über sich ergehen lassen; **invidiam; dolorem**]; ❸ *(Geschäfte, Pflichten u. Ä.)* auf sich nehmen, übernehmen [**causam publicam; honorem** bekleiden; **nomen consulis; quaestionem**]; ❹ Widerstand leisten, widerstehen *(m. Akk.)* [**impetum hostium; alcis preces**]; ❺ *(abs.)* sich halten, standhalten [**vix, aegre**]; ❻ *(übtr.)* aufrechterhalten, bewahren [**civitatis dignitatem**]; ❼ erhalten, unterhalten, ernähren; ❽ zurückhalten, hemmen, anhalten; ❾ hinhalten, verschieben, verzögern [**extremum fati diem**].

**sus-tollō**, tollere, – – *(poet.; nachkl.)* ❶ in die Höhe heben, emporheben; ❷ aufrichten [**vela**]; ❸ wegnehmen.

**sustulī** *Perf. v. suffero u. tollo.*

**susurrātor**, ōris *m (susurro)* Flüsterer.

**susurrō**, susurrāre *(susurrus) (poet.)* flüstern; summen, rieseln *u. Ä.*

**susurrus I.** *Subst.* ī *m* das Surren, Summen, Säuseln; Flüstern, *Pl.* Geflüster; – *personif. (poet.)* **Susurri** Geflüster; **II.** *Adj.* a, um *(poet.)* flüsternd.

**sūtilis**, e *(suo) (poet.; nachkl.)* zusammengenäht; geflochten.

**sūtor**, ōris *m (suo)* Schuster.

**sūtōrius** *(sutor)* **I.** *Adj.* a, um Schuster-; **II.** *Subst.* ī *m* ehemaliger Schuster.

**sūtrīnum**, ī *n (sutrinus; erg. artificium) (nachkl.)* Schusterhandwerk.

**sūtrīnus**, a, um *(sutor) (nachkl.)* Schuster- [**taberna** Schusterwerkstatt].

**Sūtrium**, ī *n Stadt in Etrurien, j.* Sutri; – *Einw. u. Adj.* **Sūtrīnus**, ī *m bzw.* a, um.

**sūtum**, ī *n (suo) (poet.)* Gefüge; *(Pl.)* Panzer.

**sūtūra**, ae *f (suo)* Naht.

**sūtus** *P. P. P. v. suo.*

**suus**, a, um *refl. Poss. Pron. der 3. Ps. Sg. u. Pl.* ❶ sein, ihr, eigen, *verstärkt durch -met u. -pte;* **sua sponte** aus eigenem Antrieb, freiwillig; **sui iuris esse** sein eigener Herr sein; **alqd suum facere** sich etw. aneignen; – *Subst.* **suī,** ōrum *m* die Seinigen *od.* Ihrigen, die Verwandten, Freunde, Landsleute; **suum,** ī *n* das Seine *od.* Ihrige, seine *od.* ihre Sache (Angelegenheit, Pflicht *u. Ä.*); *bes. Pl.* Eigentum, Hab u. Gut; ❷ eigentümlich, (landes)üblich, angemessen, entsprechend, zukommend; **suo more pugnare; suo iure** m. vollem Recht; **suo tempore redire** rechtzeitig; ❸ günstig, geeignet, passend; **suo loco pugnare** auf günstigem Terrain; ④ sein eigener Herr, selbstständig.

**sūxī** *Perf. v. sugo.*

**Sybaris**, is *f griech. Kolonie am gleichnamigen Fluss (m) in Lukanien, als Sitz der Schlemmerei berüchtigt, 510 v. Chr. zerstört, später unter dem Namen Thurii wieder aufgebaut.*

**Sychaeus**, ī *m Gatte der Dido; auch als Adj.*

**syllaba**, ae *f (gr. Fw.)* Silbe.

**syllabātim** *Adv. (syllaba)* silbenweise.

**syllogismus**, ī *m (gr. Fw.) (nachkl.)* Syllogismus, logischer Schluss.

**Symaethus**, ī *m Fluss in Sizilien; – Adj.* **Symaethēus** *u.* **-thius**, a, um; – **Symaethis**, idis *f (nympha) Nymphe des Flusses Symaethus.*

**symbolum**, ī *n u.* **-us**, ī *m (gr. Fw.) (nachkl.)* Kennzeichen.

**symmetria**, ae *f (gr. Fw.) (nachkl.)* Ebenmaß.

**symphōnia**, ae *f (gr. Fw.)* ① *(nachkl.)* Harmonie, Einklang *in der Musik;* ② Instrumentalmusik, Konzert; ③ *(meton.)* Orchester.

**symphōniacus** a, um *(gr. Fw.)* musikalisch; zum Orchester gehörig.

**Symplēgades**, dum *f im Mythos zwei kleine Felseninseln, die vor der Einfahrt in das Schwarze Meer zusammenschlagend alles zermalmten, bis sie seit der Durchfahrt der Argo feststanden.*

**symposium** *u.* **-on**, ī *n (gr. Fw.) (nachkl.)* Gastmahl; *Symposion: Titel eines Dialogs Platos.*

**synedrus**, ī *m (gr. Fw.)* Beisitzer *eines Kollegiums in Makedonien.*

**syngrapha**, ae *f (gr. Fw.)* Schuldschein, Wechsel.

**Syphāx**, ācis *m numidischer König (um 200 v. Chr.).*

**Syrācūsae**, ārum *f* Syrakus, *Stadt an der Ostküste Siziliens; – Adj.* **Syrācūsānus** *u.* **Syrācūsius**, a, um; *poet. auch* **Syrācosius**, a, um; – *Einw.* **Syrācūsānus**, ī *m.*

**Syrī**, ōrum *m* die Syrer; *Sg.* **-us**, ī *m; – Adj.* **Syriacus** *u.* **Syr(i)us**, a, um syrisch; – **Syria**, ae *f:* **a)** das Land Syrien; **b)** das Seleukidenreich; **c)** Assyrien.

**sȳrinx**, ingis *f (gr. Fw.) (poet.)* Schilfrohr; – **Sȳrinx** *arkadische Nymphe, in Schilfrohr verwandelt.*

**Syrius**, a, um *s. Syri u. Syros.*

**syrma**, atis *n (gr. Fw.) (nachkl.)* Schleppkleid *(in der Tragödie).*

**Syros**, ī *f Zykladeninsel; – Adj.* **Syrius**, a, um.

**Syrtis**, is *f* ① Syrte, Sandbank im Meer, *bes. Name zweier Sandbänke an der Nordküste v. Afrika, die Große Syrte östl., die Kleine westl. v. Tripolis; – Adj.* **Syrticus**, a, um; ② *(meton.)* Küstengegend an den Syrten.

# Tt

**T.** *(Abk.)* ① = *Titus;* ② = *tribunus (plebis).*

**tabella**, ae *f (Demin. v. tabula)* ① *(poet.; nachkl.)* Brettchen, Täfelchen; ② *aus einem Brett hergestellter Gegenstand:* **a)** *(poet.)* Spielbrett; **b)** Bildchen; **c)** Schreibtafel; *(meton., meist Pl.)* das Schreiben, Brief(chen) [**laureatae** Siegesbotschaft]; Vertrag [**emptionis** Kaufvertrag]; Urkunde; *(poet.; nachkl.)* Schuldschein; **d)** Stimmtäfelchen; **e)** *(poet.)* Votiv-, Gedächtnistäfelchen; **f)** *(poet.)* Fächer.

**tabellārius** *(tabella)* **I.** *Adj.* a, um ① Abstimmungs- [**lex**]; ② Briefe betreffend, Brief- [**navis** Postschiff]; **II.** *Subst.* ī *m* Briefbote.

**tābeō**, tābēre, – – ① (zer)schmelzen, verwesen; *(übtr.)* (hin)schwinden; ② triefen *(v. etw.: Abl.).*

**taberna**, ae *f* ① *(poet.)* Hütte; ② Laden, Werkstatt [**libraria** Buchhandlung; **argentaria** Wechselstube]; ③ Wirtshaus; ④ Schaubude *im Zirkus.*

**Imperium Romanum**

**taberna** – Bei den Römern war eine taberna ein gewerblicher Raum im Erdgeschoss einer insula (Mietskaserne), der als Laden, Kneipe oder Werkstatt genutzt wurde. Heute noch erinnern Benennungen wie „Taverne" für ein Weinlokal und „Tafernwirtschaft" für ein bayrisches Dorfgasthaus an das lateinische Ursprungswort „taberna"; ebenso Ortsnamen wie „Zabern" im Elsass, das im Französischen „Saverne" heißt und früher eine römische Militärstation namens „Tres Tabernae" war. „Zabern" kommt auch in zusammengesetzten Ortsnamen vor: „Bad Bergzabern" und „Rheinzabern".

**tabernāculum**, ī *n (taberna)* ① Hütte; Zelt [**regium; militare**]; ② *(rel. t. t.)* Beobachtungszelt *des Augurs.*

**tabernārius**, ī *m (taberna)* Krämer.

**tābēs**, īs *f (tabeo)* ❶ das Schmelzen, Fäulnis, Verwesung [**nivis; arboris**]; ❷ *die zergehende, sich zersetzende* Flüssigkeit, Jauche, Schlamm; ❸ *(übtr.)* Siechtum, Krankheit; Pest, Seuche.

**tābēscō**, tābēscere, tābuī, – *(Incoh. v. tabeo)* ❶ schmelzen, zergehen, sich auflösen, verwesen, vergehen; ❷ *(übtr.)* sich abhärmen, hinsiechen [**diuturno morbo; aeterno luctu**].

**tābidus**, a, um *(tabeo)* ❶ schmelzend, vergehend [**nix**]; ❷ *(akt.)* (ver)zehrend, auflösend [**vetustas; venenum**].

**tābi-ficus**, a, um *(tabes u. facio)* verzehrend, zersetzend; *(übtr.)* aufreibend.

**tablīnum** = *tabulinum.*

**tābuī** *Perf. v. tabesco.*

**tabula**, ae *f* ❶ Brett, Tafel; ❷ *etw. aus einem Brett od. wie ein Brett Hergestelltes:* **a)** *(poet.; nachkl.)* Spielbrett; **b)** Gemälde; **c)** *(poet.)* Votiv-, Gedächtnistafel; **d)** Schreib-, Rechentafel; **e)** Gesetztafel; **f)** Auktionstafel *(Verzeichnis der zu versteigernden Sachen);* **g)** Wechseltisch; ❸ etw. Geschriebenes: **a)** Urkunde, Dokument; **b)** Landkarte; **c)** *Pl. etw. meist aus mehreren Schreibtafeln Bestehendes:* das Schreiben, (Ab-)Schrift, Brief; Verzeichnis, Liste, Proskriptionsliste; Protokoll; Vertrag; Schuldverschreibungen; Testament; Archiv; Rechnungs-, Hauptbuch.

**tabulārium**, ī *n (tabula)* Archiv.

**tabulārius**, ī *m (tabula) (nachkl.)* Rechnungsführer.

**tabulātiō**, ōnis *f (tabula)* Täfelung, Gebälk; *(meton.)* Stockwerk.

**tabulātum**, ī *n (tabula)* Stockwerk, Etage.

**tabulīnum**, ī *n (tabula) (nachkl.) Raum des röm. Hauses zw. Atrium u. Peristyl, diente meist als Bildergalerie od. Archiv.*

**tābum**, ī *n (tabeo)* ❶ *(poet.; nachkl.)* Eiter, Jauche; ❷ *(meton.)* ansteckende Krankheit, Pest; Gift.

**Taburnus**, ī *m Bergkette in Kampanien.*

**taceō**, tacēre, tacuī, tacitum **I.** *intr.* ❶ schweigen, nicht reden *(abs. od. de);* ❷ still sein, sich ruhig verhalten; – *Part. Präs.* **tacēns** still, lautlos; **II.** *trans.* verschweigen.

**T**

**Tacita**, ae *f (tacitus) Göttin des Schweigens.*

**taciturnitās**, ātis *f (taciturnus)* ❶ das (Still-)Schweigen; ❷ Verschwiegenheit, Schweigsamkeit.

**taciturnus**, a, um *(taceo, tacitus)* ❶ schweigsam, wortkarg [**homo; obstinatio** hartnäckiges Schweigen]; ❷ *(poet.)* still, ruhig [**amnis; loca**].

**tacitus**, a, um *(Adv. -ē u. -ō) (P. Adj. v. taceo)* **I.** *pass.* ❶ verschwiegen, unbesprochen, unerwähnt; ❷ *(übtr.)* still(schweigend), heimlich, unbemerkt [**iudicium; cogitationes; inimicitiae**]; **II.** *akt.* schweigsam, still: ❶ *v. dem, der nicht spricht:* **me -o** wenn ich schweige; ❷ *v. dem, das kein Geräusch macht* [**nemus; nox**]; – *Subst.* **tacitum,** ī *n* Stille.

**Imperium Romanum**

**Tacitus** – Cornelius Tacitus (etwa 54–120 n. Chr.) gilt als der größte römische Geschichtsschreiber. Tacitus kam aus vornehmer Familie, war ein hervorragender Redner und durchlief eine Ämterlaufbahn bis zu einem Prokonsulat in der Provinz Asia unter Trajan.

Seine erhaltenen Werke sind: „Germania“, die erste ethnographische Beschreibung des Landes und der Einwohner Germaniens überhaupt, „De vita et moribus Agricolae“, eine Lebensbeschreibung seines Schwiegervaters Agricola, des Eroberers Britanniens, „Dialogus de oratoribus“, eine Abhandlung über den Verfall der Redekunst, sowie sein Hauptwerk, das vor allem seinen Ruhm begründet: die beiden Geschichtswerke „Annales“ (römische Geschichte von 14–69 n. Chr) und „Historiae“ (römische Geschichte 69–96 n. Chr.).

**tāctiō**, ōnis *f (tango)* Tastsinn, Gefühl.

**tāctus**[1] *P. P. P. v. tango.*

**tāctus**[2], ūs *m (tango)* ❶ Berührung; ❷ *(meton.)* Tastsinn, Empfindung, Gefühl; ❸ Wirkung, Einfluss *auf das Gefühl* [**caeli; lunae**].

**taeda**, ae *f* ❶ *(poet.; nachkl.)* Kiefer, Fichte; *Pl. auch* Fichtenwäldchen; ❷ *(meton.)* Kienholz; ❸ **a)** Kienspan, Fackel; **b)** *(poet.)* Hochzeitsfackel; **c)** *(poet.) (meton.)* Hochzeit, Ehe; Geliebte.

**taedet**, taedēre, taeduit *u.* taesum est *unpers.* vor etw. Ekel empfinden, geg. etw. *od.* jmd. einen Widerwillen empfinden, Anstoß nehmen *(m. Akk. der Person u. Gen. der Sache od. m. Inf.);* **me vitae taedet**.

**taedi-fer**, fera, ferum *(taeda u. fero) (poet.)* fackeltragend.

**taedium**, ī *n (taedet)* Ekel, Überdruss, Widerwille, Abscheu *(gegen, vor: Gen.).*

**taeduit** *s. taedet.*

**Taenarum**, ī *n u.* **-us**, ī *m Vorgeb.* (*j.* Kap Matapan) *u. Stadt in Lakonien m. einer Höhle, die im Mythos als Eingang zur Unterwelt galt;* – **Taenaridēs**, ae *m* Lakedämonier (= Hyacinthus); – *Adj.* **a) Taenarius**, a, um lakonisch [**marita** = Helena]; *(poet.)* der Unterwelt [**porta** zur Unterwelt; **vallis**]; **b) Taenaris**, idis *(f)* tänarisch, lakedämonisch, *als Subst.* Lakonierin (Helena).

**taenia**, ae *f (gr. Fw.)* Band, (Kopf-)Binde.

**taesum est** *s. taedet.*
**taeter**, tra, trum *(taedet)* ❶ hässlich, ekelhaft, widerlich [**color; spectaculum; hiems**]; ❷ *(übtr.)* abscheulich [**tyrannus; facinus**].
**tagāx**, *Gen.* gācis *(tango)* diebisch, raubgierig.
**tālāris**, e *(talus)* bis zu den Knöcheln hinabreichend [**tunica**]; – *Subst.* **tālāria,** ium *n* **a)** Flügelschuhe; **b)** bis an die Knöchel reichendes Gewand; **c)** *(nachkl.)* Marterwerkzeuge.
**tālārius**, a, um *(talus)* in langem (bis zu den Knöcheln reichendem) Gewand [**ludus** Tanzspiel *(benannt nach der tunica talaris, m. der die Darsteller bekleidet waren)*].
**talassiō**, ōnis *u.* **-ass(i)us**, ī *m altröm. Hochzeitsruf;* – **Talassiō** *u.* **-ass(i)us** Hochzeitsgott.
**tālea**, ae *f* ❶ spitzer Pfahl, Balken; ❷ **~ ferrea** Eisenstäbchen, Barren.
**talentum**, ī *n (Gen. Pl.* talentōrum *u. [meist]* talentum) *(gr. Fw.)* Talent, *größte griech. Gewichts- u. Münzeinheit:* ❶ *als Gewicht etwa ½ Zentner;* ❷ *als Geldsumme etwa 2500 Euro.*
**tāliō**, ōnis *f (jur. t. t.)* Wiedervergeltung eines empfangenen Schadens am Körper.
**tālis**, e ❶ so beschaffen, derartig, (ein) solcher; *– m. folg. ut od. qui m. Konj. (= ut is): dass; – m. folg. qualis, ac od. atque: wie;* ❷ so groß, so vorzüglich [**virtus**]; ❸ so verwerflich [**facinus**]; ❹ *(poet.)* folgender; **talia fatur**.
**talpa**, ae *m u. f* Maulwurf.
**tālus**, ī *m* ❶ Fußknöchel; *(meton.)* Ferse; ❷ Würfel *(m. 2 runden unbezeichneten u. 4 bezeichneten flachen Flächen, welche die Zahlen 1, 3, 4, 6 trugen).*
**tam** *Adv.* so, so sehr, in dem Grade, so weit *(fast nur b. Adj. u. Adv.); – oft korrespondierend:* **tam ... quam** so … wie = sowohl … als auch; **non tam ... quam** nicht sowohl … als vielmehr; **quam ... tam** *(vor Komp. u. Superl.)* je … desto.
**tam-diū** *Adv.* ❶ (nur) so lange; ❷ (so) sehr lange; ❸ *(nachkl.)* seit so langer Zeit.
**tamen** *Adversativpartikel* ❶ doch, dennoch, jedoch; – **neque tamen** doch nicht; **at tamen** aber dennoch; **sed** *od.* **verum tamen** indessen; **si tamen** wenn dennoch; *(poet.; nachkl.)* jedoch nur wenn, vorausgesetzt dass; ❷ doch wenigstens.
**tamen-etsī** = *tametsi.*
**Tamesis**, is *u.* **Tamesa**, ae *m* die Themse.
**tam-etsī** *Kj.* obgleich, obschon; *ohne Nachsatz:* indessen, jedoch.
**tam-quam** *u.* **tan-quam I.** *Adv.* (so) wie, gleichsam; **II.** *Kj. m. Konj. (= tamquam si)* (gleich) wie wenn, als ob.
**Tanagra**, ae *f Stadt in Böotien; – Adj.* **Tanagraeus**, a, um.
**Tanais**, is *u.* idis *m Name einiger Flüsse:* ❶ der Don; ❷ *j.* Syr-Darja; ❸ *Fluss in Numidien (Nordafrika).*
**tandem** *Adv.* ❶ (doch) endlich, zuletzt; ❷ *(in Fragesätzen)* denn eigentlich, in aller Welt; **quo ~ modo?; quousque ~?**
**tangō**, tangere, tetigī, tāctum ❶ berühren, anfassen; ❷ *(poet.; nachkl.)* benetzen, bespritzen; beschmieren; beräuchern; ❸ schlagen, treffen [**chordas; alqm flagello**]; **fulmine** (*od.* **de caelo**) **tactus** vom Blitz getroffen; ❹ *(poet.)* sich an jmdm. vergreifen *(m. Akk.);* ❺ töten; ❻ *(einen Ort)* betreten, erreichen [**provinciam**]; ❼ *an einen Ort* angrenzen, stoßen *(m. Akk.);* **civitas Rhenum tangit;** ❽ (weg)nehmen, bekommen [**alqd de praeda**]; ❾ *(poet.)* kosten, essen, trinken; ❿ *(poet.)* beginnen [**carmen**]; ⓫ *(geistig)* rühren, bewegen, ergreifen; ⓬ erwähnen, anführen.
**tan-quam** *s. tamquam.*
**Tantalidēs**, ae *m männlicher Nachkomme des Tantalus (Pelops, Agamemnon, Orestes).*
**Tantalis**, idis *f weiblicher Nachkomme des Tantalus (Niobe, Helena).*
**Tantaleus**, a, um Adj. zu Tantalus: *des Tantalus.*

**Wissen: Antike**
**Tantalus** (ī *m*) – Tantalos, ein Gottesfrevler im griechischen Mythos, ist ein Sohn des Zeus und war König in Phrygien. Er ist der Vater des Pelops und der Niobe. Tantalos durfte mit den Göttern tafeln, entwendete ihnen jedoch Nektar und Ambrosia. Als er schließlich sogar die Allwissenheit der Götter prüfen wollte, indem er ihnen seinen geschlachteten Sohn zum Mahl vorsetzte, wurde er in der Unterwelt zu ewigen Hunger- und Durstqualen verdammt.

**tantillum**, ī *n (tantulus) (poet.)* so wenig.
**tantis-per** *Adv. (tantus)* ❶ so lange; *meist m. folg. dum „bis";* ❷ *(abs.)* inzwischen.
**tant-opere** (*auch getr.* tantō opere) *Adv.* so sehr, in dem Maße.
**tantulum**, ī *n (tantulus)* so wenig, solche Kleinigkeit.
**tantulus**, a, um *(Demin. v. tantus)* so klein, so gering.
**tantum**, **tantum-modo** *s. tantus.*
**tantus** *(v. tam wie quantus v. quam)* **I.** *Adj.* a, um ❶ so groß, so bedeutend; **~ ... quantus** so groß … wie; ❷ so viel [**pecunia; tempus**]; ❸ nur so groß, so klein, so gering; **II.** *Subst.* **tantum** *n (nur im Nom. u. Akk.)* ❶ so viel *(m. Gen.)* [**itineris** eine so große Wegstrecke;

**temporis** so lange Zeit; **hostium**]; **in -um** so weit, so sehr; ❷ nur so viel, so wenig, solche Kleinigkeit; **III.** *adv. gebrauchte Kasus:* ❶ *(Akk.)* **tantum a)** so sehr, so viel, so weit, in dem Grade *(b. Verben u. Adj.)*; **-um … quantum** so viel … wie; **b)** nur so viel, so wenig; **c)** nur, bloß *(meist dem zugehörenden Wort nachgest.)*; **non tantum … sed etiam** nicht nur … sondern auch; – *verstärkt* **tantummodo** nur, lediglich; **tantum non** beinahe; **d)** *(zeitl.)* soeben, erst eben; **tantum quod** kaum dass, eben erst, gerade; ❷ *(Gen. pretii)* **tantī** so teuer, so hoch *(b. Ausdrücken des Kaufens, Verkaufens, Schätzens u. Ä.)*; **-i esse** so viel wert sein (gelten, kosten); **-i mihi est** *(m. Inf.)* es lohnt sich f. mich der Mühe; ❸ *(Abl. mensurae)* **tantō** (um) so viel, desto **a)** *vor Komp. u. Verben m. komp. Sinn (wie malle, antecedere, praestare):* **-o melior; -o longius; quantō … tantō** je … desto; **b)** *vor ante u. post:* **-o ante** *od.* **post** so lange vorher *od.* nachher.

**tantus-dem** *(vgl. i-dem)* **I.** *Adj.* tanta-dem, tantum-dem *u.* tantun-dem *(nachkl.)* ebenso groß; **II.** *Subst. (im Nom. u. Akk.)* **tantundem** *n* ebenso viel *(abs. od. m. Gen.)* [**viae; auri**]; **III.** *adv. gebrauchte Kasus:* ❶ *(Gen. pretii)* **tantīdem facere** *od.* **aestimare** *u. Ä.* ebenso hoch schätzen; ❷ *(Akk.)* **tantundem** ebenso weit.

(**tapēs**), ētis *m,* **tapēte**, tis *u.* **tapētum**, ī *n (gr. Fw.)* Teppich, Decke.

**tardēscō**, tardēscere, tarduī, – *(tardus) (poet.)* langsam werden.

**tardi-loquus**, a, um *(tardus u. loquor) (nachkl.)* langsam redend.

**tardi-pēs**, *Gen.* pedis *(tardus) (poet.)* lahm, hinkend.

**tarditās**, ātis *f (tardus)* ❶ Langsamkeit [**veneni** langsame Wirkung]; ❷ *(übtr.)* Trägheit, Stumpfheit.

**tardō**, tardāre *(tardus)* **I.** *intr.* zögern; **II.** *trans.* verzögern, aufhalten, hemmen [**impetum hostium; cursum**].

**tarduī** *Perf. v. tardesco.*

**tardus**, a, um ❶ langsam, saumselig [**iuvenci; vulnere** gehemmt durch; *(in, bei etw.: in m. Abl.)* **in scribendo;** *(zu, für etw.: ad)* **ad iudicandum**]; ❷ *(poet.)* lange dauernd, langsam vergehend [**nox**]; ❸ spät (eintretend); ❹ *(poet.; nachkl.)* hemmend, lähmend; ❺ *(übtr.)* stumpf(sinnig), träge [**sensus; in cogitando**]; ❻ *(rhet. t. t.)* bedächtig, gemessen.

**Tarentum**[1], ī *n u.* **-us**, ī *f* Tarent, *Hafenstadt im südl. Italien, j.* Taranto; – *Einw. u. Adj.* **Tarentīnus**, ī *m bzw.* a, um.

**Tarentum**[2] = *Terentum.*

**Tarpēius**, a, um ❶ **~ mons** *u.* **-a rupes** *u.* **-um saxum** der tarpeische Berg (Felsen), *Steilabhang des Capitolinus, v. dem Hochverräter herabgestürzt wurden;* ❷ **-a arx** *od.* **sedes** Kapitol; – **Tarpēia,** ae *f Tochter des Sp. Tarpeius, des Befehlshabers auf dem Kapitol in Rom, die die röm. Burg an die Sabiner verriet.*

**Tarquiniī**, ōrum *m Stadt in Etrurien, Heimat des gleichnamigen, urspr. etr. Königsgeschlechts in Rom;* – *Adj.* **Tarquinius**, a, um *u.* **Tarquiniēnsis**, e.

**Tarquinius**, ī *m Name der beiden röm. Könige (etr. Herkunft)* **L. ~ Prīscus** *u.* **L. ~ Superbus** *sowie des Gatten der Lucretia,* **L. ~ Collātīnus**.

**Tarracīna**, ae *u.* **-ae**, ārum *f Stadt in Latium, urspr. Anxur, j.* Terracina; – *Einw. u. Adj.* **Tarracīnēnsis**, is *m bzw.* e.

**Tarracō**, ōnis *f Stadt an der Nordostküste Spaniens, j.* Tarragona; – *Einw. u. Adj.* **Tarracōnēnsis**, is *m bzw.* e.

**Tartarus**[1], ī *m* u. **-a**, ōrum n der Tartaros, *Strafort in der Unterwelt, übh.* Unterwelt; – *Adj.* **Tartareus**, a, um Unterwelt Unterwelt-; unterirdisch; (übtr.) schrecklich, grausig.

**Wissen: Antike**
**Tartarus** – Der Tartaros ist in der griechischen Mythologie der tiefste Ort der Unterwelt, ein von ehernen Mauern umgebener Ort, der ebenso weit vom Himmel wie von der Erde entfernt ist. Dort erleiden Gottesfrevler wie Sisyphos und Tantalos ihre ewigen Qualen.

**Tartarus**[2], ī *m Fluss zw. Etsch u. Po, j.* Tartaro.

**Tatius**, ī *m, vollst.* Titus ~, *König der Sabiner, später Mitregent des Romulus.*

**taureus**, a, um *(taurus) (poet.)* Rinds- [**terga** Rindshäute].

**Taurī**, ōrum *m skyth. Volk auf der Krim;* – *Adj.* **Tauricus**, a, um taurisch.

**tauri-fōrmis**, e *(taurus u. forma) (poet.)* in Stiergestalt.

**Tauriī lūdī** *m Fest in Rom zu Ehren der unterirdischen Götter.*

**taurīnus**, a, um *(taurus) (poet.; nachkl.)* Stier-.

**taurus**, ī *m* Stier, *poet. auch Sternbild.*

**Taurus**, ī *m Gebirgszug im südl. Kleinasien.*

**taxātiō**, ōnis *f (taxo)* Schätzung.

**taxillus**, ī *m (Demin. v. talus)* kleiner Würfel, kleiner Klotz.

**taxō**, taxāre *(Frequ. v. tango) (nachkl.)* (ab)schätzen.

**taxus**, ī *f* Taxus, Eibe.

**tē**[1] *Akk. u. Abl. v. tu.*

**-te**[2] *Suffix, verstärkend an Pron. angehängt* [**tute**].

**Tēcta via** *Säulenhalle vor der porta Capena in Rom.*

**tēctor**, ōris *m (tego)* Stuckarbeiter, Wandmaler.

**tēctōrium** *u. (Demin.)* **tēctōriolum**, ī *n (tectorius)* Stuckarbeit, Wandmalerei.

**tēctōrius**, a, um *(tector)* zur Stuckarbeit gehörig, Stuck- [**opus** Stuckarbeit].

**Tectosagēs**, gum *u.* **-gī**, ōrum *m kelt. Volk in der Provence, zum Teil nach Galatien ausgewandert.*

**tēctum**, ī *n (tego)* ① Dach; *(poet.)* Zimmerdecke; ② *(meton.)* Obdach, Wohnung, Haus; ③ *(poet.)* Tempel; ④ *(poet.)* Grotte [**Sibyllae**]; ⑤ *(poet.)* Lager *(des Wildes).*

**tēctus**, a, um *(P. Adj. v. tego)* ① gedeckt, bedeckt; ② bedacht, *bes.* m. einem Verdeck versehen [**navis**]; ③ *(übtr.)* versteckt, heimlich; ④ *(v. Personen)* **a)** zurückhaltend, vorsichtig; **b)** heimtückisch; ⑤ *(v. der Rede)* verblümt.

**teg(i)men**, minis *n (tego)* ① Bedeckung, Decke, Hülle, Gewand [**capitis** Helm; **caeli** Himmelsgewölbe; **leonis** Fell]; ② *(übtr.)* Schutz.

**teg(i)mentum**, ī *n* ① Bedeckung, Decke, Überzug; ② *(übtr.)* Schutz.

**tegō**, tegere, tēxī, tēctum ① (be)decken [**casas stramentis**]; ② verdecken, verstecken, verbergen [**insignia**]; ③ verheimlichen [**furta; sententiam; alqd mendacio**]; ④ schützen, verteidigen [**patriam armis; alcis sententiam;** *(gegen, vor etw.: ab)* **legatos ab ira multitudinis**]; / *s. auch tectus.*

**tēgula**, ae *f (tego)* Dachziegel; *(meton., meist Pl.)* Ziegeldach.

**tegumen, tegumentum** = *tegimen(tum).*

**tēla**, ae *f (texo)* ① Gewebe; **-as exercere** weben; – *(poet.)* Spinnengewebe; ② *(poet.) (meton.)* **a)** Aufzug des Gewebes, Kette; **b)** Webstuhl; **c)** *Pl.* Webkunst; ③ *(poet.) (übtr.)* Ersonnenes, (listiger) Anschlag.

**Telamō(n)**, ōnis *m Sohn des Aeacus, Vater des Aiax u. des Teucer, König v. Salamis u. Aegina;* – *Adj.* **Telamōnius**, a, um; – **Telamōniadēs**, ae *u.* **Telamōnius**, ī *m* = Aiax.

**Tēlegonus**, ī *m Sohn des Odysseus u. der Kirke.*

**Tēlemachus**, ī *m Sohn des Odysseus u. der Penelope.*

**Telesia**, ae *f Stadt in Samnium.*

**tellūs**, ūris *f* ① Erde; – *personif.* **Tellūs** *Erdgöttin, Göttin der Saatfelder,* Mutter Erde; ② *(poet.)* Erdboden; Grundstück, Grundbesitz; Fußboden; Land(schaft), Gegend; *(meton.)* Volk.

**tēlum**, ī *n* ① Wurfwaffe, Geschoss: Speer, Pfeil *u. Ä.;* ② *übh.* (Angriffs-)Waffe: Schwert, Axt, Dolch *u. Ä.;* ③ *(übtr.)* Waffe, Pfeil [**-a coniurationis; -a fortunae**]; ④ Hilfsmittel *od.* Antrieb zu etw. [**ad res gerendas**]; ⑤ *(poet.)* Blitz.

**temerārius**, a, um *(temere)* ① *(v. Sachen)* unüberlegt, leichtfertig [**consilium**]; ② *(v. Personen)* verwegen, waghalsig.

**temere** *Adv.* ① zufällig, planlos, unüberlegt, blindlings; **sagittam ~ mittere;** ② (so) ohne weiteres [**credere alci**]; *(m. Negation)* **non ~** nicht so ohne weiteres, nicht leicht, kaum; ③ **non** (*od.* **haud**) **~ est** es ist nicht von ungefähr, es hat etw. zu bedeuten.

**temeritās**, ātis *f (temere)* ① Zufall; ② Unbesonnenheit, Leichtfertigkeit, Verwegenheit [**militum; verborum**].

**temerō**, temerāre *(poet.; nachkl.)* entehren, entweihen, schänden [**templa; sepulcra**].

**tēmētum**, ī *n* berauschendes Getränk, Met, Wein.

**temnō**, temnere, tempsī, temptum *(poet.; nachkl.)* verachten, verschmähen.

**tēmō**, ōnis *m* ① Deichsel; ② *(poet.)* Pflugbaum; ③ *(poet.) (als Gestirn)* Wagen.

**Tempē** *undekl. n Pl. wildromantisches Tal des Peneios in Thessalien; (poet.) übh.* romantisches Tal.

**temperāmentum**, ī *n (tempero)* ① *(nachkl.)* richtige Mischung; ② *(übtr.)* rechtes Maß: **a)** *(nachkl.)* Mäßigung, Zurückhaltung; **b)** Mittelweg.

**temperāns**, *Gen.* antis *(P. Adj. v. tempero)* Maß haltend, maßvoll, enthaltsam [**homo;** *(in Bezug auf etw.: Gen. od. ab)* **potestatis** m. Mäßigung gebrauchend; **a cupidine imperii**].

**temperantia**, ae *f (temperans)* das Maßhalten, Mäßigung, Selbstbeherrschung.

**temperātiō**, ōnis *f (tempero)* ① richtige Mischung, rechte Beschaffenheit [**caeli** gemäßigtes Klima]; ② zweckmäßige Einrichtung, guter Zustand; ③ ordnende Kraft.

**temperātor**, ōris *m (tempero)* derjenige, der etw. ordnet, im rechten Maß einrichtet [**varietatis**].

**temperātūra**, ae *f (tempero) (nachkl.)* richtige Mischung, rechte Beschaffenheit.

**temperātus**, a, um *(P. Adj. v. tempero)* ① richtig gemischt, *(vom Klima)* mild; ② *(übtr.)* gemäßigt; ③ Maß haltend, maßvoll [**mores; in victoria**]; ④ ruhig, besonnen [**genus dicendi; animus**].

**temperī** *Adv. (erstarrter Lok. v. tempus[1])* zur rechten Zeit; *Komp.* **temperius** zeitiger.

**temperiēs**, ēī *f (tempero) (poet.; nachkl.)* richtige Mischung, milde Wärme.

**temperius** *Adv., s. temperi.*

**temperō**, temperāre *(tempus[1])* **I.** *trans.* ① richtig mischen [**vinum**]; ② temperieren: **a)** *(Kaltes)* warm, lauwarm machen; **b)** *(Heißes)* (ab)kühlen; ③ gehörig einrichten, ordnen [**rem publicam legibus**]; ④ mäßigen, lindern, besänftigen, beruhigen, bändigen

T

[**iras; aequor**]; ❺ *(poet.)* richtig leiten, lenken, regieren; **II.** *intr.* ❶ Maß halten, sich mäßigen [**in potestatibus**]; ❷ *(m. Dat.)* **a)** m. Maß gebrauchen, Einhalt tun [**irae; sermonibus**]; **b)** (ver)schonen [**sociis; templis**]; ❸ *(a re od. sibi a re, auch bl. re)* sich v. etw. fernhalten, sich einer Sache enthalten [**ab iniuria; risu**].

**tempestās**, ātis *f (Gen. Pl.* -ātum *u. [nachkl.]* -ātium) *(tempus[1])* ❶ Zeit(punkt), Zeitabschnitt; Zeitlage, -umstände, *meist im Abl. Sg. u. Pl.;* **eadem tempestate; multis ante tempestatibus** viele Jahre vorher; ❷ Witterung, Wetter; ❸ Unwetter, Gewitter, Sturm; – *personif. Pl.* **Tempestates** *(poet.)* Sturmgöttinnen; ❹ *(übtr.)* stürmische Zeit, Unruhe, Gefahr, *oft Pl.;* ❺ Ansturm, Andrang; ❻ *(v. Personen)* Vernichter, Störer [**Siculorum** = Verres; **pacis** = Clodius].

**tempestīvitās**, ātis *f (tempestivus)* rechte Zeit.

**tempestīvum**, ī *u.* **-a**, ōrum *n (tempestivus)* der rechte Zeitpunkt, passende Gelegenheit.

**tempestīvus**, a, um *(Adv.* -ē *u. [poet.]* -ō) *(tempus[1])* ❶ rechtzeitig, zeitgemäß; ❷ passend, geeignet, günstig; ❸ frühzeitig, vorzeitig, früher als gewöhnlich beginnend [**convivium** üppig]; ❹ reif *(v. Früchten u.* [*poet.; nachkl.*] *v. Personen) (für: Dat.);* **puella viro -a**.

**templum**, ī *n* ❶ Beobachtungskreis, -raum *(der vom Augur am Himmel u. auf der Erde abgegrenzte Bezirk zur Beobachtung des Vogelfluges);* ❷ *(poet.)* (An-)Höhe; ❸ Heiligtum, Tempel; ❹ *übh. jede* geweihte Stätte, geweihter Raum, heiliger Bezirk, *z. B. auch* Grotte der Sibylle, Asyl, Kurie, Grab(mal).

**Imperium Romanum**
Ein **templum** war bei den Römern ursprünglich ein abgegrenztes, einer Gottheit geweihtes Areal im Freien. Erst unter griechischem Einfluss begannen die Römer, Häuser für ihre Götter zu bauen, die sie dann ebenfalls „templum" nannten. Sie dienten nicht wie Kirchen als Versammlungsräume für die Gemeinde.

**temporālis**, e *(tempus[1]) (nachkl.)* vorübergehend.

**temporārius**, a, um *(tempus[1])* ❶ den Umständen angepasst, zeitgemäß; ❷ *(nachkl.)* (nur) kurze Zeit dauernd; wetterwendisch.

**temporī** *Adv. = temperi.*

**tempsī** *Perf. v. temno.*

**temptābundus**, a, um *(tempto)* umhertastend.

**temptāmen**, minis *u.* **temptāmentum**, ī *n (tempto) (poet.; nachkl.)* ❶ Probe, Versuch; ❷ Versuchung.

**temptātiō**, ōnis *f (tempto)* ❶ Krankheitsanfall; ❷ Versuch, Probe.

**temptātor**, ōris *m (tempto) (poet.)* Versucher.

**temptō**, temptāre ❶ betasten, berühren; ❷ *(poet. nachkl.) (med. t. t.)* **venas ~** den Puls fühlen; ❸ angreifen [**Achaiam; castellum; nationes bello**]; *(v. Krankheiten)* befallen: **morbo temptari;** ❹ *(poet.)* etw. erstreben [**caelestia; auxilium**]; ❺ untersuchen, prüfen, auf die Probe stellen [**alcis patientiam**]; *(auch m. indir. Frages.);* ❻ versuchen [**oppugnationem; verba** auszusprechen versuchen]; *(auch m. indir. Frages., m. Inf. od. m. ut u. Konj.);* ❼ in Versuchung führen, zu gewinnen suchen, reizen, beunruhigen [**animos ad res novas; rem publicam; alqm precibus** m. Bitten bestürmen]; *(auch m. indir. Frages. od. m. ut u. Konj.).*

**tempus[1]**, poris *n* ❶ Zeitspanne, -raum, Zeit(punkt) [**diei; noctis; anni** Jahreszeit; **praesens** Gegenwart; **praeteritum** Vergangenheit; *(Zeit zu etw.: Gen. obi.)* **somni**]; **in omne tempus** für immer, auf ewig; **ad hoc tempus** bis jetzt; ❷ passende, günstige Zeit, rechter Zeitpunkt, Gelegenheit *(zu etw.: Gen. des Gerundivs)* [**rei gerendae**]; **tempore dato** bei günstiger Gelegenheit; **ipso tempore** gerade zur rechten Zeit; **ad tempus** *u.* (**meo / tuo / suo**) **tempore** *u.* **in tempore** im rechten Augenblick, zur rechten Zeit: **~ est** *(m. Inf. od. A. C. I.)* es ist an der Zeit, etw. zu tun; ❸ *(Sg. u. Pl.)* (Zeit-)Umstände, Verhältnisse, Lage (der Dinge); **tempori** *od.* **temporibus servire** *od.* **cedere** sich in die Verhältnisse fügen; **(in) hoc** *od.* **tali tempore** unter solchen Umständen; **ex** (*od.* **pro**) **tempore** *u.* **ad tempus** nach den Umständen; ❹ *(meist (Pl.)* schwere Zeit, traurige Lage, Unglück, Not, Gefahr; ❺ *(metr. t. t.) die Zeit, die zum Aussprechen einer Silbe od. eines Wortes erforderlich ist,* Quantität.

**tempus[2]**, poris *n (poet.; nachkl.)* Schläfe *(meist Pl.); (meton.) Pl.* Haupt, Kopf, Gesicht.

**tēmulentia**, ae *f (temulentus) (nachkl.)* Trunkenheit.

**tēmulentus**, a, um *(vgl. temetum)* berauscht, betrunken.

**tenācitās**, ātis *f (tenax)* ❶ das Festhalten; ❷ *(übtr.)* Geiz.

**tenāx**, *Gen.* ācis *(teneo)* ❶ *(poet.; nachkl.)* festhaltend; ❷ zäh, fest, dicht; klebrig; ❸ *(poet.; nachkl.) (übtr.)* fest, beharrlich [**passus; fides; fortuna**]; an etw. festhaltend, in etw. fest *(m. Gen.)* [**propositi; veri**]; ❹ hartnäckig, störrisch [**equus; ira**]; ❺ geizig [**pater;** *(m. Gen.)* **auri et argenti**].

**Tencterī**, ōrum *u.* um *m germ. Reitervolk am Niederrhein.*

T

**tendicula**, ae *f (tendo)* ① *(nachkl.)* ausgespanntes Seil *der Walker;* ② *(übtr.)* Fallstrick.

**tendō**, tendere, tetendī, tentum *(u.* tēnsum*)* **I.** *trans.* ① (an)spannen, straff anziehen [**arcum; habenas**]; ② ausspannen: **a)** *(vela)* schwellen; **b)** *(Zelte)* aufschlagen [**tabernaculum**]; errichten [**cubilia**]; **c)** (aus)strecken, ausbreiten [**manūs ad caelum; ramos**]; **d)** *(poet.)* ausdehnen, verlängern [**noctem sermone**]; ③ (dar)reichen, hinreichen, geben; ④ *(poet.)* etw. wohin richten, (hin)lenken; ⑤ etw. verfechten [**alqd summa vi**]; **II.** *intr.* ① *(milit.) (in Zelten)* lagern, im Quartier liegen; ② wohin eilen, gehen, ziehen, marschieren, sich begeben, segeln; ③ *(poet. nachkl.) (feindl.)* auf jmd. losgehen [**in hostem**]; ④ nach etw. streben, trachten, auf etw. ausgehen [**ad maiora**]; ⑤ sich hingezogen fühlen zu *(ad)* [**ad Carthaginienses; ad societatem Romanam**]; ⑥ sich anstrengen, sich bemühen [**magnā vi; in obtinendo iure**]; ⑦ streiten, kämpfen [**vasto certamine**]; *(m. contra od. adversus)* Gegenwehr leisten; ⑧ *(poet.; nachkl.)* sich erstrecken, sich hinziehen; **via tendit sub moenia**.

**tenebrae**, ārum *f* ① Finsternis, Dunkel(heit); ② Nacht; ③ *(poet.)* Blindheit; ④ *(poet.; nachkl.) (b. der Ohnmacht)* das Dunkel vor den Augen; ⑤ *(poet.; nachkl.)* Todesnacht; ⑥ finsterer, dunkler Ort; Schlupfwinkel; ⑦ *(übtr.)* Unbekanntheit, Niedrigkeit, niedere Herkunft; **familiam ex -is in lucem evocare** zu Ansehen bringen; ⑧ *(übtr.)* Unklarheit, Undeutlichkeit; ⑨ trübe Lage, Wirrnis [**rei publicae**].

**tenebricōsus**, a, um *(tenebricus)* dunkel, finster, *auch übtr.* [**iter; libidines**].

**tenebricus** *u.* **tenebrōsus**, a, um *(poet.) (tenebrae)* finster, dunkel.

**Tenedus** *u.* **-os**, ī *f Insel an der Küste v. Troas; – Einw. u. Adj.* **Tenedius**, ī *m bzw.* a, um.

**tenellulus**, a, um *(Demin. v. tener) (poet.)* äußerst zart.

**teneō**, tenēre, tenuī, tentum ① (fest)halten; ② umschlungen halten, umfassen; ③ wohin richten, gerichtet halten [**oculos immotos in alqm** unbeweglich gerichtet halten]; **cursum / iter** *(u. Ä.)* ~ den Lauf, Weg *u. Ä.* nehmen, einschlagen [**fugam per medios hostes**]; ④ wohin steuern, fahren *(ad, selten in locum);* ⑤ wehen; ⑥ *(einen Ort)* erreichen [**insulam**]; ⑦ *(übtr.)* erreichen, erlangen [**regnum virtute**]; ⑧ *(geistig)* erfasst haben, kennen, verstehen [**reconditos sensūs alcis**]; *(auch m. indir. Frages.);* ⑨ jmd. ertappt, überführt haben; – *meist Pass.* überführt werden *od.* sein, sich einer Sache schuldig gemacht haben *(alcis rei od. in re)* [**iniuriarum; in furto**]; ⑩ besitzen, im Besitz haben, beherrschen, in seiner Gewalt haben [**oppidum; terras dicione; rem publicam** die Macht im Staat haben; **imperium** den Oberbefehl führen]; ⑪ *(poet.) (eine geliebte Person)* besitzen; ⑫ *(einen Platz)* einnehmen, *(Ort)* bewohnen; ⑬ *(einen Raum)* erfüllen, in sich enthalten, umfassen; **turba tenet atria; castra tenent iugum;** ⑭ *(milit.)* **a)** *(einen Ort)* besetzt halten [**locum praesidiis**]; **b)** *(einen Ort)* erfolgreich verteidigen [**tumulum**]; **c)** *(Truppen)* befehligen; ⑮ eingeschlossen, gefangen halten [**alqm in catenis**]; ⑯ bewahren, behalten, behaupten [**auctoritatem; imperium;** *(auch geistig)* **memoriam rei** *od.* **rem memoriā**]; ⑰ *jmd. od. etw. bei einer Tätigkeit od. in einem Zustand* (er)halten [**alqm in servitute**]; ⑱ an etw. festhalten, etw. beibehalten, einhalten *(m. Akk.)* [**propositum; modum** Maß halten; **consuetudinem**]; *eine Behauptung* aufrechterhalten *(alqd od. m. A. C. I.);* ⑲ *(geistig)* jmd. fesseln, erfreuen [**animum versibus**]; ⑳ verpflichten, binden *(bes. durch Gesetze, Versprechen u. Ä.)* [**alqm lege, foedere**]; *– meist Pass. m. Abl.* durch etw. gebunden *od.* zu etw. verpflichtet sein [**voto; iure iurando**]; ㉑ *(Recht, Meinung)* durchsetzen, erreichen [**ius suum**]; *(meist m. ut, ne);* **plebs tenuit, ut consules crearentur;** ㉒ zurückhalten, aufhalten, hemmen [**hostem in angustiis; alqm longo sermone**]; ㉓ *(Affekte, Tränen u. Ä.)* zurückhalten, unterdrücken; ㉔ jmd. hinhalten, warten lassen; ㉕ *etw. v. jmdm. od. v. etw.* fernhalten; ㉖ *(v. Tätigkeiten u. Zuständen)* anhalten, (fort)dauern; **silentium aliquamdiu tenuit; tenet fama** es geht das Gerücht um; ㉗ *(v. Affekten u. Ä.)* beherrschen, erfüllen, gefangen halten; **misericordia alqm tenet; desiderio teneri**.

**tener**, nera, nerum ① zart, fein, weich; ② *(übtr.)* jugendlich, jung; **in -is** in zarter Jugend; ③ empfindsam, nachgiebig [**animus**]; ④ *(poet.)* zärtlich, verliebt.

**teneritās**, ātis *f (tener)* Zartheit.

**tēnesmos**, ī *m (gr. Fw.)* Stuhlzwang *(Schließmuskelkrampf)*.

**tenor**, ōris *m (teneo)* ① ununterbrochener Lauf; ② *(übtr.)* ununterbrochener Fortgang, Verlauf, Dauer [**pugnae; vitae; fati**]; **uno tenore** in einem Zug, in einem fort, ununterbrochen.

**Tēnos** *u.* **-us**, ī *f Zykladeninsel, j.* Tino; *– Einw.* **Tēniī**, ōrum *m.*

**tēnsa**, ae *f* Prozessions-, Götterwagen, *auf dem Götterbilder b. den ludi circenses zum Zirkus gefahren wurden.*

**tēnsus** *s. tendo.*

**tent...** *s. auch tempt...*

T

**tentīgō**, ginis *f (tendo) (poet.)* Geilheit.

**tentōrium**, ī *n (tendo)* Zelt.

**tentus** *P. P. P. v. tendo u. teneo.*

**tenuiculus**, a, um *(Demin. v. tenuis)* recht ärmlich.

**tenuis**, e *(tendo)* ① dünn(fädig), fein, zart [**filum; vestis; capilli**]; ② *(poet.)* schmächtig, mager; ③ schmal, eng [**rivus**]; ④ flach, seicht [**aqua**]; ⑤ *(poet.) (v. Flüssigkeiten)* klar, rein; ⑥ *(übtr.)* fein, genau [**distinctio**]; ⑦ unbedeutend [**honores; praeda**]; ⑧ *(übtr.)* schwach [**spes; suspicio**]; ⑨ dürftig, ärmlich [**cibus; cultus**]; ⑩ *(v. Rang u. Stand)* niedrig, gering; ⑪ schlicht, einfach, *bes. v. der Rede u. dem Redner.*

**tenuitās**, ātis *f (tenuis)* ① Dünnheit, Feinheit, Zartheit; ② Schmächtigkeit, Magerkeit; ③ *(übtr.)* Dürftigkeit, Armut; ④ Schlichtheit, Einfachheit, *bes. v. der Rede u. dem Redner.*

**tenuō**, tenuāre *(tenuis) (poet.; nachkl.)* ① dünn, fein machen, verdünnen [**aëra**]; auflösen [**in auras**]; – *Pass.* abmagern; ② verengen; ③ *(übtr.)* vermindern, schwächen [**vires; iram**].

**tenus** *Adv. m. vorausgehendem Abl. od. Gen. (tendo)* bis (an), bis zu; **vulneribus ~** bis Blut fließt; *(übtr.)* **verbo ~** dem bloßen Wort nach; **nomine ~** nur dem Namen nach, zum Schein.

**tepe-faciō**, facere, fēcī, factum, *Pass.* -fīō, fierī, factus sum *(tepeo)* (er)wärmen.

**tepefactō**, tepefactāre *(Intens. v. tepefacio) (poet.)* erwärmen.

**tepefactus** *P. P. P. v. tepefacio.*

**tepe-fēcī** *Perf. v. tepefacio.*

**tepeō**, tepēre, tepuī, – *(poet.; nachkl.)* ① (lau)warm, mild sein; – *P. Adj.* **tepēns,** *Gen.* entis (lau)warm; ② *(übtr.)* **a)** verliebt sein *(in jmd.: alqo)*; **b)** in der Liebe lau sein.

**tepēscō**, tepēscere, tepuī, – *(Incoh. v. tepeo)* (lau)warm werden.

**tepidus**, a, um *(tepeo) (poet.; nachkl.)* ① lau, warm, mild; ② kühl, schon erkaltend; *(übtr.)* erkaltet, matt [**mens**].

**tepor**, ōris *m (tepeo)* ① laue, milde Wärme; ② *(nachkl.)* Kühle; *(übtr.)* Mattigkeit *der Darstellung.*

**tepuī** *Perf. v. tepeo u. tepesco.*

**ter** *Adv.* ① dreimal; ② *(poet.) (meton.)* **a)** mehrmals; **b)** höchst, sehr [**felix**].

**ter-centum** *(undekl.) (poet.) = trecenti.*

**ter-deciē(n)s** *Adv.* dreizehnmal.

**terebinthus**, ī *f (gr. Fw.) (poet.; nachkl.)* Terpentinbaum *(Pistazienart).*

**terebrō**, terebrāre durch-, ausbohren.

**terēdō**, dinis *f (gr. Fw.) (poet.; nachkl.)* Holzwurm.

**Terentius**, a, um *röm. nomen gentile:* ① **C. ~ Varro** *216 v. Chr. Konsul, in der Schlacht b. Cannä geschlagen;* ② **P. ~ Afer** *Komödiendichter aus Karthago (185–159 v. Chr.);* ③ **M. ~ Varro** *(116–27 v. Chr.), vielseitiger Gelehrter u. Schriftsteller;* ④ **Terentia,** ae *f Ciceros erste Gattin; / Adj.* **Terentiānus**, a, um.

**Terentum**, ī *n Platz u. Kultstätte auf dem Marsfeld in Rom; – Adj.* **Terentīnus**, a, um [**tribus**].

**teres**, *Gen.* retis *(tero)* ① länglich rund; ② *(poet.)* festgedreht; ③ *(poet.; nachkl.) (v. Personen u. Körperteilen)* **a)** rundlich; **b)** schlank; ④ geschmackvoll, fein; *(v. der Rede)* abgerundet.

**Tēreūs**, eī *u.* eos *m König v. Thrakien, Gatte der Prokne, Vater des Itys, wurde weg. Vergewaltigung der Philomela, der Schwester seiner Frau, in einen Wiedehopf verwandelt.*

**ter-geminus**, a, um *(poet.)* ① dreigestaltig; ② dreifach.

**tergeō**, tergēre, tersī, tersum, *auch* **tergō**, tergere ① abwischen, abtrocknen, reinigen; ② *(poet.)* kitzeln [**palatum**]; ③ *(nachkl.)* sühnen; */ s. auch tersus.*

**tergiversātiō**, ōnis *f (tergiversor)* Verzögerung.

**tergi-versor**, versārī *(tergum u. verto)* Ausflüchte suchen, sich sträuben, zögern.

**tergō**, tergere *s. tergeo.*

**tergum**, ī *n* ① Rücken, *poet. oft Pl. statt des Sg.;* **-um** *(od.* **-a**) **vertere** *u.* **-a fugae praebere** fliehen; **-a dare alci** vor jmdm. fliehen; **a -o** (von) hinten, im Rücken; ② *(poet.) (meton.)* Leib, Körper *v. Tieren;* ③ *(übtr.)* Rück-, Hinterseite [**collis**]; ④ *(poet.; nachkl.)* (Ober-)Fläche *(z. B. eines Flusses, Meeres, Feldes);* ⑤ *(poet.; nachkl.) (meton.)* Haut, Fell, Leder; ⑥ *(poet.; nachkl.)* aus Fell *od.* Leder Hergestelltes, *bes.:* **a)** Überzug [**clipei**]; **b)** Lederschild; **c)** Schlauch; **d)** Handpauke.

**tergus**, goris *n (tergum) (poet.; nachkl.)* ① Rücken; ② *(meton.)* **a)** Rückenstück, Schinken; **b)** Haut *der Tiere,* Fell.

**termes**, mitis *m (poet. nachkl.)* abgeschnittener Zweig [**olivae**].

**Terminālia**, ium *u.* iōrum *n* Fest des Grenzgottes Terminus *am 23. Februar.*

**terminātiō**, ōnis *f (termino)* ① Grenzbestimmung; ② *(übtr.)* Begrenzung, Abgrenzung; Urteil; ③ *(rhet. t. t.)* Schluss *einer Periode,* rhythmische Klausel.

**terminō**, termināre *(terminus)* ① begrenzen, abgrenzen [**fines imperii; agrum publicum a privato**]; ② *(übtr.)* beschränken, einschränken; ③ bestimmen, festsetzen; etw. nach etw. bemessen *(alqd re)* [**bona voluptate**]; ④ beenden.

**terminus**, ī *m* ① Grenz-, Markstein; *Pl.* Grenze, Mark [**urbis** Stadtgebiet; **regni; agrorum**]; ② *(übtr.)* Schranke; ③ Ende, Schluss,

Ziel; ❹ *personif.* **Terminus** *(poet.; nachkl.)* Grenzgott.

**ternī**, ae, a *(ter)* ❶ je drei; ❷ *(poet.)* drei zusammen, drei auf einmal, zu dritt; ❸ *Sg.* dreifach [**ordo** dreifache Reihe].

**terō**, terere, trīvī, trītum ❶ (ab)reiben; ❷ *(poet.; nachkl.)* glätten ❸ *(poet.)* zerreiben; ❹ *(poet.)* dreschen [**frumentum**]; ❺ oft gebrauchen [**verbum**]; ❻ abnutzen [**vestem** abtragen]; **tritum ferrum** stumpf; ❼ *(übtr.)* jmd. aufreiben, ermüden *(bei, mit etw.: in u. Abl.)* [**plebem in armis; se in opere longinquo**]; ❽ *(poet.) (Wege, Örtl.)* oft besuchen, häufig befahren; ❾ *(Zeit)* hinbringen, zubringen, *(pejor.)* vergeuden [**otium conviviis; diem sermone**]; / *s. auch tritus[1].*

**terra**, ae *f (torreo, eigtl.* „das Trockene“*)* ❶ Erde *(als Weltkörper);* **~ in mundo sita est**; ❷ Erde *(als Stoff),* Erdreich; **aquam terramque petere** *(als Zeichen der Unterwerfung);* ❸ (Erd-)Boden [**pinguis**]; ❹ Land *(als Ggstz. zu Himmel u. Meer);* **-ā marique** zu Wasser u. zu Lande; **a -ā** v. der Landseite; ❺ *einzelnes* Land, Landschaft; – *Pl.* die Welt; **orbis -arum** Erdkreis; ❻ *personif.* **Terra** Erdgöttin *(= Tellus).*

**terrāneola**, ae *f (poet.)* Haubenlerche.

**terrēnum**, ī *n (terrenus)* Erdreich, Acker.

**terrēnus**, a, um *(terra)* ❶ aus Erde, irden, Erd- [**tumulus**]; ❷ auf, in der Erde befindlich, Land-, Erd- [**bestiae; hiatus** Erdriss]; ❸ *(poet.)* unterirdisch [**numina**]; ❹ *(poet.; nachkl.)* irdisch, sterblich.

**terreō**, terrēre, terruī, territum ❶ (er)schrecken, in Schrecken versetzen; *Pass.* erschreckt werden, erschrecken; ❷ v. etw. abschrecken; ❸ *(poet.)* auf-, verscheuchen, jagen [**alqm per totum orbem; feras**].

**terrestris**, e *(terra)* ❶ zur Erde gehörig, irdisch, Erd-; ❷ zum Land gehörig, Land- [**iter** Landweg; **exercitus** Landheer].

**terreus**, a, um *(terra) (poet.)* aus Erde, Erd-.

**terribilis**, e *(terreo)* schrecklich, furchtbar.

**terricula**, ae *f u.* **-um**, ī *n (terreo)* Schreckmittel.

**terrificō**, terrificāre *(terrificus) (poet.)* (er)schrecken, in Schrecken versetzen.

**terri-ficus**, a, um *(terreo u. facio) (poet.; nachkl.)* Schrecken erregend.

**terri-gena**, ae *m u. f (terra u. gigno) (poet.)* Erdgeborene(r), Erdenkind.

**territō**, territāre *(Intens. v. terreo)* sehr erschrecken, in Schrecken versetzen.

**territōrium**, ī *n (terra)* Gebiet.

**terror**, ōris *m (terreo)* ❶ Schreck(en), Angst [**servilis** vor den Sklaven; *(Gen.: vor, wegen, über)* **mortis; belli**]; ❷ *(meton.)* Schrecknis, Schreckbild; ❸ Schreckensnachricht.

**terr-ūncius**, ī *m = teruncius.*

**tersī** *Perf. v. tergeo.*

**tersus**, a, um *(P. Adj. v. tergeo) (poet.; nachkl.)* ❶ rein, sauber; ❷ *(übtr.)* fehlerfrei; fein, nett.

**tertia-decumānī**, ōrum *m (< tertia decima [erg. legio]) (nachkl.)* Soldaten der 13. Legion.

**tertiānus**, a, um *(tertius)* zum Dritten gehörig, dreitägig; – *Subst.* **-ī,** ōrum *m (nachkl.)* Soldaten der 3. Legion.

**tertius**, a, um *(tres)* ❶ der dritte [**pars** drittel; **partes** dritte Rolle; **Saturnalia** der dritte Tag der Saturnalien]; – *Adv.* **-ō** *u.* **-um**: **a)** zum dritten Mal; **b)** drittens; ❷ *(poet.)* unterirdisch (*eigtl.* zum dritten Reich gehörig) [**numina**].

**tertius-decimus**, a, um *(auch getr.)* der dreizehnte.

**ter-ūncius**, ī *m (uncia)* ❶ drei Zwölftel, ein Viertel, *bes. v. Erbschaften;* ❷ *(als Münze)* ¼ As; *(übtr.)* Heller, Pfennig.

**tesqua** *u.* **tesca**, ōrum *n (poet.)* Einöden, Steppen.

**tessella**, ae *f (Demin. v. tessera) (nachkl.)* Würfelchen; Mosaiksteinchen.

**tessera**, ae *f* ❶ (Spiel-)Würfel *m. sechs bezeichneten Seiten (vgl. talus);* ❷ (viereckige) Marke, Holztäfelchen m. Tagesparole *od.* Befehl; *(meton.)* Parole, Befehl, Kommando.

**tesserārius**, ī *m (tessera) (nachkl.)* Paroleträger, -offizier.

**testa**, ae *f* ❶ Ziegelstein, Backstein; ❷ *(poet.; nachkl.)* irdenes Geschirr: Topf, Krug *u. Ä.;* ❸ *(poet.; nachkl.)* Scherbe, *bes. zum Abstimmen beim Scherbengericht* (**testarum suffragia**) in Athen benutzt; ❹ Schale *der Schaltiere; (poet.) (meton.)* Schaltier; ❺ *(poet.)* Schale, Decke [**lubrica** Eisdecke].

**testāceus**, a, um *(testa) (nachkl.)* aus Ziegelstein(en).

**testāmentārius** *(testamentum)* **I.** *Adj.* a, um Testamente betreffend [**lex**]; **II.** *Subst.* ī *m* Testamentsfälscher.

**testāmentum**, ī *n (testor)* letzter Wille, Testament.

**testātiō**, ōnis *f (testor)* Anrufung zu(m) Zeugen.

**testātor**, ōris *m (testor) (nachkl.)* Erblasser.

**testātus**, a, um *s. testor.*

**testificātiō**, ōnis *f (testificor)* ❶ Zeugenbeweis; ❷ *(übtr.)* Beweis.

**testificor**, testificārī *(testis[1] u. facio)* ❶ zum Zeugen anrufen [**deos**]; ❷ bezeugen, feierlich versichern *(abs., alqd, A. C. I. od. indir. Frages.);* ❸ *(übtr.)* beweisen.

**testimōnium**, ī *n (testis[1])* ❶ Zeugnis *vor Gericht,* Zeugenaussage; **-um dicere** *od.* **dare** Zeugnis ablegen *(in alqm: gegen jmd.);* ❷ *(übtr.)* Beweis *(von, für etw.: Gen.).*

**testis[1]**, is *m u. f* ❶ Zeuge, Zeugin; ❷ *(meist poet.) (übtr.)* Augenzeuge, Mitwisser [**sceleris**].

**testis²**, is *m (poet.; nachkl.)* Hode; *meist. Pl.*
**testor**, testārī *(testis¹)* **I.** *trans.* ❶ als Zeugen anrufen [**deos; cives**]; *(für etw.: de; A. C. I.);* ❷ etw. bezeugen [**furtum alcis**]; – *P. Adj.* **testātus,** a, um bezeugt, offenkundig [**virtus alcis**]; ❸ versichern, beteuern; *(übtr.)* beweisen [**gemitu dolores**]; *(auch m. A. C. I. od. indir. Frages.);* **II.** *intr.* ein Testament machen *(abs. od. de re).*
**testū,** *Abl.* ū *n (testa) (poet.; nachkl.)* irdenes Geschirr: Schüssel, Deckel *u. Ä.*
**testūdineus**, a, um *(testudo) (poet.)* m. Schildpatt ausgelegt.
**testūdō**, dinis *f* ❶ Schildkröte; *(meton.)* Schildpatt; ❷ *Gegenstand in der Form des Schildkrötenschildes:* **a)** *(poet.)* Laute, Lyra; **b)** Wölbung, Gewölbe; **c)** *(milit.)* hölzernes Schutzdach; Schilddach.
**testula**, ae *f (Demin. v. testa)* kleine Scherbe, irdenes Täfelchen.
**tē-te** *verstärktes te; s. tu.*
**tetendī** *Perf. v. tendo.*
**tēter** = *taeter.*
**Tēthȳs**, yos *f Meergöttin, Gattin des Oceanus; (poet.) (meton.)* Meer.
**tetigī** *Perf. v. tango.*
**tetrachmum**, ī *n (Gen. Pl.* -ōrum *u.* -um) *(gr. Fw.)* Vierdrachmenstück *(griech. Silbermünze).*
**tetrarchēs**, ae *m (gr. Fw.)* Tetrarch *(Beherrscher des vierten Teils eines Landes); übh.* Fürst, Regent.
**tetrarchia**, ae *f (gr. Fw.)* Tetrarchie, Gebiet eines Tetrarchen.
**tetricus**, a, um düster, finster, streng.
**Teucer** *u.* **Teucrus**, crī *m* ❶ *ältester König v. Troja;* – **Teucrī**, ōrum *u.* um *m* die Trojaner; – *Adj.* **Teucrus**, a, um trojanisch; – **Teucria**, ae *f* Troas; *(meton.)* die Troer; ❷ *Sohn des Telamon, des Königs v. Salamis, Halbbruder des älteren Ajax.*
**Teutoburgiēnsis saltus** *m* Teutoburger Wald.
**Teutonī**, ōrum *u.* **Teutones**, num *m germ. Volk, das m. den Kimbern in das röm. Reich eindrang, aber v. Marius 102 v. Chr. vernichtend geschlagen wurde;* – *Adj.* **Teutonicus**, a, um *auch übh.* germanisch.
**tēxī** *Perf. v. tego.*
**texō**, texere, texuī, textum ❶ weben; ❷ flechten; ❸ *(übtr.)* zusammenfügen; verfertigen, bauen; *(schriftl.)* abfassen.
**textile**, lis *n (textilis)* Gewebe.
**textilis**, e *(texo)* gewebt.
**textor**, ōris *m (texo) (poet.)* Weber.
**textōrium**, ī *n (texo) (nachkl.)* Spinnengewebe.
**textrīnum**, ī *n (textor)* Weberstube, Weberei.
**textrīx**, īcis *f (textor) (poet.)* Weberin.
**textum**, ī *n (texo) (poet.)* ❶ Gewebe; Geflecht; ❷ *(übtr.)* Gefüge, Bau.
**textūra** *(nachkl.)* = *textum.*
**textus¹**, ūs *m (texo) (nachkl.)* Gewebe, Geflecht.
**textus²** *P. P. P. v. texo.*
**texuī** *Perf. v. texo.*
**thalamus**, ī *m (gr. Fw.) (poet.; nachkl.)* ❶ Zimmer, *bes.* Schlaf-, Wohnzimmer; Wohnung, Behausung; ❷ Ehebett; *(meton.)* Ehe.
**Thalēs**, ētis *u.* is *m Philosoph aus Milet (um 600 v. Chr.), einer der Sieben Weisen.*
**Thalīa**, ae *f* ❶ *Muse der heiteren Dichtkunst;* ❷ *eine Meernymphe.*
**Thapsus** *u.* **-os**, ī *f* ❶ *Stadt an der Ostküste Siziliens;* ❷ *Stadt in Afrika, südl. v. Karthago (Cäsars Sieg üb. die Pompejaner 46 v. Chr.).*
**theātrālis**, e *(theatrum)* theatralisch, Theater-.
**theātrum**, ī *n (gr. Fw.)* ❶ Theater, Schauspielhaus; ❷ *(poet.)* Amphitheater, Zirkus; ❸ *(meton.)* Theaterpublikum; *übh.* die Zuschauer, Zuhörerschaft, Versammlung; ❹ *(übtr.)* Schauplatz, Wirkungskreis.

**Wissen: Antike**
**theātrum** – Theateraufführungen nach griechischem Vorbild, also Tragödien und Komödien, gab es ab 240 v. Chr. auch in Rom, allerdings zuerst nur auf einfachen Holzbühnen. Das erste aus Steinen errichtete Theater wurde 55 v. Chr. von Pompejus auf dem Marsfeld erbaut.
Die römischen Theater waren Freilichttheater. Sie hatten keine Dächer, doch konnte das Publikum mit aufgespannten riesigen Planen, sogenannten Sonnensegeln, vor ungünstigem Wetter geschützt werden. Das Bühnengebäude war ebenso hoch wie die gegenüber aufsteigenden Zuschauertribünen, was eine sehr gute Akustik bewirkte.

**Thēbae**, ārum *f* ❶ das „siebentorige" Theben, *Hauptstadt Böotiens;* – *Einw. u. Adj.* **Thēbānus**, ī *m bzw.* a, um; – **Thēbais**, idis *f* Thebanerin; ❷ das „hunderttorige" Theben, *Stadt in Oberägypten;* – *Adj.* **Thēbaïcus**, a, um; ❸ *das homerische* Theben *in Mysien;* – *Adj.* **Thēbānus**, a, um.
**thēca**, ae *f (gr. Fw.)* Behälter: Büchse, Kapsel, Hülle, Futteral.
**thema**, atis *n (gr. Fw.) (nachkl.)* Thema, Gegenstand.
**Themis**, idis *f Göttin der Gerechtigkeit.*
**Themistoclēs**, is *u.* ī *m athen. Staatsmann u. Feldherr, Sieger b. Salamis 480 v. Chr. über Xerxes.*
**thēnsaur...** = *thesaur...*

T

**Theocritus**, ī *m Idyllendichter aus Syrakus (um 270 v. Chr.).*
**theogonia**, ae *f (gr. Fw.)* Ursprung der Götter, Theogonie.
**theologus**, ī *m (gr. Fw.)* Mythologe *(Forscher üb. den Ursprung u. das Wesen der Götter).*
**Theophanēs**, is *m Geschichtsschreiber aus Mytilene.*
**Theophrastus**, ī *m Philosoph u. Schriftsteller aus Eresos auf Lesbos (um 330 v. Chr.), Schüler des Plato u. des Aristoteles.*
**thermae**, ārum *f (gr. Fw.)* warme Quellen, warme Bäder, Thermen.

**Imperium Romanum**
**thermae** – Das Wort „Thermen" bedeutet eigentlich „warme Bäder". Die Thermen, die etwa seit Augustus im römischen Reich entstanden und zu einem der Hauptkommunikationspunkte wurden, boten aber mehr als warme Bäder. Außer dem Warmbad (caldarium), dem lauwarmen Übergangsbad (tepidarium) und dem Kaltwasserbad (frigidarium) gab es in diesen öffentlichen Anstalten auch ein Schwimmbad, einen Sportplatz und Massageräume. In manchen Thermen waren sogar Gartenanlagen und Bibliotheken integriert. Beheizt wurden die Thermen mit Warmluft-Fußbodenheizungen.

**Thermopylae**, ārum *f Engpass am Öta m. warmen Schwefelquellen; ber. durch den Tod der 300 Spartaner unter Leonidas (480 v. Chr.).*
**Thersītēs**, ae *m Grieche vor Troja, durch Hässlichkeit u. Lästerzunge berüchtigt; (nachkl.) appell.* Lästermaul.
**thēsaurus**, ī *m (gr. Fw.)* ❶ reicher Vorrat, Schatz; ❷ *(meton.)* Schatzkammer [**publicus**]; ❸ *(poet.; nachkl.)* Vorratskammer; ❹ *(übtr.)* Fundgrube.
**Thēseūs**, eī *u.* eos *m König in Athen, Sohn des Ägeus, Vater des Hippolytus, tötete auf Kreta den Minotaurus, entführte v. dort die Ariadne, die er auf Naxos verließ;* – **Thēsīdēs**, ae *m* Hippolytus; *Pl.* die Athener; – *Adj.* **Thēsē(i)us**, a, um.
**thesis**, is *f (Akk.* -in, *Abl.* -ī*) (gr. Fw.) (nachkl.) (rhet. t. t.)* Annahme, These.
**Thespiae**, ārum *f Stadt in Böotien am Helikon;* – *Adj.* **Thespias**, adis *(f)* [**deae** die Musen]; *subst.* **Thespiadēs**, dum *f* die Musen; – *Einw.* **Thespiēnsis**, is *m.*
**Thespis**, idis *m Begründer der att. Tragödie, Zeitgenosse Solons.*
**Thessalia**, ae *f* Thessalien, *Landschaft im Nordosten Griechenlands;* – *Einw.* **Thessalus**, ī *m, fem.* **Thessalis**, idis; – *Adj.* **Thessal(ic)us**, a, um, *poet.* **Thessalius**, a, um, *fem.* **Thessalis**, idis.
**Thestoridēs**, ae *m = der Weissager* Kalchas, *Sohn des Thestor.*
**Thetis**, idis *f (Akk.* Thetim *u.* -in; *Abl.* Thetī) *Nereide, Tochter des Nereus, Mutter des Achilles; (poet.) (meton.)* Meer; großes Bad.
**thiasus**, ī *m (gr. Fw.) (poet.)* Bacchusreigen; *(meton.)* tanzender Chor.
**Thisbē**, ēs *f Geliebte des Pyramus.*
**tholus**, ī *m (gr. Fw.) (poet.)* Kuppel(dach).
**thōrācātus**, a, um *(thorax) (nachkl.)* gepanzert.
**thōrāx**, ācis *m (gr. Fw.)* Brustharnisch, Panzer.
**Thrācia**, ae *f (auch* Thrāca, Thrēcia, Thrācē, Thrēcē, Thraeca) Thrakien, *Landschaft nordöstl. v. Griechenland;* – **Thrāx**, ācis *u.* **Thraex**, aecis *m* Thraker; *meton.* = Gladiator in thrak. Rüstung; **Thraessa**, ae *f (u.* Thrēssa, Thraeissa) Thrakerin; – *Adj.* **Thrācius**, a, um *(auch* Thraecius, Thrēcius, Thrēicius, Thrāx).
**Thraecidica**, ōrum *n* Waffen eines Thrakers.
**Thraessa**, **Thraex** *s. Thracia.*
**thrasciās**, ae *m (gr. Fw.) (nachkl.)* Nordnordwestwind.
**Thrāx** *s. Thracia.*
**Thūcȳdidēs**, is *u.* ī *m athen. Geschichtsschreiber des Peloponnesischen Krieges (etwa 455–396 v. Chr.);* – *Adj.* **Thūcȳdidīus**, a, um.
**Thūlē**, ēs *f Insel im äußersten Norden (Island od. eine der Shetlandinseln).*
**thunnus**, ī *m = thynnus.*
**Thūriī**, ōrum *m u.* **-ae**, ārum *f Stadt in Lukanien, an der Stelle des zerstörten Sybaris erbaut;* – *Einw. u. Adj.* **Thūrīnus**, ī *m bzw.* a, um; – **Thūrīnum**, ī *n* Gebiet v. Thurii.
**thūs**, ūris *n = tus.*
**Thybris**, idis *m (Akk.* -im *u.* -in; *Abl.* -ī; *Vok.* -i*) (poet.) = Tiberis.*
**Thyestēs**, ae *u.* is *m Sohn des Pelops, Bruder des Atreus, Vater des Aegisthus;* – **Thyestiadēs**, ae *m* = Aegisthus; – *Adj.* **Thyestēus**, a, um.
**Thȳias**, adis *f (gr. Fw.) (poet.)* Bacchantin.
**Thȳlē**, ēs *f = Thule.*
**thymbra**, ae *f (gr. Fw.) (poet.; nachkl.)* Saturei *(ein Küchenkraut).*
**thymum**, ī *n u.* **-us**, ī *m (gr. Fw.) (poet.; nachkl.)* Thymian.
**thynnus**, ī *m (gr. Fw.) (poet.; nachkl.)* Thunfisch.
**Thyōnē**, ēs *f Mutter des Bacchus;* – **Thyōneūs**, eī *m* = Bacchus; – **Thyōniānus**, ī *m* Wein.
**thyrsi-ger**, gera, gerum *(thyrsus u. gero) (poet.)* den Thyrsus *(Bacchusstab)* tragend.
**thyrsus**, ī *m (gr. Fw.) (poet.; nachkl.)* ❶ Stängel; ❷ Thyrsus, *der m. Efeu u. Weinlaub umwundene Bacchusstab.*

T

**Ti.** *od.* **Tib.** *(Abk.) = Tiberius.*
**tiāra**, ae *f u.* **-rās**, ae *m (gr. Fw. oriental. Herkunft) (poet.; nachkl.)* Tiara, Turban.
**Tiberis**, is *m (Akk.* -im, *Abl.* -ī*)* Tiber, *j.* Tevere; *(poet.) (meton.)* Flussgott Tiber; – *Adj.* **Tiberīnus**, a, um *u. (fem.)* **Tiberīnis**, nidis; – **Tiberīnus**, ī *m Fluss u. Flussgott* Tiber *(einst König v. Alba).*
**Tiberius**, ī *m röm. Vorname (Abk.* Ti. *u.* Tib.); *bes. der zweite röm. Kaiser* Tiberius; – *Demin.* **Tiberiolus**, ī *m* der liebe Tiberius; – *Adj.* **Tiberiānus**, a, um.

**Imperium Romanum**
**Tiberius** – Tiberius Claudius Nero (42 v. Chr. – 37 n. Chr.) war der Sohn der Livia Drusilla und der Stiefsohn des Augustus, der ihn adoptierte und zu seinem Nachfolger bestimmte. Tiberius wurde nach Augustus' Tod im Jahr 14 n. Chr. römischer Kaiser. Er war ein erfolgreicher Feldherr, u. a. im Krieg gegen die Markomannen, und anfangs auch ein tüchtiger Herrscher. Später überließ er dem Prätorianerpräfekten Seianus die Regierungsgeschäfte. Dieser wurde 31 n. Chr. wegen Hochverrats hingerichtet. Die letzten Lebensjahre verbrachte Tiberius in freiwilliger Isolation von der Welt auf Capri.

**tībia**, ae *f* ❶ *(poet.; nachkl.)* Schienbein; ❷ *(meton.) (die urspr. beinerne)* Flöte, Pfeife *(meist Pl.)*; **-arum cantus** Flötenspiel; **-is canere** Flöte spielen.
**tībī-cen**[1], cinis *m (tibia u. cano)* Flötenspieler.
**tībīcen**[2], cinis *m (poet.)* Pfeiler, Stütze.
**tībīcina**, ae *f (tibicen*[1]*)* Flötenspielerin.
**tībīcinium**, ī *n (tibicen*[1]*)* Flötenspiel.
**Tibullus**, ī *m röm. cogn.:* **Albius** – *Elegiker (etwa 54–19 v. Chr.).*
**Tībur**, uris *n (Abl.* -e, *Lok.* -ī*) Stadt in Latium an den Wasserfällen des Anio, Sommerfrische der reichen Römer, j.* Tivoli; – *Einw.* **Tīburs**, rtis *u.* **Tībur(tī)nus**, ī *m;* – *Adj.* **Tīburs**, rtis *u.* **Tībur(tī)nus**, a, um; – **Tīburtīnum**, ī *n* Landgut b. Tibur; – **Tīburnus**, **Tīburtus**, ī *m myth. Gründer v. Tibur.*
**Tīcīnum**, ī *n Stadt an der Mündung des Ticinus in den Po, j.* Pavia.
**Tīcīnus**, ī *m Nebenfluss des Po, j.* Ticino *od.* Tessino *(Sieg Hannibals üb. die Römer 218 v. Chr.).*
**tigillum**, ī *n (Demin. v. tignum)* kleiner Balken.
**tīgnārius**, a, um *(tignum)* zum Bauholz gehörig, Bauholz- [**faber** Zimmermann].
**tīgnum**, ī *n* Balken.
**Tigrānēs**, is *m Name armenischer Könige.*
**tigrīnus**, a, um *(tigris) (nachkl.)* getigert, buntfleckig.
**tigris**, is *u.* idis *m u. f (poet.; nachkl.)* Tiger.
**Tigris**, is *u.* idis *m der Fluss* Tigris *in Mesopotamien.*
**Tigurīnī**, ōrum *m helvetischer Stamm;* – *Adj.* **Tigurīnus**, a, um.
**tilia**, ae *f (poet.)* Linde.
**time-factus**, a, um *(timeo u. facio)* erschreckt.
**timeō**, timēre, timuī, – ❶ (sich) fürchten [**hostem; mortem**]; *(m. ne: dass; ut od. ne non: dass nicht);* – *P. Adj.* **timēns** furchtsam; – *Gerundiv* **timendus**, a, um *(poet.; nachkl.)* furchtbar, schrecklich; ❷ *(m. Inf.)* sich scheuen; ❸ *(nachkl.)* jmd. zu fürchten haben, es m. jmdm. aufnehmen *(Akk.)*
**timiditās**, ātis *f (timidus)* Furchtsamkeit, Schüchternheit.
**timidus**, a, um *(timeo)* furchtsam, schüchtern, scheu *(ad alqd; in re; Gen.; m. Inf.).*
**timor**, ōris *m (timeo)* ❶ Furcht, Besorgnis *(vor, wegen: Gen. od. ab); Pl.* Befürchtungen; ❷ *(poet.)* Schüchternheit; ❸ *(poet.)* religiöse Scheu, Ehrfurcht *(vor: Gen.)* [**deorum**]; ❹ *(poet.)* Gegenstand der Furcht, Schrecken, *bes. v. Personen;* ❺ *(poet.) personif.* **Timor** *(als Gottheit od. böser Dämon)* Furcht, Entsetzen.
**tīnctilis**, e *(tingo) (poet.)* flüssig.
**tīnctus** *P. P. P. v. tingo.*
**tinea**, ae *f (poet.; nachkl.)* Motte; Raupe.
**tingō**, tingere, tīnxī, tīnctum *(auch* tinguō, tinguere*)* ❶ benetzen, befeuchten, bestreichen [**ora lacrimis**]; in etw. eintauchen [**faces in amne** = auslöschen]; ❷ färben; – **tīncta**, ōrum *n* Gefärbtes, Buntes; ❸ *(übtr.)* m. etw. versehen, ausstatten.
**tinniō**, tinnīre mit Geld klimpern = (be)zahlen.
**tinnītus**, ūs *m (tinnio) (poet.; nachkl.)* ❶ Geklingel, Geklirr, *oft Pl.;* ❷ *(übtr.) Pl.* Wortgeklingel.
**tinnulus**, a, um *(tinnio) (poet.)* klingend, schallend.
**tintinnābulum**, ī *n (tintinno) (poet.; nachkl.)* Klingel, Schelle.
**tintin(n)ō**, tintin(n)āre *(tinnio) (poet.)* klingen.
**tīnus**, ī *f (poet.; nachkl.)* Schneeball *(lorbeerartiger Strauch).*
**tīnxī** *Perf. v. tingo.*
**Tīresiās**, ae *m blinder Wahrsager in Theben.*
**tīrō**, ōnis *m* ❶ Rekrut; *auch als Adj.* = noch ungeübt [**exercitus**]; ❷ *(übtr.)* Anfänger, Neuling, Lehrling.
**Tīrō**, ōnis *m Freigelassener Ciceros, Gelehrter u. Erfinder der röm. Stenografie.*
**tīrōcinium**, ī *n (tiro)* ❶ erster Kriegsdienst, Rekrutenzeit; ❷ *(meton.)* die Rekruten; ❸ *(übtr.)* (militärische) Unerfahrenheit; ❹ erstes öffentl. Auftreten; Probestück.
**tīrunculus**, ī *m (Demin. v. tiro) (nachkl.)* Anfänger, Neuling.

**tisana**, ae *f u.* **tisanārium**, ī *n = ptisan…*

**Tīsiphonē**, ēs *f* „Rächerin des Mordes“, *eine der drei Furien; – Adj.* **Tīsiphonēus**, a, um = verbrecherisch.

**Tītān**, ānis *u.* **Tītānus**, ī *m* Titan, *bes. der Sonnengott Helios als Sohn des Titanen Hyperion; meist Pl.* Titanen, *Göttergeschlecht, sechs Söhne des Uranos (Himmel) u. der Gaia (Erde), v. Zeus besiegt u. in den Tartarus gestürzt; –* **Tītānis**, idis *u.* **Tītānia**, ae *f weibl. Nachk. eines Titanen,* Titanentochter; *– Adj.* **Tītāni(ac)us**, a, um, *fem. auch* **Tītānis**, idis titanisch.

**Tīthōnus**, ī *m Bruder des Priamus, Gemahl der Aurora, durch deren Vermittlung er Unsterblichkeit, aber nicht ewige Jugend erlangte; wurde zuletzt in eine Heuschrecke verwandelt; – Adj.* **Tīthōnius**, a, um.

**Titiēs**, ium *u.* **Titiēnsēs**, ium (*u.* -um) *m* ❶ *die Angehörigen einer der drei ältesten patriz. Tribus in Rom (neben Ramnes u. Luceres);* ❷ *die Angehörigen der gleichnamigen Ritterzenturie.*

**tītillātiō**, ōnis *f (titillo)* das Kitzeln; *(übtr.)* Kitzel, Reiz.

**tītillō**, tītillāre kitzeln; *(übtr.)* reizen

**tītillus**, ī *m (titillo) (poet.)* Kitzel.

**Tītius**, a, um ❶ *Gesetz röm. nomen gentile; auch adj.:* **lex Titia** *üb. die Quästur;* ❷ vom König Titus Tatius stammend, angeordnet; **sodales Titii** *Name eines Priesterkollegiums.*

**titubanter** *Adv. (titubo)* unsicher.

**titubātiō**, ōnis *f (titubo)* ❶ *(nachkl.)* das Wanken; ❷ *(übtr.)* Unsicherheit.

**titubō**, titubāre ❶ *(poet.; nachkl.)* wanken, schwanken, taumeln; ❷ *(übtr.)* schwanken, unsicher sein; ❸ *(übtr.)* straucheln, (einen) Fehler machen; ❹ stammeln, stocken.

**titulus**, ī *m* ❶ Aufschrift, Inschrift [**statuae**]; ❷ *(nachkl.)* Buchtitel; ❸ *(nachkl.)* Grabinschrift; ❹ *(poet.; nachkl.)* Anschlag, Bekanntmachung *an einem zu verkaufenden od. zu vermietenden Haus od. an einer zu versteigernden Sache;* ❺ Ehrentitel, -name; ❻ Ehre, Ansehen; ❼ Vorwand; Aushängeschild.

**Titus**, ī *m röm. Vorname (Abk. T.):* ❶ **~ Flavius Sabinus Vespasianus** *der röm. Kaiser* Titus; ❷ **~ Tatius** *König der Sabiner, später Mitregent von Romulus.*

**Imperium Romanum**

**Titus**, mit vollem Namen Titus Flavius Sabinus Vespasianus (50 – 81 n. Chr.), war römischer Kaiser von 79 bis 81 n. Chr. Er war der Sohn und Nachfolger des Kaisers Vespasian. Im Jahre 70 beendete er im Auftrag seines Vaters den jüdischen Aufstand durch die Zerstörung Jerusalems, womit die Zerstreuung (Diaspora) des jüdischen Volkes ausgelöst wurde. Im römischen Reich war er wegen seiner Milde und Gerechtigkeit ein beliebter Kaiser. Nach dem Vesuvausbruch im Jahr 79 war er bemüht, durch umfassende Hilfsmaßnahmen die Not in Pompeji zu lindern.

**Tityos**, ī *m Sohn der Gaia, ein Riese auf Euböa, wollte die Latona entführen; zur Strafe war er in der Unterwelt angekettet u. Geier fraßen an seiner stets nachwachsenden Leber.*

**Tītyrus**, ī *m Hirtenname in Vergils Bucolica; appell. (poet.)* Hirt; *(meton.)* Vergils Bucolica.

**tocullīō**, ōnis *m* Wucherer.

**tōfus**, ī *m (poet.; nachkl.)* Tuff(stein).

**toga**, ae *f (tego, eigtl. „Bedeckung“)* ❶ Toga, *das offizielle Obergewand der Römer;* ❷ Friedensgewand; ❸ *(meton.)* Friede; ❹ *(poet.)* Dirne *(weil Dirnen, die keine Stola tragen durften, eine Toga trugen).*

**Imperium Romanum**

**toga** – Die Toga war das feierliche Obergewand der Römer, das in Friedenszeiten über der Tunika getragen wurde. Die Toga war ein 5 mal 2 Meter langes wollenes Tuch mit einer geraden und einer gerundeten Seitenkante. Sie wurde so um den Körper und über die linke Schulter gelegt, dass sie bis auf die Füße herabhing und die linke Hand und der rechte Arm frei blieben. Die Toga war die feierliche Tracht männlicher römischer Bürger. Allerdings trugen auch Prostituierte eine Toga, da ihnen das Tragen einer Stola verboten war.

Die gewöhnliche Form der Toga war die **toga pura** (od. **virilis**), eine weiße Toga ohne Purpurstreifen. Trauernde und Angeklagte trugen eine **toga pulla** (od. **sordida**), eine dunkle bis schwarze Toga. Amtsbewerber erschienen öffentlich in einer glänzend weißen Toga, der **toga candida.** Kurulische Magistrate und Priester trugen die mit einem Purpurstreifen verbrämte **toga praetexta.** Auch freigeborene Knaben trugen die toga praetexta, bis sie im Alter von 16 Jahren die toga virilis anlegten.

**togāta**, ae *f (togatus)* ❶ *(erg. fabula) das nationale Lustspiel der Römer;* ❷ *(poet.)* Dirne.

**togātus** *(toga)* **I.** *Adj.* a, um ❶ m. der Toga bekleidet, echt römisch; ❷ im Friedenskleid; **II.** *Subst.* ī *m* ❶ röm. Bürger; ❷ Bürger im Friedenskleid.

**togula**, ae *f (Demin. v. toga)* kleine *od.* hübsche Toga.
**Tolbiacum**, ī *n Stadt in Gallia Belgica südwestl. v. Köln, j.* Zülpich.
**Tolēnus**, ī *m Fluss im Sabinerland.*
**tolerābilis**, e *(tolero)* ❶ erträglich; ❷ geduldig.
**tolerandus**, a, um *(eigtl. Gerundiv v. tolero)* erträglich.
**tolerāns**, *Gen.* antis *(P. Adj. v. tolero)* ertragend, duldend, geduldig *(m. Gen.)* [**laborum**].
**tolerantia**, ae *f (tolero)* geduldiges Ertragen [**malorum**]; *abs.* Geduld.
**tolerātiō**, ōnis *f (tolero)* Kraft zu ertragen *(m. Gen.)*.
**tolerō**, tolerāre ❶ ertragen, aushalten, erdulden [**obsidionem; inopiam**]; *(auch m. A. C. I. u. [nachkl.] Inf.);* ❷ mühsam erhalten, notdürftig ernähren [**equitatum; vitam** fristen].
**Tolētum**, ī *n Stadt in Spanien, j.* Toledo; – *Einw.* **Tolētānī**, ōrum *m.*
**tollēnō**, ōnis *m* Hebemaschine, Kran; Belagerungsmaschine.
**tollō**, tollere, sustulī, sublātum ❶ auf-, emporheben, erheben, in die Höhe heben [**manūs ad caelum; oculos** aufschlagen; **ancoras** lichten; **saxa de terra; freta** erregen]; – **se** ~ *u. mediopass.* **tolli** sich erheben, sich emporschwingen; *(v. Pflanzen)* emporwachsen; ❷ *(milit.)* **signa** ~ (die Feldzeichen erheben =) aufbrechen; ❸ in die Höhe bauen; ❹ *in ein Fahrzeug* aufnehmen [**alqm in navem / raedā / equum**]; zu sich *(ad se) od.* mit sich nehmen; *(vom Fahrzeug)* an Bord nehmen, laden, *Perf.* an Bord haben; ❺ *(übtr.)* auf sich nehmen [**onus; poenas** Strafe leiden]; ❻ *(Geschrei, Gelächter u. a.)* erheben, anheben, beginnen; ❼ *(lobend)* erheben, verherrlichen [**alqm laudibus in caelum**]; ❽ ermutigen, trösten; ❾ **animum** ~ den Mut heben *(alci); auch* sich ermutigen, ein stolzes Wesen annehmen; ❿ *(ein neugeborenes Kind)* v. der Erde aufheben *u. damit* als sein eigenes anerkennen u. aufziehen; ⓫ *(ein Kind) v. einer Frau* erhalten *od. m. ihr* zeugen [**filium Neronem ex Agrippina**]; ⓬ wegnehmen, entfernen, beseitigen, *auch übtr.* [**simulacra ex delubris; metum ex animo**]; *(Personen)* aus dem Weg räumen [**alqm e** (*od.* **de**) **medio**]; ⓭ *(Gesetze, Ämter u. Ä.)* abschaffen, aufheben [**legem; decemviralem potestatem**]; ⓮ beenden [**querelas**]; ⓯ vernichten, vertilgen [**Carthaginem** zerstören; **memoriam rei** auslöschen; **alci metum / errorem / luctum** *u. Ä.* nehmen]; ⓰ **tempus / diem** ~ die Zeit / den Tag mit Reden vertun [**dicendo**].
**Tolōsa**, ae *f Stadt in Gallia Narbonensis, j.* Toulouse; – *Einw.* **Tolōsātēs**, tium *m;* – *Adj.* **Tolōsānus**, a, um.
**tolūtārius**, a, um *(nachkl.)* trabend [**equus** Zelter].
**tōmentum**, ī *n (tumeo) (nachkl.)* Polsterung.
**Tomī**, ōrum *m u.* **Tomis**, idis *f Stadt in Mösien am Schwarzen Meer, Verbannungsort Ovids;* – *Einw.* **Tomītae**, ārum *m;* – *Adj.* **Tomītānus**, a, um.
**tondeō**, tondēre, totondī, tōnsum ❶ (ab)scheren [**capillum alcis; oves**]; ❷ **tondēre** *u. mediopass.* **tondērī**: sich scheren lassen; ❸ *(poet.; nachkl.)* (ab)mähen; abpflücken; abweiden, abfressen; *(Bäume, Sträucher)* beschneiden.
**tonitrus**, ūs *m u.* **tonitruum**, ī *n (tono)* Donner(schlag).
**tonō**, tonāre, tonuī, – **I.** *intr.* ❶ donnern; **Iove tonante;** *unpers.:* **tonat** es donnert; – *subst.* **Tonans** der Donnerer = Jupiter, Saturn; ❷ *(poet.) (übtr.)* laut ertönen, (er)dröhnen; **caelum tonat fragore;** ❸ mit Donnerstimme reden; **II.** *trans. (poet.)* mit Donnerstimme ertönen lassen [**verba**]; singen von [**deos**].
**tōnsa**, ae *f (poet.)* Ruder.
**tōnsilis**, e *(tondeo) (nachkl.)* beschnitten [**nemora**].
**tōnsillae**, ārum *f* Mandeln *im Hals.*
**tōnsor**, sōris *m (tondeo)* Friseur, Barbier.
**tōnsōrius**, a, um *(tonsor)* Scher- [**culter**].
**tōnstrīcula**, ae *f (tonsor)* Friseuse, *verächtl.* = Bartkratzerin.
**tōnstrīna**, ae *f (tonsor) (nachkl.)* Barbierstube.
**tōnsūra**, ae *f (tondeo) (poet.)* das Scheren.
**tōnsus** *P. P. P. v. tondeo.*
**tonuī** *Perf. v. tono.*
**tonus**, ī *m (gr. Fw.) (nachkl.)* Donner.
**tōph...** = *tof...*
**topiāria**, ae *f (gr. Fw.)* Kunstgärtnerei.
**topiārius**, ī *m (topiaria)* Kunstgärtner.
**topica**, ōrum *n (gr. Fw.)* Topik, *Sammlung v. Gemeinplätzen;* – **Topica** *Titel einer Schrift des Aristoteles u. ihrer lat. Nachschrift durch Cicero.*
**toral**, ālis *n (torus) (poet.)* Bett-, Sofadecke.
**torculum**, ī *n (torqueo) (nachkl.)* Kelter, Presse.
**toreuma**, atis *n (gr. Fw.)* getriebene Arbeit, Relief.
**toreutēs**, ae *m (gr. Fw.) (nachkl.)* Ziseleur, Graveur.
**toreuticē**, ēs *f (gr. Fw.) (nachkl.)* das Ziselieren, Gravieren.
**tormentum**, ī *n (torqueo)* ❶ Winde; ❷ Geschütz; ❸ *(meton.)* Geschoss; ❹ Marterwerkzeug, Folter(bank), *meist Pl.;* **alqm -is dedere** foltern lassen; ❺ *(übtr.)* Marter, Qual, Plage [**fortunae**]; *(poet.)* Zwang.
**tormina**, num *n (torqueo) (med.)* Leibschmerzen, *bes.* Kolik, Ruhr.
**torminōsus**, a, um *(tormina)* an der Kolik, an

T

Ruhr leidend.

**tornō**, tornāre *(tornus)* ❶ drechseln; ❷ *(poet.) (übtr.)* abrunden.

**tornus**, ī *m (gr. Fw.) (poet.; nachkl.)* Drechseleisen, Meißel.

**torōsus**, a, um *(torus) (poet.; nachkl.)* muskulös, fleischig.

**torpēdō**, dinis *f (torpeo)* ❶ Erstarrung; Trägheit, Stumpfsinn; ❷ Zitterrochen *(ein Fisch)*.

**torpeō**, torpēre, torpuī, – ❶ erstarrt, steif sein; ❷ träge sein; ❸ *(geistig)* starr, gelähmt sein [**metu; desperatione**].

**torpēscō**, torpēscere, torpuī, – *(Incoh. v. torpeo)* erstarren; träge werden; *(geistig)* erlahmen.

**torpidus**, a, um *(torpeo)* starr, betäubt.

**torpor**, pōris *m (torpeo)* ❶ Erstarrung, Lähmung; ❷ *(nachkl.)* Trägheit; Stumpfsinn.

**torpuī** *Perf. v. torpeo u. torpesco.*

**torquātus**, a, um *(torquis) (poet.)* ❶ mit einer Halskette geschmückt; ❷ **Torquātus** *cogn. in der gens Manlia.*

**torqueō**, torquēre, torsī, tortum ❶ drehen, winden [**oculos ad moenia** richten; **remis aquas** aufwühlen]; ❷ *(poet.; nachkl.)* kreisen lassen [**sidera**]; ❸ *(poet.)* (fort)wälzen [**saxa**]; ❹ *(poet.)* v. etw. ab-, wegwenden; ❺ schleudern, werfen [**tela manu; iaculum in hostem; fulmina**]; ❻ verdrehen, verzerren, verrenken; ❼ foltern; ❽ *(übtr.)* wenden, lenken, leiten [**bella** den Gang der Kriege lenken; **ora equi frenis; vestigia ad sonitum**]; ❾ genau untersuchen, erforschen; ❿ martern, quälen, beunruhigen; **torqueri, ne** fürchten, dass.

**torquis**, is *m, selten f (torqueo, eigtl.* das Gewundene*)* ❶ Halskette; ❷ *(poet.)* Halsjoch *der Ochsen;* ❸ *(poet.)* Blumengewinde.

**torrēns**[1], *Gen.* entis *(torreo)* brennend, heiß; *(übtr.)* erhitzt.

**torrēns**[2], *Gen.* entis **I.** *Adj. (poet.; nachkl.)* schnell fließend, reißend; **II.** *Subst. m* ❶ Wildbach; ❷ *(nachkl.)* Wortschwall.

**torreō**, torrēre, torruī, tostum ❶ trocknen, dörren [**fruges flammis**]; ❷ braten, backen, rösten; ❸ verbrennen, versengen; ❹ *(poet.) (übtr.) (in Liebe)* entflammen, erglühen lassen.

**torridus**, a, um *(torreo)* ❶ *(pass.)* **a)** *(v. der Hitze)* gedörrt, ausgetrocknet, trocken [**fons; tellus**]; **b)** *(vor Kälte)* zusammengeschrumpft [**membra gelu**]; ❷ *(akt.)* sengend, brennend, heiß [**aestas; aër**].

**torris**, is *m (torreo) (poet.)* brennendes Holzscheit.

**torsī** *Perf. v. torqueo.*

**tortilis**, e *(torqueo) (poet.; nachkl.)* gewunden.

**tortor**, ōris *m (torqueo)* Folterknecht.

**tortuōsus**, a, um *(tortus*[2]*)* ❶ voller Windungen, gewunden [**amnis**]; ❷ *(übtr.)* verwickelt, verworren [**genus disputandi**]; ❸ *(v. Char.)* nicht offen, verstellt.

**tortus**[1], a, um *(P. Adj. v. torqueo) (poet.)* gedreht, gewunden.

**tortus**[2], ūs *m (torqueo)* Windung.

**torus**, ī *m* ❶ Schleife *am Kranz;* ❷ Muskel; ❸ *(poet.; nachkl.)* Polster, gepolstertes Lager; ❹ *(poet.; nachkl.)* Sofa, Bett; Ehebett; **consors** *od.* **socia -i** Ehefrau; – *(meton.)* Ehe, Liebe: **sacra -i** Hochzeitsfeier; ❺ *(poet.)* Totenbett, Bahre; ❻ *(poet.; nachkl.)* Böschung [**ripae**].

**torvitās**, ātis *f (torvus) (nachkl.)* finsteres Aussehen.

**torvus**, a, um wild (aussehend), finster; schrecklich, grausig.

**tōsillae** = *tonsillae.*

**tostus** *P. P. P. v. torreo.*

**tot** *undekl.* so viele; **tot anni; quot homines, tot causae**.

**toti-dem** *undekl. (vgl. i-dem, tot)* ebenso viele [**naves; pedites**]; – *subst. (poet.)* ebenso viel.

**totiē(n)s** *Adv. (tot)* ❶ so oft; ❷ *(poet.)* ebenso oft.

**totondī** *Perf. v. tondeo.*

**tōtus**, a, um *(Gen. Sg.* tōtīus; *Dat.* tōtī, *selten* -ō, -ae*)* ❶ ganz [**Gallia; exercitus**]; – *Subst.* **-um,** ī *n* das Ganze: **ex -o** völlig, gänzlich; ❷ *Pl.* alle, sämtliche, insgesamt; **-is copiis; -is viribus** mit aller Kraft; ❸ *(übtr.)* ganz, völlig, m. Leib u. Seele; **sum vester ~** euch ganz ergeben.

**toxicum** *u.* **-on,** ī *n (gr. Fw.) (poet.; nachkl.)* Pfeilgift, *übh.* Gift.

**tr.** = *tribunus u. tribunicius;* **tr. pl.** = *tribunus plebis.*

**trabālis**, e *(trabs)* ❶ Balken- [**clavus**]; ❷ *(poet.)* balkenartig, -stark [**telum**].

**trabea**, ae *f (trabs)* die Trabea, *m. breiten Purpurstreifen verbrämtes Staatskleid der Könige u. Ritter.*

**trabeātus**, a, um *(trabea) (poet.; nachkl.)* im Staatskleid [**equites**].

**trabs**, trabis *f* ❶ Balken; ❷ *(poet.)* Baum(stamm); ❸ *(poet.) (meton.)* **a)** Schiff [**sacra** = die Argo]; **b)** Dach, Haus; ❹ *(nachkl.)* Fackel; feurige Lufterscheinung.

**Trāchīn**, īnis *f Stadt am Öta, Sterbeort des Herkules;* – *Adj.* **Trāchīnius**, a, um; **Trāchīniae**, ārum *f* die Trachinierinnen *(Tragödie des Sophokles).*

**tractābilis**, e *(tracto)* ❶ berührbar; ❷ *(übtr.)* nachgiebig, mild.

**tractātiō**, ōnis *f (tracto)* ❶ Handhabung, Gebrauch [**armorum; tibiarum**]; ❷ *(übtr.)* Behandlung *einer Sache,* Beschäftigung *m. etw.* [**litterarum**]; ❸ *(nachkl.)* Benehmen *geg. jmd.*

**tractātor**, ōris *m (tracto) (nachkl.)* Masseur.
**tractātus**, ūs *m (tracto)* ❶ Behandlung *einer Sache,* Beschäftigung *m. etw.* [**artium**]; ❷ *(nachkl.)* Besprechung.
**tractim** *Adv. (traho) (poet.; nachkl.)* gedehnt, langsam [**loqui**].
**tractō**, tractāre *(Frequ. v. traho)* ❶ *(poet.)* herumzerren, schleppen [**alqm comis** an den Haaren; *übtr.* **alqm in iudiciis**]; ❷ betasten, berühren; ❸ etw. handhaben, gebrauchen [**gubernacula** führen; **tela**]; ❹ *(übtr.)* etw. betreiben [**artem**]; ❺ leiten, lenken, verwalten [**rem publicam; aerarium; pecuniam publicam** besorgen]; ❻ jmd. behandeln, sich geg. jmd. benehmen *(m. Akk.)* [**socios crudeliter**]; ❼ untersuchen, überdenken [**consilia legatorum**]; ❽ besprechen, erörtern; ❾ über etw. verhandeln *(alqd u. de re)* [**condiciones** *od.* **de condicionibus**].
**tractum**, ī *n (traho) (poet.)* Spinnwolle.
**tractus**[1], a, um *(P. Adj. v. traho)* ❶ ausgehend von; ❷ *(v. der Rede)* ruhig, fließend.
**tractus**[2], ūs *m (traho)* ❶ das Ziehen, Zug; ❷ das Spinnen; **vellera tractu mollire;** ❸ Ausdehnung, Lage [**castrorum**]; Reihe [**arborum**]; ❹ Gegend; ❺ *(v. der Rede)* ruhige Bewegung, verhaltener Stil [**orationis**]; Dehnung [**verborum**]; ❻ *(poet.; nachkl.)* langsamer Verlauf, Verzögerung [**belli; mortis**].
**trā-didī** *Perf. v. trado.*
**trāditiō**, ōnis *f (trado)* ❶ Übergabe, Auslieferung [**urbis**]; ❷ *(nachkl.)* Bericht.
**trāditor**, ōris *m (trado) (nachkl.)* Verräter.
**trā-dō**, dere, didī, ditum ❶ übergeben, abliefern [**alci epistulam; pecuniam quaestoribus**]; ❷ überlassen, anvertrauen [**alci turrim tuendam; alci provinciam; alci legionem / exercitum; alci filiam (in matrimonium)** zur Frau]; ❸ ausliefern [**perfugas; servos ad supplicium; alqm in custodiam; arma hostibus**]; ❹ *(poet.)* preisgeben [**feris populandas terras**]; ❺ **se ~** sich hingeben [**se rei publicae; se otio**]; ❻ *(als Erbteil)* hinterlassen [**filio regnum**]; ❼ überliefern; ❽ erzählen, berichten; **tradunt** *(m. A. C. I.) u.* **traditur / traduntur** *(m. N. C. I.)* man erzählt, es wird berichtet; ❾ lehren.

T

**trā-dūcō**, dūcere, dūxī, ductum ❶ hinüberführen, -bringen, hinführen, -bringen; herbeiführen; ❷ jmd. übersetzen, über etw. führen *(alqm alqd; selten trans)* [**exercitum flumen** über den Fluss]; ❸ vorüber-, vorbeiführen [**copias praeter castra**]; ❹ jmd. hindurchführen [**copias per angustias**]; ❺ *(übtr.) jmd. auf jmds. Seite* hinüberziehen, *jmd. für etw.* gewinnen [**alqm ad plebem / ad se; ad** *od.* **in suam sententiam** auf seine Seite bringen]; ❻ *(in einen Zustand, in andere Verhältnisse)* bringen, versetzen [**inimicitias ad amicitiam** verwandeln in; **alqm ex egestate in rerum abundantiam**]; ❼ verhöhnen; ❽ *(Zeit)* hinbringen, verleben [**vitam tranquille**]; ❾ verwenden *zu, für, auf* [**otium in studia**]; ❿ auf etw. anwenden [**hanc rationem ad id genus**].
**trāductiō**, ōnis *f (traduco)* ❶ Versetzung unter [**hominis ad plebem**]; ❷ *(nachkl.)* Bloßstellung; ❸ *(rhet. t. t.)* uneigentlicher Gebrauch eines Wortes, *bes.* Metonymie.
**trāductor**, ōris *m (traduco)* Überführer.
**trāductus** *P. P. P. v. traduco.*
**trādux**, ducis *m (traduco) (nachkl.)* Weinranke.
**trā-dūxī** *Perf. v. traduco.*
**tragicus** *(gr. Fw.)* **I.** *Adj.* a, um ❶ tragisch, Tragödien- [**poëta; actor**]; ❷ *(rhet.)* erhaben, pathetisch [**orator**]; ❸ *(übtr.)* traurig, schrecklich; **II.** *Subst.* ī *m* Tragiker.
**tragoedia**, ae *f (gr. Fw.)* ❶ Tragödie; ❷ *Pl.* tragisches Pathos; ❸ Rührstück; ❹ *Pl.* großer Lärm, Spektakel.
**tragoedus**, ī *m (gr. Fw.)* tragischer Schauspieler.
**trāgula**, ae *f* Wurfspieß *(der Gallier u. Spanier).*
**trahea**, ae *f (traho) (poet.)* Bohlenwalze *zum Ausdreschen des Getreides.*
**trahō**, trahere, trāxī, tractum ❶ ziehen; ❷ schleifen, zerren, schleppen [**alqm ad praetorem**]; ❸ hin u. her zerren; *(nachkl.) (übtr.)* zerrütten; ❹ vergeuden [**pecuniam**]; ❺ mit sich fortziehen, -schleppen [**praedas ex agris;** *(v. Flüssen)* **saxa secum**]; ❻ (aus)plündern [**socios**]; ❼ hinter sich herziehen, nachschleppen [**vestem; sarcinas**]; ❽ im Gefolge haben [**turbam prosequentium**]; ❾ einziehen, einschlürfen, einsaugen [**aquam; animam** atmen]; ❿ *(übtr.)* annehmen, bekommen [**figuram lapidis; cognomen; in exemplum** zum Muster nehmen]; ⓫ sich etw. aneignen, an sich reißen [**regnum**]; ⓬ von etw. ablenken [**alqm ab incepto**]; ⓭ hervor-, herausziehen [**telum de corpore;** *übtr.* **gemitūs e corde**]; ⓮ her-, ableiten [**originem ab alqo**]; ⓯ *(poet.)* zusammenziehen [**vincula galeae; vultūs** runzeln; **vela** einziehen]; ⓰ *(übtr.)* hinziehen, bringen [**alqm ad decernendum**]; ⓱ *(übtr.)* jmd. zu etw. bewegen, verleiten, verlocken [**alqm ad defectionem; alqm in suam sententiam** für sich gewinnen]; ⓲ als etw. auslegen, für etw. ansehen [**alqd in virtutem** als Tapferkeit *od.* Verdienst auslegen]; ⓳ jmdm. etw. beimessen, beilegen [**decus ad consulem**]; ⓴ erwägen, überlegen; ㉑ *(poet.)* in die Länge ziehen, verlängern; ㉒ *(übtr.)* hinziehen, verzögern [**comitia; noctem sermone**]; ㉓ *(Zeit)* hinbringen [**tempus iurgiis; vitam** das Leben fristen]; ㉔ *(poet.)* (ab)spinnen, krempeln [**lanam**].

**Trāiānus**, ī *m:* **M. Ulpius ~** *röm. Kaiser, reg. 98–117 n. Chr.*

**trā-iciō**, icere, iēcī, iectum *(trans u. iacio)* ❶ hinüberwerfen, -schießen, -bringen [**telum; signum trans vallum**]; ❷ *(übtr.)* übertragen [**arbitrium litis in omnes**]; ❸ *(milit.) (Truppen)* hinüberbringen, -setzen [**legiones in Siciliam; copias (trans) flumen**]; ❹ *(Örtl.)* überschreiten, -fahren [**montem; flumen**]; ❺ **(se) traicere** *u. mediopass.* **traici** = *transire:* **a)** übersetzen, hinüberfahren [**duabus navibus in Africam**]; **b)** *(v. Feuer od. Unglück)* herüberdringen, übergreifen auf; ❻ durchbohren, -stoßen [**pectora ferro**]; ❼ etw. durchbrechen [**mediam aciem**].

**trāiectiō**, ōnis *f (traicio)* ❶ Überfahrt, -gang; ❷ **~ stellae** Sternschnuppe; ❸ *(übtr.)* das Hinüberschieben [**in alium** auf einen anderen]; ❹ *(rhet. t. t.)* **a)** Versetzung [**verborum**]; **b)** Übertreibung.

**trāiectus**[1] *P. P. P. v. traicio.*

**trāiectus**[2], ūs *m (traicio)* Überfahrt, -gang.

**trāl...** = *transl...*

**trām...** *s. auch transm...*

**trāmes**, mitis *m (trans u. meo)* ❶ Quer-, Seitenweg; ❷ *(poet.; nachkl.) übh.* Weg, Pfad, Flug.

**trā-natō**, natāre *(trans)* hinüberschwimmen, durchschwimmen *(trans. u. intr.).*

**trā-nō**, nāre *(trans)* **I.** *intr.* hinüberschwimmen [**ad suos**]; **II.** *trans.* ❶ durchschwimmen [**amnem**]; ❷ *(übtr.)* durchdringen, -fliegen [**nubila**].

**tranquillitās**, ātis *f (tranquillus)* ❶ Meeres-, Windstille; ❷ Ruhe, Frieden; ❸ Gemütsruhe.

**tranquillō**, tranquillāre *(tranquillus)* beruhigen.

**tranquillum**, ī *n (tranquillus)* ❶ Wind-, Meeresstille; ❷ Ruhe, Frieden.

**tranquillus**, a, um *(Adv. -ē u. -ō)* ❶ ruhig, still; ❷ *(polit.)* friedlich, ruhig [**civitas**]; ❸ *(geistig)* gelassen [**animus**].

**trāns I.** *Präp. b. Akk.* ❶ *(auf die Frage „wohin?")* über, über ... hin, über ... hinaus; ❷ *(auf die Frage „wo?")* jenseits; **II.** *in Zusammensetzungen als Präfix (vor Konsonanten u. vor i oft trā-, vor s vereinfacht zu trān-:)* ❶ (hin)über- [**transmitto**]; ❷ (hin)durch [**transfigo**]; ❸ darüber hinaus, jenseits [**transmarinus**].

**trāns-abeō**, abīre, abiī, abitum *(poet.)* durchbohren.

**trānsāctor**, ōris *m (transigo)* Vermittler *(alcis rei).*

**trānsāctus** *P. P. P. v. transigo.*

**trāns-adigō**, adigere, – – durch etw. stoßen *(durch etw.: Akk.)* [**ensem costas**]; durchbohren.

**trāns-alpīnus**, a, um *(Alpes)* jenseits der Alpen (gelegen, wohnend, stattfindend) [**gentes; bella**].

**trān-scendō**, scendere, scendī, scēnsum *(trans u. scando)* **I.** *intr.* ❶ hinüberschreiten, -steigen, -gehen; ❷ *(poet.; nachkl.) (in der Rede)* zu etw. übergehen; **II.** *trans.* ❶ etw. überschreiten, -steigen; ❷ *(übtr.)* etw. überschreiten, verletzen [**ordinem**].

**trān-scrībō**, scrībere, scrīpsī, scrīptum ❶ abschreiben, übertragen [**tabulas publicas**]; ❷ *(jur. t. t.)* etw. auf jmd. umschreiben lassen, jmdm. etw. verschreiben *(alqd in alqm od. alci);* ❸ *(poet.) (übtr.)* auf jmd. übertragen [**sceptra colonis**]; ❹ *(poet.; nachkl.) jmd. in einen anderen Stand od. an einen anderen Ort* versetzen; ❺ *(nachkl.) (übtr.)* aufnehmen.

**trāns-currō**, currere, (cu)currī, cursum **I.** *intr.* ❶ hinüberlaufen, hinlaufen; ❷ *(poet.) (übtr.)* in, zu etw. übergehen [**ad melius**]; ❸ vorbeilaufen, -fahren; *(nachkl.) (v. der Zeit)* schnell vergehen; **II.** *trans.* ❶ durchlaufen, -eilen; ❷ *(nachkl.) (rhet.)* kurz durchgehen [**narrationem**].

**trānscursus**, ūs *m (transcurro) (nachkl.)* ❶ das Durchlaufen, Flug; ❷ das Vorbeilaufen, -fahren; ❸ *(v. der Rede)* kurze Darstellung.

**trāns-dō, trāns-dūcō** = *trado, traduco.*

**trāns-ēgī** *Perf. v. transigo.*

**trānsenna**, ae *f* ❶ Netz; ❷ Gitter(fenster).

**trāns-eō**, īre, iī, itum **I.** *intr.* ❶ (hin)übergehen, hingehen; übersetzen, übersiedeln [**e suis finibus in Helvetiorum fines**]; ❷ *zum Feind* übergehen [**a Caesare ad Pompeium**]; *(übtr.) (zu einer anderen Meinung, in einen anderen Stand u. Ä.)* übertreten, übergehen, *einer Sache* beitreten [**a patribus ad plebem; ad** *od.* **in sententiam alcis** sich anschließen]; ❸ *(poet.)* sich in etw. verwandeln, in etw. übergehen [**in saxum**]; ❹ *(in einer Rede od. Schrift) zu etw. anderem* übergehen; ❺ vorbeigehen, -ziehen; *(v. der Zeit)* vergehen; ❻ durch etw. hindurchgehen, -ziehen [**per hortum**]; *(übtr.)* durch etw. (hindurch)dringen; **II.** *trans.* ❶ etw. überschreiten, -steigen [**Alpes; amnem**]; ❷ durch etw. ziehen, etw. durchreisen [**campos**]; ❸ *(übtr.)* etw. überschreiten, verletzen [**modum**]; ❹ *(vom Redner)* etw. durchgehen, besprechen; ❺ vorbeigehen, -fahren an; ❻ *(poet.; nachkl.)* überholen [**equum cursu**]; ❼ *(in der Rede)* übergehen [**alqd silentio**]; ❽ *(eine Zeit)* verbringen [**annum otio**].

**trāns-ferō**, ferre, tulī, lātum *(u.* trālātum) ❶ hinübertragen, -bringen, -schaffen; ❷ vorbeitragen [**coronas aureas in triumpho**]; ❸ verlegen, versetzen [**castra trans flumen; belli terrorem ad urbem**]; ❹ *(übtr.)* lenken, wenden, schieben [**crimen ad** (*od.* **in**) **alqm** auf jmd. schieben]; ❺ etw. auf jmd. übergehen lassen, übertragen [**possessiones a liberis ad alienos**]; – *Pass.* auf

T

jmd. übergehen; ❻ abschreiben, übertragen [**alqd in tabulas**]; ❼ *(in eine andere Spr.)* übertragen, übersetzen; ❽ *(Wörter)* bildlich *od.* im übertragenen Sinn gebrauchen; **verba tra(ns)lata** Metaphern; ❾ anwenden auf [**definitionem in aliam rem**]; ❿ *(poet.; nachkl.)* in etw. verwandeln [**alqd in novam speciem**]; ⓫ *(zeitl.)* verschieben [**causam in aliud tempus**].

**trāns-fīgō**, fīgere, fīxī, fīxum ❶ durchbohren [**scutum ferro**]; ❷ *(poet.)* etw. (hin)durchstoßen.

**trāns-figūrō**, figūrāre *(nachkl.)* verwandeln.

**trāns-fodiō**, fodere, fōdī, fossum durchbohren.

**trānsfōrmis**, e *(transformo) (poet.)* verwandelt; wandelbar.

**trāns-fōrmō**, fōrmāre *(poet.)* verwandeln.

**trāns-forō**, forāre *(nachkl.)* durchbohren.

**trānsfossus** *P. P. P. v. transfodio.*

**trāns-fūdī** *Perf. v. transfundo.*

**trānsfuga**, ae *m u. f (transfugio)* Überläufer; *(poet.; nachkl.) auch als Adj.:* übergelaufen, treulos.

**trāns-fugiō**, fugere, fūgī, – *zum Feind* überlaufen.

**trānsfugium**, ī *n (transfugio)* das Überlaufen *zum Feind.*

**trāns-fundō**, fundere, fūdī, fūsum etw. auf jmd. übertragen [**amorem in alqm; laudes ad alqm**].

**trānsfūsiō**, ōnis *f (transfundo)* Vermischung.

**trāns-gredior**, gredī, gressus sum *(gradior)* **I.** *intr.* ❶ hinübergehen, -schreiten, -steigen [**in Italiam; per montes**]; ❷ *(nachkl.) (übtr.) zu einer Partei* übergehen [**in partes Vespasiani**]; ❸ *(nachkl.) zu einer Handlung* schreiten; **II.** *trans.* überschreiten, passieren [**flumen; montem**].

**trānsgressiō**, ōnis *f (transgredior)* ❶ das Überschreiten, Übergang; ❷ *(rhet.)* ~ **verborum** Abweichung v. der gewöhnlichen Wortstellung, Wortversetzung.

**trānsgressus**[1], ūs *m (transgredior)* das Überschreiten, Übergang.

**trānsgressus**[2] *P. P. Akt. v. transgredior.*

**trānsiciō, trānsiectiō, trānsiectus** = *traicio, traiectio, traiectus.*

**trāns-igō**, igere, ēgī, āctum *(ago)* ❶ *(poet.; nachkl.)* durchbohren [**pectus gladio**]; ❷ *(übtr.)* etw. durchführen, zustande bringen; ❸ m. jmdm. ein Abkommen treffen [**cum reo; inter se**]; ❹ *(nachkl.)* mit etw. ein Ende machen [**cum expeditionibus**]; ❺ *(nachkl.) (Zeit)* verbringen.

**trāns-iī** *Perf. v. transeo.*

**trān-siliō**, silīre, siluī *(u.* silīvī, siliī), – *(salio)* **I.** *intr.* hinüberspringen; *(übtr.)* sprungweise zu etw. übergehen; **II.** *trans.* ❶ überspringen; ❷ *(poet.; nachkl.) (übtr.)* durcheilen, -fliegen; ❸ *(übtr.)* etw. überschreiten [**modum**]; ❹ *(in der Rede)* überspringen.

**trānsitiō**, ōnis *f (transeo)* ❶ das Hinübergehen, Übergang; ❷ *(übtr.)* das Überlaufen *zum Feind;* Übertritt [**ad plebem**]; ❸ *(meton.)* Durchgang *als Ort.*

**trānsitō**, trānsitāre *(Intens. v. transeo)* (hin)-durchgehen, -ziehen; **trānsitāns** auf einer Dienstreise.

**trānsitus**[1], ūs *m (transeo)* ❶ das Überschreiten, Übergang [**Alpium**]; ❷ Durchzug [**per agros**]; ❸ *(meton.)* Durchgang *als Ort;* ❹ das Vorübergehen [**tempestatis**]; ❺ *(nachkl.) (übtr.)* Übertritt [**ad validiores**]; ❻ *(poet.; nachkl.)* Farbenübergang.

**trānsitus**[2] *P. P. P. v. transeo.*

**trānslātīcius**, a, um *(translatus v. transfero)* ❶ überliefert, herkömmlich [**ius**]; ❷ *(übtr.)* gewöhnlich [**verba**].

**trānslātiō**, ōnis *f (transfero)* ❶ Übertragung [**pecuniarum ab alqo ad alqm**]; ❷ *(jur. t. t.)* **a)** Ablehnung *eines Richters, Klägers u. Ä.;* **b)** Entkräftung *einer Beschuldigung;* ❸ *(rhet. t. t.)* Metapher.

**trānslātīvus**, a, um *(translatus v. transfero)* ablehnend.

**trānslātor**, ōris *m (transfero)* „Übertrager" [**quaesturae** *v. Verres, der eigenmächtig seine Quästur wechselte u. m. der Kasse zu Sulla überging*].

**trānslātus**[1] *P. P. P. v. transfero.*

**trānslātus**[2], ūs *m (transfero) (nachkl.)* Prozession.

**trāns-lūceō**, lūcēre, – – *(poet.; nachkl.)* ❶ durchschimmern; ❷ durchsichtig sein.

**trāns-marīnus**, a, um *(mare)* überseeisch [**provinciae**].

**trāns-meō**, meāre *(nachkl.)* durchziehen, passieren.

**trāns-migrō**, migrāre übersiedeln.

**trāns-mīsī** *Perf. v. transmitto.*

**trānsmissiō**, ōnis *f u.* **trānsmissus**, ūs *m (transmitto)* Überfahrt.

**trāns-mittō**, mittere, mīsī, missum ❶ hinüberschicken, -bringen [**pecora in campum;** *übtr.* **bellum in Italiam** übergreifen lassen]; übersetzen (lassen) [**equitatum**]; ❷ durchlassen, durchziehen lassen [**exercitum per fines**]; ❸ jmdm. anvertrauen, überlassen [**imperium alci**]; ❹ widmen [**noctes operi**]; ❺ *(nachkl.)* übergehen, unbeachtet lassen [**nomen alcis silentio**]; ❻ *(nachkl.) (Zeit)* verbringen, verstreichen lassen; ❼ *(nachkl.)* überstehen [**febrium ardorem**]; ❽ etw. überschreiten, über etw. gehen *(m. Akk.)* [**maria; cursu campum** durcheilen; **Alpes**]; ❾ hinüberfahren, -ziehen [**ex Sardinia in Africam**].

T

**trāns-montānī**, ōrum *m (< trans montes)* die Völkerschaften jenseits der Gebirge.
**trāns-moveō**, movēre, mōvī, mōtum *(nachkl.)* verlegen [**legiones**].
**trāns-mūtō**, mūtāre *(poet.)* vertauschen.
**trāns-natō, trāns-nō** = *tranato, trano.*
**trāns-padānus**, a, um *(< trans Padum)* jenseits des Po (wohnend, gelegen); – *Subst. m* Transpadaner.
**trāns-pōnō**, pōnere, posuī, positum *(nachkl.)* hinüberbringen, übersetzen [**milites**].
**trānsportātiō**, ōnis *f (transporto) (nachkl.)* Übersiedlung, Wanderung.
**trāns-portō**, portāre hinüberbringen [**iumenta**]; *(milit.)* übersetzen [**milites flumen** über den Fluss].
**trānspositus** *P. P. P. v. transpono.*
**trāns-posuī** *Perf. v. transpono.*
**trāns-rhēnānus**, a, um *(< trans Rhenum)* rechtsrheinisch; – *Subst.* **-ī,** ōrum *m* rechtsrheinische Stämme.
**trāns-s...** = *tran-s...*
**Trāns-tiberīnī**, ōrum *m (< trans Tiberim)* die jenseits des Tiber *(j. in Trastevere)* Wohnenden.
**trānstrum**, ī *n* ❶ Querbalken; ❷ Ruderbank, *meist Pl.*
**trāns-tulī** *Perf. v. transfero.*
**trānsultō**, trānsultāre *(Intens. v. transilio)* hinüberspringen.
**trān-suō**, suere, suī, sūtum *(poet.)* durchstechen.
**trānsvectiō**, ōnis *f (transveho)* Überfahrt *(über etw.: Gen.).*
**trāns-vehō**, vehere, vēxī, vectum ❶ hinüberfahren, -führen [**exercitum in Britanniam**]; – *mediopass.* **transvehi** hinüberfahren, übersetzen [**in Africam**]; ❷ vorbeiführen, -tragen *(bes. im Triumph); – mediopass.* vorbeifahren, -reiten; ❸ *(nachkl.) mediopass. (v. der Zeit)* verstreichen.
**trāns-verberō**, verberāre durchstechen, -bohren.
**trānsversārius**, a, um *(transversus)* Quer-.
**trāns-versō**, versāre *(poet.)* wiederholt umwenden.
**trānsversum**, ī *n (transversus)* die Quere, schräge Lage; – *Adv.* **ex** (*od.* **de**) **-o** unvermutet.
**trāns-versus**, a, um ❶ quer(liegend), schräg, schief, Quer-, Seiten- [**via; proelium** Flankenangriff; **iter** Seitenweg *od.* Flankenmarsch]; ❷ *(übtr.)* in die Quere kommend, störend; / *Adv. (Akk. Pl. n)* **trānsversa** *(poet.)* seitwärts, *(übtr.)* scheel [**tueri**].
**trāns-vēxī** *Perf. v. transveho.*
**trāns-volō**, volāre ❶ hinüberfliegen, -eilen; ❷ etw. überfliegen, eilig überschreiten [**Alpes**]; ❸ an etw. vorbeifliegen, *(übtr.)* vorübereilen *(m. Akk.).*
**trapētum**, ī *n u.* **-us,** ī *m (poet.; nachkl.)* Ölpresse.
**trapezophorum**, ī *n (gr. Fw.)* „Tischträger", verzierter Fuß *einer Tischplatte.*
**Trasumēnus** *u.* **Trasumennus** *u.* **Trasimēnus**: **lacus ~** *See in Etrurien, j.* Lago Trasimeno, *ber. durch Hannibals Sieg üb. die Römer 217 v. Chr.*
**trā-v...** = *trans-v...*
**trāxī** *Perf. v. traho.*
**Trebia**, ae *m Nebenfluss des Po, j.* Trebbia, *Sieg Hannibals üb. die Römer 218 v. Chr.*
**trecēnī**, ae, a *(trecenti)* je dreihundert.
**trecentēsimus**, a, um *(trecenti)* der dreihundertste.
**tre-centī**, ae, a *(tres u. centum)* dreihundert; *(poet.)* Unzählige.
**trecentiē(n)s** *(trecenti) (poet.)* dreihundertmal.
**trē-decim** *undekl. (tres u. decem)* dreizehn.
**tremebundus**, a, um *(tremo)* zitternd.
**treme-faciō**, facere, fēcī, factum *(tremo)* zum Zittern bringen, erschüttern; *Pass.* -fīō, fierī, factus sum erzittern.
**tremendus**, a, um *(tremo) (poet.; nachkl.)* schrecklich, furchtbar.
**tremēscō**, tremēscere *u.* **tremīscō**, tremīscere, – – *(Incoh. v. tremo) (poet.)* erzittern, erbeben *(vor etw.: alqd; bei etw.: ad alqd); m. A. C. I.:* fürchten, dass.
**tremō**, tremere, tremuī, – zittern, beben *(vor: Akk.)* [**virgas ac secures dictatoris**].
**tremor**, ōris *m (tremo)* das Zittern, Beben; Erdbeben.
**tremuī** *Perf. v. tremo.*
**tremulus**, a, um *(tremo)* ❶ zitternd, bebend [**mare** unruhig]; ❷ Zittern erregend [**frigus**].
**trepidanter** *Adv. (trepido)* ängstlich.
**trepidātiō**, ōnis *f (trepido)* Unruhe, Verwirrung, unruhige Hast.
**trepidō**, trepidāre *(trepidus)* ❶ ängstlich hin u. her laufen, durcheinanderlaufen, hasten, in Unruhe, in Aufregung sein [**metu; ad arcem**]; *(vom Pferd)* scheu werden; *(v. Gliedern)* zucken; *(vom Herzen)* klopfen; *(vom Vogel)* zappeln; *(v. Flammen)* flackern; ❷ *(poet.; nachkl.)* zittern; ❸ *(übtr.)* schwanken, unschlüssig sein [**inter scelus metumque**]; *(m. Inf.)* zögern; ❹ *(poet.; nachkl.)* sich ängstigen [**morte futura**].
**trepidus**, a, um ❶ unruhig, hastig, verwirrt, aufgeregt, ängstlich *(v. Lebewesen u. übtr. v. Zuständen, Sachen)* [**civitas; curia; unda** wogend; **cursus;** *(vor, wegen, über: Abl., selten Gen.)* **metu; rerum suarum**]; ❷ beunruhigend, verwirrend [**litterae**]; **res -ae** Verwirrung; **in re -a** *u.* **in rebus -is** in gefährlicher Lage.
**trēs, tria** *(Gen.* trium, *Dat. u. Abl.* tribus, *Akk.* trēs *u.* trīs, *n* tria) drei; einige.

**trēs-vir** *s. triumvir.*

**Trēverī** *u.* **Trēvirī**, ōrum *m* (*Sg.* **Trēvir**, virī) *kelt.-germ. Volk an der Mosel (Hauptstadt: Augusta Treverorum, j. Trier); – Adj.* **Trēvericus**, a, um.

**tri-** *(tres)* drei-.

**tri-angulum**, ī *n (triangulus)* Dreieck.

**triāriī**, ōrum *m* die Triarier, Reserve, die Soldaten des dritten Treffens *(die ältesten u. erfahrensten Soldaten); sprichw.:* **res rediit ad -os** es ist zum Äußersten gekommen.

**tribas**, adis *f (gr. Fw.) (poet.; nachkl.)* Lesbierin.

**tribolus**, ī *m = tribulus.*

**tribuārius**, a, um *(tribus)* Tribus-; die Bestechung der Tribus betreffend.

**tribuī** *Perf. v. tribuo.*

**tribūlis**, -is *m (tribus)* Tribusgenosse.

**trībulum**, ī *n (tero) (poet.; nachkl.)* Dreschbrett, -wagen.

**tribulus**, ī *m (gr. Fw.) (poet.; nachkl.)* Burzeldorn *(ein stachliges Unkraut).*

**tribūnal**, ālis *n (tribunus)* ① Tribunal, Tribüne: **a)** Hochsitz *der Tribunen, später auch anderer Magistrate;* Richterstuhl; **b)** erhöhter Feldherrnsitz *im Lager;* ② *(poet.) (meton.)* die auf der Tribüne sitzenden Beamten, *bes.* Richterkollegium, Gerichtshof; ③ *(nachkl.)* Grabdenkmal.

**tribūnātus**, ūs *m (tribunus)* ① Volkstribunat; ② Militärtribunat.

**tribūnicius** *(tribunus)* **I.** *Adj.* a, um die Volks- *od.* Militärtribunen betreffend, tribunizisch [**potestas**]; **II.** *Subst.* ī *m* gewesener Volkstribun.

**tribūnus**, ī *m (tribus)* Tribun: ① Vorsteher einer der drei röm. Stammtribus; ② *(in der Königszeit)* **tribūnus Celerum** Reiteroberst; ③ **tribūnus aerārius** Zahlmeister; ④ *(milit. t. t.)* **tribūnus militum** *od.* **militāris** Militärtribun; ⑤ **tribūnī militum cōnsulārī potestate** *od.* **tribūnī cōnsulārēs** Militärtribunen m. Konsulargewalt, *444–367 v. Chr. oberste Staatsbehörde in Rom statt der Konsuln;* ⑥ **tribūnus plēbis** *od.* **plēbī** *u. bl.* **tribūnus** Volkstribun, *um 490 v. Chr. erhielt die Plebs die Schutzbehörde der tribuni, urspr. nur m. Vetorecht, später m. umfassender Gewalt.*

**Imperium Romanum**

**tribūnus (plēbis)** – Das Volkstribunat war das besondere Amt für den frei geborenen Plebejer; es war mit besonderen Rechten zum Schutz von Leben und Vermögen der Plebejer ausgestattet. Die zehn Volkstribune der Republik, die alljährlich neu gewählt wurden, waren sakrosankt, d. h. unverletzlich, und konnten mit ihrem Vetorecht die Magistrate behindern. – Wegen dieser Macht übte im Kaiserreich der Kaiser (princeps) dieses Amt lebenslänglich aus.

**tribuō**, tribuere, tribuī, tribūtum *(tribus)* ① einteilen; ② austeilen, verteilen [**pecuniam equitibus**]; ③ *(übtr.)* zuteilen, schenken, erweisen, gewähren [**praemia militibus; alci beneficia; nomina sibi deorum** sich beilegen; **terris pacem**]; ④ zugestehen, einräumen; ⑤ **alci multum / plus / plurimum ~** jmd. hoch / mehr / sehr schätzen; **alci omnia ~** jmd. über alles schätzen; ⑥ jmdm. zu Willen sein; ⑦ zuschreiben, anrechnen [**casūs adversos hominibus**]; *m. Dat. des Zweckes:* als etw. auslegen [**alci alqd superbiae** jmdm. etw. als Hochmut auslegen]; ⑧ *(Zeit einer Tätigkeit)* widmen.

**tribus**, ūs *f (Dat. u. Abl. Pl.* tribubus) ① *urspr.* ein Drittel *des röm. Volkes,* Stammtribus, *einer der drei Urstämme des röm. Volkes; vgl. Ramnes, Tities, Luceres;* ② *seit Servius Tullius* Abteilung der röm. Vollbürger, Bezirk, Tribus; ③ *(meton.) Pl.* die Stimmen einer Tribus; *(übtr.)* Stimmen einer Zunft [**grammaticae** der Kritiker].

**tribūtārius**, a, um *(tributum)* die Abgaben betreffend [**tabellae** reiche Geschenke versprechend].

**tribūtim** *Adv. (tribus)* tribusweise; in den Tributkomitien.

**tribūtiō**, ōnis *f (tribuo)* Verteilung.

**tribūtum**, ī *n (tribuo)* ① Abgabe, Steuer, Tribut; ② *(poet.) (übtr.)* Gabe.

**tribūtus**[1] *P. P. P. v. tribuo.*

**tribūtus**[2], a, um *(tribus)* nach den Tribus eingerichtet [**comitia**].

**trīcae**, ārum *f* Widerwärtigkeiten.

**trīcēnī**, ae, a *(triginta)* je dreißig.

**trīcēnsimus** *u.* **trīcēsimus**, a, um *(triginta)* der dreißigste.

**tri-ceps**, *Gen.* cipitis *(caput)* dreiköpfig.

**trīcēsimus** *s. tricensimus.*

**trichila**, ae *f* Laube.

**trīciē(n)s** *Adv. (triginta)* dreißigmal.

**triclīniāria**, ium *n (triclinium)* Speiseteppiche.

**triclīnium**, ī *n (gr. Fw.)* ① Speisesofa; ② Speisezimmer.

**Imperium Romanum**

**triclīnium** – So nannten vornehme Römer die Möbel, auf denen sie zu Tische lagen (accumbere): eine Garnitur aus drei Sofas mit je drei Liegeplätzen, die hufeisenförmig um den viereckigen Speisetisch angeordnet waren. Die Angewohnheit, auf dem linken

Ellenbogen gestützt zu Tische zu liegen, hatten die Römer von den Griechen übernommen. Arme Römer oder Sklaven saßen beim Essen aufrecht oder lagen auf einfachen Liegen.

**trīcor**, trīcārī *(tricae)* Schwierigkeiten machen, Ausflüchte suchen.
**tri-corpor**, *Gen.* poris *(corpus) (poet.)* dreileibig.
**tri-cuspis**, *Gen.* pidis *(poet.)* dreizackig.
**tri-dēns**, *Gen.* dentis *(poet.; nachkl.)* **I.** *Adj.* dreizackig; **II.** *Subst. m (Abl. Sg.* -e *u.* -ī*)* Dreizack.
**tridenti-fer** *u.* **-ger**, era, erum *(tridens u. fero bzw. gero) (poet.)* den Dreizack führend.
**trī-duum**, ī *n (dies)* Zeit(raum) von drei Tagen, drei Tage.
**triennia**, ium *n (triennium) (poet.)* jedes dritte Jahr gefeiertes Bacchusfest.
**tri-ennium**, ī *n (annus)* Zeit(raum) v. drei Jahren, drei Jahre.
**triēns**, entis *m (tres)* ❶ ein Drittel; ❷ *(als Münze)* Drittelas.
**trientābulum**, ī *n (triens) (durch Bodenanweisung abgelöste)* Entschädigung für ein Drittel *der Schuldsumme.*
**triērarchus**, ī *m (gr. Fw., trieris)* Führer eines Dreideckers.
**triēris** *(gr. Fw.)* **I.** *Adj.* e mit drei Ruderdecks [**navis**]; **II.** *Subst.* is *f (erg. navis)* Dreidecker.
**trietēricus**, a, um *(gr. Fw.) (poet.)* jedes dritte Jahr gefeiert; – *Subst.* **-a,** ōrum *n = triennia.*
**trietēris**, idis *f (gr. Fw.) = triennia.*
**tri-fāriam** *Adv. (vgl. bi-fariam)* an drei Stellen.
**tri-faux**, *Gen.* faucis *(poet.)* aus drei Rachen (kommend).
**tri-fidus**, a, um *(findo) (poet.; nachkl.)* dreizackig.
**tri-fōrmis**, e *(forma) (poet.)* dreigestaltig.
**tri-geminus**, a, um ❶ Drillings- [**fratres**]; ❷ dreifach [**victoria; Porta Trigemina** dreibogiges Tor *der röm. Stadtmauer*]; dreigestaltig, dreiköpfig.
**trīgēsimus**, a, um = *tricesimus, s. tricensimus.*
**trīgintā** *undekl.* dreißig.
**trigōn**, ōnis *m (gr. Fw.) (poet.)* Ballspiel, *bei dem die Spieler im Dreieck standen.*
**tri-lībris**, e *(libra) (poet.)* dreipfündig.
**tri-linguis**, e *(lingua) (poet.)* dreizüngig.
**tri-līx**, *Gen.* līcis *(licium) (poet.)* dreifädig, dreidrähtig.
**tri-mē(n)stris**, e *(mensis) (nachkl.)* dreimonatig.
**trimetrus** (*u.* **-tros, -te**), trī *m (gr. Fw.) (poet.; nachkl.)* Trimeter *(Vers).*
**tri-modium**, ī *n (modius) (nachkl.)* ein drei modii fassendes Gefäß.
**trī-mus**, a, um *(poet.; nachkl.)* dreijährig.
**Trīnacria**, ae *u.* **Trīnacris**, idis *f (eigtl.* „die Dreispitzige"*) alter Name f. Sizilien (nach den drei Vorgebirgen); – Adj.* **Trīnacrius**, a, um, *fem. auch* **Trīnacris**, idis.
**trīnī**, ae, a *(Sg.* trīnus*)* ❶ je drei; *beim plurale tantum:* drei [**castra**]; *auch* drei zusammen; ❷ *(poet.; nachkl.)* dreifach.
**tri-nōdis**, e *(nodus) (poet.)* dreiknotig.
**trīnum nūndinum** *s. nundinus.*
**trīnus** *s. trini.*
**triōnēs**, num *m (poet.)* Großer Bär *(als Gestirn).*
**tri-partītus**, a, um *(partior)* in drei Teile geteilt [**regio**]; – *Adv.* **-o** in drei Teile [**bona dividere**]; in drei Abteilungen [**urbem aggredi**].
**tri-pedālis**, e drei Fuß lang.
**tri-pertītus**, a, um = *tripartitus.*
**tri-pēs**, *Gen.* pedis dreifüßig.
**tri-plex**, *Gen.* plicis **I.** *Adj.* dreifach [**cuspis** Dreizack; **mundus** aus Himmel, Erde u. Meer bestehend]; *(poet.) Pl.* drei [**deae** die Parzen]; **II.** *Subst.* ❶ **triplex,** plicis *n* das Dreifache; ❷ *Pl.* **triplicēs** *m* Schreibtafel m. drei Täfelchen *od.* Blättern.
**tri-plus**, a, um dreifach.
**Triptolemus**, ī *m Heros v. Eleusis, Erfinder des Pfluges, Richter in der Unterwelt.*
**tripudiō**, tripudiāre *(tripudium)* den Waffentanz tanzen; *(übtr.)* frohlocken.
**tri-pudium**, ī *n* ❶ **a)** dreischrittiger Waffentanz *der Salischen Priester;* **b)** Waffen-, Kriegstanz; **c)** *(poet.)* wilder Bacchustanz; ❷ *(als t. t. der Auguralspr.)* ~ **sollistimum** günstiges Vorzeichen, *wenn die Auspizienhühner wie im wilden Tanz sich gierig auf das Futter stürzten.*
**tri-pūs**, podis *m (Akk. Pl.* -podas*) (gr. Fw.)* Dreifuß: ❶ dreifüßiger Kessel; ❷ *der Dreifuß (Weissagestuhl) der Pythia v. Delphi; (meton., bes. Pl.)* (delphisches) Orakel.
**tri-quetrus**, a, um ❶ dreieckig [**insula** = Britannien]; ❷ *(poet.)* sizilisch.
**tri-rēmis** *(remus)* **I.** *Adj.* e m. drei Reihen v. Ruderbänken [**navis**]; **II.** *Subst.* is *f (Abl. Sg.* -e *u.* -ī*) (erg. navis)* Dreidecker. **T**
**trīs** *s. tres.*
**trīstis**, e (*Adv.* trīste) ❶ traurig, betrübt; schlecht gelaunt, verstimmt; ❷ betrübend, schmerzlich [**dona** Totengaben; **litterae; eventus**]; unheilvoll [**somnia**]; ❸ unfreundlich, mürrisch [**dicta**]; ❹ ernst, streng, hart [**iudex; vita; antiquitas**]; ❺ *(poet.)* schrecklich, zornig; ❻ gefährlich, schädlich; ❼ *(poet.)* widerlich, bitter [**sapor**].
**trīstitia**, ae *u.* **trīstitiēs**, ēī *f (tristis)* ❶ Traurigkeit, Trauer; schlechte Laune, Verstimmung; ❷ Unfreundlichkeit, Härte, Strenge.
**tri-sulcus**, a, um *(poet.)* dreizackig, -spitzig.

**trīticeus**, a, um *(triticum) (poet.; nachkl.)* Weizen-.

**trīticum**, ī *n (tero)* Weizen.

**Trītōn**, ōnis *m* ❶ *Meergott, Sohn des Neptun; Pl.* Tritonen, *Meerdämonen;* ❷ *See u. Fluss in Libyen, Geburtsstätte der Pallas Athene; – Adj.* **a) Trītōnius**, a, um, *fem. auch* **Trītōnis**, idis vom See *od.* Fluss Triton stammend; *– subst.* **Trītōnia,** ae *u.* **Trītōnis,** idis *f* = Pallas; **b) Trītōniacus**, a, um v. der Pallas stammend.

**trītūra**, ae *f (tero) (poet.)* das Dreschen.

**trītus[1]**, a, um *(P. Adj. v. tero)* ❶ *(poet.)* abgerieben, abgenutzt; ❷ *(v. Wegen)* oft betreten, glattgefahren; ❸ *(übtr.)* **a)** oft gebraucht, gewöhnlich [**proverbium**]; **b)** geübt [**aures**].

**trītus[2]**, ūs *m (tero)* das Reiben.

**triumphālis**, e *(triumphus)* ❶ zum Triumph gehörig, Triumph- [**currus; corona** des Triumphators]; *– Subst.* **triumphālia**, ium *n* die Ehrenzeichen eines Triumphators; ❷ der einen Triumph gehalten hat [**senex**].

**triumphō**, triumphāre *(triumphus)* **I.** *intr.* ❶ triumphieren, einen Triumph halten *(über: de, ex)* [**de Sabinis; ex Macedonia**]; ❷ frohlocken, jauchzen [**gaudio**]; **II.** *trans. (poet.; nachkl.)* über jmd. *od.* über etw. triumphieren, jmd. *od.* etw. besiegen; **triumphatus orbis** bezwungen; **aurum triumphatum** erbeutet.

**triumphus**, ī *m* ❶ Triumph, Siegeszug; **-um agere** halten; ❷ *(übtr.)* Triumph, Sieg [**de classe; ex Etruria**].

**Imperium Romanum**

**triumphus** – Der Triumph war eine staatliche Siegesfeier zu Ehren eines siegreichen Feldherrn, bestehend aus einem Triumphzug mit anschließendem Festmahl für die Soldaten und das Volk. In der republikanischen Zeit wurde der Triumph nur den höchsten Magistraten (Dictatoren, Consuln und Prätoren) nach bestimmten Kriterien vom Senat gewährt. Waren diese nicht erfüllt, konnte dem Feldherrn mit der **ovatio** eine geringere Ehrung bewilligt werden.
In der Kaiserzeit hatte nur der Kaiser das Recht auf einen Triumph.
Im Triumphzug nahmen die römischen Magistrate und die Soldaten des Triumphators teil. Außerdem wurden Kriegsgefangene und beeindruckende Beutestücke dem Volk vorgeführt. Der Triumphator selbst thronte in purpurner Toga und mit Lorbeerkranz und elfenbeinernem Zepter auf einer Quadriga. Der Zug endete am Jupitertempel auf dem Kapitol, wo der Triumphator dem Jupiter ein Opfer darbrachte.

T

**trium-vir** *u.* **trēs-vir**, virī *m* (*Gen. Pl.* -ōrum *u.* -um) Triumvir, Mitglied eines Dreimännerkollegiums; *Pl.* **triumvirī** *u.* **trēsvirī** die Triumvirn, *ein aus drei Mitgliedern bestehendes Beamtenkollegium:* ❶ **-i capitales** *od.* **carceris lautumiarum** Behörde, die die Aufsicht über die Gefängnisse u. über den polizeilichen Ordnungsdienst hatte; *als Hüter der nächtlichen Ruhe hießen sie* **-i nocturni;** ❷ **-i coloniae deducendae** *od.* **-i agro dando** *od.* **-i agrarii** zur Einrichtung einer Kolonie u. zur Verteilung der Äcker unter die Kolonisten; ❸ **-i epulones** Priesterkollegium, welches die m. den öffentl. Spielen verbundenen Mahlzeiten besorgte; ❹ **-i mensarii** zur Regulierung der Staatsfinanzen; ❺ **-i auro flando** *od.* **-i monetales** Münzmeister; ❻ **-i rei publicae (constituendae)** Verfassungsausschuss *(des Antonius, Octavianus u. Lepidus);* ❼ **-i sacris conquirendis donisque persignandis** zur Feststellung der Heiligtümer u. Aufzeichnung der Weihgeschenke; ❽ *in den Munizipien:* oberste Verwaltungsbehörde.

**triumvirālis**, e *(triumvir) (poet.; nachkl.)* des Dreimännerkollegiums.

**triumvirātus**, ūs *m (triumvir)* Triumvirat, Amt eines Triumvirn.

**Imperium Romanum**

**triumvirātus** – Ein Triumvirat war im römischen Staatswesen eigentlich ein Kollegium dreier niederer Beamter, die mit einer bestimmten Aufgabe betraut waren (Dreimännerkollegium). Mit dem Begriff „Triumvirat“ werden aber auch zwei politische Bündnisse dreier mächtiger Männer am Ende der römischen Republik bezeichnet: Das **Erste Triumvirat** wurde zwischen Caesar, Pompeius und Crassus im Jahr 60 v. Chr. geschlossen und im Jahr 56 v. Chr. erneuert. Dieses Triumvirat war eine private Absprache und zielte darauf ab, dass im Staate nichts geschehen solle, was einem der drei missfällt. Das **Zweite Triumvirat** war das Bündnis zwischen Octavian (dem späteren Augustus), Antonius und Lepidus (43 v. Chr.). Dieses Bündnis wurde nachträglich durch ein Gesetz sanktioniert und erhielt den amtlichen Titel **triumviratus rei publicae constituendae** („Dreimännerkollegium zur Ordnung des Staates“).

**trīvī** *Perf. v. tero.*

**Trivia**, ae *f* (*trivius:* „die an den Dreiwegen verehrte [Göttin]“) Hekate *od.* Diana *als Mond- u. Zaubergöttin.*

**trivium**, ī *n (trivius)* Dreiweg, Kreuz-, Scheideweg; öffentl. Straße.

**tri-vius**, a, um *(via) (poet.; nachkl.)* zu den Dreiwegen gehörig; an Kreuzwegen verehrt.

**Trōas** *s. Tros.*

**trochaeus**, ī *m (gr. Fw.)* ① Trochäus (– ◡); ② Tribrachys (◡ ◡ ◡).

**trochus**, ī *m (gr. Fw.) (poet.) m. klirrenden Ringen behängter u. m. einem Stock getriebener* Reifen *der Kinder,* Spielreif, Spielrad.

**Trōes** *s. Tros.*

**Trōia, Trōiānus, Trōicus** *s. Tros.*

**Trōilus**, ī *m jüngster Sohn des Priamus, vor Troja gefangen u. v. Achilles getötet.*

**Trōiu-gena**, ae *(m u. f) (Troia u. gigno)* aus Troja stammend; – *Subst. m* Trojaner; Römer.

**Trōius** *s. Tros.*

**tropaeum**, ī *n (gr. Fw.)* ① Siegeszeichen, -denkmal *(b. den Griechen urspr. ein Pfahl, an dem man die erbeuteten Waffen aufhängte, b. den Römern Denkmal aus Stein od. Erz);* ② *(meton.)* Sieg; ③ *(übtr.)* Zeichen, Denkmal [**ingenii**].

**Trōs**, Trōis *m* ① *König in Phrygien, nach dem Troja benannt wurde;* ② der Troer, Trojaner, *meist Pl.* **Trōes**, um *m;* – **Trōia**, ae *f* **a)** *das homerische* Troja *in Kleinasien, Hauptstadt der Landschaft Troas;* **b)** *ein v. Äneas in Latium erbauter Ort;* **c)** *Ort in Epirus;* **d)** Trojaspiel *(Reiterkampfspiel);* – **Trōas**, *Gen.* adis *(f)* **a)** *Adj.* trojanisch; **b)** *Subst.* Troerin, Trojanerin; *die Landschaft* Troas *in Kleinasien;* – **Trōiānus** **a)** *Adj.* a, um trojanisch; **b)** *Subst.* ī *m* Troer, Trojaner; – **Trōicus**, *poet. auch* **Trō(i)us**, a, um troisch, trojanisch.

**trossulī**, ōrum *m (nachkl.) Spottname f. vornehme Modenarren.*

**trucīdātiō**, ōnis *f (trucido)* das Abschlachten.

**trucīdō**, trucīdāre ① abschlachten, niedermetzeln [**captos sicut pecora**]; ② *(übtr.)* zugrunde richten [**plebem faenore**]; ③ *(poet.)* zerkauen [**pisces**].

**truculentia**, ae *f (truculentus) (nachkl.)* Unfreundlichkeit, Rauheit [**caeli** des Klimas].

**truculentus**, a, um *(Adv.* truculenter) *(trux)* unfreundlich, mürrisch, rau, grob, wild.

**trūdis**, is *f (trudo) (poet.; nachkl.)* Stoß-, Brechstange.

**trūdō**, trūdere, trūsī, trūsum ① *(poet.; nachkl.)* (fort)stoßen, (ver)drängen, treiben [**cohortes in paludem**]; ② *(poet.) (v. Pflanzen)* hervortreiben, wachsen lassen; – **se ~** *u. mediopass.* **trudi** hervorwachsen; ③ *(übtr.)* jmd. zu etw. drängen [**alqm in arma**].

**trulla**, ae *f* ① Schöpfkelle; ② Pechpfanne.

**truncō**, truncāre *(truncus²)* beschneiden, verstümmeln; *(nachkl.)* niederhauen.

**truncus¹**, ī *m* ① Stamm *eines Baumes;* ② *(übtr., als Schimpfw.)* Klotz, Tölpel; ③ Rumpf *des menschl. Körpers.*

**truncus²**, a, um gestutzt, verstümmelt [**pinus**]; **animalia pedum -a** der Füße beraubt.

**trūsī** *Perf. v. trudo.*

**trūsus** *P. P. P. v. trudo.*

**trutina**, ae *f (gr. Fw.)* Waage, *auch übtr.*

**trux**, *Gen.* trucis *(Abl. Sg.* -ī *u.* -e*)* rau, grimmig, wild, furchtbar.

**tū** *Personalpron. der 2. Ps. Sg. (Gen.* tuī, *Dat.* tibi, *Akk. u. Abl.* tē) du; *oft verstärkt durch -te u. -met.*

**tuba** ae *f* ① Tuba, *gerade Trompete m. tiefem Ton;* ② *(übtr.)* Anstifter [**belli civilis**].

**tūber**, eris *n (tumeo)* ① *(nachkl.)* Höcker, Buckel, Beule; ② *(poet.) (übtr.)* großer Fehler.

**tubicen**, cinis *m (tuba u. cano)* Tubabläser, Trompeter.

**tubilūstrium**, ī *n (tuba u. lustro) (poet.)* Fest der Trompetenweihe *am 23. März u. 23. Mai; auch Pl.*

**tubula**, ae *f (Demin. v. tuba) (nachkl.)* kleine Tuba.

**tubulātus**, a, um *(nachkl.)* m. Röhren versehen.

**tueor**, tuērī, tuitus, tūtātus *od.* tūtus sum ① anschauen, betrachten; ② (be)schützen, verteidigen [**castra; oppidum praesidio; domum a furibus**]; ③ (be)wahren, erhalten [**dignitatem suam; concordiam; mores**]; ④ beachten [**munus** erfüllen]; ⑤ in gutem Zustand erhalten [**praedia**]; ⑥ ernähren, unterhalten.

**tugurium**, ī *n* Hütte.

**Tuistō**, ōnis *m erdentsprossener Gott, Stammvater der Germanen.*

**tuitiō**, ōnis *f (tueor)* Schutz, Erhaltung.

**tuitus** *s. tueor.*

**tulī** *Perf. v. fero.*

**Tulingī**, ōrum *m germ. Stamm westl. vom Bodensee.*

**Tulliola**, ae *f (Demin. v. Tullia) Koseform f. Ciceros Tochter.*

**Tullius**, a, um *röm. nomen gentile:* ① **Servius ~** *der sechste röm. König;* ② **M. ~ Cicero** *s. Cicero;* – **Tullia**, ae *f Ciceros Tochter; / Adj.* **Tulliānus**, a, um.

**Tullus** *s. Hostilius.*

**tum I.** *Adv.* ① *(zeitl.)* **a)** damals; **homines, qui tum erant; b)** darauf, sodann; **c)** dann; **tum denique** dann erst; **tum vero** dann aber; ② *(b. Aufzählungen)* dann, ferner; **primum ... deinde ... tum ... postremo; II.** *Kj.* ① **tum ... tum** bald … bald; ② **cum ... tum** sowohl … als auch (ganz besonders).

**tume-faciō**, facere, fēcī, factum *(tumeo) (poet.)* anschwellen lassen; **tumefactus pontus** angeschwollen.

**tumeō**, tumēre, tumuī, – ① *(poet.)* geschwollen sein, strotzen *(von etw.: m. bl. Abl. od. ab);* **pedes tumentes; tument lumina fletu;**

② *(poet.; nachkl.) (vor Stolz u. Ä.)* aufgeblasen sein, sich aufblähen [**inani superbiā**]; ③ *(vor Zorn)* aufbrausen; ④ in Unruhe sein, gären; ⑤ *(nachkl.) (v. Redner u. Rede)* schwülstig sein.

**tumēscō**, tumēscere, tumuī, – *(Incoh. v. tumeo)* ① anschwellen; ② *(poet.) (vor Zorn)* aufbrausen; ③ *(poet.) (vom Krieg)* ausbrechen.

**tumidus**, a, um *(tumeo)* ① (an)geschwollen, gebläht; ② *(übtr.)* aufgeblasen, stolz; ③ *(poet.) (vor Zorn)* aufbrausend; ④ *(poet.)* aufwallend, stürmisch [**aequor**]; ⑤ *(v. Redner u. Rede)* schwülstig.

**tumor**, ōris *m (tumeo)* ① Schwellung, Geschwulst; *(poet.; nachkl.) (meton.)* Erhöhung, Hügel; ② *(übtr.)* das Aufbrausen; ③ *(poet.; nachkl.) (übtr.)* Aufgeblasenheit, Stolz; ④ Unruhe, Gärung; ⑤ *(nachkl.) (v. der Rede)* Schwulst.

**tumuī** *Perf. v. tumeo u. tumesco.*

**tumulō**, tumulāre *(tumulus) (poet.)* begraben.

**tumulōsus**, a, um *(tumulus)* hügelig.

**tumultuārius**, a, um *(tumultus)* ① *(v. Personen)* in Eile zusammengerafft [**milites**]; in Eile gewählt [**dux**]; ② *(v. Sachen)* in Eile hergestellt, in Hast gemacht, ungeordnet [**castra** Notlager; **proelium**].

**tumultuātiō**, ōnis *f (tumultuor)* Unruhe, Lärm.

**tumultuor**, tumultuārī *(tumultus)* ① unruhig sein, lärmen; ② bestürzt sein, die Fassung verlieren; ③ *(unpers.)* **tumultuatur** es herrscht Unruhe.

**tumultuōsus**, a, um *(tumultus)* ① unruhig, lärmend [**contio**]; ② Unruhe verursachend.

**tumultus**, ūs *m (tumeo)* ① Unruhe, Lärm, Tumult; **tumultum comprimere / sedare; ~ e castris in urbem penetrat;** ② Aufruhr, Aufstand, Erhebung [**servilis; gladiatorum**]; ③ Kriegslärm, -getümmel; ④ *(poet.)* Aufruhr *der Elemente,* Donner, Gewitter, Sturm.

**tumulus**, ī *m (tumeo)* ① Erdhaufen, Hügel; ② Grabhügel, Grab(mal) [**inanis** Kenotaph].

**tunc** *Adv. (tum u. -ce)* ① damals; ② (als)dann.

**tundō**, tundere, tutudī, tū(n)sum ① stoßen, schlagen; ② *(poet.; nachkl.)* (zer)stampfen; ③ *(poet.; nachkl.)* (aus)dreschen [**fruges**]; ④ *(poet.) (m. Worten)* bestürmen [**alqm assiduis vocibus**].

**tunica**, ae *f* ① Tunika *(ärmelloses wollenes Untergewand ohne Ärmel, von röm. Frauen und Männern getragen);* ② *(poet.; nachkl.) (übtr.)* Haut, Hülle; ③ *(poet.; nachkl.)* Bast *der Pflanzen.*

**tunicātus**, a, um *(tunica)* (nur) m. der Tunika bekleidet *(außerhalb des Hauses Zeichen der Armut); – Subst.* **-ī** ōrum *m* die armen Leute.

**tū(n)sus** *P. P. P. v. tundo.*

**turba**, ae *f* ① Unruhe, Lärm, Gedränge, Verwirrung [**fugientium**]; ② *(v. Personen)* (Menschen-)Menge, Schar, Schwarm [**forensis; militaris**]; ③ *(v. Tieren u. Sachen)* Masse, Menge [**canum; verborum**].

**turbāmentum**, ī *n (turbo[2])* ① *(nachkl.)* Mittel zur Aufwiegelung; ② Verwirrung.

**turbātiō**, ōnis *f (turbo[2])* Verwirrung.

**turbātor**, ōris *m (turbo[2])* Aufwiegler [**plebis**]; Anstifter [**belli**].

**turbātus**, a, um *(P. Adj. v. turbo[2])* ① unruhig, stürmisch [**mare; caelum**]; ② getrübt [**aqua**]; ③ *(übtr.)* verwirrt, aufgeregt; ④ *(poet.)* erzürnt.

**turben**, binis *(poet.)* ① *n* Wirbelwind; ② *m* Kreisel.

**turbidum**, ī *n (turbidus)* unruhige Zeit.

**turbidus**, a, um *(turba)* ① unruhig, stürmisch [**tempestas**]; ② getrübt [**aqua**]; ③ *(poet.)* wirr, zerzaust [**coma**]; ④ *(übtr.)* verwirrt, bestürzt, erschrocken; ⑤ heftig, aufgeregt [**motūs animi**]; ⑥ *(Zustände)* unruhig, stürmisch [**tempus; seditio**]; ⑦ *(nachkl.)* aufrührerisch.

**turbineus**, a, um *(turbo[1]) (poet.)* wirbelnd, kreisend.

**turbō[1]**, binis *m* ① *(poet.)* Wirbel, Windung; ② *(poet.)* kreisförmige Bewegung; ③ Wirbelwind, Sturm; ④ *(übtr.)* Verwirrung; ⑤ Störenfried; ⑥ Kreisel *(als Spielzeug); (poet.)* Zauberrad.

**turbō[2]**, turbāre *(turba)* **I.** *intr.* ① Unruhe stiften, Verwirrung anrichten; *– Pass. unpers.* **turbātur** es herrscht Verwirrung, Unruhen brechen aus [**totis castris; in Hispania**]; ② in Unruhe sein; **civitas turbat; II.** *trans.* ① in Verwirrung bringen, verwirren [**capillos; aciem militum**]; ② aufwühlen [**mare**]; trüben [**fontem**]; ③ beunruhigen, ängstigen [**equum** scheu machen]; ④ stören [**contionem**]; ⑤ *(poet.; nachkl.)* (ver)scheuchen.

**turbulentus**, a, um (*Adv.* -tē *u.* -ter) *(turba)* ① unruhig, stürmisch [**tempestas**]; ② wirr, ungeordnet; ③ *(poet.)* getrübt [**aqua**]; ④ *(übtr.)* **a)** *(pass.)* beunruhigt, stürmisch, leidenschaftlich, aufgeregt [**contio; tribunatus; animus**]; **b)** *(akt.)* Unruhe erregend, revolutionär [**tribuni; lex**].

**turdus**, ī *m (poet.; nachkl.)* Drossel.

**tūreus**, a, um *(tus) (poet.)* Weihrauch-.

**turgeō**, turgēre, tursī, – *(poet.; nachkl.)* ① geschwollen sein, strotzen; ② *(v. Rede u. Redner)* schwülstig sein.

**turgēscō**, turgēscere, – – *(Incoh. v. turgeo)* ① *(poet.; nachkl.)* anschwellen; ② in Zorn geraten.

**turgidulus**, a, um *(Demin. v. turgidus) (poet.)* etw. geschwollen.

**turgidus**, a, um *(turgeo)* ① geschwollen; **vela -a vento** gebläht; ② *(poet.; nachkl.) (v. Rede u. Redner)* schwülstig.

**tūribulum**, ī *n (tus)* Räucherpfanne.
**tūri-cremus**, a, um *(tus u. cremo) (poet.)* v. Weihrauch brennend [**arae**].
**tūri-fer**, fera, ferum *(tus u. fero) (poet.; nachkl.)* Weihrauch tragend, hervorbringend.
**tūri-legus**, a, um *(tus u. lego[1]) (poet.)* Weihrauch sammelnd.
**turma**, ae *f* ① Schwadron *(röm. Reiterabteilung, der zehnte Teil einer ala, 30 Mann);* ② *(übtr.)* Schwarm, Schar, Gruppe.
**turmālis**, e *(turma)* scharenweise; – *Subst.* **turmālēs,** lium *m* die Reiter einer Schwadron.
**turmātim** *Adv. (turma)* in Schwadronen.
**Turnus**, ī *m König der Rutuler, in der Äneis Gegenspieler des Äneas.*
**Turonēs**, num *u.* **Turonī**, ōrum *m kelt. Volk um Tours.*
**turpiculus**, a, um *(Demin. v. turpis)* ziemlich hässlich.
**turpificātus**, a, um *(turpis u. facio)* sittenlos.
**turpis**, e *(Adv.* -iter *u. [poet.]* turpe) ① hässlich, entstellt; *(poet.)* entstellend; ② *(übtr.)* schändlich, schimpflich [**vita; fuga; verba**]; ③ unanständig, unsittlich; – *Subst.* **turpe,** pis *n* das sittlich Schlechte, Böse.
**turpitūdō**, dinis *f (turpis)* ① Hässlichkeit; ② *(übtr.)* Schändlichkeit, Schande; ③ Unsittlichkeit, Schlechtigkeit.
**turpō**, turpāre *(turpis)* ① *(poet.)* entstellen, besudeln; ② *(übtr.)* schänden, entehren.
**turri-ger**, gera, gerum *(turris u. gero) (poet.; nachkl.)* ① Türme tragend, m. Türmen versehen; ② mit einer Turmkrone geschmückt *(als Beiwort der Cybele).*
**turris**, is *f (Akk. Sg.* -im, *nachkl.* -em; *Abl. Sg.* -ī, *nachkl.* -e; *Gen. Pl.* -ium) ① hoher Bau, Palast, Burg; ② Turm, *bes.* Mauerturm; Belagerungsturm; ③ *(poet.)* Taubenschlag.
**turrītus**, a, um *(turris) (poet.)* ① = *turriger;* ② turmhoch.
**tursī** *Perf. v. turgeo.*
**turtur**, uris *m (poet.; nachkl.)* Turteltaube.
**turturilla**, ae *f (Demin. v. turtur) (nachkl.)* Turteltäubchen *als Bez. eines Weichlings.*
**tūs**, tūris *n* Weihrauch; **mascula tura** Tropfweihrauch; – *(meton.) Pl.* Weihrauchkörner.
**Tuscī**, ōrum *m* die Etrusker, Bewohner Etruriens; *(meton.)* Gebiet der Etrusker; – *Adj.* **Tuscus,** a, um etruskisch [**mare** das Tyrrhenische Meer; **amnis** Tiber; **vicus** Tuskergasse *auf dem Forum in Rom*].
**Tusculum**, ī *n alte Stadt in Latium b. Frascati;* – *Adj.* **Tuscul(ān)us**, a, um *u.* **Tusculānēnsis**, e; – *Einw.* **Tusculānī**, ōrum *m;* – **Tusculānum**, ī *n* Landgut b. Tusculum, *bes. das Ciceros.*
**Tuscus** *s. Tusci.*
**tussicula**, ae *f (Demin. v. tussis) (nachkl.)* Hustenanfall.
**tussiō**, tussīre *(tussis) (poet.; nachkl.)* husten.
**tussis**, is *f (Akk.* -im, *Abl.* -ī) *(poet.; nachkl.)* der Husten.
**tūsus** *s. tundo.*
**tūtāmen**, minis *n (poet.) u.* **tūtāmentum,** ī *n (tutor[2])* Schutz(mittel).
**tū-te[1]** *verstärktes tu.*
**tūtē[2]** *Adv. v. tutus.*
**tūtēla**, ae *f (tutus)* ① Schutz, Obhut, Aufsicht; **esse in -a alcis** unter jmds. Schutz stehen; ② Vormundschaft; ③ Vermögen des Mündels; ④ *(poet.)* Beschützer; ⑤ *(poet.)* Schützling [**Minervae**]; ⑥ *(nachkl.)* (bauliche) Erhaltung; ⑦ *(nachkl.)* Ernährung.
**tuticus** *s. medix.*
**tūtō** *Adv. v. tutus.*
**tūtor[1]**, ōris *m (tueor)* ① Beschützer; ② Vormund.
**tūtor[2]**, tūtārī *(Intens. v. tueor)* ① (be)schützen, sichern *(gegen, vor: ab, contra od. adversus);* ② bewahren, behaupten [**regnum**]; ③ etw. abwehren, abzuwehren suchen [**inopiam**].
**tutudī** *Perf. v. tundo.*
**tūtus**, a, um *(Adv.* -ō *u.* -ē, *Superl.* tūtissimō *u.* -ē) *(P. Adj. v. tueor)* ① geschützt, gesichert *(vor, gegen: ab, adversus, contra od. ad)* [**oppidum moenibus; a latronibus; ad omnes ictus**]; ② sicher, gefahrlos [**iter**]; – **tūtum,** ī *n* Sicherheit, sicherer Ort: **in -o esse; in -um pervenire;** ③ vorsichtig, behutsam.
**tuus**, a, um *Poss. Pron. der 2. Ps. Sg. (tu)* dein, *meist subjektiv* [**bona; pater**]; **tuum est** es ist deine Sache, Pflicht, Gewohnheit; – für dich günstig, für dich passend: **tuo tempore;** – *objektiv:* zu dir, nach dir, gegen dich [**desiderium; odium**]; – *subst.* **tuus,** ī *m* der Deinige, *Pl.* **tuī** die Deinigen, deine Angehörigen; **tuum,** ī *n* das Deinige, dein Vermögen, deine Sache, Pflicht, Gewohnheit; *Pl.* **tua** das Deinige, dein Vermögen, deine Angelegenheiten.
**Tydeus**, eī *u.* eos *m Sohn des Königs Oeneus, Vater des Diomedes;* – **Tȳdīdēs**, ae *m* = Diomedes.
**tympanum**, ī *n (gr. Fw.)* ① Handpauke, Tamburin; ② *(poet.)* Teller-, Scheibenrad *(ohne Speichen).*
**Tyndareus**, eī *m König v. Sparta, Gatte der Leda, Vater des Kastor u. Pollux, der Helena u. Klytämnestra;* – **Tyndaridēs**, ae *m* Sohn, Nachk. des T.; **Tyndaris**, idis *u.* idos *f* Tochter des T.
**Typhōeus**, eī *u.* eos *u.* **Tȳphōn**, ōnis *m Gigant, Sohn des Tartarus u. der Erdgöttin, wollte Jupiter vom Himmelsthron stoßen, wurde aber durch dessen Blitze überwunden u. unter dem Ätna begraben;* – *Adj.* **Typhōius**, a, um *u. (fem.)* **Typhōis**, idis.

**typus**, ī *m (gr. Fw.)* Bild, Figur.
**tyranni-cīda**, ae *m (tyrannus u. caedo) (nachkl.)* Tyrannenmörder.
**tyrannicīdium**, ī *n (tyrannicida) (nachkl.)* Tyrannenmord.
**tyrannicus**, a, um *(gr. Fw.)* tyrannisch, despotisch.
**tyrannis**, idis *f (gr. Fw.)* ❶ Gewaltherrschaft; ❷ *(meton.)* Gebiet eines Tyrannen.
**tyrannoctonus**, ī *m (gr. Fw.)* Tyrannenmörder.
**tyrannus**, ī *m (gr. Fw.)* ❶ (Allein-)Herrscher; Fürst, Scheich; ❷ Tyrann, Gewaltherrscher, Despot.
**Tyriī, Tyrius, Tyros** *s. Tyrus.*
**tȳrotarīchum**, ī *n (gr. Fw.)* Ragout aus Käse u. eingesalzenen Fischen.
**Tyrrhēnī**, ōrum *u.* um *m* die Tyrrhener, Etrusker; – *Adj.* **Tyrrhēnus**, a, um; – **Tyrrhēnia**, ae *f* Etrurien.
**Tyrtaeus**, ī *m griech. Elegiker um 650 v. Chr.*
**Tyrus** *u.* **-os**, ī *f Handelsstadt in Phönizien, Mutterstadt Karthagos, ber. durch Purpurfärbereien;* – *Adj.* **Tyrius**, a, um **a)** tyrisch, aus Tyrus; **b)** karthagisch, aus Karthago; **c)** purpurn, purpurfarbig; – **Tyriī**, ōrum *m* die Tyrier; die Karthager.

# U u

**U.**, **u.** *(Abk.) = urbs, urbis;* **a. u. c.** = *ab urbe conditā.*
**ūber**[1], eris *n* ❶ Euter, Zitze; (Mutter-)Brust; **ubera dare** *od.* **praebere** *od.* **admovere** die Brust geben; ❷ *(poet.; nachkl.) (übtr.)* Fruchtbarkeit, Ergiebigkeit; ❸ *(poet.)* fruchtbarer Boden.
**ūber**[2], *Gen.* eris *(Abl. Sg.* -ī *u.* -e; *Neutr. Pl. Nom. u. Akk.* -a, *Gen. Pl.* -um; *Adv. Komp.* ūberius, *Superl.* ūberrimē) ❶ fruchtbar, ergiebig, reich *(an etw.: Abl. od. Gen.);* ❷ *(übtr.)* reichhaltig, in Fülle [**aquae; artes**]; ❸ ausführlich; **uberius disputare**.
**ūbertās**, ātis *f (uber*[2]*)* ❶ Fruchtbarkeit, Ergiebigkeit [**agrorum**]; ❷ Fülle, Reichtum [**frugum;** *übtr.* **ingenii**].
**ūbertim** *Adv. (uber*[2]*) (poet.; nachkl.)* reichlich.
**ubī I.** *Adv.* ❶ *(interr., dir. u. indir.)* wo; *(m. Gen.)* **ubi terrarum** *od.* **gentium** wo in aller Welt?; ❷ *(relat.)* **a)** wo; **b) ubi ubi** wo (nur) immer; **II.** *Kj. (erzählend)* sobald als *b. einmaliger Handlung (m. Ind. Perf., Präs. hist. od. Fut. exactum); b. wiederholter Handlung:* jedes Mal wenn, sooft *(m. Ind. Plusquamperf.); oft verstärkt* **ubi primum**.
**ubi-cumque** (*od.* -cunque) *Adv.* ❶ *(relat.)* wo (nur) immer, überall wo; ❷ *(poet.)* überall.
**Ubiī**, ōrum *m römerfreundlicher Germanenstamm, urspr. an der Lahn, später auf dem linken Rheinufer angesiedelt; ihre Hauptstadt* **Ara** (*od.* **civitas** *od.* **oppidum**) **Ubiorum,** *später* Colonia Agrippinensium *od.* -nensis *genannt (j. Köln);* – *Adj.* **Ubius,** a, um.
**ubi-libet** *Adv. (nachkl.)* überall.
**ubi-nam** *Adv. (fragend)* wo denn?
**ubī-que** ❶ *Adv.* überall; ❷ *= et ubi.*
**ubi-ubi** *Adv.* wo (nur) immer.
**ubi-vīs** *Adv.* überall.
**ūdus**, a, um *(< uvidus) (poet.; nachkl.)* feucht, nass [**oculi** voller Tränen]; flüssig; bewässert; betrunken.
**ulcerātiō**, ōnis *f (ulcero) (nachkl.)* Geschwür.
**ulcerō**, ulcerāre *(ulcus)* ❶ wund drücken; ❷ *(poet.) (übtr.)* verwunden.
**ulcerōsus**, a, um *(ulcus)* ❶ *(nachkl.)* voller Geschwüre; ❷ *(poet.) (übtr.)* verwundet.
**ulcīscor**, ulcīscī, ultus sum *(m. Akk.)* ❶ etw. rächen, *auch pass.* [**iniurias**]; ❷ für jmd. Rache nehmen, jmd. rächen [**patrem**]; ❸ sich an jmdm. rächen, jmd. strafen [**hostem pro iniuriis**].
**ulcus**, ceris *n* ❶ Geschwür; ❷ *(übtr.)* wunder Punkt.
**ulcusculum**, ī *n (Demin. v. ulcus) (nachkl.)* kleines Geschwür.
**ūlīgō**, ginis *f (udus) (nachkl.)* Feuchtigkeit, Morast, *auch Pl.*
**Ulixēs**, is (*u.* ī, eī) *m* Odysseus.

**Wissen: Antike**
**Ulixēs** – Odysseus, Sohn des Laertes, des Königs von Ithaka, Gatte der Penelope und Vater des Telemachos, ist einer der wichtigsten Helden der Ilias und der Hauptheld der Odyssee, der nach dem Fall Trojas nach zehnjährigen Irrfahrten heimkehrte.

**ūllus**, a, um *(Gen.* ūllīus, *poet. auch* ūllius; *Dat.* ūllī, *poet. fem. auch* ūllae*)* irgendein; *subst.* irgendjemand, irgendetwas; *es steht meist in negativen od. negativ gedachten Sätzen, dah. auch nach vix, sine u. Ä.*
**ulmus**, ī *f (germ. Wort) (poet.; nachkl.)* Ulme.

**ulna**, ae *f (poet.; nachkl.)* ❶ Ellenbogen; Arm; **-is amplecti** umarmen; ❷ *(übtr., als Längenmaß)* Elle *(0,37 m)*.

**ulter**, tra, trum jenseitig; *nur Abl. Sg. m u. f ultrō u. ultrā erhalten, s. d.*

**ulterior**, ius *(Komp. v. ulter)* ❶ *(räuml.)* **a)** jenseits gelegen, jenseitig [**Gallia; ripa**]; **b)** entfernter, weiter; ❷ *(zeitl.) (poet.; nachkl.)* weiter, vergangen; ❸ *(übtr.)* ärger, mehr; / *Adv. (Akk. Sg. n)* **ulterius a)** *(räuml.)* weiter; **b)** *(zeitl.)* länger; **c)** *(übtr.)* ferner, mehr; **ulterius iusto** über das geziemende Maß.

**ultimus**, a, um *(Superl. v. ulter)* ❶ *(räuml.)* der entfernteste, äußerste, letzte, hinterste [**nationes; campi;** *auch part.:* **provincia** das äußerste Ende der Provinz]; – *subst.* **-um,** ī *u. Pl.* **-a,** ōrum *n* äußerste Grenze, Ziel; ❷ *(zeitl.)* **a)** der älteste, erste [**antiquitas; origo stirpis Romanae**]; **b)** der letzte, jüngste [**senatūs consultum**]; – *subst.* **-um,** ī *n* Ende, Schluss [**orationis**]; – *Adv.* **ad -um** (bis) zuletzt; **-um** zum letzten Mal; ❸ *(übtr., v. Grad u. Rang)* **a)** der äußerste, höchste, größte, vortrefflichste [**dimicatio** Entscheidungskampf], *(pejor.)* der ärgste, schlimmste [**crudelitas**]; – *subst.* **-um,** ī *u. Pl.* **-a,** ōrum *n* das Äußerste, Gipfel [**inopiae**]; – *Adv.* **ad -um** äußerst; **b)** der unterste, niedrigste, geringste.

**ultiō**, ōnis *f (ulciscor)* Rache, Strafe *(für, weg. etw.: Gen.)*; – *personif.* **Ultiō** Rachegöttin.

**ultor**, ōris *m (ulciscor)* ❶ Rächer, Bestrafer [**sceleris**]; *(poet.; nachkl.) auch adj.* rächend, strafend [**dei**]; ❷ *(poet.; nachkl.)* **Ultor** *Beiname des Mars.*

**ultrā** *(ulter; erg. parte)* **I.** *Adv.* ❶ *(räuml.)* weiter hinaus [**procedere**]; jenseits; ❷ *(zeitl.)* länger, weiterhin; ❸ *(übtr., v. Zahl u. Maß)* darüber hinaus, ferner; **II.** *Präp. b. Akk. (bisw. nachgest.)* ❶ *(räuml.)* über … hinaus, jenseits; ❷ *(zeitl.) (nachkl.)* über, länger als; ❸ *(übtr., v. Zahl u. Maß)* über, mehr als; **~ modum**.

**ultrīx**, īcis *f (ultor) (poet.; nachkl.)* Rächerin; *adj.* rächend.

**ultrō** *Adv. (ulter; erg. loco)* ❶ *(räuml.)* hinüber, nach der anderen Seite (hin); **~ (et) citro** *u.* **~ citroque** hinüber u. herüber, hin u. her, gegenseitig [**legatos mittere**]; ❷ *(übtr.)* **a)** überdies, darüber hinaus, sogar; **b)** von selbst, freiwillig [**polliceri**].

**ultus** *s. ulciscor.*

**ulula**, ae *f (ululo) (poet.; nachkl.)* Käuzchen.

**ululātus**, ūs *m (ululo)* Geheul, Geschrei.

**ululō**, ululāre ❶ heulen, laut schreien; ❷ *(poet.)* v. Geheul erfüllt sein, dröhnen; ❸ *(poet.)* jmd. heulend anrufen.

**ulva**, ae *f (poet.; nachkl.)* Schilf.

**Umber** *s. Umbri.*

**umbilīcus**, ī *m* ❶ Nabel; ❷ *(übtr.)* Mittelpunkt; ❸ *(poet.)* Buchrollenknauf *(Ende des Stabes, um den die Buchrolle gewickelt wurde)*; ❹ Meerschnecke.

**umbō**, ōnis *m* ❶ Schildbuckel; ❷ *(poet.) (meton.)* Schild.

**umbra**, ae *f* ❶ Schatten [**arboris**]; ❷ *(poet.)* Dunkelheit, Nacht, *oft Pl.*; ❸ *(in der Malerei u. Stickerei)* Schatten, Schattierung; ❹ *(poet.) (meton.)* Schatten Spendendes, das Schattige *(z. B. Baum, Haus)*; **montibus -as inducere** Bäume anpflanzen; ❺ *(poet.)* schattiger Ort; ❻ *(übtr.)* ständiger Begleiter; **gloria virtutem tamquam ~ sequitur;** ❼ *(poet.)* ungeladener Gast, Schmarotzer; ❽ Schutz, Zuflucht; ❾ Muße, Ruhe; Privatleben; ❿ Schattenbild, Schein, Trugbild [**honoris; pietatis**]; ⓫ leerer Schein, Vorwand; ⓬ *(poet.; nachkl.)* Schatten eines Verstorbenen, Geist, Gespenst; *Pl.* Unterwelt; **-arum rex** = Pluto.

**umbrāculum**, ī *n (umbra)* ❶ schattiger Gang; Laube; ❷ *Pl.* schattiges Studierzimmer; ❸ *(poet.)* Sonnenschirm.

**umbrāticus**, a, um *(umbra) (nachkl.)* im Studierzimmer betrieben; behaglich lebend.

**umbrātilis**, e *(umbra)* ❶ den Schatten genießend; ❷ gemütlich, ruhig; ❸ schulmäßig [**oratio**].

**Umbrī**, ōrum *m ital. Stamm zw. Tiber u. Adria;* – *Adj.* **Umber**, bra, brum; – **Umbria**, ae *f* Umbrien.

**umbri-fer**, fera, ferum *(umbra u. fero) (poet.)* Schatten spendend, schattig [**nemus**].

**umbrō**, umbrāre *(umbra) (poet.; nachkl.)* beschatten, bedecken.

**umbrōsus**, a, um *(umbra)* ❶ beschattet, schattig [**vallis**]; dunkel [**caverna**]; ❷ *(poet.; nachkl.)* Schatten spendend.

**ūmectō**, ūmectāre *(umeo) (poet.; nachkl.)* befeuchten, benetzen.

**ūmeō**, ūmēre, – – *(poet.; nachkl.)* feucht, nass sein; – *P. Adj.* **ūmēns,** *Gen.* entis feucht, nass; – *Subst.* **ūmentia,** ium *n* Sumpfgegend.

**umerus**, ī *m* ❶ Schulter, Achsel; ❷ *(b. Tieren)* Vorderbug.

**ūmēscō**, ūmēscere, – – *(Incoh. v. umeo) (poet.; nachkl.)* feucht werden.

**ūmidus**, a, um *(umeo)* feucht, nass [**nox** taufeucht; **regio**]; – *subst.* **-um,** ī *n* **a)** *(nachkl.)* feuchter Boden; **b)** *Pl.* wässerige Teile.

**ūmor**, ōris *m (umeo)* ❶ Feuchtigkeit, das Nass, Flüssigkeit [**roscidus** Tau; **lacteus** Milch; **Bacchi** Wein]; ❷ *(poet.)* Saft der Pflanzen.

**um-quam** *u.* **un-quam** *Adv.* irgendeinmal, je(mals) *(meist in neg. Sätzen);* **nec ~** u. niemals.

**ūnā** *Adv., s. unus.*

**ūnanimitās**, tātis *f (unanimus)* Eintracht.

**ūn-animus**, a, um *(unus)* einträchtig.

**ūncia**, ae *f (unus)* ein Zwölftel: ❶ *(nachkl.) (als*

*Gewicht)* Unze = 27,3 g [**auri**]; ② *einer Erbschaft:* **heres ex -a**.
**ūnciālis**, e *(uncia) (nachkl.)* ein Zwölftel betragend.
**ūnciārius**, a, um *(uncia)* ein Zwölftel betragend.
**uncīnātus**, a, um *(uncus)* hakenförmig.
**ūnctiō**, ōnis *f (ungo)* das Salben.
**ūnctor**, ōris *m (ungo)* (Ein-)Salber.
**ūnctōrium**, ī *n (unctor) (nachkl.)* Salbraum *in den Bädern.*
**ūnctūra**, ae *f (ungo)* das Salben *der Toten.*
**ūnctus**, a, um *(P. Adj. v. unguo)* ① gesalbt, benetzt [**palaestra** in der man sich einsalbt]; ② fettig, schmierig; ③ *(übtr.)* reich, üppig [**patrimonium**]; ④ *(poet.)* lecker; – *subst.* **-um,** ī *n (poet.)* Leckerbissen.
**uncus**[1], ī *m* Haken, Klammer.
**uncus**[2], a, um *(poet.)* hakig, gekrümmt.
**unda**, ae *f* ① Welle, Woge; ② *(poet.; nachkl.)* Wasser, Gewässer, Meer, Flut [**fontis**]; ③ *(übtr.)* das Wogen, Strom, unruhig wogende Menge [**comitiorum**].
**unde** *Adv. interr. (dir. u. indir.) u. relat.* ① *(örtl.)* von wo, woher, *auch = ex (a) quo, qua, quibus;* ② *(übtr.)* wovon, woraus, weswegen; ③ *(poet.)* **unde-unde** woher auch immer.
**ūn-dē...** *(unus u. de) dient zur Bildung v. Neunerzahlen, z. B.: undeviginti 19, undetricesimus der 29.*
**ūndeciē(n)s** *Adv. (undecim)* elfmal.
**ūn-decim** *undekl. (unus u. decem)* elf.
**ūndecimus**, a, um *(undecim)* der elfte.
**ūndecim-virī**, ōrum *m* Elfmännerkollegium, *Polizei- u. Strafvollzugsbehörde in Athen.*
**unde-cumque** (**-cunque**) *Adv. (nachkl.)* woher nur immer.
**ūndēnī**, ae, a *(undecim)* je elf [**pedes** Hexameter u. Pentameter].
**unde-unde** *Adv. (poet.)* woher auch immer.
**undique** *Adv. (unde)* ① woher nur immer, v. allen Seiten; **~ concurrere;** ② überall, auf allen Seiten, *(übtr.)* in jeder Hinsicht.
**undō**, undāre *(unda) (poet.; nachkl.)* ① wogen, wallen; ② sich wellenförmig bewegen, emporwallen; **undans Aetna;** – **undāns** wallend, locker [**habenae**].

U

**undōsus**, a, um *(unda) (poet.)* wogend.
**ūnetvīcēsimānī**, ōrum *m (unetvicesimus) (nachkl.)* Soldaten der 21. Legion.
**ūn-et-vīcēsimus**, a, um *(unus)* der einundzwanzigste.
**ungō** *s. unguo.*
**unguen**, unguinis *n (unguo) (poet.)* Salbe, Salböl, Fett.
**unguentārium**, ī *n (unguentarius; erg. argentum) (nachkl.)* Salbengeld.
**unguentārius** *(unguentum)* **I.** *Adj.* a, um *(nachkl.)* Salben-; **II.** *Subst.* ī *m* Salbenhändler.
**unguentō**, unguentāre *(unguentum) (poet.; nachkl.)* salben.
**unguentum**, ī *n (unguo)* Salbe, Salböl, Fett.
**unguiculus**, ī *m (Demin. v. unguis)* Nägelchen, Nagel *am Finger od. an der Zehe;* **a teneris -is** v. Kindesbeinen an.
**unguis**, is *m (Abl. Sg.* -e *u.* -ī) ① Nagel *am Finger od. an der Zehe,* Finger-, Zehennagel; **de tenero ungui** v. Kindesbeinen an; **ad** (*od.* **in**) **unguem** haarscharf, aufs Genaueste; **transversum unguem non discedere** keinen Fingerbreit abweichen; ② *(poet.)* Kralle, Klaue, Huf.
**ungula**, ae *f (Demin. v. unguis)* ① Huf; *sprichw.:* **omnibus -is** m. Händen u. Füßen, m. allen Kräften; ② *(poet.) (meton.)* Pferd.
**unguō**, unguere (*u.* **ungō**, ungere), ūnxī, ūnctum ① salben, bestreichen, beschmieren; ② *(poet.) (Speisen)* fett machen; / *vgl. auch unctus.*
**ūni-color**, *Gen.* lōris *(unus) (poet.; nachkl.)* einfarbig.
**ūnicus**, a, um *(unus)* ① einzig, allein; ② einzig in seiner Art, ungewöhnlich [**poeta; avis** *vom Phönix;* **liberalitas**].
**ūni-fōrmis**, e *(unus u. forma) (poet.; nachkl.)* einförmig.
**ūni-gena**, ae *m u. f (unus u. gigno) (poet.)* v. einerlei Abstammung, verschwistert, Bruder, Schwester.
**ūni-manus**, a, um *(unus)* einhändig.
**ūniō**, ōnis *m (unus) (poet.; nachkl.)* einzelne große Perle.
**ūnitās**, ātis *f (unus) (nachkl.)* ① Einheit, ein einheitliches Ganzes; ② *(übtr.)* Einigkeit.
**ūniversālis**, e *(universus) (nachkl.)* allgemein.
**ūniversitās**, ātis *f (universus)* ① Gesamtheit, das Ganze [**generis humani** das ganze menschliche Geschlecht; **rerum** Weltall]; ② *(erg. rerum)* Welt(all).
**ūniversum**, ī *n (universus)* Weltall.
**ūni-versus**, a, um *(unus u. verto)* ① gesamt, sämtlich, ganz [**populus; mundus**]; **-ae rei dimicatio** Entscheidungsschlacht; – *Pl.* alle, sämtliche; ② allgemein [**pugna** an der alle teilnehmen]; – *Adv.* **-e** *u.* **in -um** im Allgemeinen, überhaupt.
**unquam** *s. umquam.*
**ūnus**, a, um *(Gen.* ūnīus, *poet.* ūnius *u.* ūnī; *Dat.* ūnī) ① ein, einer *meist im Sg., im Pl. beim pl. tantum;* **unus ex filiis / de magistratibus; unus principum; ad unum omnes** alle ohne Ausnahme; **sarcinas in unum conicere** auf einen Haufen; **unus et / aut alter** der eine und / oder der andere, etliche; **una ex parte ... altera ex parte** einerseits ... andererseits; ② nur einer, ein einziger; **nemo** (*od.* **nullus**) **unus** kein Einziger; *oft durch die*

*Adverbien* allein, nur *zu übersetzen:* **in una virtute** allein auf der Tugend; ❸ einzigartig, *bes. zur Verstärkung des Superl.* bei weitem; **homo unus doctissimus** der allergelehrteste; ❹ ein u. derselbe, der Nämliche; – *verstärkt:* **unus et** (*od.* **atque**) **idem;** ❺ irgendein(er); **unus quisque** *(auch zus.)* jeder Einzelne, ein jeder; / *Adv.* **ūnā** *(räuml., zeitl. u. übtr.)* zusammen, zugleich, gemeinsam.

**ūnus-quisque**, ūna-quaeque, ūnum-quidque *(subst.) u.* ūnum-quodque *(adj.)* jeder Einzelne, ein jeder.

**ūnxī** *Perf. v. unguo.*

**ūpiliō** = *opilio.*

**upupa**, ae *f (nachkl.)* Wiedehopf.

**Ūrania**, ae *u.* **-ē,** ēs *f Muse der Astronomie.*

**urbānitās**, tātis *f (urbanus)* ❶ Stadtleben; ❷ *(meton.)* städtisches Wesen: **a)** feines Benehmen, feine Lebensart; **b)** feine Aussprache, gebildete Ausdrucksweise; **c)** feiner Witz, Esprit; **d)** *(nachkl.)* schlechter Scherz.

**urbānus** *(urbs)* **I.** *Adj.* a, um ❶ (groß)städtisch, Stadt- [**vita**]; ❷ *(meton.)* **a)** fein, gebildet; **b)** *(v. der Rede)* gewählt; **c)** geistreich, witzig; **d)** *(poet.)* frech; **II.** *Subst.* ī *m* ❶ (Groß-)Städter; ❷ *(poet.)* Witzbold.

**Urbīnum**, ī *n Stadt in Umbrien, j.* Urbino.

**urbs**, urbis *f* ❶ Stadt, *bes.* Hauptstadt; **urbem condere** *od.* **constituere;** ❷ die Stadt Rom; ❸ *(meton.)* die Städter; ❹ *(übtr.)* Hauptpunkt, Kern [**philosophiae**].

**urceus**, ī *m (poet.)* Krug.

**ūrēdō**, dinis *f (uro)* Brand *(Getreidekrankheit).*

**urgeō**, urgēre (*u.* urgueō, urguēre), ursī, – ❶ drängen, stoßen, treiben, drücken; *(poet.) (übtr.)* verdrängen; ❷ andringen, sich drängen; **fluctūs ad litora urgent; hostes urgebant;** ❸ *(übtr.)* bedrängen, verfolgen [**hostem a tergo; alqm invidiā**]; ❹ *(durch Fragen, Bitten u. Ä.)* jmd. in die Enge treiben, bestürmen; ❺ hartnäckig bei etw. beharren, fest auf etw. bestehen, etw. immerfort betonen *(m. Akk.; m. A. C. I.);* ❻ eifrig betreiben [**iter** beschleunigen; **vestem** eifrig weben].

**ūrīna**, ae *f* Harn, Urin.

**ūrīnātor**, ōris *m* Taucher.

**Ūrios**, ī *m* Verleiher guten Fahrwindes [**Iuppiter**].

**urna**, ae *f* ❶ *(poet.; nachkl.)* Wasserkrug; ❷ *(poet.)* Topf; ❸ Losurne *(f. die Stimmtäfelchen in den Komitien od. die Lose); (übtr.) (nachkl.)* Wahl durch das Los; ❹ *(poet.)* Aschenkrug, Urne; ❺ *(poet.)* Schicksalsurne *(m. den Todeslosen aller Menschen).*

**urnula**, ae *f (Demin. v. urna)* Krüglein.

**ūrō**, ūrere, ussī, ustum ❶ (ver)brennen; ❷ sengen u. brennen, verwüsten [**agros; urbes hostium**]; ❸ *(poet.) (in der Malerei)* **a)** *(Farben)* enkaustisch auftragen, einbrennen; **b)** *(Gemälde)* enkaustisch malen; ❹ *(poet.; nachkl.)* austrocknen, ausdörren, versengen [**solum; campum**]; **febribus uri** glühen; ❺ *(poet.; nachkl.) (vom Frost)* (er)frieren lassen; *Pass.* (er)frieren; ❻ wund reiben, wund drücken; ❼ *(Leidenschaften)* entzünden, entflammen [**invidiam**]; ❽ jmd. leidenschaftlich entflammen; **ira / amor urit alqm;** – *Pass.* v. Leidenschaft *od.* in Liebe entbrannt sein: **uri in alqo** in jmd. verliebt sein; ❾ beunruhigen, heimsuchen, plagen; **pestilentia urbem urens**.

**ursa**, ae *f (ursus) (poet.; nachkl.)* ❶ Bärin; ❷ Bär, *auch als Sternbild.*

**ursī** *Perf. v. urgeo.*

**ursus**, ī *m* ❶ Bär; ❷ *(poet.) (meton.)* Bärenhatz *im Zirkus.*

**urtīca**, ae *f (poet.; nachkl.)* Brennnessel.

**ūrus**, ī *m* Auerochs, Ur.

**Ūsipetēs**, tum *u.* **ūsipiī** *(od.* **-pī***)*, ōrum *m germ. Volk an der Lippe u. Ruhr.*

**ūsitātus**, a, um *(utor)* gebräuchlich, gewöhnlich, üblich.

**uspiam** *Adv.* irgendwo.

**usquam** *Adv. (meist in neg., fragenden od. hypothetischen Sätzen)* ❶ irgendwo; **nec ~** und nirgends; ❷ *(übtr.)* bei irgendeiner Gelegenheit, irgendwie; ❸ irgendwohin.

**ūsque** *Adv.* ❶ in einem fort, ununterbrochen [**alqm sequi**]; ❷ *(räuml. u. zeitl.)* **a)** von … her, von … an: *m. Präp.* [**~ ex ultima Syria; ~ a Romulo** seit] *od. m. Adv.* [**inde ~** von da an]; **b)** bis nach …, bis … hin: *m. Präp.* [**~ in Hispaniam; ~ trans Alpes; ~ ad vesperum**], *m. Adv.* [**~ eo** bis dahin] *od. m. Kj.* [**~ dum** so lange bis].

**ūsque-quāque** *Adv. (auch getr.) (räuml., zeitl. u. übtr.)* überall, immer, in jeder Hinsicht.

**ussī** *Perf. v. uro.*

**ustilō** = *ustulo.*

**ustor**, ōris *m (uro)* Leichenverbrenner.

**ustulō**, ustulāre *(uro) (poet.)* verbrennen [**scripta**].

**ustus** *P. P. P. v. uro.*

**ūsū-capiō[1]**, capere, cēpī, captum (*eigtl.* „durch Gebrauch in Besitz nehmen") durch Verjährung erwerben.

**ūsū-capiō[2]** *u.* **ūsūs-capiō**, ōnis *f (usucapio[1])* Eigentumsrecht durch Verjährung.

**ūsūcaptus** *P. P. P. v. usucapio.*

**ūsū-cēpī** *Perf. v. usucapio.*

**ūsūra**, ae *f (utor)* ❶ Gebrauch, Genuss; Frist [**unius horae**]; ❷ Nutzung eines geliehenen Kapitals; ❸ *(meton.) (Sg. u. Pl.)* Zinsen *f. ein Darlehen;* **-am perscribere** Geld auf Zinsen ausleihen; ❹ *(nachkl.) Pl.* Zugabe.

**ūsurpātiō**, ōnis *f (usurpo)* Gebrauch, Benutzung, Ausübung [**doctrinae; civitatis** Erwähnung *od.* Beanspruchung des Bürgerrechts].

**ūsurpō**, ūsurpāre *(usus² u. rapio)* ❶ benutzen, gebrauchen, genießen, ausüben [**libertatem**]; ❷ beanspruchen [**ius; nomen civitatis** sein Recht als Bürger]; ❸ **a)** *(rechtmäßig)* etw. in Besitz nehmen, erwerben [**hereditatem** antreten; **amissam possessionem**]; **b)** *(widerrechtlich)* sich aneignen, sich anmaßen [**alienam possessionem**]; ❹ *(Worte)* gebrauchen; erwähnen; ❺ (be)nennen.

**ūsus¹** *P. P. Akt. v. utor.*

**ūsus²**, ūs *m (utor) (Dat. Sg.* ūsuī *u.* ūsū*)* ❶ Gebrauch, Verwendung, Benutzung [**publicus; privatus; navium**]; ❷ Gewohnheit; ❸ (geselliger) Verkehr, Umgang, Bekanntschaft *(m. jmdm.: Gen.);* ❹ praktische Tätigkeit, Ausübung [**forensis** als Anwalt; **virtutis**]; **ars et ~** Theorie u. Praxis; ❺ praktische Erfahrung, Übung *(in etw.: Gen., auch in u. Abl.);* ❻ *(Sg. u. Pl.)* Brauchbarkeit, Nutzen, Vorteil; **usui esse alci** *u.* **ex usu alcis esse** für jmd. vorteilhaft, nützlich sein *(ad alqd);* ❼ *(Sg. u. Pl.)* Bedarf, Bedürfnis, Notwendigkeit; **usui esse ad alqd** für etw. erforderlich sein; **~ (ad)est** *od.* **venit** es ist, wird nötig; **~ est alci alqa re** jmd. hat etw. nötig, braucht etw.: **consuli navibus ~ non est.**

**ūsūs-capiō** *s. usucapio².*

**ut** *u.* **utī I.** *Adv.* ❶ *(interr., dir. u. indir.)* wie; **ut vales?; videte, ut hoc iste correxerit;** ❷ *(relat.)* wie, auf welche Weise; **perge, ut instituisti;** ❸ *(im Ausruf)* wie (sehr); ❹ *(in Zwischensätzen)* wie; **ut supra demonstravimus; ut videtur** wie es scheint; ❺ *(b. Vergleichen)* **a)** *(m. korrespondierendem ita, sic, eodem modo u. Ä.)* (gleich)wie; **ut initium, sic finis est; ut optasti, ita est;** – sowohl … als auch; – **ut quisque … ita** (*od.* **sic**) je nachdem ein jeder … so; *(m. dopp. Superl.)* in dem Maße wie … so = je … desto: **ut quisque aetate antecedit, ita sententiae principatum tenet; ut quisque est vir optimus, ita difficillime esse alios improbos suspicatur;** – *(adversativ)* wenn auch … so doch, zwar … aber: **ut nihil boni est in morte, sic certe nihil mali;** – *(in Schwüren u. Beteuerungen)* so wahr (wie); **b)** *(ohne korrespondierende Partikel)* wie; **feci, ut mihi imperavisti;** – *(b. der Apposition)* wie, als: **alqm ut alumnum diligere;** ❻ *(räuml.) (poet.)* wo; ❼ *(kausal)* als; **Diogenes liberius ut Cynicus locutus est** als Kyniker = da er ein Kyniker war; – *(m. Relativs. im Konj.)* **ut qui** da (er) ja; ❽ *(epexegetisch)* wie denn, wie einmal; **homo ut erat furiosus, atrociter respondit** rasend wie er war; ❾ *(einschränkend)* wie nur; **ut potui, tuli** so gut ich konnte; ❿ *(Beispiele einleitend)* (wie) zum Beispiel; **II.** *Kj.* ❶ *m. Konj.* **a)** *(final)* damit, dass, um zu, *Inf. m.* zu *(verneint: ne);* **adduxi eum, ut maneret** ich brachte ihn zum Bleiben; **Caesar legato imperavit, ut noctu iter faceret;** – *b. Verben des Fürchtens* dass nicht *(= ne non):* **timemus, ut veniat; b)** *(konsekutiv)* dass, sodass *(verneint: ut non);* **ea celeritate milites ierunt, ut hostes impetum sustinere non possent; c)** *(konzessiv)* selbst wenn, wenn auch; **ut desint vires, tamen est laudanda voluntas; d)** *(elliptisch in erregter Frage)* ist es möglich, dass?; **te ut ulla res frangat?** sollte dich …?; **e)** *(in Wunschsätzen) (bes. poet.)* (o) dass doch *(= utinam);* ❷ *m. Ind. (zeitl.)* **a)** sobald (als), gerade als, *meist in der Erzählung m. Ind. Perf., verstärkt zu* **ut primum**, *b. wiederholter Handlung m. Ind. Plusquamperf.;* **perturbatus est, ut id audivit; b)** seit(dem); **quintus annus est, ut imperium obtines.**

**ut-cumque** (**-cunque**) **I.** *Adv.* ❶ wie nur immer, wie auch nur; ❷ je nachdem; ❸ *(ohne verbum finitum)* so gut es geht *od.* ging, nach Möglichkeit; **pace ~ composita gaudebant; II.** *Kj.* sobald nur, wenn nur.

**ūtēnsilia**, lium *n (utor)* Geräte, Vorräte.

**ūtentior**, *Gen.* ōris *(utor)* einer, der mehr verbrauchen, ausgeben kann.

**uter¹**, utris *m* ❶ Schlauch; ❷ *(poet.) (übtr.)* aufgeblasener Bursche.

**uter²**, utra, utrum *(Gen.* utrīus *u. [poet.]* utrius, *Dat.* utrī*) Pron. (adj. u. subst.)* ❶ *(interr., dir. u. indir.)* welcher v. beiden, wer v. beiden; ❷ *(relat.)* welcher, wer, was v. beiden; ❸ *(indef.)* einer v. beiden.

**uter-cumque**, utra-c., utrum-c. *(relat.)* wer immer v. beiden.

**uter-libet**, utra-l., utrum-l. *Pron.* ❶ *(relat.)* wer auch immer v. beiden; ❷ *(nachkl.) (indef.)* ein Beliebiger v. beiden.

**uter-que**, utraque, utrumque *(Gen. Sg.* utrīusque *u. [poet.]* utriusque; *Dat.* utrīque; *Gen. Pl.* utrōrumque *u.* utrumque*)* jeder v. beiden, beide *(jeder Einzelne für sich gedacht, dah. gew. m. Sg. des Prädikats);* **uterque parens** Vater u. Mutter; **uterque Phoebus** Morgen- u. Abendsonne; **uterque polus** Nord u. Süd; **uterque noster exercitus** unsere beiden Heere; **in utramque partem disputare** für u. wider; *m. Gen. part.:* **uterque nostrum / vestrum / consulum** *u. a.;* – *Pl.:* **a)** *beim pl. tantum:* **utraque castra; b)** *b. zwei nachdrücklich betonten Einheiten:* **hi utrique ad urbem imperatores erant; c)** *b. zwei einzeln gedachten Mehrheiten:* **Caesar, cum Germanis et Britannis bellum intulisset, utrosque vicit; utrique** beide Parteien.

**uterus**, ī *m* ① Unterleib, Bauch; Gebärmutter; ② *(poet.; nachkl.)* Leibesfrucht; ③ *(poet.)* Geburtswehen; ④ *(poet.; nachkl.) (übtr.)* Inneres [**navis**].

**uter-vīs**, utravīs, utrumvīs *(Gen.* utrīusvīs, *Dat.* utrīvīs*) Pron. indef.* ① jeder Beliebige v. beiden, einer v. beiden, *auch m. Gen. part.* [**vestrum**]; ② beide.

**utī** *s. ut;* **ūtī** *s. utor.*

**ūtilis**, e *(utor)* ① brauchbar, tauglich *(für jmd.: Dat.; zu, für etw.: Dat., ad, in u. Akk., poet. m. Gen.; m. Inf.)*; ② nützlich, vorteilhaft; **lex ~ plebi**.

**ūtilitās**, ātis *f (utilis)* ① Brauchbarkeit, Tauglichkeit; ② Nutzen, Vorteil; **utilitati esse** *u.* **utilitatem habere** nützlich sein; ③ Wohl, Glück; ④ *Pl.* gute Dienste.

**uti-nam** *Wunschpartikel b. Konj. (verneint utinam ne, seltener utinam non)* o dass doch, wenn doch, *b. erfüllbaren Wünschen m. Konj. Präs. (f. die Gegenwart u. Zukunft) od. Perf. (f. die Vergangenheit), b. unerfüllbaren Wünschen m. Konj. Imperf. (f. die Gegenwart) u. Plusquamperf. (f. die Vergangenheit).*

**uti-que** *Adv.* ① jedenfalls, durchaus, unbedingt; **illud scire ~ cupio;** ② besonders, zumal; ③ (doch) wenigstens; **una ~ parte**.

**ūtor**, ūtī, ūsus sum *(m. Abl.)* ① gebrauchen, sich bedienen, verwenden [**armis; equis; mari** befahren; **exemplo** anführen; **oratione** reden; **apparatu regio** sich umgeben mit; **temporibus** sich in die Umstände schicken; *(m. doppl. Abl.: als)* **alqo teste; turribus propugnaculis** Türme als Bollwerk benutzen]; ② genießen [**cibis bonis; bona valetudine**]; ③ haben, besitzen [**honoribus** Ehrenstellen bekleiden; **proeliis secundis** glückliche Schlachten liefern]; ④ m. jmdm. verkehren, Umgang haben [**rege familiariter**]; ⑤ brauchen, nötig haben.

**ut-pote** *Adv.* nämlich, (weil) ja, *meist vor Relativpron. (gew. m. Konj.).*

**ut-puta** *Adv. (nachkl.)* wie z. B., nämlich.

**utrārius**, ī *m (uter¹)* Schlauch-, Wasserträger.

**utrimque** *Adv. (uterque)* auf, von beiden Seiten.

**utrō** *Adv. (uter²)* nach welcher v. beiden Seiten?, wohin?

**utrobī-que** *u.* **utrubī-que** *(uter² u. ubi) Adv.* auf beiden Seiten.

**utrōque** *Adv. (uterque)* nach, auf beiden Seiten, nach beiden Richtungen.

**utrubī-que** *s. utrobique.*

**utrum** *Adv. (n v. uter²) Fragepartikel, verstärkt* utrumne ① *in indir. Frage:* ob; **utrum ... an** (*od.* **anne** *od.* **annon** *od.* **necne**) ob ... oder; ② *in dir. Frage:* wohl, etwa, *meist unübersetzt*

**ūva**, ae *f* ① Traube, *bes.* Weintraube; ② *(poet.) (meton.)* **a)** Wein; **b)** Weinstock; ③ *(poet.; nachkl.) (übtr.)* Traube *eines Bienenschwarms.*

**ūvēscō**, ūvēscere, – – *(poet.)* feucht werden; *(übtr.)* sich betrinken.

**ūvidulus**, a, um *(Demin. v. uvidus) (poet.)* etw. feucht.

**ūvidus**, a, um *(poet.; nachkl.)* ① feucht, nass; ② reichbewässert; ③ berauscht.

**uxor**, ōris *f* Ehefrau, Gattin; **uxorem (in matrimonium) ducere** heiraten.

**uxōrius** *(uxor)* **I.** *Adj.* a, um ① die Ehefrau betreffend, der Gattin gehörig [**res** Aussteuer]; ② *(poet.)* der Gattin sklavisch ergeben; **II.** *Subst.* ī *m (poet.)* Pantoffelheld.

# V v

**V¹** *als Zahlzeichen* = 5.

**V.²**, **v.** *(Abk.)* ① = *valeo, vales, valetis;* ② **v. c.** = *vir clarissimus.*

**Vacalus**, ī *m* die Waal, *Mündungsarm des Rheins.*

**vacātiō**, ōnis *f (vaco)* ① das Freisein, Befreiung *(von etw.: Gen. od. ab; weg.: Gen.)* [**laboris; a belli administratione**]; ② Urlaub, Entlassung [**militum**]; ③ *(nachkl.) (meton.)* Ablösungsgeld *f. Befreiung vom Kriegsdienst.*

**vacca**, ae *f* Kuh.

**Vaccaeī**, ōrum *m Volk in Spanien.*

**vaccīnium**, ī *n* Hyazinthe.

**vacillō**, vacillāre ① wanken, wackeln; **litterulae vacillantes** m. zitternder Hand geschrieben; ② *(übtr.)* **a)** schwanken, unsicher sein; **iustitia vacillat; in aere alieno ~** tief verschuldet sein; **b)** unzuverlässig sein; **legio vacillans**.

**vacīvē** *(vaco) (poet.) Adv.* in Muße.

**vacō**, vacāre ① leer, frei, unbesetzt sein, leer stehen; **domus vacat;** ② unbebaut sein; ③ *(nachkl.)* herrenlos sein; **bona vacant;** ④ v. etw. frei sein, etw. nicht haben *(m. Abl. od. ab)* [**studiis** keine Studien betreiben; **ab opere**]; ⑤ Zeit, Muße haben; *(alci rei od. in alqd)* Zeit für etw. haben, sich einer Sache widmen [**clientium negotiis; in grande opus**];

6 *(poet.; nachkl.) unpers.* **vacat** es ist Zeit vorhanden, es steht frei *(abs. od. m. Inf.).*
**vacuē-faciō**, facere, fēcī, factum, *Pass.* vacuēfīō, fierī, factus sum *(vacuus)* 1 leer, frei machen; *pass.* leer werden; **possessiones vacuefactae** verlassen, herrenlos; 2 entvölkern.
**vacuitās**, tātis *f (vacuus)* 1 das Freisein, Befreitsein *(von etw.: Gen. od. ab);* 2 das Freiwerden eines Amtes.
**vacuum**, ī *n (vacuus)* die Leere, leerer Raum.
**vacuus**, a, um 1 leer, frei, unbesetzt; **alqd -um facere** etw. räumen; – *(m. Abl. od. ab, selten Gen.)* frei von, ohne: **~ curis / metu; oppidum a defensoribus -um; ager frugum ~;** – *(m. Dat.)* frei für, zu etw.: **nox operi -a;** 2 menschenleer, einsam; 3 *(poet.)* offen (stehend), zugänglich [**porticus; campi**]; 4 schutzlos [**res publica**]; 5 herrenlos, erblos [**regnum**]; 6 unbeschäftigt, müßig; 7 sorglos, unbefangen [**animus**]; 8 *(poet.; nachkl.) (v. Frauen u. Mädchen)* ledig, unverheiratet, ohne Geliebten; 9 *(poet.; nachkl.)* nichtig, wertlos, nichtssagend [**nomen**]; 10 *(poet.) (v. Örtl.)* ruhig, still, geräuschlos.
**vadimōnium**, ī *n (vas¹)* 1 *durch Kaution gegebene* Versicherung, *vor Gericht zu erscheinen,* Bürgschaft(sleistung); **-um alci imponere** jmd. vor Gericht fordern; 2 *(meton.)* **a)** das Erscheinen vor Gericht; **b)** Verhandlungstermin; **-um constituere** festsetzen.
**vādō**, vādere, – – gehen, schreiten [**in hostem** losgehen; **per medios hostes**].
**vador**, vadārī *(vas¹)* jmd. durch Bürgschaftsleistung verpflichten, sich vor Gericht zu stellen, vor Gericht fordern; – *pass. Abl. abs.:* **vadato** *(poet.)* nach geleisteter Bürgschaft.
**vadōsus**, a, um *(vadum)* voller Untiefen, seicht.
**vadum**, ī *n (vado)* 1 seichte Stelle, Untiefe, Furt; 2 *(poet.)* Gewässer, Meer, Fluss(bett).
**vae** *Interj.* o weh!, wehe! *(meist m. Dat., auch abs. od. m. Akk.);* **vae victis** wehe den Besiegten!
**vaec..., vaeg..., vaep..., vaes...** = *vec... usw.*
**vafer**, fra, frum schlau, pfiffig, verschmitzt.
**vafritia**, ae *f (vafer) (nachkl.)* Verschmitztheit.
**vagātiō**, ōnis *f (vagor)* das Umherschweifen.
**vāgīna**, ae *f* 1 Scheide *des Schwertes;* 2 *(übtr.)* Hülse *der Ähre.*
**vāgiō**, vāgīre wimmern, schreien.
**vāgītus**, ūs *m (vagio)* das Wimmern, Schreien.
**vagor**, vagārī *(vagus)* 1 umherschweifen, -streifen [**circum tecta; per arva**]; 2 *(v. Schiffen u. Seefahrern)* kreuzen [**per Aegaeum mare**]; 3 *(übtr.)* umherschweifen; **alcis animus vagatur errore;** 4 *(übtr.)* sich verbreiten; **vagatur ignis / nomen / fama;** 5 *(v. der Rede)* weitschweifig sein, abschweifen.
**vagus** a, um 1 umherschweifend, unstet, *übtr. auch v. Sachen* [**pecus; venti; classis; flumina** unstet fließend]; 2 *(übtr.)* schwankend, unbeständig [**fortuna**]; 3 unbestimmt, ungenau, (zu) allgemein [**causae**]; 4 *(v. der Rede)* weitschweifig, vage.
**Vahalis**, is *m* = *Vacalus.*
**valdē** *Adv.* (*Komp.* valdius, *Superl.* valdissimē) *(synk. aus validē; validus)* sehr, stark, heftig *(b. Verben, Adj. u. Adv.).*
**vale-dīcō**, dīcere, dīxī, – *(valeo) (nachkl.)* Lebewohl sagen.
**valēns**, *Gen.* entis *(valeo)* 1 stark, kräftig; 2 wirksam; 3 gesund, wohlauf; 4 mächtig, einflussreich [**gens opibus**].
**valeō**, valēre, valuī, valitūrus 1 stark, kräftig sein *(an, in etw.: Abl.);* **pedibus ~** gut zu Fuß sein; 2 gesund, wohlauf sein, sich wohlbefinden; – *(Briefformel)* S. V. B. E. E. Q. V. = *si vales, bene est, ego quidem valeo;* – **valere alqm iubeo** ich sage jmdm. Lebewohl, nehme v. jmdm. Abschied; – *als Abschiedsgruß:* **valē** lebe wohl! (*Pl.* **valēte**); – **valeat** fort mit ihm; 3 *(übtr.)* Einfluss (Macht, Bedeutung) haben, gelten [**multum / plus / plurimum / nihil;** *(durch, an, in etw.: Abl.)* **equitatu** stark an Reiterei sein, viel Reiterei haben; **eloquentiā** redegewandt sein]; 4 **a)** *(m. Präp.)* zu etw. im Stande sein, geeignet sein [**velocitate ad cursum**]; **b)** *(m. Inf.)* können, im Stande sein; 5 *(v. Sachen)* zur Geltung kommen, den Ausschlag geben; **eius sententia non valuit** drang nicht durch; **coniuratio valet** siegt; 6 sich auf etw. beziehen, auf etw. abzielen, für jmd. gelten; **definitio in omnes valet** gilt für alle; **responsum eo valet, ut** zielt darauf ab, dass; 7 *(vom Geld)* wert sein; **unus aureus pro decem argenteis valet;** 8 *(v. Wörtern)* bedeuten, heißen.
**Valerius**, a, um *röm. nomen gentile:* 1 **P. ~ Poplicola** *war an der Vertreibung der Tarquinier beteiligt;* 2 **L. ~ Poplicola** *Konsul 449 v. Chr.;* 3 **M. ~ Messal(l)a Corvinus** *Redner z. Zt. Ciceros, Staatsmann;* 4 **C. ~ Catullus** *s. Catullus.*
**valēscō**, valēscere, valuī, – *(Incoh. v. valeo) (poet.; nachkl.)* stark werden, erstarken, zunehmen.
**valētūdinārium**, ī *n (valetudinarius) (nachkl.)* Krankenhaus, Lazarett.
**valētūdinārius** *(valetudo) (nachkl.)* **I.** *Adj.* a, um kränklich; **II.** *Subst.* ī *m* der Kranke, Patient.
**valētūdō**, dinis *f (valeo)* 1 Gesundheitszustand; 2 Wohlbefinden, Gesundheit; 3 Krankheit, Schwäche; **valetudine premi; valetudine affectus** krank.
**validus**, a, um *(Adv. -ē, gew. synk.* valdē, *s. d.) (valeo)* 1 *(poet., nachkl.)* stark, kräftig; 2 *(mi-*

V

*lit. t. t.)* fest, befestigt [**urbs muris**]; ❸ gesund; ❹ *(übtr.)* einflussreich, mächtig, bedeutend [**senatūs consultum; hostis; auctor; aetate et viribus; ingenio**]; ❺ *(poet.; nachkl.) (v. Heilmitteln, Getränken, Giften u. Ä.)* wirksam, kräftig; ❻ *(nachkl.) (v. Rede u. Redner)* gewaltig.

**valit...** = *valet...*

**vallāris**, e *(vallum)* Wall- [**corona** Ehrenkranz *f. den Soldaten, der zuerst den feindl. Wall erstiegen hatte*].

**vallis** *u.* **-ēs**, is *f* ❶ Tal; ❷ *(poet.) (übtr.)* ~ **alarum** Achselhöhle.

**vallō**, vallāre *(vallum)* ❶ m. Wall u. Palisaden umgeben, verschanzen [**castra**]; *abs.* sich verschanzen; ❷ *(übtr.)* (be)schützen.

**vallum**, ī *n* ❶ Verschanzung, Wall; ❷ *(übtr.)* Schutzwehr.

**vallus**, ī *m* ❶ *(poet.; nachkl.)* Pfahl; ❷ Schanzpfahl, Palisade; ❸ *(koll.)* **a)** Schanzpfähle; **b)** Verschanzung, Wall; ❹ *(poet.) (übtr.) pectinis* Zähne des Kammes.

**valuī** *Perf. v. valeo u. valesco.*

**valvae**, ārum *f* Flügeltür, Doppeltür.

**Vandalī** *u.* **-dil(i)ī**, ōrum *m* die Vandalen, *germ. Volksstamm östl. der Oder.*

**vānēscō**, vānēscere, – – *(vanus) (poet.; nachkl.)* verschwinden, vergehen.

**vāni-loquentia**, ae *f (vanus u. loquor)* leeres Geschwätz, Prahlerei.

**vāni-loquus**, a, um *(vanus u. loquor)* lügenhaft; prahlerisch.

**vānitās**, tātis *f (vanus)* ❶ Nichtigkeit, Schein; ❷ Misserfolg, Nutzlosigkeit [**itineris**]; ❸ Lügenhaftigkeit, leeres Geschwätz, Prahlerei.

**vannus**, ī *f (poet.)* Getreide-, Futterschwinge.

**vānum**, ī *n (vanus)* Schein, Einbildung, eitler Wahn; **alqd ex -o haurire** *od.* **habere** aus der Luft greifen, sich einbilden; **ad -um redigi** vereitelt, vernichtet werden.

**vānus**, a, um ❶ inhaltlos, leer [**imago** Schattenbild *eines Toten*]; dünn besiedelt, schwach (besetzt) [**magnitudo urbis; acies hostium**]; ❷ *(übtr.)* nichtig, eitel, vergeblich, erfolglos [**spes; omen**]; ❸ lügenhaft, prahlerisch, eingebildet [**auctor** unglaubwürdig]; ❹ grundlos, falsch [**metus**].

**vapor**, ōris *m* ❶ Dampf, Dunst; *(poet.)* Rauch; ❷ *(meton.)* **a)** Wärme, Hitze [**solis**]; **b)** *(poet.)* Glut, Feuer.

**vapōrārium**, ī *n (vapor)* Dampfrohr, -heizung.

**vapōrō**, vapōrāre *(vapor) (poet.; nachkl.)* **I.** *intr.* dampfen; **II.** *trans.* durchräuchern; in Dunst hüllen; erwärmen.

**vappa**, ae *f (poet.; nachkl.)* ❶ umgeschlagener, trüber Wein; ❷ *(übtr.)* Taugenichts.

**vāpulō**, vāpulāre ❶ *(nachkl.)* Schläge bekommen, geprügelt werden; ❷ *(im Krieg)* eine Schlappe erleiden; ❸ *(m. Worten)* durchgehechelt werden.

**Vāriānus**, a, um *s. Varus.*

**variātiō**, ōnis *f (vario)* Verschiedenheit.

**varietās**, tātis *f (varius)* ❶ Buntheit; ❷ Mannigfaltigkeit, Verschiedenheit, Wechsel, *auch Pl.* [**temporum; annonae** Preisschwankung; **gentium; regionum**]; ❸ Meinungsverschiedenheit; **sine ulla varietate** einstimmig; ❹ Unbeständigkeit, Wankelmut; ❺ Vielseitigkeit *der Ideen, der Kenntnisse, der Bildung.*

**Varīnī**, ōrum *m germ. Volk an der Ostsee.*

**variō**, variāre *(varius)* **I.** *trans.* ❶ *(poet.)* bunt machen, färben; jmd. grün u. blau schlagen; ❷ *(übtr.)* (ver)ändern [**vocem; in omnes formas** in alle möglichen Gestalten verwandeln]; **variatis sententiis** bei auseinandergehenden Meinungen; – m. etw. eintauschen, abwechseln lassen [**laborem otio; calores frigoresque**]; – *(v. Schriftstellern u. Berichten)* verschieden darstellen, abweichend berichten; **II.** *intr.* ❶ *(poet.)* bunt sein; ❷ *(übtr.)* mannigfaltig sein, verschieden sein, sich verändern, umschlagen, schwanken; **fortuna variat;** ❸ verschiedener Meinung sein; verschieden berichtet werden; ❹ *(poet.)* wechselnden Erfolg haben.

**varius**, a, um ❶ *(poet.)* bunt, schillernd, scheckig, gefleckt [**flores; serpens; caelum** m. Sternen besät]; ❷ *(übtr.)* mannigfaltig, verschieden(artig), allerlei [**formae; mores; fortuna; sermo** über verschiedene Themen]; **-e scriptum est** es ist verschieden überliefert; ❸ (ab)wechselnd, unentschieden [**certamen; victoria; eventus**]; ❹ wankelmütig, launenhaft; ❺ vielseitig (begabt).

**Varius**, a, um *röm. nomen gentile:* **L.** ~ **Rufus** *epischer und tragischer Dichter, Freund des Vergil u. Horaz, gab nach Vergils Tod dessen Aeneis heraus.*

**varix**, icis *m u. f* Krampfader.

**Varrō**, ōnis *m cogn., bes. in der gens Terentia, s. Terentius;* – *Adj.* **Varrōniānus**, a, um.

**vārus** *(poet.)* **I.** *Adj.* a, um auseinandergebogen; krummbeinig; *(übtr.)* entgegengesetzt; **II.** *Subst.* ī *m (v. Personen)* O-Bein.

**Vārus**, ī *m röm. cogn.:* ❶ **Quintilius** ~ *Kritiker, Freund des Vergil u. Horaz;* ❷ **P. Quinctilius** ~ *röm. Feldherr, fiel im Kampf m. den Cheruskern im Teutoburger Wald 9 n. Chr.;* – *Adj.* **Vāriānus**, a, um.

**vas**[1], vadis *m* Bürge, *der durch Kaution f. das Erscheinen jmds. vor Gericht bürgte.*

**vās**[2], vāsis *n* (*Pl.* vāsa, ōrum) ❶ Gefäß, Geschirr, Gerät; ❷ *Pl.* **a)** Hausgeräte, Möbel; **b)** *(milit. t. t.)* Gepäck, Bagage; **-a colligere** aufbrechen.

**vāsārium**, ī *n (vas²)* Ausstattungsgeld *f. einen Provinzstatthalter.*

**Vasconēs**, num *m* die Basken, *span. Volk an den Pyrenäen.*

**vāsculārius**, ī *m (vasculum)* Verfertiger v. Metallgefäßen, Goldschmied.

**vāsculum**, ī *n (Demin. v. vas[2]) (nachkl.)* kleines Gefäß, Geschirr.

**vāstātiō**, ōnis *f (vasto)* Verwüstung.

**vāstātor**, ōris *m (vasto) (poet.; nachkl.)* Verwüster; Vertilger [**ferarum** Jäger].

**vāstātrīx**, īcis *f (vastator) (nachkl.)* Verwüsterin.

**vāsti-ficus**, a, um *(vastus u. facio)* unförmig.

**vāstitās**, ātis *f (vastus)* ① Leere, Öde, Verödung; ② Verwüstung, Verheerung; *(konkr.) Pl.* die Verwüster.

**vāstō**, vāstāre *(vastus)* ① leer, öde machen; *(poet.; nachkl.) m. Abl.:* entblößen von; ② verwüsten, verheeren [**omnia ferro ignique**]; ③ *(nachkl.) die Bewohner* brandschatzen; ④ *(übtr.)* zerrütten.

**vāstus**, a, um ① leer, öde, wüst [**urbs incendio ruinisque**]; *m. ab:* entblößt, verlassen von [**mons ab humano cultu**]; ② verwüstet, verheert; ③ ungeheuer (groß), unermesslich (weit), riesig, gewaltig [**mare; campi; potentia; ira**]; ④ unförmig; ⑤ *(übtr.)* plump, ungebildet.

**vātēs**, is *m u. f (Gen. Pl. -ium u. -um)* ① Wahrsager(in), Prophet(in), Seher(in); ② *(poet.; nachkl.)* Sänger(in), Dichter(in).

**Vāticānus I.** *Adj.* a, um vatikanisch [**mons, collis**]; **II.** *Subst.* ī *m (erg. mons)* der vatikanische Hügel *Roms auf dem rechten Tiberufer.*

**vāticinātiō**, ōnis *f (vaticinor)* Weissagung.

**vāticinātor**, ōris *m (vaticinor) (poet.)* Weissager, Seher.

**vāticinius**, a, um = *vaticinus.*

**vāticinor**, vāticinārī *(vates)* ① weissagen, prophezeien; ② *(poet.)* warnen; ③ lehren; ④ schwärmen, träumen.

**vāticinus**, a, um *(vates)* weissagend, prophetisch.

**vatillum**, ī *n (poet.)* Räucherpfanne.

**vātis**, is *m* = *vates.*

**-ve**[1] *enklitische Partikel* oder, oder auch [**unus pluresve**]; *(poet.)* **-ve ... -ve** (entweder ...) oder.

**vē**[2]**-** *Partikel zur Bez. der Abweichung vom rechten Maß* [**vesanus**].

**vēcordia**, ae *f (vecors)* Wahnsinn, Unsinnigkeit.

**vē-cors**, *Gen.* cordis *(ve-[2] u. cor)* wahnsinnig, unsinnig.

**vectābilis**, e *(vecto) (nachkl.)* tragbar.

**vectātiō**, ōnis *f (vecto) (nachkl.)* das Fahren, Reiten.

**vectīgal**, ālis *n, meist Pl. (Abl. Sg. -ī; Pl. Nom.* -ia, *Gen.* -ium *u.* iōrum) *(vectigalis)* ① Steuer, *Pl.* Steuern, Abgaben an den Staat, Zölle [**aedilicium** Abgabe *der Provinz* f. die ädilischen Spiele *in Rom;* **praetorium** Ehrengeschenk *der Provinzen* an den Statthalter]; *übh.* Staatseinkünfte; ② *(Sg. u. Pl.)* private Einkünfte, Einkommen.

**vectīgālis**, e ① zu den Staatseinkünften gehörig: **a)** als Abgabe gezahlt; **b)** steuerpflichtig; ② Geld einbringend [**equi** *als Rennpferde f. Wettrennen vermietet*].

**vectiō**, ōnis *f (veho)* das Fahren, Reiten.

**vectis**, is *m (veho)* ① Hebel, Hebebaum; ② Brechstange; ③ Türriegel.

**vectō**, vectāre *(Frequ. v. veho)* führen, fahren, tragen, bringen [**fructus ex agris**]; *Pass.* geführt, getragen werden, fahren, reiten, segeln.

**vector**, ōris *m (veho)* ① *(poet.)* Träger; ② Passagier; ③ *(poet.)* Seefahrer.

**vectōrius**, a, um *(vector)* Transport- [**navigium**].

**vectūra**, ae *f (veho)* ① Transport [**frumenti**]; ② *(nachkl.) (meton.)* Frachtgeld.

**vectus** *s. veho.*

**vegetō**, vegetāre *(vegetus) (nachkl.)* ermuntern, beleben.

**vegetus**, a, um ① *(körperl.)* rüstig, regsam; ② *(geistig)* lebhaft, munter.

**vē-grandis**, e *(ve-[2])* v. unnatürlicher Größe: ① *(poet.)* klein, winzig; ② sehr groß.

**vehemēns**, *Gen.* mentis ① heftig, leidenschaftlich, stürmisch [**orator**]; ② energisch; streng, hart [**iudicium**]; ③ *(übtr., nur v. Sachen)* stark, gewaltig, wirksam [**venti; dolor; preces** inständig; **somnus** fest, tief]; – *Adv.* **vehementer** außerordentlich, äußerst, gewaltig [**delectari; errare; utilis**].

**vehementia**, ae *f (vehemens) (nachkl.)* Heftigkeit.

**vehic(u)lum**, ī *n (veho)* Fahrzeug, Wagen, Schiff.

**vehō**, vehere, vēxī, vectum **I.** *trans.* fahren, führen, tragen, bringen, ziehen [**uxorem curru; praedam;** *übtr.* **alqm ad summa** jmd. zu höchsten Ehren führen]; – *mediopass.* fahren, reiten, segeln [**(in) curru; (in) equo; per aequora**]; *(poet.)* fliegen; **II.** *intr. (nur Part. Präs. u. Gerundium)* fahren, reiten, sich tragen lassen.

**Vēī** *u.* **Vēiī**, ōrum *m Stadt in Etrurien nordwestl. v. Rom;* – *Einw.* **Vēiēns**, ientis *m;* – *Adj.* **Vēius**, a, um, **Vēiēns**, *Gen.* ientis *u.* **Vēientānus**, a, um; – **Vēientānum**, ī *n (erg. vinum)* vejentischer Landwein.

**Vē-iovis**, is *m altröm. rächender Unterweltsgott.*

**vel I.** *Kj.* ① oder, oder auch; ② *(poet.)* und auch; ③ *(berichtigend)* **vel potius** oder vielmehr; ④ **vel ... vel** entweder ... oder; **II.** *Adv.* ① *(steigernd)* sogar, selbst, auch; ② *(b. Superl.)* wohl, wahrscheinlich, sicher(lich); **haec**

**domus est vel pulcherrima Messanae;** ❸ besonders; ❹ zum Beispiel.

**Vēlābrum**, ī *n Lebensmittelmarkt in Rom zw. Tiber u. Palatin (maius u. minus).*

**vēlāmen**, minis *n (velo) (poet.; nachkl.)* ❶ Hülle, Decke; ❷ Kleidung(sstück); ❸ Schleier; ❹ Fell.

**vēlāmentum**, ī *n (velo)* ❶ *(nachkl.)* Hülle; ❷ *Pl. um Ölzweige gewundene weiße Wollbinden der Schutzflehenden.*

**vēles**, *Gen.* litis **I.** *Subst. m, gew. Pl.* **vēlitēs,** tum Plänkler, *leichtbewaffnete, schnelle Truppe;* **II.** *Adj.* neckend.

**Velia**, ae *f* ❶ *Ausläufer des Palatin, üb. den die via sacra führte;* ❷ *Stadt in Lukanien (= Elea).*

**vēli-fer**, fera, ferum *(velum u. fero) (poet.)* segeltragend.

**vēlificātiō**, ōnis *f (velifico)* das Segeln.

**vēlificō**, vēlificāre *(velificus)* ❶ *(nachkl.)* segeln; ❷ *mediopass.* **velificor** *(übtr.)* fördern, sich einsetzen für *(m. Dat.).*

**vēli-ficus**, a, um *(velum u. facio) (nachkl.)* segelnd.

**vēlitāris**, e *(veles)* zu den Plänklern gehörig [**arma**].

**Velītrae**, ārum *f Stadt der Volsker im südl. Latium, j.* Velletri; – *Adj.* **Velīternus,** a, um.

**vēli-volus**, a, um *(velum u. volo[1]) (poet.)* ❶ segelbeflügelt [**rates**]; ❷ v. Segeln belebt [**mare**].

**Vellaunodūnum**, ī *n Stadt der Senonen in Gallien, j.* Château Landon.

**velle** *Inf. Präs. Akt. v. volo[2].*

**vellī** *Perf. v. vello.*

**vellicātiō**, ōnis *f (vellico) (nachkl.)* das Rupfen; *(übtr.)* Neckerei.

**vellicō**, vellicāre *(vello)* ❶ jmd. durchhecheln, schmähen; ❷ *(nachkl.)* anregen, aufstacheln.

**vellō**, vellere, vellī (vulsī, volsī), vulsum (volsum) ❶ rupfen, zupfen; ❷ ab-, ausrupfen, ab-, ausreißen [**capillos;** *(milit.)* **vallum** *od.* **munimenta** die Schanzpfähle ausreißen = den Wall einreißen; **signa** die Feldzeichen aus der Erde reißen = aufbrechen].

**vellus**, velleris *n (vello) (poet.; nachkl.)* ❶ (Schaf-)Wolle; *Pl.* Fäden, Gespinst; ❷ *(meton.)* Schaffell, Vlies; ❸ *übh.* Fell [**leonis**]; ❹ *(übtr.) Pl.* Wollähnliches: Baumwolle; Schäfchenwolken.

**vēlō**, vēlāre *(velum)* ❶ verhüllen, einhüllen, verschleiern, bedecken [**nebulā velatus**]; bekleiden [**velatus togā**]; – *P. Adj. (milit.)* **velatus** (*eigtl.* „nur mit Kleidung versehen") unbewaffnet; ❷ umwinden, schmücken [**delubra fronde**]; ❸ *(übtr.)* verbergen, verheimlichen.

**vēlōcitās**, ātis *f (velox)* ❶ Schnelligkeit; ❷ *(nachkl.) (rhet. t. t.)* lebendige Darstellung, Schwung.

**vēlōx**, *Gen.* ōcis schnell, beweglich, gewandt [**pedites; navis; animus; ingenium; toxicum** schnell wirkend].

**vēlum**, ī *n* ❶ Segel; **pleno -o** m. vollen Segeln; **-a dare** die Segel aufspannen, absegeln; **-a dare ventis** m. dem Wind absegeln; **-a facere** *od.* **pandere** m. vollem Wind segeln; ❷ *(poet.) (meton.) Pl.* Schiff; ❸ Hülle, Vorhang, Umhang, Tuch, Decke.

**vel-ut(ī)** *Adv.* ❶ *(b. Vergleichen)* **a)** (gleich)-wie; **b)** gleichsam; ❷ (wie) zum Beispiel, beispielsweise; ❸ **velut (si)** *bisw. bl.* velut (gleich) als ob, wie wenn.

**vēmēns** *(poet.) = vehemens.*

**vēna**, ae *f* ❶ Blutader, Vene; Puls-, Schlagader, Arterie; ❷ *(übtr.)* Ader: **a)** *(poet.; nachkl.)* Wasserader; Kanal; **b)** Metallader; *(poet.) (meton.)* Metall [**peior** schlechteres = Eisen]; **c)** *(nachkl.)* Holzader, Saftgefäß *einer Pflanze;* **d)** Geäder *im Gestein;* ❸ *(poet.; nachkl.)* poetische Ader; (geistige) Anlage; ❹ *Pl. (übtr.)* **a)** Inneres, Mark, Herz; **b)** innerstes Wesen, Charakter.

**vēnābulum**, ī *n (venor)* Jagdspieß.

**Venāfrum**, ī *n Ort in Kampanien m. großen Olivenanpflanzungen;* – *Adj.* **Venāfrānus**, a, um.

**vēnālicius** *(venalis)* **I.** *Adj.* a, um verkäuflich; – *subst.* **-a**, ōrum *n* Import- u. Exportwaren; **II.** *Subst.* ī *m* Sklavenhändler.

**vēnālis**, e *(venus[1])* ❶ (ver)käuflich; – *Subst.* **vēnālēs,** ium *m* Sklaven; ❷ *(übtr.)* bestechlich.

**vēnāticus**, a, um *(venor)* Jagd- [**canis**].

**vēnātiō**, ōnis *f (venor)* ❶ Jagd; ❷ Tierhetze *(im Zirkus u. Amphitheater);* ❸ *(meton.)* Wild(bret).

**vēnātor**, *Gen.* ōris *(venor)* **I.** *Subst. m* ❶ Jäger; ❷ *(übtr.)* Forscher [**naturae**]; **II.** *Adj. (poet.)* Jagd- [**canis**].

**vēnātōrius**, a, um *(venator)* Jagd-, Jäger-.

**vēnātrīx**, īcis *f (venator) (poet.)* Jägerin.

**vēnātus**, ūs *m (venor)* ❶ Jagd; ❷ *(nachkl.) (meton.)* Jagdbeute.

**vendibilis**, e *(vendo)* ❶ leicht verkäuflich [**merx**]; ❷ *(übtr.)* beliebt.

**vendidī** *Perf. v. vendo.*

**venditātiō**, ōnis *f (vendito)* Prahlerei.

**venditātor**, ōris *m (vendito) (nachkl.)* Prahler *(mit etw.: Gen.).*

**venditiō**, ōnis *f (vendo)* ❶ Verkauf; Versteigerung; ❷ *(nachkl.) (meton.) Pl.* verkaufte Güter.

**venditō**, venditāre *(Frequ. v. vendo)* ❶ feilbieten, zum Verkauf anbieten; ❷ verschachern [**pacem pretio**]; ❸ anpreisen, (an)empfehlen, aufdrängen [**operam suam alci**].

**venditor**, ōris *m (vendo)* Verkäufer; *(übtr.)* Verschacherer.

**vendō**, vendere, vendidī, venditum *(venus[1]; < venum do, eigtl.* „zum Verkauf geben"*)* ① verkaufen *(m. Abl. bzw. Gen. pretii; auch m. Adv.)* [**alqd grandi pecuniā / magno / pluris; male** billig; **recte** teuer]; ② versteigern [**bona civium**]; ③ verpachten; ④ verschachern [**patriam auro**]; ⑤ anpreisen, (an)empfehlen; / *Pass. klass. nur venditus u. vendendus; sonst Ersatz durch veneo.*

**venēfica**, ae *f (veneficus) (poet.; nachkl.)* Giftmischerin; Zauberin.

**venēficium**, ī *n (veneficus)* ① Giftmischerei; ② Zauberei; *(meton.)* Zauber-, Liebestrank.

**venē-ficus** *(venenum u. facio)* **I.** *Adj.* a, um *(poet.; nachkl.)* Zauber- [**verba; artes**]; giftmischend; **II.** *Subst.* ī *m* Zauberer; Giftmischer.

**venēnārius**, ī *m (venenum) (nachkl.)* Giftmischer.

**venēnātus**, a, um *(P. Adj. v. veneno)* ① vergiftet, giftig; ② schädlich; ③ *(poet.)* Zauber- [**virga**].

**venēni-fer**, fera, ferum *(venenum u. fero) (poet.)* giftig.

**venēnō**, venēnāre *(venenum)* vergiften.

**venēnum**, ī *n (venus[2])* ① *(poet.)* Schminke; Farbe, Purpur; ② Zaubermittel, -trank, Liebestrank; ③ Trank, Saft; ④ Gift(trank); ⑤ *(poet.) (übtr.)* giftige Reden, Verbitterung; ⑥ Unheil, Verderben.

**vēn-eō**, īre, iī, – *(venus[1]; < venum eo, eigtl.* „zum Verkauf gehen"*)* ① verkauft werden *(m. Abl. bzw. Gen. pretii)* [**auro / magno / pluris; sub corona** als Sklave]; ② versteigert werden; ③ verpachtet werden.

**venerābilis**, e *(veneror)* ehrwürdig.

**venerābundus**, a, um *(veneror)* ehrfürchtig.

**venerandus**, a, um *(veneror) (poet.; nachkl.)* ehrwürdig.

**venerātiō**, ōnis *f (veneror)* ① Verehrung; ② *(nachkl.)* Würde.

**venerātor**, ōris *m (veneror) (poet.)* Verehrer.

**Venerius**, **venerius**, a, um *s. venus[2].*

**veneror**, venerārī *u. (nachkl.)* **venerō**, venerāre *(venus[2])* ① verehren, anbeten [**deos deasque; alqm ut deum**]; – *Part. Perf.* **venerātus** *poet. auch pass.* verehrt, angebetet [**Ceres**]; ② ehrfurchtsvoll begrüßen, huldigen [**regem**]; ③ anflehen *(alqm; m. ut, ne)*; erflehen *(alqd).*

**Venetī**, ōrum *u.* um *m* ① *illyr. Stamm in der Gegend v. Padua; – Adj.* **Venetus**, a, um; – **Venetia**, ae *f* Land der Veneter; ② *kelt. Volk in der Bretagne; – Adj.* **Veneticus**, a, um; – **Venetia**, ae *f* Land der Veneter.

**vēnī** *Perf. v. venio.*

**venia**, ae *f* ① Gunst, Gnade, Nachsicht, Schonung; **-am petere a victoribus** die Sieger um Schonung bitten; **bonā (cum) -ā** nachsichtig, gütig; ② Erlaubnis; ③ Verzeihung, Vergebung *(für etw.: Gen. od. Dat.).*

**vēn-iī** *Perf. v. veneo.*

**veniō**, venīre, vēnī, ventum ① kommen, gelangen [**in insulam; obviam** entgegenkommen; **ad** *od.* **in colloquium; in** *od.* **sub conspectum alcis** jmdm. unter die Augen treten; *(m. Dat. des Zwecks)* **alci auxilio** jmdm. zu Hilfe kommen]; **telum per ilia venit** dringt; **(res) mihi in mentem venit** es fällt mir ein; ② zurückkehren; ③ *(feindl.)* herankommen, (her)anrücken, vorrücken [**ad moenia**]; ④ *in eine Situation* kommen, *in einen Zustand* geraten [**in periculum; in dubium** zweifelhaft werden; **in consuetudinem** zur Gewohnheit werden; **in sermonem** ins Gerede kommen; **in invidiam** beneidet werden; **in odium** gehasst werden *(alci: v. jmdm.)*; **in suspicionem**]; **res ad manus venit** es kommt zum Handgemenge; **in eum locum ventum est, ut** es kam so weit, dass; ⑤ *(v. der Zeit)* herankommen, nahen, anbrechen; – **ventūrus,** a, um *(poet.)* (zu)künftig, bevorstehend [**bella**]; ⑥ *(vor Gericht)* auftreten gegen [**contra iniuriam**]; ⑦ zum Vorschein kommen, sich zeigen, erscheinen; **sol veniens** aufgehende; ⑧ *(poet.) (v. Pflanzen)* wachsen, gedeihen; ⑨ *(poet.)* abstammen von [**Romanā de gente**]; ⑩ *(v. Zuständen)* entstehen, vorkommen, sich ereignen; ⑪ jmdm. zufallen, zukommen; **hereditas mihi venit; gloria tibi veniat;** – *(v. Übeln)* jmd. treffen, über jmd. kommen; **dolor alci venit;** ⑫ *(in der Rede od. Darstellung)* kommen auf, übergehen zu [**a fabulis ad facta**].

**vennū(n)cula**, ae *f (poet.; nachkl.) eine Weintraubensorte.*

**vēnō** *Dat. v. venus[1].*

**vēnor**, vēnārī **I.** *intr.* jagen, auf die Jagd gehen; – *subst. (poet.)* **vēnāntēs,** tium *u.* tum *m* die Jäger; **II.** *trans. (poet.; nachkl.)* ① *Tiere* jagen; ② *(übtr.)* auf etw. Jagd machen, auf etw. ausgehen [**suffragia plebis**].

**venter**, tris *m* ① Bauch, Unterleib; ② Magen; *(meton.)* Gefräßigkeit; ③ Mutterleib; **ventrem ferre** schwanger sein; – *(meton.)* Leibesfrucht, Embryo, Kind; ④ *(poet.) (übtr.)* Bauchiges, Höhlung.

**ventilō**, ventilāre *(ventus)* ① *(poet.; nachkl.)* in der Luft schwingen, schwenken; ② *(übtr.)* etw. anfachen, erregen [**contionem**].

**ventitō**, ventitāre *(Frequ. v. venio)* oft kommen, zu kommen pflegen.

**ventōsus**, a, um *(ventus)* ① windig, stürmisch; ② *(poet.)* windschnell [**equi**]; ③ *(poet.; nachkl.) (übtr.)* aufgeblasen, eitel; ④ wetterwendisch, unbeständig [**ingenium**].

**ventriculus**, ī *m (Demin. v. venter)* ① *(nachkl.)* Bäuchlein; ② **~ cordis** Herzkammer.

**ventum** *P. P. P. v. venio.*

**ventus**, ī *m* ① Wind [**secundus** günstig; **adversus** ungünstig; **ferens** günstiger Fahrwind]; ② *(übtr.)* Wind *als Sinnbild der schnell wechselnden Verhältnisse;* **-i eius secundi sunt** das Glück steht auf seiner Seite; ③ *(übtr.)* Unruhe, Unheil; ④ Gerede, Gerücht; ⑤ Gunst [**popularis** Volksgunst].

**vēnūcula** = *vennu(n)cula.*

**vēnum** *Akk. v. venus*[1]*.*

**vēnus**[1], ī *m (nur im Dat. u. Akk.)* Verkauf; **-o dare** verkaufen *(alci alqd)*; **veno ponere** feilbieten; **-um dare** zum Verkauf ausstellen, verkaufen; **-um ire** verkauft werden.

**venus**[2], neris *f* ① *(poet.; nachkl.)* Liebe, Liebeslust, -genuss [**marita** eheliche Liebe]; ② *(poet.) (meton.)* die Geliebte; ③ *(poet.)* Samen; ④ *(poet.; nachkl.)* Schönheit, Anmut, Liebreiz; / **venerius**, a, um sinnlich, geschlechtlich [**voluptas**].

**Venus**, neris *f* ① Venus, *Göttin der Liebe und Schönheit;* ② der Planet Venus; *auch* **stella Veneris;** / *Adj.* **Venerius**, a, um der Venus heilig (geweiht, dienend).

**Venusia**, ae *f Stadt in Apulien, Geburtsort des Horaz, j.* Venosa; – *Einw. u. Adj.* **Venusīnus**, ī *m bzw.* a, um.

**venustās**, ātis *f (venus*[2]*)* ① Schönheit, Anmut; ② Liebenswürdigkeit; ③ Feinheit, feiner Witz.

**venustus**, a, um *(venus*[2]*)* ① schön, anmutig, lieblich; ② fein, liebenswürdig, geistreich.

**vē-pallidus**, a, um *(poet.)* leichenblass.

**veprēcula**, ae *f (Demin. v. vepres)* Dornsträuchlein.

**veprēs**, is *m* Dornstrauch, -busch.

**vēr**, vēris *n* ① Frühling; **vere ineunte** (*od.* **primo** *od.* **novo**) zu Beginn des Frühlings; ② *(poet.) (übtr.)* **~ aetatis** Jugend; ③ **~ sacrum** Weihefrühling *(in Notzeiten den Göttern gelobte Opferung der Erstlinge an Vieh, urspr. auch an Kindern).*

**vērāx**, *Gen.* ācis *(verus)* die Wahrheit verkündend, wahr(haftig) [**oraculum**].

**verbēna**, ae *f, gew. Pl.* heiliger Zweig, grünes Gezweig *v. Lorbeer, Ölbaum, Myrte u. Ä. (solche Zweige dienten zu rel. Handlungen).*

**verber**, beris *n (im Sg. nur im Gen. u. Abl. gebräuchlich, meist Pl.)* ① *(Sg. u. Pl.)* Rute, Peitsche; ② *(poet.)* Schleuderriemen; ③ *(poet.; nachkl.)* Schlag, Stoß, Wurf; ④ *Pl.* **a)** (Peitschen-)Hiebe, Prügel; **b)** *(übtr.)* Vorwürfe, Tadel.

**verberātiō**, ōnis *f (verbero*[1]*)* Strafe *(für etw.: Gen.).*

**verberō**[1], verberāre *(verber)* ① m. der Rute schlagen, peitschen; ② *(poet.; nachkl.)* schlagen, stoßen, treffen [**alqm ense**]; zerschlagen; ③ beschießen [**urbem tormentis**]; ④ *(übtr.)* verletzen, schmerzhaft treffen [**alqm verbis**].

**verberō**[2], ōnis *m (verber; eigtl.* „der Schläge verdient") Schurke.

**verbōsus**, a, um *(verbum)* wortreich, weitschweifig.

**verbum**, ī *n* ① Wort, Ausdruck; *Pl.* Worte, Rede, Aussage, *(v. Schriftstücken auch)* Wortlaut [**falsa** *od.* **ficta** Lügen; **precantia** Bitten; **minacia** Drohungen]; **nullum -um facere** kein Wort verlieren; **-a facere** einen Vortrag, eine Rede halten, sprechen; **-o** dem Wort *od.* Namen nach; durch ein einziges Wort, ohne weiteres; mündlich; **uno -o** m. einem Wort, kurz; **ad -um** *u.* **-um pro -o** aufs Wort, (wort)wörtlich; **verbi causā (***od.* **gratiā)** zum Beispiel, beispielsweise; ② Äußerung, (Aus-)Spruch; ③ *(meist Pl.)* Formel [**sollemnia**]; Zauberformel [**venefica**]; ④ bloßes, leeres Wort, Phrase; *Pl.* nichtssagendes Gerede, *auch* (äußerer) Schein; **alci -a dare** jmd. täuschen, betrügen, hinters Licht führen; ⑤ *(gramm. t. t.)* Zeitwort, Verb.

**Vercellae**, ārum *f Stadt in Oberitalien, j.* Vercelli.

**Vercingetorīx**, īgis *m König der Arverner, Führer des großen Gallieraufstandes 52 v. Chr.*

**verēcundia**, ae *f (verecundus)* ① Scheu, Zurückhaltung, Schüchternheit; ② Verehrung, Ehrfurcht, Achtung, Rücksicht *(vor, gegen, auf: Gen., auch adversus)* [**deorum; legum; adversus regem**]; ③ Scham(gefühl).

**verēcundor**, verēcundārī *(verecundus)* schüchtern sein, *(m. Inf.)* sich scheuen.

**verēcundus**, a, um *(vereor)* ① scheu, schüchtern, bescheiden; ② rücksichtsvoll; ③ schamhaft, sittsam, tugendhaft [**color, rubor** Schamröte; **vita**].

**verendus**, a, um *(vereor) (poet.)* ehrwürdig [**patres**].

**vereor**, verērī, veritus sum ① *(m. Inf.)* sich scheuen, Bedenken tragen, nicht wagen; ② fürchten, befürchten *(m. Akk.; ne: dass; ne non od. ut: dass nicht; selten m. A. C. I.)* [**insidias; bella**]; ③ besorgt, in Sorge sein *(Dat.: für, um etw.; de: weg. etw.)* [**navibus; de Carthagine**]; ④ verehren, (hoch)achten, berücksichtigen *(m. Akk., selten m. Gen.).*

**verētrum**, ī *n (poet.)* Scham(gegend).

**Vergiliae**, ārum *f* das Siebengestirn, die Plejaden.



**Imperium Romanum**

**Vergilius** (ī *m*) – Publius Vergilius Maro (70–19 v. Chr.), im Deutschen **Vergil** genannt, gilt neben Horaz als bedeutendster Dichter der Augusteischen Epoche. Er verfasste idyllische Hirtengedichte (die **Bucolica**) und ein Lehrgedicht über den Landbau (die

**Georgica**). Sein Hauptwerk ist die **Aeneis**, das römische Nationalepos über die Irrfahrten und Kämpfe des Äneas, des legendären Stammvaters der Römer. Vergil stand in enger Beziehung zu Augustus und gehörte wie Horaz zum Dichterkreis um Maecenas.

**vergō**, vergere, versī, – **I.** *intr.* ❶ sich neigen, sich senken; **collis ad flumen vergebat;** ❷ *(v. Örtl.)* gerichtet sein, liegen [**ad septentriones; in meridiem**]; ❸ *(nachkl.) (zeitl.)* sich nähern; sich dem Ende nähern, zu Ende gehen, abnehmen; ❹ *(übtr.)* sich *einer Sache* zuwenden, sich auf etw. richten [**ad voluptates**]; ❺ *(nachkl.)* jmdm. zufallen; **II.** *trans. (poet.)* eingießen, einschütten.

**vergobretus**, ī *m (gall. Wort) höchster Beamter der Häduer.*

**vēri-dicus**, a, um *(verus u. dico[1])* wahr redend.

**vēri-loquium**, ī *n (verus u. loquor)* Etymologie.

**vērī-similis**, e *(auch getr.) (verus)* wahrscheinlich.

**vērī-similitūdō**, dinis *f (auch getr.) (verus)* Wahrscheinlichkeit.

**vēritās**, ātis *f (verus)* ❶ Wahrheit; ❷ Wirklichkeit; **veritatem imitari** naturgetreu sein, naturgetreu darstellen; ❸ Aufrichtigkeit, Ehrlichkeit; ❹ Unparteilichkeit [**iudiciorum**].

**veritus** *P. P. Akt. v. vereor.*

**vermiculātus**, a, um *(vermiculus)* gewürfelt, bunt(scheckig) *(bes. v. Mosaikarbeit).*

**vermiculus**, ī *m (Demin. v. vermis) (poet.; nachkl.)* Würmchen.

**verminātiō**, ōnis *f (vermino) (nachkl.)* juckender Schmerz.

**verminō**, vermināre *u.* **verminor**, verminārī *(vermis) (nachkl.)* ❶ Würmer haben; ❷ kribbeln, jucken.

**vermis**, is *m (nachkl.)* Wurm.

**verna**, ae *m* im Haus geborener Sklave, Haussklave.

**vernāculus**, a, um *(verna)* ❶ inländisch, einheimisch, römisch; ❷ in Rom üblich, großstädtisch [**festivitas; urbanitas**].

**vernīlis**, e *(verna) (poet., nachkl.)* ❶ sklavisch; ❷ kriecherisch, plump [**blanditiae**]; ❸ frech [**dictum**].

V

**vernīlitās**, ātis *f (vernilis) (nachkl.)* ❶ kriecherische Höflichkeit, Kriecherei; ❷ plumper Witz, Frechheit.

**vērnō**, vērnāre *(ver) (poet.; nachkl.)* frühlingshaft werden, sich verjüngen; **humus / arbor vernat** grünt wieder; **avis vernat** singt wieder.

**vernula**, ae *m u. f (Demin. v. verna) (nachkl.) = verna.*

**vērnus**, a, um *(ver)* Frühlings- [**tempus; venti**].

**vērō** *Adv., s. verus.*

**Vērōna**, ae *f* Verona, *Stadt in Oberitalien, Geburtsort des Catull; – Einw. u. Adj.* **Vērōnēnsis**, is *m bzw.* e.

**verrēs**, is *m* männliches Schwein, Eber; *auch verächtl. v. einem Menschen.*

**Verrēs**, is *m cogn. in der gens Cornelia:* **C. Cornelius ~** *73–71 v. Chr. Proprätor in Sizilien, im J. 70 v. Cicero weg. seiner Erpressungen so heftig angegriffen, dass er freiwillig ins Exil ging, wo er 43 starb; – Adj.* **Verrīnus** *u.* **Verrius**, a, um; – **Verria**, ōrum *n ein v. Verres zur eigenen Ehrung angeordnetes Fest.*

**verrīnus**, a, um *(verres)* Eber- [**ius** Schweinebrühe *im Wortspiel m. ius Verrinum: Verrinisches Recht*].

**verrō**, verrere, –, versum ❶ kehren, fegen, auskehren [**aedes; viam**]; ❷ zusammenfegen, zusammenscharren, *auch übtr.;* ❸ über etw. *(alqd)* streichen, hingleiten, -fegen, -fahren; **aram crinibus ~** das Haar über den Altar hinschleifen lassen; **aquilo arva et aequora verrens;** ❹ durchstreifen, -furchen, -fahren [**aequora remis**]; ❺ *(poet.; nachkl.)* (nach sich) schleifen, schleppen; ❻ *(poet.)* etw. fortreißen, -schleppen.

**verrūca**, ae *f (poet.; nachkl.)* Warze; *(übtr.)* kleines Gebrechen.

**verrūcōsus**, a, um *(verruca)* voller Warzen.

**verruncō**, verruncāre sich wenden [**bene** zum Guten].

**verrūtum** *= verutum.*

**versābilis**, e *(verso) (nachkl.)* beweglich; *(übtr.)* unbeständig.

**versātilis**, e *(verso)* ❶ *(nachkl.)* beweglich; ❷ *(übtr.)* gewandt [**ingenium**].

**versātiō**, ōnis *f (verso) (nachkl.)* Veränderung [**animi**].

**versī** *Perf. v. vergo.*

**versi-color**, *Gen.* colōris *(Abl. Sg. -ī u. -e) (versus, P. P. P. v. verto)* bunt, schillernd, schimmernd [**vestimentum; plumae**].

**versiculus**, ī *m (Demin. v. versus[3])* ❶ kleine Zeile; ❷ Verschen; *(poet.) Pl.* Gedichtchen.

**versō**, versāre *(Frequ. v. verto)* ❶ *(poet.)* oft drehen, hin u. her drehen, wälzen, herumdrehen, umwenden [**ova favillā** in der Asche; **terram** umpflügen; **saxum; sortem urnā** schütteln]; ❷ umhertreiben, tummeln [**oves** *auf der Weide*]; ❸ *(übtr.)* hin u. her wenden, drehen u. wenden [**animum per omnia** *od.* **in omnes partes** hin u. her überlegen]; ❹ beunruhigen, quälen; ❺ *(v. Schicksal) m. etw. od. m. jmdm.* sein Spiel treiben *(m. Akk.);* **fortuna omnia versat;** ❻ etw. deuten, auslegen; ❼ überlegen, erwägen [**alqd (in) animo; omnia secum; dolos in pectore** ersinnen]; *(auch m. indir. Frages.).*

**versor**, versārī *(mediopass. v. verso)* ❶ sich hin u. her drehen, sich herumdrehen, kreisen; **mundus versatur circa axem;** ❷ sich aufhalten, sich befinden, sein, leben [**Athenis; in campo; in conviviis; in Asia**]; ❸ *(in einem Zustand, in einer Situation)* sich befinden, leben, schweben [**in errore; in timore; in pace**]; *(v. Sachen)* sich befinden, sein, schweben, vorkommen; **alci in oculis** (*od.* **ante** *od.* **ob oculos**) ~ vor jmds. Augen schweben; **quae in foro versantur** was vorgeht; ❹ in etw. tätig sein, sich m. etw. beschäftigen, etw. (be)treiben *(in m. Abl.; inter)* [**in re publica** politisch tätig sein; **in iudiciis; inter arma**]; ❺ auf etw. beruhen, in etw. bestehen *(in m. Abl.)*.

**versum** *s. versus*[2].

**versūra**, ae *f (verto)* Anleihe; Tilgungsanleihe; **-am facere** Geld leihweise beschaffen; **-ā (dis)solvere** eine Schuld durch eine Anleihe tilgen.

**versus**[1] *P. P. P. v. verro u. verto.*

**versus**[2] *u.* **versum** *Adv. (verto)* gegen ... hin, nach ... hin, nach ... zu; *es steht:* **a)** *hinter einem Subst., u. zwar (außer b. Städtenamen u. domum) m. vorausgehendem in od. ad:* **in Galliam ~; in forum ~; ad mare ~;** *aber:* **Brundisium ~; domum ~; b)** *hinter einem Adv.:* **quoquo ~** überallhin.

**versus**[3], ūs *m (verto)* ❶ Reihe, Linie [**arborum**]; ❷ *(in der Prosa)* Zeile; *(in der Poesie)* Vers; *Pl. auch* Dichtung.

**versūtia**, ae *f (versutus)* List.

**versūti-loquus**, a, um *(versutus u. loquor)* schlau (redend).

**versūtus**, a, um *(verto)* schlau, listig.

**vertebra**, ae *f (verto) (nachkl.)* Gelenk, *bes.* Wirbel *(des Rückgrats)*.

**vertebrātus**, a, um *(vertebra) (nachkl.)* gelenkig, beweglich.

**vertex**, ticis *m (verto)* ❶ Strudel [**fluminis**]; ❷ *(v. Wind u. Feuer)* Wirbel [**venti; igneus** *u.* **flammis volutus** Feuersäule]; ❸ Wirbel *des Kopfes,* Scheitel; *(poet.) (meton.)* Haupt, Kopf; ❹ Spitze, Gipfel [**Aetnae**]; Höhe, Berg; Wipfel [**quercūs**]; Giebel; **a vertice** v. oben (her); – *(poet.) (übtr.)* Höhepunkt, das Äußerste; ❺ Pol.

**vertī** *Perf. v. verto.*

**verticōsus**, a, um *(vertex)* voller Strudel [**amnis**].

**vertīgō**, ginis *f (verto)* ❶ *(poet.; nachkl.)* Umdrehung, das Kreisen; ❷ *(poet.)* Strudel [**ponti**]; ❸ Schwindel [**oculorum animique**].

**vertō**, vertere, vertī, versum **I.** *trans.* ❶ (um)wenden, (um)drehen, umkehren, *auch übtr.* [**gradum** *od.* **pedem; cursūs; crimen** die Schuld umkehren]; ❷ hinwenden, -lenken, richten, *oft übtr.* [**equos ad moenia; iram in alqm; animum in iura civilia; animum alias ad curas; cogitationes in bellum**]; ❸ *(Geld, Einkünfte u. Ä.)* jmdm. zuwenden [**pecuniam ad se** *od.* **in suam rem** sich aneignen]; ❹ *(übtr.)* jmdm. etw. zuschreiben, etw. auf jmd. schieben *(alqd in od. ad alqm)* [**omnium rerum causas in** (*od.* **ad**) **deos**]; ❺ *(übtr.)* als etw. ansehen, deuten, zu etw. machen [**alqd in omen** als Vorzeichen deuten; **alci alqd vitio** *od.* **in crimen** jmdm. etw. zum Vorwurf machen]; ❻ *(poet.)* abwenden, *auch übtr.;* ❼ *zur Flucht* umkehren, in die Flucht schlagen [**agmina; terga** fliehen]; ❽ (ver)ändern, verwandeln, wechseln, (ver)tauschen [**vestem; nomen; solum** das Land verlassen, in Verbannung gehen; *(alqd in alqd od. re)* **alqd in lapidem**]; umstimmen *(alqm od. mentem alcis);* ❾ *(in eine andere Spr.)* übersetzen [**multa de Graecis; annales**]; ❿ *(poet.; nachkl.) (den Erdboden od. das Meer)* umwühlen [**glaebas; freta lacertis**]; ⓫ *(poet.; nachkl.)* umstürzen, umwerfen [**arces**]; ⓬ *(übtr.)* stürzen, vernichten [**regem; leges**]; **II.** *intr., refl. u. mediopass.* vertere, sē vertere *u.* vertī ❶ sich (um)wenden, sich (um)drehen, kreisen; **se vertere** *u.* **in fugam vertere** sich zur Flucht wenden, fliehen; ❷ sich hinwenden, sich zuwenden; **periculum verterat in Romanos;** ❸ *(übtr.) irgendwie* ablaufen, ausfallen; **detrimentum in bonum vertit; res vertit(ur) in laudem** läuft ruhmvoll ab; ❹ sich (ver)ändern, sich verwandeln *(abs. od. in m. Akk., selten bl. Abl.)* [**in avem** *od.* **alite** sich in einen Vogel verwandeln]; **fortuna vertit** wechselt; **ira vertit(ur) in rabiem;** ❺ *(übtr.)* auf etw. beruhen, v. etw., v. jmdm. abhängen *(in m. Abl.);* **omnia in unius potestate vertuntur;** ❻ *(an einem Ort, in einem Zustand)* sich befinden, sein; sich bewegen [**ante ora** vor Augen schweben; **inter primos**]; ❼ *(v. der Zeit)* verlaufen; **anno vertente** im Verlauf des (*od.* eines) Jahres.

**Vertumnus**, ī *m Gott allen Wandels u. Wechsels, der Jahreszeiten u. des Handels.*

**verū**, ūs *n (Dat. u. Abl. Pl.* veribus *u.* verubus) *(poet.; nachkl.)* Bratspieß; Wurfspieß.

**vērum**[1], ī *n (verus)* ❶ Wahrheit; **ex -o** der Wahrheit gemäß; ❷ das Rechte.

**vērum**[2] *s. verus.*

**vērum-enim-vērō** *Adv. (auch getr.)* aber wirklich.

**vērum-tamen** *Kj. (auch getr.)* ❶ aber doch; ❷ *(b. Wiederaufnahme der Rede)* also, wie gesagt.

**vērus I.** *Adj.* a, um ❶ wahr(haft), wirklich, echt [**heredes; amicus; spes** begründet]; ❷ wahrheitsliebend, aufrichtig, ehrlich [**iudex; testis**]; ❸ richtig, recht (u. billig), vernünftig [**consi-**

V

**lium**]; **II.** *Adv.* ❶ **vērē** *(Komp.* vērius; *Superl.* vērissimē) **a)** der Wahrheit gemäß [**loqui**]; **b)** wirklich, tatsächlich; **c)** aufrichtig, ernstlich [**agere**]; **d)** vernünftig [**vivere**]; ❷ **vērō a)** wirklich, tatsächlich; **enim vero** ja tatsächlich; **b)** ja(wohl), allerdings; **c)** *(steigernd) (immer nachgest.)* (so)gar; **aut vero** oder gar erst; **si vero** wenn nun gar; **iam vero** *(b. Übergängen)* ferner nun; **d)** *(b. Aufforderungen, Ermunterungen)* doch; **e)** *(adversativ) (immer nachgest.)* (ferner) aber, jedoch; **neque vero** aber nicht; ❸ **vērum a)** aber, jedoch; **b)** *(nach Negation)* sondern; **non modo** (*od.* **solum**) **... verum etiam** nicht nur ... sondern auch.

**verūtum**, ī *n (veru)* Wurfspieß.

**verūtus**, a, um *(veru) (poet.)* m. einem Spieß bewaffnet.

**vervēx**, ēcis *m* Hammel.

**vēsānia**, ae *f (vesanus) (poet.)* Wahnsinn, Wut.

**vēsāniēns**, *Gen.* ientis *(vesanus) (poet.)* rasend [**ventus**].

**vē-sānus**, a, um wahnsinnig, rasend, überspannt [**remex; leo**]; *(übtr., v. Lebl.)* ungeheuer, heftig [**impetus**].

**vescor**, vescī, – – ❶ sich *v. etw.* (er)nähren, *v. etw.* leben *(m. Abl., selten m. Akk.)* [**lacte et carne**]; *abs.* speisen, einen Imbiss einnehmen [**in villa; sub umbra**]; ❷ *(übtr.)* genießen *(m. Abl.)* [**voluptatibus**].

**vescus**, a, um *(vescor) (poet.; nachkl.)* ❶ zehrend [**papaver** den Boden aussaugend]; ❷ abgezehrt, mager, dürftig.

**vēsīca**, ae *f* Blase, Harnblase.

**Vesontiō**, iōnis *m Hauptstadt der Sequaner, j.* Besançon.

**vespa** ae *f* Wespe.

**Vespasiānus** *s. Flavius.*

**vesper**, perī *m* (*Abl. Sg.* vesperō *u.* vespere) ❶ *(poet.; nachkl.)* Abendstern; ❷ *(meton.)* Abend(zeit); **vesperī** (*seltener* **vespere**) abends, am Abend; **ad** *od.* **sub -um** gegen Abend; **primo vespere** m. Anbruch des Abends; ❸ *(poet.)* Westen.

**vespera**, ae *f (vesper)* Abend.

**vesperāscō**, vesperāscere, vesperāvī, – *(vespera)* Abend werden, dunkel werden.

**vespertīliō**, ōnis *m (vesper) (nachkl.)* Fledermaus.

**vespertīnus**, a, um *(vesper)* ❶ abendlich, Abend- [**litterae** am Abend erhalten; **senatūs consulta** am Abend gefasst]; ❷ *(poet.)* westlich.

**Vesta**, ae *f* ❶ *Göttin des Herdfeuers und des Staatsherdes;* ❷ *(poet.) (meton.)* **a)** Vestatempel; **b)** Herd, Herdfeuer; / *Adj.* **Vestālis,** e vestalisch, der Vesta (geweiht, heilig); *(übtr.)* den Vestalinnen eigen, keusch; / **Vestālis,** is *f (= virgo Vestalis)* Priesterin der Vesta, Vestalin; / **Vestālia,** ium *n* Vestafest *(am 9. Juni).*

**vester**, tra, trum *Poss. Pron. der 2. Ps. Pl. (vos)* ❶ euer, der eurige, euch gehörig [**odium** euer Hass; **maiores; beneficia**]; ❷ gegen euch [**odium**].

**vestiārium**, ī *n (vestis) (nachkl.)* Sklavenkleidung.

**vestibulum**, ī *n* ❶ Vorplatz, -hof [**templi**]; ❷ *(poet.; nachkl.)* Vorhalle *im Haus;* ❸ Eingang [**castrorum**]; ❹ Anfang [**orationis**].

**vestīgātor**, ōris *m (vestigo) (nachkl.)* Spion.

**vestīgium**, ī *n* ❶ Fußspur, Fährte; **(per)sequi -a alcis** *od.* **alqm -is** jmdm. auf den Fersen nachfolgen, jmd. verfolgen; ❷ *(übtr.)* Spur [**rotae; verberum**], Merkmal [**avaritiae**]; ❸ *Pl.* Trümmer, Ruinen; ❹ *(poet.) (meton.)* (Fuß-)Tritt, Schritt; **-a facere** gehen; **-a vertere** *od.* **torquere** sich umdrehen, umkehren; – Fußsohle, Fuß; ❺ Standort, Stelle; **eodem -o manere;** ❻ Zeitpunkt, Augenblick; **e** *od.* **in -o** augenblicklich, sogleich.

**vestīgō**, vestīgāre *(vestigium)* ❶ *(poet.; nachkl.)* aufspüren, -suchen; ❷ nachspüren, suchen [**voluptates; causas rerum**]; *(auch m. indir. Frages.);* ❸ ausfindig machen.

**vestīmentum**, ī *n (vestio)* Kleidungsstück; *Pl.* Kleidung.

**vestiō**, vestīre *(Imperf. im Vers auch vestībam) (vestis)* ❶ (be)kleiden; ❷ *(übtr.)* bedecken, bepflanzen; **montes silvis vestiti** bewachsen; ❸ schmücken.

**vestis**, is *f* ❶ *(koll.)* Kleidung, Kleider, Tracht; **vestem mutare** sich umziehen, Trauer(kleider) anlegen; ❷ Kleidungsstück, Kleid; ❸ Rüstung; **iacentem veste spoliare;** ❹ *(koll.)* Teppiche, Decken.

**vestītus**, ūs *m (vestio)* ❶ Kleidung, Tracht; **vestitum mutare** Trauer(kleidung) anlegen; ❷ *(übtr.)* Bekleidung, Bedeckung [**montium** Pflanzenwuchs]; *(rhet.)* Ausschmückung [**orationis**].

**Vesuvius**, ī *m* der Vesuv.

**Vetera**, rum (*u.* **Vetera castra**) *n röm. Legionslager b. Xanten.*

**veterānus** *(vetus)* **I.** *Adj.* a, um ❶ alt; ❷ *(v. Soldaten)* altgedient, erprobt [**dux; exercitus** aus Veteranen bestehend]; **II.** *Subst.* ī *m* altgedienter Soldat, Veteran.

**veterāria**, ōrum *n (vetus) (nachkl.)* Vorräte alten Weines.

**veterātor**, *Gen.* ōris *(vetus)* **I.** *Adj.* in etw. alt geworden, routiniert [**in causis**]; schlau, schelmisch [**in disputando**]; **II.** *Subst. m* alter Fuchs, Schelm.

**veterātōrius**, a, um *(veterator)* routiniert; schlau.

**veternōsus**, a, um *(veternus) (nachkl.)* matt, kraftlos.

V

**veternus**, ī *m (vetus)* Schlafsucht; Trägheit.
**vetitum**, ī *n (veto)* Verbot.
**vetō**, vetāre, vetuī, vetitum ❶ verbieten, (ver)hindern, nicht zulassen, nicht gestatten *(m. Akk., m. A. C. I., m. bl. Inf.; nicht klass. m. ut od. ne, quominus, quin od. bl. Konj.; im Pass. persönl. m. N. C. I., nicht klass. unpers. m. Inf.)*; **leges ~; in vincula hominem conici vetant; senatores vetiti sunt Aegyptum ingredi;** ❷ widerraten [**bella**]; ❸ das Veto einlegen.
**vetulus** *(Demin. v. vetus)* **I.** *Adj.* a, um ältlich, ziemlich alt; **II.** *Subst.* ī *m* der Alte; *scherzh.:* **mi -e** mein Alterchen.
**vetus**, *Gen.* veteris *(Abl. Sg.* -e, *selten* -ī; *Nom. u. Akk. Pl. n* -a, *Gen. Pl.* -um; *– Komp. durch* vetustior *[v. vetustus] ersetzt, Superl.* veterrimus) ❶ alt, bejahrt; ❷ schon lange bestehend, langjährig, alt *(Ggstz. novus)* [**mos; hospitium; amicitia**]; ❸ erfahren, erprobt, altgedient [**milites; gladiator;** *(in etw.: Gen.)* **belli; regnandi**]; ❹ ehemalig, früher [**tribuni; imperium**]; / *Subst.* **veterēs,** rum *m* die Alten, Ahnen; *(nachkl.)* die alten Schriftsteller, die Klassiker; **Veterēs,** rum *f (erg. tabernae)* die alten Wechselbuden *an der Südseite des Forums;* **vetera** rum *n* das Alte, Vergangene, alte Geschichten, alte Sagen *u. Ä.*
**vetustās**, ātis *f (vetus)* ❶ *(hohes)* Alter, langes Bestehen, lange Dauer [**societatis**]; ❷ *(poet.)* Bejahrtheit, Greisenalter; ❸ alte Bekanntschaft, alte Freundschaft; ❹ langjährige Erfahrung; ❺ alte Zeit, Altertum; **vetustatis exempla;** ❻ späte Zeit, Nachwelt.
**vetustus**, a, um *(vetus)* ❶ alt, bejahrt; ❷ lange bestehend, langjährig; altehrwürdig [**mos; templum**]; ❸ ehemalig [**scriptores**]; ❹ *(v. Redner)* altertümlich.
**vexātiō**, ōnis *f (vexo)* ❶ *(nachkl.)* Erschütterung; ❷ *(übtr.)* Strapaze; Plage, Misshandlung.
**vexātor**, ōris *m (vexo)* Störer, Plagegeist.
**vēxī** *Perf. v. veho.*
**vexillārius**, ī *m (vexillum)* ❶ Fahnenträger, Fähnrich; ❷ *(nachkl.) Pl.* **a)** die Veteranenvexillarier *(Veteranen, die ihres Kriegseides entbunden, aber noch nicht verabschiedet waren);* **b)** Sonderkommando.
**vexillum**, ī *n* ❶ Fahne, Standarte; **-um tollere** militärisch ausrücken; ❷ rote Signalfahne *auf dem Feldherrnzelt od. dem Admiralschiff;* ❸ *(meton.)* Truppenabteilung, Sondereinheit.
**vexō**, vexāre ❶ stark bewegen, hin u. her reißen, schütteln, erschüttern; ❷ *(übtr.)* hart mitnehmen, heimsuchen, quälen, misshandeln, beunruhigen, verderben [**cives; rem publicam bellis**]; **civitatis mores luxuria vexabat; conscientiā / invidiā vexari;** ❸ verheeren, plündern [**fana; agros**]; ❹ *(m. Worten od. Schriften)* angreifen.
**via**, ae *f* ❶ Weg, Straße: **a)** Weg, (Land-)Straße [**militaris** Heerstraße; **Appia**]; **b)** *(in der Stadt)* Straße, Gasse [**Sacra** die heilige Straße *(über das Forum Romanum zum Kapitol)*]; **c)** *übh.* Weg *zum Gehen,* Pfad, Gang *(z. B. zw. den Zelten im Lager od. zw. den Sitzreihen im Theater)*; ❷ *(meton.)* Marsch, Reise, Fahrt; **in via** unterwegs; **rectā viā** geradeswegs *(konkr. u. übtr.)*; ❸ *(übtr.)* Weg, Bahn [**vitae** *u.* **vivendi** Lebensweg; **mortis** zum Tod]; **viam gloriae** (*od.* **ad gloriam**) **inire** einschlagen; ❹ Art u. Weise, Vorgehen, Verfahren, Methode [**vitae** *u.* **vivendi** Lebensweise]; – *Adv.* **viā** planmäßig [**dicere**]; ❺ *(übtr.)* Mittel, Gelegenheit *(zu etw.: Gen.)*; ❻ Röhre *im menschl. Körper (z. B.* Speiseröhre, Luftröhre).
**viārius**, a, um *(via)* die (Ausbesserung der) Wege betreffend [**lex**].
**viāticum**, ī *n (via)* ❶ Reisegeld; ❷ *(poet.; nachkl.)* Beutegeld, Sparpfennig.
**viātor**, ōris *m (via)* ❶ Wanderer, Reisender; ❷ (Amts-)Bote.
**vibrō**, vibrāre **I.** *trans.* ❶ *(poet.; nachkl.)* in zitternde Bewegung bringen; – *Pass.* zittern, zucken; – **vibrātus,** a, um zitternd, zuckend; ❷ schwingen [**hastam**]; schütteln; ❸ *(poet.; nachkl.)* schleudern [**tela;** *übtr.:* **iambos**]; ❹ *(poet.; nachkl.) (Haare)* kräuseln; **II.** *intr.* ❶ *(poet.; nachkl.)* zittern, zucken; ❷ schimmern, funkeln, glänzen; ❸ *(übtr., v. der Rede)* **vibrans** schwungvoll; ❹ *(nachkl.) (v. Tönen)* schrillen.
**vīburnum**, ī *n (poet.) (bot.)* Schneeballstrauch.
**vīcānus**, ī *m (vicus)* Dorfbewohner.
**vicāria**, ae *f (vicarius) (nachkl.)* Stellvertreterin.
**vicārius** *(vicis)* **I.** *Adj.* a, um stellvertretend *(für: Gen.)*; **II.** *Subst.* ī *m* ❶ Stellvertreter, Nachfolger *(in etw.: Gen.)*; *(milit.)* Ersatzmann; ❷ Untersklave.
**vīcātim** *Adv. (vicus)* ❶ in einzelnen Gehöften; von Dorf zu Dorf; ❷ straßenweise.
**vice, vicem** *s. vicis.*
**vīcēnī**, ae, a *(viginti)* je zwanzig.
**vīcē(n)sima**, ae *f (vice[n]simus; erg. pars)* der zwanzigste Teil (5 %) *als Abgabe.*
**vīcē(n)simānī**, ōrum *m (vice[n]simus) (nachkl.)* Soldaten der zwanzigsten Legion.
**vīcē(n)simārius**, a, um *(vice[n]simus)* den zwanzigsten Teil (5 %) betragend [**aurum** Fünfprozentsteuer in Gold *(b. Freilassung v. Sklaven)*].
**vīcē(n)simus**, a, um *(viginti)* der zwanzigste.
**Vīcētia**, ae *f Stadt in Oberitalien, j.* Vicenza; – *Einw.* **Vīcētīnī**, ōrum *m.*
**vīcī** *Perf. v. vinco.*
**vicia**, ae *f (bot.)* Wicke.
**vīciē(n)s** *Adv. (viginti)* zwanzigmal.

V

**Vicilīnus**, ī *m* der Wachsame *(Beiname Jupiters)*.

**vīcīna**, ae *f (vicinus)* Nachbarin.

**vīcīnālis**, e *(vicinus)* nachbarlich.

**vīcīnia**, ae *f (vicinus)* ❶ Nachbarschaft; ❷ *(meton.)* die Nachbarn; ❸ *(nachkl.) (übtr.)* Nähe.

**vīcīnitās**, ātis *f (vicinus)* ❶ Nachbarschaft; ❷ *(meton.)* **a)** die Nachbarn; **b)** Umgebung.

**vīcīnum**, ī *n (vicinus) (poet.; nachkl.)* Nachbarschaft, Nähe; *Pl.* Umgegend.

**vīcīnus** *(vicus)* **I.** *Adj.* a, um ❶ benachbart, nahe, in der Nähe wohnend (befindlich) [**bellum** in der Nachbarschaft; *(m. Dat.)* **Thessalia Macedoniae**]; ❷ *(poet.) (zeitl.)* nahe (bevorstehend); ❸ *(übtr.)* nahekommend, ähnlich; **II.** *Subst.* ī *m* Nachbar.

**vicis** *(Gen. Sg.) f (Sg.: Nom. u. Dat. fehlen, Akk.* vicem, *Abl.* vice; *Pl.: Nom. u. Akk.* vicēs, *Abl.* vicibus, *Gen. u. Dat. fehlen)* ❶ Wechsel, Abwechslung; **vices servare** eine bestimmte Reihenfolge einhalten; **vices mutare** *od.* **peragere** sich verändern; **versā vice** umgekehrt; **per vices** *u.* **suis vicibus** *u. Ä.* abwechselnd, wechselweise, zur Abwechslung; **vice sermonum** im Wechselgespräch; ❷ Wechsel des Schicksals, Los; *(poet.) Pl.* Wechselfälle; ❸ Stelle, Platz, Amt, Aufgabe; ❹ Erwiderung, Entgelt, Vergeltung; */ erstarrte Formen:* **a) vicem** *u. (nachkl.)* **vice** *(m. Gen.)* wegen, m. Rücksicht auf [**rei publicae**]; nach Art von, wie [**pecorum**]; (an)statt [**oraculi**]; **b) in vicem** = *invicem.*

**vicissim** *Adv. (vicis)* ❶ abwechselnd; ❷ andererseits, dagegen.

**vicissitūdō**, dinis *f (vicissim)* Wechsel, Abwechslung [**fortunae; dierum ac noctium; imperitandi** im Regieren].

**victima**, ae *f* Opfertier, Schlachtopfer; *(übtr.)* Opfer.

**victimārius**, ī *m (victima)* Opferdiener.

**victor**, *Gen.* ōris *(vinco)* **I.** *Subst. m* ❶ (Be-)Sieger [**omnium gentium**]; ❷ *(übtr.)* Überwinder; **II.** *Adj.* siegreich [**exercitus; equi** Siegesgespann].

**victōria**, ae *f (victor)* Sieg [**externa; domestica; Cannensis; navalis;** *(in etw.: Gen.)* **certaminis;** *(üb. jmd.: de, ex alqo)* **de tam potentibus populis; ex collega**]; – *personif.* **Victōria** Siegesgöttin; *(meton.)* Viktoriastatue.

V

**victōriātus**, ī *m (victoria)* Viktoriamünze *(Silbermünze m. dem Bild der Viktoria)*.

**Victōriola**, ae *f (Demin. v. Victoria)* Statuette der Siegesgöttin.

**victrīx**, *Gen.* rīcis *(victor)* **I.** *Subst. f* Siegerin; **II.** *Adj. (f)* ❶ siegreich; ❷ *(poet.; nachkl.)* siegkündend [**litterae** Siegesbotschaft]; ❸ *(poet.)* triumphierend.

**victus**[1] *P. P. P. v. vinco.*

**vīctus**[2], ūs *m (vivo)* ❶ (Lebens-)Unterhalt, Nahrung, Speise; ❷ Lebensweise.

**vīculus**, ī *m (Demin. v. vicus)* Dörfchen.

**vīcus**, ī *m* Dorf; Gehöft, Stadtteil; Straße, Gasse.

**vidē-licet** *Adv. (< videre licet)* ❶ offenbar, sicherlich; ❷ selbstverständlich, natürlich, *oft iron.;* ❸ nämlich.

**videō**, vidēre, vīdī, vīsum **I.** *abs.* ❶ sehen, sehen können; **acriter** ~ scharfe Augen haben; ❷ *(poet.)* die Augen offen haben, wach sein; **II.** *trans.* ❶ sehen, wahrnehmen, erblicken; ❷ wiedersehen [**patriam**]; ❸ mit eigenen Augen sehen, erleben; **clarissimas victorias aetas nostra vidit;** ❹ besuchen, aufsuchen [**vicinum**]; ❺ begreifen, verstehen, einsehen, erkennen [**plus in re publica** einen tieferen politischen Blick haben]; ❻ *(poet.)* vernehmen, hören; ❼ überlegen, erwägen; ❽ auf etw. achten, sich um etw. kümmern, zusehen; **videant consules, ne quid res publica detrimenti capiat;** ❾ etw. besorgen, beschaffen [**alqd potionis**]; ❿ etw. beabsichtigen, nach etw. streben [**magnam gloriam; imperia immodica**]; ⓫ anschauen, betrachten; ⓬ gleichgültig zuschauen [**nefas**].

**videor**, vidērī, vīsus sum *(Pass. v. video)* ❶ gesehen werden, sichtbar werden, sich zeigen, erscheinen *(ab alqo: v. jmdm., jmdm.);* **impedimenta nostri exercitus ab iis visa sunt;** ❷ offenbar werden *od.* sein, *meist durch* „offenbar" *zu übersetzen (m. N. C. I.);* **Caesar in supplices usus esse misericordiā videtur** hat offenbar Mitleid gehabt; ❸ scheinen, *für etw.* gehalten werden, *für, als etw.* gelten, *auch m.* „anscheinend" *zu übersetzen;* **poteras felix videri; poena mihi levis visa est;** *(m. N. C. I.)* **milites impetum facere videntur** die Soldaten scheinen anzugreifen, es erscheint, dass die Soldaten angreifen, anscheinend greifen die Soldaten an; ❹ **(sibi) videri** (von sich) glauben, denken, sich einbilden, wohl dürfen *(persönl. m. N. C. I.);* **amens mihi fuisse videor; sperare videor** ich glaube hoffen zu dürfen; ❺ *(unpers.)* **(alci) videtur** es scheint jmdm. richtig *od.* gut, jmd. beschließt *(m. Inf. od. A. C. I.);* **senatui visum est legatos mittere**.

**vīdī** *Perf. v. video.*

**vidua**, ae *f* Witwe.

**viduitās**, ātis *f (viduus)* Witwenstand.

**viduō**, viduāre *(vidua) (poet.; nachkl.)* ❶ zur Witwe machen; ❷ *(übtr.)* berauben [**urbem civibus**].

**viduus**, a, um *(vidua)* ❶ *(poet.; nachkl.)* verwitwet; ❷ unverheiratet, ledig; geschieden; ❸ *(poet.)* einsam; ❹ *(poet.) einer Sache* beraubt, ohne etw. *(m. Gen. od. Abl., auch ab);* ❺ *(poet.) (v. Bäumen)* ohne sich rankende Weinrebe.

**viētus**, a, um welk, verschrumpft.

**vigeō**, vigēre, viguī, – ❶ stark sein, frisch, lebhaft sein; **memoriā ~** im vollen Besitz des Gedächtnisses sein; **animo ~** frischen Mut haben; ❷ *(übtr.)* in Blüte stehen, Ansehen genießen; **artium studia vigent; auctoritate apud alqm ~;** – *(v. Zuständen, Sitten u. Ä.)* herrschen; **avaritia viget**.

**vigēscō**, vigēscere, – – *(Incoh. v. vigeo) (poet.)* kräftig werden.

**vīgēsimus**, a, um = *vice(n)simus.*

**vigil**, *Gen.* vigilis *(vigeo)* **I.** *Subst. m* ❶ Wächter; ❷ *(nachkl.) Pl.* Nacht- und Feuerpolizei *in Rom;* **II.** *Adj. (poet.; nachkl.)* wach(end), wachsam, munter [**oculi; ignis** immer brennend].

**vigilāns**, *Gen.* antis *(P. Adj. v. vigilo)* ❶ *(poet.)* wach(end); ❷ *(übtr.)* wachsam, fürsorglich.

**vigilantia**, ae *f (vigilans)* Wachsamkeit, Fürsorge.

**vigilāx**, *Gen.* ācis *(vigilo) (poet.)* immer wach.

**vigilia**, ae *f (vigil)* ❶ das Wachen, das Nachtwachen; *Pl.* durchwachte Nächte; ❷ *(milit.)* **a)** das Wachehalten, Wache; **-as agere** Wache halten; **exercitus -is fessus; b)** (Zeit der) Nachtwache *(die Nacht [v. Sonnenuntergang bis Sonnenaufgang] zerfiel in vier Nachtwachen, die je nach der Nachtdauer ungleich lang waren);* **c)** Wachposten, Wachmannschaft; ❸ *(übtr.)* Wachsamkeit, Fürsorge, Eifer.

**vigiliārium**, ī *n (vigilia) (nachkl.)* Wächterhäuschen.

**vigilō**, vigilāre *(vigil)* **I.** *intr.* ❶ wachen, munter sein, wach bleiben; ❷ *(übtr.)* wachsam sein, unermüdlich sorgen; **II.** *trans. (poet.; nachkl.)* ❶ durchwachen [**noctes**]; ❷ wachend zu Stande bringen, ersinnen [**carmen; labores**].

**vīgintī** *undekl.* zwanzig.

**vīgintīvirātus**, ūs *m (vigintiviri)* Amt *od.* Kollegium der zwanzig Männer: ❶ *(unter Cäsars Konsulat) Ausschuss zur Ackerverteilung an ausgediente Soldaten;* ❷ *(nachkl.) Gesamtname f. vier städtische Unterbehörden.*

**vīgintī-virī**, ōrum *m* Kollegium v. zwanzig Männern.

**vigor**, ōris *m (vigeo)* (Lebens-)Kraft, Energie, Frische.

**vīlica**, ae *f (vilicus) (poet.; nachkl.)* Verwalterin; Frau eines vilicus; schönes Landmädchen.

**vīlicō**, vīlicāre *(vilicus)* Verwalter sein.

**vīlicus**, ī *m (villa)* Verwalter.

**vīlis**, e ❶ billig; ❷ *(übtr.)* wertlos, unbedeutend, verächtlich, verachtet; **alqd vile** *u.* **inter vilia habere** etw. gering schätzen, verachten.

**vīlitās**, ātis *f (vilis)* ❶ geringer Preis; ❷ *(nachkl.) (übtr.)* Wertlosigkeit; Geringschätzung.

**vīlla**, ae *f* ❶ Landhaus, Landgut; ❷ **villa publica** „Amtshaus“ *(öffentl. Gebäude auf dem Marsfeld).*

**vīllica, vīllicō, vīllicus** = *vilic…*

**villōsus**, a, um *(villus) (poet.; nachkl.)* zottig, haarig, rau.

**vīllula**, ae *f (Demin. v. villa)* kleines Landhaus, kleines Landgut.

**villus**, ī *m (vellus)* zottiges Haar.

**vīmen**, minis *n* ❶ Weidenrute; ❷ *(poet.) Pl.* Weidengebüsch; ❸ Flechtwerk, Korb.

**vīmentum**, ī *n (vimen) (nachkl.)* Flechtwerk.

**Vīminālis collis** *m (vimen)* der Viminal, *einer der sieben Hügel Roms,* der „Weidenhügel“ *(zw. Quirinal u. Esquilin).*

**vīmineus**, a, um *(vimen)* aus Flechtwerk.

**vīn?** = *vīs-ne?, s. volo²*.

**vīnāceus**, ī *m (vinum)* Weinbeerkern.

**Vīnālia**, ium *n (vinum)* Weinfest *in Rom.*

**vīnārium**, ī *n (vinarius) (poet.)* Weinkrug.

**vīnārius** *(vinum)* **I.** *Adj.* a, um Wein-; **II.** *Subst.* ī *m* Weinhändler.

**vinciō**, vincīre, vinxī, vinctum ❶ binden, fesseln [**manūs post tergum; captivum catenis**]; ❷ *(poet.)* umbinden, umwinden; ❸ *(übtr.)* befestigen, schützen [**oppida praesidiis**]; ❹ gefangen nehmen; ❺ *(übtr.)* binden, verpflichten [**alqm donis**]; ❻ *(rhet. t. t.) (Worte, Sätze u. Ä.)* verbinden; ❼ hemmen, einschränken [**omnia legibus**]; ❽ *(poet.)* bezaubern, bannen.

**vinclum** = *vinculum.*

**vincō**, vincere, vīcī, victum **I.** *intr.* ❶ siegen, Sieger sein *(in etw.: re, selten in re);* ❷ seine Meinung durchsetzen, die Oberhand behalten; **vicisti** du hast Recht; **vicimus** wir haben es durchgesetzt, wir haben unser Ziel erreicht; **II.** *trans.* ❶ besiegen, überwinden [**Galliam bello;** *übtr.* **iram; saecula** überdauern; **silentium** brechen]; ❷ übertreffen [**omnes parsimoniā; alqm carminibus; omnium exspectationem**]; ❸ jmd. umstimmen, erweichen, rühren [**deam precibus**]; *m. ut:* zu etw. bewegen; ❹ etw. überzeugend darlegen.

**vinctus** *P. P. P. v. vincio.*

**vinculum**, ī *n (vincio)* ❶ Schnur, Band, Fessel, Strick, Seil; **corpora -is constricta; -a collo aptare;** ❷ *Pl.* Fesseln [**pedum**]; **-a alci indere** *od.* **inicere** anlegen; **alci -a demere; -a rumpere** entfliehen; ❸ *(meton.) Pl.* Gefängnis, Kerker; ❹ *(übtr.)* **a)** hemmendes Band, Fessel, Hindernis; **-a servitutis rumpere; b)** vereinigendes Band, (Ver-)Bindung [**amicitiae**].

**Vindelicī**, ōrum *m kelt. Volk am Lech; Hauptstadt: Augusta Vindelicorum (j. Augsburg).*

**vīn-dēmia**, ae *f (vinum u. demo) (poet.; nachkl.)* Weinlese; *(meton.)* Trauben.

**vīndēmiātor**, ōris *m (vindemia) (poet.; nachkl.)* Winzer *(auch als Stern).*

**vīndēmiolae**, ārum *f (Demin. v. vindemia)* kleine Weinlese; *(übtr.)* kleine Einkünfte.

**vīndēmitor**, ōris *m (poet.) = vindemiator.*

**vindex**, dicis *m u. f* ① Beschützer(in), Retter(in) [**terrae;** *(m. Gen. obi.)* **iniuriae** gegen das Unrecht]; ② Bürge *(vor Gericht);* ③ Rächer(in), Bestrafer(in).

**vindicātiō**, ōnis *f (vindico) (nachkl.) (jur. t. t.)* Anspruchsrecht.

**vindiciae**, ārum *f (vindico) (b. Prätor vorgebrachter)* Rechtsanspruch; **secundum libertatem -as dare** die vorläufige Freisprechung festsetzen; **secundum servitutem -as decernere** für unfrei erklären.

**vindicō**, vindicāre *(vindex)* ① beanspruchen, sich zuschreiben [**decus belli; sibi potestatem; victoriae partem ad se**]; ② **(in libertatem) ~** in Freiheit setzen, befreien [**servum; patriam ex servitute**]; ③ retten, (be)schützen *(vor, geg. etw.: ab, selten ex re)* [**amicum a molestia; familiam ab interitu; libertatem**]; ④ etw. bestrafen, ahnden, rächen [**crudelitatem; necem alcis; iniurias**]; ⑤ etw. an jmdm. tadeln *(an jmdm.: in alqo)* [**omnia in altero**]; ⑥ geg. jmd. einschreiten, verfahren *(in alqm)* [**in socios et cives severe**]; ⑦ *(nachkl.)* **se ~ ab** *od.* **de** sich rächen an [**ab illo; de fortuna**].

**vindicta**, ae *f (vindico)* ① Freilassung *eines Sklaven;* ② *(meton.)* Freilassungsstab *(m. dem der Prätor den freizulassenden Sklaven berührte);* ③ Befreiung, Rettung; ④ *(poet.; nachkl.)* Strafe, Rache.

**vīnea**, ae *f (vinum)* ① Weinberg, -garten; ② *(poet.; nachkl.)* Weinstock; ③ *(milit. t. t.) (nach Art einer Weinlaube gebautes)* Schutzdach *(der Belagerer geg. Geschosse).*

**vīnētum**, ī *n (vinum)* Weingarten, -berg.

**vīnitor**, ōris *m (vinum)* Winzer.

**vīnolentia**, ae *f (vinolentus)* Trunkenheit; Trunksucht.

**vīnolentus**, a, um *(vinum)* ① (be)trunken; trunksüchtig; ② m. Wein versetzt.

**vīnōsus**, a, um *(vinum)* betrunken; trunksüchtig.

**vīnum**, ī *n* ① Wein; *Pl.* Weinsorten; ② *(meton.)* das Weintrinken, Zechen; **intemperantia -i; -o confectus.**

**vinxī** *Perf. v. vincio.*

**viola**, ae *f* ① Veilchen; *(poet.; nachkl.)* Levkoje; ② *(poet.; nachkl.) (meton.)* Veilchenfarbe, Violett.

**violābilis**, e *(violo) (poet.)* verletzbar.

**violāceus**, a, um *(viola)* violett.

**violārium**, ī *n (viola) (poet.)* Veilchenbeet.

**violātiō**, ōnis *f (violo)* Entehrung, Schändung [**templi**].

**violātor**, tōris *m (violo)* Verletzer, Schänder [**iuris gentium; fidei; foederis**].

**violēns**, *Gen.* entis *(vis)* gewalttätig, ungestüm, heftig.

**violentia**, ae *f (violentus)* Gewalttätigkeit, Ungestüm, Heftigkeit.

**violentus**, a, um *(vis)* gewalttätig, ungestüm, heftig, stürmisch [**impetus; tempestas**].

**violō**, violāre *(vis)* ① misshandeln, verletzen; ② verheeren, verwüsten; ③ entehren, vergewaltigen; ④ *(übtr.)* entweihen [**templum**]; ⑤ *(Verträge, Versprechen u. Ä.)* verletzen, brechen; ⑥ beleidigen.

**vīpera**, ae *f* Schlange, Natter.

**vīpereus**, a, um *(vipera) (poet.)* ① Schlangen-; ② schlangenhaarig; ③ giftig.

**vīperīnus**, a, um *(vipera) (poet.; nachkl.)* Schlangen-.

**Vīpsānius**, a, um *röm. nomen gentile, s. Agrippa.*

**vir**, virī *m (Gen. Pl.* virōrum *u. [poet.]* virum*)* ① Mann; ② reifer, erwachsener Mann; ③ ein ganzer Mann, Held; **dolorem tulisti ut vir; virum te praesta;** ④ Ehemann; Gatte; ⑤ *(milit.)* **a)** Soldat, *Pl. auch* Mannschaft; **b)** *Pl.* Fußvolk; ⑥ der Einzelne; ⑦ *(poet.) Pl.* Menschen, Leute.

**virāgō**, ginis *f (vir) (poet.)* Heldin.

**Virbius**, ī *m* ① *Beiname des v. Äskulap wieder ins Leben zurückgerufenen Hippolytus;* ② *sein Sohn.*

**virectum**, ī *n (vireo) (poet.)* grüner Platz, das Grün.

**virēns**, *Gen.* entis *(P. Adj. v. vireo) (poet.; nachkl.)* ① grün(end); ② *(übtr.)* jugendlich, frisch.

**vireō**, virēre, viruī, – ① grünen, grün sein; ② *(übtr.)* frisch, kräftig sein.

**vīrēs** *Pl. v. vis, s. vis.*

**virēscō**, virēscere, viruī, – *(Incoh. v. vireo) (poet.; nachkl.)* grün werden, zu grünen beginnen.

**virētum** ī *n = virectum.*

**virga**, ae *f* ① Zweig, Rute; ② *(poet.)* Pfropfreis, Setzling; ③ Stock, Stab; ④ *(meton.) Pl.* Stockschläge; ⑤ *(poet.)* Zauberstab.

**virgātus**, a, um *(virga) (poet.; nachkl.)* ① *(aus Ruten)* geflochten; ② gestreift.

**virgētum**, ī *n (virga)* Weidengebüsch.

**virgeus**, a, um *(virga) (poet.; nachkl.)* aus Ruten.

**virginālis**, e *(virgo)* jungfräulich, mädchenhaft, Mädchen-.

**virgineus**, a, um *(virgo) (poet.)* ① jungfräulich, mädchenhaft, Jungfrauen-; ② aus der Aqua Virgo *(Wasserleitung in Rom)* [**aqua; liquor**].

**virginitās**, ātis *f (virgo)* Jungfräulichkeit, Unberührtheit.

**virgō**, ginis *f* ① Jungfrau, Mädchen; – *als Adj. (poet.; nachkl.)* jungfräulich, unverheiratet; ② *(poet.)* junge Frau; ③ *(poet.)* Jungfrau *als Sternbild;* ④ *(poet.; nachkl.)* **(Aqua) Virgo**

*Wasserleitung in Rom.*

**virgula**, ae *f (Demin. v. virga)* ❶ kleiner, dünner Zweig; ❷ Stäbchen [**divina** Wünschelrute].

**virgultum**, ī *n (virgula) (meist Pl.)* Gebüsch.

**virguncula**, ae *f (Demin. v. virgo) (nachkl.)* Mädchen.

**virid(i)ārium**, ī *n (viridis)* Garten, Park.

**viridis**, e *(vireo)* ❶ grün(lich) [**avis** Papagei; **aqua; dii** Meergötter]; ❷ grasreich, baumreich; – *subst.* **viride**, dis *n* das Grün, *bes.* noch grünes, noch unreifes Getreide; *Pl.* **viridia**, ium *n (nachkl.)* Gartengewächse; Grünanlagen; ❸ *(übtr.)* jugendlich, frisch.

**viriditās**, ātis *f (viridis)* ❶ das Grün; ❷ *(übtr.)* (Jugend-)Frische, Lebhaftigkeit.

**viridō**, viridāre *(viridis) (poet.; nachkl.)* grünen.

**virīlis**, e *(vir)* ❶ männlich, dem Mann eigen, Männer- [**vox; toga**]; ❷ *(übtr.)* mannhaft, standhaft, mutig, tapfer; **fortunam viriliter ferre**; – *subst.* **virīlia**, ium *n* mannhafte Taten; ❸ auf einen (einzelnen) Mann kommend, persönlich; **pro virili parte** so viel einer leisten kann.

**virīlitās**, ātis *f (virilis) (nachkl.)* Männlichkeit, männliches Alter.

**virītim** *Adv. (vir)* ❶ Mann für Mann, einzeln; ❷ Mann gegen Mann.

**vīrōsus**, a, um *(virus) (poet.; nachkl.)* stinkend.

**virtūs**, ūtis *f (vir)* ❶ Mannhaftigkeit, Manneswürde; ❷ Tapferkeit, Tüchtigkeit, Entschlossenheit, Mut [**militum; exercitūs**; *(in etw.: Gen.)* **rei militaris**]; ❸ *(meton.) Pl.* Heldentaten, Verdienste; **virtutibus eluxit** er tat sich durch Heldentaten hervor; ❹ *personif.:* **Virtūs** *Göttin der milit. Tapferkeit;* ❺ Tüchtigkeit, gute Eigenschaft, *Pl.* Vorzüge [**animi**]; ❻ *(übtr.)* Kraft, Wert, Vortrefflichkeit [**oratoria; memoriae; navium**]; ❼ Tugend, Sittlichkeit, Moral; **alqm ad virtutem revocare**.

**Imperium Romanum**

**virtūs** ist eine Ableitung des Wortes **vir** (Mann) und bedeutet ursprünglich „Mannhaftigkeit", also positive männliche Eigenschaften wie Mut und Tapferkeit, wie sie sich z. B. im Kampf gegen Feinde oder wilde Tiere zeigten. In der römischen Philosophie steht der Begriff virtus seit Cicero dann für Tugendhaftigkeit, wie sie sich in charakterlichen Leistungen zeigt, und für Tugend allgemein. Unter den **virtutes** versteht man gemäß der platonischen Philosophie die vier Kardinaltugenden, also die Tugenden, um die sich wie um eine Türangel (cardo) alles „dreht": **fortitudo, prudentia, temperantia, iustitia** – Tapferkeit, Klugheit, Mäßigung, Gerechtigkeit.

**viruī** *Perf. v. vireo u. viresco.*

**vīrus**, ī *n* ❶ *(poet.; nachkl.)* Schleim; ❷ *(poet.; nachkl.)* Gift; ❸ *(übtr.)* Geifer; **virus acerbitatis suae evomere**.

**vīs** *f (Sg. Akk.* vim, *Abl.* vī; *Pl. Nom. u. Akk.* vīrēs, *Gen.* vīrium, *Dat. u. Abl.* vīribus) **I.** *Sg.* ❶ Kraft, Stärke, Gewalt [**iuvenalis; equorum; tempestatis; frigorum**]; ❷ Gewalt(tat), Gewalttätigkeit, Zwang; **vi** *od.* **per vim** gewaltsam, m. Gewalt; **vim pati** erleiden; **alci vim afferre** (*od.* **inferre** *od.* **adhibere** *od.* **facere**) jmdm. Gewalt antun; ❸ Waffengewalt, Angriff, Sturm; **urbem vi expugnare** im Sturm; ❹ *(poet.)* Tatkraft, Mut, Entschlossenheit; ❺ *(übtr.)* Macht, Wirksamkeit, Einfluss [**orationis; consilii; ingenii**]; ❻ Inhalt, Sinn, Bedeutung, (wahres) Wesen [**amicitiae; verborum**]; ❼ Menge, Masse; ❽ *(nachkl.)* Zeugungskraft; **II.** *Pl.* ❶ (Körper-)Kraft, Stärke; **integris viribus** mit (bei) frischen Kräften; ❷ *(übtr.)* Kraft, Macht [**herbarum**]; ❸ *(übtr.)* die Mittel, Kräfte, das Vermögen, Können; **pro viribus** nach Kräften; ❹ *(milit.)* Streitkräfte, -macht, Truppen; ❺ geistige Kräfte, Fähigkeiten.

**viscātus**, a, um *(viscum) (poet.; nachkl.)* m. Vogelleim bestrichen [**virga** Leimrute]; *(übtr.)* lockend [**beneficia; munera** als Köder gegebene Geschenke].

**vīscera**, rum *n Pl.* (*selten Sg.* vīscus, ceris) ❶ Fleisch; ❷ *(poet.; nachkl.)* Eingeweide, Bauch, Mutterleib; ❸ *(poet.; nachkl.) (übtr.)* das eigene Fleisch u. Blut, das eigene Kind, die eigenen Kinder; ❹ *(poet.; nachkl.) (übtr.)* die eigenen Schriften; ❺ *(übtr.)* das Innere, Innerste *einer Sache,* Herz, Kern [**terrae; rei publicae; causae** das Wesentliche in der Sache]; ❻ Vermögen, Geldmittel.

**vīscerātiō**, ōnis *f (viscera)* ❶ Fleischverteilung, -spende *an das Volk;* ❷ *(nachkl.) (übtr.)* Abfütterung.

**viscum**, ī *n* ❶ *(poet.; nachkl.)* Mistel; ❷ *(meton.) (aus Mistelbeeren bereiteter)* Vogelleim.

**vīscus**, ceris *n s. viscera.*

**vīsī** *Perf. v. viso.*

**vīsiō**, ōnis *f (video)* ❶ das (An-)Sehen, Anblick; ❷ *(meton.)* Erscheinung, Vision; ❸ *(übtr.)* Idee, Vorstellung *(v. etw.: Gen.).*

**vīsitō**, vīsitāre *(Frequ. v. viso)* jmd. besuchen.

**vīsō**, vīsere, vīsī, – *(Intens. v. video)* ❶ genau ansehen, betrachten, besichtigen [**ex muris agros; prodigium** untersuchen]; – **vīsendus**, a, um sehenswert; – *subst.* **vīsenda**, ōrum *n* Sehenswürdigkeiten; ❷ jmd. besuchen; *(Örtl.)* aufsuchen.

**vīsum**, ī *n (video)* Traumbild; Phantasie(bild).

**Visurgis**, is *m* die Weser.

**vīsus**[1] *P. P. P. v. video u. Part. Perf. v. videor.*

**vīsus**[2], ūs *m (video)* ① *(akt.)* das Sehen, (An-)Blick **terribilis visu** schrecklich anzusehen; ② *(pass.)* **a)** Erscheinung, Vision [**nocturnus**]; **b)** Aussehen, Gestalt.

**vīta**, ae *f (vivus)* ① das Leben; **a -a discedere, e -a (ex)cedere, abire** sterben; **-am trahere** hinschleppen; ② *(poet.)* Schatten *in der Unterwelt;* ③ Lebensweise; ④ Lebenslauf, Biografie; ⑤ *(poet.; nachkl.)* die Menschheit, die Welt; ⑥ *(als Kosewort)* Liebling [**mea**].

**vītābilis**, e *(vito) (poet.)* meidenswert.

**vītābundus**, a, um *(vito)* ständig ausweichend, (ver)meidend *(m. Akk.)*.

**vītālis**, e *(vita)* ① Lebens-; ② Leben spendend, das Leben erhaltend [**aura; viae** Luftröhre]; ③ *(poet.)* lebensfähig.

**vītātiō**, ōnis *f (vito)* Vermeidung.

**Vitellius**, a, um *röm. nomen gentile:* **A.** ~ *69 n. Chr. röm. Kaiser; – Adj. auch* **Vitelliānus**, a, um; – *Subst.* **Vitelliānī**, ōrum *m* Soldaten des Vitellius.

**vitellus**, ī *m* Eidotter.

**vīteus**, a, um *(vitis) (poet.)* vom Weinstock.

**vitiātor**, ōris *m (vitio) (nachkl.)* Verführer *eines Mädchens.*

**vīticula**, ae *f (Demin. v. vitis)* Weinstöckchen.

**vitilīgō**, ginis *f (nachkl.)* Hautausschlag, Flechte.

**vītilis**, e *(nachkl.)* geflochten.

**vitiō**, vitiāre *(vitium)* ① *(poet.; nachkl.)* verderben, verletzen, beschädigen; ② *(poet.; nachkl.) (ein Mädchen)* verführen, schänden; ③ (ver)fälschen [**senatūs consulta; memoriam** Geschichtsurkunden]; ④ *(rel. t. t.) einen Termin weg. ungünstiger Vorzeichen* für ungeeignet (ungültig) erklären [**diem; comitia** den Wahltag].

**vitiōsitās**, ātis *f (vitiosus)* Lasterhaftigkeit.

**vitiōsus**, a, um *(vitium)* ① fehlerhaft, mangelhaft; ② *(rel. t. t.)* gegen die Auspizien gewählt (geschehen), ungültig [**consul; suffragium**]; ③ lasterhaft.

**vītis**, is *f* ① Weinrebe; ② Weinstock; ③ *(poet.; nachkl.) (meton.) (aus abgeschnittener Rebe gefertigter)* Kommandostab des röm. Zenturio; ④ *(poet.; nachkl.)* Zaunrübe.

**vīti-sator**, ōris *m (vitis u. sero*[2]*) (poet.)* Winzer.

**vitium**, ī *n* ① Fehler, Mangel, Gebrechen, Schaden, schlechte Beschaffenheit [**corporis; castrorum** ungünstige Lage]; ② *(übtr.)* Fehler, Missgriff, Verstoß [**hostium**]; ③ *(b. den Auspizien)* ungünstiges Vorzeichen, Formfehler; *(Abl. als Adv.)* **magistratus -o creatus** geg. die Auspizien; ④ Laster, Verschulden.

**vītō**, vītāre ① meiden, ausweichen, aus dem Wege gehen *(m. Akk.)* [**aspectum hominum**]; *(auch m. ne od. m. Inf.: dass);* ② vermeiden, entkommen *(m. Akk.)* [**odium plebis; fugā mortem**].

**vitreārius**, ī *m (vitreus) (nachkl.)* Glasbläser.

**vitreum**, ī *n (vitreus) (nachkl.)* Glasgeschirr.

**vitreus**, a, um *(vitrum*[1]*) (poet.; nachkl.)* ① gläsern, aus Kristall; ② kristallklar, glänzend [**fons; pontus**]; ③ *(übtr.)* trügerisch [**fama**].

**vitricus**, ī *m* Stiefvater.

**vitrum**[1], ī *n* Glas, Kristall.

**vitrum**[2], ī *n* Waid *(blaufärbende Pflanze).*

**vitta**, ae *f (poet.; nachkl.)* ① (Kopf-)Binde *(bes. der Opfertiere u. Priester, freigeborenen Frauen u. Dichter);* ② Binde *um die Friedenszweige der Schutzflehenden;* ③ Band *zum Schmuck von heiligen Gegenständen.*

**vittātus**, a, um *(vitta) (poet.; nachkl.)* m. einer Binde geschmückt.

**vitula**, ae *f (vitulus) (poet.)* Kalb; junge Kuh.

**vitulīna**, ae *f (vitulinus; erg. caro)* Kalbfleisch.

**vitulīnus**, a, um *(vitulus)* Kalb(s)-.

**vitulus**, ī *m* ① Kalb; ② *(poet.)* Fohlen.

**vituperātiō**, ōnis *f (vitupero)* ① Tadel; **vituperationi esse** tadelnswert sein; ② *(meton.)* tadelnswertes Benehmen.

**vituperātor**, ōris *m (vitupero)* Tadler.

**vituperō**, vituperāre *(vitium u. paro*[1]*)* tadeln, schelten.

**vīvācitās**, tātis *f (vivax) (nachkl.)* Lebenskraft.

**vīvārium**, ī *n (vivus)* ① *(nachkl.)* Tiergarten, Fischteich *u. Ä.;* ② *(poet.) (übtr.)* Gehege.

**vīvāx**, *Gen.* ācis *(vivo) (poet.; nachkl.)* ① langlebig; ② *(übtr.)* dauerhaft; lebenskräftig, frisch [**gramen**]; ③ lebhaft.

**vīvidus**, a, um *(vivo)* ① *(poet.; nachkl.)* belebt, Leben zeigend; ② *(übtr.)* lebhaft, feurig [**ingenium; virtus; eloquentia**].

**vīvi-rādīx**, dīcis *f (vivus) (bot.)* Ableger.

**vīvō**, vīvere, vīxī, vīctūrus ① leben, am Leben sein; ② v. etw. leben, sich v. etw. nähren [**lacte et carne; (ex) rapto** vom Raub]; ③ irgendwo leben, sich aufhalten [**in Thracia**]; ④ irgendwie leben, sein Leben zubringen [**iucunde; more regio; in paupertate**]; ⑤ m. jmdm. leben, m. jmdm. verkehren [**cum alqo familiariter**]; ⑥ das Leben genießen, vergnügt leben; *(poet.) (als Abschiedsgruß)* **vive / vivite** leb wohl! / lebt wohl!; ⑦ *(übtr.)* fortdauern, fortbestehen.

**vīvum**, ī *n (vivus)* ① das Lebendige, das lebendige Fleisch *des Körpers;* **calor ad -um adveniens** ins Mark; ② Kapital, Grundstock.

**vīvus**, a, um *(vivo)* ① lebend, lebendig, am Leben (befindlich); bei (zu) Lebzeiten; **Hannibale -o** zu Lebzeiten des H.; **me -o** bei meinen Lebzeiten, solange ich lebe; ② *(auf Lebl. übtr.)* **a)** Lebens- [**calor**]; frisch [**fons**]; fließend [**flumen**]; brennend [**lucerna**]; dauernd [**amor**]; **b)** natürlich [**pumex** unbearbeitet; **saxum**]; **c)** *(poet.)* naturgetreu [**de marmore vultus**]; **d)** *(nachkl.)* lebhaft [**animus**].

**vix** *Adv.* ① kaum, mit Mühe, schwer; **affirmare vix possumus; lacrimas vix retinere;** ② *(zeitl.)* kaum (erst, noch), soeben, eben erst.
**vix-dum** *Adv. (auch getr.; verstärktes vix)* kaum erst, kaum noch.
**vīxī** *Perf. v. vivo.*
**vocābulum**, ī *n (voco)* ① Benennung, Bezeichnung; ② Name; **liberta, cui ~ Acte fuit;** ③ *(nachkl.)* Vorwand; ④ *(nachkl.) (gramm. t. t.)* Substantiv.
**vōcālis** *(vox)* **I.** *Adj.* e ① stimmbegabt, sprechend; ② klangvoll, tönend, singend [**carmen; Orpheus**]; **II.** *Subst.* is *f (erg. littera)* Vokal.
**vocātiō**, iōnis *f (voco) (poet.)* Einladung *zu Tisch.*
**vocātor**, tōris *m (voco) (nachkl.)* Gastgeber.
**vocātus**, ūs *m (voco)* ① *(poet.)* das (An-)Rufen; ② *(nur im Abl. Sg.)* (Ein-)Ladung *zu einer Sitzung.*
**vōciferātiō**, ōnis *f (vociferor)* das Schreien, Jammern.
**vōci-feror**, ferārī *u.* **-ferō**, ferāre *(vox u. fero)* laut rufen, schreien [**talia; de superbia patrum**].
**vocitō**, vocitāre *(Frequ. v. voco)* ① zu nennen pflegen *(m. dopp. Akk.)* [**alqm tyrannum**]; *im Pass. (m. dopp. Nom.) auch* heißen; ② *(nachkl.)* laut rufen, schreien.
**vocō**, vocāre *(vox)* ① rufen, herbeirufen, berufen [**alqm in contionem; senatum; alqm auxilio** zu Hilfe]; ② *(poet.; nachkl.)* anrufen, anflehen [**deos**]; ③ *(vor Gericht)* (vor)laden; ④ *(als Gast)* einladen [**alqm ad cenam; alqm ad pocula**]; ⑤ *(übtr.)* reizen, locken [**servos ad libertatem**]; ⑥ *(poet.; nachkl.)* herausfordern [**hostem; alqm ad pugnam; divos in certamina**]; ⑦ (be)nennen; *Pass.* heißen; ⑧ *in eine Lage od. Stimmung* bringen, versetzen [**alqm in suspicionem** verdächtigen; **alqm in odium** *od.* **invidiam** verhasst machen; **alqm in periculum** in Gefahr stürzen; **ad exitium** ins Verderben stürzen; **alqd in dubium** etw. bezweifeln].
**vōcula**, ae *f (Demin. v. vox)* ① schwache Stimme; schwacher Ton; ② *Pl.* Gespött.

**Grammatik & Co.**
Der **Vokativ** ist eigentlich die Kurzform eines Ausrufesatzes. Für diesen Fall finden wir im Lateinischen nur im Singular der o-Deklination eine eigene Form: Amice! „Freund!", Gai! „Gaius!"

**volaemum** *s. volemum.*
**volantēs** *s. volo[1].*
**volāticus**, a, um *(volatus)* ① einherstürmend; ② *(übtr.)* flüchtig, unbeständig.
**volātilis**, e *(volo[1])* ① geflügelt; ② *(poet.)* schnell; ③ *(poet.; nachkl.) (übtr.)* vergänglich.
**volātus**, ūs *m (volo[1])* das Fliegen, Flug.
**Volcae**, ārum *m kelt. Volk in der Provence; es zerfiel in die* **~ Tectosagēs** *um Toulouse u. die* **~ Arecomicī** *um Nîmes.*
**Volcānus** = *Vulcanus.*
**volēmum pirum** *(poet.; nachkl.) Birnensorte.*
**volēns**, *Gen.* entis *(P. Adj. v. volo[2])* ① (bereit-)willig; ② absichtlich; ③ geneigt, gewogen, gnädig; **dis volentibus** durch die Gnade der Götter.
**volg...** *s. vulg...*
**volitō**, volitāre *(Intens. v. volo[1])* ① umherfliegen, -flattern; – *subst.* **volitāns,** antis *m* Fliege, Insekt; ② *(v. Lebl.)* fliegen, eilen; tanzen; **favilla volitans;** – *(vom Ruhm, Gerücht u. Ä.)* sich verbreiten; **fama volitat per urbem;** – *(v. der Seele)* sich frei bewegen, sich Erholung gönnen; ③ umhereilen, -schwärmen, sich tummeln [**in foro; per mare**]; ④ sich brüsten.
**voln...** *s. vuln...*
**volō[1]**, volāre ① fliegen; – *subst.* **volantēs,** tium *u.* tum *f (poet.; nachkl.)* Vögel; ② eilen; **navis / currus / fama volat; aetas volat** eilt dahin, vergeht.
**volō[2]**, velle, voluī ① wollen, wünschen, verlangen; **velim** *(b. erfüllbaren Wünschen)* ich wollte, ich möchte; **vellem** *(b. unerfüllbaren Wünschen)* ich hätte gewollt; **bene / male alci velle** es gut / schlecht mit jmdm. meinen; **quid tibi vis?** was fällt dir ein?; *(m. Akk.)* **gloriam ingentem ~;** *(m. Inf. b. gleichem Subj.)* **volo scribere;** *(m. A. C. I. bei Subjektsverschiedenheit, bisw. bei Subjektsgleichheit)* **pater volebat filium secum esse;** *(m. ut od. ne)* **volo, ut mihi respondeas;** *(m. bl. Konj.)* **velim nos defendas;** ② *(publiz. t. t.)* bestimmen, beschließen, anordnen; **velitis iubeatis** *(Einleitungsformel der Gesetzesvorschläge);* ③ der Meinung sein, behaupten *(m. A. C. I.);* ④ lieber wollen, vorziehen; **servire vellem?** hätte ich lieber Sklavin sein wollen?; ⑤ bedeuten, zu bedeuten haben *(klass. m. sibi);* **quid haec verba sibi volunt?** was hat es m. diesen Worten auf sich?; / *vgl. auch volens.*
**volō[3]**, lōnis *m (volo[2])* Freiwilliger.
**Volscī**, ōrum *m* die Volsker, *Volk in Latium;* – *Adj.* **Volscus,** a, um volskisch.
**volsus** *s. vello.*
**voltur, volturius, Volturnus, voltus** *s. vult...*
**volūbilis**, e *(volvo)* ① drehbar, sich drehend, rollend, kreisend [**caelum**]; sich hinwälzend [**amnis**]; ② *(übtr.)* unbeständig [**fortuna**]; ③ *(v. der Rede u. vom Redner)* geläufig, gewandt.
**volūbilitās**, ātis *f (volubilis)* ① Kreisbewegung;

❷ *(übtr.)* Unbeständigkeit [**fortunae**]; ❸ *(v. der Rede)* Geläufigkeit.

**volucer**, cris, cre *(volo[1])* ❶ fliegend, geflügelt; ❷ *(übtr.)* beschwingt, eilend, schnell [**nuntius; fama; classis**]; ❸ unbeständig [**fortuna; gaudium**].

**volucris**, is *f (u. m) (Gen. Pl.* -um *u.* -ium) Vogel; geflügeltes Insekt [**parvula** Fliege].

**voluī** *Perf. v. volo[2].*

**volūmen**, minis *n (volvo)* ❶ *(poet.)* Krümmung, Kreis [**siderum** Kreislauf; **fumi** Rauchwirbel]; ❷ Schriftrolle, Schrift(werk), Buch; *(als Teil eines Werkes)* Buch, Band

**voluntārius** *(voluntas)* **I.** *Adj.* a, um freiwillig; **II.** *Subst.* ī *m* Freiwilliger.

**voluntās**, ātis *f (volo[2])* ❶ Wille, Wunsch, Verlangen, Absicht, Vorhaben, Entschluss [**regis; patrum; populi**]; ❷ freier Wille, Bereitwilligkeit; **voluntate** (frei)willig, gern: **meā / tuā** *usw.* **voluntate** aus eigenem Willen; ❸ *(auch Pl.)* Gesinnung, Stimmung; günstige Stimmung; ❹ Zuneigung, Wohlwollen; ❺ letzter Wille.

**voluptārius**, a, um *(voluptas)* ❶ das Vergnügen, den Sinnengenuss betreffend; ❷ Vergnügen verschaffend, genussreich; ❸ für Sinnengenuss empfänglich [**sensus**]; ❹ genusssüchtig; – *Subst. m* Genussmensch, Epikureer.

**voluptās**, ātis *f (volo[2])* ❶ Vergnügen, Freude, Lust, Genuss *(an etw.: Gen.)* [**potandi; ludorum**]; **in voluptate esse** *u.* **voluptate affici** *u.* **voluptatem capere** (*od.* **percipere**) Vergnügen genießen; ❷ *(meist Pl.)* Sinnengenuss, Wollust; ❸ *Pl. (konkr.)* Vergnügungen, Schauspiele; **voluptates intermittere** einstellen; ❹ *(poet.) (als Kosewort)* Wonne, Freude; ❺ *(personif.)* **Voluptās** *Göttin der Lust.*

**voluptuōsus**, a, um *(voluptas) (nachkl.)* vergnüglich, ergötzlich.

**volūtābrum**, ī *n (voluto) (poet.)* Schweinesuhle.

**volūtābundus**, a, um *(voluto)* sich herumwälzend [**in voluptatibus**].

**volūtātiō**, iōnis *f (voluto)* ❶ das Herumwälzen; ❷ *(nachkl.) (übtr.)* **a)** Unruhe [**animi**]; **b)** Unbeständigkeit.

**volūtō**, volūtāre *(Intens. v. volvo)* ❶ (herum)wälzen, rollen; – *intr., mediopass. u.* **se ~** sich (herum)wälzen; ❷ *(poet.) (übtr.) (Töne od. die Stimme)* erschallen lassen, verbreiten; **vocem volutant litora** geben einen Widerhall; ❸ erwägen [**alqd (in) animo** *od.* **secum animo** *u. Ä.;* **condiciones cum amicis**]; ❹ *(den Geist)* beschäftigen; *mediopass.* sich m. etw. beschäftigen *(m. etw.: in u. Abl.).*

**volūtus** *P. P. P. v. volvo.*

**volva**, ae *f (poet.; nachkl.)* Gebärmutter *(bes. der Sau als Delikatesse).*

**volvō**, volvere, volvī, volūtum ❶ wälzen, rollen, drehen [**saxum**]; im Wirbel *od.* Strudel drehen, emporwirbeln [**arenam**]; – *mediopass. u. intr.:* **a)** sich wälzen, rollen, sich drehen, sich winden; **b)** herabstürzen [**in caput** kopfüber; **curru** vom Wagen]; **c)** *(v. Flüssen, Tränen u. Ä.)* fließen, rollen; ❷ *(Schriftrollen)* aufrollen = lesen; ❸ fortreißen; **flumen saxa volvit;** ❹ *durch Kreisbewegungen* bilden [*milit.:* **orbem** einen Kreis bilden, nach allen Seiten Front machen]; ❺ *(vom Redner)* geläufig vortragen; – *mediopass. (v. der Rede)* dahinströmen, fließen; ❻ *(Leidenschaften)* hegen [**varias pectore curas**]; ❼ überlegen, erwägen [**multa animo** *od.* **secum; bellum** planen]; ❽ *(poet.; nachkl.) (die Zeit)* ablaufen lassen, durchleben, erleben [**tot casūs**]; – **se ~**, *mediopass. u. intr.* ablaufen: **volventibus annis;** ❾ *(poet.)* sich wieder vor Augen führen [**monumenta virorum**]; ❿ *(poet.) (v. den Göttern u. dem Geschick)* bestimmen, verhängen; **sic volvunt Parcae**.

**vōmer**, eris *m* Pflugschar; Pflug.

**vomica**, ae *f (vomo)* ❶ Geschwür; ❷ *(übtr., v. Personen)* Unheil.

**vōmis**, meris *m = vomer.*

**vomitiō**, ōnis *f (vomo)* das Erbrechen.

**vomitō**, vomitāre *(Intens. v. vomo) (nachkl.)* sich erbrechen.

**vomitor**, tōris *m (vomo) (nachkl.)* der Speier.

**vomitus[1]** *P. P. P. v. vomo.*

**vomitus[2]**, ūs *m (vomo)* das Erbrechen.

**vomō**, vomere, vomuī, vomitum **I.** *intr.* sich erbrechen, speien; **II.** *trans. (poet.; nachkl.)* ❶ ausspeien, v. sich geben; ❷ *(übtr.)* sprühen [**flammas**].

**vorāgō**, ginis *f (voro)* ❶ Schlund, Abgrund; ❷ *(im Wasser)* Strudel; ❸ Verprasser [**patrimonii**].

**vorāx**, *Gen.* ācis *(voro)* gefräßig.

**vorō**, vorāre ❶ verschlingen, gierig fressen; ❷ *(poet.; nachkl.) (übtr.)* gierig in sich aufnehmen; ❸ gierig lesen; ❹ *(poet.)* **viam ~** eilig zurücklegen.

**vors…, vort…** *(poet.) = vers…, vert…*

**vōs** *Personalpron. (Gen.* vestrī, *part.* vestrum; *Dat. u. Abl.* vōbīs; *Akk.* vōs) ihr; *verstärkt durch -met.*

**Vosegus**, ī *m* die Vogesen.

**vōtīvus**, a, um *(votum)* durch ein Gelübde versprochen, geweiht [**tabula** Votivbild].

**vōtum**, ī *n (voveo)* ❶ das gelobte Opfer, Weihgeschenk; ❷ Gelübde, Gelöbnis; **-um (per)solvere** *od.* **dissolvere** ein Gelübde erfüllen; **-um suscipere** *od.* **facere** *od.* **concipere** ein Gelübde ablegen; **-i damnatus** zur Erfüllung des Gelübdes verpflichtet; ❸ *(poet.; nachkl.) das m. dem Gelübde verbundene*

Gebet; ④ Wunsch, Verlangen; ⑤ Denkmal [**immortale**].

**voveō**, vovēre, vōvī, vōtum ① feierlich versprechen, geloben, weihen [**victimam; templa; caput suum pro re publica**]; *(auch m. A. C. I. fut.);* ② *(poet.)* wünschen.

**vōx**, vōcis *f* ① Stimme [**magna** starke, laute; **parva** schwache, leise; **bovis** Gebrüll]; **vocem (e)mittere** erheben; **vocis imago** Echo; ② Laut, Ton, Schall, Klang; ③ Äußerung, Ausspruch, Rede [**ficta** Lüge]; **una voce** einstimmig; ④ Wort, Ausdruck, Bezeichnung; ⑤ Aussprache; ⑥ *(poet.)* Sprache; ⑦ Gebot, Befehl; ⑧ *(poet.)* Formel, Zauberspruch; ⑨ Betonung, Akzent.

**Vulcānus**, ī *m Gott des Feuers und der Schmiedekunst; – (meton.) (poet.)* Feuer(flamme); – *Adj.* **Vulcānius,** a, um des Vulkanus, dem V. geweiht, des Feuers; – **Vulcānālia,** ium *n* Fest des Vulcanus *(am 23. August).*

**vulgāris**, e *(vulgus)* ① allgemein, üblich, gewöhnlich, alltäglich; ② für jeden zu haben.

**vulgātus**, a, um *(P. Adj. v. vulgo¹)* ① allgemein bekannt [**senatūs consultum**]; ② für jeden zu haben, allen preisgegeben.

**vulgō¹**, vulgāre *(vulgus)* ① unter das Volk bringen, allen zugänglich machen; – *mediopass.* sich m. jmdm. einlassen [**cum privatis**]; ② allen preisgeben; ③ allgemein bekannt machen, überall verbreiten, allen mitteilen [**famam interfecti regis**]; – *Pass.* bekannt werden, sich verbreiten.

**vulgō²** *Adv., s. vulgus.*

**vulgus**, ī *n (Akk. auch m* vulgum*)* ① Volk, Leute; ② Pöbel; ③ Menge, Masse [**patronorum; servorum; ovium**]; ④ *(milit.)* die gemeinen Soldaten; **praesente -o** vor den Soldaten; / *Adv.* **a) in vulgus** für jedermann, allgemein [**notus**]; **b) vulgō** öffentlich, allgemein [**incendia facere**]; in Menge, massenhaft [**ad prandium invitare**].

**vulnerātiō**, ōnis *f (vulnero)* Verwundung, Verletzung.

**vulnerō**, vulnerāre *(vulnus)* ① verwunden; ② *(übtr.)* verletzen, kränken.

**vulni-ficus**, a, um *(vulnus u. facio) (poet.)* verwundend.

**vulnus**, neris *n* ① Wunde, Verwundung, Verletzung [**grave; mortiferum; adversum** vorn auf der Brust]; ② *(übtr.)* **a)** Kränkung, Verlust, Schaden, Unglück; **alci multa vulnera inferre** jmdm. großen Schaden zufügen; **vulnera rei publicae imponere; b)** *(poet.)* (Liebes-)Kummer, Schmerz [**inconsolabile**]; **c)** Niederlage; ③ *(meton.)* **a)** Hieb, Stoß, Stich, Schnitt [**falcis** m. der Sichel]; **b)** *(poet.)* Waffe, Geschoss, Pfeil, Schwert.

**vulpēcula**, ae *f (Demin. v. vulpes)* Füchslein.

**vulpēs**, is *f (poet.; nachkl.)* Fuchs.

**vulpīnus**, a, um *(vulpes) (poet.; nachkl.)* des Fuchses, Fuchs-.

**vulsus** *P. P. P. v. vello.*

**vulticulus**, ī *m (Demin. v. vultus)* ein halber Blick, nur ein Blick.

**vultuōsus**, a, um *(vultus)* Grimassen schneidend.

**vultur**, turis *m* Geier; *(nachkl.) (übtr.)* Nimmersatt.

**Vultur**, turis *m Berg in Apulien b. Venusia.*

**vulturius**, ī *m (vultur)* Geier; *(übtr.)* Nimmersatt.

**Vulturnus** (ventus), ī *m (nach dem Berg Vultur benannt)* Ostsüdostwind.

**vultus**, ūs *m* ① *(Sg. u. Pl.)* Gesichtsausdruck, Miene(nspiel), Blick [**laetus; compositus** verstellt, erkünstelt]; ② *(poet.; nachkl.)* finsteres Gesicht, strenger Blick; **vultu alqm terrere;** ③ *(meist Pl.)* **a)** Gesicht; **b)** *(poet.; nachkl.) (meton.)* Aussehen, Gestalt.

**vulva** = *volva.*

# X x

**X** *(als Zahlzeichen)* = 10; *(auf Münzen)* = *denarius.*

**Xanthippē**, ēs *f Frau des Sokrates.*

**Xanthos** *u.* **-us**, ī *m Name einiger Flüsse:* ① *= Scamander;* ② *Fluss in Lykien;* ③ *Flüsschen in Epirus.*

**xenium**, ī *n (gr. Fw.) (nachkl.)* (Gast-)Geschenk.

**Xenophanēs**, is *m Philosoph aus Kolophon, Gründer der Eleatischen Schule (um 520 v. Chr.).*

**Xenophōn**, ōntis *m griech. Geschichtsschreiber, Philosoph (Schüler des Sokrates) u. Feldherr (etwa 426–354); – Adj.* **Xenophōntēus** *u.* **-tīus**, a, um.

**Xerxēs**, is *u.* ī *m Perserkönig (486–465).*

**xystus**, ī *m (gr. Fw.)* ① *(b. den Griechen)* bedeckter Säulengang *(f. Übungen der Athleten);* ② *(b. den Römern)* Terrasse *(vor den Landhäusern).*

# Yy

**Y** *s. unter hy od. i.*

# Zz

**Zacynthos** *u.* **-us**, ī *f Insel im Ionischen Meer; – Adj.* **Zacynthius**, a, um.

**Zama**, ae *f Stadt in Numidien; dort war das Lager Hannibals vor seiner Niederlage durch Scipio 202 v. Chr.; die Schlacht selbst fand im Landesinnern in der Nähe der tunesisch-algerischen Grenze statt.*

**Zanclē**, ēs *f alter Name f. Messana (Stadt auf Sizilien, j.* Messina).

**zēlotypia**, ae *f (gr. Fw.)* Eifersucht.

**Zēnō(n)**, ōnis *m Name griech. Philosophen:* ❶ *aus Elea (Velia in Unteritalien) um 460 v. Chr., Anhänger der eleatischen Philosophie, Lehrer des Perikles;* ❷ *aus Zypern um 300 v. Chr., Begründer der stoischen Philosophie;* ❸ *Anhänger des Epikur, Lehrer des Cicero.*

**zephyrus**, ī *m (gr. Fw.) (poet.; nachkl.)* Westwind; *(poet.) übh.* Wind.

**Zeugma**, atis *n Stadt in Syrien am Euphrat.*

**Zeuxis**, is *u.* idis *m griech. Maler aus Heraklea in Unteritalien (um 400 v. Chr).*

**zmaragdus** = *smaragdus.*

**zōna**, ae *f (gr. Fw.)* ❶ *(poet.)* Gürtel der Frauen, *mit dem das Untergewand fest gehalten wurde, Symbol der Jungfräulichkeit;* ❷ Geldgurt *der Männer;* ❸ *(poet.)* die drei Gürtelsterne *des Orion;* ❹ *(poet.; nachkl.)* Erdgürtel, Zone.

**zōnārius**, ī *m (zona)* Gürtelmacher.

**zōnula**, ae *f (Demin. v. zona) (poet.)* Gürtelchen.

**zōthēca**, ae *f (gr. Fw.) (nachkl.)* Ruhezimmer.

**zōthēcula**, ae *f (Demin. v. zotheca) (nachkl.)* kleines Ruhezimmer.

# A a

**Aal** *m* anguilla *f.*
**aalglatt** *adj* lubricus.
**Aas** *nt* cadaver <-veris> *nt.*
**Aasgeier** *m (Gauner)* veterator <-oris> *m.*
**ab I.** *praep (räuml. und zeitl.: von … an, von … weg, von … her)* ab, a + *abl* **II.** *adv:* **links ~** sinistrorsum, sinistrorsus; **rechts ~** dextrorsum, dextrorsus; **~ und zu** interdum.
**abändern** *vt* (com)mutare [**testamentum**; **decretum**].
**Abänderung** *f* (com)mutatio <-onis> *f* [**testamenti**; **decreti**].
**abarbeiten I.** *vt* labore compensare [**pensum**] **II.** *vr:* **sich ~** *(von Personen)* desudare, labore confici.
**Abart** *f* varietas <-tatis> *f.*
**abartig** *adj* abnormis, insolitus [**studia**; **consuetudines**].
**Abbau** *m* ❶ *(Zerlegung)* dissolutio <-onis> *f* [**pontis**] ❷ *(Verminderung)* imminutio <-onis> *f*; **~ von Arbeitskräften** imminutio operarum.
**abbauen** *vt (vermindern)* imminuere [**numerum cohortium**].
**abbeißen** *vt* demordēre.
**abbekommen** *vt* ❶ *(erhalten; einen Schaden, Schlag)* accipere ❷ *(etw. Festsitzendes losbekommen)* detrahere.
**abberufen** *vt* revocare [**legatum a provincia**; **ab** *o* **de exilio**].
**Abberufung** *f* revocatio <-onis> *f* [**legati a provincia**].
**abbestellen** *vt* renuntiare [**diurnum**; **cubiculum**]; **etw bei jdm ~** alqd alci renuntiare.
**abbezahlen** *vt (eine geschuldete Summe in Teilbeträgen zurückzahlen, eine Ware in Teilbeträgen bezahlen)* (per)solvere, dissolvere [**aes alienum**; **televisorium**].
**abbiegen I.** *vt (auch fig)* declinare, deflectere [**digitum retro**; **sermonem**] **II.** *vi* declinare (ab; de; bl. abl) [**a recto itinere**].
**Abbild** *nt (Ebenbild)* simulacrum *nt,* imago <-ginis> *f,* effigies <-ei> *f* [**patris**; **humanitatis**].
**abbilden** *vt* effingere.
**Abbildung** *f* imago <-ginis> *f,* effigies <-ei> *f.*
**abbinden** *vt (losbinden)* resolvere.
**Abbitte** *f (förmliche Bitte um Verzeihung)* deprecatio <-onis> *f;* **jdm ~ leisten** alqm deprecari; **öffentlich ~ tun** palam deprecari.
**abblättern** *vi (Verputz)* crustam [*o* tectorium] amittere.
**abblenden** *vi (Auto)* luminaria demittere.
**Abblendlicht** *nt* luminar <-aris> *nt* demissum.
**abbrechen I.** *vt* ❶ *(Gebäude niederreißen)* destruere, demoliri [**theatrum**; **moenia**; **munitiones**]; *(Lager)* movēre; *(Brücke)* rescindere ❷ *(Zweige)* defringere ❸ *(Gespräch, Spiel)* incidere **II.** *vi* ❶ defringi ❷ *(aufhören)* desinere.
**abbrennen I.** *vt* deurere [**vicos**; **casam**] **II.** *vi* deflagrare.
**abbringen** *vt (von einem Vorhaben)* abducere, deducere [**alqm a negotiis, de sententia, a recto itinere**].
**abbröckeln** *vi (Verputz)* crustam [*o* tectorium] amittere.
**Abbruch** *m (von Gebäuden)* destructio <-onis> *f,* demolitio <-onis> *f* [**castelli**].
**abbruchreif** *adj* destruendus.
**abbuchen** *vt* detrahere, demere.
**Abbuchung** *f* detractio <-onis> *f.*
**abbürsten** *vt* peniculo detergēre.
**abbüßen** *vt* poenas dare <dedi> [*o* solvere *o* luere] *(etw : + gen)* [**proditionis**; **culpae**].
**Abc-Schütze** *m* puer <-eri> *m* elementarius.
**abdanken** *vi* (se magistratu) abdicare; *(Herrscher)* imperium deponere.
**Abdankung** *f (Amtsniederlegung)* muneris abdicatio <-onis> *f; (von Herrscher)* imperii depositio <-onis> *f.*
**abdecken** *vt* ❶ *(aufdecken)* detegere [**aedificia**] ❷ *(den Tisch)* mensam tollere ❸ *(zudecken)* operire, tegere [**corpus pallio**].
**abdichten** *vt* impervium facere, impenetrabile reddere.
**abdrehen** *vt (Wasser, Gas)* detorquēre.
**Abdruck** *m (Finger~)* vestigium *nt.*
**abdunkeln** *vt* obscurare.
**Abend** *m* vesper <-peri> *m;* **am ~** vesperī, vespere; **gegen ~** ad, sub vesperum; **mit Anbruch des ~s** primo vespere; primā vesperi (erg. hora); **guten ~!** bonum vesperum!; **gestern ~** heri vesperi; **es ist noch nicht aller Tage ~** quid vesper ferat, incertum est.
**Abend-** vespertinus [**ambulatio**].
**Abenddämmerung** *f* crepusculum *nt;* **in der ~** primo vespere.
**Abendessen** *nt* vesperna *f.*
**Abendkleid** *nt* vestis <-is> *f* vespertina.
**Abendkurs** *m* curriculum *nt* studiorum vespertinum.
**Abendland** *nt* occidens <-entis> *m.*

**abendländisch** *adj* occidentalis.
**abendlich** *adj* vespertinus.
**Abendmahl** *nt* cena *f* sacra; **zum ~ gehen** ad cenam sacram accedere.
**abends** *adv* vesperī, vespere.
**Abendschule** *f* schola *f* serotina.
**Abendsonne** *f* sol <solis> *m* occidens.
**Abendstern** *m* vesper <-peri> *m,* Hesperus *m.*
**Abenteuer** *nt* casus <-us> *m; (wagemutiges Unternehmen)* facinus <-noris> *nt* audax; *(Gefahr)* periculum *nt;* **sich in ein ~ stürzen** inconsulto se in periculum mittere; **ein ~ bestehen** rem periculosam suscipere.
**abenteuerlich** *adj (seltsam, phantastisch, voller Abenteuer: Geschichte, Erlebnis)* mirus, mirificus; *(gefährlich)* periculosus.
**Abenteurer(in** *f*) *m* planus *m,* homo <-minis> *m* vanus, femina *f* vana.
**aber** *kj* sed, at, verum; vero; *(nachgest.:* autem *(drückt die schwächste Gegenüberstellung aus).*
**Aberglaube** *m* superstitio <-onis> *f,* religio <-onis> *f.*
**abergläubisch** *adj* superstitiosus.
**aberkennen** *vt (absprechen)* abiudicare [**alci libertatem**].
**abermals** *adv* rursus, rursum, iterum [**alqd facere**].
**abernten** *vt* demetere [**frumentum**; **fructūs**].
**abfahren I.** *vi (auch absegeln)* avehi, proficisci **II.** *vt* ① *(abtransportieren)* avehere [**purgamenta**] ② *(Strecke)* percurrere, pervehi ③ *(Reifen)* consumere.
**Abfahrt** *f* profectio <-onis> *f.*
**Abfahrtslauf** *m* decursio <-onis> *f.*
**Abfahrtszeit** *f* tempus <-poris> *nt* profectionis.
**Abfall** *m* ① *(Reste)* purgamentum *nt* ② *(Lossagung; Abnahme)* defectio <-onis> *f* [**sociorum a Romanis**; **virium**].
**Abfalleimer** *m* scirpiculus *m* purgamentarius.
**abfallen** *vi* ① *(herunterfallen)* cadere, decidere ② **~ von** *(sich von jdm/ etw lossagen, jdm untreu werden)* deficere ab, desciscere ab [**a Latinis ad Romanos**; **a factione**]; **vom Glauben ~** ab opinione dei deficere ③ *(Gelände)* declivem esse, proclivem esse.
**abfallend** *adj (Gelände)* declivis [**ripa**].
**abfällig I.** *adj* fastidiosus; **eine ~e Bemerkung** dictum fastidiosum **II.** *adv* contemptim [**de Romanis loqui**].
**abfangen** *vt* intercipere [**epistulam**; **naves**].
**abfärben** *vi (Wäschestück)* decolorari, colorem amittere.
**abfassen** *vt (verfassen)* scribere, componere, condere [**libros**; **carmen**; **leges**; **testamentum**].
**abfertigen** *vt* ① *(versandfertig machen)* expedire [**epistulas**]; **Pakete ~** fasces expedire ② *(Personen, z.B. an der Grenze)* absolvere.
**abfinden I.** *vt* satisfacere + *dat* [**creditoribus**] **II.** *vr:* **sich ~** aequo animo ferre *(mit: akk)* [**fatum**].
**Abfindung** *f* satisfactio <-onis> *f;* **jdm eine ~ zahlen** satisfacere alci.
**abfliegen** *vi* avolare.
**abfließen** *vi* defluere.
**Abflug** *m* avolatio <-onis> *f.*
**Abfluss** *m* defluvium *nt.*
**Abflussrohr** *nt* tubus *m* defluvii.
**abfragen** *vt* interrogare, percontari (alqm de re).
**Abfuhr** *f:* **jdm eine ~ erteilen** alqm repudiare [*o* repellere].
**abführen** *vt* ① abducere, deducere [**obsides in carcerem**] ② *(Geld)* ferre [**pecuniam in aerarium**].
**abfüllen** *vt (in ein anderes Gefäß)* defundere.
**Abgabe** *f (Steuer)* tributum *nt,* vectigal <-alis> *nt,* stipendium *nt;* **jdm ~n auferlegen** tributa alci imponere [*o* imperare]; **~n eintreiben** vectigalia exigere.
**abgabenfrei** *adj* immunis.
**Abgabenfreiheit** *f* immunitas <-atis> *f.*
**abgabenpflichtig** *adj* tributarius, vectigalis.
**Abgangszeugnis** *nt* testimonium *nt* abeundi.
**abgeben I.** *vt (Gegenstand)* reddere [**epistulam**]; **seine Stimme ~** *(bes. von Senatoren)* sententiam dicere [*o* ferre *o* dare]; *(in der Volksversammlung)* suffragium ferre; **sein Urteil über etw ~** iudicium de re facere **II.** *vr:* **sich mit etw ~** alqd tractare; **sich mit jdm ~** commercium habēre cum alqo, alqo uti.
**abgedroschen** *adj (Redensart)* decantatus, tritus [**sententia**; **proverbium**].
**abgegriffen** *adj (Redensart)* decantatus, tritus [**proverbium**].
**abgehärtet** *adj* durus.
**abgehen** *vi* ① *(Post)* abire, mitti ② *(Zug, Schiff)* abire, avehi ③ *(frühzeitig von der Schule)* relinquere + *akk* ④ *(von seiner Meinung)* deflectere (de, ab).
**abgelegen** *adj (weit entfernt, entlegen)* longinquus, remotus [**regio**; **vicus**].
**abgemacht** *interj* recte!.
**abgeneigt** *adj:* **~ sein** *(zurückschaudern)* abhorrēre ab.
**abgenutzt** *adj* tritus, obsoletus [**stragulum**; **sponda**].
**Abgeordneter** *m* legatus *m.*
**abgerissen** *adj* ① *(Kleidung: zerlumpt)* laceratus ② *(von Personen: in zerlumpten Kleidern)* pannosus.
**abgerundet** *adj* ① rotundatus [**anguli**] ② *(fig)* rotundus.

**Abgesandter** *m* legatus *m.*
**abgeschieden** *adj (Ort)* secretus.
**Abgeschiedenheit** *f* solitudo <-dinis> *f.*
**abgeschmackt** *adj (plump, fade, geschmacklos)* infacetus, insulsus.
**abgesehen** *adj:* **~ von ...** praeter + *akk,* ut ... omittam; **es auf jmd ~ haben** alqm petere; **es auf etw ~ haben** alqd spectare.
**abgesondert** *adj* secretus.
**abgespannt** *adj (müde, erschöpft)* (de)fessus, defatigatus.
**abgestorben** *adj (von Gliedern, Pflanzen)* emortuus.
**abgestumpft** *adj* obtusus, hebes <-betis> [**animus**].
**abgetragen** *adj* obsoletus [**vestis**].
**abgewandt** *adj (abgekehrt)* aversus.
**abgewöhnen** *vt:* **sich etw ~** desuefieri a re; **jdm etw ~** dedocēre alqm alqd *(oder mit Inf.).*
**Abglanz** *m* repercussus <-us> *m* [**veteris magnificentiae**].
**Abgott** *m* idolum *nt.*
**abgöttisch** *adv:* **jmd ~ lieben** insanire alcis amore; **jmd ~ verehren** cultu paene divino alqm prosequi.
**abgrasen** *vt* ❶ depascere ❷ *(fig)* abuti + *abl.*
**abgrenzen** *vt (auch fig)* (de)terminare [**agrum publicum a privato**; **munera**].
**Abgrenzung** *f* (de)terminatio <-onis> *f.*
**Abgrund** *m* praeceps <-cipitis> *nt,* vorago <-ginis> *f; (fig)* summum discrimen <-minis> *nt;* **sich in den ~ stürzen** se in praeceps dare.
**Abguss** *m (Kunst: durch Gießen hergestellte Nachbildung)* simulacrum *nt* ex aere [*o* ex gypso] expressum.
**abhacken** *vt* abscidere, caedere.
**abhalten** *vt* ❶ *(fernhalten, abwehren)* arcēre, prohibēre, depellere *(von:* ab oder bl. abl) [**ardores solis**; **suspicionem a se**; **hostem Galliā**]; **jmd von etw ~** revocare alqm ab alqa re [**ab errore, a labore**] ❷ *(veranstalten, vornehmen)* habēre [**contionem**; **comitia**; **auspicia**; **delectum militum**].
**abhandeln** *vt* ❶ *(Thema)* tractare ❷ **jdm etw ~** mercari.
**abhandenkommen** *vi (verloren gehen)* (ab alqo) amitti.
**Abhandlung** *f* tractatio <-onis> *f,* commentatio <-onis> *f.*
**Abhang** *m* declivum *nt,* locus *m* praeruptus.
**abhängen** *vi:* **von jdm/etw ~** pendēre (ex, ab alqo; ex re, re, in re).
**abhängig** *adj* pendens (ex), subiectus + *dat;* **jmd von sich ~ machen** alqm sibi obnoxium facere.
**Abhängigkeit** *f* obsequium *nt (gegenüber:* in + akk; erga) [**in principem**; **erga Romanos**].
**abhärten** *vt* durare, firmare *(gegen etw:* ad alqd) [**corpus**; **animum adulescentis**; **se**].
**Abhärtung** *f* duritia *f.*
**abhauen I.** *vt* abscidere, caedere **II.** *vi (weggehen)* abscedere.
**abheben** *vr:* **sich ~ von** discrepare ab.
**abhelfen** *vi (einem Übel)* mederi, succurrere [**inopiae**; **incommodis**; **adversae fortunae**].
**abhetzen** *vr:* **sich ~** festinando (de)fatigari, properando confici.
**Abhilfe** *f* remedium *nt (gegen etw:* gen, dat oder ad) [**malorum**; **iniuriae**; **incommodis**; **ad magnitudinem frigorum**]; **~ schaffen** remedium reperire.
**abholen** *vt (Personen)* abducere, arcessere [**alqm ab alqo loco**]; *(Sachen)* petere.
**abholzen** *vt* arboribus nudare [**silvam**].
**abhören** *vt* ❶ *(abfragen)* recitare iubēre ❷ *(belauschen)* clam auscultare (m. dat oder akk).
**abirren** *vi* aberrare ab.
**Abitur** *nt* maturitas <-atis> *f,* absolutorium *nt.*
**Abiturient** *m* is, qui scholam egressurus est.
**Abiturientin** *f* ea, quae scholam egressura est.
**abkapseln** *vr:* **sich ~** se recipere.
**abkaufen** *vt* emere, mercari.
**abkehren** *vr:* **sich ~** recedere *(von:* de, ab).
**abklären** *vt* explicare, explanare.
**Abklatsch** *m (fig)* imitatio <-onis> *f.*
**abklingen** *vi (abnehmen, nachlassen)* (de)minui, (se) minuere, decrescere.
**abknöpfen** *vt (fig: Geld abnehmen)* exprimere *(jdm etw:* alqd ab alqo) [**magnam summam ab amico**].
**abknutschen** *vt* deosculari, exosculari.
**abkochen** *vt* decoquere [**aquam**].
**abkommen** *vi* ❶ *(vom Weg)* aberrare (ab) [**a via**; **ab itinere**] ❷ *(vom Thema)* deflectere (de, ab); *(von einem Plan, von einer Meinung)* desistere (de, ab).
**Abkommen** *nt* pactum *nt,* pactio <-onis> *f;* **ein ~ mit jdm treffen** pactionem facere cum alqo (de re oder ut).
**Abkömmling** *m (Nachkomme)* progenies <-ei> *f,* stirps <stirpis> *f* [**regia**; **Veneris**].
**abkoppeln** *vt* disiungere, (re)solvere.
**abkratzen** *vt* abradere.
**abkriegen** *vt (erhalten; einen Schaden, Schlag)* accipere.
**abkühlen I.** *vt* refrigerare [**aquam**] **II.** *vr:* **sich ~** ❶ refrigerari ❷ *(fig)* defervescere.
**Abkühlung** *f* refrigeratio <-onis> *f.*
**abkürzen** *vt* ❶ abbreviare [**verbum**; **viam**] ❷ *(zeitl.)* coartare [**tempus potestatis censoriae**].
**Abkürzung** *f* ❶ *(Wort)* nota *f* ❷ *(Weg)* compendium *nt.*
**abladen** *vt* ❶ *(Wagen)* exonerare ❷ *(Waren)* deponere (+ abl; ex) [**onera iumentis**].

A

**Ablage** *f* depositorium *nt.*

**ablassen I.** *vt (Wasser)* deducere, emittere [**aquam e lacu**] **II.** *vi (von etw ~, etw aufgeben)* desistere (mit abl; de; ab) [**de sententia; ab incepto**].

**Ablauf** *m* ❶ *(Verlauf von Vorgang, von Ereignissen)* (de)cursus <-us> *m* ❷ *(von Frist, Vertrag)* dies <-ei> *f.*

**ablaufen I.** *vi* ❶ *(von Wasser)* defluere ❷ *(zu Ende gehen)* exire, praeterire; *(einen Ausgang nehmen)* evenire, (pro)cedere; **die Frist ist abgelaufen** dies constituta adest [*o* exiit *o* praeteriit]; **der Waffenstillstand war abgelaufen** indutiarum dies exierat; **gut/glücklich ~** bene/feliciter [*o* prospere] evenire [*o* procedere]; **schlecht ~** male evenire [*o* procedere] **II.** *vt (Schuhe, Sohlen)* (de)terere.

**ablecken** *vt* delingere.

**ablegen** *vt* ❶ *(niederlegen, niedersetzen, ausziehen)* (de)ponere [**arma; vestem**] ❷ *(fig: aufgeben)* (de)ponere [**curas; luctum; metum; nomen**]; **eine Gewohnheit ~** a consuetudine recedere; **einen Eid ~** (ius iurandum) iurare; **Rechenschaft ~** rationem reddere; **Zeugnis ~** testimonium dicere; **ein Geständnis ~** fateri, confiteri, confessionem facere.

**Ableger** *m* propago <-ginis> *f,* malleolus *m,* surculus *m.*

**ablehnen** *vt* recusare, repudiare, detrectare [**condiciones; pacem; donum; invitationem; petitionem**]; **jmd als Zeugen ~** alqm testem recusare.

**Ablehnung** *f* recusatio <-onis> *f,* detrectatio <-onis> *f;* **auf ~ stoßen** recusari, detrectari.

**ableiten** *vt* ❶ *(Wasser)* derivare, deducere ❷ *(fig: Ursprung, Namen)* deducere [**nomen ab Anco**].

**Ableitung** *f (auch fig)* derivatio <-onis> *f* [**fluminis; nominis**].

**Ableitungsgraben, -kanal** *m* fossa *f; (um stehendes Gewässer abzuleiten)* emissarium *nt; (für Abwässer)* cloaca *f.*

**ablenken** *vt* ❶ *(jmd von etw)* avertere, avocare (alqm oder animum, mentem alcis ab alqa re) [**alqm a labore**] ❷ *(Verdacht)* removēre [**suspicionem a se**] ❸ *(zerstreuen)* avocare.

**Ablenkung** *f* avocatio <-onis> *f.*

**ablesen** *vt (vom Blatt, Zählerstand)* legere [**orationem**].

**ableugnen** *vt* negare (mit akk; mit A.C.I.; verneint auch mit quin; Pass. mit N.C.I. und unpers. mit A.C.I.) [**peccatum suum**]; *(hartnäckig ~)* pernegare *(mit A.C.I.).*

**abliefern** *vt (abgeben)* tradere [**pecuniam quaestoribus; alci epistulam**].

**Ablieferung** *f* traditio <-onis> *f* [**pecuniae; fascis**].

**ablösen** *vt* ❶ *(loslösen, abmachen)* solvere ❷ *(jmd)* succedere (alci oder in locum alcis) [**patri in regno; in collegae locum**] ❸ *(von Jahreszeiten)* succedere + *dat.*

**abmachen** *vt* ❶ *(wegmachen)* demere ❷ *(vereinbaren)* constituere [**novam diem** einen neuen Termin].

**Abmachung** *f (Vereinbarung)* pactio <-onis> *f;* **mit jdm ~en treffen** pactiones facere cum alqo.

**abmagern** *vi* macescere.

**abmalen** *vt* (de)pingere.

**Abmarsch** *m* profectio <-onis> *f* [**in Hispaniam**]; **das Zeichen zum ~ geben** signum profectionis dare.

**abmarschbereit** *adj* promptus ad iter faciendum.

**abmarschieren** *vi* proficisci, discedere; *(das Lager abbrechen)* castra movēre.

**abmelden I.** *vt (Abonnement)* retractare [**subnotationem**] **II.** *vr:* **sich ~** nomen retractare.

**abmessen** *vt* ❶ (di)metiri [**agrum**] ❷ *(fig: beurteilen)* aestimare [**damnum**].

**Abmessung** *f* (di)mensio <-onis> *f.*

**abmontieren** *vt* destruere.

**abmühen** *vr:* **sich ~** laborare [**pro salute alcis; in penso** sich mit den Schulaufgaben ~].

**abnabeln** *vr:* **sich ~** *(fig)* disiungi, seiungi.

**abnagen** *vt* rodere.

**Abnahme** *f* ❶ *(Verminderung)* deminutio <-onis> *f; (der Kräfte)* defectio <-onis> *f* ❷ (COM): **(reißende) ~ finden** *(sich verkaufen lassen)* (facillime) emptorem invenire.

**abnehmen I.** *vt* ❶ *(herunternehmen)* demere [**iuga bobus; poma; amictum ex umeris**]; **den Verband ~** vulnus aperire; **jdm die Fesseln ~** alqm ex vinculis eximere ❷ *(fig)*: **jdm den Eid ~** alqm ad ius iurandum adigere; **jdm ein Versprechen ~** obligare alqm, ut promissum faciat **II.** *vi (sich verringern)* (de)minui; *(Mond)* deficere; *(Hitze)* defervescere; *(an Gewicht)* tabēre, macrescere.

**Abnehmer** *m (Käufer)* emptor <-oris> *m.*

**Abneigung** *f* taedium *nt,* fastidium *nt,* odium *nt (gegen: gen)* [**belli; laboris; domesticarum rerum**]; **eine ~ haben gegen** abhorrēre ab.

**abnorm** *adj* abnormis.

**abnutzen** *vt* deterere [**vestem**]; conterere [**librum legendo; ferrum usu**].

**Abnutzung** *f (Verschleiß)* detritus <-us> *m.*

**Abonnement** *nt* subnotatio <-onis> *f;* **das ~ erneuern** subnotationem iterare.

**Abonnent(in** *f*) *m* subnotator <-oris> *m,* subnotatrix <-icis> *f.*

**abonnieren** *vt* subnotare.

**abordnen** *vt* legare.

**Abordnung** *f* legatio <-onis> *f.*

**Abpfiff** *m* (SPORT) sibilus *m* finalis.

**abpflücken** *vt* carpere, decerpere.

**abplagen** *vr:* **sich ~** exerceri (alqa re), laborare, labore confici.

**abprallen** *vi* resilire, repelli (abs. oder ab).

**abputzen** *vt (reinigen)* purgare [**calceos**]; *(abwischen)* detergēre [**squalorem**].

**abraten** *vi* dissuadēre (abs.; mit akk; de; A.C.I.; ne) [**pacem**; **de captivis**], dehortari (alqm a re, mit ne oder Inf.).

**abräumen** *vt (Speisen, Geschirr)* tollere [**cibos**; **pocula**]; *(Tisch)* mensam tollere.

**abrechnen I.** *vt (abziehen)* deducere [**de summa**] **II.** *vi:* **mit jdm ~** rationes conferre, rationem [*o* rationes] putare cum alqo.

**abreiben** *vt* ① *(abscheuern)* (de)terere ② *(trockenreiben)* (de)fricare <(de)fricui> [**equum**; **corpus**] ③ *(ab-, wegwischen)* detergēre ④ *(durch Reiben säubern)* terendo purgare [**manūs**].

**Abreise** *f* profectio <-onis> *f*, discessus <-us> *m* [**in Hispaniam**].

**abreisen** *vi* proficisci, abire.

**abreißen I.** *vt* avellere; *(Brücke)* rescindere; *(Haus)* destruere **II.** *vi (Gespräch)* abrumpi; *(Faden)* dirumpi.

**Abreißkalender** *m* calendarium *nt* foliatum.

**abrichten** *vt (Tiere)* condocefacere [**beluas**].

**abriegeln** *vt (Tür)* obserare [**fores**].

**Abriss** *m* ① *(von Gebäuden)* destructio <-onis> *f* [**castelli**] ② *(Übersicht)* brevis expositio <-onis> *f* [**historiae**]; **einen kurzen ~ von etw geben** breviter exponere alqd.

**abrücken I.** *vt* amovēre **II.** *vi* recedere.

**abrufen** *vt (wegrufen, abberufen)* avocare [**populum ab armis**; **exercitum ad bellum**]; *(zurückrufen)* revocare [**ab** (*o* **de**) **exilio**; **legiones a bello**].

**abrunden** *vt* rotundare; **einen Satz ~** circuitum et quasi orbem verborum conficere; **eine Rede ~** orationem quadrare; **abgerundet** rotundatus; *(fig)* quasi rotundus.

**abrüsten** *vi* arma imminuere.

**Abrüstung** *f* armorum imminutio <-onis> *f*.

**Absage** *f* renuntiatio <-onis> *f*.

**absagen** *vt:* **jdm ~** alci renuntiare; **eine Einladung zum Essen ~** ad cenam renuntiare alci; **der Konsul sagte die Versammlung ab** consul nuntiavit se comitia non habiturum esse.

**absägen** *vt* serrā desecare <desecui>.

**absatteln** *vt* stramentum detrahere [**equo**].

**Absatz** *m* ① *(Schuh~)* calx <calcis> *f* ② *(Textabschnitt)* pars <partis> *f* ③ *(Unterbrechung im Text)* intervallum *nt* ④ (COM) mercatus <-us> *m*.

**abschaben** *vt* abradere.

**abschaffen** *vt (aufheben)* abolēre [**patrios mores**]; *(Gesetz)* abrogare.

**Abschaffung** *f (Aufhebung)* abolitio <-onis> *f*; *(eines Gesetzes)* abrogatio <-onis> *f*; **nach ~ des Gesetzes** lege abrogata.

**abschälen** *vt* folliculum detrahere (alci rei) [**malo**; **bananae**].

**abschalten** *vt (Radio, Strom)* exstinguere; *(Motor)* sistere.

**abschätzen** *vt* aestimare [**numerum militum**; **damnum**].

**abschätzig I.** *adj* fastidiosus [**dictum** Bemerkung] **II.** *adv* contemptim [**de Romanis loqui**].

**Abschaum** *m* faex <faecis> *f*, sentina *f* [**populi**; **rei publicae**].

**Abscheu** *m* summum odium *nt (gegen, vor:* mit gen obi., in + akk, mit Poss. Pron.); **~ haben vor** abhorrēre ab.

**abscheulich** *adj* foedus [**facinus**; **homo**].

**abschicken** *vt* mittere [**epistulam ad alqm**].

**Abschied** *m* discessus <-us> *m*; **beim ~ sagte er** discedens (abiens, cum discederet) dixit; **von jdm ~ nehmen** valēre alqm iubēre.

**Abschiedsbrief** *m* epistula *f* suprema.

**Abschiedsfeier** *f* festum *nt* viaticum.

**Abschiedskuss** *m* osculum *nt* supremum.

**Abschiedsrede** *f* oratio <-onis> *f* abeuntis.

**abschießen** *vt (Geschoss)* (e)mittere, excutere [**telum**; **saxa in alqm**; **sagittam arcu**].

**abschirmen** *vt* protegere, tueri.

**abschlachten** *vt* trucidare [**boves**; **captos sicut pecora**].

**abschlagen** *vt* ① *(wegschlagen)* decutere ② *(ablehnen, verweigern)* recusare, (de)negare [**nihil miseris**; **auxilium Veientibus**]; **jdm eine Bitte ~** alci petenti alqd denegare.

**abschlägig** *adj:* **~e Antwort** repulsa *f*.

**Abschlagszahlung** *f* solutio <-onis> *f* particularis.

**abschleifen** *vt* ① *(durch Schleifen entfernen)* atterere [**robiginem**] ② *(durch Schleifen reinigen, glätten)* polire [**marmora**].

**Abschleppdienst** *m* ministerium *nt* currūs remulcandi.

**abschleppen** *vt* remulcare.

**Abschleppseil** *nt* remulcum *nt*.

**Abschleppwagen** *m* carrus *m* remulcandi.

**abschließen** *vt* ① *(zuschließen)* claudere ② *(beenden)* finire, conficere [**studia**] ③ *(fig)*: **einen Vertrag ~** foedus facere [*o* icere, ferire]; **eine Wette ~** sponsionem facere; **sich von der Außenwelt ~** se segregare a ceteris.

**Abschluss** *m* ① *(Beendigung)* conclusio <-onis> *f*; **nach ~ des Studiums** studiis confectis ② *(eines Bündnisses)* foederis sanctio <-onis> *f*.

**Abschlussprüfung** *f* examen <-minis> *nt* finale, probatio <-onis> *f* finalis.

**Abschlusszeugnis** *nt* testimonium *nt* finale.

**abschneiden** *vt* (de)secare <(de)secui> [**capil-**

A

**los]; jdm etw ~** *(ab-, versperren)* alqd alci intercludere [**iter / fugam alci**]; **jmd von etw ~** *(trennen)* alqm intercludere (mit abl, ab) [**hostem commeatu; legiones a castris**].

**Abschnitt** *m* pars <partis> *f* [**orationis; vitae; temporis**].

**abschöpfen** *vt* haurire.

**abschrauben** *vt (Schraube)* cochleam evolvere, retorquēre.

**abschrecken** *vt* ❶ deterrēre (ab; ne; nach Negation: quominus, quin); **sich durch nichts ~ lassen** nullā re deterreri ❷ *(Speisen)* aquā frigefacere.

**abschreckend** *adj* formidolosus [**exemplum**].

**abschreiben** *vt (Text übertragen)* exscribere, transcribere [**testamentum; tabulas**].

**Abschrift** *f* exemplar <-aris> *nt;* exemplum *nt* [**testamenti; epistulae**].

**Abschürfung** *f* excoriatio <-onis> *f.*

**Abschuss** *m (einer Waffe, Rakete)* emissio <-onis> *f.*

**abschüssig** *adj* declivis, praeceps <-cipitis>; praeruptus [**collis; ripa**].

**Abschussrampe** *f* basis <-is> *f* emissionis.

**abschütteln** *vt* excutere, decutere [**pulverem**].

**abschwächen** *vt* lenire.

**abschweifen** *vi (von Redner, Rede, Gedanken)* aberrare, declinare [**a rerum ordine; a proposito**].

**abschwören** *vi* eiurare *(einer Sache:* alqd); *(ableugnen)* abiurare [**crimen**].

**absegeln** *vi* navem / naves solvere, (in altum) provehi, (navi / navibus) proficisci.

**absehen** *vi (Ende, Folgen)* providēre; **es auf etw/jmd abgesehen haben** spectare (ad) alqd/petere alqm; **von etw ~** *(etw nicht berücksichtigen)* omittere alqd, discedere ab.

**abseits** *adv* seorsum.

**absenden** *vt* mittere [**epistulam ad alqm**].

**Absender** *m* mittens <-entis> *m.*

**absetzen I.** *vt* ❶ *(niederlegen, hinstellen)* deponere [**lecticam**] ❷ *(verkaufen)* vendere ❸ *(König, Beamte)* dimittere, loco movēre **II.** *vi (unterbrechen)* intermittere; **ohne abzusetzen** sine intervallis **III.** *vr:* **sich ~** *(sich entfernen)* se recipere.

**Absicht** *f* consilium *nt (etw zu tun, zu etw:* mit gen; Inf.; gen des Gerundivs; de; ut); **ich habe die ~** in animo habeo, in animo mihi est, consilium habeo; **mit ~** consilio; **in der ~, dass** eo consilio, ut; **ohne ~** imprudenter.

**absichtlich** *adv* consilio, consulto [**alqm violare**].

**absitzen I.** *vi (vom Pferd absteigen)* descendere (ex) [**ex equo**]; **die Reiterei ~ lassen** equites ad pedes deducere **II.** *vt:* **eine Strafe ~** poenam in carcere perferre.

**absolut I.** *adj (unumschränkt)* infinitus; *(unbedingt)* absolutus [**necessitudo**]; *(äußerst, höchst)* summus [**silentium**]; **~e Herrschaft** summum imperium; **~er Herrscher** rex <regis> *m* **II.** *adv* prorsus, plane, per se.

**Absolutismus** *m* potestas <-atis> *f* absoluta, absolutismus *m.*

**absondern I.** *vt* separare, seiungere, secernere, discernere *(von:* ab) [**inermes ab armatis**] **II.** *vr:* **sich ~** secedere, recedere *(von:* ab).

**abspalten** *vt* diffindere.

**absparen** *vt:* **sich etw vom Mund ~** alqd de mensa sua detrahere.

**abspeisen** *vt:* **jmd mit Worten ~** ducere alqm dictis; **sich mit etw ~ lassen** acquiescere in alqa re.

**abspenstig** *adj:* **jmd ~ machen** abalienare alqm *(jdm:* ab alqo).

**absperren** *vt (abschließen; Straße ~)* claudere [**domum; portas; transitum; exitūs maritimos**].

**abspielen** *vr:* **sich ~** fieri, evenire.

**Absprache** *f* consensus <-us> *m.*

**absprechen** *vt:* **etw mit jdm ~** *(vereinbaren)* constituere alqd cum alqo; **jdm etw ~** abiudicare alci alqd [**alci libertatem**].

**abspringen** *vi* ❶ desilire *(von:* ex; de; bl. abl) [(**ex**) **equo; de curru**] ❷ *(unvermittelt von etw zurücktreten)* repente desciscere ab.

**Absprung** *m* desultura *f.*

**abspülen** *vt (durch Spülen reinigen; durch Spülen entfernen)* abluere [**manūs; vulnera; vasa; sugitorium; spumam**].

**abstammen** *vi* ❶ prognatum esse (ab, ex alqo) [**ex Cimbris**]; ortum esse (ab, ex alqo; alqa re) [**nobili genere**] ❷ *(Wort)* ductum esse ab.

**Abstammung** *f* origo <-ginis> *f.*

**Abstand** *m (örtl. und zeitl.)* intervallum *nt,* spatium *nt (von:* ab); **von etw ~ nehmen** decedere, desistere (de; ab; bl. abl), deponere alqd; **mit ~ der Beste** longe optimus; **~ halten** intervallum tenēre.

**abstatten** *vt:* **jdm einen Besuch ~** alqm visitare.

**abstauben** *vt* pulverem excutere.

**abstechen I.** *vt (töten)* caedere, ferire **II.** *vi (sich abheben)* discrepare ab.

**Abstecher** *m* excursio <-onis> *f;* **einen ~ machen** devertere (in und akk; ad) [**in tabernam; ad hospitem**].

**abstecken** *vt (durch Zeichen markieren)* dimetiri [**locum castris; campum ad certamen**].

**abstehen** *vi (nicht anliegen: Zöpfe, Ohren)* eminēre.

**absteigen** *vi* ❶ descendere [**ex equo; e curru**] ❷ *(einkehren)* devertere [**in tabernam; in deversorium; ad alqm in hospitium**].

**abstellen** *vt* ❶ deponere [**lecticam**] ❷ *(Miss-*

*stand, Unsitte)* abolēre [**mores pravos**] ③ **etw auf etw ~** *(ausrichten)* aptare *(auf:* dat, ad) [**orationem temporibus**].

**abstempeln** *vt* ① obsignare ② *(fig: Menschen)* notare.

**absterben** *vi (von Pflanzen, Gliedern)* emori.

**Abstieg** *m (auch fig)* descensus <-us> *m;* **sozialer ~** descensus socialis.

**abstimmen I.** *vi* sententiam dicere; *(in der Volksversammlung)* suffragium ferre *(über:* de); **das Volk ~ lassen** populum in suffragium mittere **II.** *vt:* **etw auf etw. ~** aptare alqd alci rei, efficere ut alqd conveniat cum alqa re.

**Abstimmung** *f (Stimmenabgabe)* suffragium *nt; (im Senat)* discessio <-onis> *f;* **geheime ~** suffragium tacitum.

**Abstinenz** *f* abstinentia *f.*

**Abstinenzler** *m* homo <-minis> *m* abstemius.

**abstoßen** *vt* ① *(wegstoßen)* detrudere ② *(beschädigen)* laedere ③ *(verkaufen)* vendere ④ *(anekeln)* fastidium afferre alci.

**abstoßend** *adj* asper <-era, -erum>, acerbus.

**abstrakt** *adj* seiunctus [*o* sevocatus] a sensibus, abstractus.

**abstreifen** *vt* ① *(Kleidung, Blätter)* (de)stringere [**tunicam ab umeris**; **folia ex arboribus**] ② *(Fehler, Gewohnheit, Vorurteile)* (de)ponere [**vitia**; **consuetudines veteres**].

**abstreiten** *vt (leugnen)* negare (mit akk; mit A.C.I.; verneint auch mit quin; Pass. mit N.C.I. und unpers. mit A.C.I.) [**peccatum suum**].

**abstufen** *vt (stufenweise einteilen)* gradatim distribuere; *(gegeneinander absetzen, unterscheiden)* gradatim discernere.

**Abstufung** *f (stufenweise Einteilung)* gradus <-us> *m* [**societatis humanae**; **officiorum**]; *(Unterschied)* discrimen <-minis> *nt.*

**abstumpfen I.** *vi (fig)* hebescere **II.** *vt (gefühllos machen)* obtundere [**mentem**].

**Absturz** *m* casus <-us> *m.*

**abstürzen** *vi* praecipitare.

**absuchen** *vt* scrutari [**domos**; **abdita loca**].

**absurd** *adj* absurdus.

**Abszess** *m* abscessus <-us> *m.*

**Abt** *m* abbas <-atis> *m.*

**abtasten** *vt* temptare.

**Abtei** *f* abbatia *f.*

**Abteil** *nt (des Zuges)* compartimentum *nt.*

**abteilen** *vt (durch Trennwand)* separare.

**Abteilung** *f (einer Firma, eines Kaufhauses)* pars <partis> *f;* (MIL) manipulus *m; (Reiter~)* turma *f.*

**Abteilungsleiter(in** *f*) *m* suppraepositus, -a *m, f.*

**Äbtissin** *f* abbatissa *f.*

**abtragen** *vt* ① *(Hügel)* plano aequare; *(Bauten)* destruere [**murum**] ② *(Essen)* tollere [**cibos**; **pocula**] ③ *(Schulden)* solvere ④ *(Kleider)* conterere [**vestem**].

**abträglich** *adj* noxius, nocens <-entis> [**valetudini**].

**Abtransport** *m* asportatio <-onis> *f* [**vulneratorum**; **aeris**].

**abtreiben I.** *vt (Boot)* depellere; *(Kind)* abigere [**partum**] **II.** *vi (Boot, Schwimmer)* depelli.

**Abtreibung** *f* (MED) abortus <-us> *m* artificialis.

**abtrennen** *vt* separare, seiungere, secernere, discernere.

**abtreten I.** *vt (überlassen)* concedere alci alqd, cedere alci alqd [*o* alqa re] **II.** *vi (zurücktreten, sich zurückziehen)* secedere, recedere de medio; **von einem Amt ~** se magistratu abdicare, magistratu abire; **von der Bühne ~** *(bei einer Aufführung)* scaenam relinquere; *(für immer)* de scaena decedere.

**abtrocknen I.** *vt (trocken machen)* siccare; *(trockenreiben)* tergēre [**manūs**]; *(wegwischen)* detergēre [**sudorem frontis**] **II.** *vi* siccari, arescere.

**abtropfen** *vi* destillare.

**abtrotzen** *vt:* **jdm etw ~** alci invito [*o* ab alqo invito] alqd exprimere.

**abtrünnig** *adj* (ab)alienatus *(jdm:* ab alqo); **~ machen** (ab)alienare; **jdm ~ werden** (ab)alienari ab alqo.

**abverlangen** *vt:* **jdm etw ~** postulare, poscere alqd ab alqo.

**abwägen** *vt* pensare, examinare [**argumenta**; **verba**]; **Laster und Tugenden gegeneinander ~** vitia virtutibus pensare.

**abwälzen** *vt* amoliri [**crimen a se**].

**abwandeln** *vt* variare, (com)mutare, modificare.

**abwandern** *vi* emigrare.

**abwarten** *vt* exspectare [**adventum alcis**; **eventum pugnae**].

**abwärts** *adv* deorsum.

**abwärtsgehen** *vi* descendere; **mit ihm geht's abwärts** labitur; **mit dem Staat geht es abwärts** res publica labitur.

**Abwasch** *m* ① *(Geschirr)* vasa *nt pl* escaria sordida ② *(Handlung)* ablutio <-onis> *f* (vasorum escariorum).

**abwaschen** *vt* abluere [**squalorem sibi**].

**Abwasser** *nt* defluvium *nt.*

**abwechseln I.** *vi* variare, alternare; *(im Wechsel aufeinanderfolgen)* invicem succedere **II.** *vr:* **sich ~** *(sich in etw ablösen)* invicem sibi succedere.

**abwechselnd** *adv* invicem, per vices.

**Abwechslung** *f* varietas <-tatis> *f;* **zur ~** varietatis causā; **~ in etw bringen** variare alqd.

**Abweg** *m:* **jmd auf ~e führen** a recta via [*o* a

A

recto itinere] alqm deducere; **auf ~e geraten** (in) itinere deerrare, de via declinare.

**abwegig** *adj* absurdus [**quaestio**].

**Abwehr** *f* ❶ *(das Abwehren)* propulsatio <-onis> *f* [**periculi**]; *(Verteidigung)* defensio <-onis> *f*; **~ leisten** propulsare, defendere ❷ *(Ablehnung)* recusatio <-onis> *f.*

**abwehren** *vt* ❶ *(verhindern, fernhalten)* arcēre, prohibēre, propulsare [**Campanos a vallo; hostem Galliā; seditionem; periculum; iniuriam**] ❷ *(Dank, Lob, Bitten zurückweisen)* repudiare.

**abweichen** *vi* ❶ *(verschieden sein)* discrepare cum; **die Meinungen weichen voneinander ab** sententiae variantur ❷ *(vom Thema, vom Kurs ~)* declinare (ab; de; bl. abl) [**a proposito; de cursu**]; **vom Weg** *und fig* **vom rechten Weg ~** de via decedere, itinere deerrare.

**abweichend** *adj* discrepans <-antis> *(von: ab).*

**Abweichung** *f* ❶ *(vom Thema)* declinatio <-onis> *f* ❷ *(Verschiedenheit)* discrepantia *f* [**saporum**].

**abweiden** *vt* depascere.

**abweisen** *vt* repellere, repudiare [**preces alcis; petitionem alcis; alcis condiciones; procos; mendicum**].

**abweisend** *adj* asper <-era, -erum> [**mores** Verhalten; **responsum**].

**abwenden I.** *vt* avertere [**vultum; cogitationes; periculum; malum** das Unheil] **II.** *vr:* **sich ~** devertere.

**abwerfen** *vt* ❶ *(herabwerfen)* deicere; *(Reiter)* effundere ❷ *(Gewinn)* afferre [**lucrum**].

**abwerten** *vt (fig)* contemnere.

**Abwertung** *f* (FIN) devaloratio <-onis> *f.*

**abwesend** *adj* absens <-entis>; **~ sein** abesse; *(fig: geistes~ sein)* animo vagari.

**Abwesenheit** *f* ❶ absentia *f*; **in jmds ~** alqo absente ❷ *(fig: Zerstreutheit)* mentis alienatio <-onis> *f.*

**abwickeln** *vt (auch fig)* explicare, expedire [**fila; mandata; negotia** Geschäfte].

**abwiegen** *vt* pensare.

**abwimmeln** *vt* repellere.

**abwinken** *vi* abnuere.

**abwischen** *vt* (de)tergēre [**lacrimas; sudorem; mensam**].

**abzahlen** *vt (Schulden)* (per)solvere [**aes alienum; pecuniam debitam**].

**abzählen** *vt* numerare; (**sich**) **etw an den Fingern ~** alqd per digitos numerare.

**Abzahlung** *f (Ratenzahlung)* solutio <-onis> *f* per pensiones; **etw auf ~ kaufen** alqd pensionibus solvendis emere.

**Abzeichen** *nt* insigne <-gnis> *nt.*

**abzeichnen** *vt* ❶ *(kopieren)* describere ❷ *(Dokument)* subscribere + *dat* [**tabulis**].

**abziehen I.** *vt* ❶ *(entfernen)* detrahere [**pellem; anulum de digito**]; **den Schlüssel ~** clavem abducere, eximere ❷ *(subtrahieren)* deducere alqd alci rei [*o* de] ❸ *(kopieren)* copiare ❹ **eine Schau ~** spectaculum praebēre **II.** *vi (weggehen, wegmarschieren)* discedere, abire, abscedere, decedere.

**abzielen** *vi:* **auf etw ~** *(fig)* ad alqd spectare, ad alqd pertinēre.

**Abzug** *m* ❶ *(Abmarsch)* discessus <-us> *m,* decessio <-onis> *f* [**exercituum**] ❷ *(Verminderung)* deductio <-onis> *f* ❸ (FOT) antitypum *nt* ❹ *(Kopie)* exemplar <-aris> *nt,* exemplum *nt* ❺ *(von Waffen)* manucla *f.*

**Abzugsgraben, -kanal** *m* incile <-lis> *nt,* emissarium *nt,* cloaca *f.*

**Abzweigung** *f* deverticulum *nt.*

**ach** *interj (als Ausdruck lebhafter Gefühlsäußerung wie z. B. der Freude, Trauer, Verwunderung)* o, oh!; *(als Ausdruck der Klage, des Schmerzes)* eheu!; **~ ja** sane quidem, scilicet; **mit Ach und Krach** aegre.

**Achse** *f* axis <-is> *m;* **auf ~ sein** in via esse.

**Achsel**(**höhle**) *f* ala *f.*

**acht** *num* octo (undekl.); **je ~** octoni, -ae, -a.

**Acht** *f* ❶ *(Bann)* proscriptio <-onis> *f;* **über jmd die ~ verhängen** proscribere alqm; ❷ auf etw **~ geben** animum intendere alci rei [*o* in *o* ad alqd], animum attendere ad alqd; **außer ~ lassen** neglegere; **sich in ~ nehmen** cavēre (mit akk; ab; ne).

**achtbar** *adj* honestus, honorabilis [**homines; res gesta** Leistung].

**Achtbarkeit** *f* honestas <-atis> *f,* dignitas <-atis> *f.*

**Achteck** *nt* octangulum *nt.*

**achteckig** *adj* octangulus.

**Achtel** *nt* pars <partis> *f* octava.

**achten I.** *vt* ❶ *(schätzen, ansehen als)* aestimare, ducere, putare (mit gen pretii); **gering ~** parvi aestimare [*o* ducere] ❷ *(respektieren)* colere, vereri [**leges**] **II.** *vi:* **auf etw ~** animum attendere ad.

**ächten** *vt* alqm proscribere, alci aquā et igni interdicere.

**achtens** *adv* octavo.

**achter** *adj* octavus; **zum achten Mal** octavum.

**Achterbahn** *f* curriculum *nt* retroflexum.

**Achterdeck** *nt* (NAUT) puppis <-is> *f.*

**achtfach** *adj* octuplus [**pars**].

**achthundert** *num* octingenti <-ae, -a>.

**achtjährig** *adj* octo annorum; *(Kind: 8 Jahre alt)* octo annos natus.

**achtlos I.** *adj* securus, neglegens <-entis>, socors <-cordis> *(gegen, in etw: gen)* **II.** *adv* neglegenter, sine cura.

**Achtlosigkeit** *f* neglegentia *f,* securitas <-atis> *f.*

**achtmal** *adv* octie(n)s.
**Achtung I.** *f* reverentia *f,* aestimatio <-onis> *f,* verecundia *f* + *gen* [**maiorum; legum**]; **jdm seine ~ entgegenbringen** [*o* **erweisen**] alci reverentiam tribuere; **sich allgemeiner ~ erfreuen** ab omnibus diligi et coli; **sich ~ verschaffen** aestimationem acquirere **II.** *interj* attende!; *(an mehrere gerichtet)* attendite!.
**Ächtung** *f* proscriptio <-onis> *f.*
**achtzehn** *num* duodeviginti (undekl.).
**achtzig** *num* octoginta (undekl.).
**ächzen** *vi* gemere.
**Ächzen** *nt* gemitus <-us> *m.*
**Acker** *m* ager <agri> *m;* **den ~ bestellen** agrum colere.
**Ackerbau** *m* agricultura *f,* agri cultura *f;* **~ treiben** agriculturae studēre, agrum colere.
**Ackergesetz** *nt* lex <legis> *f* agraria.
**Ackerland** *nt* arvum *nt.*
**ackern** *vi* ❶ arare ❷ *(schuften)* assiduis laboribus (de)fatigari.
**Ackerverteilung** *f* agrorum assignatio <-onis> *f,* agrorum divisio <-onis> *f.*
**addieren** *vt (dazurechnen)* addere; *(zusammenrechnen)* summam facere.
**ade** *interj (sg)* vale; *(pl)* valete.
**Adel** *m* ❶ *(aristokratische Herkunft, vornehmer Stand)* nobilitas <-atis> *f;* **von ~ sein** nobili loco natum esse ❷ *(fig: edle Gesinnung)* magnitudo <-dinis> *f* animi, magnanimitas <-tatis> *f.*
**adelig** *adj s.* **adlig.**
**adeln** *vt* ❶ alqm nobilem facere, alqm in numerum nobilium recipere, generis nobilitatem alci tribuere ❷ *(fig)* ornare.
**Adelsherrschaft** *f* potentia *f* nobilium.
**Adelspartei** *f* optimates <-at(i)um> *m pl (Ggstz. populares, -rium m pl: Volkspartei ).*
**Ader** *f (auch fig)* vena *f;* **eine poetische ~ haben** poësis venam habēre.
**Aderlass** *m* sanguinis missio <-onis> *f.*
**Ädil** *m* aedilis <-is> *m.*
**Ädilenamt** *nt,* **Ädilität** *f* aedilitas <-atis> *f.*
**Adjutant** *m* (MIL) legatus *m.*
**Adler** *m* aquila *f.*
**Adlernase** *f* nasus *m* aduncus.
**adlig** *adj* nobilis, generosus [**gens**]; **~ sein** nobili loco natum esse.
**Adlige(r)** *f(m)* nobilis <-is> *m/f.*
**Admiral** *m* praefectus *m* classis; **~ sein** classi praeesse.
**Admiralschiff** *nt* navis *f* praetoria.
**adoptieren** *vt* adoptare; *(einen Mündigen)* arrogare.
**Adoption** *f* adop(ta)tio <-onis> *f; (eines Mündigen)* arrogatio <-onis> *f.*
**Adoptiv-** adoptivus [**filius; pater; soror; imperator** Adoptivkaiser].
**Adressat** *m* destinatarius *m.*
**Adressbuch** *nt* index <-dicis> *m* domiciliorum.
**Adresse** *f (eines Briefes)* inscriptio <-onis> *f; (Wohnung)* domicilium *nt.*
**adressieren** *vt* inscribere *(an jmd:* alci) [**epistulam patri**].
**Adria** *f* Adria *m,* Hadria *m.*
**Advent** *m* adventus <-us> *m* sacer; **erster ~** dominica *f* prima adventūs.
**Adventskranz** *m* sertum *nt* adventuale.
**Affäre** *f (Angelegenheit)* res <rei> *f.*
**Affe** *m* simia *f.*
**Affekt** *m* animi motus <-us> *m,* affectus <-us> *m;* **im ~ handeln** concitate agere.
**affektiert** *adj* ineptus; *(von der Rede)* affectatus.
**äffen** *vi* illudere, ludificari.
**Affenliebe** *f* amor <amoris> *m* nimius.
**affig** *adj* vanus.
**Afrika** *nt* Africa *f.*
**Afrikaner(in** *f*) *m* Afer <Afri> *m,* Afra *f.*
**afrikanisch** *adj* Africanus.
**ägäisch** *adj* Aegaeus; **das Ägäische Meer** mare <maris> *nt* Aegaeum.
**Agent(in** *f*) *m (Spion)* speculator <-oris> *m,* speculatrix <-icis> *f.*
**Agentur** *f* agentura *f.*
**Aggression** *f* impetus <-us> *m.*
**aggressiv** *adj* certandi cupidus, ad rixam promptus.
**Agrarreform** *f* reformatio <-onis> *f* agraria.
**Agrarstaat** *m* civitas <-atis> *f* agraria.
**Ägypten** *nt* Aegyptus *f.*
**Ägypter(in** *f*) *m* Aegyptius, -a *m, f.*
**ägyptisch** *adj* Aegyptius.
**ah(a)** *interj* a, ah.
**Ahle** *f* subula *f.*
**Ahn** *m* proavus *m,* abavus *m;* **Ahnen** *pl* maiores <-rum> *m pl.*
**ähneln** *vi* similem esse (mit gen oder dat).
**ahnen** *vt (Vorgefühl haben)* praesentire (mit akk, indir. Frages., A.C.I.); *(vermuten)* suspicari (mit akk, indir. Frages., A.C.I.); **nichts ~d** imprudens <-entis>, inopinans <-antis>.
**Ahnen** *pl* maiores <-rum> *m pl.*
**Ahnenbild** *nt* imago <-ginis> *f.*
**Ahnenreihe** *f* maiorum series <-ei> *f.*
**Ahnentafel** *f* index <-dicis> *m* maiorum.
**ähnlich** *adj* similis (mit gen oder dat); **jdm ~ sein** [*o* **sehen**] similem esse alcis/alci; **das sieht dir ~** hoc non alienum est a moribus tuis.
**Ähnlichkeit** *f* similitudo <-dinis> *f.*
**Ahnung** *f (Vorgefühl)* praesensio <-onis> *f* (mit gen) [**rerum futurarum**]; *(Vermutung)* suspicio <-onis> *f* (mit gen) [**deorum**]; **von etw keine ~ haben** imperitum esse alcis rei.

**ahnungslos** *adj* inopinans <-antis>, imprudens <-entis>.
**Ahorn(baum)** *m* acer <-eris> *nt;* **aus Ahorn** acernus.
**Ähre** *f* spica *f,* arista *f.*
**Akademie** *f* academia *f.*
**Akademiker(in** *f***)** *m* academicus, -a *m, f.*
**akademisch** *adj* academicus.
**akklimatisieren** *vr:* **sich ~** assuescere (mit dat; ad; in mit akk).
**Akkord** *m* ❶ (MUS) concentus <-us> *m* sonorum ❷ *(~arbeit)* opus <operis> *nt* ex pacto faciendum; **im ~ arbeiten** ex pacto operari.
**Akkordarbeit** *f* opus <operis> *nt* ex pacto faciendum.
**Akkordeon** *nt* harmonica *f* diductilis.
**akkurat** *adj* accuratus.
**Akrobat(in** *f***)** *m* funambulus, -a *m, f.*
**Akt** *m* (THEAT) actus <-us> *m; (Handlung)* actio <-onis> *f.*
**Akte** *f* actum *nt,* tabula *f,* libellus *m;* **~n** acta *nt pl;* **~n anlegen** acta facere; **zu den ~n nehmen** in acta referre; **etw zu den ~n legen** *(fig)* alqd actum aestimare.
**Aktenordner** *m* collectorium *nt.*
**Aktenschrank** *m* actorum armarium *nt.*
**Aktentasche** *f* chartophylacium *nt.*
**Aktie** *f* sors <sortis> *f,* pars <partis> *f;* **die ~n steigen/fallen** sortium pretium augetur/minuitur.
**Aktiengesellschaft** *f* societas <-atis> *f* anonyma.
**Aktion** *f* actio <-onis> *f.*
**aktiv** *adj* industrius, assiduus, laboriosus, navus.
**aktivieren** *vt (in Schwung bringen)* excitare.
**Aktivität** *f* industria *f,* assiduitas <-tatis> *f,* navitas <-tatis> *f.*
**Aktualität** *f* actualitas <-atis> *f.*
**aktuell** *adj* praesens <-entis>.
**Akupunktur** *f* acupunctura *f.*
**Akustik** *f* acustica *f.*
**akustisch** *adj* acusticus.
**akut** *adj* acutus.
**Akzent** *m (Betonung)* accentus <-us> *m.*
**akzeptieren** *vt* accipere [**condiciones**].
**Alabaster** *m* alabastrites <-ae> *f;* **Gefäß aus ~** alabaster <-tri> *m,* alabastrum *nt.*
**Alarm** *m* periculi signum *nt;* **~ schlagen** periculi signa dare.
**Alarmanlage** *f* periculi index <-dicis> *m.*
**alarmieren** *vt (herbeirufen)* conclamare; *(aufschrecken, warnen)* exagitare.
**albern** *adj* ineptus, stultus, stolidus.
**Albernheit** *f* stultitia *f.*
**Albtraum** *m* incubus *m.*
**Album** *nt* album *nt.*
**Alge** *f* alga *f.*
**Algebra** *f* algebra *f.*
**Alimente** *pl* alimenta *nt pl.*
**Alkohol** *m* temetum *nt,* alcohol <-holis> *nt.*
**Alkoholiker(in** *f***)** *m* alcoholi nimium deditus, -a *m, f.*
**alkoholisch** *adj* alcoholicus [**potiones**].
**Alkoholverbot** *nt* prohibitio <-onis> *f* alcoholis.
**All** *nt* universum *nt.*
**alle** *adj* cuncti <-ae, -a>, omnes *(Neutr.:* omnia; *Gen.:* omnium); **~ ohne Ausnahme, ~ bis auf den letzten Mann** ad unum omnes; **~ beide** uterque; **ein für ~ Mal** in omne tempus; **~ vier Jahre** quarto quoque anno.
**Allee** *f* via *f* arborum ordinibus utrimque saepta.
**allein** *adv* solus; *(einzig und allein)* unus; **~ stehend** solitarius.
**Alleinerbe** *m,* **-erbin** *f* heres <-redis> *m/f* ex asse.
**Alleinherrschaft** *f* dominatio <-onis> *f;* **die ~ ausüben** regnare.
**Alleinherrscher** *m* dominus *m,* tyrannus *m.*
**alleinig** *adj* solus, unicus.
**allemal** *adv (gewiss, freilich)* certe.
**allenfalls** *adv (höchstens)* maxime, summum; *(möglicherweise)* fortasse.
**allerbester** *adj* (omnium) optimus.
**allerdings** *adv* ❶ *(gewiss, freilich)* sane (quidem); *(in Antworten)* sane, vero ❷ *(jedoch)* verum.
**allererster** *adj* (omnium) primus; **zu allererst** primum (omnium).
**Allergie** *f* allergia *f.*
**allergisch** *adj* allergicus.
**allerhand** *adj (vielerlei)* varius, omnis generis, omnium generum; *(ziemlich viel)* multus; **das ist doch ~!** *(unerhört)* inauditum!.
**Allerheiligen** *nt* festum *nt* omnium sanctorum.
**allerlei** *adj* varius, omnis generis, omnium generum.
**allerletzter** *adj* (omnium) ultimus.
**allermeisten** *adj/adv:* **die ~** plurimi; **am ~** longe plurimum.
**allernächster** *adj* proximus [**via**].
**Allerseelen** *nt* dies *m* animarum.
**allerseits** *adv (allgemein; bei, von allen)* undique, (ab) omnibus, apud omnes; **sie war ~ beliebt** omnibus dilecta erat, omnibus [*o* apud omnes] gratiosa erat.
**allerwenigsten** *adj/adv:* **die ~** (per)pauculi, perpauci; **am ~** perpaulum.
**alles** *pron* omnia *nt pl;* **~, was** quidquid, quodcumque, quaecumque; **vor allem** ante omnia, imprimis; **jmd bedeutet jdm ~** alqs alci omnia est.
**allgemein I.** *adj (alle betreffend)* universus; *(allen gemeinsam)* communis; *(nicht speziell)* generalis; *(allgemein üblich)* vulgaris, tritus; **im Allgemeinen** generatim, generaliter, universe,

communiter, omnino; **~e Übereinstimmung** omnium consensus <-us> *m* **II.** *adv (überall)* undique, inter omnes; **~ gültig** communis; qui ad omnes [*o* ad omnia] pertinet; **~ verständlich** omnibus intellegibilis.

**Allgemeinbildung** *f* eruditio <-onis> *f* universalis.

**Allgemeinheit** *f (Gesamtheit)* universitas <-atis> *f.*

**Allheilmittel** *nt* panacea *f.*

**Allianz** *f* foedus <-deris> *nt,* societas <-atis> *f.*

**alljährlich I.** *adj* anniversarius [**ludi**; **delectus**] **II.** *adv* quotannis.

**allmächtig** *adj* omnipotens <-entis>.

**allmählich** *adv* paulatim.

**Allradantrieb** *m* (TECH) impulsio <-onis> *f* omnium rotarum.

**Alltag** *m* dies <-ei> *m* profestus.

**alltäglich** *adj* cottidianus.

**allwissend** *adj* omnisciens <-entis>.

**allzu** *adv* nimis, nimium; **~ häufig** [*o* **oft**] nimis [*o* nimium] saepe; **~ lange** diutius; **~ viel** nimis, nimium.

**Alm** *f* pascuum *nt* montanum.

**Almosen** *nt* stips <stipis> *f.*

**Alpen** *pl* Alpes <Alpium> *f pl.*

**Alpen-** Alpinus.

**Alpenbewohner** *m* Alpinus *m,* Alpicus *m.*

**Alphabet** *nt (Buchstaben)* litterae *f pl; (Reihenfolge)* litterarum ordo <-dinis> *m.*

**alphabetisch** *adj* litterarum ordine (dispositus).

**Alptraum** *m* incubus *m.*

**als I.** *kj (zur Einleitung von Nebensätzen)* ❶ *(als, nachdem)* cum + *conj;* **~ Cäsar dies gemeldet worden war, brach er auf** cum Caesari id nuntiatum esset, profectus est ❷ *(zu der Zeit, als; damals, als)* cum + *ind;* **~ Cäsar nach Gallien kam, gab es dort zwei Parteien** cum Caesar in Galliam venit, duae ibi factiones erant ❸ **~ ob** quasi + *conj* **II.** *adv* ❶ *(im Vergleich nach Komp. u. komp. Ausdrücken wie z. B. malle)* quam; **dieses Haus ist größer ~ unseres** haec domus maior quam nostra est ❷ *(nach Adj und Adv, welche Ungleichheit, Unähnlichkeit bezeichnen wie z. B. alius, aliter)* ac, atque, et; **es verhält sich anders, ~ du denkst** res aliter se habet ac sentis.

**also** *adv* igitur.

**alt** *adj* ❶ *(betagt)* grandis natu, vetus <veteris>, senex <senis>; **~ werden** senescere; **~e Frau** anus <-us> *f;* **~er Mann** senex <senis> *m;* **wie ~ bist du?** quot annos natus/nata es?, qua aetate es?; **ich bin 15 Jahre ~** quindecim annos natus/nata sum; **sechzig Jahre ~ werden** sexaginta annos complēre ❷ *(nicht mehr neu; langjährig, lange bestehend))* vetus, vetustus [**mos**; **amicus**]; *(uralt, antik, altertümlich; altehrwürdig)* antiquus [**templa**; **genus**; **Troia**]; **es bleibt alles beim Alten** res in antiquo statu manet ❸ *(altgedient)* veteranus [**milites**].

**Altar** *m* ara *f.*

**altbacken** *adj (pej: altmodisch, veraltet)* obsoletus [**opiniones**].

**Altbau** *m* aedificium *nt* antiquum.

**Altbausanierung** *f* sanatio <-onis> *f* aedificiorum antiquorum.

**altbekannt** *adj* bene notus.

**Altenheim** *nt* gerontocomium *nt,* gerusia *f.*

**Alter** *nt (Lebensalter)* aetas <-atis> *f* [**puerilis**; **media**]; *(Greisenalter)* senectus <-utis> *f; (hohes ~, auch von Dingen)* vetustas <-atis> *f;* **im ~ von 20 Jahren** viginti annos natus; **im gleichen ~ sein wie jmd** aequalem esse alci; **mit zunehmendem ~** aetate progrediente.

**älter** *adj* maior (natu).

**altern** *vi* senescere.

**Altersgenosse** *m,* **-genossin** *f* aequalis <-is> *m/f.*

**Altersheim** *nt* gerontocomium *nt,* gerusia *f.*

**altersschwach** *adj* senectute confectus.

**Altersschwäche** *f* senium *nt,* aetatis infirmitas <-atis> *f.*

**Altersversorgung** *f* alimonium *nt* senum.

**Altertum** *nt* antiquitas <-atis> *f;* **im ~** antiquis temporibus.

**Altertümer** *pl (Kunstgegenstände, Baudenkmäler aus dem Altertum)* res <rerum> *f pl* antiquae, opera <operum> *nt pl* antiqua.

**altertümlich** *adj* antiquus, priscus.

**Altertumsforscher** *m* antiquitatis investigator <-oris> *m.*

**Altertumsforschung** *f* antiquitatis investigatio <-onis> *f.*

**Altertumswissenschaft** *f* antiquitatis studium *nt.*

**ältester** *adj* maximus (natu).

**altklug** *adj* praecox <-cocis>.

**ältlich** *adj* vetulus.

**altmodisch** *adj* obsoletus.

**Altpapier** *nt* charta *f* reiectanea.

**Altstadt** *f* oppidi regio <-onis> *f* vetus.

**Altwarenhändler** *m* scrutarius *m.*

**Altweibersommer** *m* aestas <-atis> *f* Martiniana.

**Aluminium** *nt* aluminium *nt.*

**Amateur(in** *f*) *m* amator <-oris> *m,* cultor <-oris> *m* voluptarius, cultrix <-cis> *f* voluptaria.

**Amazone** *f* Amazon <-onis> *f.*

**Amboss** *m* incus <-udis> *f.*

**ambulant** *adj* ambulatorius [**cura** Behandlung].

**Ameise** *f* formica *f.*

**Ameisenhaufen** *m* formicarium *nt.*

**amen** *interj* ita fiat; **zu allem ja und ~ sagen** omnibus rebus assentiri.
**Amerika** *nt* America *f.*
**Amerikaner(in *f*)** *m* Americanus, -a *m, f.*
**amerikanisch** *adj* Americanus.
**Amethyst** *m* amethystus *f.*
**Amme** *f* nutrix <-icis> *f.*
**Ammenmärchen** *nt* fabula *f* anilis.
**Amnestie** *f* praeteritorum venia *f,* rerum ante actarum venia *f.*
**Ampel** *f (Verkehrs~)* semaphorum *nt.*
**Amphitheater** *nt* amphitheatrum *nt.*
**amputieren** *vt* amputare.
**Amsel** *f* merula *f.*
**Amt** *nt* ① munus <-neris> *nt; (Staatsamt)* magistratus <-us> *m; (Ehrenamt)* honor <-noris> *m;* **ein ~ ausüben** munus explēre, munere fungi; **ein ~ antreten** munus [*o* honorem] inire; **aus dem ~ scheiden** magistratu abire; **das ~ niederlegen** magistratum deponere, magistratu se abdicare; **für ein ~ kandidieren** munus petere ② *(Gebäude)* diribitorium *nt.*
**amtlich** *adj* publicus, publica auctoritate (factus / dictus / scriptus).
**Amtsantritt** *m* susceptio <-onis> *f* muneris [*o* magistratus]; **beim ~** in magistratu ineundo.
**Amtsenthebung** *f* dimissio <-onis> *f; (vorläufige)* suspensio <-onis> *f* ab officio.
**Amtsführung** *f* muneris administratio <-onis> *f.*
**Amtsgeschäfte** *pl* munia <-ium> *nt pl.*
**Amtssprache** *f* sermo <-onis> *m* officialis.
**Amulett** *nt* amuletum *nt.*
**amüsant** *adj* iucundus.
**amüsieren I.** *vt* delectare **II.** *vr:* **sich ~** *(sich vergnügen)* delectari; *(sich lustig machen)* illudere + *dat oder akk.*
**an I.** *praep + dat* ① *(räuml., auf die Frage wo?)* in + *abl,* ad; *(nahe bei)* apud, prope, iuxta; **~ ... vorbei** praeter; **am Baum hängen** ex arbore pendēre; **es ist ~ mir / dir etw zu tun** meum / tuum est (+ Inf) ② *(zeitl., auf die Frage wann?) durch abl temporis auszudrücken* **II.** *praep + akk (räuml., auf die Frage wohin?)* in + *akk,* ad; **~ die tausend Leute** ad hominum mille; **~ und für sich** per se.
**analog** *adj* analogus, par <paris>, similis.
**Analogie** *f* analogia *f.*
**Analogrechner** *m* computatrum *nt* analogicum.
**Analphabet** *m* analphabeta *m.*
**Analyse** *f* analysis <-is> *f.*
**analysieren** *vt* elementa alcis rei discernere.
**Ananas** *f* ananasa *f.*
**Anarchie** *f* (nimia) licentia *f,* anarchia *f.*
**Anatomie** *f* anatomia *f.*
**anbahnen** *vr:* **sich ~** oriri.
**anbändeln** *vi:* **mit jdm ~** alqm lacessere.
**Anbau** *m* ① (AGR) cultura *f,* cultus <-us> *m* [**frugum**] ② *(Gebäude)* aedificium *nt* veteri astructum, recens aedificium *nt.*
**anbauen** *vt* ① (AGR) colere [**fruges**] ② *(Gebäudeteil)* astruere *(an etw:* dat).
**Anbaumöbel** *nt pl* elementa *nt pl* supellectilis compositicia.
**anbei** *adv* adiunctus, additus; **~ schicken wir Ihnen die Unterlagen** acta adiuncta mittimus.
**anbeißen** *vt (annagen)* admordēre.
**anbelangen** *vt* pertinēre ad, attinēre ad; **was mich anbelangt** quod ad me pertinet [*o* attinet].
**anbellen** *vt* allatrare.
**anbeten** *vt* adorare.
**Anbetracht** *m:* **in ~ +** *gen* ratione habita alcis rei.
**anbetteln** *vt* stipem petere ab alqo; **jmd um etw ~** precario petere alqd ab alqo.
**Anbetung** *f* adoratio <-onis> *f.*
**anbiedern** *vr:* **sich bei jdm ~** (blanditiis et assentationibus) alcis gratiam petere.
**anbieten I.** *vt* offerre **II.** *vr:* **sich ~** ① *(Mensch)* se offerre, operam suam alci offerre ② *(Gelegenheit)* offerri, dari.
**anbinden** *vt* alligare; **kurz angebunden sein** *(fig)* breviloquentem esse, parce uti verbis.
**Anblick** *m (das Anblicken und das sich bietende Bild)* aspectus <-us> *m,* conspectus <-us> *m,* species <-ei> *f; (das sich bietende Schauspiel)* spectaculum *nt;* **beim ersten ~** primo aspectu.
**anblicken** *vt* aspicere, intueri, contemplari.
**anbohren** *vt* paene forare, paene terebrare.
**anbrechen I.** *vt* ① paene frangere [**hastam**] ② *(Flasche, Vorrat)* delibare **II.** *vi* oriri, appropinquare; *(Tag)* (il)lucescere; *(Nacht)* advesperascere.
**anbrennen** *vi* (ex)ardescere, ignem concipere; *(Speisen)* aduri.
**anbringen** *vt* ① *(befestigen)* affigere ② *(herbeibringen)* afferre ③ *(Bitte, Beschwerde)* afferre, proferre [**argumentum**; **exemplum**].
**Anbruch** *m:* **~ des Tages** prima lux <lucis> *f;* **~ der Nacht** prima nox <noctis> *f;* **bei ~ des Tages** prima luce; **bei ~ des Abends** primo vespere; **bei ~ des Frühlings** vere ineunte; **vor ~ des Tages/der Nacht** ante lucem/noctem.
**anbrüllen** *vt* increpare <increpui>.
**Andacht** *f* ① *(innere Haltung)* religio <-onis> *f,* pia animi meditatio <-onis> *f* ② *(Gottesdienst)* supplicium *nt.*
**andächtig** *adj* ① *(Beter)* religiosus, pius ② *(Zuhörer)* attentus ③ *(Stille)* sollemnis.
**andauern** *vi* (per)manēre.
**andauernd I.** *adj* assiduus [**imbres**] **II.** *adv* assidue.

**Andenken** *nt* ① *(Erinnerung)* memoria *f;* **zum** [*o* **als**] ~ ad memoriam *(an:* gen), monumenti causā ② *(Souvenir)* monumentum *nt,* res <rei> *f* memorialis.

**andere(r, s)** *adj* alius, alia, aliud; **der andere** *(von zweien)* alter <-era, -erum>; **andere** *pl* alii; **die anderen** *(die Übrigen)* ceteri; **die einen ... die anderen** alii ... alii; **der eine ... der andere** alter ... alter; **ein anderer als** alius ac [*o* atque *o* et]; **nichts anderes als** nihil aliud nisi [*o* quam]; **ein anderes Mal** alio tempore, alias; **alles andere** alia omnia; **mit anderen Worten** commutatis verbis; **anderer Meinung sein** dissentire (ab; cum; dat).

**andererseits** *adv* rursus, rursum.

**ändern I.** *vt* mutare [**opinionem suam; consilium**] **II.** *vr:* **sich** ~ mutari.

**andernfalls** *adv* aliter.

**anders** *adv* aliter, alio modo; ~ **als** aliter ac [*o* atque]; ~ **ausgedrückt** commutatis verbis; **ganz** ~ contra; **es geht nicht** ~ fieri aliter non potest.

**anderswo** *adv* alibi, alio loco.

**anderswoher** *adv* aliunde.

**anderswohin** *adv* alio.

**anderthalb** *num* unus et dimidius, sesquialter <-era, -erum>; ~ **Jahre** annus et sex menses; ~ **Stunden** sesquihora.

**Änderung** *f* (com)mutatio <-onis> *f;* **eine** ~ **vornehmen** mutare.

**anderweitig** *adv* aliter, alio modo; *(anderswo)* alibi.

**andeuten** *vt* significare.

**Andeutung** *f* significatio <-onis> *f;* **versteckte ~en machen** obscure dicere.

**andichten** *vt:* **jdm etw** ~ affingere alci alqd.

**Andrang** *m* impetus <-us> *m;* **im Rathaus herrschte großer** ~ multi homines in curiam concurrerunt.

**andrehen** *vt:* **jdm etw** ~ *(fig)* alci alqd impingere.

**androhen** *vt:* **jdm etw** ~ (com)minari [**alci carcerem / mortem**].

**aneignen** *vt:* **sich etw** ~ alqd suum facere; *(Kenntnisse)* (ad)discere alqd [**linguam**].

**aneinanderfügen** *vt* conectere.

**aneinandergeraten** *vi* manūs cum alqo conserere.

**aneinandergrenzen** *vi* contingere inter se; **~de Häuser** domūs confines.

**aneinanderreihen** *vt* coniungere.

**aneinanderstoßen** *vi* collidi.

**Anekdote** *f* narratiuncula *f.*

**anekeln** *vt:* **etw ekelt mich an** me taedet + *gen.*

**anerkannt** *adj* cognitus, probatus.

**anerkennen** *vt (gelten lassen)* agnoscere *(als:* dopp. akk); *(gutheißen, billigen)* probare; *(lobend)* laudare.

**anerkennenswert** *adj* probandus, laudandus, laudabilis.

**Anerkennung** *f (Billigung, Zustimmung)* (ap)probatio <-onis> *f; (Würdigung)* aestimatio <-onis> *f;* ~ **finden** probari *(bei jdm:* ab alqo).

**anfachen** *vt* excitare [**ignem; alcis libidines**].

**anfahren** *vt* ① *(fahren gegen)* allidi (ad, in + akk) ② *(Hafen, Ort)* advehi ③ *(zurechtweisen)* increpare <increpui> alqm, vehementer invehi in alqm.

**Anfall** *m (auch fig)* impetus <-us> *m;* **einen (epileptischen)** ~ **erleiden** morbo (comitiali) temptari.

**anfallen I.** *vt (angreifen)* aggredi alqm, impetum facere in alqm **II.** *vi:* **sehr hohe Kosten fielen an** maximi sumptūs facti sunt.

**Anfang** *m* initium *nt,* principium *nt; (Ursprung)* origo <-ginis> *f; (Einleitung)* exordium *nt,* prooemium *nt;* **am** ~ initio; **von** ~ **an** ab initio; **von** ~ **bis Ende** a primo ad extremum; **den** ~ **mit etw machen** initium facere ab; **aller** ~ **ist schwer** omne principium difficile; **am** ~ **des Frühlings** vere ineunte, primo vere.

**anfangen I.** *vt* incipere, (ex)ordiri [**bellum; opus**]; **ich fange ein Buch zu lesen an** librum legere incipio; **ich weiß nicht, was ich damit** ~ **soll** nescio, quid eo faciam **II.** *vi* incipere, initium capere, oriri.

**Anfänger(in** *f*) *m* tiro <-onis> *m,* incipiens <-entis> *m/f.*

**anfänglich, anfangs** *adv* initio, principio, primo.

**Anfangsbuchstabe** *m* prima littera *f.*

**Anfangsgehalt** *nt* salarium *nt* initiale.

**Anfangsgeschwindigkeit** *f* velocitas <-atis> *f* initialis.

**Anfangsstadium** *nt* status <-us> *m* initialis.

**anfassen** *vt (berühren)* tangere, attingere; **zum Anfassen** *(Mensch)* facilis accessu.

**anfechten** *vt (bestreiten, Einspruch erheben)* improbare [**testamentum**]; *(eine Behauptung streitig machen)* in controversiam vocare.

**anfeinden** *vt* odium in alqm concitare.

**Anfeindung** *f* inimicitiae *f pl,* invidia *f.*

**anfertigen** *vt* fabricari, conficere; **einen Anzug** ~ **lassen** vestitum conficiendum curare.

**anfeuchten** *vt* umectare [**pittacia epistularia**].

**anfeuern** *vt (anspornen)* incitare, excitare, impellere, adhortari [**alqm ad defendendam rem publicam; athletas**].

**anflehen** *vt* implorare, obsecrare, obtestari.

**anfliegen I.** *vi* advolare **II.** *vt (Ort)* volando appropinquare (mit dat; ad) [**oppido; ad insulam**].

**Anflug** *m* ① *(Flugzeug)* advolatus <-us> *m* ② *(Hauch)* aliquid + *gen* [**ludibrii** von Spott].

**anfordern** *vt* postulare.

A

**Anforderung** *f (das Anfordern; fig: Anspruch)* postulatio <-onis> *f;* **hohe ~en ad jmd stellen** magna postulare ab alqo.

**Anfrage** *f* consultatio <-onis> *f;* **eine schriftliche ~ an jmd stellen** consulere alqm per litteras.

**anfragen** *vt* interrogare, consulere *(bei jdm nach etw:* alqm de re).

**anfreunden** *vr:* **sich mit jdm ~** amicitiam facere cum alqo, amicitiam alcis inire; **sich mit etw ~** *(fig)* assuescere (mit abl; Inf.).

**anfügen** *vt* adiungere, annectere, affigere, affingere.

**anfühlen** *vr:* **sich hart/weich ~** durum/mollem esse ad tangendum.

**anführen** *vt* ❶ *(leiten)* praeesse + *dat,* ducere + *akk* ❷ *(Beispiel, Gründe)* afferre [**exemplum**; **argumentum**] ❸ *(täuschen)* fallere, decipere.

**Anführer(in** *f*) *m* dux <ducis> *m,* ductrix <-icis> *f.*

**Anführungszeichen** *pl* signa *nt pl* citationis, virgulae *f pl* inductivae.

**anfüllen** *vt* implēre, complēre.

**Angabe** *f* ❶ *(Hinweis, Anzeige)* indicium *nt; (Auskunft)* dicta *nt pl;* **nach ~n des Tacitus** ut Tacitus commemorat [*o* dicit *o* narrat] ❷ *(Prahlerei)* iactatio <-onis> *f,* gloriatio <-onis> *f,* vaniloquentia *f.*

**angeben** *vt* ❶ *(anzeigen, hinweisen auf)* indicare; *(Auskunft geben, anführen)* dicere, commemorare ❷ *(prahlen)* gloriari *(mit:* abl; de; m. akk des Neutr. eines Pron.; A.C.I.).

**Angeber** *m (Prahler)* ostentator <-oris> *m,* homo <-minis> *m* gloriosus.

**Angeberei** *f* ostentatio <-onis> *f.*

**Angeberin** *f (Prahlerin)* femina *f* gloriosa.

**angeblich I.** *adj* qui dicitur, qui fertur **II.** *adv* ut dicitur, ut aiunt.

**angeboren** *adj* innatus, insitus [**morbus**; **vitium**].

**Angebot** *nt* condicio <-onis> *f,* oblatio <-onis> *f;* **~ und Nachfrage** oblatum et quaesitum; **ein ~ machen** condicionem ferre.

**angebracht** *adj (passend, angemessen)* conveniens <-ientis>, congruens <-entis>; **es ist ~ ...** *durch* decet *(+ A.C.I.) oder* convenit *(+ Inf. oder A.C.I.) auszudrücken.*

**angeheitert** *adj* ebriolus.

**angehen I.** *vt* ❶ *(betreffen)* pertinēre ad, attinēre ad, spectare ad, attingere ❷ *(bitten)* adire *(um etw:* de re) **II.** *vi* ❶ *(erträglich sein)* tolerabile esse, ferri [*o* tolerari] posse ❷ *(Feuer)* (ex)ardescere; *(Licht)* illucescere.

**angehören** *vi (einer Partei ...)* numerari in + *abl* [*o* inter].

**Angehörige(r)** *f(m)* propinquus *m,* propinqua *f,* cognatus *m.*

**Angeklagte(r)** *f(m)* reus *m,* rea *f.*

**Angel** *f* ❶ *(~rute)* hamus *m* ❷ *(Tür~)* cardo <-dinis> *m.*

**Angelegenheit** *f* res <rei> *f,* causa *f,* negotium *nt;* **sich in fremde ~en mischen** rebus alienis se interponere.

**angelernt** *adj* semiqualificatus [**operarius**].

**angeln** *vt* hamo piscari.

**Angeln** *nt* hamatilis piscatus <-us> *m.*

**angemessen** *adj* aptus, idoneus, conveniens <-ientis> [**pretium**].

**angenehm** *adj* iucundus, amoenus, gratus [**nuntius**; **caelum**]; *(Mensch)* comis, facetus.

**angeschrieben** *adj:* **bei jdm gut/schlecht ~ sein** gratiosum/ingratum esse apud alqm.

**angesehen** *adj* nobilis, honestus, laudatus, magnus.

**angesichts** *praep* ratione habita + *gen.*

**angespannt** *adj (angestrengt)* contentus; **mit ~er Aufmerksamkeit** attento animo; **die Lage ist sehr ~** res est in summo discrimine.

**Angestellte(r)** *f(m)* functionarius *m,* officialis *m,* functionaria *f;* **leitender Angestellter** operum moderator <-oris> *m.*

**angestrengt I.** *adj* contentus [**vultus**] **II.** *adv* laboriose.

**angetrunken** *adj* ebri(ol)us.

**angewiesen** *adj:* **auf jmd/etw ~ sein** pendēre ex.

**angewöhnen** *vt:* **sich etw ~; sich ~, zu ...** assuescere (mit abl; ad; in + akk; Inf.), consuescere (mit dat; ad; Inf.).

**Angewohnheit** *f* mos <moris> *m,* consuetudo <-dinis> *f;* **aus ~** consuetudine.

**Angina** *f* angina *f.*

**angleichen** *vt* adaequare.

**Angler** *m* hamiota *m.*

**angliedern** *vt* adiungere, addere.

**angreifen** *vt* ❶ aggredi, adoriri, oppugnare, petere + *akk,* impetum facere, invadere (in + akk) ❷ *(mit Worten)* lacessere alqm, invehi in alqm; **er hat ihn in seiner Rede scharf angegriffen** oratione graviter in eum invectus est ❸ *(schwächen)* debilitare ❹ *(anfangen)* accedere ad [**ad opus**].

**Angreifer** *m* (MIL, *fig)* oppugnator <-oris> *m,* aggressor <-oris> *m, auch durch Relativsatz auszudrücken.*

**angrenzen** *vi* attingere *(an:* akk), finitimum esse + *dat;* **dieser Volksstamm grenzt an den Rhein** haec civitas Rhenum attingit.

**angrenzend** *adj* finitimus, affinis *(an:* dat).

**Angriff** *m* impetus <-us> *m,* incursio <-onis> *f;* **einen ~ machen** impetum facere (in + akk); **etw in ~ nehmen** suscipere alqd, aggredi (+ akk oder ad); **das Zeichen zum ~ geben** bellicum canere; **einen ~ zurückschlagen** impetum repellere [*o* propulsare].

**Angriffskrieg** *m* bellum *nt* offensivum.
**angriffslustig** *adj* pugnax <-acis>.
**Angst** *f* metus <-us> *m,* timor <-oris> *m,* pavor <-oris> *m (vor:* gen); **aus ~** metu adductus [*o* commotus], timoris causā; **~ haben** timēre *(vor:* akk, *um:* dat); **jdm ~ einjagen** metum [*o* timorem *o* pavorem] alci afferre [*o* inferre *o* facere].
**Angstgeschrei** *nt* clamor <-oris> *m* paventium.
**ängstigen I.** *vt* angere, sollicitare **II.** *vr:* **sich ~** (animo) angi, (animo) sollicitari.
**ängstlich** *adj* anxius, pavidus; *(besorgt)* sollicitus.
**Angstschweiß** *m* sudor <-oris> *m* frigidus.
**angucken** *vt* considerare, contemplari, intueri.
**anhaben** *vt* ❶ *(Kleidung)* indutum esse + *abl;* **eine Toga ~** togatum esse ❷ *(fig)*: **jdm nichts ~ können** alci nocēre non posse, alqm superare non posse.
**anhalten I.** *vt* ❶ *(zum Stillstand bringen)* sistere; **den Atem ~** spiritum retinēre, animam comprimere ❷ *(ermahnen)* (ad)hortari *(zu etw:* ad, in m.akk; ut mit conj) **II.** *vi* ❶ *(stehen bleiben)* consistere ❷ *(andauern)* permanēre, continuari, non desinere ❸ **um jmd ~** petere alqm in matrimonium.
**anhaltend** *adj* assiduus, continuus [**imber**].
**Anhalter** *m* petitor <-oris> *m* convectionis; **per ~ fahren** convectione uti.
**Anhaltspunkt** *m* indicium *nt,* signum *nt.*
**Anhang** *m* ❶ *(von Buch, Zusatz)* appendix <-icis> *f,* additamentum *nt* ❷ *(Leute)* turba *f.*
**anhängen** *vt* ❶ suspendere (in, ex, de, a re) ❷ *(hinzufügen)* addere, adicere, adiungere ❸ *(fig)*: **jdm etw ~** alqd alci inferre.
**Anhänger** *m* ❶ *(Mensch)* (as)sectator <-oris> *m* ❷ *(am Auto)* currus <-us> *m* annexus.
**Anhängerschaft** *f* (as)sectatores <-rum> *m pl.*
**anhänglich** *adj* fidelis.
**Anhänglichkeit** *f* fidelitas <-atis> *f,* fides <-ei> *f.*
**anhäufen** *vt* (ac)cumulare [**divitias**; **pecuniam**; **copias** Vorräte].
**Anhäufung** *f* accumulatio <-onis> *f.*
**anheimstellen** *vt:* **jdm etw ~** permittere arbitrio alcis.
**Anhieb** *m:* **auf ~** il(l)ico.
**anhimmeln** *vt* adorare.
**Anhöhe** *f* collis <-is> *m.*
**anhören** *vt* audire, auscultare; **jdm die Verzweiflung ~** voce alcis desperationem colligere.
**Animateur(in** *f*) *m* incitator <-oris> *m,* incitatrix <-ricis> *f,* concitator <-oris> *m,* concitatrix <-ricis> *f.*
**animieren** *vt* incitare, concitare.
**ankämpfen** *vi:* **~ gegen** repugnare (+ dat oder contra).
**Ankauf** *m* emptio <-onis> *f;* **~ und Verkauf** emptio et venditio.
**Anker** *m* ancora *f;* **vor ~ gehen** ad ancoras consistere; **die ~ lichten** ancoras tollere; **vor ~ liegen** in ancoris stare <steti>.
**ankern** *vi* ❶ *(vor Anker gehen)* ad ancoras consistere ❷ *(vor Anker liegen)* in ancoris stare <steti>, navem in ancoris tenēre.
**Ankerplatz** *m* statio <-onis> *f* navalis.
**Anklage** *f* accusatio <-onis> *f;* **~ erheben gegen jmd wegen etw** accusare alqm alcis rei.
**anklagen** *vt* accusare, arguere *(jmd wegen etw:* alqm alcis rei).
**Ankläger** *m* accusator <-oris> *m.*
**Anklagerede** *f* accusatio <-onis> *f.*
**Anklägerin** *f* accusatrix <-icis> *f.*
**Anklageschrift** *f* accusatio <-onis> *f.*
**anklammern** *vr:* **sich ~** adhaerescere *(an :* dat; ad).
**Anklang** *m:* **bei jdm ~ finden** alci placēre, valēre apud alqm.
**ankleben I.** *vt* agglutinare *(an:* dat) **II.** *vi* haerescere, haerēre (in + abl; ad; dat).
**Ankleidekabine** *f* apodyterium *nt.*
**anklopfen** *vi* (fores) pulsare.
**anknipsen** *vt (Licht)* accendere.
**anknüpfen** *vt (ein Gespräch, Beziehungen)* ordiri [**sermonem cum alqo**].
**ankommen** *vi* ❶ advenire (in + akk; ad; bei Städtenamen: bl. akk) [**in urbem**; **ad forum**; **Romam**] ❷ *(Anklang finden)* alci placēre, valēre apud alqm ❸ es kommt darauf an *(es ist wichtig)* interest; *(es hängt davon ab)* positum est alqa re ❹ **gegen jmd/etw ~** vincere + *akk.*
**Ankömmling** *m* advena *m.*
**ankündigen** *vt* (de)nuntiare.
**Ankündigung** *f* denuntiatio <-onis> *f.*
**Ankunft** *f* adventus <-us> *m* [**in urbem**; **Romam**].
**ankurbeln** *vt (Wirtschaft)* incitare, stimulare, impellere.
**anlächeln**, **anlachen** *vt* arridēre (alci).
**Anlage** *f* ❶ *(Veranlagung, Begabung)* indoles <-lis> *f,* ingenium *nt,* natura *f* ❷ *(Park)* horti *m pl* ❸ *(Beigefügtes)* additamentum *nt.*
**Anlass** *m (Ursache)* causa *f; (Gelegenheit)* occasio <-onis> *f,* locus *m;* **~ zu etw geben** locum dare (+ dat oder gen des Gerundiums), occasionem dare (ad); **etw zum ~ nehmen** occasionem capere [*o* sumere] ex.
**anlassen I.** *vt* ❶ *(Motor, Auto)* incitare ❷ *(Licht, Radio)* non exstinguere **II.** *vr* **sich gut ~** bene procedere.
**Anlasser** *m (beim Auto)* incitatrum *nt.*
**anlässlich** *praep* per occasionem + *gen,* occasione data + *gen;* **~ seiner Rückkehr**

A

cum reversus sit.

**Anlauf** *m (Beginn)* initium *nt,* principium *nt; (Versuch)* conatus <-us> *m;* **beim ersten ~** primo conatu.

**anlaufen I.** *vi* ① *(beginnen)* incipere, initium capere, oriri ② **angelaufen kommen** accurrere **II.** *vt:* **einen Hafen ~** (navem) appellere (ad oder in + akk).

**anlegen I.** *vt* ① *(Leiter u. Ä.)* apponere, admovēre (+ dat; ad) [**scalas moenibus**]; **Hand ~** manum admovēre + *dat* ② *(Stadt)* condere; *(errichten, erbauen)* construere, aedificare, ponere, facere [**castellum in colle; aggerem; muros; viam; pontem in flumine**] ③ *(einrichten)* instituere [**bibliothecam**] ④ *(anziehen)* induere [**tunicam; arma; alci insignia Bacchi**] ⑤ *(Liste)* conficere [**tabulas**] ⑥ *(Geld)* collocare ⑦ **es darauf ~, zu ...** id agere, ut; operam dare, ut **II.** *vi* (NAUT) (navem) applicare, (navem) appellere *(an:* ad).

**Anlegeplatz** *m,* **-stelle** *f* aditus <-us> *m* ad appellendum aptus.

**anlehnen I.** *vt* ① *(Leiter, Fahrrad)* applicare (ad oder dat) ② *(Tür, Fenster)* paene claudere; **die Tür ist angelehnt** fores semiapertae sunt **II.** *vr:* **sich ~** ① se applicare, anniti ad ② *(fig)* exemplum + *gen* sequi.

**anleiern** *vt* (com)movēre, initium alcis rei facere.

**Anleihe** *f* ① (FIN) versura *f;* **eine ~ aufnehmen** versuram facere ② *(Plagiat)* furtum *nt.*

**anleimen** *vt* agglutinare *(an etw:* dat).

**anleiten** *vt (unterweisen):* **jmd zu etw ~** instituere alqm ad alqd, docēre alqm alqd, instruere alqm ad alqd.

**Anleitung** *f* institutio <-onis> *f,* disciplina *f;* **unter deiner ~** te duce, te magistro/magistra.

**Anliegen** *nt (Bitte)* preces <-cum> *f pl,* rogatio <-onis> *f; (Wunsch)* desiderium *nt.*

**anliegend** *adj* ① *(angrenzend)* adiacens <-entis> ② *(Kleidung)* artus.

**Anlieger** *m* confinalis <-is> *m.*

**anlocken** *vt* allicere, illicere.

**anlügen** *vt:* **jmd ~** apud alqm mentiri.

**anmachen** *vt* ① *(befestigen)* affigere *(an:* ad) ② *(Feuer, Licht)* accendere, facere ③ *(Speisen)* condire.

**Anmarsch** *m* adventus <-us> *m* [**copiarum**]; **im ~ sein** (MIL) adventare, accedere *(auf:* ad; akk) [**ad urbem**].

**anmarschieren** *vt* accedere, adventare.

**anmaßen** *vt:* **sich etw ~** sibi arrogare alqd, (sibi) alqd vindicare.

**anmaßend** *adj* arrogans <-antis>.

**Anmaßung** *f* arrogantia *f.*

**Anmeldeformular** *nt* formularium *nt* profitendi.

**anmelden I.** *vt* ① *(ankündigen, z.B. Besuch)* (an)nuntiare ② *(amtlich: Auto u. Ä.)* profiteri [**autoraedam; televisorium**] ③ *(beim Zoll)* declarare **II.** *vr:* **sich ~** *(polizeilich, für Kurs u. Ä.)* nomen profiteri.

**Anmeldung** *f (amtliche ~)* professio <-onis> *f.*

**anmerken** *vt* (an)notare.

**Anmerkung** *f* annotatio <-onis> *f.*

**Anmut** *f* gratia *f,* suavitas <-tatis> *f,* venustas <-atis> *f.*

**anmutig** *adj* venustus, suavis.

**annähen** *vt* assuere *(an etw:* dat).

**annähern** *vt* admovēre *(an:* dat; ad).

**annähernd** *adv* fere.

**Annäherung** *f* appropinquatio <-onis> *f.*

**Annahme** *f* ① *(das Annehmen)* acceptio <-onis> *f* ② *(Vermutung)* opinio <-onis> *f,* praesumptio <-onis> *f* ③ *(an Kindes statt)* adoptio <-onis> *f* ④ *(Zustimmung)* probatio <-onis> *f* [**consilii**]; **nach ~ des Beschlusses** consilio probato.

**Annalen** *pl (in der Antike: Jahrbücher, in denen die wichtigsten Ereignisse des Jahres verzeichnet wurden)* annales <-lium> *m pl.*

**annehmbar** *adj* probandus, probabilis, acceptabilis [**pretium**].

**annehmen** *vt* ① accipere [**auxilium; condiciones; merces**]; **eine Einladung (zum Essen) ~** promittere alci se venturum esse (ad cenam); **einen Auftrag ~** mandatum recipere ② *(vermuten)* putare, existimare; **angenommen, dass** finge (+ A.C.I.) ③ *(zulassen, genehmigen)* admittere, probare ④ *(Kind)* adoptare ⑤ **sich jmds/einer Sache ~** curare + *akk.*

**Annehmlichkeit** *f* iucunditas <-atis> *f;* **die ~en des Lebens** vitae commoda.

**annektieren** *vt* (POL) adiungere.

**Annonce** *f* advertissamentum *nt.*

**annullieren** *vt* (JUR) abolēre, tollere.

**anöden** *vt* taedio alqm afficere, fastidium alci afferre.

**anonym** *adj* sine nomine (scriptus), anonymus.

**Anonymität** *f* anonymia *f.*

**Anorak** *m* sagulum *nt* cucullatum.

**anordnen** *vt* ① *(veranlassen, befehlen)* instituere (+ akk; ut; Inf.; A.C.I.) [**ludos; sacrificia**] ② *(ordnen)* componere [**libros; cohortes**].

**Anordnung** *f* ① *(Einteilung)* dispositio <-onis> *f* ② *(Veranlassung, Verfügung, Befehl)* institutio <-onis> *f,* iussum *nt,* decretum *nt* [**senatūs; consulis**].

**anorganisch** *adj* anorganicus.

**anpacken** *vt* ① *(anfassen)* prehendere ② *(behandeln: Menschen)* tractare ③ *(in Angriff nehmen)* aggredi [**opus**]; **mit ~** *(helfen)* succurrere, subvenire.

**anpassen I.** *vt* aptare, accommodare *(an:* dat

oder ad) **II.** *vr:* **sich ~** se accommodare.
**Anpassung** *f* accommodatio <-onis> *f* *(an:* ad).
**anpassungsfähig** *adj* adaptabilis.
**Anpassungsfähigkeit** *f*, **-vermögen** *nt* adaptabilitas <-atis> *f.*
**Anpfiff** *m* ① (SPORT) sibilus *m* initialis ② *(fig)* exprobratio <-onis> *f,* convicium *nt.*
**anpflanzen** *vt* (con)serere [**arborem**; **hortum**].
**Anprall** *m* impetus <-us> *m.*
**anprangern** *vt* calumniari.
**anpreisen** *vt* venditare [**mercem**; **tabernam**].
**anprobieren** *vt* experiri [**vestem**].
**anrechnen** *vt* ① *(berechnen)* imputare, (in rationem) inducere ② *(gutschreiben)* acceptum referre ③ *(fig: werten)* aestimare, dare <dedi>, vertere; **jdm etw hoch ~** alci alqd magni inducere; **als Fehler ~** vitio dare.
**Anrecht** *nt* ius <iuris> *nt (auf:* gen); **sein ~ geltend machen** ius suum obtinēre, persequi.
**Anrede** *f* allocutio <-onis> *f,* appellatio <-onis> *f.*
**anreden** *vt* alloqui, appellare; **jmd mit Namen ~** alqm nominatim appellare.
**anregen** *vt* ① incitare, excitare, (com)movēre ② *(vorschlagen)* proponere, suadēre.
**Anregung** *f (Vorschlag)* condicio <-onis> *f,* consilium *nt;* **auf deine ~** te auctore, te suasore.
**Anreiz** *m* incitamentum *nt,* stimulus *m.*
**anrennen** *vi:* **gegen etw ~** incurrere in alqd.
**Anrichte** *f* mensa *f* coquinaria.
**anrichten** *vt* ① *(Speise)* parare ② *(Verwirrung, Blutbad)* facere, conficere; *(Schaden)* dare <dedi>.
**anrüchig** *adj* infamis, maculosus, infamiā aspersus.
**anrücken** *vi (ankommen)* accedere, adventare.
**Anruf** *m* (TEL) telephonema <-atis> *nt.*
**anrufen** *vt* ① *(anflehen)* invocare, implorare [**deos**; **opem deorum**]; *(vor Gericht: um Beistand ~)* appellare [**tribunos**; **praetorem**]; **als Zeugen ~** contestari ② (TEL) per telephonum appellare.
**anrühren** *vt* ① *(anfassen)* tangere, attingere ② *(mischen)* miscēre.
**Ansage** *f* nuntius *m.*
**ansagen** *vt* indicere, (an)nuntiare.
**Ansager(in** *f***)** *m* (an)nuntiator <-oris> *m,* annuntiatrix <-ricis> *f,* indicator <-oris> *m,* indicatrix <-ricis> *f.*
**ansammeln I.** *vt* colligere, accumulare [**copias** Vorräte] **II.** *vr:* **sich ~** *(von Sachen und Lebewesen)* colligi, coire.
**Ansammlung** *f* ① acervus *m* [**auri**] ② *(von Menschen)* concursus <-us> *m.*
**ansässig** *adj* qui domicilium alicubi habet; **dort/in Rom ~ sein** domicilium illic/Romā habēre.
**Ansatz** *m* ① *(Versuch)* conatus <-us> *m* ② *(Rost~, Kalk~)* crusta *f.*
**anschaffen** *vt* acquirere.
**Anschaffung** *f* acquisitio <-onis> *f.*
**Anschaffungskosten** *pl* sumptus <-us> *m* acquisitionis.
**anschalten** *vt (Licht, Radio)* accendere, expedire.
**anschauen** *vt* (a)spectare, aspicere, contemplari, intueri; **sich ein Theaterstück ~** fabulam spectare.
**anschaulich** *adj* expressus, perspicuus, illustris [**exemplum**]; **~ machen** illustrare, perspicuum facere.
**Anschaulichkeit** *f* perspicuitas <-atis> *f.*
**Anschauungsmaterial** *nt* materia *f* practica.
**Anschauungsunterricht** *m* eruditio <-onis> *f* practica.
**Anschein** *m* species <-ei> *f;* **dem ~ nach** specie, per [*o* in] speciem; **dem ersten ~ nach** prima specie; **den ~ haben** videri; **bei jdm den ~ erwecken** speciem alci facere (+ A.C.I.); **sich den ~ geben** simulare (+ A.C.I. oder Inf.).
**anscheinend** *adj durch* videri *auszudrücken.*
**anschicken** *vr:* **sich ~, zu ...** parare (+ Inf.).
**anschieben** *vt* pellere [**autoraedam**].
**anschießen** *vt* iactu vulnerare.
**Anschlag** *m* ① *(Plakat)* tabula *f* ② *(Attentat)* insidiae *f pl;* **einen ~ auf jmd verüben** insidiari alci ③ *(auf Schreibmaschine)* impulsus <-us> *m* ④ *(des Gewehrs)* positio <-onis> *f,* applicatio <-onis> *f.*
**anschlagen I.** *vt* ① *(Plakat)* affigere ② *(Kopf; Tasse u. Ä.)* affligere, illidere **II.** *vi (wirksam sein)* prodesse, proficere, efficacem esse.
**anschließen I.** *vt* applicare, adiungere (mit ad oder dat) **II.** *vr:* **sich ~** ① *(jdm)* se applicare, se adiungere (mit ad oder dat), sequi + *akk* ② *(räuml.)* adiunctum esse.
**anschließend** *adv* deinde.
**Anschluss** *m* ① *(das Hinzufügen; Zug~)* adiunctio <-onis> *f* ② *(Kontakt zu jdm)* coniunctio <-onis> *f,* societas <-atis> *f;* **~ finden** societatem inire.
**Anschlussflug** *m* volatus <-us> *m* adiuncticius.
**Anschlusszug** *m* tramen <-minis> *nt* adiuncticium.
**anschmiegsam** *adj* tener <-nera, -nerum>, mollis.
**anschnallen I.** *vt (Ski)* annectere **II.** *vr:* **sich ~** *(im Auto, Flugzeug)* cincturam securitatis accingere.
**anschnauzen** *vt* allatrare.
**anschneiden** *vt* ① *(Brot u. Ä.)* incidere ② *(Thema)* commemorare.
**anschrauben** *vt* cochleā firmare.

**anschreiben** *vt (an die Tafel, an die Wand)* inscribere (in + abl) [**verba in tabula; sententias in muris**]; **bei jdm gut angeschrieben sein** gratiosum [*o* gratum] esse apud alqm, gratiā valēre apud alqm.

**anschreien** *vt* inclamare, increpare <increpui>.

**Anschrift** *f* inscriptio <-onis> *f.*

**anschuldigen** *vt* arguere *(einer Sache/ wegen etw:* gen; abl; de; A.C.I.; Inf.).

**Anschuldigung** *f* accusatio <-onis> *f,* crimen <-minis> *nt;* **unter falscher ~** falso crimine.

**anschweißen** *vt* ferruminare.

**anschwellen** *vi* tumescere; **angeschwollen** tumidus.

**anschwemmen** *vt* alluvione adicere.

**ansehen** *vt* (a)spectare, aspicere, contemplari, intueri; **~ als** putare (+ dopp. akk; pro), existimare + *dopp. akk;* **jdm etw ~** ex vultu [*o* ex specie] alcis colligere (alqd oder A.C.I.).

**Ansehen** *nt (Ruf)* auctoritas <-atis> *f,* existimatio <-onis> *f;* **hohes ~ genießen** magna auctoritate esse; **zu ~ gelangen** auctoritatem accipere.

**ansehnlich** *adj* ❶ *(Mensch)* decorus, speciosus ❷ *(beträchtlich)* amplus, magnus.

**ansetzen I.** *vt* ❶ *(Glas)* admovēre *(an:* ad oder dat) [**poculum labris**] ❷ *(anfügen)* adiungere, affigere ❸ *(Knospen, Frucht)* agere, movēre [**gemmas**] ❹ *(bestimmen, festsetzen)* constituere [**diem; consilium**]; ❺ **einen Bauch ~** corpus facere **II.** *vr:* **sich ~** *(sich festsetzen: von Rost, Staub)* adhaerescere, inhaerescere + *dat* **III.** *vi (beginnen)* incipere (mit Inf.).

**Ansicht** *f* ❶ *(Anblick)* aspectus <-us> *m* ❷ *(Meinung)* opinio <-onis> *f,* sententia *f;* **meiner ~ nach** meā sententiā; **anderer ~ sein als** dissentire ab.

**Ansichtskarte** *f* charta *f* illustrata, photochartula *f.*

**ansiedeln I.** *vt (Kolonisten)* deducere [**veteranos in colonias**] **II.** *vr:* **sich ~** considere [**in finibus Ubiorum**].

**Ansiedler** *m* colonus *m.*

**Ansiedlung** *f* colonia *f.*

**anspannen** *vt* ❶ *(Tiere)* (ad)iungere [**equos ad currum**] ❷ *(Kräfte, Muskeln u. Ä.)* (con)tendere, intendere [**funem**].

**Anspannung** *f (Anstrengung)* contentio <-onis> *f,* intentio <-onis> *f.*

**anspielen** *vi:* **auf etw ~** tecte significare + *akk.*

**Anspielung** *f* tecta significatio <-onis> *f (auf:* gen).

**anspitzen** *vt* acuere [**stilum**].

**Ansporn** *m* incitamentum *nt,* stimulus *m (zu etw:* ad); **jdm einen ~ zu etw geben** stimulis incitare alqm ad alqd.

**anspornen** *vt (anfeuern)* incitare, concitare [**alqm ad studium**].

**Ansprache** *f (Rede)* oratio <-onis> *f;* **eine ~ halten** orationem habēre.

**ansprechen** *vt* ❶ *(anreden)* alloqui, appellare alqm ❷ *(gefallen)* placēre alci.

**ansprechend** *adj* facetus, gratus, amoenus.

**Anspruch** *m (Recht)* ius <iuris> *nt (auf:* gen); *(Forderung)* postulatio <-onis> *f,* postulatum *nt;* **auf etw ~ haben** iure alqd postulare posse; **hohe Ansprüche stellen/haben** magna concupiscere.

**anspruchslos** *adj* modestus.

**Anspruchslosigkeit** *f* modestia *f.*

**anspruchsvoll** *adj* elegans <-antis>.

**anstacheln** *vt* stimulare *(zu:* ad).

**Anstalt** *f* ❶ *(allg.)* institutum *nt; (Schule)* schola *f,* ludus *m* discendi ❷ *(Heil~)* valetudinarium *nt.*

**Anstalten** *pl:* **~ treffen** [*o* **machen**], **zu ...** parare (+ Inf.).

**Anstand** *m* decor <-oris> *m,* decus <-coris> *nt;* **den ~ verletzen** decoris [*o* decorem *o* decus] oblivisci.

**anständig** *adj* ❶ *(Mensch, Benehmen)* decorus, probus, honestus ❷ *(Leistung, Arbeit)* bonus.

**anstandshalber** *adv* ut (ad)decet.

**anstandslos** *adv* sine haesitatione.

**anstarren** *vt* defixis oculis intueri + *akk,* oculos defigere (in + abl) [**in vultu consulis**].

**anstatt I.** *praep* pro + *abl,* loco, in locum + *gen* **II.** *kj:* **~ zu ...** *mit* cum *zu übersetzen*; **er las, ~ zu arbeiten** legit, cum laborare deberet.

**anstecken** *vt* ❶ *(Ring, Abzeichen)* aptare *(an etw:* dat) [**anulum digito**] ❷ *(anzünden)* incendere, accendere [**aedificium**] ❸ (MED *u. fig)* inficere [**morbo; vitiis**].

**ansteckend** *adj* contagiosus.

**Ansteckung** *f* contagio <-onis> *f.*

**ansteigend** *adj* ❶ *(Straße, Gelände)* acclivis ❷ *(Wasser)* augescens.

**anstelle** *adv:* **~ von** pro + *abl,* loco, in locum + *gen.*

**anstellen I.** *vt* ❶ *(Arbeit geben)* instituere [**alqm liberis tutorem**], (muneri) alqm praeficere ❷ *(machen, unternehmen)* facere, parare; **was hast du da (Schlimmes) angestellt?** quid mali fecisti? **II.** *vr:* **sich ~** *(sich benehmen)* se gerere.

**Anstellung** *f (Amt)* munus <-neris> *nt.*

**anstiften** *vt* ❶ *(anzetteln)* machinari, moliri [**calamitatem**] ❷ *(verleiten)*: **jmd zu etw ~** alqm in [*o* ad] alqd inducere, impellere [**in fugam; ad facinus**].

**Anstifter** *m* auctor <-oris> *m,* machinator <-oris> *m.*

**Anstoß** *m* ❶ *(Impuls)* impulsus <-us> *m;* **den ~ zu etw geben** auctorem esse alcis rei ❷ *(Ärgernis)*: **an etw ~ nehmen** offendere

(in + abl); **bei jdm ~ erregen** offendere alqm.
**anstoßen I.** *vt* affligere, offendere [**pedem ad lapidem**] **II.** *vi* ❶ *(sich stoßen)* offendere *(an:* dat oder in + abl), allidi *(an:* ad oder in + akk) ❷ *(angrenzen)* attingere *(an:* akk) ❸ *(mit den Gläsern)* pocula collidere.
**anstoßend** *adj (angrenzend)* propinquus, confinis [**praedium**].
**anstößig** *adj* obscenus, turpis [**versūs**; **sermones**].
**anstreben** *vt* (ap)petere, sectari.
**anstreichen** *vt* ❶ *(mit Farbe)* illinere ❷ *(kennzeichnen)* notare.
**anstrengen I.** *vt (ermüden)* fatigare [**oculos**]; *(Geist)* intendere [**ingenium**] **II.** *vr:* **sich ~** laborare, contendere, niti.
**anstrengend** *adj* laboriosus [**vita**; **opera**].
**Anstrengung** *f* labor <-oris> *m,* contentio <-onis> *f;* (**die größten**) **~en unternehmen** (maxime) laborare, ut; **mit größter ~** summa vi [*o* contentione].
**Anstrich** *m* ❶ *(Farbe)* color <-loris> *m* ❷ *(Anschein)* species <-ei> *f* [**humanitatis**].
**Ansturm** *m* ❶ *(Andrang)* concursus <-us> *m* ❷ *(Angriff)* impetus <-us> *m;* **dem ~ des Gegners standhalten** impetui hostis resistere.
**anstürmen** *vi* invehi.
**Antarktis** *f* terra *f* Antarctica.
**antarktisch** *adj* antarcticus.
**antasten** *vt* ❶ attrectare ❷ *(Ehre, Würde verletzen)* violare.
**Anteil** *m (Teil)* pars <partis> *f;* **an etw ~ haben** participem esse + *gen;* **~ nehmen an** *(sich beteiligen)* interesse + *dat;* *(Mitgefühl haben)* affici, moveri + *abl* [**alcis gaudio**].
**Antenne** *f* antemna *f,* antenna *f.*
**Antialkoholiker(in** *f*) *m* antialcoholista *m.*
**Antibabypille** *f* pilula *f* anticonceptiva.
**Antibiotikum** *nt* antibioticum *nt.*
**antik** *adj* antiquus.
**Antike** *f* antiquitas <-atis> *f.*
**Antikörper** *m* anticorpus <-poris> *nt.*
**Antilope** *f* damma *f.*
**Antipathie** *f* fastidium *nt,* odium *nt (gegen:* gen).
**Antiquar** *m* antiquarius *m,* veterum librorum mercator <-oris> *m.*
**Antiquariat** *nt* taberna *f* antiquarii.
**Antiquitäten** *pl* res <rerum> *f pl* antiquae.
**Antiquitätenhändler** *m* rerum antiquarum mercator <-oris> *m.*
**Antisemitismus** *m* Iudaeorum odium *nt.*
**Antrag** *m* ❶ *(Gesuch)* petitio <-onis> *f,* postulatio <-onis> *f;* *(Gesetzes~ an das Volk)* rogatio <-onis> *f;* *(Gesetzes~ an den Senat)* relatio <-onis> *f;* **auf jmds ~** alqo postulante, petente; *(polit., beim Volk)* alqo ferente, *(beim Senat)* alqo referente; **einen ~ stellen** postulare (ut), *(an das Volk)* rogationem ferre (ad populum), *(an den Senat)* referre (ad senatum) ❷ *(Heirats~)* condicio <-onis> *f* (delata).
**Antragsformular** *nt* formula *f* postulatoria.
**Antragsteller** *m* postulator <-oris> *m,* petitor <-oris> *m.*
**antreffen** *vt* offendere.
**antreiben** *vt* incitare, impellere *(zu:* ad; ut + conj) [**equum calce**; **alqm ad facinus, ad laborem**].
**antreten I.** *vt (Amt, Herrschaft)* inire; *(Erbe)* adire; *(Strafe)* solvere incipere; **jmds Nachfolge ~** succedere alci; **eine Reise ~** proficisci **II.** *vi* (MIL) consistere.
**Antrieb** *m* impulsus <-us> *m;* **aus eigenem ~** meā / tuā / suā sponte.
**Antrittsrede** *f* oratio <-onis> *f* aditialis.
**antun** *vt:* **jdm etw ~** afficere alqm alqa re [**iniuriā**; **beneficio**]; **Gewalt ~** vim inferre; **sich etw ~** *(sich töten)* mortem sibi consciscere; **sich Zwang ~** vim sibi afferre, naturae repugnare.
**Antwort** *f* responsum *nt;* **eine ~ geben** respondēre; **um ~ wird gebeten** bene facietis respondentes nobis ad haec.
**antworten** *vi* respondēre *(auf etw:* dat; ad nur mit substantivierten Neutra) [**litteris alcis**; **ad rogatum**].
**anvertrauen** *vt (übergeben, überlassen)* mandare, committere [**pecuniam**]; *(im Vertrauen mitteilen)* credere [**secretum**]; **sich jdm ~** *(gesprächsweise)* se [*o* animum suum] alci credere; *(sich in jmds Obhut begeben)* se [*o* salutem suam] alci credere [*o* committere].
**anwachsen** *vi* ❶ (BOT) accrescere *(an :* dat) ❷ *(fig: zunehmen)* (ac)crescere, augeri.
**Anwalt** *m* causidicus *m,* patronus *m;* *(fig: Fürsprecher)* defensor <-oris> *m,* patronus *m.*
**Anwandlung** *f* aliquid *(von:* gen); **in einer ~ von Großzügigkeit** aliqua magnanimitate.
**Anwärter(in** *f*) *m* qui aspirat ad, aspirans <-antis> *m/f.*
**anweisen** *vt* ❶ *(zuteilen)* attribuere, assignare [**alci hospitium**] ❷ *(anleiten)* instituere alqm ad alqd ❸ *(Geld)* attribuere, perscribere ❹ *(befehlen)* iubēre (+ A.C.I.).
**Anweisung** *f* ❶ *(Zuteilung)* assignatio <-onis> *f* ❷ *(Anleitung)* institutio <-onis> *f* ❸ *(Zahlungs~)* attributio <-onis> *f,* perscriptio <-onis> *f* ❹ *(Befehl)* iussum *nt.*
**anwenden** *vt* uti + *abl,* adhibēre alqd.
**Anwendung** *f* usus <-us> *m.*
**anwerben** *vt (Soldaten, Kolonisten)* conscribere, conquirere.
**anwesend** *adj* praesens <-entis>, qui adest; **die Anwesenden** qui adsunt / aderant / *usw.*; **~ sein** adesse.

**Anwesenheit** *f* praesentia *f;* **in jmds ~** alqo praesente.
**Anwesenheitsliste** *f* tabella *f* praesentiae, tabulae *f pl* praesentiae.
**anwidern** *vt:* **etw widert mich an/es widert mich an, ...** me taedet *(+ gen/ inf).*
**Anwohner** *m* accola *m.*
**anwurzeln** *vt:* **wie angewurzelt dastehen** defixum stare <steti>.
**Anzahl** *f* numerus *m;* **eine ganze ~ von ...** magnus numerus *m,* multitudo <-dinis> *f + gen.*
**anzahlen** *vt (Betrag)* primam partem pretii solvere [*o* numerare].
**Anzahlung** *f* pensio <-onis> *f;* **eine ~ machen** pensionem solvere.
**anzapfen** *vt (Fass)* terebrare [**dolium**].
**Anzeichen** *nt* indicium *nt,* signum *nt* [**paenitentiae**].
**Anzeige** *f* ① *(Annonce)* advertissamentum *nt* ② *(Aussage)* indicium *nt,* denuntiatio <-onis> *f* [**coniurationis**]; **wegen etw eine ~ erstatten** indicium alcis rei facere, de re indicare.
**anzeigen** *vt* ① *(bezeichnen, andeuten, zu erkennen geben)* significare ② *(ankündigen, verkündigen)* denuntiare [**pensum** Klassenarbeit] ③ *(bei Polizei)* denuntiare, indicare [**crimen**; **furtum**; **furem**].
**Anzeiger** *m (Gerät, das etw anzeigt, z.B. den Ölstand)* index <-dicis> *m.*
**anzetteln** *vt* moliri, machinari [**bellum**; **rixam**].
**anziehen** *vt* ① *(Kleidung)* induere [**novam togam**]; **angezogen** indutus ② *(spannen)* contendere [**nervos**; **habenas**] ③ *(anlocken)* allicere; **die Ausstellung zog viele Besucher an** expositio multos visitatores allexit.
**anziehend** *adj* iucundus, suavis, gratus.
**Anzug** *m* ① vestis <-is> *f,* vestitus <-us> *m* ② *(fig)*: **im ~ sein** appropinquare; *(von Gefahr, Unwetter)* imminēre.
**anzüglich** *adj* aculeatus; *(anstößig)* obscenus.
**anzünden** *vt* ① *(Feuer)* accendere [**ignem**; **sulphuratum**] ② *(in Brand setzen)* incendere, inflammare [**aedificium**; **classem**; **horreum**; **fana**].
**apart** *adj* insolitus.
**Apartment** *nt* diaeta *f.*
**Apathie** *f* apathia *f.*
**apathisch** *adj* hebes <hebetis>, obtusus.
**Aperitif** *m* propin *nt (undekl.).*
**Apfel** *m* malum *nt;* **in den sauren ~ beißen** molestiam devorare.
**Apfelbaum** *m* malus <-i> *f.*
**Apfelkuchen** *m* placenta *f* malina.
**Apfelmus** *nt* puls <pultis> *f* malorum.
**Apfelsaft** *m* sucus *m* malinus.
**Apfelsine** *f* malum *nt* aureum [*o* Medicum].
**Apostel** *m* apostolus *m.*
**apostolisch** *adj* apostolicus, *(auch durch gen auszudrücken)* apostolorum.
**Apotheke** *f* taberna *f* medicamentaria.
**Apotheker(in** *f*) *m* medicamentarius, -a *m, f.*
**Apparat** *m* instrumentum *nt.*
**Apparatur** *f* apparatura *f.*
**Appartement** *nt* diaeta *f.*
**Appell** *m* evocatio <-onis> *f; (fig)* exhortatio <-onis> *f,* monitio <-onis> *f.*
**appellieren** *vt* invocare *(an:* alqm, alqd), appellare (alqm).
**Appetit** *m* cibi cupiditas <-atis> *f,* cibi appetentia *f;* **~ haben** cibum appetere; **keinen ~ haben** cibum fastidire.
**appetitanregend** *adj* qui/quae/quod cibi cupiditatem excitat / excitabat.
**appetitlich** *adj* ① qui/quae/quod cibi cupiditatem excitat / excitabat ② *(fig)* iucundus, suavis.
**Appetitlosigkeit** *f* cibi fastidium *nt.*
**applaudieren** *vi* (ap)plaudere [**actori**; **cantatrici**].
**Applaus** *m* plausus <-us> *m.*
**Aprikose** *f* prunum *nt* Armeniacum.
**April** *m* Aprilis <-is> *m.*
**Aquarell** *nt* pictura *f* aquaria, aquarellum *nt.*
**Aquarium** *nt* piscina *f.*
**Äquator** *m* circulus *m* aequinoctialis.
**Ära** *f* aetas <-atis> *f.*
**Araber** *m* Arabus *m.*
**Arabien** *nt* Arabia *f.*
**arabisch** *adj* Arab(ic)us.
**Arbeit** *f* ① *(Tätigkeit)* opera *f;* **an die ~ gehen** operam suscipere; **ohne ~ sein** negotiis vacare, otiosum esse ② *(Mühe, Anstrengung)* labor <-oris> *m* ③ *(Werk)* opus <operis> *nt* ④ *(gestellte Aufgabe, Klassen~)* pensum *nt.*
**arbeiten** *vi* laborare; *(an etw ~, mit etw beschäftigt sein)* operari (mit dat oder in + abl); **sich krank ~** laboribus confici; **sich nach oben ~** laborando procedere.
**Arbeiter(in** *f*) *m* operarius, -a *m, f;* **gelernter/ungelernter ~** operarius qualificatus/nonqualificatus.
**Arbeiterschaft** *f* operae *f pl; (Arbeiterstand)* operariorum classis <-is> *f.*
**Arbeitgeber** *m* conductor <-oris> *m* operae.
**Arbeitnehmer** *m* mercennarius *m,* operarius *m.*
**Arbeitsamt** *nt* officium *nt* operarium, diribitorium *nt* operae.
**Arbeitsbedingungen** *pl* condiciones <-num> *f pl* operariae.
**Arbeitseinstellung** *f (Streik)* operistitium *nt.*
**arbeitsfähig** *adj* laboribus par <paris>, operi faciendo par.
**Arbeitsgemeinschaft** *f* grex <gregis> *m*

operarius.
**Arbeitsgericht** *nt* iudicium *nt* operarum.
**Arbeitskampf** *m* pugna *f* operaria.
**Arbeitskleidung** *f* vestitus <-us> *m* operarius.
**Arbeitskräfte** *pl* operae *f pl.*
**Arbeitslager** *nt* castra *nt pl* operaria.
**arbeitslos** *adj* non occupatus, opere vacuus, sine opere, sine quaestu.
**Arbeitslose(r)** *f(m)* non occupatus *m,* opere vacuus *m,* non occupata *f,* opere vacua *f.*
**Arbeitslosigkeit** *f* quaestūs inopia *f,* negotii inopia *f.*
**Arbeitsmarkt** *m* mercatus <-us> *m* laboris.
**Arbeitsmaterial** *nt* materia *f* operaria.
**Arbeitsniederlegung** *f* operistitium *nt.*
**Arbeitsrecht** *nt* ius <iuris> *nt* operae.
**arbeitsscheu** *adj* fugiens <-entis> laboris.
**Arbeitstag** *m* dies <-ei> *m* negotiosus.
**Arbeitsteilung** *f* divisio <-onis> *f* laboris.
**arbeitsunfähig** *adj* laboribus impar <-paris>, operi faciendo impar.
**Arbeitsvermittlung** *f* procuratio <-onis> *f* operae.
**Arbeitsvertrag** *m* pactum *nt* operae, conventum *nt* operae.
**Arbeitsweise** *f* modus *m* laborandi.
**Arbeitszeit** *f* tempus <-poris> *nt* laboris, tempus *nt* operarium.
**Arbeitszeitverkürzung** *f* deminutio <-onis> *f* temporis operarii.
**Arbeitszimmer** *nt* conclave <-vis> *nt* operarium.
**Archäologe** *m* archaeologus *m.*
**Archäologie** *f* archaeologia *f.*
**archäologisch** *adj* archaeologicus [**inventa** Funde].
**Arche** *f:* **~ Noah** arca *f* Noe.
**Architekt(in *f*)** *m* architectus *m,* architectrix <-icis> *f.*
**architektonisch** *adj* architectonicus [**opus summo artificio factum** Meisterstück; **novitates** Neuheiten].
**Architektur** *f* architectura *f.*
**Archiv** *nt* tabularium *nt.*
**Areal** *nt* area *f.*
**Arena** *f* arena *f.*
**Areopag** *m (höchster Gerichtshof im antiken Athen)* Areopagus *m.*
**arg I.** *adj (schlimm)* gravis, molestus, malus [**fortuna**] **II.** *adv (sehr)* valde, vehementer.
**Ärger** *m* ① *(Wut, Verdruss)* indignatio <-onis> *f,* ira *f,* aegritudo <-dinis> *f;* **aus ~** irā commotus ② *(Unannehmlichkeit)* casus <-us> *m* adversus, res <rei> *f* adversa, incommodum *nt,* difficultas <-atis> *f.*
**ärgerlich** *adj* ① *(verärgert)* indignabundus; **~ werden** irritari, exasperari ② *(lästig)* incommodus.
**ärgern I.** *vt* irritare, offendere **II.** *vr:* **sich ~** indignari, aegre [*o* moleste] ferre *(über etw:* alqd).
**Ärgernis** *nt* offensio <-onis> *f,* scandalum *nt;* **~ erregen** scandalum movēre.
**arglos** *adj (naiv, treuherzig, ohne Argwohn)* simplex <-plicis>.
**Argument** *nt* argumentum *nt.*
**Argwohn** *m* suspicio <-onis> *f;* **~ hegen** suspicari *(gegen jmd:* alqm); **jmds ~ erregen** alcis suspicionem movēre.
**argwöhnen** *vt* suspicari.
**argwöhnisch** *adj* suspiciosus.
**Arie** *f* aria *f,* canticum *nt.*
**Aristokrat** *m* nobilis <-is> *m,* nobili loco natus *m; (pl)* nobiles <-lium> *m pl,* optimates <-tium, -tum> *m pl.*
**Aristokratie** *f* ① *(als Stand)* nobilitas <-atis> *f,* optimates <-tium, -tum> *m pl* ② *(als Regierungsform)* optimatium dominatus <-us> *m,* nobilium potestas <-atis> *f.*
**aristokratisch** *adj* nobilis, *(auch durch gen auszudrücken)* nobilium, optimat(i)um.
**Arithmetik** *f* arithmetica *nt pl,* arithmetica *f.*
**Arktis** *f* terra *f* arctica.
**arktisch** *adj* arcticus [**frigus**].
**arm** *adj* ① pauper <-eris>, inops <-opis>, egens <egentis>; **~ sein** in egestate esse [*o* versari]; **jmd ~ machen** egestatem alci afferre, ad inopiam alqm redigere ② *(bedauernswert, unglücklich)* miser <-era, -erum>.
**Arm** *m* bracchium *nt,* lacertus *m;* **~ in ~** (inter se) amplexi, complexi; **jmd in die ~e nehmen** alqm amplecti, complecti; **jdm unter die ~e greifen** *(fig)* alqm sublevare, alci subvenire; **jmd auf den ~ nehmen** alqm in manus accipere; **jmd mit offenen ~en aufnehmen** passis manibus ac complexu alqm excipere.
**Armatur** *f* armatura *f.*
**Armaturenbrett** *nt* tabula *f* indicatoria.
**Armband** *nt* armilla *f.*
**Armbanduhr** *f* horologium *nt* armillare.
**Armee** *f* exercitus <-us> *m.*
**Ärmel** *m* manica *f;* **mit aufgekrempelten ~n** bracchiis umero tenus renudatis; **etw aus dem ~ schütteln** *(fig)* alqd per desidiam perficere.
**Armlehne** *f* ancon <-onis> *m.*
**ärmlich** *adj* miser <-era, -erum>.
**Armreif** *m* armilla *f.*
**armselig** *adj* ① *(wertlos, jämmerlich)* miser <-era, -erum>, vilis [**vita**; **rex**] ② *(schlecht, untauglich)* malus [**poeta**] ③ *(dürftig)* tenuis [**cibus**].
**Armut** *f* paupertas <-tatis> *f,* inopia *f,* egestas <-atis> *f.*
**Armutszeugnis** *nt (fig)* testimonium *nt* stuporis.
**Aroma** *nt* odor <odoris> *m,* fragrantia *f.*
**aromatisch** *adj* odoratus, odorus.

A

**arrangieren I.** *vt* constituere, instituere [**auctionem**] **II.** *vr:* **sich ~** pacisci.
**Arrest** *m* custodia *f;* **jmd unter ~ stellen** alqm in custodiam dare; **unter ~ stehen** in custodia esse.
**arrogant** *adj* superbus, arrogans <-antis>.
**Arroganz** *f* superbia *f,* arrogantia *f.*
**Arsch** *m* podex <-dicis> *m,* culus *m;* **leck mich am ~!** lambe mihi podicem!.
**Arsenal** *nt (Waffenlager)* armamentarium *nt.*
**Art** *f* ① *(Weise)* modus *m,* mos <moris> *m,* ratio <-onis> *f* [**vitae**; **dicendi**; **scribendi**]; **auf diese ~** hoc modo; **auf andere ~** aliter; **nach ~ (von)** modo, more, ritu + *gen* [**ferarum**]; **auf jede mögliche ~** quoquo modo ② *(Sorte, Gattung)* genus <-neris> *nt* ③ *(Wesen, Beschaffenheit)* natura *f,* ingenium *nt,* indoles <-lis> *f;* **das ist so seine ~** eo est ingenio.
**Arterie** *f* arteria *f.*
**Arterienverkalkung** *f* arteriarum duritia *f,* arteriosclerosis <-is> *f.*
**artig** *adj* oboediens <-entis>.
**Artikel** *m* ① *(Aufsatz)* tractatio <-onis> *f* ② (GRAM) articulus *m.*
**Artillerie** *f (milit.: mit schweren Geschützen ausgerüstete Truppe)* tormentarii *m pl.*
**Arznei** *f,* **Arzneimittel** *nt* medicina *f,* medicamentum *nt,* remedium *nt.*
**Arzneimittelmissbrauch** *m* medicamentorum abusus <-us> *m.*
**Arzt** *m* medicus *m;* **praktischer ~** medicus practicus.
**Arzthelferin** *f* adiutrix <-ricis> *f* medici.
**Ärztin** *f* medica *f.*
**ärztlich** *adj* medicus, *(auch durch gen auszudrücken)* medici/medicorum; **~e Verordnung** praeceptum medici; **sich ~ behandeln lassen** medico uti.
**As** *m (altröm. Münz- und Gewichtseinheit)* as <assis> *m.*
**Asbest** *m* asbestus <-i> *f,* amiantus *m.*
**Asche** *f* cinis <-neris> *m; (glühende)* favilla *f;* **in Schutt und ~ legen** incendio delēre.
**Aschenbecher** *m* (vasculum) cinerarium *nt.*
**Aschenbrödel** *nt* Cinerentula *f.*
**Aschermittwoch** *m* dies <-ei> *m* cinerum.
**Asiat** *m* Asianus *m.*
**asiatisch** *adj* Asianus, Asiaticus.
**Asien** *nt* Asia *f.*
**asozial** *adj* insocialis.
**Aspekt** *m* aspectus <-us> *m;* **unter diesem ~ betrachtet** sub hoc aspectu consideratus.
**Asphalt** *m* bitumen <-minis> *nt,* asphaltus <-i> *f.*
**asphaltieren** *vt* bituminare, bitumine obducere.
**Assistent(in** *f*) *m* adiutor <-oris> *m,* adiutrix <-ricis> *f,* minister <-tri> *m,* ministra *f.*
**assistieren** *vi:* **jdm ~** alci adesse *(bei etw:* in + abl des Gerundiums).
**Assoziation** *f* idearum associatio <-onis> *f.*
**Ast** *m* ramus *m.*
**ästhetisch** *adj* aestheticus.
**Asthma** *nt* anhelatio <-onis> *f,* suspirium *nt,* asthma <-matis> *nt.*
**Astrologe** *m* astrologus *m.*
**Astrologie** *f* astrologia *f.*
**Astronaut(in** *f*) *m* astronauta *m,* astronautis <-idis> *f,* astronautria *f.*
**Astronom** *m* astrologus *m.*
**Astronomie** *f* astronomia *f,* astrologia *f.*
**astronomisch** *adj* astronomicus.
**Asyl** *nt* asylum *nt;* **jdm ~ gewähren** asylo alqm recipere.
**Asylant** *m* asyli petitor <-oris> *m.*
**Asylantenwohnheim** *nt* hospitium *nt* petitorum asyli.
**Asylbewerber** *m* asyli petitor <-oris> *m.*
**Asylbewerberunterkunft** *f* hospitium *nt* petitorum asyli.
**Asylrecht** *nt* asyli ius <iuris> *nt.*
**Atelier** *nt* officina *f.*
**Atem** *m (Atemzug)* spiritus <-us> *m; (das Atmen, Atemholen)* respiratio <-onis> *f; (eingeatmete Luft)* anima *f;* **~ holen** respirare; **außer ~** exanimatus; **außer ~ bringen** exanimare; **den ~ anhalten** animam continēre.
**atemlos** *adj* exanimatus.
**Atemnot** *f* suspirium *nt,* anhelitus <-us> *m.*
**Atempause** *f* interspiratio <-onis> *f.*
**Atemzug** *m* spiritus <-us> *m;* **bis zum letzten ~** usque ad extremum spiritum; **in einem ~** uno spiritu.
**Atheismus** *m* atheismus *m.*
**Atheist(in** *f*) *m* atheus *m,* atheista *m,* atheistria *f.*
**atheistisch** *adj* atheisticus.
**Athen** *nt* Athenae *f pl.*
**Athene** *f* Minerva *f.*
**Athener** *m* Atheniensis <-is> *m.*
**Äther** *m* aether <-eris> *m.*
**Athlet** *m* athleta *m.*
**athletisch** *adj* athleticus.
**Atlantik** *m* mare <-ris> *nt* Atlanticum.
**atlantisch** *adj* Atlanticus; **der Atlantische Ozean** mare *nt* Atlanticum.
**Atlas** *m (Kartenwerk)* tabulae *f pl* geographicae, terrarum tabulae *f pl.*
**atmen** *vi* spirare.
**Atmosphäre** *f* ① aër <aëris> *m* ② *(fig)* aura *f.*
**atmosphärisch** *adj durch gen auszudrücken:* aëris.
**Atmung** *f* respiratio <-onis> *f.*
**Atom** *nt* atomus <-i> *f.*
**Atom-** atomicus, nuclearis.
**atomar** *adj* atomicus, nuclearis.

**Atombombe** *f* bomba *f* atomica.
**Atomenergie** *f* energia *f* atomica.
**Atomexplosion** *f* diruptio <-onis> *f* atomica.
**Atomkern** *m* nucleus *m* atomicus.
**Atomkraft** *f* vis *f* atomica [*o* nuclearis].
**Atomkraftwerk** *nt* officina *f* atomica.
**Atomkrieg** *m* bellum *nt* atomicum.
**Atommüll** *m* purgamenta *nt pl* atomica.
**Atommülldeponie** *f* depositorium *nt* purgamentorum atomicorum.
**Atomreaktor** *m* officina *f* atomica.
**Atomspaltung** *f* fissio <-onis> *f* nuclearis.
**Atomwaffen** *pl* arma *nt pl* atomica [*o* nuclearia].
**atomwaffenfrei** *adj* armorum atomicorum expers <-pertis>.
**Atomzeitalter** *nt* aetas <-atis> *f* atomica.
**Attentat** *nt* impetus <-us> *m,* insidiae *f pl;* **ein ~ auf jmd verüben** impetum facere in alqm.
**Attentäter(in** *f*) *m* insidiator <-oris> *m,* insidiatrix <-ricis> *f.*
**Attest** *nt* attestatum *nt;* **ein ~ ausstellen** attestatum (con)scribere.
**attraktiv** *adj* iucundus, suavis, gratus.
**Attrappe** *f* imitamentum *nt,* imitamen <-minis> *nt,* simulamen <-minis> *nt.*
**Attribut** *nt* ① *(gramm.)* attributio <-onis> *f,* res <rei> *f* attributa ② *(fig)* signum *nt,* index <-dicis> *m.*
**ätzen** *vi* erodere.
**auch** *kj* etiam *(vor oder hinter dem betonten Wort stehend*), quoque *(nachgest.*); **oder ~** vel; **wenn ~** etsi, etiamsi, quamquam; **wer ~ immer** quicumque; **was ~ immer** quodcumque; **wo ~ immer** ubicumque; **nicht nur ... sondern ~** non modo … sed etiam.
**Audienz** *f* admissio <-onis> *f,* aditus <-us> *m;* **eine ~ geben** aditum dare.
**Auditorium** *nt (die Zuhörer)* auditores <-rum> *m pl,* corona *f.*
**Auerochse** *m* urus *m.*
**auf I.** *praep* ① *(räuml., auf die Frage wo?)* in + *abl; (räuml., auf die Frage wohin?)* in + *akk* ② *(von … her)* ex, de, ab; **~ der Mauer kämpfen** de moenibus pugnare ③ **~ ... hin, ~ ... zu** ad ④ *(zur Bez. des Mittels) durch bl. abl auszudrücken*; **~ dem Pferd reiten** equo vehi ⑤ *(zur Bez. der Veranlassung) durch bl. abl auszudrücken*; **~ deinen Rat** tuo consilio **II.** *adv:* **~!** *(los!)* age!, agedum!/agite!; **~ sein** *(geöffnet sein)* apertum esse, patēre; *(aufgestanden sein)* e lecto surrexisse; *(Mensch: noch ~ sein)* vigilare.
**aufarbeiten** *vt (Liegengebliebenes erledigen)* conficere.
**aufatmen** *vi (auch fig)* respirare.
**Aufbau** *m* ① *(das Aufbauen, Errichtung)* (ex)structio <-onis> *f* [**rostrorum**] ② *(Gliederung, Struktur)* structura *f.*
**aufbauen** *vt* aedificare, exstruere, (con)struere.
**aufbauschen** *vt (fig: Angelegenheit)* augēre, in maius extollere.
**aufbereiten** *vt (Wasser: reinigen)* purgare.
**aufbessern** *vt (Gehalt)* augēre.
**aufbewahren** *vt* (con)servare.
**Aufbewahrung** *f* conservatio <-onis> *f;* **jdm etw zur ~ geben** alci alqd (con)servandum dare, alqd apud alqm deponere; **sein Gepäck zur ~ geben** sarcinas (con)servandas dare.
**aufbieten** *vt (Kraft, Verstand)* contendere, intendere; *(Armee u. Ä.)* excire, cogere; *(Mittel)* (com)parare, conferre.
**aufbinden** *vt (lösen)* solvere [**nodum; taeniam**].
**aufblähen I.** *vt* inflare [**nares**] **II.** *vr:* **sich ~** *(auch fig)* se inflare, inflari, intumescere.
**aufblasbar** *adj* inflabilis [**thorax natatorius**].
**aufblasen** *vt* inflare.
**aufbleiben** *vi* ① *(offen bleiben)* patēre, apertum esse ② *(nicht zu Bett gehen)* vigilare.
**aufblenden** *vi (Auto)* luminaria accendere.
**aufblicken** *vi* ① suspicere, oculos tollere ② *(fig: zu jdm ~)* admirari (alqm).
**aufblühen** *vi (auch fig.)* florescere.
**aufbrauchen** *vt* consumere [**ultimas copias** die letzten Vorräte].
**aufbrausen** *vi (auch fig)* exaestuare, effervescere [**iracundiā**].
**aufbrausend** *adj (Mensch, Wesen)* fervidus.
**aufbrechen I.** *vt (Tür, Kiste)* effringere, refringere [**carcerem**] **II.** *vi* ① *(sich öffnen)* rumpi, dehiscere; *(Wunde)* recrudescere ② *(weggehen)* proficisci, abire, discedere.
**aufbringen** *vt* ① *(beschaffen)* (com)parare, conferre [**pecuniam**] ② *(Energie, Mut, Kraft aufbieten)* contendere, intendere ③ *(mit Mühe öffnen)* aperire posse [**portam**] ④ *(einführen: Mode, Gewohnheiten)* inducere, introducere ⑤ *(ärgern)* irritare, exacerbare ⑥ **jmd gegen jmd ~** alqm instigare (contra/in + akk) [**milites contra rem publicam**].
**Aufbruch** *m* profectio <-onis> *f,* discessus <-us> *m.*
**aufbürden** *vt:* **jdm etw ~** imponere alci alqd [**alci gravem laborem; civibus servitutem**].
**aufdecken** *vt* detegere, aperire, patefacere [**lectum; coniurationem; secretum**].
**aufdrängen** *vt:* **jdm etw ~** alci invito alqd offerre [**opem**], alqm alqd accipere cogere, alci alqd impingere [**donum**], inculcare alci alqd [**populo libertatem**]; **sich (jdm) ~** *(Mensch)* se (alci) venditare; **sich jdm ~** *(Gedanke, Verdacht)* (animo) obici, (animum) subire.
**aufdringlich** *adj* importunus, molestus.
**Aufdringlichkeit** *f* importunitas <-atis> *f,*

molestia *f.*

**aufdrücken** *vt (Stempel, Siegel)* imprimere (alqd in re, in rem oder alci rei) [**sigillum in cera**].

**aufeinander** *adv* ❶ *(übereinander)* alius super alium; *(von mehreren)* alii super alios; *(von zweien)* alter super alterum; ❷ *(gegenseitig)* invicem, inter se.

**aufeinanderfolgen** *vi* deinceps continuari.

**aufeinanderlegen** *vt* aliud super aliud ponere.

**aufeinanderprallen** *vi* confligere, collidi.

**Aufenthalt** *m (das Verweilen)* commoratio <-onis> *f; (Unterbrechung einer Fahrt, Verzögerung)* mora *f;* **wie lange haben wir hier ~?** quanta commoratio nobis hic erit?.

**Aufenthaltsgenehmigung** *f* permissio <-onis> *f* mansionis.

**Aufenthaltsort** *m* locus *m,* ubi alqs est / erat / *usw.*, sedes <-dis> *f.*

**auferlegen** *vt (Pflicht, Verantwortung)* iniungere [**alci officium**]; *(Strafe)* irrogare [**alci multam**].

**auferstehen** *vi* (REL) resurgere.

**Auferstehung** *f* (REL) resurrectio <-onis> *f.*

**aufessen** *vt* comedere.

**auffahren** *vi* ❶ *(dagegenfahren)* affligi, allidi *(auf etw:* ad) [**ad scopulos**] ❷ *(hochfahren, aufspringen)* exsilire; *(hochschrecken)* exterreri ❸ *(wütend werden)* irasci.

**auffallen** *vi (ins Auge fallen, hervorstechen)* conspici, conspicuum esse; **es fällt mir auf** admiror *(dass:* A.C.I.).

**auffallend**, **auffällig** *adj* conspicuus, insignis, notabilis, mirus.

**auffangen** *vt* excipere [**labentem**; **aquam**; **impetum**].

**Auffanglager** *nt* campus *m* exceptorius.

**auffassen** *vt (verstehen)* comprehendere, percipere; *(auslegen)* interpretari.

**Auffassung** *f (Meinung)* opinio <-onis> *f; (Auslegung)* interpretatio <-onis> *f;* **der ~ sein** opinari *(dass:* A.C.I.); **meiner ~ nach** mea opinione.

**Auffassungsgabe** *f* vis *f* percipiendi, facultas <-tatis> *f* percipiendi.

**auffinden** *vt* invenire [**alqm mortuum**].

**auffordern** *vt (bitten)* invitare *(zu etw:* ad); *(ermahnen)* admonēre (ut), (ad)hortari (ut); *(befehlen)* imperare (ut), iubēre *(+ A.C.I.)*; **jmd zum Tanz ~** alqm ad saltandum invitare.

**Aufforderung** *f (Einladung)* invitatio <-onis> *f; (Ermahnung)* adhortatio <-onis> *f; (Befehl)* iussum *nt.*

**auffressen** *vt* comedere.

**auffrischen I.** *vt (Farbe, Kenntnisse, Erinnerungen)* renovare **II.** *vi (Wind)* refrigescere.

**aufführen I.** *vt* ❶ (THEAT) dare <dedi>, edere [**spectaculum**; **fabulam**] ❷ *(aufzählen, nennen)* afferre [**exempla**; **argumenta**] **II.** *vr:* **sich ~** *(sich benehmen)* se gerere.

**Aufführung** *f* (THEAT) spectaculum *nt.*

**Aufgabe** *f* ❶ *(Auftrag, Arbeit)* munus <-neris> *nt,* opus <operis> *nt; (Pflicht)* officium *nt;* **es ist meine ~** meum est; **es sich zur ~ machen** id agere ut, id spectare ut; **seine ~ erfüllen** munere fungi ❷ *(Schul~)* pensum *nt* ❸ *(Verzicht)* deditio <-onis> *f.*

**Aufgang** *m* ❶ *(der Gestirne)* ortus <-us> *m* [**solis**; **lunae**] ❷ *(Treppe)* ascensus <-us> *m.*

**aufgeben** *vt* ❶ *(Paket, Gepäck)* vehendum / vehendam tradere [**sarcinam**; **vidulum**] ❷ *(Hausaufgaben)* praecipere [**pensum domesticum**]; *(Rätsel)* (pro)ponere [**aenigma**] ❸ *(verzichten auf)* dimittere, omittere, abicere, deserere, deponere; **die Hoffnung ~** desperare, spem abicere [*o* omittere]; **ein Vorhaben ~** ab incepto desistere.

**aufgeblasen** *adj (fig)* inflatus.

**Aufgebot** *nt* ❶ *(von Soldaten)* evocati *m pl* ❷ *(zur Eheschließung)* denuntiatio <-onis> *f* matrimonii ❸ **ein großes ~ an Menschen** multi homines.

**aufgebracht** *adj* irritatus, indignatus, infensus.

**aufgedreht** *adj (überaus angeregt, in Stimmung)* excitatus.

**aufgedunsen** *adj* inflatus.

**aufgehen** *vi* ❶ *(Gestirne)* oriri ❷ *(Saat, Knospe)* exsistere, (e)nasci ❸ *(Geschwür)* rumpi ❹ *(sich öffnen)* aperiri, patefieri ❺ (MATH) nihil reliqui facere ❻ **in Flammen ~** incendio deleri, flammis absumi; **in etw ~** *(sich widmen)* se dedere + *dat;* **jetzt geht mir ein Licht auf** iam plus cerno [*o* video].

**aufgeklärt** *adj (hist., philos.)* eruditus, (ex)cultus [**saeculum**; **aetas**].

**aufgelegt** *adj:* **gut/schlecht ~ sein** hilarum/morosum esse; **zu etw ~ sein** promptum [*o* paratum] esse ad.

**aufgeregt** *adj* commotus, concitatus.

**aufgeschlossen** *adj (von Personen)* facilis, comis.

**aufgeweckt** *adj* (ingenio) vegetus.

**aufgraben** *vt* effodere [**humum rastello**].

**aufgreifen** *vt* ❶ *(festnehmen)* comprehendere, deprehendere [**furem**] ❷ *(Thema, Gedanken)* reprehendere.

**aufgrund** *praep* propter, ob + *akk.*

**aufhaben I.** *vt* ❶ *(Kopfbedeckung)* capite gerere [**petasum**] ❷ *(Schularbeiten)* facere debēre [**pensum**] **II.** *vi (Geschäft)* apertum esse.

**aufhalsen** *vt:* **jdm etw ~** alci alqd in collum tollere.

**aufhalten I.** *vt (zurückhalten, verzögern)* retinēre, (re)morari, retardare [**fugientem**; **impetum hostium**]; **ich will dich nicht lange ~** non tenebo te pluribus **II.** *vr:* **sich ~**

versari, morari, esse [**in oppido**].

**aufhängen** *vt* (sus)pendere *(an etw:* in, ex, de, a re).

**aufheben** *vt* ❶ *(hochheben)* tollere, (sub)levare ❷ *(aufbewahren)* (con)servare [**vinum in vetustatem**] ❸ *(Gesetz)* abrogare, abolēre [**legem**] ❹ *(Sitzung)* dimittere [**senatum**] ❺ *(Belagerung)* relinquere [**obsidionem**].

**Aufheben** *nt:* **viel ~s um** [*o* **von**] **etw machen** alqd iactare, alqd miris laudibus efferre.

**Aufhebung** *f (Abschaffung)* abrogatio <-onis> *f,* abolitio <-onis> *f* [**legis**].

**aufheitern I.** *vt* (ex)hilarare, serenare **II.** *vr:* **es heitert sich auf** disserenascit.

**aufhellen I.** *vt* ❶ *(heller machen)* illustrare ❷ *(klären)* illustrare, explanare **II.** *vr:* **es hellt sich auf** *(vom Himmel)* disserenascit.

**aufhetzen** *vt:* **jmd ~ gegen** alqm instigare (contra/in + akk) [**milites contra rem publicam**].

**aufholen** *vt* assequi, consequi.

**aufhorchen** *vi* aures erigere.

**aufhören** *vi* desinere *(mit etw:* akk; Inf.), desistere *(mit etw:* abl; de; ab; Inf.); *(ein Ende nehmen)* desinere, finem habēre.

**aufjagen** *vt* excitare [**leones**].

**aufkaufen** *vt* coëmere.

**aufklären I.** *vt* ❶ *(Klarheit in etw Ungeklärtes bringen)* illustrare, explanare [**errorem**; **scelus**] ❷ *(jmd über etw unterrichten, informieren)* docēre (alqm de re) [**cives de periculis**] **II.** *vr:* **es klärt sich auf** *(vom Wetter)* disserenascit.

**Aufklärung** *f* ❶ *(Klärung)* explanatio <-onis> *f* [**erroris**; **sceleris**] ❷ *(sexuelle ~)* initiatio <-onis> *f* sexualis ❸ *(philos.)* eruditio <-onis> *f,* doctrina *f,* humanitas <-tatis> *f;* **die ~** *(Zeitalter)* aetas <-atis> *f* erudita, aetas (ex)culta.

**aufkleben** *vt* agglutinare *(auf:* dat).

**Aufkleber** *m* schedula *f* agglutinatoria, scida *f* adhaesiva.

**aufkochen** *vi* effervescere.

**aufkommen** *vi* ❶ *(gebräuchlich werden)* exsistere, induci, in consuetudinem [*o* morem] venire ❷ *(entstehen, eintreten)* exsistere, provenire; **für jmd/etw ~** praestare alqm/alqd, spondēre pro alqo.

**aufkrempeln** *vt:* **die Ärmel ~** bracchia denudare.

**auflachen** *vi* cachinnare, cachinnum tollere [*o* edere].

**aufladen** *vt* ❶ imponere *(auf etw:* alci rei oder in alqd) ❷ *(Batterie)* carricare [**accumulatorium**] ❸ **jdm etw ~** *(Last, Verantwortung)* alci alqd imponere.

**Auflage** *f* ❶ *(eines Buches u. Ä.)* editio <-onis> *f;* **die ~ ist vergriffen** omnia exemplaria divendita sunt ❷ *(Bedingung, Verpflichtung)* condicio <-onis> *f,* obligatio <-onis> *f;* **jdm etw zur ~ machen** obligare alqm, ut.

**auflauern** *vi:* **jdm ~** insidias parare, insidiari + *dat.*

**Auflauf** *m (Menschen~)* concursus <-us> *m.*

**auflaufen** *vi* (NAUT) allidi *(auf:* dat oder in + akk) [**vado** *o* **in vadum**].

**aufleben** *vi (von Lebew., Gespräch, Interesse)* reviviscere.

**auflegen** *vt* ❶ *(Gedeck, Telefonhörer)* imponere ❷ *(Buch)* edere.

**auflehnen** *vr:* **sich ~** resistere *(gegen:* dat).

**auflesen** *vt* legere, colligere.

**aufleuchten** *vi* illucescere.

**auflockern** *vt* ❶ *(Erde)* mollire ❷ *(Programm)* (re)laxare.

**auflösen** *vt* ❶ *(konkr. und fig: Freundschaft u. Ä.)* (dis)solvere; *(Versammlung)* dimittere; *(Geschäft)* abicere; *(Vertrag)* rescindere ❷ *(im Wasser)* diluere, liquefacere ❸ *(Knoten)* expedire ❹ **in Tränen aufgelöst** in lacrimas effusus.

**aufmachen I.** *vt (öffnen)* aperire, patefacere **II.** *vr:* **sich ~** *(aufbrechen)* proficisci, abire, discedere.

**Aufmachung** *f* ❶ *(Ausstattung, Gestaltung)* (con)formatio <-onis> *f* [**libri**] ❷ *(Kleidung)* vestitus <-us> *m.*

**aufmarschieren** *vi* (MIL) in acie consistere; **~ lassen** in aciem educere, aciem instruere.

**aufmerken** *vi (aufhorchen)* (animum) attendere, aures erigere.

**aufmerksam** *adj* ❶ attentus; **jmd auf etw ~ machen** animum alcis advertere ad alqd ❷ *(höflich)* comis, humanus.

**Aufmerksamkeit** *f* ❶ (animi) attentio <-onis> *f,* cura *f,* diligentia *f;* **seine ~ auf etw richten** animum attendere ad alqd; **die ~ auf sich ziehen** animum in se convertere ❷ *(Höflichkeit)* observantia *f (gegen jmd:* in alqm).

**aufmuntern** *vt* ❶ *(ermutigen)* incitare, (ex)hortari ❷ *(erheitern)* (ex)hilarare.

**Aufmunterung** *f (Ermunterung)* (ex)hortatio <-onis> *f.*

**aufmüpfig** *adj* contumax <-acis>.

**Aufnahme** *f* ❶ *(gastliche)* hospitium *nt;* **~ finden** recipi ❷ *(Zutritt, Zulassung: in Verein)* admissio <-onis> *f,* aditus <-us> *m; (in ein Kollegium)* cooptatio <-onis> *f* ❸ (FOT) photographia *f.*

**aufnahmefähig** *adj* ad recipiendum aptus.

**Aufnahmegebühr** *f* taxa *f* admissionis.

**Aufnahmeprüfung** *f* probatio <-onis> *f* admissionis, examen <-minis> *nt* admissionis.

**aufnehmen** *vt* ❶ *(hochheben)* tollere ❷ *(gastlich)* recipere, excipere [**hospitio**; **hospitali-**

**ter**; **tecto**] ③ *(in Verein, in eine Gesellschaft)* recipere, asciscere [**in numerum civium**; **inter patricios**]; *(in ein Kollegium)* cooptare ④ *(Kampf, Verhandlungen)* inire ⑤ *(auslegen, auffassen; Eindrücke ~)* concipere, accipere, excipere; **etw gut/schlecht ~** in bonam/malam partem accipere ⑥ *(schriftl.)* consignare ⑦ *(Geld)* fenore argentum sumere (ab alqo) ⑧ *(auf Tonband)* imprimere [**taeniolā**] ⑨ (FOT) photographare ⑩ **es mit jdm ~ können** parem esse alci.

**aufnötigen** *vt:* **jdm etw ~** alci invito alqd imponere.

**aufopfern** *vr:* **sich ~** vitam profundere (pro).

**aufpassen** *vi* animum attendere (ad).

**Aufpasser(in** *f*) *m* custos <-odis> *m/f.*

**aufpflanzen** *vt (Fahne)* proponere [**vexillum**].

**aufplatzen** *vi* rumpi.

**Aufprall** *m* allisio <-onis> *f.*

**aufprallen** *vi* allidi (ad).

**aufpumpen** *vt* inflare [**canthos pneumaticos**].

**Aufputschmittel** *nt* remedium *nt* incitatorium.

**aufraffen** *vr:* **sich ~** se [*o* animum] colligere.

**aufragen** *vi* eminēre, prominēre.

**aufräumen** *vt* (res) in ordinem redigere.

**aufrecht** *adj* (e)rectus; **~ stehen** (rectum) stare.

**aufrechterhalten** *vt* sustinēre, sustentare; *(Behauptung)* tenēre [**sententiam**].

**aufregen I.** *vt* commovēre, perturbare, exagitare **II.** *vr:* **sich ~** commoveri, perturbari, exagitari.

**Aufregung** *f* commotio <-onis> *f,* perturbatio <-onis> *f.*

**aufreiben** *vt (schwächen, erschöpfen)* conficere, atterere [**se labore**; **copias**].

**aufreißen I.** *vt* ① *(Fenster, Türen, Augen, Mund)* pandere ② *(durch Reißen beschädigen)* discindere [**vestem**] ③ *(Straßenpflaster)* convellere **II.** *vi (Naht)* discindi.

**aufreizen** *vt* concitare, incitare.

**aufrichten** *vt* erigere [**iacentem**; **animum alcis**].

**aufrichtig** *adj* sincerus, verus.

**Aufrichtigkeit** *f* sinceritas <-atis> *f,* veritas <-atis> *f.*

**aufrollen** *vt* ① *(zusammenrollen)* convolvere ② *(auseinanderrollen)* evolvere ③ *(fig: Frage)* (pro)ponere.

**aufrücken** *vi (avancieren)* ascendere [**ad altiorem gradum**].

**Aufruf** *m* citatio <-onis> *f,* evocatio <-onis> *f.*

**aufrufen** *vt* ① *(vorladen)* vocare [**testem**] ② (MIL) evocare ③ *(beim Namen nennen)* citare [**alqm nominatim**; **discipulum**] ④ *(auffordern)* admonēre (ut).

**Aufruhr** *m* ① *(Aufstand)* seditio <-onis> *f,* tumultus <-us> *m,* motus <-us> *m* [**servilis**; **gladiatorum**; **Galliae**] ② *(fig: Erregung)* motus <-us> *m* [**animi**].

**aufrühren** *vt (fig: alte Geschichten, Erinnerungen)* retractare.

**Aufrührer** *m* homo <-minis> *m* seditiosus, homo *m* rerum novarum cupidus.

**aufrührerisch** *adj* ① *(von Personen, Volksmenge)* seditiosus, rerum novarum cupidus [**tribuni plebis**; **civis**] ② *(Rede, Ideen)* seditiosus [**oratio**].

**aufrüsten** *vi* bellica arma parare.

**Aufrüstung** *f* bellicorum armorum paratio <-onis> *f.*

**aufrütteln** *vt* concutere [**alqm somno**; **plebem**].

**aufsagen** *vt (rezitieren)* recitare [**carmen**].

**aufsammeln** *vt* legere, colligere.

**aufsässig** *adj* seditiosus; *(bes. vom Kind)* obstinatus, contumax <-acis>.

**Aufsatz** *m (Artikel, Abhandlung)* scriptum *nt;* **einen ~ über etw verfassen** scribere de alqa re.

**aufschauen** *vi* ① suspicere, oculos tollere ② *(fig: zu jdm ~)* admirari (alqm).

**aufscheuchen** *vt* excitare.

**aufschichten** *vt* exstruere.

**aufschieben** *vt (verschieben, verzögern)* differre [**contionem in posterum diem**]; **aufgeschoben ist nicht aufgehoben** quod differtur non aufertur.

**Aufschlag** *m* ① *(am Kleid)* pars <partis> *f* vestis replicata; *(an der Hose)* bracarum replicatura *f* ② *(Aufprall)* impulsus <-us> *m* ③ *(Preis~)* amplificatio <-onis> *f* pretii.

**aufschlagen I.** *vt* ① *(Buch)* evolvere ② *(Nuss, Ei, Tür)* effringere ③ *(Knie, Kopf)* offendere ④ *(Zelt)* tendere, statuere ⑤ *(Lager)* ponere, facere ⑥ *(Wohnsitz)* constituere **II.** *vi* ① *(aufprallen)* affligi, graviter accidere [**ad terram**] ② *(Preise)* crescere; *(im Preis steigen: Mieten u. Ä.)* cariorem fieri.

**aufschließen** *vt* recludere [**hosti portas**].

**aufschlitzen** *vt* (di)scindere.

**Aufschluss** *m:* **jdm über etw ~ geben** alci rationem reddere de.

**aufschlussreich** *adj* significativus, significans <-antis>.

**aufschneiden I.** *vt* secare <secui> [**tortam**; **fomentum** den Verband] **II.** *vi (prahlen)* gloriari, gloriosius loqui.

**aufschnüren** *vt* (re)laxare.

**aufschrecken I.** *vt* excitare, exterrēre **II.** *vi* exterreri [**somno** aus dem Schlaf].

**Aufschrei** *m* exclamatio <-onis> *f.*

**aufschreiben** *vt* (con)scribere.

**aufschreien** *vi* exclamare.

**Aufschrift** *f* inscriptio <-onis> *f,* titulus *m.*

**Aufschub** *m (Verzögerung)* mora *f,* retardatio

<-onis> *f; (Verschiebung, Vertagung)* prolatio <-onis> *f* [**iudicii**]; **ohne ~** sine mora; **vier Tage ~ gewähren** moram quattuor dierum dare.

**aufschwingen** *vr:* **sich zu etw ~** *(fig)* assurgere + *dat,* conscendere + *akk.*

**Aufschwung** *m* ❶ *(Auftrieb)* animi impetus <-us> *m,* spiritus <-us> *m* ❷ *(Fortschritt)* progressus <-us> *m;* **die Wirtschaft nimmt einen stürmischen ~** res oeconomicae vehementer efflorescunt.

**aufsehen** *vi* suspicere, oculos tollere.

**Aufsehen** *nt* admiratio <-onis> *f;* **~ erregen** *(von Personen)* hominum oculos ad se convertere; *(auch von Lebl.)* admirationem movēre; **ohne großes ~** sine tumultu.

**aufsehenerregend** *adj* mirus, magnus [**eventus** Ereignis].

**Aufseher(in** *f*) *m* custos <-odis> *m/f (über:* gen).

**aufsetzen** *vt* ❶ *(Hut)* induere ❷ *(Essen)* foco apponere ❸ *(Schreiben)* componere, conscribere [**epistulam**; **tractationem**].

**Aufsicht** *f* custodia *f,* cura *f (über:* gen); **über etw ~ führen** praeesse + *dat;* **unter ärztlicher ~** custode medico.

**aufsitzen** *vi (aufs Pferd)* equum conscendere.

**Aufspaltung** *f (fig)* disiunctio <-onis> *f* [**factionum**].

**aufspannen** *vt (Schirm)* pandere.

**aufsparen** *vt* (re)servare.

**aufsperren** *vt (weit aufmachen, aufreißen)* diducere, pandere [**rostrum**; **os**; **fenestras**].

**aufspielen** *vr:* **sich ~** *(prahlen)* gloriari.

**aufspießen** *vt* configere.

**aufspringen** *vi* ❶ insilire [**in equum**] ❷ *(hochspringen)* exsultare, exsilire [**de sella**; **gaudio**] ❸ *(sich plötzlich öffnen)* subito se aperire ❹ *(sich spalten)* findi.

**aufspüren** *vt* investigare.

**aufstacheln** *vt (aufwiegeln; anspornen)* instigare [**alqm in alqm, ad studia**].

**Aufstand** *m* seditio <-onis> *f,* rebellio <-onis> *f,* tumultus <-us> *m,* motus <-us> *m* [**servilis**; **gladiatorum**].

**aufständisch** *adj* seditiosus, rebellis [**agricolae**; **operarii**].

**aufstechen** *vt* acu aperire.

**aufstehen** *vi* ❶ *(sich erheben)* (ex)surgere [**e lecto**]; **vom Tisch ~** a cena surgere ❷ *(offen sein)* apertum esse, patēre.

**aufsteigen** *vi* ❶ ascendere *(konkr. und fig beruflich, sozial)* [**in equum**; **ad altiorem gradum**; **in tantum honorem**] ❷ *(Rauch, Nebel)* surgere ❸ *(Gefühl)* nasci, (ex)oriri; **Erinnerungen steigen in mir auf** recordationes animum meum subeunt; **ein Verdacht stieg in ihm auf** suspicio animum eius subiit.

**aufstellen I.** *vt* ❶ *(hinstellen)* ponere, collocare [**sellam**] ❷ *(errichten)* statuere, constituere, collocare [**aram**; **turres**; **statuam**] ❸ *(Wachen, Soldaten)* ponere ❹ *(Liste)* collocare ❺ **die Behauptung ~, dass** contendere (+ A.C.I.) **II.** *vr:* **sich ~** consistere.

**Aufstellung** *f (Anordnung)* dispositio <-onis> *f,* collocatio <-onis> *f.*

**Aufstieg** *m (auch fig)* ascensus <-us> *m;* **sozialer ~** ascensus socialis.

**aufstöbern** *vt* investigare.

**aufstoßen** *vt* impulsu aperire [**portam**].

**aufstützen** *vr:* **sich ~** (**in**)**niti** *(auf :* abl; in + akk) [**baculo**].

**aufsuchen** *vt (jmd)* convenire [**amicum**]; *(Ort)* petere [**portum**].

**Auftakt** *m (fig)* initium *nt.*

**auftauchen** *vi (auch fig)* emergere.

**auftauen I.** *vt* liquefacere **II.** *vi* liquefieri, liquescere.

**aufteilen** *vt (einteilen; verteilen)* dividere, distribuere, partiri [**spatium urbis in vicos**; **copias in tres partes**; **praedam per milites**; **agros per veteranos**].

**Aufteilung** *f* distributio <-onis> *f,* divisio <-onis> *f* [**agrorum**].

**Auftrag** *m (Anweisung)* mandatum *nt; (Aufgabe)* negotium *nt;* **im ~ von** mandatu, iussu alcis; **jdm einen ~ geben** alci mandare, mandatum dare, negotium dare; **einen ~ ausführen** mandatum exsequi [*o* efficere *o* perficere].

**auftragen** *vt* ❶ *(Essen)* apponere ❷ *(Farbe, Salbe)* illinere (alqd alci rei) ❸ *(jdm etw ~, Auftrag geben)* alci mandare ❹ **dick ~** *(fig)* verbis rem augēre, rem in maius extollere.

**Auftraggeber(in** *f*) *m* mandator <-oris> *m,* mandatrix <-icis> *f.*

**Auftragsbestätigung** *f* confirmatio <-onis> *f* mandati.

**auftreiben** *vt (ausfindig machen)* investigare; *(beschaffen)* conquirere, (com)parare [**frumentum**; **naves**; **pecuniam**].

**auftrennen** *vt* resuere.

**auftreten** *vi* ❶ *(mit Füßen ~)* insistere ❷ *(öffentl. ~, erscheinen)* prodire; **vor einer Versammlung ~** in contionem prodire ❸ *(auf der Bühne)* in scaenam prodire ❹ *(sich benehmen)* se gerere ❺ *(vorkommen, eintreten: Krankheit, Schwierigkeiten)* exsistere, prodire.

**Auftreten** *nt (Benehmen)* mores <-rum> *m pl.*

**Auftrieb** *m (Schwung)* animi impetus <-us> *m,* spiritus <-us> *m.*

**Auftritt** *m* ❶ *(das Erscheinen)* conspectus <-us> *m* ❷ *(Theat.: Szene)* scaena *f.*

**auftürmen** *vt* exstruere [**capsulas**].

**aufwachen** *vi* expergisci.

**aufwachsen** *vt* crescere, adolescere.

**aufwallen** *vi (auch fig)* exaestuare.

**Aufwand** *m* ❶ *(Kosten, Einsatz)* sumptus

<-us> *m,* impensa *f* ❷ *(Luxus, Pomp)* luxus <-us> *m,* apparatus <-us> *m.*

**aufwändig** *adj* sumptuosus, luxuriosus.

**aufwärmen** *vt* ❶ *(Speisen)* recalfacere ❷ *(fig, pej)* refricare [**fabulas antiquas**].

**aufwärts** *adv* sursum [**meare**].

**aufwecken** *vt* (e somno) excitare.

**aufweichen** *vt* (e)mollire.

**aufweisen** *vt* ostendere.

**aufwenden** *vt (Kosten; Mühe, Zeit)* impendere *(für etw:* in + akk), consumere *(für etw:* in + abl).

**aufwendig** *adj* sumptuosus, luxuriosus.

**aufwerfen** *vt* ❶ *(Erde)* adaggerare; *(Damm)* exstruere, ducere [**aggerem**] ❷ *(Probleme, Fragen)* (pro)ponere [**quaestiones**] ❸ *(Tür)* pandere.

**aufwerten** *vt* revalorare.

**Aufwertung** *f* revaloratio <-onis> *f.*

**aufwickeln** *vt* ❶ *(zu einem Knäuel, zu einer Rolle)* convolvere ❷ *(auseinanderwickeln)* evolvere.

**aufwiegeln** *vt* concitare, incitare, instigare [**milites contra rem publicam**; **multitudinem in consules**].

**aufwiegen** *vt* compensare.

**aufwirbeln** *vt (Staub, Sand, Blätter)* excitare, volvere [**arenam**; **folia**].

**aufwühlen** *vt* ❶ eruere [**humum**] ❷ *(fig)* commovēre.

**aufzählen** *vt* enumerare.

**Aufzählung** *f* enumeratio <-onis> *f.*

**aufzehren I.** *vt (aufessen; völlig aufbrauchen)* consumere [**copias** Vorräte; **vires**] **II.** *vr:* **sich ~** *(fig)* confici.

**aufzeichnen** *vt* (de)scribere [**senatūs consultum**; **geometricas formas in arena**].

**Aufzeichnung** *f (Notiz)* annotatio <-onis> *f.*

**aufziehen I.** *vt* ❶ *(Uhr)* intendere [**horologium**] ❷ *(großziehen)* educare ❸ *(necken)* illudere **II.** *vi (Sturm, Wolken)* (co)oriri, colligi.

**Aufzug** *m* ❶ (THEAT) actus <-us> *m* ❷ *(Kleidung)* habitus <-us> *m,* vestitus <-us> *m* ❸ *(Fahrstuhl)* anabathrum *nt,* machina *f* scansoria.

**aufzwingen** *vt:* **jdm etw ~** alci invito alqd imponere.

**Augapfel** *m (fig)* ocellus *m;* **wie seinen ~ hüten** tueri et tutari.

**Auge** *nt* ❶ oculus *m;* **mit bloßem ~** nudis oculis; **ein blaues ~** *(durch Schlag)* sugillatio <-onis> *f;* **unter vier ~n** intra parietes privatos, secreto; **vor aller ~n** palam; **ich habe es mit eigenen ~n gesehen** his oculis egomet hoc vidi; **vor ~n haben** in conspectu [*o* ante oculos] habēre; **jdm etw vor ~n führen** ob oculos (pro)ponere; **soweit das ~ reicht** quā visus est; **im ~ behalten** curae esse; **in die ~n springen** sub oculos cadere; **die ~n sind größer als der Magen** oculi avidiores sunt quam venter; **vier ~n sehen mehr als zwei** plus vident oculi quam oculus ❷ *(auf Würfel)* punctum *nt.*

**Augenarzt** *m* medicus *m* ocularius.

**Augenblick** *m* momentum *nt* (temporis); **im günstigen ~** in occasionis momento; **in diesem ~** hoc tempore; **im letzten ~** ultimo momento.

**augenblicklich I.** *adj* ❶ *(sofortig)* subitus [**auxilium**] ❷ *(gegenwärtig, derzeitig)* praesens <-sentis> [**status**] **II.** *adv* ❶ *(sofort)* statim, extemplo ❷ *(gegenwärtig)* his temporibus, nunc.

**Augenbraue** *f* supercilium *nt.*

**Augenentzündung** *f* inflammatio <-onis> *f* oculorum, lippitudo <-dinis> *f.*

**augenfällig** *adj* manifestus, perspicuus, evidens <-dentis> [**similitudo**].

**Augenhöhle** *f* cavea *f* oculi.

**Augenlicht** *nt:* **das ~ verlieren** lumina amittere.

**Augenlid** *nt* palpebra *f.*

**Augenmaß** *nt:* **nach ~** secundum iudicium oculorum.

**Augenmerk** *nt:* **sein ~ auf etw richten** animum intendere ad [*o* in] alqd.

**Augenschein** *m:* **etw in ~ nehmen** alqd perlustrare [*o* inspicere].

**Augenweide** *f* oculorum deliciae *f pl,* oculorum voluptas <-atis> *f.*

**Augenzeuge** *m,* **-zeugin** *f* arbiter <-tri> *m,* arbitra *f.*

**Augur** *m* augur <-guris> *m.*

**Augurstab** *m* lituus *m.*

**August** *m* (mensis <-is>) Augustus *m.*

**Auktion** *f* auctio <-onis> *f;* **eine ~ abhalten** auctionem facere [*o* constituere].

**Auktionator** *m* praeco <-onis> *m.*

**Aula** *f* aula *f,* atrium *nt.*

**aus I.** *praep* ❶ *(räuml.; das Material bezeichnend)* e, ex + *abl;* **~ der Stadt kommen** ex urbe venire; **eine Statue ~ Marmor** statua e marmore facta ❷ *(bei Städtenamen) bl. abl* ❸ *(wegen)* propter, ob + *akk, oder durch abl + Partizip;* **~ Angst** propter metum, metu ductus; **~ Mitleid** misericordiā captus ❹ *(mit Anwendung von) bl. abl;* **~ allen Kräften** omnibus viribus **II.** *adv (beendet) meist adjektivisch durch* finitus *auszudrücken;* **~ sein** *(zu Ende sein)* finitum esse; *(nicht brennen)* exstinctum esse; **mit ihm ist es ~** actum est de eo; **auf etw ~ sein** spectare alqd, studēre + *dat.*

**Aus** *nt (Ende)* finis <-is> *m.*

**ausarbeiten** *vt* perficere, conficere [**libros**; **orationes**].

**ausarten** *vi (Sitten u. Ä.)* depravari [**in malum**].

**ausatmen I.** *vt* (re)spirare, efflare **II.** *vi* animam respirare.
**ausbaggern** *vt* excavare.
**ausbauen** *vt* ① *(erweitern)* exaedificare ② *(fig)* extendere [**scriptum**; **tractationem**].
**ausbedingen** *vt:* **sich etw ~** pacisci alqd.
**ausbessern** *vt* reficere [**naves**]; (re)sarcire [**tecta**; **vestem**].
**Ausbesserung** *f* refectio <-onis> *f.*
**Ausbeute** *f* lucrum *nt,* fructus <-us> *m,* quaestus <-us> *m.*
**ausbeuten** *vt (ausnutzen)* abuti ad suum lucrum + *abl.*
**Ausbeuter** *m* expilator <-oris> *m.*
**Ausbeutung** *f* expilatio <-onis> *f.*
**ausbilden** *vt (unterrichten)* edocēre (alqm alqd) [**alqm artes**]; erudire (alqm re, in re; alqm alqd) [**iuvenes doctrinis / in re militari**].
**Ausbildung** *f* eruditio <-onis> *f;* **eine ~ in der Rechtswissenschaft erhalten** in iure erudiri.
**ausblasen** *vt* efflare, exspirare [**cereum**].
**ausbleiben** *vi (Menschen)* non venire; *(von Lebl.)* morari; **es konnte nicht ~, dass** fieri non potuit, quin.
**Ausblick** *m* ① *(Aussicht)* prospectus <-us> *m* ② *(Vorausschau auf in der Zukunft Liegendes)* provisio <-onis> *f.*
**ausbrechen** *vi* ① *(Gefangener)* erumpere [**ex carcere**] ② *(von Ereignissen)* exardescere, (co)oriri, erumpere ③ **in Tränen ~** in lacrimas effundi; **in Gelächter ~** in risum effundi.
**ausbreiten I.** *vt* ① *(ausstrecken, ausdehnen: Arme, Flügel)* pandere, (ex)tendere ② *(niederlegen)* sternere **II.** *vr:* **sich ~** *(sich ausdehnen)* se pandere, pandi, extendi.
**Ausbruch** *m* ① eruptio <-onis> *f (konkr. und fig)* [**Aetnaeorum ignium**; **vitiorum**]; **zum ~ kommen** erumpere ② *(Beginn)* initium *nt,* principium *nt;* **nach ~ des Krieges** bello orto.
**ausbrüten** *vt* ① excludere [**pullos ex ovis**] ② *(fig)* machinari, moliri, concoquere [**consilia**].
**ausbürgern** *vt* civitate expellere.
**Ausdauer** *f* perseverantia *f,* constantia *f;* **keine ~ haben** perseverantem non esse.
**ausdauernd** *adj* perseverans <-antis>, constans <-antis> *(in etw:* gen).
**ausdehnen I.** *vt* ① *(vergrößern, erweitern, verlängern)* propagare, promovēre, extendere, producere [**agros**; **fines imperii**]; *(ausstrecken)* pandere, (ex)tendere ② *(zeitl.)* propagare, producere [**sermonem in multam noctem**; **imperium in annum**] ③ *(fig)* propagare [**gloriam**; **potestatem**] **II.** *vr:* **sich ~** *(sich erstrecken)* se extendere, extendi.
**Ausdehnung** *f* propagatio <-onis> *f* [**finium**; **imperii**].
**ausdenken** *vr:* **sich etw ~** alqd excogitare.
**Ausdruck** *m* ① *(allg.)* significatio <-onis> *f; (Wort)* verbum *nt; (Stil)* sermo <-onis> *m;* **seiner Freude ~ geben** [*o* **verleihen**] gaudium (verbis) exprimere ② *(Gesichts~)* vultus <-us> *m.*
**ausdrücken I.** *vt* ① *(Schwamm, Zitrone, Saft)* exprimere [**malum citreum**] ② *(bezeichnen; in Worte fassen)* (verbis) exprimere, significare [**misericordiam** sein Mitgefühl; **laetitiam**] **II.** *vr:* **sich ~** dicere, loqui.
**ausdrücklich** *adj* certus; **etw ~ hervorheben** graviter premere alqd.
**ausdruckslos** *adj* languidus, inexpressus [**vultus**].
**ausdrucksvoll** *adj* expressus [**gestus**].
**Ausdrucksweise** *f* sermo <-onis> *m* [**elegans**; **rusticus**].
**Ausdünstung** *f* exhalatio <-onis> *f,* exspiratio <-onis> *f.*
**auseinanderbrechen** *vi* rumpi.
**auseinanderbringen** *vt* disiungere; **die Freunde durch das Gerede ~** amicos rumore disiungere.
**auseinanderfallen** *vi* dilabi.
**auseinanderfalten** *vt* explicare.
**auseinandergehen** *vi (Menschen)* discedere, digredi; *(Meinungen)* discrepare, diversos esse; *(dick werden)* pinguescere.
**auseinanderhalten** *vt (unterscheiden)* distinguere [**vera a falsis**].
**auseinandernehmen** *vt* dissolvere.
**auseinandersetzen** *vr:* **sich ~** *(sich befassen)* attingere, tractare alqd [**Graecas litteras**].
**auseinandertreiben** *vt* dispellere [**pecudes**].
**Auseinandersetzung** *f* ① *(Diskussion)* disputatio <-onis> *f,* disceptatio <-onis> *f* [**acris**]; *(Streit)* controversia *f,* rixa *f* ② *(Beschäftigung)* studium *nt (mit etw:* gen).
**auserlesen** *adj* (d)electus, egregius, exquisitus.
**ausfahren** *vi* ① avehi [**e portu**] ② *(spazieren fahren)* vectari.
**Ausfahrt** *f* ① *(Spazierfahrt)* vectatio <-onis> *f,* excursio <-onis> *f;* **eine ~ machen** [*o* **unternehmen**] vectari ② *(Autobahn~, Garagen~)* exitus <-us> *m.*
**Ausfall** *m* ① *(Verlust, Einbuße)* damnum *nt,* iactura *f* [**stipendii**] ② (MIL) eruptio <-onis> *f,* excursio <-onis> *f* [**hostium**; **equitatūs**].
**ausfallen** *vi* ① *(Zähne)* excidere; *(Haare)* defluere ② *(nicht stattfinden)* non fieri; *(fehlen, ausbleiben)* deficere, abesse, deesse ③ *(ein Ergebnis zeigen)* evenire [**bene**; **male**; **feliciter**].
**ausfallend** *adj (beleidigend, frech)* contumeliosus.
**ausfeilen** *vt (fig)* elimare [**versūs**; **orationem**].
**ausfertigen** *vt (Vertrag u. Ä.)* perscribere.

A

**Ausfertigung** *f (von Vertrag u. Ä.)* scriptum *nt;* **in doppelter ~** in duplo.
**ausfindig** *adv:* **~ machen** investigare.
**ausfließen** *vi* emanare, effluere.
**Ausflucht** *f:* **Ausflüchte machen** tergiversari.
**Ausflug** *m* excursio <-onis> *f;* **einen ~ machen** excurrere.
**Ausflügler** *m* viator <-oris> *m.*
**Ausfluss** *m* ① *(das Ausfließen)* profluvium *nt* ② *(~stelle, Abfluss)* emissarium *nt,* exitus <-us> *m.*
**ausfragen** *vt* percontari (alqm de re).
**ausfransen** *vi* in fila distrahi.
**ausfressen** *vt (fig):* **etw ausgefressen haben** alqd male fecisse.
**Ausfuhr** *f* exportatio <-onis> *f* [**mercium**].
**Ausfuhrartikel** *m* res <rei> *f* quae exportatur / exportabatur / *usw..*
**ausführbar** *adj (durchführbar)* qui / quae / quod effici potest.
**ausführen** *vt* ① *(exportieren)* exportare [**merces**; **frumentum**] ② *(durchführen)* conficere, efficere, peragere, perficere [**consilia**; **mandata**] ③ *(erklären)* explicare, exponere.
**Ausfuhrgenehmigung** *f* probatio <-onis> *f* exportationis.
**Ausfuhrland** *nt* civitas <-atis> *f* exportatrix.
**ausführlich I.** *adj* accuratus, multus [**oratio**] **II.** *adv* accurate, multis verbis [**casum describere**].
**Ausführung** *f* ① *(Realisierung)* exsecutio <-onis> *f* [**consilii**; **mandati**] ② *(Darstellung)* descriptio <-onis> *f* [**casūs** des Vorgangs].
**Ausfuhrverbot** *nt* interdictum *nt* exportationis.
**ausfüllen** *vt (Loch, Graben)* explēre, complēre.
**Ausgabe** *f* ① *(von Buch, Zeitschrift)* editio <-onis> *f* ② *(Verteilung)* distributio <-onis> *f* ③ **~n** *(Kosten)* impensa *f,* sumptus <-us> *m.*
**Ausgang** *m* ① *(Stelle)* exitus <-us> *m* ② *(Ende)* finis <-is> *m,* exitus <-us> *m* [**verbi**; **saeculi**]; **einen glücklichen ~ nehmen** felicem exitum habēre, feliciter [*o* prospere] evenire ③ *(Ergebnis)* eventus <-us> *m,* exitus <-us> *m* [**belli**]; **ein unerwarteter ~ des Prozesses** inopinatus exitus causae.
**Ausgangspunkt** *m* initium *nt.*
**ausgeben** *vt* ① *(Geld)* erogare, expendere ② *(austeilen)* distribuere [**commeatum** Proviant] ③ **sich ~ für** [*o* **als**] dicere se esse alqm, simulare alqm, se profiteri alqm.
**Ausgeburt** *f (fig)* commentum *nt* [**imaginationis** der Fantasie].
**ausgedient** *adj (Gerät, Möbelstück)* obsoletus.
**ausgefallen** *adj (ungewöhnlich)* insolitus, mirus.
**ausgeglichen** *adj* tranquillus [**animus**; **vita**].
**Ausgeglichenheit** *f* tranquillitas <-atis> *f.*
**ausgehen** *vi* ① *(weggehen)* exire, egredi, in publicum prodire ② *(Haare)* defluere ③ *(Vorrat, Kräfte)* deficere *(jdm:* akk) ④ *(enden)* evenire [**feliciter**] ⑤ *(Feuer, Ofen, Licht)* exstingui ⑥ **von etw ~** *(mit etw den Anfang machen)* proficisci [**a philosophia**] ⑦ **~ von** *(herrühren)* oriri (ab alqa re, ab alqo) ⑧ **darauf ~, dass / dass nicht**) id spectare, ut / ne; id agere, ut / ne ⑨ **leer ~** nihil ferre, non participem fieri, exsortem esse *(bei etw:* gen).
**ausgeklügelt** *adj* subtilis [**systema**].
**ausgelassen** *adj* exsultans <-antis>; *(wild)* ferox <-ocis>.
**Ausgelassenheit** *f* exsultatio <-onis> *f.*
**ausgelastet** *adj:* **~ sein** valde occupatum esse.
**ausgemacht** *adj (abgemacht)* transactus; *(sicher)* certus; **es ist ~, dass** constat (+ A.C.I.); **~er Blödsinn** perfecta stultitia.
**ausgenommen** *praep (außer)* praeter + *akk.*
**ausgeprägt** *adj* signatus, notatus.
**ausgerechnet** *adv (gerade) bes. durch* ipse, ipsa, ipsum *auszudrücken*; **~ jetzt** nunc ipsum; **~ im Augenblick des Aufbruchs** sub ipsa profectione.
**ausgeschlossen** *adj (unmöglich)* impossibilis; qui / quae / quod fieri non potest; **es ist nicht ~, dass ...** fieri potest, ut.
**ausgesprochen** *adv (sehr, überaus)* admodum [**magnus**; **raro**].
**ausgesucht** *adj (erlesen)* (de)lectus, exquisitus, egregius [**epulae**; **vina**].
**ausgewogen** *adj* aequus, modicus [**programma**].
**ausgezeichnet** *adj* egregius, eximius, insignis, excellens <-entis>.
**ausgiebig** *adj (reichlich, beträchtlich)* copiosus, amplus [**cibus**].
**ausgießen** *vt* (ef)fundere [**aquam**; **poculum**].
**Ausgleich** *m* ① *(von Gegensätzlichkeiten, von Unterschied)* aequatio <-onis> *f,* compensatio <-onis> *f* ② *(Kompromiss)* compromissum *nt.*
**ausgleichen I.** *vt* ① *(Gegensätzliches, Unterschied)* aequare; *(Mangel)* compensare ② *(Konflikt)* componere [**controversias**; **litem**] **II.** *vr:* **sich ~** *(sich aufheben)* se aequare, aequari.
**ausgleiten** *vi* labi.
**ausgraben** *vt* effodere [**argentum**].
**Ausgrabungen** *pl* effossiones <-num> *f pl.*
**Ausguss** *m (Spüle, Abfluss)* fusorium *nt.*
**aushalten** *vt* ① *(ertragen)* tolerare, sustinēre, sustentare, pati [**dolorem**; **labores**] ② *(unterhalten)* sustentare [**amicam**].
**aushandeln** *vt* constituere, componere.
**aushändigen** *vt* dare <dedi>, tradere.
**Aushang** *m* edictum *nt.*
**aushängen I.** *vt (Meldung)* (in publico) affigere **II.** *vi* (in publico) affixum esse.
**Aushängeschild** *nt* insigne <-gnis> *nt.*

**ausharren** *vi* perseverare.
**ausheben** *vt* (MIL) conscribere [**milites**; **exercitum**].
**Aushebung** *f* (MIL) dilectus <-us> *m.*
**aushecken** *vt* excogitare [**consilia**].
**ausheilen** *vi* consanescere.
**aushelfen** *vi:* **jdm ~** succurrere, subvenire alci; **jdm mit etw ~** commodare alci alqd.
**Aushilfe** *f* ① auxilium *nt,* adiumentum *nt* ② *(Person)* subsidiarius, -a *m, f.*
**Aushilfskraft** *f* subsidiarius, -a *m, f.*
**aushöhlen** *vt* (ex)cavare.
**ausholen** *vi:* **mit dem Arm ~** bracchium tollere; **weit ~** *(fig)* longius abire.
**aushorchen** *vt:* **jmd über etw ~** sciscitari alqd ex [*o* de *o* ab] alqo.
**aushungern** *vt (Stadt)* fame domare <domui>.
**auskennen** *vr:* **sich ~** (cog)novisse *(in, mit:* akk) [**litteras**; **urbem**].
**ausklammern** *vt (Thema)* excipere.
**ausklopfen** *vt* excutere; **den Teppich ~** pulverem e stragulo excutere.
**ausknipsen** *vt (Licht)* exstinguere.
**auskochen** *vt* excoquere.
**auskommen** *vi:* **mit jdm ~** alqm ferre; **mit etw ~** satis (+ *gen)* habēre [**temporis**; **argenti**].
**Auskommen** *nt* victus <-us> *m;* **sein ~ haben** satis habēre ad vivendum.
**auskosten** *vt* gustare [**commeatum** den Urlaub].
**auskratzen** *vt* effodere [**alci oculos**].
**auskundschaften** *vt* explorare [**locum castris idoneum**; **itinera hostium**; **alcis consilia**].
**Auskunft** *f* ① *(Mitteilung)* informatio <-onis> *f, meist durch ein Verb auszudrücken*; **jdm ~ geben** alqm certiorem facere *(über:* de); **~ erhalten** certiorem fieri *(über:* de) ② *(Stelle)* officium *nt* informatorium.
**auskuppeln** *vt (Auto)* discopulare, iuncturam tollere.
**auslachen** *vt* irridēre.
**ausladen** *vt* ① *(entladen, leeren)* exonerare [**navem**]; *(abladen)* exponere [**merces de navibus**] ② *(fig: Gast)* alcis invitationem revocare.
**Auslagen** *pl (Kosten)* impensa *f,* sumptus <-us> *m;* **jdm die ~ erstatten** impensam alci praestare.
**Ausland** *nt* terrae *f pl* externae; **im ~, aus dem ~, ins ~** peregre; **im ~ sein** peregrinari.
**Ausländer** *m* peregrinus *m.*
**ausländerfeindlich** *adj* hostilis erga peregrinos.
**Ausländerin** *f* peregrina *f.*
**ausländisch** *adj* peregrinus, alienus, externus.
**Auslandsaufenthalt** *m* peregrinatio <-onis> *f.*
**Auslandsbeziehungen** *pl* conexus <-us> *m* extraneus.
**Auslandsgespräch** *nt* (TEL) telephonema <-atis> *nt* extraneum.
**Auslandsreise** *f* peregrinatio <-onis> *f.*
**auslassen** *vt* ① *(weglassen)* omittere, praetermittere ② *(Wut, Ärger)* effundere *(an jdm:* in alqm); **sich über etw ~** verba facere de, sententiam suam declarare de.
**auslaufen** *vi* ① *(Flüssigkeit)* effluere, emanare ② (NAUT) (ex portu) exire, proficisci; in altum provehi ③ *(Vertrag, Serie)* exire.
**Ausläufer** *m (von Gebirge)* promunturium *nt.*
**ausleeren** *vt* effundere [**aquam**; **saccos**].
**auslegen** *vt* ① *(Waren)* exponere ② *(Geld)* expendere, solvere ③ *(Zimmer, Boden)* stragulo instruere ④ *(interpretieren: Text u. Ä.)* interpretari, explicare, explanare; **als etw ~** dare, tribuere *(als etw:* dat) [**alqd alci laudi / ignaviae**].
**Auslegung** *f (Deutung)* interpretatio <-onis> *f.*
**ausleihen** *vt (verleihen)* commodare, mutuum dare <dedi> alci alqd; **sich etw ~** mutuum sumere alqd (ab alqo).
**auslernen** *vi:* **man lernt nie aus** *(sprichw.)* cottidie alqd addiscimus.
**Auslese** *f* ① *(Auswahl)* electio <-onis> *f,* selectio <-onis> *f,* delectus <-us> *m;* **eine ~ treffen** delectum habēre ② *(Elite)* optimus quisque, flos <**floris**> *m,* delecti *m pl.*
**ausliefern** *vt (Verbrecher)* dedere, tradere [**perfugas**; **captivos**; **servos ad supplicium**]; **jdm/einer Sache ausgeliefert sein** deditum esse + *dat.*
**Auslieferung** *f* deditio <-onis> *f,* traditio <-onis> *f* [**urbis**; **scelesti**]; **die ~ jmds verlangen** alqm deposcere [*o* exposcere].
**ausliegen** *vi (Waren; Zeitschrift, Liste)* expositum esse.
**auslöschen** *vt* exstinguere [**lumen**; **faces**].
**auslosen** *vt* sortiri.
**auslösen** *vt* ① *(hervorrufen, verursachen)* suscitare, movēre [**seditionem**; **misericordiam**] ② *(Gefangene)* redimere.
**Auslosung** *f* sortitio <-onis> *f.*
**ausmachen** *vt* ① *(Licht, Feuer)* exstinguere ② *(vereinbaren, verabreden)* constituere, pacisci [**diem** Termin] ③ **das macht ihm nichts aus** id ei nihil refert; **das macht viel aus** multum interest.
**ausmalen I.** *vt* ① pingere ② *(schildern)* (de)pingere, effingere [**alcis mores**] **II.** *vr:* **sich etw ~** imaginari.
**Ausmaß** *nt* amplitudo <-dinis> *f;* **das große ~ des Schadens** magnum damnum.
**ausmerzen** *vt* evellere [**menda**].
**ausmessen** *vt* (e)metiri.
**ausmisten** *vt* ① *(Stall)* stercore egerere [**stabulum**] ② *(fig: Schrank, Zimmer)* purgare

[**armarium**; **conclave**; **loculum**].

**Ausnahme** *f* exceptio <-onis> *f;* **alle ohne ~** ad unum omnes; **eine ~ machen** excipere + *akk;* **ohne ~** sine ulla exceptione; **mit ~ von** praeter + *akk;* **die ~ bestätigt die Regel** exceptio probat regulam.

**Ausnahmefall** *m* casus <-us> *m* extraordinarius.

**Ausnahmezustand** *m* status <-us> *m* extraordinarius; **den ~ verhängen** statum extraordinarium statuere.

**ausnahmslos** *adv* sine ulla exceptione.

**ausnahmsweise** *adv* extra ordinem.

**ausnutzen** *vt* abuti + *abl* [**occasione**; **condicione** die Situation].

**auspacken** *vt* ① *(Koffer)* vacuefacere [**riscum**] ② *(Geschenk)* eximere, promere [**donum**].

**auspeitschen** *vt* verberare, virgis caedere [**captivos**].

**auspfeifen** *vt* (THEAT) exsibilare [**actorem**; **cantatricem**; **fabulam** das Theaterstück].

**ausplaudern** *vt* effutire, enuntiare [**secretum**].

**ausplündern** *vt* (de)spoliare [**templum**].

**ausposaunen** *vt* praedicare, iactare.

**auspressen** *vt* exprimere [**malum citreum**; **sucum**].

**ausprobieren** *vt* experiri, temptare, periclitari.

**Auspuff** *m* emissarium *nt.*

**Auspuffgase** *pl* gasum *nt* emissarium.

**Auspuffrohr** *nt* tubus *m* emissarius.

**auspumpen** *vt* (ex)haurire [**cellam** den Keller; **aquam**].

**ausquetschen** *vt* ① exprimere [**malum citreum**] ② *(ausfragen)* percontari (alqm de re).

**ausradieren** *vt* ① eradere, delēre ② *(völlig zerstören)* funditus delēre, solo aequare [**oppidum**].

**ausrangieren** *vt* secernere, excernere.

**ausrauben** *vt* (de)spoliare [**templum**].

**ausraufen** *vt* (e)vellere [**capillos**].

**ausräumen** *vt* ① *(herausnehmen, -schaffen: Möbel u. Ä.)* eximere, auferre [**spondam**] ② *(leer machen: Zimmer, Schrank)* vacuefacere [**conclave**; **armarium**] ③ *(Bedenken)* amovēre [**suspicionem**].

**ausrechnen** *vt* computare.

**Ausrede** *f* excusatio <-onis> *f.*

**ausreden I.** *vt:* **jdm etw ~** dissuadēre alci alqd, revocare alqm ab alqa re **II.** *vi* **jmd nicht ~ lassen** alqm [*o* alcis orationem] interpellare.

**ausreichen** *vi* sufficere, satis esse; **nicht ~** deficere, deesse.

**ausreichend** *adv* satis.

**ausreifen** *vi* permaturescere.

**Ausreise** *f* discessus <-us> *m.*

**Ausreiseerlaubnis** *f,* **-genehmigung** *f* permissio <-onis> *f* discessūs.

**ausreisen** *vi* discedere, proficisci, abire.

**Ausreisevisum** *nt* visum *nt* discessūs.

**ausreißen I.** *vt (herausreißen)* (e)vellere [**capillos**; **herbas inutiles** Unkraut] **II.** *vi (fliehen)* (ef)fugere [**ex carcere**; **ex valetudinario**].

**Ausreißer** *m* fugitivus *m.*

**ausreiten** *vi* equo evehi.

**ausrenken** *vt:* **sich etw ~** luxare + *akk.*

**ausrichten** *vt* ① *(Botschaft, Gruß)* dicere, nuntiare [**salutem**] ② *(bewirken)* efficere, proficere [**multum apud alqm**; **nihil in oppugnatione oppidi**]; **ohne etw ausgerichtet zu haben** infectā rē.

**Ausritt** *m (Spazierritt)* vectatio <-onis> *f.*

**ausrotten** *vt* delēre, excidere [**gentem**; **malum**].

**ausrücken** *vi* ① *(Feuerwehr, Polizei)* proficisci; (MIL) procedere, egredi [**in proelium**; **in aciem**; **ad dimicandum**]; **Truppen ~ lassen** copias educere ② *(weglaufen)* (ef)fugere.

**Ausruf** *m* exclamatio <-onis> *f* [**horroris** des Entsetzens].

**ausrufen I.** *vi* exclamare, *in die dir. Rede eingeschoben:* inquam / inquis / inquit / *usw.* **II.** *vt* ① *(Waren, Zeitungen)* clamitare [**merces**; **diurna**] ② *(durch Rufen bekannt machen)* pronuntiare [**stationes**; **necessitatem** den Notstand; **operistitium** einen Streik] ③ *(öffentl. ~ zu)* declarare (mit dopp. akk) [**alqm praetorem, consulem**].

**Ausrufezeichen** *nt* signum *nt* exclamationis.

**ausruhen** *vi, vr:* (**sich**) **~** (re)quiescere.

**ausrüsten** *vt* (ex)ornare [**classem**; **militem armis**].

**Ausrüstung** *f* ① *(das Ausrüsten)* armatura *f* ② *(Waffen, Geräte)* arma *nt pl* ③ (NAUT) armamenta *nt pl.*

**ausrutschen** *vi* labi.

**Ausrutscher** *m (fig)* lapsus <-us> *m.*

**Aussaat** *f* sementis <-is> *f,* satio <-onis> *f.*

**Aussage** *f* verba *nt pl,* enuntiatio <-onis> *f;* (JUR) indicium *nt;* **nach jmds ~** alqo indice; **eine falsche ~ machen** falsum indicium facere; **bei seiner ~ bleiben** idem constanter dicere.

**aussagen** *vt* enuntiare; (JUR) indicare [**de coniuratione**]; **unter Eid ~** iurare.

**Aussatz** *m* lepra *f.*

**aussätzig** *adj* leprosus, scabiosus.

**aussaugen** *vt* ① exsugere [**vulnus**] ② *(fig: ausbeuten)* exhaurire [**provinciam**; **agricolas**].

**ausschalten** *vt* ① *(Maschine)* occludere; *(Licht)* exstinguere [**lumen**] ② *(fig: Gegner, Fehlerquelle)* excludere, removēre [**adversarium**].

**Ausschank** *m* venditio <-onis> *f* liquorum.

**Ausschau** *f:* **nach jdm/etw ~ halten** exspectare, prospectare + *akk.*

**ausschauen** *vi:* **nach jdm ~** exspectare, prospectare + *akk.*

**ausscheiden I.** *vi (nicht in Betracht kommen)* secerni, excludi; *(aus Verein, Firma)* discedere **II.** *vt (aussondern)* secernere, segregare [**alqm e senatu**].

**ausschenken** *vt (im Lokal)* vendere [**potiones**].

**ausschicken** *vt* emittere.

**ausschlafen I.** *vi und:* **sich ~** satis dormire **II.** *vt:* **seinen Rausch ~** crapulam edormire.

**Ausschlag** *m* ❶ (MED: *Haut~)* exanthema <-matis> *nt* ❷ *(Pendel~, von Waage)* momentum *nt,* discrimen <-minis> *nt;* **den ~ geben** *(fig)* momentum [*o* discrimen] facere.

**ausschlagen I.** *vt* ❶ *(Zahn, Auge)* elidere, excutere ❷ *(zurückweisen)* recusare [**condiciones pacis**] **II.** *vi* ❶ *(Pferd)* calcitrare ❷ *(Zeiger, Pendel)* propendēre ❸ (BOT) frondescere ❹ *(fig)* vertere [**in bonum**; **in seditionem**].

**ausschlaggebend** *adj* qui/quae/quod discrimen facit (in alqa re).

**ausschließen** *vt* excludere [**alqm a factione / a collegio**].

**ausschließlich I.** *adj* proprius, solus, totus [**iura**] **II.** *adv* exclusive.

**ausschlüpfen** *vi (aus dem Ei)* excludi.

**Ausschluss** *m* exclusio <-onis> *f;* **unter ~ der Öffentlichkeit** publico excluso.

**ausschmücken** *vt* exornare [**orationem**; **urbem statuis**].

**ausschneiden** *vt* exsecare <exsecui> [**advertissamentum ex diurno**].

**Ausschnitt** *m* ❶ *(Teil)* pars <partis> *f* ❷ *(von Kleid)* capitium *nt.*

**ausschöpfen** *vt* exhaurire; **alle Möglichkeiten ~** omnia experiri.

**ausschreiben** *vt (bekannt geben)* indicere, edicere [**concursum** einen Wettbewerb; **munus** eine Stelle; **domicilium**].

**Ausschreitungen** *pl* vis *f;* **es kam zu schweren ~** magna vis exstitit.

**Ausschuss** *m (Gremium)* delecti *m pl* (viri), consilium *nt.*

**ausschütteln** *vt* excutere [**pannum** das Staubtuch].

**ausschütten** *vt (etw, z.B. Zucker, wegschütten; Flüssigkeit ~)* effundere [**saccharum**; **cafeam frigidam**]; **jdm sein Herz ~** alci pectus suum aperire.

**ausschweifend** *adj* ❶ *(Leben)* libidinosus ❷ *(Phantasie)* effrenatus, intemperans <-antis>.

**Ausschweifung** *f* luxuria *f,* lascivia *f,* libido <-dinis> *f* [**conviviorum**].

**aussehen** *vi* alqā specie esse, alqm speciem habēre, speciem + *gen* habēre, alqm aspectum habēre, alqo aspectu esse; **gut ~** pulchrā specie esse, venustam speciem habēre; **hässlich ~** deformem aspectum habēre; **wie ein Mensch ~** humanā specie esse; **wie neu/ganz wie neu ~** recenti/recentissimā specie esse; **so ~, als ob** vidēri (+ N.C.I.); *unpers.:* **es sieht gut/schlecht aus** res bene/male se habet.

**Aussehen** *nt* species <-ei> *f,* facies <-ei> *f,* aspectus <-us> *m,* figura *f,* habitus <-us> *m.*

**außen** *adv (außerhalb)* extra, foris; *(auf der Außenseite)* extrinsecus; **von ~** extrinsecus.

**aussenden** *vt* emittere.

**Außenminister** *m* ab exteris negotiis minister <-tri> *m.*

**Außenpolitik** *f* politica *f* externa.

**Außenseite** *f* latus <-teris> *nt* externum.

**Außenseiter** *m* homo <-minis> *m* segrex.

**Außenspiegel** *m (Auto)* speculum *nt* externum.

**außer I.** *praep* praeter + *akk, nach Negationen:* nisi; **~ Haus** foris; **~ Atem** exanimatus; **~ sich sein** perturbatum esse, sui [*o* mentis *o* mentis suae] compotem non esse **II.** *kj:* **~ dass** praeterquam quod; **~ wenn** nisi.

**außerdem** *adv* praeterea.

**Äußere** *nt* species <-ei> *f,* aspectus <-us> *m,* figura *f,* habitus <-us> *m.*

**äußerer** *adj* externus, exterior [**orbis**]; **die äußeren Angelegenheiten** externa *nt pl.*

**außergewöhnlich** *adj* insolitus, novus.

**außerhalb I.** *adv* extra, foris **II.** *praep* extra + *akk* [**muros**].

**äußerlich I.** *adj* externus, extraneus **II.** *adv* ❶ extrinsecus ❷ *(fig: dem Schein nach)* specie, in speciem.

**Äußerlichkeiten** *pl* extranea *nt pl.*

**äußern I.** *vt (aussprechen: Bitte, Wunsch, eine Meinung)* dicere, eloqui; **er äußerte die Hoffnung** dixit se sperare **II.** *vr:* **sich ~** ❶ *(seine Meinung mitteilen)* dicere, loqui, fari, declarare ❷ *(sich zeigen)* cerni, ostendi.

**außerordentlich** *adj* ❶ *(ungewöhnlich)* insolitus, novus, extraordinarius [**casus** Begebenheit] ❷ *(hervorragend)* eximius, excellens <-entis> [**indoles** Begabung].

**äußerst** *adv* maxime, *meist durch Superl. des Adjektivs auszudrücken.*

**äußerstenfalls** *adv* in extremo casu.

**äußerster** *adj* extremus, ultimus, *oft = größter, höchster:* maximus, summus; **etw aufs Äußerste treiben** extrema [*o* ultima] audēre; **mit äußerster Kraft** summa vi; **es ist von äußerster Wichtigkeit** maximi momenti est.

**Äußerung** *f* dictum *nt,* vox <vocis> *f.*

**aussetzen I.** *vt* ❶ *(Kind, Tier)* exponere ❷ *(Belohnung)* proponere ❸ *(preisgeben)* exponere, obicere, offerre [**soli**; **invidiae**]; **sich einer**

A

**Gefahr ~** periculum subire, periculo se offerre ❹ **nichts auszusetzen haben** nihil reprehendere *(an:* in + abl) **II.** *vi (stocken, zeitweise aufhören)* intermitti *u.* intermittere.

**Aussicht** *f* ❶ *(Fernsicht)* prospectus <-us> *m* [**maris**]; **eine ~ auf etw haben** prospicere alqd ❷ *(begründete Hoffnung)* spes <spei> *f (auf etw:* gen) [**praemiorum**]; **etw steht in ~** alqd in spe est; **in ~ stellen** ostendere, proponere.

**aussichtslos** *adj* vanus, desperatus [**condicio**].

**Aussichtslosigkeit** *f* desperatio <-onis> *f.*

**aussichtsreich** *adj* bonae spei.

**Aussichtsturm** *m* turris <-is> *f* speculatoria, specula *f.*

**aussöhnen I.** *vt:* **jmd mit jdm ~** alqm cum alqo [*o* alci] reconciliare, alqm alci [*o* in alqm] placare **II.** *vr:* **sich mit jdm ~** in gratiam redire cum alqo.

**Aussöhnung** *f* reconciliatio <-onis> *f,* placatio <-onis> *f.*

**aussondern** *vt* separare, secernere, segregare [**alqm e senatu**].

**aussortieren** *vt* secernere, excernere.

**ausspähen** *vt* speculari [**loca; consilia**].

**ausspannen I.** *vt* ❶ *(Netz, Seil)* extendere [**funem**] ❷ *(Pferde)* disiungere [**equos**] **II.** *vi (sich erholen)* requiescere, animum [*o* se] relaxare.

**aussperren** *vt (ausschließen)* excludere, aditu prohibēre.

**ausspionieren** *vt* explorare [**alcis latebras; itinera hostium**].

**Aussprache** *f* ❶ appellatio <-onis> *f* [**litterarum**] ❷ *(klärendes Gespräch)* colloquium *nt;* **mit jdm eine ~ haben** colloquium cum alqo habēre.

**aussprechen I.** *vt* ❶ appellare [**litteras**] ❷ *(Urteil u. Ä.)* pronuntiare [**iudicium; monitionem**] **II.** *vr:* **sich ~** colloqui (cum alqo de re).

**Ausspruch** *m* dictum *nt* [**Catonis**].

**ausspülen** *vt* eluere [**pocula vitrea** Gläser].

**ausstaffieren** *vt (iron.: herausputzen)* exornare.

**Ausstand** *m (Arbeitsniederlegung, Streik)* operis intermissio <-onis> *f;* **in den ~ treten** opus intermittere.

**ausstatten** *vt* (ex)ornare, instruere [**tabulam gemmis; amicum consiliis**].

**Ausstattung** *f* ornatus <-us> *m,* instructus <-us> *m.*

**ausstechen** *vt* effodere [**alci oculum**].

**ausstehen I.** *vt (ertragen)* pati, (per)ferre; **große Angst ~** angore cruciari **II.** *vi (fehlen)* deesse; **die Antwort steht noch aus** responsum adhuc deest.

**aussteigen** *vi* ❶ *(aus dem Wagen)* descendere [**de curru**]; (NAUT) egredi, exire [**ex navi**] ❷ *(aus Geschäft, Gesellschaft)* se recipere [**in otium**].

**ausstellen** *vt* ❶ *(Waren, Kunstwerke)* exponere [**merces**] ❷ *(Rechnung, Pass)* (con)scribere [**rationem; syngraphum**].

**Ausstellung** *f* expositio <-onis> *f.*

**aussterben** *vi* exstingui, interire.

**Aussteuer** *f* dos <dotis> *f.*

**Ausstieg** *m* ❶ exitus <-us> *m* ❷ *(aus Geschäft, Gesellschaft)* receptus <-us> *m.*

**ausstopfen** *vt* farcire, effercire [**pulvinum**].

**ausstoßen** *vt* ❶ *(Drohungen)* iacere [**minas**] ❷ *(Seufzer, Schrei)* edere, emittere [**clamorem**] ❸ *(aus Verein, Senat)* movēre + *abl* [**senatu**].

**ausstrahlen** *vt* (dif)fundere.

**ausstrecken** *vt* tendere, porrigere [**manūs ad caelum; bracchia matri**].

**ausstreichen** *vt (Geschriebenes)* delēre.

**ausstreuen** *vt* ❶ spargere, dispergere ❷ *(Gerüchte)* spargere [**rumores**].

**ausströmen** *vi* emanare.

**aussuchen** *vt* deligere, eligere.

**Austausch** *m* (per)mutatio <-onis> *f,* commutatio <-onis> *f* [**captivorum**].

**austauschen** *vt* (per)mutare, commutare [**captivos**].

**austeilen** *vt* distribuere, dividere, partiri [**munera; agros per veteranos; praedam sociis, in socios**]; **Schläge ~** plagas inferre, verberibus castigare; **Verweise ~** verbis castigare.

**Auster** *f* ostrea *f.*

**austoben** *vr:* **sich ~** se effundere.

**austragen** *vt (Post, Zeitungen)* distribuere [**epistulas; diurna**].

**Australien** *nt* Australia *f.*

**australisch** *adj* Australis.

**austreiben** *vt* ❶ *(auf die Weide treiben)* pastum agere [*o* exigere] [**pecus**] ❷ *(jdm eine Unart ~, abgewöhnen)* excutere [**pertinaciam**].

**austreten I.** *vt* ❶ *(Feuer)* pedibus exstinguere ❷ *(Treppe)* pedibus deterere ❸ *(Pfad)* terere [**iter**] **II.** *vi* ❶ *(aus Verein)* decedere (de), relinquere + *akk* ❷ *(zur Toilette gehen)* necessitati parēre, ventrem [*o* alvum] exonerare ❸ *(von Gewässern)* redundare, effundi.

**austrinken** *vt* ebibere, exhaurire [**vinum; poculum**]; **in einem Zug ~** ebibere uno ductu.

**Austritt** *m* ❶ decessio <-onis> *f,* discessus <-us> *m* ❷ *(von Gewässern)* effusio <-onis> *f.*

**austrocknen I.** *vt* (ex)siccare [**vasa**] **II.** *vi* (ex)siccari, arescere.

**ausüben** *vt* ❶ *(betreiben, verrichten)* exercēre [**artem; imperium; vim**] ❷ *(ein Amt)* fungi + *abl* [**munere**].

**Ausübung** *f* ❶ exercitatio <-onis> *f* [**imperii** des Oberbefehls] ❷ *(eines Berufes)* functio <-onis> *f* [**muneris**].

**Ausverkauf** *m* distractio <-onis> *f* mercium, venditio <-onis> *f* totalis.

**ausverkauft** *adj* divenditus, distractus.

**Auswahl** *f (das Auswählen)* delectus <-us> *m,* selectio <-onis> *f;* **eine ~ treffen** delectum habēre; **eine reiche ~ an Büchern** multi libri selecti.

**auswählen** *vt* deligere, eligere, seligere.

**Auswanderer** *m,* **-wanderin** *f* domo [*o* e patria] emigrans <-antis> *m/f.*

**auswandern** *vi* (e)migrare.

**Auswanderung** *f* (de)migratio <-onis> *f.*

**auswärtig** *adj* externus, exterus [**discipuli; munus**].

**auswärts** *adv (außer Haus, außerhalb der Stadt, außer Landes)* foris [**cenare**].

**auswaschen** *vt* eluere [**vulnus**]; abluere [**maculas e veste**].

**auswechseln** *vt* commutare, permutare [**equos**].

**Ausweg** *m (fig)* via *f* (salutis), ratio <-onis> *f;* **einen ~ finden** viam (salutis) invenire; **keinen ~ finden können** emergi non posse.

**ausweichen** *vi:* **jdm/einer Sache ~** cedere + *dat,* (e)vitare + *akk;* **eine ~de Antwort** responsum dubium [*o* ambiguum].

**ausweinen** *vr:* **sich ~** deflēre, lacrimis satiari, lacrimis profusis animum levare.

**Ausweis** *m* testimonium *nt* fidei, legitimatio <-onis> *f.*

**ausweisen I.** *vt* alqm ex urbe [*o* e civitate, e patria] exire iubēre **II.** *vr:* **sich ~** *(Identität nachweisen)* se alci probare.

**Ausweiskontrolle** *f* inspectio <-onis> *f* legitimationis.

**Ausweisung** *f* relegatio <-onis> *f.*

**ausweiten** *vt* dilatare, distendere.

**auswendig** *adv* ex memoria; **~ lernen** ediscere, memoriae mandare.

**auswerfen** *vt* ❶ iacere [**retia; hamum**] ❷ eructare, evomere [**saxa liquefacta** Lava].

**auswickeln** *vt* evolvere, explicare [**donum; dulciolum** Bonbon].

**auswirken** *vr:* **sich ~** vim habēre (ad).

**Auswirkung** *f* effectus <-us> *m,* consecutio <-onis> *f.*

**auswischen** *vt* detergēre.

**Auswuchs** *m* ❶ *(Wucherung)* tumor <-oris> *m* ❷ *(fig)* vitium *nt.*

**Auswurf** *m* ❶ eiectamentum *nt* [**cineris**] ❷ *(fig: Abschaum)* faex <faecis> *f,* sentina *f* [**rei publicae; generis humani**].

**auszahlen** *vt* numerare, (per)solvere [**militibus stipendium; veteranis promissa praemia**].

**Auszahlung** *f* numeratio <-onis> *f* [**stipendii**].

**auszeichnen I.** *vt* ❶ *(Waren)* signare, notare, distinguere ❷ *(ehren)* honore afficere alqm, honorem tribuere alci **II.** *vr:* **sich ~** excellere *(vor jdm:* inter; praeter) [**inter omnes pulchritudine; praeter ceteros in arte**], praestare <praestiti> *(vor jdm:* dat; inter; akk) [**omnibus virtute; inter suos; omnes eloquentiā**].

**Auszeichnung** *f* ❶ *(Orden, Medaille, Preis)* praemium *nt,* ornamentum *nt* ❷ *(Ehre)* honor <-noris> *m,* ornamentum *nt.*

**ausziehen I.** *vt (Kleidung)* exuere [**vestem; amiculum**] **II.** *vr:* **sich ~** vestibus se exuere, vestes sibi detrahere **III.** *vi* ❶ *(aus Wohnung)* (e)migrare (e) domo ❷ *(aufbrechen)* proficisci.

**Auszubildende(r)** *f(m)* excolendus, -a *m, f.*

**Auszug** *m* ❶ *(aus Wohnung)* emigratio <-onis> *f* ❷ *(aus Buch)* excerptum *nt* ❸ *(Ausmarsch)* profectio <-onis> *f.*

**auszugsweise** *adv durch abl:* excerptis.

**authentisch** *adj* verus, certus, fide dignus.

**Auto** *nt* autoraeda *f;* **~ fahren** autoraedam ducere; **mit dem ~ fahren** autoraedā vehi.

**Autobahn** *f* strata *f* autocinetica.

**Autobahngebühr** *f* rotarium *nt.*

**Autobiographie** *f,* **Autobiografie** *f* autobiographia *f.*

**Autodidakt** *m* autodidactus *m.*

**Autofahrer(in** *f***)** *m* auriga *m,* autoraedarius, -a *m, f.*

**Autogramm** *nt* autographum *nt.*

**Autokarte** *f* tabula *f* viaria.

**Automat** *m* automatum *nt.*

**automatisch** *adj* automatus.

**autonom** *adj* (POLIT: *unabhängig)* sui iuris, autonomus [**provincia; civitas**].

**Autonomie** *f* (POLIT: *Unabhängigkeit, Selbstständigkeit)* autonomia *f;* **die Provinzen/Kolonien fordern ihre ~** provinciae/coloniae autonomiam poscunt.

**Autor** *m* scriptor <-oris> *m,* auctor <-oris> *m.*

**Autorennen** *nt* certamen <-minis> *nt* autoraedarum.

**Autoreparaturwerkstatt** *f* officina *f* vehiculis reparandis.

**Autorin** *f* auctor <-oris> *f.*

**autoritär** *adj* auctoritate praeditus [**parentes; educatio**].

**Autorität** *f* auctoritas <-atis> *f.*

**Autoschlüssel** *m* clavis *f* autocinetica.

**Autounfall** *m* casus <-us> *m* autocineticus.

**Autovermietung** *f* locatio <-onis> *f* autoraedarum.

**Axt** *f* securis <-is> *f.*

**Azubi** *mf* excolendus, -a *m, f.*

B

# Bb

**Baby** *nt* infans <-antis> *m/f.*
**Bacchantin** *f* Baccha *f,* Maenas <-adis> *f.*
**bacchantisch I.** *adj* Bacchicus, Bacche(i)us **II.** *adv* Bacchico more.
**Bach** *m* rivus *m.*
**Backblech** *nt* lamina *f* furnaria.
**Backe** *f (Wange)* gena *f.*
**backen I.** *vt* coquere [**panem**; **placentam**] **II.** *vi* coqui.
**Backenbart** *m* barba *f* genuina.
**Backenzahn** *m* dens <dentis> *m* genuinus.
**Bäcker** *m* pistor <-oris> *m.*
**Bäcker-** pistorius.
**Bäckerei** *f* pistrina *f.*
**Backform** *f* artopta *f.*
**Backofen** *m* furnus *m.*
**Backpulver** *nt* pulvis <-veris> *m* furnarius.
**Backstein** *m* later <-eris> *m;* **aus ~en** latericius.
**Backstein-** latericius [**murus**].
**Bad** *nt* ① *(das Baden)* lavatio <-onis> *f;* **ein ~ nehmen** lavari ② *(Badezimmer)* balneum *nt* ③ *(Badeanstalt)* balneae *f pl;* **ins ~ gehen** balneatum ire ④ *(Kurort)* aquae *f pl.*
**Bade-** balnearius [**amiculum** Bademantel].
**Badeanzug** *m* vestis <-is> *f* balnearia.
**Badehose** *f* subligaculum *nt* balnearium.
**Bademantel** *m* amiculum *nt* balnearium.
**Bademeister** *m* balneator <-oris> *m.*
**Bademütze** *f* pilleus *m* balnearius.
**baden I.** *vi (sich waschen)* lavari; *(schwimmen)* natare **II.** *vt* lavare [**infantem**; **canem**]; **in Schweiß gebadet** sudore madens.
**Badetuch** *nt* mantelium *nt* balnearium.
**Badewanne** *f* labrum *nt,* solium *nt.*
**Badezimmer** *nt* balneum *nt.*
**Bagatelle** *f* res <rei> *f* levissima, res *f* parvula.
**Bagger** *m* machina *f* fossoria, excavatorium *nt.*
**Bahn** *f* ① *(Weg, auch fig)* via *f;* **auf die schiefe ~ geraten** a virtute discedere; **jmd aus der ~ werfen** vitam alcis perturbare; **sich ~ brechen** *(fig)* sibi viam facere ② *(Eisenbahn)* via *f* ferrata ③ *(der Sterne und der Schiffe)* cursus <-us> *m.*
**Bahn-** ferriviarius [**agger** Bahndamm].
**Bahnbeamter** *m* officialis <-is> *m* ferriviarius.
**bahnbrechend** *adj* fundamentalis [**inventiones**].
**Bahndamm** *m* agger <-eris> *m* ferriviarius.
**bahnen** *vt:* **sich/jdm einen Weg ~** viam sibi/alci facere.
**Bahnhof** *m* statio <-onis> *f* ferriviaria.
**Bahnhofsgaststätte** *f* caupona *f* stationaria, caupona *f* stationis.
**Bahnhofshalle** *f* atrium *nt* stationarium, aula *f* stationis.
**Bahnhofsvorsteher** *m* stationis praefectus *m.*
**Bahnsteig** *m* crepido <-dinis> *f,* platea *f* viae ferratae.
**Bahnstrecke** *f* trames <-mitis> *m* ferriviarius.
**Bahnübergang** *m* transgressus <-us> *m* ferriviarius.
**Bahnwärter** *m* custos <-odis> *m* viae ferratae.
**Bahre** *f (Trag~)* ferculum *nt; (Toten~)* feretrum *nt.*
**Bakterie** *f* bacterium *nt.*
**Bakteriologe** *m,* **-login** *f* bacteriologus *m,* bacteriologa *f.*
**Balance** *f* libra *f;* **die ~ halten** corpus librare.
**balancieren I.** *vt* librare **II.** *vi* librari.
**bald** *adv* mox, brevi; **~ darauf** paulo post, brevi post; **~ ... ~** modo … modo, tum … tum; **so ~ wie** [*o* **als**] **möglich** *u.* **möglichst ~** quam primum.
**Baldachin** *m* aulaeum *nt.*
**baldig** *adj* instans <-antis>, propinquus [**reditus**].
**Baldrian** *m* valeriana *f.*
**Baldriantropfen** *pl* guttae *f pl* valerianae.
**Balken** *m* tignum *nt,* trabs <trabis> *f.*
**Balkon** *m* podium *nt,* solarium *nt.*
**Ball** *m* ① *(zum Spielen)* pila *f;* **~ spielen** pilā ludere ② *(Tanz)* saltatio <-onis> *f;* **auf den ~ gehen** saltatum ire.
**Ballade** *f* carmen <-minis> *nt* epicolyricum.
**Ballast** *m* ① saburra *f* ② *(fig)* onus <oneris> *nt,* sarcina *f.*
**ballen I.** *vt* conglobare; **die Faust ~** pugnum facere **II.** *vr:* **sich ~** conglobari.
**Ballen** *m* fascis <-is> *m* [**mercium**].
**Ballett** *nt* pantomimus *m.*
**Balletttänzer(in** *f*) *m* pantomimus, -a *m, f.*
**Ballkleid** *nt* vestis <-is> *f* saltatoria.
**Ballon** *m* follis <-is> *m.*
**Ballspiel** *nt* pilae lusus <-us> *m,* pila *f.*
**Ballungsgebiet** *nt,* **-raum** *m* sedes <-dis> *f* incolis frequentior.
**Balsam** *m* balsamum *nt.*
**balsamieren** *vt (einen Leichnam)* condire [**mortuum**].
**Bambus** *m* harundo <-dinis> *f* Indica.
**Bambusrohr** *nt* hasta *f* graminea.

**banal** *adj* vulgaris.
**Banane** *f* musa *f*, banana *f*.
**Band** **I.** *nt* ligamentum *nt; (Haar~, Stirn~)* redimiculum *nt; (Freundschafts~)* vinculum *nt* [**amicitiae**] **II.** *m (eines Buches)* volumen <-minis> *nt* **III.** *f* (MUS) grex <gregis> *m* musicorum.
**Bandage** *f* fascia *f*, ligamen <-minis> *nt*, ligamentum *nt*.
**bandagieren** *vt* ligare [**bracchium**].
**Bande** *f (Gruppe)* caterva *f*, turba *f*, manus <-us> *f* [**iuvenum**; **militum**]; *(Gruppe von Verbrechern)* manus <-us> *f* [**praedonum**; **scelestorum**].
**bändigen** *vt* domare <domui>, coercēre [**equum**; **cupiditates**; **milites**].
**Bandit** *m* sicarius *m*.
**Bandscheibe** *f* discus *m* intervertebralis.
**Bandwurm** *m* taenia *f*.
**bange** *adv:* **mir ist** (**angst und**) **~** angor *(vor:* abl; de).
**Bange** *f:* **jdm ~ machen** alci metum inicere.
**bangen** *vi:* **um jmd/etw ~** timēre + *dat* [**comiti**; **suis rebus**]; **mir bangt davor** eā re angor.
**Bank** *f* ① *(Sitz~)* subsellium *nt*, scamnum *nt;* **auf die lange ~ schieben** prolatare, differre; **durch die ~** sine ullo discrimine ② *(Geld~)* argentaria *f*.
**Bankangestellte**(**r**) *f(m)* officialis *m*, functionarius *m* argentarius, functionaria *f* -a.
**Bankdirektor**(**in** *f*) *m* praefectus *m* argentariae, magister <-tri> *m* argentariae, magistra *f* argentariae.
**Bankett** *nt* convivium *nt*, epulae *f pl*.
**Bankier** *m* argentarius *m*.
**Bankkonto** *nt* computus *m* argentarius.
**Banknote** *f* charta *f* argentaria.
**bankrott** *adj* (aere) dirutus; **~ sein** solvendo non esse.
**Bankrott** *m* ruinae *f pl* fortunarum; **~ machen** corruere, aere dirui; **den ~ erklären** bonam copiam eiurare.
**Bann** *m* ① *(Ächtung)* aquae et ignis interdictio <-onis> *f*; *(Kirchen~)* excommunicatio <-onis> *f*; **über jmd den ~ verhängen** alci aquā et igni interdicere; (REL) alqm excommunicare ② *(Zauber)* illecebra *f*.
**bannen** *vt* ① *(Gefahr)* coercēre; *(Geister)* expellere, fugare ② *(fesseln)* retinēre.
**Banner** *nt* vexillum *nt*.
**bar** *adj* numeratus [**argentum**]; **~es Geld** numeratum *nt;* **in ~** in numerato; **~ bezahlen** repraesentare, numerato solvere.
**Bar** *f (Lokal)* taberna *f* liquorum; *(Theke)* abacus *m*.
**Bär** *m* ursus *m;* **der Große/Kleine ~** ursa *f* maior/minor.
**Baracke** *f* casa *f*, tugurium *nt*.
**Barbar** *m* barbarus *m*.
**Barbarei** *f* barbaria *f*.
**barbarisch** *adj* barbarus [**mores**].
**Bardame** *f* inservitrix <-icis> *f*.
**barfuß** *adv* pedibus nudis.
**Bargeld** *nt* numeratum *nt*, pecunia *f* numerata.
**bargeldlos** *adv* per translationem.
**Barhocker** *m* sedile <-lis> *nt* altum.
**Barkauf** *m* emptio <-onis> *f* numerato soluta.
**Barke** *f* actuariola *f*, lenunculus *m*.
**barmherzig** *adj* misericors <-cordis> *(gegen jmd:* in alqm).
**Barmherzigkeit** *f* misericordia *f;* **~ üben** misericordiam praebēre (alci).
**barock** *adj* barocus [**ars**].
**Barock** *nt/m* ars <artis> *f* baroca.
**Barometer** *nt* barometrum *nt*.
**Baron**(**in** *f*) *m* baro <-onis> *m*, baronissa *f*.
**Barren** *m* ① *(Metall~)* massa *f;* talea *f* [**auri**; **ferrea**] ② *(Turngerät)* parallelae *f pl*.
**Barriere** *f* cancelli *m pl*.
**Barrikade** *f* saepimentum *nt* tumultuarium, saepes <-pis> *f;* **auf die ~n gehen** *(fig)* rebellare.
**barsch** *adj* asper <-era, -erum> [**centurio**; **verba**].
**Barsch** *m (Fisch)* perca *f*.
**Bart** *m* barba *f;* **sich einen ~ wachsen lassen** barbam promittere; **in den ~ brummen** secum murmurare; **jdm um den ~ gehen** alci blandiri.
**bärtig** *adj* barbatus.
**Barzahlung** *f* repraesentatio <-onis> *f*, numeratio <-onis> *f*, solutio <-onis> *f* parata.
**Basar** *m (Markt)* emporium *nt*.
**basieren** *vi:* **~ auf** positum esse in + *abl*.
**Basis** *f (Grundlage)* fundamentum *nt*.
**Bassin** *nt (Schwimmbecken)* piscina *f*, natabulum *nt*.
**Bast** *m* liber <-bri> *m*.
**Bastard** *m* nothus *m*, hybrida *m/f*.
**Bastei** *f* propugnaculum *nt*.
**basteln** *vt* plassare.
**Bastion** *f* (MIL, *fig)* propugnaculum *nt*.
**Bastler**(**in** *f*) *m* plassator <-oris> *m*, plassatrix <-icis> *f*.
**Bataillon** *nt* (MIL: *Truppenabteilung)* cohors <-hortis> *f*.
**Batist** *m* carbasus <-i> *f*.
**Batterie** *f* pila *f* electrica.
**Bau** *m* ① *(das Bauen)* aedificatio <-onis> *f*, constructio <-onis> *f*, exstructio <-onis> *f* [**theatri**; **gymnasii**]; **sich im ~ befinden** aedificari; **beim ~ des Palastes** in regiā aedificandā ② *(Gebäude)* aedificium *nt* ③ *(Körper~)* figura *f* corporis ④ (ZOOL) cavum *nt*, latibulum *nt*.
**Bauamt** *nt* magistratus <-us> *m* rei structoriae.

**Bauarbeiten** *pl* operae *f pl* structoriae.
**Bauarbeiter** *m* structor <-oris> *m.*
**Bauart** *f* (ARCHIT, TECH) structura *f.*
**Bauch** *m* ❶ venter <-tris> *m* ❷ *(Schiffs~, ~ von Gefäß)* caverna *f* [**navis**].
**bauchig** *adj* ventriosus [**dolium**].
**Bauchredner** *m* ventriloquus *m.*
**Bauchschmerzen** *pl*, **Bauchweh** *nt* tormina <-num> *nt pl;* **~ haben** torminibus laborare.
**Bauchtanz** *m* saltatio <-onis> *f* orientalis.
**bauen** *vt* ❶ aedificare, (con)struere, exstruere [**theatrum; muros; arces; viam**] ❷ *(fig)*: **auf jmd/etw ~** *(vertrauen)* (con)fidere (alci, alci rei, alqa re) [**legioni; virtuti militum; naturā loci**].
**Bauer I.** *m* ❶ *(Landwirt)* agricola *m,* rusticus *m* ❷ *(pej)* rusticus *m* ❸ (SCHACH) pedes <-ditis> *m* **II.** *nt/m (Käfig)* cavea *f.*
**Bäuerin** *f* rustica *f.*
**bäuerlich** *adj* rustic(an)us, agrestis.
**Bauern-** rustic(an)us, agrestis.
**Bauernaufstand** *m* seditio <-onis> *f* agricolarum, rebellio <-onis> *f* rusticorum.
**Bauernhaus** *nt* domus <-us> *f* rustica, tectum *nt* agreste.
**Bauernhof** *m* fundus *m.*
**Bauernkrieg** *m* tumultus <-uum> *m pl* rusticorum, rebelliones *f pl* agricolarum.
**baufällig** *adj* ruinosus [**aedes**].
**Baufirma** *f* firma *f* structoria.
**Baugenehmigung** *f* licentia *f* aedificandi.
**Baugerüst** *nt* machinae *f pl* aedificationum.
**Bauherr** *m* dominus *m.*
**Baujahr** *nt* annus *m* aedificationis [*o* constructionis].
**Baukosten** *pl* sumptus <-uum> *m pl* aedificarii.
**Bauland** *nt* ager <agri> *m* coaedificandus, fundus *m* coaedificandus.
**Bauleiter(in** *f* **)** *m* princeps <-cipis> *m* aedificationis, rector <-oris> *m* constructionis.
**Bauleitung** *f (Bauaufsicht)* moderatio <-onis> *f* aedificationis [*o* constructionis].
**baulich** *adj* ad constructionem pertinens <-entis>.
**Baum** *m* arbor <-oris> *f.*
**Baumaterial** *nt* materia *f,* tignum *nt.*
**Baumeister** *m* architectus *m.*
**baumeln** *vi* vacillare.
**bäumen** *vr:* **sich ~** *(vom Pferd)* exsultare.
**Baumschule** *f* seminarium *nt.*
**Baumstamm** *m* truncus *m.*
**Baumwoll-** xylinus [**pelusia**].
**Baumwolle** *f* linum *nt* xylinum.
**Bauplan** *m* aedificandi descriptio <-onis> *f.*
**Bauplatz** *m* area *f.*
**bäurisch** *adj* rusticus, agrestis [**mores**].
**Bausch** *m* sinus <-us> *m;* **in ~ und Bogen** in commune, uno nomine [**alqd damnare**].
**bauschen** *vr:* **sich ~** sinum [*o* sinūs] facere, sinuari.
**Bauschutt** *m* rudus <-deris> *nt.*
**bausparen** *vi* pecuniam in aedificationem seponere.
**Bausparkasse** *f* aerarium *nt* comparsorum exstructioni parandae.
**Baustein** *m* ❶ saxum *nt* ❷ *(Bestandteil)* membrum *nt.*
**Baustelle** *f* locus *m* exstructionis.
**Bauten** *pl* aedificia *nt pl.*
**Bauunternehmer** *m* conductor <-toris> *m* operis.
**Bauweise** *f* structura *f.*
**Bauwerk** *nt* aedificium *nt.*
**beabsichtigen** *vt* in animo habēre, cogitare (+ Inf.) [**Romam proficisci; filium exheredare**]; **beabsichtigt** cogitatus [**effectus**].
**beachten** *vt (seine Aufmerksamkeit auf etw richten)* animum attendere ad; *(berücksichtigen)* respicere; *(befolgen)* observare [**consilium alcis; praecepta**]; **nicht ~** neglegere.
**beachtlich** *adj* magnus, amplus, aliquantus [**progressūs**].
**Beachtung** *f (Aufmerksamkeit)* attentio <-onis> *f; (Berücksichtigung)* respectus <-us> *m; (Befolgung von Vorschrift)* observatio <-onis> *f* [**praeceptorum**]; **jdm/etw keine ~ schenken** neglegere alqm/alqd.
**Beamtenlaufbahn** *f* cursus <-us> *m* officialis; **die ~ einschlagen** ad rem publicam accedere.
**Beamtentum** *nt* ordo <-dinis> *m* magistratuum.
**Beamter** *m* magistratus <-us> *m;* **~ werden** ad rem publicam accedere.
**beängstigend** *adj* formidolosus.
**beanspruchen** *vt* vindicare [**sibi potestatem; alcis auxilium**].
**beanstanden** *vt* obiurgare, vituperare, reprehendere [**mercem; rationem** eine Rechnung].
**Beanstandung** *f* obiurgatio <-onis> *f,* reprehensio <-onis> *f.*
**beantragen** *vt* rogare [**legem**]; **jmds Auslieferung ~** rogare, ut alqs dedatur.
**beantworten** *vt* respondēre ad.
**bearbeiten** *vt* ❶ *(Land)* colere ❷ *(Material)* exercēre, tractare [**metalla; ceram**] ❸ *(Thema ~, an etw arbeiten)* tractare [**quaestionem; mandata** Bestellungen] ❹ *(überarbeiten)* retractare [**librum**] ❺ *(zu überreden suchen)* pertractare.
**Bearbeitung** *f* ❶ *(Arbeit an etw, Behandlung eines Themas)* tractatio <-onis> *f* [**quaestionum**] ❷ *(Überarbeitung, Neu~)* retractatio <-onis> *f* [**libri**].

**Bearbeitungsgebühr** *f* taxa *f* tractationis.
**beaufsichtigen** *vt* custodire [**liberos**]; *(leiten)* praeesse + *dat* [**operibus**].
**Beaufsichtigung** *f* custodia *f*, cura *f* [**discipulorum**; **operae**].
**beauftragen** *vt* mandare (alci alqd/ut).
**bebauen** *vt* ① *(Acker)* colere ② *(Grundstück)* coaedificare.
**beben** *vi* tremere.
**Beben** *nt* ① tremor <-oris> *m* [**membrorum**] ② *(Erd~)* terrae motus <-us> *m.*
**Becher** *m* poculum *nt.*
**Becken** *nt* pelvis <-is> *f; (Wasch~)* aqualis <-is> *m/f, (Schwimm~)* piscina *f.*
**bedacht** *adj:* **auf etw ~ sein** studiosum esse + *gen* [**litterarum**], consulere (+ dat oder ut) [**honori**; **saluti**], id agere, ut.
**Bedacht** *m:* **mit ~** *(mit Überlegung)* consulte, considerate [**rem gerere**].
**bedächtig** *adj (besonnen)* consideratus; *(gesetzt, langsam)* lentus; *(vorsichtig)* cautus.
**bedanken** *vr:* **sich ~** gratias agere *(bei jdm:* alci, *für etw:* pro re).
**Bedarf** *m* indigentia *f;* **~ an etw haben** indigēre + *gen oder abl.*
**Bedarfsartikel** *m* res <rei> *f* ad vitae usum pertinens.
**Bedarfshaltestelle** *f* statio <-onis> *f* libera.
**bedauerlich** *adj* miserandus, miseratione dignus.
**bedauerlicherweise** *adv* miserandum in modum.
**bedauern** *vt (bemitleiden)* miserari + *akk,* misereri + *gen,* dolēre (+ abl; akk; de; quod); **er ist zu ~** miserandus est; **ich bedau(e)re (es), dass ...** me paenitet (+ Inf.; quod).
**Bedauern** *nt (Mitleid)* miseratio <-onis> *f,* misericordia *f; (Reue)* paenitentia *f.*
**bedauernswert** *adj* miserandus, miserabilis [**fortuna**; **aspectus**].
**bedecken** *vt* tegere [**corpus pallio**].
**bedenken** *vt (überlegen, durchdenken, über etw nachdenken)* deliberare [**de facinore**]; considerare, cogitare, meditari [**consilia** Maßnahmen; **eventūs**]; **zu ~ geben** monēre (alqm de re oder alcis rei; mit akk des Neutr. eines Pron. oder allg. adj; mit A.C.I.).
**Bedenken** *pl (Zweifel, Befürchtungen)* dubitatio <-onis> *f,* haesitatio <-onis> *f; (Skrupel)* religio <-onis> *f;* **~ haben** dubitare (+ Inf.); **ohne ~** sine dubitatione.
**bedenkenlos** *adv* sine dubitatione.
**bedenklich** *adj (besorgniserregend; zweifelhaft)* dubius [**condicio** Lage; **negotia** Geschäfte].
**Bedenkzeit** *f* deliberandi tempus <-poris> *nt,* deliberandi spatium *nt.*
**bedeuten** *vt* ① *(von Worten u. Ä.)* significare; **was bedeutet das?** quid hoc sibi vult? ② *(einen bestimmten Wert haben, gelten)* valēre; **viel ~** multum valere; **das bedeutet mir viel** hoc multum apud me valet; **das hat nichts zu ~** hoc nihil est, hoc (in) nullo numero est.
**bedeutend** *adj (wichtig; beträchtlich)* magnus, amplus [**successus**; **summa**].
**Bedeutung** *f* ① *(eines Wortes)* significatio <-onis> *f* ② *(Wichtigkeit)* gravitas <-tatis> *f,* pondus <-deris> *nt,* momentum *nt;* **große ~ haben für** magni momenti esse ad; **keine ~ haben** nullius momenti esse; **es ist von ~** interest (+ A.C.I. oder Inf.).
**bedeutungslos** *adj* inanis, levis, nullius momenti [**casūs** Zwischenfälle].
**bedienen I.** *vt* ministrare **II.** *vr:* **sich einer Sache ~** uti + *abl.*
**Bedienung** *f* ① *(Personal)* famuli *m pl,* ministri *m pl* ② *(Tätigkeit)* ministerium *nt* ③ *(von Geräten)* administratio <-onis> *f* [**machinae**].
**Bedingung** *f* condicio <-onis> *f;* **unter der ~, dass** ea condicione, ut ...; **~en stellen** condiciones ferre; **zu günstigen ~en** secundis condicionibus.
**bedingungslos I.** *adj* summus [**fides**] **II.** *adv* sine ulla condicione [**se subicere**].
**bedrängen** *vt* premere [**alqm verbis**; **alqm, ut**].
**Bedrängnis** *f* angustiae *f pl,* difficultates <-atum> *f pl;* **in ~ geraten** in difficultates (per)venire, in angustias delabi.
**bedrohen** *vt* minari *(jmd mit etw:* alci alqd).
**bedrohlich** *adj* minax <-acis> [**status**].
**Bedrohung** *f* minatio <-onis> *f.*
**bedrücken** *vt* premere, gravare.
**bedrückt** *adj* abiectus.
**Beduine** *m* beduinus *m.*
**bedürfen** *vi* egēre, indigēre + *abl; (erfordern)* requirere; **es bedarf großer Anstrengungen** magnis laboribus opus est.
**Bedürfnis** *nt (Verlangen)* desiderium *nt; (Bedarf, Erfordernis)* indigentia *f,* necessitas <-atis> *f;* **~ nach etw haben** desiderare + *akk,* indigēre + *gen.*
**bedürftig** *adj (arm)* indigens <-gentis>, egens <egentis>, inops <-opis>.
**beeilen** *vr:* **sich ~** festinare, properare (mit Inf.); **sich mit den Vorbereitungen ~** praeparationes festinare.
**beeindrucken** *vt* (com)movēre, (admiratione) afficere.
**beeinflussen** *vt (jmd)* movēre; *(Verhandlungen, Ergebnisse)* alqd momenti habēre (ad).
**beeinträchtigen** *vt* (im)minuere [**potentiam senatūs**; **libertatem**; **honorem**].
**beenden** *vt* finire; *(fertigstellen)* conficere.
**beengen** *vt* ① *(Kleidung)* (a)stringere ② *(fig)* premere, opprimere, contrahere.

B

**beerben** *vt* heredem esse + *gen.*
**beerdigen** *vt* humare, sepelire.
**Beerdigung** *f* sepultura *f,* humatio <-onis> *f;* **zu einer ~ gehen** sepulturae adesse.
**Beere** *f* baca *f.*
**Beet** *nt* pulvinus *m,* area *f.*
**befähigen** *vt* informare, aptum [*o* idoneum] facere *(zu:* ad).
**befähigt** *adj* aptus, idoneus *(zu:* ad).
**Befähigung** *f* facultas <-tatis> *f.*
**befahrbar** *adj* pervius; (NAUT) navigabilis [**amnis**].
**befahren** *vt (Straße)* uti + *abl; (bereisen)* peragrare, obire [**terras**]; (NAUT) navigare [**aequora**].
**befallen** *vt (von Affekten, Übeln, Krankheiten)* invadere (in + akk; bl. akk); **von einer Krankheit ~ werden** morbo implicari [*o* affici].
**befangen** *adj* ① *(schüchtern, verlegen)* timidus ② *(voreingenommen)* non integer <-gra, -grum> ③ in einem Irrtum **~ sein** errore teneri.
**Befangenheit** *f* ① *(Schüchternheit)* timiditas <-atis> *f* ② *(Voreingenommenheit)* opinio <-onis> *f* non integra.
**befassen** *vr:* **sich mit etw ~** studēre + *dat,* versari (in + abl).
**Befehl** *m* iussum *nt,* imperium *nt,* mandatum *nt;* **auf ~** iussu; **ohne ~** iniussu; **einen ~ erteilen** iubēre (+ A.C.I.), imperare (mit dat; ut; ne); **einen ~ ausführen** imperata facere; **den ~ verweigern** imperata detrectare.
**befehlen** *vt* iubēre (+ A.C.I.), imperare (mit dat; ut; ne); **der Legat befahl den Soldaten, das Lager zu befestigen** legatus milites castra munire iussit; **er befahl ihnen, eine Brücke zu bauen** eis imperavit, ut pontem facerent.
**befehligen** *vt (milit.: kommandieren)* praeesse + *dat* [**classi**].
**Befehlsgewalt** *f* potestas <-atis> *f;* (MIL) imperium *nt.*
**Befehlshaber** *m* dux <ducis> *m,* praefectus *m.*
**befestigen** *vt* ① *(festmachen)* affigere *(an etw:* dat oder ad) ② *(milit.: Stadt, Lager)* munire, (con)firmare [**locum munitionibus**; **castra munimentis**] ③ *(fig)* (con)firmare [**pacem**].
**Befestigung** *f* (MIL) munimentum *nt,* munitio <-onis> *f* [**oppidi**].
**befeuchten** *vt* tingere, umectare.
**befinden I.** *vr:* **sich ~** esse, versari **II.** *vt (erachten)* aestimare, iudicare (mit dopp. akk oder A.C.I.); **etw für gut ~** alqd probare.
**Befinden** *nt (Gesundheitszustand)* valetudo <-dinis> *f.*
**beflecken** *vt* ① maculare [**ferrum sanguine**] ② *(fig)* contaminare [**se maleficio**; **alcis famam**].
**beflügeln** *vt (fig)* incitare [**cives victoriā ad resistendum**].
**befolgen** *vt (Anweisungen, Rat)* sequi + *akk* [**legem**], uti + *abl.*
**befördern** *vt* ① *(transportieren)* transportare, vehere ② *(beruflich)* promovēre [**alqm ad praefecturam**; **alqm in amplissimum locum**].
**Beförderung** *f* ① *(Transport)* vectura *f* [**frumenti**; **onerum**] ② *(beruflich)* dignitatis accessio <-onis> *f,* promotio <-ionis> *f.*
**befragen** *vt* ① interrogare (alqm de re); **einen Senator nach seiner Meinung ~** senatorem sententiam rogare ② *(um Rat fragen)* consulere (alqm de re).
**Befragung** *f* interrogatio <-onis> *f.*
**befreien** *vt* ① liberare, vindicare [**amicum curis**; **patriam ex servitute**] ② *(jmd von etw freistellen)* alci vacationem alcis rei [*o* ab alqa re] dare <dedi> [**militiae**; **ab exercitatione corporis**].
**Befreier(in** *f*) *m* liberator <-oris> *m,* vindex <-dicis> *m/f* [**urbis**; **terrae**].
**Befreiung** *f* liberatio <-onis> *f.*
**Befreiungsversuch** *m* liberationis conatus <-us> *m.*
**befremden** *vt* permovēre.
**Befremden** *nt* permotio <-onis> *f.*
**befreunden** *vr:* **sich mit jdm ~** alqm sibi amicum / amicam facere, familiaritatem cum alqo contrahere.
**befreundet** *adj* amicus alci, amicitiā cum alqo coniunctus.
**befriedigen** *vt* satisfacere + *dat* [**amico**; **creditori**]; *(Neugier, Rachsucht)* satiare [**libidinem**].
**befriedigend** *adj* probabilis.
**Befriedigung** *f* satisfactio <-onis> *f;* **~ verschaffen** [*o* **bereiten**] satisfacere; **in etw ~ finden** acquiescere (in + abl oder bl. abl).
**befristet** *adj* terminatus [**munus**].
**befruchten** *vt* fecundare, gravidare.
**Befruchtung** *f* praegnatio <-onis> *f,* fecundatio <-onis> *f.*
**Befugnis** *f* ius <iuris> *nt,* potestas <-atis> *f;* **seine ~se überschreiten** iura sua excedere.
**befugt** *adj:* **~ sein, etw zu tun** ius [*o* potestatem] habēre alqd faciendi.
**befühlen** *vt* temptare, contrectare.
**Befund** *m* status <-us> *m; (Diagnose)* cognitio <-onis> *f* morbi, diagnosis <-oseos> *f.*
**befürchten** *vt* timēre, metuere *(dass:* ne, *dass nicht:* ut oder ne non); **es steht zu ~** timendum est.
**Befürchtung** *f* timor <-oris> *m,* metus <-us> *m.*
**befürworten** *vt (empfehlen)* commendare; *(gut finden)* probare.
**Befürworter(in** *f*) *m* adiutor <-oris> *m,*

adiutrix <-ricis> *f.*
**begabt** *adj* praeditus *(mit etw:* abl) [**sensu divino**]; *(talentiert)* ingeniosus [**discipulus**].
**Begabung** *f* indoles <-lis> *f,* ingenium *nt.*
**begeben** *vr:* **sich ~** ① *(gehen, fahren)* se conferre, proficisci; **sich zu Bett ~** cubitum ire; **sich in Gefahr ~** periculum adire [*o* subire] ② *(sich ereignen)* accidere, evenire.
**Begebenheit** *f* casus <-us> *m,* res <rei> *f* (gesta), factum *nt.*
**begegnen I.** *vi* ① *(jdm ~)* occurrere, obviam ire [*o* venire] + *dat; (auf etw stoßen)* invenire + *akk* ② *(fig: entgegentreten)* occurrere, obviam ire, resistere [**periculis**; **temeritati**] **II.** *vr:* **sich** [*o* **einander**] **~** congredi (cum).
**Begegnung** *f* congressus <-us> *m.*
**begehen** *vt (verüben)* committere, facere [**caedem**; **iniuriam**]; *(Fest)* celebrare, agere, agitare [**diem natalem**]; **eine Dummheit ~** stulte agere; **einen Fehler ~** peccare.
**begehren** *vt* cupere, appetere, expetere, concupiscere [**regnum**; **amicitiam alcis**].
**begehrenswert** *adj* appetendus, expetendus.
**begehrt** *adj* postulatus, appetitus, expetitus [**praemium**; **scyphus** Pokal].
**begeistern** *vt* inflammare [**animos**; **populum ludis et donis**].
**Begeisterung** *f* animi inflammatio <-onis> *f,* animi ardor <-oris> *m (für etw:* ad alqd); **etw mit ~ tun** summo studio et alacritate alqd facere; **voll ~ für etw** studio alcis rei incensus.
**Begierde** *f* cupiditas <-atis> *f,* aviditas <-atis> *f (nach:* gen) [**gloriae**].
**begierig** *adj* cupidus, avidus *(nach:* gen) [**laudis**].
**Beginn** *m* initium *nt,* principium *nt;* **zu ~** initio; **zu ~ des Frühlings** vere ineunte, primo vere.
**beginnen I.** *vt (anfangen)* incipere, (ex)ordiri + *akk; Inf.* [**orationem**; **fabulam**; **oppugnationem**; **loqui**]; *(unternehmen)* suscipere + *akk* [**bellum**]; **den Kampf ~** proelium committere **II.** *vi (den Anfang nehmen)* incipere, initium capere, oriri.
**beglaubigen** *vt* (con)firmare [**documentum**].
**Beglaubigung** *f* fides <-ei> *f,* auctoritas <-atis> *f* [**testimonii**].
**Beglaubigungsschreiben** *nt* litterae *f pl* credentiales.
**begleiten** *vt* ① comitari + *akk* ② (MUS) adesse, concinere + *dat* [**tragoedo**].
**Begleiter(in** *f*) *m* comes <-mitis> *m/f.*
**Begleiterscheinung** *f* status <-us> *m* secundarius.
**Begleitung** *f* ① *(Geleit; die Begleiter)* comitatus <-us> *m;* **in jmds ~** comitatu alcis, alqo comite ② (MUS) comitatus <-us> *m* instrumentalis.
**beglücken** *vt* beare, fortunare, beatum [*o* felicem] reddere; **beglückend** prosper(us); **beglückt sein** fortunatum [*o* beatum, felicem] esse.
**beglückwünschen** *vt* gratulari *(jmd zu etw:* alci alqd oder de re) [**alci recuperatam libertatem**; **alci de victoria**].
**begnadigen** *vt* veniam dare <dedi>, parcere *(alci)* [**subiectis**; **scelesto**].
**Begnadigung** *f* venia *f.*
**Begnadigungsgesuch** *nt* veniae petitio <-onis> *f.*
**begnügen** *vr:* **sich mit etw ~** contentum esse + *abl.*
**begraben** *vt* sepelire [**hominem**; **spem**].
**Begräbnis** *nt* sepultura *f,* humatio <-onis> *f; (~feier)* funus <-neris> *nt.*
**begreifen** *vt (verstehen)* intellegere, comprehendere; **das ist leicht zu ~** hoc facile intellegi potest; **das ist nicht zu ~** hoc intellegi non potest; **das ist kaum zu ~** hoc vix intellegendum est.
**begreiflich** *adj* perspicuus, comprehensibilis, facilis ad intellegendum.
**begreiflicherweise** *adv* perspicue, scilicet.
**begrenzen** *vt (auch fig)* terminare [**velocitatem**].
**Begrenzung** *f (auch fig)* terminatio <-onis> *f.*
**Begriff** *m (Ausdruck)* verbum *nt; (Meinung, Vorstellung)* sententia *f,* notio <-onis> *f* [**deorum**]; **im ~, etw zu tun** facturus <-a, -um>; **schwer von ~ sein** tardum esse, hebetem esse.
**begriffsstutzig** *adj:* **~ sein** tardum esse, hebetem esse.
**begründen** *vt (Gründe geben für)* argumentis (con)firmare [**iudicium**; **suum locum** seinen Standpunkt].
**Begründung** *f* confirmatio <-onis> *f.*
**begrüßen** *vt* ① salutare ② *(gutheißen)* probare [**consilium**].
**Begrüßung** *f* salutatio <-onis> *f.*
**begünstigen** *vt* favēre + *dat;* **vom Glück begünstigt sein** fortunam fautricem nactum esse.
**Begünstigung** *f* favor <-oris> *m* [**patriciorum**].
**begutachten** *vt* iudicium facere de.
**Begutachtung** *f* iudicatio <-onis> *f,* aestimatio <-onis> *f.*
**behaart** *adj* pilosus [**genae**; **pectus**; **folium**].
**behäbig** *adj* ① *(Mensch: langsam)* tardus ② *(Leben: bequem)* commodus.
**behagen** *vi:* **jdm ~** placēre, gratum esse alci.
**behaglich** *adj* placidus, iucundus, amoenus.
**Behaglichkeit** *f* iucunditas <-atis> *f,* amoenitas <-atis> *f.*
**behalten** *vt* retinēre; **im Gedächtnis ~** memoriā tenēre; **Recht ~** causam obtinēre;

B

**etw für sich ~** *(nicht weitersagen)* alqd reticēre, tacite habēre, secum habēre.

**Behälter** *m* receptaculum *nt.*

**behandeln** *vt* ① *(Menschen, Thema)* tractare ② (MED) curare.

**Behandlung** *f* ① tractatio <-onis> *f* ② (MED) cura *f.*

**beharren** *vi:* **auf** [*o* **bei**] **etw ~** perseverare (in + abl) [**in sua sententia**].

**beharrlich** *adj* assiduus, perseverans <-antis>.

**Beharrlichkeit** *f* perseverantia *f,* assiduitas <-atis> *f.*

**behaupten I.** *vt* ① *(mit Bestimmtheit aussprechen)* affirmare, dicere (+ akk; + A.C.I.); **~, dass nicht** negare ② *(erfolgreich verteidigen: Position, Stadt, Recht)* tenēre, obtinēre **II.** *vr:* **sich ~** *(standhalten)* stare <steti>, consistere, valēre; **sich gegen den Feind ~** impetum hostium sustinēre.

**Behauptung** *f (Äußerung)* dictum *nt,* vox <vocis> *f.*

**Behausung** *f* sedes <-dis> *f.*

**beheben** *vt* removēre, amovēre [**difficultates; detrimentum**].

**beheizen** *vt* calefacere [**domicilium gaso**].

**behelfen** *vr:* **sich mit etw ~** uti + *abl.*

**behelligen** *vt* obtundere [**alqm longis epistulis; alqm rogando**].

**beherbergen** *vt* alqm hospitio [*o* tecto] recipere, alci hospitium praebēre.

**beherrschen I.** *vt* ① (POL) regere + *akk,* imperare + *dat* ② *(fig)* obsidēre [**amicum**]; *(Gefühle)* coercēre, continēre [**iram**]; **sich vom Geiz ~ lassen** avaritiae servire ③ *(Sprache, Regeln u. Ä.)* scire [**artem**] ④ *(Landschaft)* imminēre + *dat* **II.** *vr:* **sich ~** se continēre.

**beherrscht** *adj* aequanimus.

**Beherrschung** *f (Selbst~)* continentia *f.*

**beherzigen** *vt* animo mentique mandare; *(Rat)* sequi [**consilium amici**].

**behilflich** *adj:* **jdm ~ sein** (ad)iuvare alqm *(bei etw:* in + abl; ad).

**behindern** *vt* impedire; *(im Wege stehen)* obstare <obstiti> + *dat.*

**behindert** *adj:* **geistig/körperlich ~** mente/corpore debilis.

**Behinderung** *f (körperliche/geistige ~)* infirmitas <-atis> *f.*

**Behörde** *f* magistratus <-us> *m.*

**behüten** *vt* custodire, tueri *(vor:* ab) [**liberos a periculo**]; **Gott behüte!** di meliora (ferant *o* dent)!.

**behutsam** *adj* cautus, providus.

**bei I.** *praep (räuml.)* ad, apud + *akk;* **~ uns** (**zu Hause**) apud nos; **~m Wein** ad vinum; **die Schlacht ~ Cannae** pugna ad Cannas facta **II.** *praep (zeitl., fig) meist durch bl. abl oder adverbialen Ausdruck;* **~ Frühlingsanfang** vere ineunte; **~ Tag/Nacht** diu/nocte [*o* noctu]; **~ leichtem Wind segeln** leni vento navigare **III.** *praep (bei Schwüren)* per; **~ den Göttern schwören** per deos iurare.

**beibehalten** *vt* servare, retinēre [**pristinos mores**].

**beibringen** *vt* ① *(zufügen)* inferre, infligere [**alci vulnera / plagas**] ② *(lehren)* docēre *(jdm etw:* alqm alqd; alqm re) [**discipulos litteras / fidibus**] ③ *(herbeiholen)* afferre [**testes; pecuniam**].

**Beichte** *f* confessio <-onis> *f;* **die ~ ablegen** confessionem facere.

**beichten** *vt* confiteri.

**beide** *pron* (*~ zusammen)* ambo <-ae, -o>; *(jeder von ~n)* uterque, utraque, utrumque (gen: utriusque); **der eine/der andere von ~n** alter; **wer von ~n?** uter?; **keiner von ~n** neuter; **auf ~n Seiten** utrimque.

**beiderlei** *adj* utriusque generis; **~ Geschlechts** utriusque sexūs.

**beiderseits** *adv* utrimque, ab utraque parte; *(gegenseitig)* ultro citroque.

**beieinander** *adv* unā.

**Beifahrer** *m* convector <-oris> *m.*

**Beifall** *m* ① *(durch Klatschen)* plausus <-us> *m;* **~ klatschen** (ap)plaudere ② *(Zustimmung)* approbatio <-onis> *f,* assensus <-us> *m,* assensio <-onis> *f;* **~ finden** placēre (alci), laudari (ab alqo); **keinen ~ finden** displicēre (alci).

**beifügen** *vt* adiungere, addere.

**Beigeschmack** *m* sapor <-oris> *m* alienus.

**Beihilfe** *f* auxilium *nt,* adiumentum *nt.*

**beikommen** *vi:* **ihm ist nicht beizukommen** capi [*o* vinci] non potest.

**Beil** *nt* securis <-is> *f.*

**Beilage** *f* ① *(Buch~)* appendix <-icis> *f* ② (GASTR) pulpamentum *nt.*

**beiläufig** *adv* strictim.

**beilegen** *vt* ① *(hinzufügen)* apponere, addere ② *(Streit)* componere, dirimere, sedare ③ *(Wert, Bedeutung)* (at)tribuere, assignare.

**Beileid** *nt* consolatio <-onis> *f;* **jdm sein ~ ausdrücken** [*o* **aussprechen**] consolari maestitiam alcis.

**beiliegend** *adj* appositus, additus [**photocopia**].

**beimessen** *vt (Bedeutung, Wert)* (at)tribuere, assignare.

**beimischen** *vt* admiscēre.

**Bein** *nt* ① crus <cruris> *nt;* **jdm ein ~ stellen** alqm supplantare; **etw auf die ~e stellen** *(fig)* alqd efficere ② *(von Möbelstück)* pes <pedis> *m.*

**beinahe** *adv* paene, fere; **~ hätte ich es vergessen** paene haec oblitus/-a sum.

**Beiname** *m* cognomen <-minis> *nt.*

**beipflichten** *vi* assentiri.

**Beirat** *m (Gremium)* consilium *nt.*
**beisammen** *adv* unā.
**Beischlaf** *m* concubitus <-us> *m.*
**Beisein** *nt:* **im ~ von jdm** coram + *abl,* alqo praesente.
**beiseite** *adv* seorsum, de medio.
**beiseitelegen** seponere, reponere.
**beiseiteschaffen** amovēre.
**beiseitetreten** secedere, de medio recedere.
**beisetzen** *vt (beerdigen)* humare, sepelire.
**Beisetzung** *f (Beerdigung)* sepultura *f,* humatio <-onis> *f.*
**Beisitzer** *m* assessor <-oris> *m.*
**Beispiel** *nt* exemplum *nt;* (**wie**) **zum ~** ut, velut; **sich an jdm ein ~ nehmen** exemplum sumere ab alqo, exemplum alcis sequi; **jdm als ~ dienen** alci exemplo esse; **jdm ein ~ geben** alci exemplum praebēre; **ein ~ anführen** exemplum afferre.
**beispielhaft** *adj* recti exempli.
**beispiellos** *adj* ❶ *(ohne Beispiel, unvergleichlich)* unicus [**eventus** Ereignis] ❷ *(unverschämt)* impudens <-entis>, insolens <-entis> [**mores**].
**beispielsweise** *adv* ut, velut.
**beißen** *vt* mordēre; **sich auf die Zunge ~** linguam mordēre.
**beißend** *adj* mordens <-dentis> [**iocus**; **frigus**].
**Beistand** *m* auxilium *nt,* subsidium *nt;* **jdm ~ leisten** alci adesse, auxilium ferre.
**beistehen** *vi:* **jdm ~** alci adesse, alqm (ad)iuvare.
**beisteuern** *vt* conferre *(zu:* ad, in + akk) [**ad victum**; **in commune**].
**Beitrag** *m (Anteil)* rata pars <partis> *f.*
**beitragen** *vt* conferre *(zu:* ad, in + akk) [**ad victum**; **in commune**].
**beitreten** *vi* accedere (ad).
**Beitritt** *m* aditus <-us> *m.*
**beiwohnen** *vi:* **einer Sache ~** adesse, interesse + *dat* [**comitiis**; **convivio**; **spectaculo**].
**bejahen** *vt* affirmare; *(gutheißen)* probare.
**bejammern** *vt* lamentari, miserari [**calamitatem**; **vitam**; **alcis fortunam**].
**bekämpfen** *vt* oppugnare, impugnare [**hostem**; **sententiam**; **morbum**].
**bekannt** *adj* notus, cognitus; **~ werden** palam fieri; **es ist** (**allgemein**) **~** (inter omnes) constat, (omnibus) notum est; **~ machen** *(öffentlich/ allgemein ~ machen)* (di)vulgare, pervulgare, in medium proferre [**edictum**; **consilium alcis**; **librum**]; **jmd mit etw ~ machen** *(mit Aufgabe, Problem, Gebiet)* alqd notum facere alci; **jmd mit jdm ~ machen** alqm deducere ad alqm; **~ geben** edicere, declarare, pronuntiare [**senatūs consultum**; **leges**].
**Bekannte**(**r**) *f(m)* notus, -a *m, f.*
**bekanntlich** *adv* ut (inter omnes) constat, *auch durch* constat *o* notum est (+ A.C.I.) *auszudrücken.*
**Bekanntmachung** *f* edictum *nt.*
**Bekanntschaft** *f* ❶ *(Kennen)* cognitio <-onis> *f* ❷ *(Personenkreis)* noti *m pl;* **jmds** [*o* **mit jdm**] **~ machen** cognoscere alqm.
**bekehren** *vt* ❶ *(allg.)* adducere *(zu:* ad) ❷ (REL) convertere [**ad doctrinam Christianam**].
**Bekehrung** *f* (REL) conversio <-onis> *f.*
**bekennen** *vt* fateri, confiteri; *(offen ~)* profiteri (+ akk oder A.C.I.) [**culpam suam**]; **sich zu seiner Tat ~** profiteri se commisisse alqd.
**beklagen I.** *vt* deplorare, (com)miserari [**fortunam**; **interitum alcis**] **II.** *vr:* **sich ~ über** queri de *(bei jdm:* cum alqo).
**beklagenswert** *adj* deplorandus, (com)miserandus, miserabilis [**fortuna**; **casus**; **aspectus**].
**Beklagte**(**r**) *f(m)* (JUR) reus *m,* rea *f.*
**bekleiden** *vt* ❶ *(jmd)* vestire + *akk* ❷ *(Amt)* fungi + *abl* [**munere**; **consulatu**].
**Bekleidung** *f* vestitus <-us> *m.*
**Beklemmung** *f* angor <-oris> *m.*
**beklommen** *adj* sollicitatus, angore vexatus.
**Beklommenheit** *f* angor <-oris> *m.*
**bekommen I.** *vt (empfangen)* accipere; **Fieber ~** in febrim incidere; **Angst ~** extimescere; **einen Befehl ~** iuberi **II.** *vi:* **jdm gut/schlecht ~** prodesse [*o* saluti esse] alci/nocēre alci.
**bekömmlich** *adj* salubris, salutaris [**caelum** Klima; **somnus**].
**bekräftigen** *vt* (con)firmare, affirmare.
**Bekräftigung** *f* confirmatio <-onis> *f.*
**bekränzen** *vt* coronare [**victores lauro**; **poëtam laureā**].
**bekriegen** *vt* (MIL) bellum inferre + *dat.*
**bekritteln** *vt (pej)* carpere, vellicare.
**bekümmern** *vt (jdm Kummer, Sorge bereiten)* sollicitare.
**bekümmert** *adj* sollicitus.
**belächeln** *vt* arridēre.
**beladen I.** *vt* onerare [**currum**; **naves commeatu**] **II.** *adj* onustus, oneratus.
**belagern** *vt* obsidēre [**urbem**; **domum regis**].
**Belagerung** *f* obsessio <-onis> *f,* obsidio <-onis> *f;* **die ~ aufheben** obsidionem relinquere.
**Belagerungszustand** *m* status <-us> *m* obsessionis, status *m* obsidionis.
**Belang** *m:* **von ~** magnus, magni momenti; **nicht von ~, ohne ~** parvus, inanis, nullius momenti.
**belangen** *vt* (JUR: *zur Verantwortung ziehen, verklagen*): **jmd gerichtlich ~** alqm in ius vocare.

B

B

**belanglos** *adj* parvus, inanis, nullius momenti.
**belasten** *vt* ① *(mit Gewicht)* onerare [**currum**] ② *(fig: bedrücken)* premere, gravare ③ (JUR): **jmd vor Gericht ~** in iudicio testimonium dicere adversus alqm.
**belästigen** *vt* molestum esse alci; **jmd mit Fragen ~** alqm interrogationibus fatigare.
**Belästigung** *f* molestia *f.*
**Belastung** *f* (FIN; *fig: Sorge)* onus <oneris> *nt.*
**belauern** *vt* speculari.
**belaufen** *vr:* **sich ~ auf** esse + *gen,* facere, efficere + *akk.*
**belauschen** *vt* subauscultare (mit dat oder akk).
**belebt** *adj (verkehrsreich)* celeber <-bris, -bre>, frequens <-entis> [**via**].
**Beleg** *m (Nachweis, Beweisstück)* documentum *nt,* testimonium *nt (für:* gen).
**belegen** *vt* ① *(legen auf)* ponere (alqd in re); *(mit Brettern ~)* contabulare ② *(Platz, Zimmer)* occupare ③ *(beweisen)* probare ④ **jmd mit einer Strafe ~** alqm poenā afficere.
**Belegexemplar** *nt* (TYP) exemplar <-aris> *nt* testimoniale.
**Belegschaft** *f* operae *f pl.*
**belehren** *vt* docēre (alqm alqd; alqm re); **jmd eines Besseren ~** dedocēre alqm, meliora docēre alqm.
**Belehrung** *f* ① *(Unterweisung)* doctrina *f,* eruditio <-onis> *f,* institutio <-onis> *f* ② *(Zurechtweisung)* admonitio <-onis> *f,* correctio <-onis> *f.*
**beleidigen** *vt* violare, offendere, laedere; **jmd in seiner Ehre ~** dignitatem alcis laedere.
**beleidigend** *adj (Worte, Verhalten)* contumeliosus.
**Beleidigung** *f* contumelia *f,* iniuria *f;* **jdm eine ~ zufügen** iniuriā afficere alqm.
**belesen** *adj* in litteris volutatus.
**beleuchten** *vt* ① illustrare, illuminare ② *(fig: Problem, Thema)* considerare, examinare.
**Beleuchtung** *f* ① *(das Beleuchten)* illustratio <-onis> *f* ② *(Licht)* lux <lucis> *f.*
**Belgien** *nt* Belgium *nt.*
**Belgier** *pl* Belgae *m pl.*
**belgisch** *adj* Belgicus.
**belichten** *vt* (FOT) luci exponere.
**Belichtung** *f* (FOT) expositio <-onis> *f* (photographica).
**Belichtungsmesser** *m* (FOT) photometrum *nt.*
**Belieben** *nt:* (**ganz**) **nach ~** ad libidinem, arbitrio, ad arbitrium.
**beliebig I.** *adj:* **jede**(**r, s**) **~e** quilibet, quaelibet, quidlibet *(subst)*/quodlibet *(adj),* quivis, quaevis, quidvis *(subst)*/quodvis *(adj),* qualiscumque, qualecumque **II.** *adv* ad libidinem, ut libet, quamvis; **~ viele** quamvis multi.
**beliebt** *adj* gratus, gratiosus, acceptus, iucundus *(bei:* dat) [**multitudini**; **plebi**]; **sich bei jdm ~ machen** alcis gratiam colligere, alcis favorem sibi conciliare.
**Beliebtheit** *f* gratia *f.*
**bellen** *vi* latrare.
**belohnen** *vt* praemio afficere.
**Belohnung** *f* ① praemium *nt,* pretium *nt (für etw:* gen); **jdm etw als** [*o* **zur**] **~ geben** alqd alci praemio dare; **eine ~ aussetzen** praemium (ex)ponere ② *(das Belohnen)* remuneratio <-onis> *f.*
**belügen** *vt* mendacio [*o* mendaciis] fallere.
**belustigen** *vt* oblectare.
**Belustigung** *f* oblectatio <-onis> *f,* ludicrum *nt;* **zur ~ des Volkes wurden Gladiatorenspiele aufgeführt** ad oblectationem populi ludi gladiatorii dati sunt.
**bemächtigen** *vr:* **sich ~** potiri + *abl oder gen* [**praedā**; **imperio**; **urbis**].
**bemalen** *vt* pingere [**arcam**; **ova paschalia**].
**bemängeln** *vt* vituperare, reprehendere.
**bemerkbar** *adj* conspicuus, qui animadverti potest; **sich ~ machen** oculos in se convertere.
**bemerken** *vt* animadvertere.
**bemerkenswert** *adj* notabilis, memorabilis.
**Bemerkung** *f* ① *(Anmerkung)* annotatio <-onis> *f* ② *(Äußerung)* dictum *nt;* **eine ~ machen** [*o* **fallen lassen**] **über** dicere alqd de.
**bemitleiden** *vt* misereri + *gen,* alqm miseret + *gen.*
**bemitleidenswert** *adj* miserabilis.
**bemühen** *vr:* **sich ~** studēre (+ dat; Inf.), operam dare <dedi> (+ dat; ut, ne); **~ Sie sich nicht!** noli laborare!.
**Bemühung** *f* studium *nt,* opera *f.*
**bemuttern** *vt* animo materno fovēre.
**benachbart** *adj* vicinus, propinquus [**domus**].
**benachrichtigen** *vt* certiorem facere *(über:* de; A.C.I.); *Pass.:* certior fio.
**Benachrichtigung** *f (Nachricht)* nuntius *m.*
**benachteiligen** *vt* alci detrimentum inferre [*o* afferre], alqm detrimento afficere.
**benehmen** *vr:* **sich ~** se gerere [**turpiter**].
**Benehmen** *nt* mores <-rum> *m pl.*
**beneiden** *vt* invidēre + *dat; Pass.:* mihi invidetur (ab); **jmd um sein Glück ~** invidere fortunae alcis.
**beneidenswert** *adj* invidendus.
**benennen** *vt* nominare *(nach jdm, nach etw:* ex, ab) [**viam ex Catullo**].
**benommen** *adj* (con)turbatus, confusus.
**benötigen** *vt* egēre, indigēre + *abl.*
**benutzen** *vt* uti + *abl.*
**Benutzer**(**in** *f*) *m (von etw)* qui utitur, utens <utentis> + *abl.*
**Benutzung** *f* usus <-us> *m.*
**Benzin** *nt* bencinum *nt.*
**Benzinkanister** *m* conceptaculum *nt* bencini.

**Benzinverbrauch** *m* absumptio <-onis> *f* bencini.
**beobachten** *vt* observare [**sidera**]; *(in feindl. Absicht)* speculari.
**Beobachter(in** *f*) *m* observator <-oris> *m,* observatrix <-icis> *f.*
**Beobachtung** *f* observatio <-onis> *f* [**siderum**].
**bepflanzen** *vt* conserere [**pulvinum**].
**bequem** *adj* ① commodus [**vestis**; **iter**] ② *(träge)* segnis, iners <-ertis>.
**Bequemlichkeit** *f* ① commoditas <-atis> *f* ② *(Trägheit)* inertia *f,* segnitas <-atis> *f.*
**beraten I.** *vt* ① *(Rat geben)* consilium dare <dedi> + *dat;* **jmd gut/schlecht ~** alci bonum/malum consilium dare; **sich von jdm ~ lassen** consulere alqm ② *(besprechen)* consultare, consulere (de) **II.** *vr:* **sich ~** consultare, consulere (de).
**Berater(in** *f*) *m* consiliarius *m,* consultor <-oris> *m,* consiliatrix <-icis> *f,* consultrix <-icis> *f.*
**beratschlagen** *vi* consultare, consulere (de).
**Beratung** *f* ① *(Besprechung)* consultatio <-onis> *f,* consilium *nt* ② *(Erteilung von Ratschlägen)* suasio <-onis> *f.*
**Beratungsstelle** *f* sedes <-dis> *f* suasoria.
**berauben** *vt* privare, spoliare (alqm alqa re).
**berauschen** *vt (auch fig)* ebrium/ebriam facere; **berauscht** *(auch fig)* ebrius *(von etw:* abl) [**successu**]; **~de Getränke** potiones quibus homines ebrii fiunt.
**berechnen** *vt* computare, reputare [**sumptum**; **spatium**].
**berechnend** *adj* callidus.
**Berechnung** *f* ① ratio <-onis> *f;* **nach meiner ~** secundum meam rationem ② *(eigennützige Überlegung)* calliditas <-tatis> *f;* **aus ~** calliditate commotus; **er hat dies aus ~ getan** calliditate commotus haec fecit.
**berechtigen** *vt* ius [*o* potestatem] alqd faciendi dare <dedi>; **berechtigt sein zu** ius [*o* potestatem] alqd faciendi habēre, alqd facere posse.
**berechtigt** *adj (zu Recht bestehend, begründet)* iustus, legitimus.
**Beredsamkeit** *f* eloquentia *f,* facundia *f.*
**Bereich** *m* ① *(Bezirk)* regio <-onis> *f* [**urbis**] ② *(Sachgebiet)* ratio <-onis> *f* [**artis**].
**bereichern I.** *vt (auch fig)* ditare, locupletare [**familiam aleae lucris**; **sermonem patrium**] **II.** *vr:* **sich ~** ditari, divitias sibi (com)parare [**praedā**].
**bereinigen** *vt (Missverständnisse, Angelegenheiten)* purgare, expedire.
**bereisen** *vt* peragrare, obire [**terras**; **urbes**; **provincias**].
**bereit** *adj* paratus, promptus *(zu:* ad) [**ad pugnam**; **ad defendendam rem publicam**].
**bereiten** *vt* ① *(bereitmachen)* (com)parare [**cenam**] ② *(verursachen: Kummer, Freude)* facere, efficere [**difficultates**; **alci voluptatem**].
**bereithalten** *vt* paratum habēre; **sich bereithalten** paratum promptumque esse.
**bereitmachen** *vt* (com)parare, expedire.
**bereits** *adv* iam.
**bereitstehen** *vi* praesto adesse.
**bereitstellen** *vt* parare.
**bereitwillig I.** *adj* promptus [**adiutores**] **II.** *adv* libenter, prompte [**donare** spenden].
**bereuen** *vt* alqm paenitet (+ gen oder Inf.) [**iudicii**; **facinoris**].
**Berg** *m* mons <montis> *m;* **goldene ~e versprechen** maria montesque polliceri; **die Haare stehen ihm zu ~e** eius capilli horrent; **über den ~ sein** in tuto esse.
**bergab** *adv* deorsum [**currere**].
**Bergarbeiter** *m* metallicus *m.*
**bergauf** *adv* sursum [**meare**].
**Bergbahn** *f* ferrivia *f* montana.
**Bergbau** *m* ars <artis> *f* metallica; **~ betreiben** metalla exercēre.
**Bergbewohner** *m* montanus *m.*
**bergen** *vt* ① *(retten)* servare [**vulneratos**; **frumentum**] ② *(enthalten)* continēre.
**Bergführer(in** *f*) *m* ductor <-oris> *m* montanus, ductrix <-icis> *f* montana, dux <ducis> *m* montanus, dux *f* montana.
**Berggipfel** *m* montis cacumen <-minis> *nt,* montis vertex <-ticis> *m,* montis culmen <-minis> *nt.*
**bergig** *adj* montuosus [**regio**].
**Bergkette** *f* iugum *nt.*
**Bergkristall** *m* crystallus <-i> *f.*
**Bergmann** *m* metallicus *m.*
**Bergrücken** *m* iugum *nt.*
**Bergstation** *f* statio <-onis> *f* montana.
**Bergsteigen** *nt* montium ascensio <-onis> *f.*
**Bergsteiger** *m* oribates <-ae> *m.*
**Bergwerk** *nt* metalla *nt pl.*
**Bericht** *m* relatio <-onis> *f,* renuntiatio <-onis> *f* [**rerum gestarum**]; **~ erstatten** renuntiare.
**berichten** *vt* ① renuntiare, narrare, referre ② *(überliefern)* tradere, ferre.
**Berichterstatter(in** *f*) *m* relator <-oris> *m,* relatrix <-icis> *f.*
**Berichterstattung** *f* relatio <-onis> *f,* relatus <-us> *m.*
**berichtigen** *vt* corrigere, emendare [**errorem**].
**Berichtigung** *f* correctio <-onis> *f,* emendatio <-onis> *f* [**erroris**].
**beritten** *adj* equester <-tris, -tre>.
**Berlin** *nt* Berolinum *nt.*
**Bernstein** *m* sucinum *nt,* glaesum *nt;* **aus ~** sucinus.
**bersten** *vi* (di)rumpi *(auch fig: vor Lachen, Neid; vor:* abl) [**risu**; **invidiā**].

**berüchtigt** *adj* infamis *(wegen:* abl).

**berücksichtigen** *vt* respicere, spectare.

**Berücksichtigung** *f* respectus <-us> *m;* **unter ~ der Vor- und Nachteile** respectu commodorum et incommodorum.

**Beruf** *m* professio <-onis> *f,* officium *nt,* munus <-neris> *nt;* **einen ~ ausüben** munere fungi; **was ist sie von ~?** quo munere fungitur?.

**berufen I.** *vt (ernennen)* dicere [**alqm regem**]; **sich ~ auf** provocare ad **II.** *adj:* **zu etw ~** natus [*o* factus] ad.

**beruflich** *adj* professionalis [**quaestiones** Probleme].

**Berufsausbildung** *f* eruditio <-onis> *f* professionalis.

**Berufsberatung** *f* consultatio <-onis> *f* professionalis.

**Berufsschule** *f* schola *f* professionalis.

**berufstätig** *adj* qui operatur.

**Berufsverkehr** *m* affluentia *f* vehicularia.

**Berufung** *f* ① *(Ernennung)* designatio <-onis> *f* [**consulatūs**] ② (JUR) provocatio <-onis> *f;* **~ einlegen** provocare [**ad populum**].

**beruhen** *vi:* **auf etw ~** positum esse, consistere (in + abl); **etw auf sich ~ lassen** alqd in medio relinquere.

**beruhigen I.** *vt* placare, sedare [**iram deorum**; **inimicum beneficiis**] **II.** *vr:* **sich ~** acquiescere, animo consistere.

**Beruhigung** *f* placatio <-onis> *f,* sedatio <-onis> *f* [**deorum**; **perturbati animi**].

**Beruhigungsmittel** *nt* (MED) delenimentum *nt,* placamen <-minis> *nt.*

**berühmt** *adj* clarus, nobilis, illustris, celeber <-bris, -bre>.

**Berühmtheit** *f* claritas <-tatis> *f,* nobilitas <-atis> *f;* **~ erlangen** gloriam adipisci.

**berühren** *vt* ① tangere, attingere ② *(flüchtig erwähnen)* commemorare alqd, mentionem alcis rei facere ③ *(fig)* (com)movēre.

**Berührung** *f* ① *(das Berühren)* (con)tactus <-us> *m* ② *(Kontakt)* contagio <-onis> *f;* **mit etw in ~ kommen** attingere alqd.

**besänftigen** *vt* placare, sedare, lenire, mollire [**saevum**; **alcis iram**].

**Besänftigung** *f* placatio <-onis> *f* [**deorum**; **saevi**; **perturbati animi**].

**Besatz** *m* limbus *m.*

**Besatzung** *f* praesidium *nt.*

**beschädigen** *vt* laedere.

**beschaffen I.** *vt* (com)parare, comportare [**alci alimenta**; **alci operam**] **II.** *adj:* **so ~** talis *(wie:* qualis, ac oder atque).

**Beschaffenheit** *f (von Material, von Personen)* natura *f.*

**beschäftigen I.** *vt* ① *(Arbeit geben, zu tun geben)* exercēre [**milites operibus**; **ancillas**] ② *(fig: geistig)* occupare, detinēre [**animum alcis**]; **mit etw beschäftigt** occupatus (in + abl) [**in munitione castrorum**] **II.** *vr:* **sich ~ mit** studēre + *dat* [**artibus**], versari (in + abl) [**in philosophia**].

**Beschäftigung** *f* negotium *nt,* studium *nt (mit etw:* gen) [**rerum rusticarum**].

**Beschäftigungstherapie** *f* ergotherapia *f.*

**beschämen** *vt* pudore afficere.

**Beschämung** *f* rubor <-oris> *m.*

**beschatten** *vt (fig: heimlich/polizeilich beobachten, überwachen)* alcis vestigiis instare <institi>.

**beschaulich** *adj (geruhsam)* umbratilis, tranquillus [**vita**].

**Bescheid** *m* ① *(Antwort, Nachricht, Auskunft)* responsum *nt,* nuntius *m;* **jdm ~ geben** alqm certiorem facere *(über:* de), respondēre; **~ wissen** gnarum [*o* peritum] esse + *gen* ② *(Entscheidung einer Behörde)* decretum *nt* [**patrum**; **consulis**].

**bescheiden** *adj* modestus.

**Bescheidenheit** *f* modestia *f.*

**bescheinigen** *vt* (litteris) testari; **den Empfang von etw ~** acceptum alqd testari.

**Bescheinigung** *f* testimonium *nt;* **eine ~ über etw ausstellen** litteris testari alqd.

**beschenken** *vt* donare [**equites insignibus donis**].

**beschießen** *vt* tela conicere in + *akk* [**in oppidum**; **in castellum**].

**beschimpfen** *vt* iurgare, ignominiā [*o* contumeliā] afficere.

**Beschimpfung** *f* ignominia *f,* contumelia *f.*

**beschirmen** *vt* protegere, tueri [**alqm a latronibus**].

**Beschlag** *m (fig):* **etw mit ~ belegen** alqd retinēre; **etw in ~ nehmen** alqd corripere; **jmd in ~ nehmen** alqm occupare [**victorem**].

**beschlagen I.** *vt* ① *(Möbel, Tür)* vestire, ornare; **mit Brettern ~** contabulare; **mit Eisen / Kupfer / Silber / Gold ~** *(Part. Perf.)* ferratus / aeratus / argentatus / auratus ② *(Schuhe)* suffigere ③ *(Pferd)* calceare [**equum**] **II.** *adj:* **in etw ~** peritus, callidus + *gen* [**rerum naturae**].

**Beschlagnahme** *f* occupatio <-onis> *f* [**divitiarum** des Vermögens].

**beschlagnahmen** *vt* occupare [**bona**].

**beschleunigen** *vt* accelerare, maturare [**coepta**; **fugam**; **iter**].

**Beschleunigung** *f* acceleratio <-onis> *f.*

**beschließen** *vt* ① *(entscheiden)* decernere, constituere [**delectum**; **amplificationem officinae**] ② *(beenden)* finire [**consessum**; **festum carmine**]; **sein Leben ~** vitam finire [**ruri**].

**Beschluss** *m* decretum *nt,* consultum *nt;* **auf ~ des Senats** ex senatūs consulto; **einen ~**

**fassen** constituere.

**beschlussfähig** *adj* frequens <-entis> [**senatus**].

**beschmieren** *vt* oblinere [**faciem cruore**].

**beschmutzen** *vt* inquinare [**vestem**; **famam alcis**].

**beschneiden** *vt (Bäume)* (am)putare [**arbores**; **vineas**].

**beschönigen** *vt* velare [**alcis vitia**].

**beschränken I.** *vt* cohibēre, continēre, coërcēre [**impensam**; **alcis iura**] **II.** *vr:* **sich ~** se continēre *(auf:* abl).

**beschränkt** *adj* ① angustus [**res frumentaria**]; **~e Zeit** temporis angustiae *f pl* ② *(geistig)* tardus, hebes <-betis> [**homo**; **ingenium**].

**Beschränktheit** *f* ① *(Knappheit, geringer Umfang)* angustiae *f pl* [**adiumentorum** der Mittel] ② *(geistig)* animi imbecillitas <-atis> *f.*

**Beschränkung** *f* restrictio <-onis> *f* [**impensae**].

**beschreiben** *vt* ① *(schildern)* describere [**facta versibus**] ② *(voll schreiben)* complēre [**paginam**].

**Beschreibung** *f* descriptio <-onis> *f* [**impressionum**].

**beschreiten** *vt:* **neue Wege ~** *(fig)* novas vias ingredi.

**beschuldigen** *vt* arguere *(einer Sache:* gen; abl; de; A.C.I.; Inf.), incusare *(einer Sache:* gen; A.C.I.; quod) [**alqm necis**].

**Beschuldigung** *f* crimen <-minis> *nt,* accusatio <-onis> *f,* incusatio <-onis> *f (wegen etw:* gen); **gegen jmd ~en erheben** arguere alqm.

**beschützen** *vt* custodire, protegere, defendere, tueri [**alqm a latronibus**; **alqm a periculo**; **oppidum contra hostem**].

**Beschützer(in** *f*) *m* tutor <-oris> *m,* custos <-odis> *m/f, (Schirmherr)* patronus, -a *m, f* [**finium**; **religionum**; **plebis**].

**Beschwerde** *f* ① *(Klage)* querimonia *f (über, gegen:* gen oder de), querela *f (über, gegen:* de); **~ führen** queri, querelas habēre (de) ② *(Mühe)* molestia *f,* labor <-oris> *m,* onus <oneris> *nt;* **jdm ~n machen** molestiam alci afferre, molestiā alqm afficere ③ *(Schmerz)* dolor <-loris> *m;* **~n haben** doloribus affici.

**beschweren I.** *vt (auch fig)* gravare, onerare, premere [**epistulam**; **iudices argumentis**; **amicum malo nuntio**] **II.** *vr:* **sich ~** queri [**de alcis iniuria**; **apud senatum de alqo**].

**beschwerlich** *adj* molestus, laboriosus, onerosus, gravis [**opus**; **senectus**; **vita**].

**beschwichtigen** *vt* placare, sedare, lenire, mollire [**alcis iram**].

**beschwingt** *adj* ① laetus, hilarus [**modi** Melodie] ② *(Schritte)* levis.

**beschwipst** *adj* ebriolus.

**beschwören** *vt* ① *(Aussage)* iurare, iure iurando (af)firmare ② *(anflehen)* obsecrare, implorare [**alqm multis cum lacrimis**; **praetorem pro fratris salute**] ③ *(Geister herbeirufen)* elicere [**inferorum animas**].

**Beschwörung** *f* ① *(inständiges Bitten)* obsecratio <-onis> *f,* imploratio <-onis> *f* [**deorum**] ② **~ böser Geister** exorcismus *m.*

**besehen** *vt* inspicere [**detrimentum diligenter**].

**beseitigen** *vt* ① *(wegschaffen)* amovēre, tollere [**purgamentum**] ② *(beheben)* expedire, componere [**lites**] ③ *(töten)* tollere, interimere [**testem**].

**Beseitigung** *f (Entfernung; Behebung)* amotio <-onis> *f* [**purgamenti**; **vestigiorum**; **doloris**].

**Besen** *m* scopae *f pl,* everriculum *nt.*

**besessen** *adj* insanus.

**besetzen** *vt* ① *(Land, Stadt einnehmen; etw in Besitz nehmen)* occupare [**urbem cohortibus**; **collem**; **regiam**] ② *(mit Besatz)* ornare [**vestem limbo**] ③ *(Platz)* occupare.

**Besetzung** *f (Einnahme)* occupatio <-onis> *f* [**fori**].

**besichtigen** *vt* inspicere, visere [**urbem**; **regiam**; **domum**; **domicilium**].

**Besichtigung** *f* inspectio <-onis> *f* [**oppidi**; **regiae**; **domicilii**].

**besiedeln** *vt* frequentare [**agros Italiae**; **urbes**; **colonias**; **novam terram**].

**besiegeln** *vt* sancire [**foedus**; **amicitiam**].

**besiegen** *vt* vincere, superare; **die Gallier im Krieg ~** Gallos bello superare.

**besingen** *vt* canere [**reges et proelia**].

**besinnen** *vr:* **sich ~** ① *(sich erinnern)* meminisse, reminisci *(auf:* gen oder akk; A.C.I. oder indir. Frages.) ② *(nachdenken, überlegen)* deliberare; **sich anders ~** sententiam [*o* consilium] mutare; **sich eines Besseren ~** resipiscere, ad sanitatem redire.

**besinnlich** *adj* ① *(Mensch)* cogitabundus, ad meditandum propensus ② *(Abend)* quietus, tranquillus.

**Besinnung** *f* ① *(Bewusstsein)* animus *m,* mens <mentis> *f,* sanitas <-tatis> *f;* (**wieder**) **zur ~ kommen** ad sanitatem redire; **die ~ verlieren** a mente discedere, animo linqui; **jmd zur ~ bringen** alqm ad sanitatem reducere; **nicht bei ~ sein** sui [*o* mentis suae] compotem non esse ② *(Überlegung)* deliberatio <-onis> *f* ③ *(Erinnerung)* recordatio <-onis> *f.*

**besinnungslos** *adj (auch fig)* sui [*o* mentis suae] non compos <-potis>, mente alienatus; *(vor Angst, Wut)* stupidus [**pavore**; **saevitiā**]; **~ werden** a mente discedere, animo linqui.

**Besitz** *m* possessio <-onis> *f,* opes <opum> *f pl,* bona *nt pl;* **in ~ nehmen** occupare, possidere [**agros**]; **im ~ von etw sein** in possessione

B

alcis rei esse.

**besitzen** *vt* possidēre, habēre + *akk,* mihi est + *nom; (innehaben)* obtinēre [**imperium**]; **mein Freund besitzt ein Landhaus** amico meo villa est; **jmds Zuneigung ~** amari ab alqo.

**Besitzer** *m* possessor <-oris> *m.*

**Besitzergreifung** *f* possessio <-onis> *f.*

**besitzlos** *adj* inops <-opis>.

**Besitznahme** *f* possessio <-onis> *f* [**insulae**].

**Besitztum** *nt (Eigentum)* possessio <-onis> *f.*

**besoffen** *adj* ebrius.

**besolden** *vt* stipendium alci dare <dedi>, mercedem alci praebēre.

**Besoldung** *f (von Beamten)* salarium *nt; (von Soldaten)* stipendium *nt.*

**besonderer** *adj* ① *(eigenartig, außergewöhnlich)* praecipuus, singularis; **im Besonderen** praecipue, imprimis ② *(gesondert)* separatus.

**besonders** *adv* ① *(hauptsächlich, vor allem)* imprimis, praecipue, potissimum ② *(gesondert)* separatim ③ *(am meisten, sehr, überaus)* maxime; **~ gut/schlecht** optimus/pessimus.

**besonnen** *adj* consideratus, sanus, prudens <-entis> [**homo**; **consilium**].

**Besonnenheit** *f* sanitas <-tatis> *f.*

**besorgen** *vt* ① *(beschaffen)* prospicere [**frumentum**; **domicilium alci**] ② *(erledigen)* curare [**negotium**; **mandatum**].

**Besorgnis** *f* sollicitudo <-dinis> *f,* metus <-us> *m,* timor <-oris> *m,* cura *f;* **jmds ~ erregen** sollicitare alqm.

**besorgniserregend** *adj* metuendus, sollicitans <-antis>.

**besorgt** *adj* ① *(voller Sorge)* sollicitus, metuens <-entis> *(um, wegen:* gen) [**futuri**]; **~ sein** metuere *(um:* dat, de oder pro) ② *(fürsorglich)* providus + *gen* [**copiarum** um die Vorräte].

**bespitzeln** *vt* speculari [**novum captivum**].

**besprechen** *vt* ① disputare, disserere, colloqui *(etw:* de); **sich mit jdm über etw ~** colloqui cum alqo de re ② *(Buch, Theaterstück)* recensēre [**librum**; **fabulam**].

**Besprechung** *f* ① *(Unterredung)* colloquium *nt* ② *(Rezension)* censura *f* [**libri**; **fabulae**].

**bespritzen** *vt* aspergere, conspergere [**vestimentum aquā**; **aram sanguine**].

**besser** *adj* melior; **es ist ~** praestat, melius est; **jmd eines Besseren belehren** meliora alqm docēre; **~ wissen** rectius scire.

**bessern I.** *vt* emendare, corrigere [**mores civitatis**; **disciplinam castrorum**] **II.** *vr:* **sich ~** meliorem fieri.

**Besserung** *f* ① emendatio <-onis> *f,* correctio <-onis> *f* [**condicionis**] ② *(gesundheitlich)* restitutio <-onis> *f* valetudinis.

**Bestand** *m* ① *(Fortbestehen)* diuturnitas <-atis> *f,* status <-us> *m* [**rei publicae**; **mearum fortunarum**]; **~ haben, von ~ sein** valēre, diuturnum esse ② *(Lager~)* copia *f* ③ *(Kassen~)* summa *f,* pecunia *f* residua.

**beständig** *adj* ① *(ausdauernd, dauerhaft)* constans <-antis>, stabilis [**amicitia**; **amicus**; **sententia**; **imperium**] ② *(andauernd)* diuturnus, perpetuus, assiduus [**periculum**; **bella**].

**Beständigkeit** *f* constantia *f,* stabilitas <-atis> *f* [**amicitiae**; **fortunae**].

**Bestandsaufnahme** *f* (COM) inventarium *nt.*

**Bestandteil** *m* pars <partis> *f.*

**bestärken** *vt:* **jmd in seinem Glauben/in seiner Meinung ~** confirmare alcis fidem/alcis opinionem.

**bestätigen I.** *vt (für gültig erklären, als richtig erweisen)* confirmare [**decreta**; **nuntium**; **suspicionem**] **II.** *vr:* **sich ~** confirmari.

**Bestätigung** *f (Bekräftigung)* confirmatio <-onis> *f.*

**bestatten** *vt* humare, sepelire.

**Bestattung** *f* sepultura *f,* humatio <-onis> *f.*

**bestaunen** *vt* admirari.

**bestechen** *vt (mit Geld u. Ä.)* corrumpere [**testes**; **iudicem**; **senatores**]; **sich ~ lassen** corrumpi.

**bestechlich** *adj* venalis [**multitudo**; **milites**].

**Bestechlichkeit** *f* animus *m* venalis.

**Bestechung** *f* corruptio <-onis> *f,* corruptela *f* [**servi**; **custodis**].

**Besteck** *nt* instrumenta *nt pl* escaria.

**bestehen I.** *vt (Kampf, Probe)* sustinēre, subire [**periculum**]; *(Prüfung)* superare **II.** *vi (existieren)* consistere, esse; **aus etw ~** constare [*o* compositum esse] ex; **auf etw ~** perseverare (in + abl).

**bestehlen** *vt* furtum alci facere, alqm spoliare [**alqm argento**].

**besteigen** *vt* ascendere, conscendere [**murum**; **montem**; **currum**; **equum**].

**Besteigung** *f* ascensio <-onis> *f,* ascensus <-us> *m* [**montis**].

**bestellen** *vt* ① *(beschaffen lassen)* arcessere [**librum**; **merces**] ② *(jmd kommen lassen)* alqm arcessere, vocare, venire iubēre ③ *(ernennen)* constituere (mit dopp. akk) [**alqm regem**; **alqm vicarium**] ④ *(Grüße, Auftrag)* nuntiare [**salutem**] ⑤ *(reservieren lassen)* praeoccupare [**mensam in taberna**; **tesseram introitūs**; **cubiculum in deversorio**] ⑥ *(Acker)* colere [**agrum**] ⑦ **um ihn ist es gut/schlecht bestellt** bene/male se habet.

**Besteller(in** *f***)** *m* mandator <-oris> *m,* mandatrix <-icis> *f.*

**Bestellnummer** *f* numerus *m* mandati.

**Bestellschein** *m* scida *f* mandativa.

**Bestellung** *f (Auftrag)* mandatum *nt;* **eine ~ über etw aufgeben** arcessere alqd.

**bestens** *adv* optime.
**bester** *adj* optimus; **der erste Beste** quivis, quilibet, primus quisque; **jmd zum Besten haben** alqm ludibrio habēre; **etw zum Besten geben** alqd in medium conferre; **es steht nicht zum Besten** haud optime res cedunt; **gerade die Besten** optimus quisque.
**besteuern** *vt* tributum imponere + *dat* [**possessioni**; **reditui**].
**bestialisch** *adj* immanis [**caedes**].
**Bestie** *f (Tier u fig als Schimpfw.)* bestia *f.*
**bestimmen** *vt* ① *(festsetzen, anordnen)* statuere, constituere [**diem concilio**; **pretium**] ② *(vorsehen, ausersehen)* destinare [**pecuniam publico usui**; **alqm ad mortem**] ③ *(auswählen)* (d)eligere [**locum domicilio**] ④ *(ernennen)* designare, constituere (mit dopp. akk) [**alqm consulem**; **alqm regem**] ⑤ *(definieren)* definire ⑥ *(veranlassen)* adducere (ut / ne).
**bestimmt I.** *adj (festgesetzt)* constitutus, certus [**dies**]; *(ein bestimmter, auf etw Spezielles hinweisend)* definitus; *s. a.* **bestimmen II.** *adv* certo, certe.
**Bestimmtheit** *f (Entschiedenheit)* animi firmitas <-atis> *f;* **mit ~** firmiter, certo, certe; **mit ~ behaupten** pro certo affirmare; **mit ~ wissen** certo scire.
**Bestimmung** *f* ① *(Verordnung)* decretum *nt* ② *(Schicksal)* fortuna *f,* fatum *nt* ③ *(Festsetzung)* constitutio <-onis> *f* [**veri et falsi**; **limitum**].
**Bestimmungsland** *nt* terra *f* constituta.
**Bestimmungsort** *m* locus *m* constitutus.
**Bestleistung** *f* cumulus *m.*
**bestrafen** *vt* multare, punire [**alqm morte**; **facta alcis**]; **bestraft werden** poenas dare [*o* reddere] *(für etw:* gen, *von jdm:* alci).
**Bestrafung** *f* multatio <-onis> *f,* punitio <-onis> *f* [**furis**].
**bestrahlen** *vt* irradiare.
**Bestrahlung** *f* (MED) irradiatio <-onis> *f.*
**Bestreben** *nt* studium *nt,* opera *f;* **es ist mein ~, zu** studeo, ut.
**bestrebt** *adj:* **~ sein, etw zu tun** studēre (+ Inf.), operam dare, ut, id agere, ut.
**bestreichen** *vt* illinere, oblinere [**vulnus unguento**; **quadram melle**].
**bestreiten** *vt* ① *(abstreiten)* negare (+ akk; + A.C.I.) ② *(finanzieren)* sumptūs alcis rei suppeditare.
**bestreuen** *vt* conspergere, consternere [**carnem sale**].
**Bestseller** *m* liber <-bri> *m* plurimum [*o* maxime] divenditus.
**bestürmen** *vt* ① oppugnare [**oppidum**] ② *(fig)* urgēre [**alqm precibus**]; **jmd mit Fragen ~** alqm interrogando urgēre [*o* vexare].
**bestürzt** *adj* attonitus, consternatus, perturbatus *(über:* abl) [**nuntio**; **novitate ac miraculo**].
**Bestürzung** *f* consternatio <-onis> *f,* stupor <-oris> *m.*
**Bestzeit** *f* tempus <-poris> *nt* optimum.
**Besuch** *m* ① salutatio <-onis> *f;* **jdm einen ~ abstatten** visitare alqm ② *(Gast)* hospes <-pitis> *m/f.*
**besuchen** *vt* visitare, salutare, convenire; *(oft, regelmäßig)* frequentare; *(Gegenden, Orte, Lehrgang)* obire; **die Schule ~** scholam frequentare; **gut besucht** frequens <-entis> [**taberna**; **spectaculum**].
**Besucher(in** *f*) *m* hospes <-pitis> *m/f,* visitator <-oris> *m.*
**Besuchszeit** *f* tempus <-poris> *nt* salutationis.
**besudeln** *vt* inquinare [**alcis nomen**].
**betagt** *adj* senex <senis>, grandis natu, vetus <-teris>, vetustus.
**betasten** *vt* temptare, attrectare.
**betätigen I.** *vt* adhibēre; *(Hebel u. Ä.)* movēre **II.** *vr:* **sich ~** operam navare (in alqa re); **sich literarisch ~** in litteris operam navare.
**Betätigung** *f (Beschäftigung)* negotium *nt,* studium *nt,* opera *f.*
**Betätigungsfeld** *nt* campus *m* operandi.
**betäuben** *vt* ① *(jmd durch Schlag, Äther u. Ä.)* sopire [**regem ictu**] ② *(schmerzunempfindlich machen: einen Nerv u. Ä.)* torporem afferre (alci rei) ③ *(fig: jmd benommen machen, z. B. durch Lärm)* obtundere.
**Betäubung** *f* ① torpor <-poris> *m* ② (MED) anaesthesia *f.*
**Betäubungsmittel** *nt* narcoticum *nt.*
**beteiligen I.** *vt (teilhaben lassen)* participem facere *(an:* gen) [**praedae ac praemiorum**] **II.** *vr:* **sich ~** ① *(Teilhaber sein)* partem habēre *(an:* gen) [**lucri**; **impensae**] ② *(teilnehmen)* interesse *(an:* dat) [**ludis**; **convivio**].
**beteiligt** *adj* particeps <-cipis> *(an:* gen); **nicht ~** expers <-pertis> *(an:* gen).
**Beteiligung** *f* societas <-atis> *f* [**regni**; **lucri**].
**beten** *vi* orare, precari *(zu:* akk).
**beteuern** *vt* affirmare, confirmare [**innocentiam**].
**Beteuerung** *f* affirmatio <-onis> *f* [**innocentiae**].
**betiteln** *vt* inscribere [**librum**].
**Beton** *m* concretum *nt.*
**betonieren** *vt* concreto firmare.
**Betonung** *f* accentus <-us> *m.*
**Betracht** *m:* **in ~ kommen** spectari, respici, aliquo numero esse; **nicht in ~ kommen** nullo numero esse; **etw in ~ ziehen** alqd spectare, respicere.
**betrachten** *vt* considerare, contemplari, intueri; **jmd als etw ~** putare, aestimare (+ dopp.

B

akk).

**Betrachter**(**in** *f*) *m* contemplator <-oris> *m*, contemplatrix <-icis> *f*, spectator <-oris> *m*, spectatrix <-icis> *f*.

**beträchtlich** *adj* amplus, magnus, aliquantus.

**Betrachtung** *f (Anschauen; Erwägung)* consideratio <-onis> *f*, contemplatio <-onis> *f* [**siderum**; **rei publicae**]; **über etw ~en anstellen** considerare alqd.

**Betrag** *m* summa *f*.

**betragen I.** *vt* facere, efficere **II.** *vr:* **sich ~** se gerere [**bene**; **turpissime**].

**Betragen** *nt* mores <-rum> *m pl*.

**betrauen** *vt:* **jmd mit etw ~** alqm praeficere + *dat* [**bello gerendo**]; **mit etw betraut sein** praeesse + *dat*.

**betrauern** *vt* lugēre, maerēre [**interitum rei publicae**].

**betreffen** *vt* attinēre, pertinēre, spectare ad; **was mich betrifft** quod ad me pertinet.

**betreffs** *praep* quod attinet ad.

**betreiben** *vt (ausüben)* tractare, agitare, exercēre, colere + *akk* [**artem**; **studia**], **studēre** + *dat* [**litteris**; **agriculturae**].

**Betreiben** *nt:* **auf jmds ~** alqo auctore, alcis impulsu.

**betreten I.** *vt* intrare, inire, ingredi [**curiam**; **urbem**; **silvam**] **II.** *adj* perturbatus, obstupefactus, confusus.

**betreuen** *vt* curare + *akk*, consulere + *dat*.

**Betrieb** *m* ① *(Firma)* officina *f* ② *(lebhaftes Treiben)* frequentia *f*; **in der Stadt herrscht** [*o* **ist**] **viel ~** urbs magnā turbā frequentatur ③ *(das In-Funktion-Sein)*: **eine Maschine in ~ setzen** machinam impellere; **den ~ von etw einstellen** alqd intermittere; **etw wieder in ~ setzen, den ~ von etw wieder aufnehmen** alqd reparare, alqd (intermissum) recolere.

**Betriebsamkeit** *f* industria *f*.

**Betriebsleiter**(**in** *f*) *m* officinae dux <ducis> *m/f*, officinae rector <-oris> *m*.

**Betriebsleitung** *f* officinae moderatio <-onis> *f*.

**Betriebsrat** *m* ① *(Gremium)* consilium *nt* operarum ② *(Mensch)* consiliarius *m* operarum.

**Betriebssystem** *nt* (INFORM) systema <-atis> *nt* operatorium.

**Betriebsunfall** *m* casus <-us> *m* operarius.

**Betriebswirt** *m* oeconomus *m*.

**Betriebswirtschaft** *f* oeconomia *f* administrativa.

**betrinken** *vr:* **sich ~** ebrium fieri.

**betroffen** *adj (bestürzt)* perturbatus, obstupefactus, confusus.

**betrüben** *vt* affligere [**alqm nuntio**], **maerore afficere**.

**betrüblich** *adj* acerbus, tristis [**condicio**; **nuntius**; **tempora**; **epistula**; **eventus**].

**betrübt** *adj* maestus, tristis; **~ sein** dolēre.

**Betrug** *m* fraus <fraudis> *f*, dolus *m*, fallacia *f*.

**betrügen** *vt* (de)fraudare, fallere, decipere *(um etw:* abl) [**emptorem**; **alqm suo iure**].

**Betrüger** *m* fraudator <-oris> *m*.

**Betrügerei** *f* fraudatio <-onis> *f*.

**betrügerisch** *adj* fraudulentus, fallax <-acis>, dolosus; **in ~er Absicht** consilio fraudulento.

**betrunken** *adj* ebrius, vinolentus, potulentus.

**Bett** *nt* lectus *m*; **ins** [*o* **zu**] **~ gehen** cubitum ire, quieti se dare; **das ~ hüten** lecto teneri; **das ~ machen** lectum sternere.

**Bettbezug** *m* cooperimentum *nt*.

**Bettdecke** *f* lodix <-icis> *f*, opertorium *nt*.

**bettelarm** *adj* mendicus.

**betteln** *vi* mendicare *(bei jdm um etw:* alqd ab alqo).

**betten** *vr:* **sich ~: wie man sich bettet, so schläft man** ut sementem feceris, ita metes.

**bettlägerig** *adj* lecto affixus.

**Bettlaken** *nt* linteum *nt*.

**Bettler**(**in** *f*) *m* mendicus, -a *m, f*.

**Bettnässer** *m* submeiulus *m*.

**beugen I.** *vt (Körperteil)* flectere; **vom Alter gebeugt** senectute confectus **II.** *vr:* **sich ~** *(sich unterordnen, sich unterwerfen)* se dedere, se subicere [**patrum auctoritati**].

**Beule** *f* tuber <-eris> *nt*.

**beunruhigen** *vt* (per)turbare, sollicitare, vexare, exagitare.

**Beunruhigung** *f* sollicitudo <-dinis> *f*.

**beurlauben** *vt* alci commeatum dare <dedi>; **sich ~ lassen** commeatum petere; **beurlaubt sein** in commeatu esse.

**beurteilen** *vt* iudicare, aestimare *(nach etw:* abl oder ex) [**virtutem annis**; **hominem ex habitu**].

**Beurteilung** *f* iudicatio <-onis> *f*, aestimatio <-onis> *f*; *(Urteil)* iudicium *nt*.

**Beute** *f* praeda *f*; **~ machen** praedari; **auf ~ ausgehen** praedatum exire.

**beutegierig** *adj* praedae avidus [**milites**].

**Beutel** *m* saccu(lu)s *m*.

**bevölkern** *vt* ① *(bewohnen)* habitare (+ akk; in + abl) [**terram**]; **dicht bevölkert** frequens ② *(scharenweise besuchen, in großer Menge aufsuchen)* frequentare; **Touristen bevölkern die Lokale der Stadt** peregrini tabernas oppidi frequentant ③ *(mit Einwohnern besiedeln)* frequentare [**colonias**; **agros Italiae**; **insulam veteranis**].

**Bevölkerung** *f* incolae *m pl*, cives <-vium> *m pl*, incolarum [*o* civium] numerus *m*.

**Bevölkerungsdichte** *f* densitas <-atis> *f* demographica.

**Bevölkerungszunahme** *f* incrementum *nt* demographicum.

**bevollmächtigen** *vt* alci potestatem dare <dedi> [**imperandi**; **contionis habendae**]; **bevollmächtigt sein** mandata habēre.

**Bevollmächtigter** *m* cum auctoritate missus *m,* cum mandatis missus *m.*

**Bevollmächtigung** *f* potestas <-atis> *f* alqd faciendi.

**bevor** *kj* priusquam, antequam.

**bevormunden** *vt* imperio suo regere.

**bevorstehen** *vi* imminēre, impendēre, instare <institi>.

**bevorzugen** *vt* praeferre, anteferre, anteponere [**mortem servituti**; **pacem bello**].

**Bevorzugung** *f* favor <-oris> *m.*

**bewachen** *vt* custodire.

**Bewachung** *f* custodia *f* [**navium**; **arcis**].

**bewaffnen** *vt* armare [**se gladio, eloquentiā**].

**Bewaffnung** *f* arma *nt pl.*

**bewahren** *vt* (con)servare [**simulacra arasque**; **pacem**]; **jmd vor etw ~** alqm vindicare ab.

**bewähren** *vr:* **sich ~** se praebēre *(als : akk)* [**se fidum amicum**]; *(abs.)* se praestare <se praestiti>.

**bewahrheiten** *vr:* **sich ~** probari verum esse.

**bewährt** *adj* probatus.

**Bewährung** *f* (JUR) probatio <-onis> *f.*

**Bewährungsfrist** *f* (JUR) spatium *nt* probationis.

**bewaldet** *adj* silvestris [**collis**].

**bewältigen** *vt* *(Schwierigkeit)* superare, vincere; *(Arbeit)* conficere, absolvere; *(Strecke)* percurrere.

**bewandert** *adj* peritus, gnarus + *gen,* versatus, exercitatus (in + abl).

**Bewandtnis** *f:* **damit hat es folgende ~** res ita se habet.

**bewässern** *vt* (ir)rigare [**agros**].

**Bewässerung** *f* irrigatio <-onis> *f* [**agrorum**].

**bewegen I.** *vt* ❶ *(in Bewegung setzen)* (com)movēre; *(heftig)* agitare; *(mit Mühe)* moliri; **jmd ~, etw zu tun** (per)movēre [*o* adducere] alqm ad/ut ❷ *(fig: rühren)* (com)movēre **II.** *vr:* **sich ~** se (com)movēre, (com)moveri.

**Beweggrund** *m* causa *f (für:* gen).

**beweglich** *adj* mobilis [**turris**; **digiti**; **animus**].

**Beweglichkeit** *f* mobilitas <-atis> *f* [**turris**; **corporis**; **animi**].

**bewegt** *adj* ❶ *(Leben, Zeit, Jugend)* tumultuosus, perturbatus ❷ *(ergriffen)* (com)motus.

**Bewegung** *f* motus <-us> *m* [**corporis**; **animi**; **civicus**]; **etw in ~ setzen** alqd moliri; **sich in ~ setzen** procedere.

**bewegungslos** *adj* immotus, immobilis.

**Bewegungslosigkeit** *f* immobilitas <-atis> *f.*

**beweinen** *vt* deflēre.

**Beweis** *m* argumentum *nt,* testimonium *nt,* documentum *nt,* indicium *nt (von, für etw:* gen); **als** [*o* **zum**] **~ dienen** argumento [*o* indicio] esse; **den ~ für etw liefern** probare alqd.

**beweisen** *vt* ❶ probare [**suam innocentiam**] ❷ *(zeigen)* praestare <praestiti> [**fidem**; **benevolentiam**].

**Beweisführung** *f* argumentatio <-onis> *f,* probatio <-onis> *f.*

**Beweisgrund** *m* argumentum *nt.*

**Beweismittel** *nt* (JUR) argumentum *nt.*

**bewenden** *vi:* **es bei etw ~ lassen** in alqa re acquiescere.

**bewerben** *vr:* **sich ~ um** petere + *akk* [**praeturam**].

**Bewerber** *m* petitor <-oris> *m (um:* gen) [**praeturae** um das Amt des Prätors].

**Bewerbung** *f* petitio <-onis> *f (um :* gen) [**tribunatūs**; **regni**].

**Bewerbungsunterlagen** *pl* documenta *nt pl* petitionis.

**bewerkstelligen** *vt* perficere, efficere [**venditionem mercium invendibilium**].

**bewerten** *vt* aestimare (mit gen bzw. abl pretii als Angabe des Wertes; mit dopp. akk) [**alqd pluris / minoris / magno / minimo**; **alqd bonum**].

**Bewertung** *f* aestimatio <-onis> *f.*

**bewilligen** *vt* concedere; *(von Behörden)* decernere [**vectigalia**].

**Bewilligung** *f* concessio <-onis> *f* [**praemiorum**; **agrorum**].

**bewirken** *vt* efficere, perficere (alqd; mit ut, ne); **eine Veränderung der Verhältnisse ~** res mutare.

**bewirten** *vt* hospitio [*o* convivio *o* cenā] excipere [*o* accipere *o* recipere].

**bewirtschaften** *vt* ❶ *(Gut, Gaststätte)* administrare, dispensare [**rem familiarem**; **fundum**; **tabernam**] ❷ *(Acker)* colere [**agrum**].

**Bewirtschaftung** *f* ❶ *(eines Gutes, einer Gaststätte)* administratio <-onis> *f* [**fundi**; **tabernae**] ❷ *(von Grund und Boden)* cultura *f,* cultio <-onis> *f* [**agri**].

**Bewirtung** *f* hospitium *nt.*

**bewohnbar** *adj* habitabilis [**regiones**; **casa**; **ora**].

**bewohnen** *vt* habitare (+ akk; in + abl) [**casam**; **silvam**; **in urbe**].

**Bewohner(in** *f*) *m* incola *m/f* [**insulae**; **regionis**]; *(Haus~)* inquilinus, -a *m, f.*

**bewölkt** *adj* nubil(os)us [**caelum**].

**Bewölkung** *f* nubes <-bium> *f pl.*

**Bewunderer** *m* admirator <-oris> *m.*

**bewundern** *vt* admirari; **von jdm bewundert werden** admirationi esse alci.

**bewundernswert** *adj* admirabilis, admiratione dignus.

**Bewunderung** *f* admiratio <-onis> *f;* **~ erregen** admirationem habēre.

**bewusst** *adj (klaren Geistes, klar erkennend)* conscius + *gen; (im Bewusstsein vorhanden, bekannt)* notus, cognitus; *(absichtlich)* voluntarius [**mendacium**]; **sich einer Sache ~ sein** (sibi) conscium esse + *gen* [**sceleris**; **iniuriae**]; **sein Fehler wurde ihm ~** errorem suum cognovit.

**bewusstlos I.** *adj* sui [*o* mentis suae] non compos <-potis>, mente alienatus; **~ werden** a mente discedere, animo linqui **II.** *adv* sine mente, sine sensu [**collabi**].

**Bewusstlosigkeit** *f* animi defectio <-onis> *f.*

**Bewusstsein** *nt* conscientia *f,* sensus <-us> *m,* mens <mentis> *f,* animus *m;* **das ~ verlieren** a mente discedere, animo linqui; **bei vollem ~** mentis suae compos; **im ~ seines Unrechts** iniuriae suae conscius; **etw kommt mir zu(m) ~** cognosco alqd.

**bezahlen** *vt* solvere (*Geld, jmd: akk; eine Sache:* pro re) [**pretium**; **pecuniam debitam**; **creditorem**; **pro frumento**]; **bar ~** numerato solvere; **etw mit dem Leben ~** capite luere; **etw teuer ~** alqd magno emere; **etw zu teuer ~** alqd male emere.

**Bezahlung** *f* solutio <-onis> *f.*

**bezähmen** *vt (fig)* domare <domui>; cohibēre [**iracundiam**; **libidines**].

**bezaubern** *vt (fig)* capere, permulcēre, magna voluptate perfundere.

**bezaubernd** *adj* gratus [**carmen**; **loca**].

**bezeichnen** *vt* ❶ *(kennzeichnen, markieren)* notare, (de)signare [**loca diligenter**] ❷ *(benennen)* appellare, dicere (mit dopp. akk) [**alqm patrem**; **alqm victorem**].

**bezeichnend** *adj* insignis, significans <-antis>.

**Bezeichnung** *f* ❶ *(Kennzeichnung, Markierung)* notatio <-onis> *f* ❷ *(Zeichen)* signum *nt,* nota *f* ❸ *(Benennung, Ausdruck)* nomen <-minis> *nt,* significatio <-onis> *f.*

**bezeugen** *vt* alqd testari [**furtum alcis**]; testem esse (alcis rei; A.C.I.) [**sceleris**; **virtutis**].

**bezichtigen** *vt* arguere *(einer Sache:* gen; abl; de; A.C.I.; Inf.), incusare *(einer Sache:* gen; A.C.I.; quod) [**alqm necis**].

**beziehen** *vt* ❶ *(überziehen)* inducere [**scuta pellibus**] ❷ *(Wohnung, Haus)* (im)migrare (in + akk) [**in domicilium**; **in domum**]; **Winterquartiere ~** in hiberna concedere ❸ *(bekommen)* accipere [**diurnum**; **merces**]; **Einkünfte ~** reditūs habēre [**ex metallis**] ❹ *(fig)*: **~ auf** referre, revocare ad; **sich ~ auf** spectare, pertinēre, referri ad.

**Beziehung** *f* ❶ *(Hinsicht)* ratio <-onis> *f;* **in dieser ~** hac in re, hac ratione, hoc in genere; **in jeder ~** ex omni parte; **in gewisser/mancher ~** quodammodo ❷ *(Verhältnis zu jdm/zu etw; geschäftl., freundschaftliche Verbindung)* ratio <-onis> *f,* usus <-us> *m,* necessitudo <-dinis> *f;* **~ zu jdm aufnehmen** rationem contrahere cum alqo; **mit jdm in freundschaftlicher ~ stehen** alqo familiariter uti; **diplomatische ~en** rationes publicae.

**Bezirk** *m* regio <-onis> *f,* ager <agri> *m.*

**Bezug** *m* ❶ *(Überzug)* tegimentum *nt* [**subsellii**] ❷ *(Beziehung)* ratio <-onis> *f;* **in Bezug auf** quod attinet ad; **~ nehmen auf** rationem habēre + *gen* ❸ Bezüge *pl (Gehalt)* merces <-edis> *f.*

**bezüglich** *praep durch Umschreibung:* quod attinet ad.

**Bezugsperson** *f* persona *f* necessaria.

**bezwecken** *vt* spectare; **was bezweckst du mit deiner Frage?** quo spectat ista quaestio?.

**bezweifeln** *vt* dubitare (de; akk), alqd in dubium vocare.

**bezwingen** *vt* ❶ *(besiegen)* superare, vincere [**Britannos**] ❷ *(Gefühl, Leidenschaft)* domare <domui>, coërcēre, continēre, cohibēre [**libidines**; **iracundiam**].

**Bibel** *f* litterae *f pl* sacrae [*o* divinae], biblia *f.*

**Biber** *m* castor <-oris> *m,* fiber <-bri> *m.*

**Bibliothek** *f* bibliotheca *f.*

**Bibliothekar(in** *f*) *m* bibliothecarius, -a *m, f.*

**bieder** *adj* ❶ *(rechtschaffen, redlich)* probus, bonus, integer <-gra, -grum> ❷ *(pej)* simplex <-plicis>.

**biegen I.** *vt* flectere, curvare **II.** *vr:* **sich ~** flecti, curvari.

**biegsam** *adj* flexibilis, mollis [**lignum**; **ingenium**].

**Biegsamkeit** *f (Geschmeidigkeit)* mollitia *f.*

**Biegung** *f* flexio <-onis> *f,* flexus <-us> *m* [**viae**].

**Biene** *f* apis <-is> *f.*

**Bienenschwarm** *m* apium examen <-minis> *nt.*

**Bienenstock** *m* alv(e)arium *nt.*

**Bienenwabe** *f* favus *m.*

**Bienenzucht** *f* apium cultura *f,* apium cultus <-us> *m.*

**Bier** *nt* cervisia *f.*

**Biergarten** *m* hortus *m* cervisarius.

**Bierglas** *nt* hyalus *m* cervisarius.

**Bierkeller** *m (Lokal)* taberna *f* cervisaria.

**Bierkrug** *m* urceus *m* [*o* cantharus] *m* cervisarius.

**Bierzelt** *nt* tabernaculum *nt* cervisarium.

**Biest** *nt (pej: Tier, Mensch)* bestia *f.*

**bieten I.** *vt (anbieten)* praebēre, dare <dedi>, offerre [**occasionem**; **pecuniam**]; *(bei Versteigerung)* liceri *(auf etw:* akk); **sich etw ~ lassen** tolerare, pati; **sich alles ~ lassen** quidvis perpeti **II.** *vr:* **sich ~** *(bes. Gelegenheit)* offerri, dari.

**Bigamie** *f* bigamia *f.*

**Bilanz** *f* rationum summa *f,* compensatio

<-onis> *f;* **die ~ ziehen** rationem trahere.

**Bild** *nt (auch fig)* imago <-ginis> *f,* effigies <-ei> *f; (Gemälde)* pictura *f,* tabula *f; (Anblick)* aspectus <-us> *m;* **sich ein ~ machen von** cogitatione imaginem fingere + *gen.*

**bilden I.** *vt* ① *(gestalten, schaffen)* formare, fingere, facere, fabricari [**figuras**; **verba**] ② *(belehren, erziehen)* excolere, instituere, erudire ③ *(eine Institution, Regierung, Verein)* creare ④ *(zusammenstellen, einrichten)* instituere, efficere [**aciem**; **legiones**; **cohortes**] ⑤ *(gründen)* condere [**civitatem**] ⑥ *(darstellen, sein)* esse; **die Mitte ~** medium esse; **die Grenze ~** finem esse; **die Nachhut ~** agmen claudere **II.** *vr:* **sich ~** ① *(entstehen)* fieri, exsistere, oriri ② *(lernen)* discere, se excolere.

**Bilderbuch** *nt* liber <-bri> *m* pictus, liber *m* imaginibus ornatus.

**Bildhauer** *m* sculptor <-oris> *m,* fictor <-oris> *m.*

**Bildhauerei** *f* sculptura *f.*

**bildhübsch** *adj* pulcherrimus.

**bildlich I.** *adj:* **~er Ausdruck** translatio <-onis> *f* **II.** *adv* imagine/imaginibus, per imaginem/per imagines, translatione.

**Bildschirm** *m* (TV) album *nt* televisificum; *(von Computer)* album *nt* visificum.

**Bildschirmtext** *m* (INFORM) textus <-us> *m* televisificus.

**bildschön** *adj* pulcherrimus.

**Bildstörung** *f* (TV) interruptio <-onis> *f.*

**Bildung** *f* ① *(Ausbildung; Wissen)* eruditio <-onis> *f; (gutes Benehmen)* elegantia *f,* urbanitas <-tatis> *f; (Geistes- und Herzensbildung)* humanitas <-tatis> *f;* **ohne ~** illitteratus; **politische ~** eruditio politica; **eine vielseitige ~ erhalten** [*o* **genießen**] multis artibus erudiri; **ein Mann von ~** homo eruditus ② *(von Ausschuss, Regierung)* formatio <-onis> *f.*

**Bildungsreise** *f* peregrinatio <-onis> *f* institutoria.

**Bildungsurlaub** *m* commeatus <-us> *m* institutorius.

**Bildwörterbuch** *nt* vocabularium *nt* imaginibus ornatum, vocabularium *nt* pictum.

**Billard** *nt* ludus *m* trusatilis; **~ spielen** pilis eburneis ludere.

**Billardkugel** *f* globulus *m* eburneus, pila *f* eburnea.

**billig** *adj (konkr.: preiswert und fig pej)* vilis [**vestis**; **frumentum**; **excusatio**]; **~ kaufen** parvo emere.

**billigen** *vt* (ap)probare.

**Billigung** *f* (ap)probatio <-onis> *f;* **jmds ~ finden** ab alqo probari.

**Bimsstein** *m* pumex <-micis> *m;* **aus ~** pumiceus.

**Binde** *f* fascia *f; (Kopfbinde der Priester)* infula *f.*

**Bindegewebe** *nt* tela *f* coniunctiva.

**Bindeglied** *nt* coniunctivum *nt.*

**binden** *vt* ① *(an-, fest-, zusammen-, ver-, zubinden)* ligare [**fasciam circum caput**; **manus post tergum**] ② *(Blumen)* nectere ③ *(fig)* alligare, vincire, astringere, obstringere [**alqm foedere**].

**Bindestrich** *m* signum *nt* coniunctionis.

**Bindfaden** *m* linum *nt.*

**Bindung** *f* ① *(Verpflichtung)* officium *nt* ② *(Beziehung)* usus <-us> *m,* necessitudo <-dinis> *f.*

**binnen** *praep* intra + *akk;* **~ 20 Tagen** intra viginti dies.

**Binnenhafen** *m* portus <-us> *m* internus.

**Binnenhandel** *m* commercium *nt* internum.

**Binnenmeer** *nt* mare <-ris> *nt* internum.

**Binnenschifffahrt** *f* navigatio <-onis> *f* interna.

**Binse** *f* iuncus *m.*

**Biochemie** *f* biochemia *f.*

**Biograph** *m,* **Biograf** *m* biographus *m,* vitae (alcis) scriptor <-oris> *m.*

**Biographie** *f,* **Biografie** *f* vita *f,* biographia *f;* **jmds ~ schreiben** vitam alcis narrare.

**biographisch** *adj,* **biografisch** *adj* biographicus [**fabula**].

**Biologe** *m* biologus *m.*

**Biologie** *f* biologia *f.*

**biologisch** *adj* biologicus.

**Biotop** *nt* biotopium *nt.*

**Birke** *f* betul(l)a *f.*

**Birnbaum** *m* pirus *f.*

**Birne** *f* pirum *nt.*

**bis I.** *praep (zeitl., räuml.; auch: ~ zu, ~ nach)* ad, usque ad, usque in; **~ heute, ~ jetzt** adhuc; **~ hierher** hactenus; **~ in die Nacht** usque ad noctem; **~ auf** *(außer)* praeter + *akk* **II.** *adv (zw. zwei aufeinanderfolgenden Zahlen das Ungefähre ausdrückend)* -ve [**bis terve**] **III.** *kj (auch: ~ dass)* donec, quoad.

**Bischof** *m* episcopus *m.*

**bischöflich** *adj* episcopalis.

**bisher** *adv* adhuc.

**Biss** *m* morsus <-us> *m.*

**bisschen** *adv:* **ein ~** paululum [**pecuniae**; **morae**]; **kein ~** ne tantillum quidem; ne minimum quidem [**temporis**].

**Bissen** *m* offa *f;* **keinen ~ zu sich nehmen** cibo abstinēre.

**bissig** *adj (auch fig)* mordax <-acis> [**canis**; **dictum**].

**Bistum** *nt* episcopatus <-us> *m.*

**bisweilen** *adv* interdum, nonnumquam.

**bitte** *interj* quaeso.

**Bitte** *f* preces <-cum> *f pl,* rogatio <-onis> *f;* **jmds ~ erfüllen** satisfacere alci petenti; **auf jmds ~(n)** alqo rogante.

**bitten** *vt* rogare, orare *(um etw:* alqd) [**regem libertatem**; **multa deos**]; **inständig ~** obsecrare (ut, ne); **nachdrücklich ~** contendere (ab alqo ut, ne); **jmd zu Tisch ~** alqm ad cenam vocare.

**Bitten** *pl* preces <-cum> *f pl,* rogatio <-onis> *f;* **durch ~ erreichen** impetrare.

**bittend** *adj* supplex <-licis>.

**bitter** *adj (auch fig)* amarus, acerbus [**frigus**; **recordatio**; **verba**].

**bitterböse** *adj* pessimus, improbissimus.

**Bitterkeit** *f* amaritudo <-dinis> *f,* acerbitas <-tatis> *f.*

**bitterlich** *adv:* **~ weinen** singultare.

**Bittschrift** *f* libellus *m,* rogatio <-onis> *f.*

**Bittsteller(in** *f*) *m* supplex <-licis> *m/f.*

**blähen** *vr:* **sich ~** *(auch fig)* intumescere.

**Blähungen** *pl* inflatio <-onis> *f.*

**blamabel** *adj* ignominiosus, dedecorus [**status**; **clades**].

**Blamage** *f* ignominia *f,* dedecus <-coris> *nt.*

**blamieren I.** *vt* ignominiā alqm afficere, ignominiam alci inferre **II.** *vr:* **sich ~** in dedecus incurrere, dedecus concipere.

**blank** *adj* ❶ *(glänzend)* nitidus; nitens <-entis> [**caligae**]; **~ sein** nitēre; **~ putzen** nitidum reddere ❷ *(unbedeckt)* nudus [**mensa**] ❸ *(Unsinn, Neid)* inanis [**ineptiae**; **invidia**].

**Bläschen** *nt* (MED) pustula *f.*

**Blase** *f* ❶ *(Wasser~)* bulla *f* ❷ *(von zu engen Schuhen, vom Arbeiten)* pustula *f* ❸ *(Harn~)* vesica *f.*

**Blasebalg** *m* follis <-is> *m.*

**blasen** *vt (von Wind, von der Flöte, von Personen)* flare; **auf der Flöte ~** tibiā canere; **zum Rückzug ~** receptui canere; **zum Angriff ~** signa concinere.

**Blasen** *nt (Wehen)* flatus <-us> *m* [**venti**].

**Blasenstein** *m* vesicae calculus *m.*

**Bläser** *m* (MUS) aeneator <-oris> *m.*

**blasiert** *adj* superbus, arrogans <-antis>.

**Blasinstrument** *nt* instrumentum *nt* inflatile.

**Blaskapelle** *f* aeneatores <-rum> *m pl.*

**Blasphemie** *f* blasphemia *f.*

**blass** *adj* ❶ pallidus; **~ sein** pallēre; **~ werden** pallescere ❷ *(von Rede u. Ä.)* inanis [**oratio**; **descriptio**; **spes**].

**Blässe** *f* pallor <-oris> *m.*

**Blatt** *nt* ❶ *(von Pflanzen)* folium *nt* ❷ *(~ Papier, Seite)* pagina *f;* **das ~ hat sich gewendet** versa sunt omnia; **kein ~ vor den Mund nehmen** libero ore loqui.

**blättern** *vi:* **in einem Buch ~** paginas libri versare.

**blau** *adj* caeruleus; **~er Fleck** livor <-oris> *m;* **mit einem ~en Auge davonkommen** ambustum evadere; **ins Blaue hinein** temere.

**blauäugig** *adj* ❶ oculis caeruleis [**puella**] ❷ *(fig: naiv, vertrauensselig)* credulus.

**blaugrau** *adj* caesius [**oculi**].

**Blech** *nt* lamina *f.*

**Blechbüchse** *f,* **-dose** *f* theca *f* ferrea, pyxis <-idis> *f* ferrea.

**Blei** *nt* plumbum *nt;* **aus ~** plumbeus.

**Bleibe** *f (Unterkunft)* hospitium *nt;* **keine ~ haben** sine hospitio esse.

**bleiben** *vi* manēre [**domi**; **ad exercitum**; **in patria**]; **~ lassen** relinquere; **stehen ~** consistere; **bei etw ~** *(Einstellung nicht ändern)* (per)manēre (in + abl) [**in sua pristina sententia**; **in amicitia**]; **es bleibt dabei** fixum [*o* ratum] est; **übrig ~** reliquum esse, superesse.

**bleibend** *adj* diuturnus, perpetuus [**pretium** Wert].

**bleich** *adj (blass)* pallidus; **~ sein** pallēre; **~ werden** pallescere.

**bleiern** *adj* plumbeus.

**bleifrei** *adj* sine plumbo [**bencinum**].

**bleihaltig** *adj* plumbifer <-fera, -ferum> [**bencinum**].

**Bleistift** *m* plumbum *nt,* stilus *m.*

**Bleistiftspitzer** *m* instrumentum *nt* cuspidarium [*o* acuminarium], cuspidamentum *nt* plumborum.

**Blende** *f* (FOT) diaphragma <-matis> *nt,* umbraculum *nt.*

**blenden** *vt* ❶ *(blind machen)* oculis privare ❷ *(vorübergehend durch Licht)* occaecare ❸ *(täuschen)* decipere.

**blendend** *adj (fig: wunderbar)* splendidus, speciosus; **~ weiß** candidus, niveus [**vestis**; **dentes**; **lintea**].

**Blendwerk** *nt* praestigiae *f pl.*

**Blick** *m* ❶ aspectus <-us> *m,* conspectus <-us> *m;* **auf den ersten ~** primo aspectu; **mit einem ~** uno aspectu; **den Blick richten auf** aspicere + *akk* ❷ *(Aussicht)* prospectus <-us> *m (auf:* gen) [**maris**] ❸ *(Urteilsfähigkeit)* iudicium *nt.*

**blicken** *vi* spectare *(auf, nach:* akk; in + akk); **sich ~ lassen** apparēre.

**blind** *adj (auch fig)* caecus; **~er Gehorsam** oboedientia *f* caeca; **~er Zufall** temeritas <-atis> *f* atque casus <-us> *m*; **für etw ~ sein** non vidēre alqd; **~er Passagier** vector <-oris> *m* clandestinus.

**Blinddarm** *m* intestinum *nt* caecum, appendix <-icis> *f* intestinorum.

**Blinddarmentzündung** *f* appendicitis <-tidis> *f.*

**Blindenschrift** *f* scriptura *f* caecorum.

**Blindheit** *f* caecitas <-atis> *f.*

**blindlings** *adv* temere.

**Blindschleiche** *f* caecilia *f,* caecula *f.*

**blinken** *vi* ❶ *(Steine, Metall, Sterne)* nitēre,

fulgēre, micare <micui> ② *(Richtung anzeigen)* directionem monstrare.

**Blinker** *m (beim Auto)* index <-dicis> *m* coruscus.

**Blinklicht** *nt (beim Auto)* lumen <-minis> *nt* intermittens.

**blinzeln** *vi* nictare.

**Blitz** *m* fulmen <-minis> *nt,* fulgur <-guris> *nt;* **vom ~ getroffen werden** fulmine ici [*o* percuti]; **wie vom ~ getroffen** attonitus; **der ~ hat dort eingeschlagen** fulmen ibi cecidit; **wie der ~** fulminis more.

**Blitzableiter** *m* apagogus *m* fulminum.

**blitzartig** *adv* fulminis more.

**blitzblank** *adj* nitidus, nitens <-entis>.

**blitzen** *vi* ① *(bei Unwetter)* fulminare, fulgurare, fulgēre ② *(funkeln)* fulgēre, micare <micui>.

**Blitzen** *nt (bei Unwetter)* fulminatio <-onis> *f,* fulguratio <-onis> *f.*

**Blitzlicht** *nt* (FOT) fulgur <-guris> *nt* photographicum.

**Blitzschlag** *m* fulminis ictus <-us> *m,* fulmen <-minis> *nt,* fulgur <-guris> *nt.*

**blitzschnell I.** *adj* rapidus, celerrimus **II.** *adv* celerrime.

**Block** *m* ① *(Holz~, Stein~)* truncus *m* [**arboris**; **lapidis**] ② *(Notiz~, Zeichen~)* libellus *m* ③ *(Häuser~)* insula *f.*

**Blockade** *f* obsidio <-onis> *f,* obsessio <-onis> *f;* **eine ~ verhängen über** obsidione claudere + *akk;* **die ~ aufheben** de obsidione remittere.

**Blockflöte** *f* tibia *f,* monaulus *m.*

**Blockhaus** *nt* casa *f* lignea.

**blockieren** *vt (sperren)* obsidēre, claudere [**omnes aditūs**; **vias**].

**Blockschrift** *f* scriptura *f* quadrata.

**blöd** *adj* ① *(dumm, töricht)* stupidus, stultus [**quaestio**] ② *(ärgerlich, unangenehm)* incommodus [**condicio**].

**Blödsinn** *m* ineptiae *f pl.*

**blödsinnig** *adj* stupidus, stultus.

**blöken** *vi (von Schafen)* balare; *(von Rindern)* mugire.

**Blöken** *nt (der Schafe)* balatus <-us> *m; (der Rinder)* mugitus <-us> *m.*

**blond** *adj* flavus.

**bloß I.** *adj* ① *(nackt, unbedeckt)* nudus ② *(weiter nichts als)* merus, nudus [**sermo**] ③ *(allein schon, an und für sich)* ipse / ipsa / ipsum; **der ~e Name** nomen ipsum; **beim ~en Anblick** ipso aspectu **II.** *adv (nur)* solum, modo.

**Blöße** *f:* **sich eine ~ geben** latus praebēre [*o* dare] alci.

**bloßstellen** *vt* alcis famam laedere.

**blühen** *vi* ① florēre ② *(fig)* vigēre, florēre; **wer weiß, was dir noch blüht!** quis scit, quomodo tibi res se habet!.

**blühend** *adj (auch fig)* florens <-entis>, floridus; **~e Gesundheit** valetudo <-dinis> *f* integra; **im ~en Alter stehen** aetate florere.

**Blume** *f* flos <floris> *m;* **etw durch die ~ sagen** obscure dicere alqd.

**Blumenkohl** *m* caulis <-is> *m* floridus.

**Blumenstrauß** *m* fasciculus *m* florum.

**Blumentopf** *m* testa *f* floralis.

**Blumenvase** *f* vas <vasis> *nt* florale.

**blumig** *adj (fig)* floridus [**genus** Stil].

**Bluse** *f* pelusia *f.*

**Blut** *nt* sanguis <-inis> *m; (vergossenes ~)* cruor <-oris> *m;* **böses ~ machen** odium creare.

**Blutbad** *nt* caedes <-dis> *f.*

**blutbefleckt** *adj* cruentus [**gladius**].

**Blutdruck** *m* pressio <-onis> *f* sanguinis.

**Blüte** *f (auch fig)* flos <floris> *m* [**Graeciae**]; **in der ~ stehen** *(auch fig)* florēre.

**Blutegel** *m* hirudo <-dinis> *f.*

**bluten** *vi* sanguinem (ef)fundere; **die Wunde blutet** sanguis manat e vulnere; **mir blutet das Herz** gravissime doleo.

**Blütenstaub** *m* pollen <pollinis> *nt.*

**Bluter** *m* (MED) haemophilis <-is> *m.*

**Bluterguss** *m* sanguinis eruptio <-onis> *f.*

**Blutfleck** *m* macula *f* sanguinea.

**Blutgruppe** *f* genus <-neris> *nt* sanguinis.

**blutig** *adj* sanguineus, cruentus [**gladius**; **bellum**; **victoria**].

**blutjung** *adj* (per)adulescentulus.

**blutleer** *adj* exsanguis.

**Blutprobe** *f* (MED) proba *f* sanguinis.

**Blutrache** *f* ultio <-onis> *f* necis.

**blutrot** *adj* sanguineus.

**blutrünstig** *adj* cruentus [**tyrannus**; **fabulae**].

**Blutsauger** *m (fig)* hirudo <-dinis> *f.*

**Blutschande** *f* incestum *nt,* incestus <-us> *m.*

**Blutspender** *m* sanguinis donator <-oris> *m,* sanguinis dator <-oris> *m.*

**Blutstropfen** *m* cruoris gutta *f.*

**blutsverwandt** *adj* consanguineus.

**Blutsverwandtschaft** *f* consanguinitas <-atis> *f.*

**Bluttat** *f* caedes <-dis> *f.*

**Blutübertragung** *f* transfusio <-onis> *f* sanguinis.

**Blutung** *f* sanguinis profluvium *nt.*

**Blutvergießen** *nt* cruenta *nt pl* [**supervacanea**].

**Blutvergiftung** *f* sepsis <-is> *f,* septicemia *f.*

**Bob** *m* (SPORT) sclodia *f* gubernabilis.

**Bock** *m* ① *(Ziegen~)* hircus *m,* caper <-pri> *m; (Schaf~)* aries <-etis> *m* ② *(Kutsch~)* sedes <-dis> *f* aurigae ③ *(Turngerät)* capra *f* ④ *(Fehler)* vitium *nt,* peccatum *nt;* **einen ~ schießen** peccare, labi.

**Boden** *m* ① *(Erde)* solum *nt,* humus *f,* tellus <-uris> *f;* **auf dem ~ / auf den ~ / zu ~** humi [**iacēre**; **se abicere**]; **vom ~** humo; **zu ~ stürzen** corruere ② *(Meeres~, Fass~)* fundus *m* ③ *(Speicher)* horreum *nt,* tabulatum *nt* ④ *(fig: Grundlage)* fundamentum *nt.*

**bodenlos** *adj (fig)* summus [**impudentia**].

**Bodenschätze** *pl* metalla *nt pl.*

**Bodensee** *m* lacus <-us> *m* Brigantinus.

**Bogen** *m* ① *(Biegung)* flexus <-us> *m* [**viae**]; **einen ~ nach links machen** se flectere sinistrorsum ② (ARCHIT; *auch Waffe)* arcus <-us> *m;* **den ~ spannen** arcum tendere ③ *(Papier)* pagina *f,* plagula *f.*

**bogenförmig** *adj* arcuatus.

**Bogenschütze** *m* sagittarius *m.*

**Bohne** *f* faba *f.*

**bohren** *vt* forare, terebrare [**lignum**; **foramen**]; *(Brunnen)* fodere.

**Bohrer** *m* terebra *f,* machina *f* foratoria; *(von Zahnarzt)* machina *f* dentalis.

**Bohrmaschine** *f* terebra *f,* machina *f* foratoria.

**Boje** *f* (NAUT) signum *nt* monitorium.

**Bollwerk** *nt (auch fig)* munimentum *nt,* propugnaculum *nt.*

**bombardieren** *vt* telis aggredi.

**Bombardierung** *f* telorum coniectio <-onis> *f.*

**Bombe** *f* globus *m* incendiarius.

**Bombenangriff** *m* telorum coniectio <-onis> *f.*

**Bombenerfolg** *m* successus <-us> *m* prosperus.

**Bonbon** *nt/m* dulciolum *nt.*

**Bonn** *nt* Bonna *f.*

**Bonus** *m* (COM) praemium *nt.*

**Boot** *nt* navicula *f,* navigium *nt;* **im gleichen ~ sitzen** in eadem esse navi.

**Bord I.** *nt (Bücherbrett)* pluteus *m,* repositorium *nt* **II.** *m (Schiffsrand)* latus <-teris> *nt;* **an ~ gehen** navem conscendere; **an ~ nehmen** in navem imponere; **über ~ werfen** iacturam facere (alcis rei).

**Bordell** *nt* lupanar <-naris> *nt.*

**borgen** *vt (verleihen)* commodare, mutuum dare <dedi> alci alqd; **sich etw ~** mutuum sumere alqd (ab alqo).

**Borke** *f* cortex <-ticis> *m.*

**borniert** *adj (engstirnig)* angustus.

**Börse** *f* ① (FIN) bursa *f,* forum *nt* argentarium ② *(Geldbeutel)* sacculus *m.*

**Borste** *f* saeta *f.*

**Borte** *f* limbus *m.*

**bösartig** *adj* ① *(böswillig)* malignus, maleficus ② (MED) malus [**tumor**].

**Bösartigkeit** *f (Bosheit)* malitia *f,* malignitas <-tatis> *f.*

**Böschung** *f* clivus *m,* acclivitas <-atis> *f.*

**böse** *adj* malus, improbus [**homo**; **facinus**]; **auf jmd ~ sein** alci irasci, alci iratum esse.

**Bösewicht** *m* improbus *m.*

**boshaft** *adj* improbus, malignus, malitiosus.

**Bosheit** *f* malitia *f,* malignitas <-tatis> *f.*

**böswillig** *adj* malevolus, malignus.

**Botanik** *f* herbarum scientia *f,* ars <artis> *f* herbaria.

**Botaniker(in** *f*) *m* herbarius *m.*

**botanisch** *adj* botanicus; **~er Garten** herbarium *nt.*

**Bote** *m* nuntius *m; (Laufbursche)* tabellarius *m.*

**Botin** *f* nuntia *f.*

**Botschaft** *f (Nachricht)* nuntius *m;* **eine ~ bringen** nuntium (af)ferre.

**Botschafter** *m* legatus *m.*

**Bottich** *m* cupa *f.*

**Bouillon** *f* ius <iuris> *nt* carnium.

**Boutique** *f* tabernula *f.*

**Bowle** *f* ① *(Getränk)* vinum *nt* conditum [*o* mixtum] ② *(Gefäß)* cratera *f,* crater <-eris> *m.*

**boxen** *vi* pugnis certare, pugilari.

**Boxer** *m* pugil <-ilis> *m.*

**Boxkampf** *m* pugilatus <-us> *m.*

**Brachfeld** *nt* novalis <-is> *f,* novale <-lis> *nt.*

**brachliegen** *vi* ① *(Feld)* cessare, quiescere ② *(fig)* neglectum esse.

**Branche** *f* genus <-neris> *nt* muneris.

**Brand** *m* incendium *nt;* **etw in ~ setzen** [*o* **stecken**] incendere, inflammare alqd; **in ~ geraten** ignem concipere, flammis comprehendi; **in ~ stehen** ardēre.

**branden** *vi* aestuare.

**Brandmal** *nt* ① stigma <-atis> *nt* ② *(fig)* macula *f.*

**brandmarken** *vt* ① *(Tiere)* notam inurere + *dat* [**vitulo**] ② *(fig)* alci ignominiam [*o* infamiam] inurere.

**Brandschaden** *m* incendii damnum *nt,* incendii calamitas <-atis> *f.*

**Brandstifter(in** *f*) *m* incendiarius, -a *m, f.*

**Brandstiftung** *f* incendium *nt* dolosum.

**Brandung** *f* aestus <-us> *m.*

**Branntwein** *m* vinum *nt* adustum.

**braten I.** *vt* assare, torrēre [**carnem**] **II.** *vi* assari, torreri.

**Braten** *m* assum *nt.*

**Brathähnchen** *nt,* **Brathuhn** *nt* pullus *m* assus.

**Bratkartoffeln** *pl* poma *nt pl* terrestria assa.

**Bratpfanne** *f* frixorium *nt,* sartago <-ginis> *f.*

**Bratrost** *m* craticula *f.*

**Bratsche** *f* viola *f* alta.

**Bratspieß** *m* veru <-us> *nt,* cuspis <-idis> *f.*

**Bratwurst** *f* tomac(u)lum *nt.*

**Brauch** *m* consuetudo <-dinis> *f,* mos <moris> *m;* **es herrscht der ~** mos est *(bei:* gen) [**Graecorum**].

**brauchbar** *adj* utilis [**indicium** Hinweis; **consilium**].

**brauchen** *vt* ① *(nötig haben)* egēre, indigēre + *abl oder gen;* alci opus est + *abl oder gen*

[**auxilio**; **pecuniā**; **medici**; **consilii**]; **man braucht** opus est (+ abl oder gen; Inf.) ❷ *(verwenden)* uti + *abl.*
**Braue** *f* supercilium *nt.*
**brauen** *vt* cervisiam coquere.
**Brauerei** *f* fabrica *f* cervisiae.
**braun** *adj* fuscus; *(braun gebrannt)* coloratus.
**bräunen** *vt* (in)fuscare.
**bräunlich** *adj* suffuscus.
**Brause** *f* ❶ *(Dusche)* tubulus *m* mammatus ❷ *(Getränk)* limonata *f.*
**brausen** *vi* ❶ *(Meer)* aestuare, saevire, strepere; *(Wind)* saevire, strepere ❷ **~der Beifall** maximus plausus.
**Brausen** *nt (des Meeres)* aestus <-us> *m,* strepitus <-us> *m.*
**Brausepulver** *nt* pulvis <-veris> *m* aerophorus.
**Brausetablette** *f* pastillus *m* aerophorus.
**Braut** *f* sponsa *f.*
**Braut-** nuptialis.
**Bräutigam** *m* sponsus *m.*
**Brautkleid** *nt* vestis <-is> *f* nuptialis.
**Brautpaar** *nt* sponsus et sponsa.
**brav** *adj (artig)* probus, oboediens <-entis>.
**bravo** *interj* macte!.
**Brecheisen** *nt* vectis <-is> *m.*
**brechen I.** *vt* ❶ *(zer~)* frangere, rumpere ❷ *(fig: verletzen)* frangere, rumpere, violare [**foedus**]; **sein Wort ~** fidem frangere [*o* rumpere *o* violare]; **jdm das Herz ~** acerbissimo dolore afficere alqm; **die Ehe ~** adulterium committere **II.** *vi* ❶ *(zer~)* frangi, rumpi ❷ *(sich übergeben)* vomere.
**Brechreiz** *m* nausea *f.*
**Brei** *m* puls <pultis> *f.*
**breit** *adj* latus; **weit und ~** longe lateque; **die ~e Masse der Bevölkerung** magna pars civium.
**Breite** *f* latitudo <-dinis> *f;* **in die ~ gehen** in latitudinem se effundere.
**Breitengrad** *m* gradus <-us> *m* latitudinis.
**breittreten** *vt (fig)* iactare.
**Bremse** *f* ❶ *(am Fahrzeug)* frenum *nt* ❷ *(Insekt)* oestrus *m,* tabanus *m.*
**bremsen** *vt* frenare.
**Bremslicht** *nt* lux <lucis> *f* frenaria.
**Bremspedal** *nt* pedale <-lis> *nt* frenarium.
**Bremsspur** *f* vestigium *nt* frenarium.
**Bremsweg** *m* spatium *nt* frenarium.
**brennbar** *adj* facilis ad exardescendum.
**brennen I.** *vi* ardēre, flagrare **II.** *vt* urere; *(Kalk, Ziegel, Ton)* coquere.
**Brennnessel** *f* urtica *f.*
**Brennmaterial** *nt* alimenta *nt pl* ignis [*o* flammae].
**Brennpunkt** *m* focus *m.*
**Brennspiritus** *m* spiritus <-us> *m* flammificus.
**Brennstoff** *m* alimenta *nt pl* ignis [*o* flammae].
**brenzlig** *adj (fig)* dubius.
**Brett** *nt* tabula *f;* **bei jdm einen Stein im ~ haben** gratiā alcis florēre.
**Brezel** *f* spira *f,* bracellus *m.*
**Brief** *m* epistula *f,* litterae *f pl;* **jdm einen ~ schreiben** litteras dare ad alqm; **~ und Siegel auf etw geben** pro certo affirmare alqd.
**Briefbombe** *f* globus *m* incendiarius epistularis.
**Brieffreund(in** *f*) *m* amicus *m* epistularis, amica *f* epistularis.
**Brieffreundschaft** *f* amicitia *f* epistularis.
**Briefgeheimnis** *nt* secretum *nt* litterarum.
**Briefkasten** *m* receptaculum *nt* epistularum.
**brieflich** *adv* litteris.
**Briefmarke** *f* pittacium *nt* epistulare.
**Briefmarkensammler(in** *f*) *m* philatelista *m,* philatelistria *f.*
**Briefpapier** *nt* charta *f* epistularis.
**Brieftasche** *f* foliotheca *f.*
**Brieftaube** *f* columba *f* internuntia.
**Briefträger(in** *f*) *m* tabellarius, -a *m, f.*
**Briefumschlag** *m* involucrum *nt* epistulare.
**Briefwechsel** *m* commercium *nt* epistularum; **mit jdm in ~ stehen** cum alqo per epistulas colloqui.
**brillant** *adj* eximius, insignis, excellens <-entis>.
**Brillant** *m* gemma *f* pretiosissima.
**Brille** *f* conspicillum *nt,* vitra *nt pl* ocularia.
**Brillenetui** *nt* theca *f* ocularia.
**bringen** *vt* (ap)portare, (af)ferre; *(Nachricht)* referre [**nuntium ad consulem**]; *(Theat., Film)* dare <dedi>, edere; **es dahin ~, dass** efficere [*o* perficere] ut; **es weit ~** multum efficere; **jmd nach Hause ~** alqm domum ducere; **jmd um etw ~** alci alqd auferre, alqm alqa re privare; *(fig)* alqm alqa re fraudare [**voluptate**]; **etw an sich ~** acquirere alqd, potiri + *abl oder gen;* **jmd aus der Fassung ~** animum alcis perturbare; **Unglück ~** calamitatem afferre; **jmd vor Gericht ~** alqm in ius vocare [*o* trahere].
**Brise** *f* aura *f.*
**Britannien** *nt* Britannia *f.*
**bröckeln** *vi* friari.
**Brocken** *m* fragmentum *nt* [**saxi**]; *(Bissen)* frustum *nt* [**panis**].
**brodeln** *vi (fig)* ardēre.
**Brokat** *m (Gold~)* textile <-lis> *nt* aureum; *(Silber~)* textile *nt* argenteum.
**Brokkoli** *pl* brassica *f* Italica.
**Brombeere** *f* rubus *m.*
**Brombeerstrauch** *m* rubus *m.*
**Bronchitis** *f* bronchitis <-tidis> *f.*
**Bronze** *f* aes <aeris> *nt;* **aus ~** ex aere factus, aënëus, aeratus.
**Bronzemedaille** *f* nomisma <-atis> *nt* aereum.
**bronzen** *adj* aënëus, aereus, aeratus.
**Bronzezeit** *f* aetas <-atis> *f* aënea, aetas *f* aerea.

**Brosche** *f* fibula *f.*
**Broschüre** *f* libellus *m.*
**Brot** *nt* panis <-is> *m;* **ein Stück ~** quadra *f* panis; **sein ~ verdienen** parare ea, quae ad victum suppeditant.
**Brötchen** *nt* panicellus *m.*
**brotlos** *adj (Mensch)* victu carens <-entis>; *(Arbeit)* non fructuosus; **jmd ~ machen** alqm ad famem reicere; **eine ~e Kunst** ars ingrata.
**Bruch** *m* ❶ *(Knochen~)* fractura *f* [**bracchii**] ❷ *(fig: Zerwürfnis, Spaltung)* discidium *nt.*
**Bruchbude** *f* tugurium *nt,* casa *f* fatiscens.
**brüchig** *adj* fragilis.
**Bruchstrich** *m* (MATH) signum *nt* numeri fracti.
**Bruchstück** *nt* fragmentum *nt.*
**bruchstückhaft** *adj (fragmentarisch)* truncus, fragmentarius [**descriptio**].
**Bruchteil** *m* pars <partis> *f.*
**Brücke** *f* ❶ pons <pontis> *m* [**Tiberis**]; **eine ~ über den Fluss schlagen** pontem in flumine facere; **eine ~ abbrechen** pontem rescindere; **alle ~n hinter sich abbrechen** *(fig)* omnes pontes a tergo interscindere ❷ *(Zahn~)* dentium iugum *nt.*
**Bruder** *m* frater <-tris> *m.*
**Bruder-** fraternus.
**brüderlich** *adj* fraternus.
**Brudermörder** *m* fratricida *m.*
**Brüderschaft** *f* familiaritas <-tatis> *f,* amicitia *f;* **mit jdm ~ schließen** amicitiam contrahere cum alqo.
**Brühe** *f* ius <iuris> *nt.*
**brüllen** *vt (Mensch)* clamare; *(Tier)* mugire.
**Brüllen** *nt (von Menschen)* clamor <-oris> *m; (von Tieren)* mugitus <-us> *m.*
**brummen** *vt* fremere.
**Brummen** *nt* fremitus <-us> *m.*
**brummig** *adj* morosus [**inspector** Schaffner].
**brünett** *adj* suffuscus.
**Brunnen** *m* puteus *m.*
**Brunnenrand** *m* puteal <-alis> *nt.*
**Brunnenwasser** *nt* aqua *f* putealis.
**brüsk** *adj* asper <-era, -erum>.
**brüskieren** *vt* percutere.
**Brust** *f* pectus <-toris> *nt; (Busen)* mamma *f,* sinus <-us> *m; (Mutter~)* uber <-eris> *nt;* **die ~ geben** ubera dare [*o* praebēre]; **ein Kind an die ~ drücken** infantem complecti.
**Brustbeutel** *m* crumina *f.*
**brüsten** *vr:* **sich ~** iactare *(mit etw:* alqd), gloriari *(mit etw:* de).
**Brustschwimmen** *nt* natatio <-onis> *f* prona.
**Brüstung** *f* crepido <-dinis> *f.*
**Brustwarze** *f* papilla *f.*
**Brut** *f (von Tieren, auch pej von Menschen)* suboles <-lis> *f,* progenies <-ei> *f.*
**brutal** *adj* immanis.
**Brutalität** *f* immanitas <-tatis> *f.*
**brüten** *vi* ❶ ovis [*o* nido] incubare <incubui> ❷ *(fig)*: **über etw ~** volutare, volvere [**alqd** (**in**) **animo, in pectore**].
**Brutkasten** *m* incubationis cellula *f.*
**brutto** *adv* brute, totaliter.
**Bruttoeinkommen** *nt* reditus <-us> *m* totalis, reditus *m* totus.
**Bruttogewicht** *nt* pondus <-deris> *nt* totale, pondus *nt* totum.
**Bub** *m* puer <-eri> *m.*
**Buch** *nt* liber <-bri> *m;* **~ führen** tabulas conficere; **ein Lehrer wie er im ~e steht** imago magistri.
**Buchbinder** *m* glutinator <-oris> *m.*
**Buchdrucker** *m* typographus *m.*
**Buche** *f* fagus *f.*
**buchen** *vt* (in tabulas) referre.
**Bücherbrett** *nt* loculamentum *nt,* pegma <-atis> *nt.*
**Bücherei** *f* bibliotheca *f.*
**Bücherregal** *nt* loculamentum *nt,* pegma <-atis> *nt.*
**Bücherschrank** *m* armarium *nt* librorum, bibliotheca *f.*
**Bücherverbrennung** *f (im Dritten Reich)* incensio <-onis> *f* librorum.
**Buchführung** *f* ratio <-onis> *f* conficienda.
**Buchhalter(in** *f*) *m* ratiocinator <-oris> *m,* tabularius, -a *m, f.*
**Buchhaltung** *f* ratio <-onis> *f* conficienda.
**Buchhandel** *m* mercatura *f* libraria.
**Buchhändler(in** *f*) *m* bibliopola *m,* librarius, -a *m, f.*
**Buchhandlung** *f* taberna *f* libraria, bibliopolium *nt.*
**Buchmesse** *f* mercatus <-us> *m* librarius.
**Buchsbaum** *m* buxus *f.*
**Büchse** *f* ❶ theca *f,* pyxis <-idis> *f* ❷ *(Gewehr)* bombarda *f.*
**Büchsenmilch** *f* lac <lactis> *nt* condensatum.
**Büchsenöffner** *m* aperculum *nt* (pyxidum).
**Buchstabe** *m* littera *f;* **großer ~** littera grandis [*o* maiuscula]; **kleiner ~** littera minuscula.
**buchstabieren** *vt:* **ein Wort ~** singulas verbi litteras enuntiare.
**buchstäblich** *adv* ad litteram, ad verbum.
**Bucht** *f* sinus <-us> *m.*
**Buchung** *f* perscriptio <-onis> *f.*
**Buckel** *m* gibber <-eris> *m.*
**bücken** *vr:* **sich ~** se demittere; **gebückt** incurvus.
**bucklig** *adj* gibber <-era, -erum>.
**Bückling** *m* ❶ *(Fisch)* aringus *m* fumeus ❷ *(Verbeugung)* corporis inclinatio <-onis> *f.*
**Bude** *f* ❶ *(Markt~)* taberna *f* ❷ *(baufälliges Haus)* aedes <aedium> *f pl* ruinosae, tugurium *nt.*
**Budget** *nt* dispensatio <-onis> *f* oeconomica.

**Büfett** *nt (Theke)* mensa *f* dapifera; **kaltes ~** prandium *nt.*
**Büffel** *m* bubalus *m.*
**büffeln** *vi* in discendo desudare.
**Buffet** *nt (Theke)* mensa *f* dapifera; **kaltes ~** prandium *nt.*
**Bug** *m* (NAUT) prora *f.*
**Bügel** *m* ① *(Kleider~)* fulcimen <-minis> *nt* vestiarium ② *(Steig~)* stapia *f* ③ *(an Handtasche)* verticula *f.*
**Bügeleisen** *nt* ferrum *nt* politorium.
**bügeln** *vt* (ferro) levigare.
**buhlen** *vi:* **um jmds Gunst ~** gratiam alcis quaerere.
**Bühne** *f* ① (THEAT) scaena *f;* **auf der ~** in scaena; **ein Stück auf die ~ bringen** fabulam in scaenam deferre ② *(Podium)* suggestum *nt,* suggestus <-us> *m.*
**Bühnenbild** *nt* ornatus <-us> *m* scaenicus.
**Bühnenbildner(in** *f*) *m* ornator <-toris> *m* scaenicus, ornatrix <-icis> *f* scaenica.
**Bulldogge** *f* molossus *m,* canis <-is> *m* taurinus.
**Bulldozer** *m* (TECH) chamulcus *m* automatarius.
**Bulle** *m* taurus *m.*
**Bummel** *m* ambulatio <-onis> *f;* **einen ~ machen** ambulare.
**bummeln** *vt* ① *(umherschlendern)* ambulare ② *(trödeln)* tempus terere; *(faulenzen)* otiari.
**Bummler** *m (Faulenzer)* homo <-minis> *m* desidiosus.
**Bund I.** *m* ① *(Vertrag)* foedus <-deris> *nt; (Vereinigung)* societas <-tatis> *f;* **einen ~ schließen** foedus facere [*o* icere] cum alqo; **einem ~ beitreten** in societatem accipi ② *(Staaten~)* civitates <-tum> *f pl* foederatae ③ *(Hosen~, Rock~)* cingulum *nt* **II.** *nt (Zusammengebundenes)* fascis <-is> *m,* fasciculus *m.*
**Bündel** *nt* fascis <-is> *m,* fasciculus *m* [**lignorum**].
**Bundesgenosse** *m* socius *m* [**populi Romani**]; **Krieg mit den ~n** bellum sociorum.
**Bundeskanzler** *m* cancellarius *m* foederalis.
**Bundesliga** *f* liga *f* foederalis.
**Bundespräsident** *m* praeses <-sidis> *m* foederalis.
**Bundesrat** *m* consilium *nt* foederale.
**Bundesstaat** *m* civitas <-atis> *f* foederata.
**Bundesstraße** *f* via *f* primaria.
**Bundestag** *m* conventus <-us> *m* foederalis legatorum.
**Bundeswehr** *f* militia *f* foederalis.
**bündig** *adv:* **kurz und ~** breviter, paucis verbis.
**Bündnis** *nt (Vertrag)* foedus <-deris> *nt; (Vereinigung)* societas <-tatis> *f;* **ein ~ schließen** foedus facere [*o* icere] cum alqo; **sich einem ~ anschließen** in societatem accipi.
**Bunker** *m (Luftschutz~)* castellum *nt* subterraneum.
**bunt** *adj (farbig)* varius; **es zu ~ treiben** modum excedere.
**Buntstift** *m* stilus *m* pigmentarius.
**Bürde** *f (fig)* sarcina *f,* onus <oneris> *nt.*
**Burg** *f* arx <arcis> *f,* castellum *nt.*
**Bürge** *m* sponsor <-oris> *m,* obses <obsidis> *m / f* [**pecuniae**; **securitatis**; **pacis**]; **einen ~n stellen** sponsorem [*o* obsidem] dare.
**bürgen** *vi:* **für jmd/etw ~** praestare <praestiti> + *akk,* sponsorem esse pro.
**Bürger(in** *f*) *m* civis <-is> *m/f.*
**Bürgerkrieg** *m* bellum *nt* civile.
**bürgerlich** *adj* civilis; *(nicht adlig)* plebeius.
**Bürgermeister(in** *f*) *m* magister <-tri> *m* civium [*o* urbis], magistra *f* civium [*o* urbis].
**Bürgerrecht** *nt* civitas <-atis> *f;* **jdm das ~ verleihen** civitatem dare [*o* tribuere] alci, alqm in civitatem recipere, alqm civitate donare; **das ~ erhalten** in civitatem recipi, civitate donari.
**Bürgerschaft** *f* civitas <-atis> *f.*
**Bürgersteig** *m* crepido <-dinis> *f* viaria.
**Bürgertum** *nt (als Stand im Ggstz. zum Adel)* plebs <plebis> *f.*
**Bürgschaft** *f* sponsio <-onis> *f,* cautio <-onis> *f;* **~ leisten** cautionem praebēre.
**Büro** *nt* officium *nt* scriptorium, grapheum *nt.*
**Büroklammer** *f* fibicula *f* chartarum.
**Bürokratie** *f* grapheocratia *f.*
**bürokratisch** *adj* grapheocraticus.
**Bursche** *m* ① adulescentulus *m* ② *(Lauf~)* tabellarius *m.*
**Bürste** *f* peniculus *m.*
**bürsten** *vt (ab~)* peniculo detergēre.
**Bus** *m* autoraeda *f* longa, currus <-us> *m* communis.
**Busch** *m* ① *(Strauch)* frutex <-ticis> *m* ② *(Gebüsch, Dickicht)* virgultum *nt.*
**Büschel** *nt* fasciculus *m* [**herbarum**].
**Busen** *m* sinus <-us> *m.*
**Busenfreund(in** *f*) *m* amicus *m* intimus, amica *f* intima.
**Bussard** *m* buteo <-onis> *m.*
**Buße** *f (Strafe)* poena *f; (Reue)* paenitentia *f.*
**büßen I.** *vi* poenas dare <dedi> [*o* solvere *o* luere] *(für etw:* gen) **II.** *vt* luere, expiare [**stuprum morte**; **delicta maiorum**; **legatorum iniurias**].
**Bußgeld** *nt* multa *f;* **jdm ein ~ auferlegen** multam imponere in alqm.
**Büste** *f* imago <-ginis> *f* ficta.
**Büstenhalter** *m* strophium *nt,* fascia *f.*
**Butter** *f* butyrum *nt.*
**Butterbrot** *nt* panis <-is> *m* butyro illitus.
**Buttermilch** *f* oxygala *f.*
**Byte** *nt* (INFORM) multiplum *nt.*

# C c

**Café** *nt* cafeum *nt.*
**Cafeteria** *f* taberna *f* cafearia.
**campen** *vi* in tentorio commorari.
**Camping** *nt* tentoria *nt pl.*
**Campingplatz** *m* campus *m* tentorius.
**Cape** *nt* cappa *f.*
**CD** *f* discus <-i> *m* compactus.
**Cellist(in** *f*) *m* violoncellista *m,* violoncellistria *f.*
**Cello** *nt* violoncellum *nt.*
**Cembalo** *nt* clavicymbalum *nt.*
**Champagner** *m* vinum *nt* spumans.
**Champignon** *m* boletus *m.*
**Chance** *f* occasio <-onis> *f;* **es bietet sich** [*o* **besteht**] **die ~, etw zu tun** occasio est alqd faciendi; **eine ~ verpassen** [*o* **vergeben**] occasionem omittere.
**Chancengleichheit** *f* aequalitas <-tatis> *f* occasionis.
**Chanson** *nt* cantilena *f.*
**Chaos** *nt* omnium rerum perturbatio <-onis> *f.*
**chaotisch** *adj* perturbatus, confusus.
**Charakter** *m* indoles <-lis> *f,* ingenium *nt,* natura *f,* mores <-rum> *m pl.*
**charakterfest** *adj* constans <-antis>.
**Charakterfestigkeit** *f* constantia *f.*
**charakterisieren** *vt (schildern)* describere; *(kennzeichnen)* proprium esse + *gen.*
**charakteristisch** *adj* proprius *(für:* gen).
**charakterlos** *adj* inconstans <-antis>, levis.
**Charakterlosigkeit** *f* inconstantia *f,* levitas <-atis> *f.*
**charmant** *adj* venustus.
**Charme** *m* venustas <-atis> *f,* dulcedo <-dinis> *f.*
**Chatroom** *m* locutorium <-i> *nt.*
**Chauffeur** *m* autoraedarius *m,* vector <-oris> *m.*
**Chauvinismus** *m* (POL) nimius patriae amor <amoris> *m.*
**Chef** *m* praefectus *m.*
**Chefarzt** *m* medicus *m* primarius.
**Chefin** *f* praefecta *f.*
**Chefsekretär(in** *f*) *m* scriba *m* [*o* secretarius *m*] primarius, secretaria *f* primaria.
**Chemie** *f* chemia *f.*
**Chemiefaser** *f* fibra *f* synthetica.
**Chemiker** *m* chemicus *m,* chemista *m.*
**chemisch** *adj* chemicus.
**Chiffre** *f (Kenn-Nummer bei Anzeigen)* nota *f.*
**Chinin** *nt* chininum *nt.*
**Chirurg** *m* chirurgus *m.*
**Chirurgie** *f* chirurgia *f.*
**chirurgisch** *adj* chirurgicus.
**Chlor** *nt* chlorum *nt.*
**Cholera** *f* cholera *f.*
**Choleriker(in** *f*) *m* cholericus, -a *m, f.*
**cholerisch** *adj* cholericus.
**Chor** *m* chorus *m.*
**Choral** *m* canticum *nt* ecclesiasticum.
**Choreographie** *f,* **Choreografie** *f* ars <artis> *f* scaenicae saltationis.
**Chorsänger(in** *f*) *m* cant(at)or <-oris> *m* choralis, cant(at)rix <-icis> *f* choralis.
**Christ** *m* Christianus *m.*
**Christbaum** *m* arbor <-oris> *f* natalicia.
**Christenheit** *f* Christianitas <-atis> *f,* populus *m* Christianus.
**Christentum** *nt* doctrina *f* Christiana, Christianismus *m;* **sich zum ~ bekennen** addictum esse doctrinae Christianae.
**Christin** *f* Christiana *f.*
**Christkind** *nt* Christus infans <-antis> *m,* Christulus *m.*
**christlich** *adj* Christianus.
**Chrom** *nt* chromium *nt.*
**Chromosom** *nt* chromosoma <-atis> *nt.*
**Chronik** *f* annales <-lium> *m pl.*
**chronisch** *adj* diuturnus [**morbus**; **tussis**].
**Chronist** *m* chronographus *m,* chronista *m,* annalium scriptor <-oris> *m.*
**chronologisch** *adj* chronologicus.
**circa** *adv* fere, ferme, circiter.
**Clique** *f* caterva *f.*
**Clown** *m* ioculator <-oris> *m,* scurra *m.*
**Cockpit** *nt (Pilotenkabine im Flugzeug)* aeroplanigae cella *f.*
**Comics** *pl* libelli *m pl* pictographici, pictae historiolae *f pl.*
**Computer** *m* computatorium *nt,* computatrum *nt,* machina *f* computatoria.
**Conférencier** *m* annuntiator <-oris> *m.*
**Couch** *f* lectulus *m,* grabatus *m.*
**Cousin** *m* consobrinus *m.*
**Cousine** *f* consobrina *f.*
**Creme** *f* ceroma <-atis> *nt,* seplasium *nt.*

# Dd

D

**da I.** *adv* ❶ *(dort)* ibi; *(hier)* hic; **sieh ~!** ecce!; **der ~** iste; **von ~** inde; **~ sein** *(anwesend sein)* adesse; *(vorhanden sein)* esse; **noch ~ sein** *(noch vorhanden sein)* exstare ❷ *(dann)* tum; **von ~ an** ex eo tempore **II.** *kj (weil)* quod + *ind,* quia + *ind,* cum + *conj.*

**dabei** *adv* ❶ *(räuml.)* iuxta *(oft durch Komposita zu übersetzen:* adesse, interesse *u. Ä.)* ❷ *(gleichzeitig)* unā, simul ❸ es bleibt **~!** stat sententia, fixum est!; **~ sein** *(anwesend)* adesse; *(beteiligt)* interesse + *dat* [**ludis**; **proelio**].

**dableiben** *vi* (re)manēre.

**Dach** *nt* tectum *nt;* **ein ~ decken** domum/casam tegere.

**Dachantenne** *f* antenna *f* in tecto posita.

**Dachboden** *m* granarium *nt.*

**Dachfenster** *nt* tecti fenestella *f.*

**Dachgarten** *m* solarium *nt.*

**Dachgepäckträger** *m (am Auto)* retinaculum *nt* raedae superum.

**Dachgeschoss** *nt* subtegulaneum *nt;* **im ~ wohnen** sub tegulis habitare.

**Dachkammer** *f* cella *f* subtegulanea.

**Dachrinne** *f* stillicidium *nt.*

**Dachwohnung** *f* domicilium *nt* subtegulaneum.

**Dachziegel** *m* tegula *f.*

**dadurch** *adv* ❶ *(räuml.)* per eum locum ❷ *(mittels)* hac re, his rebus ❸ *(aus diesem Grund)* ea de causa, eo; **~, dass ...** eo quod ...; **er rettete sich ~, dass er aus dem Fenster sprang** ex fenestra se praecipitando se servavit.

**dafür** *adv* pro ea re; *(Ersatz)* eius rei loco; **~ sein** probare + *akk;* **er kann nichts ~** haec non eius culpa est; **sie gibt ihr ganzes Geld ~ aus** totam pecuniam in ea erogat.

**dagegen** *adv* ❶ *(andererseits, hingegen)* contra, invicem ❷ *(räuml., fig)* contra id/ea; **etw ~ haben** id/ea improbare; **ich habe nichts ~** id/ea probo.

**dagegenhalten** *vi (einwenden)* opponere.

**daheim** *adv* domi.

**daher I.** *adv (von da; kausal)* inde **II.** *kj (deshalb)* itaque, propterea, ea de causa.

**dahin** *adv* ❶ *(räuml.)* eo, illuc, in eum locum ❷ *(zeitl.)*: **bis ~** ad id tempus ❸ *(fig)*: **~ sein** perditum esse.

**dahingestellt** *adj:* **etw ~ sein lassen** alqd in medio relinquere.

**dahinraffen** *vt* absumere.

**dahinschwinden** *vi* ❶ *(Vorräte)* minui ❷ *(Zeit)* effluere, labi ❸ *(Hoffnung)* evanescere.

**dahinten** *adv* pone, a tergo.

**dahinter** *adv* post id; **was verbirgt sich ~?** quid subest?.

**dahinterkommen** *vi (in Erfahrung bringen)* cognoscere + *akk.*

**dahinterstecken** *vi (fig)* subesse; **da steckt etwas dahinter** in ea re aliquid subest.

**dalassen** *vt* relinquere.

**daliegen** *vi* iacēre.

**damalig** *adj* illius temporis [*o* aetatis], ille [**imperator**; **regnum**].

**damals** *adv* tum, tunc; **~, als** cum + *ind.*

**Damast** *m* pannus *m* Damascenus.

**Dame** *f* ❶ domina *f* ❷ (SCHACH) regina *f.*

**damit I.** *kj* ut + *conj;* **~ nicht** ne + *conj* **II.** *adv* eo, hoc, hac re, his rebus; **was ist ~?** quo loco res est?; **was willst du ~ sagen?** quorsum haec dicis?.

**dämlich** *adj* stultus, stupidus.

**Damm** *m* agger <-eris> *m;* **einen ~ bauen/aufschütten** aggerem exstruere; **nicht auf dem ~ sein** *(fig)* non valēre.

**dämmerig** *adj* sublustris; **es ist schon ~** *(morgens)* dilucescit, *(abends)* advesperascit.

**Dämmerlicht** *nt* lux <lucis> *f* sublustris, lumen <-minis> *nt* sublustre.

**dämmern** *vi (morgens)* dilucescere; *(abends)* advesperascere.

**Dämmerung** *f (Abend~)* crepusculum *nt; (Morgen~)* diluculum *nt;* **bei Einbruch der ~** *(abends)* cum advesperasceret, *(morgens)* cum dilucesceret.

**Dämon** *m* daemon <-onis> *m.*

**dämonisch** *adj* daemonicus.

**Dampf** *m* vapor <-oris> *m.*

**Dampfbad** *nt* balneum *nt* vaporeum.

**dampfen** *vi* vaporare.

**dämpfen** *vt* ❶ (GASTR) vapore mollire ❷ *(fig)* mitigare [**dolorem**; **legis acerbitatem**; **militum iras**] ❸ *(Schall)* deprimere [**vocem**].

**Dampfer** *m* navis <-is> *f* vaporaria.

**Dampfkochtopf** *m* olla *f* vaporaria.

**Dampflokomotive** *f* vaporaria machina *f* vectoria.

**Dampfmaschine** *f* machina *f* vaporaria.

**Dampfschiff** *nt* navis <-is> *f* vaporaria.

**danach** *adv* ❶ *(dann)* deinde; **kurz ~** paulo post ❷ *(dementsprechend)* secundum id; **sich ~ richten** se accommodare ad id, id observare ❸ **sich ~ erkundigen** id quaerere, ea percontari.

**daneben** *adv* ❶ *(räuml.)* iuxta ❷ *(außerdem)* praeterea.

**danebenbenehmen** *vr:* **sich ~** male se gerere.

**danebengehen** *vi (fehlschlagen)* male evenire.

**dank** *praep* gratiā *(dem abhängigen gen nachgest.)*.

**Dank** *m* gratia *f;* **jdm ~ sagen** gratias alci agere; **jdm ~ schulden** alci gratiam debēre *(für etw:* pro alqa re); **Gott sei ~** deo gratia (erg. sit); **mit ~** grate.

**dankbar** *adj* gratus [**pro beneficiis**]; **jdm ~ sein** alci gratiam habēre, alci gratum esse.

**Dankbarkeit** *f* gratia *f,* gratus animus *m.*

**danken** *vi* gratiam habēre, gratias agere *(für:* pro; *dass:* quod); **jdm etw schlecht ~** alci malam gratiam reddere pro re; **etw ~d ablehnen** alqd gratiā recusare.

**Dankopfer** *nt* victima *f.*

**dann** *adv* deinde, tum, tunc; **~ und wann** interdum.

**daran** *adv* ❶ *(räuml.)* iuxta ❷ *(fig)*: **es liegt jdm ~, es ist jdm ~ gelegen** interest *(– auf die Frage: wem ist daran gelegen? steht a) gen; b) folg. Possessivpronomina in der Form des abl Sg. fem. treten anstelle der Personalpronomina:* meā / tuā / suā / nostrā / vestrā interest *es liegt mir / dir / usw. daran; – auf die Frage: wie viel liegt daran? steht: a) adverbial gebrauchtes Neutr., wie z.B.* multum, plurimum, nihil; *b) Adv:* minime, magnopere; *c) gen pretii:* magni, parvi, pluris); **er ist schuld ~** eius rei causa est; **~ denken** eius rei memorem esse [*o* meminisse]; **~ glauben** id [*o* ea] credere.

**darangehen** *vi:* **~, etw zu tun** aggredi (+ Inf.) [**oppidum oppugnare**].

**daranmachen** *vr:* **sich ~, etw zu tun** aggredi (+ Inf.) [**oppidum oppugnare**].

**daransetzen** *vt (einsetzen, aufbieten)* adhibēre [**omnia**].

**darauf** *adv* ❶ *(räuml., auf die Frage wo?)* in eo, in ea re, in iis *u. Ä.; (räuml., auf die Frage wohin?)* in id, in eam rem, in ea *u. Ä.* ❷ *(zeitl.)* deinde, tum; **am Tag ~** postridie; **bald ~** paulo post ❸ *(fig)*: **~ aus sein, zu …** id agere, ut …; **~ bestehen, dass** perseverare, ut; **~ achten** ad ea animum attendere; **~ achten, dass / dass nicht**) vidēre, ut / ne; **es kommt ~ an** interest, refert.

**daraufhin** *adv* ❶ *(infolgedessen)* itaque ❷ *(danach)* deinde, tum.

**daraufkommen** *vi* id excogitare.

**daraus** *adv* ❶ *(räuml.)* hinc, inde, ex eo loco ❷ *(aus Material)* ex ea re, ex eo ❸ *(fig)*: **sich nichts ~ machen** id pro nihilo facere; **sich etw ~ machen** id magni aestimare; **~ wird nichts** fieri non potest.

**darbieten** *vt* ❶ praebēre, offerre ❷ *(Schauspiel)* edere [**spectaculum**].

**darbringen** *vt* offerre; **Opfer ~** sacrificare.

**darin** *adv (räuml. und fig)* in eo, in ea re, hac in re, in his rebus *u. Ä.*.

**darlegen** *vt* demonstrare, explicare, exponere.

**Darlehen** *nt* creditum *nt,* pecunia *f* credita, pecunia *f* mutua; **ein ~ aufnehmen** pecuniam mutuam accipere; **jdm ein ~ geben** alci pecuniam mutuam dare.

**Darm** *m* intestinum *nt.*

**darstellen** *vt* ❶ *(von Bildhauer, Maler)* fingere ❷ *(beschreiben)* describere; *(veranschaulichen)* demonstrare, exponere ❸ *(als Schauspieler)* agere.

**Darsteller(in** *f*) *m* actor <-oris> *m,* actrix <-icis> *f.*

**Darstellung** *f (Schilderung)* descriptio <-onis> *f.*

**darüber** *adv* ❶ *(räuml., auf die Frage wo?)* supra, super; *(räuml., auf die Frage wohin?)* super ❷ *(in dieser Hinsicht, über diese Angelegenheit)* de eo, de ea re *u. Ä.*; **~ hinaus** supra, ultra, amplius; **es geht nichts ~** nihil potest esse supra [*o* ultra] ❸ *(bei Zahlen, Beträgen)* supra, super.

**darum** *adv* ❶ *(räuml.)* circum id, circa id ❷ *(hinsichtlich einer Sache)* de eo, de ea re *u. Ä.* ❸ *(deshalb)* itaque, propterea.

**darunter** *adv* ❶ *(auf die Frage wo?)* sub eo, infra; *(auf die Frage wohin?)* sub id ❷ *(dazwischen, dabei)* inter eos/eas/ea, in eis.

**darunterliegen** *vi* subiacēre.

**daruntermischen** *vt* immiscēre.

**das** *art s.* **der**, **die**, **das**.

**Dasein** *nt* ❶ *(Existenz, Vorhandensein)* exsistentia *f;* **das ~ der Götter leugnen** deos esse negare ❷ *(Anwesenheit)* praesentia *f.*

**dass** *kj* ❶ *(im Aussagesatz) durch A.C.I. auszudrücken*; **er erfährt, dass sein Freund bereits abgereist ist** amicum iam profectum esse comperit; **von Gefangenen hörte er, dass sich die Sueben zurückgezogen hätten** a captivis audivit Suebos se recepisse ❷ *(final: damit; konsekutiv: so dass)* ut + *conj;* **~ nicht** *(final)* ne + *conj, (konsekutiv)* ut non + *conj;* **o ~ doch** (**nicht**) *(Wunschsatz)* utinam (ne) + *conj.*

**dastehen** *vi* ❶ *(Mensch)* stare <steti> ❷ *(im Buch)* hic scriptum esse.

**Datei** *f* (INFORM) documentum <-i> *nt* electronicum.

**Daten** *pl* (INFORM) data *nt pl.*

**Datenbank** *f* (INFORM) collectio <-onis> *f* datorum.

**Datenschutz** *m* (INFORM) protectio <-onis> *f* datorum.

**Datenverarbeitung** *f* (INFORM) datorum tractatio <-onis> *f;* **elektronische ~** electronica datorum tractatio.

**datieren I.** *vt* diem [*o* tempus] ascribere [**in epistula**] **II.** *vi:* **~ von / aus** *(stammen, herrühren)* alqo die [*o* alqo tempore] initium habuisse.

**Dattel** *f* palmula *f.*

**Datum** *nt* dies <-ei> *f,* datum *nt;* **mit dem ~ versehen** diem ascribere [**in epistula**].

**Dauer** *f (Zeitspanne)* tempus <-poris> *nt,* spatium *nt* [**breve**; **diei**]; **auf ~** in omne tempus; **von ~ sein** manēre.

**Dauerauftrag** *m* mandatum *nt* diuturnum.

**dauerhaft** *adj* stabilis, solidus [**amicitia**; **fortuna**].

**Dauerhaftigkeit** *f* stabilitas <-atis> *f,* soliditas <-atis> *f* [**amicitiae**].

**Dauerlauf** *m* cursus <-us> *m* continuus.

**dauern** *vi* manēre, durare; **lange ~** diuturnum esse; **die Reise dauerte fünf Tage** iter quinque dierum fuit.

**dauernd I.** *adj (fortwährend, ständig)* continuus [**molestiae** Belästigungen; **curae**] **II.** *adv (ständig, immer wieder)* continuo.

**Dauerwelle** *f* undulatio <-onis> *f* permanens.

**Dauerwirkung** *f* effectus <-us> *m* diuturnus.

**Dauerzustand** *m* status <-us> *m* diuturnus.

**Daumen** *m* pollex <pollicis> *m;* **jdm den ~ drücken** alci pollicem premere.

**Daune** *f* pluma *f.*

**Daunendecke** *f* velamen <-minis> *nt* plumeum.

**davon** *adv* ① *(von dieser Menge)* ex eo, ex eis, *durch gen part.:* eius, eorum, earum ② *(fig: daher)* inde; **das kommt ~** inde fit ③ *(fig: darüber)* de eo, de ea re *u. Ä.;* **~ weiß ich nichts** de ea re nihil scio.

**davoneilen** *vi* evolare.

**davonjagen** *vt* (ex)pellere [**hostes finibus**; **regem regno**].

**davonkommen** *vi* evadere; **mit heiler Haut/dem Leben ~** salvum/vivum evadere; **mit dem Schrecken ~** perterritum evadere.

**davonlaufen** *vi* profugere *(vor:* akk) [**dominos**].

**davonmachen** *vr:* **sich ~** profugere, aufugere.

**davontragen** *vt* ① *(wegbringen)* asportare, auferre ② *(fig)*: **den Sieg ~** victoriam ferre *(über jmd:* de, ex alqo).

**davor** *adv* ① *(räuml., in der Reihenfolge)* ante, prae ② *(zeitl.)* antea; *oft durch Komposita auszudrücken, z. B.:* praeponere, antecedere ③ *(fig)*: **ich habe Angst ~** id timeo; **hüte dich ~!** hoc cave!.

**dazu** *adv* ad id, ad ea, ad haec *u. Ä.*; **was sagst du ~?** quid sentis?, quid censes?.

**dazugehören** *vi* in iis numerari.

**dazukommen** *vi* accedere.

**dazutun** *vt* addere.

**dazwischen** *adv (räuml.)* inter id/eum/eam (bzw. Pl.); *meist durch Komposita auszudrücken, z. B.:* interfluere, interequitare, intericere; *(darunter)* inter eos/eas/ea, in eis.

**dazwischenkommen** *vi (Ereignis)* intercidere.

**dazwischenreden** *vi (ins Wort fallen)* interfari.

**dazwischentreten** *vi* intervenire, intercedere.

**Dealer** *m* drogarum mercator <-oris> *m.*

**Debatte** *f* disceptatio <-onis> *f;* **eine Frage zur ~ stellen** proponere quaestionem, de qua disceptandum sit; **etw steht zur ~** de alqa re disceptandum est.

**debattieren** *vi* disceptare (de).

**Debüt** *nt* tirocinium *nt;* **sein ~ geben** tirocinium ponere *(bei:* in + abl).

**Deck** *nt* (NAUT) constratum *nt* navis.

**Decke** *f* ① *(Bett~)* opertorium *nt; (Tisch~)* gausape <-pis> *nt;* **mit jdm unter einer ~ stecken** *(fig)* colludere cum alqo ② *(Zimmer~)* tectum *nt.*

**Deckel** *m* ① operculum *nt,* operimentum *nt* ② *(Buch~)* involucrum *nt.*

**decken** *vt* ① tegere [**mensam**; **domum**; **decedentem armis**] ② *(Defizit)* solvere [**aes alienum**].

**Deckmantel** *m (fig)*: **unter dem ~ von** specie, simulatione + *gen.*

**Deckung** *f* ① *(Schutz)* praesidium *nt;* **~ bieten** [*o* **geben**] praesidio esse; **in ~ gehen** praesidium subire ② (FIN) solutio <-onis> *f* [**aeris alieni**].

**defekt** *adj* vitiosus, mendosus.

**Defekt** *m* vitium *nt.*

**defensiv** *adj* defensivus.

**Defensivkrieg** *m* bellum *nt* defensivum.

**definieren** *vt* definire.

**Definition** *f* definitio <-onis> *f;* **eine ~ von etw geben** definire alqd.

**definitiv** *adj (endgültig)* ultimus [**discrimen**].

**Defizit** *nt* lacuna *f,* damnum *nt;* **das ~ decken** lacunam explēre.

**deformieren** *vt* deformare.

**Degen** *m* gladius *m;* **den ~ ziehen** gladium (de)stringere.

**degeneriert** *adj* degeneratus, degener <-neris>.

**degradieren** *vt* gradu deicere [**militem**].

**dehnbar** *adj* quod extendi potest; **ein ~er Begriff** notio vaga.

**dehnen** *vt* (ex)tendere, dilatare.

**Deich** *m* agger <-eris> *m,* moles <-lis> *f.*

**Deichsel** *f* temo <-onis> *m.*

**dein** *pron* tuus.

**deinetwegen** *adv* tuā causā, tuā gratiā.

**dekadent** *adj* degeneratus, degener <-neris>.

**Dekadenz** *f* mores <-rum> *m pl* depravati.

D

**Dekan** *m* decanus *m.*
**deklamieren** *vt* recitare, declamare, pronuntiare [**carmen**].
**Deklaration** *f* declaratio <-onis> *f* [**iurum hominis**].
**deklarieren** *vt* declarare [**libertatem** die Unabhängigkeit].
**Dekorateur(in** *f*) *m* exornator <-oris> *m,* exornatrix <-icis> *f.*
**Dekoration** *f* exornatio <-onis> *f.*
**dekorieren** *vt* exornare.
**Dekret** *nt* decretum *nt;* **ein ~ erlassen** decretum facere.
**Delegation** *f* legatio <-onis> *f.*
**Delfin** *m* delphinus *m.*
**delikat** *adj (heikel)* difficilis, anceps <-cipitis> [**res** Angelegenheit].
**Delikatesse** *f* cibus *m* delicatus; **~n** *pl auch* cuppedia *nt pl.*
**Delikt** *nt* delictum *nt;* **ein schweres ~ begehen** magnum delictum committere.
**Delinquent(in** *f*) *m* homo <-minis> *m* maleficus, scelestus, -a *m, f.*
**Delirium** *nt* delirium *nt.*
**Delphin** *m* delphinus *m.*
**Demagoge** *m* contionator <-oris> *m.*
**demagogisch** *adj* popularis, seditiosus [**orationes**].
**dementieren** *vt* negare.
**demnach** *kj* itaque.
**demnächst** *adv* mox.
**Demokrat** *m* popularis *m.*
**Demokratie** *f* populi imperium *nt,* democratia *f.*
**Demokratin** *f* popularis *f.*
**demokratisch** *adj* popularis, democraticus.
**demolieren** *vt* demoliri.
**Demonstration** *f* demonstratio <-onis> *f.*
**demonstrieren** *vt* demonstrare.
**Demoskopie** *f* demoscopia *f.*
**Demut** *f* humilitas <-atis> *f.*
**demütig** *adj* humilis.
**demütigen I.** *vt* offendere **II.** *vr:* **sich ~** dignitatem suam abicere.
**Demütigung** *f* contumelia *f.*
**Denar** *m* denarius *m.*
**Denkart** *f* mens <mentis> *f,* ratio <-onis> *f.*
**denkbar I.** *adj* quod in cogitationem cadit, quod cogitari potest, cogitabilis **II.** *adv (sehr)* valde.
**denken** *vi* cogitare; **~ an** memorem esse, meminisse, recordari + *gen;* **bei sich ~** secum cogitare; **wer hätte das gedacht?** quis putaverat?, quis hoc exspectaverat?; **das hätte ich nicht gedacht** non putavi/putaveram.
**Denken** *nt* cogitatio <-onis> *f.*
**Denker** *m* homo <-minis> *m* acutus.
**denkfaul** *adj* cogitandi laborem fugiens <-entis>.
**Denkmal** *nt* monumentum *nt.*
**Denkschrift** *f* commentarius *m.*
**Denkweise** *f* mens <mentis> *f,* ratio <-onis> *f.*
**denkwürdig** *adj* memorabilis.
**Denkzettel** *m:* **jdm einen ~ verpassen** [*o* **geben**] alqm malo poenāque admonēre.
**denn I.** *kj* nam **II.** *adv (zur Verstärkung von Fragewörtern)* -nam (angehängt) [**quisnam**; **ubinam**; **quandonam**]; **was fällt dir ~ ein?** quid tibi vis?.
**dennoch** *kj* tamen.
**Denunziant(in** *f*) *m* delator <-oris> *m,* delatrix <-icis> *f.*
**Deponie** *f* receptaculum *nt.*
**deponieren** *vt* deponere.
**Depot** *nt* receptaculum *nt; (Lager)* horreum *nt.*
**Depression** *f* depressio <-onis> *f* (animae).
**deprimieren** *vt* (animum) frangere.
**der, die, das I.** *art: unübersetzt:* **II.** *pron (Demonstrativpronomen)* is, ea, id; hic, haec, hoc; *(Relativpronomen)* qui, quae, quod.
**derart** *adv (bei adj und adv)* tam; *(bei Verben)* ita; **~, dass ...** ita, ut ....
**derartig** *adj* talis, eius modi.
**derb** *adj (grob)* asper <-era, -erum>.
**dergleichen** *adv* talis, eius modi, eius/eorum similis; **und ~** et eius/eorum similis.
**derjenige** *pron:* **~, der** is, qui.
**dermaßen** *adv (bei adj und adv)* tam; *(bei Verben)* ita.
**derselbe** *pron* idem, eadem, idem; **~ wie** idem ac [*o* atque]; **ein und ~** unus atque idem, unus idemque.
**derzeit** *adv (zurzeit)* nunc, hoc tempore.
**derzeitig** *adj (gegenwärtig)* praesens <-entis> [**ius**; **leges**].
**Desaster** *nt* calamitas <-atis> *f.*
**Deserteur** *m* perfuga *m,* desertor <-oris> *m.*
**desertieren** *vi* (exercitum *o* castra *o* signa) deserere.
**desgleichen** *adv* item, pariter.
**deshalb** *adv* itaque, propterea.
**Desinfektion** *f* disinfectio <-onis> *f.*
**Desinfektionsmittel** *nt* antisepticum *nt.*
**desinfizieren** *vt* disinficere [**vulnus**].
**Despot** *m* tyrannus *m.*
**despotisch** *adj* tyrannicus, imperiosus [**licentia** Willkür; **princeps**].
**Despotismus** *m* tyrannis <-idis> *f.*
**dessen ungeachtet** *adv* tamen.
**Dessert** *nt* mensa *f* secunda; **als ~ gibt es Obst** poma ad mensam secundam administrantur.
**Destillation** *f* destillatio <-onis> *f.*
**desto** *adv* eo [**magis**; **maior**]; **je ... ~** quo ... eo.
**deswegen** *konj* propterea, itaque.
**Detail** *nt* singula *nt pl;* **ins ~ gehen** singula persequi.

**Detektiv(in *f*)** *m* investigator <-oris> *m,* investigatrix <-icis> *f.*
**Detonation** *f* detonatio <-onis> *f.*
**detonieren** *vi* detonare <detonui>.
**deuten** *vt (auslegen)* interpretari.
**deutlich** *adj (verständlich, a fig)* clarus [**vox**; **consilia**; **argumentum**]; *(offensichtlich)* apertus, manifestus, perspicuus [**victoria**; **periculum**]; **jdm etw ~ machen** alqd alci explicare.
**Deutlichkeit** *f* claritas <-tatis> *f,* perspicuitas <-atis> *f.*
**deutsch** *adj* German(ic)us.
**Deutsch** *nt* lingua *f* German(ic)a; **auf ~** German(ic)e.
**Deutsche(r)** *f(m)* Germanus, -a *m, f.*
**Deutschland** *nt* Germania *f.*
**Deutung** *f* interpretatio <-onis> *f.*
**Devise** *f* sententia *f,* praeceptum *nt.*
**Devisen** *pl* pecunia *f* externa [*o* extranea].
**Dezember** *m* December <-bris> *m.*
**dezent** *adj* moderatus.
**dezentralisieren** *vt* decentralisare.
**dezimieren** *vt* mutilare [**classem**].
**Dia** *nt* imago <-ginis> *f* translucida.
**diabolisch** *adj* diabolicus.
**Diadem** *nt* diadema <-matis> *nt.*
**Diagnose** *f* morbi cognitio <-onis> *f.*
**Diagonale** *f* linea *f* diagonalis.
**Diagramm** *nt* figura *f* graphica, diagramma <-atis> *nt.*
**Diakon** *m* diacon <-onis> *m,* diaconus *m.*
**Diakonisse** *f* diaconissa *f.*
**Dialekt** *m* dialectus <-i> *f.*
**Dialektik** *f* dialectica *f.*
**Dialog** *m* dialogus *m.*
**Diamant** *m* adamas <-mantis> *m.*
**Diapositiv** *nt* imago <-ginis> *f* translucida.
**Diät** *f* diaeta *f,* ratio <-onis> *f* victūs; **~ halten** rationem victūs habēre.
**Diäten** *pl* conventicium *nt.*
**Diätkur** *f* curatio <-onis> *f* diaetetica.
**dicht** *adj* densus [**silva**; **nubes**; **turba**]; **~ bevölkert** frequens <-entis> [**regio**].
**dichten** *vt* ❶ *(Gedichte verfassen)* versūs facere ❷ *(dicht machen)* densare.
**Dichter(in *f*)** *m* poeta *m,* poetria *f.*
**dichterisch** *adj* poeticus [**libertas**].
**Dichtkunst** *f* ars <artis> *f* poetica.
**Dichtung** *f* ❶ *(Poesie)* poesis <-is> *f* ❷ (TECH) fundulus *m.*
**dick** *adj* crassus; **fünf Meter ~** crassitudine quinque metrorum; **~ werden** crassescere.
**dickflüssig** *adj* viscosus.
**Dickicht** *nt* virgultum *nt.*
**Dickkopf** *m (Mensch)* homo <-minis> *m* obstinatus; **einen ~ haben** obstinatum esse.
**dickköpfig** *adj* obstinatus, contumax <-acis>.
**Didaktik** *f* ars <artis> *f* docendi.
**die** *art s.* **der**, **die**, **das.**
**Dieb(in *f*)** *m* fur <furis> *m/f.*
**Diebstahl** *m* furtum *nt;* **einen ~ begehen** furtum facere.
**Diele** *f (Flur)* atrium *nt,* vestibulum *nt.*
**dienen** *vi* servire *(jdm, zu etw:* dat; *bei jdm:* apud alqm); **als Beweis/zum Schutz ~** documento/praesidio esse; **zu etw ~** *(zu etw nützlich sein)* utilem esse ad alqd.
**Diener(in *f*)** *m* servus *m,* famulus *m,* ancilla *f.*
**Dienst** *m* officium *nt,* munus <-neris> *nt;* **~ haben** in officio esse; **einen ~ erweisen** officium praestare; **jdm gute ~e leisten** operam utilem alci navare; **jdm einen schlechten ~ erweisen** malam operam alci navare.
**Dienstag** *m* dies <-ei> *m* Martis.
**diensteifrig** *adj* officiosus.
**dienstfrei** *adj:* **~ haben** otiosum esse.
**Dienstgeheimnis** *nt* secretum *nt* muneris.
**Dienstgespräch** *nt* colloquium *nt* officiale.
**dienstlich** *adv* munere.
**Dienstmädchen** *nt* ancillula *f.*
**Dienstreise** *f* iter <itineris> *nt* munere factum; **eine ~ machen** iter munere facere.
**Dienstwagen** *m* currus <-us> *m* muneri conexus.
**Dienstweg** *m* via *f* officialis; **auf dem ~** per viam officialem.
**Dienstwohnung** *f* domicilium *nt* muneri conexum.
**diese(r, s)** *pron* is, ea, id; hic, haec, hoc; **~ da** iste, ista, istud.
**diesmal** *adv* nunc.
**diesseitig** *adj* citerior [**Gallia**].
**diesseits** *adv, praep* cis, citra (abs. oder mit akk) [**Tiberim**].
**Dietrich** *m (Nachschlüssel)* clavis <-is> *f* adulterina.
**differenzieren** *vt* distinguere.
**Diktat** *nt* dictatum *nt.*
**Diktator** *m* dictator <-oris> *m; (Gewaltherrscher)* tyrannus *m.*
**diktatorisch** *adj* dictatorius, imperiosus [**dicio** Gewalt].
**Diktatur** *f* dictatura *f; (Gewaltherrschaft)* tyrannis <-idis> *f.*
**diktieren** *vt* dictare [**versūs**; **pacem alci**].
**Diktiergerät** *nt* dictophonum *nt.*
**Dilemma** *nt* angustiae *f pl.*
**Dilettant** *m* idiota *m.*
**Dill** *m* (BOT) anethum *nt.*
**Dimension** *f* dimensio <-onis> *f;* **gewaltige ~en annehmen** amplissimum fieri.
**Ding** *nt* res <rei> *f;* **vor allen ~en** imprimis; **es geht nicht mit rechten ~en zu** dolus subest.
**Diplom** *nt* diploma <-atis> *nt.*
**Diplomat** *m* legatus *m.*

**diplomatisch** *adj (fig: berechnend, taktisch geschickt)* callidus.
**direkt I.** *adj (auch fig)* directus [**via**; **verba**] **II.** *adv* directe, -o.
**Direktion** *f* gubernatio <-onis> *f,* ductus <-us> *m.*
**Direktor(in** *f*) *m* praefectus *m,* magister <-tri> *m,* magistra *f.*
**Direktübertragung** *f* transmissio <-onis> *f* directa.
**Dirigent(in** *f*) *m* praefectus *m* musicus, moderator <-toris> *m* (musicorum / cantantium), moderatrix <-icis> *f* (musicorum / cantantium.
**dirigieren** *vt* (MUS) numerum indicando gubernare [*o* regere *o* moderari] [**symphoniam**].
**Dirne** *f* meretrix <-icis> *f,* scortum *nt.*
**disharmonisch** *adj* discrepans <-antis>.
**Disko** *f* discotheca *f.*
**Diskont** *m* (FIN) discomputus *m.*
**Diskontsatz** *m* deductionis ratio <-onis> *f.*
**Diskothek** *f* discotheca *f.*
**Diskretion** *f* taciturnitas <-atis> *f;* **strengste ~ in** [*o* **bei**] **etw wahren** omnino tacēre de alqa re.
**Diskriminierung** *f* contemptio <-onis> *f* [**generum** von Rassen].
**Diskus** *m* (SPORT) discus *m.*
**Diskussion** *f* disputatio <-onis> *f;* **eine Frage zur ~ stellen** proponere quaestionem, de qua disputandum sit.
**Diskuswerfen** *nt* disci iactus <-us> *m.*
**diskutieren** *vt* disputare *(über:* de).
**Dissident** *m* (POL) dissidens <-entis> *m;* **einen ~en vehaften** dissidentem comprehendere.
**Distanz** *f (Entfernung)* intervallum *nt,* spatium *nt.*
**Distel** *f* carduus *m.*
**Disziplin** *f* disciplina *f;* **~ üben** disciplinā uti.
**Diva** *f* diva *f.*
**doch** *kj* ❶ *(dennoch)* tamen ❷ *(aber)* sed ❸ **wenn ~** *(in Wunschsätzen)* utinam (+ conj); **wenn ~ nicht** utinam ne (+ conj).
**Docht** *m* ellychnium *nt.*
**Dock** *nt* (NAUT) navale <-lis> *nt.*
**Dogma** *nt* dogma <-atis> *nt,* decretum *nt.*
**dogmatisch** *adj* dogmaticus.
**Doktorarbeit** *f* opus <operis> *nt* doctorale.
**Doktortitel** *m* doctoris titulus *m.*
**Dokument** *nt (Urkunde)* litterae *f pl; (Beweisstück, Zeugnis)* documentum *nt.*
**Dokumentarfilm** *m* pellicula *f* documentaria.
**Dolch** *m* pugio <-onis> *m;* **den ~ ziehen** [*o* **zücken**] pugionem educere.
**Dolchstich** *m* ictus <-us> *m.*
**Dollar** *m* dollarium *nt.*
**dolmetschen** *vt* interpretari.
**Dolmetschen** *nt* interpretatio <-onis> *f.*
**Dolmetscher(in** *f*) *m* interpres <-pretis> *m/f.*
**Dom** *m* aedes <-dis> *f* cathedralis.
**Domäne** *f (fig: Fach, Gebiet)* genus <-neris> *nt.*
**dominieren** *vt* dominari.
**Dompteur** *m* ferarum domitor <-toris> *m.*
**Dompteuse** *f* ferarum domitrix <-ricis> *f.*
**Donau** *f* Danuvius *m.*
**Donner** *m* tonitrus <-us> *m;* **wie vom ~ gerührt** attonitus.
**donnern** *vi* tonare <tonui>.
**Donnerstag** *m* dies <-ei> *m* Iovis.
**doof** *adj* stultus, stupidus.
**Doofmann** *m* stultus *m,* stupidus *m.*
**dopen** *vt* drogis excitare.
**Doppelbett** *nt* lectus *m* duplex.
**Doppelgänger** *m* formā alcis simillimus.
**Doppelkinn** *nt* mentum *nt* duplex.
**doppelköpfig** *adj* anceps <-cipitis> [**Ianus**].
**doppelt** *adj* duplex <-plicis> (= doppelt so groß, doppelt so viel).
**Doppelzimmer** *nt* conclave <-vis> *nt* duorum lectorum.
**doppelzüngig** *adj* bilinguis, duplex <-plicis>.
**Dorf** *nt* vicus *m;* **vom ~ stammend/auf dem Dorf wohnend** rusticus.
**Dorfbewohner** *m* vicanus *m,* paganus *m.*
**Dorn** *m* spina *f;* **jdm ein ~ im Auge sein** alci invisum [*o* odiosum] esse.
**dornig** *adj* spinosus [**ramus**].
**dörren** *vt* torrēre [**fruges flammis**].
**Dörrobst** *nt* poma *nt pl* passa.
**dort** *adv* ibi; **das Haus ~** illa domus.
**dorther** *adv* inde.
**dorthin** *adv* eo.
**Dose** *f* pyxis <-idis> *f.*
**dösen** *vi* semisomniare.
**Dosis** *f* portio <-onis> *f.*
**Dotter** *m* vitellus *m.*
**Dozent(in** *f*) *m* doctor <-toris> *m,* docens <-entis> *m/f* [**medicinae**].
**Drache** *m* draco <-onis> *m.*
**Drachen** *m* ❶ *(Spielzeug)* draco <-onis> *m* volans; **einen ~ steigen lassen** draconem volantem in aera mittere ❷ (SPORT) deltaplanum *nt* ❸ *(pej)* altera Xanthippe *f.*
**Drachenflieger** *m* deltaplanista *m.*
**Draht** *m* filum *nt* ferreum.
**Drahtseilbahn** *f* funivia *f.*
**Drahtzieher** *m* machinator <-oris> *m.*
**Drama** *nt* fabula *f.*
**dramatisch** *adj* scaenicus.
**Drang** *m (Trieb, Verlangen)* impetus <-us> *m (nach etw:* gen); **einen starken ~ nach etw fühlen** studio alcis rei incensum esse.
**drängeln** *vt (in der Menge drängen, stoßen; durch Bitten zu bewegen suchen)* urgēre.

**drängen** *vt* urgēre *(zu:* ad; ut) [**ad portam; alqm ad aes alienum solvendum**]; **auf etw ~** postulare (+ akk; ut); **die Zeit drängt** tempus urget.

**drangsalieren** *vt* cruciare, torquēre.

**drankommen** *vi:* **du kommst dran** tuae partes sunt; **wer kommt dran?** cuius partes sunt?.

**drastisch** *adj* ❶ *(einschneidend: Maßnahme)* acer <acris, acre>, gravis ❷ *(derb anschaulich: Schilderung)* acer et dilucidus.

**Draufgänger(in** *f*) *m* homo <-minis> *m* audax, femina *f* audax.

**draußen** *adv* foris; **nach ~** foras.

**Dreck** *m* lutum *nt,* caenum *nt.*

**dreckig** *adj* lutulentus, lutosus.

**Drecksau** *f (pej)* sus <suis> *f* lutulenta.

**Dreckskerl** *m (pej)* homo <-minis> *m* impurus.

**drehbar** *adj* versatilis [**scaena** Bühne].

**Drehbuch** *nt* scriptum *nt* scaenarium.

**drehen I.** *vt* torquēre **II.** *vr:* **sich ~** torqueri, versari; **sich im Kreis ~** in orbem circumagi; **sich um etw ~** *(fig: Gespräch)* agi (de).

**Drehorgel** *f* organum *nt* versatile.

**Drehstuhl** *m* sella *f* versatilis.

**Drehtür** *f* porta *f* versatilis.

**Drehung** *f* versatio <-onis> *f.*

**drei** *num* tres *m/f,* tria *nt;* **~ Jahre** triennium *nt;* **~ Tage** triduum *nt.*

**Dreieck** *nt* triangulum *nt.*

**dreieckig** *adj* triquetrus, triangulus.

**dreifach** *adj* triplex <-plicis>, trigeminus [**victoria**]; *(dreimal so viel, dreimal so groß)* triplus [**pars**].

**Dreifuß** *m* tripus <-podis> *m.*

**dreihundert** *num* trecenti <-ae, -a>.

**dreijährig** *adj (allg.)* trium annorum [**bellum**]; *(von Menschen, Tieren)* tres annos natus.

**dreiköpfig** *adj* triceps <-cipitis> [**Cerberus**].

**dreimal** *adv* ter; **~ so viel** triplum.

**Dreimännerbund** *m* triumviratus <-us> *m.*

**dreinreden** *vi* interpellare, interfari *(jdm:* alqm).

**Dreirad** *nt* trirota *f.*

**dreißig** *num* triginta (undekl.); **je ~** triceni.

**dreist** *adj (frech, unverschämt)* inverecundus, protervus, confidens <-entis> [**dicta**].

**Dreistigkeit** *f (Frechheit, Unverschämtheit)* protervitas <-atis> *f,* confidentia *f.*

**dreitägig** *adj* trium dierum [**curriculum studiorum** Kurs].

**dreiteilig** *adj* tripartitus.

**Dreizack** *m* tridens <-dentis> *m.*

**dreizehn** *num* tredecim.

**dreschen** *vt* terere [**frumentum**].

**dressieren** *vt* condocefacere [**beluas**].

**Drillinge** *pl* trigemini *m pl.*

**dringen** *vi:* **durch/in etw ~** penetrare per / in [*o* ad] alqd; **in jmd ~** *(fig)* urgēre alqm; **auf etw ~** acriter postulare (+ akk; ut/ne + conj) [**obsidionem; indutias**]; **ein Gerücht dringt in die Öffentlichkeit** fama perfertur in publicum.

**dringend I.** *adj* urgens <-entis>, instans <-antis>; **~e Notwendigkeit** necessitas <-atis> *f;* **~e Bitten** magnae preces **II.** *adv* magnopere, vehementer [**alqd poscere**].

**drinnen** *adv* intus.

**Drittel** *nt* tertia pars <partis> *f;* **zwei ~** duae partes.

**drittens** *adv* tertio.

**dritter** *adj* tertius.

**Droge** *f* droga *f.*

**drogenabhängig** *adj* drogis assuetus.

**Drogenhändler** *m* drogarum mercator <-oris> *m.*

**drogensüchtig** *adj* drogomanicus.

**Drogerie** *f* taberna *f* aromataria, aromatopolium *nt.*

**Drogist(in** *f*) *m* aromatarius, -a *m, f.*

**Drohbrief** *m* epistula *f* minarum plena, litterae *f pl* minarum plenae.

**drohen** *vi* ❶ minari *(mit etw:* akk) [**bellum**]; **er drohte damit, die Stadt zu zerstören** minabatur se urbem deleturum esse ❷ *(nahe bevorstehen)* imminēre, impendēre, instare <institi>.

**drohend** *adj* ❶ minax <-acis> [**verba**] ❷ *(nahe bevorstehend)* imminens <-entis>, impendens <-dentis>, instans <-antis> [**periculum; bellum**].

**dröhnen** *vi* strepere, fremere.

**Dröhnen** *nt* strepitus <-us> *m,* fremitus <-us> *m.*

**Drohung** *f* minatio <-onis> *f;* **~en** *pl* minae *f pl;* **unter ~en** minitabundus; **~en ausstoßen** minas iactare.

**drollig** *adj* lepidus.

**Dromedar** *nt* dromas <-adis> *m.*

**Drossel** *f* turdus *m.*

**drüben** *adv* ultro.

**Druck** *m* ❶ pressus <-us> *m;* **jmd unter ~ setzen, auf jmd ~ ausüben** alqm [*o* alci] instare; **hinter etw ~ machen** alqd premere ❷ (TYP) impressio <-onis> *f;* **etw in ~ geben** alqd imprimendum dare.

**Druck-** typographicus [**littera**].

**Drückeberger** *m* qui se (alci rei) subducit.

**drucken** *vt* imprimere [**libros**].

**drücken I.** *vt* premere (auch fig); *(Schmerz verursachend)* urere; **jdm die Hand ~** manum alcis amplecti; **jmd an sich ~** alqm amplecti; **die Schuhe drücken mich** calcei me urunt **II.** *vr:* **sich ~** se subducere *(vor etw:* alci rei).

**drückend** *adj* gravis [**senectus; onus officii**]; **~e Hitze** sol gravis.

**Drucker** *m* typographus *m.*

**Druckerei** *f* officina *f* typographica.

**Druckfehler** *m* erratum *nt* typographicum.

**Druckknopf** *m* globulus *m* pressorius.

**Drucksache** *f* impressum *nt.*

**Druckschrift** *f* litterae *f pl* typographicae.

**drunter** *adv:* **alles geht ~ und drüber** omnia perturbantur et miscentur.

**Drüse** *f* glandula *f.*

**Dschungel** *m* impenetrabilis silva *f* tropica.

**du** *pron* tu.

**ducken** *vr:* **sich ~** ① corpus [*o* se] demittere ② *(fig)* obsequiosum esse.

**Dudelsack** *m* tibia *f* utricularis, fistula *f* utricularis.

**Duell** *nt* certamen <-minis> *nt* singulare.

**Duett** *nt* bicinium *nt.*

**Duft** *m* odor <odoris> *m.*

**duften** *vi* fragrare *(nach etw:* abl).

**dulden** *vt* ① *(zulassen)* sinere (+ akk; A.C.I.) ② *(ertragen)* ferre, pati (+ akk; A.C.I.).

**duldsam** *adj (nachsichtig)* aequus, indulgens <-entis>.

**dumm** *adj* stultus, stupidus, stolidus.

**dummdreist** *adj* stolidus, audax <-acis>.

**Dummheit** *f* stultitia *f.*

**Dummkopf** *m* stultus *m,* stolidus *m.*

**dumpf** *adj* ① *(Ton)* fuscus, pressus [**vox**] ② *(Erinnerung, Schmerz)* hebes <-betis> [**sensus**].

**Düne** *f* collis <-is> *m* arenosus.

**düngen** *vt* stercorare [**hortum**].

**Dünger** *m* stercus <-coris> *nt.*

**dunkel** *adj (auch fig)* obscurus [**lucus**; **nubes**; **oraculum**]; *(von der Farbe)* fuscus; **es ist ~** tenebrae sunt; **es wird ~** tenebrae oboriuntur.

**Dünkel** *m* arrogantia *f,* superbia *f.*

**dunkelblond** *adj* fulvus.

**dünkelhaft** *adj* arrogans <-antis>, superbus.

**Dunkelheit** *f* ① tenebrae *f pl,* obscuritas <-atis> *f;* **nach Einbruch der ~** tenebris obortis ② *(fig)* obscuritas <-atis> *f* [**verborum**; **naturae**].

**dünn** *adj* tenuis [**femina**; **vestis**; **aër**].

**Dunst** *m (Dampf)* vapor <-oris> *m; (Nebel)* nebula *f;* **jdm blauen ~ vormachen** alci fumum facere, tenebras alci trudere.

**dunstig** *adj* ① *(verräuchert)* vaporum plenus [**taberna**] ② *(neblig)* nebulosus [**aër**].

**Duplikat** *nt* duplicatum *nt.*

**durch** *praep* ① *(räuml.)* per + *akk;* **der Fluss fließt ~ die Stadt** flumen per urbem fluit ② *(zeitl.)* per *oder bl. akk;* **den Winter ~** per hiemem ③ *(bei Angabe von Mittel, Werkzeug) bl. abl;* **~ Zufall** casu ④ *(durch jmds Vermittlung)* per + *akk,* auxilio (alcis); **der Konsul ist ~ einen Boten benachrichtigt worden** consul per nuntium certior factus est.

**durcharbeiten I.** *vt* subigere **II.** *vi* nullo spatio interposito laborare.

**durchaus** *adv (unbedingt)* utique; *(völlig, ganz und gar)* prorsus; **er ist ~ nicht dumm** minime stultus est; **das kam uns ~ gelegen** id nobis admodum gratum fuit.

**durchblättern** *vt* (leviter) percurrere [**librum**].

**durchblicken** *vt (auch fig)* perspicere [**rem**; **causarum seriem**]; **etw ~ lassen** leviter significare alqd.

**durchbohren** *vt* perforare, perfodere, percutere, traicere [**alqm hastā**; **navem rostro**].

**durchbrechen** *vt (Schranken)* perrumpere, perfringere [**phalangem hostium**]; *(Wand)* perfodere [**murum**].

**durchbrennen** *vi (sich davonmachen)* profugere, aufugere.

**durchbringen** *vt* ① *(Kranken)* servare ② *(Gesetz)* perferre ③ *(verprassen)* consumere [**rem familiarem**] ④ **sich schlecht und recht ~** misere vivere.

**durchdenken** *vt* meditari, perpendere; **durchdacht** cogitatus [**consilium**].

**durchdrängeln**, **durchdrängen** *vr:* **sich ~** urgendo penetrare [**per turbam**].

**durchdrehen** *vi (kopflos werden)* insanum fieri.

**durchdringen** *vi* penetrare (per, ad); **mit etw ~** obtinēre (+ akk oder ut, ne).

**durcheilen** *vt* pervolare, percurrere [**urbem**].

**durcheinander I.** *adj (verwirrt)* confusus **II.** *adv (unordentlich)* promiscue, inordinate, confuse.

**durcheinanderbringen** *vt (verwirren, in Unordnung bringen)* confundere [**animum**; **ordines**; **dies**].

**durcheinanderreden** *vi (wirr reden; von mehreren Personen: gleichzeitig reden)* confuse loqui.

**Durcheinander** *nt (Verwirrung, Unordnung)* confusio <-onis> *f;* **es herrscht ein heilloses ~** *(von Sachen)* maxima est confusio rerum.

**durchfahren** *vt (fahrend durchqueren)* percurrere [**silvam**], vehi per + *akk* [**per urbem**].

**Durchfahrt** *f (als Ort und das Durchfahren)* transitus <-us> *m;* **auf der ~ sein** transire.

**Durchfall** *m* (MED) alvi profluvium *nt;* **~ haben** profluvio laborare.

**durchfallen** *vi (bei Prüfungen)* non probari.

**durchfliegen** *vt* pervolare.

**durchforschen** *vt (untersuchen)* examinare, exquirere, perscrutari, pervestigare.

**durchführbar** *adj* peragendus, efficiendus [**consilium**; **mandatum**].

**durchführen** *vt* peragere, efficere [**opus**; **mandata**; **comitia**].

**Durchführung** *f (Ausführung)* exsecutio <-onis> *f* [**consilii**; **mandati**].

**Durchgang** *m (Weg)* transitus <-us> *m.*
**Durchgangsstraße** *f* via *f* transitoria.
**Durchgangsverkehr** *m* commeatus <-us> *m* transitorius.
**durchgehen I.** *vi* ① transire, pervadere [**per hortum**] ② *(Antrag)* probari; *(Gesetz)* perferri ③ *(entlaufen)* aufugere, profugere **II.** *vt (Arbeit, Text)* percurrere.
**durchgreifen** *vi (drastische Maßnahmen ergreifen, energisch einschreiten)* remediis gravibus [*o* acribus] uti.
**durchgreifend** *adj (drastisch)* acer <acris, acre>, gravis [**consilia** Maßnahmen; **mutatio** Änderung].
**durchhalten** *vt* perferre [**pugnam**].
**durchhauen** *vt* ictu findere [*o* discindere].
**durchkommen** *vi* ① pervadere, transire (per alqd oder alqd) [**per provinciam**; **urbem**] ② *(Schwierigkeiten überwinden)* proficere ③ *(genesen)* ex morbo evadere.
**durchkreuzen** *vt (vereiteln)* disturbare, ad irritum redigere [**consilia**].
**durchlassen** *vt* transmittere [**exercitum per fines**; **lucem**].
**durchlaufen** *vt* percurrere [**urbem**; **honores**].
**durchleben** *vt* agere, transigere [**pueritiam**; **Angst ~** pavēre.
**durchlesen** *vt* perlegere.
**durchlöchern** *vt* perforare.
**durchmachen** *vt (erdulden)* pati, ferre.
**Durchmarsch** *m* transitus <-us> *m.*
**durchmarschieren** *vi* transire (+ akk; per) [**campos**; **per provinciam**], iter facere (per).
**Durchmesser** *m* diametrus <-i> *f.*
**durchnässt** *adj* madefactus.
**durchnehmen** *vt (im Unterricht)* tractare.
**durchqueren** *vt* transire (per alqd oder alqd).
**Durchreise** *f* transitus <-us> *m;* **auf der ~** (in) transitu; **auf der ~ sein** transire.
**durchsägen** *vt* serrā dissecare <dissecui>.
**durchschauen** *vt* perspicere [**animum regis**; **consilium**].
**durchscheinen**, **durchschimmern** *vi* perlucēre, translucēre.
**durchschlafen** *vi* sine interruptione dormire.
**Durchschlag** *m (Kopie)* photocopia *f.*
**durchschlagen** *vr:* **sich ~** duriter vitam agere.
**durchschlagend** *adj* magnus [**argumentum**]; **~en Erfolg haben** multum proficere.
**durchschlüpfen** *vi* perlabi [**per saepem**].
**durchschneiden** *vt* secare <secui>.
**Durchschnitt** *m* quantitas <-atis> *f* media; **im ~** circiter, fere.
**durchschnittlich I.** *adj* medius **II.** *adv* circiter, fere.
**Durchschnittsalter** *nt* aetas <-atis> *f* media.
**Durchschnittseinkommen** *nt* reditus <-us> *m* medius.
**Durchschnittswert** *m* valor <-oris> *m* medius.
**durchschreiten** *vt* transgredi [**atrium**].
**Durchschrift** *f* transscriptum *nt.*
**durchschwimmen** *vt* tra(ns)natare [**flumen**].
**durchsehen I.** *vt* ① *(durchblättern)* percurrere ② *(überprüfen)* recensēre **II.** *vi* perspicere (per).
**durchsetzen I.** *vt* obtinēre, impetrare, efficere (+ akk; ut, ne) [**ius suum**; **voluntatem suam**]; **bei jdm etw ~** impetrare alqd ab alqo **II.** *vr:* **sich ~** valēre.
**durchsichtig** *adj (auch fig)* perlucidus, perspicuus.
**durchsickern** *vi* ① *(von Flüssigkeiten)* percolari ② *(bekannt werden)* paulatim divulgari.
**durchsprechen** *vt* agitare [**consilia**].
**durchstöbern** *vt* (per)scrutari.
**durchstoßen** *vt (durchbohren)* percutere, pertundere, traicere [**navem rostro**].
**durchstreichen** *vt* delēre [**verbum**].
**durchstreifen** *vt (durchziehen, durchwandern)* pervagari [**silvam**; **terras**].
**durchsuchen** *vt* (per)scrutari.
**Durchsuchung** *f* perscrutatio <-onis> *f.*
**durchtrieben** *adj* versutus.
**durchwachen** *vt* pervigilare [**noctem**].
**durchwandern** *vt* peragrare, permeare.
**durchwinden** *vr:* **sich ~** eluctari.
**durchwühlen** *vt* ① *(durchstöbern)* (per)scrutari [**armarium**; **loculum**] ② *(Erde)* eruere [**humum**].
**durchzählen** *vt* percensēre.
**durchzechen** *vt* potando consumere [**totam noctem**].
**durchziehen** *vt (durchqueren)* permeare, transire [**maria ac terras**]; **jmd ~ lassen** transitum dare alci.
**Durchzug** *m* ① *(Durchmarsch)* transitus <-us> *m* [**exercitūs**] ② *(Luftzug)* perflatus <-us> *m.*
**dürfen** *vi:* **ich darf** mihi licet (+ Inf.); **nicht ~** non debēre; *auch durch verneintes Gerundiv auszudrücken.*
**dürftig** *adj* tenuis [**cibus**; **vestes**; **lumen**].
**dürr** *adj* ① *(trocken)* siccus, aridus [**glaeba**] ② *(mager)* macer <-cra, -crum> [**taurus**].
**Dürre** *f (Trockenheit)* ariditas <-atis> *f.*
**Durst** *m* sitis <-is> *f;* **~ haben** sitire; **seinen ~ löschen** [*o* **stillen**] sitim explēre [*o* sedare].
**dürsten** *vi (auch fig)* sitire *(nach etw:* akk) [**aquam**; **libertatem**; **sanguinem**].
**durstig** *adj* sitiens <-entis>.
**Dusche** *f* mammatum *nt.*
**duschen** *vi* mammato corpus subicere.
**Düse** *f* lura *f.*
**düster** *adj* ① subobscurus ② *(schwermütig)* tristis.
**Duty-free-Shop** *m* taberna *f* vectigali immunis.
**Dutzend** *nt* duodecim (= *zwölf*).

**duzen** *vt* tuare.
**dynamisch** *adj* ① dynamicus [**progressio**] ② *(Mensch)* acer <acris, acre>.
**Dynamit** *nt* dynamites <-tis> *m;* **eine Ladung ~** vis dynamitis.
**D-Zug** *m* tramen <-minis> *nt* rapidum.

# Ee



**Ebbe** *f* maris recessus <-us> *m,* aestuum recessus *m;* **bei ~** aestu minuente; **~ und Flut** aestuum accessus et recessus.
**eben I.** *adj* planus, aequus [**campus**; **litus**]; **~ machen** aequare **II.** *adv* ① *(soeben)* modo ② *(zur Hervorhebung eines Wortes: genau)* quidem.
**Ebenbild** *nt* imago <-ginis> *f,* effigies <-ei> *f* [**patris**; **humanitatis**].
**ebenbürtig** *adj* par <paris> [**nostro exercitui**; **principibus**].
**Ebene** *f* ① planities <-ei> *f,* campus *m;* **in der ~ gelegen** campester <-tris, -tre> ② *(Niveau)* gradus <-us> *m;* **auf gleicher ~** in aequo gradu; **auf höherer ~** in altiore gradu.
**ebenfalls** *adv* item.
**Ebenholz** *nt* ebenum *nt.*
**Ebenmaß** *nt* congruentia *f* [**corporis**; **versuum**].
**ebenso** *adv* aeque *(wie:* ac, atque oder et); **~ groß** aeque magnus; **~ gut ... wie** tam … quam; **~ viel** tantundem (abs. oder mit gen); **~ weit** tantundem (itineris); **~ wenig** non magis, non plus *(wie:* quam).
**Eber** *m* aper <apri> *m.*
**ebnen** *vt (auch fig)* aequare [**iter**; **locum**]; **jdm den Weg ~** viam munire alci.
**Ebro** *m* Hiberus *m.*
**Echo** *nt* sonus *m* repercussus, vocis imago <-ginis> *f;* **ein ~ geben** sonum reddere; **bei der Bevölkerung ein lebhaftes ~ finden** a civibus valde [*o* vehementer] (ap)probari.
**echt** *adj* verus [**amicus**; **margaritae**; **periculum**]; **ein ~er Römer** vir vere Romanus.
**Echtheit** *f* veritas <-atis> *f.*
**Ecke** *f* angulus *m,* versura *f;* **die ~ eines Tisches** extrema mensa; **an allen ~n und Enden** ubique.
**eckig** *adj* angulatus [**mensa**; **facies**].
**Eckzahn** *m* dens <dentis> *m* caninus.
**edel** *adj* ① *(vornehm)* nobilis, generosus [**gens**; **familia**; **iuvenis**] ② *(Tat, Charakter)* generosus, ingenuus, liberalis ③ *(von Tieren und Sachen)* generosus [**equus**; **vinum**].
**Edelmetall** *nt* metallum *nt* pretiosum.
**Edelmut** *m* magnanimitas <-tatis> *f,* liberalitas <-tatis> *f,* magnitudo <-dinis> *f* animi.
**edelmütig** *adj* generosus, ingenuus, magnanimus, liberalis.
**Edelstein** *m* gemma *f.*
**Edelweiß** *nt* (BOT) stella *f* Alpina.
**Edikt** *nt* edictum *nt;* **ein ~ erlassen** edictum proponere.
**Efeu** *m* hedera *f.*
**Effekt** *m* effectus <-us> *m.*
**Effekthascherei** *f (pej)* effectūs studium *nt.*
**effektiv** *adj (wirksam)* efficax <-acis> [**remedium**].
**egal** *adj:* **das ist ~** nihil refert, nihil interest.
**eggen** *vt* occare.
**Egoismus** *m* nimius sui amor <-oris> *m,* egoismus *m.*
**Egoist** *m* egoista *m.*
**egoistisch** *adj* egoisticus.
**ehe** *kj* priusquam, antequam.
**Ehe** *f* matrimonium *nt,* coniugium *nt;* **eine ~ eingehen** matrimonium contrahere, in matrimonium ire.
**Eheberatung** *f (das Beraten)* consultus <-us> *m* matrimonialis, consultus *m* coniugialis.
**Ehebrecher(in *f*)** *m* adulter <-teri> *m,* adultera *f.*
**Ehebruch** *m* adulterium *nt;* **~ begehen** adulterium committere.
**Ehefrau** *f* uxor <-oris> *f,* coniunx <-iugis> *f.*
**Ehekrise** *f* discrimen <-minis> *nt* coniugiale.
**Eheleute** *pl* coniuges <-gum> *m pl.*
**ehelich** *adj* ① *(Beziehungen, Recht)* coniug(i)alis ② *(Kind)* legitimus.
**ehelos** *adj (von Mann)* caelebs <-libis>, viduus; *(von der Frau)* vidua.
**ehemalig** *adj* pristinus [**praefectus militum**].
**ehemals** *adv* olim, aliquando, quondam.
**Ehemann** *m* maritus *m.*
**Ehepaar** *nt* coniuges <-gum> *m pl.*
**eher** *adv* ① *(früher)* prius, citius; **je ~, desto besser** quam primum ② *(lieber)* potius; **etw ~ wollen** alqd malle; **ich würde ~ sterben, als ...** mori malim, quam ….
**Eherecht** *nt* ius <iuris> *nt* coniugiale, conubium *nt.*
**Ehering** *m* anulus *m* pronubus.
**ehern** *adj* aeneus.
**Ehescheidung** *f* divortium *nt.*

**Eheschließung** *f* nuptiae *f pl.*
**ehrbar** *adj* honestus.
**Ehre** *f* honor <-noris> *m;* **jdm ~ erweisen** honorem alci tribuere [*o* habēre *o* reddere]; **zu ~n von** ad honorem alcis, alcis honoris causā [*o* gratiā]; **es ist mir eine ~** honori mihi est; **jdm die letzte ~ erweisen** in funus alcis prodire; **etw in ~n halten** alqd colere.
**ehren** *vt* honore afficere, honorare.
**Ehrenamt** *nt* honor <-noris> *m;* **ein ~ ausüben** [*o* **bekleiden**] honorem gerere.
**ehrenamtlich I.** *adj* honorarius [**operis socius** Mitarbeiter] **II.** *adv* sine salario.
**Ehrenbürger** *m* civitate honoris causā donatus *m.*
**ehrenhaft** *adj* honestus, honorabilis.
**Ehrenkranz** *m* corona *f* honoris.
**Ehrenmal** *nt* monumentum *nt* laudis.
**Ehrenmann** *m* vir <viri> *m* honestus [*o* probus *o* bonus].
**Ehrenmitglied** *nt* socius *m* honorarius, membrum *nt* honorarium.
**Ehrenplatz** *m* locus *m* honoris.
**ehrenrührig** *adj* ignominiosus, probrosus [**fuga**; **clades**].
**Ehrensache** *f* res <rei> *f,* in qua existimatio alcis agitur.
**Ehrentag** *m* dies <-ei> *m* sollemnis.
**ehrenvoll** *adj* honestus, honorabilis.
**Ehrenwort** *nt* fides <-ei> *f;* **auf ~** bonā fide; **jdm sein ~ geben** fidem alci dare.
**ehrerbietig** *adj* venerabundus, reverens <-entis>.
**Ehrerbietung** *f* reverentia *f* [**adversus maiores**].
**Ehrfurcht** *f* reverentia *f,* verecundia *f* *(vor :* gen); **~ haben vor** revereri + *akk;* **jdm ~ einflößen** alci reverentiam inicere.
**ehrfürchtig**, **ehrfurchtsvoll** *adj* venerabundus, reverens <-entis>.
**Ehrgefühl** *nt* pudor <-oris> *m.*
**Ehrgeiz** *m* ambitio <-onis> *f.*
**ehrgeizig** *adj* ambitiosus [**discipulus**; **consilia** Pläne].
**ehrlich** *adj* sincerus, probus, fidelis, integer <-gra, -grum> [**amica**; **consilia** Absichten].
**Ehrlichkeit** *f* sinceritas <-atis> *f,* probitas <-atis> *f,* fides <-ei> *f.*
**ehrlos** *adj* inhonestus, turpis.
**Ehrlosigkeit** *f* turpitudo <-dinis> *f,* indignitas <-atis> *f.*
**Ehrung** *f* honor <-noris> *m.*
**ehrwürdig** *adj* venerabilis, venerandus, reverendus.
**ei** *interj* hem!.
**Ei** *nt* ovum *nt;* **~er legen** ova gignere; **weiches/hartes/rohes ~** ovum fluidum/concretum/crudum.
**Eibe** *f* (BOT) taxus <-i> *f.*
**Eiche** *f* quercus <-us> *f.*
**Eichel** *f* glans <glandis> *f.*
**Eichen-** quern(e)us [**corona**].
**Eichenholz** *nt* robur <-boris> *nt.*
**Eichhörnchen** *nt* sciurus *m.*
**Eid** *m* ius <iuris> *nt* iurandum; **einen ~ ablegen** [*o* **leisten**] ius iurandum dare; **unter ~ stehen** iure iurando obstrictum esse; **seinen ~ halten/brechen** ius iurandum (con)servare/violare.
**eidbrüchig** *adj:* **~ werden** ius iurandum violare [*o* rumpere].
**Eidechse** *f* lacerta *f.*
**Eidesformel** *f* iuris iurandi verba *nt pl.*
**eidlich** *adv* iure iurando [**confirmare**].
**Eierbecher** *m* pocillum *nt* ovarium.
**Eierkuchen** *m* laganum *nt* ovarium.
**Eierlikör** *m* liquor <-oris> *m* ovarius.
**Eierschale** *f* ovi putamen <-minis> *nt.*
**Eifer** *m* studium *nt,* industria *f;* **im blinden ~** caeco impetu; **mit** (**großem**) **~** (summo) studio.
**Eifersucht** *f* invidia *f;* **aus ~** invidiā commotus.
**eifersüchtig** *adj* invidus *(auf:* dat); **~ sein** invidēre *(auf:* dat).
**eiförmig** *adj* ovatus.
**eifrig** *adj* studiosus, industrius.
**Eigelb** *nt* vitellus *m.*
**eigen** *adj* proprius; **sich etw zu ~ machen** alqd asciscere, alqd proprium sibi facere; **etw mit ~en Augen sehen** suis oculis vidēre alqd.
**Eigenart** *f* natura *f,* proprietas <-atis> *f.*
**eigenartig** *adj* mirus.
**Eigenbedarf** *m* res <rerum> *f pl* alci necessariae; **~ an Kleidung** vestes alci necessariae.
**Eigenbrötler** *m* homo <-minis> *m* segrex.
**eigenhändig** *adj* meā / tuā / suā / *usw.* manu (factus / scriptus / *u. Ä.).*
**Eigenliebe** *f* sui amor <-oris> *m.*
**Eigenlob** *nt* sui laudatio <-onis> *f;* **~ stinkt** sui laudatio male olet.
**eigenmächtig** *adj* voluntarius [**discrimen**].
**Eigenname** *m* nomen <-minis> *nt* proprium.
**eigennützig** *adj* egoisticus, suo commodo serviens [**homo**; **causae** Motive]; **aus ~en Motiven** commodi sui causā.
**Eigenschaft** *f* natura *f,* qualitas <-tatis> *f;* **gute ~** virtus <-utis> *f;* **schlechte ~** vitium *nt;* **in seiner ~ als** numero + *gen.*
**Eigensinn** *m* pertinacia *f,* pervicacia *f,* obstinatio <-onis> *f.*
**eigensinnig** *adj* obstinatus, pertinax <-acis>, pervicax <-acis>.
**eigentlich I.** *adj* ipse, verus; **im ~en Sinne des Wortes** propria significatione verbi **II.** *adv* reverā, proprie.
**Eigentum** *nt* possessio <-onis> *f,* peculium *nt;*

*(rechtliche Herrschaft)* dominium *nt;* **das Feld ist ~ meines Vaters** ager patris mei est.

**Eigentümer(in** *f***)** *m* dominus *m,* possessor <-oris> *m,* domina *f;* **rechtmäßiger ~** dominus iustus; **~ von etw sein** alqd possidēre.

**eigentümlich** *adj* ① *(seltsam)* mirus ② *(eigen, typisch)* proprius.

**Eigentumswohnung** *f* domicilium *nt* emptum/emendum.



**eigenwillig** *adj* ① *(eigensinnig)* obstinatus, pertinax <-acis>, pervicax <-acis> ② *(unkonventionell)* moribus non consentaneus.

**eignen** *vr:* **sich ~** aptum [*o* idoneum] esse *(für, zu:* ad).

**Eilbote** *m* cursor <-oris> *m;* **einen Brief per ~n schicken** epistulam per cursorem mittere.

**Eilbrief** *m* epistula *f* citata.

**Eile** *f* festinatio <-onis> *f,* properatio <-onis> *f;* **es hat keine ~** nihil urget; **in ~ sein** festinare; **in (der) ~, in aller ~** festinanter, properanter.

**eilen** *vi* ① *(Mensch)* festinare, properare, contendere; **zu Hilfe ~** succurrere + *dat;* **zu den Waffen ~** ad arma concurrere; **eile mit Weile** festina lente ② *(dringend sein)* urgēre, instare <institi>, urgentem esse, instantem esse; **die Sache eilt** res urget.

**eilig** *adj* ① *(schnell, rasch)* citus; **es ~ haben** festinare ② *(dringend)* urgens <-entis>, instans <-antis> [**opus**]; **die Sache ist ~** res urget.

**Eilmarsch** *m* iter <itineris> *nt* magnum, agmen <agminis> *nt* citatum.

**Eilzug** *m* tramen <-minis> *nt* citatum.

**Eimer** *m* situla *f.*

**ein I.** *num* unus **II.** *art: unübersetzt.*

**einander** *pron* inter se, alius alium; *(von zweien)* alter alterum.

**einarbeiten** *vt* ① *(jmd anlernen)* in operam inducere ② *(etw einfügen)* inserere [**tractationem** einen Artikel].

**einäschern** *vt* ① *(Leichnam)* cremare [**mortuos**] ② *(Häuser, Städte)* incendio delēre [**Capitolium**].

**einatmen** *vt* spiritu haurire [**aërem**].

**einäugig** *adj* luscus [**Cyclopes**].

**Einbahnstraße** *f* via *f* unius cursūs.

**einbalsamieren** *vt* condire [**corpus**].

**Einband** *m* involucrum *nt,* tegimentum *nt.*

**einbauen** *vt (Schrank, einen neuen Motor; fig: als Ergänzung einfügen, einarbeiten)* inserere [**armarium**; **novum motorium**; **tractationem** einen Artikel].

**einberufen** *vt* ① convocare [**senatum**; **concilium**; **milites ad contionem**] ② *(Soldaten zum Wehrdienst)* conscribere.

**einbiegen** *vi* iter flectere; **nach rechts/links ~** iter flectere dextrorsum/sinistrorsum.

**einbilden** *vr:* **sich etw ~** *(sich fälschlich vorstellen, sich einreden)* animo [*o* cogitatione] fingere; *(stolz sein)* superbum esse *(auf:* abl), arroganter de se sentire; **er bildet sich ein, klug zu sein** sibi videtur prudentem esse.

**Einbildung** *f* ① *(Vorstellung)* imaginatio <-onis> *f; (irrige Vorstellung)* opinio <-onis> *f* falsa; **seine Krankheit ist reine ~** falso sibi videtur aegrotum esse; **auf ~ beruhen** in opinione esse ② *(Dünkel)* superbia *f.*

**Einbildungskraft** *f* vis *f* imaginationis.

**einbläuen** *vt:* **jdm etw ~** alci alqd inculcare.

**Einblick** *m:* **~ in etw haben** alqd perspicere.

**einbrechen** *vi* ① *(einstürzen)* corruere ② *(gewaltsam eindringen, einfallen)* irrumpere, invadere, irruere [**in aedes**; **in urbem cum copiis**] ③ *(anbrechen, beginnen: Nacht, Winter)* appetere, oboriri.

**Einbrecher** *m* directarius *m,* effractarius *m.*

**einbrennen** *vt (Brandzeichen)* inurere [**notam vitulo**].

**einbringen** *vt* ① *(Ernte)* invehere ② *(Gewinn)* reddere [**lucrum** *o* **fructum** Gewinn; **usuras** Zinsen]; **viel ~** fructuosum esse ③ *(Gesetzesantrag)* ferre.

**Einbruch** *m* ① *(in ein Haus)* irruptio <-onis> *f,* effractura *f* ② *(Einsturz)* ruina *f* [**pontis**; **turris**] ③ bei **~ der Nacht** nocte appetente; **bei ~ des Winters** hieme ineunte.

**einbürgern I.** *vt* ① alci civitatem dare <dedi>, alqm civitate donare ② *(in Gebrauch bringen)* inducere [**verbum**; **morem**] **II.** *vr:* **sich ~** *(üblich werden)* inveterascere.

**Einbuße** *f* damnum *nt;* **~ erleiden** damnum accipere [*o* pati *o* ferre].

**einbüßen** *vt* amittere [**classem**; **vitam**].

**eindämmen** *vt* ① aggere [*o* mole] coërcēre [**flumen**] ② *(fig)* coërcēre, cohibēre [**pestem**; **incendium**].

**eindecken** *vr:* **sich ~** sibi prospicere *(mit:* akk).

**eindeutig** *adj* perspicuus, manifestus, (di)lucidus.

**eindringen** *vi* ① penetrare (in + akk) [**in domum**; **in quaestionem**]; *(feindl.)* invadere, irrumpere (in + akk) [**in urbem cum copiis**] ② *(fig)*: **auf jmd ~** *(jmd bestürmen, bedrängen)* alqm [*o* alci] instare <institi>.

**eindringlich** *adj (Bitte)* urgens <-gentis>, instans <-antis>; *(Rede u. Ä.)* gravis [**verba**].

**Eindruck** *m* impressio <-onis> *f;* **auf jmd ~ machen** (com)movēre alqm; **einen guten/schlechten ~ auf jmd machen** delectare alqm/offendere apud alqm; **einen falschen ~ von etw haben** falsam opinionem habēre de re; **einen verlassenen ~ machen** desertum esse videri.

**eindrücken** *vt* ① *(nach innen drücken und dadurch beschädigen)* frangere [**quadram vitream** Fensterscheibe] ② *(in etw hineindrücken)* imprimere (alqd in re, in rem oder alci rei) [**signum in cera**].

**eindrucksvoll** *adj* mirus.

**einebnen** *vt* (co)aequare, sternere [**sepulcra antiqua**].

**einengen** *vt* ① continēre, coartare ② *(Begriff)* definire.

**eine(r, s)** *pron (jemand, irgendeiner, irgendetwas)* aliquis, aliqua, aliquid; **wenn ~** si quis; **der eine ... der andere** alter ... alter; **die einen ... die anderen** alii ... alii; **~ nach dem anderen** alius post alium.

**einerlei** *adj* ① *(gleichgültig)* parvi [*o* nullius] momenti; **das ist mir ~** nihil meā interest ② *(gleichartig)* aequalis [**color**].

**Einerlei** *nt:* **das trostlose, ewige ~ des Alltags** tristis vita cottidiana, quae omni varietate caret.

**einerseits** *adv:* **~ ... andererseits** et ... et, ut ... ita; **~ nicht, andererseits** (**aber**) neque ... et.

**einfach** *adj* simplex <-plicis> [**pensum** (Schul-)Aufgabe; **causa**; **cibus**].

**Einfachheit** *f* simplicitas <-atis> *f.*

**einfädeln** *vt* ① *(Faden)* in acum inserere [**filum**] ② *(fig)* callide instituere [**dolum**].

**einfahren I.** *vt (Ernte)* invehere, convehere [**frumentum**] **II.** *vi* invehi.

**Einfahrt** *f* ① *(Ort)* aditus <-us> *m,* introitus <-us> *m* ② *(das Einfahren)* invectio <-onis> *f,* introitus <-us> *m* [**traminis**].

**Einfall** *m* ① *(feindl.)* incursio <-onis> *f,* irruptio <-onis> *f* [**hostium**] ② *(Idee)* cogitatio <-onis> *f* subita; **ihm kam der ~** venit ei in mentem.

**einfallen** *vi* ① *(feindl.)* invadere, irrumpere, incurrere [**in agrum alcis; in Macedoniam**] ② *(einstürzen)* concidere, corruere, collabi ③ **sich etw ~ lassen** consilium capere, **mir fällt ein** venit mihi in mentem *(etw:* alqd oder gen; *dass:* A.C.I.).

**einfallslos** *adj* cogitationis subitae inops <-opis> [**dispositor scaenarum** Regisseur; **consilium**].

**Einfalt** *f* stultitia *f.*

**einfältig** *adj* stultus.

**Einfaltspinsel** *m* stipes <-pitis> *m,* caudex <-dicis> *m.*

**Einfamilienhaus** *nt* domus <-us> *f* unius familiae.

**einfangen** *vt* capere, excipere [**aves**].

**einfarbig** *adj* unicolor <-loris>.

**einfassen** *vt* ① *(umsäumen)* praetexere ② *(Schmuck)* includere [**smaragdum auro**].

**Einfassung** *f (von Edelsteinen)* pala *f.*

**einfetten** *vt* unguere.

**einfinden** *vr:* **sich ~** venire, adesse.

**einfließen** *vi* influere; **~ lassen** *(im Gespräch oder in einer Rede)* inicere.

**einflößen** *vt:* **jdm etw ~** *(Flüssigkeit)* instillare; *(Affekte)* inferre, inicere [**alci timorem / spem**].

**Einfluss** *m* auctoritas <-atis> *f,* momentum *nt;* (**großen**) **~ haben** (multum) valēre; **keinen ~ haben** nihil valēre; **unter jmds ~ stehen** arbitrio alcis parēre.

**einflussreich** *adj* validus [**auctor; senatūs consultum**].

**einförmig** *adj* omni varietate carens, aequabilis, aequalis [**vita; regio**].

**Einförmigkeit** *f* nulla varietas <-tatis> *f,* aequabilitas <-tatis> *f* [**vitae; regionis**].

**einfrieren I.** *vi (gefrieren, zufrieren)* conglaciare, congelari **II.** *vt (zum Gefrieren bringen)* congelare [**alimenta**].

**einfügen** *vt* inserere [**verbum in sententiam**].

**Einfuhr** *f* invectio <-onis> *f* [**mercium; pomorum; glaesi**].

**Einfuhrbeschränkung** *f* invectionis restrictio <-onis> *f.*

**Einfuhrbestimmungen** *pl* decreta *nt pl* invectionis.

**einführen** *vt* ① *(Waren)* importare, invehere [**poma; glaesum; vinum**] ② *(Brauch, etw Neues)* introducere [**consuetudinem; novam rationem** eine neue Methode] ③ *(anleiten, unterweisen)* instituere, instruere (alqm ad alqd) [**discipulos ad philosophiam**].

**Einfuhrgenehmigung** *f* invectionis probatio <-onis> *f,* invectionis permissio <-onis> *f.*

**Einfuhrsperre** *f* invectionis interdictio <-onis> *f;* **~ für Autos** interdictio autoraedas invehendi [*o* importandi].

**Einführung** *f* ① *(von Brauch u. Ä.)* introductio <-onis> *f* [**novorum morum**] ② *(Anleitung, Unterweisung)* institutio <-onis> *f.*

**Einfuhrzoll** *m* portorium *nt.*

**einfüllen** *vt* infundere, ingerere [**vinum in lagoenas; saccharum in saccos**].

**Eingabe** *f (Bittschrift, Gesuch)* libellus *m.*

**Eingang** *m* ① introitus <-us> *m,* aditus <-us> *m* ② **~ finden** accipi.

**eingeben** *vt* ① *(verabreichen)* praebēre [**medicinam**] ② *(fig: Gedanken)* inicere, suggerere.

**eingebildet** *adj* ① *(Mensch)* superbus, arrogans <-antis> ② *(Krankheit)* opinatus, fictus.

**Eingeborene(r)** *f(m)* indigena *m/f.*

**Eingebung** *f* instinctus <-us> *m.*

**eingefleischt** *adj:* **~er Junggeselle** caelebs <-libis> *m* obstinatus.

**eingehen I.** *vi* ① *(Sendung, Briefe)* afferri, reddi; *(Geld)* solvi ② *(schrumpfen)* contrahi ③ *(Firma)* evanescere ④ *(sterben: von Pflanzen und Tieren)* intermori ⑤ **ein- und ausgehen** commeare ⑥ **auf etw** (**näher**) **~** alqd (accuratius) examinare **II.** *vt:* **ein Bünd-**

E

**nis ~** foedus facere [*o* icere *o* inire]; **eine Wette ~** sponsionem facere.
**Eingemachtes** *nt* conditura *f.*
**eingemeinden** *vt* adiungere (mit dat oder ad) [**oppido; civitati**].
**eingenommen** *adj:* **von sich ~** arrogans <-antis>, nimis sibi confisus; **für jmd/etw ~ sein** in alqm [*o* alci] benevolum esse/ad alqd propensum esse, erga alqm/erga alqd bene animatum esse; **gegen jmd/etw ~ sein** erga alqm/erga alqd male animatum esse.
**eingeschnappt** *adj (beleidigt)* laesus, offensus.
**Eingeständnis** *nt* confessio <-onis> *f* [**culpae**].
**eingestehen** *vt* confiteri [**scelus; errorem**].
**eingetragen** *adj (Verein)* in tabulas relatus.
**Eingeweide** *pl* viscera <-rum> *nt pl,* intestina *nt pl; (von Opfertieren)* exta *nt pl.*
**eingewöhnen** *vr:* **sich ~** assuescere *(in:* abl; ad; in mit akk).
**eingießen** *vt* infundere.
**eingliedern** *vt* inserere (in alqd oder mit dat).
**eingraben I.** *vt* infodire, defodere [**alqd in terram**] **II.** *vr:* **sich ~** *(fig)* se abdere [**in suum tectum**].
**eingreifen** *vi* intervenire + *dat* [**sermoni**]; **in jmds Rechte ~** alcis iura occupare.
**Einhalt** *m:* **einer Sache ~ gebieten** alqd coërcēre [*o* cohibēre].
**einhalten** *vt* observare [**praecepta; diem** einen Termin]; **einen Kurs ~** cursum tenēre.
**einhämmern** *vt:* **jdm etw ~** *(fig)* alci alqd inculcare.
**einhandeln** *vr:* **sich etw ~** *(fig)* alqd accipere [**alapas; reprehensionem**].
**einhändig** *adj* unimanus.
**einhauchen** *vt* inspirare [**animam**].
**einheimisch** *adj* domesticus, vernaculus [**incolae** Bevölkerung; **stirpes** Pflanzen; **manus** Mannschaft].
**Einheimische(r)** *f(m)* indigena *m/f.*
**einheimsen** *vt* colligere [**lucrum; gloriam; approbationem**].
**Einheit** *f* unitas <-atis> *f.*
**einheitlich** *adj* unitarius [**vestitus**].
**Einheitspreis** *m* pretium *nt* unitarium.
**einhellig** *adj* unanimus, consentiens <-ientis>.
**einholen** *vt* ❶ *(erreichen)* assequi, consequi [**fugientem**] ❷ *(Rat, Erlaubnis)* petere [**consilium ab amico** bei einem Freund Rat ~].
**einhüllen** *vt* velare, involvere [**caput**]; **in Nebel eingehüllt** nebulā velatus.
**einig** *adj* concors <-cordis>, unanimus; **~ sein** consentire; **nicht ~ sein** dissentire; **sie wurden sich über die Bedingungen ~** condiciones inter eos convenerunt; **sich über etw ~ werden** de alqa re convenire.
**einige** *pron* nonnulli <-ae, -a>; **nach ~n Jahren** nonnullis annis post; **~ Mal** aliquotie(n)s.
**einigen I.** *vt* coniungere **II.** *vr:* **sich ~** pacisci (de; mit ut, ne).
**einigermaßen** *adv* aliquo modo, aliqua ex parte.
**einiges** *pron* nonnulla *nt pl,* quiddam.
**Einigkeit** *f* concordia *f,* unanimitas <-tatis> *f* [**omnium ordinum**]; *(Übereinstimmung)* consensus <-us> *m (über, in:* gen oder de) [**libertatis vindicandae**].
**einimpfen** *vt:* **jdm etw ~** *(fig)* alci alqd inculcare.
**einjagen** *vt* inicere [**terrorem**].
**einjährig** *adj* ❶ *(ein Jahr alt)* unius anni, unum annum natus ❷ *(ein Jahr dauernd)* annuus [**magistratus; oppugnatio**].
**einkassieren** *vt* exigere [**summam**].
**Einkauf** *m* emptio <-onis> *f;* **beim ~ der Waren** in mercibus emendis.
**einkaufen** *vt* (co)emere [**alimenta**]; **etw teuer/billig ~** emere alqd magno/parvo.
**Einkaufsbummel** *m* ambulatio <-onis> *f* emptioni coniuncta.
**Einkaufszentrum** *nt* vicus *m* emptionalis.
**einkehren** *vi* devertere, deverti [**in tabernam; ad hospitem**].
**einklammern** *vt* uncis includere [**verbum**].
**Einklang** *m* concentus <-us> *m,* consensus <-us> *m;* **in ~ stehen mit** concinere [*o* consentire] cum.
**einkleiden** *vt* vestire.
**einkochen** *vt* coquere [**cerasa; olus**].
**Einkommen** *nt* reditus <-us> *m (aus :* gen).
**Einkommen(s)steuer** *f* tributum *nt* generale reditūs.
**einkreisen** *vt (umzingeln)* cingere, circumire, circumvenire [**hostem; oppidum; regiam**].
**Einkünfte** *pl* reditus <-us> *m (aus :* gen).
**einladen** *vt* ❶ *(Gäste)* invitare [**ad cenam**]; **zu einem Umtrunk ~** poculis poscere ❷ *(Gegenstände)* imponere [**merces in plaustrum**].
**Einladung** *f* invitatio <-onis> *f;* **eine ~ annehmen** promittere se venturum.
**Einlass** *m (Zutritt)* aditus <-us> *m;* **jdm ~ gewähren** alci aditum concedere [*o* praebēre].
**einlassen I.** *vt (jmd her~)* intromittere, immittere [**legatos**]; *(Wasser)* immittere [**aquam in labrum**] **II.** *vr:* **sich auf etw ~** ingredi (+ akk; in + akk), descendere (ad oder in + akk); **sich in ein Gefecht ~** proelium [*o* certamen] inire, proelium committere; **sich mit jdm in ein Gespräch ~** in sermonem [*o* colloquium] cum alqo ingredi.
**einlaufen** *vi (in den Hafen)* in portum (nave) invehi.
**einleben** *vr:* **sich ~** assuescere *(in:* abl; ad; in mit akk) [**in novam condicionem**].

**einlegen** *vt* ❶ (GASTR) condire [**cucumeres** Gurken] ❷ **eine Pause ~** moram facere.

**einleiten** *vt* ❶ *(jur.: Verfahren, Prozess)* intendere, inferre [**litem**] ❷ *(beginnen)* instituere [**delectum**; **quaestionem**; **disceptationes** Verhandlungen] ❸ *(Rede)* exordiri.

**Einleitung** *f* ❶ institutio <-onis> *f* [**disceptationum** von Verhandlungen; **delectūs**] ❷ *(rhet.)* exordium *nt,* prooemium *nt.*

**einleuchten** *vi* apparēre, patēre.

**einleuchtend** *adj* clarus, perspicuus, manifestus [**explicatio**; **causa**].

**einliefern** *vt (bringen, abliefern)* (af)ferre [**alqm in valetudinarium**; **alqm in carcerem**].

**einlösen** *vt (Versprechen, Verpflichtung)* praestare <praestiti> [**promissum**; **suum munus**].

**einmachen** *vt (einwecken, konservieren)* condire [**poma**].

**einmal** *adv* ❶ semel; **noch ~** iterum, denuo ❷ *(irgendwann: auf Vergangenheit oder Zukunft bezogen)* aliquando; **wenn ~** si quando ❸ **auf ~** *(plötzlich)* subito, *(zugleich)* simul; **nicht ~** ne … quidem.

**Einmaleins** *nt* tabula *f* Pythagorica.

**einmalig** *adj (einzigartig)* singularis, unicus.

**Einmarsch** *m* introitus <-us> *m,* ingressus <-us> *m,* ingressio <-onis> *f;* **beim ~ der Truppen** copiis ingredientibus.

**einmarschieren** *vi* introire, ingredi.

**einmauern** *vt* muro includere.

**einmeißeln** *vt* insculpere [**nomina saxo**].

**einmischen** *vr:* **sich ~** se interponere *(in:* dat; in + akk).

**einmünden** *vi (Fluss)* influere *(in:* in alqd; alqd).

**einmütig** *adj* unanimus, concors <-cordis>.

**Einmütigkeit** *f* consensus <-us> *m,* unanimitas <-tatis> *f.*

**Einnahme** *f* ❶ (MIL) expugnatio <-onis> *f* [**castrorum**; **oppidi**] ❷ *(eingenommenes Geld)* reditus <-us> *m (aus:* gen).

**Einnahmequelle** *f* reditūs fons <fontis> *m.*

**einnehmen** *vt* ❶ *(erobern)* expugnare [**arcem**] ❷ *(Geld)* accipere; *(Steuern)* exigere ❸ *(Medizin, Mahlzeit)* sumere ❹ *(besetzen)* occupare [**urbem**; **collem**] ❺ **jmd für sich ~** gratiam ab alqo inire.

**einnehmend** *adj (Wesen)* iucundus, suavis, venustus.

**einnisten** *vr:* **sich ~** irrepere (in + akk, bl. akk oder dat).

**Einöde** *f* solitudo <-dinis> *f.*

**einölen** *vt* unguere [**tergum**].

**einordnen** *vt* ordinare [**chartas** Karteikarten].

**einpacken** *vt* ❶ *(einwickeln, verpacken)* involvere [**donum**] ❷ *(in Koffer, in Kiste)* imponere, condere (in + akk; in + abl).

**einpferchen** *vt (zusammendrängen)* (con)stipare [**captivos in carros**].

**einpflanzen** *vt* inserere.

**einprägen** *vt* ❶ *(Zeichen)* imprimere (alqd in re, in rem oder alci rei) [**sigillum in cera**; **signum pecori**] ❷ *(fig: einschärfen)* inculcare; **sich etw ~** alqd memoriae mandare.

**einquartieren** *vt (auch milit.)* collocare [**comites apud hospitem**; **milites in hibernis**].

**einrahmen** *vt* marginare, margine includere.

**einrammen** *vt* fistucare [**palos in terram**].

**einräumen** *vt* ❶ *(Bücher, Wäsche, Möbel u. Ä.)* imponere, inferre (alqd in alqd) [**libros in bibliothecam**; **lintea in armarium**] ❷ *(zugestehen)* concedere [**alci iura**].

**einreden** *vt:* **jdm etw ~** persuadēre alci alqd/ut.

**einreiben** *vt* perungere [**corpus oleo**].

**einreichen** *vt* deferre [**rem dubiam ad senatum**; **querelam apud praetorem**].

**einreihen** *vt (zuordnen)* inserere *(unter :* dat) [**alqm numero civium**; **alqm vatibus**].

**Einreise** *f* introitus <-us> *m,* ingressus <-us> *m.*

**Einreisebestimmungen** *pl* decreta *nt pl* introitūs.

**Einreiseerlaubnis** *f,* **-genehmigung** *f* permissio <-onis> *f* introitūs.

**einreisen** *vi* introire, ingredi [**in Italiam**].

**Einreiseverbot** *nt* interdictum *nt* ingrediendi.

**Einreisevisum** *nt* visum *nt* ingressūs.

**einreißen** *vt* ❶ *(Brücke)* rescindere, interrumpere [**pontem**] ❷ *(Gebäude, Mauern)* diruere, destruere [**aedificium**; **moenia**].

**einrenken** *vt (fig)* reficere.

**einrichten** *vt* ❶ *(arrangieren)* instituere, constituere, instruere ❷ *(Haus, Wohnung)* instruere.

**Einrichtung** *f* ❶ *(Institution, Brauch)* institutum *nt,* institutio <-onis> *f,* constitutio <-onis> *f,* instructio <-onis> *f* ❷ *(Wohnungs-~)* supellex <supellectilis> *f.*

**einritzen** *vt* incidere *(in:* in + akk; in + abl) [**nomen suum in saxum**].

**einrücken** *vi (einmarschieren)* ingredi, introire [**in urbem**].

**einsalben** *vt* inung(u)ere.

**einsalzen** *vt* sale condire.

**einsam** *adj* ❶ *(Mensch)* solus, solitarius ❷ *(Ort)* solus, desertus.

**Einsamkeit** *f* solitudo <-dinis> *f.*

**einsammeln** *vt* colligere.

**Einsatz** *m* ❶ *(Bemühung)* studium *nt* ❷ *(im Spiel)* pignus <-noris> *nt;* **den ~ erhöhen** *(im Spiel)* maius pignus ponere.

**einschalten I.** *vt* ❶ *(einfügen)* interponere, inserere [**verbum**; **moram**] ❷ *(Radio u. Ä.)* expedire, accendere [**radiophonum**; **lumen**]

**II.** *vr:* **sich ~** *(dazwischentreten)* intervenire + *dat,* se interponere (+ dat; in + akk) [**disputationi**].

**einschärfen** *vt:* **jdm etw ~** praedicere alci alqd/ut/ne.

**einschätzen** *vt* aestimare, censēre [**periculum falso/recte**].

**einschenken** *vt* infundere [**alci vinum**].

**einschieben** *vt (einfügen)* inserere [**verbum in sententiam**].

**einschiffen I.** *vt* (in navem / in naves) imponere [**vectores** Passagiere; **merces**] **II.** *vr:* **sich ~** (in) navem conscendere.

**einschlafen** *vi* ① obdormiscere ② *(Glieder)* torpescere ③ *(fig: allmählich aufhören)* elanguescere, refrigescere, torpescere.

**einschläfern** *vt (in Schlaf versetzen; auch Tiere töten und fig)* sopire [**vino hostes**; **pervigilem draconem herbis**].

**einschläfernd** *adj* somnifer, soporifer.

**einschlagen I.** *vt* ① *(Nagel)* (de)figere (in alqa re) ② *(Zähne)* excidere, excutere; *(Scheibe, Tür)* frangere ③ *(Weg, Richtung, Laufbahn)* ingredi **II.** *vi* ① *(von Blitz, Geschoss)* decidere (in alqd) ② *(Erfolg haben)* bene [*o* prospere] cedere.

**einschleichen** *vr:* **sich ~** *(auch fig)* irrepere [**in cellam**; **in mentes hominum**].

**einschleppen** *vt* importare [**morbum**].

**einschließen** *vt* ① *(im Zimmer, im Schrank)* claudere, includere (in + akk; in + abl; bl. abl) [**consulem in carcerem**; **ducem** (**in**) **regiā**] ② *(umgeben, umzingeln)* claudere, cingere [**urbem**; **legiones**; **domum regis**].

**einschmeicheln** *vr:* **sich bei jdm ~** blanditiis benevolentiam alcis colligere.

**einschmeichelnd** *adj* blandus.

**einschmelzen** *vt* conflare [**argenteas statuas**].

**einschmuggeln** *vt* clam importare [**drogas**; **sigarella**].

**einschneiden** *vt (einkerben)* incidere *(in:* in + akk; in + abl) [**nomina in tabulam**; **carmen in sepulcro**].

**einschneidend** *adj (drastisch)* acer <acris, acre> [**consilia** Maßnahmen].

**Einschnitt** *m (auch fig)* incisura *f.*

**einschränken I.** *vt (in Schranken halten, beschränken, zügeln)* coërcēre, cohibēre, continēre [**cupiditates**; **gloriam**; **potentiam senatūs**]; **in eingeschränkten Verhältnissen leben** esse in rebus angustis **II.** *vr:* **sich ~** parce vivere.

**Einschränkung** *f* coërcitio <-onis> *f,* moderatio <-onis> *f,* continentia *f;* **mit/ohne ~** cum/sine exceptione.

**Einschreibebrief** *m* epistula *f* consignata.

**einschreiben** *vt* ① inscribere; **sich ~ bei** nomen dare apud + *akk* ② *(Post)* consignare [**epistulam**].

**Einschreiben** *nt* missio <-onis> *f* consignata.

**einschreiten** *vi* intervenire + *dat,* se interponere (+ dat; in + akk) [**demonstrationi**]; **gegen jmd ~** animadvertere in alqm.

**einschrumpfen** *vi* ① corrugari, contrahi ② *(fig)* minui, se minuere.

**einschüchtern** *vt* terrēre [**alqm minis**].

**Einschüchterung** *f* territio <-onis> *f.*

**einschütten** *vt* infundere.

**einsehen** *vt* ① *(Akten)* inspicere ② *(verstehen)* intellegere [**suum errorem**].

**einseifen** *vt* saponare.

**einseitig** *adj* ① unilateralis [**debilitas** Lähmung; **victus** Ernährung] ② *(fig)* unam tantum partem spectans <-antis> [**iudicatio**; **eruditio** Ausbildung].

**einsenden** *vt* mittere [**explicationem** die Lösung].

**einsetzen I.** *vt* ① *(Fensterscheibe, Zahn u. Ä.)* imponere ② *(in Amt)* imponere (in + akk; in + abl; dat) [**custodem in hortis**; **regem Macedoniae**]; *(zum Erben)* instituere [**alqm heredem**] ③ *(verwenden)* adhibēre [**omnes vires**; **peritos**] **II.** *vr:* **sich für jmd ~** intervenire pro alqo; **sich für etw ~** operam dare + *dat.*

**Einsicht** *f* ① *(Verständnis)* sapientia *f,* prudentia *f; (Erkenntnis)* cognitio <-onis> *f (in:* gen); *(Vernunft)* sanitas <-tatis> *f* ② **~ nehmen in** inspicere alqd.

**einsichtig**, **einsichtsvoll** *adj* sapiens <-entis>, prudens <-entis>.

**Einsiedler** *m* eremita *m.*

**einsinken** *vi* demergi [**in palude**].

**einsperren** *vt* claudere, includere [**consulem in carcerem**; **ducem in regia**].

**Einspruch** *m* intercessio <-onis> *f;* **~ erheben gegen** intercedere + *dat.*

**einst** *adv* olim.

**einstampfen** *vt* inculcare [**libros**].

**einstecken** *vt* ① *(hin~)* condere [**gladium**] ② *(hinnehmen)* ferre [**iniurias**].

**einstehen** *vi:* **für jmd/etw ~** *(bürgen)* praestare <praestiti> + *akk,* sponsorem esse pro.

**einsteigen** *vi* ① inscendere [**in currum**] ② *(fig: in ein Geschäft, Unternehmen)* suscipere [**negotium**].

**einstellen I.** *vt* ① *(aufhören mit, beenden)* desistere (abl; de; ab) [**accusatione**; **ab incepto**], desinere + *akk, gen oder abl* [**oppugnationem**] ② *(in Firma)* imponere (in + akk; in + abl) [**operarios**; **functionarios**] **II.** *vr:* **sich ~** *(kommen)* venire, adesse.

**Einstellung** *f* ① *(Beendigung)* intermissio <-onis> *f,* finis <-is> *m;* **~ aller Rechtsgeschäfte** iustitium *nt* ② *(Meinung)* opinio

<-onis> *f.*

**Einstieg** *m (auch fig)* aditus <-us> *m.*

**einstimmen** *vi (zustimmen)* assentiri *(in etw:* de oder in re).

**einstimmig I.** *adj (einmütig)* unanimus, consentiens <-ientis>; **~es Urteil** commune iudicium; **~er Beschluss** commune consultum **II.** *adv* omnium consensu, una voce [**a populo deligi**].

**Einstimmigkeit** *f* consensus <-us> *m,* consensio <-onis> *f* [**universae Galliae; senatūs**].

**einstreuen** *vt (Bemerkungen, Zitate)* inserere [**iocos historiae**].

**einströmen** *vi* influere; **Wasser strömte in das Boot ein** aqua in navigium influxit; **eine große Menschenmenge strömte in das Stadion ein** magna turba in stadium influxit.

**einstudieren** *vt* discere [**partes** eine Rolle ~].

**einstufen** *vt* numerare [**alqm in ordinem** jmd in eine Kategorie ~].

**einstürmen** *vi:* **auf jmd ~** impetum facere, se inicere (in + akk) [**gladio in hostem**]; *(fig: mit Fragen, Bitten bedrängen)* alqm adoriri [**interrogationibus; precibus**].

**Einsturz** *m* ruina *f* [**amphitheatri; pontis**].

**einstürzen** *vi* concidere, corruere.

**einstweilen** *adv* interim.

**eintägig** *adj* unius diei [**excursio; commoratio**].

**Eintagsfliege** *f* hemerobium *nt.*

**eintauchen I.** *vt* (im)mergere **II.** *vi* (im)mergi.

**eintauschen** *vt* commutare *(für, gegen:* mit abl oder cum) [**studium belli gerendi agri culturā; mortem cum vita**].

**einteilen** *vt* dividere, distribuere [**spatium urbis in vicos; copias in tres partes**].

**Einteilung** *f* divisio <-onis> *f,* distributio <-onis> *f.*

**eintönig** *adj* omni varietate carens, aequabilis, aequalis [**vita; regio; opera**].

**Eintönigkeit** *f* nulla varietas <-tatis> *f,* aequabilitas <-tatis> *f* [**vitae; regionis; operae**].

**Eintopf** *m* satura *f.*

**Eintracht** *f* concordia *f,* consensus <-us> *m.*

**einträchtig** *adj* concors <-cordis>, consentiens <-ientis>.

**eintragen** *vt* ❶ ascribere [**suum nomen in tabulas**] ❷ *(Gewinn)* ferre, reddere [**fructum**].

**einträglich** *adj* quaestuosus, fructuosus [**mercatura; negotium**].

**einträufeln** *vt* instillare.

**eintreffen** *vi* ❶ *(ankommen: von Menschen, Fahrzeugen)* advenire (ad, in + akk); *(von Waren)* apportari, afferri ❷ *(geschehen: Prophezeiung u. Ä.)* evenire.

**eintreiben** *vt* (FIN) exigere [**pecuniam; vectigalia**].

**eintreten** *vi* ❶ *(hineingehen)* intrare, introire, ingredi [**in curiam; in tabernaculum**] ❷ *(beitreten)* accedere (ad) [**ad partes**] ❸ *(geschehen)* accidere, evenire ❹ **für jmd ~** intervenire pro alqo; **für etw ~** operam dare + *dat.*

**eintrichtern** *vt:* **jdm etw ~** alci alqd inculcare.

**Eintritt** *m* ❶ introitus <-us> *m* ❷ *(Beginn)* initium *nt.*

**Eintrittskarte** *f* tessera *f* introitūs.

**eintrocknen** *vi* arescere.

**eintunken** *vt* (im)mergere [**panicellum in lac**].

**einüben** *vt* discere [**carmen; fabulam** Theaterstück].

**Einvernehmen** *nt:* **im ~ mit jdm** alqo assentiente.

**einverstanden** *adj:* **~ sein** assentiri + *dat;* **nicht ~ sein** dissentire ab.

**Einverständnis** *nt* ❶ *(Zustimmung)* assensio <-onis> *f;* **sein ~ zu etw geben** assentiri + *dat* ❷ *(Übereinstimmung)* concordia *f,* consensus <-us> *m.*

**Einwand** *m* obiectio <-onis> *f.*

**Einwanderer** *m,* **-wanderin** *f* advena *m/f.*

**einwandern** *vi* immigrare [**in Australiam**].

**Einwanderung** *f* adventus <-us> *m.*

**einwandfrei** *adj* ❶ *(unanfechtbar)* integer <-gra, -grum> [**mores** Verhalten] ❷ *(fehlerfrei)* omni vitio carens [**merx; opus**].

**einwärts** *adv* introrsum, introrsus.

**einweichen** *vt* macerare.

**einweihen** *vt* ❶ *(Bauwerk u. Ä.)* consecrare, dedicare [**locum; templum**] ❷ **jmd in etw ~** *(in etw einführen, mit etw vertraut machen)* alqm imbuere re [*o* ad alqd] [**alqm studiis; milites licentiā saevitiāque; socios ad officia**], alqm inducere in alqd [**amicum in consilia**]; **in etw eingeweiht** conscius *(+ gen oder dat)* [**coniurationis**].

**Einweihung** *f* consecratio <-onis> *f,* dedicatio <-onis> *f* [**templi**].

**einwenden** *vt* opponere *(gegen:* dat).

**einwerfen** *vt (Brief)* inicere.

**einwickeln** *vt* involvere.

**einwilligen** *vi* assentiri + *dat.*

**Einwilligung** *f* assensio <-onis> *f;* **mit jmds ~** alqo assentiente, alcis voluntate; **ohne jmds ~** alqo invito.

**einwirken** *vi:* **auf jmd ~** *(jmd beeinflussen)* alqm movēre.

**Einwirkung** *f* vis *f.*

**Einwohner** *m* incola *m.*

**einwurzeln** *vi (fig)* inveterascere.

**einzahlen** *vt* solvere, pendere.

**einzäunen** *vt* (circum)saepire.

**Einzel** *nt* (SPORT) ludus *m* singularis.

**Einzelfall** *m* casus <-us> *m* singularis.

**Einzelgänger(in** *f*) *m* solitarius, -a *m, f.*

**Einzelheiten** *pl* singula *nt pl;* **auf ~ eingehen**

E

singula examinare.

**Einzelkind** *nt* puer <-eri> *m* unicus, puella *f* unica.

**einzeln I.** *adj* singularis, singularius; **Einzelne** *(einige, wenige)* singuli; **jeder Einzelne** unusquisque; **ins Einzelne gehen** singula sequi **II.** *adv* singillatim.

**Einzelzimmer** *nt* conclave <-vis> *nt* unius lecti; *Pl.:* conclavia singulorum lectorum.

**einziehen I.** *vt* ① contrahere [**vela**; **collum**] ② *(Gelder)* exigere; *(konfiszieren)* publicare, confiscare [**hereditatem**]; **Erkundigungen ~ über** explorare + *akk* **II.** *vi* ① *(in Stadt, Gebiet einmarschieren: von Truppen, Sportlern)* inire, ingredi [**in urbem**; **in stadium**] ② *(in Wohnung, Haus)* inire [**in villam**].

**einzig** *adj* solus, unicus [**spes**].

**einzigartig** *adj* singularis, unicus.

**Einzug** *m* introitus <-us> *m,* ingressus <-us> *m* [**militum**; **in urbem**].

**Eis** *nt* ① *(gefrorenes Wasser)* glacies <-ei> *f;* **zu ~ werden** conglaciare; **etw auf ~ legen** *(fig: zurückstellen)* alqd differre, seponere ② *(Speise~)* glacies *f* (edibilis).

**Eisbahn** *f* area *f* glacialis.

**Eisbär** *m* ursus *m* marinus.

**Eisberg** *m* mons <montis> *m* glacialis.

**Eisbrecher** *m* navis <-is> *f* glacifraga.

**Eisen** *nt* ferrum *nt;* **aus ~** ferreus; **mit ~ beschlagen** ferratus; **zum alten ~ gehören** *(fig)* rudera esse.

**Eisenbahn** *f* via *f* ferrata, ferrivia *f; (Zug)* tramen <-minis> *nt;* **mit der ~ fahren** tramine vehi.

**Eisenbahnwagen** *m* currus <-us> *m* ferriviarius.

**eisenhaltig** *adj* ferratus [**aqua**].

**eisern** *adj* ferreus [**ensis**; **catenae**; **voluntas**].

**eisgekühlt** *adj* glacie refrigeratus [**potiones**].

**eisig** *adj* gelidus, glacialis [**hiems**; **ventus**].

**Eiskaffee** *m* cafea *f* glacialis.

**eiskalt** *adj* gelidus, glacialis [**aqua**].

**Eiskunstlauf** *m* patinatio <-onis> *f* artificiosa.

**Eislauf** *m* patinatio <-onis> *f.*

**Eismeer** *nt* Oceanus *m* glacialis.

**Eisscholle** *f* fragmentum *nt* ruptae glaciei.

**Eiszapfen** *m* stiria *f.*

**Eiszeit** *f* aetas <-atis> *f* glacialis.

**eitel** *adj* ① *(selbstgefällig)* valde sibi placens ② *(rein: Freude)* merus ③ *(nichtig)* vanus, inanis [**spes**].

**Eitelkeit** *f (Selbstgefälligkeit)* admiratio <-onis> *f* sui.

**Eiter** *m* pus <puris> *nt.*

**eitern** *vi* pus effundere.

**eitrig** *adj* purulentus [**vulnus**].

**Eiweiß** *nt* album *nt* ovi.

**Ekel** *m* taedium *nt,* fastidium *nt (vor: gen);* **~ erregen** taedio (alqm) afficere, fastidium (alci) afferre; **~ haben** [*o* **empfinden**] **vor** fastidire + *akk.*

**ekelhaft** *adj* taeter <-tra, -trum>, fastidiendus, fastidiosus [**animal**; **tempestas** Wetter].

**ekeln** *vr:* **es ekelt mich vor etw, ich ekle mich vor etw** me taedet + *gen* [**vitae**; **tui sermonis**].

**eklig** *adj* taeter <-tra, -trum>, fastidiendus, fastidiosus [**foetor**].

**Ekloge** *f (bukolisches Gedicht)* ecloga *f.*

**Ekstase** *f* mentis alienatio <-onis> *f;* **jmd in ~ versetzen** mentem alcis alienare.

**elastisch** *adj* elasticus.

**Elastizität** *f* vis *f* elastica.

**Elch** *m* alces <-cis> *f.*

**Elefant** *m* elephantus *m.*

**elegant** *adj* elegans <-antis>.

**Eleganz** *f* elegantia *f.*

**Elegie** *f* elegia *f.*

**Elektriker** *m* electromechanicus *m.*

**elektrisch** *adj* electricus [**lumen**; **ictus**].

**Elektrizität** *f* vis *f* electrica.

**Elektrizitätswerk** *nt* officina *f* electrica.

**Elektroauto** *nt* autoraeda *f* electrica.

**Elektroherd** *m* focus *m* electricus.

**elektronisch** *adj* electronicus.

**Elektrotechnik** *f* electrotechnica *f.*

**Elektrotechniker** *m* electrotechnicus *m.*

**Elektrotherapie** *f* electrotherapia *f.*

**Element** *nt* elementum *nt; (Bestandteil)* pars <partis> *f.*

**elementar, Elementar-** *adj* elementarius [**litterae**].

**elend** *adj* miser <-era, -erum>.

**Elend** *nt* miseria *f;* **jmd ins ~ stürzen** alqm in miseriam praecipitare.

**Elendsviertel** *nt* regio <-onis> *f* egena.

**elf** *num* undecim (undekl.).

**Elfe** *f* nympha *f.*

**Elfenbein** *nt* ebur <eboris> *nt;* **aus ~** eburn(e)us.

**elfenbeinfarben** *adj* eburn(e)us.

**Elite** *f* flos <floris> *m* [**militum**; **poëtarum**].

**Elixier** *nt* potio <-onis> *f* medicata.

**Ellbogen** *m* cubitum *nt,* cubitus *m.*

**Elle** *f (Längenmaß)* ulna *f.*

**Ellenbogen** *m* cubitum *nt,* cubitus *m.*

**Ellipse** *f* ellipsis <-is> *f.*

**elliptisch** *adj* ellipticus.

**Elster** *f* pica *f.*

**elterlich** *adj* parentalis, *durch gen ausgedrückt:* parentum.

**Eltern** *pl* parentes <-tum> *m pl.*

**Elternabend** *m* conventus <-us> *m* parentum.

**E-Mail** *f* cursus <-us> *m* electronicus.

**E-Mail-Adresse** *f* inscriptio <-onis> *f* electronica.

**Email** *nt,* **Emaille** *f* smaltum *nt.*

**emaillieren** *vt* smaltare.
**Emanzipation** *f* emancipatio <-onis> *f.*
**emanzipieren** *vr:* **sich ~** se emancipare.
**Embryo** *m* fetus <-us> *m.*
**Emigrant(in** *f*) *m* patriā profugus, -a *m, f.*
**Emigration** *f* (de)migratio <-onis> *f.*
**emigrieren** *vi* (e)migrare, demigrare.
**Empfang** *m* ① *(von Personen)* aditus <-us> *m,* receptio <-onis> *f* ② *(Entgegennahme)* acceptio <-onis> *f* [**epistulae**; **frumenti**]; **jmd/etw in ~ nehmen** excipere alqm/accipere alqd.
**empfangen** *vt (bekommen)* accipere; *(jmd aufnehmen, begrüßen)* excipere [**alqm hospitaliter**].
**Empfänger** *m (Gerät)* receptor <-oris> *m.*
**empfänglich** *adj* natus factusque *(für etw:* ad).
**Empfängnis** *f* conceptio <-onis> *f.*
**Empfängnisverhütung** *f* contraceptio <-onis> *f,* anticonceptio <-onis> *f.*
**Empfangsbestätigung** *f* confirmatio <-onis> *f* acceptionis.
**empfehlen** *vt* commendare, suadēre.
**empfehlenswert** *adj* commendabilis, commendandus.
**Empfehlung** *f* ① *(Rat)* consilium *nt,* suasio <-onis> *f;* **auf ~ des Arztes** medico suasore ② *(Fürsprache)* commendatio <-onis> *f.*
**Empfehlungsschreiben** *nt* litterae *f pl* [*o* tabellae *f pl*] commendaticiae.
**empfinden** *vt* sentire [**voluptatem**; **invidiam**]; **Schmerz ~** dolēre; **Liebe ~ für** amare + *akk.*
**empfindlich** *adj* ① mollis, tener <-nera, -nerum> ② *(leicht verletzbar)* difficilis ③ *(spürbar, einschneidend, schmerzlich)* acerbus [**damnum** Verlust].
**Empfindlichkeit** *f* ① mollitia *f* ② *(Verletzbarkeit)* difficultas <-atis> *f.*
**empfindsam** *adj* mollis, tener <-nera, -nerum>.
**Empfindsamkeit** *f* mollitia *f.*
**Empfindung** *f* sensus <-us> *m.*
**empor** *adv* sursum, sursus.
**emporarbeiten** *vr:* **sich ~** emergere, se efferre [**ad summa munera**].
**Empore** *f* podium *nt.*
**empören I.** *vt (aufbringen)* irritare, exacerbare [**hostem**; **barbaros**] **II.** *vr:* **sich ~** ① *(sich entrüsten)* indignari *(über:* akk; de) ② *(rebellieren, sich auflehnen)* rebellare.
**empörend** *adj* indignandus, indignus [**mores** Benehmen].
**Emporkömmling** *m* homo <-minis> *m* novus.
**emporragen** *vi* eminēre.
**empört** *adj* indignatus *(über:* akk; de) [**de eventu certaminis**].
**Empörung** *f* ① *(Entrüstung)* indignatio <-onis> *f* ② *(Aufstand)* seditio <-onis> *f* [**militaris**; **civium**].
**emsig** *adj* sedulus, assiduus, industrius.
**End-** finalis, terminalis [**eventus** Endergebnis].
**Ende** *nt* ① *(Schluss, Abschluss)* finis <-is> *m,* terminus *m,* exitus <-us> *m;* **etw zu ~ bringen** alqd ad finem adducere; **zu ~ gehen** finem [*o* exitum] capere; **am ~** ad extremum, ad ultimum; **am ~ des Buches** in extremo libro; **am ~ des Jahres** extremo anno, anno exeunte; **kein ~ finden können** finem non reperire ② *(Ausgang, Ergebnis)* eventus <-us> *m,* exitus <-us> *m;* **ein gutes/böses ~ nehmen** bene/male evenire.
**enden** *vi* finem habēre, desinere.
**Endergebnis** *nt* eventus <-us> *m* finalis.
**endgültig** *adj* finalis, terminalis [**iudicium**].
**Endhaltestelle** *f* statio <-onis> *f* terminalis.
**Endivie** *f* intibum *nt.*
**endlich** *adv* tandem, demum.
**endlos** *adj* infinitus [**disceptationes**; **agmen** Kolonne].
**Endspurt** *m* acceleratio <-onis> *f* extrema.
**Endstadium** *nt* gradus <-us> *m* finalis.
**Endstation** *f* statio <-onis> *f* terminalis.
**Energie** *f* ① *(Tatkraft)* vigor <-oris> *m;* **mit aller ~** omni vigore ② *(phys.)* energia *f.*
**energisch** *adj* acer <acris, acre>.
**eng** *adj* ① *(schmal; fig: beschränkt, ohne Spielraum)* angustus [**via**; **interpretatio**] ② *(~ anliegend; innig)* artus [**toga**; **amicitia**]; **mit jdm ~ befreundet sein** familiariter uti alqo.
**Engagement** *nt (persönlicher Einsatz)* studium *nt.*
**engagieren** *vr:* **sich ~** operam dare.
**engagiert** *adj* studiosus.
**Enge** *f* angustiae *f pl;* **jmd in die ~ treiben** alqm in angustias compellere.
**Engel** *m* angelus *m.*
**England** *nt* Britannia *f.*
**Engländer(in** *f*) *m* Britannus, -a *m, f.*
**englisch** *adj* Britann(ic)us.
**Engpass** *m* angustiae *f pl.*
**engstirnig** *adj* angustus.
**Enkel(in** *f*) *m* nepos <-otis> *m,* neptis <-is> *f.*
**enorm** *adj* enormis [**sumptus** Kosten].
**Ensemble** *nt* (THEAT) grex <gregis> *m.*
**entarten** *vi* degenerare *(zu:* in + akk) [**in monstrum**].
**entartet** *adj* degener <-neris>, decolor <-loris> [**ars**].
**Entartung** *f* degeneratio <-onis> *f.*
**entbehren** *vt (vermissen)* carēre + *abl* [**consuetudine amicorum**].
**entbehrlich** *adj* supervacaneus, supervacuus.
**Entbehrung** *f* inopia *f.*
**entbinden** *vt* ① *(von Pflicht u. Ä.)* solvere *(von:* abl), liberare *(von:* abl oder gen) [**alqm**

**negotio; alqm voti**] ② (MED) partu liberare.
**Entbindung** *f* partus <-us> *m.*
**entblößen** *vt* (de)nudare.
**entblößt** *adj* nudus, (de)nudatus [**pars corporis**].
**entbrennen** *vi* ① *(ergriffen werden)* (ex)ardescere, inflammari [**iracundiā; amore**]; **von etw entbrannt sein** ardēre, flagrare + *abl* [**pugnandi cupiditate; iracundiā**] ② *(ausbrechen: Krieg, Streit)* (ex)ardescere.
**entdecken** *vt (erfinden; erfahren, ermitteln)* invenire [**insulam; crimina**].
**Entdecker(in** *f*) *m* inventor <-oris> *m,* inventrix <-icis> *f.*
**Entdeckung** *f* inventio <-onis> *f.*
**Ente** *f* ① anas <anatis, anitis> *f* ② *(falsche Meldung)* fabula *f.*
**entehren** *vt* dehonestare [**nomen alcis**].
**entehrend** *adj* infamis, turpis [**accusationes** Beschuldigungen].
**Entehrung** *f* ignominia *f,* dedecus <-coris> *nt.*
**enteignen** *vt* possessionem demere alci.
**Enteignung** *f* expropriatio <-onis> *f.*
**enterben** *vt* exheredare.
**entfachen** *vt (auch fig)* accendere [**ignem; alcis iram; seditionem**].
**entfallen** *vi* ① *(wegfallen)* omitti ② *(aus dem Gedächtnis)* memoriā elabi.
**entfalten I.** *vt* extendere [**imaginationem** seine Phantasie; **pompam**] **II.** *vr:* **sich ~** provenire.
**entfärben** *vt* decolorare.
**entfernen I.** *vt* amovēre, removēre **II.** *vr:* **sich ~** discedere [**ex Gallia; a proposito**].
**entfernt** *adj* ① *(abgelegen)* remotus, longinquus; **~ sein** abesse *(von:* ab oder bl. abl); **ich bin weit davon ~, dies zu tun** longe abest, ut id faciam ② *(fig: weitläufig)*: **~e Verwandte von mir** longinqua cognatione mecum coniuncti; **~e Ähnlichkeit** quaedam similitudo.
**Entfernung** *f (Abstand)* intervallum *nt,* spatium *nt;* **in/aus einiger ~** procul.
**entfesseln** *vt* excitare, concitare [**disceptationem; discordiam; odium; seditionem; bellum**].
**entflammen** *vt (fig)* inflammare, accendere [**alcis iram**].
**entfliegen** *vi* avolare.
**entfliehen** *vi* (ef)fugere [**hostem; a foro; ex urbe; in provinciam**].
**entfremden** *vt* abalienare [**colonos Romanis**]; **sich jdm ~** se abalienare ab alqo.
**Entfremdung** *f* alienatio <-onis> *f.*
**entführen** *vt* ① *(Menschen)* rapere ② *(Flugzeug)* abducere [**aeroplanum**].
**Entführer** *m* raptor <-oris> *m.*
**Entführung** *f* ① *(von Menschen)* raptus <-us> *m* [**virginis; Ganymedis**] ② *(Flugzeug~)* abductio <-onis> *f* [**aeroplani**].
**entgegen I.** *adv* obviam [**ire**] **II.** *praep* contra + *akk* [**consilium**].
**entgegenarbeiten** *vi* obtrectare, officere [**commodis alcis; coniurationi**].
**entgegenbringen** *vt (fig: Vertrauen)* habēre, tribuere [**alci fidem**].
**entgegeneilen** *vi* obviam properare.
**entgegenfahren** *vi* obviam vehi.
**entgegengehen** *vi* ① obviam ire + *dat* ② *(fig)* obire + *akk* [**calamitatem**].
**entgegengesetzt** *adj* contrarius [**cursus** Richtung; **opinio**].
**entgegenhalten** *vt (einwenden)* opponere, obicere.
**entgegenkommen** *vi* ① obviam venire ② *(fig)* indulgēre + *dat.*
**entgegenkommend** *adj (fig)* comis, benignus.
**entgegennehmen** *vt* accipere [**epistulam; fasciculum**].
**entgegensehen** *vi:* **einer Sache ~** *(erwarten)* alqd exspectare.
**entgegensetzen** *vt* opponere, obicere.
**entgegenstehen** *vi* oppositum esse; **dem steht nichts entgegen** ei rei nihil oppositum est.
**entgegenstellen I.** *vt* obicere, opponere [**equitatum hosti**] **II.** *vr:* **sich ~** se obicere, obici, se opponere [**Hannibali**].
**entgegentreten** *vi* obsistere [**effractario audacter; opinioni praeiudicatae** einem Vorurteil].
**entgegenwirken** *vi* occurrere [**alcis consiliis**].
**entgegnen** *vt* respondēre.
**entgehen** *vi* effugere (ex oder mit akk) [**periculum; hostem**], evadere (ex; dat; akk) [**ex manibus hostium; pugnae; necem**]; **es entgeht mir** me (ef)fugit; **sich etw ~ lassen** alqd praetermittere.
**entgeistert** *adj* perturbatus, consternatus.
**entgleisen** *vi (Zug)* exorbitare.
**entgleiten** *vi* (d)elabi [(**de**) **manibus**].
**enthaaren** *vt* depilare.
**Enthaarungsmittel** *nt* psilothrum *nt,* depilatorium *nt.*
**enthalten** *vt* ① continēre ② **sich einer Sache ~** (se) abstinēre (+ abl oder ab); **ich kann mich kaum ~, etw zu tun** vix me contineo, quin ....
**enthaltsam** *adj* abstinens <-entis>.
**Enthaltsamkeit** *f* abstinentia *f.*
**enthaupten** *vt* caput alci amputare, caput alci praecidere.
**Enthauptung** *f* capitis amputatio <-onis> *f.*
**entheben** *vt:* **jmd seines Amtes ~** alci magistratum abrogare.
**enthüllen** *vt (verraten, aufdecken)* denudare, detegere, aperire [**alci consilium suum; ar-**

**cana; coniurationem**].

**Enthusiasmus** *m* animi inflammatio <-onis> *f*, animi ardor <-oris> *m*.

**entkalken** *vt* decalcificare.

**entkleiden** *vr:* **sich ~** vestem exuere.

**entkommen** *vi* effugere (ex oder mit akk) [**ex vinculis; hostem**], evadere (ex; dat; akk) [**ex manibus hostium; pugnae; necem**].

**entkräften** *vt* infirmare [**corpus; legiones; argumentum**].

**entladen I.** *vt* exonerare [**currum**] **II.** *vr:* **sich ~** *(Gewitter)* se emittere.

**entlang** *praep* secundum + *akk*.

**entlangfahren** *vt* praetervehi *(an etw:* akk) [**silvam**].

**entlanggehen** *vt* praeterire *(an etw:* akk).

**entlarven** *vt* detegere [**alcis fraudem**].

**entlassen** *vt* dimittere [**operarios; discipulum; concilium**].

**Entlassung** *f* dimissio <-onis> *f* [**operariorum; captivorum**].

**entlasten** *vt* ① *(von Last befreien)* exonerare [**navem**] ② *(fig: die Beanspruchung mindern)* levare [**parentes in taberna; commeatum** den Verkehr ~] ③ *(vor Gericht)* culpā liberare [**reum**].

**Entlastung** *f (Erleichterung)* levatio <-onis> *f*.

**entlaufen** *vi* (ef)fugere + *akk*.

**entledigen** *vr:* **sich einer Sache ~** se alqa re liberare, alqd deponere.

**entleeren** *vt* exinanire.

**entlegen** *adj* remotus, longinquus.

**entlocken** *vt* elicere [**alci secretum**].

**entmachten** *vt* potestatem demere alci.

**entmutigen** *vt* debilitare, percellere.

**entnehmen** *vt* ① *(auch fig: entlehnen)* depromere [**pecuniam ex aerario; imaginem perfectissimam de litteris** ein Idealbild der Literatur ~] ② *(etw aus etw als Information gewinnen, schließen)* colligere [**alqd ex alcis epistula**].

**entnerven** *vt* enervare; **~der Lärm** strepitus enervans.

**entpuppen** *vr:* **sich ~ als** se ostendere, patefieri; **er entpuppte sich als Tyrann/Betrüger** tyrannus/fraudator se ostendit [*o* patefactus est].

**enträtseln** *vt* interpretari, explanare [**secretum; steganographiam** Geheimschrift].

**entreißen** *vt* eripere [**alci gladium / imperium**.

**entrichten** *vt* solvere, pendere [**vectigalia; taxam**].

**entrinnen** *vi* evadere (ex; dat; akk) [**ex manibus hostium; pugnae; necem**].

**entrollen** *vt* evolvere.

**entrümpeln** *vt* vacuefacere [**horreum**].

**entrüsten** *vr:* **sich ~** indignari *(über:* akk; de).

**Entrüstung** *f* indignatio <-onis> *f (über:* gen).

**entsagen** *vi* decedere (de) [**de gaudiis vitae; de imperio**].

**Entsatz** *m* (MIL) subsidium *nt;* **jdm ~ bringen** alci subsidium ferre.

**entschädigen** *vt* damnum sarcire [*o* restituere].

**Entschädigung** *f* compensatio <-onis> *f*, merces <-cedis> *f (für:* gen).

**entscheiden I.** *vt (einen Zweifelsfall klären)* decernere + *akk* [**litem**]; *(in einem Zweifelsfall über etw ~)* statuere, constituere (de) [**de alcis actis**] **II.** *vr:* **sich ~** *(von Personen)* decernere, constituere.

**entscheidend** *adj* supremus [**pugna**]; **~er Augenblick** discrimen temporis.

**Entscheidung** *f (das Entscheiden, Sichentscheiden)* discrimen <-minis> *nt; (Entschluss)* sententia *f*, consilium *nt;* **vor der ~ stehen** in discrimine esse; **eine ~ treffen** consilium capere.

**entschließen** *vr:* **sich ~** decernere, constituere.

**entschlossen** *adj* promptus, paratus (ad alqd, ad alqd faciendum) [**ad pugnam; ad rem publicam defendendam**].

**Entschlossenheit** *f* animi praesentia *f*.

**Entschluss** *m* consilium *nt*, sententia *f*; **einen ~ fassen** consilium capere; **mein ~ ist gefasst** stat mihi sententia [*o* consilium]; **es ist mein fester ~ ...** certum est mihi consilium (+ Inf.).

**entschlüsseln** *vt* interpretari [**steganographiam** Geheimschrift].

**entschuldigen I.** *vt* ① excusare [**liberos aegrotos; mores suos** sein Verhalten] ② *(vergeben)* ignoscere [**errorem**] **II.** *vr:* **sich ~** se excusare *(für, wegen etw:* de, *bei jdm:* apud alqm).

**Entschuldigung** *f* excusatio <-onis> *f (für:* gen); **etw als ~ anführen** excusare alqd [**morbum; inopiam**].

**entschwinden** *vi (auch fig)* discedere, elabi.

**entsenden** *vt* dimittere [**nuntios in provincias**].

**entsetzen I.** *vt* ① *(in Schrecken versetzen, aus der Fassung bringen)* obstupefacere; **der Anblick der Flotte hat die Feinde entsetzt** aspectus classis hostes obstupefecit ② *(von Einschließung befreien)* obsidione liberare [**oppidum; castellum**] **II.** *vr:* **sich ~** obstupescere *(über:* mit abl).

**Entsetzen** *nt* horror <-oris> *m*.

**entsetzlich** *adj* horridus, horribilis.

**entsetzt** *adj* obstupefactus, perturbatus.

**entsinnen** *vr:* **sich ~** meminisse + *gen*, reminisci (+ gen oder akk).

**entspannen** *vt (auch fig)* relaxare [**musculos; condicionem** Lage, Situation].

**Entspannung** *f* relaxatio <-onis> *f* (animi).

**entspinnen** *vr:* **sich ~** *(allmählich entstehen)* provenire, nasci, oriri.

**entsprechen** *vi (übereinstimmen)* respondēre; **jmds Erwartungen ~** exspectationes alcis explēre.

**entsprechend I.** *adj (angemessen)* aptus, idoneus **II.** *praep* pro + *abl.*

**entspringen** *vi* ① *(Flüsse)* profluere [**ex Abnoba** im Schwarzwald] ② *(fig: herrühren)* oriri, nasci.



**entstehen** *vi* oriri, exsistere, fieri, nasci.

**Entstehung** *f* ortus <-us> *m* [**mundi**; **tribuniciae potestatis**]; **in/bei der ~** oriens.

**entstellen** *vt (verunstalten)* deformare [**faciem**]; *(fig: Tatsachen)* depravare; **entstellt** deformatus, deformis; *(fig)* depravatus; **im Gesicht entstellt** facie deformatus.

**Entstellung** *f* ① *(das Entstelltsein)* deformitas <-atis> *f* [**casu effecta** durch einen Unfall] ② *(Verunstaltung)* deformatio <-onis> *f*; *(fig: Verdrehung)* depravatio <-onis> *f.*

**entströmen** *vi (Flüssigkeit, Gas)* emanare.

**enttäuschen** *vt* alcis spem fallere; **enttäuscht** spe deceptus.

**Enttäuschung** *f* spes <spei> *f* irrita.

**entthronen** *vt* regno spoliare, regno pellere alqm.

**entwaffnen** *vt* armis spoliare alqm, arma adimere alci.

**entwässern** *vt* aquam deducere [*o* emittere] (ex; de) [**ex lacu Albano**].

**entweder** *kj:* **~ ... oder ...** aut … aut …, vel … vel ….

**entweichen** *vi* ① *(ausströmen: Gase)* emanare ② *(entfliehen)* (ef)fugere.

**entweihen** *vt* profanare [**sacra**].

**entwenden** *vt* surripere, avertere.

**entwerfen** *vt* ① designare, adumbrare [**imaginem**] ② *(fig)* concipere [**edictum**].

**entwerten** *vt* ① *(im Wert mindern)* depretiare ② *(Fahrkarte)* cancellare.

**Entwerter** *m (Gerät)* cancellatrum *nt.*

**entwickeln I.** *vt* ① *(ausbilden, verfeinern)* excolere [**animos doctrinā**] ② *(Plan)* elaborare ③ (FOT) detegere **II.** *vr:* **sich ~** *(wachsen, zunehmen; entstehen)* crescere.

**Entwicklung** *f (Fortgang)* progressus <-us> *m,* progressio <-onis> *f*; *(Wachstum)* incrementum *nt* [**mercaturae**; **doctrinarum artiumque**].

**Entwicklungshilfe** *f* auxilium *nt* populis egentioribus praebendum.

**Entwicklungsland** *nt* natio <-onis> *f* egentior.

**entwirren** *vt* explicare, expedire [**nodum**; **quaestionem**].

**entwischen** *vi* effugere *(jdm:* akk).

**entwöhnen** *vt (Säugling)* a lacte depellere.

**Entwöhnung** *f* desuetudo <-dinis> *f (von:* gen).

**entwürdigend** *adj* dignitatem (alcis) deminuens, infamis.

**Entwurf** *m* descriptio <-onis> *f,* adumbratio <-onis> *f.*

**entwurzeln** *vt* ① radicitus evellere; **der Sturm hat viele Bäume entwurzelt** tempestas multas arbores radicitus evellit ② *(fig: jmd)* radicibus privare.

**entziehen I.** *vt (wegnehmen)* subducere, subtrahere [**cibum athletae**]; *(fig)* detrahere [**alci honorem**]; **jdm das Vertrauen ~** desinere fidem habēre alci; **jdm den Schlaf ~** somno prohibēre alqm **II.** *vr:* **sich ~** recedere (ab), deesse + *dat* [**rei publicae**; **bello**; **officio**].

**entziffern** *vt* explicare, interpretari.

**entzücken** *vt* summā voluptate perfundere.

**Entzücken** *nt* summa voluptas <-atis> *f,* summa delectatio <-onis> *f.*

**entzückend** *adj* suavissimus, gratissimus.

**entzünden I.** *vt (auch fig)* accendere [**ignem**; **taedas**; **cupiditates**] **II.** *vr:* **sich ~** exardescere.

**Entzündung** *f* (MED) inflammatio <-onis> *f.*

**entzwei** *adv:* **~ sein** fractum esse, ruptum esse.

**entzweibrechen** *vt* confringere [**lignum**].

**entzweien I.** *vt* dissociare, distrahere [**barbarorum copias**; **amicitiam**] **II.** *vr:* **sich ~** distrahi.

**entzweigehen** *vi* frangi, rumpi.

**Enzian** *m* (BOT) gentiana *f.*

**Enzyklopädie** *f* encyclopaedia *f.*

**Epidemie** *f* pestilentia *f.*

**Epigramm** *nt* epigramma <-atis> *nt.*

**Epilepsie** *f* morbus *m* comitialis.

**epileptisch** *adj* epilepticus.

**Epilog** *m* epilogus *m.*

**episch** *adj* epicus [**carmen**].

**Episode** *f* ① *(flüchtiges Ereignis, kleines Erlebnis)* casus <-us> *m* ② *(kleine eingefügte Erzählung)* narratiuncula *f.*

**Epoche** *f* aetas <-atis> *f*; **~ machen** maximo momento esse.

**Epos** *nt* poëma <-atis> *nt* epicum.

**er**, **sie**, **es** *pron (betont)* is, ea, id; **da ist er!** ecce eum!.

**Erachten** *nt:* **meines ~s** meā sententiā.

**Erb-** hereditarius [**indoles** Erbanlage; **morbus**].

**erbarmen** *vr:* **sich ~** misereri + *gen* [**sociorum**].

**Erbarmen** *nt* misericordia *f*; **~ haben mit** misereri + *gen.*

**erbärmlich** *adj* miser <-era, -erum> [**praeda**; **fortuna**].

**erbarmungslos** *adj* immisericors <-cordis>, crudelis [**tyrannus**].

**erbauen** *vt (Gebäude)* aedificare.

**Erbauer** *m* aedificator <-oris> *m.*

**Erbe I.** *m* heres <-redis> *m;* **jmd zum ~n machen** [*o* **als ~n einsetzen**] alqm heredem facere [*o* instituere] **II.** *nt* hereditas <-atis> *f.*
**erbeben** *vi* contremiscere, intremiscere.
**erben** *vt* alqd hereditate accipere [**domum**; **praedium**].
**erbetteln** *vt* emendicare.
**erbeuten** *vt* praedari, capere [**bona mortuorum**; **impedimenta**].
**Erbfehler** *m* vitium *nt* avitum.
**Erbfolge** *f* successio <-onis> *f.*
**Erbin** *f* heres <-redis> *f.*
**erbitten** *vt:* **etw von jdm ~** precibus (ex)petere alqd ab alqo.
**erbittert** *adj* ① *(von Personen)* iratus, irā accensus, exacerbatus ② *(von Zuständen: hartnäckig, sehr heftig)* acer <acris, acre> [**pugna**].
**Erbitterung** *f* ira *f,* irritatio <-onis> *f (gegen: gen,* adversus oder in alqm) [**in tyrannum**; **in Romanos**].
**Erbkrankheit** *f* morbus *m* hereditarius.
**erblassen**, **erbleichen** *vi* (ex)pallescere, exalbescere *(vor:* abl) [**metu**].
**erblich** *adj* hereditarius [**nomen**; **morbus**].
**erblicken** *vt* conspicere, conspicari; **das Licht der Welt ~** in lucem edi.
**erblinden** *vi* oculis capi, lumen [*o* oculos] perdere.
**erblühen** *vi* efflorescere.
**erbrechen** *vr:* **sich ~** vomere.
**Erbrechen** *nt* vomitus <-us> *m.*
**Erbrecht** *nt* ius <iuris> *nt* hereditarium.
**Erbschaft** *f* hereditas <-atis> *f;* **eine ~ machen** hereditatem capere.
**Erbschaftssteuer** *f* tributum *nt* hereditarium, vectigal <-alis> *nt* hereditarium.
**Erbschleicher** *m* testamenti/testamentorum captator <-oris> *m,* heredipeta *m.*
**Erbschleicherei** *f* testamenti/testamentorum captatio <-onis> *f.*
**Erbse** *f* pisum *nt.*
**Erbsensuppe** *f* ius <iuris> *nt* pisorum.
**Erbstück** *nt* res <rei> *f* hereditate accepta.
**Erbteil** *nt* pars <partis> *f* hereditatis.
**Erd-** terrestris, *durch gen:* terrae.
**Erdachse** *f* axis <-is> *m.*
**Erdball** *m* terrae globus *m.*
**Erdbeben** *nt* terrae motus <-us> *m.*
**Erdbeere** *f* fragum *nt.*
**Erdboden** *m* solum *nt,* terra *f;* **dem ~ gleichmachen** solo aequare.
**Erde** *f* terra *f;* **jmd unter die ~ bringen** *(fig)* alci mortis causam esse.
**erdenken** *vt* excogitare.
**Erdgas** *nt* gasum *nt* subterraneum.
**Erdgeschoss** *nt* pedeplana *nt pl;* **im ~** plano pede.
**erdichten** *vt* fingere [**excusationem**].
**Erdkreis** *m* orbis <-is> *m* terrarum.
**Erdkugel** *f* terrae globus *m.*
**Erdkunde** *f* geographia *f.*
**Erdöl** *nt* terrae oleum *nt.*
**erdreisten** *vr:* **sich ~, etw zu tun** audēre (+ Inf.).
**erdrosseln** *vt* strangulare.
**erdrücken** *vt* opprimere.
**Erdrutsch** *m* terrae labes <-bis> *f.*
**Erdscholle** *f* glaeba *f.*
**Erdstoß** *m* terrae motus <-us> *m.*
**Erdteil** *m* (terra) continens <-entis> *f.*
**erdulden** *vt* tolerare, ferre, pati [**contumelias**].
**Erdumdrehung** *f* terrae circumactio <-onis> *f.*
**ereifern** *vr:* **sich ~** animo incitari.
**ereignen** *vr:* **sich ~** accidere, evenire.
**Ereignis** *nt* res <rei> *f,* eventus <-us> *m;* **während dieser ~se** dum haec geruntur; **nach diesen ~sen** his rebus gestis.
**Eremit** *m* eremita *m.*
**erfahren I.** *vt* comperire, accipere, cognoscere + *akk; (spüren)* affici + *abl* [**laetitiā**] **II.** *adj* peritus, gnarus *(in etw:* gen).
**Erfahrung** *f* peritia *f,* usus <-us> *m (in etw:* gen); **aus** (**eigener**) **~** peritiā; **aus ~ wissen** expertum scire; **in etw viel/reiche ~ haben** peritissimum esse + *gen;* **etw in ~ bringen** comperire alqd.
**erfassen** *vt (verstehen, begreifen)* intellegere, comprehendere.
**erfinden** *vt* ① invenire [**machinam**] ② *(etw erdichten)* fingere [**excusationes**].
**Erfinder(in** *f*) *m* inventor <-oris> *m,* inventrix <-icis> *f* [**birotae**; **autoraedae**].
**erfinderisch** *adj* ingeniosus.
**Erfindung** *f* ① inventio <-onis> *f* [**birotae**]; **eine ~ machen** alqd invenire ② *(das Erfundene)* inventum *nt.*
**Erfindungsgabe** *f* inventio <-onis> *f.*
**erflehen** *vt* exorare [**pacem**].
**Erfolg** *m* eventus <-us> *m,* successus <-us> *m;* **mit ~** bene, prospere, feliciter; **ohne ~** frustra, nequiquam; **~ haben** *(von Personen)* proficere *(in etw:* in + abl); *(von Lebl.)* bene succedere, prospere evenire.
**erfolglos I.** *adj* irritus [**studium** Bemühung; **conatus**]; **~ sein** successu carēre **II.** *adv* frustra, nequiquam.
**erfolgreich** *adj (glücklich ablaufend, ausgeführt)* felix <-icis> [**seditio**]; *(wirksam)* efficax <-acis> [**preces**].
**erforderlich** *adj* necessarius [**adiumenta** Mittel].
**erfordern** *vt* postulare, poscere; **das erfordert große Sorgfalt** hoc magnam diligentiam postulat.
**erforschen** *vt* explorare, investigare, exquirere

E

[**ambitum Africae**; **alcis consilia**; **veritatem**].

**Erforschung** *f* exploratio <-onis> *f*, investigatio <-onis> *f* [**naturae**; **universi**].

**erfragen** *vt* exquirere.

**erfreuen I.** *vt* delectare, gaudio [*o* laetitiā] afficere; **II.** *vr* **sich an etw ~** gaudēre *(m. abl oder in re)*, laetari *(in re)*; **sich guter Gesundheit ~** prospera valetudine uti.

**erfreulich** *adj* iucundus, gratus [**nuntius**].

**erfrieren** *vi (Mensch, Tier)* frigore perire; *(von Gliedmaßen und Pflanzen)* frigore confici.

**erfrischen I.** *vt* recreare **II.** *vr:* **sich ~** se recreare, recreari.

**Erfrischung** *f* ❶ *(Erholung)* refectio <-onis> *f* ❷ *(Getränk)* potio <-ionis> *f.*

**erfüllen** *vt* ❶ *(mit Freude, Schrecken, Lärm, Sorgen)* complēre, explēre [**vias clamore et fletu**; **alqm gaudio / terrore**] ❷ *(Erwartung)* explēre [**spem**]; *(Versprechen)* implēre, praestare <praestiti>; *(Bitten)* exaudire [**preces**; **alcis desiderium**]; **seine Pflicht ~** officium servare [*o* explēre *o* praestare], officio fungi; **seine Pflicht nicht ~** officio deesse, officium neglegere.

**Erfüllung** *f:* **in ~ gehen** evenire.

**ergänzen** *vt* supplēre [**scriptum**; **bibliothecam**].

**Ergänzung** *f* supplementum *nt.*

**ergattern** *vt* arripere [**tesseras introitūs**].

**ergeben I.** *vr:* **sich ~** ❶ *(sich unterwerfen)* se dedere ❷ *(folgen, resultieren)* sequi, effici; **daraus ergibt sich, dass ...** inde sequitur [*o* efficitur], ut + *conj* **II.** *adj:* **jdm ~** alci deditus.

**Ergebnis** *nt* eventus <-us> *m*, exitus <-us> *m*; **im ~** rē verā.

**ergebnislos** *adj* irritus, infructuosus [**disceptationes**].

**ergiebig** *adj (auch fig)* fructuosus, fertilis [**ager**; **quaestio**; **philosophia**].

**ergießen** *vr:* **sich ~** se effundere, effundi, se profundere, profundi [**in Oceanum**].

**erglühen** *vi (fig: entbrennen)* (ex)ardescere, excandescere [**iracundiā**; **amore**].

**ergrauen** *vi* canescere.

**ergreifen** *vt* ❶ capere, (com)prehendere [**stilum**; **furem**]; **die Flucht ~** fugere; **die Gelegenheit ~** occasione uti; **die Macht ~** rerum potiri; **das Wort ~** loqui incipere ❷ *(rühren)* movēre.

**ergreifend** *adj* animum [*o* animos] movens <-entis> [**oratio**].

**Ergreifung** *f (Festnahme)* comprehensio <-onis> *f* [**furis**].

**ergriffen** *adj (gerührt)* (com)motus.

**ergründen** *vt* explorare, perscrutari [**alcis consilia**; **regis animum** Gesinnung; **sententiam scriptoris**].

**erhaben** *adj (fig)* elatus, altus, magnus, sublimis [**sensus**; **cogitationes**]; **über jeden Verdacht ~** omni suspicione altior; **über alles Lob ~** omni laude maior.

**Erhabenheit** *f (Würde)* maiestas <-tatis> *f.*

**erhalten** *vt* ❶ *(bekommen)* accipere ❷ *(bewahren)* (con)servare [**rem publicam**; **cives incolumes**; **simulacra arasque**]; *(beibehalten)* obtinēre, (con)servare [**libertatem**; **auctoritatem in perpetuum**; **morem veterem**].

**Erhaltung** *f* conservatio <-onis> *f* [**aedificiorum**; **pacis**].

**erhängen I.** *vt* suspendere **II.** *vr:* **sich ~** se suspendere.

**erhaschen** *vt* arripere.

**erheben I.** *vt* ❶ *(hochheben; Geschrei, Stimme)* tollere [**clamorem in caelum**; **vocem**] ❷ *(Gebühr, Steuern)* exigere **II.** *vr:* **sich ~** ❶ *(aufstehen)* surgere [**e lectulo**; **de sella**; **humo**] ❷ *(aufkommen, ausbrechen)* oriri ❸ *(sich auflehnen, rebellieren)* rebellare; **sich ~ gegen** exsurgere contra + *akk.*

**erheblich** *adj* gravis, magnus, grandis [**damnum**; **discrimen**].

**Erhebung** *f* ❶ *(kleiner Hügel)* acclivitas <-atis> *f* ❷ *(Aufstand)* rebellio <-onis> *f*, seditio <-onis> *f*, tumultus <-us> *m.*

**erheitern** *vt* hilarare, oblectare.

**erhellen** *vt (auch fig)* illustrare.

**erhitzen I.** *vt* ❶ calefacere ❷ *(erregen)* accendere, inflammare **II.** *vr:* **sich ~** ❶ calefieri ❷ *(sich erregen)* (ex)ardescere, inflammari.

**erhoffen** *vt* sperare [**victoriam**].

**erhöhen** *vt (steigern, vermehren)* augēre [**numerum legatorum**; **turres castrorum**].

**Erhöhung** *f* ❶ *(Anhöhe)* collis <-is> *m* ❷ *(Steigerung, Vermehrung)* auctus <-us> *m.*

**erholen** *vr:* **sich ~** se recreare, se reficere, recreari [**ex timore**; **ex vulneribus**].

**Erholung** *f* refectio <-onis> *f*, relaxatio <-onis> *f*; **~ suchen** se recreare velle.

**Erholungsheim** *nt* recreatorium *nt.*

**erhören** *vt* exaudire [**socios**; **preces**].

**erinnern I.** *vt* (ad)monēre *(an:* de) **II.** *vr:* **sich ~** meminisse *(an:* gen), recordari *(an:* de), reminisci *(an:* gen oder akk).

**Erinnerung** *f* memoria *f*, recordatio <-onis> *f (an:* gen); **zur ~** ad memoriam *(an:* gen), monumenti causā.

**erkalten** *vi (auch fig)* (re)frigescere, refrigerari; **die Begeisterung erkaltete schnell** animi inflammatio cito refrixit.

**erkälten** *vr:* **sich ~** perfrigescere.

**Erkältung** *f* gravedo <-dinis> *f*, perfrictio <-onis> *f.*

**erkämpfen** *vt* potiri + *abl* [**regiā**; **navibus**; **victoriā**; **nomismate aureo**].

**erkennbar** *adj* agnoscibilis, cognoscibilis.
**erkennen** *vt* ① cognoscere, noscere, intellegere [**naturam moresque**; **malefacta sua**] ② *(sehen)* vidēre.
**erkenntlich** *adj:* **sich ~ zeigen** se gratum praebēre.
**Erkenntnis** *f* cognitio <-onis> *f;* **neue ~se gewinnen** novas res intellegere; **zu der ~ gelangen, dass** cognoscere (+ A.C.I.).
**Erkennungszeichen** *nt* nota *f,* insigne <-gnis> *nt.*
**Erker** *m* proiectum *nt.*
**erklärbar** *adj* explicabilis.
**erklären** *vt* ① *(erläutern)* explicare, explanare ② *(verkünden)* declarare [**alqm victorem** jmd zum Sieger ~] ③ *(für etw halten)* iudicare [**alqm hostem**; **alqd irritum** etw für ungültig ~] ④ **jdm den Krieg ~** alci bellum denuntiare [*o* indicere].
**erklärlich** *adj* ① *(erklärbar)* explicabilis ② *(verständlich)* intellegibilis [**error**].
**Erklärung** *f* ① *(Erläuterung)* explicatio <-onis> *f,* explanatio <-onis> *f* [**quaestionum obscurarum**]; **eine ~ geben/haben für** explicare alqd ② *(Bekanntgabe, Verkündung)* declaratio <-onis> *f,* pronuntiatio <-onis> *f.*
**erklingen** *vi* sonare <sonui>.
**erkranken** *vi* in morbum incidere.
**Erkrankung** *f* morbus *m.*
**erkunden** *vt* explorare [**loca** das Gelände].
**erkundigen** *vr:* **sich ~** quaerere, percontari *(nach, über:* akk, *bei jdm:* ex, ab alqo).
**Erkundigung** *f* percontatio <-onis> *f (nach, über:* gen); **~en einziehen über** percontari + *akk.*
**Erkundung** *f* exploratio <-onis> *f* [**locorum** des Geländes].
**erlahmen** *vi (fig: Interesse, Begeisterung)* languescere, torpescere.
**erlangen** *vt* obtinēre, adipisci, assequi, nancisci [**regnum**; **honores**; **victoriam**].
**Erlass** *m* ① *(Verordnung, Bekanntmachung)* edictum *nt* ② *(von Strafe, Schulden)* remissio <-onis> *f* [**poenae**; **tributi**].
**erlassen** *vt* ① *(Gesetz, Verordnung)* edicere; **einen Befehl ~, dass** iubēre (+ A.C.I.) ② *(Strafe, Schulden)* remittere.
**erlauben** *vt* permittere, concedere (alci alqd/ut); **es ist erlaubt** licet; **wenn es meine Gesundheit erlaubt** si per valetudinem licebit.
**Erlaubnis** *f* permissio <-onis> *f,* licentia *f,* venia *f;* **mit deiner ~** permissu tuo, concessu tuo; **jmd um ~ bitten** veniam petere ab alqo; **jdm die ~ geben, etw zu tun** alci permittere [*o* concedere], ut; alci veniam dare (+ gen oder ut).
**erläutern** *vt* explicare, explanare [**quaestionem obscuram**].
**Erläuterung** *f* explicatio <-onis> *f,* explanatio <-onis> *f* [**quaestionum obscurarum**].
**Erle** *f* (BOT) alnus *f.*
**erleben** *vt (mit eigenen Augen sehen; erfahren; noch lebend erreichen)* vidēre [**victoriam**; **mala captivitatis**]; **Freuden/eine Niederlage ~** voluptatibus/clade affici.
**Erlebnis** *nt* res <rei> *f,* casus <-us> *m.*
**erledigen** *vt* conficere, transigere [**negotia**]; **ich bin erledigt** perii.
**erlegen** *vt (Wild)* caedere, interficere.
**erleichtern** *vt (auch fig)* levare [**onus**; **luctum**; **curam**; **alcis condicionem**]; *(weniger schwierig machen)* facilius reddere.
**Erleichterung** *f* levamentum *nt; (erleichtertes Gefühl)* animus (curā/metu) levatus.
**erleiden** *vt* (per)ferre, accipere [**cladem**; **detrimentum**; **iniuriam**].
**erlernen** *vt* ediscere [**artem**].
**erlesen** *adj* ① *(Speise)* exquisitus ② *(Publikum)* electus.
**erleuchten** *vt* illustrare, illuminare.
**erliegen** *vi* succumbere [**temptationibus**].
**Erlös** *m* lucrum *nt,* fructus <-us> *m (aus etw:* gen).
**erlöschen** *vi (Feuer, Gefühle)* exstingui, restingui.
**erlösen** *vt* liberare, vindicare [**patriam ex servitute**].
**Erlöser** *m* liberator <-oris> *m,* vindex <-dicis> *m.*
**Erlösung** *f* ① liberatio <-onis> *f (von etw:* gen) [**tormenti**] ② (REL) redemptio <-onis> *f.*
**ermächtigen** *vt* potestatem dare <dedi> (alci) [**foederis faciendi**].
**Ermächtigung** *f* potestas <-atis> *f* [**cum populo agendi**].
**ermahnen** *vt* (ad)monēre (mit ut), (ad)hortari *(zu etw:* ad, in + akk; ut) [**ad defendendam rem publicam**; **in officium**].
**Ermahnung** *f* (ad)monitio <-onis> *f,* (ad)hortatio <-onis> *f;* **auf jmds ~** alqo hortante.
**ermäßigen** *vt* (de)minuere [**pretium frumenti**].
**Ermäßigung** *f* deminutio <-onis> *f.*
**ermattet** *adj* (de)fessus, (de)fatigatus.
**Ermessen** *nt* iudicium *nt,* arbitrium *nt;* **nach meinem ~** meo iudicio.
**ermitteln** *vt (zu erforschen suchen)* quaerere, percontari [**furem**; **causas**; **indicia**].
**ermorden** *vt* necare, interficere, caedere.
**Ermordung** *f* caedes <-dis> *f,* interfectio <-onis> *f.*
**ermüden** *vt* fatigare.
**Ermüdung** *f* fatigatio <-onis> *f.*
**ermuntern** *vt (ermutigen)* (ad)hortari *(zu:* ad, in + akk; ut).

E

**Ermunterung** *f* hortatio <-onis> *f.*

**ermutigen** *vt* (ad)hortari *(zu:* ad, in + akk; ut).

**Ermutigung** *f* hortatio <-onis> *f.*

**ernähren** *vt* ❶ alere, nutrire ❷ *(fig: unterhalten)* sustentare [**familiam**; **exercitum**].

**Ernährer(in** *f*) *m* nutritor <-oris> *m,* nutrix <-icis> *f.*

**Ernährung** *f (Nahrung, Unterhalt)* victus <-us> *m.*

**ernennen** *vt* nominare, dicere *(zu:* dopp. akk) [**alqm consulem / dictatorem**].

**Ernennung** *f* nominatio <-onis> *f.*

**erneuern** *vt* renovare [**templum**; **hospitium**; **proelium**].

**Erneuerung** *f* renovatio <-onis> *f.*

**erniedrigen** *vt (demütigen)* offendere.

**Erniedrigung** *f* humilitas <-atis> *f,* humiliatio <-onis> *f.*

**ernst** *adj (nur von Sachen)* serius [**verba**; **tempus**]; *(von Personen und Sachen)* severus, gravis; **~es Wesen** severitas <-atis> *f;* **jetzt wird's ~** nunc serio agitur.

**Ernst** *m* severitas <-atis> *f,* gravitas <-atis> *f;* **im ~** serio; **mit etw ~ machen** ad effectum adducere alqd; **das ist mein ~** verissime loquor.

**ernsthaft** *adj* severus, gravis.

**ernstlich** *adv (wirklich)* vere; *(nachdrücklich)* graviter.

**Ernte** *f (das Ernten und der Ernteertrag)* messis <-is> *f;* **die ~ einbringen** messem invehere.

**Erntedankfest** *nt* vacunalia <-ium> *nt pl.*

**ernten I.** *vt* ❶ metere [**poma**] ❷ *(fig)* colligere [**laudem**; **odium**] **II.** *vi* metere, messem facere; **wie man sät, so wird man ~** ut sementem feceris, ita metes.

**Ernüchterung** *f (fig)* resipiscentia *f.*

**Eroberer** *m* expugnator <-oris> *m.*

**erobern** *vt* expugnare, capere [**oppidum**; **castra hostium**].

**Eroberung** *f* expugnatio <-onis> *f;* **nach der ~ der Stadt** urbe capta.

**eröffnen** *vt* ❶ *(Geschäft u. Ä.; fig.)* aperire, patefacere [**expositionem**; **ludos**; **sua consilia**; **computum** ein Konto] ❷ *(beginnen: Sitzung)* alcis rei initium facere [**consessūs**].

**Eröffnung** *f* ❶ *(Beginn)* initium *nt,* principium *nt* ❷ *(Mitteilung)* communicatio <-onis> *f.*

**erörtern** *vt* tractare + *akk,* disputare (de), disserere (de; akk) [**libertatis bona**; **de amicitia**].

**Erörterung** *f* disputatio <-onis> *f.*

**erpicht** *adj:* **auf etw ~ sein** cupidissimum [*o* avidissimum] esse alcis rei.

**erpressen** *vt* ❶ *(Personen)* minis cogere ❷ *(Geld u. Ä.)* extorquēre [**confessionem alci**].

**Erpressung** *f* violenta exactio <-onis> *f* [**pretii** von Lösegeld; **promissi**].

**erproben** *vt* probare, experiri [**fidem alcis**; **gladium**]; **erprobt** *(bewährt)* probatus [**pugnator**; **audacia**].

**erquicken** *vt* recreare, reficere [**se frigida potione**].

**erraten** *vt* coniectare [**alcis desiderium**; **alcis consilia**].

**erregbar** *adj* irritabilis.

**erregen** *vt* ❶ *(Leidenschaften)* (com)movēre, concitare [**odium**; **misericordiam**; **metum**; **admirationem** Aufsehen] ❷ *(in Erregung bringen)* excitare [**cives**; **animum alcis**].

**Erregung** *f* animi concitatio <-onis> *f,* (animi) commotio <-onis> *f.*

**erreichen** *vt (einholen, und fig: erlangen)* assequi, consequi [**vehiculum**; **libertatem**; **multa studio**]; *(durch Bitten)* impetrare [**optatum**; **veniam a dictatore**]; *(hinkommen zu)* pervenire (ad, in + akk); **dieser Ort ist schwer zu ~** in eum locum aditus difficilis est; **ein hohes Alter ~** ad summam senectutem pervenire.

**erretten** *vt* (con)servare [**alqm ex angustiis**].

**errichten** *vt* statuere, construere, constituere [**statuam**; **moenia**].

**Errichtung** *f (von Gebäuden)* constructio <-onis> *f* [**theatri**; **gymnasii**].

**erringen** *vt* adipisci [**honores**; **gloriam**]; **den Sieg ~** victoriam ferre [*o* adipisci].

**erröten** *vi* erubescere.

**Errungenschaft** *f* acquisitum *nt,* acquisitio <-onis> *f.*

**Ersatz** *m* succedaneum *nt;* **etw als ~ für etw geben** compensare alqd alqa re.

**Ersatz-** subsidiarius.

**Ersatzdienst** *m* officium *nt* civile, munus <-neris> *nt* civile.

**Ersatzmann** *m* vicarius *m.*

**Ersatzteil** *nt* pars <partis> *f* subsidiaria.

**ersäufen** *vt* (in aqua *o* in aquam) mergere.

**erschaffen** *vt* ❶ *(hervorbringen)* creare ❷ *(errichten)* efficere.

**erschallen** *vi* (per)sonare <(per)sonui>.

**erschauern** *vi* horrescere, rigescere.

**erscheinen** *vi* ❶ *(sich zeigen)* apparēre, conspici, cerni; *(kommen, sich einfinden)* venire, adesse ❷ *(Buch)* edi ❸ *(scheinen)* videri.

**Erscheinung** *f* ❶ *(Gestalt, Aussehen; Traumbild, Vision)* species <-ei> *f;* **eine seltsame ~** miraculum *nt* ❷ *(Gegebenheit)* res <rei> *f.*

**erschießen** *vt* telo traicere, telo transfigere.

**erschlaffen** *vi* (e)languescere, laxari.

**erschlagen** *vt* caedere, occidere; **vom Blitz ~ werden** fulmine percuti.

**erschleichen** *vt* obrepere (ad) [**ad honores** Ehrenstellen ~], se insinuare (in alqd).

**erschließen** *vt (zugänglich machen, öffnen)* aperire [**loca** Gelände; **mercatum** Markt].

**erschöpfen** *vt* ① *(ermüden, schwächen)* defatigare, conficere ② *(bis zum letzten verbrauchen)* exhaurire [**populi vires; aerarium**]; **ein Thema ~d behandeln** totam rem complecti.
**erschöpft** *adj (müde)* (de)fessus, defatigatus, confectus [**longitudine viae**].
**Erschöpfung** *f* defatigatio <-onis> *f.*
**erschrecken I.** *vt* (per)terrēre **II.** *vi* (per)terreri.
**erschreckend** *adj* terribilis, horribilis.
**erschrocken** *adj* (per)territus.
**erschüttern** *vt (auch fig)* quatere, labefacere [**murum; rem publicam; animum alcis**].
**Erschütterung** *f* ① *(von Gebäuden)* conquassatio <-onis> *f,* motus <-us> *m* ② *(fig: Ergriffenheit)* animi motus <-us> *m,* animi commotio <-onis> *f.*
**erschweren** *vt* difficilius facere [**examina**].
**ersehnen** *vt* desiderare, exoptare [**sibi imperium**].
**ersetzen** *vt* compensare, restituere [**amissa; damna bello accepta**].
**ersichtlich** *adj (Grund)* manifestus, apertus.
**ersinnen** *vt* excogitare, fingere.
**erspähen** *vt* speculari [**hostem; feras**].
**ersparen** *vt* ① *(Arbeit, Mühe)* compendium facere alcis rei [**operae**] ② *(Geld)* parcere [**talenta gnatis**] ③ *(Ärger)* avertere alqm ab.
**Ersparnisse** *pl* peculium *nt.*
**erst** *adv (nicht früher als)* demum; **jetzt ~** nunc demum; **eben ~** modo demum.
**erstarren** *vi* rigescere, torpescere.
**erstarrt** *adj (auch fig)* torpidus [**digiti; metu; miraculo**].
**Erstarrung** *f* torpor <-poris> *m.*
**erstatten** *vt* ① *(Kosten)* compensare, restituere [**pecuniam**] ② **jdm Bericht ~** (**über**) referre (alqd) ad alqm.
**erstaunen** *vi* obstupefacere.
**Erstaunen** *nt* stupor <-oris> *m,* admiratio <-onis> *f;* **in ~ setzen** obstupefacere; **in ~ geraten** obstupescere.
**erstaunlich** *adj* mirus, mirabilis.
**Erstausgabe** *f* editio <-onis> *f* princeps.
**erstechen** *vt* transfigere, traicere.
**erstehen** *vt* acquirere.
**ersteigen** *vt* ascendere [**murum; montem**].
**erstens** *adv* primum; **~ … zweitens … drittens** primum … deinde … tum.
**erster** *adj* primus; **der erste Beste** quilibet; **er war der Erste, der kam** primus advenit.
**ersterer** *pron* prior <-oris>.
**ersticken I.** *vt* suffocare; *(fig)* opprimere [**seditionem**]; **mit von Tränen erstickter Stimme** voce fletu debilitata **II.** *vi passivisch auszudrücken.*
**Ersticken** *nt,* **Erstickung** *f* suffocatio <-onis> *f.*
**erstklassig** *adj* primarius.
**erstreben** *vt* (ex)petere, appetere.
**erstrebenswert** *adj* expetendus.
**erstrecken** *vr:* **sich ~** pertinēre (ad); **sich weit ~** late patēre; **sich über vier Jahre ~** quattuor annorum esse.
**erstürmen** *vt* expugnare [**oppidum; arcem**].
**ersuchen** *vt:* **jmd um etw ~** alqm rogare alqd [*o* de re].
**ertappen** *vt* deprehendere [**alqm in furto / in scelere**]; **auf frischer Tat ertappt** in ipso delicto deprehensus, in manifesto facinore deprehensus.
**erteilen** *vt* tribuere, dare <dedi> [**mandata**]; **jdm einen Tadel/Verweis ~** vituperare alqm.
**ertönen** *vi* sonare <sonui>.
**Ertrag** *m* fructus <-us> *m;* **einen ~ abwerfen** fructum reddere.
**ertragen** *vt* tolerare, (per)ferre, pati [**iniurias; frigus; sitim**].
**erträglich** *adj* tolerabilis.
**ertragreich** *adj* quaestuosus [**mercatura; annus**], fecundus, fertilis [**ager**].
**ertränken** *vt* (in aqua *o* in aquam) mergere; **seine Sorgen im Alkohol ~** suas curas in temeto [*o* in temetum] mergere.
**ertrinken** *vi* in aqua mergi.
**ertüchtigen** *vr:* **sich ~** se corroborare.
**erübrigen** *vr:* **sich ~** supervacaneum esse, supervacuum esse.
**erwachen** *vi* excitari, expergisci.
**erwachsen I.** *adj* adultus **II.** *vi (entstehen, hervorgehen: Kosten, Misstrauen)* oriri, exsistere.
**Erwachsenenbildung** *f* institutio <-onis> *f* adultorum.
**erwägen** *vt* deliberare, pendere.
**erwähnen** *vt* (com)memorare.
**Erwähnung** *f* commemoratio <-onis> *f,* mentio <-onis> *f;* **~ finden** commemorari.
**erwärmen I.** *vt* calefacere **II.** *vr:* **sich ~** calescere, calefieri.
**erwarten** *vt* exspectare; **etw kaum ~ können/ kaum ~ können, dass** gestire (+ akk. / mit Inf. oder A.C.I.).
**Erwarten** *nt:* **wider** (**aller**) **~** contra (omnium) exspectationem.
**Erwartung** *f* exspectatio <-onis> *f,* spes <spei> *f;* **alle ~en übertreffen** omnium spem superare; **jmds ~en enttäuschen** spem alcis fallere.
**erwartungsvoll I.** *adj* exspectatione plenus **II.** *adv* cum summa exspectatione.
**erwecken** *vt (fig: erregen)* concitare, (com)movēre [**misericordiam; suspicionem**].
**erwehren** *vr:* **sich jmds/einer Sache ~** repellere alqm/alqd; **sich der Tränen nicht ~ können** (a) lacrimis temperare non posse.
**erweichen** *vt (fig)* commovēre.
**erweisen I.** *vt (Ehre, Dienst)* tribuere **II.** *vr:* **sich ~ als** se praebēre *(mit präd. akk).*

E

**erweitern** *vt* ❶ amplificare, dilatare, prolatare, proferre [**urbem**; **aeroportum**; **castra**] ❷ *(fig)* augēre [**potestatem**]; **seine Kenntnisse ~** addiscere alqd.
**Erweiterung** *f* prolatio <-onis> *f* [**finium**; **aedificiorum**].
**Erwerb** *m* quaestus <-us> *m; (das Erwerben)* comparatio <-onis> *f.*
**erwerben** *vt* (com)parare, parere [**divitias**; **libertatem**].
**Erwerbsquelle** *f* quaestus <-us> *m.*
**erwidern** *vt* ❶ *(antworten)* respondēre ❷ *(auf etw in entsprechender Weise reagieren)* reddere, referre [**salutem** den Gruß].
**Erwiderung** *f (Antwort)* responsum *nt.*
**erwirken** *vt* adipisci [**alcis missionem** jmds Freilassung].
**erwischen** *vt* deprehendere [**furem**; **alqm in furto / in scelere**].
**erwünscht** *adj* exoptatus [**occasio**].
**erwürgen** *vt* strangulare.
**Erz** *nt* aes <aeris> *nt;* **aus ~** aeneus.
**erzählen** *vt* narrare [**alci somnium / fabellam**]; **man erzählt** narratur (+ N.C.I. oder A.C.I.), narrant (+ A.C.I.).
**Erzähler(in *f*)** *m* narrator <-oris> *m,* narratrix <-icis> *f.*
**Erzählung** *f* fabula *f,* narratio <-onis> *f.*
**Erzbischof** *m* archiepiscopus *m.*
**Erzengel** *m* archangelus *m.*
**erzeugen** *vt (hervorbringen, herstellen; verursachen)* efficere, gignere, parere [**fluentum electricum**; **energiam**; **odium**; **taedium**].
**Erzeugnis** *nt* opus <operis> *nt; (der Landwirtschaft, des Bergbaus)* fructus <-us> *m.*
**Erzfeind** *m* acerrimus inimicus *m.*
**erziehen** *vt* ❶ *(Kind)* educare ❷ *(bilden)* erudire, instituere.
**Erzieher(in *f*)** *m* educator <-oris> *m,* educatrix <-icis> *f.*
**Erziehung** *f* educatio <-onis> *f.*
**erzielen** *vt* adipisci; **eine Wirkung ~** effectum perficere.
**erzürnen I.** *vt* iratum facere, incendere; **erzürnt** iratus **II.** *vr:* **sich ~** irasci, suscensēre.
**erzwingen** *vt* vi obtinēre [**discrimen** eine Entscheidung; **promissum ab alqo**].
**es** *pron s.* **er.**
**Esche** *f* (BOT) fraxinus *f.*
**Esel** *m* asinus *m.*
**Eselsbrücke** *f* subsidium *nt* inertiae.
**Eseltreiber** *m* asinarius *m.*
**Eskorte** *f* praesidium *nt.*
**essbar** *adj* esculentus [**bacae**].
**essen** *vt und vi* edere; **zu Mittag ~** cenare.
**Essen** *nt* ❶ *(Nahrung)* cibus *m* ❷ *(Mahlzeit)* cena *f;* **während des ~s** inter cenam; **jmd zum ~ einladen** alqm ad cenam invitare.
**Essenszeit** *f* tempus <-poris> *nt* edendi.
**Essenz** *f* ❶ sucus *m* ❷ *(fig)* vis et natura.
**Esser** *m:* **ein guter ~ sein** edacem esse.
**Essig** *m* acetum *nt;* **in ~ einlegen** aceto condire.
**Esslöffel** *m* cochlear <-aris> *nt* cibarium.
**Esstisch** *m* mensa *f* escaria.
**Esswaren** *pl* alimenta *nt pl,* cibaria *nt pl.*
**Esszimmer** *nt* cenaculum *nt.*
**Etage** *f* tabulatum *nt.*
**Etat** *m* dispensatio <-onis> *f* oeconomica.
**Ethik** *f* morum praecepta *nt pl; (philos.)* moralis pars <partis> *f* philosophiae.
**Etikett** *nt* nota *f.*
**Etikette** *f* morum elegantia *f;* **gegen die ~ verstoßen** morum elegantiam violare.
**etliche** *pron* nonnulli.
**Etui** *nt* capsula *f.*
**etwa** *adv* ❶ *(ungefähr)* fere ❷ *(im Fragesatz)* num; **oder ... ~?** *(in Entscheidungsfragen)* an.
**etwas I.** *pron* aliquid; **~ Geld** aliquid argenti; **~ Kuchen** aliquid placentae; **das ist immerhin ~** est aliquid **II.** *adv* ❶ paulum [**requiescere**] ❷ *(beim Komp.)* paulo [**maior; melior; minus**].
**euer** *pron* vester <-tra, -trum>.
**Eule** *f* ulula *f,* noctua *f;* **~n nach Athen tragen** ligna in silvam ferre.
**Eunuch** *m* eunuchus *m.*
**euretwegen** *adv* vestrā causā.
**Europa** *nt* Europa *f.*
**europäisch** *adj* Europaeus; **Europäische Union** Communitas [*o* Societas] Europaea.
**Euter** *nt* uber <-eris> *nt.*
**evakuieren** *vt* ❶ *(Gebiet)* vacuefacere ❷ *(Menschen)* auferre.
**evangelisch** *adj* evangelicus.
**Evangelium** *nt* evangelium *nt.*
**ewig I.** *adj* ❶ aeternus, sempiternus, perpetuus [**cursus stellarum**; **nix**]; **auf ~** in aeternum, in perpetuum ❷ *(häufig wiederkehrend)* assiduus [**bella**] **II.** *adv* perpetuo; **das dauert ja ~** perpetuum est.
**Ewigkeit** *f* aeternitas <-atis> *f;* **das dauert ja eine ~** perpetuum est.
**Examen** *nt* probatio <-onis> *f,* examen <-minis> *nt;* **das ~ bestehen** probari.
**Exekution** *f* supplicium *nt.*
**Exemplar** *nt (Einzelstück, z.B. Buch)* exemplum *nt,* exemplar <-aris> *nt.*
**exemplarisch** *adj* recti exempli; **eine ~e Strafe** poena, quae exempli causa fit.
**exerzieren** *vi* (MIL) exerceri.
**Exgatte** *m* exmaritus *m.*
**Exgattin** *f* exconiu(n)x <-iugis> *f.*
**Exil** *nt* exilium *nt.*
**Existenz** *f* vita *f,* salus <-utis> *f.*

**Existenzgrundlage** *f* vitae fundamentum *nt.*
**Existenzminimum** *nt* vitae minimum *nt.*
**existieren** *vi* esse.
**Exkönig(in** *f*) *m* exrex <-regis> *m,* exregina *f.*
**exotisch** *adj* exoticus [**stirpes** Pflanzen; **animalia**; **linguae** Sprachen].
**Expedition** *f* ① *(Forschungsreise einer Gruppe)* iter <itineris> *nt,* peregrinatio <-onis> *f* ② *(Versand)* vectura *f.*
**Experiment** *nt* experimentum *nt.*
**experimentieren** *vi* experimenta agere.
**Experte** *m* peritus *m,* expertus *m (in:* gen).
**Expertin** *f* perita *f,* experta *f (in:* gen).
**explodieren** *vi (auch fig)* dirumpi.
**Explosion** *f* diruptio <-onis> *f.*
**Explosionsgefahr** *f* diruptionis periculum *nt.*
**Export** *m* exportatio <-onis> *f.*
**Exporteur** *m* exportans <-antis> *m.*
**exportieren** *vt* exportare [**vinum**; **poma**].
**Extrakt** *m (aus Pflanzen)* cremor <-oris> *m.*
**extravagant** *adj* insolitus, mirus [**vestitus**].
**extrem** *adj* extremus [**opiniones**].
**Extrem** *nt* extremum *nt.*
**Extremist(in** *f*) extremista <-ae> *m, f.*
**Exzess** *m* intemperantia *f;* **etw bis zum ~ treiben** modum transire in alqa re.
**exzessiv** *adj* nimius [**imaginatio**; **vita** Lebensweise].



# F f

**Fabel** *f* fabula *f.*
**fabelhaft** *adj* magnificus [**opera** Leistung].
**Fabeltier** *nt* animal <-alis> *nt* fabulosum.
**Fabrik** *f* officina *f,* fabrica *f;* **eine ~ stilllegen** fabricam claudere.
**Fabrikant** *m* fabricator <-oris> *m.*
**Fabrikat** *nt* ① *(Marke)* genus <-neris> *nt* fabricationis, nota *f* ② *(Erzeugnis)* opus <operis> *nt.*
**fabrizieren** *vt* fabricari, facere.
**fabulieren** *vt* fabulari, fabulose narrare.
**Fach** *nt* ① *(im Schrank, in einem Behälter)* loculus *m; (für Bücher)* foruli *m pl* ② *(Wissensgebiet)* ars <artis> *f,* disciplina *f* [**rhetorica**; **medica**]; *(Unterrichts~)* disciplina *f;* **ein ~ beherrschen** artem scire.
**Facharbeiter(in** *f*) *m* operarius *m* qualificatus, operaria *f* qualificata.
**Facharzt** *m* medicus *m* specialis.
**Fachärztin** *f* medica *f* specialis.
**Fachausdruck** *m* terminus *m* technicus.
**Fachbuch** *nt* liber <-bri> *m* specialis.
**fächeln** *vt* ventilare.
**Fächer** *m* flabellum *nt.*
**Fachgebiet** *nt* disciplina *f.*
**fachkundig** *adj* peritus *(in:* gen).
**Fachmann** *m* peritus *m,* expertus *m (in:* gen).
**Fachschule** *f* schola *f* specialis.
**Fachsprache** *f* lingua *f* technica.
**Fachwerk** *nt* opus <operis> *nt* craticium, paries <-etis> *m* craticius.
**Fachzeitschrift** *f* periodicum *nt* speciale.
**Fackel** *f* fax <facis> *f,* taeda *f.*
**fad(e)** *adj (von Speise und fig)* insulsus [**cena**; **homo**].
**Faden** *m* filum *nt;* **den ~ verlieren** *(fig)* a proposito abire; **an einem (dünnen) ~ hängen** *(fig)* tenui filo pendēre; **der rote ~** *(fig)* tenor <-oris> *m.*
**fadenscheinig** *adj* tenuis, exiguus, exilis [**simulatio** Vorwand].
**Fagott** *nt* (MUS) fagottus *m.*
**fähig** *adj* capax <-pacis> *(zu:* gen; ad); **~ sein** posse; **zu allem ~ sein** ad omnia paratum [*o* promptum] esse.
**Fähigkeit** *f* facultas <-tatis> *f (mit gen;* ad) [**scribendi**].
**fahl** *adj* luridus.
**fahnden** *vi:* **nach jdm ~** alqm consectari.
**Fahndung** *f* investigatio <-onis> *f,* indagatio <-onis> *f.*
**Fahne** *f* vexillum *nt,* signum *nt.*
**Fahneneid** *m* sacramentum *nt;* **den ~ leisten** sacramentum dicere.
**Fahnenflucht** *f* (MIL) fuga *f* militiae.
**fahnenflüchtig** *adj:* **~ werden** (MIL) signa deserere.
**Fahnenträger** *m* signifer <-feri> *m,* vexillarius *m.*
**Fahrausweis** *m* tessera *f* (itineraria *o* vectoria).
**Fahrbahn** *f* via *f* vehicularis.
**Fähre** *f* ponto <-tonis> *m.*
**fahren I.** *vi* vehi [(**in**) **curru**]; *(mit dem Schiff)* navigare, (in) navi vehi; *(lenken)* currum vehere; **etw ~ lassen** *(aufgeben)* alqd omittere [**consilium**; **spem liberationis**] **II.** *vt* vehere [**currum**; **onera in urbem**].
**Fahrer** *m* raedarius *m.*
**Fahrerflucht** *f* fuga *f* raedarii.
**Fahrerin** *f* raedaria *f.*
**Fahrgast** *m* vector <-oris> *m.*
**fahrig** *adj (unruhig, zerstreut)* inquietus, com-

motus.
**Fahrkarte** *f* tessera *f* (itineraria *o* vectoria).
**Fahrkartenschalter** *m* tesserarum portula *f.*
**fahrlässig** *adj* neglegens <-entis>; **~es Verhalten** neglegentia.
**Fahrlässigkeit** *f* neglegentia *f.*
**Fährmann** *m* portitor <-oris> *m.*
**Fahrplan** *m* horarium *nt.*
**Fahrrad** *nt* birota *f.*
**Fahrschein** *m* tessera *f* (itineraria *o* vectoria).
**Fahrschule** *f* schola *f* autocinetica.
**Fahrstuhl** *m* anabathrum *nt,* machina *f* scansoria.
**Fahrt** *f* iter <itineris> *nt; (mit dem Schiff)* navigatio <-onis> *f,* cursus <-us> *m;* **während der ~** in itinere.
**Fährte** *f* vestigium *nt.*
**Fahrzeug** *nt* vehiculum *nt.*
**Fakultät** *f* facultas <-tatis> *f,* ordo <-dinis> *m* [**philosophorum**].
**Falke** *m* accipiter <-tris> *m.*
**Fall** *m* ① *(Sturz; Untergang)* casus <-us> *m* [**Carthaginis**] ② *(Sachverhalt)* res <rei> *f,* casus <-us> *m,* causa *f;* **auf jeden ~, auf alle Fälle** ad omnes casus; **auf keinen ~** nullam in partem; **in diesem ~** hac in re; (**selbst**) **in dem ~, dass** (etiam) si.
**Fallbeil** *nt* securis <-is> *f* cadens.
**Falle** *f* ① *(Mausefalle)* muscipula *f; (Fußschlinge)* pedica *f* ② *(fig)* laquei *m pl,* insidiae *f pl;* **jdm eine ~ stellen** insidias alci facere [*o* parare]; **in die ~ gehen** in laqueos cadere, in insidias incidere.
**fallen** *vi* ① *(hin-, herabfallen; im Krieg ~)* cadere [**in terram**; **in proelio**]; **~ lassen** dimittere; **jdm in die Hände ~** in manūs alcis incidere ② *(erobert werden)* capi ③ *(Preis)* (de)minui; *(Hochwasser)* decedere.
**fällen** *vt* ① *(Baum)* caedere ② **das Urteil ~** pronuntiare *(über:* de), abs.: rem iudicare.
**fällig** *adj (Geld u. Ä.)* solvendus; **das Geld wird zu diesem Termin ~** nummi in eam diem cadunt.
**Fallobst** *nt* poma *nt pl* cadiva.
**falls** *adv* si.
**Fallschirm** *m* umbella *f* descensoria.
**Fallstrick** *m (fig)* laqueus *m.*
**falsch** *adj* ① falsus [**fama**; **amicus**; **testimonium**]; *(fehlerhaft)* vitiosus [**appellatio verbi** Aussprache eines Wortes]; **~ schwören** peierare ② *(unpassend)* non aptus [**reactio**].
**fälschen** *vt* adulterare, depravare.
**Falschgeld** *nt* nummi *m pl* adulterini, nummi *m pl* falsi.
**Falschheit** *f* fallacia *f.*
**fälschlich** *adv* falso.
**Fälschung** *f* ① *(Tätigkeit)* falsatio <-onis> *f* ② *(Ergebnis)* falsum *nt.*
**Faltblatt** *nt* folium *nt* plicatile.
**Faltboot** *nt* linter <-tris> *f/m* complicabilis, scapha *f* complicabilis.
**Falte** *f* ① *(Stoff~)* sinus <-us> *m* ② *(Haut~)* ruga *f;* **die Stirn in ~n legen** frontem contrahere.
**falten** *vt* complicare [**epistulam**]; *(Hände)* iungere.
**Falter** *m (Schmetterling)* papilio <-onis> *m.*
**faltig** *adj* ① *(zerknittert)* sinuosus ② *(Stirn, Haut)* rugosus.
**Familie** *f* familia *f;* **von** [*o* **aus**] **guter ~** bono genere natus; **zur ~ gehören** in familia esse; **nicht zur ~ gehören** extra familiam esse; **zur ~ gehörig** gentilis.
**Familien-** familiaris [**festum**; **possessio**].
**Familienfeier** *f* festum *nt* familiare.
**Familienname** *m* nomen <-minis> *nt* gentile.
**Familienstand** *m* status <-us> *m* personalis.
**Familienvater** *m* pater <-tris> *m* familiae [*o* familias].
**famos** *adj (ausgezeichnet)* egregius, eximius, insignis.
**Fan** *m* fautor <-oris> *m.*
**Fanatiker**(**in** *f*) *m* fanaticus, -a *m, f.*
**fanatisch** *adj* fanaticus.
**Fanfare** *f (Trompetensignal)* tubarum clangor <-oris> *m.*
**Fang** *m (Beute)* praeda *f.*
**Fangarm** *m* (ZOOL) bracchium *nt.*
**fangen** *vt* capere, comprehendere.
**Fangfrage** *f* interrogatio <-onis> *f* captiosa, quaestio <-onis> *f* captiosa.
**Fantasie** *f* imaginatio <-onis> *f;* **jmds ~ entspringen** fictum esse ab alqo.
**Fantasiegebilde** *nt* visio <-onis> *f,* imago <-ginis> *f* vana.
**fantasieren** *vt* imaginari.
**Fantast** *m* somniator <-toris> *m.*
**Fantasterei** *f* somnium *nt.*
**fantastisch** *adj* ① fictus, vanus [**consilia**] ② *(großartig)* magnificus.
**Farbaufnahme** *f* photographia *f* colorata.
**Farbe** *f* color <-loris> *m; (Färbemittel)* pigmentum *nt.*
**färben** *vt* colorare, tingere [**alqd in ruborem**].
**Farbenlehre** *f* theoria *f* colorum.
**farbenprächtig** *adj* coloribus speciosis distinctus [**costumae**].
**Färber** *m* infector <-oris> *m.*
**Färberei** *f* infectorium *nt.*
**Farbfernseher** *m* televisorium *nt* multicolorum.
**Farbfilm** *m* pellicula *f* multicolora.
**farbig** *adj* ① coloratus ② *(fig: anschaulich)* expressus, perspicuus, illustris [**descriptio**].
**Farbiger** *m* coloratus *m.*
**farblos** *adj* sine colore.

**Farbstoff** *m* sucus *m* infector.
**Farm** *f* praedium *nt.*
**Farmer** *m* colonus *m.*
**Farn** *m* (BOT) filix <-licis> *f.*
**Fasan** *m* phasianus *m.*
**Fasching** *m* Saturnalia <-orum, -ium> *nt pl.*
**Faschismus** *m* (POL) fascismus *m.*
**Faschist** *m* (POL) fascista *m.*
**faschistisch** *adj* (POL) fascisticus, fascalis [**mens** Gesinnung; **factio**].
**Faselei** *f (pej)* ineptiae *f pl.*
**faseln** *vt (pej)* hariolari, ineptire.
**Faser** *f* fibra *f.*
**Fass** *nt* dolium *nt,* cupa *f.*
**Fassade** *f* frons <frontis> *f.*
**fassbar** *adj* intellegibilis.
**fassen I.** *vt* ① *(ergreifen)* capere, comprehendere [**manum alcis**; **furem**] ② *(begreifen)* intellegere, comprehendere; **es ist nicht zu ~** intellegi non potest ③ *(Plan, Entschluss)* capere ④ *(in sich aufnehmen, enthalten)* capere, continēre **II.** *vr:* **sich ~** se colligere; **sich kurz ~** rem paucis (verbis) absolvere.
**Fassung** *f (Beherrschung)* (animi) tranquillitas <-atis> *f,* aequus animus *m;* **jmd aus der ~ bringen** alqm perturbare; **die ~ verlieren** (animo) perturbari.
**Fassungskraft** *f* intellegentia *f,* captus <-us> *m.*
**fassungslos** *adj* valde perturbatus, valde commotus.
**Fassungsvermögen** *nt* ① *(von Behälter)* capacitas <-tatis> *f* ② *(intellektuell)* intellegentia *f,* captus <-us> *m.*
**fast** *adv* fere (nachgest.), paene (vorgestellt); **die Brücke war ~ wieder fertig** pons paene refectus erat.
**fasten** *vi* cibo abstinēre.
**Fasten** *nt* ieiunium *nt.*
**Fastenzeit** *f (Eccl.: die 40 Tage vor Ostern)* quadragesima *f.*
**Fastnacht** *f (Fasching)* Saturnalia <-orum, -ium> *nt pl.*
**Faszination** *f* illecebrae *f pl.*
**faszinieren** *vt* capere.
**faul** *adj* ① *(träge)* ignavus, piger <-gra, -grum>, iners <-ertis> ② *(verdorben)* putidus [**malum**].
**faulen** *vi* putescere.
**faulenzen** *vi* ignaviae se dare <dedi>.
**Faulheit** *f* ignavia *f,* pigritia *f.*
**Fäulnis** *f* putor <-oris> *m.*
**Faust** *f* pugnus *m;* **auf eigene ~** per me/te/se / *usw.*.
**Fäustchen** *nt:* **sich ins ~ lachen** in sinu (tacito) gaudēre.
**Faustschlag** *m* colaphus *m,* pugnus *m.*
**Favorit(in** *f*) *m* gratiosus, -a *m, f.*
**Fazit** *nt* summa *f;* **das ~ ziehen** summam subducere.
**Februar** *m* (mensis) Februarius *m.*
**Fecht-** gladiatorius.
**fechten** *vi* battuere.
**Fechter** *m* gladiator <-oris> *m.*
**Fechtsport** *m* ars <artis> *f* battuendi.
**Feder** *f* ① *(Vogel~)* penna *f;* **sich mit fremden ~n schmücken** laudibus alienis se ornare ② *(Schreib~)* calamus *m;* **aus jmds ~ stammen** scriptum esse ab alqo.
**Federball** *m* pila *f* pinnata.
**Federbett** *nt* culcita *f* plumea.
**Federbusch** *m (am Helm, Hut)* crista *f.*
**Federhalter** *m* calamus *m.*
**Fee** *f* maga *f.*
**Fegefeuer** *nt* purgatorium *nt.*
**fegen** *vt* verrere [**aedes**; **pulverem**].
**Fehlbetrag** *m* damnum *nt,* lacuna *f.*
**Fehldiagnose** *f* morbi cognitio <-onis> *f* falsa.
**fehlen** *vi* deesse *(jdm/ bei etw: dat)* [**mihi**; **convivio**]; **es an nichts ~ lassen** nihil omittere; **es fehlt nicht viel daran, dass** non multum abest, quin + *conj;* **es fehlt uns an Lehrern** desunt nobis magistri; **das hat gerade noch gefehlt** hoc restat; **es fehlte nicht viel daran, dass er verletzt worden wäre** non multum afuit, quin violaretur; **es hätte nicht viel gefehlt, und die Stadt wäre eingenommen worden** non multum afuit, quin urbs caperetur.
**Fehler** *m* ① *(Mangel, Schaden)* vitium *nt* [**materiae**; **corporis**]; **mit ~n** (**behaftet**) vitiosus ② *(Irrtum)* error <-oris> *m; (Schreib-, Rechen~)* mendum *nt;* **einen ~ begehen** [*o* **machen**] errare; **voller ~** mendosus.
**fehlerfrei** *adj* emendatus [**locutio**].
**fehlerhaft** *adj* mendosus [**exemplar testamenti**].
**Fehlgeburt** *f* abortus <-us> *m;* **eine ~ haben** abortum facere.
**Fehlgriff** *m* error <-oris> *m;* **einen ~ tun** errare.
**Fehlschlag** *m (Misserfolg)* casus <-us> *m* adversus.
**fehlschlagen** *vi* ad irritum cadere; **alle Bemühungen schlugen fehl** omnia studia ad irritum ceciderunt.
**Fehltritt** *m (fig)* vitium *nt.*
**Fehlurteil** *nt* (JUR) iudicium *nt* falsum.
**Feier** *f* festum *nt;* **eine ~ veranstalten** festum celebrare.
**Feierabend** *m* finis <-is> *m* operis diurni, otium *nt* vespertinum; **~ machen** finem operis diurni facere, ab opere diurno cessare.
**feierlich** *adj* festus, sollemnis [**verba**; **salutatio**].
**Feierlichkeit** *f* ① *(feierliche Stimmung, feierli-*

F

*ches Benehmen)* gravitas <-atis> *f* [**verborum**] ② *(Fest, Feier)* celebritas <-atis> *f,* sollemne <-nis> *nt.*

**feiern I.** *vt* celebrare [**diem natalem**; **nuptias**] **II.** *vi* festum celebrare.

**Feiertag** *m* dies <-ei> *m* festus.

**feige** *adj* ignavus.

**Feige** *f* ficus <-i, -us> *f.*

**Feigenbaum** *m* ficus <-i, -us> *f.*

**Feigenblatt** *nt* folium *nt* ficulnum.

**Feigheit** *f* ignavia *f.*

**Feigling** *m* ignavus *m.*

**Feile** *f* lima *f.*

**feilen** *vt, vi (auch fig)* limare + *akk* [**ungues**; **versūs**].

**feilschen** *vi* de pretio contendere; **um etw ~** de pretio alcis rei contendere.

**fein** *adj* ① *(dünn, zart: Stoff, Haar; Gehör)* tenuis, subtilis [**filum**] ② *(fig vornehm, elegant: von Personen und Sachen)* politus ③ *(Essen, Qualität)* delicatus ④ *(Gehör, Geruchssinn)* acer <acris, acre>.

**Feind** *m (Staatsfeind, im Krieg)* hostis <-is> *m; (persönlicher ~)* inimicus *m; (Gegner, Gegenspieler)* adversarius *m;* **sich** (**jmd zum**) **~e machen** inimicitias (alcis) suscipere.

**Feindesland** *nt* hosticum *nt.*

**Feindin** *f* inimica *f.*

**feindlich** *adj (des Feindes; feindselig)* inimicus, hostilis [**terra**; **animus**].

**Feindschaft** *f* inimicitiae *f pl;* **mit jdm in ~ leben** inimicitias gerere cum alqo.

**feindselig** *adj* inimicus, infestus *(gegenüber:* dat).

**Feindseligkeit** *f* inimicitiae *f pl;* **~en** hostilia <-ium> *nt pl.*

**feinfühlig** *adj* subtilis, mollis.

**Feinfühligkeit** *f,* **Feingefühl** *nt* subtilitas <-atis> *f,* mollitia *f.*

**Feinheit** *f* ① *(Zartheit)* tenuitas <-atis> *f,* subtilitas <-atis> *f* ② *(Vornehmheit)* elegantia *f.*

**Feinschmecker** *m* homo <-minis> *m* palati subtilis.

**feist** *adj* pinguis.

**Feld** *nt* ① *(freies ~)* campus *m; (Acker)* ager <agri> *m* ② *(fig)*: **das ~ behaupten** superiorem discedere; **das ~ räumen** inferiorem discedere.

**Feldarbeit** *f* opera *f* rustica.

**Feldherr** *m* imperator <-oris> *m,* dux <ducis> *m.*

**Feldherrnzelt** *nt* praetorium *nt.*

**Feldmaus** *f* mus <muris> *m* rusticus.

**Feldweg** *m* via *f* agraria.

**Feldzug** *m* expeditio <-onis> *f.*

**Fell** *nt* pellis <-is> *f.*

**Fels** *m,* **Felsen** *m (Felsblock)* saxum *nt; (Felswand)* rupes <-pis> *f.*

**felsig** *adj* saxeus, saxosus.

**Felswand** *f* rupes <-pis> *f.*

**feminin** *adj* femineus.

**Feminismus** *m* feminismus *m.*

**Fenchel** *m* (BOT) feniculum *nt.*

**Fenster** *nt* fenestra *f;* **das Geld zum ~ hinauswerfen** *(fig)* pecuniam spargere.

**Fensterplatz** *m (in öffentlichen Verkehrsmitteln)* sedes <-dis> *f* fenestralis.

**Fensterscheibe** *f* quadra *f* vitrea.

**Ferien** *pl* feriae *f pl;* **~ machen** [*o* **verbringen**] ferias agere.

**Ferienhaus** *nt* villa *f* ferialis.

**Ferienkurs** *m* curriculum *nt* studiorum feriale.

**Ferienwohnung** *f* domicilium *nt* feriale.

**Ferkel** *nt (Schweinchen)* porculus *m,* porcellus *m.*

**fern I.** *adj* longinquus, remotus **II.** *adv* procul; **von ~** procul; **~ von hier** procul hinc; **~ von etw sein** procul abesse ab alqa re.

**Fernbedienung** *f* telemoderatio <-onis> *f.*

**fernbleiben** *vi* abesse (ab; bl. abl); **einer Veranstaltung ~** (ab) apparatu abesse.

**Ferne** *f:* **in der/aus der/in die ~** procul.

**ferner** *adv (außerdem)* praeterea, deinde.

**Ferngespräch** *nt* teleloquium *nt.*

**ferngesteuert** *adj* telemoderatus.

**Fernglas** *nt* telescopium *nt.*

**fernhalten I.** *vt* prohibēre, arcēre *(von:* ab oder bl. abl); **II.** *vr:* **sich ~** abesse (a re).

**Fernlicht** *nt* lumen <-minis> *nt* praelucidum, lux <lucis> *f* plena.

**Fernrohr** *nt* telescopium *nt.*

**Fernschreiber** *m (Apparat)* teletypum *nt.*

**Fernsehapparat** *m* televisorium *nt.*

**fernsehen** *vi* televidēre.

**Fernsehen** *nt* televisio <-onis> *f.*

**Fernseher** *m* ① *(Gerät)* televisorium *nt* ② *(Zuschauer)* televisor <-oris> *m,* telespectator <-oris> *m.*

**Fernsehgerät** *nt* televisorium *nt.*

**Fernsehsendung** *f* emissio <-onis> *f* televisifica, transmissio <-onis> *f* televisifica.

**Fernsehzuschauer**(**in** *f*) *m* televisor <-oris> *m,* telespectator <-oris> *m,* telespectatrix <-icis> *f.*

**Fernsicht** *f* prospectus <-us> *m.*

**Fernsprecher** *m* telephonum *nt.*

**Fernsprechgebühr** *f* taxa *f* telephonica.

**Fernstudium** *nt* telestudium *nt.*

**Fernverkehr** *m* commeatio <-onis> *f* longinqua.

**Ferse** *f* calx <calcis> *f;* **jdm auf den ~n sein** alqm vestigiis sequi, alci vestigiis instare.

**fertig** *adj* ① *(bereit)* paratus *(zu:* ad, in alqd; dat; Inf.) ② *(beendet)* confectus; **mit etw ~ werden** *(beenden)* conficere alqd; **~ bringen**

*(zustande bringen; zum Abschluss bringen)* perficere; **~ machen** *(beenden)* conficere; *(bereit machen)* (com)parare; **sich ~ machen** se comparare.

**Fertighaus** *nt* domus <-us> *f* praestructa.

**Fertigkeit** *f (Geschicklichkeit)* facultas <-tatis> *f (in: gen)* [**pingendi** im Zeichnen; **plassandi** im Basteln]; **~en haben in** versatum esse in + *abl.*

**fertigmachen** *vt (fig: jmd herunterputzen)* obiurgare, increpare <increpui>.

**fertigstellen** *vt* conficere.

**Fertigstellung** *f* confectio <-onis> *f.*

**Fertigung** *f* fabricatio <-onis> *f.*

**fertigwerden** *vi:* **mit jdm ~** alqm superare.

**Fessel** *f* vinculum *nt;* **jmd in ~n legen** alqm in vincula conicere; **die ~n sprengen** vincula rumpere.

**fesseln** *vt* ① vincire [**captivum**] ② *(fig: faszinieren)* capere.

**fesselnd** *adj (fig)* capiens <-entis> [**pellicula**].

**fest** *adj* firmus [**fundamenta**; **animus**]; **ein ~es Gehalt** salarium certum; **~er Wohnsitz** sedes stabilis; **~e Anstellung** munus perpetuum; **~er Entschluss** certum consilium.

**Fest** *nt* festum *nt;* **ein ~ feiern** festum celebrare.

**festbinden** *vt* alligare [**alqm ad palum**].

**festbleiben** *vi* sibi constare <constiti>.

**Festessen** *nt* convivium *nt,* epulae *f pl.*

**festhalten** *vt* ① tenēre, retinēre ② **an etw ~** *(fig)* permanēre, perseverare (in + abl) [**in sententia**].

**festigen** *vt* confirmare [**pacem**; **amicitiam**].

**Festigkeit** *f (a fig)* firmitas <-atis> *f,* stabilitas <-atis> *f* [**materiae**; **imperii**; **fortunae**; **amicitiae**].

**Festigung** *f* confirmatio <-onis> *f* [**libertatis**; **pacis**].

**festkleben** *vi:* **an etw ~** adhaerēre + *dat.*

**Festland** *nt* (terra) continens <-entis> *f.*

**festlegen** *vt* constituere [**diem concilio**]; **gesetzlich ~** lege sancire.

**festlich** *adj* festus, sollemnis; **etw ~ begehen** alqd sollemniter agere.

**festliegen** *vi (festgesetzt, bestimmt sein)* constitutum esse.

**festmachen** *vt* ① *(befestigen)* destinare, affigere *(an etw: ad alqd oder dat)* ② *(ausmachen, vereinbaren)* constituere, pacisci.

**Festnahme** *f* comprehensio <-onis> *f* [**furis**].

**festnehmen** *vt* comprehendere [**scelestum**].

**festsetzen I.** *vt (bestimmen)* constituere [**diem concilio**; **pretium merci**] **II.** *vr:* **sich ~** *(konkr.: Staub, Schmutz; fig: Gedanken)* considere.

**festsitzen** *vi (fest an etw haften, kleben)* haerēre (in + abl; ad; dat), adhaerēre + *dat.*

**Festspiele** *pl* ludi *m pl* sollemnes.

**feststehen** *vi* constare <constiti>.

**feststellen** *vt* ① *(bemerken)* animadvertere ② *(ermitteln)* explorare ③ *(sagen)* dicere.

**Festtag** *m* dies <-ei> *m* festus.

**Festung** *f* castellum *nt,* arx <arcis> *f.*

**Festzug** *m* pompa *f.*

**fett** *adj* pinguis [**homo**; **caro**; **coma**; **solum**]; **~ werden** pinguescere.

**Fett** *nt* pingue <-guis> *nt.*

**fettig** *adj* pinguis [**coma**; **cutis**].

**Fetzen** *m (Stoff~)* panniculus *m.*

**feucht** *adj* umidus, madidus.

**Feuchtigkeit** *f* umor <-oris> *m.*

**Feudalismus** *m* feudalismus *m.*

**Feuer** *nt* ignis <-is> *m;* **~ fangen** ignem concipere; **~ machen** ignem facere [*o* accendere]; **mit ~ und Schwert** ferro igni que; **~ legen** incendium facere; **~ und Flamme** (**für etw**) **sein** *(fig)* (alqa re) inflammatum esse.

**Feueralarm** *m* conclamatio <-onis> *f* incendii.

**Feuerbestattung** *f* crematio <-onis> *f.*

**Feuereifer** *m* studium *nt* acerrimum.

**feuerfest** *adj (Geschirr)* ab igne tutus.

**feuergefährlich** *adj* inflammabilis.

**Feuerleiter** *f* scalae *f pl* incendiariae.

**Feuerlöscher** *m* exstinctorium *nt.*

**Feuermelder** *m* index <-dicis> *m* incendii.

**feuerrot** *adj* flammeus [**vestis**].

**Feuersbrunst** *f* incendium *nt.*

**Feuerwehr** *f* vigiles <-lium> *m pl,* siphonarii *m pl.*

**Feuerwehrleiter** *f* scalae *f pl* incendiariae.

**Feuerwehrmann** *m* siphonarius *m.*

**Feuerwerk** *nt* ignes <ignium> *m pl* artificiosi, spectaculum *nt* pyrotechnicum.

**Feuerzeug** *nt* ignitabulum *nt.*

**feurig** *adj* ① *(glühend)* igneus, fervidus [**axis**] ② *(leidenschaftlich)* fervidus, acer <acris, acre> [**animus**; **oratio**; **iuvenis**].

**Fiasko** *nt* exitus <-us> *m* adversus.

**Fichte** *f* pinus <-us, -i> *f.*

**fidel** *adj* laetus, hilarus.

**Fieber** *nt* febris <-is> *f;* **~ bekommen** in febrim incidere; **das ~ steigt** febris augetur.

**Fieberanfall** *m* febris accessio <-onis> *f.*

**Figur** *f* figura *f,* forma *f.*

**Filiale** *f* sedes <-dis> *f* secundaria.

**Film** *m* ① *(Spiel~)* pellicula *f* (cinematographica) ② (FOT) pellicula *f* (photographica), taeniola *f.*

**filmen** *vt* cinematographare.

**Filmkamera** *f* machina *f* cinematographica.

**Filmschauspieler(in** *f***)** *m* actor <-oris> *m* cinematographicus, histrio <-onis> *m* cinematographicus, actrix <-icis> *f* cinematographica.

**Filmvorführung** *f* spectaculum *nt* cinematographicum.

F

**Filter** *m* colum *nt,* saccus *m.*
**filtern** *vt* (per)colare, saccare.
**Filz** *m (Stoff)* lana *f* coacta.
**Filzhut** *m* petasus *m* coactilis, pilleus *m.*
**Filzpantoffel** *m* udo <-onis> *m.*
**Filzstift** *m* graphium *nt* coactile.
**Finanzamt** *nt* aerarium *nt,* officium *nt* fiscale.
**Finanzbeamter** *m* quaestor <-oris> *m.*
**finanzieren** *vt* pecuniam suppeditare + *dat.*
**Finanzminister** *m* minister <-tri> *m* fiscalis.
**Finanzwesen** *nt* res <rei> *f* fiscalis.
**Findelkind** *nt* infans <-antis> *m* expositus.
**finden** *vt* ❶ *(zufällig)* invenire; *(durch Suchen)* reperire; **Aufnahme ~** recipi; **Anerkennung ~** laudari; **Beifall ~** placēre (alci), laudari (ab alqo) ❷ *(halten für, ansehen als)* existimare, putare (mit dopp. akk) [**alqm avarum**].
**findig** *adj* acutus, ingeniosus.
**Finger** *m* digitus *m;* **der kleine ~** digitus minimus; **die ~ von etw lassen** alqd non attingere; **jdm auf die ~ sehen** alqm diligenter observare; **etw an den ~n abzählen** alqd digitis computare, alqd per digitos numerare.
**Fingerabdruck** *m* impressio <-onis> *f* digitalis.
**Fingerbreit** *m:* **(um) keinen ~ von etw abgehen** *(fig)* non digitum (transversum) discedere a re.
**Fingerhut** *m* digiti munimentum *nt.*
**Fingernagel** *m* unguis <-is> *m.*
**Fingerspitze** *f* digitus *m* extremus.
**Fingerzeig** *m* nutus <-us> *m.*
**Fink** *m* fringillus *m.*
**Finnland** *nt* Finlandia *f.*
**finster** *adj* ❶ obscurus, tenebricosus [**iter; domus**]; **im Finstern tappen** *(fig)* (in tenebris) errare ❷ *(mürrisch)* tristis, tetricus [**vultus**].
**Finsternis** *f* tenebrae *f pl.*
**Finte** *f (List)* dolus *m.*
**Firma** *f* firma *f.*
**Fisch** *m* piscis <-is> *m.*
**fischen** *vt* piscari; **im Trüben ~** *(fig)* in turbido piscari.
**Fischer** *m* piscator <-oris> *m.*
**Fischerei** *f,* **Fischfang** *m* piscatus <-us> *m;* **vom Fischfang leben** piscatu vivere.
**Fischhändler** *m* piscator <-oris> *m.*
**Fischotter** *m* lutra *f.*
**fischreich** *adj* piscosus [**flumen**].
**Fischteich** *m* piscina *f.*
**Fiskus** *m* aerarium *nt,* fiscus *m.*
**Fistel** *f* (MED) fistula *f.*
**fixieren** *vt (ansehen)* intentis oculis intueri alqm/alqd, oculos defigere (in + abl).
**flach** *adj* ❶ *(eben)* planus [**campus**] ❷ *(nicht tief)* humilis [**flumen; catillus**]; **~es Wasser** vadum *nt.*
**Fläche** *f* area *f,* planum *nt; (Oberfläche)* superficies <-ei> *f.*
**Flachland** *nt* planities <-ei> *f,* campus *m.*
**Flachs** *m* linum *nt.*
**flackern** *vi* micare <micui>.
**Flagge** *f* vexillum *nt;* **die ~ hissen** vexillum proponere.
**Flakon** *nt/m* laguncula *f.*
**Flamme** *f* flamma *f;* **in ~n stehen** ardēre.
**flammend** *adj (auch fig)* flammeus, ardens <-entis> [**stella; oculi; oratio**].
**Flanke** *f* latus <-teris> *nt* [**equi; hostium**].
**Flasche** *f* lagoena *f.*
**flatterhaft** *adj* mobilis, inconstans <-antis>, levis; **~es Wesen** mobilitas <-atis> *f.*
**Flatterhaftigkeit** *f* mobilitas <-atis> *f,* inconstantia *f,* levitas <-atis> *f.*
**flattern** *vi* ❶ *(von Vögeln)* volitare ❷ *(Fahne)* iactari.
**Flaum** *m* lanugo <-ginis> *f.*
**Flaumfeder** *f* pluma *f.*
**Flausen** *pl* nugae *f pl.*
**flechten** *vt* texere [**casam (ex) arundine**], nectere [**coronam**].
**Fleck** *m* macula *f;* **vom ~ weg** statim; **nicht vom ~ kommen** *(fig)* nihil promovēre.
**Flecken** *m (Ort)* vicus *m.*
**fleckig** *adj* maculosus; **etw ~ machen** alqd maculare.
**Fledermaus** *f* vespertilio <-onis> *m.*
**Flegel** *m (pej: Lümmel)* rusticus *m.*
**flegelhaft** *adj* rusticus.
**flehen** *vi* implorare *(zu:* akk; *zu jdm um etw:* alqd ab alqo).
**Flehen** *nt* supplicia *nt pl.*
**flehentlich** *adj* supplex <-licis> [**vox**]; **jmd ~ um etw bitten** alqm suppliciter alqd orare.
**Fleisch** *nt* caro <carnis> *f;* **in ~ und Blut übergehen** penitus percipi; **sich ins eigene ~ schneiden** *(fig)* vineta sua caedere; **~ fressend** carne vescens, carnivorus [**animalia**].
**Fleischer** *m* lanius *m.*
**Fleischerei** *f* taberna *f* lanii.
**fleischig** *adj* carnosus.
**fleischlich** *adj (körperlich, sinnlich)* carnalis, carneus [**cupiditas**].
**Fleischwolf** *m* mola *f* carnis.
**Fleiß** *m* industria *f;* **ohne ~ kein Preis** amat victoria curam.
**fleißig** *adj* industrius, sedulus.
**fletschen** *vt:* **die Zähne ~** ringi, dentes restringere.
**flexibel** *adj* flexibilis.
**flicken** *vt* sarcire [**tunicam**].
**Fliege** *f* musca *f;* **zwei ~n mit einer Klappe schlagen** *(fig)* uno saltu duos apros capere, duas res una mercede assequi.
**fliegen** *vi* volare.
**Flieger** *m* volator <-toris> *m,* pilota *m.*
**Fliegeralarm** *m* classicum *nt* aërium.

**fliehen** *vi* fugere [**ex oppido**; **in provinciam**], fugae se mandare; ~ **vor** fugere + *akk* [**hostem**].
**Fliesen** *pl* opus <operis> *nt* figlinum.
**Fliesenleger** *m* tessellarius *m.*
**Fließband** *nt* taenia *f* continua.
**fließen** *vi* fluere, manare.
**fließend** *adj* (1) *(Wasser)* fluens, manans (2) *(Stil, Rede)* volubilis; ~ **Griechisch sprechen** optime Graece loqui.
**flimmern** *vi* micare <micui>.
**flink** *adj* agilis.
**Flinte** *f* pyrobolus *m;* **die ~ ins Korn werfen** hastam abicere.
**Flirt** *m* palpatio <-onis> *f.*
**flirten** *vi* palpare, palpari.
**Flittchen** *nt (pej)* scortum *nt.*
**Flocke** *f* floccus *m.*
**Floh** *m* pulex <-licis> *m.*
**Flohmarkt** *m* mercatus <-us> *m* pulicarius.
**Florett** *nt* dolo(n) <-onis> *m.*
**florieren** *vi* florēre, bene provenire.
**Floskel** *f* (inania) verba *nt pl.*
**Floß** *nt* ratis <-is> *f.*
**Flosse** *f* pinna *f.*
**Flöte** *f* tibia *f;* ~ **spielen** tibiā canere.
**Flötenspiel** *nt* cantus <-us> *m* tibiarum.
**Flötenspieler(in** *f*) *m,* **Flötist(in** *f*) *m* tibicen <-cinis> *m,* tibicina *f.*
**flott** *adj* (1) *(schnell)* celer <-leris, -lere>, velox <-ocis> [**famuli** Bedienung] (2) *(schick)* elegans <-antis> [**amiculum**].
**Flotte** *f* classis <-is> *f;* **eine ~ von 100 Schiffen** classis centum navium.
**flottmachen** *vt:* **ein Schiff ~** navem deducere.
**Fluch** *m* (1) *(Verwünschung)* exsecratio <-onis> *f;* **einen ~ gegen jmd ausstoßen** exsecrari alqm (2) *(Schimpfwort)* maledictum *nt.*
**fluchen** *vi* maledicta iactare.
**Flucht** *f* fuga *f;* **die ~ ergreifen** fugere, fugae se mandare; **in die ~ schlagen** fugare [**equitatum**; **hostes**].
**flüchten** *vi* fugere *(vor: akk)* [**ex oppido**; **ex proelio**; **hostem**].
**flüchtig** *adj* (1) *(fliehend)* fugitivus, profugus, fugax <-acis> [**servus**] (2) *(schnell vergehend, vergänglich)* fugax [**anni**; **bona**] (3) *(nebenbei erfolgend)* vagus [**aspectus**].
**Flüchtling** *m* profugus *m.*
**Flüchtlingslager** *nt* campus *m* profugis excipiendis.
**Fluchtversuch** *m:* **einen ~ machen** fugam temptare, fugere temptare.
**Flug** *m* volatus <-us> *m;* **wie im ~e** celerrime.
**Flügel** *m* (1) ala *f* [**avis**; **equitatūs**; **domūs**] (2) (MUS) clavile <-lis> *nt* aliforme.
**Flügeltür** *f* valvae *f pl.*
**flügge** *adj:* ~ **werden** *(fig)* adolescere.
**Fluggesellschaft** *f* societas <-atis> *f* aeronautica.
**Flughafen** *m* aeroportus <-us> *m.*
**Flugkapitän** *m* aeroplaniga *m.*
**Flugplatz** *m (Flughafen)* aeroportus <-us> *m.*
**Flugzeug** *nt* aeroplanum *nt.*
**Flugzeugabsturz** *m* aeroplani casus <-us> *m.*
**Flugzeugbesatzung** *f* aeronautici *m pl.*
**Flugzeugentführung** *f* aeroplani abductio <-onis> *f.*
**Flur** *m* vestibulum *nt.*
**Fluss** *m* fluvius *m,* flumen <-minis> *nt,* amnis <-is> *m;* **am ~ entlang** secundum flumen.
**Fluss-** fluvia(ti)lis.
**flussabwärts** *adv* secundo flumine.
**flussaufwärts** *adv* adverso flumine.
**Flussbett** *nt* alveus *m* [**Tiberis**].
**flüssig** *adj* liquidus; ~ **machen** liquefacere; ~ **werden** liquescere; ~ **sein** liquēre.
**Flüssigkeit** *f* liquor <-oris> *m.*
**Flusspferd** *nt* hippopotamus *m.*
**flüstern** *vt* susurrare; **jdm etw ins Ohr ~** insusurrare alci alqd.
**Flüstern** *nt* susurrus *m.*
**Flut** *f* (1) fluctus <-us> *m,* aestus <-us> *m* (2) *(im Ggstz. zur Ebbe)* accessus <-us> *m* aestuum (3) *(fig)* vis *f* [**frumenti**].
**fluten** *vi* aestuare.
**Fohlen** *nt* pullus *m* equinus.
**Föhn** *m* (1) *(Wind)* favonius *m* (2) *(Haartrockner)* machinula *f* favonia.
**Folge** *f* (1) *(Reihen~, Ab~)* ordo <-dinis> *m; (Reihe)* series <-ei> *f* (2) *(Wirkung, Ergebnis)* effectus <-us> *m,* eventus <-us> *m,* exitus <-us> *m;* **etw zur ~ haben** efficere.
**folgen** *vi* (1) sequi + *akk; (im Amt, als Nachfolger)* succedere + *dat* (2) *(gehorchen)* obtemperare, parēre, oboedire + *dat* (3) *(resultieren)* effici, sequi *(aus:* ex); **daraus folgt, dass** efficitur [*o* sequitur], ut.
**folgender** *adj* proximus; **Folgendes** *(folgende Worte)* haec; **am folgenden Tag** postridie.
**folgendermaßen** *adv* hoc modo, ita.
**folgerichtig** *adj* consectarius.
**folgern** *vt* colligere *(aus:* ex).
**Folgerung** *f* conclusio <-onis> *f;* **eine ~ ziehen** concludere.
**Folgezeit** *f* tempus <-poris> *nt* posterum.
**folglich** *adv* ergo.
**folgsam** *adj* oboediens <-entis>.
**Folgsamkeit** *f* oboedientia *f,* obtemperatio <-onis> *f.*
**Folter** *f* (1) *(~bank)* tormenta *nt pl,* eculeus *m* (2) *(Folterung)* cruciatus <-us> *m* (3) *(fig)* tormenta *nt pl,* cruciatus <-us> *m;* **jmd auf die ~ spannen** magnam exspectationem afferre alci.
**Folterbank** *f* tormenta *nt pl,* eculeus *m.*
**foltern** *vt* torquēre.

**Folterung** *f* carnificina *f,* cruciatus <-us> *m.*
**Fön** *m (Haartrockner)* machinula *f* favonia.
**Fontäne** *f (Springbrunnen)* aquae *f pl* salientes.
**foppen** *vt* ludificare, ludificari, illudere.
**Förderer** *m* fautor <-oris> *m,* adiutor <-oris> *m.*
**förderlich** *adj* utilis *(jdm:* dat.; *einer Sache:* dat., ad, in + akk).
**fordern** *vt* postulare, poscere, exigere [**ius suum**; **magnum pretium**].
**fördern** *vt (unterstützen)* favēre + *dat* [**adulescentibus artificibus**; **mercaturae**].

F

**Forderung** *f* postulatio <-onis> *f.*
**Förderung** *f (Unterstützung)* auxilium *nt.*
**Form** *f* ❶ *(Gestalt)* forma *f,* figura *f,* species <-ei> *f* ❷ *(fig: Umgangsformen)* consuetudo <-dinis> *f,* mos <moris> *m;* **die ~ wahren** consuetudine uti; **der ~ wegen** consuetudinis [*o* moris] causā.
**formal** *adj* formalis.
**Formalität** *f* ritus <-us> *m,* consuetudo <-dinis> *f.*
**Format** *nt* forma *f.*
**Formel** *f* formula *f.*
**formell** *adj* formalis.
**formen** *vt* formare.
**formieren** *vt* (MIL: *in Schlachtordnung aufstellen)* instruere [**aciem**; **legiones**].
**förmlich** *adj (formell)* formalis [**invitatio**].
**Förmlichkeit** *f* ritus <-us> *m,* consuetudo <-dinis> *f.*
**formlos** *adj* formā carens, sine ulla forma.
**Formular** *nt* formularium *nt.*
**formulieren** *vt* concipere [**edictum**].
**forsch** *adj (resolut)* promptus, confidens <-entis>, firmo animo.
**forschen** *vi* quaerere *(nach etw:* akk oder de).
**Forscher(in** *f*) *m* indagator <-oris> *m,* indagatrix <-icis> *f.*
**Forschung** *f* indagatio <-onis> *f,* exploratio <-onis> *f* [**veri**; **initiorum**]; **~en anstellen über** quaerere de.
**Förster** *m* saltuarius *m.*
**fort** *adv:* **in einem ~** continenter; **~** (**mit dir**)! apage!; **und so ~** et quae sunt reliqua.
**fortbestehen** *vi* (per)manēre.
**fortbewegen I.** *vt* amovēre, promovēre **II.** *vr:* **sich ~** *(vorankommen)* procedere.
**fortbilden** *vr:* **sich ~** scientiam suam augēre.
**fortbringen** *vt* amovēre.
**Fortdauer** *f* continuatio <-onis> *f* [**belli**].
**fortdauern** *vi* (per)manēre.
**fortdauernd** *adj* continuus.
**fortfahren** *vi* ❶ *(wegfahren)* avehi, proficisci ❷ *(weitermachen)* pergere *(etw zu tun:* + Inf.).
**fortfliegen** *vi* avolare.
**fortführen** *vt* ❶ *(fortsetzen)* perseverare (in re) ❷ *(wegführen)* abducere.
**Fortführung** *f (Fortsetzung)* continuatio <-onis> *f.*
**Fortgang** *m (Verlauf)* progressus <-us> *m.*
**fortgehen** *vi (weggehen)* abire, discedere.
**fortjagen** *vt* fugare, pellere.
**fortlassen** *vt* ❶ dimittere ❷ *(auslassen)* omittere.
**fortlaufen** *vt* avolare.
**fortlaufend I.** *adj* continuus, perpetuus **II.** *adv* continue, continuo, perpetuo.
**fortpflanzen** *vr:* **sich ~** propagari.
**Fortpflanzung** *f* propagatio <-onis> *f.*
**fortschaffen** *vt (wegschaffen)* amovēre, asportare.
**fortschicken** *vt* dimittere.
**fortschreiten** *vi* ❶ *(Fortschritte machen, vorangehen: Arbeit)* proficere, progredi ❷ *(sich weiterentwickeln, zunehmen: Krankheit)* crescere.
**Fortschritt** *m* progressus <-us> *m;* **~e machen** proficere, progredi (in re).
**fortschrittlich** *adj* progressivus.
**fortsetzen** *vt (fortführen)* perseverare (in re); **die Reise ~** iter pergere.
**Fortsetzung** *f (das Fortsetzen)* continuatio <-onis> *f* [**disceptationum**]; **~ folgt** reliqua deinceps persequemur.
**fortwährend** *adv* identidem, continuo.
**fortziehen** *vi* demigrare.
**Fossilien** *pl* fossilia <-ium> *nt pl.*
**Foto** *nt* photographia *f.*
**Fotoapparat** *m* machina *f* photographica, photomachina *f.*
**Fotograf** *m* photographus *m.*
**Fotografie** *f* photographia *f.*
**fotografieren** *vt* photographare.
**Fotokopie** *f* photocopia *f.*
**fotokopieren** *vt* photocopiare.
**Fotokopierer** *m* photocopiatrum *nt.*
**Foyer** *nt* vestibulum *nt.*
**Fracht** *f* ❶ *(Ladung)* onus <oneris> *nt* ❷ *(~gebühr)* vectura *f.*
**Frachter** *m,* **Frachtschiff** *nt* navis <-is> *f* oneraria.
**Frack** *m* vestis <-is> *f* caudata.
**Frage** *f* ❶ interrogatio <-onis> *f,* quaestio <-onis> *f;* **jdm eine ~ stellen** quaerere alqd ex alqo; **etw in ~ stellen** alqd ad incertum revocare, alqd in dubio ponere; **ohne ~** sine ulla controversia, sine dubio; **das ist noch die ~** res in quaestionem venit; **das ist** (**gar**) **keine ~** hoc non dubium est, hoc certum est; **das ist eine andere ~** alia ista quaestio est ❷ *(Angelegenheit)* res <rei> *f.*
**Fragebogen** *m* folium *nt* interrogativum.
**fragen** *vt* (inter)rogare *(jmd nach etw:* alqm alqd; alqm de re), quaerere *(jmd nach etw:*

alqd ex, ab, de alqo); **jmd nach dem Weg ~** alqm viam (inter)rogare; **jmd um Rat ~** consulere alqm; **es fragt sich, ...** dubium est, ...; **nach jdm ~** alqm quaerere.

**Fragesatz** *m* sententia *f* interrogativa.

**Fragewort** *nt* particula *f* interrogativa.

**Fragezeichen** *nt* signum *nt* interrogationis.

**fraglich** *adj (ungewiss)* incertus, dubius.

**fraglos** *adv* sine ulla controversia, sine dubio.

**Fragment** *nt* fragmentum *nt.*

**fragmentarisch** *adj* truncus.

**fragwürdig** *adj* dubius.

**Fraktion** *f* factio <-onis> *f.*

**Frankreich** *nt* Francogallia *f.*

**Franse** *f* fimbria *f.*

**Franzose** *m* Francogallus *m.*

**Französin** *f* Francogalla *f.*

**französisch** *adj* Francogallicus.

**Fraß** *m (pej)* pabulum *nt.*

**Fratze** *f* vultus <-us> *m* distortus; **~n schneiden** os ducere, vultum torquēre.

**fratzenhaft** *adj* distortus.

**Frau** *f* ① femina *f,* mulier <-eris> *f;* **alte ~** anus <-us> *f* ② *(Ehe~)* uxor <-oris> *f,* coniu(n)x <-iugis> *f;* **zur ~ nehmen** in matrimonium ducere; **zur ~ haben** in matrimonio habēre.

**Frauen-** muliebris, *mit gen:* feminarum, mulierum.

**frech** *adj* protervus, impudens <-entis>, procax <-acis>, insolens <-entis> [**homo** Kerl; **responsa**; **mendacium**].

**Frechheit** *f* impudentia *f,* insolentia *f,* protervitas <-atis> *f,* procacitas <-tatis> *f.*

**frei** *adj* ① liber <-era, -erum> [**homo**; **tempus**]; **etw ~en Lauf lassen** non impedire alqd; **unter ~em Himmel** sub divo; **aus ~en Stücken** meā / tuā / suā / *usw.* sponte ② *(~ von, ohne)* expers <-pertis> + *gen* [**culpae**]; **von etw ~ sein** vacare (+ abl oder ab) [**culpā**; **a metu**] ③ *(kostenlos)* gratuitus [**introitus**].

**Freie** *nt:* **im ~n** sub divo.

**Freier** *m* procus *m.*

**freigebig** *adj* munificus, liberalis, largus.

**Freigebigkeit** *f* munificentia *f,* liberalitas <-tatis> *f,* largitio <-onis> *f.*

**freigeboren** *adj* ingenuus.

**freigelassen** *adj (von Sklaven)* libertinus.

**Freigelassener** *m (von ehemaligen Sklaven)* libertus *m.*

**Freiheit** *f* libertas <-atis> *f;* **jdm die ~ geben** [*o* **schenken**] in libertatem vindicare alqm; **jmd in ~ setzen** alqm (in libertatem) vindicare.

**Freiheitsdrang** *m* studium *nt* libertatis, desiderium *nt* libertatis.

**Freikarte** *f* tessera *f* gratuita.

**freikaufen** *vt* redimere [**captos e servitute**; **amicum a piratis**].

**freilassen** *vt* liberare, dimittere [**alqm ex custodia**]; *(Sklaven)* manumittere.

**Freilassung** *f* missio <-onis> *f; (von Sklaven)* manumissio <-onis> *f.*

**freilich** *adv* ① *(allerdings)* vero, sane ② *(natürlich)* scilicet.

**Freilichtbühne** *f* scaena *f* subdialis.

**Freimaurer** *m* massonus *m,* masso <-onis> *m.*

**Freimaurerei** *f* massonum secta *f.*

**Freimaurerloge** *f* sodalitas <-tatis> *f* massonum.

**Freimut** *m* libertas <-atis> *f,* animus *m* apertus.

**freimütig** *adj* liber <-era, -erum>.

**Freimütigkeit** *f* libertas <-atis> *f,* animus *m* apertus.

**freisprechen** *vt* absolvere *(von:* gen), solvere *(von:* abl) [**crimine**]; **jmd von der Todesstrafe ~** capitis absolvere alqm.

**Freispruch** *m* absolutio <-onis> *f;* **nach seinem ~** eo absoluto.

**Freistaat** *m* libera res <rei> *f* publica.

**freistellen** *vt:* **jdm etw ~** *(anheimstellen)* permittere arbitrio alcis.

**Freistoß** *m* (SPORT) iactus <-us> *m* liber.

**Freistunde** *f* hora *f* vacua.

**Freitag** *m* dies <-ei> *m* Veneris.

**Freitod** *m* mors <mortis> *f* voluntaria.

**freiwillig** **I.** *adj* voluntarius **II.** *adv* meā / tuā / suā / *usw.* sponte, ultro.

**Freiwillige(r)** *f(m)* voluntarius, -a *m, f.*

**Freizeit** *f* otium *nt.*

**Freizeitpark** *m* campus *m* delectationis.

**fremd** *adj* ① *(ausländisch)* alienus, externus, peregrinus [**populus**] ② *(~artig)* alienus, externus [**religio**] ③ *(unbekannt)* ignotus [**terra**] ④ *(anderen gehörig)* alienus [**opes**].

**fremdartig** *adj* alienus, externus, insolitus.

**Fremdartigkeit** *f* insolentia *f.*

**Fremde** *f* ① *(Land)* externa *nt pl;* **in der ~, in die ~** peregre [**vivere**; **proficisci**] ② *(Person)* peregrina *f.*

**Fremdenführer** *m* monstrator <-oris> *m.*

**Fremdenverkehr** *m* commeatus <-us> *m* hospitum.

**Fremder** *m* alienus *m; (Ausländer)* peregrinus *m,* hospes <-pitis> *m.*

**Fremdherrschaft** *f* imperium *nt* externum, servitus <-tutis> *f.*

**Fremdkörper** *m* particula *f* aliena.

**fremdländisch** *adj* peregrinus, alienus, externus.

**Fremdling** *m* peregrinus *m,* hospes <-pitis> *m.*

**Fremdsprache** *f* lingua *f* aliena.

**Fremdwort** *nt* vocabulum *nt* externum.

**Frequenz** *f* frequentia *f.*

**Fresko** *nt* opus <operis> *nt* tectorium.

**fressen** *vt* edere.

**Fressen** *nt* pabulum *nt.*

**Freude** *f* gaudium *nt; (Fröhlichkeit)* laetitia *f;* **jdm ~ machen** alqm delectare; **an etw ~ haben** delectari, laetari + *abl;* **mit ~n** libenter; **vor ~** gaudio.

**Freudengeschrei** *nt* clamor <-oris> *m* laetus.

**Freudenmädchen** *nt* meretrix <-icis> *f,* scortum *nt.*

**freudig** *adj* laetus [**nuntius**; **inopinatum**].

**freudlos** *adj* maestus, tristis.

**freuen I.** *vr:* **sich ~** gaudēre, laetari, delectari *(über:* abl) [**munere**]; **sich des Lebens ~** vitā frui **II.** *unpers.:* **es freut mich** iuvat me (mit Inf. oder A.C.I.); **es freut mich, dass es dir gut geht** te valēre me iuvat.

**Freund(in *f*)** *m* amicus *m,* amica *f;* **mein bester ~** amicissimus meus; **jmd zum ~ haben** alqm amicum habēre; **kein ~ von etw sein** alienum esse (+ dat oder ab).

**freundlich** *adj* ① *(liebenswürdig, nett)* comis, benignus, amicus [**homines**; **vultus**]; **~es Wesen** comitas ② *(Wetter)* serenus ③ *(Wohnung)* iucundus, amoenus.

**Freundlichkeit** *f* comitas <-atis> *f,* benignitas <-atis> *f.*

**Freundschaft** *f* amicitia *f;* **mit jdm ~ schließen** amicitiam facere [*o* iungere] cum alqo.

**freundschaftlich** *adj* amicus, familiaris [**mens** Gesinnung; **rationes** Beziehungen]; **mit jdm ~ verbunden sein** familiariter uti alqo.

**Frevel** *m* scelus <-leris> *nt;* **einen ~ begehen** scelus committere.

**frevelhaft** *adj* nefarius, scelestus.

**freveln** *vi* scelus committere [**contra leges**].

**Frieden** *m* pax <pacis> *f;* **im ~** (in) pace; **~ schließen** pacem facere [*o* componere]; **jmd um ~ bitten** ab alqo pacem petere; **jmd in ~ lassen** non turbare alqm.

**Friedensbewegung** *f* motus <-us> *m* irenicus.

**Friedensbruch** *m* pax <pacis> *f* violata.

**Friedenspfeife** *f* pipa *f* pacis.

**Friedensschluss** *m* pax <pacis> *f* constituta.

**Friedensverhandlungen** *pl* pacis disceptationes <-num> *f pl.*

**Friedensvertrag** *m* pactum *nt* pacis.

**friedfertig** *adj* placidus.

**Friedhof** *m* sepulcretum *nt.*

**friedlich** *adj* placidus [**animus**; **senectus**]; (POL) tranquillus [**civitas**].

**friedliebend** *adj* pacis amans.

**frieren** *vi* algēre, frigēre; **ich friere an den Händen** manūs frigent.

**frisch** *adj* ① *(Nahrungsmittel)* recens <-centis> [**panis**] ② *(kühl)* frigidus ③ *(Gesichtsfarbe)* nitidus ④ *(unverbraucht, munter)* integer [**vires**; **copiae**] ⑤ *(vor kurzem geschehen)* novus, recens <-centis> [**vulnus**]; **auf ~er Tat** in ipso facinore, in ipsa re.

**Frische** *f* ① *(Kühle)* frigus <-goris> *nt* ② *(Munterkeit)* alacritas <-atis> *f,* vigor <-oris> *m.*

**Friseur** *m* tonsor <-soris> *m.*

**Friseuse** *f* tonstrix <-icis> *f,* ornatrix <-icis> *f.*

**frisieren** *vt* capillos ornare (alci).

**Frisiersalon** *m* tonstrina *f.*

**Frist** *f (Zeitspanne)* (temporis) spatium *nt; (Termin)* dies <-ei> *f;* **eine ~ einhalten** diem observare.

**fristen** *vt:* **sein Leben ~** miseram vitam degere.

**fristgemäß** *adv* intra diem [**merces comportare**].

**fristlos** *adv* sine mora [**alqm dimittere**].

**Frisur** *f* comptus <-us> *m.*

**frivol** *adj (schlüpfrig)* obscenus [**versūs**; **sermones**].

**froh** *adj* laetus; **über etw ~ sein** alqa re gaudēre [*o* laetari].

**fröhlich** *adj* laetus, hilarus.

**Fröhlichkeit** *f* laetitia *f,* hilaritas <-tatis> *f.*

**frohlocken** *vi* (laetitiā) exsultare *(über:* re).

**fromm** *adj* pius, religiosus.

**Frömmelei** *f (pej)* simulata religio <-onis> *f.*

**Frömmigkeit** *f* pietas <-atis> *f,* religio <-onis> *f.*

**Fron(arbeit)** *f,* **Frondienst** *m* servitium *nt.*

**frönen** *vi* indulgēre [**deliciis suis** seinem Hobby].

**Fronleichnam** *nt* festum *nt* corporis Christi.

**Front** *f (Haus~; milit.)* frons <frontis> *f;* **die ~en wechseln** *(fig)* signa convertere; **~ gegen etw machen** *(fig)* alci rei resistere, repugnare.

**Frosch** *m* rana *f.*

**Frost** *m* frigus <-goris> *nt.*

**Frostbeule** *f* pernio <-onis> *m.*

**frostig** *adj* frigidus, glacialis [**aura**].

**Frostschutzmittel** *nt* antigelidum *nt.*

**Frottee** *nt* textum *nt* spongium.

**frottieren** *vt* fricare <fricui>.

**Frottier(hand)tuch** *nt* mantelium *nt* spongium.

**Frucht** *f* fructus <-us> *m; (Obst)* pomum *nt;* **Früchte tragen** fructūs ferre [*o* reddere]; *(fig)* fructum ferre [*o* reddere].

**fruchtbar** *adj (auch fig)* fecundus, fertilis, fructuosus, frugifer <-fera, -ferum> [**ager**; **philosophia**; **studia**].

**Fruchtbarkeit** *f* fertilitas <-atis> *f,* fecunditas <-atis> *f.*

**fruchtlos** *adj (fig)* infecundus, inutilis, irritus.

**Fruchtsaft** *m* sucus *m* fructuarius, sucus *m* pomorum.

**früh I.** *adj* ① *(~zeitig)* maturus [**honores**]; **am ~en Morgen** primā luce; **von ~er Jugend an** a prima aetate ② *(vorzeitig, zu früh)* praematurus, immaturus, praecox <-cocis> [**exitus**; **hiems**] **II.** *adv* ① *(morgens)* mane, prima luce; **heute ~** hodie mane; **gestern ~** heri mane

❷ *(~zeitig)* mature ❸ *(zu früh)* praemature, immature.

**Frühe** *f:* **in aller ~** primā luce.

**früher I.** *adj* ❶ *(eher; vorangegangen, der vorige)* prior [**tramen**; **consul**] ❷ *(ehemalig)* pristinus [**mos**; **gloria**] **II.** *adv* ❶ anteā, prius; **~ oder später** vel citius vel tardius, serius ocius ❷ *(einst)* quondam.

**Frühgeburt** *f* partus <-us> *m* praecox.

**Frühjahr** *nt* ver <veris> *nt;* **Frühjahrs-** vernus [**tempus**; **flores**]; *durch gen:* veris.

**Frühjahrsmüdigkeit** *f* languor <-oris> *m* vernus.

**frühmorgens** *adv* primā luce.

**frühreif** *adj* praecox <-cocis>.

**Frühstück** *nt* ientaculum *nt; (zweites ~)* prandium *nt.*

**frühstücken** *vt* prandēre, ientare.

**frühzeitig** *adj* ❶ *(früh)* maturus [**initium**] ❷ *(vorzeitig)* praematurus, immaturus, praecox <-cocis> [**hiems**].

**frustrieren** *vt* frustrari, frustrare.

**Fuchs** *m* vulpes <-pis> *f;* **ein alter ~** *(fig)* veterator <-oris> *m.*

**Fuchs-** vulpinus [**cavum** Fuchsbau; **cauda**], *durch gen:* vulpis.

**Fug** *m:* **mit ~ und Recht** merito ac iure, iure meritoque.

**Fuge** *f:* **aus den ~n gehen** dilabi.

**fügen** *vr:* **sich ~** *(sich unterordnen)* cedere + *dat* [**fortunae**; **hosti**].

**fügsam** *adj* oboediens <-entis>.

**Fügsamkeit** *f* oboedientia *f.*

**Fügung** *f (~ des Schicksals)* consilium *nt* divinum.

**fühlbar** *adj* qui / quae / quod sensibus percipi potest.

**fühlen I.** *vt* ❶ *(empfinden, wahrnehmen)* sentire; ❷ *(Puls)* temptare [**venas** den Puls ~]; **II.** *vr* **sich nicht wohl ~** minus valēre; **sich zu etw verpflichtet ~** alqd debēre.

**Fühler** *m* corniculum *nt,* antenna *f.*

**führen** *vt* ducere; *(leiten)* praeesse + *dat;* **einen Prozess ~** causam agere; **Krieg ~** bellum gerere; **das würde zu weit ~** longum est; **es würde zu weit ~, alles aufzuzählen** longum est omnia enumerare; **etw führt zu etw** nascitur alqd ex alqa re; **die Aufsicht/den Vorsitz ~** praesidēre alci rei; **das Heer nach Gallien ~** exercitum in Galliam ducere; **Legionen über die Alpen ~** legiones Alpes traducere; **etw im Schilde ~** alqd moliri.

**Führer(in** *f***)** *m* dux <ducis> *m/f.*

**Führerschein** *m* diploma <-atis> *nt* gubernationis.

**Führung** *f* ❶ *(Leitung)* ductus <-us> *m;* **unter jmds ~** alcis ductu, alqo duce; **jdm die ~ von etw übertragen** praeficere alqm alci rei; **die ~ übernehmen** ductum suscipere ❷ *(Benehmen)* mores <-rum> *m pl.*

**Führungszeugnis** *nt* testimonium *nt* morum integritatis.

**Fülle** *f (Menge)* copia *f.*

**füllen** *vt* ❶ *(voll machen, mit etw anfüllen)* complēre, explēre [**urnam**; **fossam aquā, aggere**] ❷ *(Flüssigkeit in etw schütten)* fundere [**vinum in pocula**].

**Füllung** *f* explementum *nt.*

**fummeln** *vi* temptare *(an etw:* alqd).

**Fund** *m* inventum *nt;* **einen seltsamen ~ machen** rem miram invenire.

**Fundament** *nt (auch fig)* fundamentum *nt;* **das ~ für etw schaffen** *(fig)* fundamentum alcis rei ponere.

**Fundbüro** *nt* officium *nt* depositorium rerum inventarum.

**Fundgrube** *f (fig)* fodina *f* inventoria.

**fünf** *num* quinque (undekl.); **je ~** quini.

**fünfeckig** *adj* pentagonus.

**fünfhundert** *num* quingenti <-ae, -a>.

**fünfmal** *adv* quinquie(n)s; **~ so groß** quinque partibus maior.

**Fünftel** *nt* quinta pars <partis> *f.*

**fünfter** *adj* quintus.

**fünfzehn** *num* quindecim (undekl.).

**fünfzig** *num* quinquaginta (undekl.).

**Funke** *m* scintilla *f;* **keinen ~n Hoffnung haben** ne minimam quidem spem habēre.

**funkeln** *vi* micare <micui>, fulgēre.

**funken** *vt (durch Funk übermitteln)* radiotelegraphare.

**Funken** *m* scintilla *f; s. a.* **Funke.**

**Funker** *m* radiotelegraphista *m.*

**Funktion** *f* functio <-onis> *f; (Amt, Aufgabe)* officium *nt.*

**Funkturm** *m* radiopharus *m.*

**für** *praep (zugunsten von)* pro + *abl; oft durch dat auszudrücken; (zum Lohn, als Belohnung; zum Schutz; anstelle von; im Verhältnis zu)* pro + *abl;* **halten ~** existimare, habēre *(+ dopp. akk);* **Schritt ~ Schritt** gradatim; **Jahr ~ Jahr** quotannis; **~ die Freiheit sterben** pro libertate mori.

**Fürbitte** *f* deprecatio <-onis> *f;* **~ für jmd einlegen** deprecari pro alqo.

**Furche** *f* ❶ *(Acker~)* sulcus *m* ❷ *(Falte im Gesicht)* ruga *f.*

**Furcht** *f* metus <-us> *m,* timor <-oris> *m (vor: gen oder ab; um, wegen:* de alqo und de re, pro re, propter alqm) [**hostium**; **a Romanis**; **de fratre**; **pro re publica**]; **aus ~** timoris causā; **bleich vor ~** metu pallidus; **jdm ~ einflößen** metum alci afferre [*o* inicere *o* facere]; **~ haben vor** timēre, metuere + *akk.*

**furchtbar** *adj* terribilis, horribilis.

**fürchten** *vt und vr:* **sich ~** timēre, metuere, ve-

reri + *akk* (*dass:* ne; *dass nicht:* ut oder ne non) [**hostem**; **insidias**]; **er fürchtete, von allen allein gelassen zu werden** timuit, ne ab omnibus desereretur; **der Feldherr fürchtete, dem Ansturm der Feinde nicht standhalten zu können** imperator veritus est, ut hostium impetum sustinēre posset.
**fürchterlich** *adj* terribilis, horribilis.
**furchtlos** *adj* impavidus.
**Furchtlosigkeit** *f* fortitudo <-dinis> *f.*
**furchtsam** *adj* timidus, pavidus.
**Furchtsamkeit** *f* timiditas <-atis> *f.*
**Furie** *f* ① (*mythol.*) Furia *f* ② (*pej: wütende Frau*) furia *f.*
**Furore** *f:* **~ machen** admirationem movēre.
**Fürsorge** *f* (*Betreuung*) cura *f.*
**Fürsprache** *f* deprecatio <-onis> *f;* **~ für jmd einlegen** deprecari pro alqo.
**Fürsprecher(in** *f*) *m* patronus, -a *m, f.*
**Fürst** *m* princeps <-cipis> *m,* rex <regis> *m.*
**Fürstentum** *nt* principatus <-us> *m.*
**Fürstin** *f* regina *f.*
**fürstlich** *adj* ① principalis, regius, *durch gen:* principis/principum, regis/regum ② (*aufwändig, üppig*) regius [**cena**; **corollarium** Trinkgeld].
**Furt** *f* vadum *nt.*
**Fuß** *m* pes <pedis> *m;* **zu ~** pedibus; **am ~e des Berges** sub monte; **jdm zu Füßen fallen** ad pedes alcis se proicere [*o* se prosternere]; **auf freiem ~ sein** liberum esse; **jmd auf freien ~ setzen** alqm e custodia emittere; **auf großem ~ leben** magnifice vivere; **auf eigenen Füßen stehen** (*fig*) suis viribus stare; **auf schwachen Füßen stehen** (*fig*) vacillare; **jdm auf dem ~e folgen** alqm subsequi; **etw mit Füßen treten** (*fig*) alqd calcare [**libertatem**; **ius**]; **~ fassen** consistere, inveterascere [**in Gallia**].
**Fußbad** *nt* pediluvium *nt.*
**Fußball** *m* pedifollis <-is> *m;* **~ spielen** pedifolle ludere.
**Fußballplatz** *m* campus *m* pediludii [*o* pedifolliii].
**Fußballspiel** *nt* pediludium *nt,* pedifollium *nt.*
**Fußballspieler** *m* pedilusor <-oris> *m.*
**Fußboden** *m* solum *nt.*
**Fußbremse** *f* frenum *nt* pedale.
**fußen** *vi* positum esse (*auf:* in + abl).
**Fußgänger** *m* pedes <-ditis> *m.*
**Fußgängerzone** *f* regio <-onis> *f* peditum.
**Fußnote** *f* adnotatio <-onis> *f.*
**Fußsohle** *f* planta *f.*
**Fußsoldat** *m* pedes <-ditis> *m.*
**Fußspur** *f,* **Fußstapfen** *m* vestigium *nt;* **in jmds Fußstapfen treten** (*fig*) vestigia alcis premere, vestigia alcis ingredi.
**Fußtritt** *m* ictus <-us> *m* pedis; **jdm einen ~ geben** pede percutere alqm.
**Fußtruppen** *pl* copiae *f pl* pedestres.
**Fußvolk** *nt* peditatus <-us> *m.*
**Fußweg** *m* semita *f.*
**Futter** *nt* ① (*Nahrung für Tiere*) pabulum *nt* ② (*Stoff*) pannus *m* insutus.
**Futteral** *nt* theca *f.*
**füttern** *vt* nutrire [**infantem**; **porcos**].
**Futternapf** *m* catinus *m.*

# Gg

**Gabe** *f* ① donum *nt,* munus <-neris> *nt* ② (*Talent*) facultas <-tatis> *f.*
**Gabel** *f* fuscinula *f.*
**gabeln** *vr:* **sich ~** bifurcari.
**Gabelung** *f* bifurcum *nt.*
**gackern** *vt* cacillare.
**gaffen** *vi* stupide circumspectare.
**Gage** *f* lucar <-aris> *nt.*
**gähnen** *vi* oscitare.
**Gähnen** *nt* oscitatio <-onis> *f.*
**galant** *adj* urbanus.
**Galeere** *f* triremis <-is> *f,* quinqueremis <-is> *f.*
**Galerie** *f* ① (*Gemälde~*) pinacotheca *f* ② (*im Theater*) cavea *f* summa.
**Galgen** *m* arbor <-oris> *f* infelix, patibulum *nt.*
**Galle** *f* (*Organ*) fel <fellis> *nt;* (*~nsaft*) bilis <-is> *f;* **jdm steigt** [*o* **kommt**] **die ~ hoch** bilis alci commovetur.
**Gallenblase** *f* fel <fellis> *nt.*
**Gallenstein** *m* calculus *m* felleus.
**Gallien** *nt* Gallia *f.*
**Gallier(in** *f*) *m* Gallus, -a *m, f.*
**Galopp** *m* cursus <-us> *m* citatus; **im ~** equo citato.
**galoppieren** *vi* equo citato vehi.
**gammeln** *vi* in otio languescere.
**Gammler** *m* erro <-onis> *m.*
**Gämse** *f* rupicapra *f,* damma *f.*
**Gang** *m* ① (*~art*) ingressus <-us> *m* ② (*Essens~*) cena *f,* ferculum *nt* ③ (*Ablauf, Verlauf*) cursus <-us> *m* [**sermonis**]; **in ~ bringen** (com)movēre; **in ~ kommen** moveri;

**im ~ sein** moveri, agitari ④ *(Korridor)* vestibulum *nt* ⑤ *(bei Auto, Fahrrad)* velocitas <-atis> *f;* **in den zweiten ~ schalten** secundam velocitatem adhibēre.

**Gangart** *f* ingressus <-us> *m.*

**gangbar** *adj* pervius.

**Gängelband** *nt:* **jmd am ~ führen** *(fig)* alqm imperio suo regere.

**gängeln** *vt (fig)* imperio suo regere.

**gängig** *adj (gebräuchlich)* usitatus [**verbum**].

**Ganove** *m* verbero <-onis> *m,* furcifer <-feri> *m.*

**Gans** *f* anser <-eris> *m.*

**Gänsehaut** *f:* **eine ~ bekommen** horrore perfundi.

**ganz I.** *adj* totus, omnis, universus; **ein ~er Mann** plane vir **II.** *adv* admodum, plane; **~ und gar** omnino; **~ und gar nicht** minime, nequaquam; **~ anderer** longe alius; **~ arm** perpauper <-eris>.

**gänzlich** *adv* omnino.

**gar I.** *adj (von Speisen)* (per)coctus **II.** *adv:* **~ nicht** minime, nequaquam; **~ nichts** nihil sane.

**Garage** *f* autoraedarum receptaculum *nt.*

**Garantie** *f* auctoritas <-atis> *f,* satisdatio <-onis> *f;* **~ geben für etw** praestare alqd.

**garantieren** *vi:* **für etw ~** praestare <praestiti> + *akk.*

**Garbe** *f (Getreide~)* merges <-gitis> *f.*

**Garderobe** *f* ① *(Kleidung)* vestimenta *nt pl,* vestis <-is> *f* ② *(Raum)* vestiarium *nt.*

**Garderobenständer** *m* vestium sustentaculum *nt.*

**Gardine** *f* velum *nt.*

**gären** *vi* ① fermentari ② *(fig)* ardēre, tumēre.

**Garn** *nt* filum *nt.*

**Garnele** *f* cammarus *m.*

**garnieren** *vt* distinguere.

**garstig** *adj (gemein, böse)* improbus.

**Garten** *m* hortus *m.*

**Garten-** hortensius [**flores**; **olus**; **festum**].

**Gartenarbeit** *f* horti cultus <-us> *m.*

**Gartenfest** *nt* festum *nt* hortensium.

**Gartengerät** *nt* instrumentum *nt* hortensium.

**Gartenhaus** *nt* casa *f* hortensia.

**Gartenlaube** *f* trichila *f.*

**Gartenlokal** *nt* taberna *f* hortensia, caupona *f* hortensia.

**Gärtner** *m* hortulanus *m.*

**Gärtnerei** *f* topiaria *f.*

**Gärtnerin** *f* hortulana *f.*

**Gärung** *f* fermentatio <-onis> *f.*

**Gas** *nt* gasum *nt;* **~ geben** accelerare.

**gasförmig** *adj* gasiformis.

**Gasheizung** *f* calefactorium *nt* gasale.

**Gasherd** *m* focus *m* gasalis.

**Gasmaske** *f* masca *f* antigasalis.

**Gaspedal** *nt* acceleratrum *nt.*

**Gasse** *f* via *f,* vicus *m;* **eine enge ~** angiportum *nt.*

**Gast** *m* hospes <-pitis> *m; (Tisch~)* conviva *m; (im Gasthaus, Hotel)* deversor <-oris> *m;* **jmd zu ~ bitten** invitare alqm; **bei jdm zu ~ sein, jmds ~ sein** alcis hospitem esse; **ungebetener ~** hospes non invitatus.

**Gastarbeiter(in** *f*) *m* operarius *m* peregrinus, operaria *f* peregrina.

**Gäste-** hospitalis [**cubiculum**].

**Gästebuch** *nt* libellus *m* hospitalis.

**Gästezimmer** *nt* cubiculum *nt* hospitale.

**gastfreundlich** *adj* hospitalis; **jmd ~ aufnehmen** alqm hospitio accipere [*o* recipere].

**Gastfreundschaft** *f* hospitium *nt;* **jdm ~ gewähren** hospitio accipere alqm.

**Gastgeber** *m* convivator <-oris> *m.*

**Gasthaus** *nt* deversorium *nt,* taberna *f.*

**gastlich** *adj* hospitalis; **jmd ~ aufnehmen** alqm hospitio accipere [*o* recipere].

**Gaststätte** *f* deversorium *nt,* taberna *f.*

**Gastwirt** *m* caupo <-onis> *m.*

**Gastwirtschaft** *f* caupona *f,* deversorium *nt,* taberna *f.*

**Gatte** *m* maritus *m.*

**Gattin** *f* uxor <-oris> *f,* coniu(n)x <-iugis> *f.*

**Gattung** *f* genus <-neris> *nt.*

**Gaudi** *f* delectatio <-onis> *f,* oblectatio <-onis> *f.*

**Gaukelei** *f* praestigiae *f pl.*

**Gaukler(in** *f*) *m* praestigiator <-oris> *m,* praestigiatrix <-icis> *f.*

**Gaul** *m* caballus *m;* **einem geschenkten ~ schaut man nicht ins Maul** equi donati dentes non inspiciuntur, equi donati noli inspicere dentes.

**Gaumen** *m* palatum *nt.*

**Gauner** *m (Dieb)* fur <furis> *m; (Betrüger)* homo <-minis> *m* fallax.

**Gaunerei** *f* furtum *nt,* fallacia *f,* fraus <fraudis> *f.*

**Gaunerin** *f (Diebin)* fur <furis> *f; (Betrügerin)* femina *f* fallax.

**Gazelle** *f* dorcas <-adis> *f.*

**Gebäck** *nt* crustum *nt.*

**Gebälk** *nt* contignatio <-onis> *f.*

**Gebärde** *f* gestus <-us> *m.*

**gebärden** *vr:* **sich ~** se gerere.

**gebären** *vt* parere; **geboren werden** nasci.

**Gebärmutter** *f* uterus *m.*

**Gebäude** *nt* aedificium *nt.*

**Gebeine** *pl* ossa <ossium> *nt pl.*

**Gebell** *nt* latratus <-us> *m.*

**geben I.** *vt* dare <dedi>; **es gibt Leute, die** sunt qui + *conj oder ind;* **viel auf etw ~** multum tribuere + *dat;* **nichts auf etw ~** neglegere [*o* parum curare] alqd; **von sich ~** edere;

**eine Antwort ~** respondēre; **ein Zeichen ~** significare; **einen Befehl ~** iubēre; **was gibt's?** quid fit?, quid agitur? **II.** *vr:* **sich ~** *(aufhören)* cedere, remittere, remitti.

**Gebet** *nt* precatio <-onis> *f,* preces <-cum> *f pl;* **ein ~ sprechen** precari.

**Gebiet** *nt* ❶ regio <-onis> *f,* fines <-nium> *m pl* ❷ *(fig: Fach~)* genus <-neris> *nt,* campus *m;* **auf wirtschaftlichem ~** in rebus oeconomicis.

**gebieten** *vt* imperare.

**Gebieter(in** *f*) *m* dominus *m,* domina *f.*

**gebieterisch** *adj* imperiosus.

**gebildet** *adj* eruditus, excultus, doctus.

**Gebirge** *nt* montes <-tium> *m pl.*

**gebirgig** *adj* mont(u)osus [**regio**].

**Gebirgs-** mont(u)osus.

**Gebirgszug** *m* iugum *nt* [**Alpium**].

**Gebiss** *nt (natürliches, Zähne)* dentes <dentium> *m pl; (künstliches)* dentes *m pl* artificiosi; *(des Pferdes)* frenum *nt.*

**geblümt** *adj* floratus.

**geboren** *adj* natus; **~ werden** nasci; **ein ~er Soldat/Redner** vir ad arma/ad dicendum natus.

**geborgen** *adj* securus.

**Gebot** *nt* ❶ *(Befehl)* praeceptum *nt,* iussum *nt;* **die zehn ~e** decalogus *m;* **ein ~ erlassen** iubēre; **zu ~(e) stehen** praesto esse ❷ *(bei der Auktion)* licitatio <-onis> *f;* **ein ~ machen** licitari.

**Gebrauch** *m* usus <-us> *m;* **von etw ~ machen** uti + *abl;* **im ~ sein** in usu esse.

**gebrauchen** *vt (benutzen)* uti + *abl;* **das ist nicht zu ~** hoc inutile est; **gebraucht werden** *(benutzt werden)* in usu esse.

**gebräuchlich** *adj* usitatus [**verbum**].

**Gebrauchsanweisung** *f* praeceptum *nt* adhibitionis.

**gebraucht** *adj* redivivus [**vestis**].

**Gebrechen** *nt* vitium *nt* [**corporis**].

**gebrechlich** *adj* infirmus, debilis.

**Gebrechlichkeit** *f* infirmitas <-atis> *f,* debilitas <-atis> *f.*

**Gebrüll** *nt (von Menschen)* clamor <-oris> *m; (von Rindern)* mugitus <-us> *m.*

**Gebühr** *f* taxa *f;* **über ~** plus aequo.

**gebühren** *vr:* **sich ~** decēre (+ A.C.I.); **wie es sich gebührt** ut decet.

**gebührend** *adj* iustus, aequus, debitus.

**Geburt** *f* partus <-us> *m;* **vor Christi ~** ante Christum natum; **von ~ an** a prima aetate.

**Geburtenanstieg** *m* natorum auctus <-us> *m.*

**Geburtenkontrolle** *f* prolis moderatio <-onis> *f.*

**Geburtenrückgang** *m* natorum deminutio <-onis> *f.*

**gebürtig** *adj* natus, ortus, oriundus *(aus:* ex, a) [**ex Italia; a Troia**].

**Geburtsjahr** *nt* partūs annus *m.*

**Geburtsort** *m* locus *m* natalis.

**Geburtstag** *m* dies <-ei> *m* natalis.

**Geburtstagsgeschenk** *nt* munus <-neris> *nt* natalicium.

**Geburtsurkunde** *f* tabula *f* natalicia.

**Gebüsch** *nt* virgulta *nt pl,* dumetum *nt,* fruticetum *nt.*

**Gedächtnis** *nt* memoria *f;* **etw im ~ behalten** alqd memoriā tenēre; **sich etw ins ~ zurückrufen** alqd memoriā repetere; **aus dem ~** ex memoria; **ein gutes ~ haben** memoriā valēre.

**Gedanke** *m (Überlegung, das Denken)* cogitatio <-onis> *f (an etw:* gen); *(Plan, Absicht)* consilium *nt;* **sich ~n machen über** cogitare de; **das bringt mich auf den ~n** inde mihi nascitur consilium; **mir kam der ~ …** in mentem mihi venit …; **jmd auf andere ~n bringen** alqm avocare.

**gedankenlos** *adj* inconsideratus, socors <-cordis>.

**Gedankenlosigkeit** *f* socordia *f.*

**gedankenverloren** *adj* deliberabundus.

**Gedärm** *nt* intestina *nt pl.*

**gedeihen** *vi* crescere, augeri; *(fig: gut vorangehen)* procedere, bene provenire.

**gedenken** *vi:* **jmds/einer Sache ~** recordari (de alqo; alqd, de re oder alcis rei), meminisse (alcis; alcis rei oder alqd), reminisci (+ gen oder akk); **zu tun ~** cogitare (+ Inf.).

**Gedicht** *nt* carmen <-minis> *nt.*

**Gedränge** *nt* turba *f;* **ins ~ kommen** *(fig)* in angustum venire.

**gedrängt** *adj* ❶ *(räuml.)* pressus, confertus ❷ *(fig: knapp)* contractus, astrictus [**genus** Stil].

**gedrückt** *adj* afflictus [**animus** Stimmung].

**gedrungen** *adj (Körperbau)* compactus, solidus [**figura**].

**Geduld** *f* patientia *f;* **sich in ~ fassen** patientiā uti; **mit etw die ~ verlieren** alqa re defatigari; **mit jdm ~ haben** alqm patienter ferre.

**gedulden** *vr:* **sich ~** patientem esse.

**geduldig** *adj* patiens <-entis> [**auditor**]; **etw ~ über sich ergehen lassen** alqd patienter ferre.

**geehrt** *adj* honoratus, honestus.

**geeignet** *adj* aptus, idoneus (ad); **im ~en Augenblick** iusto [*o* recto] momento.

**Gefahr** *f* periculum *nt;* **in ~ bringen** in periculum adducere; **in ~ schweben** in periculo esse; **außer ~** extra periculum; **in ~ geraten** in periculum venire [*o* delabi]; **sich in ~ begeben** periculum adire, in periculum se inferre.

**gefährden** *vt* in periculum adducere; **gefährdet sein** in periculo esse.

**gefährlich** *adj* periculosus *(für:* dat); *(Feind)*

infestus.

**gefahrlos** *adj (mit keiner Gefahr verbunden)* periculi expers <-pertis> [**inceptum** Unternehmen]; *(sicher, geschützt)* securus [**tempus**; **locus**].

**Gefährte** *m* socius *m,* comes <-mitis> *m,* sodalis <-is> *m.*

**Gefährtin** *f* socia *f.*

**Gefälle** *nt* declivitas <-atis> *f,* inclinatio <-onis> *f.*

**gefallen** *vi* placēre; **das gefällt mir (nicht)** hoc mihi placet (displicet); **sich etw ~ lassen** pati alqd.

**Gefallen I.** *m:* **jdm einen ~ tun** alci gratum facere **II.** *nt:* **an etw ~ finden** laetari, delectari + *abl;* **nach ~** ad libidinem, ut placet, ut libet.

**Gefallener** *m* (MIL) caducus *m.*

**gefällig** *adj* ❶ *(angenehm)* iucundus, gratus ❷ *(hilfsbereit)* beneficus, comis; **jdm ~ sein** gratum facere alci.

**Gefälligkeit** *f (erwiesener Dienst)* beneficium *nt;* **aus ~** beneficii causā, per beneficium; **jdm eine ~ erweisen** beneficio alqm afficere, alci gratum facere.

**gefangen** *adj* captus; *(kriegs~)* captivus; **~ nehmen** capere [**regis filiam**; **duces**].

**Gefangene** *f* captiva *f.*

**Gefangenenaustausch** *m* permutatio <-onis> *f* captivorum.

**Gefangener** *m* captivus *m.*

**Gefangennahme** *f* captio <-onis> *f.*

**Gefangenschaft** *f* captivitas <-atis> *f;* **in ~ geraten** capi.

**Gefängnis** *nt* carcer <-eris> *m,* custodia *f;* **ins ~ werfen** in carcerem [*o* in custodiam] conicere; **im ~ sein** [*o* **sitzen**] in carcere [*o* in custodia] esse.

**Gefängniswärter(in** *f*) *m* custos <-odis> *m/f.*

**Gefäß** *nt* ❶ *(Behälter)* vas <vasis> *nt* ❷ *(Blut~)* vena *f.*

**gefasst** *adj (beherrscht, gelassen)* tranquillus, quietus, aequanimus; **sich auf etw ~ machen** se (com)parare ad alqd; **auf etw ~ sein** paratum esse ad alqd.

**Gefecht** *nt* pugna *f,* proelium *nt;* **ein ~ liefern** proelium committere.

**gefeit** *adj:* **gegen etw ~ sein** immunem esse (+ gen, abl, a re).

**Gefieder** *nt* pennae *f pl.*

**gefiedert** *adj* plumatus.

**gefleckt** *adj* maculosus.

**Geflügel** *nt* aves <avium> *f pl.*

**geflügelt** *adj* volucer <-cris, -cre> [**draco**; **equus** Pegasus].

**Geflüster** *nt* susurri *m pl.*

**Gefolge** *nt* comitatus <-us> *m,* comites <-tum> *m pl* [**praetoris**].

**Gefolgschaft** *f (die Anhänger)* sectatores <-rum> *m pl.*

**gefräßig** *adj* edax <-acis>, vorax <-acis> [**hospes**; **animalia**].

**Gefräßigkeit** *f* edacitas <-tatis> *f,* voracitas <-tatis> *f.*

**gefrieren** *vi* congelari, conglaciare.

**Gefrierfach** *nt* loculus *m* gelatorius.

**Gefrierfleisch** *nt* caro <carnis> *f* congelata.

**Gefrierpunkt** *m* punctum *nt* congelationis.

**Gefriertruhe** *f* arca *f* gelatoria.

**gefügig** *adj* oboediens <-entis>, obsequiosus.

**Gefühl** *nt (Empfindung)* sensus <-us> *m;* **etw im ~ haben** praesentire alqd; **ein ~ der Angst/Liebe** timor/amor; **für mein ~** meo iudicio.

**gefühllos** *adj* sensūs expers <-pertis>; **~ sein** sensu carēre.

**gefühlvoll** *adj* mollis [**homo**; **carmen**].

**gegen** *praep* ❶ *(feindl.; im Widerspruch mit etw)* contra, adversus + *akk; (im freundlichen Sinne)* erga + *akk; (freundlich und feindl.)* in + *akk;* **Rede ~ Catilina** in Catilinam oratio ❷ *(zur Bez. der Richtung)* adversus, in + *akk;* **~ den Strom schwimmen** adverso flumine natare ❸ *(ungefähr)* circiter + *akk.*

**Gegenangriff** *m* impetus <-us> *m* contrarius.

**Gegenargument** *nt* argumentum *nt* contrarium.

**Gegend** *f* regio <-onis> *f,* loca *nt pl;* **in die/der ~ von** ad + *akk.*

**Gegengewicht** *nt* contrapondium *nt.*

**Gegengift** *nt* antidotum *nt.*

**Gegenliebe** *f* amor <-oris> *m* mutuus.

**Gegenmaßnahme** *f* remedium *nt.*

**Gegensatz** *m* contrarium *nt;* **im ~ zu** longe aliter ac; **im ~ zu etw stehen** alci rei opponi.

**gegensätzlich** *adj* contrarius [**opinio**].

**Gegenseite** *f* pars <partis> *f* adversa.

**gegenseitig** *adj* mutuus.

**Gegenseitigkeit** *f* mutuum *nt;* **ihre Feindschaft beruht auf ~** inimicitiae inter eos mutuae sunt.

**Gegenspieler(in** *f*) *m* aemulus, -a *m, f,* adversarius, -a *m, f.*

**Gegenstand** *m (Ding)* res <rei> *f; (Thema)* causa *f,* propositum *nt;* **~ der Liebe/des Hasses** amor/odium; **der ~ unserer Untersuchung** id, quod quaerimus.

**Gegenstimme** *f* suffragium *nt* contrarium; **ohne ~** nemine contradicente [*o* dissentiente].

**Gegenstoß** *m* repercussus <-us> *m.*

**Gegenteil** *nt* contrarium *nt;* **im ~** contra, ex contrario; **ins ~ umschlagen** in contrarium vertere.

**gegenteilig** *adj* contrarius [**opinio**].

**gegenüber I.** *praep* ❶ *(räuml.)* contra, adversus + *akk* ❷ *(fig)* erga + *akk* **II.** *adv* contra; **das Haus ~** domus <-us> *f* contraria.

**gegenüberliegend** *adj* oppositus [**ripa**].

**gegenüberstellen** *vt* ❶ *(räuml.)* opponere ❷ *(vergleichen)* comparare (mit dat oder cum).

**Gegenüberstellung** *f (Vergleich)* comparatio <-onis> *f.*

**Gegenwart** *f* ❶ *(Anwesenheit)* praesentia *f;* **in ~ von** coram + *abl,* alqo praesente ❷ *(gegenwärtige Zeit)* tempus <-poris> *nt* praesens.

**gegenwärtig I.** *adj* praesens <-entis>; **das ist mir ~** hoc memoriā teneo **II.** *adv* nunc, his temporibus.

**Gegenwehr** *f* defensio <-onis> *f;* **~ leisten** se defendere, resistere.



**Gegenwind** *m* ventus *m* adversus.

**Gegner(in** *f*) *m* adversarius, -a *m, f.*

**gegnerisch** *adj* adversarius, adversus [**factio**; **animus** Gesinnung].

**Gehalt** *nt* salarium *nt,* stipendium *nt.*

**gehaltlos** *adj (fig)* vanus, inanis.

**Gehaltsempfänger** *m* salariarius *m.*

**Gehaltserhöhung** *f* augmentum *nt* salarii.

**gehässig** *adj* malevolus, infensus [**homo**; **dictum** Bemerkung].

**Gehässigkeit** *f* malevolentia *f.*

**Gehege** *nt (Tier~)* saeptum *nt,* saepes <-pis> *f;* **jdm ins ~ kommen** *(fig)* alcis partes sibi sumere.

**geheim** *adj* occultus, secretus [**aditus**; **cupiditas**; **odium**]; **im Geheimen** secreto; **~ halten** occultare [**consilia**].

**Geheimnis** *nt* secretum *nt;* **ein ~ aus etw machen** occultare alqd.

**geheimnisvoll** *adj* arcanus.

**Geheimschrift** *f* steganographia *f,* cryptographia *f.*

**Geheimzahl** *f* numerus *m* secretus.

**gehen** *vi (sich fortbewegen)* ire, vadere; **wie geht's?** ut vales?; **mir geht es gut** valeo, bene me habeo; **es geht um etw** alqd agitur; **in die Politik ~** ad rem publicam accedere; **sich ~ lassen** sibi indulgēre; *(sich vernachlässigen)* se iusto plus neglegere.

**Gehilfe** *m* minister <-tri> *m.*

**Gehilfin** *f* ministra *f.*

**Gehirn** *nt* cerebrum *nt.*

**Gehirnerschütterung** *f* cerebri commotio <-onis> *f.*

**Gehirnwäsche** *f (fig: polit.)* cerebri lavatio <-onis> *f.*

**Gehöft** *nt* villa *f.*

**Gehör** *nt* auditus <-us> *m,* sensus <-us> *m* audiendi; **jdm ~ schenken** alci aures praebēre; **das ~ verlieren** obsurdescere; **~ finden** audiri *(bei jdm:* ab alqo); **sich ~ verschaffen** sibi audientiam facere.

**gehorchen** *vi* obtemperare, parēre, oboedire [**magistratibus**; **legibus**].

**gehören** *vi:* **jdm ~** esse (mit dat; bei Betonung des Besitzers: mit gen oder Poss. Pron.); **es gehört sich** decet, convenit; **es gehört sich für dich** tuum est; **es gehört sich nicht** dedecet; **~ zu** esse in alqo numero; **das gehört nicht hierher** hoc non huius loci est.

**gehörig I.** *adj (gebührend)* debitus, meritus, iustus [**poena**]; **jdm den ~en Respekt erweisen** reverentiam debitam alci praestare **II.** *adv (gebührend)* merito, iuste [**laudari**]; *(sehr, heftig)* valde [**alqm verberare**].

**gehorsam** *adj* obtemperans <-antis>, oboediens <-entis>.

**Gehorsam** *m* oboedientia *f (gegen:* gen), obtemperatio <-onis> *f (gegen:* dat); **jdm den ~ verweigern** recusare oboedire alci.

**Gehsteig** *m,* **Gehweg** *m* semita *f.*

**Geier** *m* vultur <-turis> *m,* vulturius *m.*

**Geige** *f* fidicula *f,* violina *f.*

**Geiger(in** *f*) *m* violinista *m,* violinistria *f.*

**geil** *adj (pej: lüstern)* libidinosus, lascivus, salax <-lacis>.

**Geisel** *f* obses <obsidis> *m/f;* **~n stellen** obsides dare; **von den Besiegten ~n fordern** victis *(dat)* obsides imperare.

**Geißel** *f (fig)* pestis <-is> *f.*

**Geist** *m* ❶ *(Vernunft, Intellekt)* animus *m,* anima *f,* ingenium *nt,* mens <mentis> *f,* spiritus <-us> *m;* **seinen ~ aufgeben** animam efflare; **ein großer ~** homo magni ingenii ❷ *(Gespenst)* larva *f.*

**geisterhaft** *adj* larvalis [**species** Erscheinung].

**Geisterstunde** *f* hora *f* larvarum.

**geistesabwesend** *adj* parum attentus.

**Geistesabwesenheit** *f* (mentis) alienatio <-onis> *f.*

**Geistesgegenwart** *f* animi praesentia *f.*

**geisteskrank** *adj* insanus.

**Geisteskrankheit** *f* insania *f.*

**geistesverwandt** *adj* simili ingenio praeditus.

**geistig** *adj durch gen auszudrücken:* animi, ingenii, mentis; **~ behindert** mente captus.

**geistlich** *adj* ecclesiasticus.

**Geistlicher** *m* clericus *m.*

**geistlos** *adj* stupidus, nullius ingenii.

**geistreich** *adj* ingeniosus, magni ingenii [**poeta**; **scripta**].

**Geiz** *m* avaritia *f.*

**geizen** *vi:* **mit etw ~** parcum esse + *gen.*

**Geizhals** *m* homo <-minis> *m* avarus.

**geizig** *adj* avarus.

**Geizkragen** *m* homo <-minis> *m* avarus.

**Gejammer** *nt* lamentatio <-onis> *f.*

**Gejohle** *nt* clamitatio <-onis> *f,* ululatus <-us> *m.*

**Gekläff** *nt* gannitus <-us> *m.*

**Geklirr** *nt* crepitus <-us> *m.*

**gekünstelt** *adj* affectatus [**comitas**].

**Gelächter** *nt* risus <-us> *m;* **in ~ ausbrechen** in risum effundi.

**Gelage** *nt* convivium *nt.*

**gelähmt** *adj* membris captus.

**Gelände** *nt* loca *nt pl.*

**Geländer** *nt* pluteus *m.*

**gelangen** *vi:* **~ an / zu** pervenire (in + akk, ad); **an die Macht ~** rerum potiri.

**gelassen** *adj (ruhig)* quietus, tranquillus, placidus.

**Gelassenheit** *f* tranquillitas <-atis> *f.*

**geläufig** *adj* usitatus, vulgatus [**verba**].

**gelaunt** *adj:* **schlecht/gut ~** male/bene affectus.

**Geläut(e)** *nt (Glocken~)* campanarum sonitus <-us> *m.*

**gelb** *adj* flavus.

**Gelbsucht** *f* morbus *m* regius [*o* arquatus].

**Geld** *nt* pecunia *f,* argentum *nt,* aes <aeris> *nt;* **viel ~** magna pecunia; **viel ~ haben** pecuniā abundare; **kein ~ haben** pecuniā carēre; **viel/wenig ~ kosten** magno/parvo constare; **bares ~** nummi *m pl.*

**Geld-** pecuniarius [**donum**; **poena**; **res** Geldgeschäft].

**Geldbeutel** *m* marsup(p)ium *nt.*

**geldgierig** *adj* pecuniae cupidus.

**Geldmittel** *pl* pecuniae *f pl.*

**Geldsorgen** *pl:* **~ haben** ex pecunia laborare.

**Geldstrafe** *f* multa *f;* **jmd mit einer ~ belegen** alqm pecuniā multare.

**Geldstück** *nt* nummus *m.*

**Geldverschwendung** *f* pecuniae effusio <-onis> *f.*

**Geldwechsel** *m* cambium *nt.*

**gelegen** *adj* ❶ *(örtlich)* situs, positus ❷ *(passend)* idoneus, commodus, opportunus; **etw kommt jdm ~** alqd alci opportune accidit; **mir ist daran ~** meā interest.

**Gelegenheit** *f* occasio <-onis> *f,* facultas <-tatis> *f;* **bei ~** per occasionem; **jdm ~ zu etw bieten** occasionem dare alci ad alqd (faciendum); **es bietet sich eine ~** occasio [*o* facultas *o* potestas] datur *(zu: gen)*; **bei erster ~** primā quāque occasione; **die ~ nutzen, etw zu tun** occasione uti ad alqd faciendum.

**gelegentlich** *adv (bei Gelegenheit)* per occasionem.

**gelehrig** *adj* docilis.

**gelehrt** *adj* doctus, eruditus.

**Gelehrte(r)** *f(m)* doctus *m,* homo <-minis> *m* eruditus, docta *f,* femina *f* erudita.

**Geleit** *nt* comitatus <-us> *m;* **freies ~** fides <-ei> *f* publica; **jdm das ~ geben** comitari alqm; **jdm freies** [*o* **sicheres**] **~ geben** alci fidem publicam dare.

**geleiten** *vt* comitari.

**Geleitschutz** *m* praesidium *nt.*

**Gelenk** *nt* articulus *m.*

**gelenkig** *adj* agilis.

**Geliebte(r)** *f(m)* amor <-oris> *m.*

**gelingen** *vi* prospere [*o* bene] evenire; **es gelingt** contingit (ut).

**Gelingen** *nt* successus <-us> *m.*

**gellend** *adj* acutus [**vox**].

**geloben** *vt* spondēre [**fidem**; **pacem**].

**Gelöbnis** *nt* sponsio <-onis> *f.*

**gelten** *vi (wert sein)* esse (+ gen oder abl pretii) [**magni**; **parvi**]; *(Einfluss, Bedeutung haben)* valēre [**multum**; **plus**; **nihil**]; **~ als/für** *(angesehen werden als)* existimari, putari, haberi (mit dopp. nom); **Pompeius gilt als bedeutender Feldherr** Pompeius magnus imperator habetur; **etw ~ lassen** ratum habēre alqd.

**Gelübde** *nt* votum *nt;* **ein ~ ablegen** votum facere [*o* suscipere *o* concipere]; **ein ~ erfüllen** votum solvere.

**gemächlich** *adj (langsam)* lentus.

**Gemahl(in *f*)** *m* maritus *m,* coniu(n)x <-iugis> *f,* uxor <-oris> *f.*

**Gemälde** *nt* pictura *f,* tabula *f.*

**Gemäldegalerie** *f* pinacotheca *f.*

**gemäß** *praep (in Übereinstimmung mit, entsprechend)* secundum + *akk;* **der Wahrheit ~** ad veritatem; **dem Gesetz ~** ex lege.

**gemäßigt** *adj* moderatus [**optimismus**]; *(Klima)* temperatus [**caelum**].

**Gemäuer** *nt* parietinae *f pl.*

**gemein** *adj* ❶ *(böse, niederträchtig)* improbus, sordidus [**homo** Kerl; **mendacium**] ❷ **etw mit jdm ~ haben** alqd commune habēre cum alqo.

**Gemeinde** *f* ❶ (POL) municipium *nt,* civitas <-atis> *f* ❷ (REL) parochia *f.*

**Gemeinderat** *m (Körperschaft)* consilium *nt* municipale.

**Gemeingut** *nt* bona *nt pl* communia [*o* publica].

**Gemeinheit** *f* sordes <-dium> *f pl.*

**gemeinnützig** *adj* omnibus utilis [**institutum** Einrichtung].

**gemeinsam** **I.** *adj* communis [**domicilium**; **studia** Interessen]; **mit jdm ~e Sache machen** suam causam cum alqo communicare, consilia cum alqo sociare **II.** *adv* unā (cum).

**Gemeinschaft** *f* societas <-atis> *f.*

**gemeinschaftlich** *adj* communis.

**Gemeinwohl** *nt* salus <-utis> *f* publica, salus *f* communis.

**Gemenge** *nt (Menschengewühl)* turba *f.*

**Gemetzel** *nt* caedes <-dis> *f.*

**Gemisch** *nt* mixtura *f;* **ein ~ aus Zorn und Hass** ira et odium permixtum.

**Gemunkel** *nt* rumor <-oris> *m.*

**Gemurmel** *nt* murmur <-uris> *nt* [**approbans**].

**Gemüse** *nt* olus <oleris> *nt.*

**Gemüsegarten** *m* hortus *m* olitorius.
**Gemüsehändler** *m* olitor <-toris> *m.*
**Gemüt** *nt* animus *m,* ingenium *nt;* **jdm aufs ~ gehen** affligere alqm.
**gemütlich** *adj* placidus, iucundus, amoenus.
**Gemütsbewegung** *f* animi motus <-us> *m,* animi commotio <-onis> *f.*
**Gemütsruhe** *f* tranquillitas (animi) <-atis> *f;* **in aller ~** cum omni tranquillitate.
**Gemütsverfassung** *f* animi condicio <-onis> *f,* animi status <-us> *m.*
**Gen** *nt* (BIOL) genum *nt.*
**genau I.** *adj (sorgfältig)* diligens <-entis> [**homo**; **scriptura**] **II.** *adv* diligenter, accurate [**alqd scire**].
**Genauigkeit** *f (Sorgfalt)* diligentia *f.*
**genehmigen** *vt* probare.
**Genehmigung** *f* probatio <-onis> *f;* **mit jmds ~** alqo auctore, alcis auctoritate.
**geneigt** *adj (wohlgesinnt)* benevolus, benignus *(jdm:* erga); **~ sein, etw zu tun** paratum esse (ad, in alqd; Inf.) [**ad facinus**; **ad pericula subeunda**].
**General** *m* imperator <-oris> *m.*
**Generalsekretär(in** *f*) *m* scriba *m* primarius, secretaria *f* primaria.
**Generation** *f* aetas <-atis> *f.*
**generell** *adj* generalis [**quaestio**; **augmentum salarii**].
**genesen** *vi* convalescere.
**Genesung** *f* sanitas <-tatis> *f* reddita, valetudo <-dinis> *f* restituta.
**genetisch** *adj* geneticus.
**genial** *adj* ingeniosus.
**Genialität** *f* summum ingenium *nt.*
**Genick** *nt* cervices <-cum> *f pl.*
**Genie** *nt* ① *(überragende Begabung)* summum ingenium *nt* ② *(Mensch)* homo <-minis> *m* summi ingenii.
**genieren** *vr:* **sich ~** pudēre; *unpers. Gebrauch:* **ich geniere mich** me pudet (+ *gen).*
**genießbar** *adj (Speise)* esculentus; *(Getränk)* ad bibendum utilis.
**genießen** *vt* frui, uti + *abl* [**vitā**; **cibis bonis**]; **hohes Ansehen bei jdm ~** coli et observari ab alqo; **jmds Schutz ~** custodiri ab alqo.
**Genosse** *m* socius *m.*
**Genossenschaft** *f* societas <-atis> *f,* sodalitas <-tatis> *f.*
**Genossin** *f* socia *f.*
**genug** *adv* satis; **~ Zeit** satis temporis; **nicht ~ bekommen können** satiari non posse; **mehr als ~** satis superque.
**Genüge** *f:* **das kenne ich zur ~** satis scio.
**genügen** *vi* satis esse, sufficere (alci ad alqd).
**genügsam** *adj* parvo contentus, modestus.
**Genügsamkeit** *f* continentia *f.*
**Genugtuung** *f* satisfactio <-onis> *f;* **~ fordern** res repetere; **~ leisten** [*o* **geben**] satisfacere.
**Genuss** *m (Vergnügen)* delectatio <-onis> *f,* voluptas <-atis> *f;* **in den ~ von etw kommen** frui alqa re.
**Genusssucht** *f* luxuria *f,* libido <-dinis> *f.*
**genusssüchtig** *adj* libidinosus.
**Geographie** *f,* **Geografie** *f* geographia *f.*
**geographisch** *adj,* **geografisch** *adj* geographicus.
**Geometrie** *f* geometria *f.*
**geometrisch** *adj* geometricus [**formae** Figuren].
**Gepäck** *nt* sarcinae *f pl,* impedimenta *nt pl;* **sein ~ aufgeben** impedimenta vehenda tradere.
**Gepäckabfertigung** *f* curatio <-onis> *f* sarcinarum.
**Gepäckaufbewahrung** *f* depositorium *nt* sarcinarum.
**Gepäckschein** *m* charta *f* sarcinaria.
**Gepäckträger** *m* ① *(Person)* baiulus *m,* gerulus *m* ② *(an Fahrzeugen)* sarcinae sustentaculum *nt.*
**Gepäckversicherung** *f* cautio <-onis> *f* sarcinarum.
**gepflegt** *adj* cultus [**caespes**; **ungues**].
**Geplänkel** *nt* (MIL) proelium *nt* leve.
**Geplapper** *nt* blateratus <-us> *m.*
**Geplätscher** *nt* strepitus <-us> *m.*
**Gepolter** *nt* fragor <-oris> *m,* strepitus <-us> *m.*
**Gepräge** *nt (Eigenart)* nota *f* [**oppidi**; **regionis**].
**gerade I.** *adj* ① *(geradlinig)* (di)rectus [**via**] ② *(aufrecht)* erectus ③ *(Zahl)* par <paris> **II.** *adv* ① *(soeben)* commodum ② *(im Moment, jetzt)* nunc ③ *(genau, ausgerechnet) adj. auszudrücken durch:* ipse, ipsa, ipsum; **~ jetzt** nunc ipsum; **~ damals** tum ipsum.
**geradeaus** *adv* rectā [**ad regem ire**].
**geradeheraus** *adv* libere; **um es ~ zu sagen** ut libere dicam.
**geradewegs** *adv* rectā (viā).
**geradlinig** *adj* directus.
**Gerät** *nt* instrumentum *nt.*
**geraten** *vi* ① *(zufällig gelangen)* (per)venire, delabi [**in difficultates**; **in potestatem alcis**; **medios in hostes**]; **in Wut ~** irasci; **in Gefangenschaft ~** capi; **außer sich ~** perturbari ② *(gelingen)* feliciter provenire.
**Geratewohl** *nt:* **aufs ~** temere.
**geräumig** *adj* spatiosus, amplus [**domus**].
**Geräusch** *nt* strepitus <-us> *m.*
**geräuschlos** *adj* tacitus.
**geräuschvoll** *adj* tumultuosus, strepens <-pentis>.
**gerecht** *adj* iustus [**iudex**; **poena**].
**Gerechtigkeit** *f* iustitia *f;* **~ üben gegenüber**

**jdm** iustum se praebēre alci.

**Gerede** *nt* rumor <-oris> *m,* sermo <-onis> *m;* **ins ~ kommen** in sermonem (hominum) venire, in ora hominum pervenire; **jmd ins ~ bringen** alqm in sermonem abducere.

**gereizt** *adj* subiratus.

**Gericht** *nt* ① *(jur.: Behörde; Rechtsprechung; Gebäude; die Richter)* iudicium *nt;* **~ halten** iudicium facere [*o* exercēre] (de alqo); **jmd vor ~ bringen** alqm in ius vocare; **das Jüngste** [*o* **Letzte**] **~** iudicium supremum [*o* ultimum] ② *(Speise)* cibus *m.*

**gerichtlich** *adj* iudicialis, iudiciarius [**quaestio** Untersuchung].

**Gerichtsbarkeit** *f* iurisdictio <-onis> *f.*

**Gerichtshof** *m* iudicium *nt,* forum *nt,* tribunal <-alis> *nt.*

**Gerichtskosten** *pl* litis sumptus <-us> *m,* litis summa *f.*

**Gerichtsverhandlung** *f* iudicium *nt.*

**Gerichtsvollzieher** *m* exsecutor <-oris> *m.*

**gering** *adj* exiguus, parvus, tenuis [**spatium** Entfernung]; **nicht im Geringsten** nihil; **eine ~e Rolle spielen** parvi momenti esse.

**geringfügig** *adj* exiguus, tenuis [**mutatio** Änderung].

**geringschätzig** *adv* contemptim [**de Romanis loqui**].

**Geringschätzung** *f* contemptio <-onis> *f* [**laboris**; **pecuniae**; **mortis**].

**gerinnen** *vi* concrescere, coagulari.

**Gerinnung** *f* coagulum *nt.*

**Gerippe** *nt* ossa <-ossium> *nt pl.*

**Germane** *m* Germanus *m.*

**Germanien** *nt* Germania *f.*

**germanisch** *adj* German(ic)us.

**gern** *adv* libenter.

**gernhaben** *vt* amare.

**Geröll** *nt* rudus <-deris> *nt.*

**Gerste** *f* hordeum *nt.*

**Gerstenkorn** *nt* ① granum *nt* hordei ② (MED) hordeolus *m.*

**Geruch** *m* odor <odoris> *m;* **einen guten/schlechten ~ haben** bene/male olēre.

**geruchlos** *adj* odore carens; **~ sein** odore carēre.

**Geruchssinn** *m* odoratus <-us> *m.*

**Gerücht** *nt* fama *f,* rumor <-oris> *m;* **es geht das ~, dass** rumor est (+ A.C.I.).

**Gerümpel** *nt* scruta *nt pl.*

**Gerüst** *nt* machina *f,* tabulatum *nt.*

**gesamt** *adj* universus, totus, omnis.

**Gesamteindruck** *m* impressio <-onis> *f* generalis.

**Gesamtheit** *f* universitas <-atis> *f; meist durch Adj.* universus, totus *zu übersetzen.*

**Gesandter** *m* legatus *m.*

**Gesandtschaft** *f* legatio <-onis> *f.*

**Gesang** *m* cantus <-us> *m.*

**Gesangbuch** *nt* canticorum liber <-bri> *m.*

**Gesäß** *nt* podex <-dicis> *m.*

**Geschäft** *nt* ① *(Beschäftigung, Aufgabe, Unternehmung)* negotium *nt,* res <rei> *f;* **seine ~e betreiben** negotia agere [*o* gerere]; **ein** (**gutes**) **~ machen** bene negotium gerere ② *(Laden)* taberna *f.*

**geschäftig** *adj* negotiosus.

**Geschäftsführer(in** *f*) *m* procurator <-toris> *m,* procuratrix <-icis> *f.*

**Geschäftsführung** *f,* **Geschäftsleitung** *f* negotiorum procuratio <-onis> *f.*

**Geschäftsmann** *m* negotiator <-oris> *m.*

**Geschäftsreise** *f* iter <itineris> *nt* negotiale.

**geschehen** *vi* fieri, accidere, evenire; **es geschieht, dass** fit, ut; **es ist um mich ~** perii; **es/etw ~ lassen** pati *(+ akk bzw. A.C.I.).*

**gescheit** *adj* sanus, prudens <-entis>.

**Geschenk** *nt* donum *nt,* munus <-neris> *nt;* **jdm etw zum ~ machen** alci alqd dono [*o* muneri] dare.

**Geschichte** *f* ① *(Wissenschaft)* historia *f* ② *(Ereignisse)* res *f pl* gestae ③ *(Erzählung)* fabula *f.*

**geschichtlich** *adj* historicus; **~e Überlieferung** rerum gestarum memoria.

**Geschichtsbuch** *nt* historiae liber <-bri> *m.*

**Geschichtsschreiber** *m* historicus *m,* rerum scriptor <-oris> *m.*

**Geschichtsschreibung** *f* historia *f.*

**Geschick** *nt* ① *(Schicksal)* fortuna *f,* fatum *nt* ② *(Geschicklichkeit)* sollertia *f,* habilitas <-tatis> *f;* **~ zu etw haben** habilem esse ad alqd.

**Geschicklichkeit** *f* sollertia *f,* habilitas <-tatis> *f.*

**geschickt** *adj* sollers <-ertis>.

**geschieden** *adj (jmd)* divortio seiunctus.

**Geschirr** *nt* vasa *nt pl.*

**Geschirrschrank** *m* armarium *nt* vasorum.

**Geschirrtuch** *nt* mappa *f.*

**Geschlecht** *nt* ① *(Familie, Stamm)* gens <gentis> *f,* genus <-neris> *nt* ② *(natürliches ~)* sexus <-us> *m,* genus <-neris> *nt.*

**geschlechtlich** *adj durch gen:* sexūs, generis.

**Geschlechtstrieb** *m* desiderium *nt* libidinis.

**Geschmack** *m* ① *(von Speisen, Getränken)* sapor <-oris> *m,* gustus <-us> *m* ② *(fig: Sinn für Schönes)* iudicium *nt,* elegantia *f;* **an etw ~ finden** delectari + *abl;* **das ist** (**nicht**) **nach meinem ~** mihi placet (displicet); **guter/schlechter ~** elegantia/insulsitas.

**geschmacklos** *adj (fig)* insulsus, ineptus.

**Geschmacklosigkeit** *f (fig)* insulsitas <-atis> *f.*

**Geschmackssinn** *m* gustatus <-us> *m,* gustus <-us> *m.*

**geschmackvoll** *adj* elegans <-antis>.

**geschmeidig** *adj* ① *(biegsam)* mollis, flexibilis ② *(beweglich)* facilis.

**Geschmeidigkeit** *f* mollitia *f* [**membrorum**; **motūs**].

**Geschnatter** *nt* strepitus <-us> *m.*

**Geschöpf** *nt* animal <-malis> *nt.*

**Geschoss** *nt* ❶ (MIL) telum *nt* ❷ *(Stockwerk)* contignatio <-onis> *f,* contabulatio <-onis> *f.*

**Geschrei** *nt* clamor <-oris> *m;* **ein ~ erheben** clamorem tollere.

**Geschütz** *nt* tormentum *nt;* **~e in Stellung bringen** tormenta disponere.

**geschützt** *adj* tutus; **die Stadt war durch Felsen ~** oppidum saxis munitum erat.

**Geschwätz** *nt* nugae *f pl; (Klatsch)* rumores <-rum> *m pl.*



**geschwätzig** *adj* loquax <-acis>, garrulus.

**Geschwätzigkeit** *f* loquacitas <-tatis> *f,* garrulitas <-tatis> *f.*

**geschweige** *adv:* **~ denn** nedum + *conj.*

**Geschwindigkeit** *f* velocitas <-atis> *f,* celeritas <-atis> *f;* **die ~ erhöhen** accelerare; **mit rasender ~** celerrime.

**Geschwindigkeitsbeschränkung** *f* celeritatis restrictio <-onis> *f.*

**Geschwindigkeitsüberschreitung** *f* celeritatis excessus <-us> *m.*

**Geschwister** *pl* fratres et sorores, frater et soror.

**geschwollen** *adj* tumidus.

**Geschworener** *m* iuratus *m.*

**Geschwulst** *f* tumor <-oris> *m.*

**Geschwür** *nt* ulcus <-ceris> *nt.*

**Geselle** *m (Handwerks~)* opificis socius *m.*

**gesellen** *vr:* **sich zu jdm ~** se alci adiungere.

**gesellig** *adj* sociabilis, facilis, comis; **ein ~es Beisammensein** congressus <-us> *m.*

**Geselligkeit** *f* facilitas <-tatis> *f,* comitas <-atis> *f.*

**Gesellschaft** *f* ❶ *(Vereinigung)* societas <-atis> *f* ❷ *(Begleitung)* comitatus <-us> *m;* **in jmds ~** alqo comitante; **jdm ~ leisten** una esse cum alqo.

**Gesetz** *nt* lex <legis> *f;* **ein ~ beantragen** legem ferre [*o* rogare]; **~e erlassen** leges dare; **nach dem ~** (ex) lege.

**Gesetzbuch** *nt* codex <-dicis> *m* iuris.

**Gesetzesvorschlag** *m* legis latio <-onis> *f.*

**gesetzgebend** *adj* legifer <-fera, -ferum> [**corpus** Körperschaft].

**Gesetzgeber** *m* legum auctor <-oris> *m.*

**Gesetzgebung** *f* legum latio <-onis> *f.*

**gesetzlich I.** *adj* legitimus [**dies festus**]; **~e Bestimmungen** leges; **die ~e Ordnung wiederherstellen** leges restituere **II.** *adv* (ex) lege, (ex) legibus, iure.

**gesetzlos** *adj* legibus carens <-entis>, sine legibus, exlex <-legis> [**tyrannus**; **condiciones** Zustände].

**Gesetzlosigkeit** *f* licentia *f,* nullae leges <-gum> *f pl.*

**gesetzmäßig** *adj (rechtmäßig)* legitimus [**possessor**].

**gesetzt** *adj (ruhig, besonnen)* gravis, temperatus.

**gesetzwidrig I.** *adj* non legitimus [**actio**] **II.** *adv* contra legem [**agere**].

**Gesicht** *nt* facies <-ei> *f,* os <oris> *nt; (Miene)* vultus <-us> *m;* **zu ~ bekommen** conspicere; **jdm etw ins ~ sagen** libere profiteri alqd apud alqm; **ein ernstes ~** vultus gravis; **den Tatsachen ins ~ sehen** facta contra intueri.

**Gesichtsausdruck** *m* vultus <-us> *m.*

**Gesichtsfarbe** *f* color <-loris> *m.*

**Gesichtspunkt** *m* aspectus <-us> *m,* ratio <-onis> *f;* **etw unter einem neuen ~ betrachten** novo aspectu [*o* nova ratione] alqd considerare.

**Gesichtszüge** *pl* lineamenta *nt pl* oris.

**Gesims** *nt* corona *f.*

**Gesindel** *nt (pej)* faex <faecis> *f.*

**gesinnt** *adj* affectus, animatus; **jdm gut/übel ~ sein** benigne/male affectum esse in [*o* erga] alqm, benigno/malo animo esse in [*o* erga] alqm.

**Gesinnung** *f* animus *m,* ingenium *nt,* mens <mentis> *f;* **niedrige ~** improbitas; **fortschrittliche ~** animus progressivus.

**gesinnungslos** *adj* inconstans <-antis>, mobilis.

**Gesinnungswandel**, **-wechsel** *m* mentis commutatio <-onis> *f.*

**gesittet** *adj (mit guten Umgangsformen)* bene moratus.

**Gespann** *nt (Zugtier~; fig: Paar)* iugum *nt.*

**gespannt** *adj (voll Erwartung)* intentus.

**Gespenst** *nt* larva *f.*

**gespenstig** *adj* larvalis [**species** Erscheinung].

**Gespött** *nt* ludibrium *nt;* **zum ~ jmds werden** ludibrio alci fieri.

**Gespräch** *nt* sermo <-onis> *m,* colloquium *nt;* **ein ~ mit jdm führen** colloqui cum alqo; **das ~ auf etw bringen** sermonem ducere in alqd.

**gesprächig** *adj* affabilis.

**Gesprächsstoff** *m,* **-thema** *nt* sermonis materia *f,* colloquii argumentum *nt.*

**Gespür** *nt* sagacitas <-tatis> *f.*

**Gestalt** *f* forma *f,* figura *f,* species <-ei> *f;* **in ~ von** specie, formā + *gen;* **~ annehmen** formam capere.

**gestalten I.** *vt* formare, fingere; *(machen zu)* reddere (mit dopp. akk) **II.** *vr:* **sich ~** esse.

**geständig** *adj:* **~ sein** confiteri.

**Geständnis** *nt* confessio <-onis> *f;* **ein ~ ablegen** confiteri.

**Gestank** *m* foetor <-toris> *m.*

**gestatten** *vt* permittere, concedere (alci alqd; alci ut).

**Geste** *f* gestus <-us> *m.*

**gestehen** *vt* fateri, confiteri [**culpam suam; verum**]; **offen gestanden** confiteor.
**gestern** *adv* heri; **~ Abend/Morgen** heri vesperi/mane.
**Gestikulation** *f* gestus <-us> *m.*
**gestikulieren** *vi* gesticulari.
**Gestirn** *nt* sidus <-deris> *nt.*
**gestreift** *adj* virgatus [**vestis**].
**gestrig** *adj* hesternus [**disputatio**].
**Gestrüpp** *nt* virgulta *nt pl.*
**Gesuch** *nt* petitio <-onis> *f (um etw : gen)* [**indutiarum**]; **ein ~ einreichen** [*o* **stellen**] **bei** petere alqd ab alqo; **jmds ~ entsprechen** satisfacere alci petenti.
**gesund** *adj* ❶ sanus [**corpus; mens**]; **~ werden** convalescere; **~ sein** valēre ❷ *(gut für die Gesundheit)* saluber <-bris, -bre>, salutaris [**aër**].
**Gesundheit** *f* **bei guter Gesundheit sein** bonā valetudine uti.
**Getöse** *nt* strepitus <-us> *m,* fragor <-oris> *m.*
**Getrampel** *nt* pedum strepitus <-us> *m.*
**Getränk** *nt* potio <-onis> *f.*
**Getränkeautomat** *m* potionum automatum *nt.*
**getrauen** *vr:* **sich ~** audēre.
**Getreide** *nt* frumentum *nt;* **~ holen** frumentari.
**Getreide-** frumentarius.
**getrost** *adv* bono animo.
**Getto** *nt (als Stadtteil der jüdischen Bevölkerung)* vicus *m* Iudaeorum.
**Getümmel** *nt* turba *f,* tumultus <-us> *m* [**emporii**].
**geübt** *adj* exercitatus [**in dicendo; in armis**].
**gewachsen** *adj:* **jdm/einer Sache ~** (**nicht ~**) **sein** parem (imparem) esse + *dat.*
**Gewächshaus** *nt* tepidarium *nt.*
**gewagt** *adj (kühn)* audax <-dacis>; *(gefährlich)* periculosus.
**gewählt** *adj (Sprache)* lectus, elegans <-antis>.
**Gewähr** *f* fides <-ei> *f;* **ohne ~** sine fide; **für jmd/für etw ~ leisten** praestare <praestiti> + *akk.*
**gewähren** *vt (bewilligen)* concedere; *(geben)* praebēre; **jdm Unterkunft ~** tecto recipere alqm; **jdm eine Bitte ~** alci petenti satisfacere.
**gewährleisten** *vt (sicherstellen)* praestare <praestiti>.
**Gewährleistung** *f* auctoritas <-atis> *f,* satisdatio <-onis> *f.*
**Gewahrsam** *m* custodia *f;* **in ~ halten** custodiā tenēre.
**Gewährsmann** *m* auctor <-oris> *m.*
**Gewalt** *f* ❶ *(~tätigkeit, ~samkeit)* vis *f,* violentia *f;* **mit ~** vi, per vim; **~ anwenden** vim facere; **jdm ~ antun** alci vim afferre [*o* adhibēre] ❷ *(Macht)* dicio <-onis> *f,* potestas <-atis> *f;* **in seine ~ bringen** in potestatem [*o* in dicionem] suam redigere.
**Gewaltherrschaft** *f* dominatio <-onis> *f,* tyrannis <-idis> *f.*
**gewaltig** *adj* ❶ *(riesig)* ingens <-gentis>, immensus [**campus; opus; aedificium**] ❷ *(heftig, stark)* vehemens <-mentis> [**venti; impetus**] ❸ *(mächtig)* potens <-entis>.
**gewaltlos** *adj* non violentus [**resistentia**].
**gewaltsam I.** *adj* violentus [**expulsio**] **II.** *adv* vi, per vim [**portam patefacere**].
**gewalttätig** *adj* violentus.
**Gewalttätigkeit** *f* violentia *f.*
**Gewand** *nt* vestimentum *nt,* vestis <-is> *f.*
**gewandt** *adj (geschickt)* sollers <-ertis> [**in inventione; ad dicendum**]; *(flink)* agilis.
**Gewandtheit** *f (Geschicklichkeit)* sollertia *f,* habilitas <-atis> *f; (Beweglichkeit)* agilitas <-atis> *f.*
**Gewässer** *nt* aqua *f,* unda *f.*
**Gewebe** *nt (Stoff)* tela *f,* textum *nt.*
**Gewehr** *nt* sclopetum *nt.*
**Geweih** *nt* cornua <-nuum> *nt pl.*
**Gewerbe** *nt* quaestus <-us> *m;* **ein ~ ausüben** [*o* **betreiben**] quaestum facere.
**Gewerkschaft** *f* collegium *nt* opificum.
**Gewicht** *nt* pondus <-deris> *nt;* **ins ~ fallen** magni momenti esse; **nicht ins ~ fallen** nullius momenti esse.
**gewichtig** *adj (bedeutend, wichtig)* gravis [**causa**].
**Gewieher** *nt* hinnitus <-us> *m.*
**gewillt** *adj:* **~ sein, etw zu tun** paratum esse ad alqd faciendum.
**Gewinn** *m* lucrum *nt,* quaestus <-us> *m;* **~ bringen** lucrum ferre, quaestui esse; **aus etw ~ ziehen** [*o* **schlagen**] fructum capere ex re.
**gewinnbringend** *adj* quaestuosus, fructuosus [**mercatura**].
**gewinnen I.** *vi (siegen)* vincere; *(profitieren)* lucrari **II.** *vt (erwerben)* parere [**divitias; libertatem**]; *(zum Freund)* conciliare [**sibi amicum; sibi legiones pecuniā**]; **den Prozess ~** causam obtinēre; **eine Schlacht ~** proelio vincere; **jmds Freundschaft ~** venire in amicitiam alci; **einen Preis ~** praemium ferre.
**Gewinner(in** *f*) *m* victor <-oris> *m,* victrix <-ricis> *f.*
**Gewinnsucht** *f* lucri [*o* quaestūs] studium *nt.*
**gewiss I.** *adj* certus; **ein gewisser** quidam; **wir sind uns des Sieges ~** certo scimus nos victuros esse **II.** *adv* certo.
**Gewissen** *nt* conscientia *f;* **ein gutes** [*o* **reines**] **~ haben** nullius culpae sibi conscium esse; **ein schlechtes ~ haben** conscientiā morderi; **kein ~ haben** sine ulla religione et fide esse; **mit gutem ~** bona mente.
**gewissenhaft** *adj* scrupulosus, religiosus [**iu-**

G

**dex**; **in testimoniis**].
**Gewissenhaftigkeit** *f* religio <-onis> *f,* fides <-ei> *f* [**iudicis**].
**gewissenlos** *adj* impius, irreligiosus.
**Gewissenlosigkeit** *f* impietas <-atis> *f,* nulla religio <-onis> *f.*
**Gewissensbisse** *pl* angor <-oris> *m* conscientiae.
**Gewissensfreiheit** *f* conscientiae libertas <-atis> *f.*
**Gewissenskonflikt** *m* conflictus <-us> *m* conscientiae.
**gewissermaßen** *adv* quasi.
**Gewissheit** *f* certa cognitio <-onis> *f;* **~ erlangen über** certiorem fieri de; **~ haben über** compertum habēre alqd.
**Gewitter** *nt* tempestas <-atis> *f.*
**gewogen** *adj:* **jdm/einer Sache ~ sein** favēre + *dat.*
**gewöhnen** *vt* assuefacere *(an:* mit abl; ad); **sich an etw ~** assuescere, assuefieri (mit abl; ad).
**Gewohnheit** *f* consuetudo <-dinis> *f,* mos <moris> *m,* usus <-us> *m;* **zur ~ werden** in consuetudinem venire; **die ~ haben** solēre; **aus ~** consuetudine; **gegen die ~** praeter consuetudinem.
**gewohnheitsmäßig I.** *adj* solitus **II.** *adv* secundum consuetudinem.
**gewöhnlich I.** *adj (alltäglich)* cottidianus, vulgaris; *(vulgär)* abiectus; *(üblich)* solitus **II.** *adv (normalerweise)* ex consuetudine, ex more.
**gewohnt** *adj* solitus [**cibus**; **mores**]; **~ sein** solēre, assuevisse, assuetum esse.
**Gewölbe** *nt* ① *(Decke)* fornix <-icis> *m* ② *(Raum)* camera *f.*
**gewölbt** *adj* fornicatus [**paries**].
**Gewühl** *nt (von Menschen)* turba *f.*
**gewunden** *adj* tortus [**flumen**; **via**].
**Gewürz** *nt* condimentum *nt.*
**geziert** *adj* affectatus, quaesitus [**modus dicendi**].
**Gezwitscher** *nt* clangor <-oris> *m.*
**gezwungen** *adj (gekünstelt)* contortus [**risus**].
**Ghetto** *nt (als Stadtteil der jüdischen Bevölkerung)* vicus *m* Iudaeorum.
**Gicht** *f* morbus *m* articularis.
**Giebel** *m* fastigium *nt.*
**Gier** *f* aviditas <-atis> *f,* cupiditas <-atis> *f (nach etw:* gen) [**gloriae**].
**gierig** *adj* avidus, cupidus *(nach etw:* gen) [**laudis**; **imperii**].
**gießen I.** *vt* fundere [**vina pateris**; **aera**] **II.** *vi (regnen)*: **es gießt** (**in Strömen/wie aus Kannen**) urceatim pluit.
**Gießkanne** *f* nassiterna *f.*
**Gift** *nt* venenum *nt;* **~ sein für jmd** perniciosum esse alci.
**Giftgas** *nt* gasum *nt* venenatum.
**giftig** *adj* ① venenatus [**vipera**; **telum**; **caro**] ② *(fig: boshaft)* acerbus, malignus.
**Giftmischer(in** *f*) *m* veneficus, -a *m, f.*
**Giftmüll** *m* purgamenta *nt pl* venenata.
**Giftpflanze** *f* stirps <-pis> *f* venenata.
**Giftpilz** *m* fungus *m* venenatus.
**Gigant** *m* gigas <-antis> *m.*
**gigantisch** *adj* giganteus [**navis**].
**Gipfel** *m* cacumen <-minis> *nt,* vertex <-ticis> *m,* culmen <-minis> *nt* [**Aetnae**]; **der ~ der Frechheit** summa insolentia.
**Gips** *m* gypsum *nt.*
**Gipsfigur** *f* figura *f* gypsea.
**Gipsverband** *m* fomentum *nt* gypseum.
**Giraffe** *f* camelopardalis <-is> *f.*
**Girlande** *f* serta *nt pl.*
**Gischt** *f* spuma *f.*
**Gitarre** *f* cithara *f.*
**Gitarrist(in** *f*) *m* citharista *m,* citharistria *f.*
**Gitter** *nt* cancelli *m pl;* **jmd hinter ~ bringen** in vincula conicere alqm.
**Gitterfenster** *nt* fenestra *f* clatrata.
**Gladiator** *m* gladiator <-oris> *m.*
**Gladiatoren-** gladiatorius.
**Glanz** *m (auch fig)* splendor <-oris> *m* [**auri**; **gloriae**].
**glänzen** *vi* splendēre, nitēre, fulgēre.
**glänzend** *adj* ① splendidus, nitidus [**ebur**; **capillus**] ② *(fig)* splendidus, magnificus [**res gestae**; **cogitatio** Idee].
**Glanzleistung** *f* res <rei> *f* gesta splendida.
**glanzlos** *adj* non refulgens <-entis>.
**Glas** *nt* ① *(Material, Fenster~)* vitrum *nt* ② *(Gefäß)* poculum *nt* vitreum.
**Glasbläser(in** *f*) *m* vitrearius, -a *m, f.*
**Glaser** *m* faber <-bri> *m* fenestrarius.
**gläsern** *adj* vitreus.
**Glasscherbe** *f* testa *f* vitrea.
**Glastür** *f* porta *f* vitrea.
**glatt** *adj* ① *(frei von Unebenheiten)* levis ② *(rutschig)* lubricus.
**Glätte** *f:* **~ der Straße** lubrica via.
**Glatteis** *nt* glacies <-ei> *f* lubrica.
**glätten** *vt* polire [**lignum**; **orationem**].
**Glatze** *f* calvitium *nt;* **eine ~ haben/bekommen** calvēre/calvescere.
**glatzköpfig** *adj* calvus.
**Glaube** *m* ① fides <-ei> *f;* **~n schenken** fidem habēre [*o* tribuere] + *dat;* **im ~n, dass ...** credens (+ A.C.I.) ② (REL) opinio <-onis> *f* dei, religio <-onis> *f.*
**glauben** *vt, vi* ① credere *(jdm etw:* alci alqd; *an:* akk); **an Gott ~** credere deum esse; **es ist kaum zu ~** vix credendum est *(dass:* A.C.I.) ② *(meinen)* putare, existimare, opinari, arbitrari (+ A.C.I.).
**Glaubensbekenntnis** *nt* (REL) formula *f* fidei.

**Glaubensfreiheit** *f* libertas <-atis> *f* religionis.
**glaubhaft** *adj* credibilis, probabilis [**narratio**; **causa**].
**Glaubhaftigkeit** *f* probabilitas <-tatis> *f* [**narrationis**; **indicii** der Aussage].
**gläubig** *adj* pius.
**Gläubiger** *m* (COM) creditor <-oris> *m.*
**glaubwürdig** *adj* fide dignus.
**Glaubwürdigkeit** *f* fides <-ei> *f* [**verborum**].
**gleich I.** *adj* aequus, aequalis, par <paris>; **in ~er Weise** aequo modo; **Gleich und Gleich gesellt sich gern** pares cum paribus facillime congregantur **II.** *adv* ❶ *(ebenso)* pariter, aeque; **~ alt** aequalis; **~ gesinnt** consentiens <-ientis>, concors <-cordis> ❷ *(sofort)* statim ❸ **~ in der Nähe** proxime.
**gleichaltrig** *adj* aequalis.
**gleichartig** *adj* eiusdem generis.
**Gleichberechtigung** *f* aequalitas <-tatis> *f.*
**gleichen** *vi:* **jdm/einer Sache ~** parem esse + *dat.*
**gleichermaßen** *adv* pariter, aeque.
**gleichfalls** *adv* item.
**gleichförmig** *adj (einförmig)* omni varietate carens, aequabilis [**vita**; **regio**].
**Gleichförmigkeit** *f (Einförmigkeit)* nulla varietas <-tatis> *f,* aequabilitas <-tatis> *f* [**vitae**; **regionis**].
**Gleichgewicht** *nt* aequilibrium *nt.*
**gleichgültig** *adj* ❶ *(ohne Anteilnahme)* neglegens <-entis> *(gegen etw:* alcis rei, in re; *gegen jmd:* alcis, in alqm); **gegen etw ~ sein** alqd neglegere ❷ *(unbedeutend)* vilis, levis; **das ist mir ~** id nihil meā interest, id neglego, id non curo.
**Gleichgültigkeit** *f* neglegentia *f.*
**Gleichheit** *f* aequalitas <-tatis> *f* [**sententiarum**].
**gleichkommen** *vi* (ad)aequare + *akk* [**equitem cursu**].
**gleichmachen** *vt* (ad)aequare; **dem Erdboden ~** solo aequare.
**gleichmäßig** *adj* aequabilis [**celeritas**].
**Gleichmäßigkeit** *f* aequabilitas <-atis> *f.*
**Gleichmut** *m* aequus animus *m,* aequanimitas <-atis> *f.*
**gleichmütig** *adj* tranquillus.
**Gleichnis** *nt* parabola *f.*
**gleichstellen** *vt* aequiperare, (ad)aequare [**colonias urbi**; **socios Romanis**].
**Gleichstellung** *f* aequatio <-onis> *f.*
**gleichtun** *vt:* **es jdm ~** alqm adaequare.
**Gleichung** *f* aequatio <-onis> *f.*
**gleichzeitig** *adv* simul.
**Gleis** *nt* orbita *f.*
**gleiten** *vi* labi.
**Gletscher** *m* moles <-lis> *f* glacialis.
**Glied** *nt* ❶ membrum *nt* ❷ *(~ einer Kette)* anulus *m.*
**gliedern** *vt (unter~, einteilen)* discribere, distribuere [**scriptum** einen Aufsatz].
**Gliederung** *f* discriptio <-onis> *f* [**civitatis**].
**glitschig** *adj* lubricus.
**glitzern** *vi* fulgēre, micare <micui>.
**Globus** *m* globus *m.*
**Glocke** *f* ❶ *(Kirchturm~)* campana *f;* **etw an die große ~ hängen** *(fig)* alqd proferre ❷ *(Klingel)* tintinnabulum *nt.*
**Glockenschlag** *m:* **auf den ~** ad ipsum tempus.
**Glockenspiel** *nt* campanularum ludus *m.*
**glorreich** *adj* magnificus, gloriosus [**tempus praeteritum**].
**Glück** *nt (~sfall, Zufall)* fortuna *f; (Glücklichsein, glücklicher Zustand)* felicitas <-atis> *f,* fortuna *f; (glückliche Umstände)* res <rerum> *f pl* secundae; **auf gut ~** temere; **~ haben** fortunā secundā uti; **kein ~ haben** fortunā adversā uti; **mit wechselndem ~** variā fortunā; **~ wünschen** gratulari *(zu etw:* alqd oder de re); **es ist ein ~, dass** bene accidit, ut; **sein ~ versuchen** fortunam temptare.
**glücken** *vi* contingere, feliciter evenire; **es glückt, zu ...** contingit, ut + *conj.*
**glücklich** *adj* beatus, felix <-icis>, fortunatus; **~e Umstände** res <rerum> *f pl* secundae; **sich ~ schätzen** sibi beatus videri.
**glücklicherweise** *adv* bene accidit, ut (+ conj), contingit, ut (+ conj).
**Glücksfall** *m* fortuna *f.*
**Glückskind** *nt,* **Glückspilz** *m* fortunatus *m.*
**Glückssache** *f:* **das ist ~** quaestio fortunae est.
**Glücksspiel** *nt* alea *f.*
**Glückstag** *m* dies <-ei> *m* felix, dies *m* faustus.
**Glückwunsch** *m* gratulatio <-onis> *f (zu etw:* gen); **seinen ~ aussprechen** gratulari.
**Glückwunschkarte** *f* charta *f* gratulatoria.
**Glückwunschtelegramm** *nt* telegramma <-atis> *nt* gratulatorium.
**Glühbirne** *f* lampas <-padis> *f* electrica.
**glühen** *vi* ❶ *(Kohle, Metall)* candēre, ardēre, fervēre ❷ *(fig)* flagrare, ardēre, fervēre [**amore**; **iracundiā**; **pugnandi cupiditate**].
**glühend** *adj (auch fig)* fervidus [**sol**; **amator**].
**Glühwein** *m* calidum *nt.*
**Glut** *f (Hitze; Leidenschaft)* ardor <-oris> *m,* fervor <-oris> *m* [**solis**; **oculorum**].
**Gnade** *f (Gunst)* gratia *f; (Nachsicht)* venia *f; (Erbarmen)* misericordia *f;* **~ finden vor jdm** probari ab alqo.
**gnadenlos** *adj* crudelis, durus, ferreus.
**gnädig** *adj* clemens <-mentis> [**iudex**]; *(meist von Gottheiten)* propitius.
**Gold** *nt* aurum *nt;* **aus ~** aureus.
**Gold-** aureus [**fovea** Goldgrube].
**golden** *adj* aureus [**cavea** Käfig].

**goldig** *adj (niedlich)* suavis, dulcis, lepidus.
**Goldmedaille** *f* nomisma <-atis> *nt* aureum.
**Goldschmied** *m* aurifex <-ficis> *m.*
**Golf I.** *m (Bucht)* sinus <-us> *m* **II.** *nt* (SPORT) pilamalleus *m.*
**Golfplatz** *m* campus *m* pilamallei.
**Gondel** *f* thalamegus *f.*
**gönnen** *vt* non invidēre; *(gewähren)* tribuere.
**Gönner(in** *f*) *m* fautor <-oris> *m,* fautrix <-icis> *f.*
**gotisch** *adj* Gothicus.
**Gott** *m* deus *m;* **mit ~es Hilfe** deo iuvante; **so ~ will** si di volunt, si dis placet; **~ sei Dank!** gratia superis!.
**Götterspeise** *f* ambrosia *f.*
**Gottesdienst** *m* sacra *nt pl,* res <rerum> *f pl* divinae; **~ abhalten** sacra facere.
**Gotteslästerung** *f* blasphemia *f.*
**Gottheit** *f* numen <-minis> *nt.*
**Göttin** *f* dea *f.*
**göttlich** *adj* divinus.
**gottlos** *adj* impius, nefarius.
**Gottlosigkeit** *f* impietas <-atis> *f; (Tat)* nefas *nt (undekl.; nur im nom und akk Sg.).*
**Götze** *m* deus *m* fictus.
**Götzendienst** *m* cultus <-us> *m* deorum fictorum.
**Grab** *nt* sepulcrum *nt;* **zu ~e tragen** efferre; **mit einem Bein** [*o* **Fuß**] **im ~ stehen** capulo [*o* morti] vicinum esse.
**graben** *vt* fodere.
**Graben** *m* fossa *f;* **einen ~ anlegen** [*o* **ausheben**] fossam fodere.
**Grabmal** *nt* monumentum *nt.*
**Grabrede** *f* oratio <-onis> *f* funebris.
**Grabschänder** *m* violator <-toris> *m* sepulcri.
**Grabschändung** *f* violatio <-onis> *f* sepulcri.
**Grabstein** *m* cippus *m.*
**Grad** *m (Stufe)* gradus <-us> *m;* **in hohem ~(e)** magnopere, valde; **im höchsten ~e** maxime; **der höchste ~ der Härte** maxima duritia.
**Graf** *m,* **Gräfin** *f* comes <-mitis> *m/f.*
**Grafik** *f* graphice <-es> *f.*
**grafisch** *adj* graphicus [**descriptio** Darstellung].
**Gram** *m* maeror <-oris> *m,* dolor <-loris> *m;* **sich vor ~ verzehren** maerore confici.
**grämen** *vr:* **sich ~** maerēre *(über:* abl).
**Gramm** *nt* grammum *nt.*
**Grammatik** *f* grammatica *f; (Buch)* liber <-bri> *m* grammaticus.
**grammatikalisch** *adj* grammaticus [**regulae**].
**Granatapfel** *m* malum/pomum *nt* Punicum.
**Granate** *f* granata *f.*
**grandios** *adj* magnificus [**aspectus**; **successus**].
**Granit** *m* granitum *nt.*
**Graphik** *f* graphice <-es> *f.*
**graphisch** *adj* graphicus [**descriptio** Darstellung].
**Gras** *nt* herba *f,* gramen <-minis> *nt.*
**grasen** *vi* pasci.
**grasgrün** *adj* herbaceus.
**Grashalm** *m* graminis herba *f.*
**grassieren** *vi (von Krankheiten)* vagari.
**grässlich** *adj* atrox <-ocis>, horribilis.
**Grässlichkeit** *f* atrocitas <-atis> *f.*
**Gräte** *f* spina *f.*
**gratis** *adv* gratis.
**grätschen** *vt:* **die Beine ~** varicare.
**Gratulation** *f* gratulatio <-onis> *f (zu etw:* gen).
**gratulieren** *vi:* **jdm ~** gratulari alci *(zu etw:* alqd; de re).
**grau** *adj* canus [**crines**]; **~ meliert** semicanus; **~ sein** canēre.
**Grau** *nt* ① *(graue Farbe)* canities <-ei> *f* ② *(fig: Öde)* nulla varietas <-tatis> *f* [**vitae**].
**grauen** *vi* ① **mir graut es davor** id reformido, id horreo, id horresco ② **es graut, der Morgen/Tag graut** lucescit.
**Gräuel** *m* horror <-oris> *m;* **jdm ein ~ sein** odio esse alci.
**Gräueltat** *f* scelus <-leris> *nt* atrox, facinus <-noris> *nt* (nefarium).
**Grauen** *nt (Entsetzen)* formido <-dinis> *f,* horror <-oris> *m.*
**grauenhaft** *adj* atrox <-ocis>, horribilis.
**grauhaarig** *adj* canus.
**grausam** *adj* crudelis [**tyrannus**; **scelus**].
**Grausamkeit** *f* crudelitas <-atis> *f* [**militum**; **in captivos**].
**Grausen** *nt* formido <-dinis> *f,* horror <-oris> *m (vor:* gen) [**tyranni**; **mortis**; **supplicii**].
**grausig** *adj* atrox <-ocis>, horribilis, torvus [**draco**; **proelia**].
**Graveur(in** *f*) *m* scalptor <-oris> *m,* scalptrix <-icis> *f.*
**gravieren** *vt* scalpere [**gemmam**; **scyphum**].
**gravierend** *adj (schwerwiegend)* gravis [**vitium**].
**gravitätisch** *adv:* **~ schreiten** magnifice gradi.
**Grazie** *f (Anmut)* gratia *f,* venustas <-atis> *f.*
**graziös** *adj* venustus.
**greifen** *vt (packen)* capere, (com)prehendere; **zu den Waffen ~** arma capere; **um sich ~** *(fig)* vagari.
**Greis** *m* senex <senis> *m.*
**Greisenalter** *nt* senectus <-tutis> *f.*
**Greisin** *f* anus <-us> *f.*
**grell** *adj* acer <acris, acre> [**color**; **vox**].
**Grenze** *f* finis <-is> *m;* **einer Sache ~n setzen** finem facere [*o* constituere]; **die ~n überschreiten** modum transire; **sein Ehrgeiz kennt keine ~n** eius ambitio infinita est; **sich in ~n halten** modicum esse.

**grenzen** *vi:* **an etw ~** finitimum [*o* vicinum] esse, adiacēre + *dat.*
**grenzenlos** *adj* ❶ infinitus [**caeli latitudo**] ❷ *(fig: maßlos)* immoderatus, immodicus [**saevitia**; **libertas**; **laetitia**].
**Grenzgebiet** *nt* confinium *nt.*
**Grenzlinie** *f* confinium *nt.*
**Grenznachbar** *m* finitimus *m,* confinis <-is> *m.*
**Grenzschutz** *m* finis praesidium *nt.*
**Grenzstein** *m* terminus *m.*
**Grenzwall** *m* limes <-mitis> *m.*
**Grieche** *m* Graecus *m.*
**Griechenland** *nt* Graecia *f.*
**Griechin** *f* Graeca *f.*
**griechisch** *adj* Graecus [**litterae** Alphabet; **cultus**].
**Griff** *m (Stiel, Henkel)* manubrium *nt.*
**Grill** *m (Brat~)* craticula *f.*
**Grille** *f* locusta *f,* cicada *f.*
**grillen** *vt* in craticula assare.
**Grimasse** *f* os <oris> *nt* distortum; **~n schneiden** os distorquēre.
**grimmig** *adj* saevus [**facies**; **hiems**].
**grinsen** *vi* ringi.
**Grippe** *f* influentia *f.*
**grob** *adj* ❶ *(konkr.: Leinen, Sand)* crassus [**pulvis**] ❷ *(fig: roh, derb)* rusticus, inurbanus ❸ *(schlimm)* gravis [**error**; **mendacium**].
**Grobheit** *f* rusticitas <-atis> *f;* **jdm ~en an den Kopf werfen** verba rustica in alqm iacere, aspere in alqm invehi.
**Grobian** *m (pej)* rusticus *m.*
**Groll** *m* odium *nt* occultum, ira *f* occulta; **~ gegen jmd hegen** alci suscensēre.
**grollen** *vi (Groll haben)* suscensēre.
**groß** *adj* magnus; *(geräumig)* amplus [**domus**]; *(ausgedehnt)* ingens <-entis> [**campus**]; **so ~** tantus; **wie ~** quantus; **so ~ ... wie** tantus ... quantus; **doppelt so ~** duplo maior; **halb so ~** dimidio minor; **~ werden** crescere.
**großartig** *adj* magnificus [**cogitatio** Idee].
**Größe** *f* ❶ magnitudo <-dinis> *f* ❷ *(fig)* maiestas <-atis> *f,* dignitas <-atis> *f.*
**Großeltern** *pl* avus et avia.
**großenteils** *adv* magnam partem, magna (ex) parte.
**Größenwahn** *m* delirium *nt* magnitudinis.
**Großhandel** *m* negotiatio <-onis> *f.*
**Großhändler** *m* negotiator <-oris> *m.*
**großherzig** *adj* magnanimus.
**Großherzigkeit** *f* magnanimitas <-tatis> *f.*
**Großmut** *f* magnanimitas <-tatis> *f;* **~ zeigen** magnanimum se praebēre.
**großmütig** *adj* magnanimus.
**Großmutter** *f* avia *f.*
**Großneffe** *m* nepos <-otis> *m* fratris/sororis.
**Großnichte** *f* neptis <-is> *f* fratris/sororis.
**Großonkel** *m (väterlicherseits)* patruus *m* maior; *(mütterlicherseits)* avunculus *m* maior.
**Großstadt** *f* urbs <urbis> *f* magna, megalopolis <-is> *f.*
**großstädtisch** *adj* urbanus [**vita**].
**Großtante** *f (väterlicherseits)* amita *f* maior; *(mütterlicherseits)* matertera *f* maior.
**Großteil** *m* magna pars <partis> *f;* **zum ~** magna ex parte.
**größtenteils** *adv* maximam partem, plerumque.
**Großvater** *m* avus *m.*
**großziehen** *vt* educare, alere [**filiam**; **animal**].
**großzügig** *adj* generosus, magnanimus.
**Großzügigkeit** *f* magnanimitas <-tatis> *f.*
**Grotte** *f* antrum *nt.*
**Grube** *f* fovea *f;* **wer andern eine ~ gräbt, fällt selbst hinein** qui alteri fodit foveam, ipse incidet in eam.
**Grübelei** *f* meditatio <-onis> *f.*
**grübeln** *vi* meditari *(über:* de).
**Gruft** *f* sepulcrum *nt.*
**grün** *adj* viridis; **~ sein** virēre; **~ werden** virescere; **auf keinen ~en Zweig kommen** emergere non posse.
**Grünanlagen** *pl* virid(i)aria *nt pl.*
**Grund** *m* ❶ *(Ursache)* causa *f;* **aus diesem ~(e)** ea [*o* qua] de causa ❷ *(von Gewässer)* vadum *nt;* **einer Sache auf den ~ gehen** investigare alqd; **auf dem ~ des Meeres** in imo mari; **~ und Boden** fundus; **den ~ zu etw legen** fundamenta alcis rei iacere; **von ~ auf** a fundamentis.
**Grundbesitz** *m* possessio <-onis> *f* agrorum; *(Land)* fundus *m.*
**Grundbesitzer** *m* possessor <-oris> *m* agrorum.
**gründen** *vt* condere [**urbem**]; **sich ~ auf** positum esse (in + abl).
**Gründer** *m* conditor <-oris> *m* [**urbis**; **domūs editoriae**].
**grundfalsch** *adj* falsissimus [**opinio**].
**Grundlage** *f* fundamentum *nt;* **die ~(n) schaffen für** fundamenta iacere alcis rei.
**gründlich I.** *adj* ❶ *(Mensch)* diligens <-entis> *(in etw:* gen oder in mit abl), subtilis ❷ *(~ ausgeführt, ausgearbeitet)* accuratus, subtilis [**oratio**; **argumentatio**]; **~e Kenntnis haben von** penitus nosse alqd **II.** *adv* penitus [**alqd intellegere**].
**Gründlichkeit** *f* diligentia *f,* subtilitas <-atis> *f.*
**grundlos** *adj (unbegründet)* vanus, falsus [**probra**].
**Grundregel** *f* regula *f* prima.
**Grundriss** *m* forma *f;* *(Grundzüge)* adumbratio <-onis> *f.*
**Grundsatz** *m* ratio <-onis> *f,* institutum *nt;* **ein Mann mit** [*o* **von**] **Grundsätzen** vir constans;

**an seinen Grundsätzen festhalten** in suis institutis permanēre.
**grundsätzlich** *adv* ratione.
**Grundschule** *f* schola *f* elementaria, ludus *m.*
**Grundstoff** *m* materia *f* prima.
**Grundstück** *nt* fundus *m,* ager <agri> *m,* praedium *nt.*
**Gründung** *f:* **seit der ~ der Stadt** ab urbe condita.
**grünen** *vt* virēre.
**grünlich** *adj* subviridis.
**Grünspan** *m* aerugo <-ginis> *f.*
**grunzen** *vt* grunnire.
**Gruppe** *f* grex <gregis> *m.*
**Gruppenarbeit** *f* opera *f* gregalis.
**gruselig** *adj* horribilis, horrendus [**fabula**].
**Gruß** *m* salus <-utis> *f,* salutatio <-onis> *f;* **jdm Grüße von jdm ausrichten** salutare alqm nomine alcis.
**grüßen** *vi* salutare; **sei(d) gegrüßt** salve/salvete; **jmd ~ lassen** alqm salvēre iubēre.
**Grütze** *f* ptisana *f.*
**gucken** *vi* spectare.
**Guerillakrieg** *m* bellum *nt* clandestinum [*o* tectum].
**Gulasch** *nt* minutal <-alis> *nt.*
**gültig** *adj* ratus [**foedus**; **testamentum**].
**Gummi** *nt/m* cummis <-is> *f.*
**Gunst** *f (die man jdm erweist)* favor <-oris> *m; (in der man steht)* gratia *f;* **in jmds ~ stehen** in gratia alcis esse; **jdm seine ~ erweisen** favēre + *dat.*
**günstig** *adj* secundus, prosperus [**omen**; **fortuna**]; **~er Zeitpunkt** opportunitas.
**Günstling** *m* gratiosus *m.*
**Gurgel** *f* guttur <-uris> *nt.*
**Gurke** *f* cucumis <-meris> *m.*
**Gurt** *m,* **Gürtel** *m* cingulum *nt.*
**Guss** *m (Regen~)* imber <-bris> *m.*
**gut I.** *adj* bonus; **~en Tag** [*o* **Morgen, Abend**] salve/salvete; **es ~ sein lassen** omittere **II.** *adv* bene.
**Gut** *nt* ❶ *(Besitz)* bona *nt pl,* opes <opum> *f pl,* res <rei> *f* familiaris ❷ *(Land~)* praedium *nt,* fundus *m.*
**Gutachten** *nt* auctoritas <-atis> *f.*
**Gutachter(in** *f*) *m* arbiter <-tri> *m,* arbitra *f.*
**Gutdünken** *nt:* **nach ~** ad arbitrium.
**Güte** *f* benignitas <-atis> *f,* liberalitas <-tatis> *f,* bonitas <-atis> *f.*
**Güterwagen** *m* currus <-us> *m* onerarius.
**Güterzug** *m* tramen <-minis> *nt* onerarium.
**gutgläubig** *adj (leichtgläubig)* credulus.
**gutheißen** *vt* probare.
**gütig** *adj,* **gutmütig** *adj* benignus, liberalis.
**Gutmütigkeit** *f* bonitas <-atis> *f.*
**Gutsbesitzer** *m* possessor <-oris> *m* praedii [*o* agrorum].
**Gutschein** *m* tessera *f* nummaria.
**Gutschrift** *f* inscriptio <-onis> *f* crediti.
**Gymnasiast(in** *f*) *m* gymnasii discipulus, -a *m, f.*
**Gymnasium** *nt* lyceum *nt;* gymnasium *nt.*
**Gymnastik** *f* certamina <-num> *nt pl* gymnica.

# Hh

**Haar** *nt (einzelnes)* pilus *m; (als Kollektiv)* capillus *m* (auch Pl.), crinis <-is> *m* (auch Pl.), coma *f;* **das ~ (lang) wachsen lassen** capillum [*o* crinem] promittere; **jdm kein ~ krümmen** *(fig)* ne digito quidem alqm attingere; **sich in den ~en liegen** inter se rixari; **ihm standen die ~e zu Berge** horrebant eius capilli.
**Haarausfall** *m* (capillorum) defluvium *nt.*
**Haarband** *nt* fascia *f,* redimiculum *nt.*
**Haarbürste** *f* peniculus *m* comatorius.
**haarig** *adj* crinitus, capillatus.
**Haarklammer** *f* fibula *f* comatoria [*o* crinalis].
**haarscharf** *adj* subtilissimus.
**Haarspange** *f* fibula *f* comatoria [*o* crinalis].
**haarsträubend** *adj* horridus, horribilis.
**Haartrockner** *m* machinula *f* favonia.
**Habe** *f* bona *nt pl,* res <rei> *f* familiaris.
**haben** *vt* habēre; *(besitzen)* habēre, possidēre; **ich habe ein Landhaus** *(meist durch* esse *zu übersetzen)* mihi villa est; **jmd zum Freund ~** alqm amicum habere; **nicht ~** carēre + *abl;* **Durst ~** sitire; **Angst ~** timēre; **Fieber ~** febri laborare.
**Habenichts** *m (pej)* omnium bonorum expers <-pertis> *m.*
**Habgier** *f* avaritia *f.*
**habgierig** *adj* avarus.
**Habicht** *m* accipiter <-tris> *m.*
**Habseligkeiten** *pl* res <rerum> *f pl.*
**Habsucht** *f* avaritia *f,* aviditas <-atis> *f.*
**habsüchtig** *adj* avarus, avidus.
**Hacke** *f (Gerät)* rastrum *nt.*
**hacken** *vt* ❶ *(Boden)* rastro fodere ❷ *(Holz)* findere, scindere.
**hadern** *vi:* **mit seinem Schicksal ~** fortunam suam lamentari [*o* queri], de fortuna sua queri.

**Hafen** *m* portus <-us> *m;* **einen ~ anlaufen** portum petere; **in einen ~ einlaufen** portum capere, in portum invehi.
**Hafer** *m* avena *f.*
**Haft** *f* custodia *f;* **jmd in ~ halten** alqm custodiā tenēre; **jmd in ~ nehmen** alqm in custodiam dare.
**Haftbefehl** *m* mandatum *nt* comprehensionis.
**haften** *vi* ① *(festsitzen; kleben)* haerēre ② **~ für** praestare <praestiti> + *akk.*
**Häftling** *m* captivus *m.*
**Hagel** *m* ① grando <-dinis> *f* ② *(fig)* vis *f* [**telorum**; **lapidum**].
**hageln** *vi* grandinare.
**hager** *adj* macer <-cra, -crum>.
**Hahn** *m* ① (ZOOL) gallus *m* ② (TECH) epitonium *nt.*
**Hai(fisch)** *m* pristis <-is> *f.*
**Hain** *m* lucus *m,* nemus <-moris> *nt.*
**Haken** *m* hamus *m;* **die Sache hat einen ~** subest alqd.
**Hakenkreuz** *nt* crux <crucis> *f* hamata.
**halb** *adj* dimidius [**spatium**]; **eine ~e Stunde** semihora *f;* **ein ~es Jahr** sex menses *m pl;* **die ~e Wahrheit** quod ex parte tantum verum est; **~ fertig** semiconfectus, semifactus; **~ nackt** seminudus; **~ offen** semiapertus; **~ tot vor Angst** timore semianimus; **etw nur ~ machen** non perficere alqd.
**Halbbruder** *m* semifrater <-tris> *m.*
**Halbdunkel** *nt* crepusculum *nt.*
**halbfertig** *adj* semiconfectus, semifactus.
**Halbgott** *m* heros <-ois> *m.*
**Halbgöttin** *f* herois <-idis> *f,* heroine <-es> *f.*
**halbieren** *vt* in duas partes dividere.
**Halbinsel** *f* paeninsula *f.*
**Halbjahr** *nt* sex menses *m pl.*
**halbjährig** *adj (ein halbes Jahr dauernd; ein halbes Jahr alt)* semestris [**infans**; **eruditio**].
**Halbkreis** *m* semicircu(lu)s *m,* semiorbis <-is> *m.*
**Halbkugel** *f* hemisphaerium *nt.*
**Halbmond** *m* luna *f* dimidia [*o* dimidiata].
**halbrund** *adj* semirotundus.
**Halbschatten** *m* paenumbra *f.*
**Halbschwester** *f* semisoror <-oris> *f.*
**Hälfte** *f* dimidium *nt.*
**Halle** *f* atrium *nt.*
**hallen** *vi* resonare.
**Hallenbad** *nt* balneae *f pl* aulares.
**Halluzination** *f* alucinatio <-onis> *f.*
**Halm** *m* calamus *m.*
**Hals** *m* collum *nt,* cervices <-vicum> *f pl;* **~ über Kopf abreisen** praeceps proficisci; **jdm um den ~ fallen** collum alcis amplexu petere; **jmd/etw auf dem ~ haben** alqm/alqd cervicibus sustinēre; **sich jmd/etw vom ~ schaffen** alqm/alqd depellere [*o* repellere] a cervicibus; **sich etw auf den ~ laden** suscipere alqd.
**Halsabschneider** *m (pej)* fenerator <-oris> *m.*
**halsbrecherisch** *adj* maxime periculosus.
**Halsentzündung** *f* inflammatio <-onis> *f* faucium.
**Halskette** *f* monile <-lis> *nt,* torquis <-is> *m.*
**Halsschmerzen** *pl:* **~ haben** ex faucibus laborare.
**halsstarrig** *adj* obstinatus, pertinax <-acis>.
**Halsstarrigkeit** *f* pertinacia *f,* obstinatio <-onis> *f.*
**Halt** *m* ① *(Stütze, a fig)* firmamentum *nt* ② *(Anhalten, Unterbrechung)* intermissio <-onis> *f* [**in itinere**]; **~ machen** consistere.
**haltbar** *adj* firmus [**vinum**].
**Haltbarkeit** *f* firmitas <-atis> *f* [**textilis**].
**halten I.** *vt* ① tenēre ② *(fig)*: **eine Rede ~** orationem habēre; **~ für** putare, existimare, iudicare, arbitrari (+ dopp. akk); **viel/wenig von jdm ~** alqm magni/parvi putare; **etw in Ehren ~** colere alqd; **Frieden ~** pacem servare **II.** *vi (widerstandsfähig sein)* firmum esse **III.** *vr:* **sich ~** ① *(Nahrung, Blumen)* firmum esse ② *(sich behaupten)* stare <steti>, consistere, valēre ③ *(fig: sich an etw ~, etw befolgen)* sequi (+ akk) [**praecepta**], **uti** (+ abl) [**legibus**].
**Haltestelle** *f* statio <-onis> *f.*
**Halteverbot** *nt* commoratio <-onis> *f* interdicta.
**haltlos** *adj* ① fluxus, levis [**homo**] ② *(unbegründet)* inanis [**crimen**].
**Haltlosigkeit** *f (Wankelmut, Unbeständigkeit)* levitas <-atis> *f.*
**Haltung** *f* ① *(Körper~, fig: Einstellung)* habitus <-us> *m;* **eine mutige/vornehme ~ zeigen** fortem/nobilem se praebēre ② *(Selbstbeherrschung)* temperantia *f,* continentia *f;* **die ~ verlieren** perturbari.
**Halunke** *m* furcifer <-feri> *m,* verbero <-onis> *m.*
**hämisch** *adj* malevolus.
**Hammel** *m* vervex <-ecis> *m.*
**Hammer** *m* malleus *m.*
**hämmern** *vt* malleo cudere [*o* contundere].
**Hampelmann** *m* ① neurospaston <-i> *nt* ② *(pej von Menschen)* homo <-minis> *m* levis.
**Hand** *f* manus <-us> *f;* **die rechte ~** dextra *f;* **die linke ~** sinistra *f;* **~ voll** *(konkr.)* maniculus [**cerasorum**], *(einige)* manus [**spectatorum**]; **letzte ~ an etw legen** manum extremam imponere alci rei; **von ~ zu ~** per manus; **jdm in die Hände fallen** in manus alcis incidere; **zur ~ sein** praesto esse; **jdm freie ~ lassen** suo arbitrio agendi potestatem dare alci; **das liegt auf der ~** hoc in promptu est.

H

**Handarbeit** *f* opera *f* manuaria.
**Handbewegung** *f* gestus <-us> *m.*
**Handbremse** *f* frenum *nt* manuale.
**Händchen** *nt* manicula *f.*
**Handel** *m* mercatura *f,* commercium *nt;* **~ treiben** negotiari, mercaturam facere.
**handeln** *vi* ❶ *(agieren, tun)* agere, facere ❷ *(Handel treiben)* negotiari; **mit etw ~** venditare alqd ❸ **das Buch handelt von** liber est de; **es handelt sich um** agitur de.
**Handelsartikel** *m* merx <mercis> *f.*
**Handelsgesellschaft** *f* societas <-atis> *f* mercatoria.
**Handelskammer** *f* curia *f* mercatorum.
**Handelsrecht** *nt* commercium *nt.*
**Handelsschiff** *nt* navis <-is> *f* mercatoria.
**Handgemenge** *nt* pugna *f* propior, manus <-us> *f,* manus <-uum> *f pl;* **es kommt zum ~** res ad manus venit.
**Handgepäck** *nt* sarcinae *f pl* manuales.
**Handgranate** *f* granata *f* manualis.
**handgreiflich** *adj:* **~ werden** vim afferre.
**Handgriff** *m (kleine Verrichtung)* opusculum *nt.*
**handhaben** *vt (etw bedienen, mit etw umgehen)* exercēre, tractare [**instrumentum**].
**Handlanger** *m* operarius *m.*
**Händler** *m* mercator <-oris> *m.*
**handlich** *adj* habilis [**hauritorium pulveris**; **forma** Format].
**Handlung** *f* ❶ *(Tätigkeit)* actio <-onis> *f* ❷ *(im Drama, im Film)* argumentum *nt* [**fabulae**; **pelliculae**].
**Handlungsweise** *f* modus *m* agendi.
**Handschelle** *f* manica *f.*
**Handschlag** *m:* **jmd mit ~ begrüßen** datā dextrā alqm salutare.
**Handschrift** *f* manus <-us> *f.*
**handschriftlich** *adj* manu scriptus [**petitio** Bewerbung].
**Handschuh** *m* digitabulum *nt.*
**Handtasche** *f* sacculus *m.*
**Handtuch** *nt* mantelium *nt,* mantele <-lis> *nt.*
**Handwerk** *nt* artificium *nt,* ars <artis> *f;* **ein ~ ausüben** [*o* **betreiben**] artem factitare.
**Handwerker** *m* faber <-bri> *m,* artifex <-ficis> *m,* opifex <-ficis> *m.*
**Handwerkszeug** *nt* instrumentum *nt.*
**Handy** *nt* telephonulum <-i> *nt* (gestabile/portabile).
**Hanf** *m* cannabis <-is> *f.*
**Hang** *m* ❶ *(Berg~)* fastigium *nt* ❷ *(Vorliebe)* animus *m* proclivis (ad), studium *nt + gen;* **einen ~ zu etw haben** proclivem esse ad alqd; **~ zur Faulheit** inertia.
**Hängebrücke** *f* pons <pontis> *m* pensilis.
**Hängematte** *f* lect(ul)us *m* pensilis.
**hängen I.** *vi* ❶ pendēre *(an:* ex, ab, de, in + abl, bl. abl) ❷ *(haften)* haerēre (in + abl, ad); **~ bleiben** haerēre (in alqa re, ad) [**ad clavum**] ❸ *(fig: sehr zugetan sein):* **an jdm/etw ~** addictum esse + *dat* **II.** *vt (etw auf~; jmd er~)* suspendere *(an:* ex, ab, de, in + abl, bl. abl).
**hänseln** *vt* ludificare, ludificari.
**Hanswurst** *m* scurra *m,* sannio <-onis> *m.*
**hantieren** *vi:* **mit etw ~** exercēre, tractare alqd.
**Happen** *m* frustum *nt,* offa *f.*
**Harem** *m* gynaeceum *nt.*
**Harfe** *f* psalterium *nt;* **~ spielen** psalterio canere.
**Harke** *f* pecten <-tinis> *m.*
**harmlos** *adj* innocens <-entis> [**vulnus**; **epistula**].
**Harmlosigkeit** *f* innocentia *f.*
**Harmonie** *f* ❶ (MUS) concentus <-us> *m* ❷ *(fig)* consensus <-us> *m,* concordia *f;* **in ~ mit jdm leben** concordem esse cum alqo.
**harmonieren** *vi (fig)* consentire, convenire.
**harmonisch** *adj* ❶ (MUS) consonus ❷ *(fig)* consentaneus, consentiens <-ientis>, concors <-cordis>.
**Harn** *m* urina *f.*
**Harnblase** *f* vesica *f.*
**Harpune** *f* iaculum *nt* hamatum.
**hart** *adj (auch fig)* durus [**lapis**; **animus**; **miles**; **in plebem**; **labor**; **vita**]; *(Kampf)* atrox <-ocis>; *(Strafe)* acer <acris, acre>; *(Worte)* asper <-era, -erum>; **~ werden** durescere; **~ kämpfen** atrociter pugnare.
**Härte** *f (auch fig)* duritia *f.*
**härten** *vt* durare [**chalybem**].
**hartherzig** *adj* durus, ferreus, acerbus.
**Hartherzigkeit** *f* duritia *f,* crudelitas <-atis> *f.*
**hartnäckig** *adj* obstinatus, pertinax <-acis> [**animus**; **hostis**; **pugna**; **hiems**].
**Hartnäckigkeit** *f* pertinacia *f,* obstinatio <-onis> *f.*
**Harz** *nt* resina *f.*
**harzig** *adj* resinatus, resinosus.
**Hase** *m* lepus <-poris> *m.*
**Hass** *m* odium *nt (gegen jmd:* gen obi.; in, erga, adversus alqm) [**tyranni**; **adversus Romanos**]; **sich jmds ~ zuziehen** odium alcis suscipere; **einen ~ auf jmd haben** odium in alqm habēre; **aus ~ auf jmd** odio alcis (incensus).
**hassen** *vt* odisse (alqm/alqd), odium habēre (in alqm); **von jdm gehasst werden** odio esse alci.
**hassenswert** *adj* odio dignus.
**hasserfüllt** *adj* odii [*o* odio] plenus.
**hässlich** *adj (auch fig)* foedus [**odor**; **facinus**].
**Hässlichkeit** *f (auch fig)* foeditas <-atis> *f.*
**Hast** *f* festinatio <-onis> *f;* **in** [*o* **voller**] **~** raptim.
**hasten** *vi* festinare.
**hastig I.** *adj* praeceps <-cipitis>, incitatus

[**gradūs**] **II.** *adv* raptim, praeceps, festinanter [**loqui**].

**hätscheln** *vt* permulcēre, fovēre.

**Haube** *f* calautica *f*, mitra *f*; **jmd unter die ~ bringen** alqm collocare.

**Hauch** *m* anima *f*, spiritus <-us> *m*.

**hauchen** *vt* spirare.

**Haudegen** *m* bellator <-oris> *m*.

**hauen** *vt* ① *(schlagen, prügeln)* ferire, icere ② *(Nagel)* figere [**clavum in parietem**].

**Haufen** *m* ① acervus *m* [**frumenti**]; **seine Pläne über den ~ werfen** sua consilia subvertere ② *(Menge)* copia *f* [**laboris**] ③ *(Leute)* turba *f*, caterva *f*.

**häufen I.** *vt* acervare, cumulare [**copias** Vorräte] **II.** *vr:* **sich ~** augeri.

**haufenweise** *adv* acervatim.

**häufig I.** *adj* creber <-bra, -brum>, frequens <-entis> **II.** *adv* saepe, crebro.

**Häufigkeit** *f* crebritas <-atis> *f*, frequentia *f*.

**Haupt** *nt* ① *(Kopf)* caput <-pitis> *nt* ② *(Ober~)* caput *nt*, princeps <-cipis> *m* [**coniurationis**].

**Haupt-** princeps <-cipis>, primus, principalis.

**Hauptaugenmerk** *nt:* **sein ~ auf etw richten** praecipue alqd spectare.

**Hauptbahnhof** *m* statio <-onis> *f* ferriviaria principalis.

**Häuptling** *m* regulus *m*, princeps <-cipis> *m*.

**Hauptmahlzeit** *f* cena *f*.

**Hauptmann** *m* (MIL) centurio <-onis> *m*.

**Hauptperson** *f* caput <-pitis> *nt*; *(im Drama)* persona *f* gravissima.

**Hauptquartier** *nt* praetorium *nt*.

**Hauptrolle** *f* primae partes <-tium> *f pl*; **die ~ spielen** *(Theat., fig)* primas partes agere.

**Hauptsache** *f* res <rei> *f* gravissima, caput <-pitis> *nt*; **in der ~** imprimis.

**hauptsächlich I.** *adj* principalis, primus, princeps <-cipis> **II.** *adv* imprimis.

**Hauptstadt** *f* caput <-pitis> *nt*.

**Hauptstraße** *f* *(allg.)* via *f* principalis; *(in der Stadt)* via *f* celeberrima.

**Haus** *nt* domus <-us> *f*, aedes <-dium> *f pl*, tectum *nt*, aedificium *nt*; **zu ~e** domi; **nach ~e** domum; **von zu ~e** domo; **von ~ zu ~** per domos; **aus gutem ~e** honesto loco natus; **mit etw ~ halten** *(mit etw sparsam umgehen)* alci rei temperare, alci rei parcere [**viribus** mit seinen Kräften; **copiis** mit den Vorräten].

**Hausarbeit** *f* opus <operis> *nt* domesticum.

**Hausaufgabe** *f* pensum *nt* domesticum.

**Hausbesitzer(in** *f*) *m* dominus *m* aedium, domina *f* aedium.

**Häuschen** *nt* aediculae *f pl*.

**Hauseigentümer(in** *f*) *m* dominus *m* aedium, domina *f* aedium.

**hausen** *vi* *(wohnen)* habitare.

**Hausflur** *m* fauces <-cium> *f pl* aedium.

**Hausfrau** *f* domina *f*, mater <-tris> *f* familias.

**Hausfreund** *m* *(Familienfreund)* familiaris <-is> *m*.

**Hausgötter** *pl* penates <-tium> *m pl*, Lares <-rum, -rium> *m pl*.

**Haushalt** *m* res <rei> *f* domestica; **den ~ führen** res domesticas curare.

**Hausherr(in** *f*) *m* dominus, -a *m*, *f*, pater <-tris> *m* familias, mater <-tris> *f* familias.

**hausieren** *vi* merces ostiatim circumferre.

**Hausierer** *m* institor <-oris> *m*.

**Hauslehrer(in** *f*) *m* magister <-tri> *m* domesticus, magistra *f* domestica.

**häuslich** *adj* domesticus.

**Häuslichkeit** *f* diligentia *f* domestica.

**Hausmädchen** *nt* ancilla *f*.

**Hausmeister** *m* atriensis <-is> *m*.

**Haussuchung** *f* perscrutatio <-onis> *f* domestica.

**Haustier** *nt* animal <-alis> *nt* domesticum.

**Haustür** *f* ianua *f*.

**Hausverwalter** *m* aedium administrator <-oris> *m*, aedium curator <-oris> *m*, aedium vilicus *m*.

**Haut** *f* cutis <-is> *f* [**oris**; **caprina**; **uvarum**]; **mit heiler ~ davonkommen** integrum evadere; **mit ~ und Haaren** totus.

**häuten** *vr:* **sich ~** pellem exuere.

**Hautfarbe** *f* color <-loris> *m* cutis.

**Hebamme** *f* obstetrix <-icis> *f*.

**Hebel** *m* vectis <-is> *m*; **alle ~ in Bewegung setzen** *(fig)* omnes machinas adhibēre.

**heben** *vt* ① *(hoch~)* tollere [**manus ad caelum**; **caput**; **alqm in caelum**] ② *(steigern, verbessern)* augēre.

**hebräisch** *adj* Hebraeus.

**Hecht** *m* esox <-ocis> *m*.

**Hechtsprung** *m* (SPORT) saltus <-us> *m* carpae.

**Heck** *nt* (NAUT) puppis <-is> *f*.

**Hecke** *f* ① *(Umzäunung aus Büschen, Sträuchern)* saepes <-pis> *f* viva ② *(Büsche)* vepres <-rium> *m pl*.

**Heer** *nt* ① (MIL) exercitus <-us> *m* ② *(fig: große Menge)* multitudo <-dinis> *f*, copia *f* [**famulorum**; **relatorum** von Reportern].

**Heereszug** *m* agmen <-minis> *nt*.

**Heerführer** *m* dux <ducis> *m*, imperator <-oris> *m*.

**Hefe** *f* faex <faecis> *f*.

**Heft** *nt* libellus *m*.

**heften** *vt* *(befestigen)* figere (alqd in re); **den Blick auf etw ~** oculos defigere (in + abl).

**heftig** *adj* vehemens <-mentis>, acer <acris, acre> [**cupiditas**; **dolor**; **ventus**; **resistentia**; **in agendo**].

**Heftigkeit** *f* vehementia *f*.

**Hegemonie** *f* principatus <-us> *m*.

**hegen** *vt (fig)* habēre [**spem**; **suspicionem**].
**Hehl** *nt/m*: **kein(en) ~ aus etw machen** non celare alqd.
**Heide I.** *m* paganus *m* **II.** *f* ericetum *nt.*
**Heidekraut** *nt* erice <-es> *f.*
**Heidentum** *nt* paganitas <-atis> *f,* gentilitas <-atis> *f.*
**Heidin** *f* pagana *f.*
**heidnisch** *adj* paganus, gentilis.
**heikel** *adj* difficilis, anceps <-cipitis> [**argumentum** Thema]; *(verfänglich)* captiosus [**quaestio**].
**heil** *adj (unversehrt)* integer <-gra, -grum>; **mit ~er Haut davonkommen** integrum evadere.
**Heil** *nt* salus <-utis> *f;* **sein ~ in der Flucht suchen** fugā salutem petere.

H

**heilbar** *adj* sanabilis [**morbus**].
**heilbringend** *adj* salutaris.
**heilen I.** *vt* sanare [**aegrotum**; **tumorem**] **II.** *vi* sanari, consanescere.
**heilig** *adj* sanctus, sacer <-cra, -crum> [**lucus**; **aedes**; **ius**].
**heiligen** *vt (heilighalten, als unverbrüchlich ansehen)* pie colere [**diem festum**; **dominicam**].
**heiligsprechen** *vt* consecrare.
**Heiligtum** *nt* sacrarium *nt,* fanum *nt,* templum *nt,* delubrum *nt.*
**Heilkraft** *f* salubritas <-tatis> *f* [**aquae**].
**Heilkraut** *nt* herba *f* salutaris.
**Heilmittel** *nt* remedium *nt,* medicamentum *nt,* medicamen <-minis> *nt;* **~ gegen eine Krankheit** remedium morbi.
**Heilquelle** *f* fons <fontis> *m* salutaris.
**heilsam** *adj* salutaris, saluber <-bris, -bre> [**somnus**; **natura loci**].
**Heilung** *f* sanatio <-onis> *f,* curatio <-onis> *f.*
**heim** *adv (nach Hause)* domum.
**Heim** *nt (Kinder-, Obdachlosen~ u. Ä.)* institutum *nt.*
**Heimat** *f* patria *f;* **in der ~** domi; **seine ~ verlassen** patriam relinquere.
**Heimatland** *nt* patria *f.*
**heimatlich** *adj* patrius, domesticus [**ritus**].
**heimatlos** *adj* patriā carens, sine sede.
**Heimatstadt** *f* patria *f.*
**Heimatvertriebene(r)** *f(m)* profugus *m/*-a *f.*
**heimfahren** *vi* domum vehi.
**heimisch** *adj* domesticus.
**Heimkehr** *f* reditus <-us> *m* [**Romam**; **in urbem**].
**heimkehren** *vi* (domum) redire, reverti.
**heimlich I.** *adj* secretus [**consilium**] **II.** *adv* clam, secreto.
**Heimlichkeit** *f (Verheimlichung)* occultatio <-onis> *f;* **in aller ~** clam, secreto.
**heimsuchen** *vt (von Katastrophen, Krankheiten)* vexare, urgēre, urere.
**heimtückisch** *adj* subdolus, perfidus [**homo**; **animus**; **morbus**].
**heimwärts** *adv* domum.
**Heimweh** *nt* desiderium *nt* patriae; **~ haben** desiderio patriae affici.
**Heinzelmännchen** *nt* nanus *m,* pumilio <-onis> *m.*
**Heirat** *f* nuptiae *f pl.*
**heiraten** *vt (von Mann)* in matrimonium ducere + *akk; (von der Frau)* nubere + *dat.*
**Heiratsantrag** *m:* **jdm einen ~ machen** alqm in matrimonium petere.
**heiser** *adj* raucus [**orator**; **vox**]; **sich ~ schreien** clamore irraucescere.
**Heiserkeit** *f* fauces <-cium> *f pl* raucae.
**heiß** *adj* ① calidus [**dies**; **aqua**] ② *(fig: leidenschaftlich)* ardens <-entis>, flagrans <-antis> [**amor**]; *(Kampf)* acer <acris, acre>.
**heißen** *vi* appellari, nominari, vocari; **das heißt** id est; **es heißt ...** *(man sagt)* dicunt, ferunt (+ A.C.I.); **was soll das ~?** quid hoc sibi vult?; **wie heißt er?** quid est huic nomen?.
**Heißhunger** *m* fauces <-cium> *f pl.*
**heiter** *adj (Mensch, Wetter ...)* serenus; **aus ~em Himmel** de [*o* ex] improviso.
**Heiterkeit** *f (Fröhlichkeit)* laetitia *f,* hilaritas <-tatis> *f.*
**heizen** *vt* calefacere [**domicilium**; **fornacem**].
**Heizöl** *nt* oleum *nt* calefactorium.
**Heizung** *f* calefactorium *nt.*
**Held** *m* ① heros <-ois> *m,* vir <viri> *m* fortissimus; **den ~en spielen** primas partes agere ② *(im Drama)* persona *f* gravissima.
**heldenhaft** *adj* fortis, fortissimus.
**Heldenmut** *m* virtus <-utis> *f,* fortitudo <-dinis> *f.*
**Heldentat** *f* facinus <-noris> *nt* magnum.
**Heldentum** *nt* singularis virtus <-utis> *f,* singularis fortitudo <-dinis> *f.*
**Heldin** *f* ① herois <-idis> *f,* heroine <-es> *f* ② *(im Drama)* persona *f* gravissima.
**helfen** *vi* auxiliari, adesse, subvenire + *dat,* (ad)iuvare <(ad)iuvi> + *akk; (von Sachen)* prodesse + *dat;* **was hilft es?** quid iuvat?; **sich zu ~ wissen** rem expedire, sollertem esse.
**Helfer(in** *f*) *m* adiutor <-oris> *m,* adiutrix <-ricis> *f,* minister <-tri> *m.*
**Helfershelfer** *m* adiutor <-oris> *m.*
**hell** *adj* clarus, lucidus, illustris; **es wird ~** (di)lucescit; **am ~en Tag** luce clara; **ein ~er Kopf** ingenium *nt* acutum.
**Helligkeit** *f* claritas <-tatis> *f* [**solis**].
**Hellseher(in** *f*) *m* haruspex <-spicis> *m,* haruspica *f.*
**Helm** *m* galea *f.*
**Helvetier** *m* Helvetius *m.*
**Hemd** *nt* tunica *f,* camisia *f; (Ober~)* camisia *f*

exterior; *(Unter~)* camisia *f* interior, subucula *f.*
**hemmen** *vt* impedire, retardare [**navigationem**; **causam**; **impetum hostium**].
**Hemmnis** *nt* impedimentum *nt.*
**Hengst** *m* equus *m.*
**Henkel** *m* ansa *f.*
**Henker** *m* carnifex <-ficis> *m.*
**Henne** *f* gallina *f.*
**herab** *adv* deorsum; *(von oben ~)* desuper.
**herabblicken** *vi* despicere *(konkr.: trans. – intr.; fig: trans.)* [**de vertice montis in valles**; **alqm**].
**herabfallen** *vi* decidere.
**herablassen I.** *vt* demittere [**velum**; **funem**] **II.** *vr (fig)*: **sich zu etw ~** descendere [**in certamen**; **ad ultimum auxilium**].
**herablassend** *adj* arrogans <-antis>.
**Herablassung** *f* arrogantia *f.*
**herabsehen** *vi* despicere *(konkr.: trans. + intr.; fig: trans.)* [**de vertice montis in valles**; **alqm**].
**herabsetzen** *vt* ① *(vermindern)* minuere [**pretium**] ② *(beeinträchtigen, schmälern)* detrectare, minuere [**bene facta**; **laudem alcis**].
**Herabsetzung** *f* ① *(Verminderung)* minutio <-onis> *f* ② *(Geringschätzung)* contemptio <-onis> *f.*
**herabsteigen** *vt* descendere; **vom Berg ins Tal ~** de monte in vallem descendere.
**heranfahren** *vi* advehi (ad).
**heranführen** *vt* adducere.
**herankommen** *vi* appropinquare, accedere (ad).
**heranmachen** *vr:* **sich ~** accedere (ad).
**herannahen** *vi* appropinquare.
**heranrücken** *vi* accedere [**ad castra**; **ad moenia**; **ad portas urbis**]; **näher ~** propius accedere.
**heranstürmen** *vi* advolare.
**heranwachsen** *vi* crescere, adolescere.
**heranwachsend** *adj* adulescens <-centis>.
**heranziehen** *vt* ① *(an sich, zu sich ziehen)* attrahere ② *(fig: hinzuziehen)* adhibēre [**alqm ad** (*o* **in**) **consilium**].
**herauf** *adv* sursum.
**heraufbeschwören** *vt (verursachen)* excitare [**discordiam**].
**heraufkommen** *vi* ascendere.
**heraufziehen I.** *vt* subducere [**transennam volubilem** die Jalousie] **II.** *vi:* **ein Gewitter zieht herauf** tempestas cooritur.
**heraus** *adv* foras.
**herausbekommen** *vt (erfahren)* reperire [**verum**].
**herausbringen** *vt* ① egerere, efferre [**sellam in solarium**] ② *(erfahren)* reperire [**verum**].
**herausfahren** *vi* ① evehi ② *(fig: von Worten)* erumpere.
**herausfinden** *vt (ausfindig machen)* investigare, invenire [**vitium**; **verum**].
**herausfordern** *vt* ① provocare, evocare, lacessere [**alqm ad proelium**] ② *(fig)* experiri [**fortunam**].
**Herausforderung** *f* ① *(zum Kampf)* provocatio <-ionis> *f* ② *(fig)* experientia *f.*
**herausführen** *vt* educere.
**herausgeben** *vt* ① reddere [**captivos**; **praedam**] ② *(Buch)* edere.
**Herausgeber** *m* editor <-oris> *m.*
**herausholen** *vt* (de)promere, expromere.
**herauskommen** *vi* ① *(räuml.)* exire ② *(Buch)* edi ③ *(sich als Resultat ergeben)* evenire; **es kommt aufs Gleiche heraus** idem est.
**herausnehmen I.** *vt* eximere, (de)promere, expromere **II.** *vr:* **sich** (**jdm gegenüber**) **etw ~** sibi sumere, sibi arrogare [**nimium**].
**herausragen** *vi* eminēre, prominēre.
**herausreden** *vr:* **sich ~** verbis se expedire.
**herausreißen** *vt* evellere.
**herausrücken** *vi:* **mit der Sprache ~** libere dicere, nihil reticēre.
**herausrufen** *vt* evocare [**alqm e consessu**].
**herausschauen** *vi (aus dem Fenster)* foras spectare.
**herausschlagen** *vt* elidere, excudere, excutere [**alci dentes**].
**herausspritzen** *vi* emicare <emicui>.
**herausziehen** *vt* extrahere [**alqm ex stagno**].
**herb** *adj (auch fig)* acerbus [**sapor**; **vinum**; **verba**].
**herbei** *adv* huc.
**herbeieilen** *vi* advolare, accurrere.
**herbeiführen** *vt* adducere [**testes**].
**herbeirufen** *vt* advocare.
**herbeisehnen** *vt* desiderare.
**Herberge** *f* hospitium *nt,* deversorium *nt.*
**herbringen** *vt* apportare, afferre.
**Herbst** *m* autumnus *m;* **im ~** autumno.
**herbstlich** *adj* autumnalis [**procellae**; **caelum** Wetter].
**Herd** *m* ① focus *m* ② *(fig)* caput <-pitis> *nt* [**morbi**].
**Herde** *f* grex <gregis> *m* [**pecorum**; **armentorum**].
**herein** *adv* intro [**vocare**].
**hereinbrechen** *vi (Unglück; Nacht)* ingruere *(über jmd.:* in + akk).
**hereinfallen** *vi* ① incidere [**in foveam**] ② *(fig: betrogen werden)* fraudari, falli, decipi.
**hereinholen** *vt* (intro) arcessere.
**hereinkommen** *vi* introire [**in urbem**].
**hereinlassen** *vt* admittere.
**hereinlegen** *vt (betrügen)* (de)fraudare, fallere, decipere.
**herfallen** *vi:* **~ über** *(sich stürzen auf)* aggredi

\+ *akk* [**cenam** über das Essen; **munera** über die Geschenke; **hostes**]; *(fig: mit Worten)* invehi (in + akk) [**in perfidiam alcis**; **in Thebanos**].

**hergeben** *vr:* **sich zu etw ~** descendere ad alqd.

**herholen** *vt* arcessere.

**Hering** *m* aringus *m.*

**herkommen** *vi* advenire, accedere.

**herkömmlich** *adj* solitus, usitatus.

**Herkunft** *f* ❶ *(Abstammung)* origo <-ginis> *f,* genus <-neris> *nt;* **von vornehmer ~** nobili genere natus; **seine ~ von jdm ableiten** originem ab alqo trahere ❷ *(Ursprung)* origo *f.*

**herleiten** *vt (Ursprung, Namen)* deducere [**nomen ab Anco**].

**hermachen** *vr:* **sich über etw/jmd ~** aggredi + *akk* [**cenam** über das Essen; **dona** über die Geschenke].

**Heroin** *nt* heroinum *nt.*

**heroisch** *adj* heroicus [**facinus**].

**Herold** *m* praeco <-onis> *m.*

**Heros** *m* ❶ *(Held)* heros <-ois> *m,* vir <viri> *m* fortissimus ❷ *(Halbgott)* heros *m.*

**Herr** *m* dominus *m;* **sein eigener ~ sein** sui iuris esse; **einer Sache ~ werden** evincere alqd.

**herrenlos** *adj* vacuus [**canis**; **praedium**].

**Herrin** *f* domina *f.*

**herrisch** *adj* imperiosus.

**herrlich** *adj* praeclarus, magnificus, splendidus.

**Herrschaft** *f* imperium *nt;* *(Allein~)* regnum *nt;* **sich der ~ bemächtigen, die ~ an sich reißen** rerum potiri; **unter der ~ des Tarquinius** Tarquinio regnante.

**herrschen** *vi* ❶ *(Herrscher sein, Herr sein)* regnare, dominari *(über:* in + akk), imperare *(über:* dat) ❷ *(von Zuständen, Sitten)* vigēre.

**Herrscher(in** *f*) *m* princeps <-cipis> *m,* dominus *m,* tyrannus *m,* imperator <-oris> *m,* domina *f* [**terrarum**; **gentium**].

**Herrschsucht** *f* cupiditas <-atis> *f* imperii.

**herrschsüchtig** *adj* imperii cupidus.

**herrühren** *vi:* **von etw ~** oriri ab, originem trahere ex.

**herstellen** *vt (anfertigen)* fabricari, conficere.

**Hersteller(in** *f*) *m* fabricator <-oris> *m,* fabricatrix <-icis> *f.*

**Herstellung** *f* fabricatio <-onis> *f.*

**herüber** *adv* huc [**vocare**; **venire**].

**herum** *adv:* **um etw ~** circa, circum + *akk;* **im Kreis(e) ~** in orbem.

**herumdrehen** *vt* circumagere.

**herumfahren** *vi* circumvehi.

**herumführen** *vt* circumducere.

**herumgehen** *vi* ❶ circumire *(um etw:* akk) ❷ *(umhergehen)* ambulare ❸ *(herumgereicht werden)* circumferri.

**herumirren** *vi* errare, vagari [**per silvas**; **totā Asiā**].

**herumkommen** *vi (reisen)* perlustrare, pervagari + *akk.*

**herumlaufen** *vi (umherlaufen)* circumcursare.

**herumliegen** *vi (unordentlich)* disperse iacēre.

**herumlungern** *vi* vagari.

**herumreichen** *vt* circumferre [**poculum vini**].

**herumschlagen** *vr:* **sich ~** *(sich prügeln)* proeliari (cum), manūs conserere.

**herumstehen** *vi* circumstare <circumsteti>.

**herumtreiben** *vr:* **sich ~** vagari.

**herumziehen** *vi (umherziehen)* commeare.

**herunter** *adv* deorsum [**cadere**].

**herunterkommen** *vi* ❶ descendere ❷ *(finanziell)* ad inopiam redigi ❸ *(moral.)* corrumpi.

**herunterschlucken** *vt* devorare.

**hervorbrechen** *vi* erumpere, prorumpere, provolare.

**hervorbringen** *vt (erzeugen, schaffen)* creare.

**hervorgehen** *vi:* **daraus geht hervor, dass ...** inde apparet [*o* intellegitur] (+ A.C.I.); **als Sieger ~** victorem discedere.

**hervorholen** *vt* promere.

**hervorlocken** *vt* elicere.

**hervorragen** *vi* ❶ eminēre, prominēre ❷ *(fig)* eminēre, excellere [**inter omnes**; **praeter ceteros**].

**hervorragend** *adj (fig)* excellens <-entis>, egregius.

**hervorrufen** *vt (verursachen)* excitare, concitare, efficere [**discordiam**; **seditionem**].

**hervorstechend** *adj* conspicuus [**qualitates** Eigenschaften].

**hervortun** *vr:* **sich ~** praestare <praestiti> *(mit:* abl).

**Herz** *nt (als Organ)* cor <cordis> *nt;* *(Gemüt, Seele)* animus *m,* pectus <-toris> *nt;* **von ~en** ex animo; **von ganzem ~en** toto pectore; **es nicht übers ~ bringen zu ...** non impetrare ab animo, ut + *conj;* **sich zu ~en nehmen** aegre [*o* graviter] ferre; **jdm am ~en liegen** cordi esse alci; **schweren ~ens** sollicito animo.

**Herzanfall** *m* impetus <-us> *m* cordis.

**herzen** *vt* amplexari et osculari.

**herzensgut** *adj* optimus.

**Herzenslust** *f:* **nach ~** ad suum arbitrium, suo arbitrio, ad libidinem, (ex) libidine.

**herzergreifend** *adj* animum movens.

**Herzfehler** *m* vitium *nt* cordis.

**Herzinfarkt** *m* infarctus <-us> *m* cordis.

**Herzklopfen** *nt* palpitatio <-onis> *f* cordis.

**herzlich** *adj* benignus; **jdm ~ danken** maximas gratias agere alci.

**Herzlichkeit** *f* benevolentia *f,* benignitas <-atis> *f.*

**herzlos** *adj* durus, crudelis, inhumanus.

**Herzog(in** *f*) *m* dux <ducis> *m/f.*

**Herzogtum** *nt* ducatus <-us> *m.*
**Herztransplantation** *f* cordis transplantatio <-onis> *f.*
**herzzerreißend** *adj* miserabilis [**aspectus**].
**Hetze** *f* ① *(Eile)* festinatio <-onis> *f,* properatio <-onis> *f* ② *(Verleumdung)* calumnia *f.*
**hetzen I.** *vt* ① *(jagen)* agitare ② *(Hund auf jmd ~)* instigare *(auf jmd:* in alqm) **II.** *vi* ① *(eilen)* festinare, properare ② *(~ gegen)* accendere animum [*o* animos] alcis (contra, ad).
**Heu** *nt* faenum *nt.*
**Heuchelei** *f* simulatio <-onis> *f.*
**heucheln I.** *vt* simulare, fingere **II.** *vi* simulare, simulatorem esse.
**Heuchler(in** *f*) *m* simulator <-oris> *m,* simulatrix <-icis> *f.*
**heuchlerisch** *adj* simulatus, fictus [**verba**]; *(von Personen)* simulator <-oris>.
**heulen** *vi* ululare.
**Heulen** *nt* ululatus <-us> *m.*
**Heuschrecke** *f* locusta *f.*
**heute** *adv* hodie; **bis ~** adhuc; **noch ~** hodie (quoque).
**heutig** *adj* ① hodiernus, hic / haec / hoc [**dies**] ② *(modern)* nostrae aetatis [**ornatus** Mode].
**heutzutage** *adv* hodie, his temporibus.
**Hexe** *f* venefica *f.*
**hexen** *vi (Wunder wirken)* miracula efficere; **ich kann doch nicht ~** miracula efficere non possum.
**Hexenschuss** *m* (MED) lumbago <-ginis> *f.*
**Hexerei** *f* magice <-es> *f.*
**Hieb** *m* ictus <-us> *m,* plaga *f;* **jdm einen ~ versetzen** percutere alqm.
**hier** *adv* hic; **von ~** hinc; **~ und da** *(räuml.)* nonnullis locis, *(zeitl.)* interdum.
**hierher** *adv* huc.
**hiesig** *adj* huius loci / urbis / regionis / *u. Ä.* [**incolae**].
**Hilfe** *f* auxilium *nt,* praesidium *nt,* subsidium *nt,* ops <opis> *f;* **zu ~ rufen** auxilio [*o* praesidio, subsidio] arcessere; **zu ~ kommen** subvenire, auxilio venire; **zu ~ eilen** succurrere; **zu ~ schicken** subsidio mittere; **erste ~** primum auxilium, curatio prompta; **jdm um ~ bitten** auxilium petere ab alqo; **jdm ~ bringen** auxilium [*o* praesidium *o* subsidium *o* opem] alci ferre; **~ brauchen** opis indigēre; **mit jmds ~** alqo adiuvante.
**hilflos** *adj* inops <-opis>.
**Hilflosigkeit** *f* inopia *f.*
**hilfreich** *adj (Mensch)* beneficus, benignus, auxiliaris; *(Sache)* auxiliaris.
**Hilfsarbeiter** *m* auxiliarius *m.*
**hilfsbedürftig** *adj* inops <-opis>.
**hilfsbereit** *adj* promptus ad auxilium ferendum.
**Hilfskraft** *f* adiutor <-oris> *m,* adiutrix <-ricis> *f.*
**Hilfsmittel** *nt* adiumentum *nt,* subsidium *nt,* opes <opum> *f pl.*
**Hilfstruppen** *pl* auxilia *nt pl.*
**Himmel** *m* caelum *nt;* **unter freiem ~** sub divo; **~ und Hölle in Bewegung setzen** omnia experiri; **um ~s willen!** herc(u)le!; **jmd in den ~ heben** *(fig)* alqm ad caelum [*o* ad astra] tollere, alqm ad sidera ferre.
**Himmelbett** *nt* lectus *m* arcuatus.
**himmelblau** *adj* caeruleus.
**himmelschreiend** *adj* nefarius, immanis [**iniuria**].
**himmlisch** *adj* caelestis.
**hin** *adv:* **nach ... ~, bis ... ~** ad + *akk;* **~ und her gehen** commeare; **~ und her laufen** trepidare; **~ und wieder** interdum.
**hinabführen** *vt* deducere.
**hinarbeiten** *vi:* **auf etw ~** alqd moliri, (ad) alqd contendere; **darauf ~, dass ...** id agere, ut.
**hinauf** *adv* sursum [**meare**].
**hinauffahren** *vi* evehi.
**hinaufsteigen** *vi* ascendere [**montem**; **in vallum**].
**hinaus** *adv* foras [**ire**; **alqm pellere**]; **darüber ~** *(räuml. und fig)* ultra.
**hinausfahren** *vi* evehi.
**hinausgehen** *vi* exire, egredi; **über das Maß ~** modum excedere.
**hinauslaufen** *vi* excurrere; **auf etw ~** evadere in alqd.
**hinausschieben** *vt (auf später verschieben)* differre [**discrimen** Entscheidung].
**hinauswerfen** *vt* eicere.
**Hinblick** *m:* **im ~ auf ...** ad rationem + *gen;* **im ~ auf seine Verdienste** ad eius meritorum rationem.
**hinbringen** *vt* ① *(Sache)* perferre [**frumentum in castra**]; *(Person)* perducere [**legiones in Galliam**] ② *(Zeit)* agere, degere [**vitam in egestate**; **annos labore**].
**hinderlich** *adj:* **~ sein** obstare <obstiti>, obesse [**bono publico**; **consiliis alcis**].
**hindern** *vt* prohibēre *(jmd an etw:* alqm (a) re/ *m. Inf.)* [**alqm** (**a**) **reditu**; **alqm domo exire**], **impedire** *(jmd an etw:* alqm (a) re, in re / m. quominus; ne; quin) [**alqm** (**a**) **delectatione**; **alqm in iure suo**].
**Hindernis** *nt* impedimentum *nt;* **jdm ~se in den Weg legen** impedire alqm.
**hindeuten** *vi* significare *(auf:* akk).
**hindurch** *adv:* **durch etw ~** per + *akk;* **das ganze Jahr ~** per totum annum.
**hinein** *adv* ① *(räuml.)* intro [**ire**] ② *(zeitl.)*: **bis in die Nacht ~** usque ad noctem.
**hineinfallen** *vi* incidere [**in foveam**].
**hineingehen** *vi* introire, inire, ingredi (in + akk).

**hineinlegen** *vt* imponere [**alqd in arcam**].
**hineinspringen** *vi* insilire [**in flumen**].
**hineinstellen** *vt* imponere.
**hinfahren I.** *vi* vehi **II.** *vt* vehere.
**hinfallen** *vi* cadere.
**hinfällig** *adj* ① *(Mensch)* caducus, invalidus, infirmus, debilis ② *(Argument, Pläne)* irritus, vanus.
**Hinfälligkeit** *f* infirmitas <-atis> *f,* debilitas <-atis> *f.*
**hinführen** *vt* deducere, perducere [**legiones in Galliam**].
**Hingabe** *f* studium *nt (an: gen;* in + akk).
**hingeben** *vr:* **sich ~** se dedere [**litteris; voluptatibus**].
**hingegen** *adv (dagegen, andererseits)* contra, invicem.
**hingehen** *vi* ① ire ② *(Zeit)* cedere.
**hinhalten** *vt:* **jmd ~** *(warten lassen)* alqm demorari.
**hinken** *vi* claudicare.
**hinkommen** *vi* pervenire [**in portum; ad filiam**].
**hinlänglich** *adv* satis [**notum**]; **nicht ~** parum.
**hinlegen** *vt* (de)ponere (alqd in alqo loco).
**hinnehmen** *vt* ferre [**iniurias**].
**hinraffen** *vt* absumere.
**hinreichend** *adv* satis.
**hinreißen** *vt:* **sich zu etw ~ lassen** ad [*o* in] alqd rapi.
**hinreißend** *adj (bezaubernd)* gratus.
**hinrichten** *vt* alqm supplicio afficere.
**Hinrichtung** *f* supplicium *nt.*
**hinsehen** *vi* spectare *(zu:* ad).
**hinsetzen** *vr:* **sich ~** considere.
**Hinsicht** *f:* **in jeder ~** omnibus rebus.
**hinsichtlich** *praep* quod attinet ad.
**hinstellen I.** *vt* collocare, ponere, statuere (alqd in alqo loco); **etw als sicher ~** alqd pro certo proponere **II.** *vr:* **sich ~** consistere.
**hinten** *adv* post, a tergo, post tergum; **von ~** a tergo; **nach ~** retro; **~ im Buch** in extremo libro.
**hinter** *praep* post + *akk;* **~ den Betrug kommen** fraudem cognoscere [*o* reperire]; **~ jdm her sein** insequi alqm.
**hinterbringen** *vt:* **jdm etw ~** alqd alci [*o* ad alqm] deferre.
**Hinterdeck** *nt* puppis <-is> *f.*
**hintereinander** *adv* ① *(örtl.)* alius post alium ② *(zeitl.)* deinceps; **vier Jahre ~** quattuor annos continuos.
**hinterer** *adj* posterior.
**Hintergedanke** *m* dolus *m.*
**hintergehen** *vt (täuschen)* fallere, decipere.
**Hintergrund** *m* recessus <-us> *m;* **in den ~ treten** recedere.
**Hinterhalt** *m* insidiae *f pl;* **im ~ liegen** in insidiis esse; **in einen ~ geraten** in insidias incidere; **jmd in einen ~ locken** alqm in insidias allicere.
**hinterhältig** *adj* insidiosus.
**hinterher** *adv (zeitl.)* postea, post.
**Hinterhof** *m* aula *f* postica, area *f* postica.
**Hinterland** *nt* terra *f* postica, regio <-onis> *f* postica.
**hinterlassen** *vt* relinquere.
**Hinterlassenschaft** *f* hereditas <-atis> *f.*
**hinterlegen** *vt* deponere (alqd in alqo loco).
**Hinterlist** *f* dolus *m,* insidiae *f pl,* fraus <fraudis> *f.*
**hinterlistig** *adj* insidiosus, fraudulentus, dolosus.
**Hintern** *m* podex <-dicis> *m.*
**hinterrücks** *adv* a tergo [**alqm opprimere** jmd überfallen; **alqm telo transfigere**].
**hinterster** *adj* postremus, extremus, ultimus.
**Hinterteil** *nt* pars <partis> *f* posterior.
**hintertreiben** *vt* per dolum impedire.
**Hintertür** *f* posticum *nt.*
**hinüberbringen** *vt* transportare, transmittere.
**hinübergehen** *vi* transire, transgredi *(über:* akk).
**hinüberschwimmen** *vi* tranatare, tranare [**ad suos**].
**hinüberspringen** *vi* transilire *(über:* akk).
**hinuntergehen** *vi* descendere [**in cellam**].
**hinunterschlucken** *vt* devorare.
**hinuntersteigen** *vi* descendere [**de Capitolio**].
**hinunterstürzen I.** *vi (sich hinabstürzen)* praecipitare, se deicere, deici [**in flumen**] **II.** *vt* praecipitare, deicere [**alqm de muro**].
**hinunterwerfen** *vt* deicere.
**hinwegsehen** *vi:* **über etw ~** *(unbeachtet lassen)* alqd minime curare, alqd omittere, alqd neglegere.
**Hinweis** *m* indicium *nt (auf:* gen).
**hinweisen** *vt:* (**jmd**) **auf etw ~** indicare alqd (alci).
**hinwerfen** *vt* ① *(zu Boden werfen)* abicere, proicere ② *(Arbeit, Stelle)* deserere, relinquere.
**hinziehen** *vr:* **sich ~** *(lange dauern)* trahi.
**hinzufügen** *vt* addere, adiungere (alqd alci rei).
**hinzukommen** *vi* ① *(herbeikommen; fig: noch dazukommen)* accedere; **es kommt hinzu, dass ...** accedit quod/ut ② *(beigefügt werden)* adiungi, addi.
**hinzuziehen** *vt* adhibēre [**alqm in consilium**].
**Hirn** *nt* cerebrum *nt.*
**Hirngespinst** *nt* somnium *nt,* imago <-ginis> *f.*
**hirnverbrannt** *adj* vecors <-cordis>, amens <-entis>, demens <-mentis>.
**Hirsch** *m* cervus *m.*
**Hirse** *f* milium *nt.*

**Hirt** *m* pastor <-oris> *m.*

**Historiker(in** *f*) *m* historicus *m/*-a *f.*

**historisch** *adj* historicus.

**Hitze** *f* calor <-oris> *m,* aestus <-us> *m.*

**hitzig** *adj* fervidus, acer <acris, acre> [**imperatoris animus**; **animi natura**; **cupiditas**]; **~ werden** fervēre.

**Hitzkopf** *m* homo <-minis> *m* fervidi ingenii.

**Hobby** *nt* deliciae *f pl,* studium *nt.*

**hobeln** *vt* runcinare.

**hoch I.** *adj* ① altus [**mons**; **turris**]; **hohe See** altum *nt;* **eine 20 m hohe Mauer** murus viginti metra altus ② *(Lob, Ehre; Preis)* magnus; *(Strafe)* gravis; *(Rang)* amplus; **hohes Alter** senectus <-utis> *f;* **eine hohe Meinung von jdm haben** magni aestimare alqm ③ *(Ton)* acutus **II.** *adv (bei Wertbestimmungen)* magni, magno [**aestimare**]; **drei Mann ~** terni; **~ schätzen** magni aestimare.

**Hochachtung** *f* aestimatio <-onis> *f,* reverentia *f,* veneratio <-onis> *f;* **~ vor jdm haben** magni aestimare alqm.

**hocharbeiten** *vr:* **sich ~** emergere, se efferre [**ad summa munera**].

**hochbegabt** *adj* summo ingenio praeditus.

**hochbetagt** *adj* magno natu, magnus natu.

**hochfahrend** *adj* superbus, sublimis, insolens <-entis>.

**hochfliegend** *adj (fig: hochgesteckt)* alte assurgens.

**Hochgebirge** *nt* montes <-tium> *m pl* altissimi.

**Hochhaus** *nt* domus <-us> *f* praealta.

**hochheben** *vt* tollere.

**Hochland** *nt* regio <-onis> *f* montana.

**Hochmut** *m* superbia *f,* arrogantia *f.*

**hochmütig** *adj,* **hochnäsig** *adj* superbus, arrogans <-antis>.

**Hochschule** *f* academia *f;* **technische ~** academia technicarum (rerum).

**Hochsommer** *m* summa [*o* media] aestas <-atis> *f.*

**Hochsprung** *m* saltus <-us> *m* in altum.

**höchst** *adv* maxime, *meist durch Superl. auszudrücken.*

**Hochstapler** *m* circumscriptor <-oris> *m.*

**höchstens** *adv* summum.

**höchster** *adj* summus [**iugum montis**; **potestas**].

**hochtrabend** *adj* magnificus, tumidus.

**Hochverrat** *m* perduellio <-onis> *f,* parricidium *nt.*

**Hochzeit** *f* nuptiae *f pl;* **~ feiern** sollemnia nuptiarum celebrare.

**Hochzeitsnacht** *f* nox <noctis> *f* nuptialis.

**Hochzeitsreise** *f* iter <itineris> *nt* nuptiale.

**hochziehen** *vt* subducere [**transennam volubilem**].

**Höcker** *m (Buckel)* gibber <-eris> *m,* tuber <-eris> *nt.*

**Hof** *m* ① aula *f,* area *f* ② *(Königs~, Fürsten~)* aula *f,* regia *f* ③ *(Bauern~)* fundus *m.*

**hoffen** *vt* sperare *(auf:* akk, *dass:* A.C.I. fut.); **ich will nicht ~, dass ...** non spero (+ A.C.I. fut.).

**hoffentlich** *adv durch* sperare + *A.C.I. fut. auszudrücken.*

**Hoffnung** *f* spes <spei> *f (auf:* gen); **die ~ haben** [*o* **hegen**] sperare; **die ~ aufgeben** [*o* **verlieren**] desperare; **seine ~ auf etw/jmd setzen** spem ponere (in + abl); **jdm ~en machen** spem alci facere [*o* afferre].

**hoffnungslos** *adj (Person: ohne jede Hoffnung, verzweifelt; Zustand: nicht zu bessern)* desperatus [**captivi**; **morbus**].

**Hoffnungslosigkeit** *f* desperatio <-onis> *f.*

**Hoffnungsschimmer** *m* specula *f,* spes <spei> *f* exigua.

**hoffnungsvoll** *adj (voller Hoffnung, zuversichtlich)* plenus spei; *(viel versprechend)* magnae spei [**discipulus**].

**höfisch** *adj* aulicus.

**höflich** *adj* comis, humanus.

**Höflichkeit** *f* comitas <-atis> *f,* humanitas <-tatis> *f.*

**Höfling** *m* purpuratus *m,* aulicus *m.*

**Hofnarr** *m* insanus *m* aulicus, stultus *m* aulicus.

**Höhe** *f* altitudo <-dinis> *f* [**aedificii**; **montium**]; **in die ~ heben** tollere.

**Hoheit** *f* ① maiestas <-tatis> *f* [**deorum**; **divina**; **senatūs**] ② *(Staatsgewalt)* dicio <-onis> *f;* **einen Staat unter die ~ der Römer stellen** civitatem in dicionem populi Romani redigere.

**Höhepunkt** *m* culmen <-minis> *nt,* vertex <-ticis> *m* [**fortunae**; **honoris**].

**hohl** *adj* cavus.

**Höhle** *f* caverna *f,* spelunca *f,* antrum *nt.*

**Hohn** *m* ludibrium *nt.*

**höhnen** *vi* ludificare, ludificari, irridēre *(jmd, über:* akk).

**höhnisch I.** *adj* irridens <-dentis>, ludificans <-cantis> **II.** *adv* per ludibrium.

**holen** *vt (Personen)* arcessere; *(Sachen)* petere; **Atem ~** spiritum ducere; **Wasser ~** aquari; **Holz ~** lignari; **sich bei jdm Rat ~** ab [*o* de] alqo consilium petere.

**Holland** *nt* Batavia *f.*

**Holländer(in** *f*) *m* Batavus, -a *m, f.*

**holländisch** *adj* Batavus.

**Hölle** *f* loca *nt pl* inferna; **jdm das Leben zur ~ machen** maximis miseriis afficere alqm.

**höllisch** *adj* ① *(zur Hölle gehörig, aus der Hölle)* infernus [**ignis**] ② *(schrecklich, riesig)* terribilis, horribilis [**tormenta**; **bellum**; **dolores**; **metus**].

**Holocaust** *m* holocaustum *nt.*
**holperig** *adj* salebrosus [**semita**; **oratio**].
**Holunder** *m* sambucus *f.*
**Holz** *nt* lignum *nt;* **aus ~** ligneus; **~ holen** lignari.
**hölzern** *adj (auch fig)* ligneus [**oblectamenta** Spielzeug; **motūs**].
**Holzfäller** *m* lignator <-oris> *m.*
**Holzhandel** *m* mercatura *f* lignaria.
**Holzhändler** *m* lignarius *m.*
**Holzwurm** *m* teredo <-dinis> *f.*
**Homepage** *f* (INFORM) pagina <-ae> *f* domestica.
**Honig** *m* mel <mellis> *nt.*
**Honorar** *nt* merces <-edis> *f (für:* gen).
**hörbar** *adj* auditu sensibilis; **~ sein** audiri posse.
**horchen** *vi* auscultare *(auf:* dat oder akk).
**Horde** *f* caterva *f,* grex <gregis> *m.*
**hören** *vt* audire; **das lässt sich ~** probari potest; **auf jmd ~** obsequi alci; **auf jmds Rat ~** consilium alcis sequi; **das habe ich von einem Freund gehört** ex amico haec audivi; **davon habe ich nichts gehört** id non audivi.
**Hörensagen** *nt:* **etw vom ~ wissen** alqd famā accepisse.
**Hörer(in** *f*) *m (Radio~; Student)* audiens <-entis> *m/f,* auditor <-oris> *m.*
**Hörerschaft** *f* audientes <-tium> *m pl,* auditorium *nt.*
**Hörgerät** *nt* instrumentum *nt* auriculare.
**hörig** *adj:* **jdm ~ sein** alci obnoxium esse.
**Horizont** *m* finiens <-entis> *m;* **das geht über seinen ~** hoc intellegere non potest.
**Horn** *nt (eines Tieres; Instrument)* cornu <-us> *nt;* **ins gleiche ~ stoßen** *(fig)* conspirare.
**Hornhaut** *f (Schwiele)* callum *nt.*
**Hornisse** *f* crabro <-onis> *m.*
**Horoskop** *nt* horoscopium *nt.*
**Hörsaal** *m* auditorium *nt.*
**Hörspiel** *nt* fabula *f* radiophonica.
**Hose** *f* bracae *f pl.*
**Hosenträger** *pl* bracarum habenae *f pl.*
**Hostess** *f* ministratrix <-icis> *f.*
**Hotel** *nt* deversorium *nt.*
**hübsch** *adj* pulcher <-chra, -chrum>, venustus.
**Hubschrauber** *m* helicopterum *nt.*
**Huf** *m* ungula *f.*
**Hüfte** *f* coxa *f.*
**Hügel** *m* collis <-is> *m,* clivus *m.*
**hügelig** *adj* clivosus [**loca**].
**Huhn** *nt* gallina *f.*
**Hühnchen** *nt* pullus *m.*
**Hühnerauge** *nt* clavus *m.*
**Hühnerstall** *m* gallinarius *m.*
**Hülle** *f* involucrum *nt,* velamen <-minis> *nt,* teg(i)men <-minis> *nt;* **etw in ~ und Fülle haben** alqā re abundare.
**hüllen** *vt* involvere *(in etw:* abl).
**Hülsenfrucht** *f* legumen <-minis> *nt.*
**human** *adj* humanus.
**Humanität** *f* humanitas <-tatis> *f.*
**Hummer** *m* cammarus *m.*
**Humor** *m* lepos <-oris> *m.*
**humoristisch** *adj* facetus, festivus.
**humpeln** *vi* claudicare.
**Humpen** *m* cantharus *m.*
**Hund** *m* canis <-is> *m.*
**Hündchen** *nt* catellus *m,* catulus *m.*
**Hundehütte** *f* cubile <-lis> *nt* canis.
**hundert** *num* centum *(undekl.)*; **je ~** centeni.
**hundertfach** *adj* centuplus.
**hundertmal** *adv* centie(n)s.
**hundertster** *adj* centesimus.
**Hündin** *f* canis <-is> *f.*
**Hüne** *m (Riese)* gigas <-antis> *m.*
**Hunger** *m* fames <-mis> *f;* **~ haben** esurire; **seinen ~ stillen** famem sedare [*o* explēre].
**Hungerkur** *f* inedia *f.*
**hungern** *vi* esurire, fame laborare; **nach etw ~** *(fig)* alqd sitire.
**Hungersnot** *f* fames <-mis> *f.*
**hungrig** *adj* esuriens <-entis>, fame laborans <-rantis>; **~ sein** esurire.
**Hupe** *f* bucina *f.*
**hupen** *vi* bucinare.
**hüpfen** *vi* salire.
**Hure** *f* meretrix <-icis> *f.*
**husten** *vi* tussire.
**Husten** *m* tussis <-is> *f.*
**Hut I.** *m* petasus *m,* pilleus *m* **II.** *f:* **auf der ~ sein** cavēre *(vor:* akk).
**hüten I.** *vt* custodire, servare [**liberos**; **domum**] **II.** *vr:* **sich ~ vor** cavēre + *akk;* **sich ~, etw zu tun** cavēre, ne.
**Hüter(in** *f*) *m* custos <-odis> *m/f.*
**Hütte** *f* casa *f.*
**Hyäne** *f* hyaena *f.*
**Hyazinthe** *f* vaccinium *nt.*
**Hygiene** *f* res <rei> *f* sanitaria, ars <artis> *f* hygienica.
**hygienisch** *adj* hygienicus.
**Hymne** *f* hymnus *m.*
**Hypnose** *f* hypnosis <-is> *f.*
**Hypnotiseur(in** *f*) *m* hypnotista *m,* hypnotistria *f.*
**hypnotisieren** *vt* hypnotisare.
**Hypothek** *f* hypotheca *f;* **eine ~ aufnehmen** hypothecam accipere [*o* recipere].
**Hypothese** *f* opinio <-onis> *f,* coniectura *f;* **eine ~ aufstellen** coniecturam facere.
**Hysterie** *f* hysteria *f.*
**hysterisch** *adj* hystericus.

# I i

**ich** *pron (nur bei Betonung verwendet)* ego; **mein zweites Ich** alter ego; **~ selbst habe ihn gesehen** ipse/ipsa eum vidi.

**ideal** *adj* perfectus, perfectissimus, optimus, summus.

**Ideal** *nt* ❶ *(Idealbild, Inbegriff höchster Vollkommenheit)* imago <-ginis> *f* perfectissima *(oft durch ein adj zu übersetzen)*; **ein ~ von einem Redner** orator optimus [*o* perfectissimus] ❷ *(höchstes Ziel, erstrebenswertes Vorbild)* summum propositum *nt*, specimen <-minis> *nt*, exemplum *nt*, exemplar <-aris> *nt* [**libertatis**; **humanitatis**].

**Idealismus** *m* idealismus *m*.

**Idee** *f* ❶ *(Einfall, Gedanke)* cogitatio <-onis> *f* subita; **sie ist auf die ~ gekommen, dies zu tun** venit ei in mentem id facere; **wie kommst du denn auf die ~?** quanam id tibi in mentem venit?, quanam id excogitas? ❷ *(Vorhaben, Plan)* consilium *nt*; **viele ~n entwickeln** multa excogitare ❸ *(Begriff, Vorstellung)* intellegentia *f*, sententia *f*.

**Iden** *pl (der 15. Tag im März, Mai, Juli und Oktober, sonst der 13.)* Idus <-uum> *f pl*; **an den ~ des März** Idibus Martiis.

**identifizieren** *vt* identificare.

**identisch** *adj* idem, eadem, idem *(mit :* atque, ac, et*)*.

**Identität** *f* identitas <-atis> *f*.

**Ideologie** *f* ideologia *f*.

**Idiot** *m* stultus *m*.

**idiotisch** *adj* stultus.

**idyllisch** *adj* amoenus [**locus**].

**Igel** *m* ericius *m*.

**Ignorant** *m* homo <-minis> *m* imperitus, homo *m* rudis.

**ignorieren** *vt* neglegere, nihil curare.

**ihr I.** *Personalpron.* vos **II.** *Poss.Pron. 3. Ps. Sg. f u. 3. Ps. Pl. (refl.)* suus; *(nicht refl.) Sg. :* eius, *Pl. :* eorum / earum.

**illegal** *adj* non legitimus [**potestas**].

**Illusion** *f* spes <spei> *f* inanis; **sich ~en machen** spe inani teneri.

**illustrieren** *vt* pictas effigies addere + *dat.*

**Illustrierte** *f* periodicum *nt* imagineum.

**Imbiss** *m* aliquid cibi; **einen ~ (ein)nehmen** gustare.

**Imitation** *f* imitatio <-onis> *f*.

**imitieren** *vt* imitari.

**Imker** *m* apiarius *m*, mellarius *m*.

**Immatrikulation** *f* immatriculatio <-onis> *f*, (nominis) inscriptio <-onis> *f*.

**immatrikulieren** *vr:* **sich ~** (in tabulam) nomen inscribere.

**immer** *adv* semper; **~ wieder** iterum iterumque; **für ~** in perpetuum; **wo auch ~** ubicumque; **wohin auch ~** quocumque; **wer auch ~** quicumque; **was auch ~** quodcumque; **~ mehr** magis magisque; **wie groß auch ~** quantuscumque.

**immerhin** *adv* sane.

**immerzu** *adv* perpetuo, continenter.

**Immobilien** *pl* res <rerum> *f pl* immobiles, bona *nt pl* immobilia.

**Imperialismus** *m* imperialismus *m*.

**imperialistisch** *adj* imperiosus.

**impfen** *vt* vaccinum alci inicere, alqm vaccinare.

**imponieren** *vi:* **jdm ~** admirationem inicere alci.

**imponierend** *adj* conspicuus, speciosus.

**Import** *m* invectio <-onis> *f*; *(das Eingeführte)* merx <mercis> *f* importata.

**importieren** *vt* importare, invehere [**merces**].

**imposant** *adj* conspicuus, speciosus.

**imprägnieren** *vt (mit einer Flüssigkeit als Schutzmittel tränken)* impraegnare, saturare; *(Stoffe wasserdicht machen)* impermeabilem reddere.

**improvisieren** *vt* ex tempore agere.

**Impuls** *m* impulsio <-onis> *f*, impulsus <-us> *m*, impetus <-us> *m*; **aus einem ~ heraus** impetu, impulsu.

**impulsiv** *adj* temerarius.

**imstande** *adj:* **~ sein** posse.

**in** *praep* ❶ *(auf die Frage wo?)* in + *abl* ❷ *(auf die Frage wohin?)* in + *akk* ❸ *(auf die Frage wann?) bl. abl.*

**Inbegriff** *m* exemplum *nt*, exemplar <-aris> *nt*; **der ~ der Dummheit** exemplum stultitiae.

**inbegriffen** *adv:* **~ sein** alqa re contineri, in alqo numero esse [*o* haberi]; **Trinkgeld ~** corollarium eo continetur.

**Inbrunst** *f* ardor <-oris> *m*, fervor <-oris> *m*.

**inbrünstig** *adj* ardens <-entis>, fervidus; **~ bitten** orare atque obsecrare (ut / ne).

**Inder(in** *f*) *m* Indus, -a *m, f*.

**indessen** *adv* ❶ *(inzwischen)* interea, interim ❷ *(jedoch)* sed.

**Index** *m* index <-dicis> *m*.

**Indianer** *m* Indus *m* Americanus.

**Indien** *nt* India *f*.

**indirekt** *adj* ❶ *(Rede)* obliquus; **~e Rede** oratio obliqua ❷ *(verblümt)* ambiguus [**significatio**].
**indiskret** *adj* immodestus, intemperans <-antis>, importunus.
**Indiskretion** *f* immodestia *f*, intemperantia *f*, importunitas <-atis> *f*.
**Individualismus** *m* individualismus *m*.
**individualistisch** *adj* individualisticus.
**Individualität** *f* natura *f* propria.
**individuell** *adj* proprius, singularis.
**Individuum** *nt* homo <-minis> *m* singularis, animal <-malis> *nt* singulare, *meist Pl.:* homines singuli, animalia singula.
**Indiz** *nt* indicium *nt*.
**industrialisieren** *vt* industrias inducere (+ dat; in + akk).
**Industrialisierung** *f* inductio <-onis> *f* industriarum.
**Industrie** *f* industriae *f pl*.
**Industriegebiet** *nt* territorium *nt* industriosum.
**Industrieland** *nt* terra *f* industriosa.
**industriell** *adj* industriosus, industrialis, machinarius.
**Industriestadt** *f* oppidum *nt* industriosum.
**Industriezentrum** *nt* medium *nt* industriarum.
**ineinander** *adv* inter se, alius alium.
**infam** *adj* turpis, infamis.
**Infanterie** *f* peditatus <-us> *m*; **bei der ~ sein** [*o* **dienen**] peditem esse, pedibus merēre.
**Infanterist** *m* pedes <-ditis> *m*.
**Infarkt** *m* infarctus <-us> *m*.
**Infektion** *f* contagio <-onis> *f*.
**Inflation** *f* inflatio <-onis> *f* rei nummariae.
**infolgedessen** *adv* itaque, quae cum ita sint.
**Informatik** *f* disciplina *f* informatica.
**Informatiker** *m* artifex <-ficis> *m* informationis.
**Information** *f* nuntius *m*, informatio <-onis> *f*.
**informieren** *vt* certiorem facere alqm (mit A.C.I.; de).
**Infusion** *f* infusio <-onis> *f*.
**Ingenieur** *m* machinator <-oris> *m*.
**Inhaber** *m* possessor <-oris> *m*.
**Inhalation** *f* inhalatio <-onis> *f*.
**inhalieren** *vt, vi* inhalare.
**Inhalt** *m* id, quod aliquid continet; *(eines Buches, Briefes u. Ä.)* argumentum *nt* [**fabulae**].
**Inhaltsangabe** *f* argumentum *nt*.
**inhaltslos** *adj* inanis.
**Inhaltsverzeichnis** *nt* index <-dicis> *m*.
**Initiative** *f* primus impetus <-us> *m*; **die ~ ergreifen** priorem coepisse; **auf seine ~ hin** eo auctore.
**inklusive** *praep* cum + *abl*; **~ Getränke** cum potionibus.
**inkompetent** *adj* imperitus.
**inkonsequent** *adj* ❶ *(von Personen)* inconstans <-antis>, sibi non constans <-antis> ❷ *(von Sachen)* parum sibi conveniens <-entis>.
**Inkonsequenz** *f* inconstantia *f*.
**Inland** *nt (im Gegensatz zum Ausland)* terra *f* nostra, haec terra *f*; *(Landesinnere)* terrae *f pl* interiores.
**inländisch** *adj* patrius, vernaculus.
**inmitten** *adv* in medio.
**innehaben** *vt* habēre, tenēre, possidēre.
**innehalten** *vi (aufhören)* cessare, subsistere.
**innen** *adv* intus; **nach ~** introrsum, introrsus; **von ~** ex interiore parte.
**innerer** *adj* interior; *(inländisch)* internus; **innere Unruhen** seditiones; **innere Angelegenheiten** *(polit.)* res *f pl* domesticae.
**Inneres** *nt* interiora <-rum> *nt pl* [**montis**; **terrae**; **rei publicae**].
**innerhalb** *praep (räuml., zeitl. und fig)* intra + *akk*.
**innerlich** *adj* intestinus.
**Innerste** *nt* ❶ *(innerster Teil)* intima pars <partis> *f* ❷ *(fig)* viscera <-rum> *nt pl* [**terrae**; **rei publicae**].
**innerster** *adj (auch fig)* intimus.
**innig** *adj* summus [**amicitia**; **gratia**].
**Innigkeit** *f (Herzlichkeit)* benevolentia *f*, benignitas <-atis> *f*.
**Insasse** *m* ❶ *(von Anstalt)* inquilinus *m* ❷ *(von Fahrzeug)* insessor <-oris> *m*.
**insbesondere** *adv* imprimis, praecipue.
**Inschrift** *f* titulus *m*, inscriptio <-onis> *f*.
**Insekt** *nt* insectum *nt*.
**Insel** *f* insula *f*.
**Inselbewohner** *m* insulanus *m*.
**Inserat** *nt* praeconium (insertum) *nt*, nuntius (insertus) *m*; **ein ~ aufgeben** praeconium [*o* nuntium] inserere.
**inserieren** *vt* praeconium [*o* nuntium] inserere.
**insgeheim** *adv* secreto.
**insgesamt** *adv (im Ganzen)* omnino.
**Insider** *m* initiatus *m*.
**insofern** *adv* hactenus, quoad; **~ ... als** ita ... ut.
**Inspektion** *f* inspectio <-onis> *f*.
**Installateur** *m* faber <-bri> *m* hydraulicus.
**installieren** *vt* collocare.
**instand** *adj*: **~ halten** tueri [**aedem Veneris**]; **~ setzen** renovare, restaurare [**templum**].
**inständig** *adv* vehementer, magnopere; **~ bitten** orare atque obsecrare.
**Instinkt** *m* instinctus <-us> *m* naturae; **aus ~** naturā duce.
**instinktiv** *adv* naturaliter, naturā duce.
**Institut** *nt* institutum *nt*.
**Instruktion** *f* praeceptum *nt*, institutio <-onis> *f*.
**Instrument** *nt (Musik~)* instrumentum *nt* musicum; *(Werkzeug)* instrumentum *nt*.

**Insulaner** *m* insulanus *m.*
**Inszenierung** *f* dispositio <-onis> *f* scaenica.
**intakt** *adj* intactus, integer <-gra, -grum>.
**intellektuell** *adj* litteratus.
**intelligent** *adj* ingeniosus, prudens <-entis> [**homo**; **consilium**].
**Intelligenz** *f* ingenium *nt,* intellegentia *f,* prudentia *f.*
**Intendant** *m* praefectus *m.*
**intensiv** *adj* vehemens <-mentis>, gravis.
**interessant** *adj* iucundus.
**Interesse** *nt* studium *nt (an:* gen); *(Vorteil)* commodum *nt;* **ich habe** (**großes**) **~ daran** id meā (multum) interest; **es liegt in meinem ~** in rem meam est; **im ~ des Staates** e re publica.
**interesselos** *adj* lentus.
**interessieren** *vr:* **sich ~ für** studēre + *dat;* **an etw interessiert** alcis rei particeps.
**intern** *adj* internus, interior <-ius>.
**Internat** *nt* schola *f* interna.
**international** *adj* ad omnes nationes pertinens, omnium gentium [**consilium**].
**Internet** *nt* (INFORM) interrete <-tis> *nt,* interreticulum <-i> *nt.*
**Internetadresse** *f* inscriptio <-onis> *f* interretialis.
**Internetseite** *f* pagina <-ae> *f* interretialis.
**Interpretation** *f* interpretatio <-onis> *f.*
**interpretieren** *vt* interpretari [**somnia**].
**Intervall** *nt* intervallum *nt* [**temporis**; **sonorum**]; **in ~en** per intervalla.
**intervenieren** *vi* intervenire, intercedere.
**Interview** *nt* interrogatio <-onis> *f.*
**interviewen** *vt* interrogare (alqm de re; alqm alqd).
**intim** *adj* intimus.
**intolerant** *adj* aliorum opiniones non leviter ferens.
**Intoleranz** *f* intolerantia *f.*
**intrigant** *adj* dolosus, fallax <-acis>.
**Intrige** *f* fallacia *f,* dolus *m.*
**Invalide** *m* invalidus *m,* infirmus *m.*
**Invasion** *f* irruptio <-onis> *f,* incursio <-onis> *f;* **eine ~ durchführen** incursionem facere.
**investieren** *vt* pecuniam collocare *(in:* in + abl).
**inwiefern** *adv* quatenus.
**inzwischen** *adv* interim, interea.
**Iran** *m* Persia *f.*
**irden** *adj* fictilis; **~es Geschirr** vasa fictilia.
**irdisch** *adj (zur Erde gehörig, Erd-)* terrestris; **~e Güter** res externae.
**irgendein** *Pron. indef. adj.* aliqui <aliquae, aliquod>, aliquis <aliqua>; *nach si, nisi, ne und num:* qui <quae, quod>, quis <qua>.
**irgendeiner** *Pron. indef. subst.* aliquis <aliqua, aliquid>; *nach si, nisi, ne und num:* quis <qua, quid>.
**irgendwann** *adv* aliquando.
**irgendwie** *adv* aliquo modo.
**irgendwo** *adv* alicubi, aliquo loco, usquam.
**irgendwoher** *adv* alicunde.
**irgendwohin** *adv* aliquo.
**Ironie** *f* ironia *f,* dissimulatio <-onis> *f.*
**ironisch** *adj* ironicus.
**irr**(**e**) *adj (verrückt)* mente captus.
**Irre** *f:* **jmd in die ~ führen** alqm in errorem [*o* in fraudem] inducere.
**irreal** *adj* commenticius, non verus.
**irreführen** *vt* fallere, in errorem [*o* in fraudem] inducere.
**irremachen** *vt* perturbare.
**irren** *vr:* **sich ~** errare, falli (in re); **wenn ich mich nicht irre** nisi fallor, nisi me fallo; **Irren ist menschlich** errare humanum est.
**Irrfahrt** *f* error <-oris> *m.*
**irrig** *adj* erroris plenus, falsus [**sententia**].
**irritieren** *vt (verwirren)* confundere.
**Irrtum** *m* error <-oris> *m;* **im ~ sein/einen ~ begehen** errare.
**irrtümlich** *adv* per errorem, falso.
**Isolation** *f* separatio <-onis> *f,* solitudo <-dinis> *f.*
**isolieren I.** *vt (absondern)* segregare **II.** *vr:* **sich ~** se a ceteris segregare.
**Italien** *nt* Italia *f.*
**Italiener**(**in** *f*) *m* Italus *m,* Italis <-idis> *f.*
**italienisch** *adj* Ital(ic)us.

# Jj

**ja** *adv* ❶ *(zustimmend)* ita est, certe, vero, sane; **zu etw ~ sagen** alqd affirmare ❷ *(tatsächlich)* re vera, profecto; **~ sogar** quin etiam, immo; **~ nicht** cave/cavete (+ conj oder ne); **glaube ~ nicht** cave (ne) credas.
**Jacht** *f* celox <-ocis> *m/f.*
**Jacke** *f* iacca *f.*
**Jagd** *f* venatio <-onis> *f,* venatus <-us> *m;* **auf die ~ gehen** venari, venatum ire; **~ machen auf** *(auch fig)* venari + *akk* [**feras**; **amores**], *(auf jmd)* persequi + *akk.*
**Jagd-** venaticus, venatorius [**canis**], *auch mit gen auszudrücken:* venationis, venandi.
**Jagdbeute** *f* praeda *f* venatica.
**Jagdflugzeug** *nt* aeroplanum *nt* venaticum.
**Jagdgewehr** *nt* sclopetum *nt* venaticum.
**Jagdhund** *m* canis <-is> *m* venaticus.
**Jagdrevier** *nt* regio <-onis> *f* venationis.
**Jagdschein** *m* diploma <-atis> *nt* venationis.
**jagen I.** *vt* venari, agitare [**feras**]; *(verfolgen, hetzen)* agitare, persequi [**fugitivos**]; *(ver~)* eicere [**alqm ex urbe**] **II.** *vi (auf der Jagd sein)* venari; *(dahin~)* currere [**per urbem**].
**Jäger** *m* venator <-oris> *m.*
**Jahr** *nt* annus *m;* **halbes ~** sex menses; **jedes ~** quotannis; **ein ~ lang** annum; **für ein ~** in annum; **auf ~e hinaus** in annos; **zwei/drei ~e** biennium/triennium; **am Anfang/Ende des ~es** anno ineunte/exeunte; **zehn ~e alt** decem annos natus; **vor einem ~** ante annum; **innerhalb eines ~es** intra annum.
**Jahrbuch** *nt* (liber) annalis *m, meist Pl.:* annales.
**jahrelang** *adv* per annos.
**Jahres-** *(meist durch gen)* anni, *auch:* annuus.
**Jahresanfang, -beginn** *m* principium *nt* anni, initium *nt* anni; **zu Jahresbeginn** anno ineunte, principio [*o* initio] anni.
**Jahreseinkommen** *nt* reditus <-us> *m* annuus.
**Jahrestag** *m* anniversarium *nt.*
**Jahreszeit** *f* tempus <-poris> *nt* anni.
**Jahrhundert** *nt* saeculum *nt;* **viele ~e später** multis post saeculis.
**jahrhundertelang** *adv* per saecula.
**jährlich I.** *adj* annuus [**sacra**; **sollemnia**] **II.** *adv* quotannis; **zweimal/dreimal ~** bis/ter in anno.
**Jahrmarkt** *m* mercatus <-us> *m.*
**Jahrtausend** *nt* mille anni *m pl,* spatium *nt* mille annorum.
**Jahrzehnt** *nt* decennium *nt,* decem anni *m pl,* spatium *nt* decem annorum.
**jahrzehntelang** *adv* per decennia.
**Jähzorn** *m* iracundia *f.*
**jähzornig** *adj* iracundus.
**Jalousie** *f* transenna *f* volubilis.
**jambisch** *adj* iambicus, iambeus.
**Jambus** *m* iambus *m.*
**Jammer** *m* ❶ *(Elend)* miseria *f* ❷ *(Klagen)* lamentatio <-onis> *f.*
**Jammergeschrei** *nt* eiulatio <-onis> *f,* eiulatus <-us> *m.*
**jämmerlich** *adj (elend, erbärmlich)* miser <-era, -erum>, miserabilis [**fortuna**; **aspectus**]; *(Geschrei)* lamentabilis, miserabilis [**vox**].
**jammern** *vi* lamentari *(über:* akk) [**calamitatem**]; **jammernd** flebilis.
**Januar** *m* Ianuarius *m.*
**Jargon** *m* sermo <-onis> *m* vulgaris.
**Jasmin** *m* iasminum *nt.*
**jäten** *vt* runcare.
**jauchzen** *vi* exsultare, iubilare; **vor Freude ~** laetitiā exsultare.
**jaulen** *vi* gannire.
**jawohl** *adv* sane.
**Jawort** *nt:* **jdm sein ~ geben** annuere alci.
**je I.** *adv* ❶ *(jemals)* umquam ❷ *(jeweils)*: **~ ein/zwei/drei/zehn/hundert** singuli/bini/terni/deni/centeni **II.** *kj:* **~ … desto …** quo … eo …; **~ nachdem** prout.
**jedenfalls** *adv* utique.
**jede(r, s)** *adj* quisque, quaeque, quidque *(subst.),* quodque *(adj.)*; **jeder, der** quicumque; **jeder beliebige** quivis, quilibet; **jeder Einzelne** unusquisque; **jeder von beiden** uterque; **jedes Mal** semper; **jedes Mal, wenn** cum + *ind.*
**jedermann** *pron* quisque, omnes.
**jederzeit** *adv* semper.
**jedoch** *adv* sed.
**Jeep** *m* petorritum *nt.*
**jemals** *adv* umquam; **wenn ~** si quando.
**jemand** *pron* aliquis; **wenn ~** si quis.
**jene(r, s)** *adj* ille, illa, illud.
**jenseitig** *adv* ulterior, alter <-era, -erum> [**ripa**].
**jenseits I.** *praep* ultra, trans + *akk* **II.** *adv* ultra.
**Jenseits** *nt* ultramundus *m.*
**jetzig** *adj* praesens <-entis>, hic / haec / hoc; **die ~e Situation** praesentia *nt pl;* **in der ~en Zeit** his temporibus.

**jetzt** *adv* nunc; **bis ~** adhuc; **erst ~** nunc demum; **von ~ an** inde ab hoc tempore; **~ eben** hoc ipso tempore, nunc ipsum.
**jeweils** *adv s.* **je I.**.
**Job** *m* opus <operis> *nt.*
**Joch** *nt* iugum *nt;* **jmd unter ein ~ zwingen** iugum imponere alci; **sein ~ abschütteln** iugum exuere; **sich dem ~ beugen** iugum pati [*o* accipere].
**Jogging** *nt* cursus <-us> *m* continuus.
**johlen** *vt* ululare, clamitare, vociferari.
**Jongleur** *m* circulator <-oris> *m,* praestigiator <-oris> *m.*
**Journalist(in** *f*) *m* diurnarius, -a *m, f.*
**Jubel** *m* exsultatio <-onis> *f,* iubilatio <-onis> *f.*
**jubeln** *vi* exsultare *(über:* in + abl).
**Jubiläum** *nt* iubilaeum *nt.*
**jucken** *vt* prurire; **mich juckt der Rücken** dorsum mihi prurit.
**Jucken** *nt,* **Juckreiz** *m* prurigo <-ginis> *f.*
**Jude** *m* Iudaeus *m.*
**jüdisch** *adj* Iudaicus.
**Jugend** *f* (*~zeit; junge Menschen)* adulescentia *f,* iuventus <-tutis> *f;* **von frühester ~ an** a prima adulescentia.
**Jugendfreund(in** *f*) *m* aequalis *m/f.*
**Jugendherberge** *f* deverticulum *nt* iuvenum.
**Jugendkriminalität** *f* delicta *nt pl* iuventutis.
**jugendlich** *adj* iuvenilis [**anni; licentia**].
**Jugendliche(r)** *f(m)* adulescentulus, -a *m, f.*
**Jugendzeit** *f* adulescentia *f,* iuventus <-tutis> *f.*
**Juli** *m* Iulius *m.*
**jung** *adj* ❶ adulescens <-centis>, iuvenis; *(sehr ~)* adulescentulus; **~er Mann** adulescens *m,* iuvenis *m,* adulescentulus *m;* **~es Mädchen** adulescentula *f,* adulescens *f;* **~e Leute** adulescentes, iuvenes; **jünger** minor natu; **~es Tier** pullus *m;* **~er Hund** catulus *m* ❷ *(nicht lange bestehend)* recens <-centis>.
**Junge** *m* puer <-eri> *m.*
**jünger** *adj* minor natu, minor aetate.
**Jünger** *m* assectator <-oris> *m* [**sapientiae**].
**Junges** *nt (junges Tier)* pullus *m.*
**Jungfrau** *f* virgo <-ginis> *f.*
**jungfräulich** *adj* virgineus, virginalis.
**Junggeselle** *m* caelebs <-libis> *m.*
**Jüngling** *m* adulescens <-centis> *m,* iuvenis <-is> *m.*
**jüngst** *adv* nuper.
**jüngster** *adj* ❶ minimus natu ❷ *(letzter: Roman u. Ä.)* novissimus.
**Juni** *m* Iunius *m.*
**Jurist(in** *f*) *m* iuris peritus, -a *m, f;* **ein sehr erfahrener ~** iuris peritissimus.
**juristisch** *adj* forensis; **einen ~en Rat erteilen** de iure respondēre.
**Jury** *f* iudices <-cum> *m pl* (praemiorum).
**Justiz** *f* ius <iuris> *nt.*
**Justizgebäude** *nt* basilica *f.*
**Juwel** *nt/m* gemma *f.*
**Juwelier** *m* gemmarius *m.*



# Kk

**Kabarett** *nt* cabaretus *m,* spectaculum *nt* cabareticum.
**Kabel** *nt* funis <-is> *m,* capulum *nt.*
**Kabelfernsehen** *nt* televisio <-onis> *f* capularis.
**Kabine** *f* diaeta *f.*
**Kachel** *f* lamina *f* fictilis.
**Kachelofen** *m* fornax <-acis> *f* fictilis.
**Kadaver** *m* cadaver <-eris> *nt.*
**Käfer** *m* scarabaeus *m.*
**Kaffee** *m* coffea *f,* cafea *f.*
**Kaffee-** cafearius.
**Kaffeekanne** *f* cantharus *m* cafearius.
**Kaffeelöffel** *m* cochlear <-aris> *nt* cafearium.
**Kaffeemaschine** *f* machina *f* cafearia.
**Kaffeemühle** *f* molina *f* cafearia.
**Käfig** *m* cavea *f;* **in einen ~ sperren** in cavea includere.
**kahl** *adj* ❶ *(Mensch)* calvus ❷ *(Baum, Landschaft, Raum)* nudus [**paries**].
**Kahlheit** *f* ❶ *(von Menschen)* calvities <-ei> *f* ❷ *(von Bäumen, Landschaft, Raum)* nuditas <-atis> *f.*
**Kahlkopf** *m* ❶ *(Glatze)* calvitium *nt* ❷ *(Mensch mit Glatze)* calvus *m.*
**kahlköpfig** *adj* calvus.
**Kahn** *m* navicula *f,* cumba *f,* linter <-tris> *f.*
**Kai** *m* crepido <-dinis> *f.*
**Kaiser(in** *f*) *m* imperator <-oris> *m,* imperatrix <-icis> *f.*
**kaiserlich** *adj* imperatorius.
**Kaiserreich** *nt* imperium *nt,* principatus <-us> *m.*
**Kaisertum** *nt* imperium *nt.*
**Kajüte** *f* diaeta *f.*
**Kakao** *m* cacao <-onis> *f.*
**Kakerlake** *f* blatta *f.*
**Kalb** *nt* vitulus *m;* **das Goldene ~ anbeten**

pecuniae cupidum esse.

**Kalbfleisch** *nt* caro <carnis> *f* vitulina.

**Kalenden** *pl (der erste Monatstag)* Calendae *f pl, meist abgekürzt:* Cal..

**Kalender** *m* fasti *m pl,* calendarium *nt.*

**Kalk** *m* calx <calcis> *f.*

**kalkhaltig** *adj* calcis plenus.

**Kalkstein** *m* calx <calcis> *f.*

**Kalorie** *f* caloria *f.*

**kalt** *adj* frigidus; **mir ist ~** frigeo; **~ werden** frigescere; **bei etw ~ bleiben** *(fig)* alqa re non moveri.

**kaltblütig** *adj* impavidus, intrepidus.

**Kaltblütigkeit** *f* animus *m* impavidus [*o* intrepidus].

**Kälte** *f (auch fig)* frigus <-goris> *nt;* **eisige ~** gelu <-us> *nt;* **die ~ lässt nach** frigus minuitur.

**kaltlassen** *vt:* **das lässt ihn kalt** hac re non movetur.

**Kamel** *nt* camelus *m.*

**Kamera** *f (Film~)* machina *f* cinematographica.

**Kamerad(in** *f***)** *m* socius, -a *m, f,* amicus, -a *m, f.*

**Kameradschaft** *f* societas <-atis> *f,* sodalitas <-tatis> *f.*

**kameradschaftlich I.** *adj* socialis, sodalis **II.** *adv* socialiter, sodaliter.

**Kameramann** *m* cinematographus *m.*

**Kamin** *m* ① *(im Zimmer)* caminus *m,* focus *m* ② *(Schornstein)* fumarium *nt.*

**Kaminfeger** *m* purgator <-oris> *m* fumariorum.

**Kamm** *m* ① *(Haar~)* pecten <-tinis> *m;* **alles über einen ~ scheren** *(fig)* omnia unā perticā tractare ② *(Berg~)* iugum *nt* ③ *(Hahnen~)* crista *f.*

**kämmen** *vt* pectere.

**Kammer** *f* cella *f.*

**Kammerdiener** *m* cubicularius *m.*

**Kammerzofe** *f* cubicularia *f.*

**Kampf** *m* ① *(Schlacht)* pugna *f,* proelium *nt* [**equestris**; **navalis**]; **den ~ beginnen** pugnam [*o* proelium] inire, pugnam [*o* proelium] committere; **in den ~ ziehen** ad pugnam proficisci; **einen ~ gewinnen/verlieren** pugnā superiorem/inferiorem discedere; **den ~ aufgeben** (ex) pugna excedere; **den ~ wieder aufnehmen** pugnam repetere, proelium redintegrare ② *(Wett~)* certamen <-minis> *nt* [**gladiatorium**; **quadrigarum**].

**Kampfbegierde** *f* pugnandi cupiditas <-atis> *f.*

**kampfbegierig** *adj* pugnandi cupidus.

**kampfbereit** *adj* ad pugnam promptus.

**kämpfen** *vi* pugnare, dimicare, certare, proeliari [**contra adversarios**; **pro patria**; **pro/de libertate**; **cum natura**]; **mit den Römern um die Vormachtstellung ~** cum Romanis de imperio [*o* de principatu] certare; **um sein Leben ~** de vita dimicare.

**Kämpfer(in** *f***)** *m* pugnator <-oris> *m,* pugnatrix <-icis> *f.*

**kämpferisch** *adj* pugnax <-acis>.

**kampferprobt** *adj* pugnandi peritus.

**kampflustig** *adj* pugnandi cupidus.

**Kampfplatz** *m (Schlachtfeld)* locus *m* pugnae [*o* proelii]; *(für Wettkämpfe)* palaestra *f; (für Fechter)* arena *f.*

**Kampfpreis** *m* praemium *nt* certaminis.

**Kampfrichter** *m* certaminis arbiter <-tri> *m.*

**Kampfspiel** *nt* ludus *m* gymnicus, certamen <-minis> *nt.*

**kampieren** *vi* sub divo pernoctare.

**Kanal** *m* ① fossa *f;* **einen ~ bauen** fossam ducere ② *(für Abfluss)* cloaca *f* ③ *(Meerenge)* fretum *nt.*

**Kanalisation** *f (für Abwässer)* cloacae *f pl.*

**Kanarienvogel** *m* avis <-is> *f* canaria.

**Kandidat** *m* candidatus *m;* **~ für das Tribunat/Konsulat** candidatus tribunicius/consularis.

**Kandidatur** *f* munus <-neris> *nt* candidatorium.

**Kaninchen** *nt* cuniculus *m.*

**Kanister** *m* canistrum *nt.*

**Kanne** *f* cantharus *m.*

**Kannibale** *m* anthropophagus *m.*

**Kanone** *f* tormentum *nt* bellicum.

**Kante** *f* angulus *m; (Rand)* margo <-ginis> *m/f* [**scuti**].

**kantig** *adj* angulatus.

**Kantine** *f* caupona *f,* popina *f.*

**Kanton** *m* pagus *m.*

**Kanu** *nt* caudica *f;* **~ fahren** caudicā vehi.

**Kanzel** *f* pulpitum *nt.*

**Kanzlei** *f* tabularium *nt.*

**Kanzler** *m* cancellarius *m.*

**Kap** *nt* promunturium *nt.*

**Kapelle** *f* ① *(Eccl.)* sacellum *nt,* aedicula *f;* ② *(Musik~)* musici *m pl,* symphoniaci *m pl.*

**Kapellmeister** *m (Leiter einer Musikkapelle)* magister <-tri> musicorum *m; (Dirigent)* praefectus *m* musicus.

**kapern** *vt (naut.)* (naves) capere, intercipere.

**Kapital** *nt* caput <-pitis> *nt;* **aus etw ~ schlagen** commodum capere ex alqa re.

**Kapitalismus** *m* capitalismus *m.*

**Kapitalist** *m* homo <-minis> *m* pecuniosus, capitalista *m.*

**kapitalistisch** *adj* capitalisticus.

**Kapitalverbrechen** *nt* facinus <-noris> *nt* capitale.

**Kapitän** *m* navis praefectus *m.*

**Kapitel** *nt* caput <-pitis> *nt.*

**Kapitulation** *f* deditio <-onis> *f.*

**kapitulieren** *vi* se dedere, se tradere.

**Kapsel** *f* capsula *f,* theca *f.*
**kaputt** *adj* deletus.
**kaputtgehen** *vi* deleri.
**kaputtmachen** *vt* delēre.
**Kapuze** *f* velamentum *nt.*
**Karambolage** *f* collisio <-onis> *f.*
**Karate** *nt* lucta *f* caratica.
**Karawane** *f* agmen <-minis> *nt.*
**Kardinal** *m* cardinalis *m.*
**karg** *adj* parcus, tenuis [**cibus**].
**kariert** *adj* scutulatus.
**Karikatur** *f* depravata imitatio <-onis> *f.*
**karikieren** *vt* depravare.
**Karneval** *m* Saturnalia <-orum, -ium> *nt pl.*
**Karosse** *f* carpentum *nt,* pilentum *nt.*
**Karotte** *f* carota *f.*
**Karpfen** *m* carpa *f.*
**Karren** *m* carrus *m.*
**Karriere** *f* cursus <-us> *m;* **die politische ~ einschlagen** ad rem publicam accedere.
**Karte** *f* charta *f,* tabula *f;* **~n spielen** chartis ludere; **sich nicht in die ~n sehen lassen** consilia celare.
**Kartei** *f* chartotheca *f.*
**Karteikarte** *f* charta *f,* tabula *f.*
**Kartenspiel** *nt* lusus <-us> *m* chartarum.
**Kartenspieler** *m* lusor <-oris> *m* chartarius.
**Karthager** *m* Carthaginiensis *m.*
**Karthago** *nt* Carthago <-ginis> *f.*
**Kartoffel** *f* pomum *nt* terrestre.
**Kartoffelbrei** *m,* **-püree** *nt* pomorum terrestrium puls <pultis> *f.*
**Karton** *m* ❶ *(Pappe)* charta *f* densata, charta *f* spissa ❷ *(Schachtel)* capsa *f.*
**Karussell** *nt* orbis <-is> *m* volubilis.
**Käse** *m* caseus *m.*
**Käsekuchen** *m* scrib(i)lita *f.*
**Kaserne** *f* castra *nt pl.*
**Kasino** *nt (Spiel~)* aleatorium *nt,* lusorium *nt.*
**Kasse** *f (allg.)* fiscus *m; (konkr.: Geldkasten)* arca *f; (im Kino, Theater)* ostiolum *nt* tesserarium; **bei ~ sein** argentum [*o* pecuniam] habēre.
**Kassette** *f* caseta *f.*
**Kassettenrecorder** *m* casetophonum *nt.*
**Kassierer(in** *f***)** *m* arcarius, -a *m, f.*
**Kastagnette** *f* crotalum *nt.*
**Kastanie** *f,* **Kastanienbaum** *m* castanea *f.*
**kastanienbraun** *adj* spadix <-icis>.
**Kästchen** *nt* arcula *f,* capsula *f,* cistula *f.*
**Kaste** *f* ordo <-dinis> *m,* genus <-neris> *nt.*
**kasteien** *vr:* **sich ~** corpus suum torquēre, se castigare.
**Kastell** *nt* castellum *nt.*
**Kasten** *m* arca *f,* capsa *f,* cista *f.*
**Kastrat** *m* eunuchus *m.*
**kastrieren** *vt* castrare.
**Katakombe** *f* catacumba *f.*
**Katalog** *m* index <-dicis> *m.*
**katastrophal** *adj* calamitosus, exitiosus.
**Katastrophe** *f* calamitas <-tatis> *f,* exitium *nt.*
**Kategorie** *f* genus <-neris> *nt,* ordo <-dinis> *m.*
**Kater** *m* feles [*o* felis] <-lis> *f* mas.
**Katheder** *nt/m* cathedra *f.*
**Kathedrale** *f* ecclesia *f* cathedralis.
**Katholik** *m* catholicus *m.*
**katholisch** *adj* catholicus.
**Kätzchen** *nt* catulus *m.*
**Katze** *f* feles [*o* felis] <-lis> *f.*
**katzenartig** *adv* felium modo.
**Kauderwelsch** *nt* sermo <-onis> *m* perplexus.
**kauen I.** *vt* mandere, manducare; **II.** *vi* **an den Nägeln ~** ungues rodere.
**kauern** *vr:* **sich ~** subsidere.
**Kauf** *m* emptio <-onis> *f;* **einen guten/schlechten ~ machen** bene/male emere; **etw zum ~ anbieten** alqd veno ponere, alqd venum dare.
**kaufen** *vt* emere; **etw teuer/billig ~** alqd magno/parvo emere.
**Käufer** *m* emptor <-oris> *m.*
**Kaufhaus** *nt* domus <-us> *f* negotiationis, pantopolium *nt.*
**käuflich** *adj (für Geld, durch Kauf zu erwerben; fig: bestechlich)* venalis [**artificium**; **iudex**; **multitudo**].
**kauflustig** *adj* emax <-acis>.
**Kaufmann** *m* mercator <-oris> *m.*
**kaufmännisch** *adj* mercatorius.
**Kaufpreis** *m* pretium *nt.*
**Kaufvertrag** *m* foedus <-deris> *nt* emptionis, tabulae *f pl* emptionis.
**Kaugummi** *m* masticatorium *nt.*
**kaum** *adv* vix; *(nur mit Mühe)* aegre; **es ist ~ zu glauben** vix credendum est; **~ hatte er das gesagt, als ...** vix haec dixerat, cum ....
**Kaution** *f* cautio <-onis> *f,* satisdatio <-onis> *f;* **eine ~ stellen** cautionem interponere.
**Kautschuk** *m* cummis <-is> *f* elastica.
**Kauz** *m,* **Käuzchen** *nt* ❶ *(Eule)* ulula *f,* noctua *f* ❷ **komischer ~** mirum caput <-pitis> *nt.*
**Kavalier** *m* vir <viri> *m* nobilis.
**Kavallerie** *f* equitatus <-us> *m.*
**Kaviar** *m* caviarium *nt.*
**keck** *adj (kühn)* audax <-acis>; *(frech)* petulans <-antis>; *(munter, unbefangen)* alacer <-cris, -cre>.
**Keckheit** *f (Kühnheit)* audacia *f; (Frechheit)* petulantia *f; (Munterkeit, Unbefangenheit)* alacritas <-tatis> *f.*
**Kegel** *m* conus *m;* **~ schieben** conis ludere.
**Kegelbahn** *f* conorum areola *f.*
**kegelförmig** *adj* cono similis.
**kegeln** *vi* conis ludere.
**Kehle** *f* iugulum *nt,* fauces <-cium> *f pl;* **jdm die ~ durchschneiden** alqm iugulare.

**Kehlkopf** *m* larynx <-yngis> *f.*

**kehren I.** *vi/vt (fegen)* verrere **II.** *vt (drehen, wenden)* vertere; **das Oberste zuunterst ~** omnia turbare atque miscēre **III.** *vr:* **sich nicht an etw ~** *(sich um etw nicht kümmern, etw nicht beachten)* alqd neglegere, non respicere.

**Kehricht** *m* purgamenta *nt pl.*

**Kehrreim** *m* versus <-us> *m* intercalaris.

**Kehrseite** *f* ❶ pars <partis> *f* aversa ❷ *(Nachteil)* incommodum *nt.*

**kehrtmachen** *vi* se convertere; (MIL) signa convertere.

**Keil** *m* cuneus *m.*

**keilförmig I.** *adj* cuneatus **II.** *adv* cuneatim.

**Keim** *m* ❶ *(bot.)* germen <-minis> *nt* ❷ *(fig: Ursprung)* semen <-minis> *nt;* **etw im ~ ersticken** oriens [*o* nascens] exstinguere alqd, alqd in principio comprimere.

**keimen** *vi* germinare.

**keimfrei** *adj* asepticus.

**kein(e)** *pron adj* nullus; (*~ … von beiden)* neuter <-utra, -utrum>; **und ~ …** neque ullus.

**keine(r, s)** *pron subst (niemand)* nemo; (*~ von beiden)* neuter <-utra, -utrum>; **keine(r) von uns** nemo nostrum; **so dass keine(r)** ut nemo; **damit keine(r)** ne quis; **und keine(r)** neque quisquam.

**keinerlei** *adj* nullius generis.

**keinesfalls, keineswegs** *adv* minime, nequaquam.

**Keks** *m* crustulum *nt.*

**Kelch** *m* calix <-icis> *m.*

**Kelle** *f (Schöpf~)* trulla *f.*

**Keller** *m* cella *f* [**vinaria**].

**Keller-** cellarius.

**Kellner(in** *f* **)** *m* puer <-eri> *m* (cauponius), puella *f* (cauponia).

**Kelten** *pl* Celtae *m pl.*

**keltern** *vt* prelo premere.

**kennen** *vt* scire, novisse; **nicht ~** ignorare, nescire; **~ lernen** cognoscere; **kein Mitleid ~** misericordiā non moveri; **etw in- und auswendig ~** pernovisse, penitus cognovisse.

**Kenner** *m (Experte)* homo <-minis> *m* peritus, *meist durch Verb zu übersetzen*; **kein ~ sein** nescire, imperitum esse.

**Kennerblick** *m* oculi *m pl* eruditi [*o* periti].

**kenntlich** *adj (erkennbar)* conspicuus, insignis; **etw ~ machen** designare, insignire, notare.

**Kenntnis** *f* notitia *f,* scientia *f (von etw:* gen) [**regionum**]; **~se** scientia *f,* doctrina *f;* **jmd in ~ setzen** alqm certiorem facere *(über, von etw:* de; A.C.I.); **etw zur ~ nehmen** cognoscere, animadvertere alqd.

**Kennwort** *nt* tessera *f.*

**Kennzeichen** *nt* nota *f,* signum *nt,* insigne <-gnis> *nt.*

**kennzeichnen** *vt* significare.

**kentern** *vi (naut.)* subverti, inverti.

**Keramik** *f* figlinum *nt.*

**Kerker** *m* carcer <-eris> *m;* **jmd in den ~ werfen** in carcerem conicere alqm.

**Kerl** *m* homo <-minis> *m;* **ein netter ~** festivum caput <-pitis> *nt.*

**Kern** *m* ❶ nucleus *m* ❷ *(fig: Hauptsache)* caput <-pitis> *nt.*

**Kernenergie** *f* vis *f* nuclearis.

**kerngesund** *adj:* **~ sein** incorrupta sanitate esse.

**Kernkraft** *f* vis *f* nuclearis.

**Kerntruppen** *pl* robur <-boris> *nt* exercitūs.

**Kerze** *f* cereus *m.*

**kerzengerade** *adj* procerus.

**Kessel** *m* aënum *nt.*

**Kette** *f* ❶ *(Hals~)* torquis <-is> *m* ❷ *(Fessel)* catena *f;* **jmd in ~n legen** alqm catenis vincire, alqm in catenas conicere; **jdm die ~n abnehmen** alci catenas detrahere, alqm ex catenis solvere ❸ *(Reihe)* series <-ei> *f* [**rerum**; **iuvenum**] ❹ *(fig: Serie)* series <-ei> *f.*

**ketten** *vt:* **jmd an sich ~** *(fig)* alqm sibi (de)vincire.

**Kettenraucher** *m* fumator <-oris> *m* perpetuus.

**Kettenreaktion** *f* reactio <-onis> *f* continuata.

**Ketzer** *m* haereticus *m.*

**Ketzerei** *f* haeresis <-is> *f.*

**ketzerisch** *adj* haereticus.

**keuchen** *vi* anhelare.

**Keule** *f (Schlagwerkzeug)* clava *f.*

**Keulenträger** *m* claviger <-geri> *m* [**Hercules**].

**keusch** *adj* castus, pudicus.

**Keuschheit** *f* castitas <-atis> *f,* pudicitia *f.*

**kichern** *vi* furtim ridēre.

**Kiefer I.** *m* maxilla *f* **II.** *f* pinus <-us, -i> *f.*

**Kiemen** *pl* branchiae *f pl.*

**Kies** *m* glarea *f.*

**Kiesel(stein)** *m* silex <-licis> *m/f.*

**Kilo(gramm)** *nt* chiliogrammum *nt.*

**Kilometer** *m* chiliometrum *nt.*

**Kilometerzähler** *m* itineris metiendi index <-dicis> *m.*

**Kind** *nt (Kleinkind)* infans <-antis> *m/f,* *(Junge)* puer <-eri> *m;* *(Mädchen)* puella *f;* **~er** liberi *m pl;* **von ~ auf** a parvula aetate; **ein ~ bekommen** infantem parere.

**Kinder-** puerilis, *meist durch gen auszudrücken:* infantium, puerorum.

**Kinderdorf** *nt* colonia *f* puerorum.

**Kinderei** *f* nugae *f pl,* ineptiae *f pl.*

**Kindergarten** *m* hortus *m* infantium, paedotropheum *nt.*

**Kinderhort** *m* nidus *m* infantium.

**Kinderkrankheit** *f* morbus *m* infantium.

**kinderleicht** *adj* perfacilis.

**kinderlos** *adj* liberis carens <-entis>.
**Kindermädchen** *nt* nutrix <-icis> *f.*
**kinderreich** *adj* multis liberis praeditus [**familia**].
**Kinderschuh** *m:* **den ~en entwachsen sein** *(fig)* e pueris excessisse.
**Kinderspiel** *nt:* **das ist ein ~** ludus est.
**Kinderwagen** *m* chiramaxium *nt.*
**Kindesalter** *nt* infantia *f,* pueritia *f.*
**Kindheit** *f* pueritia *f;* **von ~ an** a pueritia.
**kindisch** *adj (albern)* ineptus.
**kindlich** *adj* puerilis [**vox**; **delectatio**].
**Kinn** *nt* mentum *nt.*
**Kino** *nt* theatrum *nt* cinematicum, cinema <-atis> *nt;* **ins ~ gehen** cinema adire.
**Kiosk** *m* tabernula *f.*
**Kippe** *f:* **auf der ~ stehen** *(gefährdet sein, unsicher sein)* in extremo stare <steti>.
**Kirche** *f* ecclesia *f,* templum *nt; (Gottesdienst)* sacra *nt pl.*
**Kirchendiener** *m* aedituus *m.*
**Kirchensteuer** *f* tributum *nt* ecclesiasticum.
**Kirchhof** *m* sepulcretum *nt.*
**kirchlich** *adj* ecclesiasticus; **~e Trauung** ecclesiastica celebratio matrimonii; **~es Begräbnis** sepultura ecclesiastica.
**Kirschbaum** *m* cerasus *f.*
**Kirsche** *f* cerasum *nt.*
**Kirschkuchen** *m* libum *nt* cerasinum.
**Kissen** *nt* pulvinus *m.*
**Kiste** *f* arca *f,* cista *f.*
**Kitsch** *m* inepta *nt pl.*
**Kitt** *m* ferrumen <-minis> *nt,* bitumen <-minis> *nt.*
**Kitzel** *m (Lust, Reiz)* titillatio <-onis> *f.*
**kitzeln** *vt* titillare.
**klaffen** *vi* hiare.
**kläffen** *vi* gannire.
**Klage** *f (Weh~)* querela *f,* questus <-us> *m,* lamentatio <-onis> *f; (Beschwerde)* querela *f (über:* de), querimonia *f (über:* Gen; de) [**de tantis iniuriis**; **acceptae cladis**]; *(An~)* accusatio <-onis> *f;* **~ gegen jmd erheben** accusare alqm; **~ führen** queri.
**Klagelaut** *m* vox <vocis> *f* flebilis.
**Klagelied** *nt* cantus <-us> *m* lugubris.
**klagen** *vi (weh~)* queri, lamentari; *(sich beschweren)* queri *(über:* akk; de) [**iniurias**]; **gegen jmd ~** actionem intendere alci.
**Kläger** *m* actor <-oris> *m.*
**Klagerede**, **Klageschrift** *f* (JUR) accusatio <-onis> *f.*
**kläglich** *adj* miser <-era, -erum>, miserabilis.
**Klammer** *f (zum Zusammenhalten)* fibula *f; (zum Befestigen)* retinaculum *nt.*
**klammern** *vr:* **sich ~ an** complecti + *akk* [**aram**; **saxa**].
**Klang** *m* sonus *m,* sonitus <-us> *m.*
**klangvoll** *adj* ① canorus ② *(berühmt)* praeclarus [**nomen**].
**Klappbett** *nt* lectus *m* plicatilis.
**Klappe** *f (Deckel)* operculum *nt;* **zwei Fliegen mit einer ~ schlagen** duo parietes de eadem fidelia dealbare, unā mercede duas res assequi.
**klappen** *vi (gelingen, funktionieren)* bene evenire; **es hat geklappt** contigit.
**Klapper** *f* crotalum *nt.*
**klappern** *vi* crepare <crepui>, crepitare.
**Klappstuhl** *m* sella *f* plicatilis.
**Klapptisch** *m* mensa *f* plicatilis.
**klar** *adj* ① *(deutlich, verständlich)* clarus [**testimonia**; **consilia**]; **es ist ~, dass ...** apparet, apertum est (+ A.C.I.); **sich über etw im Klaren sein** non ignorare; **~ und deutlich** clare et distincte ② *(durchsichtig)* perspicuus [**aqua**].
**Kläranlage** *f* cloaca *f.*
**klären** *vt (Frage, Sachlage)* explicare; *(herausfinden)* invenire.
**Klarheit** *f (Deutlichkeit)* claritas <-tatis> *f.*
**klasse** *adj* optimus.
**Klasse** *f* ① *(Bürger~, Schul~, Rang, Kategorie)* classis <-is> *f* ② *(~nzimmer)* conclave <-vis> *nt* scholare.
**Klassenarbeit** *f* pensum *nt.*
**Klassenkamerad(in** *f*) *m* condiscipulus *m,* condiscipula *f.*
**Klassenkampf** *m* classium [*o* ordinum] dimicatio <-onis> *f.*
**Klassenlehrer(in** *f*) *m* magister <-tri> *m* classis, magistra *f* classis.
**Klassensprecher(in** *f*) *m* orator <-oris> *m* classis, oratrix <-icis> *f* classis.
**Klassenzimmer** *nt* conclave <-vis> *nt* scholare.
**klassifizieren** *vt* in classes [*o* in ordines] distribuere.
**Klassiker** *m (vom Schriftsteller)* scriptor <-oris> *m* optimus.
**klassisch** *adj* optimus, praestantissimus.
**Klatsch** *m (Gerede)* rumor <-oris> *m,* sermo <-onis> *m.*
**klatschen** *vi* ① *(Beifall ~)* (ap)plaudere ② *(tratschen)* garrire.
**Klaue** *f* ungula *f,* unguis <-is> *m.*
**Klausel** *f* (JUR) exceptio <-onis> *f.*
**Klavier** *nt* claviarium *nt,* clavichordium *nt;* **~ spielen** claviario canere.
**Klavierspiel** *nt* clavicinium *nt.*
**Klavierspieler(in** *f*) *m* clavicen <-cinis> *m,* clavicina *f.*
**kleben I.** *vi (haften, hängen)* adhaerēre *(an etw:* dat) [**saxis**] **II.** *vt* agglutinare *(an etw:* dat).
**klebrig** *adj* tenax <-acis> [**mel**].
**Klebstoff** *m* gluten <-tinis> *nt.*

**Klecks** *m* macula *f.*
**klecksen** *vi* maculas facere.
**Klee** *m,* **Kleeblatt** *nt* trifolium *nt.*
**Kleid** *nt* vestis <-is> *f;* **~er machen Leute** cultus magnificus hominibus auctoritatem addit.
**kleiden I.** *vt* ① vestire ② *(jdm gut stehen)* alqm decēre **II.** *vr:* **sich ~** vestiri, vestem induere.
**Kleiderbügel** *m* fulcimen <-minis> *nt* vestiarium.
**Kleiderhaken** *m* uncus *m* vestiarius.
**Kleiderschrank** *m* armarium *nt.*
**Kleidung** *f* vestimenta *nt pl,* vestis <-is> *f,* vestitus <-us> *m.*
**Kleidungsstück** *nt* vestimentum *nt,* vestis <-is> *f.*
**klein** *adj* parvus, exiguus; **sehr ~** parvulus; **~es Kind** infans <-antis> *m/f;* **ein ~er Mann** vir brevis staturae; **so ~** tantulus; **von ~ auf** a parvula aetate; **zu ~** parum magnus, iusto minor; **~ anfangen** a parvulo incipere.
**Kleinasien** *nt* Asia *f.*
**Kleingeld** *nt* nummi *m pl.*
**Kleinheit** *f* parvitas <-tatis> *f.*
**Kleinigkeit** *f* parv(ul)um *nt,* paul(ul)um *nt;* **das ist eine ~** id parvum est, hoc leve est; **das ist keine ~** est alqd, non leve est; **sich nicht mit ~en abgeben** parvula non curare.
**kleinkariert** *adj (engstirnig)* angustus.
**Kleinkind** *nt* infans <-antis> *m/f.*
**Kleinkram** *m* scruta *nt pl.*
**kleinlaut** *adj* demissus, humilis.
**kleinlich** *adj (engherzig, engstirnig)* angustus; *(pedantisch)* rerum minutarum diligens.
**kleinmütig** *adj (verzagt, mutlos)* demissus.
**Kleinod** *nt* ornamentum *nt.*
**Kleinstadt** *f* municipium *nt.*
**kleinstädtisch** *adj* municipalis.
**Kleister** *m* gluten <-tinis> *nt.*
**kleistern** *vt* glutinare.
**Klemme** *f (fig)* angustiae *f pl;* **in der ~ sitzen** in angustiis esse; **in die ~ geraten** in angustias venire.
**Klempner** *m* laminarius *m.*
**Kleriker** *m* clericus *m.*
**Klerus** *m* clerus *m.*
**klettern** *vi* niti.
**Klient** *m* cliens <-entis> *m.*
**Klima** *nt* caelum *nt.*
**Klimaanlage** *f* temperaculum *nt* aërium.
**klimpern** *vi* tinnire.
**Klinge** *f* ferrum *nt.*
**Klingel** *f* tintinnabulum *nt.*
**klingeln** *vt* tinnire; **es klingelt** tintinnabulum tinnit.
**klingen** *vi* sonare <sonui>; **ausländisch ~** peregrinum quiddam sonare; **das klingt unglaublich** incredibile est dictu.
**Klinik** *f* valetudinarium *nt.*
**Klinke** *f* ansa *f,* manubrium *nt.*
**Klippe** *f* scopulus *m.*
**klirren** *vi* crepare <crepui>, sonare <sonui>.
**Klirren** *nt* crepitus <-us> *m.*
**Klo** *nt* secessus <-us> *m.*
**Kloake** *f* cloaca *f.*
**klopfen I.** *vi (Herz)* palpitare, salire; **an die Tür ~** ostium pulsare **II.** *vt* pulsare.
**Klopfen** *nt* pulsatio <-onis> *f; (Herz~)* palpitatio <-onis> *f.*
**Klosett** *nt* secessus <-us> *m.*
**Kloß** *m* globus *m.*
**Kloster** *nt* monasterium *nt.*
**Klotz** *m (Holz~; auch pej grober Kerl)* caudex <-dicis> *m.*
**Klub** *m* circulus *m.*
**Kluft** *f (Spalt)* hiatus <-us> *m;* **es besteht eine tiefe ~ zwischen ihnen** multum inter se distant.
**klug** *adj (Mensch, Rat)* prudens <-entis>; **aus jdm/etw nicht ~ werden** non intellegere alqm/alqd.
**Klugheit** *f* prudentia *f.*
**Klumpen** *m* massa *f,* globus *m* [**auri**; **salis**]; *(Erd~)* glaeba *f.*
**Klumpfuß** *m* pes <pedis> *m* varus.
**Knabe** *m* puer <-eri> *m.*
**Knabenalter** *nt* pueritia *f,* aetas <-atis> *f* puerilis.
**knabenhaft** *adj* puerilis; *(einem Knaben ähnlich)* pueri similis [**forma**].
**knacken I.** *vt* frangere [**nuces**] **II.** *vi* crepare <crepui>.
**Knacker** *m:* **alter ~** *(pej)* silicernium *nt.*
**Knall** *m* sonitus <-us> *m,* fragor <-oris> *m.*
**knallen** *vi (einen Knall von sich geben)* sonitum [*o* fragorem] edere.
**Knallerbse** *f* pisum *nt* crepitans.
**knapp** *adj (Kleidungsstück)* astrictus; (*~ bemessen, dürftig)* angustus, artus, brevis [**cena**; **impensa**]; *(Stil, Bericht)* brevis, pressus; **mit ~er Not** vix aegreque.
**Knappe** *m (Edelknabe)* puer <-eri> *m* regius; *(Schild~)* armiger <-geri> *m.*
**Knappheit** *f* ① *(Mangel, Dürftigkeit)* angustiae *f pl* ② *(von Ausdruck)* brevitas <-atis> *f.*
**knarren** *vi* crepare <crepui>.
**Knarren** *nt* crepitus <-us> *m,* strepitus <-us> *m* [**valvarum**].
**knattern** *vi* crepare <crepui>.
**Knäuel** *m/nt* glomus <-meris> *nt* [**lanae**].
**knauserig** *adj* malignus, tenax <-acis>.
**Knecht** *m* servus *m.*
**knechten** *vt* subigere [**urbes atque nationes**; **populum**].
**knechtisch** *adj* servilis.
**Knechtschaft** *f* servitus <-utis> *f.*

**Kneipe** *f* popina *f,* caupona *f.*
**kneten** *vt* depsere [**farinam**].
**knicken** *vt* infringere.
**knickerig** *adj (knauserig)* malignus, tenax <-acis>.
**Knie** *nt* genu <-us> *nt;* **auf den ~n** genibus nixus; **in die ~ sinken** in genua procumbere; **vor jdm auf die ~ fallen** ad genua alcis procumbere.
**knien** *vi* genibus nixum esse.
**Kniff** *m (fig)* artificium *nt.*
**knipsen** *vt (fotografieren)* photographare.
**knirschen** *vi* crepare <crepui>, stridēre; **mit den Zähnen ~** (dentibus) frendere.
**Knirschen** *nt* stridor <-oris> *m.*
**knistern** *vi* crepare <crepui>.
**Knistern** *nt* crepitus <-us> *m.*
**Knoblauch** *m* alium *nt.*
**Knöchel** *m* articulus *m; (am Fuß)* talus *m.*
**Knochen** *m* os <ossis> *nt.*
**knochig** *adj* osseus.
**Knödel** *m* globulus *m.*
**Knopf** *m* orbiculus *m,* globulus *m,* bulla *f.*
**Knorpel** *m* cartilago <-ginis> *f.*
**knorpelig** *adj* cartilaginosus.
**knorrig** *adj* nodosus [**ramus**].
**Knospe** *f* gemma *f;* **~n treiben** gemmare.
**Knoten** *m* nodus *m.*
**knotig** *adj* nodosus.
**knüpfen** *vt* ❶ nectere; **etw an etw ~** annectere alqd alci rei ❷ *(fig)* iungere [**amicitiam**]; **große Hoffnungen an etw ~** magnam spem ponere in alqa re.
**Knüppel** *m* fustis <-is> *m.*
**knurren** *vi (Tier, Mensch)* fremere; *(Magen)* crepitare.
**Koalition** *f* (POL) foedus <-deris> *nt.*
**Kobold** *m* daemon <-onis> *m.*
**Koch** *m* coquus *m.*
**Kochbuch** *nt* liber <-bri> *m* culinarius.
**kochen I.** *vt* coquere **II.** *vi (Wasser u. Ä.)* fervēre; *(fig)* aestuare [**irā; invidiā**].
**Kocher** *m* foculus *m* campester.
**Köcher** *m* pharetra *f.*
**Köchin** *f* coqua *f.*
**Kochtopf** *m* olla *f.*
**Köder** *m* esca *f.*
**ködern** *vt (auch fig)* inescare.
**Koffer** *m* riscus *m,* vidulus *m.*
**Kofferradio** *nt* radiophonum *nt* portabile.
**Kofferraum** *m (Auto)* receptaculum *nt* sarcinarium.
**Kohl** *m* brassica *f.*
**Kohle** *f* carbo <-onis> *m;* (**wie**) **auf** (**glühenden**) **Kohlen sitzen** trepidare.
**Kohorte** *f* cohors <-hortis> *f.*
**kokett** *adj* placendi studiosus.
**Kolben** *m (Gewehr~)* manubrium *nt.*
**Kolik** *f* (MED) tormina <-num> *nt pl.*
**Kollaps** *m* (MED) animi [*o* animae] defectio <-onis> *f.*
**Kollege** *m* collega *m,* socius *m.*
**Kollegin** *f* socia *f.*
**Kollegium** *nt* collegium *nt.*
**Kollekte** *f* (REL) pecunia *f* collecta, stips <stipis> *f.*
**Kolloquium** *nt* colloquium *nt.*
**Köln** *nt* Colonia *f* Agrippina.
**Kolonie** *f* colonia *f;* **eine ~ gründen** coloniam deducere [**in alqm locum**].
**Kolonisation** *f* coloniae deductio <-onis> *f.*
**Kolonist** *m* colonus *m.*
**Kolonne** *f* agmen <-minis> *nt.*
**Koloss** *m* colossus *m.*
**kolossal I.** *adj* colossaeus [**statua**] **II.** *adv* maximopere.
**Koma** *nt* (MED) coma <-atis> *nt.*
**Komet** *m* stella *f* crinita, cometes <-ae> *m.*
**Komfort** *m* cultus <-us> *m,* commoditas <-atis> *f.*
**komfortabel** *adj* commodus.
**Komiker** *m* comicus *m,* comoedus *m.*
**komisch** *adj* ❶ *(lächerlich)* ridiculus ❷ *(seltsam)* insolitus, mirus.
**Komitee** *nt* consilium *nt.*
**Komitien** *pl* comitia *nt pl;* **die ~ abhalten** comitia habēre.
**Kommandant** *m* praefectus *m.*
**Kommandantur** *f* praefectura *f.*
**kommandieren** *vt* praeesse + *dat* [**exercitui**].
**Kommando** *nt* imperium *nt;* **auf ~** imperio, ad imperium; **das ~ übernehmen** imperium suscipere.
**kommen** *vi* venire; **zu Hilfe ~** auxilio venire; **es kommt vor, dass ...** accidit [*o* evenit, fit], ut; **wie kommt es, dass ...?** qui fit, ut?; **daher kommt es, dass ...** inde fit, ut; **so kam es, dass ...** ita [*o* quo] factum est, ut; **~ lassen** arcessere, ad se vocare; **hinter etw ~** *(entdecken)* cognoscere, intellegere alqd; **zu sich ~** *(nach Bewusstlosigkeit)* animum recipere, se colligere.
**Kommentar** *m* interpretatio <-onis> *f,* explanatio <-onis> *f.*
**kommentieren** *vt* interpretari, explanare.
**Kommissar** *m* curator <-oris> *m,* praefectus *m; (Polizei~)* commissarius *m.*
**Kommission** *f* curatio <-onis> *f.*
**Kommode** *f* arca *f* vestiaria.
**Kommunikation** *f* actio <-onis> *f* communicatoria.
**Kommunion** *f* communio <-onis> *f.*
**Kommunismus** *m* communismus *m.*
**Kommunist** *m* communista *m.*
**kommunistisch** *adj* communisticus.
**Komödiant** *m* ❶ *(Schauspieler)* comoedus

*m,* comicus *m;* ❷ *(fig: Heuchler)* simulator <-oris> *m.*
**Komödie** *f* comoedia *f;* **~ spielen** *(fig)* simulare.
**Kompagnon** *m* socius *m.*
**Kompanie** *f* (MIL) cohors <-hortis> *f,* centuria *f.*
**Kompass** *m* acus <-us> *f* magnetica.
**kompetent** *adj (sachverständig)* peritus *(in etw:* gen), expertus *(in etw:* gen; abl).
**Kompetenz** *f* peritia *f,* auctoritas <-atis> *f.*
**Kompliment** *nt* verba *nt pl* honorifica; **jdm ein ~ machen** alqm laudare.
**Komplize** *m* socius *m,* particeps <-cipis> *m.*
**kompliziert** *adj* contortus, difficilis.
**Komplizin** *f* socia *f.*
**Komplott** *nt* conspiratio <-onis> *f,* coniuratio <-onis> *f* [**militum**; **servorum**]; **ein ~ zum Umsturz schmieden** ad res novas conspirare.
**komponieren** *vt* componere.
**Komponist(in** *f***)** *m* componista *m,* componistria *f.*
**Komposition** *f* (MUS) modi *m pl.*
**Kompott** *nt* poma *nt pl* cocta.
**Kompresse** *f (Umschlag)* compressa *f.*
**Kompromiss** *m* compromissum *nt;* **einen ~ schließen** compromissum facere.
**kompromittieren I.** *vt* famam alcis laedere **II.** *vr:* **sich ~** famam suam laedere.
**Konditor** *m* pistor <-oris> *m* dulciarius.
**Konditorei** *f* taberna *f* dulciaria.
**Konferenz** *f* consultatio <-onis> *f,* deliberatio <-onis> *f;* **eine ~ abhalten über etw** deliberationes habēre de alqa re.
**konferieren** *vt* deliberationes habēre *(über:* de).
**Konfession** *f* religio <-onis> *f,* fides <-ei> *f.*
**Konfirmation** *f* confirmatio <-onis> *f.*
**konfiszieren** *vt* publicare.
**Konfitüre** *f* poma *nt pl* conditiva, poma *nt pl* condita.
**Konflikt** *m* conflictio <-onis> *f.*
**konfus** *adj* confusus, (per)turbatus; **jmd ~ machen** (per)turbare, confundere alqm.
**Kongress** *m* conventus <-us> *m.*
**König** *m* rex <regis> *m;* **~ sein** regnare, regem esse; **jmd zum ~ wählen** alqm regem creare.
**Königin** *f* regina *f.*
**königlich** *adj* regius, regalis [**potestas**; **insignia**]; **sich ~ amüsieren** omnibus deliciis delectari, mirifice delectari.
**Königreich** *nt* regnum *nt.*
**Königs-** regius, *oder durch gen:* regis/regum.
**Königsburg** *f* regia *f.*
**Königtum** *nt* regnum *nt.*
**konkret** *adj* certus, (de)finitus, proprius; **~e Dinge** quae cerni et tangi possunt.
**Konkurrent(in** *f***)** *m* aemulus, -a *m, f.*
**Konkurrenz** *f* certamen <-minis> *nt; (in der Wirtschaft)* competitio (commercialis) <-onis> *f.*
**konkurrieren** *vi* certare [**cum civibus de virtute**].
**Konkurs** *m* ruina *f.*
**können** *vt (imstande sein)* posse; *(beherrschen, wissen)* scire [**Latine**; **litteras**]; *(dürfen)* mihi licet (+ Inf.); **es kann sein, dass ...** fieri potest, ut ...; **ich kann nicht verstehen** non intellego; **ich kann nichts dafür** non in culpa sum.
**konsequent** *adj* consequens <-quentis>, (sibi) constans <-antis>.
**Konsequenz** *f (Folge)* consecutio <-onis> *f,* consequentia *f; (Folgerichtigkeit)* constantia *f; (Unbeirrbarkeit, Entschlossenheit)* voluntas <-atis> *f* firma.
**konservativ** *adj* priscorum morum studiosus, vetustati propitius.
**Konservendose** *f* pyxis <-idis> *f* conservatoria.
**konservieren** *vt* conservare.
**konstant** *adj* constans <-antis>.
**Konstitution** *f* constitutio <-onis> *f.*
**konstruieren** *vt* componere.
**Konsul** *m* consul <-ulis> *m;* **gewesener ~** consularis <-is> *m;* **jmd zum ~ wählen** alqm consulem creare.
**Konsulat** *nt* consulatus <-us> *m;* **während Ciceros ~s** Cicerone consule.
**konsultieren** *vt* consulere [**senatum de re gravi**].
**Konsum** *m* consumptio <-onis> *f.*
**konsumieren** *vt* consumere.
**Kontakt** *m* contactus <-us> *m,* contagio <-onis> *f (mit:* gen); **mit jdm in ~ stehen** alqo uti.
**Kontinent** *m* continens <-entis> *f.*
**Kontingent** *nt* ❶ portio <-onis> *f,* rata pars <partis> *f* ❷ *(Truppen~)* constitutus numerus *m* militum.
**kontinuierlich** *adj* continuus; *(gleichmäßig)* constans <-antis>.
**Kontinuität** *f* continuatio <-onis> *f.*
**Konto** *nt* computus *m,* ratio <-onis> *f;* **etw auf ein ~ einzahlen** in rationes referre alqd.
**Kontostand** *m* ratio <-onis> *f.*
**Kontrast** *m* diversitas <-atis> *f.*
**Kontrolle** *f* inspectio <-onis> *f,* recognitio <-onis> *f.*
**kontrollieren** *vt* inspicere, recognoscere.
**Konvention** *f* usus <-us> *m,* consuetudo <-dinis> *f.*
**konventionell** *adj* moribus consentaneus; *(herkömmlich)* usu receptus.
**Konversation** *f* colloquium *nt;* **~ machen mit jdm** colloqui cum alqo.
**Konzentrationslager** *nt* campus *m* hominibus

K

segregandis, campus *m* hominum deprehensorum.

**konzentrieren** *vr:* **sich ~** cogitationes dirigere *(auf:* in + akk).

**Konzept** *nt (Entwurf)* descriptio <-onis> *f,* adumbratio <-onis> *f;* **jmd aus dem ~ bringen** omnem ordinem consilii alci turbare, omnes rationes alci conturbare.

**Konzert** *nt* concentus <-us> *m* musicus.

**Konzertsaal** *m* auditorium *nt* musicum, odeum *nt.*

**Konzil** *nt* concilium *nt;* **ein ~ einberufen** concilium convocare.

**Kooperation** *f* cooperatio <-onis> *f.*

**Kopf** *m* caput <-pitis> *nt;* **von ~ bis Fuß** a vestigio ad verticem; **den ~ verlieren** animo perturbari; **sich etw in den ~ setzen** obstinate velle alqd; **aus dem ~** ex memoria; **mit dem ~ gegen die Wand wollen** frenum mordēre; **ich weiß nicht, wo mir der ~ steht** sum animo conturbato et incerto; **ich bin wie vor den ~ geschlagen** quasi percussus sum; **nicht auf den ~ gefallen sein** haud stulte sapere.

**Köpfchen** *nt:* **~ haben** *(fig)* haud stulte sapere.

**köpfen** *vt (hinrichten)* securi percutere.

**Kopfhörer** *m* concha *f* auditoria.

**Kopfkissen** *nt* cervical <-alis> *nt.*

**kopflos** *adj* demens <-mentis>.

**Kopfschmerzen** *pl:* **~ haben** ex capite laborare.

**Kopfsprung** *m* saltus <-us> *m* praeceps; **einen ~ machen** praeceps salire.

**Kopftuch** *nt* rica *f.*

**kopfüber** *adv* praeceps [**e scopulo desilire**].

**Kopie** *f (Abschrift)* exemplum *nt,* exemplar <-aris> *nt,* diagraphum *nt* [**testamenti**; **epistulae**]; *(Foto~)* photocopia *f.*

**kopieren** *vt* copiare.

**Kopierer** *m,* **Kopiergerät** *nt* polygraphum *nt,* copiatrum *nt.*

**koppeln** *vt (verbinden)* copulare.

**Koralle** *f* corallium *nt.*

**Korb** *m* corbis <-is> *f,* fiscus *m;* **jdm einen ~ geben** alqm repudiare; **einen ~ bekommen** repudiari.

**Körbchen** *nt* corbula *f,* fiscella *f.*

**Korbflechter, -macher** *m* vitor <-oris> *m.*

**Korken** *m* cortex <-ticis> *m.*

**Korkenzieher** *m* extraculum *nt.*

**Korn** *nt* ① granum *nt* [**salis**] ② *(Getreide)* frumentum *nt.*

**Korn-** frumentarius [**largitio** Kornspenden], *auch durch gen:* frumenti.

**Kornkammer** *f,* **Kornspeicher** *m* granarium *nt.*

**Körper** *m* corpus <-poris> *nt.*

**Körperbau** *m* corporis figura *f.*

**Körperkraft** *f* robur <-boris> *nt.*

**körperlich** *adj* corporeus, *auch durch gen:* corporis; **~es Gebrechen** vitium corporis; **~er Schmerz** dolor corporis; **in guter ~er Verfassung sein** bona valetudine uti.

**Körperschaft** *f* corpus <-poris> *nt.*

**Körperteil** *m* membrum *nt.*

**Korps** *nt (milit.)* exercitus <-us> *m,* corpus <-poris> *nt* militum.

**korpulent** *adj* corpulentus.

**korrekt** *adj* rectus, emendatus [**locutio**].

**Korrektur** *f* correctio <-onis> *f,* emendatio <-onis> *f.*

**Korrespondenz** *f* epistulae *f pl,* epistularum commercium *nt.*

**korrespondieren** *vi (im Briefwechsel stehen)* epistularum commercium cum alqo habēre.

**Korridor** *m (Flur)* vestibulum *nt.*

**korrigieren** *vt* corrigere, emendare [**vitium**; **libellos**].

**Korruption** *f* corruptio <-onis> *f.*

**Kosename** *m* nomen <-minis> *nt* blandum.

**Kosmetik** *f* ars <artis> *f* cosmetica.

**Kosmetikerin** *f* cosmetria *f.*

**kosmetisch** *adj* cosmeticus.

**Kosmonaut** *m* cosmonauta *m.*

**kosmopolitisch** *adj* cosmopoliticus.

**Kosmos** *m* mundus *m,* rerum natura *f,* rerum universitas <-atis> *f.*

**Kost** *f (Nahrung, Verpflegung)* victus <-us> *m;* **schmale ~** tenuis victus; **jmd in ~ nehmen** victum alci praebēre.

**kostbar** *adj* pretiosus [**vasa**; **libertas**].

**Kostbarkeit** *f* ① *(kostbarer Gegenstand)* res <rei> *f* pretiosa ② *(hoher Wert)* magnum pretium *nt.*

**kosten** *vt* ① *(Preis haben)* stare <steti> (+ abl und gen pretii), constare <constiti> (+ abl pretii) [**parvo**; **magno** (**pretio**); **centum talentis**; **pluris**]; **wie viel kostet das?** quanti hoc stat?; **es kostet viel Zeit und Mühe** multi temporis et laboris est ② *(versuchen)* (de-)gustare [**vinum**].

**Kosten** *pl* sumptus <-us> *m,* impensa *f;* **~ auf etw verwenden** sumptum [*o* impensam] facere in alqd; **auf jmds ~** sumptu alcis; **auf eigene ~** suo sumptu; **die ~ für etw tragen** sumptūs tolerare alcis rei; **auf ~ der Gesundheit** cum damno valetudinis.

**kostenlos I.** *adj* gratuitus **II.** *adv* gratuito, gratis.

**Kostenvoranschlag** *m* aestimatio <-onis> *f* sumptuum.

**köstlich** *adj* ① delicatus [**cibus**] ② *(unterhaltsam)* iucundus [**fabula**; **sermo**].

**kostspielig** *adj* sumptuosus [**bellum**; **ludi**].

**Kostüm** *nt* costuma *f.*

**Kot** *m* lutum *nt.*

**Krach** *m* ① fragor <-oris> *m,* sonitus <-us> *m,*

strepitus <-us> *m* ❷ *(Streit)* controversia *f,* rixa *f.*

**krachen** *vi* crepitare.

**krächzen** *vi* crocire.

**kraft** *praep* pro (+ abl), per (+ akk), ex (+ abl), *bl. abl;* ~ **meines Amtes** pro magistratu meo.

**Kraft** *f* vis *f,* robur <-boris> *nt,* vigor <-oris> *m;* **mit aller ~** summā vi; **nach Kräften** pro viribus; **bei Kräften sein** valēre; **in ~ sein** (JUR) ratum esse, valēre; **die Kräfte verlassen mich** vires me deficiunt; **wieder zu Kräften kommen** convalescere, vires recuperare.

**Kraftaufwand** *m* virium contentio <-onis> *f.*

**Kraftausdruck** *m* verbum *nt* grave.

**Kraftfahrer** *m* autoraedarius *m.*

**Kraftfahrzeug** *nt* autoraeda *f,* autovehiculum *nt.*

**kräftig** *adj* validus, robustus, firmus [**iuvenis**; **taurus**; **lacerti**]; ~ **sein** valēre, vigēre.

**kräftigen** *vt* firmare [**corpus cibo**].

**kraftlos** *adj* infirmus, debilis [**senex**; **viator**; **corpus**].

**Kraftwagen** *m* autoraeda *f,* autovehiculum *nt.*



**Kraftwerk** *nt* officina *f* energetica.

**Kragen** *m* collare <-ris> *nt;* **jetzt geht's ihm an den ~** faucibus premitur.

**Krähe** *f* cornix <-icis> *f.*

**krähen** *vi* cantare.

**Krähen** *nt* cantus <-us> *m* (galli).

**Kralle** *f* unguis <-is> *m.*

**Kram** *m* ❶ *(Plunder)* scruta *nt pl* ❷ *(fig: unnütze Angelegenheiten)* res <rerum> *f pl* viles; **das passt mir nicht in den ~** hoc non est in meam rem.

**Krämer** *m* tabernarius *m.*

**Kramladen** *m* tabernula *f.*

**Krampf** *m* spasmus *m.*

**Krampfader** *f* varix <-icis> *m/f.*

**krampfhaft** *adj* ❶ *(krampfartig)* spasticus, convulsus ❷ *(gezwungen, angestrengt)* contentus, attentus.

**Kran** *m* carchesium *nt,* trochlea *f.*

**Kranich** *m* grus <gruis> *f.*

**krank** *adj* aegrotus, aeger <-gra, -grum>; ~ **sein** aegrotum esse, aegrotare; **schwer ~ werden** graviter aegrotare coepisse; **sich ~ stellen** morbum simulare.

**kränkeln** *vi* infirmā valetudine esse.

**kranken** *vi:* **an etw ~** laborare + *abl.*

**kränken** *vt* violare, laedere, offendere; **gekränkt sein** moleste ferre; **jmd in seiner Ehre ~** alcis dignitatem labefacere.

**Krankenhaus** *nt* valetudinarium *nt.*

**Krankenpflege** *f* cura *f* aegrotorum.

**Krankenpfleger** *m* aegrorum minister <-tri> *m.*

**Krankenschwester** *f* aegrorum ministra *f.*

**Krankenwagen** *m* currus <-us> *m* valetudinarius.

**Krankenzimmer** *nt* cubiculum *nt* aegrorum.

**Kranke(r)** *f(m)* aegrotus, -a *m, f.*

**krankhaft** *adj* morbidus, morbosus.

**Krankheit** *f* morbus *m;* **ansteckende ~** contagio <-onis> *f;* **eine schwere ~** morbus gravis; **sich eine ~ zuziehen** morbo affici, morbum nancisci; **von einer schweren ~ sich erholen** [*o* **genesen**] ex gravi morbo convalescere.

**kränklich** *adj* infirmus.

**Kränkung** *f* iniuria *f,* contumelia *f,* ignominia *f.*

**Kranz** *m* corona *f.*

**kränzen** *vt* coronare.

**Krater** *m* crater <-eris> *m.*

**Krätze** *f* (MED) scabies <-ei> *f.*

**kratzen** *vt* radere; *(Körperteil)* scabere; **sich den Kopf ~** caput scabere.

**Kratzer** *m (Schramme)* cicatrix <-icis> *f.*

**kraus** *adj* crispus [**coma**].

**kräuseln** *vt* crispare [**capillum**].

**Krauskopf** *m* crispus *m.*

**Kraut** *nt (allg.: Pflanze)* herba *f; (Gemüse)* olus <oleris> *nt;* **wie ~ und Rüben** *(durcheinander)* mixtim, promiscue.

**Krawatte** *f* focale <-lis> *nt.*

**Kreatur** *f* animal <-alis> *nt.*

**Krebs** *m* cancer <-cri> *m.*

**Kredit** *m* fides <-ei> *f,* creditum *nt;* **einen ~ aufnehmen** pecuniam mutuam sumere; **einen ~ gewähren** pecuniam mutuam dare; **jdm etw auf ~ geben** alci alqd credere.

**Kreide** *f* creta *f; (Schreib~)* cretula *f.*

**kreidebleich, -weiß** *adj* perpallidus.

**Kreis** *m* ❶ orbis <-is> *m,* circu(lu)s *m, oft durch Zusammensetzung mit* circum- *auszudrücken* [**circumagere**; **circumducere**]; **einen ~ ziehen** circulum [*o* orbem] describere; **sich im ~ drehen** (in orbem) circumagi, (in orbem) se torquēre ❷ *(Gesellschaft)* circulus *m;* **im ~ der Familie** cum suis.

**Kreisbahn, -bewegung** *f* orbis <-is> *m,* gyrus *m.*

**kreischen** *vi* clamitare, vociferari.

**Kreisel** *m (zum Spielen)* turbo <-binis> *m.*

**kreisen** *vi* (in orbem) circumagi.

**kreisförmig I.** *adj* in orbem circumactus **II.** *adv* (velut) in orbem.

**Kreislauf** *m* circuitus <-us> *m* [**solis**; **lunae**].

**Krematorium** *nt* ustrina *f.*

**Kreuz** *nt* ❶ crux <crucis> *f;* **jmd ans ~ schlagen** alqm cruci affigere ❷ *(fig: Leid)* miseria *f,* malum *nt.*

**kreuzen I.** *vr:* **sich ~** *(Wege)* concurrere **II.** *vi* (NAUT: *von Personen)* navigare; *(von Personen und Schiffen)* vagari [**per Aegaeum mare**; **praeter oram**].

**Kreuzfahrt** *f* cursus <-us> *m.*

**kreuzigen** *vt* cruciare, cruci affigere.

**Kreuzigung** *f* crux <crucis> *f.*

**Kreuzung** *f (Straßen~)* compitum *nt.*
**kreuzweise** *adv* decussatim.
**Kreuzworträtsel** *nt* litterae *f pl* decussatae, cruciverbium *nt.*
**Kreuzzug** *m* expeditio <-onis> *f* sacra.
**kriechen** *vi* repere, serpere; **vor jdm ~** *(fig)* adulari + *akk.*
**Kriecher** *m (fig)* adulator <-oris> *m.*
**Krieg** *m* bellum *nt;* **~ anfangen** bellum facere, arma movēre; **~ anfangen mit** bellum inferre + *dat;* **den ~ erklären** bellum indicere; **gegen jmd** [*o* **mit jdm**] **~ führen** bellum gerere cum alqo; **einen ~ gewinnen** bello vincere; **den ~ in die Länge ziehen** bellum ducere; **im ~ und Frieden** domi bellique; **zum ~ rüsten** bellum parare; **in den ~ ziehen** ad bellum proficisci.
**Krieger** *m* bellator <-oris> *m,* miles <-litis> *m.*
**kriegerisch** *adj* bellic(os)us.
**Kriegführung** *f* belli gerendi ratio <-onis> *f.*
**Kriegs-** bellicus, militaris [**tribunus**; **leges**], *auch durch gen:* belli, bellorum.
**Kriegsbeute** *f* praeda *f* bellica.
**Kriegsdienst** *m* militia *f,* stipendium *nt,* stipendia *nt pl;* **~ leisten** stipendia merēre [*o* facere], militiam facere; **vom ~ befreit sein** militiā vacare.
**Kriegsdienstverweigerer** *m* militiae detrectator <-oris> *m.*
**kriegserfahren** *adj* belli (gerendi) peritus.
**Kriegserfahrung** *f* belli (gerendi) peritia *f,* belli usus <-us> *m.*
**Kriegserklärung** *f* belli denuntiatio <-onis> *f.*
**Kriegsfuß** *m:* **mit jdm auf ~ stehen** *(fig)* bellum gerere cum alqo.
**Kriegsgefangener** *m* captivus *m.*
**Kriegsgefangenschaft** *f* captivitas <-atis> *f;* **in ~ geraten** bello capi.
**Kriegsgericht** *nt* iudicium *nt* militare; **jmd vor ein ~ stellen** alqm ad iudicium militare cogere [*o* deferre].
**Kriegsgeschrei** *nt* clamor <-oris> *m* bellicus, barritus <-us> *m.*
**Kriegsgesetz** *nt* lex <legis> *f* militaris.
**Kriegsglück** *nt* fortuna *f* belli; **das ~ versuchen** fortunam belli experiri.
**Kriegsgott** *m* belli deus *m,* Mars <Martis> *m.*
**Kriegsgöttin** *f* belli dea *f,* Bellona *f.*
**Kriegshandwerk** *nt* res <rei> *f* militaris, militia *f.*
**Kriegsheer** *nt* exercitus <-us> *m,* copiae *f pl.*
**Kriegsheld** *m* vir <viri> *m* in bello fortis, vir *m* arte bellica insignis.
**Kriegskamerad** *m* commilito <-onis> *m,* belli socius *m.*
**Kriegskasse** *f* aerarium *nt* militare.
**Kriegskunst** *f* ars <artis> *f* bellica, ars *f* militaris.
**Kriegslager** *nt* castra *nt pl.*
**Kriegslist** *f* fraus <fraudis> *f* bellica, ars <artis> *f* belli.
**Kriegsrat** *m* consilium *nt;* **einen ~ halten** consilium habēre.
**Kriegsrecht** *nt* ius <iuris> *nt* belli.
**Kriegsschauplatz** *m* locus *m* belli, sedes <-dis> *f* belli.
**Kriegsschiff** *nt* navis <-is> *f* longa.
**Kriegstribun** *m* tribunus *m* militum [*o* militaris].
**Kriegsverbrechen** *nt* flagitium *nt* militare.
**Kriegsverbrecher** *m* scelestus *m* militaris.
**Kriegswesen** *nt* res <rei> *f* militaris.
**Kriegszustand** *m* bellum *nt;* **im ~** in bello.
**Krimi** *m* ❶ *(Roman)* fabula *f* criminalis ❷ *(Film)* (cinematographica) pellicula *f* criminalis.
**Kriminalroman** *m* fabula *f* criminalis.
**kriminell** *adj* scelestus.
**Krimineller** *m* scelestus *m.*
**Krimskrams** *m* scruta *nt pl.*
**Krippe** *f* praesaepe <-pis> *nt.*
**Krise** *f* discrimen <-minis> *nt.*
**Kristall** *m/nt* crystallus <-i> *f;* **aus ~** crystallinus.
**Kriterium** *nt* iudicium *nt,* cognitionis nota *f.*
**Kritik** *f* iudicium *nt,* censura *f;* **an jdm ~ üben** reprehendere alqm; **unter aller ~** pravissimus, pessimus.
**Kritiker** *m* criticus *m,* iudex <-dicis> *m.*
**kritisch** *adj* ❶ criticus ❷ *(bedenklich)* dubius; **~e Lage** discrimen <-minis> *nt.*
**kritisieren** *vt (Kritik üben, tadeln, auszusetzen haben)* reprehendere + *akk* [**opificem**; **consilium**], fastidire (in + abl); *(beurteilen, begutachten)* iudicare (de).
**kritteln** *vi* inique iudicare (de), fastidire (in + abl).
**kritzeln** *vt* illinere *(auf:* dat).
**Krokodil** *nt* crocodilus *m.*
**Krokodilstränen** *pl* lacrimulae *f pl* falsae.
**Krone** *f* corona *f;* **das setzt doch allem die ~ auf!** omnibus rebus cumulum affert.
**krönen** *vt* coronare [**alqm regem**]; **vom Erfolg gekrönt werden** prospere succedere [*o* evenire].
**Kronleuchter** *m* candelabrum *nt.*
**Kronprinz** *m,* **Kronprinzessin** *f* regni heres <-redis> *m/f.*
**Krönung** *f* coronatio <-onis> *f.*
**Kropf** *m* (MED) guttur <gutturis> *nt* tumidum.
**Kröte** *f* bufo <-onis> *m.*
**Krücke** *f* baculum *nt.*
**Krug** *m* urna *f,* amphora *f.*
**krumm** *adj* curvus; *(Glieder; fig)* pravus [**crura**; *fig:* **itinera**].
**krummbeinig** *adj* varus.
**krümmen I.** *vt* (in)curvare **II.** *vr:* **sich ~** (in)cur-

vari, se (in)curvare.

**Krümmung** *f (Biegung)* flexio <-onis> *f,* flexus <-us> *m* [**viae**].

**Krüppel** *m* mancus *m.*

**Kruste** *f* crusta *f* [**panis**].

**Krypta** *f* crypta *f.*

**Kübel** *m (Eimer)* situla *f.*

**Küche** *f* culina *f;* **kalte ~** cibi sine igne parati.

**Kuchen** *m* placenta *f.*

**Kuckuck** *m* cuculus *m.*

**Kugel** *f* ❶ globus *m* ❷ (MIL) glans <glandis> *f.*

**kugelförmig, kugelrund** *adj* globosus.

**Kugelschreiber** *m* stilus *m* sphaeratus, sphaeristilus *m.*

**kugelsicher** *adj* glandibus invius.

**Kugelstoßen** *nt* (SPORT) iactus <-us> *m* globi.

**Kuh** *f* vacca *f.*

**Kuhhirt** *m* bubulcus *m.*

**kühl** *adj* frigidus; **mir ist ~** frigeo; **~ werden** refrigescere.

**Kühlbox** *f* theca *f* frigorifica.

**Kühle** *f* frigus <-goris> *nt.*

**kühlen** *vt* refrigerare.

**Kühler** *m (Auto)* refrigeratorium *nt.*

**Kühlschrank** *m* frigidarium *nt.*

**Kühlung** *f* refrigeratio <-onis> *f.*

**Kühlwasser** *nt* aqua *f* refrigeratoria.

**Kuhmilch** *f* lac <lactis> *nt* vaccinum.

**kühn** *adj* audax <-dacis>.

**Kühnheit** *f* audacia *f.*

**Kuhstall** *m* bubile <-lis> *nt.*

**Küken** *nt* pullus *m.*

**Kuli** *m* ❶ *(Lastträger)* baiulus *m* ❷ *(Kugelschreiber)* sphaeristilus *m.*

**Kulisse** *f* (THEAT) paries <-etis> *m* scaenae; **hinter den ~n** *(fig)* post siparium.

**Kult** *m* cultus <-us> *m* [**Cereris**]; **mit etw einen ~ treiben** colere alqd tamquam deum.

**kultiviert** *adj* cultus.

**Kultur** *f* cultus <-us> *m.*

**kulturell** *adj* culturalis.

**Kulturgeschichte** *f* historia *f* culturalis.

**Kultusministerium** *nt* ministerium *nt* rei culturalis.

**Kümmel** *m (Gewürz)* cuminum *nt.*

**Kummer** *m* aegritudo <-dinis> *f,* sollicitudo <-dinis> *f;* **jdm ~ bereiten** aegritudine afficere alqm; **~ haben** aegrum esse.

**kümmerlich** *adj* miser <-era, -erum> [**praeda**; **consolatio**].

**kümmern** *vr:* **sich um jmd/etw ~** curare + *akk;* **sich nicht ~ um** non curare, neglegere + *akk;* **was kümmert mich das?** quid hoc ad me pertinet?.

**kummervoll** *adj* ❶ *(von Personen)* aegritudine [*o* sollicitudine] affectus ❷ *(von Sachen)* aegritudinis plenus [**tempora**].

**Kumpel** *m (Freund, Kollege)* socius *m,* sodalis <-is> *m.*

**Kunde** *m* emptor <-oris> *m.*

**Kundendienst** *m (Service)* cura *f* emptoris.

**Kundgebung** *f* declaratio <-onis> *f; (Versammlung)* coetus <-us> *m,* contio <-onis> *f.*

**kundig** *adj (erfahren, sach~)* gnarus, peritus + *gen* [**loci**; **Latinae linguae**; **iuris**].

**kündigen I.** *vt* renuntiare [**alci amicitiam**] **II.** *vi (Arbeitgeber)* dimittere (alqm); *(Arbeitnehmer)* (di)missionem exposcere.

**Kündigung** *f (Entlassung)* (di)missio <-onis> *f.*

**Kündigungsschutz** *m* protectio <-onis> *f* adversus dimissionem.

**Kundin** *f* emptrix <-icis> *f.*

**Kundschaft** *f (Kunden)* emptores <-rum> *m pl.*

**Kundschafter** *m* explorator <-toris> *m,* speculator <-toris> *m.*

**künftig I.** *adj* futurus, posterus **II.** *adv* in posterum.

**Kunst** *f* ars <artis> *f;* **das ist keine ~** nihil negotii est; **die bildenden Künste** artes figurativae; **das ist eine brotlose ~** haec ars infructuosa est.

**Kunstausstellung** *f* expositio <-onis> *f* artificiorum.

**kunstfertig** *adj* artificiosus, artifex <-ficis>, sollers <-ertis>.

**Kunstfertigkeit** *f* artificium *nt,* ars <artis> *f,* sollertia *f.*

**Kunstgegenstand** *m* opus <operis> *nt* arte factum.

**Kunstgeschichte** *f* historia *f* artium.

**Kunstgriff** *m* artificium *nt.*

**Kunstkenner** *m* artis iudex <-dicis> *m.*

**Künstler(in** *f***)** *m* artifex <-ficis> *m/f.*

**künstlerisch** *adj* artificiosus, *auch durch gen:* artificis/artificum, artis.

**künstlich** *adj* artificiosus.

**Kunstliebhaber(in** *f***)** *m* artis amator <-oris> *m,* artis studiosus *m,* artis studiosa *f.*

**kunstlos** *adj* arte carens <-entis>.

**Kunststoff** *m* materia *f* plastica.

**Kunststück** *nt* artificium *nt.*

**kunstvoll** *adj* artificiosus, artis plenus.

**Kunstwerk** *nt* artificium *nt.*

**Kupfer** *nt* aes <aeris> *nt;* **aus ~** aënëus.

**Kuppel** *f* tholus *m.*

**Kuppelei** *f* lenocinium *nt.*

**Kuppler(in** *f***)** *m* leno <-onis> *m,* lena *f.*

**Kupplung** *f (beim Auto)* copulatio <-onis> *f.*

**Kur** *f* curatio <-onis> *f.*

**Kürbis** *m* cucurbita *f.*

**Kurfürst** *m* elector <-oris> *m.*

**Kurgast** *m* qui curatione utitur.

**Kurie** *f (Senatsgebäude, Rathaus)* curia *f.*

**Kurier** *m* nuntius *m* volucer.

**kurieren** *vt* curare + *akk,* mederi + *dat.*

**kurios** *adj (seltsam)* mirus, insolitus.

**Kurort** *m* locus *m* recreationis.
**Kurpfuscher** *m (pej)* medicaster **<-tri>** *m.*
**Kurs** *m* ❶ *(Lehrgang)* curriculum *nt* studiorum ❷ *(von Schiff, Flugzeug)* cursus **<-us>** *m;* **den ~ halten/ändern** cursum tenēre/(com)mutare; **vom ~ abkommen** cursum tenēre non posse.
**Kursbuch** *nt* horarium *nt* traminum generale.
**Kürschner** *m* pellio **<-onis>** *m.*
**kursieren** *vi* manare, vulgari.
**Kurve** *f (allg.)* curvamen **<-minis>** *nt,* flexus **<-us>** *m; (Straßen~)* flexus *m* viae.
**kurvenreich, kurvig** *adj* curvus.
**kurz** *adj* brevis [**tempus; iter**]; **~ darauf** paulo post; **vor ~em** paulo ante; **den Kürzeren ziehen** superari, vinci; **über ~ oder lang** serius ocius.
**Kurzarbeit** *f* laboris deminutio **<-onis>** *f.*
**Kürze** *f* brevitas **<-atis>** *f;* **in ~** brevi.
**kürzen** *vt (kürzer machen)* brevius facere; *(ab~)* abbreviare; *(verringern, vermindern)* minuere [**sumptum**].
**kurzfassen** *vr:* **sich ~** paucis dicere, (brevi) praecidere.
**Kurzgeschichte** *f* narratiuncula *f.*
**kürzlich** *adv* nuper.
**Kurzschluss** *m (elektr.)* contractus circuitus **<-us>** *m* electricus.
**Kurzschrift** *f* stenographia *f.*
**kurzsichtig** *adj* ❶ myops **<-opis>**, *oder durch Umschreibung:* qui oculis non satis prospicit; **~ sein** oculis non satis prospicere ❷ *(fig)* hebes **<-betis>**.
**Kurzsichtigkeit** *f* ❶ oculi *m pl* non satis prospicientes ❷ *(fig)* ingenium *nt* hebes.
**Kürzung** *f (allg., Ab~)* abbreviatio **<-onis>** *f; (Verringerung, Verminderung)* (de)minutio **<-onis>** *f.*
**Kurzweil** *f* iocus *m,* ludus *m.*
**kurzweilig** *adj* ludicer **<-cra, -crum>**.
**Kusine** *f* consobrina *f.*
**Kuss** *m* osculum *nt.*
**küssen** *vt* osculari.
**Küssen** *nt* osculatio **<-onis>** *f.*
**Kusshand** *f:* **jdm eine ~ zuwerfen** oscula alci iacere.
**Küste** *f* ora *f,* litus **<-toris>** *nt.*
**Küstenbewohner** *m* homo **<-minis>** *m* maritimus.
**Küstengebiet** *nt,* **Küstengegend** *f* regio **<-onis>** *f* maritima, ora *f,* litus **<-toris>** *nt.*
**Küster** *m* aedituus *m.*
**Kutsche** *f* raeda *f.*
**Kutscher** *m* raedarius *m,* auriga *m.*
**Kuvert** *nt* involucrum *nt* (epistulae).
**KZ** *nt (Abk. von Konzentrationslager)* campus *m* hominibus segregandis, campus *m* hominum deprehensorum.

# L l

**laben** *vr:* **sich an etw ~** delectari + *abl.*
**labil** *adj* instabilis.
**Labor** *nt* officina *f,* ergasterium *nt.*
**Labyrinth** *nt* labyrinthus *m.*
**Lache** *f (Pfütze)* lacuna *f,* stagnum *nt.*
**lächeln** *vi* subridēre.
**Lächeln** *nt* risus **<-us>** *m* lenis.
**lachen** *vi* ridēre *(über etw:* abl); **aus vollem Halse ~** cachinnare, vehementer ridēre; **über jmd ~** alqm deridēre.
**Lachen** *nt* risus **<-us>** *m;* **jmd zum ~ bringen** risum movēre [*o* concitare] alci; **das ist nicht zum ~** haec ridicula non sunt; **sich das ~ nicht verkneifen können** risu temperare non posse.
**Lacher** *m (Lachender)* risor **<-oris>** *m.*
**lächerlich** *adj* ridiculus; **jmd ~ machen** alqm deridēre; **sich ~ machen (vor jdm)** risum movēre + *dat;* **etw ins Lächerliche ziehen** alqd in risum vertere, alqd ad ridiculum convertere.
**Lachs** *m* salmo **<-onis>** *m.*
**Lack** *m* lacca *f.*
**lackieren** *vt* laccā alqd obducere.
**Lackschuh** *m* calceus *m* ceratus.
**laden** *vt* ❶ *(Waren)* imponere [**merces in plaustrum**]; **etw auf sich ~** *(fig)* alqd suscipere, subire ❷ *(ein~)* invitare [**alqm ad cenam**]; *(vor~)* citare [**alqm testem**]; **vor Gericht ~** in ius vocare.
**Laden** *m (Geschäft)* taberna *f* (venalicia).
**Ladenhüter** *m* merx **<mercis>** *f* invendibilis.
**Ladung** *f* ❶ onus **<oneris>** *nt* ❷ (JUR: *Vor~)* vocatio **<-onis>** *f.*
**Lage** *f* ❶ *(örtl.)* situs **<-us>** *m* [**urbis; montis; castrorum**] ❷ *(Situation, Zustand)* condicio **<-onis>** *f,* status **<-us>** *m* [**civitatis; agricolarum**]; **in der ~ sein, etw zu tun** alqd facere posse; **in einer verzweifelten ~ sein** in rebus desperatis esse; **nach ~ der Dinge** pro re, pro rei condicione [*o* statu] ❸ *(Schicht)* corium *nt.*

**Lager** *nt* ❶ (MIL) castra *nt pl;* **ein ~ aufschlagen** castra collocare [*o* ponere]; **das ~ abbrechen** castra movēre ❷ *(Vorrats~)* horreum *nt* ❸ *(Schlafstätte)* cubile <-lis> *nt.*

**Lagerbestand** *m* copia *f* mercium.

**lagern I.** *vi* (MIL) considere **II.** *vr:* **sich ~** se sternere, sterni, recumbere [**in litore**].

**Lagerplatz** *m* locus *m* castris idoneus.

**Lagerung** *f* depositio <-onis> *f.*

**Lagune** *f* lacuna *f.*

**lahm** *adj* ❶ *(hinkend)* claudus [**pes**; **homo**]; **~ sein** claudum esse, claudicare ❷ *(fig)* hebes <-betis>.

**lahmen** *vi (lahm sein, hinken)* claudicare.

**lähmen** *vt (auch fig)* debilitare; **vor Angst wie gelähmt sein** timore attonitum esse.

**Lähmung** *f* debilitas <-atis> *f* [**membrorum**].

**Laie** *m (Nichtfachmann)* imperitus *m* [**artis**].

**Lakai** *m* pedisequus *m.*

**Laken** *nt* linteum *nt.*

**lallen** *vt* balbutire.

**Lamm** *nt* agnus *m.*

**Lamm-** agninus [**caro**].

**Lampe** *f* lucerna *f,* lanterna *f.*

**Land** *nt (im Ggstz. zum Wasser)* terra *f; (einzelnes ~, Staat)* terra *f,* civitas <-atis> *f; (nicht Stadt)* rus <ruris> *nt; (Acker~)* ager <agri> *m;* **auf dem ~** ruri; **aufs ~** rus; **zu Wasser und zu ~e** terrā marique; **an ~ gehen** exponi, (ex) navi egredi, in terram egredi; **an ~ setzen** exponere [**milites**]; **jmd des ~es verweisen** ex civitate exterminare [*o* pellere]; **außer ~es gehen** solum mutare.

**Land-** ❶ *(auf dem Land lebend, ländlich)* rusticus, agrestis [**nobilitas**; **vita**] ❷ *(zum Festland gehörig)* terrestris [**proelium** Landschlacht; **exercitus** Landheer].

**Landadel** *m* nobiles <-lium> *m pl* rustici, nobilitas <-atis> *f* rustica.

**Landarbeiter(in** *f*) *m* agricola *m,* rusticus *m,* rustica *f.*

**Landaufenthalt** *m* rusticatio <-onis> *f.*

**Landbesitz** *m* possessiones <-num> *f pl,* agri *m pl.*

**Landbesitzer** *m* possessor <-oris> *m* agrorum.

**Landbevölkerung** *f* pagani *m pl,* homines <-num> *m pl* rustici.

**landeinwärts** *adv* in interiora terrae.

**landen** *vi* ❶ *(Schiff)* appelli (ad) ❷ *(Passagier)* appelli, navem appellere (ad), in terram egredi ❸ *(Flugzeug)* in terram descendere.

**Landenge** *f* isthmus *m.*

**Landeplatz** *m* aditus <-us> *m.*

**Ländereien** *pl* agri *m pl,* fundi *m pl.*

**Landes-** domesticus, terrestris, *auch durch gen:* regionis, terrae, civitatis [**finis**].

**Landesinnere** *nt* regio <-onis> *f* interna.

**landeskundig** *adj* regionis peritus.

**Landessprache** *f* lingua *f* domestica.

**Landesverrat** *m* patriae proditio <-onis> *f.*

**Landesverteidigung** *f* defensio <-onis> *f* patriae.

**Landgut** *nt* praedium *nt,* villa *f,* fundus *m.*

**Landhaus** *nt* villa *f.*

**Landheer** *nt* exercitus <-us> *m* terrestris.

**Landkarte** *f* tabula *f* geographica.

**Landkrieg** *m* bellum *nt* terrestre.

**landläufig** *adj* popularis [**opinio**].

**Landleben** *nt* vita *f* rustica [*o* agrestis].

**Landleute** *pl* agricolae *m pl,* rustici *m pl.*

**ländlich** *adj* rusticus, agrestis.

**Landmaschinen** *pl* machinae *f pl* rusticae.

**Landschaft** *f* regio <-onis> *f.*

**Landschlacht** *f* proelium *nt* terrestre.

**Landsmann** *m,* **-männin** *f* popularis *m/f;* **was für ein ~ ist er?** cuias est?.

**Landstraße** *f* via *f* publica.

**Landstreicher** *m* erro <-onis> *m.*

**Landstreitkräfte** *pl* exercitus <-us> *m* terrestris.

**Landstrich** *m* regio <-onis> *f.*

**Landtag** *m* conventus <-us> *m.*

**Landung** *f* appulsus <-us> *m;* **nach der ~** egressus in terram.

**Landweg** *m:* **auf dem ~** terrā.

**Landwirt** *m* agricola *m,* rusticus *m.*

**Landwirtschaft** *f* agricultura *f,* res <rerum> *f pl* rusticae; **~ betreiben** agriculturae operam dare.

**landwirtschaftlich** *adj* agrarius, rusticus.

**Landzunge** *f* lingula *f.*

**lang** *adj* ❶ *(räuml.)* longus [**via**; **vestis**]; *(von Haar und Bart)* promissus ❷ *(zeitl.)* diuturnus, longus, longinquus [**vita**; **morbus**]; **vor ~er Zeit** multo ante; **zehn Jahre ~** (per) decem annos; **viele Stunden ~** per multas horas; **seit ~er Zeit** (iam) diu; **~ anhaltend** diuturnus, longus, longinquus [**morbus**; **pugna**].

**lange** *adv* diu; **~ vorher** longe ante; **wie ~?** quamdiu?; **sehr ~** perdiu; **länger** diutius, longius; **länger als ein Jahr** anno longius.

**Länge** *f* ❶ *(räuml.)* longitudo <-dinis> *f;* **der ~ nach** per longitudinem ❷ *(zeitl.)* diuturnitas <-atis> *f,* longitudo <-dinis> *f,* longinquitas <-atis> *f;* **etw in die ~ ziehen** alqd ducere [*o* trahere]; **sich in die ~ ziehen** longum esse, duci; **der Krieg zieht sich in die ~** bellum ducitur.

**langen I.** *vt (reichen)* praebēre, porrigere; *(nach etw ~, sich etw holen)* manum porrigere ad **II.** *vi (genügen)* satis esse, sufficere.

**Langeweile** *f* otii molestia *f,* otii taedium *nt,* otii fastidium *nt;* **aus** [*o* **vor**] **~** ad tempus fallendum; **~ haben** taedio [*o* fastidio] otii affici.

**langjährig** *adj* multorum annorum.

**Langlauf** *m* nartatorius cursus <-us> *m* campester.

**langlebig** *adj (lange lebend)* longaevus, annosus; *(lange Zeit dauernd)* diuturnus [**fama**].
**länglich** *adj* oblongus.
**Langmut** *f* clementia *f*, patientia *f*, indulgentia *f.*
**langmütig** *adj* clemens <-mentis>.
**längs** *praep* secundum + *akk.*
**langsam** *adj* lentus, tardus.
**Langsamkeit** *f* tarditas <-atis> *f.*
**längst** *adv* pridem, iam diu.
**Langstreckenlauf** *m* cursus <-us> *m* spatii longi.
**langweilen I.** *vt* molestiam [*o* taedium *o* fastidium] alci afferre **II.** *vr:* **sich ~** alqm otii taedet; **ich langweile mich** me otii taedet.
**langweilig** *adj* molestus, taedii plenus.
**langwierig** *adj* diuturnus.
**Lanze** *f* hasta *f*, lancea *f;* **für jmd eine ~ brechen** intervenire pro alqo.
**Lappalie** *f* nugae *f pl.*
**Lappen** *m* pannus *m.*
**läppisch** *adj* nugatorius.
**Lärche** *f* larix <-icis> *f.*
**Lärm** *m* strepitus <-us> *m*, sonitus <-us> *m;* **~ machen** strepere, strepitum edere [*o* facere]; **viel ~ um nichts machen** excitare fluctūs in simpulo.
**lärmen** *vi* strepere.
**Larve** *f* ❶ (ZOOL) vermiculus *m* ❷ *(Maske)* larva *f.*
**lasch** *adj* languidus, segnis.
**Laserstrahl** *m* radius *m* lasericus.
**lassen** *vt* ❶ *(zurück~, hinter~)* relinquere; *(unter~)* omittere, praetermittere; **nichts unversucht ~** nihil praetermittere ❷ *(veran~)* curare *(+ akk des Gerundivs); (befehlen)* iubēre *(+ A.C.I.); (zu~)* sinere, pati *(+ A.C.I.);* **der Feldherr ließ eine Brücke bauen** imperator pontem fieri iussit; **er ließ Getreide kaufen** frumentum emendum curavit; **jdm die Freiheit ~** alci libertatem concedere; **jdm Zeit ~** alci tempus concedere [*o* dare]; **jmd wissen ~** alqm certiorem facere (de); **jmd gehen ~** dimittere alqm; **jmd in Frieden ~** sinere alqm.
**lässig** *adj* languidus, segnis.
**Lasso** *m/nt* laqueus *m* missilis.
**Last** *f (auch fig)* onus <oneris> *nt;* **jdm zur ~ fallen** oneri esse alci; **jdm etw zur ~ legen** crimini dare alci alqd.
**lasten** *vi:* **auf jdm/etw ~** premere + *akk*, oneri esse + *dat.*
**Lastenaufzug** *m* anabathrum *nt* onerarium.
**Laster I.** *nt* vitium *nt;* **einem ~ verfallen sein** flagitio deditum esse **II.** *m (Lastwagen)* plaustrum *nt.*
**Lästerer** *m* calumniator <-oris> *m*, homo <-minis> *m* maledicus.
**lasterhaft** *adj* vitiosus, pravus [**vita**].
**Lasterhaftigkeit** *f* vitiositas <-atis> *f*, pravitas <-tatis> *f.*
**Lästermaul** *nt (Person)* calumniator <-oris> *m*, homo <-minis> *m* maledicus.
**lästern** *vi* maledicere (abs. oder mit dat), maledicta in alqm conicere.
**Lästerung** *f* maledictio <-onis> *f.*
**lästig** *adj* molestus, gravis [**labor**; **officium**].
**Lastkraftwagen** *m* plaustrum *nt.*
**Lastschiff** *nt* navis <-is> *f* oneraria.
**Lasttier** *nt* iumentum *nt.*
**Lastträger** *m* baiulus *m.*
**Lastwagen** *m* plaustrum *nt.*
**Latein** *nt* Latinum *nt;* **~ können/lernen/sprechen** Latine scire/discere/loqui.
**lateinisch** *adj* Latinus [**lingua**].
**Laterne** *f* lanterna *f.*
**Latte** *f* asser <-eris> *m.*
**lau** *adj* ❶ *(~warm, mild)* tepidus [**aqua**; **vesper**]; **~ sein** tepēre; **~ werden** tepescere ❷ *(fig)* segnis, languidus.
**Laub** *nt* frons <frondis> *f.*
**Laub-** frondeus.
**Laube** *f* umbraculum *nt*, trichila *f.*
**Laubfrosch** *m* rana *f* arborea.
**Laubwald** *m* silva *f* frondea.
**Lauch** *m* porrum *nt.*
**Lauer** *f:* **auf der ~ sein** [*o* **liegen**] in insidiis esse.
**lauern** *vi:* **auf jmd/etw ~** insidiari + *dat.*
**Lauf** *m* cursus <-us> *m;* **einer Sache freien ~ lassen** non impedire alqd; **im ~e der Jahre** volventibus annis; **im vollen ~** magno cursu; **der ~ der Dinge** cursus rerum, rerum natura.
**Laufbahn** *f* cursus <-us> *m;* **die politische ~ einschlagen** ad rem publicam accedere.
**laufen** *vi* ❶ currere; **jmd ~ lassen** dimittere alqm; **um die Wette ~** cursu certare, certatim currere ❷ *(fließen: Tränen)* fluere, manare ❸ *(fig: im Gange sein, ver~)* fluere; **alles läuft nach Wunsch** omnia ad voluntatem fluunt.
**laufend I.** *adj (Monat, Jahr)* vertens <-entis>, hic / haec / hoc **II.** *adv (ständig)* perpetuo, continuo.
**Läufer(in** *f*) *m (Leichtathletik)* cursor <-oris> *m*, curs(t)rix <-icis> *f.*
**Lauge** *f* lixivium *nt*, lixivia *f.*
**Lauheit** *f* ❶ tepor <-oris> *m* [**aquae**; **vesperi**] ❷ *(fig)* segnitia *f*, languor <-oris> *m.*
**Laune** *f (Stimmung)* animi habitus <-us> *m;* **gute ~** hilaritas <-tatis> *f;* **schlechte ~** stomachus *m;* **guter/schlechter ~ sein** bene/male affectum esse; **nach ~** ad libidinem, ad arbitrium.
**launenhaft** *adj* stomachosus, difficilis, inconstans <-antis>.
**Launenhaftigkeit** *f* inconstantia *f.*
**launisch** *adj* stomachosus, difficilis, inconstans <-antis>.

**Laus** *f* pediculus *m.*

**lauschen** *vi* auscultare.

**laut I.** *adj (Stimme)* magnus, clarus; *(lärmerfüllt)* strepens <-pentis>; **mit ~er Stimme** magna voce; **~ werden** *(fig: bekannt werden)* vulgari **II.** *adv (mit ~er Stimme)* magna voce [**legere**]; *(mit viel Lärm)* magno strepitu **III.** *praep (gemäß)* ex + *abl,* secundum + *akk;* **~ Gesetz** ex lege.

**Laut** *m* sonus *m;* **einen ~ hervorbringen** sonum edere; **keinen ~ von sich geben** nullum sonum edere.

**Laute** *f* lyra *f,* testudo <-dinis> *f.*

**lauten** *vi:* **der Titel lautet ...** titulus est ....

**läuten I.** *vi* sonare <sonui> **II.** *vt* pulsare [**campanas**].

**lauter** *adv (nur)*: **das sind ~ Lügen** haec omnia mendacia sunt; **das sind ~ Freunde** hi omnes amici sunt.

**läutern** *vt (fig: jmd, das Wesen jmds)* emendare.

**Läuterung** *f* emendatio <-onis> *f.*

**Lautsprecher** *m* megaphonum *nt.*

**lauwarm** *adj* tepidus.

**Lava** *f (flüssige ~)* saxa *nt pl* liquefacta.

**Lawine** *f* moles <-lis> *f* nivium.

**Lazarett** *nt* valetudinarium *nt.*

**leben** *vi* vivere, vitam agere; **von etw ~** vivere, vesci + *abl* [**carne ac lacte**]; **er lebe hoch!** vivat!; **lebe wohl!** vale!; **solange ich lebe** dum vivo, dum spiro, me vivo; **bescheiden ~** parce [*o* modeste] vivere.

**Leben** *nt* vita *f;* **sich das ~ nehmen** mortem sibi consciscere; **ums ~ kommen** vitam amittere; **am ~ sein** vivere; **sich des ~s freuen** vitā frui.

**lebend** *adj* vivus, vivens <-entis>; **er ist der ~e Beweis für ...** vivum argumentum alcis rei est.

**lebendig** *adj* ① *(lebend)* vivus ② *(lebhaft)* vividus, alacer <-cris, -cre>.

**Lebendigkeit** *f (Lebhaftigkeit)* alacritas <-tatis> *f,* vigor <-oris> *m.*

**Lebensabend** *m* aetas <-atis> *f* extrema.

**Lebensart** *f* ① *(Lebensweise)* vita *f,* cultus <-us> *m* [**Gallorum**; **liberalis**; **agrestis**] ② *(gute Umgangsformen, gutes Benehmen)* urbanitas <-tatis> *f.*

**Lebensaufgabe** *f* vitae munus <-neris> *nt,* vitae opus <operis> *nt.*

**Lebensbedingungen** *pl* condiciones <-num> *f pl* vitae.

**Lebensdauer** *f* vitae tempus <-poris> *nt,* aetas <-atis> *f.*

**Lebensende** *nt* (vitae) exitus <-us> *m,* finis <-is> *m* vitae.

**Lebenserfahrung** *f* vitae usus <-us> *m,* vitae prudentia *f.*

**lebensfähig** *adj* aptus ad vivendum.

**Lebensfreude** *f* vitae gaudium *nt.*

**Lebensgefahr** *f* vitae periculum *nt,* periculum *nt* capitale; **unter ~** cum vitae periculo; **in ~ sein** [*o* **schweben**] in praecipiti esse.

**lebensgefährlich** *adj* capitalis.

**Lebenshaltungskosten** *pl* sumptus <-us> *m* victualis.

**lebensklug** *adj* callidus.

**Lebenslage** *f* condicio <-onis> *f* vitae.

**lebenslänglich I.** *adj* perpetuus **II.** *adv* per omnem vitam.

**Lebenslauf** *m* vitae cursus <-us> *m.*

**lebenslustig** *adj* iucunditatum vitae amans <-ntis>.

**Lebensmittel** *pl* alimenta *nt pl,* cibaria *nt pl.*

**Lebensmittelgeschäft** *nt* taberna *f* alimentaria.

**lebensmüde** *adj* vitā satiatus.

**Lebensretter** *m* salutis auctor <-oris> *m.*

**Lebensstandard** *m* qualitas <-tatis> *f* victūs, ratio <-onis> *f* vivendi.

**Lebensstellung** *f* munus <-neris> *nt* perpetuum.

**Lebensunterhalt** *m* victus <-us> *m;* **seinen ~ mit etw verdienen** se sustentare alqa re.

**Lebensversicherung** *f* cautio <-onis> *f* vitae.

**Lebenswandel** *m* vita *f,* mores <-rum> *m pl.*

**Lebensweise** *f* vita *f,* cultus <-us> *m* [**Gallorum**; **liberalis**; **agrestis**].

**Lebensweisheit** *f* sapientia *f,* ars <artis> *f* vivendi.

**lebenswert** *adj* vivendo dignus.

**Lebenszeichen** *nt:* **kein ~ von sich geben** velut moribundum iacēre.

**Lebenszeit** *f* aetas <-atis> *f;* **auf ~** perpetuus [**dominatio**].

**Leber** *f* iecur <-coris> *nt.*

**Lebewesen** *nt* animal <-malis> *nt.*

**Lebewohl** *nt:* **~ sagen** vale dicere.

**lebhaft** *adj* vividus, alacer <-cris, -cre> [**animus**; **ingenium**; **eloquentia**; **imaginatio**]; **~er Handel** frequentia mercaturae; **~er Verkehr** frequentia commeatūs.

**Lebhaftigkeit** *f* alacritas <-tatis> *f,* vigor <-oris> *m.*

**Lebkuchen** *m* libum *nt* mellitum.

**leblos** *adj* (quasi) inanimus.

**Leblosigkeit** *f* languor <-oris> *m* [**corporis**].

**Lebzeiten** *pl:* **zu ~ Hannibals** Hannibale vivo.

**lechzen** *vi:* **nach etw ~** *(auch fig)* sitire + *akk* [**aquam**; **libertatem**; **honores**].

**leck** *adj* rimosus [**cumba**]; **~ werden** rimas agere [*o* ducere].

**Leck** *nt* rima *f.*

**lecken** *vt* lambere, lingere [**digitos**].

**lecker** *adj* delicatus.

**Leckerbissen** *m* cibus *m* delicatus.

**Leder** *nt* corium *nt.*
**Leder-** scorteus, e corio factus [**sacculus**; **calcei**].
**ledern** *adj (aus Leder)* scorteus, e corio factus.
**ledig** *adj (unverheiratet)* caelebs <-libis>.
**lediglich** *adv* modo, solum, tantum.
**leer** *adj* ① vacuus [**domus**]; **~ stehen** vacare; **~ ausgehen** nihil auferre ② *(fig)* inanis, vanus [**verba**; **promissa**].
**Leere** *f* ① vacuum *nt* ② *(fig)* inanitas <-tatis> *f.*
**leeren** *vt (leer machen)* vacuefacere; *(austrinken)* exhaurire [**poculum**].
**Leerlauf** *m (Auto)* disiunctura *f.*
**legal** *adj* legitimus.
**Legalität** *f* legalitas <-atis> *f.*
**Legat** *m* legatus *m.*
**legen I.** *vt* ponere, (col)locare *(auf, in etw:* in + abl); **in Schutt und Asche ~** incendio delēre; **einen Brand ~** incendium facere [*o* parare *o* excitare]; **jmd in Ketten ~** alqm in catenas conicere, alqm catenis vincire; **Eier ~** ova parere **II.** *vr* ① **sich auf** [*o* **an**] **etw ~** incumbere (in + akk; dat) ② *(fig: aufhören, nachlassen: Wind, Zorn, Begeisterung, Fieber)* remittere, residere, considere.
**Legende** *f* fabula *f.*
**Legion** *f* legio <-onis> *f.*
**Legionär** *m,* **Legionssoldat** *m* legionarius *m.*
**legitim** *adj* legitimus.
**Lehen** *nt* beneficium *nt.*
**Lehm** *m* lutum *nt;* **aus ~ / voll ~** luteus.
**Lehm-** luteus [**casa**].
**Lehmboden** *m* solum *nt* luteum.
**lehmig** *adj* lutulentus.
**Lehne** *f* adminiculum *nt,* fulcrum *nt.*
**lehnen I.** *vt* applicare *(an:* ad oder mit dat) **II.** *vr:* **sich ~** se applicare, applicari *(an:* ad oder mit dat) [**ad arborem**; **saxo**].
**Lehnsessel** *m* sella *f* reclinis, arcisellium *nt,* cathedra *f.*
**Lehnsherr** *m* dominus *m* beneficiarius.
**Lehnsmann** *m* cliens <-entis> *m.*
**Lehnstuhl** *m* sella *f* reclinis, arcisellium *nt,* cathedra *f.*
**Lehramt** *nt,* **Lehrberuf** *m* magistri/professoris munus <-neris> *nt.*
**Lehrbuch** *nt* liber <-bri> *m.*
**Lehre** *f* ① *(Unterweisung)* disciplina *f,* praeceptum *nt; (philos.)* doctrina *f;* **eine ~ befolgen** monentem audire; **aus etw eine ~ ziehen** documentum sibi capere ex re ② *(Berufsausbildung)* tirocinium *nt,* disciplina *f;* **bei jdm in die ~ gehen** in alcis disciplina esse.
**lehren** *vt* docēre (alqm alqd; mit inf; A.C.I.) [**discipulos litteras**], instituere (alqm re; mit inf; A.C.I.) [**pueros artibus / Latine loqui**].
**Lehrer(in** *f***)** *m* magister <-tri> *m,* praeceptor <-oris> *m,* magistra *f.*
**Lehrgang** *m* curriculum *nt* studiorum; **einen ~ besuchen** curriculum studiorum obire.
**Lehrjahr** *nt* annus *m* discendi.
**Lehrling** *m* tiro <-onis> *m.*
**Lehrplan** *m* ordo <-dinis> *m* studiorum.
**lehrreich** *adj* ad discendum utilis [*o* aptus].
**Lehrsatz** *m* praeceptum *nt.*
**Lehrstuhl** *m* cathedra *f.*
**Lehrzeit** *f* tempus <-poris> *nt* discendi.
**Leib** *m* corpus <-poris> *nt;* **mit ~ und Seele bei etw dabei sein** toto animo alci rei interesse; **bleib mir vom ~e** apage te a me; **jdm auf den ~ rücken** *(jmd bedrängen)* alqm urgēre; **einer Sache zu ~e rücken** aggredi alqd.
**Leibeigener** *m* servus *m.*
**Leibgarde** *f* custodes <-dum> *m pl* corporis; *(des Feldherrn)* cohors <-hortis> *f* praetoria.
**Leibgericht** *nt* cibus *m* gratissimus.
**leibhaftig I.** *adj* graphicus **II.** *adv* ipse / ipsa / ipsum, coram.
**leiblich** *adj* ① *(körperlich)* corporeus, corporis ② *(blutsverwandt)* germanus [**frater**; **soror**].
**Leibwache** *f* custodes <-dum> *m pl* corporis; *(des Feldherrn)* cohors <-hortis> *f* praetoria.
**Leibwächter** *m* custos <-odis> *m* corporis, satelles <satellitis> *m.*
**Leiche** *f* mortuus *m,* corpus <-poris> *nt.*
**Leichen-** funebris, mortui/mortuorum, cadaveris/cadaverum.
**leichenblass** *adj* perpallidus, exsanguis.
**Leichenzug** *m* exsequiae *f pl,* funus <-neris> *nt.*
**Leichnam** *m* mortuus *m,* corpus <-poris> *nt.*
**leicht** *adj* ① *(von Gewicht)* levis; **~ bewaffnet** expeditus [**iaculatores**; **pedites**] ② *(~ zu tun, einfach)* facilis; **~ zu verstehen** facilis intellectu [*o* ad intellegendum] ③ *(fig: sorglos)* vacuus; **~en Herzens** animo vacuo.
**Leichtathletik** *f* athletica *f* levis.
**Leichtbewaffnete** *pl* expediti *m pl,* armatura *f* levis.
**leichtfertig** *adj* levis.
**leichtgläubig** *adj* credulus.
**Leichtgläubigkeit** *f* credulitas <-atis> *f.*
**leichthin** *adv* leviter, temere.
**Leichtigkeit** *f (Mühelosigkeit)* facilitas <-tatis> *f;* **mit ~** facile.
**Leichtsinn** *m* levitas <-atis> *f,* temeritas <-atis> *f.*
**leichtsinnig** *adj* levis.
**Leid** *nt* malum *nt,* dolor <-loris> *m;* **jdm ein ~ antun** alci dolorem inferre; **jdm sein ~ klagen** queri apud alqm.
**leiden** *vt/vi* laborare *(etw, an etw, unter etw:* abl); **Hunger/Not ~** fame/inopiā laborare; **an einer Krankheit ~** morbo laborare; **jmd/etw**

L

**nicht ~ können** abhorrēre ab.

**Leiden** *nt* malum *nt,* miseria *f,* cruciatus <-us> *m.*

**Leidenschaft** *f* cupiditas <-atis> *f,* animi impetus <-us> *m; (Passion für etw)* magnum studium *nt,* studium *nt* flagrans.

**leidenschaftlich** *adj* acer <acris, acre>, ardens <-entis>.

**leidenschaftslos I.** *adj* cupiditatis expers **II.** *adv* aequo animo.

**Leidensgenosse** *m* malorum socius *m.*

**leider** *adv durch Umschreibung mit* dolēre *zu übersetzen.*

**leidig** *adj (lästig, unangenehm)* incommodus, molestus.

**leidlich** *adv* mediocriter, satis bene.

**leidtun** *vi:* **es tut mir leid, dass ...** doleo (+ A.C.I.; quod), me paenitet (quod); **er tut mir leid** eius me miseret.

**Leidwesen** *nt:* (**sehr**) **zu meinem ~** cum (magno) meo dolore.

**Leier** *f* lyra *f,* fides <-dium> *f pl;* **es ist immer die alte ~** *(fig)* semper eadem cantilena canitur.

**leihen** *vt (ver~)* commodare, mutuum dare <dedi> alci alqd; **sich etw ~** mutuum sumere alqd (ab alqo); **jdm sein Ohr ~** alci aures praebēre.

**Leihwagen** *m* vehiculum *nt* meritorium, currus <-us> *m* meritorius.

**leihweise** *adv:* **jdm etw ~ geben** mutuum dare <dedi> alci alqd.

**Leim** *m* glutinum *nt,* gluten <-tinis> *nt.*

**leimen** *vt* glutinare.

**Leine** *f* funis <-is> *m.*

**leinen** *adj* linteus [**vestis**].

**Leinen** *nt* linteum *nt.*

**Leintuch** *nt* linteum *nt.*

**Leinwand** *f* linteum *nt.*

**leise** *adj* ① suppressus, submissus [**vox**; **murmur**]; **~ reden** vocem submittere ② *(fig: leicht, schwach)* levis [**praesensio**; **spes**].

**Leiste** *f (Holz~)* regula *f.*

**leisten** *vt (zustande bringen)* perficere, efficere, conficere [**multa**]; *(verrichten, erfüllen)* praestare <praestiti> [**suum munus**; **tributa**]; **einen Eid ~** iurare, ius iurandum dare; **jdm Beistand** [*o* **Hilfe**] **~** (ad)iuvare alqm; **jdm Widerstand ~** resistere alci; **jdm Genugtuung ~** alci satisfacere.

**Leisten** *m:* **alles über einen ~ schlagen** *(fig)* omnia uno modulo metiri, omnia unā perticā tractare.

**Leistung** *f* ① *(Geleistetes)* res <rei> *f* gesta, opera *f* ② *(~sfähigkeit)* munus <-neris> *nt.*

**leistungsfähig** *adj* efficax <-acis>.

**Leistungsgesellschaft** *f* meritocratia *f.*

**Leistungskurs** *m* cursus <-us> *m* operatorius.

**leiten** *vt* ① *(an der Spitze stehen, lenken, regieren)* gubernare, regere + *akk* [**rem publicam**; **orbem terrarum**], praeesse + *dat* [**provinciae**; **castris**]; **sich von etw ~ lassen** alqa re duci, moveri ② *(Wasser)* ducere [**aquam in urbem**].

**Leiter I.** *m* dux <ducis> *m,* princeps <-cipis> *m,* rector <-oris> *m* **II.** *f* scalae *f pl.*

**Leithammel** *m (auch fig)* gregis dux <ducis> *m.*

**Leitmotiv** *nt* thema <-atis> *nt* fundamentale.

**Leitung** *f* ① moderatio <-onis> *f;* **unter jmds ~** alqo duce; **die ~ von etw übernehmen** praefici + *dat* ② *(Strom~, Telefon~)* filum *nt; (Wasser~)* ductus <-us> *m.*

**Leitungswasser** *nt* aqua *f* canalibus immissa.

**Lektion** *f* schola *f.*

**Lektüre** *f* lectio <-onis> *f.*

**lenken** *vt* ① *(leiten; steuern)* gubernare, regere [**navem**; **motum mundi**] ② *(fig: Gedanken, Gespräche)* flectere; **jmds Aufmerksamkeit auf etw ~** animum alcis attendere ad alqd; **den Blick auf etw ~** oculos in alqd flectere.

**Lenkrad** *nt* rota *f* moderatrix.

**Lenkung** *f (Leitung; das Steuern)* gubernatio <-onis> *f* [**civitatis**; **navis**].

**Leopard** *m* leopardus *m.*

**Lerche** *f* alauda *f.*

**lernbegierig** *adj* discendi cupidus.

**lernen** *vt* discere [**linguam**; **natare**]; **auswendig ~** ediscere, memoriae mandare.

**Lesart** *f* scriptura *f,* lectio <-onis> *f.*

**lesbar** *adj* legibilis, clarus.

**lesen** *vt* legere [**librum**; **epistulam**]; **~ können** legere posse.

**Lesen** *nt* lectio <-onis> *f.*

**lesenswert** *adj* legendo dignus.

**Leser** *m* is qui legit, lector <-oris> *m.*

**leserlich** *adj* legibilis, clarus.

**Lesesaal** *m* atrium *nt* lectorium, oecus *m* lectorius.

**Lesestoff** *m* materia *f* ad legendum.

**Lesung** *f* recitatio <-onis> *f.*

**Letzt**: **zu guter ~** in extremo.

**letztens** *adv* nuper, novissime.

**letzter** *adj* ① ultimus, postremus; **zum letzten Mal** ultimum, postremum; **jdm die letzte Ehre erweisen** iusta facere alci; **im letzten Teil des Buches** in extremo libro; **alle bis auf den letzten Mann** ad unum omnes ② *(voriger)* ultimus, proximus [**nox**; **censor**; **bellum**; **aestas**]; **im letzten Jahr** proximo anno.

**letzterer** *adj* superior.

**Leuchte** *f* lucerna *f,* lumen <-minis> *nt.*

**leuchten** *vi* ① *(glänzen, strahlen)* lucēre, fulgēre ② *(jdm mit einer Lampe ~)* lucernam alci praeferre.

**Leuchten** *nt* lumen <-minis> *nt.*
**leuchtend** *adj* lucidus.
**Leuchter** *m* candelabrum *nt.*
**Leuchtkäfer** *m* lampyris <-idis> *f.*
**Leuchtrakete** *f* missile <-lis> *nt* luciferum.
**Leuchtreklame** *f* praeconium *nt* lucidum.
**Leuchtturm** *m* pharus <-i> *f.*
**leugnen** *vt* negare; **es ist nicht zu ~, dass ...** negari non potest, quin ....
**Leugnen** *nt* negatio <-onis> *f.*
**Leukämie** *f* leucaemia *f.*
**Leute** *pl* homines <-num> *m pl;* **es gibt ~, die ...** sunt qui + *conj oder ind;* **unter die ~ bringen** in vulgus efferre; **vor allen ~n** aperte palamque; **junge ~** adulescentes <-tium> *m pl,* adulescentia *f;* **meine ~** mei; **unter die ~ kommen** *(Gerüchte)* vulgari, in vulgus emanare; *(Menschen)* in publicum prodire.
**leutselig** *adj* comis, facilis.
**Leutseligkeit** *f* comitas <-atis> *f,* facilitas <-tatis> *f.*
**Lexikon** *nt* index <-dicis> *m* verborum.
**Libelle** *f* libella *f.*
**liberal** *adj (die Freiheit liebend)* libertatis amans.
**Licht** *nt* lux <lucis> *f,* lumen <-minis> *nt* [**solis**; **lunae**; **lucernae**]; **das ~ anmachen** lumen accendere; **jmd hinters ~ führen** decipere alqm; **etw ans ~ bringen** aperire alqd; **in etw ~ bringen** *(fig)* alqd explanare, alci rei lucem adhibēre; **jetzt geht mir ein ~ auf** iam plus cerno [*o* video]; **das ~ der Welt erblicken** in lucem edi, nasci; **jdm im ~ stehen** luminibus alcis obstare <obstiti>.
**lichtempfindlich** *adj* lucis impatiens.
**lichten** *vt:* **die Anker ~** ancoras tollere.
**lichterloh** *adv:* **~ brennen** incendio flagrare.
**Lichtgeschwindigkeit** *f* velocitas <-atis> *f* luminis, celeritas <-atis> *f* luminis; **mit ~** velocitate [*o* celeritate] luminis.
**Lichtjahr** *nt* annus <-i> *m* luce mensus.
**Lichtreklame** *f* praeconium *nt* lucidum.
**Lichtschalter** *m* epitonium *nt* electricum, mutatrum *nt* electricum.
**Lichtschein** *m* lux <lucis> *f,* lumen <-minis> *nt.*
**lichtscheu** *adj* lucifugus, lucem fugiens.
**Lichtschimmer** *m* aliquid lucis.
**Lichtstrahl** *m* radius *m* luminis.
**Lid** *nt* palpebra *f.*
**Lidschatten** *m* umbraculum *nt* oculorum.
**lieb** *adj (geliebt, geschätzt, teuer)* carus [**mater**; **pater**]; *(Liebe, Zuneigung, Herzlichkeit zum Ausdruck bringend)* gratus [**epistula**; **verba**]; **es wäre mir ~, wenn ...** velim + *conj;* **~ gewinnen** adamare; **~ haben** amare.
**Liebchen** *nt* amicula *f.*
**Liebe** *f* ❶ amor <-oris> *m (zu:* erga, adversus, in + akk; gen obi.); **aus ~** amore (ductus) ❷ *(Passion)* studium *nt (zu:* gen).
**Liebelei** *f* amor <-oris> *m.*
**lieben** *vt* amare; **den Luxus ~** luxuriae cupidum esse; **jmd/etw über alles ~** alqm/alqd ante alios / alias / alia amare.
**liebenswert** *adj* amandus.
**liebenswürdig** *adj* amabilis, suavis, dulcis.
**Liebenswürdigkeit** *f* amabilitas <-tatis> *f,* suavitas <-tatis> *f.*
**lieber** *adv* libentius, potius; **~ wollen** malle.
**Liebesbrief** *m* epistula *f* amatoria.
**Liebeskummer** *m* aegritudo <-dinis> *f* amoris.
**liebevoll** *adj* amoris plenus, blandus, dulcis.
**Liebhaber** *m* ❶ *(Kenner, Interessent, Freund von etw)* cultor <-oris> *m,* studiosus *m* [**artis**; **litterarum**] ❷ *(Geliebter)* amator <-oris> *m.*
**Liebhaberei** *f* studium *nt;* **das ist eine ~ von ihm** hac re delectatur; **aus ~** studii causā.
**liebkosen** *vt* permulcēre.
**Liebkosung** *f* blanditia *f.*
**lieblich** *adj* suavis, dulcis.
**Liebling** *m* deliciae *f pl,* amor <-oris> *m.*
**Lieblings-** gratissimus.
**lieblos** *adj* durus, inhumanus.
**Lieblosigkeit** *f* inhumanitas <-tatis> *f.*
**Liebschaft** *f* amor <-oris> *m.*
**Liebste(r)** *f(m)* amor <-oris> *m,* amica *f.*
**Lied** *nt* carmen <-minis> *nt,* canticum *nt;* **es ist immer das alte ~** *(fig)* semper idem carmen canitur; **davon kann ich ein ~ singen** *(fig)* eius rei expertus sum.
**liederlich** *adj* nequam (undekl.).
**Liederlichkeit** *f* nequitia *f.*
**Lieferant** *m* redemptor <-oris> *m,* praebitor <-oris> *m* [**frumenti**].
**liefern** *vt (zustellen)* comportare, conferre, praebēre [**frumentum**]; **eine Schlacht ~** proelium committere; **einen Beweis für etw ~** argumentum alci rei afferre.
**Lieferschein** *m* testimonium *nt* collationis.
**Lieferung** *f* ❶ *(das Liefern)* praebitio <-onis> *f,* collatio <-onis> *f* [**frumenti**] ❷ *(Ware)* praebitum *nt,* collatum *nt.*
**Liege** *f* lectus *m.*
**liegen** *vi (von Personen und Sachen)* iacēre [**humi**; **in gramine**; **sub arbore**]; *(von Personen, um zu ruhen)* cubare <cubui>; *(nach röm. Sitte: bei Tisch ~)* (ac)cubare; *(sich befinden, gelegen sein: Gebäude, Stadt)* (situm) esse; **mir / dem Konsul liegt viel daran** meā / consulis multum interest; **nach Westen ~** ad occidentem spectare; **~ bleiben** *(auch fig)* relinqui; **~ lassen** *(auch fig)* relinquere.
**Liegestuhl** *m* sedile <-lis> *nt* cubitorium.
**Liegewagen** *m* currus <-us> *m* cubitorius.
**Lift** *m* anabathrum *nt,* machina *f* scansoria.

**Likör** *m* liquor <-oris> *m.*

**Liktor** *m* lictor <-oris> *m.*

**lila** *adj* violaceus.

**Lilie** *f* lilium *nt.*

**Liliputaner** *m* pygmaeus *m.*

**Limonade** *f* limonada *f,* limonata *f.*

**Limousine** *f* limusina *f.*

**Linde** *f* tilia *f.*

**lindern** *vt* levare, lenire [**dolorem**; **inopiam**; **luctum**].

**Linderung** *f* levatio <-onis> *f* [**aegritudinis**].

**Lineal** *nt* regula *f.*

**Linie** *f* linea *f;* **in erster ~** *(fig)* potissimum, maxime.

**Link** *m o nt* (INFORM) nexus <-us> *m* (interretialis).

**Linke** *f (linke Hand)* sinistra *f;* **zur ~n** ad sinistram.

**linker** *adj* sinister <-tra, -trum>, laevus; **linke Seite/Hand** sinistra *f;* **~ Hand** ad sinistram.

**linkisch** *adj* rusticus, laevus.

**links** *adv* a sinistra; **nach ~** sinistrorsum; **jmd ~ liegen lassen** alqm neglegere.

**Linoleum** *nt* linoleum *nt.*

**Linse** *f* (BOT, OPTIK) lens <lentis> *f.*

**linsenförmig** *adj* lenticulatus.

**Lippe** *f* labrum *nt;* **etw** (**nicht**) **über die ~n bringen** alqd dicere (non) posse; **ich habe das Wort schon auf den ~n** hoc verbum iam mihi in labris versatur.

**Lippenstift** *m* stilus *m* fucandi.

**lispeln** *vi:* **jmd lispelt** alci est os blaesum.

**List** *f* dolus *m; (Wesensart)* calliditas <-tatis> *f.*

**Liste** *f* index <-dicis> *m,* tabulae *f pl;* **etw in eine ~ eintragen** alqd in tabulas referre.

**listig** *adj* dolosus, callidus.

**Litanei** *f:* **die alte ~** *(fig)* cantilena *f.*

**Liter** *m/nt* litra *f.*

**literarisch** *adj durch gen:* litterarum.

**Literat** *m* homo <-minis> *m* litteratus.

**Literatur** *f* litterae *f pl.*

**Literaturpreis** *m* praemium *nt* litterarum.

**Litfaßsäule** *f (für Reklame)* columna *f* praeconia.

**Live-Sendung** *f,* **Live-Übertragung** *f* transmissio <-onis> *f* directa.

**Lizenz** *f* licentia *f.*

**Lob** *nt* laus <laudis> *f;* **~ ernten** laude affici; **jdm ~ spenden/zollen** laudare alqm; **über alles ~ erhaben** omnem laudem supergressus.

**loben** *vt* laudare (alqm, alqd).

**lobenswert** *adj,* **löblich** *adj* laudabilis, laude dignus.

**Loblied** *nt* hymnus *m,* paean <-anis> *m;* **ein ~ auf jmd anstimmen** laudes alcis canere.

**Lobrede** *f* laudatio <-onis> *f;* **eine ~ auf jdn/etw halten** laudes alcis/alcis rei dicere.

**Lobredner** *m* laudator <-oris> *m,* praedicator <-oris> *m.*

**Loch** *nt* ❶ foramen <-minis> *nt,* cavum *nt* ❷ *(schlechte Wohnung)* gurgustium *nt.*

**Locke** *f (natürliche)* cirrus *m; (künstliche)* cincinnus *m.*

**locken** *vt* allicere, illicere, elicere, pellicere [**populum in servitutem**; **militem donis**]; **jmd in einen Hinterhalt ~** alqm in insidias allicere.

**Lockenwickler** *m* involucrum *nt* crinale.

**locker** *adj* ❶ *(nicht straff, lose)* laxus [**catena**] ❷ *(fig: entspannt)* relaxatus.

**lockern** *vt* laxare [**habenas**].

**lockig** *adj* cirratus, cincinnatus.

**Lockmittel** *nt,* **Lockung** *f* illecebra *f,* invitamentum *nt.*

**lodern** *vi* flagrare.

**Löffel** *m* cochlear <-aris> *nt.*

**Loge** *f* (THEAT) podium *nt.*

**Logik** *f* logica *nt pl,* ars <artis> *f* logica.

**logisch** *adj* logicus.

**Lohn** *m* pretium *nt,* praemium *nt,* merces <-edis> *f (für etw: gen)*; **~ fordern** mercedem exigere; **den ~ für etw ernten** fructum alcis rei capere.

**lohnen** *vr:* **es lohnt sich** operae pretium est.

**lohnend** *adj* ❶ *(einträglich)* quaestuosus [**mercatura**] ❷ *(fig: nutzbringend)* fructuosus [**studium**].

**Lokal** *nt* caupona *f,* taberna *f.*

**Lokomotive** *f* machina *f* vectoria.

**Lokomotivführer** *m* machinae vectoriae ductor <-oris> *m.*

**Lorbeer**(**baum**) *m* laurus *f;* (**sich**) **auf seinen Lorbeeren ausruhen** partā gloriā velut reposito frui honore.

**Lorbeerkranz** *m* laurea *f.*

**los I.** *adv:* **~!** age/agite! **II.** *adj (losgelöst)* solutus.

**Los** *nt* ❶ *(Schicksal)* fortuna *f,* sors <sortis> *f;* **ihm ist ein schweres ~ beschieden** miseram vitam degit ❷ *(Lotterie~)* sors *f;* **ein ~ ziehen** sortem ducere.

**lösbar** *adj* dissolubilis.

**losbinden** *vt* resolvere.

**losbrechen** *vi (ausbrechen, plötzlich beginnen: Gewitter, Tumult)* oriri, erumpere, exardescere.

**Löschblatt** *nt* charta *f* bibula.

**löschen** *vt* exstinguere [**faces**; **incendium**; **sitim**].

**Löschgerät** *nt* instrumentum *nt* ad incendium compescendum.

**Löschpapier** *nt* charta *f* bibula.

**lose** *adj* ❶ *(locker)* laxus, solutus ❷ *(fig: ausgelassen, frech)* lascivus, petulans <-antis>; **~ Reden führen** petulanter loqui.

**Lösegeld** *nt* pretium *nt;* **~ zahlen** pretium solvere.

**losen** *vi* sortiri *(um etw:* de).
**Losen** *nt* sortitio <-onis> *f (um etw:* gen).
**lösen** *vt* solvere [**nodum**; **aenigmata**]; **ein Problem ~** quaestionem persolvere.
**losfahren** *vi* ① *(abfahren)* avehi, profcisci ② *(fig: anfahren, angreifen)* invehi *(auf jmd:* in alqm).
**losgehen** *vi* ① *(sich lösen, abgehen)* laxari, (re)solvi ② *(anfangen)* incipere, oriri ③ *(weggehen, aufbrechen)* proficisci, abire, discedere; **auf jmd ~** petere alqm, invadere in alqm.
**loskaufen** *vt* redimere [**captos e servitute**; **amicum a piratis**; **auro se a Gallis**].
**loskommen** *vi:* **von jdm/etw ~** liberari ab alqo/alqa re; **von etw/von jdm nicht ~** (**können**) haerēre (in + abl).
**loslassen** *vt (nicht mehr festhalten)* mittere [**habenas**]; *(freilassen)* emittere, dimittere [**canes**]; *(Hunde auf jmd)* immittere [**canes in alqm**].
**löslich** *adj* dissolubilis.
**losmachen I.** *vt* refigere, resolvere **II.** *vr:* **sich ~** *(auch fig)* se expedire, liberari *(von:* ab); **sich von etw nicht ~ können** haerēre in re.
**losreißen** *vt* abrumpere.
**lossagen** *vr:* **sich ~** se abdicare *(von etw:* alqa re, *von jdm:* ab alqo).
**Losung** *f* tessera *f*, signum *nt.*
**Lösung** *f* ① explicatio <-onis> *f* [**quaestionum obscurarum**] ② *(von Beziehungen)* solutio <-ionis> *f.*
**loswerden** *vt* ① liberari (ab alqo/alqa re) ② *(verkaufen)* vendere.
**losziehen** *vi (aufbrechen)* proficisci, abire, discedere; **gegen jmd ~** *(fig)* invehi *(in:* + akk), increpare <increpui> + *akk.*
**Lot** *nt (Senkblei)* perpendiculum *nt;* **etw wieder ins** (**rechte**) **~ bringen** alqd restituere.
**löten** *vt* ferruminare.
**Lotse** *m* (NAUT) dux <ducis> *m* maris peritus.
**Lotterie** *f* sortium alea *f;* **etw in der ~ gewinnen** sortibus felicibus nancisci alqd.
**Lotterielos** *nt* sors <sortis> *f.*
**Löwe** *m* leo <-onis> *m.*
**Löwen-** leoninus [**cavum** Löwenhöhle].
**Löwenanteil** *m* pars <partis> *f* leonina.
**Löwin** *f* leaena *f.*
**loyal** *adj* bonus, modestus [**civis**].
**Luchs** *m* lynx <lyncis> *m/f.*
**Lücke** *f* lacuna *f;* **eine ~** (**aus**)**füllen** lacunam explēre.
**Lückenbüßer** *m* vicarius *m.*
**lückenhaft** *adj* lacunosus.
**Luft** *f* aër <aëris> *m* [**maritimus**; **salubris**]; *(Atem)* aura *f;* **~ holen** spiritum ducere; **aus der ~ gegriffen sein** fictum esse; **sich/seinem Herzen ~ machen** animum levare.
**Luftballon** *m* pila *f* aëria.
**luftdicht** *adj* aëri impervius.
**Luftdruck** *m* pressio <-onis> *f* aëria [*o* aëris].
**lüften** *vt (Zimmer)* aëra immittere (in + akk); *(Kleidung)* aëri exponere; **den Hut ~** caput nudare.
**Luftmatratze** *f* culcita *f* inflabilis.
**Luftpost** *f* cursus <-us> *m* aërius.
**Luftpumpe** *f* antlia *f* pneumatica.
**Luftröhre** *f* arteria *f.*
**Luftschacht** *m* spiraculum *nt.*
**Luftschloss** *nt (fig)* somnium *nt;* **Luftschlösser bauen** somniare, somnia fingere, in aëre aedificare.
**Luftschutzbunker** *m*, **Luftschutzkeller** *m* suffugium *nt* subaërium.
**Luftsprung** *m:* **vor Freude einen ~ machen** gaudio saltum dare.
**Lüftung** *f* ventilatio <-onis> *f.*
**Luftveränderung** *f* mutatio <-onis> *f* aëris [*o* caeli].
**Luftverschmutzung** *f* aëris inquinamentum *nt.*
**Luftweg** *m* iter <itineris> *nt* aërium, via *f* aëria; **auf dem ~** viā aëriā.
**Luftzug** *m* aura *f.*
**Lüge** *f* mendacium *nt;* **jmd ~n strafen** mendacii coarguere alqm.
**lügen** *vi* mentiri; **ich müsste ~, wenn ...** mentior [*o* mentiar], si ....
**lügenhaft** *adj* ① *(von Personen)* mendax <-acis> ② *(von Sachen)* fictus, falsus [**fabula**; **verba**].
**Lügner** *m* mendax <-acis> *m.*
**lügnerisch** *adj* ① *(von Personen)* mendax <-acis> ② *(von Sachen)* fictus, falsus [**fabula**; **verba**].
**Luke** *f (Dach~)* tecti fenestella *f.*
**lukrativ** *adj* lucrosus [**opus** Job].
**Lümmel** *m (pej: Flegel)* rusticus *m.*
**Lump** *m* homo <-minis> *m* perditus.
**lumpen** *vt:* **sich nicht ~ lassen** non avarum esse, pecuniae non parcere.
**Lumpen** *m* pannus *m.*
**Lumpengesindel** *nt* faex <faecis> *f* plebis.
**lumpig** *adj (fig: unbedeutend, wertlos)* vilis [**salarium**].
**Lunge** *f* pulmo <-onis> *m.*
**Lungentuberkulose** *f* phthisis <-is> *f* pulmonum.
**Lupe** *f* macroscopium *nt;* **etw unter die ~ nehmen** *(fig)* alqd diligenter examinare.
**Lust** *f (Vergnügen, Freude)* voluptas <-atis> *f;* *(Begierde, Verlangen, sinnliche ~)* libido <-dinis> *f (zu, auf:* gen); **~ haben zu** [*o* **auf**] cupere, appetere, velle; **keine ~ haben zu** [*o* **auf**] nolle; **seine ~ an etw haben** alqa re delectari, voluptatem percipere ex re.
**lüstern** *adj* cupidus, avidus *(nach:* gen); **nach**

**etw ~ sein** ligurrire + *akk.*
**Lüsternheit** *f* cupiditas <-atis> *f,* libido <-dinis> *f.*
**lustig** *adj (vergnügt)* laetus, iocosus, hilarus; *(erheiternd)* iocosus; **sich über jmd ~ machen** illudere (alci oder alqm).
**Lüstling** *m* homo <-minis> *m* libidinosus.
**lustlos** *adj* voluptatis expers.
**Lustspiel** *nt* comoedia *f.*
**luxuriös** *adj* luxuriosus [**vita**].
**Luxus** *m* luxuria *f,* luxus <-us> *m.*
**Luxus-** luxuriosus [**deversorium**].
**Luxusartikel** *m* res <rei> *f* ad luxuriam pertinens.
**lynchen** *vt* praesenti supplicio afficere.
**Lyrik** *f* poësis <-is> *f* lyrica.
**Lyriker(in *f*)** *m* poeta *m* lyricus, poetria *f* lyrica.
**lyrisch** *adj* lyricus [**carmen**].

# Mm

**machen** *vt* facere; **was soll ich ~?** quid faciam?; **zu etw ~** facere, reddere (+ dopp. akk; Passiv: dopp. nom) [**alqm regem**; **Siciliam provinciam**]; **sich an etw ~** aggredi + *akk,* accedere (ad); **größer ~** augēre; **sich nichts aus etw ~** alqd neglegere, nihil curare alqd; **da kann man nichts (mehr) ~** actum est.
**Machenschaften** *pl* fallaciae *f pl,* doli *m pl.*
**Macht** *f* potestas <-atis> *f (über:* gen) [**vitae necisque**]; *(Kraft)* vis *f;* (MIL) imperium *nt;* **die ~ an sich reißen** rerum potiri; **die ~ über jmd/etw erlangen** potiri + *abl;* **mit aller ~** omni vi, omnibus opibus.
**Machthaber** *m* dominus *m,* princeps <-cipis> *m.*
**mächtig I.** *adj* potens <-entis> [**civitas**]; *(sehr groß)* ingens <-entis>; **einer Sprache ~ sein** linguae peritum esse **II.** *adv (sehr)* valde; **sich ~ anstrengen** valde niti, contendere.
**Machtkampf** *m* certamen <-minis> *nt* potestatis.
**machtlos** *adj* impotens <-entis>.
**Machtlosigkeit** *f* infirmitas <-atis> *f* opum.
**Machtstellung** *f* potestas <-atis> *f.*
**Machtwort** *nt* verbum *nt* grave; **ein ~ sprechen** imperiose edicere.
**Machwerk** *nt* opus <operis> *nt* neglegenter confectum.
**Mädchen** *f* puella *f; (Jungfrau)* virgo <-ginis> *f.*
**Mädchen-** puellaris, *durch gen:* puellae, puellarum.
**mädchenhaft** *adj* puellaris.
**Made** *f* vermis <-is> *m.*
**Madonna** *f* mater <-tris> *f* sancta dei.
**Magazin** *nt (Warenlager)* receptaculum *nt,* horreum *nt.*
**Magd** *f* ancilla *f.*
**Magen** *m* stomachus *m,* venter <-tris> *m;* **sich den ~ verderben** stomachum laedere.
**Magenbeschwerden** *pl,* **Magenschmerzen** *pl* stomachi tormina <-num> *nt pl.*
**mager** *adj* (1) macer <-cra, -crum>; **~ werden** macescere (2) *(fig: dürftig)* exilis.
**Magerkeit** *f* macies <-ei> *f.*
**Magie** *f* ars <artis> *f* magica.
**Magier** *m* magus *m.*
**magisch** *adj* magicus.
**Magistrat** *m (Stadtverwaltung)* magistratus <-us> *m.*
**Magnet** *m* magnes <-etis> *m.*
**magnetisch** *adj* magneticus.
**mähen** *vt* metere.
**Mähen** *nt* messis <-is> *f.*
**Mäher** *m* messor <-oris> *m.*
**mahlen** *vt* molere [**hordeum**].
**Mahlzeit** *f* cena *f.*
**Mähmaschine** *f* machina *f* messoria.
**Mahnbrief** *m* monitum *nt.*
**Mähne** *f* iuba *f.*
**mahnen** *vt* (ad)monēre *(an etw:* de, *zu etw:* ut + *conj*); *(wegen Schulden)* appellare (de re) [**de pecunia debita**].
**Mahnung** *f* (1) *(Er~)* (ad)monitio <-onis> *f* (2) *(Mahnbrief)* monitum *nt.*
**Mai** *m* Maius *m;* **der Erste ~** Calendae Maiae.
**Majestät** *f* maiestas <-tatis> *f;* **seine ~ der König** rex augustissimus.
**majestätisch** *adj* augustus, magnificus, magnus, gravis.
**Majestätsbeleidigung** *f,* **Majestätsverbrechen** *nt* crimen <-minis> *nt* laesae maiestatis.
**Majorität** *f* maior pars <partis> *f.*
**makaber** *adj* horrendus.
**Makel** *m (Schandfleck)* macula *f.*
**makellos** *adj* integer <-gra, -grum> [**mores**; **fama**].
**mäkeln** *vi* reprehendere, destringere *(an:* akk).
**Make-up** *nt* oris medicamen <-minis> *nt.*
**Makler** *m* pararius *m.*
**Maklergebühr** *f* taxa *f* conciliandi.
**Makrele** *f* scomber <-bri> *m.*

**Makulatur** *f* chartae *f pl* ineptae.
**mal** *adv (einmal)* aliquando.
**Mal** *nt* ❶ **zum ersten/zweiten/dritten/letzten ~** primum/iterum/tertium/postremum; **ein anderes ~** alias, alio tempore; **ein für alle Mal** in omne tempus; **jedes Mal** semper ❷ *(Fleck auf der Haut)* nota *f* [**genitiva** Muttermal].
**Malaria** *f* malaria *f.*
**malen** *vt* pingere.
**Maler** *m* ❶ *(Kunst~)* pictor <-oris> *m* ❷ *(Anstreicher)* dealbator <-oris> *m.*
**Malerei** *f* pictura *f,* ars <artis> *f* pingendi.
**Malerin** *f (Kunst~)* pictrix <-icis> *f.*
**malerisch** *adj* amoenus [**locus**].
**man** *pron meist durch das Passiv zu übersetzen.*
**Manager** *m* moderator <-toris> *m.*
**mancher** *adj* nonnullus.
**mancherlei** *adj* varius.
**manchmal** *adv* interdum, nonnumquam.
**Mandarine** *f* mandarinum *nt.*
**Mandel** *f* ❶ (BOT) amygdalum *nt,* amygdala *f* ❷ *(im Hals)*: **~n** tonsillae *f pl.*
**Mandelbaum** *m* amygdalum *nt,* amygdala *f.*
**Mandelentzündung** *f* tonsillarum inflammatio <-onis> *f.*
**Manege** *f* arena *f.*
**Manen** *pl (Seelen der Verstorbenen)* manes <-nium> *m pl.*
**Mangel** *m* ❶ *(Knappheit)* inopia *f (an: gen)*; **~ haben an** carēre + *abl;* **aus ~ an** inopiā + *gen;* **~ an Vertrauen** diffidentia ❷ *(Fehler)* vitium *nt.*
**mangelhaft** *adj (ungenügend)* mancus; *(fehlerhaft)* vitiosus.
**mangeln** *vi (nicht genügend vorhanden sein, fehlen)* deesse; **es mangelt ihm an Geld** argentum ei deest.
**Mangelware** *f* merx <mercis> *f* angusta.
**Manie** *f* mania *f.*
**Manieren** *pl* mores <-rum> *m pl;* **höfliche ~** humanitas.
**manierlich** *adj* urbanus, comis.
**Manifest** *nt* declaratio <-onis> *f.*
**Manipel** *m (ein Drittel einer Kohorte, etwa 150 Mann)* manipulus *m.*
**Manko** *nt* vitium *nt,* mendum *nt.*
**Mann** *m* vir <viri> *m; (Ehe~)* maritus *m;* **junger ~** iuvenis <-is> *m,* adulescens <-centis> *m;* **alter ~** senex <senis> *m;* **~ gegen ~** *(kämpfen)* pede collato; **~ für ~** viritim; **alle bis auf den letzten ~** ad unum omnes.
**Männchen** *nt (bei Tieren)* masculus *m.*
**Männer-** virilis, *durch gen:* virorum / viri [**nomen; vox**].
**mannigfach** *adj,* **mannigfaltig** *adj* varius.
**Mannigfaltigkeit** *f* varietas <-tatis> *f.*
**männlich** *adj (dem Mann eigen; mutig, tapfer)* virilis, masculus [**nomen**; **animus**]; *(männlichen Geschlechts)* masculus.
**Männlichkeit** *f* fortitudo <-dinis> *f,* animus *m* virilis.
**Mannschaft** *f* manus <-us> *f;* **eine ~ aufstellen** manum cogere.
**Manöver** *nt* (MIL) simulacrum *nt* pugnae.
**Mansarde** *f* cella *f* subtegulanea.
**Mantel** *m* amiculum *nt,* pallium *nt;* **den ~ nach dem Wind hängen** temporibus servire.
**Manuskript** *nt* liber <-bri> *m* manu scriptus.
**Mappe** *f (Akten-, Schultasche)* capsa *f.*
**Märchen** *nt* fabula *f.*
**Marder** *m* meles <-lis> *f.*
**Margarine** *f* margarinum *nt.*
**Marine** *f* classis <-is> *f,* naves <-vium> *f pl.*
**Marionette** *f* ❶ *(Holzpuppe)* pupulus *m* ❷ *(fig)* homo <-minis> *m* levis.
**Marionettentheater** *nt* theatrum *nt* pupulorum.
**Mark I.** *nt* medulla *f;* **das geht mir durch ~ und Bein** id mihi ossa concutit **II.** *f (Währung)* marca *f.*
**Marke** *f* ❶ *(Berechtigungs~, Erkennungs~)* tessera *f* ❷ *(Brief~)* pittacium *nt* epistulare ❸ *(Fabrikat)* genus <-neris> *nt* fabricationis, nota *f.*
**markieren** *vt (kennzeichnen)* notare, signare.
**Markierung** *f (Zeichen)* signum *nt.*
**Markstein** *m* ❶ *(Grenzstein)* terminus *m* ❷ *(fig)* insigne <-nis> *nt.*
**Markt** *m (Wochen~)* nundinae *f pl;* (*~platz)* forum *nt; (Warenverkehr)* mercatus <-us> *m;* **etw auf den ~ bringen** alqd ad mercatum ferre; **auf den ~ kommen** ad mercatum venire.
**Markthalle** *f* basilica *f.*
**Marktplatz** *m* forum *nt.*
**marktschreierisch** *adj* circulatorius.
**Marmelade** *f* poma *nt pl* conditiva, poma condita.
**Marmor** *m* marmor <-oris> *nt;* **aus ~** marmoreus.
**Marmor-** marmoreus.
**Marotte** *f* ineptia *f* peculiaris.
**Marsch** *m* iter <itineris> *nt;* **auf dem ~** in itinere; **sich in ~ setzen** iter facere coepisse; **das Heer in ~ setzen** exercitum castra movēre iubēre.
**Marschbefehl** *m* mandatum *nt* proficiscendi.
**marschbereit** *adj* ad iter paratus [*o* expeditus].
**Marschgepäck** *nt* impedimenta *nt pl.*
**marschieren** *vi* iter facere.
**Marschordnung** *f* (MIL) ordo <-dinis> *m* agminis.
**Marschroute** *f* iter <itineris> *nt.*
**Marsfeld** *nt* campus *m* Martius.
**Marter** *f* tormentum *nt,* cruciatus <-us> *m.*

**martern** *vt* cruciare.
**Marterwerkzeug** *nt* tormentum *nt.*
**Märtyrer(in** *f***)** *m* martyr <-yris> *m/f.*
**Marxismus** *m* Marxismus *m.*
**marxistisch** *adj* Marxianus.
**März** *m* Martius *m;* **die Iden des ~** Idus Martiae.
**Masche** *f* macula *f.*
**Maschine** *f* machina *f.*
**maschinell** *adj* machinalis [**fabricatio**].
**Maschinen-** machinalis [**scriptura**].
**Maschinenbau** *m* fabricatio <-onis> *f* machinarum.
**Maschinengewehr** *nt* sclopetum *nt* machinale.
**Maschinenpistole** *f* pistolium *nt* machinale.
**Maschinenschrift** *f* scriptura *f* machinalis.
**Maschinist** *m* machinae ductor <-oris> *m,* machinator <-oris> *m.*
**Masern** *pl* morbilli *m pl.*
**Maske** *f* persona *f,* larva *f;* **die ~ fallen lassen** *(fig)* personam deponere.
**Maskenball** *m* saltatio <-onis> *f* personata, saltatio *f* personatorum.
**Maskerade** *f (Verstellung, Heuchelei)* simulatio <-onis> *f.*
**maskieren I.** *vt* personam alci aptare **II.** *vr:* **sich ~** personam induere.
**Maß** *nt* modus *m;* **~ halten** modum adhibēre; **das ~ überschreiten** modum transire; **in geringem ~** parum; **ein gerüttelt ~ an Unverschämtheit** magna impertinentia.
**Massage** *f* frictio <-onis> *f,* fricatio <-onis> *f.*
**Masse** *f (Menge)* copia *f,* multitudo <-dinis> *f* [**frumenti**]; *(Menschen)* turba *f.*
**massenhaft** *adv* acervatim.
**Masseur** *m* alipta *m,* tractator <-oris> *m.*
**Masseuse** *f* tractatrix <-icis> *f.*
**maßgebend** *adj:* **~ sein** ad rem pertinēre.
**massieren** *vt* fricare <fricui>.
**mäßig** *adj* ① *(gemäßigt)* moderatus, modicus [**convivium**] ② *(mittel~)* mediocris [**eloquentia**; **orator**].
**mäßigen I.** *vt* moderari, temperare [**iram**; **incitatos equos**] **II.** *vr:* **sich ~** se continēre.
**Mäßigung** *f* moderatio <-onis> *f,* temperantia *f.*
**massiv** *adj (fest, stabil)* solidus.
**maßlos** *adj (unmäßig)* immoderatus, immodicus [**libertas**; **voluptas**]; *(übermäßig)* nimius [**supralatio**].
**Maßlosigkeit** *f* immodestia *f.*
**Maßnahme** *f* consilium *nt;* **~n ergreifen** curare ut, consulere ut.
**Maßregel** *f:* **~n treffen** consulere [**de perfugis**; **de salute alcis**].
**Maßstab** *m (fig)* norma *f,* regula *f;* **etw für etw zum ~ nehmen** aestimare alqd ex alqa re.
**maßvoll** *adj* modicus, moderatus.
**Mast I.** *m* malus *m* **II.** *f* sagina *f* [**anserum**].
**Mastbaum** *m* malus *m.*
**Mastdarm** *m* intestinum *nt* rectum.
**mästen** *vt* saginare [**porcum**].
**Mastgans** *f* anser <-eris> *m* opimus, anser *m* saginatus.
**Mastschwein** *nt* porcus *m* opimus [*o* saginatus].
**Material** *nt* materia *f.*
**Materialfehler** *m* vitium *nt* materiae.
**Materialismus** *m* materialismus *m.*
**Materialist** *m* materialista *m.*
**materialistisch** *adj* materialisticus.
**Materie** *f* materia *f.*
**materiell** *adj* materialis.
**Mathematik** *f* mathematica *f.*
**Mathematiker(in** *f***)** *m* mathematicus, -a *m, f.*
**mathematisch** *adj* mathematicus.
**Matratze** *f* culcita *f,* stratum *nt.*
**Mätresse** *f* amica *f.*
**Matrone** *f* matrona *f.*
**Matrose** *m* nauta *m.*
**Matsch** *m (Schlamm)* lutum *nt.*
**matschig** *adj* lutulentus, lutosus.
**matt** *adj (müde, schwach)* fessus, languidus [**membra**].
**Matte** *f* storea *f,* storia *f.*
**Mattigkeit** *f* languor <-oris> *m,* lassitudo <-dinis> *f* [**viatoris**].
**Mauer** *f* murus *m.*
**Mauerbrecher** *m* aries <-etis> *m.*
**mauern** *vt* aedificare.
**Mauerwerk** *nt* opus <operis> *nt* saxeum.
**Maul** *nt* os <oris> *nt;* **jdm das ~ stopfen** alci os oppilare.
**Maulbeerbaum** *m* morus *f.*
**maulen** *vi* murmurare, fremere.
**Maulesel** *m* mulus *m.*
**Maulkorb** *m* fiscella *f.*
**Maultier** *nt* mulus *m.*
**Maulwurf** *m* talpa *m/f.*
**Maurer** *m* caementarius *m.*
**Maus** *f* mus <muris> *m;* **aus einer ~ einen Elefanten machen** arcem facere e cloaca.
**Mausefalle** *f* muscipula *f,* muscipulum *nt.*
**Mauseloch** *nt* cavum *nt* muris, caverna *f* muris.
**Maxime** *f* ratio <-onis> *f.*
**Maximum** *nt* maximum *nt.*
**Mäzen** *m (Förderer von Kunst, Kultur oder von Künstlern)* artium fautor <-oris> *m.*
**Mechanik** *f* mechanica *f.*
**Mechaniker** *m* mechanicus *m,* machinator <-oris> *m.*
**mechanisch** *adj* mechanicus.
**Mechanismus** *m* machinatio <-onis> *f.*
**Meckerei** *f* murmuratio <-onis> *f.*
**meckern** *vi* murmurare, fremere.

**Medaille** *f* decus <-coris> *nt,* nomisma <-atis> *nt.*
**Medaillon** *nt* clipeus *m.*
**Medikament** *nt* medicamen <-minis> *nt,* medicina *f;* **ein ~ gegen Schmerzen einnehmen** medicamen doloris sumere.
**Meditation** *f* meditatio <-onis> *f.*
**meditieren** *vi* meditari.
**Medizin** *f (Medikament; Wissenschaft)* medicina *f.*
**medizinisch** *adj* medicus.
**Medizinmann** *m* medicamentarius *m.*
**Meer** *nt* mare <-ris> *nt;* **am ~ gelegen** maritimus; **aufs offene ~ hinausfahren** in altum provehi; **das Schwarze ~** Pontus *m;* **das Adriatische ~** mare Hadriaticum.
**Meer-** maritimus.
**Meerbusen** *m* sinus <-us> *m.*
**Meerenge** *f* fretum *nt.*
**Meeresküste** *f* ora *f* maritima.
**Meeresspiegel** *m:* **über dem ~** supra maris libram; **unter dem ~** infra maris libram.
**Meerrettich** *m* raphanus *m.*
**Meerschweinchen** *nt* cavia *f.*
**Mehl** *nt* farina *f.*
**mehlig** *adj* farinosus.
**mehr I.** *adj (Komp. zu „viel")* plus + *gen* [**hominum**; **pecuniae**] **II.** *adv (Komp. zu „sehr")* magis, plus; *(bei Negationen, zeitl.)* iam; **~ als** magis quam; **nicht ~** non iam; **desto ~, umso ~** eo magis; **~ oder weniger** plus minusve.
**mehrdeutig** *adj (Wort)* ambiguus.
**mehrere** *adj* complures, *nt:* complura.
**mehrfach I.** *adj* multiplex <-plicis> [**victor**] **II.** *adv (wiederholt)* identidem, iterum iterumque.
**Mehrheit** *f* maior pars <partis> *f;* **die große ~ der Stimmen** suffragia longe plurima.
**mehrjährig** *adj* complurium annorum.
**mehrmals** *adv* saepius, aliquotiens.
**mehrstimmig** *adj* (MUS) polyphonicus.
**Mehrzahl** *f (Mehrheit)* maior pars <partis> *f.*
**meiden** *vt* vitare [**periculum**].
**Meile** *f* mille passuum; **20 ~n** viginti milia passuum.
**Meilenstein** *m* milliarium *nt.*
**meilenweit** *adv* multa milia passuum.
**mein** *pron* meus.
**Meineid** *m* periurium *nt;* **einen ~ leisten** peierare, periurare.
**meineidig** *adj* periurus; **~ werden** peierare, periurare.
**meinen** *vt (glauben, der Meinung sein)* putare, credere, opinari (+ A.C.I.); **was meinst du damit?** quid hoc tibi vult?; **wen meinst du damit?** quem dicis?; **es gut mit jdm ~** bene alci velle.
**meinetwegen** *adv (wegen mir)* meā causā; *(von mir aus, ich habe nichts dagegen)* per me licet.
**Meinung** *f* sententia *f,* opinio <-onis> *f;* **meiner ~ nach** meā sententiā; **einer ~ sein** consentire; **anderer ~ sein als** aliter sentire ac; **eine gute ~ von jdm haben** bene de alqo existimare; **seine ~ äußern** sententiam dicere.
**Meinungsforschung** *f* demoscopia *f.*
**Meinungsumfrage** *f* opinionum perscrutatio <-onis> *f.*
**Meinungsverschiedenheit** *f* dissensio <-onis> *f.*
**Meißel** *m* scalprum *nt.*
**meißeln** *vt* sculpere [**alqd ex marmore**].
**meist** *adv* plerumque.
**meistbietend** *adv:* **~ versteigern** maximā licitatione alqd vendere.
**meisten** *adj:* **am ~** maxime, plurimum; **die ~** plurimi.
**meistens** *adv* plerumque.
**Meister** *m (auch Könner, Künstler)* artifex <-ficis> *m; (Handwerks~)* tabernae magister <-tri> *m.*
**meisterhaft** *adj* artificiosus.
**Meisterin** *f (auch Könnerin, Künstlerin)* artifex <-ficis> *f; (Handwerks~)* tabernae magistra *f.*
**meistern** *vt (Schwierigkeit)* superare.
**Meisterschaft** *f (meisterliches Können)* artificium *nt.*
**Meisterstück** *nt,* **-werk** *nt* opus <operis> *nt* summo artificio factum.
**Melancholie** *f* melancholia *f.*
**melancholisch** *adj* melancholicus.
**melden** *vt (berichten, ankündigen, anzeigen)* nuntiare [**periculum**]; *(Anzeige machen, mitteilen)* deferre (ad oder dat) [**alcis consilia ad adversarios**]; **sich ~** *(bes. zum Kriegsdienst)* nomen / nomina dare.
**Meldung** *f (Nachricht)* nuntius *m;* **jdm ~ von etw machen** nuntiare alci alqd.
**melken** *vt* mulgēre.
**Melodie** *f* modi *m pl.*
**melodisch** *adj* modulatus.
**Melone** *f* melo <-onis> *m.*
**Memoiren** *pl* commentarii *m pl.*
**Menge** *f (große Anzahl)* copia *f,* multitudo <-dinis> *f* [**pecoris**; **civium**]; *(Masse, Fülle)* copia *f,* vis *f* [**frumenti**; **auri**]; *(Menschen~)* turba *f.*
**Mensa** *f* caupona *f,* popina *f.*
**Mensch** *m* homo <-minis> *m;* **kein ~** nemo; **es gibt ~en, die** sunt qui + *conj oder ind.*
**Menschen-** humanus [**genus** Menschengeschlecht], *durch gen:* hominis, hominum.
**Menschenalter** *nt* aetas <-atis> *f.*
**Menschenfeind** *m* inimicus *m* generis humani.
**menschenfeindlich** *adj* hominibus inimicus.
**Menschenfresser** *m* anthropophagus *m.*

M

**Menschenfreund** *m* homo <-minis> *m* humanus.
**menschenfreundlich** *adj* humanus.
**Menschengedenken** *nt:* **seit ~** post hominum memoriam.
**Menschenhandel** *m* mercatura *f* hominum.
**Menschenkenner(in** *f*) *m* humanae naturae peritus/perita.
**Menschenkenntnis** *f* humanae naturae peritia *f.*
**menschenleer** *adj* desertus.
**Menschenmenge** *f* turba *f.*
**Menschenopfer** *nt* victima *f* humana.
**Menschenrechte** *pl* iura *nt pl* hominis.
**menschenscheu** *adj* qui hominum congressum fugit.
**menschenunwürdig** *adj* hominibus [*o* hominum] indignus [**casa**].
**Menschenverstand** *m:* **gesunder ~** mens sana.
**Menschenwürde** *f* naturae humanae dignitas <-atis> *f.*
**Menschheit** *f* genus <-neris> *nt* humanum.
**menschlich** *adj* humanus.
**Menschlichkeit** *f* humanitas <-tatis> *f.*
**Mentalität** *f* sensus <-us> *m,* mens <mentis> *f.*
**merken** *vt (be~, wahrnehmen)* animadvertere, sentire, cognoscere; **sich etw ~** memoriae mandare alqd; **ohne dass er es merkt(e)** eo imprudente.
**merklich** *adj* manifestus, conspicuus, insignis.
**Merkmal** *nt* nota *f,* signum *nt.*
**merkwürdig** *adj* memorabilis, mirus.
**merkwürdigerweise** *adv* miro modo.
**messbar** *adj* mensurabilis.
**Messbecher** *m* vas <vasis> *nt* mensurale.
**Messe** *f* ① *(Ausstellung)* mercatus <-us> *m* ② (REL) missa *f;* **eine ~ halten** sacra procurare.
**messen** *vt* metiri *(an:* abl); **sich mit jdm ~** certare [*o* contendere] cum alqo; **sich mit jdm nicht ~ können** alqm non aequare.
**Messen** *nt* mensio <-onis> *f.*
**Messer** *nt* culter <-tri> *m;* **jdm das ~ an die Kehle setzen** *(fig)* alqm urgēre.
**Messing** *nt* orichalcum *nt.*
**Messung** *f (das Abmessen)* mensio <-onis> *f.*
**Metall** *nt* metallum *nt.*
**Metall-** metallicus, *durch gen:* metalli.
**Metallarbeiter(in** *f*) *m* aerarius *m.*
**Metapher** *f* translatio <-onis> *f.*
**metaphorisch** *adj* translatus.
**Metaphysik** *f* metaphysica *f.*
**metaphysisch** *adj* metaphysicus.
**Meteor** *m* meteorum *nt.*
**Meter** *nt/m* metrum *nt.*
**Metermaß** *nt* mensura *f* metrica.
**Methode** *f* disciplina *f,* ratio <-onis> *f,* via *f.*
**methodisch** *adj* viā et ratione factus / habitus / *usw..*
**metrisch** *adj* metricus.
**Metropole** *f* metropolis <-is> *f.*
**Metzelei** *f* caedes <-dis> *f,* strages <-gis> *f.*
**Metzger** *m* lanius *m.*
**Metzgerei** *f* macellum *nt.*
**Meuchelmord** *m* homicidium *nt* subdolum, caedes <-dis> *f* subdola; **wegen ~es anklagen** inter sicarios accusare.
**Meuchelmörder** *m* sicarius *m.*
**Meute** *f* ① *(bei Jagd)* canes *m pl* venatici ② *(fig: wilde Horde, Bande)* caterva *f,* manus <-us> *f* [**sceleratorum**].
**Meuterei** *f* seditio <-onis> *f* [**militaris**; **Galliae**]; **eine ~ niederschlagen/unterdrücken** seditionem restinguere.
**Meuterer** *m* turbator <-oris> *m.*
**meutern** *vi* seditionem facere.
**Miene** *f* vultus <-us> *m;* **gute ~ zum bösen Spiel machen** rem malam sereno vultu ferre; **keine ~ verziehen** vultum non mutare.
**Miet-** conducticius [**autoraeda**].
**Mietauto** *nt* autoraeda *f* conducticia, autoraeda *f* conducta.
**Miete** *f* conductio <-onis> *f; (Mietgeld)* merces <-edis> *f;* **zur ~ wohnen** in conducto habitare; **eine hohe ~ zahlen** magni habitare.
**mieten** *vt* conducere.
**Mieter** *m* conductor <-oris> *m,* inquilinus *m.*
**Mietshaus** *nt* insula *f,* domus <-us> *f* conducticia.
**Mietskaserne** *f* insula *f.*
**Mietvertrag** *m* pactum *nt* conductionis, foedus <-deris> *nt* conductionis.
**Mietwagen** *m* vehiculum *nt* conductum, vehiculum *nt* conducticium.
**Mietwohnung** *f* conductum *nt.*
**Migräne** *f* hemicrania *f.*
**Mikrophon** *nt,* **Mikrofon** *nt* microphonum *nt.*
**Mikroskop** *nt* microscopium *nt.*
**mikroskopisch** *adj* microscopicus.
**Milbe** *f* acarus *m.*
**Milch** *f* lac <lactis> *nt;* **frische ~** lac recens.
**Milch-** lacteus [**via** *o* **orbis** Milchstraße].
**Milchgeschäft** *nt* taberna *f* lactaria.
**milchig** *adj* lacteus.
**Milchkaffee** *m* coffea *f* lactea, cafea *f* lactea.
**Milchkuh** *f (auch fig)* vacca *f* lactaria.
**Milchprodukte** *pl* opera <operum> *nt pl* lactaria.
**Milchstraße** *f* via *f* lactea, orbis <-is> *m* lacteus.
**mild** *adj* mitis, lenis [**in hostes**; **vinum**].
**Milde** *f* clementia *f;* **~ gegen jmd walten lassen** clementiā uti in alqm.
**mildern** *vt* lenire, mollire, mitigare [**dolorem**; **militum iras**].

**Milderung** *f* mitigatio <-onis> *f* [**doloris**; **molestiae**; **laboris**].
**Milieu** *nt* ambientia <-ium> *nt pl*.
**Militär** *nt* milites <-tum> *m pl*; **beim ~ sein** stipendia merēre.
**Militär-** militaris [**tribunus**].
**Militärdienst** *m* stipendia *nt pl*; **den ~ ableisten** stipendia facere.
**Militärdiktatur** *f* tyrannis <-idis> *f* militaris.
**militärisch** *adj* militaris.
**Militarismus** *m* militarismus *m*, principatus <-us> *m* militaris.
**Millennium** *nt* millennium *nt*.
**Milliardär(in *f*)** *m* miliardarius, -a *m*, *f*.
**Milliarde** *f* miliardum *nt*.
**Millimeter** *m/nt* milimetrum *nt*.
**Million** *f* decies centena milia <-lium> *nt pl*; **zwei ~en** vicies centena milia.
**Millionär(in *f*)** *m* milionarius, -a *m*, *f*.
**Milz** *f* lien <-enis> *m*.
**Mimik** *f* gestus <-us> *m*.
**mimisch** *adj* mimicus.
**Mimose** *f* mimosa *f*.
**minder** *adv* minus; **das ist nicht ~ wichtig** hoc non minus magnum est.
**Minderheit** *f* numerus *m* minor; **sie waren in der ~** inferiores numero erant.
**minderjährig** *adj* nondum adultā aetate.
**Minderjährigkeit** *f* aetas <-atis> *f* nondum adulta.
**mindern** *vt* *(verringern; fig: beeinträchtigen)* (de)minuere [**sumptūs**; **laudem alcis**]; *(abschwächen, lindern)* mitigare, lenire [**legis acerbitatem**; **molestiam**].
**Minderung** *f* *(Ver~, Verringerung)* (de)minutio <-onis> *f*.
**Minderwertigkeitskomplex** *m* inferioritatis complexus <-us> *m*.
**mindestens** *adv* saltem.
**Mindestgehalt** *nt*, **Mindestlohn** *m* salarium *nt* minimum, stipendium *nt* minimum.
**Mine** *f* *(milit., Bergbau)* cuniculus *m*.
**Mineralwasser** *nt* aqua *f* mineralis.
**Minigolf** *nt* pilamalleus *m* minutus.
**Minimum** *nt* minimum *nt*.
**Minirock** *m* gunna *f* minima.
**Minister** *m* minister <-tri> *m* rei publicae.
**Ministerium** *nt* ministerium *nt* publicum.
**Ministerpräsident** *m* praeses <praesidis> *m* ministrorum rei publicae.
**Minute** *f* sexagesima pars <partis> *f* horae; *(Augenblick)* momentum *nt* temporis.
**Minze** *f* (BOT) ment(h)a *f*.
**Mischehe** *f* matrimonium *nt* mixtum.
**mischen** *vt* miscēre (alqd alqa re); **sich unters Volk ~** se populo inserere; **sich in etw ~** *(sich ein~)* se immiscēre + *dat*.
**Mischling** *m* mixticius *m*.
**Mischmasch** *m* farrago <-ginis> *f*.
**Mischung** *f* mixtura *f*.
**Mischwald** *m* silva *f* mixta.
**miserabel** *adj* ❶ *(mies, schlecht, jämmerlich)* pessimus, miserabilis ❷ *(gemein)* ignobilis.
**Misere** *f* miseria *f*.
**missachten** *vt* neglegere [**auctoritatem senatūs**; **leges**].
**Missachtung** *f* neglegentia *f* [**legum**]; **unter ~ der Gesetze** legibus neglectis.
**Missbehagen** *nt* incommodum *nt*, molestia *f*; **das bereitet mir ein gewisses ~** incommodo affectus sum.
**Missbildung** *f* deformitas <-atis> *f* (corporis).
**missbilligen** *vt* improbare, non probare [**consilium**; **iudicium**].
**Missbilligung** *f* improbatio <-onis> *f* [**consilii**; **iudicii**].
**Missbrauch** *m* abusus <-us> *m*; **~ treiben mit etw** abuti alqa re.
**missbrauchen** *vt* abuti + *abl* [**patientiā alcis**].
**missdeuten** *vt* male interpretari.
**Missdeutung** *f* prava interpretatio <-onis> *f*.
**Misserfolg** *m* casus <-us> *m* adversus.
**Missernte** *f* messis <-is> *f* tenuis.
**Missetat** *f* maleficium *nt*, facinus <-noris> *nt*; **eine ~ verüben** [*o* **begehen**] maleficium committere.
**Missetäter** *m* maleficus *m*.
**missfallen** *vi* displicēre.
**Missfallen** *nt* offensio <-onis> *f*; **jmds ~ erregen** alci displicēre.
**Missgeburt** *f* portentum *nt*, monstrum *nt*.
**Missgeschick** *nt* incommodum *nt*; **jdm passiert ein ~** alqs incommodo afficitur.
**missglücken** *vi* male evenire.
**missgönnen** *vt*: **jdm etw ~** alci rei alcis invidēre, alci alqd invidēre.
**Missgriff** *m* error <-oris> *m*, erratum *nt*.
**Missgunst** *f* invidia *f*, malignitas <-tatis> *f*.
**missgünstig** *adj* invidiosus, malignus.
**misshandeln** *vt* vexare [**hostes**; **cives**].
**Misshandlung** *f* vexatio <-onis> *f* [**sociorum**].
**Mission** *f* missio <-onis> *f*; **innere ~** missio interna.
**Missionar(in *f*)** *m* missionarius, -a *m*, *f*.
**Missklang** *m* *(musikal. und fig)* dissonum *nt*, absonum *nt*.
**Misskredit** *m*: **etw in ~ bringen** fidem alcis rei minuere; **jmd in ~ bringen** fidem alcis minuere; **in ~ geraten** [*o* **kommen**] fidem perdere.
**misslich** *adj* dubius [**res** ~e Lage].
**misslingen** *vi* male evenire.
**Missmut** *m* animi aegritudo <-dinis> *f*.
**missmutig** *adj* aeger <-gra, -grum>.
**missraten** *adj* *(Mensch)* inurbanus.
**Missstand** *m* malum *nt*, incommodum *nt*.
**misstrauen** *vi* diffidere [**exercitui**; **patriae**].

M

**Misstrauen** *nt* diffidentia *f;* ~ **hegen gegen jmd** diffidere alci.
**misstrauisch** *adj* suspiciosus.
**Missverhältnis** *nt* ratio <-onis> *f* impar.
**missverständlich** *adj* ambiguus.
**Missverständnis** *nt* error <-oris> *m.*
**missverstehen** *vt* male intellegere.
**Mist** *m* stercus <-coris> *nt.*
**Mistel** *f* (BOT) viscum *nt.*
**Misthaufen** *m* sterculin(i)um *nt.*
**mit** *praep (zur Bez. der Begleitung oder Gesellschaft: in Gemeinschaft, in Verbindung ~; gleichzeitig ~; im feindl. Sinne = gegen; zur Bez. der Art und Weise)* cum + *abl; (zur Bez. von Mittel und Werkzeug) bl. abl;* ~ **jmds Hilfe** alcis auxilio; ~ **dem Auto** autoraedā.
**Mitarbeit** *f* cooperatio <-onis> *f.*
**mitarbeiten** *vi* cooperari.
**Mitarbeiter(in** *f*) *m* operis socius *m,* operis socia *f.*
**Mitbewerber(in** *f*) *m* competitor <-oris> *m,* competitrix <-ricis> *f.*
**mitbringen** *vt* secum adducere [**aurum; testes**].
**Mitbürger(in** *f*) *m* civis <-is> *m/f.*
**miteinander** *adv* inter se; **alle** ~ ad unum omnes.
**Miterbe** *m,* **Miterbin** *f* coheres <-redis> *m/f.*
**mitfahren** *vi* unā (cum alqo) vehi.
**mitgeben** *vt* addere.
**Mitgefangene(r)** *f(m)* socius *m* captivitatis, socia *f* captivitatis.
**Mitgefühl** *nt* misericordia *f (mit:* gen); ~ **für jmds Schicksal aufbringen** misericordiam in alcis fortunis adhibēre.
**mitgehen** *vi* unā (cum alqo) ire.
**Mitgift** *f* dos <dotis> *f.*
**Mitglied** *nt* socius *m,* sodalis <-is> *m.*
**mithaben** *vt* secum habēre.
**Mithilfe** *f* auxilium *nt;* **unter ~ von** alqo iuvante [*o* adiutore], alcis auxilio.
**mitkommen** *vi* unā (cum alqo) venire.
**Mitläufer** *m* nimium obsequens <-entis> *m.*
**Mitleid** *nt* misericordia *f (mit:* gen); ~ **haben mit** misereri + *gen.*
**mitleidig** *adj* misericors <-cordis> [**animus; in captivos**].
**mitleid(s)los** *adj* crudelis, durus.
**mitmachen I.** *vt, vi (Veranstaltung, bei etw ~)* interesse + *dat;* **einen Kurs** ~ curriculo studiorum interesse **II.** *vt (durchmachen, erleiden)* pati, (per)ferre.
**Mitmensch** *m* alter <alterius> *m.*
**mitnehmen** *vt* secum ducere.
**mitreisen** *vi* unā (cum alqo) iter facere.
**mitschicken** *vt* unā mittere.
**mitschuldig** *adj* culpae particeps <-cipis>.
**Mitschüler(in** *f*) *m* condiscipulus, -a *m, f.*
**mitspielen** *vi* ludo interesse; **jdm übel** ~ alqm male tractare.
**Mitspieler** *m* collusor <-oris> *m.*
**Mittag** *m* meridies <-ei> *m;* **zu ~ essen** cenare.
**Mittagessen** *nt* cena *f.*
**mittags** *adv* meridie.
**Mittagsruhe** *f,* **Mittagsschlaf** *m* meridiatio <-onis> *f;* ~ **halten** meridiare.
**Mittagszeit** *f* meridies <-ei> *m.*
**Mittäter(in** *f*) *m* socius *m* criminis, socia *f* criminis.
**Mitte** *f* medium *nt, meist durch Adj.* medius *auszudrücken;* **in der** ~ (in) medio; **jdn in die ~ nehmen** alqm in medium accipere.
**mitteilen** *vt:* **jdm etw** ~ alqm certiorem facere de, nuntiare alci alqd.
**mitteilsam** *adj* affabilis.
**Mitteilung** *f* nuntius *m.*
**Mittel** *nt (Gerät, Werkzeug)* instrumentum *nt; (Hilfs~)* adiumentum *nt,* subsidium *nt;* **die** ~ *(Vermögen, Einfluss)* opes <opum> *f pl;* **aus öffentlichen ~n** e pecunia publica; **ein ~ gegen Schmerzen** remedium doloris; ~ **und Wege suchen, wie ...** quaerere, quomodo ...; **etw mit allen ~n versuchen** omnibus opibus alqd experiri [*o* temptare].
**Mittelalter** *nt* aetas <-atis> *f* media.
**Mittelding** *nt durch Adj.:* medius (inter).
**Mittelfinger** *m* digitus *m* medius.
**mittellos** *adj* inops <-opis>.
**Mittellosigkeit** *f* inopia *f.*
**mittelmäßig** *adj* mediocris.
**Mittelmäßigkeit** *f* mediocritas <-atis> *f.*
**Mittelmeer** *nt* mare <-ris> *nt* mediterraneum.
**Mittelpunkt** *m meist adj. durch* medius *zu übersetzen; (math.)* centrum *nt; (fig)* caput <-pitis> *nt* [**belli**]; **der ~ der Erde** medius terrae locus; **der ~ der Insel** insula media.
**Mittelsmann** *m* intercessor <-oris> *m,* interpres <-pretis> *m.*
**Mittelstand** *m* ordo <-dinis> *m* medius.
**Mittelstreifen** *m (auf der Straße)* limes <-mitis> *m* medius.
**Mittelstürmer** *m* assultor <-oris> *m* medianus.
**Mittelweg** *m (fig)* via *f* media, medium *nt.*
**Mittelwert** *m* valor <-oris> *m* medius.
**mitten** *adv durch das Adj.* medius *oder durch das Subst.* medium *auszudrücken;* ~ **auf dem Markt** in medio foro; ~ **durch das Gebiet** per medios fines; ~ **in den Bergen** medio montium; ~ **in der Nacht** media nocte.
**Mitternacht** *f* media nox <noctis> *f.*
**mittlerer** *adj* medius.
**mittlerweile** *adv* interim.
**Mittwoch** *m* dies <-ei> *m* Mercurii.
**mitunter** *adv* interdum, nonnumquam.

M

**Mitverschworener** *m* coniurationis socius *m.*
**mitwirken** *vi* interesse + *dat.*
**Mitwirkung** *f* opera *f;* **unter ~ von** alqo adiuvante [*o* adiutore].
**Mitwissen** *nt:* **ohne mein ~** me inscio.
**Mitwisser** *m* conscius *m;* **jmd zum ~ machen** alqm in conscientiam assumere.
**mixen** *vt* miscēre.
**Mixer** *m (Mixgerät)* machina *f* mixtoria.
**Mixtur** *f* mixtura *f.*
**Möbel** *pl* supellex <-pellectilis> *f.*
**mobil** *adj* ❶ *(allg.)* mobilis ❷ (MIL: *einsatzbereit)* expeditus, ad bellum paratus.
**Mobiliar** *nt* supellex <-pellectilis> *f.*
**mobilmachen** *vi* exercitum ad arma vocare, bellum parare.
**möblieren** *vt* supellectile instruere; **möbliertes Zimmer** conclave (supellectile) instructum.
**Mode** *f* consuetudo <-dinis> *f,* mos <moris> *m; (Kleider~)* ornatus <-us> *m;* **~ sein** moris esse, in more esse; **aus der ~ kommen** obsolescere.
**Modell** *nt* exemplum *nt,* exemplar <-aris> *nt.*
**modellieren** *vt* fingere.
**Moder** *m* situs <-us> *m.*
**Moderator(in *f*)** *m* moderator <-toris> *m,* moderatrix <-icis> *f.*
**moderig** *adj* situ corruptus.
**modern** *adj* novus, horum temporum.
**modern** *vi* situ corrumpi.
**modernisieren** *vt* ad nova exempla accommodare.
**modisch** *adj* novus, horum temporum.
**Modus** *m (Methode)* ratio <-onis> *f.*
**mogeln** *vi* fallere.
**mögen** *vt (wollen, wünschen)* velle, cupere, *oft nur durch conj auszudrücken; (gernhaben)* amare [**otium**; **litteras**]; **ich möchte** velim; **nicht ~** nolle.
**möglich** *adj:* **es ist ~** fieri potest; **so schnell wie ~** quam celerrime; **alles Mögliche** omnia; **so bald wie ~** quam primum; **die Erhaltung des Friedens ist ~** pax servari potest.
**Möglichkeit** *f* facultas <-tatis> *f* + *gen* [**fugae**; **iudicandi**]; **die ~, etw zu tun** facultas alqd faciendi; **es besteht die ~, dass** facultas est, ut.
**möglichst** *adv:* **~ schnell** quam celerrime; **in ~ großen Tagemärschen eilt er nach Rom** quam maximis (potest) itineribus Romam contendit.
**Mohammedaner(in *f*)** *m* Mahometanus, -a *m, f.*
**mohammedanisch** *adj* Mahometanus.
**Mohn** *m* papaver <-veris> *nt.*
**Mohn-** papavereus [**placenta** Mohnkuchen].
**Mohnkuchen** *m* placenta *f* papaverea.
**Möhre** *f,* **Mohrrübe** *f* carota *f.*
**Mole** *f* moles <-lis> *f.*
**Molekül** *nt* molecula *f.*
**Molekularbiologie** *f* biologia *f* molecularis.
**Molekulargewicht** *nt* pondus <-deris> *nt* moleculare.
**Molkerei** *f* officina *f* casearia, officina *f* lactaria.
**Moment** *m* momentum (temporis) *nt;* **im ~** in praesens.
**Monarch** *m* rex <regis> *m,* dominus *m.*
**Monarchie** *f* regnum *nt.*
**Monarchin** *f* regina *f.*
**Monat** *m* mensis <-is> *m;* **zweimal im ~** bis in mense.
**monatlich I.** *adj* menstruus **II.** *adv* singulis mensibus.
**Monatsanfang** *m:* **am ~** initio mensis.
**Monatsgehalt** *nt* salarium *nt* menstruum, stipendium *nt* menstruum.
**Monatskarte** *f* tessera *f* menstrua.
**Monatsschrift** *f* scriptum *nt* menstruum.
**Mönch** *m* monachus *m.*
**Mond** *m* luna *f;* **der ~ nimmt zu/ab** luna crescit/decrescit.
**Mondbahn** *f* orbita *f* lunaris.
**Mondfinsternis** *f* lunae defectio <-onis> *f.*
**Mondlandung** *f* delunatio <-onis> *f.*
**Mondrakete** *f* missile <-lis> *nt* lunare.
**Mondschein** *m* lumen <-minis> *nt* lunae.
**mondsüchtig** *adj* per somnum ambulans <-lantis>.
**Monolog** *m* sermo <-onis> *m* intimus.
**Monopol** *nt* monopolium *nt.*
**monoton** *adj* omni varietate carens.
**Monotonie** *f* monotonia *f.*
**Monster** *nt,* **Monstrum** *nt* monstrum *nt* [**horrendum**; **ingens**].
**Monsun** *m* hippalus *m,* ventus *m* monsonius.
**Montag** *m* dies <-ei> *m* lunae.
**Montage** *f* machinarum instructio <-onis> *f.*
**montieren** *vt* collocare.
**Monument** *nt* monumentum *nt.*
**Moor** *nt* palus <-udis> *f.*
**Moos** *nt* muscus *m.*
**moosbedeckt** *adj* muscosus.
**Moped** *nt* autobirotula *f.*
**Moral** *f (Normen)* doctrina *f* honeste vivendi; *(Sittlichkeit)* honestum *nt.*
**Moralapostel** *m (pej)* magister <-tri> *m* virtutis.
**moralisch** *adj* moralis; **es ist deine ~e Pflicht, das zu tun** debes hoc facere.
**Morast** *m (Sumpf)* palus <-udis> *f; (Schlamm)* limus *m.*
**Mord** *m* caedes <-dis> *f,* nex <necis> *f (an: gen)*; **einen ~ begehen** caedem facere; **~ und Totschlag** caedes et occisio.
**Mordanschlag** *m:* **einen ~ auf jmd verüben** vitae alcis insidiari.

**morden** *vi* caedem committere.
**Mörder(in *f*)** *m* homicida *m/f*, interfector <-oris> *m*.
**mörderisch** *adj (grässlich)* atrox <-ocis>, horribilis [**proelium**].
**morgen** *adv* cras; **~ früh** cras mane; **bis ~!** in crastinum (diem)!.
**Morgen** *m* ❶ *(Tageszeit)* mane *nt;* **am ~** mane; **am frühen ~** prima luce; **am nächsten ~** mane postridie; **guten ~!** salve!/salvete! ❷ *(Feldmaß)* iugerum *nt*.
**Morgen-** matutinus [**frigus**; **vestis** Morgenmantel].
**Morgendämmerung** *f* diluculum *nt;* **in der ~** prima luce.
**morgendlich** *adj* matutinus.
**Morgengrauen** *nt:* **im ~** prima luce.
**Morgenland** *nt* oriens <-entis> *m*.
**morgenländisch** *adj* orientalis.
**Morgenmantel** *m*, **Morgenrock** *m* vestis <-is> *f* matutina.
**Morgenrot** *nt*, **Morgenröte** *f* aurora *f*.
**morgens** *adv* mane.
**Morgenstern** *m* Lucifer <-feri> *m*.
**morgig** *adj* crastinus [**dies**; **nox**; **colloquium**; **excursio**].
**Morphium** *nt* morphinum *nt*.
**morsch** *adj* putridus.
**Mörser** *m* mortarium *nt*.
**Mörtel** *m* arenatum *nt*.
**Mörtelkelle** *f* trulla *f*.
**Mosaik** *nt* opus <operis> *nt* tessellatum.
**Mosaikfußboden** *m* pavimentum *nt* tessellatum.
**Moschee** *f* meschita *f*.
**Moskito** *m* culex <-licis> *m*.
**Moskitonetz** *nt* conopium *nt*, conopeum *nt*.
**Moslem** *m* muslimus *m*.
**Most** *m* mustum *nt*.
**Motiv** *nt (Grund)* causa *f;* **aus eigennützigen ~en** commodi sui causā.
**Motivation** *f* motivatio <-onis> *f*, incitatio <-onis> *f*.
**motivieren** *vt* incitare.
**Motor** *m* motorium *nt*.
**Motorboot** *nt* navicula *f* automataria.
**Motorrad** *nt* autobirota *f*.
**Motorradfahrer(in *f*)** *m* autobirotarius, -a *m, f*.
**Motorroller** *m* autovoluculum *nt*.
**Motte** *f* tinea *f*.
**Motto** *nt* sententia *f*, dictum *nt*.
**Möwe** *f* gavia *f*.
**Mücke** *f* culex <-licis> *m;* **aus einer ~ einen Elefanten machen** arcem facere e cloaca, e rivo flumina facere.
**mucksen** *vi:* (**sich**) **nicht ~** non muttire.
**müde** *adj* (de)fessus, (de)fatigatus [**cursu**; **longitudine viae**]; **~ werden** fatigari; **nicht ~ werden, etw zu tun** non desistere facere alqd; **einer Sache ~ sein** me taedet alcis rei.
**Müdigkeit** *f* fatigatio <-onis> *f*, lassitudo <-dinis> *f*.
**Mühe** *f* opera *f*, labor <-oris> *m;* **sich ~ geben, zu ...** operam dare, ut ... + *conj;* **mit ~ und Not** aegre; **keine ~ scheuen** omnia experiri; **es ist der ~ wert** operae pretium est; **mit viel(er) ~** multo labore.
**mühelos I.** *adj* facilis **II.** *adv* facile.
**mühevoll** *adj* laboriosus, operosus.
**Mühle** *f* molae *f pl*.
**Mühlrad** *nt* rota *f* molaris.
**Mühlstein** *m* mola *f*, molaris <-is> *m*.
**Mühsal** *f* aerumna *f*, labor <-oris> *m*.
**mühsam** *adj* laboriosus, operosus [**opus**; **ars**].
**mühselig** *adj* molestus, aeger <-gra, -grum> [**labor**; **senectus**].
**Mulde** *f* alveus *m*.
**Müll** *m* purgamenta *nt pl*.
**Müllabfuhr** *f* vectura *f* purgamentorum.
**Mülldeponie** *f* receptaculum *nt* purgamentorum.
**Mülleimer** *m* cista *f* purgamentorum.
**Müller** *m* pistor <-oris> *m*.
**Mülltonne** *f* dolium *nt* purgamentorum.
**multiplizieren** *vt* multiplicare.
**Mumie** *f* corpus <-poris> *nt* mortui medicatum.
**Mund** *m* os <oris> *nt;* **den ~ halten** tacēre; **jdm nach dem ~ reden** assentari alci; **in aller ~e sein** in ore hominum esse; **kein Blatt vor den ~ nehmen** libere loqui; **jdm etw in den ~ legen** *(fig)* alci alqd attribuere; **den ~ voll nehmen** *(fig)* magna loqui.
**Mundart** *f* dialectus *f*.
**münden** *vt* influere [**in Sequanam**].
**Mundharmonika** *f* harmonica *f* (in)flatilis.
**mündig** *adj* sui iuris, suae tutelae; **~ werden** in suam tutelam (per)venire.
**Mündigkeit** *f* ❶ (JUR) aetas <-tatis> *f* matura ❷ *(fig)* libertas <-atis> *f*.
**mündlich** *adj* verbis expositus [**promissum**].
**Mundschenk** *m* vini minister <-tri> *m*.
**Mündung** *f* ostium *nt* [**Tiberis**].
**Mundwerk** *nt:* **ein großes ~ haben** longam linguam habēre.
**Munition** *f* tela *nt pl*.
**munkeln** *vi:* **man munkelt, dass ...** rumor est (+ A.C.I.).
**Münster** *nt* templum *nt* maximum.
**munter** *adj (lebhaft)* vividus [**carmen**; **ingenium**], alacer <-cris, -cre> [**homines**].
**Munterkeit** *f* alacritas <-atis> *f*.
**Münzautomat** *m* automatum *nt* nummorum.
**Münze** *f* ❶ *(Geldstück)* nummus *m;* **etw in** [*o* **mit**] **gleicher ~ heimzahlen** par pari referre ❷ *(Münzstätte)* moneta *f*.

M

**münzen** *vt* ① *(Münzen prägen, Metall zu Münzen machen)* cudere ② *(fig)*: **das ist auf mich gemünzt** ego petor.

**Münz(en)sammlung** *f* nummophilacium *nt.*

**Münzstätte** *f* moneta *f.*

**Münzwesen** *nt* res <rei> *f* nummaria.

**murmeln** *vt* murmurare.

**Murmeln** *nt* murmur <-uris> *nt.*

**Murmeltier** *nt* mus <muris> *m* Alpinus, mus *m* montanus.

**murren** *vi* fremere.

**Murren** *nt* fremitus <-us> *m* [**militum**].

**mürrisch** *adj* morosus, stomachosus.

**Mus** *nt* puls <pultis> *f.*

**Muschel** *f* concha *f.*

**Muse** *f* Musa *f.*

**Museum** *nt* museum *nt.*

**Musical** *nt* spectamen <-minis> *nt* musicale.

**Musik** *f* musica *f.*

**musikalisch** *adj* musicus.

**Musikant** *m* musicus *m,* symphoniacus *m.*

**Musikbox** *f* arca *f* musica.

**Musiker** *m* musicus *m,* symphoniacus *m,* musicā eruditus *m.*

**Musikhochschule** *f* academia *f* musicae.

**Musikinstrument** *nt* instrumentum *nt* musicum.

**Musikkapelle** *f* musici *m pl.*

**musizieren** *vi* canere.

**Muskel** *m* musculus *m,* nervus *m.*

**muskulös** *adj* musculosus, nervosus.

**Muße** *f* otium *nt;* **in/mit ~** otiose.

**müssen** *vi* debēre, necesse est (+ A.C.I.), *oft durch Gerundiv auszudrücken.*

**müßig** *adj* ① *(untätig)* otiosus ② *(überflüssig)* inutilis, supervacaneus [**quaestio**].

**Müßiggang** *m* desidia *f,* inertia *f.*

**Muster** *nt (Vorbild)* exemplum *nt,* exemplar <-aris> *nt; (Probestück)* specimen <-minis> *nt;* **als ~ dienen** exemplo esse.

**Musterbeispiel** *nt* exemplum *nt.*

**mustergültig, musterhaft** *adj* optimus, singularis.

**mustern** *vt* ① *(betrachten)* perspicere ② *(Truppen)* recensēre [**legiones**; **exercitum**].

**Musterung** *f (Wehrdienst~)* recensio <-onis> *f,* lustratio <-onis> *f.*

**Mut** *m* animus *m,* audacia *f;* **jdm ~ machen** alci animum addere; **~ fassen** animum sumere; **guten ~es sein** bono animo esse; **den ~ verlieren** animo deficere; **den ~ (nicht) haben, etw zu tun** (non) audēre facere alqd.

**mutig** *adj* animosus, audax <-acis> [**miles**; **consilium**].

**mutlos** *adj:* **~ werden** animo deficere.

**Mutlosigkeit** *f* ignavia *f,* animi defectio <-onis> *f.*

**mutmaßen** *vt* opinari, suspicari.

**mutmaßlich I.** *adj* probabilis [**causa**] **II.** *adv* coniecturā.

**Mutter** *f* mater <-tris> *f;* **keine ~ mehr haben** matre orbum esse.

**Mutter-** maternus.

**Mütterchen** *nt* matercula *f.*

**mütterlich** *adj* maternus.

**mütterlicherseits** *adv* a matre, genere materno.

**Muttermal** *nt* naevus *m.*

**Muttersöhnchen** *nt* matris deliciae *f pl.*

**Muttersprache** *f* sermo <-onis> *m* patrius.

**Muttertag** *m* dies <-ei> *m* matrum.

**mutwillig** *adj* petulans <-antis>, protervus.

**Mütze** *f* pilleus *m.*

**Myrte** *f* murtus *f.*

**Myrten-** murteus [**corona**].

**Mysterien** *pl* mysteria *nt pl.*

**mysteriös** *adj* arcanus, occultus, obscurus.

**mystisch** *adj* mysticus.

**Mythologie** *f* historia *f* fabularis, fabulae *f pl.*

**Mythos** *m* fabula *f.*

# Nn

**Nabel** *m* umbilicus *m.*
**Nabelschnur** *f* nervus *m* umbilicaris.
**nach I.** *praep* ❶ *(räuml.)* in + *akk; (bei Städtenamen) bl. akk;* ~ **Rom aufbrechen** Romam proficisci ❷ *(zeitl.)* post + *akk;* ~ **drei Jahren** post tres annos; ~ **dem Tod des Königs** rege mortuo; ~ **der Eroberung der Stadt** urbe captā ❸ *(gemäß)* secundum + *akk;* ~ **Kräften** pro viribus; **meiner Meinung** ~ (ex *o* de) mea opinione **II.** *adv:* ~ **und** ~ paulatim; ~ **wie vor** pariter.
**nachäffen** *vt* inepte imitari.
**nachahmen** *vt* imitari [**mores**; **oratorem**].
**nachahmenswert** *adj* imitando dignus, imitatione dignus.
**Nachahmung** *f* imitatio <-onis> *f.*
**Nachbar** *m* vicinus *m,* finitimus *m.*
**Nachbarhaus** *nt* domus <-us> *f* propinqua.
**Nachbarin** *f* vicina *f,* finitima *f.*
**nachbarlich I.** *adj* vicinus, finitimus **II.** *adv* vicinorum [*o* finitimorum] more.
**Nachbarschaft** *f* vicinitas <-atis> *f;* **in der** ~ prope.
N
**nachbestellen** *vt* mandatum iterare *(etw:* gen).
**Nachbestellung** *f* mandatum *nt* iteratum.
**nachbeten** *vt (fig)* repetere ut psittacus.
**nachbilden** *vt* imitando formare [*o* fingere].
**Nachbildung** *f* imitatio <-onis> *f.*
**nachdem I.** *kj* postquam (+ ind Perf.); *auch durch Part. Perf. oder Abl. abs. zu übersetzen (bes. bei Konstruktionen im Passiv)*; ~ **die Legion die Stadt erobert hatte, kam sie den Bundesgenossen zu Hilfe** postquam legio oppidum expugnavit, sociis subvenit **II.** *adv:* **je** ~ prout.
**nachdenken** *vi* cogitare, meditari *(über:* de) [**de natura deorum**].
**nachdenklich** *adj* cogitabundus.
**Nachdruck** *m (Betonung, Gewicht)* gravitas <-tatis> *f,* pondus <-deris> *nt;* **seinen Worten** ~ **verleihen** sua verba premere; **mit** ~ **auf etw hinweisen** graviter alqd indicare.
**nachdrucken** *vt* denuo imprimere [**libros**].
**nachdrücklich** *adj* gravis [**postulatio**; **monitio**]; ~ **fordern** deposcere.
**nacheifern** *vi:* **jdm** ~ aemulari alqm.
**nacheilen** *vi* insequi + *akk.*
**nacheinander** *adv* deinceps.
**Nachfolge** *f* successio <-onis> *f (in etw:* gen) [**hereditatis**; **imperii**]; **jmds** ~ **antreten** succedere (+ dat oder in locum alcis).
**nachfolgen** *vi* ❶ *(hinterhergehen)* sequi + *akk* [**amicum in Graeciam**; **magistratum in provinciam**] ❷ *(im Amt)* succedere + *dat* [**patri in regno**].
**Nachfolger** *m* successor <-oris> *m (in etw:* gen) [**muneris**].
**nachforschen** *vt* quaerere, inquirere (mit akk; de; mit indir. Frages.).
**Nachforschung** *f* quaestio <-onis> *f,* inquisitio <-onis> *f;* ~**en anstellen** quaestiones habēre.
**Nachfrage** *f* (COM) petitio <-onis> *f.*
**nachfragen** *vi* quaerere.
**nachfüllen** *vt* rursus implēre.
**nachgeben** *vi* (con)cedere [**alcis postulationi**].
**Nachgebühr** *f* taxa *f* postnumeranda.
**nachgehen** *vi* ❶ **einer Tätigkeit** ~ negotium obire ❷ *(Uhr)* cessare.
**Nachgeschmack** *m* sapor <-oris> *m* residuus.
**nachgiebig** *adj (Mensch)* facilis.
**Nachgiebigkeit** *f* facilitas <-tatis> *f.*
**nachgrübeln** *vi:* **über etw** ~ alqd (in) animo volutare.
**nachhallen** *vi* resonare.
**nachhaltig** *adj* assiduus, cintinuus [**impressio** Eindruck].
**nachhängen** *vi (einem Gedanken, Traum)* indulgēre [**recordationibus**].
**nachhelfen** *vi (einer Sache)* corrigere + *akk.*
**nachher** *adv* postea, deinde.
**Nachhilfe** *f* adiumentum *nt,* subsidium *nt.*
**Nachhilfeunterricht** *m* institutio <-onis> *f* subsidiaria.
**nachholen** *vt* ❶ *(Versäumtes)* compensare [**praetermissa**] ❷ *(Personen später holen)* postea arcessere.
**Nachhut** *f* agmen <-minis> *nt* novissimum; **die** ~ **bilden** agmen claudere.
**nachjagen** *vi (fig: einer Sache)* aucupari, sectari + *akk* [**voluptatem**; **praedam**].
**Nachkomme** *m* stirps <-pis> *f,* proles <-lis> *f;* ~**n** progenies <-ei> *f.*
**nachkommen** *vi* ❶ *(später kommen)* postea venire ❷ *(einer Vorschrift, einem Befehl)* sequi + *akk* [**edictum**; **legem**]; **seiner Pflicht** ~ officium suum facere [*o* servare *o* exsequi], officio fungi.
**Nachkommenschaft** *f* progenies <-ei> *f,* stirps <-pis> *f,* proles <-lis> *f.*
**Nachlass** *m* ❶ (COM: *Preis~)* deductio <-onis> *f* ❷ *(Hinterlassenschaft)* hereditas

<-atis> *f.*
**nachlassen** *vi (sich legen: Sturm, Hitze, Zorn)* residere.
**nachlässig** *adj* ❶ neglegens <-entis>, dissolutus ❷ *(von Sachen)* neglectus [**vestis**].
**Nachlässigkeit** *f* neglegentia *f.*
**nachlaufen** *vi:* **jdm ~** alqm sectari.
**nachmachen** *vt* ❶ *(nachahmen)* imitari ❷ *(fälschen)* adulterare [**nummos**].
**nachmessen** *vt* remetiri.
**Nachmittag** *m* tempus <-poris> *nt* postmeridianum; **am ~** post meridiem.
**nachmittags** *adv* post meridiem.
**nachprüfen** *vt (überprüfen)* inspicere.
**Nachprüfung** *f (Überprüfung)* inspectio <-onis> *f.*
**nachrechnen** *vt* computare.
**Nachrede** *f:* **üble ~** invidia *f,* infamia *f.*
**Nachricht** *f* nuntius *m;* **jdm ~ geben** alqm certiorem facere (de; mit A.C.I.); **eine ~ (über)bringen** nuntium (af)ferre; **~ erhalten** certiorem fieri, cognoscere.
**Nachrichtensatellit** *m* satelles <-tellitis> *m* telecommunicatorius.
**nachrücken** *vi* succedere [**in locum alcis**].
**Nachruf** *m (bei der Bestattung)* laudatio <-onis> *f* funebris.
**Nachruhm** *m* fama *f* superstes.
**nachrüsten** *vi* (MIL) nova arma parare.
**Nachrüstung** *f* (MIL) nova arma *nt pl.*
**nachsagen** *vt (nachsprechen, wiederholen)* repetere; **jdm etw Schlechtes ~** alci maledicere.
**nachschauen** *vi* ❶ **jdm ~** oculis alqm prosequi ❷ *(nachschlagen)* requirere.
**nachschicken** *vt (Briefe, Pakete, Leute)* submittere.
**nachschlagen** *vt (im Buch)* requirere.
**Nachschlüssel** *m* clavis <-is> *f* adulterina.
**Nachschub** *m (bes. Proviant, Kriegsbedarf)* commeatus <-us> *m* [**frumenti**].
**nachsehen** *vt, vi* ❶ *(jdm hinterhersehen)* oculis alqm prosequi ❷ *(nachsichtig sein)* alci veniam dare <dedi>, alci indulgēre ❸ *(nachschlagen)* requirere.
**nachsenden** *vt (Briefe, Pakete)* submittere.
**nachsetzen** *vi:* **jdm ~** alqm persequi.
**Nachsicht** *f* indulgentia *f (gegen jmd:* alcis und in alqm) [**in captivos**]; **gegen jmd ~ üben/mit jdm ~ haben** alci ignoscere, alci indulgēre.
**nachsichtig** *adj* indulgens <-entis>, clemens <-mentis>; **~ sein** indulgēre + *dat.*
**nachsinnen** *vi* meditari *(über:* de).
**nachspionieren** *vi:* **jdm ~** alqm speculari.
**nachsprechen** *vt* repetere.
**nächst** *praep* ❶ *(räuml.)* iuxta + *akk* ❷ *(außer)* praeter + *akk.*
**nachstehen** *vi (fig: geringer sein):* **jdm an** [*o* **in**] **etw ~** alci imparem esse *(an, in etw:* abl) [**prudentiā; viribus**]; **jdm in nichts ~** non superari ab alqo.
**nachstellen** *vi:* **jdm ~** alci insidiari.
**Nachstellungen** *pl* insidiae *f pl.*
**Nächstenliebe** *f* humanitas <-tatis> *f,* caritas <-tatis> *f.*
**nächstens** *adv* propediem.
**nächster** *adj* proximus; **am nächsten Tag** postridie; **in den nächsten Tagen** propediem; **die nächsten Verwandten** proximi *m pl.*
**Nacht** *f* nox <noctis> *f;* **bei ~, in der ~** nocte, noctu; **gute ~!** bonam noctem!; **Tag und ~** diem noctemque/dies noctesque; **mit Einbruch der ~** prima nocte; **tief in der ~** (de) multa nocte; **mitten in der ~** mediā nocte; **bis spät in die ~** ad multam noctem; **bei ~ und Nebel** nocte intempesta.
**Nacht-** nocturnus, *mit gen:* noctis.
**Nachtarbeit** *f* labor <-oris> *m* nocturnus.
**Nachtblindheit** *f* caecitas <-tatis> *f* nocturna.
**Nachtdienst** *m* officium *nt* nocturnum.
**Nachteil** *m* incommodum *nt,* detrimentum *nt;* (bes. FIN) damnum *nt;* **finanzielle ~e erleiden** damno affici; **für jmd von ~ sein** incommodo esse alci; **jdm gegenüber im ~ sein** alci inferiorem esse.
**nachteilig** *adj* detrimentosus.
**Nachteule** *f* noctua *f.*
**Nachthemd** *nt* tunica *f* nocturna.
**Nachtigall** *f* luscinia *f.*
**Nachtisch** *m* mensa *f* secunda.
**nächtlich** *adj* nocturnus.
**Nachtlokal** *nt* taberna *f* nocturna.
**Nachtquartier** *nt* hospitium *nt* nocturnum.
**Nachtrag** *m* supplementum *nt,* additamentum *nt.*
**nachtragen** *vt* ❶ *(hinzufügen)* addere, adicere ❷ *(fig):* **jdm etw ~** memorem esse *(+ indir. Frages.).*
**nachtragend** *adj* memor <-oris>.
**nachts** *adv* noctu, nocte.
**Nachtschwärmer** *m* grassator <-oris> *m* nocturnus.
**Nachttarif** *m* taxa *f* nocturna.
**Nachttisch** *m* mensula *f* nocturna.
**Nachttopf** *m* matula *f,* matella *f.*
**Nachtwache** *f* vigilia *f.*
**Nachtwächter** *m* vigil <-gilis> *m* nocturnus.
**nachwachsen** *vi* succrescere.
**Nachwahl** *f* subrogatio <-onis> *f.*
**Nachweis** *m* demonstratio <-onis> *f,* probatio <-onis> *f;* **einen ~ für etw erbringen** probare alqd.
**nachweisbar** *adj* qui/quae/quod demonstrari [*o* probari] potest.
**nachweisen** *vt* demonstrare, probare.

**Nachwelt** *f* posteri *m pl,* posteritas <-atis> *f;* **der ~ überliefern** memoriae tradere [*o* prodere].
**Nachwort** *nt* epilogus *m.*
**Nachwuchs** *m (Kinder)* suboles <-lis> *f.*
**nachzahlen** *vt* ❶ *(später zahlen)* postea solvere ❷ *(zusätzlich zahlen)* addere.
**nachzählen** *vt* iterum numerare.
**Nachzahlung** *f* postsolutio <-onis> *f.*
**nachzeichnen** *vt (nach einer Vorlage zeichnen)* ad exemplum pingere.
**nachziehen I.** *vt (hinter sich her ziehen)* secum trahere **II.** *vi (hinterherziehen)* (sub)sequi.
**Nachzügler** *m* morator <-toris> *m.*
**Nacken** *m* cervices <-cum> *f pl;* **jdm im ~ sitzen** *(jmd bedrängen)* in cervicibus alcis esse; **jmd im ~ haben** urgeri ab alqo.
**nackt** *adj (auch fig)* nudus [**crura**; **murus**; **veritas**].
**Nadel** *f* acus <-us> *f.*
**Nadelbaum** *m* pinus <-us, -i> *f.*
**Nadelöhr** *nt* foramen <-minis> *nt* acūs.
**Nagel** *m* ❶ clavus *m;* **einen ~ in die Wand schlagen** defigere clavum in pariete; **den ~ auf den Kopf treffen** rem acu tangere; **etw an den ~ hängen** *(fig)* desistere (+ abl; de; a; Inf.) ❷ *(Finger~)* unguis <-is> *m.*
**nageln** *vt* clavo/clavis figere.
**nagelneu** *adj* plane novus.
**nagen** *vi* ❶ rodere *(an etw:* akk) ❷ *(fig: Kummer)* mordēre *(an jdm:* akk).
**nah**(**e**) **I.** *adj (räuml., zeitl. und fig)* propinquus, vicinus [**silva**; **mors**] **II.** *praep:* **~** (**bei**) prope.
**Nähe** *f* propinquitas <-atis> *f;* **in der ~** (**von**) prope + *akk;* **aus der ~** ex propinquo.
**nahegehen** *vi (fig)* movēre *(jdm:* alqm).
**nahekommen** *vi:* **einer Sache ~** prope accedere ad alqd [**ad veritatem**].
**nahelegen** *vi:* **jdm ~, zu ...** alqm monēre de re/alcis rei.
**naheliegen** *vi* facile esse ad intellegendum.
**naheliegend** *adj* facilis ad intellegendum.
**nahen** *vi (sich nähern)* appropinquare.
**nähen** *vt* suere.
**näher** *adj (räuml., zeitl., fig)* propior; *(genauer)* magis accuratus; **jmd ~ kennen** bene nosse alqm; **jmd ~ kennen lernen** accuratius cognoscere alqm; **~ kommen** appropinquare.
**Näherin** *f* sartrix <-icis> *f.*
**nähern** *vr:* **sich ~** appropinquare.
**nahestehen** *vi:* **jdm ~** familiariter uti alqo.
**nahestehend** *adj (Freunde)* familiaris.
**nahezu** *adv* paene, fere.
**Nähfaden** *m,* **Nähgarn** *nt* filum *nt* suendi.
**Nahkampf** *m* pugna *f* propior.
**Nähmaschine** *f* machina *f* suturae.
**Nähnadel** *f* acus <-us> *f.*
**nähren I.** *vt* alere, nutrire [**puerum**; **spem**] **II.** *vr:* **sich ~** vesci *(von:* abl).
**nahrhaft** *adj* validus [**cibus**].
**Nahrung** *f* cibus *m,* alimenta *nt pl;* **einer Sache ~ geben** alere alqd.
**Nahrungsmittel** *pl* alimenta *nt pl,* cibaria *nt pl.*
**Nahrungsmittelvergiftung** *f* veneficium *nt* alimentorum.
**Naht** *f* sutura *f.*
**naiv** *adj* simplex <-plicis>.
**Naivität** *f* simplicitas <-atis> *f.*
**Name** *m* nomen <-minis> *nt; (fig: Ruf)* fama *f;* **im ~n von** nomine, auctoritate + *gen;* **im ~n der Gerechtigkeit** nomine iustitiae; **sein ~ ist Julius** nomen ei est Iulius; **sich einen ~n machen** gloriam adipisci; **dem ~n nach** verbo.
**namenlos** *adj* ❶ nomine vacans <-cantis>, sine nomine ❷ *(fig: unsagbar)* incredibilis.
**Namenstag** *m* dies <-ei> *m* festus nominis.
**Namensvetter** *m* nomine coniunctus *m;* **mein ~** nomine mecum coniunctus.
**namentlich** *adv (mit Namen, ausdrücklich)* nominatim.
**namhaft** *adj* ❶ *(bekannt)* nobilis [**musicus**] ❷ *(beträchtlich)* magnus, grandis [**summa**].
**nämlich** *adv* enim.
**Napf** *m* catinus *m.*
**Narbe** *f* cicatrix <-ricis> *f.*
**narbig** *adj* cicatricosus [**tergum**].
**Narkose** *f* narcosis <-is> *f.*
**Narr** *m* insanus *m,* stultus *m;* **jmd zum ~en halten** ludibrio habēre alqm.
**Narrheit** *f (Dummheit)* stultitia *f,* insania *f.*
**Närrin** *f* stulta *f.*
**närrisch** *adj* insanus, stultus.
**Narzisse** *f* narcissus *m.*
**naschen** *vt* ligurrire.
**naschhaft** *adj* cuppes <-edis>, cuppedia appetens.
**Naschhaftigkeit** *f* cuppedia *f,* ligurritio <-onis> *f.*
**Naschkatze** *f* cuppes <-edis> *m.*
**Nase** *f* nasus *m;* **die ~ über jmd/etw rümpfen** contemnere alqm/alqd; **jdm etw vor der ~ wegschnappen** alci alqd praeripere; **jmd an der ~ herumführen** alqm circumvenire.
**naseweis** *adj* nasutus.
**Nashorn** *nt* rhinoceros <-otis> *m.*
**nass** *adj* madidus, umidus; **~ sein** madēre; **~ machen** madefacere.
**Nässe** *f* umor <-oris> *m.*
**nasskalt** *adj* umidus frigidusque.
**Nation** *f* natio <-onis> *f,* gens <gentis> *f.*
**national** *adj* gentilis, patrius.
**Nationalhymne** *f* hymnus *m* patrius.
**Nationalismus** *m* nationalismus *m.*
**Nationalität** *f* nationalitas <-atis> *f;* **deut-**

**scher ~ sein** natione Germanum esse.
**Natter** *f* vipera *f.*
**Natur** *f* natura *f;* **von ~ aus** naturā; **in der freien ~** sub divo.
**Natur-** naturalis [**lex**; **ius**], *durch gen:* naturae.
**Naturalien** *pl* fructus <-uum> *m pl* naturales.
**Naturell** *nt* indoles <-lis> *f.*
**Naturforscher(in** *f*) *m* physicus, -a *m, f.*
**Naturfreund(in** *f*) *m* naturae amicus *m,* naturae amica *f.*
**naturgemäß I.** *adj* naturae consentaneus **II.** *adv* secundum naturam.
**Naturgesetz** *nt* lex <legis> *f* naturalis, lex *f* naturae.
**naturgetreu** *adj* verus.
**Naturheilkunde** *f* medicina *f* naturalis.
**Naturkatastrophe** *f* calamitas <-tatis> *f* naturae.
**Naturkunde** *f* physica *f/ nt pl.*
**natürlich I.** *adj* naturalis; **eines ~en Todes sterben** naturae concedere; **es ist ~, dass** necesse est (+ A.C.I.) **II.** *adv (selbstverständlich)* scilicet.
**Natürlichkeit** *f (von Menschen)* simplicitas <-atis> *f.*
**Naturprodukt** *nt* fructus <-us> *m* naturalis.
**Naturrecht** *nt* ius <iuris> *nt* naturale, ius *nt* naturae.
**Naturschutzgebiet** *nt* reservatum *nt.*
**Naturwissenschaft** *f* scientia *f* naturalis.
**Nebel** *m* nebula *f.*
**nebelhaft** *adj (fig: undeutlich, verschwommen)* nebulosus, vagus.
**neben** *praep* ❶ iuxta + *akk* ❷ *(außer)* praeter + *akk.*
**nebenan** *adv* iuxta.
**Nebenbedeutung** *f (bes. eines Wortes)* significatio <-onis> *f* adiuncta.
**nebenbei** *adv* ❶ *(beiläufig)* strictim; **~ bemerkt** strictim dictum ❷ *(gleichzeitig, nebenher)* simul.
**Nebenbeschäftigung** *f* opus <operis> *nt* subsicivum.
**Nebenbuhler(in** *f*) *m* aemulus, -a *m, f.*
**nebeneinander** *adv* ❶ *(räuml.)* unā ❷ *(zeitl.)* simul.
**Nebeneingang** *m* introitus <-us> *m* alter, aditus <-us> *m* alter.
**Nebeneinnahmen** *pl* reditus <-uum> *m pl* secundarii, pecuniae *f pl* extraordinariae.
**Nebenfluss** *m* flumen, quod influit in + *akk;* **ein ~ der Donau** flumen, quod influit in Danuvium.
**Nebengebäude** *nt* ❶ *(benachbartes Haus)* aedificium *nt* vicinum ❷ *(Anbau)* aedificium *nt* astructum.
**nebenher** *adv* ❶ *(gleichzeitig)* simul ❷ *(beiläufig)* strictim.
**Nebenkläger** *m* subscriptor <-oris> *m.*
**Nebenkosten** *pl* sumptus <-tuum> *m pl* secundarii.
**Nebenlinie** *f (von Familie)* linea *f* transversa.
**Nebenmann** *m* vicinus *m.*
**Nebenprodukt** *nt* fructus <-us> *m* secundarius.
**Nebenrolle** *f* partes <-tium> *f pl* secundae; **eine ~ spielen** partes secundas agere *(bei etw:* in re).
**Nebensache** *f* res <rei> *f* levis, secundarium *nt.*
**nebensächlich** *adj* secundarius, levis.
**Nebensatz** *m* sententia *f* secundaria.
**Nebenstraße** *f* via *f* secundaria, semita *f.*
**Nebenverdienst** *m* meritum *nt* secundarium, reditus <-us> *m* secundarius.
**Nebenwirkung** *f* effectus <-us> *m* secundarius.
**Nebenzimmer** *nt* conclave <-vis> *nt* vicinum, cubiculum *nt* vicinum.
**neblig** *adj* nebulosus.
**necken** *vt* ludificare, ludificari, cavillari.
**Neffe** *m* nepos <-otis> *m.*
**negativ** *adj* negans <-antis>; **eine ~e Antwort erhalten** repulsam ferre.
**Negativ** *nt* (FOT) imago <-ginis> *f* negativa.
**Neger(in** *f*) *m* Aethiops <-opis> *m,* Nigrita *m/f.*
**negieren** *vt* negare.
**nehmen** *vt* sumere [**poculum dextrā**]; *(an~)* accipere; *(aus etw ~)* promere [**pecuniam ex aerario**]; *(weg~)* adimere, demere [**alci imperium / vitam / spem**]; **auf sich ~** suscipere; **in Besitz ~** potiri + *abl;* **ein schlimmes Ende ~** male evenire; **in etw Einsicht ~** cognoscere alqd; **das lasse ich mir nicht ~** hoc mihi eripi non patiar.
**Neid** *m* invidia *f;* **aus ~** invidiā (incensus); **~ erregen** invidiam habēre.
**neiden** *vt:* **jdm etw ~** invidēre alci alqd, invidēre alci rei alcis.
**Neider** *m* invidus *m.*
**neidisch** *adj* invidus *(auf:* dat).
**Neige** *f (Rest)* reliquiae *f pl;* **zur ~ gehen** deficere.
**neigen I.** *vt* inclinare, flectere **II.** *vr:* **sich ~** (se) inclinare, inclinari **III.** *vi:* **zu etw ~** (se) inclinare [*o* inclinari] ad [*o* in] alqd.
**Neigung** *f* ❶ *(des Geländes)* inclinatio <-onis> *f,* declivitas <-atis> *f* ❷ *(Vorliebe)* studium *nt (zu:* gen; in + akk); **zu etw keine ~ haben** abhorrēre ab alqa re.
**nein** *adv* non, *meist durch einen kurzen verneinten Satz auszudrücken;* **~, im Gegenteil** immo.
**Nektar** *m* nectar <-aris> *nt.*
**nennen** *vt* appellare [**alqm victorem**]; *(be~)*

nominare [**filium ex patre**].
**nennenswert** *adj* memorabilis.
**Nenner** *m* denominator <-oris> *m;* **etw auf einen gemeinsamen ~ bringen** *(fig)* alqd in communem denominatorem reducere.
**Nerv** *m* nervus *m;* **jdm auf die ~en gehen** nervos alcis vexare.
**Nervenbündel** *nt* fasciculus *m* nervorum.
**Nervenheilanstalt** *f* valetudinarium *nt* amentium.
**Nervenzusammenbruch** *m* prostratio <-onis> *f* nervosa.
**nervös** *adj* commotus, stomachosus; **jmd ~ machen** commovēre alqm.
**Nervosität** *f* stomachus *m.*
**Nest** *nt* nidus *m;* **das eigene ~ beschmutzen** *(fig)* in nidum proprium spuere.
**nett** *adj* nitidus.
**Nettoeinkommen** *nt* reditus <-us> *m* solidus.
**Nettogehalt** *nt* salarium *nt* solidum, stipendium *nt* solidum.
**Netz** *nt (Fisch~, Jagd~)* rete <-tis> *nt; (Jagd~, auch fig)* plaga *f;* **jdm ins ~ gehen** *(fig)* in plagas alcis cadere [*o* incidere].
**neu** *adj* novus; *(eben erst entstanden oder geschehen)* recens <-centis> [**victoria; poemata; terror**]; **von ~em** denuo; **seit neuestem** haud dudum; **was gibt es Neues?** quid novi?.
**neuartig** *adj* novus.
**Neubau** *m* aedificium *nt* recens.
**neuerdings** *adv (seit kurzem)* ex brevi tempore.
**Neuerscheinung** *f (Buch)* scriptum *nt* recenter editum.
**Neuerung** *f* res <rei> *f* nova.
**neugeboren** *adj* ❶ *(gerade geboren)* modo natus ❷ *(fig)* renatus; **ich fühle mich wie ~** ut renatus sum.
**Neugier** *f* curiositas <-atis> *f;* **aus ~** curiositate, propter curiositatem.
**neugierig** *adj* curiosus, nova cognoscendi cupidus; **auf jmd/etw ~ sein** alqm/alqd cognoscere velle.
**Neuheit** *f* novitas <-atis> *f.*
**Neuigkeit** *f* res <rei> *f* nova.
**Neujahr** *nt* annus *m* novus; **glückliches ~!** annum novum faustum!.
**Neuland** *nt (fig)* regio <-onis> *f* novalis.
**neulich** *adv* nuper.
**Neuling** *m* novicius *m.*
**Neumond** *m* luna *f* nova.
**neun** *num* novem (undekl.); **je ~** noveni.
**neunmal** *adv* novie(n)s.
**neunter** *adj* nonus.
**neunzehn** *num* undeviginti (undekl.).
**neunzehnter** *adj* undevicesimus.
**neunzig** *num* nonaginta (undekl.).
**neunzigster** *adj* nonagesimus.

**Neureiche(r)** *m/f* dives <-vitis> *m* novus, dives <-vitis> *f* nova.
**Neurose** *f* nervorum infirmitas <-atis> *f.*
**neurotisch** *adj* nervorum infirmitate laborans.
**neutral** *adj* medius, neutrius partis.
**Neutralität** *f* neutrius partis studium *nt.*
**Neutronenbombe** *f* globus *m* incendiarius neutronicus.
**Neuzeit** *f* haec [*o* nostra] aetas <-atis> *f.*
**nicht** *adv* non; *(vor adj und adv meist)* haud; *(in Befehlssätzen, Wunschsätzen)* ne; *(in Fragesätzen)* nonne; **~ einmal** ne … quidem; **~ mehr** non iam; **noch ~** nondum.
**Nichtangriffspakt** *m* (POL) pactum *nt* bello abstinendi.
**Nichte** *f* filia *f* fratris/sororis.
**nichtig** *adj* vanus, inanis; **etw für ~ erklären** alqd irritum esse iubēre.
**Nichtigkeit** *f* vanitas <-tatis> *f,* inanitas <-tatis> *f.*
**Nichtraucher(in** *f***)** *m* non-fumator <-oris> *m,* non-fumatrix <-icis> *f.*
**nichts** *pron* nihil; ~ (**anderes**) **als** nihil (aliud) nisi; **~ ahnend** inopinans <-antis>; **~ sagend** parvus, nullius momenti; **das geht mich ~ an** hoc nihil ad me (pertinet); **sich ~ aus etw machen** pro nihilo putare alqd; **für ~, um ~** nihilo.
**Nichts** *nt* nihilum *nt.*
**Nichtschwimmer(in** *f***)** *m* non-natator <-oris> *m,* non-natatrix <-icis> *f.*
**nichtsdestoweniger** *adv* nihilominus.
**Nichtsnutz** *m* nequam *m* (undekl.).
**nichtsnutzig** *adj* nequam (undekl.) [**liberti**].
**Nichtstuer** *m* homo <-minis> *m* ignavus.
**nicken** *vi* capitis motu nutare.
**Nickname** *m* (INFORM) agnomen <-minis> *nt.*
**nie** *adv* numquam; **und ~** nec umquam; **damit ~** ne umquam.
**nieder** *adv:* **auf und ~** sursum (ac) deorsum.
**niederbeugen I.** *vt* deflectere **II.** *vr:* **sich ~** inclinari, se demittere.
**niederbrennen I.** *vt* incendio delēre **II.** *vi* deflagrare.
**niederdrücken** *vt (auch fig)* deprimere [**ius ac libertatem**].
**Niedergang** *m (Untergang, Verderben)* occasus <-us> *m* [**rei publicae; Troiae**].
**niedergeschlagen** *adj* demissus, afflictus.
**Niedergeschlagenheit** *f* animi demissio <-onis> *f.*
**niederhauen** *vt* caedere, prosternere.
**niederknien** *vi* in genua procumbere.
**Niederlage** *f* clades <-dis> *f;* **eine ~ erleiden** cladem accipere; **jdm eine ~ beibringen** cladem afferre [*o* inferre *o* facere] alci.
**niederlassen** *vr:* **sich ~** considere.
**niederlegen I.** *vt* ❶ deponere [**onus; arma**]

N

❷ *(ein Amt)* se abdicare + *abl* [**magistratu**] **II.** *vr:* **sich ~** procumbere [**humi**].

**Niederlegung** *f* ❶ *(eines Kranzes)* depositio <-onis> *f* [**coronae**] ❷ *(eines Amtes)* abdicatio <-onis> *f* [**dictaturae**].

**niedermetzeln** *vt* trucidare.

**niederreißen** *vt* deicere, diruere [**muros**; **turrim**; **arcem**; **hostium castra**].

**niederreiten** *vt* equo/equis proculcare [*o* proterere].

**niederschießen** *vt* telo prosternere [**hostem**].

**niederschlagen** *vt* ❶ profligare, opprimere, prosternere [**hostes**; **legionem**] ❷ *(fig: Aufstand)* sedare, opprimere [**seditionem**; **tumultum gladiatorum**] ❸ *(Augen)* demittere [**oculos in terram**].

**niederschmettern** *vt (auch fig)* profligare, prosternere.

**niederschmetternd** *adj (fig)* perturbans <-antis> [**iudicium**; **eventus** Ergebnis].

**niederstoßen** *vt* (pro)sternere.

**niederstrecken** *vt* (pro)sternere.

**Niedertracht** *f* turpitudo <-dinis> *f,* improbitas <-atis> *f.*

**niederträchtig** *adj* turpis, improbus, sordidus.

**Niederträchtigkeit** *f* turpitudo <-dinis> *f,* improbitas <-atis> *f.*

**niedertreten** *vt* proculcare, proterere [**arva**; **segetes**].

**Niederungen** *pl* loca *nt pl* demissa.

**niederwerfen I.** *vt* (pro)sternere [**telo virum**] **II.** *vr:* **sich ~** procumbere [**humi**; **ad pedes alcis**].

**niedlich** *adj* lepidus.

**niedrig** *adj* ❶ *(konkr., auch fig vom Rang)* humilis [**casa**; **ordo**] ❷ *(Preis)* vilis ❸ *(fig: gemein)* sordidus, improbus; **~e Gesinnung** improbitas.

**Niedrigkeit** *f* ❶ *(konkr., auch fig vom Rang)* humilitas <-atis> *f* ❷ *(von Preis)* vilitas <-atis> *f* ❸ *(fig: Gemeinheit)* improbitas <-atis> *f.*

**niemals** *adv* numquam; **und ~** nec umquam; **damit ~** ne umquam; **~ jemand** nemo umquam.

**niemand** *pron* nemo; **und ~** nec quisquam; **damit ~** ne quis.

**Nieren** *pl* renes <renum> *m pl.*

**Nierenleiden** *nt* renum morbus *m.*

**Nierenstein** *m* calculus *m* renum.

**nieseln** *vi* leniter pluere; **es nieselt** leniter pluit.

**niesen** *vi* sternuere.

**Niesen** *nt* sternutamentum *nt.*

**Niespulver** *nt* pulvis <-veris> *m* sternutatorius.

**Nießbrauch** *m* (JUR: *Nutzungsrecht an fremdem Vermögen)* usus <-us> *m.*

**Niete** *f (Fehllos)* sors <sortis> *f* inanis.

**niet- und nagelfest** *adj* fixus, quod moveri non potest.

**Nihilismus** *m* nihilismus *m.*

**Nikotin** *nt* nicotinum *nt.*

**Nilpferd** *nt* hippopotamus *m.*

**Nimmersatt** *m* homo <-minis> *m* insatiabilis, homo *m* nimis gulosus.

**nippen** *vi* degustare *(an etw: alqd).*

**Nippes** *pl,* **Nippsachen** *pl* parvulae res <rerum> *f pl* venustae.

**nirgends** *adv* nusquam, nullo loco; **und ~** nec usquam.

**Nische** *f* aedicula *f.*

**nisten** *vi* nidum facere, nidificare.

**Niveau** *nt* gradus <-us> *m; (hohes ~)* gradus *m* altus; **das Theaterstück hat ~** fabula gradus alti est.

**Nixe** *f* nympha *f.*

**nobel** *adj* nobilis.

**Nobelpreis** *m* praemium *nt* Nobelianum.

**noch** *adv* etiam; *(immer ~)* adhuc; *(beim Komp.)* etiam; **~ immer, immer ~** adhuc, etiam nunc; **~ einmal** iterum; **~ nicht** nondum; **~ größer** etiam maior; **dumm und frech ~ dazu** praeterea stultus et protervus; **~ nichts** nihil adhuc.

**nochmalig** *adj* repetitus, iteratus.

**nochmals** *adv* iterum, denuo.

**Nomade** *m* nomas <-adis> *m.*

**Nonne** *f* monacha *f.*

**Norden** *m* septentriones <-num> *m pl;* **nach ~** in septentriones.

**nordisch** *adj* terrae septentrionalis.

**nördlich** *adj* septentrionalis.

**Nordpol** *m* polus *m* septentrionalis [*o* gelidus *o* glacialis].

**Nordsee** *f* mare <-ris> *nt* Germanicum.

**Nordwind** *m* boreas <-ae> *m.*

**Nörgelei** *f* lamentatio <-onis> *f.*

**nörgeln** *vi* lamentari *(an, über: akk).*

**Norm** *f (Regel, Vorschrift)* norma *f,* regula *f.*

**normal** *adj* rectus; *(üblich)* usitatus.

**normalerweise** *adv* ex consuetudine.

**Normalfall** *m* res <rei> *f* regularis, causa *f* regularis; **im ~** ex consuetudine.

**Normalgröße** *f* magnitudo <-dinis> *f* regularis.

**normalisieren I.** *vt* ad consuetudinem pristinam redigere **II.** *vr:* **sich ~** ad consuetudinem pristinam redigi.

**Normalverbraucher** *m* consumptor <-oris> *m* medius; **Otto ~** homo medius.

**normen, normieren** *vt* ad normam redigere.

**Norwegen** *nt* Norvegia *f.*

**Nostalgie** *f* nostalgia *f.*

**nostalgisch** *adj* nostalgicus.

**Not** *f (Schwierigkeit, ~lage)* angustiae *f pl; (Mangel, Armut)* inopia *f,* angustiae *f pl,* egestas <-atis> *f; (Zwang)* necessitas <-atis> *f; (Mühe)* molestia *f,* labor <-oris> *m;* **in ~ sein**

laborare; **mit knapper ~** aegerrime; **aus ~** necessario, necessitate coactus; **seine liebe ~ mit jdm/mit etw haben** suam molestiam habēre cum alqo/alqa re.

**Notar** *m* tabellio <-onis> *m.*

**Notariat** *nt* ❶ *(Büro)* officium *nt* tabellionis ❷ *(Amt)* munus <-eris> *nt* tabellionis.

**Notausgang** *m* exitus <-us> *m* necessitatis [*o* periculi].

**Notbremse** *f* frenum *nt* necessitatis [*o* periculi].

**Notdienst** *m* officium *nt* necessitatis.

**notdürftig** *adj (kaum ausreichend)* tenuis, parcus [**cibus**].

**Note** *f* ❶ *(Schul~)* iudicium *nt;* **eine gute ~** laus <laudis> *f;* **eine schlechte ~** nota *f,* reprehensio <-onis> *f* ❷ (MUS) nota *f* musica.

**Notfall** *m* (subita) necessitas <-atis> *f;* **im ~** necessitate urgente.

**notfalls** *adv* necessitate urgente.

**notgedrungen** *adv* necessario.

**Notgroschen** *m* pecunia *f* reposita.

**notieren** *vt* scribere, litteris mandare.

**nötig** *adj* necessarius; **es ist ~ ...** opus [*o* necesse] est (+ inf, A.C.I.); **etw ~ haben** egēre, indigēre + *abl oder gen* [**auxilio**; **consilii alcis**]; **es für ~ halten, etw zu tun** alqd faciendum esse putare.

**nötigen** *vt* cogere; **sich genötigt sehen** cogi.

**nötigenfalls** *adv* si necesse est.

**Nötigung** *f (Zwang)* necessitas <-atis> *f.*

**Notiz** *f* annotatio <-onis> *f;* **keine ~ von etw nehmen** neglegere alqd; **sich ~en machen** annotare.

**Notizblock** *m* chartulae *f pl* compactae.

**Notizbuch** *nt* codicillus *m.*

**Notlage** *f* necessitas <-atis> *f,* angustiae *f pl;* **in der ~ sein** in angustiis esse.

**Notlandung** *f* appulsus <-us> *m* invitus.

**notleidend** *adj* miser <-era, -erum>, inops <-opis>.

**Notlösung** *f* explicatio <-onis> *f* necessitatis.

**Notlüge** *f* mendacium *nt* necessitatis.

**notorisch** *adj* notorius [**mendax**].

**Notstand** *m* necessitas <-atis> *f,* angustiae *f pl;* **den ~ ausrufen** necessitatem pronuntiare.

**Notwehr** *f* defensio <-onis> *f* necessaria; **in ~** vim repellens.

**notwendig** *adj* necessarius; **es ist ~** necesse est [**proficisci**].

**Notwendigkeit** *f* necessitas <-atis> *f.*

**Novelle** *f* fabella *f.*

**November** *m* November <-bris> *m.*

**Nu**: **im ~** subito.

**nüchtern** *adj* ❶ *(ohne Essen)* ieiunus ❷ *(nicht betrunken; sachlich)* sobrius.

**Nüchternheit** *f* ❶ *(ohne Essen)* ieiunitas <-atis> *f* ❷ *(ohne Alkohol; Sachlichkeit)* sobrietas <-atis> *f.*

**Nudeln** *pl* farina *f* subacta.

**null** *adv:* **~ und nichtig** nullus, irritus; **für ~ und nichtig erklären** tollere, rescindere.

**Null** *f (fig: Versager)* homo <-minis> *m* nullo numero.

**Nulldiät** *f* diaeta *f* absoluta.

**Nummer** *f* numerus *m.*

**nummerieren** *vt* numeris signare.

**Nummernschild** *nt (am Auto)* notaculum *nt.*

**nun I.** *adv (jetzt)* nunc; **von ~ an** posthac **II.** *interj (bei Aufforderungen)* igitur; **~ aber** atqui(n).

**nur** *adv* modo, solum, tantum; **nicht ~ ..., sondern auch ...** non modo [*o* solum] ..., sed etiam ...; **wenn ~** dummodo.

**nuscheln** *vt* murmurare, susurrare.

**Nuss** *f* nux <nucis> *f;* **eine harte ~ zu knacken haben** *(fig)* nucem duram frangere debēre.

**Nussbaum** *m* nux <nucis> *f.*

**Nussknacker** *m* nucifrangibulum *nt.*

**Nussschale** *f* folliculus *m* nucis.

**Nüstern** *pl* nares <-rium> *f pl.*

**Nutte** *f* meretrix <-icis> *f.*

**Nutzanwendung** *f* usus <-us> *m.*

**nutzbar** *adj* utilis; **~ machen** in usum convertere.

**nutzbringend** *adj* quaestuosus, fructuosus; **~ anlegen** quaestuose collocare.

**nütze** *adj:* **zu etw/nichts ~ sein** ad aliquam rem/ad nullam rem utilem esse.

**nutzen, nützen I.** *vi (nützlich sein)* prodesse, utilem esse, usui esse; **das nützt nichts** nullo usui est **II.** *vt* uti + *abl* [**viribus**; **tempore**].

**Nutzen** *m* utilitas <-atis> *f,* usus <-us> *m,* fructus <-us> *m,* lucrum *nt;* **von ~ sein** utilem esse; **jdm ~ bringen, jdm von ~ sein** alci usui esse; **aus etw ~ ziehen** fructum capere ex re, lucrum facere ex re; **zum ~ von** ex usu + *gen,* in rem + *gen;* **wer hat den ~ davon?** cui usui est?.

**nützlich** *adj* utilis; **~ sein** utilem esse, prodesse; **sich ~ machen** utilem se praebēre.

**Nützlichkeit** *f* utilitas <-atis> *f.*

**nutzlos** *adj* inutilis.

**Nutzlosigkeit** *f* inutilitas <-atis> *f.*

**Nutznießer(in** *f*) *m* qui/quae usum et fructum alcis rei habet.

**Nutzung** *f* usus <-us> *m,* fructus <-us> *m.*

**Nutzungsrecht** *nt* ius <iuris> *nt* usūs, ius *nt* fructūs.

**Nymphe** *f* nympha *f.*

**Nymphomanie** *f* nymphomania *f.*

# O o

**Oase** *f* oasis <-is> *f.*

**ob** *kj (im indir. Fragesatz)* num + *conj; (bei den Verben des Erwartens und Versuchens)* si + *conj;* **~ ... oder** utrum … an; **~ ... oder nicht** utrum … necne; **als ~** quasi, velut si; **~ etwa** si forte.

**Obdach** *nt* tectum *nt.*

**obdachlos** *adj* tecto carens; **~ werden** tectum perdere [*o* amittere].

**Obdachlose** *f* tecto carens <-entis> *f.*

**Obdachlosenasyl** *nt* asylum *nt* tecto carentium.

**Obdachloser** *m* tecto carens <-entis> *m.*

**Obduktion** *f* sectio <-onis> *f,* obductio <-onis> *f.*

**Obelisk** *m* obeliscus *m.*

**oben** *adv* supra, *b. Subst. durch das Adj.* summus *auszudrücken*; **~ auf dem Berg** in summo monte; **von ~** desuper; **nach ~** sursum; **von ~ bis unten** a summo ad imum; *(bei Personen)* a vestigio ad verticem; **jmd von ~ herab behandeln** alqm superbe tractare; **~ erwähnt** [*o* **genannt**] quem/quam/quod supra diximus [*o* memoravimus].

**obenan** *adv (in Reihenfolge, auf der Liste)* summo loco.

**obenauf** *adv* in summo.

**obendrein** *adv* insuper, ultro.

**obenhin** *adv (fig: flüchtig)* leviter, strictim [**alqd dicere**].

**Ober** *m* puer <-eri> *m* (cauponius).

**Ober-** summus, superior.

**Oberarm** *m* lacertus *m.*

**Oberarzt** *m* medicus *m* superior.

**Oberbefehl** *m* imperium *nt;* **den ~ haben** praeesse *(über:* dat).

**Oberbefehlshaber** *m* imperator <-oris> *m.*

**Oberbürgermeister** *m* superior magister <-tri> *m* civium, superior magister *m* urbis.

**oberer** *adj* superus, superior.

**Oberfläche** *f* superficies <-ei> *f;* **auf der ~ des Wassers** in summa aqua.

**oberflächlich** *adj* levis.

**oberhalb I.** *adv* super, supra **II.** *praep* supra + *akk.*

**Oberhand** *f:* **die ~ über jmd gewinnen** alqm superare, alqm vincere.

**Oberhaupt** *nt* princeps <-cipis> *m,* caput <-pitis> *nt* [**coniurationis**]; **~ der Familie** pater familias.

**Oberhemd** *nt* camisia *f* exterior.

**Oberherrschaft** *f* summum imperium *nt;* **die ~ erringen** rerum potiri.

**Oberhoheit** *f* imperium *nt.*

**Oberitalien** *nt* Gallia *f* Cisalpina.

**Oberkellner** *m* primicauponius *m.*

**Oberkommando** *nt* summum imperium *nt.*

**Oberlippe** *f* labrum *nt* superius.

**Oberpriester** *m* pontifex <-ficis> *m.*

**Oberschenkel** *m* femur <-moris> *nt.*

**Oberschicht** *f* classis <-is> *f* superior.

**Oberst** *m* tribunus *m* militum.

**oberster** *adj* summus, supremus.

**obgleich** *kj* quamquam, etsi *(meist mit ind),* quamvis *(meist mit conj),* cum *(mit conj).*

**Obhut** *f* tutela *f;* **unter jmds ~ stehen** in tutela alcis esse; **jmd in seine ~ nehmen** alqm in tutelam recipere.

**obiger** *adj* superior.

**Objekt** *nt* res <rei> *f.*

**objektiv** *adj* aequus.

**Objektiv** *nt* vitrum *nt* obiectivum.

**Objektivität** *f* aequitas <-atis> *f.*

**obligatorisch** *adj* necessarius.

**Obmann** *m* (SPORT) arbiter <-tri> *m.*

**Oboe** *f* lituus *m* Gallicus.

**Obrigkeit** *f* magistratus <-uum> *m pl.*

**obschon** *kj* quamquam.

**Observatorium** *nt* observatorium *nt,* specula *f* astronomica.

**obskur** *adj* obscurus, dubius [**consilia**].

**Obst** *nt* poma *nt pl.*

**Obstbaum** *m* arbor <-oris> *f* pomifera.

**Obstgarten** *m* pomarium *nt.*

**Obsttorte** *f* torta *f* pomaria.

**obszön** *adj* obscenus [**versūs**].

**obwohl** *kj* quamquam, etsi *(meist mit ind),* quamvis *(meist mit conj),* cum *(mit conj).*

**Ochse** *m* bos <bovis> *m.*

**Ode** *f* carmen <-minis> *nt.*

**öde** *adj (verlassen)* vastus, desertus.

**Öde** *f* vastitas <-atis> *f.*

**oder** *kj* aut, vel; *(in Alternativfragen)* an; **entweder ... ~** aut … aut, vel … vel.

**Ofen** *m* fornax <-acis> *f.*

**offen** *adj* ❶ apertus, **~ stehen** patēre ❷ *(Meer, Land)* patens <-entis> [**pelagus; campi; vallis**]; **das ~e Meer** altum *nt;* **auf ~er Straße** in publico ❸ *(aufrichtig)* sincerus, verus, simplex <-plicis>; **~ gesagt** ne dicam dolo; **~ bekennen** profiteri ❹ *(Stelle)* vacuus [**munus**].

**offenbar I.** *adj* apertus, manifestus, perspicu-

O

us [**fraus**; **maleficium**] **II.** *adv mit* videri *zu übersetzen*; **ich habe mich ~ geirrt** erravisse videor.

**Offenheit** *f* veritas <-atis> *f*, simplicitas <-atis> *f*.

**offenherzig** *adj* verus, sincerus, simplex <-plicis>.

**offenkundig** *adj* apertus, manifestus [**mendacium**].

**offensichtlich I.** *adj* apertus, manifestus, perspicuus **II.** *adv mit* videri *zu übersetzen.*

**offensiv** *adj* offensivus [**belli ductus**].

**Offensive** *f*: **in die ~ gehen** *(von Kriegführung)* bellum inferre, ultro hostem petere.

**Offensivkrieg** *m* bellum *nt* ultro illatum.

**öffentlich I.** *adj* publicus [**ius**; **vita**] **II.** *adv* publice, palam [**alqd edicere**].

**Öffentlichkeit** *f* publicum *nt*; **mit etw an die ~ treten** alqa re in publicum prodire.

**offiziell** *adj* officialis [**decretum**].

**Offizier** *m* praefectus *m* militum.

**öffnen I.** *vt* aperire, patefacere **II.** *vr*: **sich ~** se aperire, aperiri, patefieri; *(Erde)* dehiscere.

**Öffnung** *f* foramen <-minis> *nt*, hiatus <-us> *m* [**terrae**].

**oft** *adv* saepe; **wie ~?** quotie(n)s?, quam saepe?; **so ~ wie** [*o* **als**] **möglich** quam saepissime.

**öfters** *adv* saepe.

**ohne** *praep* ❶ sine + *abl*, *oft adjektivisch auszudrücken*; **~ mein Wissen** me insciente, me inscio; **~ es zu wollen** invitus ❷ *(frei von)* expers <-pertis> + *gen*; **~ Talent** expers ingenii.

**ohnedies**, **ohnehin** *adv (sowieso)* omni modo.

**Ohnmacht** *f* ❶ *(Bewusstlosigkeit)* animi defectio <-onis> *f*; **jmd fällt in ~** animus alqm relinquit ❷ *(Schwäche)* infirmitas <-atis> *f*.

**ohnmächtig** *adj* ❶ *(bewusstlos)* sui [*o* mentis suae] non compos <-potis>, mente alienatus; **~ werden** a mente discedere, animo linqui ❷ *(fig)* infirmus, impotens <-entis>.

**Ohr** *nt* auris <-is> *f*; **die ~en spitzen** aures erigere [*o* arrigere]; **jdm sein ~ leihen** aures praebēre alci; **tauben ~en predigen** surdis auribus canere; **seinen ~en nicht trauen** suarum aurium fidei non credere; **jmd übers ~ hauen** alqm deruncinare; **bis über beide ~en verliebt sein** ad ambas usque aures amore captum esse; **jdm in den ~en liegen** aures alcis obtundere.

**Öhr** *nt (Nadel~)* foramen <-minis> *nt* acūs.

**Ohrenarzt** *m* medicus *m* auricularius.

**ohrenbetäubend** *adj* exsurdans <-antis> [**strepitus**].

**Ohrensausen** *nt* aurium sonitus <-us> *m*.

**Ohrenschmalz** *nt* aurium sordes <-dis> *f*.

**Ohrenschmaus** *m* aurium oblectatio <-onis> *f*.

**Ohrenschützer** *pl* aurium tegilla *nt pl*.

**Ohrenzeuge** *m* sermonis arbiter <-tri> *m*.

**Ohrfeige** *f* alapa *f*; **jdm eine ~ geben** alapam alci ducere.

**ohrfeigen** *vt* alapam alci ducere.

**Ohrläppchen** *nt* auricula *f*.

**Ohrring** *m* inauris <-is> *f*.

**okkult** *adj* occultus, secretus.

**Okkultismus** *m* occultum *nt*, secretum *nt*.

**Ökologie** *f* oecologia *f*.

**ökologisch** *adj* oecologicus.

**ökonomisch** *adj (sparsam)* parcus.

**Ökosystem** *nt* systema <-atis> *nt* oecologicum.

**Oktave** *f* (MUS) octava *f*.

**Oktober** *m* October <-bris> *m*.

**Oktoberfest** *nt* octobralia <-ium> *nt pl*.

**ökumenisch** *adj* oecumenicus [**sacra** Gottesdienst].

**Öl** *nt* oleum *nt*; **~ ins Feuer gießen** *(fig)* oleum camino addere.

**Öl-** olearius.

**Ölbaum** *m* oliva *f*.

**Ölbild** *nt* pictura *f* olearia.

**ölen** *vt* oleo unguere.

**Ölgemälde** *nt* pictura *f* olearia.

**Ölheizung** *f* calefactorium *nt* olearium.

**ölig** *adj* oleosus.

**Oligarchie** *f* paucorum dominatio <-onis> *f*.

**Olive** *f* oliva *f*.

**Olivenbaum** *m* oliva *f*.

**Olivenhain** *m* olivetum *nt*.

**Olivenöl** *nt* oleum *nt* olivarum.

**Ölkanister** *m* canistrum *nt* olei.

**Ölraffinerie** *f* officina *f* oleo purgando.

**Ölung** *f*: **die Letzte ~** extrema unctio <-onis> *f*.

**Ölwechsel** *m* olei commutatio <-onis> *f*.

**Olympiade** *f* Olympia *nt pl*.

**Olympiastadion** *nt* stadium *nt* Olympiorum.

**olympisch** *adj*: **die Olympischen Spiele** Olympia *nt pl*.

**Omelett** *nt* ova *nt pl* mixta.

**Omen** *nt* omen <ominis> *nt*; **ein gutes/schlechtes ~** omen faustum/infaustum.

**Omnibus** *m* currus <-us> *m* communis, autoraeda *f* longa.

**Onkel** *m (mütterlicherseits)* avunculus *m*; *(väterlicherseits)* patruus *m*.

**Onyx** *m* onyx <-ychis> *m*.

**Oper** *f* ❶ drama <-matis> *nt* musicum, melodrama <-matis> *nt* ❷ *(Gebäude)* theatrum *nt* melodramaticum.

**Operation** *f* (MED) sectio <-onis> *f*; **sich einer ~ unterziehen** secari.

**Operationssaal** *m* conclave <-vis> *nt* sectionis.

**Operette** *f* melodramatium *nt*.

**operieren** *vt* (MED) secare <secui>.

**Opernglas** *nt* binoculum *nt* (theatricum).
**Opernhaus** *nt* theatrum *nt* melodramaticum.
**Opernsänger(in** *f*) *m* cant(at)or <-oris> *m* dramaticus, cant(at)rix <-icis> *f* dramatica.
**Opfer** *nt* ❶ *(~handlung)* sacrificium *nt;* **ein ~ darbringen** sacrificium facere, sacrificare ❷ *(Verlust, Einbuße)* iactura *f* [**equitum**]; *(Geopferter, Geschädigter, ~tier)* victima *f;* **keine ~ scheuen** nihil non suscipere.
**Opferaltar** *m* ara *f.*
**opfern I.** *vt* sacrificare, immolare [**Iovi bovem**] **II.** *vr:* **sich ~** *(sich auf~)* vitam profundere (pro).
**Opfern** *nt* sacrificatio <-onis> *f,* immolatio <-onis> *f.*
**Opferpriester** *m,* **Opferschauer** *m* haruspex <-spicis> *m.*
**Opfertier** *nt* hostia *f,* victima *f.*
**Opferung** *f* sacrificatio <-onis> *f,* immolatio <-onis> *f.*
**Opium** *nt* opium *nt.*
**Opportunist(in** *f*) *m durch Umschreibung:* qui/quae temporibus (in)servit.
**opportunistisch** *adj durch Umschreibung:* qui/quae temporibus (in)servit.
**Opposition** *f* factio <-onis> *f* adversa; **in ~ stehen zu** obsistere + *dat;* **~ (be)treiben** resistere.
**Oppositionsführer** *m* caput <-pitis> *nt* factionis adversae.
**Optik** *f* optice <-es> *f.*
**Optiker** *m* opticus *m.*
**optimal** *adj* optimus.
**Optimismus** *m* optimismus *m.*
**Optimist(in** *f*) *m durch Umschreibung:* qui/quae ad meliora omnia refert.
**optimistisch** *adj durch Umschreibung:* ad meliora omnia referens.
**optisch** *adj* opticus [**fallacia**].
**Orakel** *nt,* **Orakelspruch** *m* oraculum *nt;* **das Orakel befragen** oraculum consulere.
**Orange** *f* malum *nt* aureum [*o* Medicum].
**Orchester** *nt* symphonia *f.*
**Orden** *m (Auszeichnung)* insigne <-gnis> *nt.*
**ordentlich** *adj* ❶ *(Sachen)* compositus; **ein ~es Frühstück** prandium rectum ❷ *(Personen)* diligens <-entis>.
**ordinär** *adj* trivialis.
**ordnen** *vt* ordinare, in ordinem redigere, componere.
**Ordner** *m (Akten~)* loculamentum *nt.*
**Ordnung** *f (Reihenfolge, Geordnetsein)* ordo <-dinis> *m;* **etw in ~ bringen** alqd in ordinem redigere; **jmd zur ~ rufen** reprehendere alqm; **~ halten** ordinem (con)servare; **es ist in ~** rectum est; **in ~** recte.
**ordnungsgemäß** *adv* rite, ordine [**procedere**].
**ordnungswidrig I.** *adj* expers <-pertis> ordinis **II.** *adv* contra ordinem [**agere**].
**Organ** *nt* ❶ *(des Körpers)* membrum *nt* ❷ *(Stimme)* os <-oris> *nt.*
**Organisation** *f* apparatus <-us> *m,* institutio <-onis> *f.*
**organisieren** *vt* instituere, componere.
**Organismus** *m* natura *f.*
**Organist(in** *f*) *m* organarius *m,* organista *m,* organoedus *m,* organistria *f,* organoeda *f.*
**Organtransplantation** *f* membrorum/membri translatio <-onis> *f.*
**Orgel** *f* organum *nt.*
**Orient** *m* oriens <-entis> *m.*
**orientalisch** *adj* orientalis.
**orientieren** *vr:* **sich ~** circumspicere.
**Original** *nt* ❶ *(von Gemälden, Schriften, Statuen)* archetypum *nt,* exemplum *nt* ❷ *(origineller Mensch)* homo, qui suum ingenium sequitur.
**originell** *adj* proprius.
**Orkan** *m* procella *f.*
**orkanartig** *adv* procellae modo.
**Ornat** *m* ornatus <-us> *m,* vestis <-is> *f* forensis.
**Ort** *m* ❶ *(Stelle, Platz)* locus *m (Pl. meist* loca *nt*); **an diesem ~** hoc loco, hic; **an jedem ~** ubique; **am rechten ~** in loco; **an ~ und Stelle** in re praesenti ❷ *(~schaft: Dorf)* pagus *m,* vicus *m; (Kleinstadt)* oppidum *nt.*
**Orthographie** *f,* **Orthografie** *f* scientia *f* recte scribendi.
**örtlich** *adj durch gen auszudrücken:* loci/locorum.
**Örtlichkeit** *f* locus *m (Pl. meist* loca *nt*).
**Ortschaft** *f (Dorf)* pagus *m,* vicus *m; (Kleinstadt)* oppidum *nt.*
**Ortsgespräch** *nt* telephonicum colloquium *nt* locale.
**ortskundig** *adj* locorum [*o* regionis] peritus.
**Ortszeit** *f* tempus <-poris> *nt* regionale.
**Öse** *f* ansa *f.*
**Ost-** orientalis [**Germania**].
**Osten** *m* oriens <-entis> *m.*
**Osterei** *nt* ovum *nt* paschale.
**Osterhase** *m* lepus <-poris> *m* paschalis.
**Ostern** *nt* pascha *f.*
**Österreich** *nt* Austria *f.*
**östlich** *adj* orientalis.
**Ostsee** *f* mare <-ris> *nt* Balticum.
**Ostwind** *m* subsolanus *m.*
**Ouvertüre** *f* exordium *nt* (melodramatis).
**oval** *adj* ex longo rotundus, ovatus.
**Overall** *m* indutorium *nt.*
**Ozean** *m* Oceanus *m.*

# P p

**paar** *adj:* **ein ~** nonnulli.
**Paar** *nt* par <paris> *nt* [**columbarum**; **consulum**; **calceorum**]; **ein ~ werden** matrimonio iungi.
**paarig** *adj* par <paris>.
**paarmal** *adv:* **ein ~** non semel, semel atque iterum.
**paarweise** *adv* bini.
**Pacht** *f* conductio <-onis> *f;* (*~geld*) pretium (conductionis) *nt;* **etw in ~ nehmen** alqd conducere; **etw in ~ geben** alqd locare.
**Pacht-** *durch gen:* conductionis [**pactum** Pachtvertrag].
**pachten** *vt* conducere [**hortum**; **fundum**].
**Pächter** *m* conductor <-oris> *m.*
**Pachtvertrag** *m* conductio <-onis> *f,* locatio <-onis> *f.*
**Pack** *nt (Gesindel)* faex <faecis> *f.*
**Päckchen** *nt* fasciculus *m.*
**packen** *vt* ① *(fassen)* capere, comprehendere ② *(Koffer, Paket)* complēre, explēre [**riscum**; **fascem**]; **etw in Kisten packen** alqd in arcas imponere.
**packend** *adj (fig: fesselnd)* capiens <-entis> [**pellicula**].
**Packesel** *m* asinus *m* clitellarius.
**Packpapier** *nt* charta *f* emporitica.
**Packsattel** *m* clitellae *f pl.*
**Packung** *f (Päckchen, Schachtel)* fasciculus *m* [**sigarellorum**].
**Packwagen** *m* carrus *m.*
**Pädagoge** *m* educator <-oris> *m,* praeceptor <-oris> *m.*
**Pädagogik** *f* ars <artis> *f* educandi.
**Pädagogin** *f* educatrix <-icis> *f.*
**pädagogisch** *adj* paedagogicus [**academia** pädagogische Hochschule].
**Paket** *nt* fascis <-is> *m.*
**Paketkarte** *f* chartula *f* fascalis.
**Paketschalter** *m* portula *f* fascalis.
**Pakt** *m* pactum *nt,* conventum *nt,* foedus <-deris> *nt.*
**paktieren** *vi* foedus facere [*o* icere].
**Palast** *m* domus <-us> *f* regia, palatium *nt.*
**Palisade** *f* vallus *m.*
**Palme** *f* palma *f.*
**Palmenhain** *m* palmetum *nt.*
**Palmzweig** *m* palma *f.*
**Panik** *f* terror <-oris> *m* lymphaticus, terror *m* caecus; **in ~ geraten** terrore perturbari; **in ~ versetzt** in terrorem caecum conversus.
**panisch** *adj* lymphaticus, caecus [**pavor** panische Angst].
**Panne** *f* damnum *nt.*
**Panorama** *nt* prospectus <-us> *m,* circumspectus <-us> *m.*
**Panther** *m,* **Panter** *m* panthera *f.*
**Pantoffel** *m* solea *f,* crepida *f.*
**Pantoffelheld** *m* uxorius *m.*
**Pantomime** *f/m (Darbietung; Künstler)* pantomimus *m.*
**pantomimisch** *adj* pantomimicus.
**Panzer** *m* ① *(Fahrzeug)* currus <-us> *m* cataphractus, currus *m* armatus ② *(Rüstung)* lorica *f.*
**Panzerschrank** *m* armarium *nt* armatum.
**Panzerwagen** *m* currus <-us> *m* armatus.
**Papagei** *m* psittacus *m.*
**Papier** *nt* charta *f,* papyrus *m;* **etw zu ~ bringen** alqd litteris mandare.
**Papier-** chartarius [**officina** Papierfabrik]; *(aus Papier)* chartaceus [**pecunia** Papiergeld].
**Papierfabrik** *f* officina *f* chartaria.
**Papiergeld** *nt* pecunia *f* chartacea.
**Papierkorb** *m* fiscus *m* chartarius.
**Pappe** *f* charta *f* densata.
**Pappel** *f* populus *f.*
**pappig** *adj (klebrig)* tenax <-acis> [**mel**; **manūs**].
**Paprika** *m* capsicum *nt.*
**Papst** *m* papa *m.*
**päpstlich** *adj* papalis.
**Papsttum** *nt* papatus <-us> *m.*
**Parabel** *f (Gleichnis)* parabola *f.*
**Parade** *f* (MIL) pompa *f* militaris.
**Paradeuniform** *f* vestis <-is> *f* militaris pompatica.
**Paradies** *nt* paradisus *m.*
**paradiesisch** *adj* paradisiacus.
**paradox** *adj* (ad)mirabilis.
**Paragraph** *m,* **Paragraf** *m* paragraphus *m.*
**parallel** *adj* parallelus.
**Parasit** *m* parasitus *m.*
**parat** *adj* promptus.
**Parfüm** *nt* odores <-rum> *m pl,* unguentum *nt.*
**Parfümerie** *f* taberna *f* unguentaria.
**parfümieren** *vt* odoribus imbuere.
**Park** *m* horti *m pl.*
**parken I.** *vi* stare <steti> **II.** *vt* collocare [**currum**].
**Parkett** *nt* (THEAT) cavea *f* prima.
**Parkgebühr** *f* locarium *nt.*

**Parkhaus** *nt* domus <-us> *f* stativa.
**Parkplatz** *m* locus *m* stativus.
**Parkscheibe** *f* discus *m* horarius.
**Parkuhr** *f* parcometrum *nt.*
**Parkverbot** *nt* statio <-onis> *f* vetita.
**Parlament** *nt* consilium *nt* publicum.
**Parlamentarier** *m* parlamentarius *m.*
**parlamentarisch** *adj* parlamentarius.
**Parodie** *f* parodia *f.*
**parodieren** *vt* per ridiculum detorquēre.
**Parole** *f* ① *(Leitspruch)* sententia *f* ② *(Kennwort)* tessera *f.*
**Partei** *f* partes <-tium> *f pl,* factio <-onis> *f* [**populi**]; **für jmd ~ ergreifen** causam alcis agere, alqm defendere.
**Parteiführer** *m* dux <ducis> *m* partium, princeps <-cipis> *m* factionis.
**Parteiführung** *f* ductus <-us> *m* partium, ductus *m* factionis.
**parteiisch** *adj* partium studiosus, iniquus [**iudex**].
**Parterre** *nt (Erdgeschoss)* tabulatum *nt* inferius.
**Partie** *f* ① *(Teil, Abschnitt)* pars <partis> *f* ② *(Spiel)* lusus <-us> *m* ③ *(Heirat)* condicio <-onis> *f* [**bona**].
**Partisan(in *f*)** *m* bellator <-oris> *m* tectus, bellatrix <-icis> *f* tecta.
**Partner(in *f*)** *m* par <paris> *m/f,* socius *m,* socia *f.*
**Partnerschaft** *f* societas <-atis> *f.*
**Parze** *f* Parca *f.*
**Pass** *m* ① *(Gebirgs~)* transitus <-us> *m* saltūs ② *(Reise~)* syngraphus *m.*
**Passage** *f* ① *(Durchgang)* transitus <-us> *m* ② *(Teil eines Textes)* pars <partis> *f.*
**Passagier** *m* vector <-oris> *m.*
**Passant** *m* viator <-oris> *m.*
**Passat(wind)** *m* etesias <-ae> *m.*
**passen** *vi* convenire *(zu:* dat), aptum esse *(zu:* ad); **zu etw nicht ~** abhorrēre ab alqa re.
**passend** *adj* aptus, idoneus *(zu:* ad).
**passierbar** *adj* pervius [**amnis**; **saltus**].
**passieren I.** *vi (sich ereignen)* accidere, fieri **II.** *vt (Fluss u. Ä.)* transire, traicere [**flumen**; **montem**].
**Passierschein** *m* litterae *f pl* transituales.
**Passion** *f* ① *(Leidenschaft)* animi motus <-us> *m,* cupiditas <-atis> *f* ② (REL) passio <-onis> *f.*
**passiv** *adj* quietus; **sich ~ verhalten** nihil agere.
**Passkontrolle** *f* recognitio <-onis> *f* syngraphorum.
**Passwort** *nt* (INFORM) signum <-i> *nt* arcanum.
**Pastete** *f* artocreas <-atis> *nt,* pastata *f.*
**Pate** *m (Tauf~)* compater <-tris> *m.*
**Patenkind** *nt* filius/filia spiritualis.
**Patent** *nt* diploma <-atis> *nt.*
**pathetisch** *adj* magnificus [**genus dicendi**].
**pathologisch** *adj* pathologicus.
**Pathos** *nt* magnificentia *f* [**verborum**].
**Patient(in *f*)** *m* aegrotus, -a *m, f.*
**Patin** *f (Tauf~)* patrina *f.*
**Patriarch** *m* patriarcha *m.*
**patriarchalisch** *adj* patriarchalis.
**Patriot(in *f*)** *m* civis <-is> *m* patriae amans.
**patriotisch** *adj* patriae amans.
**Patriotismus** *m* patriae amor <-oris> *m.*
**Patrizier(in *f*)** *m* patricius, -a *m, f.*
**patrizisch** *adj* patricius.
**Patron** *m* patronus *m.*
**Patrone** *f* embolus *m.*
**Patronin** *f* patrona *f.*
**Patrouille** *f* vigiles <-lum> *m pl,* vigiliae *f pl.*
**patrouillieren** *vi* (vigilias) circumire.
**Pauke** *f* tympanum *nt;* **die ~ schlagen** tympanizare.
**pauken** *vi (büffeln)* in discendo desudare.
**pausbäckig** *adj* bucculentus.
**pauschal** *adj* generalis [**iudicium**].
**Pauschale** *f,* **Pauschalpreis** *m* pretium *nt* generale.
**Pauschalreise** *f* iter <itineris> *nt* institutum.
**Pause** *f (allg., Erholungs~, Rast)* intervallum *nt; (Unterbrechung)* intermissio <-onis> *f,* intercapedo <-dinis> *f;* **eine ~ machen** moram facere.
**pausenlos** *adv* sine intervallo.
**pausieren** *vi* intervallum facere.
**Pavillon** *m* papilio <-onis> *m.*
**Pazifik** *m* mare <-ris> *nt* tranquillum.
**Pazifist(in *f*)** *m* pacis amans *m/f,* tranquillus *m,* tranquilla *f.*
**Pech** *nt* ① *(Missgeschick)* damnum *nt,* incommodum *nt;* **~ haben** incommodum capere ② *(Material)* pix <picis> *f.*
**pechschwarz** *adj* piceus.
**Pedal** *nt* pedale <-lis> *nt;* **fest in die ~e treten** fortiter pedalia premere.
**Pedant** *m* homo <-minis> *m* rerum minutarum diligens.
**Pedanterie** *f* rerum minutarum diligentia *f,* morositas <-atis> *f.*
**Pedantin** *f* femina *f* rerum minutarum diligens.
**pedantisch** *adj* rerum minutarum diligens.
**Pein** *f* cruciatus <-us> *m,* tormenta *nt pl.*
**peinigen** *vt* cruciare, vexare.
**Peiniger** *m* carnifex <-ficis> *m,* vexator <-oris> *m,* tortor <-oris> *m.*
**peinlich** *adj (unangenehm)* molestus [**condicio**].
**Peitsche** *f* flagrum *nt,* flagellum *nt.*
**peitschen I.** *vt* verberare **II.** *vi:* **der Regen peitscht gegen die Fensterscheiben** pluvia

quatit quadras vitreas.
**Peitschenhieb** *m* ictus <-us> *m* flagri, plaga *f* flagelli.
**Pelerine** *f* palliolum *nt.*
**Pelikan** *m* pelicanus *m.*
**Pelz** *m (Fell; ~mantel)* pellis <-is> *f.*
**Pelz-** pelliceus [**iacca**; **pilleus**].
**Pelzjacke** *f* iacca *f* pellicea.
**Pelzmantel** *m* pellis <-is> *f,* amiculum *nt* pelliceum.
**Pelzmütze** *f* pilleus *m* pelliceus.
**Penaten** *pl (Hausgötter, Schutzgottheiten der Familie)* penates <-tium> *m pl.*
**Pendel** *nt* perpendiculum *nt.*
**pendeln** *vi* ① *(schwingen)* iactari, agitari, torqueri ② *(hin- und her fahren)* interversari.
**penetrant** *adj* ① *(Geruch* usw.) acutus, acer <acris, acre> [**odor**; **vox**] ② *(fig: aufdringlich)* importunus, molestus.
**penibel** *adj (peinlich genau)* religiosus.
**Penizillin** *nt* penicillinum *nt.*
**Penner** *m* erro <-onis> *m.*
**Pension** *f* ① *(Fremdenheim)* hospitium *nt,* deversorium *nt* ② *(Ruhegehalt)* emeritum *nt.*
**Pensionär(in** *f***)** *m (Mensch im Ruhestand)* pensionarius, -a *m, f,* emeritus, -a *m, f.*
**Pensionat** *nt* paedagogium *nt.*
**pensionieren** *vt* cum salario dimittere; **sich ~ lassen** munere (ex)solvi.
**pensioniert** *adj* munere (ex)solutus.
**Pensum** *nt* pensum *nt* [**cottidianum**].
**perfekt** *adj* perfectus.
**perfid(e)** *adj* perfidus [**calumnia**].
**Pergament** *nt* membrana *f.*
**Pergamentpapier** *nt* charta *f* membranea.
**periodisch** *adj* certis temporibus recurrens <-entis>.
**Peripherie** *f* circulus *m.*
**Perle** *f* ① margarita *f* ② *(fig)* decus <-coris> *nt.*
**perlen** *vi* bullire.
**Perlenkette** *f* torquis <-is> *m* margaritarum.
**Perser(in** *f***)** *m* Persa *m,* Persis <-idis> *f.*
**Persien** *nt* Persia *f.*
**persisch** *adj* Persicus.
**Person** *f* persona *f,* homo <-minis> *m;* **in eigener ~ erscheinen** ipse venire.
**Personal** *nt* ① *(die Angestellten)* corpus <-poris> *nt* ② *(Dienerschaft)* servi *m pl,* famuli *m pl.*
**Personalausweis** *m* charta *f* identitatis.
**personifizieren** *vt* personificare.
**persönlich I.** *adj* proprius, privatus [**bona**; **inimicitia**]; **jmds ~e Eigenschaften** alcis natura **II.** *adv* coram, ipse / ipsa / ipsum; **~ erscheinen** ipsum adesse; **jmd ~ kennen** alqm ipsum [*o* de facie] nosse.
**Persönlichkeit** *f* persona *f;* **~en des öffentlichen Lebens** honestates civitatis.
**Perspektive** *f* prospectus <-us> *m.*
**Perücke** *f* capillamentum *nt.*
**pervers** *adj* pravus, perversus, depravatus.
**Perversion** *f* pravitas <-tatis> *f,* perversitas <-atis> *f,* depravatio <-onis> *f.*
**Pessimismus** *m* pessimismus *m.*
**Pessimist** *m* pessimista *m.*
**pessimistisch** *adj* omnia in deterius referens.
**Pest** *f* pestilentia *f,* pestis <-is> *f;* **jmd/etw hassen wie die ~** alqm/alqd odisse ut pestilentiam; **die ~ haben** pestilentiā laborare; **an der ~ sterben** pestilentiā absumi.
**Petroleum** *nt* petroleum *nt.*
**Pfad** *m* semita *f;* **auf dem ~ der Tugend wandeln** virtutem sequi.
**Pfadfinder(in** *f***)** *m* explorator <-toris> *m,* exploratrix <-icis> *f.*
**Pfahl** *m* palus *m,* sudis <-is> *f,* sublica *f.*
**Pfahlbau** *m* aedificium *nt* sublicium.
**Pfand** *nt* pignus <-noris> *nt;* **etw als ~ geben** alqd pignori dare <dedi>.
**Pfandbrief** *m* (FIN) litterae *f pl* pigneraticiae.
**pfänden** *vt (beschlagnahmen)* pignerari [**picturas**; **supellectilem**].
**Pfandhaus** *nt* taberna *f* pigneraticia.
**Pfändung** *f* pigneratio <-onis> *f.*
**Pfanne** *f* patina *f;* **jmd in die ~ hauen** *(fig)* alqm concidere.
**Pfannkuchen** *m* laganum *nt.*
**Pfarramt** *nt* pastoratus <-us> *m.*
**Pfarrer** *m* pastor <-oris> *m.*
**Pfau** *m* pavo <-onis> *m.*
**Pfeffer** *m* piper <-eris> *nt.*
**pfeffern** *vt* pipere condire.
**Pfeife** *f* ① (MUS) fistula *f,* tibia *f* ② *(Tabak~)* pipa *f.*
**pfeifen** *vt, vi* sibilare.
**Pfeil** *m* sagitta *f;* **schnell wie ein ~ wegrennen** velocitate sagittae avolare.
**Pfeiler** *m* ① pila *f* ② *(fig)* columen <-minis> *nt.*
**pfeilschnell** *adj* velocissimus.
**Pfeilspitze** *f* sagittae mucro <-onis> *m.*
**Pfennig** *m (auch fig)* as <assis> *m;* **bis auf den letzten ~ alles verlieren** ad assem omnia perdere; **auf Heller und ~ bezahlen** ad assem solvere; **auf den ~ genau** ad assem exactum.
**Pferd** *nt* equus *m;* **zu ~e** equo vehens; **aufs ~ steigen** equum conscendere.
**Pferde-** equorum / equi, equinus.
**Pferderennen** *nt* curriculum *nt* equorum.
**Pferdestall** *m* equile <-lis> *nt,* stabulum *nt* equorum.
**Pferdezucht** *f* educatio <-onis> *f* equorum.
**Pfiff** *m* sibilus *m.*
**pfiffig** *adj* vafer <-fra, -frum>.
**Pfingsten** *nt* pentecoste <-es> *f.*

**Pfirsich** *m* persicum *nt.*
**Pflanze** *f* stirps <-pis> *f.*
**pflanzen** *vt* serere.
**Pflanzen** *nt* satio <-onis> *f,* satus <-us> *m* [**arborum**; **vitium**].
**Pflanzenkunde** *f* ars <artis> *f* herbaria.
**Pflaster** *nt* ① *(Straßen~)* stratum *nt* ② *(Heft~, Wund~)* emplastrum *nt.*
**pflastern** *vt (Wege)* sternere [**vias**].
**Pflastern** *nt* stratura *f* [**viarum**].
**Pflasterstein** *m* lapis <-idis> *m* pavimentalis.
**Pflaume** *f* prunum *nt.*
**Pflaumenbaum** *m* prunus <-i> *f.*
**Pflaumenmus** *nt* puls <pultis> *f* prunorum.
**Pflege** *f (von Menschen, Tieren, Dingen)* cura *f,* curatio <-onis> *f* [**aegrorum**; **corporis**]; *(von Tieren, Dingen)* cultus <-us> *m* [**litterarum**; **agrorum**; **pecoris**]; **jmd in ~ nehmen** alqm curandum suscipere; **bei jdm in ~ sein** ab alqo curari.
**Pflegeeltern** *pl* educatores et altores *m pl.*
**Pflegekind** *nt* alumnus *m,* alumna *f.*
**Pflegemutter** *f* educatrix et altrix *f.*
**pflegen I.** *vt* ① curare [**aegros**; **corpus**] ② *(Freundschaft, Beziehungen, Interessen)* colere [**studia**; **amicitiam**; **genus orationis**] **II.** *vi (gewöhnlich tun)* solēre.
**Pfleger(in *f*)** *m* (MED) aegrorum minister <-tri> *m,* aegrorum ministra *f.*
**Pflegevater** *m* educator et altor *m.*
**Pflicht** *f* officium *nt;* **seine ~ erfüllen** officium suum servare [*o* facere], officio fungi; **seine ~ vernachlässigen** officio deesse; **es ist meine / deine / des Königs ~** meum / tuum / regis est.
**pflichtbewusst** *adj* officii diligens <-entis>.
**Pflichtbewusstsein** *nt* officium *nt,* pietas <-atis> *f.*
**Pflichtfach** *nt* ars <artis> *f* obligatoria.
**Pflichtgefühl** *nt* officium *nt,* pietas <-atis> *f.*
**pflichtvergessen** *adj* officii neglegens <-entis>, impius [**civis**; **proconsul**].
**Pflock** *m* paxillus *m.*
**pflücken** *vt* carpere [**flores**; **poma**].
**Pflug** *m* aratrum *nt.*
**pflügen** *vt* arare.
**Pforte** *f* porta *f.*
**Pförtner(in *f*)** *m* ianitor <-oris> *m,* ianitrix <-ricis> *f.*
**Pfosten** *m* postis <-is> *m.*
**Pfote** *f* pes <pedis> *m.*
**pfropfen** *vt (Bäume)* inserere [**vitem**; **arborem**].
**Pfropfen** *m* cortex <-ticis> *m.*
**Pfund** *nt* libra *f;* **zehn ~ Gold** decem librae auri.
**pfundig** *adj* (ad)mirabilis.
**pfuschen** *vt* neglegenter facere.
**Pfuscher** *m* imperitus *m.*
**Pfuscherei** *f* ① *(schlechtes Arbeiten)* neglegentia *f* ② *(schlechte Arbeit)* opus <operis> *nt* neglegenter factum.
**Pfütze** *f* lacuna *f.*
**Phänomen** *nt* monstrum *nt,* prodigium *nt.*
**phänomenal** *adj* mirus, novus.
**Phantasie** *f* imaginatio <-onis> *f;* **jmds ~ entspringen** fictum esse ab alqo.
**Phantasiegebilde** *nt* visio <-onis> *f,* imago <-ginis> *f* vana.
**phantasieren** *vi* imaginari.
**Phantast** *m* somniator <-toris> *m.*
**Phantasterei** *f* somnium *nt.*
**phantastisch** *adj* ① fictus, vanus [**consilia**] ② *(großartig)* magnificus.
**Phantom** *nt* umbra *f;* **einem ~ nachjagen** *(fig)* umbram sectari.
**Phantombild** *nt* phantasma <-matis> *nt.*
**Phantomschmerz** *m* dolor <-loris> *m* phantasmatis.
**Pharisäer** *m* ① pharisaeus *m* ② *(fig: Heuchler)* simulator <-oris> *m.*
**pharmazeutisch** *adj* pharmaceuticus [**industriae**].
**Pharmazie** *f* pharmacia *f.*
**Phase** *f* momentum *nt.*
**Philologe** *m* philologus *m,* grammaticus *m.*
**Philologie** *f* philologia *f.*
**Philologin** *f* philologa *f,* grammatica *f.*
**Philosoph** *m* philosophus *m.*
**Philosophie** *f* philosophia *f.*
**philosophieren** *vi* philosophari.
**Philosophin** *f* philosopha *f.*
**philosophisch** *adj* philosophicus.
**Phlegmatiker(in *f*)** *m* persona *f* tarda [*o* lenta].
**phlegmatisch** *adj* tardus, lentus.
**Phonetik** *f* phonetica *f.*
**phonetisch** *adj* phoneticus.
**Phrase** *f* dictum *nt,* sententia *f;* **nichts sagende** [*o* **leere**] **~n** sententiae inanes; **das sind alles nur abgedroschene ~n** ista trita tantum dicta sunt.
**Physik** *f* physica *f.*
**physikalisch** *adj* physicus.
**Physiker** *m* physicus *m.*
**physisch** *adj* physicus; **~e Anstrengungen** labores corporis.
**Pianist(in *f*)** *m* clavicen <-cinis> *m,* clavicina *f.*
**Pickel** *m* ① (MED) pustula *f* ② *(Spitzhacke)* dolabra *f.*
**pickelig** *adj* pustulatus.
**picken** *vi* rostro tundere *(nach etw:* alqd).
**Picknick** *nt* convivium *nt* subdivale.
**piepen, piepsen** *vi* pipiare.
**Pietät** *f* pietas <-atis> *f.*
**pietätlos** *adj* inverecundus.
**pietätvoll** *adj* venerabundus.
**pikant** *adj* ① *(Speise)* acutus, acer <acris,

P

acre>, asper <-era, -erum> ❷ *(Geschichte)* obscenus.
**Pike** *f* hasta *f.*
**Pilger** *m* peregrinator <-oris> *m.*
**Pilgerfahrt** *f* peregrinatio <-onis> *f;* **auf ~ gehen** in locum sacrum migrare.
**pilgern** *vi* ❶ *(als Pilger)* peregrinari ❷ *(gehen)* migrare.
**Pille** *f* pilula *f.*
**Pilot** *m* aëroplaniga *m.*
**Pilz** *m* fungus *m; (essbar)* boletus *m.*
**Pilzvergiftung** *f* veneficium *nt* fungis allatum.
**pingelig** *adj* rerum minutarum diligens.
**Pinguin** *m* spheniscus *m.*
**Pinie** *f* pinus <-us, -i> *f.*
**Pinsel** *m* penicillus *m.*
**Pinzette** *f* volsella *f.*
**Pionier** *m* ❶ *(fig: Bahnbrecher)* praecursor <-oris> *m,* praecursator <-oris> *m* ❷ (MIL) munitor <-oris> *m.*
**Pirat** *m* pirata *m.*
**Pistazie** *f* pistacium *nt.*
**Piste** *f* curriculum *nt.*
**Pistole** *f* pistolium *nt.*
**Plackerei** *f* labor <-oris> *m.*
**Plage** *f* vexatio <-onis> *f,* tormentum *nt.*
**Plagegeist** *m* vexator <-oris> *m.*
**plagen I.** *vt* vexare **II.** *vr:* **sich ~** laborare *(mit etw:* in re).
**Plagiat** *nt* furtum *nt* litterarium.
**Plakat** *nt* libellus *m* publice affixus.
**Plan** *m* ❶ consilium *nt,* ratio <-onis> *f;* **Pläne schmieden** consilia coquere; **einen ~ fassen** consilium capere; **einen ~ für etw entwerfen** rationem alcis rei describere; **einen ~ aufgeben** [*o* **fallen lassen**] consilio desistere ❷ *(Grundriss)* forma *f; (Karte, Stadt~)* descriptio <-onis> *f.*
**planen** *vt* meditari, moliri [**insidias**; **fugam**].
**Planet** *m* stella *f* errans.
**Planetarium** *nt* stellarium *nt.*
**planieren** *vt (einebnen)* complanare.
**Planierraupe** *f* machina *f* aggerandi.
**Planke** *f (Brett)* tabula *f.*
**Plänkelei** *f* (MIL) procursatio <-onis> *f,* concursatio <-onis> *f.*
**plänkeln** *vi* (MIL) procursare, concursare [**modo in primum modo in novissimum agmen**].
**planlos I.** *adj* temerarius **II.** *adv* temere.
**Planlosigkeit** *f* temeritas <-atis> *f.*
**planmäßig** *adj, adv (wie geplant, nach Plan)* secundum consilium, secundum rationem [**factus**; **eventus**].
**planschen** *vi* in aqua volutari.
**Plantage** *f* plantarium *nt.*
**Planwirtschaft** *f* oeconomia *f* systematica, oeconomia *f* programmatica.
**plappern** *vt, vi* blaterare, garrire.
**Plastik I.** *f (Skulptur)* sculptura *f* **II.** *nt (Kunststoff)* materia *f* plastica.
**Plastikbeutel** *m,* **-tüte** *f* sacculus *m* plasticus.
**plastisch** *adj* ❶ plasticus ❷ *(fig: anschaulich)* expressus, perspicuus, illustris.
**Platane** *f* (BOT) platanus <-i> *f.*
**Platin** *nt* platinum *nt.*
**platonisch** *adj* Platonicus.
**plätschern** *vi* strepere.
**platt** *adj* ❶ *(eben, flach)* planus, aequus ❷ *(fig: abgeschmackt)* infacetus, insulsus ❸ *(überrascht)* depre(he)nsus.
**Platte** *f* ❶ *(Schall~)* phonodiscus *m* ❷ *(Geschirr)* lanx <lancis> *f* ❸ *(Holz~, Metall~, Stein~)* tabula *f,* lamina *f.*
**Plattenspieler** *m* discophonum *nt.*
**Plattform** *f (erhöhter Platz)* suggestus <-us> *m.*
**Plattfuß** *m* pes <pedis> *m* planus, pansa *m.*
**Platz** *m* locus *m; (öffentl. ~)* area *f;* **~ nehmen** considere; **jdm ~ machen** viam/locum dare alci; **~ behalten** non surgere; **fehl am ~ sein** alienum esse.
**Platzangst** *f* agoraphobia *f.*
**Platzanweiser(in** *f***)** *m* dissignator <-toris> *m,* dissignatrix <-tricis> *f.*
**platzen** *vi* dissilire.
**platzieren** *vt* (col)locare.
**Platzkarte** *f* tessera *f* sedis reservatae [*o* praenotatae].
**Platzregen** *m* imber <-bris> *m.*
**Plauderei** *f* fabulatio <-onis> *f.*
**plaudern** *vi* fabulari.
**plausibel** *adj* probabilis [**causa**]; **jdm etw ~ machen** alci alqd probare.
**Playboy** *m* trossulus *m.*
**Plebejer** *m* plebeius *m;* **die ~** plebeii, plebs <plebis> *f.*
**plebejisch** *adj* plebeius [**familia**].
**pleite** *adj (bankrott)* (aere) dirutus; **~ sein** solvendo non esse.
**Pleite** *f* ruinae *f pl* fortunarum; **nach seiner ~** fortunis amissis.
**Plenarsitzung** *f* sessio <-onis> *f* plenaria, consessus <-us> *m* universalis.
**Plombe** *f (Zahn~)* plumbum *nt.*
**plombieren** *vt (Zahn)* dentem implēre.
**plötzlich I.** *adj* subitus, repentinus [**adventus**] **II.** *adv* subito, repente [**proficisci**].
**plump** *adj* ❶ *(unförmig)* informis [**figura**] ❷ *(fig)* rusticus, agrestis, inurbanus [**iocus**].
**Plumpheit** *f* ❶ *(Unförmigkeit)* figura *f* informis ❷ *(fig: Ungeschicklichkeit, Rohheit)* rusticitas <-atis> *f.*
**Plunder** *m* quisquiliae *f pl.*
**Plünderer** *m,* **Plünderin** *f* spoliator <-toris> *m,* direptor <-oris> *m,* populator <-toris> *m,* spoliatrix <-icis> *f,* populatrix <-icis> *f.*

**plündern** *vt* spoliare, diripere, populari [**aras**; **templum**; **provincias**].
**Plünderung** *f* spoliatio <-onis> *f*, direptio <-onis> *f*, populatio <-onis> *f* [**oppidorum**; **fanorum**].
**Pluralismus** *m* multiplicitas <-atis> *f*, pluralismus *m*.
**Pöbel** *m* vulgus <-i> *nt*.
**pöbelhaft** *adj* sordidus, illiberalis, rusticus.
**pochen** *vi* ① pulsare *(an:* akk); **an die Tür ~** portam pulsare ② *(Herz)* palpitare ③ *(fig)*: **auf etw ~** insistere (alci rei oder in re).
**Pocken** *pl* (MED) variolae *f pl*.
**Podest** *nt* ① *(Podium)* suggestus <-us> *m* ② *(Sockel)* basis <-is> *f*.
**Podium** *nt* suggestus <-us> *m*.
**Poesie** *f* carmina <-num> *nt pl*, poësis <-is> *f*.
**poetisch** *adj* poëticus.
**Pointe** *f* acumen <-minis> *nt* [**ioci**].
**Pokal** *m* scyphus *m*.
**Pol** *m* polus *m*.
**polar** *adj* polaris [**ventus**].
**Polarstern** *m* septentrio <-onis> *m*, stella *f* polaris.
**Polen** *nt* Polonia *f*.
**polieren** *vt* polire [**marmora**; **gemmas**].
**Politik** *f* acta *nt pl*, res <rei> *f* publica; **in die ~ gehen** ad rem publicam accedere; **sich aus der ~ zurückziehen** (de) foro decedere.
**Politiker** *m* homo, qui in re publica versatur.
**politisch** *adj* publicus, civilis, popularis; **~es System** rei publicae ratio; **~ tätig sein** in re publica versari.
**Polizei** *f* ① *(konkr.: die Polizisten)* custodes <-dum> *m pl* publici ② *(abstr.: die Institution)* publicae securitatis praefectura *f*.
**Polizist(in** *f*) *m* custos <-odis> *m* publicus, custos *f* publica.
**Polster** *nt* culcita *f*.
**polstern** *vt* sternere [**triclinium**].
**Polsterung** *f* tomentum *nt*.
**poltern** *vi* ① *(Krach machen)* strepere ② *(laut schimpfend sprechen)* clamare.
**Poltern** *nt* ① *(Krach)* strepitus <-us> *m* ② *(lautes Schimpfen, Sprechen)* oratio <-onis> *f* aspera.
**Polygamie** *f* matrimonium *nt* multiplex.
**Polyp** *m* polypus *m*.
**Pomade** *f* unguentum *nt*.
**Pomp** *m* pompa *f*.
**pompös** *adj* magnificus, splendidus [**domus**].
**Pontonbrücke** *f* pons <pontis> *m* pontonum.
**Pony** *nt* mannus *m*.
**populär** *adj* popularis, populo gratus.
**Popularität** *f* gratia *f* popularis, favor <-oris> *m* popularis.
**Pore** *f* foramen <-minis> *nt*.
**Pornographie** *f*, **Pornografie** *f* pornographia *f*.
**pornographisch** *adj*, **pornografisch** *adj* pornographicus.
**porös** *adj* fistulosus.
**Portal** *nt* porta *f*.
**Portemonnaie** *nt*, **Portmonee** *nt* marsup(p)ium *nt*, crumina *f*.
**Portier** *m* ianitor <-oris> *m*, ostiarius *m*.
**Portion** *f* pars <partis> *f*, portio <-onis> *f*.
**Portmonee** *nt* marsup(p)ium *nt*, crumina *f*.
**Porto** *nt* vecturae pretium *nt*.
**portofrei** *adj* sine vecturae pretio.
**Porträt** *nt* imago <-ginis> *f* picta.
**Portugal** *nt* Lusitania *f*.
**Porzellan** *nt* porcellanum *nt*, porcellana *f*.
**Porzellangeschirr** *nt* vasa *nt pl* porcellan(ic)a.
**Posaune** *f* magna tuba *f*.
**Pose** *f* corporis habitus <-us> *m*; **sich in ~ setzen** corporis habitum componere.
**Position** *f* status <-us> *m*.
**positiv** *adj* iucundus, gratus.
**Positur** *f* corporis habitus <-us> *m*; **sich in ~ setzen** corporis habitum componere.
**Posse** *f* (THEAT; *auch fig)* mimus *m*.
**Possen** *pl (Unfug, alberne Späße)* nugae *f pl*; **~ treiben** nugari, nugas agere.
**possenhaft** *adj (närrisch)* scurrilis.
**possierlich** *adj* lepidus [**feles**].
**Post** *f* ① *(Gebäude)* diribitorium *nt* tabellarium ② *(Briefe)* epistulae *f pl*.
**Postamt** *nt* diribitorium *nt* tabellarium.
**Postbeamter** *m* magistratus <-us> *m* tabellarius.
**Postbote** *m* tabellarius *m*.
**Posten** *m* ① *(Stellung)* locus *m* ② (MIL: *Wach~)* statio <-onis> *f*; (**auf**) **~ stehen** in statione esse.
**Postfach** *nt* loculus *m* tabellarius.
**Postkarte** *f* charta *f* tabellaria.
**Postleitzahl** *f* numerus *m* directorius.
**postwendend** *adv* statim, ex vestigio.
**Pracht** *f* magnificentia *f*, splendor <-oris> *m*.
**prächtig** *adj* magnificus, splendidus.
**Prachtstück** *nt* opus <operis> *nt* magnificum.
**prachtvoll** *adj* magnificus, splendidus.
**Präfekt** *m* praefectus *m*.
**prägen** *vt* ① cudere [**nummos**] ② *(fig)* formare; **sich etw ins Gedächtnis ~** alqd memoriae mandare.
**prahlen** *vi* gloriari *(mit, wegen:* abl; de), se iactare (+ dopp. akk; in + abl; bl. abl; de) [**se formosum**; **se in pecuniis**].
**Prahler** *m* ostentator <-oris> *m*, iactator <-oris> *m*.
**Prahlerei** *f* gloriatio <-onis> *f*, iactatio <-onis> *f*, ostentatio <-onis> *f*.
**Prahlerin** *f* ostentatrix <-icis> *f*, iactatrix <-icis> *f*.
**prahlerisch** *adj* gloriosus, magniloquus.

**Praktikant** *m* tiro <-onis> *m.*
**Praktikum** *nt* tirocinium *nt.*
**praktisch** *adj (zweckmäßig)* aptus, utilis, habilis; **~e Erfahrung** usus; **~er Versuch** experimentum; **~e Fähigkeiten** facultates.
**praktizieren** *vt (ausüben)* exercēre.
**Praline** *f* pralinum *nt.*
**prall** *adj* strictus [**bracchia**].
**prallen** *vi* allidi *(an, gegen:* ad) [**ad murum**].
**Prämie** *f* praemium *nt,* additamentum *nt.*
**prangen** *vi* splendēre.
**Pranger** *m* palus *m;* **jmd an den ~ stellen** alqm ignominiae obicere.
**Pranke** *f* unguis <-is> *m.*
**Präparat** *nt* praeparatum *nt.*
**Prärie** *f* campi *m pl* herbidi.
**Präsident** *m* princeps <-cipis> *m,* praeses <-sidis> *m.*
**präsidieren** *vi* praesidēre [**concilio**].
**Präsidium** *nt* praesidium *nt.*
**prasseln** *vi (Feuer, Regen)* crepitare, crepare <crepui>.
**prassen** *vi (üppig leben; schlemmen)* helluari.
**Prätor** *m* praetor <-oris> *m.*
**Prätorianer** *m* praetorianus *m,* miles <-litis> *m* praetorianus.
**Praxis** *f (Ausübung, Erfahrung)* usus <-us> *m;* **in die ~ umsetzen** efficere.
**Präzedenzfall** *m* causa *f* antegressa.
**präzis(e)** *adj* accuratus [**indicia**].
**präzisieren** *vt* accurate [*o* subtiliter] explicare.
**Präzision** *f* subtilitas <-atis> *f.*
**predigen I.** *vi* contionari **II.** *vt* praedicare.
**Prediger** *m* contionator <-oris> *m.*
**Predigt** *f* oratio <-onis> *f* sacra.
**Preis** *m (Kauf~)* pretium *nt; (Belohnung, beim Wettbewerb)* praemium *nt;* **um keinen ~** nequaquam; **um jeden ~** utique, omni ratione; **einen hohen ~ für etw zahlen** magno emere alqd.
**preisen** *vt* praedicare, laudare.
**Preiserhöhung** *f* augmentum *nt* pretii.
**Preisermäßigung** *f* deminutio <-onis> *f* pretii.
**preisgeben** *vt* ① *(ausliefern, aussetzen)* exponere, obicere, offerre [**oppidum hosti; alqm miseriae**] ② *(aufgeben, verzichten auf)* dimittere, abicere, deserere [**regiones**].
**preisgekrönt** *adj* praemio affectus [**pellicula**].
**Preisliste** *f* index <-dicis> *m* pretiorum.
**Preisnachlass** *m* remissio <-onis> *f* pretii.
**Preisschild** *nt* nota *f* pretii, pittacium *nt* pretii.
**Preisträger(in *f*)** *m* laureatus, -a *m, f.*
**preiswert** *adj* vilis [**vestis**]; **~ einkaufen** parvo emere.
**prellen** *vt (betrügen)* (de)fraudare, fallere, decipere *(jmd um etw:* alqm alqa re) [**milites praedā; alqm victoriae fructū**].
**Presse** *f (Zeitungswesen)* acta *nt pl* diurna.
**Pressefreiheit** *f* libertas <-atis> *f* libraria.
**pressen** *vt* premere.
**Prestige** *nt* auctoritas <-atis> *f,* dignitas <-atis> *f.*
**Priester** *m* sacerdos <-dotis> *m.*
**Priesteramt** *nt* sacerdotium *nt.*
**Priesterin** *f* sacerdos <-dotis> *f* [**Vestae**].
**Priestertum** *nt* sacerdotium *nt.*
**prima** *adj* optimus.
**Primat** *nt/m (Vorrang, Vorherrschaft)* principatus <-us> *m.*
**primitiv** *adj* barbarus, rudis.
**Primitivling** *m* barbarus *m.*
**Prinz** *m* regis filius *m,* puer <-eri> *m* regius, adulescens <-centis> *m* regius.
**Prinzessin** *f* regis filia *f,* virgo <-ginis> *f* regia.
**Prinzgemahl** *m* maritus *m* reginae.
**Prinzip** *nt* principium *nt,* ratio <-onis> *f;* **ein Mann mit/ohne ~ien** homo gravis/levis; **aus ~** ratione.
**prinzipiell I.** *adj* principalis [**quaestio**] **II.** *adv* ratione.
**Prinzipienreiter** *m* consequentiarius *m.*
**prinzipientreu** *adj* in principia fidelis.
**Priorität** *f* prioratus <-us> *m,* prioritas <-atis> *f.*
**Prise** *f* mica *f* [**salis**].
**Prisma** *nt* prisma <-atis> *nt.*
**Pritsche** *f (Liegestatt)* lectulus *m,* grabatus *m.*
**privat** *adj,* **Privat-** privatus.
**Privataudienz** *f* admissio <-onis> *f* privata, aditus <-us> *m* privatus; **eine ~ geben** aditum privatum dare.
**Privatbesitz** *m,* **Privateigentum** *nt* bona *nt pl* privata.
**Privatleben** *nt* vita *f* privata; **sich ins ~ zurückziehen** se in otium conferre.
**Privatmann** *m* privatus *m.*
**Privatsache** *f* res <rei> *f* privata.
**Privatschule** *f* schola *f* privata.
**Privatvergnügen** *nt* voluptas <-atis> *f* privata.
**Privileg** *nt* praecipuum *nt.*
**Probe** *f* ① *(Versuch)* temptatio <-onis> *f,* experimentum *nt;* **auf die ~ stellen** temptare, experiri; **eine ~ auf etw machen** experimentum alcis rei capere ② *(Prüfstück, Muster, Waren~)* exemplum *nt.*
**Probeexemplar** *nt* exemplum *nt.*
**proben** *vt, vi* probare, temptare.
**Probezeit** *f* tempus <-poris> *nt* probationis.
**probieren** *vt* ① *(versuchen)* temptare, experiri ② *(kosten)* (de)gustare [**vinum**].
**Problem** *nt* quaestio <-onis> *f;* **ein ~ in Angriff nehmen** quaestionem aggredi; **ein ~ lösen** quaestionem solvere; **ein ~ stellt sich** quaestio affertur.
**problematisch** *adj* dubius, incertus; *(schwierig)* difficilis [**status**].

**problemlos I.** *adj* quaestionum expers <-pertis> **II.** *adv* sine ulla quaestione, facile.
**Produkt** *nt* fructus <-us> *m.*
**Produktion** *f* procreatio <-onis> *f.*
**Produktionskosten** *pl* sumptus <-us> *m* procreationis.
**Produktionsmittel** *pl* media *nt pl* procreationis.
**Produktionsrückgang** *m* deminutio <-onis> *f* procreationis.
**Produktionssteigerung** *f* auctus <-us> *m* procreationis.
**produktiv** *adj* efficiens <-entis>.
**Produktivität** *f* fecunditas <-atis> *f.*
**Produzent(in** *f*) *m* artifex <-ficis> *m/f,* fabricator <-oris> *m.*
**produzieren I.** *vt* (pro)creare **II.** *vr:* **sich ~** *(angeben)* se ostentare.
**profan** *adj* profanus.
**Professor(in** *f*) *m* professor <-oris> *m/f.*
**Professur** *f* professoris munus <-neris> *nt.*
**Profit** *m* lucrum *nt,* fructus <-us> *m;* **aus etw ~ schlagen** [*o* **ziehen**] lucrum facere ex re.
**profitieren** *vi* lucrum facere *(von:* ex).
**Prognose** *f* provisio <-onis> *f.*
**Programm** *nt* ❶ programma <-atis> *nt* ❷ *(~heft)* libellus *m.*
**programmieren** *vt* programmata conficere.
**Programmierer(in** *f*) *m* programmator <-oris> *m,* programmatrix <-icis> *f.*
**progressiv** *adj (fortschrittlich)* progressivus.
**Projekt** *nt* inceptum *nt.*
**Projektor** *m* proiectorium *nt.*
**Proklamation** *f* edictum *nt,* renuntiatio <-onis> *f.*
**Prokonsul** *m (gewesener Konsul)* proconsul <-lis> *m.*
**Prokurist(in** *f*) *m* procurator <-oris> *m,* procuratrix <-icis> *f.*
**Proletariat** *nt* classis <-is> *f* proletaria.
**Proletarier** *m* proletarius *m.*
**proletarisch** *adj* proletarius.
**Prolog** *m* prologus *m.*
**Promenade** *f* ambulatio <-onis> *f,* spatium *nt.*
**promenieren** *vi* ambulare, spatiari.
**prominent** *adj* excellens <-entis>, egregius.
**Prominenz** *f* excellentia *f.*
**promovieren** *vi (eine Dissertation schreiben, um die Doktorwürde zu erlangen; die Doktorwürde erlangen)* ad doctoris gradum promoveri.
**prompt I.** *adj* promptus [**ministerium** prompte Bedienung] **II.** *adv* statim [**alqd conficere**].
**Propaganda** *f* divulgatio <-onis> *f.*
**propagandistisch** *adj* divulgatorius.
**Propeller** *m* helix <-icis> *f.*
**Prophet(in** *f*) *m* propheta *m,* vates <-tis> *m/f.*
**prophetisch** *adj* vaticinus [**verba**].
**prophezeien** *vt* praenuntiare, praedicere, vaticinari.
**Prophezeiung** *f* vaticinatio <-onis> *f,* praedictio <-onis> *f.*
**Proportion** *f* proportio <-ionis> *f.*
**proportional** *adj* proportionalis, aequalis, aequabilis, congruens <-entis>, pro rata parte.
**Prosa** *f* prosa *f.*
**prosaisch** *adj (fig: nüchtern, trocken)* ieiunus, exilis.
**Prospekt** *m* libellus *m.*
**prost** *interj* prosit!.
**Prostituierte** *f* meretrix <-icis> *f,* scortum *nt.*
**Prostitution** *f* meretricium *nt.*
**Protektion** *f (Förderung)* auxilium *nt.*
**Protest** *m* intercessio <-onis> *f;* **~ gegen etw erheben** [*o* **einlegen**] vetare alqd.
**protestieren** *vi* intercedere *(gegen:* dat) [**consulibus**; **praetori**; **legi**], vetare <vetui> (+ Inf. oder A.C.I.).
**Prothese** *f* prothesis <-is> *f.*
**Protokoll** *nt* tabulae *f pl,* tabellae *f pl;* **etw zu ~ nehmen** alqd in tabulas referre.
**Protokollführer** *m* perscriptor <-oris> *m.*
**protokollieren** *vt* in tabulas referre, perscribere [**iudicum dicta**; **senatūs consultum**].
**protzig** *adj (Person)* superbus, arrogans <-antis>; *(Auto, Kleidung usw.)* luxuriosus.
**Proviant** *m* cibus *m,* commeatus <-us> *m.*
**Provinz** *f* provincia *f;* **zur ~ machen** in provinciam redigere.
**Provinz-** provincialis [**administratio**].
**Provinzbewohner** *m* provincialis <-is> *m.*
**provinziell** *adj (pej)* rusticus.
**Provinzler** *m (pej)* rusticus *m.*
**Provision** *f* lucrum *nt.*
**provisorisch** *adj* temporalis [**hospitium**; **regnum**].
**Provokation** *f* provocatio <-ionis> *f.*
**provozieren** *vt* lacessere.
**Prozedur** *f* agendi ratio <-onis> *f.*
**Prozent** *nt* centesima *f;* **zwei/drei ~** binae/ternae centesimae.
**Prozess** *m* causa *f,* lis <litis> *f* [**publica**; **forensis**; **privata**]; **einen ~ führen** causam agere, litem orare; **einen ~ gewinnen** causam [*o* litem] obtinēre; **den ~ verlieren** causam amittere [*o* perdere], causā cadere.
**prozessieren** *vi* litigare [**de agro cum vicino**].
**Prozession** *f* pompa *f.*
**Prozesskosten** *pl* causae sumptus <-us> *m.*
**prüfen** *vt* examinare, probare, temptare.
**Prüfer(in** *f*) *m* examinator <-oris> *m,* examinatrix <-icis> *f.*
**Prüfling** *m* examinandus, -a *m, f.*
**Prüfung** *f* ❶ probatio <-onis> *f,* examen <-minis> *nt,* examinatio <-onis> *f;* **eine ~ bestehen** probari ❷ *(Heimsuchung)* calamitas

P

<-atis> *f.*
**Prügel** *pl (Schläge)* pulsatio <-onis> *f.*
**Prügelei** *f* rixa *f.*
**Prügelknabe** *m* verberetillus *m.*
**prügeln** *vt* verberare, pulsare, mulcare [**alqm usque ad mortem**].
**Prügelstrafe** *f* verberatio <-onis> *f,* castigatio <-onis> *f.*
**Prunk** *m* pompa *f,* luxus <-us> *m.*
**prunken** *vi:* **mit etw ~** alqd prae se ferre.
**prunkvoll** *adj* magnificus, splendidus.
**Psalm** *m* psalmus *m.*
**Pseudonym** *nt* nomen <-minis> *nt* fictum, nomen *nt* commenticium.
**psychisch** *adj* psychicus.
**Psychoanalyse** *f* psychoanalysis <-is> *f.*
**Psychologe** *m* psychologus *m.*
**Psychologie** *f* psychologia *f.*
**psychologisch** *adj* psychologicus.
**Psychopath(in** *f*) *m* psychopathicus, -a *m, f.*
**Psychose** *f* mentis perturbatio <-onis> *f,* psychosis <-is> *f.*
**Psychotherapie** *f* psychotherapia *f.*
**Pubertät** *f* pubertas <-atis> *f.*
**Publikation** *f (von Büchern, Schriften)* editio <-onis> *f* [**libri**; **carminum**].
**Publikum** *nt (Zuhörer)* auditores <-rum> *m pl; (Zuschauer)* spectatores <-rum> *m pl; (Leser)* lectores <-rum> *m pl.*
**publizieren** *vt (Bücher, Schriften)* edere [**librum**; **orationem scriptam**; **carmina**; **annales**].
**Pudel** *m* canis <-is> *m* villosus.
**pudelnass** *adj* madidus tamquam mus.

**Pufferstaat** *m* civitas <-atis> *f* interposita.
**Pulli** *m,* **Pullover** *m* strictoria *f* lanea, thorax <-acis> *m* laneus.
**Puls** *m* pulsus <-us> *m* venarum; **jdm den ~ fühlen** pulsum venarum alcis attingere.
**Pulsader** *f* arteria *f.*
**pulsieren** *vi* micare <micui>.
**Pulsschlag** *m* pulsus <-us> *m* venarum.
**Pult** *nt* pulpitum *nt.*
**Pulver** *nt* pulvis <-veris> *m.*
**Pulverschnee** *m* nix <nivis> *f* pulverea.
**Pumpe** *f* antlia *f.*
**pumpen** *vt* antliā haurire [**aquam**].
**Punkt** *m* punctum *nt;* **der wichtigste ~** res maximi momenti; **sie stimmen in diesem ~ überein** de ea re consentiunt; **~ für ~ etw durchsprechen** singillatim alqd disserere.
**pünktlich I.** *adj* diligens <-entis> **II.** *adv* in tempore.
**Pünktlichkeit** *f* diligentia *f.*
**Pupille** *f* pupilla *f.*
**Puppe** *f* pupa *f.*
**Puppenhaus** *nt* casa *f* puparum.
**pur** *adj* ① purus [**aurum**]; *(Wahrheit)* summus [**veritas**]; *(Freude)* sincerus [**gaudium**]; **das war ~er Zufall** nihil nisi casus fuit ② *(von alkoholischen Getränken: unvermischt)* merus [**vinum**].
**Purpur** *m* purpura *f.*
**Purpur-**, **purpurrot** *adj* purpureus.
**Purpurstreifen** *m (an der Toga, Tunika)* clavus *m.*
**Purzelbaum** *m:* **einen ~ schlagen** cernuare.
**Puste** *f* anima *f;* **außer ~ sein** exanimatum esse.
**pusten** *vi (keuchen)* anhelare.
**Putsch** *m* (POL, MIL) seditio <-onis> *f,* rebellio <-onis> *f,* tumultus <-us> *m* [**militaris**; **gladiatorum**].
**putzen** *vt (reinigen)* purgare; **Schuhe ~** calceos nitidare; **Zähne ~** dentes fricare <fricui>.
**Putzfrau** *f* femina *f* purgatrix.
**Putzmittel** *nt* purgamentum *nt.*
**Pygmäen** *pl (Zwergvolk)* Pygmaei *m pl.*
**Pyramide** *f* pyramis <-idis> *f.*
**pyramidenförmig** *adj* pyramidalis.
**Pyrenäen** *pl* Pyrenaeus *m,* Pyrenaeus saltus <-us> *m.*

# Qq

**Quacksalber** *m (pej)* medicaster <-tri> *m.*
**Quader(stein)** *m* saxum *nt* quadratum, lapis <-idis> *m* quadratus.
**Quadrat** *nt* quadratum *nt.*
**Quadrat-** quadratus [**chiliometrum**; **metrum**].
**quadratisch** *adj* quadratus.
**Quadriga** *f (Viergespann)* quadrigae *f pl.*
**quaken** *vi* coaxare.
**Qual** *f* tormentum *nt,* cruciatus <-us> *m;* **~en erleiden** cruciari.
**quälen** *vt* vexare, cruciare, torquēre.
**Quälerei** *f* tormentum *nt,* cruciatus <-us> *m.*
**Quälgeist** *m* vexator <-oris> *m.*
**Qualifikation** *f* qualificatio <-onis> *f.*
**qualifizieren** *vr:* **sich ~** se qualificare.
**Qualität** *f* natura *f,* qualitas <-tatis> *f,* proprietas <-atis> *f;* **gute ~** bonitas; **von der ~ her** qualitate.
**Qualitäts-** *durch gen auszudrücken:* qualitatis; *(von guter Qualität)* bonitatis [**merx** Qualitätsware; **signum** Qualitätsmerkmal].
**Qualitätserzeugnis** *nt* opus <operis> *nt* bonitatis.
**Qualitätssteigerung** *f* qualitatis auctus <-us> *m.*
**Qualitätsware** *f* merx <mercis> *f* bonitatis.
**Qualle** *f* urtica *f* marina.
**Qualm** *m* fumus *m.*
**qualmen** *vi* fumare.
**qualmig** *adj* fumosus.
**qualvoll** *adj* gravis [**supplicium**]; **ein ~er Tod** mors cum cruciatu.
**Quantität** *f* numerus *m,* magnitudo <-dinis> *f.*
**quantitativ** *adv* numero, magnitudine.
**Quark** *m* caseus *m* mollis.
**Quartal** *nt* spatium *nt* trime(n)stre.
**quartalweise** *adv* quarto quoque mense.
**Quartett** *nt* (MUS) quadricinium *nt.*
**Quartier** *nt (Unterkunft)* hospitium *nt.*
**Quästor** *m* quaestor <-oris> *m.*
**Quatsch** *m* ineptiae *f pl;* **~ reden** inepta dicere.
**quatschen** *vi (plaudern)* garrire.
**Quatschkopf** *m (pej: Schwätzer)* garrulus *m.*
**Quecksilber** *nt* argentum *nt* vivum.
**Quelle** *f (auch fig)* fons <fontis> *m* [**calidus**; **frigidus**; **mali**]; **aus zuverlässiger ~ wissen** certo auctore comperisse.
**quellen** *vi* ❶ *(heraus~)* scatēre ❷ *(anschwellen)* turgescere.
**Quellwasser** *nt* aqua *f* fontana.
**Quengelei** *f* lamentatio <-onis> *f.*
**quengelig** *adj* lamentabilis.
**quengeln** *vi* lamentari.
**quer** *adv:* **~ durch/über** per + *akk;* **~ über das Feld laufen** per agrum currere; **~ durch die Provinz ziehen** per provinciam migrare.
**Quer-** transversus [**via**].
**Querbalken** *m* tignum *nt* transversum.
**Quere** *f:* **jdm in die ~ kommen** intervenire + *dat.*
**querfeldein** *adv* ex [*o* de] transverso.
**Querflöte** *f* tibia *f* transversa.
**Querkopf** *m* homo <-minis> *m* perversus.
**Querstraße** *f* via *f* transversa.
**quetschen** *vt* obterere.
**quietschen** *vi (Tür; Mensch)* gemere.
**Quintessenz** *f (das Wesentlichste, Wichtigste)* summa *f* [**disputationis**].
**Quintett** *nt* (MUS) quincucinium *nt.*
**Quirl** *m (Küchengerät)* pistillum *nt.*
**quirlen** *vt* agitare.
**quitt** *adj:* **~ sein mit** pares rationes habēre cum.
**Quitte** *f* malum *nt* cydonium.
**quittieren** *vt* ❶ *(bescheinigen)* testari ❷ *(Dienst)* se abdicare + *abl* [**se magistratu**; **se consulatu**].
**Quittung** *f* apocha *f;* **eine ~ ausstellen** apocham conscribere.
**Quiz** *nt* quaesita *nt pl.*
**Quote** *f* portio <-onis> *f* [**opere vacuorum** Arbeitslosenquote].

# Rr

**Rabatt** *m* deductio <-onis> *f;* **(einen) ~ auf etw geben** alqd de summa alcis rei deducere.
**Rabe** *m* corvus *m.*
**Rabenmutter** *f (fig)* mater <-tris> *f* impia.
**rabenschwarz** *adj* nigerrimus.
**Rabenvater** *m (fig)* pater <-tris> *m* impius.
**rabiat** *adj* furiosus, furibundus, rabidus; *(roh)* violentus.
**Rache** *f* ultio <-onis> *f,* vindicta *f;* **~ nehmen** ulcisci *(für etw:* alqd, *an jdm für etw:* alqm pro alqa re) [**hostem pro iniuriis**]; **aus ~** cupiditate ulciscendi inflammatus.
**Rachegöttin** *f* Furia *f.*
**Rachen** *m* ① fauces <-cium> *f pl,* os <oris> *nt* ② *(fig)* fauces *f pl* [**belli**].
**rächen** *vt* vindicare, ulcisci; **sich für etw ~** ulcisci alqd; **sich an jdm für etw ~** ulcisci alqm pro alqa re.
**Rächer(in** *f*) *m* ultor <-oris> *m,* ultrix <-icis> *f,* vindex <-dicis> *m/f.*
**Rachgier** *f* ulciscendi cupiditas <-atis> *f.*
**rachgierig** *adj* ulciscendi cupidus.
**Rachsucht** *f* ulciscendi cupiditas <-atis> *f.*
**rachsüchtig** *adj* ulciscendi cupidus.
**Rad** *nt* ① rota *f;* **das fünfte ~ am Wagen sein** esse tamquam quinta rota in curru; **ein ~ schlagen** corpus rotare ② *(Fahr~)* birota *f;* **~ fahren** birotā vehi.
**Radau** *m* strepitus <-us> *m.*
**Rädelsführer** *m* caput <-pitis> *nt,* princeps <-cipis> *m* [**catervae; coniurationis**].
**Radfahrer(in** *f*) *m* birotarius, -a *m, f.*
**radieren** *vt* radere.
**Radiergummi** *m* cummis <-is> *f* deletilis.
**Radieschen** *nt* radicula *f.*
**radikal I.** *adj* (POL) rerum novarum cupidus **II.** *adv (von Grund auf)* radicitus, funditus.
**Radio** *nt* radiophonum *nt;* **das ~ anstellen** radiophonum expedire [*o* excitare]; **das ~ abstellen** radiophonum sistere.
**radioaktiv** *adj* radioactivus [**purgamentum** Abfälle].
**Radioapparat** *m,* **-gerät** *nt* instrumentum *nt* radiophonicum, radiophonum *nt.*
**Radiorekorder** *m* radiocasetophonum *nt.*
**Radius** *m* radius *m.*
**Radrennen** *nt* certamen <-minis> *nt* cyclisticum.
**Radsport** *m* birotatio <-onis> *f.*
**raffen** *vt (an sich reißen)* arripere, corripere.
**Raffinesse** *f* ① *(Schlauheit)* calliditas <-tatis> *f* ② *(Feinheit)* elegantia *f.*
**raffiniert** *adj (schlau)* callidus, versutus.
**Rage** *f* furor <-oris> *m.*
**ragen** *vi* eminēre.
**Ragout** *nt* minutal <-alis> *nt.*
**Rahm** *m* lactis flos <floris> *m.*
**Rahmen** *m* margo <-ginis> *m/f;* **im ~ bleiben** modum non excedere.
**Rakete** *f* missile <-lis> *nt.*
**Ramsch** *m* ① *(schlechte Ware)* merces <-cium> *f pl* viles ② *(wertloses Zeug)* scruta *nt pl.*
**Rand** *m* margo <-ginis> *m/f;* **außer ~ und Band** omni fune remisso; **am ~e des Verderbens stehen** in summo discrimine esse.
**randalieren** *vi (Lärm machen)* strepere, tumultuari.
**Randbemerkung** *f* annotatio <-onis> *f* margini ascripta.
**Randgruppe** *f* grex <gregis> *m* marginalis.
**Rang** *m* ① gradus <-us> *m* [**senatorius; summus**]; **von ~** magni momenti; **jdm den ~ in etw ablaufen** antecedere alqm alqa re ② (THEAT) cavea *f.*
**Rangordnung** *f* ordo <-dinis> *m.*
**Ranke** *f* (BOT) clavicula *f.*
**Ränke** *pl* fraus <fraudis> *f,* fallacia *f,* insidiae *f pl,* calumniae *f pl;* **~ schmieden** calumniari, fallacias facere, insidias parare.
**ranken** *vr:* **sich ~** claviculas agere.
**Ränkeschmied** *m* fallaciae machinator <-oris> *m.*
**Ranzen** *m (Schultasche)* pera *f.*
**ranzig** *adj* rancidus.
**Rappe** *m* equus *m* niger.
**rar** *adj* rarus.
**Rarität** *f (Sammlerstück)* artis rarae opus <operis> *nt.*
**rarmachen** *vr:* **sich ~** raro in publicum prodire.
**rasant** *adj* rapidus.
**rasch** *adj* celer <-leris, -lere>, velox <-ocis>; **ein ~er Entschluss** consilium promptum.
**rascheln** *vi* leniter strepere.
**rasen** *vi* ① *(toben)* saevire, furere *(vor etw:* abl, *darüber, dass:* A.C.I.) ② *(sich sehr schnell fortbewegen)* citato cursu properare.
**Rasen** *m* caespes <-pitis> *m,* herba *f.*
**rasend** *adj* ① *(tobend)* furiosus, saevus [**leo; cupiditas**] ② *(heftig)* acerrimus [**dolor**].
**Rasenmäher** *m* machina *f* falcata, herbisecrum *nt.*
**Raserei** *f (Wut)* furor <-oris> *m.*

**Rasierapparat** *m* machina *f* tonsoria.
**rasieren** *vt* radere, tondēre; *(jmd ~, jdm den Bart abscheren)* barbam alcis tondēre [*o* radere].
**Rasiermesser** *nt* culter <-tri> *m* tonsorius, novacula *f.*
**Rasse** *f* genus <-neris> *nt.*
**rasseln** *vi* strepere, crepare <crepui>.
**Rassendiskriminierung** *f* contemptio <-onis> *f* ethnica.
**Rassenhass** *m* rabies *f* ethnica.
**Rast** *f* quies <-etis> *f;* **~ machen** quiescere.
**rasten** *vi* quiescere.
**rastlos** *adj* impiger <-gra, grum>, assiduus [**ingenium**; **in laborando**].
**Rastlosigkeit** *f* impigritas <-atis> *f,* assiduitas <-atis> *f.*
**Rat** *m (~schlag; Versammlung)* consilium *nt;* **jmd um ~ fragen** alqm consulere; **keinen ~ wissen** inopem consilii esse; **jdm einen ~ geben** alci consilium dare <dedi>; **mit ~ und Tat** ope et consilio; **auf jmds ~ hin** alqo auctore; **mit sich zu ~e gehen** secum deliberare.
**Rate** *f* pensio <-onis> *f;* **in ~n (be)zahlen** pensionibus solvere.
**raten** *vt* ① *(empfehlen)* suadēre (alci alqd) ② *(er~)* coniectare.
**Ratenzahlung** *f* solutio <-onis> *f* per pensiones.
**Ratgeber(in *f*)** *m* suasor <-oris> *m,* consilii auctor <-oris> *m/f,* consiliarius, -a *m, f.*
**Rathaus** *nt* curia *f.*
**ratifizieren** *vt* confirmare, sancire [**foedus**].
**Ration** *f* portio <-onis> *f.*
**ratlos** *adj* consilii inops <-opis>.
**Ratlosigkeit** *f* consilii inopia *f.*
**ratsam** *adj* utilis, idoneus, aptus.
**Ratschlag** *m* consilium *nt;* **jdm Ratschläge erteilen** consilia dare alci.
**Rätsel** *nt* ① aenigma <-atis> *nt;* **ein ~ lösen** aenigma solvere ② *(fig: Geheimnis, Rätselhaftigkeit)* res <rei> *f* obscura, ambages <-gum> *f pl;* **das ist mir ein ~** haec non intellego.
**rätselhaft** *adj* obscurus, ambiguus [**oraculum**; **verba**].
**Rätselhaftigkeit** *f* obscuritas <-atis> *f,* ambages <-gum> *f pl.*
**Ratsherr** *m* senator <-oris> *m.*
**Ratsversammlung** *f* senatus <-us> *m.*
**Ratte** *f* mus <muris> *m.*
**rau** *adj* asper <-era, -erum> [**vox**; **ventus**; **mores**].
**Raub** *m* ① *(das Rauben)* rapinae *f pl* ② *(Beute)* praeda *f,* raptum *nt;* **ein ~ der Flammen werden** incendio conflagrare; **auf ~ ausgehen** praedatum (ex)ire.
**Raubdruck** *m* impressio <-onis> *f* furtiva.
**rauben I.** *vt* rapere **II.** *vi* praedari, praedam facere.
**Räuber** *m* praedo <-onis> *m.*
**Räuberbande** *f* praedonum grex <gregis> *m,* latrocinium *nt.*
**Räuberhauptmann** *m* praedonum caput <-pitis> *nt.*
**räuberisch** *adj* praedatorius, rapax <-pacis> [**bestia**].
**Raubschiff** *nt* navis <-is> *f* piratica [*o* praedatoria].
**Raubtier** *nt* bestia *f* rapax.
**Raubüberfall** *m* impetus <-us> *m* praedatorius.
**Raubvogel** *m* avis <-is> *f* rapax.
**Raubzug** *m* latrocinium *nt.*
**Rauch** *m* fumus *m;* **in ~ (und Flammen) aufgehen** incendio conflagrare; **sich in ~ auflösen** *(fig)* in fumum verti.
**rauchen** *vi, vt* fumare.
**Rauchen** *nt* fumatio <-onis> *f.*
**Raucher(in *f*)** *m* fumator <-oris> *m,* fumatrix <-icis> *f.*
**räuchern** *vt* fumo siccare [*o* durare] [**pernam**; **carnem**].
**Rauchfleisch** *nt* caro <carnis> *f* fumo siccata.
**rauchig** *adj* fumosus [**caupona**].
**Rauchwolke** *f* fumi nubes <-bis> *f.*
**Räude** *f* scabies <-ei> *f.*
**räudig** *adj* scabiosus, scaber <-bra, -brum>.
**raufen I.** *vt* vellere **II.** *vr:* **sich mit jdm ~** manus conserere cum alqo.
**Rauferei** *f* rixa *f.*
**Rauheit** *f (von Stimme, Sitten, Klima)* asperitas <-tatis> *f.*
**Raum** *m* ① *(allg.)* spatium *nt;* **einer Sache ~ geben** *(fig)* spatium dare <dedi> alci rei ② *(Zimmer)* conclave <-vis> *nt.*
**räumen** *vt* ① *(wegschaffen)* tollere [**frumentum de area**]; **jmd aus dem Weg ~** alqm de medio tollere ② *(verlassen)* relinquere [**domum**; **Galliam**].
**Raumfahrt** *f* astronavigatio <-onis> *f,* navigatio <-onis> *f* cosmica, navigatio *f* spatialis.
**Raumfahrzeug** *nt* vehiculum *nt* cosmicum [*o* spatiale].
**Raumflug** *m* astrovolatus <-us> *m,* volatus <-us> *m* cosmicus, volatus *m* spatialis.
**räumlich** *adj* spatii.
**Raummangel** *m* spatii inopia *f.*
**Raumschiff** *nt* navis <-is> *f* cosmica, navis *f* spatialis.
**Raumstation** *f* statio <-onis> *f* cosmica, statio *f* spatialis.
**raunen** *vt* murmurare, susurrare.
**Raupe** *f* eruca *f.*
**Rausch** *m* ① *(Alkohol~)* crapula *f,* ebrietas <-atis> *f;* **einen ~ haben** ebrium esse, crapu-

lae plenum esse, vino gravem esse; **seinen ~ ausschlafen** crapulam edormire ❷ *(Ekstase)* summa voluptas <-atis> *f.*
**rauschen** *vi* strepere.
**Rauschen** *nt* strepitus <-us> *m.*
**Rauschgift** *nt* droga *f.*
**rauschgiftsüchtig** *adj* drogis assuetus, drogarum cupidus.
**rausfliegen** *vi (fig)* eici.
**räuspern** *vr:* **sich ~** screare.
**Räuspern** *nt* screatus <-us> *m.*
**Razzia** *f* quaesitio <-onis> *f* hominum maleficorum, quaesitio *f* scelestorum.
**Reagenzglas** *nt* ampulla *f* vitrea.
**reagieren** *vi* reagere *(auf:* in + akk).
**Reaktion** *f* reactio <-onis> *f.*
**real** *adj* verus.
**realisieren** *vt* ad effectum adducere.
**Realismus** *m* realismus *m.*
**realistisch** *adj* verus, sincerus.
**Realschule** *f* schola *f* realis.
**Rebe** *f* vitis <-is> *f.*
**Rebell** *m* rebellis <-is> *m,* homo <-minis> *m* seditiosus.
**rebellieren** *vi* rebellare.
**Rebellion** *f* rebellio <-onis> *f,* seditio <-onis> *f* [**Germaniae**; **civium**; **militum**]; **eine ~ niederschlagen** rebellionem comprimere.
**rebellisch** *adj* rebellis, seditiosus.
**Rebhuhn** *nt* perdix <-icis> *m/f.*
**Rebstock** *m* vitis <-is> *f.*
**Rechen** *m* pecten <-tinis> *m.*
**Rechen-** arithmeticus.
**Rechenfehler** *m* error <-oris> *m* calculi.
**Rechenmaschine** *f* machina *f* arithmetica.
**Rechenschaft** *f:* **jdm ~ ablegen** [*o* **geben**] alci rationem reddere *(über etw:* alcis rei; de re); **von jdm ~ verlangen** rationem reposcere ab alqo.
**Rechenzentrum** *nt* sedes <-dis> *f* computatoria.
**recherchieren** *vt* investigare.
**rechnen** *vi* ratiocinari; **~ unter** [*o* **zu**] numerare (inter; in + abl) [**inter amicos**; **in honestis**]; **auf jmd/etw ~** confidere *(auf:* alci, alci rei, alqa re) [**legioni**; **virtuti militum**].
**Rechnung** *f* ratio <-onis> *f;* **jdm etw in ~ stellen** in rationem inducere alci alqd; **jdm einen Strich durch die ~ machen** alcis consilia turbare; **eine ~ begleichen** pecuniam debitam solvere.
**recht I.** *adj (richtig)* rectus, iustus; *(passend, gelegen)* idoneus, opportunus; **das ist mir ~** mihi gratum est, mihi placet; **zur ~en Zeit** ad tempus, in tempore **II.** *adv* ❶ *(richtig)* recte ❷ *(ziemlich, bei Adjektiven)* aliquantum, *meist jedoch durch den Komp. des Adjektivs auszudrücken.*



**Recht** *nt* ius <iuris> *nt (auf etw:* gen); *(göttliches ~)* fas *nt* (undekl.); **du hast Recht** res ita est ut dixisti; **jdm Recht geben** assentiri alci; **~ sprechen** ius dicere [*o* reddere]; **mit ~** iure; **mit vollem ~** meo / tuo / suo iure, iure meritoque; **sein ~ verlangen** ius suum repetere; **von ~s wegen** ipso iure; **im ~ sein** vincere.
**Rechte** *f (rechte Hand)* dextra *f.*
**Rechteck** *nt* rectiangulum *nt.*
**rechteckig** *adj* rectiangulus.
**rechter** *adj* dexter <-t(e)ra, -t(e)rum> [**latus**].
**rechtfertigen** *vt* defendere.
**Rechtfertigung** *f* defensio <-onis> *f.*
**rechtgläubig** *adj* orthodoxus.
**rechthaberisch** *adj* pertinax <-acis> in sua sententia.
**rechtlich** *adj* legitimus, iustus.
**rechtlos** *adj* legum expers <-pertis>.
**rechtmäßig** *adj* legitimus, iustus [**potestas**].
**Rechtmäßigkeit** *f* ius <iuris> *nt.*
**rechts** *adv* dextrā; **nach ~** dextrorsum.
**Rechtsanspruch** *m* ius <iuris> *nt.*
**Rechtsanwalt** *m* advocatus *m,* causidicus *m;* **sich einen ~ nehmen** advocatum adire.
**Rechtsanwältin** *f* causidica *f.*
**Rechtsbruch** *m* legifragium *nt.*
**rechtschaffen** *adj* probus.
**Rechtschaffenheit** *f* probitas <-atis> *f.*
**Rechtsfall** *m* causa *f.*
**rechtsgültig** *adj* legalis.
**rechtskräftig** *adj* ratus [**foedus**; **iussum**; **iudicium**].
**Rechtsprechung** *f* iurisdictio <-onis> *f.*
**Rechtsstreit** *m* causa *f,* lis <litis> *f.*
**Rechtsverdreher** *m (pej)* calumniator <-oris> *m.*
**Rechtsverletzung** *f* iniuria *f.*
**Rechtsweg** *m:* **den ~ einschlagen** legibus experiri.
**rechtswidrig** *adj* non legitimus.
**Rechtswissenschaft** *f* iuris doctrina *f.*
**rechtwinklig** *adj* rectis angulis.
**rechtzeitig** *adv* (in) tempore.
**recken** *vt* tendere [**membra**; **collum**].
**Redakteur**(**in** *f*) *m* redactor <-toris> *m,* moderator <-toris> *m,* moderatrix <-icis> *f.*
**Redaktion** *f (Büro)* officium *nt* moderatorium.
**Rede** *f* oratio <-onis> *f;* **eine ~ halten** orationem habēre; **jdm ~ und Antwort stehen** rationem reddere alci; **jmd zur ~ stellen** rationem reposcere ab alqo; **es ist die ~ von** dicitur de.
**Rede-** oratorius, rhetoricus, *durch gen:* orationis, dicendi.
**Redefreiheit** *f* sermonis libertas <-atis> *f.*
**redegewandt** *adj* facundus.
**Redegewandtheit** *f* facundia *f,* eloquentia *f.*
**reden** *vt* loqui; *(eine Rede halten)* dicere [**ad**

**populum**].
**Redensart** *f* locutio <-onis> *f.*
**Redeweise** *f* genus <-neris> *nt* dicendi.
**Redewendung** *f* locutio <-onis> *f.*
**redlich** *adj* probus, integer <-gra, -grum>.
**Redlichkeit** *f* probitas <-atis> *f,* integritas <-atis> *f.*
**Redner** *m* orator <-oris> *m.*
**Rednerbühne** *f* suggestum *nt,* suggestus <-us> *m;* rostrum *nt.*
**redselig** *adj* loquax <-acis>.
**Redseligkeit** *f* loquacitas <-tatis> *f.*
**reduzieren** *vt* minuere [**sumptum**].
**Reeder** *m* navicularius *m.*
**Reederei** *f* navicularia *f.*
**reell** *adj* ❶ *(wirklich)* verus ❷ *(anständig, ehrlich)* honestus.
**Referat** *nt* relatio <-onis> *f;* **ein ~ über etw halten** exponere alqd.
**Referendar(in** *f*) *m* referendarius, -a *m, f.*
**referieren** *vt* referre (alqd und de re).
**Reflex** *m* ❶ *(Licht~)* repercussio <-onis> *f* ❷ *(unwillkürliche Reaktion)* reflexus <-us> *m.*
**Reflexbewegung** *f* reflexus <-us> *m.*
**Reflexion** *f* ❶ *(des Lichts)* repercussio <-onis> *f* ❷ *(Überlegung)* cogitatio <-onis> *f.*
**Reform** *f* reformatio <-onis> *f,* emendatio <-onis> *f.*
**Reformation** *f* religionis reformatio <-onis> *f.*
**reformieren** *vt* emendare, reformare.
**Regal** *nt* loculamentum *nt,* foruli *m pl.*
**Regatta** *f* (SPORT) certamen <-minis> *nt* navigiorum.
**rege** *adj* agilis; **~ Beteiligung** frequentia.
**Regel** *f* regula *f,* praeceptum *nt;* **in der ~** plerumque; **sich an eine ~ halten** praeceptum tenēre; **sich etw zur ~ machen** alqd ut legem sequi; **gegen die ~n verstoßen** a regulis abhorrēre.
**regellos** *adj (ungeordnet, ungeregelt)* inordinatus.
**regelmäßig I.** *adj* aequabilis **II.** *adv* certis temporibus [**ambulare; ad comitia venire**].
**Regelmäßigkeit** *f* aequabilitas <-atis> *f.*
**regeln** *vt* ad normam dirigere.
**Regelung** *f* ❶ *(das Regeln)* rectio <-onis> *f* ❷ *(Vorschrift, Vereinbarung)* constitutio <-onis> *f.*
**regen I.** *vt* movēre **II.** *vr:* **sich ~** moveri, se movere.
**Regen** *m* pluvia *f,* imber <-bris> *m;* **der ~ lässt nach** imber remittit; **im ~** per imbrem, in imbri, dum pluit; **vom ~ in die Traufe kommen** de fumo ad flammam properare.
**Regen-** pluvius, pluvialis, *durch gen:* pluviae, imbris.
**Regenbogen** *m* arcus <-us> *m* (pluvius).
**Regenguss** *m* imber <-bris> *m.*
**Regenmantel** *m* paenula *f.*
**Regenschauer** *m* pluvia *f* repentina.
**Regenschirm** *m* umbrella *f.*
**Regent(in** *f*) *m* ❶ *(Monarch, gekrönter Herrscher)* rex <regis> *m,* regina *f* ❷ *(Vertreter eines minderjährigen oder abwesenden Monarchen)* procurator <-toris> *m* regni, procuratrix <-icis> *f* regni.
**Regentropfen** *m* gutta *f* pluvia.
**Regentschaft** *f* ❶ *(Herrschaft)* imperium *nt* ❷ *(Stellvertretung für einen minderjährigen oder abwesenden Monarchen)* procuratio <-onis> *f* regni.
**Regenwasser** *nt* aqua *f* pluvia.
**Regenwetter** *nt* tempestas <-atis> *f* pluvia, caelum *nt* pluvium.
**Regenwolke** *f* nubes <-bis> *f.*
**Regenwurm** *m* lumbricus *m.*
**Regenzeit** *f* tempus <-poris> *nt* pluviale.
**Regie** *f* moderatio <-onis> *f* scaenarum.
**regieren I.** *vt* regere, gubernare [**rem publicam**] **II.** *vi* regnare.
**Regierung** *f* regnum *nt,* imperium *nt;* **unter seiner ~** eo regnante; **die ~ antreten** rem publicam capessere.
**Regierungs-** *durch gen:* regni, imperii.
**Regierungsantritt** *m* regni principium *nt.*
**Regierungsform** *f* forma *f* imperii, genus <-neris> *nt* regni, ratio <-onis> *f* rei publicae.
**Regierungsgeschäfte** *pl* negotia *nt pl* publica.
**Regime** *nt* genus <-neris> *nt* regni, ratio <-onis> *f* rei publicae.
**Regiment** *nt* ❶ (MIL) legio <-onis> *f* ❷ *(Führung, Leitung)* moderatio <-onis> *f,* ductus <-us> *m;* **unter jmds ~** alqo duce.
**Region** *f* regio <-onis> *f.*
**regional** *adj durch gen:* regionis.
**Regisseur** *m* dispositor <-toris> *m* scaenarum.
**Register** *nt* tabulae *f pl,* index <-dicis> *m* [**rerum gestarum**].
**registrieren** *vt* ❶ *(verzeichnen)* in tabulas referre ❷ *(bemerken)* animadvertere.
**regnen** *vi* pluere; **es regnet** pluit *(etw:* re oder rem); **es regnete Blumen** floribus [*o* flores] pluit.
**regnerisch** *adj* pluvius, pluvialis [**dies; tempestas**].
**regulär** *adj* iustus.
**regulieren** *vt* regere, dirigere, moderari.
**Regulierung** *f* moderatio <-onis> *f.*
**Regung** *f* motus <-us> *m.*
**regungslos** *adj* immotus.
**Reh** *nt* caprea *f.*
**Rehabilitationszentrum** *nt* sedes <-dis> *f* restitutionis.
**Rehbock** *m* capreolus *m.*
**Reibe** *f* radula *f.*
**reiben** *vt* terere, fricare <fricui> [**oculos**].

**reich** *adj* dives <-vitis>, opulentus *(an etw:* abl oder gen) [**exercitus praedā; provincia pecuniae**]; **~ sein an etw** abundare alqa re.
**Reich** *nt* imperium *nt,* regnum *nt.*
**reichen I.** *vt* praebēre, porrigere [**alci dextram; poma alci**] **II.** *vi* ❶ *(sich erstrecken)* pertinēre *(bis:* ad); **soweit das Auge reicht** quā visus est ❷ *(genügen)* satis esse, suppeditare.
**reichhaltig** *adj* copiosus, uber <-eris> [**cibus; delectus**].
**reichlich** *adj* amplus, largus, copiosus [**pabulum; pecunia**].
**Reichtum** *m* divitiae *f pl;* **zu ~ gelangen** divitias nancisci [*o* adipisci].
**Reichweite** *f (von Geschossen)* teli coniectus <-us> *m.*
**reif** *adj (auch fig)* maturus *(für, zu etw :* dat, *an etw:* gen oder abl) [**uvae**]; **~ werden** maturescere, maturari; **ein ~es Urteil** iudicium subtile, maturitas; **in ~em Alter** maturus annis; **der Plan ist** (**noch nicht**) **~ zur Ausführung** consilium conficiendo (nondum) maturum est; **die Zeit ist ~ für eine Neuerung** tempus rebus novis maturum est.
**Reif** *m* ❶ *(Rau~)* pruina *f* ❷ *(Arm~)* armilla *f; (Fass~)* circulus *m.*
**Reife** *f* maturitas <-atis> *f;* **zur ~ gelangen** maturescere.
**reifen** *vi* maturescere, maturari.
**Reifen** *m* ❶ *(Fahrzeug~)* canthus *m* pneumaticus ❷ *(Arm~)* armilla *f* ❸ *(Fass~)* circulus *m.*
**Reifendruck** *m* pressio <-onis> *f* pneumatica, pressio *f* aëria.
**reiflich** *adj:* **nach ~er Überlegung** rebus diligenter perpensis; **es sich ~ überlegen** diligenter perpendere.
**Reigen** *m* chorus *m.*
**Reihe** *f* ordo <-dinis> *m,* series <-ei> *f;* **der ~ nach** ordine; **außer der ~** extra ordinem; **du bist an der ~** tuae partes sunt; **eine** (**ganze**) **~ von** magnus numerus + *gen,* multi; **in Reih und Glied** in acie.
**Reihenfolge** *f* series <-ei> *f,* ordo <-dinis> *m;* **die ~ einhalten** seriem observare; **in umgekehrter ~** inverso ordine.
**Reihenhaus** *nt* domus <-us> *f* serialis.
**Reiher** *m* (ZOOL) ardea *f.*
**Reim** *m* rima *f;* **sich keinen ~ auf etw machen können** alqd non intellegere.
**reimen I.** *vr:* **sich ~** similiter cadere **II.** *vi (Reime bilden)* rimas facere.
**rein** *adj* purus [**aqua; animus**]; **ein ~es Gewissen haben** nullius culpae sibi conscium esse; **~er Zufall** magnus casus; **die ~e Wahrheit** summa veritas; **~e Bosheit** ipsa malitia.
**Reinerlös** *m,* **-ertrag** *m* reditus <-us> *m* merus.
**Reinfall** *m* irritum *nt.*
**Reinheit** *f* ❶ munditia *f* ❷ *(fig: Lauterkeit)* integritas <-atis> *f.*
**reinigen** *vt* ❶ purgare ❷ (REL) lustrare, expiare.
**Reinigung** *f* purgatio <-onis> *f.*
**Reinigungsmittel** *nt* purgatorium *nt,* smegma <-atis> *nt.*
**Reinigungsopfer** *nt* lustrum *nt.*
**reinlich** *adj* purus, mundus.
**Reinlichkeit** *f* munditia *f.*
**reinrassig** *adj* generis puri.
**Reinschrift** *f* mundum *nt.*
**Reis** *m* oryza *f.*
**Reisbrei** *m* puls <pultis> *f* oryzae.
**Reise** *f* iter <itineris> *nt,* via *f;* **eine ~ machen** iter facere; **eine ~ antreten** proficisci; **auf ~n** in itinere; **gute ~!** bonum iter!.
**Reiseandenken** *nt* monumentum *nt,* res <rei> *f* memorialis.
**Reisebeschreibung** *f* itineris descriptio <-onis> *f.*
**Reisebüro** *nt* grapheum *nt* periegeticum.
**Reisebus** *m* longautoraeda *f* periegetica.
**reisefertig** *adj* ad iter paratus.
**Reiseführer(in** *f*) *m* mystagogus, -a *m, f.*
**Reisegefährte** *m,* **-gefährtin** *f* comes <-mitis> *m/f* itineris.
**Reisegepäck** *nt* impedimenta *nt pl,* sarcinae *f pl* itinerariae.
**Reisegesellschaft** *f (Personen)* itineris socii *m pl.*
**Reisekosten** *pl* viaticum *nt.*
**Reiseleiter(in** *f*) *m* ductor <-oris> *m* itinerarius, ductrix <-icis> *f* itineraria.
**reisen** *vi* iter facere; (*~ nach)* proficisci [**Corinthum**]; **ins Ausland ~** peregrinari.
**Reisender** *m* viator <-oris> *m.*
**Reisepass** *m* syngraphus *m* viatorius.
**Reisepläne** *pl* consilia *nt pl* itineraria.
**Reiseprospekt** *m* libellus *m* itinerarius.
**Reiseproviant** *m* viaticum *nt.*
**Reisescheck** *m* assignatio <-onis> *f* itineraria.
**Reisetasche** *f* sportula *f,* sacculus *m* viatorius.
**Reiseverkehr** *m* commeatus <-us> *m* itinerarius.
**Reisewagen** *m* raeda *f,* cisium *nt.*
**Reisewecker** *m* excitatorium *nt* viatorium.
**Reiseziel** *nt* locus *m* petitus.
**Reisfeld** *nt* ager <agri> *m* oryzae.
**reißen I.** *vi* scindi, rumpi **II.** *vt:* **an sich ~** arripere; **mit sich ~** secum trahere; **die Herrschaft an sich ~** rerum potiri.
**reißend** *adj* rapidus, rapax <-pacis> [**fluvius; bestia**].
**Reißverschluss** *m* clausura *f* tractilis.
**Reißwolf** *m* machina *f* scindens, machina *f* rumpens.
**Reitanzug** *m* vestis <-is> *f* equestris.

**reiten** *vi* equitare; **ein Pferd ~** equo vehi.
**Reiten** *nt* equitatio <-onis> *f.*
**Reiter** *m* eques <equitis> *m.*
**Reiterei** *f* equitatus <-us> *m.*
**Reiterin** *f* eques <equitis> *f.*
**Reiterstandbild** *nt* statua *f* equestris.
**Reithose** *f* bracae *f pl* equestres.
**Reitpferd** *nt* equus *m* sellaris.
**Reitturnier** *nt* certamen <-minis> *nt* equestre.
**Reitweg** *m* semita *f* equitabilis.
**Reiz** *m* ❶ *(Verlockung, Ansporn)* stimulus *m;* **der ~ des Neuen** novitas ❷ *(Annehmlichkeit)* blandimentum *nt,* amoenitas <-atis> *f* [**vitae**]; *(Anmut)* venustas <-atis> *f,* gratia *f.*
**reizbar** *adj* irritabilis.
**Reizbarkeit** *f* animus *m* irritabilis.
**reizen** *vt* ❶ *(erregen)* excitare [**alcis libidines**] ❷ *(herausfordern)* lacessere [**alqm ad pugnam**] ❸ *(antreiben, anspornen; jmds Interesse erregen, jmd anregen)* stimulare, incitare, (com)movēre [**alqm ad perturbandam rem publicam; alqm ad studium**]; **etw reizt mich** ducor alqa re ❹ *(ärgern)* irritare.
**reizend** *adj* venustus [**vultus; hortuli**].
**reizlos** *adj* omni venustate carens.
**Reizung** *f* stimulatio <-onis> *f,* incitatio <-onis> *f.*
**reizvoll** *adj* venustus.
**Reklamation** *f* reclamatio <-onis> *f.*
**Reklame** *f* praeconium *nt;* **für etw ~ machen** alqd praeconari.
**reklamieren** *vt* reclamare.
**rekonstruieren** *vt* restituere.
**Rekord** *m* cumulus *m.*
**Rekrut** *m* tiro <-onis> *m.*
**Rektor(in** *f***)** *m* praefectus *m,* magister <-tri> *m,* magistra *f.*
**relativ I.** *adj* cum aliis comparatus, relativus **II.** *adv* comparate, comparatione cum aliis.
**Relief** *nt* caelamen <-minis> *nt,* opus <operis> *nt* caelatum.
**Religion** *f* religio <-onis> *f.*
**Religionsfreiheit** *f* libertas <-atis> *f* religionis.
**Religionsgemeinschaft** *f* communio <-onis> *f* religiosa.
**Religionsgeschichte** *f* historia *f* religionum.
**Religionskrieg** *m* bellum *nt* religiosum, bellum *nt* religionis.
**religiös** *adj* pius, religiosus.
**Reliquie** *f* reliquiae *f pl* sacrae.
**Renaissance** *f* renatarum litterarum aetas <-tatis> *f.*
**Rendezvous** *nt* constitutum *nt.*
**Rennbahn** *f* stadium *nt,* circus *m.*
**rennen** *vi* currere; **gegen jmd/etw ~** in alqm/in alqd incurrere; **mit dem Kopf gegen die Wand ~** caput parieti impingere; *(fig)* in columnas incurrere; **jmd über den Haufen ~** alqm prosternere.
**Rennen** *nt* cursus <-us> *m;* **ein ~ gewinnen** cursu vincere.
**Rennfahrer** *m* auriga *m.*
**Rennpferd** *nt* equus *m* cursor.
**Rennwagen** *m* autocinetum *nt* cursorium.
**renovieren** *vt* renovare, reficere [**aedes; domicilium**].
**Renovierung** *f* renovatio <-onis> *f* [**templi; villae; domicilii**].
**Rente** *f* pensio <-onis> *f,* victus <-us> *m.*
**rentieren** *vr:* **sich ~** fructum edere.
**Rentner(in** *f***)** *m* pensionarius, -a *m, f,* emeritus, -a *m, f.*
**Reparatur** *f* reparatio <-onis> *f;* **an etw eine ~ vornehmen** alqd reparare.
**Reparaturkosten** *pl* sumptus <-us> *m* reparationis.
**Reparaturwerkstatt** *f* officina *f* reparatoria.
**reparieren** *vt* reparare.
**Reportage** *f* relatio <-onis> *f;* **eine ~ über etw bringen** alqd referre.
**Reporter** *m* relator <-oris> *m.*
**repräsentativ** *adj* repraesentativus.
**repräsentieren** *vt* repraesentare.
**Repressalien** *pl:* **~ ergreifen** vim vi repellere.
**Republik** *f* (libera) res <rei> *f* publica.
**republikanisch** *adj durch gen:* (liberae) rei publicae.
**Requisiten** *pl* (THEAT) additamenta *nt pl.*
**Reserve** *f* ❶ suppletorium *nt* ❷ (MIL) subsidia *nt pl;* **in ~ stehen** in subsidiis esse.
**Reserverad** *nt* rota *f* suppositicia, rota *f* subsidiaria.
**Reservetruppen** *pl* subsidiarii *m pl,* subsidia *nt pl.*
**reservieren** *vt* ❶ *(bis zur Abholung zurücklegen: Eintrittskarten)* reservare, reponere ❷ *(Hotelzimmer, Platz)* praeoccupare.
**Reservoir** *nt* receptaculum *nt.*
**Residenz** *f* ❶ *(Sitz, Wohnsitz eines Staatsoberhauptes, Fürsten)* regia *f* ❷ *(~stadt)* sedes <-dis> *f* principis, sedes *f* regis, sedes *f* regni.
**residieren** *vi* sedem habēre.
**Resignation** *f* patientia *f.*
**resignieren** *vi* in sua sorte quiescere.
**resolut** *adj* promptus, confidens <-entis>, firmo animo.
**Resonanz** *f* rumor <-oris> *m,* fama *f.*
**Respekt** *m* reverentia *f,* verecundia *f;* **vor jdm ~ haben** alqm vereri; **jdm ~ erweisen** [*o* **zollen**] reverentiam alci praestare.
**respektieren** *vt* colere, vereri.
**respektlos** *adj* impius, inverecundus [**dictum** Bemerkung].
**respektvoll** *adj* verecundus.
**Ressort** *nt (Zuständigkeitsbereich)* provincia *f,* pars <partis> *f.*

R

**Rest** *m* reliquum *nt* [**aestatis**; **vitae**]; *(Überreste)* reliquiae *f pl* [**copiarum**; **cibi**]; **jdm den ~ geben** *(fig)* alqm conficere.
**Restaurant** *nt* deversorium *nt,* taberna *f.*
**restaurieren** *vt* restaurare, reficere [**artificium**; **picturam**].
**Restbetrag** *m* reliquum *nt.*
**Resultat** *nt* eventus <-us> *m,* exitus <-us> *m;* **zu einem ~ kommen** ad exitum pervenire.
**Retorte** *f* retorta *f.*
**retten** *vt* servare *(vor, aus etw:* ex) [**populum ex periculo**; **puerum ex igne**].
**Retter(in *f*)** *m* servator <-oris> *m,* servatrix <-icis> *f.*
**Rettich** *m* raphanus *m.*
**Rettung** *f* salus <-utis> *f; (das Retten)* conservatio <-onis> *f;* **jdm ~ bringen** salutem alci afferre; **~ suchen** salutem petere.
**Rettungsboot** *nt* navicula *f* auxiliaria.
**Rettungshubschrauber** *m* helicopterum *nt* auxiliarium.
**rettungslos** *adj* desperatus [**condicio**].
**Rettungsmannschaft** *f* manus <-us> *f* auxiliaria.
**Rettungsring** *m* orbis <-is> *m* auxiliarius.
**retuschieren** *vt* emendare.
**Reue** *f* paenitentia *f (über:* gen); **ich empfinde ~ über etw** me paenitet alcis rei.
**reuen** *vt (unpers.)*: **es reut mich** me paenitet (mit gen; Inf.).
**reumütig** *adj* paenitentiā commotus.
**Revanche** *f (Rache, Vergeltung)* ultio <-onis> *f (für:* gen).
**revanchieren** *vr:* **sich ~** ❶ *(sich rächen)* ulcisci *(für etw:* alqd, *bei jdm für etw:* alqm pro alqa re) ❷ *(sich erkenntlich zeigen)* rependere *(für etw:* alqd).
**Revier** *nt* regio <-onis> *f.*
**Revolte** *f* seditio <-onis> *f,* tumultus <-us> *m,* motus <-us> *m.*
**revoltieren** *vi* tumultuari.
**Revolution** *f* res <rerum> *f pl* novae, rerum conversio <-onis> *f;* **eine ~ machen** res (publicas) evertere; **eine ~ findet statt** res (publicae) evertuntur.
**revolutionär** *adj* rerum novarum cupidus, seditiosus [**tribuni plebis**; **oratio**].
**Revolutionär** *m* homo <-minis> *m* rerum novarum cupidus, homo *m* seditiosus.
**Revolver** *m* sclopetulum *nt.*
**rezensieren** *vt* iudicare, aestimare.
**Rezension** *f* iudicatio <-onis> *f,* aestimatio <-onis> *f.*
**Rezept** *nt* praeceptum *nt.*
**Rezession** *f* recessio <-onis> *f* oeconomica.
**rezitieren** *vt* recitare [**carmen**].
**Rhein** *m* Rhenus *m.*
**Rhetor** *m* rhetor <-oris> *m.*
**Rhetorik** *f* rhetorica *f,* ars <artis> *f* dicendi.
**rhetorisch** *adj* rhetoricus.
**Rheuma** *nt,* **Rheumatismus** *m* morbus *m* articularis.
**Rhinozeros** *nt* rhinoceros <-otis> *m.*
**rhythmisch** *adj* numerosus.
**Rhythmus** *m* numerus *m.*
**richten I.** *vt* ❶ *(wenden, lenken)* dirigere, regere; **einen Brief an jmd richten** epistulam mittere ad alqm ❷ *(zurechtmachen)* parare ❸ *(Aufmerksamkeit, Blicke)* intendere [**oculos in vultum legentis**; **curam in apparatum belli**] **II.** *vi* (JUR) iudicare **III.** *vr:* **sich ~ nach** sequi + *akk,* se accommodare ad; **meine Kritik richtet sich gegen dich** te reprehendo.
**Richter** *m* iudex <-dicis> *m;* **vor den ~ bringen** ad iudicem deferre.
**Richteramt** *nt* iudicatus <-us> *m.*
**Richterin** *f* iudex <-dicis> *f.*
**Richterspruch** *m* iudicium *nt.*
**Richtfest** *nt* festum *nt* erectionis.
**Richtgeschwindigkeit** *f* velocitas <-atis> *f* proposita, celeritas <-atis> *f* proposita.
**richtig I.** *adj* rectus, iustus **II.** *adv* recte [**iudicare**; **respondēre**].
**Richtlinien** *pl* regulae *f pl,* normae *f pl.*
**Richtpreis** *m* pretium *nt* propositum; **unverbindlicher ~** non obligatorium pretium *nt* propositum.
**Richtschnur** *f* regula *f,* norma *f.*
**Richtung** *f* ❶ directio <-onis> *f; (Weg)* iter <itineris> *nt,* via *f,* cursus <-us> *m* [**navis**]; **aus allen ~en** ex omnibus partibus; **nach allen ~en** in omnes partes; **die ~ ändern** iter flectere; **in entgegengesetzter ~** in diversum; **in verschiedene ~en auseinandergehen** itineribus diversis discedere ❷ *(fig)* inclinatio <-onis> *f.*
**riechen I.** *vt, vi (etw ~, an etw ~)* olfacere, odorari + *akk* **II.** *vi (Geruch verbreiten)* olēre *(nach etw:* akk oder abl); **gut/schlecht ~** bene/male olēre.
**Riege** *f* (SPORT) manipulus *m.*
**Riegel** *m (Tür~)* repagula *nt pl,* pessulus *m;* **den ~ vorlegen** pessulum obdere + *dat;* **einer Sache einen ~ vorschieben** *(fig)* alqd reprimere, coërcēre.
**Riemen** *m (Peitschen~, Gürtel~)* lorum *nt.*
**Riese** *m* gigas <-antis> *m.*
**rieseln** *vi (sacht fließen, rinnen)* fluere, labi.
**riesengroß**, **riesenhaft**, **riesig** *adj* ingens <-gentis>, immanis; *(Freude, Anstrengung)* maximus.
**Riff** *nt* scopulus *m.*
**Rind** *nt* bos <bovis> *m.*
**Rind-** bubulus, bovillus, *durch gen:* bovis / boum.
**Rinde** *f (Baum~)* cortex <-ticis> *m; (Brot~, Kä-*

*se~)* crusta *f.*
**Rinder-** bubulus, bovillus, *durch gen:* bovis / boum.
**Rinderbraten** *m* assum *nt* bubulum.
**Rinderherde** *f* grex <gregis> *m* bovillus, grex *m* boum.
**Rindfleisch** *nt* caro <carnis> *f* bubula.
**Ring** *m (Finger~)* anulus *m;* **einen ~ anstecken** anulum induere.
**ringeln** *vr:* **sich ~** sinuari.
**Ringelnatter** *f* hydra *f,* hydrus *m,* natrix <-icis> *f.*
**ringen I.** *vi (im Sport und fig)* luctari **II.** *vt:* **die Hände ~** manus torquēre.
**Ringen** *nt* luctatio <-onis> *f.*
**Ringer** *m* luctator <-oris> *m.*
**Ringfinger** *m* digitus *m* anularis.
**Ringkampf** *m* luctatio <-onis> *f.*
**ringsherum, ringsum(her)** *adv* circum, circa.
**Rinne** *f* canalis <-is> *m/f.*
**rinnen** *vi (Flüssigkeit)* fluere.
**Rippe** *f* costa *f.*
**Risiko** *nt* periculum *nt;* **ein ~ eingehen/auf sich nehmen** periculum adire; **etw auf eigenes ~ tun** alqd periculi sui facere.
**riskant** *adj* periculosus.
**riskieren** *vt* periculo committere.
**Riss** *m* rima *f;* **~e bekommen** scindi.
**rissig** *adj* rimosus [**manus**; **murus**].
**Ritt** *m* equitatio <-onis> *f;* **einen ~ machen** equo vectari.
**Ritter** *m* eques <equitis> *m;* **jmd zum ~ schlagen** alci dignitatem equestrem dare.
**Ritter-** equester <-tris, -tre>, *durch gen:* equitis / equitum.
**ritterlich** *adj* ❶ equester <-tris, -tre> ❷ *(fig: mutig, tapfer)* fortis.
**Ritterorden** *m* ordo <-dinis> *m* equester.
**Ritterrüstung** *f* armatura *f* equestris.
**Ritterstand** *m* ordo <-dinis> *m* equester.
**Ritual** *nt* caerimoniae *f pl.*
**Ritus** *m* ritus <-us> *m.*
**Ritze** *f* rima *f.*
**ritzen** *vt* ❶ *(an~, auf~)* scarifare ❷ *(ein~)* incidere *(alqd in alqd oder in re)* [**leges in tabulam**; **carmen in sepulcro**].
**Rivale** *m* aemulus *m.*
**Rivalin** *f* aemula *f.*
**rivalisieren** *vi:* **mit jdm ~** certare cum alqo *(um etw:* de; mit abl; pro).
**Rivalität** *f* aemulatio <-onis> *f.*
**Robbe** *f* phoca *f.*
**robust** *adj* robustus.
**röcheln** *vi* singultare.
**Röcheln** *nt* singultus <-us> *m.*
**Rock** *m* gunna *f.*
**Rodelbahn** *f* curriculum *nt* sclodiale.
**rodeln** *vi* sclodiā vehi.
**roden** *vt* exstirpare.
**Roggen** *m* secale <-lis> *nt.*
**Roggen-** secalicius, *durch gen:* secalis [**panis**; **farina**].
**roh** *adj* ❶ *(ungekocht)* crudus ❷ *(unbearbeitet)* rudis ❸ *(Mensch, Sitten)* rudis, agrestis, barbarus [**saeculum**; **mores**].
**Rohheit** *f* barbaria *f,* feritas <-atis> *f.*
**Rohling** *m* homo <-minis> *m* rudis.
**Rohmaterial** *nt* materia *f* rudis [*o* prima].
**Rohr** *nt* ❶ *(Röhre)* tubus *m* ❷ *(Schilf)* arundo <-dinis> *f,* canna *f.*
**Röhre** *f* tubus *m.*
**Rohstoff** *m* materia *f* rudis [*o* prima].
**Rollladen** *m* transenna *f* volubilis.
**Rolle** *f* ❶ *(unter Möbeln)* rota *f* ❷ (THEAT) partes <-tium> *f pl;* **eine ~ spielen** (THEAT) partes agere; **bei/in etw eine ~ spielen** *(fig: wichtig sein)* in alqa re alqd agere; **eine wichtige ~ spielen** magni momenti esse.
**rollen I.** *vt* volvere **II.** *vi* volvi.
**Rollschuh** *m* calceus *m* subrotatus; **~ laufen** rotulis patinare.
**Rollstuhl** *m* sella *f* rotalis.
**Rolltreppe** *f* scalae *f pl* volubiles.
**Rom** *nt* Roma *f.*
**Roman** *m* fabula (romanensis) *f.*
**romanhaft** *adj* fabulosus, fictus.
**Romantik** *f* aetas <-tatis> *f* romantica, romanticismus *m.*
**romantisch** *adj* romanticus.
**Römer(in** *f*) *m* Romanus, -a *m, f.*
**römisch** *adj* Romanus.
**röntgen** *vt* radiographare, radioscopere.
**Röntgenaufnahme** *f* radiographia *f.*
**rosa** *adj* roseus.
**Rose** *f* rosa *f;* **nicht auf ~n gebettet sein** misere vivere.
**Rosenstrauch** *m* rosa *f.*
**Rosine** *f* uva *f* passa.
**Rosmarin** *nt* ros (marinus) <roris> *m.*
**Ross** *nt* equus *m;* **auf dem hohen ~ sitzen** superbum esse.
**Rost** *m* ❶ *(am Eisen)* robigo <-ginis> *f* ❷ *(Gitter, Brat~)* crates <-tium> *f pl.*
**rosten** *vi* robiginem contrahere, robigine obduci.
**rösten** *vt* torrēre.
**rostfrei** *adj* inoxydabilis.
**rostig** *adj* robiginosus.
**Rostschutzmittel** *nt* anticorrosivum *nt.*
**rot** *adj* ruber <-bra, -brum>; **~ werden** (e)rubescere.
**rotbraun** *adj* spadix <-icis>.
**Röte** *f* rubor <-oris> *m.*
**Röteln** *pl* (MED) rubeolae *f pl.*
**röten I.** *vt* rubefacere [**saetas sanguine**] **II.** *vr:* **sich ~** (e)rubescere.

R

**rothaarig** *adj* rufus.
**Rotkäppchen** *nt* Rubricappula *f.*
**rötlich** *adj* rutilus.
**Rotstift** *m* rubrica *f,* cerula *f* miniata.
**Rotwein** *m* vinum *nt* rubrum.
**Rotz** *m* narium excrementa *nt pl.*
**Roulade** *f* caro <carnis> *f* convoluta.
**Roulette** *nt* rota *f* fortunae.
**Route** *f* iter <itineris> *nt;* **eine andere ~ einschlagen** iter flectere.
**Routine** *f* usus <-us> *m;* **~ in etw haben** versatum esse in alqa re.
**Rübe** *f* rapum *nt.*
**Rubin** *m* carbunculus *m.*
**ruchlos** *adj* nefarius, impius, scelestus [**civis**; **facinus**].
**Ruchlosigkeit** *f* impietas <-atis> *f,* scelus <-leris> *nt.*
**Ruck** *m* momentum *nt,* concussus <*abl* -u> *m.*
**rücken I.** *vt (Möbel)* (loco) movēre **II.** *vi* moveri, se movēre; **näher ~** propius se movēre.
**Rücken** *m* tergum *nt; (von Tieren, Berg~)* dorsum *nt;* **im ~** a tergo, post tergum; **hinter jmds ~** *(fig)* alqo inscio.
**Rückenlehne** *f* reclinatorium *nt.*
**Rückenmark** *nt* medulla *f* spinalis.
**Rückenschwimmen** *nt* natatio <-onis> *f* supina.
**Rückfahrkarte** *f* tessera *f* itūs et reditūs.
**Rückfahrt** *f* reditus <-us> *m.*
**Rückfall** *m* ❶ *(von Patient)* relapsus <-us> *m;* **einen ~ erleiden** in (eundem) morbum recidere ❷ *(von Verbrecher)* nefas *nt* repetitum.
**rückfällig** *adj:* **~ werden** recidere, relabi.
**Rückgang** *m* deminutio <-onis> *f.*
**rückgängig** *adj:* **etw ~ machen** alqd irritum facere.
**Rückgrat** *nt (auch fig)* spina *f.*
**Rückhalt** *m* subsidium *nt.*
**Rückkehr** *f* reditus <-us> *m* [**in Italiam**; **Romam**; **e provincia**]; **nach seiner ~** reversus/eo reverso.
**Rücklauf** *m* (TECH) recursus <-us> *m.*
**Rücklicht** *nt* lumen <-minis> *nt* posticum.
**rücklings** *adv (auf dem Rücken)* supine.
**Rückmarsch** *m* recessus <-us> *m,* receptus <-us> *m* [**in Italiam**].
**Rückreise** *f* regressus <-us> *m.*
**Rucksack** *m* pera *f.*
**Rückschlag** *m (fig;* MED) relapsus <-us> *m.*
**Rückschritt** *m* regressus <-us> *m.*
**Rückseite** *f* pars <partis> *f* aversa, tergum *nt.*
**Rücksicht** *f* ratio <-onis> *f;* **~ nehmen auf** rationem habēre + *gen;* **keine ~ nehmen auf** neglegere + *akk;* **mit ~ auf** ratione + *gen;* **ohne ~ auf** nulla ratione + *gen.*
**rücksichtslos** *adj* importunus.
**Rücksichtslosigkeit** *f* importunitas <-atis> *f.*
**rücksichtsvoll** *adj* verecundus.
**Rücksitz** *m* sedes <-dis> *f* aversa.
**Rücksprache** *f:* **mit jdm ~ nehmen** cum alqo colloqui, cum alqo communicare.
**Rückstand** *m:* **im ~ sein** in mora esse.
**rückständig** *adj (nicht fortschrittlich, überholten Ansichten anhängend)* temporis acti studiosus.
**Rücktritt** *m* ❶ *(vom Amt)* abdicatio <-onis> *f* ❷ *(vom Vertrag)* recessus <-us> *m.*
**rückwärts** *adv* retro, retrorsum.
**Rückwärtsgang** *m (beim Auto)* positio <-onis> *f* retrocessūs; **in den ~ schalten** iuncturam retrocessūs adhibēre.
**Rückweg** *m* reditus <-us> *m,* reditio <-onis> *f.*
**rückwirkend** *adj* in praeteritum agens [**solutio**].
**Rückzug** *m* receptus <-us> *m,* regressus <-us> *m* [**in Italiam**]; **zum ~ blasen** receptui canere; **auf dem ~ sein** se recipere; **den ~ antreten** *(auch fig)* se recipere coepisse.
**Rudel** *nt* agmen <-minis> *nt* [**canum**; **ferarum**].
**Ruder** *nt* remus *m; (Steuer~)* gubernaculum *nt;* **ans ~ kommen** *(fig)* ad gubernaculum accedere.
**Ruderboot** *nt* navicula *f* remigera.
**Ruderer** *m* remex <-migis> *m.*
**rudern** *vi* remigare.
**Rudern** *nt* remigatio <-onis> *f.*
**Ruf** *m* ❶ *(Schrei, Aus~)* clamor <-oris> *m* ❷ *(Ansehen)* fama *f,* existimatio <-onis> *f,* rumor <-oris> *m;* **einen guten/schlechten ~ haben** bonā/malā famā esse; **jmd in schlechten ~ bringen** alqm infamare, infamiam alci aspergere.
**rufen I.** *vt* vocare [**alqm in contionem**; **milites ad arma**]; **jmd zu Hilfe ~** alqm auxilio vocare **II.** *vi* clamare.
**Rufnummer** *f* numerus *m* telephonicus.
**Rüge** *f* vituperatio <-onis> *f,* reprehensio <-onis> *f;* **jdm eine ~ erteilen** alqm reprehendere.
**rügen** *vt* vituperare, reprehendere.
**Ruhe** *f (Entspannung, Erholung)* quies <-etis> *f,* requies <-etis> *f,* otium *nt; (Frieden; innere ~)* tranquillitas <-atis> *f;* **zur ~ kommen** acquiescere; **sich zur ~ setzen** in otium se conferre; **jmd in ~ lassen** alqm non lacessere; **~ vor jdm haben** otium habēre ab alqo; **lass mich in ~!** (o)mitte me!.
**ruhelos** *adj* inquietus.
**Ruhelosigkeit** *f* inquies <-etis> *f.*
**ruhen** *vi* quiescere.
**Ruhepause** *f* mora *f.*
**Ruhestand** *m* otium *nt;* **jmd in den ~ versetzen** alci vacationem muneris dare.
**Ruhestörung** *f* otii perturbatio <-onis> *f,* qui-

etis perturbatio *f.*

**Ruhetag** *m* dies <-ei> *m* quieti datus.

**ruhig** *adj* quietus, tranquillus, placidus; **ein ~es Leben führen** quietam vitam agere; **sich ~ verhalten, ~ bleiben** quiescere.

**Ruhm** *m* gloria *f;* **~ erlangen** gloriam obtinēre.

**rühmen I.** *vt* praedicare, celebrare **II.** *vr:* **sich ~** gloriari.

**Rühmen** *nt* praedicatio <-onis> *f.*

**rühmlich** *adj* gloriosus, laudabilis [**factum**; **exceptio**].

**ruhmlos** *adj* inglorius [**vita**; **imperium**].

**ruhmreich**, **ruhmvoll** *adj* gloriosus [**factum**; **honores**].

**Ruhr** *f* (MED) dysenteria *f.*

**Rührei** *nt* ovum *nt* frictum.

**rühren** *vt (auch fig)* (com)movēre; **das rührt mich nicht** hac re non (com)moveor; **jmd zu Tränen ~** alci lacrimas movēre.

**rührend** *adj* animum/animos movens [**verba**].

**rührig** *adj* industrius, navus.

**Rührigkeit** *f* industria *f,* navitas <-tatis> *f.*

**rührselig** *adj* lacrimosus [**carmen**].

**Rührung** *f* motio <-onis> *f,* motus <-us> *m.*

**Ruin** *m* ruina *f,* naufragium *nt.*

**Ruine** *f* ruina *f.*

**ruinieren** *vt* ① *(jmd)* in perniciem dare <dedi> ② *(etw)* corrumpere.

**rülpsen** *vi* ructare.

**Rülpser** *m* ructus <-us> *m.*

**Rum** *m* rhomium *nt.*

**Rummel** *m (Betrieb)* motus <-us> *m,* frequentia *f.*

**Rummelplatz** *m* campus *m.*

**rumoren** *vi* fremere.

**Rumpelkammer** *f* cella *f* scrutorum.

**Rumpf** *m* ① *(des Körpers)* truncus *m* ② *(des Schiffes)* alveus *m.*

**rümpfen** *vt:* **die Nase ~** nares corrugare.

**rund** *adj* rotundus; **~ machen** rotundare.

**Rundblick** *m* circumspectus <-us> *m.*

**Runde** *f* ① *(im Rennsport)* orbis <-is> *m* ② *(Kreis von Menschen)* circulus *m* ③ **die ~ machen** *(Polizei)* circumire.

**Rundfahrt** *f* iter <itineris> *nt* circulare.

**Rundfunk** *m* radiophonia *f.*

**Rundfunkgebühren** *pl* taxa *f* radiophonica.

**Rundfunkgerät** *nt* radiophonum *nt.*

**Rundfunksendung** *f* emissio <-onis> *f* radiophonica.

**Rundreise** *f* iter <itineris> *nt* circulare.

**Rundschreiben** *nt* circulare <-ris> *nt.*

**rundweg** *adv:* **jdm etw ~ abschlagen** alci alqd pernegare, alci alqd praecise negare.

**Runzel** *f* ruga *f;* **~n bekommen** corrugari.

**runzelig** *adj* rugosus.

**runzeln** *vt* corrugare; **die Stirn ~** frontem contrahere.

**Rüpel** *m* rusticus *m.*

**rüpelhaft** *adj* rusticus [**mores**].

**rupfen** *vt* vellere [**herbas**].

**ruppig** *adj* asper <-era, -erum>.

**Ruß** *m* fuligo <-ginis> *f.*

**Rüssel** *m* manus <-us> *f.*

**rußig** *adj* fuliginosus.

**rüsten** *vi:* **zum Krieg ~** bellum parare.

**rüstig** *adj* validus [**senex**].

**Rüstung** *f* ① *(Ritter~)* armatura *f* ② *(Waffen)* arma *nt pl.*

**Rute** *f* virga *f.*

**Rutenbündel** *pl (der Liktoren)* fasces <-cium> *m pl.*

**Rutschbahn** *f,* **Rutsche** *f* delabaculum *nt.*

**rutschen** *vi* labi; **auf den Knien ~** genibus repere.

**rutschig** *adj* lubricus.

**rütteln** *vt, vi* agitare, quatere, quassare *(an:* akk).

# Ss

**Saal** *m* atrium *nt,* oecus *m.*
**Saat** *f* seges <-getis> *f; (das Säen, Aussaat)* satio <-onis> *f,* sementis <-is> *f.*
**Saatfeld** *nt* seges <-getis> *f,* arvum *nt.*
**Sabbat** *m* sabbata *nt pl.*
**Säbel** *m* acinaces <-cis> *m.*
**Sabiner(in** *f*) *m* Sabinus, -a *m, f.*
**sabinisch** *adj* Sabinus.
**Sabotage** *f* eversio <-onis> *f* occulta *(an:* gen); **~ treiben** occulte evertere alqd.
**Saboteur** *m* eversor <-oris> *m* occultus.
**sabotieren** *vt* occulte diruere, secreto disturbare.
**Sache** *f* ❶ *(Gegenstand; fig: Angelegenheit)* res <rei> *f;* **es ist jmds / meine / deine /** *usw.* **~** alcis / meum / tuum / *usw.* est; **das gehört nicht zur ~** hoc ad rem non pertinet; **kommen wir zur ~!** ad instituta pergamus!, ad rem ipsam veniamus!, ad propositum veniamus! ❷ (JUR) causa *f.*
**Sachgebiet** *nt* provincia *f,* regio <-onis> *f.*
**sachgemäß I.** *adj* in rei natura positus, ad rem accommodatus **II.** *adv* ex rei natura, ex re.
**Sachkenntnis** *f* rerum scientia *f,* rerum notitia *f.*
**sachkundig** *adj* peritus, prudens <-entis>, intellegens <-gentis>.
**Sachlage** *f* res <rei> *f,* causa *f;* **bei dieser ~** quae cum ita sint.
**sachlich** *adj* ad rem pertinens <-entis>.
**sächlich** *adj* neuter, neutra, neutrum.
**Sachlichkeit** *f (Objektivität)* aequitas <-atis> *f.*
**Sachschaden** *m* damnum *nt* materiale.
**sacht** *adv* leniter, placide.
**Sachverständige(r)** *f(m)* peritus, -a *m, f.*
**Sachzwang** *m* necessitas <-atis> *f.*
**Sack** *m* saccus *m;* **mit ~ und Pack** ad peram et saccum.
**Säckchen** *nt* sacculus *m.*
**Sackgasse** *f* fundula *f.*
**Sackhüpfen** *nt* saltatio <-onis> *f* in saccis.
**Sadismus** *m* sadismus *m.*
**Sadist** *m* sadista *m.*
**sadistisch** *adj* sadisticus.
**säen I.** *vt* serere **II.** *vi* sementem facere.
**Safe** *m/nt* arca *f* ferrea.
**Saft** *m* sucus *m.*
**saftig** *adj* sucidus, suculentus.
**saftlos** *adj* ❶ *(Obst)* suco carens <-entis> ❷ *(fig)* exsanguis.
**Sage** *f* fabula *f;* **es geht die ~, dass ...** fabula est (+ A.C.I.).
**Säge** *f* serra *f.*
**Sägemehl** *nt* scobis <-is> *f.*
**sagen** *vt* dicere; **sagte er/sie** *(in dir. Rede eingeschoben)* inquit; **ja ~** affirmare, annuere; **nein ~** negare; **jdm Dank ~** alci gratias agere; **das hat nichts zu ~** hoc nihil est; **wie man sagt** ut aiunt; **sich** (**von jdm**) **nichts ~ lassen** (alci) suadenti non obsequi.
**sägen I.** *vi* serram ducere **II.** *vt* serrā secare <secui>.
**sagenhaft** *adj* ❶ *(legendär)* fabulosus ❷ *(wunderbar)* mirus, admirabilis.
**Sägespäne** *pl* scobis <-is> *f.*
**Sägewerk** *nt* mola *f* serraria.
**Sahne** *f* cramum *nt.*
**Saison** *f* tempus <-poris> *nt.*
**Saite** *f* chorda *f,* nervus *m;* **andere ~n aufziehen** *(fig)* chordas mutare.
**Saiteninstrument** *nt* fides <-dium> *f pl.*
**Sakrament** *nt* sacramentum *nt.*
**Sakristei** *f* sacrarium *nt.*
**Salamander** *m* salamandra *f.*
**Salat** *m* ❶ *(Speise, Gericht)* acetaria *nt pl* ❷ *(Kopfsalat)* lactuca *f.*
**Salbe** *f* unguentum *nt.*
**Salbei** *m* salvia *f.*
**salbungsvoll** *adj* blandus; **~ reden** blande loqui.
**Saldo** *m* reliquum *nt.*
**Saline** *f* salinae *f pl.*
**Salm** *m* (ZOOL) salmo <-onis> *m.*
**Salon** *m* atrium *nt,* exedra *f.*
**salopp** *adj* ❶ *(Kleidung)* neglectus ❷ *(Ausdrucksweise)* vulgaris.
**Salto** *m:* **~ mortale** saltus <-us> *m* maxime periculosus.
**salutieren** *vi* salutationem facere.
**Salve** *f* (MIL) grando <-dinis> *f* telorum.
**Salz** *nt* sal <salis> *m.*
**Salzbergwerk** *nt* salinae *f pl.*
**salzen** *vt* sale condire.
**Salzgehalt** *m* salsitudo <-dinis> *f.*
**salzig** *adj* salsus.
**Salzsäure** *f* acidum *nt* hydrochloricum.
**Samen** *m* semen <-minis> *nt.*
**Sammelbegriff** *m* collectivum *nt.*
**sammeln I.** *vt (auch milit.)* colligere **II.** *vr:* **sich ~** ❶ se colligere, convenire ❷ *(sich konzentrieren)* se [*o* animum] colligere.
**Sammelsurium** *nt* collectanea *nt pl.*

**Sammlung** *f* ❶ *(das Sammeln)* collectio <-onis> *f,* conquisitio <-onis> *f* [**librorum; pecuniarum**] ❷ *(das Gesammelte)* thesaurus *m;* **eine ~ anlegen** thesaurum constituere ❸ *(fig: innere ~)* animi intentio <-onis> *f.*
**Samowar** *m* authepsa *f.*
**Samstag** *m* dies <-ei> *m* Saturni.
**samt** *praep* cum + *abl;* **~ und sonders** universi, ad unum omnes.
**Samt** *m* gausape <-pis> *nt.*
**Samthandschuh** *m:* **jmd mit ~en anfassen** *(fig)* alqm molli bracchio tractare.
**sämtliche** *adj* universi, ad unum omnes.
**Sanatorium** *nt* sanatorium *nt.*
**Sand** *m* arena *f;* **auf ~ bauen** *(fig)* in aqua ponere; **jdm ~ in die Augen streuen** *(fig)* alci fucum facere.
**Sand-** arenosus, *durch gen:* arenae.
**Sandale** *f* solea *f,* crepida *f.*
**Sandbank** *f* syrtis <-is> *f.*
**sandig** *adj* arenosus.
**Sandkasten** *m* arca *f* arenae.
**Sandkorn** *nt* granum *nt* arenae.
**Sandpapier** *nt* charta *f* aspera.
**Sandstein** *m* lapis <-idis> *m* arenaceus.
**Sandstrand** *m* litus <-toris> *nt* arenosum.
**Sandsturm** *m* tempestas <-atis> *f* arenae, procella *f* arenae.
**Sandwüste** *f* arenae *f pl.*
**sanft** *adj* placidus, mitis, lenis [**animus; verba; ventus**]; **mit jdm ~ umgehen** alqm placide [*o* leniter] tractare.
**Sänfte** *f* lectica *f;* **in der ~ zum Forum getragen werden** lecticā in forum ferri; **die ~ absetzen** lecticam deponere.
**Sänftenträger** *m* lecticarius *m.*
**Sanftmut** *f* lenitas <-atis> *f.*
**sanftmütig** *adj* placidus, mitis, lenis.
**Sänger(in** *f***)** *m* cant(at)or <-oris> *m,* cant(at)rix <-icis> *f.*
**sanieren** *vt* sanare.
**Sanierung** *f* sanatio <-onis> *f.*
**sanitär** *adj* sanitarius; **~e Anlagen** apparatus <-us> *m* sanitarius.
**Sanitäter** *m* sanitarius *m;* (MIL) miles <-litis> *m* medicus.
**sanktionieren** *vt* sancire.
**Saphir** *m* sapphirus *f.*
**Sardelle** *f,* **Sardine** *f* sard(in)a *f.*
**Sarg** *m* arca *f,* capulus *m.*
**Sarkasmus** *m* ludibrium *nt* mordens, ludibrium *nt* mordax.
**sarkastisch** *adj* mordax <-acis>.
**Sarkophag** *m* sarcophagus *m.*
**Satan** *m* diabolus *m,* satanas <-ae> *m.*
**satanisch** *adj* diabolicus.
**Satellit** *m* satelles <-tellitis> *m.*
**Satellitenfernsehen** *nt* televisio <-onis> *f* satellita.
**Satellitenstaat** *m* civitas <-atis> *f* satellita.
**Satellitenstadt** *f* oppidum *nt* satellitum.
**Satire** *f* satira *f.*
**satirisch** *adj* satiricus.
**Satrap** *m (pers. Statthalter)* satrapa *m,* satrapes <-pis> *m.*
**satt** *adj* satiatus, satur <-ura, -urum>; **sich ~ essen** famem explēre; **~ machen** satiare; **~ werden** satiari; **ich bin etw ~** me taedet (+ gen oder Inf.).
**Sattel** *m* sella *f,* ephippium *nt;* **jmd aus dem ~ heben** *(fig)* loco movēre alqm; **fest im ~ sitzen** *(fig)* condicionem suam obtinēre, ordinem suum obtinēre.
**sattelfest** *adj (fig)* peritissimus + *gen.*
**satteln** *vt* sternere [**equum**], sellam imponere [**equo**].
**satthaben** *vt:* **ich habe etw satt** me taedet (+ gen oder Inf.).
**sättigen** *vt* ❶ satiare, saturare ❷ *(Verlangen)* satisfacere + *dat.*
**Sättigung** *f* satietas <-atis> *f* [**fame laborantium**].
**Sattler** *m* ephippiarius *m.*
**sattsehen** *vi:* **ich kann mich nicht daran ~** spectando satiari non possum.
**Satyr** *m* Satyrus *m.*
**Satz** *m* ❶ *(gramm.; Lehr~)* sententia *f* ❷ *(von Töpfen, Briefmarken)* series <-ei> *f* ❸ *(Boden~)* sedimentum *nt,* faex <faecis> *f* ❹ *(Sprung)* saltus <-us> *m.*
**Satzlehre** *f* syntaxis <-is> *f.*
**Satzung** *f* leges <-gum> *f pl;* **eine ~ aufstellen** leges dare.
**Satzzeichen** *nt* interpunctio <-onis> *f.*
**Sau** *f* porca *f.*
**sauber** *adj* ❶ mundus ❷ *(Charakter)* probus, honestus ❸ *(iron.)* egregius.
**Sauberkeit** *f* munditia *f.*
**säubern** *vt* purgare.
**Säuberung** *f (Reinigung)* purgatio <-onis> *f.*
**Sauce** *f* ius <iuris> *nt.*
**sauer** *adj* acidus, acerbus; **~ werden** coacescere; **~ verdient** labore quaesitus.
**Sauerampfer** *m* rumex <-micis> *m/f.*
**Sauerei** *f* obscenitas <-atis> *f.*
**Sauerkirsche** *f* cerasum *nt* acidum.
**Sauerkraut** *nt* caulis <-is> *m* acidus.
**säuerlich** *adj* subacidus.
**Sauermilch** *f* lac <lactis> *nt* acidum.
**Sauerstoff** *m* oxygenium *nt.*
**Sauerstoffmangel** *m* deficientia *f* oxygenii.
**Sauerteig** *m* fermentum *nt.*
**saufen** *vt* potare.
**Saufen** *nt* potatio <-onis> *f.*
**Säufer** *m* potator <-oris> *m.*
**Sauferei** *f* perpotatio <-onis> *f.*

**Säuferin** *f* potrix <-icis> *f.*
**saugen** *vt* sugere.
**säugen** *vt* mammare, alci mammam dare <dedi> [*o* praebēre].
**Säugetier** *nt* mammale <-lis> *nt.*
**Säugling** *m* infans <-antis> *m/f,* lactens <-entis> *m/f.*
**Säule** *f* columna *f;* **eine ~ der Gesellschaft** columen civitatis.
**Säulengang** *m,* **-halle** *f* porticus <-us> *f.*
**Saum** *m* margo <-ginis> *m/f.*
**säumen I.** *vt (Kleid, Rock)* circumsuere **II.** *vi (zögern)* cunctari, morari.
**säumig** *adj* tardus.
**Saumtier** *nt* iumentum *nt* clitellarium.
**Sauna** *f* sudatorium *nt.*
**Säure** *f* acidum *nt,* acor <-oris> *m.*
**Saus** *m:* **in ~ und Braus leben** helluari.
**säuseln** *vi* susurrare.
**Säuseln** *nt* susurrus *m.*
**sausen** *vi* ① *(Wind, Sturm)* stridēre, fremere; *(Ohren)* sonare <sonui> ② *(eilen)* currere.
**Saustall** *m (fig)* hara *f.*
**Saxophon** *nt,* **Saxofon** *nt* saxophonum *nt.*
**Schabe** *f* blatta *f.*
**schaben** *vt* radere.
**Schabernack** *m* iocus *m.*
**schäbig** *adj* ① *(ärmlich)* scaber <-bra, -brum> ② *(fig: gemein)* sordidus.
**Schablone** *f* ① lamina *f* interrasilis ② *(fig)* exemplum *nt.*
**Schach** *nt* ludus *m* scacorum, scaciludium *nt;* **~ spielen** scacis ludere; **in ~ halten** coercēre.
**Schachbrett** *nt* scacarium *nt.*
**Schachfigur** *f* scacus *m.*
**schachmatt** *adj* ① victus ② *(erschöpft)* confectus.
**Schachspiel** *nt* ludus *m* scacorum, scaciludium *nt.*
**Schacht** *m* puteus *m.*
**Schachtel** *f* caps(ul)a *f;* **alte ~** *(fig, pej)* anus decrepita.
**schade** *adj:* **es ist ~, dass** dolendum est, quod; incommode accidit, quod.
**Schädel** *m* calva *f,* calvaria *f;* **jdm den ~ einschlagen** alci calvam dispergere.
**Schädelbruch** *m* fractura *f* calvae.
**schaden** *vi* nocēre [**inimico**; **rei publicae**; **nemini**].
**Schaden** *m* damnum *nt,* detrimentum *nt;* **~ erleiden** detrimentum capere; **jdm ~ zufügen** alci nocēre, damnum alci inferre, damno alqm afficere; **~ anrichten** damnum facere; **zu jmds ~** damno alcis.
**Schadenersatz** *m* compensatio <-onis> *f* damni; **~ leisten** damnum sarcire [*o* compensare], rem/res restituere; **~ verlangen** rem/res repetere.
**Schadenfreude** *f* malevolentia *f.*
**schadenfroh** *adj* malevolus.
**schadhaft** *adj* non integer <-gra, -grum>, laesus, corruptus.
**schädigen** *vt* damno [*o* detrimento] afficere.
**schädlich** *adj* noxius.
**Schädlichkeit** *f* vis *f* nocendi.
**Schädling** *m* animal <-alis> *nt* noxium.
**schadlos** *adj:* **sich ~ halten** damnum suum compensare.
**Schadstoff** *m* materia *f* noxia.
**Schaf** *nt* ovis <-is> *f.*
**Schafbock** *m* aries <-etis> *m.*
**Schäfchen** *nt* ovicula *f.*
**Schäfer** *m* opilio <-onis> *m,* ovium pastor <-oris> *m.*
**Schäferhund** *m* canis <-is> *m* pastoralis.
**Schaffell** *nt* pellis <-is> *f* ovilla.
**schaffen I.** *vt* ① *(er~, hervorbringen)* creare, facere ② *(zustande bringen, bewältigen)* conficere, expedire ③ *(transportieren)* portare, vehere **II.** *vi (arbeiten)* laborare; **jdm zu ~ machen** alci negotium [*o* molestiam] facessere, alqm exercēre [*o* torquēre]; **damit habe ich nichts zu ~** ea res nihil ad me pertinet.
**Schaffner** *m* inspector <-oris> *m.*
**Schafherde** *f* grex <gregis> *m* ovillus, grex *m* ovium.
**Schafott** *nt* catasta *f.*
**Schafskäse** *m* caseus *m* ovillus.
**Schaft** *m* scapus *m.*
**Schah** *m* rex <regis> *m.*
**Schakal** *m* thos <thois> *m.*
**schäkern** *vi* iocari.
**schal** *adj* ① *(abgestanden)* vapidus ② *(fig: fade, geistlos)* insulsus.
**Schal** *m* pannus *m* collaris.
**Schälchen** *nt (kleine Schale)* scutula *f.*
**Schale** *f* ① *(Kartoffel~, Obst~, Nuss~)* folliculus *m,* putamen <-minis> *nt; (Muschel~, Eier~)* testa *f* ② *(Behälter)* patera *f,* scutra *f.*
**schälen I.** *vt* alci rei folliculum detrahere **II.** *vr:* **sich ~** *(von Personen, Schlangen)* cutem exuere.
**Schall** *m* sonus *m,* sonitus <-us> *m,* crepitus <-us> *m;* **leerer ~ sein** inanem esse.
**schallen** *vi* sonare <sonui>.
**schallend** *adj* sonorus, sonans <-antis>; **~es Gelächter** cachinnus.
**Schallgeschwindigkeit** *f* soni celeritas <-atis> *f.*
**Schallmauer** *f* repagula *nt pl* soni.
**Schallplatte** *f* phonodiscus *m.*
**schalten** *vi* ① *(Auto)* velocitatem (com)mutare ② *(begreifen)* comprehendere; **~ und walten** dominari.
**Schalter** *m* ① *(zur Kundenbedienung)* portula *f* ② *(am Gerät)* epitonium *nt,* mutatrum *nt.*

**Schalthebel** *m* vectis <-is> *m* commutatorius.
**Schaltjahr** *nt* annus *m* intercalaris.
**Schalttag** *m* dies <-ei> *m* intercalaris.
**Scham** *f* pudor <-oris> *m (über, vor:* gen); **aus falscher ~** verecundiā falsā.
**schämen** *vr:* **sich ~** pudēre *(unpers. Gebrauch)*; **ich schäme mich** me pudet *(einer Sache, vor jdm:* gen).
**Schamgefühl** *nt* pudor <-oris> *m.*
**schamhaft** *adj* pudicus.
**schamlos** *adj* impudicus; *(unverschämt)* impudens <-entis> [**homo**; **epistula**; **mendacium**].
**Schamlosigkeit** *f (Unverschämtheit)* impudentia *f.*
**schamrot** *adj:* **~ werden** erubescere.
**Schande** *f* ignominia *f,* infamia *f;* **jdm ~ machen** alqm dedecorare; **zu meiner ~** cum mea ignominia.
**schänden** *vt* ① *(entehren, entweihen)* violare, maculare [**templum**] ② *(vergewaltigen)* violare.
**Schandfleck** *m* macula *f,* labes <-bis> *f.*
**schändlich** *adj* foedus, ignominiosus, turpis.
**Schandtat** *f* flagitium *nt,* facinus <-noris> *nt;* **eine ~ begehen** facinus committere.
**Schändung** *f* ① *(Entehrung, Entweihung)* violatio <-onis> *f* [**templi**; **religionum**] ② *(Vergewaltigung)* stuprum *nt.*
**Schanktisch** *m* cartibulum *nt.*
**Schankwirt** *m* caupo <-onis> *m.*
**Schanze** *f* ① *(Sprung~)* tabula *f* desultoria ② (MIL) munimentum *nt,* vallum *nt.*
**Schar** *f* caterva *f,* turba *f;* **in ~en** catervatim.
**scharen** *vr:* **sich ~** congregari *(um:* ad).
**scharenweise** *adv* catervatim.
**scharf** *adj* ① *(Klinge)* acutus, acer <acris, acre> ② *(Essen)* acutus, acer, asper <-era, -erum> ③ *(Auge, Ohr)* acer ④ *(Verstand)* sagax <-gacis>, acer, acutus ⑤ *(Wind)* acer, asper ⑥ *(Ton)* acer, acutus ⑦ *(Worte, Kritik)* asper, mordax <-acis> ⑧ *(Hund)* mordax ⑨ auf etw **~ sein** concupiscere alqd.
**Scharfblick** *m (fig)* sagacitas <-tatis> *f.*
**Schärfe** *f* ① *(von Klinge)* acies <-ei> *f* ② *(von Worten, von Kritik)* asperitas <-atis> *f* [**verborum**; **orationis**].
**schärfen** *vt* acuere [**gladium**; **ingenium**].
**Scharfmacher** *m* instigator <-oris> *m.*
**Scharfrichter** *m* carnifex <-ficis> *m.*
**scharfsichtig** *adj* ① *(mit scharfen Augen)* acri visu ② *(fig)* acutus, sagax <-gacis>.
**Scharfsinn** *m* sagacitas <-tatis> *f.*
**scharfsinnig** *adj* acutus, sagax <-gacis>.
**Scharmützel** *nt* proelium *nt* leve.
**Scharnier** *nt* verticula *f.*
**Schärpe** *f* fascia *f,* balteus *m.*
**scharren** *vi* radere *(in, an:* akk); **mit den Füßen ~** pedibus solum radere.
**Scharte** *f* ① incisura *f* ② *(fig)* vitium *nt;* **eine ~ auswetzen** vitium emendare, maculam delēre.
**schartig** *adj* incisus.
**Schaschlik** *m/nt* veru <-us> *nt.*
**Schatten** *m* umbra *f;* **im ~** in umbra; **jmd in den ~ stellen** *(fig)* obscurare alqm; **in jmds ~ stehen** obscurari ab alqo.
**Schattenseite** *f* ① latus <-teris> *nt* umbrosum, pars <partis> *f* opaca ② *(fig: Kehrseite)* aspectus <-us> *m* incommodus; *(Nachteil)* incommodum *nt.*
**schattig** *adj* umbrosus, opacus.
**Schatulle** *f* scrinium *nt.*
**Schatz** *m* ① thesaurus *m* [**auri**] ② *(Liebling)* deliciae *f pl.*
**Schätzchen** *nt* deliciolae *f pl.*
**schätzen** *vt (ein~, ab~; hoch achten)* aestimare (mit gen bzw. abl pretii als Angabe des Wertes) [**magni / pluris / minimo**]; *(als Zensor)* censēre [**pecunias**; **familias**].
**Schatzkammer** *f* thesaurus *m,* aerarium *nt.*
**Schatzmeister** *m* praefectus *m* aerarii.
**Schätzung** *f* aestimatio <-onis> *f; (Vermögenseinschätzung)* census <-us> *m;* **nach meiner ~** meā aestimatione.
**schätzungsweise** *adv* fere, ferme, circiter.
**Schau** *f* ① *(Spektakel)* spectaculum *nt* ② *(Ausstellung)* expositio <-onis> *f;* **etw zur ~ stellen** exponere alqd; **etw zur ~ tragen** ostentare alqd.
**Schaubild** *nt* diagramma <-atis> *nt.*
**Schauder** *m* horror <-oris> *m;* **ein ~ befällt** [*o* **ergreift**] **mich** horreo.
**schauderhaft** *adj* horribilis.
**schaudern** *vi* horrēre, horrescere *(vor:* akk) [**larvam**]; **es schaudert mich bei dem Gedanken an ...** horret animus imagine *+ gen.*
**schauen** *vi* spectare.
**Schauer** *m* ① *(Regen~)* pluvia *f* repentina ② *(Schreck)* horror <-oris> *m.*
**schauerlich** *adj* horribilis.
**Schaufel** *f* pala *f,* vatillum *nt.*
**schaufeln** *vt (Schnee, Sand)* palā auferre; *(Grube)* fodere.
**Schaufenster** *nt* fenestra *f* mercatoria [*o* tabernaria].
**Schaukasten** *m* vitrum *nt.*
**Schaukel** *f* oscillum *nt.*
**schaukeln** *vi* oscillare.
**Schaukelpferd** *nt* equus *m* oscillatorius.
**Schaukelstuhl** *m* sella *f* oscillatoria.
**Schaulustiger** *m* cupidus *m* videndi, scopophilus *m.*
**Schaum** *m* spuma *f.*
**schäumen** *vi* spumare; **vor Wut ~** furere.

**Schaumgummi** *m* cummis <-is> *f* spumea.
**schaumig** *adj* spumosus, spumeus.
**Schaumstoff** *m* materia *f* spumea.
**Schaumwein** *m* vinum *nt* spumans.
**Schauplatz** *m* scaena *f.*
**schaurig** *adj* horribilis, horridus.
**Schauspiel** *nt* ① (THEAT) spectaculum *nt,* fabula *f;* **ein ~ aufführen** spectaculum edere, fabulam agere ② *(fig: Anblick)* spectaculum *nt.*
**Schauspieler(in** *f*) *m* actor <-oris> *m,* histrio <-onis> *m,* actrix <-icis> *f.*
**Schauspielhaus** *nt* theatrum *nt.*
**Schautafel** *f* tabula *f* demonstrativa.
**Scheck** *m* assignatio <-onis> *f* argentaria.
**Scheckbuch** *nt,* **Scheckheft** *nt* libellus *m* assignationum.
**scheckig** *adj* maculosus, varius.
**Scheckkarte** *f* charta *f* assignationis.
**scheel** *adv:* **jmd ~ ansehen** alci invidēre.
**scheffeln** *vt* accumulare, (co)acervare [**argentum**].
**Scheibe** *f* ① *(runde Fläche)* orbis <-is> *m* ② *(Wurf~)* discus *m* ③ *(Brot, Braten)* quadra *f* ④ *(Glas~)* vitrum *nt.*
**Scheibenbremse** *f* frenum *nt* discale.
**Scheibenwischer** *m* vitritergium *nt.*
**Scheich** *m* regulus *m.*
**Scheide** *f (von Waffe)* vagina *f;* **das Schwert aus der ~ ziehen** gladium e vagina educere, gladium vaginā eripere.
**scheiden I.** *vt* discernere, dividere; **sich ~ lassen** divortium facere *(von:* cum) **II.** *vi* discedere, decedere, abire.
**Scheiden** *nt* discessus <-us> *m.*
**Scheideweg** *m* compitum *nt,* bivium *nt,* trivium *nt.*
**Scheidung** *f (Ehe~)* divortium *nt;* **die ~ einreichen** divortium deferre.
**Schein** *m* ① *(Licht~)* lux <lucis> *f,* lumen <-minis> *nt* ② *(An~)* species <-ei> *f;* **zum ~** specie, per [*o* in] speciem ③ *(Geld~)* charta *f* argentaria ④ *(Bescheinigung)* testimonium *nt.*
**Schein-** *(zum Schein, vorgetäuscht)* simulatus [**matrimonium**]; *(den Anschein habend)* opinatus [**mors**].
**scheinbar I.** *adj (zum Schein)* simulatus [**amicitia**; **sedulitas**] **II.** *adv (anscheinend) durch* videri *auszudrücken*; *(vorgeblich)* specie, per [*o* in] speciem; **~ nützlich sein** utile videri.
**scheinen** *vi* ① *(leuchten)* lucēre ② *(den Anschein haben)* videri; **die Soldaten ~ anzugreifen** milites impetum facere videntur.
**scheinheilig** *adj* ① *(von Personen)* simulator <-oris> ② *(von Sachen)* simulatus.
**Scheintod** *m* mors <mortis> *f* opinata.
**Scheinwerfer** *m* lucerna *f.*
**Scheiße** *f (auch als Schimpfw.)* stercus <-coris> *nt.*
**Scheit** *nt* lignum *nt.*
**Scheitel** *m* vertex <-ticis> *m;* **vom ~ bis zur Sohle** a vertice ad talos.
**Scheitelpunkt** *m* culmen <-minis> *nt,* vertex <-ticis> *m.*
**Scheiterhaufen** *m* rogus *m.*
**scheitern** *vi* ① *(fehlschlagen)* frustra esse, ad irritum cadere ② *(Misserfolg haben)* naufragium facere.
**Scheitern** *nt* naufragium *nt.*
**Schelle** *f (Klingel)* tintinnabulum *nt.*
**schellen** *vi* tinnire; **es schellt** tintinnabulum tinnit.
**Schelm** *m* veterator <-oris> *m.*
**schelmisch** *adj* lascivus, iocosus.
**Schelte** *f* convicium *nt,* vituperatio <-onis> *f;* **~ bekommen** vituperari.
**schelten** *vt* vituperare, obiurgare + *akk.*
**Schema** *nt* schema <-atis> *nt.*
**schematisch** *adj* schematicus.
**Schemel** *m* scabellum *nt.*
**Schenke** *f* caupona *f.*
**Schenkel** *m* crus <cruris> *nt,* femur <-moris> *nt.*
**schenken** *vt* ① donare; **jdm Glauben / Vertrauen ~** fidem tribuere alci; **einer Sache Aufmerksamkeit/Beachtung ~** animum intendere in alqd ② *(erlassen)* condonare.
**Schenkung** *f* donum *nt.*
**Scherbe** *f* testa *f.*
**Scherbengericht** *nt* testarum suffragia *nt pl.*
**Schere** *f* forfex <forficis> *m/f.*
**scheren** *vt* tondēre, radere; **was schert mich das!** quid hoc ad me!; **scher dich zum Teufel!** abi in malam crucem!; **sich nicht um etw ~** alqd neglegere.
**Scheren** *nt* tonsura *f.*
**Scherereien** *pl* molestia *f,* negotium *nt;* **jdm ~ machen** molestiam [*o* negotium] alci exhibēre.
**Scherz** *m* iocus *m;* **im** [*o* **zum**] **~** ioco, per iocum; **~ beiseite** ioco amoto [*o* remoto].
**scherzen** *vi* iocari.
**scherzhaft** *adj* iocosus, iocularis [**quaestio**].
**scheu** *adj* timidus, pavidus.
**Scheu** *f (Angst)* timor <-oris> *m,* pavor <-oris> *m;* *(Ehrfurcht)* verecundia *f;* **~ haben vor jdm/etw zu tun** vereri alqm/alqd facere; **ohne jede ~** impavide, audacter.
**scheuchen** *vt* terrēre.
**scheuen I.** *vt* ① *(fürchten)* timēre, metuere, vereri ② *(zu vermeiden suchen)* fugere [**laborem**] ③ *(Kosten, Mühe)* abhorrēre (ab) **II.** *vr:* **sich ~** *(vor etw, etw zu tun, Angst haben)* timēre, metuere, vereri (+ akk oder Inf.) **III.** *vi (Pferd)* consternari.
**Scheuerbürste** *f* peniculus *m.*
**Scheuerlappen** *m* (abs)tergillum *nt.*

**scheuern** *vt* tergēre.
**Scheuklappe** *f* corium *nt* oculare.
**Scheune** *f* horreum *nt.*
**Scheusal** *nt* monstrum *nt,* portentum *nt.*
**scheußlich** *adj* foedus, taeter <-tra, -trum>.
**Scheußlichkeit** *f (in physischer und in moral. Hinsicht)* foeditas <-atis> *f.*
**Schi** *m* narta *f;* **~ laufen** [*o* **fahren**] nartis currere.
**Schicht** *f* ❶ *(allg.: Belag, Lage, Farb~)* stratum *nt* ❷ *(Gesellschafts~)* classis <-is> *f* ❸ *(in Fabrik)* opera *f* diurnalis.
**schichten** *vt* struere.
**schick** *adj* elegans <-antis>.
**Schick** *m* elegantia *f.*
**schicken I.** *vt* mittere [**legatos ad Caesarem; alci subsidium; damnatum in exilium**] **II.** *vr:* **sich ~** *(sich geziemen)* decēre; **sich in etw schicken** se accommodare ad alqd, aequo animo ferre alqd; **es schickt sich** decet; **es schickt sich nicht** dedecet.
**schicklich** *adj* decorus.
**Schicksal** *nt* fortuna *f,* fatum *nt,* sors <sortis> *f;* **jmd seinem ~ überlassen** deserere alqm; **sich mit seinem ~ abfinden** fortunae cedere.
**Schicksalsschlag** *m* ictus <-us> (fortunae) *m.*
**Schiebedach** *nt* tectum *nt* ductile [*o* tractile].
**schieben** *vt* ❶ promovēre ❷ *(Schuld, Verantwortung)* conferre *(auf:* in + akk).
**Schiebetür** *f* porta *f* ductilis [*o* tractilis].
**Schiebung** *f (Betrug)* fraus <fraudis> *f.*
**Schiedsrichter(in** *f***)** *m* arbiter <-tri> *m,* arbitra *f.*
**Schiedsspruch** *m* arbitrium *nt.*
**schief** *adj* ❶ *(schräg: Ebene, Turm)* obliquus; *(krumm: Nase, Mund)* pravus ❷ *(fig: nicht ganz korrekt)* non integer <-gra, -grum>.
**Schiefer** *m* lapis <-idis> *m* sectilis.
**Schiefertafel** *f* tabula *f.*
**schiefgehen** *vi* male evenire.
**schiefliegen** *vi (eine falsche Meinung vertreten)* errare.
**schielen** *vi* strab(on)um esse; **nach etw ~** *(fig)* appetere alqd.
**Schienbein** *nt* tibia *f.*
**Schiene** *f* ❶ *(Eisenbahn~)* lamina *f* viae ferratae ❷ (MED) ferula *f.*
**Schierling** *m* cicuta *f.*
**Schierlingsbecher, -trank** *m* cicuta *f.*
**Schießbude** *f* taberna *f* iaculatoria.
**schießen** *vt/vi* iaculari.
**Schießerei** *f* telorum iaculatio <-onis> *f.*
**Schießplatz** *m* campus *m* iaculatorius.
**Schießpulver** *nt* pulvis <-veris> *m* pyrius.
**Schießstand** *m* sclopetatorium *nt.*
**Schiff** *nt* navis <-is> *f,* navigium *nt.*
**Schiff-** nauticus, navalis.
**schiffbar** *adj* navigabilis.
**Schiffbau** *m* constructio <-onis> *f* navalis.
**Schiffbruch** *m* naufragium *nt;* **~ erleiden** naufragium facere.
**schiffbrüchig** *adj* naufragus.
**Schiffbrüchige(r)** *f(m)* naufragus, -a *m, f.*
**Schiffchen** *nt* navicula *f.*
**Schiffer** *m* nauta *m.*
**Schifffahrt** *f* navigatio <-onis> *f.*
**Schiffs-** nauticus, navalis.
**Schiffsbesatzung** *f* nautae *m pl,* nautici *m pl.*
**Schiffsjunge** *m* puer <-eri> *m* nauticus.
**Schiffsladung** *f* onus <oneris> *nt* navale.
**Schiffsmannschaft** *f* nautae *m pl,* nautici *m pl.*
**Schikane** *f* calumnia *f,* vexatio <-onis> *f.*
**schikanieren** *vt* vexare, exercēre.
**Schild I.** *m* ❶ *(Schutz~)* scutum *nt,* clipeus *m;* **etw im ~e führen** moliri alqd ❷ *(von Tier)* testa *f* **II.** *nt* ❶ insigne <-gnis> *nt* ❷ *(Etikett)* nota *f,* pittacium *nt.*
**schildern** *vt* describere.
**Schilderung** *f* descriptio <-onis> *f;* **nach seiner/ihrer ~** secundum eius descriptionem.
**Schildkröte** *f* testudo <-dinis> *f.*
**Schilf(rohr)** *nt* arundo <-dinis> *f.*
**schillern** *vi* versicolorem esse.
**schillernd** *adj* versicolor <-loris>.
**Schimäre** *f* somnium *nt,* imago <-ginis> *f.*
**Schimmel** *m* ❶ *(Moder)* situs <-us> *m* ❷ *(Pferd)* equus *m* albus.
**schimmelig** *adj* mucidus.
**schimmeln** *vi* mucescere.
**Schimmer** *m* fulgor <-oris> *m,* nitor <-oris> *m;* **ein ~ von Hoffnung** paulum spei.
**schimmern** *vi* micare <micui>, fulgēre, nitēre.
**schimmernd** *adj* nitidus, fulgens <-entis>.
**Schimpanse** *m* satyrus *m.*
**schimpfen** *vi:* **auf jmd / mit jdm ~** alqm increpare <-crepui>, invehi in alqm.
**schimpflich** *adj* ignominiosus, probrosus [**fuga**].
**Schimpfwort** *nt* maledictum *nt,* convicium *nt.*
**schinden I.** *vt* vexare, exercēre **II.** *vr:* **sich ~** *(sich abmühen)* laborare.
**Schinderei** *f* vexatio <-onis> *f.*
**Schinken** *m* perna *f.*
**Schippe** *f* pala *f,* vatillum *nt.*
**Schirm** *m* umbraculum *nt,* umbella *f.*
**Schirmherr(in** *f***)** *m* patronus, -a *m, f.*
**Schirmherrschaft** *f* patrocinium *nt;* **unter der ~ von** patrocinio + *gen.*
**Schlacht** *f* proelium *nt,* pugna *f;* **eine ~ liefern** proelium committere; **eine ~ gewinnen** proelio superiorem discedere.
**schlachten** *vt* iugulare, caedere; *(Opfertiere)* mactare.
**Schlachten** *nt* caedes <-dis> *f.*
**Schlachter** *m* lanius *m.*
**Schlachtfeld** *nt* locus *m* proelii [*o* pugnae]; **das**

**~ räumen** *(fig)* victum discedere; **das ~ behaupten** *(fig)* victorem discedere.
**Schlachtgeschrei** *nt* clamor <-oris> *m.*
**Schlachthaus** *nt,* **Schlachthof** *m* confectorium *nt.*
**Schlachtlinie** *f,* **-ordnung** *f,* **-reihe** *f* acies <-ei> *f.*
**Schlachtruf** *m* classicum *nt,* bellicum *nt;* **der ~ ertönt** classicum canit.
**Schlacke** *f* recrementum *nt.*
**Schlaf** *m* somnus *m;* **im ~** per somnum, (in) somno; **einen festen/leichten ~ haben** graviter/leviter dormire; **keinen ~ finden können** dormire non posse.
**Schlafanzug** *m* vestis <-is> *f* dormitoria.
**Schläfchen** *nt* somniculus *m.*
**Schläfe** *f* tempus <-poris> *nt.*
**schlafen** *vi* dormire; **~ gehen** dormitum [*o* cubitum] ire; **nicht ~ können** somnum capere non posse; **darüber will ich noch ~** super hac re indormiam.
**Schläfer(in** *f*) *m* dormiens <-entis> *m/f.*
**schlaff** *adj* ❶ laxus, remissus [**catena**; **arcus**; **membra**]; **~ werden** laxari ❷ *(erschöpft)* languidus.
**Schlaffheit** *f* languor <-oris> *m* [**corporis**].
**Schlafgelegenheit** *f* cubile <-lis> *nt.*
**Schlaflied** *nt* cantilena *f.*
**schlaflos** *adj* insomnis [**nox**].
**Schlaflosigkeit** *f* insomnia *f.*
**Schlafmittel** *nt* medicamentum *nt* somniferum, sopor <-poris> *m.*
**Schlafmütze** *f (fig)* homo <-minis> *m* somniculosus.
**schläfrig** *adj* ❶ *(Mensch)* somno gravis, somni plenus, somnolentus ❷ *(Stimmung)* somnifer <-fera, -ferum>, soporifer <-fera, -ferum>.
**Schlafsaal** *m* oecus *m* dormitorius, dormitorium *nt.*
**Schlafsack** *m* saccus *m* dormitorius.
**Schlaftablette** *f* pila *f* somnifera [*o* soporifera].
**schlaftrunken** *adj* somniculosus.
**Schlafwagen** *m* currus <-us> *m* dormitorius.
**schlafwandeln** *vi* ambulare in somno.
**Schlafwandler(in** *f*) *m* somnambulo <-onis> *m,* noctambulus, -a *m, f.*
**Schlafzimmer** *nt* cubiculum *nt,* dormitorium *nt.*
**Schlag** *m* plaga *f,* ictus <-us> *m;* **mit einem ~** uno velut ictu; **Schläge bekommen** vapulare; **jdm einen ~ versetzen** plagam alci inferre [*o* infligere]; **mich trifft der ~!** occidi!.
**Schlagader** *f* arteria *f.*
**Schlaganfall** *m* apoplexia *f;* **einen ~ bekommen** apoplexiā corripi.
**schlagartig** *adv* subito, celerrime.
**Schlagbaum** *m* repagulum *nt.*
**schlagen I.** *vt/vi* percutere, ferire *(jmd, auf/an/gegen etw:* akk) [**alqm lapide**; **parietem**]; *(besiegen)* vincere, pellere; **in die Flucht ~** fugare; **sich auf jmds Seite ~** in alcis partes transire **II.** *vi (Uhr)* sonare <sonui>.
**schlagend** *adj (fig: treffend)* certus [**argumentum**].
**Schlager** *m* (MUS) carmen <-minis> *nt* populare [*o* triviale].
**Schläger** *m* ❶ *(Raufbold)* homo <-minis> *m* pugnax ❷ *(Tennis~)* reticulum *nt,* -us *m; (Golf~)* baculum *nt; (Hockey~)* malleus *m* repandus.
**Schlägerei** *f* pugna *f,* rixa *f.*
**schlagfertig** *adj* promptus (sermone *o* linguā).
**Schlagfertigkeit** *f* promptum *nt.*
**Schlagsahne** *f* cramum *nt* battutum.
**Schlagwort** *nt* dictum *nt.*
**Schlagzeile** *f* titulus *m.*
**Schlagzeug** *nt* tintinnabula *nt pl.*
**Schlamassel** *m* difficultates <-atum> *f pl;* **im tiefsten ~ sitzen** magnis in difficultatibus esse.
**Schlamm** *m* limus *m.*
**schlammig** *adj* limosus.
**Schlamperei** *f* neglegentia *f,* squalor <-oris> *m.*
**schlampig** *adj* squalidus, incomptus.
**Schlange** *f* ❶ *(Tier)* serpens <-pentis> *m/f,* anguis <-is> *m/f* ❷ *(Menschen~, Auto~)* series <-ei> *f.*
**schlängeln** *vr:* **sich ~** serpere.
**Schlangen-** viperinus, anguineus, *durch gen:* anguis, serpentis / serpentium [**morsus**].
**Schlangenbiss** *m* morsus <-us> *m* serpentis, morsus *m* anguineus.
**Schlangengift** *nt* venenum *nt* viperinum.
**schlank** *adj* procerus, gracilis.
**Schlankheit** *f* proceritas <-atis> *f,* gracilitas <-atis> *f.*
**schlapp** *adj* ❶ *(erschöpft)* flaccidus ❷ *(schlaff)* flaccus.
**Schlappe** *f (Niederlage)* clades <-dis> *f;* **eine schwere ~ einstecken** magnam cladem accipere.
**Schlapphut** *m* petasus *m* flaccus.
**schlappmachen** *vi (zusammenbrechen, versagen)* corruere.
**Schlaraffenland** *nt* Peredia *f.*
**schlau** *adj* callidus, versutus.
**Schlauch** *m* culleus *m.*
**Schlauchboot** *nt* cumba *f* inflabilis.
**schlauchen** *vt* defatigare, vexare.
**Schläue** *f,* **Schlauheit** *f* calliditas <-tatis> *f.*
**Schlaumeier** *m* veterator <-oris> *m.*
**schlecht** *adj (konkr.: von schlechter Beschaffenheit und fig: gemein)* malus (Komp.: peior; Superl.: pessimus), improbus [**vinum**; **merces**; **coquus**; **facinus**; **mores**]; **es steht schlecht**

**um jmd** male agitur cum alqo.
**schlechthin** *adv* simpliciter.
**Schlechtigkeit** *f* malitia *f,* improbitas <-atis> *f.*
**schlechtmachen** *vt (verleumden)* infamare.
**Schlegel** *m* ① *(in der Musik)* plectrum *nt,* pecten <-tinis> *m* ② (GASTR) femur <-moris, -minis> *nt.*
**schleichen** *vi* ① serpere ② *(fig: Zeit)* tarde procedere.
**schleichend** *adj (Krankheit, Gift)* lentus.
**Schleichhandel** *m* mercatura *f* furtiva, commercium *nt* furtivum.
**Schleichweg** *m* via *f* occulta.
**Schleier** *m* velamen <-minis> *nt; (Braut~)* flammeum *nt.*
**schleierhaft** *adj (rätselhaft)* obscurus.
**Schleife** *f* ① *(Band)* taenia *f* ② (INFORM) cyclus *m,* gyrus *m.*
**schleifen** *vt* ① *(ziehen)* trahere ② *(Messer)* acuere.
**Schleim** *m* pituita *f,* saliva *f.*
**schleimig** *adj* pituitosus.
**schlemmen** *vi* helluari.
**Schlemmer** *m* ganeo <-onis> *m,* helluo <-onis> *m.*
**Schlemmerei** *f* ganea *f,* helluatio <-onis> *f.*
**schlendern** *vi* ambulare, lente gradi.
**Schlendrian** *m* mos <moris> *m* translaticius.
**schlenkern** *vt* iactare *(etw, mit etw:* akk); **mit den Armen ~** bracchia iactare.
**Schleppe** *f* syrma <-atis> *nt.*
**schleppen I.** *vt* ① *(hinter sich her ~, schleifen, zerren)* trahere [**alqm ad praetorem**] ② *(schwer tragen)* portare [**saccum pomorum plenum**] **II.** *vr:* **sich ~** corpus fessum trahere, membra fessa trahere.
**schleppend** *adj* ① *(Gang)* gravis ② *(fig: schwerfällig, zögernd; sich lange hinziehend, nicht recht vorankommend)* lentus, languidus [**disceptationes**]; **~ sprechen** lente dicere.
**Schlepper** *m* (NAUT) navis <-is> *f* tractoria.
**Schlepptau** *nt* remulcum *nt;* **ins ~ nehmen** *(auch fig)* remulco trahere.
**Schleuder** *f (Waffe)* funda *f.*
**Schleuderer** *m* funditor <-oris> *m.*
**schleudern I.** *vt (werfen)* iactare [**lapides; fulmina**] **II.** *vi (Auto)* (pro)labi.
**schleunigst** *adv* celerrime.
**Schleuse** *f* cataracta *f.*
**Schliche** *pl* furta *nt pl;* **hinter jmds ~ kommen** alcis furta deprehendere.
**schlicht** *adj* simplex <-plicis>, modestus.
**schlichten** *vt (Streit)* componere, dirimere.
**Schlichtheit** *f* simplicitas <-atis> *f,* modestia *f.*
**schließen I.** *vt* ① *(zumachen)* claudere ② *(beenden: Sitzung)* finire ③ *(Vertrag)* inire ④ *(Freundschaft)* facere, iungere ⑤ *(folgern)* concludere ⑥ **jmd in die Arme ~** alqm amplecti; **etw in sich ~** alqd continēre; **Frieden/eine Ehe ~** pacem/nuptias conciliare **II.** *vi* ① *(folgern)* concludere *(+ A.C.I.)* ② *(Geschäft)* claudi ③ *(aufhören, enden)* finiri, finem habēre **III.** *vr:* **sich ~** coire.
**Schließfach** *nt (Gepäck~, Bank~)* depositorium *nt.*
**schließlich** *adv* denique, postremo, demum.
**schlimm** *adj* ① *(schlecht, böse, übel)* malus (Komp.: peior; Superl.: pessimus) [**servus; mores; fraus**] ② *(schwer, ernst)* malus, gravis [**servitium; tyrannis; fatum**]; **~er werden** ingravescere.
**Schlinge** *f* laqueus *m;* **sich aus der ~ ziehen** *(fig)* se expedire.
**Schlingel** *m* mastigia *m,* furcifer <-feri> *m.*
**schlingen I.** *vt* ① *(schlucken)* devorare ② **die Arme um jmd ~** alqm amplecti, alqm complecti **II.** *vr:* **sich ~** volvi, se volvere *(um:* circum).
**Schlips** *m* focale <-lis> *nt.*
**Schlitten** *m* sclodia *f;* **~ fahren** sclodiā vehi.
**schlittern** *vi* labi.
**Schlittschuh** *m* patinus *m.*
**Schlittschuhlaufen** *nt* patinatio <-onis> *f.*
**Schlittschuhläufer(in** *f*) *m* patinator <-oris> *m,* patinatrix <-ricis> *f.*
**Schlitz** *m* scissura *f,* rima *f.*
**schlitzen** *vt* scindere.
**Schlitzohr** *nt (fig)* fraudator <-oris> *m.*
**Schloss** *nt* ① *(an Tür)* claustra *nt pl;* **hinter ~ und Riegel sitzen** ferreis claustris custodiri [*o* teneri]; **jmd hinter ~ und Riegel bringen** in carcerem conicere alqm ② *(Gebäude)* regia *f.*
**Schlosser** *m* faber <-bri> *m* claustrarius.
**Schlosserei** *f* officina *f* claustraria.
**Schlossherr** *m* regiae dominus *m.*
**Schlot** *m* fumarium *nt.*
**schlotterig** *adj* ① *(lose)* laxus [**toga**] ② *(zitternd)* tremens <-mentis>.
**schlottern** *vi* ① *(Kleidung)* fluere, laxum esse ② *(zittern)* tremere; **vor Angst/vor Kälte ~** pavore/frigore tremere.
**Schlucht** *f* vorago <-ginis> *f,* fauces <-cium> *f pl.*
**schluchzen** *vi* singultare.
**Schluchzen** *nt* singultus <-us> *m.*
**Schluck** *m* haustus <-us> *m* [**aquae**].
**Schluckauf** *m* singultus <-us> *m.*
**schlucken** *vt* devorare.
**Schlucker** *m:* **armer ~** homo <-minis> *m* pauper.
**Schlummer** *m* somnus *m* levis.
**schlummern** *vi* dormitare.
**Schlund** *m* ① *(Kehle)* gula *f,* fauces <-cium> *f pl* ② *(Abgrund)* vorago <-ginis> *f.*
**schlüpfen** *vi* labi; **aus den Händen ~** de [*o* ex] manibus elabi.

**Schlüpfer** *m* subligar <-aris> *nt.*
**Schlupfloch** *nt (Schlupfwinkel)* latebrae *f pl,* latibulum *nt.*
**schlüpfrig** *adj* ❶ *(rutschig)* lubricus [**lapis**; **piscis**] ❷ *(fig: anzüglich)* obscenus [**versūs**; **sermones**].
**Schlupfwinkel** *m* latebrae *f pl,* latibulum *nt.*
**schlurfen** *vi* pedes trahere.
**schlürfen** *vt* sorbēre.
**Schluss** *m* ❶ *(Ende)* finis <-is> *m* [**operis**; **epistulae**]; **zum ~** postremo; **zum ~ kommen** ad finem venire; **~ mit etw machen** desistere (ab) alqa re ❷ *(~folgerung)* conclusio <-onis> *f;* **aus etw einen ~ ziehen** coniecturam facere [*o* capere] *(aus:* ex, de oder mit indir. Frages.).
**Schlüssel** *m* clavis <-is> *f.*
**Schlüsselbein** *nt* iugulum *nt.*
**Schlüsselloch** *nt* foramen <-minis> *nt* claustrarium.
**Schlussfolgerung** *f* conclusio <-onis> *f;* **eine ~ ziehen** concludere.
**schlüssig** *adj:* **sich ~ werden** decernere *(über:* de).
**Schlusslicht** *nt* lumen <-minis> *nt* posticum.
**Schlussverkauf** *m* venditio <-onis> *f* rerum reliquarum.
**Schlusswort** *nt (abschließende Äußerung in der Rede)* extrema verba *nt pl; (Nachwort im Buch)* epilogus *m.*
**Schmach** *f* contumelia *f,* ignominia *f,* infamia *f,* probrum *nt;* **eine ~ erleiden** contumeliam accipere.
**schmachten** *vi* ❶ *(vor Hunger, Hitze)* confici + *abl* [**fame**]; *(vor Durst)* sitire + *akk* [**aquam**] ❷ *(fig: ~ nach, sich sehnen nach)* desiderare + *akk.*
**schmächtig** *adj* gracilis.
**schmachvoll** *adj* contumeliosus, ignominiae plenus [**clades**; **tractatio**].
**schmackhaft** *adj* suavis, dulcis, sapore iucundus; **jdm etw ~ machen** *(fig)* gratum alci alqd facere.
**Schmähgedicht** *nt* carmen <-minis> *nt* probrosum.
**schmählich** *adj* ignominiosus, contumeliosus, probrosus [**verba**; **oratio**; **epistula**].
**Schmähschrift** *f* libellus *m* probrosus.
**schmal** *adj* ❶ *(räuml., auch eng)* angustus [**via**; **pons**]; *(schlank, dünn)* gracilis [**virgo**; **crura**] ❷ *(karg)* tenuis [**victus**].
**schmälern** *vt* ❶ *(vermindern, verringern)* minuere [**iura**] ❷ *(fig: herabsetzen)* obtrectare + *dat oder akk* [**gloriae alcis**; **laudes**].
**Schmälerung** *f* (de)minutio <-onis> *f.*
**Schmalz** *nt* adeps <adipis> *m/f.*
**schmarotzen** *vi* parasitari.
**Schmarotzer(in** *f*) *m* parasitus, -a *m, f.*

S

**Schmaus** *m (Festessen)* convivium *nt,* epulae *f pl.*
**schmausen** *vi* epulari.
**schmecken I.** *vt* gustare **II.** *vi* sapere [**bene**; **male**]; **nach etw ~** alqd sapere; **es sich ~ lassen** iucunde cenare; **bitter ~** amaro sapore esse; **das Essen schmeckt mir nicht** cibus mihi non placet.
**Schmeichelei** *f* blanditiae *f pl,* adulatio <-onis> *f.*
**schmeichelhaft** *adj (ehrend)* honorificus [**verba**].
**schmeicheln** *vi* blandiri + *dat,* adulari + *akk.*
**Schmeichler(in** *f*) *m* adulator <-oris> *m,* adulatrix <-icis> *f,* assentator <-oris> *m,* assentatrix <-icis> *f.*
**schmeichlerisch** *adj* blandus.
**schmelzen I.** *vt* liquefacere **II.** *vi* liquescere, liquefieri.
**Schmelzofen** *m* fornax <-acis> *f.*
**Schmelzpunkt** *m* punctum *nt* liquefactionis.
**Schmelztiegel** *m* catinus *m.*
**Schmerbauch** *m* abdomen <-minis> *nt.*
**Schmerz** *m (körperl., seel. ~, Kummer)* dolor <-loris> *m (über:* gen oder ex); **~en haben** dolores habēre, doloribus affectum esse; **er schrie vor ~en** doloribus clamavit; **~ empfinden** *(betrübt sein)* dolēre *(über, wegen:* abl, akk, de, ex, A.C.I., quod) [**morbo alcis**; **alcis mortem**]; **~en verursachen** dolores commovēre.
**schmerzen** *vt, vi (konkr.: wehtun, Schmerz bereiten)* dolēre; *(fig: Kummer bereiten, betrüben)* affligere; **sein Arm schmerzt noch immer** bracchium etiam nunc ei dolet.
**Schmerzensgeld** *nt* (JUR) pecunia *f* doloris.
**schmerzhaft** *adj (körperl. Schmerz bereitend)* dolorosus [**cura** (MED) ~e Behandlung].
**schmerzlich** *adj (seel. Schmerz erregend, betrüblich)* acerbus, doloris plenus [**recordatio**].
**schmerzlos** *adj* dolore vacuus.
**schmerzstillend** *adj* dolorem sedans; **~es Mittel** remedium doloris.
**Schmetterling** *m* papilio <-onis> *m.*
**schmettern I.** *vt* ❶ *(werfen)* affligere *(an etw:* ad oder dat) [**alqm ad terram**; **vasa parietibus**] ❷ *(singen)* canere **II.** *vi (Trompete)* canere.
**Schmied** *m* faber <-bri> *m* ferrarius.
**Schmiede** *f* officina *f* ferraria.
**Schmiedeeisen** *nt* ferrum *nt* procusum.
**schmieden** *vt* excudere, fabricari [**gladium**]; **Pläne ~** consilia (con)coquere.
**schmiegen** *vr:* **sich ~** ❶ *(Mensch)* se applicare *(an:* ad) ❷ *(Stoff)* adhaerēre *(an:* dat).
**Schmiere** *f* unguentum *nt.*
**schmieren I.** *vt* linere [**ferrum pice**]; **etw auf etw ~** illinere alqd alci rei **II.** *vi (Kuli)* male scri-

bere.
**Schmiergeld** *nt* pretium *nt.*
**Schmiermittel** *nt* lubrificans <-antis> *nt.*
**Schmierpapier** *nt* charta *f* deleticia.
**Schmierzettel** *m* scida *f* deleticia.
**Schminke** *f* fucus *m,* pigmentum *nt.*
**schminken** *vt* fucare.
**schmökern** *vi* in lectionem (im)mergi.
**schmollen** *vi* contumacius se gerere.
**Schmorbraten** *m* caro <carnis> *f* assa.
**schmoren** *vt* assare.
**Schmuck** *m* ❶ *(Verzierung)* ornatus <-us> *m,* decus <decoris> *nt* [**publicorum locorum**; **urbis**] ❷ *(~stücke)* ornamenta *nt pl* ❸ *(fig: Zierde)* ornatus <-us> *m,* decus <decoris> *nt* [**aedilitatis**].
**schmücken** *vt* ornare, decorare.
**Schmuckkästchen** *nt* arcula *f* ornamentorum, capsula *f* ornamentorum.
**schmucklos** *adj* inornatus.
**Schmucklosigkeit** *f* ornatūs inopia *f.*
**Schmuckstück** *nt* ornamentum *nt.*
**Schmuggel** *m* importatio/exportatio <-onis> *f* clandestina.
**schmuggeln** *vt* clam importare/exportare.
**Schmuggler(in *f*)** *m* clancularius, -a *m, f.*
**schmunzeln** *vi* subridēre.
**Schmutz** *m* squalor <-oris> *m,* sordes <-dium> *f pl;* **jmd durch** [*o* **in**] **den ~ ziehen** contumelias iacere in alqm.
**schmutzen** *vi (Stoff)* sordescere.
**Schmutzfleck** *m* macula *f.*
**schmutzig** *adj (auch fig)* sordidus; **~ sein** sordidum esse, sordēre.
**Schnabel** *m* rostrum *nt.*
**Schnake** *f (Mücke)* culex <-licis> *m.*
**Schnalle** *f* fibula *f.*
**schnalzen** *vi* crepare <crepui> [**digitis**].
**schnappen I.** *vt (ergreifen, erfassen)* capere **II.** *vi* captare *(nach etw:* akk).
**Schnappschuss** *m* photographema <-atis> *nt* subitarium.
**Schnaps** *m* aqua *f* vitae.
**Schnapsidee** *f* cogitatio <-onis> *f* stulta.
**schnarchen** *vi* stertere.
**schnarren** *vi* stridēre.
**schnattern** *vi* ❶ *(Ente)* strepere ❷ *(schwatzen)* garrire ❸ *(zittern)* tremere.
**schnauben** *vi (Pferd; vor Zorn)* fremere.
**Schnauben** *nt* fremitus <-us> *m* [**equorum**].
**schnaufen** *vi (schwer atmen)* anhelare.
**Schnauzbart** *m* barba *f* labri superioris.
**Schnauze** *f* rostrum *nt.*
**schnäuzen** *vr:* **sich ~** se emungere, emungi.
**Schnecke** *f* cochlea *f; (ohne Gehäuse)* limax <-acis> *m/f.*
**schneckenförmig** *adj* in cochleam retortus.
**Schneckenhaus** *nt* testa *f* cochleae.
**Schnee** *m* nix <nivis> *f.*
**Schneeball** *m* pila *f* nivis.
**Schneeflocke** *f* nivis pluma *f.*
**Schneegestöber** *nt* nives <-vium> *f pl.*
**Schneeglöckchen** *nt* galanthus *m* (nivalis).
**Schneekette** *f* catena *f* nivaria.
**Schneemann** *m* pupus *m* nivalis.
**Schneepflug** *m* automatum *nt* nives diffindens.
**Schneesturm** *m* tempestas <-atis> *f* nivosa.
**Schneid** *m (Mut)* animus *m* (fortis).
**Schneide** *f* acies <-ei> *f.*
**schneiden** *vt* secare <secui>; *(das Haar)* tondēre; **Gesichter ~** os distorquēre; **~der Wind** ventus acer; **~de Stimme** vox acris.
**schneidend** *adj (beißend; durchdringend)* acutus, acer <acris, acre> [**ventus**; **frigus**; **vox**].
**Schneider** *m* vestificus *m.*
**Schneiderei** *f* officina *f* vestifici.
**Schneiderin** *f* vestifica *f.*
**schneidern** *vt* vestimenta facere.
**Schneidezahn** *m* dens <dentis> *m* qui secat.
**schneidig** *adj* promptus, acer <acris, acre>.
**schneien** *vi* ning(u)ere; **es schneit** ning(u)it.
**schnell I.** *adj* celer <-leris, -lere>, velox <-ocis> [**equus**; **navis**] **II.** *adv* cito, celeriter, velociter.
**schnellen** *vi:* **in die Höhe ~** exsilire, alte tolli.
**Schnellgaststätte** *f* voratrina *f.*
**Schnellhefter** *m* integumentum *nt* astrictorium.
**Schnelligkeit** *f* celeritas <-atis> *f,* velocitas <-atis> *f.*
**Schnellimbiss** *m (Restaurant)* voratrina *f.*
**Schnellsegler** *m* celox <-ocis> *m/f,* actuaria *f.*
**Schnellzug** *m* tramen <-minis> *nt* rapidum.
**schnippisch** *adj* dicax <-acis>.
**Schnitt** *m* ❶ *(Schneiden)* sectio <-onis> *f; (Ein~)* incisura *f* ❷ *(~muster)* habitus <-us> *m.*
**Schnitte** *f* frustum *nt* [**panis**].
**Schnittlauch** *m* porrum *nt,* porrus *m.*
**Schnittmuster** *nt* habitus <-us> *m.*
**Schnittpunkt** *m* punctum *nt* concursūs, decussatio <-onis> *f.*
**Schnitzel I.** *nt* (GASTR) copadium *nt* **II.** *nt/m (Papier~)* resegmen <-minis> *nt.*
**schnitzen** *vt* sculpere, scalpere.
**Schnitzer** *m* ❶ *(Holz~)* scalptor <-oris> *m* ❷ *(Fehler)* mendum *nt.*
**Schnitzmesser** *nt* scalprum *nt.*
**schnodderig** *adj* petulans <-antis>; **~e Art** petulantia.
**schnöde** *adj (gemein, geringschätzig)* insolens <-entis>; *(erbärmlich, schändlich)* ignominiosus, turpis; **~ Behandlung** insolentia *f;* **~r Gewinn** lucrum *nt;* **für/um ~s Geld** nummulis acceptis.
**Schnörkel** *m* ❶ *(in Schrift und fig)* ornamen-

tum *nt* ❷ (ARCHIT) voluta *f.*

**schnüffeln** *vi* ❶ *(schnuppern)* naribus scrutari *(an etw:* alqd) ❷ *(fig: nachspüren, stöbern)* scrutari.

**Schnuller** *m* sugitorium *nt.*

**Schnulze** *f* (MUS, *pej)* cantiuncula *f.*

**Schnupfen** *m* gravedo <-dinis> *f,* pituita *f;* **~ haben** gravedine laborare.

**Schnupftabak** *m* tabacum *nt* sternutatorium.

**schnuppern** *vi* naribus scrutari *(an etw:* alqd).

**Schnur** *f* linum *nt.*

**schnüren** *vt* stringere.

**schnurgerade** *adv* (di)recte.

**Schnurrbart** *m* barba *f* labri superioris.

**schnurren** *vi (Katze)* placide fremere.

**Schnürsenkel** *m* corrigia *f* calceamenti.

**schnurstracks** *adv* rectā.

**Schock** *m* perturbatio <-onis> *f;* **einen schweren ~ erleiden** valde perturbari.

**schockieren** *vt* perturbare.

**Schöffe** *m* arbiter <-tri> *m.*

**Schokolade** *f* chocolata *f.*

**Scholle** *f* ❶ *(Erd~)* glaeba *f* ❷ *(Eis~)* fragmentum *nt* ruptae glaciei.

**schon** *adv* iam; *(gewiss, doch)* scilicet; **~ lange / ~ längst** iam diu; **~ damals** iam tum; **ich möchte es ~ machen** scilicet id faciam.

**schön** *adj* pulcher <-chra, -chrum>, formosus; **~e Worte** *(leere)* verba blanda.

**schonen** *vt* parcere, temperare + *dat;* **~de Behandlung** lenitas.

**schonend** *adj* lenis, indulgens <-entis>; **jdm etw ~ beibringen** alqm leniter [*o* indulgenter] certiorem facere de re; **jmd/etw ~ behandeln** indulgēre + *dat;* **~e Behandlung** lenitas, indulgentia.

**Schönheit** *f* pulchritudo <-dinis> *f.*

**Schönheitsfehler** *m* mendum *nt,* vitium *nt.*

**schöntun** *vi:* **jdm ~** alqm adulari, alci blandiri.

**Schonung** *f (Nachsicht)* indulgentia *f,* clementia *f* (alcis, in alqm); **jmd mit ~ behandeln** temperare alci.

**schonungslos** *adj* durus, acerbus, crudelis.

**Schonzeit** *f* (JAGD) tempus <-poris> *nt* feturae.

**Schopf** *m (Haar~)* cirrus *m.*

**schöpfen** *vt (Flüssigkeit)* haurire; **Luft ~** spiritum ducere; **Mut ~** animum recipere; **Hoffnung ~** spem concipere.

**Schöpfer(in *f*)** *m* (pro)creator <-toris> *m,* (pro)creatrix <-icis> *f.*

**schöpferisch** *adj* ingeniosus.

**Schöpfkelle** *f,* **Schöpflöffel** *m* trulla *f.*

**Schöpfung** *f* ❶ procreatio <-onis> *f* ❷ *(Werk)* opus <operis> *nt.*

**Schöpfungsgeschichte** *f* (REL) genesis <-is> *f.*

**Schorf** *m* (ulceris) crusta *f.*

**Schornstein** *m* fumarium *nt.*

**Schornsteinfeger** *m* purgator <-oris> *m* fumariorum.

**Schoß** *m (auch fig)* gremium *nt;* **die Hände in den ~ legen** cessare.

**Schoßhund** *m* catellus *m.*

**Schössling** *m* (BOT) germen <-minis> *nt,* surculus *m; (Reb~)* palmes <-mitis> *m.*

**Schote** *f* (BOT) siliqua *f.*

**schraffieren** *vt* lineas spargere.

**schräg** *adj* obliquus.

**Schramme** *f* cicatrix <-icis> *f.*

**Schrank** *m* armarium *nt.*

**Schranken** *pl* cancelli *m pl;* **in ~ halten** coercēre, continēre; **jmd in seine ~ weisen** alci cancellos circumdare.

**schrankenlos** *adj (fig)* immoderatus, effrenatus [**libertas**].

**Schraube** *f* cochlea *f.*

**Schraubenzieher** *m* vertitorium *nt.*

**Schreck** *m* terror <-oris> *m,* formido <-dinis> *f;* **vor ~** terrore percussus; **jdm einen ~ einjagen** terrorem alci inicere.

**Schreckbild** *nt* formido <-dinis> *f.*

**schrecken** *vt* terrēre.

**Schrecken** *m* terror <-oris> *m,* formido <-dinis> *f;* **jdm einen ~ einjagen** terrorem alci inicere; **mit dem ~ davonkommen** salvum evadere.

**Schreckensbotschaft** *f* nuntius *m* terribilis, nuntius *m* tristis.

**Schreckensherrschaft** *f* regnum *nt* crudele, regnum *nt* terrore plenum.

**Schreckgespenst** *nt* formido <-dinis> *f.*

**schreckhaft** *adj* pavidus.

**schrecklich** *adj* terribilis, horribilis, atrox <-ocis>.

**Schrei** *m* clamor <-oris> *m;* **einen ~ ausstoßen** clamorem edere.

**Schreibblock** *m* libellus *m.*

**schreiben** *vt* scribere; **jdm (einen Brief) ~** epistulam mittere ad alqm.

**Schreiben** *nt* epistula *f,* litterae *f pl.*

**Schreiber** *m (allg.)* scriptor <-oris> *m; (Amts~)* scriba *m.*

**Schreibfehler** *m* mendum *nt.*

**Schreibkraft** *f* dactylographa *f.*

**Schreibmaschine** *f* machina *f* scriptoria.

**Schreibpapier** *nt* charta *f* scriptoria.

**Schreibtisch** *m* mensa *f* scriptoria.

**Schreibwaren** *pl* merces <-cium> *f pl* scriptoriae.

**Schreibweise** *f* ratio <-onis> *f* scribendi.

**Schreibzeug** *nt* scribendi instrumentum *nt.*

**schreien** *vi, vt* clamare; *(laut ~)* clamitare; *(Kind: weinen)* plorare; **nach jdm ~** alqm inclamare.

**schreiend** *adj* ❶ *(Ungerechtigkeit)* acerbissimus ❷ *(Farbe)* acer <acris, acre>.

**Schreihals** *m* clamitator <-oris> *m.*
**Schrein** *m (Reliquien~)* reliquiarum theca *f,* reliquiarum scrinium *nt.*
**Schreiner** *m* faber <-bri> *m* tignarius.
**Schreinerei** *f* officina *f* tignaria.
**schreiten** *vi* gradi; **zu etw ~** *(fig)* ad alqd accedere.
**Schrift** *f* ① *(~system)* litterae *f pl* ② *(Hand~)* ratio <-onis> *f* scribendi ③ *(Gedrucktes)* scriptum *nt,* liber <-bri> *m;* **die Heilige ~** libri *m pl* sacri.
**Schriftführer** *m* scriba *m.*
**schriftlich I.** *adj* scriptus, litteris consignatus **II.** *adv* litteris, per litteras; **etw ~ festhalten** alqd litteris mandare.
**Schriftrolle** *f* volumen <-minis> *nt.*
**Schriftsetzer** *m* compositor <-toris> *m* characterum, typotheta *m.*
**Schriftsprache** *f* oratio <-onis> *f* accurata et polita.
**Schriftsteller(in *f*)** *m* scriptor <-oris> *m,* scriptrix <-icis> *f.*
**schriftstellerisch** *adv:* **~ begabt sein** arte scribendi praeditum esse.
**Schriftstück** *nt* scriptum *nt.*
**schrill** *adj* acutus [**sonus**; **vox**].
**Schritt** *m* ① gradus <-us> *m;* **~ für ~** gradatim; **einen ~ zu weit gehen** *(fig)* modum excedere; **den ersten ~ zu etw tun** initium facere alcis rei; **jdm auf ~ und Tritt folgen** a latere alcis non discedere ② *(Gangart)* gressus <-us> *m.*
**schrittweise** *adv* gradatim.
**schroff** *adj* ① *(steil abfallend)* praeruptus, praeceps <-cipitis> [**rupes**] ② *(fig)* asper <-era, -erum> [**contrarium**; **contradictio**].
**Schroffheit** *f* asperitas <-atis> *f.*
**schröpfen** *vt (fig: jmd prellen)* emungere, percutere.
**Schrot** *m/nt* ① *(Blei~)* globuli *m pl* ② *(grob gemahlenes Getreide)* far <farris> *nt;* **von altem ~ und Korn** antiquā virtute ac fide.
**Schrott** *m* scruta *nt pl.*
**Schrotthändler** *m* mercator <-oris> *m* scrutorum.
**Schrottwert** *m* valor <-oris> *m* scrutarius.
**schrubben** *vt* (per)fricare <(per)fricui>.
**Schrubber** *m* peniculus *m.*
**schrullig** *adj* mirus.
**schrumpfen** *vi* ① *(konkr.: Apfel, Haut)* corrugari, contrahi ② *(fig: Kapital)* minui, se minuere.
**Schubkarren** *m* plostellum *nt.*
**Schublade** *f* loculus *m.*
**Schubs** *m* pulsus <-us> *m,* ictus <-us> *m.*
**schubsen** *vt* icere.
**schüchtern** *adj* timidus, pavidus.
**Schüchternheit** *f* timiditas <-atis> *f.*
**Schuft** *m* homo <-minis> *m* improbus, verbero <-onis> *m,* impuratus *m.*
**schuften** *vi* assiduis laboribus (de)fatigari, desudare.
**Schufterei** *f* desudatio <-onis> *f.*
**schuftig** *adj* improbus.
**Schuh** *m* calceus *m;* **~e tragen** calceis uti; **jdm etw in die ~e schieben** culpam alcis rei attribuere alci.
**Schuhbürste** *f* peniculus *m* calcearius.
**Schuhgeschäft** *nt* (taberna) calcearia *f.*
**Schuhkrem** *f* unguentum *nt* calceorum.
**Schuhmacher** *m* sutor <-oris> *m.*
**Schuhschrank** *m* calcearium *nt.*
**Schul-** scholasticus, scholaris, *durch gen:* scholae.
**Schularbeiten** *pl,* **Schulaufgaben** *pl* pensum *nt* scholasticum.
**Schulausflug** *m* excursio <-onis> *f* scholastica, excursio *f* scholaris.
**Schulbildung** *f* eruditio <-onis> *f.*
**schuld** *adj:* **~ sein** in culpa esse; **nicht ~ sein** culpā carēre; **ich bin ~** mea culpa est; **~ sein an etw** causam esse alcis rei.
**Schuld** *f* ① *(Vergehen, Verschulden)* culpa *f,* noxa *f;* **Schuld haben** in culpa esse; **das ist meine ~** mea culpa est ② (FIN: *Schuld(en))* debitum *nt,* pecunia *f* debita, aes <aeris> *nt* alienum; **~en haben** aes alienum habēre; **~en machen** aes alienum facere; **in ~en stecken** in aere alieno esse; **seine ~en bezahlen** pecuniam debitam solvere.
**schuldbewusst** *adj* conscius [**facies**].
**schulden** *vt:* **jdm etw ~** debēre alci alqd.
**schuldenfrei** *adj* aere alieno vacuus [*o* solutus] [**domus**].
**schuldig** *adj* ① *(schuldhaft, straffällig)* noxius *(an etw:* gen) [**coniurationis**]; **~ sein** noxium esse, in culpa esse; **nicht ~ sein** culpā vacare; ② *(gebührend: Respekt)* debitus, meritus; **jdm etw ~ sein** debēre alci alqd.
**Schuldige(r)** *f(m)* noxius, -a *m, f.*
**Schuldigkeit** *f:* **seine ~ tun** officium suum praestare <praestiti>.
**schuldigsprechen** *vt* damnare.
**schuldlos** *adj* insons <-sontis> *(an etw:* gen oder abl) [**sceleris**; **casu**].
**Schuldner** *m* debitor <-oris> *m,* obaeratus *m.*
**Schuldschein** *m (Wechsel)* syngrapha *f;* **sich von jdm einen ~ ausstellen lassen** syngrapham facere cum alqo.
**Schuldverschreibung** *f* (FIN) chirographum *nt,* chirographus *m.*
**Schule** *f* schola *f.*
**schulen** *vt* ① *(ausbilden)* instituere ② *(Auge, Ohr)* excolere.
**Schüler** *m* discipulus *m.*
**Schüleraustausch** *m* mutatio <-onis> *f* discipulorum.

**Schülerin** *f* discipula *f.*

**Schulferien** *pl* feriae *f pl* scholasticae.

**Schulfest** *nt* festum *nt* scholasticum.

**Schulfreund(in *f*)** *m* condiscipulus, -a *m, f.*

**Schulgeld** *nt* merces <-edis> *f* (scholastica).

**Schulheft** *nt* libellus *m* scholasticus.

**Schulhof** *m* aula *f* scholae.

**Schuljahr** *nt* annus *m* scholasticus.

**Schulkamerad(in *f*)** *m* condiscipulus, -a *m, f.*

**Schulleiter(in *f*)** *m* rector <-oris> *m* scholae, rectrix <-icis> *f* scholae.

**Schulmappe** *f* capsula *f* scholastica.

**schulmeistern** *vt* castigare, reprehendere.

**schulpflichtig** *adj (Alter)* scholaris.

**Schulranzen** *m* pera *f* scholastica.

**Schulreform** *f* reformatio <-onis> *f* scholae.

**Schulsprecher(in *f*)** *m* orator <-oris> *m* scholae, oratrix <-icis> *f* scholae.

**Schulstunde** *f* schola *f.*

**Schultasche** *f* capsula *f* scholastica.

**Schulter** *f* umerus *m;* **auf die ~n nehmen** umeris accipere; **etw auf die leichte ~ nehmen** sinu laxo alqd ferre.

**Schulung** *f* institutio <-onis> *f.*

**Schulunterricht** *m* schola *f.*

**Schulweisheit** *f* sapientia *f* scholastica.

**Schulwesen** *nt* res <rei> *f* scholastica.

**Schulzeit** *f* tempus <-poris> *nt* scholasticum.

**Schulzeugnis** *nt* testimonium *nt* scholasticum.

**schummeln** *vi* fallere.

**Schund** *m* res <rerum> *f pl* viles.

**Schundroman** *m (pej)* fabula *f* sordida.

**Schuppe** *f (bei Fischen, Schlangen)* squama *f.*

**Schuppen I.** *pl (Haar~)* furfures <-rum> *m pl* **II.** *m (Verschlag)* receptaculum *nt.*

**schuppig** *adj (Haut)* squamosus; *(Haar)* furfuribus plenus.

**schüren** *vt* excitare [**ignem**; **odium**].

**Schurke** *m* homo <-minis> *m* improbus, verbero <-onis> *m.*

**Schurkenstreich** *m* flagitium *nt.*

**Schürze** *f* subligaculum *nt.*

**Schürzenjäger** *m* ancillariolus *m,* mulierarius *m.*

**Schuss** *m* ① *(Gewehr~)* iactus <-us> *m,* coniectus <-us> *m* ② *(~ Wein, ~ Ironie)* aliquid + *gen.*

**Schüssel** *f* patina *f,* lanx <lancis> *f.*

**Schusslinie** *f* teli iactus <-us> *m.*

**Schusswaffen** *pl* arma *nt pl* ignifera.

**Schussweite** *f* teli iactus <-us> *m;* **außer ~** extra teli iactum.

**Schusswunde** *f* teli vulnus <-neris> *nt.*

**Schuster** *m* sutor <-oris> *m.*

**Schutt** *m* rudera <-derum> *nt pl;* **in ~ und Asche legen** diruere et exurere.

**Schüttelfrost** *m* horror <-oris> *m* (febrilis).

**schütteln** *vt* agitare, quatere; **den Kopf ~** caput quatere.

**schütten I.** *vt* fundere **II.** *vi, unpers.:* **es schüttet** funditur.

**schütter** *adj (spärlich)* tenuis [**capillus**].

**Schutz** *m* praesidium *nt,* tutela *f;* **jmd in ~ nehmen** alqm protegere, defendere; **jdm ~ bieten/gewähren** tueri alqm; **im ~(e) der Nacht** nocte sociā; **unter jmds ~ stehen** in alcis tutela esse.

**Schutzanzug** *m* vestitus <-us> *m* protectivus.

**Schutzbrille** *f* conspicillum *nt* protectivum.

**Schutzdach** *nt* testudo <-dinis> *f.*

**Schütze** *m* ① *(Speer~)* iaculator <-oris> *m; (Bogen~)* sagittarius *m* ② (ASTR) sagittarius *m.*

**schützen** *vt* tutari, tueri, defendere *(vor, gegen:* ab, contra, adversus).

**Schutzengel** *m* genius *m,* angelus *m* tutelaris.

**Schützengraben** *m* (MIL) fossa *f.*

**Schutzgebiet** *nt* protectoratus <-us> *m.*

**Schutzgeist** *m* genius *m.*

**Schutzgott** *m* deus *m* (tutelaris), tutela *f; (Schutzgötter der Familie)* penates <-tium> *m.*

**Schutzhelm** *m* galea *f* protectiva.

**Schutzherr(in *f*)** *m* patronus, -a *m, f.*

**Schutzimpfung** *f* vaccinatio <-onis> *f* prohibitiva.

**Schützling** *m* cliens <-entis> *m.*

**schutzlos** *adj* intutus, indefensus.

**Schutzmann** *m* custos <-odis> *m* publicus.

**Schutzmaßnahme** *f* cautio <-onis> *f,* providentia *f;* **~n treffen** providēre.

**Schutzmittel** *nt* tutamentum *nt,* praesidium *nt.*

**Schutzumschlag** *m* involucrum *nt* tutelare.

**Schutzvorrichtung** *f* apparatus <-us> *m* tutelaris.

**schwach** *adj* ① infirmus, debilis [**senex**; **corpus**; **classis**] ② *(unbedeutend)* parvus, levis [**causa**; **damnum**; **solacium**] ③ *(Tee)* levis ④ *(Licht)* modicus ⑤ *(Gedächtnis)* hebes <-betis>.

**Schwäche** *f* ① infirmitas <-atis> *f,* debilitas <-atis> *f* ② *(schwache Seite, Vorliebe)* inclinatio <-onis> *f (für:* in + akk; ad); **eine ~ haben für** favēre + *dat.*

**Schwächeanfall** *m* infirmitatis impetus <-us> *m,* debilitatis impetus *m.*

**schwächen** *vt* debilitare, infirmare.

**Schwachkopf** *m* tardus *m,* stultus *m.*

**schwächlich** *adj* infirmus, debilis.

**Schwächling** *m* ① homo <-minis> *m* infirmus ② *(Feigling)* ignavus *m.*

**Schwachsinn** *m* animi imbecillitas <-atis> *f.*

**schwachsinnig** *adj* animi imbecilli, obtusus.

**Schwächung** *f* debilitatio <-onis> *f;* **zur ~ von etw führen** alqd infirmare.

**Schwaden** *m (Rauch~, Dampf~)* nubes <-bis> *f.*

**Schwadron** *f* (MIL) turma *f.*
**schwafeln** *vi* blaterare, garrire.
**Schwager** *m* affinis <-is> *m.*
**Schwägerin** *f* affinis <-is> *f.*
**Schwalbe** *f* hirundo <-dinis> *f;* **eine ~ macht noch keinen Sommer** una hirundo non facit ver.
**Schwall** *m* turba *f,* flumen <-minis> *nt* [**verborum**].
**Schwamm** *m* spongia *f.*
**schwammig** *adj* ❶ spongiosus ❷ *(aufgedunsen)* tumidus [**facies**].
**Schwan** *m* cycnus *m,* olor <oloris> *m.*
**schwanger** *adj* gravida.
**schwängern** *vt* gravidam facere.
**Schwangerschaft** *f* graviditas <-tatis> *f.*
**Schwangerschaftsabbruch** *m* abortus <-us> *m* provocatus.
**Schwank** *m* (THEAT) mimus *m.*
**schwanken** *vi* ❶ *(wanken, wackeln)* vacillare ❷ *(Preise, Zahlen)* iactari ❸ *(zögern)* dubitare, cunctari, in dubio esse.
**Schwanken** *nt* ❶ *(das Wanken, Wackeln)* vacillatio <-onis> *f* ❷ *(Preise)* iactatio <-onis> *f* ❸ *(das Zögern)* dubitatio <-onis> *f,* cunctatio <-onis> *f.*
**schwankend** *adj* ❶ *(wechselnd, unbeständig)* inconstans <-antis> [**pretia**] ❷ *(zögernd, unentschlossen)* dubius.
**Schwankung** *f (Unbeständigkeit)* inconstantia *f,* varietas <-tatis> *f* [**fortunae**]; **starken ~en unterworfen sein** valde iactari.
**Schwanz** *m* cauda *f.*
**schwänzeln** *vi:* **um jmd ~** *(sich einschmeicheln)* alqm adulari.
**schwänzen** *vt:* **die Schule ~** scholam non obire, scholam deserere.
**Schwarm** *m* ❶ examen <-minis> *nt,* turba *f* ❷ *(verehrter Mensch)* deliciae *f pl.*
**schwärmen** *vi:* **~ für** *(fig)* inflammatum esse + *abl,* admirari + *akk.*
**Schwärmer(in** *f***)** *m (Träumer, Fantast)* somniator <-oris> *m,* somniatrix <-icis> *f.*
**schwärmerisch** *adj* fanaticus.
**schwarz** *adj* ater <atra, atrum>, niger <-gra, -grum>; **das Schwarze Meer** Pontus *m* (Euxinus); **~ auf weiß** litteris consignatus; **~ werden** nigrescere; **es wurde ihm/ihr ~ vor den Augen** caligo eius oculis offusa est.
**Schwarzarbeit** *f* opera *f* clandestina.
**Schwarzarbeiter** *m* operarius *m* clancularius.
**Schwarzbrot** *nt* panis <-is> *m* cibarius.
**Schwärze** *f (auch Drucker~)* atramentum *nt.*
**schwärzen** *vt* denigrare.
**schwarzfahren** *vi* ❶ *(ohne Fahrkarte)* vehi sine tessera itineraria ❷ *(ohne Führerschein)* vehi sine diplomate gubernationis.
**schwarzhaarig** *adj* capillis nigris.
**Schwarzhandel** *m* commercium *nt* furtivum, mercatura *f* furtiva.
**schwärzlich** *adj* fuscus, subniger <-gra, -grum>.
**Schwarzmarkt** *m* commercium *nt* furtivum, mercatura *f* furtiva.
**Schwarzseher(in** *f***)** *m* ❶ (TV) telespectator <-oris> *m* clancularius, telespectatrix <-icis> *f* clancularia ❷ *(Pessimist)* pessimista *m.*
**Schwarzwald** *m* Nigra Silva *f,* Abnoba *m.*
**schwatzen** *vi,* **schwätzen** *vi* blaterare, garrire, fabulari.
**Schwätzer(in** *f***)** *m* garrulus, -a *m, f.*
**schwatzhaft** *adj* garrulus.
**Schwatzhaftigkeit** *f* garrulitas <-atis> *f.*
**Schwebe** *f:* **in der ~** *(fig)* in dubio.
**Schwebebahn** *f* via *f* ferrata pensilis.
**schweben** *vi* pendēre, suspensum esse; **vor Augen ~** ante [*o* ob] oculos versari; **in Gefahr ~** in periculo versari [*o* esse].
**schwebend** *adj* pensilis, suspensus.
**Schweden** *nt* Suecia *f.*
**schwedisch** *adj* Suecicus.
**Schwefel** *m* sulpur <-puris> *nt.*
**Schwefelsäure** *f* acidum *nt* sulpureum.
**schweifen** *vi (Mensch, Blick, Gedanke)* vagari [**per arva**; **per vias**].
**schweigen** *vi* tacēre, silēre.
**Schweigen** *nt* silentium *nt;* **jmd zum ~ bringen** ad silentium compellere alqm.
**schweigend** *adj* tacitus.
**Schweigepflicht** *f:* **ärztliche ~** silentium *nt* medicum.
**schweigsam** *adj* taciturnus.
**Schweigsamkeit** *f* taciturnitas <-atis> *f.*
**Schwein** *nt* sus <suis> *m/f,* porcus *m.*
**Schweinchen** *nt* porcellus *m.*
**Schweine-** porcinus, suillus.
**Schweinefleisch** *nt* suilla *f.*
**Schweinerei** *f* obscenitas <-atis> *f.*
**Schweinestall** *m* hara *f.*
**Schweiß** *m* sudor <-oris> *m;* **in ~ gebadet** sudore madens. S
**schweißbedeckt** *adj* sudore madidus.
**schweißen** *vt* (TECH) ferruminare.
**schweißgebadet**, **-triefend** *adj* sudore madens <-entis>.
**Schweißtropfen** *m* gutta *f* sudoris.
**Schweiz** *f* Helvetia *f.*
**Schweizer(in** *f***)** *m* Helvetius, -a *m, f.*
**schweizerisch** *adj* Helveti(c)us.
**Schweizer Käse** *m* caseus *m* Alpinus.
**schwelgen** *vi (üppig leben)* helluari; **im Luxus ~** luxuriose vivere; **in Erinnerungen ~** recordationibus frui.
**Schwelgerei** *f* helluatio <-onis> *f.*
**schwelgerisch** *adj (genießerisch, üppig)* luxuriosus.

**Schwelle** *f* limen <-minis> *nt.*
**schwellen** *vi* (in)tumescere.
**Schwellung** *f* tumor <-oris> *m.*
**schwenken I.** *vt* agitare, iactare, torquēre **II.** *vi* (MIL) se [*o* signa] convertere.
**schwer** *adj* ① *(von Gewicht; Sorgen, Schicksal: schlimm, drückend, mühsam)* gravis [**sarcina**; **labor**; **morbus**; **fatum**; **tyrannis**]; **~en Herzens** sollicito animo; **~ bewaffnet** *durch gen:* armaturae gravis; **~ verletzt/verwundet** graviter vulneratus; ② *(schwierig)* difficilis [**quaestio**; **ad eloquendum**]; **~ erziehbar** difficilis ad educandum; **~ zu sagen/zu tun** difficile dictu/factu.
**Schwerarbeit** *f* opera *f* gravis.
**Schwerarbeiter** *m* operarius *m* operae gravis.
**Schwerbewaffnete** *pl* armatura *f* gravis.
**Schwere** *f (auch fig)* pondus <-deris> *nt,* onus <oneris> *nt,* gravitas <-tatis> *f.*
**schwerelos** *adj (Zustand)* sine pondere.
**Schwerelosigkeit** *f* status <-us> *m* sine pondere.
**schwerfällig** *adj (Gang)* gravis; *(Verstand, Mensch)* lentus, tardus.
**Schwerfälligkeit** *f (einer Bewegung, eines Menschen)* tarditas <-atis> *f.*
**schwerhörig** *adj* surdaster <-tra, -trum>.
**Schwerhörigkeit** *f* aurium tarditas <-atis> *f.*
**Schwerindustrie** *f* industriae *f pl* graves.
**Schwerkraft** *f* vis *f* et gravitas <-tatis> *f.*
**schwerlich** *adv* haud facile, vix.
**Schwermut** *f* aegritudo <-dinis> *f* animi, melancholia *f.*
**schwermütig** *adj* melancholicus.
**schwernehmen** *vt* aegre ferre.
**Schwerpunkt** *m* ① momentum *nt* gravitatis ② *(fig)* momentum *nt.*
**Schwert** *nt* gladius *m;* **das ~ ziehen** [*o* **zücken**] gladium (de)stringere; **das ~ in die Scheide stecken** gladium condere.
**schwerwiegend** *adj* gravis [**causa**].
**Schwester** *f* ① soror <-oris> *f* ② *(Kranken~)* infirmaria *f.*
**schwesterlich** *adj* sororius.
**Schwiegereltern** *pl* soceri *m pl.*
**Schwiegermutter** *f* socrus <-us> *f.*
**Schwiegersohn** *m* gener <-neri> *m.*
**Schwiegertochter** *f* nurus <-us> *f.*
**Schwiegervater** *m* socer <-ceri> *m.*
**Schwiele** *f* callum *nt,* callus *m.*
**schwielig** *adj* callosus [**manus**].
**schwierig** *adj* difficilis [**munus**; **quaestio**; **homo**]; **es ist ~, etw zu tun** difficile est (+ Inf.).
**Schwierigkeit** *f* difficultas <-atis> *f;* **ohne ~en** facile; (**jdm**) **~en machen** [*o* **bereiten**] (alci) difficultates afferre; **jmd in große ~en bringen** magnas difficultates afferre alci; **in ~en geraten** in difficultates incurrere; **~en überwinden** difficultates superare.
**Schwimmbad** *nt* piscina *f.*
**Schwimmbecken** *nt* piscina *f,* natabulum *nt.*
**schwimmen** *vi* natare, nare; **über einen Fluss ~** flumen tranatare; **im Geld ~** pecuniā abundare; **mit dem/gegen den Strom ~** hominum opinioni se (non) accommodare; **mir schwimmt's vor den Augen** acies titubat.
**Schwimmen** *nt* natatio <-onis> *f.*
**Schwimmer(in** *f*) *m* natator <-oris> *m,* natatrix <-icis> *f.*
**Schwimmlehrer(in** *f*) *m* magister <-tri> *m* natandi, magistra *f* natandi.
**Schwimmweste** *f* thorax <-acis> *m* natatorius.
**Schwindel** *m* ① *(Taumel)* vertigo <-ginis> *f,* caligo <-ginis> *f* ② *(Betrug)* fraus <fraudis> *f.*
**schwindelerregend** *adj* caliginem efficiens <-entis> [**celeritas**; **pretia**].
**schwindeln** *vi* ① *(lügen)* mentiri ② **mir schwindelt** (**es**) vertigine corripior.
**schwinden** *vi* ① *(abnehmen, zurückgehen, sich vermindern)* decrescere ② *(vergehen: Zeit)* cedere.
**Schwindler(in** *f*) *m (Lügner)* mendax <-acis> *m,* femina *f* mendax; *(Betrüger)* fraudator <-oris> *m.*
**schwindlig** *adj:* **mir ist/wird ~** vertigine corripior.
**Schwindsucht** *f* tabes <-bis> *f,* phthisis <-is> *f.*
**schwindsüchtig** *adj* phthisicus.
**schwingen** *vt* iactare, agitare, torquēre [**hastam**]; **sich auf etw ~** insilire in + *akk.*
**Schwingtür** *f* porta *f* volubilis.
**Schwingung** *f* oscillatio <-onis> *f.*
**Schwips** *m:* **einen ~ haben** ebriolum esse.
**schwirren** *vi* stridēre, stridere.
**Schwirren** *nt* stridor <-oris> *m.*
**Schwitzbad** *nt* sudatorium *nt.*
**schwitzen** *vi* sudare.
**Schwitzen** *nt* sudatio <-onis> *f.*
**schwören** *vi* iurare *(auf:* in + akk, *bei:* per) [**per deos**].
**schwül** *adj* aestuosus [**auster**].
**Schwüle** *f* aestus <-us> *m.*
**schwülstig** *adj* tumidus, turgidus [**sermones**].
**Schwund** *m (Abnahme)* deminutio <-onis> *f.*
**Schwung** *m (auch fig)* impetus <-us> *m* [**hastae**; **dicendi**]; **in ~ bringen** incitare, impellere.
**schwunghaft** *adj* ① *(Handel)* vivax <-acis> ② *(Rede)* vividus.
**schwungvoll** *adj* vividus, alacer <-cris, -cre> [**gestus**; **modi**; **oratio**].
**Schwur** *m* ius <iuris> *nt* iurandum; **einen ~ leisten** ius iurandum iurare; **einen ~ auf die Verfassung leisten** in instituta rei publicae iurare.
**Schwurgericht** *nt* iudicium *nt* iuratorum.

**sechs** *num* sex (undekl.); **je ~** seni <-ae, -a>; **~ Jahre** sexennium *nt.*
**Sechseck** *nt* sexangulum *nt.*
**sechseckig** *adj* sexangulus [**cella**].
**sechsfach** *adj* sextuplus.
**sechshundert** *num* sescenti <-ae, -a>.
**sechsmal** *adv* sexie(n)s.
**Sechstel** *nt* sexta pars <partis> *f.*
**sechster** *adj* sextus.
**sechzehn** *num* sedecim (undekl.).
**sechzig** *num* sexaginta (undekl.).
**See I.** *m* lacus <-us> *m* **II.** *f* mare <-ris> *nt;* **in ~ stechen** naves / navem solvere; **auf hoher ~** in alto.
**Seebad** *nt* aquae *f pl* marinae.
**Seefahrt** *f* navigatio <-onis> *f.*
**Seegefecht** *nt* pugna *f* navalis.
**Seegras** *nt (Tang)* alga *f.*
**Seehandel** *m* mercatura *f* maritima, commercium *nt* maritimum.
**Seeherrschaft** *f* imperium *nt* maris.
**Seehund** *m* phoca *f.*
**Seeigel** *m* echinus *m.*
**seekrank** *adj* nauseabundus; **~ sein** nauseare.
**Seekrankheit** *f* nausea *f.*
**Seekrieg** *m* bellum *nt* navale.
**Seele** *f* animus *m,* anima *f;* **mit Leib und ~** penitus; **jdm auf der ~ lasten** alqm commovēre.
**Seelenwanderung** *f* animorum transmigratio <-onis> *f.*
**Seeleute** *pl* nautae *m pl.*
**seelisch** *adj* animi/animorum.
**Seelsorge** *f* cura *f* animorum.
**Seelsorger(in** *f*) *m* curator <-oris> *m* animorum, curatrix <-icis> *f* animorum.
**Seemacht** *f (Staat, der über beträchtliche Seestreitkräfte verfügt)* civitas <-atis> *f* classe multum valens.
**Seemann** *m* nauta *m.*
**Seeräuber** *m* pirata *m.*
**Seeräuberei** *f* piratica *f.*
**Seeräuberschiff** *nt* navis <-is> *f* piratica.
**Seerecht** *nt* (JUR) ius <iuris> *nt* maritimum.
**Seereise** *f* iter <itineris> *nt* maritimum.
**Seerose** *f* nymphaea *f.*
**Seeschlacht** *f* proelium *nt* navale, pugna *f* navalis.
**Seeweg** *m* via *f* maritima; **auf dem ~** mari.
**Seewesen** *nt* res <rei> *f* navalis, res *f pl* maritimae.
**Segel** *nt* velum *nt;* **die ~ setzen** [*o* **aufziehen**] vela dare; **die ~ streichen** vela contrahere [*o* deducere]; **mit vollen ~n** pleno velo.
**Segelboot** *nt* cumba *f* velifera.
**Segelfliegen** *nt* aërivolatus <-us> *m.*
**Segelflieger** *m* aërivolator <-toris> *m.*
**Segelflugzeug** *nt* (aëroplanum) velivolum *nt.*
**segeln** *vi* navigare.
**Segelschiff** *nt* navis <-is> *f* velifera.
**Segelsport** *m* velificatio <-onis> *f.*
**Segen** *m* benedictio <-onis> *f.*
**segnen** *vi* benedicere + *dat oder akk.*
**sehen I.** *vt* vidēre; **sich ~ lassen** *(erscheinen)* conspici, in conspectum venire; **sieh mal!** ecce!; **sieh da!** ecce!; **etw gern ~** gaudēre alqa re **II.** *vi (auf etw ~)* spectare *(in + akk)* [**in horologium**; **in mare**]; **nach oben/unten/hinten ~** suspicere/despicere/respicere.
**sehenswert** *adj* visendus, spectabilis, visu dignus.
**Sehenswürdigkeiten** *pl* res <rerum> *f pl* visendae, res *f pl* visu dignae.
**Seher** *m (Prophet)* vates <-tis> *m.*
**Seherblick** *m* conspectus <-us> *m* propheticus.
**Seherin** *f (Prophetin)* vates <-tis> *f.*
**Sehkraft** *f* acies <-ei> *f.*
**Sehne** *f* nervus *m.*
**sehnen** *vr:* **sich nach jdm/etw ~** desiderare + *akk.*
**sehnig** *adj* nervosus.
**sehnlich** *adj* ardens <-entis>, vehemens <-mentis>, fervidus [**desiderium** Wunsch].
**sehnlichst** *adv* ardenter, vehementer [**alqm exspectare**].
**sehnlichster** *adj* ardens <-entis>, vehemens <-mentis>, fervidus, summus [**desiderium** Wunsch].
**Sehnsucht** *f* desiderium *nt (nach:* gen); **~ nach jdm/etw haben** alqm/alqd desiderare.
**sehnsüchtig I.** *adj* vehemens <-mentis>, ardens <-entis> **II.** *adv* vehementer, ardenter [**alqm/alqd exspectare**].
**sehr** *adv* valde *(bei Verben, Adj. und Adv.)* [**placēre**; **alqm laudare**; **lenis**; **vehementer**]; **zu ~** nimis; **so ~** tantopere; *bei Adj. meist durch den Elativ auszudrücken:* **~ schön** pulcherrimus; **~ groß** maximus.
**Sehvermögen** *nt* sensus <-us> *m* videndi.
**seicht** *adj* ❶ *(Wasser)* tenuis; **~e Stelle** vadum *nt* ❷ *(Gespräch)* ieiunus, parum subtilis.
**Seide** *f* bombyx <-ycis> *m.*
**seiden** *adj* bombycinus, sericus [**vestis**].
**Seidenraupe** *f* bombyx <-ycis> *m.*
**Seife** *f* sapo <-onis> *m.*
**Seifenblase** *f* bulla *f* saponis.
**seihen** *vt* (per)colare.
**Seil** *nt* funis <-is> *m,* restis <-is> *f.*
**Seilbahn** *f* currus <-us> *m* funalis, funivia *f.*
**Seiltänzer(in** *f*) *m* funambulus, -a *m, f.*
**sein I.** *vi* esse; *(vorhanden sein)* exstare; **was soll das ~?** quid hoc sibi vult? **II.** *Poss. Pron.* suus; *(nicht refl.)* eius.
**seinerseits** *adv* pro sua parte.
**seinerzeit** *adv* tum.
**seit** *praep* ex, ab + *abl;* **~ fünf Jahren** ex quin-

que annis.

**seitdem I.** *adv* ex eo (tempore) **II.** *kj* cum + *ind.*

**Seite** *f (von Körper, Gegenstand)* latus <-teris> *nt; (Buch~)* pagina *f; (von Angelegenheit)* ratio <-onis> *f; (Richtung; Partei)* pars <partis> *f;* **von allen ~n** undique, ab [*o* ex] omnibus partibus; **auf allen ~n** undique; **nach allen ~n** in omnes partes, quoquoversus, quoquoversum; **auf/von beiden ~n** utrimque; **auf jmds ~ stehen** a parte alcis esse; **jdm zur ~ stehen** alci adesse, alqm adiuvare; **jmd von der ~ ansehen** contemnere alqm; **jmds starke/schwache ~** alcis virtus/vitium.

**Seiteneingang** *m* introitus <-us> *m* lateralis.

**Seitenhieb** *m (fig)* aculeus *m.*

**seitens** *praep* ab + *abl.*

**Seitenstechen** *nt* lateris punctio <-onis> *f.*

**Seitenstraße** *f* via *f* lateralis.

**seither** *adv* ex eo (tempore).

**seitlich** *adj* lateralis [**ventus**].

**Sekretär** *m (Schreiber)* scriba *m.*

**Sekretariat** *nt* secretariatus <-us> *m.*

**Sekretärin** *f* secretaria *f.*

**Sekt** *m* vinum *nt* spumans.

**Sekte** *f* secta *f,* schola *f.*

**sekundär** *adj* secundarius [**significatio**]; **eine ~e Rolle spielen** *(fig)* secundarii momenti esse.

**Sekunde** *f* ❶ minima pars <partis> *f* horae ❷ *(fig: Augenblick)* momentum *nt;* **eine ~, bitte!** momentum, quaeso.

**selbst I.** *pron* ipse, ipsa, ipsum; **von ~** *(von Personen)* ipse, meā / tuā / suā / *usw.* sponte; *(von Sachen: funktionieren)* per se **II.** *adv (sogar)* etiam.

**Selbstachtung** *f* reverentia *f* sui.

**selbständig I.** *adj* liber <-era, -erum> **II.** *adv* suo arbitrio, suo iudicio, suo iure [**agere**].

**Selbständigkeit** *f* libertas <-atis> *f.*

**Selbstbedienung** *f* ministratio <-onis> *f* propria.

**Selbstbefriedigung** *f* onania *f.*

**Selbstbeherrschung** *f* temperantia *f,* continentia *f;* **~ haben** sibi temperare.

**Selbstbestimmungsrecht** *nt* autonomia *f.*

**Selbstbetrug** *m* fraus <fraudis> *f.*

**selbstbewusst** *adj* conscius.

**Selbstbewusstsein** *nt* fiducia *f* sui.

**Selbsterhaltungstrieb** *m* conservandi sui custodia *f.*

**Selbsterkenntnis** *f* cognitio <-onis> *f* sui.

**selbstgefällig** *adj* valde sibi placens, sui admirator.

**Selbstgefälligkeit** *f* admiratio <-onis> *f* sui.

**Selbstgespräch** *nt* sermo <-onis> *m* intimus; **~e führen** secum loqui.

**Selbsthilfe** *f* auxilium *nt* proprio impulsu effectum.

**selbstlos** *adj* innocens <-entis>, abstinens <-entis>.

**Selbstlosigkeit** *f* innocentia *f,* abstinentia *f.*

**Selbstmord** *m* mors <mortis> *f* voluntaria; **~ begehen** mortem sibi consciscere.

**Selbstmörder(in *f*)** *m* interfector <-oris> *m* sui, propricida *m,* interfectrix <-icis> *f* sui.

**Selbstmordversuch** *m* conatus <-us> *m* mortem sibi consciscere.

**selbstsicher** *adj* sibi fidens.

**selbstständig I.** *adj* liber <-era, -erum> **II.** *adv* suo arbitrio, suo iudicio, suo iure [**agere**].

**Selbstständigkeit** *f* libertas <-atis> *f.*

**Selbstsucht** *f* amor <-oris> *m* sui.

**selbstsüchtig** *adj* suarum rerum tantum studiosus, se ipsum amans.

**selbsttätig** *adj* qui / quae / quod machinatione quadam movetur.

**Selbsttäuschung** *f* fraus <fraudis> *f.*

**Selbstüberwindung** *f* temperantia *f,* continentia *f.*

**Selbstverleugnung** *f* sui abnegatio <-onis> *f.*

**selbstverständlich I.** *adj* perspicuus **II.** *adv* scilicet.

**Selbstverteidigung** *f* defensio <-onis> *f* sui.

**Selbstvertrauen** *nt* fiducia *f* sui; **großes ~ haben** magnam fiduciam in se collocare.

**Selbstwertgefühl** *nt* aestimatio <-onis> *f* sui.

**selig** *adj* ❶ *(glücklich)* beatus ❷ *(tot)* defunctus.

**Sellerie** *m* apium *nt.*

**selten I.** *adj* rarus **II.** *adv* raro.

**Seltenheit** *f* ❶ raritas <-tatis> *f;* **eine ~ sein** rarum esse ❷ *(seltenes Stück)* res <rei> *f* rara.

**seltsam** *adj* insolitus, mirus, novus.

**Seltsamkeit** *f* novitas <-atis> *f,* insolentia *f.*

**Semester** *nt* tempus <-poris> *nt* semestre, semestre <-tris> *nt.*

**Seminar** *nt* seminarium *nt.*

**Semmel** *f* simila *f.*

**Senat** *m* senatus <-us> *m.*

**Senator** *m* senator <-oris> *m, Pl. auch:* patres <-trum> *m.*

**senatorisch** *adj* senatorius.

**Senatsbeschluss** *m* senatūs consultum *nt;* **einen ~ fassen über** senatūs consultum facere de.

**Senatssitzung** *f* senatus <-us> *m;* **eine ~ abhalten** senatum habēre.

**Sendeleiter** *m (im Rundfunk)* radiophonicarum transmissionum moderator <-toris> *m.*

**senden** *vt* ❶ mittere ❷ (RADIO, TV) emittere.

**Sender** *m* (RADIO, TV) statio <-onis> *f* emissoria; *(Anlage)* emissorium *nt.*

**Sendung** *f* ❶ *(Auftrag, Mission)* missio <-onis> *f,* legatio <-onis> *f* ❷ (RADIO, TV) emissio <-onis> *f,* transmissio <-onis> *f.*

**Senf** *m* sinapis <-is> *f.*
**senil** *adj* senilis.
**Senioren** *pl* senes <-num> *m pl.*
**Seniorenheim** *nt* gerontocomium *nt,* gerusia *f.*
**Seniorenpass** *m* gerontosyngraphus *m.*
**senken I.** *vt* demittere [**manum**; **oculos**]; *(Steuern)* deminuere **II.** *vr:* **sich ~** desidere.
**Senkfuß** *m* pes <pedis> *m* planus.
**senkrecht** *adj* perpendicularis.
**Senkrechte** *f* linea *f* perpendicularis.
**Senkung** *f* ❶ *(von Boden)* deiectus <-us> *m* [**collis**] ❷ *(von Lohn, Preisen, Steuern)* deminutio <-onis> *f.*
**Sensation** *f* res <rei> *f* magnae famae.
**sensationell** *adj* novus et inauditus.
**Sense** *f* falx <falcis> *f.*
**sensibel** *adj* mollis.
**sensibilisieren** *vt* sensificare.
**sentimental** *adj* mollis.
**Sentimentalität** *f* mollitia *f.*
**separat** *adj* separatus.
**September** *m* September <-bris> *m.*
**Serie** *f* series <-ei> *f.*
**serienweise** *adv* seriebus.
**seriös** *adj* sincerus.
**Serpentine** *f* iter <itineris> *nt* flexuosum.
**Service** *m (Bedienung, Kundendienst)* ministerium *nt.*
**servieren** *vi* ministrare.
**Serviette** *f* mappa *f.*
**servil** *adj* servilis.
**Sessel** *m* sella *f;* **sich in einen ~ setzen** in sella considere.
**Sessellift** *m* pegma <-atis> *nt* sellare.
**sesshaft** *adj:* **~ sein** *(einen festen Wohnsitz haben)* sedem stabilem et domicilium habēre.
**Sesterz** *m* sestertius *m.*
**setzen I.** *vt* (de)ponere, locare; **auf etw ~** *(bei Wetten, Rennen)* pignus ponere (de); **Truppen über den Fluss ~** copias flumen traducere; **etw aufs Spiel ~** alqd in discrimen vocare; **etw in Bewegung ~** alqd movēre **II.** *vr:* **sich ~** considere; **sich zu jdm ~** assidere alqm.
**Setzer** *m* (TYP) typotheta *m.*
**Setzling** *m (Ableger)* propago <-ginis> *f.*
**Seuche** *f* pestilentia *f.*
**seufzen** *vi* gemere; **über/vor etw ~** ingemere + *dat.*
**Seufzen** *nt* gemitus <-us> *m,* suspiritus <-us> *m.*
**Seufzer** *m* gemitus <-us> *m,* suspirium *nt.*
**Sexualerziehung** *f* educatio <-onis> *f* sexualis.
**Sexualität** *f* genitalitas <-atis> *f.*
**sexuell** *adj* sexualis, genitalis.
**sezieren** *vt* incidere, dissecare <-secui>.
**Shorts** *pl* bracae *f pl* curtae.
**Sibylle** *f (Seherin)* Sibylla *f.*
**sibyllinisch** *adj* Sibyllinus [**libri**].
**sich** *pron (dat)* sibi; *(akk)* se; **an ~** per se; **von ~ aus** suā sponte.
**Sichel** *f* falx <falcis> *f.*
**sichelförmig** *adj* falcatus, lunatus [**ensis**].
**sicher I.** *adj* ❶ *(nicht gefährdet)* tutus, securus ❷ *(gewiss)* certus ❸ *(selbstbewusst)* conscius **II.** *adv* certe, certo [**scire**].
**sichergehen** *vi* certum habēre.
**Sicherheit** *f* ❶ *(Gefahrlosigkeit)* securitas <-atis> *f;* **in ~ sein** in tuto esse; **in ~ bringen** in tutum ferre; **sich in ~ bringen** in tutum cedere ❷ *(Gewissheit)* fides <-ei> *f;* **mit ~** certe ❸ *(Selbstbewusstsein)* fiducia *f* sui.
**Sicherheitsgurt** *m* cinctura *f* securitatis; **den ~ anlegen** cincturam securitatis accingere.
**Sicherheitsnadel** *f* acus <-us> *f* tuta.
**Sicherheitsschloss** *nt* claustrum *nt* securitatis.
**Sicherheitsvorkehrungen** *pl* praecepta *nt pl* securitatis.
**sicherlich** *adv* certe, certo, profecto.
**sichern** *vt* ❶ *(sicher machen)* firmare [**imperium**; **opes**] ❷ *(schützen)* munire [**oppidum**; **se ab insidiis hostium**; **se contra perfidiam**].
**sicherstellen** *vt (garantieren)* praestare <praestiti>.
**Sicherung** *f* ❶ *(Schutz)* tutela *f* ❷ *(an Waffen)* pessulus *m* securitatis.
**Sicht** *f* conspectus <-us> *m;* **in ~ kommen** in conspectum dari.
**sichtbar** *adj* aspectabilis; **~ werden** apparēre, in conspectum venire.
**sichten** *vt* ❶ *(erblicken)* cernere, conspicere ❷ *(durchsehen)* perspicere.
**Sichtgerät** *nt* instrumentum *nt* visificum.
**sichtlich** *adj* apertus, manifestus.
**sickern** *vi* guttatim manare.
**sie** *pron s.* **er.**
**Sieb** *nt* cribrum *nt.*
**sieben I.** *num* septem (undekl.); **je ~** septeni <-ae, -a> **II.** *vt* cribrare.
**siebenfach** *adj* septuplus.
**siebenhundert** *num* septingenti <-ae, -a>.
**siebenmal** *adv* septie(n)s.
**Siebensachen** *pl* recula *f;* **seine ~ packen** reculam suam colligere [*o* constringere].
**Siebenschläfer** *m* (ZOOL) glis <gliris> *m.*
**Siebtel** *nt* septima pars <partis> *f.*
**siebtens** *adv* septimo.
**siebter** *adj* septimus.
**siebzehn** *num* septendecim (undekl.).
**siebzig** *num* septuaginta (undekl.).
**sieden** *vi* fervēre.
**Siedepunkt** *m* punctum *nt* fervoris.
**Siedler(in** *f*) *m* colonus, -a *m, f.*
**Sieg** *m* victoria *f;* **den ~ über jmd davontragen** victoriam ferre [*o* adipisci] de [*o* ex] alqo.

**Siegel** *nt* signum *nt,* sigillum *nt;* **jdm Brief und ~ auf etw geben** pro certo affirmare alqd; **ein Buch mit sieben ~n für jmd sein** obscurum esse alci; **jdm etw unter dem ~ der Verschwiegenheit anvertrauen** alqd taciturnitati alcis clam concredere.
**siegeln** *vt (ver~, mit einem Siegel versehen)* (con)signare, obsignare [**epistulam**].
**Siegelring** *m* anulus *m.*
**siegen** *vi* vincere *(über:* akk).
**Sieger(in** *f*) *m* victor <-oris> *m,* victrix <-ricis> *f.*
**Siegesgöttin** *f* Victoria *f.*
**Siegespreis** *m* palma *f.*
**Siegeszeichen** *nt* tropaeum *nt.*
**Siegeszug** *m* triumphus *m.*
**siegreich** *adj m:* victor <-oris>, *f:* victrix <-ricis>.
**Signal** *nt* signum *nt (für/ zu etw: gen).*
**signalisieren** *vt* significationem facere *(etw:* gen).
**signieren** *vt* nomen (alci rei) subscribere; **ein Buch ~** nomen libro subscribere.
**Silbe** *f* syllaba *f;* **etw mit keiner ~ erwähnen** minime mentionem facere alcis rei.
**Silber** *nt* argentum *nt;* **aus ~** argenteus.
**Silber-** argenteus [**vasa**; **nummus**].
**Silbermedaille** *f* nomisma <-atis> *nt* argenteum.
**silbern** *adj* argenteus [**poculum**].
**Silhouette** *f* adumbratio <-onis> *f.*
**Silvester** *m/ nt* Silvester <-tri> *m.*
**simpel** *adj (einfach, unkompliziert)* simplex <-plicis> [**ratio** Methode].
**Sims** *m/ nt* proiectura *f.*
**simulieren** *vt (vortäuschen)* simulare.
**Simultandolmetscher(in** *f*) *m* interpres <-pretis> *m* simultaneus, interpres *f* simultanea.
**Simultanübersetzung** *f* conversio <-onis> *f* simultanea.
S
**Sinfonie** *f* symphonia *f.*
**singen** *vt* cantare, canere.
**Singen** *nt* cantus <-us> *m.*
**Single** *m (Mensch)* caelebs <-libis> *m.*
**Singvogel** *m* avis <-is> *f* canora.
**sinken** *vi* ① *(Schiff)* sidere ② *(Sonne)* occidere ③ *(Temperatur, Preise)* labi ④ *(Hoffnung)* deminui; **den Mut ~ lassen** animo deficere; **etw ~ lassen** demittere alqd.
**Sinn** *m* ① *(Wahrnehmungs~)* sensus <-us> *m* ② *(Gesinnung, Bewusstsein)* animus *m,* mens <mentis> *f;* **im ~e haben** in animo habēre; **~ für etw haben** voluntatem alcis rei habēre; **keinen ~ für etw haben** abhorrēre ab; **von ~en sein** animi [*o* mentis] non compotem esse; **jdm in den ~ kommen** alci in mentem venire ③ *(Bedeutung)* significatio <-onis> *f* [**verbi**].
**Sinnbild** *nt* signum *nt,* nota *f,* imago <-ginis> *f.*
**sinnbildlich** *adj* symbolicus.
**sinnen** *vi* cogitare *(über etw, auf etw:* de re) [**de natura deorum**; **de pernicie alcis**], **meditari** *(über etw:* akk, de, *auf etw:* akk, ad).
**Sinnesänderung** *f* animi commutatio <-onis> *f.*
**Sinnesorgan** *nt* organum *nt* sensuum.
**Sinnestäuschung** *f* fallacia *f* sensuum.
**sinnig** *adj (sinnvoll: Vorrichtung)* ingeniosus; *(tiefsinnig, durchdacht: Gedanke)* subtilis [**argumentatio**].
**sinnlich** *adj* ① *(Mensch)* libidinosus, voluptarius ② *(Genuss) durch gen:* corporis [**voluptates**].
**Sinnlichkeit** *f* libido <-dinis> *f.*
**sinnlos** *adj* ① *(widersinnig)* absurdus, ineptus, insulsus, inanis [**actio**] ② *(vergeblich)* vanus, inanis [**spes**; **conatus**].
**Sinnlosigkeit** *f* inanitas <-tatis> *f.*
**sinnvoll** *adj* ingeniosus.
**Sintflut** *f* diluvies <-ei> *f.*
**Sippe** *f* cognatio <-onis> *f,* gens <gentis> *f.*
**Sippschaft** *f (iron.: Sippe)* cognatio <-onis> *f.*
**Sirene** *f* ① *(Fabelwesen)* Siren <-enis> *f* ② *(heulender Ton)* sirena *f.*
**Sirup** *m* syrupus *m.*
**Sitte** *f* mos <moris> *m,* consuetudo <-dinis> *f;* **die ~n verfallen** mores labuntur.
**Sittenlehre** *f* morum praecepta *nt pl.*
**sittenlos** *adj* turpis.
**Sittenlosigkeit** *f* turpitudo <-dinis> *f,* morum pravitas <-tatis> *f.*
**sittenstreng** *adj* gravis.
**Sittenverfall** *m* morum ruina *f.*
**sittlich** *adj* moralis, probus, honestus.
**Sittlichkeit** *f* probitas <-atis> *f,* honestas <-atis> *f.*
**Sittlichkeitsverbrechen** *nt* delictum *nt* carnis.
**sittsam** *adj* pudicus, verecundus, castus.
**Sittsamkeit** *f* pudicitia *f,* castitas <-atis> *f.*
**Situation** *f* condicio <-onis> *f,* status <-us> *m;* **schwierige ~** difficultates.
**Sitz** *m* ① (*~gelegenheit)* sedes <-dis> *f,* sedile <-lis> *nt* ② (*~ einer Institution, Regierung, Firma)* sedes <-dis> *f* [**senatūs**].
**sitzen** *vi* sedēre *(auch von Kleidung)*; **~ bleiben** residēre; *(in der Schule)* repulsum esse; **~ lassen** *(im Stich lassen)* destituere, deserere; **etw auf sich ~ lassen** alqd pati; **etw nicht auf sich ~ lassen** alqd amoliri, ulcisci; **diese Beleidigung lasse ich nicht auf mir ~** hanc iniuriam a me amoliar.
**Sitzfleisch** *nt:* **kein ~ haben** *(fig)* assiduitate carēre.
**Sitzgelegenheit** *f,* **Sitzplatz** *m* sedes <-dis> *f,* sessio <-onis> *f.*
**Sitzung** *f* consessus <-us> *m,* sessio <-onis>

*f;* **eine ~ des Senats einberufen/beenden** senatum convocare/dimittere.
**Sizilien** *nt* Sicilia *f.*
**Skala** *f* graduum series <-ei> *f.*
**Skalp** *m* cutis <-is> *f* capitis.
**Skalpell** *nt* (MED) culter <-tri> *m* anatomicus.
**skalpieren** *vt:* **jmd ~** caput alcis deglubere.
**Skandal** *m* flagitium *nt.*
**skandalös** *adj* flagitiosus [**mores** Benehmen; **casus** Vorfall].
**Skandinavien** *nt* Scandinavia *f.*
**Skelett** *nt* ossa <ossium> *nt pl.*
**Skepsis** *f* dubitatio <-onis> *f.*
**skeptisch** *adj* scepticus.
**Ski** *m* narta *f;* **~ laufen** [*o* **fahren**] nartis currere.
**Skianzug** *m* vestis *f* nartatoria.
**Skiausrüstung** *f* apparatus <-us> *m* nartatorius.
**Skibrille** *f* conspicillum *nt* nartatorium.
**Skifahrer(in** *f*) *m* nartator <-oris> *m,* nartatrix <-icis> *f.*
**Skihose** *f* bracae *f pl* nartatoriae.
**Skilaufen** *nt* nartatio <-onis> *f.*
**Skiläufer(in** *f*) *m* nartator <-oris> *m,* nartatrix <-icis> *f.*
**Skilehrer(in** *f*) *m* magister <-tri> *m* nartandi, magistra *f* nartandi.
**Skilift** *m* anabathrum *nt* nartatorium.
**Skischuh** *m* calceus *m* nartatorius.
**Skistock** *m* baculum *nt* nartatorium.
**Skizze** *f* adumbratio <-onis> *f.*
**skizzenhaft** *adj* adumbratus.
**skizzieren** *vt* adumbrare.
**Sklave** *m* servus *m;* **jmd zum ~n machen** alqm in servitutem redigere.
**Sklaven-** servilis [**bellum**].
**Sklavenhandel** *m* servorum mercatura *f.*
**Sklavenhändler** *m* venalicius *m.*
**Sklaverei** *f* servitium *nt,* servitus <-utis> *f;* **jmd in die ~ verkaufen** sub corona vendere alqm.
**Sklavin** *f* serva *f.*
**sklavisch** *adj* servilis.
**Skonto** *nt/m* deductio <-onis> *f.*
**Skorpion** *m* scorpio <-onis> *m.*
**Skrupel** *m* scrupu(lu)s *m.*
**skrupellos** *adj* sine scrupulis.
**Skulptur** *f* sculptura *f.*
**Slawe** *m,* **Slawin** *f* Slavus, -a *m, f.*
**Slip** *m* subligar <-aris> *nt.*
**Slums** *pl* tuguriopolis <-is> *f.*
**Smaragd** *m* smaragdus *m.*
**Smog** *m* fumus *m* et nebula *f.*
**Smoking** *m* vestis <-is> *f* vespertina.
**so** *adv (beim Verb)* ita, sic; *(bei Adj. und Adv.)* tam; **~ groß** tantus; **~ sehr** tantopere; **~ viel** tantum; **noch einmal** [*o* **doppelt**] **~ viel** alterum tantum; **~ viele** tot *(undekl.)*; **~ beschaffen** talis; **~ genannt** qui [*o* quae, quod] dicitur, quem [*o* quam, quod] dicunt; **~ weit** hactenus; **ich bin ~ weit zufrieden** hactenus contentus sum; **~ ... wie** ita … ut, tam … quam.
**sobald** *kj* ubi (primum), ut primum, simulatque, simulac + *ind.*
**Socke** *f* impile <-lis> *nt.*
**Sockel** *m* basis <-is> *f.*
**Sodbrennen** *nt* ardor <-oris> *m* stomachi.
**soeben** *adv* commodum.
**Sofa** *nt* sponda *f.*
**sofern** *kj* si.
**sofort** *adv* statim, extemplo.
**sofortig** *adj* praesens <-entis> [**deditio**; **mors**; **decretum**].
**Sofortmaßnahme** *f* consilium *nt* praesens.
**Software** *f* partes <-tium> *f pl* programmationis.
**Sog** *m* vertex <-ticis> *m;* **in den ~ geraten** vertice corripi.
**sogar** *adv* etiam, vel.
**sogleich** *adv* statim, extemplo.
**Sohle** *f (Fuß~, Schuh~)* solum *nt.*
**Sohn** *m* filius *m.*
**solange** *kj* dum, quamdiu, quoad + *ind.*
**Solarium** *nt* solarium *nt.*
**solch**, **solcher** *pron* talis.
**Sold** *m* stipendium *nt.*
**Soldat** *m* miles <-litis> *m;* **altgedienter ~** veteranus *m.*
**soldatisch** *adj* militaris, *durch gen:* militis/militum.
**Söldner** *m* miles <-litis> *m* mercennarius.
**solidarisch** *adj* solidarius, solidalis.
**Solidarität** *f* solidaritas <-tatis> *f.*
**solide** *adj* ❶ *(Material)* solidus ❷ *(Leben, Mensch)* bonus, probus.
**Solist(in** *f*) *m* solista *m,* solistria *f.*
**Soll** *nt* status <-us> *m* debitus.
**sollen** *vi* ❶ debēre, *oft durch das Gerundiv oder durch den conj ausgedrückt;* **was soll ich tun?** quid faciam? ❷ *(beim Gerücht)* dicunt, ferunt, tradunt (+ A.C.I.) *bzw.* dicitur/dicuntur, fertur/feruntur, traditur/traduntur (+ N.C.I.); **Krösus soll reich gewesen sein** tradunt Croesum divitem fuisse.
**somit** *kj* itaque, igitur, ergo.
**Sommer** *m* aestas <-atis> *f;* **am Anfang/Ende des ~s** aestate ineunte/exeunte.
**Sommer-** aestivus.
**Sommerkleidung** *f* vestimenta *nt pl* aestiva, vestitus <-us> *m* aestivus.
**Sommerlager** *nt* aestiva *nt pl.*
**sommerlich** *adj* aestivus.
**Sommermantel** *m* amiculum *nt* aestivum.
**Sommerpause** *f* intervallum *nt* aestivale.
**Sommerreifen** *m* canthus *m* pneumaticus aestivalis.

**Sommerschlussverkauf** *m* (di)venditio <-onis> *f* aestivalis.
**Sommersemester** *nt* semestre <-tris> *nt* aestivum.
**Sommersprossen** *pl* lentigo <-ginis> *f.*
**Sommerzeit** *f* tempus <-poris> *nt* aestivum.
**Sonate** *f* (MUS) sonata *f.*
**Sonderangebot** *nt* oblatio <-onis> *f* favorabilis.
**Sonderausgabe** *f* editio <-onis> *f* specialis.
**sonderbar** *adj* mirus, mirabilis.
**sonderlich** *adv:* **nicht ~** mediocriter; **sich nicht ~ anstrengen** non magnopere laborare.
**Sonderling** *m* homo <-minis> *m* mirus, mirum caput <-pitis> *nt.*
**Sondermüll** *m* purgamenta *nt pl* specialia.
**sondern** *kj* sed; **nicht nur ..., ~ auch** non modo ..., sed etiam.
**Sonderregelung** *f* ratio <-onis> *f* specialis.
**Sonderstellung** *f* privilegium *nt,* status <-us> *m* peculiaris.
**Sonderzug** *m* tramen <-minis> *nt* speciale.
**sondieren** *vt* explorare.
**Sonett** *nt* sonetum *nt.*
**Sonnabend** *m* dies <-ei> *m* Saturni.
**Sonne** *f* sol <solis> *m;* **die ~ geht auf/unter** sol exoritur/occidit.
**sonnen** *vr:* **sich ~** apricari.
**Sonnenaufgang** *m* solis ortus <-us> *m,* prima lux <lucis> *f;* **bei ~** sole oriente; **vor ~** ante lucem.
**Sonnenbad** *nt* apricatio <-onis> *f.*
**Sonnenbrand** *m* adustio <-onis> *f* solaris.
**Sonnenbrille** *f* conspicillum *nt* solare.
**Sonnencreme** *f* ceroma <-atis> *nt* solare.
**Sonnenenergie** *f* energia *f* solaris.
**Sonnenfinsternis** *f* solis defectio <-onis> *f.*
**Sonnengott** *m* Sol <Solis> *m.*
**Sonnenlicht** *nt* solis lumen <-minis> *nt,* sol <solis> *m.*
**Sonnenmilch** *f* lac <lactis> *nt* solare.
**Sonnenschein** *m* sol <solis> *m;* **bei ~** in sole.
**Sonnenschirm** *m* umbraculum *nt,* umbella *f.*
**Sonnenstich** *m* ictus <-us> *m* solis.
**Sonnenstrahl** *m* solis radius *m.*
**Sonnensystem** *nt* systema <-atis> *nt* solare.
**Sonnenuhr** *f* (horologium) solarium *nt.*
**Sonnenuntergang** *m* solis occasus <-us> *m;* **bei ~** sole occidente.
**Sonnenwende** *f* ❶ *(Sommer~)* solstitium *nt* ❷ *(Winter~)* bruma *f.*
**sonnig** *adj* apricus.
**Sonntag** *m* dies <-ei> *m* solis, (dies) dominicus *m,* dominica *f.*
**sonst** *adv, kj* ❶ *(außerdem)* praeterea; **~ nichts** nihil aliud ❷ *(zu anderer Zeit)* alias, alio tempore.
**sonstig** *adj* alius, alia, aliud.
**sooft** *kj* cum + *ind.*
**Sophist** *m* sophistes <-ae> *m.*
**Sopran** *m* (MUS) vox <vocis> *f* acuta, vox *f* suprema.
**Sopranistin** *f* cant(at)rix <-icis> *f* vocis acutae.
**Sorge** *f* cura *f (um:* gen) [**civium**; **rei publicae**]; **jdm ~n machen** alqm sollicitare; **sich ~n machen** sollicitari *(um:* abl); **jdm die ~n vertreiben** curā liberare alqm.
**sorgen I.** *vi* consulere *(für:* dat) [**civibus**; **patriae**]; **dafür ~, dass ...** curare, ut; id agere, ut; **dafür werde ich ~** hoc mihi curae erit; **dafür ist gesorgt** huic rei provisum est **II.** *vr:* **sich ~** sollicitari *(um:* abl).
**sorgenfrei** *adj* curis vacuus [**vita**].
**sorgenvoll** *adj* sollicitus.
**Sorgerecht** *nt* (JUR) ius <iuris> *nt* custodiae.
**Sorgfalt** *f* cura *f,* diligentia *f;* **große ~ auf etw verwenden** magnam diligentiam adhibēre in alqd.
**sorgfältig** *adj* diligens <-entis>.
**sorglos** *adj* securus, otiosus, socors <-cordis>, neglegens <-entis> [**animus**; **hostes**], **curis vacuus** [**vita**].
**Sorglosigkeit** *f* socordia *f,* neglegentia *f.*
**sorgsam** *adj* diligens <-entis>.
**Sorte** *f* genus <-neris> *nt.*
**sortieren** *vt* distribuere, digerere.
**sosehr** *kj:* **~ auch** quamvis + *conj.*
**Soße** *f* ius <iuris> *nt.*
**Souffleur** *m* monitor <-oris> *m,* suggestor <-oris> *m.*
**Souffleuse** *f* suggestrix <-icis> *f.*
**soufflieren** *vi* verba subicere alci.
**Souvenir** *nt* monumentum *nt,* res <rei> *f* memorialis.
**souverän** *adj (überlegen)* praestantior, suae potestatis.
**Souveränität** *f* summa rerum potestas <-atis> *f.*
**soviel** *kj* quantum.
**soweit** *kj* quantum.
**sowieso** *adv* omni modo.
**sowohl** *kj:* **~ ... als auch** et ... et, cum ... tum.
**sozial** *adj* socialis.
**Sozialamt** *nt* diribitorium *nt* subventionis pauperum.
**Sozialarbeiter(in** *f*) *m* adiutor <-oris> *m* socialis, adiutrix <-ricis> *f* socialis.
**Sozialdemokrat** *m* socialista *m* popularis.
**Sozialdemokratie** *f* democratia *f* socialis.
**Sozialhilfe** *f* cura *f* socialis, subventio <-onis> *f* pauperum.
**Sozialismus** *m* socialismus *m.*
**Sozialist(in** *f*) *m* socialista *m/f.*
**sozialistisch** *adj* socialisticus.
**Sozialpolitik** *f* ars <artis> *f* politica socialis.
**Sozialversicherung** *f* cautio <-onis> *f* socialis.

**Sozialwohnung** *f* mansio <-onis> *f* socialis.
**Soziologie** *f* sociologia *f.*
**soziologisch** *adj* sociologicus.
**Spachtel** *m* spatula *f.*
**spähen** *vi* speculari.
**Späher(in** *f*) *m* speculator <-oris> *m,* speculatrix <-icis> *f.*
**Spalier** *nt:* **ein ~ bilden** bipartito fieri.
**Spalt** *m* rima *f; (Kluft)* hiatus <-us> *m.*
**Spalte** *f* ① *(Fels~, Mauer~)* rima *f* ② *(im Text)* columna *f.*
**spalten** *vt* ① findere [**saxa; corticem**] ② *(fig)* dissociare [**barbarorum copias; amicitiam**].
**Spaltung** *f* ① *(von Material)* fissio <-onis> *f* ② *(fig)* dissensio <-onis> *f* [**civilis**].
**Span** *m* assula *f.*
**Spanferkel** *nt* porcellus *m* lactens.
**Spange** *f* fibula *f.*
**Spanien** *nt* Hispania *f.*
**Spanier(in** *f*) *m* Hispanus, -a *m, f.*
**spanisch** *adj* Hispan(ic)us.
**Spanne** *f (Zeit~)* temporis spatium *nt.*
**spannen** *vt (straff anziehen)* tendere, stringere [**arcum; chordam**]; **Pferde an** [*o* **vor**] **den Wagen ~** equos ad currum iungere; **jmd auf die Folter ~** alqm in summam exspectationem adducere.
**spannend** *adj* animum vinciens, mentem alliciens [**fabula criminalis**].
**Spannkraft** *f* vis *f,* incitatio <-onis> *f.*
**Spannung** *f (gespannte Erwartung, Neugier)* exspectatio <-onis> *f,* mentis incitatio <-onis> *f;* **jmd in höchste ~ versetzen** alqm in summam exspectationem adducere; **~en** (POL) discidia *nt pl,* simultas <-atis> *f;* **jmd in ~ halten** alqm intentum habēre.
**Sparbuch** *nt* libellus *m* comparsorum.
**Sparbüchse** *f* capsula *f* nummaria.
**sparen** *vt* ① *(Geld zurücklegen)* servare, reponere + *akk* [**pecuniam**] ② *(mit etw sparsam umgehen)* parcere + *dat* [**viribus**].
**Spargel** *m* asparagus *m.*
**Sparguthaben** *nt* peculium *nt,* comparsum *nt.*
**Sparkasse** *f* aerarium *nt* comparsorum.
**Sparkonto** *nt* computus *m* conditorius (pecuniae servandae).
**spärlich** *adj (dürftig, knapp)* exiguus, parcus; *(Haar)* tenuis.
**Sparmaßnahmen** *pl* impensarum cohibitio <-onis> *f,* remedia *nt pl* ad impensas cohibendas.
**sparsam** *adj* ① *(Mensch)* parcus ② *(im Verbrauch: Gerät, Auto)* haud magnae impensae.
**Sparsamkeit** *f* parsimonia *f.*
**Sparschwein** *nt* porcellus *m* nummarius.
**Sparte** *f* pars <partis> *f.*
**Spaß** *m (Scherz)* iocus *m; (Freude)* gaudium *nt;* **es macht mir ~** me delectat [*o* iuvat]; **im ~** ioco, per iocum; **~ beiseite** ioco remoto, extra iocum; **jdm den ~ verderben** gaudium alcis turbare.
**spaßen** *vi* iocari.
**spaßeshalber** *adv* per iocum, ioci causa.
**spaßhaft** *adj,* **spaßig** *adj* iocosus.
**Spaßverderber** *m* homo <-minis> *m* molestus.
**Spaßvogel** *m* homo <-minis> *m* iocosus.
**spät I.** *adj* serus (= zu spät) **II.** *adv* sero (= zu spät); **~ in der Nacht** multa nocte; **wie ~ ist es?** quota hora est?.
**Spaten** *m* pala *f.*
**später I.** *adj* posterior **II.** *adv* postea, serius; **etw/viel ~** paulo/aliquanto post; **viele Jahre ~** multis annis post; **früher oder ~** serius ocius, serius aut citius.
**Spätherbst** *m* autumnus *m* praeceps.
**Spätsommer** *m* aestas <-atis> *f* praeceps.
**Spätvorstellung** *f* spectaculum *nt* serum.
**Spatz** *m* passer <-eris> *m.*
**spazieren** *vi* ambulare; **~ fahren** vectari [**carpento per urbem**]; **~ gehen** ambulare.
**Spazierfahrt** *f* vectatio <-onis> *f,* gestatio <-onis> *f.*
**Spaziergang** *m* ambulatio <-onis> *f.*
**Spaziergänger** *m* ambulator <-oris> *m.*
**Spazierweg** *m* ambulacrum *nt.*
**Specht** *m* picus *m.*
**Speck** *m* lardum *nt.*
**Spediteur** *m* mercium transferendarum procurator <-toris> *m.*
**Spedition** *f* ① *(Versendung)* missio <-onis> *f* ② *(~sfirma)* firma *f* mercium transferendarum.
**Speer** *m* hasta *f,* iaculum *nt.*
**Speerwerfen** *nt* iactus <-us> *m* hastae, iaculatio <-onis> *f* iaculi.
**Speiche** *f* radius *m.*
**Speichel** *m* saliva *f.*
**Speicher** *m* ① horreum *nt* ② (INFORM) conditorium *nt.*
**Speicherkapazität** *f* (INFORM) capacitas <-tatis> *f* conditorii.
**speichern** *vt* ① accumulare, conservare ② (INFORM) condere.
**speien** *vi* spuere.
**Speise** *f* cibus *m.*
**Speisekarte** *f* index <-dicis> *m* ciborum.
**speisen** *vi* cenare.
**Speiseröhre** *f* gula *f.*
**Speisesaal** *m* triclinium *nt,* cenatio <-onis> *f.*
**Speisewagen** *m* currus <-us> *m* cenatorius.
**Spektakel I.** *m (Krach)* tumultus <-us> *m* **II.** *nt (Anblick, Schauspiel)* spectaculum *nt.*
**Spekulant** *m* homo <-minis> *m* quaestui serviens.
**Spekulation** *f* ① *(geschäftlich)* quaestūs studium *nt* ② *(Vermutung)* cogitatio <-onis> *f.*

**spekulieren** *vi (geschäftlich)* quaestui servire; **auf etw ~** alqd (ap)petere.
**spendabel** *adj* munificus, liberalis.
**Spende** *f* donum *nt,* stips <stipis> *f;* **~n an Kleidung gehen ein** vestes donantur.
**spenden** *vt* donare, largiri; **Beifall ~** plausum dare.
**Spender** *m* largitor <-oris> *m.*
**spendieren** *vt* offerre, suppeditare.
**Sperling** *m* passer <-eris> *m.*
**Sperre** *f* ① saepta *nt pl,* cancelli *m pl* ② *(Verbot)* interdictio <-onis> *f.*
**sperren** *vt* praecludere [**introitūs**; **portum**], intercludere [**alci iter**; **commeatum urbi**]; **sich gegen etw ~** resistere alci rei.
**Sperrgebiet** *nt* regio <-onis> *f* prohibita.
**Sperrgut** *nt* merx <mercis> *f* incommoda.
**sperrig** *adj* obstruens <-entis>.
**Sperrkonto** *nt* computus *m* impeditus.
**Sperrmüll** *m* purgamenta *nt pl* obstruentia.
**Spesen** *pl* impendium *nt.*
**Spezial-** specialis.
**Spezialgebiet** *nt* genus <-neris> *nt* speciale.
**spezialisieren** *vr:* **sich auf etw ~** speciale studium alcis rei agitare.
**Spezialist(in** *f*) *m* specialista *m,* studio speciali excultus, -a *m, f.*
**Spezialität** *f* specialitas <-tatis> *f.*
**speziell** *adj* proprius, specialis.
**spezifisch** *adj* specificus [**pondus**].
**Sphäre** *f* sphaera *f.*
**Sphinx** *f* sphinx <-ingis> *f.*
**spicken I.** *vt* (GASTR) larido farcire **II.** *vi* (SCH) copiare.
**Spiegel** *m* speculum *nt.*
**Spiegelbild** *nt (fig)* speculum *nt.*
**Spiegelei** *nt* ovum *nt* assum.
**spiegeln** *vr:* **sich ~** *(sich wider~)* repercuti.
**Spiegelschrift** *f* retrographia *f.*
**Spiel** *nt* ludus *m; (im Spielkasino)* alea *f;* **aufs ~ setzen** *(fig)* in discrimen dare; **bei etw die Hand im ~ haben** alcis rei participem esse; **mit etw sein ~ treiben** illudere + *dat oder akk;* **ein ~ mit dem Feuer** inceptum periculi plenum; **das steht auf dem ~** id agitur, id in discrimine versatur.
**Spielautomat** *m* automatum *nt* lusorium.
**Spielbank** *f* aleatorium *nt,* lusorium *nt.*
**spielen** *vt, vi* ① ludere *(mit der Puppe ~, Ball ~:* abl, *Schach, Skat ~:* akk) [**pilā** Ball ~; **scaciludium** Schach ~] ② *(ein Instrument)* canere + *abl* [**tibiā**; **fidibus**] ③ *(Theaterstück, Rolle)* agere ④ *(simulieren)* simulare; **den Beleidigten ~** se laesum simulare.
**spielend** *adv (mühelos)* per ludum, facillime.
**Spieler** *m* lusor <-oris> *m; (im Spielkasino)* aleator <-oris> *m.*
**Spielerei** *f (Spaß, Kinderei)* lusus <-us> *m,* ludus *m.*
**Spielerin** *f* lustrix <-icis> *f; (im Spielkasino)* aleatrix <-icis> *f.*
**Spielfeld** *nt* campus *m* (ludi).
**Spielfilm** *m* (cinematographica) pellicula *f* fabularis.
**Spielhalle** *f* atrium *nt* aleatorium [*o* lusorium].
**Spielkasino** *nt* aleatorium *nt,* lusorium *nt.*
**Spielplan** *m* (THEAT) programma <-atis> *nt.*
**Spielplatz** *m* campus *m* lusorius.
**Spielraum** *m* spatium *nt.*
**Spielregel** *f* regula *f* lusoria, praeceptum *nt* lusorium; **sich an die ~n halten** praecepta lusoria tenēre.
**Spielsachen** *pl* ludibrium *nt.*
**Spielschuld** *f* damna *nt pl* aleatoria.
**Spieluhr** *f* horologium *nt* musicum.
**Spielverderber** *m* homo <-minis> *m* molestus.
**Spielwaren** *pl,* **Spielzeug** *nt* oblectamenta *nt pl* (puerorum).
**Spieß** *m* ① *(Waffe)* hasta *f* ② *(Brat~)* veru <-us> *nt.*
**Spießbürger** *m* paganus *m.*
**spießbürgerlich** *adj* paganus.
**Spießer** *m (Spießbürger)* paganus *m.*
**Spießgeselle** *m* satelles <-tellitis> *m.*
**spießig** *adj* paganus.
**Spinat** *m* spinacia *f.*
**Spindel** *f* fusus *m.*
**Spinne** *f* aranea *f.*
**spinnen** *vt, vi* ① nēre [**stamina**; **fila**] ② *(Unsinn reden)* ex se fingere.
**Spinnengewebe** *nt* aranea *f.*
**Spinnerei** *f (Unsinn)* ineptiae *f pl.*
**Spinnwebe** *f* aranea *f.*
**Spion** *m* ① *(Spitzel)* explorator <-toris> *m,* speculator <-toris> *m* ② *(in Tür)* riscus *m.*
**Spionage** *f* exploratio <-onis> *f,* speculatio <-onis> *f;* **~ treiben** speculari.
**spionieren** *vi* explorare, speculari.
**Spionin** *f* exploratrix <-icis> *f,* speculatrix <-icis> *f.*
**Spirale** *f* spiralis <-is> *f.*
**Spiritismus** *m* spiritismus *m.*
**Spiritist(in** *f*) *m* spiritista *m,* spiritistria *f.*
**spiritistisch** *adj* spiritisticus.
**Spirituosen** *pl* spirituosa *nt pl.*
**Spiritus** *m* spiritus <-us> *m* vini.
**spitz** *adj* ① acutus; **~ auslaufen** in acutum exire ② *(Bemerkung)* aculeatus.
**Spitzbube** *m* ① *(Schurke, Gauner)* verbero <-onis> *m* ② *(Schelm)* veterator <-oris> *m.*
**spitzbübisch** *adj* veteratorius.
**Spitze** *f* ① acumen <-minis> *nt,* cacumen <-minis> *nt* [**hastae**; **digiti**; **pyramidis**]; *(Berg~)* culmen <-minis> *nt,* cacumen <-minis> *nt;* **auf der ~ des Berges** summo in

monte; **an der ~ stehen** praeesse + *dat;* **an die ~ stellen** praeficere + *dat* ❷ *(fig: Höhepunkt)* culmen <-minis> *nt* ❸ *(Textil)* opus <operis> *nt* denticulatum.

**Spitzel** *m* explorator <-oris> *m,* speculator <-oris> *m; (Polizei~)* delator <-oris> *m,* index <-dicis> *m.*

**spitzen** *vt (spitz machen)* acuere [**gladium**; **palum**]; **die Ohren ~** aures erigere.

**Spitzen-** *(erstklassig)* optimus, summus.

**spitzfindig** *adj* aculeatus.

**Spitzfindigkeit** *f* acumen <-minis> *nt,* argutiae *f pl.*

**Spitzname** *m* cognomen <-minis> *nt* ioculare.

**Spleen** *m* ineptiae *f pl.*

**Splitter** *m* assula *f.*

**splittern** *vi* diffindi.

**sponsern** *vt* largiendo adiuvare.

**Sponsor** *m* largitor <-oris> *m.*

**spontan** *adj* promptus.

**Sporn** *m* calcar <-aris> *nt;* **einem Pferd die Sporen geben** calcaria equo subdere.

**Sport** *m* exercitatio <-onis> *f* corporis, ars <artis> *f* athletica, ars *f* gymnica; **~ treiben** corpus exercēre.

**Sportabzeichen** *nt* insigne <-nis> *nt* athleticum.

**Sporthalle** *f* aula *f* athletica.

**Sportlehrer(in** *f*) *m* corporum exercitator <-oris> *m,* magister <-tri> *m* artis gymnicae, magistra *f* artis gymnicae.

**Sportler(in** *f*) *m* athleta *m,* gymnicus, -a *m, f.*

**sportlich** *adj* athleticus, gymnicus.

**Sportnachrichten** *pl* nuntii *m pl* artis gymnicae.

**Sportplatz** *m* gymnasium *nt,* campus *m* gymnicus.

**Sportveranstaltung** *f* manifestatio <-onis> *f* athletica.

**Sportverein** *m* societas <-atis> *f* gymnicorum.

**Sportzeitung** *f* diurnum *nt* gymnasticum.

**Spott** *m* ludibrium *nt;* **seinen ~ mit jdm treiben** ludibrio habēre alqm.

**Spöttelei** *f* cavillatio <-onis> *f,* ludibrium *nt,* irrisio <-onis> *f.*

**spötteln** *vi* cavillari, irridēre *(über:* akk).

**spotten** *vi* irridēre *(über:* akk).

**Spötter** *m* irrisor <-oris> *m,* cavillator <-oris> *m.*

**spöttisch** *adj* irridens <-entis>.

**sprachbegabt** *adj* linguae ingenio praeditus.

**Sprachbegabung** *f* linguae ingenium *nt,* linguae indoles <-lis> *f.*

**Sprache** *f* lingua *f; (Sprechweise)* sermo <-onis> *m;* **etw zur ~ bringen** mentionem facere alcis rei; **eine ~ können** linguam scire; **es verschlägt einem die ~** id alci vocem intercludit; **nicht mit der ~ herauswollen** tergiversari.

**Sprachfehler** *m* (MED) vitium *nt* sermonis.

**Sprachforscher(in** *f*) *m* grammaticus, -a *m, f.*

**Sprachgebrauch** *m* consuetudo <-dinis> *f* loquendi, usus <-us> *m* loquendi.

**Sprachkenntnisse** *pl* linguae scientia *f,* linguae notitia *f.*

**Sprachkurs** *m* curriculum *nt* linguae.

**Sprachlabor** *nt* officina *f* loquelaris.

**Sprachlehre** *f* grammatica *f.*

**Sprachlehrer(in** *f*) *m* magister <-tri> *m* grammaticae, magistra *f* grammaticae.

**sprachlich** *adj* grammaticus.

**sprachlos** *adj (verblüfft)* attonitus.

**Sprachstudium** *nt* studium *nt* grammaticum.

**Sprachwissenschaft** *f* grammatica *f.*

**Sprachwissenschaftler(in** *f*) *m* grammaticus, -a *m, f.*

**sprachwissenschaftlich** *adj* grammaticus.

**Spray** *m/nt* aerosolum *nt.*

**sprechen** *vi* loqui, dicere, verba facere; **mit jdm ~** colloqui cum alqo; **~ über** disputare de; **griechisch ~** Graece loqui; **jmd ~ wollen** alqm convenire velle; **das spricht für sich** id ipsum loquitur; **auf etw zu ~ kommen** in mentionem alcis rei incidere; **gut auf jmd zu ~ sein** alci favēre; **schlecht auf jmd zu ~ sein** malo [*o* incommodo] animo in alqm esse.

**Sprecher(in** *f*) *m* orator <-oris> *m,* oratrix <-icis> *f.*

**Sprechstunde** *f* horae *f pl* consultandi.

**Sprechzimmer** *nt* locutorium *nt.*

**spreizen** *vt* divaricare.

**sprengen** *vt* ❶ *(Rasen)* irrigare [**hortum**] ❷ *(aufbrechen: Tür, Tresor)* frangere ❸ *(Versammlung)* dispergere.

**Sprengstoff** *m* materia *f* displosiva.

**Spreu** *f* palea *f.*

**Sprichwort** *nt* proverbium *nt;* **wie es im ~ heißt** ut in proverbio est; **zum ~ werden** in proverbium venire.

**sprichwörtlich** *adj* qui / quae / quod in proverbio est; **~ werden** in proverbium venire.

**sprießen** *vi* germinare.

**Springbrunnen** *m* aquae *f pl* salientes.

**springen** *vi* ❶ *(hüpfen)* salire ❷ *(hinunter~)* se praecipitare [**de turri**; **ex fenestra**] ❸ *(Glas, Metall)* (di)rumpi, rimas agere [*o* ducere].

**Spritze** *f* sipho <-onis> *m.*

**spritzen I.** *vt (Straße, Rasen)* spargere **II.** *vi* emicare <emicui>.

**Spritztour** *f* excursio <-onis> *f* brevis.

**spröde** *adj* ❶ *(Material)* fragilis ❷ *(Mensch)* asper <-era, -erum>.

**Sprödigkeit** *f* ❶ *(von Material)* fragilitas <-tatis> *f* ❷ *(von Menschen)* asperitas <-tatis> *f.*

**Spross** *m* ❶ (BOT) germen <-minis> *nt,* surculus *m* ❷ *(Nachkomme, Abkömmling)* proge-

S

nies <-ei> *f,* proles <-lis> *f,* stirps <stirpis> *f* [**regia**; **Veneris**].
**Sprosse** *f (Leiter~)* gradus <-us> *m.*
**Sprössling** *m (Nachkomme)* progenies <-ei> *f,* proles <-lis> *f,* stirps <stirpis> *f* [**regia**; **Veneris**].
**Sprotte** *f* sprattus *m.*
**Spruch** *m* dictum *nt;* (JUR) sententia *f.*
**spruchreif** *adj:* **die Sache ist noch nicht ~** res nondum matura est.
**Sprudel** *m* aqua *f* spumans.
**sprudeln** *vi (Wasser)* bullire, scatēre.
**sprühen** *vt (Wasser)* aspergere *(auf etw:* dat) [**aquam foliis**]; **Funken ~** scintillas edere; **Feuer ~** ignem fundere.
**Sprung** *m* ① saltus <-us> *m* ② *(Riss)* rima *f;* **viele Sprünge haben** rimosum esse; **Sprünge bekommen** rimas ducere.
**Sprungbrett** *nt* tabula *f* desultoria.
**sprunghaft** *adj (Denken)* disiunctus, perturbatus.
**Sprungschanze** *f* pulpitum *nt* desultorium.
**Spucke** *f* saliva *f,* sputum *nt.*
**spucken** *vi* spuere.
**Spuk** *m* larva *f,* umbra *f.*
**spuken** *vi:* **hier spukt es** hic larvae sunt.
**Spule** *f* fusus *m.*
**Spüle** *f* eluacrum *nt.*
**spülen** *vt* eluere, perluere.
**Spülmaschine** *f* machina *f* elutoria.
**Spülmittel** *nt* elutorium *nt.*
**Spur** *f* ① vestigium *nt;* **jdm auf der ~ sein** alqm insequi; **in jmds ~en treten** alcis vestigia (per)sequi ② *(Zeichen, Anzeichen)* indicium *nt,* signum *nt.*
**spürbar** *adj* sensibus subiectus.
**spüren** *vt* sentire.
**Spürhund** *m* canis <-is> *m* sagax.
**Spürnase** *f (fig)* nasus *m;* **eine ~ für etw haben** nasum alcis rei habēre.
**Spürsinn** *m* sagacitas <-tatis> *f;* **~ für etw haben** sagacem esse in alqa re.
**sputen** *vr:* **sich ~** festinare.
**Staat** *m* ① res <rei> *f* publica, civitas <-atis> *f;* **von ~s wegen** publice ② *(fig: Prunk)* pompa *f,* luxus <-us> *m,* apparatus <-us> *m* magnificus.
**Staatenbund** *m* civitatum confoederatio <-onis> *f.*
**staatenlos** *adj durch gen:* nullius civitatis.
**Staatenlose(r)** *f(m)* nullius civitatis civis <-is> *m/f.*
**staatlich** *adj* publicus.
**Staatsanwalt** *m,* **-anwältin** *f* procurator <-toris> *m* publicus, procuratrix <-icis> *f* publica.
**Staatsbeamter** *m* magistratus <-us> *m.*
**Staatsbürger(in** *f*) *m* civis <-is> *m/f.*
**Staatsdienst** *m* munus <-neris> *nt* rei publicae, *meist nur:* res <rei> *f* publica; **im ~ stehen** [*o* **sein**] in re publica versari; **in den ~ treten** ad rem publicam accedere.
**Staatseigentum** *nt* possessio <-onis> *f* publica.
**Staatsfeind** *m* hostis <-is> *m.*
**Staatsform** *f* forma *f* civitatis.
**Staatsgebiet** *nt* territorium *nt* publicum.
**Staatsgewalt** *f* potestas <-atis> *f* civitatis.
**Staatskasse** *f* aerarium *nt.*
**Staatskosten** *pl:* **auf ~** sumptu publico, publice.
**Staatsmann** *m* vir <viri> *m* rerum civilium peritus, qui in re publica versatur.
**Staatsminister** *m* minister <-tri> *m* rei publicae, minister *m* civitatis.
**Staatsoberhaupt** *nt* caput <-pitis> *nt* rei publicae, princeps <-cipis> *m* civitatis.
**Staatspräsident** *m* praeses <-sidis> *m* rei publicae, princeps <-cipis> *m* civitatis.
**Staatsrat** *m (Institution)* consilium *nt* publicum, consilium *nt* rei publicae [*o* civitatis].
**Staatsstreich** *m* rei publicae eversio <-onis> *f;* **einen ~ durchführen** rem publicam evertere.
**Stab** *m* ① baculum *nt;* **den ~ über jmd brechen** condemnare alqm ② (MIL: *Führungsgruppe)* praetorium *nt.*
**Stabhochsprung** *m* saltus <-us> *m* perticarius.
**stabil** *adj* firmus, stabilis.
**stabilisieren** *vt* stabilire.
**Stabschef** *m* praefectus *m* praetorii.
**Stachel** *m* aculeus *m,* spina *f.*
**Stachelbeere** *f* grossularia *f.*
**Stacheldraht** *m* filum *nt* aculeatum, ferrum *nt* spinosum.
**stachelig** *adj* aculeatus, spinosus.
**Stachelschwein** *nt* porcus *m* spinosus.
**Stadion** *nt* stadium *nt,* campus *m.*
**Stadium** *nt* gradus <-us> *m.*
**Stadt** *f* oppidum *nt,* urbs <urbis> *f.*
**Stadt-** urbanus, urbicus [**administratio**; **bibliotheca**].
**Städtchen** *nt* oppidulum *nt.*
**Städtepartnerschaft** *f* geminae civitates *f pl.*
**Städter(in** *f*) *m* oppidanus, -a *m, f,* urbanus *m.*
**Stadtgebiet** *nt* territorium *nt* urbanum.
**Stadtgespräch** *nt* fabulae *f pl* urbis [*o* oppidi]; **das ~ sein** in ore vulgi esse; **zum ~ werden** in ora vulgi venire.
**städtisch** *adj* oppidanus, urbanus.
**Stadtmauer** *f* moenia <-ium> *nt pl.*
**Stadtmitte** *f* medium *nt* oppidi [*o* urbis].
**Stadtplan** *m* descriptio <-onis> *f* oppidi.
**Stadtrand** *m* suburbium *nt.*
**Stadtrandsiedlung** *f* aversa *nt pl* urbis.
**Stadtrat** *m* ① *(Gremium)* curia *f,* senatus <-us> *m* ② *(Person)* decurio <-onis> *m,* senator <-oris> *m.*

**Stadtrundfahrt** *f* circumgestatio <-onis> *f* per urbem.
**Stadtstreicher** *m* erro <-onis> *m.*
**Stadtteil** *m* vicus *m,* tribus <-us> *f.*
**Stadttor** *nt* porta *f* urbis.
**Stadtverwaltung** *f* administratio <-onis> *f* urbana.
**Staffel** *f* gradus <-us> *m.*
**Staffelei** *f* machina *f* pictoria.
**staffeln** *vt (Gebühren, Steuern, Gehälter)* gradatim distribuere.
**Stahl** *m* chalybs <-ybis> *m.*
**stählen** *vt (kräftigen, abhärten)* durare, firmare [**corpus**; **musculos**].
**Stall** *m* stabulum *nt.*
**Stallknecht** *m* agaso <-onis> *m.*
**Stamm** *m* ❶ *(Baum~)* truncus *m* ❷ *(Menschen~, Volks~)* gens <gentis> *f,* stirps <stirpis> *f.*
**Stammbaum** *m* stemma <-atis> *nt.*
**stammeln** *vt* balbutire.
**stammen** *vi* ortum esse *(von, aus:* bl. abl; ab; ex).
**Stammgast** *m* hospes <-pitis> *m* solitus; **~ einer Wirtschaft sein** cauponam frequentare.
**stämmig** *adj* robustus.
**Stammplatz** *m* locus *m* usualis.
**Stammvater** *m* progenitor <-toris> *m.*
**stampfen I.** *vi* supplodere; **mit dem Fuß ~** pedem supplodere **II.** *vt (mit Werkzeug: Kartoffeln)* pinsere.
**Stand** *m* ❶ *(Lage, Zustand)* status <-us> *m,* condicio <-onis> *f; (Rang, Klasse)* ordo <-dinis> *m;* **auf den neuesten ~ bringen** in statum novum redigere ❷ *(Verkaufs~, Messe~)* mensa *f; (Spiel~)* aleatorium *nt.*
**Standard** *m* norma *f.*
**Standarte** *f* vexillum *nt.*
**Standbild** *nt* statua *f.*
**Ständchen** *nt* cantus <-us> *m* nocturnus.
**Ständer** *m* statumen <-minis> *nt.*
**Standesamt** *nt* officium *nt* registrationis.
**standesgemäß** *adv* ordine digne.
**standhaft** *adj* firmus, constans <-antis> [**animus**; **fides**].
**Standhaftigkeit** *f* constantia *f,* firmitas <-atis> *f.*
**standhalten** *vi* resistere [**hostibus**; **ventis**; **lacrimis et precibus**].
**ständig I.** *adj* assiduus, perpetuus, continuus [**imbres**; **bella**] **II.** *adv* perpetuo, continuo.
**Standlicht** *nt* luminar <-aris> *nt* statarium.
**Standort** *m* statio <-onis> *f;* **seinen ~ wechseln** alio se conferre.
**Standpunkt** *m* locus *m;* **von diesem ~ aus** ex eo loco.
**Standuhr** *f* horologium *nt* stativum.
**Stange** *f* pertica *f.*
**Stängel** *m* caulis <-is> *m.*
**Stapel** *m* ❶ *(aufgeschichteter Haufen)* strues <-uis> *f* ❷ (NAUT): **ein Schiff vom ~ lassen** navem in aquam deducere.
**stapeln** *vt* struere.
**Star** *m* ❶ *(Film~, Opern~)* aster <-eris> *m* ❷ (ZOOL) sturnus *m* ❸ (MED): **grüner ~** glaucoma <-atis> *nt;* **grauer ~** suffusio <-onis> *f.*
**stark** *adj* ❶ *(kräftig)* firmus, validus; **~ sein** valēre ❷ *(Schmerzen, Erkältung)* gravis ❸ *(Wind)* vehemens <-mentis>.
**Stärke** *f* ❶ *(Körperkraft)* vires <-rium> *f pl* [**corporis**; **equorum**; **austri**]; *(Körperkraft, moral. Stärke, Macht)* robur <-boris> *nt* [**corporis**; **animi**; **virtutis**; **imperatoris**]; **Mathematik ist seine ~** mathematicā multum valet ❷ *(Festigkeit)* firmitas <-atis> *f* [**materiae**].
**stärken I.** *vt* (con)firmare [**valetudinem**; **Galliam praesidiis**] **II.** *vr:* **sich ~** se recreare.
**Stärkung** *f* ❶ confirmatio <-onis> *f* ❷ *(Erfrischung)* refectio <-onis> *f.*
**Stärkungsmittel** *nt* (MED) remedium *nt* corporis reficiendi.
**starr** *adj* ❶ *(steif)* rigidus ❷ *(vor Schreck, vor Staunen)* attonitus [**magnitudine periculi**; **novitate ac miraculo**] ❸ *(unbeugsam)* rigidus [**animus**].
**starren** *vi* ❶ *(starr blicken)* oculos defigere *(auf:* in + akk) ❷ *(von/vor etw ~)* squalēre + *abl;* **vor Schmutz ~** squalēre.
**Starrheit** *f (Steifheit; fig: Strenge, Unbeugsamkeit)* rigor <-oris> *m.*
**starrköpfig** *adj* obstinatus, pertinax <-acis>.
**Starrsinn** *m* pertinacia *f,* obstinatio <-onis> *f.*
**starrsinnig** *adj* obstinatus, pertinax <-acis>.
**Start** *m* initium *nt.*
**Startbahn** *f* carceres <-rum> *m pl.*
**startbereit** *adj* promptus.
**starten I.** *vi* ❶ *(allg., Sport)* initium facere ❷ *(abheben)* avolare, aëra carpere ❸ *(aufbrechen, abreisen)* proficisci **II.** *vt (in Gang setzen, ~ lassen)* incitare [**machinam**].
**Startschuss** *m* (SPORT) iactus <-us> *m* initium faciendi.
**Startsignal, -zeichen** *nt* signum *nt* initium faciendi.
**Station** *f* statio <-onis> *f;* **~ machen** subsistere, consistere, (re)quiescere.
**stationieren** *vt* (MIL) collocare.
**Statist** *m* persona *f* muta.
**Statistik** *f* statistica *f.*
**Statistin** *f* persona *f* muta.
**statistisch** *adj* statisticus [**dicta** ~e Angaben].
**Stativ** *nt* (FOT) stativum *nt,* tripes <-pedis> *m.*
**statt I.** *praep* pro + *abl,* loco, in locum + *gen;* **an jmds statt** loco alcis **II.** *kj:* **~ zu …** *mit* cum *zu übersetzen:* **er las, ~ zu arbeiten** legit,

cum laborare deberet.
**stattdessen** *adv* pro eo.
**Stätte** *f* locus *m.*
**stattfinden** *vi* esse, fieri, accidere.
**Statthalter** *m* proconsul <-lis> *m,* propraetor <-toris> *m.*
**stattlich** *adj* ① *(prächtig: Gebäude)* magnificus; *(Mensch)* decorus, speciosus ② *(beträchtlich)* amplus, magnus [**numerus**; **exercitus**]; **eine ~e Summe** magna pecunia.
**Statue** *f* statua *f;* **eine ~ errichten** statuam ponere.
**Statur** *f* statura *f.*
**Status** *m* status <-us> *m;* **~ quo** praesens rerum status [*o* condicio].
**Statussymbol** *nt* signum *nt* statūs.
**Stau** *m* oppilatio <-onis> *f.*
**Staub** *m* pulvis <-veris> *m;* **sich aus dem ~ machen** furtim digredi, clam se subducere.
**staubig** *adj* pulverulentus, pulvereus.
**Staublappen** *m* pannus *m.*
**Staubsauger** *m* hauritorium *nt* pulveris.
**Staubtuch** *nt* pannus *m.*
**Staubwolke** *f* nubes <-bis> *f* pulverea, nubes *f* pulveris.
**Staudamm** *m* moles <-lis> *f* aquae opposita.
**Staude** *f* frutex <-ticis> *m.*
**Staumauer** *f* murus *m* aquae oppositus.
**staunen** *vi* mirari *(über:* akk), stupēre *(über:* abl).
**Staunen** *nt* miratio <-onis> *f,* stupor <-oris> *m;* **aus dem ~ nicht herauskommen** mirari [*o* stupēre] non desinere.
**Stauung** *f (Verkehrs~; Stockung)* oppilatio <-onis> *f.*
**stechen** *vt* pungere.
**stechend** *adj* asper <-era, -erum>, acer <acris, acre> [**odor**; **dolor**].
**Stechkarte** *f (bei gleitender Arbeitszeit)* charta *f* praesentiae.
**Steckbrief** *m* praemandatum *nt.*
**steckbrieflich** *adv:* **~ gesucht werden** praemandatis quaeri [*o* requiri]; **jmd ~ verfolgen** alqm praemandatis (per)sequi.
**Steckdose** *f* capsella *f* contactūs (electrici).
**stecken I.** *vt (hinein~)* inserere *(in etw:* in alqd oder alci rei); *(an~)* aptare *(an etw: dat)* [**anulum digito**]; **in Brand ~** incendere **II.** *vi* ① *(festsitzen)* haerēre ② *(sich befinden)* esse; **in Schulden ~** aere alieno obrutum esse; **~ bleiben** haerēre [**in palude**]; **es steckt etw dahinter** *(fig)* alqd subest.
**Steckenpferd** *nt (Hobby)* deliciae *f pl,* studium *nt.*
**Stecker** *m* (ELEK) spina *f* conexiva.
**Stecknadel** *f* fibula *f,* acus <-us> *f.*
**Steg** *m (Fußgängerbrücke)* pons <pontis> *m,* ponticulus *m.*
**Stegreif** *m:* **aus dem ~** ex tempore.
**Stehaufmännchen** *nt* surgiculum *nt.*
**stehen** *vi* ① *(aufrecht ~)* stare <steti>; *(sich befinden)* esse; **zur Seite ~** adesse + *dat;* **in Flammen ~** ardēre; **im Wege ~** obstare <obstiti>; **~ bleiben** consistere; **~ lassen** relinquere; **mit etw ~ und fallen** totum pendēre ex alqa re; **wie steht das Rennen?** qui cursūs est status? ② **jdm gut / schlecht ~** alqm decēre/dedecēre; **dieses Kleid steht dir** (**gut**) haec vestis te decet.
**stehend** *adj:* **~er Ausdruck** verbum *nt* fixum; **~en Fußes** e [*o* in] vestigio, ilico.
**Stehlampe** *f* lucerna *f* stativa.
**stehlen** *vt* furari.
**steif** *adj (auch fig)* rigidus; **~ und fest behaupten, dass ...** firmissime asseverare (+ A.C.I.).
**Steifheit** *f* rigor <-oris> *m.*
**Steigbügel** *m* stapia *f.*
**steigen** *vi* ① *(hinauf~)* ascendere [**in equum**; **in murum**]; *(ein~)* inscendere [**in currum**]; *(Barometer)* sursum tendere; **vom Pferd ~** ex equo descendere ② *(zunehmen)* crescere, augeri.
**steigern** *vt* augēre.
**Steigerung** *f (Erhöhung, Vermehrung, Zunahme)* auctus <-us> *m.*
**Steigung** *f* ascensus <-us> *m.*
**steil** *adj* arduus, praeruptus [**ripa**; **mons**].
**Stein** *m* lapis <-idis> *m;* **bei jdm einen ~ im Brett haben** gratiā valēre apud alqm; **keinen ~ auf dem anderen lassen** funditus evertere.
**steinalt** *adj* veterrimus.
**Steinbock** *m* ① (ZOOL) ibex <ibicis> *m* ② (ASTR) capricornus *m.*
**Steinbruch** *m* lautumiae *f pl.*
**steinern** *adj* lapideus.
**steinhart** *adj* durissimus.
**steinig** *adj* lapidosus.
**steinigen** *vt* lapidibus obruere.
**Steinigung** *f* lapidatio <-onis> *f.*
**Steinkohle** *f* carbo <-onis> *m* fossilis, carbo *m* mineralis.
**Steinmetz** *m* lapicida *m.*
**steinreich** *adj (sehr reich)* divitissimus.
**Steinzeit** *f* aetas <-atis> *f* lapidea.
**Stelle** *f* ① *(Platz, Ort)* locus *m;* **auf der ~** *(sofort)* statim; **zur ~ sein** adesse; **an jmds ~** pro alqo; **an deiner ~** tuo loco; **an jmds ~ treten** in locum alcis succedere ② *(Arbeits~, Amt)* munus <-neris> *nt;* **sich um eine ~ bewerben** munus petere.
**stellen I.** *vt* ① *(hin~)* ponere, statuere, constituere, sistere; **etw zur Schau ~** alqd exponere; **Bedingungen ~** condiciones ferre; **jdm eine Frage ~** alqm interrogare ② *(vor Gericht)* sistere **II.** *vr:* **sich ~** ① *(sich hin~, sich auf~)* consistere ② **sich krank/tot ~** aegrum/mor-

tuum simulare.

**Stellenangebot** *nt* munus <-neris> *nt* oblatum.

**Stellengesuch** *nt* munus <-neris> *nt* quaesitum.

**Stellung** *f* ❶ *(Lage, Haltung)* positio <-onis> *f* [**corporis**] ❷ (MIL) locus *m;* **die ~ halten** locum tenēre ❸ *(Arbeit, Amt)* munus <-neris> *nt* ❹ *(Stand, Rang)* ordo <-dinis> *m* ❺ **jmd nimmt zu etw ~** alqs dicit quod sentit de alqa re.

**Stellungskrieg** *m* bellum *nt* stativum.

**stellvertretend** *adj* vicarius [**praeses**].

**Stellvertreter(in** *f*) *m* vicarius, -a *m, f.*

**Stelze** *f* gralla *f.*

**stemmen** *vr:* **sich auf etw ~** niti + *abl;* **sich ~ gegen** obniti + *dat* [**trunco arboris**]; *(fig: sich auflehnen, sich widersetzen)* resistere + *dat* [**hostibus**].

**Stempel** *m* ❶ *(Abdruck)* signum *nt,* nota *f* ❷ *(Gerät)* signatorium *nt.*

**stempeln** *vt* signare.

**Stenographie** *f,* **Stenografie** *f* stenographia *f.*

**stenographieren** *vt, vi* **stenografieren** *vt, vi* notis scribere.

**Stenotypistin** *f* stenotypistria *f.*

**Steppe** *f* campi *m pl* deserti, tesca *nt pl.*

**Sterbefall** *m* mors <mortis> *f.*

**Sterbehilfe** *f* euthanasia *f.*

**sterben** *vi* mori *(an, vor etw:* abl oder ex re), animam efflare, de vita decedere; **eines gewaltsamen Todes ~** morte violentā perire; **eines natürlichen Todes ~** naturae concedere, mortem obire; **an einer Wunde ~** ex vulnere mori; **vor Langeweile ~** *(fig)* otii molestiā mori.

**Sterben** *nt* mors <mortis> *f,* obitus <-us> *m;* **die Angst vorm ~** mortis pavor.

**Sterbenswörtchen** *nt:* **kein ~ sagen** nullum verbulum dicere.

**sterblich** *adj* mortalis.

**Sterblichkeit** *f* mortalitas <-atis> *f.*

**Stereoanlage** *f* apparatus <-us> *m* stereophonicus.

**stereotyp** *adj* fixus, immutabilis, stereotypus.

**steril** *adj* sterilis.

**Sterilisation** *f* sterilisatio <-onis> *f.*

**sterilisieren** *vt* sterilisare.

**Stern** *m* stella *f,* astrum *nt,* sidus <-deris> *nt;* **zu den ~en erheben** *(sehr rühmen)* ad astra tollere.

**Sternbild** *nt* sidus <-deris> *nt.*

**Sternenhimmel** *m* caelum *nt* stellis ornatum, caelum *nt* stellatum.

**sternenklar** *adj* stellis claratus [**nox**].

**Sternhimmel** *m* caelum *nt* stellis ornatum, caelum *nt* stellatum.

**Sternkunde** *f* astronomia *f.*

**Sternschnuppe** *f* stella *f* transvolans.

**Sternstunde** *f* magnum [*o* amplum] momentum *nt.*

**Sternwarte** *f* specula *f* observandis sideribus, specula *f* astronomica.

**stetig** *adj* continuus, constans <-antis>.

**Stetigkeit** *f* constantia *f.*

**stets** *adv* semper.

**Steuer I.** *f* tributum *nt,* vectigal <-alis> *nt,* stipendium *nt;* **jdm ~n auferlegen** tributa [*o* vectigalia] alci imponere; **~n eintreiben** vectigalia exigere; **~n zahlen** vectigalia pensitare **II.** *nt* gubernaculum *nt,* clavus *m.*

**Steuerberater(in** *f*) *m* consiliarius *m* vectigalis, consultor <-oris> *m* vectigalis, consiliatrix <-icis> *f* vectigalis, consultrix <-icis> *f* vectigalis.

**Steuerbescheid** *m* indictio <-onis> *f* tributi.

**Steuerbord** *nt* (NAUT) dextrum latus <-teris> *nt* (navigii).

**Steuereinnahme** *f* exactio <-onis> *f* vectigalium.

**Steuererklärung** *f* confessio <-onis> *f* tributo indicando.

**Steuererlass** *m* remissio <-onis> *f* tributi.

**Steuerermäßigung** *f* deminutio <-onis> *f* tributi.

**steuerfrei** *adj* immunis.

**Steuerfreiheit** *f* immunitas <-atis> *f.*

**Steuermann** *m* gubernator <-oris> *m.*

**steuern** *vt, vi* gubernare; **zu einer Insel ~** cursum tenēre in insulam.

**steuerpflichtig** *adj* vectigalis, tributarius.

**Steuerrad** *nt* rota *f* moderatrix.

**Steuerreform** *f* reformatio <-onis> *f* tributorum.

**Steuerruder** *nt* gubernaculum *nt,* clavus *m.*

**Steuerung** *f* ❶ *(Tätigkeit)* gubernatio <-onis> *f* ❷ *(Vorrichtung)* gubernaculum *nt.*

**Steuerzahler(in** *f*) *m* tributarius, -a *m, f.*

**Steward** *m* ministrator <-oris> *m,* diaetarius *m.*

**Stewardess** *f* ministratrix <-icis> *f,* diaetaria *f.*

**Stich** *m* ❶ *(Messer~, Nadel~)* ictus <-us> *m;* *(Insekten~)* punctum *nt* ❷ *(fig)*: **jmd im ~ lassen** deserere, destituere alqm.

**Stichelei** *f* cavillatio <-onis> *f.*

**sticheln** *vi (fig)* cavillari.

**stichhaltig** *adj* certus, firmus [**causae**].

**Stichprobe** *f* exemplum *nt* (probativum).

**Stichwahl** *f* altera latio <-onis> *f* suffragiorum.

**Stichwort** *nt* lemma <-atis> *nt.*

**Stichwortverzeichnis** *nt* index <-dicis> *m* verborum, index *m* lemmatum.

**Stichwunde** *f* plaga *f.*

**sticken** *vt* (acu) pingere.

**Stickerei** *f* opus <operis> *nt* acu pictum.

**Stickstoff** *m* nitrogenium *nt.*

**Stiefbruder** *m* frater <-tris> *m* ex eodem patre/ex eadem matre natus.

**Stiefel** *m* caliga *f.*

**Stiefmutter** *f* noverca *f.*

**Stiefmütterchen** *nt* (BOT) iacea *f.*

**stiefmütterlich** *adj* novercalis.

**Stiefschwester** *f* soror <-oris> *f* ex eodem patre/ex eadem matre nata.

**Stiefsohn** *m* privignus *m.*

**Stieftochter** *f* privigna *f.*

**Stiefvater** *m* vitricus *m.*

**Stiel** *m* ❶ *(Griff)* manubrium *nt* ❷ *(von Blatt, Frucht)* petiolus *m,* pediculus *m.*

**stier** *adj* trux <-ucis> [**vultus**].

**Stier** *m* taurus *m.*

**Stierkampf** *m* taurobolium *nt,* tauromachia *f.*

**Stierkämpfer** *m* taurarius *m,* tauromachus *m.*

**Stift I.** *m* ❶ *(zum Befestigen)* clavulus *m* ❷ *(zum Zeichnen)* stilus *m* **II.** *nt* hospitium *nt* (coenobiale).

**stiften** *vt* ❶ *(schenken, spenden)* donare, largiri ❷ *(Unruhe u. Ä.)* concitare; **Frieden ~** pacem facere.

**Stiftung** *f* institutum *nt.*

**Stil** *m* genus <-neris> *nt* [**dicendi**; **scribendi**].

**still** *adj* quietus, tranquillus; **im Stillen** *(heimlich)* secreto; **~ sein, sich ~ verhalten** tacēre, silēre; **~ werden** conticescere.

**Stille** *f* silentium *nt;* **sich in aller ~ davonmachen** silentio fugere.

**stillen** *vt* ❶ *(zum Stillstand bringen, hemmen)* sistere [**sanguinem**] ❷ *(beruhigen, besänftigen)* sedare [**iram**; **discordiam**; **molestias**] ❸ *(befriedigen)* explēre [**sitim**] ❹ *(Säugling)* lactare.

**stilllegen** *vt (Betrieb)* claudere.

**Stillschweigen** *nt* silentium *nt;* **etw mit ~ übergehen** alqd silentio praetermittere.

**stillschweigend I.** *adj* tacitus [**conventum** Übereinkunft] **II.** *adv* silentio.

**Stillstand** *m:* **etw zum ~ bringen** alqd sistere.

**stillstehen** *vi (Mensch)* consistere, subsistere; *(Puls, Herz)* haerēre.

**Stilübung** *f* generis scribendi exercitatio <-onis> *f.*

**Stimmabgabe** *f* suffragium *nt.*

**Stimmbänder** *pl* chordae *f pl* vocales.

**stimmberechtigt** *adj:* **~ sein** ius suffragandi/refragandi habēre.

**Stimme** *f* ❶ vox <vocis> *f;* **mit lauter ~** magnā voce ❷ *(Wahl~)* suffragium *nt;* **seine ~ abgeben** suffragium ferre; **jdm seine ~ geben** sententiam ferre pro alqo.

**stimmen I.** *vi (richtig sein)* iustum esse; **für jmd ~** suffragari alci; **gegen jmd ~** refragari alci **II.** *vt* ❶ *(ein Instrument)* tendere [**citharam**; **clavichordium**; **violinam**] ❷ **jmd fröhlich/traurig ~** alqm in laetitiam/in tristitiam evocare, animum alcis ad laetitiam/ad tristitiam excitare.

**Stimmenauszählung** *f* diribitio <-onis> *f.*

**Stimmengleichheit** *f* aequus numerus *m* suffragiorum.

**Stimmenmehrheit** *f* maior pars <partis> *f* suffragiorum; **er wurde mit großer ~ gewählt** suffragiis longe plurimis delectus est.

**Stimmenthaltung** *f* abstentio <-onis> *f.*

**Stimmgabel** *f* soni index <-dicis> *m,* sonometrum *nt.*

**stimmhaft** *adj* sonorus.

**stimmlos** *adj* surdus.

**Stimmrecht** *nt* suffragium *nt,* ius <iuris> *nt* suffragii.

**Stimmtäfelchen** *nt (der Bürger in der Volksversammlung)* tabella *f.*

**Stimmung** *f* animus *m;* **in guter/schlechter ~** bene/male affectus.

**Stimmungsumschwung** *m* animi conversio <-onis> *f;* **ein ~ trat ein** mentes conversae sunt.

**Stimmzettel** *m* schedula *f.*

**stimulieren** *vt* stimulare.

**stinken** *vi* male olēre.

**stinkend** *adj* foetidus, male olens.

**stinkfaul** *adj* pigerrimus.

**stinklangweilig** *adj* molestissimus.

**Stinkwut** *f:* **eine ~ haben** furiosum esse.

**Stipendium** *nt* stipendium *nt.*

**Stippvisite** *f:* **bei jdm eine ~ machen** alqm festinanter visere.

**Stirn** *f* frons <frontis> *f;* **die ~ runzeln** frontem contrahere; **jdm die ~ bieten** alci obsistere.

**Stirnband** *nt* redimiculum *nt* frontis.

**stöbern** *vi* perscrutari *(in:* akk).

**stochern** *vi:* **im Feuer ~** ignem excitare; **in den Zähnen ~** dentes scalpere.

**Stock** *m* ❶ *(Stab)* baculum *nt;* **am ~ gehen** baculo inniti; **über ~ und Stein** per invia ❷ *(Stockwerk)* tabulatum *nt.*

**stockdumm** *adj* stultissimus, stupidissimus.

**stocken** *vi* ❶ *(nicht vorangehen)* iacēre ❷ *(stillstehen: Puls, Herz)* haerēre ❸ *(beim Sprechen)* haesitare.

**Stockung** *f* ❶ *(Unterbrechung)* interruptio <-onis> *f* ❷ *(Verkehrs~)* oppilatio <-onis> *f.*

**Stockwerk** *nt* tabulatum *nt.*

**Stoff** *m* ❶ *(Gewebe)* textum *nt,* textile <-lis> *nt* ❷ *(Materie, Substanz)* materia *f* ❸ *(Thema)* materia *f,* argumentum *nt* [**sermonis** Gesprächsstoff; **libri**; **ad iocandum**]; **der ~ zur Unterhaltung ist ihnen bald ausgegangen** eorum sermo mox frigebat.

**Stoffel** *m* rusticus *m.*

**Stoffwechsel** *m* metabolismus *m.*

**stöhnen** *vi* gemere.

**Stöhnen** *nt* gemitus <-us> *m.*

**Stollen** *m* (BERGB) cuniculus *m.*

**stolpern** *vi* labi.
**stolz** *adj* ① superbus; **auf etw ~ sein** superbire alqa re ② *(von Preis: beträchtlich)* amplus, magnus.
**Stolz** *m* ① superbia *f* ② *(Gegenstand des ~es, auch von Personen)* decus <-coris> *nt.*
**stolzieren** *vi* se iactare.
**stop** *interj* siste!/sistite!.
**stopfen** *vt* ① *(voll ~)* farcire, refercire; **jdm den Mund** [*o* **das Maul**] **~** alci os obturare, alci linguam occludere; **gestopft voll** refertus ② *(Strümpfe usw. ausbessern)* acu (re)sarcire.
**stopp** *interj* siste!/sistite!.
**Stoppel** *f* stipula *f.*
**Stoppelbart** *m* barba *f* hispida [*o* hirsuta].
**Stoppelfeld** *nt* stipuletum *nt.*
**stoppelig** *adj* hispidus, hirsutus [**barba**].
**stoppen** *vt, vi (anhalten)* sistere.
**Stoppuhr** *f* chronoscopium *nt.*
**Stöpsel** *m* ① *(von Becken, Wanne)* obturamentum *nt* ② *(Korken)* cortex <-ticis> *m.*
**Storch** *m* ciconia *f.*
**stören** *vt* (per)turbare; **sich nicht ~ lassen** non turbari.
**störend** *adj* molestus.
**Störenfried** *m* turbator <-oris> *m.*
**störrisch** *adj* ① *(widerspenstig: Mensch, Haltung)* obstinatus, contumax <-acis>; *(Pferd)* tenax <-acis> ② *(Haare)* hirsutus.
**Störung** *f* perturbatio <-onis> *f,* impedimentum *nt; (bei der Arbeit, beim Lernen)* interpellatio <-onis> *f.*
**Stoß** *m* ① *(Schlag)* ictus <-us> *m,* pulsus <-us> *m,* plaga *f;* **jdm einen ~ geben** [*o* **versetzen**] ictum alci infligere; **seinem Herzen einen ~ geben** *(fig)* animum suum vincere ② *(Haufen)* acervus *m.*
**Stoßdämpfer** *m* antipulsorium *nt.*
**stoßen I.** *vt (an~)* affligere, offendere, allidere [**pedem ad lapidem**]; *(schubsen)* icere **II.** *vi* ① **an etw ~** *(anschlagen)* offendere *(an:* dat oder in + abl), allidi *(an:* ad oder in + akk) ② *(angrenzen)* attingere + *akk* ③ **auf jmd/etw ~** *(antreffen, finden)* offendere + *akk* **III.** *vr:* **sich ~** ① *(an~)* offendere *(an:* dat oder in + abl), allidi *(an:* ad oder in + akk) ② **sich an etw ~** *(fig: an etw Anstoß nehmen)* offendere (in + abl).
**Stoßgebet** *nt* precatio <-onis> *f* iaculatoria, preces <-cum> *f pl* iaculatoriae, iaculatorium *nt.*
**Stoßstange** *f* contus *m* tutorius.
**stottern** *vi* balbutire.
**Stövchen** *nt* furnulus *m.*
**stracks** *adv* ① *(geradewegs)* rectā viā, recto itinere ② *(sofort)* statim.
**Strafanstalt** *f* ergastulum *nt.*
**Strafarbeit** *f (in Schule)* poena *f.*
**Strafaufschub** *m* dilatio <-onis> *f* poenae.
**strafbar** *adj* poenā dignus; **~e Handlung** scelus <-leris> *nt,* delictum *nt.*
**Strafe** *f* poena *f; (Geld~)* multa *f;* **eine ~ verhängen** punire, poenā afficere *(über:* akk); **eine ~ verbüßen** poenam (per)solvere; **etw unter ~ stellen** poenam constituere alci rei.
**strafen** *vt* punire, poenā afficere; **~der Blick** vultus obiurgatorius; **~de Worte** verba obiurgatoria.
**Straferlass** *m* poenae remissio <-onis> *f.*
**straff** *adj* astrictus, contentus; **~ anziehen** astringere, (con)tendere.
**straffällig** *adj:* **~ werden** delictum committere.
**straffen** *vt* (con)tendere.
**straffrei** *adv:* **~ ausgehen** [*o* **bleiben**] extra poenam esse.
**Straffreiheit** *f* impunitas <-atis> *f.*
**Strafgesetzbuch** *nt* codex <-dicis> *m* criminalis.
**sträflich** *adj:* **~er Leichtsinn** temeritas <-atis> *f* et neglegentia *f.*
**Sträfling** *m* captivus *m,* custodia *f.*
**straflos** *adv:* **~ ausgehen** extra poenam esse.
**Strafporto** *nt* tributi accessio <-onis> *f.*
**Strafpredigt** *f:* **jdm eine ~ halten** alqm acerbe reprehendere [*o* obiurgare].
**Strafprozess** *m* lis <litis> *f* criminalis.
**Strafrecht** *nt* poenae ius <iuris> *nt.*
**Strafstoß** *m* (SPORT) iactus <-us> *m* poenalis.
**Straftat** *f* delictum *nt.*
**Strafzettel** *m* multa *f.*
**Strahl** *m* radius *m* [**solis**].
**strahlen** *vi* fulgēre; **~des Gesicht** vultus hilarus; **~des Wetter** caelum apricum.
**Strahlenbehandlung** *f,* **Strahlentherapie** *f* radiotherapia *f.*
**Strahlung** *f* radiatio <-onis> *f.*
**Strähne** *f* cirrus *m.*
**stramm** *adj* ① *(straff: Seil)* astrictus, contentus ② *(Haltung)* erectus, rigidus.
**strampeln** *vi* crura agitare.
**Strand** *m* litus <-toris> *nt.*
**Strandanzug** *m* vestitus <-us> *m* litoralis.
**stranden** *vi* ① in vadum allidi, in terram deferri ② *(fig: scheitern)* dirimi.
**Strandkorb** *m* sella *f* litoralis.
**strangulieren** *vt* strangulare.
**Strapaze** *f* labor <-oris> *m;* **die Reise war eine einzige ~** iter laboriosissimum erat.
**strapazieren** *vt* labore vexare.
**strapazierfähig** *adj (Kleidung)* firmus.
**strapaziös** *adj* laboriosus [**opus**; **vitae genus**].
**Straße** *f* via *f;* **eine ~ bauen** viam munire; **auf offener ~** in publico.
**Straßenarbeiter** *m* munitor <-oris> *m* viarius.
**Straßenbahn** *f* ferrivia *f* strataria.
**Straßenbahnfahrer** *m (Führer einer Straßen-*

*bahn)* auriga *m* ferriviae stratariae.

**Straßenbau** *m* munitio <-onis> *f* viarum.

**Straßenbeleuchtung** *f* lux <lucis> *f* viarum.

**Straßenfeger** *m* scoparius *m.*

**Straßenhändler** *m* venditor <-oris> *m* ambulans.

**Straßenkehrer** *m* scoparius *m.*

**Straßenkreuzung** *f* compitum *nt,* quadrivium *nt.*

**Straßenräuber** *m* latro <-onis> *m.*

**Straßenschild** *nt* insigne <-gnis> *nt* viale.

**Straßenverkehrsordnung** *f* codex <-dicis> *m* legum viariarum.

**Strategie** *f* ratio <-onis> *f* strategica.

**sträuben** *vr:* **sich ~** ① *(Haare)* horrēre ② *(sich widersetzen)* recusare, repugnare, resistere, tergiversari.

**Strauch** *m* frutex <-ticis> *m.*

**straucheln** *vi (stolpern und fig: auf die schiefe Bahn geraten)* labi; *(fig: scheitern, Misserfolg haben)* naufragium facere.

**Strauß** *m* ① *(Blumen~)* fasciculus *m* florum ② *(Vogel)* struthocamelus *m.*

**streben** *vi:* **nach etw ~** petere + *akk,* studēre (+ dat; Inf.).

**Streben** *nt* studium *nt,* appetitio <-onis> *f* *(nach etw:* gen) [**gloriae**].

**Streber** *m (pej)* homo <-minis> *m* nimis industrius.

**strebsam** *adj* industrius.

**Strebsamkeit** *f* industria *f.*

**Strecke** *f* spatium *nt;* **eine ~ zurücklegen** spatium conficere.

**strecken I.** *vt (dehnen)* tendere; *(Arme)* porrigere [**bracchia caelo** zum Himmel strecken]; **zu Boden ~** prosternere; **die Waffen ~** arma (de)ponere **II.** *vr:* **sich ~** manūs [*o* bracchia]/crura porrigere.

**Streich** *m (Schabernack)* dolus *m,* fraus <fraudis> *f;* **jdm einen ~ spielen** alci dolum nectere, alci fraudem inferre, alqm [*o* alci] illudere.

S

**streicheln** *vt* (per)mulcēre.

**streichen I.** *vt* ① *(auftragen, auf~)* illinere (alqd alci rei) ② *(an~, anmalen)* illinere [**murum**] ③ *(durch~, löschen)* delēre [**verbum**] **II.** *vi* ① *(berühren)* (per)mulcēre *(über:* akk) ② *(Wind)* flare.

**Streichholz** *nt* sulphuratum *nt,* ramentum *nt* flammiferum.

**Streichholzschachtel** *f* capsula *f* sulphuratorum.

**Streichinstrument** *nt* instrumentum *nt* chordatum.

**streifen I.** *vt (leicht berühren)* stringere **II.** *vi (gehen)* migrare, vagari *(durch:* per).

**Streifen** *m* ① *(Linie)* linea *f* ② *(Papier~)* taenia *f* ③ *(Stoff~)* virga *f* ④ *(von Land)* tractus <-us> *m.*

**Streifzug** *m (Erkundungszug, meist milit.)* excursio <-onis> *f,* incursio <-onis> *f* [**nocturna**; **equitatūs**; **latronum**].

**Streik** *m* operistitium *nt,* intermissio <-onis> *f* operum; **einen ~ ausrufen** operistitium pronuntiare; **einen ~ abbrechen** operistitium incidere.

**Streikbrecher** *m* operistitium recusans <-antis> *m.*

**streiken** *vi* opus intermittere.

**Streikrecht** *nt* ius <iuris> *nt* operistitii.

**Streit** *m* controversia *f,* rixa *f,* iurgium *nt,* altercatio <-onis> *f,* certamen <-minis> *nt;* **~ anfangen** causam iurgii inferre, rixam excitare; **mit jdm einen ~ anfangen** certamen cum alqo instituere; **mit jdm in ~ geraten** in certamen cum alqo venire; **einen ~ beilegen** controversiam componere; **es kam zum ~ zwischen uns** controversia inter nos exstitit.

**streitbar** *adj (kriegerisch, kampflustig)* pugnax <-acis>, bellicosus [**gentes**; **provinciae**]; *(fig: kämpferisch, kampflustig)* ferox <-ocis>, pugnax <-acis> [**iuvenis**].

**streiten** *vi* litigare, certare, rixari [**cum alqo de amicula**].

**Streitfrage** *f* controversia *f,* disceptatio <-onis> *f.*

**streitig** *adj:* **jdm etw ~ machen** contendere cum alqo de alqa re.

**Streitigkeiten** *pl* controversiae *f pl,* rixae *f pl.*

**Streitkräfte** *pl* copiae *f pl.*

**streitlustig** *adj* ferox <-ocis>, pugnax <-acis>.

**streitsüchtig** *adj* rixandi cupidus.

**Streitwagen** *m* essedum *nt.*

**streng** *adj* ① severus, acerbus [**iudex**; **lex**; **censura**; **doctrina**] ② *(von sehr niedriger Temperatur)* asper <-era, -erum>, acer <acris, acre> [**hiems**; **frigus**].

**Strenge** *f* ① severitas <-atis> *f,* acerbitas <-tatis> *f* ② *(von Klima)* asperitas <-atis> *f* [**hiemis**].

**Stress** *m* intentio <-onis> *f;* **unter ~ stehen** intentum esse.

**stressen** *vt* intendere.

**stressgeplagt** *adj* intentus.

**Streu** *f* stramentum *nt.*

**streuen** *vt* spargere.

**streunen** *vi* errare, vagari.

**Strich** *m (Linie)* linea *f;* **gegen den ~** contra pilum; **jdm einen ~ durch die Rechnung machen** *(fig)* omnes rationes alcis turbare.

**Strichjunge** *m* spintria *m.*

**strichweise** *adv* (bes. METEO: *in einzelnen Gebietsteilen)* regionatim; **~ hat es geregnet** regionatim pluit.

**Strick** *m* restis <-is> *f,* funis <-is> *m,* laqueus *m;* **wenn alle ~e reißen** necessitate urgente; **jdm einen ~ um den Hals legen** alci laqueo

collum obstringere.
**stricken** *vt* texere [**iaccam**].
**Strickjacke** *f* iacca *f* textilis.
**Strickleiter** *f* scala *f* spartea [*o* funalis].
**Strickmaschine** *f* machina *f* textrina.
**Stricknadel** *f* acus <-us> *f* textrina.
**Striegel** *m* strigilis <-is> *f.*
**striegeln** *vt* strigili defricare <defricui> [**equum**].
**Strieme** *f*, **Striemen** *m* livor <-oris> *m.*
**strittig** *adj* controversus [**ius**; **auspicium**].
**Stroh** *nt* stramentum *nt;* **aus ~** stramineus.
**Stroh-** stramineus [**casa**].
**Strohdach** *nt* tectum *nt* stramineum.
**Strohhalm** *m* culmus *m,* stipula *f;* **sich an einen ~ klammern** *(fig)* tamquam fragmentum naufragii amplecti.
**Strohhut** *m* petasus *m* stramineus, pilleus *m* stramineus.
**Strohmann** *m (fig)* homo <-minis> *m* stramineus.
**Strohsack** *m* culcita *f* straminea.
**Strohwitwe** *f* quasi vidua *f.*
**Strohwitwer** *m* quasi viduus *m.*
**Strolch** *m* latro <-onis> *m,* erro <-onis> *m.*
**Strom** *m* ① *(Fluss)* fluvius *m,* flumen <-minis> *nt,* amnis <-is> *m;* **mit dem/gegen den ~** secundo/adverso flumine; **mit dem/gegen den ~ schwimmen** *(fig)* hominum opinioni se (non) accommodare ② *(Menge)* vis *f* [**lacrimarum**] ③ *(Menschen~)* turba *f* ④ (ELEK) fluentum *nt* electricum.
**stromabwärts** *adv* secundo flumine.
**stromaufwärts** *adv* adverso flumine.
**strömen** *vi* ① *(Wasser)* fluere ② *(Menschen)* (con)currere [**ad curiam**].
**Stromkabel** *nt* (ELEK) filum *nt* electricum, capulum *nt* fluenti electrici.
**Stromkreis** *m* (ELEK) circulus *m* electricus.
**Stromrechnung** *f* ratio <-onis> *f* fluenti electrici.
**Strömung** *f* ① flumen <-minis> *nt,* fluctus <-us> *m,* cursus <-us> *m* ② *(fig: Tendenz, Richtung)* inclinatio <-onis> *f,* proclivitas <-atis> *f.*
**Stromzähler** *m* (ELEK) electrometrum *nt.*
**Strophe** *f* stropha *f.*
**strotzen** *vi:* **~ vor** [*o* **von**] abundare alqa re, plenum esse + *gen oder abl.*
**Strudel** *m (auch fig)* vertex <-ticis> *m,* vertigo <-ginis> *f;* **in einen ~ geraten** vertice corripi.
**Struktur** *f* structura *f.*
**strukturell** *adj* structuralis.
**Strumpf** *m* tibiale <-lis> *nt.*
**Strumpfhose** *f* tibialia <-lium> *nt pl.*
**struppig** *adj* horridus, hirsutus.
**Stube** *f* conclave <-vis> *nt.*
**Stubenhocker** *m* sedentarius *m.*
**Stuck** *m* (ARCHIT) tectorium *nt.*
**Stück** *nt* ① *(Teil)* pars <partis> *f;* *(Bruch~)* fragmentum *nt* [**lapidis**]; **ein ~ Brot** frustum *nt* panis; **aus freien ~en** ultro, sua sponte; **große ~e auf jmd halten** alqm permagni existimare [*o* putare] ② (THEAT) fabula *f.*
**Stuckarbeit** *f* (ARCHIT) tectorium *nt.*
**Stückchen** *nt* particula *f.*
**Stückwerk** *nt (pej)* opus <operis> *nt* mancum.
**Student** *m* studens <-entis> *m.*
**Studentenausweis** *m* legitimatio <-onis> *f* studentis.
**Studentenheim** *nt* domus <-us> *f* studentium.
**Studentin** *f* studens <-entis> *f.*
**Studie** *f* studium *nt.*
**Studiengebühr** *f* taxa *f* studiorum.
**Studienreise** *f* iter <itineris> *nt* institutorium.
**studieren I.** *vi* litteris studēre **II.** *vt* ① *(ein Fach an der Uni)* studēre + *dat* [**medicinae**] ② *(erforschen, untersuchen)* explorare, perscrutari [**praeceptum adhibitionis**].
**studiert** *adj (wissenschaftlich gebildet)* litteratus, doctus.
**Studium** *nt* studium *nt* [**litterarum**; **philosophiae**; **iuris**]; **ein ~ aufnehmen** studium inire.
**Stufe** *f* gradus <-us> *m;* **auf einer ~ stehen mit** parem esse + *dat.*
**stufenweise** *adv (allmählich)* gradatim [**destinatum assequi**].
**Stuhl** *m* sella *f,* sedes <-dis> *f;* **jmd auf dem elektrischen ~ hinrichten** alqm sellā electricā necare [*o* interficere].
**stumm** *adj* ① *(sprechunfähig)* mutus ② *(schweigsam)* taciturnus, tacitus.
**Stümper** *m* homo <-minis> *m* ignarus.
**Stümperei** *f (stümperhafte Arbeit, Leistung)* opus <operis> *nt* neglegenter confectum, opus *nt* malum; *(stümperhaftes Arbeiten)* opera *f* mala.
**stümperhaft** *adj* malus [**opus**].
**stümpern** *vi* neglegenter laborare.
**stumpf** *adj (auch fig)* obtusus, hebes <-betis> [**gladius**; **animus**]; **~ werden** hebescere; **~ sein** hebēre, obtusum [*o* hebetem] esse.
**Stumpf** *m* truncus *m;* **mit ~ und Stiel ausrotten** radicitus excidere.
**Stumpfsinn** *m* hebetudo <-dinis> *f* animi, tarditas <-atis> *f* ingenii.
**stumpfsinnig** *adj* ① obtusus, hebes <-betis> [**vita**] ② *(stupide)* stupidus [**opera**].
**Stunde** *f* hora *f;* **eine halbe ~** semihora *f;* **anderthalb ~n** sesquihora *f;* **zur ~** momento; **von ~ zu ~** in horas.
**Stundengeschwindigkeit** *f* velocitas <-atis> *f* horalis.
**Stundenkilometer** *m pl* chiliometra *nt pl* horalia.

**stundenlang** *adv* per horas.
**Stundenlohn** *m* horae pretium *nt.*
**Stundenplan** *m* tabula *f* scholarum.
**stündlich** *adv* in horas, singulis horis.
**stupide** *adj* stupidus [**opera**].
**stur** *adj* obstinatus, contumax <-acis>.
**Sturheit** *f* contumacia *f,* obstinatio <-onis> *f.*
**Sturm** *m* ① tempestas <-atis> *f,* procella *f;* **ein ~ bricht aus** [*o* **los**] tempestas oritur ② (MIL: *Angriff)* oppugnatio <-onis> *f,* impetus <-us> *m,* incursus <-us> *m;* **im ~ nehmen** vi capere.
**Sturmangriff** *m* (MIL) oppugnatio <-onis> *f,* impetus <-us> *m,* incursus <-us> *m* [**equitum**].
**stürmen I.** *vi* ① *(Wind)* saevire; **es stürmt** ventus saevit ② *(rennen)* ruere **II.** *vt* (MIL) oppugnare + *akk,* impetum facere (in + akk).
**Stürmer** *m* (SPORT) oppugnator <-oris> *m,* assultor <-oris> *m.*
**stürmisch** *adj* ① procellosus, turbidus [**mare**; **caelum** Klima] ② *(fig: ungestüm, heftig)* turbidus [**motus animi**], vehemens <-mentis> [**orator**; **in agendo**]; **~er Beifall** plausus effrenatus.
**Sturz** *m* ① *(Fall, Hinstürzen)* casus <-us> *m,* lapsus <-us> *m* ② (POL) casus <-us> *m.*
**stürzen I.** *vt* ① *(hinunter~, werfen)* praecipitare, deicere [**hostes de muro**] ② (POL: *jmd)* depellere [**alqm tribunatū**]; (POL: *etw)* evertere [**regnum**] ③ *(ins Verderben)* praecipitare **II.** *vr:* **sich ~** se praecipitare [**de turri**; **in fossam**] **III.** *vi* ① *(fallen)* cadere, labi ② *(rennen)* ruere [**in hostes**; *(fig)* **in perniciem**].
**Stute** *f* equa *f.*
**Stütze** *f* ① fulcrum *nt,* adminiculum *nt,* columen <-minis> *nt* ② *(fig)* subsidium *nt,* columen *nt* [**rei publicae**; **libertatis**; **consulatūs**].
**stutzen I.** *vt* detruncare [**arbores**] **II.** *vi* stupēre, obstupescere.
**stützen I.** *vt (auch fig)* fulcire, sustinēre, sustentare [**murum**; **ramum**; **rem publicam**; **amicos desperatos**] **II.** *vr:* **sich ~** niti *(auf:* abl) [**baculo**; **mensā**].
**stutzig** *adj:* **~ werden** obstupescere; **jmd ~ machen** alqm obstupefacere.
**Stützpunkt** *m* robur <-boris> *nt* [**militare**].
**Subjekt** *nt (abschätzig: Person)* caput <-pitis> *nt,* corpus <-poris> *nt.*
**subjektiv** *adj* in opinione situs [**iudicium**].
**Substanz** *f* corpus <-poris> *nt,* materia *f,* natura *f.*
**subtrahieren** *vt* deducere.
**subtropisch** *adj* subtropicus [**caelum** Klima].
**Subvention** *f* subventio <-onis> *f.*
**subventionieren** *vt* pecuniā iuvare <iuvi>.
**Suche** *f* quaesitio <-onis> *f (nach:* gen); **auf der ~ nach etw sein** alqd quaerere.
**suchen** *vt* quaerere; **zu erreichen ~** petere; **zu vergessen ~** oblivisci studēre; **bei jdm Rat ~** alqm consulere; **man hat in der Stadt nach ihm gesucht** eum in oppido quaesiverunt.
**Suchen** *nt* quaesitio <-onis> *f.*
**Sucht** *f* cupiditas <-atis> *f (nach:* gen) [**gloriae**; **imperii**].
**süchtig** *adj* cupidus *(nach:* gen) [**gloriae**; **imperii**].
**Süden** *m* meridies <-ei> *m;* **nach ~** in/ad meridiem.
**südlich** *adj* meridianus.
**Südpol** *m* axis <-is> *m* meridianus.
**Südsee** *f* mare <-ris> *nt* Indicum.
**Südwind** *m* auster <-tri> *m.*
**Suggestion** *f* suggestio <-onis> *f.*
**Sühne** *f* expiatio <-onis> *f (für:* gen) [**scelerum**]; **~ leisten für etw** poenas dare alcis rei.
**sühnen** *vt* expiare [**caedem regis**; **scelus supplicio**; **culpam**].
**Sühnopfer** *nt* piaculum *nt (für etw:* gen) [**rupti foederis**].
**Sultan** *m* sultanus *m.*
**summarisch I.** *adj* brevis, in breve contractus **II.** *adv* summatim [**describere**].
**Summe** *f* summa *f.*
**summen** *vt/vi* susurrare.
**Summen** *nt* susurrus *m,* murmur <-uris> *nt* [**apium**].
**Sumpf** *m* palus <-udis> *f;* **im ~ versinken** in palude (de)mergi; **Sümpfe trockenlegen** paludes siccare.
**Sumpfgebiet** *nt* regio <-onis> *f* palustris.
**sumpfig** *adj* paluster <-tris, -tre>.
**Sünde** *f* peccatum *nt;* **eine ~ begehen** peccare, peccatum committere.
**Sündenbock** *m* caper <-pri> *m* piacularis.
**Sündenfall** *m* (ECCL) peccatum *nt* originale.
**Sünder(in** *f***)** *m* peccator <-oris> *m,* peccatrix <-icis> *f.*
**sündig** *adj* impius, flagitiosus.
**sündigen** *vi* peccare.
**super** *adj* optimus mirusque [**spectaculum**].
**Super(benzin)** *nt* superbencinum *nt.*
**Superlativ** *m* gradus <-us> *m* superlativus.
**Supermarkt** *m* supermercatus <-us> *m.*
**Suppe** *f* sorbitio <-onis> *f.*
**Surfbrett** *nt* velitabula *f.*
**surfen** *vi* velitabulare.
**Surfer(in** *f***)** *m* velitabulator <-oris> *m,* velitabulatrix <-icis> *f.*
**suspekt** *adj* suspectus, dubius.
**suspendieren** *vt* ① *(aus dem Dienst entlassen)* dimittere ② *(von einer Verpflichtung befreien)* liberare, vindicare [**ab arte gymnica**; **a militia**].
**süß** *adj* ① dulcis ② *(lieblich)* suavis, dulcis.
**Süßigkeiten** *pl* dulcia *nt pl.*

**süßlich** *adj* dulciculus.
**süßsauer** *adj* dulcacidus.
**Süßstoff** *m* materia *f* dulcificans.
**Süßwasser** *nt* aqua *f* dulcis.
**Symbol** *nt* signum *nt,* nota *f,* imago <-ginis> *f.*
**symbolisch** *adj* symbolicus.
**Symmetrie** *f* symmetria *f.*
**symmetrisch** *adj* symmetricus.
**Sympathie** *f* gratia *f,* benevolentia *f,* consensus <-us> *m.*
**sympathisch** *adj* gratus, iucundus.
**sympathisieren** *vi* consentire *(mit:* cum oder dat).
**Symphonie** *f* symphonia *f.*
**Symptom** *nt* signum *nt,* indicium *nt,* nota *f.*
**Synagoge** *f* synagoga *f.*
**Synchronisation** *f* synchronisatio <-onis> *f.*
**synchronisieren** *vt* synchronisare.
**Synchronisierung** *f* synchronisatio <-onis> *f.*
**Synode** *f* (ECCL) conventus <-us> *m.*
**synonym** *adj* cognominatus [**verba**].
**Synonym** *nt* verbum *nt* cognominatum.
**Syntax** *f* (GRAM) syntaxis <-is> *f.*
**Synthese** *f* synthesis <-is> *f.*
**synthetisch** *adj* syntheticus.
**Syphilis** *f* syphilis <-lidis> *f.*
**System** *nt* ratio <-onis> *f,* systema <-atis> *nt;* **~ in etw bringen** rationem alci rei dare.
**Systemanalyse** *f* (INFORM) analysis <-is> *f* systematis.
**systematisch** *adj* ad rationem redactus.
**Szene** *f* (THEAT; *fig)* scaena *f.*

# Tt

**Tabak** *m* tabacum *nt.*
**Tabelle** *f* tabula *f,* index <-dicis> *m.*
**Tablett** *nt* ferculum *nt.*
**Tablette** *f* pastillus *m.*
**Tachometer** *m/nt (Auto)* velocitatis index <-dicis> *m.*
**Tadel** *m* reprehensio <-onis> *f,* vituperatio <-onis> *f;* **jdm einen ~ aussprechen** vituperare alqm.
**tadellos** *adj* vitio vacuus, integer <-gra, -grum>.
**tadeln** *vt* vituperare, reprehendere.
**tadelnswert** *adj* vituperandus, reprehendendus.
**Tafel** *f* tabula *f.*
**Tag** *m* dies <-ei> *m;* **bei ~** interdiu; **von ~ zu ~** in dies; **guten ~!** salve(te)!; **am folgenden ~** postridie, postero die; **spät am ~** multo die; **bis spät in den ~ (hinein)** ad multum diem; **auf den ~** ad diem; **~ und Nacht** dies noctesque; **eines ~es** quondam; **~ für ~** diem ex die; **in den ~ hinein leben** in diem vivere; **in drei ~en** post tres dies; **an den ~ kommen** in lucem venire.
**Tagebuch** *nt* diurnum *nt,* diarium *nt.*
**Tagemarsch** *m* iter <itineris> *nt.*
**tagen** *vi* ① *(Tag werden):* **es tagt** dilucescit ② *(beraten)* consilium habēre.
**Tagesanbruch** *m:* **bei ~** prima luce; **vor ~** ante lucem.
**Tageslicht** *nt* lux <lucis> *f;* **ans ~ kommen** *(fig)* in lucem venire.
**Tagesordnung** *f:* **an der ~ sein** *(fig)* vigēre.
**Tagesration** *f* portio <-onis> *f* singuli diei.
**Tagesschau** *f* (TV) telediurna *nt pl.*
**täglich I.** *adj* cottidianus [**cibus**; **labor**] **II.** *adv* cottidie; **zweimal ~** bis in die.
**tagsüber** *adv* interdiu.
**Tagung** *f* concilium *nt,* conventus <-us> *m;* **eine ~ veranstalten** conventum habēre.
**Takt** *m* ① (MUS) numerus *m,* modi *m pl;* **den ~ halten** numerum servare; **aus dem ~ kommen** a numero aberrare ② *(Verhalten)* modestia *f.*
**Taktgefühl** *nt* modestia *f.*
**Taktik** *f* artificium *nt,* ars <artis> *f.*
**taktlos** *adj* inurbanus.
**taktvoll** *adj* moderatus.
**Tal** *nt* vallis <-is> *f.*
**Talent** *nt* ① *(Begabung)* ingenium *nt,* indoles <-lis> *f;* **~ im Reden** facultas dicendi ② *(Geldbetrag: etwa 2448 Euro)* talentum *nt.*
**talentiert** *adj* ingeniosus.
**Talg** *m* sebum *nt.*
**Talisman** *m* amuletum *nt.*
**Tang** *m* alga *f.*
**Tank** *m* receptaculum *nt.*
**tanken** *vt, vi* bencinum recipere.
**Tanker** *m,* **Tankschiff** *nt* navis <-is> *f* cisternata.
**Tankstelle** *f* statio <-onis> *f* bencinaria.
**Tankwart** *m* bencinarius *m.*
**Tanne** *f,* **Tannenbaum** *m* abies <-etis> *f.*
**Tante** *f (väterlicherseits)* amita *f; (mütterlicherseits)* matertera *f.*
**Tanz** *m* saltatio <-onis> *f.*
**Tanz-** saltatorius [**ludus** Tanzstunde].
**tanzen** *vi* saltare; **nach jmds Pfeife ~** ad

voluntatem alcis et arbitrium totum se accommodare.
**Tänzer(in *f*)** *m* saltator <-oris> *m,* saltatrix <-ricis> *f.*
**Tanzmusik** *f* musica *f* saltatoria.
**Tanzorchester** *nt* symphonia *f* saltatoria.
**Tanzstunde** *f* ludus *m* saltatorius.
**Tapet** *nt:* **etw aufs ~ bringen** alqd in medium proferre.
**Tapete** *f* tapetum *nt.*
**tapezieren** *vt* tapetis ornare.
**tapfer** *adj* fortis, animosus.
**Tapferkeit** *f* fortitudo <-dinis> *f,* virtus <-utis> *f;* **~ beweisen** se fortem praebēre.
**tappen** *vi* errare; **im Dunkeln ~** in tenebris errare.
**täppisch** *adj* brutus, rudis, agrestis.
**Tarantel** *f:* **wie von der ~ gestochen** haud secus quam pestifero sidere ictus.
**Tarif** *m* statum *nt,* constitutum *nt.*
**tarnen** *vt* celare.
**Tasche** *f* ① *(an Kleidung)* sinus <-us> *m* ② *(Hand~)* sacculus *m.*
**Taschenbuch** *nt* libellus *m* pugillaris.
**Taschendieb** *m* saccularius *m.*
**Taschenlampe** *f* lanterna *f* portabilis.
**Taschenmesser** *nt* culter <-tri> *m* plicatilis.
**Taschenrechner** *m* computatrum *nt* portabile.
**Taschentuch** *nt* mucinnium *nt.*
**Tasse** *f* pocillum *nt.*
**Taste** *f* malleolus *m.*
**tasten** *vi* errare.
**Tat** *f* factum *nt,* facinus <-noris> *nt;* **in der ~** profecto; **mit Rat und ~** consilio et operā; **auf frischer ~ ertappen** in manifesto facinore deprehendere.
**Täter(in *f*)** *m* (JUR) auctor <-oris> *m/f* delicti [*o* sceleris].
**tätig** *adj* operosus.
**Tätigkeit** *f* opera *f.*
**Tatkraft** *f* industria *f,* virtus <-utis> *f.*
**tatkräftig** *adj* industrius, strenuus, alacer <-cris, -cre>.
**Tatort** *m* locus *m* delicti.
**tätowieren** *vt* notis compungere.
**Tatsache** *f* factum *nt,* res <rei> *f;* **es ist ~, dass ...** constat (+ A.C.I.).
**tatsächlich** *adv* re vera, profecto.
**Tatze** *f* ungula *f,* unguis <-is> *m.*
**Tau** *m* ros <roris> *m* [**nocturnus**].
**taub** *adj* ① surdus; **~ werden** obsurdescere; **für** [*o* **gegen**] **etw ~ sein** surdum esse ad/in alqd [*o* alci rei] [**ad preces**]; **sich ~ stellen** surdum simulare; **~en Ohren predigen** surdis auribus canere ② *(Nuss)* cassus ③ *(gefühllos)* torpidus [**digitus**].
**Taube** *f* columba *f.*
**Taubenschlag** *m* columbarium *nt.*
**Täuberich** *m* columbus *m.*
**Taubheit** *f* surditas <-atis> *f.*
**taubstumm** *adj* surdus mutusque.
**tauchen** *vi* demergi.
**Taucher** *m* urinator <-oris> *m.*
**Taucherausrüstung** *f* apparatus <-us> *m* urinatorius.
**Taucherbrille** *f* conspicillum *nt* urinatorium.
**Taucherin** *f* urinatrix <-icis> *f.*
**tauen** *vi* rorare.
**Taufe** *f* baptisma <-matis> *nt.*
**taufen** *vt* baptizare.
**taugen** *vi:* **~ für** [*o* **zu**] aptum [*o* idoneum *o* utilem] esse ad; **nichts ~** nihili esse.
**Taugenichts** *m* homo <-minis> *m* nequam.
**tauglich** *adj* utilis, idoneus, aptus *(zu, für:* ad).
**Tauglichkeit** *f* utilitas <-atis> *f.*
**Taumel** *m* ① titubatio <-onis> *f,* vacillatio <-onis> *f* ② *(fig)* summa laetitia *f.*
**taumeln** *vi* titubare, vacillare.
**Tausch** *m* mutatio <-onis> *f.*
**tauschen** *vt* mutare.
**täuschen I.** *vt* fallere, decipere **II.** *vr:* **sich ~** falli, errare.
**täuschend** *adj* fallax <-acis>; **~ ähnlich** simillimus.
**Tauschhandel** *m:* **~ treiben** res inter se mutare.
**Täuschung** *f* fallacia *f,* simulatio <-onis> *f.*
**tausend** *num* mille [**equites** *o* **equitum**]; **Tausende von Menschen** milia hominum; **~ Dank!** summas gratias ago.
**Tausendfüßler** *m* millepeda *f.*
**tausendmal** *adv* millie(n)s.
**tausendster** *adj* millesimus.
**Tauwetter** *nt* tabes <-bis> *f* nivis.
**Taxi** *nt* taxiraeda *f.*
**Taxifahrer(in *f*)** *m* taxiraedarius, -a *m, f.*
**Teamarbeit** *f* communio <-onis> *f* operis.
**Technik** *f* scientia *f* machinalis, technica *f.*
**Techniker** *m* technicus *m,* machinarius *m.*
**technisch** *adj* technicus [**academia**].
**Technologie** *f* technologia *f.*
**technologisch** *adj* technologicus.
**Tee** *m* thea *f.*
**Teekanne** *f* cantharus *m.*
**Teer** *m* pix <picis> *f.*
**Teich** *m* stagnum *nt.*
**Teig** *m* farina *f* subacta; **~ kneten** farinam subigere.
**Teigwaren** *pl* cibi *m pl* collyrici.
**Teil** *m/nt* pars <partis> *f;* **zum ~** ex parte; **zum großen ~** magna ex parte.
**teilbar** *adj* dividuus.
**Teilchen** *nt* particula *f.*
**teilen I.** *vt* dividere, partiri; **etw mit jdm ~** communicare alqd cum alqo; **das Geld unter sich ~** pecuniam inter se dividere **II.** *vr:*

**sich ~** ① *(Straße, Fluss)* dividi ② *(auseinandergehen)* discedere, distrahi.
**teilhaben** *vi* participem esse *(an etw:* gen).
**Teilhaber(in** *f*) *m* (COM) socius, -a *m, f.*
**Teilnahme** *f* societas <-atis> *f (an etw:* gen).
**teilnahmslos** *adj* lentus, tardus.
**teilnehmen** *vi* interesse *(an etw:* dat) [**concursui**; **curriculo studiorum**]; **an etw nicht ~** deesse (+ dat).
**Teilnehmer(in** *f*) *m* socius, -a *m, f (an:* gen).
**teils** *adv* partim.
**Teilung** *f* partitio <-onis> *f,* divisio <-onis> *f* [**orbis terrae**].
**teilweise** *adv* ex parte.
**Teilzahlung** *f* solutio <-onis> *f* particularis.
**Telefon** *nt* telephonum *nt.*
**Telefonanschluss** *m* conexus <-us> *m* telephonicus.
**Telefonbuch** *nt* catalogus *m* telephonicus.
**Telefongespräch** *nt* telephonema <-atis> *nt.*
**telefonieren** *vi* telephonare, telephonice loqui.
**telefonisch** *adj* telephonicus.
**Telefonnummer** *f* numerus *m* telephonicus.
**Telefonzelle** *f* cella *f* telephonica.
**Telefonzentrale** *f* telephonium *nt.*
**telegrafieren** *vt, vi* telegraphare.
**telegrafisch I.** *adj* telegraphicus **II.** *adv* telegraphice.
**Telegramm** *nt* telegramma <-atis> *nt.*
**Teleobjektiv** *nt* telelenticula *f.*
**Telepathie** *f* telepathia *f.*
**Teleskop** *nt* telescopium *nt.*
**Telex** *nt* telescriptio <-onis> *f.*
**Teller** *m* catillus *m.*
**Tempel** *m* templum *nt,* delubrum *nt.*
**Temperament** *nt* ① natura *f,* animus *m* ② *(Lebhaftigkeit)* alacritas <-atis> *f;* **~ haben** alacrem esse.
**temperamentvoll** *adj* alacer <-cris, -cre>.
**Temperatur** *f* ① temperatio <-onis> *f,* temperies <-ei> *f* [**aquae**; **aeris**] ② *(Fieber)* febris <-is> *f.*
**Tempo** *nt* celeritas <-atis> *f,* velocitas <-atis> *f;* **in** [*o* **mit**] **hohem ~** celeriter.
**Tendenz** *f (Neigung)* proclivitas <-atis> *f,* inclinatio <-onis> *f.*
**tendieren** *vi* tendere, (se) inclinare, inclinari *(zu:* ad).
**Tennis** *nt* tenisia *f,* teniludium *nt,* teniludus *m;* **~ spielen** tenisiam ludere.
**Tennisball** *m* pila *f* tenisiae.
**Tennisplatz** *m* campus *m* tenisiae.
**Tennisschläger** *m* reticulum *nt.*
**Tennisspieler(in** *f*) *m* teniludius, -a *m, f.*
**Tennisturnier** *nt* certamen <-minis> *nt* tenisiae.
**Teppich** *m* stragulum *nt,* tapetum *nt.*
**Termin** *m* dies <-ei> *f;* **einen ~ für etw festsetzen** diem constituere alci rei; **den ~ versäumen** diem deserere; **den ~ einhalten** diem observare.
**termingemäß, termingerecht** *adj* tempestivus.
**Terrain** *nt* locus *m.*
**Terrasse** *f* solarium *nt,* xystus *m.*
**Terrorismus** *m* terror <-oris> *m.*
**Terrorist(in** *f*) *m* homo <-minis> *m* seditiosus, femina *f* seditiosa.
**Terrororganisation** *f* ordo <-dinis> *f* terroristica.
**Terzett** *nt* tricinium *nt.*
**Testament** *nt* testamentum *nt.*
**testamentarisch** *adv* testamento [**alqd constituere**].
**teuer** *adj* ① magni pretii [**merces**]; **~ kaufen/verkaufen** magno emere/vendere ② *(fig)* carus.
**Teufel** *m* diabolus *m;* **zum ~!** herc(u)le!; **scher dich zum ~!** di te eradicent!; **ein armer ~** homo <-minis> *m* misellus.
**teuflisch** *adj* diabolicus.
**Text** *m* verba *nt pl; (Lieder~)* carmen <-minis> *nt.*
**Textilien** *pl* textilia <-lium> *nt pl.*
**Theater** *nt* theatrum *nt.*
**Theaterstück** *nt* fabula *f.*
**theatralisch** *adj* scaenicus.
**Theke** *f (Schanktisch)* mensa *f* cauponia; *(Ladentisch)* mensa *f* venalicia.
**Thema** *nt* propositum *nt,* argumentum *nt;* **vom ~ abkommen** a proposito aberrare; **jmd vom ~ abbringen** alqm a proposito abducere.
**Theologe** *m* theologus *m.*
**Theologie** *f* theologia *f.*
**theologisch** *adj* theologicus [**quaestiones**].
**theoretisch** *adj* theoreticus.
**Theorie** *f* theoria *f,* doctrina *f,* ratio <-onis> *f;* **~ und Praxis** ratio atque usus.
**Therapie** *f* curatio <-onis> *f.*
**Thermalbad** *nt* piscina *f* thermalis.
**Thermen** *pl* thermae *f pl.*
**Thermometer** *nt* thermometrum *nt.*
**Thermosflasche** *f* thermophorum *nt,* thermolagoena *f.*
**Thermoskanne** *f* thermocantharus *m.*
**Thermostat** *m* thermostatum *nt.*
**These** *f* thesis <-is> *f.*
**Thron** *m* sella *f* regia, solium *nt;* **jmd auf den ~ erheben** regnum deferre ad alqm; **den ~ besteigen** ad regnum pervenire; **jmd vom ~ stoßen** regno pellere alqm.
**Thronfolge** *f* successio <-onis> *f* regni.
**Thronfolger(in** *f*) *m* successor <-oris> *m* regni, heres <-redis> *m/f* regni.
**Thunfisch** *m* thynnus *m.*
**Thymian** *m* thymum *nt,* thymus *m.*

**Tiber** *m* Tiberis <-is> *m.*

**tief** *adj* ❶ altus [**flumen**; **aqua**; **somnus**] ❷ *(Winter, Frieden)* summus; **~ in der Nacht** multa nocte ❸ *(von Tönen)* gravis [**vox**; **sonus**] ❹ *(Trauer)* magnus.

**Tief** *nt* (METEO) depressio <-onis> *f* atmosphaerica.

**Tiefe** *f* altitudo <-dinis> *f*; **eine ~ von 10 Fuß haben** decem pedes altum esse.

**tiefgründig** *adj* subtilis.

**Tiefkühltruhe** *f* arca *f* gelatoria.

**tiefsinnig** *adj (tiefgründig)* subtilis [**argumentatio**].

**Tier** *nt* animal <-alis> *nt*, bestia *f.*

**Tierarzt** *m*, **-ärztin** *f* veterinarius, -a *m, f.*

**Tierchen** *nt* bestiola *f*; **jedem ~ sein Pläsierchen** suum cuique.

**Tiergarten** *m* hortus *m* bestiarum.

**Tierhetze** *f (im Zirkus und Amphitheater)* venatio <-onis> *f.*

**Tierpark** *m* hortus *m* bestiarum.

**Tierquälerei** *f* vexatio <-onis> *f* bestiarum.

**Tierschützer** *m* tutor <-oris> *m* bestiarum, tutor *m* animalium.

**Tierschutzverein** *m* societas <-atis> *f* animalibus tutandis.

**Tiger** *m* tigris <-is> *m/f.*

**tilgen** *vt* ❶ *(beseitigen)* exstinguere, delēre ❷ *(Schulden)* dissolvere.

**Tinte** *f* atramentum *nt.*

**Tintenfisch** *m* sepia *f.*

**Tipp** *m (nützlicher Hinweis)* nutus <-us> *m.*

**Tisch** *m* mensa *f*; **bei ~** inter cenam; **sich zu ~ setzen** accumbere.

**Tischdecke** *f* mappa *f*, operimentum *nt.*

**Tischgesellschaft** *f* convictus <-us> *m*, convivium *nt.*

**Tischler** *m* faber <-bri> *m* tignarius.

**Tischlerei** *f* officina *f* tignaria.

**Tischnachbar(in** *f*) *m* conviva *m*, convivaria *f.*

**Tischrede** *f* oratio <-onis> *f* convivalis.

**Tischtennis** *nt* tenisia *f* mensalis.

**Tischtuch** *nt* mappa *f*, operimentum *nt.*

**Titel** *m* titulus *m* [**libri**; **imperatoris**]; **jdm einen ~ verleihen** titulo ornare alqm.

**Toast** *m* ❶ *(Brot)* panis <-is> *m* tostus ❷ *(Trinkspruch)* tosta *f.*

**Toaster** *m* tostorium *nt.*

**toben** *vi (von Lebew., Meer, Wind, Kampf)* saevire.

**Tobsucht** *f* furor <-oris> *m.*

**Tochter** *f* filia *f.*

**Tod** *m* mors <mortis> *f*, obitus <-us> *m*; **jmd zum ~e verurteilen** alqm capitis damnare.

**todbringend** *adj* mortifer(us) [**morbus**; **poculum** Gifttrank].

**Todesangst** *f* metus <-us> *m* mortis.

**Todeskampf** *m* colluctatio <-onis> *f.*

**Todesstrafe** *f* supplicium *nt*, poena *f* capitis [*o* mortis].

**Todesurteil** *nt* damnatio <-onis> *f* mortis.

**Todfeind(in** *f*) *m* hostis <-is> *m* capitalis, inimicus *m* capitalis, inimica *f* capitalis.

**todkrank** *adj* mortifero morbo affectus.

**tödlich** *adj* mortifer(us) [**casus**; **venenum**]; **~ verwundet** vulneribus confectus.

**todmüde** *adj* defatigatus.

**Todsünde** *f* peccatum *nt* capitale.

**Toga** *f* toga *f.*

**Toilette** *f* locus *m* secretus.

**tolerant** *adj* facilis, indulgens <-entis>.

**Toleranz** *f* indulgentia *f*; **jdm gegenüber ~ üben** indulgēre alci.

**toll** *adj* ❶ *(rasend, verrückt)* insanus ❷ *(großartig)* magnificus.

**tollkühn** *adj* temerarius, audax <-acis>, ferox <-ocis>.

**Tollkühnheit** *f* audacia *f*, temeritas <-atis> *f*, ferocia *f.*

**Tollpatsch** *m* caudex <-dicis> *m.*

**Tollwut** *f* rabies *f.*

**Tölpel** *m* caudex <-dicis> *m.*

**tölpelhaft** *adj* rusticus, agrestis.

**Tomate** *f* lycopersicum *nt.*

**Ton** *m* ❶ *(Laut)* sonus *m*; **den ~ angeben** *(fig)* principem [*o* ducem] esse ❷ *(~erde)* argilla *f.*

**tonangebend** *adj*: **~ sein** principem [*o* ducem] esse.

**Tonband** *nt* ❶ phonotaenia *f* ❷ *(~gerät)* magnetophonum *nt.*

**Tonbandgerät** *nt* magnetophonum *nt.*

**tönen** *vi (klingen)* sonare <sonui>.

**Tonerde** *f* argilla *f.*

**tönern** *adj* fictilis [**vasa**].

**Tonfilm** *m* pellicula *f* sonora.

**Tongefäß** *nt* fictile <-lis> *nt*, vas <vasis> *nt* fictile.

**Tongeschirr** *nt* vasa *nt pl* fictilia.

**Tonleiter** *f* sonorum gradus <-uum> *m pl.*

**Tonne** *f (Fass)* dolium *nt.*

**Tonsur** *f* tonsura *f.*

**Topf** *m* olla *f.*

**Töpfer** *m* figulus *m.*

**Topographie** *f*, **Topografie** *f* topographia *f.*

**Tor I.** *nt* porta *f* **II.** *m (Narr)* insanus *m*, stultus *m.*

**Torheit** *f* stultitia *f*; **eine ~ begehen** alqd stulte facere.

**töricht** *adj* stultus.

**torkeln** *vi* vacillare.

**Torte** *f* torta *f*, scrib(i)lita *f.*

**Tortur** *f* tormentum *nt*, cruciatus <-us> *m.*

**Torwart** *m* portarius *m*, ianitor <-oris> *m.*

**tosen** *vi* strepere.

**tot** *adj* mortuus; **das Tote Meer** Mare <-ris> *nt* Mortuum.

**total I.** *adj* totus **II.** *adv* totaliter.
**töten** *vt* necare, interficere.
**Totenbett** *nt* lectus *m* vitalis.
**totenblass** *adj* perpallidus, exsanguis.
**totlachen** *vr:* **sich ~** risu emori.
**Totschlag** *m* caedes <-dis> *f.*
**totschlagen** *vt* caedere.
**Tötung** *f:* **fahrlässige ~** (JUR) homicidium *nt* voluntarium.
**Tour** *f (Ausflug)* excursio <-onis> *f.*
**Tourist(in** *f*) *m* viator <-oris> *m,* peregrinus *m,* peregrina *f.*
**Trab** *m:* **im ~** tolutim.
**Trabant** *m (Satellit)* satelles <satellitis> *m.*
**traben** *vi (von Pferd)* tolutim currere; *(von Reiter)* equo citato vehi.
**Tracht** *f* habitus <-us> *m,* vestitus <-us> *m.*
**trachten** *vi:* **nach etw ~** studēre + *dat;* **danach ~, etw zu tun** id spectare, ut; **jdm nach dem Leben ~** alci insidiari.
**Trachten** *nt (Streben)* studium *nt (nach etw:* gen).
**trächtig** *adj* gravida.
**Tradition** *f* traditio <-onis> *f.*
**traditionell** *adj* translaticius.
**Tragbahre** *f,* **Trage** *f* ferculum *nt.*
**träge** *adj* ignavus, piger <-gra, -grum>.
**tragen** *vt* ① portare, ferre, gerere; **Bedenken ~** dubitare; **sich mit dem Gedanken ~** cogitare ② *(Kleidung)* vestitum esse (alqa re); **Schuhe ~** calceis uti.
**Träger** *m (Lasten~)* baiulus *m.*
**Trägheit** *f* pigritia *f,* inertia *f,* ignavia *f.*
**tragikomisch** *adj* tragicomicus.
**tragisch** *adj* tragicus.
**Tragödie** *f* tragoedia *f.*
**Trainer(in** *f*) *m* exercitor <-oris> *m,* exercitrix <-icis> *f.*
**trainieren** *vi* exercēre.
**Training** *nt* exercitatio <-onis> *f.*
**Trainingsanzug** *m* indumentum *nt* gymnasticum.
**Traktor** *m* machina *f* tractoria.
**Trampolin** *nt* desultorium *nt.*
**Träne** *f* lacrima *f;* **~n vergießen** lacrimas profundere; **unter ~n** cum lacrimis; **in ~n ausbrechen** in lacrimas effundi.
**tränen** *vi* lacrimare.
**Tränengas** *nt* gasum *nt* lacrimosum.
**Trank** *m* potio <-onis> *f,* potus <-us> *m.*
**Tränke** *f* aquarium *nt.*
**tränken** *vt* ① *(nass machen)* imbuere [**vestem sanguine**] ② *(Tiere)* adaquare.
**Transfer** *m* translatio <-onis> *f.*
**transparent** *adj* perlucidus, translucidus.
**Transplantation** *f* transplantatio <-onis> *f.*
**Transport** *m* vectura *f* [**frumenti**; **onerum**].
**transportieren** *vt* portare, vehere.
**Transportkosten** *pl* vectura *f.*
**Transportschiff** *nt* navis <-is> *f* oneraria.
**transzendent(al)** *adj* transcendentalis.
**Traube** *f* uva *f.*
**Traubensaft** *m* uvarum sucus *m.*
**trauen I.** *vi:* **jdm/einer Sache ~/nicht ~** confidere, credere, fidem habēre/diffidere; **seinen Augen nicht ~** oculis suis diffidere **II.** *vr:* **sich ~** audēre.
**Trauer** *f* maeror <-oris> *m,* luctus <-us> *m (über, um:* gen); **jmd in ~ versetzen** maerore alqm affligere; **in tiefer ~ sein** in magno luctu esse.
**Trauer-** lugubris [**vestitus**].
**trauern** *vi* maerēre, dolēre (+ abl; A.C.I.; quod) [**morte alcis**].
**Trauerspiel** *nt* tragoedia *f.*
**Traufe** *f* stillicidium *nt.*
**träufeln** *vi* stillare.
**Traum** *m* somnium *nt;* **im ~** per somnium.
**Traumdeuter(in** *f*) *m* somniorum interpres <-pretis> *m/f.*
**Traumdeutung** *f* somniorum interpretatio <-onis> *f.*
**träumen** *vi* somniare *(von jdm:* de alqo und alqm, *von etw:* alqd).
**Träumer** *m* somniator <-oris> *m.*
**Träumerei** *f* somnia *nt pl.*
**Träumerin** *f* somniatrix <-icis> *f.*
**traurig** *adj* ① *(von Personen)* maestus, tristis ② *(schmerzlich: Schicksal u. Ä.)* tristis, luctuosus.
**Traurigkeit** *f* tristitia *f,* maestitia *f.*
**Trauung** *f* celebratio <-onis> *f* matrimonii.
**treffen I.** *vt (begegnen)* convenire + *akk; (zufällig auf jmd stoßen)* incidere (in + akk); *(durch Schlag, Schuss)* ferire, percutere [**alqm sagittā, lapide**]; **Vorbereitungen zu etw ~** alqd parare; **eine Entscheidung über etw ~** alqd disceptare; **es trifft sich** (**dass**) accidit (ut, quod), fit (ut); **es trifft sich gut, dass du zu mir kommst** bene accidit, quod ad me venis **II.** *vr:* **sich mit jdm ~** convenire alqm.
**Treffen** *nt* ① *(Begegnung)* occursus <-us> *m* ② (MIL) proelium *nt.*
**treffend** *adj* acutus [**verba**].
**trefflich** *adj* egregius, eximius, excellens <-entis>.
**treiben I.** *vt* ① *(Tiere, Menschen)* agere [**boves ad flumen**; **captivos prae se**] ② *(Rad, Maschine)* agitare ③ *(anspornen)* incitare, concitare [**alqm ad studium**] ④ *(fig)*: **Ackerbau ~** agriculturae studēre; **Handel ~** negotiari; **seinen Spott mit jdm ~** ludibrio habēre alqm; **Missbrauch mit etw ~** abuti alqa re **II.** *vi* ① *(Schiffe)* fluctuare, fluitare ② *(Pflanzen)* gemmas agere, germinare.
**Treibhaus** *nt* tepidarium *nt.*

T

**Treibjagd** *f (auch fig)* indago <-ginis> *f.*
**Treibstoff** *m* materia *f* propulsoria.
**Trend** *m* propensio <-onis> *f.*
**trennbar** *adj* separabilis.
**trennen I.** *vt* separare, seiungere **II.** *vr:* **sich ~** seiungi; *(auseinandergehen)* discedere.
**Trennung** *f* separatio <-onis> *f.*
**Treppe** *f* scalae *f pl.*
**Tresor** *m* arca *f* ferrea.
**Tretboot** *nt* scapha *f* pedalicia.
**treten I.** *vt (einen Tritt versetzen)* pede percutere; **mit Füßen ~** *(fig)* calcare [**libertatem**] **II.** *vi:* **auf etw ~** calcare + *akk;* **in etw ~** intrare (in + akk); **an das Fenster ~** ad fenestram (as)sistere.
**treu** *adj* fidus, fidelis; **jdm ~ bleiben** alci fidem servare.
**Treubruch** *m* perfidia *f.*
**Treue** *f* fides <-ei> *f;* **jdm die ~ halten** alci fidem servare; **die ~ brechen** fidem fallere.
**treuherzig** *adj* simplex <-plicis>, candidus.
**Treuherzigkeit** *f* simplicitas <-atis> *f.*
**treulos** *adj* perfidus, perfidiosus.
**Treulosigkeit** *f* perfidia *f.*
**Tribun** *m* tribunus *m.*
**Tribunat** *nt* tribunatus <-us> *m.*
**Tribüne** *f (Redner~)* rostra *nt pl,* suggestus <-us> *m; (Zuschauer~)* suggestus <-us> *m.*
**tributpflichtig** *adj* stipendiarius, vectigalis [**provincia**; **oppidum**].
**Trichter** *m* infundibulum *nt.*
**Trick** *m* artificium *nt.*
**Trieb** *m* impetus <-us> *m,* studium *nt.*
**Triebfeder** *f (fig)* impulsus <-us> *m.*
**Triebkraft** *f (fig)* impetus <-us> *m.*
**triefen** *vi:* **von etw ~** manare + *abl.*
**triftig** *adj* iustus, gravis [**causa**].
**trinkbar** *adj* potulentus.
**trinken** *vt* potare, bibere.
**Trinker(in** *f***)** *m* potor <-toris> *m,* potrix <-icis> *f.*
**Trinkgefäß** *nt* poculum *nt.*
**Trinkgelage** *nt* potatio <-onis> *f.*
**Trinkgeld** *nt* corollarium *nt.*
**Trinkspruch** *m* tosta *f.*
**Trinkwasser** *nt* aqua *f* potulenta.
**Tritt** *m* ❶ *(Schritt)* gradus <-us> *m* ❷ *(Fuß~)* ictus <-us> *m* pedis; **jdm einen ~ versetzen** pede alqm percutere.
**Triumph** *m* triumphus *m;* **einen ~ erringen/feiern** triumphare.
**Triumphbogen** *m* arcus <-us> *m.*
**triumphieren** *vi* triumphare *(über:* de, ex).
**Triumphzug** *m* triumphus *m.*
**Triumvirat** *nt* triumviratus <-us> *m.*
**trivial** *adj* vulgaris, frigidus.
**trocken** *adj (auch fig)* aridus [**lignum**; **genus orationis**].
**Trockenheit** *f* siccitas <-atis> *f,* ariditas <-atis> *f.*
**trocknen I.** *vt* siccare [**capillos**] **II.** *vi* arescere.
**Trödel** *m* scruta *nt pl.*
**trödeln** *vi* cunctari.
**Trödler(in** *f***)** *m* ❶ *(Altwarenhändler)* institor <-oris> *m,* institrix <-icis> *f* ❷ *(Bummler)* homo <-minis> *m* desidiosus, femina *f* desidiosa.
**Trog** *m* alveus *m.*
**Trommel** *f* tympanum *nt.*
**trommeln** *vi* tympanizare.
**Trompete** *f* tuba *f;* **~ blasen** tubā canere.
**trompeten** *vi (Trompete blasen)* tubā canere.
**Trompeter** *m* tubicen <-cinis> *m.*
**Tropen** *pl* ardores <-rum> *m pl.*
**Tropf** *m:* **armer ~** homo <-minis> *m* misellus.
**tropfen** *vi* stillare.
**Tropfen** *m* gutta *f.*
**tropfenweise** *adv* guttatim.
**Trophäe** *f* tropaeum *nt.*
**tropisch** *adj* tropicus [**silva**].
**Tross** *m* (MIL) impedimenta *nt pl.*
**Trost** *m* solacium *nt;* **jdm ~ spenden** solacium alci praebēre; **nicht recht bei ~ sein** delirare.
**trösten** *vt* consolari.
**tröstlich** *adj* consolabilis [**verba**].
**trostlos** *adj* desperatus, miserrimus.
**Trostlosigkeit** *f* desperatio <-onis> *f.*
**Trostpreis** *m* praemium *nt* consolatorium.
**trostreich** *adj* solacii plenus.
**Tröstung** *f* consolatio <-onis> *f.*
**Trottel** *m* stultus *m.*
**Trottoir** *nt* trames <-mitis> *m.*
**Trotz** *m* ferocia *f,* contumacia *f;* **aus ~** ferociā, contumaciā.
**trotzdem** *adv* tamen, nihilominus.
**trotzen** *vi* resistere.
**trotzig** *adj* ferox <-ocis>, contumax <-acis>.
**Trotzkopf** *m* homo <-minis> *m* ferox, homo *m* contumax.
**trüb(e)** *adj* ❶ *(Flüssigkeit)* turbidus; *(Tag, Wetter)* nubilus ❷ *(Stimmung)* tristis.
**Trubel** *m* tumultus <-us> *m.*
**trüben** *vt* ❶ turbare [**aquam**] ❷ *(Stimmung, Freude)* corrumpere.
**Trübsal** *f* aerumna *f.*
**trübselig** *adj* aerumnosus.
**Trübsinn** *m* maestitia *f.*
**trübsinnig** *adj* maestus.
**Trugbild** *nt* (vana) imago <-ginis> *f,* phantasma <-matis> *nt.*
**trügen** *vt:* **wenn mich nicht alles trügt** nisi me animus fallit, nisi omnia me fallunt.
**trügerisch** *adj* fallax <-acis>.
**Trugschluss** *m* captio <-onis> *f.*
**Truhe** *f* arca *f.*
**Trümmer** *pl* ruinae *f pl* [**templorum**; **Thebarum**].

**Trunk** *m* potio <-onis> *f,* potus <-us> *m.*
**trunken** *adj* ebrius [**laetitiā**].
**Trunkenbold** *m* potor <-toris> *m.*
**Trunkenheit** *f* vinolentia *f,* ebrietas <-atis> *f.*
**Trunksucht** *f* vinolentia *f,* ebriositas <-atis> *f.*
**trunksüchtig** *adj* vinolentus, ebriosus.
**Trupp** *m* caterva *f* [**militum**].
**Truppe** *f* ① *(Schauspieler~)* grex <gregis> *m* ② **~n** (MIL) copiae *f pl;* **~n ausheben** dilectum habēre.
**T-Shirt** *nt* tunicula <-ae> *f.*
**Tuberkulose** *f* phthisis <-is> *f.*
**Tuch** *nt* ① *(Kopf~)* rica *f* ② *(Putz~, Stück Stoff)* pannus *m.*
**tüchtig** *adj* strenuus, probus.
**Tüchtigkeit** *f* virtus <-utis> *f.*
**Tücke** *f* malitia *f,* fraus <fraudis> *f.*
**tückisch** *adj* ① *(heim~)* malitiosus ② *(unberechenbar)* inaestimabilis.
**Tugend** *f* virtus <-utis> *f;* **auf dem Pfad der ~ wandeln** virtutem constanter sequi.
**tugendhaft** *adj* probus.
**Tummelplatz** *m (auch fig)* area *f.*
**Tumor** *m* tumor <-oris> *m.*
**Tumult** *m* tumultus <-us> *m.*
**tun** *vt* facere; **was soll ich ~** quid faciam; **so ~, als ob ...** simulare; **nichts zu ~ haben** otiosum esse; **damit habe ich nichts zu ~** eae non sunt meae partes.
**tünchen** *vt* calce illinere.
**Tunfisch** *m* thynnus *m.*
**Tunnel** *m* cuniculus *m.*
**Tür** *f* porta *f,* ianua *f,* ostium *nt.*
**Türangel** *f* cardo <-dinis> *m.*
**Turban** *m* tiara *f.*
**turbulent** *adj* turbulentus.
**Türklinke** *f* (ianuae) ansa *f,* (ianuae) manubrium *nt.*
**Turm** *m* turris <-is> *f.*
**türmen I.** *vt* exstruere **II.** *vr:* **sich ~** exstrui.
**Turmspringen** *nt* saltus <-us> *m* de turri.
**Turmuhr** *f* horologium *nt* turris.
**Turn-** gymnicus, gymnasticus [**exercitatio**].
**turnen** *vi* corpus exercēre.
**Turnen** *nt* exercitatio <-onis> *f* corporis.
**Turngerät** *nt* instrumentum *nt* gymnicum.
**Turnhalle** *f* gymnasium *nt.*
**Turnier** *nt* certamen <-minis> *nt* [**gladiatorium; quadrigarum**].
**Turnlehrer(in *f*)** *m* magister <-tri> *m* gymnicus, magistra *f* gymnica.
**Turnschuh** *m* calceus *m* gymnicus.
**Turnverein** *m* societas <-atis> *f* gymnastica.
**Türschwelle** *f* limen <-minis> *nt.*
**Tusche** *f* atramentum *nt* pictorium.
**Tüte** *f* cucullus *m.*
**Typ** *m* typus *m,* exemplar <-aris> *nt.*
**Typhus** *m* typhus *m.*
**typisch** *adj* typicus, exemplaris.
**Tyrann** *m* tyrannus *m.*
**Tyrannei** *f* tyrannis <-idis> *f.*
**tyrannisch** *adj* tyrannicus [**leges**].
**tyrannisieren** *vt* saevire (in + akk).

# U u

**U-Bahn** *f* ferrivia *f* subterranea.
**übel** *adj (schlimm, schlecht)* malus; **~ gelaunt** morosus; **~ gesinnt** malevolus [**vicinus**]; **mir ist ~** nauseo; **etw ~ nehmen** alqd aegre ferre.
**Übel** *nt* malum *nt.*
**Übelkeit** *f* nausea *f;* **~ empfinden** [*o* **verspüren**] nauseare.
**Übeltat** *f* facinus <-noris> *nt.*
**Übeltäter(in *f*)** *m* homo <-minis> *m* maleficus, femina *f* malefica.
**übelwollen** *vi* male velle *(jdm:* alci).
**üben I.** *vt* exercēre [**memoriam; vires**] **II.** *vr:* **sich ~** exerceri *(in etw:* abl oder in + abl) [**armis; in venando**].
**über** *praep* ① *(oberhalb von, auf die Frage wo?)* super + *abl,* supra + *akk;* *(oberhalb von, auf die Frage wohin?)* super + *akk,* supra + *akk* ② *(auf die andere Seite: ~ einen Fluss u. Ä.)* trans + *akk;* (*~ das Feld gehen u. Ä.)* per + *akk;* **eine Brücke ~ den Fluss schlagen** pontem per flumen [*o* in flumine] facere; **~ die Alpen marschieren** per Alpes proficisci ③ *(von, betreffend: schreiben, erzählen)* de + *abl* ④ *(zeitl.: während)* per + *akk,* inter + *akk;* **den Tag ~** interdiu ⑤ *(bei Zahlen, Beträgen)* plus.
**überall** *adv* ubique.
**überallher** *adv* undique [**concurrere**].
**überallhin** *adv* in omnes partes, quoquoversus.
**Überangebot** *nt* rerum venalium abundantia *f.*
**überaus** *adv* valde.
**überbieten** *vt (übertreffen)* superare, vincere [**omnes splendore**].
**Überbleibsel** *nt* reliquiae *f pl.*
**Überblick** *m (Übersicht, Abriss)* conspectus <-us> *m;* **sich einen ~ über etw verschaf-**

**fen** animo alqd complecti.
**überblicken** *vt* ① oculis perlustrare ② *(fig)* animo complecti [**progressum**].
**überbringen** *vt* deferre, reddere [**epistulam**; **nuntium**].
**Überbringer(in** *f*) *m (einer Nachricht)* nuntius *m*; *(eines Briefes)* tabellarius *m*.
**überdauern** *vt* manēre, superstitem esse.
**überdenken** *vt* cogitare, considerare.
**überdies** *adv (außerdem)* praeterea.
**Überdruss** *m* taedium *nt*, fastidium *nt*.
**überdrüssig** *adj*: **ich bin des Lebens ~** me vitae taedet.
**übereifrig** *adj* nimis studiosus, nimis industrius.
**übereilen** *vt* praecipitare.
**übereilt** *adj* praecipitatus.
**übereinander** *adv (räuml. und fig)* alius super alium, alii super alios.
**übereinkommen** *vi* convenire.
**Übereinkunft** *f* conventum *nt*.
**übereinstimmen** *vi* consentire; **nicht ~** dissentire.
**übereinstimmend** *adj* consentaneus *(mit:* dat), consentiens <-ientis> *(mit:* cum; dat).
**Übereinstimmung** *f* consensus <-us> *m*.
**überessen** *vr*: **sich ~** cibis obrui.
**überfahren** *vt (Menschen, Tiere mit dem Fahrzeug ~)* vehiculo obterere.
**Überfahrt** *f* traiectus <-us> *m* [**in Britanniam**].
**Überfall** *m* impetus <-us> *m*; **einen ~ auf jmd verüben** impetum facere in alqm.
**überfallen** *vt* opprimere [**hostem inopinantem**].
**überfliegen** *vt* ① transvolare [**Alpes**; **Oceanum**] ② *(fig)* percurrere [**epistulam**].
**überfließen** *vi* abundare, redundare.
**Überfluss** *m* abundantia *f (an etw:* gen) [**pecuniae**; **voluptatum**]; **etw im ~ haben** abundare, redundare + *abl*; **im ~ vorhanden sein** abundare, redundare.
**überflüssig** *adj* supervacaneus.
**überfluten** *vt* inundare [**campos**].
**überführen** *vt (Verbrecher)* convincere (alqm alcis rei) [**alqm latrocinii, proditionis**].
**überfüllt** *adj* refertus *(mit:* abl oder gen).
**Übergabe** *f* ① traditio <-onis> *f* ② (MIL) deditio <-onis> *f*, traditio *f* [**urbis**]; **über die ~ der Stadt verhandeln** de urbe tradenda agere.
**Übergang** *m* transitus <-us> *m*.
**übergeben** *vt* ① tradere, reddere [**epistulam regi**] ② *(ausliefern)* dedere [**noxios hostibus**] ③ *(Amt)* mandare.
**übergehen I.** *vi (zu, in)* transire **II.** *vt (nicht beachten)* praeterire, omittere.
**Übergewicht** *nt* ① maius pondus <-deris> *nt* ② *(fig)* maior auctoritas <-atis> *f*; **das ~ haben** propendēre, plus valēre, praevalēre.
**überglücklich** *adj* perbeatus.
**überhandnehmen** *vi* increbrescere.
**überhäufen** *vt* cumulare, onerare [**alqm muneribus**; **alqm laude**].
**überhaupt** *adv* omnino.
**überheblich** *adj* superbus.
**Überheblichkeit** *f* superbia *f*.
**überholen** *vt* ① antecedere [**nuntios**] ② (TECH) pertractare [**autoraedam**].
**überholt** *adj (veraltet)* obsoletus.
**überhören** *vt* non audire [**tinnitum**; **dictum** die Bemerkung].
**überirdisch** *adj (fig)* caelestis.
**überkommen** *vt*: **ihn überkam Furcht** metu affectus est.
**überladen I.** *vt* nimio pondere onerare [**naves**; **currum**] **II.** *adj (rhet.)* putidus [**genus dicendi**].
**überlassen** *vt* ① *(anvertrauen)* permittere [**alci potestatem**; **consulibus rem publicam**] ② *(abtreten)* concedere ③ *(preisgeben)*: **jmd seinem Schicksal ~** alqm deserere.
**überlasten** *vt* nimio pondere onerare.
**überlaufen** *vi* ① *(Flüssigkeit)* redundare ② *(zum Feind)* transfugere, perfugere [**ad hostes**; **ad victorem**].
**Überläufer(in** *f*) *m* transfuga *m/f*, perfuga *m*.
**überleben** *vt* superesse + *dat* [**patri**; **pugnae**].
**Überlebende(r)** *f(m)* superstes <-stitis> *m/f*.
**überlegen I.** *vt* deliberare, considerare **II.** *adj* superior; **~ sein** superare *(jdm an etw:* alqm alqa re) [**omnes splendore**; **alqm iustitiā**].
**Überlegenheit** *f* praestantia *f*, excellentia *f*; **seine ~ zeigen** superiorem se praebēre.
**Überlegung** *f* deliberatio <-onis> *f*, consilium *nt*; **ohne ~** sine consilio, temere; **nach reiflicher ~** re consulta et explorata.
**überliefern** *vt* tradere; **es wird überliefert** traditur / traduntur (+ N.C.I.), tradunt (+ A.C.I.).
**Überlieferung** *f* traditio <-onis> *f*; *(geschichtl. ~)* fama *f*.
**überlisten** *vt* dolo capere.
**Übermacht** *f* opes *f pl* superiores; **in der ~ sein** numero superare.
**übermächtig** *adj* praepotens <-entis>.
**übermannen** *vt* superare, vincere.
**Übermaß** *nt* cumulus *m*, abundantia *f (an:* gen) [**voluptatum**], *auch durch* nimius *zu übersetzen*: **ein ~ an Freiheit** nimia libertas.
**übermäßig I.** *adj* nimius **II.** *adv* supra modum [**contendere** sich anstrengen].
**Übermensch** *m* suprahomo <-minis> *m*.
**übermenschlich** *adj* plus quam humanus [**res gesta** Leistung].
**übermorgen** *adv* perendie.
**Übermut** *m* intemperantia *f*.

**übermütig** *adj* intemperans <-antis>.
**übernachten** *vi* pernoctare [**foris**].
**Übernahme** *f* susceptio <-onis> *f* [**firmae**].
**übernatürlich** *adj* praeternaturalis.
**übernehmen I.** *vt* suscipere [**officium**; **laborem**]; *(Amt)* inire [**magistratum**; **consulatum**] **II.** *vr:* **sich ~** modum excedere.
**überqueren** *vt* transire [**viam**; **flumen**].
**überragen** *vt (auch fig)* superare [**domum**; **alqm ingenio**].
**überraschen** *vt* deprehendere [**alqm dono**].
**überraschend** *adj* improvisus, inopinatus [**adventus**; **successus**].
**Überraschung** *f* inopinatum *nt;* **zu meiner ~** me necopinante.
**überreden** *vt* persuadēre *(jmd:* alci, *zu etw:* ut); **der Tribun überredete das Volk, eine Flotte zu bauen** tribunus populo persuasit, ut classem aedificaret.
**Überredung** *f* persuasio <-onis> *f.*
**überreichen** *vt* dare <dedi>, praebēre [**munus**].
**überreif** *adj* maturissimus, maturrimus [**poma**].
**Überreste** *pl* reliquiae *f pl.*
**übersät** *adj* conspersus *(mit, von:* abl).
**Überschallgeschwindigkeit** *f* velocitas <-atis> *f* supersonica.
**überschätzen** *vt* nimis aestimare [**alcis vires**].
**überschlagen** *vt (ungefähr berechnen)* computare.
**überschreiten** *vt* ① transcendere, transgredi, superare [**Alpes**; **flumen**] ② *(fig: verletzen)* transcendere [**ius**; **ordinem**] ③ *(fig: über etw hinausgehen)* excedere [**modum**].
**Überschreitung** *f (fig)* excessus <-us> *m* [**celeritatis**].
**Überschrift** *f* titulus *m;* **etw mit einer ~ versehen** titulum inscribere alci rei.
**überschüssig** *adj* reliquus.
**überschütten** *vt (fig: überhäufen)* accumulare [**alqm donis / laudibus**].
**Überschwang** *m* impetus <-us> *m;* **im ersten ~** primo impetu.
**überschwänglich** *adj (Worte)* redundans <-antis>.
**überschwemmen** *vt* inundare.
**Überschwemmung** *f* eluvio <-onis> *f.*
**Übersee** *f:* **aus ~** ex partibus transmarinis; **nach ~** in partes transmarinas.
**überseeisch** *adj* transmarinus [**provinciae**].
**übersehen** *vt* ① *(nicht bemerken)* non animadvertere, non vidēre ② *(etw ignorieren)* neglegere, praeterire [**iniurias alcis**]; *(jmd übergehen, nicht berücksichtigen)* praeterire.
**übersenden** *vt* mittere.
**übersetzen I.** *vt* ① *(Text)* vertere, convertere [**librum ex Graeco in Latinum**] ② *(mit Fähre)* traicere [**legiones in Siciliam**] **II.** *vi* (se) traicere, transire, transvehi [**duabus navibus in Africam**].
**Übersetzer(in** *f*) *m* interpres <-pretis> *m/f.*
**Übersetzung** *f* interpretatio <-onis> *f;* **eine wörtliche ~ von etw anfertigen** ad verbum convertere alqd.
**Übersicht** *f* conspectus <-us> *m.*
**übersichtlich** *adj* ① *(Gelände)* apertus ② *(Darstellung)* perspicuus.
**übersiedeln** *vi* transmigrare [**in Britanniam**; **Romam**].
**übersinnlich** *adj* qui sensibus percipi non potest.
**überspringen** *vt* transilire [**fossam**].
**überstehen** *vt* perfungi + *abl* [**periculis**; **molestiā**].
**übersteigen** *vt* ① *(Hindernis)* transcendere, transire, superare [**muros**] ② *(fig)* transcendere [**alcis vires**; **alcis exspectationes**].
**überstimmen** *vt* sententiis [*o* suffragiis] vincere.
**Überstunden** *pl* horae *f pl* superadditae.
**überstürzen** *vt* praecipitare [**consilia**].
**überstürzt** *adj* praecipitatus [**consilia**].
**übertölpeln** *vt* fraudare, ludificare, ludificari.
**übertönen** *vt* obstrepere + *dat.*
**übertragen** *vt* ① *(anvertrauen, übergeben)* mandare, committere [**alci magistratum, imperium**; **alci urbem tuendam**] ② *(übersetzen)* vertere, convertere.
**übertreffen** *vt* superare, vincere [**alqm eloquentiā**; **omnes parsimoniā**; **omnes exspectationes**].
**übertreiben** *vt* ① *(aufbauschen)* in maius extollere ② *(exzessiv betreiben)* in alqa re modum excedere [**in parsimonia**; **in exercitatione**].
**Übertreibung** *f* supralatio <-onis> *f.*
**übertreten** *vt (Regel, Vorschrift)* violare [**legem**; **praecepta**].
**Übertretung** *f (einer Verordnung)* transgressio <-onis> *f* [**legis**; **praeceptorum**].
**übertrieben** *adj* nimius, immodicus, immoderatus.
**Übertritt** *m (fig)* transitio <-onis> *f* [**ad plebem**].
**übervorteilen** *vt* fraudare, decipere [**creditores**; **emptores**].
**überwachen** *vt* custodire [**provinciam**; **pacem**].
**Überwachung** *f* custodia *f.*
**überwältigen** *vt* superare, vincere.
**überweisen** *vt (Geld)* transferre.
**Überweisung** *f* (FIN) pecuniarum translatio <-onis> *f.*
**überwiegend** *adv* imprimis.
**überwinden** *vt* superare, vincere, domare <domui> [**Britannos**; **iracundiam**; **invidiam**].

**überwintern** *vi* hiemare, hibernare [**in urbe**].

**Überzahl** *f:* **in der ~ sein** numero superare, numero vincere.

**überzeugen** *vt* persuadēre *(jmd:* alci, *von etw:* A.C.I.); **ich bin überzeugt** mihi persuasum est, persuasum habeo.

**überzeugend** *adj (einleuchtend, glaubhaft)* firmus, gravis, certus [**argumentum**].

**Überzeugung** *f* persuasio <-onis> *f;* **es ist meine ~, dass** mihi persuasum est (+ A.C.I.).

**Überzug** *m (Bezug)* tegimentum *nt* [**subsellii**].

**üblich** *adj* usitatus [**verba**; **honos**]; **das ist** (**bei uns**) **so ~** mos est (apud nos).

**U-Boot** *nt* navigium *nt* subaquale.

**übrig** *adj* reliquus; **~ bleiben** [*o* **sein**] superesse; **~ lassen** relinquere.

**übrigens** *adv* ceterum.

**Übung** *f* exercitatio <-onis> *f; (praktische Erfahrung)* usus <-us> *m;* **~** (**in etw**) **haben** usum (alcis rei) habēre.

**Ufer** *nt (Fluss~)* ripa *f; (Meeres~)* litus <-toris> *nt.*

**Uhr** *f* horologium *nt;* **wie viel ~ ist es?** quota hora est?; **es ist zwei ~** secunda hora est; **um ein ~** primā horā.

**Uhrmacher** *m* horologiorum artifex <-ficis> *m.*

**Uhrzeiger** *m* gnomon <-monis> *m.*

**Uhrzeigersinn** *m:* **im ~** dextrorsum.

**Uhu** *m* bubo <-onis> *m.*

**ulkig** *adj* ridiculus.

**Ulme** *f* ulmus *f.*

**Ultimatum** *nt* extrema condicio <-onis> *f.*

**um I.** *praep* ❶ (*~ … herum, rings~*) circa + *akk,* circum + *akk* ❷ *(fig)*: **~ etw bitten** alqd orare; **~ ein Uhr** primā horā **II.** *kj:* **~ zu** *(damit)* ut + *conj* (verneint: ne + conj), *kann auch durch Gerundiv, Supinum oder* causa + *gen des Gerundiums ausgedrückt werden;* **ein römischer Ritter wird zu ihnen geschickt, um mit ihnen zu verhandeln** eques Romanus ad eos mittitur, ut cum eis colloquatur; **sie sind losgegangen, um Früchte zu sammeln** ad fructus colligendos profecti sunt **III.** *adv (ungefähr)* circiter; **es waren um die tausend an Zahl** numero circiter mille erant.

**umändern** *vt* mutare.

**umarbeiten** *vt* retractare [**costumam**; **librum**; **orationem**; **fabulam**].

**umarmen** *vt* amplecti, complecti; **einander ~** inter se amplecti.

**Umarmung** *f* amplexus <-us> *m,* complexus <-us> *m.*

**umbiegen** *vt* flectere.

**umbilden** *vt* commutare.

**umbinden** *vt* circumligare.

**umblicken** *vr:* **sich ~** ❶ *(um sich herum)* circumspicere ❷ *(zurück)* respicere [**ad oppidum**].

**umbringen** *vt* necare, interficere.

**umdrängen** *vt* stipare.

**umdrehen I.** *vt* circumagere, convertere **II.** *vr:* **sich ~** circumagi.

**Umdrehung** *f* circumactio <-onis> *f.*

**umfahren** *vt* ❶ *(um etw herumfahren)* circumvehi ❷ *(niederfahren)* vehiculo prosternere.

**umfallen** *vi* concidere, collabi.

**Umfang** *m* ❶ circuitus <-us> *m* ❷ *(fig: Ausmaß)* amplitudo <-dinis> *f.*

**umfangreich** *adj* amplus.

**umfassen** *vt* ❶ *(umarmen)* amplecti, complecti ❷ *(enthalten)* continēre.

**umfassend** *adj* amplus.

**umformen** *vt* transformare, commutare.

**Umformung** *f* commutatio <-onis> *f.*

**Umfrage** *f* quaestio <-onis> *f;* **eine ~ machen** quaerere, percontari.

**Umgang** *m* ❶ *(Gesellschaft)* consuetudo <-dinis> *f,* usus <-us> *m;* **mit jdm ~ haben** consuetudine alcis uti ❷ *(das Umgehen mit etw)* usus <-us> *m.*

**umgänglich** *adj* facilis, affabilis.

**Umgangsformen** *pl* mores <-rum> *m pl.*

**Umgangssprache** *f* sermo <-onis> *m* communis.

**umgarnen** *vt* irretire [**praefectum blanditiis**].

**umgeben** *vt* circumdare <circumdedi> [**portum moenibus**].

**Umgebung** *f* ❶ *(Landschaft)* regio <-onis> *f* vicina; **in der ~ von Rom** circa [*o* circum] Romam ❷ *(Menschen)* familiares <-rium> *m pl,* comites <-tum> *m pl.*

**umgehen I.** *vt* ❶ *(herumgehen um)* circumire ❷ *(fig)* vitare, eludere [**leges**; **periculum**] **II.** *vi* **mit jdm/etw ~** *(behandeln)* tractare + *akk.*

**umgekehrt I.** *adj* inversus [**series**] **II.** *adv* contra.

**umgestalten** *vt* commutare, immutare.

**umgraben** *vt* fodere [**pulvinum** Beet].

**Umhang** *m* velamen <-minis> *nt.*

**umherblicken** *vi* circumspicere.

**umhergehen** *vi* ambulare.

**umherirren** *vi* errare.

**umherziehen** *vi* vagari [**per arva**].

**umhinkönnen** *vi:* **ich kann nicht umhin, zu …** facere non possum, quin + *conj.*

**umhüllen** *vt* velare.

**Umkehr** *f* reversio <-onis> *f.*

**umkehren** *vi* reverti.

**umkippen I.** *vt* evertere [**currum**] **II.** *vi (umfallen)* concidere, collabi.

**umklammern** *vt* amplecti, complecti.

**umkommen** *vi* perire [**in fuga**; **fame**].

**Umkreis** *m (Umgebung)* regio <-onis> *f* vicina; **im ~ der Stadt** circa [*o* circum] oppidum.

**umkreisen** *vt* ❶ circumire; *(mit einem Fahrzeug)* circumvehi ❷ (ASTRON) circumvolare.

**umladen** *vt (Waren)* transferre.
**Umlauf** *m* ❶ *(von Gestirnen)* circuitus <-us> *m,* ambitus <-us> *m* [**siderum**; **solis**; **lunae**] ❷ **in ~ bringen** *(Gerücht)* dissipare; **in ~ kommen** in communem usum venire.
**Umlaufbahn** *f* orbita *f.*
**Umleitung** *f* circuitus <-us> *m.*
**umliegend** *adj (Ortschaften)* vicinus, finitimus.
**Umnachtung** *f:* **geistige ~** caligo <-ginis> *f.*
**umringen** *vt* cingere.
**Umrisse** *pl* lineamenta *nt pl.*
**umrühren** *vt* (per)miscēre.
**Umsatz** *m* quantitas <-atis> *f* negotiorum.
**umsäumen** *vt* praetexere.
**Umschau** *f:* **nach jdm/etw ~ halten** circumspicere + *akk.*
**umschauen** *vr:* **sich ~** ❶ *(zurückblicken)* respicere [**ad oppidum**] ❷ *(ringsum schauen)* circumspicere.
**Umschlag** *m* ❶ *(Buch~, Brief~)* involucrum *nt* ❷ (MED) fomentum *nt* ❸ *(Wechsel, Veränderung)* commutatio <-onis> *f* [**caeli** des Wetters; **animi** der Stimmung].
**umschlagen** *vi (Wetter, Wind, Stimmung)* mutari.
**umschließen** *vt* circumcludere.
**umschlingen** *vt* circumplicare.
**umschreiben** *vt* ❶ *(mit anderen Worten ausdrücken)* circumloqui ❷ *(neu schreiben)* rescribere.
**Umschreibung** *f* circu(m)itus <-us> *m.*
**Umschweife** *pl:* **ohne ~** missis ambagibus.
**umschwirren** *vt* circumvol(it)are.
**Umschwung** *m* conversio <-onis> *f* [**civilis** politischer ~]; **ein ~ in der Stimmung trat ein** mentes conversae sunt.
**umsegeln** *vt* circumvehi [**insulam**].
**umsehen** *vr:* **sich ~** ❶ *(zurückblicken)* respicere [**ad oppidum**] ❷ *(ringsum schauen)* circumspicere.
**Umsicht** *f* prudentia *f.*
**umsichtig** *adj* prudens <-entis>, providus, consideratus [**operis socius** Mitarbeiter; **actio**].
**umsiedeln** *vi (anderswohin ziehen)* alio migrare, sedem mutare.
**umsinken** *vi* collabi.
**umso** *adv:* **~ besser** tanto melior; **~ mehr** eo magis.
**umsonst** *adv* ❶ *(vergeblich)* frustra, nequiquam ❷ *(kostenlos)* gratis.
**umspringen** *vi:* **mit jdm ~** *(pej)* alqm tractare.
**Umstände** *pl* res <rei> *f,* causa *f,* condicio <-onis> *f;* **unter diesen ~n** quae cum ita sint/essent; **unter keinen ~n** nequaquam.
**umständlich** *adj (kompliziert)* multiplex <-plicis> [**orationis genus**; **res**].
**umstehen** *vt* circumstare <circumsteti> [**vulneratum**].
**umsteigen** *vi (in Bahn, Bus)* vehiculum mutare.
**umstellen** *vt* ❶ *(umringen)* cingere, circumdare <circumdedi> [**saltūs canibus**] ❷ *(an einen anderen Platz stellen)* locum alcis rei mutare [**librorum**; **mensae**].
**umstimmen** *vt:* **jmd ~** animum alcis flectere.
**umstoßen** *vt (auch fig)* evertere, subvertere [**vas**; **consilium**].
**umstritten** *adj* dubius.
**Umsturz** *m* eversio <-onis> *f;* **einen ~ planen** rebus novis studēre.
**umstürzen I.** *vt* evertere, subvertere **II.** *vi* corruere.
**Umtausch** *m* permutatio <-onis> *f.*
**umtauschen** *vt* permutare.
**umtun** *vr:* **sich nach etw ~** alqd circumspicere.
**umwälzen** *vt (fig)* evertere.
**Umwälzung** *f* eversio <-onis> *f.*
**umwandeln** *vt* commutare [**rei publicae statum**].
**Umwandlung** *f* commutatio <-onis> *f.*
**Umweg** *m* circuitus <-us> *m;* **einen ~ machen** circuitu uti.
**Umwelt** *f* circumiecta *nt pl.*
**Umweltschutz** *m* circumiectorum tutela *f.*
**Umweltverschmutzung** *f* circumiectorum contaminatio <-onis> *f.*
**umwenden I.** *vt* convertere **II.** *vr:* **sich ~** respicere [**ad oppidum**].
**umwerfen** *vt (auch fig)* evertere, subvertere [**vas**; **consilium**].
**umwickeln** *vt* circumplicare.
**umzäunen** *vt* saepire [**hortum**].
**Umzäunung** *f* saepimentum *nt,* saepes <-pis> *f.*
**umziehen I.** *vi* commigrare **II.** *vr:* **sich ~** vestem mutare.
**umzingeln** *vt* cingere, circumvenire, circumire [**regiam**; **hostes**; **urbem**].
**Umzug** *m* ❶ *(Wohnungswechsel)* mutatio <-onis> *f* domicilii ❷ *(Prozession)* pompa *f.*
**unabänderlich** *adj* immutabilis, stabilis [**facta**].
**unabhängig** *adj* liber <-era, -erum>, sui iuris; **von jdm/etw ~ sein** non obnoxium esse alci/alci rei.
**Unabhängigkeit** *f* libertas <-atis> *f.*
**unablässig I.** *adj* perpetuus **II.** *adv* perpetuo.
**unabsichtlich** *adv* non consulto, forte.
**unabwendbar** *adj* necessarius.
**unachtsam** *adj* neglegens <-entis>, socors <-cordis>.
**Unachtsamkeit** *f* neglegentia *f.*
**unähnlich** *adj* dissimilis, dispar <-paris>.
**Unähnlichkeit** *f* dissimilitudo <-dinis> *f.*
**unanfechtbar** *adj* certus [**argumentum**].
**unangebracht** *adj* intempestivus.
**unangefochten** *adj* integer <-gra, -grum>,

intactus.
**unangemessen** *adj* ineptus [**tractatio**].
**unangenehm** *adj* ingratus, iniucundus.
**unangreifbar** *adj* inexpugnabilis.
**unannehmbar** *adj* improbabilis, non acceptabilis [**condiciones**].
**Unannehmlichkeit** *f* incommodum *nt;* **jdm ~en bereiten** incommoda alci ferre.
**unansehnlich** *adj* non conspicuus, non speciosus.
**unanständig** *adj* indecorus, turpis.
**Unanständigkeit** *f* turpitudo <-dinis> *f.*
**unantastbar** *adj* integer <-gra, -grum>, sanctus [**ius**].
**Unart** *f (schlechte Angewohnheit)* vitium *nt.*
**unartig** *adj* male moratus, non oboediens <-entis>.
**unauffällig** *adj* non conspicuus, non insignis, non notabilis.
**unaufhaltsam** *adj* praeceps <-cipitis>.
**unaufhörlich** *adj* perpetuus.
**unauflöslich** *adj* indissolubilis, inexplicabilis.
**unaufmerksam** *adj* non attentus.
**Unaufmerksamkeit** *f* neglegentia *f.*
**unausbleiblich** *adj* necessarius, inevitabilis.
**unauslöschlich** *adj (fig)* indelebilis [**casūs** Erlebnisse].
**unaussprechlich** *adj (fig)* infandus [**gaudium**].
**unausstehlich** *adj* intolerandus.
**unausweichlich** *adj* necessarius, inevitabilis.
**unbändig** *adj* ① *(Kind, Temperament)* ferox <-ocis> ② *(von Gefühlen)* indomabilis [**laetitia**; **ira**].
**unbarmherzig** *adj* durus, crudelis.
**unbeachtet** *adj:* **etw ~ lassen** alqd neglegere [*o* non curare].
**unbedeutend** *adj* exiguus, levis; **etw für ~ halten** parvi alqd facere.
**unbedingt** *adv* utique.
**unbefangen** *adj* facilis, simplex <-plicis>.
**unbegabt** *adj* non ingeniosus.
**unbegreiflich** *adj* incredibilis.
**unbegrenzt** *adj* infinitus [**confidentia**].
**unbegründet** *adj* nullo argumento probatus [**suspicio**].
**Unbehagen** *nt* molestia *f.*
**unbehaglich** *adj* molestus [**aura** Atmosphäre].
**unbehelligt** *adj* non turbatus.
**unbeholfen** *adj* rusticus, inurbanus, agrestis.
**Unbeholfenheit** *f* inurbanitas <-atis> *f.*
**unbeirrbar** *adj* constans <-antis>.
**unbekannt** *adj* ignotus.
**unbekleidet** *adj* nudus.
**unbekümmert** *adj* securus.
**unbeliebt** *adj* ingratus, invidiosus.
**Unbeliebtheit** *f* invidia *f.*
**unbemerkt** *adj* non animadversus, neglectus.
**unbeobachtet** *adj* non observatus.
**unbequem** *adj* ① incommodus [**sella**] ② *(fig: lästig)* molestus [**quaestio**].
**Unbequemlichkeit** *f* ① incommoditas <-atis> *f* ② *(fig: Lästigkeit)* molestia *f.*
**unberechenbar** *adj* inaestimabilis [**animus multitudinis**].
**unberührt** *adj* intactus, integer <-gra, -grum> [**natura**].
**unbeschädigt** *adj* incolumis.
**unbescheiden** *adj* immodestus.
**Unbescheidenheit** *f* immodestia *f.*
**unbescholten** *adj* integer <-gra, -grum>, innocens <-entis>.
**Unbescholtenheit** *f* innocentia *f,* integritas <-atis> *f.*
**unbeschränkt** *adj* infinitus [**potestas**].
**unbeschreiblich** *adj* inenarrabilis [**animus** Stimmung; **pavor**].
**unbeschwert** *adj* securus [**pueritia**].
**unbesiegbar** *adj* invictus, invincibilis [**exercitus**].
**unbesiegt** *adj* invictus [**Germani**].
**unbesonnen I.** *adj* inconsideratus, temerarius [**consilium**] **II.** *adv* temere.
**Unbesonnenheit** *f* temeritas <-atis> *f* [**militum**; **verborum**].
**unbesorgt** *adj* securus.
**unbeständig** *adj (Mensch, Lage, Wetter)* instabilis, inconstans <-antis> [**populus**; **animus**; **fortuna**; **ventus**].
**Unbeständigkeit** *f (von Menschen, Lage, Wetter)* inconstantia *f,* varietas <-tatis> *f.*
**unbestechlich** *adj* integer <-gra, -grum>.
**Unbestechlichkeit** *f* integritas <-atis> *f* [**magistratuum**].
**unbestimmt** *adj* incertus, dubius [**futurum**; **spes**]; **auf ~e Zeit** in incertum.
**unbestreitbar** *adj,* unbestritten *adj* haud dubius, certus [**facta**].
**unbeteiligt** *adj:* **~ an** expers <-pertis> + *gen.*
**unbeugsam** *adj* obstinatus, rigidus, contumax <-acis> [**animus**].
**unbewaffnet** *adj* inermis.
**unbeweglich** *adj* immobilis, immotus.
**Unbeweglichkeit** *f* immobilitas <-atis> *f.*
**unbewohnbar** *adj* inhabitabilis [**insula**].
**unbewohnt** *adj* non habitatus [**casa**].
**unbewusst** *adj* inscius.
**unbezahlbar** *adj* pretio non parabilis [**artificium**].
**unbezwingbar**, **unbezwinglich** *adj* ① *(uneinnehmbar)* inexpugnabilis [**urbs**; **murus**] ② *(unbändig)* indomitus [**desiderium**].
**unblutig** *adj* incruentus [**victoria**].
**unbrauchbar** *adj* inutilis.
**und** *kj* et, ac, atque; **~ nicht** neque; **~ niemand** neque quisquam; **~ nichts** neque quicquam; **~ so weiter** et cetera.

**undankbar** *adj* ingratus.
**Undankbarkeit** *f* ingratitudo <-dinis> *f,* animus *m* ingratus.
**undenkbar** *adj* qui / quae / quod ne cogitari quidem potest.
**undeutlich** *adj (unverständlich)* obscurus [**oraculum**]; *(Schrift)* parum clarus.
**undurchdringlich** *adj* impenetrabilis [**virgultum**].
**undurchschaubar** *adj (fig)* non perspicuus [**consilia**].
**undurchsichtig** *adj (auch fig)* non perspicuus [**vitrum**; **negotia**].
**uneben** *adj* iniquus.
**unecht** *adj* falsus [**pellis**; **comitas**].
**unehelich** *adj* spurius.
**unehrenhaft** *adj* inhonestus [**consilia** Absichten].
**unehrlich** *adj* insincerus, fallax <-acis>.
**Unehrlichkeit** *f* fallacia *f,* fraus <fraudis> *f.*
**uneigennützig** *adj* innocens <-entis>.
**uneingeschränkt** *adj* infinitus [**potestas**].
**uneinig** *adj* discors <-cordis>; ~ **sein** dissentire, dissidēre.
**Uneinigkeit** *f* discordia *f,* dissensio <-onis> *f* [**plebis**; **senatūs**].
**uneinnehmbar** *adj* inexpugnabilis [**urbs**; **murus**; **arx**].
**unempfindlich** *adj* ① *(nicht leicht verletzbar)* lentus ② *(widerstandsfähig)* robustus.
**unendlich** *adj* infinitus [**maris latitudo**].
**Unendlichkeit** *f* infinitas <-atis> *f.*
**unentbehrlich** *adj* necessarius.
**unentgeltlich I.** *adj* gratuitus **II.** *adv* gratis.
**unentschieden** *adj (Mensch: unentschlossen; Frage, Angelegenheit)* incertus, dubius.
**unentschlossen** *adj* incertus, dubius.
**Unentschlossenheit** *f* cunctatio <-onis> *f,* haesitatio <-onis> *f,* dubitatio <-onis> *f.*
**unentwirrbar** *adj (auch fig)* inexplicabilis [**glomus**; **condicio**].
**unerbittlich** *adj* inexorabilis [**iudex**].
**unerfahren** *adj* imperitus *(in etw:* gen).
**Unerfahrenheit** *f* imperitia *f (in etw:* gen).
**unerfreulich** *adj* iniucundus, ingratus [**nuntius**].
**unergründlich** *adj* obscurus, occultus.
**unerheblich** *adj* parvus, levis [**discrimen**].
**unerhört** *adj* inauditus [**insolentia**].
**unerkannt** *adj* incognitus.
**unerklärlich** *adj* inexplicabilis, obscurus.
**unerlässlich** *adj* necessarius.
**unerlaubt** *adj* illicitus, vetitus.
**unermesslich** *adj* immensus.
**unermüdlich** *adj* impiger <-gra, -grum> [**in laborando**]; **mit ~er Ausdauer** assidue et impigre.
**unersättlich** *adj* insatiabilis.
**unerschöpflich** *adj* inexhaustus [**copiae** Vorräte; **propositum** Thema].
**unerschrocken** *adj* impavidus.
**unerschütterlich** *adj* stabilis, constans <-antis> [**amicitia**; **sententia**].
**unersetzlich** *adj* irreparabilis.
**unerträglich** *adj* intolerabilis, intolerandus [**dolor**; **tyrannus**].
**unerwähnt** *adj:* **etw ~ lassen** alqd silentio praeterire.
**unerwartet** *adj* inopinatus, inexspectatus.
**unerwünscht** *adj* ingratus.
**unfähig** *adj* non aptus, non idoneus *(zu:* ad); *(abs.)* iners <-ertis>.
**Unfähigkeit** *f* inertia *f.*
**Unfall** *m* casus <-us> *m.*
**unfassbar** *adj* incredibilis [**miraculum**].
**unfehlbar** *adj* qui errare non potest.
**Unfehlbarkeit** *f* erroris immunitas <-atis> *f.*
**unförmig** *adj* deformis [**figura**].
**unfreiwillig** *adj* invitus.
**unfreundlich** *adj* ① *(Mensch)* inhumanus, illiberalis ② *(Wetter)* asper <-era, -erum>.
**Unfriede** *m* discordia *f.*
**unfruchtbar** *adj (auch fig)* infecundus [**ager**; **sermo**].
**Unfruchtbarkeit** *f* infecunditas <-atis> *f.*
**Unfug** *m* petulantia *f;* ~ **treiben** [*o* **anstellen**] petulanter facere.
**ungastlich** *adj* inhospitalis.
**ungeahnt** *adj* inopinatus, necopinatus [**difficultates**; **divitiae**].
**ungebeten** *adj* non rogatus, invocatus [**hospes**].
**ungebildet** *adj* indoctus, rudis, incultus.
**ungebräuchlich** *adj* inusitatus.
**ungebührlich** *adj (ungehörig)* indignus, non aptus [**mores** Benehmen].
**ungebunden** *adj (unabhängig)* liber <-era, -erum>, sui iuris.
**Ungeduld** *f* impatientia *f,* festinatio <-onis> *f.*
**ungeduldig** *adj* impatiens <-entis>.
**ungeeignet** *adj* non aptus, non idoneus *(zu, für:* ad).
**ungefähr** *adv* fere *(dem betonten Wort nachgest.)*; **~ zur gleichen Zeit** eodem fere tempore.
**ungefährlich** *adj* innoxius.
**ungeheuer** *adj* ingens <-gentis> [**numerus**; **clamor**; **metus**].
**Ungeheuer** *nt* monstrum *nt,* portentum *nt,* prodigium *nt.*
**ungehindert I.** *adj* non impeditus **II.** *adv* libere.
**ungehobelt** *adj (fig)* inurbanus, rusticus, agrestis; **~es Benehmen** rusticitas.
**ungehörig** *adj* indignus, non aptus [**mores** Benehmen].
**ungehorsam** *adj* non obtemperans <-antis>,

non oboediens <-entis>.
**Ungehorsam** *m* immodestia *f,* inoboedientia *f.*
**ungekünstelt** *adj* simplex <-plicis> [**natura** Wesen].
**ungelegen** *adj* intempestivus.
**ungemütlich** *adj* iniucundus.
**ungenau** *adj* incertus, dubius.
**ungeordnet** *adj* inordinatus, incompositus.
**ungepflegt** *adj* incultus [**comae**; **hortus**].
**ungerächt** *adj* inultus.
**ungerade** *adj* impar <-paris> [**numerus**].
**ungerecht** *adj* iniustus, iniquus [**iudex**; **lex**].
**Ungerechtigkeit** *f* iniuria *f;* **eine ~ begehen** alqd iniustum facere.
**ungeregelt** *adj* inconditus, inordinatus, incompositus [**condicio** Verhältnisse].
**ungereimt** *adj (fig)* absurdus [**rumor** Gerede].
**ungern** *adv* invitus *(adj.),* aegre *(adv.).*
**ungerührt** *adj* immotus; **mit ~er Miene** vultu immoto.
**ungeschehen** *adj:* **etw ~ machen** alqd infectum reddere.
**Ungeschicklichkeit** *f* inscitia *f.*
**ungeschickt** *adj* inscitus, rudis.
**ungeschliffen** *adj* ❶ *(Edelstein; rhet.)* impolitus ❷ *(fig: ungehobelt)* inurbanus, rusticus, agrestis; **~es Benehmen** rusticitas.
**ungeschminkt** *adj:* **jdm die ~e Wahrheit sagen** alci verum libere dicere.
**ungeschoren** *adj:* **jmd ~ lassen** ab alqo abstinēre; **~ davonkommen** salvum evadere.
**ungesellig** *adj* insociabilis.
**ungesetzlich** *adj* non legitimus [**ratio** Methode].
**ungestraft** *adv* impunitus.
**ungestüm** *adj* violentus, vehemens <-mentis>.
**Ungestüm** *nt* violentia *f,* impetus <-us> *m.*
**ungesund** *adj* insaluber <-bris, -bre>, insalubris.
**ungetrübt** *adj* ❶ non turbatus [**aqua**] ❷ *(fig)* sincerus [**gaudium**].
**Ungetüm** *nt* monstrum *nt,* belua *f.*
**ungeübt** *adj* inexercitatus [**cursor**; **in natando**].
**ungewiss** *adj* incertus; **jmd im Ungewissen lassen** animum alcis suspendere.
**Ungewissheit** *f* incertum *nt,* dubium *nt;* **in ~ sein** in dubio esse.
**ungewöhnlich** *adj* inusitatus, novus.
**ungewohnt** *adj* insuetus, insolitus (gen; ad) [**rerum bellicarum**; **ad pugnam**].
**Ungeziefer** *nt* bestiolae *f pl* molestae.
**ungezogen** *adj* non obtemperans <-antis>.
**Ungezogenheit** *f* immodestia *f.*
**ungezügelt** *adj* effrenatus [**natura** Temperament].
**ungezwungen** *adj* liber <-era, -erum>, simplex <-plicis> [**colloquium**].
**Ungezwungenheit** *f* simplicitas <-atis> *f.*
**unglaublich** *adj* incredibilis.
**unglaubwürdig** *adj* fide indignus.
**ungleich** *adj (verschieden)* impar <-paris>, dispar <-paris>.
**ungleichmäßig** *adj* inaequabilis [**motus**].
**Unglück** *nt (Leid)* miseria *f,* res adversae *f pl; (Unheil, Missgeschick)* calamitas <-atis> *f,* malum *nt;* **jmd ins ~ stürzen** alci calamitatem inferre; **ein ~ kommt selten allein** ad malum res malae plerumque se agglutinant.
**unglücklich** *adj* infelix <-licis>, miser <-era, -erum>.
**unglücklicherweise** *adv* infeliciter.
**Unglücksfall** *m* calamitas <-atis> *f.*
**Ungnade** *f:* **bei jdm in ~ fallen** in odium alcis venire.
**ungültig** *adj* irritus [**testamentum**].
**ungünstig** *adj* iniquus, adversus [**tempus**; **locus**].
**unhaltbar** *adj* infirmus, levis [**dictum**].
**unhandlich** *adj* inhabilis [**hauritorium pulveris**].
**unharmonisch** *adj* dissonus, discrepans <-antis>.
**Unheil** *nt* malum *nt;* **großes ~ anrichten** magnum malum excitare.
**unheilbar** *adj* insanabilis [**morbus**].
**unheilvoll** *adj* funestus [**omen**].
**unheimlich** *adj* formidolosus, formidulosus.
**unhöflich** *adj* inurbanus, inhumanus.
**Unhöflichkeit** *f* inhumanitas <-tatis> *f.*
**Uniform** *f* vestis <-is> *f* militaris.
**uninteressant** *adj* non iucundus, ieiunus.
**Universität** *f* universitas <-atis> *f* studiorum.
**Universum** *nt* universum *nt.*
**Unkenntnis** *f* inscientia *f,* ignorantia *f;* **jmd in ~ über etw lassen** celare alqm de re.
**unklar** *adj* obscurus; **jmd im Unklaren lassen** animum alcis suspendere.
**Unklarheit** *f* obscuritas <-atis> *f* [**verborum**; **nuntii**].
**unklug** *adj* imprudens <-entis>.
**Unkosten** *pl* sumptus <-us> *m.*
**Unkraut** *nt* herba *f* inutilis.
**unlängst** *adv* nuper, modo.
**unleugbar** *adj* haud dubius, certus.
**unlogisch** *adj* non logicus.
**unlösbar** *adj* indissolubilis [**quaestio**].
**Unlust** *f* molestia *f,* stomachus *m.*
**unmanierlich** *adj* inurbanus, rusticus.
**unmännlich** *adj* mollis.
**unmäßig** *adj* immodicus, immoderatus.
**Unmenge** *f* magna copia *f,* magna vis *f.*
**Unmensch** *m* monstrum *nt,* belua *f.*
**unmenschlich** *adj* inhumanus.
**Unmenschlichkeit** *f* inhumanitas <-tatis> *f.*

**unmerklich I.** *adj* qui / quae / quod sensibus percipi non potest **II.** *adv* sensim.
**unmittelbar** *adj:* **~ vor/nach** sub + *akk.*
**unmöglich** *adj:* **es ist ~ ...** fieri non potest, ut + *conj.*
**unmoralisch** *adj* inhonestus, turpis.
**unmündig** *adj* ❶ nondum sui iuris [**liberi**] ❷ *(fig)* expers <-pertis> sui iuris [**plebs**].
**unmusikalisch** *adj* immusicus.
**Unmut** *m* indignatio <-onis> *f;* **jmds ~ erregen** alcis indignationem movēre.
**unnachgiebig** *adj* obstinatus.
**unnahbar** *adj* inaccessibilis.
**unnatürlich** *adj* naturae repugnans <-antis>.
**unnötig** *adj (überflüssig)* non necessarius, supervacaneus.
**unnütz** *adj (nutzlos)* inutilis.
**unordentlich** *adj* ❶ *(Mensch)* neglegens <-entis> ❷ *(Arbeit, Zimmer, Kleidung)* neglectus.
**Unordnung** *f* perturbatio <-onis> *f;* **in ~ bringen** perturbare.
**unparteiisch** *adj* aequus [**iudex**; **arbiter**; **iudicium**].
**unpassend** *adj* non aptus, non idoneus *(für:* ad).
**unpässlich** *adj* invalidus.
**unpersönlich** *adj* communis.
**unpolitisch** *adj* rei publicae alienus.
**unpopulär** *adj* populo invisus [*o* offensus] [**consilia** Maßnahmen].
**unpraktisch** *adj* inhabilis.
**unrecht** *adj* ❶ *(nicht recht, nicht richtig, falsch)* pravus [**facinus**] ❷ *(unpassend, ungünstig)* incommodus, iniquus, non aptus [**tempus**].
**Unrecht** *nt* iniuria *f (gegen jmd:* gen); *(Sünde, Frevel)* nefas *nt (undekl.; nur im nom und akk Sg.)*; **zu ~** iniuriā; **ein ~ tun** iniuriam facere; **jdm ein ~ tun** alqm iniuriā afficere; **ein ~ erleiden** iniuriam accipere.
**unrechtmäßig** *adj* iniustus, non legitimus [**rex**; **bellum**].
**unredlich** *adj* improbus [**homo**; **mores**].
**unregelmäßig** *adj* enormis.
**Unregelmäßigkeit** *f* enormitas <-atis> *f.*
**unreif** *adj* immaturus.
**unrein** *adj (auch fig)* non purus [**cutis**; **conscientia**].
**unrichtig** *adj* non rectus.
**Unruhe** *f* sollicitudo <-dinis> *f* [**animi**]; **~n** (POL) perturbatio <-onis> *f;* **jmd in ~ versetzen** sollicitare alqm; **in ~ sein** sollicitum esse; **~ stiften** sollicitudinem concitare.
**Unruhestifter** *m* homo <-minis> *m* seditiosus.
**unruhig** *adj* inquietus *(auch fig)* [**mare**; **animus**].
**unsanft** *adj* immitis.
**unsauber** *adj* immundus.
**unschädlich** *adj* innoxius, innocens <-entis> [**cibus**; **potio**; **anguis**]; **jmd ~ machen** alqm frangere.
**unscharf** *adj* (FOT) indistinctus.
**unschätzbar** *adj* inaestimabilis [**officium** Dienst; **pretium** Wert].
**unscheinbar** *adj* non conspicuus, non insignis.
**unschlüssig** *adj* incertus, dubius.
**Unschuld** *f* innocentia *f.*
**unschuldig** *adj* innocens <-entis>; **an etw ~ sein** alcis rei insontem esse.
**unselbstständig** *adj* non sui arbitrii.
**unser** *pron* noster <-tra, -trum>.
**unsicher** *adj* incertus [**spes**].
**unsichtbar** *adj* invisibilis.
**Unsinn** *m* ineptiae *f pl;* **~ treiben** [*o* **machen**] inepta facere.
**unsinnig** *adj* amens <-entis>, demens <-mentis>, ineptus [**consilium**].
**Unsitte** *f* mos <moris> *m* pravus.
**unsittlich** *adj* turpis.
**unsportlich** *adj* non athleticus, non gymnicus.
**unsterblich** *adj* immortalis [**anima**; **gloria**].
**Unsterblichkeit** *f* immortalitas <-atis> *f.*
**unstet** *adj* vagus [**natura** Wesen].
**Unstimmigkeit** *f (Meinungsverschiedenheit)* dissensio <-onis> *f.*
**unsymmetrisch** *adj* haud symmetricus.
**unsympathisch** *adj* non gratus, non iucundus.
**Untat** *f* maleficium *nt,* scelus <-leris> *nt.*
**untätig** *adj* ignavus, iners <-ertis>.
**untauglich** *adj (von Personen und Sachen)* inutilis, non idoneus, non aptus *(für:* ad).
**unteilbar** *adj* individuus.
**unten** *adv* infra; **nach ~** deorsum; **von ~** ab imo; **von oben bis ~** ab summo ad imum; *oft adjektivisch ausgedrückt:* **~ im Regal** in imo loculamento; **~ im Brief** in extrema epistula.
**unter I.** *praep* ❶ *(auf die Frage wo?)* sub + *abl* ❷ *(auf die Frage wohin?)* sub + *akk* ❸ *(fig)*: **~ Hannibals Führung** Hannibale duce; **~ der Bedingung, dass ...** ea condicione, ut ... **II.** *praep (zwischen)* inter + *akk;* **~ Freunden** inter amicos **III.** *praep (weniger als)* minus (quam).
**Unterarm** *m* bracchium *nt.*
**Unterbau** *m* ❶ (ARCHIT) fundamentum *nt,* substructio <-onis> *f* [**theatri**] ❷ *(fig)* fundamentum *nt.*
**Unterbewusstsein** *nt* subconscientia *f.*
**unterbleiben** *vi (nicht stattfinden)* omitti, non fieri.
**unterbrechen** *vt* interrumpere, interpellare [**dicentem**; **otium bello**].
**Unterbrechung** *f* interpellatio <-onis> *f,* interruptio <-onis> *f;* **ohne ~** sine intervallo.
**unterbringen** *vt* ❶ *(Möbel, Gepäck)* collocare ❷ *(beherbergen)* alqm hospitio recipere, alci

hospitium praebēre.

**unterdessen** *adv* interea.

**unterdrücken** *vt* opprimere [**iram**; **dolorem**; **libertatem**; **patriam**].

**Unterdrückung** *f* oppressio <-onis> *f* [**libertatis**].

**untereinander** *adv (miteinander, gegenseitig)* inter nos/vos/se.

**unterer** *adj* inferior <-ius>.

**Unterernährung** *f* subalimentatio <-onis> *f.*

**Unterfeldherr** *m* legatus *m.*

**Unterführung** *f* subtertransitus <-us> *m.*

**Untergang** *m* ① interitus <-us> *m,* exitium *nt* [**urbis**]; **etw ist jmds ~** alqd alqm perdit ② *(von Gestirn)* occasus <-us> *m* [**solis**].

**Untergebene(r)** *f(m)* minister <-tri> *m,* ministra *f.*

**untergehen** *vi* ① *(Sonne)* occidere ② *(Staat, Volk)* interire, perire ③ *(Schiff)* submergi.

**untergeordnet** *adj* subiectus + *dat; (abs.: zweitrangig, nicht so bedeutend)* inferior <-ius>.

**untergraben** *vt (fig)* subruere, evertere [**libertatem**; **alcis auctoritatem** jmds Ansehen].

**Untergrundbahn** *f* ferrivia *f* subterranea.

**unterhalb** *adv, praep* infra (+ *akk).*

**Unterhalt** *m* victus <-us> *m.*

**unterhalten I.** *vt* ① *(versorgen)* sustentare [**familiam**; **exercitum**] ② *(belustigen)* delectare, oblectare **II.** *vr:* **sich ~** colloqui.

**unterhaltsam** *adj* iucundus.

**Unterhaltung** *f* ① *(Gespräch)* colloquium *nt* ② *(Belustigung)* oblectamentum *nt.*

**Unterhändler(in** *f*) *m* internuntius, -a *m, f.*

**Unterhemd** *nt* subucula *f,* camisia *f* interior.

**unterirdisch** *adj* subterraneus.

**unterjochen** *vt* subigere [**urbes atque nationes**].

**unterkommen** *vi (Unterkunft finden)* hospitio [*o* tecto] recipi.

**Unterkunft** *f* hospitium *nt;* **jdm ~ gewähren** hospitio recipere alqm.

**Unterlagen** *pl* documenta *nt pl.*

**unterlassen** *vt* omittere, praetermittere.

**unterlegen** *adj* inferior <-ius>.

**Unterleib** *m* alvus *f.*

**unterliegen** *vi:* **jdm ~** alci succumbere; **es unterliegt keinem Zweifel** dubium non est; **einer Täuschung ~** decipi.

**Unterlippe** *f* labrum *nt* inferius.

**unternehmen** *vt* suscipere.

**Unternehmen** *nt (Vorhaben)* inceptum *nt* [**prosperum**].

**Unternehmer** *m* conductor <-oris> *m.*

**unterordnen** *vt* subicere.

**Unterredung** *f* colloquium *nt.*

**Unterricht** *m* disciplina *f,* eruditio <-onis> *f;* **jdm ~ erteilen** alqm docēre.

**unterrichten** *vt* ① docēre, erudire *(jmd in etw:* alqm alqa re) ② *(benachrichtigen)* certiorem facere (de).

**Unterrichtsstoff** *m* materia *f* disciplinae.

**Unterrock** *m* tunica *f* interior, subtunica *f.*

**untersagen** *vt:* **jdm etw ~** interdicere alci re.

**unterschätzen** *vt* aequo minus aestimare [**alcis potestatem**].

**unterscheiden I.** *vt* discernere, distinguere [**artificem ab inscio**] **II.** *vr:* **sich ~** differre, discrepare *(von:* ab; dat; cum).

**Unterschenkel** *m* crus <cruris> *nt.*

**unterschieben** *vt (fig)* subdere, supponere [**testamentum**; **infantem**].

**Unterschied** *m* discrimen <-minis> *nt;* **es besteht ein** (**großer**) ~ (multum) interest; **ohne ~** sine (ullo) discrimine; **keinen ~ aufweisen** nullum discrimen habēre.

**unterschiedlich** *adj* varius [**formae**; **sententiae**].

**unterschlagen** *vt (Geld)* subtrahere; *(Briefe)* intercipere.

**Unterschlagung** *f* peculatus <-us> *m.*

**Unterschlupf** *m (Obdach)* tectum *nt.*

**unterschreiben** *vt* subscribere.

**Unterschrift** *f* subscriptio <-onis> *f.*

**Unterseeboot** *nt* navigium *nt* subaquale.

**unterstehen** *vi:* **jdm ~** alci subiectum esse.

**unterstellen** *vt* ① *(Fahrzeug)* supponere ② *(unterordnen)* subicere.

**unterster** *adj* infimus, imus.

**unterstreichen** *vt* lineam ducere subter alqd.

**unterstützen** *vt* (ad)iuvare.

**Unterstützung** *f* auxilium *nt.*

**untersuchen** *vt (prüfen)* examinare, exquirere [**alcis facta**].

**Untersuchung** *f* quaestio <-onis> *f;* **eine ~ anstellen über** quaerere de; **ärztliche ~** exploratio <-onis> *f* medica.

**Untersuchungsrichter** *m* quaesitor <-oris> *m.*

**untertan** *adj:* **jdm ~ sein** alci subiectum esse, sub dicione alcis esse.

**Untertan** *m* subiectus *m.*

**untertänig** *adj* obnoxius.

**Untertasse** *f* catillus *m;* **fliegende ~** orbis <-is> *m* volans.

**untertauchen I.** *vt* submergere **II.** *vi* (sub)mergi.

**Unterteil** *nt/m* pars <partis> *f* inferior.

**unterwegs** *adv* in itinere.

**unterweisen** *vt* instituere *(in etw:* abl), instruere *(in etw:* abl oder in + abl) [**alqm novis ritibus**; **alqm in iure civili**].

**Unterweisung** *f* institutio <-onis> *f.*

**Unterwelt** *f* inferi *m pl;* **in der ~** apud inferos; **in die ~** ad inferos; **aus der ~** ab inferis.

**unterwerfen I.** *vt* subicere, subigere, domare <domui>, sub [*o* in] potestatem redigere [**gentem**] **II.** *vr:* **sich ~** se subicere.
**unterwürfig** *adj* obnoxius, submissus.
**unterzeichnen** *vt* subscribere [**pactum**].
**unterziehen I.** *vt:* **etw einer Prüfung ~** alqd probare; **etw einer gründlichen Reinigung ~** diligenter alqd purgare **II.** *vr:* **sich ~** subire *(einer Sache:* alqd) [**pericula**; **labores**].
**Untiefe** *f* vadum *nt* [**fluminis**].
**untrennbar** *adj* inseparabilis.
**untreu** *adj* infidus, perfidus; **sich selbst ~ werden** sibi ipsi non constare.
**Untreue** *f* perfidia *f.*
**untröstlich** *adj* inconsolabilis.
**unüberlegt I.** *adj* temerarius [**consilium**] **II.** *adv* temere.
**unübertrefflich** *adj* praestantissimus.
**unübertroffen** *adj* invictus.
**unüberwindlich** *adj* inexsuperabilis [**Alpes**; **difficultates**].
**unumgänglich** *adj* necessarius [**consilia** Maßnahmen].
**unumstößlich** *adj* stabilis, firmus.
**ununterbrochen I.** *adj* perpetuus **II.** *adv* perpetuo.
**unveränderlich** *adj* immutabilis.
**unverändert** *adj* immutatus.
**unverbesserlich** *adj* insanabilis.
**unverbindlich** *adj (nicht bindend)* non obligatorius [**informatio**].
**unverblümt** *adj* apertus.
**unverdienterweise** *adv* immerito.
**unverdorben** *adj* incorruptus, integer <-gra, -grum>.
**unvereinbar** *adj* abhorrens <-entis> *(mit:* ab); **mit etw ~ sein** abhorrēre ab alqa re.
**unverfälscht** *adj* sincerus.
**unverfänglich** *adj* non captiosus [**interrogatio**].
**unvergänglich** *adj* aeternus, immortalis [**memoria**; **gloria**].
**unvergleichlich** *adj* non comparabilis.
**unverheiratet** *adj (vom Mann)* caelebs <-libis>; *(von der Frau)* innupta.
**unverhofft** *adj* insperatus [**gaudium**].
**unverhohlen** *adj* apertus.
**unverkäuflich** *adj* non venalis.
**unverkennbar** *adj* perspicuus.
**unverletzlich** *adj* inviolatus, sanctus [**nomen legatorum**; **ius iurandum**].
**unverletzt** *adj* incolumis, integer <-gra, -grum>.
**unvermeidlich** *adj* necessarius [**mors**].
**unvermutet I.** *adj* inopinatus, improvisus [**adventus**] **II.** *adv* (de *o* ex) improviso.
**Unvernunft** *f* stultitia *f,* insipientia *f,* dementia *f.*
**unvernünftig** *adj* stultus, demens <-mentis>, insipiens <-entis> [**homo**; **consilium**].
**unverschämt** *adj* impudens <-entis>, insolens <-entis> [**homo**; **mendacium**].
**Unverschämtheit** *f* impudentia *f,* insolentia *f.*
**unverschuldet I.** *adj* immeritus **II.** *adv* immerito [**in miseriam delabi**].
**unversehens** *adv* ex [*o* de] improviso [**proficisci**].
**unversehrt** *adj* salvus, incolumis, integer <-gra, -grum> [**exercitus**; **navis**].
**unversöhnlich** *adj* implacabilis.
**unverständlich** *adj* obscurus [**verba**; **oraculum**; **mores** Verhalten].
**unversucht** *adj:* **nichts ~ lassen** nihil inexpertum omittere.
**unverträglich** *adj* ① *(Mensch)* morosus, difficilis, asper <-era, -erum> ② *(nicht bekömmlich)* gravis.
**unverwundbar** *adj* invulnerabilis.
**unverwüstlich** *adj* stabilis.
**unverzagt** *adj* impavidus, intrepidus.
**unverzeihlich** *adj* qui / quae / quod nihil excusationis habet; **dieser Fehler ist ~** hoc vitium nihil excusationis habet.
**unverzüglich** *adv* statim.
**unvollendet** *adj* imperfectus, incohatus [**opus**].
**unvollkommen** *adj* imperfectus.
**unvollständig** *adj* mancus [**index**].
**unvorbereitet** *adj* imparatus.
**unvorhergesehen** *adj* improvisus.
**unvorsichtig** *adj* incautus, imprudens <-entis>.
**unwahr** *adj* falsus [**dicta**].
**unwahrscheinlich** *adj* non verisimilis.
**unwandelbar** *adj* immutabilis, stabilis.
**unwegsam** *adj* invius, impeditus [**silva**].
**unweit** *adv:* **~ (von) der Stadt** haud procul (ab) oppido.
**unwesentlich** *adj* levis [**mutationes**].
**Unwetter** *nt* tempestas <-atis> *f.*
**unwichtig** *adj* levis.
**unwiderlegbar** *adj* firmus, invictus.
**unwiderruflich** *adj* irrevocabilis.
**unwiderstehlich** *adj* intolerabilis.
**unwiederbringlich** *adj* irreparabilis [**tempus**].
**Unwille** *m* indignatio <-onis> *f;* **jmds ~n erregen** indignationem alcis movēre.
**unwillig** *adj* invitus; **~ über etw sein** aegre ferre alqd.
**unwillkommen** *adj* ingratus [**hospes**].
**unwillkürlich I.** *adj* fortuitus **II.** *adv* fortuito.
**unwirksam** *adj* irritus, inutilis [**ratio** Methode].
**unwirsch** *adj* asper <-era, -erum>.
**unwirtlich** *adj (Land)* asper <-era, -erum>.
**unwissend** *adj* inscius, ignarus.
**Unwissenheit** *f* inscientia *f,* ignorantia *f.*
**unwürdig** *adj* indignus (mit abl; gen).
**Unzahl** *f* ingens numerus *m.*

**unzählbar**, **unzählig** *adj* innumerabilis.
**Unze** *f* uncia *f.*
**Unzeit** *f:* **zur ~** intempestive.
**unzerbrechlich** *adj* infragilis.
**unzerstörbar** *adj* qui / quae / quod deleri non potest.
**unzertrennlich** *adj* inseparabilis [**amici**].
**Unzucht** *f* (JUR) stuprum *nt;* **~ treiben** stuprum facere.
**unzüchtig** *adj* impudicus.
**unzufrieden** *adj* non contentus *(mit:* abl).
**Unzufriedenheit** *f* taedium *nt,* aegritudo <-dinis> *f (mit, über:* gen).
**unzugänglich** *adj* ❶ invius, impeditus [**silva**] ❷ *(von Personen und vom Char.)* occultus.
**unzulänglich** *adj* non sufficiens <-entis> [**scientia** Kenntnisse].
**unzulässig** *adj* illicitus.
**unzurechnungsfähig** *adj* mentis non compos <-potis>.
**unzusammenhängend** *adj* non cohaerens.
**unzuverlässig** *adj* incertus, perfidus.
**unzweckmäßig** *adj* alienus, haud aptus.
**unzweideutig** *adj* non ambiguus.
**unzweifelhaft** *adj* non dubius, certus.
**üppig** *adj* luxuriosus [**cena**; **seges**].
**Üppigkeit** *f* luxuria *f,* luxus <-us> *m.*
**uralt** *adj* vetustissimus.
**Ureinwohner(in** *f*) *m* indigena *m/f.*
**Urenkel(in** *f*) *m* pronepos <-otis> *m,* proneptis <-is> *f.*
**Urgeschichte** *f* origines <-num> *f pl.*
**Urgroßmutter** *f* proavia *f.*
**Urgroßvater** *m* proavus *m.*
**Urheber(in** *f*) *m* auctor <-oris> *m/f.*
**Urin** *m* urina *f.*
**Urkunde** *f* tabula *f.*
**Urlaub** *m* commeatus <-us> *m;* **~ nehmen** commeatum sumere.
**Urmensch** *m* homo <-minis> *m* primitivus.
**Urne** *f* urna *f.*
**Ursache** *f* causa *f;* **ohne jede ~** sine causa.
**Ursprung** *m* origo <-ginis> *f* [**virtutum**; **doloris**]; **seinen ~ in etw haben** ortum esse ex alqa re.
**ursprünglich I.** *adj* principalis **II.** *adv* primo, initio.
**Urteil** *nt* iudicium *nt;* **ein ~ fällen** iudicium facere (de alqo, alcis rei).
**urteilen** *vi* iudicare *(über:* de).
**Urteilskraft** *f* iudicium *nt.*
**Urteilsspruch** *m* iudicium *nt.*
**Urteilsvermögen** *nt* iudicium *nt.*
**Urwald** *m* silva *f* vetustissima.
**Urzeit** *f* tempora <-rum> *nt pl* antiquissima; **vor ~en** temporibus antiquissimis.
**Urzustand** *m* status <-us> *m* primitivus.
**usurpieren** *vt* vi rerum potiri.
**Utensilien** *pl* utensilia <-lium> *nt pl.*
**Utopie** *f* utopia *f.*
**utopisch** *adj* utopicus.

# V v

**Vagabund** *m* erro <-onis> *m.*
**vage** *adj* vagus [**promissa**].
**vakant** *adj* vacuus [**munus** Stelle].
**Vakuum** *nt* vacuum *nt.*
**Vampir** *m* hirudo <-dinis> *f.*
**Vasall** *m* cliens <-entis> *m.*
**Vase** *f* vas <vasis> *nt, Pl.:* vasa <-orum>.
**Vater** *m* pater <-tris> *m.*
**Vaterland** *nt* patria *f.*
**Vaterlandsliebe** *f* amor <-oris> *m* patriae.
**väterlich** *adj* patrius, paternus.
**Vatermord** *m* parricidium *nt.*
**Vatermörder(in** *f*) *m* parricida *m/f.*
**Vaterstadt** *f* patria *f.*
**Vegetarier(in** *f*) *m* vegetarius, -a *m, f.*
**vegetarisch** *adj* vegetarius.
**Vegetation** *f* stirpes <-pium> *f pl.*
**vegetieren** *vi* vitam sustentare.
**Veilchen** *nt* viola *f.*
**Vene** *f* vena *f.*
**Ventilator** *m* ventilatorium *nt.*
**verabreden** *vt* constituere, pacisci [**diem concilio**]; **mit jdm etw ~** componere alqd cum alqo; **wie verabredet** ex composito.
**Verabredung** *f* constitutum *nt.*
**verabscheuen** *vt* abhorrēre (ab).
**verabschieden I.** *vt* alci vale dicere **II.** *vr:* **sich ~** discedere, abire.
**verachten** *vt* contemnere, despicere [**plebem**; **divitias**].
**verächtlich I.** *adj* ❶ *(voller Verachtung)* fastidiosus [**aspectus** Blick] ❷ *(verachtenswert)* contemnendus, contemptus **II.** *adv* contemptim [**de alqo loqui**].
**Verachtung** *f* contemptio <-onis> *f,* despicientia *f* [**pecuniae**; **mortis**].
**verallgemeinern** *vt* latius extendere.
**veralten** *vi* obsolescere.

**veraltet** *adj* obsoletus [**verba**].
**veränderlich** *adj* mutabilis.
**verändern** *vt* (com)mutare.
**Veränderung** *f* commutatio <-onis> *f;* **an etw eine ~ vornehmen** alqd mutare.
**Veranlagung** *f (Eigenart)* natura *f.*
**veranlassen** *vt* ① *(etw)* auctorem esse (alcis rei) [**quaestionis**] ② *(jmd)* impellere, adducere [**alqm ad facinus**].
**Veranlassung** *f* causa *f;* **auf jmds ~ (hin)** alqo auctore.
**veranschaulichen** *vt* illustrare.
**veranstalten** *vt* (com)parare [**ludos**; **convivium**].
**Veranstaltung** *f* apparatus <-us> *m.*
**verantworten** *vt* praestare <praestiti> [**facta**; **iussa**]; **sich für etw ~** se purgare de re.
**verantwortlich** *adj:* **für etw ~ sein** alqd praestare <praestiti>.
**Verantwortung** *f* officium *nt;* **jmd (für etw) zur ~ ziehen** rationem (alcis rei) reposcere ab alqo.
**verarbeiten** *vt* facere [**ebur**; **aurum**].
**verärgern** *vt* irritare.
**verarmen** *vi* ad inopiam [*o* paupertatem *o* egestatem] redigi; **verarmt sein** in inopia [*o* paupertate *o* egestate] esse.
**Verband** *m* ① (MED) fomentum *nt,* fascia *f;* **jdm einen ~ anlegen** alqm obligare ② *(Bund)* consociatio <-onis> *f.*
**verbannen** *vt* ex patria eicere, in exilium mittere; **verbannt** exul <-ulis> *m/f.*
**Verbannte(r)** *f(m)* exul <-ulis> *m/f.*
**Verbannung** *f* exilium *nt;* **in die ~ gehen** in exilium ire; **in die ~ schicken** in exilium mittere, ex patria eicere.
**verbarrikadieren** *vt* inaedificare [**aditum**].
**verbauen** *vt (versperren)* obstruere [**portas castrorum**].
**verbergen** *vt* ① occultare [**milites silvis**; **se in horto suo**], abdere [**aurum in terram**; **se in suis tectis**] ② *(verheimlichen)* celare, dissimulare.
**verbessern** *vt (besser machen)* emendare [**consuetudines**]; *(berichtigen)* emendare, corrigere [**annales**; **alcis sententiam**].
**Verbesserung** *f* emendatio <-onis> *f,* correctio <-onis> *f* [**morum**].
**verbeugen** *vr:* **sich ~** corpus/caput inclinare.
**Verbeugung** *f* corporis/capitis inclinatio <-onis> *f.*
**verbiegen** *vt* curvare.
**verbieten** *vt* vetare <vetui> (mit akk; mit A.C.I.; mit bl. Inf.), interdicere (alci re, alci alqd); **der Anführer verbot den Soldaten, die Gefangenen zu fesseln** dux milites captivos vincire vetuit.
**verbinden I.** *vt* ① *(vereinigen, verknüpfen)* (con)iungere ② (MED) obligare [**laesum**; **vulnus**] **II.** *vr:* **sich ~** (con)iungi.
**Verbindung** *f (von Orten; gesellige ~, Freundschaft)* coniunctio <-onis> *f; (Gemeinschaft, Vereinigung)* societas <-atis> *f* [**hominum inter ipsos**]; *(Bündnis)* foedus <-deris> *nt* [**duorum populorum**]; **sich mit jdm in ~ setzen wegen etw** communicare cum alqo de alqa re; **mit jdm in ~ stehen** coniunctum esse cum alqo.
**verbissen** *adj* obstinatus, pertinax <-acis> [**adversarius**].
**verblassen** *vi (fig)* evanescere.
**verbleiben** *vi* permanēre.
**verblenden** *vt (fig)* (oc)caecare; **verblendet** caecus, (oc)caecatus [**odio**; **cupidine gloriae**].
**Verblendung** *f* caecitas <-atis> *f.*
**verblüffen** *vt* obstupefacere, stupefacere.
**Verblüffung** *f* stupor <-oris> *m.*
**verblühen** *vi* deflorescere.
**verborgen** *adj* occultus, abditus, obscurus [**antrum**]; **~ sein** latēre; **im Verborgenen** in obscuro.
**Verborgenheit** *f* obscurum *nt,* occultum *nt.*
**Verbot** *nt* interdictum *nt,* vetitum *nt;* **gegen ein ~ verstoßen** interdictum violare; **ein ~ einhalten** interdictum observare; **ein ~ aufheben** interdictum abrogare.
**Verbrauch** *m* consumptio <-onis> *f (an:* gen).
**verbrauchen** *vt* consumere.
**Verbraucher(in** *f*) *m* consumptor <-oris> *m,* consumptrix <-icis> *f.*
**verbrechen** *vt (anstellen)* committere, commerēre; **was hat er (denn) wieder verbrochen?** quid(nam) denuo commeruit?.
**Verbrechen** *nt* scelus <-leris> *nt,* maleficium *nt;* **ein ~ begehen** scelus [*o* maleficium] committere.
**Verbrecher(in** *f*) *m* scelestus, -a *m, f.*
**verbrecherisch** *adj* scelestus, nefarius [**homo**; **bellum**].
**verbreiten I.** *vt* diffundere [**errorem**; **pacem**], dissipare [**famam**] **II.** *vr:* **sich ~** diffundi, dissipari.
**verbrennen I.** *vt* cremare, comburere, incendere, incendio delēre [**aedes**; **vicos**; **libros**; **mortuos**]; **sich die Finger ~** digitos sibi adurere **II.** *vi* comburi, deflagrare.
**Verbrennung** *f* ① combustio <-onis> *f,* crematio <-onis> *f* [**purgamentorum**] ② (MED) ustio <-onis> *f.*
**verbringen** *vt* agere, degere [**vitam in egestate**; **aetatem in litteris**].
**verbünden** *vr:* **sich ~** foedus facere.
**Verbündete(r)** *f(m)* socius, -a *m, f.*
**verbürgen** *vr:* **sich ~ für** praestare <praestiti> + *akk.*

**verbüßen** *vt:* **eine Strafe ~** poenam (per)solvere.
**Verdacht** *m* suspicio <-onis> *f;* **~ erregen** suspicionem excitare; **in ~ geraten** in suspicionem venire [*o* cadere *o* incidere]; **~ schöpfen** in suspicionem alci/alcis venire; **ohne jeden ~** sine ulla suspicione; **einen ~ ausräumen** suspicionem avertere.
**verdächtig** *adj* suspectus, suspiciosus; **des Mordes ~ sein** de morte suspectum esse.
**verdächtigen** *vt* suspicere.
**Verdächtigung** *f* criminatio <-onis> *f.*
**verdammen** *vt* damnare, condemnare.
**verdammenswert** *adj* damnandus, condemnandus.
**verdammt** *interj:* **~ (nochmal)**! o scelera!.
**verdampfen** *vi* exhalari.
**verdanken** *vt:* **jdm etw ~** alci alqd debēre.
**verdauen** *vt* concoquere, conficere, digerere.
**verdaulich** *adj:* **leicht ~** facilis ad concoquendum.
**Verdauung** *f* digestio <-onis> *f.*
**Verdeck** *nt* (NAUT) constratum *nt.*
**verderben I.** *vt (vernichten; moral.; Freude, Spaß)* corrumpere [**frumentum incendio**; **mores civitatis**; **populum largitione**] **II.** *vi* corrumpi.
**Verderben** *nt (Untergang, Vernichtung)* pernicies <-ei> *f,* exitium *nt* [**urbis**; **gentis**; **rei publicae**]; **jmd ins ~ stürzen** alqm perdere.
**verderblich** *adj (schädlich)* perniciosus, exitiosus [**coniuratio**; **seditio**].
**verdeutlichen** *vt* explanare [**rem obscuram interpretando**].
**verdichten** *vr:* **sich ~** *(Verdacht)* crescere, augeri.
**verdienen** *vt* merēre, mereri, quaerere [**gratiam alcis**; **laudem**; **pecuniam**].
**Verdienst I.** *m (Einkommen)* meritum *nt,* reditus <-us> *m; (Gewinn)* lucrum *nt* **II.** *nt* meritum *nt;* **sich große ~e erwerben um** bene mereri de.
**verdienstvoll** *adj* bene meritus, laude dignus.
**verdient** *adj* meritus [**praemium**; **poena**]; **sich ~ machen um** bene merēre [*o* mereri] de [**de re publica** um den Staat].
**verdientermaßen** *adv* merito.
**verdoppeln** *vt* duplicare [**exportationem**; **suas contentiones** seine Anstrengungen].
**Verdoppelung** *f* duplicatio <-onis> *f.*
**verdorren** *vi* arescere.
**verdrängen** *vt* depellere [**periculum**; **desiderium**]; *(jmd)* movēre [**alqm (de) senatu**].
**verdrehen** *vt* ① distorquēre [**oculos**] ② depravare [**verba**].
**verdreifachen** *vt* triplicare.
**verdrießlich** *adj* ① *(Mensch: schlecht gelaunt, mürrisch)* morosus ② *(Sache, Arbeit: mühevoll, unangenehm)* molestus.
**Verdruss** *m* taedium *nt,* molestia *f;* **jdm ~ bereiten** molestiā afficere alqm.
**verduften** *vi (fig: verschwinden)* clam se subducere, clam subduci.
**verdunkeln** *vt* obscurare.
**Verdunkelung** *f* obscuratio <-onis> *f.*
**verdünnen** *vt (Getränke)* diluere [**vinum**].
**verdunsten** *vi* exhalari.
**verdursten** *vi* siti perire.
**verdutzt** *adj* attonitus.
**verehren** *vt* colere, vereri.
**Verehrer(in** *f*) *m* cultor <-oris> *m,* cultrix <-icis> *f,* amator <-oris> *m* [**consulis; antiquitatis**].
**Verehrung** *f* cultus <-us> *m,* veneratio <-onis> *f;* **tiefe ~ für jmd empfinden** colere et admirari alqm.
**verehrungswürdig** *adj* venerabilis.
**vereidigen** *vt* iure iurando adigere.
**Vereidigung** *f* iuratio <-onis> *f.*
**Verein** *m* collegium *nt,* societas <-atis> *f.*
**vereinbar** *adj* conveniens <-ientis> *(mit : dat;* cum).
**vereinbaren** *vt* constituere [**diem concilio**].
**Vereinbarung** *f* conventum *nt;* **eine ~ treffen (über)** convenire (de).
**vereinen I.** *vt* coniungere **II.** *vr:* **sich ~** se coniungere, coalescere.
**vereinfachen** *vt* simplicius reddere.
**Vereinfachung** *f* simplificatio <-onis> *f.*
**vereinheitlichen** *vt* uniformem reddere.
**vereinigen I.** *vt* coniungere **II.** *vr:* **sich ~** se coniungere, coalescere.
**Vereinigung** *f* coniunctio <-onis> *f,* congregatio <-onis> *f.*
**vereinsamt** *adj* solus.
**vereinzelt** *adj* rarus.
**vereist** *adj* conglaciatus [**via**].
**vereiteln** *vt (Plan)* disturbare, ad irritum redigere.
**vereitern** *vi* suppurare.
**verengen** *vt* coartare.
**vererben** *vt* hereditate relinquere.
**verewigen** *vt* immortalem facere.
**verfahren** *vi (vorgehen)* consulere *(mit jdm:* in alqm) [**crudeliter in plebem**].
**Verfahren** *nt* ① ratio <-onis> *f* ② (JUR) actio <-onis> *f.*
**Verfall** *m* ruina *f* [**rei publicae**]; **in ~ geraten** labi.
**verfallen** *vi* ① *(von Bauten)* collabi ② *(ungültig werden)* exire, expleri ③ *(fig: in Verfall geraten)* labi ④ **~ in/auf** incidere in + *akk.*
**verfälschen** *vt* adulterare, depravare, corrumpere [**fabulam**].
**Verfälschung** *f* adulterium *nt,* depravatio <-onis> *f.*

**verfangen** *vr:* **sich in etw ~** se induere in alqd.
**verfänglich** *adj* captiosus [**interrogatio**].
**verfärben** *vr:* **sich ~** colorem mutare.
**verfassen** *vt* conscribere, componere.
**Verfasser(in** *f*) *m* scriptor <-oris> *m,* scriptrix <-icis> *f,* auctor <-oris> *m,* auctrix <-icis> *f.*
**Verfassung** *f* ① *(Zustand)* status <-us> *m,* condicio <-onis> *f;* **sich in guter ~ befinden** bene valēre ② *(Staats~)* disciplina *f.*
**verfassungsmäßig** *adj* disciplinae conveniens.
**verfassungswidrig** *adj* disciplinae contrarius.
**verfaulen** *vi* putescere.
**verfechten** *vt* defendere [**sententiam**].
**Verfechter(in** *f*) *m* defensor <-oris> *m,* propugnator <-oris> *m,* propugnatrix <-icis> *f* [**libertatis**].
**verfehlen** *vt:* **seinen Zweck ~** finem non assequi; **das Thema ~** deerrare a proposito; **jmd ~** alqm non invenire.
**verfeinden** *vr:* **sich mit jdm ~** inimicitias cum alqo suscipere; **mit jdm verfeindet sein** inimicitias cum alqo exercēre [*o* gerere].
**verfeinern** *vt* (ex)polire [**artes**; **mores**].
**verfinstern** *vr:* **sich ~** deficere.
**verflechten** *vt* conectere.
**verfliegen** *vi (Zeit)* fugere.
**verfließen** *vi (Zeit)* praeterire; **verflossen** praeteritus.
**verfluchen** *vt* devovēre [**scelerata arma**].
**verfolgen** *vt* ① *(feindl.; jur.)* persequi [**hostes**; **exercitum**; **Verrem**] ② *(aufmerksam beobachten)* observare [**progressionem**].
**Verfolger(in** *f*) *m* insectator <-oris> *m,* insectatrix <-icis> *f.*
**Verfolgung** *f* insectatio <-onis> *f* [**hostis**]; *(auch* JUR) persecutio <-onis> *f.*
**verformen** *vt* deformare.
**verfrüht** *adj* praematurus [**iudicium**].
**verfügbar** *adj* vacuus.
**verfügen** *vi:* **~ über** *(besitzen)* possidēre + *akk.*
**Verfügung** *f:* **jdm zur ~ stehen** alci suppetere; **jdm etw zur ~ stellen** alqd alcis arbitrio permittere.
**verführen** *vt* pellicere, corrumpere (ad, in + akk).
**Verführer(in** *f*) *m* corruptor <-oris> *m,* corruptrix <-icis> *f.*
**verführerisch** *adj* illecebrosus.
**Verführung** *f* illecebra *f.*
**vergällen** *vt* corrumpere [**alci vitam / gaudium**].
**vergangen** *adj* ① praeteritus ② *(der letzte, vorige: Monat usw.)* proximus, prior.
**Vergangenheit** *f* tempus <-poris> *nt* praeteritum.
**vergänglich** *adj* caducus, fugax <-acis>, fragilis.
**Vergänglichkeit** *f* fragilitas <-tatis> *f.*
**Vergaser** *m* (TECH) gasi generatorium *nt,* gasificatrum *nt.*
**vergeben** *vt* ① *(verzeihen)* ignoscere [**delicto filii**] ② *(zuweisen, zuteilen)* assignare, tribuere [**agros colonis**; **praemia**].
**vergebens** *adv* frustra, nequiquam.
**vergeblich I.** *adj* vanus, inanis [**opera**] **II.** *adv* frustra, nequiquam.
**Vergeblichkeit** *f* vanitas <-tatis> *f,* inanitas <-tatis> *f* [**studiorum**].
**Vergebung** *f* venia *f;* **um ~ bitten** veniam rogare.
**vergegenwärtigen** *vr:* **sich ~** sibi proponere [**condicionem**].
**vergehen I.** *vi* ① *(Zeit)* praeterire ② *(sich verflüchtigen, sich verlieren)* evanescere, fluere **II.** *vr:* **sich ~** peccare *(gegen etw/ an jdm:* in + abl; in + akk).
**Vergehen** *nt* delictum *nt,* peccatum *nt.*
**vergelten** *vt* remunerari, rependere; **Gleiches mit Gleichem ~** vices rependere, par pari referre.
**Vergeltung** *f* remuneratio <-onis> *f (für etw:* gen).
**vergessen** *vt* oblivisci.
**Vergessenheit** *f:* **in ~ geraten** in oblivionem ire.
**vergesslich** *adj* obliviosus.
**Vergesslichkeit** *f* oblivio <-onis> *f.*
**vergeuden** *vt* consumere, perdere, profundere [**fortunas suas**; **diem**; **verba**].
**Vergeudung** *f* profusio <-onis> *f.*
**vergewaltigen** *vt* vi comprimere.
**Vergewaltigung** *f* stuprum *nt.*
**vergewissern** *vr:* **sich ~** (re)cognoscere alqd, explorare alqd.
**vergießen** *vt* profundere, effundere.
**vergiften** *vt* ① *(jmd)* veneno necare [*o* interficere] ② *(Essen)* veneno imbuere, venenare.
**Vergiftung** *f* veneficium *nt.*
**vergittern** *vt* clatrare.
**Vergleich** *m* ① comparatio <-onis> *f;* **im ~ mit/zu** prae + *abl;* **einen ~ anstellen** comparationem facere ② (JUR) compositio <-onis> *f.*
**vergleichbar** *adj* comparabilis.
**vergleichen** *vt* comparare.
**vergleichsweise** *adv* comparate.
**vergnügen** *vr:* **sich ~** delectari.
**Vergnügen** *nt* voluptas <-atis> *f,* delectatio <-onis> *f;* **mit ~** libenter; **zum ~** voluptatis causa; **jdm ~ machen** alci voluptati esse; **großes ~ über etw empfinden** valde delectari alqa re.
**vergnüglich** *adj* iucundus, voluptarius [**iter** Reise].
**vergnügt** *adj* laetus.
**Vergnügungsreise** *f* iter <itineris> *nt* volup-

V

tarium.

**vergnügungssüchtig** *adj* delectationum cupidus.

**vergoldet** *adj* inauratus [**armilla**].

**vergöttern** *vt* ut deum colere [**nepotes**].

**vergraben** *vt* defodere [**alqd in terram**]; **sich in etw ~** *(fig)* se abdere in alqd.

**vergreifen** *vr:* **sich an jdm/in etw ~** in alqo/in re peccare [**in sono**].

**vergrößern** *vt* amplificare, augēre [**civitatem**; **divitias**].

**Vergrößerung** *f* amplificatio <-onis> *f.*

**Vergrößerungsglas** *nt* macroscopium *nt.*

**Vergünstigung** *f* commodum *nt.*

**verhaften** *vt* comprehendere, in vincula conicere.

**Verhaftung** *f* comprehensio <-onis> *f;* **jmds ~ veranlassen** alqm comprehendi iubēre.

**verhallen** *vi* conticescere.

**verhalten** *vr:* **sich ~** ① *(Person)* se gerere [**turpissime**] ② *(Sache: sein)* esse, se habēre; **wenn sich das so verhält** si res ita est [*o* se habet].

**Verhalten** *nt* mores <-rum> *m pl.*

**Verhältnis** *nt* ① *(zu jdm/zu etw)* ratio <-onis> *f;* **im ~ zu** pro + *abl* ② **~se** *(Umstände)* condicio <-onis> *f,* res <rei> *f* ③ *(Liebes~)* amores <-rum> *m pl.*

**verhältnismäßig** *adv* pro rata parte, pro portione.

**verhandeln** *vi:* **~ über** agere, colloqui, disceptare de; **mit dem Volk über die Bedingungen ~** cum plebe de condicionibus agere.

**Verhandlung** *f* ① disceptatio <-onis> *f;* **~en mit jdm aufnehmen** agere incipere cum alqo ② *(Gerichts~)* iudicium *nt.*

**verhängen** *vt* ① *(zuhängen)* velo tegere [**fenestram**] ② **eine Strafe über jmd ~** poenam in alqm statuere.

**Verhängnis** *nt* fatum *nt.*

**verhängnisvoll** *adj* fatalis [**error**; **discrimen**].

**verharren** *vi* perseverare, permanēre.

**verhärten** *vr:* **sich ~** *(Fronten, Gegner)* obdurescere.

**verhasst** *adj* odiosus, invisus; **~ sein** odio esse; **sich** (**bei jdm**) **~ machen** (alcis) odium in se convertere.

**verhätscheln** *vt* alci nimis indulgēre.

**verhauen** *vt (verprügeln)* verberare.

**verheeren** *vt* vastare, populari [**agros**; **Italiam**].

**verhehlen** *vt* celare *(jdm etw:* alqm alqd).

**verheilen** *vi* sanari, consanescere.

**verheimlichen** *vt* celare *(etw vor jdm:* alqd alqm).

**verheiraten** *vt* alqm nuptum collocare [*o* dare <dedi>] *(mit jdm:* alci).

**verheißen** *vt (versprechen)* promittere, polliceri.

**Verheißung** *f* promissum *nt.*

**verheißungsvoll** *adj* promissus [**principium**; **verba**].

**verhelfen** *vi:* **jdm zu etw ~** alqm iuvare <iuvi> ad alqd.

**verherrlichen** *vt* celebrare, illustrare [**consulem laudibus**; **populi Romani nomen**].

**Verherrlichung** *f* celebritas <-atis> *f.*

**verhexen** *vt* fascinare, incantare.

**verhindern** *vt* prohibēre, impedire.

**verhöhnen** *vt* illudere, irridēre.

**Verhöhnung** *f* ludibrium *nt,* ludificatio <-onis> *f.*

**Verhör** *nt* interrogatio <-onis> *f,* quaestio <-onis> *f.*

**verhören** *vt* interrogare [**reum**; **testes**].

**verhüllen** *vt* velare, tegere [**faciem velamine**].

**verhungern** *vi* fame perire; **jmd ~ lassen** alqm fame necare.

**verhunzen** *vt* depravare, corrumpere.

**verhüten** *vt* prohibēre *(dass:* ne).

**verirren** *vr:* **sich ~** itinere deerrare.

**verjagen** *vt* fugare, pellere.

**verjähren** *vi* (JUR) vetustate infirmari; **verjährt** vetustate infirmatus.

**Verjährung** *f* (JUR) usus <-us> *m.*

**verjubeln** *vt* dissipare [**hereditatem**].

**verkannt** *adj* non comprehensus, non intellectus [**summum ingenium** Genie].

**Verkauf** *m* venditio <-onis> *f;* **etw zum ~ anbieten** venum dare alqd.

**verkaufen** *vt* vendere (Pass.: venire).

**Verkäufer(in** *f*) *m* venditor <-oris> *m,* venditrix <-ricis> *f.*

**verkäuflich** *adj* venalis; **leicht ~** vendibilis [**merx**].

**Verkehr** *m* ① *(Straßen~)* commeatus <-us> *m* ② *(Umgang)* consuetudo <-dinis> *f.*

**verkehren** *vi:* **mit jdm ~** familiariter uti alqo.

**Verkehrshindernis** *nt* impedimentum *nt* commeatūs.

**Verkehrsinsel** *f* areola *f* intravialis.

**Verkehrsschild** *nt* insigne <-gnis> *nt* viale.

**Verkehrszeichen** *nt* signum *nt* viale.

**verkehrt** *adj (falsch)* pravus.

**verkennen** *vt* non perspicere, non comprehendere.

**verklagen** *vt* accusare *(wegen:* gen, de, propter) [**alqm coniurationis**].

**verkleiden** *vr:* **sich ~** alienam vestem induere.

**verkleinern** *vt* minuere.

**Verkleinerung** *f* (im)minutio <-onis> *f.*

**verklingen** *vt* conticescere.

**verknüpfen** *vt (auch fig)* conectere.

**verkommen I.** *vi* obsolescere **II.** *adj (Haus)* obsoletus; *(Mensch)* perditus.

**verkraften** *vt* tolerare, perferre.

**verkriechen** *vr:* **sich ~** se abdere [**in lectum**].

**verkrüppelt** *adj* mancus.

**verkümmern** *vi* marcescere.

**verkünden** *vt* nuntiare [**victoriam**; **iudicium**].

**Verkündigung** *f* nuntiatio <-onis> *f.*

**verkuppeln** *vt* perducere.

**verkürzen** *vt* coartare, amputare [**tempus potestatis censoriae**; **longum colloquium**].

**verlachen** *vt* irridēre.

**Verlag** *m* domus <-us> *f* editoria; **erschienen im ...-~** editus apud + *akk.*

**verlangen I.** *vt* postulare, poscere **II.** *vi:* **nach jdm/etw ~** appetere, concupiscere + *akk* [**regnum**; **amicitiam populi Romani**; **medicum**].

**Verlangen** *nt* desiderium *nt,* cupiditas <-atis> *f (nach:* gen) [**gloriae**; **regni**]; **ein starkes ~ nach etw haben** alqd desiderare.

**verlängern** *vt* ① prorogare [**alci vitam**; **syngraphum** den Pass] ② *(länger machen)* extendere [**linum**].

**Verlängerung** *f* prorogatio <-onis> *f* [**syngraphi** des Passes; **imperii**].

**verlangsamen** *vt* tardare.

**Verlass** *m:* **es ist kein ~ auf ihn** ei confidere non licet.

**verlassen I.** *vt* ① relinquere [**Galliam**; **domum propinquosque**] ② *(im Stich lassen)* deserere [**amicum**; **coniugem**] ③ **sich ~ auf** (con)fidere + *dat* **II.** *adj* desertus.

**Verlassenheit** *f (Einsamkeit)* solitudo <-dinis> *f.*

**verlässlich** *adj* fidus.

**Verlauf** *m* ① *(von Zeit, Fluss)* cursus <-us> *m* ② *(Hergang)* processus <-us> *m* [**disceptationis**].

**verlaufen I.** *vi (von der Zeit)* procedere, dilabi; *(vor sich gehen)* procedere, provenire **II.** *vr:* **sich ~** *(sich verirren)* itinere deerrare.

**verleben** *vt* agere, degere [**pueritiam ruri**].

**verlegen I.** *vt* ① *(Wohnsitz, Behörde, Kriegsschauplatz, Truppen)* transferre; **Truppen nach Gallien ~** copias in Galliam transferre ② *(Termin, Veranstaltung)* differre ③ *(Buch)* edere **II.** *adj* timidus, verecundus.

**Verlegenheit** *f* angustiae *f pl;* **in ~ sein** in angustiis esse; **in ~ kommen** in angustum venire; **jmd in ~ bringen** alqm in angustias adducere.

**Verleger(in** *f*) *m* editor <-oris> *m,* editrix <-icis> *f.*

**verleiden** *vt:* **jdm etw ~** alci alqd invisum facere.

**verleihen** *vt* ① *(jdm ausleihen)* mutuum dare <dedi> [**pecuniam**; **librum**] ② *(fig: Glanz, Kraft, Medaille, Preis)* tribuere.

**verleiten** *vt:* **jmd zu etw ~** inducere [*o* impellere] alqm in [*o* ad] alqd.

**verlernen** *vt* dediscere.

**verlesen** *vt (Text)* recitare, legere [**leges**; **edictum**].

**verletzbar** *adj* violabilis.

**verletzen** *vt (auch fig)* violare, vulnerare, laedere [**alqm fundā**; **foedus**; **aures obsceno sermone**].

**verletzlich** *adj* violabilis.

**Verletzung** *f* vulnus <-neris> *nt;* **schwere ~en am Kopf erleiden** vulnus grave in capite accipere.

**verleugnen** *vt* abdicare.

**verleumden** *vt* infamare, criminari [**patres apud populum**].

**Verleumder(in** *f*) *m* criminator <-oris> *m,* criminatrix <-icis> *f.*

**verleumderisch** *adj* criminosus.

**Verleumdung** *f* calumnia *f,* criminatio <-onis> *f.*

**verlieben** *vr:* **sich ~** amore capi *(in :* gen).

**verliebt** *adj* amore captus *(in:* gen).

**Verliebtheit** *f* amor <amoris> *m.*

**verlieren** *vt* perdere, amittere; **den Mut ~** animo deficere; **eine Schlacht ~** proelio vinci; **den Verstand ~** mente capi; **Zeit ~** tempus praetermittere; **verloren gehen** amitti.

**verloben** *vr:* **sich ~** *(vom Mann)* sibi despondēre *(mit jdm:* alqam); *(von der Frau)* desponderi *(mit jdm:* alci); **verlobt sein** *(Mann)* sponsam habēre; *(Frau)* desponsam esse.

**Verlobte(r)** *f(m)* sponsus, -a *m, f.*

**Verlobung** *f* sponsalia <-orum, -ium> *nt pl.*

**verlocken** *vt* illicere, pellicere [**populum ad bellum**; **alqm in fraudem**].

**verlockend** *adj* blandus.

**Verlockung** *f* invitamentum *nt (zu etw:* gen obi.; ad).

**verlogen** *adj* mendax <-acis>.

**verlorengehen** *vi* amitti.

**verlosen** *vt* sortiri [**autoraedam**].

**Verlosung** *f* sortitio <-onis> *f.*

**Verlust** *m* damnum *nt,* iactura *f* [**equitum**; **rei familiaris**]; **einen ~ erleiden** damnum facere.

**vermachen** *vt (testamentarisch ~)* legare [**alci pecuniam**; **regnum**].

**Vermächtnis** *nt* legatum *nt.*

**vermehren I.** *vt* augēre, amplificare [**possessionem**] **II.** *vr:* **sich ~** *(zunehmen, größer werden)* augeri, amplificari, crescere.

**Vermehrung** *f* amplificatio <-onis> *f* [**rei familiaris**].

**vermeiden** *vt* vitare.

**Vermerk** *m* annotatio <-onis> *f.*

**vermerken** *vt* (an)notare.

**vermessen I.** *vt* dimetiri [**terram**] **II.** *adj* audax <-acis>.

**Vermessenheit** *f* audacia *f.*
**Vermessung** *f* mensura *f.*
**vermieten** *vt* locare [**domicilium**; **villam**].
**Vermieter(in** *f*) *m* locator <-oris> *m,* locatrix <-icis> *f.*
**Vermietung** *f* locatio <-onis> *f* [**domicilii**].
**vermindern I.** *vt* (de)minuere **II.** *vr:* **sich ~** (de)minui.
**Verminderung** *f* imminutio <-onis> *f,* deminutio <-onis> *f.*
**vermischen** *vt* miscēre [**vinum aquā**].
**vermissen** *vt* desiderare.
**vermitteln I.** *vt (verschaffen)* conciliare **II.** *vi* intercedere.
**Vermittler(in** *f*) *m* interpres <-pretis> *m/f,* intercessor <-oris> *m,* conciliator <-oris> *m,* conciliatrix <-icis> *f.*
**Vermittlung** *f* intercessio <-onis> *f.*
**vermodern** *vi* putrescere.
**vermögen** *vi* posse [*o* valēre]; **viel ~** multum posse [*o* valēre].
**Vermögen** *nt (Reichtum)* divitiae *f pl.*
**vermögend** *adj (reich)* dives <-vitis>, opulentus, locuples <-etis>.
**vermummen** *vt* velare.
**vermuten** *vt* suspicari.
**Vermutung** *f* suspicio <-onis> *f.*
**vernachlässigen** *vt* neglegere.
**Vernachlässigung** *f* neglectio <-onis> *f* [**officiorum**; **familiae**].
**vernarrt** *adj* captus *(in:* abl).
**vernehmen** *vt* ① *(hören)* audire ② *(erfahren)* comperire ③ (JUR) interrogare.
**Vernehmung** *f* (JUR) interrogatio <-onis> *f,* quaestio <-onis> *f.*
**verneinen** *vt* negare.
**Verneinung** *f* negatio <-onis> *f.*
**vernichten** *vt* delēre, exstinguere, perdere [**oppidum**; **aedificia**; **hostes**; **exercitum**].
**vernichtend** *adj* exitiabilis [**clades**; **censura** Kritik].
**Vernichtung** *f* exstinctio <-onis> *f,* interitus <-us> *m;* **durch die ~ Karthagos** Carthagine deletā.
**Vernunft** *f* ratio <-onis> *f,* sanitas <-tatis> *f;* **zur ~ kommen** ad sanitatem redire; **jmd zur ~ bringen** alqm ad sanitatem reducere.
**vernünftig** *adj* sanus, ratione praeditus.
**vernunftwidrig** *adj* rationi contrarius.
**veröden** *vi* vastari.
**veröffentlichen** *vt* divulgare.
**Veröffentlichung** *f* divulgatio <-onis> *f.*
**verordnen** *vt* ① *(anordnen)* edicere (ut, ne) ② **jdm etw ~** (MED) iubēre alqm sumere alqd.
**Verordnung** *f* edictum *nt,* decretum *nt.*
**verpachten** *vt* (e)locare [**fundum**].
**verpacken** *vt* tegimento involvere.
**Verpackung** *f* involucrum *nt.*
**verpassen** *vt* amittere, praetermittere [**tramen**; **occasionem**].
**verpesten** *vt* vitiare [**auras**].
**verpfänden** *vt* pignerare [**villam**; **ornamenta**].
**verpflanzen** *vt* transferre, transponere [**arborem**; **cor**].
**Verpflanzung** *f* (MED) translatio <-onis> *f,* transplantatio <-onis> *f.*
**Verpflegung** *f* victus <-us> *m,* res <rei> *f* frumentaria.
**verpflichten** *vt* obligare *(zu etw:* dat; *etw zu tun:* ut); **verpflichtet sein** debēre.
**Verpflichtung** *f* officium *nt;* **einer ~ nachkommen** officium suum servare.
**verpfuschen** *vt* corrumpere.
**verplempern** *vt* dissipare, profundere [**suam pecuniam**].
**verpönt** *adj* invisus.
**verprassen** *vt* dissipare, profundere, consumere [**pecuniam**; **hereditatem**].
**verprügeln** *vt* verberare.
**verrammeln** *vt* oppilare, obstruere [**portam curiae**].
**Verrat** *m* proditio <-onis> *f;* **~ üben an** prodere + *akk.*
**verraten** *vt* ① prodere [**amicum**; **secretum**] ② *(fig: deutlich werden lassen)* patefacere, aperire [**suos sensūs veros**].
**Verräter** *m* proditor <-toris> *m* [**patriae**].
**verräterisch** *adj* perfidus [**amicus**; **verba**].
**verrauchen** *vi (von Leidenschaften)* defervescere; **sein Zorn ist schnell verraucht** eius ira cito defervit.
**verrechnen** *vr:* **sich ~** in computando errare.
**verregnet** *adj (regnerisch)* pluvius, pluvialis.
**verreisen** *vi* proficisci, iter facere.
**verreißen** *vt (kritisieren)* in peiorem partem rapere.
**verrenken** *vt* luxare, distorquēre, convellere; **sich den Fuß/Arm ~** pedem/bracchium luxare/distorquēre.
**Verrenkung** *f* (MED) luxatura *f.*
**verrichten** *vt* facere, agere, gerere.
**verriegeln** *vt* obserare [**fores**].
**verringern** *vt* (de)minuere [**celeritatem**; **intervallum**].
**Verringerung** *f* (de)minutio <-onis> *f.*
**verrinnen** *vi (Zeit)* effluere.
**verrosten** *vi* robiginem contrahere, robigine obduci.
**verrostet** *adj* robiginosus [**clavus**].
**verrücken** *vt* loco movēre.
**verrückt** *adj* insanus; **du bist wohl ~!** deliras.
**Verrücktheit** *f* insania *f.*
**Verruf** *m:* **in ~ bringen** diffamare; **in ~ kommen** [*o* **geraten**] infamem fieri.
**verrufen** *adj* infamis [**vicus** Viertel; **caupona**].

**Vers** *m* versus <-us> *m.*
**versagen** *vi (Stimme, Kräfte, Motor)* deficere *(jdm:* alqm).
**Versager** *m* irritus *m.*
**versammeln I.** *vt* congregare, convocare, cogere [**senatum; milites ad contionem**] **II.** *vr:* **sich ~** convenire, congregari.
**Versammlung** *f* concilium *nt,* conventus <-us> *m* [**civium; militum**]; **eine gut besuchte ~** conventus celeber; **eine ~ abhalten** concilium habēre; **eine ~ einberufen** concilium convocare; **eine ~ auflösen** concilium dimittere.
**Versand** *m* vectura *f.*
**versanden** *vi* arenis obrui.
**versauern** *vi (fig)* languescere [**ruri**].
**versaufen** *vt* potando consumere [**pecuniam**].
**versäumen** *vt* praetermittere, amittere [**occasionem**]; **seine Pflicht ~** officio deesse, officium deserere.
**verschaffen** *vt* (com)parare [**alci hospitium; sibi claritatem**].
**verschanzen** *vr:* **sich ~** se munire.
**verscharren** *vt* obruere, infodire.
**verschenken** *vt* dono dare <dedi>.
**verscherzen** *vr:* **sich etw ~** alqd perdere.
**verscheuchen** *vt* fugare, pellere [**timorem**].
**verschicken** *vt* mittere; *(nach mehreren Richtungen)* dimittere.
**verschieben** *vt* ❶ *(zeitl.)* differre [**contionem in posterum diem**] ❷ *(Möbel u. Ä.)* loco suo movēre.
**Verschiebung** *f (zeitl.)* dilatio <-onis> *f.*
**verschieden** *adj* varius [**formae; sententiae; mores**]; **~ sein** differre, discrepare, distare; **~ groß sein** magnitudine distare [*o* discrepare].
**verschiedenartig** *adj* varius.
**Verschiedene** *pl (mehrere)* complures <-plura> (gen: -plurium).
**Verschiedenheit** *f* varietas <-tatis> *f.*
**verschiedentlich** *adv* varie.
**verschimmeln** *vi* situ corrumpi.
**verschlafen I.** *vt* indormire (+ dat) **II.** *vi* diutius dormire.
**verschlagen I.** *vt (an einen Ort)* deferre, deicere; **~ werden** deferri, deici; **das Schiff wurde vom Sturm an eine Insel ~** navis tempestate ad insulam deferebatur **II.** *adj* versutus.
**Verschlagenheit** *f* versutia *f.*
**verschlechtern** *vt* deteriorem facere, depravare.
**Verschlechterung** *f* depravatio <-onis> *f.*
**verschleiern** *vt* velare; *(fig)* occultare, tegere.
**Verschleierung** *f (fig)* occultatio <-onis> *f.*
**Verschleiß** *m* detritus <-us> *m.*
**verschleppen** *vt* ❶ *(Menschen)* auferre ❷ *(zeitl.)* extrahere [**causam** den Prozess].
**verschleudern** *vt* dissipare, profundere [**pecuniam; hereditatem**].
**verschließen** *vt* claudere, occludere.
**verschlimmern I.** *vt* deteriorem facere, depravare **II.** *vr:* **sich ~** deteriorem fieri, depravari.
**verschlingen** *vt (verschlucken; auch fig)* (de)vorare [**libros**].
**verschlossen** *adj (von Personen und vom Char.)* occultus.
**verschlucken** *vt* (de)vorare.
**Verschluss** *m:* **unter ~ halten** clausum servare.
**verschmachten** *vi:* **vor Durst/Hunger ~** siti/fame confici.
**verschmähen** *vt* repudiare [**hereditatem; consilium**].
**verschmausen** *vt* comedere.
**verschmelzen** *vi* in unum confundi [*o* coire].
**Verschmelzung** *f* commixtio <-onis> *f.*
**verschmerzen** *vt* concoquere, ferre; **etw nicht ~ können** alqd acerbissime ferre.
**verschmitzt** *adj* callidus, astutus.
**verschmutzen** *vt* inquinare, polluere.
**Verschmutzung** *f* inquinatio <-onis> *f,* pollutio <-onis> *f.*
**verschnaufen** *vi* respirare; **ohne zu ~** sine respiratione.
**Verschnaufpause** *f* respiratio <-onis> *f.*
**verschneit** *adj* nivibus obrutus.
**verschollen** *adj* incertus, ubi sit.
**verschonen** *vt* parcere + *dat;* **vom Feuer verschont bleiben** incendio non absumi.
**verschönern** *vt* exornare, excolere.
**verschreiben** *vt:* **jdm etw ~** (MED) iubēre alqm sumere alqd.
**verschrien** *adj* infamatus, diffamatus.
**verschroben** *adj* pravus.
**Verschrobenheit** *f* pravitas <-tatis> *f.*
**verschüchtert** *adj* (ex)territus.
**verschulden** *vt* (com)merēre, (com)merēri [**casum** Unfall].
**verschuldet** *adj* obaeratus.
**verschütten** *vt* ❶ obruere [**alqm lapidibus**] ❷ *(Zucker, Flüssigkeit)* effundere.
**verschweigen** *vt* tacēre; **jdm etw ~** celare alqm alqd.
**verschwenden** *vt* dissipare, profundere, consumere.
**Verschwender** *m* nepos <-otis> *m.*
**verschwenderisch** *adj* prodigus, sumptuosus.
**Verschwendung** *f* luxuria *f,* profusio <-onis> *f.*
**verschwiegen** *adj* tacitus, taciturnus [**homo; loca**].
**Verschwiegenheit** *f* taciturnitas <-atis> *f.*
**verschwinden** *vi* discedere, abire.
**verschwören** *vr:* **sich ~** coniurare [**contra rem publicam; adversus cives suos**].
**Verschwörer** *m* coniuratus *m.*
**Verschwörung** *f* coniuratio <-onis> *f,* conspiratio <-onis> *f.*

**versehen** *vt (ausstatten)* afficere *(mit etw:* abl).
**Versehen** *nt:* **aus ~** inconsiderate, imprudenter.
**versehentlich** *adv* inconsiderate, imprudenter.
**versenden** *vt* mittere; *(nach mehreren Richtungen)* dimittere.
**versengen** *vt* torrēre, adurere.
**versenken I.** *vt* (de)mergere [**navem**] **II.** *vr:* **sich in etw ~** *(fig)* se totum in alcis rei cognitione collocare.
**Versenkung** *f* demersio <-onis> *f* [**navis**].
**versessen** *adj:* **~ auf** studiosissimus (+ gen), cupidissimus (+ gen) [**gloriae**; **imperii**].
**versetzen** *vt* ① *(an andere Stelle)* transponere ② *(in eine Lage)* redigere [**gentem in servitutem**]; **in Unruhe ~** sollicitare; **jmd in Furcht ~** metum alci inicere ③ *(Schlag)* infringere [**alci colaphos**] ④ *(dienstlich)* transferre ⑤ *(verpfänden)* pignerare [**ornamenta**].
**Versetzung** *f (dienstlich)* translatio <-onis> *f.*
**verseuchen** *vt* inficere.
**versichern** *vt* ① *(beteuern, behaupten)* affirmare, confirmare ② *(Auto, Haus)* firmare, munire.
**Versicherung** *f* ① cautio <-onis> *f* ② *(Beteuerung)* affirmatio <-onis> *f.*
**Versicherungsgesellschaft** *f* societas <-atis> *f* cautionum.
**Versicherungsprämie** *f* praemium *nt* cautionis.
**Versicherungssumme** *f* summa *f* cautionis.
**versinken** *vi* ① (de)mergi ② **in Gedanken versunken** in cogitatione defixus.
**versöhnen I.** *vt* placare *(mit jdm:* alci oder in alqm) [**ducem in consulem**], reconciliare *(mit jdm:* cum alqo oder alci) [**imperatorem cum senatu**] **II.** *vr:* **sich mit jdm ~** in gratiam redire cum alqo.
**versöhnlich** *adj* placabilis.
**Versöhnung** *f* placatio <-onis> *f,* reconciliatio <-onis> *f.*
**versorgen** *vt (jmd)* providēre alci *(mit etw:* alqd).
**Versorgung** *f (Unterhalt)* victus <-us> *m.*
**verspäten** *vr:* **sich ~** sero venire.
**verspätet** *adj* serus.
**Verspätung** *f* mora *f;* **der Zug hat ~** tramen retardatum est.
**versperren** *vt* obstruere [**portas castrorum**]; *(Weg)* intercludere [**alci iter**].
**verspielen** *vt (Geld)* (aleā) perdere.
**verspotten** *vt* illudere, irridēre.
**versprechen I.** *vt* promittere, polliceri; **jdm das Blaue vom Himmel ~** alci maria et montes promittere **II.** *vr:* **sich ~** in dicendo errare.
**Versprechen** *nt* promissum *nt;* **sein ~ halten** promissum servare [*o* implēre].
**verspritzen** *vt* profundere.
**verspüren** *vt* sentire.
**verstaatlichen** *vt* publicare [**argentarias**; **bibliothecas**].
**Verstand** *m* intellegentia *f,* sapientia *f,* mens <mentis> *f;* **jmd um den ~ bringen** alcis mentem exturbare; **nicht bei ~ sein** mente captum esse, mente alienata esse; **den ~ verlieren** mente capi [*o* alienari].
**verständig** *adj* intellegens <-gentis>, sapiens <-entis>.
**verständigen I.** *vt* certiorem facere alqm *(von/über:* de; mit gen; A.C.I.) **II.** *vr:* **sich ~** colloqui.
**verständlich** *adj* facilis ad intellegendum, perspicuus; **sich ~ machen** plane et aperte dicere, perspicue loqui.
**Verständlichkeit** *f* perspicuitas <-atis> *f.*
**Verständnis** *nt* intellegentia *f;* **~ für etw haben** intellegere alqd/A.C.I..
**verstärken** *vt (vermehren, vergrößern)* augēre, amplificare [**numerum legatorum**; **muros civitatis**].
**Verstärker** *m* (TECH) amplificatrum *nt.*
**Verstärkung** *f* ① *(Hilfe)* subsidium *nt;* **~ anfordern/holen** subsidium postulare/arcessere ② *(Vermehrung, Vergrößerung)* augmentum *nt,* amplificatio <-onis> *f* [**copiarum**; **murorum**].
**verstauchen** *vt* luxare, distorquēre, convellere; **sich den Fuß/Arm ~** pedem/bracchium luxare [*o* convellere].
**Versteck** *nt* latebrae *f pl,* latibulum *nt.*
**verstecken** *vt* occultare, abdere; **versteckt** abditus, occultus.
**verstehen I.** *vt* intellegere, comprehendere; **jdm etw zu ~ geben** alci alqd significare; **ich verstehe dich nicht** nescio, quid velis; **wie soll ich das ~?** quid hoc sibi vult? **II.** *vr:* **sich auf etw ~** scire alqd; **sich mit jdm ~** *(sich vertragen)* concorditer vivere cum alqo; **versteht sich** *(selbstverständlich)* scilicet.
**versteigern** *vt* in auctione vendere [**bona civium**; **praedam**].
**Versteigerung** *f* auctio <-onis> *f,* venditio <-onis> *f.*
**versteinert** *adj (fig)* attonitus, defixus; **wie ~ dastehen** attonitum [*o* defixum] stare.
**verstellen I.** *vt* fingere [**vocem; manum** Handschrift] **II.** *vr:* **sich ~** simulare.
**Verstellung** *f* simulatio <-onis> *f.*
**versteuern** *vt* vectigalia pendere [**pro reditu**].
**verstimmt** *adj (Mensch: verärgert)* stomachosus.
**Verstimmung** *f* stomachus *m,* tristitia *f,* animi offensio <-onis> *f.*
**verstockt** *adj* obstinatus, offirmatus.
**verstohlen I.** *adj* furtivus **II.** *adv* furtim.
**verstopfen** *vt* ① obturare [**foramina**] ② obstruere [**aditum**; **iter**].

**verstopft** *adj* obstructus [**via**].

**Verstopfung** *f* ❶ (MED) duritia *f* alvi ❷ obstructio <-onis> *f* [**viae**].

**verstört** *adj* confusus, perturbatus.

**Verstoß** *m* lapsus <-us> *m.*

**verstoßen I.** *vt* repudiare, eicere [**uxorem**] **II.** *vi:* **gegen etw ~** violare alqd [**legem**; **foedus**].

**verstreichen** *vi (Zeit)* praeterire; **~ lassen** praetermittere [**diem**].

**verstreuen** *vt* ❶ *(ausstreuen)* spargere, dispergere [**nummos populo**] ❷ *(verschütten)* effundere [**saccharum**].

**verstricken I.** *vt* obstringere, irretire *(in etw:* abl) [**alqm scelere**] **II.** *vr:* **sich in etw ~** se obstringere, se irretire alqa re.

**verstümmeln** *vt* mutilare, (de)truncare [**pedem**; **corpus**]; **verstümmelt** mutilus, mutilatus, truncus, (de)truncatus.

**Verstümmelung** *f* truncatio <-onis> *f.*

**verstummen** *vi (auch fig: Lärm)* conticescere, obmutescere.

**Versuch** *m* experimentum *nt,* conatus <-us> *m;* **einen ~ unternehmen, etw zu tun** conari facere alqd.

**versuchen I.** *vt* ❶ temptare, conari, experiri [**belli fortunam**] ❷ *(Essen)* gustare **II.** *vr:* **sich in etw ~** se experiri alqa re [**arte poetica**].

**Versuchskaninchen** *nt* victima *f* experientiae.

**Versuchsperson** *f* persona *f* experimentalis.

**Versuchstier** *nt* animal <-alis> *nt* experimentale.

**versuchsweise** *adv* experiendi causā.

**Versuchung** *f* temptatio <-onis> *f,* illecebrae *f pl;* **jmd in ~ führen** alqm pellicere; **in ~ kommen, etw zu tun** pellici alqd facere [*o* ad alqd faciendum].

**versüßen** *vt (fig)* condire.

**vertagen** *vt* procrastinare, differre.

**Vertagung** *f* procrastinatio <-onis> *f.*

**vertauschen** *vt* ❶ *(austauschen)* (com)mutare, permutare ❷ *(verwechseln)* confundere.

**verteidigen** *vt* defendere *(vor, gegen:* ab, contra, adversus) [**provinciae iura**; **se a multitudine**; **patriam adversus hostium crudelitatem**].

**Verteidiger** *m* defensor <-oris> *m* [**miserorum**; **causae alcis**].

**Verteidigung** *f* defensio <-onis> *f.*

**Verteidigungskrieg** *m* bellum *nt* defensivum.

**Verteidigungsschrift** *f* defensio <-onis> *f.*

**verteilen I.** *vt* ❶ *(austeilen)* distribuere, dividere, partiri [**munera**; **praedam per milites**; **agros per veteranos**] ❷ *(hier- und dahin stellen)* disponere, dispertire [**vigilias per urbem**; **tabernas per litora**] **II.** *vr:* **sich ~** se disponere, se dispertire.

**Verteilung** *f* distributio <-onis> *f,* partitio <-onis> *f.*

**verteuern** *vt:* **etw ~** pretium alcis rei augēre.

**vertiefen** *vr:* **sich in etw ~** totum se abdere in alqd.

**Vertiefung** *f* locus *m* depressus.

**vertilgen** *vt* delēre, exstinguere [**herbas inutiles**; **bestiolas molestas**].

**vertonen** *vt* musicis modis aptare.

**Vertrag** *m* pactum *nt,* conventum *nt,* foedus <-deris> *nt;* **einen ~ schließen** foedus facere [*o* icere], pacisci; **einen ~ brechen** foedus rumpere; **laut ~** ex pacto.

**vertragen I.** *vt* tolerare **II.** *vr:* **sich ~** concorditer vivere (cum alqo); **sich mit jdm nicht ~** cum alqo discordare; **sich mit etw nicht ~** alci rei contrarium esse, ab alqa re abhorrēre.

**verträglich** *adj (umgänglich)* placidus.

**vertragsgemäß I.** *adj* conventionalis [**praebitio mercium**] **II.** *adv* ex pacto, ex convento.

**Vertragspartner** *m* paciscens <-entis> *m.*

**vertragswidrig** *adv* contra pactum [*o* foedus].

**vertrauen** *vi* (con)fidere, credere [**legioni**; **virtuti militum**].

**Vertrauen** *nt* fides <-ei> *f,* fiducia *f;* **im ~ auf** confisus, fretus + *abl;* **im ~** secreto; **zu jdm kein ~ haben** alci diffidere; **~ erwecken** fidem excitare.

**vertrauensvoll I.** *adj* confisus, fretus **II.** *adv* (con)fidenter.

**vertrauenswürdig** *adj* fiduciā dignus.

**vertraulich** *adj* familiaris [**epistulae**].

**vertraut** *adj* ❶ familiaris [**usus**] ❷ **mit etw ~** peritus + *gen;* **mit der Redekunst nicht ~** dicendi imperitus; **jmd mit etw ~ machen** alqm assuefacere alqa re [*o* ad alqd].

**Vertraute(r)** *f(m)* familiaris *m/f.*

**vertreiben** *vt* ❶ fugare, (ex)pellere, exigere [**hostes ex Galliae finibus**; **corde dolorem**] ❷ *(Zeit)* consumere; **sich die Zeit mit etw ~** tempus fallere alqa re.

**Vertreibung** *f* expulsio <-onis> *f* [**alcis patriā**; **regum**; **hostium** (**ex**) **finibus**].

**vertreten** *vt* ❶ *(jmd)* vicarium alcis esse ❷ *(für etw stehen)* praestare <praestiti>.

**Vertreter(in** *f*) *m* ❶ *(Stell~)* vicarius, -a *m, f* ❷ *(Handels~)* repraesentator <-oris> *m.*

**Vertrieb** *m (Verkauf)* venditio <-onis> *f.*

**Vertriebene(r)** *f(m)* expulsus, -a *m, f.*

**vertrocknen** *vi* arescere.

**vertrödeln** *vt (Zeit)* terere.

**vertrösten** *vt* spem facere *(jmd:* alci).

**vertun I.** *vt (vergeuden)* perdere, terere **II.** *vr:* **sich ~** *(sich täuschen)* errare.

**vertuschen** *vt (verheimlichen)* occultare, tegere.

**verübeln** *vt:* **jdm etw ~** alci vitio vertere.

**verüben** *vt* committere [**caedem**]; **einen An-**

**schlag auf jmd ~** impetum facere in alqm.

**verunglücken** *vi* casum ferre; **tödlich ~** casu perire.

**verunreinigen** *vt* inquinare.

**Verunreinigung** *f* inquinatio <-onis> *f.*

**verunsichern** *vt* incertare.

**verunstalten** *vt* deformare.

**veruntreuen** *vt (Geld unterschlagen)* avertere.

**verursachen** *vt* efficere, facere, afferre [**molestiam**].

**Verursacher(in** *f*) *m* auctor <-oris> *m/f.*

**verurteilen** *vt* damnare; **zum Tode ~** capitis damnare; **zu einer Geldstrafe ~** pecuniā damnare; **wegen Verrats ~** proditionis damnare.

**Verurteilung** *f* damnatio <-onis> *f.*

**vervielfältigen** *vt* multiplicare.

**Vervielfältigung** *f* multiplicatio <-onis> *f.*

**vervollkommnen** *vt* emendare, excolere [**animos doctrinā**].

**Vervollkommnung** *f* perfectio <-onis> *f* [**scientiae**].

**vervollständigen** *vt* supplēre.

**verwählen** *vr:* **sich ~** (TEL) numero errare.

**verwahren I.** *vt (sicher aufbewahren)* asservare [**sacra fideli custodiā**] **II.** *vr:* **sich gegen etw ~** alqd detestari ac deprecari.

**verwahrlost** *adj* neglectus [**iuvenis**; **domicilium**; **vestitus**].

**Verwahrung** *f:* **jdm etw in ~ geben** alci alqd asservandum dare <dedi>.

**verwaist** *adj (Kind, auch fig)* orbus.

**verwalten** *vt* administrare [**rem familiarem**; **provinciam**].

**Verwalter** *m* administrator <-oris> *m.*

**Verwaltung** *f* administratio <-onis> *f.*

**verwandeln** *vt* mutare, (con)vertere.

**Verwandlung** *f* mutatio <-onis> *f.*

**verwandt** *adj (von Personen und fig)* propinquus, cognatus *(mit:* dat).

**Verwandte(r)** *f(m)* propinquus, -a *m, f,* cognatus, -a *m, f.*

**Verwandtschaft** *f* propinquitas <-atis> *f,* cognatio <-onis> *f.*

**verwandtschaftlich** *adj* cognatus.

**verwarnen** *vt* monēre (ne).

**Verwarnung** *f* monitio <-onis> *f.*

**verwechseln** *vt* confundere.

V

**verwegen** *adj* temerarius.

**Verwegenheit** *f* temeritas <-atis> *f* [**militum**; **verborum**].

**verwehren** *vt* prohibēre [**aditum**].

**verweichlicht** *adj* effeminatus, mollis.

**verweigern** *vt* (de)negare, detrectare [**auxilium Veientibus**; **nihil miseris**]; **den Kriegsdienst ~** militiam detrectare.

**Verweigerung** *f* detrectatio <-onis> *f.*

**verweilen** *vi* (com)morari, versari.

**Verweis** *m* ❶ *(Tadel)* vituperatio <-onis> *f,* reprehensio <-onis> *f;* **jdm einen ~ erteilen** alqm reprehendere ❷ *(Hinweis)* indicium *nt.*

**verweisen** *vt* ❶ delegare, revocare *(auf:* ad) ❷ **jmd des Landes ~** alqm (ex) civitate expellere.

**verwelken** *vi* languescere, flaccescere; **verwelkt** marcidus.

**verwendbar** *adj* utilis.

**verwenden I.** *vt (gebrauchen, benutzen)* uti + *abl; (Mühe, Zeit, Geld)* adhibēre *(auf etw:* dat; ad; in + akk; in + abl), consumere *(auf etw:* in + abl) [**pecuniam in monumento**; **omne tempus in litteris**] **II.** *vr:* **sich für jmd ~** *(sich einsetzen)* niti pro alqo.

**Verwendung** *f* usus <-us> *m;* **jmd hat** (**keine**) **~ für etw** alqd alci usui (non) est.

**verwerfen** *vt* repudiare, spernere [**consilium**].

**verwerflich** *adj* repudiandus, spernendus.

**verwerten** *vt* uti + *abl.*

**verwesen** *vi* tabescere.

**Verwesung** *f* tabes <-bis> *f.*

**verwickeln** *vt* implicare; **jmd in etw ~** *(fig)* implicare alqm re.

**verwickelt** *adj (kompliziert, schwierig)* difficilis.

**verwildern** *vi (Garten)* silvescere; *(Tier, Kind)* efferari.

**verwirklichen** *vt* perficere, efficere.

**Verwirklichung** *f* effectus <-us> *m.*

**verwirren** *vt* (per)turbare, confundere.

**verwirrt** *adj* (per)turbatus, confusus [**vultus**].

**Verwirrung** *f* perturbatio <-onis> *f,* confusio <-onis> *f;* **in ~ bringen** (per)turbare; **in ~ geraten** (per)turbari.

**verwischen I.** *vt (Spuren u. Ä.)* delēre, exstinguere **II.** *vr:* **sich ~** *(unklar, undeutlich werden)* oblitterari.

**verwittern** *vi (Stein, Gebäude)* exedi.

**verwitwet** *adj* viduus.

**verwöhnen** *vt* indulgentiā corrumpere; **verwöhnt** delicatus.

**verworren** *adj* (per)turbatus, confusus.

**verwunden** *vt* vulnerare; **am Arm verwundet werden** in bracchio vulnerari.

**Verwunderung** *f* (ad)miratio <-onis> *f;* **jmd in ~ setzen** alqm miratione afficere; **voll ~** mirabundus.

**Verwundete(r)** *f(m)* vulneratus, -a *m, f.*

**Verwundung** *f* vulnus <-neris> *nt.*

**verwünschen** *vt* devovēre, exsecrari [**scelerata arma**].

**Verwünschung** *f* devotio <-onis> *f,* detestatio <-onis> *f,* exsecratio <-onis> *f.*

**verwüsten** *vt* vastare, (de)populari [**agros**; **regionem**].

**Verwüstung** *f* vastatio <-onis> *f,* (de)populatio <-onis> *f* [**agrorum**]; **~en anrichten** vastita-

tem inferre + *dat.*
**verzagt** *adj* demissus.
**verzählen** *vr:* **sich ~** in numerando errare.
**verzaubern** *vt (durch Zauberei verwandeln)* carminibus [*o* per carmina] in alqd/alqm convertere.
**verzehren** *vt* consumere [**fruges**; **pecuniam**].
**Verzeichnis** *nt* index <-dicis> *m,* tabulae *f pl.*
**verzeihen** *vt* ignoscere, veniam dare <dedi, datum>.
**verzeihlich** *adj* veniā dignus.
**Verzeihung** *f* venia *f;* **um ~ bitten** veniam petere *(für etw:* gen oder dat).
**verzerren** *vt* depravare, distorquēre [**vultum**].
**Verzicht** *m* renuntiatio <-onis> *f (auf:* gen).
**verzichten** *vi* remittere *(auf etw:* alqd) [**ius suum**], renuntiare *(auf etw:* dat) [**officiis civilibus**].
**verziehen I.** *vt* ❶ *(Kind)* indulgentiā corrumpere ❷ **das Gesicht ~** vultum distorquēre **II.** *vi (fortziehen)* emigrare **III.** *vr:* **sich ~** ❶ distorqueri ❷ *(verschwinden)* abire.
**verzieren** *vt* (ex)ornare.
**Verzierung** *f* ornamentum *nt.*
**verzögern I.** *vt* retardare, differre, morari **II.** *vr:* **sich ~** retardari, differri, morari; **seine Ankunft hat sich verzögert** adventus eius retardatus est.
**Verzögerung** *f* mora *f,* retardatio <-onis> *f.*
**verzollen** *vt* mercis portorium solvere.
**Verzug** *m:* **ohne ~** sine mora.
**verzweifeln** *vi* desperare *(an:* de).
**verzweifelt** *adj* desperatus.
**Verzweiflung** *f* desperatio <-onis> *f (an etw:* gen); **jmd zur ~ bringen** alqm ad desperationem adducere; **in ~ geraten** ad desperationem pervenire.
**verzweigen** *vr:* **sich ~** late diffundi.
**verzwickt** *adj* contorsus, difficilis [**res** Angelegenheit].
**Vestalin** *f* Vestalis <-is> *f,* virgo <-ginis> *f* Vestalis.
**Veteran** *m (altgedienter Soldat)* veteranus *m.*
**Vetter** *m* consobrinus *m.*
**Videokassette** *f* caseta *f* magnetoscopica.
**Videorekorder** *m* magnetoscopium *nt.*
**Videospiel** *nt* ludus *m* magnetoscopicus.
**Vieh** *nt (koll.)* pecus <-coris> *nt.*
**Vieh-** pecuarius [**res** Viehzucht], *mit gen:* pecoris.
**Viehfutter** *nt* pabulum *nt.*
**Viehhandel** *m* negotiatio <-onis> *f* pecuaria.
**Viehhändler** *m* pecuarius *m.*
**Viehherde** *f* grex <gregis> *m.*
**Viehwagen** *m* currus <-us> *m* pecuarius.
**Viehzucht** *f* pecuaria *f,* res <rei> *f* pecuaria.
**viel I.** *adj* multus; **~e** multi <-ae, -a>; **~es** multa *nt pl;* **~ kleiner** multo minor; **so ~** tantus [**pecunia**; **tempus**]; **zu ~** nimium; **so ~e ... wie** tot ... quot **II.** *adv* ❶ multum; **~ gelten** multum posse [*o* valēre]; **zu ~** nimis; **so ~ ... wie** tantum ... quantum ❷ **~ beschäftigt** multis negotiis impeditus, negotiis distentus.
**vieldeutig** *adj* ambiguus [**verbum** Begriff].
**Vieldeutigkeit** *f* ambiguitas <-atis> *f* [**verborum**].
**vielerlei** *adj* varius, multiplex <-plicis>.
**vielfach** *adj* creber <-bra, -brum>, multiplex <-plicis>.
**Vielfalt** *f* varietas <-tatis> *f.*
**vielfältig** *adj* varius, multiplex <-plicis>.
**Vielfraß** *m* homo <-minis> *m* vorax.
**vielleicht** *adv* fortasse.
**vielmals** *adv:* **danke ~** summas (tibi) gratias ago.
**vielmehr** *adv* potius.
**vielsagend** *adj* gravis.
**vielseitig** *adj (fig)* multiplex <-plicis> [**orationis genera**].
**Vielseitigkeit** *f* varietas <-tatis> *f.*
**vielversprechend** *adj* promissus [**principium**].
**vier** *num* quattuor (undekl.); **je ~** quaterni; **unter ~ Augen** arbitris remotis.
**Vierbeiner** *m (Tier)* quadrupes <-pedis> *m/f.*
**Viereck** *nt* quadratum *nt.*
**viereckig** *adj* quadratus.
**vierfach** *adj* quadruplex <-plicis>; **das Vierfache** quadruplum *nt.*
**vierfüßig** *adj* quadrupes <-pedis>.
**vierhundert** *num* quadringenti <-ae, -a>.
**vierjährig** *adj* quadrimus [**infans**].
**Vierländereck** *nt* quadrifinium *nt.*
**Viergespann** *nt* quadrigae *f.*
**viermal** *adv* quater.
**Vierradantrieb** *m* impulsio <-onis> *f* quattuor rotarum.
**Viertel** *nt* ❶ quarta pars <partis> *f,* quadrans <-rantis> *m;* **drei ~** dodrans <-antis> *m* ❷ *(Stadt~)* vicus *m.*
**Vierteljahr** *nt* tres menses *m.*
**vierteljährlich** *adv* quarto quoque mense.
**viertens** *adv* quarto.
**vierter** *adj* quartus.
**vierzehn** *num* quattuordecim (undekl.).
**vierzehnter** *adj* quartus decimus.
**vierzig** *num* quadraginta (undekl.).
**Vikar** *m* vicarius, a *m f.*
**Villa** *f* villa *f.*
**violett** *adj* violaceus.
**Violine** *f* violina *f.*
**Violoncello** *nt* violoncellum *nt.*
**Viper** *f* vipera *f.*
**virtuos** *adj* artificiosus.
**Virus** *nt/m* virus <-i> *nt* (Pl.: vira).
**Visier** *nt (am Helm)* ocularium *nt.*

**Vision** *f* visio <-onis> *f.*
**Visite** *f* (MED) inspectio <-onis> *f* medica.
**Visitenkarte** *f* chartula *f* salutatoria.
**Visum** *nt* visum *nt.*
**vital** *adj* acer <acris, acre>.
**Vitalität** *f* acrimonia *f.*
**Vitamin** *nt* vitaminum *nt.*
**Vitrine** *f* armarium *nt* vitreum.
**Vizekanzler** *m* procancellarius *m,* vicecancellarius *m.*
**Vizepräsident** *m* propraeses <-sidis> *m,* vicepraeses <-sidis> *m.*
**Vogel** *m* avis <-is> *f.*
**Vogelbauer** *m* cavea *f.*
**Vogelbeere** *f* (BOT) sorbum *nt.*
**Vogelflug** *m* avis/avium volatus <-us> *m,* alitis/alitum involatus <-us> *m;* **den ~ beobachten** *(von den Auguren)* augurium agere [*o* capere]; **aus dem ~ weissagen** ex alitis involatu augurari.
**vogelfrei** *adj* proscriptus.
**Vogelkäfig** *m* cavea *f.*
**Vogelscheuche** *f* formido <-dinis> *f.*
**Vokabular** *nt* vocabularium *nt.*
**Vokal** *m* vocalis <-is> *f.*
**Volk** *nt* populus *m;* (*~smenge)* multitudo <-dinis> *f; (Nation)* natio <-onis> *f,* gens <gentis> *f.*
**Völkerbund** *m,* **Völkergemeinschaft** *f* societas <-atis> *f* nationum.
**Völkerrecht** *nt* ius <iuris> *nt* gentium.
**völkerrechtlich** *adj* iuris gentium.
**Völkerverständigung** *f* mutua nationum consensio <-ionis> *f.*
**Völkerwanderung** *f* migratio <-onis> *f* gentium.
**Volksabstimmung** *f,* **-entscheid** *m* (POL) plebis scitum *nt,* plebiscitum *nt.*
**Volksfest** *nt* ludi *m pl.*
**Volkshochschule** *f* academia *f* popularis.
**Volkslied** *nt* carmen <-minis> *nt* populare.
**Volksmusik** *f* musica *f* popularis.
**Volkstanz** *m* saltatio <-onis> *f* popularis.
**Volkstribun** *m* tribunus *m* plebis.
**volkstümlich** *adj* popularis.
**Volksversammlung** *f* contio <-onis> *f;* **eine ~ einberufen** contionem convocare.
**Volkswirtschaft** *f* oeconomia *f* nationalis.
**Volkszählung** *f* populi recensus <-us> *m.*
**voll** *adj* ① plenus + *gen oder abl;* **~ machen** complēre, explēre ② *(fig: ganz, vollständig)* summus [**consensio**]; **mit ~em Recht** meo / tuo / suo / *usw.* iure.
**vollauf** *adv* affatim, abunde.
**vollbringen** *vt* conficere, perficere.
**vollenden** *vt* perficere, peragere.
**vollends** *adv* prorsus.
**Vollendung** *f* perfectio <-onis> *f.*
**völlig I.** *adj* plenus **II.** *adv* plane, omnino.
**volljährig** *adj* maturus.
**Volljährigkeit** *f* aetas <-atis> *f* matura.
**vollkommen I.** *adj* perfectus **II.** *adv* plane, omnino.
**Vollkommenheit** *f* perfectio <-onis> *f;* **zur ~ bringen** perficere.
**Vollmacht** *f* potestas <-atis> *f,* auctoritas <-atis> *f;* **jdm ~ erteilen, etw zu tun** potestatem facere alci alcis rei faciendae; **die ~, eine Volksversammlung einzuberufen** contionis habendae potestas.
**Vollmond** *m* luna *f* plena.
**vollständig** *adj* plenus.
**vollstrecken** *vt* exsequi [**iudicium**].
**Vollversammlung** *f* coetus <-us> *m* plenarius.
**vollzählig** *adj* plenus; *(beschlussfähig)* frequens <-entis> [**senatus**].
**vollziehen** *vt (ausführen)* exsequi, persequi [**mandata**].
**von** *praep* (*~ … her; bei Lebewesen im Pass.)* ab, a + *abl; (aus)* ex + *abl;* (*~ … herab; über Thema)* de + *abl;* **~ Anfang an** ab initio; **~ Kindheit an** a pueritia.
**vonstattengehen** *vi* succedere, procedere.
**vor** *praep* ① *(räuml. und zeitl.)* ante + *akk;* **~ Christi Geburt** ante Christum natum; **~ allem** imprimis ② *(Grund angebend) abl causae,* propter + *akk;* **~ Freude/Kälte** gaudio/frigore ③ *(bei Angabe des hindernden Grundes in neg. Sätzen)* prae + *abl;* **~ Tränen nicht sprechen können** prae lacrimis loqui non posse ④ *(bei den Begriffen des Schützens und Verteidigens)* ab, a + *abl.*
**Vorahnung** *f* praesensio <-onis> *f,* praesagitio <-onis> *f.*
**vorangehen** *vi* ① *(vorn gehen)* anteire ② *(fig)* procedere.
**vorankommen** *vi (auch fig)* procedere.
**voraus** *adv:* **im Voraus** ante.
**vorausbestimmen** *vt* praestituere [**diem operi**].
**vorausgehen** *vi (räuml. und zeitl.)* antecedere.
**vorausshaben** *vt:* **jdm etw ~** antecedere alqm alqa re.
**voraussagen** *vt* praedicere.
**vorausschicken** *vt* praemittere.
**voraussehen** *vt* providēre, prospicere.
**voraussetzen** *vt* praesumere.
**vorbauen** *vi (fig)* praecavēre *(einer Sache:* akk).
**Vorbedeutung** *f* omen <ominis> *nt,* auspicium *nt.*
**Vorbehalt** *m* condicio <-onis> *f,* exceptio <-onis> *f;* **ohne ~** sine condicione; **unter dem ~, dass** hac condicione, ut …, cum ea exceptione, ut ….
**vorbehalten** *vt:* **sich etw ~** alqd excipere.
**vorbehaltlos** *adv* sine condicione.

**vorbei** *adv:* **an etw ~** praeter alqd; **der Winter ist ~** praeteriit hiems.
**vorbeifahren** *vi* praetervehi *(an:* akk) [**forum**; **oram**].
**vorbeigehen** *vi (auch: zu Ende gehen)* praeterire *(an:* akk).
**vorbeikommen** *vi:* **bei jdm ~** salutare, convenire alqm.
**vorbeilassen** *vt* praetermittere.
**vorbeilaufen** *vi* transcurrere (praeter alqd).
**vorbeireiten** *vi* (equo) praetervehi.
**vorbeisegeln** *vi* (navi) praetervehi.
**vorbeiziehen** *vi* praeterire *(an:* akk) [**tumulum**; **adversarios**].
**vorbereiten** *vt* (prae)parare; **sich auf etw ~** se (prae)parare ad alqd.
**Vorbereitung** *f* praeparatio <-onis> *f;* **~en für etw treffen** alqd praeparare.
**vorbeugen** *vi* praecavēre *(einer Sache:* akk).
**Vorbild** *nt* exemplum *nt.*
**Vorbote** *m* praenuntius *m* [**veris**; **interitūs**].
**vorbringen** *vt (vortragen: Wünsche, Gründe)* referre [**rem ad senatum**].
**Vordach** *nt* protectum *nt.*
**vorderer** *adj* prior, *Neutr.:* prius, *gen:* prioris [**pars**].
**Vordergrund** *m* frons <frontis> *f;* **im ~** in fronte.
**vordergründig** *adj (fig)* levis.
**Vorderseite** *f* (ARCHIT) frons <frontis> *f.*
**vorderster** *adj* primus.
**Vorderteil** *nt* pars <partis> *f* prior, pars *f* antica.
**vordrängen** *vr:* **sich ~** prorumpere.
**vordringen** *vi* procedere.
**voreilig** *adj* praeproperus.
**vorenthalten** *vt:* **jdm etw ~** fraudare alqm alqa re [**milites praedā**].
**vorerst** *adv* interim.
**Vorfahr** *m* proavus *m;* **~en** maiores <-rum> *m pl.*
**Vorfahrt** *f* praecedentia *f.*
**Vorfahrtsschild** *nt* insigne <-gnis> *nt* praecedentiae.
**Vorfall** *m* eventus <-us> *m,* casus <-us> *m;* **nach diesem ~** quo facto.
**vorfallen** *vi* accidere, fieri.
**vorfinden** *vt* invenire.
**vorführen** *vt (zeigen)* ostendere.
**Vorführung** *f* ostensio <-onis> *f.*
**Vorgang** *m* ① *(Verfahren)* exemplum *nt* ② *(Ereignis)* eventus <-us> *m,* casus <-us> *m.*
**Vorgänger** *m* prior <-oris> *m;* **jmds ~ in einem Amt** qui ante alqm alci muneri praefuit.
**vorgeben** *vt (vortäuschen)* simulare.
**Vorgebirge** *nt* promunturium *nt.*
**vorgefasst** *adj* praeiudicatus [**opinio**].
**Vorgefühl** *nt* praesensio <-onis> *f.*
**vorgehen** *vi* ① *(vorausgehen)* antecedere ② *(handeln)* agere; **gegen jmd ~** animadvertere in alqm ③ *(geschehen)* accidere, fieri.
**Vorgeschichte** *f* praehistoria *f.*
**vorgeschichtlich** *adj* praehistoricus.
**Vorgeschmack** *m* (prae)gustus <-us> *m;* **einen ~ von etw bekommen** alqd gustare.
**Vorgesetzte(r)** *f(m)* praeses <-sidis> *m/f.*
**vorgestern** *adv* nudius tertius.
**vorhaben** *vt* in animo habēre.
**Vorhaben** *nt* propositum *nt,* consilium *nt;* **sein ~ durchführen/aufgeben** consilium exsequi/consilio desistere.
**vorhalten** *vt:* **jdm etw ~** *(fig: vorwerfen)* exprobrare alci alqd.
**Vorhaltungen** *pl:* **jdm ~ machen** alqm monēre.
**vorhanden** *adj:* **~ sein** esse.
**Vorhang** *m* velum *nt; (Theater~)* aulaeum *nt.*
**Vorhängeschloss** *nt* sera *f* pensilis.
**vorher** *adv* antea.
**vorherbestimmt** *adj* praedestinatus [**vita**].
**vorhergehend**, **vorherig** *adj* antecedens <-dentis>.
**Vorherrschaft** *f* principatus <-us> *m.*
**vorherrschen** *vi* dominari.
**Vorhersage** *f* praedictio <-onis> *f.*
**vorhersagen** *vt* praedicere.
**vorhersehen** *vt* providēre.
**vorhin** *adv* antea.
**Vorhut** *f* agmen <-minis> *nt* primum.
**vorig** *adj* proximus [**censor**].
**Vorkämpfer** *m* propugnator <-oris> *m.*
**Vorkaufsrecht** *nt* (JUR) ius <iuris> *nt* praeemptionis.
**Vorkehrung** *f:* **~en treffen** parare.
**Vorkenntnisse** *pl* initia *nt pl.*
**vorkommen** *vi (geschehen)* accidere, fieri, evenire; **es kommt mir eigenartig vor, dass** mirum mihi videtur (+ A.C.I.).
**vorladen** *vt* (JUR) vocare, citare [**alqm ad dictatorem**].
**Vorladung** *f* (JUR) vocatio <-onis> *f.*
**vorlassen** *vt* ① *(Zutritt gewähren)* admittere (alqm), aditum dare <dedi> (alci) ② *(den Vortritt lassen)* alqm praecedere pati.
**vorläufig** *adj* interim.
**vorlaut** *adj* linguā petulans <-antis>.
**vorlegen** *vt (zur Ansicht, Prüfung)* deferre.
**vorlesen** *vt* legere, recitare.
**Vorlesung** *f* schola *f,* acroasis <-is> *f,* oratio <-onis> *f;* **~en halten** scholas habēre.
**vorletzter** *adj* proximus ab ultimo, paenultimus.
**Vorliebe** *f* studium *nt (für:* gen; in + akk).
**vorliebnehmen** *vi:* **mit etw ~** contentum esse alqa re.
**vorliegen** *vi (vorhanden sein)* subesse, adesse.
**vorliegend** *adj* hic / haec / hoc; **im ~en Fall** in

proposito, in hac re.

**Vormachtstellung** *f* principatus <-us> *m.*

**Vormarsch** *m* impetus <-us> *m;* **auf dem ~ sein** progredi.

**Vormittag** *m* tempus <-poris> *nt* antemeridianum; **am ~** ante meridiem.

**vormittags** *adv* ante meridiem.

**Vormund** *m* tutor <-oris> *m.*

**Vormundschaft** *f* tutela *f.*

**vorn** *adv* a fronte; *(auf der Brust)* in pectore; **von ~** a fronte; *(von Anfang an)* ab initio, a principio.

**Vorname** *m* praenomen <-minis> *nt.*

**vorne** *adv s.* **vorn.**

**vornehm** *adj* nobilis.

**vornehmen** *vr:* **sich etw ~** suscipere alqd.

**vornehmlich** *adv (besonders)* imprimis, praecipue.

**vornherein** *adv:* **von ~** ab initio.

**Vorort** *m* suburbium *nt.*

**Vorplatz** *m* propatulum *nt,* vestibulum *nt* [**templi**; **curiae**].

**Vorposten** *m* statio <-onis> *f* prima.

**Vorrang** *m* principatus <-us> *m.*

**Vorrat** *m* copia *f (an:* gen); **Vorräte anlegen** copias comparare.

**vorrätig** *adj* promptus.

**Vorratskammer** *f* cella *f* promptuaria.

**Vorraum** *m* vestibulum *nt.*

**vorrechnen** *vt:* **jdm etw ~** alci alqd enumerare.

**Vorrecht** *nt* privilegium *nt,* beneficium *nt.*

**Vorrichtung** *f* apparatus <-us> *m.*

**vorrücken I.** *vi* procedere, progredi **II.** *vt* promovēre.

**Vorruhestand** *m* otium *nt* praematurum.

**Vorsatz** *m* propositum *nt,* consilium *nt.*

**vorsätzlich** *adv* consulto; (JUR) ex proposito.

**Vorschein** *m:* **zum ~ kommen** apparēre, in conspectum venire.

**vorschieben** *vt* ❶ *(nach vorn schieben)* promovēre; *(Riegel)* obicere ❷ *(fig)* culpam in alqm transferre.

**Vorschlag** *m* condicio <-onis> *f.*

**vorschlagen** *vt* proponere.

**vorschnell** *adj* praeproperus.

**vorschreiben** *vt* praescribere, praecipere.

**Vorschrift** *f* praeceptum *nt;* **jdm ~en machen** alci praescribere.

**vorschriftsmäßig** *adj* legitimus.

**Vorschuss** *m* pecunia *f* promutua.

**vorschützen** *vt (fig: vorgeben)* praetendere.

**vorschweben** *vi:* **es schwebt mir etw vor** mihi alqd ante oculos [*o* animo] obversatur.

**vorsehen** *vr:* **sich ~** cavēre *(vor:* akk).

**Vorsehung** *f* providentia *f.*

**vorsetzen** *vt (Speisen, Getränke)* (ap)ponere.

**Vorsicht** *f* prudentia *f,* cautio <-onis> *f;* **bei etw ~ üben** [*o* **walten lassen**] cautionem adhibēre in alqa re.

**vorsichtig** *adj* cautus, prudens <-entis>.

**Vorsichtsmaßnahme** *f* cautio <-onis> *f,* providentia *f;* **~n treffen** providēre.

**vorsintflutlich** *adj* antediluvianus.

**Vorsitz** *m:* **den ~** (**bei etw**) **haben** (alci rei) praesidēre, praeesse.

**Vorsitzende**(**r**) *f(m)* praeses <-sidis> *m/f.*

**Vorsorge** *f* providentia *f;* **~ treffen** providēre *(für etw:* dat; de re).

**vorsorgen** *vi* providēre *(für:* dat; de re).

**vorsorglich** *adv* diligenter.

**Vorspeise** *f* promulsis <-idis> *f.*

**Vorspiel** *nt* praelusio <-onis> *f,* prolusio <-ionis> *f,* prooemium *nt; (eines Musikstückes)* praeludium *nt.*

**vorspielen** *vt:* **jdm etw ~** *(auf einem Instrument)* alci alqd canere.

**vorsprechen** *vi:* **bei jdm ~** convenire alqm.

**Vorsprung** *m:* **einen ~ haben** antecedere *(vor jdm:* alqm oder alci).

**Vorstadt** *f* suburbium *nt.*

**vorstädtisch** *adj* suburbanus.

**Vorstand** *m (Vorsitzender)* praeses <-sidis> *m.*

**vorstehen** *vi* ❶ *(leiten)* praeesse + *dat* ❷ *(herausragen)* eminēre, prominēre.

**vorstellbar** *adj* intellegibilis.

**vorstellen I.** *vt* ❶ *(bekannt machen, vorführen)* ostendere; *(jmd jdm)* adducere (alci oder ad alqm) ❷ *(vor etw stellen)* opponere (mit dat, ante, ad) **II.** *vr:* **sich etw ~** cogitare alqd, intellegere alqd.

**Vorstellung** *f* ❶ (THEAT) spectaculum *nt,* fabula *f* ❷ *(Gedanke)* imaginatio <-onis> *f,* imago <-ginis> *f.*

**Vorstellungskraft** *f,* **Vorstellungsvermögen** *nt* cogitatio <-onis> *f.*

**vorstrecken** *vt* ❶ *(nach vorn strecken)* protendere [**manūs**; **cervicem**] ❷ *(leihen)* commodare, mutuum dare <dedi> alci alqd.

**vortäuschen** *vt* simulare [**morbum**].

**Vorteil** *m* commodum *nt;* **zu jmds ~** commodo [*o* per commodum] alcis; **im ~ sein** superiorem esse; **seinen ~ aus etw ziehen** fructum capere ex alqa re.

**vorteilhaft** *adj* utilis, salutaris *(für :* dat).

**Vortrag** *m* oratio <-onis> *f;* **einen ~ halten** orationem habēre [*o* dicere].

**vortragen** *vt* ❶ recitare [**carmen**] ❷ *(vorbringen, Bericht erstatten)* referre [**rem ad senatum**].

**vortrefflich** *adj* egregius, eximius, insignis.

**vortreten** *vi* prodire.

**vorüber** *adv:* **an etw/jdm ~** praeter alqd/alqm.

**vorübergehen** *vi (vergehen)* praeterire.

**vorübergehend** *adj* brevis.

**Vorurteil** *nt* opinio <-onis> *f* praeiudicata.

**vorurteilslos** *adj* medius.

V

**Vorverkauf** *m* praevenditio <-onis> *f.*
**Vorwahl** *f* (TEL) (telephonicus) numerus *m* praeselectorius.
**Vorwand** *m* simulatio <-onis> *f.*
**vorwärts** *adv* protinus, porro.
**vorwärtskommen** *vi* proficere.
**vorwegnehmen** *vt* praecipere, antecapere.
**vorweisen** *vt* ostendere.
**vorwerfen** *vt:* **jdm etw ~** exprobrare alci alqd, obicere alci alqd.
**vorwiegend** *adv (hauptsächlich)* imprimis, praecipue.
**Vorwort** *nt* praefatio <-onis> *f.*
**Vorwurf** *m* probrum *nt,* opprobrium *nt,* crimen <-minis> *nt;* **jdm etw zum ~ machen** alqd alci crimini dare; **ein schwerer ~** crimen grave.
**vorwurfsvoll** *adj* criminosus.
**Vorzeichen** *nt* omen <ominis> *nt,* auspicium *nt.*
**vorzeigen** *vt* ostendere [**suam legitimationem**].
**vorzeitig I.** *adj* praematurus [**profectio**] **II.** *adv* ante tempus.
**vorziehen** *vt* ❶ *(bevorzugen)* praeferre, anteponere, praeponere [**salutem rei publicae vitae suae**] ❷ *(Gardinen u. Ä.)* obducere (alqd alci rei) [**velum fenestrae**].
**Vorzimmer** *nt* procoeton <-tonis> *m.*
**Vorzug** *m* ❶ *(gute Eigenschaft, Überlegenheit)* praestantia *f,* excellentia *f* ❷ *(Vorrang)*: **einer Sache den ~ vor etw geben** praeponere alqd alci rei.
**vorzüglich** *adj* egregius, eximius.
**Votum** *nt* (POL: *Stimme)* suffragium *nt,* sententia *f.*
**vulgär** *adj* vulgaris.
**Vulkan** *m* mons <montis> *m* ignivomus.

# Ww

**Waage** *f* libra *f.*
**Wabe** *f (Honig~)* favus *m.*
**wach** *adj* exsomnis, vigilans <-antis>; **~ werden** expergisci.
**Wache** *f* custodia *f,* vigilia *f;* **~ halten** vigilias agere, excubare <excubui>.
**wachen** *vi* vigilare.
**Wachhund** *m* canis <-is> *m/f* vigilans.
**Wacholder** *m* iuniperus <-i> *f.*
**Wachposten** *m* custos <-odis> *m,* custodia *f.*
**Wachs** *nt* cera *f;* **mit ~ überzogen** ceratus.
**wachsam** *adj* vigilans <-antis>.
**Wachsamkeit** *f* vigilantia *f.*
**wachsen I.** *vi* crescere; **jdm gewachsen / nicht gewachsen sein** alci parem / imparem esse **II.** *vt (mit Wachs überziehen)* (in)cerare [**nartas**].
**Wachskerze** *f* cereus *m.*
**Wachstuch** *nt* mappa *f* cerata, operimentum *nt* ceratum.
**Wachstum** *nt* incrementum *nt.*
**Wachtel** *f* coturnix <-icis> *f.*
**Wächter** *m* custos <-odis> *m.*
**Wachtposten** *m* custos <-odis> *m,* custodia *f.*
**wackelig** *adj* vacillans <-antis> [**mensa; dens**].
**wackeln** *vi* vacillare.
**Wade** *f* sura *f.*
**Wadenkrampf** *m* surarum spasmus *m.*
**Waffe** *f* telum *nt;* **~n** arma *nt pl;* **zu den ~n greifen** arma capere; **unter ~n stehen** in armis esse; **den schlag ich mit seinen eigenen ~n** *(fig)* suo gladio hunc iugulo.
**Waffel** *f* libum *nt* lacunatum.
**Waffengewalt** *f:* **mit ~** vi et armis.
**Waffenruhe** *f* quies <-etis> *f* ab armis.
**Waffenschein** *m* licentia *f* armorum utendorum.
**Waffenstillstand** *m* indutiae *f pl;* **einen ~ schließen/einhalten/brechen** indutias facere/conservare/violare.
**Wagemut** *m* audacia *f.*
**wagemutig** *adj* audax <-acis> [**miles; consilium**].
**wagen** *vt* audēre; **sein Leben ~** vitam in discrimen dare.
**Wagen** *m (Fahrzeug)* vehiculum *nt,* currus <-us> *m.*
**Wagenkämpfer** *m* essedarius *m.*
**Wagenlenker** *m* auriga *m.*
**Wagenrennen** *nt* curriculum *nt.*
**Waggon** *m* carrus *m.*
**waghalsig** *adj* temerarius, audax <-acis>.
**Wagnis** *nt* periculum *nt.*
**Wagon** *m* carrus *m.*
**Wahl** *f* electio <-onis> *f,* delectus <-us> *m;* **eine gute/schlechte ~ treffen** bene/male eligere; **wer die ~ hat, hat die Qual** difficilis optio est.
**wahlberechtigt** *adj* qui ius suffragii habet.
**wählen** *vt* deligere, eligere [**locum urbi condendae; imperatorem; alqm consulem**]; *(Beamte, König)* creare.
**Wähler(in** *f*) *m* suffragator <-oris> *m,* suffra-

gatrix <-icis> *f.*
**wählerisch** *adj* fastidiosus, elegans <-antis>.
**Wahlkampf** *m* suffragiorum certamen <-minis> *nt.*
**Wahlrecht** *nt* suffragium *nt,* ius <iuris> *nt* suffragii.
**Wahlspruch** *m* dictum *nt,* sententia *f.*
**Wahlurne** *f* sitella *f.*
**Wahlveranstaltung**, **Wahlversammlung** *f* comitia *nt pl.*
**Wahlverwandtschaft** *f* affinitas <-atis> *f.*
**Wahn** *m* error <-oris> *m.*
**Wahnsinn** *m* amentia *f,* dementia *f;* **in ~ verfallen** mente alienari.
**wahnsinnig** *adj* insanus, demens <-mentis>.
**Wahnvorstellung** *f* deliratio <-onis> *f.*
**wahr** *adj* verus; **nicht ~?** nonne?.
**wahren** *vt* servare; **den Schein ~** speciem servare.
**während I.** *praep* inter + *akk,* per + *akk* **II.** *kj* dum + *ind Präs.; (adversativ)* cum + *conj.*
**währenddessen** *adv* interea, interim.
**wahrhaft** *adv* vero, vere.
**wahrhaftig I.** *adj* verus **II.** *adv* vero, vere.
**Wahrheit** *f (konkr.)* verum *nt; (abstr.)* veritas <-atis> *f;* **die ~ sagen** verum dicere.
**wahrheitsgemäß**, **wahrheitsgetreu** *adv* ex vero, vere [**renuntiare**; **describere**].
**wahrnehmen** *vt (bemerken, hören)* percipere [**oculis, sensibus**; **sonum**]; *(Gelegenheit)* uti + *abl;* **jmds Interessen ~** alcis utilitati servire.
**Wahrnehmung** *f* animadversio <-onis> *f.*
**Wahrsager(in** *f*) *m* vates <-tis> *m/f.*
**wahrscheinlich** *adj* verisimilis, probabilis.
**Wahrscheinlichkeit** *f* verisimilitudo <-dinis> *f,* probabilitas <-tatis> *f;* **aller ~ nach** haud dubie.
**Wahrzeichen** *nt* signum *nt.*
**Waise** *f* orbus, -a *m, f.*
**Waisenhaus** *nt* orphanotropheum *nt.*
**Waisenkind** *nt* orbus, -a *m, f.*
**Wal** *m* ballaena *f.*
**Wald** *m* silva *f.*
**Wald-** silvestris [**mel**].
**Waldbrand** *m* incendium *nt* silvae; **Waldbrände** incendium silvarum.
**Wäldchen** *nt* silvula *f.*
**Waldgebirge** *nt* saltus <-us> *m.*
**waldig** *adj* silvosus, silvestris.
**Waldweg** *m* callis <-is> *m/f.*
W
**Walfisch** *m* ballaena *f.*
**Wall** *m* vallum *nt;* **einen ~ errichten** vallum ducere; **das Lager mit ~ und Graben befestigen** castra vallo fossaque munire.
**Wallfahrer** *m* peregrinator <-oris> *m* pius.
**Wallfahrt** *f* peregrinatio <-onis> *f* sacra.
**Walnuss** *f* iuglans <-glandis> *f.*
**Walze** *f* cylindrus *m.*
**wälzen** *vt* ① volvere, volutare ② *(Probleme)* (in) animo volvere, (in) animo volutare.
**Walzer** *m* saltatio <-onis> *f* Vindobonensis.
**Wand** *f* paries <-etis> *m;* **gegen die ~ reden** *(fig)* asello surdo fabellam narrare.
**Wandel** *m* mutatio <-onis> *f.*
**wandelbar** *adj* mutabilis [**forma rei publicae**; **vulgi animus**].
**wandeln I.** *vr:* **sich ~** *(sich verändern)* mutare, mutari **II.** *vi (einherschreiten)* ambulare [**in hortis**].
**Wanderausstellung** *f* expositio <-onis> *f* ambulatoria.
**Wanderbühne** *f* theatrum *nt* circumforaneum, theatrum *nt* ambulatorium.
**Wanderer** *m* viator <-oris> *m.*
**wandern** *vi* migrare, ambulare.
**Wanderung** *f* migratio <-onis> *f,* iter <itineris> *nt;* **eine ~ unternehmen** iter facere.
**Wandlung** *f* mutatio <-onis> *f.*
**Wange** *f* gena *f.*
**Wankelmut** *m* inconstantia *f,* mobilitas <-atis> *f* [**animi**; **vulgi**].
**wankelmütig** *adj* varius, mobilis, inconstans <-antis>.
**wanken** *vi* labare, vacillare.
**Wanken** *nt:* **ins ~ geraten** labascere, labefieri.
**wann** *adv* quando.
**Wanne** *f* alveus *m.*
**Wanze** *f* cimex <-micis> *m.*
**Wappen** *nt* insigne <-gnis> *nt.*
**wappnen** *vr:* **sich gegen etw ~** *(fig)* se armare contra alqd.
**Ware** *f* merx <mercis> *f.*
**Warenhaus** *nt* domus <-us> *f* negotiationis, pantopolium *nt.*
**warm** *adj* calidus; **~ werden** calescere, calefieri.
**Wärme** *f* calor <-oris> *m.*
**wärmen** *vt* fovēre.
**Warndreieck** *nt* triangulum *nt* monitorium.
**warnen** *vt* monēre (ne).
**Warnsignal** *nt* signum *nt* monitorium.
**Warnung** *f* monitio <-onis> *f;* (**nicht**) **auf jmds ~en hören** alci monenti (non) obtemperare.
**Warnzeichen** *nt* signum *nt* monitorium.
**Wartehalle** *f* atrium *nt* praestolatorium.
**warten** *vi* exspectare *(auf jmd/ auf etw:* alqm/ alqd) [**legatos**; **eventum pugnae**].
**Wärter(in** *f*) *m* custos <-odis> *m/f.*
**Wartesaal** *m* oecus *m* praestolatorius.
**Warteschlange** *f* series <-ei> *f* exspectantium.
**Wartezeit** *f* tempus <-poris> *nt* exspectandi.
**Wartezimmer** *nt* oecus *m* praestolatorius.
**Wartung** *f* (TECH) curatio <-onis> *f.*
**warum** *adv* cur, quare.
**Warze** *f* verruca *f.*
**was** *pron* ① *(interr.)* quid; **lange war er un-**

**schlüssig, ~ er tun sollte** diu incertus erat, quid ageret ❷ *(relat.)* quod; **~ auch immer** quodcumque.

**Waschbecken** *nt* bascauda *f.*

**Wäsche** *f* ❶ lintea *nt pl* ❷ *(das Waschen)* lavatio <-onis> *f.*

**waschen** *vt* lavare <lavi>.

**Wäscherei** *f* officina *f* lavatoria.

**Waschmaschine** *f* machina *f* lavatoria.

**Waschmittel** *nt*, **-pulver** *nt* lomentum *nt.*

**Wasser** *nt* aqua *f;* **fließendes ~** aqua viva; **zu ~ und zu Lande** terrā marique; **jdm das ~ nicht reichen können** alci imparem esse.

**wasserdicht** *adj* aquae/aquis impenetrabilis [**vestis**; **horologium**].

**Wasserfall** *m* aquae deiectus <-us> *m,* cataracta *f.*

**Wasserhahn** *m* epitonium *nt.*

**Wasserkraftwerk** *nt* officina *f* hydroenergetica.

**Wasserleitung** *f* aquaeductus <-us> *m.*

**Wassermann** *m* aquarius *m.*

**Wasserpflanze** *f* stirps <-pis> *f* aquatica.

**wasserscheu** *adj* hydrophobus.

**Wasserschlange** *f* hydra *f,* hydrus *m.*

**Wasserski** *m* narta *f* aquatilis.

**Wasserspiegel** *m (Wasseroberfläche)* aquae superficies <-ei> *f.*

**Wasserstoff** *m* hydrogenium *nt.*

**Wasserstoffbombe** *f* globus *m* hydrogenicus.

**Wasseruhr** *f* clepsydra *f.*

**Wasservogel** *m* avis <-is> *f* aquatica.

**Watte** *f* byssus <-i> *f.*

**weben** *vt* texere.

**Weber(in** *f*) *m* textor <-oris> *m,* textrix <-icis> *f.*

**Webstuhl** *m* iugum *nt,* machina *f* textoria.

**Website** *f* situs <-us> *m* interretialis.

**Wechsel** *m* ❶ *(Veränderung)* commutatio <-onis> *f* [**caeli**; **fortunae**] ❷ *(Geld~)* syngrapha *f;* **einen ~ ausstellen** syngrapham conscribere.

**wechselhaft** *adj* varius.

**Wechseljahre** *pl* tempus <-poris> *nt* climactericum.

**wechseln I.** *vt* (com)mutare [**lintea**; **propositum** Thema]; **mit jdm Briefe ~** cum alqo per epistulas colloqui [*o* agere] **II.** *vi (sich verändern)* mutari, variare.

**wechselnd** *adj* varius; **mit ~em Glück** variā fortunā.

**wechselseitig** *adj* mutuus.

**wecken** *vt (auch fig)* excitare [**dormientes spectatores**; **invidiam**; **memoriam caram**].

**Wecker** *m* horologium *nt* excitatorium.

**wedeln** *vi:* **mit dem Schwanz ~** caudam movēre.

**weder** *kj:* **~ ... noch ...** neque ... neque ....

**weg** *adv:* **er war schon ~** profectus erat; **über etw ~ sein** *(fig)* alqd superavisse [*o* domuisse].

**Weg** *m* via *f,* iter <itineris> *nt;* **sich auf den ~ machen** proficisci; **jdm aus dem ~ gehen** alqm vitare; **jdm im ~ stehen** obstare alci.

**wegbleiben** *vi* abesse.

**wegbringen** *vt* asportare, auferre.

**Wegelagerer** *m (Straßenräuber)* latro <-onis> *m.*

**wegen** *praep* propter, ob + *akk; (nachgest.)* causa + *gen.*

**wegfahren** *vi* avehi, proficisci.

**wegfliegen** *vi* avolare.

**wegführen** *vt* abducere.

**Weggang** *m* abitus <-us> *m,* decessus <-us> *m.*

**weggeben** *vt* (ab)alienare.

**weggehen** *vi* abire, discedere.

**wegjagen** *vt* fugare, pellere.

**wegkommen** *vi (abhandenkommen)* amitti, intercidere.

**weglassen** *vt* omittere, praeterire; *(fortlassen)* dimittere.

**weglaufen** *vi* avolare.

**weglegen** *vt* seponere, deponere.

**wegnehmen** *vt* adimere, demere.

**wegräumen** *vt* amovēre.

**wegrennen** *vi* se proripere [**domo**].

**wegschaffen** *vt (wegbringen)* amovēre, asportare.

**wegschicken** *vt* dimittere.

**wegschnappen** *vt:* **jdm etw vor der Nase ~** *(fig)* alci alqd praeripere.

**wegsehen** *vi* despicere.

**wegstehlen** *vr:* **sich ~** (clam) se subducere.

**Wegweiser** *m* tabula *f* viae.

**wegwerfen** *vt* abicere.

**wegwerfend** *adv* fastidiose.

**wegwischen** *vt* abstergēre.

**wegziehen** *vi* emigrare.

**weh I.** *adj (Finger)* aeger <-gra, -grum>, laesus **II.** *interj:* **~(e)**! vae!.

**wehen** *vi* flare.

**Wehen** *pl* dolores <-rum> *m pl* ad partum.

**wehklagen** *vi* lamentari.

**Wehmut** *f* maestitia *f.*

**wehmütig** *adj* maestus.

**Wehr** *f:* **sich zur ~ setzen** se defendere *(gegen:* ab).

**Wehrdienst** *m* militia *f;* **~ leisten** militare.

**Wehrdienstverweigerung** *f* detrectatio <-onis> *f* militiae.

**wehren** *vr:* **sich ~** se defendere *(gegen:* ab).

**wehrlos** *adj* inermis.

**wehtun** *vi* dolēre; **der Fuß tut mir weh** pes mihi dolet.

**Weib** *nt* femina *f,* mulier <-eris> *f.*

**Weibchen** *nt (Tier)* femina *f.*

**weibisch** *adj* femineus, muliebris.
**weiblich** *adj* femininus, femineus, muliebris.
**weich** *adj* mollis; **~ gekocht** madidus [**ovum**].
**weichen** *vi:* **jdm/einer Sache ~** cedere + *dat.*
**weichlich** *adj (verweichlicht)* mollis.
**Weichling** *m* homo <-minis> *m* effeminatus.
**Weide** *f* ① *(Grasland)* pascua *nt pl* ② *(Baum)* salix <-icis> *f.*
**Weideland** *nt* pascua *nt pl.*
**weiden I.** *vi* pasci **II.** *vr:* **sich an etw ~** voluptatem capere + *abl.*
**weigern** *vr:* **sich ~** recusare, retractare.
**Weigerung** *f* recusatio <-onis> *f,* retractatio <-onis> *f.*
**Weihe** *f* consecratio <-onis> *f.*
**weihen** *vt* consecrare, dedicare [**aedem Iovi**].
**Weiher** *m* piscina *f.*
**Weihnachten** *nt* festum *nt* natalicium Domini.
**Weihnachtsbaum** *m* arbor <-oris> *f* natalicia.
**Weihrauch** *m* tus <turis> *nt.*
**weil** *kj* quod, quia + *ind,* cum + *conj;* **~ ja** quoniam.
**Weilchen** *nt:* **ein ~** paulisper, paululum.
**Weile** *f* tempus <-poris> *nt;* **eine ganze ~** aliquantum temporis.
**Wein** *m* vinum *nt.*
**Weinbau** *m* vitium cultura *f.*
**Weinbeere** *f* acinus *m.*
**Weinberg** *m* vinea *f,* vinetum *nt.*
**weinen** *vi* lacrimare, flēre.
**Weinhändler** *m* vinarius *m.*
**Weinlese** *f* vindemia *f.*
**Weinrebe** *f* vitis <-is> *f.*
**Weinstock** *m* vitis <-is> *f.*
**Weinstube** *f* taberna *f* vinaria.
**Weintraube** *f* uva *f.*
**weise** *adj* sapiens <-entis>.
**Weise** *f* modus *m,* ratio <-onis> *f;* **auf diese ~** hoc modo; **auf jede Art und ~** omni ratione; **in gleicher ~** eodem modo, eādem ratione; **in der ~, dass** ita, ut.
**weisen** *vt* ① *(zeigen)* monstrare, ostendere ② **etw von sich ~** alqd abdicare.
**Weisheit** *f* sapientia *f.*
**weismachen** *vt:* **jdm etw ~** alci alqd persuadēre.
**weiß** *adj* albus; **~ sein** albēre; **~ werden** albescere.
**weissagen** *vt* vaticinari, augurari.
**Weissagung** *f* vaticinatio <-onis> *f.*
W
**Weißbrot** *nt* panis <-is> *m* siligineus [*o* triticeus].
**Weißwein** *m* vinum *nt* album.
**Weisung** *f* mandatum *nt* [**consulis; publicum**].
**weit** *adj* (*~ ausgedehnt, sich ~ erstreckend)* latus [**fundus; moenia**]; *(groß, geräumig)* amplus; *(entfernt)* longinquus; **~ entfernt sein von** longe abesse a; **~ und breit** longe lateque; **der bei ~em beste** longe optimus; **von ~em** procul; **bis ~ in den Tag hinein schlafen** ad multum diem dormire; **das geht zu ~** modum excedit.
**weitaus** (+ *Superl.) adv* longe [**optimus; alius**].
**Weite** *f (Ausdehnung)* latitudo <-dinis> *f* [**regionis; silvae**]; *(Geräumigkeit)* amplitudo <-dinis> *f; (des Weges)* longinquitas <-atis> *f,* longitudo <-dinis> *f.*
**weiter I.** *adj (Komp. von weit)* ① *(entfernter)* longior; (*~ ausgedehnt)* latior; *(größer, geräumiger)* amplior ② **ohne ~es** sine mora, sine dubitatione **II.** *adv* ① *(vorwärts, voran)* porro, protinus [**ire; capellas agere**] ② *(zeitl.: ~hin)* ultra, porro [**bellum differre**] ③ *(außerdem)* praeterea; **wenn es ~ nichts ist** si res est tantula ④ **und so ~** et cetera.
**weitergehen** *vi* procedere, pergere.
**weiterhin** *adv* porro, ultra.
**weiterkommen** *vi (auch fig)* proficere, longius procedere.
**weitermachen** *vt* pergere.
**weiterreisen** *vi* iter pergere.
**weithin** *adv* longe lateque.
**weitläufig** *adj* ① *(ausgedehnt)* vastus, latus [**hortus; aedificium**] ② *(ausführlich)* copiosus [**disputatio; oratio**].
**weitsichtig** *adj (fig)* longe prospiciens.
**Weitsprung** *m* saltus <-us> *m* in longum.
**Weizen** *m* triticum *nt,* frumentum *nt.*
**welche(r, s)** *pron (interr., adj.; relat.)* qui, quae, quod; **welcher von beiden?** uter?.
**welk** *adj* marcidus, flaccidus [**flores**]; **~ sein** marcēre, flaccēre.
**welken** *vi* flaccescere, marcescere.
**Welle** *f* unda *f.*
**Wellenbrecher** *m* moles <-is> *f* fluctifraga.
**Wellensittich** *m* psittacus *m* undulatus.
**Welt** *f* mundus *m; (Erde)* orbis <-is> *m* terrarum; **aus der ~ schaffen** de medio tollere; **zur ~ bringen** in lucem edere; **wo in aller ~?** ubi terrarum?; **die Dritte ~** Mundus [*o* Orbis] Tertius.
**Weltall** *nt* universum *nt.*
**Weltanschauung** *f* cosmotheoria *f.*
**Weltausstellung** *f* expositio <-onis> *f* universalis.
**weltberühmt** *adj* clarissimus.
**Weltbürger** *m* mundanus *m.*
**Weltkarte** *f* descriptio <-onis> *f* orbis terrarum.
**Weltkrieg** *m* bellum *nt* mundanum.
**Weltmeister(in** *f*) *m* victor <-oris> *m* certationis mundanae, victrix <-icis> *f* certationis mundanae.
**Weltmeisterschaft** *f* certatio <-onis> *f* mundana.

**Weltraum** *m* spatium *nt* cosmicum.
**Weltreise** *f* iter <itineris> *nt* mundanum.
**Weltrekord** *m* culmen <-minis> *nt* mundanum, principatus <-us> *m* mundanus.
**Weltsprache** *f* lingua *f* universalis.
**Weltwunder** *nt* miraculum *nt* mundanum.
**wem** *pron* cui.
**wen** *pron* quem.
**Wende** *f (fig: ~punkt)* cardo <-dinis> *m.*
**Wendeltreppe** *f* cochlea *f.*
**wenden I.** *vt* (con)vertere **II.** *vr:* **sich an jmd ~** alqm adire.
**Wendepunkt** *m (fig)* cardo <-dinis> *m.*
**wendig** *adj (von Personen und Sachen)* agilis [**venditor**; **autoraeda**].
**Wendigkeit** *f* agilitas <-atis> *f.*
**Wendung** *f* ❶ *(fig: Umschwung)* conversio <-onis> *f* ❷ *(Rede~)* locutio <-onis> *f.*
**wenig I.** *adj* paulum + *gen* [**temporis**; **pecuniae**]; **~e** pauci [**milites**; **castella**] **II.** *adv* paulum; **~ kosten** parvo (con)stare; **zu ~** parum.
**wenige** *pron* pauci.
**wenigstens** *adv (mindestens)* saltem.
**wenn** *kj* si; *(zeitl.: dann, ~; immer ~)* cum + *ind;* **~ auch** etsi, etiamsi; **~ doch** *(im Wunschsatz)* utinam (+ conj; verneint: utinam ne); **ich hätte es sicher getan, ~ ich gekonnt hätte** certe fecissem, si potuissem.
**wer** *pron* quis; **~ von beiden** uter; **~ auch immer** quicumque.
**Werbeagentur** *f* officium *nt* praedicativum.
**werben** *vi:* **für etw ~** praeconium alcis rei edicere; **um jmd ~** alqm petere.
**Werbung** *f (Reklame)* divulgatio <-onis> *f.*
**werden** *vi* fieri; **alt ~** senem fieri; **Lehrerin ~** magistram fieri; **es wird Tag** lucescit.
**werfen** *vt* iacere; **sich auf jmd ~** alqm invadere [**hostes**]; **ins Gefängnis ~** in vincula conicere; **zu Boden ~** prosternere; **das Schiff wurde vom Sturm hin und her geworfen** navis tempestate iactata est.
**Werft** *f* navalia <-ium> *nt pl,* navale <-lis> *nt.*
**Werk** *nt* ❶ *(auch Buch, Tat)* opus <operis> *nt;* **ans ~ gehen** opus aggredi [*o* suscipere] ❷ *(Fabrik)* officina *f,* fabrica *f.*
**Werkstatt** *f* officina *f,* fabrica *f.*
**Werktag** *m* dies <-ei> *m* profestus [*o* negotiosus].
**werktags** *adv* diebus profestis.
**Werkzeug** *nt* instrumentum *nt.*
**Wermut** *m* absinthium *nt.*
**wert** *adj (würdig)* dignus + *abl;* **~ sein** esse + *gen oder abl pretii;* **viel/wenig ~ sein** magni/parvi esse; **der Mühe ~ sein** operae pretium esse.
**Wert** *m* pretium *nt; (fig)* virtus <-utis> *f;* **großen ~ auf jmd/etw legen** magni facere alqm/alqd.
**wertbeständig** *adj* pretii stabilis.
**Wertgegenstand** *m* res <rei> *f* magni pretii.
**wertlos** *adj* vilis.
**Wertpapier** *nt* titulus *m* pecuniarius, documentum *nt* pecuniarium.
**Wertsachen** *pl* res <rerum> *f pl* magni pretii.
**Wertschätzung** *f* aestimatio <-onis> *f,* observantia *f.*
**wertvoll** *adj* pretiosus [**vasa**; **possessiones**; **opus humani animi**].
**Wesen** *nt* ❶ *(Lebe~)* animal <-alis> *nt* ❷ *(Natur, Charakter)* natura *f.*
**Wesensart** *f* natura *f.*
**wesentlich I.** *adj* proprius [**discrimen**] **II.** *adv (beim Komp.)* multo; **~ größer/kleiner** multo maior/minor.
**weshalb** *adv* cur, quare, qua de causa.
**Wespe** *f* vespa *f.*
**wessen** *pron* cuius.
**Weste** *f* thorax <-acis> *m,* pectorale <-lis> *nt.*
**Westen** *m* occidens <-entis> *m;* **im ~ liegen** ad occidentem spectare.
**westlich** *adj* ad occidentem spectans.
**Westwind** *m* favonius *m,* zephyrus *m.*
**weswegen** *adv* cur, quare.
**Wettbewerb** *m* concursus <-us> *m.*
**Wette** *f* sponsio <-onis> *f;* **um die ~ laufen** certatim currere; **eine ~ eingehen** sponsionem facere.
**Wetteifer** *m* certamen <-minis> *nt,* certatio <-onis> *f,* aemulatio <-onis> *f.*
**wetteifern** *vi:* **mit jdm in etw ~** certare cum alqo de alqa re, contendere cum alqo alqa re.
**wetten** *vi* sponsionem facere.
**Wetter** *nt* caelum *nt,* tempestas <-atis> *f.*
**Wetterbericht** *m* informatio <-onis> *f* meteorologica.
**Wetterleuchten** *nt* fulguratio <-onis> *f.*
**Wettervorhersage** *f* praedictio <-onis> *f* tempestatis.
**wetterwendisch** *adj* ventosus.
**Wettkampf** *m* certamen <-minis> *nt.*
**Wettkämpfer** *m* athleta *m.*
**Wettlauf** *m* curriculum *nt.*
**wetzen** *vt* acuere [**cultrum**; **falcem**].
**wichtig** *adj* magnus, gravis; **es ist ~** interest; **es ist für mich / ihn ~, dass du kommst** meā / eius interest te venire.
**Wichtigkeit** *f* momentum *nt;* **es ist von größter ~** maximi momenti est.
**Wichtigtuerei** *f* gloriatio <-onis> *f,* iactatio <-onis> *f.*
**wickeln** *vt (zu einem Knäuel auf~)* glomerare; *(ein~)* involvere.
**Widder** *m* aries <-etis> *m.*
**wider** *praep (gegen)* contra + *akk;* **~ Erwarten** praeter spem.
**widerfahren** *vi:* **jdm ~** accidere alci.

**Widerhaken** *m* uncus *m.*
**Widerhall** *m* sonus *m* repercussus, vocis imago <-ginis> *f.*
**widerhallen** *vi* resonare.
**widerlegen** *vt* refellere [**testem**; **opiniones**].
**widerlich** *adj* odiosus.
**widerrechtlich I.** *adj* iniuriosus, iniustus **II.** *adv* per iniuriam.
**Widerrede** *f* controversia *f,* contradictio <-onis> *f;* **ohne ~** sine controversia, sine contradictione.
**Widerruf** *m* revocatio <-onis> *f;* **bis auf ~** usque (ad) revocationem.
**widerrufen** *vt* revocare, retractare [**dicta**; **promissum suum**].
**Widersacher** *m* adversarius *m.*
**widersetzen** *vr:* **sich ~** resistere, repugnare, reniti [**lacrimis et precibus**; **rogationi**; **fortunae**].
**widerspenstig** *adj* contumax <-acis>.
**widersprechen** *vi* contradicere, obloqui.
**widersprechend** *adj* contrarius [**indicia** Aussagen].
**Widerspruch** *m* repugnantia *f,* contradictio <-onis> *f;* **sich in Widersprüche verwickeln** pugnantia loqui; **im ~ zu etw stehen** repugnare alci rei.
**widersprüchlich** *adj* contrarius [**indicia** Aussagen].
**Widerstand** *m* resistentia *f;* **~ leisten** resistere, repugnare.
**widerstandsfähig** *adj* robustus.
**widerstehen** *vi* resistere.
**widerwärtig** *adj* odiosus.
**Widerwille** *m* odium *nt (gegen:* gen); **~n empfinden** [*o* **haben**] **gegen** odisse + *akk.*
**widerwillig** *adv* invitus.
**widmen I.** *vt* dedicare [**alci librum**], impertire [**alci tempus**] **II.** *vr:* **sich ~** se dedere [**litteris**; **voluptatibus**].
**Widmung** *f* dedicatio <-onis> *f.*
**widrig** *adj (Umstände)* adversus.
**wie** *adv, kj (interr.)* quomodo, ut; *(im Vergleich)* ut; *(relat.)* quomodo, ut; *(im Ausruf)* quomodo, quam; *(beim adj und adv)* quam; **~ groß** quantus; **~ lange** quamdiu; **~ oft** quotiens; **~ sehr** quantopere; **~ viel** quantum (+ gen; Pl.: quanti, -ae, -a); **~ viel(e) Menschen?** quanti homines?; **so ... ~** ita ... ut; **derselbe ~** idem atque [*o* ac].
**wieder** *adv* rursus, denuo, iterum [**alqd facere / dicere**]; **~ aufbauen** restituere, reficere [**muros dirutos**; **pontem**]; **~ aufnehmen** redintegrare; **immer ~** iterum iterumque.
**Wiederaufbau** *m* restitutio <-onis> *f.*
**wiederbekommen** *vt* recuperare, recipere [**amissa**; **pacem**].
**wiederbeleben** *vt:* **jmd ~** vitam alci reddere, vitam alcis restituere.
**wiedererkennen** *vt* recognoscere.
**wiedererlangen** *vt* recuperare [**villam suam ab alqo**; **ius suum**; **pacem**].
**wiedergeben** *vt* reddere, restituere [**civibus sua**; **Syracusanis libertatem**].
**wiedergeboren werden** *vi* renasci.
**Wiedergeburt** *f* regeneratio <-onis> *f.*
**wiedergutmachen** *vt* restituere [**damna bello accepta**].
**wiederherstellen** *vt* reparare, restituere [**tranquillitatem**; **ordinem**].
**Wiederherstellung** *f* reparatio <-onis> *f,* restitutio <-onis> *f.*
**wiederholen** *vt* iterare, repetere.
**wiederholt** *adv* identidem.
**Wiederholung** *f* iteratio <-onis> *f,* repetitio <-onis> *f* [**verbi**; **ludorum**].
**wiederkommen** *vi* redire.
**wiedersehen** *vt* vidēre [**patriam**]; **auf Wiedersehen!** vale(te)!.
**wiedervereinigen** *vt* reconciliare.
**Wiedervereinigung** *f* reconciliatio <-onis> *f;* (POL) unitatis restitutio <-onis> *f.*
**wiederwählen** *vt* iterum creare.
**Wiege** *f* cunae *f pl;* **von der ~ an** a primis cunabulis.
**wiegen I.** *vi* pendere **II.** *vt (ab~)* pensare.
**wiehern** *vi* hinnire.
**Wiese** *f* pratum *nt.*
**Wiesel** *nt* (ZOOL) mustel(l)a *f.*
**wieso** *adv* cur.
**wild** *adj* ferus [**bestiae**; **mores**]; **~ machen** efferare; **~ werden** efferari.
**Wild** *nt (wilde Tiere)* ferae *f pl.*
**Wildbret** *nt* venatio <-onis> *f.*
**Wilderer** *m* praedo <-onis> *m* ferarum.
**wildfremd** *adj* alienissimus.
**Wildheit** *f* ferocia *f,* saevitia *f.*
**Wildpark** *m* vivarium *nt.*
**Wildschwein** *nt* aper <apri> *m.*
**Wille** *m* voluntas <-atis> *f;* **gegen deinen ~n** te invito; **jdm zu ~n sein** alci obsequi; **aus freiem ~n** sua / mea / *usw.* sponte; **der letzte ~** ultima voluntas <-atis> *f;* (JUR) testamentum *nt.*
**willen** *praep:* **um ... ~** causa, gratia *(Postp. + gen oder Poss. Pron.);* **um Himmels ~!** per deum!.
**willenlos** *adj* sui immemor <-oris>.
**willens** *adj:* **~ sein etw zu tun** alqd facere velle.
**Willenskraft** *f* voluntas <-atis> *f.*
**willig I.** *adj* promptus **II.** *adv* libenter.
**willkommen** *adj* gratus [**conviva**; **munus**]; (**herzlich**) **~!** salve(te)!.
**Willkür** *f* arbitrium *nt,* licentia *f.*
**Willkürherrschaft** *f* dominatio <-onis> *f,* tyrannis <-idis> *f.*

**willkürlich** **I.** *adj* arbitrarius **II.** *adv* ad arbitrium.
**wimmeln** *vi* scatēre *(von:* abl oder gen).
**wimmern** *vi* vagire.
**Wimmern** *nt* vagitus <-us> *m.*
**Wimper** *f* cilium *nt.*
**Wind** *m* ventus *m;* **in den ~ schlagen** neglegere, nihil curare; **der ~ hat sich gelegt** ventus cessavit; **er hat davon ~ bekommen** hoc ad eum permanavit.
**Winde** *f* (TECH) troc(h)lea *f.*
**Windel** *f* fascia *f;* **~n** incunabula *nt pl,* fasciae.
**winden** **I.** *vt* torquēre [**coronam**] **II.** *vr:* **sich ~** *(sich schlängeln)* serpere.
**Windeseile** *f:* **in ~** velocissime.
**Windhund** *m* vertragus *m.*
**windig** *adj* ventosus.
**Windmühle** *f* mola *f* alata, mola *f* vento versata.
**Windpocken** *pl* (MED) varicellae *f pl.*
**Windschutzscheibe** *f (beim Auto)* vitrum *nt* antiaerium, vitrum *nt* anterius.
**windstill** *adj* tranquillus.
**Windstille** *f* tranquillitas <-atis> *f.*
**Windstoß** *m* venti ictus <-us> *m.*
**Windsurfen** *nt* velitabulatio <-onis> *f.*
**Windsurfer(in** *f*) *m* velitabulator <-oris> *m,* velitabulatrix <-icis> *f.*
**Windung** *f* flexus <-us> *m,* nexus <-us> *m.*
**Wink** *m* nutus <-us> *m;* **jdm einen ~ geben** *(fig)* alqm (ad)monēre (ut/ne).
**Winkel** *m* angulus *m.*
**winken** *vi* innuere, signum nutu dare <dedi>.
**winseln** *vi* vagire.
**Winter** *m* hiems <hiemis> *f;* **im ~** hieme; **strenger/milder ~** hiems acris/mollis.
**Winter-** hibernus [**tempus**; **menses**], *durch gen:* hiemis.
**Wintergarten** *m* hibernarium *nt.*
**Winterlager** *nt* hiberna *nt pl,* hibernacula *nt pl.*
**winterlich** *adj* hibernus, hiemalis.
**Winterquartier** *nt* (MIL) hiberna *nt pl,* hibernacula *nt pl.*
**Winterreifen** *m* canthus *m* pneumaticus hiemalis.
**Winterschlaf** *m* (ZOOL) somnus *m* brumalis, sopor <-poris> *m* hibernus; **~ halten** per hiemem dormire.
**Winterschlussverkauf** *m* (di)venditio <-onis> *f* hiemalis.
**Wintersemester** *nt* semestre <-tris> *nt* hiemale.
**Wintersport** *m* athletica *f* hiberna.
**Winzer(in** *f*) *m* vinitor <-oris> *m,* vinitrix <-ricis> *f,* vindemiator <-oris> *m.*
**winzig** *adj* exiguus, minutus.
**Wipfel** *m* cacumen <-minis> *nt.*
**wir** *pron (nur bei Betonung zu übersetzen)* nos.
**Wirbel** *m* vertex <-ticis> *m* [**amnis**; **venti**].
**Wirbelsäule** *f* spina *f* dorsi.
**Wirbelsturm**, **Wirbelwind** *m* turbo <-binis> *m.*
**wirken** *vi* ① *(von Medikamenten)* proficere, efficacem esse *(auf:* ad) ② *(den Anschein haben)* videri.
**wirklich** **I.** *adj* verus **II.** *adv* vero, vere, profecto.
**Wirklichkeit** *f* verum *nt,* veritas <-atis> *f.*
**wirksam** *adj* efficax <-acis>.
**Wirksamkeit** *f* efficientia *f,* effectus <-us> *m.*
**Wirkung** *f* effectus <-us> *m;* **seine ~ verfehlen** frustra esse; **auf etw große ~ haben** magnam vim habēre ad alqd.
**wirkungslos** *adj* inutilis, inefficax <-acis>.
**wirkungsvoll** *adj* efficax <-acis>.
**wirr** *adj* ① *(fig)* confusus, perturbatus [**verba**; **oratio**] ② *(Haar)* laceratus.
**Wirrwarr** *m* tumultus <-us> *m.*
**Wirt(in** *f*) *m* hospes <-pitis> *m/f.*
**Wirtschaft** *f* ① *(Gasthaus)* deversorium *nt,* taberna *f* ② *(Haushalt)* res <rei> *f* domestica.
**wirtschaftlich** *adj* ① *(sparsam)* oeconomicus, frugi ② *(finanziell, Geld-)* pecuniarius [**condicio** Lage; **necessitas** Notlage].
**Wirtshaus** *nt* deversorium *nt,* taberna *f.*
**wischen** *vt* tergēre.
**Wissbegierde** *f* cognitionis/scientiae cupiditas <-atis> *f.*
**wissbegierig** *adj* curiosus.
**wissen** *vt* scire; **nicht ~** ignorare, nescire; **soviel ich weiß** quantum scio; **von etw nichts ~ wollen** recusare, abnuere (mit akk; de).
**Wissen** *nt* scientia *f,* notitia *f;* **ohne jmds ~** alqo inscio; **meines ~s** quantum scio.
**Wissenschaft** *f* scientia *f,* doctrina *f,* litterae *f pl.*
**wissenschaftlich** *adj mit gen zu übersetzen:* scientiae, doctrinae, litterarum.
**wissentlich** *adj, adv* sciens <-entis>; **sie hat es ~ getan** sciens fecit.
**wittern** *vt* ① odorari [**feras**] ② *(fig)* praesentire, praesagire [**facultatem**].
**Witterung** *f (Wetter)* caelum *nt,* tempestas <-atis> *f.*
**Witwe** *f* vidua *f.*
**Witwer** *m* viduus *m.*
**Witz** *m (Scherz)* iocus *m,* ridiculum *nt,* facetiae *f pl;* **du machst** (**wohl**) **~e** ineptis.
**Witzbold** *m* ridiculus *m.*
**witzig** *adj* facetus.
**wo** *adv* ubi; **~ auch immer** ubicumque; **von ~** unde.
**woanders** *adv* alibi, alio loco.
**Woche** *f* hebdomada *f,* septimana *f;* **diese ~** hac hebdomada, hac septimana; **nächste ~** proxima hebdomada [*o* septimana].
**Wochenmarkt** *m* nundinae *f pl.*
**Wochentag** *m (Werktag)* dies <-ei> *m* profes-

tus [*o* negotiosus].
**wochentags** *adv* diebus profestis.
**wodurch** *adv* quare.
**wofür** *adv* pro qua re; ~ **hältst du mich?** quis [*o* qualis] tibi videor?.
**Woge** *f* unda *f.*
**wogen** *vi* undare.
**woher** *adv* unde.
**wohin** *adv* quo; ~ **auch immer** quocumque.
**wohl** *adv* ❶ *(gut)* bene; ❷ *(vermutlich)* fortasse.
**Wohl** *nt* salus <-utis> *f* [**patriae**].
**wohlauf** *adj:* ~ **sein** salvum esse.
**Wohlbefinden** *nt* valetudo <-dinis> *f,* salus <-utis> *f.*
**wohlbehalten** *adj* salvus, incolumis [**cives**; **naves**].
**wohlbekannt** *adj* non ignotus.
**Wohlergehen** *nt* salus <-utis> *f,* prosperitas <-atis> *f.*
**wohlerzogen** *adj* bene educatus.
**Wohlfahrt** *f* salus <-utis> *f.*
**wohlgesinnt** *adj* benevolus [**opinio** Einstellung]; **jdm ~ sein** alci favēre.
**wohlhabend** *adj* opulentus.
**Wohlklang** *m* sonus *m* suavis.
**wohlklingend** *adj* canorus, suave sonans <-antis> [**vox**].
**wohlschmeckend** *adj* suavis, suavi sapore.
**Wohlstand** *m* opulentia *f;* **im ~ leben** satis divitem esse.
**Wohltat** *f* beneficium *nt.*
**Wohltäter(in** *f*) *m* homo <-minis> *m* beneficus, beneficii auctor <-oris> *m.*
**wohltätig** *adj* beneficus, benignus.
**wohltuend** *adj* salutaris, salubris.
**wohlverdient** *adj* bene meritus [**praemium**; **commeatus** Urlaub; **poena**].
**wohlweislich** *adv* sapientissime, prudentissime, magno consilio.
**Wohlwollen** *nt* benevolentia *f.*
**wohlwollend** *adj* benevolus.
**wohnen** *vi* habitare [**in urbe**; **ruri**].
**Wohnhaus** *nt* domus <-us> *f,* aedes <-dium> *f pl.*
**Wohnheim** *nt* institutum *nt.*
**Wohnort** *m* domicilium *nt.*
**Wohnsitz** *m* domicilium *nt,* sedes <-dis> *f;* **ohne festen ~** sine sede.
**Wohnung** *f* domicilium *nt.*
**Wohnungsnot** *f* penuria *f* domiciliorum.
**Wohnwagen** *m* habitaculum *nt* mobile.
**Wohnzimmer** *nt* cubiculum *nt.*
**wölben** *vr:* **sich ~** concamerari.
**Wölbung** *f* concameratio <-onis> *f.*
**Wolf** *m* lupus *m.*
**Wölfin** *f* lupa *f.*
**Wölkchen** *nt* nubecula *f.*
**Wolke** *f* nubes <-bis> *f,* nimbus *m;* **aus allen ~n fallen** obstupescere.
**Wolkenbruch** *m* nimborum vis *f* effusa.
**Wolkenkratzer** *m* caeliscalpium *nt.*
**wolkenlos** *adj* serenus [**caelum**].
**wolkig** *adj* nubilus.
**Wolle** *f* lana *f;* **aus ~** laneus.
**wollen I.** *vi* velle, *auch durch conj, Fut. oder umschreibendes Fut. auszudrücken;* **lieber ~** malle; **nicht ~** nolle **II.** *adj* laneus.
**Wollknäuel** *m/nt* glomus <-meris> *nt* lanae.
**wollüstig** *adj* voluptarius, libidinosus.
**womöglich** *adv (vielleicht)* fortasse.
**Wonne** *f* deliciae *f pl,* voluptas <-atis> *f.*
**woraus** *adv* ex qua re, ex quo.
**worin** *adv* in qua re, in quo, ubi.
**World Wide Web** *nt* Tela <-ae> *f* Totius Terrae.
**Wort** *nt* verbum *nt;* **mit einem ~** uno verbo; **sein ~ geben** fidem dare; **sein ~ brechen** fidem frangere; **sein ~ halten** fidem praestare [*o* servare]; **jdm ins ~ fallen** alqm interpellare.
**wortbrüchig** *adj* perfidus.
**Wörterbuch** *nt* index <-dicis> *m* verborum, vocabularium *nt.*
**wortkarg** *adj* inops <-opis> verborum; *(schweigsam)* taciturnus.
**Wortlaut** *m* exemplum *nt* [**scripti**].
**wörtlich** *adv* ad verbum, verbum pro verbo [**alqd ediscere / reddere**].
**Wortschatz** *m* copia *f* verborum.
**Wortschwall** *m* verborum turba *f.*
**Wortspiel** *nt* lusus <-us> *m.*
**Wortwechsel** *m* iurgium *nt,* altercatio <-onis> *f;* **einen ~ mit jdm haben** altercari cum alqo.
**worüber** *adv* de qua re, de quo; ~ **wird gesprochen?** de qua re sermo est?.
**worum** *adv* qua de re.
**wovon** *adv* (ex) qua re, unde; ~ **lebt er?** qua re vivit?.
**wozu** *adv* quo, quorsum, ad quid, ad quam rem.
**Wrack** *nt* navis <-is> *f* fracta.
**Wucher** *m* feneratio <-onis> *f;* ~ **treiben** fenerari, fenerare.
**Wucherer** *m* fenerator <-oris> *m.*
**wuchern** *vi (von Pflanzen)* luxuriari, luxuriare.
**Wuchs** *m* ❶ *(Statur)* statura *f* ❷ *(Wachstum)* incrementum *nt.*
**Wucht** *f* vis *f,* impetus <-us> *m.*
**wuchtig** *adj* gravis.
**wühlen** *vi* fodere.
**wund** *adj* vulneratus, saucius; **~er Punkt** locus *m* lubricus.
**Wunde** *f* vulnus <-neris> *nt.*
**Wunder** *nt* miraculum *nt;* **es ist kein ~** mirum non est (+ A.C.I.); ~ **tun** [*o* **wirken**] miracula edere.
**wunderbar** *adj (herrlich)* mirus, admirabilis.
**wunderlich** *adj (sonderbar)* mirus, mirabilis.
**wundern** *vr:* **sich ~** mirari.

**wunderschön** *adj* pulcherrimus.
**wundervoll** *adj* mirificus.
**Wundstarrkrampf** *m* tetanus *m.*
**Wunsch** *m* desiderium *nt,* optatum *nt;* **nach ~** optato; **jdm einen ~ erfüllen** facere, quod alqs optat.
**wünschen** *vt* desiderare, cupere (+ akk; inf; A.C.I.).
**wünschenswert** *adj* desiderabilis.
**Würde** *f* dignitas <-atis> *f.*
**würdelos** *adj* indignus.
**würdevoll** *adj* gravis.
**würdig** *adj* dignus + *abl.*
**würdigen** *vt* dignare, dignari [**alqm non sermone / non visu**]; *(wertschätzen)* magni aestimare et laudare.
**Würdigung** *f* dignatio <-onis> *f.*
**Wurf** *m* iactus <-us> *m* [**teli**; **tesserarum**].
**Würfel** *m* alea *f,* talus *m,* tessera *f;* **der ~ ist gefallen** alea iacta est.
**Würfelbecher** *m* fritillus *m,* phimus *m.*
**würfeln** *vi* talos iacere, talis ludere, aleā ludere.
**Würfelspiel** *nt* ludus *m* alea(to)rius, alea *f.*
**Wurfgeschoss** *nt* telum *nt.*
**Wurfscheibe** *f (Diskus)* discus *m.*
**würgen** *vt* strangulare.
**Wurm** *m* vermis <-is> *m.*
**Würmchen** *nt* vermiculus *m.*
**wurmen** *vt:* **das wurmt mich** hoc aegre fero [*o* habeo].
**Wurst** *f* farcimen <-minis> *nt.*
**Würstchen** *nt* hilla *f,* botellus *m.*
**Würze** *f* condimentum *nt.*
**Wurzel** *f* radix <-icis> *f;* **~n schlagen** radices agere; **mit der ~ ausrotten** radicitus evertere.
**würzen** *vt* condire.
**wüst** *adj (öde; roh)* vastus [**ager**; **mores**].
**Wüste** *f* deserta *nt pl.*
**Wut** *f* saevitia *f,* rabies *f,* furor <-oris> *m.*
**Wutanfall** *m* impetus <-us> *m* saevitiae.
**wüten** *vi* saevire.
**wütend** *adj* saevus, rabidus, furibundus, furiosus; **~ werden** furore inflammari.
**wutentbrannt** *adj* furore incensus.

# Xx

**X-Beine** *pl* crura <-urum> *nt pl* vara.

# Zz

**Zacke** *f* dens <dentis> *m.*
**zackig** *adj* dentatus [**rupes**].
**zaghaft** *adj* timidus, pavidus.
**Zaghaftigkeit** *f* timiditas <-atis> *f.*
**zäh** *adj (a fig)* tenax <-acis>.
**Zahl** *f* numerus *m;* **gerade ~** numerus par; **ungerade ~** numerus impar; **rote ~en** aes alienum.
**zahlbar** *adj* solvendus.
**zahlen** *vt* solvere, pendere.
**zählen** *vt* numerare *(zu/ unter: inter + akk.; in + abl.)* [**alqm inter suos, inter amicos**; **voluptatem in bonis**]; **~ auf** spem ponere in + *abl.*.
**Zähler** *m* (TECH) numeratrum *nt.*
**zahllos** *adj* innumerabilis [**exempla**].
**zahlreich** *adj* numerosus, creber <-bra, -brum> [**aedificia**; **castella**].
**Zahlung** *f* solutio <-onis> *f;* **~en an jmd leisten** pecunias alci solvere; **etw in ~ nehmen** alqd in solutum imputare.
**Zählung** *f* numeratio <-onis> *f;* **eine ~ vornehmen** numerum inire.
**Zahlungsanweisung** *f* assignatio <-onis> *f.*
**zahlungsfähig** *adj* qui solvendo est.
**zahlungsunfähig** *adj* qui solvendo non est.
**zahm** *adj* mansuetus, placidus [**animal**]; **~ werden** mansuefieri.
**zähmen** *vt* domare <domui>, mansuefacere.
**Zahn** *m* dens <dentis> *m;* **~ der Zeit** edax vetustas.
**Zahnarzt** *m,* **-ärztin** *f* medicus *m* dentarius, medica *f* dentaria.
**Zahnbürste** *f* peniculus *m* dentarius.
**Zahncreme** *f* pasta *f* dentaria.
**Zahnfleisch** *nt* gingiva *f.*

**Zahnpasta** *f* pasta *f* dentaria.

**Zahnradbahn** *f* ferrivia *f* dentata.

**Zahnschmerzen** *pl* dolor <-loris> *m* dentium.

**Zahntechniker** *m* opifex <-ficis> *m* dentarius.

**Zange** *f* forceps <-cipis> *m/f.*

**Zankapfel** *m* causa *f* controversiae/rixae/iurgii.

**zanken** *vr:* **sich ~** litigare, rixari.

**zänkisch** *adj* litigiosus.

**Zäpfchen** *nt* (MED) balanus *m.*

**Zapfenstreich** *m* (MIL) sonus *m* tympanorum vespertinus.

**zappeln** *vi* palpitare.

**zart** *adj* tener <-nera, -nerum>.

**zärtlich** *adj* blandus, tener <-nera, -nerum>, mollis [**verba**].

**Zärtlichkeit** *f* mollitia *f,* indulgentia *f.*

**Zauber** *m* ❶ *(Magie)* fascinatio <-onis> *f,* ars <artis> *f* magica ❷ *(fig: Reiz)* illecebra *f,* dulcedo <-dinis> *f.*

**Zauber-** magicus [**artes; vocabulum**].

**Zauberei** *f* ars <artis> *f* magica, fascinatio <-onis> *f.*

**Zauberer** *m* magus *m,* veneficus *m.*

**zauberhaft** *adj* venustissimus.

**Zauberin** *f* maga *f,* venefica *f.*

**Zauberkünstler(in** *f***)** *m* praestigiator <-oris> *m,* praestigiatrix <-icis> *f.*

**zaubern** *vi* artes magicas tractare.

**Zauberspruch** *m* carmen <-minis> *nt.*

**Zauberstab** *m* virga *f* magica.

**Zaubertrank** *m* venenum *nt.*

**zaudern** *vi* cunctari; **ohne zu ~** sine mora.

**Zaum** *m:* **im ~ halten** coërcēre, cohibēre.

**Zaun** *m* saepes <-pis> *f;* **etw vom ~ brechen** ad libidinem incipere.

**Zaunkönig** *m* trochilus *m.*

**Zebra** *nt* zebra *f.*

**Zebrastreifen** *m* transitus <-us> *m* zebrinus.

**zechen** *vi* potare.

**Zecke** *f* ricinus *m.*

**Zeder** *f* cedrus <-i> *f.*

**Zehe** *f* digitus *m;* **große ~** pollex <pollicis> *m.*

**Zehenspitze** *f:* **auf ~n** gradu suspenso.

**zehn** *num* decem (undekl.); **je ~** deni.

**zehnfach** *adj* decemplex <-plicis>.

**zehnmal** *adv* decie(n)s.

**Zehntel** *nt* decima pars <partis> *f.*

**zehnter** *adj* decimus.

**Zeichen** *nt* signum *nt;* **auf ein ~ hin** signo dato.

**Zeichensprache** *f* nutus motusque membrorum, gestus <-us> *m.*

**Zeichentrickfilm** *m* (cinematographica) pellicula *f* picturata.

**zeichnen** *vt* delineare, pingere.

**Zeichnung** *f* imago <-ginis> *f.*

**Zeigefinger** *m* index <-dicis> *m.*

**zeigen I.** *vt* (de)monstrare, ostendere **II.** *vr:* **sich ~** se praebēre, se praestare <se praestiti> *(als:* akk.).

**Zeiger** *m* index <-dicis> *m.*

**Zeile** *f* versus <-us> *m.*

**Zeit** *f* tempus <-poris> *nt;* **von ~ zu ~** interdum, nonnumquam; **zur rechten ~** ad tempus, (in) tempore; **mit der ~** tempore procedente; **sich die ~ mit etw vertreiben** otium terere alqa re; **zur ~ unserer Vorfahren** maiorum memoriā; **zu unserer ~** nostrā memoriā; **im Laufe der ~** tractu temporis; **kommt ~, kommt Rat** tempus ipsum affert consilium.

**Zeitabschnitt** *m* tempus <-poris> *nt.*

**Zeitalter** *nt* aetas <-atis> *f,* tempora <-rum> *nt pl.*

**Zeitdruck** *m* angustiae *f pl* temporis.

**Zeitgeist** *m* saeculum *nt,* saeculi [*o* aetatis] ingenium *nt.*

**zeitgemäß I.** *adj* ad hoc/illud tempus aptus, his/illis temporibus conveniens <-entis> **II.** *adv* ut tempus ipsum postulat, ad tempus.

**Zeitgenosse** *m,* **-genossin** *f* aequalis <-is> *m/f.*

**Zeitlang** *f:* **eine ~** aliquamdiu.

**zeitlebens** *adv* per omnem vitam.

**zeitlich** *adj durch gen:* temporis / temporum.

**Zeitlupe** *f* motio <-onis> *f* tardata.

**Zeitmangel** *m* angustiae *f pl* temporis.

**Zeitplan** *m* horarium *nt* operationis.

**Zeitpunkt** *m* tempus <-poris> *nt.*

**Zeitraum** *m* spatium *nt;* **~ von zwei/drei Jahren** biennium *nt*/triennium *nt;* **~ von zwei/drei Tagen** biduum *nt*/triduum *nt.*

**Zeitrechnung** *f* temporum ratio <-onis> *f;* **vor/nach unserer ~** ante/post nostram temporum rationem.

**Zeitschrift** *f* periodicum *nt.*

**Zeitung** *f* diurnum *nt.*

**Zeitverschwendung** *f* temporis profusio <-ionis> *f.*

**Zeitvertreib** *m* oblectamen <-minis> *nt;* **zum ~** otii consumendi causā.

**zeitweilig** *adv* per intervalla.

**zeitweise** *adv* interdum.

**Zelle** *f* cella *f.*

**Zelt** *nt* tabernaculum *nt,* tentorium *nt;* **ein ~ aufschlagen/abbrechen** tabernaculum collocare/detendere.

**zelten** *vi* in tabernaculo [*o* tentorio] habitare.

**zensieren** *vt* examinare.

**Zensor** *m* censor <-oris> *m.*

**Zensur** *f* censura *f.*

**Zentner** *m* centenarium *nt.*

**zentral** *adj* centralis.

**Zentrale** *f* sedes <-dis> *f* centralis; (TEL) sedes *f* telephonica centralis.

**Zentralheizung** *f* calefactio <-onis> *f* centralis.

**Zentrum** *nt* medium *nt.*

**Zenturio** *m* centurio <-onis> *m.*
**Zepter** *nt* sceptrum *nt.*
**zerbrechen I.** *vt* frangere, rumpere, confringere **II.** *vi* frangi, rumpi.
**zerbrechlich** *adj* fragilis.
**zerbröckeln** *vt* conterere.
**zerdrücken** *vt* comprimere.
**Zeremonie** *f* caerimonia *f.*
**Zerfall** *m* dissolutio <-onis> *f,* dilapsio <-onis> *f.*
**zerfallen** *vi* dilabi, dissolvi.
**zerfetzen** *vt* (di)lacerare, (di)laniare.
**zerfleischen** *vt* (di)laniare, (di)lacerare.
**zerfließen** *vi* diffluere, dilabi.
**zerkleinern** *vt* in fragmenta secare <secui>.
**zerknirscht** *adj* paenitentiā afflictus.
**zerkratzen** *vt* unguibus lacerare.
**zerlegen** *vt* ① destruere ② *(Fleisch)* secare <secui>, scindere.
**zermürben** *vt* conterere.
**zerquetschen** *vt* comprimere.
**Zerrbild** *nt* imago <-ginis> *f* depravata.
**zerreißen I.** *vt* (di)scindere, rumpere **II.** *vi* rumpi.
**zerren** *vt, vi* trahere.
**zerrinnen** *vi* dilabi.
**zerrütten** *vt* quatere, concutere [**rem publicam**; **opes**].
**zerschellen** *vi (von Schiffen)* elidi.
**zerschlagen I.** *vt* frangere **II.** *vr:* **sich** ~ *(Pläne u. Ä.)* ad irritum redigi.
**zerschmettern** *vt* elidere, contundere, dirumpere [**imagines**].
**zerschneiden** *vt* (dis)secare <(dis)secui>.
**zersetzen** *vt* diluere.
**zerspalten** *vt* discindere.
**zersplittern** *vt (fig)* distrahere.
**zersprengen** *vt* dissipare [**milites**].
**zerspringen** *vi* dirumpi.
**zerstören** *vt* delēre, evertere [**castellum**].
**Zerstörer** *m* eversor <-oris> *m* [**tot civitatum**].
**Zerstörung** *f* excidium *nt* [**arcis**; **Carthaginis**]; **nach der ~ Karthagos** Carthagine deletā.
**zerstreuen I.** *vt* dissipare, dispergere **II.** *vr:* **sich ~** ① diffugere ② *(sich unterhalten)* oblectari.
**zerstreut** *adj (fig)* parum attentus.
**Zerstreuung** *f (Zeitvertreib)* oblectamen <-minis> *nt.*
**zerstückeln** *vt* discerpere.
**zertreten** *vt* conculcare.
**zertrümmern** *vt* destruere, diruere, lacerare.
**Zerwürfnis** *nt* discidium *nt.*
**zerzausen** *vt* lacerare [**capillos**].
**Zettel** *m* scida *f.*
**Zeug** *nt* ① *(Dinge)* res <rerum> *f pl* ② **das ~ zu etw haben** *(fig)* aptum esse ad alqd; **dummes ~** ineptiae *f pl.*
**Zeuge** *m* testis <-is> *m;* **jmd als** [*o* **zum**] **~n anrufen** alqm testari; **~ von etw werden** vidēre/audire alqd.
**zeugen I.** *vi (als Zeuge aussagen)* testimonium dicere; **von etw ~** *(fig)* esse + *gen;* **es zeugt von Dummheit** stultitiae est **II.** *vt (Kind)* procreare, gignere.
**Zeugenaussage** *f* testimonium *nt.*
**Zeugenvernehmung** *f* interrogatio <-onis> *f* testium, quaestio <-onis> *f* testium.
**Zeugin** *f* testis <-is> *f.*
**Zeugnis** *nt* testimonium *nt.*
**Zeugung** *f* procreatio <-ionis> *f.*
**Ziege** *f* capra *f.*
**Ziegel(stein)** *m* testa *f,* later <-eris> *m.*
**ziehen I.** *vt* trahere; *(Graben)* ducere; **das Schwert ~** gladium stringere; **Nutzen aus etw ~** fructum capere ex re; **etw nach sich ~** alqd efficere **II.** *vi (wandern)* migrare, iter facere; **in den Krieg ~** proficisci ad bellum.
**Ziehharmonika** *f* harmonica *f* diductilis.
**Ziel** *nt* ① destinatum *nt; (im Stadion)* meta *f;* **über das ~ hinausschießen** modum excedere ② *(Absicht)* consilium *nt,* propositum *nt,* finis <-is> *m;* **sich ein ~ setzen** finem sibi proponere.
**zielen** *vi:* **nach etw/jdm ~** petere alqd/alqm.
**ziemlich** *adj, adv* aliquantum, *meist jedoch durch Komp. auszudrücken;* **~ viel** aliquantum + *gen.*
**Zierde** *f* decus <-coris> *nt.*
**zieren I.** *vt* (ex)ornare, decori [*o* ornamento] esse **II.** *vr:* **sich ~** putide se gerere.
**zierlich** *adj* subtilis.
**Ziffer** *f* nota *f* numeri.
**Zifferblatt** *nt* horarum index <-dicis> *m,* tabula *f* horaria.
**Zigarette** *f* sigarellum *nt.*
**Zigarre** *f* sigarum *nt.*
**Zigeuner(in** *f*) *m pej* zingarus, -a *m, f.*
**Zikade** *f* cicada *f.*
**Zimmer** *nt* conclave <-vis> *nt,* cubiculum *nt.*
**Zimmermann** *m* faber <-bri> *m* tignarius.
**Zimmertemperatur** *f* temperatio <-onis> *f* cubiculi.
**Zimt** *m* cinnamum *nt.*
**Zinke** *f* dens <dentis> *m.*
**Zinn** *nt* plumbum *nt* album.
**Zinne** *f* pinna *f.*
**zinnoberrot** *adj* miniatus.
**Zinsen** *pl* usura *f,* usurae *f pl,* fenus <-noris> *nt;* **~ tragen** fenerare, fenerari.
**zinslos** *adj* gratuitus.
**Zipfel** *m* lacinia *f.*
**Zirkel** *m* ① *(Gerät)* circinus *m* ② *(Gruppe von Menschen)* grex <gregis> *m.*

**Zirkus** *m* circus *m.*
**zischeln** *vt* susurrare.
**Zischeln** *nt* susurrus *m* [**tribunorum**].
**zischen** *vi* sibilare.
**Zischen** *nt* sibilus *m* [**venti**].
**ziselieren** *vt* caelare.
**Zisterne** *f* cisterna *f.*
**Zitat** *nt* verba *nt pl* allata.
**Zither** *f* cithara *f.*
**zitieren** *vt* allegare, afferre.
**Zitrone** *f* malum *nt* citreum.
**zittern** *vi* tremere *(vor:* akk) [**secures dictatoris**; **offensam Iunonem**].
**zitternd** *adj* tremebundus, tremens <-mentis> [**genua**].
**Zitze** *f* papilla *f,* mamma *f.*
**Zivildienst** *m* munus <-neris> *nt* civile.
**Zivilisation** *f* cultus <-us> *m,* mansuetudo <-dinis> *f.*
**Zivilisationskrankheit** *f* morbus *m* e cultura profectus.
**zivilisieren** *vt* ad humanitatem informare; **zivilisiert** eruditus, expolitus [**gentes**].
**Zivilist** *m* togatus *m.*
**zögerlich** *adj* cunctabundus.
**zögern** *vi* cunctari, cessare.
**Zölibat** *nt/m* caelibatus <-us> *m.*
**Zoll** *m (Behörde)* teloneum *nt; (Abgabe)* vectigal <-alis> *nt,* portorium *nt;* **~ auf etw erheben** vectigal imponere alci rei.
**Zollabfertigung** *f* expeditio <-onis> *f* telonialis.
**Zollamt** *nt* teloneum *nt.*
**Zollbeamter** *m* telonarius *m.*
**zollfrei** *adj* immunis (portorii *o* vectigalis).
**Zollkontrolle** *f* visitatio <-onis> *f* telonialis.
**zollpflichtig** *adj* vectigali obnoxius.
**Zone** *f* cingulus *m,* zona *f.*
**Zoo** *m* vivarium *nt.*
**Zorn** *m* ira *f,* iracundia *f;* **in ~ geraten** irasci.
**zornig** *adj* iratus.
**Zote** *f* obscenum verbum [*o* dictum] *nt;* **~n reißen** obscenis verbis uti.
**zottig** *adj* villosus [**canis**].
**zu I.** *praep* ad + *akk;* **sich Zeit zum Lesen nehmen** spatium ad legendum sumere **II.** *kj* ut + *conj* **III.** *adv (bei adj und adv)* nimis, *meist ist das adj/adv im Komp. zu übersetzen;* **~ sehr** nimis; **~ viel** nimis (multa); **~ wenig** parum; **~ spät** sero; **das ist ~ teuer** hoc nimis carum est; **von Tag ~ Tag** in dies **IV.** *adj:* **~ sein** clausum esse.
**zuallererst** *adv* primum omnium.
**Zubehör** *nt* accessoria *nt pl.*
**zubeißen** *vi* mordēre.
**zubereiten** *vt* (com)parare.
**Zubereitung** *f* (com)paratio <-onis> *f.*
**zubinden** *vt* stringere.
**zubringen** *vt (verbringen)* agere, degere [**tempus**; **vitam**].
**Zucht** *f* ① *(von Tieren)* educatio <-onis> *f; (von Pflanzen)* cultus <-us> *m* ② *(Disziplin)* disciplina *f.*
**züchten** *vt (Tiere)* educare; *(Pflanzen)* colere.
**Züchter** *m* cultor <-oris> *m* [**vitis**; **pecoris**].
**Zuchthaus** *nt* carcer <-eris> *m,* custodia *f,* vincula *nt pl.*
**züchtig** *adj* pudicus, castus.
**züchtigen** *vt* castigare [**verberibus**].
**Züchtigung** *f* castigatio <-onis> *f.*
**Züchtung** *f (von Tieren)* educatio <-onis> *f.*
**zucken** *vi* micare <micui>.
**zücken** *vt* stringere [**gladium**].
**Zucker** *m* saccharum *nt.*
**Zuckerdose** *f* vasculum *nt* sacchari.
**Zuckerrohr** *nt* arundo <-dinis> *f* sacchari.
**Zuckung** *f* convulsio <-onis> *f.*
**zudecken** *vt* tegere, operire.
**zudem** *adv* ad hoc, praeterea.
**zudrehen** *vt:* **jdm den Rücken ~** tergum alci obvertere.
**zudringlich** *adj* importunus.
**Zudringlichkeit** *f* importunitas <-atis> *f.*
**zuerkennen** *vt* addicere [**alci bona**].
**zuerst** *adv* primum.
**Zufall** *m* casus <-us> *m;* **durch ~** casu, forte; **es war reiner ~, dass** casu accidit, ut.
**zufallen** *vi* ① *(Tür, Fenster, Buch)* claudi ② *(Anteil, Aufgabe)* obtingere.
**zufällig I.** *adj* fortuitus **II.** *adv* casu, forte, fortuito.
**Zuflucht** *f* refugium *nt;* **~ suchen bei** confugere ad.
**zuflüstern** *vt:* **jdm etw ~** alci alqd insusurrare.
**zufolge** *praep* ex + *abl,* secundum + *akk.*
**zufrieden** *adj* contentus *(mit:* abl).
**zufriedengeben** *vr:* **sich mit etw ~** se consolari alqa re.
**Zufriedenheit** *f* tranquillitas <-atis> *f* animi, aequitas <-tatis> *f* animi.
**zufriedenstellen** *vt* satisfacere *(jmd:* alci).
**zufrieren** *vi* congelare.
**zufügen** *vt* afferre, inferre [**alci damnum**; **hostibus vulnera**].
**Zufuhr** *f* commeatus <-us> *m.*
**Zug** *m* ① *(Bahn)* tramen <-minis> *nt* ② *(Charakter~)* habitus <-us> *m* ③ **in einem ~** uno tenore.
**Zugabe** *f* additamentum *nt.*
**Zugang** *m* aditus <-us> *m,* accessus <-us> *m.*
**zugänglich** *adj (von Orten)* facilis accessu; **schwer ~** impeditus; **~ sein** adiri posse.
**Zugbrücke** *f* pons <pontis> *m* versatilis.
**zugeben** *vt (gestehen)* fateri, confiteri.
**Zügel** *m* habenae *f pl,* lorum *nt;* **die ~ anziehen** habenas adducere; **die ~ schießen las-**

**sen** habenas remittere.

**zügellos** *adj* effrenatus, immodicus [**cupiditas**; **furor**].

**Zügellosigkeit** *f* licentia *f*, intemperantia *f*.

**zügeln** *vt* coërcēre.

**zugesellen** *vt* addere [**alqm alci comitem**]; **sich jdm ~** se alci comitem addere.

**Zugeständnis** *nt* concessio <-onis> *f*.

**zugestehen** *vt* concedere.

**zugetan** *adj*: **jdm ~ sein** alci deditum esse.

**Zugführer** *m* curator <-oris> *m* traminis.

**zügig** *adv* cito, celeriter, velociter [**alqd conficere**].

**zugleich** *adv* simul.

**Zugluft** *f* afflatus <-us> *m*, perflatus <-us> *m*.

**zugreifen** *vi (bei Angebot, Waren)* arripere.

**zugrunde** *adv*: **~ gehen** perire, interire; **~ richten** perdere.

**zugunsten** *adv*: **~ jmds/einer Sache** alcis (rei) gratiā, pro alqo/alqa re.

**zugutehalten** *vi*: **jdm etw ~** alci alqd condonare.

**zugutekommen** *vi*: **jdm ~** alci bono esse.

**Zugvogel** *m* avis <-is> *f* advena, volucris <-is> *f* advena.

**zuhalten** *vt* clausum tenēre.

**Zuhause** *nt* domicilium *nt*.

**zuhören** *vi* aures praebēre *(jdm:* alci).

**Zuhörer** *pl* auditores <-rum> *m pl*, qui audiunt.

**zujubeln** *vi* acclamare [**gladiatori**].

**zukommen** *vi* ❶ **auf jmd ~** obviam venire alci ❷ **jdm etw ~ lassen** alci alqd praebēre.

**Zukunft** *f* futurum *nt*, tempus <-poris> *nt* futurum; **in ~** postea.

**zukünftig** *adj* futurus.

**zulächeln** *vi*: **jdm ~** alci arridēre.

**Zulage** *f (Gehalts~)* augmentum *nt* salarii.

**zulassen** *vt* ❶ *(erlauben)* sinere, admittere [**religiones**] ❷ *(Tür, Fenster)* clausum tenēre.

**zulässig** *adj* licitus.

**Zulassung** *f* ❶ *(Vorlassung)* admissio <-onis> *f* ❷ *(Genehmigung)* permissio <-onis> *f*, probatio <-onis> *f*.

**zulaufen** *vi* accurrere *(auf jmd/etw:* ad alqm/ad alqd).

**zulegen** *vr*: **sich etw ~** sibi comparare alqd.

**zuletzt** *adv* postremo.

**zuliebe** *adv* gratiā *(dem abhängigen gen nachgest.)*; **den Freunden ~** amicorum gratiā.

**zumachen** *vt* claudere.

**zumal** *adv* praesertim.

**zumindest** *adv (mindestens)* saltem.

**zumutbar** *adj* tolerabilis.

**Zumutung** *f (Unverschämtheit)* impudentia *f*.

**zunächst** *adv* primum.

**zunähen** *vt* obsuere.

**Zunahme** *f* incrementum *nt*.

**Zündstoff** *m (fig)* materia *f*, semen <-minis> *nt*.

**Zündung** *f* ignitio <-onis> *f*.

**zunehmen** *vi* crescere, augeri.

**Zuneigung** *f* benevolentia *f* (erga/in alqm); **~ zu jdm empfinden** alqm amare; **~ zu jdm fassen** voluntatem in alqm conferre.

**Zunft** *f* sodalitas <-tatis> *f*, corpus <-poris> *nt*.

**Zunge** *f* lingua *f*; **seine ~ zügeln** linguam continēre; **eine spitze ~ haben** acerbae linguae esse.

**Zungenspitze** *f* prima lingua *f*.

**zunichtemachen** *vt* perdere, irritum facere, ad irritum redigere.

**zunichtewerden** *vi* irritum fieri, ad irritum cadere.

**zuordnen** *vt* attribuere.

**zupfen** *vt* vellere; **jmd am Ohr ~** alci aurem vellere.

**zuprosten** *vi*: **jdm ~** alci propinare.

**zuraten** *vi*: **jdm zu etw ~** alci alqd suadēre.

**zurechnungsfähig** *adj* mentis compos <-potis>.

**zurechtfinden** *vr*: **sich ~** ❶ iter expedire ❷ *(fig)* viam consilii invenire.

**zurechtkommen** *vi*: **mit etw ~** alqd expedire.

**zurechtlegen** *vt* componere.

**zurechtmachen** *vt* praeparare, instruere.

**zurechtrücken** *vt* componere.

**zurechtweisen** *vt*: **jmd ~** alqm castigare, alqm admonēre.

**Zurechtweisung** *f* castigatio <-onis> *f*, admonitio <-onis> *f*.

**zureden** *vi*: **jdm zu etw ~** alci alqd suadēre.

**zurichten** *vt (jmd verletzen; etw beschädigen)* affligere.

**zürnen** *vi* suscensēre, irasci.

**zurück** *adv* retro.

**zurückbehalten** *vt* retinēre.

**zurückbekommen** *vt* recuperare, recipere.

**zurückbleiben** *vi* remanēre.

**zurückblicken** *vi* respicere [**ad oppidum**].

**zurückbringen** *vt* reportare, referre, redigere.

**zurückdenken** *vi*: **an etw ~** reminisci alcis rei [*o* alqd].

**zurückdrängen** *vt (a fig)* reprimere [**vehicula**; **pavorem**].

**zurückerstatten** *vt* reddere.

**zurückfahren I.** *vt* revehere **II.** *vi* revehi.

**zurückfallen** *vi* recidere.

**zurückfliegen** *vi* revolare.

**zurückfließen** *vi* refluere.

**zurückfordern** *vt* reposcere.

**zurückführen** *vt* reducere; **etw auf etw ~** referre alqd ad alqd.

**zurückgeben** *vt* reddere.

**zurückgehen** *vi* redire; **~ auf** repetere ab.

**zurückgezogen** *adj* solitarius.

Z

**zurückhalten** *vt* retinēre.

**zurückhaltend** *adj* modestus.

**Zurückhaltung** *f* modestia *f.*

**zurückholen** *vt* repetere [**matrem; sarcinas relictas**].

**zurückkaufen** *vt* redimere [**domum; fundum**].

**zurückkehren** *vi* redire, reverti.

**zurückkommen** *vi* revenire, reverti; **auf etw ~** reverti, redire ad.

**zurücklassen** *vt* relinquere.

**zurücklaufen** *vi* recurrere [**in arcem**].

**zurücklegen** *vt* ❶ *(auch fig)* reponere [**alqd hiemi** für den Winter; **pecuniam in thesauro**] ❷ *(Strecke)* conficere.

**zurücklehnen** *vr:* **sich ~** se reclinare.

**zurücknehmen** *vt* ❶ recipere ❷ *(Bemerkung)* revocare.

**zurückprallen** *vi* resilire.

**zurückrollen** *vt* revolvere.

**zurückrufen** *vt* revocare; **jdm etw ins Gedächtnis ~** (ad)monēre alqm de re; **sich etw ins Gedächtnis ~** reminisci alcis rei [*o* alqd].

**zurückschaudern** *vi* horrēre, horrescere *(vor:* akk) [**alcis crudelitatem; mortem**].

**zurückschauen** *vi* respicere [**ad oppidum**].

**zurückschicken** *vt* remittere.

**zurückschrecken** *vi* abhorrēre *(vor:* ab).

**zurücksehnen** *vr:* **sich nach etw ~** desiderio alcis rei teneri.

**zurücksenden** *vt* remittere.

**zurückstellen** *vt* reponere.

**zurückstoßen** *vt* repellere.

**zurücktragen** *vt* reportare, referre.

**zurücktreiben** *vt* repellere [**barbaros telis; hostes ex urbe/a porta/in oppidum; vaccas in pascua**].

**zurücktreten, -weichen** *vi* recedere.

**zurückweisen** *vt* recusare, repudiare [**preces alcis; consilium senatūs; condiciones pacis**].

**Zurückweisung** *f* repudiatio <-onis> *f.*

**zurückwerfen** *vt* reicere.

**zurückzahlen** *vt* reddere.

**zurückziehen I.** *vt* retrahere **II.** *vr:* **sich ~** se recipere.

**Zuruf** *m* acclamatio <-onis> *f.*

**zurufen** *vt* acclamare.

**Zusage** *f* promissum *nt;* **seine ~ einhalten** promissum facere.

**zusagen I.** *vt (versprechen; bei Einladung, Stelle)* promittere [**auxilium**] **II.** *vi:* **jdm ~** *(gefallen, jmds Vorstellung entsprechen)* placēre.

**zusammen** *adv* simul, unā; **~ mit** una cum.

**Zusammenarbeit** *f* collaboratio <-onis> *f.*

**zusammenbauen** *vt* construere.

**zusammenbinden** *vt* colligare.

**zusammenbleiben** *vt* unā manēre.

**zusammenbrechen** *vi* corruere, collabi.

**zusammendrücken** *vt* comprimere.

**zusammenfallen** *vi* ❶ *(einstürzen)* concidere, corruere ❷ *(zeitl.)* in idem tempus incidere.

**zusammenfalten** *vt* complicare [**epistulam**].

**zusammenfassen** *vt (kurz formulieren)* complecti [**impressiones suas**].

**Zusammenfassung** *f* summarium *nt.*

**zusammenfließen** *vi (von Flüssen und Flüssigkeiten)* confluere.

**Zusammenfluss** *m* confluens <-entis> *m.*

**zusammenfügen** *vt* conglutinare, copulare.

**zusammenführen** *vt* conducere.

**Zusammengehörigkeit** *f* affinitas <-atis> *f,* coniunctio <-onis> *f.*

**zusammenhalten I.** *vt* continēre **II.** *vi (fig: Menschen)* cohaerēre.

**Zusammenhang** *m* cohaerentia *f,* contextus <-us> *m;* **etw mit etw in ~ bringen** coniungere alqd cum alqa re; **mit etw in ~ stehen** ad alqd pertinēre.

**zusammenhängen** *vi* cohaerēre, coniunctum esse cum.

**zusammenhängend** *adj* cohaerens <-entis> *(mit:* cum), continuus *(mit:* dat).

**zusammenkaufen** *vt* coemere.

**zusammenkommen** *vi* convenire.

**zusammenkratzen** *vt (fig)* corradere [**ultimum argentum**].

**zusammenlaufen** *vi* concurrere.

**zusammenleben** *vi* convivere; **mit jdm ~** vivere cum alqo.

**Zusammenleben** *nt* convictus <-us> *m (mit:* gen).

**zusammenlegen** *vt* ❶ complicare ❷ *(fig: vereinigen)* conferre.

**zusammennehmen** *vr:* **sich ~** se [*o* animum] colligere.

**zusammenpacken** *vt* (sarcinas) colligere.

**zusammenpassen** *vi* congruere inter se.

**zusammenprallen** *vi (Fahrzeuge)* concurrere, confligere, collidi.

**zusammenraffen** *vt (pej: Besitz, Geld)* corradere [**magnas divitias**].

**zusammenrechnen** *vt* computare.

**zusammenreißen** *vr:* **sich ~** se [*o* animum] colligere.

**zusammenrollen** *vt* convolvere.

**zusammenrufen** *vt* convocare.

**zusammenscharen** *vr:* **sich ~** congregari, se congregare.

**zusammenschlagen** *vt (jmd)* concidere.

**zusammenschließen** *vr:* **sich ~** congregari, se congregare.

**zusammenschrumpfen** *vi* ❶ corrugari ❷ *(fig: dahinschwinden)* (im)minui.

**zusammensetzen** *vt* componere.

**Zusammensetzung** *f* compositio <-onis> *f* [**remedii**].
**zusammenstellen** *vt* componere.
**Zusammenstellung** *f* compositio <-onis> *f.*
**Zusammenstoß** *m* concursio <-onis> *f,* concursus <-us> *m* [**vehiculorum**; **navium**].
**zusammenstoßen** *vi* ① *(Fahrzeuge u. Ä.)* concurrere, confligere ② *(feindl.)* congredi.
**zusammenströmen** *vi (Menschen)* concurrere.
**zusammenstürzen** *vi* concidere, corruere.
**zusammentreffen** *vi* ① convenire *(mit jdm:* alqm) ② *(feindl.)* congredi (cum).
**zusammenwachsen** *vi* coalescere.
**zusammenwickeln** *vt* complicare [**funem**].
**zusammenzählen** *vt* computare.
**zusammenziehen** *vt* contrahere.
**zusammenzucken** *vi* contremiscere, contremescere.
**Zusatz** *m* additamentum *nt.*
**zusätzlich** *adj* additus.
**zuschauen** *vi* spectare + *akk* [**ludos**; **fabulam**; **gladiatores**].
**Zuschauer(in *f*)** *m* spectator <-oris> *m,* spectatrix <-icis> *f.*
**Zuschauerraum** *m* cavea *f.*
**zuschicken** *vt:* **jdm etw ~** mittere alqd ad alqm.
**Zuschlag** *m (Eisenbahn)* supplementum *nt.*
**zuschlagen** *vt* obicere [**portam**].
**zuschließen** *vt* claudere.
**zuschnüren** *vt* stringere [**fascem**; **calceos**].
**zuschreiben** *vt:* **jdm etw ~** tribuere [*o* ascribere] alci alqd.
**Zuschrift** *f* epistula *f,* litterae *f pl.*
**Zuschuss** *m* subsidium *nt.*
**zusehen** *vi* ① *(zuschauen)* spectare + *akk* [**ludos**; **fabulam**; **gladiatores**] ② **~, dass** *(dafür sorgen)* vidēre, ut.
**zusehends** *adv* manifesto, manifeste.
**zusenden** *vt:* **jdm etw ~** mittere alqd ad alqm.
**zusetzen I.** *vt (hinzufügen)* addere, adiungere **II.** *vi (bedrängen)*: **jdm mit etw ~** alqm fatigare alqa re.
**zusichern** *vt* promittere [**alci auxilium**].
**zuspitzen I.** *vt* acuere [**palos**] **II.** *vr:* **sich ~** *(Lage)* in summo discrimine versari.
**zusprechen** *vt* addicere [**alci bona**].
**Zuspruch** *m (Aufmunterung, Trost)* consolatio <-onis> *f,* exhortatio <-onis> *f.*
**Zustand** *m* status <-us> *m,* condicio <-onis> *f.*
**zustande** *adv:* **~ bringen** perficere; **~ kommen** fieri.
**zuständig** *vt:* **jmd ist für etw ~** penes alqm alqd est, in [*o* sub] dicione alcis alqd est.
**Zuständigkeit** *f* dicio <-onis> *f.*
**zustecken** *vt:* **jdm etw ~** alci alqd subministrare [**alci pecuniam**].
**zustehen** *vi* decēre.
**zustellen** *vt* reddere [**epistulam**].
**zustimmen** *vi* assentiri.
**Zustimmung** *f* assensio <-onis> *f;* **mit jmds ~** alqo probante; **ohne jmds ~** alqo nolente; **jmds ~ finden** ab alqo probari.
**zustoßen** *vi:* **jdm ~** alci accidere.
**Zutaten** *pl* additamenta *nt pl.*
**zuteilen** *vt* (at)tribuere.
**zutrauen** *vt:* **jdm etw ~** existimare alqm capacem esse alcis rei [*o* ad alqd].
**Zutrauen** *nt* fiducia *f (zu:* gen).
**zutraulich** *adj* familiaris.
**zutreffen** *vi* convenire.
**zutrinken** *vi:* **jdm ~** alci propinare.
**Zutritt** *m* aditus <-us> *m;* **jdm den ~ verweigern** aditu alqm prohibēre.
**Zutun** *nt:* **ohne mein ~** sine mea opera.
**zuverlässig** *adj* certus, fidus.
**Zuverlässigkeit** *f* fides <-ei> *f,* fiducia *f.*
**Zuversicht** *f* fiducia *f;* **die feste ~ haben, dass** confidere fore, ut.
**zuversichtlich** *adj* confisus.
**zuvor** *adv* ante, prius.
**zuvorkommen** *vi* praevenire *(jdm:* alqm).
**zuvorkommend** *adj* facilis, officiosus.
**Zuwachs** *m* incrementum *nt.*
**zuwege** *adv:* **etw ~ bringen** efficere alqd.
**zuweilen** *adv* interdum.
**zuweisen** *vt* (at)tribuere.
**zuwenden I.** *vt (Gesicht, Blicke)* advertere *(dat:* in + akk; ad; dat) **II.** *vr:* **sich jdm/einer Sache ~** (se) convertere [**in regnum suum**; **ad scientiam**].
**zuwerfen** *vt* iacere; **jdm einen verstohlenen Blick ~** furtim alqm aspicere.
**zuwider** *adv:* **jdm ist etw ~** alqd est alci invisum, alqs abhorret ab alqa re.
**zuziehen I.** *vt* ① obducere [**velum**] ② adhibēre [**medicum**] **II.** *vr:* **sich eine Krankheit ~** in morbum incidere; **sich jmds Zorn ~** in iram alcis incurrere.
**Zwang** *m* necessitas <-atis> *f;* **aus/unter ~** coactus; **~ auf jmd ausüben** alqm cogere.
**zwanglos** *adj* liber <-era, -erum>.
**Zwangsarbeit** *f* opera *f* coacta.
**Zwangsernährung** *f* nutritio <-onis> *f* coactiva.
**zwangsläufig** *adv* vi, per vim.
**Zwangsmaßnahme** *f* actio <-onis> *f* coercitiva.
**Zwangsversteigerung** *f* proscriptio < -onis> *f* (bonorum).
**zwanzig** *num* viginti *(undekl.)*; **je ~** viceni (-ae, -a).
**zwar** *adv* quidem; **~ ... aber** quidem … sed.
**Zweck** *m* finis <-is> *m;* **zu diesem ~** ad [*o* in] eum finem.

**zweckentfremdet** *adj* alienus a proposito.
**zwecklos** *adj* inutilis.
**zweckmäßig** *adj* utilis, commodus.
**zwei** *num* duo, duae, duo; **je ~** bini <-ae, -a>; **~ Tage** biduum *nt;* **~ Jahre** biennium *nt.*
**zweideutig** *adj* ambiguus.
**zweierlei** *adj durch gen:* diversi generis.
**zweifach** *adj, adv* duplex <-licis>.
**zweifarbig** *adj* bicolor <-loris>.
**Zweifel** *m* dubium *nt,* dubitatio <-onis> *f;* **ohne ~** sine dubio, sine dubitatione; **es steht außer ~, dass ...** nihil dubii est, quin ... + *conj.*
**zweifelhaft** *adj* dubius.
**zweifellos** *adv* sine dubio.
**zweifeln** *vi* dubitare *(an:* de); **ich zweifle nicht daran, dass ...** non dubito, quin ... + *conj.*
**Zweig** *m* ramus *m.*
**zweihundert** *num* ducenti <-ae, -a>; **je ~** duceni.
**Zweikampf** *m* certamen <-minis> *nt* singulare.
**zweiköpfig** *adj* biceps <-cipitis> [**Ianus**].
**zweimal** *adv* bis.
**zweischneidig** *adj* bipennis [**gladius**].
**zweisprachig** *adj* bilinguis.
**zweiteilig** *adj* bipartitus.
**zweitens** *adv* deinde.
**zweiter** *adj* secundus; **ein ~** (**Vater / Verres**) alter (pater / Verres).
**Zwerchfell** *nt* praecordia *nt pl.*
**Zwerg** *m* nanus *m.*
**Zwetschge** *f* prunum *nt.*
**Zwickmühle** *f:* **in der ~ sein** in angustiis esse.
**Zwieback** *m* buccellatum *nt,* panis <-is> *m* biscoctus.
**Zwiebel** *f* cepa *f.*
**Zwiegespräch** *nt* colloquium *nt* singulare.
**Zwielicht** *nt* crepusculum *nt.*
**zwielichtig** *adj (pej)* ambiguus.
**Zwiespalt** *m,* **Zwietracht** *f* discordia *f.*
**Zwillinge** *pl* gemini *m pl.*
**Zwillings-** geminus [**sorores**; **fratres**].
**zwingen** *vt* cogere.
**zwinkern** *vi:* **mit den Augen ~** nictare.
**zwischen** *praep* inter + *akk.*
**Zwischenfall** *m* casus <-us> *m.*
**Zwischenraum** *m* intervallum *nt.*
**Zwischenregierung** *f* interregnum *nt.*
**Zwischenzeit** *f:* **in der ~** interea.
**Zwist** *m* discordia *f.*
**zwitschern** *vi* fritinnire.
**Zwitter** *m* androgynus *m.*
**zwölf** *num* duodecim (undekl.); **je ~** duodeni.
**Zwölftafelgesetz** *nt* duodecim tabulae *f pl.*
**Zyklus** *m* cyclus *m.*
**Zylinder** *m* ❶ (TECH) cylindrus *m* ❷ *(Hut)* petasus *m* altus.
**Zypresse** *f* cupressus *f.*

# Anhang

Seite

# Die lateinische Sprache: ein Überblick

Wie alt ist die lateinische Sprache? Was sind ihre Ursprünge, und wie spricht man sie aus? Die wichtigsten Informationen rund um die Entwicklung und die Besonderheiten des Lateinischen haben wir für dich in einem Überblick zusammengetragen.

## Entwicklung der lateinischen Sprache

### Die Ursprünge des Lateinischen

Das Lateinische gehört zur Gruppe der sogenannten indogermanischen Sprachen (hierzu zählen u. a. auch das Griechische, das Keltische und die germanischen Sprachen).
Das erste lateinische Sprachzeugnis (eine Inschrift) stammt aus der Zeit um 600 v. Chr.
Das Lateinische ist ein italischer Dialekt (wie u. a. auch Umbrisch, Oskisch, Faliskisch, Messapisch).

### Verbreitung: Von Latium bis zum Römischen Reich

Das Lateinische war zunächst nur die Sprache der Bewohner Latiums, der Latiner. Später breitete es sich zusammen mit dem römischen Machtbereich aus:

**bis etwa 90 v. Chr.**
Lateinisch wird nur in Rom selbst und seinen von römischen Bürgern bewohnten Kolonien gesprochen.

**88 v. Chr.**
Die übrigen Italiker übernehmen sehr schnell die Sprache der Römer. Die anderen italischen Dialekte werden verdrängt.

**um Christi Geburt**
In großen Teilen Italiens (außer im Süden) spricht man Lateinisch. Mit der römischen Verwaltung, den Soldaten und Kolonisten breitet sich das Latein dann auch in den Provinzen aus. In den östlichen Reichsteilen ist Latein Amtssprache.

### Keine „Dialekte“

Das Lateinische hat, obwohl es sich über ein riesiges Gebiet verbreitet hat, nie tiefer greifende regionale Eigenheiten entwickelt. Der Zentralismus des römischen Reiches wirkte normierend auch auf die Sprache.

### Aufstieg zur Weltsprache

Es hat lange gedauert, bis das Latein die Stufe und Vollendung erreicht hatte, in der es Weltsprache wurde. Die frühen Sprachzeugnisse beweisen, dass es in Laut- und Formbestand lange schwankte und in sehr lebendiger Entwicklung war.
Die Sprache stabilisierte sich später mit dem Entstehen einer Literatur (ab etwa 250 v. Chr.) und mit dem vorläufigen Abschluss der Expansion des Römischen Reiches (etwa 130 v. Chr.). Endlich hatte das Lateinische die Form erreicht, in der es für Jahrhunderte unverändert fortbestehen sollte.
Das war das Ergebnis einer strengen Sprachformung durch die geistige Führungsschicht Roms, die bewusst eine Hoch- und Schriftsprache herausbildete.
Den Abschluss dieser Entwicklung brachte die Prosa Ciceros und Caesars.

### Lateinisch als Volkssprache

Neben (oder unter) dieser Hochsprache gab es eine Volkssprache, die wir noch in einigen Zeugnissen, z. B. den Komödien des Plautus, nachvollziehen können.
In dieser sogenannten Vulgärsprache wurden diverse Regeln der Hochsprache einfach ignoriert, außerdem gab es hier einen teilweise eigenen Wortschatz. Diese Vulgärsprache wurde die Grundlage der romanischen Sprachen.
Der Zusammenbruch des römischen Reiches hatte zur Folge, dass das Vulgärlatein sich regional unterschiedlich weiter entwickelte und aufspaltete: Die romanischen Sprachen entstanden (vor allem: Italienisch, Französisch und Spanisch). Damit endet die Geschichte der lateinischen Volkssprache im frühen Mittelalter.

### Lateinisch als Schrift- und Hochsprache

Die Schrift- und Hochsprache der ausgehenden Antike, das „Spätlatein", existierte als „Mittellatein" noch 1000 Jahre länger. Dieses Latein galt im Mittelalter als Träger der geistigen Kultur weit über die Grenzen des ehemaligen Römischen Reiches hinaus. Der Grund: Latein war die Sprache der christlichen Kirche geworden.
Aber nicht nur in der Kirche, sondern auch in vielen anderen Bereichen, wie Schule und Wissenschaft, Verwaltung und Recht, war Latein im westlichen Europa das vorherrschende Verständigungsmittel.
Allerdings gab es einen wesentlichen Unterschied zur „klassischen" Zeit des Lateinischen: Latein war nicht mehr Muttersprache im eigentlichen Sinne, sondern musste - meist in kirchlichen Institutionen - erlernt werden.
Das Mittellatein blieb nicht gänzlich unverändert. Immer wieder zeigten sich Tendenzen zu regionalen Sonderentwicklungen und zur Anpassung an die Nationalsprachen. Diese Neigung wurde jedoch meist aufgewogen durch die Rückbeziehung auf die überkommenen sprachlichen Vorbilder und die lateinische Bibel.
Die Rückbesinnung geschah als bewusster Akt z. B. in der sogenannten karolingischen Renaissance (um 800 n. Chr.) und zuletzt im Zeitalter des Humanismus. In dieser Zeit jedoch wurde das Lateinische zunehmend (außer in der katholischen Kirche und der Wissenschaft) von den Nationalsprachen verdrängt.

## Die lateinische Schrift und die Aussprache des Lateinischen

### Das lateinische Alphabet

Das lateinische Alphabet ist von griechischen Alphabeten in Süditalien und Sizilien abgeleitet worden. Möglicherweise waren die Etrusker als zeitweise führende Schicht in Rom die Vermittler. Das Alphabet bestand zunächst aus 21 Buchstaben; erst zur Zeit des Augustus wurden die Buchstaben y und z zur Wiedergabe griechischer Wörter aufgenommen. Folgende Buchstaben bildeten nun das Alphabet:

A B C D E F G H I K L M N O P Q R S T V X Y Z

- Zu diesem Alphabet gehörten also auch der Buchstabe k, der sich nur noch in einigen Wörtern (z. B. Kalendae) erhalten hat, und das g als stimmhafter Guttural (Kehllaut), das erst etwa 250 v. Chr. zur Unterscheidung zum stimmlosen c eingeführt wurde.
- Mit v wurde sowohl der Vokal u als auch der Halbvokal v bezeichnet.
- Ähnlich wurde i für den Vokal i und den Halbvokal j benutzt.

Die Römer schrieben nur in Großbuchstaben (Majuskeln), meist ohne Worttrennung und ohne Satzzeichen. (Übrigens gab es auch eine Art Kurzschrift, die bis etwa 1000 n. Chr. in Gebrauch war.) Eine Kursivschrift (Schreibschrift) für eiliges und bequemeres Schreiben entwickelte sich ab dem ersten Jahrhundert v. Chr. allmählich aus den Majuskeln; ab etwa 300 n. Chr. gab es eine Kursive aus Minuskeln (Kleinbuchstaben).

## Die Aussprache des Lateinischen

Die lateinische Sprache hat im Laufe ihrer 2000-jährigen Geschichte viele Wechsel der Aussprache erfahren. Aus verschiedenen Indizien (z. B. charakteristischen Schreibfehlern, aus dem Fortleben lateinischer Wörter in anderen Sprachen, aus Eigenarten der Dichtersprache und Ähnlichem) lässt sich die Aussprache einigermaßen nachvollziehen.
Die folgenden Hinweise beziehen sich auf die Phonetik der ausgehenden Republik (Mitte des ersten Jahrhunderts v. Chr.):

- Die Vokale sprach man vermutlich überwiegend wie die deutschen, wobei lange und kurze Vokale durch „geschlossene“ bzw. „offene“ Aussprache oder durch die Tonhöhe unterschieden wurden.
- Die Diphthonge (Doppelvokale) ae und oe wurden wirklich als Doppelvokale a+i bzw. o+i, aber als eine Silbe gesprochen (vgl. Kaiser aus Caesar), ebenso eu wie e+u, au wie a+u, ui wie u+i – aber jeweils als eine Silbe. (Ab etwa 100 n. Chr. sprach man diese Laute als Einzellaute ä, ö usw. aus.)
- Die Aussprache der Konsonanten wich mehr vom Deutschen ab.

## Übersicht über einzelne Laute

| | |
|---|---|
| **c** | wurde bis etwa 500 n. Chr. wie k (als stimmloser Guttural) gesprochen, erst danach teils als tsch teils als z (aus Caesar wird zunächst Kaiser, später Zar). |
| **c, p, t** | wurden ohne den h-Nachschlag des Deutschen als reine stimmlose Verschlusslaute gesprochen. |
| **ch, ph, th** | wurden als Verschlusslaute mit h-Nachschlag gesprochen, also: c+h, p+h, t+h (nicht ch bzw. f, z. B. pulcher: pulk$^{h}$er, schola: ßk$^{h}$ola). |
| **g** | wurde bis 500 n. Chr. wie unser g gesprochen (erst danach teils als dsch, teils wie französisches j).<br>Vor n wurde g wahrscheinlich wie ng (wie in Angst) gesprochen, magnus also wie mangnus. |
| **h** | wurde fast nicht oder nur sehr schwach gesprochen. Lediglich Personen, die besonderen Wert auf ihre Bildung legten, sprachen es wie h. |
| **i** | wurde im Anlaut als Mittel zwischen dem Vokal i und dem Konsonanten j ausgesprochen, zwischen Vokalen und am Wortanfang vor Vokal als j (z. B. jupiter, jacere, auch abjicere; major, ejus). |
| **m** | am Wortende wurde nicht als m gesprochen, stattdessen wurde wahrscheinlich der Vokal davor nasaliert (vgl. die Elision des m am Wortende vor Vokal in der Dichtung). |
| **s** | wurde als stimmloses s (ß wie in reißen) gesprochen, auch vor t (also ß+t, nicht scht) und vor p (ß+p, nicht schp). |
| **t** | wurde immer als t (stimmloser Verschlusslaut) gesprochen, auch vor i (also natio, nicht nazio). |

| | |
|---|---|
| u | wurde nach ng und q (z. B. anguis, aqua) wie englisches w (wie in water) gesprochen, auch nach s vor a und e (z. B. suādēre, suēscere). Auch v wurde wie englisches w gesprochen. |
| z | wurde als stimmhaftes s (wie in Hose) mit d-Vorschlag gesprochen (z. B. zōna: dsona). |

## Vokallänge, Silbenlänge und Betonung

- In der Hochsprache unterschied man sehr genau zwischen langen und kurzen Vokalen (vĕnī – vēnī). Diphthonge gelten immer als lang, ebenso a vor ns und nf.
- Silben sind lang, wenn sie einen langen Vokal oder einen Diphthong enthalten, außerdem, wenn auf den Vokal zwei Konsonanten (außer: p, b, t, d, c oder g+l oder r) folgen (auch x und z erzeugen eine Silbenlänge). Diese „Positionslänge“ bedeutet Länge der Silbe, nicht des Vokals.
  Die Betonung richtet sich nach dem „Dreisilbengesetz“ (auch „Paenultima-Gesetz“): Danach wird die vorletzte Silbe (paenultima) betont, wenn sie lang ist (langen Vokal oder Diphthong hat oder positionslang ist); ist diese vorletzte Silbe aber kurz, wird die drittletzte betont (z. B. antiquíssimī – antiquissimōrum).
- Angehängtes -que, -ve oder -ne zieht die Länge und damit die Betonung auf jeden Fall auf die Silbe davor (z. B. minúsque, aquáve).
- Zum Begriff „Betonung“: Wir betonen heute eine Silbe in der Regel durch größere Lautstärke („exspiratorischer“ Akzent). In der lateinischen Sprache wurde jedoch in historischer Zeit bis zum Ausgang der Antike – wahrscheinlich unter griechischem Einfluss – „musikalisch“ betont, d. h. durch Änderung der Tonhöhe.

# Deklination und Konjugation

## Deklination der Substantive

### Die 1. oder a-Deklination

Bei der a-Deklination endet der Wortstamm der Substantive auf **-a-**.

| | Sg. | Pl. |
|---|---|---|
| | *Erde, Land* | |
| **Nom.** | terra | terr**ae** |
| **Gen.** | terr**ae** | terr**arum** |
| **Dat.** | terr**ae** | terr**is** |
| **Akk.** | terr**am** | terr**as** |
| **Abl.** | terr**a** | terr**is** |

**Merkmale:**

- Die Substantive der a-Deklination sind in der Regel Feminina. Wörter wie **poeta, -ae** – *Dichter*, **agricola, -ae** – *Bauer*, **nauta, -ae** – *Seemann* richten sich jedoch nach dem natürlichen Geschlecht, sie sind also Maskulina.
- Der Vokativ entspricht dem Nominativ; die Endung des Abl. Sg. ist im Unterschied zum Nom. Sg. lang: **terrā**

### Die 2. oder o-Deklination

Bei der o-Deklination endet der Wortstamm der Substantive auf **-o-**.

| | m | | m | | n | |
|---|---|---|---|---|---|---|
| | *Herr* | | *Junge* | | *Geschenk* | |
| | Sg. | Pl. | Sg. | Pl. | Sg. | Pl. |
| **Nom.** | domin**us** | domin**i** | puer | puer**i** | don**um** | don**a** |
| **Gen.** | domin**i** | domin**orum** | puer**i** | puer**orum** | don**i** | don**orum** |
| **Dat.** | domin**o** | domin**is** | puer**o** | puer**is** | don**o** | don**is** |
| **Akk.** | domin**um** | domin**os** | puer**um** | puer**os** | don**um** | don**a** |
| **Abl.** | domin**o** | domin**is** | puer**o** | puer**is** | don**o** | don**is** |

**Merkmale:**

- Der Vokativ der Substantive auf **-us** endet auf **-e**, bei Substantiven und Namen auf **-ius** endet er auf **-i**:
  **amicus** → **amice!** – *Freund!*
  **filius** → **fili!** – *Sohn!*
  **Gaius** → **Gai!** – *Gaius!*
- Die Substantive der o-Deklination auf **-us** und **-(e)r** sind Maskulina, die auf **-um** Neutra. Feminina sind jedoch Bezeichnungen von Ländern, Inseln, Städten und Bäumen auf **-us**:
  **Corinthus, -i** *f* – *Korinth*
  **Delus, -i** *f* – *Delos*
  sowie: **humus, -i** *f* – *Boden*
  Neutrum ist: **vulgus, -i** *n* – *Volk*
- Bei einigen Substantiven auf **-er** gehört das **-e-** zum Wortstock, d. h. es ist wie im Beispiel **puer** in allen Formen vorhanden. Zu dieser Gruppe gehören auch:
  **liberi, -orum** *m* – *Kinder*
  **gener, -eri** *m* – *Schwiegersohn*
  **socer, -eri** *m* – *Schwiegervater*
  Bei den übrigen Substantiven entfällt das **-e-**, außer im Nom. und Vok. Sg.:
  **ager, agri** *m* – *Acker*
  **magister, magistri** *m* – *Lehrer*

## Die 3. Deklination

Zur 3. Deklination zählen die konsonantischen Stämme, die i-Stämme sowie die Mischklasse.

### Die konsonantischen Stämme

Zu den konsonantischen Stämmen gehören Substantive, deren Wortstamm auf einen Konsonanten endet.

| | m | | f | | n | |
|---|---|---|---|---|---|---|
| | *Arbeit* | | *Gesetz* | | *Werk* | |
| | **Sg.** | **Pl.** | **Sg.** | **Pl.** | **Sg.** | **Pl.** |
| **Nom.** | labor | labor**es** | lex | leg**es** | opus | oper**a** |
| **Gen.** | labor**is** | labor**um** | leg**is** | leg**um** | oper**is** | oper**um** |
| **Dat.** | labor**i** | labor**ibus** | leg**i** | leg**ibus** | oper**i** | oper**ibus** |
| **Akk.** | labor**em** | labor**es** | leg**em** | leg**es** | opus | oper**a** |
| **Abl.** | labor**e** | labor**ibus** | leg**e** | leg**ibus** | oper**e** | oper**ibus** |

**Merkmale:**
- Die Substantive der konsonantischen Stämme enden im Abl. Sg. auf **-e**, im Gen. Pl. auf **-um** und die Neutra im Nom./Akk. Pl. auf **-a**.
- Der Vokativ entspricht immer dem Nominativ.

### Die i-Stämme

Zu den i-Stämmen zählen die Neutra auf **-ar, -e, -al**:
**exemplar, -aris** *n - Muster*
**mare, -is** *n - Meer*
**animal, -alis** *n - Tier*
sowie einige wenige Feminina, deren Wortstamm auf **-i-** endet:
**sitis, -is** *f - Durst*
**turris, -is** *f - Turm*
**puppis, -is** *f - Heck*
**febris, -is** *f - Fieber*
**securis, -is** *f - Beil*

| | f | | n | |
|---|---|---|---|---|
| | *Turm* | | *Meer* | |
| | **Sg.** | **Pl.** | **Sg.** | **Pl.** |
| **Nom.** | turris | turr**es** | mare | mar**ia** |
| **Gen.** | turr**is** | turr**ium** | mar**is** | mar**ium** |
| **Dat.** | turr**i** | turr**ibus** | mar**i** | mar**ibus** |
| **Akk.** | turr**im** | turr**es/-is** | mare | mar**ia** |
| **Abl.** | turr**i** | turr**ibus** | mar**i** | mar**ibus** |

**Merkmale:**
- Die Substantive enden im Akk. Sg. auf **-im**, im Abl. Sg. auf **-i** und im Gen. Pl. auf **-ium**.
- Die Neutra enden im Nom./Akk. Pl. auf **-ia**.

## Die Mischklasse

In der Mischklasse (auch „gemischte Deklination" genannt) finden sich gleichsilbige Substantive auf **-is** und **-es** sowie Wörter mit mehr als einem Konsonanten am Wortstammende:
**civis, civis** *m - Bürger*
**sedes, sedis** *f - Sitz*
**urbs, urbis** *f - Stadt*
**gens, gentis** *f - Geschlecht, Sippe*
**Ausnahmen:**
**pater, patris** *m - Vater*
**mater, matris** *f - Mutter*

| | Sg. | Pl. |
|---|---|---|
| **m** | *Bürger* | |
| **Nom.** | civis | cives |
| **Gen.** | civis | civium |
| **Dat.** | civi | civibus |
| **Akk.** | civem | cives |
| **Abl.** | cive | civibus |

**Merkmale:**
Die Substantive bilden nur den Gen. Pl. nach den i-Stämmen **(-ium)**, die restlichen Kasus nach den konsonantischen Stämmen.

## Die 4. oder u-Deklination

Der Wortstamm dieser Substantive, von dem alle Kasus gebildet werden, endet auf **-u-**.

| | m | | n | |
|---|---|---|---|---|
| | *Heer* | | *Knie* | |
| | Sg. | Pl. | Sg. | Pl. |
| **Nom.** | exercitus | exercitus | genu | genua |
| **Gen.** | exercitus | exercituum | genus | genuum |
| **Dat.** | exercitui | exercitibus | genui | genibus |
| **Akk.** | exercitum | exercitus | genu | genua |
| **Abl.** | exercitu | exercitibus | genu | genibus |

**Merkmale:**
Beinahe alle Substantive der u-Deklination auf **-us** sind Maskulina:
**exercitus, -us** *m - Heer*
**senatus, -us** *m - Senat*
Feminina sind jedoch:
**manus, -us** *f - Hand, Schar*
**domus, -us** *f - Haus*
**porticus, -us** *f - Säulenhalle*
**tribus, -us** *f - Bezirk*
Die Substantive auf -u sind Neutra:
**cornu, -us** *n - Horn*
**genu, -us** *n - Knie*

### Die 5. oder e-Deklination

Der Wortstamm endet bei den Substantiven der e-Deklination auf -e-.

| | Sg. | Pl. |
|---|---|---|
| f | *Sache* | |
| Nom. | res | res |
| Gen. | rei | rerum |
| Dat. | rei | rebus |
| Akk. | rem | res |
| Abl. | re | rebus |

**Merkmale:**
Die Substantive der e-Deklination sind Feminina:
**res, rei** *f* - *Sache*
**spes, spei** *f* - *Hoffnung*

Maskulina sind:
**dies, diei** *m* - *Tag*
**meridies, -diei** *m* - *Mittag*
Aber: **dies** in der Bedeutung *Termin* ist Femininum: **dies certa** - *ein bestimmter Termin*

## Deklination des Adjektivs

Adjektive werden nach der a-/o-Deklination sowie nach der 3. Deklination dekliniert. Adjektive richten sich grundsätzlich in Kasus, Numerus und Genus nach ihrem Bezugswort (KNG-Kongruenz).

### Adjektive der a-/o-Deklination

Die Adjektive der a-/o-Deklination enden auf -us, -a, -um (m, f, n) oder -er, -(e)ra, -(e)rum.

| | m | | f | | n | |
|---|---|---|---|---|---|---|
| | *fröhlich* | | | | | |
| | Sg. | Pl. | Sg. | Pl. | Sg. | Pl. |
| Nom. | laetus | laeti | laeta | laetae | laetum | laeta |
| Gen. | laeti | laetorum | laetae | laetarum | laeti | laetorum |
| Dat. | laeto | laetis | laetae | laetis | laeto | laetis |
| Akk. | laetum | laetos | laetam | laetas | laetum | laeta |
| Abl. | laeto | laetis | laeta | laetis | laeto | laetis |

**Merkmale:**
- Der Vok. Sg. m endet auf -e.
- Bei einigen Adjektiven auf -er entfällt das -e- des Wortstamms:

**pulcher, pulchra, pulchrum** - *schön, hübsch* **creber, crebra, crebrum** - *zahlreich*

### Adjektive der 3. Deklination

Bis auf wenige Ausnahmen zählen die Adjektive der 3. Deklination zu den i-Stämmen. Diese große Gruppe wird wiederum – je nach Anzahl der Endungen im Nom. Sg. – unterschieden in dreiendige (jedes Genus hat eine eigene Form), zweiendige (Maskulinum und Femininum haben eine gemeinsame Form, das Neutrum eine eigene) und einendige Adjektive (alle drei Genera haben dieselbe Form).

| **Dreiendige Adjektive** | | | |
|---|---|---|---|
| | m | f | n |
| **Sg.** | *schnell* | | |
| **Nom.** | celer | celeris | celere |
| **Gen.** | celeris | | |
| **Dat.** | celeri | | |
| **Akk.** | celerem | | celere |
| **Abl.** | celeri | | |
| **Pl.** | | | |
| **Nom.** | celeres | | celeria |
| **Gen.** | celerium | | |
| **Dat.** | celeribus | | |
| **Akk.** | celeres | | celeria |
| **Abl.** | celeribus | | |

| **Zweiendige Adjektive** | | |
|---|---|---|
| | m f | n |
| **Sg.** | *kurz* | |
| **Nom.** | brevis | breve |
| **Gen.** | brevis | |
| **Dat.** | brevi | |
| **Akk.** | brevem | breve |
| **Abl.** | brevi | |
| **Pl.** | | |
| **Nom.** | breves | brevia |
| **Gen.** | brevium | |
| **Dat.** | brevibus | |
| **Akk.** | breves | brevia |
| **Abl.** | brevibus | |

| **Einendige Adjektive** | | |
|---|---|---|
| | m f | n |
| **Sg.** | *glücklich* | |
| **Nom.** | felix | |
| **Gen.** | felicis | |
| **Dat.** | felici | |
| **Akk.** | felicem | felix |
| **Abl.** | felici | |
| **Pl.** | | |
| **Nom.** | felices | felicia |
| **Gen.** | felicium | |
| **Dat.** | felicibus | |
| **Akk.** | felices | felicia |
| **Abl.** | felicibus | |

**Merkmale:**
Der Abl. Sg. aller Genera lautet **-i**, der Gen. Pl. **-ium**, der Nom. und Akk. Pl. n **-ia**.

## Deklination der Pronomina

Pronomina können ein Substantiv ersetzen oder begleiten.

### Das Personalpronomen

Personalpronomina ersetzen Personen oder Dinge.
**Te adiuvabo.** – *Ich werde dir helfen.*
**Nonne id videtis?** – *Seht ihr das etwa nicht?*

### Personalpronomen der 1. und 2. Person

| | **Sg.** | | **Pl.** | |
|---|---|---|---|---|
| | **1. Pers.** | **2. Pers.** | **1. Pers.** | **2. Pers.** |
| **Nom.** | ego | tu | nos | vos |
| **Gen.** | mei | tui | nostri/nostrum | vestri/vestrum |
| **Dat.** | mihi | tibi | nobis | vobis |
| **Akk.** | me | te | nos | vos |
| **Abl.** | a me/mecum | a te/tecum | a nobis/nobiscum | a vobis/vobiscum |

### Personalpronomen der 3. Person

| | Gen. | Dat. | Akk. | Abl. |
|---|---|---|---|---|
| **Sg./Pl.** | sui | sibi | se | a se/secum |

### Das Possessivpronomen

Possessivpronomina zeigen den Besitzer an, es gibt sie für alle Personen.

| | Sg. | Pl. |
|---|---|---|
| **1. Pers.** | meus, -a, -um | noster, -tra, -trum |
| **2. Pers.** | tuus, -a, -um | vester, -tra, -trum |
| **3. Pers.** | suus, -a, -um | suus, -a, -um |

### Das Demonstrativpronomen

Demonstrativpronomina verweisen oder zeigen auf etwas.

#### hic, haec, hoc und ille, illa, illud

| | Sg. | | | Pl. | | |
|---|---|---|---|---|---|---|
| **Nom.** | hic | haec | hoc | hi | hae | haec |
| **Gen.** | huius | | | horum | harum | horum |
| **Dat.** | huic | | | his | | |
| **Akk.** | hunc | hanc | hoc | hos | has | haec |
| **Abl.** | hoc | hac | hoc | his | | |

| | Sg. | | | Pl. | | |
|---|---|---|---|---|---|---|
| **Nom.** | ille | illa | illud | illi | illae | illa |
| **Gen.** | illius | | | illorum | illarum | illorum |
| **Dat.** | illi | | | illis | | |
| **Akk.** | illum | illam | illud | illos | illas | illa |
| **Abl.** | illo | illa | illo | illis | | |

#### iste, ista, istud

| | Sg. | | | Pl. | | |
|---|---|---|---|---|---|---|
| **Nom.** | iste | ista | istud | isti | istae | ista |
| **Gen.** | istius | | | istorum | istarum | istorum |
| **Dat.** | isti | | | istis | | |
| **Akk.** | istum | istam | istud | istos | istas | ista |
| **Abl.** | isto | ista | isto | istis | | |

### is, ea, id

| | Sg. | | | Pl. | | |
|---|---|---|---|---|---|---|
| **Nom.** | is | ea | id | ei/ii | eae | ea |
| **Gen.** | eius | | | eorum | earum | eorum |
| **Dat.** | ei | | | eis/iis | | |
| **Akk.** | eum | eam | id | eos | eas | ea |
| **Abl.** | eo | ea | eo | eis/iis | | |

### idem, eadem, idem

| | Sg. | | | Pl. | | |
|---|---|---|---|---|---|---|
| **Nom.** | idem | eadem | idem | eidem/ iidem | eaedem | eadem |
| **Gen.** | eiusdem | | | eorundem | earundem | eorundem |
| **Dat.** | eidem | | | eisdem/iisdem | | |
| **Akk.** | eundem | eandem | idem | eosdem | easdem | eadem |
| **Abl.** | eodem | eadem | eodem | eisdem/iisdem | | |

### ipse, ipsa, ipsum

| | Sg. | | | Pl. | | |
|---|---|---|---|---|---|---|
| **Nom.** | ipse | ipsa | ipsum | ipsi | ipsae | ipsa |
| **Gen.** | ipsius | | | ipsorum | ipsarum | ipsorum |
| **Dat.** | ipsi | | | ipsis | | |
| **Akk.** | ipsum | ipsam | ipsum | ipsos | ipsas | ipsa |
| **Abl.** | ipso | ipsa | ipso | ipsis | | |

### Das Relativpronomen

Das Relativpronomen leitet einen Relativsatz ein, es richtet sich in Numerus und Genus nach seinem Bezugswort, im Kasus nach seiner Funktion im Relativsatz.

| | Sg. | | | Pl. | | |
|---|---|---|---|---|---|---|
| **Nom.** | qui | quae | quod | qui | quae | quae |
| **Gen.** | cuius | | | quorum | quarum | quorum |
| **Dat.** | cui | | | quibus | | |
| **Akk.** | quem | quam | quod | quos | quas | quae |
| **Abl.** | quo | qua | quo | quibus | | |

### Das Interrogativpronomen

Das Interrogativpronomen leitet eine Wortfrage ein, es kann substantivisch und adjektivisch verwendet werden.

| | Sg. | |
|---|---|---|
| | m | n |
| Nom. | quis? | quid? |
| Gen. | cuius? | |
| Dat. | cui? | |
| Akk. | quem? | quid? |
| Abl. | quo?/quocum? | |

### Das Indefinitpronomen

Das Indefinitpronomen bezeichnet eine Person oder Sache, die nicht näher bestimmt wird.

#### aliquis, quisquam und ullus

| | Sg. | |
|---|---|---|
| | m | n |
| Nom. | aliquis | aliquid |
| Gen. | alicuius | |
| Dat. | alicui | |
| Akk. | aliquem | aliquid |
| Abl. | aliquo | |

| | Sg. | | | Pl. | | |
|---|---|---|---|---|---|---|
| Nom. | aliqui | aliquae | aliquod | aliqui | aliquae | aliqua |
| Gen. | alicuius | | | aliquorum | aliquarum | aliquorum |
| Dat. | alicui | | | aliquibus | | |
| Akk. | aliquem | aliquam | aliquod | aliquos | aliquas | aliquae |
| Abl. | aliquo | aliqua | aliquo | aliquibus | | |

#### quidam

| | Sg. | | | Pl. | | |
|---|---|---|---|---|---|---|
| Nom. | quidam | quaedam | quiddam/ quoddam | quidam | quaedam | quaedam |
| Gen. | cuiusdam | | | quorundam | quarundam | quorundam |
| Dat. | cuidam | | | quibusdam | | |
| Akk. | quendam | quandam | quiddam/ quoddam | quosdam | quasdam | quaedam |
| Abl. | quodam | quadam | quodam | quibusdam | | |

### quisque

| | adjekt. | | | subst. | |
|---|---|---|---|---|---|
| **Nom.** | quisque | quaeque | quodque | quisque | quidque |
| **Gen.** | cuiusque | | | cuiusque | |
| **Dat.** | cuique | | | cuique | |
| **Akk.** | quemque | quamque | quodque | quisque | quidque |
| **Abl.** | quoque | quaque | quoque | quoque | |

### nemo, nihil und nullus

| | subst. | | adjekt. | | |
|---|---|---|---|---|---|
| **Nom.** | nemo | nihil | nullus | nulla | nullum |
| **Gen.** | **nullius** | **nullius rei** | nullius | | |
| **Dat.** | nemini/**nulli** | **nulli rei** | nulli | | |
| **Akk.** | neminem | nihil | nullum | nullam | nullum |
| **Abl.** | **a nullo** | **nulla re** | nullo | nulla | nullo |

## Die Formen der regelmäßigen Verben

### Präsens, Imperfekt und Futur I

### Aktiv

| | a-Konj. | e-Konj. | i-Konj. | kons. Konj. | gem. Konj. |
|---|---|---|---|---|---|
| Präsens Indikativ | laudo<br>laudas<br>laudat<br>laudamus<br>laudatis<br>laudant | moneo<br>mones<br>monet<br>monemus<br>monetis<br>monent | audio<br>audis<br>audit<br>audimus<br>auditis<br>audiunt | ago<br>agis<br>agit<br>agimus<br>agitis<br>agunt | capio<br>capis<br>capit<br>capimus<br>capitis<br>capiunt |
| Präsens Konjunktiv | laudem<br>laudes<br>laudet<br>laudemus<br>laudetis<br>laudent | moneam<br>moneas<br>moneat<br>moneamus<br>moneatis<br>moneant | audiam<br>audias<br>audiat<br>audiamus<br>audiatis<br>audiant | agam<br>agas<br>agat<br>agamus<br>agatis<br>agant | capiam<br>capias<br>capiat<br>capiamus<br>capiatis<br>capiant |
| Imperfekt Indikativ | laudabam<br>laudabas<br>laudabat<br>laudabamus<br>laudabatis<br>laudabant | monebam<br>monebas<br>monebat<br>monebamus<br>monebatis<br>monebant | audiebam<br>audiebas<br>audiebat<br>audiebamus<br>audiebatis<br>audiebant | agebam<br>agebas<br>agebat<br>agebamus<br>agebatis<br>agebant | capiebam<br>capiebas<br>capiebat<br>capiebamus<br>capiebatis<br>capiebant |

| | | | | | |
|---|---|---|---|---|---|
| Imperfekt Konjunktiv | laudarem<br>laudares<br>laudaret<br>laudaremus<br>laudaretis<br>laudarent | monerem<br>moneres<br>moneret<br>moneremus<br>moneretis<br>monerent | audirem<br>audires<br>audiret<br>audiremus<br>audiretis<br>audirent | agerem<br>ageres<br>ageret<br>ageremus<br>ageretis<br>agerent | caperem<br>caperes<br>caperet<br>caperemus<br>caperetis<br>caperent |
| Futur I | laudabo<br>laudabis<br>laudabit<br>laudabimus<br>laudabitis<br>laudabunt | monebo<br>monebis<br>monebit<br>monebimus<br>monebitis<br>monebunt | audiam<br>audies<br>audiet<br>audiemus<br>audietis<br>audient | agam<br>ages<br>aget<br>agemus<br>agetis<br>agent | capiam<br>capies<br>capiet<br>capiemus<br>capietis<br>capient |
| Imperativ I | lauda!<br>laudate! | mone!<br>monete! | audi!<br>audite! | age!<br>agite! | cape!<br>capite! |
| Imperativ II | laudato!<br>laudatote!<br>laudanto! | moneto!<br>monetote!<br>monento! | audito!<br>auditote!<br>audiunto! | agito!<br>agitote!<br>agunto! | capito!<br>capitote!<br>capiunto! |

**Passiv**

| | a-Konj. | e-Konj. | i-Konj. | kons. Konj. | gem. Konj. |
|---|---|---|---|---|---|
| Präsens Indikativ | laudor<br>laudaris<br>laudatur<br>laudamur<br>laudamini<br>laudantur | moneor<br>moneris<br>monetur<br>monemur<br>monemini<br>monentur | audior<br>audiris<br>auditur<br>audimur<br>audimini<br>audiuntur | agor<br>ageris<br>agitur<br>agimur<br>agimini<br>aguntur | capior<br>caperis<br>capitur<br>capimur<br>capimini<br>capiuntur |
| Präsens Konjunktiv | lauder<br>lauderis<br>laudetur<br>laudemur<br>laudemini<br>laudentur | monear<br>monearis<br>moneatur<br>moneamur<br>moneamini<br>moneantur | audiar<br>audiaris<br>audiatur<br>audiamur<br>audiamini<br>audiantur | agar<br>agaris<br>agatur<br>agamur<br>agamini<br>agantur | capiar<br>capiaris<br>capiatur<br>capiamur<br>capiamini<br>capiantur |
| Imperfekt Indikativ | laudabar<br>laudabaris<br>laudabatur<br>laudabamur<br>laudabamini<br>laudabantur | monebar<br>monebaris<br>monebatur<br>monebamur<br>monebamini<br>monebantur | audiebar<br>audiebaris<br>audiebatur<br>audiebamur<br>audiebamini<br>audiebantur | agebar<br>agebaris<br>agebatur<br>agebamur<br>agebamini<br>agebantur | capiebar<br>capiebaris<br>capiebatur<br>capiebamur<br>capiebamini<br>capiebantur |
| Imperfekt Konjunktiv | laudarer<br>laudareris<br>laudaretur<br>laudaremur<br>laudaremini<br>laudarentur | monerer<br>monereris<br>moneretur<br>moneremur<br>moneremini<br>monerentur | audirer<br>audireris<br>audiretur<br>audiremur<br>audiremini<br>audirentur | agerer<br>agereris<br>ageretur<br>ageremur<br>ageremini<br>agerentur | caperer<br>capereris<br>caperetur<br>caperemur<br>caperemini<br>caperentur |
| Futur I | laudabor<br>laudaberis<br>laudabitur<br>laudabimur<br>laudabimini<br>laudabuntur | monebor<br>moneberis<br>monebitur<br>monebimur<br>monebimini<br>monebuntur | audiar<br>audieris<br>audietur<br>audiemur<br>audiemini<br>audientur | agar<br>ageris<br>agetur<br>agemur<br>agemini<br>agentur | capiar<br>capieris<br>capietur<br>capiemur<br>capiemini<br>capientur |

### Perfekt, Plusquamperfekt und Futur II

Wie das folgende Beispiel **monere** werden alle Verben konjugiert:

#### Aktiv

| Perfekt Indikativ | Plusquamperfekt Indikativ | Futur II |
|---|---|---|
| monui<br>monuisti<br>monuit<br>monuimus<br>monuistis<br>monuerunt | monueram<br>monueras<br>monuerat<br>monueramus<br>monueratis<br>monuerant | monuero<br>monueris<br>monuerit<br>monuerimus<br>monueritis<br>monuerint |
| **Perfekt Konjunktiv** | **Plusquamperfekt Konjunktiv** | |
| monuerim<br>monueris<br>monuerit<br>monuerimus<br>monueritis<br>monuerint | monuissem<br>monuisses<br>monuisset<br>monuissemus<br>monuissetis<br>monuissent | |

#### Passiv

| Perfekt Indikativ | Perfekt Konjunktiv | Futur II |
|---|---|---|
| monitus, -a, -um sum<br>monitus, -a, -um es<br>monitus, -a, -um est<br>moniti, -ae, -a sumus<br>moniti, -ae, -a estis<br>moniti, -ae, -a sunt | monitus, -a, -um sim<br>monitus, -a, -um sis<br>monitus, -a, -um sit<br>moniti, -ae, -a simus<br>moniti, -ae, -a sitis<br>moniti, -ae, -a sint | monitus, -a, -um ero<br>monitus, -a, -um eris<br>monitus, -a, -um erit<br>moniti, -ae, -a erimus<br>moniti, -ae, -a eritis<br>moniti, -ae, -a erunt |
| **Plusquamperfekt Indikativ** | **Plusquamperfekt Konjunktiv** | |
| monitus, -a, -um eram<br>monitus, -a, -um eras<br>monitus, -a, -um erat<br>moniti, -ae, -a eramus<br>moniti, -ae, -a eratis<br>moniti, -ae, -a erant | monitus, -a, -um essem<br>monitus, -a, -um esses<br>monitus, -a, -um esset<br>moniti, -ae, -a essemus<br>moniti, -ae, -a essetis<br>moniti, -ae, -a essent | |

## Die unregelmäßigen Verben

### esse – sein

| Präsens Indikativ | Präsens Konjunktiv | Imperfekt Indikativ | Imperfekt Konjunktiv | Futur I | Imperativ I | Imperativ II |
|---|---|---|---|---|---|---|
| sum | sim | eram | essem | ero | | |
| es | sis | eras | esses | eris | es! | esto! |
| est | sit | erat | esset | erit | | esto! |
| sumus | simus | eramus | essemus | erimus | | |
| estis | sitis | eratis | essetis | eritis | este! | estote! |
| sunt | sint | erant | essent | erunt | | sunto! |

| Perfekt Indikativ | Perfekt Konjunktiv | Plusquam-perfekt Indikativ | Plusquamper-fekt Konjunktiv | Futur II |
|---|---|---|---|---|
| fui<br>fuisti<br>fuit<br>fuimus<br>fuistis<br>fuerunt | fuerim<br>fueris<br>fuerit<br>fuerimus<br>fueritis<br>fuerint | fueram<br>fueras<br>fuerat<br>fueramus<br>fueratis<br>fuerant | fuissem<br>fuisses<br>fuisset<br>fuissemus<br>fuissetis<br>fuissent | fuero<br>fueris<br>fuerit<br>fuerimus<br>fueritis<br>fuerint |

| Infinitiv Präsens | Infinitiv Perfekt | Infinitiv Futur |
|---|---|---|
| esse | fuisse | futurum, -am, -um esse |

**posse – können**

| Präsens Indikativ | Präsens Konjunktiv | Imperfekt Indikativ | Imperfekt Konjunktiv | Futur I |
|---|---|---|---|---|
| possum<br>potes<br>potest<br>possumus<br>potestis<br>possunt | possim<br>possis<br>possit<br>possimus<br>possitis<br>possint | poteram<br>poteras<br>poterat<br>poteramus<br>poteratis<br>poterant | possem<br>posses<br>posset<br>possemus<br>possetis<br>possent | potero<br>poteris<br>poterit<br>poterimus<br>poteritis<br>poterunt |
| **Perfekt Indikativ** | **Perfekt Konjunktiv** | **Plusquamper-fekt Indikativ** | **Plusquamper-fekt Konjunktiv** | **Futur II** |
| potui<br>potuisti<br>potuit *usw.* | potuerim<br>potueris<br>potuerit *usw.* | potueram<br>potueras<br>potuerat *usw.* | potuissem<br>potuisses<br>potuisset *usw.* | potuero<br>potueris<br>potuerit *usw.* |

| Infinitiv Präsens | Infinitiv Perfekt |
|---|---|
| posse | potuisse |

**ire – gehen**

| Präsens Indikativ | Präsens Konjunktiv | Imperfekt Indikativ | Imperfekt Konjunktiv | Futur I | Imperativ I | Imperativ II |
|---|---|---|---|---|---|---|
| eo<br>is<br>it<br>imus<br>itis<br>eunt | eam<br>eas<br>eat<br>eamus<br>eatis<br>eant | ibam<br>ibas<br>ibat<br>ibamus<br>ibatis<br>ibant | irem<br>ires<br>iret<br>iremus<br>iretis<br>irent | ibo<br>ibis<br>ibit<br>ibimus<br>ibitis<br>ibunt | <br>i!<br><br><br>ite!<br> | <br>ito!<br><br><br>itote!<br>eunto! |

| Perfekt Indikativ | Perfekt Konjunktiv | Plusquamperfekt Indikativ | Plusquamperfekt Konjunktiv | Futur II |
|---|---|---|---|---|
| ii<br>isti<br>iit<br>iimus<br>istis<br>ierunt | ierim<br>ieris<br>ierit<br>ierimus<br>ieritis<br>ierint | ieram<br>ieras<br>ierat<br>ieramus<br>ieratis<br>ierant | issem<br>isses<br>isset<br>issemus<br>issetis<br>issent | iero<br>ieris<br>ierit<br>ierimus<br>ieritis<br>ierint |

| Infinitiv Präsens | Infinitiv Perfekt | Infinitiv Futur | PPA |
|---|---|---|---|
| ire | isse | iturum, -am, -um esse | iens, euntis |

### velle – wollen, nolle – nicht wollen, malle – lieber wollen

| | velle | nolle | malle |
|---|---|---|---|
| Präsens Indikativ | volo<br>vis<br>vult<br>volumus<br>vultis<br>volunt | nolo<br>non vis<br>non vult<br>nolumus<br>non vultis<br>nolunt | malo<br>mavis<br>mavult<br>malumus<br>mavultis<br>malunt |
| Präsens Konjunktiv | velim<br>velis *usw.* | nolim<br>nolis *usw.* | malim<br>malis *usw.* |
| Imperfekt Indikativ | volebam<br>volebas *usw.* | nolebam<br>nolebas *usw.* | malebam<br>malebas *usw.* |
| Imperfekt Konjunktiv | vellem<br>velles *usw.* | nollem<br>nolles *usw.* | mallem<br>malles *usw.* |
| Futur I | volam<br>voles *usw.* | nolam<br>noles *usw.* | malam<br>males *usw.* |
| Imperativ I | – | noli! nolite! | – |

### ferre – tragen, bringen

| | Aktiv | Passiv |
|---|---|---|
| Präsens Indikativ | fero<br>fers<br>fert<br>ferimus<br>fertis<br>ferunt | feror<br>ferris<br>fertur<br>ferimur<br>ferimini<br>feruntur |
| Präsens Konjunktiv | feram<br>feras *usw.* | ferar<br>feraris *usw.* |
| Imperfekt Indikativ | ferebam<br>ferebas *usw.* | ferebar<br>ferebaris *usw.* |
| Imperfekt Konjunktiv | ferrem<br>ferres *usw.* | ferrer<br>ferreris *usw.* |
| Futur I | feram<br>feres *usw.* | ferar<br>fereris *usw.* |
| Imperativ I | fer! ferte! | |
| Imperativ II | ferto! fertote! ferunto! | |

### fieri – werden, geschehen

| | Indikativ | Konjunktiv |
|---|---|---|
| **Präsens** | fio<br>fis<br>fit<br>fimus<br>fitis<br>fiunt | fiam<br>fias<br>fiat<br>fiamus<br>fiatis<br>fiant |
| **Imperfekt** | fiebam<br>fiebas<br>fiebat<br>fiebamus<br>fiebatis<br>fiebant | fierem<br>fieres<br>fieret<br>fieremus<br>fieretis<br>fierent |
| **Futur I** | fiam<br>fies<br>fiet<br>fiemus<br>fietis<br>fient | |
| **Imperativ I** | fi! fite! | |

# Zahlwörter

Ganz egal, wovon ein Text handelt, immer wieder kommen Zahlwörter vor. Wenn du also die folgenden Tabellen gründlich lernst, dann wirst du mit Zahlwörtern im Lateinischen nie Probleme haben.

| | Grundzahlen | Ordnungszahlen | Distributivzahlen | Zahladverbien |
|---|---|---|---|---|
| 1 I | ūnus, a, um<br>*ein* | prīmus, a, um<br>*der erste* | singulī, ae, a<br>*je ein(er)* | semel<br>*einmal* |
| 2 II | duo, duae, duo | secundus *od.* alter | bīnī | bis |
| 3 III | trēs, tria | tertius | ternī (trīnī) | ter |
| 4 IV | quattuor | quārtus | quaternī | quater |
| 5 V | quīnque | quīntus | quīnī | quīnquiē(n)s |
| 6 VI | sex | sextus | sēnī | sexiē(n)s |
| 7 VII | septem | septimus | septēnī | septiē(n)s |
| 8 VIII | octō | octāvus | octōnī | octiē(n)s |
| 9 IX | novem | nōnus | novēnī | noviē(n)s |
| 10 X | decem | decimus | dēnī | deciē(n)s |
| 11 XI | ūndecim | ūndecimus | ūndēnī | ūndeciē(n)s |
| 12 XII | duodecim | duodecimus | duodēnī | duodeciēs |
| 13 XIII | trēdecim | tertius decimus | ternī dēnī | ter deciēs |
| 14 XIV | quattuordecim | quārtus decimus | quaternī dēnī | quater deciēs |
| 15 XV | quīndecim | quīntus decimus | quīnī dēnī | quīnquiēs deciēs |
| 16 XVI | sēdecim | sextus decimus | sēnī dēnī | sexiēs deciēs |
| 17 XVII | septendecim | septimus decimus | septēnī dēnī | septiēs deciēs |
| 18 XVIII | duodēvīgintī | duodēvīcēsimus | duodēvīcēnī | duodēvīciēs |
| 19 XIX | ūndēvīgintī | ūndēvīcēsimus | ūndēvīcēnī | ūndēvīciēs |
| 20 XX | vīgintī | vīcēsimus | vīcēnī | vīciēs |
| 21 XXI | ūnus et vīgintī *od.*<br>vīgintī ūnus | ūnus et vīcēsimus *od.*<br>vīcēsimus prīmus | singulī et vīcēnī *od.*<br>vīcēnī singulī | semel et vīciēs *od.*<br>vīciēs semel |
| 22 XXII | duo et vīgintī *od.*<br>vīgintī duo | alter et vīcēsimus *od.*<br>vīcēsimus alter | bīnī et vīcēnī *od.*<br>vīcēnī bīnī | bis et vīciēs *od.*<br>vīciēs bis |
| 28 XXVIII | duodētrīgintā | duodētrīcēsimus | duodētrīcēnī | duodētrīciēs |
| 29 XXIX | ūndētrīgintā | ūndētrīcēsimus | ūndētrīcēnī | ūndētrīciēs |
| 30 XXX | trīgintā | trīcēsimus | trīcēnī | trīciēs |
| 40 XL | quadrāgintā | quadrāgēsimus | quadrāgēnī | quadrāgiēs |
| 50 L | quīnquāgintā | quīnquāgēsimus | quīnquāgēnī | quīnquāgiēs |
| 60 LX | sexāgintā | sexāgēsimus | sexāgēnī | sexāgiēs |
| 70 LXX | septuāgintā | septuāgēsimus | septuāgēnī | septuāgiēs |
| 80 LXXX | octōgintā | octōgēsimus | octōgēnī | octōgiēs |
| 90 XC | nōnāgintā | nōnāgēsimus | nōnāgēnī | nōnāgiēs |
| 100 C | centum | centēsimus | centēnī | centiēs |
| 101 CI | centum (et) ūnus | centēsimus prīmus | centēnī singulī | centiēs semel |

| | | | | |
|---|---|---|---|---|
| 200 CC | ducentī, ae, a | ducentēsimus | ducēnī | ducentiēs |
| 300 CCC | trecentī, ae, a | trecentēsimus | trecēnī | trecentiēs |
| 400 CD | quadringentī, ae, a | quadringentēsimus | quadringēnī | quadringentiēs |
| 500 D | quīngentī, ae, a | quīngentēsimus | quīngēnī | quīngentiēs |
| 600 DC | sescentī, ae, a | sescentēsimus | sescēnī | sescentiēs |
| 700 DCC | septingentī, ae, a | septingentēsimus | septingēnī | septingentiēs |
| 800 DCCC | octingentī, ae, a | octingentēsimus | octingēnī | octingentiēs |
| 900 DCCCC | nōngentī, ae, a | nōngentēsimus | nōngēnī | nōngentiēs |
| 1000 M | mīlle | mīllēsimus | singula mīlia | mīlliēs |
| 2000 MM *od.* $\overline{\text{II}}$ | duo mīlia | bis mīllēsimus | bīna mīlia | bis mīlliēs |
| 1.000.000 $\lvert\bar{\text{X}}\rvert$ | deciēs centēna mīlia | deciēs centiēs mīllēsimus | deciēs centēna mīlia | deciēs centiēs mīlliēs |

Von den Grundzahlen werden **ūnus, duo, trēs, ducentī** bis **nōngentī** und **mīlia** dekliniert.

| | m | f | n | m | f | n | m | f | n | |
|---|---|---|---|---|---|---|---|---|---|---|
| **Nom.** | ūnus | ūna | ūnum | duo | duae | duo | trēs | trēs | tria | mīlia |
| **Gen.** | ūnīus | ūnīus | ūnīus | duōrum | duārum | duōrum | trium | trium | trium | mīlium |
| **Dat.** | ūnī | ūnī | ūnī | duōbus | duābus | duōbus | tribus | tribus | tribus | mīlibus |
| **Akk.** | ūnum | ūnam | ūnum | duo, duōs | duās | duo | trēs | trēs | tria | mīlia |
| **Abl.** | ūnō | ūnā | ūnō | duōbus | duābus | duōbus | tribus | tribus | tribus | mīlibus |

# Die wichtigsten römischen Maße, Gewichte und Münzen

Die Römer haben in anderen Einheiten gemessen und gewogen, als wir es heute gewohnt sind. Diese findest du in den nachstehenden Übersichtstabellen.
Die Angaben solltest du als ungefähre Durchschnittsangaben betrachten, da die antiken Maße und Gewichte nicht wie heute eindeutig normiert waren, sondern zeitlichen und regionalen Wechseln unterworfen waren.

## Maße

### Längenmaße

Grundmaß ist der Fuß (pēs) = 30 cm.
Ein Fuß wurde unterteilt in 16 digitī.

| | | |
|---|---|---|
| **1 digitus** (Fingerbreite, Zoll) | | = 18,5 mm |
| **1 pēs** (Fuß) | | = 30 cm |
| **1 cubitus** (Elle) | = 1,5 pedēs | = 45 cm |
| **1 gradus** (Schritt) | = 2,5 pedēs | = 75 cm |
| **1 passus** (Doppelschritt) | = 5 pedēs | = 1,5 m |
| **1 pertica** | = 2 passūs | = 3 m |
| **1 stadium** (griech. Maß) | = 125 passūs | = 190 m |
| **mīlle passuum** (röm. Meile) | | = 1,5 km |
| **1 leuga** (benutzt in den gallischen und germanischen Provinzen) | = 1500 passūs | = 2,25 km |

### Flächenmaße

| | |
|---|---|
| **1 pēs quadrātus** (Quadratfuß) | = 0,09 $m^2$ |
| **1 iūgerum** (1 Morgen; ursprünglich die Fläche, die mit einem Ochsengespann [iugum] täglich umgepflügt werden konnte) | = 0,25 ha |

### Hohlmaße

| **Flüssigkeitshohlmaße** | | |
|---|---|---|
| 1 culleus | = 20 amphorae | = 520 l |
| 1 amphora | = 8 congiī | = 26 l |
| 1 urna | = 4 congiī, ½ amphora | = 13 l |
| 1 congius | = 6 sextāriī, ⅛ amphora | = 3,25 l |
| 1 sextārius | = ⅙ congius | = 0,54 l |
| 1 hēmīna | = ½ sextārius | = 0,27 l |
| 1 quartārius | = ¼ sextārius | = 0,14 l |
| 1 sextāns | = ⅙ sextārius | = 0,09 l |
| 1 cyathus | = 1/12 sextārius | = 0,05 l |
| **Trockenhohlmaße** | | |
| 1 modius (Scheffel) | | = 8,75 l |
| 1 medimnus | = 6 modiī | = 52,5 l |

## Gewichte

| | | |
|---|---|---|
| 1 as *oder* lībra (1 röm. Pfund) | | = 327 g |
| 1 ūncia (1 Unze) | | = 27,3 g |
| 1 scrūpulum (scrīpulum) | = 1/24 ūncia | = 1,14 g |

## Münzen

Das römische Münzsystem hat sehr viele Entwicklungsstufen durchgemacht. Einheitliche Aussagen über alle Stufen sind nicht möglich.

In der Zeit der Naturalwirtschaft war das Vieh (pecus) Wertmaßstab und sogar Zahlungsmittel. Daher stammt die Bezeichnung pecunia für „Geld" und solvere („das Tier im Stall lösen") für „zahlen".

Später (seit etwa 300 v. Chr.) traten Metallstücke aus Eisen oder Kupfer an diese Stelle. Zunächst waren diese Stücke ungeprägt, später erhielten sie Abbildungen, z. B. von Vieh, wodurch an die frühere Stufe der Geldwirtschaft erinnert wird. Beim Bezahlen wurde in dieser frühen Zeit das nicht normierte Geld abgewogen (pendere - abwiegen, zahlen).

### Bronzegeld

| | |
|---|---|
| **as (lībrālis)** | 1 As, ursprünglich 1 röm. Pfund (327 g) schwer, später wurde sein Gewicht immer mehr reduziert, zu Beginn des 1. Jahrhunderts v. Chr. wog er nur ½ Unze (13,65 g). |

### Silbergeld

| | |
|---|---|
| **denārius** (Hauptmünze) | 1 Denar, ursprünglich 10 As (Münzzeichen X) später 16 As (Münzzeichen XVI) |
| **sēstertius** (Grundlage des röm. Münzsystems) | 1 Sesterz, ursprünglich 2,5 As *oder* ¼ Denar, später 4 As (Abk. IIS, später meist HS) Anm.: sēstertius ist entstanden aus sēmis (est) tertius (erg. as), d. h. (zwei As und) der dritte As nur halb; daher Abk. IIS. |

Beispiele für Preisangaben:

| | | |
|---|---|---|
| HSX | decem sēstertiī | = 10 Sesterzen |
| HSM | mīlle sēstertiī | = 1000 Sesterzen |
| HSMM | duo mīlia sēstertiōrum/sēstertium | = 2000 Sesterzen |
| HSX̄ | decem sēstertia *(10 × 1000 Sesterzen)* (sēstertium *steht für 1000 Sesterzen)* | =10.000 Sesterzen |
| HSC̄ | centum sēstertia *(100 × 1000 Sesterzen)* | = 100.000 Sesterzen |
| HS\|X̄\| | deciēs (centēna mīlia) sēstertium | = 1 Million Sesterzen |
| HS\|X̄X̄X̄\| | trīciēs (centēna mīlia) sēstertium | = 3 Millionen Sesterzen |

### Goldgeld

In der römischen Republik waren Goldprägungen sehr selten gewesen. In größerem Ausmaß wurden erst seit Cäsar Goldmünzen geprägt. Häufig war der aureus = 25 dēnāriī = 100 sēstertiī. Auch sein Wert wurde immer wieder herabgesetzt.

In der späten Kaiserzeit wurde als Goldmünze vor allem der solidus (anfangs = 25 dēnāriī, später auf die Hälfte gesunken) geprägt, der noch lange im byzantinischen Reich auch international Geltung hatte.

### Umrechnung

Eine zuverlässige Umrechnung der Geldwerte in heutige Währung ist nicht möglich. Einigermaßen sicher lässt sich lediglich der Metallwert bestimmen, da wir die Münzgewichte kennen. Jedoch lag der Tauschwert weit über dem Materialwert. Wir können davon ausgehen, dass ein Denar der Republik in heutiger Währung ungefähr einen Wert von € 0,51 bis € 0,61 hatte.

# Die römische Zeitrechnung

## Der römische Kalender

Der römische Kalender beruhte ursprünglich auf dem Mondjahr von 355 Tagen. Da aber die Mondphasen nicht mit dem Sonnenjahr und damit den Jahreszeiten übereinstimmen, ergaben sich immer wieder Verschiebungen der Monate gegenüber den Jahreszeiten. Diese Differenzen wurden dadurch ausgeglichen, dass Schaltmonate eingeschoben wurden. Diesen Mangel des römischen Kalenders beseitigte Cäsar in Zusammenarbeit mit einem griechischen Mathematiker, indem er das Jahr zum Sonnenjahr von 365 Tagen machte und alle vier Jahre einen Schalttag einschob (der 24. Februar wurde doppelt gezählt); außerdem änderte er die Zahl der Monatstage. Diese Kalenderreform gilt, von wenigen Modifikationen abgesehen, noch heute.

### Jahr, Monat, Tag

Das Jahr wurde nach den beiden amtierenden Konsuln bezeichnet, z. B.: M. Tulliō Cicerōne C. Antōniō Hybridā cōnsulibus = 63 v. Chr.

Die Monatsnamen lauten:

| | | |
|---|---|---|
| Iānuārius | Māius | September |
| Februārius | Iūnius | Octōber |
| Mārtius | Iūlius (vor Cäsar: Quīntīlis) | November |
| Aprīlis | Augustus (vor Augustus: Sextīlis) | December |

Diese Namen sind eigentlich Adjektive, z. B. mēnse Aprīlī: im Monat April.

Die Wochentage lauten (ab etwa 200 v. Chr.):

| Latein | Deutsch | Französisch |
|---|---|---|
| Lūnae diēs | Montag | Lundi |
| Mārtis diēs | Dienstag | Mardi |
| Mercūriī diēs | Mittwoch | Mercredi |
| Iovis diēs | Donnerstag | Jeudi |
| Veneris diēs | Freitag | Vendredi |
| Saturnī diēs | Samstag | Samedi |
| Sōlis diēs | Sonntag | Dimanche |

## Datumsberechnung

Nach Cäsars Kalenderreform hatte jeder Monat drei besonders bezeichnete Tage:

| | |
|---|---|
| Kalendae (Kal.) | = 1. Tag (Kalenden) |
| Nōnae (Non.) | = 5. Tag (Nonen) |
| Idūs (Id.) | = 13. Tag (Iden) |

In den Monaten März, Juli, Mai und Oktober (Merkwort MILMO) lagen die Nonen und Iden zwei Tage später. Beispiele:

| | |
|---|---|
| Kalendis Ianuariis (Kal. Ian.) | = am 1. Januar |
| Nonis Februariis (Non. Febr.) | = am 5. Februar |
| Nonis Martiis (Non. Mart.) | = am 7. März |
| Idibus Aprilibus (Id. Apr.) | = am 13. April |
| Idibus Maiis (Id. Mai.) | = am 15. Mai |

Die dazwischen liegenden Tage berechnete man von diesen festen Tagen aus:

| | |
|---|---|
| pridie Kalendas Iunias (prid. Kal. Iun.) | = am 31. Mai |
| pridie Nonas Iulias (Prid. Non. Iul.) | = am 6. Juli |
| ante diem tertium Idus Augustas (a. d. III. Id. Aug.) | = am 11. August (Anfangs- und Endtermin wurden mitgerechnet!) |

## Tageszeiten

Der römische Tag war von Sonnenaufgang bis Sonnenuntergang in 12 Stunden eingeteilt. Das aber bedeutet wegen der unterschiedlichen Tageslänge, dass die Stunden im Sommer länger, im Winter aber kürzer waren, während die vier Nachtwachen im Sommer kurz, im Winter aber lang waren.

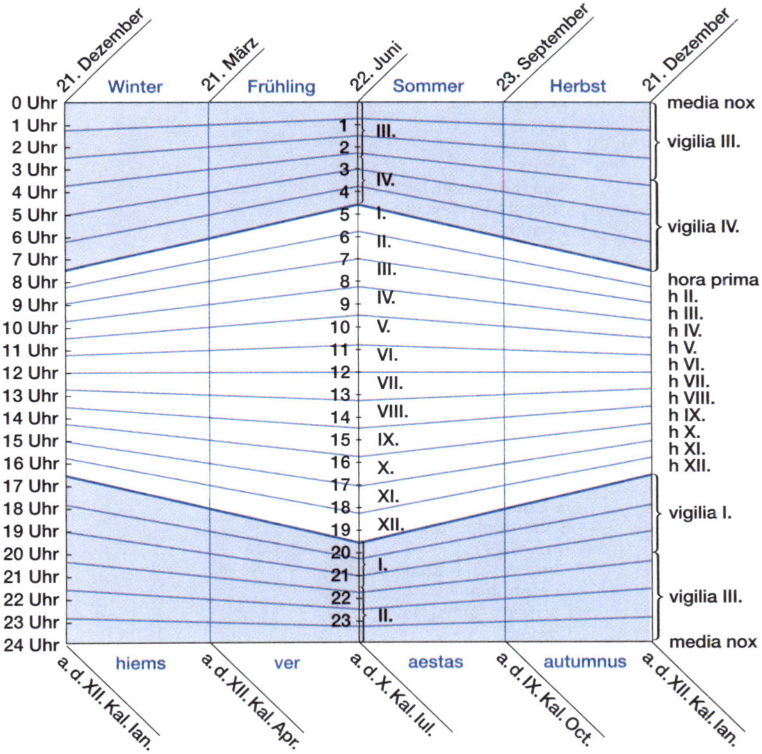

# Geografische Namen

Wie hießen damals die Städte und Länder des römischen Reiches? In dieser Tabelle haben wir die wichtigsten geografischen Namen zusammengetragen, damit du sie immer schnell findest.

| | |
|---|---|
| **Afrika** | Africa |
| **Ägypten** | Aegyptus i *f* |
| **Aix-en-Provence** | Aquae Sextiae |
| **Alpen** | Alpes pium *f* |
| **Amsterdam** | Amstelodamum |
| **Apenninen** | Ap(p)enninus (mons) |
| **Aquileja** | Aquileia |
| **Arabien** | Arabia |
| **Armenien** | Armenia |
| **Arno** | Arnus |
| **Asien** | Asia (Kleinasien) |
| **Augsburg** | Augusta Vindelicum |
| **Avignon** | Avenio |
| **Balearen** | Baleares rium *f* |
| **Balkan** | Haemus |
| **Barcelona** | Barcino |
| **Bari** | Barium |
| **Basel** | Basilea |
| **Belgien** | Belgica, Belgium |
| **Berlin** | Berolinum |
| **Bern** | Berna |
| **Bologna** | Bolonia, Bononia |
| **Bonn** | Bonna |
| **Bozen** | Bosanum |
| **Bregenz** | Brigantia, Brigantium |
| **Bremen** | Brema |
| **Brindisi** | Brindisium, Brundisium |
| **Brüssel** | Bruxella(e) |
| **Budapest** | Buda Vetus, Budapestum |
| **Cambridge** | Cantabrigia |
| **Cartagena** | Carthago (ginis) Nova |
| **Como** | Comum |
| **Deutschland** | Germania |
| **Don** | Tanais is/idis *m* |
| **Donau** | Danuvius |
| **Dublin** | Eblanda |
| **Ebro** | Iberus |
| **Elbe** | Albis is *m* |
| **Ems** | Amisia |
| **Euphrat** | Euphrates is/i *m* |
| **Europa** | Europa |
| **Florenz** | Florentia |
| **Frankreich** | Gallia |
| **Freiburg** | Friburgium |
| **Garonne** | Garumna |
| **Genf** | Genava |
| **Gibraltar** | Calpe es *f* |
| **Granada** | Granata |
| **Griechenland** | Graecia |
| **Großbritannien** | Britannia (England mit Schottland) |

| | |
|---|---|
| **Hamburg** | Hamburgium, Hammonia |
| **Helsinki** | Helsingfordia |
| **Indien** | India |
| **Inn** | Aenus |
| **Innsbruck** | Oenipons, -pontum |
| **Irland** | Hibernia |
| **Isar** | Isara |
| **Isère** | Isara |
| **Israel** | Iudaea |
| **Italien** | Italia |
| **Kempten** | Cambodunum |
| **Koblenz** | Confluentes tium *f* |
| **Köln** | Colonia Agrippina/Agrippinensis |
| **Konstanz** | Constantia |
| **Korsika** | Corsica |
| **Kreta** | Creta |
| **Leipzig** | Lipsia |
| **Libyen** | Libya |
| **Lindau** | Lindavia |
| **Lissabon** | Olisipo, Ulyssipolis |
| **Loire** | Liger eris *m* |
| **London** | Londinium |
| **Lyon** | Lugdunum |
| **Maas** | Mosa *m* |
| **Madrid** | Madritum |
| **Mailand** | Mediolanum |
| **Main** | Moenus |
| **Mainz** | Mogontiacum |
| **Malaga** | Malaca |
| **Marseille** | Massilia |
| **Mauretanien** | Mauretania |
| **Mazedonien** | Macedonia |
| **Messina** | Messana |
| **Modena** | Mutina |
| **Monaco** | Monaecum, Portus (Herculis) Monoeci |
| **Mosel** | Mosella |
| **München** | Monacum, Monachium |
| **Narbonne** | Narbo (Martius), Narbona |
| **Neapel** | Neapolis is *f* |
| **Nil** | Nilus |
| **Nizza** | Niceae, Nicia |
| **Numidien** | Numidia |
| **Nürnberg** | Norimberga |
| **Oxford** | Oxonia |
| **Padua** | Patavium |
| **Paris** | Lutetia |
| **Passau** | Patavia, Castra Batava |
| **Persien** | Persia, Persis idis *f* |
| **Perugia** | Perusia |
| **Piacenza** | Placentia |
| **Pisa** | Pisae |
| **Po** | Padus |
| **Prag** | Praga |
| **Provence** | Provincia (Narbonensis) |
| **Pyrenäen** | Pyrenaei |
| **Ravenna** | Ravenna |
| **Regensburg** | Castra Regina, Ratisbona |
| **Rhein** | Rhenus |

| | |
|---|---|
| **Rhône** | Rhodanus |
| **Rimini** | Arimin(i)um |
| **Rom** | Roma |
| **Saloniki** | Thessalonica(e) |
| **Salzburg** | Salisburgium, Iuvavia |
| **Sardinien** | Sardinia |
| **Schottland** | Caledonia |
| **Schwarzwald** | Abnoba *m* |
| **Schweiz** | Helveti(c)a (terra) |
| **Seine** | Sequana |
| **Siena** | S(a)ena (Iulia) |
| **Sizilien** | Sicilia |
| **Spanien** | Hispania |
| **Stockholm** | Holmia, Stocholmia |
| **Stuttgart** | Stutgardia, Stuogardia |
| **Syrakus** | Syracusae |
| **Syrien** | Syria |
| **Taunus** | Taunus |
| **Taurus** | Taurus |
| **Themse** | Tamesis is *m* |
| **Tiber** | Tiberis is *m* |
| **Tigris** | Tigris is/idis *m* |
| **Toulouse** | Tolosa |
| **Trient** | Tridentium |
| **Trier** | Augusta Treverorum |
| **Turin** | Augusta Taurinorum |
| **Valencia** | Valentia |
| **Warschau** | Varsavia |
| **Weichsel** | Vistula |
| **Weser** | Visurgis is *m* |
| **Wien** | Vienna (Austriae), Vindobona |
| **Worms** | Wormatia |
| **Zypern** | Cyprus i *f* |

# Lateinische Sprichwörter, Sentenzen und Wendungen

**Veni, vidi, vici:** Viele Sprichwörter der Antike kennst du sicherlich bereits - und mit der folgenden Liste glänzt du nicht nur im Unterricht! Versuche, dir möglichst viele dieser Wendungen zu merken, denn sie sind heute wie damals relevant.

## Sprichwörter

**Ars longa, vita brevis.**
Die Kunst ist lang, das Leben kurz.

**Amicus vertus in re incerta cernitur.**
Den wahren Freund erkennt man in der Not.

**Amor vincit omnia.**
Die Liebe besiegt alles.

**Audiatur et altera pars.**
Auch die andere Partei muss angehört werden.

**Aurora musis amica.**
Morgenstund' hat Gold im Mund.

**Cibi condimentum fames.**
Hunger ist der beste Koch.

**De gustibus non est disputandum.**
Über Geschmack lässt sich nicht streiten.

**Dimidium facti, qui coepit, habet.**
Frisch gewagt ist halb gewonnen.

**Dolor voluptatis comes.**
Übermut tut selten gut.

**Errare humanum est.**
Irren ist menschlich.

**Festina lente!**
Eile mit Weile.

**Fide, sed cui, vide!**
Trau, schau, wem!

**Finis coronat opus.**
Ende gut, alles gut.

**Fortes fortuna adiuvat.**
Dem Mutigen hilft das Glück.

**Habent sua fata libelli.**
Bücher haben ihre Schicksale.

**Homo proponit, deus disponit.**
Der Mensch denkt, Gott lenkt.

**Honores mutant mores.**
Macht verdirbt den Charakter.

**In vino veritas.**
Im Wein ist Wahrheit.

**Invidia gloriae comes.**
Der Neid ist der Begleiter des Ruhmes.

**Iucundi acti labores.**
Nach der Arbeit ist gut ruh'n.

**Male para male dilabuntur.**
Unrecht Gut gedeihet nicht.

**Manus manum lavat.**
Eine Hand wäscht die andere.

**Mens sana in corpore sano.**
Ein gesunder Geist in einem gesunden Körper.

**Mors certa, hora incerta.**
Der Tod ist gewiss, die Stunde ungewiss.

**Necessitas caret lege.**
Not kennt kein Gebot.

**Nil sine magno vita labore dedit mortalibus.**
Ohne Schweiß kein Preis.

**Plenus venter non studet libenter.**
Ein voller Bauch studiert nicht gern.

**Post cenam stabis, aut mille passus meabis.** Nach dem Essen sollst du ruh'n, oder tausend Schritte tun.

**Quae nocent, docent.**
Aus Schaden wird man klug.

**Qualis rex, talis grex.**
Wie der Herr, so's G'scherr.

**Repetitio est mater studiorum.**
Übung macht den Meister.

**Tempora mutant mores.**
Andere Zeiten, andere Sitten.

**Tertius gaudens.**
Wenn zwei sich streiten, freut sich der dritte.

**Testis unus, testis nullus.**
Ein Zeuge ist kein Zeuge.

**Usus est magister optimus.**
Übung macht den Meister.

**Ut sementem feceris, ita metes.**
Wie man sät, so wird man ernten.

## Sentenzen

**Alea iacta est.**
Der Würfel ist gefallen. CAESAR

**Ave Caesar, morituri te salutant.**
Heil dir, Kaiser, die Totgeweihten grüßen dich. (Grußworte der Gladiatoren vor dem Kampf)

**Carpe diem.**
Nutze (pflücke) den Tag. HORAZ

**Ceterum censeo Carthaginem esse delendam.**
Im übrigen meine ich, dass Karthago zerstört werden muss. CATO

**Cogito, ergo sum.**
Ich denke, also bin ich. DESCARTES, frz. Philosoph

**Cum tacent, clamant.**
Indem sie schweigen, reden sie laut (drücken sie deutlich aus, was sie denken). CICERO

**De mortuis nil nisi bene.**
Über Tote soll man nur Gutes reden. CILON

**Divide et impera!**
Teile und herrsche! PHILIPP VON MAZEDONIEN

**Ecce homo!**
Seht, welche ein Mensch! PILATUS

**Fiat iustitia, et pereat mundus!**
Das Recht muss seinen Gang nehmen, und wenn die Welt darüber zugrunde geht! FERDINAND I.

**Fiat lux.**
Es werde Licht. 1. BUCH MOSE

**Gaudeamus igitur!**
Lasst uns also fröhlich sein! LIEDANFANG

**Hannibal ad (ante) portas!**
Hannibal vor den Toren! (Es droht höchste Gefahr!) CICERO

**Homo homini lupus.**
Der Mensch ist dem Menschen ein Wolf (ist des Menschen schlimmster Feind) TH. HOBBES

**Inter arma silent leges.**
Im Krieg schweigen die Gesetze. CICERO

**Medio tutissimus ibis.**
In der Mitte wirst du am sichersten gehen. OVID

**Natura non facit saltus.**
Die Natur macht keine Sprünge. C. VON LINNÉ

**Noli turbare circulos meos!**
Störe meine Kreise nicht! ARCHIMEDES

**Nomen est omen.**
Der Name ist zugleich Vorbedeutung. PLAUTUS

**Nondum omnium dierum sol occidit.**
Es ist noch nicht aller Tage Abend. LIVIUS

**Non scholae, sed vitae discimus.**
Nicht für die Schule, sondern für das Leben lernen wir. SENECA

**Nosce te ipsum!**
Erkenne dich selbst! (Inschrift in Delphi) nach CICERO

**O tempora, o mores!**
O Zeiten, o Sitten! CICERO

**Oderint, dum metuant!**
Sollen sie mich hassen, wenn sie mich nur fürchten! CALIGULA

**Pecunia non olet.**
Geld stinkt nicht. VESPASIAN

**Quidquid agis, prudenter agas, et respice finem!**
Was du auch tust, tue es klug und bedenke das Ende! (Gesta Romanorum)

**Quo vadis?**
Wohin gehst du? (Petrus nach Joh.13.36)

**Quot homines, tot sententiae.**
So viele Menschen, so viele Meinungen. TEREZ

**Redde mihi legiones!**
Gib mir meine Legionen wieder! (Augustus nach der Niederlage des Varus im Teutoburger Wald)

**Rem tene, verba sequentur!**
Halte dich an die Sache, die Worte werden von selbst folgen! CATO

**Requiescat in pace.**
Er (sie) ruhe in Frieden. (Kath. Messe)

**Res severa est verum gaudium.**
Eine ernste Sache ist die wahre Freude. SENECA

**Sapere aude!**
Wage es, dich der Vernunft zu bedienen! (So dann als Satz der Aufklärung) HORAZ

**Sic transit gloria mundi.**
So vergeht der Glanz der Welt. (Zuruf an den neu gewählten Papst)

**Sine ira et studio.**
Ohne Zorn und ohne Gunst (unparteiisch). TACITUS

**Sub specie aeternitatis.**
Im Lichte der Ewigkeit. SPINOZA

**Summum ius summa iniuria.**
Die buchstabengetreue Anwendung des Rechts kann höchstes Unrecht bedeuten. CICERO

**Suum ciuque.**
Jedem das Seine. CICERO

**Timeo Danaos et dona ferentes.**
Ich fürchte die Griechen, auch wenn sie Geschenke bringen. VERGIL

**Tu quoque!**
Auch du, (mein Sohn Brutus)! CAESAR

**Tua res agitur, paries cum proxima ardet.** Es geht um deine Sache, wenn das Nachbarhaus brennt. HORAZ

**Ubi bene, ibi patria.**
Wo es mir gut geht, ist mein Vaterland. CICERO

**Urbi et orbi.**
Der Stadt und dem Erdkreis. (Papstsegen)

**Ut desint vires, tamen est laudanda voluntas.**
Wenn auch die Kräfte fehlen, so ist der Wille zu loben. OVID

**Veni, vidi, vici.**
Ich kam, sah und siegte. CAESAR

## Wendungen

**Advocatus Diaboli**
jemand, der ohne innere Überzeugung die Sache der Gegenpartei (des Teufels) vertritt

**ad acta**
... legen: etwas als erledigt betrachten

**Alibi**
Ein Alibi haben: nachweisen können, dass man zum Zeitpunkt eines Verbrechens anderswo gewesen ist

**citius, altius, fortius**
schneller, höher, stärker (Motto der olympischen Spiele)

**coram publico**
vom Publikum, öffentlich

**Corpus delicti**
Gegenstand, mit dem eine Tat begangen wurde, Beweisstück

**Cui bono?**
Wem nützt es? (Wichtiger Grundsatz bei der Suche nach dem Motiv eines Verbrechens)

**cum grano salis**
nicht ganz wörtlich zu nehmen

**cum tempore – sine tempore**
Zeitangaben bei Veranstaltungen (Vorlesungen): eine Viertelstunde später – pünktlich

**de facto**
tatsächlich

**de iure**
von Rechts wegen

**de nihilo nihil**
Von nichts kommt nichts.

**et cetera (etc.)**
und so weiter

**ex aequo**
unentschieden

**Ex libris**
aus den Büchern (kunstvoll gestalteter Aufkleber mit dem Namen des Bucheigentümers)

**ex tempore**
aus dem Stegreif

**expressis verbis**
ausdrücklich

**homo novus**
Emporkömmling

**Homo sapiens**
der vernunftbegabte Mensch (wissenschaftliche Bezeichnung für den heutigen Menschen)

**honoris causa**
ehrenhalber

**id est (i.e.)**
das heißt (d.h.)

**in dubio pro reo**
im Zweifelsfall für den Angeklagten

**in flagranti**
auf frischer Tat (ertappt)

**in medias res**
ohne Umschweife zur Sache (kommen)

**in memoriam**
zur Erinnerung

**in spe**
zukünftig (z.B. Schwiegersohn in spe)

**in toto**
im Großen und Ganzen

**Lapsus linguae**
ein Versprecher („Ausrutscher der Zunge")

**lege artis**
vorschriftsmäßig, kunstgerecht

**magna cum laude**
mit großem Lob (Prüfungsnote an Hochschulen)

**mea culpa (mea culpa, mea maxima culpa)** (das ist) meine Schuld (eigentliches Schuldbekenntnis in der katholischen Liturgie)

**Memento mori!**
Denke daran, dass du sterben musst! (gebraucht für Vorfall oder Gegenstand, der an den Tod gemahnt)

**Modus vivendi**
eine Art und Weise, wie man erträglich miteinander auskommt

**Ne bis in idem!**
Man darf nicht zweimal für dieselbe Tat bestraft werden.

**nolens volens**
wohl oder übel (ob man will oder nicht)

**Non plus ultra**
das Höchste (der Gefühle)

**Nulla poena (nullum crimen) sine lege**
(Es gibt) keine Strafe (kein Verbrechen) ohne Gesetz.

**Numerus clausus**
Zulassungsbeschränkung (zum Studium)

**per pedes (apostolorum)**
(scherzhaft:) zu Fuß

**Perpetuum mobile**
Maschine, die ohne Energiezufuhr läuft

**Persona non grata**
unerwünschte Person (meistens Diplomat, der aus dem Gastland ausgewiesen wird)

**Primus inter pares**
der Erste unter Gleichrangigen

**pro domo**
(für sein eigenes Haus =) im eigenen Interesse

**stante pede**
stehenden Fußes, sofort

**Status quo**
der unveränderte Zustand (wie zuvor)

**summa cum laude**
mit höchstem Lob (Prüfungsnote an Hochschulen)

**summa summarum**
alles in allem, insgesamt

**Tabula rasa**
unbeschriebenes Blatt (T.r. machen: reinen Tisch machen)

**Terminus technicus**
Fachausdruck

**ultima ratio**
letztes Mittel

**Via activa – contemplativa**
tätiges – beschauliches Leben

Die Griechen und Römer kannten viele mythische Gestalten, die dir sicherlich aus Filmen, Büchern und auch Computerspielen bekannt sind. Mit dieser Zusammenfassung bekommst du schnell einen Überblick über die wichtigsten Figuren aus dem Reich der Mythologie.

### Iuppiter

Iuppiter – Jupiter ist der höchste Gott der Römer. Er ist der Herr des Himmels, der Gestirne und des Blitzes und der König der Götter und wurde daher auch Iuppiter Optimus Maximus, „Jupiter der Beste und Größte", genannt. Jupiter war in der Anfangszeit der römischen Geschichte ein Wettergott und wurde dann zum Staatsgott der Römer. Im Zentrum Roms stand auf dem Kapitol der Jupitertempel. Dort wurden neben ihm auch die beiden anderen Schutzgottheiten Roms, Juno und Minerva, verehrt.
Jupiter wurde von den Römern mit dem griechischen Gott Zeus gleichgesetzt und ist daher Sohn des Saturnus und der Rhea, Bruder des Neptunus und des Pluto und Bruder und Gemahl der Iuno.

### Iūnō

Iūnō – Juno ist in der römischen Religion die Ehe- und Geburtsgöttin, die Schutzgöttin der Frauen. Sie wurde von den Römern mit der griechischen Göttin Hera gleichgesetzt und ist daher die Schwester und Gattin des Jupiter und die Tochter des Saturnus und der Rhea. Mit Jupiter und Minerva wurde Juno eine der drei Schutzgottheiten Roms, die im Jupitertempel auf dem Kapitol verehrt wurden. Da ihr die Gänse heilig waren, wurden auf dem Kapitol Gänse gehalten. Der Monat Juni ist nach ihr benannt.

### Neptūnus

Neptūnus – Neptun war für die Römer, die ja ursprünglich Bauern waren, zuerst der Gott der Flüsse, Quellen und Seen, also der Gott des Süßwassers. Die Neptunalia, das Fest zu Ehren des Neptun, wurde im Hochsommer am 23. Juli gefeiert und diente dazu, die Gottheit dazu zu bewegen, das Land vor Trockenheit zu verschonen. Neptun wurde jedoch früh mit dem griechischen Meeresgott Poseidon gleichgesetzt und wurde so auch zum Meeresgott.

### Minerva

Minerva war mit Jupiter und Juno eine der drei Schutzgottheiten Roms, die auf dem Kapitol im Jupitertempel verehrt wurden. Sie wurde von den Römern mit der griechischen Göttin Athene gleichgesetzt und ist daher Tochter des Jupiter. Sie ist die Göttin der Weisheit, der Künste und Wissenschaften, der Gewerbe, des Handwerks und der weiblichen Handarbeiten, besonders des Webens und Spinnens.

## Mārs

Mārs – Mars, einer der wichtigsten Götter der Römer, war nicht nur der Gott des Krieges, sondern auch Gott des Landbaus und des Viehs. Der März, der Monat des Frühlingsbeginns, ist daher sein heiliger Monat und nach ihm benannt: mens Martius.
Mars wurde von den Römern mit dem griechischen Gott Ares gleichgesetzt und ist daher Sohn des Jupiter und der Juno. In der römischen Mythologie ist er als Vater des Romulus, der göttliche Stammvater des römischen Volkes, bekannt.

## Venus

Venus ist die römische Göttin der Liebe. Sie wurde von den Römern mit der griechischen Göttin Aphrodite gleichgesetzt und ist daher Tochter des Jupiter und der Dione, Gemahlin des Vulcanus und Mutter des Cupido.
Venus war auch die Mutter des Äneas, und weil dieser der Stammvater der Römer ist, galt Venus als Mutter des römischen Volkes. Besonders die Julier, die sich als direkte Nachkommen des Julus, des Sohnes des Äneas sahen, betrachteten die Venus als Ahnherrin ihres Geschlechts. Daher weihte C. Julius Cäsar der „Venus Genetrix“ (Mutter Venus) einen Tempel.

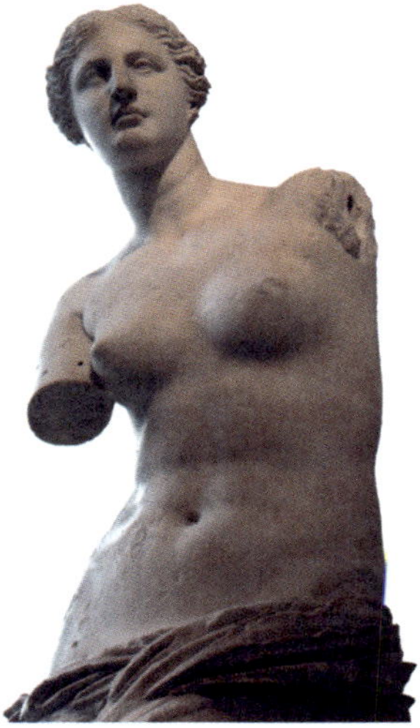

### Apollō

Apollo, Sohn des Jupiter und der Latona und Bruder der Diana, ist der Gott des Bogenschießens („arcitenens“), der Weissagung, der Heilkunde, der Wissenschaften und Künste, besonders der Musik und der Dichtkunst. Er ist der Führer der Musen und wurde mit dem Sonnengott Helios gleichgesetzt. Apollo ist der strahlende, ewig jugendlich schöne Gott mit den Beinamen „Phoebus“, „pulcher“ und „formosus“. Nach seinem Geburtsort Delos wird er auch „Delius“ und „Delius vates“ und nach seinem Hauptsitz Delphi „Delpicus“ genannt.

### Diāna

Diāna war in der Religion der Römer ur-sprünglich die Göttin des Mondes und die Beschützerin der Frauen, vor allem bei der Geburt. Sie wurde später mit der griechischen Göttin Artemis gleichgesetzt und war daher auch die Göttin der Jagd. Sie ist die Tochter des Jupiter und der Latona.

## Vulcānus

Vulcānus ist, im Gegensatz zur Vesta, der Göttin des Herdfeuers, der Gott des Feuers in seinen zerstörerischen Aspekten. Man opferte ihm, damit die Stadt von Feuersbrünsten verschont bleibe. Er war aber auch der Gott der Schmiedekunst und des Handwerks überhaupt. Vulcanus wurde von den Römern mit dem hinkenden Gott Hephaistos der Griechen gleichgesetzt und ist daher Sohn des Jupiter und der Juno und Gemahl der Venus.

## Vesta

Vesta war in der Religion der Römer die Göttin des Herdfeuers der gesamten römischen Gemeinde.
Im Vestatempel, einem Rundbau auf dem Forum Romanum, brannte das heilige Feuer des Staatsherdes, gehütet von den Vestalinnen (Vestalēs), den vier, später sechs Priesterinnen der Vesta. Sie mussten dafür Sorge tragen, dass das Feuer der Vesta nicht erlischt, da dies als schlimmstes Omen für den Staat angesehen wurde. Die Vestalinnen wurden im Alter von sechs bis zehn Jahren vom pontifex maximus ausgewählt, der die väterliche Gewalt über sie übernahm.
Während ihres Priesterinnenamts, das 30 Jahre lang dauerte, mussten sie in strenger Keuschheit leben. Bei Verletzung der Keuschheitspflicht wurden sie zur Strafe lebendig begraben.
Den Vestatempel durfte außer den Vestalinnen niemand betreten. Daher gaben reiche Römer ihnen gerne ihr Testament zur Verwahrung.

Tempel der Vesta, Rom

## Mercurius

Mercurius - Merkur, den die Römer mit dem griechischen Gott Hermes gleichsetzten, ist der Gott der Kaufleute, des Handels und Gewinnes und fungiert als Götterbote. Er ist Sohn des Jupiter und der Maia.

## Ceres

Ceres, die von den Griechen „Demeter" genannt wurde, war die Göttin des Wachstums, der Fruchtbarkeit und der Ehe. Sie war die Tochter des Saturnus und der Ops und die Mutter von Proserpina. Ceres wurde häufig mit goldblondem Haar, Ährenkrone und Fackel dargestellt. Als Erdgöttin findet man sie manchmal auch mit Schlage oder mit ihrem heiligen Tier, dem Schwein. Von den Römern wurde sie jeden 19. April gefeiert.

## Bacchus

Bacchus, der Gott des Weines, bei den Griechen „Dionysos" und bei den Römern auch „Liber" genannt, wird als schöner, junger Mann dargestellt. Sein Kult wurde in Ekstase, in rauschhafter Begeisterung gefeiert. Zu den Dionysien, dem mehrtägigen Fest zu seinen Ehren, wurde in Griechenland ein Gesang aufgeführt, aus dem sich später die Tragödie entwickelte.

Mare Germanicum
Britannia
Belgica
Germania Superior
Lugdunensis
Noricum
Oceanus Atlanticus
Aquitania
Raetia
Pannonia
Narbonensis
Dalmatia
Italia
Tarraconensis
Corsica
Roma
M
Lusitania
Sardinia
Baetica
Sicilia
Africa
Mauretania
Mare Internum

# Das römische Reich

und seine Provinzen im Jahre 117 n. Chr.
zur Zeit der größten Ausdehnung
unter Kaiser Trajan

**Bildquellen**

Landkarte „Das römische Reich“: Shutterstock Images LLC/ Peter Hermes Furian
Iuppiter: iStock International Inc./ Mikhail Khromov; Iūnō: iStock International Inc./ Tanuki Photography; Neptūnus: iStock International Inc./ Massimo Merlini; Minerva: iStock International Inc./ Paolo Gaetano; Mārs: Shutterstock Images LLC/ Iurii Davydov; Venus: Shutterstock Images LLC/ Galina Barskaya; Apollō: iStock International Inc./ Paolo Gaetano; Diāna: Shutterstock Images LLC/ Bill Perry; Vulcānus: iStock International Inc./ dvest; Vesta: iStock International Inc./ Phooey; Mercurius: iStock International Inc./ Paolo Gaetano; Ceres: Shutterstock Images LLC/ Anton Balazh; Bacchus: Shutterstock Images LLC/ LianeM

## Liste der Abkürzungen

| | |
|---|---|
| Abk. | Abkürzung |
| Abl., abl. | Ablativ |
| Abl. Abs. | ablativus absolutus |
| abs. | absolut |
| abstr. | abstrakt |
| Abstr. | Abstraktum |
| A.C.I. | accusativus cum infinitivo |
| adj. | adjektivisch |
| Adj. | Adjektiv |
| adv. | adverbial |
| Adv. | Adverb |
| AGR | Landwirtschaft |
| ägypt. | ägyptisch |
| Akk. | Akkusativ |
| akt. | aktivisch |
| Akt. | Aktiv |
| alci | alicui |
| alcis | alicuius |
| allg. | allgemein |
| alqa(m) | aliqua(m) |
| alqd | aliquid |
| alqm | aliquem |
| alqo(s) | aliquo(s) |
| alqs | aliquis |
| altital. | altitalisch |
| Anm. | Anmerkung |
| Anw. | Anwohner |
| appell. | appellativ |
| arch. | archaisch |
| astron. | astronomisch |
| athen. | athenisch |
| att. | attisch |
| attrib. | attributiv |
| Aug. | Augustus |
| Auguralspr. | Auguralsprache |
| b. | bei(m) |
| belg. | belgisch |
| ber. | berühmt |
| bes. | besonders |
| best. | bestimmter |
| Bew. | Bewohner |
| Bez. | Bezeichnung |
| bildl. | bildlich |
| biol. | biologisch |
| bisw. | bisweilen |
| bl. | bloßer |
| bot., BOT | botanisch |
| briefl. | brieflich |

| | |
|---|---|
| Char. | Charakter |
| cogn. | cognomen |
| COM | Handel |
| conc. | concessivus |
| conj | Konjunktiv |
| dah. | daher |
| Dat. | Dativ |
| Dekl. | Deklination |
| dem Gr. | dem Großen |
| Demin. | Deminutiv |
| demonstr. | demonstrativ |
| Demonstrativ-pron. | Demonstrativtivpronomen |
| Depon. | Deponenz |
| des Gr. | des Großen |
| Desider. | Desiderativum |
| Determinativ-pron. | Determinativpronomen |
| d. Gr. | der Große |
| dir. | direkt |
| dopp. | doppelt |
| dtsch. | deutsch |
| Eccl. | Ecclasiastica |
| eigtl. | eigentlich |
| Einw. | Einwohner |
| erg. | ergänze |
| etr. | etruskisch |
| etw. | etwas |
| f | Femininum |
| f. | für |
| feindl. | feindlich |
| fem. | feminin |
| fig | figurativ |
| FIN | Finanzwesen |
| folg. | folgend |
| FOT | Fotografie |
| Frages. | Fragesatz |
| franz. | französisch |
| Frequ. | Frequentativum |
| fut | futurisch |
| Fut. | Futurum |
| Fw. | Fremdwort |
| gall. | gallisch |
| geb. | geboren |
| geg. | gegen |
| Gen. | Genitiv |
| gerichtl. | gerichtlich |
| germ. | germanisch |

| | |
|---|---|
| geschäftl. | geschäftlich |
| geschichtl. | geschichtlich |
| gest. | gestorben |
| getr. | getrennt |
| gew. | gewöhnlich |
| Ggstz. | Gegensatz |
| gr. | griechisch |
| gramm. | grammatisch |
| griech. | griechisch |
| hebr. | hebräisch |
| hist. | historicum |
| illyr. | illyrisch |
| Imp. | Imperativ |
| Imperf. | Imperfekt |
| Incoh. | Incohativum |
| Ind. | Indikativ |
| indef. | Indefinitum |
| indir. | indirekt |
| Inf. | Infinitiv |
| INFORM | Informatik |
| instr. | instrumentalis |
| Intens. | Intensivum |
| Interj. | Interjektion |
| interr. | interrogativ |
| intr. | intransitiv |
| iron. | ironisch |
| ital. | italisch |
| j. | jetzt |
| J. | Jahr |
| Jahrh. | Jahrhundert |
| jährl. | jährlich |
| jdm. | jemandem |
| jmd. | jemand(en) |
| jmdm. | jemandem |
| jmds. | jemandes |
| jur., JUR | juristisch |
| kaiserl. | kaiserlich |
| Kasp.Meer | Kaspisches Meer |
| kelt. | keltisch |
| Kj. | Konjunktion |
| klass. | klassisch |
| Koll., koll | kollektiv |
| komp. | komparativisch |
| Komp. | Komparativ |
| königl. | königlich |
| Konj. | Konjunktiv |
| konkr. | konkret |
| korinth. | korinthisch |
| Konstr. | Konstruktion |
| körperl. | körperlich |
| lat. | lateinisch |
| lebl. | leblos |
| Lebl. | Leblose(s) |
| Lok. | Lokativ |
| m | Maskulinum |
| m | mit |
| makedon. | makedonisch |
| männl. | männlich |
| math. | mathematisch |
| med., MED | medizinisch |
| mediopass. | mediopassivisch |
| menschl. | menschlich |
| meton. | metonymisch |
| metr. | metrisch |
| milit., MIL | militärisch |
| monatl. | monatlich |
| moral. | moralisch |
| mündl. | mündlich |
| musikal., MUS | musikalisch |
| myth. | mythisch |
| n. | Neutrum |
| nachgest. | nachgestellt |
| Nachk. | Nachkomme(n) |
| nachkl. | nachklassisch |
| naut., NAUT | nautisch |
| Nbf. | Nebenform |
| N.C.I. | nominativus cum infinitivo |
| n. Chr. | nach Christus |
| neg. | negativ |
| neutr. | Neutrum |
| Nom. | Nominativ |
| nördl. | nördlich |
| nordwestl. | nordwestlich |
| nt | Neutrum |
| o | oder |
| obi. | obiectivus |
| Obj. | Objekt |
| od. | oder |
| öffentl. | öffentlich |
| onomatop. | onomatopoetisch |
| örtl. | örtlich |
| Örtl. | Örtlichkeit(en) |
| östl. | östlich |
| Ov. | Ovid |
| P. Adj. | Partizipialadjektiv |
| part. | partitiv(us) |
| Part. | Partizip |
| pass. | passivisch |
| Pass. | Passiv |
| patriz. | patrizisch |

## Inhalt und Aufbau der Einträge

| | |
|---|---|
| Alle Stichwörter sind blau hervorgehoben. | **linteus**, a, um *(linum)* leinen, Leinwand- [**libri** auf Leinwand geschriebene Chronik]. |
| Die wichtigsten und gebräuchlichsten lateinischen Stichwörter sind hellblau hinterlegt. | **nūptiae**, ārum *f (nubo)* Hochzeit. |
| Hinweise auf die Deklination der lateinischen Substantive stehen direkt hinter dem Stichwort. | **seges**, getis *f* ❶ Saat; ❷ *(meton.)* Saatfeld, (Acker-)Feld … |
| Hinweise auf die Konjugation der lateinischen Verben stehen direkt hinter dem Stichwort. | **cubō**, cubāre, cubuī, cubitum ❶ liegen, ruhen; ❷ bei Tische liegen, speisen … |
| Hochgestellte arabische Ziffern unterscheiden gleich geschriebene Wörter mit unterschiedlicher Bedeutung. | **ōra**$^{1}$, ae *f* ❶ Küste, Küstengegend; *meton.* die Küstenbewohner; ❷ (ferne) Gegend, Himmelsgegend, Zone; ❸ Saum, Rand, Ende.<br>**ōra**$^{2}$, ae *f (naut. t. t.)* Tau, Schiffsseil. |
| Römische Ziffern dienen zur Unterscheidung verschiedener Wortarten. | **īn-suēscō**, suēscere, suēvī, suētum **I.** *intr.* sich an etw. gewöhnen [**ad disciplinam; imperare**]; **II.** *trans.* jmd. an etw. gewöhnen. |
| Arabische Ziffern kennzeichnen die unterschiedlichen Bedeutungen eines Stichworts. | **ulna**, ae *f (poet.; nachkl.)* ❶ Ellenbogen; Arm; **-is amplecti** umarmen; ❷ *(übtr., als Längenmaß)* Elle *(0,37 m)*. |
| Die Tilde (~) ersetzt in Anwendungsbeispielen das Stichwort. | **procul** *Adv.* ❶ in die Ferne, weithin [**abscedere**]; ❷ in der Ferne, fern, weit [**abesse**]; *m. ab od. m. bl. Abl.* fern von: **~ a castris;** *(übtr.)* **~ dubio** ohne Zweifel; ❸ aus der Ferne, v. fern, weither [**tela conicere**]; ❹ *(zeitl.) (m. Abl.)* lange vor. |
| Lateinische Wörter oder Bedeutungen, die nur in bestimmten Epochen oder bei bestimmten Autoren auftreten, erhalten einschlägige Hinweise. | **herbi-fer**, fera, ferum *(herba u. fero) (poet.; nachkl.)* grasreich.<br><br>**prognōstica**, ōrum *n (gr. Fw.)* die Wetterzeichen *(Schrift des Aratus, v. Cicero übersetzt)*. |
| Poetische und metonymische Bedeutungen von Wörtern sind entsprechend gekennzeichnet. | **cruor**, ōris *m* ❶ Blut *(außerhalb des Körpers)*, geronnenes Blut; ❷ *(poet.) Pl.* Blutstropfen, Blutspuren; ❸ *(meton.)* Blutvergießen, Mord. |
| Bei fachsprachlichen Ausdrücken werden die Fachgebiete genannt. | **stipulātiō**, ōnis *f (stipulor) (jur. t. t.)* Stipulation, Vereinbarung m. Handschlag, mündlicher Vertrag. |

DOWNLOAD

# Kostenlose Downloads zum Schülerwörterbuch

## Für Schülerinnen und Schüler

### Prüfungstrainer für die Sekundarstufen I und II

Wiederhole die wichtigsten Bestandteile der Grammatik, übe das Übersetzen und mache dich mit unseren Prüfungstrainern für die nächste Arbeit fit. Die Trainer sind jeweils auf die Bedürfnisse von Schülerinnen und Schülern der Sekundarstufen I und II zugeschnitten.

Gehe einfach auf die Seite **www.pons.de/schülerwörterbuch-latein** und lade dir deinen Prüfungstrainer herunter.

## Für Lehrerinnen und Lehrer

### Arbeitsblätter für den Unterricht

Mit den Arbeitsblättern zum Schülerwörterbuch werden Schülerinnen und Schüler der Sekundarstufe I zu Nachschlageprofis! Mit Übungen zu Themen wie **Mythen und Götter** oder **Navigieren im Wörterbuch** trainieren Sie mit Ihren Schülerinnen und Schülern wichtige Nachschlagekompetenzen und haben dabei jede Menge Spaß.

Schauen Sie in unseren Online-Bereich

**www.pons.de/schülerwörterbuch-latein**

und laden Sie die Arbeitsblätter herunter.

Viel Erfolg beim Schreiben und Trainieren!